C / R / I / M / I / N / A / L / L / A / W

판례중심 형법각론

최병천 저

머리말

판례가 날로 복잡해지고 세분화·전문화된 영역에서 생성·발전되고 있다. 여러 법률 분야를 아우르는 판례들도 속출하고 있다. 재산범죄를 이해하기 위해서는 민사 실체법과 절차법, 보전처분과 강제집행에 관한 지식을 갖추어야 하고, 공무원의 직무범죄를 알기 위해서는 행정법 지식이 필수적이다. 이에 따라 판례를 올바르게 이해한다는 것은 실로 어려운 일이 되었다.

위와 같은 현실을 반영하여 형사 판례의 쉽고 정확한 이해를 목적으로 한 이 책은 다음과 같은 특징을 가진다.

판례를 체계적으로 배열하였다. 예를 들어, 배임죄에서 '타인의 사무를 처리'를 판례에 따라 '타인의 재산관리에 관한 사무를 대행'하는 것과 '타인재산의 보전행위에 협력'하는 것으로 나누고 다시 그 하위 유형을 분석하였다. 사기죄에서 '재물 또는 재산상의 이익취득'에 관하여 재물과 재산상의 이익으로 항목을 나누고, 다시 채무의 면제·소멸, 채무이행의 연기, 수익금지급과 재투자, 제3자에 의한 재산상이익의 취득 등으로 분류하여 판례를 배열하였다.

판례의 사실관계를 충실히 반영하였다. 추상적인 판례이론 내지 판결요지만으로는 판례의 취지를 정확하게 파악할 수 없는 경우에는 되도록 판결이유에 들어 있는 사실관계를 추출하여 수록하였다. 또한 판례의 의미를 왜곡하지 않는 범위 안에서 최대한 사실관계를 재구성하여 단순화하였다. 나아가 가능한 한 판례의 사실관계를 한 줄로 요약하여 두었다.

각종 재산범죄들에 공통되는 쟁점들은 별도의 항목으로 배열하였다. 불가벌적 사후행위, 선순위 담보권의 존재와 취득한 재산의 가액, 부동산매매대금이나 부동산담보 차용금과 채권자와의 관계, 친족관계와 형벌이 그러하다. 위와 같은 쟁점에 관한 판례들은 공통의 속성을 지녔음에도 불구하고 재산범죄 전반에 걸쳐 산재함으로 인하여 그 체계적인 이해가 곤란하였기 때문이다. 마찬가지로 비전형담보, 명의신탁, 계, 지입, 공증 등에 대해서도 항목을 따로 만들어 해당 유형에 속하는 판례를 망라하여 정리하였다.

횡령죄에서 대체물이론, 비전형담보에서 양도담보, 매도담보 그리고 대물변제의 예약의 구분, 명의신탁과 횡령 등에 관한 종래의 판례이론은 너무나 얽히고 설켜 있다. 이 부분 판례들을 비판적으로 고찰함으로써 불완전하나마 그 문제점을 분석하거나 해결책을 도모하였다. 이외에도 몇 가지 새로운 시도를 하였다.

전남대학교 법학전문대학원을 졸업하는 홍대훈 학생이 이 책의 내용을 검토하여 주었다. 아직은 부족함이 많지만 보다 완전한 내용으로 채워가고자 한다. 독자 여러분들에게 도움이 되기를 바란다.

2016. 2.

저자 씀

이 책의 이용 안내

※ 판례의 서술 방법

- 가능한 한 판례 앞부분에 사실관계를 요약하거나 주제를 적시해 두었다.
- 사안에 등장하는 인물이나 단체 등에 관하여 피고인(또는 피의자)과 피해자(또는 고소인)는 그대로, 기타의 사람은 갑, 을, 병으로, 법인이나 단체 등은 A, B, C로 표시하였다. 법인 등에 대해서는 A 주식회사(또는 A은행, A아파트 등)로 나타내었다가 두 번째부터는 A라고만 표기하였다.
- 반복되는 판례와 법학전문대학원생을 기준으로 너무 어렵다거나 전문분야에 속하는 판례 등은 각주에 넣었다.

※ 죄 명

검사의 공소장, 불기소장과 법원의 판결에서 사용하는 죄명은 대검찰청의 '공소장 및 불기소장에 기재할 죄명에 관한 예규'를 따른다. 이 책에서도 죄명의 기재는 되도록 위 예규를 따랐다.

※ 법령 약어표

가담법	가등기담보 등에 관한 법률
부동산실명법	부동산 실권리자명의 등기에 관한 법률
성폭법	성폭력범죄의 처벌 등에 관한 특례법
(구 성폭법)	성폭력범죄의 처벌 및 피해자보호 등에 관한 법률
아청법	아동·청소년의 성보호에 관한 법률
여전법	여신전문금융업법
특가법	특정범죄 가중처벌 등에 관한 법률
특경법	특정경제범죄 가중처벌 등에 관한 법률
폭처법	폭력행위 등 처벌에 관한 법률
형소법	형사소송법

차 례

제 1 편 개인적 법익에 대한 죄

제 1 장 생명과 신체에 관한 죄

제 3 장 사람의 명예·신용·업무·비밀에 관한 죄

제 2 편 사회적 법익에 대한 죄

제 1 장 공공의 안전과 평온에 대한 죄

제 2 장 공공의 건강에 관한 죄

제 3 장 공공의 신용에 관한 죄

제 3 편 국가적 법익에 대한 죄

제 1 장 국가의 존립과 권위에 관한 죄

제 2 장 공무원의 직무범죄

제 3 장 공무집행을 방해하는 죄

제 4 장 국가의 사법기능에 관한 죄

1

判例中心 刑法各論

개인적 법익에 대한 죄

제 1 장 생명과 신체에 관한 죄

判例中心 刑法各論

제1절 살인죄

Ⅰ. 살인죄

1. 살인죄의 의의

살인죄는 사람을 살해함으로써 성립하는 범죄이다. 자연인 즉 살아 있는 사람만 살인죄의 객체가 될 수 있다. 태아나 사망한 사람은 낙태죄나 사체손괴죄의 객체가 될 수 있을 뿐 살인죄의 객체가 될 수 없다.

2. 사람의 시기

태아가 사람으로 되는 시기에 관하여, ① 분만을 위한 진통이 있는 때(진통설 또는 분만개시설), ② 태아 신체의 일부가 모체에서 노출된 때(일부노출설), ③ 태아가 모체로부터 완전히 분리된 때(전부노출설), ④ 태아가 모체에서 분리되어 태반이 아니라 자신의 폐에 의하여 호흡을 개시하는 때(독립호흡설)라는 견해 등이 있다.

판례는 일관하여 진통설 내지 분만개시설을 취하고 있으며, 분만개시에 이르지 않았지만 자연분만이 부적절한 경우 '의학적으로 제왕절개 수술이 가능하였고 규범적으로 수술이 필요하였던 시기'라 하여 사람으로 취급하는 것은 아니다.[1)]

---

1) 대판 1982. 10. 12. 81도2621; 대판 1998. 10. 9. 98도949 등.

입원 당시 분만예정일을 14일이나 넘겨 자연분만이 부적절한 상태의 태아

임신부 갑이 피고인의 조산원에 입원할 당시 임신성 당뇨증상 및 이미 두 번의 제왕절개 출산 경험이 있는 37세의 고령이었고, 분만예정일을 14일이나 넘겨 이 사건 태아가 5.2kg까지 성장한 상태이어서 의학적으로 자연분만이 부적

조산원이 과실로 분만 중의 태아를 질식사에 이르게 함

태아가 어느 시기에 사람이 되는가에 관하여는 그 출산 과정과 관련하여 여러 가지 설이 있다. 사람의 생명과 신체의 안전을 보호법익으로 하고 있는 형법상의 해석으로는 규칙적인 진통을 동반하면서 태아가 태반으로부터 이탈되기 시작한 때 다시 말하여 분만이 개시된 때(소위 진통설 또는 분만개시설)가 사람의 시기라고 봄이 타당하다. 이는 형법 제251조(영아살해)에서 분만 중의 태아도 살인죄의 객체가 된다고 규정하고 있는 점을 미루어 보아서도 그 근거를 찾을 수 있다. 그러므로 조산원이 과실로 분만 중의 태아를 질식사에 이르게 한 행위는 업무상과실치사죄에 해당한다.[2)]

3. 사람의 종기

사람이 사망하여 사체로 되는 시기에 관하여, ① 호흡이 영구적으로 그친 때(호흡종지설), ② 맥박이 영구적으로 멈춘 때(맥박종지설), ③ 호흡과 맥박이 모두 영구적으로 멈춘 때, ④ 모든 뇌 기능이 영구적으로 정지된 때(뇌사설)라는 견해 등이 있다.

장기 등 이식에 관한 법률은, "살아있는 사람이란 사람 중에서 뇌사자를 제외한 사람을 말하고, 뇌사자란 이 법에 따른 뇌사판정기준 및 뇌사판정절차에 따라 뇌 전체의 기능이 되살아날 수 없는 상태로 정지되었다고 판정된 사람을 말한다"라고 규정하고(동법 4조 5호), 장기 등의 적출 요건에 관한 동법 22조 등에서 '살아 있는 사람'과 '뇌사자 및 사망한 자'를 달리 취급하고 있다. 위 규정들은 뇌사설을 입법화한 것이라고 보는 견해가 있다. 그러나 동법은 장기 등의 적출이나 이식 등에 있어서만 뇌사를 기준으로 삼은 것일 뿐 그 나머지의 영역에 있어서 산 자와 죽은 자의 구별까지 뇌사를 기준으로 하였다고 볼 수는 없을 것이다.

4. 인과관계

콜라와 김밥을 함부로 먹어 합병증이 유발된 급성신부전증 환자

피해자는 1993. 2. 15. 피고인들의 이 사건 범행으로 입은 자상으로 인하여 급성신부전증이 발생되어 치료를 받다가 다시 폐염·패혈증·범발성혈액응고장애 등의 합병증이 발생하여 1993. 3. 17. 사망한 사실, 급성신부전증의 예후는 핍뇨형이나 원인질환이 중증인 경우에 더 나쁜데, 사망률은 30% 내지 60% 정도에 이르고 특히 수술이나 외상 후에 발생한 급성신부전증의 경우 사망률이 가장 높은 사실, 급성신부전증을 치료할 때에는 수분의 섭취량과 소변의 배설량을 정확하게 맞추어야 하는 사실, 피해자는 외상으로 인하여 급성

절하여 제왕절개 수술이 유일한 출산방법이었으므로 갑의 위 입원시점을 분만의 시기(즉 태아에서 사람으로 바뀐 시기)로 볼 수 있다는 주장에 대하여,

'의학적으로 제왕절개 수술이 가능하였고 규범적으로 수술이 필요하였던 시기'는 판단하는 사람 및 상황에 따라 다를 수 있어, 분만개시 시점 즉, 사람의 시기도 불명확하게 된다는 점에서 위 주장은 채용하기 어렵고 따라서 위 입원시점의 태아는 아직 업무상과실치사죄의 객체인 '사람'이 되었다고 볼 수 없다(대판 2007. 6. 29. 2005도3832).

2) 대판 1982. 10. 12. 81도2621.

신부전증이 발생하였고 또 소변량도 심하게 감소된 상태였으므로 음식과 수분의 섭취를 더욱 철저히 억제하여야 하는데, 이와 같은 사실을 모르고 콜라와 김밥 등을 함부로 먹은 탓으로 체내에 수분저류가 발생하여 위와 같은 합병증이 유발됨으로써 사망하게 된 사실 등을 인정할 수 있는바, 사실관계가 이와 같다면, 위 피고인들의 이 사건 범행이 위 피해자를 사망하게 한 직접적인 원인이 된 것은 아니지만, 그 범행으로 인하여 위 피해자에게 급성신부전증이 발생하였고 또 그 합병증으로 위 피해자의 직접사인이 된 패혈증 등이 유발된 이상, 비록 그 직접사인의 유발에 위 피해자 자신의 과실이 개재되었다고 하더라도 이와 같은 사실은 통상 예견할 수 있는 것으로 인정되므로, 위 피고인들의 이 사건 범행과 위 피해자의 사망과의 사이에는 인과관계가 있다.[3)]

5. 고 의

살인의 고의가 있었는지에 관한 판단방법

살인죄에 있어서의 범의는 반드시 살해의 목적이나 계획적인 살해의 의도가 있어야만 인정되는 것은 아니고 자기의 행위로 인하여 타인의 사망의 결과를 발생시킬 만한 가능 또는 위험이 있음을 인식하거나 예견하면 족한 것이고 그 인식 또는 예견은 확정적인 것은 물론 불확정적인 것이라도 이른바 미필적 고의로도 인정되는 것인데, 피고인이 살인의 범의를 자백하지 아니하고 상해 또는 폭행의 범의만이 있었을 뿐이라고 다투고 있는 경우에 피고인에게 범행 당시 살인의 범의가 있었는지 여부는 피고인이 범행에 이르게 된 경위, 범행의 동기, 준비된 흉기의 유무·종류·용법, 공격의 부위와 반복성, 사망의 결과발생가능성 정도, 범행 후에 있어서의 결과회피행동의 유무 등 범행 전후의 객관적인 사정을 종합하여 판단할 수밖에 없다.[4)]

피고인이 교통사고를 가장하여 피해자들을 살해하고 보험금을 수령하여 자신의 경제적 곤란을 해결하고 신변을 정리하는 한편, 그 범행을 은폐할 목적으로 피해자들을 승용차에 태운 후에 고의로 승용차를 저수지에 추락시켜 피해자들을 사망하게 한 것으로서 살인의 범의가 인정된다.[5)]

3) 대판 1994. 3. 22. 93도3612. 다음은 유사 취지이다.

칼에 찔려 자상을 입은 피해자가 1개월 후 위 패혈증 등으로 사망

피고인이 예리한 식도로 피해자의 하복부를 찔러 직경 5센티, 길이 15센티미터 이상의 자상을 입힌 결과 사망하였다면 일반적으로 내장파열 및 다량의 출혈과 자창의 감염으로 사망의 결과를 발생하게 하리라는 점을 경험상 예견할 수 있는 것이므로 피고인에게 살인의 결과에 대한 확정적 고의는 없다 치더라도 미필적 인식은 있었다고 볼 것이다. 피고인의 자상행위가 피해자를 사망하게 한 직접적 원인은 아니었다 하더라도 이로부터 발생된 다른 간접적 원인이 결합되어 사망의 결과를 발생하게 한 경우라도 그 행위와 사망간에는 인과관계가 있다고 할 것인바, 이 사건 진단서에는 직접사인 심장마비, 호흡부전, 중간선행사인 패혈증, 급성심부전증, 선행사인 자상, 장골정맥파열로 되어 있으며, 피해자가 부상한 후 1개월이 지난 후에 위 패혈증 등으로 사망하였다 하더라도 그 패혈증이 위 자창으로 인한 과다한 출혈과 상처의 감염 등에 연유한 것인 이상 자상행위와 사망과의 사이에 인과관계의 존재를 부정할 수 없다(대판 1982. 12. 28. 82도2525).

4) 대판 2001. 9. 28. 2001도3997; 대판 2002. 2. 8. 2001도6425; 대판 2006. 4. 14. 2006도734; 대판 2009. 2. 26. 2008도9867.

5) 대판 2001. 11. 27. 2001도4392.

피고인이 소란을 피우는 피해자를 말리다가 피해자가 욕하는 데 격분하여 예리한 칼로 피해자의 왼쪽 가슴 부분에 길이 6Cm, 깊이 17Cm의 상처 등이 나도록 찔러 곧바로 좌측심낭까지 절단된 경우에 피고인에게 살인의 고의가 있었다고 본 사례.[6)]

피고인은 남편의 전처 소생의 딸인 피해자(9세)를 도로에서 약 17미터 떨어진 야산 속의 경작하지 않는 밭으로 데리고 들어가 주먹으로 피해자의 얼굴을 수차례 때리고, 이에 피해자가 피고인의 머리채를 잡아뜯고 왼쪽 팔꿈치를 입으로 무는 등 반항을 하자 가지고 있던 스카프로 피해자의 목을 감아 스카프의 양끝을 양손에 나누어 잡고 피해자의 머리를 땅에 비비면서 약 4분 동안 2회에 걸쳐 목을 졸라 그에게 약 4주간의 치료를 요하는 상해를 가하고 피해자를 실신시킨 후 피해자를 버려둔 채 그곳을 떠났으나, 그 이후 피해자가 스스로 깨어나 소생한 사안에서,
피고인이 9세의 여자 어린이에 불과하여 항거를 쉽게 제압할 수 있는 피해자의 목을 감아서 졸라 실신시킨 후 그곳을 떠나버린 이상 그와 같은 자신의 가해행위로 인하여 피해자가 사망에 이를 수도 있다는 사실을 인식하지 못하였다고 볼 수 없으므로, 적어도 그 범행 당시에는 피고인에게 살인의 범의가 있었다 할 것이니, 살인미수죄에 해당한다.[7)]

---

6) 대판 1991. 10. 22. 91도2174. 다음은 유사 취지이다.
피고인이 과도를 소지하고 범행현장에 가게 된 동기가 살상하기 위한 계획적인 의도가 없었다 하더라도 범행현장에서 피해자로부터 폭행당하자 소지하고 간 길이 30센티미터의 과도로 피해자의 왼쪽가슴을 1회 힘껏 찔러 즉석에서 심장자창으로 인한 실혈사로 사망케 한 경우라면 피고인의 범의가 순간적 발생이라 할지라도 살해의 결과가 발생하리라는 인식이 있었다고 봄이 상당하다(대판 1987. 12. 8. 87도2195).
피고인들이 공소외 1, 2, 3, 4 등과 공모하여 그들의 동료인 공소외 5, 6 등을 납치·폭행한 공소외 7 등 타워파 폭력조직원들에 대하여 보복을 하기로 결의한 후, 1993. 2. 15. 05:30경 ○○여관으로 공소외 7 등을 찾아가서 상호 공동하여 공소외 1과 피고인 4는 그곳 안내실에서 종업원이 경찰에 연락을 하지 못하도록 감시하고, 뒤이어 도착한 피고인 2는 여관문 앞에서 망을 보고 공소외 2는 여관 302호실 방문 앞에서 망을 보고, 피고인 5와 공소외 4는 각목을, 공소외 3은 쇠파이프를, 피고인 1과 3은 낫을, 피고인 6은 또 다른 흉기를 각 소지한 채 위 여관 302호실로 들어가 그 곳에서 잠을 자던 피해자 1, 2를 공소외 7의 일행인줄 잘못 알고 각기 각목과 쇠파이프로 위 피해자들의 머리와 몸을 마구 때리고, 낫으로 팔과 다리 등을 닥치는 대로 여러 차례 힘껏 내리찍은 사안에서,
살인죄의 범의는 자기의 행위로 인하여 피해자가 사망할 수도 있다는 사실을 인식·예견하는 것으로 족하지 피해자의 사망을 희망하거나 목적으로 할 필요는 없고, 또 확정적인 고의가 아닌 미필적 고의로도 족한 것인바, 피해자들에 대한 가해행위를 분담하여 직접 실행한 피고인 1, 3, 5, 6 등이 피해자들의 머리나 가슴 등 치명적인 부위를 낫이나 칼로 찌르지는 않았다고 하더라도, 쇠파이프와 각목으로 피해자들의 머리와 몸을 마구 때리고 낫으로 팔과 다리를 난자한 이상(그로 인하여 피해자 1은 10일이 지나도록 의식조차 회복하지 못하였고, 피해자 2는 16주 내지 18주의 치료를 요하는 상해를 입었다), 위 피고인들이 자기들의 가해행위로 인하여 피해자들이 사망할 수도 있다는 사실을 인식하지 못하였다고 볼 수 없고(오히려 살인의 미필적 고의가 있었다고 볼 수 있다), 또 여관의 안내실에서 종업원을 감시한 피고인 4로서도 위와 같은 경위로 집단적인 보복을 할 목적으로 낫과 쇠파이프 등을 가지고 여관으로 들어간 위 피고인들이 피해자들을 살해할 수도 있다는 사실을 인식하였을 것이므로, 피고인 1, 3, 5, 6은 물론 피고인 4에게도 살인의 범의가 있었다고 본 것은 정당하다(대판 1994. 3. 22. 93도3612).

7) 대판 1994. 12. 22. 94도2511. 다음은 유사 취지이다.
과도를 들고 약 2킬로미터나 떨어진 곳까지 가서 그곳에 있던 피해자의 좌측 옆구리를 1회 찌름으로서 피해자로 하여금 병원으로 가던 중 사망에 이르게 한 경우, 살의가 없었다고 할 수 없다(대판 1986. 7. 8. 86도1046).
피고인이 1986. 12. 28. 01:10경 길이 20센티미터인 과도로 피해자의 가슴을 찔러 같은 날 01:35경 피해자로 하여금 간자창을 동반한 심자창으로 인한 쇼크사로 사망하게 하였다면 살인의 범의가 있었다고 봄이 상당하다(대판

피고인이 시위대원 3명과 같이 시내버스를 탈취한 후, 술에 취한 채 탈취한 버스를 운전하여 그때 시위대를 진압하기 위하여 차도를 차단하여 포진하고 있는 충남경찰국 기동대원을 향하여 시속 50킬로미터의 속력으로 돌진하자, 이러한 경우 그들이 버스에 치어 사망할 것이라는 정을 충분히 인식할 수 있음에도 불구하고 계속 같은 속도로 운행하면서 차도에서 인도 쪽으로 피하는 대원들을 따라 일부러 핸들을 우측으로 틀면서 돌진하여 위 버스 전면차체부위로 피해자들을 들이받아 쓰러뜨려 대원 중 일경 피해자 1은 두개골 골절 등으로 사망케 하고, 상경 피해자 2, 수경 피해자 3에게는 상처를 입혔을 뿐인 경우에 미필적인 살의가 있었다고 보이므로 살인죄와 살인미수죄가 성립한다.[8)]

6. 연명치료의 중단

회복불가능한 사망의 단계에 진입하였고, 환자의 연명치료 중단의사가 추정된 사례

(가) '회복불가능한 사망의 단계'에서 '연명치료'의 중단

의학적으로 환자가 의식의 회복가능성이 없고 생명과 관련된 중요한 생체기능의 상실을 회복할 수 없으며 환자의 신체상태에 비추어 짧은 시간 내에 사망에 이를 수 있음이 명백한 '회복불가능한 사망의 단계'에 이루어지는 '연명치료', 원인이 되는 질병의 호전을 목적으로 하는 것이 아니라 질병의 호전을 사실상 포기한 상태에서 오로지 현 상태를 유지하기 위하여 이루어지는 치료에 불과하므로, 그에 이르지 아니한 경우와는 다른 기준으로 진료중단 허용 가능성을 판단하여야 한다. 이미 의식의 회복가능성을 상실하여 더 이상 인격체로서의 활동을 기대할 수 없고 자연적으로는 이미 죽음의 과정이 시작되었다고 볼 수 있는 회복불가능한 사망의 단계에 이른 후에는, 의학적으로 무의미한 신체 침해 행위에 해당하는 연명치료를 환자에게 강요하는 것이 오히려 인간의 존엄과 가치를 해하게 되므로, 이와 같은 예외적인 상황에서 죽음을 맞이하려는 환자의 의사결정을 존중하여 환자의 인간으로서의 존엄과 가치 및 행복추구권을 보호하는 것이 사회상규에 부합되고 헌법정신에도 어긋나지 아니한다. 그러므로 회복불가능한 사망의 단계에 이른 후에 환자가 인간으로서의 존엄과 가치 및 행복추구권에 기초하여 자기결정권을 행사하는 것으로 인정되는 경우에는 특별한 사정이 없는 한 연명치료의 중단이 허용될 수 있다. 한편, 환자가 회복불가능한 사망의 단계에 이르렀는지 여부는 주

1988. 2. 9. 87도2564).

피고인이 자신의 허리띠를 잡으며 욕설하는 피해자를 과도를 오른손에 들고 찔러서 피해자가 좌흉부에서 심장을 관통하는 자창에 의한 실혈로 사망하였고, 피고인이 그 직후 과도를 소지한 채 현장을 도망쳐 나왔다면, 상해의 부위, 정도로 볼 때 단순히 피해자를 위협하기 위하여 서로 밀고 당기는 과정에서 발생한 것이 아니고 피고인이 과도로 피해자의 왼쪽 가슴을 힘껏 깊숙이 찌른 것으로 보여지고 그 범행이 우발적이라 할지라도 살인의 결과발생을 인식하고 저지른 소행으로서 미필적 고의가 있었다고 보여진다(대판 1989. 12. 26. 89도2087).

인체의 급소를 잘 알고 있는 무술교관이 무술의 방법으로 피해자의 울대(성대)를 가격하여 사망케 한 행위에 살인의 범의가 있다고 본 사례(대판 2000. 8. 18. 2000도2231).

피고인은 건장한 체격의 군인으로서 키 150㎝, 몸무게 42㎏의 왜소한 피해자를 상대로 폭력을 행사하였고 특히 급소인 목을 15초 내지 20초 동안 세게 졸라 피해자의 설골이 부러질 정도였던 사실이 인정되고, 이러한 폭력의 태양 및 정도에 비추어 보면 이 사건 범행 당시 피고인에게 최소한 살인의 미필적 고의는 있었다 할 것이므로 살인죄가 성립한다(대판 2001. 3. 9. 2000도5590).

만 6세된 여아의 목을 손목으로 3분 내지 4분간 누르게 되면 질식사할 위험이 있음은 일반적으로 예상할 수 있는 것이므로 살해의 고의가 있었다고 보아야 한다(대판 1985. 3. 12. 85도198).

8) 대판 1988. 6. 14. 88도692.

치의의 소견뿐 아니라 사실조회, 진료기록 감정 등에 나타난 다른 전문의사의 의학적 소견을 종합하여 신중하게 판단하여야 한다.

(나) '사전의료지시'의 효력 인정
환자가 회복불가능한 사망의 단계에 이르렀을 경우에 대비하여 미리 의료인에게 자신의 연명치료 거부 내지 중단에 관한 의사를 밝힌 '사전의료지시'에는, 비록 진료 중단 시점에서 자기결정권을 행사한 것은 아니지만 사전의료지시를 한 후 환자의 의사가 바뀌었다고 볼 만한 특별한 사정이 없는 한 사전의료지시에 의하여 자기결정권을 행사한 것으로 인정할 수 있다. 다만, 이러한 사전의료지시는 진정한 자기결정권 행사로 볼 수 있을 정도의 요건을 갖추어야 하므로 의사결정능력이 있는 환자가 의료인으로부터 직접 충분한 의학적 정보를 제공받은 후 그 의학적 정보를 바탕으로 자신의 고유한 가치관에 따라 진지하게 구체적인 진료행위에 관한 의사를 결정하여야 하며, 이와 같은 의사결정 과정이 환자 자신이 직접 의료인을 상대방으로 하여 작성한 서면이나 의료인이 환자를 진료하는 과정에서 위와 같은 의사결정 내용을 기재한 진료기록 등에 의하여 진료 중단 시점에서 명확하게 입증될 수 있어야 비로소 사전의료지시로서의 효력을 인정할 수 있다.

(다) 환자의 연명치료 중단의사의 추정
한편, 환자의 사전의료지시가 없는 상태에서 회복불가능한 사망의 단계에 진입한 경우에는 환자에게 의식의 회복가능성이 없으므로 더 이상 환자 자신이 자기결정권을 행사하여 진료행위의 내용 변경이나 중단을 요구하는 의사를 표시할 것을 기대할 수 없다. 그러나 환자의 평소 가치관이나 신념 등에 비추어 연명치료를 중단하는 것이 객관적으로 환자의 최선의 이익에 부합한다고 인정되어 환자에게 자기결정권을 행사할 수 있는 기회가 주어지더라도 연명치료의 중단을 선택하였을 것이라고 볼 수 있는 경우에는, 그 연명치료 중단에 관한 환자의 의사를 추정할 수 있다고 인정하는 것이 합리적이고 사회상규에 부합된다. 이러한 환자의 의사 추정은 객관적으로 이루어져야 한다. 따라서 환자의 의사를 확인할 수 있는 객관적인 자료가 있는 경우에는 반드시 이를 참고하여야 하고, 환자가 평소 일상생활을 통하여 가족, 친구 등에 대하여 한 의사표현, 타인에 대한 치료를 보고 환자가 보인 반응, 환자의 종교, 평소의 생활 태도 등을 환자의 나이, 치료의 부작용, 환자가 고통을 겪을 가능성, 회복불가능한 사망의 단계에 이르기까지의 치료 과정, 질병의 정도, 현재의 환자 상태 등 객관적인 사정과 종합하여, 환자가 현재의 신체상태에서 의학적으로 충분한 정보를 제공받는 경우 연명치료 중단을 선택하였을 것이라고 인정되는 경우라야 그 의사를 추정할 수 있다.

(라) 회복불가능한 사망 단계의 판단
환자 측이 직접 법원에 소를 제기한 경우가 아니라면, 환자가 회복불가능한 사망의 단계에 이르렀는지 여부에 관하여는 전문의사 등으로 구성된 위원회 등의 판단을 거치는 것이 바람직하다.[9)]

7. 실행의 착수

살해하려고 낫을 들고 피해자에게 접근

피고인은 격분하여 피해자를 살해할 것을 마음먹고 밖으로 나가 웃방 마루밑 못그릇에 놓여있던 낫을 들고 들어오려고 하였으나 갑 등이 이를 제지하자 그 틈을 타서 피해자가 뒷문으로 도망한 사안에서, 피고인이 낫

9) 대판 2009. 5. 21. 2009다17417 전원합의체.

을 들고 피해자에게 접근함으로써 살인의 실행행위에 착수하였으나 갑 등의 제지로 장애미수에 그쳤다.[10)]

초우뿌리 또는 부자 달인 물을 마시게 하여 살해하려고 하였으나 피해자가 이를 토해버림

'초우뿌리'나 '부자'는 만성관절염 등에 효능이 있으나 유독성 물질을 함유하고 있어 과거 사약으로 사용된 약초로서 그 독성을 낮추지 않고 다른 약제를 혼합하지 않은 채 달인 물을 복용하면 용량 및 체질에 따라 다르나 부작용으로 사망의 결과가 발생할 가능성을 배제할 수 없는바, 피고인이 일정량 이상을 먹으면 사람이 사망에 이를 수도 있는 '초우뿌리' 또는 '부자' 달인 물을 피해자에게 마시게 하여 피해자를 살해하려고 하였으나 피해자가 이를 토해버림으로써 미수에 그친 경우 불능범이 아니라 살인미수죄가 성립한다.[11)]

피고인이 갑에게 피해자를 살해하라고 하면서 준 원비-디 병에 성인 남자를 죽게 하기에 족한 용량의 농약이 들어 있었고, 또 피고인이 피해자 소유 승용차의 브레이크호스를 잘라 브레이크액을 유출시켜 주된 제동기능을 완전히 상실시킴으로써 그 때문에 피해자가 그 자동차를 몰고 가다가 반대차선의 자동차와의 충돌을 피하기 위하여 브레이크 페달을 밟았으나 전혀 제동이 되지 아니하여 사이드브레이크를 잡아당김과 동시에 인도에 부딪치게 함으로써 겨우 위기를 모면하였다면 피고인의 위 행위는 어느 것이나 사망의 결과발생에 대한 위험성을 배제할 수 없다 할 것이므로 각 살인미수죄를 구성한다.[12)]

8. 죄 수

살해의 목적으로 동일인에게 일시 장소를 달리하고 수차에 걸쳐 단순한 예비행위를 하거나 또는 공격을 가하였으나 미수에 그치다가 드디어 그 목적을 달성한 경우에 그 예비행위 내지 공격행위가 동일한 의사발동에서 나왔고 그 사이에 범의의 갱신이 없는 한 각 행위가 같은 일시 장소에서 행하여 졌거나 또는 다른 장소에서 행하여 졌거나를 막론하고 또 그 방법이 동일하거나 여부를 가릴 것 없이 그 살해의 목적을 달성할 때까지의 행위는 모두 실행행위의 일부로서 이를 포괄적으로 보고 단순한 한 개의 살인기수죄로 처단할 것이지 살인예비 내지 미수죄와 동 기수죄의 경합죄로 처단 할 수 없는 것이다.[13)]

---

10) 대판 1986. 2. 25. 85도2773. 다음은 같은 취지이다.
피고인이 그 소속 중대장을 살해 보복할 목적으로 수류탄의 안전핀을 빼고 그 사무실로 들어갔다고 하면 이는 상관살인미수죄에 해당한다(대판 1970. 6. 30. 70도861).
해설: 군형법상의 상관살인미수에 관한 사안이다.

11) 대판 2007. 7. 26. 2007도3687.

12) 대판 1990. 7. 24. 90도1149.

13) 대판 1965. 9. 28. 65도695. 다음 판례를 참조하라.
피고인이 미성년자를 유인하여 금원을 취득할 마음을 먹고 갑으로 하여금 피해자를 유인토록 하였으나 동인의 거절로 미수에 그치고, 같은 달 2차에 걸쳐 다시 피해자를 유인하였으나 마음이 약해져 각 실행을 중지하여 미수에 그치고, 다음 달 드디어 피해자를 인치, 살해하고 금원을 요구하는 내용의 협박편지를 피해자의 마루에 갖다 놓고 피해자의 안전을 염려하는 부모로부터 재물을 취득하려 했다면, 피고인은 당초의 범의를 철회 내지 방기하였다가 다시 범의를 일으켜 위 마지막의 약취유인 살해에 이른 것이라고 하지 않을 수 없으니, 그간에 범의의 갱신이 있어 그간

9. 부작위에 의한 살인

항해 중이던 선박의 선장, 1등 항해사, 2등 항해사가 배가 좌현으로 기울어져 멈춘 후 침몰하고 있는 상황에서 피해자들이 선내에 대기하고 있음에도 구조조치 없이 퇴선함으로써, 피해자들을 익사하게 하거나 해경 등에 의해 구조되게 함

범죄는 보통 적극적인 행위에 의하여 실행되지만 때로는 결과의 발생을 방지하지 아니한 부작위에 의하여도 실현될 수 있다. 형법 제18조는 "위험의 발생을 방지할 의무가 있거나 자기의 행위로 인하여 위험발생의 원인을 야기한 자가 그 위험발생을 방지하지 아니한 때에는 그 발생된 결과에 의하여 처벌한다"라고 하여 부작위범의 성립 요건을 별도로 규정하고 있다.

자연적 의미에서의 부작위는 거동성이 있는 작위와 본질적으로 구별되는 무(무)에 지나지 아니하지만, 위 규정에서 말하는 부작위는 법적 기대라는 규범적 가치판단 요소에 의하여 사회적 중요성을 가지는 사람의 행태가 되어 법적 의미에서 작위와 함께 행위의 기본 형태를 이루게 되므로, 특정한 행위를 하지 아니하는 부작위가 형법적으로 부작위로서의 의미를 가지기 위해서는, 보호법익의 주체에게 해당 구성요건적 결과발생의 위험이 있는 상황에서 행위자가 구성요건의 실현을 회피하기 위하여 요구되는 행위를 현실적·물리적으로 행할 수 있었음에도 하지 아니하였다고 평가될 수 있어야 한다.

나아가 살인죄와 같이 일반적으로 작위를 내용으로 하는 범죄를 부작위에 의하여 범하는 이른바 부진정 부작위범의 경우에는 보호법익의 주체가 법익에 대한 침해위협에 대처할 보호능력이 없고, 부작위행위자에게 침해위협으로부터 법익을 보호해 주어야 할 법적 작위의무가 있을 뿐 아니라, 부작위행위자가 그러한 보호적 지위에서 법익침해를 일으키는 사태를 지배하고 있어 작위의무의 이행으로 결과발생을 쉽게 방지할 수 있어야 부작위로 인한 법익침해가 작위에 의한 법익침해와 동등한 형법적 가치가 있는 것으로서 범죄의 실행행위로 평가될 수 있다. 다만 여기서의 작위의무는 법령, 법률행위, 선행행위로 인한 경우는 물론, 신의성실의 원칙이나 사회상규 혹은 조리상 작위의무가 기대되는 경우에도 인정된다.

또한 부진정 부작위범의 고의는 반드시 구성요건적 결과발생에 대한 목적이나 계획적인 범행 의도가 있어야 하는 것은 아니고 법익침해의 결과발생을 방지할 법적 작위의무를 가지고 있는 사람이 의무를 이행함으로써 결과발생을 쉽게 방지할 수 있었음을 예견하고도 결과발생을 용인하고 이를 방관한 채 의무를 이행하지 아니한다는 인식을 하면 족하며, 이러한 작위의무자의 예견 또는 인식 등은 확정적인 경우는 물론 불확정적인 경우이더라도 미필적 고의로 인정될 수 있다. 이때 작위의무자에게 이러한 고의가 있었는지는 작위의무자의 진술에만 의존할 것이 아니라, 작위의무의 발생근거, 법익침해의 태양과 위험성, 작위의무자의 법익침해에 대한 사태지배의 정도, 요구되는 작위의무의 내용과 이행의 용이성, 부작위에 이르게 된 동기와 경위, 부작위의 형태와 결과발생 사이의 상관관계 등을 종합적으로 고려하여 작위의무자의 심리상태를 추인하여야 한다.

선장의 권한이나 의무, 해원의 상명하복체계 등에 관한 해사안전법과 선원법은 모두 선박의 안전과 선원 관리에 관한 포괄적이고 절대적인 권한을 가진 선장을 수장으로 하는 효율적인 지휘명령체계를 갖추어 항해 중인 선박의 위험을 신속하고 안전하게 극복할 수 있도록 하기 위한 것이므로, 선장은 승객 등 선박공동체의 안전에 대한 총책임자로서 선박공동체가 위험에 직면할 경우 그 사실을 당국에 신고하거나 구조세력의 도움을 요청하는 등의 기본적인 조치뿐만 아니라 위기상황의 태양, 구조세력의 지원 가능성과 규모, 시기 등을 종합적으로 고려하여 실현가능한 구체적인 구조계획을 신속히 수립하고 선장의 포괄적이고 절대적인 권한을

의 범행이 단일한 의사발동에 인한 것이라고는 할 수 없으므로 위 각 미수죄와 기수죄를 경합범으로 의율한 원심판단은 정당하다(대판 1983. 1. 18. 82도2761).

적절히 행사하여 선박공동체 전원의 안전이 종국적으로 확보될 때까지 적극적·지속적으로 구조조치를 취할 법률상 의무가 있다.

또한 선장이나 승무원은 수난구호법 제18조 제1항 단서에 의하여 조난된 사람에 대한 구조조치의무를 부담하고, 선박의 해상여객운송사업자와 승객 사이의 여객운송계약에 따라 승객의 안전에 대하여 계약상 보호의무를 부담하므로, 모든 승무원은 선박 위험 시 서로 협력하여 조난된 승객이나 다른 승무원을 적극적으로 구조할 의무가 있다.

따라서 선박침몰 등과 같은 조난사고로 승객이나 다른 승무원들이 스스로 생명에 대한 위협에 대처할 수 없는 급박한 상황이 발생한 경우에는 선박의 운항을 지배하고 있는 선장이나 갑판 또는 선내에서 구체적인 구조행위를 지배하고 있는 선원들은 적극적인 구호활동을 통해 보호능력이 없는 승객이나 다른 승무원의 사망 결과를 방지하여야 할 작위의무가 있으므로, 법익침해의 태양과 정도 등에 따라 요구되는 개별적·구체적인 구호의무를 이행함으로써 사망의 결과를 쉽게 방지할 수 있음에도 그에 이르는 사태의 핵심적 경과를 그대로 방관하여 사망의 결과를 초래하였다면, 부작위는 작위에 의한 살인행위와 동등한 형법적 가치를 가지고, 작위의무를 이행하였다면 결과가 발생하지 않았을 것이라는 관계가 인정될 경우에는 작위를 하지 않은 부작위와 사망의 결과 사이에 인과관계가 있다.

항해 중이던 선박의 선장 피고인 갑, 1등 항해사 피고인 을, 2등 항해사 피고인 병이 배가 좌현으로 기울어져 멈춘 후 침몰하고 있는 상황에서 피해자인 승객 등이 안내방송 등을 믿고 대피하지 않은 채 선내에 대기하고 있음에도 아무런 구조조치를 취하지 않고 퇴선함으로써, 배에 남아있던 피해자들을 익사하게 하고, 나머지 피해자들의 사망을 용인하였으나 해경 등에 의해 구조되었다고 하여 살인 및 살인미수로 기소된 사안에서, 피고인 을, 병은 간부 선원이기는 하나 나머지 선원들과 마찬가지로 선박침몰과 같은 비상상황 발생 시 각자 비상임무를 수행할 현장에 투입되어 선장의 퇴선명령이나 퇴선을 위한 유보갑판으로의 대피명령 등에 대비하다가 선장의 실행지휘에 따라 승객들의 이동과 탈출을 도와주는 임무를 수행하는 사람들로서, 임무의 내용이나 중요도가 선장의 지휘 내용이나 구체적인 현장상황에 따라 수시로 변동될 수 있을 뿐 아니라 퇴선유도 등과 같이 경우에 따라서는 승객이나 다른 승무원에 의해서도 비교적 쉽게 대체 가능하고, 따라서 승객 등의 퇴선을 위한 선장의 아무런 지휘·명령이 없는 상태에서 피고인 을, 병이 단순히 비상임무 현장에 미리 가서 추가 지시에 대비하지 아니한 채 선장과 함께 조타실에 있었다거나 혹은 기관부 선원들과 함께 3층 선실 복도에서 대기하였다는 사정만으로, 선장과 마찬가지로 선내 대기 중인 승객 등의 사망 결과나 그에 이르는 사태의 핵심적 경과를 계획적으로 조종하거나 저지·촉진하는 등 사태를 지배하는 지위에 있었다고 보기 어려운 점 등 제반 사정을 고려하면, 피고인 을, 병이 간부 선원들로서 선장을 보좌하여 승객 등을 구조하여야 할 지위에 있음에도 별다른 구조조치를 취하지 아니한 채 사태를 방관하여 결과적으로 선내 대기 중이던 승객 등이 탈출에 실패하여 사망에 이르게 한 잘못은 있으나, 그러한 부작위를 작위에 의한 살인의 실행행위와 동일하게 평가하기 어렵고, 또한 살인의 미필적 고의로 피고인 갑의 부작위에 의한 살인행위에 공모 가담하였다고 단정하기도 어려우므로, 피고인 을, 병에 대해 부작위에 의한 살인의 고의를 인정하기 어렵다고 한 것은 정당하다.[14)]

14) 대판 2015. 11. 12. 2015도6809 전원합의체.

Ⅱ. 존속살해죄

1. 존속살해죄의 의의

존속살해죄는 자기 또는 배우자의 직계존속을 살해함으로써 성립하는 범죄이다(형법 250조 1항). 존속살해죄는 신분관계로 인하여 형이 가중되는 부진정신분범이다.

직계존속을 살해하는 행위를 통상의 살인죄에 비하여 가중처벌하는 데 대해서는 위헌 여부가 논의되고 있다. 위헌이라는 견해는, 존속살인에 대한 가중처벌이 봉건적인 가족제도의 산물이고, 존속살해는 현실적으로 존속의 패륜이나 잔혹성 때문에 발생하는 경우가 많다는 점 등을 논거로 한다. 위헌이 아니라는 견해는, 존속에 대한 도덕적 의무는 인륜의 기본이고, 따라서 존속살해를 범한 직계비속을 중하게 처벌하는 것은 합리적 근거에 기한 것이어서 평등의 원칙에 반하지 않는다는 점 등을 논거로 한다. 살인죄(형법 250조 1항, 법정형이 사형, 무기 또는 5년 이상의 징역임)에 의해서도 존속살해를 범한 직계비속을 엄벌할 수 있으므로, 이를 가중처벌하는 존속살해죄(동조 2항, 법정형이 사형, 무기 또는 7년 이상의 징역임) 규정을 존치할 필요가 없다는 견해도 있다.

2. 직계존속

직계존속의 범위는 민법에 의해 정해진다.

혼인 외의 출생자와 생모간에는 생모의 인지나 출생신고를 기다리지 않고 자의 출생으로 당연히 법률상의 친족관계가 생기는 것이다.[15)]

친생자 아닌 자를 출생신고하여 양육하였고 입양신고의 효력이 있음

민법 제874조 제1항에 의하면 처가 있는 자는 공동으로 함이 아니면 양자를 할 수 없다. 그리고 당사자가 입양의 의사로 친생자 출생신고를 하고 거기에 입양의 실질적 요건이 구비되어 있다면 그 형식에 다소 잘못이 있더라도 입양의 효력이 발생하고, 이 경우의 허위의 친생자 출생신고는 법률상의 친자관계인 양친자관계를 공시하는 입양신고의 기능을 하게 되는 것이다.
피해자는 그의 남편과 공동으로 피고인을 입양할 의사로 1978. 3. 16. 피고인을 친생자로 출생신고를 하고 피고인을 양육하여 오다가 남편이 1984년경 사망한 후에도 계속하여 피고인을 양육하여 온 사실을 알 수 있는바, 그렇다면 위 법률규정과 법리에 비추어 피고인을 친생자로 한 출생신고는 피해자와 피고인 사이에서도 입양신고로서 효력이 있으므로 피고인은 피해자의 양자라고 할 것이고, 피고인이 피해자를 살해한 경우 존속살해죄가 성립한다.[16)]

15) 대판 1980. 9. 9. 80도1731.
16) 대판 2007. 11. 29. 2007도8333.

버려진 영아를 주어다 기르고 친생자로 출생신고하였으나 입양요건을 갖추지 못함

피살자(여)가 그의 문전에 버려진 영아인 피고인을 주어다 기르고 그 남편과의 친생자인 것처럼 출생신고를 하였으나 입양요건을 갖추지 아니하였다면 피고인과의 사이에 모자관계가 성립될 리 없으므로, 피고인이 동녀를 살해하였다고 하여도 존속살인죄로 처벌할 수 없다.[17)]

호적부상 친생자로 등재되었으나 친자관계가 없는 부에게 상해를 가함

친자관계라는 사실은 호적상의 기재여하에 의하여 좌우되는 것은 아니며 호적상 친권자라고 등재되어 있다 하더라도 사실에 있어서 그렇지 않은 경우에는 법률상 친자관계가 생길 수 없다 할 것인바, 피고인은 호적부상 피해자와 모 사이에 태어난 친생자로 등재되어 있으나 피해자가 집을 떠난 사이 모가 타인과 정교관계를 맺어 피고인을 출산하였다면 피고인과 피해자 사이에는 친자관계가 없으므로 존속상해죄는 성립될 수 없다.[18)]

3. 직계존속살해의 고의

칼로 여러 피해자를 무차별적으로 찔러 상해를 가하다가 아버지까지 찔러 사망케 함

피고인이 피해자 1이 피고인이 음주 후 행패를 부린 사실을 피고인의 부 피해자 2에게 고자질한 것에 분개하여 피해자 1에게 이를 따지려고 식도를 가지고 나가려 할 때 그 식도를 뺏으려 하던 피고인의 모 피해자 3에게 식도를 휘둘러 상해를 가하고 이어 피해자 1의 집으로 가서 동 식도를 꺼내들고 휘두르며 죽여버린다고 찌를 듯이 협박을 하고 동소에 치재된 상품인 환타등을 밖으로 내던져 손괴하고 이를 말리던 피해자 4의 흉부를 그 식도로 그곳에 있던 피해자 5의 머리를 1회 때리고 피해자 6의 우둔부를 1회 찔러 각 상해를 가하는 등 무차별 횡포를 하고 있을 때 피고인의 부 피해자 2가 나타나 왜 이러느냐고 피고인의 뺨을 때리고 욕을 하면서 꾸중을 하자 피고인의 동 식도로 피해자 2의 좌전흉부를 1회 찔러 사망에 이르게 한 사실은 이를 인정할 수 있을지라도 피고인이 그 부 피해자 2를 살해하기로 결의할만한 동기나 이유있음을 인정할 만한 자료있음을 찾아볼 수 없다. 피해자 2가 피해자 1로부터 피고인이 음주 후 행패를 부린 사실을 듣고 피고인을 "그놈 쳐 넣어야겠다"고 말하는 것을 피고인이 들었다는 것만으로서 그 부 피해자 2를 살해할 결의를 하였다고 볼만한 사유로 삼을 수는 없다고 본다. 거기에다 이건 범행 전모의 경위와 순서가 위에서 본 바와 같은 것임을 아울러 고찰하여 볼 때 피고인이 피해자 1에게 위 고자질한 일을 따지러 가서 식도를 꺼내들고 죽인다고 협박을 할 때 피해자 1이 무서워서 그 자리를 피해 버리자 제 분에 이기지 못하여 식도를 휘두르는 피고인을 말리거나 그 식도를 뺏으려고 한 그 밖의 피해자들을 닥치는 대로 찌르는 무차별 횡포를 부리던 중에 그의 부까지 찌르게 된 결과를 빚은 것으로 엿보일 뿐 피고인이 칼에 찔려 쓰러진 피해자 2를 부축해 데리고 나가지 못하도록 한 일이 있다는 1심 채택 증거 중의 일부 진술 정도로써 피고인이 그의 부 피해자 2를 살해할 의사로 식도로 찔러 살해하였다는 사실을 인정하기는 어렵다.[19)]

---

17) 대판 1981. 10. 13. 81도2466.

18) 대판 1983. 6. 28. 83도996.

19) 대판 1977. 1. 11. 76도3871.

Ⅲ. 영아살해죄

1. 의 의

영아살해죄는 직계존속이 치욕을 은폐하기 위하거나 양육할 수 없음을 예상하거나 특히 참작할 만한 동기로 인하여 분만 중 또는 분만 직후의 영아를 살해한 때에 성립한다. 영아살해죄는 직계존속의 특수한 동기로 인하여 살인죄에 비하여 형이 감경되는 부진정신분범에 해당한다.

2. 직계존속

통설은 본죄의 직계존속은 법률상의 직계존속 외에 사실상의 직계존속을 포함한다고 한다. 이와 달리 판례는 본죄의 직계존속은 법률상의 직계존속만을 의미한다는 입장을 취한 바 있다.[20]

Ⅳ. 촉탁·승낙살인죄와 자살교사·방조죄

1. 촉탁·승낙살인죄(252조 1항)

촉탁살인은 이미 죽음을 결의한 피해자의 요구에 따라 살해하는 것이고, 승낙살인은 살해할 것을 이미 결의한 자가 피해자의 동의를 받아 살해하는 것을 말한다.

2. 자살교사·방조죄(252조 2항)

사람이 자살하는 행위 자체는 형법상 처벌 대상이 아니다. 그러나 타인의 자살에 교사 또는 방조의 형태로 관여하는 것은 본조에 의해 처벌 대상이 된다.

본죄의 객체는 자살의 의미를 이해할 수 있는 자이다. 다음 판례와 같이 자살의 의미를 이해할 수 없는 자를 교사·방조하여 사망하게 한 경우에는 자살교사·방조죄가 아니라 살인죄가 성립한다. 자살의 의미를 이해할 수 있는 자라고 하더라도 그를 위계·위력에 의하여 사망하게 한 때에는 위계·위력에 의한 살인죄(형법 253조)가 성립한다.

피고인이 7세, 3세 남짓된 어린 자식들에 대하여 함께 죽자고 권유하여 물속에 따라 들어오게 하여 결국 익사하게 하였다면 비록 피해자들을 물속에 직접 밀어서 빠뜨리지는 않았다고 하더라도 자살의 의미를 이해할

20) 남녀가 사실상 동거한 관계가 있고 그 사이에 영아가 분만되었다 하여도 [호적에 자로 입적(현재는 가족관계등록부에 자로 등록)하거나 인지하지 아니한 이상] 그 남자와 영아와의 사이에 법률상 직계존속·비속의 관계에 있다 할 수 없으므로 그 남자가 영아를 살해한 경우에는 살인죄가 성립한다(대판 1970. 3. 10. 69도2285).

능력이 없고 피고인의 말이라면 무엇이나 복종하는 어린 자식들을 권유하여 익사하게 한 이상 살인죄의 범의는 있었음이 분명하다.[21]

형법 제252조 제2항의 자살방조죄는 자살하려는 사람의 자살행위를 도와주어 용이하게 실행하도록 함으로써 성립되는 것으로서, 이러한 자살방조죄가 성립하기 위해서는 그 방조 상대방의 구체적인 자살의 실행을 원조하여 이를 용이하게 하는 행위의 존재와 그 점에 대한 행위자의 인식이 요구된다.
피해자가 이 사건 당일 새벽에 피고인과 말다툼을 하다가 죽고 싶다 또는 같이 죽자고 하며 피고인에게 기름을 사오라는 말을 하였고, 이에 따라 피고인이 피해자에게 휘발유 1병을 사다주었는데 그 직후에 피해자가 몸에 휘발유를 뿌리고 불을 붙여 자살한 사실을 인정한 후 위와 같은 피해자의 자살경위에 피해자의 자녀문제와 고부갈등, 경제적 어려움 등으로 인한 피고인과 피해자 사이의 가정불화 등을 보태어 보면, 피고인이 이 사건 당시 피해자에게 휘발유를 사다주면 이를 이용하여 자살할 수도 있다는 것을 충분히 예상할 수 있었음에도 피해자에게 휘발유를 사다주어 피해자가 자살하도록 방조한 것이라고 본 원심의 판단은 정당하다.[22]

형법 제252조 제2항의 자살방조죄는 자살하려는 사람의 자살행위를 도와주어 용이하게 실행하도록 함으로써 성립되는 것으로서, 그 방법에는 자살도구인 총, 칼 등을 빌려주거나 독약을 만들어 주거나 조언 또는 격려를 한다거나 기타 적극적, 소극적, 물질적, 정신적 방법이 모두 포함된다 할 것이나, 이러한 자살방조죄가 성립하기 위해서는 그 방조 상대방의 구체적인 자살의 실행을 원조하여 이를 용이하게 하는 행위의 존재 및 그 점에 대한 행위자의 인식이 요구된다.
피고인이 인터넷 사이트 내 자살 관련 카페 게시판에 청산염 등 자살용 유독물의 판매광고를 한 행위가 단지 금원 편취 목적의 사기행각의 일환으로 이루어졌고, 변사자들이 다른 경로로 입수한 청산염을 이용하여 자살한 사정 등에 비추어, 피고인의 행위는 자살방조에 해당하지 않는다고 한 사례.[23]

---

21) 대판 1987. 1. 20. 86도2395.

22) 대판 2010. 4. 29. 2010도2328. 다음은 같은 취지이다.
형법 제252조 제2항의 자살방조죄는 자살하려는 사람의 자살행위를 도와주어 용이하게 실행하도록 함으로써 성립되는 것으로서, 그 방법에는 자살도구인 총, 칼 등을 빌려주거나 독약을 만들어 주거나, 조언 또는 격려를 한다거나 기타 적극적, 소극적, 물질적, 정신적 방법이 모두 포함된다.
공소사실은, 피고인은 망인이 공소장에 기재된 상황에서 분신자살을 하겠다는 생각을 갖고 있음을 알고 그 실행을 용이하게 도와주겠다는 의도로 1991. 4. 27.경부터 같은 해 5. 8.까지의 어느 날에 서울 어느 곳에서 리포트 용지에 검은 색 사인펜으로 유서 2장을 작성하여 줌으로써 유서내용에 의하여 위 망인에게 그의 분신자살이 조국과 민족을 위한 행위로 미화될 것이며 사후의 장례의식을 포함한 모든 문제도 전국민족민주운동연합에서 책임진다는 것을 암시하는 방법으로 분신자살의 실행을 용이하게 도와주어 망인의 자살을 방조하였다는 내용이므로, 이는 결국 적극적, 정신적 방법으로 자살하려는 사람에게 자살의 동인과 명분을 주어 자살을 용이하게 실행하도록 하였다는 것으로서 자살방조죄에 해당되는 공소임이 명백하여 공소장에 자살방조죄가 될 만한 사실이 포함되지 아니하였다고는 볼 수 없다고 한 사례(대판 1992. 7. 24. 92도1148).
해설: 위 사안은 재심을 통해 무죄판결이 선고되었다.

23) 대판 2005. 6. 10. 2005도1373.

V. 살인예비·음모죄

형법 제255조, 제250조의 살인예비죄가 성립하기 위하여는 형법 제255조에서 명문으로 요구하는 살인죄를 범할 목적 외에도 살인의 준비에 관한 고의가 있어야 하며, 나아가 실행의 착수까지에는 이르지 아니하는 살인죄의 실현을 위한 준비행위가 있어야 한다. 여기서의 준비행위는 물적인 것에 한정되지 아니하며 특별한 정형이 있는 것도 아니지만, 단순히 범행의 의사 또는 계획만으로는 그것이 있다고 할 수 없고 객관적으로 보아서 살인죄의 실현에 실질적으로 기여할 수 있는 외적 행위를 필요로 한다.
갑이 을을 살해하기 위하여 병, 정 등을 고용하면서 그들에게 대가의 지급을 약속한 경우, 갑에게는 살인죄를 범할 목적 및 살인의 준비에 관한 고의뿐만 아니라 살인죄의 실현을 위한 준비행위를 하였음을 인정할 수 있다는 이유로 살인예비죄의 성립을 인정한 사례.[24)]

24) 대판 2009. 10. 29. 2009도7150.

제2절 낙태죄

낙태죄의 구성요건 체계

형법 269조 ① 낙태
② (촉탁, 승낙)낙태
③ (2항 각 죄명)(치상, 치사)

형법 270조 ① 업무상(촉탁, 승낙)낙태
② 부동의낙태
③ (1항, 2항 각 죄명)(치상, 치사)

1. 낙태의 의미

낙태의 의미에 대해서는, ① 태아를 자연적인 분만기에 앞서서 인위적으로 모체 밖으로 꺼내거나 모체 내에서 살해하는 것이라는 견해, ② 태아의 생명에 위험을 주지 않고 임부의 건강을 위하여 조기 출산케 하는 인공출산을 낙태로 볼 수 없다는 관점에서 임신중절에 의해 태아를 살해하는 것이라는 견해가 있다. 판례는 다음과 같이 위 ①의 견해를 취하고 있다.

의사가 낙태하려고 약물에 의해 유도분만하였으나 살아서 출생한 미숙아에게 염화칼륨을 주입하여 사망하게 함(=업무상촉탁낙태죄와 살인죄)

낙태죄는 태아를 자연분만기에 앞서서 인위적으로 모체 밖으로 배출하거나 모체 안에서 살해함으로써 성립하고, 그 결과 태아가 사망하였는지 여부는 낙태죄의 성립에 영향이 없다.

산부인과 의사인 피고인이 약물에 의한 유도분만의 방법으로 낙태시술을 하였으나 태아가 살아서 미숙아 상태로 출생하자 그 미숙아에게 염화칼륨을 주입하여 사망하게 한 사안에서, 염화칼륨 주입행위를 낙태를 완성하기 위한 행위에 불과한 것으로 볼 수 없고, 살아서 출생한 미숙아가 정상적으로 생존할 확률이 적다고 하더라도 그 상태에 대한 확인이나 최소한의 의료행위도 없이 적극적으로 염화칼륨을 주입하여 미숙아를 사망에 이르게 하였다면 피고인에게는 미숙아를 살해하려는 범의가 인정된다고 한 사례.[1)]

2. 보호법익

낙태죄의 보호법익에 관하여 ① 모체의 신체안전이라는 견해, ② 태아의 생명이라는 견해, ③ 태아의 생명이 주된 보호법익이지만 모체의 신체안전도 보호법익이라는 견해가 있다.

1) 대판 2005. 4. 15. 2003도2780.

태아의 사망과 임산부에 대한 상해죄

현행 형법이 사람에 대한 상해 및 과실치사상의 죄에 관한 규정과는 별도로 태아를 독립된 행위객체로 하는 낙태죄, 부동의 낙태죄, 낙태치상 및 낙태치사의 죄 등에 관한 규정을 두어 포태한 부녀의 자기낙태행위 및 제3자의 부동의 낙태행위, 낙태로 인하여 위 부녀에게 상해 또는 사망에 이르게 한 행위 등에 대하여 처벌하도록 한 점, 과실낙태행위 및 낙태미수행위에 대하여 따로 처벌규정을 두지 아니한 점 등에 비추어 보면, 우리 형법은 태아를 임산부 신체의 일부로 보거나, 낙태행위가 임산부의 태아양육, 출산 기능의 침해라는 측면에서 낙태죄와는 별개로 임산부에 대한 상해죄를 구성하는 것으로 보지는 않는다고 해석된다. 따라서 태아를 사망에 이르게 하는 행위가 임산부 신체의 일부를 훼손하는 것이라거나 태아의 사망으로 인하여 그 태아를 양육, 출산하는 임산부의 생리적 기능이 침해되어 임산부에 대한 상해가 된다고 볼 수는 없다.[2)]

3. 모자보건법

모성(母性) 및 영유아의 생명과 건강을 보호하고 건전한 자녀의 출산과 양육을 도모함으로써 국민보건 향상에 이바지함을 목적으로 하여 모자보건법이 제정되어 있다. 모자보건법은 태아가 모체 밖에서는 생명을 유지할 수 없는 시기에 태아와 그 부속물을 인공적으로 모체 밖으로 배출시키는 수술 즉 인공임신중절수술(동법 2조 7호)을 다음과 같이 제한하고 있다.

동법 제14조(인공임신중절수술의 허용한계) ① 의사는 다음 각 호의 어느 하나에 해당되는 경우에만 본인과 배우자(사실상의 혼인관계에 있는 사람을 포함한다. 이하 같다)의 동의를 받아 인공임신중절수술을 할 수 있다.

1. 본인이나 배우자가 대통령령으로 정하는 우생학적(優生學的) 또는 유전학적 정신장애나 신체질환이 있는 경우
2. 본인이나 배우자가 대통령령으로 정하는 전염성 질환이 있는 경우
3. 강간 또는 준강간(準强姦)에 의하여 임신된 경우
4. 법률상 혼인할 수 없는 혈족 또는 인척 간에 임신된 경우
5. 임신의 지속이 보건의학적 이유로 모체의 건강을 심각하게 해치고 있거나 해칠 우려가 있는 경우

② 제1항의 경우에 배우자의 사망·실종·행방불명, 그 밖에 부득이한 사유로 동의를 받을 수 없으면 본인의 동의만으로 그 수술을 할 수 있다.

③ 제1항의 경우 본인이나 배우자가 심신장애로 의사표시를 할 수 없을 때에는 그 친권자나 후견인의 동의로, 친권자나 후견인이 없을 때에는 부양의무자의 동의로 각각 그 동의를 갈음할 수 있다.

---

2) 대판 2007. 6. 29. 2005도3832; 대판 2009. 7. 9. 2009도1025.

동법 28조는 동법에 따른 인공임신중절수술을 받은 자와 수술을 한 자는 형법 269조 1항·2항 및 270조 1항에도 불구하고 처벌하지 아니한다고 규정하고 있다. 한편 임신 24주일 이내인 사람만 인공임신중절수술을 할 수 있다(모자보건법 시행령 15조).

태반의 조기박리/임신 지속이 보건의학적으로 모체의 건강을 심히 해하거나 해할 우려

모자보건법 제8조 제1항 제5호 소정의 인공임신중절수술 허용한계인 임신의 지속이 보건의학적 이유로 모체의 건강을 심히 해하고 있거나 해할 우려가 있는 경우라 함은 임신의 지속이 모체의 생명과 건강에 심각한 위험을 초래하게 되어 모체의 생명과 건강만이라도 구하기 위하여는 인공임신중절수술이 부득이 하다고 인정되는 경우로서 이러한 판단은 치료행위에 임하는 의사의 건전하고도 신중한 판단에 일응 위임되어 있다. 피고인은 임산부 갑이 배가 아프고 출혈이 있다고 호소하자 소량의 질출혈이 있음을 확인한 후 태반조기 박리현상이 있는 것으로 진단하고 갑은 그밖에 달리 건강에 아무런 이상이 없었고 위 상태로는 산모의 생명에 직접적인 위험이 없음을 알면서도 산모로부터 경제적 사정이 있어서 낙태하여야 한다는 촉탁이 있자 즉시 낙태에 착수하여 일차 시술을 한 후 다음날 질확장기계 및 약물을 사용하여 낙태시술을 마치고 체중 2,200그램, 신장 43센치미터의 태아를 모체밖으로 배출시킨 사실이 인정되니 위와 같이 임산부에게 태반조기박리 증상이 있다고 진단하는 경우라 하더라도 당시 임산부의 생명에 직접적인 위험이 없었다면 일응 임산부의 건강상태를 상당기간 세심히 관찰하면서 임산부와 태아의 건강에 지장이 없이 자연분만이 가능하도록 치료에 임하는 것이 원칙이고 그 치료에도 불구하고 임산부의 건강이 갑자기 악화되는 등 임신의 지속이 모체의 건강을 심히 해할 우려가 있다고 판단되는 부득이한 경우에 이르렀을 때에 인공임신중절의 시술이 허용된다 할 것이므로 피고인의 소위를 같은 법 소정의 허용사유에 해당하여 위법성이 조각되는 경우라 할 수 없다.[3]

임신의 지속이 모체의 건강을 해칠 우려가 현저할 뿐더러 기형아 내지 불구아를 출산할 가능성마저도 없지 않다는 판단 하에 부득이 취하게 된 산부인과 의사의 낙태 수술행위는 정당행위 내지 긴급피난에 해당되어 위법성이 없는 경우에 해당된다.[4]
해설: 기형아 내지 불구아를 출산할 가능성이 있다는 사정은 모자보건법상 인공임신중절수술의 허용사유로 열거되어 있지 않다.

3) 대판 1985. 6. 11. 84도1958. 같은 취지로는 대판 2005. 4. 15. 2003도2780.
4) 대판 1976. 7. 13. 75도1205.

제3절 상해와 폭행

Ⅰ. 상해죄

1. 상해의 의의

상해는 신체의 건강상태가 불량하게 변경되고 생활기능에 장애가 초래된 것을 의미한다.

타인의 신체에 폭행을 가하여 보행불능 수면장애 식욕감퇴 등 기능의 장해를 일으킨 때에는 형법상 상해를 입힌 경우에 해당한다.1)

피고인이 경찰관인 피해자와 연행문제로 시비하는 과정에서 치료도 필요 없는 가벼운 상처를 입었으나, 그 정도의 상처는 일상생활에서 얼마든지 생길 수 있는 극히 경미한 상처이므로 굳이 따로 치료할 필요도 없는 것이어서 그로 인하여 인체의 완전성을 해하거나 건강상태를 불량하게 변경하였다고 보기 어려우므로, 피해자가 약 1주간의 치료를 요하는 좌측팔 부분의 동전크기의 멍이 든 것이 상해죄에서 말하는 상해에 해당되지 않는다고 본 사례.2)

극도의 공포감을 이기지 못하고 실신하였다가 상당 시간 경과 후 회복

피고인과 그의 공범들이 피해자를 피고인 경영의 초밥집 에 불러내어 22:00경부터 그 다음날 02:30경까지 사이에 회칼로 죽여버리겠다거나 소주병을 깨어 찌를 듯한 태도를 보이면서 계속하여 협박하다가 손바닥으로 피해자의 얼굴과 목덜미를 수회 때리자, 피해자가 극도의 공포감을 이기지 못하고 기절하였다가 피고인 등이 불러온 119 구급차 안에서야 겨우 정신을 차리고 인근 병원에까지 이송된 사실이 명백히 인정되는바, 이와 같이 오랜 시간 동안의 협박과 폭행을 이기지 못하고 실신하여 범인들이 불러온 구급차 안에서야 정신을 차리게 되었다면, 외부적으로 어떤 상처가 발생하지 않았다고 하더라도 생리적 기능에 훼손을 입어 신체에 대한 상해가 있었다고 봄이 상당하다.3)

1) 대판 1969. 3. 11. 69도161.
2) 대판 1996. 12. 23. 96도2673.
3) 대판 1996. 12. 10. 96도2529.

2. 결합범에 있어서의 상해

가. 강간·강제추행 관련

강간등상해·치상죄 부분을 참조하라.

나. 강도상해죄 관련

피해자가 범행 당일 우측 두부 타박으로 인한 피하출혈, 부종 및 찰과상, 두정부와 우측 발목 타박으로 부종과 동통 소견이 있어 약 2주일간의 치료를 요한다는 내용의 상해진단서를 발급 받았고, 가해자가 범행 당시 주먹으로 머리를 1회 때리고 피해자의 발을 걸어 넘어뜨린 후 발로 가슴을 1회 걷어 차 피해자가 위와 같은 상처를 입었다면 이로 인하여 피해자의 신체의 건강상태가 불량하게 변경되고 생활기능에 장애가 초래된 것이라고 볼 수 있어 강도상해죄를 구성하는 상해에 해당한다고 한 사례.[4)]

다. 특가법위반(도주차량) 관련

특가법 제5조의3 제1항이 정하는 '피해자를 구호하는 등 도로교통법 제50조 제1항에 의한 조치를 취하지 아니하고 도주한 때'라고 함은 사고운전자가 사고로 인하여 피해자가 사상을 당한 사실을 인식하였음에도 불구하고, 피해자를 구호하는 등 도로교통법 제50조 제1항에 규정된 의무를 이행하기 이전에 사고현장을 이탈하여 사고를 낸 자가 누구인지 확정할 수 없는 상태를 초래하는 경우를 말하는 것이므로, 위 도주운전죄가 성립하려면 피해자에게 사상의 결과가 발생하여야 하고, 생명·신체에 대한 단순한 위험에 그치거나 형법 제257조 제1항에 규정된 '상해'로 평가될 수 없을 정도의 극히 하찮은 상처로서 굳이 치료할 필요가 없는 것이어서 그로 인하여 건강상태를 침해하였다고 보기 어려운 경우에는 위 죄가 성립하지 않는다.
교통사고로 인하여 피해자가 입은 요추부 통증이 굳이 치료할 필요가 없이 자연적으로 치유될 수 있는 것으로서 '상해'에 해당한다고 볼 수 없다는 이유로 특가법 제5조의3 제1항 소정의 도주운전죄의 성립을 부정한 사례.[5)]

---

4) 대판 2002. 1. 11. 2001도5925.

5) 대판 2000. 2. 25. 99도3910. 구체적인 판시는 다음과 같다.
사고 결과 피해차량인 택시의 뒷범퍼가 미미하게 탈착된 데 그친 점에 비추어 볼 때 이 사건 교통사고는 매우 경미한 추돌사고라고 보여지고, 피해자는 사고 당시 신호대기를 위하여 택시를 정차하고 있다가 뒤에서 충격을 당하는 느낌을 받았는데, 사고 후 어디를 다쳤는지는 모르고 정신만이 몽롱한 상태였을 뿐이며, 파출소에서는 진단서를 제출하겠다고 하였다가 다시 경찰서에서는 아픈 데가 없어서 진단서를 제출하지 않겠다고 하였으나 담당경찰관이 그 제출을 종용하므로 병원에서 이를 발급받아서 제출하였다고 진술하고 있고, 진단서를 발급한 의사는 피해자가 허리의 통증을 호소하여 다른 객관적인 자료 없이 진단서를 발급하였고, 통상적으로 통증을 이유로 진단서를 발급하는 경우 주사와 약물 및 물리치료를 하는데 피해자는 위 진단서를 발급받을 당시 주사 및 물리치료는 받지 않고 약만 받아간 이후 병원에서 아무런 치료도 받지 않았다는 취지로 진술하고 있음을 알 수 있다.
위와 같은 사정들에 비추어 보면, 이 사건 사고로 인하여 피해자가 입었다는 요추부 통증은 굳이 치료를 받지 않더라도 일상생활을 하는데 아무런 지장이 없고 시일이 경과함에 따라 자연적으로 치유될 수 있는 정도라고 보여질 뿐만 아니라 실제로도 피해자는 아무런 치료를 받은 일이 없으므로, 그와 같은 단순한 통증으로 인하여 신체의 완전성이 손상되고 생활기능에 장애가 왔다거나 건강상태가 불량하게 변경되었다고 보기 어려워서 이를 형법상 '상해'에 해당한다고 할 수 없음이 분명하다.

라. 의료 사고 관련

난소의 제거로 이미 임신불능 상태에 있는 피해자의 자궁을 적출했다 하더라도 그 경우 자궁을 제거한 것이 신체의 완전성을 해한 것이 아니라거나 생활기능에 아무런 장애를 주는 것이 아니라거나 건강상태를 불량하게 변경한 것이 아니라고 할 수 없고 이는 업무상 과실치상죄에 있어서의 상해에 해당한다.[6)]

3. 상해의 부위와 정도에 대한 특정

상해죄의 성립에는 상해의 고의와 신체의 완전성을 해하는 행위 및 이로 인하여 발생하는 인과관계 있는 상해의 결과가 있어야 하므로 상해죄에 있어서는 신체의 완전성을 해하는 행위와 그로 인한 상해의 부위와 정도가 증거에 의하여 명백하게 확정되어야 하고, 상해 부위의 판시없는 상해죄의 인정은 위법하다.[7)]
해설: 위 판례의 취지는, 상해진단서에 "경부전측 및 흉부상측 중앙부위에 발적종장 및 파상이 있고 경부압착에 의한 연하통이 있으며 흉통을 호소함 좌측대퇴부하 3분의 1 부위 배측에 찰과상이 있고 피하 출혈로 인한 자적색흔이 있음"이라고 기재되어 있음에도 원심이 '약 14일간의 치료를 요하는 상해를 가하였다'라고만 판시한 것은 위법하다는 것이다.

상해의 부위와 정도가 증거에 의하여 명백히 확정되어야 하고 상해부위의 판시 없는 상해죄의 인정은 위법하지만, 피해자들은 의사와 그의 직원들로서 피해자들이 흉기에 찔려 입은 상해의 부위를 촬영한 사진을 제시하면서 상해의 부위와 정도에 관하여 진술하고 있고, 피고인의 공범들 또한 피해자들을 흉기로 찔러 그와 같은 상해를 입힌 사실을 시인하고 있으며, 원심 인정의 범죄사실에 상해부위가 특정되어 있으므로, 원심이 진단서 없이 상해사실을 인정하였고 또한 치료일수를 명시하지 아니하였다고 하더라도 어떤 위법이 있다고 볼 수 없다고 한 사례.[8)]

4. 상해의 고의

상해죄는 결과범이므로 그 성립에는 상해의 원인인 폭행에 관한 인식이 있으면 충분하고 상해를 가할 의사의 존재는 필요하지 않으나, 폭행을 가한다는 인식이 없는 행위의 결과로 피해자가 상해를 입었던 경우에는 상해죄가 성립하지 아니한다.
피고인은 피해자가 경영하는 포장마차 식당에서 갑과 술내기 팔씨름을 하여 피고인이 이겼는데도 갑이 다시 한 번 하자고 덤벼들자 피고인은 식탁 위에 있던 식칼을 집어 들고 자신의 팔뚝을 1회 그어 자해하고, 이를 제지하려고 피해자가 양팔로 피고인을 뒤에서 붙잡자 그 제지를 벗어나려고 식칼을 잡은 채 이를 뿌리친 잘못으로 이 사건 상해를 입혔다는 것으로서 피고인에게는 폭행에 대한 인식마저 인정할 수 없는 경우에는 피고인

6) 대판 1993. 7. 27. 92도2345.
7) 대판 1982. 12. 28. 82도2588.
8) 대판 1996. 12. 10. 96도2529.

이 폭행을 가한다는 인식없는 행위의 결과로 피해자가 상해를 입었다 하여도 상해죄를 구성하지 않는다.[9)]

상해죄의 성립에는 상해의 원인인 폭행에 대한 인식이 있으면 충분하고 상해를 가할 의사의 존재까지는 필요하지 아니한 것인바, 피고인이 비록 갑 등의 손에서 벗어나기 위해서이기는 하나 그들과 몸싸움을 벌인 것은 분명하고, 피고인이 팔꿈치 또는 손으로 경찰관들을 밀어 넘어뜨렸다면 적어도 폭행에 대한 인식은 있었다고 봄이 상당하므로, 피고인에게 폭력에 대한 범의조차 없다고 본 원심의 판단 부분은 수긍하기 어렵다.[10)]

5. 위법성

상호간의 싸움

가해자의 행위가 피해자의 부당한 공격을 방위하기 위한 것이라기 보다는 서로 공격할 의사로 싸우다가 먼저 공격을 받고 이에 대항하여 가해하게 된 것이라고 봄이 상당한 경우, 그 가해행위는 방어행위인 동시에 공격행위의 성격을 가지므로 정당방위 또는 과잉방위행위라고 볼 수 없다.[11)]

외관상 서로 격투를 하는 것처럼 보이는 경우라고 할지라도 실지로는 한쪽 당사자가 일방적으로 불법한 공격을 가하고 상대방은 이러한 불법한 공격으로부터 자신을 보호하고 이를 벗어나기 위한 저항수단으로 유형력을 행사한 경우라면, 그 행위가 적극적인 반격이 아니라 소극적인 방어의 한도를 벗어나지 않는 한 그 행위에 이르게 된 경위와 그 목적수단 및 행위자의 의사 등 제반 사정에 비추어 볼 때 사회통념상 허용될 만한 상당성이 있는 행위로서 위법성이 조각된다고 보아야 할 것이다.[12)]

9) 대판 1983. 3. 22. 83도231.

10) 대판 2000. 7. 4. 99도4341.

11) 대판 1971. 4. 30. 71도527; 대판 2000. 3. 28. 2000도228; 대판 2004. 6. 25. 2003도4934. 다음은 상호간의 싸움에서는 정당방위가 성립하지 않는다고 단정한 과거의 판례이다.
싸움과 같은 일련의 상호투쟁 중에 이루어진 구타행위는 서로 상대방의 폭력행위를 유발한 것이므로 정당방위가 성립되지 않는다(대판 1996. 9. 6. 95도2945).

12) 대판 1985. 10. 22. 85도1455; 대판 1999. 10. 12. 99도3377; 대판 2010. 2. 11. 2009도12958.
갑(54세)이 남편인 을(59세)과 함께 피고인(66세, 여)이 묵을 만드는 외딴 집에 찾아와 피고인이 갑이 첩의 자식이라는 헛소문을 퍼뜨렸다며 먼저 피고인의 멱살을 잡고 밀어 넘어뜨리고 배 위에 올라타 주먹으로 팔, 얼굴 등을 폭행하였고, 을도 이에 가세하여 피고인의 얼굴에 침을 뱉으며 발로 밟아 폭행을 한 사실, 이에 연로한 탓에 힘에 부쳐 달리 피할 방법이 없던 피고인은 이를 방어하기 위하여 갑과 을의 폭행에 대항하여 갑의 팔을 잡아 비틀고, 다리를 무는 등으로 하여 갑에게 오른쪽 팔목과 대퇴부 뒤쪽에 멍이 들게 하여 약 2주간의 치료를 요하는 상해를 가한 경우에, 피고인이 취한 위와 같은 행위는 자신을 보호하고 이를 벗어나기 위한 저항수단으로서 소극적인 방어의 한도를 벗어나지 않는 것이라고 할 것이므로 사회통념상 허용될 만한 상당성이 있는 행위로서 위법성이 조각된다(대판 1999. 10. 12. 99도3377).
갑과 자신의 남편과의 관계를 의심하게 된 상대방이 자신의 아들 등과 함께 갑의 아파트에 찾아가 현관문을 발로 차는 등 소란을 피우다가, 출입문을 열어주자 곧바로 갑을 밀치고 신발을 신은 채로 거실로 들어가 상대방 일행이 서로 합세하여 갑을 구타하기 시작하였고, 갑은 이를 벗어나기 위하여 손을 휘저으며 발버둥치는 과정에서 상대방

심한 공격을 피하고자 상대방의 멱살을 잡아 흔들어 찰과상을 입힘

피해자가 피고인의 집 마루에 신을 신은 채 올라와 밤나무절취사실을 고소하게 하였다는 감정으로 피고인에게 욕설을 하고 손가락으로 눈을 찌르고 얼굴을 3회 박치기하여 피고인에게 요치 4주간의 치아파절상을 입히고도 계속해서 피고인의 멱살을 잡고 구타하려 하므로, 피고인은 이를 피하고자 동인의 멱살을 잡고 흔들게 되어 동인에게 경부찰과상을 입혔다면, 피고인의 이러한 행위는 상대방의 부당한 공격에서 벗어나려고 한 행위로서 그 행위에 이르게 된 경위와 그 목적 및 수단, 행위자의 의사 등 제반사정에 비추어 위법성이 결여된 행위라고 볼 수 있다.13)

교사가 훈계 목적으로 몽둥이로 학생을 때려 전치 3주의 상해를 가함

교사가 학생을 엎드러지게 한 후 몽둥이와 당구큐대로 그의 둔부를 때려 3주간의 치료를 요하는 우둔부심부혈종좌이부좌상을 입혔다면 비록 학생주임을 맡고 있는 교사로서 제자를 훈계하기 위한 것이었다 하더라도 이는 징계의 범위를 넘는 것으로서 정당행위에 해당하지 아니한다.14)

안수기도

종교적 기도행위의 일환으로서 기도자의 기도에 의한 염원 내지 의사가 상대방에게 심리적 또는 영적으로 전달되는 데 도움이 된다고 인정될 수 있는 한도 내에서 상대방의 신체의 일부에 가볍게 손을 얹거나 약간 누르면서 병의 치유를 간절히 기도하는 행위는 그 목적과 수단면에 있어서 정당성이 인정된다고 볼 수 있을 것이지만, 그러한 종교적 기도행위를 마치 의료적으로 효과가 있는 치료행위인 양 내세워 환자를 끌어들인 다음, 통상의 일반적인 안수기도의 방식과 정도를 벗어나 환자의 신체에 비정상적이거나 과도한 유형력을 행사하고 신체의 자유를 과도하게 제압하여 그 결과 환자의 신체에 상해까지 입힌 경우라면, 그러한 유형력의 행사가 비록 안수기도의 명목과 방법으로 이루어졌다 해도 사회상규상 용인되는 정당행위라고 볼 수 없음은 물론이고, 이를 치료행위로 오인한 피해자측의 승낙이 있었다 하여 달리 볼 수도 없다.15)

등에게 상해를 가하게 된 사안에서, 상대방의 남편과 갑이 불륜을 저지른 것으로 생각하고 이를 따지기 위하여 갑의 집을 찾아가 갑을 폭행하기에 이른 것이라는 것만으로 상대방 등의 위 공격행위가 적법하다고 할 수 없고, 갑은 그러한 위법한 공격으로부터 자신을 보호하고 이를 벗어나기 위한 사회관념상 상당성 있는 방어행위로서 유형력의 행사에 이르렀다고 할 것이어서 위 행위의 위법성이 조각된다고 판단한 원심판결에 법리오해의 위법이 없다고 한 사례(대판 2010. 2. 11. 2009도12958).

13) 대판 1983. 2. 8. 82도2098.

14) 대판 1991. 5. 14. 91도513.

15) 대판 2008. 8. 21. 2008도2695. 구체적인 판단은 다음과 같다.
피고인이 실시한 이 사건 안수기도는 의료적 치료행위임을 전제로 피해자의 어머니 갑으로부터 시술에 따른 책임을 전가하는 각서까지 받은 점, 그 실시에 앞서 피해자가 고통을 느껴 몸부림칠 것에 대비하여 다수의 사람들을 동원해서 피해자의 신체를 장시간 강제로 제압하도록 하였고, 실제 안수기도 과정에서 피해자가 신체에 상해(피해자측이 제출한 진단서상으로는 3주간의 치료를 요하는 다발성좌상 및 피하출혈흔 등의 상해)를 입는 것을 감수하면서까지 고통으로부터 벗어나고자 저항하였을 정도인데다가, 피해자와 달리 정신적 질환이 없는 갑마저 피고인의 권유로 위 안수기도를 받다가 고통을 못 이겨 소리를 지르는 바람에 큰 소동이 벌어졌음에 비추어 위 안수기도로 피해자가 느낀 고통은 단순한 심리적·정신적 고통이 아닌 신체적 고통으로 볼 여지가 많다는 점, 피해자가 입은 2006. 8. 21.자의

6. 간접정범

돌로 죽인다고 협박하며 면도칼을 주어 피해자가 자신의 콧등을 절단하여 불구가 되게 함

피고인은 동거한 사실이 있는 피해자에게 피고인을 탈영병이라고 헌병대에 신고한 이유와 다른 남자와 정을 통한 사실들을 추궁한 바, 이를 부인하자 하숙집 뒷산으로 데리고 가 계속 부정을 추궁하면서 상대 남자를 말하자 대답을 하지 못하고 당황하던 피해자에게 소지 중인 면도칼 1개를 주면서 "네가 네 코를 자르지 않을 때는 돌로서 죽인다"는 등 위협을 가해 자신의 생명에 위험을 느낀 피해자는 자신의 생명을 보존하기 위하여 위 면도칼로 콧등을 길이 2.5센치, 깊이 0.56센치 절단함으로써 피해자에게 전치 3개월을 요하는 상처를 입혀 안면부 불구가 되게 한 경우, 피고인에게 피해자의 상해결과에 대한 인식이 있고 또 피해자에 대한 협박 정도가 그의 의사결정의 자유를 상실케 함에 족한 것인 이상, 피고인의 상해죄가 성립한다.[16)]

7. 죄 수

수인이 공동하여 수인의 피해자에게 상해를 가함

피고인이 갑, 을 등과 공동하여 피고인 2의 체포를 면하게 하기 위해 그를 검거하려고 쫓아 오는 피해자 1의 얼굴을 수도파이프로 때리고 이발용 면도칼을 휘둘러 상해를 입힌 행위와 피해자 2의 등을 이발용면도칼로 그어 상해를 입힌 행위는 비록 같은 일시, 장소에서 같은 목적으로 저지른 소행이라 하더라도 피해자를 달리하고 있어 피해자별로 각각 별개의 죄(폭처법 제3조 제2항, 형법 제257조 제1항 위반)를 구성한다고 보아야 할 것이고, 1개의 행위가 수개의 죄에 해당하는 경우라고는 볼 수 없다.[17)]

상해가 위 안수기도와 무관한 피고인의 별도의 가해행위로 인한 것이 아니라면 그것이 피해자의 자해행위에 의한 것도 아닌 이상에야 결국, 이 사건 안수기도의 불법적인 폭력행사의 측면 때문에 초래된 것이라고 볼 수밖에 없다는 점 등의 사정을 종합하여 보면, 이 사건 눈 안수기도의 명목으로 피고인이 사용한 일련의 유형력의 행사 및 그로 인한 상해의 결과는 그 목적뿐만 아니라 수단과 방법의 측면에 있어서도 사회상규상 용인될 수 있는 정당행위라고 보기 어렵다.

위법한 안수기도를 보조한 신도에게 공동정범의 성립을 인정한 사례

안수기도에 참여하여 목사가 안수기도의 방법으로 폭행을 함에 있어서 시종일관 폭행행위를 보조하였을 뿐 아니라 더 나아가 스스로 피해자를 폭행하기도 한 점에 비추어 목사의 폭행행위를 인식하고서도 이를 안수기도의 한 방법으로 알고 묵인함으로써 폭행행위에 관하여 묵시적으로 의사가 상통하였고 나아가 그 행위에 공동가공함으로써 공동정범의 책임을 면할 수 없다고 본 사례(대판 1994. 8. 23. 94도1484).

피고인이 84세 여자 노인과 11세의 여자 아이를 상대로 안수기도를 함에 있어서 그들을 바닥에 반드시 눕혀 놓고 기도를 한 후 "마귀야 물러가라", "왜 안 나가느냐"는 등 큰 소리를 치면서 한 손 또는 두 손으로 그들의 배와 가슴 부분을 세게 때리고 누르는 등의 행위를 여자 노인에게는 약 20분간, 여자아이에게는 약 30분간 반복하여 그들을 사망케 한 사안에서, 고령의 여자 노인이나 나이 어린 연약한 여자아이들은 약간의 물리력을 가하더라도 골절이나 타박상을 당하기 쉽고, 더욱이 배나 가슴 등에 그와 같은 상처가 생기면 치명적 결과가 올 수 있다는 것은 피고인 정도의 연령이나 경험 지식을 가진 사람으로서는 약간의 주의만 하더라도 쉽게 예견할 수 있음에도 그러한 결과에 대하여 주의를 다하지 않아 사람을 죽음으로까지 이르게 한 행위는 중대한 과실이라고 보아, 피고인을 중과실치사죄로 처단한 사례(대판 1997. 4. 22. 97도538).

16) 대판 1970. 9. 22. 70도1638.

17) 대판 1983. 4. 26. 83도524.

8. 중상해

형법 제258조 제1항, 제2항에서 정하는 중상해는 사람의 신체를 상해하여 생명에 대한 위험을 발생하게 하거나, 신체의 상해로 인하여 불구 또는 불치나 난치의 질병에 이르게 한 경우에 성립한다.
1~2개월간 입원할 정도로 다리가 부러진 상해 또는 3주간의 치료를 요하는 우측흉부자상이 중상해에 해당하지 않는다.[18]

Ⅱ. 상해치사죄

다수인이 상해 또는 폭행의 범행 중 일인이 피해자를 살해

피고인이 공범들과 공동하여 피해자의 신체를 상해하거나 폭행을 가하는 기회에 공범 중 1인이 고의로 피해자를 살해한 경우, 피고인이 살인행위를 공모하거나 공범의 살인행위에 관여하지 아니하였기 때문에 살인죄의 죄책은 지지 아니한다고 하더라도 상해나 폭행행위에 관하여는 서로 인식이 있었고 예견이 가능한 공범의 가해행위로 사망의 결과가 초래된 이상, 상해치사죄의 죄책은 면할 수 없다.[19]

상해를 가하여 빈사상태인 피해자가 사망한 것으로 믿고 베란다에서 떨어뜨려 사망케 함

피고인이 피해자에게 우측 흉골골절 및 늑골골절상과 이로 인한 우측 심장벽좌상과 심낭내출혈 등의 상해를 가함으로써, 피해자가 바닥에 쓰러진 채 정신을 잃고 빈사상태에 빠지자, 피해자가 사망한 것으로 오인하고, 피고인의 행위를 은폐하고 피해자가 자살한 것처럼 가장하기 위하여 피해자를 베란다로 옮긴 후 베란다 밑 약 13m 아래의 바닥으로 떨어뜨려 피해자로 하여금 현장에서 좌측 측두부 분쇄함몰골절에 의한 뇌손상 및 뇌출혈 등으로 사망에 이르게 하였다면, 포괄하여 단일의 상해치사죄에 해당한다.[20]

얼굴과 가슴을 수 없이 때리고 머리채를 휘어잡아 방벽에 여러 차례 부딪치게 하여 두개골결손 등으로 사망케 함

피고인은 과거에 동거하던 피해자에게 다시 동거할 것을 요구하며 서로 말다툼을 하다가 주먹으로 얼굴과 가슴을 수없이 때리고 머리채를 휘어잡아 방벽에 여러 차례 부딪치는 폭행을 가하여 두개골결손, 뇌경막하출혈 등으로 2일후 사망케 한 사안에서,
사람의 얼굴과 가슴에 대한 가격은 신체기능에 중대한 지장을 초래할 수 있고 더구나 두뇌부위에 대하여 두개골 결손을 가져올 정도로 타격을 가할 경우에 치명적인 결과를 가져올 수 있다는 것은 누구나 예견할 수 있는 일이라고 할 것이므로, 상해치사죄가 성립한다.[21]

18) 대판 2005. 12. 9. 2005도7527.
19) 대판 1991. 5. 14. 91도580.
20) 대판 1994. 11. 4. 94도2361.
21) 대판 1984. 12. 11. 84도2183.

상해를 피하여 도로를 건너 도주하다가 차량에 치어 사망

피고인이 계속 교제하자는 자신의 제의를 거절한다는 이유로 피해자의 얼굴을 주먹으로 수회 때리자 피해자는 이에 대항하여 피고인의 손가락을 깨물고 목을 할퀴게 되었고, 이에 격분한 피고인이 다시 피해자의 얼굴을 수회 때리고 발로 배를 수회 차는 등 폭행을 하므로 피해자는 이를 모면하기 위하여 도로 건너편의 추어탕 집으로 도망가 도움을 요청하였으나, 피고인은 이를 뒤따라 도로를 건너간 다음 피해자의 머리카락을 잡아 흔들고 얼굴 등을 주먹으로 때리는 등 폭행을 가하였고, 이에 견디지 못한 피해자가 다시 도로를 건너 도망하자 피고인은 계속하여 쫓아가 주먹으로 피해자의 얼굴 등을 구타하는 등 폭행을 가하여 전치 10일간의 흉부피하출혈상 등을 가하였고, 피해자가 위와 같이 계속되는 피고인의 폭행을 피하려고 또다시 도로를 건너 도주하다가 차량에 치여 사망한 경우에 피고인의 위 상해행위와 피해자의 사망 사이에 상당인과관계가 인정되어 상해치사죄가 성립한다.[22)]

정당방위나 과잉방위를 부정한 사례[23)]

공범의 상해로 인한 상해치사결과에 대한 다른 공범의 책임

결과적 가중범인 상해치사죄의 공동정범은 폭행 기타의 신체침해 행위를 공동으로 할 의사가 있으면 성립되고 결과를 공동으로 할 의사는 필요 없으며, 여러 사람이 상해의 범의로 범행 중 한 사람이 중한 상해를 가하여 피해자가 사망에 이르게 된 경우 나머지 사람들은 사망의 결과를 예견할 수 없는 때가 아닌 한 상해치사의 죄책을 면할 수 없다.

공소외인과 피고인이 위험한 물건인 부엌칼과 각목을 휴대하고 피해자에 대하여 폭력을 행사한 이 사건에 있어서 피고인으로서는 능히 피해자가 부엌칼 등으로 상해를 입고 사망에 이를 수도 있다는 사정을 예견할 수 있었다고 할 것이다.[24)]

22) 대판 1996. 5. 10. 96도529. 다음은 같은 취지이다.

폭행으로 넘어지면서 머리를 다쳐 치료받다가 합병증으로 사망

피고인이 갑의 뺨을 1회 때리고 오른손으로 목을 쳐 갑으로 하여금 뒤로 넘어지면서 머리를 땅바닥에 부딪치게 하여 상해를 가하고 그로 인해 사망에 이르게 하였다는 내용으로 기소된 사안에서, 갑이 두부 손상을 입은 후 병원에서 입원치료를 받다가 합병증으로 사망에 이르게 되어 피고인의 범행과 갑의 사망 사이에 인과관계를 부정할 수 없고, 사망 결과에 대한 예견가능성이 있었다고 보아 상해치사를 인정한 사례(대판 2012. 3. 15. 2011도17648).

구타당하여 낙태하고 낙태로 인한 심근경색증으로 사망

피고인의 강타로 인하여 임신 7개월의 피해자가 지상에 넘어져서 4일후에 낙태하고 위 낙태로 유발된 심근경색증으로 죽음에 이르게 된 경우 피고인의 구타행위와 피해자의 사망간에는 인과관계가 있다(대판 1972. 3. 28. 72도296). 안면 및 흉부에 대한 구타는 생리적 작용에 중대한 영향을 줄 뿐 아니라 신경에 강대한 자극을 줌으로써 정신의 흥분과 이에 따르는 혈압의 항진을 초래하여 뇌일혈을 야기케 할 수 있고 이는 누구든지 예견할 수 있음으로 구타와 뇌일혈 사이에 인과관계가 있다 할 것이다(대판 1955. 6. 7. 4288형상88).

23) **이혼 소송 중에 찾아와 변태적 성행위를 강요하는 남편의 복부를 칼로 찔러 사망**

이혼소송 중인 남편이 찾아와 가위로 폭행하고 변태적 성행위를 강요하는 데에 격분하여 처가 칼로 남편의 복부를 찔러 사망에 이르게 한 경우, 그 행위는 방위행위로서의 한도를 넘어선 것으로 사회통념상 용인될 수 없다는 이유로 정당방위나 과잉방위에 해당하지 않는다고 본 사례(대판 2001. 5. 15. 2001도1089).

24) 대판 2000. 5. 12. 2000도745.

Ⅲ. 폭행죄

1. 폭행죄의 의의

폭행죄의 의미

폭행죄는 사람의 신체에 대한 유형력의 행사를 가리키며, 그 유형력의 행사는 신체적 고통을 주는 물리력의 작용을 의미하므로 신체의 청각기관을 직접적으로 자극하는 음향도 경우에 따라서는 유형력에 포함될 수 있다.[25)]

전화하면서 고성을 내거나 그 전화 대화를 녹음 후 듣게 함

피해자의 신체에 공간적으로 근접하여 고성으로 폭언이나 욕설을 하거나 동시에 손발이나 물건을 휘두르거나 던지는 행위는 직접 피해자의 신체에 접촉하지 아니하였다 하더라도 피해자에 대한 불법한 유형력의 행사로서 폭행에 해당될 수 있는 것이지만, 거리상 멀리 떨어져 있는 사람에게 전화기를 이용하여 전화하면서 고성을 내거나 그 전화 대화를 녹음 후 듣게 하는 경우에는 특수한 방법으로 수화자의 청각기관을 자극하여 그 수화자로 하여금 고통스럽게 느끼게 할 정도의 음향을 이용하였다는 등의 특별한 사정이 없는 한 신체에 대한 유형력의 행사를 한 것으로 보기 어렵다.[26)]

피해자에게 근접하여 욕설을 하면서 때릴 듯이 손발이나 물건을 휘두르거나 던짐

피해자에게 근접하여 욕설을 하면서 때릴 듯이 손발이나 물건을 휘두르거나 던지는 행위는 직접 피해자의 신체에 접촉하지 않았다고 하여도 피해자에 대한 불법한 유형력의 행사로서 폭행에 해당하나, 공소사실 중에 때릴 듯이 위세 또는 위력을 보인 구체적인 행위내용이 적시되어 있지 않다면 결국 욕설을 함으로써 위세 또는 위력을 보였다는 취지로 해석할 수밖에 없고 이와 같이 욕설을 한 것 외에 별다른 행위를 한 적이 없다면 이는 유형력의 행사라고 보기 어려울 것이다.[27)]

탁구장문과 주방문을 부수고 들어가 방문을 안 열면 모두 죽인다며 방문을 발로 수회 참

갑이 피고인을 만나주지 않는다는 이유로 시정된 탁구장문과 주방문을 부수고 주방으로 들어가 방문을 열어주지 않으면 모두 죽여버린다고 폭언하면서 시정된 방문을 수회 발로 찬 피고인의 행위는 재물손괴죄 또는 숙소 안의 자에게 해악을 고지하여 외포케 하는 단순 협박죄에 해당함은 별론으로 하고, 단순히 방문을 발로 몇번 찼다고 하여 그것이 피해자들의 신체에 대한 유형력의 행사로는 볼 수 없어 폭행죄에 해당한다 할 수 없다.[28)]

25) 대판 2003. 1. 10. 2000도5716.
26) 대판 2003. 1. 10. 2000도5716.
27) 대판 1990. 2. 13. 89도1406.
28) 대판 1984. 2. 14. 83도3186.

피해자에게 욕설하거나 피해자 집의 대문을 발로 참

형법 제260조에서 말하는 폭행이란 사람의 신체에 대하여 유형력을 행사하는 것을 의미하는 것으로서 피고인이 피해자에게 욕설을 한 것만을 가지고 당연히 폭행을 한 것이라고 할 수는 없을 것이고, 피해자 집의 대문을 발로 찬 것이 막바로 또는 당연히 피해자의 신체에 대하여 유형력을 행사한 경우에 해당한다고 할 수도 없다.[29)]

압류표시를 떼어 달라고 매달리는 피해자를 피하기 위하여 이를 뿌리치고 나온 것에 불과하다면 그 과정에서 피해자가 다소의 상처를 입었다고 하더라도 그 사실만으로는 피고인을 상해죄 또는 폭행치상죄로 문의할 수 없다.[30)]

2. 위법성

피해자가 피고인을 따라다니면서 귀찮게 싸움을 걸어오는 것을 막으려고 피고인이 피해자의 멱살을 잡고 밀어 넘어뜨렸다면 이는 사회통념상 용인되는 행위로서 위법성이 없다.[31)]

손가락을 물어 뜯는 피해자의 손을 뿌리치면서 피해자의 양어깨를 누름

피해자가 피고인에게 다가와 폭언을 하면서 피고인의 오른손 둘째 손가락을 물어뜯으므로 피고인이 이를 피하려고 손을 뿌리치면서 두 손으로 피해자의 양어깨를 누르게 되었다면, 피고인의 소위는 피해자의 부당한 공격에서 벗어나려고 한 행위로서 그 행위에 이르게 된 경위, 목적, 수단, 의사 등 제반사정에 비추어 사회통념상 허용될 만한 정도의 상당성 있는 것으로 위법성이 결여되어 폭행죄를 구성하지 아니한다.[32)]

29) 대판 1991. 1. 29. 90도2153.

30) 대판 1985. 5. 14. 85도466. 다음은 유사 취지이다.

목이 졸린 피고인이 이를 떼어놓기 위하여 피해자의 손을 잡아 비틀면서 밀고 당김

피해자가 양손으로 피고인의 넥타이를 잡고 늘어져 후경부피하출혈상을 입을 정도로 목이 졸리게 된 피고인이 피해자를 떼어놓기 위하여 왼손으로 자신의 목 부근 넥타이를 잡은 상태에서 오른손으로 피해자의 손을 잡아 비틀면서 서로 밀고 당기고 하였다면, 피고인의 그와 같은 행위는 목이 졸린 상태에서 벗어나기 위한 소극적인 저항행위에 불과하여 정당행위에 해당한다고 본 사례(대판 1996. 5. 28. 96도979).

피해자가 시비를 걸려고 양팔을 잡는 것을 피하고자 몸을 틀어 뿌리친 것 뿐인 행위는 이를 폭행에 해당한다고 할 수 없을 뿐만 아니라 설사 폭행에 해당한다고 하더라도 위 행위는 피해자의 불법한 공격으로부터 자신을 보호하고 이를 벗어나기 위하여 필요한 최소한도의 방어를 한 것으로서 사회상규에 어긋나지 아니하여 위법성이 없다(대판 1985. 10. 8. 85도1915).

상대방의 시비를 만류하면서 조용히 얘기나 하자며 그의 팔을 2, 3회 끌은 것만 가지고는 사람의 신체에 대한 불법한 공격이라고 볼 수 없어 폭행죄에 해당한다고 볼 수 없다(대판 1986. 10. 14. 86도1796).

분쟁이 있던 옆집 사람이 야간에 술에 만취된 채 시비를 하며 거실로 들어오려 하므로 이를 제지하며 밀어내는 과정에서 2주 상해를 입힌 피고인의 행위를 정당행위로 보아 무죄를 선고한 사례(대판 1995. 2. 28. 94도2746).

31) 대판 1983. 5. 24. 83도942.

32) 대판 1984. 4. 24. 84도242. 다음은 같은 취지이다.

3. 폭행치사상죄

가. 긍정례

빚독촉을 하는 갑을 뿌리치고 밀어 넘어뜨려 갑의 등에 업힌 피해자(7개월)가 사망케 함

피고인은 빚독촉을 하다가 시비 중 멱살을 잡고 대드는 갑의 손을 뿌리치고 그를 뒤로 밀어 넘어트려 아래로 궁굴게하여 그 순간 그등에 업힌 그 딸(생후 7개월)에게 두개골절등 상해를 입혀 그로 말미암아 그를 사망케 한 경우, 피고인은 빚이 있을망정 채권자인 갑으로부터 멱살을 잡히고 폭행을 감수할 이유는 없는 것이므로 피고인이 그 멱살을 잡은 갑의 손을 뿌리친 것은 정당행위로 볼 수 있을지 모르지만 피고인이 이에 그치지 않고 다시 그를 뒤로 밀어 넘어트린 것은 그 도를 넘은 것으로 그 위법성을 부정할 수는 없을 것이어서 폭행치사죄가 성립한다.[33]

음주만취한 피해자를 두 손으로 힘껏 밀어 넘어뜨려 쇼크성 심장마비로 사망케 함

피고인이 피해자를 2회에 걸쳐 두손으로 힘껏 밀어 땅바닥에 넘어뜨리는 폭행을 가함으로써 그 당시 심관상동맥경화 및 심근섬유화 증세등의 심장질환을 앓고 있었고 음주만취한 상태에 있던 피해자가 그 충격으로 인하여 쇼크성 심장마비로 사망하였다면 비록 피해자에게 그 당시 위와 같은 지병이 있었고 음주로 만취한 상태였으며 그것이 피고인의 폭행으로 피해자가 사망함에 있어 영향을 주었다고 해서 피고인의 폭행과 피해자의 사망간에 상당인과관계가 없다고 할 수 없고, 또 피고인은 피해자가 평소 병약한 사람인데다 그 당시 음주만취된 상태였다는 것을 알고 있었으므로 그 구체적인 병명은 몰랐다고 하더라도 폭행치사죄가 성립한다.[34]

심장질환을 앓고 있는 피해자를 심하게 폭행하여 사망케 함

피고인이 피해자의 멱살을 잡아 흔들고 주먹으로 가슴과 얼굴을 1회씩 구타하고 멱살을 붙들고 넘어뜨리는

피해자가 술에 취한 상태에서 별다른 이유 없이 함께 술을 마시던 피고인의 뒤통수를 때리므로 피고인도 순간적으로 이에 대항하여 손으로 피해자의 얼굴을 1회 때리고 피해자가 주먹으로 피고인의 눈을 강하게 때리므로 더 이상 때리는 것을 제지하려고 피해자를 붙잡은 정도의 행위의 결과로 인하여 피해자가 원발성쇼크로 사망하였다 하더라도 피고인의 위 폭행행위는 소극적 방어행위에 지나지 않아 사회통념상 허용될 수 있는 상당성이 있어 위법성이 없다(대판 1991. 1. 15. 89도2239).

피해자가 피고인 운전의 차량 앞에 뛰어 들어 함부로 타려고 하고 이에 항의하는 피고인의 바지춤을 잡아 당겨 찢고 피고인을 끌고 가려다가 넘어지자, 피고인이 피해자의 양 손목을 경찰관이 도착할 때까지 약 3분간 잡아 누른 경우, 정당방위에 해당한다고 본 사례(대판 1999. 6. 11. 99도943).

통금시간 직전에 유리창을 깨고 가는 자를 붙잡아 피해변상을 받고자 멱살을 잡고 흔듬

통금시간이 가까운 23:30경 설계도 작성의 야간작업을 하고 있는 설계사무실에서 느닷없이 생면부지의 일행 3명이 사무실 유리문 1개 시가 6,000원 상당을 발로 차서 손괴하고는 그냥 가려고 하므로 동인들에게 피해변상을 받고자 그 중 1인의 가죽잠바를 잡아 사무실에 들어오게 하여 멱살을 잡고 흔든 행위는 그 목적 수단 행위자의 의사등 제반사정에 비추어 보건대 사회통념상 용인될 상당성이 있고 위법성이 결여되는 사회상규에 위배되지 않는 행위이다(대판 1975. 5. 27. 75도990).

33) 대판 1972. 11. 28. 72도2201.

34) 대판 1986. 9. 9. 85도2433.

등 신체 여러 부위에 표피박탈, 피하출혈 등의 외상이 생길 정도로 심하게 폭행을 가함으로써 평소에 오른쪽 관상동맥폐쇄 및 심실의 허혈성심근섬유화증세 등의 심장질환을 앓고 있던 피해자의 심장에 더욱 부담을 주어 나쁜 영향을 초래하도록 하였다면, 비록 피해자가 관상동맥부전과 허혈성심근경색 등으로 사망하였더라도, 피고인의 폭행의 방법, 부위나 정도 등에 비추어 피고인의 폭행과 피해자의 사망과 간에 상당인과관계가 있다.[35]

피해자가 폭행을 피하여 3층 화장실에 숨자, 당구치는 기구로 문을 내리쳐 부숴 피해자가 창문 밖으로 숨으려다 실족사

피고인들이 공동하여 피해자를 폭행하여 당구장 3층에 있는 화장실에 숨어 있던 피해자를 다시 폭행하려고 피고인 갑은 화장실을 지키고, 피고인 을은 당구치는 기구로 문을 내려쳐 부수자 위협을 느낀 피해자가 화장실 창문 밖으로 숨으려다가 실족하여 떨어짐으로써 사망한 경우에는 피고인들의 위 폭행행위와 피해자의 사망 사이에는 인과관계가 있다고 할 것이므로 폭행치사죄의 공동정범이 성립된다.[36]

불심검문을 피하여 사람이 운집한 속을 도주하다가 피해자를 부딪쳐 피해자가 넘어지면서 정차한 버스 뒷바퀴에 충돌하여 상해를 입음

피고인은 버스정류장에서 경찰관의 불심검문을 받자 많은 사람이 운집한 속을 도주하다가 피해자에 부딪혀 그를 넘어지게 하여 정차 중인 버스의 뒷바퀴에 충돌케 하여 치료 약4주를 요하는 뇌좌상을 입게한 경우, 폭행에 대한 미필적인 고의를 인정할 수 있어도 상해에 대한 고의성을 인정할 수 없으니 형법 제262조의 폭행치상죄를 적용하여야 함에도 원심이 상해죄를 적용한 것은 위법하다고 할 것이나 상해죄나 폭행치상죄는 동일한 장에 규정된 동일 죄질의 것이고 또 그 법정형도 동일하므로 위의 잘못은 판결결과에 아무 영향이 없다.[37]

나. 부정례

말다툼하다 삿대질하는 것을 피하여 뒷걸음치다가 기계 받침대에 걸려 두개골절로 사망

폭행치사죄는 결과적 가중범으로서 폭행과 사망의 결과 사이에 인과관계가 있는 외에 사망의 결과에 대한 예견가능성 즉 과실이 있어야 하고 이러한 예견가능성의 유무는 폭행의 정도와 피해자의 대응상태 등 구체적 상황을 살펴서 엄격하게 가려야 하는 것인바, 피고인이 피해자에게 상당한 힘을 가하여 넘어뜨린 것이 아니라 단지 공장에서 동료 사이에 말다툼을 하던 중 피고인이 삿대질하는 것을 피하고자 피해자 자신이 두어 걸음 뒷걸음치다가 회전 중이던 십자형 스빙기계 철받침대에 걸려 넘어진 정도라면, 당시 바닥에 위와 같은 장애물이 있어서 뒷걸음치면 장애물에 걸려 넘어질 수 있다는 것까지는 예견할 수 있었다고 하더라도 그 정도로 넘어지면서 머리를 바닥에 부딪쳐 두개골절로 사망한다는 것은 이례적인 일이어서 통상적으로 일반인이 예견하기 어려운 결과라고 하지 않을 수 없으므로 피고인에게 폭행치사죄의 책임을 물을 수 없다.[38]

35) 대판 1989. 10. 13. 89도556.
36) 대판 1990. 10. 16. 90도1786.
37) 대판 1985. 1. 29. 84도2655.
38) 대판 1990. 9. 25. 90도1596.

피해자를 떠밀어 엉덩방아를 찧게 하였으나 특이체질로 사망

피고인의 폭행정도가 서로 시비하다가 피해자를 떠밀어 땅에 엉덩방아를 찧고 주저앉게 한 정도에 지나지 않은 것이었고 또 피해자는 외관상 건강하여 전혀 병약한 흔적이 없는 자인데 사실은 관상동맥경화 및 협착증세를 가진 특수체질자이었기 때문에 위와 같은 정도의 폭행에 의한 충격에도 심장마비를 일으켜 사망하게 된 것이라면 피고인에게 사망의 결과에 대한 예견가능성이 있었다고 보기 어려워 결과적 가중범인 폭행치사죄로 의율할 수는 없다.[39)]

Ⅳ. 동시범의 특례

형법 제263조(동시범) 독립행위가 경합하여 상해의 결과를 발생하게 한 경우에 있어서 원인된 행위가 판명되지 아니한 때에는 공동정범의 예에 의한다.

1. 독립행위 경합의 의미

2인 이상의 사람이 상호의사의 연락 없이 동시(서로 접촉된 전후관계도 포함된다)에 범죄구성요건에 해당하는 행위를 하였을 때에는 원칙적으로 각인에 대하여 그 죄를 논하여야 하나 그 결과발생의 원인이 된 행위가 분명하지 아니한 때에는 각 행위자를 미수범으로 처벌하고(독립행위의 경합) 이 독립행위가 경합하여 특히 상해의 결과를 발생하게 하고 그 결과 발생의 원인이 된 행위가 밝혀지지 아니한 경우에는 공동정범의 예에 따라 처단(동시범)하는 것이므로 공범관계에 있어 공동가공의 의사가 있었다면 이에는 동시범의 문제는 제기될 수 없는 것이다.[40)]

과실범의 공동정범

성수대교와 같은 교량이 그 수명을 유지하기 위하여는 건설업자의 완벽한 시공, 감독공무원들의 철저한 제작 시공상의 감독 및 유지·관리를 담당하고 있는 공무원들의 철저한 유지·관리라는 조건이 합치되어야 하는 것이므로, 위 각 단계에서의 과실 그것만으로 붕괴원인이 되지 못한다고 하더라도, 그것이 합쳐지면 교량이 붕괴될 수 있다는 점은 쉽게 예상할 수 있고, 따라서 위 각 단계에 관여한 자는 전혀 과실이 없다거나 과실이 있다고 하여도 교량붕괴의 원인이 되지 않았다는 등의 특별한 사정이 있는 경우를 제외하고는 붕괴에 대

39) 대판 1985. 4. 3. 85도303. 다음은 같은 취지이다.

교사가 학생을 징계하려고 뺨을 때렸으나 피해자가 뒤로 넘어지면서 특이체질로 사망

고등학교 교사가 제자의 잘못을 징계코자 왼쪽 뺨을 때려 뒤로 넘어지면서 사망에 이르게 한 경우 위 피해자는 두께 0.5미리밖에 안되는 비정상적인 얇은 두개골이었고 또 뇌수종을 가진 심신허약자로서 좌측뺨을 때리자 급성뇌성압 상승으로 넘어지게 된 것이라면 위 소위와 피해자의 사망간에는 이른바 인과관계가 없는 경우에 해당한다(대판 1978. 11. 28. 78도1961).

40) 대판 1985. 12. 10. 85도1892.

한 공동책임을 면할 수 없다.
2인 이상이 상호의사의 연락이 없이 동시에 범죄구성요건에 해당하는 행위를 하였을 때에는 원칙적으로 각 인에 대하여 그 죄를 논하여야 하나, 그 결과발생의 원인이 된 행위가 분명하지 아니한 때에는 각 행위자를 미수범으로 처벌하고(독립행위의 경합), 이 독립행위가 경합하여 특히 상해의 경우에는 공동정범의 예에 따라 처단(동시범)하는 것이므로, 상호의사의 연락이 있어 공동정범이 성립한다면, 독립행위경합 등의 문제는 아예 제기될 여지가 없다. 피고인들에 대하여 업무상과실치사상죄, 업무상과실일반교통방해죄, 업무상과실자동차추락죄의 공동정범으로 인정되는 이상, 여기에는 독립행위의 경합문제가 제기될 여지가 없다고 할 것이다.[41]

2. 동시범 특례규정을 폭행치사와 상해치사에 적용

피고인의 피해자 구타 직후 을이 피해자를 구타하여(피고인이 이를 만류) 피해자 사망

피고인은 갑, 을, 병 등과 만취 상태에서 이 사건 술집에 가게 되었는데 피고인이 마루에 걸터앉은 피해자의 발을 걸게 되어 시비하다가 ① 피고인이 손으로 피해자의 멱살을 잡아 흔들다 뒤로 밀어버려 피해자로 하여금 그곳 토방 시멘트바닥에 넘어져 나무기둥에 뒷머리를 부딪치게 하였고, ② 을이 그 장면을 보고 달려들어 양손으로 피해자의 멱살을 잡고 수회 흔들다가 밀어서 피해자를 뒤로 넘어뜨려 피해자로 하여금 뒷머리를 토방 시멘트바닥에 또다시 부딪치게 하였으며, ③ 을은 이어서 근처에 있던 삽을 들고 피해자의 얼굴 우측부위를 1회 때려 피해자로 하여금 넘어지면서 뒷머리를 장독대 모서리에 부딪치게 하여, 뇌저부경화동맥파열상으로 사망에 이르게 한 사안에서,
공동정범은 행위자 상호간에 범죄행위를 공동으로 한다는 공동가공의 의사를 가지고 범죄를 공동실행하는 경우에 성립하는 것으로서, 여기에서의 공동가공의 의사는 공동행위자 상호간에 있어야 하며 행위자 일방의 가공의사만으로는 공동정범 관계가 성립할 수 없다 할 것인바, 피고인과 을의 각 범행은 우연한 사실에 기하여 우발적으로 발생한 독립적인 것으로 보일 뿐 양인간에 범행에 관한 사전모의가 있었던 것으로는 보여지지 않고, 또 을이 피고인의 범행을 목격하고 이에 가세한 것으로는 인정되나 피고인이 을의 가세사실을 미리 인식하였거나 의욕하였던 것으로 보기 어려우며, 범행내용에 있어서도 피고인의 ① 범행에는 을이 가담한 사실이 없고, 을의 ②, ③ 범행에는 피고인이 이에 가담한 사실이 없을 뿐만 아니라(피고인은 을의 폭행 내지 상해행위를 말림) 그 과정에서 피고인과 을 사이에 암묵적으로라도 공동실행의 의사가 형성된 것으로 보기도 어려우니, 피고인을 상해치사죄의 공동정범으로 본 원심의 판단은 잘못이다.
이와 같이 피고인과 을의 각 범행을 공동정범으로 보기 어려우므로 피고인의 범행과 피해자의 사망 사이에 인과관계가 존재하며 가해자가 범행 당시 피해자의 사망을 예견할 수 있었던 것인지의 여부를 심리하여 인

---

41) 대판 1997. 11. 28. 97도1740. 다음은 공동정범을 인정하여 동시범의 특례를 적용하지 않은 판례이다.
피고인등은 1984. 2. 25. 21:00경부터 그 다음날 09:00경까지 갑의 집에서 처음에는 피고인 1, 2, 3, 4가 그 다음에는 연락을 받고 온 피고인 5와 6(1984. 2. 25. 22:30경), 피고인 7과 8(같은 날 23:00경)등이 같이 참여하여 갑의 몸에서 잡귀를 물리친다면서 뺨 등을 때리고 팔과 다리를 붙잡고 배와 가슴을 손과 무릎으로 힘껏 누르고 밟는 등 하여 그로 하여금 우측간 저면파열, 복강내출혈로 사망에 이르게 하였다면 피고인들 사이에는 상호 공동가공의 의사가 있었다고 할 것이어서 공동정점에 해당하므로 공동정범의 예에 따라 처단하면 되고 동시범 등의 문제는 제기될 수 없다(대판 1985. 12. 10. 85도1892).

과관계의 존재와 결과의 예견가능성이 인정되는 경우에 한하여 피고인에게 치사에 대한 책임을 물을 수 있는 것이며, 다만 동시범의 특례를 규정한 형법 제263조가 상해치사죄에도 적용되는 관계상, 피해자의 사망이 피고인의 범행에 인한 것인지, 을의 범행에 인한 것인지가 판명되지 아니하는 때에 예외적으로 공동정범의 예에 의할 수 있을 것임에도 불구하고, 원심은 피고인과 을을 공동정범으로 봄으로써 이러한 점에 대하여는 살펴보지도 아니한 채 피고인에 대하여 치사의 결과에 대한 책임을 물은 것은 잘못이다.[42)]

피해자가 갑으로부터 구타당한 지 3시간 후 피고인으로부터 다시 구타당하여 사망

갑은 술에 취해있던 피해자의 어깨를 주먹으로 1회 때리고 쇠스랑 자루로 머리를 2회 강타하고 가슴을 1회 밀어 땅에 넘어뜨렸고, 그 후 3시간 가량 지나서 피고인이 피해자의 멱살을 잡아 평상에 앉혀놓고 피해자의 얼굴을 2회 때리고 손으로 2,3회 피해자의 가슴을 밀어 땅에 넘어뜨린 다음, 나일론 슬리퍼로 피해자의 얼굴을 수회 때려 피해자가 그로부터 6일 후에 뇌출혈로 사망하였고, 갑과 피고인 중 누구의 행위에 기인하여 피해자가 사망하였는지 판별할 수 없는 사안에서,
형법 제19조와 제263조의 규정취지를 새겨 보면 본건의 경우와 같은 이시의 상해의 독립행위가 경합하여 사망의 결과가 일어난 경우에도 그 원인된 행위가 판명되지 아니한 때에는 공동정범의 예에 의하여야 한다고 해석하여야 할 것이니 피고인에 대해 형법 제263조의 동시범으로 의율한 것은 정당하다.[43)]

3. 동시범 특례규정이 적용되지 않음

형법 제263조의 동시범은 상해와 폭행죄에 관한 특별규정으로서 동 규정은 그 보호법익을 달리하는 강간치상죄에는 적용할 수 없다.[44)]

가해행위를 하였는지가 불분명

상해죄에 있어서의 동시범은 두 사람 이상이 가해행위를 하여 상해의 결과를 가져올 경우에 그 상해가 어느 사람의 가해행위로 인한 것인지가 분명치 않다면 가해자 모두를 공동정범으로 본다는 것이므로 가해행위를 한 것 자체가 분명치 않은 사람에 대하여는 동시범으로 다스릴 수 없다.[45)]

---

42) 대판 1985. 5. 14. 84도2118.

43) 대판 1981. 3. 10. 80도3321. 다음은 같은 취지이다.
시간적 차이가 있는 독립된 상해행위나 폭행행위가 경합하여 사망의 결과가 일어나고 그 사망의 원인된 행위가 판명되지 않은 경우에는 공동정범의 예에 의하여 처벌할 것이므로, 2시간 남짓한 시간적 간격을 두고 피고인이 두 번째의 가해행위 인 이 사건 범행을 한 후, 피해자가 사망하였고 그 사망의 원인을 알 수 없다고 보아 피고인을 폭행치사죄의 동시범으로 처벌한 것은 옳다(대판 2000. 7. 28. 2000도2466).

44) 대판 1984. 4. 24. 84도372.

45) 대판 1984. 5. 15. 84도488.

제4절 과실치사상죄

Ⅰ. 과실치사상죄

골프공을 쳐서 등 뒤에 있는 캐디에게 상해를 입힘

골프와 같은 개인 운동경기에 참가하는 자는 자신의 행동으로 인해 다른 사람이 다칠 수도 있으므로, 경기규칙을 준수하고 주위를 살펴 상해의 결과가 발생하는 것을 미연에 방지해야 할 주의의무가 있다. 이러한 주의의무는 경기보조원에 대하여도 마찬가지로 부담한다.
운동경기에 참가하는 자가 경기규칙을 준수하는 중에 또는 그 경기의 성격상 당연히 예상되는 정도의 경미한 규칙위반 속에 제3자에게 상해의 결과를 발생시킨 것으로서, 사회적 상당성의 범위를 벗어나지 아니하는 행위라면 과실치상죄가 성립하지 않는다. 그러나 골프경기를 하던 중 골프공을 쳐서 아무도 예상하지 못한 자신의 등 뒤편으로 보내어 등 뒤에 있던 경기보조원(캐디)에게 상해를 입힌 경우에는 주의의무를 현저히 위반하여 사회적 상당성의 범위를 벗어난 행위로서 과실치상죄가 성립한다.[1]

피고인이 편도 2차선 도로를 피해자와 같이 무단횡단하기 위해 도로 중앙선에 서 있다가, 지나가는 차량 유무를 확인하지 아니한 채, 술에 취하여 양손을 주머니에 넣고 고개를 숙이고 서 있던 피해자의 팔을 갑자기 잡아끌고 도로를 횡단하다가 피고인과 피해자가 때마침 그 곳을 지나가던 갑 운전의 승용차에 충격되어 피해자가 사망한 사안에서,
중앙선에 서서 도로횡단을 중단한 피해자의 팔을 갑자기 잡아끌고 피해자로 하여금 도로를 횡단하게 만든 피고인으로서는 위와 같이 무단횡단을 하는 도중에 지나가는 차량에 충격당하여 피해자가 사망하는 교통사고가 발생할 가능성이 있으므로, 이러한 경우에는 피고인이 피해자의 안전을 위하여 차량의 통행 여부 및 횡단 가능 여부를 확인하여야 할 주의의무가 있다 할 것이므로, 피고인으로서는 위와 같은 주의의무를 다하지 않은 이상 교통사고와 그로 인한 피해자의 사망에 대하여 과실책임을 면할 수 없다.[2]

바다에 면한 수직경사가 암반 위로 이끼가 많이 끼어 매우 미끄러운 곳에서 당시 폭풍주의보가 발효 중이어서 평소보다 높은 파도가 치고 있던 상황 하에 피해자와 같은 내무반원인 피고인 등 여러 사람이 곧 전역할 갑을 손발을 붙잡아 헹가래를 쳐서 장남삼아 바다에 빠뜨리려고 하다가 그가 발버둥치자 갑의 발을 붙잡고 있던 피해자가 몸의 중심을 잃고 미끄러지면서 바다에 빠져 사망한 경우 갑을 헹가래쳐서 바다에 빠뜨리려고 한 행위와 피해자가 바다에 빠져 사망한 결과와의 사이에는 인과관계가 있다고 할 것이고, 또 위와 같은 경우 결과발생에 관한 예견가능성도 있다고 할 것이므로 갑을 붙들고 헹가래치려고 한 피고인들로서는 비록 피해자가 위와 같이 헹가래치려고 한 일행 중의 한 사람이었다고 하여도 피해자의 사망에 대하여 과실책임

1) 대판 2008. 10. 23. 2008도6940.
2) 대판 2002. 8. 23. 2002도2800.

을 면할 수 없다.[3)]

담임교사가 학교방침에 따라 학생들에게 교실청소를 시켜왔고 유리창을 청소할 때는 교실안쪽에서 닦을 수 있는 유리창만을 닦도록 지시하였는데도 유독 피해자만이 수업시간이 끝나자마자 베란다로 넘어 갔다가 밑으로 떨어져 사망하였다면 담임교사에게 그 사고에 대한 어떤 형사상의 과실책임을 물을 수 없다.[4)]

Ⅱ. 업무상과실·중과실치사상죄

1. 업무상과실치사상죄

가. 의 의

업무상과실로 인하여 사람을 사상에 이르게 함으로써 성립하는 업무상과실치사상죄는 업무라는 신분상의 특성으로 인하여 단순 과실치사상죄에 비하여 중하게 처벌되는 부진정신분범이다. 중한 처벌의 근거에 대해서는, ① 업무자는 결과에 대한 예견가능성이 커서 책임이 가중되기 때문이라는 견해, ② 업무자는 높은 예견가능성을 가지므로 업무자의 주의의무위반은 비업무자에 비하여 불법이 가중된다는 견해, ③ 위와 같은 책임과 불법이 모두 가중된다는 견해 등이 있다.

나. 업무의 요건

업무상과실치상죄에 있어서의 '업무'란 사람의 사회생활면에서 하나의 지위로서 계속적으로 종사하는 사무를 말하고, 여기에는 수행하는 직무 자체가 위험성을 갖기 때문에 안전배려를 의무의 내용으로 하는 경우는 물론 사람의 생명·신체의 위험을 방지하는 것을 의무내용으로 하는 업무도 포함된다.[5)]

업무상과실치상죄에 있어서의 '업무'란 사람의 사회생활면에서 하나의 지위로서 계속적으로 종사하는 사무를 말하고, 여기에는 수행하는 직무 자체가 위험성을 갖기 때문에 안전배려를 의무의 내용으로 하는 경우는 물론 사람의 생명·신체의 위험을 방지하는 것을 의무내용으로 하는 업무도 포함되는데, 안전배려 내지 안전관리 사무에 계속적으로 종사하여 위와 같은 지위로서의 계속성을 가지지 아니한 채 단지 건물의 소유자로서 건물을 비정기적으로 수리하거나 건물의 일부분을 임대하였다는 사정만으로는 업무상과실치상죄에 있어서의 '업무'로 보기 어렵다.
4층 건물의 2층 내부 벽면에 설치된 분전반을 통해 3층과 4층으로 가설된 전선이 합선으로 단락되어 화재

3) 대판 1990. 11. 13. 90도2106.
4) 대판 1989. 3. 28. 89도108.
5) 대판 1988. 10. 11. 88도1273; 대판 2002. 5. 31. 2002도1342; 대판 2007. 5. 31. 2006도3493; 대판 2009. 5. 28. 2009도1040 등.

가 나 상해가 발생한 사안에서, 4층 건물의 소유자로서 위 건물 2층을 임대하였다는 사정만으로 업무상과실치상죄에 있어서의 '업무'에 관한 증명이 있다고 본 원심판결을 파기한 사례.[6)]

피고인이 완구상 점원으로서 완구배달을 하기 위하여 자전거를 타고 소매상을 돌아 다니는 일을 하고 있었다고 한다면 그 자전거를 운전하는 업무에 종사하고 있다고 보아야 한다.[7)]

업무상 과실치사상죄에 있어서 업무는 허가받은 적법한 업무에 한하지 않는다. 따라서 골재채취허가 여부는 골재채취업무가 업무상과실치사상죄에 있어서의 업무에 해당하는 사실에 아무런 소장이 없다.[8)]
해설: 따라서 운전면허 없이 운전하거나 면허가 없거나 취소된 의료인이 의료행위를 하는 것들은 모두 업무에 해당한다.

구치소에서 소장을 대리하는 당직간부
행형법 및 교도관직무규칙의 규정과 구치소라는 수용시설의 특성에 비추어 보면, 공휴일 또는 야간에는 소장을 대리하는 당직간부에게는 구치소에 수용된 수용자들의 생명·신체에 대한 위험을 방지할 법령상 내지 조리상의 의무가 있다고 할 것이고, 이와 같은 의무를 직무로서 수행하는 교도관들의 업무는 업무상과실치사죄에서 말하는 업무에 해당한다.[9)]

2. 중과실치사상죄

중과실치사상죄는 중대한 과실로 인하여 사람을 사상에 이르게 하는 범죄이다.

---

6) 대판 2009. 5. 28. 2009도1040.
7) 대판 1972. 5. 9. 72도701.
8) 대판 1985. 6. 11. 84도2527.
9) 대판 2007. 5. 31. 2006도3493. 구체적인 내용은 다음과 같다.
피해자는 울산구치소에 수용된 이후 헛소리를 하고 구토를 하며, 하루 종일 식은땀을 흘리고 온몸을 떨면서 입에서 거품을 내는 등 전신발작을 일으키고 일회용 컵 반 분량의 피와 이물질을 토하며 바지에 대변을 보고 피오줌을 누며 수회에 걸쳐 화장실을 들락거리면서 넘어지고 혼자 중얼거리는 등 심각한 이상 징후가 계속 관찰되는 상태에 있었으므로, 이러한 상태에 대한 보고를 받은 피고인들(공휴일 또는 야간에 소장을 대리하는 당직간부와 사동 2관구 관구감독자)로서는 피해자의 상태에 대하여 상급자 또는 의무과장에게 보고하여 적절한 지시를 받아 필요한 조치를 취하고, 그것이 불가능할 경우에는 피해자를 신속히 외부 병원으로 후송하여 전문가인 의사의 진료를 받게 하는 등 적절한 조치를 취할 의무가 있음에도 불구하고, 근무자에게 피해자가 휴식을 취할 수 있도록 하고 혈압 등을 수시로 체크하도록 지시하는 조치만을 취한 채 피해자를 장기간 방치함으로써 수용자들의 생명·신체에 대한 위험을 방지하기 위해 최선의 조치를 취해야 할 주의의무를 위반한 과실이 있고, 피고인들이 피해자의 상태에 대하여 상급자 또는 의무과장에게 보고하여 적절한 지시를 받아 필요한 조치를 취하고, 그것이 불가능할 경우에는 피해자를 신속히 외부 병원으로 후송하여 전문가인 의사의 진료를 받게 하는 등 적절한 조치를 취하였다면 피해자가 사망하였을 것이라고는 볼 수 없어 피고인들이 피해자를 장기간 방치한 과실과 피해자의 사망이라는 결과 사이에 상당인과관계도 인정된다.

피고인이 관리하던 주차장 출입구 문주의 하단부분에 금이 가 있어 도괴될 위험성이 있었다면 피고인으로서는 소유자에게 그 보수를 요청하는 외에 그 보수가 있을 때까지 임시적으로라도 받침대를 세우는 등 도괴를 방지하거나 그 근처에 사람이나 자동차 등의 근접을 막는 등 도괴로 인한 인명의 피해를 막도록 조치를 하여야 할 주의의무가 있다 할 것이며 동 주차장에는 사람이나 자동차의 출입이 빈번하고 근처 거주의 어린아이들이 문주근방에서 놀이를 하는 사례가 많은데도 불구하고 소유자에게 그 보수를 요구하는데 그쳤다면 그 주의의무를 심히 게을리한 중대한 과실이 있다고 할 것이다.[10]

경찰관인 피고인들은 동료 경찰관인 갑 및 피해자 을과 함께 술을 많이 마셔 취하여 있던 중 갑자기 위 갑이 총을 꺼내 을과 같이 총을 번갈아 자기의 머리에 대고 쏘는 소위 "러시안 룰렛" 게임을 하다가 을이 자신이 쏜 총에 맞아 사망한 경우 피고인들은 위 갑과 을이 "러시안 룰렛"게임을 함에 있어 갑과 어떠한 의사의 연락이 있었다거나 어떠한 원인행위를 공동으로 한 바가 없고, 다만 위 게임을 제지하지 못하였을 뿐인데 보통 사람의 상식으로서는 함께 수차에 걸쳐서 흥겹게 술을 마시고 놀았던 일행이 갑자기 자살행위와 다름없는 위 게임을 하리라고는 쉽게 예상할 수 없는 것이고(신뢰의 원칙), 게다가 이 사건 사고는 피고인들이 "장난치지 말라"며 말로 위 갑을 만류하던 중에 순식간에 일어난 사고여서 음주만취하여 주의능력이 상당히 저하된 상태에 있던 피고인들로서는 미처 물리력으로 이를 제지할 여유도 없었던 것이므로, 경찰관이라는 신분상의 조건을 고려하더라도 위와 같은 상황에서 피고인들이 이 사건 "러시안 룰렛"게임을 즉시 물리력으로 제지하지 못하였다 한들 그것만으로는 위 갑의 과실과 더불어 중과실치사죄의 형사상 책임을 지울 만한 위법한 주의의무위반이 있었다고 평가할 수 없다.[11]

Ⅲ. 유형별 과실

1. 교통사고

생략

2. 의료사고

가. 의료과실의 판단기준

의료사고에서 의료종사자의 과실을 인정하기 위해서는 의료종사자가 결과발생을 예견할 수 있고 또 회피할 수 있었는데도 이를 예견하거나 회피하지 못한 과실이 인정되어야 하고, 그러한 과실 유무를 판단할 때에는 같은 업무와 직무에 종사하는 보통인의 주의 정도를 표준으로 하여야 하며, 이에는 사고 당시의 일반적인 의학 수준과 의료 환경 및 조건, 의료행위의 특수성 등이 고려되어야 한다.[12]

10) 대판 1982. 11. 23. 82도2346.
11) 대판 1992. 3. 10. 91도3172.
12) 대판 2003. 11. 14. 2001도3904; 대판 2005. 6. 10. 2005도314; 대판 2007. 9. 20. 2006도294; 대판 2011. 9. 8. 2009도13959 등.

과실 여부의 판단 및 인과관계

의료사고에 있어서 의료종사원의 과실을 인정하기 위하여서는 의료종사원이 결과 발생을 예견할 수 있음에도 불구하고 그 결과 발생을 예견하지 못하였고 그 결과 발생을 회피할 수 있었음에도 불구하고 그 결과 발생을 회피하지 못한 과실이 검토되어야 하고, 그 과실의 유무를 판단함에는 같은 업무와 직무에 종사하는 일반적 보통인의 주의정도를 표준으로 하여야 하며, 이에는 사고 당시의 일반적인 의학의 수준과 의료환경 및 조건, 의료행위의 특수성 등이 고려되어야 한다.

피고인이 농배양을 하지 않은 과실이 피해자의 사망에 기여한 인과관계 있는 과실이 된다고 하려면, 농배양을 하였더라면 피고인이 투약해 온 항생제와 다른 어떤 항생제를 사용하게 되었을 것이라거나 어떤 다른 조치를 취할 수 있었을 것이고, 따라서 피해자가 사망하지 않았을 것이라는 점을 심리·판단하여야 한다.

피고인이 패혈증에 관한 최신 정의를 알지 못하여 이미 진행 중인 패혈증을 아직 진행하지 않고 있는 것으로 잘못 판단하고 적절한 치료방침을 정하지 못한 것이라 하더라도, 그 판단이 현재 우리 나라의 일반적 기준으로서의 의학수준과 함께 피고인의 경력·전문분야 등 개인적인 조건이나 진료지·진료환경 등을 고려할 때, 통상의 의사의 정상적인 지식에 기한 것이 아니고 따라서 그것이 과실이라고 단정하기는 어렵고, 단순한 대진의뢰 등 소극적 협진마저도 그 시기가 적절치 않았는지 여부와 이에 그치지 않고 내과로 전과하는 등 적극적 협진을 하였다면 그 치료방법이 어떻게 달라져서 피해자의 생명을 구할 수 있었는지 여부가 심리되어야 한다.

피해자의 과거 병력에 대한 문진에서 나아가 피해자의 임신 여부 등에 대하여도 검진하지 않은 것이 피고인의 과실이라고 하려면, 봉와직염에 감염된 여자환자라면 19세로서 미혼이라고 하여도 그 임신 여부 검사를 하는 것이 보편적임에도 불구하고 피고인이 그 검사를 하지 않았다거나 그와 같은 여자환자가 증세가 호전되지 않는 경우 임신에 의한 면역기능 저하를 당연히 의심하여 대처하여야 함에도 불구하고 피고인이 그러한 통상적인 예견과 판단도 하지 못한 것이라는 점이 밝혀져야 한다.[13)]

내과의사가 신경과 전문의의 협의진료 결과를 믿어 지주막하출혈을 발견 못함

내과의사가 신경과 전문의에 대한 협의진료 결과 피해자의 증세와 관련하여 신경과 영역에서 이상이 없다는 회신을 받았고, 그 회신 전후의 진료 경과에 비추어 그 회신 내용에 의문을 품을 만한 사정이 있다고 보이지 않자 그 회신을 신뢰하여 뇌혈관계통 질환의 가능성을 염두에 두지 않고 내과 영역의 진료 행위를 계속하다가 피해자의 증세가 호전되기에 이르자 퇴원하도록 조치한 경우, 피해자의 지주막하출혈을 발견하지 못한 데 대하여 내과의사의 업무상과실을 부정한 사례.[14)]

나. 예견의무

갑상선비대증이나 심장병환자에 대하여는 편도선 절제수술이 금기사항으로 되어 있으므로 의사로서는 환자를 진찰한 결과 환자의 갑성선과 심장이 보통사람의 그것에 비하여 많이 비대해져 있음을 발견하였으면 마땅히 정밀검사를 통하여 그 발병원인을 밝혀 보고 나아가 그 질환의 정도가 편도선 절제수술을 감내할 수

13) 대판 1996. 11. 8. 95도2710.
14) 대판 2003. 1. 10. 2001도3292.

있는지의 여부를 확인한 연후에 편도선 절제수술을 시행하였어야 할 터임에도 사전에 이에 대한 정밀검사를 실시하지 아니한 과실로 환자가 갑상선수양암 및 관상동맥경화증 환자임을 알지 못한 채 동인의 편도선절제수술을 감행함으로써 동인으로 하여금 수술을 마친 후 약 40분 후에 심장마비로 사망케 하였다면 업무상과실치사의 책임이 있다.[15]

다. 관찰의무

마취환자의 마취회복업무를 담당한 의사로서는 마취환자가 수술 도중 특별한 이상이 있었는지를 확인하여 특별한 이상이 있었던 경우에는 보통 환자보다 더욱 감시를 철저히 하고, 또한 마취환자가 의식이 회복되기 전에는 호흡이 정지될 가능성이 적지 않으므로 피해자의 의식이 완전히 회복될 때까지 주위에서 관찰하거나 적어도 환자를 떠날 때는 피해자를 담당하는 간호사를 특정하여 그로 하여금 환자의 상태를 계속 주시하도록 하여 만일 이상이 발생한 경우에는 즉시 응급조치가 가능하도록 할 의무가 있다.[16]

15) 대판 1986. 10. 14. 85도1789. 다음은 같은 취지이다.

제왕절개수술을 하는 산부인과 의사의 혈액준비의무

제왕절개분만을 함에 있어서 산모에게 수혈을 할 필요가 있을 것이라고 예상할 수 있었다는 사정이 보이지 않는 한, 산후과다출혈에 대비하여 제왕절개수술을 시행하기 전에 미리 혈액을 준비할 업무상 주의의무가 있다고 보기 어렵다고 본 사례(대판 1997. 4. 8. 96도3082).

산부인과 의사가 산모의 태반조기박리에 대한 대응조치로서 응급 제왕절개 수술을 시행하기로 결정하였다면 이러한 경우에는 적어도 제왕절개 수술 시행 결정과 아울러 산모에게 수혈을 할 필요가 있을 것이라고 예상되는 특별한 사정이 있어 미리 혈액을 준비하여야 할 업무상 주의의무가 있다고 보아야 한다고 한 사례(대판 2000. 1. 14. 99도3621).

이 사건 공소사실은 피해자가 고령의 초산모로서 수술 5년 전 혈전치료를 받은 병력이 있고 수술 후 수시로 호흡곤란을 호소하였으므로 피고인으로서는 폐색전증의 위험을 예견할 수 있었다는 것이고, 원심은 위 공소사실을 인정하면서 이에 더하여 혈전으로 인한 폐색전증은 분만 전후 언제든지 발생할 수 있는 치명적인 합병증으로서 피고인이 이러한 의학적 지식을 잘 알고 있었다는 점과 수술 후 실시한 동맥혈가스분석 및 흉부 방사선 촬영검사 결과와 피해자에게 나타난 저혈압, 빈맥, 발열 등의 증세가 모두 폐색전증을 의심할 정도였고 나아가 위 병원에 폐색전증 확진에 필요한 폐혈관조영술을 실시할 장비가 갖추어져 있었다는 사실을 인정한 다음 피고인으로서는 피해자의 폐색전증 발생을 예견할 수 있었다고 보았다.

그런데 기록에 첨부된 국내의 일반적인 내과학·산과학 교과서 등에 의하면, 폐색전증은 정맥계, 특히 하지의 심부정맥에서 발생한 혈전이나 이물질에 의하여 폐동맥이 막히는 증상으로서 비특이적인 증상 및 징후, 다양한 임상상을 보일 수 있고 폐색전증과 유사한 증상과 징후를 보이는 질환이 흔하며 임신·출산이 폐색전증 발병의 위험인자 중의 하나이고 호흡곤란이나 현기증 등은 폐색전증의 증상과 징후의 하나인 것도 사실이나 이러한 호흡곤란이나 현기증 등은 수술 후 나타날 수 있는 흔한 증상 중의 하나이기도 하여 제왕절개술로 분만한 산모에게서 수술 후 발생할 수 있는 호흡곤란이나 현기증 등만으로 폐색전증을 예상하여 이를 진단하는 것은 지극히 어려울 뿐만 아니라, 심전도·흉부방사선사진·동맥혈가스분석검사 등으로는 폐색전증을 확진하기 어렵고 폐혈관조영술을 실시하면 폐색전증을 확진할 수 있지만 이는 침습적인 검사이고 그 자체로 색전을 유발할 가능성이 있으며, 한편 폐색전증의 가능성은 고령·제왕절개술의 출산 후 증가하지만 전체 임산부 중 폐색전증의 발생 가능성 자체는 극히 낮다는 것이다. 이러한 점과 아울러 고령자의 출산과 제왕절개술이 보편화된 실정에 비추어 볼 때 제왕절개술로 출산한 30대 중반의 산모에게 발열·호흡곤란과 같이 비특이적인 증상·징후가 나타났다는 사정만을 가지고 담당의사가 폐색전증을 예견하지 못한 것에 어떠한 잘못이 있었다고 볼 수 없고, 따라서 이와 같이 폐색전증을 의심하기 어려운 상황에서 폐색전증을 확진하기 위하여 폐혈관조영술을 일반적으로 실시하여야 할 의무가 있다고 단정할 수도 없다고 할 것이다(대판 2006. 10. 26. 2004도486).

16) 대판 1994. 4. 26. 92도3283.

[1] 피고인이 제왕절개수술을 시행 중 태반조기박리를 발견하고도 피해자의 출혈 여부 관찰을 간호사에게 지시하였다가 수술 후 약 45분이 지나 대량출혈을 확인하고 전원조치하였으나 그 후 피해자가 사망한 사안에서, 피고인에게 대량출혈 증상을 조기에 발견하지 못하고, 전원을 지체하여 피해자로 하여금 신속한 수혈 등의 조치를 받지 못하게 한 과실이 있다고 한 사례.
[2] 응급환자를 전원하는 의사가 전원받는 병원 의료진에게 제공할 설명의무의 범위.
[3] 피고인이 전원받는 병원 의료진에게 피해자가 고혈압환자이고 제왕절개수술 후 대량출혈이 있었던 사정을 설명하지 않은 사안에서, 피고인에게 전원과정에서 피해자의 상태 및 응급조치의 긴급성에 관하여 충분히 설명하지 않은 과실이 있다고 한 사례.
[4] 피고인이 제왕절개수술 후 대량출혈이 있었던 피해자를 전원 조치하였으나 전원받는 병원 의료진의 조치가 다소 미흡하여 도착 후 약 1시간 20분이 지나 수혈이 시작된 사안에서, 피고인의 전원지체 등의 과실로 신속한 수혈 등의 조치가 지연된 이상 피해자의 사망과 피고인의 과실 사이에 인과관계가 인정된다고 한 사례.[17)]

정신과질환인 조증으로 입원한 환자의 주치의사는 환자의 건강상태를 사전에 면밀히 살펴서 그 상태에 맞도록 조증치료제인 클로르포르마진을 가감하면서 투여하여야 하고, 클로르포르마진의 과다투여로 인하여 환자에게 기립성저혈압이 발생하게 되었고 당시 환자의 건강상태가 갑자기 나빠지기 시작하였다면 좀 더 정확한 진찰과 치료를 위하여 내과전문병원 등으로 전원조치를 하여야 할 것이고, 그러지 못하고 환자의 혈압상승을 위하여 포도당액을 주사하게 되었으면 그 과정에서 환자의 전해질이상 유무를 확인하고 투여하여야 함에도 의사에게 요구되는 이러한 일련의 조치를 취하지 아니한 과실이 있다면, 그러한 과실로 환자가 전해질이상·빈혈·저알부민증 등으로 인한 쇼크로 사망하였음을 인정할 수 있고, 그 치료 과정에서 야간당직의사의 과실이 일부 개입하였다고 하더라도 그의 주치의사 및 환자와의 관계에 비추어 볼 때 환자의 주치의사는 업무상과실치사죄의 책임을 면할 수는 없다고 한 사례.[18)]

일반외과 전문의인 피고인이 피해자의 후복막 전체에 형성된 혈종을 발견한 지 14일이 지나도록 전산화단층촬영 등 후복막 내의 장기 손상이나 농양 형성 여부를 확인하기에 적절한 진단방법을 시행하지 않은 채, 피해자가 보인 염증 증상의 원인을 단순히 장간막 봉합수술에 따른 후유증 정도로만 생각하고 필요한 적절한 진단 및 치료조치를 취하지 아니한 것은 진단 및 치료상의 주의의무를 다하지 아니한 것으로서 과실이 있다고 본 원심판결을 수긍한 사례.
피해자가 다른 병원으로 전원할 당시 이미 후복막에 농양이 광범위하게 형성되어 있었고 췌장이나 십이지장과 같은 후복막 내 장기 등 조직의 괴사가 진행되어 이미 회복하기 어려운 상태에 빠져 있었다면, 피해자가 다른 병원으로 전원하여 진료를 받던 중 사망하였다는 사실 때문에 피고인의 진료상의 과실과 피해자의 사망과의 사이의 인과관계가 단절된다고 볼 수는 없다고 한 사례.[19)]

17) 대판 2010. 4. 29. 2009도7070.
18) 대판 1994. 12. 9. 93도2524.
19) 대판 1996. 9. 24. 95도245.

라. 진료방법의 선택

의사는 진료를 행함에 있어 환자의 상황과 당시의 의료수준 그리고 자기의 지식경험에 따라 적절하다고 판단되는 진료방법을 선택할 상당한 범위의 재량을 가진다고 할 것이고, 그것이 합리적인 범위를 벗어난 것이 아닌 한 진료의 결과를 놓고 그중 어느 하나만이 정당하고 이와 다른 조치를 취한 것은 과실이 있다고 말할 수는 없다.[20)]

수혈하지 않기로 하고 수술하던 중 수혈하지 않으면 생명이 위험한 응급상태 발생

환자가 명시적으로 수혈을 거부하여 수혈하지 않을 것을 전제로 환자의 승낙(동의)을 받아 수술하였는데 수술 과정에서 수혈을 하지 않으면 생명에 위험이 발생할 수 있는 응급상태에 이른 경우에, 환자의 생명을 보존하기 위해 불가피한 수혈 방법의 선택을 고려함이 원칙이라 할 수 있지만, 한편으로 환자의 생명 보호에 못지않게 환자의 자기결정권을 존중하여야 할 의무가 대등한 가치를 가지는 것으로 평가되는 때에는 이를 고려하여 진료행위를 하여야 한다.[21)]

마. 설명의무

알레르기 반응검사 및 약 12일 전의 봉침시술에서 이상반응이 없었던 피해자에게 다시 알레르기 반응검사를 실시하지 않고 봉침시술을 하여 아나필락시 쇼크반응 등을 입게 함

의사가 설명의무를 위반한 채 의료행위를 하여 피해자에게 상해가 발생하였다고 하더라도, 업무상 과실로 인한 형사책임을 지기 위해서는 피해자의 상해와 의사의 설명의무위반 내지 승낙취득 과정의 잘못 사이에 상당인과관계가 존재하여야 하고, 이는 한의사의 경우에도 마찬가지이다.

한의사인 피고인이 피해자에게 문진하여 과거 봉침을 맞고도 별다른 이상반응이 없었다는 답변을 듣고 알레르기 반응검사(skin test)를 생략한 채 환부인 목 부위에 봉침시술을 하였는데, 피해자가 위 시술 직후 아나필락시 쇼크반응을 나타내는 등 상해를 입은 사안에서, 피고인에게 과거 알레르기 반응검사 및 약 12일 전 봉침시술에서도 이상반응이 없었던 피해자를 상대로 다시 알레르기 반응검사를 실시할 의무가 있다고 보기는 어렵고, 피고인이 봉침시술에 앞서 설명의무를 다하였더라도 피해자가 반드시 봉침시술을 거부하였을 것이라고 볼

20) 대판 2007. 5. 31. 2005다5867; 대판 2008. 8. 11. 2008도3090. 다음은 같은 취지이다.

태아가 역위로 조기분만하면서 사망하였으나, 초음파검사 등을 하지 않은 의사의 과실부정례

산모의 태아가 역위로 조기분만 되면서 태아가 난산으로 인하여 분만 후 사망한 사안에서, 비록 조산 위험이 있기는 하였으나 산모에게 분만진통이 있었다고 단정하기 어려워 그와 같은 상황에서 내진이나 초음파검사 없이 경과를 관찰하기로 한 산부인과 의사의 행위를 진료행위에 있어서 합리적인 재량의 범위를 벗어난 것이라고 보기 어려울 뿐만 아니라 일반적으로 산부인과 의사에게 요구되는 주의의무를 위반한 것이라고 보기는 어렵다고 한 사례(대판 2006. 12. 7. 2006도1790).

소아외과 의사가 5세의 급성 림프구성 백혈병 환자의 항암치료를 위하여 쇄골하 정맥에 중심정맥도관을 삽입하는 수술을 하는 과정에서 환자의 우측 쇄골하 부위를 주사바늘로 10여 차례 찔러 환자가 우측 쇄골하 혈관 및 흉막 관통상에 기인한 외상성 혈흉으로 인한 순환혈액량 감소성 쇼크로 사망한 사안에서, 담당 소아외과 의사에게 업무상 과실이 없다고 본 사례(대판 2008. 8. 11. 2008도3090).

21) 대판 2014. 6. 26. 2009도14407.

수 없어, 피고인의 설명의무위반과 피해자의 상해 사이에 상당인과관계를 인정하기 어렵다고 본 사례.[22)]

바. 간호사

야간 당직간호사가 담당 환자의 심근경색 증상을 당직의사에게 제대로 보고하지 않음으로써 당직의사가 필요한 조치를 취하지 못한 채 환자가 사망한 경우, 병원의 야간당직 운영체계상 당직간호사에게 환자의 사망을 예견하거나 회피하지 못한 업무상 과실이 있고, 당직의사에게는 업무상 과실을 인정하기 어렵다고 한 사례.[23)]

수혈은 종종 그 과정에서 부작용을 수반하는 의료행위이므로, 수혈을 담당하는 의사는 혈액형의 일치 여부는 물론 수혈의 완성 여부를 확인하고, 수혈 도중에도 세심하게 환자의 반응을 주시하여 부작용이 있을 경우 필요한 조치를 취할 준비를 갖추는 등의 주의의무가 있다. 그리고 의사는 전문적 지식과 기능을 가지고 환자의 전적인 신뢰 하에서 환자의 생명과 건강을 보호하는 것을 업으로 하는 자로서, 그 의료행위를 시술하는 기회에 환자에게 위해가 미치는 것을 방지하기 위하여 최선의 조치를 취할 의무를 지고 있고, 간호사로 하여금 의료행위에 관여하게 하는 경우에도 그 의료행위는 의사의 책임 하에 이루어지는 것이고 간호사는 그 보조

22) 대판 2011. 4. 14. 2010도10104. 다음은 같은 취지이다.
의사가 자기집 안방에서 연탄가스에 중독된 환자에게 병명을 알려주지 않아 같은 곳에서 취침하다가 다시 중독되게 함
자기 집 안방에서 취침하다가 일산화탄소(연탄가스) 중독으로 병원 응급실에 후송되어 온 환자를 진단하여 일산화탄소 중독으로 판명하고 치료한 담당의사에게 회복된 환자가 이튿날 퇴원할 당시 자신의 병명을 문의하였는데도 의사가 아무런 요양방법을 지도하여 주지 아니하여, 환자가 일산화탄소에 중독되었던 사실을 모르고 퇴원 즉시 사고난 자기 집 안방에서 다시 취침하다 전신피부파열 등 일산화탄소 중독을 입은 것이라면, 위 의사에게는 그 원인 사실을 모르고 병명을 문의하는 환자에게 그 병명을 알려주고 이에 대한 주의사항인 피해 장소인 방의 수선이나 환자에 대한 요양의 방법 기타 건강관리에 필요한 사항을 지도하여 줄 요양방법의 지도의무가 있는 것이므로 이를 태만한 것으로서 의사로서의 업무상과실이 있고, 이 과실과 재차의 일산화탄소 중독과의 사이에 인과관계가 있다고 보아야 한다(대판 1991. 2. 12. 90도2547).

23) 대판 2007. 9. 20. 2006도294. 다음은 유사 사안에 관한 판례이다.
구 의료법은 제2조에서 의사는 의료에 종사하고, 간호사는 간호 또는 진료의 보조 등에 종사한다고 규정하고 있으므로, 간호사가 의사의 진료를 보조할 경우에는 특별한 사정이 없는 한 의사의 지시에 따라 진료를 보조할 의무가 있다. 담당 의사가 췌장 종양 제거수술 직후의 환자에 대하여 1시간 간격으로 4회 활력징후를 측정하라고 지시를 하였는데, 일반병실에 근무하는 간호사 갑이 중환자실이 아닌 일반병실에서는 그러할 필요가 없다고 생각하여 2회만 측정한 채 3회차 이후 활력징후를 측정하지 않았고, 갑과 근무교대한 간호사 을 역시 자신의 근무시간 내 4회차 측정시각까지 활력징후를 측정하지 아니하였으며, 위 환자는 그 시각으로부터 약 10분 후 심폐정지상태에 빠졌다가 이후 약 3시간이 지나 과다출혈로 사망한 사안에서, 1시간 간격으로 활력징후를 측정하였더라면 출혈을 조기에 발견하여 수혈, 수술 등 치료를 받고 환자가 사망하지 않았을 가능성이 충분하다고 보일 뿐 아니라, 갑과 을은 의사의 위 지시를 수행할 의무가 있음에도 3회차 측정시각 이후 4회차 측정시각까지 활력징후를 측정하지 아니한 업무상과실이 있다고 보아야 함에도, 갑, 을에게 업무상과실이 있거나 위 활력징후측정 미이행행위와 환자의 사망 사이에 인과관계가 있다고 단정하기 어렵다고 본 것은 잘못이라고 한 사례(대판 2010. 10. 28. 2008도8606).
갑상선아전절제술 및 전경부임파절청소술을 받은 환자가 기도부종으로 인한 호흡장애로 뇌기능 부분손상상태(식물인간상태)에 이르게 된 경우, 환자의 호흡 곤란을 알고도 00:30경부터 09:00경까지 환자의 상태를 확인하지 아니한 주치의 겸 당직의사와 그의 활력체크지시를 제대로 이행하지 아니하고 의사를 불러달라는 환자 보호자의 요청을 듣지 아니한 담당간호사들을 업무상과실치상죄로 처단한 사례(대판 1994. 12. 22. 93도3030).

자에 불과하므로, 의사는 당해 의료행위가 환자에게 위해가 미칠 위험이 있는 이상 간호사가 과오를 범하지 않도록 충분히 지도·감독을 하여 사고의 발생을 미연에 방지하여야 할 주의의무가 있고, 이를 소홀히 한 채 만연히 간호사를 신뢰하여 간호사에게 당해 의료행위를 일임함으로써 간호사의 과오로 환자에게 위해가 발생하였다면 의사는 그에 대한 과실책임을 면할 수 없다.
피고인이 근무하는 병원에서는 인턴의 수가 부족하여 수혈의 경우 두 번째 이후의 혈액봉지는 인턴 대신 간호사가 교체하는 관행이 있었다고 하더라도, 위와 같이 혈액봉지가 바뀔 위험이 있는 상황에서 피고인이 그에 대한 아무런 조치도 취함이 없이 간호사에게 혈액봉지의 교체를 일임한 것이 관행에 따른 것이라는 이유만으로 정당화될 수는 없다.[24)]

관찰의무의 범위

피해자를 감시하도록 업무를 인계받지 않은 간호사가 자기 환자의 회복처치에 전념하고 있었다면 회복실에 다른 간호사가 남아있지 않은 경우에도 다른 환자의 이상증세가 인식될 수 있는 상황에서라야 이에 대한 조치를 할 의무가 있다고 보일 뿐 회복실 내의 모든 환자에 대하여 적극적, 계속적으로 주시, 점검을 할 의무

24) 대판 1998. 2. 27. 97도2812. 구체적인 내용은 다음과 같다.
피고인은 같은 인턴인 갑으로부터 피해자에 대한 수혈임무를 인계받고서 같은 날 13:30경 피해자에게 수혈할 두 번째 혈액봉지를 직접 교체한 후 간호사인 1심 공동피고인 을에게 다음 혈액봉지를 교체하는 것을 맡기고, 같은 날 14:05경 병에게 수혈할 혈액봉지를 수령하여 수혈을 하려고 하였으나 병이 관장시술을 받고 있어 그 혈액봉지를 피해자의 나머지 혈액봉지 2개와 구분하지 않고 간호처치대 위에 함께 놓아 두면서, 혈액봉지에 환자의 성명, 혈액형 등이 기재되어 있는 관계로 간호사가 오인하지 아니할 것으로만 생각한 나머지 별다른 주의를 환기시키지 아니한 채 회진에 대비하여 그 현장을 떠났고, 피해자 이외에 다른 수혈 환자가 있는 것을 모르고 있던 을은 같은 날 14:30경 자신이 교체해 준 세 번째 혈액봉지의 수혈이 다 끝나갈 무렵 피해자가 다량의 혈변을 보는 등의 증세를 보이자 이를 1심 공동피고인 정에게 보고하여 수혈을 계속하라는 지시를 받고서 다급하게 수혈을 하느라고 피해자의 혈액봉지와 함께 놓여 있던 병의 혈액봉지를 피해자의 것으로 오인하고서 이를 가져가 피해자에게 수혈하였고, 피고인은 같은 날 15:00경 병에게 수혈을 하기 위하여 현장에 돌아와서 간호처치대 위에 있던 병의 혈액봉지가 없어진 것을 보고 비로소 병의 혈액봉지가 피해자에게 잘못 수혈되고 있는 것을 발견하였음을 알 수 있다.
피고인은 피해자에 대한 수혈을 담당하는 의사로서, 수혈을 하기에 앞서 그 혈액봉지가 피해자의 것인지 여부를 확인하여 다른 환자의 혈액봉지를 잘못 수혈함으로써 피해자에게 위해가 발생하는 것을 방지하여야 할 주의의무가 있는바, 이 사건에서와 같이 피고인이 피해자와 병 두 명의 환자에 대한 수혈을 동시에 담당한 관계로 그들에게 수혈할 혈액봉지를 같은 장소에 구분 없이 준비해 둔 경우라면, 피고인으로서는 혈액봉지가 바뀔 위험을 방지하기 위하여 직접 피해자의 혈액봉지를 교체하거나, 을에게 혈액봉지의 교체를 맡기는 경우에도 그와 같은 사정을 주지시켜 을로 하여금 교체하는 혈액봉지를 반드시 확인하게 하고, 스스로 사후 점검을 하여 혈액봉지가 바뀜으로 인하여 피해자에게 위해가 발생하지 않도록 필요한 조치를 취하여야 할 주의의무가 있고, 피고인이 피해자와 병의 혈액봉지를 구분 없이 함께 놓아 두고서도 위와 같은 조치를 취하지 아니한 채 만연히 을에게 혈액봉지의 교체를 맡긴 후 현장을 떠나 을이 추가로 2개의 혈액봉지를 교체하여 마지막 혈액봉지의 혈액이 피해자에게 상당량 수혈될 때까지 돌아오지 아니함으로써, 을이 혈액봉지가 피해자의 것인지 여부를 확인하지 아니하고 피고인도 피해자의 혈액봉지가 잘못 교체된 것을 조기에 발견하지 못한 것이라면, 피고인에게 그에 대한 과실이 있다고 하지 않을 수 없다.
그리고 피고인이 근무하는 병원에서는 인턴의 수가 부족하여 수혈의 경우 두 번째 이후의 혈액봉지는 인턴 대신 간호사가 교체하는 관행이 있었다고 하더라도, 위와 같이 혈액봉지가 바뀔 위험이 있는 상황에서 피고인이 그에 대한 아무런 조치도 취함이 없이 을에게 혈액봉지의 교체를 일임한 것이 관행에 따른 것이라는 이유만으로 정당화될 수는 없고, 을이 혈액봉지를 교체한 것이 정의 지시에 따른 것이었다고 하더라도 피고인이 정으로부터 피해자에 대한 수혈 임무를 부여받은 이상 위와 같은 조치를 소홀히 함으로써 혈액봉지가 바뀐 데 대한 과실책임을 면할 수 없다.

가 있다고 할 수 없다.[25)]

사. 기 타[26)]

구급차에서 산소잔량 확인의무

병원 인턴인 피고인이, 응급실로 이송되어 온 익수환자 갑을 담당의사 을의 지시에 따라 구급차에 태워 다른 병원으로 이송하던 중 산소통의 산소잔량을 체크하지 않은 과실로 산소 공급이 중단된 결과 갑을 폐부종 등으로 사망에 이르게 하였다는 내용으로 기소된 사안에서, 을에게서 이송 도중 갑에 대한 앰부 배깅(ambu

---

25) 대판 1994. 4. 26. 92도3283. 다음은 유사한 취지이다.
정신병동에 입원 중인 환자가 탈출하다가 추락사한 데 대한 당직간호사의 주의의무
정신병동에 입원중인 환자가 완전감금병동의 화장실 창문을 열고 탈출하려다가 떨어져 죽은 사고에 있어서 위 병동의 당직간호사인 피고인이 피해자에 대한 동태관찰의무 및 화장실 창문 자물쇠의 시정상태 점검의무를 게을리 한 과실이 있다고 유죄로 인정한 원심판결에 대하여 그 증거만으로는 당시 위 창문이 잠겨 있지 않았다고 단정하기 어렵고(단순히 시정장치의 시정여부를 확인하는 것을 넘어 이를 설치 관리하는 일까지 간호사의 업무로 보기는 어렵다) 또한 피고인이 피해자가 화장실에 가는 시간을 기록하여 두고 10여 분 후에 간호보조사로부터 피해자가 병실 침대에 없다는 보고를 받은 즉시 그를 찾아 나섰다면 그것을 가리켜 환자동태관찰의무를 게을리 한 것이라고 단정할 수 없다고 한 사례(대판 1992. 4. 28. 91도1346).

26) **혈액원 소속 검사자들의 혈액검사 잘못으로 수혈받은 피해자들이 C형 간염 등에 감염**
혈액원 소속의 검사자들이 채혈한 혈액의 검사를 잘못한 상태에서 부적격 혈액들을 출고하여 이를 수혈받은 피해자들로 하여금 C형 간염 등이 감염되는 상해를 입게 한 경우, 혈액원장에게 업무상과실치상의 죄책을 인정하고, 혈액원 소속의 검사과장에게 혈액검사결과의 정확성, 혈액 적격 여부에 대한 업무상 주의의무가 있다고 단정할 수 없다고 한 사례(대판 2007. 5. 10. 2006도6178).
산후조리원
산후조리원의 주된 업무는 입소한 산모들에게 적절한 음식과 운동방법 등을 제공하여 몸을 회복할 수 있도록 하고, 산모가 대동한 신생아를 대신 관리하여 줌으로써 산모가 산후조리에 집중할 수 있도록 도와주는 것이고, 산모와 신생아의 집단관리는 산후조리서비스 제공에 필연적으로 부수되는 업무로서 그 자체가 치료행위는 아니다. 하지만, 면역력이 취약하여 다른 사람과 접촉이 바람직하지 아니한 신생아를 집단으로 수용하여 관리함으로써 질병의 감염으로 인한 생명·신체에 대한 위해가능성이 높아지는 특성상 보건분야 업무로서의 성격을 갖고 있으므로, 일반인에 의해 제공되는 산후조리 업무와는 달리 신생아의 집단관리 업무를 책임지는 사람으로서는 신생아의 건강관리나 이상증상에 관하여 일반인보다 높은 수준의 지식을 갖추어 신생아를 위생적으로 관리하고 건강상태를 면밀히 살펴 이상증세가 보이면 의사나 한의사 등 전문가에게 진료를 받도록 하는 등 적절한 조치를 취하여야 할 업무상 주의의무가 있다. 산후조리원에 입소한 신생아가 출생 후 10일 이상이 경과하도록 계속하여 수유량 및 체중이 지나치게 감소하고 잦은 설사 등의 이상증세를 보임에도 불구하고, 산후조리원의 신생아 집단관리를 맡은 책임자가 의사나 한의사 등의 진찰을 받도록 하지 않아 신생아가 탈수 내지 괴사성 장염으로 사망한 사안에서, 위 집단관리 책임자가 산모에게 신생아의 이상증세를 즉시 알리고 적절한 조치를 구하여 산모의 지시를 따른 것만으로는 업무상 주의의무를 다하였다고 볼 수 없다며 신생아 사망에 대한 업무상 과실치사의 죄책을 인정한 사례(대판 2007. 11. 16. 2005도1796).
수술도중 부러진 메스조각(3×5㎜)을 찾지 못하여 그대로 봉합
요추 척추후궁절제 수술도중에 수술용 메스가 부러지자 담당의사가 부러진 메스조각(3×5㎜)을 찾아 제거하기 위한 최선의 노력을 다하였으나 찾지 못하여 부러진 메스조각을 그대로 둔 채 수술부위를 봉합한 경우, 같은 수술과정에서 메스 끝이 부러지는 일이 흔히 있고, 부러진 메스가 쉽게 발견되지 않을 경우 수술과정에서 무리하게 제거하려고 하면 부가적인 손상을 줄 우려가 있어 일단 봉합한 후에 재수술을 통하여 제거하거나 그대로 두는 경우가 있는 점에 비추어 담당의사의 과실을 인정할 수 없다고 한 사례(대판 1999. 12. 10. 99도3711).

bagging)과 진정제 투여 업무만을 지시받은 피고인에게 일반적으로 구급차 탑승 전 또는 이송 도중 구급차에 비치되어 있는 산소통의 산소잔량을 확인할 주의의무가 있다고 보기는 어렵고, 다만 피고인이 갑에 대한 앰부 배깅 도중 산소 공급 이상을 발견하고도 구급차에 동승한 의료인에게 기대되는 적절한 조치를 취하지 아니하였다면 업무상 과실이 있다고 할 것이나, 피고인이 산소부족 상태를 안 후 취한 조치에 어떠한 업무상 주의의무위반이 있었다고 볼 수 없다고 한 사례.[27)]

병원행정직 종사자의 주의의무

일반적으로 대학병원의 진료체계상 과장은 병원행정상의 직급으로서 다른 교수나 전문의가 진료하고 있는 환자의 진료까지 책임지는 것은 아니고, 소속 교수 등이 진료시간을 요일별 또는 오전, 오후 등 시간별로 구분하여 각자 외래 및 입원 환자를 관리하고 진료에 대한 책임을 맡게 된다. 그러한 사정을 감안하면, 피고인에게 피해자를 담당한 의사가 아니어서 그 치료에 관한 것이 아님에도 불구하고 구강악안면외과 과장이라는 이유만으로 외래담당의사 및 담당 수련의들의 처치와 치료결과를 주시하고 적절한 수술방법을 지시하거나 담당의사 대신 직접 수술을 하고, 농배양을 지시·감독할 주의의무가 있다고 단정할 수 없다.[28)]

아. 의료행위와 위법성조각

의사의 치료행위에 대해서는 ① 업무로 인한 정당행위(형법 20조)이므로 위법성이 조각된다는 견해, ② 피해자의 승낙(형법 24조)에 의해 위법성이 조각된다는 견해, ③ 성공한 치료행위는 건강을 회복시킨 것이므로 상해가 아니고, 실패한 경우에도 상해의 고의가 없으므로 상해죄의 구성요건해당성이 없다는 견해가 있다. 판례는 아래와 같이 업무로 인한 정당행위로 본 경우와 피해자의 승낙에 의해 위법성이 조각된다고 본 경우가 있다.

"샥숀"의 사용으로 인한 통상적인 약간의 상해

의사가 인공분만기인 "샥숀"을 사용하면 통상 약간의 상해정도가 있을 수 있으므로 그 싱해가 있다하여"샥숀"을 거칠고 험하게 사용한 결과라고는 보기 어려워 의사의 정당업무(형법 20조의 정당행위)의 범위를 넘은 위법행위라고 할 수 없다.[29)]

피고인이 태반의 일부를 떼어낸 행위는 그 의도, 수단, 절단부위 및 그 정도등에 비추어 볼 때 의사로서의 정상적인 진찰행위의 일환이라고 볼 수 있으므로 형법 제20조 소정의 정당행위에 해당한다.[30)]

27) 대판 2011. 9. 8. 2009도13959.
28) 대판 1996. 11. 8. 95도2710.
29) 대판 1978. 11. 14. 78도2388.
30) 대판 1976. 6. 8. 76도144.

비교 판례: 의사가 검사용으로 임부의 태반에서 육편을 떼어냄

의사가 정상적인 진찰행위의 일환으로서 검사용으로 임부의 태반에서 육편을 떼어 냈다고 하여 이것이 태반 기타 모체에 지장을 주지 않는 한 상해행위에 속하지 않는다.[31]

정밀진단을 하지 않은 채 자궁외 임신을 자궁근종으로 오인하고 부정확한 설명으로 승낙을 받아 자궁적출/난소제거로 임신불능인 피해자의 자궁을 적출

산부인과 전문의 수련과정 2년차인 의사가 자신의 시진, 촉진결과 등을 과신한 나머지 초음파검사 등 피해자의 병증이 자궁외 임신인지, 자궁근종인지를 판별하기 위한 정밀한 진단방법을 실시하지 아니한 채 피해자의 병명을 자궁근종으로 오진하고 이에 근거하여 의학에 대한 전문지식이 없는 피해자에게 자궁적출술의 불가피성만을 강조하였을 뿐 위와 같은 진단상의 과오가 없었으면 당연히 설명받았을 자궁외 임신에 관한 내용을 설명받지 못한 피해자로부터 수술승낙을 받았다면 위 승낙은 부정확 또는 불충분한 설명을 근거로 이루어진 것으로서 수술의 위법성을 조각할 유효한 승낙이라고 볼 수 없다.

난소의 제거로 이미 임신불능 상태에 있는 피해자의 자궁을 적출했다 하더라도 그 경우 자궁을 제거한 것이 신체의 완전성을 해한 것이 아니라거나 생활기능에 아무런 장애를 주는 것이 아니라거나 건강상태를 불량하게 변경한 것이 아니라고 할 수 없고 이는 업무상과실치상죄에 있어서의 상해에 해당한다.[32]

3. 건설·건축

건설업자가 토공사 및 흙막이공사의 감리업무까지 수행하기로 약정하였음에도 이에 위반하여 실질적인 감리업무를 수행할 수 있는 사람을 감리자로 파견하지 않은 상태에서, 건설업법 제33조, 건설업법시행령 제36조 제2항 제2호 소정의 건설기술자를 현장에 배치할 의무를 위반하여 건설기술자조차 현장에 배치하지 아니한 과실은 공사현장 인접 소방도로의 지반침하 방지를 위한 그라우팅공사 과정에서 발생한 가스폭발사고와 상당한 인과관계가 있다고 본 사례.[33]

자전거 전용통로에 도시가스배관, 철도횡단흄관 압입공사를 하기 위하여 너비 약 3미터, 깊이 약 1미터, 길이 약 5미터의 웅덩이를 파두어 야간에 그곳을 지나던 통행인이 위 웅덩이에 떨어져 상해를 입었다면 동 공사현장 감독에게는 공사현장의 보안관리를 소홀히 한 주의의무위반이 있다.[34]

31) 대판 1974. 4. 23. 74도714.

32) 대판 1993. 7. 27. 92도2345.

33) 대판 1997. 1. 24. 96도776.

34) 대판 1986. 8. 19. 86도915. 다음은 유사 사안에 관한 것이다.

취객이 도로에서 21미터 떨어진 곳을 지나가다 공사를 위해 5미터 파놓은 곳에 추락

피해자가 추락하여 상처를 입은 장소는 빌딩 내에 자동차승강기를 설치하는 공사를 하면서 깊이 5미터가량 파놓았던 곳으로서 그 설치장소로부터 노폭 5미터 가량의 뒷골목까지는 21.6미터 정도 떨어져 있고 그 도로와 승강기 설치장소 사이에 있는 공터에는 승강기설치를 위한 건축자재와 쓰레기가 사람의 왕래를 못하게 할 정도로 쌓여 있었으

불법하도급에 의해 건설업면허 없는 자가 펌프장 신축공사의 콘크리트 타설작업 중 펌프장 2층 천정 슬라브 전체가 붕괴, 함몰되게 함으로써 18명의 인부가 치사상에 이름

건설기술관리법 등의 규정은 공사감독관으로 하여금 위 법령이 정한 감독의무를 철저히 수행하게 하여 무자격자 또는 자격미달자가 건설공사에 참여함으로써 야기될 공사의 부실화와 그로 인하여 발생할지도 모르는 재해를 미연에 방지하고자 하는 일반예방적인 차원에서 사전에 이를 차단하기 위한 것으로 보여지고, 오늘날 도처에서 일어나고 있는 교량 및 건물붕괴 등의 건축물 관련 대형 사고가 대부분 부실공사에 의한 것으로 나타나고 있고, 그 사고의 결과 또한 참혹하기 이를 데 없을 뿐만 아니라 무자격자에 의한 시공이 그 부실공사의 원인 중의 하나로 밝혀지고 있는 점까지 아울러 감안하여 보면 공사감독관이 위와 같은 직무에 위배하여 당해 건축공사가 불법 하도급되어 무자격자에 의하여 시공되고 있는 점을 알고도 이를 묵인하였거나 그와 같은 사정을 쉽게 적발할 수가 있었음에도 직무상의 의무를 태만히 하여 무자격자로 하여금 공사를 계속하게 함으로써 붕괴사고 등의 재해가 발생한 경우에, 만일 자격있는 자가 시공을 하였다면 당해 재해가 발생하지 아니하였거나 재해 발생의 위험이 상당히 줄어들었으리라고 인정된다면, 공사감독관의 그와 같은 직무상의 의무위반과 붕괴사고 등의 재해로 인한 치사상의 결과 사이에 상당인과관계가 있다.

공사를 발주한 구청 소속의 현장감독 공무원인 피고인이 갑 회사가 전문 건설업 면허를 소지한 을 회사의 명의를 빌려 원수급인인 병 회사로부터 콘크리트 타설공사를 하도급받아 전문건설업 면허나 건설기술 자격이 없는 개인인 정에게 재하도급주어 이 사건 공사를 시공하도록 한 사실을 알았거나 쉽게 알 수 있었음에도 불구하고 그 직무를 유기 또는 태만히 하여 정의 시공방법상의 오류와 그 밖의 안전상의 잘못으로 인하여 콘크리트 타설작업 중이던 건물이 붕괴되는 사고가 발생할 때까지도 이를 적발하지 아니하였거나 적발하지 못한 잘못이 있다면, 피고인의 위와 같은 직무상의 의무위반 행위는 이 사건 붕괴사고로 인한 치사상의 결과에 대하여 상당인과관계가 있다.[35)]

공사감리자가 감리업무를 소홀히 하여 건축물 붕괴 등으로 인하여 사상

건축법, 건축사법, 건설기술관리법 등의 관련 법령에서 일정한 용도·규모 및 구조의 건축물을 건축하는 공사의 경우에 반드시 건축사 등의 일정한 자격을 갖춘 자에 의한 공사감리를 받도록 규정한 취지는, 건축주나 공사시공자로부터 독립한 전문가로 하여금 관계 법령과 설계도서 등에 따른 적합한 시공 여부를 확인하고 안전관리 등에 대한 지도·감독을 하게 함으로써, 건축물 붕괴사고, 하자분쟁, 유지보수비의 급증, 건축물 수명단축에 따른 재건축 등의 후유증을 유발하는 부실공사를 예방하기 위한 것으로 볼 수 있으므로, 공사감리자가 관계 법령과 계약에 따른 감리업무를 소홀히 하여 건축물 붕괴 등으로 인하여 사상의 결과가 발생한 경우에는 업무상과실치사상의 죄책을 면할 수 없다.[36)]

며 승강기 설치장소의 입구 중앙의 상단에는 추락주의라는 표지판을 부착해 놓았을 뿐 아니라 사람의 출입을 막기 위하여 각목과 쇠파이프로 입구를 막아 놓았었기 때문에 그 위나 아래로 지나야만 승강기 설치장소에 들어갈 수 있다면 21.6미터나 떨어진 도로를 지나가던 술 취한 피해자가 쉬어 가기 위해 건물 내로 들어가려다 위 승강기 설치공사를 위해 파놓은 곳에 빠져 다친 결과는 공사 시공회사 직원의 주의의무 태만으로 인하여 발생한 것으로 볼 수 없다(대판 1986. 12. 9. 86도1933).

35) 대판 1995. 9. 15. 95도906.

36) 대판 2010. 6. 24. 2010도2615.

교량기초케이슨 및 교각제작공사의 하도급업체 근로자가 철근조립작업 중 철근지지대의 수량부족 등으로 인해 넘어진 수직철근에 머리를 부딪쳐 사망한 사안에서, 수직철근 설치작업의 진행단계에 따른 적절한 철근지지대의 설치 개수나 설치순서 등의 작업방법을 정하지 않은 시공방법상의 잘못은 산업안전기준에 관한 규칙 제8조의2에서 요구하는 안전진단 실시 등의 안전조치의무위반에 해당하지 않는다는 이유로 위 하도급업체와 그 업체 종업원인 현장소장에게 구 산업안전보건법 제66조의2, 제23조 제3항 위반죄가 성립하지 않는다고 판단한 반면, 철근 붕괴 예방을 위하여 적절한 수량의 철근지지대가 충분히 설치되도록 감독하는 등 공사실시의 관리·감독업무에 관한 주의의무위반이 인정된다는 이유로 위 현장소장과 컨소시엄 주관회사 종업원인 현장소장에게 업무상과실치사죄가 성립한다고 본 사례.37)

구체적인 업무를 담당하지 않는 회사 사장 등의 감독의무

시공회사의 상무이사인 현장소장이 현장에서의 공사감독을 전담하였고 사장은 그와 같은 감독을 하게 되어 있지 않았다면 사장으로서는 그 공사의 진행에 관하여 직접적인 지휘·감독을 받지 않는 회사직원 혹은 고용한 노무자들이 공사시행상의 안전수칙을 위반하여 사고를 저지를지 모른다고 하여 이에 대비하여 각개의 개별작업에 대하여 일일이 세부적인 안전대책을 강구하여야 하는 구체적이고 직접적인 주의의무가 있다고 하기 어렵다.38)

호텔을 경영하는 주식회사에 대표이사가 따로 있고 동 회사의 실질적인 책임자로서 업무전반을 총괄하는 전무밑에 상무, 지배인, 관리부장, 영업부장 등을 따로 두어 각 소관업무를 분담처리하도록 하는 한편, 소방법 소정의 방화관리자까지 선정, 당국에 신고하여 동인으로 하여금 소방훈련 및 화기사용 또는 취급에 관한 지도감독 등을 하도록 하고 있다면 위 회사의 업무에 전혀 관여하지 않고 있던 소위 회장에게는 위 회사의 직원들에 대한 일반적, 추상적 지휘감독의 책임은 있을지언정 동 호텔 종업원의 부주의와 호텔구조상의 결함으로 발생, 확대된 화재에 대한 구체적이고도 직접적인 주의의무는 없다고 할 수밖에 없다.39)

호텔 사장 등이 수신기를 끄고, 갑종방화문을 열어두고, 을종방화문에 고리를 끼워둠

호텔의 사장 또는 영선과장인 피고인들에게는 화재가 발생하면 불이 확대되지 않도록 계단과 복도등을 차단하는 갑종방화문은 항상 자동개폐되도록 하며, 숙박업들이 신속하게 탈출대피할 수 있도록 각층의 을종방화문(비상문)은 언제라도 내부에서 외부로의 탈출방향으로 밀기만 하면 그대로 열려지도록 설비관리하고, 화재시에는 즉시 전층 각객실에 이를 알리는 감지기, 수신기, 주경종, 지구경종을 완벽하게 정상적으로 작동하도

37) 대판 2010. 11. 11. 2009도13252.

38) 대판 1989. 11. 24. 89도1618. 다음은 같은 취지이다.
회사관리 담당상무의 지휘 감독을 받는 소속 직원들의 작업 중 일어난 안전사고로서 그에 관한 안전관리책임은 안전관리과장이 부담하고 있다면 공장장이 공장의 모든 일을 통괄하고 있다고 하더라도 직접적인 지휘 감독을 받지 않는 위 직원들이 안전수칙을 위반할지도 모른다고 하여 이에 대비하여 개별 작업에 일일이 세부적인 안전대책을 강구하여야만 할 구체적이고 직접적인 주의의무는 없다(대판 1989. 1. 31. 88도1683).

39) 대판 1986. 7. 22. 85도108.

록 시설관리하여야 할 업무상의 주의의무가 있다 할 것이다.
호텔의 사장 또는 영선과장인 피고인들이 오보가 잦다는 이유로 자동화재조기탐지 및 경보시설인 수신기의 지구경종스위치를 내려 끈 채 봉하고, 영업상 미관을 해친다는 이유로 각층에 설치된 갑종방화문을 열어두게 하고 옥외피난계단으로 통하는 을종방화문은 도난방지등의 이유로 고리를 끼워 피난구로서의 역할을 다하지 못하게 하였다면, 이와 같은 피고인들의 주의의무 해태는 결과적으로 건물의 화재발생시에 있어서 숙박객 등에게 신속하게 화재를 알릴 수 없게 되고 발화지점에서의 상하층에의 연소방지를 미흡하게 하고 또 숙박객 등을 비상구를 통해 신속하게 옥외로 대피시키지 못하게 하는 것임은 경험상 명백하다 할 것이므로, 이 사건 화재로 인한 숙박객 등의 사상이라는 결과는 충분히 예견가능한 것이라고 할 것이다.[40]

이 사건 타워크레인의 설치, 운전, 해체에 필요한 모든 인원은 피고인 2 주식회사(이하 '피고인 회사'라고 한다)의 관여 없이 갑이 자기의 책임 하에 고용하여 작업에 투입한 점, 타워크레인 설치작업은 고도의 숙련된 노동을 필요로 하는데, 피고인 회사의 직원들은 그에 대한 경험이나 전문지식이 부족하여 구체적인 설치작업 과정에는 관여한 바 없는 점 등을 모두 종합하여 고려해 보면, 갑은 자기의 책임으로 운전기사를 고용하고 자기가 소유 또는 관리하는 장비를 사용하여 건설공사 중 타워크레인을 사용하여 수행해야 할 작업공정부분을 도급받은 것으로 봄이 상당하다 할 것이고, 따라서 피고인 1(피고인 회사의 현장대리인)이 이 사건 타워크레인의 설치작업을 관리하고 통제할 실질적인 지휘, 감독권한이 있었던 것으로는 보이지 아니하므로, 결국 피고인 1에게 위와 같은 지휘, 감독관계가 있음을 전제로 이에 따라 부과되는 업무상 주의의무를 위반한 과실이 있다고 할 수 없다.[41]

4. 임대차 목적물의 하자

임대차 목적물상의 하자의 정도가 그 목적물을 사용할 수 없을 정도의 파손 상태라고 볼 수 없다든지 임대인에게 수선의무가 있는 대규모의 것이라고 볼 수 없어 임차인의 통상의 수선 및 관리의무에 속한다고 보여지는 경우에는 그 하자로 인하여 가스 중독사가 발생하였더라도 임대인에게 과실이 있다 할 수 없으나, 이러한 판단을 함에 있어 단순히 하자 자체의 상태만을 고려할 것이 아니라 그 목적물의 구조 및 전반적인 노후화 상태 등을 아울러 참작하여 대규모적인 수선이 요구되는지를 판단하여야 하며, 대규모의 수선 여부가 분명하지 아니한 경우에는 임대차 전후의 임대차 목적물의 상태 내지 하자로 인한 위험성의 징후 여부와 평소 임대인 또는 임차인의 하자 상태의 지실 내지 발견 가능성 여부, 임차인의 수선 요구 여부 및 이에 대한 임대인의 조치 여부 등을 종합적으로 고려하여 임대인의 과실 유무를 판단하여야 한다.[42]

---

40) 대판 1984. 2. 28. 83도3007.

41) 대판 2005. 9. 9. 2005도3108.

42) 대판 1993. 9. 10. 93도196. 구체적인 내용은 다음과 같다.
피고인이 관리하던 이 사건 가옥의 작은방에 세들어 사는 갑의 어머니와 딸이 아궁이에 연탄불을 피워 놓고 자던 중 방바닥의 틈 사이로 스며든 연탄가스에 중독되어 각 일산화탄소 중독으로 사망한 사실, 위 가옥은 재개발지역의 달동네에 속하여 있고 무허가로 건립된 지 약 30년이 지난 흙벽돌 및 블럭, 기와 및 슬레이트로 된 낡은 한옥이며, 위 작은방에는 재래식 아궁이가 설치되어 있고 작은방의 마루쪽 출입문 앞 방바닥에는 폭 약 3㎜, 길이 약 30㎝의 임대한 방실의 부엌으로 통하는 문과 벽 사이에 0.4센티미터 정도의 틈이 있다면 이는 문 전체를 다시 제작하여 붙이지 않더라도 다른 목재로 부착보수하는 정도로서 그 틈을 막을 수 있는 것이어서 그 하자가 방실을 사용할 수 없을 정도의 파손상태이거나 임대인에게 수선의무가 있는 대규모의 것이라고는 할 수 없고 임차인의 통상의 수선관리의무에 속한 것이라 못할 바 아니므로 위 문틈으로 스며든 연탄가스에 중독되는 사고가 발생했다 하더라도 위 사고는 임대인의 과실로 인한 것이라고 볼 수 없다.[43)]

임대인이 연탄아궁이의 외부 굴뚝보수공사를 마친 뒤에도 임차인이 약 1개월 동안 아무런 이상없이 위 방실을 점유사용해 오다가 사고당일에 부엌에서 출입문과 환기창을 모두 닫아놓고 연탄아궁이에 연탄불을 피워놓은채 목욕을 하다가 그 연탄아궁이에서 새어나온 연탄가스의 일산화탄소에 중독되어 사망한 것이라면 비록 임대인이 위 외부 굴뚝보수공사를 함에 있어 연통이음새로 시멘트가 내부로 흘러 들어가게 하여 연통내부의 하단부분을 메우게 한 과실이 있었다 하더라도 임차인의 사망이 위와 같은 임대인의 과실에 기인된 것이라고 보기 어렵다.[44)]

5. 자동차, 선박 등의 운항 관련

운전자의 운전을 교정해주려는 동승자의 주의의무

피고인이 운전자의 부탁으로 차량의 조수석에 동승한 후, 운전자의 차량운전행위를 살펴보고 잘못된 점이 있으면 이를 지적하여 교정해 주려 했던 것에 그치고 전문적인 운전교습자가 피교습자에 대하여 차량운행에

여러 갈래의 틈이, 아랫목을 기준으로 왼쪽 방바닥에 폭 약 2㎜, 길이 약 20㎝의 틈이, 오른쪽 방바닥에 폭 약 1㎜, 길이 약 20㎝의 틈이 나 있어 아궁이에서 올라온 연탄가스가 위 방바닥의 틈으로 스며 올라 올 염려가 있는 사실, 피고인은 이 사건 발생 전 임차인인 갑으로부터 위 작은방에서 연탄가스 냄새가 많이 나고 사람들이 두 차례나 연탄가스를 마셔 죽을 뻔하기까지 했으니 방을 고쳐달라는 요구를 받고도 아무런 조치를 취하지 아니한 사실을 알 수 있는바, 앞서의 하자 상태가 이 사건 가옥의 전반적인 노후화 정도에 비추어 과연 대수선을 요하는 정도인지가 불분명한 이 사건에서, 피고인이 임차인으로부터 이러한 요구를 받고도 연탄가스 냄새가 나는 원인을 조사하고 그에 대한 대책을 강구하는 등의 조처를 취하지 아니한 점에 비추어 보면 이 사건 사고는 임대인인 피고인의 과실로 인하여 발생하였다고 봄이 상당하다.

43) 대판 1985. 3. 12. 84도2034. 다음은 같은 취지이다.

연탄가스가 방에 난 실금형태의 균열로 스며들어 임차인이 사망

임차목적물인 방에 약간의 실금형태로 균열이 있고 외벽에 금이 가 있을 정도라면 그 방을 사용할 수 없을 정도의 파손상태라고 할 수 없고, 반드시 임대인에게 수선의무가 있는 대규모의 것이라고도 할 수 없어 임차인의 통상의 수선 및 관리의무에 속하므로, 위 균열로 스며든 연탄가스에 피해자가 중독되어 사망한 사고는 임대인의 과실로 인한 것이라고 볼 수 없다(대판 1989. 9. 26. 89도703).

부엌과 창고홀로 통하는 방문이 상단부의 문틈과 벽 사이에 약 1.2센티미터 내지 2센티미터나 벌어져 있고 그 문틈과 문 자체 사이도 두 군데나 0.5센티미터의 틈이 있는 정도의 하자는 임차목적물을 사용할 수 없을 정도의 것이거나 임대인에게 수선의무가 있는 대규모의 것이 아니고 임차인의 통상의 수선 및 관리의무의 범위에 속하는 것이어서 비록 임차인이 위 문틈으로 새어든 연탄가스에 중독되어 사망하였다 하더라도 임대인에게 그 책임을 물을 수 없다(대판 1986. 7. 8. 86도383).

44) 대판 1985. 3. 26. 84도3085.

관해 모든 지시를 하는 경우와 같이 주도적 지위에서 동 차량을 운행할 의도가 있었다거나 실제로 그같은 운행을 하였다고 보기 어렵다면 그 같은 운행 중에 야기된 사고에 대하여 과실범의 공동정범의 책임을 물을 수 없다.[45]

---

45) 대판 1984. 3. 13. 82도3136. 다음은 유사한 취지이다.

화물차에 물품을 안전하게 적재할 의무

무게가 무겁거나, 날카로운 형상을 가지고 있는 등 상·하차 과정이나 운반 과정에 위험을 초래할 우려가 있는 물품을 출고하여 운반을 의뢰함에 있어서는 그 물품의 특성에 맞게 적절한 단위로 서로 단단히 묶거나 포장하여 운반 과정 등에 장애를 발생시키지 않도록 할 주의의무가 있다 할 것이고, 그러한 주의의무를 게을리 함으로써 물품의 묶음이나 포장이 쉽게 풀어지거나 파손되게 하여 물품의 상·하차 과정에서 당해 물품이 추락하는 사고가 발생하였다면, 그 사고와 위 주의의무위반과 사이에는 상당인과관계가 있다 할 것이다.

건축자재인 철판 수백 장의 운반을 의뢰한 자가 절단면이 날카롭고 무거운 철판을 묶기에 매우 부적합한 폴리에스터 끈을 사용하여 철판 묶음 작업을 하는 등의 과실로 철판 쏠림 현상이 발생하였고, 이로 인하여 철판을 차에서 내리는 과정에서 철판이 쏟아져 내려 화물차 운전자가 사망한 사안에서, 운반의뢰인에게 업무상 과실치사를 인정한 사례(대판 2009. 7. 23. 2009도3219).

쓰레기하치장에서 덤프트럭 운전자의 주의의무

덤프트럭의 운전석과 적재함 사이에 유리가 있어 후방 주시가 가능하다 하더라도 사고장소인 쓰레기하치장에 다른 주울만한 쓰레기도 없었고 사고지점이 95센티미터 높이의 차체위로서 고의로 뛰어 오르기 전에는 위 차량과 관계없이 쓰레기를 줍는 사람들이 접근할 이유와 필요성이 없는 곳이었다면 피해자가 위 차체와 적재함 사이에 끼어들어 사고가 발생하리라고 예견하기 어렵다 할 것이므로 그와 같은 적재함 사이의 차체를 확인하지 않고 덤프기어를 내렸다 하여 그 운전사에게 업무상 주의의무를 태만히 한 과실이 있다고 할 수는 없다(대판 1984. 10. 10. 84도1868).

안전조치를 하고 전후에 신호수를 배치한 굴삭기 운전사가 후면에서 사람이 접근하는지 확인할 의무

작업현장에 경고표시판 및 안전망의 설치 등 충돌사고에 대비한 안전조치가 취해져 있었을 뿐만 아니라 굴삭기에의 접근을 예방하기 위하여 굴삭기의 전후에 신호수까지 배치해 두었다면 후사경이 붙어 있지 아니한 굴삭기를 운전하여 작업에 열중하고 있는 운전자에게 굴삭기의 후면에서 접근해오는 사람이 있는지의 여부까지 스스로 확인해 가면서 작업에 임해야 할 주의의무는 없다(대판 1987. 9. 22. 87도1254).

골프장 경기보조원의 카트 운전에 관한 주의의무

골프장의 경기보조원인 피고인이 골프 카트에 피해자 등 승객들을 태우고 진행하기 전에 안전 손잡이를 잡도록 고지하지도 않고, 또한 승객들이 안전 손잡이를 잡았는지 확인하지도 않은 상태에서 만연히 출발하였으며, 각도 70°가 넘는 우로 굽은 길을 속도를 충분히 줄이지 않고 급하게 우회전한 업무상과실로, 피해자를 골프 카트에서 떨어지게 하여 두개골골절, 지주막하출혈 등의 상해를 입게 하였다고 본 사례(대판 2010. 7. 22. 2010도1911).

기관사의 궤도 장출 대비의무

기관사가 열차 운행 중 사고지점 부근이 좌우 진동이 심하다는 다른 열차로부터의 연락이 있으니 주의운전을 바란다는 무전만 받고 시속 약 85Km로 운행하던 중 사고지점 약 50m 앞에서 궤도가 장출되어 있는 것을 발견하고 비상제동을 걸었으나 미치지 못하여 열차가 일부 탈선한 경우, 열차는 미리 지정된 속도로 진행하고 특별한 사정이 없는 한 마음대로 속력을 가감할 수 없는데, 육안으로 궤도장출을 발견하려면 상당히 가까이 가야만 가능하며 그 지점에 이르기 전에 시속 약 20 내지 30Km로 감속하여야만 열차를 정지시킬 수 있었던 점 및 위 사고는 기온의 급상승으로 인한 철로장출이 그 직접적인 원인이 된 점 등에 비추어 보면 이와 같은 상황에서 기관사에게 위 사고를 예상하고 충분히 감속하여 즉시 정차해야 할 주의의무는 없다(대판 1991. 12. 10. 91도2044).

도선사와 선장의 주의의무

도선사는 법률에 의하여 상당히 고도의 주의의무가 부과되어, 해도에 표시된 장애물 뿐 아니라 해도에 표시되어 있지 않고 외관상 쉽게 발견되지 않는 위험물을 포함하여 지방수역에 관한 지식을 가지고 있어야 하며 이를 활용할 의무가 있고 더욱이 강제도선사는 전문지식이 있다고 판단하여 선임된 자이기 때문에 선박이 임의로 승선시킨 도선사보다 고도의 주의의무를 부담하고 있는 점을 고려하여 볼 때, 강제도선사인 피고인이 선택한 항로로 운항 중이던 유조선의 수중암초 충돌로 인한 업무상과실치상 및 해양오염방지법위반 사건에 관하여 피고인이 해도를 믿고 항행

선박충돌사고에 있어서 한쪽에 과실이 있다고 하여 반드시 다른 쪽에는 과실이 없다고 단정할 수 없다.[46]

피항선과의 충돌에 대한 어로작업 중인 항행유지선의 과실

어로작업 중인 항행유지선과 이를 피할 의무있는 피항선이 서로 충돌한 경우에 피항선이 위 항행유지선의 존재나 위치를 정확히 알지 못하고 운행하다가 충돌한 것이라면 항행유지선을 조선하던 피고인에게도 적절한 위험신호를 미리 발하여 그 위치를 상대방 선박에게 알림으로써 피항하도록 하지 못한 과실이 있다 하겠으나, 만일 피항선이 항행유지선의 존재와 위치를 정확히 알고 있으면서 이를 피항하려다가 조선상의 과실로 충돌한 것이라면 항행유지선이 위험신호를 미리 발하여 그 위치를 알림으로써 피항하게 하지 못한 잘못이 사고발생의 원인이 되었다고 보기는 어렵다.

어로작업 중인 항행유지선이라고 할지라도 피항선이 피항하지 않음으로써 충돌의 위험이 닥친 경우에 스스로 방향을 바꾸거나 감속 또는 정선함으로써 사고를 미연에 방지할 수 있다면 그 같은 조치를 취할 주의의무가 있으나, 만일 항행유지선 조선자가 견시의무를 다하여 미리 피항선의 근접을 발견하였더라도 충돌의 위험이 닥친 단계에서 스스로 방향변경 등의 방법으로 위험을 피할 도리가 없는 이상 항행유지선 조선자의 견시의무를 소홀히 한 과실은 사고발생과 상당인과관계가 있다고 볼 수 없다.[47]

을 하였다 하여 면책될 수 없다.

선장이 강제도선구에서의 도선사의 조선지휘사항에 일일이 간섭할 수는 없다 하더라도, 도선사의 운항로선택 등 조선지휘상황이 통상의 예에서 벗어난 위험한 것임을 알았음에도 조기에 이를 시정토록 촉구하여 안전한 운항로선택 및 안전운항조치를 취하도록 적극적인 조치를 취하지 아니한 것은 잘못이다(대판 1995. 4. 11. 94도3302).

짙은 안개가 낀 어두운 밤에 심한 풍랑 속을 항행하는 선장의 주의의무(업무상과실치사)

농무로 인한 암야에 태풍으로 풍랑이 심한 해상을 항해하는 선박의 선장은 완전한 항로를 유지하기 위하여 선장 자신이 항시 조타운항하여야 하고 부득이한 사정으로 인하여 조타실을 이거하려 할 때에는 항로에 경험이 있고 또 조타술이 능숙한 자로 하여금 대신 조타운항케 하는 조치를 강구하여야 하고 이러한 조치가 불가능할 때에는 일시항해를 정지하는 등 적절한 조치를 취하여 선박으로 하여금 암초에 충돌하여 침몰케 하는 사고가 발생하지 아니하도록 미연에 이를 방지할 것을 업무상 주의의무가 있다 할 것이다(대판 1960. 2. 29. 4292형상894).

46) 대판 1972. 2. 22. 71도2386. 공소사실은 다음과 같다.

이 사건 선박충돌사고에 있어서 진영호의 선장에 대하여도 선박조타상의 과실이 있음은 물론이나 한편 조운호의 선장인 피고인에게도 인천내항 소월미도 앞 수로를 통과하여 시속 약 5노트로 입항타가 전방 약 200미터 지점에서 같은 속력으로 출항하는 화물선 제6진영호를 발견했던바 그 당시는 이제 막 간조를 지난 때라 가항수폭이 좁고 서로 5노트의 속력이면 200여미터 거리의 접근시간은 40초밖에 되지 않으므로 조타를 책임진 선장으로서는 정지 혹은 후진 신호를 발하여 배를 더 이상 접근시키지 않거나 기적을 울려서도 대피할 신호를 교환하거나 서로 좌현을 통해 교항할 수 있도록 항로를 양보해 거리를 충분히 유지하고 나아가는등 조치를 다하여 만일에도 일어날 수 있는 충돌등 사고를 미리 막아야 할 업무상주의 의무가 있음에도 불구하고 서로 상대방이 피해나갈 것이라고 경신 위와 같은 조치없이 진행한 잘못으로 대피할 수 없을 정도의 거리에 이르러 위급함을 느끼고 우측으로 변타하면서 정지 다시 후진의 신호를 보냈으나 미치지 못하여 위 진영호와 충돌하는 이 사건 사고를 발생하게 하였다는 것이다.

47) 대판 1984. 1. 17. 83도2746.

6. 기 타

차에 남겨진 어린이가 시동열쇠를 돌리고 악셀을 밟아 사고냄

운전자가 차를 세워 시동을 끄고 1단 기어가 들어가 있는 상태에서 시동열쇠를 끼워놓은 채 11세 남짓한 어린이를 조수석에 남겨두고 차에서 내려온 동안 동인이 시동열쇠를 돌리며 악셀러레이터 페달을 밟아 차량이 진행하여 사고가 발생한 경우, 비록 동인의 행위가 사고의 직접적인 원인이었다 할지라도 그 경우 운전자로서는 위 어린이를 먼저 하차시키던가 운전기기를 만지지 않도록 주의를 주거나 손브레이크를 채운 뒤 시동열쇠를 빼는 등 사고를 미리 막을 수 있는 제반조치를 취할 업무상 주의의무가 있다 할 것이어서 이를 게을리 한 과실은 사고결과와 법률상의 인과관계가 있다고 봄이 상당하다.[48)]

교사가 회초리로 학생들을 때리다가 구경하려고 일어나는 학생의 눈을 찔러 실명케 함

교사가 징계의 목적으로 회초리로 학생들의 손바닥을 때리기 위해 회초리를 들어올리는 순간 이를 구경하기 위해 옆으로 고개를 돌려 일어나는 다른 학생의 눈을 찔러 그로 하여금 우안실명의 상해를 입게 한 경우, 직접 징계당하는 학생의 옆에 있는 다른 학생이 징계 당하는 것을 구경하기 위하여 고개를 돌려 뒤에서 다가 선다던가 옆자리에서 일어나는 것까지 예견할 수는 없다고 할 것이고 교사가 교육의 목적으로 학생을 징계하기 위하여 매질하는 경우에 반드시 한 사람씩 불러내어서 해야 할 주의의무가 있다고도 할 수 없어 위 교사의 행위를 업무상과실치상죄에 문의할 수는 없다.[49)]

수영장에 설치된 미끄럼틀은 길이가 짧고 경사가 급하여 수면과 틀대가 접하고 있는 지점에 있어서는 사람이 근접하지 못하도록 적절한 위험표지판의 설치나 안전요원의 특별한 감시가 필요하였고, 미끄럼틀 끝부분에 수영금지 표시판 등을 설치하여 끈으로 뜨게 하는 방법을 쓰는 경우에는 그 끈에 걸려 수영자가 다칠 우려가 있기 때문에 수영장의 경영자인 피고인이 그 대신 안전요원을 배치하여 손님들이 안전사고를 당하지 않도록 보살피도록 하였는데, 사고 당시 미끄럼틀에 배치되어 있던 안전요원이 유아풀로 내려가는 미끄럼틀을 지키지 아니하고 성인풀 쪽을 지키고 있는 사이에 피해자(9세)가 유아풀로 내려가는 미끄럼틀을 타고 내려가 끝부분에 다다랐을 때 다가오는 어린아이에게 부딪치지 않으려고 몸을 틀다가 미끄럼틀 손잡이에 입부분을 부딪쳐 상해를 입었다면, 안전요원이 사고방지조치의무를 제대로 이행하지 않을 것에 대비하여 피고인이 안전조치지시 외에 안전요원의 지시에 따르지 아니하면 미끄럼틀을 이용할 수 없도록 쇠사슬을 설치하거나, 낙하지점 부근에 다른 사람들이 접근하여 오지 않도록 안전시설을 설치하고, 수영장 내에 안전요원을 충분히 배치하여 미끄럼틀 낙하지점에 다른 사람이 접근하지 못하게 하여 충돌을 방지하게 할 구체적이고 직접적인 업무상 주의의무가 있다고 할 수 없다.[50)]

48) 대판 1986. 7. 8. 86도1048.
49) 대판 1985. 7. 9. 84도822.
50) 대판 1992. 11. 13. 92도610.

술을 마시고 찜질방에 들어온 갑이 찜질방 직원 몰래 후문으로 나가 술을 더 마신 다음 후문으로 다시 들어와 발한실에서 잠을 자다가 사망한 사안에서, 갑이 처음 찜질방에 들어갈 당시 술에 만취하여 목욕장의 정상적 이용이 곤란한 상태였다고 단정하기 어렵고, 찜질방 직원 및 영업주에게 손님이 몰래 후문으로 나가 술을 더 마시고 들어올 경우까지 예상하여 직원을 추가로 배치하거나 후문으로 출입하는 모든 자를 통제·관리하여야 할 업무상 주의의무가 있다고 보기 어렵다.[51)]

---

51) 대판 2010. 2. 11. 2009도9807. 다음은 유사 취지이다.

애드벌룬을 띄움에 있어서 고압전선을 주의할 의무

광고업자가 건물옥상에 고정수소 2,850기압을 주입한 애드벌룬을 공중에 띄움에 있어서 당시 강풍이 불고 있었고 그곳 부근에 22,900볼트의 고압전선이 설치되어 있었다면 그 안전여부를 확인하면서 주민들에게 위험을 알려주어 주의를 환기시키고 애드벌룬이 고압선에 감겼을 때에도 안전하게 이를 제거할 방법을 강구할 업무상 주의의무가 있다(대판 1990. 11. 13. 90도1987).

만취하여 자는 피해자로부터 80cm 가량 떨어진 곳에 촛불을 켜놓아 화재로 피해자 사망

피고인들이 자신들과 함께 술을 마시고 만취되어 의식이 없는 피해자를 부축하여 학교선배인 갑의 자취집에 함께 가서 촛불을 가져 오라고 하여 갑이 가져온 촛불이 켜져 있는 방안에 이불을 덮고 자고 있는 피해자를 혼자 두고 나옴에 있어 그 촛불이 피해자의 발로부터 불과 약 70 내지 80cm 밖에 떨어져 있지 않은 곳에 마분지로 된 양초갑 위에 놓여져 있음을 잘 알고 있었던 피고인들로서는 당시 촛불을 켜놓아야 할 별다른 사정이 엿보이지 아니하고 더욱이 피고인들 외에는 달리 피해자를 돌보아 줄 사람도 없었던 터이므로 술에 취한 피해자가 정신없이 몸부림을 치다가 발이나 이불자락으로 촛불을 건드리는 경우 그것이 넘어져 불이 이불이나 비닐장판 또는 벽지 등에 옮겨 붙어 화재가 발생할 가능성이 있고, 또한 화재가 발생하는 경우 화재에 대처할 능력이 없는 피해자가 사망할 가능성이 있음을 예견할 수 있으므로 이러한 경우 피해자를 혼자 방에 두고 나오는 피고인들로서는 촛불을 끄거나 양초가 쉽게 넘어지지 않도록 적절하고 안전한 조치를 취하여야 할 주의 의무가 있다 할 것인바, 비록 피고인들이 직접 촛불을 켜지 않았다 할지라도 위와 같은 주의 의무를 다하지 않은 이상 피고인들로서는 이 사건 화재발생과 그로 인한 피해자의 사망에 대하여 과실책임을 면할 수는 없다(대판 1994. 8. 26. 94도1291).

제5절 유기와 학대

Ⅰ. 유기죄

1. 유기죄의 의의

유기죄는 노유, 질병 기타 사정으로 인하여 부조를 요하는 자를 보호할 법률상 또는 계약상 의무 있는 자가 부조를 필요로 하는 자를 유기하는 범죄를 말한다.

2. 보호의무의 발생근거

유기죄가 성립하기 위하여는 행위자가 형법 제271조 제1항이 정한 바에 따라 '노유, 질병 기타 사정으로 인하여 부조를 요하는 자를 보호할 만한 법률상 또는 계약상 의무 있는 자'에 해당하여야 할 뿐만 아니라, 요부조자에 대한 보호책임의 발생원인이 된 사실이 존재한다는 것을 인식하고, 이에 기한 부조의무를 해태한다는 의식이 있음을 요한다.
형법 제271조 제1항에서 말하는 법률상 보호의무 가운데는 민법 제826조 제1항에 근거한 부부간의 부양의무도 포함되며, 나아가 법률상 부부는 아니지만 사실혼 관계에 있는 경우에도 위 민법 규정의 취지 및 유기죄의 보호법익에 비추어 위와 같은 법률상 보호의무의 존재를 긍정하여야 하지만, 사실혼에 해당하여 법률혼에 준하는 보호를 받기 위하여는 단순한 동거 또는 간헐적인 정교관계를 맺고 있다는 사정만으로는 부족하고, 그 당사자 사이에 주관적으로 혼인의 의사가 있고 객관적으로도 사회관념상 가족질서적인 면에서 부부공동생활을 인정할 만한 혼인생활의 실체가 존재하여야 한다.
동거 또는 내연관계를 맺은 사정만으로는 사실혼관계를 인정할 수 없고, 내연녀가 치사량의 필로폰을 복용하여 부조를 요하는 상태에 있었음을 인식하였다는 점을 인정할 증거가 부족하다는 이유로 유기치사죄의 성립을 부정한 사례.[1]

개울로 떨어져 헤매다가 다친 동행자를 방치하여 사망케 함

피고인은 1976. 1. 26. 16:00경 피해자와 함께 마차4리를 향하여 가던 중 술에 취하였던 탓으로 도로 위에서 실족하여 2미터 아래 개울로 미끄러 떨어져 약 5시간 가량 잠을 자다가 술과 잠에서 깨어난 피고인과 피해자는 도로 위로 올라가려 하였으나 야간이므로 도로로 올라가는 길을 발견치 못하여 개울 아래 위로 헤매든 중 피해자는 후두부 타박상을 입어서 정상적으로 움직이기가 어렵게 되었고 피고인은 도로로 나오는 길을 발견 혼자 도로 위로 올라왔으며 당시는 영하 15도의 추운 날씨이고 40미터 떨어진 곳에 민가가 있었음에도 인접한 민가에 가서 피해자의 구조를 요청하거나 스스로 피해자를 데리고 올라와서 병원으로 대려가 의사로 하여금 치료케 하는 등 긴급히 구조조치를 취하지 아니한 채 방치하여 피해자가 약 4, 5시간 후 심장마비로 사망한 사안에서,

1) 대판 2008. 2. 14. 2007도3952.

현행형법은 유기죄에 있어서 구법과는 달리 보호법익의 범위를 넓힌 반면에 보호책임 없는 자의 유기죄는 없애고 법률상 또는 계약상의 의무있는 자만을 유기죄의 주체로 규정하고 있으니 명문상 사회상규상의 보호책임을 관념할 수 없다고 하겠으며 유기죄의 죄책을 인정하려면 보호책임이 있게된 경위, 사정 관계등을 설시하여 구성요건이 요구하는 법률상 또는 계약상 보호의무를 밝혀야 될 것이다. 본건에 있어서 원판결이 설시한 대로 피고인과 피해자가 특정지점에서 특정지점까지 가기 위하여 길을 같이 걸어간 관계가 있다는 사실만으로서는 피고인에게 설혹 동행자가 구조를 요하게 되었다 하여도 보호할 법률상 계약상의 의무가 있다고 할 수 없으니 밑도 끝도 없이 일정거리를 동행한 사실만으로 유기죄의 주체로 인정한 원판결은 본죄의 보호책임의 법리를 오해한 위법이 있다.[2)]

가. 법률상의 보호의무

술에 만취된 피해자가 향토예비군 4명에게 떠메어 운반되어 지서 나무의자에 눕혀 놓았을 때 숨이 가프게 쿨쿨 내 품고 자신의 수족과 의사도 자재할 수 없을 상태로서 부조를 요하는 자이었다는 것을 충분히 인식하였음을 인정할 수 있음으로, 국민의 생명, 신체의 안전을 보호하기 위한 응급의 조치를 강구하여야 할 직무를 가진 경찰관인 피고인으로서는 위 피해자의 숨소리 용색등 신체를 살펴보아 찬물을 먹이는 등 간단한 응급조치를 취한다던지 가족에게 통지를 한다던지, 나아가 위험한 상태에 있을 때에는 병원으로 옮겨 진료를 받도록 하는 등의 구호를 하여야 함에도 불구하고 피해자를 그 사망 임박까지 근 3시간 동안을 전혀 아무런 구호조치를 취하지 아니한 것은 유기죄에 대한 범의를 인정할 수 있다.[3)]

수혈을 거부하여 11세 딸을 사망케 한 여호와의 증인 신도

피고인이 전격성간염에 걸려 장내출혈의 증세까지 생긴 만 11세 남짓한 그 딸을 병원으로 데리고 다니면서 치료를 받게 함에 있어 의사들이 당시의 의료기술상 최선의 치료방법이라고 하면서 권유하는 수혈을 자신이 믿는 종교인 여호와의 증인의 교리에 어긋난다는 이유로 시종일관 완강히 거부하는 언동을 하여 그 딸로 하여금 의학상의 적정한 치료를 받지 못하도록 하여 동인을 유기하고 그로 인해 동인으로 하여금 장내출혈 때문에 실혈사하게 한 사안에서,

피고인이 질병으로 인하여 이와 같이 보호를 요하는 딸을 병원에 입원시켜 놓고 의사가 그 당시 국내의 의료기술상 최선의 치료방법이라는 수혈을 하려 하여도 이를 완강하게 거부하고 방해하였다면 이는 결과적으로 요부조자를 위험한 장소에 두고 떠난 것이나 다름이 없다고 할 것이어서 그 행위의 성질로 보면 논지가 지적하는 치거에 해당된다고 할 것이고 비록 그 환자의 증세로 보아 회복의 가망성이 희박한 상태(그렇다고 하여 처음부터 회복의 전망이 전혀 없다고 단정하기에 족한 증거자료도 없다)이어서 의사가 권하는 최선의 치료방법인 수혈이라도 하지 않으면 그 환자가 사망할 것이라는 위험이 예견가능한 경우에 아무리 생모라고 할지라도 자신의 종교적 신념이나 후유증 발생의 염려만을 이유로 환자에 대하여 의사가 하고자 하는 위의 수혈을 거부하여 결과적으로 그 환자로 하여금 의학상 필요한 치료도 제대로 받지 못한 채 사망에 이르게 할 수 있는 정당한 권리가 있다고는 할 수 없는 것이며 그때에 사리를 변식할 지능이 없다고 보아야 마땅할 11세

2) 대판 1977. 1. 11. 76도3419.
3) 대판 1972. 6. 27. 72도863.

남짓의 환자 본인이 가사 그 생모와 마찬가지로 위의 수혈을 거부한 일이 있다고 하여도 이것이 피고인의 위와 같은 수혈거부 행위가 위법한 것이라고 판단하는데 어떠한 영향을 미칠만한 사유가 된다고 볼 수는 없으므로 피고인에게는 유기치사죄가 성립한다.[4)]

나. 계약상의 보호의무

유기죄에 관한 형법 제271조 제1항은 그 행위의 주체를 "노유, 질병 기타 사정으로 부조를 요하는 자를 보호할 법률상 또는 계약상 의무 있는 자"라고 정하고 있다. 여기서의 '계약상 의무'는 간호사나 보모와 같이 계약에 기한 주된 급부의무가 부조를 제공하는 것인 경우에 반드시 한정되지 아니하며, 계약의 해석상 계약관계의 목적이 달성될 수 있도록 상대방의 신체 또는 생명에 대하여 주의와 배려를 한다는 부수적 의무의 한 내용으로 상대방을 부조하여야 하는 경우를 배제하는 것은 아니라고 할 것이다. 그러나 그 의무위반의 효과로서 주로 손해배상책임이 문제되는 민사영역에서와는 달리 유기죄의 경우에는 당사자의 인적 책임에 대한 형사적 제재가 문제된다는 점 등을 고려하여 보면, 단지 위와 같은 부수의무로서의 민사적 부조의무 또는 보호의무가 인정된다고 해서 형법 제271조 소정의 '계약상 의무'가 당연히 긍정된다고는 말할 수 없고, 당해 계약관계의 성질과 내용, 계약당사자 기타 관련자들 사이의 관계 및 그 전개양상, 그들의 경제적·사회적 지위, 부조가 필요하기에 이른 전후의 경위, 필요로 하는 부조의 대체가능성을 포함하여 그 부조의 종류와 내용, 달리 부조를 제공할 사람 또는 설비가 있는지 여부 기타 제반 사정을 고려하여 위 '계약상의 부조의무'의 유무를 신중하게 판단하여야 한다.

피고인이 자신이 운영하는 주점에 손님으로 와서 수일 동안 식사는 한 끼도 하지 않은 채 계속하여 술을 마시고 만취한 피해자를 주점 내에 그대로 방치하여 저체온증 등으로 사망에 이르게 하였다는 내용으로 예비적으로 기소된 사안에서, 피해자가 피고인의 지배 아래 있는 주점에서 3일 동안 과도하게 술을 마시고 추운 날씨에 난방이 제대로 되지 아니한 주점 내 소파에서 잠을 자면서 정신을 잃은 상태에 있었다면, 피고인은 주점의 운영자로서 피해자의 생명 또는 신체에 대한 위해가 발생하지 아니하도록 피해자를 주점 내실로 옮기거나 인근에 있는 여관에 데려다 주어 쉬게 하거나 피해자의 지인 또는 경찰에 연락하는 등 필요한 조치를 강구하여야 할 계약상의 부조의무를 부담한다고 판단하여 유기치사죄를 인정한 원심판결을 수긍한 사례.[5)]

3. 고 의

성관계를 요구받은 피해자가 7층 창문으로 뛰어내려 중상해를 입음

피고인이 ○○호텔 7층 객실에서 피해자에게 성관계를 요구하다가 피해자가 그 순간을 모면하기 위하여 7층 창문으로 뛰어내려 중상을 입은 사안에서,

유기죄에 있어서는 행위자가 요부조자에 대한 보호책임의 발생원인이 된 사실이 존재한다는 것을 인식하고 이에 기한 부조의무를 해태한다는 의식이 있음을 요하는 것이므로, 피해자가 위 객실에서 뛰어내린 여부를 피고인이 전혀 알지 못하였다면 피고인에게 중유기의 범의를 인정할 수 없다.[6)]

4) 대판 1980. 9. 24. 79도1387.

5) 대판 2011. 11. 24. 2011도12302.

6) 대판 1988. 8. 9. 86도225.

4. 죄 수

강간치상의 범행을 저지른 자가 그 범행으로 인하여 실신상태에 있는 피해자를 구호하지 아니하고 방치하였다고 하더라도 그 행위는 포괄적으로 단일의 강간치상죄만을 구성한다.7)

5. 유기치사상죄

음독한 청산가리가 혈관에 흡수되어 의식을 잃은 자를 방치하여 사망케 함

치사량의 청산가리를 음독했을 경우 미처 인체에 흡수되기 전에 지체없이 병원에서 위 세척을 하는 등 응급치료를 받으면 혹 소생할 가능은 있을지 모르나 이미 이것이 혈관에 흡수되어 피고인이 피해자를 변소에서 발견했을 때의 피해자의 증상처럼 환자의 안색이 변하고 의식을 잃었을 때는 우리의 의학기술과 의료시설로서는 그 치료가 불가능하여 결국 사망하게 되는 것이고 또 일반적으로 병원에서 음독환자에게 위세척 호흡촉진제 강심제주사 등으로 응급가료를 하나 이것이 청산가리 음독인 경우에는 아무런 도움도 되지 못하는 것이므로 피고인의 유기행위와 피해자의 사망간에는 상당인과 관계가 없다 할 것이다.8)

Ⅱ. 학대죄

학대죄는 자기의 보호 또는 감독을 받는 자를 학대함으로써 성립하는 범죄이다. 학대죄에서 말하는 '학대'라 함은 육체적으로 고통을 주거나 정신적으로 차별대우를 하는 행위를 가리키고, 이러한 학대행위는 형법의 규정체제상 학대와 유기의 죄가 같은 장에 위치하고 있는 점 등에 비추어 단순히 상대방의 인격에 대한 반인륜적 침해만으로는 부족하고 적어도 유기에 준할 정도에 이르러야 한다.9)

학대행위의 일부가 징계권의 범위 내에 있음

학대죄는 자기의 보호 또는 감독을 받는 사람에게 육체적으로 고통을 주거나 정신적으로 차별대우를 하는 행위가 있음과 동시에 범죄가 완성되는 상태범 또는 즉시범이라 할 것이고 비록 수십 회에 걸쳐서 계속되는 일련의 폭행행위가 있었다 하더라도 그중 친권자로서의 징계권의 범위에 속하여 위법성이 조각되는 부분이 있다면 그 부분을 따로 떼어 무죄의 판결을 할 수 있다.10)

---

7) 대판 1980. 6. 24. 80도726.
8) 대판 1967. 10. 31. 67도1151.
9) 대판 2000. 4. 25. 2000도223.
10) 대판 1986. 7. 8. 84도2922.

제 2 장 사람의 자유에 관한 죄

判例中心 刑法各論

제 1 절 협박죄

1. 협박죄의 의의

협박죄는 사람에게 해악을 고지하여 그의 의사결정의 자유를 침해하는 것을 말한다.

2. 협박의 개념

정당의 당사(제3자의 법익)를 폭파하겠다고 경찰관에게 전화

협박죄의 '협박'이라고 함은 일반적으로 그 상대방이 된 사람으로 하여금 공포심을 일으키기에 충분한 정도의 해악을 고지하는 것으로서, 그러한 해악의 고지에 해당하는지 여부는 행위자와 상대방의 성향, 고지 당시의 주변 상황, 행위자와 상대방 사이의 관계·지위, 그 친숙의 정도 등 행위 전후의 여러 사정을 종합하여 판단되어야 한다. 한편 여기서의 '해악'이란 법익을 침해하는 것을 가리키는데, 그 해악이 반드시 피해자 본인이 아니라 그 친족 그 밖의 제3자의 법익을 침해하는 것을 내용으로 하더라도 피해자 본인과 제3자가 밀접한 관계에 있어서 그 해악의 내용이 피해자 본인에게 공포심을 일으킬 만한 것이라면 협박죄가 성립할 수 있다.

피고인이 혼자 술을 마시던 중 갑 정당이 국회에서 예산안을 강행처리하였다는 것에 화가 나서 공중전화를 이용하여 경찰서에 여러 차례 전화를 걸어 전화를 받은 각 경찰관에게 경찰서 관할구역 내에 있는 갑 정당의 당사를 폭파하겠다는 말을 한 사안에서, 피고인은 갑 정당에 관한 해악을 고지한 것이므로 각 경찰관 개인에 관한 해악을 고지하였다고 할 수 없고, 다른 특별한 사정이 없는 한 일반적으로 갑 정당에 대한 해악의 고지가 각 경찰관 개인에게 공포심을 일으킬 만큼 서로 밀접한 관계에 있다고 보기 어려우므로 각 경찰관에 대한 협박죄를 구성하지 않는다.[1)]

---

1) 대판 2012. 8. 17. 2011도10451. 같은 취지로는 대판 2010. 7. 15. 2010도1017.

3. 해악고지의 방법

가. 해악을 가할 주체가 제3자인 경우

협박의 경우 행위자가 직접 해악을 가하겠다고 고지하는 것은 물론, 제3자로 하여금 해악을 가하도록 하겠다는 방식으로도 해악의 고지는 얼마든지 가능하지만, 이 경우 고지자가 제3자의 행위를 사실상 지배하거나 제3자에게 영향을 미칠 수 있는 지위에 있는 것으로 믿게 하는 명시적·묵시적 언동을 하였거나 제3자의 행위가 고지자의 의사에 의하여 좌우될 수 있는 것으로 상대방이 인식한 경우에 한하여 비로소 고지자가 직접 해악을 가하겠다고 고지한 것과 마찬가지의 행위로 평가할 수 있고, 만약 고지자가 위와 같은 명시적·묵시적 언동을 하거나 상대방이 위와 같이 인식을 한 적이 없다면 비록 상대방이 현실적으로 외포심을 느꼈다고 하더라도 이러한 고지자의 행위가 협박죄를 구성한다고 볼 수는 없다.[2)]

세무당국(제3자)에 서류를 제출하여 세무조사를 받게 하겠다고 고지

피고인이 피해자의 장모가 있는 자리에서 서류를 보이면서 "피고인의 요구를 들어주지 않으면 서류를 세무서로 보내 세무조사를 받게 하여 피해자를 망하게 하겠다"라고 말하여 피해자의 장모로 하여금 피해자에게 위와 같은 사실을 전하게 하고, 그 다음날 피해자의 처에게 전화를 하여 "며칠 있으면 국세청에서 조사가 나올 것이니 그렇게 아시오"라고 말한 경우, 위 각 행위는 협박죄에 있어서 해악의 고지에 해당한다고 한 사례.[3)]

조상천도제를 지내지 아니하면 좋지 않은 일이 생긴다고 고지

공갈죄의 수단으로써의 협박은 객관적으로 사람의 의사결정의 자유를 제한하거나 의사실행의 자유를 방해할 정도로 겁을 먹게 할 만한 해악을 고지하는 것을 말하고, 그 해악에는 인위적인 것뿐만 아니라 천재지변 또는 신력이나 길흉화복에 관한 것도 포함될 수 있으나, 다만 천재지변 또는 신력이나 길흉화복을 해악으로 고지하는 경우에는 상대방으로 하여금 행위자 자신이 그 천재지변 또는 신력이나 길흉화복을 사실상 지배하거나 그에 영향을 미칠 수 있는 것으로 믿게 하는 명시적 또는 묵시적 행위가 있어야 공갈죄가 성립한다. 조상천도제를 지내지 아니하면 좋지 않은 일이 생긴다는 취지의 해악의 고지는 길흉화복이나 천재지변의 예고로서 행위자에 의하여 직접, 간접적으로 좌우될 수 없는 것이고 가해자가 현실적으로 특정되어 있지도 않으며 해악의 발생가능성이 합리적으로 예견될 수 있는 것이 아니므로 협박으로 평가될 수 없다고 한 사례.[4)]

나. 감정적인 욕설 내지 분노의 표출과의 구별

협박죄에 있어서의 협박이라 함은, 일반적으로 보아 사람으로 하여금 공포심을 일으킬 수 있는 정도의 해악

2) 대판 2006. 12. 8. 2006도6155.
3) 대판 2007. 6. 1. 2006도1125.
4) 대판 2002. 2. 8. 2000도3245.

을 고지하는 것을 의미하므로 그 주관적 구성요건으로서의 고의는 행위자가 그러한 정도의 해악을 고지한다는 것을 인식, 인용하는 것을 그 내용으로 하고 고지한 해악을 실제로 실현할 의도나 욕구는 필요로 하지 아니한다고 할 것이고, 다만 행위자의 언동이 단순한 감정적인 욕설 내지 일시적 분노의 표시에 불과하여 주위사정에 비추어 가해의 의사가 없음이 객관적으로 명백한 때에는 협박행위 내지 협박의 의사를 인정할 수 없다 할 것이나 위와 같은 의미의 협박행위 내지 협박의사가 있었는지의 여부는 행위의 외형분만 아니라 그러한 행위에 이르게 된 경위, 피해자와의 관계 등 주위상황을 종합적으로 고려하여 판단해야 할 것이다.[5)]

피고인이 피해자인 누나의 집에서 갑자기 온 몸에 연소성이 높은 고무놀을 바르고 라이타 불을 켜는 동작을 하면서 이를 말리려는 피해자 등에게 가위, 송곳을 휘두르면서 "방에 불을 지르겠다" "가족 전부를 죽여버리겠다"고 소리쳤고 피해자가 피고인의 행위를 약 1시간 가량 말렸으나 듣지 아니하여 무섭고 두려워서 신고를 하였다면, 피고인의 행위는 피해자 등에게 공포심을 일으키기에 충분할 정도의 해악을 고지한 것이고, 나아가 피고인에게 실제로 피해자 등의 신체에 위해를 가할 의사나 불을 놓을 의사가 없었다고 할지라도 위와 같은 해악을 고지한다는 점에 대한 인식, 인용은 있었다고 봄이 상당하고, 피해자가 그 이상의 행동에 이르지 못하도록 막은 바 있다 해도 피고인의 행위가 단순한 감정적 언동에 불과하거나 가해의 의사가 없음이 객관적으로 명백한 경우에 해당한다고는 볼 수 없다.[6)]

지서에 연행된 피고인이 경찰관으로부터 반공법위반 혐의사실을 추궁당하고 빰까지 얻어맞게 되자 술김에 흥분하여 항의조로 "내가 너희들의 목을 자른다. 내 동생을 시켜서라도 자른다"라고 말하였다 하여 당시 피고인에게 협박죄를 구성할 만한 해악을 고지할 의사가 있었다고 볼 수 없다.[7)]

---

5) 대판 1986. 7. 22. 86도1140; 대판 1991. 5. 10. 90도2102; 대판 2005. 3. 25. 2005도329; 대판 2006. 8. 25. 2006도546; 대판 2011. 5. 26. 2011도2412.
피고인이 자신의 동거남과 성관계를 가진 바 있던 피해자에게 "사람을 사서 쥐도 새도 모르게 파묻어버리겠다. 너까지 것 쉽게 죽일 수 있다"라고 한 말에 관하여 이는 언성을 높이면서 말다툼으로 흥분한 나머지 단순히 감정적인 욕설 내지 일시적 분노의 표시를 한 것에 불과하고 해악을 고지한다는 인식을 갖고 한 것이라고 보기 어렵다(대판 2006. 8. 25. 2006도546).
사채업자인 피고인이 피해자에게, 채무를 변제하지 않으면 피해자가 숨기고 싶어 하는 과거의 행적과 사채를 쓴 사실 등을 남편과 시댁에 알리겠다는 등의 문자메시지를 발송한 사안에서,
이는 피해자에게 공포심을 일으키기에 충분하다고 보아야 할 것이고, 그 밖에 피고인이 고지한 해악의 구체적인 내용과 표현방법, 피고인이 피해자에게 위와 같은 해악을 고지하게 된 경위와 동기 등 제반 사정 등을 종합하면, 피고인에게 협박의 고의가 있었음을 충분히 인정할 수 있으며, 피고인이 정당한 절차와 방법을 통해 그 권리를 행사하지 아니하고 피해자에게 위와 같이 해악을 고지한 것이 사회의 관습이나 윤리관념 등 사회통념에 비추어 용인할 수 있는 정도의 것이라고 볼 수는 없다(대판 2011. 5. 26. 2011도2412).
6) 대판 1991. 5. 10. 90도2102.
7) 대판 1972. 8. 29. 72도1565.

다. 거동에 의한 협박

협박죄에 있어서의 해악을 가할 것을 고지하는 행위는 통상 언어에 의하는 것이나 경우에 따라서는 한마디 말도 없이 거동에 의하여서도 고지할 수도 있는 것이다.[8)]

피고인은 피고인의 집 앞에서 피해자와 사소한 문제로 시비하다가 피해자가 자기 집으로 돌아가자 그를 따라서 그 집 마당까지 가서 그곳에서 소지 중이던 위험한 물건인 가위로 피해자의 목을 찌를 듯이 겨누었다면 신체에 대하여 위해를 가할 고지로 못볼 바 아니므로 이는 협박죄에 해당한다.[9)]

모래채취에 항의한다는 이유로 회칼 2자루를 들고 나와 죽어버리겠다며 자해하려 함

협박죄가 성립하려면 고지된 해악의 내용이 행위자와 상대방의 성향, 고지 당시의 주변 상황, 행위자와 상대방 사이의 친숙의 정도 및 지위 등의 상호관계 등 행위 전후의 여러 사정을 종합하여 볼 때에 일반적으로 사람으로 하여금 공포심을 일으키게 하기에 충분한 것이어야 하지만, 상대방이 그에 의하여 현실적으로 공포심을 일으킬 것까지 요구되는 것은 아니며, 그와 같은 정도의 해악을 고지함으로써 상대방이 그 의미를 인식한 이상, 상대방이 현실적으로 공포심을 일으켰는지 여부와 관계없이 그로써 구성요건은 충족되어 협박죄의 기수에 이르는 것으로 해석하여야 한다. 그리고 협박죄에서 해악을 고지하는 행위는 통상 언어에 의하는 것이나 경우에 따라서는 거동으로 해악을 고지할 수도 있다.

피고인은 피해자와 횟집에서 술을 마시던 중 피해자가 모래채취에 관하여 항의하는 데에 화가 나서, 횟집 주방에 있던 회칼 2자루를 들고 나와 죽어버리겠다며 자해하려고 하였다는 것인 바, 이는 단순한 자해행위 시늉에 불과한 것이 아니라 피고인의 요구에 응하지 않으면 피해자에게 어떠한 해악을 가할 듯한 위세를 보인 행위로서 협박에 해당한다고도 볼 수 있으니 자세한 심리를 하지 않은 채 협박 사실을 인정하지 않은 것은 위법하다.[10)]

4. 보호법익

협박죄의 보호법익은 사람의 의사결정의 자유이다. 따라서 법인은 협박죄의 객체가 되지 않는다.

협박죄는 사람의 의사결정의 자유를 보호법익으로 하는 범죄로서 형법규정의 체계상 개인적 법익, 특히 사람의 자유에 대한 죄 중 하나로 구성되어 있는바, 위와 같은 협박죄의 보호법익, 형법규정상 체계, 협박의 행위 개념 등에 비추어 볼 때, 협박죄는 자연인만을 그 대상으로 예정하고 있을 뿐 법인은 협박죄의 객체가 될 수 없다.[11)]

8) 대판 1975. 10. 7. 74도2727; 대판 2009. 9. 10. 2009도5146; 대판 2011. 1. 27. 2010도14316.
9) 대판 1975. 10. 7. 74도2727.
10) 대판 2011. 1. 27. 2010도14316.
11) 대판 2010. 7. 15. 2010도1017.

채권추심 회사의 지사장이 회사로부터 자신의 횡령행위에 대한 민·형사상 책임을 추궁당할 지경에 이르자 이를 모면하기 위하여 회사 본사에 '회사의 내부비리 등을 금융감독원 등 관계 기관에 고발하겠다'는 취지의 서면을 보내는 한편, 위 회사 경영지원본부장이자 상무이사에게 전화를 걸어 자신의 횡령행위를 문제 삼지 말라고 요구하면서 위 서면의 내용과 같은 취지로 발언한 사안에서, (위 회사가 아니라) 위 상무이사에 대한 협박죄가 성립한다.[12]

5. 보호의 정도

협박죄에 대해서는 위험범이라는 견해와 침해범이라는 견해가 나뉜다. 대법원은 다음과 같이 협박죄를 위험범으로 파악하여 해악의 고지가 객관적으로 상대방이 공포심을 일으키기에 충분한 정도의 해당하면 현실적으로 피해자가 공포심을 일으키지 않았다 하더라도 협박죄의 기수에 이르렀다고 본다. 이와 달리 협박죄를 침해범으로 보게 되면, 해악의 고지가 상대방에게 도달하여 상대방이 그 의미를 인식하고 나아가 현실적으로 공포심을 일으켰을 때에 비로소 기수에 이르게 된다.

협박죄가 성립하려면 고지된 해악의 내용이 행위자와 상대방의 성향, 고지 당시의 주변 상황, 행위자와 상대방 사이의 친숙의 정도 및 지위 등의 상호관계, 제3자에 의한 해악을 고지한 경우에는 그에 포함되거나 암시된 제3자와 행위자 사이의 관계 등 행위 전후의 여러 사정을 종합하여 볼 때에 일반적으로 사람으로 하여금 공포심을 일으키게 하기에 충분한 것이어야 하지만, 상대방이 그에 의하여 현실적으로 공포심을 일으킬 것까지 요구하는 것은 아니며, 그와 같은 정도의 해악을 고지함으로써 상대방이 그 의미를 인식한 이상, 상대방이 현실적으로 공포심을 일으켰는지 여부와 관계없이 그로써 구성요건은 충족되어 협박죄의 기수에 이르는 것으로 해석하여야 한다.
협박죄의 미수범을 처벌하는 조항을 두고 있으나 미수범 처벌조항이 있다 하여 반드시 침해범으로 해석할 것은 아니며, 지극히 주관적이고 복합적이며 종종 무의식의 영역에까지 걸쳐 있는 상대방의 정서적 반응을 객관적으로 심리·판단하는 것이 현실적으로 불가능에 가깝고, 상대방이 과거 자신의 정서적 반응이나 감정상태를 회고하여 표현한다 하여도 공포심을 일으켰는지 여부의 의미나 판단 기준이 사람마다 다르며 그 정도를 측정할 객관적 척도도 존재하지 아니하는 점 등에 비추어 보면, 상대방이 현실적으로 공포심을 일으켰는지 여부에 따라 기수 여부가 결정되는 것으로 해석하는 것은 적절치 아니하기 때문이다.
결국, 협박죄는 사람의 의사결정의 자유를 보호법익으로 하는 위험범이라 봄이 상당하고, 협박죄의 미수범 처벌조항은 해악의 고지가 현실적으로 상대방에게 도달하지 아니한 경우나, 도달은 하였으나 상대방이 이를 지각하지 못하였거나 고지된 해악의 의미를 인식하지 못한 경우 등에 적용될 뿐이다.[13]

12) 대판 2010. 7. 15. 2010도1017.
13) 대판 2007. 9. 28. 2007도606 전원합의체. 반대의견은 다음과 같다.
현행 형법은 협박죄의 미수범을 처벌하는 규정을 두고 있는바, 그 입법 취지는 협박죄를 침해범으로 보고, 해악의 고지가 상대방에게 도달하여 상대방이 그 의미를 인식하였으나 현실적으로 공포심을 일으키지는 아니한 경우에는 이를 미수범으로 처벌하도록 함으로써 피해자의 피해 정도 등을 고려한 적정한 양형을 도출하고자 하는 의도라고 보는 것이 자연스럽다.

6. 권리의 행사와 협박

해악의 고지가 있다 하더라도 그것이 사회의 관습이나 윤리관념 등에 비추어 볼 때에 사회통념상 용인할 수 있을 정도의 것이라면 협박죄는 성립하지 아니한다.[14)]

권리행사나 직무집행의 일환으로 상대방에게 일정한 해악을 고지한 경우, 그 해악의 고지가 정당한 권리행사나 직무집행으로서 사회상규에 반하지 아니하는 때에는 협박죄가 성립하지 아니하나, 외관상 권리행사나 직무집행으로 보이더라도 실질적으로 권리나 직무권한의 남용이 되어 사회상규에 반하는 때에는 협박죄가 성립한다고 보아야 할 것인바, 구체적으로는 그 해악의 고지가 정당한 목적을 위한 상당한 수단이라고 볼 수 있으면 위법성이 조각되지만, 위와 같은 관련성이 인정되지 아니하는 경우에는 그 위법성이 조각되지 아니한다. 정보보안과 소속 경찰관이 자신의 지위를 내세우면서 타인의 민사분쟁에 개입하여 빨리 채무를 변제하지 않으면 상부에 보고하여 문제를 삼겠다고 말한 사안에서, 상대방이 채무를 변제하고 피해 변상을 하는지 여부에 따라 직무집행 여부를 결정하겠다는 취지이더라도 정당한 직무집행이라거나 목적 달성을 위한 상당한 수단으로 인정할 수 없어 정당행위에 해당하지 않는다고 한 사례.[15)]

친권자는 자를 보호하고 교양할 권리의무가 있고 그 자를 보호 또는 교양하기 위하여 필요한 징계를 할 수 있기는 하지만 인격의 건전한 육성을 위하여 필요한 범위 안에서 상당한 방법으로 행사되어야만 할 것인데, 스스로의 감정을 이기지 못하고 야구방망이로 때릴 듯이 피해자에게 '죽여 버린다'고 말하여 협박하는 것은 그 자체로 피해자의 인격 성장에 장해를 가져올 우려가 커서 이를 교양권의 행사라고 보기도 어렵다.[16)]

해악의 고지에 의해 현실적으로 공포심을 일으켰는지 여부나 그 정도는 사람마다 다를 수 있다고 하더라도 이를 판단할 수 없다거나 판단을 위한 객관적인 척도나 기준이 존재하지 않는다고 단정할 것은 아니며, 사람이 현실적으로 공포심을 일으켰는지 여부를 판단할 만한 객관적인 기준 및 개별 사건에서 쌍방의 입증과 그에 의하여 인정되는 구체적인 사정 등을 모두 종합하여, 당해 협박행위로 상대방이 현실적으로 공포심을 일으켰다는 점이 증명된다면 협박죄의 기수에 이르렀다고 인정하고, 이에 대한 증명이 부족하거나 오히려 상대방이 현실적으로 공포심을 일으키지 않았다는 점이 증명된다면 협박죄의 미수에 그친 것으로 인정하면 될 것이다. 기수에 이르렀는지에 대한 의문을 해결하기 어렵다고 하여 모든 경우에 기수범으로 처벌하는 것은 오히려 "의심스러울 때는 피고인의 이익으로"라는 법원칙 등 형사법의 일반원칙과도 부합하지 아니하며 형벌과잉의 우려를 낳을 뿐이다.

결국, 현행 형법의 협박죄는 침해범으로서 일반적으로 사람으로 하여금 공포심을 일으킬 수 있는 정도의 해악의 고지가 상대방에게 도달하여 상대방이 그 의미를 인식하고 나아가 현실적으로 공포심을 일으켰을 때에 비로소 기수에 이르는 것으로 보아야 한다.

14) 대판 1998. 3. 10. 98도70.

15) 대판 2007. 9. 28. 2007도606 전원합의체. 다음은 공갈죄에 관하여 같은 취지이다.
피고인이 피해자에 대하여 채권이 있다고 하더라도 그 권리행사를 빙자하여 사회통념상 용인되기 어려운 정도를 넘는 협박을 수단으로 상대방을 외포케 하여 재물의 교부 또는 재산상의 이익을 받았다면 공갈죄가 되는 것이다(대판 2000. 2. 25. 99도4305).

16) 대판 2002. 2. 8. 2001도6468.

여관 소유자(갑)가 대금 일부를 받고 도피하자, 갑을 대리하여 여관을 매도한 자에게 여관을 명도해 주던가 명도소송비용을 내놓지 않으면 고소하여 구속시키겠다고 말함

피해자가 갑을 대리하여 갑 소유의 여관을 피고인에게 매도하고 피고인으로부터 계약금과 잔대금 일부를 수령하였는데 그 후 갑이 많은 부채로 도피해 버리고 동인의 채권자들이 채무변제를 요구하면서 위 여관을 점거하여 피고인에게 여관을 명도하기가 어렵게 되자 피고인은 피해자에게 여관을 명도해 주던가 명도소송비용을 내놓지 않으면 고소하여 구속시키겠다고 말한 경우 피고인이 매도인의 대리인인 피해자에게 위 여관의 명도 또는 명도소송비용을 요구한 것은 매수인으로서 정당한 권리행사라 할 것이며 위와 같이 다소 위협적인 말을 하였다고 하여도 이는 사회통념상 용인될 정도의 것으로서 협박으로 볼 수 없다.[17)]

"앞으로 수박이 없어지면 네 책임으로 한다"고 말하였다고 하더라도 그것만으로는 구체적으로 어떠한 법익에 어떠한 해악을 가하겠다는 것인지를 알 수 없어 이를 해악의 고지라고 보기 어렵고, 가사 위와 같이 말한 것이 다소간의 해악의 고지에 해당한다고 가정하더라도, 피고인이 전에도 여러 차례 수박을 절취당하여 그 범인을 붙잡기 위해 수박밭을 지키고 있던 중 마침 같은 마을에 거주하며 피고인과 먼 친척간이기도 한 피해자(여, 13세)가 피고인의 수박밭에 들어와 두리번거리는 것을 발견하자 피해자가 수박을 훔치려던 것으로 믿은 나머지 피해자를 훈계하려고 위와 같이 말하였으며 그 과정에서 폭행을 가하거나 달리 유형력을 행사한 바는 없었다면, 가사 피고인이 위와 같이 말한 것으로 인하여 피해자가 어떤 공포심을 느꼈다고 하더라도 피고인이 위와 같은 말을 하게 된 경위, 피고인과 피해자의 나이 및 신분관계 등에 비추어 볼 때 이는 정당한 훈계의 범위를 벗어나는 것이 아니어서 사회상규에 위배되지 아니하므로 위법성이 없다고 봄이 상당하고, 그 후 피해자가 스스로 음독 자살하기에 이르렀다 하더라도 이는 피해자가 자신의 결백을 밝히려는 데 그 동기가 있었던 것으로 보일 뿐 그것이 피고인의 협박으로 인한 결과라고 보기도 어려우므로 그와 같은 결과의 발생만을 들어 이를 달리 볼 것은 아니라고 한 사례.[18)]

7. 반의사불벌죄

특가법 제5조의9 제2항은 피해자가 범죄행위로 피해를 당하고도 보복이 두려워 신고를 하지 못하거나 신고 후의 피해자를 보호하기 위하여 협박죄의 구성요건에 형사사건의 재판 또는 수사와 관련된 특정한 목적이라는 주관적 요소를 추가하고 그 법정형을 협박죄보다 무겁게 규정한 것으로서, 위 법조에 해당하는 행위에 대하여 단순협박죄나 단순존속협박죄에 적용되는 형법 제283조 제3항이 적용될 여지가 없어 반의사불벌죄가 아니다.[19)]

17) 대판 1984. 6. 26. 84도648.
18) 대판 1995. 9. 29. 94도2187.
19) 대판 1998. 5. 8. 98도631.

8. 죄 수

피고인이 그 판시와 같은 경위로 위험한 물건인 소주병으로 피해자의 머리를 1회 쳐서 상해를 가하고 또 흉기인 가위로써 동 피해자를 찔러죽인다고 협박을 한 사안에서,
피고인의 협박사실행위가 피고인에게 인정된 상해사실과 같은 시간 같은 장소에서 동일한 피해자에게 가해진 경우에는 특별한 사정이 없는 한 상해의 단일범의 하에서 이루어진 하나의 폭언에 불과하여 위 상해죄에 포함되는 행위라고 봄이 상당하다.[20]

피고인이 슈퍼마켓사무실에서 식칼을 들고 피해자를 협박한 행위와 식칼을 들고 매장을 돌아다니며 손님을 내쫓아 그의 영업을 방해한 행위는 별개여서 협박죄와 영업방해죄가 실체적 경합범이다.[21]

신문기자가 증여세 포탈에 대한 취재에 응하지 않으면 취재한 대로 보도하겠다고 협박

신문기자인 피고인이 고소인에게 2회에 걸쳐 증여세 포탈에 대한 취재를 요구하면서 이에 응하지 않으면 자신이 취재한 내용대로 보도하겠다고 말하여 협박하였다는 취지로 기소된 사안에서, 피고인이 취재와 보도를 빙자하여 고소인에게 부당한 요구를 하기 위한 취지는 아니었던 점, 당시 피고인이 고소인에게 취재를 요구하였다가 거절당하자 인터뷰 협조요청서와 서면질의 내용을 그 자리에 두고 나왔을 뿐 폭언을 하거나 보도하지 않는 데 대한 대가를 요구하지 않은 점, 관할 세무서가 피고인의 제보에 따라 탈세 여부를 조사한 후 증여세를 추징하였다고 피고인에게 통지한 점, 고소인에게 불리한 사실을 보도하는 경우 기자로서 보도에 앞서 정확한 사실 확인과 보도 여부 등을 결정하기 위해 취재 요청이 필요했으리라고 보이는 점 등 제반 사정에 비추어, 위 행위가 설령 협박죄에서 말하는 해악의 고지에 해당하더라도 특별한 사정이 없는 한 기사 작성을 위한 자료를 수집하고 보도하기 위한 것으로서 신문기자의 일상적 업무 범위에 속하여 사회상규에 반하지 아니하는 행위라고 보는 것이 타당하다.[22]

20) 대판 1976. 12. 14. 76도3375.
21) 대판 1991. 1. 29. 90도2445.
22) 대판 2011. 7. 14. 2011도639.

제2절 강요죄

강요죄라 함은 폭행 또는 협박으로 사람의 권리행사를 방해하거나 의무 없는 일을 하게 하는 것을 말하고, 여기에서의 협박은 객관적으로 사람의 의사결정의 자유를 제한하거나 의사실행의 자유를 방해할 정도로 겁을 먹게 할 만한 해악을 고지하는 것을 말한다.[1]

1. 폭행, 협박

직장상사가 범죄를 저지른 부하직원에게 징계절차에 앞서 사직할 것을 단순히 권유

강요죄라 함은 폭행 또는 협박으로 사람의 권리행사를 방해하거나 의무 없는 일을 하게 하는 것을 말하고, 여기에서의 협박은 객관적으로 사람의 의사결정의 자유를 제한하거나 의사실행의 자유를 방해할 정도로 겁을 먹게 할 만한 해악을 고지하는 것을 말하는바, 직장에서 상사가 범죄행위를 저지른 부하직원에게 징계절차에 앞서 자진하여 사직할 것을 단순히 권유하였다고 하여 이를 강요죄에서의 협박에 해당한다고 볼 수는 없다.[2]

골프시설의 운영자가 골프회원에게 불리하게 변경된 내용의 회칙에 대하여 동의한다는 내용의 등록신청서를 제출하지 아니하면 회원으로 대우하지 아니하겠다고 통지한 것이 강요죄에 해당한다고 한 사례.[3]

특정 신문들에 광고를 편중했다는 이유로 불매운동을 하겠다며 광고의 동등한 집행을 요구

피고인이, 갑 주식회사가 특정 신문들에 광고를 편중했다는 이유로 기자회견을 열어 갑 회사에 대하여 불매운동을 하겠다고 하면서 특정 신문들에 대한 광고를 중단할 것과 다른 신문들에 대해서도 특정 신문들과 동등하게 광고를 집행할 것을 요구하고 갑 회사 인터넷 홈페이지에 '갑 회사는 앞으로 특정 언론사에 편중하지 않고 동등한 광고 집행을 하겠다'는 내용의 팝업창을 띄우게 한 사안에서, 불매운동의 목적, 그 조직과정 및 규모, 대상 기업으로 갑 회사 하나만을 선정한 경위, 기자회견을 통해 공표한 불매운동의 방법 및 대상 제품, 갑 회사 직원에게 고지한 요구사항의 구체적인 내용, 위 공표나 고지행위 당시의 상황, 그에 대한 갑 회사 경영진의 반응, 위 요구사항에 응하지 않을 경우 갑 회사에 예상되는 피해의 심각성 등 제반 사정을 고려할 때, 피고인의 행위는 갑 회사의 의사결정권자로 하여금 그 요구를 수용하지 아니할 경우 불매운동이 지속되어 영업에 타격을 입게 될 것이라는 겁을 먹게 하여 의사결정 및 의사실행의 자유를 침해한 것으로 강요죄나 공갈죄의 수단으로서의 협박에 해당한다고 본 사례.[4]

1) 대판 2003. 9. 26. 2003도763.
2) 대판 2008. 11. 27. 2008도7018.
3) 대판 2003. 9. 26. 2003도763.
4) 대판 2013. 4. 11. 2010도13774. 다음은 같은 취지이다.

2. 의무 없는 일

직무수행을 태만히 하는 부하에게 직무수행내역을 일지 형식으로 보고하도록 명령

강요죄는 폭행 또는 협박으로 사람의 권리행사를 방해하거나 의무 없는 일을 하게 하는 것을 말하고, 여기에서 '의무 없는 일'이란 법령, 계약 등에 기하여 발생하는 법률상 의무 없는 일을 말하므로, 법률상 의무 있는 일을 하게 한 경우에는 강요죄가 성립할 여지가 없다.

군인사법, 군인복무규율 등에 비추어 보면, 상관이 직무수행을 태만히 하거나 지시사항을 불이행하고 허위보고 등을 한 부하에게 근무태도를 교정하고 직무수행을 감독하기 위하여 직무수행의 내역을 일지 형식으로 기재하여 보고하도록 명령하는 행위는 직무권한 범위 내에서 내린 정당한 명령이므로 부하는 명령을 실행할 법률상 의무가 있고, 명령을 실행하지 아니하는 경우 군인사법상의 징계처분이 내려진다거나 그에 갈음하여 얼차려의 제재가 부과된다고 하여 그와 같은 명령이 강요죄를 구성한다고 볼 수 없다.[5)]

피해자를 협박하여 진술서를 작성케 함

피고인이 피해자를 협박하여 동인으로 하여금 법률상 의무 없는 진술서를 작성케 한 행위는 사람의 자유권 행사를 방해한 것이므로 강요죄를 구성한다.[6)]

해외도피를 방지하려고 피해자를 협박하여 여권을 교부받음

권리행사방해죄는 폭행 또는 협박에 의하여 권리행사가 현실적으로 방해되어야 할 것인바, 피해자의 해외도피를 방지하기 위하여 피해자를 협박하고 이에 피해자가 겁을 먹고 있는 상태를 이용하여 동인 소유의 여권을 교부하게 하여 피해자가 그의 여권을 강제 회수당하였다면 피해자가 해외여행을 할 권리는 사실상 침해되었다고 볼 것이므로 강요죄의 기수로 보아야 한다.[7)]

환경단체회원들이 단속권한이 있는 것처럼 축산폐수배출을 단속하며 사실확인서를 징구함

피고인들은 환경단체인 '전국환경감시협회 부여지부' 소속 회원들로 축산 농가들의 폐수 배출 단속활동을 벌이는 과정에서 피고인들은 '환경감시단'이라고 기재된 신분증을 휴대하고, '환경감시단'의 마크가 부착된 모자, 점퍼 등을 착용하고 있었으며, 축사 운영자들에게 자신의 소속이나 신분, 감시활동의 의미 등에 관한 정확한 정보를 제공하지 아니한 채 폐수 배출현장을 사진촬영하거나 지적하면서 폐수 배출사실을 확인하는 내용의 사실확인서에 서명할 것을 요구하였고, 일부 피해자들은 피고인들에게 단속권한이 있는 것으로 생각하여 어쩔 수 없이 서명할 수밖에 없었으며, 특히 피고인들은 서명을 주저하는 피해자 갑에게 서명하지 아니할 경우 법에 저촉된다고 겁을 주었고, 한편 위 단체의 대표인 피고인 1은 폐수 배출사실이 확인된 축사 운영자라도 위 단체에 금품을 제공한 경우에는 기왕에 작성하였던 사실확인서를 폐기하고 사건을 무마한 사안에서,

피고인들과 피해자들의 지위, 피고인들이 서명을 요구하게 된 경위나 당시의 상황, 그 이후의 정황 등을 종합하면, 피고인들이 사실확인서를 징구하는 과정에서 취한 일련의 행위는 피고인들에게 단속권한이 있는 것으로 오인한 피해자들로 하여금 피고인들의 요구에 불응할 경우 고발조치 등의 불이익을 받을 위험이 있다는 인식을 갖게 하는 것으로서, 적어도 위와 같이 피해사실을 진술한 피해자들에 대한 관계에서는 협박에 의한 강요행위에 해당한다(대판 2010. 4. 29. 2007도7064).

5) 대판 2012. 11. 29. 2010도1233.
6) 대판 1974. 5. 14. 73도2578.
7) 대판 1993. 7. 27. 93도901.

상사가 청소불량 등을 이유로 부대원들에게 원산폭격 등을 시킴

상사 계급의 피고인이 그의 잦은 폭력으로 신체에 위해를 느끼고 겁을 먹은 상태에 있던 부대원들에게 청소불량 등을 이유로 40분 내지 50분간 머리박아(속칭 '원산폭격')를 시키거나 양손을 깍지 낀 상태에서 약 2시간 동안 팔굽혀펴기를 50~60회 정도 하게 한 행위가 강요죄에 해당한다고 한 사례.[8)]

전답의 점유를 침탈당하여 이를 실력으로 회수하려는 자에게 폭행을 가함

전답의 점유를 침탈당한 자라도 이를 실력으로 회수할 수 없는 것이니 그 전답의 점유를 실력으로 회수하려는 자에게 폭행을 가하였다면 이는 단순폭행죄에 해당한다 할 것이고 권리행사를 방해하였다고는 논할 수 없다.[9)]

폭력배가 연예인에게 팬미팅 공연을 하도록 협박

강요죄는 폭행 또는 협박으로 사람의 권리행사를 방해하거나 의무 없는 일을 하게 하는 것을 말하고, 여기에서 '의무 없는 일'이란 법령, 계약 등에 기하여 발생하는 법률상 의무 없는 일을 말하므로, 폭행 또는 협박으로 법률상 의무 있는 일을 하게 한 경우에는 폭행 또는 협박죄만 성립할 뿐 강요죄는 성립하지 아니한다. 폭력조직 전력이 있는 피고인이 특정 연예인에게 팬미팅 공연을 하도록 강요하면서 만날 것을 요구하고, 팬미팅 공연이 이행되지 않으면 안 좋은 일을 당할 것이라고 협박한 사안에서, 위 연예인에게 공연을 할 의무가 없다는 점에 대한 미필적 인식 즉, 강요죄의 고의가 피고인에게 있었다고 단정하기 어렵다고 본 사례.[10)]

---

8) 대판 2006. 4. 27. 2003도4151.
9) 대판 1961. 11. 9. 4294형상357.
10) 대판 2008. 5. 15. 2008도1097.

제3절 체포·감금죄

1. 감금죄

감금죄의 의의

감금죄는 사람의 행동의 자유를 그 보호법익으로 하여 사람이 특정한 구역에서 나가는 것을 불가능하게 하거나 또는 심히 곤란하게 하는 죄로서 이와 같이 사람이 특정한 구역에서 나가는 것을 불가능하게 하거나 심히 곤란하게 하는 그 장해는 물리적, 유형적 장해뿐만 아니라 심리적, 무형적 장해에 의하여서도 가능하고 또 감금의 본질은 사람의 행동의 자유를 구속하는 것으로 행동의 자유를 구속하는 그 수단과 방법에는 아무런 제한이 없으므로 그 수단과 방법에는 유형적인 것이거나 무형적인 것이거나를 가리지 아니하며 감금에 있어서의 사람의 행동의 자유의 박탈은 반드시 전면적이어야 할 필요가 없으므로 감금된 특정구역 내부에서 일정한 생활의 자유가 허용되어 있었다고 하더라도 감금죄의 성립에는 아무 소장이 없다.[1)]

피고인들이 대한상이군경회원 80여명과 공동으로 호텔 출입문을 봉쇄하며 피해자들의 출입을 방해하였다면 감금죄에 해당한다.[2)]

피해자가 피고인의 협박과 폭행위로 말미암아 야기된 공포심으로 피고인의 사무실 밖으로 나가지 못한 것이라면 가사 피해자가 처음에 위 장소에 간 것이 자발적인 것이고 또 위 장소에 시정장치 등 출입에 물리적인 장애사유가 없었다고 하여도 감금이 성립한다.[3)]

공포감에서 도피를 단념하고 있는 자를 호텔로 데려가 가 같이 자고 항공기로 출국

피해자가 만약 도피하는 경우에는 생명 신체에 심한 해를 당할지도 모른다는 공포감에서 도피하기를 단념하고 있는 상태 하에서 그를 호텔로 데리고 가서 함께 유숙한 후 그와 함께 항공기로 국외에 나간 행위는 감금죄를 구성한다.[4)]

---

1) 대판 1998. 5. 26. 98도1036; 대판 2000. 3. 24. 2000도102.

2) 대판 1983. 9. 13. 80도277.

3) 대판 1985. 6. 25. 84도2083.

4) 대판 1991. 8. 27. 91도1604. 다음은 유사 취지이다.

감금 중 조직폭력배들의 감시 하에 술을 마시고, 전화를 걸고 한증막에 다녀옴

감금죄는 사람의 행동의 자유를 그 보호법익으로 하여 사람이 특정한 구역에서 나가는 것을 불가능하게 하거나 또는 심히 곤란하게 하는 죄로서 이와 같이 사람이 특정한 구역에서 나가는 것을 불가능하게 하거나 심히 곤란하게 하는 그 장해는 물리적, 유형적 장해뿐만 아니라 심리적, 무형적 장해에 의하여서도 가능하고 또 감금의 본질은 사람의 행동의 자유를 구속하는 것으로 행동의 자유를 구속하는 그 수단과 방법에는 아무런 제한이 없으므로 그 수단

2. 위법성

보호자의 의뢰를 받아 정신병자의 안정과 보호를 위해 3일간 야간에 보호실 문을 시정

정신병자의 어머니의 의뢰 및 승낙하에 그 감호를 위하여 그 보호실 문을 야간에 한해서 3일간 시정하여 출입을 못하게 한 감금행위는 그 병자의 신체의 안정과 보호를 위하여 사회통념상 부득이 한 조처로서 수긍될 수 있는 것이면, 위법성이 없다.[5)]

3. 다른 범죄와의 관계

감금을 위한 수단으로 행사된 단순한 협박

피고인이 피해자에게 "자동차에 타라, 타지 않으면 가만있지 않겠다"고 협박하면서 동녀를 그곳에 대기시켜 놓았던 자동차 뒷좌석에 강제로 밀어 넣어 앉히고 동녀가 내려 달라고 애원했으나 내려주지 않고 위 자동차를 약 20분간 운전하여 간 사안에서,

감금하기 위한 수단으로서 행사된 단순한 협박행위는 감금죄에 흡수되어 따로 협박죄를 구성하는 것이 아니라고 할 것이다.[6)]

과 방법에는 유형적인 것이거나 무형적인 것이거나를 가리지 아니하며 감금에 있어서의 사람의 행동의 자유의 박탈은 반드시 전면적이어야 할 필요가 없으므로 감금된 특정구역 내부에서 일정한 생활의 자유가 허용되어 있었다고 하더라도 감금죄의 성립에는 아무 소장이 없다.

피해자가 감금되었다는 기간 중에 동성로파 사람들과 술집에서 술을 마시고, 아는 사람들이나 검찰청에 전화를 걸고, 새벽에 한증막에 갔다가 잠을 자고 돌아오기도 하였지만, 피해자가 피고인들이나 그 하수인들과 같은 장소에 있거나 감시되어 행동의 자유가 구속된 상태였음을 인정할 수 있는 경우에는 감금죄가 성립한다(대판 2000. 3. 24. 2000도102).

여관에 8일간 있으면서 처를 만나고 피고인과 술을 마셨으나 폭행당하고 경찰관이 구출

피해자가 여관 등에서 8일간 있는 동안 그의 처와 만났으며 피고인 등과 같이 술을 마신 일이 있는 등 특정지역 내에서 일정한 생활의 자유가 허용되었고, 피고인이 피해자에게 폭행을 가한 것은 감금을 위한 것이라기보다는 피해자의 채무불이행에 대한 분노에서 행하여진 것으로 보인다든지 또는 피해자가 피고인 등과 민·형사간 문제를 삼지 않겠다는 합의서를 경찰에 제출한 사실 또는 피해자나 그의 가족이 감금사실에 대하여 고소, 고발을 하지 않았다는 사정 등이 있다 하더라도 피고인 일행이 밤마다 폭행하고 괴롭히고 있으니 경찰에 신고하라고 피해자가 전화한 사실이 있을 뿐 아니라 감금에서 풀려난 것이 피해자의 얼굴 등이 많이 상해 있는 것을 본 갑이 경찰에 신고하여 경찰관이 와서 피고인 등을 연행해 감으로써 풀려난 것임에 비추어 볼 때, 피해자가 그의 행동의 자유에 아무런 제약도 받지 아니하고 그의 자유로운 의사에 의하여 8일간을 여관 등에서 보내게 된 것이라고 볼 수 없다(대판 1984. 5. 15. 84도655).

농성을 제지하기 위해 해고근로자들을 봉고차에 강제로 태워 내리지 못하게 함

회사의 관리사원으로 근무하는 자들이 해고에 항의하는 농성을 제지하기 위하여 그 주동자라고 생각되는 해고근로자들을 다른 근로자와 분산시켜 귀가시키거나 불응시에는 경찰에 고발, 인계할 목적으로 간부사원회의의 지시에 따라 위 근로자들을 봉고차에 강제로 태운 다음 그곳에서 내리지 못하게 하여 감금행위를 한 것이라고 하더라도 이를 정당한 업무행위라거나 정당한 행위 또는 정당방위 행위라고 볼 수 없다(대판 1989. 12. 12. 89도875).

5) 대판 1980. 2. 12. 79도1349. 다음은 같은 취지이다.
수용시설에 수용중인 부랑인들의 야간도주를 방지하기 위하여 그 취침시간중 출입문을 안에서 시정조치한 행위가 형법 제20조의 정당행위에 해당되어 위법성이 조각된다고 한 사례(대판 1988. 11. 8. 88도1580).

6) 대판 1982. 6. 22. 82도705.

미성년자를 유인하여 계속 감금

미성년자를 유인한 자가 계속하여 미성년자를 불법하게 감금하였을 때에는 미성년자유인죄 이외에 감금죄가 별도로 성립한다.[7)]

4. 감금치사상죄

승용차에 강제로 태워 운행함으로써 감금하자 피해자가 차량에서 빠져나오려다 사망

승용차로 피해자를 가로막아 승차하게 한 후 피해자의 하차 요구를 무시한 채 당초 목적지가 아닌 다른 장소를 향하여 시속 약 60km 내지 70km의 속도로 진행하여 피해자를 차량에서 내리지 못하게 한 행위는 감금죄에 해당하고, 피해자가 그와 같은 감금상태를 벗어날 목적으로 차량을 빠져 나오려다가 길바닥에 떨어져 상해를 입고 그 결과 사망에 이르렀다면 감금행위와 피해자의 사망 사이에는 상당인과관계가 있다고 할 것이므로 감금치사죄에 해당한다.[8)]

탈진상태인 정신병자의 손발을 묶어 17시간 동안 차량에서 움직이지 못하게 하여 사망

정신병자도 감금죄의 객체가 될 수 있다. 4일 가량 물조차 제대로 마시지 못하고 잠도 자지 아니하여 거의 탈진 상태에 이른 피해자의 손과 발을 17시간 이상 묶어 두고 좁은 차량 속에서 움직이지 못하게 감금한 행위와 묶인 부위의 혈액 순환에 장애가 발생하여 혈전이 형성되고 그 혈전이 폐동맥을 막아 사망에 이르게 된 결과 사이에는 상당인과관계가 있다고 본 사례.[9)]

아파트 방문에 못질하여 밖으로 나가지 못하게 하고 가혹행위를 하여 피해자가 투신 사망

피고인이 아파트 안방에서 안방 문에 못질을 하여 동거하던 피해자가 술집에 나갈 수 없게 감금하고, 피해자를 때리고 옷을 벗기는 등 가혹한 행위를 하여 피해자가 이를 피하기 위하여 창문을 통해 밖으로 뛰어 내리려 하자 피고인이 이를 제지한 후, 피고인이 거실로 나오는 사이에 갑자기 안방 창문을 통하여 알몸으로 아파트 아래 잔디밭에 뛰어 내리다가 다발성 실질장기파열상 등을 입고 사망한 경우, 피고인의 중감금행위와 피해자의 사망 사이에는 인과관계가 있어 피고인은 중감금치사죄의 죄책을 진다고 본 사례.[10)]

7) 대판 1998. 5. 26. 98도1036.
8) 대판 2000. 2. 11. 99도5286.
9) 대판 2002. 10. 11. 2002도4315.
10) 대판 1991. 10. 25. 91도2085.

제4절 약취·유인·인신매매죄

1. 미성년자약취·유인

미성년자유인의 의미

미성년자유인죄라 함은 기망 유혹과 같은 달콤한 말을 수단으로 하여 미성년자를 꾀어 현재의 보호상태로부터 이탈케 하여 자기 또는 제3자의 사실적 지배하에 옮기는 것으로서 사려없고 나이어린 피해자의 하자있는 의사를 이용하는데 있는 것이며 본죄의 범의는 피해자가 미성년자임을 알면서 유인행위에 대한 인식이 있으면 족하고 유인하는 행위가 피해자의 의사에 반하는 것까지 인식할 필요는 없으며 또 피해자가 하자있는 의사로 자유롭게 승낙하였다 하더라도 본죄의 성립에 소장이 없다.[1)]

4촌 매형 갑의 청소대행업체에서 일하면서 숙식을 해결하는 미성년의 저능아를 갑 몰래 8개월 동안 서울에서 제주도로 데려감

미성년자유인죄라 함은 기망 또는 유혹을 수단으로 하여 미성년자를 꾀어 현재의 보호상태로부터 이탈케 하여 자기 또는 제3자의 사실적 지배하로 옮기는 행위를 말하고, 여기서의 유혹이라 함은 기망의 정도에는 이르지 아니하나 감언이설로써 상대방을 현혹시켜 판단의 적정을 그르치게 하는 것이므로 반드시 그 유혹의 내용이 허위일 것을 요하지는 않는다.
피해자는 사고능력이 현저하게 떨어지는 미성년의 저능아로서 자신의 4촌 매형인 갑이 경영하는 청소대행업체에서 일하면서 숙식을 해결하는 등 갑의 보호 하에 있었는데, 피고인들은 피해자의 위와 같은 사정을 알면서도 그로부터 약 8개월 후 피해자가 다시 서울로 돌아올 때까지도 갑에게 피고인들이 피해자를 제주도로 데려간 사실을 한 번도 이야기하지 아니한 채 숨긴 경우, 피해자를 제주도로 데려간 행위는 미성년자유인죄에 해당된다.[2)]

베트남 여성이 남편의 의사에 반하여 양육하던 13개월 된 아들을 베트남으로 데려 감

형법 제287조의 미성년자약취죄, 제288조 제3항 전단의 국외이송약취죄 등의 구성요건요소로서 약취란 폭행, 협박 또는 불법적인 사실상의 힘을 수단으로 사용하여 피해자를 그 의사에 반하여 자유로운 생활관계 또는 보호관계로부터 이탈시켜 자기 또는 제3자의 사실상 지배하에 옮기는 행위를 의미하고, 구체적 사건에서

1) 대판 1976. 9. 14. 76도2072.

2) 대판 1996. 2. 27. 95도2980. 다음은 같은 취지이다.

독자적인 교리설교에 따라 가출한 피해자로 하여금 껌팔이를 하게 함

피해자가 스스로 가출하여 피고인 등의 한국복음전도회 부산 및 마산 지관에 입관할 것을 호소하였다고 하더라도 피고인들의 독자적인 교리설교에 의하여 하자 있는 의사로 가출하게 된 것이고, 피해자의 보호 감독권자의 보호관계로부터 이탈시키고 피고인들의 지배 하에서 그들 교리에서 말하는 소위 "주의 일"(껌팔이 등 행상)을 하도록 도모한 이상 미성년자유인죄가 성립한다(대판 1982. 4. 27. 82도186).

어떤 행위가 약취에 해당하는지 여부는 행위의 목적과 의도, 행위 당시의 정황, 행위의 태양과 종류, 수단과 방법, 피해자의 상태 등 관련 사정을 종합하여 판단하여야 한다. 한편 미성년자를 보호·감독하는 사람이라고 하더라도 다른 보호감독자의 보호·양육권을 침해하거나 자신의 보호·양육권을 남용하여 미성년자 본인의 이익을 침해하는 때에는 미성년자에 대한 약취죄의 주체가 될 수 있는데, 그 경우에도 해당 보호감독자에 대하여 약취죄의 성립을 인정할 수 있으려면 그 행위가 위와 같은 의미의 약취에 해당하여야 한다. 그렇지 아니하고 폭행, 협박 또는 불법적인 사실상의 힘을 사용하여 그 미성년자를 평온하던 종전의 보호·양육 상태로부터 이탈시켰다고 볼 수 없는 행위에 대하여까지 다른 보호감독자의 보호·양육권을 침해하였다는 이유로 미성년자에 대한 약취죄의 성립을 긍정하는 것은 형벌법규의 문언 범위를 벗어나는 해석으로서 죄형법정주의의 원칙에 비추어 허용될 수 없다. 따라서 부모가 이혼하였거나 별거하는 상황에서 미성년의 자녀를 부모의 일방이 평온하게 보호·양육하고 있는데, 상대방 부모가 폭행, 협박 또는 불법적인 사실상의 힘을 행사하여 그 보호·양육 상태를 깨뜨리고 자녀를 탈취하여 자기 또는 제3자의 사실상 지배하에 옮긴 경우, 그와 같은 행위는 특별한 사정이 없는 한 미성년자에 대한 약취죄를 구성한다고 볼 수 있다. 그러나 이와 달리 미성년의 자녀를 부모가 함께 동거하면서 보호·양육하여 오던 중 부모의 일방이 상대방 부모나 그 자녀에게 어떠한 폭행, 협박이나 불법적인 사실상의 힘을 행사함이 없이 그 자녀를 데리고 종전의 거소를 벗어나 다른 곳으로 옮겨 자녀에 대한 보호·양육을 계속하였다면, 그 행위가 보호·양육권의 남용에 해당한다는 등 특별한 사정이 없는 한 설령 이에 관하여 법원의 결정이나 상대방 부모의 동의를 얻지 아니하였다고 하더라도 그러한 행위에 대하여 곧바로 형법상 미성년자에 대한 약취죄의 성립을 인정할 수는 없다.

베트남 국적 여성인 피고인이 남편 갑의 의사에 반하여 생후 약 13개월 된 아들 을을 주거지에서 데리고 나와 약취하고 이어서 베트남에 함께 입국함으로써 을을 국외에 이송하였다고 하여 국외이송약취 및 피약취자국외이송으로 기소된 사안에서, 제반 사정을 종합할 때 피고인이 을을 데리고 베트남으로 떠난 행위는 어떠한 실력을 행사하여 을을 평온하던 종전의 보호·양육 상태로부터 이탈시킨 것이라기보다 친권자인 모로서 출생 이후 줄곧 맡아왔던 을에 대한 보호·양육을 계속 유지한 행위에 해당하여, 이를 폭행, 협박 또는 불법적인 사실상의 힘을 사용하여 을을 자기 또는 제3자의 지배하에 옮긴 약취행위로 볼 수는 없다.[3)]

아버지가 모 사망 후 외조부가 양육하는 자를 자의 의사에 반하여 자신의 지배 하로 옮김

미성년자를 보호감독하는 자라 하더라도 다른 보호감독자의 감호권을 침해하거나 자신의 감호권을 남용하여 미성년자 본인의 이익을 침해하면 미성년자 약취·유인죄의 주체가 될 수 있다.

피해자의 아버지인 피고인이 피해자의 어머니 갑이 교통사고로 사망하자 피해자의 외조부 을에게 피해자의 양육을 맡겨 왔으나, 교통사고 배상금 등을 둘러싸고 을 등과 사이에 분쟁이 발생하자 자신이 직접 피해자를 양육하기로 마음먹고, 병과 공모하여 학교에서 귀가하는 피해자를 본인의 의사에 반하여 강제로 차에 태우고 할아버지에게 간다는 등의 거짓말로 속인 후 고아원에 데려가 피해자의 수용문제를 상담하고, 개사육장에서 잠을 재운 후 다른 아동복지상담소에 데리고 가는 등으로 사실상 지배한 것은 미성년자약취에 해당한다.[4)]

3) 대판 2013. 6. 20. 2010도14328 전원합의체.
4) 대판 2008. 1. 31. 2007도8011.

약취에 피해자의 동의가 있더라도 아버지의 감호권을 침해함

미성년자약취죄의 입법 취지는 심신의 발육이 불충분하고 지려와 경험이 풍부하지 못한 미성년자를 특별히 보호하기 위하여 그를 약취하는 행위를 처벌하려는 데 있으며, 미성년자의 자유 외에 보호감독자의 감호권도 그 보호법익으로 하고 있다는 점을 고려하면, 피고인과 공범들이 피해자(여, 14세)를 보호·감독하고 있던 그 아버지의 감호권을 침해하여 그녀를 자신들의 사실상 지배 하로 옮긴 이상 미성년자약취죄가 성립한다 할 것이고, 위 약취행위에 피해자의 동의가 있었다 하더라도 본죄의 성립에는 변함이 없다.[5)]

미성년자의 아버지의 부탁으로 그 아이들을 보호하고 있는 자는 아이를 인도하라는 어머니의 요구를 거부하였다 하여 미성년자약취죄의 죄책을 진다고 볼 수 없다.[6)]

아파트에서 피해자를 결박하고 있다가 피해자의 모가 들어오자 피해자에게 칼을 들이대며 돈을 주지 않으면 아들을 죽이겠다고 말하여 모가 도망갔다가 돌아와 돈을 지급

피고인은 범행 당일 14:30경 아파트 현관문을 열고 집안으로 들어서는 피해자의 옆구리에 칼을 들이대고 뒤따라 집안으로 침입한 후 집안을 뒤져 물품을 강취하고, 피해자를 인질로 삼아 그의 부모로부터 현금을 취득하기로 마음먹고 피해자를 결박시킨 다음 두 시간 남짓 부모의 귀가를 기다렸다가, 19:00경 피해자의 모가 위 아파트 안으로 들어오자, 피해자의 옆구리에 부엌칼을 들이대면서 “아들을 살리려면 이리와서 앉아”라고 위협하여 이에 놀란 피해자의 모가 황급히 밖으로 도망치자, 수회 전화를 걸어 “아들을 살리려면 돈 300만 원을 지금 마련해서 올라와라, 경찰에는 절대 알리지 마라, 만약 신고하면 아들을 죽이겠다”고 하는 등 수차례 협박하여 19:58경 피해자의 부모로부터 아파트 현관 입구에서 금품 50만 원을 전달받았으나 문밖에서 대기 중이던 경찰관에게 체포된 사안에서,

미성년자가 혼자 머무는 주거에 침입하여 그를 감금한 뒤 폭행 또는 협박에 의하여 부모의 출입을 봉쇄하거나, 미성년자와 부모가 거주하는 주거에 침입하여 부모만을 강제로 퇴거시키고 독자적인 생활관계를 형성하기에 이르렀다면 비록 장소적 이전이 없었다 할지라도 미성년자약취죄에 해당함이 명백하지만, 강도 범행을 하는 과정에서 혼자 주거에 머무르고 있는 미성년자를 체포·감금하거나 혹은 미성년자와 그의 부모를 함께 체포·감금, 또는 폭행·협박을 가하는 경우, 나아가 주거지에 침입하여 미성년자의 신체에 위해를 가할 것처럼 협박하여 부모로부터 금품을 강취하는 경우와 같이, 일시적으로 부모와의 보호관계가 사실상 침해·배제되었다 할지라도, 그 의도가 미성년자를 기존의 생활관계 및 보호관계로부터 이탈시키는 데 있었던 것이 아니라 단지 금품 강취를 위하여 반항을 제압하는 데 있었다거나 금품 강취를 위하여 고지한 해악의 대상이 그곳에 거주하는 미성년자였던 것에 불과하다면, 특별한 사정이 없는 한 미성년자를 약취한다는 범의를 인정하기 곤란할 뿐 아니라, 보통의 경우 시간적 간격이 짧아 그 주거지를 중심으로 영위되었던 기존의 생활관계로부터 완전히 이탈되었다고 평가하기도 곤란하므로 미성년자약취죄가 성립하지 않는다.[7)]

5) 대판 2003. 2. 11. 2002도7115.
6) 대판 1974. 5. 28. 74도840.
7) 대판 2008. 1. 17. 2007도8485.

2. 영리약취 등

폭행이나 협박을 수단으로 한 약취

형법 제288조에 규정된 약취행위는 피해자를 그 의사에 반하여 자유로운 생활관계 또는 보호관계로부터 범인이나 제3자의 사실상 지배하에 옮기는 행위를 말하는 것으로서, 폭행 또는 협박을 수단으로 사용하는 경우에 그 폭행 또는 협박의 정도는 상대방을 실력적 지배하에 둘 수 있을 정도이면 족하고 반드시 상대방의 반항을 억압할 정도의 것임을 요하지는 아니하다.[8)]

모텔 앞에 서 있는 11세 피해자를 간음할 목적으로 유혹하여 위 모텔 301호실로 데려감

형법 제288조에서 말하는 '유인'이란 기망 또는 유혹을 수단으로 사람을 꾀어 그 하자 있는 의사에 따라 그 사람을 자유로운 생활관계 또는 보호관계로부터 이탈하게 하여 자기 또는 제3자의 사실적 지배 아래로 옮기는 행위를 말하고, 여기서 사실적 지배라고 함은 미성년자에 대한 물리적·실력적인 지배관계를 의미한다. ○○모텔 앞길에서 혼자 서 있는 11세의 피해자를 발견하고 간음할 목적으로 피해자를 유혹하여 위 모텔 301호로 데리고 간 이상, 피고인의 사실적 지배 아래로 옮겼다고 할 것이어서 간음목적유인죄의 기수에 이르렀다.[9)]

초등학교 5학년 여학생의 소매를 잡아끌면서 "우리 집에 같이 자러 가자"라고 말함

피고인은 2008. 12. 20. 06:00경 부산 범일동 소재 인력시장에 일을 구하러 나갔는데, 일감이 없어 평소 알고 지내던 인부들과 함께 막걸리와 소주 등을 마셔 상당히 취한 상태에서 집으로 가기 위하여 버스를 탄 후 A교회 앞에서 하차한 사실, 같은 날 08:12경 A교회 횡단보도 앞에서 초등학교 5학년생인 피해자는 같이 등교할 친구 갑을 기다리고 있었는데, 피고인이 갑자기 다가가 피해자의 오른쪽 점퍼 소매를 잡으며 '가자'고 하자 피해자가 그 팔을 뿌리치고 옆으로 비켜서니 피고인이 피해자의 뒤편 바닥에 앉아 피해자에게 '학교가기 싫으냐. 집에 가기 싫으냐. 우리 집에 같이 자러 가자'고 말을 한 사실, 이에 피해자는 불안한 마음으로 피고인을 피하여 비켜 서 있다가 08:23경 친구 갑과 을을 만나 휴대폰을 빌려 경찰에 신고하였다. 피고인이 위와 같이 위험에 대한 대처능력이 미약한 초등학교 5학년 여학생인 피해자의 소매를 잡아끌면서 '우리 집에 같이 자러가자'라고 한 행위는 그 행위의 목적과 의도, 행위 당시의 정황, 행위의 태양과 종류, 피해자의 의사 등을 종합하여 볼 때, 피고인이 피해자를 그 의사에 반하여 자유로운 생활관계 또는 보호관계로부터 피고인의 사실상 지배하에 옮기기 위한 약취행위의 수단으로서 폭행에 충분히 해당하며 약취의 의사도 인정되므로, 피고인에게 약취행위에 해당하는 실행행위가 있다고 보아야 할 것이다.[10)]

8) 대판 1991. 8. 13. 91도1184; 대판 2009. 7. 9. 2009도3816.
9) 대판 2007. 5. 11. 2007도2318.
10) 대판 2009. 7. 9. 2009도3816.

3. 부녀매매

디스코클럽에서 유인된 후 윤락행위를 하는 피해자(18세)를 매수하여 윤락행위를 하게 함

1988년 디스코클럽에서 봉제공장의 공원이던 피해자(당시 18세)는 갑 등 일행 4명에 의해 "스키장에 놀러가자"고 유인되어 당일 밤 자동차로 군산시까지 감금, 약취된 뒤 강간당하고 나서 군산시 소재 윤락가 포주 을에게 80만 원에 팔려 윤락생활을 하다가, 다시 피고인에게 80만 원에 팔려 1989년 가을경 약 3개월 동안 피고인의 점포에서 매일 5~10회씩 돈을 받고 윤락행위를 한 사안에서,

부녀매매죄는 부녀자의 신체의 자유를 그 일차적인 보호법익으로 하는 죄로서 객체는 부녀이고 여자인 이상 나이, 성년이나 기혼 여부 등을 불문하며, 행위의 주체에는 제한이 없어 반드시 친권자 등의 보호자만이 본죄의 주체가 될 수 있는 것은 아니다.

부녀매매죄의 성립은 그 주체 및 객체에 중점을 두고 볼 것이 아니라 매매의 일방이 어떤 경위로 취득한 부녀자에 대한 실력적 지배를 대가를 받고 그 상대방에게 넘긴다고 하는 행위에 중점을 두고 판단하여야 하므로 매도인이 매매 당시 부녀자를 실력으로 지배하고 있었는가 여부, 즉 계속된 협박이나 명시적 혹은 묵시적 폭행의 위협 등의 험악한 분위기로 인하여 보통의 부녀자라면 법질서에 호소하기를 단념할 정도의 상태에서 그 신체에 대한 인수인계가 이루어졌는가의 여부에 달려 있다. 따라서 피해자가 18세에 달하여 지각이 있으므로 부녀매매죄의 객체가 될 수 없다는 원심의 판단은 위법하다.[11)]

11) 대판 1992. 1. 21. 91도1402 전원합의체. 위 전원합의체 판결에 의해 대판 1959. 3. 13. 4292형상7; 대판 1971. 3. 9. 71도27은 변경되었다.

제 5 절 강간·강제추행죄

강간·강제추행죄의 구성요건 체계

제297조 강간

제297조의2 유사강간

제298조 강제추행

제299조 준강간, 준유사강간, 준강제추행

제300조 (제297조, 제297조의2, 제298조, 제299조 각 죄명)미수

제301조 (제297조, 제297조의2, 제298조 내지 제300조 각 죄명)(상해, 치상)

제301조의2 (제297조, 제297조의2, 제298조 내지 제300조 각 죄명)(살인, 치사)

제302조 (미성년자, 심신미약자)(간음,추행)

제303조 ① (피보호자, 피감독자)간음

② 피감호자간음

제304조 <삭제>

제305조 미성년자의제(강간, 유사강간, 강제추행, 강간상해, 강간치상, 강간살인, 강간치사, 강제추행상해, 강제추행치상, 강제추행살인, 강제추행치사)

제305조의2 상습(제297조, 제297조의2, 제298조 내지 제300조, 제302조, 제303조, 제305조 각 죄명)

Ⅰ. 강간죄

1. 강간죄의 의미와 객체

형법은 종래 강간죄가 폭행 또는 협박으로 부녀를 강간하는 범죄라고 규정하였고 따라서 강간의 객체는 여자로 한정되어 왔다.

남자가 성전환수술을 통해 여자로서의 특성을 갖춘 경우에 관하여, 대법원은 여자로 볼 수 없다는 견해[1]를 취하였다가, '사회통념상 여성으로 평가되는 성전환자에 한하여 여자로 볼 수 있고 따라서 강간죄의 객체가 된다'고 판시한 바 있다.[2] 형법의 개정을 통해 2013. 6. 19.부터 강간죄의 객체가 '부녀'에서 '사람'으로 바뀌었으므로 남자도 강간죄의 객체가 될 수 있다.

법률상 처에 대한 강간죄가 성립하는지에 관하여, 대법원은 실질적인 부부관계가 인정될 수 없는 상태에 이른 경우에는 강간죄가 성립한다는 입장을 취하였다가,[3] 최근 다음과 같이 긍정하였다.

1) 대판 1996. 6. 11. 96도791.
2) 대판 2009. 9. 10. 2009도3580.
3) 대판 1970. 3. 10. 70도29; 대판 2009. 2. 12. 2008도8601.

법률상 처에 대한 강간

법률상 처에 대해서도 강간죄가 성립하지만 부부의 특성을 고려하여 폭행 또는 협박이 피해자의 반항을 불가능하게 하거나 현저히 곤란하게 할 정도에 이른 것인지는 신중하게 판단하여야 한다.[4)]

2. 폭행·협박

강간죄가 성립하려면 가해자의 폭행·협박은 피해자의 항거를 불가능하게 하거나 현저히 곤란하게 할 정도의 것이어야 하고, 그 폭행·협박이 피해자의 항거를 불가능하게 하거나 현저히 곤란하게 할 정도의 것이었는지 여부는 그 폭행·협박의 내용과 정도는 물론, 유형력을 행사하게 된 경위, 피해자와의 관계, 성교 당시와 그 후의 정황 등 모든 사정을 종합하여 판단하여야 한다.[5)]

강간죄가 성립하기 위한 가해자의 폭행·협박이 있었는지 여부는 그 폭행·협박의 내용과 정도는 물론 유형력을 행사하게 된 경위, 피해자와의 관계, 성교 당시와 그 후의 정황 등 모든 사정을 종합하여 피해자가 성

혼인관계가 존속하는 상태에서 남편이 처의 의사에 반하여 폭행 또는 협박으로 성교행위를 한 경우 강간죄가 성립하는지 여부는 별론으로 하더라도, 적어도 당사자 사이에 혼인관계가 파탄되었을 뿐만 아니라 더 이상 혼인관계를 지속할 의사가 없고 이혼의사의 합치가 있어 실질적인 부부관계가 인정될 수 없는 상태에 이르렀다면, 법률상의 배우자인 처도 강간죄의 객체가 된다(대판 2009. 2. 12. 2008도8601).

4) 대판 2013. 5. 16. 2012도14788 전원합의체. 구체적인 판시는 다음과 같다.

(가) 형법 제297조는 부녀를 강간한 자를 처벌한다고 규정하고 있는데, 형법이 강간죄의 객체로 규정하고 있는 '부녀'란 성년이든 미성년이든, 기혼이든 미혼이든 불문하며 곧 여자를 가리킨다. 이와 같이 형법은 법률상 처를 강간죄의 객체에서 제외하는 명문의 규정을 두고 있지 않으므로, 문언 해석상으로도 법률상 처가 강간죄의 객체에 포함된다고 새기는 것에 아무런 제한이 없다. 한편 1953. 9. 18. 법률 제293호로 제정된 형법은 강간죄를 규정한 제297조를 담고 있는 제2편 제32장의 제목을 '정조에 관한 죄'라고 정하고 있었는데, 1995. 12. 29. 법률 제5057호로 형법이 개정되면서 그 제목이 '강간과 추행의 죄'로 바뀌게 되었다. 이러한 형법의 개정은 강간죄의 보호법익이 현재 또는 장래의 배우자인 남성을 전제로 한 관념으로 인식될 수 있는 '여성의 정조' 또는 '성적 순결'이 아니라, 자유롭고 독립된 개인으로서 여성이 가지는 성적 자기결정권이라는 사회 일반의 보편적 인식과 법감정을 반영한 것으로 볼 수 있다. 부부 사이에 민법상의 동거의무가 인정된다고 하더라도 거기에 폭행, 협박에 의하여 강요된 성관계를 감내할 의무가 내포되어 있다고 할 수 없다. 혼인이 개인의 성적 자기결정권에 대한 포기를 의미한다고 할 수 없고, 성적으로 억압된 삶을 인내하는 과정일 수도 없기 때문이다.

(나) 결론적으로 헌법이 보장하는 혼인과 가족생활의 내용, 가정에서의 성폭력에 대한 인식의 변화, 형법의 체계와 그 개정 경과, 강간죄의 보호법익과 부부의 동거의무의 내용 등에 비추어 보면, 형법 제297조가 정한 강간죄의 객체인 '부녀'에는 법률상 처가 포함되고, 혼인관계가 파탄된 경우뿐만 아니라 혼인관계가 실질적으로 유지되고 있는 경우에도 남편이 반항을 불가능하게 하거나 현저히 곤란하게 할 정도의 폭행이나 협박을 가하여 아내를 간음한 경우에는 강간죄가 성립한다고 보아야 한다. 다만 남편의 아내에 대한 폭행 또는 협박이 피해자의 반항을 불가능하게 하거나 현저히 곤란하게 할 정도에 이른 것인지 여부는, 부부 사이의 성생활에 대한 국가의 개입은 가정의 유지라는 관점에서 최대한 자제하여야 한다는 전제에서, 그 폭행 또는 협박의 내용과 정도가 아내의 성적 자기결정권을 본질적으로 침해하는 정도에 이른 것인지 여부, 남편이 유형력을 행사하게 된 경위, 혼인생활의 형태와 부부의 평소 성행, 성교 당시와 그 후의 상황 등 모든 사정을 종합하여 신중하게 판단하여야 한다.

5) 대판 2000. 6. 9. 2000도1253; 대판 2000. 8. 18. 2000도1914; 대판 2007. 1. 25. 2006도5979.

교 당시 처하였던 구체적인 상황을 기준으로 판단하여야 하며, 사후적으로 보아 피해자가 성교 이전에 범행 현장을 벗어날 수 있었다거나 피해자가 사력을 다하여 반항하지 않았다는 사정만으로 가해자의 폭행·협박이 피해자의 항거를 현저히 곤란하게 할 정도에 이르지 않았다고 섣불리 단정하여서는 안 된다.[6)]

가해자가 폭행을 수반함이 없이 오직 협박만을 수단으로 피해자를 간음 또는 추행한 경우에도 그 협박의 정도가 피해자의 항거를 불가능하게 하거나 현저히 곤란하게 할 정도의 것(강간죄)이거나 또는 피해자의 항거를 곤란하게 할 정도의 것(강제추행죄)이면 강간죄 또는 강제추행죄가 성립하고, 협박과 간음 또는 추행 사이에 시간적 간격이 있더라도 협박에 의하여 간음 또는 추행이 이루어진 것으로 인정될 수 있다면 달리 볼 것은 아니다.[7)]

피해자는 사건 당일 근무처 기숙사로 가던 중 동료공원인 피고인과 우연히 만나 별다른 강압이나 저항 없이 부근 다방에서 커피를 마시며 40여분 정도 이야기를 나누고, 다시 그길 건너 생맥주집으로 자리를 옮겨 21:00경까지 그곳에서 머물다가 같이 나왔고, 피고인이 그 친구인 갑이 피해자에게 사과할 것이 있다 하여 같이 갈 것을 제의하자 그를 따라 그 바로 옆 판시 기숙사에 이르러, 전등이 고장나 텔레비전 불빛만으로 어두운 방안에 함께 들어갔고, 그 방 주인인 갑 또한 같이 앉아 피고인과 피해자의 남녀관계를 허위로 발설한 것에 대하여 사과를 하였으며, 갑이 그 방에서 나간 후 피고인이 갑자기 피해자를 방바닥에 눕히고 몸으로 짓누르며 내의를 벗기어 간음하려 할 때에도 몸부림을 치고 저항하는 것만으로 피고인으로부터 벗어날 수 있었고, 위 범행 장소 또한 다수의 사람이 기숙하는 곳으로서 피해자가 얼마간의 반항을 하여도 주위에서 곧 알아차릴 수 있는 상황이었는데도 그 방 밖에서 연탄불을 갈고 있던 갑도 피해자의 거부의 의사표시나 다투는 소리 이외에는 별다른 저항이나 고함을 알아차리지 못하였다는 것이고, 그 즉시 갑이 다시 방에 들어와 옆방 동료와 함께 술을 마시는데도 피해자는 피고인이나 그들의 별다른 감시나 방해 없이 밤늦은 23:00 경까지 약 2시간 가까이 그곳에서 머물다가, 기숙사 방에서 술을 마신다는 이유로 그곳 사장으로부터 꾸지람을 듣고 다같이 그곳을 나왔으며, 그곳에서 나온 이후에도 피해자 자신의 기숙사나 집으로 돌아가지 아니한 채 뚜렷한 이유나 별다른 저항 없이 도보로 이, 삼십 분 정도의 거리에 있는 피고인의 자취방으로 또다시 따라 갔고, 안집과 1미터의 마루를 사이에 두고 있는 그 자취방에서 같이 밤을 보내면서 피고인이 여러 차례 피해자를 간음하려 하였으나 그때마다 피해자의 거부로 그 뜻을 이루지 못하였다는 것이다.
피고인이 피해자를 간음하려 한 때의 상황이나 전후의 사정이 그와 같다면 피고인은 다만 피해자의 의사에 반하는 정도의 유형력을 행사하여 피해자를 간음하려 하였음에도 불과하고, 그 유형력의 행사가 피해자의 반항을 현저히 곤란케 할 정도에까지 이른 것은 아니라고 봄이 상당하다 할 것이다.[8)]

---

6) 대판 2005. 7. 28. 2005도3071.

7) 대판 2007. 1. 25. 2006도5979. 이에 반하여 상대방에 대하여 폭행 또는 협박을 가하여 추행행위를 하는 경우에 강제추행죄가 성립하려면 그 폭행 또는 협박이 항거를 곤란하게 할 정도일 것을 요하고, 그 폭행·협박이 피해자의 항거를 곤란하게 할 정도의 것이었는지 여부 역시 그 폭행·협박의 내용과 정도는 물론, 유형력을 행사하게 된 경위, 피해자와의 관계, 추행 당시와 그 후의 정황 등 모든 사정을 종합하여 판단하여야 한다.

8) 대판 1990. 12. 11. 90도2224. 다음은 같은 취지이다.
피고인과 피해자가 전화로 사귀어 오면서 음담패설을 주고 받을 정도까지 되었고 당초 간음을 시도한 방에서 피해 피고인이 피해자를 여관방으로 유인한 다음 방문을 걸어 잠근 후 피해자에게 성교할 것을 요구하였으나 피해자가 이를 거부하자 "옆방에 내 친구들이 많이 있다. 소리지르면 다 들을 것이다. 조용히 해라. 한 명하고 할 것이냐? 여러 명하고 할 것이냐?"라고 말하면서 성행위를 요구한 사실이 인정되는바, 이러한 사실과 피해자의 연령이 어린 점, 다른 사람의 출입이 곤란한 심야의 여관방에 피고인과 피해자 단둘이 있는 상황인 점 등 기록에 나타난 모든 사정을 종합하면 피고인이 피해자의 항거를 현저히 곤란하게 할 정도의 유형력을 행사한 사실은 충분히 인정된다고 보아야 할 것이므로, 피고인의 (구 성폭법)위반 범죄사실에 대하여 범죄의 증명이 있다고 한 판단은 옳다.[9]

유부녀인 피해자에 대하여 혼인 외 성관계 사실을 폭로하겠다는 등의 내용으로 협박하여 피해자를 간음 또는 추행한 경우에 있어서 그 협박이 강간죄와 강제추행죄에 해당하는 폭행의 정도의 것이었는지 여부에 관하여는, 일반적으로 혼인한 여성에 대하여 정조의 가치를 특히 중시하는 우리 사회의 현실이나 형법상 간통죄로 처벌하는 조항이 있는 사정 등을 감안할 때 혼인 외 성관계 사실의 폭로 자체가 여성의 명예손상, 가족관계의 파탄, 경제적 생활기반의 상실 등 생활상의 이익에 막대한 영향을 미칠 수 있고 경우에 따라서는 간통죄로 처벌받는 신체상의 불이익이 초래될 수도 있으며, 나아가 폭로의 상대방이나 범위 및 방법(예를 들면 인터넷 공개, 가족들에 대한 공개, 자녀들의 학교에 대한 공개 등)에 따라서는 그 심리적 압박의 정도가 심각할 수 있으므로, 단순히 협박의 내용만으로 그 정도를 단정할 수는 없고, 그 밖에도 협박의 경위, 가해자 및 피해자의 신분이나 사회적 지위, 피해자와의 관계, 간음 또는 추행 당시와 그 후의 정황, 그 협박이 피해자에게 미칠 수 있는 심리적 압박의 내용과 정도 등 모든 사정을 종합하여 신중하게 판단하여야 한다.

3. 실행의 착수

강간죄는 부녀를 간음하기 위하여 피해자의 항거를 불능하게 하거나 현저히 곤란하게 할 정도의 폭행 또는 협박을 개시한 때에 그 실행의 착수가 있다고 보아야 할 것이고, 실제로 그와 같은 폭행 또는 협박에 의하여 피해자의 항거가 불능하게 되거나 현저히 곤란하게 되어야만 실행의 착수가 있다고 볼 것은 아니다.[10]

자가 "여기는 죽은 시어머니를 위한 제청방이니 이런 곳에서 이런 짓을 하면 벌 받는다"고 말하여 안방으로 장소를 옮기게 된 사정 등으로 미루어 본다면 강간피고사건의 피해자에게 가한 폭행 또는 협박이 그 반항을 현저히 곤란하게 할 정도에 까지 이른 것이라고 보기는 어렵다고 본 사례(대판 1991. 5. 28. 91도546).

9) 대판 2000. 8. 18. 2000도1914. 다음은 같은 취지이다.
유부녀인 피해자에 대하여 혼인 외 성관계 사실을 폭로하겠다는 등의 내용으로 협박하여 피해자를 간음 또는 추행한 사안에서 위와 같은 협박이 피해자를 단순히 외포시킨 정도를 넘어 적어도 피해자의 항거를 현저히 곤란하게 할 정도의 것이었다고 보기에 충분하다는 이유로, 강간죄 및 강제추행죄가 성립한다고 한 사례(대판 2007. 1. 25. 2006도5979).

10) 대판 1990. 5. 25. 90도607; 대판 2000. 6. 9. 2000도1253.

간음할 목적으로 피해자의 집에 침입하여 자고 있는 피해자의 가슴과 엉덩이를 만짐

강간죄의 실행의 착수가 있었다고 하려면 강간의 수단으로서 폭행이나 협박을 한 사실이 있어야 할 터인데 피고인이 강간할 목적으로 피해자의 집에 침입하였다 하더라도 안방에 들어가 누워 자고 있는 피해자의 가슴과 엉덩이를 만지면서 간음을 기도하였다는 사실만으로는 강간의 수단으로 피해자에게 폭행이나 협박을 개시하였다고 하기는 어렵다.11)

방문을 부수고 들어갈 듯한 기세로 두드려 피해자가 창문에 걸터 앉아 뛰어 내리려 함에도 베란다를 통해 창문으로 침입하려 함

피고인이 간음할 목적으로 새벽 4시에 여자 혼자 있는 방문 앞에 가서 피해자가 방문을 열어 주지 않으면 부수고 들어갈 듯한 기세로 방문을 두드리고 피해자가 위험을 느끼고 창문에 걸터 앉아 가까이 오면 뛰어 내리겠다고 하는데도 베란다를 통하여 창문으로 침입하려고 하였다면 강간의 수단으로서의 폭행에 착수하였다고 할 수 있어 강간의 착수가 인정된다.12)

침대에서 일어나 나가려는 피해자의 팔을 낚아채어 유방 등을 만지면서 팬티를 벗기려 하자 피해자가 이를 뿌리치고 동생 방으로 건너감

피고인은 침대에서 일어나 나가려는 피해자의 팔을 낚아채어 일어나지 못하게 하고, 갑자기 입술을 빨고 계속하여 저항하는 피해자의 유방과 엉덩이를 만지면서 피해자의 팬티를 벗기려고 하였다는 것인바, 위와 같은 사실관계라면 피고인은 피해자의 의사에 반하여 피해자의 반항을 억압하거나 현저하게 곤란하게 할 정도의 유형력의 행사를 개시하였다고 보아야 할 것이고, 당시 피고인이 술에 많이 취하여 있어 피해자가 마음대로 할 수 있었다고 생각하였다거나 피해자가 피고인을 뿌리치고 동생 방으로 건너갔다고 하더라도 이러한 사정은 피고인이 술에 취하여 실제로 피해자의 항거를 불능하게 하거나 현저히 곤란하게 하지 못하여 강간죄의 실행행위를 종료하지 못한 것에 불과한 것이지, 피고인이 강간죄의 실행에 착수하였다고 판단하는 데 장애가 되는 것은 아니다.13)

피해자가 다음 번에 만나 친해주면 응하겠다고 하여 강간 중단

피고인이 피해자를 강간하려다가 피해자의 다음 번에 만나 친해지면 응해 주겠다는 취지의 간곡한 부탁으로 인하여 그 목적을 이루지 못한 후 피해자를 자신의 차에 태워 집에까지 데려다 주었다면 피고인은 자의로 피해자에 대한 강간행위를 중지한 것이고 피해자의 다음에 만나 친해지면 응해 주겠다는 취지의 간곡한 부탁은 사회통념상 범죄실행에 대한 장애라고 여겨지지는 아니하므로 피고인의 행위는 중지미수에 해당한다.14)15)

11) 대판 1990. 5. 25. 90도607.
12) 대판 1991. 4. 9. 91도288.
13) 대판 2000. 6. 9. 2000도1253.
14) 대판 1993. 10. 12. 93도1851.
15) 피고인과 갑이 공모하여 갑이 피해자를 강간하고 있는 동안 피해자가 반항하지 못하도록 그의 입을 손으로 틀어 막고 주먹으로 얼굴을 2회 때렸다면 피고인은 강간죄의 공동정범의 죄책을 면할 수 없다(대판 1984. 6. 12. 84도780).

4. 죄 수

강간죄와 폭행·협박

폭행 또는 협박으로 부녀를 강간한 경우에는 강간죄만 성립하고, 그것과 별도로 강간의 수단으로 사용된 폭행·협박이 형법상의 폭행죄나 협박죄 또는 폭처법위반죄를 구성한다고는 볼 수 없으며, 강간죄와 이들 각 죄는 이른바 법조경합의 관계일 뿐이다.[16)]

강간죄의 성립에 언제나 직접적으로 또 필요한 수단으로서 감금행위를 수반하는 것은 아니므로 감금행위가 강간미수죄의 수단이 되었다 하여 감금행위는 강간미수죄에 흡수되어 범죄를 구성하지 않는다고 할 수는 없는 것이고, 그때에는 감금죄와 강간미수죄는 일개의 행위에 의하여 실현된 경우로서 형법 제40조의 상상적 경합관계에 있다.
피고인이 피해자가 자동차에서 내릴 수 없는 상태에 있음을 이용하여 강간하려고 결의하고, 주행 중인 자동차에서 탈출불가능하게 하여 외포케 하고 50킬로미터를 운행하여 여관 앞까지 강제연행한 후 강간하려다 미수에 그친 경우 위 협박은 감금죄의 실행의 착수임과 동시에 강간미수죄의 실행의 착수라고 할 것이다.[17)]

피고인이 피해자(여, 20세)를 강간할 목적으로 도망가는 피해자를 추격하여 머리채를 잡아 끌면서 블럭조각으로 피해자의 머리를 수회 때리고 손으로 목을 조르면서 항거불능케 한 후 그녀를 1회 간음하여 강간하고 이로 인하여 그녀로 하여금 요치 28일간의 전두부 타박상을 입게한 후 약 1시간 후에 그녀를 피고인 집 작은방으로 끌고 가 앞서 범행으로 상처를 입고 항거불능 상태인 그녀를 다시 1회 간음하여 강간한 경우에, 피고인의 두 번에 걸친 피해자에 대한 강간행위는 그 범행시간과 장소를 각 달리하고 있을 뿐만 아니라 각 별개의 범의에서 이루어진 행위로서 실체적 경합범이다.[18)]

폭행과 강간행위가 불과 1시간 전후에 이루어진 것이기는 하나 강간의 범의를 일으킨 것이 폭행 후의 다른 상해범행의 실행 중이었음이 인정되는 이상 폭행사실은 별개의 독립한 죄를 구성한다.[19)]

위 판례의 사안은 현재 성폭법 4조에 해당함.

16) 대판 2002. 5. 16. 2002도51 전원합의체.

17) 대판 1983. 4. 26. 83도323.
감금행위가 강간죄나 강도죄의 수단이 된 경우에도 감금죄는 강간죄나 강도죄에 흡수되지 아니하고 별죄를 구성한다(대판 1984. 8. 21. 84도1550; 대판 1997. 1. 21. 96도2715).

18) 대판 1987. 5. 12. 87도694.

19) 대판 1983. 4. 12. 83도304.

Ⅱ. 강제추행죄

1. 의 의

강제추행죄는 폭행·협박으로 사람을 추행함으로써 성립한다. 추행에 관하여, 성적 수치·혐오감을 느끼게 하는 행위로서 성욕의 만족을 목적으로 하는 것이라는 견해와 객관적으로 일반인에게 성적 수치·혐오감을 느끼게 하는 행위로서 성욕의 만족을 목적으로 할 필요는 없다는 견해(판례)가 있다.

사람의 왕래가 빈번한 도로에서 욕설을 하며 바지를 벗어 성기를 보여줌

형법 제298조는 "폭행 또는 협박으로 사람에 대하여 추행을 한 자"를 강제추행죄로 벌할 것을 정한다. 그런데 강제추행죄는 개인의 성적 자유라는 개인적 법익을 침해하는 죄로서, 위 법규정에서의 '추행'이란 일반인에게 성적 수치심이나 혐오감을 일으키고 선량한 성적 도덕관념에 반하는 행위인 것만으로는 부족하고 그 행위의 상대방인 피해자의 성적 자기결정의 자유를 침해하는 것이어야 한다. 따라서 건전한 성풍속이라는 일반적인 사회적 법익을 보호하려는 목적을 가진 형법 제245조의 공연음란죄에서 정하는 '음란한 행위'(또는 이른바 과다노출에 관한 경범죄처벌법 제1조 제41호에서 정하는 행위)가 특정한 사람을 상대로 행하여졌다고 해서 반드시 그 사람에 대하여 '추행'이 된다고 말할 수 없고, 무엇보다도 문제의 행위가 피해자의 성적 자유를 침해하는 것으로 평가될 수 있어야 한다. 그리고 이에 해당하는지 여부는 피해자의 의사·성별·연령, 행위자와 피해자의 관계, 그 행위에 이르게 된 경위, 구체적 행위태양, 주위의 객관적 상황 등을 종합적으로 고려하여 정하여진다.

피고인이 피해자 갑(여, 48세)에게 욕설을 하면서 자신의 바지를 벗어 성기를 보여주는 방법으로 강제추행하였다는 내용으로 기소된 사안에서, 갑의 성별·연령, 행위에 이르게 된 경위, 갑에 대하여 어떠한 신체 접촉도 없었던 점, 행위장소가 사람 및 차량의 왕래가 빈번한 도로로서 공중에게 공개된 곳인 점, 피고인이 한 욕설은 성적인 성질을 가지지 아니하는 것으로서 '추행'과 관련이 없는 점, 갑이 자신의 성적 결정의 자유를 침해당하였다고 볼 만한 사정이 없는 점 등 제반 사정을 고려할 때, 단순히 피고인이 바지를 벗어 자신의 성기를 보여준 것만으로는 폭행 또는 협박으로 '추행'을 하였다고 볼 수 없다.[20]

비교 판례: 엘리베이터에서 칼로 위협하고 피해자들에게 자위행위 모습을 보여줌

피고인이 엘리베이터라는 폐쇄된 공간에서 피해자들을 칼로 위협하는 등으로 꼼짝하지 못하도록 자신의 실력적인 지배하에 둔 다음 피해자들에게 성적 수치심과 혐오감을 일으키는 자신의 자위행위 모습을 보여 주고 피해자들로 하여금 이를 외면하거나 피할 수 없게 한 행위는 강제추행죄의 추행에 해당한다.[21]

폭행하는 여성 피해자에게 보복하려고 그의 입술, 귀, 유두, 가슴 등을 입으로 깨뭄

'추행'이란 객관적으로 일반인에게 성적 수치심이나 혐오감을 일으키게 하고 선량한 성적 도덕관념에 반하는 행위로서 피해자의 성적 자유를 침해하는 것이고, 이에 해당하는지는 피해자의 의사, 성별, 연령, 행위자와

20) 대판 2012. 7. 26. 2011도8805.
21) 대판 2010. 2. 25. 2009도13716.

피해자의 이전부터의 관계, 행위에 이르게 된 경위, 구체적 행위태양, 주위의 객관적 상황과 그 시대의 성적 도덕관념 등을 종합적으로 고려하여 신중히 결정되어야 한다. 그리고 강제추행죄의 성립에 필요한 주관적 구성요건으로 성욕을 자극·흥분·만족시키려는 주관적 동기나 목적이 있어야 하는 것은 아니다.
피고인이, 알고 지내던 여성인 피해자가 자신의 머리채를 잡아 폭행을 가하자 보복의 의미에서 갑의 입술, 귀, 유두, 가슴 등을 입으로 깨무는 등의 행위를 한 사안에서, 객관적으로 여성인 피해자의 입술, 귀, 유두, 가슴을 입으로 깨무는 행위는 일반적이고 평균적인 사람으로 하여금 성적 수치심이나 혐오감을 일으키게 하고 선량한 성적 도덕관념에 반하는 행위로서, 피해자의 성적 자유를 침해하였다고 보는 것이 타당하므로 강제추행죄에 해당한다.[22]

노래부르는 피해자를 뒤에서 껴안고 춤추다가 순간적으로 유방을 만짐

피고인이 처가 경영하는 식당의 지하실에서 종업원들인 피해자(35세의 유부녀) 및 갑과 노래를 부르며 놀던 중 갑이 노래를 부르는 동안 피해자를 뒤에서 껴안고 부루스를 추면서 피해자의 유방을 만진 사안에서, 추행이라 함은 객관적으로 일반인에게 성적 수치심이나 혐오감을 일으키게 하고 선량한 성적 도덕관념에 반하는 행위로서 피해자의 성적 자유를 침해하는 것이라고 할 것인데, 이에 해당하는지 여부는 피해자의 의사, 성별, 연령, 행위자와 피해자의 이전부터의 관계, 그 행위에 이르게 된 경위, 구체적 행위태양, 주위의 객관적 상황과 그 시대의 성적 도덕관념 등을 종합적으로 고려하여 신중히 결정되어야 한다.
피해자와 춤을 추면서 피해자의 유방을 만진 행위가 순간적인 행위에 불과하더라도 피해자의 의사에 반하여 행하여진 유형력의 행사에 해당하고 피해자의 성적 자유를 침해할 뿐만 아니라 일반인의 입장에서도 추행행위라고 평가될 수 있는 것으로서, 폭행행위 자체가 추행행위라고 인정된다.[23]

2. 폭행·협박

강제추행죄의 폭행·협박에 대해서는 강간죄와 폭행·협박죄의 중간 정도의 폭행·협박으로서 일반인으로 하여금 반항을 곤란하게 하거나 상대방의 의사의 임의성을 잃게 하는 정도로서 족하다는 견해와 상대방의 반항을 불가능하게 하거나 현저히 곤란하게 할 정도의 것이어야 한다는 견해가 있다. 판례는 다음과 같이 폭행·협박이 상대방의 항거를 곤란하게 할 정도의 것이어야 한다고 보면서도 경우에 따라서는 상대방의 의사에 반하는 유형력의 행사가 있는 이상 그 힘의 대소강약을 불문한다고 판시하기도 한다.

강제추행죄가 성립하려면 그 폭행 또는 협박이 항거를 곤란하게 할 정도일 것을 요하고, 그 폭행·협박이 피해자의 항거를 곤란하게 할 정도의 것이었는지 여부 역시 그 폭행·협박의 내용과 정도는 물론, 유형력을 행사하게 된 경위, 피해자와의 관계, 추행 당시와 그 후의 정황 등 모든 사정을 종합하여 판단하여야 한다.[24]

22) 대판 2013. 9. 26. 2013도5856.
23) 대판 2002. 4. 26. 2001도2417.
24) 대판 2007. 1. 25. 2006도5979.

강제추행죄는 상대방에 대하여 폭행 또는 협박을 가하여 항거를 곤란하게 한 뒤에 추행행위를 하는 경우뿐만 아니라 폭행행위 자체가 추행행위라고 인정되는 경우도 포함되는 것이며, 이 경우에 있어서의 폭행은 반드시 상대방의 의사를 억압할 정도의 것임을 요하지 않고 상대방의 의사에 반하는 유형력의 행사가 있는 이상 그 힘의 대소강약을 불문한다.[25]

피고인이 컨트리클럽 회장 등과 골프를 친 후 위 컨트리클럽 내 식당에서 식사를 하면서 그곳에서 근무 중인 여종업원인 피해자들에게 함께 술을 마실 것을 요구하였다가 거절당하였음에도 불구하고, 위 컨트리클럽의 회장과의 친분관계를 내세워 피해자들에게 어떠한 신분상의 불이익을 가할 것처럼 협박하여 피해자들로 하여금 목 뒤로 팔을 감아 돌림으로써 얼굴이나 상체가 밀착되어 서로 포옹하는 것과 같은 신체접촉이 있게 되는 이른바 러브샷의 방법으로 술을 마시게 한 경우, 피고인과 피해자들의 관계, 성별, 연령 및 위 러브샷에 이르게 된 경위나 그 과정에서 나타난 피해자들의 의사 등에 비추어 볼 때 강제추행죄의 구성요건인 '강제추행'에 해당하고, 이 때 피해자들의 유효한 승낙이 있었다고 볼 수 없다.[26]

옛 애인 행세하여 성관계를 맺고, 이를 사진 찍은 자로 행세하며 강간·강제추행

피고인이 피해자인 가정주부의 '옛 애인'으로 행세하여 성관계를 맺은 것을 기화로, 위 성관계 장면을 사진찍은 갑이 이를 남편과 가족에게 알리겠다고 한다는 등의 협박을 하고 갑으로 행세하며 강간, 강제추행한 사례.[27]

---

25) 대판 1994. 8. 23. 94도630; 대판 2002. 4. 26. 2001도2417; 대판 2012. 6. 14. 2012도3893.
피고인이 피해자의 집 방안에서 갑자기 피해자의 상의를 걷어 올려서 유방을 만지고, 하의를 끄집어 내리는 등 한 것은 강제추행에 해당한다(대판 1994. 8. 23. 94도630).
피고인은 공터에서 피해자들이 놀고 있는 것을 발견하고 다가가 피해자들을 끌어안고 손으로 피해자들의 음부 부위를 갑자기 1회 만졌다는 것이고, 피고인과 피해자들의 관계, 피해자들의 연령과 의사, 위 행위에 이르게 된 경위와 당시의 상황, 위 행위 후의 피해자들의 반응 및 위 행위가 피해자들에게 미친 영향 등을 고려하여 보면, 피고인이 사탕과 호루라기를 매개로 피해자들에게 접근하면서 피해자들을 끌어안는 것에 대하여 피해자들이 별다른 저항을 하지 않았다고 하더라도 음부를 만지는 행위에 대해서까지 용인하였다고 보기는 어려우며, 결국 피고인의 위 행위는 순간적인 행위이지만 피해자들의 의사에 반하여 행하여진 유형력의 행사로서, 객관적으로 일반인에게 성적 수치심이나 혐오감을 불러일으키고 선량한 성적 도덕관념에 반하는 행위에 해당하고, 그로 인하여 정신적·육체적으로 미숙한 피해자들의 심리적 성장 및 성적 정체성의 형성에 부정적 영향을 미쳤다고 할 것이므로, 강제추행행위에 해당한다(대판 2012. 6. 14. 2012도3893).

26) 대판 2008. 3. 13. 2007도10050.

27) 대판 2007. 1. 25. 2006도5979. 구체적인 판시는 다음과 같다.
① 피해자는 1971. 10. 15.생으로 과거 공소외인이라는 남자와 교제하면서 임신하기도 하였으나 공소외인이 연락을 끊어 헤어진 후 1994. 2.경 남편과 혼인하여 이 사건 당시 남편과 사이에 11세, 9세, 3세의 아들 셋을 두고 있는 평범한 가정주부인 사실, ② 이 사건 직전 피해자는 옛 애인 공소외인으로 행세하는 피고인에게 속아 어두운 모텔방에서 우연히 1회 성관계를 맺기는 하였으나, 그 후 옛 애인으로 행세하는 피고인으로부터 '제3자가 피고인을 만나기 위하여 애를 업고 모텔로 들어가는 피해자의 모습과 모텔 방호수를 사진으로 찍었다고 하면서 돈은 필요 없고 성관계를 요구한다'라는 말을 듣는 등 마치 '사진 찍은 자'의 성관계 요구에 불응하면 사진이 피해자의 집으로 보내지고 옛 애인과 성관계를 가진 사실이 남편과 가족들에게 알려질 듯이 협박받아, 아무런 저항도 하지 못한 채, '사진 찍은 자'로도 행세하는 피고인으로부터 이 사건 간음 및 추행을 당한 사실, ③ 옛 애인으로 행세하는 피고인은 피해자에게 '사진 찍은 자'의 성관계 요구를 전달한다고 하면서 '그 부하가 10명쯤 되는데 그 사람들에게 다 당하는 것보다 1명에게

3. 실행의 착수

추행고의로 뒤에서 껴안으려고 양팔을 높이 들었으나 피해자가 뒤돌아보며 소리치자 중단

추행의 고의로 상대방의 의사에 반하는 유형력의 행사, 즉 폭행행위를 하여 실행행위에 착수하였으나 추행의 결과에 이르지 못한 때에는 강제추행미수죄가 성립하며, 이러한 법리는 폭행행위 자체가 추행행위라고 인정되는 이른바 '기습추행'의 경우에도 마찬가지로 적용된다.

피고인이 밤에 술을 마시고 배회하던 중 버스에서 내려 혼자 걸어가는 피해자 갑(여, 17세)을 발견하고 마스크를 착용한 채 뒤따라가다가 인적이 없고 외진 곳에서 가까이 접근하여 껴안으려 하였으나, 갑이 뒤돌아보면서 소리치자 그 상태로 몇 초 동안 쳐다보다가 다시 오던 길로 되돌아갔다고 하여 아청법위반으로 기소된 사안에서, 피고인과 갑의 관계, 갑의 연령과 의사, 행위에 이르게 된 경위와 당시 상황, 행위 후 갑의 반응 및 행위가 갑에게 미친 영향 등을 고려하여 보면, 피고인은 갑을 추행하기 위해 뒤따라간 것으로 추행의 고의를 인정할 수 있고, 피고인이 가까이 접근하여 갑자기 뒤에서 껴안는 행위는 일반인에게 성적 수치심이나

당하는 것이 낫지 않느냐', '그 사람 성질을 건드리지 마라'라고 말하는 한편, '나는 어차피 이민가면 그만이지만 여기에 남아 있는 너는 계속 그 사진 찍은 자에게 괴롭힘을 당할 것이다'라고 말하기도 하였으며, '사진 찍은 자'로 행세하면서 피해자를 간음한 후에는 남편이 출근하고 자녀들이 등교하여 3살짜리 아들만을 데리고 있는 피해자에게 전화하여 '사진 찍은 자'의 거듭된 성관계 요구를 전달한다고 하면서 이에 불응하는 피해자에 대하여 '사진 찍은 자를 집으로 보내겠다'고 말하기도 하여, 결국 09:30경 내지 10:30경 아침시간대에 수회에 걸쳐 피해자의 주거를 침입하면서까지 피해자를 간음한 사실, ④ 피고인은 실제로 피해자의 집으로 전화하여 피해자의 아들에게 피해자 남편의 휴대전화번호를 물어보기도 하고, '사진 찍은 자'로 행세하면서 새벽에 피해자의 집에 전화하기까지 한 사실, ⑤ 피해자는 피고인의 위와 같은 협박에 의하여 옛 애인과의 혼전 성관계까지 모두 폭로될지도 모른다는 등의 압박감을 갖게 됨에 따라 생면부지의 '사진 찍은 자'로 행세하는 피고인과 성관계를 갖게 되었고 그 후에도 사진의 존재는 물론 기왕의 성관계까지 모두 폭로되어 남편과 시댁에 알려지거나 가정이 파탄될 것이 두려워 계속되는 성관계 요구를 더욱 거절할 수가 없었다고 진술하고 있는 사실, ⑥ 피해자는 피고인과의 성관계 사실이 시어머니와 남편에게 알려지자 2005. 11. 12.경에는 수면제를 먹고 자살을 기도하기도 한 사실 등을 알 수 있다.

이러한 사실관계를 앞서 본 법리에 비추어 살펴보면, 피고인의 협박 내용이 혼인 외 성관계 사실을 폭로하겠다는 취지의 것 이외에도 마치 '사진 찍은 자'가 수명의 부하를 거느리고 있다거나 그 성질을 건드리지 마라는 등 여러 내용을 포함하고 있는 점, 피고인은 실제로 피해자의 가족이 출근이나 등교한 직후 아침시간대에 피해자와 3살짜리 아들만 있는 피해자의 집까지 찾아가 수회에 걸쳐 피해자를 간음하였으며 때로는 피해자의 아들에게 피해자 남편의 휴대전화번호를 물어보거나 새벽에 피해자의 집에 전화하기까지 한 점, 피고인은 수회에 걸쳐 피해자와 통화하거나 피해자를 간음하는 과정에서 피고인의 1인 2역 행동에 쉽게 속아 넘어가 심한 압박감에 시달리고 있는 피해자의 심리상태를 교묘하게 간파하여, 상황과 필요에 따라 "때로는 '사진 찍은 자'로, 때로는 옛 애인으로" 행세하면서, 피해자가 성관계에 불응할 경우 성관계 사실을 폭로하거나 '사진 찍은 자'가 마치 자신의 폭력조직 부하들을 동원하여 피해자의 신체 등에 위해를 가할 수도 있다는 것을 암시하는 등의 방법으로 피해자를 협박하고 '사진 찍은 자'로 행세하면서 수회에 걸쳐 피해자를 간음 또는 추행하기에 이른 점, 한편 피해자로서는, 자신을 협박하고 있는 '사진 찍은 자'가 폭력조직을 거느리고 있는 것으로 오인하고 있는 데다가 그 정확한 신원을 전혀 모르고 있는 관계에 있어 '사진 찍은 자'는 성관계를 폭로하더라도 아무런 피해를 입지 않은 채 피해자만이 심각한 불이익을 당하게 될 상황에 처해 있고, 따라서 '사진 찍은 자'의 계속되는 협박에 피해자가 불응할 경우 언제든지 협박의 내용과 같은 성관계 폭로가 현실화될 수 있을 것이라는 위협을 더욱 크게 느꼈을 것으로 예상되는 점 등, 이 사건 협박의 내용과 정도, 협박의 경위, 이 사건 '사진 찍은 자'와 피해자의 신분이나 사회적 지위, 피해자와의 관계, 피해자의 가족상황, 간음 또는 추행 당시와 그 후의 정황, 이 사건 협박이 피해자에게 미칠 수 있는 심리적 압박의 내용과 정도를 비롯하여 기록에 나타난 모든 사정을 종합하여 볼 때, 피고인의 위와 같은 협박은 피해자를 단순히 외포시킨 정도를 넘어 적어도 피해자의 항거를 현저히 곤란하게 할 정도의 것이었다고 보기에 충분하다고 할 것이므로, 강간죄 및 강제추행죄가 성립된다고 봄이 상당하다.

혐오감을 일으키게 하고 선량한 성적 도덕관념에 반하는 행위로서 갑의 성적 자유를 침해하는 행위여서 그 자체로 이른바 '기습추행' 행위로 볼 수 있으므로, 피고인의 팔이 갑의 몸에 닿지 않았더라도 양팔을 높이 들어 갑자기 뒤에서 껴안으려는 행위는 갑의 의사에 반하는 유형력의 행사로서 폭행행위에 해당하며, 그때 '기습추행'에 관한 실행의 착수가 있는데, 마침 갑이 뒤돌아보면서 소리치는 바람에 몸을 껴안는 추행의 결과에 이르지 못하고 미수에 그쳤으므로, 피고인의 행위는 아동·청소년에 대한 강제추행미수죄에 해당한다.[28]

Ⅲ. 준강간·준강제추행죄

1. 의 의

준강간·준강제추행죄는 심신상실 또는 그 이외의 원인 때문에 심리적 또는 물리적으로 반항이 절대적으로 불가능하거나 현저히 곤란한 상태를 이용하여 간음 또는 추행함으로써 성립한다.[29]

형법 제299조에서의 항거불능의 상태라 함은 형법 제297조, 제298조와의 균형상 심신상실 이외의 원인 때문에 심리적 또는 물리적으로 반항이 절대적으로 불가능하거나 현저히 곤란한 경우를 의미한다.[30]

술에 취하여 자다가 바지를 벗기는 피고인을 애인으로 착각하여 성행위를 허용

피고인이 술에 취하여 안방에서 잠을 자고 있던 피해자를 발견하고 갑자기 욕정을 일으켜 피해자의 옆에 누워 피해자의 몸을 더듬다가 피해자의 바지를 벗기려는 순간 피해자가 어렴풋이 잠에서 깨어났으나 피해자는 잠결에 자신의 바지를 벗기려는 피고인을 자신의 애인으로 착각하여 반항하지 않았고, 나아가 피해자는 피고인이 안방에 들어오자 피고인을 자신의 애인으로 잘못 알고 불을 끄라고 말하였고, 피고인이 자신을 애무할 때 누구냐고 물었으며, 피고인이 여관으로 가자고 제의하자 그냥 빨리 하라고 말한 경우에 피해자가 심신상실상태에 있었다고 할 수 없으므로 준강간죄가 성립하지 않는다.[31]

28) 대판 2015. 9. 10. 2015도6980.
29) 대판 2000. 5. 26. 98도3257.
30) 대판 2000. 5. 26. 98도3257; 대판 2009. 4. 23. 2009도2001; 대판 2012. 6. 28. 2012도2631.
교회 노회장인 피고인이 교회 여신도들을 간음·추행한 사안에서,
피해자가 피고인에 대하여 갖고 있던 믿음과 경외감, 추행 당시의 피고인 및 피해자의 행위 내용과 태도, 그 당시 피해자를 둘러싼 제반 환경과 피해자의 심리상태, 연령, 지적능력 등에 비추어 보면, 피고인에 대한 종교적 믿음이 무너지는 정신적 충격을 받으면서 피고인의 행위가 종교적으로 필요한 행위로서 이를 용인해야 하는지에 관해 판단과 결정을 하지 못한 채 곤혹과 당황, 경악 등 정신적 혼란을 겪어 피고인의 행위를 거부하지 못하는 한편, 피고인의 행위를 그대로 용인하는 다른 신도들이 주위에 있는 상태에서 위와 같은 정신적 혼란이 더욱 가중된 나머지, 피고인의 행위가 성적행위임을 알면서도 이에 대한 반항이 현저하게 곤란한 상태에 있었다고 인정하여 준강제추행죄의 성립을 긍정한 것은 정당하다(대판 2009. 4. 23. 2009도2001).
31) 대판 2000. 2. 25. 98도4355.

2. 실행의 착수

잠을 자는 피해자의 옷을 벗기고 음부 등을 만짐

피고인이 잠을 자고 있는 피해자의 옷을 벗긴 후 자신의 바지를 내린 상태에서 피해자의 음부 등을 만지고 자신의 성기를 피해자의 음부에 삽입하려고 하였으나 피해자가 몸을 뒤척이고 비트는 등 잠에서 깨어 거부하는 듯한 기색을 보이자 더 이상 간음행위에 나아가는 것을 포기한 경우, 잠을 자고 있는 피해자의 옷을 벗기고 자신의 바지를 내린 상태에서 피해자의 음부 등을 만지는 행위를 한 시점에서 피해자의 항거불능의 상태를 이용하여 간음을 할 의도를 가지고 간음의 수단이라고 할 수 있는 행동을 시작한 것으로서 준강간죄의 실행에 착수하였다.[32]

해설: 강간죄의 실행의 착수시기는 부녀를 간음하기 위하여 피해자의 항거를 불능하게 하거나 현저히 곤란하게 할 정도의 폭행 또는 협박을 개시한 때이다.

Ⅳ. 미성년자의제강간·강제추행죄

형법 제305조의 미성년자의제강제추행죄는 '13세 미만의 아동이 외부로부터의 부적절한 성적 자극이나 물리력의 행사가 없는 상태에서 심리적 장애 없이 성적 정체성 및 가치관을 형성할 권익'을 보호법익으로 하는 것으로서, 그 성립에 필요한 주관적 구성요건요소는 고의만으로 충분하고, 그 외에 성욕을 자극·흥분·만족시키려는 주관적 동기나 목적까지 있어야 하는 것은 아니다.[33]

형법 305조 소정의 미성년자에 대한 강간죄는 13세 미만의 부녀라는 사실을 알고 간음을 하면 성립되는 것이고 간음을 함에 있어서 피해자에게 폭행, 협박을 가하거나 피해자의 의사에 반하여야 하는 것은 아니다.[34]

미성년자의제강간·강제추행죄를 규정한 형법 제305조가 "13세 미만의 부녀를 간음하거나 13세 미만의 사람에게 추행을 한 자는 제297조, 제298조, 제301조 또는 제301조의2의 예에 의한다"로 되어 있어 강간죄와 강제추행죄의 미수범의 처벌에 관한 형법 제300조를 명시적으로 인용하고 있지 아니하나, 형법 제305조의 입법 취지는 성적으로 미성숙한 13세 미만의 미성년자를 특별히 보호하기 위한 것으로 보이는바 이러한 입법 취지에 비추어 보면 동조에서 규정한 형법 제297조와 제298조의 '예에 의한다'는 의미는 미성년자의제강간·강제추행죄의 처벌에 있어 그 법정형뿐만 아니라 미수범에 관하여도 강간죄와 강제추행죄의 예에 따른다는 취지로 해석되고, 이러한 해석이 형벌법규의 명확성의 원칙에 반하는 것이거나 죄형법정주의에 의하

32) 대판 2000. 1. 14. 99도5187.
33) 대판 2006. 1. 13. 2005도6791.
34) 대판 1975. 5. 13. 75도855.

여 금지되는 확장해석이나 유추해석에 해당하는 것으로 볼 수 없다.[35]
해설: 위 판례에 대해서는 유추해석이어서 부당하다는 비판이 있다.

형법 제305조의 미성년자의제강제추행죄는 '13세 미만의 아동이 외부로부터의 부적절한 성적 자극이나 물리력의 행사가 없는 상태에서 심리적 장애 없이 성적 정체성 및 가치관을 형성할 권익'을 보호법익으로 하는 것으로서, 그 성립에 필요한 주관적 구성요건요소는 고의만으로 충분하고, 그 외에 성욕을 자극·흥분·만족시키려는 주관적 동기나 목적까지 있어야 하는 것은 아니다.
초등학교 4학년 담임교사(남자)가 교실에서 자신이 담당하는 반의 남학생의 성기를 만진 행위가 미성년자의제강제추행죄에서 말하는 '추행'에 해당한다고 한 사례.

Ⅴ. 강간등상해·치상죄

1. 의 의

형법 제301조(강간 등 상해·치상) 제297조(강간), 제297조의2(유사강간) 및 제298조(강제추행)부터 제300조(미수범)까지의 죄를 범한 자가 사람을 상해하거나 상해에 이르게 한 때에는 무기 또는 5년 이상의 징역에 처한다.

2. 강간미수와 강간치상

강간미수의 경우에도 그 행위와 치상의 결과간에 인과관계가 인정되면 강간치상죄가 성립한다고 할 것이므로, 설령 피고인의 생식기가 피해자의 성기에 합입되지 아니하였다 하여도 피해자를 협박하여 억지로 성교하려 하고 그로 인하여 피해자에게 요치 1주일 간의 좌둔부 찰과상을 입게 한 피고인의 행위는 강간치상죄에 해당한다.[36]

강간이 미수에 그치거나 간음의 결과 사정을 하지 않은 경우라도 그로 인하여 피해자가 상해를 입었으면 강간치상죄가 성립하는 것이고, 강간치상죄에 있어 상해의 결과는 강간의 수단으로 사용한 폭행으로부터 발생한 경우뿐 아니라 간음행위 그 자체로부터 발생한 경우나 강간에 수반하는 행위에서 발생한 경우도 포함하는 것이다.
그러므로 피고인이 성기의 삽입을 시도하였으나 성공하지 못하였다던가 또는 사정을 하지 못하였다고 하더라도 피고인의 강간행위에 수반된 추행이나 간음행위 자체로 인하여 피해자가 약 2주간의 치료를 요하는 외

35) 대판 2007. 3. 15. 2006도9453.
36) 대판 1984. 7. 24. 84도1209.

음부좌상을 입은 사실이 인정되는 이상 강간치상죄는 성립한다.[37)]

3. 상해의 개념

가. 상해 긍정례

강간행위에 수반하여 생긴 상해가 극히 경미한 것으로서 굳이 치료할 필요가 없어서 자연적으로 치유되며 일상생활을 하는 데 아무런 지장이 없는 경우에는 강간치상죄의 상해에 해당되지 아니한다고 할 수 있을 터이나, 그러한 논거는 피해자의 반항을 억압할 만한 폭행 또는 협박이 없어도 일상생활 중 발생할 수 있는 것이거나 합의에 따른 성교행위에서도 통상 발생할 수 있는 상해와 같은 정도임을 전제로 하는 것이므로 그러한 정도를 넘는 상해가 그 폭행 또는 협박에 의하여 생긴 경우라면 상해에 해당된다고 할 것이며, 피해자의 건강상태가 나쁘게 변경되고 생활기능에 장애가 초래된 것인지는 객관적, 일률적으로 판단될 것이 아니라 피해자의 연령, 성별, 체격 등 신체, 정신상의 구체적 상태를 기준으로 판단되어야 한다.
피해자가 소형승용차 안에서 강간범행을 모면하려고 저항하는 과정에서 피고인과의 물리적 충돌로 인하여 입은 '우측 슬관절 부위 찰과상' 등이 강간치상죄의 상해에 해당하지 않는다고 본 원심판결을 파기한 사례.[38)]

강간 피해자 갑은 외음부종창 및 찰과상의 상해를, 을은 외음부종창 및 출혈의 상해를 입게 되었을 뿐만 아니라, 을은 강간을 모면하기 위하여 반항하는 과정에서 안면부 등을 구타당하여 안면부 및 경부에 찰과상, 소파상의 상해를 입게 되었다면, 피해자들이 위 상처에 대하여 자가치료 이외에 특별한 치료를 받은 일이 없다 하더라도 위 상해로 인하여 신체의 완전성이 손상되고 생활기능에 장애가 초래된 것이 아니라고 볼 수 없으니, 위 각 상해는 특수강간치상죄의 상해의 개념에 해당한다.[39)]

피고인이 강간하려고 피해자의 반항을 억압하는 과정에서 주먹으로 피해자의 얼굴과 머리를 몇 차례 때려 피해자가 코피를 흘리고(흘린 코피가 이불에 손바닥 만큼의 넓이로 묻었음) 콧등이 부었다면 비록 병원에서

37) 대판 1999. 4. 9. 99도519.

38) 대판 2005. 5. 26. 2005도1039. 구체적인 내용은 다음과 같다.
피해자는 이 사건 사고 당일 16:00경 병원을 방문하여 팔꿈치 부위에 대한 X-Ray 촬영과 무릎부분의 치료를 하였고, 위 병원에서 발부한 상해진단서에 의하면, 피해자의 상해부위는 '우측 슬관절 부위 찰과상 및 타박상, 우측 주관절 부위 찰과상'이고, 예상치료기간은 수상일로부터 2주이며, 입원 및 향후 치료(정신과적 치료를 포함)가 필요할 수도 있는 사실, 피해자는 만 14세의 중학교 3학년 여학생으로 154㎝의 신장에 40kg의 체구인데, 이러한 피해자가 40대의 건장한 군인인 피고인과 소형승용차의 좁은 공간에서 밖으로 빠져나오려고 실랑이를 하고 위 차량을 벗어난 후에는 다시 타지 않으려고 격렬한 몸싸움을 하는 과정에서 적지 않은 물리적 충돌로 인하여 위와 같은 상해를 입게 된 사실을 알 수 있는바, 이러한 사실들을 위의 법리에 비추어 보면, 피해자가 입은 위 상해의 정도가 일상생활에 지장이 없고 단기간 내에 자연치유가 가능한 극히 경미한 상처라고 할 수 없고, 그러한 정도의 상처로 인하여 피해자의 신체의 건강상태가 불량하게 변경되고 생활기능에 장애가 초래된 것이 아니라고 단정하기도 어렵다고 할 것이다.

39) 대판 1992. 8. 14. 92도962.

치료를 받지 않더라도 일상생활에 지장이 없고 또 자연적으로 치료될 수 있는 것이라 하더라도 강간치상죄에 있어서의 상해에 해당한다.[40)]

피고인들이 피해자를 강간하여 피해자에게 요치 10일의 회음부찰과상을 입혔다면 상해의 정도가 0.1cm 정도의 찰과상에 불과하더라도 이것도 형법상 상해의 개념에 해당하므로 강간치상죄의 성립에 영향이 없다.[41)]

---

40) 대판 1991. 10. 22. 91도1832. 다음은 유사 취지이다.
피해자가 강제추행 과정에서 가해자로부터 왼쪽 젖가슴을 꽉 움켜잡힘으로 인하여 왼쪽 젖가슴에 약 10일간의 치료를 요하는 좌상을 입고, 심한 압통과 약간의 종창이 있어 그 치료를 위하여 병원에서 주사를 맞고 3일간 투약을 한 경우, 피해자는 위와 같은 상처로 인하여 신체의 건강상태가 불량하게 변경되고 생활기능에 장애가 초래되었다 할 것이어서 이는 강제추행치상죄에 있어서의 상해의 개념에 해당한다고 한 사례(대판 2000. 2. 11. 99도4794).
피해자는 이 사건 공중화장실의 용변칸에서 하의를 내리고 좌변기에 앉아 있던 중, 노크소리가 나서 남편인 줄 알고 "아빠야"라고 하면서 밖이 보일 정도로 용변칸 문을 열었는데, 피고인이 문을 열고 들어와 문을 잠그면서 앞을 가로막았고, 이에 피해자가 놀라서 소리치면서 하의를 입고 밖으로 나가려고 일어서려고 하자 손으로 피해자의 입을 막고 피해자가 반항하지 못하도록 피해자의 손이나 몸을 붙잡고, 이어서 피해자를 벽에 밀어붙여 움직이지 못하게 한 후 손으로 피해자의 가슴을 만졌으며, 피고인에 대하여 반항하던 중 피고인의 발에 왼쪽 발목을 밟혀 좌족관절부좌상을 입었고 그로 인하여 왼쪽 발목이 부었고, 병원에서 보름정도 맛사지와 찜질치료를 받고, 약을 먹기도 하였다면 피해자가 입은 위 좌족관절부좌상은 피고인이 피해자를 강간하기 위하여 행사한 폭행 또는 그에 수반되는 행위로 인하여 발생한 것이라고 봄이 상당하다.
또한, 위 좌족관절부좌상으로 인하여 피해자는 신체의 건강상태가 불량하게 변경되고 생활기능에 장애가 초래되었다 할 것이므로, 결국 피해자가 입은 위 상해는 강간치상죄에 있어서의 상해에 해당한다 할 것이다(대판 2003. 5. 30. 2003도1256).
피해자는 범행 3일 후 상해진단서를 발급받으면서 목부위와 우측 팔꿈치의 동통을 호소하여 그 부분의 엑스선 촬영을 한 다음 약 2주간의 치료를 요하는 경추부좌상과 우측주관절부염좌상을 입었다는 내용의 상해진단을 받고 병원에서 약물가료를 받았다는 것이며, 피해자는 군사법경찰에서 피고인이 범행 당시 양쪽 손으로 피해자의 팔을 붙잡아 내리누르고 비틀었으며, 엄지와 검지 손가락으로 약 10초간 피해자의 목을 내리눌러 위와 같은 상처를 입었다는 취지로 진술하였음을 알 수 있는바, 피해자의 상처가 위와 같은 정도의 것이라면 이로 인하여 피해자의 신체의 건강상태가 불량하게 변경되고 생활기능에 장애가 초래된 것이 아니라고 볼 수 없으므로, 이는 강간치상죄를 구성하는 상해에 해당한다(대판 1997. 9. 5. 97도1725).

41) 대판 1983. 7. 12. 83도1258. 다음은 유사 취지이다.
미성년자에 대한 추행행위로 인하여 그 피해자의 외음부 부위에 염증이 발생한 것이라면, 그 증상이 약간의 발적과 경도의 염증이 수반된 정도에 불과하다고 하더라도 그로 인하여 피해자 신체의 건강상태가 불량하게 변경되고 생활기능에 장애가 초래된 것이 아니라고 볼 수 없으니, 이러한 상해는 미성년자의제강제추행치상죄의 상해의 개념에 해당한다고 본 사례(대판 1996. 11. 22. 96도1395).
피고인이 7세 1월 남짓밖에 안되는 피해자의 질내에 손가락을 넣어 만지는 등 추행을 하여 피해자의 음순 좌우 양측에 생긴 남적색 피하일혈반이 타박이나 마찰로 말미암아 음순내부에 피멍이 든 것으로서 그 상처부위에 소변의 독소가 들어가면 염증이 생길 수도 있는 것이라면, 그 상처를 치료하는데 필요한 기간이 2일에 불과하더라도, 형법 제301조 소정의 상해의 개념에 해당하는 것으로 보아야 한다(대판 1990. 4. 13. 90도154).
중학교 3학년 여학생이 승용차에서 빠져나오거나, 다시 승용차에 타지 않으려고 건장한 군인인 피고인과 몸싸움을 하면서 전치 2주의 상해를 입음
강간행위에 수반하여 생긴 상해가 극히 경미한 것으로서 굳이 치료할 필요가 없어서 자연적으로 치유되며 일상생활을 하는 데 아무런 지장이 없는 경우에는 강간치상죄의 상해에 해당되지 아니한다고 할 수 있을 터이나, 그러한 논거는 피해자의 반항을 억압할 만한 폭행 또는 협박이 없어도 일상생활 중 발생할 수 있는 것이거나 합의에 따른 성교행위에서도 통상 발생할 수 있는 상해와 같은 정도임을 전제로 하는 것이므로 그러한 정도를 넘는 상해가 그 폭행 또는 협박에 의하여 생긴 경우라면 상해에 해당된다고 할 것이며, 피해자의 건강상태가 나쁘게 변경되고 생활기능

성경험 후 특이체질로 새로 형성된 처녀막 파열

처녀막은 부녀자의 신체에 있어서 생리조직의 일부를 구성하는 것으로서, 그것이 파열되면 정도의 차이는 있어도 생활기능에 장애가 오는 것이라고 보아야 하고, 처녀막 파열이 그와 같은 성질의 것인 한 비록 피해자가 성경험을 가진 여자로서 특이체질로 인해 새로 형성된 처녀막이 파열되었다 하더라도 강간치상죄를 구성하는 상처에 해당된다.[42)]

외부의 상처는 없으나 외상후 스트레스 장애로 치료가 필요한 경우

(구 성폭법) 제9조 제1항의 상해는 피해자의 신체의 완전성을 훼손하거나 생리적 기능에 장애를 초래하는 것으로, 반드시 외부적인 상처가 있어야만 하는 것이 아니고, 여기서의 생리적 기능에는 육체적 기능뿐만 아니라 정신적 기능도 포함되며, 피고인들의 강간행위로 인하여 피해자가 불안, 불면, 악몽, 자책감, 우울감정, 대인관계 회피, 일상생활에 대한 무관심, 흥미상실 등의 증상을 보였고, 이와 같은 증세는 의학적으로는 통상적인 상황에서는 겪을 수 없는 극심한 위협적 사건에서 심리적인 충격을 경험한 후 일으키는 특수한 정신과적 증상인 외상 후 스트레스 장애에 해당하고, 피해자는 그와 같은 증세로 인하여 2일간 치료약을 복용하였고, 6개월간의 치료를 요하므로, 피해자가 겪은 위와 같은 증상은 강간을 당한 모든 피해자가 필연적으로 겪는 증상이라고 할 수도 없으므로 결국 피해자는 피고인들의 강간행위로 말미암아 위 법률 제9조 제1항이 정하는 상해를 입은 것이다.[43)]

나. 상해 부정례

강간도중 흥분하여 피해자의 왼쪽 어깨를 입으로 빨아서 생긴 동전크기 정도의 반상출혈상은 별다른 통증이나 자각증상도 없어 피해자는 그 상처를 알아차릴 수도 없었는데 의사가 진찰을 하던 과정에서 우연히 발견한 것이고 의학상 치료를 받지 아니하더라도 자연흡수되어 보통 1주 정도가 지나면 자연치유되는 것으로서 인체의 생활기능에 장해를 주고 건강상태를 불량하게 변경하는 것이 아니어서 강간치상죄의 상해에 해당한다 할 수 없다.[44)]

에 장애가 초래된 것인지는 객관적, 일률적으로 판단될 것이 아니라 피해자의 연령, 성별, 체격 등 신체, 정신상의 구체적 상태를 기준으로 판단되어야 한다.

이 사건 사고 당일 병원을 방문한 피해자에 상해진단서에 의하면, 피해자의 상해부위는 '우측 슬관절 부위 찰과상 및 타박상, 우측 주관절 부위 찰과상'이고, 예상치료기간은 수상일로부터 2주이며, 입원 및 향후 치료(정신과적 치료를 포함)가 필요할 수도 있는 사실, 피해자는 만 14세의 중학교 3학년 여학생으로 154㎝의 신장에 40㎏의 체구인데, 이러한 피해자가 40대의 건장한 군인인 피고인과 소형승용차의 좁은 공간에서 밖으로 빠져나오려고 실랑이를 하고 위 차량을 벗어난 후에는 다시 타지 않으려고 격렬한 몸싸움을 하는 과정에서 적지 않은 물리적 충돌로 인하여 위와 같은 상해를 입게 되었는바, 피해자가 입은 위 상해의 정도가 일상생활에 지장이 없고 단기간 내에 자연치유가 가능한 극히 경미한 상처라고 할 수 없고, 그러한 정도의 상처로 인하여 피해자의 신체의 건강상태가 불량하게 변경되고 생활기능에 장애가 초래된 것이 아니라고 단정하기도 어렵다고 할 것이다(대판 2005. 5. 26. 2005도1039).

42) 대판 1995. 7. 25. 94도1351.

43) 대판 1999. 1. 26. 98도3732.

44) 대판 1986. 7. 8. 85도2042. 다음은 같은 취지이다.

다리에 푸르거나 붉은 약간의 멍이 든 상처

피해자가 이미 성행위의 경험이 있는 자로서 그가 입은 상처가 3, 4일간의 가료를 요하는 외음부 충혈과 양상박부 근육통으로서 위 피해자가 병원에 가서 치료를 받지 않더라도 일상생활을 하는데 아무런 지장이 없고 자연적으로 치유가 될 수 있는 정도이며 실제 아무런 치유를 받은 일이 없다면 이로 인하여 신체의 완전성이 손상되고 생활기능에 장애가 왔다거나 건강상태가 불량하게 변경되었다고 보기는 어려우므로 위 상처가 강간치상죄의 상해에 해당된다고는 할 수 없다.[45]

음모의 일부를 잘라내어 외관변형

강제추행치상죄에 있어서의 상해는 피해자의 신체의 건강상태가 불량하게 변경되고 생활기능에 장애가 초래되는 것을 말하는 것으로서, 신체의 외모에 변화가 생겼다고 하더라도 신체의 생리적 기능에 장애를 초래하지 아니하는 이상 상해에 해당한다고 할 수 없다.

음모는 성적 성숙함을 나타내거나 치부를 가려주는 등의 시각적·감각적인 기능 이외에 특별한 생리적 기능이 없는 것이므로, 피해자의 음모의 모근 부분을 남기고 모간 부분만을 일부 잘라냄으로써 음모의 전체적인 외관에 변형만이 생겼다면, 이로 인하여 피해자에게 수치심을 야기하기는 하겠지만, 병리적으로 보아 피해자의 신체의 건강상태가 불량하게 변경되거나 생활기능에 장애가 초래되었다고 할 수는 없을 것이므로, 그것이 폭행에 해당할 수 있음은 별론으로 하고 강제추행치상죄의 상해에 해당한다고 할 수는 없다.[46]

4. 상해의 부위와 정도 및 치유기간의 특정

피해자는 이 사건 범행을 당한 후 상처부위에 출혈이 있었으며 아파서 잘 걸어다니지도 못하고 소변시 통증을 느끼다가 범행 7일 후에야 병원을 찾아간 사실, 나아가 병원에 대한 지식이 없어 산부인과 아닌 정형외과를 찾아 치료를 받고 3일 후 병명이 요도염 의증으로 된 진료소견서를 발부받은 사실, 이어 범행 16일후에 산부인과를 찾아갔으나 그 산부인과에서는 2차진료기관으로의 진료의뢰서를 작성하여 준 사실을 알 수 있는

피해자의 다리에 푸르거나 붉은 약간의 멍이 든 상처가 나타났으나 그 상처가 허벅지 안쪽과 다리 부위에 멍이 들었다는 것뿐이어서 이러한 정도의 상처는 경미하여 따로 치료를 받지 않아도 자연적으로 치유될 수 있고, 일상생활을 하는 데 아무런 지장이 없는 경우에 해당하여 강간치상죄에 있어서의 상해에 해당하지 아니한다(대판 2004. 3. 11. 2004도483).

피고인이 피해자를 강간하려다가 미수에 그치고 그 과정에서 위 피해자의 왼쪽 손바닥에 약 2센티미터 정도의 긁힌 가벼운 상처가 발생한 경우라면 그 정도의 상처(소상)는 일상생활에서 얼마든지 생길 수 있는 극히 경미한 상처로서 굳이 치료할 필요도 없는 것이어서 그로 인하여 인체의 완전성을 해하거나 건강상태를 불량하게 변경하였다고 보기 어려우므로 피해자가 입은 위 소상을 가지고서 강간치상죄의 상해에 해당된다고는 할 수 없다(대판 1987. 10. 26. 87도1880).

피해자를 강간하려다가 미수에 그치고 그 과정에서 피해자에게 경부 및 전흉부 피하출혈, 통증으로 약 7일 간의 가료를 요하는 상처가 발생하였으나 그 상처가 굳이 치료를 받지 않더라도 일상생활을 하는 데 아무런 지장이 없고 시일이 경과함에 따라 자연적으로 치유될 수 있는 정도라면 그로 인하여 신체의 완전성이 손상되고 생활기능에 장애가 왔다거나 건강상태가 불량하게 변경되었다고 보기는 어려워 강간치상죄의 상해에 해당하지 않는다고 한 사례(대판 1994. 11. 4. 94도1311).

45) 대판 1989. 1. 31. 88도831.

46) 대판 2000. 3. 23. 99도3099.

바, 원심이 인정한 사실들에 이러한 사실들을 보태어 위의 법리에 비추어 보니, 비록 정식의 상해진단서는 제출되어 있지 아니하나 피해자가 입은 상처의 부위와 내용도 특정이 된다고 할 것이고 그 상해의 정도나 치유기간도 일응 알 수 있다고 보이며, 또한 그 상해의 정도를 일상생활에 지장이 없고 단기간 내에 자연치유가 가능한 극히 경미한 상처라고도 할 수 없으므로, 다른 사정이 드러나지 않는 한 그러한 정도의 상처로 인하여 피해자의 신체의 건강상태가 불량하게 변경되고 생활기능에 장애가 초래된 것이 아니라고 단정하기는 어렵다.

원심으로서는 피해자의 그 범행피해 전의 신체상태, 각 병원 방문 경위, 치료내역, 구체적인 증상과 원인, 진료의뢰서의 작성 경위, 치유결과 등에 관하여 더욱 자세히 심리한 후 판단하였어야 옳았다.[47)]

5. 인과관계, 예견가능성

가. 긍정례

피해자의 입을 막고 음부를 더듬다가 피해자가 깨무는 손가락을 뽑아 피해자의 치아결손

강간 등에 의한 치사상죄에 있어서 사상의 결과는 간음행위 그 자체로부터 발생한 경우나 강간의 수단으로 사용한 폭행으로부터 발생한 경우는 물론 강간에 수반하는 행위에서 발생한 경우도 포함한다.

피고인이 잠을 자고 있는 피해자를 강제로 간음할 목적으로 동인을 향해 손을 뻗는 순간 놀라 소리치는 동인의 입을 왼손으로 막고 오른손으로 음부 부위를 더듬던 중 동인이 피고인의 손가락을 깨물며 반항하자 물린 손가락을 비틀며 잡아 뽑아 동인으로 하여금 우측하악측절치치아결손의 상해를 입게 하였다면, 피해자가 입은 위 상해는 결국 피고인이 저지르려던 강간에 수반하여 일어난 행위에서 비롯된 것이라 할 것이고, 기록상 나타난 피해자의 반항을 뿌리친 형태 등에 비추어 보면 그 결과 또한 능히 예견할 수 있었던 것임을 부인할 수는 없다 하겠으니, 강간치상죄가 성립하며, 피고인이 스스로 야기한 범행의 와중에서 피해자에게 위와 같은 상해를 입힌 소위를 가리켜 법에 의하여 용인되는 피난행위라 할 수도 없다.[48)]

강사를 호텔로 유인, 감금하고 강간하려던 중 전화하는 사이에 창문으로 탈출하려다 추락사

피고인이 자신이 경영하는 속셈학원의 강사로 피해자를 채용하고 학습교재를 설명하겠다는 구실로 유인하여 호텔 객실에 감금한 후 강간하려 하자, 피해자가 완강히 반항하던 중 피고인이 대실시간 연장을 위해 전화하는 사이에 객실 창문을 통해 탈출하려다가 지상에 추락하여 사망한 사안에서, 피고인의 강간미수행위와 피해자의 사망과의 사이에 상당인과관계가 있다고 보아 피고인을 강간치사죄로 처단한 사례.[49)]

---

47) 대판 2003. 9. 26. 2003도4606.

48) 대판 1995. 1. 12. 94도2781.

49) 대판 1995. 5. 12. 95도425. 다음은 같은 취지이다.

피임약을 강제로 복용시키고 옥상에 끌고가자 극도의 공포심에서 뛰어내려 상해를 입음

폭행이나 협박을 가하여 간음을 하려는 행위와 이에 극도의 흥분을 느끼고 공포심에 사로잡혀 이를 피하려다 사상에 이르게 된 사실과는 이른바 상당인과관계가 있어 강간치사상죄로 다스릴 수 있는 것이라고 할 것이므로, 피고인과 같이 피해자(17세, 여자)를 간음하려고 피임약인 '산루푸' 한 개를 강제로 먹인 다음 제1심 판결 적시 옥상까지 끌고 가서 그 판시와 같은 협박을 하여 이에 겁을 먹은 피해자가 그 옥상 끝까지 도망을 하고 이를 추격하는 피고인

나. 부정례

강간 피해자가 수치심으로 음독자살

강간을 당한 피해자가 집에 돌아가 음독자살하기에 이르른 원인이 강간을 당함으로 인하여 생긴 수치심과 장래에 대한 절망감 등에 있었다 하더라도 그 자살행위가 바로 강간행위로 인하여 생긴 당연의 결과라고 볼 수는 없으므로 강간행위와 피해자의 자살행위 사이에 인과관계를 인정할 수는 없다.[50)]

피해자를 포함한 술집 작부들과 성교까지 한 일행들과 술값을 빌리려고 차를 타고 가다가 동승한 피해자의 허벅지를 구두발로 문지르는 등 강제추행하자 피해자가 뛰어내려 사망

형법 제15조 제2항이 규정하고 있는 이른바 결과적 가중범은 행위자가 행위시에 그 결과의 발생을 예견할 수 없을 때는 비록 그 행위와 결과사이에 인과관계가 있다 하더라도 중한 죄로 벌할 수 없는 것으로 풀이된다. 피고인이 친구 5명과 같이 술집에서 그집 작부로 있는 피해자 등 6명과 더불어 밤 늦도록 술을 마시고 모두 각자의 상대방과 성교까지 하였는데 술값이 부족하여 친구집에 가서 돈을 빌리려고 위 일행 중 피고인, 갑, 을이 함께 봉고차를 타고 갈 때 갑과 성교를 한 피해자도 그 차에 편승하게 되었는데 피고인이 장난삼아 피해자의 유방을 만지고 피해자가 이를 뿌리치자 발을 앞으로 뻗어 치마를 위로 걷어올리고 구두발로 그녀의 허벅지를 문지르는 등 그녀를 강제로 추행하자 그녀가 욕설을 하면서 갑자기 차의 문을 열고 뛰어 내림으로써 부상을 입고 사망한 사안에서,
이와 같은 상황에서는 피고인이 그때 피해자가 피고인의 추행행위를 피하기 위하여 달리는 차에서 뛰어내려 사망에 이르게 될 것이라고 예견할 수 없어 강제추행죄가 성립할 뿐이다.[51)]

별다른 저항 없이 성행위 후 밖으로 나간 피고인이 잠긴 문을 흔들자 탈출하다 상해를 입음

피고인과 피해자가 여관에 투숙하여 별다른 저항이나 마찰 없이 성행위를 한 후, 피고인이 잠시 방밖으로 나간 사이에 피해자가 방문을 안에서 잠그고 구내전화를 통하여 여관종업원에게 구조요청까지 한 후라면, 일반 경험칙상 이러한 상황 아래에서 피해자가 피고인의 방문 흔드는 소리에 겁을 먹고 강간을 모면하기 위하여 3층에서 창문을 넘어 탈출하다가 상해를 입을 것이라고 예견할 수는 없다고 볼 것이므로 이를 강간치상죄로 처단할 수 없다.[52)]

과 갑을 피하여 강간을 모면하려고 다급해진 나머지 그 옥상에서 뛰어내림으로써 상해를 입게 한 소위는 강간치상죄에 해당한다(대판 1978. 7. 11. 78도1331).

50) 대판 1982. 11. 23. 82도1446.

51) 대판 1988. 4. 12. 88도178.

52) 대판 1985. 10. 8. 85도1537. 다음은 유사 취지이다.
강간을 모면하기 위하여 4층 여관방의 창문을 넘어 뛰어내리다가 상해를 입은 데 대하여 예견가능성이 없다는 이유로 강간치상죄로 처벌할 수 없다고 한 사례(대판 1993. 4. 27. 92도3229).

6. 죄 수

술에 취하게 한 피해자를 강간 후 의식불명 피해자를 창고에 옮겨두어 저체온증으로 사망

강간 등에 의한 치사상죄에 있어서 사상의 결과가 간음행위 자체나 강간에 수반하는 행위에서 발생한 경우도 포함한다.

피고인들이 의도적으로 피해자를 술에 취하도록 유도하고 수차례 강간한 후 의식불명 상태에 빠진 피해자를 비닐창고로 옮겨 놓아 피해자가 저체온증으로 사망한 사안에서, 위 피해자의 사망과 피고인들의 강간 및 그 수반행위와의 인과관계 그리고 피해자의 사망에 대한 피고인들의 예견가능성이 인정되므로, 위 비닐창고에서 피해자를 재차 강제추행, 강간하고 하의를 벗겨 놓은 채 귀가한 피고인이 있다 하더라도 피고인들은 피해자의 사망에 대한 책임을 면한다고 볼 수 없어 강간치사죄가 인정된다고 한 사례.[53]

피해자를 2회 강간하여 2주간 치료를 요하는 질입구파열창을 입힌 자가 피해자에게 용서를 구하였으나 피해자가 이에 불응하면서 위 강간사실을 부모에게 알리겠다고 하자 피해자를 살해하여 위 범행을 은폐시키기로 마음먹고 철사줄과 양손으로 피해자의 목을 졸라 질식 사망케 하였다면, 동인의 위와 같은 소위는 강간치상죄와 살인죄의 경합범이 된다.[54]

강간 피해자가 울면서 장래를 책임지라 하자 목을 졸라 사망케 함

피고인이 피해자(여, 18세)의 반항을 억압한 후 그녀를 1회 강간하자, 피해자가 그 자리에서 울면서 피고인에게 반항하며 자신의 장래를 책임지라고 하면서 이를 추궁하자, 피고인이 피해자를 타이르던 중 계속 반항을 하므로 순간적으로 그녀를 살해할 것을 결의하고 피고인의 양손으로 피해자의 목을 힘껏 졸라(약 5분 내지 6분간) 그녀를 그 자리에서 질식 사망케 한 경우,

피고인에게 살인의 확정적 범의가 있었음이 분명하고 결과적 가중범의 범의를 논할 여지가 없어 강간죄와 살인죄가 성립한다.[55]

강간치상과 유기죄

강간치상의 범행을 저지른 자가 그 범행으로 인하여 실신상태에 있는 피해자를 구호하지 아니하고 방치하였다고 하더라도 그 행위는 포괄적으로 단일의 강간치상죄만을 구성하며 별도로 유기죄가 성립하는 것은 아니다.[56]

---

53) 대판 2008. 2. 29. 2007도10120.
54) 대판 1987. 1. 20. 86도2360.
55) 대판 1986. 11. 11. 86도1989.
56) 대판 1980. 6. 24. 80도726.

사실관계: ① 피고인이 피해자와 사이에 술값 문제로 시비가 되어 상호 욕설을 하다가 피고인이 양손으로 피해자의 가슴 부분을 여러 차례 밀어 넘어뜨리고, 제1심 공동피고인 갑도 이에 합세하여 피해자의 어깨를 1회 미는 등의 폭행을 하여 피해자에게 '비골 골절, 좌측 수부 타박상 및 찰과상, 안면부와 우측 족부의 좌상'(이하 '이 사건 비골 골절 등'이라 한다)이 발생하였고, 이와 같은 폭행 경위나 당시 제1심 공동피고인 2도 위 폭행에 합세하고 있었던 정황 등에 비추어 보면, 피고인에게 위 폭행 당시부터 피해자에 대한 강제추행의 범의가 있었다고 보기는 어렵다.

② 그 후 피고인은 피해자의 상의 위쪽으로 손을 넣어 피해자의 가슴을 만지고 스타킹 위로 피해자의 허벅지를 만져 피해자를 강제로 추행하고 그로 인하여 피해자에게 '우측 서혜부 타박상 및 찰과상, 가슴부 좌상 및 찰과상과 열상'(이하 '이 사건 가슴부 찰과상 등'이라 한다)이 발생하였다.

원심의 판단: 원심은 위 ①에 대하여 피고인이 갑과 공동하여 피해자를 폭행하여 피해자에게 이 사건 비골 골절 등 상해를 가함으로써 폭처법위반죄를 범하고, 위 ②에 대하여 피고인이 피해자를 강제로 추행하여 '이 사건 비골 골절 등'과 '이 사건 가슴부 찰과상 등'을 입게 함으로써 강제추행치상죄를 범한 것으로 인정하였다.

대법원의 판단: (1) 강제추행으로 인한 치상

피고인의 위 ① 부분 폭행은 강제추행의 수단으로서의 폭행으로 볼 수 없어, 이 사건 비골 골절 등과 그 이후 일어난 강제추행 사이에 인과관계가 있다고 할 수 없다. 뿐만 아니라, 원심은 피고인이 갑과 공동하여 피해자에게 '이 사건 비골 골절 등' 상해를 가한 부분을 상해로 인한 폭처법위반죄로 처벌하고 있는데, 이처럼 고의범인 상해죄로 처벌한 상해를 다시 결과적 가중범인 강제추행치상죄의 상해로 인정하여 이중으로 처벌할 수는 없다 할 것이다. 따라서, 이 사건 비골 골절 등을 강제추행치상죄의 상해에 포함시킨 원심판결에는 결과적 가중범인 강제추행치상죄에 관한 법리를 오해하여 판결에 영향을 미친 위법이 있다 할 것이다.

(2) 상해에 해당 여부

상해는 피해자의 신체의 건강상태가 불량하게 변경되고 생활기능에 장애가 초래되는 것을 말하는 것으로서, 피해자가 입은 상처가 극히 경미하여 굳이 치료할 필요가 없고 치료를 받지 않더라도 일상생활을 하는 데 아무런 지장이 없으며 시일이 경과함에 따라 자연적으로 치유될 수 있을 정도라면, 그로 인하여 피해자의 신체의 건강상태가 불량하게 변경되었다거나 생활기능에 장애가 초래된 것으로 보기 어려워 강제추행치상죄에 있어서의 상해에 해당한다고 할 수 없다.

이와 같은 법리에 비추어 '이 사건 가슴부 찰과상 등'은 피고인이 피해자의 가슴과 허벅지를 만지는 과정에서 발생한 것으로서, 피해자는 '이 사건 비골 골절 등'과 '이 사건 가슴부 찰과상 등'에 대하여 21일간의 치료를 요한다는 상해진단을 받았으나 이와 같은 진단은 '이 사건 비골 골절 등'이 포함되었기 때문이고, 피해자는 '이 사건 가슴부 찰과상 등'에 대하여는 별도로 치료받은 바 없이 일상생활에도 지장이 없어 시일이 경과함에 따라 자연적으로 치유된 사실을 알 수 있는바, 이러한 상처 발생 경위, 정도 및 그 치유 경과와 가슴 부위의 피부가 외부에 드러난 다른 부분보다 약하여 상처가 쉽게 생기거나 두드러져 보일 가능성도 배제할 수 없는 점 등에 비추어 보면, '이 사건 가슴부 찰과상 등'은 강제추행치상죄에 있어서의 상해에 해당하지 않을 여지가 있다 할 것이다. 따라서, 원심판결 중 이 사건 가슴부 찰과상 등을 강제추행치상죄의 상해에 해당하는 것으로 판단한 부분 역시 심리를 다하지 아니하고 강제추행치상죄의 상해에 관한 법리를 오해하여 판결에 영향을 미친 위법이 있다.[57)]

57) 대판 2009. 7. 23. 2009도1934.

Ⅵ. 미성년자·심신미약자 간음·추행죄

미성년자는 19세 미만의 자를 의미한다(2013. 7. 1.부터 시행되는 민법 4조). 본조에서의 심신미약은 형법 10조 2항의 심신미약과 반드시 일치하는 것은 아니라는 견해가 있다. 미성년자와의 균형상 본조에서의 심신미약은 사물을 변별하고 의사를 결정하는 능력이 미성년자와 같은 정도에 있음을 의미한다고 보는 것이 타당하지 않을까 생각된다.

강간죄가 성립하기 위해서는 피해자의 항거를 불가능하게 하거나 현저히 곤란하게 할 정도의 폭행·협박이 필요하고, 강제추행죄가 성립하기 위해서는 피해자의 항거를 곤란하게 할 정도의 폭행·협박이 필요하다. 이에 반하여 본조에서는 행위 객체가 사물을 변별하고 의사를 결정하는 능력이 정상적인 성인보다 부족한 미성년자 또는 심신미약자인 것을 감안하여 위계 또는 위력의 행사만으로도 범죄가 성립하도록 한 것이다. 따라서 미성년자 또는 심신미약자에 대해 강간죄나 강제추행죄에서 요구되는 정도의 폭행·협박을 행사하여 간음 또는 추행한 때에는 강간죄나 강제추행죄가 성립된다고 보아야 한다.[58]

심신미약자인 피해자에게 남자를 소개시켜 주겠다고 거짓말하여 여관으로 유인 후 성관계

형법 제302조 소정의 위계에 의한 심신미약자간음죄에 있어서 위계라 함은 행위자가 간음의 목적으로 상대방에게 오인, 착각, 부지를 일으키고는 상대방의 그러한 심적 상태를 이용하여 간음의 목적을 달성하는 것을 말하는 것이고, 여기에서 오인, 착각, 부지란 간음행위 자체에 대한 오인, 착각, 부지를 말하는 것이지, 간음행위와 불가분적 관련성이 인정되지 않는 다른 조건에 관한 오인, 착각, 부지를 가리키는 것은 아니다.

피고인이 심신미약자인 피해자를 여관으로 유인하기 위하여 남자를 소개시켜 주겠다고 거짓말을 하고 피해자가 이에 속아 여관으로 오게 되었고 거기에서 성관계를 하게 되었다 할지라도, 그녀가 여관으로 온 행위와 성교행위 사이에는 불가분의 관련성이 인정되지 아니하는 만큼 이로 인하여 피해자가 간음행위 자체에 대한 착오에 빠졌다거나 이를 알지 못하였다고 할 수는 없다 할 것이어서, 위계에 의한 심신미약자간음죄에 있어서의 위계에 해당하지 아니한다.[59]

---

58) 대판 1965. 3. 30. 65도45 참조.

59) 대판 2002. 7. 12. 2002도2029. 다음은 같은 취지이다.
피고인이 청소년에게 성교의 대가로 돈을 주겠다고 거짓말하고 청소년이 이에 속아 피고인과 성교행위를 하였다고 하더라도, 사리판단력이 있는 청소년에 관하여는 그러한 금품의 제공과 성교행위 사이에 불가분의 관련성이 인정되지 아니하는 만큼 이로 인하여 청소년이 간음행위 자체에 대한 착오에 빠졌다거나 이를 알지 못하였다고 할 수 없다는 이유로 피고인의 행위가 청소년의성보호에관한법률 제10조 제4항(이는 형법 제302조의 죄에 대하여 피해자가 청소년인 경우에 이를 가중처벌하는 규정일 뿐이지 그 구성요건을 형법과 달리하는 규정이 아님) 소정의 위계에 해당하지 아니한다고 본 사례(대판 2001. 12. 24. 2001도5074).

위력이라 함은 피해자의 자유의사를 제압하기에 충분한 세력을 말하고, 유형적이든 무형적이든 묻지 않으므로 폭행·협박뿐 아니라 행위자의 사회적·경제적·정치적인 지위나 권세를 이용하는 것도 가능하며, '위력으로써' 간음 또는 추행한 것인지 여부는 행사한 유형력의 내용과 정도 내지 이용한 행위자의 지위나 권세의 종류, 피해자의 연령, 행위자와 피해자의 이전부터의 관계, 그 행위에 이르게 된 경위, 구체적인 행위 태양, 범행 당시의 정황 등 제반 사정을 종합적으로 고려하여 판단하여야 한다.

이 사건 당시 피해자는 만 15세 8개월 남짓의 키 164㎝, 체중 48㎏인 여자인데 비해, 피고인은 만 27세 8개월 남짓의 신장 185㎝, 체중 87㎏인 남자인바, 피고인이 피해자의 반바지를 벗기려고 하자 피해자가 '안 하신다고 하셨잖아요' '하지 마세요'라고 하면서 계속해서 명시적인 거부 의사를 밝혔음에도, '괜찮다' '가만히 있어'라고 말하면서 피해자의 바지와 팬티를 벗기고 몸으로 피해자를 누르면서 간음하기에 이른 점, 피해자가 처음 만난 피고인의 요구에 순순히 응하여 성관계를 가진다는 것은 경험칙상 납득되지 않는 점, 피고인이 공소외인과 피해자 및 공소외인의 다른 친구 2명과 함께 모텔을 찾으러 다닐 때만 하여도 피해자는 피고인과 단둘이 모텔방에 남게 될 것을 예상하지 못했던 것으로 보이는 점, 술에 취한데다가 나이, 키, 체중에서 현저한 차이가 나는 피고인과 단둘이 모텔방에 있게 된 피해자로서는 피고인에게 압도당하여 정상적인 반항을 하기가 어려웠으리라고 보이는 점 등에 비추어, 피고인이 이 사건 당시 피해자와 성교를 위하여 피해자의 몸 위로 올라간 것 이외에 별다른 유형력을 행사하지 않았더라도, 피고인이 몸으로 짓누르고 있어서 저항할 수가 없었고 겁을 먹은 나머지 그 의사에 반하여 간음을 당하였다면 위력에 의한 강간죄가 성립한다.[60)]

해설: 위 판례는 구 청소년의 성보호에 관한 법률 제7조 제4항, 제1항에 관한 것인데, 이는 형법 제302조의 죄에 대하여 피해자가 청소년인 경우에 이를 가중처벌하는 규정일 뿐이지 그 구성요건을 형법과 달리하는 규정이 아니므로,[61)] 위 판례의 '위력'에 관한 해석은 형법 제302조에 그대로 적용될 수 있을 것으로 생각된다.

Ⅶ. 피보호자등간음죄

형법 제303조 규정의 업무고용 기타 관계로 인하여 자기의 보호 또는 감독을 받는 부녀라 함에 있어서의 기타 관계로 자기의 보호 또는 감독을 받는 부녀라 함에는 사실상의 보호 또는 감독을 받는 상황에 있는 부녀인 경우도 이에 포함되는 것으로 보는 것이 우리의 일반사회통념이나 실정 그리고 동 법조를 신설하여 동 법조규정상황하에 있는 부녀의 애정의 자유가 부당하게 침해되는 것을 보호하려는 법의정신에 비추어 타당하다.

피고인은 미장원 여주인의 남편으로서 매일같이 위 미장원에 수시로 출입하고 있을 뿐 아니라 청소는 물론 미장원을 지켜주고 한편 손님이 오면 살림집으로 연락을 해주는 등 그의 처를 도와 주고 있는 사실 및 피해자는 피고인을 "주인 아저씨" "주인남자"라고 부르면서 직접 간접의 지시에 따르고 있었다는 사정 등이 시인될 수 있다 할 것이니 비록 피고인이 직접 피해자를 미장원의 종업원으로 고용한 것은 아니라 하더라도 자기의 처가 경영하는 미장원에 매일같이 출입하면서 미장원 일을 돕고 있었다면 피해자는 피고인을 주인으로

60) 대판 2008. 7. 24. 2008도4069.

61) 대판 2001. 12. 24. 2001도5074 참조.

대접하고 또 그렇게 대접하는 것이 우리의 일반 사회실정이라 할 것이고 또한 피고인도 따라서 동 미장원 종업원인 피해자에 대하여 남다른 정의로서 처우에 왔다고 보는 것이 또한 우리의 인지상정이라 할 수 있을 것이므로 이 사건에서 사정이 그와 같다면 피고인은 피해자에 대하여 사실상 자기의 보호 또는 감독을 받는 상황에 있는 부녀의 경우에 해당된다고 못 볼 바 아니다.[62)]

62) 대판 1976. 2. 10. 74도1519.

제 3 장 사람의 명예·신용·업무·비밀에 관한 죄

제 1 절 명예훼손죄

명예훼손죄의 구성요건 체계

법 307조 명예훼손(1항은 진실한 사실, 2항은 허위 사실)

법 308조 사자명예훼손(허위 사실)

법 309조 (출판물, 라디오)에의한명예훼손(1항은 비방할 목적으로 진실한 사실, 2항은 비방할 목적으로 허위 사실)

법 310조 위법성조각 – 307조 1항만 해당

법 311조 모욕

법 312조 반의사불벌죄(307조, 309조)와 친고죄(308조, 311조)

I. 명예훼손죄

1. 명예훼손과 모욕의 구별

명예훼손죄와 모욕죄의 보호법익은 다 같이 사람의 가치에 대한 사회적 평가인 이른바 외부적 명예인 점에서는 차이가 없으나 다만 명예훼손은 사람의 사회적 평가를 저하시킬 만한 구체적 사실의 적시를 하여 명예를 침해함을 요하는 것으로서 구체적 사실이 아닌 단순한 추상적 판단이나 경멸적 감정의 표현으로서 사회적 평가를 저하시키는 모욕죄와 다르다.[1)]

1) 대판 1987. 5. 12. 87도739.

2. 사실의 적시

가. 사실의 적시 여부

명예훼손죄가 성립하기 위하여는 사실의 적시가 있어야 하고, 적시된 사실은 이로써 특정인의 사회적 가치 내지 평가가 침해될 가능성이 있을 정도로 구체성을 띠어야 한다.[2)]

피고인은 허가 없이 직업소개를 한 일로 경찰서에 가서 조사받은 바 있었는데 이는 피해자와 갑의 밀고에 의한 것이라고 잘못 생각한 나머지 피해자는 참석하지 아니하고 갑 외 6명이 참석한 효도친목회 월례회의 석상에서 피해자와 갑을 지칭하면서 "고발당해서 경찰서에 갔다 왔다. 년놈이 신고해서 경찰서에 갔다 왔다. 년은 안나오고 놈만 나왔다"라고 공연히 큰 소리로 허위의 사실을 말한 사안에서,
위 발언내용은 그 자체가 피해자의 사회적 가치나 평가를 저하시킬 만한 구체적 사실의 적시라기보다는 그 자리에 있던 다른 친목회 회원들에게 자신이 경찰서에서 조사를 받고 왔다는 처지를 알리면서 이에 부수하여 피해자가 피고인을 고발한 것으로 오해한 나머지 피해자에 대하여 가지고 있던 분한 감정을 다소 과격하게 표현한 것에 불과한 것으로 보인다.
누구든지 범죄가 있다고 생각하는 때에는 고발할 수 있는 것이므로, 어떤 사람이 범죄를 고발하였다는 사실이 주위에 알려졌다고 하여 그 고발사실 자체만으로 고발인의 사회적 가치나 평가가 침해될 가능성이 있다고 볼 수는 없을 터이고, 다만 그 고발의 동기나 경위가 불순하다거나 온당하지 못하다는 등의 사정이 있고 이러한 사정이 함께 알려진 경우에 고발인의 명예가 침해될 가능성이 있다 고 할 것이다. 피고인이 실제로 당국의 허가를 얻지 아니하고 직업소개를 하였음은 분명한 사실로 인정되고, 또한 피해자가 피고인과 같은 친목회의 회원이면서도 피고인의 무허가 직업소개라는 범죄를 고발할 만한 필요나 부득이한 사정이 있는 경우도 능히 상정할 수 있으므로, 피고인이 피해자가 피고인의 범죄를 고발하였다는 내용의 언사만을 하고 그 고발의 동기나 경위에 관하여는 전혀 언급을 하지 아니하였다면, 그와 같은 언사만으로는 피해자의 사회적 가치나 평가를 침해하기에 충분한 구체적인 사실이 적시되었다고 보기는 어렵다 하겠다.[3)]

언론매체의 '사실적시'와 '의견 또는 논평의 표명'에 관한 구별

신문 등 언론매체의 어떠한 표현행위가 명예훼손과 관련하여 문제가 되는 경우 그 표현이 사실을 적시하는

2) 대판 1994. 6. 28. 93도696; 대판 2007. 5. 10. 2007도1307; 대판 2008. 11. 27. 2008도6728.

3) 대판 1994. 6. 28. 93도696. 다음은 같은 취지이다.
갑이 제3자에게 을이 병을 선거법위반으로 고발하였다는 말만 하고 그 고발의 동기나 경위에 관하여 언급하지 않았다면, 그 자체만으로는 을의 사회적 가치나 평가를 침해하기에 충분한 구체적 사실이 적시되었다고 보기 어렵다고 한 사례(대판 2009. 9. 24. 2009도6687).
피고인이 "마르코스도 군에서 옷벗고 나와 장기집권하다 망했다 군정은 몸서리 친다 우리도 박정희 대통령 때부터 현재까지 군정의 연속이다"라고 말했다고 하더라도 그것은 피고인이 우리 정부의 성격을 민간주도의 정부라기 보다는 군인주도의 정부라는 주관적 판단을 표시한 것이라고 볼 것이고 전두환 대통령의 불명예가 될 만한 구체적인 사실의 적시가 있었다고 하기 어렵다. 그리고 피고인이 "청보회사 주인은 현정부 고위층에 있는 이순자 것이다. 지금 국민들은 상당히 말이 많다 대통령 마누라 이순자는 사치가 심하여 옷이 상당히 많다"고 말하였다고 하더라도 그 말이 전두환 대통령의 불명예가 될 만한 구체적인 사실의 적시라고 하기 어렵다(대판 1988. 9. 20. 86도2683).

것인가, 아니면 단순히 의견 또는 논평을 표명하는 것인가, 또는 의견 또는 논평을 표명하는 것이라면 그와 동시에 묵시적으로라도 그 전제가 되는 사실을 적시하고 있는 것인가 그렇지 아니한가의 구별은, 당해 기사의 객관적인 내용과 아울러 일반의 독자가 보통의 주의로 기사를 접하는 방법을 전제로 기사에 사용된 어휘의 통상적인 의미, 기사의 전체적인 흐름, 문구의 연결 방법 등을 기준으로 판단하여야 하고, 여기에다가 당해 기사가 게재된 보다 넓은 문맥이나 배경이 되는 사회적 흐름 등도 함께 고려하여야 하는 것이다.[4)]

인터넷 홈페이지에 게시한 어떠한 글(시)의 표현행위가 명예훼손과 관련하여 문제가 되는 경우 그 표현이 사실을 적시하는 것인가, 아니면 단순히 풍자를 하는 것에 불과한 것인가, 또는 풍자를 하는 것이라면 그와 동시에 묵시적으로라도 그 전제가 되는 사실을 적시하고 있는 것인가 그렇지 아니한가의 구별은, 당해 글의 객관적인 내용과 아울러 일반의 독자가 보통의 주의로 글을 접하는 방법을 전제로 글에 사용된 어휘의 통상적인 의미, 글의 전체적인 흐름, 문구의 연결 방법 등을 기준으로 판단하여야 하고, 여기에다가 당해 글이 게시된 보다 넓은 문맥이나 배경이 되는 사회적 흐름 등도 함께 고려하여야 하는 것이다.
피고인의 시 중 '민생법안이 널려 있어도/국회에 앉아 있으면 하품만 하는 년이지/아니지 국회 출석율 꼴지이지'라는 내용은 일반 독자에게 그 표현 자체로서 사실의 적시라고 이해될 여지가 충분하고, 그 내용은 피해자의 의정활동에 관한 것으로서 명예에 관련된 사실이다.[5)]

경찰관에 대한 진정사건이 혐의 없어 내사종결되었음에도 "사건을 조사한 경찰관이 내일부로 검찰청에서 구속영장이 떨어진다"라고 말함

명예훼손죄가 성립하기 위하여는 사실의 적시가 있어야 하는데, 여기에서 적시의 대상이 되는 사실이란 현실적으로 발생하고 증명할 수 있는 과거 또는 현재의 사실을 말하며, 장래의 일을 적시하더라도 그것이 과거 또는 현재의 사실을 기초로 하거나 이에 대한 주장을 포함하는 경우에는 명예훼손죄가 성립한다고 할 것이고, 장래의 일을 적시하는 것이 과거 또는 현재의 사실을 기초로 하거나 이에 대한 주장을 포함하는지 여부는 그 적시된 표현 자체는 물론 전체적인 취지나 내용, 적시에 이르게 된 경위 및 전후 상황, 기타 제반 사정을 종합적으로 참작하여 판단하여야 한다.
피고인이 경찰관을 상대로 진정한 사건이 혐의인정되지 않아 내사종결 처리되었음에도 불구하고 공연히 "사

4) 대판 2000. 2. 25. 98도2188. 구체적인 내용은 다음과 같다.
이 사건 기사는 그 표지에서 개괄적인 사실의 적시로서 "(1) 백년회 회장 (2) 향토사학자 해직 (3) 10월 1일 시민의 날 고수"를 내세우고, 본문 제58쪽에서 그 구체적인 내용을 적시한 다음, 이러한 사실들을 기초로 피해자의 정책을 반대하는 향토사가들의 입장에 전적으로 찬동한다는 의견 내지 논평을 표명하면서, 앞서 본 합성 사진의 영상과 "친일매국"이라는 일종의 구호를 동원함으로써 시각적이고 압축적이며 상징적인 표현 수법으로 이러한 의견 내지 논평을 강조하는 구조를 취하고 있다고 봄이 상당하므로, 그 문맥 및 구조에 비추어 이 사건 합성 사진의 영상이나 "친일매국"이라는 문구가 위와 같이 적시된 사실을 기초로 의견 내지 논평을 표명하는 것 외에 별도의 사실, 즉 피해자가 일장기 앞에서 실제로 충성을 맹세한 일이 있었다거나 피해자가 과거에 친일 매국 행위를 한 바 있다는 등의 사실 자체를 적시하거나 암시하는 것으로 볼 여지는 없다고 할 것이다.
따라서, 이와 같은 취지에서 앞서 본 합성 사진이나 "친일매국"이라는 문구 자체가 별도로 허위사실을 적시한 것은 아니다.

5) 대판 2007. 5. 10. 2007도1307.

건을 조사한 경찰관이 내일부로 검찰청에서 구속영장이 떨어진다"고 말한 것은 전체적인 취지나 내용, 이에 이르게 된 경위나 전후 상황, 기타 기록에 나타나는 제반 사정에 비추어 보면, 단순히 피고인의 희망이나 의견을 진술한 것이라거나 또는 피고인의 가치판단을 나타낸 것에 불과하다고 볼 수 없고 피해자들에 대한 사건이 수사 중이라거나 검사가 구속영장을 청구하였다는 현재의 사실을 기초로 하거나 이에 대한 주장을 포함하고 있다고 할 것이므로 사실의 적시에 해당한다.[6]

피해자의 이성관계를 암시하는 발언

명예훼손죄에 있어서의 사실의 적시는 사실을 직접적으로 표현한 경우에 한정될 것은 아니고, 간접적이고 우회적인 표현에 의하더라도 그 표현의 전취지에 비추어 그와 같은 사실의 존재를 암시하고, 또 이로써 특정인의 사회적 가치 내지 평가가 침해될 가능성이 있을 정도의 구체성이 있으면 족한 것이다.
교수가 학생들 앞에서 피해자의 이성관계를 암시하는 발언을 한 것에 대하여 명예훼손죄의 성립을 인정한 사례.[7]

명예훼손사실을 발설하였느냐는 질문에 대답하면서 명예훼손사실을 발설

명예훼손사실을 발설한 것이 사실이냐는 질문에 대답하는 과정에서 타인의 명예를 훼손하는 사실을 발설하게 된 것이라면, 그 발설내용과 동기에 비추어 명예훼손의 범의를 인정할 수 없고, 질문에 대한 단순한 확인대답이 명예훼손에서 말하는 사실적시라고도 할 수 없다.
피고인이 이 사건 관리단 임원 등에 대하여 "피해자가 전과 13범인 것이 확실하다", "경찰서에 가서 확인해보자"라고 말을 했다 하더라도, 이는 그 발언의 경위에 비추어 피해자의 전과에 대한 진위가 확인되었다거나 또는 그 진위를 확인해보자는 소극적인 확인답변에 불과하므로 명예훼손죄에서 말하는 사실의 적시라고 할 수 없다.[8]

이미 알려진 사실

이 사건 기사내용은 이미 민사소송을 통하여 주장되어 이에 대한 판결까지 선고된 상태에 있었고, 다른 일간

6) 대판 2003. 5. 13. 2002도7420.
7) 대판 1991. 5. 14. 91도420
8) 대판 2008. 10. 23. 2008도6515. 다음은 같은 취지이다.
갑이 입주자대표 등이 모인 00아파트 자치회의에서 피고인이 자신에게 허위의 사실을 말하였는데, 피고인에게 그와 같은 말을 한 적이 있는지 그리고 그에 관한 증거가 있는지 해명을 요구하였고, 피고인은 이에 대한 답을 하는 차원에서 이 부분 공소사실 기재와 같은 발언을 하였던 것으로 보이며 … 무죄를 선고한 것은 옳다(대판 2010. 10. 28. 2010도2877).
사실확인요구에 대답하는 과정에서 한 명예훼손사실의 발설
명예훼손내용의 사실을 발설하게 된 경위가 그 사실에 대한 확인요구에 대답하는 과정에서 나오게 된 것이라면 그 발설내용과 동기에 비추어 명예훼손의 범의를 인정할 수 없고 또 질문에 대한 단순한 확인대답이 명예훼손의 사실적시라고 할 수 없다(대판 1983. 8. 23. 83도1017).

신문에도 소개되어 세인의 관심의 대상이 된 것이므로, 뒤늦게 그와 같은 기사를 정리하여 다시 일간신문에 소개하였다고 하여 이로써 새삼스럽게 피해자의 명예가 훼손되었다고 볼 수는 없다는 주장에 대해,
명예훼손죄가 성립하기 위하여는 반드시 숨겨진 사실을 적발하는 행위만에 한하지 아니하고, 이미 사회의 일부에 잘 알려진 사실이라고 하더라도 이를 적시하여 사람의 사회적 평가를 저하시킬 만한 행위를 한 때에는 명예훼손죄를 구성하는 것으로 봄이 상당하다.[9)]

나. 의견의 표현

명예훼손죄에 있어서의 '사실의 적시'란 가치판단이나 평가를 내용으로 하는 의견표현에 대치되는 개념으로서 시간과 공간적으로 구체적인 과거 또는 현재의 사실관계에 관한 보고 내지 진술을 의미하는 것이며, 그 표현내용이 증거에 의한 입증이 가능한 것을 말하고 판단할 진술이 사실인가 또는 의견인가를 구별함에 있어서는 언어의 통상적 의미와 용법, 입증가능성, 문제된 말이 사용된 문맥, 그 표현이 행하여진 사회적 상황 등 전체적 정황을 고려하여 판단하여야 한다.[10)]

면장이 군청 홈페이지에 '안하무인의 군의회 의장 축사 등 작태'라는 글을 게재

군청 면장인 피고인이 군청 홈페이지 게시판에, '안하무인의 의장 축사 등 작태'라는 제목으로 "의장의 축사가 꼴불견이었다. 먼저 '군민의 대표이신 군수님이 여러분께 서 계신 것이 불편하실테니 앉으시라는 선물을 주셨으니 나도 여러분들에게 선물을 드리겠습니다. 이 세상에서 제일 편한 자세인 누워서 들으십시오'라고 하였는데, 이러한 언행이 군의회의 대표인 의장의 축사인가? 정말 되고 말고 식의 의장의 작태다. 마을의 대표가 모두 모인 뜻 깊은 자리이기에 자중하고 겸손했어야 하는데 어찌 안하무인으로 마을의 대표들을 유치원 원생 다루는 식으로 할 수 있는가. 앞으로는 군민 앞에서 되고 말고 식의 껍데기 연설은 하지 말고 진정 깊이 있고 주민이 공감할 수 있는 연설문을 작성하여 (공부하고) 연설할 것을 충고한다"라는 글을 게재한 사안에서,
게시물의 내용 중 피고인이 의장인 피해자의 연설내용을 적시한 부분은 객관적인 사실에 부합하는 것으로 그 내용이 그 자체로써 피해자의 사회적 가치 내지 평가가 침해될 가능성이 있을 정도로 구체성이 있는 것이라고 할 수 없고, 관련 사실과 연결되면 명예훼손적 사실이 될 수 있는 특별한 사정이 보이지도 아니한다.

9) 대판 1994. 4. 12. 93도3535.

10) 대판 1998. 3. 24. 97도2956. 다음은 같은 취지이다.
목사가 예배 중 특정인을 가리켜 "이단 중에 이단이다"라고 설교한 부분이 명예훼손죄에서 말하는 '사실의 적시'에 해당하지 않는다고 한 사례(대판 2008. 10. 9. 2007도1220).
방송국 프로듀서 등 피고인들이 특정 프로그램 방송보도를 통하여 '미국산 쇠고기 수입을 위한 제2차 한미 전문가 기술협의'(이른바 '한미 쇠고기 수입 협상')의 협상단 대표와 주무부처 장관이 미국산 쇠고기 실태를 제대로 파악하지 못하였다는 취지의 허위사실을 적시하여 이들의 명예를 훼손하였다는 내용으로 기소된 사안에서, 명예훼손죄의 사실적시에 관한 법리 및 대판 2011. 9. 2. 2009다52649 전원합의체 판결에서 정부 협상단의 미국산 쇠고기 실태 파악 관련 방송보도에 관하여, 정부가 미국 도축시스템의 실태 중 아무 것도 본 적이 없다는 구체적 사실을 적시한 것이 아니라, 미국산 쇠고기 수입위생조건 협상에 필요한 만큼 미국 도축시스템의 실태를 제대로 알지 못하였다는 주관적 평가를 내린 것이라고 판시한 점 등에 비추어, 이 부분 보도내용을 비판 내지 의견 제시로 보아 명예훼손죄에서 말하는 '사실의 적시'에 해당하지 않는다고 본 사례(대판 2011. 9. 2. 2010도17237).

또 게시물의 내용 중 피고인의 의견을 표명한 부분은 의견의 기초가 되는 사실을 함께 기술하면서 의견을 표명한 것으로서 간접적으로 증거에 의하여 그 진위를 결정하는 것이 가능한 타인에 관한 특정의 사항을 주장하는 경우에 해당하지 아니하는 순수한 의견 또는 논평이라고 할 것이므로 그 부분에 간접적이고 우회적인 표현에 의한 사실의 적시가 있었다고 볼 수도 없다.[11]

다. 가치중립적인 표현

진로의 지분 50%가 아사히 맥주에 넘어가 진로가 일본 기업이 되었다고 말함

가치중립적인 표현을 사용하였다 하여도 사회통념상 그로 인하여 특정인의 사회적 평가가 저하되었다고 판단된다면 명예훼손죄가 성립할 수 있으나, '(주)진로가 일본 아사히 맥주에 지분이 50% 넘어가 일본 기업이 됐다'는 부분은 가치중립적인 표현으로서, 우리나라와 일본의 특수한 역사적 배경과 소주라는 상품의 특수성 때문에 '참이슬' 소주를 생산하는 피해자 회사의 대주주 내지 지배주주가 일본 회사라고 적시하는 경우 일부 소비자들이 '참이슬' 소주의 구매에 소극적이 될 여지가 있다 하더라도 이를 사회통념상 피해자 회사의 사회적 가치 내지 평가가 침해될 가능성이 있는 명예훼손적 표현이라고 볼 수 없다.[12]

해설: 위 판례의 사안에서 피고인은 위 발언이 허위임을 인식하지 못하였다.

싸이월드에 7회에 걸쳐 동성애자 아닌 자가 동성애자라는 내용의 글을 게재

사실은 피해자가 동성애자가 아님에도 불구하고 피고인은 인터넷사이트 싸이월드에 7회에 걸쳐 피해자가 동성애자라는 내용의 글을 게재한 경우, 현재 우리사회에서 자신이 스스로 동성애자라고 공개적으로 밝히는 경우 사회적으로 상당한 주목을 받는 점, 피고인이 피해자를 괴롭히기 위하여 이 사건 글을 게재한 점 등 그 판시의 사정에 비추어 볼 때, 피고인이 위와 같은 글을 게시한 행위는 피해자의 명예를 훼손한 행위에 해당한다.[13]

3. 허위사실의 적시

형법 제307조 제2항을 적용하기 위하여 적시된 사실이 허위의 사실인지 여부를 판단함에 있어서는 적시된 사실의 내용 전체의 취지를 살펴볼 때 중요한 부분이 객관적 사실과 합치되는 경우에는 세부에 있어서 진실과 약간 차이가 나거나 다소 과장된 표현이 있다 하더라도 이를 허위의 사실이라고 볼 수는 없다.[14]

11) 대판 2003. 6. 24. 2003도1868.
12) 대판 2008. 11. 27. 2008도6728.
13) 대판 2007. 10. 25. 2007도5077.
14) 대판 2000. 2. 25. 99도4757.

허위의 판단 및 허위에 대한 인식

형법 제307조 제2항의 허위사실 적시에 의한 명예훼손죄에서 적시된 사실이 허위인지 여부를 판단함에 있어서는 적시된 사실의 내용 전체의 취지를 살펴볼 때 세부적인 내용에서 진실과 약간 차이가 나거나 다소 과장된 표현이 있는 정도에 불과하다면 이를 허위라고 볼 수 없으나, 중요한 부분이 객관적 사실과 합치하지 않는다면 이를 허위라고 보아야 한다. 나아가 행위자가 그 사항이 허위라는 것을 인식하였는지 여부는 성질상 외부에서 이를 알거나 증명하기 어려우므로, 공표된 사실의 내용과 구체성, 소명자료의 존재 및 내용, 피고인이 밝히는 사실의 출처 및 인지 경위 등을 토대로 피고인의 학력, 경력, 사회적 지위, 공표 경위, 시점 및 그로 말미암아 예상되는 파급효과 등의 여러 객관적 사정을 종합하여 판단할 수밖에 없으며, 범죄의 고의는 확정적 고의뿐만 아니라 결과 발생에 대한 인식이 있고 그를 용인하는 의사인 이른바 미필적 고의도 포함하므로 허위사실 적시에 의한 명예훼손죄 역시 미필적 고의에 의하여도 성립하고, 위와 같은 법리는 사자명예훼손죄에서도 마찬가지로 적용된다.[15)]

허위사실의 입증

이 사건 범죄사실에 포함된 피고인들의 표현행위의 내용 중에는 직접 증거에 의하여 진위가 증명될 수 있는 사실의 적시인 것도 있고, 직접 증거에 의하여 진위가 증명될 수는 없는 의견의 표명으로서, 단지 그 의견의 전제로 어떠한 사실을 간접적으로 적시하고 있고, 그 전제되는 사실들만 증거에 의하여 진위가 증명될 수 있는 것들도 있는바, 그 각 표현행위에 대하여 형법 제307조 제2항을 적용하기 위하여는 전자의 경우에는 적시한 사실이 허위라는 점, 후자의 경우에는 그 전제되는 사실로서 적시한 사실이 허위라는 점 및 그 각 허위의 점에 대하여 피고인들이 이를 인식하였다는 점에 대하여 합리적인 의심을 배제할 정도로 입증이 되어야 할 것이다.[16)]

광고에 농림부장관의 공문을 전재하면서 공문 일부를 발췌하여 모독적 표현을 덧붙임

타인의 발언을 비판할 의도로 출판물에 그 타인의 발언을 그대로 소개한 후 그 중 일부분을 부각, 적시하면서 이에 대한 다소 과장되거나 편파적인 내용의 비판을 덧붙인 경우라 해도 위 소개된 타인의 발언과의 전체적, 객관적 해석에도 불구하고 위 비판적 내용의 사실적시가 허위라고 읽혀지지 않는 한 위 일부 사실적시 부분만을 따로 떼어 허위사실이라고 단정하여서는 안 될 것이다.

피고인이 위 각 광고에 농림부장관의 해당 공문 사본을 그대로 전재하였을 뿐만 아니라 그 공문 중 일부를 발췌, 게재한 사실의 적시가 허위의 내용이 아님은 물론, 그에 덧붙인 모욕적인 표현으로 말미암아 위 공문의 전체적, 객관적 의미에 대한 해석을 그르칠 정도에까지는 이르지 아니함을 알 수 있다. 따라서 위 각 광고에 다소 과장되거나 비방적인 표현이 들어 있기는 하지만 기재된 사실 전체의 내용은 진실한 것이어서 허위사실 적시로 인한 출판물 명예훼손죄가 성립하지 아니한다고 본 것은 정당하다고 수긍된다.[17)]

15) 대판 2014. 3. 13. 2013도12430.
16) 대판 2000. 2. 25. 99도4757; 대판 2005. 4. 29. 2003도2137.
17) 대판 2007. 1. 26. 2004도1632.

피해자가 초범으로 술에 취한 갑을 강간하였음에도 "피해자가 술에 마취약을 넣어 갑을 실신시켜 강간하고 상습범일 가능성이 높다"라고 말함

피해자가 갑을 강간한 것이 사실이더라도, 강간죄에 있어 강간의 방법은 중요한 요소인데 피해자가 술에 취한 갑을 강간하였음에도 술에 마취약을 넣어 갑을 실신시킨 다음 강간하였다고 게재한 점, 피해자가 이전에 강간죄로 처벌받은 사실이 없고 피고인들이 달리 피해자의 전력을 조사한 바도 없으면서 피해자는 상습범일 가능성이 높다고 게재한 점 등에 비추어 보면, 피고인들이 피해자에 대하여 적시한 사실은 허위의 사실이지 단순히 세부에 있어 진실과 약간 차이가 난다거나 다소 과장된 표현을 사용한 것에 불과하다고 볼 수 없다고 판단하고, 또한 피고인들은 피해자의 강간 사건을 특별히 조사한 바도 없고 피해자에 대한 판결이 선고되기도 전에 갑의 일방적인 진술만으로 위와 같은 사실을 적시한 점 등에 비추어 볼 때 피해자에 대한 적시 사실이 허위라고 인식하였거나 적어도 허위라는 점에 대한 미필적 인식은 있었다고 판단한 것은 옳다.[18)]

특허심판원의 무효심결이 내려졌으나 확정되기 전에 상대방(을)이 특허침해하였다고 인터넷에 게재하고 을의 거래처에 내용증명우편 발송

A 회사와 갑의 공유인 특허발명이 그 진보성이 부정된다는 이유로 특허심판원의 무효심결이 내려진 후 확정되기 전에 A의 대표인 피고인이 '을이 생산·판매한 제품은 위 특허권을 침해한 제품이다'라는 사실을 인터넷을 통하여 적시하고, 또한 을의 거래처들에 같은 내용의 내용증명을 발송하였다는 내용으로 기소된 사안에서, 범행 당시 이미 위 특허발명에 대한 무효심결이 있었다는 사유만으로 위 심결이 확정되지도 않은 상태에서 그 무효사유가 있음을 알고 있었다고 단정하기는 어렵고, 더욱이 을의 제품이 위 특허발명의 특징적 구성을 가지고 있어 특허권을 침해하는 것이라고 판단할 여지가 없지 않은 사정들에 비추어, 위 각 범행일시에 피고인에게 위와 같이 적시된 사실이 허위라는 인식이 있었다고 보기 어렵다.[19)]

피고인들이 입주자 대표회의 회장 및 부회장으로 선출될 때까지는 위 아파트 관리와 관련하여 그 입주자들 사이에 아무런 문제가 없었으나, 피고인들이 선출된 후 별다른 자료의 제시도 없이 전년도 회장과 관리소장인 피해자들에게 비리가 있는 것처럼 말함으로써 비로소 문제가 되었던 것으로, 피고인들의 문제 제기에 따라 공인회계사에게 의뢰하여 실시한 감사결과에서 일부 회계처리상의 사소한 잘못이 지적되기는 하였으나 피해자들의 비리는 밝혀지지 아니하였고, 그 후 실시한 자체 감사결과에서도 피해자들의 비리는 밝혀지지 아니하고 오히려 아무런 문제가 없다는 결론이 내려졌는데, 그 이후에도 피고인들은 여전히 피해자들에게 마치 무슨 비리가 있는 것처럼 말하거나 유인물을 배포한 사안에서,
피고인들이 적시한 사실이 진실한 것이라고 할 수는 없음은 물론, 설사 피고인들이 피해자들의 비리가 있다고 믿었다고 하더라도 이는 피고인들의 독단적인 추측에 불과한 것일 뿐 그렇게 믿을 만한 상당한 이유가 있었다고 할 수는 없다.[20)]

18) 대판 2005. 4. 29. 2003도2137.
19) 대판 2010. 10. 28. 2009도4949.
20) 대판 1994. 8. 26. 94도237.

4. 피해자의 특정

가. 특정의 정도

성명을 명시하지 아니한 허위사실의 적시

사람의 성명을 명시한 바 없는 허위사실의 적시행위도 그 표현의 내용을 주위사정과 종합판단하여 그것이 어느 특정인을 지목하는 것인가를 알아차릴 수 있는 경우에는 그 특정인에 대한 명예훼손죄를 구성한다. 신씨 종중의 재산관리위원장이던 갑과 피고인 사이에 종중재산의 관리에 관한 다툼이 있어 왔고 부락민 80세대 중 50세대가 신씨 종중원이었다면 "어떤 분자가 종중재산을 횡령 착복하였다"는 피고인의 허위사실 방송을 청취한 부락민 중 적어도 신씨 종중원들로서는 그 어떤 분자라는 것이 바로 갑을 지목하는 것이라는 것쯤은 알아차릴 수 있는 상황이었다고 보기에 충분하다면 피고인의 행위는 갑에 대한 명예훼손죄를 구성한다.[21]

성명을 명시하지 않고 '교육감 출마예상자', '모 상업계 교장'이라고 표현

신문기사에 피해자의 성명 등이 명시되지 않았으나 '교육감 출마예상자', '모 상업계 교장' 등의 표현을 주위사정과 종합해 보면 그 기사내용의 당사자가 피해자임을 특정할 수 있고, 그 지역 교육계에 종사하는 많은 사람들도 위 기사내용의 당사자가 피해자임을 알 수 있는 경우에 해당하므로, 출판물 등에 의한 명예훼손죄가 성립한다고 본 사례.[22]

○○지청이 을을 구속하고 갑군수를 조사한다는 취지와 끝자리가 생략된 지청장실의 전화번호를 담은 문자메시지를 기자들에게 발송

특정인의 사회적 가치나 평가를 저하시키기에 충분한 구체적인 사실의 적시가 있다고 하기 위해서는, 반드시 그러한 구체적인 사실이 직접적으로 명시되어 있을 것을 요구하는 것은 아니지만, 적어도 적시된 내용 중의 특정 문구에 의하여 그러한 사실이 곧바로 유추될 수 있을 정도는 되어야 한다.

피고인이 제5회 전국동시지방선거에서 군수로 당선된 갑 후보의 운전기사 을이 공직선거법위반으로 구속되었다는 소문을 듣고, 마치 관할 지방검찰청 지청에서 을에 대한 수사상황이나 피의사실을 공표하는 것처럼 갑을 비방하는 내용의 문자메시지를 기자들에게 발송하여 해당 지청장 또는 지청 구성원의 명예를 훼손하였다는 내용으로 기소된 사안에서, 공소사실 기재 문자메시지는 '관할 지청에서 을을 구속하고 갑 군수를 조사하고 있다'는 취지의 내용으로 보일 뿐이고, 피고인이 지청장실 전화번호 끝자리를 생략한 허위 발신번호를 게재한 사정까지 함께 고려하더라도 문자메시지 내용에서 '지청장 또는 지청 구성원이 그와 같은 내용을 알린다'는 사실이 곧바로 유추될 수 있다고 보이지 않으므로, 위 문자메시지에 의하여 지청장 또는 지청 구성원의 사회적 가치나 평가를 저하시키기에 충분한 구체적인 사실의 적시가 있다고 볼 수 없다.[23]

---

21) 대판 1982. 11. 9. 82도1256.
22) 대판 2005. 6. 10. 2005도2316.
23) 대판 2011. 8. 18. 2011도6904.

나. 집단표시에 의한 명예훼손, 모욕

'아나운서는 다 줄 생각을 해야 한다'와 피해자의 특정

모욕죄는 특정한 사람 또는 인격을 보유하는 단체에 대하여 사회적 평가를 저하시킬 만한 경멸적 감정을 표현함으로써 성립하는 것이므로 그 피해자는 특정되어야 한다.

그리고 이른바 집단표시에 의한 모욕은, 모욕의 내용이 그 집단에 속한 특정인에 대한 것이라고는 해석되기 힘들고, 집단표시에 의한 비난이 개별구성원에 이르러서는 비난의 정도가 희석되어 구성원 개개인의 사회적 평가에 영향을 미칠 정도에 이르지 아니한 경우에는 구성원 개개인에 대한 모욕이 성립되지 않는다고 봄이 원칙이고, 그 비난의 정도가 희석되지 않아 구성원 개개인의 사회적 평가를 저하시킬 만한 것으로 평가될 경우에는 예외적으로 구성원 개개인에 대한 모욕이 성립할 수 있다. 한편 구성원 개개인에 대한 것으로 여겨질 정도로 구성원 수가 적거나 당시의 주위 정황 등으로 보아 집단 내 개별구성원을 지칭하는 것으로 여겨질 수 있는 때에는 집단 내 개별구성원이 피해자로서 특정된다고 보아야 할 것인데, 그 구체적인 기준으로는 집단의 크기, 집단의 성격과 집단 내에서의 피해자의 지위 등을 들 수 있다.

국회의원이었던 피고인이 국회의장배 전국 대학생 토론대회에 참여했던 학생들과 저녁회식을 하는 자리에서, 장래의 희망이 아나운서라고 한 여학생들에게 (아나운서 지위를 유지하거나 승진하기 위하여) "다 줄 생각을 해야 하는데, 그래도 아나운서 할 수 있겠느냐. ○○여대 이상은 자존심 때문에 그렇게 못하더라"라는 등의 말을 한 사안에서, 비난의 정도가 희석되어 구성원 개개인의 사회적 평가에 영향을 미칠 정도에 이르지 아니하였으므로 모욕죄는 성립하지 않는다.[24)]

회원수가 3만 6천여 명인 인터넷 카페의 회원 일반을 대상으로 한 모욕

피고인들이 인터넷 다음 사이트의 아고라 토론방에 "개독알밥 A 꼴통놈들은", "전문시위꾼 A 똘마니들", "존만이들아" 등의 글을 게재하여 공연히 'A'의 회원인 피해자를 모욕하였다는 공소사실에 관하여,

'A'는 불법 과격 폭력시위에 반대하는 사람들이 인터넷 포털사이트 네이버에 개설한 카페로서 누구나 카페

---

24) 대판 2014. 3. 27. 2011도15631. 구체적인 판시는 다음과 같다.

① 피고인을 수사기관에 고소한 여성 아나운서는 154명이고, A연합회에 등록된 여성 아나운서의 수는 295명에 이르며, 피고인의 발언 대상인 '여성 아나운서'라는 집단은 직업과 성별로만 분류된 집단의 명칭으로서 그 중에는 이 사건 고소인들이 속한 공중파 방송 아나운서들로 구성된 A연합회에 등록된 사람뿐만 아니라 유선방송에 소속되어 있거나 그 밖의 다양한 형태로 활동하는 여성 아나운서들이 존재하므로 '여성 아나운서'라는 집단 자체의 경계가 불분명하고 그 조직화 및 결속력의 정도 또한 견고하다고 볼 수 없는 점, ② 피고인의 발언 대상이 그 중 피고인을 고소한 여성 아나운서들이 속한 A연합회만을 구체적으로 지칭한다고 보기도 어려운 점, ③ 피고인의 이 사건 발언은, 비록 그 발언 내용이 매우 부적절하고 저속하기는 하지만, 앞서 본 여성 아나운서 집단의 규모와 조직 체계, 대외적으로 구성원의 개성이 부각되는 정도에 더하여 그 발언의 경위와 상대방, 발언 당시의 상황, 그 표현의 구체적 방식과 정도 및 맥락 등을 고려해 보면 위 발언으로 인하여 곧바로 피해자들을 비롯한 여성 아나운서들에 대한 기존의 사회적 평가를 근본적으로 변동시킬 것으로 보이지는 아니하는 점, ④ 피해자들을 비롯한 여성 아나운서들은 방송을 통해 대중에게 널리 알려진 사람들이어서 그 생활 범위 내에 있는 사람들이 문제된 발언과 피해자들을 연결시킬 가능성이 있다는 이유만으로 곧바로 그 집단 구성원 개개인에 대한 모욕이 된다고 평가하게 되면 모욕죄의 성립 범위를 지나치게 확대시킬 우려가 있는 점 등을 종합해 보면, 피고인의 이 사건 발언은 여성 아나운서 일반을 대상으로 한 것으로서 그 개별구성원인 피해자들에 이르러서는 비난의 정도가 희석되어 피해자 개개인의 사회적 평가에 영향을 미칠 정도에까지는 이르지 아니하므로 모욕죄에 해당한다고 보기는 어렵다.

에서 제시하는 간단한 질문에 답변하는 절차를 거쳐 비교적 손쉽게 회원으로 가입할 수 있는데 이 사건 당시 회원수가 3만 6천여 명에 달하였던 사실, 회원들은 주로 카페 게시판을 통하여 자유로이 의견을 나누는 방식으로 활동하며 그 과정에서 아이디나 닉네임만을 사용할 뿐 개인의 인적 사항이 드러나지 아니하는 사실, 피해자는 이 사건 당시 'A'의 평회원이었다가 그 후 운영자가 되었는데 이 사건 각 글에 피해자를 비롯한 'A'의 특정 회원을 지칭하는 것으로 볼 수 있는 표현은 포함되어 있지 아니한 사실을 알 수 있다.
사정이 이러하다면, 피고인들이 게재한 이 사건 각 글은 'A'라는 인터넷 카페의 회원 일반을 대상으로 한 것으로서 그 개별구성원에 불과한 피해자에 이르러서는 비난의 정도가 희석되어 피해자 개인의 사회적 평가에 영향을 미칠 정도에 이르지 않았다고 볼 여지가 충분하고, 한편 피고인들에게 'A'의 회원 중 1인에 불과한 피해자를 모욕한다는 고의가 있었다고 보기도 어렵다.[25)]

서울시민 또는 경기도민

명예훼손죄는 어떤 특정한 사람 또는 인격을 보유하는 단체에 대하여 그 명예를 훼손함으로써 성립하는 것이므로 그 피해자는 특정한 것임을 요하고, 다만 서울시민 또는 경기도민이라 함과 같은 막연한 표시에 의해서는 명예훼손죄를 구성하지 아니한다 할 것이지만, 집합적 명사를 쓴 경우에도 그것에 의하여 그 범위에 속하는 특정인을 가리키는 것이 명백하면, 이를 각자의 명예를 훼손하는 행위라고 볼 수 있다.[26)]

3.19 동지회 소속 교사들

피고인이 작성하여 배포한 보도자료에는 피해자의 이름을 직접적으로 적시하고 있지는 않으나, 3.19 동지회 소속 교사들이 학생들을 선동하여 무단하교를 하게 하였다고 적시하고 있고, 이 사건 고등학교의 교사는 총 66명으로서 그 중 약 37명이 3.19 동지회 소속 교사들이며, 위 학교의 학생이나 학부모, 교육청 관계자들은 3.19 동지회 소속 교사들이 누구인지 알고 있다면 3.19 동지회는 그 집단의 규모가 비교적 작고 그 구성원이 특정되어 있으므로 피고인이 3.19 동지회 소속 교사들에 대한 허위의 사실을 적시함으로써 3.19 동지회 소속 교사들 모두에 대한 명예가 훼손되었다고 할 것이고, 따라서 3.19 동지회 소속 교사인 피해자의 명예 역시 훼손되었다고 보아야 할 것이다.[27)]

5. 공연성

가. 불특정 또는 다수인의 인식

명예훼손죄에 있어서 공연성은 불특정 또는 다수인이 인식할 수 있는 상태를 의미하므로 비록 개별적으로 한 사람에 대하여 사실을 유포하더라도 이로부터 불특정 또는 다수인에게 전파될 가능성이 있다면 공연성의 요건을 충족한다 할 것이지만, 이와 달리 전파될 가능성이 없다면 특정한 한 사람에

25) 대판 2013. 1. 10. 2012도13189.
26) 대판 2000. 10. 10. 99도5407.
27) 대판 2000. 10. 10. 99도5407.

대한 사실의 유포는 공연성을 결한다 할 것이다.[28)]

피고인들과 이해관계를 같이 하는 200여명의 주주들에만 인쇄물 우송

형법 제311조의 소위 "공연히"라 함은 다수인 혹은 불특정인이 견문할 수 있는 상황을 말하고 그 다수인의 자격에 일정한 제한이 있는 경우에도 공연성이 있다고 할 것이므로, 피고인들이 인쇄물을 우송한 200여명이 회사의 주주들에 한정되어 있었고 피고인들과 이해관계를 같이 하는 자들이라 하여도 거기에 공연성이 없다고 할 수 없다.[29)]

A 사단법인의 이사장이 이사회 또는 임시총회를 진행하다가 회원 10여명 또는 30여명이 있는 자리에서 허위사실을 말하였다면 그 공연성이 있고, A의 이사장이 이사회 또는 임시총회의 의장으로서 의안에 관하여 발언하다가 타인의 명예를 훼손하는 내용의 말을 하였다면 사회상규에 반하지 아니한다고 할 수 없으므로 위법성이 조각되지 아니한다.[30)]

피고인이 갑의 집 앞에서 을 및 병(피해자의 시어머니)이 있는 자리에서 피해자에 대하여 "시커멓게 생긴 놈하고 매일같이 붙어 다닌다. 점방 마치면 여관에 가서 누워 자고 아침에 들어온다"고 말한 것은 피해자의 명예를 훼손한 것이다.[31)]

피고인이 타인의 명예를 훼손할 만한 사실을 기재한 유인물을 71명의 회원에게 우송으로 배포한 소위는 비록 위 유인물을 배포받은 자의 범위에 다소의 제한이 있고, 또 수취인이 특정되어 있다 하더라도 공연성이 있다 할 것이므로 명예훼손죄가 성립한다.[32)]

명예훼손죄의 요건인 공연성은 불특정 또는 다수인이 인식할 수 있는 상태를 말하므로, 피고인들이 이 사건 출판물 15부를 피고인들이 소속된 교회의 교인 15인에게 배부한 이상 공연성의 요건은 충족된 것이라고 보겠으며, 배부받은 사람 중 일부가 위 출판물 작성에 가담한 사람들이라고 하여도 결론에는 아무런 소장이 없다.[33)]

---

28) 대판 1989. 7. 11. 89도886; 대판 2000. 2. 11. 99도4579.

29) 대판 1984. 2. 28. 83도3292. 다음은 같은 취지이다.
명예훼손죄의 요건인 공연성은 불특정 또는 다수인이 인식할 수 있는 상태를 말하는 것이므로, 진정서와 고소장을 특정 사람들에게 개별적으로 우송하여도 다수인(19명, 193명)에게 배포하였고, 또 그 내용이 다른 사람에게 전파될 가능성도 있어 공연성의 요건이 충족된다고 본 사례(대판 1991. 6. 25. 91도347).

30) 대판 1990. 12. 26. 90도2473.

31) 대판 1983. 10. 11. 83도2222.

32) 대판 1981. 8. 25. 81도149.

33) 대판 1984. 2. 28. 83도3124.

피고인이 자기 집에서 피해자와 서로 다투다가 피해자에게 한 욕설을 피고인의 남편 외에 들은 사람이 없다고 한다면 그 욕설을 불특정 또는 다수인이 인식할 수 있는 상태였다고 할 수는 없으므로 공연성을 인정하기 어렵다.[34)]

피고인은 피해자가 경영하는 A 주식회사의 직원으로 근무하면서 그 사무실 또는 직행버스 안에서 갑(피해자의 남편), 을, 병(갑의 아들) 또는 정(A의 경리사원)에게 제1심 판시와 같은 말을 하였다는 것이다. 그런데 갑에게 말하였다는 장소는 A의 사장실에서 단둘이 있는 자리에서였고, 을에게 말하였다는 장소도 같은 곳이라는 것인 바, 사실관계가 그와 같다면 피고인이 갑과 단둘이 있는 장소에서 피해자의 비리를 지적하는 판시와 같은 말을 한 것은 특별한 사정이 없는 한 공연하다고 말하기는 어렵다고 보여지는데 원심은 공연하다고 볼 특별한 사정에 관하여 심리를 하거나 판시를 한 바 없이 공연하다고 인정하였다. 또한 을, 병, 정에 대한 경우도 이들 개인에게 판시와 같은 말을 한 것이 어떻게 하여 공연하다는 것인지 설시가 없다.[35)]
해설: 위 판례의 취지는, 피고인이 피해자에 대한 명예훼손적 언사를 한 상대방은 피해자와 밀접한 관련이 있는 사람들이고, 그 장소도 A의 사무실이나 직행버스 안이었다는 것이어서 위와 같은 사실만으로는 공연하다거나 전파가능성이 있다고 단정할 수 없다는 것이다.

나. 전파가능성

(1) 긍정례

명예훼손발언을 들은 사람이 일면식이 없거나 그 내용을 알고 있음

명예훼손의 발언(피해자들이 전과가 많다는 내용)을 들은 사람들이 피해자들과는 일면식이 없다거나 이미 피해자들의 전과사실을 알고 있었다고 하더라도 공연성 즉 발언이 전파될 가능성이 없다고 볼 수 없다.[36)]

---

34) 대판 1985. 11. 26. 85도2037. 다음은 같은 취지이다.
피고인이 집에서 피고인의 처로부터 전날 피고인이 외박한 사실에 대하여 추궁당하자 이를 모면하기 위하여 처에게 피해자와 여관방에서 동침한 사실이 있다고 말한 사실만으로써는 명예훼손죄의 구성요건인 공연성이 있다 할 수 없다(대판 1984. 3. 27. 84도86).
타인의 명예를 훼손하였다는 장소가 국민학교 교장관사로서 그 곳에는 동 교장 부인 혼자만이 있었다면 특별한 사정이 없는 한 그 발언이 전파될 염려가 없다(대판 1967. 5. 16. 66도787).
피해자와 합의하기 위하여 피해자의 직장 동료로서 소문내지 않을 사람에게만 발설함
피고인이 사실을 적시한 장소는 다방이기는 하지만 피고인의 말을 들은 사람은 갑 단 한 사람뿐이었고, 갑은 A군 농촌지도소에서 피해자와 함께 근무하는 동료로서 피해자의 명예가 훼손될 것을 염려하여 피고인이 발설한 내용을 함부로 소문내지 않을 것을 기대할 수 있는 사람이고, 피고인이 그와 같은 발언을 한 이유는 피해자에게 그 사실을 전달하여 합의를 하고 싶었기 때문이었다는 것이고, 실제로 갑은 오직 피해자에게 그와 같은 말을 전하였고, 다른 사람에게는 그와 같은 말을 전파하지 아니한 경우 공연성이 없다(대판 1998. 9. 8. 98도1949).

35) 대판 1989. 7. 11. 89도886.

36) 대판 1993. 3. 23. 92도455.

피고인이 사실을 적시한 장소가 갑이라는 행정서사의 사무실 내이었기는 하나 그의 사무원인 을과 을의 처가 함께 있는 자리였었고, 그들은 모두 피해자와 같은 교회에 다니는 교인들일 뿐 피해자에 관한 소문을 비밀로 지켜줄 만한 특별한 신분관계는 없었던 사정을 규지할 수 있어 전파가능성이 충분히 있었다고 볼 수 있다.37)

(2) 부정례

피고인이 피해자에게 피해자만 들을 수 있도록 귀엣말로 피해자가 갑과 부적절한 성적 관계를 맺었다는 취지의 이야기를 한 사안에서,
어느 사람에게 귀엣말 등 그 사람만 들을 수 있는 방법으로 그 사람 본인의 사회적 가치 내지 평가를 떨어뜨릴 만한 사실을 이야기하였다면, 위와 같은 이야기가 불특정 또는 다수인에게 전파될 가능성이 있다고 볼 수 없어 명예훼손의 구성요건인 공연성을 충족하지 못하는 것이며, 그 사람이 들은 말을 스스로 다른 사람들에게 전파하였더라도 위와 같은 결론에는 영향이 없다.38)

갑은 피고인과 단둘이 식당 방에 앉은 자리에서 피해자 1과 피해자 2가 불륜관계에 있다는 내용의 말을 듣고 피해자 1과는 친척 간이라서 창피하여 아무 말 못하고 헤어진 후, 즉시 피해자 1을 찾아가 힐책하였고, 피고인이 갑에게 말한 내용은 그 후 제3자에게 전파된 일이 없는데 갑의 힐책을 받은 피해자 1이 피해자 2에게 이를 알리고 같이 피고인을 찾아가 따짐으로써 표면화된 사안에서, 피고인이 식당 방안에서 갑 한 사람에게 대하여 한 이 사건 행위는 그 상대방인 갑과 피해자와의 신분관계로 보아 전파될 가능성이 없는 것이

---

37) 대판 1985. 4. 23. 85도431. 다음은 유사한 취지이다.
피고인의 말을 들은 사람은 한 사람씩에 불과하였으나 그들은 피고인과 특별한 친분관계가 있는 자가 아니며, 그 범행의 내용도 지방의회 의원선거를 앞둔 시점에 현역 시의회 의원이면서 다시 그 후보자가 되고자 하는 자를 비방한 것이어서 피고인이 적시한 사실이 전파될 가능성이 많을 뿐만 아니라, 결과적으로 그 사실이 피해자에게 전파되어 피해자가 고소를 제기하기에 이른 사정 등을 참작하여 볼 때, 피고인의 판시 범행은 행위 당시에 이미 공연성을 갖추었다고 본 사례(대판 1996. 7. 12. 96도1007).
개인 블로그의 비공개 대화방에서 상대방으로부터 비밀을 지키겠다는 말을 듣고 일대일로 대화하였다고 하더라도, 그 사정만으로 대화 상대방이 대화내용을 불특정 또는 다수에게 전파할 가능성이 없다고 할 수 없어 공연성을 인정할 여지가 있으므로, 원심으로서는 피고인과 갑이 대화를 하게 된 경위, 갑과 피고인 및 피해자 사이의 관계, 그 대화 당시의 상황, 위 대화 이후 갑의 태도 등 제반 사정에 관하여 나아가 심리한 다음, 과연 갑이 피고인으로부터 들은 내용을 불특정 또는 다수인에게 전파할 가능성이 있는지 여부에 대하여 검토하여 공연성의 존부를 판단하였어야 할 것이다(대판 2008. 2. 14. 2007도8155).
피고인이 1967. 4. 15. 피고인 가에서 동리 거주 갑에게 을이 병과 약혼 전에 피고인과 가까운 사이였고, 원주에 놀러 가자면 따라 오고 또 밤이나 낮이나 언제나 만나자고 하면 만나는 가까운 사이였다는 말을 하고, 이어서 같은 달 22일 ○○음식점에서 정에게 병의 처 을과는 을이 결혼 전에 원주에 데리고 가서 동침하여 돌아온 일이 있다는 사실을 적시 유포하였는바, 형법 제307조에 "공연히"라 함은 불특정 또는 다수인이 인식할 수 있는 상태라고 풀이함이 상당하며, 비밀이 잘 보장되어 외부에 전파될 염려가 없는 경우가 아니면 비록 개별적으로 한 사람에 대하여 사실을 유포하였더라도 본건과 같이 연속하여 수인에게 사실을 유포하여 그 유포한 사실이 외부에 전파될 가능성이 있는 이상 공연성이 있다(대판 1968. 12. 24. 68도1569).

38) 대판 2005. 12. 9. 2004도2880.

었다고 볼 수 있다.[39)]

중학교 교사에 대해 "전과범으로서 교사직을 팔아가며 이웃을 해치고 고발을 일삼는 악덕 교사"라는 취지의 진정서를 그가 근무하는 학교법인 이사장 앞으로 제출한 행위 자체는 위 진정서의 내용과 진정서의 수취인인 학교법인 이사장과 위 교사의 관계등에 비추어 볼 때 전파가능성이 있다고 보기 어렵다.[40)]

조합의 긴급이사회에서 불신임을 받아 조합장직을 사임한 피해자가 그후 개최된 대의원총회에서 피고인 등의 음모로 조합장직을 박탈당한 것이라고 대의원들을 선동하여 회의 진행이 어렵게 되자 새조합장이 되어 사회를 보던 피고인이 그 회의진행의 질서유지를 위한 필요조처로서 이사회의 불신임결의 과정에 대한 진상보고를 하면서 피해자는 긴급 이사회에서 불신임을 받고 쫓겨나간 사람이라고 발언한 것이라면, 피고인에게 명예훼손의 범의가 있다고 볼 수 없을 뿐만 아니라 그러한 발언은 업무로 인한 행위이고 사회상규에 위배되지 아니한 행위라고 한 원심의 판단은 수긍된다.
조합장으로 취임한 피고인이 조합의 원만한 운영을 위하여 피해자의 측근이며 피해자의 불신임을 적극 반대하였던 갑에게 조합운영에 대한 협조를 구하기 위하여 동인과 단둘이 있는 자리에서 이사회가 피해자를 불신임하게 된 사유를 설명하는 과정에서 피해자에 대한 여자관계의 소문이 돌고 있다는 취지의 말을 한 것이라면 그것은 전파될 가능성이 있다고 할 수 없다.[41)]

39) 대판 1981. 10. 27. 81도1023. 다음은 같은 취지이다.
피고인이 평소 피해자의 소개로 친하게 지내던 갑과 을에게 피해자의 명예를 훼손하는 취지의 말을 한 사실은 인정되나, 피고인과 피해자, 갑 및 을 사이의 친분관계, 갑이나 을은 피고인으로부터 위와 같은 말을 듣고도 10개월여가 지날 때까지는 그 사실을 피해자에게 알리거나 제3자에게 전파하지 않고 있던 중 피고인과 갑 사이의 분쟁으로 인해 관계가 악화되자 갑이 피해자에게 위와 같은 사실을 알림으로써 비로소 피고인의 행위가 문제화된 점 등에 비추어 보면, 피고인이 적시한 사실이 불특정 또는 다수인에게 전파될 가능성이 있었다고 보기는 어렵다(대판 2006. 9. 22. 2006도4407).
피고인이 6촌 동생인 갑이 입원하고 있던 대인의원 입원실에서 갑과 그의 처 을의 면전에서 피고인 형수인 병이 정과 함께 어느 여관에서 잠을 자고 왔다고 말한 사실은 인정되나, 위 말을 발설한 피고인이나 그 말을 들은 갑 부부 등이 모두 병과 집안간인 관계로 하여 피고인의 말이 대화 당사자들 사이에서만 알고 그외의 타인들에게는 알려지지 않도록 감추려는 것이었다면 피고인의 갑 등에 한 말이 불특정 또는 다수인에게 전파될 가능성이 있었다고는 볼 수 없다(대판 1982. 4. 27. 82도371).
40) 대판 1983. 10. 25. 83도2190.
41) 대판 1990. 4. 27. 89도1467. 다음은 같은 취지이다.
피고인이 다방에서 피해자와 동업관계로 친한 사이인 공소외인에 대하여 피해자의 험담을 한 경우에 있어서 다방내의 좌석이 다른 손님의 자리와 멀리 떨어져 있고 그 당시 공소외인은 피고인에게 왜 피해자에 관해서 그런 말을 하느냐고 힐책까지 한 사실이 있다면 전파될 가능성이 있다고 볼 수 없다(대판 1984. 2. 28. 83도891).
피고인이 평소 유혹하려던 과부와 단둘이 마주치게 되자 위 과부를 설득하는 과정에서 사실은 피해자가 서방질을 하지 않았음에도, "남편있는 여자(피해자를 지칭함)도 서방질을 하는데 과부가 서방을 두는 것이 무슨 잘못이냐"라고 한 사안에서, 피고인에게 공연히 피해자의 명예를 훼손할 범의가 있었던 것으로 단정키 어렵고, 전파가능성도 인정하기 어렵다(대판 1982. 2. 9. 81도2152).
명예훼손죄 고소에 필요한 증거확보를 위해 유도한 발언
피고인을 명예훼손죄로 고소할 수 있도록 그 증거자료를 미리 은밀하게 수집, 확보하기 위하여 피고인의 발언을 유

피고인과 피해자는 원래 법률상의 부부로서 서로 이혼소송을 제기하여 1997. 5. 9. 피고인의 청구에 기하여 이혼한다는 제1심판결이 선고된 사실, 갑은 피해자의 친구인 대학교수로서 위 소송 과정에서 피해자에게 유리한 증거자료인 진술서를 작성하여 주었던 관계로, 피고인은 1998년 1월 말경 갑에게 사실 관계를 알리는 내용의 편지를 보내는 기회에 피해자에게 보내는 서신도 함께 동봉하였는바, 피해자에게 보내는 위 서신에 바로 공소사실과 같은 문구가 기재되어 있었던 사실, 피해자는 갑으로부터 위 서신을 전달받은 다음, 이 사건 공소사실과는 다른 사실로 피고인을 고소함에 있어서 위 서신을 자료로 첨부하였을 뿐인 사실을 알 수 있으며, 달리 갑이 위 사실을 불특정 또는 다수인에게 전파하였음을 엿볼 수 있는 자료는 기록상 이를 찾아볼 수 없으므로 전파가능성이 없다.[42]

통상 기자가 아닌 보통 사람에게 사실을 적시할 경우에는 그 자체로서 적시된 사실이 외부에 공표되는 것이므로 그 때부터 곧 전파가능성을 따져 공연성 여부를 판단하여야 할 것이지만, 그와는 달리 기자를 통해 사실을 적시하는 경우에는 기사화되어 보도되어야만 적시된 사실이 외부에 공표된다고 보아야 할 것이므로 기

도하였다고 의심되는 사람들에게 한 피해자의 여자 문제 등 사생활에 관한 피고인의 발언은 이들이 수사기관 이외의 사람들에게 전파할 가능성이 있다고 보기 어렵다고 한 사례(대판 1996. 4. 12. 94도3309).

원심의 판단: 갑 등이 피해자를 폭행하여 피해자가 병원에 입원하였다. 갑의 모인 피고인이 위 병원을 찾아가 피해자의 모와 대화하던 중 피해자의 모의 이웃 을 및 피고인의 일행 병 등이 있는 자리에서 '아프다는 애가 왜 게임을 하느냐, 학교에 알아보니 원래 정신병이 있었다고 하더라'는 내용의 허위사실을 적시함으로써 피해자의 명예가 훼손되었고, 피고인의 위 말을 들은 사람은 을 한 사람에 불과하였으나, 을은 피해자의 모와 같은 건물의 다른 점포에서 영업을 하는 사람에 불과하여 피고인과 특별한 친분관계가 있는 사이가 아니어서 피고인이 적시한 사실이 전파될 가능성이 클 뿐만 아니라, 결과적으로 이 사건 공소사실과 같은 내용이 문제가 되어 법적 분쟁이 발생하였다는 사실이 이미 위 건물의 다른 점포주들 사이에 전파된 것으로 보이는 점을 참작하여 볼 때 피고인이 피해자의 모에게 공소사실 기재와 같은 말을 할 당시에 이미 을을 통하여 그와 같은 취지의 말이 전파될 가능성이 있었고, 피고인도 그 가능성을 인식하였음은 물론 나아가 그 위험을 용인하는 내심의 의사까지도 있었다고 봄이 상당하다.

공연성에 대한 대법원의 판단: 을은 피해자의 모와 같은 건물에 나란히 있는 점포에서 영업을 하면서 5~6년간 알고 지내는 사이로서 피해자가 입원한 사실을 알고 병문안을 갈 정도로 가까운 관계이고, 원심 법정에서 "피고인으로부터 피해자에게 정신병이 있다는 이야기를 듣지도 못하였지만 들었다고 하더라도 다른 사람에게 이야기하지 않았을 것이다. 그렇게 이야기할 사람도 없다"고 진술하였으며, 위 건물에는 피해자의 모와 을의 점포밖에 없어 원심의 인정과 같이 위 건물의 다른 점포주들에게 전파되었다고 볼 수 없을 뿐만 아니라, 을에 의해 피고인의 발언이 전파되었다고 볼 자료가 없음을 알 수 있다. 병은 피고인과 같은 가해학생의 부모로서 피해자의 모와의 합의 여부 등에 관하여 대화를 하기 위해 찾아간 사람인데, '피고인이 피해자에게 원래 정신병이 있었다고 말한 사실이 없다. 과거에 정신과 진료를 받은 적이 있느냐고 물었을 뿐이다. 아이들의 선처를 부탁하였다'는 취지로 진술한 점에 비추어 보면, 병이 '피해자에게 원래 정신병이 있었다'는 말을 불특정 또는 다수인에게 전파할 가능성이 있었다고 단정하기 어렵고, 기록상 병에 의해 위와 같은 말이 전파되었다고 볼 자료도 찾아볼 수 없다.

위와 같이 피고인이 병과 함께 피해자의 병문안을 가서, 피고인·병·피해자의 모·을 등 4명이 있는 자리에서 피해자에 대한 폭행사건에 관하여 대화를 나누던 중 발언을 한 것이라면 불특정 또는 다수인이 인식할 수 있는 상태라고 할 수 없고, 또 그 자리에 있던 사람들의 관계 등 앞서 본 여러 사정에 비추어 피고인의 발언이 불특정 또는 다수인에게 전파될 가능성이 있다고 보기도 어려우므로, 공연성이 없다고 할 것이다(대판 2011. 9. 8. 2010도7497).

42) 대판 2000. 2. 11. 99도4579. 다음은 같은 취지이다.

피고인이 다방에서 피해자와 동업관계로 친한 사이인 공소외인에 대하여 피해자의 험담을 한 경우에 있어서 다방내의 좌석이 다른 손님의 자리와 멀리 떨어져 있고 그 당시 공소외인은 피고인에게 왜 피해자에 관해서 그런 말을 하느냐고 힐책까지 한 사실이 있다면 전파될 가능성이 있다고 볼 수 없다(대판 1984. 2. 28. 83도891).

자가 취재를 한 상태에서 아직 기사화하여 보도하지 아니한 경우에는 전파가능성이 없다고 할 것이어서 공연성이 없다고 봄이 상당하다.
피고인이 주간신문 충청리뷰의 기자와의 전화인터뷰에서 갑 및 을에 관하여 이 사건 명예훼손 및 사자명예훼손의 점에 관한 공소사실 기재와 같은 취지의 이야기를 하였지만, 위 기자가 이러한 피고인의 진술을 기사화하여 보도하지는 아니한 사실을 인정할 수 있으므로, 같은 취지에서 이 사건 명예훼손 및 사자명예훼손의 점에 관한 공소사실에 대하여는 공연성이 없다고 판단한 것은 수긍할 수 있다.[43)]

(3) 전파가능성의 인식

전파가능성을 이유로 명예훼손죄의 공연성을 인정하는 경우에는 적어도 범죄구성요건의 주관적 요소로서 미필적 고의가 필요하므로 전파가능성에 대한 인식이 있음은 물론 나아가 그 위험을 용인하는 내심의 의사가 있어야 하고, 그 행위자가 전파가능성을 용인하고 있었는지의 여부는 외부에 나타난 행위의 형태와 행위의 상황 등 구체적인 사정을 기초로 하여 일반인이라면 그 전파가능성을 어떻게 평가할 것인가를 고려하면서 행위자의 입장에서 그 심리상태를 추인하여야 한다.[44)]

---

43) 대판 2000. 5. 16. 99도5622.

44) 대판 2004. 4. 9. 2004도340. 구체적인 내용은 다음과 같다.
피고인이 ○○주식회사와 사이에 발생한 분쟁을 해결하려고 1996. 3.경 당시의 대표이사를 사기혐의로 고소하였으나 1996. 7. 30. 검찰에서 혐의없음 처분이 내려지자, 위 대표이사와 사이의 분쟁을 야당 국회의원들을 통하여 해결하고자 1996. 9.경 당시 국민회의 소속 서울시 정무부시장 갑에게 그 판시와 같은 허위 사실들을 적시하면서 그 분쟁 경위와 검찰의 사건처리과정 등을 설명하고 국회차원에서 위 회사의 비리를 조사해 줄 것을 부탁하며 관련 자료를 넘겨주었고, 이에 갑은 그 무렵 국회의원 을에게 그 자료를 넘겨주었으며, 을은 그와 같은 자료를 바탕으로 1996. 10. 22. 국회에서 위 회사에 관하여 발표함으로써 피고인이 적시한 허위 사실들이 언론에 보도된 사실을 인정한 다음, 그와 같은 사실관계에 기초하여, 피고인이 비록 갑에 대하여 허위 사실을 적시하였다고 하더라도 피고인의 행위 형태와 당시의 행위 상황 등에 비추어 보면, 피고인으로서는 갑이 피고인으로부터 전해 들은 허위 사실들을 야당 국회의원 등을 통하여 공론화함으로써 불특정 또는 다수인에게 전파될 가능성이 있었음을 인식하면서 이를 용인하고 있었음이 인정된다.
수원프리미엄 아울렛 상가 관리단(이하 '관리단'이라 함)의 2005. 9. 28.자 임시총회에서 당시 관리인이던 피고인이 해임되고 피해자가 새로운 관리인으로 선출되자, 피고인이 피해자 측을 상대로 수원지방법원에 업무집행정지 가처분 신청을 하여 2006. 6. 1. 가처분결정이 내려진 사실, 이에 피해자 측은 2006. 6. 8. 위 가처분결정에 대해 가처분이의신청을 한 사실, 위 가처분이의사건의 재판이 진행 중이던 2006. 7. 3. 개최된 관리단 임시총회에서 피해자가 재차 관리인으로 선출된 사실, 그 후 피고인은 2006. 7. 11. 위 가처분이의사건 재판부에 '피해자가 뇌물공여죄, 횡령죄 등 전과 13범으로 관리단규약에 의하여 선량한 관리인으로서의 자격이 없다'는 내용을 담은 준비서면을 제출하고, 같은 날 그 준비서면을 관리단 감사(이하 '감사'라 함)에게 팩스로 전송한 사실, 그 후 피고인은 2006. 7. 20.경 위 가처분이의사건 심문기일에서 위 준비서면에 기재된 피해자의 전과 사실을 진술함으로써 당시 법정에서 심문을 방청하던 이 사건 상가의 상인들이 이러한 사실을 듣게 된 사실을 알 수 있는바, 이러한 사정과 피고인과 감사, 또는 감사와 피해자 사이의 관계 및 피고인이 팩스로 피해자의 전과사실을 전송할 당시 감사에게 이를 전파하지 않도록 요청한 바가 없는 점 등을 고려할 때, 감사가 피해자의 전과사실을 전파하지 아니하고 비밀로 지켜줄 사정이 인정되지 않으며, 오히려 피고인이 감사에게 위 준비서면을 팩스로 전송한 이후에 스스로 피해자의 전과사실을 이 사건 상가의 상인들에게 알리는 행동을 하였던 점에 비추어 비록 피고인이 감사 한 사람에게만 피해자의 전과사실을 유포하였다고 하더라도 그로부터 불특정 또는 다수인에게 전파될 가능성에 대한 인식이 있었음은 물론이고 내심으로도 전파가능성을 용인하고 있었다고 봄이 상당하다(대판 2008. 10. 23. 2008도6515).

6. 고의 및 비방의 목적

형법 제307조 제2항의 명예훼손죄에 있어서의 범의는 그 구성요건사실 즉 적시한 사실이 허위인 점과 그 사실이 사람의 사회적 평가를 저하시킬 만한 것이라는 점을 인식하는 것을 말하고 특히 비방의 목적이 있음을 요하지 않는다.[45)]

새로 부임한 목사가 전임목사에 관한 불미스러운 소문을 교회집사들에게 물어봄

명예훼손죄의 주관적 구성요건으로서의 범의는 행위자가 피해자의 명예가 훼손되는 결과를 발생케 하는 사실을 인식하므로 족하다 할 것이나 새로 목사로서 부임한 피고인이 전임목사에 관한 교회내의 불미스러운 소문의 진위를 확인하기 위하여 이를 교회집사들에게 물어보았다면 이는 경험칙상 충분히 있을 수 있는 일로서 명예훼손의 고의없는 단순한 확인에 지나지 아니하여 사실의 적시라고 할 수 없다 할 것이므로 이 점에서 피고인에게 명예훼손의 고의 또는 미필적 고의가 있을 수 없다고 할 수밖에 없다.[46)]

피고인이 A대학교 정상화추진위원회 공동대표 겸 A의 전직 총장의 자격으로 2004. 10. 5.자 일간신문에 그 판시와 기재와 같은 신문광고를 게재한 사실, 위 신문광고 중에는 관계 법령에서 학교 기본재산의 매각을 금지하고 있고 더욱이 A의 기본재산은 설립자가 각고의 노력으로 마련하여 유지해 온 것임에도 불구하고, A의 이사장인 피해자가 A의 기본재산을 탈법적으로 매각하고 지방자치단체에 기부한 사실을 숨기면서 오히려 주상복합아파트(스타시티)의 건설을 통하여 개발을 하고 있다고 홍보함으로써 해교행위를 하고 있다는 등 객관적으로 피해자의 사회적 평가를 저하시키는 기재 내용이 포함되어 있는 사실 등을 인정한 다음, 이러한 신문광고의 기재 내용은 단순한 의견의 표명이 아니라 구체적으로 사실을 적시한 것에 해당하며, 그 적시된 사실은 객관적 사실에 배치되는 것으로서 허위이고, 피고인에게는 피해자를 비방할 목적이 있었다고 판단한 조치는 정당하다.[47)]

여성단체의 홈페이지와 소식지에 국립대 교수가 여학생 제자를 성추행하였다는 글을 게재

형법 제309조 제1항 소정의 출판물에 의한 명예훼손죄는 타인을 비방할 목적으로 신문, 잡지 또는 라디오 기타 출판물에 의하여 사실을 적시하여 타인의 명예를 훼손할 경우에 성립되는 범죄로서, 여기서 '비방할 목적'이란 가해의 의사 내지 목적을 요하는 것으로서 공공의 이익을 위한 것과는 행위자의 주관적 의도의 방향에 있어 서로 상반되는 관계에 있다고 할 것이므로, 적시한 사실이 공공의 이익에 관한 것인 경우에는 특별

45) 대판 1991. 3. 27. 91도156.

46) 대판 1985. 5. 28. 85도588.

47) 대판 2007. 7. 13. 2006도6322. 다음은 비방의 목적이 인정된 사례이다.
감사원에 근무하는 감사주사가, 감사사항에 대한 감사가 종료된 후 감사반원들의 토론을 거쳐 감사지적사항으로 선정하지 않기로 하여 감사가 종결된 것임에도, 일일감사상황보고서의 일부를 변조하여 제시하면서 자신의 상사인 감사원 국장이 고위층의 압력을 받고 감사기간 중 자신이 감사를 진행 중인 사항에 대한 감사활동을 중단시켰다고 기자회견을 한 경우, 그 적시사실의 허위성에 대한 인식은 물론 상사에 대한 비방의 목적도 있었다고 본 사례(대판 2002. 8. 23. 2000도329).

한 사정이 없는 한 비방할 목적은 부인된다고 봄이 상당하다.
국립대학교 교수가 자신의 연구실 내에서 제자인 여학생을 성추행하였다는 내용의 글을 지역 여성단체가 자신의 인터넷 홈페이지 또는 소식지에 게재한 사안에서, 국립대학교 교수인 피해자의 지위, 적시사실의 내용 및 성격, 표현의 방법, 동기 및 경위 등 제반 사정을 종합하여 볼 때, 비록 성범죄에 관한 내용이어서 명예의 훼손정도가 심각하다는 점까지를 감안한다 할지라도 인터넷 홈페이지 또는 소식지에 위와 같은 내용을 게재한 행위는 학내 성폭력 사건의 철저한 진상조사와 처벌 그리고 학내 성폭력의 근절을 위한 대책마련을 촉구하기 위한 목적으로 공공의 이익을 위한 것으로서 달리 비방의 목적이 있다고 단정할 수 없다고 한 사례.[48)]

정보통신망법위반/산후조리원의 이용후기를 인터넷 카페 게시판 등에 올림

갑 운영의 산후조리원을 이용한 피고인이 9회에 걸쳐 임신, 육아 등과 관련한 유명 인터넷 카페나 자신의 블로그 등에 자신이 직접 겪은 불편사항 등을 후기 형태로 게시하여 갑의 명예를 훼손하였다는 내용으로 정보통신망 이용촉진 및 정보보호 등에 관한 법률위반으로 기소된 사안에서, 피고인이 인터넷 카페 게시판 등에 올린 글은 자신이 산후조리원을 실제 이용하면서 겪은 일과 이에 대한 주관적 평가를 담은 이용 후기인 점, 위 글에 '갑의 막장 대응' 등과 같이 다소 과장된 표현이 사용되기도 하였으나, 인터넷 게시글에 적시된 주요 내용은 객관적 사실에 부합하는 점, 피고인이 게시한 글의 공표 상대방은 인터넷 카페 회원이나 산후조리원 정보를 검색하는 인터넷 사용자들에 한정되고 그렇지 않은 인터넷 사용자들에게 무분별하게 노출되는 것이라고 보기 어려운 점 등의 제반 사정에 비추어 볼 때, 피고인이 적시한 사실은 산후조리원에 대한 정보를 구하고자 하는 임산부의 의사결정에 도움이 되는 정보 및 의견 제공이라는 공공의 이익에 관한 것이라고 봄이 타당하고, 이처럼 피고인의 주요한 동기나 목적이 공공의 이익을 위한 것이라면 부수적으로 산후조리원 이용대금 환불과 같은 다른 사익적 목적이나 동기가 내포되어 있다는 사정만으로 피고인에게 갑을 비방할 목적이 있었다고 보기 어렵다.[49)]

48) 대판 2005. 4. 29. 2003도2137.
49) 대판 2012. 11. 29. 2012도10392. 다음은 같은 취지이다.
A고등학교 교사인 피고인이 2003. 1. 10.경 인터넷 다음(daum) 사이트의 'A고등학교 갑 학생 살리기 모임' 카페 게시판에 게재함으로써 문제된 글의 상당부분이 피고인이 B대학교에서 개최된 참교육실천보고대회에 참석하여 피해자가 교감으로 근무하는 A고등학교의 갑에 대한 퇴학처분의 부당함을 알리고 참석자들로부터 갑을 살리자는 서명을 받았다는 취지의 내용이기는 하지만, 공소사실에 적시된 '비리' 부분은 위와 같은 취지와 필연적인 관련성이 있다고 할 수 없고, '비리'라는 말은 피해자가 범죄행위를 저지른 것과 같은 인상을 유포하기 위하여 사용된 것이 아니라고 단정할 수 없으며, 문제된 글의 표현 내용과 성질 및 그 표현에 의하여 훼손되거나 훼손될 수 있는 명예의 침해 정도 등을 종합하여 보면, 비방의 목적이 없다고 볼 수 없다고 원심이 판단한 사안에서,
피해자가 학생 을에게 생활지도를 하는 과정에서 손으로 을의 종아리와 어깨 부분 등을 만진 행위는 여학생을 지도하는 교사로서는 부적절한 행동으로서 성적 추행으로 오해받을 여지도 없지 않았던 점, 이와 같은 부적절한 피해자의 행동을 문제 삼은 갑에 대하여 결과적으로 퇴학처분이 내려짐으로써 그에 대한 구명운동이 일어나게 되었던 점, 따라서 피고인이 위와 같은 내용의 글을 게재한 것은 피해자가 자초한 면이 없지 아니하고, 위 글의 표현 자체에도 피해자를 비하하는 구체적 사실에 관한 적시는 되어있지 아니한 점 등을 알 수 있다. 이러한 피해자와 피고인의 지위, 적시사실의 내용 및 성격, 표현의 방법, 문제된 표현이 전체 글 중에서 차지하는 위치와 비중, 게재 동기와 시기, 게재된 인터넷 사이트 게시판의 성격 등 여러 사정을 종합하여 볼 때, 피고인이 이 사건 인터넷 사이트에 그 판시와 같은 내용을 게재한 행위는 피해자가 교감으로 근무하고 있는 학교의 갑에 대한 퇴학처분의 부당함을 알리고자 하는 것을 주된 목적으로 공공의 이익을 위하여 한 것으로 보이므로, 설사 부수적으로 다른 사익적 목적이나 동기가

7. 위법성의 조각

가. 형법 310조의 위법성조각사유

(1) 법적 성질

형법 310조에 의해 처벌되지 아니하는 것의 법적 성질에 관하여 인적처벌조각사유설, 구성요건해당성조각설, 위법성조각설(판례)이 있다.

형법 310조에 의해 위법성이 조각되기 위해서는 적시한 사실이 진실하다는 점과 공익을 위한 것임에 관하여 피고인이 입증책임을 진다는 견해와 검사가 입증책임을 진다는 견해가 있다.

정보통신망을 통한 명예훼손이나 허위사실적시 명예훼손 행위에는 위법성 조각에 관한 형법 제310조가 적용될 수 없다.[50)]

(2) 위법성조각 여부

공연히 사실을 적시하여 사람의 명예를 훼손한 행위가 처벌되지 않기 위하여는 적시된 사실이 객관적으로 볼 때 공공의 이익에 관한 것으로서 행위자도 공공의 이익을 위하여 그 사실을 적시한 것이어야 될 뿐만 아니라, 그 적시된 사실이 진실한 것이거나 적어도 행위자가 그 사실을 진실한 것으로 믿었고, 또 그렇게 믿을 만한 상당한 이유가 있어야 하는 것인바, 여기에서 '진실한 사실'이란 그 내용 전체의 취지를 살펴볼 때 중요한 부분이 객관적 사실과 합치되는 사실이라는 의미로서 세부에 있어 진실과 약간 차이가 나거나 다소 과장된 표현이 있더라도 무방한 것이며, 나아가 '공공의 이익'에는 널리 국가·사회 기타 일반 다수인의 이익에 관한 것뿐만 아니라 특정한 사회집단이나 그 구성원 전체의 관심과 이익에 관한 것도 포함되는 것으로서, 적시된 사실이 공공의 이익에 관한 것인지 여부는 당해 적시 사실의 내용과 성질, 당해 사실의 공표가 이루어진 상대방의 범위, 그 표현의 방법 등 그 표현 자체에 관한 제반 사정을 감안함과 동시에 그 표현에 의하여 훼손되거나 훼손될 수 있는 명예의 침해 정도 등을 비교·고려하여 결정하여야 하고, 행위자의 주요한 동기 내지 목적이 공공의 이익을 위한 것이라면 부수적으로 다른 사익적 목적이나 동기가 내포되어 있더라도 형법 제310조의 적용을 배제할 수 없다.[51)]

내포되어 있다고 하더라도 이는 공공의 이익에 관한 것으로 봄이 상당하고, 따라서 비방할 목적이 있다고 단정할 수는 없다(대판 2006. 10. 26. 2004도5288).

50) 대판 2003. 5. 16. 2003도601; 대판 2005. 2. 17. 2004도8484; 대판 2006. 8. 25. 2006도648.

51) 대판 1993. 6. 22. 93도1035; 대판 2000. 2. 25. 98도2188; 대판 2000. 5. 12. 99도5734; 대판 2001. 10. 9. 2001도3594.
적시된 사실이 공공의 이익에 관한 것인지 여부는 당해 적시 사실의 구체적 내용, 당해 사실의 공표가 이루어진 상대방의 범위의 광협, 그 표현의 방법 등 그 표현 자체에 관한 제반 사정을 감안함과 동시에 그 표현에 의하여 훼손되거나 훼손될 수 있는 타인의 명예의 침해의 정도도 비교·고려하여 결정하여야 한다.
개인의 사적인 신상에 관한 사실이라고 하더라도 그가 관계하는 사회적 활동의 성질이나 이를 통하여 사회에 미치는 영향력의 정도 등의 여하에 따라서는 그 사회적 활동에 대한 비판 내지 평가의 한 자료가 될 수 있는 것이므로 개인의 사적인 신상에 관하여 적시된 사실도 그 적시의 주요한 동기가 공공의 이익을 위한 것이라면 위와 같은 의미에서 형법 제310조 소정의 공공의 이익에 관한 것으로 볼 수 있는 경우가 있다.

교장 갑이 여성기간제교사 을에게 차 접대 요구와 부당한 대우를 하였다는 인상을 주는 내용의 글을 게재한 교사 병의 명예훼손행위가 공공의 이익에 관한 것으로서 위법성이 조각된다고 한 사례.52)

시의원들의 교사들에 대한 무례한 행동에 관하여 보도자료를 만들어 배포

피고인은 시의원들이 학교에서 교사들에게 무례한 행동을 한 것을 알리고 이에 대하여 항의함으로써 교사의 권익을 지킨다는 취지에서 위와 같이 보도자료를 만들어 배포하였고, 그 보도자료에서 적시하고 있는 중요한 사실은 ① 시의원이 여교사를 아가씨라고 부르며 차를 달라고 한 것, ② 교감 책상에 앉아 있는 시의원에게 항의한 교사에게 일부 시의원이 고함을 지르는 등 무례한 행동을 한 것, ③ ○○교육청이 시의원의 추궁을 받고 교사들에게 경위서를 제출하도록 한 것 등인데, 이러한 사실은 모두 객관적 사실과 일치하며, 교감 책상에 앉아 있던 시의원이 누구였는가 하는 점은 그 기재 내용의 전체적인 취지에 비추어 볼 때 당시 상황을 설명하기 위한 세부 묘사에 불과할 뿐 중요한 부분이라고 보기 어렵다. 특히 보도자료의 내용과 같이 교사들에게 무례한 행동을 하고 ○○교육청에 그 교사들이 불친절하다고 항의하는 등 이 사건의 발단을 제공한 사람이 갑이었으므로, 보도자료에 그의 이름만이 기재됨으로써 그의 명예가 크게 훼손되었다고 하더라도, 그러한 사정만으로 피고인이 배포한 보도자료가 전체적으로 허위사실에 해당한다고 보기 어렵다. 그렇다면 피고인이 작성한 보도자료의 기재 내용은 '진실한 사실'이고, 피고인이 이를 배포한 것은 공공의 이익을 위한 것이다.53)

신학대학교의 교수가 출판물 등을 통하여 종교단체인 구원파를 이단으로 비판하는 과정에서 특정인을 그 실질적 지도자로 지목하여 명예를 훼손하는 사실을 적시하였으나 비방의 목적에서라기보다는 공공의 이익을 위하여 한 행위라고 판단한 사례(대판 1996. 4. 12. 94도3309).

52) 대판 2008. 7. 10. 2007도9885. 구체적인 내용은 다음과 같다.
이 사건 글이 독자들에게 망 교장 갑이 여성인 기간제 교사에게 차 준비나 차 접대를 채용과 계약유지의 조건으로 내세우고 이를 거부하자 부당한 대우를 하여 사직하도록 하였다는 인상을 줌으로써 갑의 명예를 훼손한 사실은 인정되지만, 한편 여성 교원의 차 접대와 관련하여 이 사건 발생 3년 전부터 교육·여성 관련 행정기관에서 이를 금지하는 지침을 내려왔던 점, 교육현장에서의 남녀평등은 중요한 헌법적 가치이고, 교육문제는 교육관련자들만의 문제가 아니라 학부모와 학생 등 국가사회 일반의 관심사항이며, 교육문제에 관하여 정보가 공개되고 공론의 장이 마련될 필요가 있는 점, 이 사건 글이 게재된 이후 교사 업무분장의 잘못과 부적절한 관행에 대하여 시정조치가 이루어진 점 등을 종합하여 보면, 이 사건 글을 게재한 주요 동기 내지 목적은 공공의 이익에 관한 것이라고 볼 수 있다고 판단하여, 위 피고인의 행위가 형법 제310조에 의하여 위법성이 조각되어 죄가 되지 않는다는 판단은 정당하다.

53) 대판 2001. 10. 9. 2001도3594. 다음은 유사 취지이다.
아파트 동대표인 피고인이 자신에 대한 부정비리 의혹을 해명하기 위하여 그 의혹제기자가 명예훼손죄로 입건된 사실 등을 기재한 문서를 아파트 입주민들에게 배포한 사안에서, 문서에 기재된 내용이 대체로 객관적인 사실과 일치하고, 배포가 이루어진 상대방의 범위가 제한되며, 그 표현방법도 위 의혹제기자를 비방하는 표현이 없는 점 등 제반 사정에 비추어, 위 문서 배포행위가 오로지 공공의 이익을 위하여 진실한 사실을 적시한 경우로서 형법 제310조의 위법성조각사유에 해당한다고 한 사례(대판 2005. 7. 15. 2004도1388).
한국국악협회 이사장 선거 전후에 걸쳐 이사장으로 입후보하여 당선된 자에 관한 사실을 적시한 행위가, 개인적인 동기가 다소 개재되었다고 하더라도 공공의 이익을 위한 것으로서 위법성이 조각된다고 본 사례(대판 1997. 4. 11. 97도88).
조합의 임원들이 공개적으로 회계감사를 한 결과 피고인이 대자보에 기재된 사실들을 알게 된 근거로는, (1) "체육복관련벽보"에 관하여는, 조합원 갑이 조합이 이미 1벌에 금 18,000원씩 주고 구입한 체육복과 색상 및 디자인이 다를 뿐 상표와 천이 같은 물건을 시장에서 금 10,000원에 구입하였다고 하면서 그 물건을 가져와 비교하여 보니 품질

특정 상가건물관리회의 회장이 위 관리회의 결산보고를 하면서 전 관리회장이 체납관리비 등을 둘러싼 분쟁으로 자신을 폭행하여 유죄판결을 받은 사실을 알린 사안에서, 건물관리회원 전체의 관심과 이익에 관한 것으로서 형법 제310조에 의하여 위법성이 조각된다고 한 사례.[54)]

이 같은 것이었고(피고인은 갑이 구입한 체육복을 대자보 옆에 함께 부착하여 공개하였다), (2) "수재의연금관련벽보"에 관하여는, 당시 수재의연금을 지급받은 조합원 을이 피해자로부터 수재의연금이 나왔으니 통장의 확인서를 받아오면 주겠다는 말을 듣고 실제로 수해를 입지 않았는데도 통장의 확인서를 제출하고 수재의연금을 받았다고 말하였으며(당시 수재의연금을 지급받은 조합원은 모두 6명이었다), (3) "전별금등관련벽보"에 관하여는, 다른 조합원들로부터는 조합비·전별금·경조비를 월급에서 일률적으로 공제하여 징수하였는데, 병으로부터는 조합비만 불규칙적으로 월급에서 공제하여 징수하였을 뿐 전별금과 경조비는 월급에서 공제하지 아니한 사실이 확인된 것으로서, 피고인은 공개적인 회계감사의 결과 드러난 이와 같은 자료들을 근거로 위 대자보에 기재된 사실들이 진실한 것이라고 믿고 공개하게 된 사실을 인정할 수 있는바, 그렇다면 위 대자보에 기재된 내용이 모두 진실한 사실임이 증명되었다고 볼 수는 없을지 모르지만, 피해자가 조합장으로 재임할 당시 조합의 운영을 공개하지 아니하여 오해의 소지가 있었던 터에, 공개적으로 회계감사를 한 결과 피해자가 조합장으로 처리한 업무 중 조합의 자금을 지출한 증빙자료가 부족하거나 의심의 여지가 있는 부분들이 드러나게 되었고, 그 중의 일부 중요한 부분은 진실한 사실임이 증명될 수 있는 정도로 자료가 확보되어 있어, 피고인이 위 대자보에 기재된 내용을 진실이라고 믿게 되었던 것이므로, 피고인이 그와 같이 믿은 데에는 그럴만한 상당한 이유가 있었다고 볼 수도 있을 것이다.

노동조합 조합장이 전임 조합장의 업무처리 내용 중 근거자료가 불명확한 부분에 대하여 대자보를 작성 부착한 행위가 공공의 이익을 위한 것이고 적시된 내용을 진실이라고 믿고 그렇게 믿은 데에 상당한 이유가 있다 하여 위법성이 조각된다고 본 사례(대판 1993. 6. 22. 92도3160).

피고인이 아파트 일부 주민들에게 보낸 문건의 내용이 객관적 사실에 합치되고, 그 문건을 보낸 동기가 아파트 주민들이 위탁관리계약 해지 여부에 관한 적정한 결정을 하기 위한 목적에서 비롯된 것이라고 보아 형법 제310조의 위법성조각사유에 해당한다고 한 사례(대판 2006. 4. 27. 2003도4735).

고소인과 피고인의 지위, 적시사실의 내용 및 성격, 표현의 방법, 게재동기와 시기, 게재된 인터넷 사이트의 성격 등 제반 사정을 종합하여 볼 때, 피고인이 이 사건 인터넷 사이트에 그 판시와 같은 내용을 게재한 행위는 종전의 주민지원기금 횡령혐의에 대한 철저한 진상재조사 및 향후 주민지원기금의 적절한 운용을 촉구하고자 하는 것을 주된 목적으로 공공의 이익을 위하여 한 것으로 봄이 상당하다고 판단한 사례(대판 2005. 10. 14. 2005도5068).

54) 대판 2008. 11. 13. 2008도6342. 구체적인 내용은 다음과 같다.

피고인이 위 결산보고서를 통해 알린 형사재판의 내용인 고소인측의 범죄행위는, 피고인이 위 건물관리회장으로서의 업무를 수행함에 대해 고소인측이 정당한 근거 없이 불법적인 폭력의 행사로서 이에 항의하면서 저지른 것으로서 그 실질에 있어서 위 건물관리회 대표의 공적 업무를 방해하는 행위로 볼 수 있을 것이고, 나아가 기록에 의하면 고소인측이 위 건물관리회의 관리사무실 내에서 피고인을 상대로 공공연히 저지른 범행사실을 끝까지 부인하면서 형사재판에서 이를 다투어 온 사실, 위 범행의 동기가 된 단전·단수 등의 조치에 대해서는 고소인측의 고소에 따른 수사결과 관리회 규약에 근거한 정당한 업무집행이라는 이유로 피고인이 무혐의처분을 받은 사실을 알 수 있다. 위 사실관계에 의하면, 고소인측의 위 범행이 단순히 피고인 개인에 대한 사적인 폭력의 행사에 그친다고 볼 수 없음은 물론, 그 범행사실마저 부인하면서 이를 다투는 고소인측의 행태에 대해 위 건물관리회 및 그 회장인 피고인의 업무수행의 정당성을 옹호함과 아울러 폭력적인 방법으로 이에 맞서는 것은 법적으로 용인되지 아니한다는 뜻을 위 형사재판의 결과만을 위 결산보고서에 간략히 소개하는 형태로 회원들에게 알린 행위는 위 건물관리회 대표의 공적 업무활동과 밀접한 관련이 있는 사안에 관하여 진실을 공표한 경우에 해당하여 건물관리회원 전체의 관심과 이익에 관한 것으로서 공공의 이익에 관한 것이라 할 것이고, 이러한 피고인의 행위는 그 주된 동기가 위 업무집행에 대한 회원들 신뢰를 확보하고 단체의 내부 질서를 바로 잡아 회원들의 단합을 도모하고자 하는 공공의 이익을 위한 것으로 볼 수 있으며, 설령 거기에 고소인에 대한 개인적인 동기가 함께 개재되어 있다 하더라도 위에서 본 그 주된 동기와 목적 및 필요성, 적시사실의 내용과 성질, 공표 상대방의 범위와 표현방법, 그로 인한 고소인의 명예훼손의 정도와 보호가치 등의 사정을 종합하여 볼 때 이를 공공의 이익을 위한 행위라고 평가함에 장애가 되지 아니한다.

교회담임목사를 출교처분한다는 취지의 교단산하 재판위원회의 판결문은 성질상 교회나 교단 소속신자들 사이에서는 당연히 전파, 고지될 수 있는 것이므로 위 판결문을 복사하여 예배를 보러온 신도들에게 배포한 행위에 의하여 그 목사의 개인적인 명예가 훼손된다 하여도 그것은 진실한 사실로서 오로지 교단 또는 그 산하 교회 소속신자들의 이익에 관한 때에 해당하거나 적어도 사회상규에 위배되지 아니하는 행위에 해당하여 위법성이 없다.

위와 같은 피고인들의 배포행위에 피해자를 비방할 목적이 함께 숨어 있었다고 하더라도 그 주요한 동기가 공공의 이익을 위한 것이라면 형법 제310조의 적용을 배제할 수 없다.[55)]

형법 제310조에서 '오로지 공공의 이익에 관한 때'라 함은 적시된 사실이 객관적으로 볼 때, 공공의 이익에 관한 것으로서 행위자도 주관적으로 공공의 이익을 위하여 그 사실을 적시한 것이어야 하는 것인데, 여기의 공공의 이익에 관한 것에는 널리 국가·사회 기타 일반 다수인의 이익에 관한 것뿐만 아니라 특정한 사회집단이나 그 구성원 전체의 관심과 이익에 관한 것도 포함하는 것이고, 적시된 사실이 공공의 이익에 관한 것인지 여부는 당해 적시사실의 내용과 성질, 당해 사실의 공표가 이루어진 상대방의 범위, 그 표현의 방법 등 그 표현 자체에 관한 제반 사정을 감안함과 동시에 그 표현에 의하여 훼손되거나 훼손될 수 있는 명예의 침해 정도 등을 비교·고려하여 결정하여야 한다.

피고인은 ○○주식회사의 대표이사인 피해자에게 압력을 가하여 단체협상에서 양보를 얻어내기 위한 방법의 하나로 위 회사의 다른 직원들과 함께 "○○주식회사 사장 피해자는 체불임금 지급하고 단체교섭에 성실히 임하라", "노동임금 갈취하는 악덕업주 피해자 사장은 각성하라"는 등의 내용이 기재된 현수막과 피켓을 들고 확성기를 사용하여 위와 같은 내용을 반복해서 불특정다수의 행인을 상대로 소리치면서 위 회사의 정문을 출발하여 부산광역시청을 경유, 부산지방경찰청 앞 인도까지 거리행진을 한 경우, 이와 같은 피고인의 이 사건 행위의 동기 및 목적, 당해 사실의 공표가 이루어진 상대방의 범위 등에 비추어 볼 때, 공공의 이익을 위하여 사실을 적시한 것으로 볼 수는 없다.[56)]

55) 대판 1989. 2. 14. 88도899.

56) 대판 2004. 10. 15. 2004도3912. 다음은 같은 취지이다.

피해자는 ○○주식회사의 대주주이기는 하나 1994. 1. 22. 회사 대표이사직을 사임하고 1996. 3. 22. 이사직도 사임한 후 국회의원으로 활동하며 위 회사의 경영에는 직접 관여하지 아니하였음에도 불구하고, 피고인들이 위 회사 사용자측에 압력을 가하여 단체협상에서 양보를 얻어내기 위한 방법의 하나로 피해자의 지역구나 소속 정당의 중앙당사 앞에서 그가 노동조합을 탄압하는 악덕 기업주라고 비방하는 집회를 개최하고 피해자를 모욕하거나 명예를 훼손하는 발언 등을 한 것은, 사실의 적시가 공공의 이익을 위한 것이라고 볼 수 없다(대판 2001. 6. 12. 2001도1012).

공소사실의 요지는, 피고인들이 성남시 분당구 소재 ○○학원 이사장인 피해자 1의 주거지인 ○○아파트 앞에서 소속 노조원들과 함께 피해자 1의 집 주소와 "교육을 빙자한 장사꾼"이라는 내용이 적힌 대형 플래카드와, "유령동창회비 어디 갔나", "장학기금 바람과 함께 사라졌다", "합법노조 탄압", "부당인사 철회하라", "재단개입 밀실인사 즉각 중단하라", "부패재단 퇴진" 등의 내용이 적힌 피켓 등을 들고 시위를 하는 방법으로 공연히 사실을 적시하여 피해자 1의 명예를 훼손하고, 서울 양천구 ○○아파트단지 소재 같은 학원 산하 ○○고등학교 교장 피해자 2의 집 앞에서 소속 노조원들과 함께 피해자 2의 집 주소와 "재단의 꼭두각시"라는 내용이 적힌 대형 플래카드와, "학생복지 외면하는 ○○고등학교 교장", "합의정신 묵살하는 ○○고등학교 교장", "장학기금 움켜쥔 자" 등의 내용이 적힌 피켓 등을 들고 시위를 하는 방법으로 공연히 사실을 적시하여 피해자 2의 명예를 각 훼손하였다는 것이다.

원심은, 그 각 명예훼손 사실을 인정하면서도, 피고인들이 위와 같이 적시한 사실은 진실이고, 피고인들이 위와 같은 행위를 한 것은 위 ○○학원에 대하여 동창회비, 협동조합, 학생식당 등과 관련된 학교 내의 비리의혹을 해소하이 사건에서 피고인이 한 범행사실은 1997. 12. 30. 및 1998. 1. 6. 피고인 및 피해자의 직장인 공무원 및 사립학교교직원의료보험관리공단의 전산망에 설치된 전자게시판에 "모 직원은 공단과 직접 관계된 소송사건에서 공단이 신청한 증인으로 법정에 나와 양심에 따라 사실대로 증언할 것을 선서하였음에도 불구하고 거짓 사실로 증언을 하였고 그에 따라 위증죄로 고소를 당하여 결국 검찰로부터 기소유예처분을 결정한 바 있습니다. 그럼에도 불구하고 또다시 자신의 양심을 저버리고는 검찰의 기소유예처분이 마치 헌법상 보장된 기본권을 침해한 것인 양 주장하면서 헌법재판소에 헌법소원을 제기하였지만 얼마 전에 결국 기각당하고 말았습니다. 이러한 제반 사실은 공직자로서의 품위를 손상시킨 행위인바 공단은 마땅히 그에 상응하는 인사조치를 취하여야 할 것으로 판단되어 여론광장을 통해 의견을 개진합니다"라는 글을 게시하였다는 것이고, 기록에 의하면 위 피해자는 1996. 5. 30. 피고인이 중앙노동위원회 위원장을 상대로 제기한 부당전보인사발령규제재심판정취소소송에 증인으로 출석하여 피고인에게 불리한 내용의 증언을 하였고, 이에 대하여 피고인이 위증죄로 고소하여 서울지방검찰청에서 1996. 9. 20. 기소유예처분을 하였으며, 위 피해자가 그 처분의 취소를 구하는 헌법소원심판을 청구하였으나 1997. 11. 27. 청구가 기각된 사실, 피고인은 "위 피해자가 위 헌법소원심판청구서에 피고인의 명예를 훼손하는 내용의 허위사실을 기재하여 이를 위 공단 총무부 등에 자료로 제출함으로써 공연히 허위의 사실을 적시하여 피고인의 명예를 훼손하였다"고 하여 위 피해자를 고소하였으나 서울지방검찰청에서 1997. 6. 30. 혐의없음 처분을 하였고, 피고인이 이에 대하여 검찰청법에 의한 항고 및 재항고를 한 후 1997. 10. 28. 그 처분의 취소를 구하는 헌법소원심판을 청구한 사실을 인정할 수 있는바, 위와 같은 피고인과 위 피해자의 관계, 위 게시내용에 포함된 사실이 진실한 사실이기는 하나 위 피해자를 비방하는 취지가 게시내용의 주조를 이루고 있는 등 표현의 방법과 위 전자게시판은 위 공단의 임직원 모두가 열람할 수 있는 점 및 피고인의 이 사건 범행에 의하여 훼손되거나 훼손될 수 있는 위 피해자의 명예의 침해 정도 등에 비추어 보면, 이 사건 범행이 오로지 공공의 이익에 관한 것이라고는 할 수 없다.[57]

는 등 학교운영의 공공성, 투명성을 보장할 것을 요구하여 학교가 합리적이고 정상적으로 운영되게 할 목적으로 이루어진 것이므로, 이는 형법 제310조에 정한 '진실한 사실로서 오로지 공공의 이익에 관한 것'에 해당하여 위법성이 조각된다고 판단하였다.

그러나 원심의 위와 같은 판단은 다음과 같은 이유로 수긍할 수 없다.

형법 제310조에서 '오로지 공공의 이익에 관한 때'라 함은 적시된 사실이 객관적으로 볼 때, 공공의 이익에 관한 것으로서 행위자도 주관적으로 공공의 이익을 위하여 그 사실을 적시한 것이어야 하는 것인데, 여기의 공공의 이익에 관한 것에는 널리 국가·사회 기타 일반 다수인의 이익에 관한 것뿐만 아니라 특정한 사회집단이나 그 구성원 전체의 관심과 이익에 관한 것도 포함하는 것이고, 적시된 사실이 공공의 이익에 관한 것인지 여부는 당해 적시사실의 내용과 성질, 당해 사실의 공표가 이루어진 상대방의 범위, 그 표현의 방법 등 그 표현 자체에 관한 제반 사정을 감안함과 동시에 그 표현에 의하여 훼손되거나 훼손될 수 있는 명예의 침해 정도 등을 비교·고려하여 결정하여야 한다.

피고인들이 적시한 사실이 피해자들이 거주하는 아파트 주민들과 관련이 있다고 볼 수 없고, 달리 피고인들이 피해자들의 주소까지 명시하여야 할 사정이 보이지 아니하는 점 등에 비추어, 피고인들이 피해자들이 거주하는 아파트 앞에서 피해자들의 주소까지 명시하여 피해자들의 명예를 훼손한 것을 두고 오로지 공공의 이익에 관한 것이라고 보기는 어렵다고 할 것이다(대판 2008. 3. 14. 2006도6049).

57) 대판 2000. 5. 12. 99도5734. 다음은 유사 취지이다.

피고인이 선거범죄 사건의 제보자가 갑이라는 사실을 알리게 된 경위나 그 상대방인 을이나 병의 지위 등에 비추어 보면, 비록 피고인이 을이나 병에게 개별적으로 위와 같은 사실을 알렸다고 하더라도 불특정 또는 다수인에게 전파될 가능성이 있어 공연성이 인정된다고 판단하고, 피고인이 자신과 관련된 선거범죄 사건의 제보자를 전파가능성이 있는 같은 당 당원들에게 알리는 행위는 갑의 제보로 인하여 수사를 받거나 처벌을 받게 될 피고인 등 및 그들과 이해를 같이 하는 자들의 개인적인 이해관계에 부합하는 행위일 뿐 선거범죄의 처벌을 통하여 공명 정대한 선거문화를 정착하려는 공공의 이익에 반한다고 본 사례(대판 2006. 5. 25. 2005도2049).

나. 기타의 위법성

피고인이 소속한 교단협의회에서 조사위원회를 구성하여 피고인이 목사로 있는 교회의 이단성 여부에 대해 조사하여 조사보고서를 그 교회 사무국장에게 작성토록 하자, 피고인이 위 사무국장에게 피해자를 명예훼손죄로 고소했던 고소장 사본을 주면서 위 조사보고서에 넣어 편집하라고 지시하여 조사보고서에 위 고소장 사본을 넣어 작성 편집을 완료하고 조사보고서 30여 부를 인쇄하여 제작하게 한 다음 한국개신교 교단협의회 사무실에서 교계기자 등 30여 명이 참석한 가운데 개최된 위 조사위원회 주관 기자공청회 석상에서 위 기자 성명불상자 등 10여 명에게 이를 배포한 사안에서, 이는 자신의 주장의 정당성을 입증하기 위한 자료의 제출행위로서 정당한 행위로 볼 것이지, 고소장의 내용에 다소 피해자의 명예를 훼손하는 내용이 들어 있다 하더라도 이를 이유로 고소장을 첨부한 행위가 위법하다고까지는 할 수 없다고 한 사례.[58)]

과수원을 경영하는 피고인이 사과를 절취당한 피해자의 입장에서 앞으로 이와 같은 일이 재발되지 않도록 예방하기 위하여 과수원의 관리자와 같은 동네 새마을 지도자에게 각각 그들만이 있는 자리에서 개별적으로 피해자가 피고인 소유의 과수원에서 사과를 훔쳐간 사실을 말하였다 하더라도 통상적인 사회생활면으로 보나 사회통념상 위와 같은 피고인의 소위를 위법하다고는 말하기 어렵다.[59)]

정부의 업무수행에 관한 언론보도

언론보도로 인한 명예훼손이 문제되는 경우에는 그 보도로 인한 피해자가 공적인 존재인지 사적인 존재인지, 그 보도가 공적인 관심사안에 관한 것인지 순수한 사적인 영역에 속하는 사안에 관한 것인지, 그 보도가 객관적으로 국민이 알아야 할 공공성, 사회성을 갖춘 사안에 관한 것으로 여론형성이나 공개토론에 기여하는 것인지 아닌지 등을 따져보아 공적 존재에 대한 공적 관심사안과 사적인 영역에 속하는 사안 간 심사기준에 차이를 두어야 하는데, 당해 표현이 사적인 영역에 속하는 사안에 관한 것인 경우에는 언론의 자유보다 명예의 보호라는 인격권이 우선할 수 있으나, 공공적·사회적인 의미를 가진 사안에 관한 것인 경우에는 그 평가를 달리하여야 하고 언론의 자유에 대한 제한이 완화되어야 한다. 특히 정부 또는 국가기관의 정책결정이나 업무수행과 관련된 사항은 항상 국민의 감시와 비판의 대상이 되어야 하고, 이러한 감시와 비판은 이를 주요 임무로 하는 언론보도의 자유가 충분히 보장될 때 비로소 정상적으로 수행될 수 있으며, 정부 또는 국가기관은 형법상 명예훼손죄의 피해자가 될 수 없으므로, 정부 또는 국가기관의 정책결정 또는 업무수행과 관련된 사항을 주된 내용으로 하는 언론보도로 인하여 그 정책결정이나 업무수행에 관여한 공직자에 대한 사회적 평가가 다소 저하될 수 있더라도, 그 보도의 내용이 공직자 개인에 대한 악의적이거나 심히 경솔한 공격으로서 현저히 상당성을 잃은 것으로 평가되지 않는 한, 그 보도로 인하여 곧바로 공직자 개인에 대한 명예훼손이 된다고 할 수 없다.[60)]

---

58) 대판 1995. 3. 17. 93도923. 다음은 같은 취지이다.
특정 기독교 교단의 목사들이 교단 내 목회자들에게 보낸 유인물에서 다른 목사의 목사안수를 비난한 것이 형법 제310조 소정의 '오로지 공공의 이익에 관한 때'에 해당한다고 본 사례(대판 1999. 6. 8. 99도1543).

59) 대판 1986. 10. 14. 86도1341.

60) 대판 2011. 9. 2. 2010도17237. 다음은 같은 취지이다.

다. 사실의 진실성에 관한 착오

허위사실을 진실로 오인하여 공익 목적으로 적시한 경우에 관하여 위법성조각사유의 전제사실에 관한 착오에 해당한다는 견해, 허용된 위험이라는 견해, 형법 15조 1항이 적용되는 구성요건적 착오에 해당한다는 견해가 있다.

내용 중에 일부 허위사실이 포함된 신문기사를 보도한 사안에서, 기사 작성의 목적이 공공의 이익에 관한 것이고 그 기사 내용을 작성자가 진실하다고 믿었으며 그와 같이 믿은 데에 객관적인 상당한 이유가 있다는 이유로 명예훼손의 위법성을 부인한 원심판결을 수긍한 사례.[61)]

형법 제310조의 규정은 인격권으로서의 개인의 명예의 보호와 헌법 제21조에 의한 정당한 표현의 자유의 보장이라는 상충되는 두 법익의 조화를 꾀한 것이라고 보아야 할 것이므로, 두 법익간의 조화와 균형을 고려한다면 적시된 사실이 진실한 것이라는 증명이 없더라도 행위자가 진실한 것으로 믿었고 또 그렇게 믿을 만한 상당한 이유가 있는 경우에는 위법성이 없다고 보아야 할 것이다.
피고인의 발언이나 피고인이 배포한 유인물의 기재는 대체로 진실에 부합하는 것이거나 피고인의 비판적인 의견을 표명한 것에 지나지 않는다고 할 것이고, 설령 진실인지 여부가 다소 명확하지 않은 부분이 있다고 하더라도 피고인으로서는 그것이 진실하다고 믿을 만한 상당한 이유가 있었다고 할 것이고, 그 적시된 사실 또는 의견은 모두 조합의 업무집행이 정당하게 이루어지지 아니하였음을 지적하는 취지로서 그 표현행위의 상대방인 조합원들에 대한 관계에서 객관적으로 공공의 이익에 관한 것이어서 위법성이 조각되는 경우에 해당한다고 봄이 상당하다.[62)]

형법 제310조에서 말하는 공공의 이익에는 널리 국가, 사회 기타 일반 다수인의 이익에 관한 것뿐만 아니라 특정 사회집단이나 그 구성원 전체의 관심과 이익에 관한 것도 포함되고, 행위자의 주요한 동기 내지 목적이 공공의 이익을 위한 것이라면 부수적으로 다른 개인적인 목적 또는 동기가 내포되어 있거나 그 표현에 있어서 다소 모욕적인 표현이 들어 있다 하더라도 형법 제310조의 적용을 배제할 수 없다. 나아가 공인이나 공적 기관의 공적 활동 혹은 정책에 대하여는 국민의 알 권리와 다양한 사상, 의견의 교환을 보장하는 언론의 자유의 측면에서 그에 대한 감시와 비판기능이 보장되어야 하므로 명예를 훼손당한 자가 공인인지, 그 표현이 객관적으로 국민이 알아야 할 공공성, 사회성을 갖춘 공적 관심사안에 관한 것으로 사회의 여론형성 내지 공개토론에 기여하는 것인지, 피해자가 그와 같은 명예훼손적 표현의 위험을 자초한 것인지 여부 등의 사정도 적극 고려되어야 한다. 따라서 이러한 공적 관심사안에 관하여 진실하거나 진실이라고 봄에 상당한 사실을 공표한 경우에는 그것이 악의적이거나 현저히 상당성을 잃은 공격에 해당하지 않는 한 원칙적으로 공공의 이익에 관한 것이라는 증명이 있는 것으로 보아야 한다.
축산업협동조합중앙회장이 농림부장관이 공식 채택한 수입쇠고기 유통 및 판매의 권장정책 및 농축협 통합정책의 정당성 여부를 문제삼는 내용의 광고를 게재한 사안에서, 농림부장관 개인에 대한 비방의 목적이 있다고 단정한 원심의 조치를 위법하다고 한 사례(대판 2007. 1. 26. 2004도1632).

61) 대판 1996. 8. 23. 94도3191.

62) 대판 2007. 12. 14. 2006도2074.

8. 죄 수

형법 제307조의 명예훼손죄와 공직선거및선거부정방지법 제251조의 후보자비방죄는 보호법익과 구성요건의 내용이 서로 다른 별개의 범죄로서 상상적경합의 관계에 있다.[63)]

Ⅱ. 사자명예훼손죄

사자의 명예훼손죄는 공연히 허위의 사실을 적시하여 사자의 명예를 훼손함으로써 성립한다. 본죄는 허위의 사실을 적시한 경우에 한하여 성립한다.[64)] 본죄의 보호법익에 관하여 유족이 사자에 대해 가지는 추모감정이라는 견해, 사자의 유족이나 이해관계인의 명예라는 견해, 역사적 가치로서의 사자의 명예라는 견해가 있다.

사자 명예훼손죄는 사자에 대한 사회적, 역사적 평가를 보호법익으로 하는 것이므로 그 구성요건으로서의 사실의 적시는 허위의 사실일 것을 요하는 바 피고인이 사망자의 사망사실을 알면서 위 망인은 사망한 것이 아니고 빚 때문에 도망다니며 죽은 척 하는 나쁜 놈이라고 함은 공연히 허위의 사실을 적시한 행위로서 사자의 명예를 훼손하였다고 볼 것이다.[65)]

---

63) 대판 1998. 3. 24. 97도2956.

64) 원심은, 피고인은 1970. 2. 19 ㅇㅇ정씨의 후손인 을의 5남인 병이 피고인의 3남을 칼로 찔러 죽게 한 것을 원망하여 1970. 3. 일자 미상경 위 정씨 가문의 명예를 훼손할 것을 결의하고, 비석에 "ㅇㅇ 정가 갑의 7대손인 을의 자식과 방 7대손인 정의 자식 두 놈의 사람 백정은… 피고인의 3남을 살해하였다. 정가 문중에서 사람백정 두 번째 나왔는데 셋째 백정은 몇 대 손에서 언제 나오려나" "호조참판인 갑은 8대손에서 사람백정을 낳을 줄 어찌 알았으랴. 사람 죽인 정가들 아무 회계없으니 또다시 어느 놈이 백정질 할거냐"하는 요지의 비문을 조각하여 그 비석을 불특정 다수인이 왕래하며 볼 수 있는 도로 옆 노상에 세워둠으로써 공연히 ㅇㅇ정씨의 8대 선조인 사망한 갑 명예를 훼손한 것이라고 인정하여 사자의 명예훼손에 관한 형법 제308조를 적용하였다.
그러나 사자의 명예훼손죄는 공연히 "허위의 사실"을 적시하여 사자의 명예를 훼손함으로써 성립하므로 원심은 병이 피고인의 3남을 살해하였음을 인정하였음에도 불구하고 위 적시 사실이 허위인가 여부를 판시함이 없이 형법 제308조를 적용하였음은 이유불비 또는 법리오해의 위법이 있다(대판 1972. 9. 26. 72도1798).
역사적 인물을 모델로 한 드라마(즉, 역사드라마)가 그 소재가 된 역사적 인물의 명예를 훼손할 수 있는 허위사실을 적시하였는지 여부를 판단할 때에는 적시된 사실의 내용, 진실이라고 믿게 된 근거나 자료의 신빙성, 예술적 표현의 자유로 얻어지는 가치와 인격권의 보호에 의해 달성되는 가치의 이익형량은 물론 역사드라마의 특성에 따르는 여러 사정과 드라마의 주된 제작목적, 드라마에 등장하는 역사적 인물과 사건이 이야기의 중심인지 배경인지 여부, 실존인물에 의한 역사적 사실과 가상인물에 의한 허구적 이야기가 드라마 내에서 차지하는 비중, 드라마상에서 실존인물과 가상인물이 결합된 구조와 방식, 묘사된 사실이 이야기 전개상 상당한 정도 허구로 승화되어 시청자의 입장에서 그것이 실제로 일어난 역사적 사실로 오해되지 않을 정도에 이른 것으로 볼 수 있는지 여부 등을 종합적으로 고려하여야만 한다.
역사드라마 '서울 1945'의 특정 장면이 공연히 허위사실을 적시하여 망인인 이승만 등의 명예를 훼손하였다는 공소사실에 대하여, 구체적인 허위사실의 적시가 있었다고 보기 어렵다는 이유로 무죄를 선고한 원심판단을 정당하다고 한 사례(대판 2010. 4. 29. 2007도8411).

65) 대판 1983. 10. 25. 83도1520.

Ⅲ. 출판물에 의한 명예훼손죄

1. 의 의

본죄를 가중처벌하는 이유는 사실적시의 방법으로서 출판물 등을 이용하는 경우 그 성질상 다수인이 견문할 수 있는 높은 전파성과 신뢰성 및 장기간의 보존가능성 등 피해자에 대한 법익침해의 정도가 더욱 크다는 데 있다.[66]

형법 제309조 제1항 소정의 '기타 출판물'에 해당한다고 하기 위하여는, 사실적시의 방법으로서 출판물 등을 이용하는 경우 그 성질상 다수인이 견문할 수 있는 높은 전파성과 신뢰성 및 장기간의 보존가능성 등 피해자에 대한 법익침해의 정도가 더욱 크다는 데 그 가중처벌의 이유가 있는 점에 비추어 보면, 그것이 등록·출판된 제본 인쇄물이나 제작물은 아니라고 할지라도 적어도 그와 같은 정도의 효용과 기능을 가지고 사실상 출판물로 유통·통용될 수 있는 외관을 가진 인쇄물로 볼 수 있어야 한다.[67]

피고인이 배포한 인쇄물은 가로 25㎝ 세로 35㎝ 정도 되는 일정한 제호가 표시되었다고 볼 수 없는 낱장의 종이에 단지 단편적으로 피고인의 주장을 광고하는 문안이 인쇄되어 있는 것에 불과한 것인바, 이와 같은 이 사건 인쇄물의 외관이나 형식에 비추어 볼 때 이 사건 인쇄물이 등록된 간행물과 동일한 정도의 높은 전파성, 신뢰성, 보존가능성 등을 가지고 사실상 유통·통용될 수 있는 출판물이라고는 보기 어렵다.[68]

피고인이 작성하여 우송 또는 교부한 유인물은 컴퓨터 워드프로세서로 작성되고 프린트된 A4용지 7쪽 분량의 인쇄물로서 보통편지봉투에 넣어 우송될 수 있을 정도에 불과한 것으로, 그 외관이나 형식 및 그 작성경위 등에 비추어 볼 때, 그것이 등록된 간행물과 동일한 정도의 높은 전파성, 신뢰성, 보존가능성 등을 가지고 사실상 유통·통용될 수 있는 출판물이라고 보기 어렵다.[69]

---

66) 대판 1998. 10. 9. 97도158.

67) 대판 1998. 10. 9. 97도158; 대판 2000. 2. 11. 99도3048

68) 대판 1998. 10. 9. 97도158. 다음은 같은 취지이다.
가로 약 25센티미터, 세로 약 30센티미터 되는 모조지 위에 싸인펜으로 특정인의 인적사항, 인상, 말씨 등을 기재하고(일부기재는 복사됨) 위 사람은 정신분열증 환자로서 무단가출하였으니 연락해 달라는 취지의 내용을 기재한 광고문 10여장을 작성하여 친척등 수명에게 우송한 것은 출판물에 해당한다고 보기 어렵다(대판 1986. 3. 25. 85도1143).
장수가 2장에 불과하며 제본방법도 조잡한 것으로 보이는 최고서 사본이 출판물이라고 할 수 있을 정도의 외관과 기능을 가진 인쇄물에 해당한다고 보기는 어렵다(대판 1997. 8. 26. 97도133).

69) 대판 2000. 2. 11. 99도3048.

2. 허위의 사실을 제보하여 언론보도케 함

피해자를 비방할 목적으로 신문기자에게 허위사실의 보도자료를 교부

타인을 비방할 목적으로 허위사실인 기사의 재료를 신문기자에게 제공한 경우에 이 기사를 신문지상에 게재하느냐의 여부는 오로지 당해 신문의 편집인의 권한에 속한다고 할 것이나, 이를 편집인이 신문지상에 게재한 이상 이 기사의 게재는 기사재료를 제공한 자의 행위에 기인한 것이므로, 이 기사재료를 제공한 자는 형법 제309조 제2항 소정의 출판물에 의한 명예훼손죄의 죄책을 면할 수 없는 것이다.

피고인이 피해자를 비방할 목적으로 신문기자에게 허위사실을 설명하고 보도자료를 교부하여, 그 내용을 진실한 것으로 오신한 신문기자로 하여금 신문에 허위기사를 게재하도록 하였다면, 이는 출판물에 의한 명예훼손죄의 구성요건을 충족한다.[70)]

출판물에 의한 명예훼손죄는 간접정범에 의하여 범하여질 수도 있으므로 타인을 비방할 목적으로 허위의 기사 재료를 그 정을 모르는 기자에게 제공하여 신문 등에 보도되게 한 경우에도 성립할 수 있다. 그러나 제보자가 기사의 취재·작성과 직접적인 연관이 없는 자에게 허위의 사실을 알렸을 뿐인 경우에는, 제보자가 피제보자에게 그 알리는 사실이 기사화 되도록 특별히 부탁하였다거나 피제보자가 이를 기사화할 것이 고도로 예상되는 등의 특별한 사정이 없는 한, 피제보자가 언론에 공개하거나 기자들에게 취재됨으로써 그 사실이 신문에 게재되어 일반 공중에게 배포되더라도 제보자에게 출판·배포된 기사에 관하여 출판물에 의한 명예훼손죄의 책임을 물을 수는 없다고 할 것이다.[71)]

70) 대판 1994. 4. 12. 93도3535. 다음은 같은 취지이다.
피고인이 피해자를 비방할 목적으로 조선일보 기자에게 피고인이 동대표 선거에서 당선되고도 선거가 무효로 된 경위에 관하여 허위사실을 설명하고 자료를 제공하여, 그 내용을 진실한 것으로 오신한 기자로 하여금 조선일보에 허위기사를 게재하도록 하였다면 이는 출판물에의한명예훼손죄의 구성요건을 충족한다(대판 2004. 5. 14. 2003도5370).

71) 대판 2002. 6. 28. 2000도3045. 구체적인 내용은 다음과 같다.
원심은, 피고인이 1996. 10. 중순 새정치국민회의 소속 서울시 정무부시장 갑을 통하여 같은 당 국회의원 을에게 "○○사는 기술력이 외국에 비해 떨어지는 기업이나 정부의 보호정책과 권력자의 비호 등에 의해 급성장했다. ○○사의 급성장에는 정부고위층의 1백억 원 특혜금융지원이 있었다, 피고인이 ○○사를 사기로 고소했으나 대통령 주치의 정이 담당검사에게 압력을 넣어 무혐의 처리되도록 하였다"는 취지로 제보하고, 1996. 10. 22. 을로 하여금 국회에서 위 제보내용을 공개하도록 하여, 1996. 10. 23. 한겨레신문, 조선일보, 경향신문 등에 그 내용대로 기사가 게재되어 다수의 독자들에게 배포되게 함으로써 허위의 사실을 적시하여 피해자 회사의 명예를 훼손하였다는 점을 유죄로 인정하고 있다.
그러나 원심이 인정한 사실에 의하더라도, 피고인은 피고인과 ○○사 사이에 발생한 분쟁을 해결하고자 1996. 3.경 ○○사의 대표이사인 정을 사기 혐의로 고소하였으나 1996. 7. 30.경 검찰에 의하여 혐의 없다는 결정이 내려지자, 다시 이 문제를 야당 국회의원들을 통하여 해결하고자 1996. 9.경 갑에게 그 동안의 분쟁 경위와 검찰의 사건처리를 설명하고 국회 차원에서 ○○사의 비리를 조사해 줄 것을 부탁하면서 관련자료를 넘겨주었고, 갑은 그 무렵 같은 당 소속 을에게 위 자료를 넘겨주었다는 것이고, 한편 기록에 의하면 1996. 10. 22. 당시 여당 대표가 국회 대표연설에서 ○○사를 '우리 시대의 영웅'이라고 치켜세웠는데, 을이 여당 대표연설에 대한 비판으로 갑을 통하여 넘겨받은 자료를 바탕으로 그 내용을 국회에서 공개적으로 주장하자 공소사실 기재와 같이 각 일간신문에 게재되어 일반에게 배포된 사실을 인정할 수 있다. 위 인정 사실에 의하면 피고인은 단지 ○○사와의 분쟁을 야당 국회의원을 통하여 정치적으로 해결하려 하였던 것으로 보이고, 달리 피고인이 을에게 이를 알리면서 신문에 기사화 되도록 특별히 부탁하였다거나 을이 이를 언론에 공개하여 기사화 할 것이 고도로 예상되는 특별한 사정이 있다고 보기 어렵다고 할

3. 고 의

형법 제309조 제2항의 출판물 등에 의한 명예훼손죄가 성립하려면 그 적시하는 사실이 허위이어야 할 뿐 아니라 범인이 그와 같은 사실이 허위라고 인식을 하여야만 된다 할 것이고, 만일 범인이 그와 같은 사실이 허위라는 인식을 하지 못하였다면 형법 제309조 제1항의 죄로서 벌하는 것은 별론으로 하고 형법 제309조 제2항의 죄로서는 벌할 수 없다. 위와 같은 허위의 점에 대한 인식, 즉 범의에 대한 입증책임은 검사에게 있다.[72)]

4. 비방의 목적

형법 제309조 제1항 소정의 출판물에 의한 명예훼손죄는 타인을 비방할 목적으로 신문, 잡지 또는 라디오 기타 출판물에 의하여 사실을 적시하여 타인의 명예를 훼손할 경우에 성립되는 범죄로서, 여기서 '비방할 목적'이란 가해의 의사 내지 목적을 요하는 것으로서 공공의 이익을 위한 것과는 행위자의 주관적 의도의 방향에 있어 서로 상반되는 관계에 있다고 할 것이므로, 적시한 사실이 공공의 이익에 관한 것인 경우에는 특별한 사정이 없는 한 비방할 목적은 부인된다고 봄이 상당하고, 그 적시한 사실이 공공의 이익에 관한 것인지 여부는 당해 명예훼손적 표현으로 인한 피해자가 공무원 내지 공적 인물과 같은 공인인지 아니면 사인에 불과한지, 그 표현이 객관적으로 국민이 알아야 할 공공성·사회성을 갖춘 공적 관심 사안에 관한 것으로 사회의 여론형성 내지 공개토론에 기여하는 것인지 아니면 순수한 사적인 영역에 속하는 것인지, 피해자가 그와 같은 명예훼손적 표현의 위험을 자초한 것인지, 그리고 그 표현에 의하여 훼손되는 명예의 성격과 침해의 정도, 그 표현의 방법과 동기 등의 여러 사정에 비추어 판단하여야 할 것이며, 또한 적시된 사실은 이로써 특정인의 사회적 가치 내지 평가가 침해될 가능성이 있을 정도로 구체성을 띠어야 하는 것이다.
이 사건 소설이 일반 독자들에게 소설상의 내용을 진실한 것이라고 주장하는 것이 아니라 피고인들이 가지고 있는 의혹을 소설의 형식으로 제기하고 있는 것이고, 피고인들이 이 사건 소설을 집필, 출간한 행위는 대한항공 858기 폭파사건에 관한 새로운 진상 규명의 필요성을 사회적으로 호소하기 위한 목적으로 공공의 이익을 위한 것으로 봄이 상당하며 비방의 목적을 인정할 수 없다.[73)]

구 정보통신망 이용촉진 및 정보보호 등에 관한 법률(2007. 12. 21. 법률 제8778호로 개정되기 전의 것) 제61조 제1항에 정한 '사람을 비방할 목적'이란 가해의 의사 내지 목적을 요하는 것으로서, 사람을 비방할 목적이 있는지 여부는 당해 적시 사실의 내용과 성질, 당해 사실의 공표가 이루어진 상대방의 범위, 그 표현의 방법 등 그 표현 자체에 관한 제반 사정을 감안함과 동시에 그 표현에 의하여 훼손되거나 훼손될 수 있는 명예의 침해 정도 등을 비교, 고려하여 결정하여야 하는데, 공공의 이익을 위한 것과는 행위자의 주관적 의

것이므로, 그 후 국회의원인 을이 여당 대표연설에 대한 비판으로 이를 공개하고, 그것이 신문에 보도되었다고 할지라도 피고인에게 출판물에 의한 명예훼손죄의 책임이 있다고 보기는 어렵다.

72) 대판 1994. 10. 28. 94도2186.

73) 대판 2009. 6. 11. 2009도156. 같은 취지로는 대판 2002. 8. 23. 2000도329; 대판 2007. 6. 14. 2004도4826; 대판 2007. 10. 26. 2006도5924.

도의 방향에 있어 서로 상반되는 관계에 있으므로, 적시한 사실이 공공의 이익에 관한 것인 경우에는 특별한 사정이 없는 한 비방할 목적은 부인된다고 봄이 상당하고, 공공의 이익에 관한 것에는 널리 국가·사회 기타 일반 다수인의 이익에 관한 것뿐만 아니라 특정한 사회집단이나 그 구성원 전체의 관심과 이익에 관한 것도 포함하는 것이고, 행위자의 주요한 동기 내지 목적이 공공의 이익을 위한 것이라면 부수적으로 다른 사익적 목적이나 동기가 내포되어 있더라도 비방할 목적이 있다고 보기는 어렵다.
인터넷 포털사이트의 지식검색 질문·답변 게시판에 성형시술 결과가 만족스럽지 못하다는 주관적인 평가를 주된 내용으로 하는 한 줄의 댓글을 게시한 사안에서, 그 표현물은 전체적으로 보아 성형시술을 받을 것을 고려하고 있는 다수의 인터넷 사용자들의 의사결정에 도움이 되는 정보 및 의견의 제공이라는 공공의 이익에 관한 것이어서 비방할 목적이 있었다고 보기 어렵다고 한 사례.[74)]

피고인은 1988. 2. 10.경 월간중앙담당 국장대우인 갑으로부터 월간중앙 복간호에 광주민주화운동 관련 화보를 특집으로 게재하게 되었으니 이에 관련된 자료사진을 제공하여 달라는 부탁을 받고 피고인이 1980. 9. 경부터 1981. 12. 24.경까지 특전사령부에 근무할 당시에 입수하여 소지하고 있던 '1969. 6. 16.경 흑산도 대간첩작전에 참가한 피해자 등이 작전종료 후 사살한 무장공비 및 노획물을 모아놓고 그 앞에서 기념촬영한 사진 1매'를 광주민주화운동 당시 자신이 직접 특전사령부 요원으로 광주현장에서 촬영한 것이라고 설명하면서 갑에게 교부하였고, 이 사건 사진이 위 잡지에 광주민주화운동 관련화보의 일부로 게재될 경우 마치 위 피해자들이 1980. 5. 광주민주화운동 당시 공수부대원으로 광주에 출동하여 광주시민을 사살하고 사살된

74) 대판 2009. 5. 28. 2008도8812. 구체적인 내용은 다음과 같다.
사실관계: 피해자가 운영하는 ㅇㅇ성형외과에서 턱부위 고주파시술을 받았다가 그 결과에 불만을 품은 피고인이 인터넷 포털사이트 네이버의 지식검색 질문·답변 게시판에 '피고인이 피해자로부터 눈, 턱을 수술받았으나 수술 후 결과가 좋지 못하다', '피고인이 피해자 운영의 ㅇㅇ성형외과에서 눈 수술을 받았으나 지방제거를 잘못하여 모양이 이상해졌고, 다른 병원에서도 모두 이를 인정한다'라는 취지의 글을 게시하였다.
판단: 위 각 표현물은 인터넷 사용자들이 질문을 올리면 이에 대해 답변하면서 질문사항에 의견과 정보를 공유하는 기능을 가진 인터넷 포털사이트의 지식검색 질문·답변 게시판에 단 한 줄의 댓글 형태로 각 게시된 점, 그 동기에 대해 피고인은 제1심 및 원심 법정에서 피해자의 성형시술 결과에 불만을 품고 있던 중 인터넷에서 피해자의 성형시술능력에 대한 질문·답변을 보고 다른 피해사례를 막아야겠다는 생각에 자신의 경험과 의견을 다른 사람들과 공유하고자 위 각 표현물을 게시하였다고 진술하기도 한 점, 피고인은 피해자로부터 피고인의 글을 삭제해 달라는 요청을 받고 즉시 삭제한 점 등을 알 수 있는바, 이러한 점들과 원심이 인정한 사실관계를 위 법리에 비추어 보면, 위 각 표현물의 공표가 이루어진 상대방은 피해자의 성형시술능력에 관심을 가지고 이에 대해 검색하는 인터넷 사용자들에 한정되고 그렇지 않은 인터넷 사용자들에게 무분별하게 노출되는 것이라고 보기는 어려우며, 그 분량도 각 한 줄에 불과하고, 그 내용 또한 피고인의 입장에서는 피해자의 시술 결과가 만족스럽지 못하다는 주관적인 평가가 주된 부분을 차지하고 있으며, 성형시술을 제공받은 모든 자들이 그 결과에 만족할 수는 없는 것이므로 그러한 불만을 가진 자들이 존재한다는 사실에 의한 피해자의 명예훼손의 정도는 위와 같은 인터넷 이용자들의 자유로운 정보 및 의견 교환으로 인한 이익에 비해 더 크다고 보기는 어려우므로, 피해자의 입장에서는 어느 정도 그러한 불만을 가진 자들의 자유로운 의사의 표명을 수인하여야 할 것이라는 점을 고려해 볼 때, 위 각 표현물의 표현방법에 있어서도 인터넷 사용자들의 의사결정에 도움을 주는 범위를 벗어나 인신공격에 이르는 등 과도하게 피해자의 명예를 훼손한 것이라고 보기는 어렵다고 평가할 수 있어, 위 각 표현물은 전체적으로 보아 피해자로부터 성형시술을 받을 것을 고려하고 있는 다수의 인터넷 사용자들의 의사결정에 도움이 되는 정보 및 의견의 제공이라는 공공의 이익에 관한 것이라고 볼 수 있고, 이와 같이 피고인의 주요한 동기 내지 목적이 공공의 이익을 위한 것이라면 부수적으로 원심이 인정한 바와 같은 다른 목적이나 동기가 내포되어 있더라도 그러한 사정만으로 피고인에게 비방할 목적이 있었다고 보기는 어렵다.

시민들의 앞에서 기념촬영을 한 것처럼 보여지게 되는 경우, 이 사건 사진을 갑에게 교부할 당시 피고인에게는 피해자들을 비방할 목적이 있었다.
또한 위 잡지에 게재된 사진을 일반독자들이 본다면 사진에 나와 있는 공수대원들이 피해자들이라는 것을 인식할 가능성은 희박하지만 한편 이 사건 사진이 1969년도에 언론매체에 의하여 보도되었을 뿐만 아니라 특전사 전시관 등에 전시되어 있었기 때문에 과거에 이 사건 사진을 본 적이 있었던 사람 및 피해자들을 평소 잘 알고 있었던 사람들은 게재된 사진을 보더라도 그 속의 공수대원들이 피해자들이라는 것을 인식할 수 있으므로 불특정 또는 다수인에게 있어서 게재된 사진에 의하여 피해자들은 특정되었다고 본 것은 옳다.75)

감사원 소속 공무원이 재벌그룹의 콘도미니엄 사업승인과 관련한 특혜의혹사건에 관하여 기자들에게 "양심선언"이란 제목 아래 감사원 국장이 외부의 압력을 받아 감사를 이유 없이 중단시켰다는 내용의 유인물을 배포한 사안에서, 비방의 목적이나 허위라는 인식이 없으므로 출판물에 의한 명예훼손죄가 성립하지 않는다고 한 사례.76)

5. 위법성의 조각

형법 제307조 제1항의 명예훼손행위가 진실한 사실로서 오로지 공공의 이익에 관한 때에는 위법성이 조각되나 형법 제309조 제1항의 출판물 등에 의한 명예훼손행위는 그것이 오로지 공공의 이익을 위한 행위였다고 하더라도 위법성이 조각되지 않음은 형법 제310조의 규정에 비추어 명백하다.77)

형법 제309조 제1항 소정의 '사람을 비방할 목적'이란 가해의 의사 내지 목적을 요하는 것으로서 공공의 이익을 위한 것과는 행위자의 주관적 의도의 방향에 있어 서로 상반되는 관계에 있다고 할 것이므로, 형법 제310조의 공공의 이익에 관한 때에는 처벌하지 아니한다는 규정은 사람을 비방할 목적이 있어야 하는 형법 제309조 제1항 소정의 행위에 대하여는 적용되지 아니하고 그 목적을 필요로 하지 않는 형법 제307조 제1항의 행위에 한하여 적용되는 것이고, 반면에 적시한 사실이 공공의 이익에 관한 것인 경우에는 특별한 사정이 없는 한 비방 목적은 부인된다고 봄이 상당하므로 이와 같은 경우에는 형법 제307조 제1항 소정의 명예훼손죄의 성립 여부가 문제될 수 있고 이에 대하여는 다시 형법 제310조에 의한 위법성 조각 여부가 문제로 될 수 있다.
출판물에 의한 명예훼손죄에 있어서 비방의 목적이 있다고 보기 어렵고, 나아가 형법 제307조 제1항의 명예훼손죄에 해당한다고 하더라도 형법 제310조에 의하여 위법성이 조각된다고 한 사례.78)

75) 대판 1989. 11. 14. 89도1744.
76) 대판 2008. 11. 13. 2006도7915.
77) 대판 1995. 6. 30. 95도1010.
78) 대판 2003. 12. 26. 2003도6036. 구체적인 내용은 다음과 같다.
강원도 화천군은 1999. 3. A와 사이에 화천군 내 생활폐기물 수집, 운반업무의 위탁계약을 체결하면서 청소차 운전수 4명과 환경미화원 16명에 관하여 A로 하여금 고용을 승계하도록 하고, 3년간 고용과 기존 근로조건을 보장하도

6. 범행의 종료

서적·신문 등 기존의 매체에 명예훼손적 내용의 글을 게시하는 경우에 그 게시행위로써 명예훼손의 범행은 종료하는 것이며 그 서적이나 신문을 회수하지 않는 동안 범행이 계속된다고 보지는 않는다는 점을 고려해 보면, 정보통신망을 이용한 명예훼손의 경우에, 게시행위 후에도 독자의 접근가능성이 기존의 매체에 비하여 좀 더 높다고 볼 여지가 있다 하더라도 그러한 정도의 차이만으로 정보통신망을 이용한 명예훼손의 경우에 범죄의 종료시기가 달라진다고 볼 수는 없다.79)

록 한 사실, A는 고용승계한 근로자들과 1년 단위의 근로계약을 체결하고 이를 갱신하여 왔는데 2001. 4. 갑과 재계약을 체결하면서, "A를 음해하거나 해가 될 수 있는 행위를 할 경우와 경영상의 손해를 입힐 경우"를 해고사유에 추가하려고 하였으나 갑이 재계약을 거부한 후 2001. 5. 16. 갑을 대표자로 하여 "한국노총 전국연합노동조합연맹 A노동조합"의 설립신고를 하자 2001. 6. 16. 갑에게 재계약거절의 의사표시를 하였고, 이에 갑이 강원지방노동위원회에 부당해고 및 부당노동행위의 구제신청을 하였다가 2001. 7.경 A와 사이에 합의가 성립하여 부당해고 및 부당노동행위의 구제신청을 취하하고, A와 사이에 다시 근로계약을 체결한 사실, 그 과정에서 A가 근로자들의 임금으로부터 국민연금납부금 및 건강보험료를 과다 공제한 사실을 갑 등이 검찰에 고소하자 A는 2001. 5. 3. 과다 공제한 금원을 근로자들에게 반환하였고, A는 위와 같은 사유로 인하여 춘천지방법원으로부터 벌금 300만 원의 약식명령을 받아 이를 납부한 사실, 위와 같은 사정에 비추어 화천군과 A 사이에 체결된 청소대행 계약이 종료한 후 다시 재계약이 체결되면 A에 고용승계된 근로자들의 고용계속 여부가 불투명하게 되고, 기존 근로조건의 유지도 곤란하게 될 것이 예상되자, A 노동조합은 2002. 2. 21. 한국노총 강원지역본부에 대하여 공문으로 A의 위탁계약 재계약시에는 기존 근로조건을 보장받을 수 없으므로 노동조합이 법인을 설립하여 생활폐기물 수집, 운반업무의 위탁계약을 체결할 수 있도록 적극적인 조직지원을 해달라고 요청을 하게 된 사실, 한국노총 강원지역본부 의장은 그 사무처장인 피고인에게 지시하여, 피고인으로 하여금 A가 임금착취, 부당해고, 부당노동행위 등을 행하고 있고, 청소대행계약조건을 어기고 있어 A가 화천군과 청소대행계약을 재계약하게 되면 A의 근로자들의 기존 근로조건을 유지할 수 없을 것이 명백하므로 인근 원주시의 경우와 같이 A의 근로자들이 설립할 새로운 위탁법인이 생활폐기물 수집, 운반업무를 대행할 수 있도록 해달라는 취지의 "사회적 문제 예방을 위한 정책건의서"를 작성하게 하여 같은 달 25. 강원도지사, 화천군수 및 화천군의회에 제출하게 한 사실, A의 노동조합장인 갑이 강원도민일보 기자에게 위 정책건의서의 내용에 관하여 7 제보를 하자 위 기자가 같은 달 26. 피고인에게 전화하여 정책건의서의 내용에 관하여 문의한 후 위 정책건의서를 팩스로 전송받았고, 같은 달 27. 강원도민일보에 이 사건 기사가 게재되었는데, A는 같은 날 A 소속 청소차량 운전수 및 환경미화원 18명에 대하여 재계약거절의 통지를 한 사실을 알 수 있다.

사정이 그러하다면 피고인이 한국노총 강원도지역본부 의장의 지시에 의하여 화천군에서도 인근 원주시의 경우와 같이 화천군 소속이었던 청소차량 운전수 및 환경미화원들에 의하여 설립될 법인에게 생활폐기물 수집, 운반업무를 위탁하는 것이 바람직하다는 취지의 정책건의서를 작성하여 강원도지사, 화천군수 및 화천군의회에 제출하였고, A 노조위원장인 갑으로부터 제보를 받은 위 기자에게 정책건의를 하게 된 경위를 설명하면서 정책건의서를 위 기자에게 팩스로 전송하여 주게 된 것이므로, 피고인이 위 기자에게 정책건의를 하게 된 경위를 설명하고, 정책건의서를 팩스로 전송하게 된 것은 한국노총 강원지역본부의 사무처장으로서 그 업무를 수행하는 과정에서 A 소속 근로자들이 기존의 근로조건을 유지할 수 없게 되거나 대량 실직을 하게 되어 화천군 내 생활폐기물 수집, 운반업무가 마비되는 등 사회적 문제가 야기될 수 있는 상황을 예방하기 위한 목적으로 이루어진 것이어서 공공의 이익에 관한 것이고, 피고인의 주관적 동기도 사회적 문제를 미연에 방지하기 위하여 위와 같은 사실을 화천군민들에게 알리려는 것으로 공공의 이익을 위한 것이었다고 봄이 상당하다.

결국 이 사건 공소사실은 적시 사실이 허위가 아닐 뿐만 아니라, 피고인에게 피해자를 "비방할 목적"도 있었다고 보기 어려우므로, 형법 제309조 제1항 소정의 출판물에 의한 명예훼손죄에 해당하지 않는다고 할 것이고, 나아가 이 사건 공소사실이 형법 제307조 제1항의 명예훼손죄에 해당한다고 하더라도 그것은 위에서 본 바와 같이 형법 제310조에 의하여 위법성이 조각된다고 봄이 상당하다고 할 것이다.

79) 대판 2007. 10. 25. 2006도346.

Ⅳ. 모욕죄

1. 의 의

모욕죄는 공연히 사람을 모욕하는 범죄이다. 모욕죄에서 말하는 '모욕'이란 사실을 적시하지 아니하고 사람의 사회적 평가를 저하시킬 만한 추상적 판단이나 경멸적 감정을 표현하는 것이다.80)

명예훼손죄에 있어서 '사실의 적시'라 함은 사람의 사회적 평가를 저하시키는데 충분한 구체적 사실을 적시하는 것을 말하므로, 이를 적시하지 아니하고 단지 모멸적인 언사를 사용하여 타인의 사회적 평가를 경멸하는, 자기의 추상적 판단을 표시하는 것 ("빨갱이 계집년" "만신(무당)" "첩년"이라고 말한 것)은 사람을 모욕한 경우에 해당하고, 명예훼손죄에는 해당하지 아니한다.81)

2. 성립요건

가. 모멸적인 언사의 사용

같은 동네에 살고 있는 갑 등 4명과 구청직원 2명 등이 있는 가운데 구청직원이 피고인에게 피해자의 집을 물을 때 마침 피해자가 그 곳을 지나치게 되자 피고인이 구청직원에게 피해자를 가리키면서 "피해자 저 망할 년 저기 오네"라고 말한 사안에서, 위와 같이 다수인이 있는 자리에서 피해자가 듣는 가운데 위와 같이 피해자를 경멸하는 욕설 섞인 표현을 하였다면 피해자를 모욕하였다고 볼 수 있다.82)

명예훼손죄가 성립하기 위하여는 사실의 적시가 있어야 하고 적시된 사실은 이로써 특정인의 사회적 가치 내지 평가가 침해될 가능성이 있을 정도로 구체성을 띠어야 한다.
"애꾸눈, 병신"이라는 발언 내용은 피고인이 피해자를 모욕하기 위하여 경멸적인 언사를 사용하면서 욕설을 한 것에 지나지 아니하다.83)

"늙은 화냥년의 간나, 너가 화냥질을 했잖아"라고 한 피고인의 발언내용은 그 자체가 피해자의 사회적 평가

80) 대판 2003. 11. 28. 2003도3972; 대판 2008. 12. 11. 2008도8917.

81) 대판 1981. 11. 24. 81도2280.

82) 대판 1990. 9. 25. 90도873.

83) 대판 1994. 10. 25. 94도1770. 다음은 같은 취지이다.
"아무것도 아닌 똥꼬다리 같은 놈"이라는 구절은 모욕적인 언사일 뿐 구체적인 사실의 적시라고 할 수 없고 "잘 운영되어 가는 어촌계를 파괴하려 한다"는 구절도 구체적인 사실의 적시라고 할 수 없으므로 명예훼손죄에 있어서의 사실의 적시에 해당한다고 볼 수 없다(대판 1989. 3. 14. 88도1397).

를 저하시킬 만한 구체적 사실의 적시라기보다는 피고인이 피해자의 도덕성에 관하여 경멸적인 감정표현을 과장되게 강조한 욕설에 불과하다.[84)]

"부모가 그런 식이니 자식도 그런 것이다"와 같은 표현으로 인하여 상대방의 기분이 다소 상할 수 있다고 하더라도 그 내용이 너무나 막연하여 그것만으로 곧 상대방의 명예감정을 해하여 형법상 모욕죄를 구성한다고 보기는 어렵다고 한 사례.[85)]

피고인이 아파트 관리사무소 방송실에서 '피해자인 전 회장의 개인적인 의사에 의하여 주택공사의 일방적인 견해에 놀아나고 있기 때문에 …'라고 기재되어 있는 유인물의 내용을 방송한 것이 피해자에 대한 모욕에 해당하는지에 관하여

이 사건 공소사실에 적시된 "전 회장의 개인적인 의사에 의하여 주택공사의 일방적인 견해에 놀아나고 있기 때문에"의 표현을 포함하는 홍보문안의 관련내용은 다음과 같다. "4월 25일 오늘 주민여러분께서는 본 아파트 분양전환에 대해서 주택공사로부터 우편물을 받은 것으로 알고 있습니다. 이는 지금까지 우리들 임차인을 전적으로 무시하고 일방적으로 분양에 들어가겠다는 의사를 표시하고 있습니다. 그래서 지금까지 주민 대표자 회의에서 이를 저지하지 못하고 전 회장의 개인적인 의사에 의해서 주택공사의 일방적인 견해에 놀아나고 있기 때문에 저희들은 지난 22일 주민총회에서 공지하듯이 처음 임차인 대표회의를 해체하고 새로운 대표자 회의를 구성하게 된 내용과 새로운 대표자 회의에서 나갈 길을 밝히고자 하오니 이점 널리 양해 해주시고 다음사항을 주지해 주시기 바랍니다."

위 홍보문안에 나타난 전후문맥을 고려하면, 이 사건 공소사실이 모욕적 표현으로 적시한 "전 회장의 개인적인 의사에 의하여 주택공사의 일방적인 견해에 놀아나고 있기 때문에"의 중심적 의미는, 임차인대표회의의 회장이었던 피해자가 개인적 판단에만 기울어서 주택공사와의 관계에서 주민들의 의견을 관철시키지 못하고 주택공사의 견해에만 일방적으로 끌려 다닌다는 취지로 해석함이 상당하다. 원심이 피해자가 주택공사와 유착되어 주민들의 이익을 외면한 채 부당한 개인적 이익을 취하고 있는 것처럼 오인받을 수 있는 내용이라고 판단한 것은 원심판시의 전후 사정을 고려하더라도 그 문언의 객관적 의미를 넘어서는 것으로서 받아들이기 어렵다. 다만, 그 부분 홍보문안에서 회장이었던 피해자가 주민들의 의견을 반영·관철하지 못한 데 대한 부당성을 지적하고 있으나, 이는 새로운 임차인대표회의를 구성하게 된 일반적 배경과 그 당위성을 강조하기 위하여 사회적으로 용납할 수 있는 비판을 가한 것으로서, 직접적으로 피해자를 겨냥하여 그의 사회적 평가를 저하시킬 만한 추상적 판단이나 그에 대한 경멸적 감정을 표현한 것으로 보기 어렵다.[86)]

---

84) 대판 1987. 5. 12. 87도739. 다음은 같은 취지이다.
피해자에 대하여 "야 이 개같은 잡년아, 시집을 열두 번을 간 년아, 자식도 못 낳는 창녀같은 년"이라고 큰소리 친 경우, 위 발언내용은 그 자체가 피해자의 사회적 평가를 저하시킬 만한 구체적 사실이라기 보다는 피해자의 도덕성에 관하여 가지고 있는 추상적 판단이나 경멸적인 감정표현을 과장되게 강조한 욕설에 지나지 아니하다(대판 1985. 10. 22. 85도1629).

85) 대판 2007. 2. 22. 2006도8915.

86) 대판 2008. 12. 11. 2008도8917. 다음은 같은 취지이다.
아파트 입주자대표회의 감사가 관리소장에게 "야, 이따위로 일할래. 나이 처먹은 게 무슨 자랑이냐"라고 말함

나. 공연성

피고인이 각 피해자에게 "사이비 기자 운운" 또는 "너 이 썅년 왔구나"라고 말한 장소가 여관방안이고 그곳에는 피고인과 그의 처, 피해자들과 그들의 딸, 사위, 매형 밖에 없었고 피고인이 피고인의 딸과 피해자들의 아들간의 파탄된 혼인관계를 수습하기 위하여 만나 얘기하던 중 감정이 격화되어 위와 같은 발설을 한 사실이 인정된다면, 위 발언은 불특정 또는 다수인이 인식할 수 있는 상태, 또는 불특정다수인에게 전파될 가능성이 있는 상태에서 이루어진 것이라 보기 어려우므로 이는 공연성이 없다 할 것이다.[87)]

비교 판례: 군형법상 상관모욕죄

군형법 제64조 제1항은 '상관을 그 면전에서 모욕한 사람'을 처벌한다고 규정하고 있을 뿐 제64조 제2항과 달리 공연한 방법으로 모욕할 것을 요구하지 아니하므로, 상관을 면전에서 모욕한 경우에는 공연성을 갖추지 아니하더라도 군형법 제64조 제1항의 상관모욕죄가 성립한다.[88)]

다. 위법성

공소사실: 피고인이 그 판시 인터넷 사이트 내 공개된 카페의 '벌당벌금제도'라는 게시판에 '이상한 나라의 빅토리아'라는 제목으로 '재수 없으면 벌당 잡힘. 규칙도 없음. 아주 조심해야 됨. 부장이나 조장 마주치지 않게 피해서 다녀야 됨. 조장들 한심한 인간들임. 불쌍한 인간임. 잘못 걸리면 공개처형됨'이라는 내용의 글을 작성·게시함으로써 위 골프클럽 조장이던 피해자를 공연히 모욕하였다.

판단: 피고인이 게시한 글 중 특히, 피해자를 지칭하는 위 골프클럽 조장이 한심하고 불쌍한 인간이라고 표현한 부분은 그 게시글 전체를 두고 보더라도 피해자의 인격적 가치에 대한 사회적 평가를 훼손할 만한 모욕적 언사라고 볼 수는 있지만, 다른 한편, 기록에 나타나는 피고인이 위 게시판에 글을 올리게 된 동기나 경위 및 배경을 살펴보면, 위 글은 전체적으로는 피고인이 근무하였던 골프클럽에서 운영된 징벌적 근무제도의 불합리성 및 불공정성에 대한 불만을 토로하는 취지에서 작성된 것으로, 글의 전제가 되는 위 징벌적 근무제도가 실제 운영되어 왔고, 그 내용 또한 상당한 정도의 업무강도를 수반하는 것으로 보이므로, 위 제도에 대한 피고인의 의견이나 판단 자체가 합리적인 것인지 여부는 차치하고 전혀 터무니없는 것은 아니라는 점, 위 글에서는 피해자를 '조장' 또는 '조장들'이라고만 표현하고 구체적으로 누구라고 지칭하지는 아니하면서, 그 중 모욕적 표현은 한심하고 불쌍하다는 내용의 1회의 표현에 그쳤고 그 부분이 글 전체에서 차지하는 비중도 크지 아니하며, 그 표현이 내포하는 모욕의 정도 또한, 비공개적인 상황에서는 일상적으로 사용되는 경미한 수준의 것으로서 위 글의 전체적인 내용에서도 크게 벗어난 표현이라고는 보기 어려운 점,

---

어떠한 표현이 상대방의 인격적 가치에 대한 사회적 평가를 저하시킬 만한 것이 아니라면 표현이 다소 무례한 방법으로 표시되었다 하더라도 모욕죄의 구성요건에 해당한다고 볼 수 없다.

아파트 입주자대표회의 감사인 피고인이 관리소장 갑의 외부특별감사에 관한 업무처리에 항의하기 위해 관리소장실을 방문한 자리에서 갑과 언쟁을 하다가 "야, 이따위로 일할래", "나이 처먹은 게 무슨 자랑이냐"라고 말한 사안에서, 피고인과 갑의 관계, 피고인이 발언을 하게 된 경위와 발언의 횟수, 발언의 의미와 전체적인 맥락, 발언을 한 장소와 발언 전후의 정황 등에 비추어 볼 때, 피고인의 발언은 상대방을 불쾌하게 할 수 있는 무례하고 저속한 표현이기는 하지만 객관적으로 갑의 인격적 가치에 대한 사회적 평가를 저하시킬 만한 모욕적 언사에 해당하지 않는다고 한 사례(대판 2015.9.10. 2015도2229).

87) 대판 1984.4.10. 83도49.

88) 대판 2015.9.24. 2015도11286.

위 글의 게시장소도 골프클럽 경기보조원들 사이에서 각 골프클럽에 대한 정보교환을 통해 구직의 편의 등의 도모를 주된 목적으로 하는 사이트 내 회원 게시판으로, 위 글에 대한 댓글을 보아도 위 글이 골프클럽 자체에 대한 불만의 표출 내지 비난으로 받아들여진 것으로 보이는 점 등의 사정에 비추어 볼 때, 이 사건 피고인의 표현은 골프클럽 경기보조원인 회원들 사이의 각 골프클럽에 대한 평가 내지 의견교환의 장소에서, 피고인이 개인적으로 실제 경험하였던 특정 골프클럽 제도운영의 불합리성을 비난하고 이를 강조하는 과정에서 그 비난의 대상인 제도의 담당자인 피해자에 대하여도 같은 맥락에서 일부 부적절한 표현을 사용하게 된 것으로, 이러한 행위는 사회상규에 위배되지 않는다고 봄이 상당하다.[89]

89) 대판 2008. 7. 10. 2008도1433. 다음은 유사 사례이다.
피고인이 방송국 시사프로그램을 시청한 후 방송국 홈페이지의 시청자 의견란에 작성·게시한 글 중 특히, "그렇게 소중한 자식을 범법행위의 변명의 방패로 쓰시다니 정말 대단하십니다"는 등의 표현은 그 게시글 전체를 두고 보더라도, 그 출연자인 피해자에 대한 사회적 평가를 훼손할 만한 모욕적 언사라고 한 사례.
피고인이 방송국 홈페이지의 시청자 의견란에 작성·게시한 글 중 일부의 표현은 이미 방송된 프로그램에 나타난 기본적인 사실을 전제로 한 뒤, 그 사실관계나 이를 둘러싼 문제에 관한 자신의 판단과 나아가 이러한 경우에 피해자가 취한 태도와 주장한 내용이 합당한가 하는 점에 대하여 자신의 의견을 개진하고, 피해자에게 자신의 의견에 대한 반박이나 반론을 구하면서, 자신의 판단과 의견의 타당함을 강조하는 과정에서 부분적으로 그와 같은 표현을 사용한 것으로서 사회상규에 위배되지 않는다고 봄이 상당하다고 한 사례(대판 2003. 11. 28. 2003도3972).

제2절 신용·업무·경매에 관한 죄

I. 신용훼손죄

1. 의 의

신용훼손죄는 허위의 사실을 유포하거나 기타 위계로써 사람의 신용을 저하시킬 염려가 있는 상태를 발생시키는 경우에 성립하는 것으로서, 여기서 '허위사실의 유포'라 함은 객관적으로 보아 진실과 부합하지 않는 과거 또는 현재의 사실을 불특정 또는 다수인에게 전파시키는 것을 말하고, '위계'라 함은 행위자의 행위 목적을 달성하기 위하여 상대방에게 오인·착각 또는 부지를 일으키게 하여 이를 이용하는 것을 말한다. 그리고 신용훼손죄에 있어서의 범의는 반드시 확정적인 고의를 요하는 것은 아니고, 허위사실을 유포하거나 기타 위계를 사용한다는 점과 그 결과 다른 사람의 신용을 저하시킬 염려가 있는 상태가 발생한다는 점에 대한 미필적 인식으로도 족하다 할 것이다.[1)]

신용훼손죄의 법적 성격에 관하여 신용도 사람에 대한 사회적 평가라는 점에서 명예에 관한 죄의 일종이라는 견해, 신용이 가지는 경제적 측면에 주목하여 재산죄의 일종이라는 견해, 기본적으로 명예에 관한 죄이지만 재산죄로서의 특성도 가진다는 견해가 있다.

2. 신용의 의미

퀵서비스 운영자가 불만이 예상되는 손님에게 경쟁업체 명의로 영수증 작성·교부

신용훼손죄에서 '신용'은 경제적 신용, 즉 사람의 지급능력 또는 지급의사에 대한 사회적 신뢰를 의미한다. 퀵서비스 운영자인 피고인이 배달업무를 하면서, 손님의 불만이 예상되는 경우에는 평소 경쟁관계에 있는 피해자 운영의 퀵서비스 명의로 된 영수증을 작성·교부함으로써 손님들로 하여금 불친절하고 배달을 지연시킨 사업체가 피해자 운영의 퀵서비스인 것처럼 인식하게 한 사안에서, 퀵서비스의 주된 계약내용이 신속하고 친절한 배달이라 하더라도, 그와 같은 사정만으로 위 행위가 피해자의 경제적 신용, 즉 지급능력이나 지급의사에 대한 사회적 신뢰를 저해하는 행위에 해당한다고 보기는 어려워 신용훼손죄가 성립하지 않는다.[2)]

시공사가 발주처에게 특정 제품이 신기술이 아니고 비싸다는 취지의 문서를 송부

건축공사의 발주처가 설계변경을 명하면서 시공사로 하여금 재설계비용을 부담하도록 하자 위 건축공사의 시공사 대표이사인 피고인이 비용을 줄이려는 시도에서 'A주식회사 제작 F.R.P정화조 50ton은 신기술 인정

1) 대판 2006. 12. 7. 2006도3400.
2) 대판 2011. 5. 13. 2009도5549.

기간이 지나서 신기술 제품이 아닐 뿐더러 그 판매가격이 비싸므로 다른 제품으로 대체할 수 있게 해 달라' 라는 취지의 문서를 건축설계자에게 송부한 사안에서, 위 문서는 A가 제작한 정화조를 판매하는 피해자 회사의 지불능력이나 지불의사에 대한 사회적 신뢰를 저해하는 것이 아니므로 신용훼손죄가 성립하지 않는다.[3)]

3. 허위사실

갑이 집도 남편도 없는 과부라고 말함

형법상 신용훼손죄는 허위사실의 유포 기타 위계로써 사람의 신용을 훼손할 것을 요하고, 여기서 허위사실의 유포라 함은 객관적으로 진실과 부합하지 않는 과거 또는 현재의 사실을 유포하는 것으로서 (미래의 사실도 증거에 의한 입증이 가능할 때에는 여기의 사실에 포함된다고 할 것이다.) 피고인의 단순한 의견이나 가치판단을 표시하는 것은 이에 해당하지 않는다고 할 것이므로, 갑은 8년 전부터 남편 없이 3자녀를 데리고 생계를 꾸려왔을 뿐 아니라 피고인에 대한 다액의 채무를 담보하기 위해 동녀의 아파트와 가재도구까지를 피고인에게 제공한 사실이 인정되니 갑이 집도 남편도 없는 과부라고 말한 것이 허위사실이 될 수 없고 또 갑이 계주로서 계불입금을 모아서 도망가더라도 책임지고 도와줄 사람이 없다는 취지의 피고인의 말은 피고인의 갑에 대한 개인적 의견이나 평가를 진술한 것에 불과하여 허위사실의 유포라고 볼 수 없다.[4)]

4. 허위사실의 유포 또는 위계

지점장이 연체이자를 대납하지 않았음에도 "피해자가 연체한 이자를 지점장이 대납하였다"라는 편지를 은행 본점에 보냄

피고인은 조흥은행 본점 앞으로 '피해자가 대출금 이자를 연체하여 위 은행의 수락지점장인 갑이 3,000만원의 연체이자를 대납하였다'는 등의 내용을 기재한 편지를 보낸 사실, 그러나 실제로는 갑이 위 연체이자를 대납한 적이 없는 사실을 인정할 수 있고, 피고인은 위 내용이 허위라는 점에 대하여 미필적으로나마 인식하고 있었던 것으로 보이는바, 위 인정 사실에 의하면 피고인이 위 편지를 조흥은행 본점에 송부한 행위가 그 내용을 불특정 또는 다수인에게 전파시킨 경우에 해당한다고 보기는 어려우나, 그로써 조흥은행의 오인 또는 착각 등을 일으켜 위계로써 피해자의 신용을 훼손한 경우에는 해당한다 할 것이다. 또한, 위 편지의 내용 중 기본적인 사실이 진실이라 하더라도, 위와 같이 상당부분의 허위내용을 부가시킴으로써 신용훼손의 정도가 증가된 이상 신용훼손죄의 성립에 영향이 생기는 것도 아니다.[5)]

해설: 허위사실의 유포에 의한 신용훼손죄의 성립에는 신용훼손사실이 불특정 또는 다수인에게 전파될 것이 필요하지만, 위계에 의한 신용훼손죄의 성립에는 그러한 전파를 요건으로 하지 않는다.

---

3) 대판 2006. 5. 25. 2004도1313.

4) 대판 1983. 2. 8. 82도2486.

5) 대판 2006. 12. 7. 2006도3400.

신용훼손죄에서 '허위의 사실을 유포한다'고 함은 실제의 객관적인 사실과 다른 사실을 불특정 또는 다수인에게 전파시키는 것을 말하는데, 이러한 경우 그 행위자에게 행위 당시 자신이 유포한 사실이 허위라는 점을 적극적으로 인식하였을 것을 요한다고 할 것이며, 이와 같이 전파가능성을 이유로 허위사실의 유포를 인정하는 경우에는 적어도 범죄구성요건의 주관적 요소로서 미필적 고의가 필요하므로 전파가능성에 대한 인식이 있음은 물론 나아가 그 위험을 용인하는 내심의 의사가 있어야 하고, 그 행위자가 전파가능성을 용인하고 있었는지의 여부는 외부에 나타난 행위의 형태와 행위의 상황 등 구체적인 사정을 기초로 하여 일반인이라면 그 전파가능성을 어떻게 평가할 것인가를 고려하면서 행위자의 입장에서 그 심리상태를 추인하여야 할 것이다. 이는 같은 행위를 구성요건으로 하는 업무방해죄의 경우에도 마찬가지라고 할 것이다.[6]

Ⅱ. 업무방해죄

1. 법적 성격

업무방해죄의 법적 성격에 관하여 재산죄의 일종이라는 견해, 사람의 사회적 활동의 자유에 대한 죄라는 견해, 재산죄의 속성과 사회적 활동의 자유에 대한 죄로서의 속성이 모두 포함되어 있다는 견해가 있다.

업무방해죄는 허위사실유포, 위계 또는 위력으로서 사람의 업무를 방해한 경우에 성립한다. 여기서의 '위계'라 함은 행위자의 행위 목적을 달성하기 위하여 상대방에게 오인·착각 또는 부지를 일으키게 하여 이를 이용하는 것을 말하고, '위력'이라 함은 사람의 자유의사를 제압·혼란케 할 만한 일체의 세력으로, 유형적이든 무형적이든 묻지 아니하므로 폭행·협박은 물론 사회적, 경제적, 정치적 지위와 권세에 의한 압박 등도 이에 포함된다.[7]

2. 타인의 업무

지방공기업법상의 공기업의 신규직원 채용권한

업무방해죄에 있어서의 행위의 객체는 타인의 업무이고, 여기서 타인이라 함은 법인 이외의 자연인과 법인 및 법인격 없는 단체를 가리킨다. 구 지방공기업법 제63조, 이 사건 공사(지방공사)의 정관 제13조에 의하면, 공사의 직원은 사장이 임면하는 것으로 규정되어 있고 또 계약직원 운영관리 내규 제7조 제1항에는 사장이 계약직원에 대한 일체의 채용권한을 갖는다고 규정되어 있어 이 사건 공사의 신규직원의 채용권한이 사장인 피고인에게 귀속되어 있다고 하더라도, 피고인이 위 규정에 따라 신규직원의 채용권한을 행사하는 것은 피고인이 법인인 이 사건 공사의 기관으로서의 지위에서 공사의 업무를 집행하는 것에 불과하므로, 신규직원 채용업무가 이 사건 공사의 업무가 아니라고 볼 수는 없다.[8]

6) 대판 2006. 5. 25. 2004도1313.

7) 대판 2005. 3. 25. 2003도5004.

8) 대판 2007. 12. 27. 2005도6404.

(1) 편입학에 관한 범죄사실

편입학 사무는 영조물인 대학교 자체가 아니라 대학교 총장의 업무임/대학교수가 자격이 없어 편입학 원서가 반려된 지원자의 원서를 가접수케 한 다음, 편입학 사정회의에서 자격이 없는 사실을 보고하지 아니하고 사정이 되지 않았음에도 합격자로 발표

피고인은 A대학교 사회체육학과 교수로서, 1995. 2.경 A가 사회체육학과 편입학 전형을 실시함에 있어, 교육법시행령, 이 사건 대학교 학칙 등에 의한 편입학 자격을 갖추지 못한 갑과 을이 편입학 원서를 제출하였다가 교무과 접수담당직원으로부터 원서를 반려당하자 피고인이 위 접수담당직원에게 전화를 걸어 갑의 원서를 가접수하게 하고, 이어 같은 달 15.경 교무과장실에서 교무처장, 교무과장 등과 함께 사회체육학과 편입학 지원자들에 대한 상장심사회의를 하는 자리에서 사회체육학과장과 함께 갑, 을에게 편입학 자격을 줄 것을 강력히 요구하여 위 교무처장과 교무과장의 승낙을 얻음으로써 갑 등을 편입학시키기로 모의한 다음, 같은 달 16. 부총장의 주재로 열린 편입학 사정회의에서 갑 등이 편입학 자격이 없는 사실을 보고하지 아니하고, 사정회의시 제출된 사정대장 중 갑, 을 란에는 자연과학대학장, 교무처장, 부총장 총장 등이 날인하지 아니하여 그들에 대한 편입학 사정이 이루어지지 아니한 상태에서, 같은 날 오후에 그들을 합격자로 발표하게 하였다.

업무방해죄에 있어서의 행위의 객체는 타인의 업무이고, 여기서 타인이라 함은 범인 이외의 자연인과 법인 및 법인격 없는 단체를 가리키므로, 법적 성질이 영조물에 불과한 대학교 자체는 업무방해죄에 있어서의 업무의 주체가 될 수 없다. 뿐만 아니라 교육법시행령과 위 대학교의 학칙 등 관련 규정들에 의하면 위 대학교의 편입학 업무는 그 총장에게 귀속된다. 따라서 피고인은 위 대학교가 아니라 위 대학교 총장의 편입학업무를 방해한 것이다.

(2) 시험성적처리에 관한 범죄사실

대학교수가 성적단표에 허위의 시험성적을 기재하여 학적과에 제출하고, 학생이 시험에 미응시하였음에도 응시한 것처럼 학번과 이름을 기재한 백지 답안지를 교학과 직원에게 제출하여 답안지철에 끼워 놓게 함

피고인은 같은 해 6. 말경 수강생들에 대한 성적단표의 점수는 그들의 시험답안지 점수와 일치하게 기재하여 그 성적단표를 교무처 학적과에 제출하여야 함에도, 피고인이 강의하는 '평생체육론'의 기말시험에서 갑이 10점을 얻어 과락으로 평가되게 되자 그의 성적단표에 25점으로 기재하여 교무처 학적과에 제출함으로써 갑으로 하여금 C학점으로 평가받게 하고, 제1심 공동피고인 병과 공모하여 같은 해 6. 21. 정이 '평생체육론'의 기말시험에 응시한 사실이 없음에도 불구하고 병에게 백지 시험답안지를 주어 거기에 정의 학번과 이름을 기재한 다음 이를 자연과학대학 교학과 직원에게 제출하였다.

피고인의 행위는 일단 갑의 시험답안지에 대한 채점을 완료하여 놓고도 그 후 교무처에 송부하는 성적단표에는 실제 시험답안지상의 점수와 다르게 기재하여 갑으로 하여금 과락을 면하거나 보다 좋은 성적을 얻게 하고, 정의 시험답안지에 관한 부분은 단지 백지 시험답안지에 그의 학번과 이름만을 기재하여 시험답안지철에 끼워 놓기만 한 것이다. 이러한 피고인의 행위는 그 성격상 개별 과목에 대한 성적 평가 후에 이루어지는 성적의 취합과 통보 및 그에 관한 자료의 보전 등과 같은 피고인 자신의 성적의 관리업무와 관련된 행위일 뿐만 아니라, 이 사건 대학교의 학칙 제35조 내지 제44조의2, 학칙 시행규칙 제16조는 각 교과목의 성적은 담당교수가 학생의 정기시험성적과 평소 학습태도, 과제 및 보고서, 각종 부정기시험으로 종합평가하도록 규정하고 있음을 알아 볼 수 있으므로, 이 사건 대학교에 있어 성적평가업무는 대학 자체가 아니라 담당교수의 업무에 속한다고 할 것이다. 원심이 이 사건 성적평가업무의 주체가 이 사건 대학교임을 전제로 이 부분 범죄사실을 모두 유죄로 인정하고 만 것은 결국 성적평가업무의 주체에 관한 법리를 오해하여 판결 결과에 영향을 미친 위법을 저지른 것이다.[9)]

해설: 위 (2) 범죄사실에 관하여

개별 과목에 대한 성적 평가, 그 후에 이루어지는 성적의 취합과 통보 및 그에 관한 자료의 보전 등은 피고인 자신의 성적평가, 관리업무 및 관련행위이지만, 학생 개개인에 대해 평가된 성적을 각 교수들로부터 취합하여 관리·보존하고 이에 의해 성적을 증명해주는 것은 위 대학교 총장(또는 관련 부서장)의 업무라고 보아야 할 것이므로 위 (2) 범죄사실에서 피고인이 허위의 성적을 통보하여 A의 총장으로 하여금 잘못된 성적을 보존·관리 및 성적증명을 하게 하였다면 총장의 업무를 방해하였다고 보아야 하지 않을까 생각된다.

3. 업 무

업무방해죄에 있어서의 업무란 직업 또는 사회생활상의 지위에 기하여 계속적으로 종사하는 사무나 사업의 일체를 의미하고, 그 업무가 주된 것이든 부수적인 것이든 가리지 아니하며, 일회적인 사무라 하더라도 그 자체가 어느 정도 계속하여 행해지는 것이거나 혹은 그것이 직업 또는 사회생활상의 지위에서 계속적으로 행하여 온 본래의 업무수행과 밀접불가분의 관계에서 이루어진 경우에도 이에 해당한다 할 것이며, 한편 업무방해죄의 업무방해는 널리 그 경영을 저해하는 경우에도 성립하는데, 업무로서 행해져 온 회사의 경영행위에는 그 목적 사업의 직접적인 수행뿐만 아니라 그 확장, 축소, 전환, 폐지 등의 행위도 정당한 경영권 행사의 일환으로서 이에 포함된다.[10)]

가. 일반적인 경우

(1) 긍정례

피해자 회사는 회사 정상화를 위한 기업구조개선작업의 일환으로 서울공장의 매각대금으로 1,773억 원의 부채를 변제하는 한편 안산공장을 신축, 이전하여 그 사업을 계속하고자 2000. 11.경 당시 노조집행부의 동의 하에 안산공장 부지를 확정하고, 2001. 7.경까지 서울공장의 장비이전과 안산공장의 완공 및 생산가동을 목표로, 서울공장 내의 종합사무실에서 관리직 사원 30여 명이 서울공장의 시설물보호 및 재고파악, 안산공장 이전에 따른 생산 및 인원수급 계획수립 등의 업무를 추진하면서 그 업무의 일환으로 다른 회사에 처분한 일부 노후 장비와 안산공장에 옮겨 설치할 그 밖의 장비의 반출 및 이전사무를 실시하다가 피고인을 비롯한 피해 회사 노조원들의 실력행사로 말미암아 위 장비의 반출에 실패함은 물론 종합사무실에서마저 쫓겨 나오는 바람에 위 장비의 이전설치와 병행하여 추진되던 안산공장의 완공 및 정상가동 등 위 공장이전과 관련한 회사의 제반 업무가 약 1개월 내지 1개월 보름 가량 지연되어 그로 말미암아 적지 않은 영업상 손실을 입은 사안에서,

회사가 사업장의 이전을 계획하고 그 이전을 전후하여 사업을 중단 없이 영위할 목적으로 이전에 따른 사업

9) 대판 1999. 1. 15. 98도663.

10) 대판 2005. 4. 15. 2004도8701.

의 지속적인 수행방안, 새 사업장의 신축 및 가동개시와 구 사업장의 폐쇄 및 가동중단 등에 관한 일련의 경영상 계획의 일환으로서 시간적·절차적으로 일정기간의 소요가 예상되는 사업장 이전을 추진, 실시하는 행위는 그 자체로서 일정기간 계속성을 지닌 업무의 성격을 지니고 있을 뿐만 아니라 회사의 본래 업무인 목적 사업의 경영과 밀접불가분의 관계에서 그에 수반하여 이루어지는 것으로 볼 수 있으므로 이 점에서도 업무방해죄에 의한 보호의 대상이 되는 업무에 해당한다.[11]

해설: 대법원은 "피고인들이 공모하여 피해자가 경영하는 전자부품 제조공장의 이전업무를 위력으로써 방해하였다는 업무방해의 공소사실에 대하여, 위와 같은 공장의 이전사무는 성질상 피해자의 새로운 전자부품 제조업무를 준비하기 위한 일시적인 사무는 될지언정 전자부품 제조업무에 부수되는 계속성을 지닌 업무라고는 볼 수 없다"[12]라고 판시한 바 있음에도 위 판례에서는 이와 달리 판단하였다. 그 이유는 "일회적인 사무라 하더라도 그 자체가 어느 정도 계속하여 행해지는 것이거나 혹은 그것이 직업 또는 사회생활상의 지위에서 계속적으로 행하여 온 본래의 업무수행과 밀접불가분의 관계에서 이루어진 경우"에 해당한다고 보았기 때문이다.

임차인이 건물임대업에 종사하는 임대인의 조경공사를 방해

공소사실: 피고인들은 건물임대를 업으로 하는 피해자로부터 4층 건물 중 1층을 임차하여 레스토랑영업을 하는 자들로서, 공동하여, 피해자와 위 레스토랑의 임대차계약 종료문제로 민사소송 계류 중인 등 감정이 좋지 않던 차에 피해자가 구청장의 조경공사 촉구지시를 받고 피고인들의 양해를 받지 않은 채 위 건물 앞에서 공사를 강행하자 이를 트집 잡으며 피해자를 폭행하여 피해자의 조경공사를 방해하였다.

판단: 업무방해죄의 보호대상이 되는 "업무"라 함은 직업 또는 사회생활상의 지위에 기하여 계속적으로 종사하는 사무나 사업을 말하고 이러한 주된 업무와 밀접불가분의 관계에 있는 부수적인 업무도 이에 포함되나 계속적이 아닌 1회적인 사무는 여기에 해당하지 않는다.

이 사건에서 피고인들이 방해하였다는 피해자의 조경공사업무를 피해자의 직업 또는 사회생활상의 지위에 기하여 계속적으로 종사하는 사무나 사업이라거나 주된 업무인 건물임대업무와 밀접불가분의 관계에 있는 계속적인 부수적 업무라고 볼 수 없고, 단순한 1회적인 사무에 지나지 않는다고 할 것이다.[13]

공장 종업원들이 공장 정문을 봉쇄하고 관리직 사원들과 이사가 밖으로 나가지 못하게 함

10여명의 공장 종업원들이 회사의 공장 정문을 봉쇄하고 출입자를 통제하여 규찰을 보며 공장 관리직 사원

11) 대판 2005. 4. 15. 2004도8701.

12) 대판 1989. 9. 12. 88도1752.

13) 대판 1993. 2. 9. 92도2929. 다음은 같은 취지이다.

비닐가공 공장을 경영하는 자가 공장을 이전하는 업무

업무방해죄에 있어서 업무라 함은 직업 기타 계속적으로 종사하는 사무 또는 사업을 말하며 사람의 주된 업무뿐만 아니라 이에 밀접불가분의 부수적인 업무도 포함되나, 비닐가공공장을 경영하는 자가 공장을 이전하는 업무는 성질상 새로운 비닐가공업무를 준비하기 위한 일시적인 사무는 될지언정 이를 비닐가공업무에 부수한 계속성을 지닌 업무라고는 말할 수 없어 위 이전업무를 방해한 행위는 업무방해죄에 해당하지 아니한다(대판 1985. 4. 9. 84도300).

업무방해죄의 "업무"라 함은 직업 또는 계속적으로 종사하는 사무나 사업을 말한다 할 것이므로 피고인이 피해자가 하는 담장공사를 일시적으로 방해한 것에 불과하다면 그 담장공사를 가리켜 "업무"라고는 할 수 없다(대판 1989. 3. 28. 89도110).

들과 함께 밖으로 나가려는 이사를 밖으로 나가지 못하게 하였다면 위와 같은 일련의 행위과정에 나타난 위세는 위 회사를 위한 업무종사자들의 자유의사를 제압하거나 혼란케 할만한 정도의 세력이어서 업무방해죄에 있어서의 행위수단인 위력에 해당된다고 한 사례.

주간에 있어서의 공장 조업이 끝났다고 하더라도 공장을 가동하여 섬유제품을 생산, 가공, 판매하는 회사 본래의 주된 영업활동을 원활하게 수행하기 위하여 위 회사는 공장건물 및 기자재 관리나 당직근무자 등을 통한 공장출입자에 대한 통제를 야간에도 계속해야 함은 물론 전체 회사 직원들의 출퇴근이 제대로 이루어질 수 있도록 공장 정문의 정상적인 개폐 등에도 만전을 기하여야 하는 것이며, 이러한 업무는 위 회사의 주된 업무와 밀접불가분의 관계에 있으면서 계속적으로 수행되어지는 회사의 부수적 업무라 할 것이므로 이는 업무방해죄에서 보호의 대상으로 삼고 있는 업무에 해당된다.[14)]

종중 정기총회를 주재하는 종중 회장의 의사진행

업무방해죄에 있어서의 업무라 함은, 직업 또는 사회생활상의 지위에 기하여 계속적으로 종사하는 사무 또는 사업을 말하는 것인바, 여기에서 말하는 사무 또는 사업은 그것이 사회생활적인 지위에 기한 것이면 족하고 경제적인 것이어야 할 필요는 없으며, 또 그 행위 자체는 1회성을 갖는 것이라고 하더라도 계속성을 갖는 본래의 업무수행의 일환으로서 행하여지는 것이라면, 업무방해죄에 의하여 보호되는 업무에 해당된다.

종중 정기총회를 주재하는 종중 회장의 의사진행업무 자체는 1회성을 갖는 것이라고 하더라도 그것이 종중 회장으로서의 사회적인 지위에서 계속적으로 행하여 온 종중 업무수행의 일환으로 행하여진 것이라면, 그와 같은 의사진행업무도 업무방해죄에 의하여 보호되는 업무에 해당되고, 또 종중 회장의 위와 같은 업무는 종중원들에 대한 관계에서는 타인의 업무이다.[15)]

피고인이 상사의 명을 받은 경비원 외 2명이 배부하기 위하여 가지고 있는 공장 폐쇄에 관한 유인물 50매 가량을 탈취한 사안에서, 경비원은 상사의 명령에 의하여 주로 경비업무등 노무를 제공하는 직분을 가지고 있다고 할 것이니 만치 상사의 명에 의하여 그 직장의 업무를 수행한다면 그가 설사 일시적인 것이라 할지라도 업무 방해죄의 업무에 해당한다고 할 것이다.[16)]

(2) 부정례

주주로서 주주총회에서 의결권 등을 행사하는 것은 주식의 보유자로서 그 자격에서 권리를 행사하는 것에 불과할 뿐 그것이 '직업 기타 사회생활상의 지위에 기하여 계속적으로 종사하는 사무 또는 사업'에 해당한다고 할 수 없다.[17)]

14) 대판 1992. 2. 11. 91도1834.
15) 대판 1995. 10. 12. 95도1589.
16) 대판 1971. 5. 24. 71도399.
17) 대판 2004. 10. 28. 2004도1256.

초등학교 학생들에게 욕설을 하여 수업을 할 수 없게 함

피고인이 초등학교 교실에서 학생들에게 욕설을 하여 수업을 할 수 없게 한 사안에서, 초등학생들이 학교에 등교하여 교실에서 수업을 듣는 것은 헌법 제31조가 정하고 있는 무상으로 초등교육을 받을 권리 및 초·중등교육법 제12, 13조가 정하고 있는 국가의 의무교육 실시의무와 부모들의 취학의무 등에 기하여 학생들 본인의 권리를 행사하는 것이거나 국가 내지 부모들의 의무를 이행하는 것에 불과할 뿐 그것이 '직업 기타 사회생활상의 지위에 기하여 계속적으로 종사하는 사무 또는 사업'에 해당한다고 할 수 없다. 따라서 피고인의 위 행위가 학생들의 권리행사나 국가 내지 부모들의 의무이행을 방해한 것에 해당하는지 여부는 별론으로 하고 학생들의 업무를 방해하였다고 볼 수는 없다.[18]

나. 공 무

본죄의 업무에 공무도 포함되는지에 관하여 ① 공무도 포함된다는 견해, ② 공무는 포함되지 않는다는 견해, ③ 공무집행방해죄는 폭행·협박에 의하거나 위계에 의한 경우에만 성립하므로(형법 136, 137조), 그 이외의 수단인 위력에 의한 경우에는 공무도 본죄의 업무에 포함되어야 한다는 견해도 있다. 판례는 다음과 같이 업무방해죄의 업무는 공무를 포함하지 않는다는 견해를 취하고 있다.

지방경찰청에서 청장과의 면담을 요구하며 제지 경찰관들에게 욕설을 하고 행패를 부림

형법상 업무방해죄의 보호법익은 업무를 통한 사람의 사회적·경제적 활동을 보호하려는 데 있으므로, 그 보호대상이 되는 '업무'란 직업 또는 계속적으로 종사하는 사무나 사업을 말하고, 여기서 '사무' 또는 '사업'은 단순히 경제적 활동만을 의미하는 것이 아니라 널리 사람이 그 사회생활상의 지위에서 계속적으로 행하는 일체의 사회적 활동을 의미한다. 한편, 형법상 업무방해죄와 별도로 규정한 공무집행방해죄에서 '직무의 집행'이란 널리 공무원이 직무상 취급할 수 있는 사무를 행하는 것을 의미하는데, 이 죄의 보호법익이 공무원에 의하여 구체적으로 행하여지는 국가 또는 공공기관의 기능을 보호하고자 하는 데 있는 점을 감안할 때, 공무원의 직무집행이 적법한 경우에 한하여 공무집행방해죄가 성립하고, 여기에서 적법한 공무집행이란 그 행위가 공무원의 추상적 권한에 속할 뿐 아니라 구체적 직무집행에 관한 법률상 요건과 방식을 갖춘 경우를 가리키는 것으로 보아야 한다. 이와 같이 업무방해죄와 공무집행방해죄는 그 보호법익과 보호대상이 상이할 뿐만 아니라 업무방해죄의 행위유형에 비하여 공무집행방해죄의 행위유형은 보다 제한되어 있다. 즉 공무집행방해죄는 폭행, 협박에 이른 경우를 구성요건으로 삼고 있을 뿐 이에 이르지 아니하는 위력 등에 의한 경우는 그 구성요건의 대상으로 삼고 있지 않다. 또한, 형법은 공무집행방해죄 외에도 여러 가지 유형의 공무방해행위를 처벌하는 규정을 개별적·구체적으로 마련하여 두고 있으므로, 이러한 처벌조항 이외에 공무의 집행을 업무방해죄에 의하여 보호받도록 하여야 할 현실적 필요가 적다는 측면도 있다. 그러므로 형법이 업무방해죄와는 별도로 공무집행방해죄를 규정하고 있는 것은 사적 업무와 공무를 구별하여 공무에 관해서는 공무원에 대한 폭행, 협박 또는 위계의 방법으로 그 집행을 방해하는 경우에 한하여 처벌하겠다는 취지라고 보아야 한다. 따라서 공무원이 직무상 수행하는 공무를 방해하는 행위에 대해서는 업무방해죄로 의율할 수는 없다고 해석함이 상당하다.

18) 대판 2013. 6. 14. 2013도3829.

지방경찰청 민원실에서 민원인들이 진정사건의 처리와 관련하여 지방경찰청장과의 면담 등을 요구하면서 이를 제지하는 경찰관들에게 큰소리로 욕설을 하고 행패를 부린 행위에 대하여, 경찰관들의 수사 관련 업무를 방해한 것이라는 이유로 업무방해죄의 성립을 인정한 원심판결에, 업무방해죄의 성립범위에 관한 법리를 오해한 위법이 있다고 한 사례.[19)]

위 판례의 법리를 따른 판례는 다음과 같다.

공무원인 마산시장이 STX중공업 회사 관계자 등과 함께 하려는 기자회견

마산시장과 STX중공업 회사 관계자 등이 'STX조선소 유치 확정'에 관한 기자회견을 하려고 하자, 피고인이 갑 등과 공모하여 위력으로써 마산시청 1층 브리핑룸 및 중회의실 출입구를 봉쇄한 사안에서, 공무원인 마산시장의 기자회견이 봉쇄된 부분에 관하여 업무방해죄가 성립하지 않는다.[20)]

경찰청 민원실에서 말똥을 책상 및 민원실 바닥에 뿌리고 소리를 지르는 등 난동을 부려 '위력'으로 경찰관의 민원접수 업무를 방해하였더라도 업무방해죄가 성립하지 않는다.[21)]

위 각 사안에서 피고인들의 행위는 마산시장의 기자회견이나 경찰관의 민원접수 업무가 사무였더라면 당연히 업무방해죄를 구성하였을 것인데 공무라는 이유로 무죄가 된다는 점에서 합리적 근거없이 공무를 사무보다 덜 보호하게 된다는 비판이 제기되고 있다.

19) 대판 2009. 11. 19. 2009도4166 전원합의체. 다음은 반대의견이다.
공무원이 직무상 수행하는 공무 역시 공무원이라는 사회생활상의 지위에서 계속적으로 종사하는 사무이므로 업무방해죄의 '업무'의 개념에 당연히 포섭되고, 업무방해죄의 업무에 공무를 제외한다는 명문의 규정이 없는 이상 공무도 업무방해죄의 업무에 포함된다. 뿐만 아니라 업무방해죄는 일반적으로 사람의 사회적·경제적 활동의 자유를 보호법익으로 하는 것인데, 공무원 개인에 대하여도 자신의 업무인 공무수행을 통한 인격발현 및 활동의 자유는 보호되어야 하므로 단순히 공무원이 영위하는 사무가 공무라는 이유만으로 업무방해죄의 업무에서 배제되어서는 아니된다. 따라서 공무의 성질상 그 집행을 방해하는 자를 배제할 수 있는 강제력을 가지지 않은 공무원에 대하여 폭행, 협박에 이르지 않는 위력 등에 의한 저항 행위가 있는 경우에는 일반 개인에 대한 업무방해행위와 아무런 차이가 없으므로 업무방해죄로 처벌되어야 한다. 그리고 형법이 컴퓨터 등 정보처리장치에 대한 손괴나 데이터의 부정조작의 방법에 의한 업무방해죄의 규정을 신설하면서 같은 내용의 공무집행방해죄를 따로 규정하지 않은 것은 컴퓨터 등 정보처리장치에 대한 손괴나 데이터의 부정조작의 방법에 의한 업무방해죄의 규정에 의하여 이러한 방법에 의한 공무방해행위를 처벌할 수 있기 때문이라고 보아야 한다. 한편, 다수의견처럼 공무에 대하여는 업무방해죄가 성립하지 아니한다고 보게 되면 입법자가 예상하지 아니한 형벌의 불균형을 초래하고 현실적으로 공공기관에서 많은 민원인들의 감정적인 소란행위를 조장하는 결과를 초래하게 될 위험이 있다. 따라서 업무방해죄에 있어 '업무'에는 공무원이 직무상 수행하는 공무도 당연히 포함되는 것으로서 직무를 집행하는 공무원에게 폭행 또는 협박의 정도에 이르지 않는 위력을 가하여 그의 공무 수행을 방해한 경우에는 업무방해죄가 성립한다고 보아야 한다.

20) 대판 2011. 7. 28. 2009도11104.

21) 대판 2010. 2. 25. 2008도9049.

4. 업무의 보호가치

형법상 업무방해죄의 보호대상이 되는 '업무'라 함은 직업 또는 계속적으로 종사하는 사무나 사업으로서 일정 기간 사실상 평온하게 이루어져 사회적 활동의 기반이 되는 것을 말하며, 그 업무의 기초가 된 계약 또는 행정행위 등이 반드시 적법하여야 하는 것은 아니지만 타인의 위법한 행위에 의한 침해로부터 보호할 가치가 있는 것이어야 한다.[22)]

업무방해죄의 '업무'는 반드시 적법하거나 유효할 필요는 없으므로 법률상 보호할 가치가 있는 업무인지 여부는 그 사무가 사실상 평온하게 이루어져 사회적 활동의 기반이 되고 있느냐에 따라 결정되고, 그 업무의 개시나 수행과정에 실체상 또는 절차상의 하자가 있다 하더라도 그 정도가 사회생활상 도저히 용인할 수 없는 정도로 반사회성을 띠는 데까지 이르지 아니한 이상 업무방해죄의 보호대상이 된다.[23)]

가. 업무기초의 적법성

(1) 적법성 인정례

임대인의 승낙을 받지 아니한 전대차에 기한 점유

피고인은 이 사건 지하실을 갑에게 임대하였는데 갑이 피고인의 승낙을 받지 않은 채 이를 피해자에게 전대하였다. 피해자는 위 지하실을 전차하여 음식점영업을 해오고 있는데, 피고인이 그 지하층의 열쇠를 새로 만들어 잠그고 공소외인으로 하여금 그곳에 설치되어 있는 피해자 등 소유의 의자, 탁자 등을 들어내게 한 사안에서,

피해자가 그 전대차로써 임대인인 피고인에게 대항할 수 없다고 하더라도 피해자 등이 불법침탈 등의 방법에 의하여 위 지하실의 점유를 개시한 것이 아니고 그동안 평온하게 음식점영업을 하면서 점유를 계속하여 온 이상 동인들의 업무를 업무방해죄에 의하여 보호받지 못하는 권리라고 단정할 수 없고 피고인으로서는 마땅히 정당한 소송절차에 의하여 점유를 회복하여야 하고 위력으로 그 권리를 행사할 수 없다고 할 것이므로 피고인이 그 지하층의 열쇠를 새로 만들어 잠그고 공소외인으로 하여금 그곳에 설치되어 있는 피해자 등 소유의 의자, 탁자 등을 들어내게 한 행위는 결코 사회상규에 위배되지 않는 정당한 행위이거나 자구행위에 해당한다고 볼 수 없다.[24)]

농지의 임대차는 농지개혁법 제17조, 제25조에 비추어 무효라 할 것이나, 그러한 무효의 임대차 계약에 기

22) 대판 1989. 3. 14. 87도3674; 대판 1996. 11. 12. 96도2214; 대판 2002. 8. 23. 2001도5592; 대판 2007. 8. 23. 2006도3687.
23) 대판 2013. 11. 28. 2013도4430.
24) 대판 1986. 12. 23. 86도1372. 다음은 같은 취지이다.
이 사건 주차장은 원래의 소유자이었던 공소외 1로부터 공소외 2, 3, 4에게로 순차 임대 또는 전대되어 공소외 4가 운영해 오고 있었던 것임을 알 수 있으므로, 설령 피고인이 정당한 소유자로부터 위 주차장을 새로 임대받았다고 하더라도, 피고인이 적법절차에 따라 권리를 확보하고 보호받는 것은 별론으로 하고, 피고인이 다른 특별한 사정없이 공소외 4의 주차장 영업을 방해한 행위는 업무방해죄에 해당한다(대판 2008. 3. 14. 2007도11181).

하여 농지를 점유, 경작하는 자의 경작행위도 형법 제314조에서 말하는 업무에 해당된다고 봄이 상당하다.[25)]

유림대표 선출에 관한 규정에 위배하여 개최한 유림총회의 회의

피고인들이 마이크를 빼앗으며 유림총회의 회의를 진행하지 못하게 하고 피해자를 비방하면서 걸려 있는 현수막을 제거하고 회의장에 들어가려는 대의원들을 회의에 참석하지 못하게 하였다면 위력으로 피해자의 유림총회 개최업무를 방해한 것이라고 보아야 할 것이고, 피해자가 유림대표 선출에 관한 규정에 위배하여 위 회의를 개최하였고, 결국 총회의 무기연기가 선언되었다고 하여도 업무방해죄의 성립에 영향이 없다.[26)]

도로공사가 하이패스시스템 성능시험을 할 때 전파를 발사하여 시험차량에 통신장애 유발

한국도로공사가 고속도로 통행료 자동징수시스템을 도입하기로 결정하고 제조구매 입찰을 실시하면서 업체 선정을 위해 피해자 회사의 ○○데이타 하이패스 시스템에 대한 현장성능시험을 시행할 당시, 피고인 1은 승용차를 운전하여 시험차량과 나란히 달리고, 피고인 2는 위 승용차 뒷좌석에 탑승하여 전파발생기를 소지한 채 시험차량이 갠트리 밑을 통과할 때 갠트리에 설치된 기지국을 향하여 5.8㎓ 주파수대역에서 강한 전파를 발사하여 기지국과 시험차량 단말기 사이의 통신에러를 유발함으로써 도로공사의 이 사건 시험업무를 방해한 사안에서,

피해자 회사의 하이패스 시스템이 시험에 관한 기본 가정 내지 도로공사의 제안요청서상 요구되는 기술적 조건을 충족하지 못하였고 입찰참여조건을 위반하여 성능시험 자체가 부적합한 것으로 드러났다고 하더라도, 위 시험의 개시나 수행과정에서의 하자 정도가 반사회성을 띠는 데까지 이르렀다고 볼 수 없으므로 도로공사의 위 성능시험 업무는 업무방해죄의 보호대상이 된다.[27)]

---

25) 대판 1980. 11. 25. 79도1956.

26) 대판 1991. 2. 12. 90도2501.

27) 대판 2010. 5. 27. 2008도2344. 다음은 같은 취지이다.

송도비치텔 운영위원회장 갑에 의해 경리로 임명된 후 의결정족수가 충족되지 못하여 무효인 총회결의에서 관리인으로 선임된 병에 의해 경리로 재임명되어 경리업무 수행

피해자는 2003. 11. 1.경 당시 송도비치텔 운영위원회 회장이던 갑으로부터 그 관리사무실의 경리로 임명되어 경리로서의 업무를 개시한 이래 2003. 12. 6. 을이 송도비치텔 제2차 관리단 총회에서 관리인으로 선임된 이후에도 계속하여 그 업무를 집행하여 온 사실이 인정되는바, 이러한 피해자의 업무는 사실상 평온하게 이루어지는 사회적 활동의 기반이 되고 있었다고 보기에 충분하고, 가사 피고인의 주장과 같이 을에 이어 관리인으로 선임되었으나 의결정족수를 충족하지 못하여 무효가 되어 버린 병에 의하여 피해자가 재임명되어 경리업무를 수행하여 왔다고 하더라도 그러한 사정만으로 피해자의 아파트관리업무가 반사회성을 띠게 되어 업무방해죄의 보호대상에서 제외된다고 보기는 어렵다(대판 2006. 3. 9. 2006도382).

- 이 사건 선착장은 당초 피고인을 포함한 고흥군 어전리 주민 30여명에 대하여 어선대피 및 접안시설로서 주민의 자력으로 공동이익을 위한 비영리사업에 쓰일 목적으로 점용료를 면제받고 허가되었고,
- 폐석운반을 업으로 하는 피해자 회사가 위 어전리 주민의 대표자 등과 위 선착장에 관한 임대차계약을 체결하였지만, 관리청인 고흥군으로부터 어떤 허가를 받거나 위 선착장에 어떠한 공작물을 설치한 바 없으며, 폐석운반선은 예인선과 부선의 길이를 합하면 피고인이 설치해 놓은 어업면허지 구역 내 양식장을 침범하지 않고는 위 선착장에 접안하기 불가능하며,

(2) 적법성 부정례

형법상 업무방해죄의 보호대상이 되는 '업무'의 기초가 된 계약 또는 행정행위 등이 반드시 적법하여야 하는 것은 아니며, 다만 어떤 사무나 활동 자체가 위법의 정도가 중하여 사회생활상 도저히 용인될 수 없는 정도로 반사회성을 띠는 경우에는 업무방해죄의 보호대상이 되는 '업무'에 해당한다고 볼 수 없다.[28)]

점유권원 소멸 후에도 평온하게 경작해온 자를 강제로 배제하고 개시한 소유자의 경작

이 사건 토지는 원래 소유자인 A 주식회사가 1958. 2. 5. 피고인에게 무상경작을 허용하였는데 그 후 위 토지에 관하여 A로부터 갑, 을로 그 소유권이 전전 이전되고 갑이 을로부터 위임에 의하여 위 토지를 관리하게 되었던 바 그 동안 피고인은 계속 점유 경작하여 오던 중 1973년에 이르러 갑이 점유자인 피고인의 승낙을 얻거나 합법적 절차에 의함이 없이 강제경작하기에 이르렀다. 그렇다면 비록 피고인이 소유자 을 또는 관리인 갑에 대하여 이 사건 토지를 점유할 권원을 대항할 수 없다 할지라도 갑이 합법적인 절차에 의하여 점유를 개시하였다고 볼 자료가 없는 이 사건에 있어서는 갑이 경작하는 농사를 정당한 업무수행이라 할 수 없으므로 피고인이 을의 경작하려는 행위를 방해하였다 한들 업무방해죄가 성립되지 아니한다.[29)]

– 이 사건 선착장 앞에 적법하게 양식장을 설치한 피고인이 피해자의 폐석운반 업무를 방해할 의사로 자신의 어업구역 내에 양식장을 설치한다는 구실로 밧줄을 매어 선박의 출입을 방해한 사안에서,

형법상 업무방해죄의 보호대상이 되는 '업무'라 함은 직업 또는 계속적으로 종사하는 사무나 사업을 말하는 것으로서 타인의 위법한 행위에 의한 침해로부터 보호할 가치가 있는 것이면 되고, 그 업무의 기초가 된 계약 또는 행정행위 등이 반드시 적법하여야 하는 것은 아니라고 할 것이다.

공유수면관리법 제4조에 의하면 공유수면을 점용하려는 자는 관리청으로부터 점용허가를 받도록 규정되어 있고, 이 사건에 있어서 피해자는 관리청으로부터 위 선착장에 대한 공유수면점용허가를 받지 아니하기는 하였으나, 한편 위 법 제8조, 동 시행령 제5조에 의하면 위 점용허가를 받은 자는 관리청의 허가를 받아 허가받은 권리를 이전할 수 있도록 규정하고 있고, 기록에 의하면 위 회사는 관리청인 고흥군으로부터 따로 선착장에 대한 점용허가를 받음이 없이 고흥군의 지시에 따라 선착장점용허가권자인 마을주민 대표들과 임대차계약을 체결하고 위 선착장을 이용하여 왔던 사실을 알 수 있음에 비추어, 피해자의 폐석운반 업무를 업무방해죄에 의하여 보호하여야 할 대상이 되지 못하는 업무라고 단정하기 어렵고, 피고인의 행위가 정당행위라고 보기도 어렵다(대판 1996. 11. 12. 96도2214).

28) 대판 2001. 11. 30. 2001도2015; 대판 2002. 8. 23. 2001도5592.

29) 대판 1975. 12. 23. 74도3255. 다음은 같은 취지이다.

토지의 실제 소유권자가 적법한 절차에 의하여 점유이전을 받지 못한 상태에서 본건 밭을 자경하겠다는 내용의 내용증명우편을 현재의 점유자들에게 발송한 후 경작하였다 하더라도 이를 정당한 업무수행 행위로 볼 수 없어 점유자들에 대한 업무방해죄가 성립한다(대판 1977. 10. 11. 77도2502).

피고인이 점유 경작하고 있는 논에 갑이 그 논의 소유권을 취득하였다는 이유로 적법한 절차에 의한 인도를 받지 아니한 채 묘판을 설치하려고 하자 피고인이 그 묘판을 허물어뜨린 행위는 피고인의 점유에 대한 부당한 침탈 또는 방해행위의 배제를 위한 행위이므로 이를 업무방해라고 할 수 없다(대판 1980. 9. 9. 79도249).

자기 소유의 토지에다 타인이 가옥을 신축하려고 기초를 판 것을 메워버린 행위는 자기 소유, 점유에 대한 부당한 침탈 또는 방해행위를 배제하기 위한 것이고 이를 타인의 업무를 방해한 것이라고 보기는 어렵다(대판 1985. 10. 22. 85도1597).

직무집행정지 가처분결정을 받은 자가 수행하는 직무

법원의 직무집행정지 가처분결정에 의하여 그 직무집행이 정지된 자가 법원의 결정에 반하여 직무를 수행함으로써 업무를 계속 행하고 있다면, 그 업무는 국법질서와 재판의 존엄성을 무시하는 것으로서 사실상 평온하게 이루어지는 사회적 활동의 기반이 되는 것이라 할 수 없고, 비록 그 업무가 반사회성을 띠는 경우라고까지는 할 수 없다고 하더라도 법적 보호라는 측면에서는 그와 동등한 평가를 받을 수밖에 없으므로, 그 업무자체는 법의 보호를 받을 가치를 상실하였다고 하지 않을 수 없다(그 업무를 행하는 자에 대하여 별도의 위법한 법익침해가 가해진 경우 그 침해된 법익에 관하여 보호를 하는 것은 별론이다). 만약 이러한 업무를 업무방해죄에서 말하는 업무라고 한다면 이는 한 쪽에서는 법이 금지를 명한 것을 다른 쪽에서는 법이 보호하는 결과가 되어 결국 법질서의 불일치와 혼란을 야기하는 결과에 이를 것이다.[30]

의사가 아닌 사람이 개설하여 운영하는 의원

의료법은 제30조 제2항에서 의료인이나 의료법인이 아닌 자가 의료기관을 개설하여 운영하는 경우에 초래될 국민 보건위생상의 중대한 위험을 방지하기 위하여 의료인이나 의료법인이 아닌 자의 의료기관개설을 원천적으로 금지하고, 그러한 의료기관개설은 제66조 제3호에 의해 형사처벌의 대상이 되는 범죄행위에 해당할 뿐 아니라, 의료인이나 의료법인이 아닌 자가 의료기관을 개설하여 운영하는 행위는 거기에 따를 수 있는 국민보건상의 위험성에 비추어 사회통념상으로 도저히 용인될 수 없다고 할 것이다. 따라서 의료인이나 의료법인이 아닌 자가 의료기관을 개설하여 운영하는 행위는 그 위법의 정도가 중하여 사회생활상 도저히 용인될 수 없는 정도로 반사회성을 띠고 있으므로 업무방해죄의 보호대상이 되는 '업무'에 해당하지 않는다.
의사가 아닌 사람이 ○○의원을 개설하여 운영하여 왔다고 하더라도 그의 의원운영업무는 업무방해죄의 보호대상이 되는 업무에 해당하지 아니한다.[31]
해설: 같은 논리로 공인중개사 아닌 자의 공인중개업무,[32] 성매매업소의 운영업무[33]도 업무방해죄의 업무에 해당하지 않는다.

30) 대판 2002. 8. 23. 2001도5592.

31) 대판 2001. 11. 30. 2001도2015.

32) 공인중개사인 피고인이 자신의 명의로 등록되어 있으나 실제로는 공인중개사가 아닌 피해자가 주도적으로 운영하는 형식으로 동업하여 중개사무소를 운영하다가 위 동업관계가 피해자의 귀책사유로 종료되고 피고인이 동업관계의 종료로 부동산중개업을 그만두기로 한 경우, 피해자의 중개업은 법에 의하여 금지된 행위로서 형사처벌의 대상이 되는 범죄행위에 해당하는 것으로서 업무방해죄의 보호대상이 되는 업무라고 볼 수 없다(대판 2007. 1. 12. 2006도6599).

33) 폭력조직 간부인 피고인이 조직원들과 공모하여 갑이 운영하는 성매매업소 앞에 속칭 '병풍'을 치거나 차량을 주차해 놓는 등 위력으로써 업무를 방해하였다는 내용으로 기소된 사안에서, 갑은 사창가 골목에서 윤락녀를 고용하여 성매매업소를 운영하여 왔는데, 성매매업소 운영에는 성매매를 알선·권유하거나 성매매장소를 제공하는 행위 등이 필연적으로 수반되고 따라서 업소 운영자는 구 성매매알선 등 행위의 처벌에 관한 법률을 위반하여 형사처벌의 대상이 되므로 갑의 성매매업소 운영업무는 업무방해죄의 보호대상이 되는 업무가 아니다(대판 2011. 10. 13. 2011도7081).

과적차량 단속업무를 수행하는 자가 적재량을 강제로 측정하려고 함

도로관리청 또는 그로부터 권한을 위임받아 과적차량 단속을 위한 적재량 측정의 업무를 수행하는 자라고 하더라도, 적재량 측정을 강제할 수 있는 법령상의 근거가 없는 한, 측정에 불응하는 자를 고발하는 것은 별론으로 하고, 측정을 강제하기 위한 조치를 취할 권한은 없으므로, 측정을 강제하기 위한 조치가 정당한 업무집행이라고 볼 수는 없다.

도로관리청으로부터 권한을 위임받아 고속도로에서의 과적단속 업무를 담당하는 피해자로부터 축조작을 의심받고 적재량 재측정을 요구받은 피고인이 이를 거부하고 고속도로를 빠져나가려 하자, 재측정을 시킬 목적으로 차량에 올라탄 피해자를 그대로 둔 채 차량을 진행한 행위는 업무방해의 결과가 발생할 위험이 없어 업무방해죄가 성립하지 않는다.[34)]

나. 영업양도와 업무방해

식당운영권 양도의 효력에 관하여 다투는 상황에서, 피해자가 일방적으로 식당 업무용 계좌와 현금카드 비밀번호를 변경하고 사실상 단독으로 식당 운영

어떠한 업무의 양도·양수 여부를 둘러싸고 분쟁이 발생한 경우에 양수인의 업무에 대한 양도인의 업무방해죄가 인정되려면, 당해 업무에 관한 양도·양수 합의의 존재가 인정되어야 함은 물론이고, 더 나아가 그 합의에 따라 당해 업무가 실제로 양수인에게 양도된 후 사실상 평온하게 이루어져 양수인의 사회적 활동의 기반이 됨으로써 타인, 특히 양도인의 위법한 행위에 의한 침해로부터 보호할 가치가 있는 업무라고 볼 수 있을 정도에 이르러야 한다.

이 사건 식당 운영권의 양도·양수 합의의 존부 및 그 효력을 둘러싸고 피고인과 피해자 사이에 다툼이 있는 상황에서, 피해자가 적법한 양수인이라고 주장하면서 일방적으로 식당 업무용 계좌와 현금카드 비밀번호를 변경하고 피고인을 배제한 채 사실상 단독으로 식당영업을 하였다는 것만으로는 이 사건 식당의 영업주로서의 정상적인 업무에 종사하기 시작하였다거나 그 업무가 기존 영업주인 피고인과의 관계에서 보호할 가치가 있는 정도에 이르렀다고 보기 어렵고, 이 사건 식당의 운영권은 원래 피고인에게 있었을 뿐 그 후 피고인과 피해자 사이에 운영권에 관한 양도·양수의 합의가 있었다고 인정되지 않으므로 피해자의 이 사건 식당 영업이 업무방해죄의 보호대상이 되는 업무에 해당한다고 볼 수 없다.[35)]

---

34) 대판 2010. 6. 10. 2010도935. 다음은 같은 취지이다.
고소인이 대구시로부터 연교가설공사허가를 받았다 하더라도, 동인이 공사를 함에 있어 피고인들이 점유하는 점포를 철거할 권한이 당연히 생기는 것은 아니라 할 것이고 또 법원으로부터 피고인들에게 대하여 공사방해금지 가처분결정을 받은바 있다고 하여서, 그 결론을 달리할 수는 없으므로, 위 공사를 함에 있어 정당한 권한없이 피고인들의 점포를 철거할려고 하므로 피고인들이 단지 점포철거만을 못하게 방해하였다고 하여 업무방해죄가 성립할 수는 없다(대판 1967. 10. 31. 67도1086).

35) 대판 2013. 8. 23. 2011도4763. 다음은 같은 취지이다.
회사의 사실상 1인 주주가 회사를 양도하고도 회계책임자로부터 건네받은 회사 법인통장과 법인인감을 이용하여 예금을 인출하여 피고인 혼자만 알고 있는 회사의 다른 법인계좌에 입금함으로써 양수인의 업무를 방해하였다는 공소사실에 관하여,
(1) 피고인이 피해자에게 위 회사의 운영권을 양도하였다고 인정하기에 부족하고, (2) 위 회사의 운영권 양도·양수에 관한 합의가 있었다고 하더라도 과연 피해자가 그 합의에 따라 위 회사의 대표이사로서의 업무를 실제로 양수하여 정상적인 업무에 종사하기 시작하였다거나 나아가 그 업무가 사실상 평온하게 이루어지는 사회적 활동의 기반이

5. 행 위

가. 허위사실의 유포

업무방해죄에 있어서 '허위의 사실을 유포한다'고 함은 반드시 기본적 사실이 허위여야 하는 것은 아니고, 비록 기본적 사실은 진실이더라도 이에 허위사실을 상당 정도 부가시킴으로써 타인의 업무를 방해할 위험이 있는 경우도 포함되지만, 그 내용 전체의 취지를 살펴볼 때 중요한 부분이 객관적 사실과 합치되고 단지 세부에 있어 약간의 차이가 있거나 다소 과장된 표현이 있는 정도에 불과하여 타인의 업무를 방해할 위험이 없는 경우는 이에 해당하지 않는다.[36)]

됨으로써 업무방해죄의 보호대상이 될 정도에 이르렀던 것으로 보기 어렵다고 한 사례(대판 2007. 8. 23. 2006도3687).

36) 대판 2006. 9. 8. 2006도1580. 구체적인 사안은 다음과 같다.

피고인이 2003. 12. 4.경 '원더랜드 원장님들께 드리는 고언'이라는 제하의 유인물을 통하여 '현재 원더랜드의 상표전용사용권은 갑으로부터 을에게 위임된 사실이 확인할 수 있는 사항'으로 단정하고, '이 사건 서비스표의 서비스표권자인 원더랜드의 대표이사인 고소인이 주장하는 일련의 내용들은 원장님들을 현혹하기 위한 사탕발림일 것입니다' '상표전용사용권에 대한 권리가 을에게 있으므로 각 원장님들께서는 로얄티 및 기타 비용 발생분에 대한 의무이행에 대해서도 현명하게 대처하시기 바라며 고소인으로부터 제고되는 독촉에 법률적 대비가 있으셔야 할 것입니다'는 등의 허위 사실을 유포하는 등 세 차례에 걸쳐 유인물을 배포하여 허위사실을 유포함으로써 원더랜드의 업무를 방해하였다는 공소사실을 유죄로 인정한 제1심판결을 두고, 피고인이 세 차례에 걸쳐 각 원더랜드 영어학원 원장들에게 배포한 유인물의 내용은 위와 같이 고소인에게 이 사건 서비스표권에 관한 전용사용권이 없으므로 비용부담 등의 문제에 관하여 현명하게 대처하라는 취지로서 허위사실이 아니어서 업무방해죄가 성립되지 않는다는 피고인의 항소이유에 대하여도, 위와 같은 사실을 인정한 뒤, 전용사용권자라 하더라도 원칙적으로 서비스표권자의 동의를 얻지 아니하면 그 전용사용권을 이전할 수 없는 점(상표법 제55조), 한편 을은 전용사용권자로 등록된 사실이 전혀 없을 뿐만 아니라 법원의 가처분결정 및 판결에 의하여 그가 운영하는 ○○원더랜드 어학원이 이 사건 서비스표를 사용할 수도 없었던 점 등을 종합해 보면, 피고인이 허위사실을 유포하여 원더랜드의 업무를 방해하였다고 봄이 타당하다고 판단하여 그 항소이유를 배척하였다.

그러나 원심의 이러한 판단은 다음과 같은 이유로 그대로 수긍하기 어렵다.

우선, 업무방해죄에 있어서 '허위의 사실을 유포한다'고 함은 반드시 기본적 사실이 허위여야 하는 것은 아니고, 비록 기본적 사실은 진실이더라도 이에 허위사실을 상당 정도 부가시킴으로써 타인의 업무를 방해할 위험이 있는 경우도 포함되지만, 그 내용 전체의 취지를 살펴볼 때 중요한 부분이 객관적 사실과 합치되고 단지 세부에 있어 약간의 상위가 있거나 다소 과장된 표현이 있는 정도에 불과하여 타인의 업무를 방해할 위험이 없는 경우는 이에 해당되지 않는다고 보아야 한다.

그런데 이 사건에서 원심 인정과 같이 이 사건 서비스표의 서비스표권자인 고소인이 이 사건 서비스표의 전용사용권자가 아니므로 비록 피고인이 그 각 유인물을 배포할 당시에는 고소인과 갑 사이에서 아직 상고심 소송계속 중이었다고 하더라도 피고인이 이 사건 서비스표의 전용사용권이 고소인에게 없다고 한 것을 두고 객관적으로 허위인 사실을 유포한 것이라고 볼 수 없다. 다만, 갑에게 전용사용권이 설정되어 있는 상황에서 피고인이 그 전용사용권이 고소인에게 없다는 사실만 유포한 데서 더 나아가 그 전용사용권이 "갑으로부터 을에게 위임·귀속되었다"거나 "고소인이 자칭 본사라며 행한 행위(원더랜드점계약, 로얄티수령, 내용증명발송 등)는 법에 규정된 권한이 부여되지 않은 무효의 행위이자 범법행위일 뿐이다"는 등의 사실을 유포하기는 하였으나, 우선 그 표현을 두고 보면 갑에게 서비스표전용사용권이 있는 것을 전제로 을에게 그 권리 행사가 위임되었다는 취지이거나 고소인에게 상표전용권이 없다는 점을 부연하는 취지에 불과하여, 설령 갑이 을에게 그 권리 행사를 위임하는 등의 사실이 없었는데도 피고인이 위와 같은 사실을 유포하였다고 하여 이로써 전용사용권이 없는 고소인이 대표이사로 있는 원더랜드의 이 사건 서비스표권 행사 등에 관한 업무를 방해할 위험이 있었다거나 허위의 사실을 유포한 것으로는 볼 수 없다. 그 밖에 그 공소사실에 기재된 다른 사실 유포 부분에 피고인이 허위 사실을 유포하여 원더랜드의 업무를 방해하였다고 볼 만한 내용도 없다.

허위사실을 유포하는 방법에 의하여 타인의 업무를 방해함으로써 성립하는 업무방해죄에 있어, 허위사실을 유포한다고 함은 실제의 객관적 사실과 서로 다른 사항을 내용으로 하는 사실을 불특정 다수인에게 전파시키는 것을 말하고, 특히 이러한 경우 그 행위자에게 행위 당시 자신이 유포한 사실이 허위라는 점을 적극적으로 인식하였을 것을 요한다.[37)]

허위로 회사가 정리하는 소방사업부를 자신이 운영한다고 소문내어 직원들이 사표 제출

피해자가 대표이사인 회사의 소방사업부장인 피고인이 위 소방사업부 직원들에게 위 회사에서 소방사업부를 정리하기로 하였으며 자신이 독립하여 이를 운영하기로 하였다는 취지의 허위의 사실을 유포하는 등의 방법을 사용하여 소방사업부 직원들이 집단적으로 사표를 제출함으로써 일시적으로나마 소방사업부의 업무에서 이탈하거나 업무를 중단할 위험이 생겼고 그로 인하여 피해자의 소방사업부 업무의 경영을 저해할 위험성이 발생하였다고 볼 것이므로, 업무방해죄가 성립된다고 한 사례.[38)]

피고인의 구속 형사사건의 변호인으로 선임된 변호사가 피고인에게 무죄판결을 받아주겠다고 약속한 일이 없고 피고인이 범죄사실을 자백하여 유죄의 선고를 받고 확정되었는데도, 피고인이 사람의 통행이 빈번한 변호사 사무실 앞에서 등에 붉은색 페인트로 "무죄라고 약속하고 이백만 원에 선임했다. 사건 담당변호사."라는 등을 기재한 흰 까운을 입고 주변을 배회하는 등 하였다면 이는 공연히 허위의 사실을 적시하여 유포함으로써 변호사로서의 업무의 경영을 저해하는 경우에 해당하므로 업무방해죄를 구성한다.[39)]

자사 우유를 선전하려고 소비자보호원의 발표를 과장·왜곡하거나 발표에 없는 내용을 추가

한국소비자보호원이 ○○우유를 포함한 시판우유를 수거하여 우유의 살균방법에 따른 영양가 등에 대한 시험검사를 실시하고 언론매체를 통하여 시험대상우유 전제품이 전반적으로 우수하며 시험항목별로 약간의 차

그럼에도 불구하고, 원심은 그 판시와 같이 을은 전용사용권자로 등록된 사실이 전혀 없을 뿐만 아니라 법원의 가처분결정 및 판결에 의하여 그가 운영하는 ○○원더랜드 어학원이 이 사건 서비스표를 사용할 수도 없었던 점 등만을 근거로 피고인이 허위 사실을 유포하여 원더랜드의 업무를 방해하였다고 단정한 것은 잘못이다.

37) 대판 1994. 1. 28. 93도1278. 구체적인 내용은 다음과 같다.
피고인은 ○○대학교 식품영양학과 교수로서 여성단체협의회 소비자단체위원장으로 재직하는 자인바, "국내외 시판 랩의 성분분석에 관한 보고"라는 강연회를 개최하면서, 국내외 기자 다수, 국내 시판 랩 제조회사 5개 업체 임직원, 소비자단체 임원 및 피고인의 제자 등 70여명이 모인 가운데, 피해자 회사가 제조, 판매하는 식품포장용 합성수지 필름인 피.이.랩(Poly Ethylene Wrap) 제품에 관하여 "국내외의 시판 랩 9종류를 성분분석한 결과 위 피.이.랩 제품에서 최기형성, 변이원성, 숙주경유 등 기형아의 원인이 되는 발암성 물질인 "디.엘.티.피."가 용출실험에서는 검출되지 아니하였으나 재질실험에서는 나왔다. 이러한 산화방지제는 미국이나 일본 등 선진국에서 사용하는 "일가녹스"로 바꾸어야 한다"라는 내용을 발표한 데 대해, 피고인이 발표한 내용이 과연 객관적으로 실제와 다른 허위의 사실에 해당하는지의 여부와 만일 그러하다면 피고인이 그 발표 당시 위 발표 내용의 허위성에 관하여 이를 주관적으로 인식하였는지의 여부가 문제된 사안이다.

38) 대판 2002. 3. 29. 2000도3231.

39) 대판 1991. 8. 27. 91도1344.

이는 있으나 영양가 등 전체적으로 큰 차이가 없는 것으로 분석되었다는 검사결과를 발표하자, 피고인은 이에 불만을 가지고 소비자보호원의 직원인 갑이 취미삼아 연습삼아 시험을 하고 과학술어조차도 자기의 형편대로 해석·사용하였다거나, 사과도 삶아 먹어야 비타민C가 5배로 증가한다는 식의 분석결과나 장난 같은 무기분석데이타를 마치 영양과 직결되는 양 발표하고, 소비자보호원의 직원이 경제기획원이나 기타 이해관계인의 비위에 맞춰 출세를 꿈꾸어 국민보건에 해를 준다는 취지를 광고의 형식으로 일간신문에 게재한 것은, 피고인이 자사의 제품인 OO우유의 장점을 선전하기 위하여 소비자보호원의 발표내용을 임의로 과장·왜곡하고 발표에 들어 있지 아니한 내용을 삽입하는 등의 방법으로 그 광고를 보는 불특정다수인에게 소비자보호원의 발표내용을 본래의 의미나 내용과 전혀 다른 의미나 내용으로 이해되도록 한 것으로서, 피고인이 한국소비자보호원을 비방할 목적으로 출판물에 의하여 공연히 허위의 사실을 적시·유포하여 한국소비자보호원의 명예를 훼손하고 업무를 방해한 것이다.[40)]

나. 위 계

위계에 의한 업무방해죄에서 '위계'란 행위자가 행위목적을 달성하기 위하여 상대방에게 오인, 착각 또는 부지를 일으키게 하여 이를 이용하는 것을 말한다.[41)]

영업정지가 임박한 상호저축은행 경영진이 금융감독원 감독관 몰래 특정 고액 예금채권자들에게 영업정지 예정사실을 알려주어 예금을 인출하도록 함

갑 상호저축은행 경영진인 피고인이 갑 저축은행의 영업정지가 임박한 상황에서 갑 저축은행에 파견되어 있던 금융감독원 감독관에게 알리지 아니한 채 영업마감 후에 특정 고액 예금채권자들에게 영업정지 예정사실을 알려주어 예금을 인출하도록 함으로써 파견감독관의 상시감독업무를 방해하였다는 내용으로 기소된 사안에서, 피고인이 영업정지 예정사실 통지에 관한 파견감독관의 부지를 이용하여 예금채권자들로 하여금 예금을 인출하도록 한 것이 업무방해죄의 위계에 해당한다.[42)]

인터넷 자유게시판 등에 실제의 객관적인 사실을 게시하는 행위는, 설령 그로 인하여 피해자의 업무가 방해된다고 하더라도, 업무방해죄에 있어서의 '위계'에 해당하지 않는다.[43)]

타이어 접지면을 이용하여 차량의 판별성능을 시험하는 차량 타이어의 공기를 뺌

한국도로공사가 OO주식회사의 고속도로 통행요금징수 기계화시스템의 성능에 대한 2차현장평가를 하게 되었는데, 위 회사와는 반대의 이해관계를 가진 갑 주식회사의 직원들인 피고인들이 위 설비가 차량판별시 타

40) 대판 1993. 4. 13. 92도3035.
41) 대판 2008. 1. 17. 2006도1721; 대판 2010. 3. 25. 2009도8506; 대판 2013. 11. 28. 2013도5117.
42) 대판 2013. 1. 24. 2012도10629.
43) 대판 2007. 6. 29. 2006도3839.

이어의 접지면을 고려하고 있어 타이어의 접지면이 통상 예정했던 경우와 달라지면 그 차량판별에 오차가 발생하는 등의 문제점이 있음을 알아내어, 위 설비의 차량판별에 있어서의 문제점을 부각시키기 위하여, 한국도로공사에 알리지 아니한 채, 인위적으로 각종 소형화물차 16대의 타이어 공기압을 낮추어 접지면을 증가시킨 후 위 설비가 설치되어 있는 동서울톨게이트 하행선 우측 2번 라인을 통과하도록 하였다면, 이와 같은 피고인들의 행위는 위계를 사용하여 한국도로공사의 현장시험업무에 지장을 줄 위험을 발생케 한 것으로서, 이에 의하여 실지로 업무방해의 결과가 발생하였는지 여부에 상관없이 업무방해죄를 구성한다.[44]

신규직원 채용권한을 갖고 있는 지방공기업 사장인 피고인과 시험업무 담당자들이 모두 공모하여 시험성적을 조작하거나 응시요건을 변경하는 등의 부정행위로 신규직원을 채용

지방공기업법법상의 공사의 신규직원의 채용권한이 사장인 피고인에게 귀속되어 있다고 하더라도, 피고인이 위 규정에 따라 신규직원의 채용권한을 행사하는 것은 피고인이 법인인 이 사건 공사의 기관으로서의 지위에서 공사의 업무를 집행하는 것에 불과하므로, 신규직원 채용업무는 위 공사의 업무이다.

위 공사의 신규직원 채용시험업무 담당자들인 갑 등이 일반행정 6급시험 응시자인 을의 필기시험성적을 조작한 것과 전문계약직인 사서직 응시자 병을 면접대상자에 포함시킬 수 있도록 응시자격 요건을 변경한 것은 피고인의 부정한 지시에 따른 결과일 뿐이지 피고인의 행위에 의해 위 시험업무 담당자들이 오인·착각 또는 부지를 일으킨 결과가 아니고, 이와 같이 신규직원 채용권한을 갖고 있는 피고인 및 위 시험업무 담당자들이 모두 공모 내지 양해 하에 위와 같은 부정한 행위를 하였다면 법인인 이 사건 공사에게 위 신규직원 채용업무와 관련하여 오인·착각 또는 부지를 일으키게 하였다고 볼 수는 없다. 그렇다면 이 사건에서는 피고인의 위 시험업무 담당자들에 대한 부정한 지시나 이에 따른 업무 담당자들의 부정행위로 말미암아 공사의 신규직원 채용업무와 관련하여 오인·착각 또는 부지를 일으킨 상대방이 있다고 할 수 없으므로, 피고인 등의 위 부정행위가 곧 위계에 의한 업무방해죄에 있어서의 '위계'에 해당한다고 할 수 없다.[45]

채점업무 담당자들이 응시자의 점수를 조작하여 필기시험에 합격시킴으로써 면접위원들이 하는 면접시험에 응시할 수 있게 함

수산업협동조합의 신규직원 채용에 응시한 갑, 을이 필기시험에서 합격선에 미치지 못하는 점수를 받게 되자, 피고인의 지시에 따라 이 사건 채점업무 담당자들이 이 사건 점수조작행위를 통하여 갑, 을을 필기시험에 합격시킴으로써 필기시험 합격자를 대상으로 하는 면접시험에 응시할 수 있도록 하였다. 이와 같이 조작되지 않은 필기시험 점수에 의할 경우 면접시험에 응시할 자격이 없는 갑, 을을 이 사건 점수조작행위에 의하여 면접시험에 응시할 수 있게 하였다면, 이 사건 점수조작행위는 면접위원으로 하여금 면접시험 응시자의 정당한 자격 유무에 관하여 오인·착각 또는 부지를 일으키게 하는 위계에 해당하고, 면접위원이 이 사건 점수조작행위에 관하여 공모 또는 양해하였다는 등의 특별한 사정이 없는 한 그 위계에 의하여 면접위원이 수행하는 면접업무의 적정성 또는 공정성이 저해되었다고 보아야 한다.

그리고 면접업무가 최종합격의 가부만을 가리는 소극적 성격의 것이고 또 형식적으로 수행된 면이 있다 하

44) 대판 1994. 6. 14. 93도288.

45) 대판 2007. 12. 27. 2005도6404.

더라도, 이를 이 사건 조합에 대한 관계에서 보호할 가치가 없는 업무라고 할 수 없다. 또 이 사건 점수조작행위에 의하여 면접위원이 응시무자격자를 상대로 면접에 임하게 하고 그에 상응하는 응시자격자를 면접할 수 없게 하였다는 그 자체로 면접업무의 적정성 또는 공정성이 저해되는 것이고 이러한 결과는 면접업무의 수행이 소극적·형식적이었는지 여부와 무관하게 발생하는 것이므로, 면접업무에 대한 방해가 없다고 할 수 없다.

일부 면접위원들이 이 사건 점수조작행위에 관하여 공모 또는 양해하였다고 볼 자료가 없는 이 사건에서, 이들이 수행한 면접업무는 점수조작행위에 의하여 방해되었다고 보아야 한다.[46)]

국회의원 비례대표 후보자추천을 위한 당내경선과정에서 선거권자들로부터 인증번호를 전달받아 대리투표

위계에 의한 업무방해죄에서 '위계'란 행위자가 행위목적을 달성하기 위하여 상대방에게 오인, 착각 또는 부지를 일으키게 하여 이를 이용하는 것을 말하고, 업무방해죄의 성립에는 업무방해의 결과가 실제로 발생함을 요하지 않고 업무방해의 결과를 초래할 위험이 발생하면 족하며, 업무수행 자체가 아니라 업무의 적정성 내지 공정성이 방해된 경우에도 업무방해죄가 성립한다. 나아가 컴퓨터 등 정보처리장치에 정보를 입력하는 등의 행위가 그 입력된 정보 등을 바탕으로 업무를 담당하는 사람의 오인, 착각 또는 부지를 일으킬 목적으로 행해진 경우에는 그 행위가 업무를 담당하는 사람을 직접적인 대상으로 이루어진 것이 아니라고 하여 위계가 아니라고 할 수는 없다.

갑 정당의 제19대 국회의원 비례대표 후보자 추천을 위한 당내 경선과정에서 피고인들이 선거권자들로부터 인증번호만을 전달받은 뒤 그들 명의로 특정 후보자에게 전자투표를 함으로써 위계로써 갑 정당의 경선관리업무를 방해하였다는 내용으로 기소된 사안에서, 국회의원 비례대표 후보자 명단을 확정하기 위한 당내 경선은 정당의 대표자나 대의원을 선출하는 절차와 달리 국회의원 당선으로 연결될 수 있는 중요한 절차로서 직접투표의 원칙이 그러한 경선절차의 민주성을 확보하기 위한 최소한의 기준이 된다고 할 수 있는 점 등 제반 사정을 종합할 때, 당내 경선에도 직접·평등·비밀투표 등 일반적인 선거원칙이 그대로 적용되고 대리투표는 허용되지 않는다는 이유로 피고인들에게 유죄를 인정한 사례.[47)]

해설: 선거권자와 대리투표자가 추천하고자 하는 후보자가 동일하다면 업무방해의 결과는 발생하지 않지만, 대리투표를 함으로써 업무의 적정성 내지 공정성은 방해되는 것이다.

46) 대판 2010. 3. 25. 2009도8506.

47) 대판 2013. 11. 28. 2013도5117. 다음은 같은 취지이다.

여론을 조사하는 ACS(Auto Calling Service)시스템에 응답자격이 없거나 중복응답이 되는 자가 허위의 응답을 입력

비록 피고인들이 성별이나 연령을 허위로 입력한 상대방은 ACS시스템인 사실을 인정할 수 있지만, 한편 위 피고인들이 단순히 ACS시스템에 허위의 응답을 입력한 행위만 한 것이 아니라, ○○선거구 지역에 거주하지 아니하여 여론조사에 응답할 자격이 없거나 중복응답이 되어 여론조사를 왜곡할 위험이 있다는 사정을 알면서도 여론조사에 참여하기 위하여 미리 자신의 휴대전화를 착신전환해 둔 사실, ACS 전화가 걸려오자 고의로 허위의 응답을 입력함으로써 갑 후보의 지지율을 높이는 방법으로 경선관리위원회와 A 주식회사의 공정한 여론조사를 통한 후보자 경선관리업무에 위험을 초래한 사실도 인정할 수 있으므로, 피고인들의 위와 같은 일련의 행위는 단순히 정보처리장치를 부정 조작한 수준을 넘어 사람에 의하여 이루어지는 여론조사를 통한 경선관리업무를 위계로 방해하였다고 평가할 여지가 충분하여(ACS시스템에 대한 허위 입력은 전체적인 위계의 행위태양 중 일부분일 뿐만 아니라 경선을 통한 후보자 확정과정에서 부분적 도구에 불과함) 업무방해죄에 해당한다(대판 2013. 11. 28. 2013도5814).

매각업무주간사 후보를 선정하는 위원회가 특정업체에게 유리하게 수정한 평가항목별 배점을 2차 선정위원회에 제출하여 평가절차를 진행하게 함

한국자산관리공사가 공적자금을 회수하기 위하여 공적자금 투입업체의 출자전환주식을 매각하기로 하고 그 매각업무의 주간사를 선정하는 과정에서 우선 공사 내부구성원들이 1차 선정위원회를 구성하여 후보기관을 심사·선정하면서, 위 선정위원회가 준수해야 하는 매각심사소위원회의 평가표에 따를 경우 A업체의 제안서 심사결과가 경쟁상대인 B업체보다 불리하다고 판단되자, 위 평가표의 평가항목별 배점을 A에 유리하게 수정하여 A를 1순위로, B를 2순위로 선정한 다음, 이러한 사실을 고지하지 않은 채 별도의 민간전문가가 참여한 2차 선정위원회에 위 심사결과와 수정된 평가표를 제출하여 평가절차를 진행하게 한 경우, 위 평가표의 임의 수정 및 제출행위는 위계에 해당하고 이로 인하여 위 2차 선정위원회의 민간전문가가 매각 주간사를 선정하는 업무의 적정성 내지 공정성을 해할 위험이 발생하였으므로 위계에 의한 업무방해죄가 성립한다고 한 사례.[48)]

회사가 공원모집을 함에 있어 학력, 경력을 기재한 이력서와 주민등록등본, 생활기록부및각서 등 서류를 교부받고, 응모자를 상대로 문제를 출제하여 시험을 보게 한 것은 단순히 응모자의 노동력을 평가하기 위한 것만이 아니라 노사간의 신뢰 형성및기업질서 유지를 위한 응모자의 지능과 경험, 교육 정도, 정직성및직장에 대한 적응도 등을 감안하여 위 회사의 근로자로서 고용할 만한 적격자인지 여부를 결정하기 위한 자료를 얻기 위함인 것으로 인정되는데 피고인이 노동운동을 하기 위하여 노동현장에 취업하고자 하나, 자신이 대학교에 입학한 학력과 국가보안법위반죄의 처벌 전력 때문에 쉽사리 입사할 수 없음을 알고, 타인 명의로 허위의 학력과 경력을 기재한 이력서를 작성하고, 동인의 고등학교 생활기록부 등 서류를 작성 제출하여 시험에 합격하였다면, 피고인은 위계에 의하여 위 회사의 근로자로서의 적격자를 채용하는 업무를 방해하였다고 본 사례.[49)]

게임사이트에서 사설 프로그램을 이용하여 양도금지된 포커머니를 상대방에게 이전해줌

특정 회사가 제공하는 게임사이트에서 정상적인 포커게임을 하고 있는 것처럼 가장하면서 통상적인 업무처리 과정에서 적발해 내기 어려운 사설 프로그램 ('한도우미 프로그램')을 이용하여 약관상 양도가 금지되는 포커머니를 약속된 상대방에게 이전해 준 사안에서, 이는 구 정보통신망 이용촉진 및 정보보호 등에 관한 법률 제48조 제2항에서 정한 '악성프로그램'이나 형법 제314조 제2항에 정한 '부정한 명령의 입력'에 해당하지는 않지만, 회사의 정상적인 게임사이트 운영 업무를 방해한 것이므로 위계에 의한 업무방해죄를 구성한다.[50)]

---

48) 대판 2008. 1. 17. 2006도1721.
49) 대판 1992. 6. 9. 91도2221.
50) 대판 2009. 10. 15. 2007도9334.

갑이 A주식회사로부터 상주 지역에 대한 농기계 위탁판매권한을 취득한 피해자로부터 2007. 4.경 상주시 낙동면 지역에 한하여 A의 농기계를 판매하도록 승낙을 받았다가 적어도 2008. 6.경 이전에는 다시 피해자로부터 상주 지역에서 A의 농기계를 판매하지 말도록 요구받았음에도, 을과 공모하여 마치 상주 지역에서 A의 농기계를 판매할 수 있는 권한이 있는 것처럼 광고하여 2008. 7.경 상주 지역에서 A의 농기계 약 10대를 판매한 것은 위계에 의한 업무방해죄와 부정경쟁방지 및 영업비밀보호에 관한 법률 위반에 해당한다.[51)]

전용실시권 없이 의장권만을 경락에 의하여 취득한 자가 전용실시권에 기하여 그 권리범위에 속하는 물품을 제조판매하는 거래에 관하여 자기에게만 실시권이 있는 양 주장하면서 물품의 제조판매의 중지와 불응시 제재하겠다는 통고문을 내용증명우편으로 발송하였다면 이는 업무방해죄의 구성요건을 충족할 수 있다.[52)]

시험문제를 유출하고, 수험생이 이를 베껴 시험감독관에게 제출

교수인 갑이 출제교수들로부터 대학원신입생전형시험문제를 제출받아 을, 병에게 그 시험문제를 알려주자 그들이 답안쪽지를 작성한 다음 이를 답안지에 그대로 베껴 써서 그 정을 모르는 시험감독관에게 제출한 경우, 위계로써 입시감독업무를 방해한 것이다.[53)]

채점위원이 채점절차가 실질적으로 완료된 채점결과를 임의로 변경

채점절차가 실질적으로 완료되어 채점위원이라고 하더라도 채점상의 착오를 바로 잡기 위한 것이 아닌 한 더 이상 채점결과를 변경할 수 없는 단계에서 일부 응시생들을 합격시킬 목적만으로 채점결과를 변경한 행위는 채점행위의 범위를 벗어난 것으로 채점을 담당한 교수의 권한에 속하는 것이 아님이 분명하고, 따라서 위와 같은 행위는 결국 아무 권한도 없이 이미 확정된 채점결과를 임의로 변경하여 대학원위원회의 합격자 사정업무를 위계로써 방해한 것에 해당한다.[54)]

---

51) 대판 2011. 7. 14. 2011도3782.

52) 대판 1977. 4. 26. 76도2446.

53) 대판 1991. 11. 12. 91도2211.

54) 대판 1993. 12. 28. 93도2669. 다음은 같은 취지이다.

학부모들이 대학교 교무처장 등에게 자녀들의 부정입학을 청탁하면서 그 대가로 대학교측에 기부금명목의 금품을 제공하고 이에 따라 교무처장 등이 그들의 실제 입학시험성적을 임의로 고쳐 그 석차가 모집정원의 범위 내에 들도록 사정부를 허위로 작성한 다음 이를 그 정을 모르는 입학사정위원들에게 제출하여 그들로 하여금 그 사정부에 따라 입학사정을 하게 함으로써 자녀들을 합격자로 사정처리 하게 한 것은 위계로써 입학사정위원들의 사정업무를 방해한 것이다(대판 1994. 3. 11. 93도2305).

대학교 총장이 신입생을 추가로 모집함에 있어 기부금을 낸 학부모나 교직원 자녀들의 성적 또는 지망학과를 고쳐 석차가 추가로 모집하는 인원의 범위 내에 들도록 사정부를 허위로 작성한 다음 그 정을 모르는 입학사정위원들에게 제출하여 허위로 작성된 사정부에 따라 입학사정을 하게 함으로써 위 자녀들을 합격자로 사정하게 하였다면 이는 위계로써 입학사정업무를 방해하였다고 할 것이다(대판 1993. 5. 11. 92도255).

석사학위논문의 대작

일반적으로 석사학위논문 정도의 학술적 저작물을 작성함에 있어서는 논문작성 과정에서 타인으로부터 외국 서적의 번역이나 자료의 통계처리 등 단순하고 기술적인 조력을 받는 것은 허용된다고 보아야 할 것이나, 그 작성자로서는 학위논문의 작성을 통하여 논문의 체제나 분류방법 등 논문 작성방법을 배우고, 지도교수가 중점적으로 지도하여 정립한 논문의 틀에 따라 필요한 문헌이나 자료를 수집하여 분석, 정리한 다음 이를 논문의 내용으로 완성하는 것이 가장 중요한 일이라 할 것이므로, 비록 논문작성자가 지도교수의 지도에 따라 논문의 제목, 주제, 목차 등을 직접 작성하였다고 하더라도 자료를 분석, 정리하여 논문의 내용을 완성하는 일의 대부분을 타인에게 의존하였다면 그 논문은 논문작성자가 주체적으로 작성한 논문이 아니라 타인에 의하여 대작된 것이라고 보아야 한다.

단순히 통계처리와 분석, 또는 외국자료의 번역과 타자만을 타인에게 의뢰한 것이 아니라 전체 논문의 초안 작성을 의뢰하고, 그에 따라 작성된 논문의 내용에 약간의 수정만을 가하여 제출하였음이 인정된다는 이유로 업무방해죄에 대하여 무죄를 선고한 원심판결을 파기한 사례.[55)]

체육대회일에 정상근무하기로 하였음에도 유급휴일이라고 알려 근로자들이 출근하지 않음

여러 곳에 공장을 둔 회사의 노동조합 중앙집행위원회에서 회사 사정상 이전에 예정되었던 공장별 체육대회를 취소하되, 당일을 유급 휴일로 할 것인지의 여부는 단체협약에 관한 사항으로서 노사협의를 거쳐 최종 결정하기로 하였는데, 그 후 당일을 유급 휴일로 할 것인지에 관하여 노사협의가 없었고, 오히려 위 회사와 위 회사 노동조합에서는 위 당일에 정상 근무를 하도록 통보하였음에도 불구하고, 위 회사 인천공장 근로자들로서 위 회사 노동조합 인천지부 지부장, 부지부장, 사무장, 또는 대의원들이 공동하여 체육대회 전날 위 회사 인천공장에서 위 회사 노동조합 인천지부 대의원회를 개최하여 일방적으로 체육대회 날을 휴무로 결정한 후, 같은 취지의 유인물을 참석 대의원들에게 배포하여 위 회사 인천공장 소속 근로자들로 하여금 당일을 유급 휴일로 오인하여 출근하지 않도록 함으로써 위 회사 인천공장의 정상 가동을 불능케 하였다면, 이는 위계에 의한 업무방해죄를 구성한다고 보아야 할 것이다.[56)]

A어장의 전임 대표자가 A에게 채권이 있다고 허위 주장하며 인장인도를 거절하여 후임 대표자가 예탁금을 인출하지 못하고 선박검사도 받지 못함

A어장의 전임 대표자인 피고인이 A측으로부터 400여만 원의 돈을 돌려받을 채권이 있다고 허위 주장하면서 보관하고 있는 A의 인장 인도를 거절하였기 때문에, A의 후임대표자로 선출된 갑이 OO수산업협동조합에 예탁한 A 소유의 예탁금을 만기가 도래하였음에도 인출하지 못하였고 A 소유 선박의 검사도 받지 못한 결과가 되었더라도 피고인의 소위가 형법 제314조에서 말하는 허위사실을 유포하거나 기타 위계로써 타인의 업무를 방해한 경우에 해당한다고 볼 수 없다.[57)]

55) 대판 1996. 7. 30. 94도2708; 대판 2009. 1. 30. 2008도6950.
56) 대판 1992. 3. 31. 92도58.
57) 대판 1984. 7. 10. 84도638.

다. 허위신청에 의한 심사업무의 방해

상대방으로부터 신청을 받아 상대방이 일정한 자격요건 등을 갖춘 경우에 한하여 그에 대한 수용 여부를 결정하는 업무에 있어서는 신청서에 기재된 사유가 사실과 부합하지 않을 수 있음을 전제로 그 자격요건 등을 심사·판단하는 것이므로, 그 업무담당자가 사실을 충분히 확인하지 아니한 채 신청인이 제출한 허위의 신청사유나 허위의 소명자료를 가볍게 믿고 이를 수용하였다면 이는 업무담당자의 불충분한 심사에 기인한 것으로서 신청인의 위계가 업무방해의 위험성을 발생시켰다고 할 수 없어 위계에 의한 업무방해죄를 구성하지 않지만, 신청인이 업무담당자에게 허위의 주장을 하면서 이에 부합하는 허위의 소명자료를 첨부하여 제출한 경우 그 수리 여부를 결정하는 업무담당자가 관계 규정이 정한 바에 따라 그 요건의 존부에 관하여 나름대로 충분히 심사를 하였음에도 신청사유 및 소명자료가 허위임을 발견하지 못하여 그 신청을 수리하게 될 정도에 이르렀다면, 이는 업무담당자의 불충분한 심사가 아니라 신청인의 위계행위에 의하여 업무방해의 위험성이 발생한 것이어서 위계에 의한 업무방해죄가 성립한다.[58)]

피고인이 갑의 미국방문비자를 주한미국대사관 영사부에 신청함에 있어서 허위의 사실을 기재하여 신청서를 제출한 것에 그치지 않고, 그 소명을 위하여 허위로 작성한 서류를 제출하고 갑으로 하여금 비자 면접 때 그에 맞추어 허위의 답변을 하도록 연습을 시켜 그와 같이 면접을 하고 갑의 회사 재직 여부를 묻는 미국대사관 직원의 문의 전화에 대하여 허위 답변을 한 것은 위계에 의한 업무방해죄에 해당한다.[59)]

피고인이 ○○대학교를 제외한 나머지 대학교들에 대한 시간강사나 조교수의 임용 또는 재단법인 광주비엔날레의 예술감독 선임과 관련하여 허위의 학력이 기재된 이력서를 제출하고 이를 뒷받침하는 소명자료로서 위조된 학위 관련 서류를 함께 제출하여 마치 허위 학력이 진정한 것처럼 행세한 것은 위계에 의한 업무방해죄가 성립한다.
그러나 피고인이 위 대학교의 시간강사로 임용된 점에 대해서는, 피고인이 위 대학교에 제출한 서류는 허위 학력이 기재된 이력서뿐이었고, ① 위 대학교는 피고인의 문화예술계 활동경력이 학생들에게 도움이 될 것이라는 점을 고려하여 피고인을 시간강사로 임용하였고, ② 피고인이 강의한 과목은 학위취득 여부와 무관한 문화예술활동 경험이 뒷받침되어야 하는 것이었으며, ③ 시간강사 임용심사업무 담당자는 피고인의 ○○미술관 큐레이터 경력을 보고 이력서에 기재한 학력을 믿었기 때문에 학위증이나 졸업증명서를 따로 요구하지 않았던 사정을 인정할 수 있는바, 임용심사업무 담당자로서는 피고인에게 학력 관련 서류의 제출을 요구하여 이력서와 대조 심사하였더라면 문제를 충분히 인지할 수 있었음에도 불구하고, 업무담당자의 불충분한 심사로 인하여 허위 학력이 기재된 이력서를 믿은 것이므로 피고인의 위계행위에 의하여 업무방해의 위험성이 발생하였다고 할 수 없다.[60)]

58) 대판 2007. 12. 27. 2007도5030.
59) 대판 2004. 3. 26. 2003도7927).
60) 대판 2009. 1. 30. 2008도6950. 다음은 같은 취지이다.
경품용 상품권 발행업체 지정 여부를 결정하는 한국게임산업개발원의 업무담당자는 관계 규정이 정한 바에 따라 가맹점 내역에 관한 공인회계사 명의의 확인서를 받았고, 가맹점에 가맹점계약의 체결 여부를 확인하였으며, 공인회계사 등 전문적인 지식을 갖춘 자들을 실사위원으로 지정하여 현장실사하게 하는 등의 방법으로 그 요건의 존부에 관

대한주택공사가 시행하는 택지개발사업의 공동택지용지 수의공급업무와 관련하여 택지개발예정지구 지정공고일 이후에 대상토지를 매수하여 관련 규정상 신청자격이 없는 자가, 계약일자를 위 공고일 이전으로 허위 기재한 매매계약서를 기초로 소유권이전등기를 마친 후 그 등기부등본과 계약일자를 허위로 기재한 소유토지조서를 첨부하여 수의공급신청을 한 경우, 위 공사의 택지공급업무의 적정성과 공정성을 해할 위험을 초래한 것에 해당하여 위계에 의한 업무방해죄를 구성한다고 한 사례.[61)]

라. 위 력

업무방해죄의 '위력'이란 사람의 자유의사를 제압·혼란케 할 만한 일체의 세력으로, 유형적이든 무형적이든 묻지 아니하므로, 폭력·협박은 물론 사회적·경제적·정치적 지위와 권세에 의한 압박 등도 이에 포함되고, 현실적으로 피해자의 자유의사가 제압될 것을 요하는 것은 아니지만, 범인의 위세, 사람 수, 주위의 상황 등에 비추어 피해자의 자유의사를 제압하기 족한 세력을 의미하는 것으로서, 위력에 해당하는지는 범행의 일시·장소, 범행의 동기, 목적, 인원수, 세력의 태양, 업무의 종류, 피해자의 지위 등 제반 사정을 고려하여 객관적으로 판단하여야 한다. 또한, 업무방해죄의 위력은 반드시 업무에 종사 중인 사람에게 직접 가해지는 세력만을 의미하는 것은 아니고, 사람의 자유의사를 제압하기에 족한 일정한 물적 상태를 만들어 사람으로 하여금 자유로운 행동을 불가능하게 하거나 현저히 곤란하게 하는 행위도 이에 포함될 수 있다.[62)]

당 중앙위원들 등이 단상을 점거하는 등으로 당 중앙위원회 회의가 정회되도록 함

업무방해죄의 '위력'이란 사람의 자유의사를 제압·혼란케 할 만한 일체의 세력을 말하고, 유형적이든 무형적

하여 나름대로 충분히 심사를 하였으나, 신청사유 및 소명자료가 허위임을 발견하지 못하고 결국 그 신청을 받아들여 ○○주식회사를 경품용 상품권 발행업체로 지정하게 된 것이므로, 이는 한국게임산업개발원 업무담당자의 불충분한 심사가 아니라 피고인들의 위계행위에 의하여 한국게임산업개발원의 경품용 상품권 발행업체 지정업무가 방해될 위험성이 발생되었다고 할 것이고, 또한 판시 사정에 비추어 볼 때, 피고인들은 피고인들이 상품권 발행업체로 지정되기 위한 업무를 대행시킨 갑, 을 및 병 주식회사의 직원들이 ○○주식회사의 직원들과 함께 ○○주식회사의 가맹점보유실적을 허위로 만드는 방법으로 상품권 발행업체로 지정되기 위한 조건을 충족시키는 작업을 하였음을 알고 있었었고, 한국게임산업개발원이 가맹점 일부가 확인되지 않는 등의 이유로 부적격판정을 내리자 피고인들이 이를 보완하여 재신청하였고 그 과정에서 나름대로 충분한 심사가 이루어졌다면, 위계에 의한 업무방해죄가 성립한다(대판 2010. 3. 25. 2008도4228).

위와 같은 법리는 위계에 의한 공무집행방해죄에 있어서도 동일하게 적용된다(대판 2011. 4. 28. 2010도14696 참조)

61) 대판 2007. 12. 27. 2007도5030.

62) 대판 1995. 10. 12. 95도1589; 대판 2005. 5. 27. 2004도8447; 대판 2009. 9. 10. 2009도5732. 다음은 같은 취지이다.
형법 제314조에 이른바 위력이라 함은 무릇 의사의 자유를 제압 혼란게 할 세력을 널리 호칭하는것으로서 이에 본건의 경우를 비추어보면 본시 휴식과 담화의 장소로서 정온을 필요로 하는 다방 내에서 불의의 침입자에 의하여 상당시간 고성으로 악담을 반복하고 혹은 격외의 기물을 반입하는 등 사로 취합중의 내객에게 혐오와 염정을 일게 하므로서 불가불이산을 촉구함이 될 것인즉 이는 십분 다방 업무의 방해라고 아니할 수 없다(대판 1961. 2. 24. 4293형상864).

이든 묻지 아니하며, 폭행·협박은 물론 사회적, 경제적, 정치적 지위와 권세에 의한 압박 등도 이에 포함되고, 현실적으로 피해자의 자유의사가 제압되는 것을 필요로 하는 것은 아니지만, 범인의 위세, 사람 수, 주위의 상황 등에 비추어 피해자의 자유의사를 제압하기 족한 세력을 의미하는 것으로서, 위력에 해당하는지는 범행의 일시·장소, 범행의 동기, 목적, 인원수, 세력의 태양, 업무의 종류, 피해자의 지위 등 제반 사정을 고려하여 객관적으로 판단하여야 한다.

피고인들이 갑 등 수십 명의 당권파 중앙위원들 및 당원들과 공동하여 A당 중앙위원회 회의가 진행되는 단상 앞으로 진출을 시도하면서 이를 제지하는 질서유지인 등을 몸으로 밀치거나 그 단상을 점거하는 등의 행위를 하여 그 회의를 중단시키고 회의가 속개되지 못하도록 막아 결국 무기한 정회가 선포되도록 한 것은 위력으로 A당의 중앙위원회 회의 운영업무를 방해한 것에 해당한다.[63]

피해자가 경작 중인 농작물을 갈아엎고 새로운 농작물을 재배

피고인이 피해자들이 경작 중이던 농작물을 트랙터를 이용하여 갈아엎은 다음 그곳에 이랑을 만들고 새로운 농작물을 심어 피해자의 자유로운 논밭 경작 행위를 불가능하게 하거나 현저히 곤란하게 한 경우, 위력에 의한 업무방해죄에 해당한다고 한 사례.[64]

200만 원에 대한 연체이자를 추심하려고 1개월 15일 동안 460통의 전화를 함

피고인은 2003. 9. 8.경부터 같은 해 10. 23.경까지 피고인이 근무하는 대부업체인 A주식회사 부산지점 사무실에서 피해자가 A로부터 대출받은 200만 원에 대한 이자를 지급하지 않는다는 이유로 그 지급을 독촉하기 위하여 동인의 집과 핸드폰 등에 460여 통의 전화를 걸어 동인으로 하여금 정상적인 업무를 보지 못하게 함으로써 위력으로 동인이 운영하는 간판업 업무를 방해하였다는 것이다.

채권자의 권리행사는 사회통념상 허용되는 방법에 의하여야 하는 것이므로, 가령 우월한 경제적 지위를 가진 대부업자가 그 지위를 이용하여 채무자를 압박하는 방법으로 채권추심행위를 하였다면 이는 위력을 이용한 행위로서 위법하고 그로 인하여 채무자의 업무가 방해될 위험이 발생하였다면 업무방해죄의 죄책을 면할 수 없다 할 것이다.

비록 피해자가 2003. 9.부터 대출이자를 연체하고 있었다고는 하나 그 금액이 소액일 뿐만 아니라, 일부씩 변제를 하고 있었음에도 피고인의 주도로 한 달여에 걸쳐 매일 평균 10통 가량, 어떤 날은 심지어 90여 통에 이르는 전화 공세를 하였다는 것이고, 비록 실제 통화연결된 횟수가 19회에 불과하다고 추정하더라도 비정상적인 전화 공세에 압박감을 느낀 나머지 통화를 피할 수밖에 없었던 것으로 봄이 상당하며 심한 채무독촉을 당한 후에는 계속해서 걸려오는 전화 그 자체만으로도 심리적 압박감과 두려움을 느낄 수밖에 없다고 할 것이고, 원심은 피해자가 통화과정에서 알아서 하라는 식의 태도를 보였다는 사실을 들고 있으나 위력에 상당한지는 주관적인 기준이 아니라 객관적인 기준에 따라 판단할 문제이고 더욱이 피해자의 증언에 의하면 피고인이 먼저 고문변호사를 통해서 법적으로 하겠다는 말을 하기에 그렇게 말하였다는 것에 불과한 사정을 알아볼 수 있는바, 이러한 사정뿐만 아니라, 대부업을 이용하는 사람들은 주로 은행이나 카드사와 같은 제도

63) 대판 2013. 11. 28. 2013도4430.
64) 대판 2009. 9. 10. 2009도5732.

권 금융회사에서 소외된 저신용자들로서 사회·경제적으로 곤궁한 약자들이라는 점까지를 감안해 볼 때 피해자에게 소액의 지연이자를 문제 삼아 법적조치를 거론하면서 무차별적인 전화공세를 하는 식의 채권추심행위는 사회통념상의 허용한도를 벗어나 경제적 약자인 피해자의 자유의사를 제압하기에 족한 위력에 해당한다고 할 것이고, 피해자는 소규모 간판업을 경영하는 자로서 업무상 휴대폰의 사용이 긴요하다고 할 수 있는데 대부분의 전화가 그 휴대폰에 집중된 이상 이로 인하여 동인의 간판업 업무가 방해되는 결과를 초래할 위험이 발생하였다고 인정하기에 충분하다고 보여진다.[65)]

임차인이 자신 명의로 등록을 마친 미술학원을 전대하면서 인천시와의 전대금지약정 때문에 전차인과 사이에 동업약정서를 작성하고 분쟁이 발생하자 임의로 폐원신고함

피고인은 이 사건 건물을 인천광역시로부터 임차하여 피고인 명의로 미술학원 등록을 마친 다음 이를 피해자에게 전대하면서도 인천광역시와의 전대금지 약정 때문에 피해자와 동업하는 것처럼 계약하고 피해자로 하여금 그곳에서 미술학원을 운영하도록 하다가 피해자와 사이에 분쟁이 발생하자 피해자가 자신의 통제를 받지 않는다면서 피해자에게 인천광역시 교육청에 미술학원에 대한 폐원신고를 하겠다는 취지를 내용증명우편으로 보낸 뒤 임의로 폐원신고를 하여 결국 피해자가 미술학원 영업을 할 수 없게 되었다.

피고인이 피해자의 승낙을 받지 아니하고 미술학원에 대한 폐원신고를 하였다고 하더라도 피해자에게 사전에 통고를 한 뒤 폐원신고를 한 이상 피해자에게 오인·착각 또는 부지를 일으켜 (즉 위계에 의해) 업무를 방해한 것으로 보기는 어렵고, 오히려 피해자가 운영하고 있는 학원이 자신의 명의로 등록되어 있는 지위를 이용하여 임의로 폐원신고를 함으로써 업무를 위력으로써 방해하였다고 봄이 상당하다.[66)]

A의 사업자등록 명의자이고 상주하여 지게차 등을 판매하는 자가 자물쇠 비밀번호를 변경하여 실질적 운영자가 출입 못함

피해자는 A라는 상호로 지게차 판매 등을 하는 이 사건 사업장을 실질적으로 단독으로 운영하여 오다가 피고인에게 A 사업을 정리하고 새로운 상호로 지게차 판매 등을 직영하겠다고 말하였다. 이에 피고인은 위 사업이 자신의 명의로 사업자등록이 되어 있고 자신이 상주하여 지게차 판매 등을 하고 있는 지위를 이용하여 위 사업장이 자신의 소유라고 주장하며 피해자에게 "사업장에는 얼씬도 하지 말고 일절 관여하지 말라"고 말하면서 사업장의 사무실 출입문에 설치된 자물쇠의 비밀번호를 변경하여 피해자가 사무실을 출입하지 못하도록 한 사안에서,

피고인이 피해자에게 사전에 위와 같이 말하면서 자물쇠의 비밀번호를 변경한 이상, 피해자에게 오인·착각 또는 부지를 일으켜 이를 이용하여 피해자의 업무를 방해한 것으로 보기는 어렵고, 오히려 피해자가 운영하는 피해자의 업무를 위력으로 방해하였다고 봄이 상당하다.[67)]

65) 대판 2005. 5. 27. 2004도8447.
66) 대판 2005. 3. 25. 2003도5004.
67) 대판 2009. 4. 23. 2007도9924.

피고인들이 회장 및 임원으로 되어있는 OO종합상가상인협의회는 OO종합시장주식회사측의 임차보증금과 임료의 일방적인 인상과 증평수문제등 불합리한 문제에 대하여 피해상인들이 이에 대항하기 위하여 자발적으로 결성한 단체이며 위 상인협의회의 임원들인 피고인들이 가입상인들로부터 1980. 5.분부터 임관리비 상당액을 징수하여 은행에 예치한 것은 상인협의회의 구성원들의 총의에 따른 사무를 집행한데 불과한 이상 피고인들의 의사는 계약조건의 절충에 있었다고 보여지고 이로써 그들에게 회사의 업무를 방해할 범의가 있었다거나 위와 같은 행위만으로서 회사의 업무를 방해할만한 위력을 행사한 것으로는 보기 어렵고 1980. 8. 13. 업무방해의 점에 대하여는 피고인 2가 계약갱신 및 체납임관리비 상당액 독려차 나온 회사사원 등에게 "너희들이 무엇인데 상인협의회에서 하는 일을 방해하며 협의회에서 돌리는 유인물을 압수하느냐 당장 해임시켜야 하겠다"라고 욕설을 한 것만으로는 업무방해죄의 위력을 행사한 것으로 보기 어렵다.[68)]

---

68) 대판 1983. 10. 11. 82도2584. 다음은 같은 취지이다.

원심의 판단: 피고인은 1. 1998. 1. 19. A의 집 앞 노상에서 갑 등으로부터 ㅇㅇ종중 소유인 사건 토지에 대한 측량신청을 받고 나온 대한지적공사 직원인 피해자 을이 측판을 설치하려는 것을 막고, 현장에 나와 있던 병에게 '내 허락 없이 측량을 하면 가만두지 않겠다'고 소리치고 '협잡꾼, 사기꾼 같은 인간들'이라고 하며 약 30분 동안 시비를 하는 등 위력을 과시하여 피해자의 이 사건 토지에 대한 현황측량업무를 방해하고, 2. 같은 해 2. 5. B의 집 앞 노상에서 위 갑 등으로부터 이 사건 토지에 대한 측량신청을 받고 나온 위 피해자가 측판을 설치하려는 것을 막고, 현장에 나와 있던 갑에게 '내 허락 없이 측량을 하면 가만두지 않겠다'고 소리치고 그와 약 40분 동안 시비를 하는 등 위력을 과시하여 피해자의 이 사건 토지에 대한 현황측량업무를 방해하였다.

대법원의 판단: 형법 제314조의 업무방해죄의 구성요건의 일부인 '위력'이라 함은 현실적으로 피해자의 자유의사가 제압될 것을 요하는 것은 아니지만, 범인의 위세, 사람 수, 주위의 상황 등에 비추어 피해자의 자유의사를 제압하기 족한 세력을 말하는 것이다.

기록에 의하면, 위 종중이 이 사건 토지 위에 가옥을 소유하고 있는 마을 주민들 11명에게 그 점유 부분을 매도하기로 결의하고 측량신청을 한 사실, 피고인은 평소 자신이 위 종중의 정당한 종손인데 정 등이 1979.경 자신의 호적단자(종손에게 상속되어 내려온 문서)를 탈취하였다고 주장하여 온 사실, 이 사건 당시 피고인은 정당한 종손인 자신의 동의도 없이 종중이 부당하게 위토인 이 사건 토지를 처분하려 한다고 주장하며 종중원들과 마을 주민들 10여 명과 지적공사 직원 3명이 모여 있는 데 나타나서 혼자 측량을 반대하며 측량기사인 피해자에게 이 사건 토지는 자신과 관련된 땅이고 측량을 신청한 사람들과는 관련이 없다고 하면서 측량을 하지 말라고 하고 종중원들에게 호적단자를 내놓기 전에는 측량을 할 수 없다고 말하며 종중원들과 서로 욕을 하면서 원심 판시와 같이 소리치며 말다툼을 한 사실, 피해자는 피고인과 종중원들이 위와 같이 시비하는 것을 보고 이 사건 토지는 종중 소유로 피고인과 종중원들 사이에 합의가 이루어지지 않은 것으로 판단하고 측량을 신청한 무에게 오늘은 측량을 할 수 없다고 하자 무가 연기신청을 하여 철수를 하였고, 피해자가 두번째도 현장에 가보니 피고인과 종중원들 사이에 합의가 이루어지지 않았다고 하고 서로 말다툼을 하자 경찰 순찰차가 와서 피고인과 종중원 1명을 태우고 가는 것을 보고 문제가 있는 토지로 생각하고 철수를 한 사실, 피해자는 경찰과 제1심 법정에서 피고인이 종중원들에게 측량하는 것을 강하게 반대하자 종중원들이 피해자에게 다음에 해야되겠다고 하여 측량을 하지 못하게 된 것이지 피고인이 피해자에게 측량을 못하게 하여 그렇게 된 것은 아니라고 진술한 사실을 알아 볼 수 있는바, 사실관계가 위와 같다면 피고인이 피해자에게 측량을 하지 말라고 말을 하였다고 하더라도 피해자가 측량을 하지 않은 것은 종중원들간의 분쟁에 휘말리는 것을 꺼려한 것일 뿐, 이로써 피고인이 피해자의 측판설치를 방해하였다고 할 수 없을 뿐 아니라, 피고인은 1923.생으로서 이 사건 당시 만 74세를 넘긴 노인인 점과 주위에 종중원들 및 마을 주민들 10여 명과 지적공사 직원 3명이 모여 있는 데 나타나서 혼자 측량을 반대한 점 등을 보태어 보면 피고인이 병이나 갑에게 원심 판시와 같이 소리치며 시비를 하였다고 하여 피해자의 자유의사를 제압하기에 족한 위력을 행사한 것이라고 할 수 없다(대판 1999. 5. 28. 99도495).

공소사실: 임대인으로부터 건물을 임차하여 학원을 운영하던 피고인이 건물을 임대인에게 인도한 이후에도 자신 명의로 된 학원설립등록을 말소하지 않고 휴원신고를 연장함으로써 새로운 임차인이 그 건물에서 학원설립등록을 하지 못하도록 하여 위력에 의하여 업무방해하였다.

인터넷카페의 회원들이 특정 신문에의 광고게재중단을 위해 광고주에게 불매운동

인터넷카페의 운영진인 피고인들이 카페 회원들과 공모하여, 특정 신문들에 광고를 게재하는 광고주들에게 불매운동의 일환으로 지속적·집단적으로 항의전화를 하거나 광고주들의 홈페이지에 항의글을 게시하는 등의 방법으로 광고중단을 압박함으로써 위력으로 광고주들 및 신문사들의 업무를 방해하였다는 내용으로 기소된 사안에서,

소비자가 구매력을 무기로 상품이나 용역에 대한 자신들의 선호를 시장에 실질적으로 반영하기 위한 집단적 시도인 소비자불매운동은 본래 '공정한 가격으로 양질의 상품 또는 용역을 적절한 유통구조를 통해 적절한 시기에 안전하게 구입하거나 사용할 소비자의 제반 권익을 증진할 목적'에서 행해지는 소비자보호운동의 일환으로서 헌법 제124조를 통하여 제도로서 보장되나, 그와는 다른 측면에서 일반 시민들이 특정한 사회, 경제적 또는 정치적 대의나 가치를 주장·옹호하거나 이를 진작시키기 위한 수단으로서 소비자불매운동을 선택하는 경우도 있을 수 있고, 이러한 소비자불매운동 역시 반드시 헌법 제124조는 아니더라도 헌법 제21조에 따라 보장되는 정치적 표현의 자유나 헌법 제10조에 내재된 일반적 행동의 자유의 관점 등에서 보호받을 가능성이 있으므로, 단순히 소비자불매운동이 헌법 제124조에 따라 보장되는 소비자보호운동의 요건을 갖추지 못하였다는 이유만으로 이에 대하여 아무런 헌법적 보호도 주어지지 아니한다거나 소비자불매운동에 본질적으로 내재되어 있는 집단행위로서의 성격과 대상 기업에 대한 불이익 또는 피해의 가능성만을 들어 곧바로 업무방해죄의 위력 행사에 해당한다고 단정하여서는 아니 된다. 다만 그 소비자불매운동이 헌법상 보장되는 정치적 표현의 자유나 일반적 행동의 자유 등의 점에서도 전체 법질서상 용인될 수 없을 정도로 사회적 상당성을 갖추지 못한 때에는 그 행위 자체가 위법한 세력의 행사로서 형법 제314조 제1항의 업무방해죄에서 말하는 위력의 개념에 포섭될 수 있고, 그러한 관점에서 어떠한 소비자불매운동이 위력에 의한 업무방해죄를 구성하는지는 … 제반 사정을 종합적·실질적으로 고려하여 판단하여야 한다.[69]

원심의 판단: 건물을 이미 명도한 피고인으로서는 건물을 설립 장소로 한 피고인 명의의 학원설립등록에 대하여 폐원신청을 하거나 피고인이 학원을 이전한 장소로 학원위치변경등록을 하는 등의 조치를 취함으로써, 임대인이 건물을 다시 임대하고 새로운 임차인이 건물에서 새로이 학원을 운영하는 행위를 방해하여서는 아니될 의무가 있음에도, 피고인이 건물을 설립 장소로 한 피고인 명의 학원에 대한 기존의 휴원신고를 새로이 연장함으로써 피해자가 위 건물에 관하여 학원설립등록을 하지 못하도록 하였다면, 피고인의 사회적 지위를 이용하여 임차인의 학원운영업무를 방해한 것이다.

대법원의 판단: 우선 원심은 피고인이 위 건물을 설립장소로 한 피고인 명의 학원에 관하여 휴원연장신고를 함으로써 피해자가 이 사건 건물에 학원설립등록을 하지 못하도록 하였다고 보았는데, 원심이 조사한 증거들만으로는 기존의 휴원신고 기간이 만료됨으로 인하여 바로 피고인 명의의 학원설립등록이 자동적으로 말소되는 것인지 여부를 확인할 수 없는 등, 피고인의 휴원연장신고와 피해자가 이 사건 건물에서 학원설립등록을 하지 못한 점 사이에 인과관계가 있다고 단정하기 어렵다.

또한 피고인이 기존의 학원설립등록을 말소하지 않은 것은 임대인과 사이의 분쟁에 기한 것으로 보이고, 결국 피고인은 이 사건 건물을 명도한 후에 제기한 소송을 통하여 임대인으로부터 임대보증금 잔액조로 1,000만 원을 지급받기도 한 것인데, 그와 같은 상황에서 피고인이 위 건물에 대한 학원설립등록을 말소하지 않았다고 하여, 그와 같은 행위가 사회통념상 허용되는 범위를 넘어 피고인과 어떠한 직접적인 법률관계도 없는 피해자의 자유의사를 제압·혼란케 할 정도의 위력에 해당한다고 보기에도 부족하다.

따라서 피고인의 행위가 위력에 의한 업무방해죄를 구성한다고 볼 수 없다(대판 2010. 11. 25. 2010도9186).

69) 대판 2013. 3. 14. 2010도410.

탁송회사가 배달하는 서류의 포장 안에 타 종교를 비방하는 전단을 몰래 넣음

피해자 회사는 고객의 의뢰에 따라 항공속달에 의하여 서류를 배달하는 것을 업무로 한다. 피고인은 피해자의 직원에게 통상의 기독교 선교 인쇄물을 집어넣는다고 말하고 위 직원 몰래 타종교를 비방하는 내용의 전단을 고객으로부터 탁송을 의뢰받은 서류의 포장 안에 집어넣어 함께 배달되게 하였다.

그렇다면 고객이 배달을 의뢰하지 않은 전단이 서류와 함께 전달이 됨으로써 이를 배달받은 사람으로서는 위 서류뿐 아니라 전단도 배달을 의뢰한 고객이 보낸 것으로 오인하게 되고 더구나 위 전단의 내용이 특정 종교를 심하게 비방하는 것으로서 사회통념상 용인되기 어렵다고 할 것이므로 결국 피해자가 배달을 의뢰한 고객의 위탁취지에 어긋나게 업무를 처리한 결과가 되었다고 할 것이고, 배달을 의뢰받은 서류 자체가 훼손되지 않고 배달되었다고 하여 피해자의 업무가 방해되지 않았다고 할 수 없다. 뿐만 아니라 위와 같이 배달을 의뢰한 고객의 위탁취지에 어긋나게 배달이 이루어짐으로써 종국에는 피해자의 업무의 경영이 저해될 위험이 발생하였다고 하지 아니할 수 없다. 피고인은 피해자가 고객으로부터 배달을 의뢰받은 서류 포장 안에 전단을 집어넣어 함께 배달되게 함으로써 피해자의 서류배달업무를 방해하였다.[70)]

집회참가자 1,500여명이 신고 장소를 벗어나 피해자 운영의 매장 점거를 시도함으로써 손님들의 출입이 곤란해짐

피고인을 포함한 이 사건 집회 참가자 약 1,500명이 당초 신고한 집회장소를 벗어나 피해자 회사가 운영하는 매장을 둘러싸고 함성을 지르며 매장점거를 계속 시도하였고, 그 과정에서 이를 저지하는 경찰과 충돌하여 폭력을 행사하였고 그로 인하여 피해자 회사의 매장을 방문한 손님들의 출입이 현저히 곤란해진 때에는 위력에 의한 업무방해죄를 구성한다.[71)]

6. 업무방해의 위험

업무방해죄의 성립에 있어서는 업무방해의 결과가 실제로 발생함을 요하는 것이 아니고 업무방해의 결과를 초래할 위험이 발생하는 것이면 족하다.[72)]

70) 대판 1999. 5. 14. 98도3767.

71) 대판 2011. 10. 13. 2009도5698.

72) 대판 1992. 3. 31. 92도58; 대판 2008. 1. 17. 2006도1721; 대판 2010. 3. 25. 2009도8506; 대판 2013. 11. 28. 2013도5117. 다음은 같은 취지이다.

업무방해죄의 성립에 있어서 업무방해의 결과가 실제로 발생함을 요하는 것은 아니고 업무방해의 결과를 초래할 위험이 발생하면 족하다(대판 2004. 3. 26. 2003도7927).

업무방해죄의 성립에 있어서는 업무방해의 결과가 실제로 발생함을 요하는 것은 아니고 업무방해의 결과를 초래할 위험이 발생하면 충분하다고 할 것인바, ○○주식회사의 1991. 2. 27.자 임시주주총회 결과 대표이사로 선임된 갑이 위 회사의 업무집행을 위하여 위 회사 사무실에 들어가려고 하자 피고인들이 같은 해 3. 4.부터 같은 해 4. 30.까지 이를 제지한 행위는 위 회사의 업무방해의 결과를 초래할 위험을 야기하였다고 인정하기에 충분하다(대판 1997. 3. 11. 96도2801).

위계에 의한 업무방해죄에 있어서 위계라 함은 행위자의 행위목적을 달성하기 위하여 상대방에게 오인, 착각 또는 부지를 일으키게 하여 이를 이용하는 것을 말하며, 상대방이 이에 따라 그릇된 행위나 처분을 하였다면 위계에 의한

주주총회에서 대표이사로 선임된 자가 사무실에 들어가는 것을 약 2개월간 제지

A주식회사의 1991. 2. 27.자 임시주주총회 결과 대표이사로 선임된 갑이 위 회사의 업무집행을 위하여 위 회사 사무실에 들어가려고 하자 피고인들이 같은 해 3. 4.부터 같은 해 4. 30.까지 이를 제지한 행위는 위 회사의 업무방해의 결과를 초래할 위험을 야기하였다고 인정하기에 충분하다.[73]

승진요건을 월등히 충족한 교수가 허위의 논문연구실적을 승진심사서류로 제출

사안: 피고인이 공소외인이 작성한 논문들을 피고인 단독 혹은 공동으로 작성한 논문들인 것처럼 학술지에 제출하여 발표한 논문연구실적을 부교수 승진심사 서류에 포함, 제출.

원심의 판단: 피고인이 승진심사시에 제출한 위 논문들을 제외한 다른 논문만으로도 부교수 승진요건을 월등히 충족하고 있었고, 피고인이 위 논문들을 제출하였다고 하더라도 위 승진심사에 있어서 더 유리한 지위에 있게 되는 것도 아니므로 이로 인하여 승진심사 업무의 적정성이나 공정성을 침해할 염려가 없다.

대법원의 판단: 그러나 위 대학 교원인사규정에는 교원에 대한 승진 임용기준으로서 원심이 판시한 바와 같은 승진소요 근무기간, 교육 및 연구업적 등의 요건 이외에도 교원의 자격에 관하여 교육자로서 인격과 품위를 갖출 것을 기본적인 전제로 정하고 있으며, 징계처분 등을 받은 경우에는 승진할 수 없도록 제한하고 있음을 알 수 있으므로, 교원에 대한 승진 임용을 위한 심사에서는 원심이 인정한 바와 같은 승진소요 근무기간, 교육 및 연구업적 등의 요건 이외에도 교원으로서의 인격과 품위를 갖추고 있는지 여부나 징계사유가 있는지 여부 등도 당연한 심사항목으로 포함되어 있다고 보아야 할 것이다. 그런데 피고인의 경우 원심이 인정한 바와 같이 공소외인이 작성한 논문들을 피고인 자신이나 공소외인 및 피고인이 공동으로 작성한 논문인 것처럼 학술지에 제출하여 발표한 논문연구실적을 부교수 승진심사 서류에 포함하여 제출하였다면, 이는 교육자로서의 인격과 품위를 손상시키는 행위에 해당함이 명백하고 그에 따라 징계처분 등을 받을 만한 사유에도 해당할 것이며(실제로 피고인은 위와 같은 사유로 징계에 회부된 것으로 보인다), 따라서 승진 임용심사 과정에서 이러한 사정이 확인되었을 경우, 피고인이 승진 임용을 위한 연구업적 등 다른 기준을 충족하고 있다고 하더라도 교원으로서의 인격과 품위에 관하여 고도의 윤리성을 요구하는 승진임용심사의 특성상 피고인이 승진대상자에서 배제되었을 가능성이 높았을 것이고, 승진 임용을 심사하는 위원들로서는 통상적인 심사절차를 통해서는 피고인의 위와 같은 논문연구실적의 일부가 허위라는 사정을 밝혀내기 어려울 것이라는 점 등을 고려하여 보면, 원심이 들고 있는 바와 같이 피고인이 승진 임용심사시에 제출한 논문들 중 이 사건 각 논문을 제외한 다른 논문만으로도 부교수 승진요건을 월등히 충족하고 있었다는 등의 사정만으로 승진 임용심사 업무의 적정성이나 공정성을 해할 위험이 없었다고 단정할 수 없어 위계에 의한 업무방해죄를 구성한다.[74]

계약해제로 인하여 보호할 업무가 부존재하고 스스로 공사중단

피고인과 ○○회사는 피고인이 건축주인 이 사건 건물의 신축공사에 관하여 공사대금을 금 7억 2,000만 원

업무방해죄가 성립된다(대판 1992. 6. 9. 91도2221).

73) 대판 1997. 3. 11. 96도2801.

74) 대판 2009. 9. 10. 2009도4772.

으로 하되 그 중 잔금 3억 원은 준공 후 지급하리고 하여 위 회사가 시공하기로 하였다. 피고인이 이미 금 524,000,000원을 지급한 상태였으므로, 특별한 사정이 없는 한, 위 회사로서는 더 이상 피고인에게 공사비를 지급하여 달라고 할 수는 없음에도 위 회사가 공사비가 제대로 지급되지 않는다는 이유를 내세우며 장기간 공사를 중단하는 등 공사를 제대로 진행하지 아니하여 공사완공을 지체하였다면, 달리 정당한 사유가 없는 한 이는 위 회사의 채무불이행이라 할 것이며, 피고인이 위와 같은 위 회사의 채무불이행을 이유로 적법하게 위 공사계약을 해제하였고 이 사건 범행 당시 위 회사가 스스로 공사를 중단한 상태였다면, 피고인이 공사현장에 남아 있는 위 회사 소유의 공사자재 등을 수거하여 다른 곳에 옮겨 놓았다고 하여 피고인이 위 회사의 공사업무를 방해한 것으로 볼 수는 없다.[75)]

피고인이 피해자들에게 대하양식장에 관한 권리 일체를 양도하고 그 대금일부를 지급받은 상태에서 피고인과 피해자들이 쌍방의 합의로 양식장 운영을 목적으로 하는 주식회사를 설립하는 한편 피해자들이 양식장 운영을 해 왔는데, 양식장 양도잔대금의 지급관계 등을 둘러싸고 분규가 끊임없이 계속되자 피고인이 적극적으로 양식장 운영에 관여하여 자신의 돈으로 관리인에게 급료를 지급하고 사료를 투입하는 등 대하 사육을 계속하였으며, 피고인이 자기측 관리인을 시켜 수문을 철사로 묶어 자물쇠를 채워두고 있었는데, 피해자들이 관리인이 없는 틈을 타 절단기로 자물쇠를 절단한 후 대하를 포획하였고, 피고인이 경찰관이 지시하는 바에 따라 더 이상의 포획행위를 중지시키기 위하여 수문을 잠그고 또 수문여닫이용 손잡이를 회사 창고에 보관하였다면, 양식대하에 대한 소유권이 피고인에게 귀속되는지의 여부에 관계없이 양식대하에 대한 현재의 관리상태를 유지하려 한 피고인의 위와 같은 행위를 형법상의 업무방해죄에 해당한다고 할 수 없다.[76)]

피고인이 피해자가 조경수 운반을 위하여 사용하던 피고인 소유 토지 위의 현황도로에 축대를 쌓아 그 통행을 막은 사안에서, 그 도로폐쇄에도 불구하고 대체도로를 이용하여 종전과 같이 조경수 운반차량 등을 운행할 수 있어 피해자의 조경수 운반업무가 방해되는 결과발생의 염려가 없었다는 이유로 피고인을 업무방해죄로 의율한 원심판결을 파기한 사례.[77)]

7. 위법성의 조각

가. 정당행위

소유권을 취득한 자가, 타인이 정당한 권원 없이 경작하고 있는 토지에서 한 경작행위

1. 1975. 4. 14.자 행위에 대하여
국유토지가 공개입찰에 의하여 매매되고 그 인도집행이 완료되었다 하더라도 그 토지의 종전 경작자인 피고인이 파종한 보리가 30센치 이상 성장하였다면 그 보리는 피고인의 소유로서 그가 수확할 권한이 있으므로

75) 대판 1999. 1. 29. 98도3240.
76) 대판 1994. 4. 12. 93도2690.
77) 대판 2007. 4. 27. 2006도9028.

토지매수자가 토지를 경작하기 위하여 소를 이용하여 쟁기질을 하고 성장한 보리를 갈아 뭉게는 행위는 피고인의 재산에 대한 현재의 부당한 침해라 할 것이므로 이를 막기 위하여 그 경작을 못 하도록 소 앞을 가로막고 쟁기를 잡아당기는 등의 피고인의 행위는 정당방위에 해당된다.

2. 1975. 10. 16.자 행위에 대하여

토지의 인도집행이 있은 후에도 피고인이 다시 토지를 점유 경작하고 있었다면 그 점유가 비록 불법이라 하여도 새로운 점유상태가 형성되었다 할 것이므로 매수인이 다시 적법한 인도절차를 밟지 않고 한 경작행위는 정당한 업무수행이라 할 수 없으므로 이를 저지한 피고인의 행위는 업무방해죄에 해당되지 않는다.[78)]

나. 임대차 등에 기한 단전·단수

임대차 등의 경우에 일정한 기간 차임이 지급되지 않는 등의 채무불이행이 있는 때에는 임대인이 단전·단수의 조치를 취할 수 있다는 내용의 계약을 체결하는 경우가 있다. 이러한 계약을 무한정 허용하게 되면 자구행위가 제약 없이 행해질 우려가 있다. 그러한 이유로 판례는 다음과 같이 단전·단수에 대한 상대방의 동의가 있더라도 그러한 동의의 효력을 일정하게 한정한다.

호텔 내 주점 임차인의 차임 연체를 이유로 계약서에 따라 단전·단수

호텔 내 주점의 임대인이 임차인의 차임 연체를 이유로 계약서상 규정에 따라 위 주점에 대하여 단전·단수조치를 취한 경우, 약정 기간이 만료되었고 임대차보증금도 차임연체 등으로 공제되어 이미 남아있지 않은 상태에서 미리 예고한 후 단전·단수조치를 하였다면 형법 제20조의 정당행위에 해당하지만, 약정 기간이 만료되지 않았고 임대차보증금도 상당한 액수가 남아있는 상태에서 계약해지의 의사표시와 경고만을 한 후 단전·단수조치를 하였다면 정당행위로 볼 수 없다고 한 사례.[79)]

---

78) 대판 1977. 5. 24. 76도3460.

79) 대판 2007. 9. 20. 2006도9157. 구체적인 내용은 다음과 같다.

공소사실: 피고인은 ① 2004. 3. 17. ○○호텔에 입점한 '카멜롯의 전설' 유흥주점에서 그 업주인 피해자 1이 월차임을 제대로 지급하지 않는다는 이유로, 위 호텔 시설담당 직원인 갑에게 지시하여 위 유흥주점의 전기와 수도를 차단하여 영업을 하지 못하게 함으로써 위력으로 유흥주점업무를 방해하고, ② 같은 해 5. 26. 같은 장소에서 같은 방법으로 위 '카멜롯의 전설' 유흥주점의 영업을 하지 못하게 함으로써 위력으로 유흥주점업무를 방해하고, ③ 같은 해 8. 16. 위 호텔 지하 1층에 입점한 '아방궁' 유흥주점에서 피해자 2가 월차임을 제대로 지급하지 않는다는 이유로, 갑에게 지시하여 위 주점의 전기와 수도를 차단하여 영업을 하지 못하게 함으로써 위력으로 유흥주점업무를 방해하였다'는 것이다.

원심의 판단: 피고인은 위 피해자들이 장기간 차임 등을 연체하자 이를 받기 위하여 차임을 2개월 이상 연체하면 단전·단수조치를 할 수 있다는 임대차계약조항에 따라 위 피해자들이 운영하던 유흥주점에 대해 단전·단수조치를 취하였고, 피고인은 그 당시 위 각 행위가 위법하다고 인식하지 못하였다고 봄이 상당할 뿐만 아니라, 자신의 행위를 위법하지 아니한 것으로 오인함에 있어 정당한 이유가 있는 경우에 해당한다.

대법원의 판단: 원심의 판단 중 피해자 2에 대한 부분은 그 결론에 있어 수긍할 수 있으나, 피해자 1에 대한 부분은 수긍하기 어렵다.

형법 제16조에서 "자기가 행한 행위가 법령에 의하여 죄가 되지 아니한 것으로 오인한 행위는 그 오인에 정당한 이유가 있는 때에 한하여 벌하지 아니한다"라고 규정하고 있는 것은 단순한 법률의 부지를 말하는 것이 아니고, 일반적으로 범죄가 되는 경우이지만 자기의 특수한 경우에는 법령에 의하여 허용된 행위로서 죄가 되지 아니한다고 그릇 인식하고 그와 같이 그릇 인식함에 정당한 이유가 있는 경우에는 벌하지 않는다는 취지인바, 임대를 업으로 하는 자가 임차인으로 하여금 계약상의 의무이행을 강요하기 위한 수단으로 계약서의 조항을 근거로 임차물에 대하여 일방적으로 단전·단수조치를 함에 있어 자신의 행위가 죄가 되지 않는다고 오인하더라도, 특별한 사정이 없는 한 그 오인에는 정당한 이유가 있다고 볼 수는 없다.

피해자 2는 피고인과 사이에 임대차기간을 2002. 7. 1.부터 2004. 6. 30.까지로, 임대차보증금을 1억 원으로, 월차임을 1,000만 원으로 각 정하여 임대차계약을 체결한 후 상당한 비용을 들여 '아방궁' 유흥주점을 운영하여 왔고, 피해자 1은 피고인과 사이에 아들인 을 명의로 임대차기간을 2003. 1. 6.부터 2005. 1. 5.까지로, 임대차보증금을 1억 2,000만 원으로, 월차임을 300만 원으로 각 정하여 임대차계약을 체결한 후 약 3억 3,000만 원의 비용을 들여 '카멜롯의 전설' 유흥주점을 운영하여 온 점, 위 각 임대차계약 당시 당사자들은 임차인이 차임을 2개월 이상 연체하면 임대인이 임대차계약을 해지하고 단전·단수조치를 할 수 있다고 약정한 점, 피해자 2는 2003. 8.경부터 월 1,000만 원씩의 차임의 지급을, 피해자 1은 2003. 9.경부터 월 300만 원씩의 차임의 지급을 각 연체한 점, 피고인은 위 계약조항에 근거하여 2004. 1. 16. 위 각 임대차계약의 해지 및 그 명도를 구하는 소송을 제기하여 그 소장부본이 2004. 2. 17.경 위 각 임차인들에게 송달됨으로써 위 각 임대차계약이 해지되었고, 그 후인 2005. 2. 16. '을은 원고로부터 71,980,696원(연체차임 등을 공제한 잔여 보증금)을 지급받음과 상환으로, 피해자 2는 무조건 각 임차 부분을 명도하라'는 취지의 판결이 선고되었으며, 위 판결에 대하여 피고들이 항소하였으나 2005. 11. 6.경 항소취하 간주되어 위 판결이 확정된 점, 한편 피고인은 임차인들의 차임연체 등으로 인한 자금난으로 국민은행으로부터의 대출금을 제대로 변제하지 못하는 바람에 국민은행으로부터 2004. 1. 28.경부터 수회에 걸쳐 변제독촉 및 '신용불량정보 등록예정안내문' 등을 받았고, 2004. 11. 10.경에는 '경매실행 예정통지서'를 받았으며, 세금체납으로 관할 구청장으로부터 2004. 6. 16.경 '압류 및 공매 예고통지서'를 받았고, 마침내 2005. 4.경 위 호텔을 처분하였을 정도로 자금사정이 곤란하였던 점, '아방궁' 유흥주점의 경우 위 피고인이 2004. 1. 16.자 소장부본의 송달로 위 임대차계약의 해지를 통지한 것과 별도로 위 주점에 대한 2004. 8. 16.자 단전·단수조치에 앞서 '임대차기간이 2004. 6. 30. 만료되는바, 2004. 6. 10.까지 재계약협의가 없으면 명도하라'는 취지의 2004. 5. 29.자 최고서 및 '2004. 6. 15.까지 재계약이 되지 않을 경우 단전·단수조치를 취하겠다'는 취지의 2004. 6. 11.자 최고서를 피해자 2에게 보내자, 피해자 2는 2004. 6. 19. 피고인과 사이에 2004. 5.까지의 연체차임을 68,771,942원으로 정산하기도 하였으며, 위 주점에 대한 단전·단수조치가 이루어진 2004. 8. 16.은 위 주점에 대한 약정 임대차기간 만료일(2004. 6. 30.)의 1개월 반 후의 일일 뿐만 아니라, 보증금 1억 원도 모두 연체차임 등으로 공제되어 이미 소멸한 점, 반면 '카멜롯의 전설' 유흥주점의 경우 피고인이 2004. 1. 16.자 소장부본의 송달로 위 임대차계약의 해지를 통지한 것과 별도로 위 주점에 대한 2004. 3. 17.자 및 2004. 5. 26.자 각 단전·단수조치에 앞서 '차임연체로 단전·단수조치를 취하겠다'는 취지의 2004. 5. 13.자 최고서를 그 업주인 피해자 1에게 보내자, 피해자 1이 '2005. 5. 24.까지 100만 원을 입금하지 못하면 어떠한 조치도 감수하겠다'는 취지의 2004. 5. 19.자 이행각서를 작성하기도 하였으나, 위 피고인의 위 주점에 대한 위 각 단전·단수조치는 비록 소장부본 송달 후에 이루어진 것이기는 하지만 약정 임대차기간 만료일(2005. 1. 5.)의 7 내지 9개월 전의 일일 뿐만 아니라, 위 주점의 휴업신고일인 2004. 7. 26. 현재 임대차보증금 1억 2,000만 원 중 연체된 월차임, 관리비 등 합계 47,669,304원을 공제한 72,330,696원 정도의 보증금이 남아 있는 점 등을 알 수 있다.

그렇다면 피해자 2에 대한 단전·단수조치의 경우, 약정 임대차기간이 이미 만료되었고, 임대차보증금도 연체차임 등으로 공제되어 모두 소멸한 상태에서 영업을 하고 있는 주점이 월 1,000만 원씩의 차임지급을 연체하고 있어 약정 임대차기간 만료 전부터 계약해지의 의사표시를 하고, 약정 임대차기간 만료 후에는 2회에 걸쳐 연체차임의 지급을 최고함과 아울러 단전·단수조치를 예고한 후에 1회의 단전·단수조치를 한 것인바, 위 피고인의 행위는 자신의 궁박한 상황에서 임차인의 부당한 의무 불이행에 대해 불가피하게 취한 조치로서, 임차인의 권리를 합리적인 범위를 벗어나 과도하게 침해하거나 제한하는 것으로 사회통념상 현저하게 타당성을 잃은 것으로 보이지 아니하며, 그 동기와 목적, 수단과 방법, 그와 같은 조치에 이르게 된 경위 등 여러 가지 사정에 비추어 볼 때, 사회통념상 허용될 만한 정도의 상당성이 있는 위법성이 결여된 행위로서 형법 제20조에 정하여진 정당행위에 해당하는 것으로 볼 여지가 있어 무죄를 선고한 것은 옳다.

그러나 피해자 1에 대한 2004. 3. 17.자 및 2004. 5. 26.자 각 단전·단수조치의 경우, 약정 임대차기간이 7 내지 9개월 이상 남아 있고, 임대차보증금이 7,000만 원 이상 남아 있는 상태에서 많은 비용을 들여 영업을 하고 있는 주점이

계약서에 근거한 일방적인 단전·단수조치

임대를 업으로 하는 자가 임차인으로 하여금 계약상의 의무이행을 강요하기 위한 수단으로 계약서의 조항을 근거로 임차물에 대하여 일방적으로 단전·단수조치를 함에 있어 자신의 행위가 죄가 되지 않는다고 오인하더라도, 특별한 사정이 없는 한 그 오인에는 정당한 이유가 있다고 볼 수는 없다.[80)]

백화점 입주상인들이 영업을 하지 않고 매장 내에서 점거 농성만을 하면서 매장 내의 기존의 전기시설에 임의로 전선을 연결하여 각종 전열기구를 사용함으로써 화재위험이 높아 백화점 경영 회사의 대표이사인 피고인이 부득이 단전조치를 취하였다면, 그 단전조치 당시 보호받을 업무가 존재하지 않았을 뿐만 아니라 화재예방 등 건물의 안전한 유지 관리를 위한 정당한 권한 행사의 범위 내의 행위에 해당하므로 피고인의 단전조치가 업무방해죄를 구성한다고 볼 수 없다고 한 원심판결을 수긍한 사례.[81)]

원심의 판단: 시장번영회 회장인 피고인이 사무국장으로 하여금 피해자 갑, 을이 관리비를 장기간 연체하였다는 이유로 피해자들의 점포에 전기공급을 차단함으로써 위력으로써 약 7일 동안 피해자들의 의류판매와 세탁소업무를 방해하였다.

대법원의 판단: 시장번영회는 삼천포종합시장 내의 상점소유자나 개점자 등으로 구성되어 있고, 그 관리규약에 따르면 3개월 이상 관리비를 연체하는 경우에는 사용자와 소유자에게 동시에 통보하고 미납할 때에는 단수, 단전 등의 불이익조치를 취할 수 있도록 규정하고 있으며, 피해자들은 부부로서 위 시장 내 경남상가 마동 23호, 24호, 25호를 연결하여 의류가게와 세탁소 등을 운영하면서 2000. 5. 무렵부터 관리비를 체납하고 있었고, 사천시와 한전에서는 시장번영회에 대하여 수도료와 전기료 등을 납부하지 아니하면 단수, 단전조치를 취하겠다고 예고하였으며, 이에 따라 시장번영회에서는 부득이 관리비 고액체납자들로부터 관리비를 효율적으로 징수하기 위하여 2001. 7. 24. 시장번영회 이사회를 열고 관리비의 고액체납자에 대하여 강력한 법적 조치와 함께 단수, 단전 등의 조치를 병행하기로 만장일치로 결의하였으며, 이에 따라 피고인이 사무국장에게 고액체납자들의 점포에 대하여 단전조치를 하도록 지시하여 위 사무국장이 피해자들의 점포에 공급되는 전기를 차단하는 조치를 취하였고, 한편 피고인이 단전조치를 취하기 전에 시장번영회에서 피해자들을

월 300만 원씩의 차임지급 등을 연체하고 있다는 이유로 계약해지의 의사표시와 단전·단수조치의 경고만을 한 후에 2회에 걸쳐 단전·단수조치를 한 것인바, 위 피고인의 행위는 비록 자신의 궁박한 상황에서 한 것이라고 할지라도 임차인의 권리를 합리적인 범위를 벗어나 과도하게 침해하거나 제한하는 것으로 사회통념상 현저하게 타당성을 잃은 것이어서, 그 동기와 목적, 수단과 방법, 그와 같은 조치에 이르게 된 경위 등 여러 가지 사정에 비추어 볼 때, 사회통념상 허용될 만한 정도의 상당성이 있는 위법성이 결여된 행위로서 형법 제20조에 정하여진 정당행위에 해당한다고 볼 여지가 없을 뿐만 아니라, 위 피고인이 위와 같은 사정 하에서 자신의 행위가 위법하지 않은 것으로 오인함에 정당한 이유가 있다고 볼 수도 없으므로, 원심이 무죄를 선고한 것은 법률의 착오에 관한 법리오해의 위법이 있고, 이는 판결에 영향을 미쳤음이 분명하다.

(위 판례는 "피고인의 2004. 7. 26.자 단전·단수조치는 피해자 1의 아들인 을이 '카멜롯의 전설' 유흥주점에 대한 휴업신고를 한 이후에 이루어진 것으로서 피고인의 위 단전·단수조치로 인하여 피해자 1의 유흥주점 운영업무가 방해되는 결과를 초래할 위험이 생길 수 없으므로 업무방해죄가 성립하지 않는다"고 판시하였다).

80) 대판 2006. 4. 27. 2005도8074; 대판 2007. 9. 20. 2006도9157.

81) 대판 1995. 6. 30. 94도3136.

상대로 체납관리비의 지급을 구하는 소송을 제기하고 그 채권을 보전하기 위하여 2000. 10. 10. 부동산가압류결정과 2001. 7. 24. 유체동산가압류결정을 받게 되자 비로소 피해자들이 2001. 9. 15. 가압류해방금으로서 그 청구금액 상당을 창원지방법원 진주지원에 공탁하였다(이와 같은 가압류해방금은 가압류의 목적물에 갈음하는 것으로 가압류해방금이 공탁되면 그 가압류의 효력이 채무자가 가지는 공탁금회수청구권에 존속하게 되는 것에 불과하여 변제로서의 효력이 없다).

사정이 이러하다면, 피고인이 단전조치를 하게 된 경위는 단전조치 그 자체를 목적으로 하는 것이 아니고 오로지 시장번영회의 관리규정에 따라 체납된 관리비를 효율적으로 징수하기 위한 제재수단으로서 이사회의 결의에 따라서 적법하게 실시한 것이고, 그와 같은 관리규정의 내용은 시장번영회를 운영하기 위한 효과적인 규제로서 그 구성원들의 권리를 합리적인 범위를 벗어나 과도하게 침해하거나 제한하는 것으로 사회통념상 현저하게 타당성을 잃은 것으로 보이지 아니하며, 피고인의 행위는 그 동기와 목적, 그 수단과 방법, 그와 같은 조치에 이르게 된 경위 등 여러 가지 사정에 비추어 볼 때, 사회통념상 허용될 만한 정도의 상당성이 있는 위법성이 결여된 행위로서 형법 제20조에 정하여진 정당행위에 해당하는 것으로 볼 여지가 충분하다.[82)]

잦은 진정을 한다는 이유로 시장번영회 총회결의에 기해 권한 없이 점포에 대한 단전조치

피해자가 시장번영회를 상대로 잦은 진정을 하고 협조를 하지 않는다는 이유로 시장번영회 총회결의에 의하여 피해자 소유점포에 대하여 정당한 권한 없이 단전조치를 한 것이라면 이 경우에는 그 결의에 참가한 회원의 위력에 의한 업무방해 행위가 성립하고 피해자에게 사전통고를 한 여부나 피고인이 회장의 자격으로 단전조치를 한 여부는 위 죄의 성립에 영향이 없다.[83)]

다. 노동쟁의와 업무방해

전국철도노동조합 집행부가 필수공익사업장으로 파업이 허용되지 않는 사업장에서 '직권중재회부 시 쟁의행위 금지규정 등'을 위반하여 파업을 강행

[1] 업무방해죄는 위계 또는 위력으로써 사람의 업무를 방해한 경우에 성립하며, '위력'이란 사람의 자유의사를 제압·혼란케 할 만한 일체의 세력을 말한다. 쟁의행위로서 파업(노동조합 및 노동관계조정법 제2조 제6호)도, 단순히 근로계약에 따른 노무의 제공을 거부하는 부작위에 그치지 아니하고 이를 넘어서 사용자에게 압력을 가하여 근로자의 주장을 관철하고자 집단적으로 노무제공을 중단하는 실력행사이므로, 업무방해죄에서 말하는 위력에 해당하는 요소를 포함하고 있다.

근로자는 원칙적으로 헌법상 보장된 기본권으로서 근로조건 향상을 위한 자주적인 단결권·단체교섭권 및 단체행동권을 가지므로, 쟁의행위로서 파업이 언제나 업무방해죄에 해당하는 것으로 볼 것은 아니고, 전후 사정과 경위 등에 비추어 사용자가 예측할 수 없는 시기에 전격적으로 이루어져 사용자의 사업운영에 심대한 혼란 내지 막대한 손해를 초래하는 등으로 사용자의 사업계속에 관한 자유의사가 제압·혼란될 수 있다고 평가할 수 있는 경우에 비로소 집단적 노무제공의 거부가 위력에 해당하여 업무방해죄가

82) 대판 2004. 8. 20. 2003도4732.

83) 대판 1983. 11. 8. 83도1798.

성립한다고 보는 것이 타당하다.[84)]

[2] 피고인을 비롯한 전국철도노동조합 집행부가 중앙노동위원회 위원장의 직권중재회부결정에도 불구하고 파업에 돌입할 것을 지시하여, 조합원들이 전국 사업장에 출근하지 아니한 채 업무를 거부하여 철도 운행이 중단되도록 함으로써 한국철도공사에 영업수익 손실과 대체인력 보상금 등 막대한 손해를 입힌 사안에서, 중앙노동위원회 위원장의 중재회부보류결정의 경위 및 내용, 노동조합의 총파업 결의 이후에도 노사 간에 단체교섭이 계속 진행되다가 최종적으로 결렬된 직후 위 직권중재회부결정이 내려진 점을 감안할 때, 한국철도공사로서는 노동조합이 필수공익사업장으로 파업이 허용되지 않는 사업장에서 구 노동조합 및 노동관계조정법상 직권중재회부 시 쟁의행위 금지규정 등을 위반하면서까지 파업을 강행하리라고는 예측할 수 없었다 할 것이고, 나아가 파업의 결과 수백 회에 이르는 열차 운행이 중단되어 한국철도공사의 사업운영에 예기치 않은 중대한 손해를 끼친 사정들에 비추어, 위 파업은 사용자의 자유의사를 제압·혼란케 할 만한 세력으로서 업무방해죄의 '위력'에 해당한다고 본 사례.[85)]

일부 쟁의행위가 정당하지 못한 경우 전체 쟁의행위의 정당성 판단/파업이 업무방해죄를 구성하기 위한 요건

정리해고나 사업조직의 통폐합 등 기업의 구조조정 실시 여부는 경영주체의 고도의 경영상 결단에 속하는 사항으로서 원칙적으로 단체교섭의 대상이 될 수 없어, 그것이 긴박한 경영상의 필요나 합리적 이유 없이 불순한 의도로 추진된다는 등의 특별한 사정이 없음에도 노동조합이 실질적으로 그 실시 자체를 반대하기 위하여 쟁의행위로 나아간다면, 비록 그러한 구조조정의 실시가 근로자들의 지위나 근로조건의 변경을 필연적으로 수반한다 하더라도, 그 쟁의행위는 목적의 정당성을 인정할 수 없다. 아울러 쟁의행위가 추구하는 목적

84) 위 판례에 의하여 다음 판례들은 변경되었다.
근로자들이 집단적으로 근로의 제공을 거부하여 사용자의 정상적인 업무운영을 저해하고 손해를 발생하게 한 행위가 당연히 위력에 해당하는 것을 전제로 노동관계 법령에 따른 정당한 쟁의행위로서 위법성이 조각되는 경우가 아닌 한 업무방해죄를 구성한다(대판 1991. 4. 23. 90도2771; 대판 1991. 11. 8. 91도326; 대판 2004. 5. 27. 2004도689; 대판 2006. 5. 12. 2002도3450; 대판 2006. 5. 25. 2002도5577).

85) 대판 2011. 3. 17. 2007도482 전원합의체. 다음은 같은 취지이다.
철도노동조합 등이 한국철도공사의 경영권에 속하는 사항을 주장하면서 안전운행투쟁
쟁의행위로서 파업이 언제나 업무방해죄의 구성요건을 충족한다고 할 것은 아니며, 전후 사정과 경위 등에 비추어 전격적으로 이루어져 사용자의 사업운영에 심대한 혼란 내지 막대한 손해를 초래할 위험이 있는 등의 사정으로 사용자의 사업계속에 관한 자유의사가 제압·혼란될 수 있다고 평가할 수 있는 경우 비로소 그러한 집단적 노무제공의 거부도 위력에 해당하여 업무방해죄를 구성한다고 보는 것이 타당하다.
철도노동조합과 산하 지방본부 간부인 피고인들이 '구내식당 외주화 반대' 등 한국철도공사의 경영권에 속하는 사항을 주장하면서 업무 관련 규정을 지나치게 철저히 준수하는 등의 방법으로 안전운행투쟁을 전개하여 열차가 지연 운행되도록 함으로써 한국철도공사의 업무를 방해하였다는 내용으로 기소된 사안에서, 열차 지연 운행 횟수나 정도 등에 비추어 안전운행투쟁으로 말미암아 한국철도공사의 사업운영에 심대한 혼란 내지 막대한 손해가 초래될 위험이 있었다고 하기 어렵고, 그 결과 한국철도공사의 사업계속에 관한 자유의사가 제압·혼란될 수 있다고 평가할 수 있는 경우에 해당하지 않는다고 볼 여지가 충분하다고 본 사례(대판 2014. 8. 20. 2011도468).
전국민주노동조합총연맹이 '미국산 쇠고기 수입 반대' 등을 주된 목적으로 총파업을 실시
전국민주노동조합총연맹 부위원장인 피고인이 위원장 등과 공모하여 연맹 산하의 전국 사업장에서 '미국산 쇠고기 수입 반대' 등을 주된 목적으로 총파업을 실시하여 위력으로 사용자의 업무를 방해하였다는 내용으로 기소된 사안에서, 사용자의 사업계속에 관한 자유의사가 제압·혼란될 수 있는 경우로 평가할 여지가 없는 일부 사업장을 포함하여 유죄 인정한 것은 잘못이라는 사례(대판 2011. 10. 27. 2009도3390).

이 여러 가지로서 그 중 일부가 정당하지 못한 경우에는 주된 목적 내지 진정한 목적을 기준으로 쟁의행위 목적의 정당성 여부를 판단하여야 하는데, 만일 부당한 요구사항을 뺐더라면 쟁의행위를 하지 않았을 것이라고 인정될 때에는 그 쟁의행위 전체가 정당성을 갖지 못한다고 보아야 한다.
한편 쟁의행위로서의 파업은 근로자가 사용자에게 압력을 가하여 그 주장을 관철하고자 집단적으로 노무제공을 중단하는 실력행사여서 업무방해죄에서의 위력으로 볼 만한 요소를 포함하고 있지만, 근로자에게는 원칙적으로 헌법상 보장된 기본권으로서 근로조건 향상을 위한 자주적인 단결권·단체교섭권 및 단체행동권이 있으므로, 이러한 파업이 언제나 업무방해죄의 구성요건을 충족한다고 할 것은 아니며, 전후 사정과 경위 등에 비추어 전격적으로 이루어져 사용자의 사업운영에 심대한 혼란 내지 막대한 손해를 초래할 위험이 있는 등의 사정으로 사용자의 사업계속에 관한 자유의사가 제압·혼란될 수 있다고 평가할 수 있는 경우 비로소 그러한 집단적 노무제공의 거부도 위력에 해당하여 업무방해죄를 구성한다고 보는 것이 타당하다.[86)]

지하철공사 직원이 쟁의행위의 일환으로 사무실점거, 무임승차운행, 재물손괴
근로자의 단체행동권의 하나인 쟁의권행사는 그것이 정당할 때에 한하여 형법상의 위법성이 부정되어 처벌되지 않는 것이나 지하철공사 사무실 점거에 의한 업무방해행위, 무임승차운행에 의한 배임행위, 재물손괴에 의한 폭처법위반행위 등은 어느 것이나 쟁의행위의 정당성의 한계를 벗어난 것이어서 위법한 행위이다.[87)]

라. 승 낙

피고인이 계원들로 하여금 갑 대신 피고인을 계주로 믿게 하여 계금을 지급하고 불입금을 지급받아 위계를 사용하여 갑의 계운영업무를 방해하였다고 하여도 피고인에 대하여 다액의 채무를 부담하고 있던 갑으로서는 채권확보를 위한 피고인의 요구를 거절할 수 없었기 때문에 피고인이 계주의 업무를 대행하는데 대하여 이를 승인 내지 묵인한 사실이 인정된다면 피고인의 소위는 이른바 갑의 승락이 있었던 것으로서 위법성이 저각되어 업무방해죄가 성립되지 않는다.[88)]
해설: 위 판례에서 피고인이 원래의 계주이던 갑의 업무를 대행하게 된 경위는 명확하지 않다.

8. 실행의 착수

○○고등학교 교사인 피고인은 1996. 10. 초순 동료 수학교사들과 함께 각각 범위를 나누어 맡아 시험 2, 3일 전 출제하여 같은 달 12. 실시할 예정이던 위 고등학교 수학시험문제 중 피고인이 출제할 의도로 있던 문제 3, 4개를 포함하여 다른 출제교사가 출제할 것으로 예상되는 교과서 문제와 연습문제, 자율학습 프린트 문제 약 30개를 일부는 복사하고 일부는 손으로 써서 3장 정도로 정리한 다음 같은 날 저녁 ○○학원에서 이를 갑에게 넘겨주어 그 무렵 갑이 위 학원 수학강사인 을로 하여금 피고인이 담임을 맡고 있던 위 학교

86) 대판 2014. 11. 13. 2011도393.
87) 대판 1991. 3. 27. 90도2528.
88) 대판 1983. 2. 8. 82도2486.

2학년생인 병에게 이를 교습하게 한 사안에서,
위 범죄사실 중 다른 출제교사가 출제할 것으로 예상되는 문제를 넘겨주었다는 부분에 관하여 보건대, 객관적으로 보아 당해 출제교사가 출제할 것이라고 예측되는 순수한 예상문제를 선정하여 수험생이나 그 교습자에게 주는 행위를 가지고 시험실시업무를 방해하는 행위라고 할 수는 없다고 할 것인바, 피고인이 원심 공동피고인에게 넘겨주었다고 하는 문제가 시험문제로 선정된 것들인지, 그리고 그 후 실제로 출제되었는지 여부가 밝혀지지 아니한 이 사건에 있어서, 피고인이 그러한 예상문제를 선정함에 있어 당해 출제교사가 그 문제를 출제할 것이라고 예측하게 된 경위나 근거가 구체적으로 밝혀지지 아니하는 한 피고인이 단순히 예상문제를 선정하여 주었다하여 그것이 형법 제314조 제1항의 업무방해죄를 구성한다고 할 수 없다.
다음, 위 범죄사실 중 피고인이 출제할 의도로 있던 문제를 넘겨주었다는 부분에 관하여 보건대, 시험의 출제위원이 문제를 선정하여 시험실시자에게 제출하기 전에 이를 유출하였다고 하더라도 이러한 행위 자체는 위계를 사용하여 시험실시자의 업무를 방해하는 행위가 아니라 그 준비단계에 불과한 것이고, 그 후 그와 같이 유출된 문제가 시험실시자에게 제출되지도 아니하였다면 그러한 문제유출로 인하여 시험실시 업무가 방해될 추상적인 위험조차도 있다고 할 수 없다.[89]

9. 죄 수

공동폭행하여 피해자들의 택시 운행업무를 방해

업무방해죄와 폭행죄는 구성요건과 보호법익을 달리하고 있고, 업무방해죄의 성립에 일반적·전형적으로 사람에 대한 폭행행위를 수반하는 것은 아니며, 폭행행위가 업무방해죄에 비하여 별도로 고려되지 않을 만큼 경미한 것이라고 할 수도 없으므로, 설령 피해자에 대한 폭행행위가 동일한 피해자에 대한 업무방해죄의 수단이 되었다고 하더라도 그러한 폭행행위가 이른바 '불가벌적 수반행위'에 해당하여 업무방해죄에 대하여 흡수관계에 있다고 볼 수는 없다.
피고인들이 공동폭행의 방법으로 피해자들의 택시 운행업무를 방해한 사실은 있으나 그 외의 방법으로 택시 운행업무를 방해한 사정은 보이지 아니하므로, 피고인들의 공동폭행이라는 1개의 행위가 폭처법위반(공동폭행)죄와 업무방해죄의 구성요건을 충족하는 경우에 해당한다 할 것이어서 양죄는 상상적경합의 관계에 있다.[90]

출판물에 의하여 허위의 사실을 적시·유포함으로써 명예훼손

한국소비자보호원을 비방할 목적으로 18회에 걸쳐서 출판물에 의하여 공연히 허위의 사실을 적시·유포함으로써 한국소비자보호원의 명예를 훼손하고 업무를 방해하였다는 각 죄는 상상적경합의 관계에 있다.[91]

---

89) 대판 1999. 12. 10. 99도3487.
90) 대판 2012. 10. 11. 2012도1895.
91) 대판 1993. 4. 13. 92도3035.

피고인이 허위사실이 기재된 현수막을 설치하고 허위사실을 기재한 유인물을 불특정 다수인에게 배포한 사안에서,
허위사실을 유포한 1개의 행위가 형법 제314조 제1항의 허위사실 유포에 의한 업무방해죄 뿐 아니라 형법 제307조 제2항의 허위사실적시에 의한 명예훼손죄에도 해당하는 경우 그 2개의 죄는 상상적 경합관계에 있다.[92]

Ⅲ. 컴퓨터등장애 업무방해죄

형법 제314조 제2항의 컴퓨터 등 장애에 의한 업무방해죄는, 컴퓨터 등 정보처리장치 또는 전자기록 등 특수매체기록을 손괴하거나 정보처리장치에 허위의 정보 또는 부정한 명령을 입력하거나 기타 방법으로 정보처리장치에 장애를 발생하게 하여 사람의 업무를 방해한 경우에 성립한다. 여기서 '컴퓨터 등 정보처리장치'란 자동적으로 계산이나 데이터처리를 할 수 있는 전자장치로서 하드웨어와 소프트웨어를 모두 포함하고, '손괴'란 유형력을 행사하여 물리적으로 파괴·멸실시키는 것뿐 아니라 전자기록의 소거나 자력에 의한 교란도 포함하며, '허위의 정보 또는 부정한 명령의 입력'이란 객관적으로 진실에 반하는 내용의 정보를 입력하거나 정보처리장치를 운영하는 본래의 목적과 상이한 명령을 입력하는 것이고, '기타 방법'이란 컴퓨터의 정보처리에 장애를 초래하는 가해수단으로서 컴퓨터의 작동에 직접·간접으로 영향을 미치는 일체의 행위를 말한다.[93]

주택재건축조합 조합장이 자신에 대한 감사를 방해하려고 조합 사무실의 컴퓨터에 비밀번호를 설정하고 하드디스크를 분리·보관

주택재건축조합 조합장이 공금횡령 등의 이유로 자신을 탄핵하려는 감사활동을 방해하기 위하여 조합사무실에 있던 컴퓨터 중 경리 여직원이 사용하던 컴퓨터에 자신만이 아는 비밀번호를 설정하고, 조합업무 담당자가 사용하던 컴퓨터의 하드디스크를 분리하여 사무실 금고에 보관, 은닉하는 바람에 조합이 탄핵자료를 수집하지 못하게 한 사안에서,
이 사건 컴퓨터와 하드디스크는 형법 제314조 제2항에 규정된 '컴퓨터 등 정보처리장치'에 해당하고, 업무수행을 위해서가 아니라 담당직원의 정상적인 업무수행을 방해할 의도에서 그 담당 직원의 의사와는 상관없이 함부로 컴퓨터에 비밀번호를 설정한 행위는 같은 항의 '허위의 정보 또는 부정한 명령의 입력'에 해당하며 컴퓨터의 하드디스크를 분리·보관한 행위는 같은 항의 '손괴'에 해당하므로, 피고인이 컴퓨터에 비밀번호를 설정하고 하드디스크를 분리·보관함으로써 조합의 정보처리에 관한 업무를 방해한 행위는 컴퓨터 등 장애 업무방해죄에 해당하며, 형법 제314조 제1항의 업무방해행위로 본 것은 잘못이다.[94]

92) 대판 2007. 11. 15. 2007도7140. 다음은 같은 취지이다.
피고인이 같은 일시, 장소에서 피해자의 기념전시회에 참석한 손님들에게 피해자가 공사대금을 주지 않는다는 취지로 소리를 치며 소란을 피운 경우, 업무방해죄와 명예훼손죄는 상상적경합관계에 있다(대판 2007. 2. 23. 2005도10233).

93) 대판 2012. 5. 24. 2011도7943.

94) 대판 2012. 5. 24. 2011도7943.

악성프로그램을 이용하여 해당 검색어로 검색하거나 검색 결과에서 해당 스폰서링크를 클릭하지 않았음에도 그와 같이 검색하고 클릭한 것처럼 네이버의 서버에 허위 신호를 발송

갑 주식회사 대표이사인 피고인이, 악성프로그램이 설치된 피해 컴퓨터 사용자들이 실제로 인터넷 포털사이트 '네이버' 검색창에 해당 검색어로 검색하거나 검색 결과에서 해당 스폰서링크를 클릭하지 않았음에도 악성프로그램을 이용하여 그와 같이 검색하고 클릭한 것처럼 네이버의 관련 시스템 서버에 허위의 신호를 발송하는 방법으로 정보처리에 장애를 발생하게 한 사안에서,
피고인의 행위는 객관적으로 진실에 반하는 내용의 정보인 '허위의 정보'를 입력한 것에 해당하고, 그 결과 네이버의 관련 시스템 서버에서 실제적으로 검색어가 입력되거나 특정 스폰서링크가 클릭된 것으로 인식하여 그에 따른 정보처리가 이루어졌으므로 이는 네이버의 관련 시스템 등 정보처리장치가 그 사용목적에 부합하는 기능을 하지 못하거나 사용목적과 다른 기능을 함으로써 정보처리의 장애가 현실적으로 발생하였고, 이로 인하여 네이버의 검색어 제공서비스 등의 업무나 네이버의 스폰서링크 광고주들의 광고 업무가 방해되었다 할 것이므로 컴퓨터등장애업무방해죄가 성립한다.[95)]

포털의 통계집계시스템 서버에 허위의 클릭정보를 전송하여 통계에 반영되게 하였으나 검색순위의 변동은 없음

형법 제314조 제2항의 '컴퓨터 등 장애 업무방해죄'가 성립하기 위해서는 가해행위 결과 정보처리장치가 그 사용목적에 부합하는 기능을 하지 못하거나 사용목적과 다른 기능을 하는 등 정보처리에 장애가 현실적으로 발생하였을 것을 요하나, 정보처리에 장애를 발생하게 하여 업무방해의 결과를 초래할 위험이 발생한 이상, 나아가 업무방해의 결과가 실제로 발생하지 않더라도 위 죄가 성립한다. 따라서 포털사이트 운영회사의 통계집계시스템 서버에 허위의 클릭정보를 전송하여 검색순위 결정 과정에서 위와 같이 전송된 허위의 클릭정보가 실제로 통계에 반영됨으로써 정보처리에 장애가 현실적으로 발생하였다면, 그로 인하여 실제로 검색순위의 변동을 초래하지는 않았다 하더라도 '컴퓨터 등 장애 업무방해죄'가 성립한다.[96)]

전보발령으로 웹서버를 관리, 운영할 권한이 없는 피고인이 웹서버에 접속하여 홈페이지 관리자의 비밀번호를 무단 변경

A대학측의 전보발령으로 웹서버를 관리, 운영할 권한이 없는 상태에서 피고인이 웹서버에 접속하여 홈페이지 관리자의 비밀번호를 무단으로 변경한 행위는 정당한 행위라고 할 수 없고, 그로 인하여 정보처리장치에 현실적인 장애를 발생시킨 것은 A대학측에 대하여 업무방해의 위험을 초래한 행위에 해당하여 컴퓨터 등 장애업무방해죄를 구성한다.[97)]

95) 대판 2013. 3. 28. 2010도14607.
96) 대판 2009. 4. 9. 2008도11978.
97) 대판 2007. 3. 16. 2006도6663. 같은 취지로는 대판 2006. 3. 10. 2005도382.

컴퓨터 등 장애 업무방해죄에서 '기타 방법'이란 컴퓨터의 정보처리에 장애를 초래하는 가해수단으로서 컴퓨터의 작동에 직접·간접으로 영향을 미치는 일체의 행위를 말하나, 위 죄가 성립하기 위해서는 위와 같은 가해행위의 결과 정보처리장치가 그 사용목적에 부합하는 기능을 하지 못하거나 사용목적과 다른 기능을 하는 등 정보처리의 장애가 현실적으로 발생하였을 것을 요한다.
피고인들이 불특정 다수의 인터넷 이용자들에게 배포한 '업링크솔루션'이라는 프로그램은, 갑 회사의 네이버 포털사이트 서버가 이용자의 컴퓨터에 정보를 전송하는 데에는 아무런 영향을 주지 않고, 다만 이용자의 동의에 따라 위 프로그램이 설치된 컴퓨터 화면에서만 네이버 화면이 전송받은 원래 모습과는 달리 피고인들의 광고가 대체 혹은 삽입된 형태로 나타나도록 하는 것에 불과하므로, 이것만으로는 정보처리장치의 작동에 직접·간접으로 영향을 주어 그 사용목적에 부합하는 기능을 하지 못하게 하거나 사용목적과 다른 기능을 하게 하였다고 볼 수 없어 컴퓨터 등 장애 업무방해죄로 의율할 수 없다.98)

'컴퓨터 등 정보처리장치 또는 전자기록 등 특수매체기록을 손괴하거나 정보처리장치에 허위의 정보 또는 부정한 명령을 입력하거나 기타 방법으로 정보처리에 장애를 발생하게 하여 사람의 업무를 방해한 자'를 처벌하도록 규정하고 있는바, 여기에서 '컴퓨터 등 정보처리장치'란 자동적으로 계산이나 데이터처리를 할 수 있는 전자장치로서 하드웨어와 소프트웨어를 모두 포함하고, '기타 방법'이란 컴퓨터의 정보처리에 장애를 초래하는 가해수단으로서 컴퓨터의 작동에 직접·간접으로 영향을 미치는 일체의 행위를 말하며, 위 죄가 성립하기 위해서는 위와 같은 가해행위의 결과 정보처리장치가 그 사용목적에 부합하는 기능을 하지 못하거나 사용목적과 다른 기능을 하는 등 정보처리의 장애가 현실적으로 발생하였을 것을 요한다.
한편, 메인 컴퓨터의 비밀번호는 시스템관리자가 시스템에 접근하기 위하여 사용하는 보안 수단에 불과하므로, 단순히 메인 컴퓨터의 비밀번호를 알려주지 아니한 것만으로는 정보처리장치의 작동에 직접 영향을 주어 그 사용목적에 부합하는 기능을 하지 못하게 하거나 사용목적과 다른 기능을 하게 하였다고 볼 수 없어 형법 제314조 제2항에 의한 컴퓨터등장애업무방해죄로 의율할 수 없다.99)

Ⅳ. 경매입찰방해죄

1. 입찰절차의 존재

형법 제315조의 입찰방해죄는 위계 또는 위력 기타의 방법으로 입찰의 공정을 해하는 경우에 성립하는 위태범으로서, 여기서 '입찰의 공정을 해하는 행위'란 공정한 자유경쟁을 통한 적정한 가격형성에 부당한 영향을 주는 상태를 발생시키는 것으로, 그 행위에는 가격결정뿐 아니라 적법하고 공정한 경쟁방법을 해하는 행위도 포함된다 할 것이지만, 이러한 입찰방해 행위가 있다고 하기 위해서는 그 방해의 대상이 되는 입찰절차

98) 대판 2010. 9. 30. 2009도12238.
99) 대판 2004. 7. 9. 2002도631.

가 존재하여야 할 것이므로, 공정한 자유경쟁을 통한 적정한 가격형성을 목적으로 하는 입찰절차가 아니라 공적·사적 경제주체의 임의의 선택에 따른 계약체결의 과정에 공정한 경쟁을 해하는 행위가 개재되었다 하여 입찰방해죄로 처벌할 수는 없다 할 것이다.

한국토지공사 경북지사가 이 사건 폐기물최종처리시설 부지를 조성·분양함에 있어 사전에 그 분양가격을 146억 원으로 확정 공고한 다음, 포항시장의 심의 및 추천을 받아 신청예약금 7억 3,000만 원을 납부한 분양신청자들을 대상으로 하여 추첨의 방식으로 1인의 당첨자를 선정하는 것에 불과한 이 사건 분양절차는, 공정한 자유경쟁을 통한 적정한 가격형성을 목적으로 하는 입찰절차에 해당한다고 볼 수 없다.[100]

학교법인의 이사장과 직원이 특정업자와 공모하여 예정가격을 미리 알려 줌으로써 그 특정업자가 공정한 자유경쟁 없이 공사를 낙찰받을 수 있도록 한 사안에서,

입찰방해죄는 위계 또는 위력 기타의 방법으로 입찰의 공정을 해하는 경우에 성립하는 위태범으로서 결과의 불공정이 현실적으로 나타나는 것을 필요로 하지 않고, 여기서 '입찰의 공정을 해하는 행위'란 공정한 자유경쟁을 방해할 염려가 있는 상태를 발생시키는 것, 즉 공정한 자유경쟁을 통한 적정한 가격형성에 부당한 영향을 주는 상태를 발생시키는 것으로, 그 행위에는 가격결정뿐 아니라 '적법하고 공정한 경쟁방법'을 해하는 행위도 포함되고, 지명경쟁입찰의 시행자인 법인의 대표자가 특정인과 공모하여 그 특정인이 낙찰자로 선정될 수 있도록 예정가격을 알려 주고 그 특정인은 나머지 입찰참가인들과 담합하여 입찰에 응하였다면 입찰의 실시 없이 서류상으로만 입찰의 근거를 조작한 경우와는 달리 현실로 실시된 입찰의 공정을 해하는 것으로 평가되어 입찰방해죄가 성립한다.

입찰시행자가 입찰을 실시할 법적 의무에 기하여 시행한 입찰이라야만 입찰방해죄의 객체가 되는 것은 아니다.[101]

정당한 입찰에서 낙찰받았으나 대금납입을 못하여 재입찰이 시행되기 직전에 재입찰에 항의하여 1차 입찰의 낙찰결과에 따라 처리

원심의 판단: 폭력조직인 송악파의 두목인 피고인이 갑으로부터 고철을 매수하려 하니 입찰을 도와달라는 부탁을 받고, 송악파 조직원인 후배 을 등에게 직접 또는 간접으로 지시하여 을 등이 입찰 장소에서 다른 입찰참가자들에게 피고인이 보내서 왔다며 양보를 종용함으로써 응찰을 포기하도록 한 사실을 인정한 다음, 피고인의 폭력조직 수괴로서의 지위, 갑이 도움을 청한 경위, 피고인의 위와 같은 지시는 범죄단체로서 위력을

100) 대판 2008. 12. 24. 2007도9287. 다음은 같은 취지이다.
한국토지공사 지역본부가 중고자동차매매단지를 분양하기 위하여 유자격 신청자들을 대상으로 무작위 공개추첨하여 1인의 수분양자를 선정하는 절차를 진행하는데, 신청자격이 없는 피고인이 총 12인의 신청자 중 9인의 신청자의 자격과 명의를 빌려 그 당첨확률을 약 75%까지 인위적으로 높여 분양을 신청한 사안에서, 위 분양절차는 공정한 자유경쟁을 통한 적정한 가격형성을 목적으로 하는 입찰절차에 해당하지 않고, 피고인이 분양절차에 참가한 것은 9인의 신청자와 맺은 합작투자의 약정에 따른 것으로서 위 분양업무의 주체인 한국토지공사가 예정하고 있던 범위 내의 행위이므로, 위 추첨방식의 분양업무의 적정성과 공정성 등을 방해하는 행위라고 볼 수 없어 입찰방해죄나 업무방해죄가 성립하지 않는다고 한 사례(대판 2008. 5. 29. 2007도5037).

101) 대판 2007. 5. 31. 2006도8070.

과시함으로써 갑이 위 입찰에서 자신이 원하는 결과를 얻을 수 있도록 도와주라는 지시로 보기에 충분하고, 한편 입찰방해죄는 위계 또는 위력 기타의 방법으로 입찰의 공정을 해하는 경우에 성립하는 것으로서, 입찰의 공정을 해할 행위를 하면 족한 것이지 현실적으로 입찰의 공정을 해하는 결과가 발생할 필요가 없으므로, 을 등이 범죄단체의 위력을 과시하여 입찰참가자들로 하여금 응찰을 포기하게 한 사실이 인정되는 이상, 입찰방해죄는 성립하는 것이며, 이후 재입찰이 사실상 이루어지지 않았다는 등의 사정은 입찰방해죄의 성립에 영향을 주지 못한다.

대법원의 판단: 입찰방해죄가 성립하려면 최소한 적법하고 유효한 입찰 절차의 존재가 전제되어야 한다. 기록에 의하면, 당초 갑은 7인이 참가하여 자유롭고 공정하게 진행된 제1차 입찰에서 고철을 ㎏ 당 150원에 낙찰 받았으나 대금을 제때 납부하지 않은 사실, 그 결과 ○○주식회사는 2001. 3. 30. 10:00 위 회사 구내식당에서 재입찰을 시행하게 되었는데, 재입찰 시행 직전에 갑의 부하 직원 병이 손을 들고 1차 입찰에서 150원에 낙찰되었는데 왜 문의도 없이 재입찰을 시작하느냐고 항의한 사실, 이에 입찰절차의 진행을 맡고 있던 위 회사의 직원이 1차 입찰가대로 고철을 가져갈 것이냐고 묻고 병이 그러겠다고 하자 다른 입찰참가자들을 돌려보냄으로써(당시 입찰참가자들로부터 별다른 항의는 없었다) 결국 재입찰이 실시되지 않은 사실, 그 직후 위 회사와 갑 사이에 1차 입찰의 최고입찰가격으로 고철매매계약이 체결된 사실을 알 수 있는바, 그렇다면 이 사건의 경우 처음부터 무슨 재입찰절차가 존재하였다 할 수 없어 결국 입찰방해죄는 성립할 수 없다.

그럼에도 불구하고, 원심은 입찰방해죄가 이른바 추상적 위태범이라는 이유만으로 재입찰이 사실상 이루어지지 않았다는 사정이 입찰방해죄의 성립에 영향을 주지 못한다고 보았으니, 이는 추상적 위태범과 입찰방해죄의 법리를 오해한 것이다.[102)]

2. 행 위

가. 위 계

피고인들이 한국전기공사협회 부산지부 소속 일부 회원으로 구성된 협력회의 회장과 총무로서 공모하여, 위 지부회원들만이 수주할 수 있는 한국전력공사에서 발주하는 일정 공사금액 이하의 부산시내 전기공사를 자유경쟁에 기하여 입찰할 경우 예정가에 훨씬 못미치는 가격으로 수주를 하게 되는 결과를 방지하고 이를 개개 회사의 이익으로 돌리고자, 각 회원사들의 동의를 얻어 회원사들이 추첨에 기하여 순번제로 단독응찰하고 나머지 일부 회원사는 이에 들러리를 서는 방식으로 사실상 단독으로 입찰하는 한편 낙찰한 회사는 도급액의 10%를 협력회기금으로 납부하여 연말에 분배하는 방법으로 떡값을 주어 각 회원사들이 순번에 기하여 사실상 단독낙찰하게 하였다면, 피고인들의 행위는 위계로써 입찰의 공정을 해한 경우에 해당한다.[103)]

나. 위 력

형법 제315조 소정의 입찰방해죄에 있어 '위력'이란 사람의 자유의사를 제압, 혼란케 할 만한 일체

102) 대판 2005. 9. 9. 2005도3857.
103) 대판 1991. 10. 22. 91도1961.

의 유형적 또는 무형적 세력을 말하는 것으로서 폭행, 협박은 물론 사회적, 경제적, 정치적 지위와 권세에 의한 압력 등을 포함하는 것이다.[104)]

입찰방해죄는 위계 또는 위력 기타의 방법으로 입찰의 공정을 해하는 경우에 성립하는 것으로서, 입찰의 공정을 해할 행위를 하면 족하고 현실적으로 입찰의 공정을 해한 결과가 발생할 필요가 없으며, 위력의 사용은 폭행·협박의 정도에 이르러야만 되는 것도 아니다.
입찰장소의 주변을 에워싸고 사람들의 출입을 막는 등 위력을 사용하여 입찰에 참가하려는 사람을 참석하지 못하도록 한 행위가 입찰방해죄를 구성한다고 한 사례.[105)]

다. 기타 입찰의 공정을 해함

'입찰의 공정을 해하는 행위'란 공정한 자유경쟁을 방해할 염려가 있는 상태를 발생시키는 것, 즉 공정한 자유경쟁을 통한 적정한 가격형성에 부당한 영향을 주는 상태를 발생시키는 것으로, 그 행위에는 가격결정뿐 아니라 '적법하고 공정한 경쟁방법'을 해하는 행위도 포함된다.[106)]

---

104) 대판 2000. 7. 6. 99도4079. 다소 불분명하지만 구체적인 사안은 다음과 같다.
이 사건 오렌지 수입에 관한 입찰절차는 ㅇㅇ조합과 제주교역간에 체결된 수입대행계약에 따라 제주교역이 시행하는 것이고, 위 수입대행계약의 내용을 살펴보면 제주교역은 입찰, 오퍼제시, 가격조사, 구매방법과 조건에 따른 제반절차이행, 계약, 수입항에서 통관 완료하여 위 조합에게 물품을 인도할 때까지의 모든 절차를 대행하도록 되어 있을 뿐만 아니라 수입물품의 검사, 검역 등 부적합판정으로 인한 재선별, 재포장, 폐기 등의 절차이행과 그로 인한 손해 및 물품하자로 인한 일정 범위의 손해를 부담하도록 되어 있는 점에 비추어 위 수입대행계약은 단순히 수입을 대행하는 계약이 아니므로 제주교역이 위 조합의 대리인의 지위에서 이 사건 입찰절차를 시행하는 것이라고 볼 수 없는바, 비록 입찰절차에 있어 최종적인 공급자의 선정 및 가격의 결정을 위 조합과 제주교역이 상호 협의하여 결정하도록 되어 있고, 피고인이 위 조합의 조합장이라 하더라도 피고인이 자신의 지시대로 시행하지 않으면 앞으로 위 조합과 제주교역간의 오렌지수입대행계약을 취소할 것이니 수입대행포기각서를 쓰라고 강요하여 이미 쌍방 협의에 의하여 이루어진 기존의 낙찰자 선정결정을 무시하고 다른 업체로 낙찰자를 변경하도록 하여 위 입찰절차의 공정을 해한 이상 그 죄책을 면할 수 없다(대판 2000. 7. 6. 99도4079).

105) 대판 1993. 2. 23. 92도3395. 다음은 같은 취지이다.
피고인들이 공모하여 경매신청에 나서려는 성명불상의 2, 3인의 사람들을 경매법정 밖으로 밀어내어 공소외인이 단독으로 경매절차에 참여토록 하였으면 경매방해죄가 성립되는 것이고 원심법원이 경매를 방해한 자 중 피고인들 이외의 자들이나 경매신청에 나서려는 사람들이 구체적으로 누구라고 밝히지 아니하였고, 위 성명불상의 사람들이 실제로 경매에 응찰하려고 착수하였는지 등을 심리하여 밝히지 아니하였다고 하여 범죄사실이 특정되지 아니하였다거나 경매방해의 법리를 오해한 위법이 있다고 할 수 없다(대판 1990. 10. 30. 90도2022).

106) 대판 2009. 5. 14. 2008도11361. 현재의 판례는 위와 같이 가격결정에 영향을 미치지 않고 '적법하고 공정한 경쟁방법'만을 해하는 경우에도 입찰방해죄가 성립한다고 보므로, "가격결정에 있어 자유경쟁을 한 것과 동일하다는 이유로 입찰의 공정을 해한 것이 아니다"라고 본 다음 판례가 현재도 유효한지는 의문이다.
사실관계: 산림청 산하 중부영림서에서 1978년에 실시한 국유림에 대한 연기매각 경쟁입찰에 A, B, C, D, E, F의 6개 회사가 입찰등록을 하였으나, F는 종국에 응찰을 포기하였다. 이 중 C, D는 B의 대표이사인 을의 부탁을 받아 낙찰의 의사 없이 들러리로 입찰에 응하였다. A의 전무인 피고인은 C명의로 입찰에 참여한 병에게 낙찰포기를 부탁하면서 액면금 2,000만 원인 어음을 교부하였으나 C가 들러리로 입찰한 것임을 알지는 못하였다. 또한 피고인은 E의 전무인 무에게 낙찰포기를 부탁하였으나 확답을 받지 못하였다. 한편 A의 대표이사로서 피고인의 형인 갑은 을에게 낙찰포기를 부탁하였고, 이에 을은 거래 외형상 B가 A보다 규모가 작아 불리하다는 판단 하에 C명의로 낙

피고인과 상피고인이 공모하여 그들만이 참가한 공영개발사업단의 바다모래개발사업자선정 일반경쟁입찰에서 피고인이 낙찰받도록 하기 위하여 상피고인은 입찰단가를 금 3,900원으로 응찰하고, 피고인은 그 보다 낮은 단가로 응찰하기로 상의한 뒤, 상피고인은 금 3,900원에, 피고인은 금 3,630원으로 각 응찰하여 피고인이 낙찰받은 사안에서,

입찰방해죄는 위계 또는 위력 기타의 방법으로 입찰의 공정을 해하는 경우에 성립하는 위태범으로서, 입찰의 공정을 해할 행위를 하면 그것으로 족한 것이지 현실적으로 입찰의 공정을 해한 결과가 발생할 필요는 없는 것인바, 가장경쟁자를 조작하거나 입찰의 경쟁에 참가하는 자가 서로 통모하여 그 중의 특정한 자를 낙찰자로 하기 위하여 기타의 자는 일정한 가격 이하 또는 이상으로 입찰하지 않을 것을 협정하는 소위 담합행위를 한 경우에는 담합자 상호간에 금품의 수수와 상관없이 입찰의 공정을 해할 위험성이 있다 할 것이고, 담합자 상호간에 담합의 대가에 관한 다툼이 있었고, 실제의 낙찰단가가 낙찰예정단가보다 낮아 입찰시행자에게 유리하게 결정되었다고 하여 그러한 위험성이 없었다거나 입찰방해죄가 미수에 그친 것이라고 할 수는 없다.[107]

찰받을 생각으로 병에게 그 뜻을 말하였으나 동인이 이에 응하지 아니하자 사실상 낙찰을 포기하였다.

- 을(B)은 낙찰받는 것을 사실상 포기하면서도 요행을 바라는 마음에서 입찰실시자의 예정가격 7,800만원을 넘는 8,450만원을 적정가격으로 생각하고 그 금액으로 투찰하였다.
- 병(C)은 피고인의 부탁대로 금 7,500만원에 투찰하였다.
- D는 을과의 당초 들러리 약정대로 금 9,000만원에 투찰하였다.
- 무(E)는 자신이 계산한 적정금액인 금 8,500만원에 투찰하였다.
- 피고인은 을로부터 담합제의에 대한 확답을 받지 못한 관계로 혹시 낙찰이 되지 않을까 우려하여 생각했던 것보다 훨씬 높은 1억 550만원에 응찰하여 최고가격으로 낙찰받았다.

원심의 판단: 피고인이 낙찰받은 가격이 입찰예정 가격보다 높아서 국가의 이익을 해하거나 피고인이 부당한 이득을 취한 것이 없고, 병에게 약속어음을 교부하고 담합함에 있어서 그가 제3자의 들러리로 입찰에 응한 것을 몰랐다고 하더라도 병과 경쟁하여서는 불리하다고 염려하여 담합하고 그 댓가가 지불되어 병이 부정한 이득을 취한 이상 이러한 담합행위가 동업자간의 무모한 경쟁을 방지하기 위하여 한 행위라 볼 수 없고 경쟁입찰의 방법을 해치는 행위이다.

대법원의 판단: 담합이 있고 그에 따른 담합금이 수수되었다 하더라도 입찰시행자의 이익을 해함이 없이 자유로운 경쟁을 한 것과 동일한 결과로 되는 경우에는 입찰의 공정을 해할 위험성은 없다고 하여야 할 것인바, 이 사건 입찰에 참가한 5명의 업자 중에서 입찰가격을 담합한 것은 병과의 사이에서 뿐이며 B(을) 및 E(무)와는 담합이 이루어지지 아니하여 동인들은 각자 낙찰할 목적으로 각각 적정가격으로 생각되는 위 금액으로 투찰하였다는 것이고, 위 두 사람의 투찰가격이 모두 입찰예정 가격을 넘고 있으며, 피고인 역시 을 등으로 부터 확답을 못 얻어 불안한 나머지 당초 예정한 것보다 훨씬 높은 판시가격으로 응찰하게 되었다는 것이고, 또한 피고인이 병 등이 을의 들러리로 입찰에 참가하게 된 사정을 몰랐다면 비록 피고인이 판시와 같은 내용의 담합을 제의하였으나 을, 무 등 실질적인 입찰참가자가 이를 받아들이지 않은 이상 그들을 형식적으로 입찰에 참가하게 하여 피고인의 실질적인 단독입찰을 경쟁입찰로 가장한 것이라고 볼 수 없고 결국은 자유경쟁을 한 것과 동일한 결과로 되어 병이 부정한 이익을 받았다 하더라도 그것만으로는 입찰방해죄가 성립한다고 볼 수 없을 것이다(대판 1983. 1. 18. 81도824).

해설: 사안에서 입찰에 실질적으로 참가한 B(을) 및 E(무)는 피고인과 담합하지 않았고, 입찰에서 B의 들러리를 서기로 한 C(병)는 피고인과 담합하였으며, D에 대해서는 피고인이 담합을 시도하지 않았다. C는 피고인과의 담합에 따라 투찰금액을 정했지만, 피고인과의 담합이 C의 투찰금액에 영향을 미친 것은 아니다. 왜냐하면 피고인은 생각했던 것보다 훨씬 높은 가격에 응찰하였고, B의 들러리를 서기로 한 C가 피고인보다 높은 가격으로 응찰하였을 가능성은 없기 때문이다.

107) 대판 1994. 5. 24. 94도600. 다음은 같은 취지이다.

원심의 판단: 피고인 1이 그 판시와 같이 피고인 3, 2, 4와 가격을 합의하고, 만약에 낙찰이 되면 피고인 5 주식회사에서 모든 공사를 하기로 합의한 다음 투찰하는 등, '적법하고 공정한 경쟁방법'을 해하는 행위를 하였다고 하더라도, 위 각 투찰행위가 입찰방해죄에 해당하는지는 위 각 투찰행위로 인하여 입찰의 공정을 해하는지 여부에 달려 있다고 할 것인바, 판시 각 투찰행위는 각 입찰마다 투찰한 총입찰참여업체의 수(각 투찰마다 6개부터 35개까지 다

일부 입찰참가자들 사이에서의 담합

갑 주식회사의 대표이사인 피고인은 이 사건 물품보관함 입찰에 참가할 의사가 없는 공소외 1 내지 6 주식회사로 하여금 경쟁입찰인 것처럼 가장하여 입찰등록을 하게 함으로써 갑 주식회사에 대한 입찰들러리를 서게 하였고, 입찰등록을 한 공소외 7 주식회사와는 담합을 하여 위 화사가 입찰을 포기하였으므로 결국 갑 주식회사와 공소외 8 주식회사만 실질적으로 입찰에 참가하게 됨으로써 경쟁이 약화된 사안에서,
'입찰의 공정을 해하는 행위'란 공정한 자유경쟁을 방해할 염려가 있는 상태를 발생시키는 것, 즉 공정한 자유경쟁을 통한 적정한 가격형성에 부당한 영향을 주는 상태를 발생시키는 것으로서 그 행위에는 가격을 결정하는 데 있어서뿐 아니라, 적법하고 공정한 경쟁방법을 해하는 행위도 포함된다고 할 것이며, 또한 가장경쟁자를 조작하거나 입찰의 경쟁에 참가하는 자가 서로 통모하여 그 중의 특정한 자를 낙찰자로 하기 위하여 일정한 가격 이하 또는 이상으로 입찰하지 않을 것을 협정하거나 입찰을 포기하게 하는 등의 소위 담합행위가 입찰방해죄로 되기 위하여는 반드시 입찰참가자 전원과의 사이에 담합이 이루어져야 하는 것은 아니고, 입찰참가자들 중 일부와의 사이에만 담합이 이루어진 경우라고 하더라도 그것이 입찰의 공정을 해하는 것으로 평가되는 이상 입찰방해죄는 성립한다고 할 것이다.[108)]

담합한 내용과 다른 가격으로 입찰하여 낙찰

입찰자들 상호간에 특정업체가 낙찰받기로 하는 담합이 이루어진 상태에서 그 특정업체를 포함한 다른 입찰자들은 당초의 합의에 따라 입찰에 참가하였으나 일부 입찰자는 자신이 낙찰받기 위하여 당초의 합의에 따르지 아니한 채 오히려 낙찰받기로 한 특정업체보다 저가로 입찰하였다면, 이러한 일부 입찰자의 행위는 위와 같은 담합을 이용하여 낙찰을 받은 것이라는 점에서 적법하고 공정한 경쟁방법을 해한 것이 되고, 따라서 이러한 일부 입찰자의 행위 역시 입찰방해죄에 해당한다.
피고인이 서울특별시도시철도공사가 발주한 시각장애인용 음성유도기 제작설치 입찰에 관한 담합에 가담하기로 하였다가 자신이 낙찰받기 위하여 당초의 합의에 따르지 아니한 채 원래 낙찰받기로 한 특정업체보다 저가로 입찰한 사안에서, 이러한 피고인의 행위는 입찰방해죄에 해당하므로, 같은 취지에서 위계로써 입찰의 공정을 해하였다는 공소사실을 유죄로 인정한 원심판단을 수긍한 사례.[109)]

일부 입찰참가자들이 휴게소 운영권을 낙찰받고 동업으로 회사를 신설하여 휴게소를 운영하기로 약정

이 사건 입찰은 천안논산고속도로 주식회사가 고속도로 휴게소 운영권자를 선정하기 위해 실시한 입찰로서,

양하게 분포한다)에 비추어 공정한 자유경쟁을 통한 적정한 가격형성에 부당한 영향을 주는 상태를 발생시켰다고 보기 어렵다.

대법원의 판단: 피고인 1이 투찰을 함에 있어서 다른 피고인들과 가격을 합의하고, 낙찰이 되면 특정 업체에서 공사를 모두 하기로 하는 등의 담합행위를 한 이상 '적법하고 공정한 경쟁방법'을 해하는 행위로서 입찰의 공정을 해하는 경우에 해당하는 것이고, 위와 같이 담합하여 투찰행위를 함으로써 위태범인 입찰방해죄가 성립하는 것이며, 결과적으로 위 투찰에 참여한 업체의 수가 많아서 실제로 가격형성에 부당한 영향을 주지 않았다고 하여 입찰방해죄의 성립을 방해할 수는 없는 것이다(대판 2009. 5. 14. 2008도11361).

108) 대판 2006. 6. 9. 2005도8498. 같은 취지로는 대판 2006. 12. 22. 2004도2581.

109) 대판 2010. 10. 14. 2010도4940.

3년간 매년 연매출액이 30억 원 이상인 업체만이 입찰참가자격이 있고, 입찰절차는 입찰에 참가한 업체들이 제출한 재무제표 등을 토대로 회계법인의 재무평가를 거쳐 그 점수가 상위 50%의 순위에 포함되는 업체만을 입찰참가대상업체로 선정한 다음(1차 서류심사), 그 업체들로 하여금 미리 공개된 임대료 요율의 상한과 하한의 범위 내에서 임대료 요율을 기재하여 응찰하도록 하고 그 중 최고 요율로 응찰한 업체를 낙찰자로 선정하되, 최고 요율 응찰자가 2인 이상일 경우 추첨에 의해 낙찰자를 정하도록 되어 있다.
갑은 자신이 운영하는 A주식회사가 연간 매출액 30억 원 이상이라는 입찰참가자격을 갖추지 못하자 천안논산고속도로 주식회사의 직원인 을의 조언에 따라 병을 찾아가 그가 운영하는 B주식회사가 이 사건 입찰에 응찰하여 낙찰하게 되면 동업하여 새로운 회사를 설립하고 그 회사로 하여금 이 사건 휴게소를 운영하도록 하자고 제의하면서 낙찰확률을 높이기 위해 입찰참가자격이 있는 다른 여러 업체를 모집해 달라고 부탁한 사실, 이에 병은 C 주식회사를 운영하는 정과 무(D 회사를 운영), 기(E 회사를 운영) 등을 만나 각자 그들이 운영하는 회사 이름으로 이 사건 입찰에 참가하되 어느 업체라도 낙찰되면 동업하여 새로운 회사를 설립하고 그 회사로 하여금 휴게소를 운영하도록 하자고 제의하여 동의를 받았다.
그 무렵 그들은 입찰은 A에 모두 위임하여 A로 하여금 입찰참가절차를 주관토록 하고, 신설회사의 경영 및 휴게소 운영도 갑이 담당하며, 신설회사의 지분은 A 40%, B 30%, C, D, E 각 10%로 정하고 갑의 아들이 위 각 회사들을 돌며 입찰관련서류와 위임장, 사용인감, 인감증명서 등을 받아 이를 이용하여 A의 직원들과 함께 스스로 위 각 회사를 대리하여 이 사건 입찰에 참가하였다.
이 사건 입찰에는 모두 7개의 회사가 참가하여 1차 서류심사(재무평가)를 통해 그 중 상위 50%에 포함된 회사로 F 회사와 피고인들(갑, 을, 병, 정, 무, 기) 측 회사인 B, C 등 3개 회사가 선정되었고, 그 회사들이 모두 상한 요율로 응찰함으로써(임대료 요율의 상한과 하한이 공개되어 있어 낙찰받기 위해서는 사실상 상한 요율로 응찰할 수밖에 없었다) 결국, 추첨으로 피고인들측의 회사인 C가 낙찰되었다.
그렇다면 병과 정은 을 및 갑과 순차 통모하여 이 사건 입찰에서 낙찰확률을 높이기 위해 병, 정이 운영하는 회사와 D 등 여러 회사가 각자 입찰에 참가하되 어느 회사라도 낙찰될 경우 동업하여 새로운 회사를 설립하고 그 회사로 하여금 이 사건 휴게소를 운영하기로 합의한 후 이 사건 입찰에 참가한 것이라 할 것인바, 사정이 그와 같다면, 이는 <u>실질적으로는 하나의 회사가 입찰에 참가한 것이면서도 단지 낙찰확률을 높이기 위해 다수의 회사가 입찰에 참가한 것처럼 가장한 것에 불과한 것일 뿐 아니라, 그와 같이 하여 낙찰된 후 새로운 회사로 하여금 이 사건 휴게소를 운영하도록 하는 것은 당초 연간 매출액 30억 원 이상이라는 요건으로 입찰참가자격을 제한하였던 것이나 재무평가(서류심사)를 통해 상위 50% 순위 이상의 회사를 선발하였던 취지를 잠탈하는 것으로서, 적법하고 공정한 경쟁방법을 해하여 입찰의 공정을 해한 것으로 보아야</u> 하고, 비록 새로 설립된 회사로 하여금 이 사건 휴게소를 운영하도록 하기 위해서는 천안논산고속도로 주식회사의 승낙이 있어야 한다 할지라도 천안논산고속도로 주식회사의 직원과 통모한 이 사건에서 그와 같은 위험성이 없었다고 볼 수 없다.[110]

3. 건설산업기본법상의 입찰방해

건설산업기본법 제95조는, 건설공사의 입찰에 있어 다음 각 호의 1에 해당하는 행위를 한 자는 5년 이하의

110) 대판 2006. 12. 22. 2004도2581.

징역 또는 5천만 원 이하의 벌금에 처한다고 규정하고, 제3호에서 "위계 또는 위력 기타의 방법으로 다른 건설업자의 입찰행위를 방해한 자"를 들고 있는바, 이는 같은 호의 '다른 건설업자'라는 법문이나 이와 병렬 관계에 있는 같은 조 제1호 및 제2호의 규정 내용에서도 알 수 있듯이 건설공사의 입찰에 있어 입찰의 공정을 해치는 행위를 하는 건설업자들을 특별히 가중 처벌하기 위한 것으로서 입찰방해죄를 규정한 형법 제315조의 특별규정이다.

건설산업기본법 제95조 제3호에서 규정하고 있는 입찰방해 행위가 있다고 인정하기 위하여는 그 방해의 대상인 입찰이 현실적으로 존재하여야 한다고 볼 것이므로, 실제로 실시된 입찰절차에서 실질적으로는 단독입찰을 하면서 마치 경쟁입찰을 한 것처럼 가장하는 경우와는 달리, 실제로는 수의계약을 체결하면서 입찰절차를 거쳤다는 증빙을 남기기 위하여 입찰을 전혀 시행하지 아니한 채 형식적인 입찰서류만을 작성하여 입찰이 있었던 것처럼 조작한 행위는 위 규정에서 말하는 입찰방해 행위에 해당한다고 할 수 없다.[111]

4. 법익의 보호 정도

입찰방해죄는 위계 또는 위력 기타의 방법으로 입찰의 공정을 해하는 경우에 성립하는 위태범으로서, 입찰의 공정을 해할 행위를 하면 그것으로 족한 것이지 현실적으로 입찰의 공정을 해한 결과가 발생할 필요는 없다.[112]

피고인이 19회의 문화재보수·정비공사와 관련한 입찰에서 사전에 갑 주식회사와 그 공사를 자신이 관리하고 있는 을 주식회사에서 낙찰받기로 약속하고 을의 직원으로 하여금 갑의 입찰대리인으로 참가한 다음 낙찰가능성이 없는 높은 금액으로 응찰하게 하여 을이 낙찰받은 사안에서,

입찰방해죄는 위태범으로서 결과의 불공정이 현실적으로 나타나는 것을 요하는 것이 아니고, 그 행위에는 가격을 결정하는 데 있어서 뿐 아니라, 적법하고 공정한 경쟁방법을 해하는 행위도 포함되므로, 그 행위가 설사 동종업자 사이의 무모한 출혈경쟁을 방지하기 위한 수단에 불과하여 입찰가격에 있어 입찰실시자의 이익을 해하거나 입찰자에게 부당한 이익을 얻게 하는 것이 아니었다 하더라도 실질적으로는 단독입찰을 하면서 경쟁입찰인 것 같이 가장하였다면 그 입찰가격으로써 낙찰하게 한 점에서 경쟁입찰의 방법을 해한 것이 되어 입찰의 공정을 해한 것으로 되었다.[113]

---

111) 대판 2001. 2. 9. 2000도4700.

112) 대판 1994. 5. 24. 94도600; 대판 2007. 5. 31. 2006도8070; 대판 2008. 5. 29. 2007도5037; 대판 2008. 12. 24. 2007도9287.

113) 대판 2003. 9. 26. 2002도3924. 같은 취지로는 대판 1994. 11. 8. 94도2142; 대판 2001. 6. 29. 99도4525.

입찰방해죄는 위태범으로서 결과의 불공정이 현실적으로 나타나는 것을 요하는 것이 아니며 그 행위에는 가격을 결정하는데 있어서 뿐 아니라 적법하게 공정한 경쟁방법을 해하는 행위도 포함되므로 그 행위가 설사 유찰방지를 위한 수단에 불과하여 입찰가격에 있어 입찰실시자의 이익을 해하거나 입찰자에게 부당한 이익을 얻게 하는 것이 아니었다 하더라도 (낙찰받을 의사가 없는 자들로 하여금 입찰등록을 하게 함으로써) 실질적으로 단독입찰하면서 경쟁입찰인 것 같이 가장하였다면 그 입찰가격으로서 낙찰하게 한 점에서 경쟁입찰의 방법을 해한 것이 되어 입찰의 공정을 해한 것이 된다(대판 1988. 3. 8. 87도2646).

피고인들 및 공소외인은 한국전력공사에서 발주하는 배전공사 특수단가계약의 입찰에 참가함에 있어 그 입찰 방식이 발주자가 미리 공개한 10개의 복수예비가격에서 무작위로 3개의 예비가격을 추첨하여 합한 후 다시 3으로 나

5. 기수시기

입찰자들의 전부 또는 일부 사이에서 담합을 시도하는 행위가 있었을 뿐 실제로 담합이 이루어지지 못하였고, 또 위계 또는 위력 기타의 방법으로 담합이 이루어진 것과 같은 결과를 얻어내거나 다른 입찰자들의 응찰 내지 투찰행위를 저지하려는 시도가 있었지만 역시 그 위계 또는 위력 등의 정도가 담합이 이루어진 것과 같은 결과를 얻어내거나 그들의 응찰 내지 투찰행위를 저지할 정도에 이르지 못하였고 또 실제로 방해된 바도 없다면, 이로써 공정한 자유경쟁을 방해할 염려가 있는 상태 즉, 공정한 자유경쟁을 통한 적정한 가격형성에 부당한 영향을 주는 상태를 발생시켜 그 입찰의 공정을 해하였다고 볼 수 없어, 이는 입찰방해미수행위에 불과하고 입찰방해죄의 기수에 이르렀다고 할 수는 없다.[114]
해설: 입찰방해죄는 미수범을 처벌하는 규정이 없으므로 입찰방해미수행위는 범죄로 되지 않는다.

V. 비밀침해죄

서랍의 윗칸을 빼내어 잠금장치가 된 아랫칸의 내용물을 살펴봄
형법 제316조 제1항의 비밀침해죄는 봉함 기타 비밀장치한 사람의 편지, 문서 또는 도화를 개봉하는 행위

누어 평균가격을 산출하고, 그 평균가격의 90%를 입찰기준금액으로 정하여 입찰 당일 입찰자 중에서 위 입찰기준금액을 상회함과 동시에 그에 가장 근접한 가격으로 입찰한 자를 낙찰자로 정하여 향후 2년 동안 그 지역에서 시공되는 단가 5,000만 원 이하의 전기공사를 독점하고, 그 공사대금은 처음 낙찰 당시 정해진 낙찰률에 따라 지급받게 되어 있자, 피고인들 및 공소외인이 공모하여 공소외인은 형식상 입찰에 참가하되 복수예비가격 중 최소가격 3개가 추첨되거나 또는 그 다음 최소가격 3개가 추첨되었을 때에만 낙찰받을 수 있는 가격을 써넣음으로써 사실상 입찰을 포기하고, 피고인들은 1개 지역씩 자신이 낙찰받을 지역을 정하여 복수예비가격 중 최대가격으로 3개가 추첨되었을 경우 또는 그에 근접한 경우에만 낙찰될 수 있는 가격을 써넣어 최대한 높은 가격으로 응찰하고 나머지 입찰 참가자들은 공소외인과 같이 도저히 낙찰받을 수 없는 가격을 써넣어 실질적으로 단독입찰을 경쟁입찰인 것처럼 가장하여 피고인들이 각 1개 지역씩을 낙찰받고, 공소외인은 입찰을 포기한 대가로 1억 원을 지급받은 사실을 인정하고, 피고인들의 위와 같은 행위는 적법하고 공정한 경쟁방법을 해치고 적정한 가격형성을 방해한 것이 되어 입찰의 공정을 해하였다 할 것이어서 형법 제315조 소정의 입찰방해죄를 구성한다고 할 것이므로, 제1심이 피고인들의 행위를 입찰방해죄로 의율한 것은 정당하다고 판단하여 피고인들의 항소를 기각하고 위 공소사실을 유죄로 인정한 제1심판결을 유지하였다(대판 2001. 6. 29. 99도4525).
위 판례들에 의하면 다음 판례는 폐기된 것으로 보아야 할 것이다.
갑은 이 사건 입찰에 응하기에 앞서 을의 주선 아래 유일한 경쟁자인 병과 회동하여 병으로부터 30만 원을 받고 입찰을 양도하기로 하여 미리 낙찰자와 낙찰가격을 담합한 다음 형식상 경쟁자로서 입찰에 참가하여 입찰액을 병은 5,614,100원 갑은 5,693,500원으로 응찰하여 철도국 입찰예정 가격 5,874,700원 범위 내에서 최저가격 입찰자인 병에게 낙찰케 한 사안에서, 갑의 응찰행위는 본인의 의사이고 가장 경쟁자를 꾸며, 그 입찰에 소요되는 서류를 허위로 작성한 것이라고 보여지지 아니하므로 이 사건 입찰이 주문자가 미리 예정가격을 내정하여 그 예정가격 내에서 최저가격으로 입찰한 자를 낙찰자로 하는 것임이 분명한 이상, 갑, 을, 병의 담합의 목적이 세탁물 단가 가격을 올려 주문자의 이익을 해하려는 것이 아니고, 주문자의 예정가격 내에서 무모한 경쟁을 방지하려고 함에 있다고 보아야 할 것이고, 이러한 경우에 담합자끼리 금품의 수수가 있었다고 하더라도 입찰자체의 공정을 해하였다고는 볼 수 없다고 할 것이다(대판 1971. 4. 20. 70도2241).

114) 대판 2003. 9. 26. 2002도3924.

를 처벌하는 죄이고, 이때 '봉함 기타 비밀장치가 되어 있는 문서'란 '기타 비밀장치'라는 일반 조항을 사용하여 널리 비밀을 보호하고자 하는 위 규정의 취지에 비추어 볼 때, 반드시 문서 자체에 비밀장치가 되어 있는 것만을 의미하는 것은 아니고, 봉함 이외의 방법으로 외부 포장을 만들어서 그 안의 내용을 알 수 없게 만드는 일체의 장치를 가리키는 것으로, 잠금장치 있는 용기나 서랍 등도 포함한다고 할 것인바, 이 사건과 같이 서랍이 2단으로 되어 있어 그 중 아랫칸의 윗부분이 막혀 있지 않아 윗칸을 밖으로 빼내면 아랫칸의 내용물을 쉽게 볼 수 있는 구조로 되어 있는 서랍이라고 하더라도, 피해자가 아랫칸에 잠금장치를 하였고 통상적으로 서랍의 윗칸을 빼어 잠금장치 된 아랫칸 내용물을 볼 수 있는 구조라거나 그와 같은 방법으로 볼 수 있다는 것을 예상할 수 없어 객관적으로 그 내용물을 쉽게 볼 수 없도록 외부에 의사를 표시하였다면, 형법 제316조 제1항의 규정 취지에 비추어 아랫칸은 윗칸에 잠금장치가 되어 있는지 여부에 관계없이 그 자체로서 형법 제316조 제1항에 규정하고 있는 비밀장치에 해당한다.[115]

피고인이 자신이 대체집행신청을 한 사건의 상대방 주소와 성명으로 표시된 법원 발송의 결정정본을 전달받아 개피

원심의 판단: 피고인이 1982. 6. 17. 광주시 (이하생략) 265 갑의 집 앞에서 광주지방법원이 82타1448 대체집행사건의 채무자승계인 김용철 앞으로 우송한 봉함된 결정정본을 그로부터 전달받아 열어봄으로써 봉합문서를 개피한 사실은 인정된다. 그러나 우편집배인이 1982. 6. 16. 발신인 광주지방법원, 수신인 광주시 (이하생략) 265의 1 김용철로 된 이 사건 신서를 가지고 그 부근인 같은 동 265 소재 갑의 집에 들러 갑에게 265의 1에 사는 김용철을 아느냐고 묻자 갑이 자기 조카인 피고인의 장남의 평소 호명이 용철이어서 자기 조카라고 말하고 이 사건 신서를 우편집배원으로부터 수령한 뒤 다음 날 피고인에게 전달하여 피고인이 자기의 장남 앞으로 온 신서로 알고 개피하였다는 것이므로 그 경위에 비추어 피고인에게 신서개피의 고의가 있었다고 단정하기 어렵다.

대법원의 판단: 피고인은 광주지방법원에 같은 법원 77가합598호 건물철거등 청구사건의 집행력있는 판결정본에 기한 강제집행을 하기위해 대체집행의 신청을 한 바 있고, 그 신청을 함에 있어 채무자의 승계인 김용철의 주소를 광주시 북구 (이하생략) 265의 1로 표기한 바 있으며, 피고인의 장남은 송달 장소에서 이미 10여년 전에 다른 곳으로 이사하여 그곳에 거주하고 있지 않으며, 여기에 피고인에게 전달된 봉함우편물이 바로 피고인 신청의 대체집행사건을 처리한 광주지방법원이 발송한 소송서류였다는 점, 그 수신인 또한 피고인이 대체집행신청을 한 사건의 상대방 주소와 성명으로 표시되어 발송된 문서였다는 점을 고려한다면 공소사실 기재의 봉함우편물을 김용철이라고 호칭하는 자기의 장남에게 송달되는 서류로 알고 개피하였다는 피고인의 변명은 수긍할 수 없고, 오히려 피고인은 그 서류의 송달시기와 송달장소, 발송관서, 수송달자의 성명으로 보아 그 서류는 자기가 신청한 대체집행사건에 관하여 채무자의 승계인 김용철에게 송달되는 소송서류라는 사실을 능히 알고 있었다고 보는 것이 경험칙에 합치 된다 할 것이므로 피고인에게 신서개피의 고의가 인정된다.[116]

115) 대판 2008. 11. 27. 2008도9071.
116) 대판 1984. 6. 12. 84도620.

비밀번호가 설정된 하드디스크를 떼어내어 다른 컴퓨터에 연결한 다음 파일을 검색함

이 사건 공소사실의 요지는, 컴퓨터 관련 솔루션 개발업체인 ○○주식회사의 대표이사인 피고인은 영업차장으로 근무하던 피해자가 회사의 이익을 빼돌린다는 소문을 확인할 목적으로, 그 직원인 갑, 을과 공모하여, 갑은 비밀번호를 설정함으로써 비밀장치를 한 전자기록인 피해자가 사용하던 개인용 컴퓨터의 하드디스크를 떼어낸 뒤, 을과 함께 이를 다른 컴퓨터에 연결하여 거기에 저장된 파일 중 '어헤드원'이라는 단어로 파일검색을 하여 피해자의 메신저 대화 내용과 이메일 등을 출력하여 비밀장치한 전자기록 등 특수매체기록을 기술적 수단을 이용하여 그 내용을 알아냈다는 것이다.

이에 대하여 다음과 같은 사정들, 즉 ① 피고인이 피해자가 사용하던 컴퓨터의 하드디스크를 검사할 무렵 피해자의 업무상배임 혐의가 구체적이고 합리적으로 의심되는 상황이었고, 그럼에도 불구하고 피해자가 이를 부인하고 있어 피고인으로서는 피해자가 회사의 무형자산이나 거래처를 빼돌리고 있는지 긴급히 확인하고 이에 대처할 필요가 있었던 점, ② 피고인은 피해자의 컴퓨터 하드디스크에 저장된 정보의 내용을 전부 열람한 것이 아니라 의심이 가는 "어헤드원"이라는 단어로 검색되는 정보만을 열람함으로써 조사의 범위를 업무와 관련된 것으로 한정한 점, ③ 피해자는 입사할 때에 회사 소유의 컴퓨터를 무단으로 사용하지 않고 업무와 관련된 결과물을 모두 회사에 귀속시키겠다고 약정하였을 뿐만 아니라, 위 컴퓨터에 피해자의 혐의와 관련된 자료가 저장되어 있을 개연성이 컸던 점, ④ 그리하여 위와 같이 검색해 본 결과 위 회사의 고객들을 빼돌릴 목적으로 작성된 어헤드원 명의의 견적서, 계약서와 어헤드원 명의로 계약을 빼돌렸다는 취지의 메신저 대화자료, 이메일 송신자료 등이 발견된 점, ⑤ 또한 회사의 모든 업무가 컴퓨터로 처리되고 그 업무에 관한 정보가 컴퓨터에 보관되고 있는 현재의 사무환경 하에서 부하 직원의 회사에 대한 범죄 혐의가 드러나는 경우 피고인과 같은 감독자에 대하여는 회사의 유지·존속 및 손해방지 등을 위해서 그러한 정보에 대한 접근이 허용될 필요가 있는 점 등을 종합하여 볼 때, 피고인의 행위는 사회통념상 허용될 수 있는 상당성이 있는 행위로서 형법 제20조에 정하여진 정당행위에 해당하여 위법성이 조각된다.[117]

117) 대판 2009. 12. 24. 2007도6243.

제3절 주거침입죄

I. 주거침입죄

1. 주거 또는 건조물

가. 긍정례

열린 대문을 통해 다가구용 단독주택의 공용계단 3층까지 올라감

주거침입죄에서 주거란 단순히 가옥 자체만을 말하는 것이 아니라 그 정원 등 위요지를 포함한다. 따라서 다가구용 단독주택이나 다세대주택·연립주택·아파트 등 공동주택 안에서 공용으로 사용하는 계단과 복도는, 주거로 사용하는 각 가구 또는 세대의 전용 부분에 필수적으로 부속하는 부분으로서 그 거주자들에 의하여 일상생활에서 감시·관리가 예정되어 있고 사실상의 주거의 평온을 보호할 필요성이 있는 부분이므로, 특별한 사정이 없는 한 주거침입죄의 객체인 '사람의 주거'에 해당한다.

다가구용 단독주택인 빌라의 잠기지 않은 대문을 열고 들어가 공용 계단으로 빌라 3층까지 올라갔다가 1층으로 내려온 사안에서, 주거인 공용 계단에 들어간 행위가 거주자의 의사에 반한 것이라면 주거에 침입한 것이라고 보아야 한다.[1)]

주지취임을 반대하며 사찰경내를 지키고 있음을 알면서도 경내로 난입

주거침입죄에 있어서 주거 또는 건조물이라 함은 단순히 가옥만을 말하는 것이 아니고 그 위요지를 포함한다 할 것이고, 침입이라 함은 거주자 또는 간수자의 의사에 반하여 들어가면 족한 것이고 어떤 저항을 받는 것을 요하지 않으며, 일반적으로 개방되어 있는 장소라도 필요한 때는 관리자가 그 출입을 금지 내지 제한할 수 있는 것이므로 그 출입금지 내지 제한하는 의사에 반하여 무리하게 주거 또는 건조물 구내에 들어간다면 주거침입죄를 구성한다.

---

1) 대판 2009. 8. 20. 2009도3452. 다음은 같은 취지이다.

피해자를 아파트 엘리베이터에서 폭행하고 계단으로 끌고 가 강간

주거침입죄에 있어서 주거란 단순히 가옥 자체만을 말하는 것이 아니라 그 정원 등 위요지를 포함한다. 따라서 다가구용 단독주택이나 다세대주택·연립주택·아파트 등 공동주택 안에서 공용으로 사용하는 엘리베이터, 계단과 복도는 주거로 사용하는 각 가구 또는 세대의 전용 부분에 필수적으로 부속하는 부분으로서 그 거주자들에 의하여 일상생활에서 감시·관리가 예정되어 있고 사실상의 주거의 평온을 보호할 필요성이 있는 부분이므로, 다가구용 단독주택이나 다세대주택·연립주택·아파트 등 공동주택의 내부에 있는 엘리베이터, 공용 계단과 복도는 특별한 사정이 없는 한 주거침입죄의 객체인 '사람의 주거'에 해당하고, 위 장소에 거주자의 명시적, 묵시적 의사에 반하여 침입하는 행위는 주거침입죄를 구성한다.

피고인이 강간할 목적으로 피해자를 따라 피해자가 거주하는 아파트 내부의 엘리베이터에 탄 다음 그 안에서 폭행을 가하여 반항을 억압한 후 계단으로 끌고 가 피해자를 강간하고 상해를 입힌 사안에서, 피고인이 (구 성폭법) 제5조 제1항에 정한 주거침입범의 신분을 가지게 되었다는 이유로, 주거침입을 인정하지 않고 강간상해죄만을 선고한 원심판결을 파기한 사례(대판 2009. 9. 10. 2009도4335).

약 270명의 승려 및 신도들이 피고인의 주지취임을 반대하면서 사찰경내를 굳게 지키고 있는 상황을 알면서, 피고인이 약 37명 가량의 일반승려들을 규합하여 이들과 함께 날이 채 새기도 전에 잠겨진 뒷문을 넘어 들어가거나 정문에 설치된 철조망을 걷어 내고 정문을 통과하는 방법으로 사찰 경내로 난입했다면, 그러한 피고인 등의 행위는 종법에 따른 검수절차를 통한 주지직 취임의 한계를 일탈한 것이고, 전임 주지측의 사찰경내에 대한 사실상 점유의 평온을 침해한 것으로 주거침입죄가 성립한다.[2]

담장과 방 사이의 좁은 통로에서 창문을 통하여 방안을 엿봄

이미 수일 전에 2차례에 걸쳐 피해자를 강간하였던 피고인이 대문을 몰래 열고 들어와 담장과 피해자가 거주하던 방 사이의 좁은 통로에서 창문을 통하여 방안을 엿본 경우, 주거침입죄에 해당한다.[3]

알미늄 샷시로 된 담배점포

야간주거침입절도죄에 있어서 침입행위의 객체인 건조물은 주위벽 또는 기둥과 지붕 또는 천정으로 구성된 구조물로서 사람이 기거하거나 출입할 수 있는 장소를 말하며 반드시 영구적인 구조물일 것을 요하지 않는 것인 바, 알미늄 샷시로 된 구조물이긴 하나 주위벽과 지붕으로 구성되어 사람이 그 내부에서 기거하거나 출입할 수 있을 뿐 아니라 실제로 피해자는 그 내부에 담배, 복권 기타잡화 등을 진열해 놓고 판매하는 일상생활을 영위해 오면서 침식의 장소로도 사용해 온 담배점포는 건조물에 해당한다.[4]

출입문이 잠긴 골리앗크레인

이 사건 골리앗크레인은 선박건조자재운반용으로 도크에 고정되어 82m 높이에 설치되어 있으며 폭 8미터, 길이 140미터 되는 상판과 상판하부의 기계실, 상판에서 기계실로 통하는 넓이 10평 정도 되는 방실 및 기계실 하부의 운전실 등으로 구성되어 있고 평소 그 운전을 위해 1, 2명의 직원이 그 곳에 근무하며 인가자 이외의 출입을 금지하는 특별통제구역으로 설정되어 있으며, 이 사건 당시 위와 같은 출입통제를 위해 승강기의 전원을 차단하고 비상계단의 출입문을 열 수 없도록 하여 두었다는 것이므로 이 사건 당시 출입문이 잠긴 채 간수인이 없었다 하여도 피고인 등 70명 정도의 근로자가 함께 위 "골리앗크레인"에 들어가서 농성을 하였다면, 피고인 등이 다중의 위력을 보여 간수하는 건조물에 침입한 것이다.[5]

2) 대판 1983. 3. 8. 82도1363.
3) 대판 2001. 4. 24. 2001도1092.
4) 대판 1989. 2. 28. 88도2430.
5) 대판 1991. 6. 11. 91도753.

나. 부정례

물탱크시설

건조물침입죄의 객체인 관리하는 건조물은 주위 벽, 기둥과 지붕 또는 천정으로 구성된 구조물로서 사람이 기거하거나 출입할 수 있는 장소를 말하므로, 물탱크시설은 이에 해당하지 않는다고 본 사례.[6)]

건물신축공사 현장의 타워크레인과 공사현장의 구내

피고인들이 건물신축 공사현장에 무단으로 들어간 뒤 타워크레인에 올라가 이를 점거한 사안에서, 타워크레인은 건설기계의 일종으로서 작업을 위하여 토지에 고정되었을 뿐이고 운전실은 기계를 운전하기 위한 작업공간 그 자체이지 건조물침입죄의 객체인 건조물에 해당하지 아니하고, 피고인들이 위 공사현장에 컨테이너 박스 등으로 가설된 현장사무실 또는 경비실 자체에 들어가지 아니하였다면, 피고인들이 위 공사현장의 구내에 들어간 행위를 위 공사현장 구내에 있는 건조물인 위 각 현장사무실 또는 경비실에 침입한 행위로 보거나, 위 공사현장 구내에 있는 건축 중인 건물에 침입한 행위로 볼 수 없다고 한 원심의 판단을 수긍한 사례.[7)]

다. 위요지

주거침입죄에서 침입행위의 객체인 '건조물'은 주거침입죄가 사실상 주거의 평온을 보호법익으로 하는 점에 비추어 엄격한 의미에서의 건조물 그 자체뿐만이 아니라 그에 부속하는 위요지를 포함한다고 할 것이나, 여기서 위요지라고 함은 건조물에 인접한 그 주변의 토지로서 외부와의 경계에 담 등이 설치되어 그 토지가 건조물의 이용에 제공되고 또 외부인이 함부로 출입할 수 없다는 점이 객관적으로 명확하게 드러나야 한다. 따라서 건조물의 이용에 기여하는 인접의 부속 토지라고 하더라도 인적 또는 물적 설비 등에 의한 구획 내지 통제가 없어 통상의 보행으로 그 경계를 쉽사리 넘을 수 있는 정도라고 한다면 일반적으로 외부인의 출입이 제한된다는 사정이 객관적으로 명확하게 드러났다고 보기 어려우므로, 이는 다른 특별한 사정이 없는 한 주거침입죄의 객체에 속하지 아니한다고 봄이 상당하다.[8)]

---

6) 대판 2007. 12. 13. 2007도7247. 위 판결은 다음과 같이 임의경매절차에서 부동산을 경락받은 자가 위 부동산과 독립된 건조물에 출입한 것은 건조물침입죄에 해당한다고 판시하였다.

축사 건물과 부지를 낙찰받은 사람이 부지 밖에 설치된 소독시설을 통로로 삼아 축사에 출입

저당권의 효력이 미치는 저당부동산의 종물은 민법 제100조가 규정하는 종물과 같은 의미인바, 어느 건물이 주된 건물의 종물이기 위하여는 주물의 상용에 이바지하는 관계에 있어야 하고 이는 주물 자체의 경제적 효용을 다하게 하는 것을 말하는 것이므로, 주물의 소유자나 이용자의 사용에 공여되고 있더라도 주물 자체의 효용과 관계없는 물건은 종물이 아니다.

피해자 소유의 축사 건물 및 그 부지를 임의경매절차에서 매수한 사람이 위 부지 밖에 설치된 피해자 소유 소독시설을 통로로 삼아 위 축사건물에 출입한 사안에서, 위 소독시설은 축사출입차량의 소독을 위하여 설치한 것이기는 하나 별개의 토지 위에 존재하는 독립한 건조물로서 축사 자체의 효용에 제공된 종물이 아니므로, 위 출입행위는 건조물침입죄를 구성한다고 한 사례(대판 2007. 12. 13. 2007도7247).

7) 대판 2005. 10. 7. 2005도5351.

8) 대판 2010. 4. 29. 2009도14643. 같은 취지로는 대판 2005. 10. 7. 2005도5351; 대판 2010. 3. 11. 2009도12609.

화단이나 수목으로 둘러싸인 병원의 마당

이 사건 시위 장소와 병원 외부 사이에 문이나 담이 설치되어 있지 아니하고 또 관리자가 있어 이 사건 시위 장소에 일반인의 출입을 제한하고 있지는 아니하나, 이 사건 시위 장소를 병원의 건물들과 화단, 그리고 화단에 식재된 수목들이 둘러싸고 있으면서 병원 외부와의 경계 역할을 하고 있는 사실, 이 사건 시위 장소가 각 병원 건물의 앞 또는 옆 마당으로서 병원 각 건물로 오가는 통행로 등으로 이용되고 있는 사실 등에 비추어 보면, 이 사건 시위 장소가 병원 건물의 이용에 제공되었다는 것이 명확히 드러난다고 할 것이다.[9)]

차량 통행이 빈번한 도로와 주거용 건물 등 사이의 통로

차량 통행이 빈번한 도로에 바로 접하여 있고, 도로에서 주거용 건물, 축사 4동 및 비닐하우스 2동으로 이루어진 시설로 들어가는 입구 등에 그 출입을 통제하는 문이나 담 기타 인적·물적 설비가 전혀 없고 노폭 5m 정도의 통로를 통하여 누구나 축사 앞 공터에 이르기까지 자유롭게 드나들 수 있는 사실 등을 이유로, 차를 몰고 위 통로로 진입하여 축사 앞 공터까지 들어간 행위가 주거침입에 해당한다고 본 것은 위법하다고 한 사례.[10)]

2. 보호법익

주거침입죄는 사실상의 주거의 평온을 보호법익으로 하는 것이므로 그 주거자 또는 간수자가 건조물 등에 거주 또는 간수할 권리를 가지고 있는가의 여부는 범죄의 성립을 좌우하는 것이 아니며, 점유할 권리가 없는 자의 점유라고 하더라도 그 주거의 평온은 보호되어야 할 것이므로, 권리자가 그 권리를 실행함에 있어 법에 정하여진 절차에 의하지 아니하고 그 건조물 등에 침입한 경우에는 주거침입죄가 성립한다.[11)]

근저당권설정등기가 되어 있지 아니한 별개 독립의 이 사건 건물이 근저당권의 목적으로 된 대지 및 건물과 일괄하여 경매된 경우 이 사건 건물에 대한 경락허가결정이 당연무효라고 하더라도 이에 기한 인도명령에 의한 집행으로서 일단 이 사건 건물의 점유가 경락인에게 이전된 이상 이 사건 건물의 소유자인 피고인이 위 무효인 인도집행에 반하여 위 건물에 들어간 경우에도 주거침입죄는 성립한다.[12)]

9) 대판 2010. 3. 11. 2009도12609.

10) 대판 2010. 4. 29. 2009도14643.

11) 대판 1983. 3. 8. 82도1363; 대판 1984. 4. 24. 83도1429; 대판 1985. 3. 26. 85도122; 대판 1987. 11. 10. 87도1760; 대판 2007. 7. 27. 2006도3137.

12) 대판 1984. 4. 24. 83도1429. 같은 취지의 판결로는 대판 1985. 3. 26. 85도122.
위법한 판결에 기한 명도집행에 의해 점유 중인 방에 침입
방에 대한 명도집행이 위법한 소송의 판결에 기인한 것이라 하더라도 일단 동 집행에 의하여 적법히 동 방에 대한 점유를 취득한 이상 그의 점유 중인 전기 방에 침입한 소위는 위법임을 면할 수 없다(대판 1958. 12. 12. 4291형상454).

주거침입죄는 사실상의 주거의 평온을 보호법익으로 하는 것이므로 그 거주자 또는 간수자가 건조물 등에 거주 또는 간수할 법률상 권한을 가지고 있는 여부는 범죄의 성립을 좌우하는 것이 아니며 일단 적법하게 거주 또는 간수를 개시한 후에 그 권한을 상실하여 사법상 불법점유가 되더라도 권리자가 이를 배제하기 위하여 정당한 절차에 의하지 아니하고 그 주거 또는 건조물을 침입한 경우에는 주거침입죄가 성립한다.[13)]

소유권자가 무권리자로부터 인도받아 점유하고 있는 타인의 비닐하우스에 함부로 들어감

주거침입죄는 사실상의 주거의 평온을 보호법익으로 하는 것이므로 그 거주자 또는 간수자가 건조물 등에 거주 또는 간수할 권리를 가지고 있는가의 여부는 범죄의 성립을 좌우하는 것이 아니며, 점유할 권리 없는 자의 점유라고 하더라도 그 주거의 평온은 보호되어야 할 것이므로, 권리자가 그 권리실행으로서 자력구제의 수단으로 건조물에 침입한 경우에도 주거침입죄가 성립한다 할 것이다.
이 사건 비닐하우스의 소유권이 피고인에게 있다 하더라도, 피해자가 공소외인으로부터 이 사건 비닐하우스를 인도받아 점유하고 있는 이상 피고인이 함부로 이 사건 비닐하우스의 열쇠를 손괴하고 그 안에 들어간 행위는 재물손괴죄 및 주거침입죄에 해당한다.[14)]

매매계약해제의 승소판결에 기하여 강제집행에 착수한 후 잠긴 출입문을 열고 들어감

주택의 매수인이 계약금과 중도금을 지급하고서 그 주택을 명도받아 점유하고 있던 중 위 매매계약을 해제하고 중도금반환청구소송을 제기하여 얻은 그 승소판결에 기하여 강제집행에 착수한 이후에, 매도인이 매수인이 잠그어 놓은 위 주택의 출입문을 열고 들어간 경우라면 매도인으로서는 매수인이 그 주택에 대한 모든 권리를 포기한 것으로 알고 그 주택에 들어간 것이라고 할 수 있을 뿐만 아니라 또한 그 주택에 대하여 보호받아야 할 피해자의 주거에 대한 평온상태는 소멸되었다고 볼 수 있으므로 매도인의 위 소위는 주거침입죄를 구성하지 아니한다.[15)]

13) 대판 1983. 3. 8. 82도1363.

14) 대판 2007. 3. 15. 2006도7044. 다음은 같은 취지이다.

농아원을 관리할 권한이 없는 자들을 물리적으로 제압하여 침입

구 재단측이 일부 농아원생 및 직원들을 통하여 농아원을 점거 중인 상황에서 공동대책위원회측이 법원으로부터 "위 공동대책위원회측 이사 등의 농아원 출입을 방해하여서는 아니된다"라는 등의 출입방해금지 가처분결정을 받았다고 하더라도, 구 재단측이 위 공동대책위원회의 진입을 저지하면서 농아원을 사실상 관리하는 상황에서는 설사 구 재단측이 농아원을 관리할 법률상의 권한을 상실하였다고 하더라도 그 경우의 사실상의 평온 역시 건조물침입죄의 보호법익에 포함되므로, 피고인들이 그 진입과정에서 구 재단측의 점유를 배제하기 위하여 관계 법령에 의한 정당한 절차에 의하지 아니한 채 구 재단측을 물리적으로 제압함으로써 건조물에 침입한 이상 건조물침입죄를 구성한다(대판 2007. 7. 27. 2006도3137).

15) 대판 1987. 5. 12. 87도3.

3. 거주자의 의사

가. 의사에 반하는 경우

주거침입죄는 사실상의 주거의 평온을 보호법익으로 하는 것이므로 그 거주자 또는 관리자가 건조물 등에 거주 또는 관리할 권한을 가지고 있는가 여부는 범죄의 성립을 좌우하는 것이 아니고, 그 거주자나 관리자와의 관계 등으로 평소 그 건조물에 출입이 허용된 사람이라 하더라도 주거에 들어간 행위가 거주자나 관리자의 명시적 또는 추정적 의사에 반함에도 불구하고 감행된 것이라면 주거침입죄는 성립하며, 출입문을 통한 정상적인 출입이 아닌 경우 특별한 사정이 없는 한 그 침입 방법 자체에 의하여 위와 같은 의사에 반하는 것으로 보아야 한다.[16)]

공중화장실 용변칸에서 남편으로 오인하여 문을 열어줌

타인의 주거에 거주자의 의사에 반하여 들어가는 경우는 주거침입죄가 성립하며 이 때 거주자의 의사라 함은 명시적인 경우뿐만 아니라 묵시적인 경우도 포함되고 주변사정에 따라서는 거주자의 반대의사가 추정될 수도 있다.

피고인이 피해자가 사용 중인 공중화장실의 용변칸에 노크하여 남편으로 오인한 피해자가 용변칸 문을 열자 강간할 의도로 용변칸에 들어간 것이라면 피해자가 명시적 또는 묵시적으로 이를 승낙하였다고 볼 수 없어 주거침입죄에 해당한다고 한 사례.[17)]

불허된 행사에 참여하기 위해 대학교에 들어감

대학교가 한국대학총학생회연합의 행사개최를 불허하고 외부인의 출입을 금지하는 한편 경찰에 시설물 보호를 위한 경비지원을 요청하였음에도 피고인이 다른 많은 학생들과 함께 위 행사에 참여하거나 주최하기 위하여 대학교에 들어간 것이라면, 들어갈 당시 경찰공무원 또는 대학교의 교직원들로부터 구체적으로 출입을 제지당하지 아니하였다고 하더라도 대학교 관리자의 의사에 반하여 다중의 위력으로써 건조물인 대학교에 침입한 것이라고 본 사례.[18)]

버스회사 차장이 절취 목적으로 차고나 사무실에 출입

피고인이 피해자인 ○○여객자동차 주식회사에서 버스차장으로 근무하는 관계로 그 회사의 차고나 사무실에

16) 대판 2007. 8. 23. 2007도2595.

17) 대판 2003. 5. 30. 2003도1256.

18) 대판 2003. 5. 13. 2003도604. 다음은 같은 취지이다.

집회를 불허하고 집회와 관련된 외부인의 출입을 금지한 대학교에 집회를 위하여 들어감

대학교가 교내에서의 집회를 허용하지 아니하고 집회와 관련된 외부인의 출입을 금지하였는 데도 집회를 위하여 그 대학교에 들어간 것이라면 비록 대학교에 들어갈 때 구체적으로 제지를 받지 아니하였다고 하더라도 대학교 관리자의 의사에 반하여 건조물에 들어간 것으로서 건조물침입죄가 성립한다(대판 2003. 9. 23. 2001도4328).

출입할 수 있다 하더라도 절취의 목적으로 들어간 것이라면 이는 주거권자의 의사에 반한 것으로서 주거침입죄가 성립된다.[19)]

A주식회사의 회장이 대표이사와 결별하여 사실상 퇴사 후 20일이 지나 5층 테라스를 통해 6층으로 올라 가 비밀번호를 이용 문을 열고 안으로 들어감

주거침입죄는 사실상의 주거의 평온을 보호법익으로 하는 것이므로 그 거주자 또는 관리자가 건조물 등에 거주 또는 관리할 권한을 가지고 있는가 여부는 범죄의 성립을 좌우하는 것이 아니고, 그 거주자나 관리자와의 관계 등으로 평소 그 건조물에 출입이 허용된 사람이라 하더라도 주거에 들어간 행위가 거주자나 관리자의 명시적 또는 추정적 의사에 반함에도 불구하고 감행된 것이라면 주거침입죄는 성립하며, 출입문을 통한 정상적인 출입이 아닌 경우 특별한 사정이 없는 한 그 침입 방법 자체에 의하여 위와 같은 의사에 반하는 것으로 보아야 한다.

피고인은 피해자인 A 주식회사의 회장으로 근무하다가 A의 대표이사인 갑과 결별하여 사실상 A를 퇴사한 이상 A의 승낙 없이는 A의 사무실에 들어갈 수 없게 되었다고 봄이 상당하고, 이후 사무실에 나타나지 않다가 약 20일이 지나서 A의 기획실에 이르러, A의 의사에 반하여 5층 베란다 테라스를 통해 6층으로 올라가 미리 알고 있던 비밀번호를 이용 문을 열고 안으로 들어가는 비정상적인 방법으로 사무실에 들어간 것은 방실침입에 해당한다.[20)]

대리응시자들의 시험장의 입장은 시험관리자의 승낙 또는 그 추정된 의사에 반한 불법침입이라 아니할 수 없고 이와 같은 침입을 교사한 이상 주거침입교사죄가 성립된다.[21)]

해설: 위 판례는 침입이 평온, 공연하게 이루어졌다거나, 관리인 등의 승낙이나 허가를 얻어 들어갔다 하여도 불법행위를 할 목적으로 들어간 때에는 관리인 등의 의사 또는 추정된 의사에 반하여 들어간 것이라 아니할 수 없다고 한다. 이에 대해서는 시험관리자가 대리응시자들의 시험장 입장을 알고 이를 허가하였으므로 주거의 평온이 침해되지 않았다는 이유로 주거침입죄가 성립하지 않는다는 견해도 있다.

19) 대판 1979. 10. 30. 79도1882. 다음은 같은 취지이다.

범죄 목적으로 이웃집에 들어감

피고인이 피해자와 이웃 사이어서 평소 그 주거에 무상출입하던 관계에 있었다 하더라도 범죄의 목적으로 피해자의 승락없이 그 주거에 들어간 경우에는 주거침입죄가 성립된다(대판 1983. 7. 12. 83도1394).

지점장실에 수시로 출입하여 온 노조분회장이 폭행의 목적으로 지점장실에 들어감

주거침입죄는 관리자의 의사에 반하여 타인의 주거에 침입함으로써 성립하는 것이므로 종전에 있어서 해 주택에 무상출입을 허용된 자라 하더라도 당해 주거침입의 소위가 관리자의 의사에 반하거나 관리자의 인용치 않을 의사가 추측됨에 불구하고 감행된 것인 경우에는 주거침입죄의 성립에 소장이 없다고 해석되므로, 설령 제1운수 노조분회장인 피고인이 소론과 같이 작업계약의 관계로 수시 소론 지점장실에 출입하여 왔으며 또 출입할 수 있는 지위에 있었다 하더라도 피고인이 원판시와 여히 폭행의 목적으로 동 지점장실에 들어간 것인 경우에는 당연히 관리자인 지점장의 의사는 해 침입의 소위를 인용치 않음에 있다고 추측되는 것이므로 피고인의 원판시 소위는 주거침입죄를 구성한다(대판 1955. 12. 23. 4288형상25).

20) 대판 2007. 8. 23. 2007도2595. 같은 취지로는 대판 1995. 9. 15. 94도3336.

21) 대판 1967. 12. 19. 67도1281.

식당에서 불법선거운동 증거수집을 위하여 손님을 가장하여 도청장치를 설치

일반인의 출입이 허용된 음식점이라 하더라도, 영업주의 명시적 또는 추정적 의사에 반하여 들어간 것이라면 주거침입죄가 성립되는바, 기관장들의 조찬모임에서의 대화내용을 도청하기 위한 도청장치를 설치할 목적으로 손님을 가장하여 그 조찬모임 장소인 음식점에 들어간 경우에는 영업주가 그 출입을 허용하지 않았을 것으로 보는 것이 경험칙에 부합하므로, 그와 같은 행위는 주거침입죄가 성립한다.
타인의 주거에 침입한 행위가 비록 불법선거운동을 적발하려는 목적으로 이루어진 것이라고 하더라도, 타인의 주거에 도청장치를 설치하는 행위는 그 수단과 방법의 상당성을 결하는 것으로서 정당행위에 해당하지 않는다.[22]

권한 없이 논개 영정을 철거할 목적으로 촉석루 내 의기사에 들어감

일반인의 출입이 허용된 건조물이라고 하더라도 관리자의 명시적 또는 추정적 의사에 반하여 그 곳에 들어간 것이라면 건조물침입죄가 성립하는 것이므로, 촉석루 내 의기사에 보관 중이던 공용물건인 논개 영정을 적법한 권한 없이 강제로 철거할 목적으로 위 의기사에 들어간 때에는 건조물침입죄에 해당한다.[23]

여객터미널을 금지된 시간에 비정상적인 방법으로 들어감

인천의 주식회사 연안여객터미널 건물이 일반적으로 출입이 허가된 건물이라 하여도 피고인이 출입이 금지된 시간에 그 건물 담벽에 있던 드럼통을 딛고 담벽을 넘어 들어간 후 그곳 마당에 있던 아이스박스통과 삽을 같은 건물 화장실 유리창문 아래에 놓고 올라가 위 창문을 연 후 이를 통해 들어간 것이라면 그 침입방법 자체가 일반적인 허가에 해당되지 않는 것이 분명하게 나타난 것이므로 건조물침입죄가 성립되는 것이다.[24]

정보통신부가 입주한 한국전기통신공사의 청사건물

건조물침입죄는 사실상의 주거의 평온을 그 보호법익으로 하는 것이므로 건조물 관리자의 의사에 반하여 건조물에 침입함으로써 성립하는 것이고, 정보통신부가 입주하여 있는 한국전기통신공사 청사건물의 12층 내지 14층의 각 층 또는 정보통신부 장관비서실이 일반적으로 개방되어 있는 장소라 하더라도 관리자가 필요에 따라 그 출입을 제한할 수 있는 것이므로 관리자의 출입제지에도 불구하고 다중이 고함이나 소란을 피우면서 건조물에 출입하는 것은 사실상의 주거의 평온을 해하는 것으로서 건조물침입죄를 구성한다.[25]

22) 대판 1997. 3. 28. 95도2674.
23) 대판 2007. 3. 15. 2006도7079.
24) 대판 1990. 3. 13. 90도173.
25) 대판 1996. 5. 10. 96도419.

나. 의사에 반하지 않는 경우

주거에 들어간 이후에 범죄 의사를 가지게 된 경우

피고인이 갑의 집에 잠시 들어가 있는 동안에 갑에게 돈을 갚기 위하여 찾아온 을의 돈을 절취하였다면 피고인이 당초부터 불법 목적을 가지고 갑의 집에 들어갔거나 그의 의사에 반하여 그의 집에 들어간 것이 아니어서 주거침입죄는 성립되지 않는다.[26)]

범죄의 목적없이 영업소가 있는 건물의 공용 계단과 복도에 들어감

피고인이 건물에 불이 켜져 있는 것을 발견하고 열려있는 1층 출입문을 통하여 계단으로 2층 복도와 3층 옥상을 둘러 보았으나 2층 독서실만이 불이 켜 있고 다방과 당구장은 이미 영업을 마치고 불이 꺼져있어 일행을 찾지 못하고 1층 출입문으로 내려오다 절도용의자로 검거된 사안에서,

다방, 당구장, 독서실 등의 영업소가 들어서 있는 건물 중 공용으로 사용되는 계단과 복도는 주야간을 막론하고 관리자의 명시적 승낙이 없어도 누구나 자유롭게 통행할 수 있는 곳이라 할 것이므로 관리자가 1층 출입문을 특별히 시정하지 않는 한 범죄의 목적으로 위 건물에 들어가는 경우 이외에는 그 출입에 관하여 관리자나 소유자의 묵시적 승낙이 있다고 봄이 상당하여 그 출입행위는 주거침입죄를 구성하지 않는다.[27)]

다. 주거권자가 복수인 경우

남편의 부재 중 간통할 목적으로 주거지에 들어감

형법상 주거침입죄의 보호법익은 주거권이라는 법적 개념이 아니고 사적 생활관계에 있어서의 사실상 주거의 자유와 평온으로서 그 주거에서 공동생활을 하고 있는 전원이 평온을 누릴 권리가 있다 할 것이나 복수의 주거권자가 있는 경우 한 사람의 승낙이 다른 거주자의 의사에 직접·간접으로 반하는 경우에는 그에 의한 주거에의 출입은 그 의사에 반한 사람의 주거의 평온 즉 주거의 지배·관리의 평온을 해치는 결과가 되므로 주거침입죄가 성립한다.

동거자 중의 1인이 부재중인 경우라도 주거의 지배관리관계가 외관상 존재하는 상태로 인정되는 한 위 법리에는 영향이 없다고 볼 것이니 남편이 일시 부재 중 간통의 목적 하에 그 처의 승낙을 얻어 주거에 들어간 경우라도 남편의 주거에 대한 지배관리관계는 여전히 존속한다고 봄이 옳고 사회통념상 간통의 목적으로 주거에 들어오는 것은 남편의 의사에 반한다고 보여지므로 처의 승낙이 있었다 하더라도 남편의 주거의 사실상의 평온은 깨어졌다 할 것이므로 이러한 경우에는 주거침입죄가 성립한다고 할 것이다.[28)]

근로자들이 사용자인 (주)코스콤 이외에도 (주)한국증권선물거래소가 병존적으로 관리·사용하는 빌딩 로비에 쟁의행위를 이유로 침입하여, 그 중 일부를 점거하며 10여 일간 숙식하면서 선전전, 강연, 토론 등의 방법으

26) 대판 1984. 2. 14. 83도2897.
27) 대판 1985. 2. 8. 84도2917.
28) 대판 1984. 6. 26. 83도685.

로 농성한 사안에서,
2인 이상이 하나의 공간에서 공동생활을 하고 있는 경우에는 각자 주거의 평온을 누릴 권리가 있으므로, 사용자가 제3자와 공동으로 관리·사용하는 공간을 사용자에 대한 쟁의행위를 이유로 관리자의 의사에 반하여 침입·점거한 경우, 비록 그 공간의 점거가 사용자에 대한 관계에서 정당한 쟁의행위로 평가될 여지가 있다 하여도 이를 공동으로 관리·사용하는 제3자의 명시적 또는 추정적인 승낙이 없는 이상 위 제3자에 대하여서까지 이를 정당행위라고 하여 주거침입의 위법성이 조각된다고 볼 수는 없다.[29)]

4. 실행의 착수와 기수

가. 주거침입죄는 사실상의 주거의 평온을 보호법익으로 하는 것이므로, 반드시 행위자의 신체의 전부가 범행의 목적인 타인의 주거 안으로 들어가야만 성립하는 것이 아니라 신체의 일부만 타인의 주거 안으로 들어갔다고 하더라도 거주자가 누리는 사실상의 주거의 평온을 해할 수 있는 정도에 이르렀다면 범죄구성요건을 충족하는 것이라고 보아야 하고, 따라서 주거침입죄의 범의는 반드시 신체의 전부가 타인의 주거 안으로 들어간다는 인식이 있어야만 하는 것이 아니라 신체의 일부라도 타인의 주거 안으로 들어간다는 인식이 있으면 족하다.

나. '가'항의 범의로써 예컨대 주거로 들어가는 문의 시정장치를 부수거나 문을 여는 등 침입을 위한 구체적 행위를 시작하였다면 주거침입죄의 실행의 착수는 있었다고 보아야 하고, 신체의 극히 일부분이 주거 안으로 들어갔지만 사실상 주거의 평온을 해하는 정도에 이르지 아니하였다면 주거침입죄의 미수에 그친다.

다. 야간에 타인의 집의 창문을 열고 집 안으로 얼굴을 들이미는 등의 행위를 하였다면 피고인이 자신의 신체의 일부가 집 안으로 들어간다는 인식하에 하였더라도 주거침입죄의 범의는 인정되고, 또한 비록 신체의 일부만이 집 안으로 들어갔다고 하더라도 사실상 주거의 평온을 해하였다면 주거침입죄는 기수에 이르렀다.[30)]

가. 실행의 착수 긍정례

열려있으면 들어가려고 출입문을 당겨봄

주거침입죄의 실행의 착수는 주거자, 관리자, 점유자 등의 의사에 반하여 주거나 관리하는 건조물 등에 들어가는 행위, 즉 구성요건의 일부를 실현하는 행위까지 요구하는 것은 아니고 범죄구성요건의 실현에 이르는 현실적 위험성을 포함하는 행위를 개시하는 것으로 족하므로, 출입문이 열려 있으면 안으로 들어가겠다는 의사 아래 출입문을 당겨보는 행위는 바로 주거의 사실상의 평온을 침해할 객관적인 위험성을 포함하는 행위를 한 것으로 볼 수 있어 그것으로 주거침입의 실행에 착수한 것으로 보아야 한다.[31)]

29) 대판 2010. 3. 11. 2009도5008.
30) 대판 1995. 9. 15. 94도2561.
31) 대판 2006. 9. 14. 2006도2824.

야간에 창문을 열고 집 안으로 얼굴을 들이미는 행위

가. 주거침입죄는 사실상의 주거의 평온을 보호법익으로 하는 것이므로, 반드시 행위자의 신체의 전부가 범행의 목적인 타인의 주거 안으로 들어가야만 성립하는 것이 아니라 신체의 일부만 타인의 주거 안으로 들어갔다고 하더라도 거주자가 누리는 사실상의 주거의 평온을 해할 수 있는 정도에 이르렀다면 범죄구성요건을 충족하는 것이라고 보아야 하고, 따라서 주거침입죄의 범의는 반드시 신체의 전부가 타인의 주거 안으로 들어간다는 인식이 있어야만 하는 것이 아니라 신체의 일부라도 타인의 주거 안으로 들어간다는 인식이 있으면 족하다.

나. '가'항의 범의로써 예컨대 주거로 들어가는 문의 시정장치를 부수거나 문을 여는 등 침입을 위한 구체적 행위를 시작하였다면 주거침입죄의 실행의 착수는 있었다고 보아야 하고, 신체의 극히 일부분이 주거 안으로 들어갔지만 사실상 주거의 평온을 해하는 정도에 이르지 아니하였다면 주거침입죄의 미수에 그친다.

다. 야간에 타인의 집의 창문을 열고 집 안으로 얼굴을 들이미는 등의 행위를 하였다면 피고인이 자신의 신체의 일부가 집 안으로 들어간다는 인식하에 하였더라도 주거침입죄의 범의는 인정되고, 또한 비록 신체의 일부만이 집 안으로 들어갔다고 하더라도 사실상 주거의 평온을 해하였다면 주거침입죄는 기수에 이르렀다.[32)]

나. 실행의 착수 부정례

침입 대상인 아파트에 사람이 있는지 확인하기 위해 초인종을 누름

아파트의 초인종을 누르다가 사람이 없으면 만능키 등을 이용하여 문을 열고 안으로 들어가 물건을 훔치기로 모의한 피고인들이 함께 다니다가 피고인 1은 갑의 집 초인종을 누르면서 "자장면 시키지 않았느냐"라고 말하였으나 집 안에 있던 갑이 "시킨 적 없다"고 대답하자 계단을 이용하여 아래층으로 이동한 경우, 침입의 현실적 위험성을 포함하는 행위를 시작하였다거나, 주거의 사실상의 평온을 침해할 객관적인 위험성을 포함하는 행위를 한 것으로 볼 수 없으므로 주거침입의 실행의 착수에 해당하지 않는다.[33)]

해설: 위 판례에서는 사람이 없으면 만능키 등을 이용하여 문을 열고 들어가려고 초인종을 누른 것이고, 앞의 대판 2006. 9. 14. 2006도2824에서는 문이 열려 있으면 들어가려고 출입문을 당겨본 것이어서, 대법원이 주거의 평온을 해할 객관적인 위험성에서 차이가 있는 것으로 본 듯하다.

5. 죄 수

주거침입죄는 계속범이다. 주거침입죄가 성립된 이후 퇴거 요구에 불응하더라도 별도로 퇴거불응죄가 성립하는 것은 아니다.

주거침입죄로 유죄 판결을 받았음에도 퇴거하지 않고 계속 거주

다른 사람의 주택에 무단 침입한 범죄사실로 이미 유죄판결을 받은 사람이 그 판결이 확정된 후에도 퇴거하

32) 대판 1995. 9. 15. 94도2561.

33) 대판 2008. 4. 10. 2008도1464.

지 않은 채 계속하여 당해 주택에 거주한 사안에서, 위 판결 확정 이후의 행위는 별도의 주거침입죄를 구성한다.[34]

6. 위법성

폭행의 이유를 따지려고 가해자의 집에 따라들어감

피고인과 "갑" "을"의 세 사람이 함께 술을 마시고 그들이 사는 동리의 "갑" 집 앞길에 이르렀을 때 "갑"이 사소한 일로 피고인에게 폭행을 가함으로써 상호 시비 중 "갑"이 그의 집으로 들어가기에 피고인도 술에 취하여 동인에게 얻어 맞아 가면서 동인의 집까지 따라 들어가서 때리는 이유를 따지었던 경우에 피고인이 "갑"의 집에 따라 들어간 소위를 적법성 있는 주거침입이라고 논단하기 어렵다고 할 것이다.[35]

피고인이 갑의 동리부녀자에 대한 욕설을 따지기 위하여 동리부녀자 10여명과 작당하여 밤 9시경에 갑의 집에 몰려 들어갔다면, 이는 주거자의 의사에 반한다는 인식 아래 한 것으로 위법하다.[36]

건물의 소유자라고 주장하는 피고인과 그것을 점유관리하고 있는 피해자 사이에 건물의 소유권에 대한 분쟁이 계속되고 있는 상황이라면 피고인이 그 건물에 침입하는 것에 대한 피해자의 추정적 승낙이 있었다거나 피고인의 이 사건 범행이 사회상규에 위배되지 않는다고 볼 수 없다고 한 원심의 조치는 수긍이 간다.[37]

이혼소송의 증거수집을 위하여 별거 중인 남편의 상간자로 의심되는 자의 집에 침입

피고인 1은 1973.경 갑과 혼인하였는데 2000. 8.경부터 갑이 휴대폰으로 여자와 자주 전화를 하고 외출, 외박을 하게 되자 갑의 여자관계를 의심하게 되었다. 이후 갑과 이 문제로 심하게 다투다가 갑을 폭행하여 그에게 상해를 가하고, 이로 인하여 갑이 피고인 1을 상대로 이혼 및 위자료 청구 소송을 제기하였고 피고인 1은 혼인파탄의 책임이 갑에게 있음을 이유로 갑을 상대로 이혼 및 위자료의 지급을 구하는 반소를 제기하였다. 갑은 위 이혼소송 제기 직후인 2001. 2. 가출한 이래 따로 방을 얻어 살면서 피고인 1과 별거를 하였다. 피고인 1은 갑과의 이혼소송을 진행하는 과정에서 갑과 을 사이의 불륜관계를 의심하고 갑과의 이혼소송에 제출할 증거자료를 수집하기 위하여 갑과 을을 미행하였다. 한편 을은 1999. 남편과 이혼을 한 후 창원시 대방동 성원아파트에서 거주하면서 이와는 별도로 갑의 위 주거지에 인접한 이 사건 주택 중 부엌이 딸린 방 1개를 임차하여 가끔 그 곳에서 잠을 자는 등으로 이를 사용하였는데, 이 사건 주택은 담장 안에 마당이 있고 4가구가 각기 구분된 현관문을 통하여 출입하면서 따로 거주할 수 있는 구조로 이루어져 있으

34) 대판 2008. 5. 8. 2007도11322.
35) 대판 1967. 9. 26. 67도1089.
36) 대판 1983. 10. 11. 83도2230.
37) 대판 1989. 9. 12. 89도889.

며 그 중 을의 방은 현관문을 통하여 부엌을 거쳐 들어가도록 되어 있다. 피고인들은 2001. 1. 13. 갑과 을을 미행하다가 이들이 함께 을의 집으로 올 것을 예상하여 미리 이 사건 주택으로 와서 피고인 3은 먼저 이 사건 주택으로 들어가 마당에 숨어서 기다리고 있었고 피고인 1, 피고인 2는 이 사건 주택 밖에서 기다리고 있다가, 갑과 을이 함께 승용차를 타고 와서 이 사건 주택의 대문을 잠그고 을의 방 안으로 들어가는 것을 보고는 피고인 3이 그 대문을 열어 피고인 1, 피고인 2가 대문 안으로 들어오도록 한 다음 을의 방문을 두드렸고, 을이 방문을 열어주자 함께 방안으로 들어가 피고인 1은 을에게 심한 욕설을 하고 그 곳의 서랍장을 열어 보았고, 피고인 2는 부엌과 방안 내부 등에 관하여 사진 촬영을 하였으나, 갑과 을이 그 장소에서 간통행위를 하였다는 구체적인 정황은 확인하지 못하였다.
위 사실과 원심이 확정한 사실관계를 종합하여 보면, 피고인들은 갑과 을이 이 사건 주택 내의 을의 방에서 간통을 할 것이라는 추측 하에 피고인 1과 갑 사이의 이혼소송에 사용할 증거자료 수집을 목적으로 그들의 간통 현장을 직접 목격하고 그 사진을 촬영하기 위하여 이 사건 주택에 침입한 것으로서 그러한 목적이 을의 주거생활의 평온이라는 법익침해를 정당화할 만한 이유가 될 수 없을 뿐 아니라, 원심이 내세운 사정들을 감안하더라도 피고인들의 위와 같은 행위가 그 수단과 방법에 있어서 상당성이 인정된다고 보기도 어려우며, 갑과 을의 간통 또는 불륜관계에 관한 증거수집을 위하여 이와 같은 주거침입이 긴급하고 불가피한 수단이었다고 볼 수도 없다.[38)]
해설: 위 판례의 취지는 간통의 증거를 수집하기 위한 주거침입이 정당화되기 위해서는 수단과 방법의 상당성 등이 요구된다는 것이다.

아래층 피해자가 상수도관 밸브를 잠그어 수돗물이 안 나오자 피해자의 집에 들어감

연립주택 아래층에 사는 피해자가 위층 피고인의 집으로 통하는 상수도관의 밸브를 임의로 잠근 후 이를 피고인에게 알리지 않아 하루 동안 수돗물이 나오지 않은 고통을 겪었던 피고인이 상수도관의 밸브를 확인하고 이를 열기 위하여 부득이 피해자의 집에 들어간 행위가 정당행위에 해당한다고 한 사례.[39)]

7. 노동쟁의

조합대의원 아닌 자가 회사의 의사에 반하여 조합대의원회의에 참석

해고를 당한 후 해고처분무효확인소송을 제기하여 그 효력을 다툼으로써 노동조합의 조합원인 근로자의 지위를 그대로 갖고 있다 하더라도 회사가 조합의 대의원이 아닌 피고인에게 회사 내의 조합대의원회의에 참석하는 것을 허락하지 아니하였는데도 그 의사에 반하여 함부로 거기에 들어가고 회사경비원들의 출입통제 업무를 방해한 것은 건조물침입죄와 업무방해죄에 해당한다.[40)]

38) 대판 2003. 9. 26. 2003도3000.
39) 대판 2004. 2. 13. 2003도7393.
40) 대판 1991. 9. 10. 91도1666.
노조원들에 의한 회사 점거 중 해고근로자가 노조 임시사무실에 들어간 행위가 건조물침입죄를 구성한다고 한 사례 (대판 1994. 2. 8. 93도120).

적법하지 않은 쟁의행위

해고되어 회사의 근로자도 아닌 피고인이 시위근로자 570명과 함께 회사건물 본관 앞까지 이동한 다음 무단점거를 저지하려는 관리직사원등 400여명을 힘으로 밀어붙이고 동 건물을 점거하였는데 이러한 집단행위가 적법한 쟁의행위도 아니었으며, 또한 쟁의행위에 당연히 수반되는 범위에 든다고 할 수 없는 관리직 사원 600여명의 업무영역에 관하여 방해를 한 경우에 있어서 원심이 위 피고인의 행위를 건조물침입죄 및 업무방해죄로 각 의율처단한 것은 옳다.41)

적법한 직장폐쇄

근로자들의 직장점거가 개시 당시 적법한 것이었다 하더라도 사용자가 이에 대응하여 적법하게 직장폐쇄를 하게 되면, 사용자의 사업장에 대한 물권적 지배권이 전면적으로 회복되는 결과 사용자는 점거중인 근로자들에 대하여 정당하게 사업장으로부터의 퇴거를 요구할 수 있고 퇴거를 요구받은 이후의 직장점거는 위법하게 되므로, 적법히 직장폐쇄를 단행한 사용자로부터 퇴거요구를 받고도 불응한 채 직장점거를 계속한 행위는 퇴거불응죄를 구성한다.42)

직장폐쇄가 정당하지 아니한 경우 사용자의 퇴거요구에 불응

사용자의 직장폐쇄는 노사간의 교섭태도, 경과, 근로자측 쟁의행위의 태양, 그로 인하여 사용자측이 받는 타격의 정도 등에 관한 구체적 사정에 비추어 형평상 근로자측의 쟁의행위에 대한 대항·방위 수단으로서 상당성이 인정되는 경우에 한하여 정당한 쟁의행위로 평가받을 수 있는 것이고, 사용자의 직장폐쇄가 정당한 쟁의행위로 인정되지 아니하는 때에는 적법한 쟁의행위로서 사업장을 점거 중인 근로자들이 직장폐쇄를 단행한 사용자로부터 퇴거 요구를 받고 이에 불응한 채 직장점거를 계속하더라도 퇴거불응죄가 성립하지 아니한다.43)

---

41) 대판 1990. 6. 12. 90도672. 다음은 같은 취지이다.

총장으로부터 허가받지 못한 노동자대회를 개최하기 위하여 대학교 출입

전국노동조합대표자회의 등이 특정 대학교 총장에게 전국노동자대회 등 개최를 위한 장소사용 허가를 요청하였다가 명시적으로 불허통보를 받았음에도 대회 개최를 위하여 각 대학교에 들어간 행위는 건조물침입죄에 해당한다(대판 2008. 11. 13. 2006도755).

42) 대판 1991. 8. 13. 91도1324.

43) 대판 2007. 12. 28. 2007도5204. 다음은 같은 취지이다.

적법하지 아니한 직장폐쇄

사용자의 직장폐쇄가 정당한 쟁의행위로 인정되지 아니하는 때에는 다른 특별한 사정이 없는 한 근로자가 평소 출입이 허용되는 사업장 안에 들어가는 행위가 주거침입죄를 구성하지 아니한다(대판 2002. 9. 24. 2002도2243).

Ⅱ. 퇴거불응죄

가재도구를 남겨두고 건물을 나감

주거침입죄와 퇴거불응죄는 모두 사실상의 주거의 평온을 그 보호법익으로 하고, 주거침입죄에서의 침입이 신체적 침해로서 행위자의 신체가 주거에 들어가야 함을 의미하는 것과 마찬가지로 퇴거불응죄의 퇴거 역시 행위자의 신체가 주거에서 나감을 의미하므로, 정당한 퇴거요구를 받고 건물에서 나가면서 가재도구 등을 남겨둔 경우 퇴거불응죄를 구성하지 않는다.[44)]

예배를 방해하는 자에 대한 교회당회의 교회출입금지의결 및 관리인의 퇴거요구

가. 피고인이 예배의 목적이 아니라 교회의 예배를 방해하여 교회의 평온을 해할 목적으로 교회에 출입하는 것이 판명되어 위 교회 건물의 관리주체라고 할 수 있는 교회당회에서 피고인에 대한 교회출입금지의결을 하고, 이에 따라 위 교회의 관리인이 피고인에게 퇴거를 요구한 경우 피고인의 교회출입을 막으려는 위 교회의 의사는 명백히 나타난 것이기 때문에 이에 기하여 퇴거요구를 한 것은 정당하고 이에 불응하여 퇴거를 하지 아니한 행위는 퇴거불응죄에 해당한다.

나. 사회통념상 현관도 건물의 일부임이 분명한 것이므로 피고인이 교회 건물의 현관에 들어간 이상 그 곳에서 교회 관리인의 퇴거요구를 받고 이에 응하지 않았다면 퇴거불응죄가 성립한다.

다. 교회는 교인들의 총유에 속하는 것으로서 교인들 모두가 사용수익권을 갖고 있고, 출입이 묵시적으로 승낙되어 있는 장소인바, 이같이 일반적으로 개방되어 있는 장소라도 필요한 때는 관리자가 그 출입을 금지 내지 제한할 수 있다.[45)]

Ⅲ. 특수주거침입죄

'단체나 다중의 위력으로써 또는 단체나 집단을 가장하여 위력을 보임으로써' 또는 '흉기 기타 위험한 물건을 휴대하여' 형법 319조의 죄를 범한 자는 1년 이상의 유기징역에 처한다(폭처법 3조 1항, 2조 1항). 위와 같은 특별법 규정으로 인하여 형법 320조가 적용될 여지는 없다.

건조물에 들어간 피고인과 30 내지 50미터 떨어진 차 안에 흉기가 보관됨

폭처법 제3조 제1항, 제2조 제1항, 형법 제319조 제1항 소정의 특수주거침입죄는 흉기 기타 위험한 물건을 휴대하여 타인의 주거나 건조물 등에 침입함으로써 성립하는 범죄이므로, 수인이 흉기를 휴대하여 타인의 건조물에 침입하기로 공모한 후 그중 일부는 밖에서 망을 보고 나머지 일부만이 건조물 안으로 들어갔을 경우

44) 대판 2007. 11. 15. 2007도6990.
45) 대판 1992. 4. 28. 91도2309.

에 있어서 특수주거침입죄의 구성요건이 충족되었다고 볼 수 있는지의 여부는 직접 건조물에 들어간 범인을 기준으로 하여 그 범인이 흉기를 휴대하였다고 볼 수 있느냐의 여부에 따라 결정되어야 한다.
피고인은 갑으로부터 피해자를 잡아오던지 반쯤 죽여 버리라는 지시를 받고 야간에 을, 병, 정, 무와 함께 갑의 승용차를 타고(갑은 현장에 동행하지 않았음) 피해자의 사무실로 가다가 중간에 낫 3자루와 도끼 2자루를 구입하여 차 뒷자리에 실은 다음 3층 건물의 지하실에 있는 피해자의 사무실 부근에 이르렀을 때, 병과 정은 차 뒷자리에 위 흉기를 은폐한 채로 차 안에서 망을 보고 피고인과 을, 무는 피해자를 가해하기 위하여 피해자의 사무실 안에 들어감으로써 건조물을 침입하였다. 당시 흉기가 보관되어 있던 차량은 피고인 등이 침입한 위 건물로부터 약 30 내지 50미터 떨어진 거리에 있었고, 차량 안에 남아 있던 병과 정은 만약의 사태에 대비하면서 차량 안에 남아서 유심히 주위의 동태를 살피다가 피고인 등이 도망치는 모습을 발견하고서는 그대로 차를 운전하여 도주하였다. 위 건물 안으로 들어간 피고인 등 범인들을 기준으로 할 경우에 그들이 위 건조물에 들어갈 때 30 내지 50여미터 떨어진 거리에 세워진 차 안에 있던 흉기를 휴대하고 있었다고는 볼 수 없을 것이다.[46]
해설: 위 판례의 취지는 피해자의 집에 들어간 피고인 등을 기준으로 하였을 때 흉기를 휴대하였다고 볼 수 없으므로 폭처법 제3조 제1항, 제2조 제1항, 형법 제319조 제1항 소정의 특수주거침입죄가 성립되지 않는다는 것이다.

Ⅳ. 주거·신체수색죄

주주총회에 참석한 의결권 대리인이 회사 사무실을 뒤져 원하는 장부를 찾아낸 경우, 방실수색죄가 성립한다.
회사의 정기주주총회에 적법하게 참석한 주주라고 할지라도 주주총회장에서의 질문, 의사진행 발언, 의결권의 행사 등의 주주총회에서의 통상적인 권리행사 범위를 넘어서서 회사의 구체적인 회계장부나 서류철 등을 열람하기 위하여는 별도로 상법 제466조 등에 정해진 바에 따라 회사에 대하여 그 열람을 청구하여야 하고, 만일 회사에서 정당한 이유 없이 이를 거부하는 경우에는 법원에 그 이행을 청구하여 그 결과에 따라 회계장부 등을 열람할 수 있을 뿐 주주총회 장소라고 하여 회사측의 의사에 반하여 회사의 회계장부를 강제로 찾아 열람할 수는 없다고 할 것이며, 설사 회사측이 회사 운영을 부실하게 하여 소수주주들에게 손해를 입게 하였다고 하더라도 위와 같은 사정만으로 주주총회에 참석한 주주가 강제로 사무실을 뒤져 회계장부를 찾아내는 것이 사회통념상 용인되는 정당행위로 되는 것은 아니다.[47]

46) 대판 1994. 10. 11. 94도1991.
47) 대판 2001. 9. 7. 2001도2917.

제 4 장 재산에 관한 죄

제 1 절 절도죄

절도죄의 구성요건 체계
제329조 절도
제330조 야간(주거, 저택, 건조물, 선박, 방실)침입절도
제331조 특수절도(1항은 야간손괴주거등침입절도, 2항은 흉기휴대절도와 합동절도)
제331조의2 (자동차, 선박, 항공기, 원동기장치자전거) 불법사용
제332조 상습(제329조 내지 331조의2 각 죄명)

Ⅰ. 절도죄

1. 절도죄의 의의 및 성격

타인의 재물을 절취한 자는 6년 이하의 징역 또는 1천만 원 이하의 벌금에 처한다(형법 329조). 이러한 절도죄는 타인이 소유하고 타인이 점유하는 재물을 절취함으로써 성립한다.

절도죄는 재물만을 객체로 한다는 점에서 횡령죄, 장물죄, 손괴죄와 같고, 재산상의 이익만을 객체로 하는 배임죄, 재물과 재산상의 이익을 모두 객체로 하는 사기죄, 공갈죄, 강도죄와 다르다.

절도죄는 타인이 소유하고 타인이 점유하는 재물을 객체로 한다는 점에서, 타인이 소유하고 자기가 점유하는 재물을 객체로 하는 횡령죄와 다르다.

2. 재 물

가. 재물의 의미

재물의 의미에 대해서는, ① 일정한 공간을 차지하고 있는 유체물에 한정된다는 유체성설과 ② 관리가 가능한 것이면 유체물 외에 무체물도 포함한다는 관리가능성설이 있다. 그런데 권리행사를 방해하는 죄(형법 37장)와 장물에 관한 죄(형법 41장)를 제외한 나머지의 모든 재산에 대한 죄에 있어서는, 관리할 수 있는 동력을 재물로 간주한다(형법 346조, 354조, 361조, 372조). 이와 같이 형법이 관리가능한 동력을 재물로 간주하여 재물로 취급하고 있으므로 대부분의 재산범죄에 있어 위와 같은 학설은 실질적인 의미를 가지지 못한다. 관리할 수 있는 동력을 재물로 간주하는 것은, 유체성설에 의하면 재물의 범위를 유체물 이외의 것으로 확장하는 것이 되고, 관리가능성설에 의하면 재물의 범위에 포함되는 것을 주의적으로 규정한 것이 된다.

나. 유체물

주민등록증은 재물이므로 절도죄의 객체가 될 수 있다.[1]

인감증명서는 재물로서 절도죄의 객체가 된다.[2]

컴퓨터에 저장된 설계도면을 출력하여 생성한 문서

피고인이 A 주식회사의 컴퓨터에서 직물원단고무코팅시스템의 설계도면을 출력하여 가지고 나온 사안에서, 절도죄의 객체는 관리가능한 동력을 포함한 '재물'에 한한다 할 것이고, 또 절도죄가 성립하기 위해서는 그 재물의 소유자 기타 점유자의 점유 내지 이용가능성을 배제하고 이를 자신의 점유하에 배타적으로 이전하는 행위가 있어야만 할 것인바, 컴퓨터에 저장되어 있는 '정보' 그 자체는 유체물이라고 볼 수도 없고, 물질성을 가진 동력도 아니므로 재물이 될 수 없다 할 것이며, 또 이를 복사하거나 출력하였다 할지라도 그 정보 자체가 감소하거나 피해자의 점유 및 이용가능성을 감소시키는 것이 아니므로 그 복사나 출력 행위를 가지고 절도죄를 구성한다고 볼 수도 없다.

피고인이 컴퓨터에 저장된 정보를 출력하여 생성한 문서는 피해 회사의 업무를 위하여 생성되어 피해 회사에 의하여 보관되고 있던 문서가 아니라, 피고인이 가지고 갈 목적으로 피해 회사의 업무와 관계없이 새로이 생성시킨 문서라 할 것이므로, 이는 피해 회사 소유의 문서라고 볼 수는 없다 할 것이어서, 이를 가지고 간 행위를 들어 피해 회사 소유의 문서를 절취한 것으로 볼 수는 없다.[3]

해설: 위 판례는 3가지 논거를 들어 회사의 컴퓨터에 저장된 정보를 출력하여 생성한 문서를 가져간 행위가 절도죄에 해당되지 않는다고 보았다. 즉 ① 컴퓨터에 저장된 정보는 '유체물'이나 '물질성을 가진 동력'이 아

1) 대판 1969. 12. 9. 69도1627.
2) 대판 1986. 9. 23. 85도1775.
3) 대판 2002. 7. 12. 2002도745.

니고, ② 컴퓨터에 저장된 정보를 복사하거나 출력하더라도 원래의 정보가 감소한다거나 회사의 점유 및 이용가능성이 감소하지 않아 이를 절취라고 볼 수 없으며, ③ 문서는 피고인이 가져갈 목적으로 생성한 것이어서 회사의 소유라고 볼 수 없다는 것이다.

원본을 복사하여 사본을 가져감

회사 직원이 업무와 관련하여 다른 사람이 작성한 회사의 문서를 복사기를 이용하여 복사를 한 후 원본은 제자리에 갖다 놓고 그 사본만 가져간 경우, 그 회사 소유의 문서의 사본을 절취한 것으로 볼 수는 없다.[4)]

상법상 주식은 자본구성의 단위 또는 주주의 지위(주주권)를 의미하고, 주주권을 표창하는 유가증권인 주권과는 구분이 되는바, 주권은 유가증권으로서 재물에 해당되므로 횡령죄의 객체가 될 수 있으나, 자본의 구성단위 또는 주주권을 의미하는 주식은 재물이 아니므로 횡령죄의 객체가 될 수 없다.[5)]

다. 경제적 가치

백지의 자동차출고의뢰서용지

재산죄의 객체인 재물은 반드시 객관적인 금전적 교환가치를 가질 필요는 없고 소유자, 점유자가 주관적인 가치를 가지고 있음으로써 족하다고 할 것이고, 이 경우 주관적, 경제적 가치의 유무를 판별함에 있어서는 그것이 타인에 의하여 이용되지 않는다고 하는 소극적 관계에 있어서 그 가치가 성립하더라도 관계없다 할 것이므로, 피고인이 절취한 백지의 자동차출고의뢰서 용지도 그것이 어떠한 권리도 표창하고 있지 않다 하더라도 경제적 가치가 없다고는 할 수 없어 이는 절도죄의 객체가 되는 재물에 해당한다.[6)]

찢어버린 약속어음

재산죄의 객체인 재물은 반드시 객관적인 금전적 교환 가치를 가질 필요는 없고 소유자 점유자가 주관적인 가치를 가지고 있음으로서 족하고 주관적 경제적 가치 유무의 판별은 그것이 타인에 의하여 이용되지 않는다고 하는 소극적 관계에 있어서 그 가치가 성립하는 경우가 있을 수 있는 것이니 발행자가 회수하여 세조각으로 찢어버림으로서 폐지로 되어 쓸모없는 것처럼 보이는 약속어음의 소지를 침해하여 가져갔다면 절도죄가 성립한다.[7)]

4) 대판 1996. 8. 23. 95도192.
5) 대판 2005. 2. 18. 2002도2822.
6) 대판 1996. 5. 10. 95도3057.
7) 대판 1976. 1. 27. 74도3442. 위 판례는 찢어서 폐지로 된 타인발행 명의의 약속어음 파지면을 이용 조합하여 어음의 외형을 갖춘 경우에는 새로운 약속어음을 작성한 것으로서 그 행사의 목적이 있는 이상 유가증권 위조죄가 성립한다고 판시하였다.

원주주명부의 복사본

피고인이 절취한 주주명부가 기재된 용지 70장은 피해자 회사에 비치되어 있던 그 소유의 복사용지를 이용하여 전산출력된 사실, 설령 피고인이 가지고 나왔다는 위 서류들이 비록 원주주명부를 복사하여 놓은 복사본이었다 하더라도, 위 서류들은 피해자 회사의 주주명단을 기재하여 놓은 문서들로서 주주명단을 정리할 당시 위 서류들에 기재된 인적사항 등이 외부에 유출되는 것을 방지하기 위하여 피해자 회사에서는 회의실 밖에 위치해 있던 분쇄기를 이용하여 명단을 폐기해 온 사실을 인정할 수 있는바, 그렇다면 위 서류들은 피해자 회사에 있어서는 소유권의 대상으로 할 수 있는 주관적 가치뿐만 아니라 그 경제적 가치도 있다 할 것이어서, 절도죄의 객체가 되는 재물에 해당한다.[8)]

공개된 기술에 관한 선전용 서류

피고인이 근무하던 회사를 퇴사하면서 가져간 서류가 이미 공개된 기술내용에 관한 것이고 외국회사에서 선전용으로 무료로 배부해 주는 것이며 동 회사연구실 직원들이 사본하여 사물처럼 사용하던 것이라도 위 서류들이 회사의 목적업무 중 기술분야에 관한 문서들로서 국내에서 쉽게 구할 수 있는 것도 아니며 연구실 직원들의 업무수행을 위하여 필요한 경우에만 사용이 허용된 것이라면 위 서류들은 위 회사에 있어서는 소유권의 대상으로 할 수 있는 주관적 가치뿐만 아니라 그 경제적 가치도 있는 것으로 재물에 해당한다 할 것이어서 이를 취거하는 행위는 절도에 해당하고 비록 그것이 문서의 사본에 불과하고 또 인수인계 품목에 포함되지 아니 하였다 하여 그 위법성이 조각된다 할 수 없다.[9)]

제조공정과 실험결과에 관한 자료

피해자 회사의 직원들이 피해자의 목적 달성을 위하여 작성한 피해자의 소유로서 피해자가 그 목적달성을 위하여 이용하는 한도에서 직원인 피고인에게 그 소지 및 사용을 허락하였을 뿐 피해자가 피고인에게 그 소유권까지 이전하지는 아니한 것으로서, 피해자가 '부품과 원료의 배합비율과 제조공정을 기술한 자료와 시제품의 품질을 확인하거나 제조기술 향상을 위한 각종 실험을 통하여 나타난 결과를 기재한 자료'를 피고인이 퇴사하면서 가져간 경우 이는 절도에 해당한다.[10)]

주권포기각서는 주권을 포기한다는 의사표시가 담긴 처분문서로서 그 경제적 가치가 있어 재물성이 있다.[11)]

피고인이 절취한 도시계획구조변경계획서가 폐지로서 소각할 것이라고 하더라도 그 내용을 알아볼 수 있고 그 내용이 경제생활상 가치가 있는 이상 재물에 해당된다.[12)]

8) 대판 2004. 10. 28. 2004도5183.
9) 대판 1986. 9. 23. 86도1205.
10) 대판 2008. 2. 15. 2005도6223.
11) 대판 1996. 9. 10. 95도2747.

피해자에게 송달된 심문기일소환장을 가져간 사안에서, 법원으로부터 송달된 심문기일소환장은 재산적 가치가 있는 물건으로서 형법상 재물에 해당한다.[13]

라. 관리가능성

판례는 관리에 관하여 다음과 같이 물리적 관리를 의미하며, 채권이나 그 밖의 권리 등에 대한 사무적 관리는 포함하지 않는다고 한다.[14]

타인의 전화기를 사용하여 무단 전화통화

타인의 전화기를 무단으로 사용하여 전화통화를 하는 행위는 전기통신사업자가 그가 갖추고 있는 통신선로, 전화교환기 등 전기통신설비를 이용하고 전기의 성질을 과학적으로 응용한 기술을 사용하여 전화가입자에게 음향의 송수신이 가능하도록 하여 줌으로써 상대방과의 통신을 매개하여 주는 역무, 즉 전기통신사업자에 의하여 가능하게 된 전화기의 음향송수신기능을 부당하게 이용하는 것으로, 이러한 내용의 역무는 무형적인 이익에 불과하고 물리적 관리의 대상이 될 수 없어 재물이 아니라고 할 것이므로 절도죄의 객체가 되지 아니한다.[15]

해설: 타인의 일반전화를 무단으로 사용하는 행위는 사기죄에도 해당되지 않는다.[16]

마. 부동산절도

부동산은 유체물인 재물로서 강도죄, 공갈죄, 사기죄, 횡령죄의 객체가 된다는 점에 대해 별다른 의문이 없다. 그런데 부동산이 절도죄의 객체가 될 수 있느냐에 대해서는 학설이 대립하고 있다. 부정하는 견해는, 부동산은 가동성이 없어 점유침해가 불가능하고, 부동산에 대해 절도죄를 인정하지 않더라도 경계침범죄나 주거침입죄 등에 의해 형사적으로 필요한 대응을 할 수 있다고 한다. 긍정하는 견해는 부동산의 장소적 이전은 불가능하더라도 점유의 이전은 가능하고 부동산절도로 처벌할 현실적인 필요성도 존재한다고 주장한다.

민법상 "토지 및 그 정착물은 부동산이고, 부동산 이외의 물건은 동산이다(민법 99조). 토지의 구성

---

12) 대판 1981. 3. 24. 80도2902.

13) 대판 2000. 2. 25. 99도5775.

14) 다음 판례는 현재의 관리가능성과는 달리, '사실상이나 법률상 지배'라는 개념을 사용하였다.
토지개량조합의 조합원이 토지개량조합규칙에 위배하여, 자기 논에 저수한 물
토지개량조합의 조합원은 누구나 수로에 있는 물을 자기 논에 넣어 관개에 이용할 수 있고 어떤 조합원이라도 수로를 막아서 물을 사용할 수 없음에도 토지개량조합규칙에 위배하여, 조합원이 특수한 공작물을 설치하여 자기 논에 물을 저수하였다 하여도 그 물이 그 조합원의 사실상이나 법률상 지배하는 것이 되지 못한다고 인정되므로 이 물은 절도죄의 객체가 되지 못한다(대판 1964. 6. 23. 64도209).

15) 대판 1998. 6. 23. 98도700.

16) 대판 1999. 6. 25. 98도3891.

요소로서의 토사나 토석,[17] 토지 위의 건물, 토지상에 식재된 하나 하나의 수목[18]은 모두 부동산이다. 토사나 토석을 파가거나, 건물의 전부 또는 일부를 옮겨가거나,[19] 수목을 뽑아가거나 베어가는 것은 얼마든지 가능하고, 이는 부동산절도에 해당한다고 보아야 할 것이다. 이러한 경우 채취된 토사나 토석, 분리되거나 해체된 건물, 뽑히거나 베어진 수목은 부동산으로부터 분리된 동산이지 부동산 자체가 아니라는 논리로 부동산절도를 인정할 수 없다는 견해도 있으나 이는 옳지 않다. 위와 같은 토사나 토석 등은 이를 취거하기 전에는 부동산이었음이 분명하고, 이를 취거하는 자로서는 부동산인 상태에서의 토사나 토석 등을 취거의 객체로 삼은 것이므로 절도죄가 성립한다고 보는 것이 논리적이기 때문이다.

부동산절도가 가능하고 이를 인정할 필요가 있는지는 토지의 경계를 침범하거나, 토지나 지상 건물에 관한 등기부상의 소유자 명의를 변경하는 등의 형태에 대해 논의할 필요가 있다. 토지의 경계를 침범하는 것으로는 하천의 수로를 변경시키거나, 토지의 경계표를 이동 또는 훼손하거나, 호수나 하천에 인접한 토지의 토사를 파내어 토지를 호수나 하천의 부지로 변경시키는 것(또는 그 반대로 호수나 하천의 부지를 매립하여 토지로 변경시키는 것) 등을 생각해볼 수 있고, 등기부상 소유자 명의를 변경하는 것(이러한 유형을 특히 권리절도라고 부르기도 한다)으로는 위조문서에 의해 소유권이전등기를 경료하는 것을 생각해볼 수 있다. 위와 같은 경우에 토지 형상의 변경에 의해 토지를 현실적으로 점유하는 자가 달라질 수 있고, 소유권이전등기에 의해서는 새로운 등기 명의자가 소유권자에 유사한 권리를 행사할 수도 있게 된다. 그렇지만 토지 자체가 장소적으로 이동하는 것도 아니고, 이를 은닉함으로써 그 소재발견을 곤란하게 할 수 있는 것도 아니므로 '절취'가 성립될 여지는 없어 보인다. 이러한 형태의 불법에 대해서는 다른 범죄에 의해 대응할 수 있으므로 굳이 절도죄의 성립을 인정할 필요도 없을 것으로 생각된다. 즉 경계침범죄, 주거침입죄, 손괴죄, 문서의 위조 및 행사에 관한 죄, 공정증서원본의 불실기재 및 그 행사에 관한 죄 등으로 처벌하면 충분하다.

판례도 권원 없이 토지에 식재한 감나무의 감,[20] 권원에 기하여 토지에 식재한 대나무,[21] 토지에 경작한 농작물[22]이 절도의 객체가 될 수 있다고 보고 있다. 다만 이에 대해서는 위 감, 대나무 및 경작물이 동산이므로 위 판례들이 부동산절도를 인정한 것은 아니라는 견해도 있다. 판례는 또한 다음과 같이 권리절도를 부정하고 있다.

17) 대판 1989. 6. 27. 88다카2586.
18) 대판 1967. 3. 7. 66다353·354.
19) 거주하지 않는 주택의 기와를 뜯어가거나, 주택 자체를 해체하여 옮겨가는 것이 그 예이다.
20) 대판 1998. 4. 24. 97도3425.
21) 대판 1980. 9. 30. 80도1874.
22) 대판 1970. 3. 10. 70도82.

매수인이 토지 일부만 분할 이전하겠다며 교부받은 인장으로 토지 전부의 소유권이전등기

토지의 일부만을 매수한 자가 그 부분만을 분할 이전하겠다고 거짓말하여 소유자로부터 인장을 교부받아 토지 전부에 관하여 소유권이전등기를 필한 경우에는 매수하지 아니한 부분에 관한 등기에 대하여는 소유자의 처분 행위가 없었을 뿐만 아니라 등기공무원에게는 그 처분권한이 있다고 볼 수 없어 사기죄가 성립하지 않는다.[23)]

3. 소유권

가. 소유권의 귀속

권원 없이 토지에 식재한 수목의 소유권

타인의 토지상에 권원 없이 식재한 수목의 소유권은 토지소유자에게 귀속하고 권원에 의하여 식재한 경우에는 그 소유권이 식재한 자에게 있으므로, 권원 없이 식재한 감나무에서 감을 수확한 것은 절도죄에 해당한다.[24)]

해설: "부동산의 소유자는 그 부동산에 부합한 물건의 소유권을 취득한다. 그러나 타인의 권원에 의하여 부속된 것은 그러하지 아니하다(민법 256조).

권원에 기하여 토지에 식재한 수목의 소유권

갑이 피고인으로부터 임차하고 있는 토지의 울타리 안에 대나무를 식재하여 가꾸어 왔는데, 피고인이 그 대나무를 벌채하여 간 때에는 권원에 의하여 식재한 갑 소유의 대나무를 그의 의사에 반하여 벌채하여 간 것이어서 절도죄에 해당한다.[25)]

토지에 경작한 농작물의 소유권

타인 소유의 토지에 농작물을 경작한 경우에는 경작자가 사용수익의 권한이 없더라도 그 농작물의 소유권은 경작한 사람에게 귀속된다.[26)]

해설: 타인 소유 토지에 농작물을 경작한 경우에도 그 생산물은 사실상 이를 경작배양한 사람의 소유가 된다.[27)] 따라서 토지를 사용수익할 권한 없는 자의 경작물이라고 하더라도 토지의 소유자 또는 제3자가 이를 뽑아버리면 재물손괴죄가 되고,[28)] 경작자의 의사에 반하여 이를 취거하면 절도죄가 될 것이다.

---

23) 대판 1982. 3. 9. 81도1732.
24) 대판 1998. 4. 24. 97도3425.
25) 대판 1980. 9. 30. 80도1874.
26) 대판 1970. 3. 10. 70도82.
27) 대판 1968. 6. 4. 68다613.
28) 대판 1970. 3. 10. 70도82.

피고인의 처 갑 명의로 등록되었으나 갑과 사이에 피고인 소유로 하기로 약정한 승용차를 갑이 피해자에게 매도하고 인도해주었는데 피고인이 임의로 운전해감

당사자 사이에 자동차의 소유권을 그 등록명의자 아닌 자가 보유하기로 약정한 경우, 그 약정 당사자 사이의 내부관계에서는 등록명의자 아닌 자가 소유권을 보유하게 된다고 하더라도 제3자에 대한 관계에서는 어디까지나 그 등록명의자가 자동차의 소유자이다. 형법 제344조에 의하여 준용되는 형법 제328조 제1항에 정한 친족간의 범행에 관한 규정은 범인과 피해물건의 소유자 및 점유자 쌍방간에 같은 규정에 정한 친족관계가 있는 경우에만 적용된다.

피고인과 피고인의 처 갑은 갑 명의로 등록된 자동차를 피고인이 소유하기로 약정하였고, 갑은 자동차매매업자인 을을 통하여 피해자에게 위 자동차를 매도하였으며, 피해자는 을에게 매매대금을 모두 지급하고 위 자동차를 인도받아 노상에 주차해두었는데 피고인이 위 자동차를 발견하고 임의로 운전하여 간 사안에서, 제3자인 피해자에 대한 관계에서는 위 자동차의 등록명의자인 갑이 그 소유자이고, 피해자가 매수하여 점유하던 이 사건 자동차를 피고인이 임의로 가져간 이상 절도죄가 성립하며, 피고인은 이 사건 자동차의 소유자인 갑과 친족관계가 있을 뿐 그 점유자인 피해자와는 친족관계가 없으므로 피고인의 절도죄에는 친족간의 범행에 관한 형법 제328조 제1항이 적용되지 아니한다고 할 것이다.[29]

피고인 명의로 등록하였으나 증여받은 갑만 운행·관리하는 자동차를 임의로 운전해감

피고인이 자신의 명의로 등록된 자동차를 사실혼 관계에 있던 갑에게 증여하여 갑만이 이를 운행·관리하여 오다가 서로 별거하면서 재산분할 내지 위자료 명목으로 갑이 소유하기로 하였는데, 피고인이 이를 임의로 운전해 간 사안에서, 자동차 등록명의와 관계없이 피고인과 갑 사이에서는 갑을 소유자로 보아야 하므로 절도죄가 성립된다.[30]

신용불량정보 등록된 자가 종업원인 피고인 명의로 발급받은 일반음식점 영업허가증

갑은 신용불량정보가 등록되어 있어 그 명의로 신용카드가맹점을 개설하는 것이 불가능하자, 식당 종업원으로 일하던 피고인으로부터 영업허가명의 및 사업자등록명의를 빌리기로 하여 피고인 명의로 일반음식점에 관한 식품접객업 영업허가를 받고 그 사업자등록을 한 다음 피고인 명의로 발급된 영업허가증과 사업자등록증을 갑이 교부받아 보관하고 있던 중 피고인이 이를 꺼내어 간 사안에서,

식품접객업 영업허가가 행정관청의 허가이고 그 영업 자체가 국민의 보건과 관계가 있으며, 나아가 부가가치세법에 의한 사업자등록이 납세의무와 관련되어 있다 하더라도, 당사자 사이에서 그 허가명의 및 등록명의를 대여하는 것이 허용되지 않는다고 볼 것은 아니다.

명의대여 약정에 따른 신청에 의하여 발급된 영업허가증과 사업자등록증은 갑이 인도받음으로써 갑의 소유가 되었다고 할 것이므로, 이를 명의대여자인 피고인이 가지고 간 행위는 절도죄에 해당한다.[31]

29) 대판 2014. 9. 25. 2014도8984.

30) 대판 2013. 2. 28. 2012도15303.

31) 대판 2004. 3. 12. 2002도5090. 금융거래 등 상거래에 있어서 거래 상대방의 신용을 판단할 때 필요한 '신용정보'의 이용 및 보호에 대해서는 '신용정보의 이용 및 보호에 관한 법률'에 따라 종합신용정보 집중기관으로 등록된 전국은행

발매기를 전산조작하여 위조한 리프트탑승권

쌍방울개발의 리프트탑승권 발매기를 전산조작하여 위조한 탑승권을 발매기에서 뜯어 간 행위는, 발매할 권한 없이 발매기를 임의 조작함으로써 유가증권인 리프트탑승권을 위조하는 행위와 발매기로부터 위조되어 나오는 리프트탑승권을 절취하는 행위가 결합된 것이다.

위와 같이 발매기에서 나오는 유가증권도 그것이 비록 작성권한 없는 자에 의하여 위조된 것이라고 하더라도 절차에 따라 몰수되기까지는 그 소지자(즉 쌍방울개발)의 점유를 보호하여야 한다는 점에서 형법상 재물로서 절도죄의 객체가 된다.[32)]

해설: 위 판례는 위조된 탑승권은 피고인이 이를 뜯어가기 전까지는 쌍방울개발의 소유 및 점유 하에 있다고 보아야 한다고 판시하였다.

양식장에서의 모시조개 채취가 절도로 되기 위한 요건

수산업법에 의한 양식어업권은 행정관청의 면허를 받아 해상의 일정구역 내에서 패류·해조류 또는 정착성 수산동물을 포획·채취할 수 있는 권리를 가리키는 것으로서 이는 그 지역에서 천연으로 생육하는 수산동식물을 어업면허를 받은 종류에 한하여 배타적·선점적으로 채취할 수 있는 권리에 불과하고 그 지역 내의 수산동식물의 소유권을 취득하는 권리는 아니므로 어업권의 취득만으로 당연히 그 지역 내에서 자연 번식하는 수산동식물의 소유권이나 점유권까지 취득한다고는 볼 수 없다.

따라서 어업권자와 어업권행사계약을 체결하고 어업권을 행사하는 피해자의 양식장에서 모시조개를 채취한 경우 절도죄가 성립하기 위해서는 그 채취한 모시조개가 자연 번식하는 것이 아니라 그 피해자가 양식하는 것으로서 피해자의 소유임이 인정되어야 한다.[33)]

입목벌채공사가 완료되면 공사한 자에게 인도키로 한 벌채입목을 타에 매도

피고인과 갑 간에 '갑이 임야의 입목을 벌채하는 등의 공사를 완료하면 피고인은 갑에게 그 벌채한 원목을 인도한다'는 계약이 성립되고 갑이 위 계약상 의무를 모두 이행하였더라도 그것만으로 위 원목의 소유권이 바로 갑에게 귀속되는 것이 아니라 별도로 그 소유자인 피고인이 갑에게 위 원목에 관한 소유권이전의 의사표시를 하고 이를 인도함으로써 비로소 그 소유권이전의 효력이 생기는 것이므로, 아직 피고인이 갑에게 위

연합회에서 집중·관리한다. 2005년의 위 법 개정에 따라 금융거래등 상거래에서 발생한 대금 또는 대출금등의 채무에 대하여 정당한 사유 없이 약정된 기일 내에 변제를 이행하지 아니한 자를 의미한 '신용불량자'라는 개념은 더 이상 사용되지 않는다.

32) 대판 1998. 11. 24. 98도2967.

33) 대판 2010. 4. 8. 2009도11827. 다음은 같은 취지이다.
양식면허구역에서 자연적으로 서식하는 반지락 채취
수산업법에 의한 소위 양식어업권은 행정관청의 면허를 받아 해상의 일정구역 내에서 그 소유의 수산동·식물을 양식할 수 있는 권리를 가리키는 것으로서 그 면허를 받았다는 사실만으로써 곧 당해구역 내에 자연적으로 번식하는 수산동·식물에 관하여 당연히 소유권이나 점유권을 취득한다고 할 수는 없으므로, 공소외인이 굴 양식면허를 받은 위 구역 내에서 피고인들이 자연서식의 반지락을 채취하였다고 하더라도 수산업법위반이 됨은 별론으로 하고 절도죄를 구성한다고는 할 수 없다(대판 1983. 2. 8. 82도696).

원목에 관한 소유권이전의 의사표시를 하고 이를 인도하지 아니한 채 이를 타인에게 매도한 행위는 자기 소유 물건의 처분행위에 불과하여 절도죄를 구성하지 아니한다고 본 사례.[34)]

나. 공동소유

공동소유물은 타인이 소유하는 재물에 해당한다. 따라서 공동소유물 중 공동으로 점유하거나 타인이 점유하는 것에 대해서는 절도죄가, 자기가 점유하는 것에 대해서는 횡령죄가 성립할 수 있다.

피고인이 피해자의 허락 없이, 피고인과 피해자가 동업자금으로 구입하여 피해자가 관리하고 있던 포크레인 1대를, 공소외인으로 하여금 운전하여 가도록 한 행위는 절도죄를 구성한다.[35)]

2인이 동업하다가 그중 1인이 동업탈퇴

조합관계에 있어 그 중 1인이 탈퇴하면 조합관계는 해산됨이 없이 종료되어 청산이 뒤따르지 아니하며 조합원의 합유에 속한 조합재산은 남은 조합원의 단독소유에 속하고, 탈퇴자와 남은 자 사이에 탈퇴로 인한 계산을 하여야 한다.

두 사람으로 된 생강농사 동업관계에 불화가 생겨 그 중 1인이 나오지 않아 묵시적으로 동업탈퇴의 의사표시를 한 것이라고 인정되는 경우, 남은 동업인이 혼자 생강 밭을 경작하여 생강을 반출한 행위는 절도죄를 구성하지 않는다.[36)]

분열된 교회에서 타교파의 점유를 배제하고 자기 교파의 지배에 옮기려고 재산을 취거

일반적으로 하나의 교회가 두 개의 교회로 분열된 경우 교회의 장정 기타 일반적으로 승인된 규정에서 교회가 분열될 경우를 대비하여 미리 재산의 귀속에 관하여 정하여진 바가 없으면 교회의 법률적 성질이 권리능력 없는 사단인 까닭으로 종전 교회의 재산은 분열 당시 교인들의 총유에 속하고, 교인들은 각 교회활동의 목적 범위 내에서 총유권의 대상인 교회재산을 사용수익할 수 있다.

하나의 교회가 두 개 이상으로 분열된 경우 그 재산의 처분에 관하여 교회 장정 등에 규정이 없는 한 분열 당시 교인들의 총의에 따라 그 귀속을 정하여야 하고 그와 같은 절차 없이 위 재산에 대하여 다른 교파의 점유를 배제하고 자기 교파만의 지배에 옮긴다는 인식 아래 이를 가지고 갔다면 절도죄를 구성한다.[37)]

---

34) 대판 1991. 4. 26. 90도1958.

35) 대판 1990. 9. 11. 90도1021. 다음은 같은 취지이다.

합유물을 다른 조합원의 승낙 없이 취거

조합원의 1인이 조합원의 공동점유에 속하는 합유물을 다른 조합원의 승낙없이 단독으로 취거한 경우에는 절도죄가 성립한다(대판 1982. 4. 27. 81도2956).

36) 대판 2009. 2. 12. 2008도11804.

37) 대판 1998. 7. 10. 98도126.

4. 점 유

가. 점유의 판단

내연녀가 사망하면서 남긴 서류 가방을 동거남이 가져감

피고인이 내연녀와 아파트에서 동거하다가, 내연녀의 사망으로 그 상속인들 소유에 속하게 된 부동산 등기권리증 등 서류들이 들어 있는 가방을 위 아파트에서 가지고 가 절취하였다는 내용으로 기소된 사안에서, 피고인이 내연녀의 사망 전부터 아파트에서 내연녀와 함께 거주하였고, 그 상속인들은 위 아파트에서 전혀 거주한 일이 없이 다른 곳에서 거주·생활하다가 내연녀의 사망으로 아파트 등의 소유권을 상속하였으나, 내연녀 사망 후 피고인이 가방을 가지고 가기까지 그들의 소유권 등에 기하여 아파트 또는 그곳에 있던 가방의 인도 등을 요구한 일이 전혀 없는 사정 등에 비추어, 피고인이 가방을 들고 나온 시점에 상속인들이 아파트에 있던 가방을 사실상 지배하여 점유하고 있었다고 볼 수 없어 피고인의 행위가 상속인들의 가방에 대한 점유를 침해하여 절도죄를 구성한다고 할 수 없다.[38)]

임차인이 놔두고 간 냉장고에 의한 전기소비

절취란 타인이 점유하고 있는 재물을 점유자의 의사에 반하여 그 점유를 배제하고 자기 또는 제3자의 점유로 옮기는 것을 말하고, 어떤 물건이 타인의 점유하에 있는지 여부는, 객관적인 요소로서의 관리범위 내지 사실적 관리가능성 외에 주관적 요소로서의 지배의사를 참작하여 결정하되 궁극적으로는 당해 물건의 형상과 그 밖의 구체적인 사정에 따라 사회통념에 비추어 규범적 관점에서 판단하여야 한다.

임차인이 임대계약 종료 후 식당건물에서 퇴거하면서 종전부터 사용하던 냉장고의 전원을 켜 둔 채 그대로 두었다가 약 1개월 후 철거해 가는 바람에 그 기간 동안 전기가 소비된 사안에서, 임차인이 퇴거 후에도 냉장고에 관한 점유·관리를 그대로 보유하고 있었다고 보아야 하므로, 냉장고를 통하여 전기를 계속 사용하였다고 하더라도 이는 당초부터 자기의 점유·관리하에 있던 전기를 사용한 것일 뿐 타인의 점유·관리 하에 있던 전기가 아니어서 절도죄가 성립하지 않는다.[39)]

해설: 위 판례는 전기가 재물임을 전제로 하고 있다.

광산개발이 불가능하여 섬에 7년 동안 놔둔 발전기 등

육지로부터 멀리 떨어진 섬에서 광산을 개발하기 위하여 발전기, 경운기 엔진을 섬으로 반입하였다가 광업권 설정이 취소됨으로써 광산개발이 불가능하게 되자 육지로 그 물건들을 반출하는 것을 포기하고 그대로 유기하여 둔 채 섬을 떠난 후 10년 동안 그 물건들을 관리하지 않고 있었다면, 그 섬에 거주하는 피고인이 그 소유자가 섬을 떠난 지 7년이 경과한 뒤 노후된 물건들을 피고인 집 가까이에 옮겨 놓았다 하더라도, 그 물건들의 반입 경위, 그 소유자가 섬을 떠나게 된 경위, 그 물건들을 옮긴 시점과 그간의 관리상황 등에 비추어 볼 때 피고인이 그 물건들을 옮겨 갈 당시 원소유자나 그 상속인이 그 물건들을 점유할 의사로 사실상 지배하고 있었다고는 볼 수 없으므로, 그 물건들을 절도죄의 객체인 타인이 점유하는 물건으로 볼 수 없다.[40)]

38) 대판 2012. 4. 26. 2010도6334.
39) 대판 2008. 7. 10. 2008도3252.
40) 대판 1994. 10. 11. 94도1481. 다음은 유사 취지이다.

나. 점유의 이탈

상해로 졸도한 피해자의 물품

피해자와 언쟁 끝에 피해자에게 약 5주간의 치료를 요할 정도로 상해를 가함으로써 설사 피해자가 졸도하여 의식을 상실한 경우에도 현장에 떨어진 피해자의 물건은 자연히 그 지배 하에 있는 것으로 보아야 하므로 이를 집어간 행위는 절도죄에 해당한다.[41)]

강간피해자가 도피하면서 놓고 간 손가방

강간을 당한 피해자가 도피하면서 현장에 놓아두고 간 손가방은 점유이탈물이 아니라 사회통념상 피해자의 지배하에 있는 물건이라고 보아야 할 것이므로 피고인이 그 손가방 안에 들어 있는 피해자 소유의 돈을 꺼낸 소위는 절도죄에 해당한다.[42)]

살해된 피해자가 소지하던 물건

피해자를 살해한 방에서 사망한 피해자 곁에 4시간 30분쯤 있다가 그곳 피해자의 자취방 벽에 걸려 있던 피해자가 소지하는 물건들을 영득의 의사로 가지고 나온 경우 피해자가 생전에 가진 점유는 사망 후에도 여전히 계속되는 것이므로 점유이탈물횡령죄가 아니라 절도죄가 성립한다.[43)]

소속 대대 탄약고에서 20m 떨어진 곳에서 더덕을 찾으려 땅을 파다가 탄통 8개를 발견하고도 전역일에 가지고 가려고 그대로 묻어둠

피고인이 소속 대대 위병소 앞 탄약고 출입문 서북방 20m 떨어진 언덕 위 소로에서 더덕을 찾기 위하여 나무막대로 땅을 파다가 땅속 20㎝ 깊이에서 탄통 8개를 발견하고 뚜껑을 열어 그 안에 군용물인 탄약이 들어 있음을 확인하고도 이를 지휘관에게 보고하는 등의 절차를 거치지 아니하고 전역일에 이를 가지고 나갈 목적으로 그 자리에 다시 파묻어 은닉한 사안에서,

절취란 타인이 점유하고 있는 재물을 점유자의 의사에 반하여 그 점유를 배제하고 자기 또는 제3자의 점유로 옮기는 것을 말하고, 어떤 물건이 타인의 점유하에 있다고 할 것인지의 여부는, 객관적인 요소로서의 관리범위 내지 사실적 관리가능성 외에 주관적 요소로서의 지배의사를 참작하여 결정하되 궁극적으로는 당해 물건의 형상과 그 밖의 구체적인 사정에 따라 사회통념에 비추어 규범적 관점에서 판단할 수밖에 없다 할 것이다.

위 탄통이 땅속에 묻혀있게 된 원인과 경위, 종전의 점유관계 등을 밝히지 아니하고서는 그것이 위 부대를 관리하는 대대장의 점유 하에 있다거나 피고인이 위 탄통에 대한 타인의 점유를 침탈하여 새로운 점유를 취득한 것이라고 보기 어렵다(대판 1999. 11. 12. 99도3801).

묘주는 방치하고, 산주는 지배의사가 없는 망부석

망부석이 묘의 장구로서 묘주의 소유에 속하였는데 묘는 이장하고 망부석만이 30여년간 방치된 상태에 있어 외형상 그 소유자가 방기한 것으로 되어 그 물건은 산주의 추상적, 포괄적 소지에 속한다고 본다 하더라도 그 망부석이 존재하는 임야의 소유자가 망부석을 사실상 지배할 의사가 없음을 표시한 경우까지도 그의 소지 하에 있다고 볼 수 없고, 이는 산주가 매매처분 등 일체의 행위를 간섭하지 않기로 한 임야의 관리인으로서 사실상 점유하여 온 자의 소지 하에 있다고 볼 것이므로 동 관리인이나 그와 함께 위 망부석을 처분한 자를 절도죄로 의율할 수 없다(대판 1981. 8. 25. 80도509).

41) 대판 1956. 8. 17. 4289형상170.
42) 대판 1984. 2. 28. 84도38.
43) 대판 1993. 9. 28. 93도2143. 같은 취지로는 대판 1968. 6. 25. 68도590.

다. 공동점유

동업자의 공동점유에 속하는 동업재산을 다른 동업자의 승낙 없이 그 점유를 배제하고 단독으로 자기의 지배로 옮겼다면 절도죄가 성립된다.[44)]

별거 중인 남편이 돈궤짝에 보관 중인 도장

사실상 별개 가옥에 별거 중인 남편이 그 거주가옥에서 그의 인장이 들어 있는 돈궤짝을 보관 중이었다면 처가 그 돈궤짝의 열쇠를 소지하고 있었다고 하더라도 위 인장은 처의 단독보관 하에 있은 것이 아니라 남편과 공동보관 하에 있다고 보아야 할 것이므로, 공동보관자 중의 1인인 처가 다른 보관자인 남편의 동의없이 불법영득의 의사로 위 인장을 취거한 이상 절도죄를 구성한다고 보아야 할 것이다.[45)]

해설: 공소외인인 처가 피고인으로 하여금 돈궤짝에 들어있는 인장을 취거하게 한 것이어서, 처는 친족상도례 규정에 따라 형면제사유에 해당하므로 피고인만 기소된 것으로 보인다.

라. 상하관계의 점유(점유보조자와의 관계)

종된 지위에 있는 자가 재물을 사실상 지배, 감시하더라도 주된 지위에 있는 자에 대해서 점유자로 인정될 수 없다. 다만 주된 지위에 있는 자가 종된 지위에 있는 자에 대해 재물의 지배에 관하여 특별한 위임을 하는 등의 경우에는 종된 지위에 있는 자의 점유로 될 수 있다.

주인이 가스대금지급을 지시하면서 종업원에게 맡긴 금고와 오토바이 열쇠 — 횡령죄

민법상 점유보조자(점원)라고 할지라도 그 물건에 대하여 사실상 지배력을 행사하는 경우에는 형법상 보관의 주체로 볼 수 있으므로 이를 영득한 경우에는 절도죄가 아니라 횡령죄에 해당한다.

피고인이 피해자의 점포에서 종업원으로 종사하던 중, 피해자가 당일 피고인에게 금고 열쇠와 오토바이 열쇠를 맡기고 금고 안의 돈은 배달될 깨스대금으로 지급할 것을 지시한 후 외출하였던 바, 피고인은 혼자서 점포를 지키다가 금고 안에서 현금을 꺼내어 오토바이를 타고 도주한 경우, 피고인은 점원으로서는 평소는 점포 주인인 위 피해자의 점유를 보조하는 자에 지나지 않으나 위 범행 당시는 위 피해자의 위탁을 받아 금고 안의 현금과 오토바이를 사실상 지배 하에 두고 보관한 것이라고 보겠으니, 피고인의 위 범행은 자기의 보관하에 있는 타인의 재물을 영득한 것으로서 횡령죄에 해당한다.[46)]

---

44) 대판 1987. 12. 8. 87도1831. 다음은 같은 취지이다.
조합원의 1인이 조합원의 공동점유에 속하는 합유의 물건을 다른 조합원의 승낙 없이 조합원의 점유를 배제하고 단독으로 자신의 지배하에 옮긴다는 인식이 있었다면 절도죄에 있어서의 불법영득의 의사가 있었다고 볼 것이다(대판 1982. 12. 28. 82도2058).

45) 대판 1984. 1. 31. 83도3027.

46) 대판 1982. 3. 9. 81도3396. 다음은 같은 취지이다.
범행 당시 휴업 중인 싸롱의 소유자로부터 열쇠를 받고 그 관리를 위임받아 보관 중인 싸롱 내의 물품을 부정처분한 경우 횡령의 죄책은 있을지언정 절도에는 해당하지 않는다(대판 1983. 2. 22. 82도3092).
동사무소 사환이 동직원으로부터 시청금고에 입금하도록 교부 받은 현금과 예금에서 찾은 돈을 사생활비에 소비한

심부름을 다녀오라고 건네받은 오토바이를 타고 감

피해자가 그 소유의 오토바이를 타고 심부름을 다녀오라고 하여서 그 오토바이를 타고 가다가 마음이 변하여 이를 반환하지 아니한 채 그대로 타고 가버렸다면 횡령죄를 구성함은 별론으로 하고 적어도 절도죄를 구성하지는 아니한다.[47)]

피해자가 볼 수 없는 점포로 가서 물건을 운반해줄 것을 의뢰받은 지게 짐꾼

피해자가 시장 점포에서 물건을 매수하여 묶어서 그곳에 맡겨 놓은 후 그곳에서 약 50미터 떨어져 동 점포를 살펴볼 수 없는 딴 가게로 가서 지게 짐꾼인 피고인을 불러 피고인 단독으로 위 점포에 가서 맡긴 물건을 운반해 줄 것을 의뢰하였더니 피고인이 동 점포에 가서 맡긴 물건을 찾아 피해자에게 운반해 주지 않고 용달차에 싣고 가서 처분한 것이라면 피고인의 위 운반을 위한 소지 관계는 피해자의 위탁에 의한 보관관계에 있다고 할 것이므로 이를 영득한 행위는 절도죄가 아니라 횡령죄를 구성한다.[48)]

경리담당직원인 피해자의 부탁을 받아 그와 동행하여 운반한 돈

피고인은 A 연초제조창 작업과 예비계 차석으로 근무하던 중 동 예비계 경리담당직원인 피해자의 요청으로 피해자와 동행하여 한국은행 ○○지점에 가서 피해자가 찾은 현금 200여만 원 중 50만 원을 그의 부탁으로 피고인이 소지하고 피해자와 동행하여 A 연초제조창 사무실에 당도하여 위 50만 원을 피해자에게 교부할 때 그중 10만 원을 현금처럼 가장한 돈뭉치와 바꿔치기 한 사안에서,
피고인이 돈 50만 원을 피해자를 위하여 운반하기 위하여 소지하였다 하더라도 피해자의 점유가 상실된 것이라고 볼 수 없을 뿐더러 피고인의 운반을 위한 소지는 피고인의 독립적인 점유에 속하는 것이 아니고 피해자의 점유에 종속하는 점유의 기관으로서 소지함에 지나지 않으므로 그 소지 중에 있는 돈 10만 원을 꺼내어 이를 영득한 행위는 절도죄가 성립한다.[49)]

마. 소유자와 점유자가 다른 경우

자동차나 중기(또는 건설기계)의 소유권의 득실변경은 등록을 함으로써 그 효력이 생기고 그와 같은 등록이 없는 한 대외적 관계에서는 물론 당사자의 대내적 관계에 있어서도 그 소유권을 취득할 수 없는 것이 원칙이지만, 당사자 사이에 그 소유권을 그 등록 명의자 아닌 자가 보유하기로 약정하였다는 등의 특별한 사정이 있는 경우에는 그 내부관계에 있어서는 그 등록 명의자 아닌 자가 소유권을 보유하게 된다.[50)]

경우에는 절도죄가 아니라 횡령죄가 성립된다(대판 1968. 10. 29. 68도1222).

47) 대판 1986. 8. 19. 86도1093.

48) 대판 1982. 11. 23. 82도2394.

49) 대판 1966. 1. 31. 65도1178.

50) 대판 1989. 9. 12. 88다카18641; 대판 2003. 5. 30. 2000도5767.

자동차의 명의수탁자(갑)가 제3자(을)에게 담보제공한 자동차를 명의신탁자(피고인)가 가져감

당사자 사이에 자동차의 소유권을 등록명의자 아닌 자가 보유하기로 약정한 경우, 약정 당사자 사이의 내부 관계에서는 등록명의자 아닌 자가 소유권을 보유하게 된다고 하더라도 제3자에 대한 관계에서는 어디까지나 등록명의자가 자동차의 소유자라고 할 것이다.

피고인이 자신의 모 갑 명의로 구입·등록하여 갑에게 명의신탁한 자동차를 을에게 담보로 제공한 후 을 몰래 가져가 절취하였다는 내용으로 기소된 사안에서, 을에 대한 관계에서 자동차의 소유자는 갑이고 피고인은 소유자가 아니므로 을이 점유하고 있는 자동차를 임의로 가져간 이상 절도죄가 성립한다.[51]

피고인이 명의신탁자(갑)가 보관하는 승용차를 명의수탁자(을)의 동의를 받아 가져감

이 사건 승용차는 갑(명의신탁자)이 구입한 것으로 갑의 실질적인 소유이고, 다만 장애인에 대한 면세 혜택 등의 적용을 받기 위해 피고인의 어머니인 을(명의수탁자) 명의를 빌려 등록한 것인데, 피고인이 이 사건 당시 을로부터 위 승용차를 가져가 매도할 것을 허락받고 그녀의 인감증명 등을 교부받은 뒤에 피고인이 이 사건 승용차를 갑 몰래 가져갔다면, 갑과 을의 내부관계에 있어서는 그 등록 명의자 아닌 갑이 소유권을 보유하므로, 피고인과 을은 절도죄의 공모공동정범에 해당한다.[52]

5. 절 취

절취는 점유자의 의사에 반하여 재물에 대한 점유를 배제하고 자기 또는 제3자의 점유로 옮기는 것을 말한다.

가. 책략절도

피해자가 가지고 있는 책을 잠깐 보겠다고 하며 동인이 있는 자리에서 보는 척 하다가 가져갔다면 위 책은 아직 피해자의 점유 하에 있었다고 할 것이므로 절도죄가 성립한다.[53]

해설: 피해자가 책을 처분하였다고 볼 수 없어 사기죄는 성립하지 않는다.

피고인이 피해자 경영의 금방에서 마치 귀금속을 구입할 것처럼 가장하여 피해자로부터 순금목걸이 등을 건네받은 다음 화장실에 갔다 오겠다는 핑계를 대고 도주한 것이라면 위 순금목걸이 등은 도주하기 전까지는 아직 피해자의 점유 하에 있었다고 할 것이므로 이를 절도죄로 의율 처단한 것은 정당하다.[54]

51) 대판 2012. 4. 26. 2010도11771.
52) 대판 2007. 1. 11. 2006도4498.
53) 대판 1983. 2. 22. 82도3115.
54) 대판 1994. 8. 12. 94도1487.

결혼식장에서 축의금 접수인으로 행세하여 하객으로부터 교부받은 축의금

피해자가 결혼예식장에서 신부측 축의금 접수인인 것처럼 행세하는 피고인에게 축의금을 내어 놓자 이를 교부받아 가로챈 사안에서, 피해자의 교부행위의 취지는 신부측에 전달하는 것일 뿐 피고인에게 그 처분권을 주는 것이 아니므로, 이를 피고인에게 교부한 것이라고 볼 수 없고 단지 신부측 접수대에 교부하는 취지에 불과하므로 피고인이 그 돈을 가져간 것은 신부측 접수처의 점유를 침탈하여 범한 절취행위라고 보는 것이 정당하다.[55)]

나. 날치기

핸드백을 낚아챌 때 피해자에게 전치 4주의 손가락 골절상을 입게 함

승용차에 승차하여 있는 피고인이 창 밖으로 손을 내밀어 피해자의 핸드백을 낚아채어 피해자의 왼손가락에 전치 4주의 골절상을 입게 한 사안에서,

날치기와 같이 강력적으로 재물을 절취하는 행위는 때로는 피해자를 전도시키거나 부상케 하는 경우가 있고, 구체적인 상황에 따라서는 이를 강도로 인정하여야 할 때가 있다 할 것이나, 그와 같은 결과가 피해자의 반항억압을 목적으로 함이 없이 점유탈취의 과정에서 우연히 가해진 경우라면 이는 절도에 불과한 것으로 보아야 한다.

준강도죄에 있어서의 '재물의 탈환을 항거할 목적'이라 함은 일단 절도가 재물을 자기의 배타적 지배하에 옮긴 뒤 탈취한 재물을 피해자측으로부터 탈환당하지 않기 위하여 대항하는 것을 말한다.

피해자의 상해가 차량을 이용한 날치기 수법의 절도시 점유탈취의 과정에서 우연히 가해진 것에 불과하고, 그에 수반된 강제력 행사도 피해자의 반항을 억압하기 위한 목적 또는 정도의 것은 아니었던 것으로 보아 강도치상죄로 의율한 원심판결을 파기한 사례.[56)]

날치기 — 반항억압 또는 항거불능을 위한 강제력의 행사

소위 '날치기'와 같이 강제력을 사용하여 재물을 절취하는 행위가 때로는 피해자를 넘어뜨리거나 상해를 입게 하는 경우가 있고, 그러한 결과가 피해자의 반항 억압을 목적으로 함이 없이 점유탈취의 과정에서 우연히 가해진 경우라면 이는 강도가 아니라 절도에 불과하지만, 그 강제력의 행사가 사회통념상 객관적으로 상대방의 반항을 억압하거나 항거 불능케 할 정도의 것이라면 이는 강도죄의 폭행에 해당한다. 그러므로 날치기 수법의 점유탈취 과정에서 이를 알아채고 재물을 뺏기지 않으려는 상대방의 반항에 부딪혔음에도 계속하여 피해자를 끌고 가면서 억지로 재물을 빼앗은 행위는 피해자의 반항을 억압한 후 재물을 강취한 것으로서 강도에 해당한다.

날치기 수법으로 피해자가 들고 있던 가방을 탈취하면서 가방을 놓지 않고 버티는 피해자를 5m 가량 끌고 감으로써 피해자의 무릎 등에 상해를 입힌 경우, 반항을 억압하기 위한 목적으로 가해진 강제력으로서 그 반항을 억압할 정도에 해당한다고 보아 강도치상죄의 성립을 인정한 사례.[57)]

55) 대판 1996. 10. 15. 96도2227.
56) 대판 2003. 7. 25. 2003도2316.
57) 대판 2007. 12. 13. 2007도7601. 사안은 다음과 같다.

다. 묵시적 동의

피고인이 동거 중인 피해자의 지갑에서 현금을 꺼내가는 것을 피해자가 현장에서 목격하고도 만류하지 아니하였다면 피해자가 이를 허용하는 묵시적 의사가 있었다고 봄이 상당하다.[58]

밍크를 가져갈 권리가 있다고 주장하며 가져가는 것을 묵시적으로 동의

피고인이 피해자에게 이 사건 밍크 45마리에 관하여, 자기에게 그 권리가 있다고 주장하면서 이를 가져간데 대하여 피해자의 묵시적인 동의가 있었다면 피고인의 주장이 후에 허위임이 밝혀졌더라도 피고인의 행위는 절도죄의 절취행위에는 해당하지 않는다.[59]

6. 불법영득의사

가. 경제적 용법에 따라 이용, 처분하려는 의사

절도죄의 성립에 필요한 불법영득의 의사라 함은 권리자를 배제하고 타인의 물건을 자기의 소유물과 같이 그 경제적 용법에 따라 이용, 처분하려는 의사를 말한다.[60]

피고인들은 빌린 승용차를 함께 타고 돌아다니다가 범행대상 여자가 나타나면 피고인 1이 범행대상을 쫓아가 돈을 빼앗고 피고인 2는 승용차에서 대기하다가 범행을 끝낸 피고인 1을 차에 태워 도주하기로 공모한 다음, 2006. 12. 1. 11:00경 대구 수성구 황금동 소재 롯데캐슬아파트 부근으로 차량을 운전해 가 운전석 창문으로 농협 현금인출기가 잘 보이도록 차량을 주차해 놓고 1시간 동안 그곳에서 돈을 인출하는 사람을 지켜보고 있던 중, 피해자 공소외인(여, 55세)이 위 현금인출기에서 돈을 인출하여 가방에 넣고 나오는 것을 발견하고 피고인 1이 차에서 내려 피해자를 뒤따라간 사실, 피고인 1은 그 곳에서 400m 가량 떨어진 대구은행 황금동지점 입구까지 5~6m 정도의 거리를 두고 피해자를 따라가다가 피해자가 상가건물 안의 위 은행으로 들어가려고 하는 것을 보고 피해자의 뒤쪽 왼편으로 접근하여 피해자의 왼팔에 끼고 있던 손가방의 끈을 오른손으로 잡아당겼으나 피해자는 가방을 놓지 않으려고 버티다가 몸이 돌려지면서 등을 바닥 쪽으로 하여 넘어진 사실, 피고인 1이 가방 끈을 잡고 계속하여 당기자 피해자는 바닥에 넘어진 상태로 가방 끈을 놓지 않은 채 "내 가방, 사람 살려!!!"라고 소리치면서 약 5m 가량 끌려가다가 힘이 빠져 가방을 놓쳤고, 그 사이에 위 피고인은 피해자의 가방을 들고 도망가던 중 아파트경비업체 직원에게 붙잡힌 사실, 피고인 1의 위와 같은 행위로 인하여 피해자의 가방이 약간 찢어졌으며, 피해자는 바닥에 넘어져 끌려가는 과정에서 왼쪽 무릎이 조금 긁히고 왼쪽 어깨부위에 견관절 염좌상을 입은 사실이 인정된다.

사실관계가 이러하다면, 피고인 1이 피해자로부터 가방을 탈취하면서 피해자에게 사용한 강제력이 단지 피해자로부터 순간적이고 강력적인 방법으로 가방을 절취하는 날치기 수법의 절도행위 과정에서 우연히 가해진 것에 불과하다고 볼 수는 없으며, 이는 가방을 뺏기지 않으려는 피해자의 반항을 억압하기 위한 목적에서 행해진 것이고 또 피해자의 반항을 억압하기에 족한 정도의 폭행에 해당한다 할 것이다.

58) 대판 1985. 11. 26. 85도1487.

59) 대판 1990. 8. 10. 90도1211.

60) 대판 1999. 4. 9. 99도519; 대판 2000. 10. 13. 2000도3655.

리스한 승용차를 채권자에게 담보로 제공하였고 채권자가 이를 타에 매도하여 최종적으로 피해자가 보관하고 있는 승용차를 임의로 취거하여 리스회사에 반환

① 피고인은 갑 명의로 소유자인 A캐피탈로부터 승용차를 리스하여 운행하던 중, 사채업자 을로부터 1,300만 원을 빌리면서 을에게 이를 인도하였고,
② 을은 피고인이 차용금을 변제하지 못하자 위 승용차를 매도하였고 최종적으로 피해자가 위 승용차를 매수하여 점유하게 되었으며,
③ 피고인은 피해자가 점유하는 위 승용차를 보조열쇠를 이용하여 임의로 가져갔으며,
④ 이후 위 승용차는 갑을 통하여 A캐피탈에 반납된 사안에서,

피고인이 자기 이외의 자의 소유물인 위 승용차를 점유자인 피해자의 의사에 반하여 그 점유를 배제하고 자기의 점유로 옮긴 이상 '절취'에 해당함은 분명하다. 어떠한 물건을 점유자의 의사에 반하여 취거하는 행위가 결과적으로 소유자의 이익으로 된다는 사정 또는 소유자의 추정적 승낙이 있다고 볼 만한 사정이 있다고 하더라도, 다른 특별한 사정이 없는 한 그러한 사유만으로 불법영득의 의사가 없다고 할 수는 없다. 따라서 피고인이 위 승용차를 임의로 가져간 것이 소유자인 A캐피탈의 의사에 반하는 것이라고는 보기 어렵고 실제로 위 승용차가 A캐피탈에 반납된 사정을 감안한다고 하더라도, 불법영득의사가 인정된다.[61]

사후의 변제 내지 반환의사

피고인이 현금 등이 들어 있는 피해자의 지갑을 가져갈 당시에 피해자의 승낙을 받지 않았다면 가사 피고인이 후일 변제할 의사가 있었다고 하더라도 불법영득의사가 있었다고 할 것이다.[62]

살해된 피해자의 지갑을 꺼내어 가 소각

피고인이 살해된 피해자의 주머니에서 꺼낸 지갑을 살해도구로 이용한 골프채와 옷 등 다른 증거품들과 함께 자신의 차량에 싣고 가다가 쓰레기 소각장에서 태워버린 경우, 살인 범행의 증거를 인멸하기 위한 행위로서 불법영득의 의사가 있었다고 보기 어렵다.[63]

노동위원회에 증거로 제출하기 위해 자기가 제작한 디자인도면을 가지고 나옴

가구회사의 디자이너인 피고인이 자신이 제작한 가구 디자인 도면을 가지고 나온 경우 평소 위 회사에서 채택한 도면은 그 유출과 반출을 엄격히 통제하고 있으나 채택하지 아니 한 도면들은 대부분 작성한 디자이너에게 반환하여 각자가 자기의 서랍 또는 집에 보관하거나 폐기하는 등 디자이너 개인에게 임의처분이 허용

61) 대판 2014. 2. 21. 2013도14139.
62) 대판 1999. 4. 9. 99도519. 다음은 같은 취지이다.
피고인이 임의로 가져나온 카메라를 전당포 입질이 여의치 아니하여 후일 되돌려 주었다거나, 현금을 가져나올 때 일시 차용한다는 쪽지를 써 놓았다 하여도 소유자의 사전 승락없이 카메라와 현금을 가져 나왔다면 불법영득의 의사가 있었다고 할 것이다(대판 1983. 3. 8. 83도54).
63) 대판 2000. 10. 13. 2000도3655.

되어 왔고, 피고인은 회사로부터 부당하게 징계를 받았다고 생각하고 노동위원회에 구제신청을 하면서 자신이 그 동안 회사업무에 충실하였다는 사실을 입증하기 위한 자료로 삼기 위하여 이를 가지고 나온 것이라면 피고인에게 위 도면들에 대한 불법영득의 의사가 있었다고 볼 수 없다.[64]

내연녀를 만나 설득하기 위해 물건을 가져옴

내연관계에 있던 여자가 계속 회피하며 만나 주지 않자 내연관계를 회복시켜 볼 목적으로 그녀의 물건을 가져 와 보관한 후 이를 찾으러 오면 그 때 그 물건을 반환하면서 타일러 다시 내연관계를 지속시킬 생각으로 물건을 가져 왔고 그녀의 가족에게 그 사실을 그녀에게 연락하라고 말하였으며 그 후 이를 보관하고 있으면서 이용 내지 소비하지 아니한 경우 불법영득의 의사가 있다고 할 수 없다.[65]

수사기관에 증거로 제출하려고 식칼을 가져감

피고인이 피해자등과 말다툼을 하면서 시비하는 중에 그들 중 일행이 피고인을 식칼로 찔러 죽이겠다고 위협을 하여 주위를 살펴보니 식칼이 있어 이를 갖고 파출소에 가져가 협박의 증거물로 제시하였다면, 가사 피고인의 위 협박의 신고내용이 허위라고 하더라도 불법영득의 의사가 있었다고 할 수는 없다.[66]

버스요금함 서랍 견본을 의장출원의뢰 후 반환

피고인이 타인 소유의 버스요금함 서랍 견본 1개를 그에 대한 최초 고안자로서의 권리를 확보하겠다는 생각으로 가지고 나가 변리사에게 의장출원을 의뢰하고 그 도면을 작성한 뒤 당일 이를 원래 있던 곳에 가져다 두었다면 불법영득의사를 인정할 수 없다.[67]

피해자의 전화번호를 알아두기 위하여 피해자가 떨어뜨린 전화요금영수증을 습득한 후 돌려주지 않은 경우에 그에게 불법영득의 의사가 있다고 인정하기 어렵다.[68]

사촌형제인 피해자와의 분규로 재단법인 이사장직을 사임한 뒤 피해자의 집무실에 찾아가 잘못을 나무라는 과정에서 화가 나서 피해자를 혼내주려고 피해자의 가방을 들고 나온 경우 불법영득의 의사가 있다고 할 수 없다.[69]

64) 대판 1992. 3. 27. 91도2831.
65) 대판 1992. 5. 12. 92도280.
66) 대판 1986. 7. 8. 86도354.
67) 대판 1991. 6. 11. 91도878.
68) 대판 1989. 11. 28. 89도1679.
69) 대판 1993. 4. 13. 93도328.

나. 신용카드 등의 일시사용 후 반환

신용카드로 현금인출 후 신용카드 반환

타인의 재물을 점유자의 승낙 없이 무단사용하는 경우에 있어서 그 사용으로 인하여 물건 자체가 가지는 경제적 가치가 상당한 정도로 소모되거나 또는 사용 후 그 재물을 본래 있었던 장소가 아닌 다른 장소에 버리거나 곧 반환하지 아니하고 장시간 점유하고 있는 것과 같은 때에는 그 소유권 또는 본권을 침해할 의사가 있다고 보아 불법영득의 의사를 인정할 수 있을 것이나, 그렇지 않고 그 사용으로 인한 가치의 소모가 무시할 수 있을 정도로 경미하고, 또한 사용 후 곧 반환한 것과 같은 때에는 그 소유권 또는 본권을 침해할 의사가 있다고 할 수 없어 불법영득의 의사가 있다고 인정할 수 없다.

신용카드업자가 발행한 신용카드는 이를 소지함으로써 신용구매가 가능하고 금융의 편의를 받을 수 있다는 점에서 경제적 가치가 있다 하더라도, 그 자체에 경제적 가치가 화체되어 있거나 특정의 재산권을 표창하는 유가증권이라고 볼 수 없고, 단지 신용카드회원이 그 제시를 통하여 신용카드회원이라는 사실을 증명하거나 현금자동지급기 등에 주입하는 등의 방법으로 신용카드업자로부터 서비스를 받을 수 있는 증표로서의 가치를 갖는 것이어서, 이를 사용하여 현금자동지급기에서 현금을 인출하였다 하더라도 신용카드 자체가 가지는 경제적 가치가 인출된 예금액만큼 소모되었다고 할 수 없으므로, 이를 일시 사용하고 곧 반환한 경우에는 불법영득의 의사가 없다.[70)]

따라서 직불카드로 계좌이체 후 직불카드를 반환하거나,[71)] 현금카드로 현금인출 후 현금카드를 반환한[72)] 경우에도 불법영득의 의사는 인정되지 않는다.

다. 권리에 기한 취거

채권을 우선변제받기 위한 취거

비록 채권을 확보할 목적이라고 할지라도 취거 당시에 점유 이전에 관한 점유자의 명시적·묵시적인 동의가 있었던 것으로 인정되지 않는 한 점유자의 의사에 반하여 점유를 배제하는 행위를 함으로써 절도죄는 성립하는 것이고, 그러한 경우에 특별한 사정이 없는 한 불법영득의 의사가 없었다고 할 수는 없다.

피고인들이 자신들의 피해자에 대한 물품대금 채권을 다른 채권자들보다 우선적으로 확보할 목적으로 피해자가 부도를 낸 다음날 새벽에 피해자의 승낙을 받지 아니한 채 피해자의 가구점의 시정장치를 쇠톱으로 절단하고 그곳에 침입하여 피해자의 가구 시가 1,600만 원 상당을 화물차에 싣고 가 다른 장소에 옮겨 놓은 행위에 대하여 피고인들에게는 불법영득의사가 있었다고 볼 수밖에 없어 특수절도죄가 성립한다.[73)]

---

70) 대판 1999. 7. 9. 99도857.

71) 은행이 발급한 직불카드를 사용하여 타인의 예금계좌에서 자기의 예금계좌로 돈을 이체시켰다 하더라도 직불카드 자체가 가지는 경제적 가치가 계좌이체된 금액만큼 소모되었다고 할 수는 없으므로, 이를 일시 사용하고 곧 반환한 경우에는 그 직불카드에 대한 불법영득의 의사는 없다고 보아야 한다(대판 2006. 3. 9. 2005도7819).

72) 피해자로부터 지갑을 잠시 건네받아 임의로 지갑에서 현금카드를 꺼내어 현금자동인출기에서 현금을 인출하고 곧바로 피해자에게 현금카드를 반환한 경우, 현금카드에 대한 불법영득의사가 없다(대판 1998. 11. 10. 98도2642).

73) 대판 2006. 3. 24. 2005도8081. 다음은 같은 취지이다.

채권의 변제에 충당하기 위하여 취거

해설: 마찬가지로 '담보로 보관하기 위해 돈을 빼앗아간 경우'에도 절도죄가 성립한다.[74]

매매계약을 해제하여 반환청구권이 있는 물품

외상 매매계약의 해제가 있고 동 외상 매매물품의 반환 청구권이 피고인에게 있다고 하여도 절도라 함은 타인이 점유하는 재물을 도취하는 행위 즉 점유자의 의사에 의하지 아니하고 그 점유를 취득하는 행위로서 절도행위의 객체는 점유라 할 것이므로 피고인이 매수인의 승낙을 받지 않고 위 물품들을 가져갔다면 절도죄에 해당한다.[75]

매매대금 미지급시 회수한다는 각서에 기한 굴삭기의 취거

굴삭기 매수인이 약정된 기일에 대금채무를 이행하지 아니하면 굴삭기를 회수하여 가도 좋다는 약정을 하고 각서와 매매계약서 및 양도증명서 등을 작성하여 판매회사 담당자에게 교부한 후 그 채무를 불이행하자 그 담당자가 굴삭기를 취거하여 매도한 경우, 굴삭기에 대한 소유권 등록 없이 매수인의 위와 같은 약정 및 각서 등의 작성, 교부만으로 굴삭기에 대한 소유권이 판매회사로 이전될 수는 없으므로 굴삭기 취거 당시 그 소유권은 여전히 매수인에게 남아 있고, 매수인의 의사표시 중에 자신의 동의나 승낙 없이 현실적으로 자신의 점유를 배제하고 굴삭기를 가져가도 좋다는 의사까지 포함되어 있었던 것으로 보기는 어려우므로, 그 굴삭기 취거행위는 절도죄에 해당하고 불법영득의 의사도 인정된다.[76]

해설: 회수해가도 좋다는 내용의 각서를 작성하였다하여 현실적인 취거까지 허용하게 되면 자력구제가 남용될 우려가 있다.

등록에 의해 소유권이 이전되는 트럭에 관한 소유권유보부매매

소유권유보부매매는 동산을 매매함에 있어 매매목적물을 인도하면서 대금완납시까지 소유권을 매도인에게 유보하기로 특약한 것을 말하며, 이러한 내용의 계약은 동산의 매도인이 매매대금을 다 수령할 때까지 그 대금채권에 대한 담보의 효과를 취득·유지하려는 의도에서 비롯된 것이다. 따라서 부동산과 같이 등기에 의하여 소유권이 이전되는 경우에는 등기를 대금완납시까지 미룸으로써 담보의 기능을 할 수 있기 때문에 굳이 위와 같은 소유권유보부매매의 개념을 원용할 필요성이 없으며, 일단 매도인이 매수인에게 소유권이전등기

채무자의 책상설합을 승낙 없이 뜯어 돈을 꺼내 자기의 채권의 변제에 충당한 것은 자기채권의 추심을 위하여 채무자의 점유 하에 있는 채무자 소유의 금원을 불법하게 탈취한 것으로 불법영득의 의사가 있다고 볼 것이다(대판 1983. 4. 12. 83도297).

74) 대판 1986. 7. 22. 86도230.

75) 대판 1973. 2. 28. 72도2538. 다음은 같은 취지이다.

물품의 반환청구권을 가진 자가 임의 취거

갑 회사가 을에게 철재를 외상 판매하고 그 대금지급을 위하여 받은 약속어음이 부도되어 동 물품의 반환청구권을 가지고 있다 하여도, 피해자가 을로부터 위 철재를 매수하여 점유하고 있는 이상, 갑의 사원인 피고인이 위 철재를 운반하여 갔다면 절도죄가 성립한다(대판 1983. 11. 22. 83도2539).

76) 대판 2001. 10. 26. 2001도4546.

를 경료하여 준 이상은 특별한 사정이 없는 한 매수인에게 소유권이 귀속되는 것이다.

한편, 자동차, 중기, 건설기계 등은 비록 동산이기는 하나 부동산과 마찬가지로 등록에 의하여 소유권이 이전되고, 등록이 부동산 등기와 마찬가지로 소유권이전의 요건이므로, 역시 소유권유보부매매의 개념을 원용할 필요성이 없는 것이다.

따라서 원심 판시 '할부매매 덤프트럭'의 경우, 비록 매수인, 매도인, 할부금융사 사이에 대출원리금의 완제시까지 그 소유권이 할부금융사에 유보된다는 취지의 특약이 있었다 하더라도, 매수인 명의로 등록이 된 이상 그 소유권은 대외적으로 매수인에 귀속되는 것으로 보아야 한다.

피고인이 할부매매 덤프트럭을 가져가기 전에 매수인에 "여신거래기본약관상의 기한이익 상실조항에 의거하여 리스료의 일시상환 청구를 하게 되었으며 또한 귀하의 재산에 대한 법적조치 및 연체자 정보제공 준비에 있습니다"라는 내용의 통보서를 보냈고, 할부금융사와 매수인 간에 "매수인이 채무를 이행하지 아니하는 경우에 할부금융사가 이를 관리하고 그 처분 혹은 임대수익으로써 채무의 변제에 충당할 수 있다"는 취지의 서면약정이 있었다고 하더라도, 피고인이 할부매매 덤프트럭을 가져간 행위는 매수인의 의사에 반하는 절취행위에 해당한다.[77]

해설: 동산의 매매계약을 체결하면서 소유권유보의 특약을 한 경우, 목적물의 소유권을 이전한다는 당사자 사이의 물권적 합의는 매매계약을 체결하고 목적물을 인도한 때 이미 성립하지만 대금이 모두 지급되는 것을 정지조건으로 하므로, 목적물이 매수인에게 인도되었다고 하더라도 특별한 사정이 없는 한 매도인은 대금이 모두 지급될 때까지 매수인분만 아니라 제3자에 대하여도 유보된 목적물의 소유권을 주장할 수 있다. 그러나 '부동산'이나, '등록에 의하여 소유권이 이전되는 자동차, 중기, 건설기계 등'에 관하여는 위와 같은 동산에 관한 소유권유보부매매의 법리가 적용되지 않는다. 따라서 '부동산'이나 '등록에 의하여 소유권이 이전되는 자동차 등'에 대해서는 매매목적물에 관하여 매도인이 매수인 명의의 소유권이전등기·등록을 하면 소유권은 매수인에게 귀속된다. 위 판례의 사안은, 매도인인 트럭 회사가 트럭을 매수인에게 판매하고 트럭매매대금을 할부금융사로부터 지급받았으며, 할부금융사는 위와 같이 트럭매매대금을 트럭 회사에 지급하는 대신 이를 매수인으로부터 할부로 지급받기로 하고 위 트럭에 관하여 매수인과 사이에 소유권유보의 약정을 한 것으로 짐작된다. 위와 같이 트럭에 관하여 소유권유보(또는 관리·처분권 수여)의 약정을 하였더라도 동산의 소유권유보부매매에 관한 법리가 적용되지 않으므로 매수인이 위 트럭에 관하여 소유권이전등록을 마친 이상 이는 매수인의 소유에 속한다는 것이 위 판례의 취지이다.

판매사원이 회사와 사이의 거래물품으로 정리하여 그 대금 일부를 납부한 물품을 사제 열쇠를 이용하여 회사 물품창고에서 인출해감

회사의 판매사원인 피고인이 임의로(물품창고에 미리 준비한 사제열쇠로 들어가 당직근무자나 지점장에게 알리지 않고) 물품을 인출하여 갑에게 교부했더라도, 갑이 회사와 직접 거래를 개시한 자이고 위 물품은 회사와 갑 사이의 거래물품으로 정리되어 그 대금의 일부까지 납부한 사실이 인정된다면, 피고인의 물품인출절차에 잘못이 있다 하더라도 정상거래를 위한 출고로 보아 불법영득의사로써 절취한 것이라고는 할 수 없다.[78]

77) 대판 2010. 2. 25. 2009도5064.

78) 대판 1983. 10. 25. 83도1865.

라. 타인 재물의 일시 사용

도장과 인감도장을 차용금증서에 날인 후 반환

타인의 물건을 점유자의 승낙없이 무단사용하는 경우에 있어서 그 사용으로 ① 물건 자체가 가지는 경제적 가치가 상당한 정도로 소모되거나 또는 사용 후 본래의 장소가 아닌 다른 곳에 버리거나 곧 반환하지 아니하고 장시간 점유하고 있는 것과 같은 때에는 그 소유권 또는 본권을 침해할 의사가 있다고 보아 불법영득의 의사를 인정할 수 있을 것이나 그렇지 아니하고 ② 그 사용으로 인한 가치의 소모가 무시할 수 있을 정도로 경미하고 또 사용 후 곧 반환한 것과 같은 때에는 그 소유권 또는 본권을 침해할 의사가 있다고 할 수 없어 불법영득의 의사를 인정할 수 없다고 봄이 상당하다 할 것이다.
따라서 피고인이 공소외인의 도장과 인감도장을 그의 책상서랍에서 몰래 꺼내어 가서 그것을 차용금증서의 연대보증인란에 찍고 난 후 곧 제자리에 넣어둔 때에는 불법영득의 의사가 있었다고 인정할 수 없다.[79)]

타인의 예금통장을 몰래 가지고 나와 예금인출 후 제자리에 반환

피해자 주식회사의 사무실에서 피해자의 예금통장을 몰래 가지고 나와 예금 1,000만 원을 인출한 후 다시 제자리에 갖다 놓은 사안에서,
예금통장은 예금채권을 표창하는 유가증권이 아니고 그 자체에 예금액 상당의 경제적 가치가 화체되어 있는 것도 아니지만, 이를 소지함으로써 예금채권의 행사자격을 증명할 수 있는 자격증권으로서 예금계약사실 뿐 아니라 예금액에 대한 증명기능이 있고 이러한 증명기능은 예금통장 자체가 가지는 경제적 가치라고 보아야 하므로, 예금통장을 사용하여 예금을 인출하게 되면 그 인출된 예금액에 대하여는 예금통장 자체의 예금액 증명기능이 상실되고 이에 따라 그 상실된 기능에 상응한 경제적 가치도 소모된다. 그렇다면 타인의 예금통장을 무단사용하여 예금을 인출한 후 바로 예금통장을 반환하였다 하더라도 그 사용으로 인한 위와 같은 경제적 가치의 소모가 무시할 수 있을 정도로 경미한 경우가 아닌 이상, 예금통장 자체가 가지는 예금액 증명기능의 경제적 가치에 대한 불법영득의 의사를 인정할 수 있으므로 절도죄가 성립한다.[80)]

영업점에 있는 휴대전화를 사용 후 영업점 정문 옆 화단에 놓아둔 경우

절도죄의 성립에 필요한 불법영득의 의사란 권리자를 배제하고 타인의 물건을 자기의 소유물과 같이 이용·처분할 의사를 말하고, 영구적으로 물건의 경제적 이익을 보유할 의사임은 요하지 않으며, 일시 사용의 목적으로 타인의 점유를 침탈한 경우에도 사용으로 인하여 물건 자체가 가지는 경제적 가치가 상당한 정도로 소모되거나 또는 상당한 장시간 점유하고 있거나 본래의 장소와 다른 곳에 유기하는 경우에는 이를 일시 사용하는 경우라고는 볼 수 없으므로 영득의 의사가 없다고 할 수 없다.
피고인이 갑의 영업점 내에 있는 갑 소유의 휴대전화를 허락 없이 가지고 나와 이를 이용하여 통화를 하고

---

79) 대판 1987. 12. 8. 87도1959. 다음은 같은 취지이다.
도장으로 혼인신고서 작성 후 반환
피해자의 승낙 없이 혼인신고서를 작성하기 위하여 피해자의 도장을 몰래 꺼내어 사용한 후 곧바로 제자리에 갖다 놓은 경우, 도장에 대한 불법영득의 의사가 없다(대판 2000. 3. 28. 2000도493).

80) 대판 2010. 5. 27. 2009도9008.

문자메시지를 주고받은 다음 약 1~2시간 후 갑에게 아무런 말을 하지 않고 위 영업점 정문 옆 화분에 놓아두고 감으로써 이를 절취하였다는 내용으로 기소된 사안에서, 피고인이 갑의 휴대전화를 자신의 소유물과 같이 경제적 용법에 따라 이용하다가 본래의 장소와 다른 곳에 유기한 것이므로 피고인에게 불법영득의사가 있었다고 할 것이다.[81]

선배로부터 빌린 자동차를 3차례 운행

동네 선배로부터 차량을 빌렸다가 반환하지 아니한 보조열쇠를 이용하여 그 후 3차례에 걸쳐 위 차량을 2~3시간 정도 운행한 후 원래 주차된 곳에 갖다 놓아 반환한 경우 피해자와의 친분관계, 차량의 운행경위, 운행시간, 운행 후의 정황 등에 비추어 불법령득의 의사가 있었다고 볼 수 없다고 한 사례.[82]

오토바이를 일시사용 후 주변에 방치

절도죄에 있어서의 불법영득의 의사는 영구적으로 그 물건의 경제적 이익을 보유할 의사가 필요치 아니하여도 소유권 또는 이에 준하는 본권을 침해하는 의사, 즉 목적물의 물질을 영득할 의사나 물질의 가치만을 영득할 의사라도 영득의 의사가 있다고 할 것인바, 피고인이 길가에 세워져 있는 오토바이를 소유자의 승낙없이 타고가서 용무를 마친 약1시간 30분 후 본래 있던 곳에서 약 7,8미터 되는 장소에 방치하였다면 불법영득의 의사가 있었다고 할 것이다.[83]

자동차의 일시사용에 따른 유류소비

불법영득의 의사없이 타인의 자동차를 일시사용한 경우, 이에 따른 유류소비행위는 위 자동차의 일시사용에 필연적으로 부수되어 생긴 결과로서 절도죄를 구성하지 않는 위 자동차의 일시사용행위에 포함된 것이라 할 것이므로 자동차 자체의 일시사용과 독립하여 별개의 절도죄를 구성하지 않는다.[84]

81) 대판 2012. 7. 12. 2012도1132. 같은 취지로는 대판 1984. 12. 26. 84감도392; 대판 1988. 9. 13. 88도917.

82) 대판 1992. 4. 24. 92도118.

83) 대판 1981. 10. 13. 81도2394. 다음은 같은 취지이다.

피고인이 길가에 시동을 걸어놓은 채 세워둔 모르는 사람의 자동차를 함부로 운전하고 약 200미터 가량 갔다면 불법영득의 의사가 있었다 할 것이다(대판 1992. 9. 22. 92도1949).

전마선 사용 후 방치

피고인이 전마선을 단기 4293년 10월 22일 인천시 송현동 1번지 해변에서 소유자의 승낙없이 조선하여 용무를 마치고 인천시 보수동 소재 대인부두에 방치한 것을 동월 24일에 소유자가 발견한 때에는 불법영득의 의사가 있었다고 볼 것이다(대판 1961. 6. 28. 4294형상179).

84) 대판 1985. 3. 26. 84도1613.

마. 자기 또는 타인을 위한 영득의사

상관을 살해 후 자살하려고 수류탄을 가져감

피고인이 지원소대장으로서 상황장갑차의 탑승원 중 가장 상급자라 하더라도 그 장갑차 내에 적재된 군용물이 피고인의 단독점유 하에 있다고는 볼 수 없으므로 피고인이 이를 불법영득하였다면 절도죄에 해당한다. 피고인이 중대장에게 항의를 하고 만약 관철되지 않는 경우에 동인을 살해하고 자기도 자살을 하는데 사용할 의도로 이 사건 수류탄 등을 가져갔다면 피고인에게 이에 대한 불법영득의 의사가 있다고 할 수 있다.[85)]

총기휴대를 인식할 수 없는 정신상태에서의 군무이탈

절도죄의 성립에 필요한 불법영득의 의사라 함은 권리자를 배제하고 타인의 물건을 자기의 소유물과 같이 그 경제적 용법에 따라 이용·처분할 의사를 말하는 것으로 영구적으로 그 물건의 경제적 이익을 보유할 의사가 필요한 것은 아니지만 단순한 점유의 침해만으로서는 절도죄를 구성할 수 없고 소유권 또는 이에 준하는 본권을 침해하는 의사 즉 목적물의 물질을 영득할 의사이거나 또는 그 물질의 가치만을 영득할 의사이든 적어도 그 재물에 대한영득의 의사가 있어야 한다.

피고인이 군무를 이탈할 때 총기를 휴대하고 있는지 조차 인식할 수 없는 정신상태에 있었고 총기는 어떤 경우라도 몸을 떠나서는 안된다는 교육을 지속적으로 받아왔다면 사격장에서 군무를 이탈하면서 총기를 휴대하였다는 것만 가지고는 피고인에게 총기에 대한 불법영득의 의사가 있었다고 할 수 없다.[86)]

분실한 총기를 보충하기 위해 타부대의 총기를 가져옴

소속중대에서 총기를 분실하고 그를 보충하기 위하여 타부대 총기를 취거해 왔다고 하면은 그 행위는 자기 또는 타인을 위한 영득의사에 의한 행위라고는 할 수 없다.[87)]

배추 매도인이 매수인이 연락 안 되고 해동으로 썩기 시작하자 처분하고 대금을 정기예탁

매수인이 매수한 배추를 약정기일까지 수거해 가지도 않고 달리 연락도 되지 않는데다가 겨울이 지나 해동이 되자 배추는 누렇게 뜨고 썩기 시작하여 이를 그대로 다 버리게 될 우려가 있어 소외인에게 처분하고 그

---

85) 대판 1984. 2. 28. 83도3271. 다음은 같은 취지이다.
피해자가 경영하는 주점의 잠겨 있는 샷타문을 열고 그곳 주방 안에 있던 맥주등을 꺼내어 마셨다면 타인의 재물에 대한 불법영득의 의사가 있었다고 할 것이고 주점까지 가게된 동기가 주점점원의 초청에 의한 것이었다 하더라도 피해자의 승낙없이 재물을 지거하는 행위는 절도죄를 구성한다(대판 1986. 9. 9. 86도1439).

86) 대판 1992. 9. 8. 91도3149.

87) 대판 1977. 6. 7. 77도1069. 다음은 같은 취지이다.
피고인은 자신이 잃어버린 총을 보충하기 위하여 같은 소속대 3회기중대 갑 소지 군용 칼빈 소총 1정을 무단히 가지고 나온데 불과하고 영득의 의사가 없었다는 것이며 이는 피고인의 소위가 자기의 물건과 동양으로 그 경제적 용법에 따라 이를 이용 또는 처분하여 권리자(국가)를 배제할 의사를 가지고 한 것이 아니므로 영득의 의사가 있었다고 볼 수 없다(대판 1965. 2. 24. 64도795).

대금 중 소개비를 공제한 잔금을 매수인이 찾아가도록 농협에 정기예탁한 경우라면 피고인에게 불법영득의 의사가 있었다고 볼 수 없다.[88)]

항의의 표시로 사표를 제출하고 전적으로 자기가 관리한 서류를 들고 나옴

상사와의 의견 충돌 끝에 항의의 표시로 사표를 제출한 다음 평소 피고인이 전적으로 보관, 관리해 오던 이른바 비자금 관계 서류 및 금품이 든 가방을 들고 나온 경우, 불법영득의 의사가 있다고 할 수 없을 뿐만 아니라, 그 서류 및 금품이 타인의 점유 하에 있던 물건이라고도 볼 수 없다.[89)]

7. 고 의

닭집 주인 소유의 고양이를 피고인이 다른 데서 빌려온 것으로 오인하고 가져감

피고인이 고양이를 들고 간 것은 사실이지만, 다른 데서 빌려 가지고 있다가 잃어버린 고양이인 줄로 잘못 알고 가져가다가 닭집 주인이 자기 것이라고 하여 돌려주었을 뿐이라고 변명하는 사안에서,
절도죄에 있어서 재물의 타인성을 오신하여 그 재물이 자기에게 취득(빌린 것)할 것이 허용된 동일한 물건으로 오인하고 가져온 경우에는 범죄사실에 대한 인식이 있다고 할 수 없으므로 범의가 조각되어 절도죄가 성립하지 아니한다.[90)]

고물행상인이 두부 상자를 버린 물건으로 오인하여 가져감

갑이 을 경영의 슈퍼마켓에 두부를 담아 납품하고 난 빈상자로서 갑이 회수해 가도록 헌 신문지를 덮어 새벽에 위 슈퍼마켓 옆에 있는 쓰레기통 옆에 내놓아둔 것인데, 고물행상인이 위 빈상자를 소유권을 포기하고 버린 물건으로 오인하여 이를 취득하였다면 이와 같이 오인하는 데에 정당한 이유가 인정되는 한 절도의 범의를 인정할 수 없다.[91)]

잔대금지급 전이라도 묘목을 인도받기로 한 특약에 따라 묘목이식에 착수한 후 매도인의 계약해제통고에도 불구하고 매수인이 매매목적물을 취거하였으나 계약이 해제되지 않음

계약의 당사자 일방이 계약당시에 지급한 계약금 또는 보증금 등을 포기하거나 수령한 계약금 또는 보증금 등의 배액을 상환하고 계약을 해제하는 경우에도 상대방이 계약의 이행에 착수한 이후에는 이를 할 수 없는 것이므로, 매수인이 묘목매매계약의 잔대금 지급 전 언제라도 묘목을 이식 인도받을 수 있기로 한 특약에 따라 묘목의 이식작업에 착수하였다면 그 이후 매도인이 계약해제를 통고하였더라도 계약해제의 효력이 없고,

88) 대판 1982. 2. 23. 81도2371.
89) 대판 1995. 9. 5. 94도3033.
90) 대판 1983. 9. 13. 83도1762.
91) 대판 1989. 1. 17. 88도971.

따라서 매수인이 위 계약해제통고 후 묘목을 이식한 행위에는 타인의 재물을 절취한다는 의사가 있다고 볼 수 없다.[92]

8. 실행의 착수

판례는 절도죄의 실행의 착수에 관하여 ㉮ 절취할 물건의 물색행위를 시작하는 때부터 인정된다고 보는 것이 일반적이지만, ㉯ 점유를 침해하는 데 밀접한 행위를 개시하는 때에 실행의 착수가 인정된다고 보는 경우도 있다. 절도가 행해지는 것을 논리적으로 따진다면 절취할 물건을 물색하여 절취할 물건을 발견한 다음 점유를 침해하는 행위로 나아갈 것이기 때문에 시간적으로 위 ㉮가 선행하고, 위 ㉯가 그 뒤를 따르는 것으로 생각된다. 다만 물색과 밀접행위가 뚜렷이 구분되는 것은 아니라고 생각된다.[93]

가. 물색을 실행의 착수 기준으로 본 사례

(1) 실행의 착수 긍정례

금품을 훔칠 목적으로 피해자의 집에 담을 넘어 침입하여 그 집 부엌에서 금품을 물색하던 중에 발각되어 도주한 것이라면 이는 절취행위에 착수한 것이라고 보아야 한다.[94]

범인들이 함께 담을 넘어 마당에 들어가 그 중 1명이 그곳에 있는 구리를 찾기 위하여 담에 붙어 걸어가다가 잡혔다면 절취대상품에 대한 물색행위가 없었다고 할 수 없다.[95]
해설: 절취할 구리를 찾는 것은 물색에 다름 아니다.

(2) 실행의 착수 부정례

2인 이상이 합동하여 야간이 아닌 주간에 절도의 목적으로 타인의 주거에 침입하였다 하여도 아직 절취할 물건의 물색행위를 시작하기 전이라면 특수절도죄의 실행에는 착수한 것으로 볼 수 없는 것이어서 그 미수죄가 성립하지 않는다.

92) 대판 1983. 6. 28. 83도1132.
93) 다음 판례는 '물색과 그 후행행위'가 '밀접행위'에 해당한다고 본 경우일 것으로 생각된다.
야간이 아닌 주간에 절도의 목적으로 다른 사람의 주거에 침입하여 절취할 재물의 물색행위를 시작하는 등 그에 대한 사실상의 지배를 침해하는 데에 밀접한 행위를 개시하면 절도죄의 실행에 착수한 것으로 보아야 한다(대판 2003. 6. 24. 2003도1985).
94) 대판 1987. 1. 20. 86도2199. 다음은 같은 취지이다.
절도의 목적으로 건조물에 침입한 자가 절취할 물건을 물색하다가 발각되어 미수에 그친 경우에는 건조물침입죄와 절도미수의 죄가 성립된다(대판 1984. 3. 13. 84도71).
95) 대판 1989. 9. 12. 89도1153.

피고인들이 '주간에' 아파트 출입문 시정장치를 손괴하다가 발각되어 도주한 때에는 '실행의 착수'가 성립하지 않는다.[96)]

절도의 목적으로 피해자의 집 현관을 통하여 그 집 마루 위에 올라서서 창고문 쪽으로 향하다가 피해자에게 발각, 체포되었다면 아직 절도행위의 실행에 착수하였다고 볼 수 없다.[97)]

(3) 방안에 들어간 사실은 인정되나 물색에 나아갔는지 불분명

- 피고인이 주간에 절취할 의도로 피해자의 집 3층으로 올라갔다가 마침 빨래를 널기 위하여 옥상에 올라가던 피해자를 만나자 계단으로 내려간 사실은 자백하고,
- 피고인은 당시 방안에 들어간 사실조차 극구 부인하고 있지만, 피해자의 증언에 의해 피고인이 방안에 침입한 것은 인정되나, 방안에 들어가 절취할 물건의 물색행위에까지 나간 것인지의 여부는 분명하지 않은 사안에서,

이러한 경우 피고인이 방안에 들어간 때로부터 피해자에게 발각될 때까지 물색행위를 할 만한 충분한 시간이 경과하였다면 절도목적으로 침입한 이상 물색행위를 하였을 것으로 보아도 무방하지만, 그럴만한 시간적 여유가 없었다면 피고인이 방안에서 뛰어 나온 것만 가지고 절취할 물건을 물색하다가 뛰어 나온 것으로 단정할 수는 없을 것이다.[98)]

나. 밀접행위를 실행의 착수 기준으로 본 사례

(1) 실행의 착수 긍정례

절도죄의 실행의 착수시기는 재물에 대한 타인의 사실상의 지배를 침해하는데 밀접한 행위가 개시된 때라 할 것인바 피해자 소유 자동차 안에 들어 있는 밍크코트를 발견하고 이를 절취할 생각으로 공범이 위 차 옆에서 망을 보는 사이 위 차 오른쪽 앞문을 열려고 앞문손잡이를 잡아당기다가 피해자에게 발각되었다면 절도의 실행에 착수하였다고 봄이 상당하다.[99)]

96) 대판 2009. 12. 24. 2009도9667. 다음은 같은 취지이다.
피해자의 집 부엌문에 시정된 열쇠고리의 장식을 뜯는 행위만으로는 절도죄의 실행행위에 착수한 것이라고 볼 수 없다(대판 1989. 2. 28. 88도1165).

97) 대판 1986. 10. 28. 86도1753.

98) 대판 1992. 9. 8. 92도1650.

99) 대판 1986. 12. 23. 86도2256. 다음은 같은 취지이다.
피해자의 집에 침입하여, 응접실 책상 위에 놓여 있던 라디오 1대를 훔치려고 위 라디오 선을 건드리려다 피해자에게 발견된 경우 라디오선을 건드리려고 하는 행위는 라디오에 대한 사실상의 지배를 침해하는데, 밀접한 행위라 할 수 있다(대판 1966. 5. 3. 66도383).

절취할 생각으로 승합차량의 문이 잠겨 있는지 확인하기 위해 손잡이를 잡고 열려고 함

피고인이 야간에 소지하고 있던 손전등과 박스 포장용 노끈을 이용하여 도로에 주차된 차량의 문을 열고 그 안에 들어있는 현금 등을 절취할 것을 마음먹고 승합차량의 문이 잠겨 있는지 확인하기 위해 양손으로 운전석 문의 손잡이를 잡고 열려고 하던 중 경찰관에게 발각된 사안에서,

이러한 행위는 승합차량 내의 재물을 절취할 목적으로 승합차량 내에 침입하려는 행위에 착수한 것으로 볼 수 있고, 그로써 차량 내에 있는 재물에 대한 피해자의 사실상의 지배를 침해하는 데에 밀접한 행위가 개시된 것으로 보아 절도죄의 실행에 착수한 것으로 봄이 상당하다.[100]

안방에서 물색하였으나 절취할 재물을 찾지 못하고 거실로 나와 두리번거리다가 적발

피고인은 범행 당일 피해자가 빨래를 걷으러 옥상으로 올라 간 사이에 피해자의 다세대주택에 절취할 재물을 찾으려고 신발을 신은 채 거실을 통하여 안방으로 들어가 여기저기를 둘러보고는 절취할 재물을 찾지 못하고 다시 거실로 나와서 두리번거리고 있다가 피해자에게 발각되었다. 이와 같이 피고인이 방 안으로 들어가다가 곧바로 피해자에게 발각되어 물색행위 등을 할 만한 시간적 여유가 없었던 경우가 아니고 피고인이 방 안까지 들어갔다가 절취할 재물을 찾지 못하고 거실로 돌아 나온 경우라면 피고인이 절도의 목적으로 침입한 이상 물색행위를 하는 등 재물에 대한 피해자의 사실상의 지배를 침해하는 데 밀접한 행위를 하였던 것으로 보아야 한다.[101]

다음 판례들의 사안도 물색을 넘어 밀접행위로 나아간 것이다.

소매치기가 양복상의 주머니의 겉을 더듬음

소매치기의 경우 피해자의 양복상의 주머니로부터 금품을 절취하려고 그 호주머니에 손을 뻗쳐 그 겉을 더듬은 때에는 절도범행의 실행에 착수하였다고 봄이 상당하다.[102]

비교 판례: 소를 흥정하고 있는 피해자의 뒤에 접근하여 그가 들고 있던 가방으로 돈이 들어 있는 피해자의 하의 왼쪽 주머니를 스치면서 지나간 행위는 단지 피해자의 주의력을 흐트려 주머니 속에 들어 있는 금원을 절취하기 위한 예비에 불과하고 실행에 착수한 것은 아니다.[103]

금품을 절취하기 위하여 고속버스 선반 위에 놓여진 손가방의 한쪽 걸쇠만 열었다 하여도 절도범행의 실행에 착수하였다 할 것이다.[104]

100) 대판 2009. 9. 24. 2009도5595.
101) 대판 2003. 6. 24. 2003도1985.
102) 대판 1984. 12. 11. 84도2524.
103) 대판 1986. 11. 11. 86도1109.
104) 대판 1983. 10. 25. 83도2432.

(2) 실행의 착수 부정례

평소 잘 아는 피해자에게 전화채권을 사주겠다고 하면서 골목길로 유인하여 돈을 절취하려고 기회를 엿본 행위만으로는 절도의 예비행위는 될지언정 행위의 방법, 태양 및 주변상황 등에 비추어 볼 때 타인의 재물에 대한 사실상 지배를 침해하는데 밀접한 행위가 개시되었다고 단정할 수 없다.[105]

다음 ①, ②의 판례들은 물건을 훔칠 생각으로 자동차와 아파트 지하실의 안쪽을 살핀 사안에서 밀접행위라는 기준에 의해 실행의 착수를 부정하였다고 생각된다.[106]

① 노상에 세워 놓은 자동차 안에 있는 물건을 훔칠 생각으로 자동차의 유리창을 통하여 그 내부를 손전등으로 비추어 본 것에 불과하다면 비록 유리창을 따기 위해 면장갑을 끼고 있었고 칼을 소지하고 있었다 하더라도 절도의 예비행위로 볼 수는 있겠으나 타인의 재물에 대한 지배를 침해하는데 밀접한 행위를 한 것이라고는 볼 수 없어 절취행위의 착수에 이른 것이었다고 볼 수 없다.[107]
② 피고인이 아파트 신축공사 현장 안에 있는 건축자재 등을 훔칠 생각으로 공범과 함께 위 공사현장 안으로 들어간 후 창문을 통하여 신축 중인 아파트의 지하실 안쪽을 살핀 행위가 특수절도죄의 실행의 착수에 해당하지 않는다.[108]

9. 미수와 기수

절도죄는 타인의 점유를 배제하고 자기의 지배 하에 둔 때 기수가 된다.

가. 미 수

소매치기가 금품을 절취하려고 금품이 들어 있지 않은 피해자의 주머니에 손을 넣음
소매치기가 피해자의 주머니에 손을 넣어 금품을 절취하려 한 경우 비록 그 주머니 속에 금품이 들어있지 않았었다 하더라도 위 소위는 절도라는 결과 발생의 위험성을 충분히 내포하고 있으므로 이는 절도미수에 해당한다.[109]

자동차를 절취할 생각으로 자동차의 조수석문을 열고 들어가 시동을 걸려고 시도하는 등 차 안의 기기를 이

105) 대판 1983. 3. 8. 82도2944.
106) 절취할 생각으로 자동차와 아파트 지하실을 살폈으므로 물색행위는 있으나, 실제 절취하기 위해서는 자동차 문을 열거나 아파트 지하실로 들어가야 하므로 취거에 밀접한 행위는 부존재하다고 생각된다.
107) 대판 1985. 4. 23. 85도464.
108) 대판 2010. 4. 29. 2009도14554.
109) 대판 1986. 11. 25. 86도2090.

것저것 만지다가 핸드브레이크를 풀게 되었는데 그 장소가 내리막길인 관계로 시동이 걸리지 않은 상태에서 약 10미터 전진하다가 가로수를 들이받는 바람에 멈추게 되었다면 절도의 기수에 해당한다고 볼 수 없다.110)

나. 기 수

절도죄는 타인의 소지를 침해하여 재물이 자기의 소지로 이동할 때 즉 자기의 사실적 지배 밑에 둔 때에 기수가 된다고 할 것인바 피고인이 공동피고인과 함께 피해자 집에 침입하여 그 집 광에서 공동피고인이 자루에 담아 내주는 백미를 받아 그 집을 나오려 하다가 피해자에게 발각된 경우에는 특수절도죄의 기수가 된다.111)

피고인이 피해자 경영의 까페에서 야간에 아무도 없는 그 곳 내실에 침입하여 장식장 안에 들어 있던 정기적금통장 등을 꺼내 들고 까페로 나오던 중 발각되어 돌려 준 경우 피고인은 피해자의 재물에 대한 소지(점유)를 침해하고, 일단 피고인 자신의 지배 내에 옮겼다고 볼 수 있으니 절도의 미수에 그친 것이 아니라 야간주거침입절도의 기수라고 할 것이다.112)

창고에서 물건을 밖으로 들고 나와 운반해가다가 방범대원들에게 발각되어 체포되었다면 절도의 기수에 해당한다.113)

영상홍을 캐낸 후 남편을 불러 함께 운반해 감

절도범인이 ○○연구소 마당 뒷편에서 혼자 영상홍(높이 150㎝ 이상, 폭 약 1m)을 땅에서 완전히 캐낸 후 남편을 불러 함께 영상홍을 운반한 사안에서,
입목을 절취하기 위하여 캐낸 때에 소유자의 입목에 대한 점유가 침해되어 범인의 사실적 지배하에 놓이게 되므로 범인이 그 점유를 취득하고 절도죄는 기수에 이르며, 이를 운반하거나 반출하는 등의 행위는 필요하지 않다.114)
해설: 남편은 절도죄가 기수에 이른 후에 영상홍을 운반하였으므로 절도죄가 아닌 장물운반죄의 죄책을 진다(다만 남편의 장물죄는 형법 365조 2항에 의해 형의 필요적 감경 또는 면제 사유에 해당함). 남편이 현장에서 절도범행에 가담하지 않았으므로 피고인에게는 특수절도죄가 아닌 절도죄가 성립한다.

110) 대판 1994. 9. 9. 94도1522.
111) 대판 1964. 12. 8. 64도577.
112) 대판 1991. 4. 23. 91도476.
113) 대판 1984. 2. 14. 83도3242.
114) 대판 2008. 10. 23. 2008도6080.

10. 죄 수

상가의 방에서 갑의 전축과 을의 시계를 가져감

피고인은 상가에 침입하여 그곳 방안 방바닥에 놓여있던 갑 소유의 전축 1대와 음반 7장을 절취한 후 그 방벽에 걸려있던 을 소유의 옷 호주머니 속에서 그 사람 소유 팔뚝 시계 1개, 현금 350원을 꺼내어 가 이를 절취한 경우에, 물건의 소유자가 다르고 절취한 시간, 장소가 다르더라도 단일범의로써 절취한 시간과 장소가 접착되어 있고 같은 관리인의 관리 하에 있는 방 안에서 소유자를 달리하는 두 사람의 물건을 절취한 경우에는 1개의 절도죄가 성립한다.[115)]

갑의 집에서 갑의 재물 절취 후 같은 집에 세들어 사는 을의 방에서 절취미수

절도범이 갑의 집에 침입하여 그 집의 방안에서 그 소유의 재물을 절취하고 그 무렵 그 집에 세들어 사는 을의 방에 침입하여 재물을 절취하려다 미수에 그쳤다면 위 두 범죄는 그 범행 장소와 물품의 관리자를 달리하고 있어서 별개의 범죄를 구성한다.[116)]

Ⅱ. 야간주거침입절도죄

1. 의 의

야간주거침입절도죄는 야간에 사람의 주거, 간수하는 저택, 건조물이나 선박 또는 점유하는 방실에 침입하여 타인의 재물을 절취한 경우에 성립한다(형법 330조).

피고인이 종업원으로 있는 사진관에서 그 사진관 안에 둔 주인 소유의 금품을 야간에 절취한 소위는 절도죄이지 야간주거침입절도죄가 아니다.[117)]
해설: 피고인이 사진관에서 근무하는 종업원이어서 주거침입행위가 존재하지 않기 때문이다.

2. 주거 등

알미늄 샷시로 된 담배점포

야간주거침입절도죄에 있어서 침입행위의 객체인 건조물은 주위벽 또는 기둥과 지붕 또는 천정으로 구성된

115) 대판 1970. 7. 21. 70도1133.
116) 대판 1989. 8. 8. 89도664.
117) 대판 1976. 4. 13. 76도414.

구조물로서 사람이 기거하거나 출입할 수 있는 장소를 말하며 반드시 영구적인 구조물일 것을 요하지 않는 것인 바, 이 사건 담배점포는 알미늄 샷시로 된 구조물이긴 하나 주위벽과 지붕으로 구성되어 사람이 그 내부에서 기거하거나 출입할 수 있을 뿐 아니라 실제로 피해자는 그 내부에 담배, 복권 기타잡화 등을 진열해 놓고 판매하는 일상생활을 영위해 오면서 침식의 장소로도 사용해왔으므로, 위 점포는 주거침입의 객체가 될 수 있는 건조물에 해당한다.[118)]

3. 야간의 의미

야간은 일몰 후부터 일출 전까지를 말한다.[119)] 야간이라는 요건과 관련하여 학설상으로는 ① 주거침입과 절취가 모두 야간에 이루어져야 한다는 견해, ② 주거침입이 야간에 행해지면 된다는 견해, ③ 절취행위가 야간에 행해져야 한다는 견해, ④ 주거침입과 절취 중 어느 하나라도 야간에 행해지면 된다는 견해가 있다.

4. 주거침입이 야간에 이루어질 것

야간주거침입절도죄가 성립하기 위해서는 주거침입이 야간에 이루어져야 하고, 절취행위는 주간에 행해지건 야간에 행해지건 관계 없다.[120)] 따라서 '주거침입이 주간'에 행해지고 '절취행위가 주간 또

118) 대판 1989. 2. 28. 88도2430.

119) 일출 전인 1967. 4. 19. 오전 5시 30분경 서울 … 자동차수리공장에 침입하려고 동 공장 판자벽을 뛰어 넘다가 방범대원에게 발견되어 … 야간주거침입절도행위에 착수하였다(대판 1968. 4. 23. 68도334). 야간상해 등의 폭처법위반죄(2006년의 법 개정으로 폐지됨)에 관하여 같은 취지로는 대판 1972. 7. 25. 72도1273; 대판 1979. 7. 24. 79도1217 등.

120) 형법은 제329조에서 절도죄를 규정하고 곧바로 제330조에서 야간주거침입절도죄를 규정하고 있을 뿐, 야간절도죄에 관하여는 처벌규정을 별도로 두고 있지 아니하다. 이러한 형법 제330조의 규정형식과 그 구성요건의 문언에 비추어 보면, 형법은 야간에 이루어지는 주거침입행위의 위험성에 주목하여 그러한 행위를 수반한 절도를 야간주거침입절도죄로 중하게 처벌하고 있는 것으로 보아야 한다. 따라서 주거침입이 주간에 이루어진 경우에는 야간주거침입절도죄가 성립하지 않는다고 해석함이 상당하다.
이와 달리 만일 주거침입의 시점과는 무관하게 절취행위가 야간에 이루어지면 야간주거침입절도죄가 성립한다고 해석하거나, 주거침입 또는 절취 중 어느 것이라도 야간에 이루어지면 야간주거침입절도죄가 성립한다고 해석한다면, 이는 이 사건과 같이 주간에 주거에 침입하여 야간에 재물을 절취한 경우에도 야간주거침입절도죄의 성립을 인정하여 결국 야간절도를 주간절도보다 엄하게 처벌하는 결과가 되는바, 앞서 본 바와 같이 현행법상 야간절도라는 이유만으로 주간절도보다 가중하여 처벌하는 규정은 없을 뿐만 아니라, 재산범죄 일반에 관하여 야간에 범죄가 행하여졌다고 하여 가중처벌하는 규정이 존재하지 아니한다. 또한 절도행위가 야간에 이루어졌다고 하여 절도행위 자체만으로 주간절도에 비하여 피해자의 심리적 불안감이나 피해 증대 등의 위험성이 커진다고 보기도 어렵다. 나아가, 예컨대 일몰 전에 주거에 침입하였으나 시간을 지체하는 등의 이유로 절취행위가 일몰 후에 이루어진 경우 야간주거침입절도죄로 가중처벌하는 것은 주거침입이 일몰 후에 이루어진 경우와 그 행위의 위험성을 비교하여 볼 때 가혹하다 할 것이다.
한편 야간주거침입절도죄는 주거에 침입한 단계에서 이미 실행에 착수한 것으로 보아야 한다는 것이 대법원의 확립된 판례인바, 만일 주간에 주거에 침입하여 야간에 재물을 절취한 경우에도 야간주거침입절도죄의 성립을 인정한다면, 원심이 적절히 지적하고 있는 바와 같이 행위자가 주간에 주거에 침입하여 절도의 실행에는 착수하지 않은 상태에서 발각된 경우 야간에 절취할 의사였다고 하면 야간주거침입절도의 미수죄가 되고 주간절도를 계획하였

는 야간'에 행해지는 경우에는 주거침입죄와 절도죄는 실체적 경합범이 된다.[121]

5. 실행의 착수

가. 긍정례

야간에 타인의 재물을 절취할 목적으로 사람의 주거에 침입한 경우에는 주거에 침입한 단계에서 이미 야간주거침입절도라는 범죄행위의 실행에 착수한 것이다.[122]

야간에 출입문이 열려 있으면 들어가려고 주택의 출입문을 손으로 당김

피고인은 출입문이 열려있는 집에 들어가 재물을 절취하기로 마음먹고 피해자들이 주거하는 이 사건 다세대 주택에 들어가 그 건물 101호, 102호 등의 출입문을 손으로 당겨보았는데 문이 잠겨있자 범행에 실패하였다. 주거침입죄의 실행의 착수는 주거자, 관리자, 점유자 등의 의사에 반하여 주거나 관리하는 건조물 등에 들어가는 행위, 즉 구성요건의 일부를 실현하는 행위까지 요구하는 것은 아니고 범죄구성요건의 실현에 이르는 현실적 위험성을 포함하는 행위를 개시하는 것으로 족하다고 할 것이므로, 위와 같이 출입문이 열려 있으면 안으로 들어가겠다는 의사 아래 출입문을 당겨보는 행위는 바로 주거의 사실상의 평온을 침해할 객관적인 위험성을 포함하는 행위를 한 것으로 볼 수 있어 그것으로 주거침입의 실행에 착수가 있었고, 단지 그 출입문이 잠겨 있었다는 외부적 장애요소로 인하여 뜻을 이루지 못한 데 불과하다 할 것이다.[123]

비교 판례: 사람이 있는지 확인하기 위해 초인종을 누름

아파트의 초인종을 누르다가 사람이 없으면 만능키 등을 이용하여 문을 열고 안으로 들어가 물건을 훔치기로 모의하고, 갑이 을의 집 초인종을 누르면서 "자장면 시키지 않았느냐"라고 말하였으나 집 안에 있던 을이 "시킨 적 없다"고 대답하자 계단을 이용하여 아래층으로 이동한 사안에서,

침입 대상인 아파트에 사람이 있는지를 확인하기 위해 그 집의 초인종을 누른 행위만으로는 침입의 현실적 위험성을 포함하는 행위를 시작하였다거나, 주거의 사실상의 평온을 침해할 객관적인 위험성을 포함하는 행위를 한 것으로 볼 수 없다 할 것이다.[124]

다고 하면 주거침입죄만 인정된다는 결론에 이르는데, 결국 행위자의 주장에 따라 범죄의 성립이 좌우되는 불합리한 결과를 초래하게 된다(대판 2011. 4. 14. 2011도300).

121) 절도의 목적으로 건조물에 침입한 자가 절취할 물건을 물색하다가 발각되어 미수에 그친 경우에는 건조물침입죄와 절도미수의 죄가 성립된다(대판 1984. 3. 13. 84도71).

122) 대판 1970. 4. 24. 70도507; 대판 2003. 10. 24. 2003도4417; 대판 2006. 9. 14. 2006도2824.
따라서 야간에 절도의 목적으로 월담 침입하여 그 집의 마루 밑에 숨어 있다가 그 목적을 달성하지 못한 경우 야간주거침입절도미수에 해당한다(대판 1970. 4. 24. 70도507).

123) 대판 2006. 9. 14. 2006도2824. 위 판례의 원심은 "피고인이 잠긴 출입문을 부수거나 도구를 이용하여 강제로 열려는 의사가 전혀 없이, 즉 출입문이 잠겨있다면 침입할 의사가 전혀 없이 손으로 출입문을 당겨보아 출입문이 잠겨있는지 여부를 확인한 것이라면 이는 범행의 대상을 물색한 것에 불과하여 피고인의 이 부분 행위는 야간주거침입절도죄의 예비단계에 불과하고 그 실행의 착수에 나아가지 않은 것이다"라고 판단하였다.

124) 대판 2008. 4. 10. 2008도1464.

야간에 아파트에 침입하여 물건을 훔칠 의도 하에 아파트의 베란다 철제난간까지 올라가 유리창문을 열려고 시도하였다면 야간주거침입절도죄의 실행에 착수한 것으로 보아야 한다.[125]

니. 부정례

야간에 다세대주택에 침입하여 물건을 절취하기 위하여 가스배관을 타고 오르다가 순찰 중이던 경찰관에게 발각되어 그냥 뛰어내렸다면, 야간주거침입절도죄의 실행의 착수에 이르지 못했다.[126]

6. 기 수

기수 여부는 절취행위를 기준으로 하여 판단한다.

피고인이 피해자 경영의 까페에서 야간에 아무도 없는 그 곳 내실에 침입하여 장식장 안에 들어 있던 정기적금통장 등을 꺼내 들고 까페로 나오던 중 발각되어 돌려 준 경우 피고인은 피해자의 재물에 대한 소지(점유)를 침해하고, 일단 피고인 자신의 지배 내에 옮겼다고 볼 수 있으니 절도의 미수에 그친 것이 아니라 야간주거침입절도의 기수라고 할 것이다.[127]

Ⅲ. 특수절도죄

1. 의 의

형법 331조 1항은 '야간주거등손괴침입절도'를, 동조 2항은 '흉기휴대절도와 합동절도'를 규정하고 있다. 즉 특수절도에는 '야간주거등손괴침입절도', '흉기휴대절도' 그리고 '합동절도'의 3가지 형태가 있다.

2. 야간주거등손괴침입절도(331조 1항)

형법 제331조 제1항에 정한 '문호 또는 장벽 기타 건조물의 일부'라 함은 주거 등에 대한 침입을 방지하기 위하여 설치된 일체의 위장시설을 말하고, '손괴'라 함은 물리적으로 위와 같은 위장시설을 훼손하여 그 효용을 상실시키는 것을 말한다.[128]

125) 대판 2003. 10. 24. 2003도4417.
126) 대판 2008. 3. 27. 2008도917.
127) 대판 1991. 4. 23. 91도476.

상점 출입문의 하단에 부착된 잠금 고리

야간에 불이 꺼져 있는 상점의 출입문을 손으로 열어보려고 하였으나 출입문의 하단에 부착되어 있던 잠금 고리가 잠겨져 있어 열리지 않았는데, 출입문을 발로 걷어차자 잠금 고리의 아래쪽 부착 부분이 출입문에서 떨어져 출입문과의 사이가 뜨게 되면서 출입문이 열려 상점 안으로 침입하여 재물을 절취하였다면, 이는 물리적으로 위장시설을 훼손하여 그 효용을 상실시키는 행위에 해당한다.[129)]

합동하여 공사현장 컨테이너 박스 출입문 시정장치를 부수다가 체포됨

피고인이 갑과 합동하여 야간에 절취 목적으로 공사 현장 컨테이너 박스 출입문 시정장치를 부수다가 체포되어 미수에 그쳤다는 내용으로 기소된 사안에서, 위 공소사실에는 형법 제342조, 제331조 제2항의 특수절도미수죄 외에 야간주거침입손괴에 의한 형법 제342조, 제331조 제1항의 특수절도미수죄도 포함되어 있다.[130)]

해설: 원심은 피고인이 야간에 절취 목적으로 공사현장 컨테이너박스 출입문 시정장치를 부수다가 체포되어 미수에 그친 것은 사실이지만, 갑과 합동하였다는 사실은 인정되지 않으므로 합동절도(형법 331조 2항)의 미수죄는 무죄이고, 절도(형법 329조)의 미수죄만 인정된다고 판시하였다. 이에 대해 대법원은 피고인에게 합동절도의 미수죄가 인정되지 않는다고 하더라도 야간손괴건조물침입절도의 미수죄가 성립할 여지가 있다는 점을 지적한 것이다.

3. 흉기휴대절도(331조 2항)

드라이버로 택시 운전석 창문을 파손하고 절도

형법 제331조 제2항에서 '흉기를 휴대하여 타인의 재물을 절취한' 행위를 특수절도죄로 가중하여 처벌하는 것은 흉기의 휴대로 인하여 피해자 등에 대한 위해의 위험이 커진다는 점 등을 고려한 것으로 볼 수 있다. 이에 비추어 위 형법 조항에서 규정한 흉기는 본래 살상용·파괴용으로 만들어진 것이거나 이에 준할 정도의 위험성을 가진 것으로 봄이 상당하고, 그러한 위험성을 가진 물건에 해당하는지 여부는 그 물건의 본래의 용도, 크기와 모양, 개조 여부, 구체적 범행 과정에서 그 물건을 사용한 방법 등 제반 사정에 비추어 사회통념

128) 대판 2004. 10. 15. 2004도4505.

129) 대판 2004. 10. 15. 2004도4505. 다음은 같은 취지이다.

야간에 연탄집게와 식도로서 방문고리를 파괴하고 방에 침입하여 재물을 절취하면 이는 문호의 손괴에 해당되어 특수절도죄가 성립한다(대판 1979. 9. 11. 79도1736).

야간에 타인의 주거에 침입하여 건조물의 일부인 방문고리를 손괴하였다면 형법 제331조의 특수절도죄의 실행에 착수한 것이다(대판 1977. 7. 26. 77도1802).

야간에 절도의 목적으로 출입문에 장치된 자물통 고리를 절단하고 출입문을 손괴한 뒤 집안으로 침입하려다가 발각되었다면 특수절도죄의 실행에 착수한 것이다(대판 1986. 9. 9. 86도1273).

두 사람이 공모 합동하여 야간에 타인의 재물을 절취하려고 한 사람은 망을 보고 또 한 사람은 기구를 가지고 출입문의 자물쇠를 떼어내거나 출입문의 환기창문을 열었다면 특수절도죄의 실행에 착수한 것이다(대판 1986. 7. 8. 86도843).

130) 대판 2011. 9. 29. 2011도8015.

에 따라 객관적으로 판단할 것이다.
피고인이 이 사건 절도 범행을 함에 있어서 드라이버로 택시 운전석 창문을 파손하였는바, 위 드라이버는 일반적인 드라이버와 동일한 것으로 특별히 개조된 바는 없는 것으로 보이고, 그 크기와 모양 등 제반 사정에 비추어 보더라도 피고인의 이 사건 범행이 흉기를 휴대하여 타인의 재물을 절취한 경우에 해당한다고 보기는 어렵다.[131)]

4. 합동절도(331조 2항)

가. 합동범의 의미

합동의 의미에 대해서는 ① 공모공동정범설, ② 가중적 공동정범설, ③ 현장설, ④ 현장적 공동정범설 등이 있다. 통설·판례는 현장에서 실행행위를 분담하는 것을 의미한다는 현장설을 취하고 있다. '합동하여'라는 표지는 특수강도죄(형법 334조), 특수도주죄(형법 146조)에도 사용되고 있으며, 특수절도죄에서와 동일한 의미로 사용된다. 위 '합동하여'는 폭처법상의 '공동하여'와 사실상 같은 의미로 사용되고 있다.

형법 제331조 제2항 후단의 "2인 이상이 합동하여"라 함은 주관적 요건으로서의 공모와 객관적 요건으로서의 실행행위의 분담이 있어야 하고 그 실행행위에 있어서는 시간적으로나 장소적으로 협동관계가 있음을 요한다.[132)]

절도범행시 그 인근에서 대기하다가 절취품을 같이 가지고 나옴

피고인이 갑과 범행을 모의하고 갑이 피해자의 집에서 절취행위를 하는 동안 피고인은 그 집 안의 가까운 곳에 대기하고 있다가 절취품을 가지고 같이 나온 경우 시간적, 장소적으로 협동관계가 있었다.[133)]

절취장소 부근의 차량에서 대기

피고인은 공소외인들과 실행행위의 분담을 공모하고 공소외인들의 절취행위 장소 부근에서 피고인이 운전하는 차량 내에 대기하여 실행행위를 분담한 사실이 인정되고 다만 공소외인들이 범행대상을 물색하는 과정에서 절취행위 장소가 피고인이 대기 중인 차량으로부터 다소 떨어지게 된 때가 있었으나 그렇다고 하여 시간적, 장소적 협동관계에서 일탈하였다고는 보여지지 아니하다.[134)]

---

131) 대판 2012. 6. 14. 2012도4175.
132) 대판 1973. 5. 22. 73도480; 대판 1985. 3. 26. 84도2956; 대판 1988. 9. 13. 88도1197; 대판 1989. 3. 14. 88도837.
133) 대판 1996. 3. 22. 96도313.
134) 대판 1988. 9. 13. 88도1197.

해설: 절도범행 현장 인근에서 대기하거나, 망을 보는 행위는 합동절도의 전형적인 예이다.

나. 합동범과 공모공동정범

3인 이상의 범인이 합동절도의 범행을 공모한 후 적어도 2인 이상의 범인이 범행 현장에서 시간적, 장소적으로 협동관계를 이루어 절도의 실행행위를 분담하여 절도 범행을 한 경우에는 공동정범의 일반 이론에 비추어 그 공모에는 참여하였으나 현장에서 절도의 실행행위를 직접 분담하지 아니한 다른 범인에 대하여도 그가 현장에서 절도 범행을 실행한 위 2인 이상의 범인의 행위를 자기 의사의 수단으로 하여 합동절도의 범행을 하였다고 평가할 수 있는 정범성의 표지를 갖추고 있다고 보여지는 한 그 다른 범인에 대하여 합동절도의 공동정범의 성립을 부정할 이유가 없다고 할 것이다. 형법 제331조 제2항 후단의 규정이 위와 같이 3인 이상이 공모하고 적어도 2인 이상이 합동절도의 범행을 실행한 경우에 대하여 공동정범의 성립을 부정하는 취지라고 해석할 이유가 없을 뿐만 아니라, 만일 공동정범의 성립가능성을 제한한다면 직접 실행행위에 참여하지 아니하면서 배후에서 합동절도의 범행을 조종하는 수괴는 그 행위의 기여도가 강력함에도 불구하고 공동정범으로 처벌받지 아니하는 불합리한 현상이 나타날 수 있다. 그러므로 합동절도에서도 공동정범과 교사범·종범의 구별기준은 일반원칙에 따라야 하고, 그 결과 범행현장에 존재하지 아니한 범인도 공동정범이 될 수 있으며, 반대로 상황에 따라서는 장소적으로 협동한 범인도 방조만 한 경우에는 종범으로 처벌될 수도 있다.[135)]

해설: 위 판례에 의해, "합동절도의 범행을 공모하였으나 현장에서 절도의 실행행위를 직접 분담하지 아니한 자에 대해서는 합동절도의 책임을 물을 수 없다(대판 1976. 7. 27. 75도2720; 대판 1989. 3. 14. 88도837 등)"라는 종래의 견해는 변경되었다.[136)]

다. 주거침입죄와의 관계

주간에 2인 이상이 함께 아파트 출입문 시정장치를 손괴하다가 발각

형법 제331조 제2항의 특수절도에 있어서 주거침입은 그 구성요건이 아니므로, 절도범인이 그 범행수단으로 주거침입을 한 경우에 그 주거침입행위는 절도죄에 흡수되지 아니하고 별개로 주거침입죄를 구성하여 절

135) 대판 1998. 5. 21. 98도321 전원합의체. 다음은 같은 취지이다.
3인 이상이 합동절도를 모의한 후 2인 이상이 범행을 실행한 경우, 직접 실행행위에 가담하지 않은 자에 대한 공모공동정범 인정 여부(적극)(대판 2011. 5. 13. 2011도2021).

136) 다음은 변경된 위 88도837의 판결이다.
형법 제331조 제2항 후단의 2인 이상이 합동하여 타인의 재물을 절취한 경우의 이른바 합동범으로서의 특수절도가 성립되기 위하여서는 주관적 요건으로서의 공모와 객관적 요건으로서의 실행행위의 분담이 있어야 하고 그 실행행위에 있어서는 시간적으로나 장소적으로 협동관계가 있음을 요한다.
피고인들은 서울 동작구 상도동 소재 ○○창고에 몰래 들어가 피혁을 훔치기로 약속하였으나 피고인 1은 절취할 마음이 내키지 아니하고 처벌이 두려워 만나기로 한 시간에 약속장소로 가지 아니하고 성남시 중동 소재 포장마차에서 술을 마신 후 인근 여관에서 잠을 잤으며 피고인 2 등은 약속 장소에서 피고인 1을 기다리다가 그들끼리 모의된 범행을 결행하기로 하여 피고인 2은 그 창고 앞에서 망을 보고 피고인 3은 창고에 침입하여 가죽 약 1만평을 절취한 것이라는 바 그렇다면 피고인 1은 특수절도의 공동정범이 성립될 수 없다.

도죄와는 실체적 경합의 관계에 있게 되고, 2인 이상이 합동하여 야간이 아닌 주간에 절도의 목적으로 타인의 주거에 침입하였다 하여도 아직 절취할 물건의 물색행위를 시작하기 전이라면 특수절도죄의 실행에는 착수한 것으로 볼 수 없는 것이어서 그 미수죄가 성립하지 않는다.
'주간에' 아파트 출입문 시정장치를 손괴하다가 발각되어 도주한 피고인들이 특수절도미수죄로 기소된 사안에서, '실행의 착수'가 없으므로 형법 제331조 제2항의 특수절도죄는 성립하지 않는다.[137]
해설: 위 사안에서 주거침입미수는 성립한다.[138]

라. 실행의 착수와 기수

절도죄에서 실행의 착수 및 기수를 판단하는 것과 같다.

Ⅳ. 자동차등불법사용죄

자동차등불법사용죄는 형법개정으로 신설되어 1996. 7. 1.부터 시행되었다. 종래 판례와 학설은 타인의 재물을 취거하여 무단으로 사용한 다음 계속 보유하지 않은 채 반환하거나 버려두는 등의 행위를 사용절도라는 개념으로 포섭하여 절도죄가 성립하는지 여부를 논의하여 왔다. 판례는 이러한 사용절도 행위에 관하여 행위자의 불법영득의사라는 기준에 의하여 절도죄의 성립 여부를 판단하였다. 그런데 이와 같이 사용절도로 논의되어 오던 것 중에서 자동차, 선박, 항공기 및 원동기장치자전차에 대해서 권리자의 동의없는 일시사용행위를 처벌하는 특별규정을 두면서 그 법정형을 절도죄에 비하여 낮게 한 것이다. 문제는 자동차등불법사용죄가 ㉮ 종래 절도죄가 성립되지 않던 사용절도행위를 새로이 처벌하기 위한 것인지, 아니면 ㉯ 종래 절도죄가 성립하던 사용절도행위를 가볍게 처벌하기 위한 것인지 분명하지 않다는 것이다. 위 ㉮의 입장을 취하면 사용절도에 관한 종래의 판례이론은 자동차등불법사용죄가 시행된 이후에도 그대로 유지될 수 있다. 위 ㉯의 입장을 취하면 종래 판례이론에 의해 절도죄가 성립된다고 본 사용절도의 일부는 절도죄가 아닌 자동차등불법사용죄가 성립하는 것으로 바뀌어야 한다. 아래의 ①판례는 위 ㉯의 입장을 취한 것으로 보인다. 아래의 ②판례는 자동차등불법사용죄가 자동차 등을 불법영득의사 없이 일시 사용하는 행위를 처벌하기 위한 것이라고 판시함으로써 위 ㉮의 입장을 취하고 있다.[139]

---

137) 대판 2009. 12. 24. 2009도9667.
138) 대판 1995. 9. 15. 94도2561 참조.
139) 절도죄보다 법정형이 낮은 자동차등불법사용죄가 신설되었으므로, '사용절도 중 종래 절도죄가 성립되는 것으로 보아온 유형' 중 절도죄로 의율하여 처벌하는 것이 가혹한 경우와 '사용절도 중 종래 절도죄가 성립되지 않는 것으로 보아온 유형' 중 처벌하는 것이 타당한 경우에 자동차등불법사용죄의 성립을 인정함이 합리적일 것으로 생각된다.

① 삼촌 친구의 승용차를 며칠간 운전하고 다니다가 불심 검문에 적발됨

판결 요지: 차량을 반환할 의사로 피해자의 동의 없이 일시 사용한 경우이므로 특수절도죄가 아닌 자동차등 불법사용죄를 적용해야 한다고 본 사례.

사안과 판단: 피고인 1은 삼촌인 갑이 경영하는 ○○카센터의 종업원이고 피고인 2는 피고인 1의 친구인데, 함께 위 카센터에서 잠을 자는 갑의 친구인 을의 주머니에서 열쇠를 꺼내어 가 동인 소유의 엑센트 승용차를 운전하고 돌아다녔다. 피고인 1의 진술은, "범행 당일 피고인 2를 만나서 밤 늦도록 함께 놀다가 카센터에 가보니 삼촌은 보이지 않고 을이 위 차를 밖에 세워 놓고 카센터 안에서 자고 있어 삼촌친구 차를 몰래 타 보자고 하자 피고인 2가 좋다고 하여 을의 주머니에서 열쇠를 가지고 나와 피고인 2로 하여금 위 차를 운전해간 것으로, 운전하고 싶어 하루만 운전하고 돌아다니다가 돌려주려고 한 것이며 돈이 필요하여 승용차를 훔친 것은 아니며, 몰래 타고 다니는 동안 삼촌과 한번 통화하였는데 삼촌이 차를 갖고 돌아오라고 하였는데 빨리 돌아가지 아니하였다"라는 것이고, 피고인 2의 진술은, "처음에는 몰래 잠깐 타고 제자리에 가져다 놓으려고 하였는데 마음이 변하여 계속 타고 다닌 것이고, 운전하고 싶었을 뿐 돈이 필요하거나 다른 범죄에 사용하려 한 것이 아니다"라는 것이다. 위와 같은 피고인들과 을 등과의 관계 내지 이 사건 경위와 피고인들이 위 차를 운전하고 며칠간 그들이 거주하는 부천 인근만을 돌아다니다가 불심 검문에 붙들려 차가 을에게 가환부된 점 등에 비추어 본다면 피고인들은 위 차를 반환할 의사를 가지고 피해자의 동의 없이 일시 사용한 것이라고 볼 여지가 충분히 있고, 만일 사실이 그러하다면 자동차등불법사용죄의 죄책을 물을 수 있음은 별론으로 하고, 특수절도죄로 의율, 처벌할 수는 없다.[140)]

해설: 위 판례의 사안은 피고인들이 을의 승용차를 며칠간 운전하였으면서도 반환하지 않고 불심검문에서 붙들리면서 승용차가 가환부되었다는 것이어서 자동차등불법사용죄 시행 이전의 판례에 의하더라도 절도죄에서의 불법영득의사가 충분히 인정되었을 것으로 보인다. 그러므로 위 판례는 자동차등불법사용죄가 "종래 절도죄가 성립하던 사용절도행위를 가볍게 처벌하기 위한 것이다"라는 견해도 취하고 있다고 보아야 할 것으로 생각된다.

② 범죄 후 도주하기 위해 오토바이를 타고 가다가 버림

형법 제331조의2에서 규정하고 있는 자동차등불법사용죄는 타인의 자동차 등의 교통수단을 불법영득의 의사 없이 일시 사용하는 경우에 적용되는 것으로서 불법영득의사가 인정되는 경우에는 절도죄로 처벌할 수 있을 뿐 본죄로 처벌할 수 없다 할 것이며, 절도죄의 성립에 필요한 불법영득의 의사라 함은 권리자를 배제하고 타인의 물건을 자기의 소유물과 같이 이용, 처분할 의사를 말하고 영구적으로 그 물건의 경제적 이익을 보유할 의사임은 요치 않으며 일시사용의 목적으로 타인의 점유를 침탈한 경우에도 이를 반환할 의사 없이 상당한 장시간 점유하고 있거나 본래의 장소와 다른 곳에 유기하는 경우에는 이를 일시 사용하는 경우라고는 볼 수 없으므로 영득의 의사가 없다고 할 수 없다.

피고인이 강도상해 등의 범행을 저지르고 도주하기 위하여 피고인이 근무하던 인천 중구 항동 7가 소재 연안아파트 상가 중국집 앞에 세워져 있는 오토바이를 소유자의 승낙 없이 타고 가서 신흥동 소재 뉴스타호텔 부근에 버린 다음 버스를 타고 광주로 가버린 경우, 오토바이를 불법영득할 의사가 있었다 할 것이므로 절도죄를 인정한 것은 정당하다.[141)]

---

140) 대판 1998. 9. 4. 98도2181.
141) 대판 2002. 9. 6. 2002도3465.

V. 상습절도죄

1. 특가법위반(상습절도)죄에 대한 위헌결정

특가법상의 상습절도죄와 상습장물취득죄에 대하여 다음과 같이 위헌결정이 선고됨으로써 종래 적용의 여지가 거의 없던 형법상의 상습절도죄 및 상습장물죄가 부활하였다.[142)]

형법상의 범죄와 똑같은 구성요건을 규정하면서 법정형만 상향 조정한 '특가법' 제5조의4 제1항 중 형법 제329조에 관한 부분, 같은 법률 제5조의4 제1항 중 형법 제329조의 미수죄에 관한 부분, 같은 법률 제5조의4 제4항 중 형법 제363조 가운데 형법 제362조 제1항의 '취득'에 관한 부분은 위헌이다.[143)]

2. 형법상 상습절도죄의 구성요건 체계

형법상의 상습절도는 상습 단순절도죄(형법 329조), 상습 야간주거침입절도죄(형법 330조), 상습 특수절도죄(형법 331조), 상습 자동차등불법사용죄(형법 331조의2)로 나뉜다. 형법 332조가 상습으로 단순절도(형법 329조), 야간주거침입절도(형법 제330조), 특수절도(형법 331조) 및 자동차등불법사용(형법 331조의2)의 죄를 범한 자는 그 죄에 정한 각 형의 2분의 1을 가중하여 처벌하도록 규정하고 있기 때문이다.

상습으로 단순절도와 야간주거침입절도

단순절도와 야간주거침입절도를 상습적으로 범한 경우에는 그중 법정형이 중한 상습야간주거침입절도죄에 나머지 행위들을 포괄시켜 하나의 죄만이 성립된다.[144)]

---

142) **특가법 제5조의4(상습 강도·절도죄 등의 가중처벌)** ① 상습적으로 「형법」 제329조부터 제331조까지의 죄 또는 그 미수죄를 범한 사람은 무기 또는 3년 이상의 징역에 처한다.
② 5명 이상이 공동하여 제1항의 죄를 범한 사람은 무기 또는 5년 이상의 징역에 처한다.
③ 상습적으로 「형법」 제333조·제334조·제336조·제340조제1항의 죄 또는 그 미수죄를 범한 사람은 사형, 무기 또는 10년 이상의 징역에 처한다.
④ 「형법」 제363조의 죄를 범한 사람은 무기 또는 3년 이상의 징역에 처한다.
형법 제332조(상습범) 상습으로 제329조 내지 제331조의2의 죄를 범한 자는 그 죄에 정한 형의 2분의 1까지 가중한다.

143) 위헌 이유는, 위 각 부분이 별도의 가중적 구성요건표지를 규정하지 않은 채 형법 조항과 똑같은 구성요건을 규정하면서 법정형만 상향 조정하여 어느 조항으로 기소하는지에 따라 벌금형의 선고 여부가 결정되고, 선고형에 있어서도 심각한 형의 불균형을 초래하게 함으로써 형사특별법으로서 갖추어야 할 형벌체계상의 정당성과 균형을 잃어 인간의 존엄성과 가치를 보장하는 헌법의 기본원리에 위배될 뿐만 아니라 그 내용에 있어서도 평등원칙에 위반되기 때문이다(헌재결 2015. 2. 26. 2014헌가16 등).

144) 대판 1979. 12. 11. 79도2371.

3. 상습절도죄와 주거침입죄의 관계

'상습절도죄'와 '범행 수단으로 주거침입 또는 절도습벽이 발현된 주거침입'

형법 제330조에 규정된 야간주거침입절도죄 및 형법 제331조 제1항에 규정된 특수절도(야간손괴침입절도)죄를 제외하고 일반적으로 주거침입은 절도죄의 구성요건이 아니므로 절도범인이 범행수단으로 주거침입을 한 경우에 주거침입행위는 절도죄에 흡수되지 아니하고 별개로 주거침입죄를 구성하여 절도죄와는 실체적 경합의 관계에 서는 것이 원칙이다. 또 형법 제332조는 상습으로 단순절도(형법 제329조), 야간주거침입절도(형법 제330조)와 특수절도(형법 제331조) 및 자동차 등 불법사용(형법 제331조의2)의 죄를 범한 자는 그 죄에 정한 각 형의 2분의 1을 가중하여 처벌하도록 규정하고 있으므로, 위 규정은 주거침입을 구성요건으로 하지 않는 상습단순절도와 주거침입을 구성요건으로 하고 있는 상습야간주거침입절도 또는 상습특수절도(야간손괴침입절도)에 대한 취급을 달리하여, 주거침입을 구성요건으로 하고 있는 상습야간주거침입절도 또는 상습특수절도(야간손괴침입절도)를 더 무거운 법정형을 기준으로 가중처벌하고 있다. 따라서 상습으로 단순절도를 범한 범인이 상습적인 절도범행의 수단으로 주간(낮)에 주거침입을 한 경우에 주간 주거침입행위의 위법성에 대한 평가가 형법 제332조, 제329조의 구성요건적 평가에 포함되어 있다고 볼 수 없다. 그러므로 형법 제332조에 규정된 상습절도죄를 범한 범인이 범행의 수단으로 주간에 주거침입을 한 경우 주간 주거침입행위는 상습절도죄와 별개로 주거침입죄를 구성한다. 또 형법 제332조에 규정된 상습절도죄를 범한 범인이 그 범행 외에 상습적인 절도의 목적으로 주간에 주거침입을 하였다가 절도에 이르지 아니하고 주거침입에 그친 경우에도 주간 주거침입행위는 상습절도죄와 별개로 주거침입죄를 구성한다.[145)]

4. 상습성의 판단

가. 상습성의 판단기준

절도행위의 전과가 여러 번 있었다고 하여 반드시 상습성이 인정된다고 볼 수 없고 그 여러 번의 전과사실과의 관계에서 판시 범행이 절도습성의 발현이라고 인정될 수 있는 경우에만 상습성의 인정이 가능하다.[146)]

7년이나 경과된 전과사실을 근거로 상습범으로 인정하려면 그 전과사실과 종합하여 이 사건 범행이 피고인의 습벽의 발로라고 볼 수 있는 특별한 사정이 있어야 한다.[147)]

절도죄에 있어 상습성의 인정은 여러 번 행하여진 전과사실과의 관계에서 판시범행이 절도습성의 발현이라

145) 대판 2015. 10. 15. 2015도8169. 다음은 같은 취지이다.
주거침입죄는 상습특수절도죄에 흡수되는 것이 아니므로 양죄는 포괄일죄가 아닌 경합범관계에 있다(대판 1983. 4. 12. 83도422).

146) 대판 1984. 3. 27. 84도69.

147) 대판 1982. 2. 23. 81도3151.

고 인정될 수 있는 경우에만 상습성의 인정이 가능하다 할 것이고 소년법상의 보호처분을 받은 사실도 상습성 인정의 자료가 된다.148)

나. 상습성 인정례

절도죄에 있어서 상습성의 인정은 단순히 수 개의 절도 전과가 있는 사실만으로는 부족하고 적어도 절도습벽의 발현이라고 인정되는 경우에 한하여야 하나, 이 사건 피고인은 특수절도죄 등으로 4차에 걸쳐 실형선고를 받아 그 집행을 종료한 전과가 있는데다가 이건 범행도 두 차례에 걸쳐 타인의 재물을 절취한 것으로서 어느 것이나 우발적 범행이라고 보기 어려운 사정 등을 고려해 보면 절도의 상습성이 있다고 인정된다.149)

이 사건 각 범행은 최종 특수절도전과인 범행 후 10년 남짓이 경과된 뒤에 행하여진 것이라고 하더라도 피고인에게는 위 최종전과를 포함하여 4회에 걸친 절도죄 또는 특수절도죄의 실형전과가 있는데다가 차량과 대형절단기 등을 범행도구로 이용하여 새벽 1시가 넘은 심야에 근접한 장소에서 3회에 걸쳐 절취행위를 반복하였다면 위 각 범행의 수단과 방법, 범행회수등을 종합하여 볼 때 위 각 범행은 피고인의 절도습벽의 발로라고 인정할 수 있다.150)

다. 상습성 부정례

절도죄에 있어서 상습성을 인정하려면 절도의 전과가 수회이고 그 수단, 방법 및 성질이 같다는 사실 외에 그 범행이 절도습성의 발현이라고 인정되는 경우에 한하고 그 범행이 우발적인 동기나 급박한 경제적 사정하에서 이루어진 것이어서 절도습성의 발로라고 볼 수 없는 경우에는 상습절도로 인정할 수 없는 것이며 장시일이 경과된 전과사실을 근거로 상습성을 인정하려면 그 전후관계를 종합하여 그 범행이 피고인의 습벽의 발로라고 인정함에 상당한 특별사정이 있어야 한다 할 것이다. 원심이 인정한 절도 등의 전과사실은 모두 1978. 5. 4. 징역 6월을 선고받은 절도행위의 13년 전의 범행들이고, 이건 범행은 위 최종전과 사실(절도죄)과는 약 5년이 경과한 후에 행하여진 것이며, 피고인은 그동안 노동으로 가족을 부양하다가 우연히 옆집 부엌에 있는 개고기를 보고 다리 2개를 그 집 자녀가 보는 가운데서 가지고가 먹지도 않고 선반 위에 갖다 놓아두었다는 것이니 이를 절도습벽의 발로라고 보기는 어렵다.151)

판결 요지: 절도전과 5범인 피고인이 최종전과범죄 후 약 6년이 지나서 경제적 사정이 급박한 나머지 행한 절도행위를 상습범이 아니라고 봄.

148) 대판 1987. 2. 24. 86도2725; 대판 1990. 6. 26. 90도887.
149) 대판 1983. 4. 26. 83도445.
150) 대판 1987. 10. 26. 87도1662.
151) 대판 1984. 3. 13. 84도35.

판단: 피고인은,
- 1970. 4. 16. 절도죄로 소년부 송치되고,
- 1971. 9. 27. 같은 죄로 징역 8월,
- 1972. 12. 4. 같은 죄로 징역 10월에 3년간 집행유예(후에 취소됨),
- 1975. 5. 9. 상습절도죄로 징역 1년 6월의 선고를 받고 1976. 5.경 만기출소하였다.

이 건 범행은 최종전과 사실인 1975. 5. 9. 징역 1년 6월의 선고를 받은 상습절도사실과는 약 6년이 경과된 후에 행하여 진 것이고, 피고인은 또한 위 최종전과 범행 이후 자동차 운전면허를 취득하여 택시운전사로 종사하다가 이 사건 범행 전에 자동차 접촉사고가 발생하여 휴업하던 중 벌과금이 나올 것 같아 이를 마련하고자 이 건 범행에 이르렀다는 것이니 이와 같이 최종전과사실로부터 장시일이 경과된 후 위와 같은 동기에서 행한 이건 범행이 피고인의 절도의 습벽의 발로라고 보기에는 미흡하다.[152)]

152) 대판 1982. 1. 19. 81도3133.

제2절 사기죄

Ⅰ. 사기죄

1. 의의와 보호법익

가. 사기죄의 의의

사기죄는 사람을 기망하여 재물을 교부받거나 재산상의 이익을 취득하는 범죄이다. 재물죄인 동시에 이득죄라는 점에서 강도죄 및 공갈죄와 같다. 사기죄나 공갈죄는 모두 피해자의 하자있는 의사에 기한 처분행위를 통해 재물 또는 재산상의 이익을 취득하는 점에서는 같다. 그러나 하자 있는 의사는 사기죄에 있어서는 기망으로 인한 것이고, 공갈죄에 있어서는 폭행·협박으로 인한 것이다.

기망, 착오, 처분행위, 재물 또는 재산상이익의 취득 및 이들 상호간의 인과관계가 존재하여야 사기죄가 성립한다. 사기죄가 성립하기 위해서는 재물을 교부받거나 재산상의 이익을 취득하여야 하지만, 그로 인하여 피해자에게 재산상의 손해가 발생할 필요는 없다는 것이 판례의 태도이다.

나. 보호법익

사기죄의 보호법익은 재산권이다. 예컨대 사실은 피의자가 고소가 취소되더라도 약정한 금원을 지급할 의사나 능력이 없음에도 피해자에게, "고소를 취소해주면 일정한 금원을 지급하겠다"라고 거짓말하여 이에 속은 피해자가 고소를 취소하였더라도 피해자의 고소취소는 재산상의 처분행위가 아니므로 사기죄가 성립되지 않는다.

농·어민에게 면세유를 공급하였다고 허위 확인서를 정유회사에 송부하여, 정유회사가 세무서에 이를 제출하고 세금을 환급받음

피고인이 농·어민 등에게 조세특례제한법에 정한 면세유를 공급하지 않았으면서도 위조된 면세유류공급확인서를 작성하여 정유회사에 송부하고, 그 정을 모르는 정유회사 직원으로 하여금 위조된 면세유류공급확인서를 세무서에 제출하도록 하여 이에 속은 세무서 직원으로 하여금 국세 및 지방세를 정유회사에 환급하게 한 사안에서,

기망행위에 의하여 국가적 또는 공공적 법익을 침해한 경우라도 그와 동시에 형법상 사기죄의 보호법익인 재산권을 침해하는 것과 동일하게 평가할 수 있는 때에는 당해 행정법규에서 사기죄의 특별관계에 해당하는 처벌규정을 별도로 두고 있지 않는 한 사기죄가 성립할 수 있다. 그런데 기망행위에 의하여 조세를 포탈하거나 조세의 환급·공제를 받은 경우에는 조세범처벌법 제9조에서 이러한 행위를 처벌하는 규정을 별도로 두고 있을 뿐만 아니라, 조세를 강제적으로 징수하는 국가 또는 지방자치단체의 직접적인 권력작용을 사기죄의

보호법익인 재산권과 동일하게 평가할 수 없는 것이므로 조세범처벌법위반죄가 성립함은 별론으로 하고, 사기죄는 성립하지 않는다.[1)]

도박자금으로 사용하기 위하여 금원차용

민법 제746조의 불법원인급여에 해당하여 급여자가 수익자에 대한 반환청구권을 행사할 수 없다고 하더라도, 수익자가 기망을 통하여 급여자로 하여금 불법원인급여에 해당하는 재물을 제공하도록 하였다면 사기죄가 성립한다고 할 것인바, 피고인이 피해자로부터 도박자금으로 사용하기 위하여 금원을 차용하였더라도 사기죄의 성립에는 영향이 없다.[2)]

2. 기망행위

기망은 허위의 의사표시에 의해 타인을 착오에 빠뜨리는 것을 말한다. 기망은 작위 또는 부작위에 의해 행해질 수 있다.

가. 일반적인 경우

(1) 긍정례

동일 부동산을 피해자와 함께 매수하면서 매도인과 공모하여 피해자보다 싸게 매수함에도 같은 가격으로 매수한다고 거짓말

피고인은 동일한 부동산을 피해자와 함께 매수하면서 매도인과 공모하여, 사실은 그 부동산의 평당 매수단가를 피해자보다 싸게 매수하면서도 피해자에게는 자신이 마치 피해자와 같은 값으로 매수하는 것처럼 말하여 피해자를 착오에 빠뜨려 그 부동산을 비싼 값에 매수케 하고, 그 매매차액을 분배, 교부받은 경우 이는 사기죄의 구성요건인 기망행위에 해당한다고 할 것이고, 위 피해자가 만일 동일한 부동산을 피고인과 함께 매수하면서 피고인의 평당 매수단가 보다 비싸게 매수한다는 사실을 사전에 알았더라면 그 매매계약에 임하지 않았으리라는 점은 경험법칙상 쉽게 추측할 수 있다 하겠으므로, 피고인의 위 기망행위와 피해자의 매수행위 사이에 인과관계가 있다고 보아야 한다.[3)]

---

1) 대판 2008. 11. 27. 2008도7303. 다음 판례와 비교하라.
피고인은 주유소를 운영하면서 위 주유소에서 농민들에게 면세된 가격으로 석유류를 공급해 준 사실이 없음에도 농업협동조합으로부터 면세유류공급확인서를 부당하게 발급받아 이를 이용하여 농민들에게 석유류를 면세된 가격에 공급한 것처럼 A주식회사를 기망하여 위 주유소가 A로부터 석유류를 공급받으면서 부담한 부가가치세나 교통세 등에 상당하는 석유류를 교부받았는바, 피고인이 위 회사를 기망하여 재물의 교부를 받은 이상 위 회사에 대하여 사기죄가 성립한다고 할 것이고, 이로 인하여 A에 현실적으로 재산상 손해가 없다고 하여 달리 볼 것은 아니다(대판 2009. 1. 15. 2006도6687).

2) 대판 2006. 11. 23. 2006도6795.

3) 대판 1992. 3. 10. 91도2746.

사기도박

도박이란 2인 이상의 자가 상호간에 재물을 도(賭)하여 우연한 승패에 의하여 그 재물의 득실을 결정하는 것이므로, 이른바 사기도박과 같이 도박당사자의 일방이 사기의 수단으로써 승패의 수를 지배하는 경우에는 도박에서의 우연성이 결여되어 사기죄만 성립하고 도박죄는 성립하지 아니한다. 도박이란 2인 이상의 자가 상호간에 재물을 도하여 우연한 승패에 의하여 그 재물의 득실을 결정하는 것이므로, 이른바 사기도박과 같이 도박당사자의 일방이 사기의 수단으로써 승패의 수를 지배하는 경우에는 도박에서의 우연성이 결여되어 사기죄만 성립하고 도박죄는 성립하지 아니한다.[4)]

융통어음과 기망

융통어음을 할인함에 있어 그 상대방에 대하여 그 어음이 이른바 진성어음인 것처럼 하기 위하여 적극적인 위장수단을 강구하는 것은 명백한 기망행위에 해당되어 상대방으로 하여금 그 뜻을 오신케 하고 할인명목으로 돈을 교부케 한 행위도 사기죄를 구성하고, 그 할인을 받음에 있어 일부의 담보를 제공하였다 하여 결론이 달라지는 것은 아니므로, 담보가액을 공제하지 아니한 편취 금액 전부에 대하여 사기죄가 성립한다.[5)]

어음할인과 기망

어음이 지급기일에 결제되지 않으리라는 점을 예견하였거나 지급기일에 지급될 수 있다는 확신이 없으면서도 그러한 내용을 수취인에게 고지하지 아니하고 이를 속여서 할인을 받았다면 사기죄가 성립한다.[6)]

임차권양도가 금지되었음에도 임대인의 승낙을 받았다고 기망하여 임차권양도하고 보증금 등을 교부받음

임대인의 승인없이 임차권을 양도하거나 전대할 수 없도록 되어 있음에도 불구하고 임차인이 피해자에게 위 임대인의 승낙을 받은 것처럼 거짓말을 하여 이를 오신한 피해자와 임차권양도계약을 체결하고 그 보증금 및 권리금 등으로 도합 1,100만원을 교부받았다면 그로써 사기죄가 성립하고 비록 위 계약 후에 임대인이 피해자로부터 차임을 수령한 사실이 있다 하여도 사기죄의 성립에 아무런 소장이 없다.[7)]

은행원이 고객에게 빌려주어 고율의 이자를 받아주겠다는 명목으로 빌린 돈으로 부동산을 구입하고 건설회사를 설립

은행원이 피해자의 돈을 은행지점 고객들에게 빌려주고 고율의 이자를 받아줄 것처럼 가장하여 그로 하여금 이를 그의 부모와 처 등의 여러 구좌에 입금케 한 다음 이를 인출해서 대지를 구입하여 그 지상에 주택과

4) 대판 2011. 1. 13. 2010도9330.
5) 대판 1997. 7. 25. 97도1095.
6) 대판 1997. 7. 25. 97도1095; 대판 1997. 12. 26. 97도2609; 대판 1998. 12. 9. 98도3282.
7) 대판 1984. 1. 17. 83도2932.

상가건물을 건립하고 임야를 매입하거나 또는 건설회사를 설립하는데 이용하였다면 기망행위와 편취의사가 있었다고 볼 것이다.[8)]

(2) 부정례

(가) 상대방의 법률상 지위에 아무런 영향을 미칠 수 없는 사유

법률행위에 따른 상대방의 법률상 지위에 아무런 영향을 미칠 수 없는 사유에 대해서는 형법상 고지의무가 인정되지 않는다.[9)]

신탁금지약정이 체결된 사실을 숨기고 부동산을 담보신탁하고 대출받음

피고인이 부동산에 대해 갑과 신탁금지약정을 체결한 사실을 을 은행에 알리지 아니한 채 위 부동산을 담보신탁하고 을 은행에서 대출을 받아 대출금을 편취하였다고 하여 구 특경법위반(사기)으로 기소된 사안에서, 신탁금지약정 사실을 고지하지 아니하였다고 하여 을 은행을 기망하였다고 평가할 수 없다.[10)]

부동산의 명의수탁자가 자신의 소유라고 거짓말하여 이를 매도하고 대금을 받음

부동산의 명의수탁자가 부동산을 제3자에게 매도하고 매매를 원인으로 한 소유권이전등기까지 마쳐 준 경우, 명의신탁의 법리상 대외적으로 수탁자에게 그 부동산의 처분권한이 있는 것임이 분명하고, 제3자로서도 자기 명의의 소유권이전등기가 마쳐진 이상 무슨 실질적인 재산상의 손해가 있을 리 없으므로 그 명의신탁 사실과 관련하여 신의칙상 고지의무가 있다거나 기망행위가 있었다고 볼 수도 없어서 그 제3자에 대한 사기죄가 성립될 여지가 없고, 나아가 그 처분시 매도인(명의수탁자)의 소유라는 말을 하였다고 하더라도 역시 사기죄가 성립하지 않으며, 이는 자동차의 명의수탁자가 처분한 경우에도 마찬가지이다.[11)]

8) 대판 1991. 5. 28. 91도752. 다음은 유사 취지이다.

시세가 조종된 주식을 담보로 한 대출

시세조종된 주식임을 잘 알면서도 이를 숨긴 채 담보로 제공하였다면 대출받을 당시 담보가치가 충분히 있었다고 하더라도 편취의 범의가 인정된다고 한 사례(대판 2004. 5. 28. 2004도1465).

9) 대판 2012. 4. 13. 2011도2989.

10) 대판 2012. 4. 13. 2011도2989.

11) 대판 2007. 1. 11. 2006도4498.

피고인 단독명의로 소유권이전등기가 되어 있는 부동산 중 1/2지분은 타인으로부터 명의신탁 받은 것임에도 불구하고 피고인이 그의 승낙 없이 위 부동산 전부를 피해자에게 매도하여 그 소유권이전등기를 마쳐준 경우 매수인은 유효하게 위 부동산의 소유권을 취득하므로 매수인인 피해자에 대하여 사기죄를 구성하지 않는다(대판 1990. 11. 13. 90도1961).

대포통장을 빌려준 자가 타인에 의한 편취 금원이 입금되자 이를 인출

계좌이체 또는 현금으로 계좌송금(이하 '계좌이체 등'이라고 한다)이 되었지만 예금원장에 입금의 기록이 된 때에 예금이 된다고 예금거래기본약관에 정하여져 있을 뿐이고, 수취인과 은행 사이의 예금계약의 성립 여부를 송금의뢰인과 수취인 사이에 계좌이체 등의 원인인 법률관계가 존재하는지 여부에 의하여 좌우되도록 별도로 약정하였다는 등의 특별한 사정이 없다면, 송금의뢰인과 수취인 사이에 계좌이체 등의 원인인 법률관계가 존재하는지 여부에 관계없이 수취인과 은행 사이에는 계좌이체금액 상당의 예금계약이 성립하고, 수취인은 은행에 대하여 위 금액 상당의 예금채권을 취득한다. 그리고 위와 같이 송금의뢰인과 수취인 사이에 계좌이체 등의 원인이 되는 법률관계가 존재하지 않음에도 불구하고, 계좌이체에 의하여 수취인이 계좌이체금액 상당의 예금채권을 취득한 경우에, 송금의뢰인은 수취인에 대하여 위 금액 상당의 부당이득반환청구권을 가지게 되지만, 은행은 이익을 얻은 것이 없으므로 은행에 대하여는 부당이득반환청구권을 가지지 않는다. 그렇다면 위와 같이 송금의뢰인이 수취인의 예금계좌에 계좌이체 등을 한 이후, 수취인이 은행에 대하여 예금반환을 청구함에 따라 은행이 수취인에게 그 예금을 지급하는 행위는 계좌이체금액 상당의 예금계약의 성립 및 그 예금채권 취득에 따른 것으로서 은행이 착오에 빠져 처분행위를 한 것이라고 볼 수 없으므로, 결국 이러한 행위는 은행을 피해자로 한 형법 제347조의 사기죄에 해당하지 않는다고 봄이 상당하다.[12)]

해설: 위 판례의 사안은 송금의뢰인이 제3자에게 속아 피고인의 은행계좌로 송금하였고, 피고인이 이를 출금한 것이다(원심인 인천지판 2010. 2. 18. 2010노90).

(나) 사람에 대한 기망의 부존재

타인의 전화기를 무단 사용하여 전화통화

타인의 일반전화를 무단으로 이용하여 전화통화를 하는 행위는 전기통신사업자인 한국전기통신공사가 일반전화 가입자인 타인에게 통신을 매개하여 주는 역무를 부당하게 이용하는 것에 불과하여 한국전기통신공사에 대한 기망행위에 해당한다고 볼 수 없을 뿐만 아니라, 이에 따라 제공되는 역무도 일반전화 가입자와 한국전기통신공사 사이에 체결된 서비스이용계약에 따라 제공되는 것으로서 한국전기통신공사가 착오에 빠져 처분행위를 한 것이라고 볼 수 없다.[13)]

사용정지된 휴대전화를 이용한 문자발송

피고인이, 휴대전화 문자메시지를 발송하더라도 이용대금을 납부할 의사와 능력이 없는데도, 단독으로 또는 공범들과 함께 사용이 정지되거나 사용할 수 없게 된 휴대전화를 구입한 후 이른바 '대포폰'으로 유통시켜 사용하도록 하거나 '유심칩(USIM Chip) 읽기'를 통하여 해당 휴대전화의 문자발송제한을 해제하고 광고성 문자를 대량 발송하는 방법으로 이동통신회사들로부터 이용대금 상당의 재산상 이득을 취득하였다는 내용으로 기소된 사안에서, 피고인의 행위가 '사람을 기망하여 재산상 이득을 취득한 경우'에 해당한다고 볼 수 없는데도 이와 달리 보아 피고인에게 사기죄를 인정한 것은 위법하다고 한 사례[14)]

12) 대판 2010. 5. 27. 2010도3498.
13) 대판 1999. 6. 25. 98도3891.
14) 대판 2011. 7. 28. 2011도5299.

나. 허위·과장 광고

사기죄의 요건으로서의 기망은 널리 재산상의 거래관계에 있어서 서로 지켜야 할 신의와 성실의 의무를 저버리는 모든 적극적 및 소극적 행위로서 사람으로 하여금 착오를 일으키게 하는 것을 말하며 사기죄의 본질은 기망에 의한 재물이나 재산상 이익의 취득에 있고, 상대방에게 현실적으로 재산상 손해가 발생함을 그 요건으로 하지 아니하는바, 일반적으로 상품의 선전, 광고에 있어 다소의 과장, 허위가 수반되는 것은 그것이 일반 상거래의 관행과 신의칙에 비추어 시인될 수 있는 한 기망성이 결여된다고 하겠으나 거래에 있어서 중요한 사항에 관하여 구체적 사실을 거래상의 신의성실의 의무에 비추어 비난받을 정도의 방법으로 허위로 고지한 경우에는 과장, 허위광고의 한계를 넘어 사기죄의 기망행위에 해당한다.[15]

식육식당을 경영하는 자가 음식점에서 한우만을 취급한다는 취지의 상호를 사용하면서 광고선전판, 식단표 등에도 한우만을 사용한다고 기재한 경우, '한우만을 판매한다'는 취지의 광고가 식육점 부분에만 한정하는 것이 아니라 음식점에서 조리·판매하는 쇠고기에 대한 광고로서 음식점에서 쇠고기를 먹는 사람들로 하여금 그 곳에서는 한우만을 판매하는 것으로 오인시키기에 충분하므로, 이러한 광고는 진실규명이 가능한 구체적인 사실인 쇠갈비의 품질과 원산지에 관하여 기망이 이루어진 경우로서 그 사술의 정도가 사회적으로 용인될 수 있는 상술의 정도를 넘는 것이고, 따라서 피고인의 기망행위 및 편취의 범의를 인정하기에 넉넉하다고 본 사례.[16]

---

15) 대판 1997. 9. 9. 97도1561; 대판 2002. 2. 5. 2001도5789; 대판 2004. 1. 15. 2001도1429 등.

16) 대판 1997. 9. 9. 97도1561. 다음은 유사 취지이다.

지오모나코 시계가 국내에 처음 수입되기 시작한 2002년 당시 위 '지오모나코'라는 브랜드는 시장에 출시된 지 1년 정도밖에 지나지 않은 신생 브랜드로서 세계적인 명성이나 인지도가 거의 없었고, 지오모나코 본사를 설립한 미켈레 아씨오네 가문은 3대째 귀금속 세공업을 하던 가문이지 3대째 시계제조업을 하던 가문이 아님에도, 마치 3대에 걸쳐 180년 동안 시계제조업을 이어온 브랜드인 것처럼 허위의 광고문구를 작성하여 이를 잡지나 홈쇼핑 방송, 기타 각종 매체를 통해 홍보함으로써, 이를 본 사람들로 하여금 위 지오모나코가 180년을 이어온 전통 있는 브랜드로서 그만큼 위 시계의 품질과 명성이 뛰어날 것으로 오인케 하는 방법으로 개당 수백만 원을 호가하는 고가의 시계들을 판매한 것은 사회적으로 용인될 수 있는 한계를 넘은 것으로서 사기죄의 기망행위에 해당한다(대판 2008. 7. 10. 2008도1664).

오리, 하명, 누에, 동충하초, 녹용 등 여러가지 재료를 혼합하여 제조·가공한 '녹동달오리골드'라는 제품이 당뇨병, 관절염, 신경통 등의 성인병 치료에 특별한 효능이 있는 좋은 약이라는 허위의 강의식 선전·광고행위를 하여 이에 속은 노인들로 하여금 위 제품을 고가에 구입하도록 한 것은 그 사술의 정도가 사회적으로 용인될 수 있는 상술의 정도를 넘은 것이어서 사기죄의 기망행위를 구성한다고 한 사례(대판 2004. 1. 15. 2001도1429).

통신판매에 있어 소비자가 갖는 상품의 품질, 가격에 대한 정보는 전적으로 유통업자의 광고에 의존할 수밖에 없고, TV홈쇼핑업체에 대한 소비자들의 신뢰는 TV라는 영상매체를 이용한 스스로의 강도 높은 광고에 의하여 창출된 것인 만큼 이에 대한 소비자들의 신뢰와 기대는 특별히 보호되어야 할 것인바, 농업협동조합의 조합원이나 검품위원이 아닌 자가 TV홈쇼핑업체에 납품한 삼이 제3자가 산삼의 종자인지 여부가 불분명한 삼의 종자를 뿌려 이식하면서 인공적으로 재배한 삼이라는 사실을 알면서도 광고방송에 출연하여 위 삼이 위 조합의 조합원들이 자연산삼의 종자를 심산유곡에 심고 자연방임 상태에서 성장시킨 산양산삼이며 자신이 조합의 검품위원으로서 위 삼 중 우수한 것만을 선정하여 감정인의 감정을 받은 것처럼 허위 내용의 광고를 한 것은 진실규명이 가능하고 구매의 결정에 있어 가장 중요한 요소로서 구체적 사실인 판매물품의 품질에 관하여 기망한 것으로서 그 사술의 정도가 사회적으로 용인될 수 있는 상술의 정도를 넘은 것이어서 사기죄의 기망행위를 구성한다고 한 사례(대판 2002. 2. 5. 2001도5789).

인터넷 사이트의 초기화면에 성인 동영상물에 대한 광고용 선전문구 및 영상을 게재하고 이를 통해 접속한 사람들

백화점에서 신상품임에도 종전가격 및 할인가격을 비교표시하여 변칙세일

현대산업화 사회에 있어 소비자가 갖는 상품의 품질, 가격에 대한 정보는 대부분 생산자 및 유통업자의 광고에 의존할 수밖에 없고 백화점과 같은 대형유통업체에 대한 소비자들의 신뢰(정당한 품질, 정당한 가격)는 백화점 스스로의 대대적인 광고에 의하여 창출된 것으로서 이에 대한 소비자들의 신뢰와 기대는 보호되어야 한다고 할 것인바, 종전에 출하한 일이 없던 신상품에 대하여 첫 출하시부터 종전가격 및 할인가격을 비교표시하여 막바로 세일에 들어가는 이른바 변칙세일은 진실규명이 가능한 구체적 사실인 가격조건에 관하여 기망이 이루어진 경우로서 그 사술의 정도가 사회적으로 용인될 수 있는 상술의 정도를 넘은 것이어서 사기죄의 기망행위를 구성한다.

피고인이 백화점의 직원으로 통상적인 업무처리과정에서 위와 같은 변칙세일에 통상적인 업무처리과정에서 접하게 되었다 할지라도 피고인에게 백화점을 위한 불법영득의 의사가 있었다고 인정된다.[17)]

백화점에서 전날 판매하지 못한 생식품을 재포장하면서 가공일자를 당일로 하여 판매

백화점의 식품매장에서 당일 판매되지 못하고 남은 생식품들에 대하여 그 다음날 아침 포장지를 교체하면서 가공일자가 재포장일자로 기재된 바코드라벨을 부착하여 재판매하는 행위 내지 판매기법은 제품의 신선도에 대한 소비자들의 신뢰를 배신하고 그들의 생식품 구매 동기에 있어서 중요한 요소인 가공일자에 관한 착오를 이용하여 재고상품을 종전 가격에 판매하고자 하는 것으로서 그 사술의 정도가 사회적으로 용인될 수 있는 상술의 정도를 넘은 기망행위라고 한 사례.[18)]

다. 차용금편취

(1) 변제할 능력과 의사

차용금사기에 있어서는 변제할 능력이나 의사가 없어 편취의 고의가 인정되는 경우가 많다.

금전대차관계에서 그 채무를 불이행하였다 하여 곧바로 차용금편취의 범의를 인정할 수 없으나, 확실한 변제

을 유료회원으로 가입시킨 사안에서, 위 광고내용이 구 정보통신망 이용촉진 및 정보보호 등에 관한 법률상 음란표현물에 해당하지 않고, 또한 실제 제공하는 영상물과 광고내용에 다소 차이가 있더라도 사기의 기망행위에 해당하지 않는다고 본 사례(대판 2008. 6. 12. 2008도76).

17) 대판 1992. 9. 14. 91도2994.

18) 대판 1995. 7. 28. 95도1157. 다음은 같은 취지이다.

근저당권자측이 소유자의 위임장을 위조하여 법원으로부터 경매개시결정정본을 교부받음

기망행위를 수단으로 한 권리행사의 경우 그 권리행사에 속하는 행위와 그 수단에 속하는 기망행위를 전체적으로 관찰하여 그와 같은 기망행위가 사회통념상 권리행사의 수단으로서 용인할 수 없는 정도라면 그 권리행사에 속하는 행위는 사기죄를 구성한다.

근저당권자의 대리인인 피고인이 채무자 겸 소유자인 피해자를 대리하여 경매개시결정 정본을 받을 권한이 없음에도, 경매개시결정 정본 등 서류의 수령을 피고인에게 위임한다는 내용의 피해자 명의의 위임장을 위조하여 법원에 제출하는 방법으로 경매개시결정 정본을 교부받은 사안에서, 위 행위는 사회통념상 도저히 용인될 수 없으므로 비록 근저당권이 유효하다고 하더라도 사기죄의 기망행위에 해당한다(대판 2009. 7. 9. 2009도295).

의사가 없거나 약속한 변제기일에 변제할 능력과 뜻이 없음에도 불구하고 제때에 변제할 것처럼 속여 금원을 차용하거나 가계수표 등 유가증권을 교부받은 경우에는 편취의 범의를 인정할 수 있다.[19)]

계속적인 금전거래나 대차관계를 가지고 있으면서 일시적인 자금궁색 등의 이유로 채무를 이행하지 못하게 되었다면 그러한 결과만으로 금전차용자의 행위가 편취의 범의에서 비롯된 것이라고 단정할 수는 없고 또한 금전차용에 있어서 단순히 차용금의 진실한 용도를 고지하지 아니하였다는 것만으로 사기죄가 성립된다 할 수 없으나, 이미 과다한 부채의 누적으로 변제의 능력이나 의사마저 극히 의심스러운 상황에 처하고서도 이러한 사실을 숨긴 채 피해자들에게 사업에의 투자로 큰 이익을 볼 수 있다고 속여 금전을 차용한 후 이를 주로 상환이 급박해진 기존채무 변제를 위한 용도에 사용한 사실이 인정된다면 금전차용에 있어서 편취의 범의가 있었다고 볼 수 있다.[20)]

피고인이 2006. 5. 8. 파산신청을 하여 2006. 9. 15. 파산선고를 받고 이어서 2007. 3. 23. 면책허가결정을 받아 그 면책허가결정이 2007. 4. 8. 확정된 사실을 알 수 있으나, 한편 피고인은 2001년경 전 남편이 사업에 실패하여 이혼을 하면서 4~5천만 원 가량의 보증채무를 부담하고 있었고 달리 소유한 재산이 전혀 없어 돈을 차용하더라도 이를 변제할 의사나 능력이 없었음에도 불구하고 2004. 4.경부터 파산신청을 하기 불과 40여 일 전인 2006. 3. 28.경까지 피해자들로부터 총 6천만 원의 돈을 빌려서 채무 변제와 생활비 등으로 사용한 것은 사기죄에 해당한다.[21)]

대금의 일부를 피해자가 그 존부를 다투는 채권으로 상계할 생각임에도 현금으로 지급하겠다고 기망하여 오징어를 구입

피고인이 피해자로부터 냉동오징어를 구입하더라도 그 잔대금을 지급할 의사 없이 계약금 명목으로 일부 금원을 지급하고 나머지 대금을 지급하지 않은 사안에서, 피고인이 위 잔대금채무를 이전에 피해자에 대하여 가지고 있었던 채권으로 상계할 의사를 가지고 있었다 하더라도 피해자가 위 채권의 존재 자체를 다투고 있는 상태에서 마치 현금으로 결제할 것처럼 기망하여 물품을 교부받은 것은 사회통념상 용인된다고 볼 수 없으므로, 사기죄가 성립한다.[22)]

19) 대판 1987. 9. 22. 87도1605. 다음은 같은 취지이다.
변제의 의사나 능력이 없음에도 이를 숨긴 채 피해자에게 금원 대여를 요청하여 이에 속은 피해자로부터 동인의 배서가 된 약속어음을 교부받아 이를 금융기관에서 할인한 후 그 할인금을 사용하였다면, 그 후 위 약속어음이 지급기일에 지급거절되고 피고인이 금융기관에 대하여 그 상환채무를 지게 되었다고 하더라도 피해자에 대한 사기죄가 성립한다고 할 것이다(대판 2007. 4. 12. 2007도1033).

20) 대판 1993. 1. 15. 92도2588.

21) 대판 2007. 11. 29. 2007도8549.

22) 대판 1997. 11. 11. 97도2220.

개인파산·면책제도를 통하여 면책을 받은 채무자에 대한 차용금 사기죄의 인정

개인파산·면책제도를 통하여 면책을 받은 채무자에 대한 차용금 사기죄의 인정 여부는 그 사기로 인한 손해배상채무가 면책대상에서 제외되어 경제적 회생을 도모하려는 채무자의 의지를 꺾는 결과가 될 수 있다는 점을 감안하여 보다 신중한 판단을 요한다.[23)]

(2) 차용금 용도의 기망

(가) 용도가 특정된 경우

용도가 특정된 대출금을 그 용도 이외의 목적으로 사용할 생각이면서도 지정된 용도로 사용하겠다고 속여 대출금을 받으면 사기죄에 해당한다.

중소기업운전자금은 대출용도가 한정되어 있어, 그 용도 이외는 대출받을 수 없는 경우이므로 피고인이 그 용도에 관하여 진실에 반하여 마치 중소기업운전자금으로 사용할 것같이 허위사실을 기재하여 융자신청을 하고 중소기업은행으로 하여금 착오에 빠뜨리게 하여서 그 자금을 융자받았다면 이는 사기죄에 해당한다.[24)]

해설: 전업농육성정책자금이나, 생계형창업특별보증제도에 기한 창업자금을 용도를 기망하여 대출받은 때에는 마찬가지로 사기죄에 해당한다.[25)]

23) 대판 2008. 2. 14. 2007도10770. 그 이유는 다음과 같다.
채무자회생 및 파산에 관한 법률은 채권자 등 이해관계인의 법률관계를 조정하고 파산제도의 남용을 방지하기 위하여, 같은 법 제309조에서 법원은 파산신청이 성실하지 아니하거나 파산절차의 남용에 해당한다고 인정되는 때에는 파산신청을 기각할 수 있도록 하고, 같은 법 제564조 제1항의 각 호에 해당하는 경우에는 법원이 면책을 불허가할 수 있도록 하고, '채무자가 고의로 가한 불법행위로 인한 손해배상청구권' 등 같은 법 제566조의 각 호의 청구권은 면책대상에서 제외하며, 같은 법 제569조에 따라 채무자가 파산재단에 속하는 재산을 은닉 또는 손괴하는 등 사기파산죄로 유죄의 확정판결을 받거나 채무자가 부정한 방법으로 면책을 받은 경우 법원의 결정에 의하여 면책이 취소될 수 있도록 하고 있다.

24) 대판 1983. 7. 26. 83도1085.

25) 피고인이 전업농 육성 정책자금인 농지구입자금을 융자받아 농지 구입과 관련 없는 다른 채무의 변제에 사용할 생각이면서도 농지 매매대금에 충당할 것처럼 농지구입자금의 융자신청서류인 매매계약서의 내용을 허위로 작성하는 등 하여 농지구입자금을 융자받은 것이 사기죄에 해당한다고 본 사례(대판 2005. 5. 26. 2002도5566.
명의상의 학원 원장에 불과한 자가 외환위기 후 신규창업 자금을 지원하기 위한 생계형 창업특별보증제도의 목적 및 대출금의 용도에 반하여 창업자금 대출금 중 일부를 개인적인 용도로 사용할 생각이었음에도 불구하고 이를 속이고 위 대출금을 위 학원 운전자금 용도로 사용하겠다면서 보증을 신청한 행위가 사기죄의 기망행위에 해당한다고 한 사례(대판 2003. 12. 12. 2003도4450).
양송이 재배자가 아닌 자나 양송이 재배사업목적 외의 용도로는 대부할 수 없는 사업자금을 그 일부에 대하여 제3자에게 양송이 재배사업목적 이외의 용도에 소비하도록 나누어 주기로 하고 융자자에 대하여는 융자금을 자신의 양송이 재배사업에 전액사용 하는 것처럼 관계서류를 작성하여 사업자금의 대부를 받은 자가 그중 일부를 제3자에게 지급하여 사용케 하였다면 사기죄가 구성된다(대판 1975. 1. 28. 74도2738).
임업후계자육성을 위한 정책자금대출인 임야매수자금을 실제보다 부풀려 대출받음
농어촌구조개선 특별회계기금을 재원으로 하여 임업후계자육성을 위해 이루어지는 정책자금대출로서 그 대출의 조건 및 용도가 임야매수자금으로 한정되어 있는 정책자금을 대출받음에 있어 임야매수자금을 실제보다 부풀린 허위의 계약서를 제출함으로써 대출취급기관을 기망하였다면, 피고인에게 대출받을 자금을 상환할 의사와 능력이 있었국민주택기금은 국민주택건설자금 등 주택건설촉진법 제10조의4에서 정한 용도 외로는 이를 운용할 수 없는 점, 관리규정은 한국주택은행장으로 하여금 국민주택건설자금을 융자받고자 하는 민간사업자가 허위 또는 부정한 수단으로 자금융자승인을 받은 때에는 자금융자승인을 취소하도록 하고, 기금대출을 받은 자가 융자금을 주택건설자금 이외의 용도로 사용한 때에는 융자금을 일시에 회수하도록 규정하고 있는 점에 비추어 보면, 국민주택건설자금을 융자받고자 하는 민간사업자가 사실은 국민주택건설자금으로 사용할 의사가 없으면서도 국민주택건설자금으로 사용할 것처럼 용도를 속여 자금융자승인을 받아 국민주택건설자금을 대출받은 경우에는, 대출받을 당시 자금의 일부를 지급받는 대신 이로써 같은 은행에 대한 기존채무의 변제에 갈음하기로 하였다 하더라도 대출금 전액에 대하여 사기죄가 성립한다.[26]

(나) 일반적인 경우

사기죄의 실행행위로서의 기망은 반드시 법률행위의 중요 부분에 관한 허위표시임을 요하지 아니하고 상대방을 착오에 빠지게 하여 행위자가 희망하는 재산적 처분행위를 하도록 하기 위한 판단의 기초가 되는 사실에 관한 것이면 족한 것이므로, 용도를 속이고 돈을 빌린 경우에 있어서 만일 진정한 용도를 고지하였더라면 상대방이 돈을 빌려 주지 않았을 것이라는 관계에 있는 때에는 사기죄의 기망행위가 있는 것으로 보아야 한다.[27]

타인으로부터 금전을 차용함에 있어서 그 차용한 금전의 용도나 변제할 자금의 마련방법에 관하여 사실대로 고지하였더라면 상대방이 응하지 않았을 경우에 그 용도나 변제자금의 마련방법에 관하여 진실에 반하는 사실을 고지하여 금전을 교부받은 경우에는 사기죄가 성립하고, 이 경우 차용금채무에 대한 담보를 제공하였다는 사정만으로는 결론을 달리 할 것은 아니다.[28]

경매신청된 호텔을 매각하여 달라는 부탁을 받은 피고인이 자신이 실형을 선고받고 상고 중인 사건의 소송비용으로 사용하겠다는 명목으로 호텔주인으로부터 금원 차용

피해자가 피고인에게 위 약속어음을 빌려주게 된 것은 피고인이 피해자를 대리하여 갑과 사이에 이 사건 호텔에 관한 매매계약 체결 등의 모든 문제를 처리하여 왔으며 위 호텔에 관하여 이미 경매신청이 되어 있어서 경매가 되어 버리면 피해자로서는 막대한 손실을 입게 되기 때문에 어떻게 하든지 피고인을 통하여 이를 갑에게 매도하여야 할 형편이었고, 당시 피고인은 경매방해 등 죄로 징역 1년 6월의 실형을 선고받고 대법원에 상고 중에 있어서 만약 대법원에서 무죄가 나오지 아니하면 위 형의 집행을 받기 위하여 교도소에 수감되어야 하는 형편이었는데, 그렇게 되면 피고인이 그 동안 추진하여 온 갑과의 매매계약이 성사되지 않을 것을

는지 여부를 불문하고 편취의 고의가 인정된다(대판 2007. 4. 27. 2006도7634).

26) 대판 2002. 7. 26. 2002도2620.

27) 대판 1996. 2. 27. 95도2828.

28) 대판 2005. 9. 15. 2003도5382. 같은 취지로는 대판 2012. 4. 13. 2012도1101.

염려한 피해자가 대법원에 상고한 경매방해 등 사건에 관한 교제비, 변호사선임비 등으로 사용한다는 피고인의 말만 믿고 위 약속어음을 빌려 주게 된 것을 엿볼 수 있는데, 원심 인정과 같이 피고인이 위 금원 중 금 1천만 원만 변호사 선임비로 쓰고 나머지는 자신의 사업자금으로 사용하였다면 특단의 사정이 보이지 아니하는 이 사건에 있어서 피고인은 피해자의 이러한 상태를 이용하여 소송비용 등을 빌미로 자신의 사업자금에 사용하기 위하여 피해자로부터 위 금원을 차용한 것으로 보여지는바, 사정이 위와 같다면 피고인은 용도를 속이고 돈을 빌린 것으로 보여지고 만약 진정한 용도를 고지하였으면 당시 자신 소유의 호텔이 경매에 처하는 등의 어려운 상황에 처해 있었던 피해자가 피고인에게 금 1억 5천만 원이나 되는 약속어음을 선뜻 빌려 주지 않았을 것으로 추단되므로 피고인의 이러한 행위는 사기죄에 있어서 기망에 해당한다고 보아야 할 것이다.[29)]

피고인이 개발제한구역 지정의 해제는 물론이고 그 해제로 인하여 얻게 될 재산상의 이익을 나누어줄 의사와 능력이 없으면서도, 마치 피해자로부터 돈을 차용하게 되면 이를 개발제한구역 지정을 해제하는데 필요한 비용으로 사용하고 개발제한구역 해제로 인하여 얻게 될 이익을 피해자에게 나누어 줄 것처럼 피해자를 속여 피해자로부터 금원을 차용하였다면, 피고인의 위와 같은 행위는 사기죄에 있어서의 기망행위에 해당하고 피해자는 피고인에게 기망당하여 착오를 일으켜 금원을 대여하게 되었다고 보아야 할 것이며, 피고인에게 타인의 금원을 편취할 의사 또한 있었다고 보아야 할 것이므로, 비록 피고인이 지방공무원으로서 신분을 가지고 있었고 자기 명의로 된 주택을 소유하고 있었다고 하더라도 그와 같은 사정은 피고인의 편취범의를 인정하는데 있어 장애사유가 될 수 없다.[30)]

라. 부동산거래

(1) 고지의무를 인정하는 기준

부동산을 매매함에 있어서 매도인이 매수인에게 매매와 관련된 구체적 사정을 고지하지 아니함으로써, 매수인이 매매목적물에 대한 권리를 확보하지 못할 위험이 생길 수 있음을 알면서도, 매수인에게 그와 같은 사정을 고지하지 아니한 채 매매계약을 체결하고 매매대금을 교부받는 한편, 매수인은 그와 같은 사정을 고지받았더라면 매매계약을 체결하지 아니하거나 매매대금을 지급하지 아니하였을 것임이 경험칙상 명백한 경우에는, 신의성실의 원칙상 매도인에게 그와 같은 사정에 관한 고지의무가 있다고 할 것이므로, 매도인이 매수인에게 그와 같은 사정을 고지하지 아니함은 사기죄의 구성요건인 기망에 해당한다.[31)]

29) 대판 1995. 9. 15. 95도707.
30) 대판 1995. 9. 15. 95도707; 대판 1996. 2. 27. 95도2828.
31) 대판 1991. 12. 24. 91도2698; 대판 2011. 1. 27. 2010도5124.

(2) 부동산매매

(가) 목적물의 하자

토지에 대하여 도시계획이 입안되어 있어 장차 협의매수되거나 수용될 것이라는 사정을 매수인에게 고지하지 아니한 행위가 부작위에 의한 사기죄를 구성한다고 본 사례.[32)]

137평의 대지 중 30평 내외가 사실상 도로로 사용되고 있는 경우에 그 대지의 매도인은 그 사실을 매수인에게 고지할 의무가 있다.[33)]

아파트 평형의 수치를 다소 과장 광고하여 아파트를 분양함

아파트를 분양함에 있어 아파트 평형의 수치를 다소 과장하여 광고를 한 사실은 인정되나 분양가 결정방법, 분양계약 체결의 경위 및 최종대금의 절충과정 등 제반 사정에 비추어 볼 때 위 광고는 그 거래당사자 사이에서 매매대금을 산정하기 위한 기준이 되었다고 할 수 없고, 단지 분양대상 아파트를 특정하고 나아가 위 아파트의 분양이 쉽게 이루어지도록 하려는 의도에서 한 것에 지나지 않는다고 하여 위 과대광고가 기망행위에 해당하지 않는다고 본 사례.[34)]

(나) 이중매매

부동산을 이중매매(또는 이중양도담보)함에 있어 제1 매매계약(또는 양도담보계약)을 일방적으로 해제할 수 없다는 사정을 불고지

부동산을 매매함에 있어서 매도인이 매수인에게 매매와 관련된 어떤 구체적인 사정을 고지하지 아니함으로써, 장차 매매의 효력이나 매매에 따르는 채무의 이행에 장애를 가져와 매수인이 매매목적물에 대한 권리를 확보하지 못할 위험이 생길 수 있음을 알면서도, 매수인에게 그와 같은 사정을 고지하지 아니한 채 매매계약을 체결하고 매매대금을 교부받는 한편, 매수인이 그와 같은 사정을 고지받았더라면 매매계약을 체결하지 아니하거나 매매대금을 지급하지 아니하였을 것임이 경험칙상 명백한 경우에는, 신의성실의 원칙상 매수인에게 미리 그와 같은 사정을 고지할 의무가 매도인에게 있다고 할 것이므로, 매도인이 매수인에게 그와 같은

32) 대판 1993. 7. 13. 93도14.

33) 대판 1971. 7. 27. 71도977.

34) 대판 1991. 6. 11. 91도788. 다음은 유사 사안에 관한 민사판례이다.

연립주택을 분양하면서 서비스면적을 평형에 포함하여 과장광고

연립주택을 분양함에 있어 평형의 수치를 다소 과장하여 광고를 하였으나, 그 분양가의 결정방법, 분양계약 체결의 경위, 피분양자가 그 분양계약서나 건축물관리대장 등에 의하여 그 공급면적을 평으로 환산하여 쉽게 확인할 수 있었던 점 등 제반 사정에 비추어 볼 때, 그 광고는 그 거래당사자 사이에서 매매대금을 산정하기 위한 기준이 되었다고 할 수 없고, 단지 분양 대상 주택의 규모를 표시하여 분양이 쉽게 이루어지도록 하려는 의도에서 한 것에 지나지 아니한다는 이유로, 연립주택의 서비스면적을 포함하여 평형을 과장한 광고가 거래에 있어 중요한 사항에 관하여 구체적 사실을 거래상의 신의성실의 의무에 비추어 비난받을 정도의 방법으로 허위로 고지함으로써 사회적으로 용인될 수 있는 상술의 정도를 넘은 기망행위에 해당하지 않는다고 본 사례(대판 1995. 7. 28. 95다19515).

사정을 고지하지 아니한 것은 사기죄의 구성요건인 기망에 해당한다고 할 것이지만, 매매로 인한 법률관계에 아무런 영향도 미칠 수 없는 것이어서 매수인의 권리실현에 장애가 되지 아니하는 사유까지 매도인이 매수인에게 고지할 의무가 있다고는 볼 수 없는 것인바, 부동산의 이중매매에 있어서 매도인이 제1의 매매계약을 일방적으로 해제할 수 없는 처지에 있었다는 사정만으로는, 바로 제2의 매매계약의 효력이나 그 매매계약에 따르는 채무의 이행에 장애를 가져오는 것이라고 할 수 없음은 물론, 제2의 매수인의 매매목적물에 대한 권리의 실현에 장애가 된다고 볼 수도 없는 것이므로 매도인이 제2의 매수인에게 그와 같은 사정을 고지하지 아니하였다고 하여 제2의 매수인을 기망한 것이라고 평가할 수는 없을 것이고, 부동산의 이중양도담보에 있어서도 마찬가지라고 할 것이다.[35)]

(다) 담보제공

토지를 매도함에 있어서 채무담보를 위한 가등기와 근저당권설정등기가 경료되어 있는 사실을 숨기고 이를 고지하지 아니하여 매수인이 이를 알지 못한 탓으로 그 토지를 매수하였다면 이는 사기죄를 구성한다.[36)]

비교 판례: 저당권설정 사실을 불고지하고 부동산을 임대

임대차계약을 체결하고 보증금을 교부받을 시 그 부동산에 관하여 저당권이 설정되어 있다는 사실을 고지하지 않았다 하더라도 임대인이 계약 당시 그 부동산이 경매되리라는 사정을 알지 못하였다면 불법영득의사로 임차인을 기망하여 보증금을 편취하였다고 보기 어렵다.[37)]

채무담보로 제공하였으나 담보에 필요한 등기를 아직 마치지 않은 상태의 아파트를 매도

채무담보로 제공된 아파트를 분양하는 매도인이 매수인에게 담보제공의 사실을 고지하지 아니하였을 뿐 동 사실이 없다는 취지의 말을 하는 등 적극적으로 매수인을 기망한 바 없고 매수인이 분양계약을 체결한 당시에 위 담보제공에 따른 소유권이전등기가 경료되지 않았음이 인정된다면 매도인으로서는 피담보채무를 변제하고 위 담보제공에 관한 계약을 해제할 수 있었던 것이므로 위 담보사실을 소극적으로 고지하지 않았다는 것만으로는 매수인을 기망하였다고 할 수 없다.[38)]

---

35) 대판 2012. 1. 26. 2011도15179. 같은 취지로는 대판 1991. 12. 24. 91도2698; 대판 2008. 5. 8. 2008도1652.

36) 대판 1981. 8. 20. 81도1638.

37) 대판 1985. 9. 10. 85도1306.

38) 대판 1983. 6. 28. 82도1684; 대판 1984. 5. 9. 83도3194. 다음은 유사한 취지이다.

임대차 목적물의 계약 당시의 시가가 임대차보증금과 가등기담보로 차용한 채무액을 합산한 금액을 훨씬 초과하고 그 가등기도 바로 말소되었다면 임대인이 위 임대차계약의 보증금잔액을 교부받을 당시에 설사 위 가등기담보사실을 임차인에게 고지하지 아니하였다고 하더라도 사기죄의 범의를 인정하기 어렵다(대판 1985. 4. 9. 85도326).

피고인이 공소외인에 대한 채무담보를 위하여 본건 부동산에 대하여 매매계약을 체결하고 다시 피해자와도 매매계약을 체결하여 잔금까지 모두 교부받은 경우 잔금의 수령이 위 공소외인에 대한 채무의 변제기이후라 하더라도 동인 앞으로 담보제공에 따른 소유권이전등기가 경료되어 있지 않은 이상 피고인으로서는 위 담보제공 사실을 소극적으로 고지하지 아니하였다는 사실만으로 위 피해자를 기망한 것이라고 볼 수 없다(대판 1985. 11. 26. 85도18300).

자동차의 매도인이 이미 제3자와의 사이에 자동차매매계약이 체결된 사실을 고지하지 아니한 채 매수인과 매매계약을 체결하였다고 하더라도 제3자와의 위 자동차매매계약이 그 제3자에 대한 차용금채무를 담보하기 위하여 대물변제의 예약을 한 것이라면 매도인은 제3자 명의로 소유권이전등록이 되기까지는 언제든지 차용원리금을 변제하고 위

차용금변제를 담보하기 위하여 분양하였으나 아직 이전등기하지 아니한 아파트를 임대함

아파트를 신축하여 분양하고자 하는 피고인이 그 아파트신축자금 등으로 차용한 금원 등을 변제하지 못하여 채권자들의 요구에 따라 위 아파트가 아직 완공되지 아니한 상태에서 그 채권담보의 뜻으로 위 차용금 등을 아파트분양대금으로 대체하여 분양한 후 각 수분양자 명의로 소유권이전등기를 마쳐주기 전에 이를 다시 제3자에게 위와 같은 분양사실을 고지하지 아니한 채 임대차계약(전세계약)을 체결한 경우에 있어 피고인이 위 임대차계약상의 의무를 이행하여 그 임차인으로 하여금 각 해당아파트를 실제로 입주사용케 하였다면 현행 민법이 물권변동에 관하여 형식주의를 취하고 있는 이상 각 수분양자에게 소유권이전등기를 하기 이전에는 피고인이 그 부동산을 원시취득한 법률상 소유자로서 이를 처분할 수 있을 뿐만 아니라 위 분양에 따른 소유권이전등기가 경료되기 이전에는 피담보채무를 변제하여 소유권이전등기의무를 면할 수도 있으니 피고인이 위 임대차계약을 체결할 때에 위 분양사실을 각 임차인에게 고지하지 아니하였다는 사실만으로는 동인들을 기망한 것이라고 볼 수 없다.[39)]

(라) 권리의 하자

소송계속 중인 사실을 묵비하고 부동산을 매도하여 매매대금을 받음

부동산매매에 있어서 매수인이 매매목적물의 소송계속 사실을 모르고 그 대금을 교부하려는 경우에 신의성실을 원칙으로 하는 거래의 필요상 매도인측은 이를 매수인에게 고지할 법률상 의무 있다고 할 것이므로 매수인이 소송계속 중인 사실을 알았다면 매수하지 아니할 것으로 보여지는 경우에 소송계속 사실을 숨기고 매도하여 그 대금을 교부받았다면 사기죄가 성립하고, 매도인이 매수인에게 소유권이전등기를 넘겨준 여부 등 현실적으로 매수인의 재산상의 손해여부는 사기죄의 성립에 아무런 소장이 없다.[40)]

유증받은 재산을 매도함에 있어 상속재산분할청구의 소가 제기되어 있음을 불고지

유증받은 재산에 대하여 상속재산분할청구가 제기되어 있다는 사정을 매수인에게 고지하지 아니하고 수증재산을 매매한 경우, 매도인에게 편취의 범의가 있다고 하려면, 그가 단순히 다른 공동상속인에 의하여 상속재

대물변제예약을 해제할 수 있는 것이며 이 대물변제의 예약때문에 당연히 매수인이 그 자동차를 인도받아 소유권을 취득하는데 장애가 되는 것은 아니므로 이와 같은 사실만으로는 매도인이 매수인을 기망하여 그 매매대금을 편취한 것이라고 볼 수 없다(대판 1989. 10. 24. 89도1397).

39) 대판 1987. 12. 8. 87도1839.

40) 대판 1983. 3. 22. 82도2837. 다음은 같은 취지이다.

부동산매매에 있어서 매매목적물에 관하여 소유권귀속에 관한 분쟁이 있어 재심소송이 계속 중에 있다면 이러한 사정들은 특별한 사정이 없는 한 매수인으로서는 매매계약의 체결 여부를 결정짓는 매우 중요한 요소이므로 매도인은 거래의 신의성실의 원칙상 매수인에게 고지할 의무가 있다 할 것이고 매도인 이 매수인에게 소송계속사실을 숨기고 매도하여 대금을 교부받았다면 이는 사기죄를 구성한다(대판 1986. 9. 9. 86도956).

매매에 있어서 매수인이 알았다면 매수하지 아니할 것이 거래의 경험칙상 명백한 사실에 대하여는 매도인은 신의성실의 원칙에 따라 이를 상대방에게 고지할 법률상 의무가 있다고 보아야 할 것이므로 제3자가 매도인을 상대로 대지 및 지상건물에 대한 명도소송을 제기하여 계속 중이고 점유이전금지가처분까지 되어 있는 사실을 매수인이 알았다면 거래의 경험칙상 위 대지를 매수하지 아니하였을 것이 분명하므로 신의성실의 원칙에 따라 매도인은 위와 같은 소송관계를 매수인에게 고지할 법률상 의무가 있다(대판 1985. 3. 26. 84도301).

산분할청구가 제기되어 있다는 사실을 알았다는 것만으로는 부족하고, 적어도 그가 그 토지를 유증에 의하여 전부 취득하게 되는 것이 아니라 민법상 유류분제도에 따라 다른 공동상속인들이 유류분반환청구권을 행사하는 경우에는 유류분 침해의 한도에서 그 토지를 취득할 수 없게 된다는 사실을 알고 있었다는 것이 전제되어야 한다.[41)]

부동산매매에 있어서 매매목적물에 관하여 유언으로 재단법인에 출연되었는지의 여부가 문제되고 다른 부동산에 관하여는 이미 위 유언이 유효하다는 판결까지 있었다면 이러한 사정들은 특별한 사정이 없는 한 매수인으로서는 매매계약의 체결 여부를 결정짓는 매우 중요한 요소이므로, 매도인은 거래의 신의성실의 원칙상 매수인에게 이를 고지할 법률상의 의무가 있고 매도인이 매수인에게 위와 같은 사실을 숨기고 매도하여 대금을 교부받았다면 이는 사기죄를 구성한다.[42)]

부동산을 매매함에 있어 근저당권설정등기된 사실을 고지하지 아니하였다 하더라도 상대방을 기망키 위하여 적극적으로 동 사실을 은폐한 것이 아니고 매수인이 등기사실을 알았다면 위 매매계약을 체결하지 아니하였으리라는 사정이 없으면 동 불고지는 기망행위가 되지 아니한다.[43)]

원인무효의 소유권보존등기명의자로부터 매수한 토지 소유자가 그 정을 알고도 공탁된 수용보상금을 수령

토지의 소유권보존등기가 위조된 서류에 의하여 경료된 것으로 원인무효의 등기이므로, 피고인이 비록 위 토지를 매수하여 그 소유자로 등기되어 있다고 하더라도 자신이 진정한 소유자가 아닌 사실을 알게 된 이상, 당해 토지의 수용보상금을 수령함에 있어서 당해 토지를 수용한 기업자나 공탁공무원에게 그러한 사실을 고지하여야 할 의무가 있다고 보아야 할 것이고, 이러한 사실을 고지하지 아니한 채 수용보상금으로 공탁된 공탁금의 출급을 신청하여 이를 수령한 이상 기망행위가 없다고 할 수 없다.[44)]

(마) 부수사정

공장의 정상가동 여부는 매매계약의 체결 여부를 결정짓는 중요한 요소이므로 프라스틱 공장이 이를 이전하지 아니하고서는 계속 가동할 수 없게 된 경우, 신의성실의 원칙상 매도인에게 위와 같은 사정에 관한 고지의무가 있다고 보아야 할 것이어서, 매도인측이 위와 같은 사정을 고지하지 아니하고 공장을 운영하는 데 아무런 문제가 없다고 말하였다면 이는 매수인을 기망한 경우라고 보아야 할 것이다.[45)]

---

41) 대판 1997. 7. 8. 97도472.

42) 대판 1992. 8. 14. 91도2202.

43) 대판 1972. 3. 28. 72도255.

44) 대판 1994. 10. 14. 94도1911.

45) 대판 1991. 7. 23. 91도458. 다음은 유사 사안에 관한 것이다.

재개발사업이 진행 중인 토지(1억 원)를 그 사정을 모르는 소유자로부터 200만 원에 매수

사기죄의 요건으로서의 기망은 널리 재산상의 거래관계에 있어서 서로 지켜야 할 신의와 성실의 의무를 져버리는 피고인들이 매수인들에게 토지의 매수를 권유하면서 언급한 내용이 객관적 사실에 부합하거나 비록 확정된 것은 아닐지라도 연구용역 보고서와 신문스크랩 등에 기초한 것으로서 사기죄에 있어서 기망행위에 해당한다고 보기는 어렵다고 한 사례.[46]

아파트를 2억 5,000만 원에 확보하여 2억 9,500만 원에 전매하면서 전매사실을 불고지

피해자로서는 장지지구 33평형 아파트 입주권을 2억 9,500만 원에 매입하면 시세차익을 볼 수 있다고 판단하여 갑의 입주권이나 을의 입주권 가격에 대하여 아무런 문의도 하지 않고 이 사건 매매계약을 체결한 이상, 피고인이 갑의 입주권 대신 을의 입주권으로 변경하여 매매하면서 을의 장지지구 33평형 아파트 입주권을 2억 5,000만 원에 확보하여 이를 피해자에게 전매한다는 사실을 고지하지 않았다고 하여 피고인이 피해자를 기망하여 피해자로부터 지급받은 입주권 매매대금인 2억 9,500만 원과의 차액 4,500만 원을 편취한 것으로 보기 어렵다.[47]

전매이익을 많이 얻을 수 있으며 자기가 책임진다고 해서 이를 믿은 타인이 투자한 것임에 불과한 사실만으로는 기망사실을 인정하기에 부족하다.[48]

(바) 기 타

아파트 전매인이 전매시 아파트 분양회사의 대표이사가 그 분양업무와 관련된 형사사건으로 유죄판결을 받

모든 적극적 또는 소극적 행위를 말하는 것이고, 거래의 상대방이 일정한 사정에 관한 고지를 받았더라면 당해 거래에 임하지 아니하였을 것임이 경험칙상 명백한 경우 그 거래로 인하여 재물을 수취하는 자에게는 신의성실의 원칙상 사전에 상대방에게 그와 같은 사정을 고지할 의무가 있다.

사도로 이용되는 이 사건 대지 일대에 불량주택재개발사업이 진행 중에 있어 위 대지가 공공용지로 수용되는 경우에 지급될 것으로 예상되는 보상금은 19,950,000원인데, 피고인들은 피해자가 위 대지 일대에 불량주택재개발사업이 진행 중에 있는 사실을 알지 못하고 있는 것을 이용하여 재개발사업이 진행 중에 있는 위 대지에 대하여 그 현상인 사도로서의 대가만을 지급하고 그 소유권을 취득함으로써 재개발사업시행의 결과 위의 대가와는 현격한 차이가 나는 아파트분양 또는 시가에 의한 보상금 등의 이득을 취할 의도하에 피해자에게 위 대지가 재개발사업지구내에 들어 있는 사실을 고지하지 아니하였을 뿐만 아니라 그 대가로 지급된 돈은 200만 원에 불과하다는 것이니, 위 대지가 재개발사업지구내에 포함되어 있는 사실을 피해자가 알았더라면 피해자로서는 금 200만 원에 피고인들에게 위 대지의 소유권이전등기를 넘겨주지 않았을 것임이 경험칙상 명백하므로 피고인들로서는 앞서본 법리에 따라 이 사건 대지를 취득함에 있어 피해자에게 위와 같은 사실을 고지할 법률상 의무가 있다고 보아야 할 것이고, 더우기 이 사건 대지는 그 당시 재개발사업의 시행으로 인하여 시가가 금 1억원 정도에 이르고 있었는데도 피고인들은 이를 숨겼을 뿐만 아니라 오히려 이 사건 대지는 그 현상이 사도이어서 쓸모가 없는 땅이라고 강조하는 등 적극적인 기망행위를 한 바 이는 사기죄를 구성한다(대판 1987. 10. 13. 86도1912).

46) 대판 2007. 1. 25. 2004도45. 다음은 유사 사안에 관한 것이다.

부동산 관련 업체가 지방자치단체의 특정 용역보고서만을 근거로 확정되지도 않은 개발계획이 마치 확정된 것처럼 허위 또는 과장된 정보를 제공하여 매수인들과 토지매매계약을 체결한 사안에서, 사기죄가 성립한다고 한 사례(대판 2008. 10. 23. 2008도6549).

47) 대판 2011. 1. 27. 2010도5124.

48) 대판 1984. 2. 14. 83도2471.

은 바 있다고 하여도, 그 범죄내용이 전매인의 위 아파트 소유권취득에 영향을 미치는 사법상 효력에 관계있는 것이 아니라면, 전매당시 위와 같은 유죄판결에 관한 사실을 전매인이 알았더라도 일반거래의 경험칙상 위 아파트를 매수하지 않았을 것이라고 인정하기 어려우므로 전매인은 위와 같은 사실을 전매인에게 고지할 의무가 없다.[49)]

국유재산의 매각을 전제로 연고권자에게 유상대부계약을 할 때에 허위로 연고권이 있는 것 같이 관계공무원을 기망하였다면 사기죄가 된다.[50)]

(3) 부동산임대

담보를 위하여 소유권이 이전된 가옥이 자신의 소유인 양 임대

채권의 담보로 가옥소유권이 채권자에게 이전등기되었음에도 피고인이 이런 사실을 숨긴 채 채무자와 공모하여 동 가옥이 채무자의 소유인 양 타인에게 임대하고 그 임대보증금등 명목으로 금원을 수령한 소위는 사기죄를 구성한다.[51)]

피해자가 이 사건 임대차계약 당시 임차할 여관건물에 관하여 법원의 경매개시결정에 따른 경매절차가 이미 진행 중인 사실을 알았더라면 그 건물에 관한 임대차계약을 체결하지 않았을 것임이 명백한 이상, 피고인은 신의칙상 피해자에게 이를 고지할 의무가 있다 할 것이고, 피해자 스스로 그 건물에 관한 등기부를 확인 또는 열람하는 것이 가능하다고 하여 결론을 달리 할 것은 아니다.[52)]

---

49) 대판 1983. 9. 13. 83도823. 다음은 유사 사안에 관한 것이다.

무리한 상가분양과 편취범의

쇼핑몰 상가 분양사업을 계획하면서 사채와 분양대금만으로 사업부지 매입 및 공사대금을 충당할 수 있다는 막연한 구상 외에 체계적인 사업계획 없이 무리하게 쇼핑몰 상가 분양을 강행한 경우 편취의 범의를 인정할 수 있다고 한 사례(대판 2005. 4. 29. 2005도741).

위임받은 매도가격보다 고가로 매도하였음에도 위임인에게 이를 묵비

토지의 공유자 겸 명의수탁자인 피고인이 나머지 공유자들로부터 그들 소유 지분에 관하여 매도가격 및 처분기한을 특정하여 처분권한을 위임받고 그 처분에 따른 양도소득세 등 일체의 경비를 피고인이 부담하기로 약정한 경우, 피고인이 위 매도위임가격보다 훨씬 고가로 매도하였다 하더라도 그와 같은 사실을 위임인에게 고지할 법률상 의무가 없다고 본 사례.

피고인에게 한 매도위임약정의 내용은, 단기의 처분기한을 정하여 평당 12만 원 상당을 받고, 위 처분에 따른 양도소득세와 소개비 등 제 경비는 피고인이 부담하기로 하였다는 것이므로, 피고인이 그 노력과 비용 하에 계쟁 토지를 타에 매도하되 실제 매도대금의 다과와 상관없이 위임인들에게 평당 12만 원에 상당한 금원을 지급하고, 나머지 초과이득은 피고인에게 귀속하며 이에 대하여 위임인들은 일체 관여하지 않기로 하는 내용의 것이었다고 볼 여지가 크고, 사실관계가 그와 같다면 설령 피고인이 계쟁 토지를 위임받은 가격보다 훨씬 높은 가격으로 타에 매도하였다 하더라도 그와 같은 사실을 위임인들에게 고지하여야 할 법률상의 의무가 있다고 보기는 어렵다(대판 1999. 5. 25. 98도2792).

50) 대판 1972. 1. 31. 71도1193.

51) 대판 1984. 1. 31. 83도1501.

임차기간이 만료되어 명도키로 약정한 주차장임차권의 양도

공소외인으로부터 주차장부지를 임차하여 주차장을 경영하던 피고인이 그 임차기간이 만료되었고, 또 이를 임대인에게 명도반환하기로 약정하고도 이 사실을 고지하지 아니하고 주차장시설과 부지임차권 등을 타에 양도한 경우에는 위 사실을 고지하지 아니한 점에 기망행위가 있다고 할 것이다.[53)]

부동산소유자가 임대차계약을 체결한 후 그 목적물을 타에 매도하면서 매수인과 사이에 임대차보증금을 매매대금에서 공제하여 매수인이 임대인의 지위를 승계하기로 약정한 경우, 임대차계약 당시 위 목적물을 매매를 위하여 복덕방에 내 놓았다는 사실을 임차인에게 고지하지 않았다는 사실만으로 기망행위가 된다고 볼 수 없다.[54)]

갑으로부터 매수한 아파트를 임대놓은 후 갑의 아파트매수가 무효라는 분쟁발생

피고인이 아파트를 갑으로부터 매수하여 피해자에게 임대한 것이 갑의 동아파트 취득에 관한 분쟁이 발생하기 전이라면 설사 갑에 대한 아파트분양이 무효이어서 피고인이 소유권을 취득할 수 없게 되었다 하더라도 그 임대행위를 가리켜 무권리자의 기망행위라고 볼 수는 없다.[55)]

전대금지 등의 특약이 없는 경우 임차인인 피고인이 그 사용부분 중 일부를 갑에게 전대한 것은 그 권리범위 내에 속하여 갑에 대한 사기죄가 성립되지 아니한다.[56)]

점포의 일부를 임차하고 있는 자가 나머지 부분을 임차하고 있는 자로부터 전대를 위임받아 동 점포를 전대함에 있어 동인이 그 점포전체를 임차하여 사용하고 있는 것처럼 이야기하였다 하더라도 이는 거래에 있어 있을 수 있는 과장에 불과한 것이어서 사기죄에 있어서의 기망이라고 보기 어렵다.[57)]

(4) 부동산을 담보로 한 금원차용

대출자금으로 빌딩을 경락받았으나 분양이 저조하여 자금조달에 실패한 피고인들이 수분양자들과 사이에 대

52) 대판 1998. 12. 8. 98도3263.

53) 대판 1981. 6. 9. 81도277. 다음은 유사 취지이다.
극장의 양도계약을 체결함에 있어 극장건물의 임대차계약기간 종료 후 명도집행을 위한 제소전 화해조서 작성용 서류까지 교부하여 극장용도로서의 재계약이 불가능함에도 이를 고지하지 아니하였을 뿐만 아니라 재임대차계약을 체결할 수 있도록 적극적으로 협조하겠다고 한 것이 기망행위에 해당한다고 한 사례(대판 1993. 6. 8. 92도2622).

54) 대판 1985. 11. 12. 85도1914.

55) 대판 1983. 9. 13. 83도823.

56) 대판 1982. 12. 14. 82도2465.

57) 대판 1986. 4. 8. 86도236.

출금으로 충당되는 중도금을 제외한 계약금과 잔금의 지급을 유예하고 1년의 위탁기간 후 재매입하기로 하는 등의 비정상적인 이면약정을 체결하고 점포를 분양하였음에도, 금융기관에 대해서는 그러한 이면약정의 내용을 감춘 채 분양 중도금의 집단적 대출을 교섭하여 중도금 대출 명목으로 금원을 지급받은 사안에서, 대출 금융기관에 대하여 비정상적인 이면약정의 내용을 알릴 신의칙상 의무가 있다고 보아 이를 알리지 않은 것은 사기죄의 요건으로서의 부작위에 의한 기망에 해당한다고 한 사례.[58]

마. 부작위에 의한 기망

사기죄의 요건으로서의 기망은 널리 재산상의 거래관계에 있어 서로 지켜야 할 신의와 성실의 의무를 저버리는 모든 적극적 또는 소극적 행위를 말하는 것이고, 이러한 소극적 행위로서의 부작위에 의한 기망은 법률상 고지의무 있는 자가 일정한 사실에 관하여 상대방이 착오에 빠져 있음을 알면서도 이를 고지하지 아니함을 말하는 것으로서, 일반거래의 경험칙상 상대방이 그 사실을 알았더라면 당해 법률행위를 하지 않았을 것이 명백한 경우에는 신의칙에 비추어 그 사실을 고지할 법률상 의무가 인정되는 것이다.[59]

(1) 긍정례

매매대금의 초과지급

매수인이 매도인에게 매매잔금을 지급함에 있어 착오에 빠져 지급해야 할 금액을 초과하는 돈을 교부하는 경우, 매도인이 사실대로 고지하였다면 매수인이 그와 같이 초과하여 교부하지 아니하였을 것임은 경험칙상 명백하므로, 매도인이 매매잔금을 교부받기 전 또는 교부받던 중에 그 사실을 알게 되었을 경우에는 특별한 사정이 없는 한 매도인으로서는 매수인에게 사실대로 고지하여 매수인의 그 착오를 제거하여야 할 신의칙상 의무를 지므로 그 의무를 이행하지 아니하고 매수인이 건네주는 돈을 그대로 수령한 경우에는 사기죄에 해당될 것이지만, 그 사실을 미리 알지 못하고 매매잔금을 건네주고 받는 행위를 끝마친 후에야 비로소 알게 되었을 경우에는 주고 받는 행위는 이미 종료되어 버린 후이므로 매수인의 착오 상태를 제거하기 위하여 그 사실을 고지하여야 할 법률상 의무의 불이행은 더 이상 그 초과된 금액 편취의 수단으로서의 의미는 없으므로, 교부하는 돈을 그대로 받은 그 행위는 점유이탈물횡령죄가 될 수 있음은 별론으로 하고 사기죄를 구성할 수는 없다.[60]

카드깡 — 용역의 제공 없이 매출전표를 작성한 사실을 숨기고 신용카드회사에게 대금청구

신용카드 가맹점주가 신용카드회사로부터 금원을 교부받을 당시 신용카드회사에게 매출전표가 용역의 제공을 가장하여 허위로 작성된 것임을 고지하지 아니한 채 제출하여 대금을 청구하였고, 신용카드회사는 매출전표에 기재된 바와 같은 가맹점의 용역의 제공이 실제로 있은 것으로 오신하여 그에게 그 대금 상당의 금원을

58) 대판 2006. 2. 23. 2005도8645.
59) 대판 1998. 12. 8. 98도3263; 대판 2004. 5. 27. 2003도4531; 대판 2006. 2. 23. 2005도8645 등.
60) 대판 2004. 5. 27. 2003도4531.

교부한 경우, 신용카드회사가 가맹점의 용역의 제공을 가장한 허위 내용의 매출전표에 의한 대금청구에 대하여는 이를 거절할 수 있는 등 매출전표가 허위임을 알았더라면 가맹점주에게 그 대금의 지급을 하지 아니하였을 관계가 인정된다면, 가맹점주가 용역의 제공을 가장한 허위의 매출전표임을 고지하지 아니한 채 신용카드회사에게 제출하여 대금을 청구한 행위는 사기죄의 실행행위로서의 기망행위에 해당하고, 가맹점주에게 이러한 기망행위에 대한 범의가 있었다면, 비록 당시 그에게 신용카드 이용대금을 변제할 의사와 능력이 있었다고 하더라도 사기죄의 범의가 있었음을 인정할 수 있다.[61]

특정 시술을 받으면 아들을 낳을 수 있을 것이라는 착오에 빠져있는 피해자들에게 그 시술의 효과와 원리에 관하여 사실대로 고지하지 아니한 채 아들을 낳을 수 있는 시술인 것처럼 가장하여 일련의 시술과 처방을 행한 의사에 대하여 사기죄의 성립을 인정한 사례.[62]

(2) 부정례

할부금이 남아 있는 차를 매수하여 할부금이 없는 차라고 속여 매도

갑은 동양할부금융 주식회사로부터 금융을 얻어(또는 보증보험회사의 보증 하에) 할부로 승용차를 구입하였고, 피고인은 위 승용차를 갑으로부터 매수하면서 위 할부금채무를 승계하기로 약정하였음에도, 피고인이 그러한 사정을 고지하지 아니한 채 위 승용차를 피해자에게 매도하여 자동차매매대금을 교부받은 사안에서, 중고 자동차 매매에 있어서 매도인의 할부금융회사 또는 보증보험에 대한 할부금 채무가 매수인에게 당연히 승계되는 것이 아니어서 피해자가 장차 계약 목적물인 자동차의 소유권을 확보하지 못할 위험이 생기는 것은 아니라 할 것이므로, 피해자가 그와 같은 할부금 채무가 있다는 사정에 대하여 고지를 받았더라면 그 각 자동차를 매수하지 아니하였을 것임이 경험칙상 명백하다고 할 수 없고, 따라서 피고인들에게 그에 관한 고지의무가 있다고 볼 수도 없으며 피고인들의 그와 같은 부작위가 기망행위에 해당한다고 볼 수도 없다.[63]

---

61) 대판 1999. 2. 12. 98도3549.

62) 대판 2000. 1. 28. 99도2884. 다음은 유사 취지이다.

다른 회사가 동일한 용도, 성능, 이름을 가진 제품을 팔고 있음에도 독점판매계약을 체결

피고인과 피해자 사이의 이 사건 계약은 독일 스테팩사의 제품을 전제로 하였고 이스라엘의 메이트로닉스사가 만든 돌핀제품과 독일 스테팩사가 만든 돌핀제품은 일부 부품에 약간의 차이가 있음은 인정되나 적어도 어떤 물품의 국내의 독점판매계약을 하는 피해자로서는 이미 다른 회사가 같은 용도와 성능을 가진 이름도 같은 제품을 국내에 판매하고 있는 것을 알았다면 설사 그 제품의 원산지와 일부 부품이 틀리더라도 위와 같은 독점판매계약을 체결할 리가 없다고 보는 것이 경험칙상 명백하다고 할 것이고 더군다나 피고인이 이미 동일한 내용의 계약을 한00와 체결하였다가 ○○상사 등에서 위 돌핀제품을 훨씬 싼 가격으로 수입·판매함으로써 독점판매권이 보장되지 아니하였다는 이유로 형사고소까지 당한 사실이 있다면 피고인으로서는 피해자와 이 사건 계약을 체결함에 있어서 이를 신의칙상 고지할 의무가 있다고 하여 피고인에 대한 사기의 범죄사실을 인정한 것은 정당하다(대판 1996. 7. 30. 96도1081).

63) 대판 1998. 4. 14. 98도231.

채권양도사실을 통지하지 않은 양도인이 채권을 추심

채무자는 채권자로부터 채권의 양도통지를 받지 않은 이상 채무금은 원래의 채권자에게 반환할 의무가 있는 것이므로, 채권양도 통지 전에는 그 채무자가 채권자에게 그 채무금을 반환하면 유효한 변제가 되는 것이고 채권자에 대하여 위 채무금의 지급을 거부할 권리를 유보하고 양수인에게만 지급해야 할 특별한 사정이 없는 한 채무자로서는 양수인이 채무의 지급을 구한다 하더라도 이를 거부할 권리가 있으므로 채권자가 위 채권의 양도사실을 밝히지 아니하고 직접 위 외상대금을 수령하였다 하여 기망수단을 써서 채무자를 착오에 빠뜨려 그 대금을 편취한 것이라 할 수 없다.[64]

바. 권리의 행사와 기망

채권을 변제받기 위하여 환전해주겠다고 기망하여 약속어음을 교부받음

피해자에 의한 채권을 변제받기 위하여 피해자에게 환전하여 주겠다고 기망하여 약속어음을 교부받는 행위는 위법성을 조각할 만한 정당한 권리행사방법이라고 볼 수 없다.

약속어음은 그 자체가 재산적 가치를 지닌 유가증권으로서 재물성이 있고 이 사건 어음은 단일하여 불가분이므로 설사 피고인이 피해자에 대하여 편취어음금의 일부에 해당하는 채권을 가진다 하더라도 이 사건의 어음을 기망에 의하여 교부받은 경우에는 그 어음금 전부에 대하여 사기죄가 성립한다.[65]

피고인은 피해자의 처(갑)에 대한 대여금채권을 변제받지 못하자, 갑과 공모하여 을로 하여금 피해자의 부동산을 매수하도록 한 다음 그 매매대금을 갑에게 지급하게 하고, 갑은 위 매매대금을 피고인에게 교부하여 피고인이 위 매매대금을 위 채권에 충당한 사안에서,

피고인이 을을 내세워 피해자와 매매계약을 체결하면서 피고인과 갑 사이의 채권채무관계청산을 위한 상계를 목적으로 매매계약을 하는 것이고 계약내용대로 이행할 의사가 없음(매매대금을 갑에게 교부하여 피고인의 갑에 대한 대여금채권 변제에 충당하려고 하였으므로)을 피해자6에게 고지하지 아니하고 숨긴 이상 기망행위의 요건(부동산 편취)을 충족한다. 피고인의 위 행위는 정당한 권리행사의 범위를 벗어난 것으로서 거래당사자가 지켜야 할 신의와 성실의 의무를 저버린 기망행위가 되어 사기죄가 성립한다.[66]

사. 보험사기

피고인이 보험금을 편취할 의사로 허위로 보험사고를 신고하거나 고의로 보험사고를 유발한 경우 보험금에 관한 사기죄가 성립하고, 나아가 설령 피고인이 보험사고에 해당할 수 있는 사고로 경미한 상해를 입었다고 하더라도 이를 기화로 보험금을 편취할 의사로 상해를 과장하여 병원에 장기간 입원하고 이를 이유로 실제 피해에 비하여 과다한 보험금을 지급받는 경우에는 보험금 전체에 대해 사기죄가 성립한다.

64) 대판 1984. 5. 9. 83도2270.
65) 대판 1982. 9. 14. 82도1679.
66) 대판 1991. 9. 10. 91도376.

피고인이 남편의 폭행으로 목을 다쳤을 뿐인데도 교통사고로 상해를 입었다는 취지로 보험금을 청구하여 다수의 보험회사들로부터 보험금을 교부받아 편취하였다는 내용으로 기소된 사안에서, 피고인이 위와 같이 상해를 입고 수술을 받았으나 후유장해가 남은 것은 사실이고 이는 일반재해에 해당되므로, 피고인의 교통재해를 이유로 한 보험금청구가 보험회사에 대한 기망에 해당할 수 있으려면 각 보험약관상 교통재해만이 보험사고로 규정되어 있을 뿐 일반재해는 보험사고로 규정되어 있지 않거나 교통재해의 보험금이 일반재해의 보험금보다 다액으로 규정되어 있는 경우에 해당한다는 점이 전제되어야 할 것이다.[67]

유리문을 발로 차 상해를 입었음에도 체력훈련하면서 다쳤다고 산업재해보상 보험급여를 받음

피고인은 A연합회의 다른 임원들과 말다툼을 하다가 홧김에 스스로 화장실 유리문을 발로 차는 바람에 깨진 유리조각에 오른쪽 발을 찔리는 상해를 입은 사실, 그럼에도 피고인은 "회사 하계수련대회 기간에 체력증진을 위한 훈련을 하던 중 모래사장을 맨발로 뛰다가 유리에 발을 찔려 상처를 입었다"라고 허위 내용의 산업재해보상보험 요양신청서를 작성한 후 피해자 근로복지공단에 제출하여 산업재해보상 보험급여를 지급받은 사실을 인정할 수 있는바, 피고인이 위와 같이 산업재해보상보험 요양신청서에 부상 발생경위를 허위로 기재하는 등의 부정한 방법으로 요양신청을 하여 산업재해보상 보험급여를 지급받았다면, 이는 다른 특별한 사정이 없는 한 그 자체로 이미 사회통념상 권리행사의 수단으로서 용인할 수 있는 범위를 벗어난 것으로서 사기죄에 있어서의 기망행위에 해당한다.[68]

상법상 고지의무위반이지만 보험사기의 기망은 아님

피고인이 이 사건 보험계약을 체결하면서 고의 또는 중대한 과실로 인하여 과거 항암치료 전력 등을 고지하지 아니함으로써 상법상 고지의무를 위반하였다고 하더라도, 이 사건 보험사고가 피고인의 의사나 어떠한 행위에 의하여 그 발생 여부가 좌우될 수 있는 성질의 것이 아닌 이상, 보험계약 체결 당시 이미 이 사건 보험사고가 발생하여 피고인이 이를 알고 있었다거나 보험사고의 발생가능성을 예견할 만한 상황 속에서 피고인이 이를 인식하고 보험계약의 체결에 나아간 경우가 아니라면 위와 같은 고지의무위반의 점만으로는 이 사건 보험계약 체결 행위가 보험금 편취를 위한 고의의 기망행위에 해당한다고 볼 수 없다.[69]

---

67) 대판 2011. 2. 24. 2010도17512). 다음은 같은 취지이다.
치료의 실질이 통원치료이거나 필요 이상의 장기입원을 한 후 이러한 사정을 알리지 않은 채 보험회사에 대하여 보험약관에 정한 입원기간을 충족시켰다고 주장하면서 보험금을 청구하는 행위가 사기죄에 해당하는지 여부(적극)(대판 2007. 6. 15. 2007도2941).

68) 대판 2007. 5. 10. 2007도1780.

69) 대판 2012. 11. 15. 2010도6910. 구체적인 사안은 다음과 같다.
생명보험계약은 사람의 생명에 관한 '우연한 사고'에 대하여 보험금을 지급하기로 하는 약정을 말하고, 여기서 '우연한 사고'라 함은 사고가 피보험자가 예측할 수 없는 원인에 의하여 발생하는 것으로서 고의에 의한 것이 아니고 예견하지 않았는데 우연히 발생하고 통상적인 과정으로는 기대할 수 없는 결과를 가져오는 사고를 의미한다. 따라서 보험계약자가 상법상 고지의무를 위반하여 보험자와 생명보험계약을 체결한다고 하더라도 그 보험금은 보험계약의 체결만으로 지급되는 것이 아니라 우연한 사고가 발생하여야만 지급되는 것이므로, 상법상 고지의무를 위반하여 보험계약을 체결하였다는 사정만으로 보험계약자에게 미필적으로나마 보험금 편취를 위한 고의의 기망행위가 있었다고 단정하여서는 아니 되고, 더 나아가 보험사고가 이미 발생하였음에도 이를 묵비한 채 보험계약을 체결하거나 보

질병에 대한 고지의무를 위반하여 보험계약체결 후 바로 그 질병으로 보험금청구

특정 질병을 앓고 있는 사람이 보험회사가 정한 약관에 그 질병에 대한 고지의무를 규정하고 있음을 알면서도 이를 고지하지 아니한 채 그 사실을 모르는 보험회사와 그 질병을 담보하는 보험계약을 체결한 다음 바로 그 질병의 발병을 사유로 하여 보험금을 청구한 경우 특별한 사정이 없는 한 기망행위 내지 편취의 범의를 인정할 수 있다.70)

피고인이 갑 행세를 하여 갑을 피보험자, 을을 보험수익자로 한 생명보험계약체결 후 갑이 살해되자, 을이 보험금지급청구

타인의 사망을 보험사고로 하는 생명보험계약을 체결함에 있어 제3자가 피보험자(생명, 신체에 보험이 붙여진 자)인 것처럼 가장하여 체결하는 등으로 그 유효요건이 갖추어지지 못한 경우에도, 보험계약 체결 당시에 이미 보험사고가 발생하였음에도 이를 숨겼다거나 보험사고의 구체적 발생 가능성을 예견할 만한 사정을 인식하고 있었던 경우 또는 고의로 보험사고를 일으키려는 의도를 가지고 보험계약을 체결한 경우와 같이 보험사고의 우연성과 같은 보험의 본질을 해칠 정도라고 볼 수 있는 특별한 사정이 없는 한, 그와 같이 하자 있는 보험계약을 체결한 행위만으로는 미필적으로라도 보험금을 편취하려는 의사에 의한 기망행위의 실행에 착수한 것으로 볼 것은 아니다. 그러므로 그와 같이 기망행위의 실행의 착수로 인정할 수 없는 경우에 피보험자 본인임을 가장하는 등으로 보험계약을 체결한 행위는 단지 장차의 보험금 편취를 위한 예비행위에 지나지 않는다.

피고인은 피보험자인 갑인 것처럼 가장하여 보험금수익자를 을로 하여 3개 보험회사와 갑 명의로 각 보험계약을 체결하였는데 나아가 그 보험계약 체결 당시 갑이 재해 등 자연사가 아닌 사유로 사망할 가능성을 예견할 만한 사정이 있었다거나 공범인 을이 보험사고를 임의로 일으키려는 의도를 가지고 있었고 피고인이 이를 인식하면서 이 사건 각 보험계약을 체결하였다는 등 피고인의 보험계약 체결행위 자체로 보험사고의 우연성 등 보험의 본질을 해칠 정도에 이른 것으로 볼 수 있는 특별한 사정을 인정할 만한 자료는 발견할 수 없다. 또한 그 후 갑이 살해되고 나서 을이 위 각 보험계약이 마치 유효하게 체결된 것처럼 보험회사들을 기망하여 보험금을 청구할 때에 피고인이 그에 가담하였다는 점을 인정할 만한 증거도 없다. 그렇다면 위 각 보험회사를 기망하여 보험금을 지급받은 편취행위는 다른 특별한 사정이 없는 한 을이 위 각 보험계약이 유효하게 체결된 것처럼 기망하여 보험회사에 보험금을 청구한 때에 실행의 착수가 있었던 것으로 보아야 할 것이고, 피고인이 그 보험계약의 체결 과정에서 피보험자인 갑을 가장하는 등으로 을을 도운 행위는 그 사기범행을 위한 예비행위에 대한 방조의 여지가 있을 뿐이라 할 것이다. 그러므로 피고인의 위와 같은 행위는

험사고 발생의 개연성이 농후함을 인식하면서도 보험계약을 체결하는 경우 또는 보험사고를 임의로 조작하려는 의도를 갖고 보험계약을 체결하는 경우와 같이 그 행위가 '보험사고의 우연성'과 같은 보험의 본질을 해할 정도에 이르러야 비로소 보험금 편취를 위한 고의의 기망행위를 인정할 수 있다고 할 것이다.

2005. 8.경부터 보험설계사로 근무하고 있는 피고인은 그 남편 망 갑이 1998년경부터 2003. 8. 29.까지 혈액암의 일종인 비호지킨림프종으로 검사 및 치료를 받은 사실이 있음에도 불구하고, 2008. 6. 20. 망 갑을 주 피보험자로, 계약자 및 보험수익자를 피고인으로 하며 피보험자의 사망 시에만 보험금이 지급되는 것을 내용으로 하는 '이 사건 보험계약'을 A 보험회사와 체결하면서, 망 갑이 과거 항암치료 등을 받은 사실을 숨겼다. 망 갑이 보험 가입 직후인 2008. 9.경 림프종 재발 진단을 받고 2008. 10. 6. 급성 림프구성 백혈병으로 사망하자 A에 보험금의 지급을 청구하여 2009. 5. 4. 보험금을 지급받았다.

70) 대판 2007. 4. 12. 2007도967.

그 후 을이 보험회사에 보험금을 청구하여 이를 지급받음으로써 정범으로서의 실행행위에 나아감에 따라 그에 대한 방조행위가 될 수는 있겠지만, 그 밖에 피고인이 을의 위 사기 범행에 공동의사에 의한 기능적 행위지배를 통하여 가담하였다는 다른 사정이 인정되지 않는 이상 위 보험계약 체결 단계에서 방조행위를 하였다는 것만으로 피고인을 사기죄의 공동정범으로 처벌할 수는 없다.71)

해설: 피보험자의 사망이 우연한 사고로 인한 것이 아니어서 보험금지급대상이 아님에도 우연한 사고임을 가장하여 보험금지급을 청구하면 보험금지급청구시 실행의 착수가 존재하는 것이 원칙이고, 예외적으로 보험계약체결 당시 이미 보험사고의 우연성과 같은 보험의 본질을 해칠 정도의 사정이 존재한다면 보험계약체결시에 실행의 착수가 존재한다.

의사가 형식적으로 입원치료를 받도록 해준 후 입원확인서 발급

의사인 피고인이 입원치료를 받을 필요가 없는 환자들이 보험금 수령을 위하여 입원치료를 받으려고 하는 사실을 알면서도 입원을 허가하여 형식상으로 입원치료를 받도록 한 후 입원확인서를 발급하여 준 사안에서, 사기방조죄가 성립한다고 본 사례.72)

피고인이 보험사고에 해당할 수 있는 사고로 인하여 경미한 상해를 입었다고 하더라도 이를 기화로 보험금을 편취할 의사로 그 상해를 과장하여 병원에 장기간 입원하고 이를 이유로 실제 피해에 비하여 과다한 보험금을 지급받는 경우에는 그 보험금 전체에 대해 사기죄가 성립한다고 할 것이다.73)

기망행위를 수단으로 한 권리행사의 경우 그 권리행사에 속하는 행위와 그 수단에 속하는 기망행위를 전체적으로 관찰하여 그와 같은 기망행위가 사회통념상 권리행사의 수단으로서 용인할 수 없는 정도라면 그 권리행사에 속하는 행위는 사기죄를 구성하는데, 보험금을 지급받을 수 있는 사유가 있다 하더라도 이를 기화로 실제 지급받을 수 있는 보험금보다 다액의 보험금을 편취할 의사로 장기간의 입원 등을 통하여 과다한 보험금을 지급받는 경우에는 지급받은 보험금 전체에 대하여 사기죄가 성립한다.

따라서, 환자들의 건강상태에 맞게 적정한 진료행위를 하지 않은 채 입원의 필요성이 적은 환자들에게까지 입원을 권유하고 퇴원을 만류하는 등으로 장기간의 입원을 유도하여 국민건강보험공단에 과다한 요양급여비를 청구한 행위는 사회통념상 권리행사의 수단으로 용인할 수 없는 것이어서, 비록 그 중 일부 기간에 대하여 실제 입원치료가 필요하였다고 하더라도 그 부분을 포함한 당해 입원기간의 요양급여비 전체에 대하여 사기죄가 성립한다.74)

71) 대판 2013. 11. 14. 2013도7494.

72) 대판 2006. 1. 12. 2004도6557.

73) 대판 2007. 5. 11. 2007도2134. 다음은 같은 취지이다.
피고인들이 상대방 운전자의 과실에 의하여 야기된 교통사고로 일부 경미한 상해를 입었다고 하더라도, 이를 기화로 그 상해를 과장하여 병원에 장기간 입원하고, 이를 이유로 다액의 보험금을 받았다면, 그 보험금 전체에 대해 사기죄가 성립한다고 한 사례(대판 2005. 9. 9. 2005도3518).

74) 대판 2009. 5. 28. 2008도4665.

보험금액이 목적물의 가액을 현저하게 초과하는 보험계약을 체결하고 보험금청구

이 사건 말(A)을 포함한 7필의 말을 합계 8,000만 원에 매입하였고, 그 중 A는 체격이 작고 상태가 좋지 않아 바로 인수하지 아니한 채 매도인이 운영하는 목장에서 계속 사육하기로 하였음에도, A의 매매대금이 4,000만 원이라는 허위의 매매계약서를 작성, 이용하여 A에 관하여 보험금액을 4,000만 원으로 하는 가축재해보험계약을 체결한 다음, A가 사망하자 보험금을 청구하여 수령한 사안에서,

보험계약자가 보험계약 체결 시 보험금액이 목적물의 가액을 현저하게 초과하는 초과보험 상태를 의도적으로 유발한 후 보험사고가 발생하자 초과보험 사실을 알지 못하는 보험자에게 목적물의 가액을 묵비한 채 보험금을 청구하여 보험금을 교부받은 경우, 보험자가 보험금액이 목적물의 가액을 현저하게 초과한다는 것을 알았더라면 같은 조건으로 보험계약을 체결하지 않았을 뿐만 아니라 협정보험가액에 따른 보험금을 그대로 지급하지 아니하였을 관계가 인정된다면, 보험계약자가 초과보험 사실을 알지 못하는 보험자에게 목적물의 가액을 묵비한 채 보험금을 청구한 행위는 사기죄의 실행행위로서의 기망행위에 해당하므로, 사안은 사기죄를 구성한다.[75]

비의료인이 개설한 의료기관이 의료법에 의하여 적법하게 개설된 요양기관의 명의를 빌려 국민건강보험공단에 요양급여비용의 지급을 청구하여 지급받음

국민건강보험법 제42조 제1항 제1호는 요양급여를 실시할 수 있는 요양기관 중 하나인 의료기관을 '의료법에 따라 개설된 의료기관'으로 한정하고 있다. 따라서 의료법 제33조 제2항을 위반하여 적법하게 개설되지 아니한 의료기관에서 환자를 진료하는 등의 요양급여를 실시하였다면 해당 의료기관은 국민건강보험법상 요양급여비용을 청구할 수 있는 요양기관에 해당되지 아니하므로 요양급여비용을 적법하게 지급받을 자격이 없다. 따라서 비의료인이 개설한 의료기관이 마치 의료법에 의하여 적법하게 개설된 요양기관인 것처럼 국민건강보험공단에 요양급여비용의 지급을 청구하는 것은 국민건강보험공단으로 하여금 요양급여비용 지급에

---

75) 대판 2015. 7. 23. 2015도6905. 구체적인 사실관계는 다음과 같다.

① 피고인 1은 2010. 6.경 갑으로부터 이 사건 말을 포함한 7필의 말을 합계 8,000만 원에 매입하였다.

② 피고인 1은 갑으로부터 매수한 말 7필 중 이 사건 말이 다른 말에 비하여 체격이 작고 상태가 좋지 않음을 이유로 바로 인수하지 아니하고 갑이 운영하는 목장에서 계속 사육하기로 하였다.

③ 피해자 회사는 말의 객관적인 시세를 확인하거나 산정하기 어려움을 이유로 말에 대한 가축재해보험계약을 체결할 때 따로 보험 목적물인 말의 가액을 조사하지 아니하고 한국마사회 홈페이지에 등록된 말 정보와 보험계약자가 제출한 매매계약서, 진단서 등 서류에 나타난 매매대금을 근거로 보험가액을 결정해 왔다.

④ 위와 같은 관행을 잘 알고 있던 피고인들은 '2010. 6. 3. 갑이 을에게 이 사건 말을 매매대금 3,000만 원에 매매하였다'는 내용의 매매계약서와 '2010. 8. 12. 을이 피고인 2에게 이 사건 말을 매매대금 4,000만 원에 매매하였다'는 내용의 매매계약서(이하 '이 사건 매매계약서'라고 한다)를 각 작성하였고, 위 각 매매계약서를 한국마사회에 제출하여 위와 같은 내용이 한국마사회 홈페이지에 등록되게 하였다.

⑤ 피고인 2는 2010. 8. 말경 피해자 회사에 이 사건 말을 보험 목적물로 하는 가축재해보험계약을 청약하면서 이 사건 매매계약서 등 관련 서류를 제출하였고, 피해자 회사는 2010. 9. 1. 피고인 2와 이 사건 매매계약서에 기재된 매매대금을 근거로 이 사건 말에 관하여 보험금액을 4,000만 원으로 하는 이 사건 보험계약을 체결하였다.

⑥ 이 사건 말은 2010. 10. 4. 갑이 운영하는 목장에서 폐사한 채 발견되었고, 부검 결과 폐사원인이 '좌측 상행 결장 협착'으로 진단되었다.

⑦ 피고인 2는 2010. 10. 4. 이 사건 말의 가액을 묵비한 채 피해자 회사에 이 사건 말이 폐사하였음을 이유로 이 사건 보험계약에 따른 보험금을 청구하였고, 2010. 12. 17. 피해자 회사로부터 보험금 3,200만 원을 지급받았다.

관한 의사결정에 착오를 일으키게 하는 것으로서 사기죄의 기망행위에 해당하고, 이러한 기망행위에 의하여 국민건강보험공단에서 요양급여비용을 지급받을 경우에는 사기죄가 성립한다. 이 경우 의료기관의 개설인인 비의료인이 개설 명의를 빌려준 의료인으로 하여금 환자들에게 요양급여를 제공하게 하였다 하여도 마찬가지이다.[76)]

아. 분식회계

대출신청에 있어 제출할 재무제표를 개정 전 회계처리기준이 아닌 개정 후 회계처리기준에 따라 작성함으로써 당기 순손실을 당기 순이익으로 처리

개정 전의 회계처리기준에 따라야 할 재무제표를 개정 후의 회계처리기준에 따라 작성 제출함으로 인하여 금융기관이 개정 전 회계처리기준에 따라 회사에 해당 회계연도 당기 순이익이 발생한 것으로 믿고 이로 인하여 여신을 결정한 것이고, 만약 개정 전 회계처리기준에 따라 재무제표가 작성되었다면 당기 순손실이 나타날 것인데 이를 숨기기 위해서 위와 같은 방법으로 재무제표를 작성하였다는 사실을 금융기관이 여신 심사 당시 알았다면 당해 여신이 불가능하거나 곤란하였다고 볼 사정이 인정된다면, 회사의 변제의사나 변제능력, 담보 제공 여부와는 무관하게 부실 재무제표 제출로 인한 기망행위와 여신 결정 사이의 인과관계는 인정되는 것이며, 금융기관이 제출된 재무제표를 면밀히 분석해 보았다면 위와 같은 회계처리를 알 수 있었을 것이라고 하여 달리 볼 것은 아니다. 또 금융기관의 통상적인 여신처리기준에 의하면, 적자 상태인 당해 기업에 대한 여신이 가능했을 수도 있다고 하더라도 이로 인하여 획일적으로 부실 재무제표 제출로 인한 기망행위와 여신 결정 사이의 인과관계가 단절된다고 볼 수는 없고, 기업이 적자 상태를 숨기기 위하여 흑자 상황인 것처럼 작성한 재무제표를 제출하였다는 사실이 발각될 경우 초래될 수 있는 신뢰성 평가에 있어서의 부정적인 영향까지 적절하게 고려·평가하여 인과관계 단절 여부를 살펴보아야 한다.[77)]

자. 종교행위와 기망

세칭 '승리제단' 교주가 신도들로부터 헌금 명목으로 금원을 교부받은 것을 사기죄로 처단한 사례.[78)]

76) 대판 2015. 7. 9. 2014도11843.

77) 대판 2007. 6. 1. 2006도1813. 위 판례에 의하여 다음 판례들은 변경되었다고 생각된다.
분식회계에 의한 재무제표 등으로 금융기관을 기망하여 대출을 받았다면 사기죄는 성립하고, 변제의사와 변제능력의 유무 그리고 충분한 담보가 제공되었다거나 피해자의 전체 재산상에 손해가 없고, 사후에 대출금이 상환되었다고 하더라도 사기죄의 성립에는 영향이 없는 것이다(대판 2005. 4. 29. 2002도7262).
당해 회계연도의 결산이 적자인 경우 다음해에 관급공사의 수주나 금융기관으로부터의 대출이 어렵게 되는 것을 피하기 위하여 실제로는 손실을 입었음에도 이익이 발생한 것처럼 이른바 분식결산서를 작성한 후 이를 토대로 금융기관으로부터 대출을 받은 행위가 사기죄에 해당한다고 한 사례(대판 2000. 9. 8. 2000도1447).

78) 대판 1995. 4. 28. 95도250; 대판 1997. 6. 27. 97도508. 구체적 판시는 다음과 같다.
피고인이 신도들을 상대로 하여 자신을 스스로 "하나님", "구세주", "이긴자", "생미륵불", "정도령", "완성자" 등으로 지칭하면서 자신은 성경의 완성이고 모든 경전의 완성이자 하나님의 완성으로서 자기를 믿으면 모든 병을 고칠 수 있을 뿐만 아니라 피속의 마귀를 박멸소탕하여 영원히 죽지 않고 영생할 수 있으며, 자신이 인간들의 길흉화복과 우주의 풍운조화를 좌우하므로 1981년부터 10년 동안 한국 땅에 태풍이나 장마가 오지 못하도록 태풍의 진로를 바꿔놓고 풍년이 들게 하였으며, 재물을 자신에게 맡기고 충성하며 자기들이 시행하는 건축공사에 참여하면 피속의 마

3. 처분행위

가. 긍정례

나중에 피보전권리가 부존재하는 것으로 밝혀진 가압류를 기망행위로 해제받음

사안: 피해자는 A 회사 소유의 대지를 가압류하였다. 이에 피고인은 사실은 피해자가 위 가압류를 해제하여도 피해자에게 700만 원을 지불할 의사나 능력이 없음에도 불구하고, 피해자에게 "당신이 가압류를 해 놓아 아파트 분양을 하지 못하게 되었으니 가압류를 해제해 달라. 그러면 1,000만 원을 지불하겠고, 우선 300만 원을 먼저 주고, 나머지 700만 원은 건물 준공이 완료되는 날로부터 일주일 이내에 모두 지불하겠다"라고 거짓말하여, 이에 속은 피해자로부터 즉석에서 가압류해제신청에 필요한 서류를 교부받아 가압류를 해제하였다. 그런데 피해자는 그 후 위 가압류의 피보전권리인 공사대금채권 3,000만 원의 지급을 구하는 민사소송에서 채권의 존재를 인정할 만한 증거가 부족하다는 이유로 청구기각판결을 선고받아 확정되었다.

판단: 부동산가압류결정을 받아 부동산에 관한 가압류집행까지 마친 자가 그 가압류를 해제하면 소유자는 가압류의 부담이 없는 부동산을 소유하는 이익을 얻게 되므로, 가압류를 해제하는 것 역시 사기죄에서 말하는 재산적 처분행위에 해당하고, 그 이후 가압류의 피보전채권이 존재하지 않는 것으로 밝혀졌다고 하더라도 가압류의 해제로 인한 재산상의 이익이 없었다고 할 수 없다.[79)]

기망에 의해 항소취하

배당이의 소송의 제1심에서 패소판결을 받고 항소한 자가 그 항소를 취하하면 그 즉시 제1심판결이 확정되고 상대방이 배당금을 수령할 수 있는 이익을 얻게 되는 것이므로 위 항소를 취하하는 것 역시 사기죄에서 말하는 재산적 처분행위에 해당한다.[80)]

귀를 빨리 박멸소탕해 주겠다고 하고, 자신이 하나님인 사실이 알려져 세계 각국에서 금은보화가 모이면 마지막 날에 1인당 1,000억 원씩을 나누어 주겠으며, 헌금하지 않는 신도는 하나님이 깍쟁이 하나님이므로 영생할 수 없다는 취지의 설교를 사실인 것처럼 계속하여 신도들을 기망하였음이 분명한 이상 이는 종교의 자유의 한계를 일탈한 것으로서, 원심이 이에 기망당한 신도들로부터 헌금명목으로 고액의 금원을 교부받은 것을 형법상 사기죄에 해당한다고 하여 처단한 것은 옳다.

79) 대판 2007. 9. 20. 2007도5507. 다음은 같은 취지이다.

기망행위로 (소유권이전청구권이 존재하지 않아 무효인) 가등기를 말소받음

부동산 위에 소유권이전청구권 보전의 가등기를 마친 자가 그 가등기를 말소하면 부동산 소유자는 가등기의 부담이 없는 부동산을 소유하게 되는 이익을 얻게 되는 것이므로, 가등기를 말소하는 것 역시 사기죄에서 말하는 재산적 처분행위에 해당하고, 설령 그 후 위 가등기에 의하여 보전하고자 하였던 소유권이전청구권이 존재하지 않아 위 가등기가 무효임이 밝혀졌다고 하더라도 가등기의 말소로 인한 재산상의 이익이 없었던 것으로 볼 수 없다(대판 2008. 1. 24. 2007도9417.

배임죄에 관한 다음 판례는 사기죄에도 동일하게 적용될 것으로 생각된다.

부동산에 처분금지가처분결정을 받아 가처분집행까지 마쳐진 경우에는 피보전채권의 실제 존재 여부를 불문하고 가처분이 되어 있는 부동산은 매매나 담보제공 등에 있어서 그렇지 않은 부동산보다 불리할 수밖에 없는 점, 가처분집행이 되어 있는 부동산의 가처분집행이 해제되면 가처분의 부담이 없는 부동산을 소유하게 되는 이익을 얻게 되는 점 등을 고려하면 가처분권리자로서는 가처분 유지로 인한 재산상 이익이 인정되고, 그 후 가처분의 피보전채권이 존재하지 않는 것으로 밝혀졌다고 하더라도 가처분의 유지로 인한 재산상 이익이 없었던 것으로 볼 수는 없다(대판 2011. 10. 27. 2010도7624).

80) 대판 2002. 11. 22. 2000도4419.

채권자에게 채권을 추심하여 줄 것 같이 속여 채권의 추심승낙을 받아 그 채권을 추심하여 이를 취득하였다면 이는 채권자의 착오에 기한 재산처분행위라고 할 것이므로 이는 사기죄를 구성한다 할 것이다.[81]

나. 부정례

임야매매대금(60만 원)을 속여 매매위임자에게 그 대금 일부(30만 원)만 지급

자기가 점유하는 타인의 재물을 횡령하기 위하여 기망수단을 쓴 경우에는 피기망자에 의한 재산처분행위가 없으므로 일반적으로 횡령죄만 성립되고 사기죄는 성립되지 아니한다.
피고인이 피해자로부터 그 소유 임야의 매각위임을 받아 이를 타에 매도처분을 하여 그 매득금 600,000원을 받았다면 그 매득금은 의뢰자인 피해자의 소유에 귀속하여 피고인이 이를 보관하고 있는 상태라 할 것인데 피고인이 이중 금 300,000원을 영득하기 위하여 금 300,000원에 매각하였다고 피해자를 기망하여 금 300,000원만 위탁자에 교부하고 나머지 금 300,000원을 불법영득하였어도 피해자에 있어 그 300,000원을 초과하여 매각하여도 그 초과분에 대한 청구권을 포기한다는 재산적 처분행위를 아니한 본건에 있어서는 사기죄로 단죄할 수 없다고 할 것이니 이런 취지에서 본건 공소사실이 횡령죄를 구성함은 모르되 사기죄를 구성하지 아니한다고 판단하였음은 정당하다.[82]

치료비채무의 이행을 모면하기 위하여 피고인이 거짓말을 하고 입원환자(처)와 함께 병원을 빠져 나와 도주하였다 하여도 그것만으로서는 피고인이 위 치료비의 지급채무를 면탈받은 것은 아니라 할 것이므로 사기죄가 될 수 없다.[83]

이자를 받기로 하고 돈을 빌려주었으나 이자를 받지 못함

사기죄는 타인을 기망하여 착오에 빠뜨리고 처분행위를 유발하여 재물, 재산상의 이득을 얻음으로써 성립하는 것이므로, 여기서 '처분행위'라고 하는 것은 재산적 처분행위로서 주관적으로 피기망자가 처분의사 즉 처분 결과를 인식하고 객관적으로는 이러한 의사에 지배된 행위가 있을 것을 요한다.
피고인이 피해자들을 기망하여 투자금 명목의 돈을 편취하는 과정에서 이자 지급 약정 하에 대여금을 교부받았으나 이자를 지급하지 않은 사안에서, 위 이자 부분에 대해서도 사기죄가 성립하기 위하여는 피고인의 기망행위로 인해 이자 부분에 관한 별도의 처분행위가 있어야 하는데, 이에 대하여 피해자들의 처분행위가 있었다고 단정할 자료가 없는데도, 피고인의 기망행위와 위 이자 발생 사이에 인과관계를 인정하여 유죄를 인정한 것은 위법하다.[84]

---

81) 대판 1983. 10. 25. 83도1520.
82) 대판 1980. 12. 9. 80도1177. 같은 취지로는 대판 1987. 12. 22. 87도2168.
83) 대판 1970. 9. 22. 70도1615.
84) 대판 2011. 4. 14. 2011도769. 다음은 같은 취지이다.
채무의 변제기 연장 이후 지급하지 아니한 이자
사기죄는 타인을 기망하여 착오에 빠뜨리게 하고 그 처분행위를 유발하여 재물, 재산상의 이득을 얻음으로써 성립

명의를 대여받아 사업하면서 명의대여자(갑)에게 세금과 채무 등을 부담케 함

피고인이 갑에게 사업자등록 명의를 빌려주면 세금이나 채무는 모두 자신이 변제하겠다고 속여 그로부터 명의를 대여받아 호텔을 운영하면서 갑으로 하여금 호텔에 관한 각종 세금 및 채무 등을 부담하게 함으로써 재산상 이익을 편취하였다는 내용으로 기소된 사안에서, 갑이 명의를 대여하였다는 것만으로 피고인이 위와 같은 채무를 면하는 재산상 이익을 취득하는 갑의 재산적 처분행위가 있었다고 보기 어렵다는 이유로, 이와 달리 보아 사기죄를 인정한 원심판결에 법리오해의 위법이 있다고 한 사례.[85)]

비교 판례: 약사를 고용하여 그 명의로 약국을 개설하되 피고인의 책임과 계산으로 운영한 약국의 거래로 인한 권리의무

약사명의로 약국개설과 사업자등록을 하고 그의 명의로 제약회사 등과 거래를 하되 대내적으로는 피고인의 책임과 계산으로 약국을 운영하고 약사에게는 매월 일정금원의 보수를 지급키로 약정한 경우, 그 후 약사가 위 계약관계의 해소를 요구하였더라도 후임자를 구하지 못하여 위 약국을 폐쇄할 때까지 계속 경영한 것은 타인의 사무가 아닌 피고인 자신의 사무이며 그로 인한 채권채무관계등 일체의 거래관계로 인한 권리의무는 바로 피고인 자신에게 귀속하는 것이므로 위 약사와의 계속관계가 해소되지 않는 한 피고인을 배임죄에서 말하는 타인의 사무를 처리하는 자라 할 수 없다.[86)]

다. 부작위에 의한 처분행위

출판사 경영자가 출고현황표를 조작하여 인세의 일부를 미지급

사기죄는 타인을 기망하여 착오를 일으키게 하고 그로 인한 처분행위를 유발하여 재물·재산상의 이득을 얻음으로써 성립하고, 여기서 처분행위라 함은 재산적 처분행위로서 피해자가 자유의사로 직접 재산상 손해를 초래하는 작위에 나아가거나 또는 부작위에 이른 것을 말하므로, 피해자가 착오에 빠진 결과 채권의 존재를 알지 못하여 채권을 행사하지 아니하였다면 그와 같은 부작위도 재산의 처분행위에 해당한다.
출판사 경영자가 출고현황표를 조작하는 방법으로 실제출판부수를 속여 작가에게 인세의 일부만을 지급한 사안에서, 작가가 나머지 인세에 대한 청구권의 존재 자체를 알지 못하는 착오에 빠져 이를 행사하지 아니한 것이 사기죄에 있어 부작위에 의한 처분행위에 해당한다고 본 사례.[87)]

하는 것이고, 여기서 처분행위라고 하는 것은 재산적 처분행위를 의미하고 그것은 주관적으로 피기망자가 처분의사 즉 처분결과를 인식하고 객관적으로는 이러한 의사에 지배된 행위가 있을 것을 요한다고 할 것이다.
그런데 공소사실은 피고인이 기존채무의 변제기 연장으로 인한 기한 유예의 재산상 이익을 편취하였다는 것이 아니라 변제기를 연장받음으로써 연장기간 동안의 이자 중 피해자가 지급받지 못한 금 840만 원 부분에 대한 재산상 이익을 편취하였다는 것인바, 변제기를 연장하였다고 하여 그 연장기간에 대한 이자가 당연히 면제되는 것이 아닌 이상, 연장기간 동안의 이자 중 지급받지 못한 부분에 대하여 사기죄가 성립되기 위해서는 그 부분에 대한 피기망자의 재산적 처분행위가 있어야 하는 것이다. 피기망자가 피고인에 대하여 연장기간에 대한 이자에 대하여 채무면제를 하는 등을 인정할 만한 증거가 없다면 처분행위가 존재한다고 볼 수 없다(대판 1999. 7. 9. 99도1326).

85) 대판 2012. 6. 28. 2012도4773.

86) 대판 1986. 2. 11. 85도2435.

87) 대판 2007. 7. 12. 2005도9221.

허위로 지출 주장을 하여 동업 출자금의 지급을 면제받으려 함

피고인이 사실은 오락실 개업준비를 위하여 권리금을 지급한 사실이 없음에도 허위의 사용내역서를 작성·교부하여 마치 피고인이 권리금 6,000만 원을 지급한 것처럼 피해자들인 동업자를 속여 6,000만 원 출자금 지급을 면제받으려 하였으나 동업자인 피해자들이 근거자료 제시를 요구하며 이의를 제기하는 바람에 그 뜻을 이루지 못한 사안에서,

피고인이 권리금 6,000만 원을 지급한 것처럼 기망하여 이에 속은 동업자들이 피고인의 출자금 출자의무가 모두 이행된 것으로 믿는다면 피고인의 6,000만 원 출자의무가 면제되는 결과에 이르게 되고 이것은 처분행위에 해당할 것이므로 처분행위가 행해질 여지가 없다는 원심의 판단은 잘못이다. 비록 동업자들이 피고인에 대하여 출자의무를 명시적으로 면제하지 아니하더라도, 피고인의 기망행위에 의하여 피고인이 출자금 전액에 대한 출자의무를 이행하였다는 착오에 빠진 결과 이를 면제해 주는 결과에 이를 수 있는 만큼 이는 부작위에 의한 처분행위에 해당한다.[88)]

해설: 피고인이 권리금 6,000만 원을 지급한 것처럼 기망하여 이에 속은 동업자들이 피고인의 출자금 출자의무가 모두 이행된 것으로 믿는다면 피고인의 6,000만 원 출자의무가 면제되는 결과에 이르게 되고 이것은 처분행위에 해당할 것이므로 처분행위가 행해질 여지가 없다는 원심의 판단은 잘못이다. 사안에서 권리금 6,000만 원을 지급하였다는 피고인의 주장에 대해 동업자들이 근거자료의 제시를 요구하는 바람에, 6,000만 원의 출자의무를 면제받으려는 피고인의 기망행위가 미수에 그쳐 사기미수죄가 성립한다.

4. 기망행위와 처분행위의 인과관계

자력이 부족한 자들이 서로 동액의 융통어음을 발행, 교환하여 사용

어음의 발행인이 그 지급기일에 결제되지 않으리라는 점을 예견하였거나 지급기일에 지급될 수 있다는 확신이 없으면서도 그러한 내용을 상대방에게 고지하지 아니한 채 이를 속여 어음을 발행·교부하고 상대방으로부터 그 대가를 교부받았다면 사기죄가 성립하는 것이지만, 이와 달리 어음의 발행인들이 각자 자력이 부족한 상태에서 자금을 편법으로 확보하기 위하여 서로 동액의 융통어음을 발행하여 교환한 경우에는, 특별한 사정이 없는 한 쌍방은 그 상대방의 부실한 자력상태를 용인함과 동시에, 상대방이 발행한 어음이 지급기일에 결제되지 아니할 때에는 자기가 발행한 어음도 결제하지 않겠다는 약정 하에 서로 어음을 교환하는 것이므로, 자기가 발행한 어음이 그 지급기일에 결제되지 않으리라는 점을 예견하였거나 지급기일에 지급될 수 있다는 확신 없이 상대방으로부터 어음을 교부받았다고 하더라도 사기죄가 성립하는 것은 아니다.[89)]

---

88) 대판 2009. 3. 26. 2008도6641. 원심은 다음과 같이 처분행위가 존재할 수 없다고 판단하였다.
피고인의 기망행위로 인하여 동업자들이 피고인이 출자금 전액에 대한 출자의무를 모두 이행하여 그 중 6,000만 원이 권리금으로 지출되었다는 착오에 빠졌다고 하더라도 이로써 동업자들은 피고인이 출자해야 할 출자금 전액을 출자한 것으로 인정하는 착오상태에 머물게 될 뿐, 더 나아가 피고인이 6,000만 원의 출자의무를 불이행하였음을 전제로 이를 면제해 주는 처분행위를 할 여지가 없는 것이므로 사기죄가 되지 않는다.

89) 대판 2002. 4. 23. 2001도6570. 다음은 같은 취지이다.
A의 대표이사가 A의 어려운 사정을 아는 A의 부사장이나 자금담당 상무로부터 금원차용
A주식회사 운영자인 피고인이 A의 운영이 어려워 돈을 차용하거나 투자를 받더라도 갚을 의사나 능력이 없는데도 피해자들을 기망하여 A의 운영자금 명목으로 돈을 차용하여 편취하였다는 내용으로 기소된 사안에서, 피해자들은 부동산 중개업자 또는 은행지점장 출신으로 A에서 부사장으로 행세하거나 자금담당 상무로 근무하면서 자금조달

새마을금고가 대부업자에게 대출하면서 재무상태 등을 실사하였으나 대부업자의 변제능력과 의사를 제대로 판단하지 못한 과실이 있음

대부업자가 새마을금고와 제3자에 대한 차량담보대출채권을 담보로 제공하고 개개 자동차담보채권액만큼 대출받는 것을 내용으로 하는 '대출채권담보대출 중개운용에 관한 업무협약 및 채권담보계약'을 체결하였음에도, 계약 취지와 달리 대출금을 기존 채무의 변제에 사용하고 새마을금고의 허락 없이 임의로 차량에 설정된 근저당권을 해제하는 등 새마을금고에 대한 채무변제를 성실히 이행하지 않은 사안에서, 위 대부업자가 대출 당시 대출금채무를 변제할 의사나 능력이 없음에도 있는 것처럼 새마을금고를 기망하여 이에 속은 새마을금고로부터 대출금을 편취하였고 그 편취의 범의도 인정된다고 보아, 위 대출이 새마을금고의 재무상태 등에 대한 실사를 거쳐 실행됨으로써 새마을금고가 위 대출이 가능하다는 착오에 빠지는 원인 중에 새마을금고 측의 과실이 있더라도 사기죄의 성립이 인정된다고 한 사례.[90)]

어음금 지급의사 없이 어음을 발행하고 피사취 아님에도 피사취계를 제출

피고인이 어음을 발행함에 있어서 당초부터 피사취계를 제출하여 어음금의 지급을 면할 의사를 가졌으면서도 이를 숨기고 정상적으로 지급될 어음인 것처럼 가장하였다면 어음을 발행함으로써 수취인이나 그 이후의 소지인을 기망한 것이다.

은행을 지급장소로 한 약속어음에 있어서 피사취계의 제출은 발행인이 은행에 대하여 지급위탁을 취소하는 의사표시에 불과하므로 이에 따라 은행은 제시된 어음금의 지급을 거절하여야 하고 은행이 그 지급위탁 취소사유로 되어 있는 사취사실이 진실인가의 여부를 판단하여 지급위탁의 취소를 거절할 수는 없는 것이므로 발행인이 어음이 사취된 것처럼 가장하여 피사취계를 제출한 경우라 하더라도 그 피사취계의 제출로써 은행을 기망하여 어음금 지급에 관한 재산적 처분행위를 하게 한 것이라고 볼 수 없다.[91)]

및 투자유치 등의 업무를 직접 수행하여 왔으므로 그 과정에서 A나 피고인이 타인으로부터 투자금을 조달하지 않는 한 자력으로는 대여금을 변제할 만한 능력이 없다는 것을 충분히 알게 되었으리라고 보이는 점, 자금담당 상무로 근무하던 피해자가 임원진 선임을 둘러싼 의견대립으로 고용계약을 해지하면서 A의 자금조달에 문제가 생겼고, 피해자들로부터 차용한 돈은 A의 운영경비 등으로 사용된 점 등 피해자들의 경험과 직업, 피해자들이 A에 대여한 자금의 용도 등 제반 사정을 종합할 때, 피고인이 피해자들을 기망하였다거나 피고인의 기망행위로 인하여 피해자들이 착오에 빠져 어떠한 재산적 처분행위를 하였다고 볼 수 없다고 본 사례(대판 2011. 10. 13. 2011도8829).

부도 후 물품대금채권자로부터 물품을 계속 공급받았으나 물품대금채무가 줄어듦

부도 이후 물품을 계속 공급하여 주면 영업을 재개하여 부도 당시의 기발생 물품대금채무를 줄여가겠다고 약속하여 피해자들이 계속하여 물품을 공급하였고, 그 후 다시 거래가 중단되었으나 중단 당시의 잔존 물품대금액이 부도 당시의 기발생 물품대금액보다 줄어든 경우, 위 부도 이후에 공급받은 물품에 대하여는 피고인에게 기망의 의사나 불법영득의 의사가 있었다고 보기 어렵다고 한 사례(대판 2002. 9. 24. 2002도3488).

자금사정이 어렵고 약혼녀 있음을 알면서도 좋아하여 금원대여

피고인이 총각이라면서 결혼하여 사업을 일으켜 보자고 하였더라도, 피해자가 금원을 대여할 당시 피고인이 경영하는 회사의 자금사정이 어렵다는 사실 및 피고인에게 동거하는 약혼녀가 있다는 사실을 알고 있음에도 그를 좋아하고 동정한 나머지 위 금원을 대여하여 주었다면 피고인에게 기망되어 금원을 편취당하였다고 보기 어려우므로 사기죄는 성립하지 아니한다(대판 1983. 6. 28. 83도831).

90) 대판 2009. 6. 23. 2008도1697.

91) 대판 1983. 10. 11. 83도1799.

철근구입을 위한 교제비 명목으로 돈을 빌려주었지만, 철근구입을 못하더라도 고율의 이자로 대여하기로 한 경우

공소사실: 피고인이 피해자에게 대림철강으로부터 철근 400톤을 월부로 구입하는 데에 교제비가 필요하니 빌려달라고 거짓말을 하여 이에 속은 피해자로부터 도합 40만 원을 편취하였다.

판단: 피고인은 수사 당시부터 위 금원은 차용금에 불과하다고 변명하고 있다. 피해자는 피고인이 대림철강으로부터 구입한 철강을 공소외 평화철근에 소개하여 주고 소개비를 받기로 하여 위와 같은 교제비를 준 것이나 위 철근구입이 실현 안 될 때에는 달라 이자를 붙여 받기로 하였다는 취지로 진술하고 있다. 피해자에 따르면 피해자는 일단 철근구입을 위한 교제비 명목으로 금원을 대여한 것이긴 하나 철근구입이 실현 안 되더라도 고율의 이자로 금원을 대여하기로 합의한 것이라고 보여진다.

그렇다면 피고인이 말한 차용금 용도의 목적이 실현 안 되더라도 어차피 금원을 대여하기로 합의하여 이를 교부한 이상, 피고인이 말한 위 차용금 용도(교제비)가 거짓이었다고 하여도 이 기망행위와 피해자의 재산적 처분행위와 사이에는 상당인과관계가 있다고 보기 어렵고, 위와 같이 위 금원이 차용금에 불과하다면 피고인이 당초부터 변제할 의사와 능력이 없이 차용한 것이라고 인정되지 않는 한 사기죄를 구성한다고 볼 수 없다.[92]

허위의 사업광고를 하였으나, 대리점계약을 체결할 때는 기망행위를 하지 않음

피고인의 사업에 관한 선전광고가 허위의 것이라면 그 선전광고 내용을 믿고 대리점계약에 응모하려온 피해자들은 그 광고에 기망되어 착오에 빠져 있었음이 분명하다 할 것이니 실제계약을 체결함에 있어 거짓말을 하고 아니하고는 그 기망 내지 착오의 정도에 차이가 있을 뿐 사기죄에 있어서의 기망과 착오에는 아무런 소장이 있다 할 수 없을 뿐 아니라 허위의 선전광고에 기망되어 착오에 빠져있는 일부 피해자들이 계약체결 현장에서 거짓말을 들은 바 없어 또 다시 기망당하지 아니하였다는 것만으로서는 사기죄의 성립에 아무런 영향이 없다.[93]

부동산 매수인이 매도인(갑) 명의를 가장하여 타(을)에 매도하고 소유권이전등기를 경료

피고인들은 대지를 갑으로부터 매수하여 을에게 매도함에 있어 매도인 명의를 갑으로 위장하여 을과 대지에 대한 매매계약을 체결하였으나 피고인들에게 을에 대하여 계약 당시 그 계약에 따른 소유권을 넘겨줄 의사가 있었음이 인정되고 또한 매매가격의 결정과정에 있어서도 피고인들은 평당 23만원을 요구했으나 을이 원하는 평당 20만원에 정하였고 그 가격이 불상당하다는 자료도 찾아 볼 수 없으며 피고인들은 위 매매대금을

92) 대판 1984. 1. 17. 83도2818. 다음은 유사 사안에 관한 것이다.

매수인이 다른 부동산의 소유권이전등기를 할 의사로 등기소요서류를 교부받음

부동산 매수인은 매도인에 대하여 동 부동산의 소유권이전등기 소요서류의 교부청구권이 있으므로 매수인측의 대리인인 피고인이 매도인인 피해자들로부터 동 서류등을 교부받은 것이라면 당시 피고인이 그 서류를 이용하여 다른 부동산에 대한 소유권이전등기를 할 의사를 가지고 있었고 피해자들이 피고인의 진의를 알지 못하고 있었다 하더라도 위 피해자들의 등기소요서류 교부행위 자체는 착오로 인한 재산적 처분행위라고 할 수 없어 비록 피고인이 진실한 용도를 고지않았다 하더라도 그것만으로 위 서류의 수령행위가 사기죄를 구성한다고는 볼 수 없다(대판 1984. 9. 25. 84도1449).

93) 대판 1982. 10. 26. 81도2531.

모두 수령한 다음 약정대로 그 소유권이전등기도 이행하여 을의 소유권취득에도 아무런 영향이 없었으며 을의 위 매매계약에 대한 별다른 의의도 없었음이 인정되므로 위와 같이 매매계약과 그 이행에 아무런 영향이 없었다면 을은 피고인들의 위와 같은 방법에 의한 전매사실을 알았다하여 그들과 그 매매계약을 체결하지 아니하였으리라고는 인정되지 아니하니 피고인들의 위 기망행위와 을의 처분행위 사이에 인과관계가 없다.[94]

5. 재물 또는 재산상이익의 취득

주권발행 전 주식의 편취와 발행된 주권의 편취

주식의 편취에 관하여는 주식회사가 주권을 발행하기 전이면 위 주식이 표창하는 재산적 이익이 처분되면 당사자 사이에는 유효하게 이를 편취하게 되어 불법이득죄가 성립되나, 주권발행 후이면 주권은 주식의 일정 단위가 화체된 유가증권으로서 그 자체가 재산적 가치를 지닌 재물이므로 그 주식이 기명주식 또는 무기명 주식이냐에 따라 각 그 양도방법에 의하여 주권이 교부되는 때에 재물편취죄의 기수가 된다.[95]

가. 재 물

(1) 긍정례

인감증명서는 인감과 함께 소지함으로써 인감 자체의 동일성을 증명함과 동시에 거래행위자의 동일성과 거래행위가 행위자의 의사에 의한 것임을 확인하는 자료로서 개인의 권리의무에 관계되는 일에 사용되는 등 일반인의 거래상 극히 중요한 기능을 가진다. 따라서 그 문서는 다른 특별한 사정이 없는 한 재산적 가치를 가지는 것이어서 형법상의 '재물'에 해당한다고 할 것이다. 이는 그 내용 중에 재물이나 재산상 이익의 처분에 관한 사항이 포함되어 있지 아니하다고 하여 달리 볼 것이 아니다. 따라서 위 용도로 발급되어 그 소지인에게 재산적 가치가 있는 것으로 인정되는 인감증명서를 그 소지인을 기망하여 편취하는 것은 그 소지인에 대한 관계에서 사기죄가 성립한다고 할 것이다.[96]

등기공무원이 경매법[97]에 의한 경락허가결정의 등본에 소유권이전등기를 완료하였다는 등기필의 취지를 기재하고 등기소인을 압날한 문서는 사기죄의 객체가 되는 재물이다.[98]

94) 대판 1985. 5. 14. 84도2751.

95) 대판 1984. 12. 26. 84도2303.

96) 대판 2011. 11. 10. 2011도9919.

97) 경매법은 민사소송법으로 흡수되었다가, 2002년 이후 민사집행법으로 바뀌었다.

98) 대판 1989. 3. 14. 88도975. 등기업무가 전산화되면서 등기필증제도는 2011년부터 폐지되었다. 폐지 전의 등기필증에 관한 규정은 다음과 같다.
부동산등기법 제67조(등기필증의 발급) ① 등기관이 등기를 마쳤을 때에는 등기원인을 증명하는 서면 또는 신청서의 부본에 신청서의 접수연월일, 접수번호, 순위번호와 등기완료의 뜻을 적고 등기소인을 찍어 이를 등기권리자에게 발급하여야 한다.

주권포기각서는 주권을 포기한다는 의사표시가 담긴 처분문서로서 그 경제적 가치가 있어 재물성이 있다.[99)]

약속어음공정증서에 증서를 무효로 하는 사유가 존재한다고 하더라도 그 증서 자체에 이를 무효로 하는 사유의 기재가 없고 외형상 권리의무를 증명함에 족한 체제를 구비하고 있는 한 그 증서는 형법상의 재물로서 사기죄의 객체가 됨에 아무런 지장이 없다.[100)]

(2) 부정례

보험사의 직원으로 하여금 컴퓨터에 실효된 보험이 유효한 것처럼 입력하게 한 다음 다른 직원으로부터 보험가입사실증명원을 발급받아 교통사고 조사 경찰관에게 제출

보험가입사실증명원은 교통사고를 일으킨 차가 교통사고처리특례법 제4조에서 정한 취지의 보험에 가입하였음을 보험회사가 증명하는 내용의 문서일 뿐이고 거기에 재물이나 재산상의 이익의 처분에 관한 사항을 포함하고 있는 것은 아니므로, 이러한 문서의 불법취득에 의해 침해된 또는 침해될 우려가 있는 법익은 보험가입사실증명원인 서면 그 자체가 아니고 그 문서가 교통사고처리특례법 제4조에 정한 보험에 가입한 사실의 진위에 관한 내용이라고 할 것이고, 따라서 이러한 증명에 의하여 사기죄에서 말하는 재물이나 재산상의 이익이 침해된 것으로 볼 것은 아니어서 보험가입사실증명원은 사기죄의 객체가 되지 아니한다.[101)]

해설: 위 판례의 사안은, A 보험회사의 보험모집사원인 피고인이 A의 직원 갑으로 하여금 을이 가입한 자동차보험이 분납보험료 미납으로 실효되었음에도 유효한 것처럼 컴퓨터를 조작하여 입력하게 한 다음, A의 직원 병으로부터 을의 보험가입사실증명원을 발급받아 을의 교통사고를 조사하는 경찰관에게 제출한 것이다(원심인 인천지판 1996. 9. 19. 96노202). 만약 위와 같이 발급받은 보험가입사실증명원이 A에 대한 보험금청구(보험금사기)에 이용된다면 이는 재물에 해당할 것이다.

나. 재산상이익

(1) 긍정례

타인 소유의 부동산에 저당권을 설정하고 돈을 빌림

타인을 기망하여 그 소유의 부동산에 저당권을 설정케 하고 이를 담보로 금원을 융자받은 경우, 위와 같은 행위는 피해자의 저당권설정행위라는 재산적 처분행위에 의하여 위 저당권을 담보로 하여 융자받은 금원 상당의 재산상이익인 담보가치를 취득한 것이 되므로 이는 위 피해자를 피기망자 및 피해자로 하는 사기죄를 구성한다.[102)]

99) 대판 1996. 9. 10. 95도2747.
100) 대판 1995. 12. 22. 94도3013.
101) 대판 1997. 3. 28. 96도2625.
102) 대판 1985. 11. 12. 84도984.

금원을 차용하면서 타인을 연대보증인으로 입보케 함

피고인이 상호신용금고로부터 금 2,000,000원을 차용하기 위해서 2인의 연대채무자가 필요하기 때문에 갑으로 하여금 연대채무자가 되게 하기 위하여 차용금중 금 1,000,000원을 동인이 쓰도록 하여 주겠다고 거짓말을 하였고 갑은 이를 진실한 것으로 믿고 위 차용금에서 금 1,000,000원을 쓴다는 의도아래 위 차용에 있어서 연대보증인이 되었을 뿐 아니라 위 차용금 지급의 연대가 있을 때에는 즉시 강제집행을 받더라도 이의없음을 인낙한다는 공정증서까지를 작성 차입하였는데 피고인이 위 차용금의 지급을 지체하자 상호신용금고에서 갑의 재산에 대하여 강제집행을 하기에 이르렀음이 인정된다면, 갑이 피고인의 허언에 기망되어 연대채무를 부담하였기 때문에 피고인이 의도한대로 금 2,000,000원을 차용할 수 있었다는 재산상 불법의 이익을 취득한 것이 되므로 갑을 피기망자 및 피해자로 하는 사기죄가 성립한다.103)

회사채 등에 대한 지급보증

대환이란 현실적인 자금의 수수 없이 형식적으로만 신규대출을 하여 기존 채무를 변제하는 것으로 특별한 사정이 없는 한 형식적으로는 별도의 대출에 해당하나 실질적으로는 기존채무의 변제기의 연장에 불과한 것인바, 이미 발행한 회사채를 보증한 금융기관이 그 지급자금의 확보를 위하여 새로이 발행하는 회사채에 대하여 보증하는 것과 같이 채권자가 변경되고 실질적인 자금 이동도 수반되는 경우는 변제기의 연장에 불과한 대환이라고 볼 수 없다. 또, 주식회사가 금융기관을 기망하여 회사채 등에 대한 지급보증을 받은 경우 그로 인하여 회사가 취득하는 재산상 이익은 금융기관이 지급보증에 의하여 부담한 회사채 등에 대한 보증채무를 자신의 회사채 발행을 위한 담보로 이용할 수 있는 이익이고 그 가액(이득액)은 원칙적으로 지급보증의 대상이 된 회사채 등의 원리금 상당액이라 할 것이다.104)

---

103) 대판 1982. 10. 26. 82도2217. 다음은 같은 취지이다.
풀카고트럭 2세트와 카고트럭 4대를 할부로 매입하여 출고받은 뒤 그 할부매매계약의 연대보증인을 구할 수 없자 피해자에게 거짓말을 하여 풀카고트럭 1대에 대한 연대보증용 인감증명서를 교부받은 후, 피해자로부터 그 서류에 대한 반환을 요구받고도 반환하지 않고 있다가 자동차 회사 판매 영업소 직원에게 교부하면서 풀카고트럭 1세트와 카고트럭 4대의 매매계약 연대보증인으로 처리하라고 하여, 피해자를 연대보증 하는 약속어음 공정증서를 작성하게 하고, 피해자를 연대보증인으로 하여 자신이 경영하는 회사와 보증보험회사 간에 그 차량들의 할부판매보증보험계약을 체결하게 함으로써 그 차량매매대금 중 선지급금을 제외한 나머지 금액 상당의 재산상의 이익을 편취한 피고인의 행위를 사기죄로 처단한 원심판결을 수긍한 사례(대판 1995. 8. 25. 94도2132).

104) 대판 2007. 6. 1. 2006도1813. 다음은 같은 취지이다.
고의부도를 준비 중인 공공임대주택 임대사업자 A 명의로 대한주택보증으로부터 임대보증금 보증서를 발급받음
A 주식회사의 실질적 운영자인 피고인 등이 공모하여, A에 대한 고의 부도 준비 사실 등을 숨긴 채 A 명의로 대한주택보증에 보증신청을 하여 임대보증금 보증채무약정이 체결되고 이에 따라 대한주택보증이 임대보증금 보증서를 발급하였는데, 위 보증채무약정은 보증회사를 대한주택보증, 보증채권자를 임차인, 주채무자를 A로 정하면서, 보증회사가 첨부된 임대보증금 산출내역상의 동·호수별로 구분 기재된 보증금액을 한도로 하여 보증책임을 부담하기로 하되, '보증기간 내에 임대차계약이 종료 또는 해지된 경우로서 그 종료 또는 해지일로부터 2개월이 경과하도록 정당한 사유 없이 임대보증금을 반환받지 못한 경우' 또는 '보증기간 내에 주채무자가 파산이나 부도 등으로 임대보증금 반환채무를 이행할 수 없다고 보증회사가 인정하여 그 사실을 보증채권자에게 통지하는 경우'와 같은 보증사고가 발생하였을 때에는 보증회사가 보증책임을 부담하고, 보증회사가 보증채무를 이행한 경우에는 주채무자에 대하여 구상권을 가지면서 보증채권자가 주채무자에 대하여 가지는 권리를 대위하여 행사할 수 있는 것을 내용으로 하는 사실을 알 수 있다.

신축 중인 건물에 관한 건축허가명의변경 판결

신축중인 다세대주택에 관하여 건축허가 명의가 변경되었다 하여 그 소유권이 변경된 건축허가 명의인에게 이전되는 것은 아니므로, 피고인이 법원을 기망하여 건축주명의변경절차이행청구 소송에서 승소확정판결을 받았다거나 나아가 이에 기하여 위 다세대주택에 관한 건축허가 명의를 변경하였다 하여 위 다세대주택 그 자체를 편취한 것으로는 볼 수 없고, 단지 건축주로서 공사를 계속하여 다세대주택을 완공하고 사용승인을 받은 다음 건축물대장에 등재하여 완공된 다세대주택에 관하여 그의 명의로 소유권보존등기를 경료할 수 있는 등 건축허가에 따른 재산상 이익을 취득한 것으로 보아야 한다.[105)]

기망적 방법으로 법률상 유효하지 않은 피전부채권에 대한 전부명령을 받음

재산상 이익처분은 그 재산상의 이익을 법률상 유효하게 취득함을 필요로 하지 아니하고 그 이익 취득이 법률상 무효라 하여도 외형상 취득한 것이면 족한 것이므로 피전부채권이 법률상으로는 유효한 것이 아니고 전부명령이 효력을 발생할 수 없다 하여도 피전부채권이나 전부명령이 외형상으로 존재하는 한 재산상이익 취득이다.[106)]

아파트 소유권이전등기청구권에 관한 가압류를 기망적 방법으로 해제받음

아파트 소유권이전등기청구권을 가압류당한 아파트 수분양권자가 위 청구권을 행사하거나 아파트를 매도할 수 없게 되자 가압류채권자에게 가압류를 해제하여 주면 아파트 매도대금으로 채무를 변제하겠다고 거짓말하여 이에 속은 채권자로부터 가압류해제신청서를 받아 가압류를 해제한 후 아파트를 매도하였으면서도 위 채무를 변제하지 아니한 사안에서, 위 수분양권자로서는 가압류가 해제됨으로써 아파트 매도가 용이해져 매도대금을 수령할 수 있게 된 이익이 있으므로 가압류청구금액 상당의 재산상의 이익을 취득한 사기죄가 성립한다고 한 사례.[107)]

따라서 대한주택보증은 위 보증채무약정에 따라 A가 그 소유인 임대주택의 임차인들에게 부담하는 임대보증금 반환채무에 대한 보증채무를 부담하게 된다고 볼 수 있는데, 대한주택보증의 임대보증금 보증서 발급이 피고인 등의 기망행위에 의하여 이루어졌다면, 그로써 곧 사기죄는 성립하는 것이고, 이로 인하여 피고인 등이 취득한 재산상 이익은 대한주택보증이 보증한 임대보증금 상당액이며, 임대주택법에 따라 민간건설 공공임대주택 임대사업자의 임대보증금 보증 가입이 강제된다하여 달리 볼 것이 아니다(대판 2013. 11. 28. 2011도7229).

특경법 제3조 제1항 소정의 이득액이란 거기에 열거된 범죄행위로 인하여 취득하거나 제3자로 하여금 취득하게 한 불법영득의 대상이 된 재물이나 재산상 이익의 가액을 말하는 것이고 궁극적으로 그와 같은 이득이 실현되었는지 여부는 영향이 없는 것이며, 건설업자가 건설산업기본법에 의한 건설공제조합을 기망하여 선급금보증계약을 체결하고 선급금보증서를 발급받아 건설공사 발주자에게 제출한 경우 그로 인하여 건설업자가 취득하는 재산상 이익은 건설공제조합이 선급금보증계약에 의하여 부담한 선급금 반환 보증채무를 자신의 건설공사 계약을 위한 담보로 이용할 수 있는 이익이고 그 가액(이득액)은 원칙적으로 선급금 반환채무 보증한도액 상당이다(대판 2006. 11. 24. 2005도5567).

105) 대판 1997. 7. 11. 95도1874.

106) 대판 1975. 5. 27. 75도760.

107) 대판 2007. 7. 26. 2007도3160. 대판 2007. 9. 20. 2007도5507(225면)과 같은 취지임.

성행위 대가의 지급면탈

일반적으로 부녀와의 성행위 자체는 경제적으로 평가할 수 없고, 부녀가 상대방으로부터 금품이나 재산상 이익을 받을 것을 약속하고 성행위를 하는 약속 자체는 선량한 풍속 기타 사회질서에 위반한 사항을 내용으로 하는 법률행위로서 무효이나, 사기죄의 객체가 되는 재산상의 이익이 반드시 사법상 보호되는 경제적 이익만을 의미하지 아니하고, 부녀가 금품 등을 받을 것을 전제로 성행위를 하는 경우 그 행위의 대가는 사기죄의 객체인 경제적 이익에 해당하므로, 부녀를 기망하여 성행위 대가의 지급을 면하는 경우 사기죄가 성립한다.[108)]

해설: 위 판례에 대해서는 다음과 같은 의문이 있다.

① 성매매계약은 무효여서 성매수대금을 지급할 의무가 없기 때문이 재산상이익의 취득(채무의 면제 내지 소멸)이 존재할 여지가 없다.

② 위 판례의 원심에 의하면 피고인은 절취한 신용카드로 성매수대금을 결제하였는바, 이로써 그 상대방인 술집여종업원이 채무를 소멸시키는 처분행위를 하였다고 보기도 어렵다.

주식운용프로그램을 이용하여 수익을 내겠다고 기망하여 예치된 자금의 운용권한과 수익분배청구권을 취득

경제적 이익을 기대할 수 있는 자금운용의 권한 내지 지위의 획득도 그 자체로 경제적 가치가 있는 것으로 평가할 수 있다면 사기죄의 객체인 재산상의 이익에 포함된다.

피고인이 자신이 개발한 주식운용프로그램을 이용하면 상당한 수익을 낼 수 있고 만일 손해가 발생하더라도 원금과 은행 정기예금 이자 상당의 반환은 보장하겠다는 취지로 피해자 갑을 기망하여 갑의 자금이 예치된 갑 명의 주식계좌에 대한 사용권한을 부여받아 재산상 이익을 취득하였다는 내용으로 기소된 사안에서, 주식운용에 따른 수익금이 발생할 경우 피고인이 그 중 1/2에 해당하는 돈을 매달 지급받기로 약정한 점 등 제반 사정을 종합하면, 피고인은 장래의 수익 발생을 조건으로 한 수익분배청구권을 취득하였을 뿐 아니라 그러한 경제적 이익을 기대할 수 있는 자금운용의 권한과 지위를 획득하였고, 이는 주식거래의 특성 등에 비추어 충분히 경제적 가치가 있다고 평가할 수 있으므로 갑을 기망하여 그러한 권한과 지위를 획득한 것 자체를 사기죄의 객체인 재산상 이익을 취득한 것으로 볼 수 있다는 이유로, 피고인에게 사기죄를 인정한 사례.[109)]

(2) 부정례

법원을 기망하여 부재자의 재산관리인으로 선임됨

법원이 부재자의 재산관리인을 선임한 경우 부재자의 재산관리인은 부재자의 재산에 관하여 그 관리를 위하

---

108) 대판 2001. 10. 23. 2001도2991. 원심은 다음과 같이 판단하였다.
이 사건 공소사실 중 피고인이 대가를 지급하기로 하고 술집 여종업원과 성관계를 가진 뒤 절취한 신용카드로 그 대금을 결제하는 방법으로 그 대가의 지급을 면하여 재산상의 이익을 취득하였다는 부분에 관하여, 정조는 재산권의 객체가 될 수 없을 뿐만 아니라 이른바, 화대란 정조 제공의 대가로 지급받는 금품으로서 이는 선량한 풍속에 반하여 법률상 보호받을 수 없는 경제적 이익이므로, 피고인이 기망의 방법으로 그 지급을 면하였다 하더라도 사기죄가 성립하지 아니한다.

109) 대판 2012. 9. 27. 2011도282.

여 일정한 권한을 가지게 되는 것이지마는 그 권한을 어디까지나 부재자의 이익으로 그 재산을 민법의 규정에 따라 관리함에 필요한 처분을 할 수 있게 하기 위함을 그 본질로 하는 것이고, 그 관리인에게 이익을 주는 것을 그 내용으로 하는 것이 아니라 할 것이며, 법원이 그 관리인에 대하여 그 부재자의 재산으로 상당한 보수를 지급하는 경우에도 그 재산 관리권에 필연적으로 부수하는 것이 아니라 그 재산을 관리함에 있어 관리인이 제공한 노력에 대하여 법원의 결정에 의하여 지급될 수 있는 것에 지나지 아니하고 이 사실로서는 그 관리인 이 그 관리권에 의하여 이익을 얻는다고는 볼 수 없으며 그 관리인이 자신의 이익을 위하여 그 재산을 관리함으로써 재산상의 이익을 얻는다며는 이는 부재자재산관리권 그 자체의 작용에 의한 이익이라고는 볼 수 없는 것이니, 부재자 재산관리인으로 선임 되었다는 것만으로써는 어떤 재산권이나 재산상의 이득을 얻은 것이라고는 볼 수 없다.[110]

다. 특수한 형태

(1) 채무의 면제 또는 소멸

채무이행을 위한 재산권양도

사기죄에 있어서 '재산상의 이익'이란 채권을 취득하거나 담보를 제공받는 등의 적극적 이익뿐만 아니라 채무를 면제받는 등의 소극적 이익까지 포함하는 것이기는 하지만, 단순한 채무변제 유예의 정도를 넘어서 채무의 면제라고 하는 재산상 이익에 관한 사기죄가 성립하기 위해서는 채무자의 기망행위로 인하여 그 채무를 확정적으로 소멸 내지 면제시키는 채권자의 처분행위가 있어야만 하는 것이므로, 단지 채무의 이행을 위하여 채권 기타 재산적 권리의 양도가 있었다는 사정만으로 그러한 처분행위가 있었다고 단정하여서는 안 될 것이고, 그것이 기존 채무의 확정적인 소멸 내지 면제를 전제로 이루어진 것인지 여부를 적극적으로 살핀 다음, 채무면제를 목적으로 하는 사기죄의 성립 여부를 판단하여야 할 것이다.[111]

기망으로 부동산을 매도하여 대금 일부는 돈으로 받고 나머지는 피해자에 대한 채무와 상계

사기죄에서 '재산상의 이익'이란 채권을 취득하거나 담보를 제공받는 등의 적극적 이익뿐만 아니라 채무를 면제받는 등의 소극적 이익까지 포함하며, 채무자의 기망행위로 인하여 채권자가 채무를 확정적으로 소멸 내지 면제시키는 특약 등 처분행위를 한 경우에는 채무의 면제라고 하는 재산상 이익에 관한 사기죄가 성립하고, 후에 재산적 처분행위가 사기를 이유로 민법에 따라 취소될 수 있다고 하여 달리 볼 것은 아니다.

110) 대판 1973. 9. 25. 73도1080.

111) 대판 2009. 2. 12. 2008도10971. 구체적인 사안은 다음과 같다.
피해자 주식회사는 피고인으로부터 이 사건 기계들을 6억 원의 차용금채무에 대한 대물변제로 양도받은 후에도, 이 사건 기계들로 6억 원을 회수하지 못할 경우에 대비하여 피고인에게 다시 담보의 제공을 요구하여, 이에 피고인이 2006. 8. 10. ○○공장건물 및 그 부지에 관하여 피해자에 가등기를 마쳐주었다는 것이고, 피고인은 위와 같이 대물변제계약을 체결한 이후 피해자 또는 그 실질적 사주인 갑에게 2006. 7. 21.부터 같은 해 10. 10.까지 합계 2억 4,490만 원을 지급하였는데, 피해자는 위와 같이 지급받은 돈 중 112,144,000원으로 위 6억 원의 차용원리금채무 중 일부에 변제충당한 사실을 인정할 수 있다. 위 인정 사실에 의하면, 피고인과 피해자 사이에 기존의 6억 원 차용금채무의 이행에 갈음하여 이 사건 기계들을 양도함으로써 위 차용금채무를 확정적으로 면제 내지 소멸시키기로 하는 약정 내지 처분행위가 있었다고 단정할 수는 없다.

피고인이 피해자들을 기망하여 부동산을 매도하면서 매매대금 중 일부를 피해자들의 피고인에 대한 기존 채권과 상계하는 방법으로 지급받아 채무 소멸의 재산상 이익을 취득하였다는 내용으로 기소된 사안에서, 피고인이 상계에 의하여 기존 채무가 소멸되는 재산상 이익을 취득하였다고 보아 사기죄를 인정한 원심판단을 정당하다고 한 사례.[112)]

해설: 피고인이 피해자들을 기망하여 부동산을 매도하는 경우 피해자들로부터 받은 매매대금을 편취하게 된다. 그런데 위 판례에서 피고인은 매매대금의 일부는 금원으로 지급받았고, 그 나머지는 피고인의 피해자들에 대한 채무와 상계하였다. 따라서 피고인은 '교부받은 금원을 편취'하고, '상계에 의하여 채무가 소멸되는 재상상이익을 취득'한 것이다.

채무변제를 위하여 부존재하는 채권을 양도

피고인이 갑 소유의 주택을 건축하고 그 공사대금을 전부 지급받았음에도 위 공사대금채권 중 일부를 변제받지 못한 것처럼 피해자를 기망하여 이를 피해자에게 양도한 사안에서,

사기죄는 사람을 기망하여 자기 또는 제3자로 하여금 재물 또는 재산상의 이익을 얻거나 얻게 하는 경우에 성립하는 것인 바, 자기의 채권자에 대한 채무이행으로 채권을 양도하였다 하더라도 위 채권이 존재하지 않는다면 이를 양도하였다 하여 권리이전의 효력을 발생할 수 없는 것이고 따라서 채권자에 대한 기존의 채무도 소멸하는 것이 아니므로 채무면탈의 효과도 발생할 수 없어 위 채권의 양도로써 재산상의 이득을 취하였다고는 볼 수 없으므로 사기죄는 성립하지 않는다.[113)]

112) 대판 2012. 4. 13. 2012도1101.

113) 대판 1985. 3. 12. 85도74. 다음은 같은 취지이다.

채무변제를 위하여 위조된 약속어음을 교부

위조된 약속어음을 진정한 약속어음인 것처럼 속여 기왕의 물품대금채무의 변제를 위하여 채권자에게 교부하였다고 하여도 어음이 결제되지 않는 한 물품대금채무가 소멸되지 아니하므로 사기죄는 성립되지 않는다(대판 1983. 4. 12. 82도2938).

채무변제를 위한 약속어음이나 당좌수표의 교부

기존 채무의 변제조로 약속어음 또는 당좌수표를 교부한 경우, 당사자가 기존채무를 소멸시키기로 하는 특약을 하지 않는 한 위 교부만에 의하여는 기존채무가 소멸하지 아니하고, 위 약속어음 또는 당좌수표가 결제되었을 때 비로소 기존채무가 소멸한다고 할 것이므로, 당사자가 약속어음 또는 당좌수표를 교부한 것만으로 기존 채무를 소멸시키기로 하는 특약을 한 것으로 보이지 않는 경우에 위 약속어음 또는 당좌수표의 교부만으로 피고인들이 그 기존 채무를 면하였다고 판시한 것은 위법하다(대판 1998. 12. 9. 98도3282).

채무변제를 위하여 환매권을 취득한 바 없는 부동산에 대한 환매권을 양도

채권자들로부터 채무의 변제 또는 담보제공을 심하게 독촉받자 그러한 급한 상황에서 풀려 나오려는 의도에서 공소외인으로부터 환매권을 양수받은 사실이 없어 처분권이 없는 부동산등에 대해서 환매권양도계약을 체결해준 것뿐이라면 그것만으로 채권자들에 대한 채무를 확정적으로 면제받은 것이라고 볼 수 없어 위 채권자들에 대한 사기죄를 구성하지 않는다(대판 1986. 7. 22. 86도681).

백미 100가마를 변제하겠다면서 10가마의 보관증을 100가마의 보관증이라고 속여 교부

피고인이 한문판독능력이 없는 피해자에게 백미 100가마를 변제한다고 말하면서 10가마의 백미보관증을 100가마의 보관증이라고 속여 교부하고 한문판독능력이 없는 피해자가 이를 100가마의 보관증으로 믿고 교부받았다고 하더라도 나머지 90가마의 채무가 소멸할 리 없고 피고인이 위 채무를 면탈하였다고 할 수 없어 이로 인하여 재산상의 이익을 취득하였다고 할 수 없을 것이므로 이익사기죄에 해당한다고 할 수 없다.

피고인이 10가마의 백미 보관증을 100가마의 백미 보관증이라고 속여 피해자로부터 피고인이 전에 작성하여 준 차

(2) 채무이행의 연기

판례는 "사기죄에 있어서 채무이행을 연기받는 것도 재산상의 이익이 된다"[114]라고 판시한 바 있다. 그러나 채무이행을 연기받는 것 자체가 재산상의 이익이 된다고 볼 수는 없을 것이다. 채무이행의 연기에 의해 사기죄가 성립하기 위해서는 채무자가 채무이행을 연기받음으로써 변제기가 늦춰지는 외에 다른 어떤 재산상의 이익을 취득하여야 할 것으로 생각된다. 그렇지 않다면 변제할 능력과 의사가 없는 상태에서 변제기 도래 후 변제기를 연기받는 것만으로 곧바로 사기죄가 성립한다는 것이 되기 때문이다.[115] 다음 판례들을 참조하라.

분양 중인 아파트의 부지에 관하여 경매절차가 진행되자 위조 어음 등을 교부하여 경매를 취하받음으로써 채무자인 부지 소유자의 채무이행이 연기됨

채권자인 갑이 을의 토지에 대한 공유지분에 강제경매신청을 하여 그 개시결정이 되자 위 토지상에 건축 중인 아파트의 분양이 난관에 봉착하게 되었고, 이를 타개하기 위하여 피고인은 위 경매신청을 취하하여 주면 분양대금에서 우선 변제하겠다고 그 담보로 판시의 어음 2매 및 각서를 위조하여 갑에게 교부하고 이에 속은 갑은 위 경매신청을 취하함으로써 을로 하여금 갑에 대한 채무의 이행을 연기받도록 하였다. 위 사실에 의하면 을은 이건 부동산에 대한 경매신청이 취하되고 그 채무의 이행이 연기됨으로써 위 토지상의 아파트의 분양이 용이해져 자기의 토지대금의 수령이 가능해진 이익이 있다(반면 경매가 진행되어 경락되는 경우 입을 위 아파트의 분양이 어려워져 위 토지대금을 변제받기 위한 불이익을 면하는 이익)할 것이므로 재산상의 이익을 취득한 경우에 해당한다 할 것이다.[116]

용증서를 교부받았다면 그 차용증서를 편취한 것이라고 할 수 있을 것이다(대판 1990. 12. 26. 90도2037).

해설: 짐작컨대 위 판례의 사안은, 피고인이 피해자에게 부담하는 채무에 관하여 차용증서를 작성해주었다가, 차용증서를 반환받으면서 위 채무 대신 백미 100가마를 변제하겠다고 말하면서 10가마의 백미보관증을 100가마의 백미보관증이라고 속여 교부한 것으로 보인다.

114) 대판 1986. 10. 14. 86도1501; 대판 1983. 11. 8. 83도1723; 대판 1997. 7. 25. 97도1095; 대판 2007. 3. 30. 2005도5972 등. 사기죄에 있어서 채무이행을 연기받는 것도 재산상의 이익이 되므로, 채무자가 채권자에 대하여 소정기일까지 지급할 의사와 능력이 없음에도 종전 채무의 변제기를 늦출 목적에서 어음을 발행 교부한 경우에는 사기죄가 성립한다(위 97도1095).

대환은 기존채무의 변제기의 연장이므로 사기죄를 구성할 수 있음

대환이라 함은 현실적인 자금의 수수 없이 형식적으로만 신규대출을 하여 기존채무를 변제하는 것으로서 특별한 사정이 없는 이상 대환은 형식적으로는 별도의 대출에 해당하나 실질적으로는 기존채무에 대한 변제기의 연장에 해당하는 것이고, 기망에 의하여 채무의 변제기를 연장받은 경우에도 사기죄가 성립하므로, 타인을 기망하여 대출을 받은 것이 신규대출이 아니라 대환에 해당한다고 하더라도 사기죄로 의율함에 지장이 없다(대판 1997. 2. 14. 96도2904).

비교 판례: 신규대출을 하는 것처럼 서류상 정리를 하였을 뿐 실제로 대출금을 새로 교부하지 아니하였다면 배임죄가 성립하지 않는다(대판 2013. 10. 17. 2013도6826 등).

115) 채무자가 변제기를 연장받은 외에 다른 재산상의 이익을 취득한 바 없다면 사기죄의 성립을 인정하지 않는 것이 실무인 것으로 생각된다.

116) 대판 1983. 11. 8. 83도1723.

딱지어음을 교부하여 채무이행을 유예받음으로써 영업을 계속함

피고인이 이 사건 각 딱지어음을 교부하여 채무의 이행을 유예받은 것은 그 자체로 재산적 이익을 취득한 것이라 아니할 수 없고(피고인이 양주대금으로 지급한 타수어음이 2001. 7. 이후 부도난 적이 있었고, 이 사건 딱지어음 중 5,300만 원짜리도 2002. 8. 19. 부도났음에도 A주식회사측이 피고인과 거래를 지속한 것은 A측에서 그 어음이 딱지어음임을 모르는 상태에서 나머지 일부 어음은 정상적으로 결제되고 있었고, 피고인과는 상당기간 거래가 이루어져 왔던 터에 피고인이 부도대금을 며칠 내로 변제하겠다는 약속을 하였기 때문으로 보이고, 한편 채무의 이행유예 없이 즉시 채권행사가 이루어졌다면 적어도 피고인이 '(상호 생략)주류'를 정상적으로 계속 운영하기 어려웠을 것으로 보이므로 그와 같이 채무 이행을 유예받은 것을 두고 재산상 이익을 얻은 것이 아니라고 할 수는 없다), 또한 A가 피고인으로부터 이 사건 각 딱지어음을 교부받고 어음상의 지급기일까지 그 채권의 행사를 늦추어 준 것이 처분행위에 해당하지 않는다고 할 수 없을 뿐만 아니라 그 처분행위가 피고인의 기망행위로 인한 것이 아니라고 할 수도 없다.[117]

사기죄에 있어서 채무이행을 연기받는 것도 재산상의 이익이 되므로 채무자가 채권자에 대하여 소정기일까지 지급할 의사와 능력이 없음에도 종전 채무의 변제기를 늦출 목적에서 어음을 발행 교부한 경우 사기죄가 된다 할 것인바, 피고인들이 피해자들에게 지급하여야 할 판시 약속어음 만기일에 새로 약속어음을 발행하고 그 지급기일을 연장받은 것을 재산상의 이익을 취득한 것으로 인정한 조치는 옳다.[118]

해설: 위 판례는 채무이행을 연기받는 것이 왜 재산상의 이익이 되는지에 관하여 명시적인 설명을 하지 않고 있다. 위 판례는 회사정리개시결정에 의해 법정관리를 받는 회사가 자금 압박과 매출부진으로 곧 부도가 날 것임이 충분히 예견됨에도 31회에 걸쳐 약속어음 만기일에 새로 약속어음을 발행하고 그 지급기일을 연장받음으로써(애초의 공소사실은 31회에 걸쳐 어음할인의 방법으로 16억 원 상당을 편취) 회사 운영을 계속한 사안에 관한 것이다. 따라서 위 판례는 채무이행을 연기받음으로써 회사를 계속 운영한 것을 재산상의 이익 취득으로 본 것이 아닌가 생각된다.

약속어음 또는 당좌수표를 수수함에 의하여 채무이행을 연기받는 것도 재산상의 이익이 되므로, 채무이행을 연기받은 사기죄는 성립할 수 있으나, 채무이행을 연기받은 것에 의한 재산상의 이익액은 이를 산출할 수 없으므로 이는 특경법 제3조 제1항 제2호의 이득액을 계산함에 있어서는 합산될 것이 아니다.[119]

해설: 채무이행을 연기받음으로써 취득한 재산상이익은 이를 산출할 수 없으므로 범죄사실에 그 수액을 명시할 필요가 없다.[120]

117) 대판 2007. 3. 30. 2005도5972.
118) 대판 1997. 7. 25. 97도1095.
119) 대판 1998. 12. 9. 98도3282.
120) 대판 1997. 7. 25. 97도1095.

(3) 편취 투자금에 대한 수익금지급과 재투자

실현 불가능한 고율의 수당을 지급하겠다고 거짓말하여 피해자들에게 물품을 판매함으로써 그 대금을 편취한 사안에서,
재물을 편취한 후 현실적인 자금의 수수 없이 형식적으로 기왕에 편취한 금원을 새로이 장부상으로만 재투자하는 것으로 처리한 경우에는 그 재투자금액은 이를 편취액의 합산에서 제외하여야 할 것이나, 그렇지 아니하고 재물을 편취한 후 예금계좌 등으로 그 일부를 수당 등의 명목으로 입금해 주어 피해자가 이를 현실적으로 수령한 다음, 일정기간 후 이를 가지고 다시 물품을 구매하는 형식으로 재투자 하였다면, 이는 새로운 법익의 침해가 발생한 경우라고 할 것이어서 그 재구매 금액은 편취액에서 제외할 성질의 것이 아니다.[121)]
해설: 다단계판매회사는 피해자들에게 "투자금보다 훨씬 많은 이익금을 지급할테니 투자하라"라고 거짓말하여 이에 속은 피해자들로부터 투자금을 받아 이를 편취한 다음, 이익금 명목으로 소액의 금원을 피해자들에게 반환하기도 한다. 이때 반환하기로 하는 이익금 명목의 금원을 피해자에게 현실적으로 교부하지 않고 재투자하는 것으로 처리하면, 피해자가 금원을 처분한 것이 아니어서 편취가 성립되지 않는다. 그렇지만 위 이익금 명목의 금원을 피해자가 현실적으로 수령한 다음 재투자하면 이는 피해자에 의한 금원의 처분이므로 편취에 해당한다.

(4) 제3자에 의한 재물 또는 재산상이익의 취득

범인이 기망행위에 의해 스스로 재물을 취득하지 않고 제3자로 하여금 재물의 교부를 받게 한 경우에 사기죄가 성립하려면, 그 제3자가 범인과 사이에 정을 모르는 도구 또는 범인의 이익을 위해 행동하는 대리인의 관계에 있거나, 그렇지 않다면 적어도 불법영득의사와의 관련상 범인에게 그 제3자로 하여금 재물을 취득하게 할 의사가 있어야 한다. 위와 같은 의사는 반드시 적극적 의욕이나 확정적 인식이어야 하는 것은 아니고 미필적 인식이 있으면 충분하며, 그 의사가 있는지 여부는 범인과 그 제3자 및 피해자 사이의 관계, 기망행위 혹은 편취행위의 동기, 경위와 수단·방법, 그 행위의 내용과 태양 및 당시의 거래관행 등 여러 사정을 종합하여 사회통념에 비추어 합리적으로 판단하여야 한다. 한편, 재물편취를 내용으로 하는 사기죄에 있어서는 기망으로 인한 재물교부가 있으면 그 자체로써 피해자의 재산침해가 되어 곧 사기죄는 성립하는 것이고, 그로 인한 이익이 결과적으로 누구에게 귀속하는지는 사기죄의 성부에 아무런 영향이 없다.[122)]

121) 대판 2005. 10. 28. 2005도5774. 같은 취지로는 대판 2007. 1. 25. 2006도7470. 다음은 같은 취지이다.
피고인들이 유치한 차입금은 모두 신규 차입의 형식을 갖추고 그 차입금증서도 새로이 발행되었지만, 그 가운데 상당 부분은 피고인들이 종전에 편취한 차입금이 만기에 이르러 피해자들에게 이를 다시 투자하면 종전과 같은 고수익을 보장하여 주겠다고 기망하여 반환하여야 할 원리금의 전액 또는 일부를 새로이 차입하는 것으로 하고 그 차입금증서를 발행하여 주었던 것일 뿐이고 실제로는 그 액면금액 상당의 차입금이 수수되지 아니한 사안에서, 특경법 제3조 제1항에서 말하는 이득액은 단순일죄의 이득액이나 혹은 포괄일죄가 성립하는 경우의 이득액의 합산액을 의미하는 것이지만, 그 입법취지에 비추어 이득액은 실질적인 이득액을 말하고, 재물편취를 내용으로 하는 사기죄에 있어서는 기망으로 인한 재물교부가 있으면 그 자체로써 피해자의 재산침해가 되어 이로써 곧 사기죄가 성립하고, 그 후 피해자를 기망하여 편취한 재물의 반환을 회피할 목적으로 현실적인 자금의 수수 없이 기존 차입원리금을 새로이 투자하는 형식을 취하였다 하더라도 이는 새로운 법익을 침해하는 것이 아니므로 별도로 사기죄를 구성하지 않는다(대판 2000. 11. 10. 2000도3483).

122) 대판 2009. 1. 30. 2008도9985. 같은 취지로는 대판 2012. 5. 24. 2011도15639.
구체적인 내용은 다음과 같다.

6. 손해의 발생

기망으로 인한 재물의 교부가 있으면, 그 자체로써 곧 사기죄는 성립하고, 상당한 대가가 지급되었다거나 피해자의 전체 재산상에 손해가 없다고 하여도 사기죄의 성립에는 영향이 없다.[123)]

사기죄의 본질은 기망에 의한 재물이나 재산상 이득의 취득에 있고 이로써 상대방의 재산이 침해되는 것이므로 상대방에게 현실적으로 재산상의 손해가 발생하지 않았다 하더라도 사기죄의 성립에는 아무런 영향이 없는 것이어서, 피해자가 피고인의 기망에 의하여 당해 부동산의 소유권을 취득할 수 없게 될지도 모른다는 사정을 알지 못한 채 이를 매수하였다면 이미 재산의 침해가 있었다 할 것이고, 그 이후 피해자가 매수인 명의변경절차나 국가에 대한 민사소송 등을 통하여 소유권이전등기를 경료받아 재산상의 손해가 없게 되었다 하더라도 이는 사기죄의 성립에 아무런 영향을 미칠 수 없다.[124)]

피고인이,
- 분양권을 갑에게 양도하였고, 채무가 존재하여 위 분양권을 타에 매도하더라도 이를 이전해줄 의사나 능력이 없는 상태에서,
- 위 분양권을 을을 통해 성명불상자에게 매도하고,
- 다시 위 분양권을 을을 통해 피해자 1에게 매도하는 계약을 체결하고(피해자 1은 매매대금을 성명불상자에게 지급),
- 다시 위 분양권을 을을 통해 피해자 2에게 매도하였으며(피해자 2는 매매대금을 피해자 1에게 지급)
- 피해자 1 및 2와의 관계에 있어 기망행위를 한 사람은 피고인이고, 재물을 취득한 사람은 위 성명불상자 및 피해자 1이다.

이 사건 각 매매계약은 당초 피고인이 이 사건 분양권을 이중으로 매도함으로써 초래된 것이고, 그 각 매매대금을 교부받은 성명불상자나 피해자 1은 피고인과 사이에 직접적 또는 형식적으로 이 사건 분양권에 관한 매매계약을 체결한 자들로서 피고인과 전혀 무관계한 제3자라고는 볼 수 없는 점, 피고인은 그 자신의 의사에 기해 형식상 매도인의 지위에서 피해자들에게 각 매매계약서를 작성해 주었고, 그에 따른 사례금도 수령하였던 점, 만약 피고인이 이 사건 각 매매계약에 협력하지 않았더라면, 그 각 실질적 매도인인 성명불상자나 피해자 1은 피해자 1이나 피해자 2로부터 각 매매대금을 교부받을 수 없었고, 피고인의 협력으로 인하여 결과적으로 각 상당액의 전매차익을 취하게 되었던 점 등을 앞서 본 법리에 비추어 보면, 피고인에게는 이 사건 각 매매계약에 있어 실질적 매도인인 성명불상자나 피해자 1로 하여금 그 각 매매대금을 취득하게 할 의사가 있었다고 볼 여지가 충분하고, 이는 위 각 매매대금 상당의 경제적 이익이 궁극적으로 피고인에게 연결되지 않았다 하여 달리 볼 것도 아니라 할 것이다.

123) 대판 1999. 7. 9. 99도1040. 다음은 같은 취지이다.
사기죄는 타인을 기망하여 재물을 교부 받았으면 성립되는 것이므로 피해자에게 민사상의 구제수단이 있는 경우에도 사기죄의 성립에는 영향이 없다(대판 1978. 6. 13. 78도721).

124) 대판 1994. 10. 21. 94도2048. 구체적인 사안은 다음과 같다.
국가 소유의 토지를 매도한 자라 소요서류를 위조하거나 제3자로 하여금 국가를 상대로 제소케 하여 승소하는 방법으로 매수인에게 소유권이전
피고인들은 원심판시와 같이 국유지의 전매를 계속하는 기간 중 다른 한편으로는 일부 국유지에 관하여 피고인 1이 광주지방국세청장 명의의 매도증서 등 소유권이전등기소요서류를 위조하여 국가로부터 직접 전득자 앞으로 소유권이전등기를 경료해 주거나 피고인들이 그 명의를 차용 또는 도용한 형식상의 매수인 또는 전득자들을 원고로 내세워 국가를 상대로 소유권이전등기청구소송을 제기하고 위 형식상의 매수명의자들이 마치 실제 매수인인 것처럼 허위의 청구원인을 주장, 입증하여 승소한 다음 그 승소판결에 의하여 전득자 앞으로 소유권이전등기를 경료해 준 사실, 국가는 위 민사소송절차 내에서 계쟁 국유지의 실제 매수인은 피고인 1로서 위 피고인이 타인의 명의를 차용하거나 도용하여 국유지를 매수하였으니 이는 무효라는 주장을 하기로 하였으나, 당시에는 아직 피고인들의

대출이 목적인 자 명의로 자동차를 구입하면서 자동차할부금융을 받게 함

사채업자가 대출희망자로부터 대출을 의뢰받은 다음 대출희망자가 자동차의 실제 구입자가 아니어서 자동차할부금융의 대상이 되지 아니함에도 그가 실제로 자동차를 할부로 구입하는 것처럼 그 명의의 대출신청서 등 관련 서류를 작성한 후 이를 할부금융회사에 제출하여 자동차할부금융으로 대출금을 받은 경우, 할부금융회사로서는 피고인이 할부금융의 방법으로 대출의뢰인들 명의로 자동차를 구입하여 보유할 의사 없이 단지 자동차할부금융대출의 형식을 빌려 자금을 융통하려는 의도로 할부금융대출을 신청하였다는 사정을 알았더라면 할부금융대출을 실시하지 않았을 것이므로, 피고인으로서는 신의성실의 원칙상 사전에 할부금융회사에게 자동차를 구입하여 보유할 의사 없이 자동차할부금융대출의 방법으로 자금을 융통하려는 사정을 고지할 의무가 있다 할 것이고, 그럼에도 불구하고 이를 고지하지 아니한 채 대출의뢰인들 명의로 자동차할부금융을 신청하여 그 대출금을 지급하도록 한 행위는 고지할 사실을 묵비함으로써 거래상대방인 할부금융회사를 기망한 것이 되어 사기죄를 구성한다.

사기죄는 타인을 기망하여 그로 인한 하자 있는 의사에 기하여 재물의 교부를 받거나 재산상의 이득을 취득함으로써 성립되는 범죄로서 그 본질은 기망행위에 의한 재산이나 재산상 이익의 취득에 있는 것이고 상대방에게 현실적으로 재산상 손해가 발생함을 요건으로 하지 아니하므로, 대출의뢰인들이 그들 명의의 예금통장에서 자동이체 방법으로 대출원리금을 전액 납부하였거나 비교적 장기간에 걸쳐 여러 차례 납부하였다는 점도 사기죄의 성립에 아무런 지장이 없다.[125)]

해설: 위 판례에서 기망은 대출의뢰인들에게 자동차를 보유할 의사가 없음에도 이를 고지하지 않았다는 점에 있다. 따라서 대출의뢰인들이 대출원리금을 납부할 의사와 능력을 갖추었다거나 대출원리금을 실제 모두 납부하는 등으로 할부금융회사에게 현실적인 손해발생이 없어도 사기죄의 성립에 영향을 미치지 아니한다.

이 사건 범행 전모가 드러나기 전이라 그 입증을 충분히 하지 못하여 패소판결을 받기에 이른 사실을 알 수 있고, 여기에다가 위 증거들에 의하여 인정되는 피고인들의 경력, 피고인 1의 이 사건 국유지에 대한 매수경위와 그 규모, 피고인들의 피해자들에 대한 위 전매 당시의 상황과 그 매도경위 등을 종합, 고찰하여 보면, 피고인들은 이 사건 국유지에 대한 전매계약의 체결 당시 그 전매행위가 무효로 되어 전득자들이 적법한 소유권을 취득하지 못할지도 모른다고 생각하면서도 전득자들에게 이러한 사정을 고지하지 아니함으로써 매매대금을 편취할 범의가 있었다고 보기에 충분하다 할 것이고, 또 위와 같은 피고인 1의 국유재산법위반행위로 말미암아 전득자들이 매매목적물인 국유지에 대한 권리를 확보하지 못할 위험이 생길 수도 있다는 사정은 전득자들의 입장에서 볼 때 전매계약의 체결 여부를 결정짓는 매우 중요한 요소라 할 것이므로 피고인들은 신의성실의 원칙상 전득자들에게 이를 고지할 의무가 있다 하겠고, 그럼에도 불구하고 피고인들이 매수인인 전득자들에게 그와 같은 사정을 고지하지 아니하였다면 이는 바로 사기죄의 구성요건인 기망행위에 해당하는 것이다.

125) 대판 2004. 4. 9. 2003도7828. 다음은 같은 취지이다.

기업구매전용카드의 구매기업(회원)이 카드회사에 전송한 납품내역이 허위로 작성된 것임을 고지하지 아니한 채 판매기업(가맹점)이 카드회사에 대금을 청구하여 교부받음

기업구매전용카드를 사용한 거래에서 판매기업(가맹점)이 카드회사로부터 금원을 교부받을 당시 구매기업(회원)이 카드회사에 전송한 납품내역이 허위로 작성된 것임을 고지하지 아니한 채 대금을 청구하였고, 카드회사가 전송받은 납품내역에 기재된 것과 같은 판매기업의 용역제공이 실제로 있는 것으로 오신하여 그 대금 상당의 금원을 교부한 경우, 카드회사가 판매기업의 용역제공을 가장한 허위 내용의 납품내역에 의한 대금청구에 대하여는 이를 거절할 수 있는 등 납품내역이 허위임을 알았더라면 판매기업에 그 대금의 지급을 하지 아니하였을 관계가 인정된다면, 판매기업이 용역제공을 가장한 허위의 납품내역임을 고지하지 아니한 채 카드회사에 대금을 청구한 행위는 사기죄의 실행행위로서의 기망행위에 해당하고, 판매기업에 이러한 기망행위에 관한 범의가 있었다면, 비록 당시 그 운영자에게 카드 이용대금을 변제할 의사와 능력이 있었다고 하더라도 사기죄의 범의가 있었음이 인정되어 사기죄가 성립한다(대판 2013. 7. 26. 2012도4438).

수출하는 것처럼 허위로 꾸민 무역서류를 이용하여 수출장려 목적의 대출을 받음

피고인들은 자신들이 경영하던 A 주식회사의 사업을 확장하고 계열사를 인수하는 과정에서 자금이 필요하게 되자 미국에 있는 거래처와 동일한 물건을 반복적으로 수출입하는 형식을 취함으로써 수출금융을 얻기로 공모한 후, 실제로는 수출을 장려하기 위한 무역금융의 대상이 되는 진정한 수출이 없음에도 불구하고 그러한 수출이 30일 내지 90일의 외상기간을 갖는 D/A거래(인수도조건 화환거래)의 방식으로 이루어지는 것처럼 꾸민 가공의 무역관계 서류를 그 정을 모르는 갑을 통하여 피해자 은행들에 제출함으로써 피해자 은행들은 시중 대출금리보다 훨씬 저렴한 금리로 수출환어음을 매입한 후 그 대금을 갑을 통하여 위 피고인들에게 지급하게 되었다. 이러한 사실관계에 의하면, 위 피고인들은 그 정을 모르는 갑을 통하여 피해자 은행들을 기망하고, 또한 피해자 은행들은 갑으로부터 교부받은 수출관계 서류들을 보고 이에 속은 나머지 진정한 수출이 이루어진 것으로 판단하여 이를 매입한 후 저리의 수출금융을 제공하게 된 것이다. 비록 피해자 은행들이 수출입대행업체인 갑과의 약정에 의하여 위와 같이 편취당한 금원을 변상받을 수 있게 되어 있다고 하더라도 기망행위가 없었더라면 지출하지 않았을 금원을 기망당하여 지출한 이상 그 금원의 지출 자체가 재산상 손해가 되는 것이다.[126)]

해설: 위 판례에서 기망은 피고인들이 실제 수출하는 것이 아니어서 수출금융을 얻을 수 없음에도 수출을 가장하였다는 점에 있다. 따라서 피해자 은행들이 수출입대행업체와의 약정에 의해 편취당한 금원을 변상받을 수 있다(즉 손해가 없다)는 사정은 사기죄의 성립에 영향을 미치지 아니한다.

위조한 수표 또는 약속어음을 마치 진정한 수표 또는 약속어음인 것처럼 피해자들에게 담보로 교부하는 등의 기망행위에 의하여 금원대여가 이루어진 이상 그로써 사기죄는 성립하는 것이고 금원을 차용함에 있어 별도의 담보를 제공하였다 하여 결론을 달리하는 것은 아니다.[127)]

---

126) 대판 1999. 7. 9. 99도1040.

127) 대판 1993. 7. 27. 93도1408. 다음은 같은 취지이다.

상당한 담보를 제공하고 수출물품수령증을 교부받음

이 사건 수출물품수령증은 피고인이 경영하는 직물공업사가 공소외 회사의 의뢰에 의하여 개설받은 내국신용장 개설은행에 매입시키기 위하여 반드시 첨부해야 될 필요불가결의 증서임이 분명하여 그 한도 내에서 경제적 가치와 재물성이 있다고 볼 수 있으므로 사기죄의 객체가 되며, 피해자가 이를 피고인에게 교부함으로 인하여 현실적인 금전상 손해를 입은 바 없다 하더라도 피해자에게는 수령증의 교부자체에 의하여 손해가 발생한다고 보아야 할 것이므로 피고인이 위 수출물품수령증의 교부와 관련하여 피해자에게 발생할지도 모르는 금전적 손해에 대하여 상당한 담보를 제공하였다 하여 손해가 발생하지 않는다고 볼 수 없다(대판 1982. 9. 28. 82도1656).

금융기관의 대출이나 신용보증기금의 신용보증서 발급이 기망행위에 의하여 이루어진 이상 그로써 곧 사기죄는 성립하는 것이고, 담보권의 설정이 있었다 하여 결론을 달리하는 바는 아니며 또 그러한 경우 사기죄의 이득액에서 담보물의 가액을 공제하여야 하는 것이 아니다(대판 1983. 4. 26. 82도3088).

판결요지: 국민주택선매청약예금의 예금주가 이미 갑에게 동 예금증서를 양도하였음에도 위 증서를 분실한 것처럼 은행에 통장 및 인감분실신고를 하여 예금증서를 재발급 받은 다음 위 1차 매매계약사실 및 예금증서의 재발급사실을 숨긴 채 2차로 을에게 다시 양도한 소위는 사기죄에 해당한다.

원심(무죄선고): 주택청약예금증서의 양도는 단순한 예금증서의 양도가 아니라 장래 아파트추첨에 참가하여 아파트를 취득할 수 있는 권리를 양도한 것이라 할 것인 바, 이 사건 이중매매에 있어서 피고인이 1차매매에 따른 국민주택선매청약저축증서의 소지인에게 아파트분양을 받아 취득한 아파트의 소유권이전등기를 경료하여 주지 아니한 이상, 피고인 명의로 아파트추첨에 참가하여 분양받은 아파트를 2차매수인인 을에게 양도할 수 있는 것이므로, 피

7. 편취금원의 확정

재물편취를 내용으로 하는 사기죄에서는 기망으로 인한 재물교부가 있으면 그 자체로써 피해자의 재산침해가 되어 이로써 곧 사기죄가 성립하는 것이고, 상당한 대가가 지급되었다거나 피해자의 전체 재산상에 손해가 없다 하여도 사기죄의 성립에는 그 영향이 없으므로 사기죄에 있어서 그 대가가 일부 지급된 경우에도 그 편취액은 피해자로부터 교부된 재물의 가치로부터 그 대가를 공제한 차액이 아니라 교부받은 재물 전부를 기준으로 한다.[128)]

주식회사가 금융기관을 기망하여 회사채 등에 대한 지급보증을 받은 경우 그로 인하여 회사가 취득하는 재산상 이익은 금융기관이 지급보증에 의하여 부담한 회사채 등에 대한 보증채무를 자신의 회사채 발행을 위한 담보로 이용할 수 있는 이익이고 그 가액(이득액)은 원칙적으로 지급보증의 대상이 된 회사채 등의 원리금 상당액이다.[129)]

융통어음을 할인함에 있어 그 상대방에 대하여 그 어음이 이른바 진성어음인 것처럼 하기 위하여 적극적인 위장수단을 강구하는 것은 명백한 기망행위에 해당되어 상대방으로 하여금 그 뜻을 오신케 하고 할인명목으로 돈을 교부케 한 행위도 사기죄를 구성하고, 그 할인을 받음에 있어 일부의 담보를 제공하였다 하여 결론이 달라지는 것은 아니므로, 담보가액을 공제하지 아니한 편취 금액 전부에 대하여 사기죄가 성립한다.[130)]

어음·수표의 할인에 의한 사기죄에 있어서 피고인이 피해자로부터 수령한 현금액이 피고인이 피해자에게 교부한 어음·수표의 액면금보다 적을 경우, 피고인이 취득한 재산상의 이익액은, 당사자가 선이자와 비용을 공제한 현금액만을 실제로 수수하면서도 선이자와 비용을 합한 금액을 대여원금으로 하기로 하고 대여이율

고인이 위 1차매매사실이나 을에게 매도한 저축증서가 분실신고를 내고 재발급받은 통장이라는 사실을 을에게 고지하지 아니하였다고 하여 곧 사기죄의 범의가 있다고 단정하기는 어렵다.

대법원(파기환송): 사기죄는 타인을 기망하여 그로 인한 하자 있는 의사에 기하여 재물의 교부를 받거나 재산상의 이익을 취득함으로써 성립되는 범죄로서, 그 요건으로서의 기망은 널리 재산상의 거래관계에 있어서 서로 지켜야 할 신의와 성실의 의무를 저버리는 모든 적극적 및 소극적 행위를 말하는 것이고, 그 본질은 기망행위에 의한 재물이나 재산상 이익의 취득에 있는 것이지 상대방에게 현실적으로 재산상 손해가 발생함을 요건으로 하는 것이 아니므로, 사기죄는 기망수단을 써서 상대방을 착오에 빠뜨리고 그로 인하여 피기망자로부터 재물을 교부받아 편취하였으면 바로 성립되는 것이고, 피해자에게 민사상의 구제수단이 있다거나 재산상의 손해가 발생하지 않았다 하더라도 사기죄의 성립에는 아무런 영향도 없는 것인바, 이 사건의 경우 피고인이 2차로 을에게 기히 청약예금증서를 타인에게 매도하고서도 증서를 분실했다는 이유로 재발급사실을 숨긴 채 매도한 예금증서는, 구통장의 소지자인 갑이 1985. 2. 1 위 은행에 그 취득신고를 함으로써 피고인이 을에게 교부한 예금증서는 은행에 회수된 사실이 인정됨에도 불구하고, 원심이 피고인에게 사기죄의 범의가 있다고 단정하기 어렵다하여 무죄를 선고한 것은 위법하다(대판 1987. 6. 23. 87도1045).

128) 대판 1995. 3. 24. 95도203; 대판 2000. 7. 7. 2000도1899; 대판 2007. 1. 25. 2006도7470 등.

129) 대판 2007. 6. 1. 2006도1813.

130) 대판 1997. 7. 25. 97도1095.

을 정하는 등의 소비대차특약을 한 경우는 별론으로 하고, 위 어음·수표의 액면금이 아니라 피고인이 수령한 현금액이라고 할 것이다.131)

보상금청구권자들이 보상금청구를 하자, 보상금지급 공무원이 관련 서류를 위조하여 경리담당자로부터 정당한 보상금보다 현저히 많은 금원을 인출받음

보상금청구권자들이 정당한 면적이나 단가 범위 내의 금액에 대해 보상금청구를 하여 오자 관계공무원인 피고인이 보상금청구인들 명의로 보상 면적 또는 단가를 늘려 기재한 새로운 보상청구서 등을 위조, 행사하여 관계 경리담당자 등을 기망하여 원래의 정당한 청구액보다 현저히 많은 금액을 보상금 명목으로 인출받은 것은 보상금청구인들이 정당한 권리행사를 한 것이 아니라 지급사무 담당자인 피고인이 그와 같은 보상금청구가 있음을 이용하여 금원편취를 위한 수단으로 보상금 지급 명목의 금원지급청구를 하였던 것에 불과하므로 피고인이 수령한 금액 가운데 정당한 보상청구권자에게 지급해야 할 금액이 포함되어 있었다 하여 이를 편취금액에서 제외할 일이 아니다.132)

5억 원을 대출의뢰받았음에도 사채업자로부터 10억 원을 대출받음

자금중개업자인 피고인이 대출의뢰인으로부터 5억 원을 대출해 달라는 부탁과 함께 금액란이 공란으로 되어 있는 백지어음, 영수증 등의 서류를 교부받았음에도, 개인적인 채무를 변제하기 위해 사채업자인 피해자에게 위임 범위를 초과한 10억 원의 대출의뢰를 받은 것처럼 거짓말을 하여 피해자로부터 선이자를 공제한 8억 8,000만 원을 교부받았고, 그 과정에서 권한 없이 대출의뢰인 명의의 영수증 금액란에 10억 원이라고 기재하여 이를 위조하기까지 하였다면, 피고인이 피해자로부터 교부받은 돈 전액을 사기죄의 편취액 또는 구 특경법 제3조 제1항에서 정한 "이득액"으로 보아야 하는 것이지, 위임받은 범위를 초과하는 금액만을 편취액 또는 이득액으로 보아야 하는 것은 아니다.133)

신용장의 개설

갑 회사의 임원인 피고인들의 사기행위로 신용장 개설은행들이 수회에 걸쳐 신용장을 개설하여 갑 회사가 각 신용장 대금 상당액의 지급보증을 받음으로써 재산상 이익을 취득하였다면, 그 편취범행으로 취득한 재산상 이익의 가액으로 볼 수 있는 신용장 대금의 합계액이 특경법 제3조 제1항이 정한 이득액이 되는 것이지,

131) 대판 1998. 12. 9. 98도3282. 같은 취지로는 대판 2009. 7. 23. 2009도2384.

132) 대판 1989. 1. 31. 88도2136.

133) 대판 2012. 4. 13. 2012도216. 다음은 같은 취지이다.
피해자는 피고인으로부터 위·변조된 차용증서, 약속어음 및 임대차계약서 등을 받고 피고인에게 사채자금 명목으로 금 78,000,000원을 교부한 후 피고인을 통하여 대여받은 위 차용증서 등의 작성명의인들로부터 그 중 일부씩 합계 금 8,000,000원을 직접 반환받은 점을 엿볼 수 있는바, 이와 같이 기망수단으로서 변조 또는 위조한 차용증서 등을 제시하였고 그 과정에서 일부 진정한 금전 소비대차관계가 성립되어 피해자가 그 차용인들로부터 일부를 회수하였다고 할지라도 당초의 수령액 전부에 대하여 사기죄가 성립하는 것이지 그 수령액에서 진정하게 소비대차가 성립한 금액을 공제한 액수에 한하여 사기죄가 성립하는 것은 아니다(대판 1998. 4. 24. 98도248).

갑 회사가 이후 신용장 대금을 결제하였다고 하여 그 결제한 대금을 공제하여 이득액을 산정해야 하는 것은 아니다.[134)]

공범과 이득액

피해자로부터 공범 갑이 3억 원을, 공범 을이 2억 원을 각각 받은 사안에서,
공동으로 사기죄를 범한 경우에 공범자는 자기가 받은 이득액 뿐만 아니라 다른 공범자가 받은 이득액에 대하여도 그 죄책을 면할 수 없는 것이므로, 특경법 제3조 제1항의 적용 여부를 가리는 이득액을 정함에 있어서는 그 범행의 모든 공범자가 받은 이득액을 합한 금액을 기준으로 하여야 한다.[135)]

순차 공모하여 상습사기

피고인이 다른 공범들과 순차 공모하여 상습으로 이 사건 당좌수표와 어음 등을 유통시키고 이를 결제하지 아니하여 재산상 이익을 편취한 상습사기의 범행을 충분히 인정할 수 있는 경우 이득액은 피고인이 실제로 취한 이익만을 합산하여 산정할 것이 아니라 순차 공모의 최종공범이 피해자로부터 편취한 재물 또는 재산상의 이익의 가액을 합산하여 산정하여야 하는 것이다.[136)]

8. 피기망자와 피해자가 다른 경우(삼각사기)

피기망자와 피해자가 다른 전형적인 경우로는 소송사기(피기망자는 법원, 피해자는 소송 당사자), 법인(피기망자는 자연인, 피해자는 법인), 등기(피기망자는 등기공무원, 피해자는 부동산권리자) 등이 있다. 소송사기에 대해서는 별도의 항목으로 후술한다.

가. 일반적인 경우

사기죄가 성립되려면 피기망자가 착오에 빠져 어떠한 재산상의 처분행위를 하도록 유발하여 재산적 이득을 얻을 것을 요하고, 피기망자와 재산상의 피해자가 같은 사람이 아닌 경우에는 피기망자가 피해자를 위하여

134) 대판 2010. 5. 27. 2007도10056. 다음은 같은 취지이다.
신용보증기금의 신용보증서 발급으로 인한 재산상이익
신용보증기금의 신용보증서 발급이 피고인의 기망행위에 의하여 이루어진 이상 그로써 곧 사기죄는 성립하는 것이고, 그로 인하여 피고인이 취득한 재산상 이익은 신용보증금액 상당액이라 할 것이며, 피고인이 발급받은 이 사건 신용보증서의 기재에 의하면 신용보증금액은 8억 2,450만 원(대출예정금액 9억 7,000만 원의 85%)임이 명백함에도 불구하고, 원심은 '피고인이 신용보증기금으로부터 9억 7,000만 원의 신용보증서를 발급받은 후 외환은행으로부터 위 신용보증을 담보로 2억 3,000만 원을 송금받고도 이를 변제하지 아니하여 신용보증기금으로 하여금 대위변제하게 함으로써 동액 상당의 재산상 이익을 취득하였다'라고 인정한 것은 잘못이다(대판 2007. 4. 26. 2007도1274). 같은 취지로는 대판 2002. 6. 28. 2002도1848; 대판 2005. 11. 10. 2005도6026.

135) 대판 1991. 10. 8. 91도1911.

136) 대판 1993. 7. 13. 93도1341.

그 재산을 처분할 수 있는 권능을 갖거나 그 지위에 있어야 한다. 여기에서 피해자를 위하여 재산을 처분할 수 있는 권능이나 지위라 함은 반드시 사법상의 위임이나 대리권의 범위와 일치하여야 하는 것은 아니고 피해자의 의사에 기하여 재산을 처분할 수 있는 서류 등이 교부된 경우에는 피기망자의 처분행위가 설사 피해자의 진정한 의도와 어긋나는 경우라고 할지라도 위와 같은 권능을 갖거나 그 지위에 있는 것으로 보아야 할 것이므로 사기죄의 성립에는 아무런 영향이 없다고 할 것이다.[137)]

이 사건 토지는 그 실제 소유자가 갑이지만 명의신탁에 의해 을 소유명의의 등기가 경료되어 있다. 갑은 피고인에게 위 토지를 금 1,100만원에 매도하도록 승낙한 사실이 없다. 그럼에도 불구하고 피고인은 을에게 갑으로부터 그와 같은 승낙을 받은 것처럼 거짓말하였다. 이에 속은 을은 병과 사이에 위 토지에 관하여 매매계약을 체결하였다. 병은 피고인에게 매매대금 전액을 교부하였으나, 을의 채무불이행으로 인하여 소유권을 이전받지 못하였다. 이러한 경우 피기망자를 을, 피해자를 병으로 한 사기죄(매매대금의 편취)가 성립하는가?

해설: 을은 피고인의 기망행위로 인하여 동기에 착오를 일으켜 이 사건 매매계약을 체결하게 된 것일 뿐이어서 을에게는 이 사건 매매계약을 취소할 수 있는 권리가 없다. 즉 이 사건 매매계약은 적법, 유효하므로 이를 통해 병을 기망하였다고 볼 수 없다. 병이 매매대금 전액을 지급하였으나 그 소유권을 이전받을 수 없게 되어 입은 손해는 매도인인 을의 채무불이행으로 인한 것이다. 피기망자인 을이 피해자인 병을 위하여 그 재산을 처분할 수 있는 권능이나 지위에 있었다고 볼 수 없다. 또한 피고인의 기망행위와 피해자의 손해발생 사이에 인과관계가 인정되지도 아니한다. 사기죄는 성립하지 않는다.[138)]

---

137) 대판 1994. 10. 11. 94도1575. 구체적인 내용은 다음과 같다.

피해자가 그 소유 토지에 관하여 딸과 사위에게 처분(매도)의뢰, 딸과 사위는 갑에게 처분(매도?)의뢰, 갑은 을에게 처분(담보제공)의뢰, 갑이 피고인에게 속아 이를 담보로 금원차용

공소사실: 피고인은 1990. 12. 말경 A주식회사에 대한 채무연체액이 금 25,486,000원에 이르러 A로부터 더 이상 철망을 공급받지 못하고 있었다. 피고인은 을이 갑을 통하여 피해자로부터 그녀 소유의 토지를 담보로 제공하여 4천만 원을 마련해 주기로 하는 부탁을 받고 그 처분권한과 함께 피해자의 인감증명서와 인감도장 등을 받아 가지고 있음을 알게 되었다. 피고인은 을에게 '을 자신(피고인 자신의 오기인 것으로 보인다: 필자 주)'의 A에 대한 부채가 200만 원밖에 안 되니 이 사건 토지를 A에 담보로 제공하여 동업을 하면 1월 내에 4천만 원을 뽑을 수 있다는 등으로 거짓말하였다. 이에 속은 을은 1991. 1. 25. 이 사건 토지에 관하여 채권자를 A, 채무자를 피고인, 채권최고액을 금 4천만 원으로 하는 근저당설정계약을 체결하고 같은 달 29. 그 근저당권설정등기를 경료하였다. 이로써 피고인은 그 담보액 상당의 재산상이익을 편취하였다.

판단: 피해자는 이 사건 토지를 매각하여 자신의 딸과 사위의 사업자금에 사용하도록 하기 위하여 그 인감도장을 이들에게 주었다. 딸과 사위는 다시 갑에게 그 매각을 위임하면서 위 인감도장을 교부하였다. 그런데 피기망자인 을은 갑으로부터 교부받은 피해자의 인감도장을 사용하여 위 근저당권설정서류를 마련하였다. 피해자 등이 갑에게 이 사건 토지에 관한 매도권한만을 위임한 바 있으나 동인 등 이 사건 관계인들을 거치는 사이에 위임의 취지가 변질되어 근저당권이 설정되기에 이르렀다고 하더라도, 이를 들어 피기망자인 을이 피해자를 위하여 이 사건 토지를 처분할 권능을 갖지 아니하거나 지위에 있지 아니하였다고 단정할 것이 아니다. 원심은 사기죄의 성립에 있어 피기망자와 피해자가 다른 경우 요구되는 피기망자가 재산을 처분할 수 있는 권능이나 지위에 관한 법리를 오해한 나머지, 이 사건 근저당권이 설정된 경위에 대하여 더 심리하여 피기망자가 사실상 근저당권을 설정할 지위에 있었는지의 여부를 가려 보지 아니한 채 그 범죄의 성립을 부정하였다.

138) 대판 1991. 1. 11. 90도2180을 재구성하였다. 다음은 유사 사안에 관한 것이다.

사안: 피고인은 삼양유지사료의 제1영업소장이다. 피고인은 삼양유지사료의 서산대리점 점주에 대한 미수채권이

나. 법 인

사기죄는 타인을 기망하여 착오에 빠지게 하고 그 처분행위를 유발하여 재물, 재산상의 이익을 얻음으로써 성립하는 범죄로서, 여기서 처분행위라고 하는 것은 범인 등에게 재물을 교부하거나 또는 재산상의 이익을 부여하는 재산적 처분행위를 의미하고, 피기망자는 재물 또는 재산상의 이익에 대한 처분행위를 할 권한이 있는 자를 말한다.

용도를 속여 국민주택 건설자금을 대출받음에 있어, 기금 대출사무를 위탁받은 은행의 일선 담당 직원이 대출금이 지정된 용도에 사용되지 않을 것이라는 점을 알고 있었다 하더라도, 대출 신청액이 일정한 금액을 초과하는 경우에는 은행장이 대출 승인 여부를 결정할 권한이 있으므로, 은행장을 피기망자라고 보아 사기죄의 성립을 인정한 사례.[139]

과다해져서 고민하였다. 피고인은 갑에게 서산대리점 점주의 삼양유지사료에 대한 채무에 관하여 새로이 담보를 제공하면 대리점을 개설하여 주겠다고 제의하였다. 그런데 갑은 을로부터 피해자 소유의 부동산에 대한 등기부등본 등과 그의 인감증명서 3통을 수령하여 소지하고 있던 중, 1984. 1. 24. 충남 대천읍에서 근저당권설정계약서상에 피해자의 자필서명과 무인을 받기 위해 피고인, 갑, 을 등이 피해자를 만났다. 그 자리에서 피해자는 위 부동산을 대한제분에 담보로 제공하기로 하였으니 삼양유지사료에는 담보로 제공할 수 없다고 거절하였다. 그러자 피고인은 피해자에게 인감증명서만 없으면 근저당설정등기를 할 수 없으니 근저당설정계약서에 자필서명과 무인을 해놓았다가 위 부동산을 대한제분에 담보로 제공할 수 없을 경우에만 삼양유지사료에 대한 담보제공에 사용토록 하자고 거짓말하면서 그날 을이 가져온 피해자의 인감증명서 4통은 돌려주었다. 피해자는 이에 속아 근저당권설정계약서 등 담보설정에 필요한 제반서류에 동인의 서명과 무인을 하여 피고인에게 교부하였다. 피고인은 같은 달 25. 천안시 소재 삼양유지사료에서 갑으로부터 받아놓은 피해자의 인감증명서 3통과 근저당설정에 필요한 제반서류를 갑에게 넘겨주었다. 갑은 피해자가 동인의 부동산을 삼양유지사료에 담보제공하지 않는다는 정을 알면서도 위 서산대리점의 직원과 사법서사를 통해 같은 달 27. 대전지방법원 서산등기소에서 위 부동산에 관하여 서산대리점 점주를 채무자로 한 채권최고액 3,000만 원의 근저당설정등기를 경료하게 하였다. 피고인은 삼양유지사료에 동액 상당의 이익을 취득케 하고 피해자에게 동액 상당의 손해를 가한 것이라는 사기죄로 공소제기되었다.

판단: 사기죄는 타인을 기망하여 착오에 빠뜨리게 하고 그 처분행위를 유발하여 재물, 재산상의 이득을 얻음으로써 성립하는 것이므로 여기서 처분행위라고 하는 것은 재산적 처분행위를 의미하고 그것은 주관적으로 피기망자가 처분의사 즉 처분결과를 인식하고 객관적으로는 이러한 의사에 지배된 행위가 있을 것을 요한다고 할 것이다. 그런데 이 사건 공소사실 자체에 의하더라도 피고인의 기망에 의하여 피해자가 했다는 조사록을 볼 때 그의 부동산을 대한제분에 담보로 제공할 수 없게 된 것이 분명하게 되어 다시 그의 인감증명서를 피고인에게 교부할 때까지는 근저당권 설정계약을 체결할 의사가 있었던 것이 아님이 명백하다. 그렇다면 여기에는 앞서 말한 재산적 처분행위가 있었다고 할 수 없는 것이고 따라서 피고인이 위 서류를 가지고 근저당권설정등기를 경료 해버린 후속적 행위가 다른 죄에 해당되는 것은 별론으로 하고 사기죄에는 해당되지 않는다(대판 1987. 10. 26. 87도1042).

해설: 피고인은 피해자의 부동산을 대한제분에 담보로 제공할 수 없을 경우에만 삼양유지사료에 대한 담보제공에 사용하기로 하고 피해자로부터 근저당권설정계약서 등 담보설정에 필요한 제반서류를 작성받았으므로 피해자는 삼양유지사료를 채권자로 한 근저당권설정등기를 경료하기로 하는 처분행위를 하지 않았다. 그럼에도 불구하고 피고인은 위 근저당권설정계약서 등과 같이 기히 가지고 있던 피해자의 인감증명서 등을 이용하여 위 부동산에 관하여 삼양유지사료를 채권자, 서산대리점 점주를 채무자로 한 근저당권설정등기를 경료하였다.

139) 대판 2002. 7. 26. 2002도2620. 다음은 같은 취지이다.

피고인 1이 원심공동피고인 1 등과 공모하여 리스물건을 실제로 구입하는 것처럼 허위의 서류를 첨부한 심사승인품의서를 제출하여 피해자 국민리스 주식회사의 경영위원회 위원들을 기망함으로써, 이에 속은 경영위원들로 하여금 여신승인이라는 처분행위를 하게 하는 이른바 '공리스'의 방법으로 위 원심공동피고인 1로 하여금 리스자금 599,100,000원을 대출받게 하여 이를 편취한 사실을 충분히 인정할 수 있다.

피해자 국민리스 주식회사의 경우 5억 원을 초과하는 리스자금의 여신은 경영위원회에서 전적인 결정권한을 가지고 있고, 위 회사 부산지점장인 공동피고인 피고인 2는 단지 경영위원회에 심사승인품의서를 제출하는 것뿐임을

해설: 은행장이 피기망자, 은행이 피해자이다. 법인이 사기 피해자인 경우에 피기망자는 자연인이 될 수밖에 없으므로 피해자와 피기망자가 다른 삼각사기의 문제가 늘 발생한다.

다. 등기·등록

위조한 서류를 등기공무원에게 제출하여 소유권이전등기

타인 명의의 등기서류를 위조하여 등기공무원에게 제출함으로써 피고인 명의로 소유권이전등기를 마쳤다고 하여도 피해자의 처분행위가 없을 뿐 아니라 등기공무원에게는 위 부동산의 처분권한이 있다고 볼 수 없어 사기죄가 성립하지 않는다.[140)]

해설: 위와 같은 등기는 당연무효이다. 등기서류를 위조하여 그 정을 모르는 등기공무원에게 제출하는 것은 사문서위조와 위조사문서행사죄에 해당하고, 피고인 명의의 소유권이전등기를 경료하고 그러한 소유권이전 등기가 기재된 등기부를 등기소에 비치케 한 것은 공정증서원본불실기재죄와 불실기재공정증서원본행사죄에 해당한다.

토지의 일부만을 매수한 자가 그 부분만을 분할 이전하겠다고 거짓말하여 소유자로부터 인장을 교부받아 토지 전부에 관하여 소유권이전등기를 필한 경우에는 매수하지 아니한 부분에 관한 등기에 대하여는 소유자의 처분행위가 없었을 뿐만 아니라 등기공무원에게는 그 처분권한이 있다고 볼 수 없어 사기죄가 성립하지 않는다.[141)]

해설: 피고인이 피해자에게 이 사건 토지 중 20평만을 분할하여 이전해 가겠다고 말하여 피해자로부터 인장을 교부받았다. 피고인은 매수하지 아니한 14평 부분까지도 포함한 이 사건 토지 전부에 대하여 피해자의 매도증서와 위임장을 위조하여 등기공무원에게 제출함으로써 소유권이전등기를 경료하였다. 피해자의 처분행위라고 볼 수 있는 것은 이 사건 토지 34평 중 피고인이 매수한 20평 부분에 대한 것이고 그 나머지 14평 부분에 대해서는 피해자의 처분행위가 없다. 등기공무원에게는 위 부동산의 처분권한이 없으므로 위 14평 부분에 대한 소유권이전등기는 무효이다. 따라서 피고인이 처분권자의 처분행위로 인하여 위 14평을 취득한 바 없으니 사기죄가 성립하지 않는다.

인정할 수 있으므로, 원심이 경영위원회의 위원들을 피기망자로 보고 이 사건 범죄행위를 사기죄로 처단하였음은 옳다(대판 2001. 4. 27. 99도484).

해설: 위 판례에서 피해자는 국민리스 주식회사이고, 피기망자는 위 회사의 경영위원회 위원들이다. 위 경영위원회 위원들은 재물 또는 재산상의 이익에 대한 처분행위를 할 권한이 있는 자에 해당한다.

140) 대판 1981. 7. 28. 81도529. 다음은 같은 취지이다.

피고인 소유가 아닌 부동산에 대하여 피고인 소유인 것처럼 보존등기신청을 하여 그 정을 모르는 등기공무원으로 하여금 그 등기를 하게 한 경우에 등기공무원의 위 행위는 재산상 처분권한 있는 자의 처분행위라고 볼 수 없으므로 피고인의 위 소위는 사기죄를 구성하지 아니한다(대판 1982. 2. 9. 81도944).

141) 대판 1982. 3. 9. 81도1732.

중도금을 지급한 매수인이 형질변경 등에 사용하겠다고 교부받은 서류로 소유권이전등기

사안: 피고인은 피해자와 부동산매매계약을 체결하고 중도금을 지급하였다. 피고인은 피해자로부터 부동산매도용인감증명서 및 등기의무자본인확인서면을 교부받아 피고인 등 명의로 소유권이전등기할 생각임에도 형질변경 및 건축허가를 받는 용도로만 사용하겠다고 거짓말하여 피해자로부터 인감증명서 등을 교부받았다. 피고인은 위 인감증명서 등을 이용하여 위 부동산에 관하여 피고인 등 명의의 소유권이전등기를 경료하였다.

판단: 피고인이 피해자에게 부동산매도용인감증명 및 등기의무자본인확인서면의 진실한 용도를 속이고 그 서류들을 교부받아 피고인 등 명의로 위 부동산에 관한 소유권이전등기를 경료하였다 하여도 피해자의 위 부동산에 관한 처분행위가 있었다고 할 수 없을 것이어서 사기죄를 구성하지 않는다.[142)]

9. 고 의

원금반환능력이 없음에도 원금을 반환한다고 기망한 투자금편취/고의의 존재 시기

투자금의 편취에 의한 사기죄의 성립 여부에 있어 투자약정 당시 투자받은 사람이 투자자로부터 투자금을 지급받아 투자자에게 설명한 투자사업에 사용하더라도 일정 기간 내에 원금을 반환할 의사나 능력이 없음에도 마치 일정 기간 내에 투자자에게 원금을 반환할 것처럼 거짓말을 한 경우에는 투자를 받는 사람과 투자자의 관계, 거래의 상황, 투자자의 경험, 지식, 성격, 직업 등 행위 당시의 구체적인 사정에 비추어 투자자가 원금반환 약정을 전적으로 믿고 투자를 한 경우라면 사기죄의 요건으로서 기망행위에 해당할 수 있고, 이때 투자금 약정 당시를 기준으로 피해자로부터 투자금을 편취할 고의가 있었는지 여부를 판단하여야 할 것이다.[143)]

거래물품의 편취에 의한 사기죄의 성립 여부는 거래 당시를 기준으로 피고인에게 납품대금을 변제할 의사나 능력이 없음에도 피해자에게 납품대금을 변제할 것처럼 거짓말을 하여 피해자로부터 물품을 편취할 고의가 있었는지의 여부에 의하여 판단하여야 하므로 납품 후 경제사정 등의 변화로 납품대금을 일시 변제할 수 없게 되었다고 하여 사기죄에 해당한다고 볼 수 없다.[144)]

---

142) 대판 2001. 7. 13. 2001도1289. 다음은 같은 취지이다.

진실한 용도를 속여 교부받은 인감도장을 이용하여 작성한 서류로 소유권이전등기 경료

피고인이 진실한 용도를 속이고 피해자로부터 그 인감도장을 교부받아 이 사건 부동산에 관한 소유권이전등기절차에 필요한 관계서류를 작성하여 그 명의로 소유권이전등기를 마쳤다 하여도 피해자의 처분행위가 있었다고 할 수 없어 사기죄가 성립하지 않는다(대판 1990. 2. 27. 89도335).

일본 특허공무원에게 위조서류를 제출하여 특허출원자명의를 변경

양도증서 등 특허 관련 명의변경 서류를 위조하여 일본국 특허청 공무원에게 제출함으로써 특허의 출원자를 자신의 명의로 변경한 경우에도 피해자의 특허를 받을 수 있는 권리에 관한 처분행위가 있었다고 할 수 없을 뿐만 아니라 일본국 특허청 공무원에게 특허를 받을 수 있는 권리의 처분권한이 있다고도 볼 수 없으므로 사기죄를 구성하지 않는다(대판 2007. 11. 16. 2007도3475).

143) 대판 2013. 9. 26. 2013도3631.

144) 대판 2003. 1. 24. 2002도5265. 다음은 같은 취지이다.

사기죄에 있어서 범의의 판단 기준시(=행위시)(대판 1999. 7. 23. 99도1682).

10. 실행의 착수와 기수

가. 실행의 착수의 기준

사기죄는 편취의 의사로 기망행위를 개시한 때에 실행에 착수한 것으로 보아야 하므로, 사기도박에서도 사기적인 방법으로 도금을 편취하려고 하는 자가 상대방에게 도박에 참가할 것을 권유하는 등 기망행위를 개시한 때에 실행의 착수가 있는 것으로 보아야 한다.145)

나. 긍정례

금원을 편취당한 바 있는 피해자에게 돈을 빌려달라고 요구

사기미수죄는 재물을 교부받거나 재산상의 이익을 취득하기 위하여 상대방을 착오에 빠뜨리려는 기망수단을 사용한 사실이 있으면 족하고 상대방이 착오에 빠지지 아니하여 그 목적을 이루지 못하면 사기미수죄를 구성하는 것이므로 피고인이 이미 전에 금원을 편취당한 바 있던 피해자에게 다시 금원차용을 요구한 소위는 사기미수죄에 해당한다.146)

사기도박을 숨기기 위해 얼마간 정상적인 도박을 함

피고인 등이 사기도박에 필요한 준비를 갖추고 그러한 의도로 피해자들에게 도박에 참가하도록 권유한 때 또는 늦어도 그 정을 알지 못하는 피해자들이 도박에 참가한 때에는 이미 사기죄의 실행에 착수하였다고 할 것이므로, 피고인 등이 그 후에 사기도박을 숨기기 위하여 얼마간 정상적인 도박을 하였더라도 이는 사기죄의 실행행위에 포함되는 것이어서 피고인에 대하여는 피해자들에 대한 사기죄만이 성립하고 도박죄는 따로 성립하지 아니한다.147)

다. 부정례

실사를 거쳐 피해가 확인되어야 지급하는 태풍피해복구보조금을 받으려고 허위 피해신고

태풍 피해복구보조금 지원절차가 행정당국에 의한 실사를 거쳐 피해자로 확인된 경우에 한하여 보조금 지원신청을 할 수 있도록 되어 있는 경우, 피해신고는 국가가 보조금의 지원 여부 및 정도를 결정함에 있어 그 직권조사를 개시하기 위한 참고자료에 불과하다는 이유로 허위의 피해신고만으로는 위 보조금 편취범행의 실행에 착수한 것이라고 볼 수 없다.148)

---

145) 대판 2011. 1. 13. 2010도9330.

146) 대판 1988. 3. 22. 87도2539. 다음은 같은 취지이다.

매수하지도 않은 임야에 관하여 그 시가를 속여 저당권을 설정해주고 외상거래를 요청함

피고인이 피해자에 대하여 임야를 매수한 사실이 없음에도 매수하였다 하고 또 싯가 금 1,300,000원 상당의 위 임야를 금 18,000,000원 가량 된다고 속여 채권최고액 금 10,000,000원의 근저당권설정등기를 마친 다음 그 한도 내에서의 복지의 외상거래를 요청하였다면 이때에 사기의 착수가 있었다 할 것이다(대판 1974. 6. 11. 73도2319).

147) 대판 2011. 1. 13. 2010도9330. 같은 취지로는 대판 1960. 11. 16. 4293형상743.

148) 대판 1999. 3. 12. 98도3443. 다음은 같은 취지이다.

장해보상지급청구권자에게 보상금을 찾아주겠다고 거짓말을 하여 동인을 보상금 지급기관까지 유인한 것만으로는 사기죄에 있어서의 기망행위의 착수에 이르렀다고 보기 어렵다.149)

도로부지점용허가신청에 있어 사실상 사용자에 대한 기망

도로법 제40조 동법시행령 제24조의 취의가 사실상 대상 도로를 사용하고 있는 자인지의 여부를 가릴 것 없이 오로지 관리청의 재량에 의하여 점용허가를 결정할 수 있는 것으로 해석됨에 비추어 보면 본건의 경우 도로부지의 사실상 사용자가 누구인가에 관하여 피고인의 기망행위가 있었다 하더라도 이는 관리청의 갑에 대한 점용허가 여부의 결정에 하나의 참고가 되었을 뿐 피고인의 기망행위에 기인하여 점용허가가 이루어진 것이라고 단정할 수 없다 할 것이므로 사기죄가 되지 아니한다.150)

라. 기 수

갑 명의로 예금계좌를 개설하여 현금인출카드를 소지한 채 갑을 기망하여 위 계좌로 송금받았으나, 편취금을 인출하지 않던 중 갑이 이를 인출해감

갑의 명의를 빌려 예금계좌를 개설한 후, 통장과 도장은 갑에게 보관시키고 자신은 위 계좌의 현금인출카드를 소지한 채, 갑을 기망하여 위 계좌로 돈을 송금하게 한 경우, 자신은 통장의 현금인출카드를 소지하고 있으면서 언제든지 카드를 이용하여 차명계좌 통장으로부터 금원을 인출할 수 있었고, 갑을 기망하여 위 통장으로 돈을 송금받은 이상, 이로써 송금받은 돈을 자신의 지배하에 두게 되어 편취행위는 기수에 이르렀다고 할 것이고, 이후 편취금을 인출하지 않고 있던 중 갑이 이를 인출하여 갔다 하더라도 이는 범죄성립 후의 사정일 뿐 사기죄의 성립에 영향이 없다.151)

장애인단체의 지회장이 지방자치단체로부터 보조금을 더 많이 지원받기 위하여 허위의 보조금 정산보고서를 제출한 경우, 보조금 정산보고서는 보조금의 지원 여부 및 금액을 결정하기 위한 참고자료에 불과하고 직접적인 서류라고 할 수 없다는 이유로 보조금 편취범행(기망)의 실행에 착수한 것으로 보기 어렵다(대판 2003. 6. 13. 2003도1279).

149) 대판 1980. 5. 13. 78도2259. 다음은 같은 취지이다.
부동산소유권이전등기등에관한특별조치법에 의거하여 임야의 사실상의 양수자가 확인서발급 신청을 하자 피고인이 위조된 계약서 사본을 첨부하여 위 임야의 소유자라고 허위 주장하여 이의신청을 한 결과 위 확인서발급신청이 기각되었다 하더라도 사실상의 양수자가 자기 앞으로의 소유권이전등기에 필요한 등기원인을 증명하는 서면에 갈음하는 위 법 소정의 확인서를 발급받지 못하도록 방해가 되었을 뿐이고, 이것만으로 피고인이 위 임야에 관한 어떠한 권리를 취득하거나 의무를 면하는 것은 아니므로 관계관청을 기망하여 재물이나 재산상의 이익을 편취하려는 기망행위에 나아간 것이라고 보기 어려울 뿐 아니라 관계관청의 위 확인서 발급사무가 권리를 확정하는 효력을 갖는 것도 아니라 할 것이므로, 그 행위를 가리켜 사기의 실행에 착수한 것이라고 할 수 없다(대판 1982. 3. 9. 81도2767).

150) 대판 1974. 7. 23. 74도669.

151) 대판 2003. 7. 25. 2003도2252.

지급기일에 결제되지 아니할 어음, 수표로 할인 또는 물품구입한 경우의 피해자

어음, 수표의 발행인이 그 지급기일에 결제되지 않으리라는 정을 예견하면서도 이를 발행하고, 거래상대방을 속여 그 할인을 받거나 물품을 매수하였다면 위 발행인의 사기행위는 이로써 완성되는 것이고, 위 거래상대방이 그 어음, 수표를 타에 양도함으로써 전전유통되고 최후소지인이 지급기일에 지급제시하였으나 부도되었다고 하더라도 특별한 사정이 없는 한 그 최후소지인에 대한 관계에서 발행인의 행위를 사기죄로 의율할 수 없다.[152)]

사기범행으로 당좌수표등 유가증권을 편취할 경우에는 유가증권을 교부받은 단계에서 재물편취의 기수가 된다.[153)]

특정채무의 보증인으로서 채무를 부담하겠다는 지급보증서를 취득하였으나 채권자에게 교부하기 이전의 단계

피고인이 교부받은 본건 지급보증서는 지급보증인이 특정채무자의 특정채권자에 대한 특정채무의 보증인으로서의 채무를 부담하겠다는 청약의 의사표시를 기재한 서면으로서 그 보증서가 상대방 채권자에게 제공되어 채권자가 그 청약을 승락함으로써 비로소 피해자인 지급보증인은 보증채무를 부담하게 되고 이와 동시에 피고인은 기도한대로 금원의 융자 또는 융자금의 변제기연장을 받을 수 있는 재산상의 이익을 취득한 것으로 된다 할 것이고, 더우기 본건 지급보증서는 유가증권도 아니고 또 일반거래의 대상이 될 수도 없는 것이라 할 것이니 피고인이 지급보증서라는 서면의 취득만하고 이를 채권자에게 교부하기 전 단계에서는 채권자로부터 금원의 융자 또는 융자금의 변제기 연장을 받을 수 있는 재산상의 이익을 취득한 것이라고는 할 수 없고 더 나아가 그 보증서가 채권자에게 제공되어 보증채무가 성립됨으로써 비로소 위와 같은 재산상의 이익을 취득한 것이 된다.[154)]

피해자가 미륵불상 등이 새겨진 불상을 제작하여 일부 배달, 일부 배달준비상태로 보관

사기죄에 있어서 '재물의 교부'란 범인의 기망에 따라 피해자가 착오로 재물에 대한 사실상의 지배를 범인에게 이전하는 것을 의미하는데, 재물의 교부가 있었다고 하기 위하여 반드시 재물의 현실의 인도가 필요한 것은 아니고 재물이 범인의 사실상의 지배 아래에 들어가 그의 자유로운 처분이 가능한 상태에 놓인 경우에도 재물의 교부가 있었다고 보아야 한다.

피해자는 피고인 등의 주문에 따라 도자기 5,000개를 모두 제작하였고, 피고인 등은 보관 및 운송의 편의상 피해자로 하여금 제작된 도자기를 피고인 등이 지정하는 전국의 사찰로 직접 배달하도록 하여 피해자는 제작된 도자기 중 1,600개 정도를 지정된 사찰로 배달하고 나머지 3,400개 정도의 도자기는 피고인 등의 지시에 따라 지정된 사찰로 배달할 수 있는 상태에 놓인 채로 보관 중이며, 그 도자기는 백두산 미륵불상 건립사업을 홍보하기 위하여 피고인이 지은 시와 그의 낙관 및 백두산을 배경으로 한 미륵불상 사진 등이 새겨져

152) 대판 1998. 2. 10. 97도3040.
153) 대판 1985. 12. 24. 85도2317.
154) 대판 1982. 4. 13. 80도2667.

있어 피고인 등에게만 소용이 있을 뿐 다른 용도로 사용할 수 없다. 위 보관 중인 도자기는 피고인 등의 사실상의 지배 아래에 들어가 피고인 등의 자유로운 처분이 가능한 상태에 놓였다고 할 것이다.[155)]

11. 죄 수

사기죄에 있어서 동일한 피해자에 대하여 수회에 걸쳐 기망행위를 하여 금원을 편취한 경우, 그 범의가 단일하고 범행 방법이 동일하다면 사기죄의 포괄일죄만이 성립한다.[156)]

동일 피해자에 대한 3회의 재물편취와 범의의 단일성 및 계속성

피고인이 피해자로부터 3회에 걸쳐 돈을 편취함에 있어서 그 시간적 간격이 1985. 3. 25.과 그해 5. 30. 그해 8. 4.로 각 2개월 이상이 되고 그 기망방법에 있어서도 처음에는 경매보증금을 마련하여 시간을 벌어주면 경매목적물을 처분하여 갚겠다고 거짓말을 하였고 두 번째는 한 번만 더 시간을 벌면 위 부동산이 처분될 수 있다고 하여 돈을 빌려주게 하고 마지막에는 돈을 빌려주지 않으면 두 번에 걸쳐 빌려준 돈도 갚을 수 없게 되었다고 거짓말을 함으로써 피해자로 하여금 부득이 그 돈을 빌려주지 않을 수 없는 상태에 놓이게 한 경우에는 범행의 시간적 간격과 범행의 수단에 미루어보면 피고인에게 범의의 단일성과 계속성이 있었다고 보여지지 아니하므로 실체적 경합범에 해당한다.[157)]

특경법 제3조에서 말하는 이득액은 단순일죄의 이득액이나 혹은 포괄일죄가 성립하는 경우의 이득액의 합산액을 의미하는 것이고, 경합범으로 처벌될 수 죄의 각 이득액을 합한 금액을 의미하는 것은 아니며, 수인의 피해자에 대하여 각별로 기망행위를 하여 각각 재물을 편취한 경우에는 범의가 단일하고 범행방법이 동일하더라도 각 피해자의 피해법익은 독립한 것이므로 이를 포괄일죄로 파악할 수 없고 피해자별로 독립한 사기죄가 성립한다.
특경법위반(상습사기)죄는 상습범으로써 포괄일죄에 해당하므로 피해자별 이득액의 합산액을 기준으로 하여 특경법위반죄를 적용하여야 한다.[158)]

사기죄에 있어서 수인의 피해자에 대하여 각 피해자별로 기망행위를 하여 각각 재물을 편취한 경우에 그 범의가 단일하고 범행방법이 동일하다고 하더라도 포괄일죄가 성립하는 것이 아니라 피해자별로 1개씩의 죄가 성립하는 것으로 보아야 한다. 다만 피해자들이 하나의 동업체를 구성하는 등으로 피해 법익이 동일하다고 볼 수 있는 사정이 있는 경우에는 피해자가 복수이더라도 이들에 대한 사기죄를 포괄하여 일죄로 볼 수도

155) 대판 2003. 5. 16. 2001도1825.
156) 대판 2006. 2. 23. 2005도8645.
157) 대판 1989. 11. 28. 89도1309.
158) 대판 2000. 7. 7. 2000도1899. 같은 취지로는 대판 2001. 12. 28. 2001도6130.

있을 것이다.
비록 피해자들이 부부 사이이기는 하지만, 이러한 사정만으로 피해자들에 대한 각 사기 행위가 포괄하여 일죄가 된다고 볼 수는 없고, 앞서 본 바와 같이 피해자들의 피해 법익이 동일하다고 볼 수 있는 사정이 있는 경우라야만 피해자들에 대한 사기죄를 포괄하여 일죄로 볼 수 있을 것이다.[159)]

석유를 수입하는 것처럼 가장하여 신용장 개설은행들로 하여금 신용장을 개설하게 하고 신용장 대금 상당액의 지급을 보증하게 함으로써 동액 상당의 재산상 이익을 취득한 행위는 피해자들인 신용장 개설은행별로 각각 포괄하여 1죄가 성립하고, 분식회계에 의한 재무제표 및 감사보고서 등으로 은행으로 하여금 신용장을 개설하게 하여 신용장 대금 상당액의 지급을 보증하게 함으로써 동액 상당의 재산상 이익을 취득한 행위도 포괄하여 1죄가 성립한다고 할 것이나, 위와 같이 '가장거래에 의한 사기죄'와 '분식회계에 의한 사기죄'는 범행 방법이 동일하지 않아 그 피해자가 동일하더라도 포괄일죄가 성립한다고 할 수 없다.[160)]

피해자 18명에게 재형저축 중도해약자가 있으니 해약금 대납하고 만기까지 월불입금을 납입하면 이익이라고 기망하여 해약금과 월불입금 명목의 금원편취

한일은행 청주지점 보통예금계 기계조작업무에 종사하던 피고인이 고객이 재형저축을 중도해약할 경우 사실상 해약절차를 거치지 아니하고 고객에게는 해약금만 반환하고 잔여금액을 불입하면 만기에 많은 이자소득을 얻을 수 있는 사실을 이용하여 금원을 편취할 것을 마음먹고 1987.6.초순경부터 1988.4 .20까지 피해자 18명에게 재형저축중도해약자가 있는데 그 해약금을 대납하고 만기까지의 월불입금을 납부하면 많은 이익을 볼 수 있으니 위 해약금을 대납하고 월불입금을 납부하여 만기가 되면 피고인이 원금과 이자를 수령하여 전해 주겠다고 거짓말을 하여 이에 속은 피해자들로부터 각각 원판시 금액을 편취한 범죄사실을 인정한 다음, 피고인의 위 범죄사실은 각 피해자마다 1개의 사기죄가 성립된다는 전제 하에 피고인의 기망행위로 인한 이득액을 각 피해자별로 산정한 것은 옳다.[161)]

사기도박

피고인 등이 피해자들을 유인하여 사기도박으로 도금을 편취한 행위는 사회관념상 1개의 행위로 평가하는 것이 타당하므로, 피해자들에 대한 각 사기죄는 상상적 경합관계에 있다.[162)]

---

159) 대판 2011. 4. 14. 2011도769.
160) 대판 2010. 5. 27. 2007도10056.
161) 대판 1989. 6. 13. 89도582.
162) 대판 2011. 1. 13. 2010도9330. 같은 취지로는 대판 1960. 11. 16. 4293형상743. 다음은 같은 취지이다.
분양권한 없이 135명에게 아파트분양
아파트를 분양할 권한이 없음에도, 1990. 7. 10.부터 1992. 8. 중순경까지 사이에 135회에 걸쳐 135명의 분양희망자로부터 각 분양대금(합계 약 47억 원)을 교부받아 이를 편취한 사안에서,
수인의 피해자에 대하여 각별로 기망행위를 하여 각각 재물을 편취한 경우에는 비록 범의가 단일하고 범행방법이 동일하다고 하더라도 각 피해자의 피해법익은 독립한 것이므로 이를 포괄 1죄로 파악할 수는 없고 피해자별로 독

사기전과 없는 자가 1년 4개월 동안 17개의 성인사이트를 개설하고 허위광고를 하여 40,171회에 걸쳐 982,794,000원의 회원가입비를 편취

피고인은 인터넷상에서 성인사이트를 운영하면서 사실은 영상물등급위원회의 심의를 받은 성인비디오물만을 제공할 뿐 무삭제 포르노 등 음란한 동영상을 보여 줄 의사나 능력이 없으면서도 음란한 글과 남녀의 노골적인 성행위 장면 등이 담긴 광고를 보여주면서 마치 회원으로 가입하면 광고내용과 같은 음란한 내용의 동영상을 보여줄 것처럼 기망하는 방법으로 불특정 다수인들로부터 회원가입비 명목의 돈을 편취하기로 마음먹고, 2004. 4.경부터 2005. 8.경까지 약 1년 4개월에 걸쳐 총 17개의 성인사이트를 순차로 개설한 후 위와 같은 허위 광고를 반복함으로써 이에 속은 피해자들로부터 40,171회에 걸쳐 합계 982,794,000원의 회원가입비를 편취한 사실을 인정할 수 있는바, 상습사기에 있어서의 상습성이라 함은 반복하여 사기행위를 하는 습벽으로서 행위자의 속성을 말하고, 이러한 습벽의 유무를 판단함에 있어서는 사기의 전과가 중요한 판단자료가 되나 사기의 전과가 없다고 하더라도 범행의 횟수, 수단과 방법, 동기 등 제반 사정을 참작하여 사기의 습벽이 인정되는 경우에는 상습성을 인정하여야 하는 것이며, 특히 이 사건과 같이 처음부터 장기간에 걸쳐 불특정 다수로부터 회원가입비 명목의 금원을 편취할 목적으로 상당한 자금을 투자하여 성인사이트를 개설하고 직원까지 고용하여 사기행위를 영업으로 한 경우에는 그 행위의 반복성이 영업이라는 면에서 행위 그 자체의 속성에서 나아가 행위자의 속성으로서 상습성을 내포하는 성질을 갖게 되고, 또한 이미 투자한 자금에 얽매여 그러한 사기행위를 쉽게 그만둘 수 없다는 자본적 또는 경제활동상의 의존성도 습벽의 내용이 될 수 있는 것이므로, 피고인에게 사기습벽이 인정된다.[163)]

12. 다른 범죄와의 관계

부정수표단속법위반죄와의 관계

사기의 수단으로 발행한 수표가 지급거절된 경우 부정수표단속법위반죄와 사기죄는 그 행위의 태양과 보호법익을 달리하므로 실체적 경합범의 관계에 있다.[164)]

해설: 위 판례가 적용되는 전형적인 형태는, 피고인이 피해자로부터 물건을 구입하고 그 대금으로 수표를 발행하여 피해자에게 교부하였으나, 피고인에게는 수표금을 지급할 의사나 능력이 없는 경우이다.

변호사법위반죄와의 관계

공무원이 취급하는 사건 또는 사무에 관하여 청탁 또는 알선을 한다는 명목으로 금품·향응 기타 이익을 받거나 받을 것을 약속하고 또 제3자에게 이를 공여하게 하거나 공여하게 할 것을 약속한 때에는 위와 같은 금품을 받거나 받을 것을 약속하는 것으로써 변호사법 제111조 위반죄가 성립된다고 할 것이고, 위 금품의 수교부자가 실제로 청탁할 생각이 없었다 하더라도 위 금품을 교부받은 것이 자기의 이득을 취하기 위한 것이라면 동 죄의 성립에는 영향이 없다.

립한 사기죄가 성립된다(대판 1993. 6. 22. 93도743).

163) 대판 2006. 9. 8. 2006도2860.

164) 대판 2004. 6. 25. 2004도1751. 같은 취지로는 대판 1983. 11. 22. 83도2495; 대판 1992. 3. 31. 91도2828.

공무원이 취급하는 사건에 관하여 청탁 또는 알선을 할 의사와 능력이 없음에도 청탁 또는 알선을 한다고 기망하고 금품을 교부받은 경우, 사기죄와 변호사법위반죄가 상상적 경합의 관계에 있다.[165)]

청탁·알선할 의사와 능력이 없음에도 청탁·알선한다고 기망하여 금품수수

공무원이 취급하는 사건에 관하여 청탁 또는 알선을 할 의사와 능력이 없음에도 청탁 또는 알선을 한다고 기망하고, 이에 속은 피해자로부터 청탁 또는 알선을 한다는 명목으로 금품을 받은 경우, 그 행위가 공무원이 취급하는 사건에 관하여 청탁 또는 알선을 한다는 명목으로 금품·향응 기타 이익을 받은 것으로서 구 변호사법 제111조 위반죄가 성립하거나 공무원의 직무에 속한 사항의 알선에 관하여 금품을 수수한 경우로서 특가법위반(알선수재)죄가 성립하는 것과 상관없이, 그 행위는 다른 사람을 속여 재물을 받은 행위로서 사기죄를 구성한다.[166)]

공직선거법상 공천 관련 금품수수죄와 사기죄

국회의원 선거에서 정당의 공천을 받게 하여 줄 의사나 능력이 없음에도 이를 해 줄 수 있는 것처럼 기망하여 공천과 관련하여 금품을 받은 경우, 공직선거법상 공천 관련 금품수수죄와 사기죄의 상상적 경합범에 해당한다.[167)]

13. 소송사기

가. 의의와 특징

소송사기는 법원을 속여 자기에게 유리한 판결을 얻음으로써 상대방의 재물 또는 재산상 이익을 취득하는 범죄로서, 이를 쉽사리 유죄로 인정하게 되면 누구든지 자기에게 유리한 주장을 하고 소송을 통하여 권리구제를 받을 수 있는 민사재판제도의 위축을 가져올 수밖에 없으므로, 피고인이 그 범행을 인정한 경우 외에는 그 소송상의 주장이 사실과 다름이 객관적으로 명백하고 피고인이 그 주장이 명백히 거짓인 것을 인식하였거나 증거를 조작하려고 하였음이 인정되는 때와 같이 범죄가 성립되는 것이 명백한 경우가 아니면 이를 유죄로 인정하여서는 아니 되고, 단순히 사실을 잘못 인식하였다거나 법률적 평가를 잘못하여 존재하지 않는 권리를 존재한다고 믿고 제소한 행위는 사기죄를 구성하지 아니하며, 소송상 주장이 다소 사실과 다르더라도 존재한다고 믿는 권리를 이유 있게 하기 위한 과장표현에 지나지 아니하는 경우 사기의 범의가 있다고 볼 수 없고, 또한, 소송사기에서 말하는 증거의 조작이란 처분문서 등을 거짓으로 만들어내거나 증인의 허위 증언을 유도하는 등으로 객관적·제3자적 증거를

165) 대판 2006. 1. 27. 2005도8704.
166) 대판 2008. 2. 28. 2007도10004.
167) 대판 2013. 9. 26. 2013도7876.

조작하는 행위를 말한다.[168)]

점유취득시효소송에서 자주점유권원에 관한 처분문서를 위조하고, 그 성립에 관하여 위증교사

토지를 20년 이상 점유하여 왔더라도 그 점유권원의 성질이 불분명하여 일단 자주점유로 추정받기는 하나, 상대방이 그 추정을 번복시킬 수 있는 사실을 입증하면 취득시효를 인정받을 수 없어 결국 상대방의 입증 여부에 따라 소송의 승패가 결정되는 소송에서, 소송의 승패에 결정적인 증거인 자주점유의 권원에 관한 처분문서를 위조하고, 그 성립에 관한 위증을 교사함으로써 상대방의 추정번복의 입증을 원천적으로 봉쇄하고 법원으로서도 그 처분문서의 성립이 인정되는 한 채증법칙상 그 문서의 내용대로 인정할 수밖에 없도록 하는 등의 소송행위는 사회통념상 도저히 용인될 수 없다고 할 것이므로, 비록 점유자가 자주점유로 추정받는다고 하더라도 위와 같은 기망행위에 의하여 적극적으로 법원을 기망하여 착오에 빠지게 함으로써 승소판결을 받고, 등기까지 했던 것이라면 정당한 권리행사라 할 수 없어 사기죄를 구성한다.[169)]

어음을 할인받기 위해 허위로 작성한 물품공급서를 증거로 하여 물품대금청구소송 제기

소송사기에 있어 허위의 내용으로 소송을 제기하여 법원을 기망한다는 고의가 있는 경우에 법원을 기망하는

---

168) 대판 2004. 6. 25. 2003도7124; 대판 2007. 9. 6. 2006도3591.

법률문외한이 실질적으로는 동일한 선순위근저당권과 후순위근저당권의 피담보채권에 관하여 각각 배당을 요구하여 배당받은 행위가 소송사기에 해당하지 아니한다고 본 사례

소송사기 행위를 처벌하는 것은 필연적으로 누구든지 자기에게 유리한 주장을 하고 소송을 통하여 권리구제를 받을 수 있다는 민사재판제도의 위축을 초래하고 본질적으로 민사분쟁인 사안을 소송사기라는 형사분쟁으로 비화시킬 위험이 있으므로 극히 신중해야 할 것이다.

사실관계: 피고인이 처 갑을 대리하여 갑 소유인 이 사건 토지를 속초농업협동조합에 대한 갑의 선순위근저당권부 대출금채무 4,500만 원의 원리금을 대신 변제하는 조건으로 을에게 양도하였는데, 을은 이를 다시 같은 조건으로 병에게 양도하면서 추가로 3천만 원을 지급받기로 하고 그 담보를 위해 이 사건 토지에 후순위근저당권을 설정한 사실 위 대출금채무의 변제가 지체되자 갑을 대리한 피고인은 을, 병으로부터 연대하여 위 대출금 상당액을 갑에게 직접 지급하겠다는 약정 및 그 지급을 명하는 확정판결을 받은 다음, 이를 집행권원으로 삼아 을의 병에 대한 위 후순위근저당권부 추가금원지급채권에 대한 압류, 전부명령을 받았고 그 전부명령은 확정된 사실, 그 후, 속초농업협동조합이 위 대출금채무의 미변제를 이유로 위 선순위근저당권을 실행하여 이 사건 토지에 대한 경매절차에 착수하자, 피고인은 위 대출금채무를 변제하고 자신 명의로 위 선순위근저당권부 대출금 채권을 양도받은 뒤, 위 경매절차의 배당기일에서 1순위로 대출금 상당의 배당액을 수령하면서, 이와 함께 갑을 대리하여 갑이 전부받은 위 후순위근저당권부 추가 금원 지급채권에 대해서도 배당신청을 하여 그 배당금을 수령하였다.

판단: 비록 위 선순위근저당권과 후순위근저당권의 피담보채권이 실질적으로는 동일한 것으로 평가되어야 한다고 할지라도, 피고인 또는 갑으로서는 위 선순위근저당권에 관하여는 그 피담보채권을 채권자인 위 속초농업협동조합에 변제하고 그 변제자의 지위에서 그 근저당권부 채권을 양도받은 것이고 위 후순위근저당권에 관하여는 을에 대한 약정금채권에 기하여 그 근저당권 및 피담보채권을 압류, 전부 받은 것이어서 각 피담보채권을 서로 달리 하는 것으로 볼 여지가 있다고 할 것이고, 위 각 근저당권의 피담보채권이 실질적으로는 동일한 것이어서 어느 한 쪽을 변제받으면 다른 쪽은 소멸하는 관계에 있다는 것을 알아차리기 위해서는 어느 정도의 법률적 지식이 필요하다고 할 것이어서 법률문외한인 피고인이 위 각 근저당권의 피담보채권이 별개의 것이라고 여긴 끝에 그 각 피담보채권에 관하여 각각 배당을 요구하여 배당받았다는 것만으로는 피고인에게 법원을 기망하여 재물을 편취할 범의가 있었다고 단정하기 어렵다(대판 2007. 4. 13. 2005도4222).

169) 대판 1997. 10. 14. 96도1405.

것은 반드시 허위의 증거를 이용하지 않더라도 당사자의 주장이 법원을 기망하기에 충분한 것이라면 기망수단이 된다.
갑 주식회사와 을 주식회사 사이에 작성된 물품공급계약서는 피고인 등이 을 회사가 발행한 어음을 할인하는 과정에서 허위로 작성한 것이고, 실제로 갑 회사가 을 회사에 물품을 공급한 사실이 없는데도, 갑 회사 경영자인 피고인이 물품공급계약에 따른 공급을 완료하였음을 전제로 을 회사를 상대로 물품대금 청구소송을 제기하면서 증거자료로 위 물품공급계약서를 제출하였다가 그 후 소송을 취하한 경우 사기미수죄에 해당한다.[170)]

나. 피고에 의한 소송사기

적극적 소송당사자인 원고뿐만 아니라 방어적인 위치에 있는 피고라 하더라도 허위내용의 서류를 작성하여 이를 증거로 제출하거나 위증을 시키는 등의 적극적인 방법으로 법원을 기망하여 착오에 빠지게 한 결과 승소확정판결을 받음으로써 자기의 재산상의 의무이행을 면하게 된 경우에는 그 재산가액 상당에 대하여 사기죄가 성립한다고 할 것이고, 그와 같은 경우에는 적극적인 방법으로 법원을 기망할 의사를 가지고 허위내용의 서류를 증거로 제출하거나 그에 따른 주장을 담은 답변서나 준비서면을 제출한 경우에 사기죄의 실행의 착수가 있다고 볼 것이다.[171)]

소송사기는 법원을 기망하여 자기에게 유리한 판결을 얻음으로써 상대방의 재물 또는 재산상 이익을 취득하는 것을 내용으로 하는 범죄로서, 원고측에 의한 소송사기가 성립하기 위하여는 제소 당시에 그 주장과 같은 채권이 존재하지 아니하다는 것만으로는 부족하고 그 주장의 채권이 존재하지 아니한 사실을 잘 알고 있으면서도 허위의 주장과 입증으로써 법원을 기망한다는 인식을 하고 있어야만 하는 것이고, 이와 마찬가지로, 피고측에 의한 소송사기가 성립하기 위하여는 원고 주장과 같은 채무가 존재한다는 것만으로는 부족하고 그 주장의 채무가 존재한다는 사실을 잘 알고 있으면서도 허위의 주장과 입증으로써 법원을 기망한다는 인식을 하고 있어야만 한다.[172)]

다. 법원에 대한 기망

(1) 긍정례

공동 소유하는 부동산의 매각을 위임하였음에도 위임 없이 매각되었다고 제소
갑과 을이 공동소유하고 있던 부동산의 매각처분에 관하여 갑이 을에게 그 권한을 위임하고 다시 변호사에게 그 취지를 확인하는 내용의 서면을 작성 교부함으로써 매매에 관하여 이의를 제기하지 아니하겠다고 다짐하였음에도 불구하고 갑이 법원에 을이 아무런 권원없이 위 부동산을 불법매도하였다고 허위의 사실을

170) 대판 2011. 9. 8. 2011도7262.
171) 대판 1987. 9. 22. 87도1090; 대판 1998. 2. 27. 97도2786.
172) 대판 2004. 3. 12. 2003도333.

주장하여 소를 제기하였다면 이는 법관으로 하여금 착오에 빠지게 함으로써 본인에게 유리한 재판을 하게 하고 그 효과로서 위 부동산을 영득하려 한 것이니 위 행위에 대하여 사기미수의 죄가 성립된다.[173)]

적법하게 경료한 가등기와 소유권이전등기가 문서위조 등에 의한 원인무효등기라고 주장

피고인이 이 사건 부동산에 관하여 소유권이전청구권 보전의 가등기를 마쳐주고 그 후 그에 대한 매매계약을 체결한 다음 그 소유권이전등기에 필요한 서류를 작성, 교부해 주고서도 가등기등 말소청구소송에서 위 가등기와 소유권이전등기는 제3자들의 문서위조와 인감위조 등에 의하여 이루어진 원인무효의 등기라고 주장하였다면, 피고인이 단순히 사실을 잘못 인식하였다거나 법률적 평가를 잘못한 것이 아니라 권리가 존재하지 아니함을 잘 알고 있으면서도 허위의 주장을 한 것이므로 사기미수죄를 유죄로 인정한 것은 정당하다.[174)]

갑에게 어음을 할인해주었음에도 피해자를 상대로 지급명령을 신청하고, 피해자가 청구이의의 소를 제기하자 갑을 내세워 위증교사

피고인이 피해자에게 이 사건 수표를 할인해 준 것이 아니라 갑에게 할인을 해주었는데도 아무런 관련이 없는 피해자를 상대로 지급명령을 신청하였고, 그 후 피해자가 제기한 청구이의의 소송에서 갑을 내세워 위증을 교사하기까지 한 사정에 비추어 보면, 피고인이 허위의 내용으로 지급명령을 신청하여 법원을 기망한다는 고의가 드러났었다고 할 것이고, 이와 같은 경우에 법원을 기망하는 것은 반드시 허위의 증거를 이용하지 않더라도 당사자의 주장이 법원을 기만하기 충분한 것이라면 기망수단이 되는 것이다.[175)]

간접정범 형태에 의한 소송사기

자기에게 유리한 판결을 얻기 위하여 소송상의 주장이 사실과 다름이 객관적으로 명백하거나 증거가 조작되어 있다는 정을 인식하지 못하는 제3자를 이용하여 그로 하여금 소송의 당사자가 되게 하고 법원을 기망하여 소송 상대방의 재물 또는 재산상 이익을 취득하려 하였다면 간접정범의 형태에 의한 소송사기죄가 성립하게 된다.

갑이 을 명의 차용증을 가지고 있기는 하나 그 채권의 존재에 관하여 을과 다툼이 있는 상황에서 당초에 없

173) 대판 1987. 5. 12. 87도417.

174) 대판 1990. 1. 23. 89도607.

175) 대판 2004. 6. 24. 2002도4151. 다음은 같은 취지이다.

고유의 의미의 종중의 경우에는 종중이 종중원의 자격을 박탈한다든지 종중원이 종중을 탈퇴할 수 없는 것이어서 공동선조의 후손들은 종중을 양분하는 것과 같은 종중분열을 할 수 없는 것이고, 따라서 한 개의 종중이 내분으로 인하여 사실상 2개로 분파된 상태에서 별도의 종중총회가 개최되어 종중대표자로 선임된 자는 그 분파의 대표자일 뿐 종중의 대표자로 볼 수는 없다.

사실상 분열된 종중의 일파가 소유관계가 불분명한 종중재산에 대하여 처분금지가처분신청을 하면서 그 보증금으로 공탁한 공탁금을 그 의사에 반하여 다른 분열된 종중의 일파가 가처분취하서를 제출하여 처분금지가처분등기를 말소하게 하고 공탁금을 회수한 경우, 사기죄가 성립한다(대판 1998. 2. 27. 97도1993).

던 월 2푼의 약정이자에 관한 내용 등을 부가한 을 명의 차용증을 새로 위조하여, 이를 바탕으로 자신의 처에 대한 채권자인 병에게 차용원금 및 위조된 차용증에 기한 약정이자 2,500만 원을 양도하고, 이러한 사정을 모르는 병으로 하여금 을을 상대로 양수금 청구소송을 제기하도록 한 사안에서, 적어도 위 약정이자 2,500만 원 중 법정지연손해금 상당의 돈을 제외한 나머지 돈에 관한 갑의 행위는 병을 도구로 이용한 간접정범 형태의 소송사기죄를 구성한다.[176)]

(2) 부정례

당사자주의 소송구조하에서는 자기에게 유리한 주장이나 증거는 각자가 자신의 책임하에 변론에 현출하여야 하는 것이고, 비록 자기가 상대방에게 유리한 증거를 가지고 있다거나 상대방에게 유리한 사실을 알고 있다고 하더라도 상대방을 위하여 이를 현출하여야 할 의무가 있다고 보기는 어려울 것이므로 상대방에게 유리한 증거를 제출하지 않거나 상대방에게 유리한 사실을 진술하지 않는 행위만으로는 소송사기에 있어 기망이 된다고 할 수 없다.[177)]

피해자에게 일방적인 내용의 내용증명우편을 발송하고 이를 증거로 제출

소송사기에서 말하는 증거의 조작이란 처분문서 등을 거짓으로 만들어내거나 증인의 허위 증언을 유도하는 등으로 객관적·제3자적 증거를 조작하는 행위를 말하는 것이므로, 피고인이 소송 제기에 앞서 그 명의로 피해자에 대한 일방적인 권리주장을 기재한 통고서 등을 작성하여 내용증명우편으로 발송한 다음, 이를 법원에 증거로 제출하였다 하더라도, 소송사기에서 말하는 '증거의 조작'에 해당하지 않는다.[178)]

소송사기는 법원을 기망하여 자기에게 유리한 판결을 얻음으로써 상대방의 재물 또는 재산상 이익을 취득하는 것을 내용으로 하는 범죄로서, 소송사기가 성립하기 위하여는 제소 당시에 그 주장과 같은 채권이 존재하지 아니한다는 것만으로는 부족하고, 그 주장의 채권이 존재하지 아니하는 사실을 잘 알면서도 허위의 주장과 입증으로써 법원을 기망한다는 인식을 하고 있어야만 한다. 한편, 채권에 대한 압류 및 전부(추심)명령을 신청한 경우, 집행력 있는 정본의 존부, 집행개시의 요건 구비 여부 등은 법원의 심사 대상이지만 피압류채권의 존부는 그 심사 대상이 아니다.
피고인(A회사 운영자)이 'A의 갑에 대한 채권'이 존재하지 않는다는 사실을 알면서 그 사실을 모르는 병(A에 대한 채권자)에게 'A의 갑에 대한 채권'의 압류 및 전부(추심)명령을 신청하게 하여 그 명령을 받게 한 사안에서, 병이 A에 대하여 진정한 채권을 가지고 있는 이상, 위와 같은 사정만으로는 법원을 기망하였다고 볼 수 없고, 병이 갑을 상대로 전부(추심)금 소송을 제기하지 않은 이상 소송사기의 실행에 착수하였다고 볼 수도 없다고 한 사례.[179)]

176) 대판 2007. 9. 6. 2006도3591.
177) 대판 2002. 6. 28. 2001도1610.
178) 대판 2004. 3. 25. 2003도7700.
179) 대판 2009. 12. 10. 2009도9982. 다음은 같은 취지이다.
채권자의 가압류의 피보전채권액에 터잡아 배당표가 작성되어 가압류채권자에 대한 배당액이 공탁된 다음 위 가

기한미도래의 채권에 관하여 즉시 지급을 구하는 지급명령신청

기한 미도래의 채권을 소송에 의하여 청구함에 있어서 기한의 이익이 상실되었다는 허위의 증거를 조작하는 등의 적극적인 사술을 사용하지 아니한 채 단지 즉시 지급을 구하는 취지의 지급명령신청은 법원을 기망하여 부당한 이득을 편취하려는 기망행위에 해당하지 아니한다.[180]

라. 법원의 재판이 피해자의 처분행위에 갈음하는 효력이 있을 것

소송사기에 있어서 피기망자인 법원의 재판은 피해자의 처분행위에 갈음하는 내용과 같은 효력이 있는 것이라야 하고 그렇지 아니하는 경우에는 착오에 의한 재물의 교부행위가 있다고 할 수 없어서 사기죄는 성립하지 아니한다.[181]

(1) 원고와 피고의 공모

원고와 피고가 공모하여 의제자백 판결로 타인 소유의 부동산에 관하여 소유권이전등기

피고인이 타인과 공모하여 그 공모자를 상대로 제소하여 의제자백의 판결을 받아 이에 기하여 부동산의 소유권이전등기를 하였다고 하더라도 이는 소송 상대방의 의사에 부합하는 것으로서 착오에 의한 재산적 처분행위가 있다고 할 수 없어 동인으로부터 부동산을 편취한 것이라고 볼 수 없고, 또 그 부동산의 진정한 소유

압류의 본안소송 확정판결에서 채권자에게 인용된 금액 중 일부가 변제되어 위 잔존채권액이 가압류의 피보전채권액보다 작아졌다고 하더라도 원리금 산정 및 일부 변제에 따른 충당과정이 간단치 아니하여 잔존채권액을 쉽게 확정할 수 없는 등 그 배당금이 위 잔존채권액을 초과하는 것이 명백하지 아니한 이상 위 확정판결에서 인용된 금액 전부가 잔존하는 것처럼 위 확정판결정본을 그대로 집행법원에 제출하여 실제 배당받아야 할 금액을 초과한 금액을 수령하였다고 하더라도 채권자에게 사기의 고의를 인정할 수는 없다(대판 2002. 6. 28. 2001도1610).

갑은 1999. 3. 5. 을로부터 차용금을 350만 원으로 하되 선이자 45만 원을 공제한 나머지 305만 원을 교부받으면서 을에게 이 사건 대출관련서류를 교부하였다. 그 다음 날 을은 피고인으로부터 350만 원을 차용하면서 이 사건 대출관련서류들을 피고인에게 교부하였는데, 이 사건 대출관련서류 중 갑이 발행한 액면금 350만 원의 수취인 백지로 된 약속어음의 이면에는 병의 배서가 되어 있고, 그 나머지 서류들은 채권자나 대여자의 기재가 되어 있지 아니하거나 공란으로 되어 있다. 사정이 이러하다면 법률에 밝지 아니한 피고인으로서는 이 사건 대출관련서류를 교부받음으로써 자신과 갑 사이에 금전대차관계가 성립한 것으로 판단하는 것도 무리가 아닐 뿐만 아니라, 갑이 이 사건 대출관련서류를 위와 같은 상태로 을에게 교부함으로써 특별한 사정이 없는 한 을로 하여금 그 서류들을 제3자에게 담보조로 교부하는 것을 묵시적으로 승낙한 것으로 보아야 할 것이므로, 그 다음날 을이 피고인으로부터 350만 원을 차용하면서 이 사건 대출관련서류를 피고인에게 교부하여 피고인이 이를 취득한 이상, 갑과 병은 을의 피고인에 대한 차용금채무를 보증하였거나 최소한 약속어음채무는 부담하는 것으로 보아야 할 것이다.

그렇다면 비록 피고인이 판시 지급명령을 신청함에 있어 갑에게 직접 대여금 채권이 있는 것처럼 지급명령신청서를 작성·제출하여 앞서 본 바와 같은 내용의 지급명령을 받아낸 후 갑으로부터 대여원리금과 비용조로 500만 원을 교부받았다고 하더라도, 이러한 피고인의 행위가 그 본질에 있어서 자신의 정당한 권리행사의 일환으로 이루어진 것이 아니라 허구의 주장과 증거조작을 통하여 법원을 기망하려고 시도한 것으로, 소송상의 주장이 사실과 다름이 객관적으로 명백하여 소송사기를 구성한다고는 보기 어려울 뿐만 아니라, 지급명령신청 당시 피고인에게 그 주장의 권리가 존재하지 않는 사실을 잘 알고 있으면서도 허위의 주장과 입증으로 법원을 기망한다는 인식이 있었다고 할 수 없다(대판 2003. 5. 16. 2003도373).

180) 대판 1982. 7. 27. 82도1160.

181) 대판 1987. 8. 18. 87도1153; 대판 1997. 7. 8. 97도632; 대판 2002. 1. 11. 2000도1881.

자가 따로 있다고 하더라도 피고인이 의제자백판결에 기하여 그 진정한 소유자로부터 소유권을 이전받은 것이 아니므로 그 소유자로부터 부동산을 편취한 것이라고 볼 여지도 없다.[182)]

원·피고가 공모하여 미등기인 국가 소유의 토지에 관하여 소송을 제기하고 재판상화해

피고인이 국가등의 소유인 토지들이 미등기임을 기화로 갑과 공모하여 을을 그 소유자로 내세운 다음 갑이 을을 상대로 위 토지들에 대하여 매매를 원인으로 한 소유권이전등기절차이행의 소를 제기하여 소송진행 중 쌍방의 소송대리인등에게 화해하도록 하여 재판부로 하여금 을이 대금수령과 상환으로 갑에게 위 토지들에 대한 소유권이전등기절차를 이행한다는 취지의 화해조서를 작성하게 한 경우, 이와 같은 소송상 화해의 효력은 소송당사자들 사이에만 미치고 제3자인 토지소유자에게는 미치지 아니하며 그 화해조서에 기하여 위 토지들에 대한 제3자의 소유권이 갑에게 이전되는 것도 아니므로 피고인의 위와 같은 행위가 사기죄를 구성한다고 할 수 없다.[183)]

원고와 피고 일부와의 공모

원고인 피고인과 피고 갑이 공모하여 민사소송에서 법원에 대하여 위조된 문서를 증거로 제출하면서 피고인이 동일한 전 소송에서 모두 패소확정된 사실을 감춘 가운데, 피고인은 다른 피고들에게 피고인이 승소하더라도 피고 갑에 대하여서만 권리행사를 하고 다른 피고들에게는 집행을 하지 아니하겠다는 등으로 이들을 회유하여 이들의 적극적인 방어행위를 방해하고, 피고 갑은 원고인 피고인의 주장 사실을 단순히 부인하였을 뿐 동일한 전소에서의 피고인의 패소판결내용을 구체적으로 알고 있으면서도 이를 적극적으로 주장 입증하지 아니하는 등 불성실하게 소송을 진행하여 이러한 사정 등을 모르는 법원을 기망하였다면 소송사기가 된다.[184)]

해설: 위 판례의 사안은 원고인 피고인과 피고 갑이 공모하여 피고 갑을 제외한 나머지 피고들을 피해자로 한 소송사기죄를 범한 것이다. 위 사안의 원심에서 피고 갑은 피고인과 공동피고인이고, 나머지 피고들은 고소인이다.

182) 대판 1997. 12. 23. 97도2430. 다음은 같은 취지이다.
피고인이 타인과 공모하여 그 공모자를 상대로 제소하여 의제자백의 판결을 받아 이에 기해 부동산의 지분이전등기를 한 소위는 소송 상대방의 의견에 부합한 것으로서 동인으로부터 부동산을 편취한 것이라고 볼 수 없고 또 그 부동산의 진정한 소유자가 따로 있다 하더라도 피고인이 공모에 의한 의제자백 판결에 기하여 그 진정한 소유자로부터 소유권을 이전받은 것이 아니므로 소유자로부터 위 부동산을 편취한 것이라고 볼 여지도 없다(대판 1983. 10. 25. 83도1566).

183) 대판 1987. 8. 18. 87도1153.
피고인이 갑으로 하여금 피고인을 상대로 성명미상자 소유의 미등기토지에 대한 소유권이전등기청구소송을 제기토록 하고 피고인이 그 토지의 일부를 갑에게 매도하였으니 그 지분에 대한 소유권이전등기절차를 이행하라는 내용의 인낙조서를 작성하고 그 토지에 관하여 대위신청자에 의해서 등기부상에 피고인의 명의로 소유권보존등기를 등재케 하였다면 피고인은 위 인낙조서에 의하여 위 성명미상자로부터 위 토지의 소유권 또는 지분권을 이전받은 것이 아니므로 위 토지를 편취한 것이라고 볼 여지가 없으니 소송사기가 성립한다고 볼 수 없다(대판 1984. 4. 10. 83도2289).

184) 대판 1991. 8. 27. 91도1524.

판결의 내용이 소송상대방의 의사에 부합

피고인들이 타인과 공모하여 그 공모자를 상대로 제소한 경우나 피고인들이 법원을 기망하여 얻으려고 한 판결의 내용이 소송 상대방의 의사에 부합하는 것일 때에는, 착오에 의한 재물의 교부행위가 있다고 할 수 없어 소송사기죄가 성립되지 아니한다.185)

(2) 사망자 등에 대한 판결

사망자를 상대로 한 소송

피고인의 제소가 사망한 자를 상대로 한 것이라면 이와 같은 사망한 자에 대한 판결은 그 내용에 따른 효력이 생기지 아니하여 상속인에게 그 효력이 미치지 아니하고 따라서 사기죄를 구성한다고 할 수 없다.186)

실재하지 않는 자를 상대로 한 소송

실재하고 있지 아니한 자에 대하여 판결이 선고되더라도 그 판결은 피해자의 처분행위에 갈음하는 내용과 효력을 인정할 수 없고, 따라서 착오에 의한 재물의 교부행위를 상정할 수 없는 것이므로 사기죄의 성립을 시인할 수 없다.187)

권한 없는 자를 상대로 한 소송

피고인이 타인 소유의 부동산에 관하여 아무런 권한이 없는 사람을 상대로 소유권확인등의 청구소송을 제기함으로써 법원을 기망하여 승소판결을 받고 그 확정판결을 이용하여 동 부동산에 대한 소유권보존등기를 경료했다 하여도, 위 판결의 효력은 소송당사자들 사이에만 미치고 제3자인 부동산소유자에게는 미치지 아니하여 위 판결로 인하여 위 부동산에 대한 제3자의 소유권이 피고인에게 이전되는 것도 아니므로 사기죄를 구성한다고 볼 수 없다.188)

소송비용의 지급을 구하는 손해배상청구의 소제기(불능범)

민사소송법상 소송비용의 청구는 소송비용액 확정절차에 의하도록 규정하고 있으므로, 위 절차에 의하지 아니하고 손해배상금 청구의 소 등으로 소송비용의 지급을 구하는 것은 소의 이익이 없는 부적법한 소로서 허용될 수 없다고 할 것이다. 따라서 소송비용을 편취할 의사로 소송비용의 지급을 구하는 손해배상청구의 소를 제기하였다고 하더라도 이는 객관적으로 소송비용의 청구방법에 관한 법률적 지식을 가진 일반인의 판단으로 보아 결과 발생의 가능성이 없어 위험성이 인정되지 않는다고 할 것이다.189)

185) 대판 1996. 8. 23. 96도1265.
186) 대판 1997. 7. 8. 97도632; 대판 2002. 1. 11. 2000도1881.
187) 대판 1992. 12. 11. 92도743.
188) 대판 1985. 10. 8. 84도2642.

(3) 재물 또는 재산상이익의 취득에 영향을 미치지 않는 판결

피해자의 채무를 대위변제함으로써 피해자의 채권자가 된 자가 민사소송을 제기하고 위조한 채권양도계약서를 증거로 제출하여 승소판결을 받음

사기죄가 성립되려면 피기망자가 착오에 빠져 어떠한 재산상의 처분행위를 하도록 유발하여 재산적 이득을 얻을 것을 요하고 피기망자와 재산상의 피해자가 같은 사람이 아닌 경우에는 피기망자가 피해자를 위하여 그 재산을 처분할 수 있는 권능이나 지위에 놓여져 있어야 하며 기망, 착오, 처분, 이득 사이에 인과관계가 있어야 한다.

피고인은 갑에 대한 을과 병의 설시 채무를 대위변제할 정당한 이익이 있어 채무자들을 대신하여 변제했다는 것이므로 그로 인하여 피고인은 갑의 을과 병에 대한 설시 채권을 법적으로 당연히 양도받은 것이 되어 공소장에 피해자로 지목된 병에 대한 채권자임이 명백하고 따라서 공소장에 적시되어 있는 바와 같은 승소판결을 받음으로써 비로소 금원을 편취하게 되는 것이 아니며, 피고인이 비록 위조된 채권양도 계약서와 통지서를 증거로 했다 하여도 그것은 자신의 권리발생 사유에 관한 법적인 평가를 잘못한 데서 연유된 것으로 볼 것이지 그러한 범죄문서의 수단에 의하여 권리행사를 하려고 한 것으로 볼 것이 아니다.[190]

해설: 피고인은 채권자인 갑이 채무자들인 을과 병에 대해 가지는 채권에 관하여 채무자들을 대신하여 변제하였다. 피고인은 채무를 대위변제할 정당한 이익이 있다. 따라서 위와 같은 대위변제로 인하여 위 채권은 당연히 피고인에게 양도되었다. 즉 피고인이 을과 병에 대한 채권자가 된 것이다. 그런데 피고인은 병을 상대로 민사소송을 제기하고 위조된 채권양도 계약서와 통지서를 증거로 제출하여 승소판결을 받았다. 검사는 위 민사소송이 소송사기에 해당하는 것으로 공소제기하였다. 위 채권은 대위변제로 인하여 이미 피고인에게 양도되었으므로 법원이 한 승소판결에 의해 양도되는 것은 아니다. 즉 피기망자인 법원은 위 채권에 관하여 처분할 권능을 가지지 못한다. 결국 소송사기는 성립하지 않는다.

신축건물의 소유권을 원시취득한 자(갑)가 따로 있음에도 건축허가명의만을 가지는 자(을)가 그의 채권자(병)로 하여금 을을 상대로 강제경매를 신청케 하여 법원의 경매개시결정과 촉탁에 의해 을 명의로 소유권보존등기가 되고 경매절차에서 건물이 매각되게 함

이른바 소송사기에 있어서도 피기망자인 법원의 재판은 피해자의 처분행위에 갈음하는 내용과 효력이 있는 것이어야 하고 그렇지 아니한 경우에는 착오에 의한 재물의 교부행위가 있다고 할 수 없다. 따라서 자기의 비용과 노력으로 건물을 신축하여 그 소유권을 원시취득한 미등기건물의 소유자가 있고 그에 대한 채권담보 등을 위하여 건축허가명의만을 가진 자가 따로 있는 상황에서, 건축허가명의자에 대한 채권자가 위 명의자와 공모하여 명의자를 상대로 위 건물에 관한 강제경매를 신청하여 법원의 경매개시결정이 내려지고, 그에 따라 위 명의자 앞으로 촉탁에 의한 소유권보존등기가 되고 나아가 그 경매절차에서 건물이 매각되었다고 하더라도, 위와 같은 경매신청행위 등이 진정한 소유자에 대한 관계에서 사기죄가 된다고 볼 수는 없다. 왜냐하면 위 경매절차에서 한 법원의 재판이나 법원의 촉탁에 의한 소유권보존등기의 효력은 그 재판의 당사자도 아닌 갑에게는 미치지 아니하는 것이어서, 피기망자인 법원의 재판이 피해자의 처분행위에 갈음하는 내용과 효

189) 대판 2005. 12. 8. 2005도8105.
190) 대판 1989. 7. 11. 89도346.

력이 있는 것이라고 보기는 어렵기 때문이다.[191]

거주만 한 임차인이 임대차계약서상의 임차인 명의를 전입신고한 처로 변경하여 소액임대차보증금에 대한 우선변제권에 기한 배당신청

임대인과 임대차계약을 체결한 임차인이 임차건물에 거주하기는 하였으나 그의 처만이 전입신고를 마친 후에 경매절차에서 배당을 받기 위하여 임대차계약서상의 임차인 명의를 처로 변경하여 경매법원에 배당요구를 한 경우, 실제의 임차인이 전세계약서상의 임차인 명의를 처의 명의로 변경하지 아니하였다 하더라도 소액임대차보증금에 대한 우선변제권 행사로서 배당금을 수령할 권리가 있다 할 것이어서, 경매법원이 실제의 임차인을 처로 오인하여 배당결정을 하였더라도 이로써 재물의 편취라는 결과의 발생은 불가능하다 할 것이어서 무죄를 선고하여야 한다.[192]

(4) 말소등기청구소송

허위로 토지의 소유자임을 주장하면서 소유권보존등기의 말소소송을 제기

피고인 또는 그와 공모한 자가 자신이 토지의 소유자라고 허위의 주장을 하면서 소유권보존등기 명의자를 상대로 보존등기의 말소를 구하는 소송을 제기한 경우 그 소송에서 위 토지가 피고인 또는 그와 공모한 자의 소유임을 인정하여 보존등기 말소를 명하는 내용의 승소확정판결을 받는다면, 이에 터 잡아 언제든지 단독으로 상대방의 소유권보존등기를 말소시킨 후 위 판결을 부동산등기법 제130조 제2호(현재는 65조 2호) 소정의 소유권을 증명하는 판결로 하여 자기 앞으로의 소유권보존등기를 신청하여 그 등기를 마칠 수 있게 되므로, 이는 법원을 기망하여 유리한 판결을 얻음으로써 '대상 토지의 소유권에 대한 방해를 제거하고 그 소유명의를 얻을 수 있는 지위'라는 재산상 이익을 취득한 것이고, 그 경우 기수시기는 위 판결이 확정된 때이다.[193]

부동산 소유자로 등기된 적이 있는 자가 자기 이후의 소유권이전등기말소소송

부동산등기부상 소유자로 등기된 적이 있는 자가 자기 이후에 소유권이전등기를 경료한 등기명의인들을 상대로 허위의 사실을 주장하면서 그들 명의의 소유권이전등기의 말소를 구하는 소송을 제기한 경우 그 소송에서 승소한다면 등기명의인들의 등기가 말소됨으로써 그 소송을 제기한 자의 등기명의가 회복되는 것이므

191) 대판 2013. 11. 28. 2013도459.

192) 대판 2002. 2. 8. 2001도6669.

193) 대판 2006. 4. 7. 2005도9858 전원합의체. 위 판결에 의해 다음 판례는 변경되었다.
타인 명의로 등기명의인들의 소유권보존등기와 이전등기의 말소등기소송을 제기
피고인이 그 자신이 아닌 타인 명의로 등기명의인들을 상대로 그들 명의의 소유권보존등기 및 이전등기의 말소등기소송을 제기한 경우, 가사 그 타인이 승소한다고 가정하더라도 등기명의인들의 등기가 말소될 뿐이고 이로써 그 타인이 위 부동산에 대하여 어떠한 권리를 회복 또는 취득하거나 의무를 면하는 것은 아니므로 법원을 기망하여 재물이나 재산상 이익을 편취한 것이라고 볼 수 없을 것이니 위와 같은 말소등기청구소송의 제기만으로는 사기의 실행에 착수한 것이라고 할 수 없다(대판 1983. 10. 25. 83도1566).

로 이는 법원을 기망하여 재물이나 재산상 이익을 편취한 것이라고 할 것이고 따라서 등기명의인들 전부 또는 일부를 상대로 하는 그와 같은 말소등기청구 소송의 제기는 사기의 실행에 착수한 것이라고 보아야 한다.[194]

㉮ 피고인 등은, 소송 대상 부동산은 여러 명이 공동신축한 건물임에도 피고가 단독으로 그 소유권보존등기를 경료하여 원인무효이고 자신은 공동신축자 중 1인에 대하여 채권이 있으니 그 사람을 대위하여 피고를 상대로 원인무효를 이유로 의한 소유권보존등기의 말소를 청구한다는 취지의 허위 내용이 기재된 소장 및 조작된 관련 증거서류를 제출하여 소유권보존등기말소청구 소송을 제기하거나,
㉯ 피고인이 갑이 부동산을 매수한 일이 없음에도 매수한 것처럼 허위의 사실을 주장하여 위 부동산에 대한 소유권이전등기를 거친 사람을 상대로 그 이전등기의 원인무효를 내세워 그 이전등기의 말소를 구하는 소송을 갑 명의로 제기한 사안에서,
위 각 소송의 결과 원고로 된 공동신축자 중 1인 또는 갑이 승소한다고 가정하더라도 그 피고의 등기가 말소될 뿐이고 이것만으로 피고인이 위 부동산에 관한 어떠한 권리를 취득하거나 의무를 면하는 것은 아니므로 법원을 기망하여 재물이나 재산상 이익을 편취한 것이라고 보기 어렵고, 따라서 위 소제기 행위를 가리켜 사기의 실행에 착수한 것이라고 할 수 없다.[195]

갑이 사정받고, 국가 명의로 소유권보존등기가 경료된 토지에 관하여 서류를 조작하여 가장 대습상속인 명의로 제소하여 화해권고결정확정

특정인 명의로 사정된 토지는 특별한 사정이 없는 한 사정명의자나 상속인의 소유로 추정되고, 토지 소유자가 행방불명되어 생사 여부를 알 수 없다 하더라도 그가 사망하고 상속인도 없다는 점이 증명되거나 토지에 대하여 민법 제1053조 내지 제1058조에 의한 국가귀속 절차가 이루어지지 아니한 이상 그 토지가 바로 무주부동산이 되어 국가 소유로 귀속되는 것은 아니다. 또한, 무주부동산이 아닌 한 국유재산법 제8조에 의한 무주부동산의 처리절차를 밟아 국유재산으로 등록되었다 하여 국가 소유로 되는 것도 아니다.
갑이 일제시대 사정받은 토지에 대하여 소유자 미복구를 원인으로 국가 명의의 소유권보존등기가 되어 있는 상태에서, 피고인이 병과 공모하여 을이 사정명의인 갑의 소유권을 대습상속한 것처럼 상속인의 사망 시기 등을 조작한 다음 을을 원고로 하여 국가를 상대로 소유권보존등기 말소등기 청구소송을 제기하여 이를 일부 인용하는 취지의 화해권고결정이 확정된 사안에서, 위 부동산에 대하여 민법 제1053조 이하의 절차에 따른 국가귀속 절차가 이루어지거나 국가가 소유권을 가지게 된 다른 특별한 사정이 있지 않는 한 당연히 국가 소유가 되는 것은 아니라고 할 것이나, 이미 국가 명의로 소유권보존등기가 되어 있는 상태에서 소유권보존등기의 말소 청구를 하고 청구의 일부인용 판결에 준하는 화해권고결정이 확정된 이상, 청구인용 부분에 대하여는 법원을 기망하여 유리한 결정을 받음으로써 '대상 토지의 소유명의를 얻을 수 있는 지위'라는 재산상 이익을 취득하였다고 할 것이고, 이는 사기죄의 대상인 재산상 이익의 편취에 해당한다는 이유로, 청구인용 부분에 대하여 사기죄, 화해권고결정에 의하여 등기말소청구를 포기한 부분에 대하여 사기미수죄를 각 인정한 사례.[196]

194) 대판 2003. 7. 22. 2003도1951.
195) 대판 2009. 4. 9. 2009도128.
196) 대판 2011. 12. 13. 2011도8873.

마. 미 수

소송사기는 법원을 기망하여 자기에게 유리한 판결을 얻고 이에 터잡아 상대방으로부터 재물의 교부를 받거나 재산상 이익을 취득하는 것을 말하는 것으로서 소송에서 주장하는 권리가 존재하지 않는 사실을 알고 있으면서도 법원을 기망한다는 인식을 가지고 소를 제기하면 이로써 실행의 착수가 있었다고 할 것이고, 피해자에 대한 직접적인 기망이 있어야 하는 것은 아니다.[197]

허위 주소로 소송서류 송달

소송에서 주장하는 권리가 존재하지 않는 사실을 알고 있으면서도 법원을 기망한다는 인식을 가지고 소를 제기하면 이로써 실행의 착수가 있고 소장의 유효한 송달을 요하지 아니한다고 할 것인바, 이러한 법리는 제소자가 상대방의 주소를 허위로 기재함으로써 그 허위주소로 소송서류가 송달되어 그로 인하여 상대방 아닌 다른 사람이 그 서류를 받아 소송이 진행된 경우에도 마찬가지로 적용된다.[198]

소송 중 새로운 권원을 추가로 주장

피고인이 특정 권원에 기하여 민사소송을 진행하던 중 법원에 조작된 증거를 제출하면서 종전에 주장하던 특정 권원과 별개의 허위의 권원을 추가로 주장하는 경우에 그 당시로서는 종전의 특정권원의 인정 여부가 확정되지 아니하였고, 만약 종전의 특정 권원이 배척될 때에는 조작된 증거에 의하여 법원을 기망하여 추가된 허위의 권원을 인정받아 승소판결을 받을 가능성이 있으므로, 가사 나중에 법원이 종전의 특정 권원을 인정하여 피고인에게 승소판결을 선고하였다고 하더라도, 피고인의 이러한 행위는 특별한 사정이 없는 한 소송사기의 실행의 착수에 해당된다.
피고인이 갑에 대하여 보관금 지급약정에 따른 2,000만 원의 지급을 구하는 민사소송을 진행하던 중 2001. 3. 13. 을의 피고인에 대한 2,000만 원의 지급 채무에 대한 연대보증 책임을 주장하면서 이를 입증하기 위하여 '입회인 을' 앞에 '연대보증'이라는 문구를 임의로 기재한 지불각서를 법원에 제출한 것은 법원을 기망하여 재산상 이익을 얻으려는 소송사기의 실행에 착수한 행위로 볼 것이다.[199]

피고의 실행의 착수

적극적 소송당사자인 원고뿐만 아니라 방어적인 위치에 있는 피고라 하더라도 허위내용의 서류를 작성하여 이를 증거로 제출하거나 위증을 시키는 등의 적극적인 방법으로 법원을 기망하여 착오에 빠지게 한 결과 승소확정판결을 받음으로써 자기의 재산상의 의무이행을 면하게 된 경우에는 그 재산가액 상당에 대하여 사기

197) 대판 1993. 9. 14. 93도915. 다음은 같은 취지이다.
피고인이 피해자와 사이에 온천의 시공에 필요한 비용을 포함한 일체의 비용을 자신이 부담하기로 약정하였음에도 피해자를 상대로 공사대금청구의 소를 제기하면서 시공 외의 비용은 모두 피해자가 부담한다는 내용으로 변조한 인증합의서를 소장에 첨부하여 제출한 경우, 소송사기의 실행에 착수하였다고 한 사례(대판 2005. 3. 24. 2003도2144).

198) 대판 2006. 11. 10. 2006도5811.

199) 대판 2004. 6. 25. 2003도7124.

죄가 성립한다고 할 것이고, 그와 같은 경우에는 적극적인 방법으로 법원을 기망할 의사를 가지고 허위내용의 서류를 증거로 제출하거나 그에 따른 주장을 담은 답변서나 준비서면을 제출한 경우에 사기죄의 실행의 착수가 있다고 볼 것이다.[200)]

사업자등록을 하려고 작성된 임대차계약서를 이용하여 법원의 임차권등기명령을 받음

법원의 임차권등기명령을 피해자의 재산적 처분행위에 갈음하는 내용과 효력이 있는 것으로 보고 그 집행에 의한 임차권등기가 마쳐짐으로써 신청인이 재산상 이익을 취득하였다고 보는 이상, 진정한 임차권자가 아니면서 허위의 임대차계약서를 법원에 제출하여 임차권등기명령을 신청하면 그로써 소송사기의 실행행위에 착수한 것으로 보아야 하고, 나아가 그 임차보증금 반환채권에 관하여 현실적으로 청구의 의사표시를 하여야만 사기죄의 실행의 착수가 있다고 볼 것은 아니다.[201)]

---

200) 대판 1998. 2. 27. 97도2786. 다음은 같은 취지이다.
소유권이전등기말소청구사건에 대한 재심의 소가 계속 중 재심원고를 승소시키기 위하여 재심피고명의로 허위의 내용을 기재한 준비서면과 자술서를 작성하여 법원에 제출한 행위는 허위의 증거를 조작하고 적극적으로 사술을 사용하여 법원을 기망하는 행위로서 소송사기의 실행의 착수에 해당한다(대판 1988. 9. 20. 87도964).

201) 대판 2012. 5. 24. 2010도12732. 구체적인 판시는 다음과 같다.
피고인은 단지 사업자등록을 하기 위하여 부동산임대차계약서를 작성하였을 뿐 실제로 피해자로부터 보증금 300만 원에 이 사건 건물을 임차하지는 아니하였음에도, 위와 같은 허위 내용의 부동산임대차계약서를 법원에 제출하여 이에 속은 법원으로부터 임차권등기명령을 받은 사안에서,
형법 제347조에서 말하는 재산상 이익 취득은 그 재산상의 이익을 법률상 유효하게 취득함을 필요로 하지 아니하고 그 이익 취득이 법률상 무효라 하여도 외형상 취득한 것이면 족한 것이다. 상가건물 임대차보호법 제6조에 의한 임차권등기명령이 임대인에게 고지되어 효력이 발생하면 법원사무관 등은 지체 없이 촉탁서에 재판서 등본을 첨부하여 등기관에게 임차권등기의 기입을 촉탁하도록 되어 있고(임차권등기명령 절차에 관한 규칙 제5조), 상가건물 임대차보호법 제6조 제5항에 의하면, 위와 같이 임차권등기명령의 집행에 의한 임차권등기가 경료되면 임차인은 제3조 제1항의 규정에 의한 대항력 제5조 제2항의 규정에 의한 우선변제권을 취득하고(임차인이 임차권등기 이전에 이미 대항력 또는 우선변제권을 취득한 경우에는 그 대항력 또는 우선변제권이 그대로 유지된다), 임차권등기 이후에는 제3조 제1항의 대항요건을 상실하더라도 이미 취득한 대항력 또는 우선변제권을 상실하지 아니하는 효력이 있으므로, 그 임차권등기의 기초가 되는 임대차계약이 통정허위표시로서 무효라 하더라도, 장차 피신청인의 이의신청 또는 취소신청에 의한 법원의 재판을 거쳐 그 임차권등기가 말소될 때까지는 신청인은 외형상으로 우선변제권 있는 임차인으로서 부동산 담보권에 유사한 권리를 취득하게 된다 할 것이니, 이러한 이익은 재산적 가치가 있는 구체적 이익으로서 사기죄의 객체인 재산상 이익에 해당한다고 봄이 상당하다.
또한 소송사기에 있어서 피기망자인 법원의 재판은 피해자의 처분행위에 갈음하는 내용과 효력이 있는 것이어야 하고, 그렇지 아니하는 경우에는 착오에 의한 재물의 교부행위가 있다고 할 수 없어서 사기죄는 성립되지 아니하는바, 위에서 본 바와 같은 임차권등기명령의 절차 및 그 집행에 의한 임차권등기의 법적 효력을 고려하면, 다른 특별한 사정이 없는 한, 법원의 임차권등기명령은 피신청인의 재산상의 지위 또는 상태에 영향을 미칠 수 있는 행위로서 피신청인의 처분행위에 갈음하는 내용과 효력이 있다고 보아야 하고, 따라서 이러한 법원의 임차권등기명령을 이용한 소송사기의 경우 피해자인 피신청인이 직접 처분행위를 하였는지 여부는 사기죄의 성부에 아무런 영향을 주지 못한다.

바. 기 수

신축 중인 건물에 관한 건축허가명의변경 판결

소송사기의 경우에는 당해 소송의 판결이 확정된 때에 범행이 기수에 이르는 것이므로, 신축중인 다세대주택 4동의 건축주 명의변경을 목적으로 하는 사기소송을 제기하여 4동 전부에 대하여 승소판결을 선고받아 그 판결이 확정된 이상 승소판결을 받은 후 3동에 관하여만 건축주 명의변경이 이루어졌다 하더라도 4동 전부에 대하여 건축허가에 따른 재산상 이익을 취득한 사기죄의 기수에 이른 것으로 보아야 한다.[202)]

지급명령의 확정

지급명령신청에 대해 상대방이 이의신청을 하면 지급명령은 이의의 범위 안에서 그 효력을 잃게 되고 지급명령을 신청한 때에 소를 제기한 것으로 보게 되는 것이지만 이로써 이미 실행에 착수한 사기의 범행 자체가 없었던 것으로 되는 것은 아니다.

지급명령을 송달받은 채무자가 2주일 이내에 이의신청을 하지 않는 경우에는 구 민사소송법 제445조에 따라 지급명령은 확정되고, 이와 같이 확정된 지급명령에 대해서는 항고를 제기하는 등 동일한 절차 내에서는 불복절차가 따로 없어서 이를 취소하기 위해서는 재심의 소를 제기하거나 위 법 제505조에 따라 청구이의의 소로써 강제집행의 불허를 소구할 길이 열려 있을 뿐인데, 이는 피해자가 별도의 소로써 피해구제를 받을 수 있는 것에 불과하므로 허위의 내용으로 신청한 지급명령이 그대로 확정된 경우에는 소송사기의 방법으로 승소 판결을 받아 확정된 경우와 마찬가지로 사기죄는 이미 기수에 이르렀다고 볼 것이다.[203)]

비교 판례: 지급명령과 가집행선고부 지급명령을 집행권원으로 한 채권압류 및 전부명령으로 정기예금원리금채권을 전부받음

피고인이 타인명의로 채무자를 상대로 법원을 기망하여 지급명령과 가집행선고부 지급명령을 발부받고 이를 채무명의로 하여 채무자의 제3채무자에 대한 정기예금 원리금 채권에 대하여 채권압류 및 전부명령을 하게 하고 송달시켜 위 채권을 전부받아 편취한 경우에는 그로서 사기죄는 기수에 이르렀다 할 것이고 실제로 위 원리금을 은행으로부터 지급받아 취득하였는지 여부는 사기의 기수미수를 논하는데 아무런 소장을 가져오지 않는다.[204)]

사. 강제집행과 보전처분

허위 채권에 기한 공정증서를 집행권원으로 하여 소유권이전등기청구권에 대한 강제집행

피고인이 허위 내용의 약속어음 공정증서를 집행권원으로 하여 피해자가 대전 동구청에 대해 가지는 토지 소유권이전등기청구권에 대하여 압류신청을 하여 그 압류명령 결정을 받았고, 위 토지에 대한 소유권이전등기가 피해자 명의로 경료되면 위 토지에 대하여 경매절차를 진행하고자 하였으나, 피해자의 채권자가 피해자를 통하여 채권자 명의로 소유권이전등기를 마치는 바람에 그 뜻을 이루지 못한 사안에서,

202) 대판 1997. 7. 11. 95도1874.
203) 대판 2004. 6. 24. 2002도4151.
204) 대판 1977. 1. 11. 76도3700.

강제집행절차를 통한 소송사기는 집행절차의 개시신청을 한 때 또는 진행 중인 집행절차에 배당신청을 한 때에 실행에 착수하였다고 볼 것이다.
민사집행법 제244조에서 규정하는 부동산에 관한 권리이전청구권에 대한 강제집행은 그 자체를 처분하여 대금으로 채권에 만족을 기하는 것이 아니고, 부동산에 관한 권리이전청구권을 압류하여 청구권의 내용을 실현시키고 부동산을 채무자의 책임재산으로 귀속시킨 다음 다시 부동산에 대한 경매를 실시하여 매각대금으로 채권에 만족을 기하는 것이다. 이러한 경우 소유권이전등기청구권에 대한 압류는 당해 부동산에 대한 경매의 실시를 위한 사전 단계로서의 의미를 가지나, 전체로서의 강제집행절차를 위한 일련의 시작행위라고 할 수 있으므로, 허위 채권에 기한 공정증서를 집행권원으로 하여 채무자의 소유권이전등기청구권에 대하여 압류신청을 한 시점에 소송사기의 실행에 착수하였다고 볼 것이다.[205)]

원인관계가 소멸한 약속어음 공정증서를 집행권원으로 하여 강제집행

채무자가 강제집행을 승낙한 취지의 기재가 있는 약속어음 공정증서에 있어서 그 약속어음의 원인관계가 소멸하였음에도 불구하고, 약속어음 공정증서 정본을 소지하고 있음을 기화로 이를 근거로 하여 강제집행을 하였다면 사기죄를 구성한다.[206)]

채권자와 공모한 채무자가 채권자의 재산에 대한 강제집행절차에서 허위의 배당신청

피고인 1, 2가 공모하여 사실은 피고인 2의 피고인 1에 대한 카드임가공채권이 3,500만 원 정도에 불과함에도 불구하고 채권액이 8,840만 원이라는 허위 내용의 부동산가압류 신청을 하여 그 가압류결정에 따라 부동산강제경매절차가 진행 중인 피고인 1 소유의 이 사건 부동산에 관하여 가압류등기가 기입되도록 한 후, 피고인 2가 경매법원에 8,840만 원의 권리신고 및 배당요구 신청을 하여 실제 채권액 3,500만 원을 기준으로 하여 계산된 배당금을 초과하는 금액을 배당받으려다 실패한 경우에 사기미수의 범죄사실을 인정할 수 있다.[207)]

피담보채권인 공사대금 채권을 허위로 크게 부풀려 유치권에 의한 경매를 신청

유치권에 의한 경매를 신청한 유치권자는 일반채권자와 마찬가지로 피담보채권액에 기초하여 배당을 받게 되는 결과 피담보채권인 공사대금 채권을 실제와 달리 허위로 크게 부풀려 유치권에 의한 경매를 신청할 경우 정당한 채권액에 의하여 경매를 신청한 경우보다 더 많은 배당금을 받을 수도 있으므로, 이는 법원을 기

205) 대판 2015. 2. 12. 2014도10086.

206) 대판 1999. 12. 10. 99도2213. 다음은 같은 취지이다.

승소확정판결에 기하여 채권을 변제받고도 위 판결 정본을 이용하여 동산압류

대여금 채권자가 채무자에 대하여 승소확정판결을 받은 대여원리금채권을 그 판결확정 후에 전액을 변제받고서도 형식상 적법한 채무명의인 판결정본을 그대로 소지하고 있음을 이용하여 위 판결정본에 기한 채권이 존재함을 내세워 집달관으로 하여금 그 집행절차를 수임하게 하여 위 채무자 소유의 동산에 압류집행을 하도록 하였다면 채권자의 위 소위는 사기미수에 해당한다(대판 1988. 4. 12. 87도2394).

207) 대판 2007. 3. 30. 2006도6350.

망하여 배당이라는 법원의 처분행위에 의하여 재산상 이익을 취득하려는 행위로서, 불능범에 해당한다고 볼 수 없고, 소송사기죄의 실행의 착수에 해당한다.[208]

부동산 경매절차에서 허위 공사대금채권을 근거로 유치권 신고

소송사기에 있어서 피기망자인 법원의 재판은 피해자의 처분행위에 갈음하는 내용과 효력이 있는 것이어야 하고 그렇지 않은 경우는 착오에 의한 재물의 교부나 재산상의 이익을 취득하는 행위가 있다고 할 수 없어 사기죄를 구성하지 않는다.

부동산 경매절차에서 피고인들이 허위로 유치권을 신고한 사안에서, 유치권자가 경매절차에서 유치권을 신고하는 경우 법원은 이를 매각물건명세서에 기재하고 그 내용을 매각기일공고에 적시하나, 이는 경매목적물에 대하여 유치권 신고가 있음을 입찰예정자들에게 고지하는 것에 불과할 뿐 처분행위로 볼 수는 없고, 또한 유치권자는 권리신고 후 이해관계인으로서 경매절차에서 이의신청권 등 몇 가지 권리를 얻게 되지만 이는 법률의 규정에 따른 것으로서 재물 또는 재산상 이득을 취득하는 것으로 볼 수도 없다는 점을 근거로 들어, 허위 공사대금채권을 근거로 유치권 신고를 하였더라도 이를 소송사기 실행의 착수가 있다고 볼 수는 없다.[209]

가압류는 강제집행의 보전방법에 불과한 것이어서 허위의 채권을 피보전권리로 삼아 가압류를 하였다고 하더라도 그 채권에 관하여 현실적으로 청구의 의사표시를 한 것이라고는 볼 수 없으므로, 본안소송을 제기하지 아니한 채 가압류를 한 것만으로는 사기죄의 실행에 착수하였다고 할 수 없다.[210]

아. 제권판결

가계수표 발행인이 허위의 분실사유에 기하여 제권판결을 받음

가계수표발행인이 자기가 발행한 가계수표를 타인이 교부받아 소지하고 있는 사실을 알면서도, 또한 그 수표가 적법히 지급 제시되어 수표상의 소구의무를 부담하고 있음에도 불구하고 허위의 분실사유를 들어 공시최고 신청을 하고 이에 따라 법원으로부터 제권판결을 받음으로써 수표상의 채무를 면하여 그 수표금 상당의 재산상 이득을 취득하였다면 이러한 행위는 사기죄에 해당한다.[211]

208) 대판 2012. 11. 15. 2012도9603.

209) 대판 2009. 9. 24. 2009도5900.

210) 대판 1982. 10. 26. 82도1529; 대판 1988. 9. 13. 88도55.

211) 대판 1999. 4. 9. 99도364. 다음은 같은 취지이다.

주권을 교부한 자가 허위 분실신고를 하여 제권판결을 받음

주권을 교부한 자가 이를 분실하였다고 허위로 공시최고신청을 하여 제권판결을 선고받아 확정되었다면, 그 제권판결의 적극적 효력에 의해 그 자는 그 주권을 소지하지 않고도 주권을 소지한 자로서의 권리를 행사할 수 있는 지위를 취득하였다고 할 것이므로, 이로써 사기죄에 있어서의 재산상 이익을 취득한 것으로 보기에 충분하고, 이는 제권판결이 그 신청인에게 주권상의 권리를 행사할 수 있는 형식적 자격을 인정하는 데 그치며 그를 실질적 권리자로 확정하는 것이 아니라고 하여 달리 볼 것은 아니다(대판 2007. 5. 31. 2006도8488).

자기앞수표를 갈취당한 자가 이를 분실하였다고 허위로 제권판결을 선고받아 확정

자기앞수표를 교부한 자가 이를 분실하였다고 허위로 공시최고신청을 하여 제권판결을 선고받아 확정되었다면, 그 제권판결의 적극적 효력에 의해 그 자는 그 수표상의 채무자인 은행에 대하여 수표를 소지하지 않고도 수표상의 권리를 행사할 수 있는 지위를 취득하였다고 할 것이므로, 이로써 사기죄에 있어서의 재산상 이익을 취득한 것으로 보기에 충분하다고 할 것이고, 이는 제권판결이 그 신청인에게 수표상의 권리를 행사할 수 있는 형식적 자격을 인정하는 데 그치고, 그를 실질적 권리자로 확정하는 것이 아니라는 점만으로 달리 볼 수는 없다.

자기앞수표를 갈취당한 자가 이를 분실하였다고 허위로 공시최고신청을 하여 제권판결을 선고받은 경우, 그 수표를 갈취하여 소지하고 있는 자에 대한 사기죄가 성립된다고 한 사례.[212)]

허위의 분실사유에 기하여 약속어음의 제권판결을 받았으나, 어음금지급의무 없음

A주식회사의 실질적 경영자인 피고인이, 전 대표이사 갑이 지방자치단체에 기부금을 납부하기로 약정하고 골프장사업을 승인받으면서 그 이행을 위해 약속어음을 발행·교부한 사실을 잘 알고 있음에도, 위 어음을 분실하였다는 허위 사유를 들어 법원을 기망하고 제권판결을 선고받음으로써 어음금 상당의 재산상 이익을 편취하였다는 공소사실에 대하여, 위 기부금 증여계약은 지방자치단체장의 공무수행과 결부된 금전적 대가로서 그 조건이나 동기가 사회질서에 반하여 무효이므로 지방자치단체로서는 위 어음금의 지급을 청구할 수 없음에도, 위 증여가 유효하다고 판단하여 피고인을 유죄로 인정한 원심판결은 위법하다고 한 사례.[213)]

Ⅱ. 컴퓨터등사용사기죄

1. 의 의

컴퓨터등사용사기죄는, 컴퓨터등 정보처리장치에 '허위의 정보 또는 부정한 명령을 입력'하거나 '권한 없이 정보를 입력·변경'하여 정보처리를 하게 함으로써 재산상의 이익을 취득하거나 제3자로 하여금 취득하게 함으로써 성립한다(형법 347조의2). 본죄는 컴퓨터등을 조작함으로써 이루어지므로 사람에 대한 기망행위가 존재하지 않고, 재산상의 이익취득만을 그 적용대상으로 한다.

약속어음의 발행인이 그 어음을 타인이 교부받아 소지하고 있는 사실을 알면서도 허위의 분실사유를 들어 공시최고신청을 하고 이에 따라 법원으로부터 제권판결을 받았다면, 발행인이 어음소지인에 대하여 처음부터 그 어음상 채무를 부담하지 않았다는 등의 특별한 사정이 없는 한 원인관계상의 채무가 존속하고 있더라도 사위의 방법으로 얻어낸 제권판결로 그 어음채무를 면하게 된 데 대하여 사기죄가 성립한다(대판 1995. 9. 15. 94도3213).

212) 대판 2003. 12. 26. 2003도4914.

213) 대판 2010. 1. 28. 2007도9331.

2. 행 위

컴퓨터등사용사기죄에서 정보처리의 의미/악성프로그램을 운용하여 조달청의 국가종합전자조달시스템에서 사전에 낙찰하한가를 알아냄

컴퓨터등사용사기죄는 재산변동에 관한 사무가 사람의 개입 없이 컴퓨터 등에 의하여 기계적·자동적으로 처리되는 경우가 증가함에 따라 이를 악용하여 불법적인 이익을 취하는 행위도 증가하였으나 이들 새로운 유형의 행위는 사람에 대한 기망행위나 상대방의 처분행위 등을 수반하지 않아 기존 사기죄로는 처벌할 수 없다는 점 등을 고려하여 신설한 규정이다. 여기서 '정보처리'는 사기죄에서 피해자의 처분행위에 상응하므로 입력된 허위의 정보 등에 의하여 계산이나 데이터의 처리가 이루어짐으로써 직접적으로 재산처분의 결과를 초래하여야 하고, 행위자나 제3자의 '재산상 이익 취득'은 사람의 처분행위가 개재됨이 없이 컴퓨터 등에 의한 정보처리 과정에서 이루어져야 한다.

적격심사를 거치게 되어 있는 이 사건 각 시설공사의 전자입찰에 있어서 특정 건설사가 낙찰하한가에 대한 정보를 사전에 알고 투찰할 경우 그 건설사가 낙찰자로 결정될 가능성이 높은 것은 사실이나, 낙찰하한가에 가장 근접한 금액으로 투찰한 건설사라고 하더라도 적격심사를 거쳐 일정 기준 이상이 되어야만 낙찰자로 결정될 수 있는 점 등을 감안할 때, 갑 등이 등이 조달청의 국가종합전자조달시스템에 입찰자들이 선택한 추첨번호가 변경되어 저장되도록 하는 등 권한 없이 정보를 변경하여 정보처리를 하게 함으로써 직접적으로 얻은 것은 낙찰하한가에 대한 정보일 뿐, 위와 같은 정보처리의 직접적인 결과 특정 건설사가 낙찰자로 결정되어 낙찰금액 상당의 재산상 이익을 얻게 되었다거나 그 낙찰자 결정이 사람의 처분행위가 개재됨이 없이 컴퓨터 등의 정보처리과정에서 이루어졌다고 보기 어렵다.[214)]

전자복권구매시스템에서 가상계좌 잔액이 1,000원 이하일 때 복권구매명령을 입력하면 복권구매요청금액 상당의 가상현금이 입금되는 프로그램 오류를 이용하여 잔액이 1,000원 이하인 상태에서 복권구매명령을 반복하여 가상현금을 입금받음

컴퓨터등사용사기죄에서 '부정한 명령의 입력'은 당해 사무처리시스템에 예정되어 있는 사무처리의 목적에

---

214) 대판 2014. 3. 13. 2013도16099. 구체적인 사안은 다음과 같다.
갑 등이 관여한 각 시설공사의 전자입찰은 모두 적격심사를 거치게 되어 있는 사실, 적격심사 대상공사에 대한 전자입찰은 입찰공고, 예비가격 작성, 투찰, 개찰, 적격심사, 낙찰자 선정, 계약의 순서로 이루어지는데, ① 먼저 발주처의 재무관이 입찰공고를 한 다음, ② 개찰 전까지 인증된 재무관용 컴퓨터를 통하여 조달청 서버에서 공사기초금액의 ±3% 범위 내에서 15개의 예비가격을 생성하되, 각 예비가격과 이에 대응하는 추첨번호는 임의로 섞여 재무관의 인증서와 함께 암호화되어 조달청 서버에 전송·저장되고, ③ 입찰자는 입찰기간 중 인증된 입찰자용 컴퓨터를 이용하여 입찰금액을 입력한 다음 예비가격이 표시되지 않는 15개의 추첨번호 중 임의로 2개를 선택하여 조달청 서버에 그 값을 전송·저장하며, ④ 개찰시 시스템에서 자동으로 입찰자들이 선택한 예비가격 추첨번호 중 가장 많이 선택된 상위 4개의 번호에 대응하는 예비가격을 평균하여 공사예정금액을, 여기에 투찰율을 곱한 낙찰하한가를 산정하게 되고, ⑤ 재무관은 낙찰하한가 이상 공사예정가격 이하로서 낙찰하한가에 가장 근접한 입찰금액으로 투찰한 입찰자 순서대로 계약이행경험, 기술능력, 재무상태, 신인도 등을 종합적으로 심사하는 적격심사를 거쳐 일정 점수 이상인 자를 낙찰자로 결정하는 사실, 갑 등은 공소사실 기재와 같은 악성프로그램을 운용하여 15개의 예비가격과 그 추첨번호를 미리 알아내고, 입찰자가 선택한 2개의 추첨번호가 미리 지정한 4개의 추첨번호 중에서 선택되어 저장되도록 함으로써 사전에 낙찰하한가를 알아내어 이를 토대로 특정 건설사에 낙찰가능성이 높은 입찰금액을 알려준 사실 등을 알 수 있다.

비추어 지시해서는 안 될 명령을 입력하는 것을 의미한다. 따라서 설령 '허위의 정보'를 입력한 경우가 아니라고 하더라도, 당해 사무처리시스템의 프로그램을 구성하는 개개의 명령을 부정하게 변개·삭제하는 행위는 물론 프로그램 자체에서 발생하는 오류를 적극적으로 이용하여 그 사무처리의 목적에 비추어 정당하지 아니한 사무처리를 하게 하는 행위도 특별한 사정이 없는 한 위 '부정한 명령의 입력'에 해당한다고 보아야 한다. 피고인이 A 주식회사에서 운영하는 전자복권구매시스템에서 은행환불명령을 입력하여 가상계좌 잔액이 1,000원 이하로 되었을 때 복권 구매명령을 입력하면 가상계좌로 복권 구매요청금과 동일한 액수의 가상현금이 입금되는 프로그램 오류를 이용하여 잔액을 1,000원 이하로 만들고 다시 복권 구매명령을 입력하는 행위를 반복함으로써 피고인의 가상계좌로 구매요청금 상당의 금액이 입금되게 한 사안에서, 피고인의 행위는 형법 제347조의2에서 정한 '허위의 정보 입력'에 해당하지는 않더라도, 프로그램 자체에서 발생하는 오류를 적극적으로 이용하여 사무처리의 목적에 비추어 정당하지 아니한 사무처리를 하게 한 행위로서 '부정한 명령의 입력'에 해당한다고 한 사례.[215)]

절취한 신용카드로 현금지급기에서 계좌이체

절취한 타인의 신용카드를 이용하여 현금지급기에서 계좌이체를 한 행위는 컴퓨터등사용사기죄에서 컴퓨터 등 정보처리장치에 권한 없이 정보를 입력하여 정보처리를 하게 한 행위에 해당한다.[216)]

타인 명의를 모용하여 발급받은 신용카드로 ARS 전화서비스나 인터넷을 통해 신용대출

타인의 명의를 모용하여 발급받은 신용카드의 번호와 그 비밀번호를 이용하여 ARS 전화서비스나 인터넷 등을 통하여 신용대출을 받는 방법으로 재산상 이익을 취득하는 행위 역시 미리 포괄적으로 허용된 행위가 아닌 이상, 컴퓨터 등 정보처리장치에 권한 없이 정보를 입력하여 정보처리를 하게 함으로써 재산상 이익을 취득하는 행위로서 컴퓨터 등 사용사기죄에 해당한다.[217)]

손자가 절취한 할아버지의 예금통장을 이용, 현금자동지급기에서 자기 계좌로 자금이체

사안: 손자가 할아버지 소유 농업협동조합 예금통장을 절취하여 이를 현금자동지급기에 넣고 조작하는 방법으로 예금 잔고를 자신의 거래 은행 계좌로 이체하였다.

판단: 컴퓨터 등 정보처리장치를 통하여 이루어지는 금융기관 사이의 전자식 자금이체거래는 금융기관 사이의 환거래관계를 매개로 하여 금융기관 사이나 금융기관을 이용하는 고객 사이에서 현실적인 자금의 수수 없이 지급·수령을 실현하는 거래방식인바, 권한 없이 컴퓨터 등 정보처리장치를 이용하여 예금계좌 명의인이 거래하는 금융기관의 계좌 예금 잔고 중 일부를 자신이 거래하는 다른 금융기관에 개설된 그 명의 계좌로 이체한 경우, 예금계좌 명의인의 거래 금융기관에 대한 예금반환 채권은 이러한 행위로 인하여 영향을 받을 이유가 없는 것이므로, 거래 금융기관으로서는 예금계좌 명의인에 대한 예금반환 채무를 여전히 부담하면서

215) 대판 2013. 11. 14. 2011도4440.
216) 대판 2008. 6. 12. 2008도2440.
217) 대판 2006. 7. 27. 2006도3126.

도 환거래관계상 다른 금융기관에 대하여 자금이체로 인한 이체자금 상당액 결제채무를 추가 부담하게 됨으로써 이체된 예금 상당액의 채무를 이중으로 지급해야 할 위험에 처하게 된다. 따라서 친척 소유 예금통장을 절취한 자가 그 친척 거래 금융기관에 설치된 현금자동지급기에 예금통장을 넣고 조작하는 방법으로 친척 명의 계좌의 예금 잔고를 자신이 거래하는 다른 금융기관에 개설된 자기 계좌로 이체한 경우, 그 범행으로 인한 피해자는 이체된 예금 상당액의 채무를 이중으로 지급해야 할 위험에 처하게 되는 그 친척 거래 금융기관이라 할 것이고, 거래 약관의 면책 조항이나 채권의 준점유자에 대한 법리 적용 등에 의하여 위와 같은 범행으로 인한 피해가 최종적으로는 예금 명의인인 친척에게 전가될 수 있다고 하더라도, 위와 같은 컴퓨터 등 사용사기 범행의 피해자는 자금이체 거래의 직접적인 당사자이자 이중지급 위험의 원칙적인 부담자인 거래 금융기관이므로, 위와 같은 경우에는 친족 사이의 범행을 전제로 하는 친족상도례를 적용할 수 없다.[218]

현금자동지급기에서 현금카드를 이용하여 위임범위를 초과한 현금인출

예금주인 현금카드 소유자로부터 일정한 금액의 현금을 인출해 오라는 부탁을 받으면서 이와 함께 현금카드를 건네받은 것을 기화로 그 위임을 받은 금액을 초과하여 현금을 인출하는 방법으로 그 차액 상당을 위법하게 이득할 의사로 현금자동지급기에 그 초과된 금액이 인출되도록 입력하여 그 초과된 금액의 현금을 인출한 경우에는 그 인출된 현금에 대한 점유를 취득함으로써 이 때에 그 인출한 현금 총액 중 인출을 위임받은 금액을 넘는 부분의 비율에 상당하는 재산상 이익을 취득한 것으로 볼 수 있으므로 이러한 행위는 그 차액 상당액에 관하여 형법 제347조의2(컴퓨터등사용사기)에 규정된 '컴퓨터 등 정보처리장치에 권한 없이 정보를 입력하여 정보처리를 하게 함으로써 재산상의 이익을 취득'하는 행위로서 컴퓨터 등 사용사기죄에 해당된다.[219]

해설: ① 위 사안에 관하여 학설상 배임죄설, 횡령죄설, 컴퓨터사용사기죄설이 있다.

② 위 판례는 현금은 재산상의 이익이 아니라는 종전의 견해를 변경하였다고 볼 여지가 있다.

③ 현금카드를 절취한 때와 같이 현금카드 자체를 사용할 권한이 없는 경우와 달리 피고인이 예금명의인인 현금카드 소유자로부터 그 현금카드를 사용할 권한을 일단 부여받은 이상 이를 기화로 그 위임 범위를 벗어나 추가로 금원을 인출하였다고 하더라도 현금자동지급기 관리자로서는 예금명의인의 계산으로 인출자에게 적법하게 현금을 지급할 수밖에 없어 위 현금인출 행위가 현금자동지급기 관리자의 의사에 반하여 그가 점유하고 있는 현금을 절취한 경우에 해당한다고 볼 수 없으므로 절도죄는 성립하지 않는다.

금융기관 직원이 전산단말기로 허위로 특정계좌에 무자원 송금방식으로 입금

금융기관 직원이 전산단말기를 이용하여 다른 공범들이 지정한 특정계좌에 돈이 입금된 것처럼 허위의 정보를 입력하는 방법으로 위 계좌로 입금되도록 한 경우, 이러한 입금절차를 완료함으로써 장차 그 계좌에서 이를 인출하여 갈 수 있는 재산상 이익의 취득이 있게 되었다고 할 것이므로 컴퓨터 등 사용사기죄는 기수에 이르렀다고 할 것이고, 그 후 그러한 입금이 취소되어 현실적으로 인출되지 못하였다고 하더라도 이미 성립한 컴퓨터 등 사용사기죄에 어떤 영향이 있다고 할 수는 없다.[220]

218) 대판 2007. 3. 15. 2006도2704.

219) 대판 2006. 3. 24. 2005도3516.

220) 대판 2006. 9. 14. 2006도4127. 다음은 유사 사안이다.

신용정보 조회 서비스사이트에 접속하여 신용정보를 조회하면서 이용대금결제를 위하여 타인 명의를 모용하여 발급받은 신용카드의 번호와 그 비밀번호를 입력함으로써 재산상 이익을 취득한 행위는 구 형법 제347조의2 소정의 컴퓨터등사용사기죄에 해당한다.[221)]

3. 객 체

컴퓨터등사용사기죄의 객체는 재산상의 이익이며, 재물은 그 적용대상이 아니다.[222)]

절취한 신용카드로 현금인출

우리 형법은 재산범죄의 객체가 재물인지 재산상의 이익인지에 따라 이를 재물죄와 이득죄로 명시하여 규정하고 있는데, 형법 제347조가 일반 사기죄를 재물죄 겸 이득죄로 규정한 것과 달리 형법 제347조의2는 컴퓨터등사용사기죄의 객체를 재물이 아닌 재산상의 이익으로만 한정하여 규정하고 있으므로, 절취한 타인의

금융기관직원이 범죄목적으로 전산단말기로 무자원 송금방식으로 특정계좌에 거액을 입금

형법 제347조의2는 정보처리장치에 허위의 정보 또는 부정한 명령을 입력하거나 권한 없이 정보를 입력·변경하여 정보처리를 하게 함으로써 재산상의 이익을 취득하거나 제3자로 하여금 취득하게 한 자는 이를 처벌하도록 규정하고 있는바, 금융기관 직원이 범죄의 목적으로 전산단말기를 이용하여 다른 공범들이 지정한 특정계좌에 무자원 송금의 방식으로 거액을 입금한 것은 형법 제347조의2에서 정하는 컴퓨터 등 사용사기죄에서의 '권한 없이 정보를 입력하여 정보처리를 하게 한 경우'에 해당한다고 할 것이고, 이는 그 직원이 평상시 금융기관의 여·수신업무를 처리할 권한이 있었다고 하여도 마찬가지이다(대판 2006. 1. 26. 2005도8507).

221) 대판 2003. 1. 10. 2002도2363. 종래에는 진실한 정보를 부정하게 사용하는 것이 부정한 '부정한 명령의 입력'에 해당하는지에 관하여 견해가 나뉘었다. 2002. 6. 30.부터 시행된 개정 형법을 통해 '권한없이 정보를 입력·변경하여 정보처리를 하게 하는 행위'를 구성요건에 추가함으로써 이를 입법적으로 해결하였다. 위 판례는 위와 같은 입법적 해결 이전의 사안에 관한 것이다. 구체적인 내용은 다음과 같다.

구 형법 제347조의2 규정의 입법취지와 목적은 프로그램 자체는 변경(조작)함이 없이 명령을 입력(사용)할 권한 없는 자가 명령을 입력하는 것도 부정한 명령을 입력하는 행위에 포함한다고 보아, 진실한 자료의 권한 없는 사용에 의한 재산상 이익 취득행위도 처벌대상으로 삼으려는 것이었음을 알 수 있고, 오히려 그러한 범죄유형이 프로그램을 구성하는 개개의 명령을 부정하게 변경, 삭제, 추가하는 방법에 의한 재산상 이익 취득의 범죄 유형보다 훨씬 손쉽게 또 더 자주 저질러질 것임도 충분히 예상되었던 점에 비추어 이러한 입법취지와 목적은 충분히 수긍할 수 있으며, 그와 같은 권한 없는 자에 의한 명령 입력행위를 '명령을 부정하게 입력하는 행위' 또는 '부정한 명령을 입력하는 행위'에 포함된다고 해석하는 것이 그 문언의 통상적인 의미를 벗어나는 것이라고 할 수도 없고, 그렇다면 그 문언의 해석을 둘러싸고 학설상 일부 논란이 있었고, 이러한 논란을 종식시키기 위해 그와 같이 권한 없이 정보를 입력, 변경하여 정보처리를 하게 하는 행위를 따로 규정하는 내용의 개정을 하게 되었다고 하더라도, 구 형법상으로는 그와 같은 권한 없는 자가 명령을 입력하는 방법에 의한 재산상 이익 취득행위가 처벌대상에서 제외되어 있었다고 볼 수는 없는바, 이러한 해석이 죄형법정주의에 의하여 금지되는 유추적용에 해당한다고 할 수도 없다.

222) 재물은 재산상의 이익에 대하여 특별한 관계에 있기 때문에 재물을 취득한 경우에는 당연히 재산상의 이익도 취득한 것이 된다는 이유로 재물도 본죄의 객체라는 일부 견해도 있다. 위 견해는 형법이 재산에 대한 죄에 있어 재물과 재산상의 이익을 엄격히 구분하고 있다는 점을 도외시하고 있어 타당하다고 할 수 없다. 입법론적으로 재물을 본죄의 객체에 포함시키자는 견해도 있다. 이러한 논의가 이루어지는 이유는 특히, 컴퓨터등을 조작하여 현금을 인출하는 행위에 대해, 현금은 재산상의 이익이라고 보기 어려워 컴퓨터등사용사기죄로 의율하기 어렵고, 컴퓨터등의 조작을 사람을 기망한 것이라고 보기 어려워 사기죄로도 처벌하기 어렵다는 사정에 있다.

신용카드로 현금자동지급기에서 현금을 인출하는 행위가 재물에 관한 범죄임이 분명한 이상 이를 위 컴퓨터등사용사기죄로 처벌할 수는 없다고 할 것이고, 입법자의 의도가 이와 달리 이를 위 죄로 처벌하고자 하는 데 있었다거나 유사한 사례와 비교하여 처벌상의 불균형이 발생할 우려가 있다는 이유만으로 그와 달리 볼 수는 없다.[223)]

타인 명의를 모용하여 발급받은 신용카드로 현금인출

형법 제347조의2에서 규정하는 컴퓨터등사용사기죄의 객체는 재물이 아닌 재산상의 이익에 한정되어 있으므로, 타인의 명의를 모용하여 발급받은 신용카드로 현금자동지급기에서 현금을 인출하는 행위를 이 법조항을 적용하여 처벌할 수는 없다.[224)]

4. 다른 범죄와의 관계

컴퓨터등사용사기죄를 범하여 이체받은 자금을 인출한 현금이 장물인지

형법 제41장의 장물에 관한 죄에 있어서의 '장물'이라 함은 재산범죄로 인하여 취득한 물건 그 자체를 말하므로, 재산범죄를 저지른 이후에 별도의 재산범죄의 구성요건에 해당하는 사후행위가 있었다면 비록 그 행위가 불가벌적 사후행위로서 처벌의 대상이 되지 않는다 할지라도 그 사후행위로 인하여 취득한 물건은 재산범죄로 인하여 취득한 물건으로서 장물이 될 수 있다.

갑이 권한 없이 A 주식회사의 아이디와 패스워드를 입력하여 인터넷뱅킹에 접속한 다음 위 회사의 예금계좌로부터 자신의 예금계좌로 합계 180,500,000원을 이체하는 내용의 정보를 입력하여 자신의 예금액을 증액시킴으로서 컴퓨터등사용사기죄의 범행을 저지른 다음 자신의 현금카드를 사용하여 현금자동지급기에서 현금을 인출한 경우에는 그것이 비록 컴퓨터등사용사기죄의 범행으로 취득한 예금채권을 인출한 것이라 할지라도 현금카드 사용권한 있는 자의 정당한 사용에 의한 것으로서 현금자동지급기 관리자의 의사에 반하거나 기망행위 및 그에 따른 처분행위도 없었으므로, 별도로 절도죄나 사기죄의 구성요건에 해당하지 않고, 그 결과 그 인출된 현금은 재산범죄에 의하여 취득한 재물이 아니므로 장물이 될 수 없다. 피고인이 위와 같은 경위로 현금을 인출한 갑으로부터 6,000만 원을 교부받은 것은 장물취득죄가 아니다.[225)]

223) 대판 2003. 5. 13. 2003도1178.

224) 대판 2002. 7. 12. 2002도2134.

225) 대판 2004. 4. 16. 2004도353. 다음은 같은 취지이다.

절취한 신용카드로 현금지급기에서 계좌이체 후 자기 계좌에서 현금인출

절취한 타인의 신용카드를 이용하여 현금지급기에서 계좌이체를 한 행위는 컴퓨터등사용사기죄에서 컴퓨터 등 정보처리장치에 권한 없이 정보를 입력하여 정보처리를 하게 한 행위에 해당함은 별론으로 하고 이를 절취행위라고 볼 수는 없고, 한편 위 계좌이체 후 현금지급기에서 현금을 인출한 행위는 자신의 신용카드나 현금카드를 이용한 것이어서 이러한 현금인출이 현금지급기 관리자의 의사에 반한다고 볼 수 없어 절취행위에 해당하지 않으므로 절도죄를 구성하지 않는다(대판 2008. 6. 12. 2008도2440).

Ⅲ. 신용카드 등의 사용

1. 자신 명의의 신용카드의 사용

변제할 능력이나 의사 없이 신용카드로 물품을 구입하거나 현금서비스받음

신용카드의 거래는 신용카드업자로부터 카드를 발급받은 사람(이하 '카드회원'이라 한다)이 신용카드를 사용하여 가맹점으로부터 물품을 구입하면 신용카드업자는 그 카드를 소지하여 사용한 사람이 신용카드업자로부터 신용카드를 발급받은 정당한 카드회원인 한 그 물품구입대금을 가맹점에 결제하는 한편, 카드회원에 대하여 물품구입대금을 대출해 준 금전채권을 가지는 것이고, 또 카드회원이 현금자동지급기를 통해서 현금서비스를 받아 가면 현금대출관계가 성립되어 신용카드업자는 카드회원에게 대출금채권을 가지는 것이므로, 궁극적으로는 카드회원이 신용카드업자에게 신용카드 거래에서 발생한 대출금채무를 변제할 의무를 부담하게 된다. 그렇다면 이와 같이 신용카드사용으로 인한 신용카드업자의 금전채권을 발생케 하는 행위는 카드회원이 신용카드업자에 대하여 대금을 성실히 변제할 것을 전제로 하는 것이므로, 카드회원이 일시적인 자금궁색 등의 이유로 그 채무를 일시적으로 이행하지 못하게 되는 상황이 아니라 이미 과다한 부채의 누적 등으로 신용카드 사용으로 인한 대출금채무를 변제할 의사나 능력이 없는 상황에 처하였음에도 불구하고 신용카드를 사용하였다면 사기죄에 있어서 기망행위 내지 편취의 범의를 인정할 수 있다 할 것이다.

이 사건에 있어서도 피고인이 신용카드 사용으로 인한 대금을 신용카드업자에 결제할 의사나 능력이 없으면서도 신용카드를 사용하여 가맹점으로부터 물품을 구입하고 현금서비스를 받았다면 피고인은 신용카드업자가 가맹점을 통하여 송부된 카드회원 서명의 매출전표를 받은 후 카드회원인 피고인이 대금을 결제할 것으로 오신하여 가맹점에 물품구입대금을 결제하여 줌으로써 신용카드업자로부터 물품구입대금을 대출받고, 현금자동지급기를 통한 현금대출도 받아(현금자동지급기를 통한 현금대출은 단순히 그 지급방법만이 사람이 아닌 기계에 의해서 이루어지는 것에 불과하다) 신용카드업자로 하여금 같은 액수 상당의 피해를 입게 한 것이고, 이러한 카드사용으로 인한 일련의 편취행위는 그것이 가맹점을 통한 물품구입행위이든, 현금자동지급기에 의한 인출행위이든 불문하고 모두가 피해자인 신용카드업자의 기망당한 금전대출에 터잡아 포괄적으로 이루어지는 것이라 할 것이다.[226)]

해설: 신용카드의 사용으로 인한 대출금채무를 변제할 수 없는 상황은 애초에 신용카드를 발급받을 당시부터 존재하거나, 그렇지 않으면 신용카드를 사용한 이후의 특정 시점부터 존재할 수 있다. 신용카드의 사용으로 인한 사기죄는 이와 같이 대출금채무를 변제할 능력과 의사가 부존재하는 상황에서 성립한다.

2. 타인 명의의 신용카드 등의 사용

타인 명의의 도난된 카드 등을 사용하는 것이 절도죄, 사기죄, 컴퓨터등사용사기죄 중 어디에 해당하는지를 판단함에 있어 ① 절도죄는 재물을 대상으로 한다는 점, ② 사기죄는 재물과 재산상의 이익을 모두 대상으로 하지만 사람에 대한 기망을 요건으로 한다는 점, ③ 컴퓨터등사용사기죄는 재산상의 이익만을 대상으로 하며 컴퓨터등 정보처리장치에 명령을 입력하므로 사람에 대한 기망이 존재하

226) 대판 2005. 8. 19. 2004도6859. 같은 취지로는 대판 1996. 4. 9. 95도2466; 대판 2006. 3. 24. 2006도282.

지 않는다는 점을 유의하여야 한다.

타인 명의를 모용하여 발급받은 신용카드를 이용하여 ① 현금대출(현금서비스)을 받거나(절도), ② ARS 전화서비스나 인터넷을 통해 신용대출(컴퓨터등사용사기)

피고인이 타인의 명의를 모용하여 신용카드를 발급받은 경우, 비록 카드회사가 피고인으로부터 기망을 당한 나머지 피고인에게 피모용자 명의로 발급된 신용카드를 교부하고, 사실상 피고인이 지정한 비밀번호를 입력하여 현금자동지급기에 의한 현금대출(현금서비스)을 받을 수 있도록 하였다 할지라도, 카드회사의 내심의 의사는 물론 표시된 의사도 어디까지나 카드명의인인 피모용자에게 이를 허용하는 데 있을 뿐, 피고인에게 이를 허용한 것은 아니라는 점에서 피고인이 타인의 명의를 모용하여 발급받은 신용카드를 사용하여 현금자동지급기에서 현금대출을 받는 행위는 카드회사에 의하여 미리 포괄적으로 허용된 행위가 아니라, 현금자동지급기의 관리자의 의사에 반하여 그의 지배를 배제한 채 그 현금을 자기의 지배하에 옮겨 놓는 행위로서 절도죄에 해당한다 할 것이다. 또한, 위와 같이 타인의 명의를 모용하여 발급받은 신용카드의 번호와 그 비밀번호를 이용하여 ARS 전화서비스나 인터넷 등을 통하여 신용대출을 받는 방법으로 재산상 이익을 취득하는 행위 역시 미리 포괄적으로 허용된 행위가 아닌 이상, 컴퓨터등 정보처리장치에 권한 없이 정보를 입력하여 정보처리를 하게 함으로써 재산상 이익을 취득하는 행위로서 컴퓨터등사용사기죄에 해당한다고 할 것이다. 따라서 타인의 명의를 모용하여 발급받은 신용카드를 이용하여 현금자동지급기에서 현금을 인출하거나 ARS 전화서비스나 인터넷 등으로 신용대출을 받는 행위를 기망당한 카드회사가 카드사용을 포괄적으로 허용한 것에 기초한 것으로 파악하여 포괄적으로 카드회사에 대한 사기죄가 된다고 볼 수는 없다.[227)]

Ⅳ. 여전법위반죄

1. 서 론

가. 법률규정

여전법 제70조 ① 다음 각 호의 어느 하나에 해당하는 자는 7년 이하의 징역 또는 5천만원 이하의 벌금에 처한다.

1. 신용카드등을 위조하거나 변조한 자
2. 위조되거나 변조된 신용카드등을 판매하거나 사용한 자
3. 분실하거나 도난당한 신용카드나 직불카드를 판매하거나 사용한 자
4. 강취·횡령하거나, 사람을 기망하거나 공갈하여 취득한 신용카드나 직불카드를 판매하거나 사

227) 대판 2006. 7. 27. 2006도3126. 다음은 같은 취지이다.
피고인이 타인의 명의를 모용하여 발급받은 신용카드를 이용하여 현금자동지급기에서 현금대출(현금서비스)을 받는 행위는 카드회사에 의하여 미리 포괄적으로 허용된 행위가 아니라, 현금자동지급기의 관리자의 의사에 반하여 그의 지배를 배제한 채 그 현금을 자기의 지배하에 옮겨 놓는 행위로서 절도죄에 해당한다(대판 2002. 7. 12. 2002도2134).

용한 자
5. 행사할 목적으로 위조되거나 변조된 신용카드등을 취득한 자
6. 거짓이나 그 밖의 부정한 방법으로 알아낸 타인의 신용카드 정보를 보유하거나 이를 이용하여 신용카드로 거래한 자
7. ~ 10. 생략

여전법상 신용카드등은 신용카드, 직불카드 또는 선불카드를 의미한다(동법 2조 5호).

나. 도난신용카드의 사용 등에 관한 입법 연혁

'분실하거나 도난당한 신용카드나 직불카드를 판매하거나 사용한 자' 또는 '강취·횡령하거나, 사람을 기망하거나 공갈하여 취득한 신용카드나 직불카드를 판매하거나 사용한 자'는 7년 이하의 징역 또는 5천만 원 이하의 벌금에 처한다(여전법 70조 1항 3, 4호).

1987. 8. 29.부터 시행된 신용카드업법 25조 1항은, '도난·분실된 신용카드를 사용'하는 행위를 처벌하는 규정을 두었다. 1998. 1. 1.부터 신용카드업법이 폐지되고 이를 대체하여 여전법이 시행되었다. 이때까지 도난·분실된 것이 아니라 강취하거나 편취한 신용카드 등의 사용은 여전법의 적용 대상이 아니었다. 그 후 2009. 8. 7.부터 시행된 여전법 70조 1항 4호는 '강취·횡령하거나, 사람을 기망하거나 공갈하여 취득한 신용카드나 직불카드를 판매하거나 사용한 자'를 처벌하는 규정을 신설하여 현재에 이르게 되었다.

다. 신용카드 등의 의미

신용카드는, 이를 제시함으로써 반복하여 신용카드가맹점에서 물품의 구입 또는 용역의 제공을 받거나 총리령으로 정하는 사항을 결제할 수 있는 증표로서 신용카드업자가 발행한 것을 말한다(여전법 2조 제3호).

직불카드는, 직불카드회원과 신용카드가맹점 간에 전자적 또는 자기적 방법으로 금융거래계좌에 이체하는 등의 방법으로 물품의 판매 또는 용역의 제공과 그에 대한 대가의 지급이 동시에 이루어질 수 있도록 신용카드업자가 발행한 증표를 말한다(동조 6호).

선불카드는, 신용카드업자가 대금을 미리 받고 이에 해당하는 금액을 전자적 또는 자기적 방법에 따라 기록하여 발행한 증표로서 선불카드소지자가 제시하면 신용카드가맹점이 그 카드에 기록된 금액의 범위에서 물품 또는 용역을 제공할 수 있게 한 증표를 말한다(동조 8호).

여전법 70조 1항 1호에서 그 위조행위를 처벌하고 있는 '신용카드 등'은 신용카드업자가 발행한 신용카드·직불카드 또는 선불카드만을 의미할 뿐, 회원권카드나 현금카드 등은 신용카드 기능을 겸하고 있다는 등의 특별한 사정이 없는 한 이에 해당할 여지가 없다.

회원권카드는 일반적으로 특정한 시설 이용을 목적으로 하여 고객이 그 시설 경영 기업과 체결한 회원계약상의 지위를 나타낸 카드를 의미하고, 현금카드는 은행에 예금계좌를 설정하여 둔 고객이 출납창구 이외에서 현금자동입출금기 등을 이용하여 자신의 예금계좌로부터 현금을 인출할 수 있도록 은행이 고객에게 발급하여 준 카드를 의미한다.[228]

라. 신용카드의 법적성질

(1) 신용카드의 사용으로 인한 법률관계

신용카드의 거래는 신용카드업자로부터 카드를 발급받은 카드회원이 신용카드를 사용하여 가맹점으로부터 물품을 구입하면 신용카드업자는 그 카드를 소지하여 사용한 사람이 신용카드업자로부터 신용카드를 발급받은 정당한 카드회원인 한 그 물품구입대금을 가맹점에 결제하는 한편, 카드회원에 대하여 물품구입대금을 대출해 준 금전채권을 가지는 것이고, 또 카드회원이 현금자동지급기를 통해서 현금서비스를 받아 가면 현금대출관계가 성립되어 신용카드업자는 카드회원에게 대출금채권을 가지는 것이므로, 궁극적으로는 카드회원이 신용카드업자에게 신용카드 거래에서 발생한 대출금채무를 변제할 의무를 부담하게 된다.[229]

(2) 유가증권이 아님

신용카드업자가 발행한 신용카드는 이를 소지함으로써 신용구매가 가능하고 금융의 편의를 받을 수 있다는 점에서 경제적 가치가 있다 하더라도, 그 자체에 경제적 가치가 화체되어 있거나 특정의 재산권을 표창하는 유가증권이라고 볼 수 없고, 단지 신용카드회원이 그 제시를 통하여 신용카드회원이라는 사실을 증명하거나 현금자동지급기 등에 주입하는 등의 방법으로 신용카드업자로부터 서비스를 받을 수 있는 증표로서의 가치를 갖는 것이어서, 이를 사용하여 현금자동지급기에서 현금을 인출하였다 하더라도 신용카드 자체가 가지는 경제적 가치가 인출된 예금액만큼 소모되었다고 할 수 없으므로, 이를 일시 사용하고 곧 반환한 경우에는 불법영득의 의사가 없다.[230]

2. 신용카드 등의 부정사용(여전법 70조 1항 3, 4호)

가. 신용카드 본래의 용도로 사용

여전법 70조 1항 3, 4호에서 규정하고 있는 신용카드의 부정사용이 되기 위해서는 신용카드와 직불카드를 본래의 용도에 따라 사용하여야 한다. 현금인출을 하는 것은 신용카드(또는 직불카드)에 동시에 탑재된 현금카드 기능을 이용하는 것이어서 신용카드를 본래의 용도로 사용하는 것이 아니고, 현금

228) 대판 2010. 6. 10. 2010도3409.

229) 대판 1996. 4. 9. 95도2466; 대판 2005. 8. 19. 2004도6859; 대판 2006. 3. 24. 2006도282.

230) 대판 1999. 7. 9. 99도857.

서비스를 받는 것은 신용카드를 본래의 용도로 사용하는 것에 해당한다.

'직불카드 내지 신용카드'와 '현금카드'의 기능이 겸용된 하나의 카드로 현금인출

현행 여전법상의 직불카드의 정의와 신용카드업의 업무범위 및 신용카드업자의 부대업무에 관한 규정의 취지·내용 등에 비추어 보면,[231] 직불카드가 겸할 수 있는 현금카드의 기능은 법령에 규정된 신용카드의 기능에 포함되지 않는다 할 것이고, 또한 하나의 카드에 직불카드 내지 신용카드 기능과 현금카드 기능이 겸용되어 있더라도, 이는 은행의 예금업무에 관한 전자적 정보와 신용카드업자의 업무에 관한 전자적 정보가 회원(예금주)의 편의를 위해 신용카드업자 등에 의해 하나의 자기띠에 입력되어 있을 뿐이지, 양 기능은 전혀 별개의 기능이라 할 것이어서, 이와 같은 겸용 카드를 이용하여 현금지급기에서 예금을 인출하는 행위를 두고 직불카드 내지 신용카드를 그 본래의 용법에 따라 사용하는 것이라 보기도 어렵다.[232]

신용카드를 이용하여 현금서비스를 받음

신용카드회원이 대금결제를 위하여 가맹점에 신용카드를 제시하고 매출표에 서명하는 일련의 행위뿐 아니라 신용카드를 현금인출기에 주입하고 비밀번호를 조작하여 현금서비스를 제공받는 일련의 행위도 신용카드의 본래 용도에 따라 사용하는 것으로 보아야 한다.[233]

해설: 여전법 70조 1항 3, 4호에 해당하기 위해서는 '신용카드 등을 사용하였을 것'이 요구된다. 위 판례의

231) 관련 규정은 다음과 같다.
여전법 제2조 제6호는 '직불카드라 함은 직불카드회원과 신용카드가맹점 간에 전자 또는 자기적 방법에 의하여 금융거래계좌에 이체하는 등의 방법으로 물품 또는 용역의 제공과 그 대가의 지급을 동시에 이행할 수 있도록 신용카드업자가 발행한 증표를 말한다'라고 규정하고, 제2호는 '신용카드업이라 함은 다음 각목의 업무 중 (나)목의 업무를 포함한 2 이상의 업무를 행하는 업을 말한다. 가. 신용카드의 발행 및 관리, 나. 신용카드이용과 관련된 대금의 결제, 다. 신용카드가맹점의 모집 및 관리'로 규정하는 한편 같은 법 제13조 제1항은 '신용카드업자는 대통령령이 정하는 기준에 따라 다음 각 호의 규정에 의한 부대업무를 영위할 수 있다. 1. 신용카드회원에 대한 자금의 융통, 2. 직불카드의 발행 및 대금의 결제, 3. 선불카드의 발행·판매 및 대금의 결제'라고 규정하고 있어, 구 신용카드업법과 달리 신용카드업의 업무범위 중 부대업무를 포괄적으로 규정하지 않고, 위 법 제13조 제1항 각 호의 업무로 제한하여 규정하고 있다.

232) 대판 2003. 11. 14. 2003도3977. 위 판례는 신용카드로 현금을 인출한 것도 신용카드업법에 해당한다고 본 다음 판례는 법률의 변경에 의해 더 이상 적용되지 않는다고 판시하고 있다.
구 신용카드업법(1997. 8. 28. 법률 제5374호 '여전법'에 의하여 1998. 1. 1.자로 폐지되기 전의 것) 제25조 제1항 소정의 부정사용이라 함은 위조·변조 또는 도난·분실된 신용카드를 진정한 카드로서 신용카드의 본래의 용법에 따라 사용하는 경우를 말하는 것이므로, 결국 신용카드를 사용하여 예금을 인출할 수 있는 현금카드 기능은 법 제6조 제2항, 구 신용카드업법시행령 제5조 제3호, 제6조의 규정 등에 따라 재정경제원장관이 신용카드업을 건전하게 보호·육성하여 신용사회의 기반을 조성하고 소비자의 금융편의를 도모함으로써 국민경제의 발전에 이바지한다는 구 신용카드업법의 목적(제1조)을 달성하기 위하여 허가한 부대업무로 볼 수 있으므로, 피고인이 강취한 신용카드를 온라인 현금자동지급기에 주입하고 비밀번호 등을 조작하여 피해자의 예금을 인출한 행위는 재정경제원장관의 인가를 받아 신용카드업자가 시행하고 있는 신용카드의 현금카드 기능을 사용한 것으로 이와 같은 일련의 행위도 신용카드 본래 용도에 따라 사용하는 것으로 보아야 할 것이므로 구 신용카드업법 제25조 제1항 소정의 부정사용의 개념에 포함된다(대판 1998. 2. 27. 97도2974 등).

233) 대판 1995. 7. 28. 95도997.

취지는 신용카드 등을 이용하여 가맹점에서 '물품을 구입하거나 용역을 제공받는 행위' 외에 현금인출기에서 '현금서비스'를 제공받는 것도 '신용카드 등의 사용'에 포함된다는 것이다.

나. 도난·분실·강취·횡령·편취·갈취 신용카드 등의 사용

도난·분실·강취·횡령·편취·갈취된 '신용카드와 직불카드'를 사용하는 것은 여전법상의 신용카드등부정사용죄에 해당한다. 여전법위반과는 별개로 도난·분실·강취·횡령·편취·갈취된 '신용카드, 직불카드, 현금카드 등(이하, 카드라고 함)'을 사용하는 것은 절도죄, 사기죄, 컴퓨터등사용사기죄에도 해당할 수 있다.

(1) 절취한 카드의 사용

절취한 신용카드로 현금지급기에서 계좌이체 후 현금인출

절취한 타인의 신용카드를 이용하여 현금지급기에서 계좌이체를 한 행위는 컴퓨터등사용사기죄에서 컴퓨터 등 정보처리장치에 권한 없이 정보를 입력하여 정보처리를 하게 한 행위에 해당함은 별론으로 하고 이를 절취행위라고 볼 수는 없고, 한편 위 계좌이체 후 현금지급기에서 현금을 인출한 행위는 자신의 신용카드나 현금카드를 이용한 것이어서 이러한 현금인출이 현금지급기 관리자의 의사에 반한다고 볼 수 없어 절취행위에 해당하지 않는다.234)

절취한 신용카드로 현금자동지급기에서 현금서비스를 받음

우리 형법은 재산범죄의 객체가 재물인지 재산상의 이익인지에 따라 이를 재물죄와 이득죄로 명시하여 규정하고 있는데, 형법 제347조가 일반 사기죄를 재물죄 겸 이득죄로 규정한 것과 달리 형법 제347조의2는 컴퓨터등사용사기죄의 객체를 재물이 아닌 재산상의 이익으로만 한정하여 규정하고 있으므로, 절취한 타인의 신용카드로 현금자동지급기에서 현금을 인출하는 행위가 재물에 관한 범죄임이 분명한 이상 이를 위 컴퓨터등사용사기죄로 처벌할 수는 없다고 할 것이고, 입법자의 의도가 이와 달리 이를 위 죄로 처벌하고자 하는 데 있었다거나 유사한 사례와 비교하여 처벌상의 불균형이 발생할 우려가 있다는 이유만으로 그와 달리 볼 수는 없다.235)

해설: 절취한 신용카드로 현금서비스를 받는 것은 신용카드를 본래의 용도로 사용하는 것이어서 여전법상의 신용카드 부정사용죄에 해당한다.236)

절취한 신용카드로 현금서비스를 받음

절도 피해자 명의의 신용카드를 부정사용하여 현금자동인출기에서 현금을 인출하고 그 현금을 취득까지 한

234) 대판 2008. 6. 12. 2008도2440.
235) 대판 2003. 5. 13. 2003도1178.
236) 대판 1995. 7. 28. 95도997.

행위는 신용카드부정사용죄에 해당할 뿐 아니라 그 현금을 취득함으로써 현금자동인출기 관리자의 의사에 반하여 그의 지배를 배제하고 그 현금을 자기의 지배하에 옮겨 놓는 것이 되므로 별도로 절도죄를 구성하고, 위 양 죄의 관계는 그 보호법익이나 행위태양이 전혀 달라 실체적 경합관계에 있는 것으로 보아야 한다.[237)]
해설: 위 판례의 사안과 판시에 의하면 여기서의 현금인출은 현금서비스를 받은 것을 의미한다.

(2) 편취한 카드의 사용

편취한 현금카드를 이용하여 현금자동지급기에서 예금인출

피고인이 현금카드의 소유자로부터 현금카드를 편취하여 예금인출의 승낙을 받고 현금카드를 교부받아 이를 이용하여 현금을 인출한 사안에서,
예금주인 현금카드 소유자로부터 그 카드를 편취하여, 비록 하자 있는 의사표시이기는 하지만 현금카드 소유자의 승낙에 의하여 사용권한을 부여받은 이상, 그 소유자가 승낙의 의사표시를 취소하기까지는 현금카드를 적법, 유효하게 사용할 수 있으며, 은행 등 금융기관은 현금카드 소유자의 지급정지 신청이 없는 한 카드 소유자의 의사에 따라 그의 계산으로 적법하게 예금을 지급할 수밖에 없는 것이므로, 피고인이 현금카드의 소유자로부터 현금카드를 사용한 예금인출의 승낙을 받고 현금카드를 교부받은 행위와 이를 사용하여 현금자동지급기에서 예금을 여러 번 인출한 행위들은 모두 현금카드 소유자의 예금을 편취하고자 하는 피고인의 단일하고 계속된 범의 아래에서 이루어진 일련의 행위로서 포괄하여 하나의 사기죄를 구성한다고 볼 것이지, 현금자동지급기에서 카드 소유자의 예금을 인출, 취득한 행위를 현금자동지급기 관리자의 의사에 반하여 그가 점유하고 있는 현금을 절취한 것이라 하여 이를 현금카드 편취행위와 분리하여 따로 절도죄로 처단할 수는 없다.[238)]

(3) 갈취한 카드의 사용

갈취한 현금카드로 현금인출

예금주인 현금카드 소유자를 협박하여 그 카드를 갈취한 다음 피해자의 승낙에 의하여 현금카드를 사용할 권한을 부여받아 이를 이용하여 현금자동지급기에서 현금을 인출한 행위는 모두 피해자의 예금을 갈취하고자 하는 피고인의 단일하고 계속된 범의 아래에서 이루어진 일련의 행위로서 포괄하여 하나의 공갈죄를 구성하므로, 현금자동지급기에서 피해자의 예금을 인출한 행위를 현금카드 갈취행위와 분리하여 따로 절도죄로 처단할 수는 없다. 왜냐하면 위 예금 인출 행위는 하자 있는 의사표시이기는 하지만 피해자의 승낙에 기한 것이고, 피해자가 그 승낙의 의사표시를 취소하기까지는 현금카드를 적법, 유효하게 사용할 수 있으므로, 은행으로서도 피해자의 지급정지 신청이 없는 한 그의 의사에 따라 그의 계산으로 적법하게 예금을 지급할 수밖에 없기 때문이다.[239)]

237) 대판 1995. 7. 28. 95도997.
238) 대판 2005. 9. 30. 2005도5869.
239) 대판 2007. 5. 10. 2007도1375. 다음은 같은 취지이다.
갈취한 현금카드를 이용하여 현금자동지급기에서 현금인출
예금주인 현금카드 소유자를 협박하여 그 카드를 갈취하였고, 하자 있는 의사표시이기는 하지만 피해자의 승낙에

(4) 강취한 카드의 사용

강취한 현금카드로 현금인출

강도죄는 공갈죄와는 달리 피해자의 반항을 억압할 정도로 강력한 정도의 폭행·협박을 수단으로 재물을 탈취하여야 성립하므로, 피해자로부터 현금카드를 강취하였다고 인정되는 경우에는 피해자로부터 현금카드의 사용에 관한 승낙의 의사표시가 있었다고 볼 여지가 없다. 따라서 강취한 현금카드를 사용하여 현금자동지급기에서 예금을 인출한 행위는 피해자의 승낙에 기한 것이라고 할 수 없으므로, 현금자동지급기 관리자의 의사에 반하여 그의 지배를 배제하고 그 현금을 자기의 지배 하에 옮겨 놓는 것이 되어서 강도죄와는 별도로 절도죄를 구성한다.[240)]

강취한 신용카드로 가맹점에서 주류를 제공받음

강취한 신용카드를 가지고 자신이 그 신용카드의 정당한 소지인인 양 가맹점의 점주를 속이고 그에 속은 점주로부터 주류 등을 제공받아 이를 취득한 것이라면 신용카드부정사용죄와 별도로 사기죄가 성립한다.[241)]

(5) 분실·도난된 신용카드의 의미

피해자의 핸드백에서 신용카드를 꺼내어 가 현금서비스받은 후 다시 핸드백에 넣어둠

만화가게 종업원인 피고인이 주인인 피해자의 핸드백에서 신용카드 1장을 꺼내어 가 신한은행 의 현금자동지급기에서 위 신용카드를 이용하여 50만 원을 현금서비스 받은 다음 위 핸드백에 신용카드를 다시 넣어 둔 사안에서,

여전법 제70조 제1항 제3호는 분실 또는 도난된 신용카드를 사용한 자를 처벌하도록 규정하고 있는데, 여기서 분실 또는 도난된 신용카드라 함은 소유자 또는 점유자의 의사에 기하지 않고 그의 점유를 이탈하거나 그의 의사에 반하여 점유가 배제된 신용카드를 가리키는 것으로서, 소유자 또는 점유자의 점유를 이탈한 신용카드를 취득하거나 그 점유를 배제하는 행위를 한 자가 반드시 유죄의 처벌을 받을 것을 요하지 아니한다. 피고인은 피해자의 의사에 반하여 신용카드에 대한 피해자의 점유를 배제하고 이를 사용하여 현금자동지급기에서 현금을 인출하였으므로, 피고인이 사용한 이 사건 신용카드는 여전법 제70조 제1항 제3호 소정의 분실 또는 도난된 신용카드에 해당한다.[242)]

의하여 현금카드를 사용할 권한을 부여받아 이를 이용하여 현금을 인출한 이상, 피해자가 그 승낙의 의사표시를 취소하기까지는 현금카드를 적법, 유효하게 사용할 수 있고, 은행의 경우에도 피해자의 지급정지 신청이 없는 한 피해자의 의사에 따라 그의 계산으로 적법하게 예금을 지급할 수밖에 없는 것이므로, 피고인이 피해자로부터 현금카드를 사용한 예금인출의 승낙을 받고 현금카드를 교부받은 행위와 이를 사용하여 현금자동지급기에서 예금을 여러 번 인출한 행위들은 모두 피해자의 예금을 갈취하고자 하는 피고인의 단일하고 계속된 범의 아래에서 이루어진 일련의 행위로서 포괄하여 하나의 공갈죄를 구성한다고 볼 것이지, 현금지급기에서 피해자의 예금을 취득한 행위를 현금지급기 관리자의 의사에 반하여 그가 점유하고 있는 현금을 절취한 것이라 하여 이를 현금카드 갈취행위와 분리하여 따로 절도죄로 처단할 수는 없다(대판 1996. 9. 20. 95도1728).

240) 대판 2007. 5. 10. 2007도1375.

241) 대판 1997. 1. 21. 96도2715.

242) 대판 1999. 7. 9. 99도857.

해설: 위 판례는 신용카드를 가져 가 현금서비스받은 후 반환한 것은 불법영득의 의사가 없다는 이유로 절도죄에 해당하지 않는다고 보았다. 따라서 도난·분실은 절도죄가 성립되는 것을 전제로 하지 않으며 소유자 또는 점유자의 의사에 기하지 않고 그의 점유를 이탈하거나 그의 의사에 반하여 점유가 배제된 신용카드를 가리키는 것이라는 이론구성을 하게 된 것으로 보인다.

유흥주점 업주가 과다한 술값 청구에 항의하는 피해자들을 폭행 또는 협박하여 합의에 따라 피해자들로부터 건네받은 신용카드로 현금서비스를 받거나 물품구입

사안: 유흥주점을 운영하는 피고인이 피해자들 몰래 빈 양주병 5개를 올려놓은 다음 술값으로 135만 원을 요구하고, 과다한 술값 청구에 항의하는 피해자들을 폭행 또는 협박하여 피해자들로부터 일정 금액을 지급받기로 합의한 다음 피해자들이 결제하라고 건네준 신용카드로, 합의한 대로 현금서비스를 받거나, 편의점에서 술과 담배를 구입하는 것으로 매출전표를 작성하고 피해자들의 서명을 거쳐 매출전표의 작성을 완료한 후 2~3일 지나 편의점에서 신용카드 결제금액 상당의 술과 담배를 인도받아 술값에 충당하였다.

판단: 여전법 제70조 제1항 제4호에 의하면, "강취·횡령하거나 사람을 기망·공갈하여 취득한 신용카드 또는 직불카드를 판매하거나 사용한 자"에 대하여 "7년 이하의 징역 또는 5천만 원 이하의 벌금에 처한다"고 규정하고 있는바, 여기서 강취, 횡령, 기망 또는 공갈로 취득한 신용카드는 소유자 또는 점유자의 의사에 기하지 않고, 그의 점유를 이탈하거나 그의 의사에 반하여 점유가 배제된 신용카드를 가리킨다.
유흥주점 업주가 과다한 술값 청구에 항의하는 피해자들을 폭행 또는 협박하여 피해자들로부터 일정 금액을 지급받기로 합의한 다음, 피해자들이 결제하라고 건네준 신용카드로 합의에 따라 현금서비스를 받거나 물품을 구입한 경우, 신용카드에 대한 피해자들의 점유가 피해자들의 의사에 기하지 않고 이탈하였거나 배제되었다고 보기 어려워 여전법상의 신용카드 부정사용에 해당하지 않는다고 한 사례.[243)]

해설: 위 판례는 도난·분실에 관하여 절도죄가 성립할 것을 전제로 하지 않는 앞서의 판례(대판 1999. 7. 9. 99도857)와 마찬가지로 강취, 횡령, 기망 또는 공갈로 취득한 신용카드가 강도죄, 횡령죄, 사기죄 또는 공갈죄의 성립을 전제로 하지 않고 신용카드에 대한 피해자들의 점유가 피해자들의 의사에 기하지 않고 이탈하였거나 배제된 것을 의미한다고 보는 것으로 생각된다.

다. 신용카드 부정사용의 기수

절취 신용카드로 결제하기 위해 카드회사 승인을 받았으나 도난카드임이 밝혀져 매출취소

신용카드를 절취한 사람이 대금을 결제하기 위하여 신용카드를 제시하고 카드회사의 승인까지 받았다고 하더라도 매출전표에 서명한 사실이 없고 도난카드인이 밝혀져 최종적으로 매출취소로 거래가 종결되었다면, 신용카드 부정사용의 미수행위에 불과하다고 한 사례.[244)]

243) 대판 2006. 7. 6. 2006도654.
244) 대판 2008. 2. 14. 2007도8767. 같은 취지로는 대판 1993. 11. 23. 93도604.

라. 죄 수

신용카드부정사용죄와 매출전표에 서명하여 교부하는 행위

신용카드업법 제25조 제1항은 신용카드를 위조·변조하거나 도난·분실 또는 위조·변조된 신용카드를 사용한 자는 7년 이하의 징역 또는 5천만 원 이하의 벌금에 처한다고 규정하고 있는바, 위 부정사용죄의 구성요건적 행위인 신용카드의 사용이라 함은 신용카드의 소지인이 신용카드의 본래 용도인 대금결제를 위하여 가맹점에 신용카드를 제시하고 매출표에 서명하여 이를 교부하는 일련의 행위를 가리키고 단순히 신용카드를 제시하는 행위만을 가리키는 것은 아니라고 할 것이므로, 위 매출표의 서명 및 교부가 별도로 사문서위조 및 동행사의 죄의 구성요건을 충족한다고 하여도 이 사문서위조 및 동행사의 죄는 위 신용카드부정사용죄에 흡수되어 신용카드부정사용죄의 1죄만이 성립하고 별도로 사문서위조 및 동행사의 죄는 성립하지 않는다.[245)]

절취한 신용카드의 사용과 불가벌적 사후행위

신용카드를 절취한 후 이를 사용한 경우 신용카드의 부정사용행위는 새로운 법익의 침해로 보아야 하고 그 법익침해가 절도범행보다 큰 것이 대부분이므로 위와 같은 부정사용행위가 절도범행의 불가벌적 사후행위가 되는 것은 아니다.[246)]

절취 신용카드를 2시간 20분 동안 7곳에서 사용한 신용카드부정사용죄 및 사기죄의 죄수

피고인은 신용카드를 절취한 직후 약 2시간 20분 동안에 카드가맹점 7곳에서 합계 금 2,008,000원 상당의 물품을 구입하면서 마치 자신이 위 신용카드의 소유자인 것처럼 행세하여 위 물품의 각 구입대금을 신용카드로 결제하였으며, 피고인이 신용카드를 훔친 목적은 이를 사용하여 신용카드의 가맹점들에서 물품을 구입하는데 있었고, 같은 날 위 신용카드에 대한 도난·분실신고가 될 것을 염려하여 즉시 신속하게 위 카드가맹점들을 계속 돌아다니며 위 신용카드를 각 사용한 사안에서,

피고인은 절취한 카드로 가맹점들로부터 물품을 구입하겠다는 단일한 범의를 가지고 그 범의가 계속된 가운데 동종의 범행인 신용카드 부정사용행위를 동일한 방법으로 반복하여 행하였고, 또 위 신용카드의 각 부정사용의 피해법익도 모두 위 신용카드를 사용한 거래의 안전 및 이에 대한 공중의 신뢰인 것으로 동일하므로, 피고인이 동일한 신용카드를 위와 같이 부정사용한 행위는 포괄하여 일죄에 해당하고, 신용카드를 부정사용한 결과가 사기죄의 구성요건에 해당하고 그 각 사기죄가 실체적 경합관계에 해당한다고 하여도 신용카드부정사용죄와 사기죄는 그 보호법익이나 행위의 태양이 전혀 달라 실체적 경합관계에 있으므로 신용카드 부정사용행위를 포괄일죄로 취급하는데 아무런 지장이 없다고 한 사례.[247)]

245) 대판 1992. 6. 9. 92도77.
246) 대판 1996. 7. 12. 96도1181.
247) 대판 1996. 7. 12. 96도1181.

V. 편의시설부정이용죄

한국통신의 후불식 통신카드를 절취하여 전화통화에 이용

형법 제348조의2에서 규정하는 편의시설부정이용의 죄는 부정한 방법으로 대가를 지급하지 아니하고 자동판매기, 공중전화 기타 유료자동설비를 이용하여 재물 또는 재산상의 이익을 취득하는 행위를 범죄구성요건으로 하고 있는데, 타인의 전화카드(한국통신의 후불식 통신카드)를 절취하여 전화통화에 이용한 경우에는 통신카드서비스 이용계약을 한 피해자가 그 통신요금을 납부할 책임을 부담하게 되므로, 이러한 경우에는 피고인이 '대가를 지급하지 아니하고' 공중전화를 이용한 경우에 해당한다고 볼 수 없어 편의시설부정이용의 죄를 구성하지 않는다.[248)]

Ⅵ. 부당이득죄

부당이득죄에서 궁박이라 함은 '급박한 곤궁'을 의미하고, '현저하게 부당한 이익의 취득'이라 함은 단순히 시가와 이익과의 배율로만 판단해서는 안 되고 구체적·개별적 사안에 있어서 일반인의 사회통념에 따라 결정하여야 한다. 피해자가 궁박한 상태에 있었는지 여부 및 급부와 반대급부 사이에 현저히 부당한 불균형이 존재하는지 여부는 거래당사자의 신분과 상호 간의 관계, 피해자가 처한 상황의 절박성의 정도, 계약의 체결을 둘러싼 협상과정 및 거래를 통한 피해자의 이익, 피해자가 그 거래를 통해 추구하고자 한 목적을 달성하기 위한 다른 적절한 대안의 존재 여부, 피고인에게 피해자와 거래하여야 할 신의칙상 의무가 있는지 여부 등 여러 상황을 종합하여 구체적으로 판단하여야 한다. 특히, 우리 헌법이 규정하고 있는 자유시장경제질서와 여기에서 파생되는 사적 계약자유의 원칙을 고려하여 그 범죄의 성립을 인정함에 있어서는 신중을 요한다.[249)]

피해자가 건축사업을 추진하기 이전부터 보유하고 있던 부동산을 인근 토지 시가의 40배 이상에 매도

피고인은 1991. 4. 무렵 이 사건 부동산을 매수하여 5년간 거주하다가 인근으로 이사한 이후에도 계속하여 이를 소유·관리하여 왔고, 피해자는 2005. 1.경 이 사건 부동산을 포함하는 이 사건 사업부지에서 아파트 건축사업을 추진하기 시작하였으나, 이 사건 부동산을 비롯하여 몇 건의 부동산에 대한 계약을 체결하지 못하여 주택건설 사업계획승인신청이 지연되고 이로 인하여 월 6억 원 정도의 금융비용이 발생하게 되었으며 피고인은 이 사건 부동산을 매도하라는 피해자의 제안을 계속하여 거부하다가 인근의 다른 토지들에 비하여 40배가 넘는 가격으로 피해자에 이 사건 부동산을 매도한 사안에서,

개발사업 등이 추진되는 사업부지 중 일부의 매매와 관련된 이른바 '알박기' 사건에서 부당이득죄의 성립 여

248) 대판 2001. 9. 25. 2001도3625.

249) 대판 2005. 4. 15. 2004도1246; 대판 2009. 1. 15. 2008도8577.

부가 문제되는 경우, 그 범죄의 성립을 인정하기 위해서는 피고인이 피해자의 개발사업 등이 추진되는 상황을 미리 알고 그 사업부지 내의 부동산을 매수한 경우이거나 피해자에게 협조할 듯한 태도를 보여 사업을 추진하도록 한 후에 협조를 거부하는 경우 등과 같이, 피해자가 궁박한 상태에 빠지게 된 데에 피고인이 적극적으로 원인을 제공하였거나 상당한 책임을 부담하는 정도에 이르러야 한다. 이러한 정도에 이르지 않은 상태에서 단지 개발사업 등이 추진되기 오래 전부터 사업부지 내의 부동산을 소유하여 온 피고인이 이를 매도하라는 피해자의 제안을 거부하다가 수용하는 과정에서 큰 이득을 취하였다는 사정만으로 함부로 부당이득죄의 성립을 인정해서는 안 된다.
피고인은 이 사건 주택건축사업이 추진되기 오래 전부터 이 사건 부동산을 소유하여 오다가 이 사건 부동산을 매도하라는 피해자 회사의 제안을 거부하다가 수용하는 과정에서 큰 이득을 취하였을 뿐, 달리 피해자가 궁박한 상태에 빠지게 된 데에 피고인이 적극적으로 원인을 제공하였다거나 상당한 책임을 부담하는 정도에 이르렀다고 볼 증거가 없으므로, 피고인들에 대하여 부당이득죄가 성립한다고 인정하기 어렵다.[250)]

피고인이 피해자인 재건축조합에게 토지를 시세보다 비싼 가격으로 매도하였더라도 그 매매대금이 현저하게 부당하다고 단정할 수 없거나, 위 조합이 재건축사업을 추진함에 있어서 위 토지가 반드시 필요한 것은 아니었고, 이를 매입하지 아니하고도 재건축을 추진할 대안이 있었음에도 재건축조합의 이익에 가장 부합한다는 판단하에 피고인을 설득하여 위 토지를 매입하게 된 사정 등에 비추어 재건축조합의 궁박 상태를 인정하기에는 부족하다.[251)]

토지매수인인 건설회사가 아파트 건설사업의 순조로운 진행과 막대한 은행융자금 이자의 부담을 피하기 위해 토지소유권을 시급히 확보해야 하는 처지여서 목적 토지에 관하여 명의자인 문중원들과 문중 사이의 소유권 분쟁에 관한 민사소송의 종료시까지 기다릴 여유가 없는 사정을 이용하여, 문중 대표자이자 목적 토지의 공유지분권자인 사람이 자기 지분에 대해 문중 명의 매매계약과 따로 별도의 매매계약을 체결하고 나머지 지분권자들의 3배 이상의 매매대금을 수령한 것은 건설회사의 궁박을 이용하여 현저하게 부당한 이득을 취한 것으로서 부당이득죄가 성립한다.[252)]

250) 대판 2009. 1. 15. 2008도8577. 다음은 같은 취지이다.
공동주택 및 판매시설 건축사업의 대상이 된 대지지분 등 부동산의 소유자가 사업자의 매도 제안을 거부하다가 통상가격의 약 45배의 대금에 이를 매도한 사안에서, 부당이득죄의 성립을 부정한 사례(대판 2008. 12. 11. 2008도7823).
피고인이 토지지분을 시가의 약 10배에 해당하는 가격으로 매도함으로써 사회통념상 과도한 이득을 취하였다는 사정만으로는 현저하게 부당한 이득을 취득하였다고 단정할 수 없다고 한 사례(대판 2006. 9. 8. 2006도3366).
300만 원의 변제에 갈음하여 합금 600여 만 원의 이득을 취득함으로써 지급받을 300만 원을 공제한 300만원의 이득을 취득한 것만으로는 본조의 현저하게 부당한 이득을 취득한 것이라고 보기 어렵다(대판 1972. 10. 31. 72도1803).
251) 대판 2005. 4. 15. 2004도1246.
252) 대판 2007. 12. 28. 2007도6441. 다음은 같은 취지이다.
갑 건설회사의 공동주택신축사업 계획을 미리 알고 있던 을이 사업부지 내의 토지소유자 병을 회유하여 갑과 맺은 토지매매 약정을 깨고 자신에게 이를 매도 및 이전등기하게 한 다음 이를 갑에게 재매도하면서 2배 이상의 매매대금과 양도소득세를 부담시킨 사안에서, 위 토지가 전체 사업부지 내에서 갖는 중요성, 을의 자력, 갑의 사업진행정도 등을 고려할 때 부당이득죄가 성립한다고 한 사례(대판 2008. 5. 29. 2008도2612).

제3절 공갈죄

1. 의 의

공갈죄는 폭행 또는 협박으로 타인의 재물 또는 재산상의 이익을 취득하거나 제3자로 하여금 취득하게 하는 것이다. 재물과 재산상의 이익을 모두 대상으로 한다는 점에서 사기죄 및 강도죄와 같다.

2. 타인 소유의 재물 또는 재산상의 이익

나체쇼를 한 피해자를 겁주어 성교함

피고인이 가짜 기자행세를 하면서 싸롱객실에서 나체쇼를 한 피해자를 고발할 것처럼 데리고 나와 여관으로 유인한 다음, 겁에 질려있는 그녀의 상태를 이용하여 동침하면서 1회 성교하여 그녀의 정조대가에 상당하는 재산상 이익을 갈취하였다는 공소사실에 대하여,
공갈죄는 재산범으로서 그 객체인 재산상 이익은 경제적 이익이 있는 것을 말하는 것인바, 일반적으로 부녀와의 정부 그 자체는 이를 경제적으로 평가할 수 없는 것이므로 부녀를 공갈하여 정교를 맺었다고 하여도 특단의 사정이 없는 한 이로써 재산상 이익을 갈취한 것이라고 볼 수는 없는 것이며, 부녀가 주점접대부라 할지라도 피고인과 매음을 전제로 정교를 맺은 것이 아닌 이상 피고인이 매음대가의 지급을 면하였다고 볼 여지가 없으니 공갈죄가 성립하지 아니한다.[1)]

절취당한 자가 절도범인에게 겁을 주어 피해품을 반환받음

공갈죄의 대상이 되는 재물은 타인의 재물을 의미하므로, 사람을 공갈하여 자기의 재물을 교부받는 경우에는 공갈죄가 성립하지 아니한다. 그리고 타인의 재물인지는 민법, 상법, 기타의 실체법에 의하여 결정되는데, 금전을 도난당한 경우 절도범이 절취한 금전만 소지하고 있는 때 등과 같이 구체적으로 절취된 금전을 특정할 수 있어 객관적으로 다른 금전 등과 구분됨이 명백한 예외적인 경우에는 절도 피해자에 대한 관계에서 그 금전이 절도범인 타인의 재물이라고 할 수 없다.
갑이 을의 돈을 절취한 다음 다른 금전과 섞거나 교환하지 않고 쇼핑백 등에 넣어 자신의 집에 숨겨두었는데, 피고인이 을의 지시로 폭력조직원 병과 함께 갑에게 겁을 주어 쇼핑백 등에 들어 있던 절취된 돈을 교부받아 갈취하였다고 하여 폭처법위반(공동공갈)으로 기소된 사안에서, 피고인 등이 갑에게서 되찾은 돈은 절취 대상인 당해 금전이라고 구체적으로 특정할 수 있어 객관적으로 갑의 다른 재산과 구분됨이 명백하므로 이를 타인인 갑의 재물이라고 볼 수 없고, 따라서 비록 피고인 등이 갑을 공갈하여 돈을 교부받았더라도 타인의 재물을 갈취한 행위로서 공갈죄가 성립된다고 볼 수 없다.[2)]

1) 대판 1983. 2. 8. 82도2714.
2) 대판 2012. 8. 30. 2012도6157.

3. 폭행, 협박

공갈죄의 수단으로서 협박은 사람의 의사결정의 자유를 제한하거나 의사실행의 자유를 방해할 정도로 겁을 먹게 할 만한 해악을 고지하는 것을 말하고, 해악의 고지는 반드시 명시의 방법에 의할 것을 요하지 아니하며 언어나 거동 등에 의하여 상대방으로 하여금 어떠한 해악을 입을 수 있을 것이라는 인식을 갖게 하는 것이면 족하고, 또한 직접적이 아니더라도 피공갈자 이외의 제3자를 통해서 간접적으로 할 수도 있으며, 행위자가 그의 직업, 지위, 불량한 성행, 경력 등에 기하여 불법한 위세를 이용하여 재물의 교부나 재산상 이익을 요구하고 상대방으로 하여금 그 요구에 응하지 아니할 때에는 부당한 불이익을 초래할 위험이 있을 수 있다는 위구심을 야기하게 하는 경우에도 해악의 고지가 된다.[3)]

가. 긍정례

종업원이 주인을 협박하여 그 업소에 취직을 하여 그 주인으로부터 월급 상당액을 교부받은 경우 그 종업원이 주인에게 종업원으로서 상당한 근로를 제공한 바가 없다면 이는 갈취행위로 보아야 한다.[4)]

배우자의 정신병원 퇴원 요구를 거절하면서 재산이전을 요구함

공갈죄의 수단으로서 협박은 구체적 사정을 참작하여 객관적으로 사람의 의사결정의 자유를 제한하거나 의사실행의 자유를 방해할 정도로 겁을 먹게 할 만한 해악을 고지하는 것을 말하고, 고지하는 내용이 위법하지 않은 것인 때에도 해악이 될 수 있으며, 해악의 고지는 반드시 명시의 방법에 의할 것을 요하지 않고 거동 또는 피해자와의 특수한 사정에 의하여 상대방으로 하여금 어떠한 해악에 이르게 할 것이라는 인식을 갖게 하는 것이면 족하다. 피해자의 정신병원에서의 퇴원 요구를 거절해 온 피해자의 배우자가 피해자에 대하여 재산이전 요구를 한 경우, 그 배우자가 재산이전 요구에 응하지 않으면 퇴원시켜 주지 않겠다고 말한 바 없더라도 이는 암묵적 의사표시로서 공갈죄의 수단인 해악의 고지에 해당하고 이러한 해악의 고지가 권리의 실현수단으로 사용되었더라도 그 수단방법이 사회통념상 허용되는 정도나 범위를 넘는 것으로서 공갈죄를 구성한다고 한 사례.[5)]

---

3) 대판 2002. 12. 10. 2001도7095; 대판 2005. 7. 15. 2004도1565.

4) 대판 1991. 10. 11. 91도1755. 다음은 유사 취지이다.

공무원이 지휘·감독받는 수급인으로부터 금원 차용

피고인이 환지계장의 신분으로서 피해자가 도급받은 공사를 지휘·감독하는 직책을 가지고 있었고 피해자는 피고인의 지휘·감독 여하에 따라 공사에 대하여 견제 또는 방해를 받을 수 있는 위치에 있었다면 현 실정으로 보아 피고인이 피해자에게 금 300,000원의 차용을 요구할 수 있는 정도의 우정관계가 있었다는 등의 특별한 사정이 없는 한 피고인이 피해자에게 금 300,000원을 요구하여 피해자가 위 금액을 교부한 것은 피고인이 비록 차용이라는 용어를 썼어도 실은 묵시적으로 공갈을 하여 위 금액을 갈취한 것이라고 봄이 타당하다(대판 1974. 4. 30. 73도2518).

간통을 미끼로 협박하여 금원을 교부받음

피고인과 고소인의 년령이 각 16세, 32세인 점 및 한집에 여러 사람이 취침한다는 점으로 미루어 피고인이 고소인을 강간한 것이 아니라 피해자의 유혹으로 간통관계를 갖게 되었다 하더라도, 이를 미끼로 협박하여 금원을 교부받은 이상 피고인의 위 소위는 공갈죄를 구성한다(대판 1984. 5. 9. 84도573).

5) 대판 2001. 2. 23. 2000도4415.

피해자들이 제작·투자한 영화의 소재로 삼은 폭력조직의 두목 또는 조직원이 피해자들에게 그 영화의 감독을 통해 조직폭력배의 불량한 성행, 경력 등을 이용하여 재물의 교부를 요구하고 피해자들로 하여금 그 요구에 응하지 아니할 때에는 부당한 불이익을 초래할 위험이 있을 수 있다는 위구심을 야기하게 하였고, 피해자들도 돈을 요구하는 상대방이 자신들이 영화의 소재로 삼았던 폭력조직의 두목 또는 조직원이므로 이에 응하지 않을 경우 자신들이 받을 불이익을 두려워하거나 또는 곤경에 빠진 위 영화감독을 위해서라도 돈을 지급하지 않을 수 없다고 판단하여 마지못해 돈을 준 경우, 공갈죄의 성립을 긍정한 사례.[6)]

나. 부정례

조상천도제를 지내지 않으면 좋지 않은 일이 생긴다고 고지

공갈죄의 수단으로써의 협박은 객관적으로 사람의 의사결정의 자유를 제한하거나 의사실행의 자유를 방해할 정도로 겁을 먹게 할 만한 해악을 고지하는 것을 말하고, 그 해악에는 인위적인 것뿐만 아니라 천재지변 또는 신력이나 길흉화복에 관한 것도 포함될 수 있으나, 다만 천재지변 또는 신력이나 길흉화복을 해악으로 고지하는 경우에는 상대방으로 하여금 행위자 자신이 그 천재지변 또는 신력이나 길흉화복을 사실상 지배하거나 그에 영향을 미칠 수 있는 것으로 믿게 하는 명시적 또는 묵시적 행위가 있어야 공갈죄가 성립한다. 조상천도제를 지내지 아니하면 좋지 않은 일이 생긴다는 취지의 해악의 고지는 길흉화복이나 천재지변의 예고로서 행위자에 의하여 직접, 간접적으로 좌우될 수 없는 것이고 가해자가 현실적으로 특정되어 있지도 않으며 해악의 발생가능성이 합리적으로 예견될 수 있는 것이 아니므로 협박으로 평가될 수 없다고 한 사례.[7)]

가출자의 가족에게 가출자의 소재를 알려주는 것을 조건으로 보험가입을 요구

가출자의 가족에 대하여 가출자의 소재를 알려주는 조건으로 보험가입을 요구한 피고인의 소위는 가출자를 찾으려고 하는 그 가족들의 안타까운 심정을 이용하여 보험가입을 권유 내지 요구하는 언동으로 도의상 비난할 수 있을지언정 그로 인하여 가족들에 새로운 외포심을 일으키게 되거나 외포심이 더하여 진다고는 볼 수 없으므로 이를 공갈죄에 있어서의 협박이라고 단정할 수 없다.[8)]

도로의 무단점용자가 자릿세를 받음

피고인이 1963년경부터 남대문시장 내 소방도로상에서 2평 정도의 좌판을 차려놓고 도로를 무단점용하면서 노점상을 하여 왔는데 같은 시장 내에서 노점상을 하여 오면서 이를 잘 알고 있는 피해자가 1978.9.경 피고인에게 피고인이 영업하던 위 노점에서 장사를 할 수 있도록 자리를 빌려달라고 사정하므로 피고인이 위 피해자에게 위 2평의 노점 중 1평 정도를 사용케 하는 대신 피해자가 매월 자리세 내지 보증금 명목으로 공소

6) 대판 2005. 7. 15. 2004도1565. 다음은 유사 취지이다.
폭력배와 잘 알고 있다는 지위를 이용하여 불법한 위세를 보임으로써 해악의 고지를 하였다고 본 사례(대판 2003. 5. 13. 2003도709).

7) 대판 2002. 2. 8. 2000도3245.

8) 대판 1976. 4. 27. 75도2818.

장 기재 금원을 지급하기로 약정하여 그 시경부터 그 자리를 얻어 장사를 하면서 위 금원을 지급하여온 사안에서,
피고인이 위 소방도로를 무단점용하고 있어 피해자로부터 자리세 등을 지급받을 정당한 권원이 없다 하더라도 피해자가 이를 알면서 피고인과 자리세를 지급하기로 약정하여 이를 지급하여온 이상 피고인이 소방도로 무단점용으로 인한 도로법상의 처벌을 받는 것은 별론으로 하되 공갈죄로 문의할 수는 없다.[9)]

4. 권리의 실현과 공갈

공갈죄의 수단으로서의 협박은 사람의 의사결정의 자유를 제한하거나 의사실행의 자유를 방해할 정도로 겁을 먹게 할 만한 해악을 고지하는 것을 말하고 여기에서 고지된 해악의 실현은 반드시 그 자체가 위법한 것임을 요하지 아니하며 해악의 고지가 권리실현의 수단으로 사용된 경우라고 하여도 그것이 권리행사를 빙자하여 협박을 수단으로 상대방을 겁을 먹게 하였고 권리실행의 수단 방법이 사회통념상 허용되는 정도나 범위를 넘는다면 공갈죄가 성립한다.[10)]

가. 공갈죄 긍정례

피고인이 갑으로부터 피해자에 대한 외상대금채권회수의 의뢰를 받고 이를 승낙한 다음 위 외상대금을 받아주기 위하여 피해자에게 갑의 채무를 당장 갚고 나서 영업을 하라고 요구하고, 이를 갚기 전에는 영업을 할 수 없다 하면서 개새끼라고 욕을 하고 눈을 치켜뜨고 죽어볼래 하면서 피해자의 멱살을 2, 3분 잡아 흔드는 등 겁을 먹게 하여 피해자로 하여금 금원을 갑에게 교부하게 하였다면, 피고인의 위 소위는 공갈죄를 구성하는 것으로 이 행위가 단순히 채권회수를 위한 권리행사로서 사회통념상 용인된 행위라고는 할 수 없다.[11)]

피고인이 교통사고로 2주일간의 치료를 요하는 상해를 당하여 그로 인한 손해배상청구권이 있음을 기화로 사고차량의 운전사가 바뀐 것을 알고서 그 운전사의 사용자에게 과다한 금원을 요구하면서 이에 응하지 않으면 수사기관에 신고할듯한 태도를 보여 이에 겁을 먹은 동인으로부터 금 3,500,000원을 교부받은 것이라면 이는 손해배상을 받기 위한 수단으로서 사회통념상 허용되는 범위를 넘어서 그 권리행사를 빙자하여 상대방을 외포하게 함으로써 재물을 교부받은 경우에 해당하므로 공갈죄가 성립한다고 할 것이다.[12)]

피해자의 기망에 의하여 부동산을 비싸게 매수한 피고인이라도 그 계약을 취소함이 없이 등기를 피고인 앞으로 둔 채 피해자의 전매차익을 받아낼 셈으로 피해자를 협박하여 재산상의 이득을 얻거나 돈을 받았다면

9) 대판 1985. 5. 14. 84도2289.
10) 대판 1961. 9. 21. 4294형상385; 대판 1995. 3. 10. 94도2422; 대판 1996. 9. 24. 96도2151; 대판 2007. 10. 11. 2007도6406.
11) 대판 1987. 10. 26. 87도1656.
12) 대판 1990. 3. 27. 89도2036.

이는 정당한 권리행사의 범위를 넘은 것으로서 사회통념상 용인될 수 없으므로 공갈죄를 구성한다.[13)]

피고인이 장시간에 걸쳐 피해자의 건물건축공사 현장사무실 내에서 다른 일행 3인과 합세하여 과격한 언사와 함께 집기를 손괴하고 건물 창문에 피해자의 신용을 해치는 불온한 내용을 기재하거나 같은 취지를 담은 현수막을 건물 외벽에 게시할 듯한 태도를 보이는 등의 행위를 취하였다면, 이는 피해자가 피고인의 금전지급요구에 응하지 아니하는 경우 자신의 신체나 재산 등에 부당한 이익을 받을 위험이 있다는 위구심을 일으키게 한 것으로서 피해자로 하여금 겁을 먹게 하기에 족한 해악의 고지에 해당한다고 볼 것이고, 그것이 비록 피고인의 주장과 같이 피해자에 대하여 가지는 이 사건 점포임대차계약의 해제에 따른 원상회복 및 손해배상청구권의 범위 내에서 그 권리실현의 목적으로 이루어진 것이라고 하더라도, 그 행사된 수단방법이 구체적인 태양에 있어 사회통념상 허용될 수 있는 범위를 훨씬 넘는 것이어서 피고인의 위 행위는 공갈죄를 구성한다.[14)]

나. 공갈죄 부정례

피고인이 공사한 건물의 대장상 평수보다 실제상의 평수가 많아 실제상의 평수에 따른 공사금의 지급을 요구하면서 그렇지 않으면 구청장에게 진정하여서라도 대장상의 건물평수가 부족함을 밝히겠다고 하는 의사표시는 사회상규에 어긋나지 아니하며 협박을 하여 부당한 이득을 얻으려는 의사가 있었다고 볼 수 없다.[15)]

잔금 일부를 수령한 여관매도인이 도피하자 그 대리인에게 고소하여 구속시키겠다고 말함

피해자가 갑을 대리하여 동인 소유의 여관을 피고인에게 매도하고 피고인으로부터 계약금과 잔대금 일부를 수령하였는데 그 후 갑이 많은 부채로 도피해 버리고 동인의 채권자들이 채무변제를 요구하면서 위 여관을 점거하여 피고인에게 여관을 명도하기가 어렵게 되자 피고인은 피해자에게 여관을 명도해 주던가 명도소송비용을 내놓지 않으면 고소하여 구속시키겠다고 말한 경우 피고인이 매도인의 대리인인 피해자에게 여관의 명도 또는 명도소송비용을 요구한 것은 매수인으로서 정당한 권리행사라 할 것이며 위와 같이 다소 위협적인 말을 하였다고 하여도 이는 사회통념상 용인될 정도의 것으로서 협박으로 볼 수 없다.[16)]

---

13) 대판 1991. 9. 24. 91도1824.

14) 대판 1995. 3. 10. 94도2422.

15) 대판 1979. 10. 30. 79도1660.

16) 대판 1984. 6. 26. 84도648. 다음은 유사 취지이다.

처분권주의, 변론주의의 원리를 채택하고 있는 민사소송에 있어 부당한 제소나 그 소송의 유지가 있다 하더라도 상대방은 이에 응소하여 방어권을 충분히 행사할 수 있는 것이고 소의 취하는 상대방이 이를 강제할 수 없는 것이므로, 토지매도인이 그 매매대금을 지급받기 위하여 매수인을 상대로 하여 당해 토지에 관한 소유권이전등기말소청구소송을 제기하고 위 대금을 변제받지 못하면 위 소송을 취하하지 아니하고 예고등기도 말소하지 않겠다는 취지를 알렸다고 하여 이를 지목하여 공갈행위라고 단정할 수는 없다(대판 1989. 2. 28. 87도690).

준공검사 전의 신축건물이 술집 등으로 이용되어 손해를 입은 자가 구청에 진정하였다가 과격한 언사를 사용하고 진정취하를 조건으로 하여 건축주로부터 요구금액을 받아냄

피고인 및 피해자의 건물주위는 일반주거지역으로서 당시의 법령에 의하여 유흥음식점은 물론 대중음식점도 원칙적으로 건축을 할 수가 없고, 인삼찻집 등의 경우를 제외하고는 그 영업허가도 받을 수가 없는 곳인데도 불구하고, 피해자는 위 신축건물의 지하와 1, 2층 부분을 생음악을 틀면서 영업을 하는 민속술집과 숯불갈비집, 까페 등을 경영하는 사람들에게 함부로 임대하여 준공검사 전에 사전입주를 시킴으로써 인접가옥 거주자인 피고인에게 소음과 냄새 등의 피해를 주었고, 피고인은 이러한 불편을 해소하기 위하여 관할관청인 중랑구청에 위 건물의 증축부분으로 인접가옥의 일조권이 침해받고 있고 주거지역내임에도 불구하고 준공검사 전 술집경영 등으로 피해가 많으니 시정조치해 달라는 내용의 진정을 제기하였다. 한편 피고인이나 피해자의 집 근처에서 부동산소개업을 하는 갑은 "피고인의 가옥이 원래는 시가 금 1억 8천만원 정도 되었으나 피해자의 신축건물이 들어선 이후 피고인은 그 소유가옥을 금 1억 5천만원에 싸게 판다고 내놓았고, 실제로 두어번 소개를 하였으나 사려는 사람들이 옆에 술집이 있어서 안좋다고 했다"는 취지로 진술하고 있으며, 그 진술의 신빙성을 배척하기는 어려운 반면, 피해자로서도 스스로 그 신축건물에 불법증축을 한 일, 주택가에 술집, 까페 등 영업을 하게 하고 더욱이 사전입주시킨 일 등이 모두 위법하다는 것을 잘 알고, 자신의 위 잘못을 시정하지 않으면 준공검사를 받을 수가 없을 뿐만 아니라 나아가 불법증축부분의 철거, 이미 입주한 임차인들에 대한 임대보증금의 반환 기타 손해배상 등의 복잡한 문제가 발생하여 상당한 피해를 감수할 처지에 놓이게 되자 이를 되도록 줄이려는 생각에서 위 금원을 피고인에게 교부한 것임을 엿볼 수 있다. 이러한 사실관계 아래에서는 피고인이 간접적으로 위 진정제기 전에 위 신축건물에 세들어 영업을 하고 있는 사람들에게 또는 진정제기 후에는 중재에 나선 다른 사람에게, 각 자신의 애로점을 호소하거나 자기의 주장을 관철하기 위한 방편으로 다소 과격한 언사를 쓰고, 나아가 진정취하를 조건으로 원심 판시와 같이 피고인이 입은 손해의 유무나 그 액수가 객관적으로 명확히 밝혀지지 않은 상태에서 위 진정으로 겁을 먹은 피해자로부터 그 요구금액 전액을 받아냈다 하더라도, 피고인은 자기의 권리행사로서, 피해자는 자신의 피고인 및 입주자들에 대한 손해배상의무를 면하기 위한 조치로서 절충 끝에 합의가 되어 자주적인 분쟁해결의 방법으로 위 금원이 수수된 것으로 보아야 하는 것이고, 이러한 피고인의 금원요구행위나 수령행위를 가리켜 권리행사를 빙자하였다거나 사회통념상 권리행사의 수단, 방법으로서 용인되는 범위를 넘는 공갈행위가 있었다고 단정할 수는 없는 것이다(대판 1990. 8. 14. 90도114).

고등학교 교사인 피고인 갑은 그의 처가 아파트를 분양받도록 하여 주겠다는 피해자에게 그 분양대금조로 수회에 걸쳐 합계 금 29,800,000원을 교부하였으나 피해자가 약속한 시기가 지나도록 분양될 아파트의 동호수도 알려 주지 아니하고 오히려 분양가가 인상되었다면서 추가로 분양대금의 지급을 요구하는 등 의심스러운 행동을 취하자 분양을 받지 않겠다면서 기지급된 돈의 반환을 요구하여 피해자로부터 금 29,800,000원짜리 차용증서를 교부받고 그 중 일부는 지급받았으나 나머지 돈을 돌려받지 못하여 고심을 하던 중 일반인이 국가안전기획부 직원의 말이라면 잘 들어 줄 것이라는 생각에서 자신이 담임을 맡고 있던 학생의 학부형으로서 국가안전기획부에 근무하던 피고인 을에게 그 동안의 사정을 이야기하고 도움을 요청하였는바, 위와 같은 요청을 받은 을은 피해자를 만나서 '갑의 이야기를 들으니 당신이 부동산을 불법으로 소개한 것 같다, 갑이 고소하면 부동산투기로 구속이 되어 1년 이상의 실형이 선고되니 갑의 건을 잘 해결해 주라'고 말하고, 그때부터 중재에 나서서 위 돈의 즉시 지급을 요구하는 갑측과 당장은 형편이 어렵다고 호소하는 피해자의 사정을 감안하여 갑측이 금 3,000,000원을 감액하여 주는 대신 피해자는 그 감액된 금액에 대하여 약속어음 공정증서를 작성하여 주는 방법을 제시하였는데, 이에 대하여 쌍방이 동의함으로써 이 사건 약속어음 공정증서가 작성되게 되었고, 그 직후 피해자는 을에게 그동안의 중재에 사의를 표시하고 자기 부담으로 식사를 대접하였으며, 또한 을에게 부탁하여 일부 변제하지 못한 약속어음금의 변제기를 3개월 간 연기받기도 하였던 것이라면, 이 사건 약속어음 공정증서의 작성, 교부는 어디까지나 을의 중재에 의하여 갑측과 피해자가 합의한 결과 이루어진 것이라 할 것이고, 그 과정에서 을이 피해자에게 자기의 신분을 밝히며 피해자의 아파트 분양알선행위가 범법행위로서 처벌받을 수도 있으니 갑에 대한 채무를 속히 변제하는 것이 좋다라고 다소 위협적으로 들릴 수 있는 말을 하였다 하더라도 이는 피해자가 이미 지급을 약속한 금원의 조속한 이행을 촉구하기 위하여 행하여진 것으로서 그것이 사회통념상 허용되는 범위를 넘어선 것이라고 단정하기는 어렵다(대판 1993. 12. 24. 93도2339).

피해자는 피고인과 2002. 1. 3.부터 동거를 하면서 피고인 명의의 국민은행 계좌를 이용하여 게임머니를 환전해주는 사업을 함께 영위하다가 2002. 5. 13. 피고인과 헤어질 목적으로 가출하면서 피고인의 휴대전화와 국민은행 통장을 들고 나갔으며,

그 바람에 피고인은 게임머니 구입대금을 입금한 고객을 확인할 수 없어서 게임머니 아이템을 공급해 주지 못하여 고객들로부터 사기죄로 고소하겠다는 위협을 받았으며,

비교 판례: 피고인이 피해자에게 "당신이 허위로 매매계약서를 작성하고 허위의 가등기를 한 것은 사문서위조, 인감도용, 인감위조, 강제집행면탈죄에 해당하는지 아느냐"고 말하였다면 이는 피해자가 피고인의 요구에 응하지 아니하면 사문서위조등의 죄로 고발하겠다는 뜻을 암시하는 것으로 피해자로 하여금 겁을 먹게 하기에 족한 해악의 고지로 볼 수 있고, 사실관계가 원심이 인정한 바와 같다면 피고인의 이 사건 범행이 설사 피고인 앞으로 허위의 소유권이전등기청구권보전의 가등기가 마쳐짐을 기화로 피해자에 대한 오래 전의 채무를 변제받기 위한 목적에서 이루어진 것이라 하더라도 그 수단 방법이 사회통념상 허용될 수 있는 범위를 넘는 것으로서 공갈미수죄가 성립된다고 아니할 수 없다.[17]

해설: 위 판례에서 피고인은 피해자가 100만 원의 채무를 부담하였고 그로부터 10년 내지 16년 정도가 지나 위 100만 원을 1억 원 내지 1억 5,000만 원으로 변제하기로 약정하였다고 주장하면서 허위의 가등기가 되어 있음을 기화로 가등기에 기한 본등기절차이행의 소를 제기한 상태에서 위와 같이 협박하였다.

5. 언론보도와 공갈

신문사 경영자가 자신이 발행하는 신문의 구독을 요청 또는 권유하는 것은 신문 부수의 확장을 위한 일상적인 업무의 범위 내에 속하는 것으로서, 특단의 사정이 없는 한, 사회통념상 용인되는 행위라고 보아야 할 것이므로, 언론사 종사자가 취재원에 대하여 불리한 기사의 보도 여부를 놓고 광고 게재나 신문구독을 요구한

피해자가 휴대전화의 전원을 꺼둔 채 연락을 피하자 피고인은 2002. 5. 14. 피해자가 머물고 있던 대전에 있는 피해자의 친정집에 찾아가 고소를 당하게 되었다면서 임의로 가져간 고객정보와 게임머니 환전 사업을 하면서 피고인의 통장에서 임의로 인출해간 돈을 배상하여 준다면 고소하지 않겠다는 메모를 붙였으며 피해자는 2002. 5. 15. 메모지를 확인하고서야 게임머니를 구입한 내역과 고객정보를 피고인에게 알려주었으며,

피고인은 2012. 5. 17. 피고인과 피해자가 동업으로 게임머니 판매 사업을 하면서 번 3,000만 원 중 절반가량인 1,500만 원 상당은 피고인에게 귀속되어야 한다면서 1,500만 원의 지급을 구하는 손해배상청구소송을 제기하고 그 무렵부터 피해자에게 훔쳐간 장부와 통장을 빨리 반환하라거나 소장 부본을 빨리 송달받으라거나 재판을 통해 자신이 받을 돈을 지급받고 빨리 끝내기를 바란다는 등의 내용으로 된 문자메시지를 여러 차례 보내었으며,

피해자는 피고인이 민사소송을 제기하자 그 직후 친정집 대문에 메모를 붙인 행위 등에 대하여 폭행 및 협박죄로 고소장을 제출하였는데, 그 당시 고소장에서 피고인이 금품을 요구한다는 내용을 언급한 적은 없었던 사실, 그 이후 피고인과 피해자는 2012. 5. 25. 변호사사무실에서 변호사의 조력을 받아 피해자가 피고인에게 1,500만 원의 배상금을 지급하되 피고인은 위 민사소송을 취하하는 한편 향후 피해자 또는 그 가족들에게 전화나 서면 등으로 면접하지 않고 돈 등을 요구하지 않으며 인터넷 등에 피해자 혹은 'K양' 등의 내용으로 피해자와 관련된 내용을 기재하지 않기로 하며 이를 위반할 경우에는 1,500만 원의 10배의 금액을 피해자에게 배상하기로 하는 내용의 합의각서를 작성하였으며,

피해자는 2012. 5. 25. 고소를 취하하였고 피고인은 같은 날 피해자에게 자신 소유의 에쿠스 자동차를 증여하겠다면서 배송하였으나 피해자가 이를 피고인에게 다시 돌려보내었다.

그렇다면 피고인이 게임머니 환전 사업에 필수적인 휴대전화와 장부 및 피고인 명의의 예금통장을 피해자가 가출하면서 몰래 가지고 간 행위를 따지는 한편 위 장부와 예금통장 등의 반환을 요구하는 내용의 문자를 보내거나 메모를 친정집에 붙이고, 피해자를 상대로 게임머니 환전 사업을 하면서 번 돈 중 절반의 지급을 구하는 민사소송을 제기한 후 그 소장 부본 수령을 재촉하면서 판결 결과에 따라 빨리 손해배상금을 정산할 것을 요구한 것은 정당한 권리행사라 할 것이고, 그러한 정당한 권리행사를 하면서 다소 위협적인 언사를 사용하였다고 하여도 이는 사회통념상 용인될 정도의 것으로서 공갈죄의 수단인 협박에 해당한다고 보기 어렵다(대판 2013. 9. 13. 2013도6809).

17) 대판 1993. 9. 14. 93도915.

행위가 공갈죄의 수단으로서 해악의 고지에 해당되는지 여부는 그러한 요구를 한 자와 요구를 받은 자 사이의 관계와 지위, 언론사의 사회적 영향력, 당사자의 의도와 추구하고자 하는 경제적 이익의 내용, 그러한 요구에 이른 전후 경위, 당사자가 그 과정에서 보인 태도, 관련 기사 내용과 그 기사가 상대방의 이해관계에 미치는 영향력의 크기, 불리한 기사와 요구한 금품 사이의 견련성 정도, 불이익을 시사한 구체적인 언동의 존부와 그 내용 등을 두루 심사하여 이를 신중하게 판단하여야 한다.
지역신문의 발행인이 시정에 관한 비판기사 및 사설을 보도하고 관련 공무원에게 광고의뢰 및 직보배정을 타신문사와 같은 수준으로 높게 해달라고 요청한 사실만으로 공갈죄의 수단으로서 그 상대방을 협박하였다고 볼 수 없다고 한 사례.[18)]

방송기자인 피고인이 피해자에게 피해자 경영의 건설회사가 건축한 아파트의 진입도로미비 등 공사하자에 관하여 방송으로 계속 보도할 것 같은 태도를 보임으로써 피해자가 위 방송으로 말미암아 그의 아파트 건축사업이 큰 타격을 받고 자신이 경영하는 회사의 신용에 커다란 손실을 입게 될 것을 우려하여 방송을 하지 말아 달라는 취지로 200만 원을 피고인에게 교부한 경우 공갈죄의 구성요건이 충족되고 또 인과관계도 인정된다고 할 것이다.[19)]

오현교 부실공사보도에 대한 해명광고가 잘못되었다는 사과광고의 광고료 갈취/전체의 모의 없이 의사의 결합에 의한 공동정범의 성립

사안: 1992. 11. 13.자 A 신문에 오현교가 부실공사되었다는 기사가 게재되고 이에 그 건설회사인 B 주식회사가 같은 달 14.자 제주신문에 해명광고로 반박한 사실, 같은 달 16. 발행, 배포된 A에 속보로 위 오현교 건설공사가 완전한 부실공사라는 기사가 다시 게재되는 한편 B를 시민의 재산과 생명을 위협하는 악덕기업으로 매도하는 내용의 만평 등이 게재되었고, 같은 날 아침 B의 대표이사인 피해자가 회사에 출근하자 직원들이 그에게 일간신문 기자들이 각 기관에 가서 B가 시공한 모든 공사의 관계 자료를 내놓으라고 하여 각 기관에서는 난리가 났다고 하면서 A의 사주인 갑을 만나 해결하여야 하지 않겠느냐고 한 사실, 이에 피해자가 같은 날 17:00경 갑을 찾아가 B가 오현교를 부실공사한 것이 아니므로 더 이상 오현교 부실공사 관련 보도를 하지 말아 달라고 부탁하였는바, 갑이 B가 A의 경쟁지인 제주신문에 낸 해명서 때문에 젊은 기자들이 "앞으로 B가 시공하는 각종 건설공사에 대하여는 잘못을 샅샅이 뒤져 보도하고 오현교에 대하여도 제2탄, 제3탄으로 계속 보도할 준비가 되어 있다. 한번 대결을 하여 보자"라고 하면서 크게 반발하고 있다며 신문사 내의 강경 분위기를 전하고 기자들을 달랠 만한 명분이 없어 어쩔 수 없다고 한 후, 편집국에 다녀와서는 B에서 제주신문에 게재하였던 해명광고가 잘못되었다는 내용의 사과광고를 A에 게재하고 그 밖에 제주신문, 제민일보 등 제주도 내의 나머지 2개 지역신문에도 같은 광고를 게재하는 것이 좋겠다는 의견을 제시하여 갑이 A에만 위 사과광고를 낼 것을 승낙한 사실, 위 사과광고의 문안은 피해자가 A의 정경부장에게 부탁하여 동인이 작성하고 피해자가 그 문안을 수정하였으며, 갑은 피해자에게 구체적인 광고게재방법에 관하여는 말하지 않은 채 A의 광고국장인 을에게 가 보라고만 하였고, 을에게는 전화로 피해자가 광고를 게재

18) 대판 2002. 12. 10. 2001도7095.
19) 대판 1991. 5. 28. 91도80.

하러 갈 것임을 알린 사실, 이에 피해자가 다음 날 09:00경 을을 찾아가자 을은 피해자에게 "B에서 제주신문에 해명광고를 낸 것에 대하여 A의 기자들이 몹시 분개하고 있다"라고 하면서 광고료로 800만 원을 요구하였고, 위 금액이 너무 비싸므로 할인하여 달라는 피해자의 요구에 440만 원을 요구하여 피해자의 승낙을 받고 같은 날 A에 위 사과광고를 게재하였으며 같은 달 24. 위 광고료를 수령한 사실, 그런데 위 사과광고는 B가 같은 달 14.자 제주신문에 게재한 A의 위 오현교 부실공사 관련 기사에 대한 해명광고와 동일한 크기인 5단 37cm의 광고이었는데, B가 통상 A 보다 광고료가 저렴하지 않은 위 제주신문에 지급하였던 위 해명광고료는 130만 원이었던 사실, 위 사과광고 게재 이후 A에 더 이상 오현교 부실공사 관련 기사가 게재되지 않은 사실 등을 알 수 있다.

공갈죄의 성립: 갑의 행위는 일견 B와 A의 기자들 사이의 분쟁을 조정한 행위로 보이나, 갑이 언론사 사장으로서 진정 위 분쟁을 조정할 의사이었다면 피해자로 하여금 B의 사과광고를 당초 해명광고를 게재한 바 있었던 제주신문에 게재하도록 하고 A에는 위 사과광고 게재사실을 기사화하도록 할 것이지, 굳이 A에 위 사과광고를 게재하라고 제안할 이유가 없었으며, 또한 갑으로서는 피해자로 하여금 A의 광고국으로 가서 사과광고 신청을 하도록 하는 경우 그 광고 신청을 하지 않으면 A에 계속 위 오현교 부실공사 관련 기사 등 B의 신용을 해치는 기사들이 게재될 것으로 외포되어 있는 피해자의 상태를 이용하여 광고국 직원, 또는 을이 과다한 광고료를 요구할 것을 충분히 예견할 수 있었으므로 을에게 분쟁의 원인이 된 종전의 제주신문 해명광고의 광고료와 동일한 액수의 광고료만을 받도록 조치하였어야 함에도, 을에게 피해자가 사과광고를 게재하러 갈 것임을 알리기만 하였을 뿐 다른 아무런 조치를 취하지 않았으니, 위와 같은 점들을 종합하여 보면 갑은 B와 A의 기자들 사이의 분쟁을 조정함을 빙자하여 위 타협안대로 사과광고 신청을 하지 않으면 계속 A에 위 오현교 부실공사 관련 기사 등 B의 신용을 해치는 기사들이 게재될 것 같다는 A의 기자들의 분위기를 전달하는 방법으로 피해자를 외포시켜 피해자로 하여금 A에 광고신청을 하고 그 광고료를 지급하도록 한 것이라 할 것이므로, 위와 같은 행위는 공갈죄의 구성요건인 상대방에게 공포심을 일으킬 목적으로 해악을 통고한 것에 해당한다.

공모관계의 성립: 을이 사전에 갑과 피해자로부터 광고료를 갈취하기로 모의하였다는 점에 부합하는 증거는 없으나, 갑은 피해자와 A에 사과광고를 내기로 합의한 다음 을에게 전화로 피해자가 광고신청을 하러 갈 것임을 알렸고, A의 광고업무는 을의 전결사항이므로 을은 갑에게는 매월 말에 광고업무 일체를 일괄보고할 뿐 개개의 광고신청 및 광고게재사실에 대하여 보고하거나 결재받지는 않음에도 불구하고 피해자의 위 사과광고 신청사실 및 광고내용을 동인과의 광고계약 체결 직후 갑에게 구두로 보고하였으며, 을은 1992. 11. 13.자 A에 게재된 오현교의 부실공사 관련 기사, 같은 달 14.자 제주신문에 게재된 위 해명광고, 같은 달 16.자 A에 다시 게재된 위 오현교 부실공사 관련 기사 등을 모두 읽어 보았음을 알 수 있는바, 위 사실들에 비추어 보면 갑이 피해자와 A에 사과광고를 내기로 합의한 같은 달 16. 17:00경부터 피해자가 을과 위 광고계약을 체결한 같은 달 17. 09:00경 사이에 갑과 을 사이에 피해자가 A에 사과광고 신청을 하지 않으면 A에 계속 위 오현교 부실공사 관련 기사 등 B의 신용을 해치는 기사들이 게재될 것으로 여겨 이미 외포상태에 빠져있는 피해자로 하여금 적정한 광고료 이상의 광고료를 지급하고라도 위 광고를 신청하도록 하여 그 광고료를 갈취하려는 암묵적인 의사연락이 있었다고 봄이 마땅하다 할 것이다.

2인 이상이 공모하여 범죄에 공동 가공하는 공범관계에 있어서 공모는 법률상 어떤 정형을 요구하는 것이 아니고 공범자 상호간에 직접 또는 간접으로 범죄의 공동실행에 관한 암묵적인 의사연락이 있으면 족한 것으로 비록 <u>전체의 모의과정이 없었다고 하더라도 수인 사이에 의사의 결합이 있으면 공동정범이 성립</u>될 수 있는 것이다.

위와 같이 갑이 피해자를 외포시켜 동인으로부터 A에 사과광고 신청을 할 것을 승낙받은 후 을과 암묵적인 의사연락이 이루어져 을이 피해자의 외포상태를 이용하는 한편 다시 동인에게 A의 기자들의 강경 분위기를 전달하여 동인을 외포시킴으로써 동인으로 하여금 적정한 광고료 이상의 금 4,400,000원의 광고료를 지급하고 위 사과광고를 게재하도록 한 이상 갑과 을은 위 광고료 금 4,400,000원을 갈취한 데 대한 공동정범의 죄책을 면할 수 없다 할 것이다.

공동하여 범한 공갈죄: 폭처법 제2조 제2항의 "2인 이상이 공동하여 제1항에 열거된 죄를 범한 때"라고 함은 그 수인 사이에 공범관계가 존재하는 것을 요건으로 하고 수인이 동일 장소에서 동일 기회에 상호 다른 자의 범행을 인식하고 이를 이용하여 범행을 한 경우임을 요하는바, 갑과 을의 행위는 동법 제2조 제2항, 제1항, 형법 제350조 제1항 소정의 "2인 이상이 공동하여 공갈죄를 범한 때"에 해당한다.[20]

6. 재산상의 처분행위

택시요금의 지급을 면하고자 택시기사를 폭행하고 도주

재산상 이익의 취득으로 인한 공갈죄가 성립하려면 폭행 또는 협박과 같은 공갈행위로 인하여 피공갈자가 재산상 이익을 공여하는 처분행위가 있어야 한다. 물론 그러한 처분행위는 반드시 작위에 한하지 아니하고 부작위로도 족하여서, 피공갈자가 외포심을 일으켜 묵인하고 있는 동안에 공갈자가 직접 재산상의 이익을 탈취한 경우에도 공갈죄가 성립할 수 있다. 그러나 폭행의 상대방이 위와 같은 의미에서의 처분행위를 한 바 없고, 단지 행위자가 법적으로 의무 있는 재산상 이익의 공여를 면하기 위하여 상대방을 폭행하고 현장에서 도주함으로써 상대방이 행위자로부터 원래라면 얻을 수 있었던 재산상 이익의 실현에 장애가 발생한 것에 불과하다면, 그 행위자에게 공갈죄의 죄책을 물을 수 없다.

피고인이 피해자가 운전하는 택시를 타고 간 후 최초의 장소에 이르러 택시요금의 지급을 면할 목적으로 다른 장소에 가자고 하였다면서 택시에서 내린 다음 택시요금 지급을 요구하는 피해자를 때리고 달아나자, 피해자가 피고인이 말한 다른 장소까지 쫓아가 기다리다 그곳에서 피고인을 발견하고 택시요금 지급을 요구하였는데 피고인이 다시 피해자의 얼굴 등을 주먹으로 때리고 달아난 사안에서, 피해자가 피고인에게 계속해서 택시요금의 지급을 요구하였으나 피고인이 이를 면하고자 피해자를 폭행하고 달아났을 뿐, 피해자가 폭행을 당하여 외포심을 일으켜 수동적·소극적으로라도 피고인이 택시요금 지급을 면하는 것을 용인하여 이익을 공여하는 처분행위를 하였다고 할 수 없다.[21]

주점 종업원에게 겁을 주어 주류를 제공받음/피공갈자와 재산상 피해자의 불일치

공갈죄에 있어서 공갈의 상대방은 재산상의 피해자와 동일함을 요하지는 아니하나, 공갈의 목적이 된 재물 기타 재산상의 이익을 처분할 수 있는 사실상 또는 법률상의 권한을 갖거나 그러한 지위에 있음을 요한다. 주점의 종업원에게 신체에 위해를 가할 듯한 태도를 보여 이에 겁을 먹은 위 종업원으로부터 주류를 제공받은 경우에 있어 위 종업원은 주류에 대한 사실상의 처분권자이므로 공갈죄의 피해자에 해당된다.[22]

20) 대판 1997. 2. 14. 96도1959.

21) 대판 2012. 1. 27. 2011도16044.

공갈죄는 다른 사람을 공갈하여 그로 인한 하자 있는 의사에 기하여 자기 또는 제3자에게 재물을 교부하게 하거나 재산상 이익을 취득하게 함으로써 성립되는 범죄로서, 공갈의 상대방이 재산상의 피해자와 같아야 할 필요는 없고, 피공갈자의 하자 있는 의사에 기하여 이루어지는 재물의 교부 자체가 공갈죄에서의 재산상 손해에 해당하므로, 반드시 피해자의 전체 재산의 감소가 요구되는 것도 아니다.[23)]

7. 고 의

종전 상처까지 포함하여 합의금을 받음

피고인의 코 부분을 촬영한 X선사진에 나타난 비골골절상은 오래전에 생긴 것이기는 하나 피고인이 공소외인들과 서로 다투다가 땅에 넘어지는 바람에 비부좌상으로 심한 출혈과 비부주위에 종창이 있어 그 때문에 X선촬영까지 하게 된 이상 피고인이 공소외인들과의 싸움으로 비부좌상외에 종전 상처인 비골골절상까지 그때 입은 것으로 믿고 치료비 및 합의금 명목으로 돈을 받았다 하여 공갈죄를 구성한다고 할 수 없다.[24)]

8. 실행의 착수와 기수

피고인이 피해자를 위협해서 동인으로 하여금 갑에게 금품을 교부케 할 목적으로 피해자의 고용인인 을을 보고 "피해자가 갑에게 50만원을 주지 않으면 피해자가 경영하는 ○○공업사의 경리비밀과 1,300만 원의 탈세 사실을 국세청이나 정보부에 고발 한다는 말을 피해자에게 전하라"고 하여 을이 이를 피해자에게 전하였으면 공갈범행의 착수에 해당한다.[25)]

피해자들을 공갈하여 피해자들로 하여금 지정한 예금구좌에 돈을 입금케 한 이상, 위 돈은 범인이 자유로히 처분할 수 있는 상태에 놓인 것으로서 공갈죄는 이미 기수에 이르렀다 할 것이다.[26)]

부동산에 대한 공갈죄는 그 부동산에 관하여 소유권이전등기를 경료받거나 또는 인도를 받은 때에 기수로

---

22) 대판 2005. 9. 29. 2005도4738. 구체적인 내용은 다음과 같다.
피고인 1, 2, 3 등이 공동하여, 갑이 종업원으로 일하고 있던 ○○룸살롱(을이 건물주로부터 임차하여 병에게 운영을 위임함)에서 갑에게 은근히 조직폭력배임을 과시하면서 "이 새끼들아 술 내놔"라고 소리치고, 피고인 1 등은 험악한 인상을 쓰면서 "너희들은 병이 깡패도 아닌데 왜 따라 다니며 어울리냐"라고 말하는 등의 방법으로 신체에 위해를 가할 듯한 태도를 보여 이에 겁을 먹은 갑으로부터 주류를 제공받아 이를 갈취한 사안에서, 피고인들로부터 협박을 당한 갑은 주류에 대한 사실상의 처분권자이므로 갑을 공갈죄의 피해자라고 봄이 상당하다.

23) 대판 2013. 4. 11. 2010도13774.

24) 대판 1984. 1. 24. 83도3023.

25) 대판 1969. 7. 29. 69도984.

26) 대판 1985. 9. 24. 85도1687.

되는 것이고, 소유권이전등기에 필요한 서류를 교부 받은 때에 기수로 되어 그 범행이 완료되는 것은 아니다.[27)]

9. 다른 범죄와의 관계

뇌물죄와의 관계

공무원이 직무집행의 의사 없이 또는 직무처리와 대가적 관계없이 타인을 공갈하여 재물을 교부하게 한 경우에는 공갈죄만이 성립하고, 이러한 경우 재물의 교부자가 공무원의 해악의 고지로 인하여 외포의 결과 금품을 제공한 것이라면 그는 공갈죄의 피해자가 될 것이고 뇌물공여죄는 성립될 수 없다고 하여야 할 것이다. 세무공무원에게 회사에 대한 세무조사라는 직무집행의 의사가 있었고, 과다계상된 손금항목에 대한 조사를 하지 않고 이를 묵인하는 조건으로, 다시 말하면 그 직무처리에 대한 대가관계로서 금품을 제공받았으며, 회사의 대표이사는 공무원의 직무행위를 매수하려는 의사에서 금품을 제공하였고, 그 세무공무원은 세무조사 당시 타회사 명의의 세금계산서가 위장거래에 의하여 계상된 허위의 계산서라고 판단하고 이를 바로잡아 탈루된 세금을 추징할 경우 추징할 세금이 모두 50억 원에 이를 것이라고 알려 주었음이 명백하다면, 문제된 세금계산서가 진정한 거래에 기하여 제출된 것인지, 세무공무원의 묵인행위로 인하여 회사에게 추징된 세금 액수가 실제적으로 줄어든 것이 있는지 여부에 관계없이 그 세무공무원 및 대표이사의 행위가 뇌물죄를 구성한다고 한 사례.[28)]

공갈죄의 수단으로서 한 협박은 공갈죄에 흡수될 뿐 별도로 협박죄를 구성하지 않는다.[29)]

횡령 자인서를 받아낸 뒤 이를 근거로 돈을 갈취

피고인이 투자금의 회수를 위해 피해자를 강요하여 물품대금을 횡령하였다는 자인서를 받아낸 뒤 이를 근거로 돈을 갈취한 경우, 피고인의 주된 범의가 피해자로부터 돈을 갈취하는 데에 있었던 것이라면 피고인은 단일한 공갈의 범의 하에 갈취의 방법으로 일단 자인서를 작성케 한 후 이를 근거로 계속하여 갈취행위를 한 것으로 보아야 할 것이므로 위 행위는 포함하여 공갈죄 일죄만을 구성한다고 보아야 한다. 이와 달리 피고인의 처음 범의는 자인서를 받아내는 데에 있었으나 자인서를 받아낸 후 금전갈취의 범의까지 일으켜 폭행·협박을 계속한 것이라면 강요죄와 공갈미수죄의 실체경합으로 볼 여지가 있을 것이다.[30)]

27) 대판 1992. 9. 14. 92도1506.
28) 대판 1994. 12. 22. 94도2528. 같은 취지로는 대판 1966. 4. 6. 66도12.
29) 대판 1996. 9. 24. 96도2151.
30) 대판 1985. 6. 25. 84도2083.

10. 이득액의 산정

약속어음공정증서(액면금 6억 원)를 갈취한 후 이를 이용하여 경매신청하였다가 그 취하 조건으로 근저당권(채권최고액 3억 원)을 설정받음

피고인이 피해자로부터 피해자가 발행하여 공증을 받은 액면금 6억 원의 약속어음을 갈취한 후, 그 공정증서를 채무명의로 하여 피해자 소유 부동산에 대한 강제경매신청을 하였다가 그 강제경매를 취하하는 조건으로 그 부동산에 관하여 근저당권자를 피고인으로 하는 채권최고액 금 3억 원의 근저당권을 설정받은 경우, 그 근저당권은 피고인이 갈취한 기존의 약속어음채권 금 6억 원을 확보 강화하는 것에 불과하여 피고인의 실질적 이득액은 금 6억 원을 넘어설 수 없다고 한 사례.[31]

공갈폭행으로 인하여 취득한 이득액은 공갈범행으로 인하여 취득하기로 약정된 즉 불법영득의 대상이 된 재물이나 재산상의 이익의 가액이 기준이 되어야 하고, 범죄의 기수시기를 기준으로 하여 산정할 것이며 그 후의 사정변경을 고려할 것이 아니고 그와 같은 사정변경의 가능성이 공갈행위시 예견 가능한 것이라고 하여도 마찬가지이다.

피고인이 피해자로부터 갈취한 매립예정지는 3,300평이고 갈취 당시의 평당가격(권리가격)은 금 400,000원이므로 이를 기준으로 하여 이득액을 산정하여야 하고, 갈취 당시 37,000평에 대한 매립면허가 나오는 것을 전제로 하여 판시와 같은 약정을 한 이상 그 후에 실제 매립면허시에 그 면적이 줄어들었다고 하여도 이 사건 결과에는 영향이 없다 할 것이다.[32]

11. 상습공갈죄와 폭처법상의 상습성

폭처법 제2조 제1항에서 말하는 '상습'이란 같은 항 각 호에 열거된 각 범죄행위 상호 간의 상습성만을 의미하는 것이 아니라, 같은 항 각 호에 열거된 모든 범죄행위를 포괄한 폭력행위의 습벽을 의미하고, 반면에 형법 제351조, 제350조에서 규정하는 상습공갈죄에서의 '상습'이란 반복하여 공갈행위를 하는 습벽으로서 행위자의 속성을 말하므로, 폭처법 제2조 제1항은 형법 제351조, 제350조의 상습공갈죄와는 서로 다른 구성요건을 가지는 것이어서, 똑같은 구성요건임에도 법정형만 상향 조정한 조항임을 전제로 헌법의 기본원리에 위배되고 평등원칙에 반하는 위헌성을 띤 처벌규정으로 볼 수 없다.[33]

31) 대판 1995. 6. 30. 95도825.
32) 대판 1990. 10. 16. 90도1815. 특경법상 사기에 관하여 같은 취지로는 대판 2000. 2. 25. 99도4305.
33) 대판 2015. 11. 12. 2015도12372.

제4절 강도죄

강도죄의 구성요건 체계
제333조 강도
제334조 특수강도(1항은 야간주거등침입강도, 2항은 흉기휴대강도와 합동강도)
제335조 준강도, 준특수강도
제336조 인질강도
제337조 강도(상해, 치상)
제338조 강도(살인, 치사)
제339조 강도강간
제340조 ① 해상강도
② 해상강도(상해, 치상)
③ 해상강도(살인, 치사, 강간)
제341조 상습(제333조, 제334조, 제336조, 제340조제1항 각 죄명)
제342조 (제329조 내지 제341조 각 죄명)미수
제343조 강도(예비, 음모)

Ⅰ. 강도죄

1. 의 의

강도죄는 폭행 또는 협박으로 타인의 재물 또는 재산상의 이익을 취득하거나 제3자로 하여금 취득하게 하는 것이다. 재물과 재산상의 이익을 모두 대상으로 한다는 점에서 사기죄 및 공갈죄와 같다.

2. 객 체

가. 재 물

재사용하거나 증거로 사용할 수 있는 찢어진 어음

찢어진 어음이라 하더라도 그것이 아직 객관적인 경제적 가치 내지 금전적 교환가치를 가지고 있는 경우에는 피해자가 재사용가능하거나 적어도 피해자에게는 그 어음의 원인채권을 변제받기 위한 증거 내지 수단으로 쓸 수 있는 사정이 있다할 것이므로 그 어음조각은 여전히 강도죄의 객체인 재물에 해당한다 할 것이고, 가사 위 어음이 피해자가 이를 부당한 방법으로 소지하게 된 것이라 하여도 범행의 성립에 아무런 소장이 없다.[1]

1) 대판 1987. 10. 13. 87도1240.

나. 재산상이익

폭행·협박으로 신용카드 매출전표에 서명하게 함

형법 제333조 후단의 강도죄(이른바 강제이득죄)의 요건이 되는 재산상의 이익이란 재물 이외의 재산상의 이익을 말하는 것으로서, 그 재산상의 이익은 반드시 사법상 유효한 재산상의 이득만을 의미하는 것이 아니고 외견상 재산상의 이득을 얻을 것이라고 인정할 수 있는 사실관계만 있으면 여기에 해당된다.

피고인들이 폭행·협박으로 피해자로 하여금 매출전표에 서명을 하게 한 다음 이를 교부받아 소지함으로써 이미 외관상 각 매출전표를 제출하여 신용카드회사들로부터 그 금액을 지급받을 수 있는 상태가 되었는바, 피해자가 각 매출전표에 허위 서명한 탓으로 피고인들이 신용카드회사들에게 각 매출전표를 제출하여도 신용카드회사들이 신용카드 가맹점 규약 또는 약관의 규정을 들어 그 금액의 지급을 거절할 가능성이 있다 하더라도, 그로 인하여 피고인들이 각 매출전표 상의 금액을 지급받을 가능성이 완전히 없어져 버린 것이 아니고 외견상 여전히 그 금액을 지급받을 가능성이 있는 상태이므로, 결국 피고인들이 '재산상 이익'을 취득하였다고 볼 수 있다.[2)]

칼로 피해자를 찔러 지불각서를 작성케 함

피고인이 식칼을 피해자의 목에 들이대고 피고인의 채권자에게 2,000만 원을 지급한다는 지불각서를 쓰라고 말하고, 망설이는 피해자의 어깨를 위 칼로 1회 찔러 항거를 불능케 하고 피해자로 하여금 위와 같은 취지의 지불각서 1매를 쓰게 한 사안에서,

피해자에게 반항을 억압할 정도의 폭행, 협박을 가하여 채무를 부담하게 하거나 채권의 포기나 채무면제의 의사표시를 하게 한 경우와 같이 피해자의 자유의사가 결여된 상태하에서 처분행위의 외형을 지니는 행동에 의한 이득도 재산상의 이익에 포함되는 것이고, 이 경우 피해자의 의사표시는 사법상 무효이거나 적어도 강박을 이유로 취소가 가능하겠지만 강제이득죄는 권리의무관계가 외형상으로라도 불법적으로 변동되는 것을 막고자 함에 있는 것으로서 항거불능이나 반항을 억압할 정도의 폭행 협박을 그 요건으로 하는 강도죄의 성질상 그 권리의무관계의 외형상 변동의 사법상 효력의 유무는 그 범죄의 성립에 영향이 없고, 법률상 정당하게 그 이행을 청구할 수 있는 것이 아니라도 강도죄에 있어서의 재산상의 이익에 해당하는 것이며, 따라서 이와 같은 재산상의 이익은 반드시 사법상 유효한 재산상의 이득만을 의미하는 것이 아니고 외견상 재산상의 이득을 얻을 것이라고 인정할 수 있는 사실관계만 있으면 되는 것이다.

피고인이 피해자를 강요하여 위 지불각서를 작성하게 하였다면 이는 특별한 사정이 없는 한 피해자로 하여금 거기에 쓰여진 내용의 의사표시를 하게 한 것이 되어 외형상은 그 서면에 따른 채무부담의 의사표시를 한 것이어서 재산상이익을 취득한 것으로 보아야 한다.[3)]

3. 폭행·협박

폭행은 사람에 대한 유형력의 행사를 말하고, 협박은 해악을 고지하여 공포심을 불러 일으키는 것

2) 대판 1997. 2. 25. 96도3411.
3) 대판 1994. 2. 22. 93도428.

을 말한다. 강도죄에서의 폭행·협박은 상대방의 반항을 억압하거나 현저히 곤란하게 하는 것을 말한다.

가. 긍정례

과도를 얼굴에 들이대고 금품을 내놓으라고 함

새벽 3시경 길이 약 14센티미터의 과도를 들고 피해자의 집 담을 넘어 들어가 피해자의 얼굴에 위 과도를 들이대고 금품을 내놓으라고 협박을 하였다면 범인이 전에 위 피해자 경영의 공장에서 종업원으로 근무하였다는 점을 감안하더라도 이는 피해자의 반항을 억압할 정도의 협박으로 인정하기에 충분하다.[4]

피해자의 뒤를 따라가다가 그 등을 발로 세게 차서 상해를 입힌 후 물건을 빼앗은 것이라면 비록 느닷없이 한 것이라 하더라도 피해자의 반항을 억압할 수 있을 정도의 폭력행위에 해당한다고 볼 수 있을 것이다.[5]

피해자가 맞은 편에서 걸어오고 있는 것을 발견하고 접근하여 미리 준비한 돌멩이로 안면을 1회 강타하여 전치 3주간의 안면부좌상 및 피하출혈상등을 입히고 가방을 빼앗은 것이라면 피해자의 반항을 억압할 수 있을 정도의 폭행행위에 해당한다.[6]

공범들과 함께 피해자를 폭행하다가 지갑을 꺼내어 감

피고인은 공범들과 함께 피해자를 폭행을 하던 중 바닥에 쓰러진 피해자의 바지 뒷주머니에서 장지갑을 꺼내갔는데, 그동안 공범들은 계속하여 피해자를 폭행한 사안에서,
강도죄는 사람의 반항을 억압함에 충분한 폭행 또는 협박을 사용하여 타인의 재물을 강취하거나 재산상의 이익을 취득함으로써 성립하는 범죄이므로, 피고인이 강도의 범의 없이 공범들과 함께 피해자의 반항을 억압함에 충분한 정도로 피해자를 폭행하던 중 공범들이 피해자를 계속하여 폭행하는 사이에 피해자의 재물을 취거한 경우에는 피고인 및 공범들의 위 폭행에 의한 반항억압의 상태와 재물의 탈취가 시간적으로 극히 밀접하여 전체적·실질적으로 재물 탈취의 범의를 실현한 행위로 평가할 수 있으므로 강도죄가 성립하고, 그 과정에서 피해자가 상해를 입었다면 강도상해죄가 성립한다.[7]

신경안정제를 복용시켜 졸음에 빠지게 함

"아리반"(신경안정제) 4알을 탄 우유나 사와가 들어 있는 갑을 휴대하고 다니다가 사람에게 마시게 하여 졸음에 빠지게 하고 그 틈에 그 사람의 돈이나 물건을 빼앗은 경우에 그 수단은 강도죄에서 요구하는 남의 항

4) 대판 1986. 7. 8. 86도931.
5) 대판 1972. 1. 31. 71도2114.
6) 대판 1986. 12. 23. 86도2203.
7) 대판 2013. 12. 12. 2013도11899.

거를 억압할 정도의 폭행에 해당된다.[8)]

나. 부정례

주점도우미를 폭행하여 이불로 덮어씌우고 나가면서 우발적으로 현금을 가져감

주점 도우미인 피해자와의 윤락행위 도중 시비 끝에 피해자를 이불로 덮어씌우고 폭행한 후 이불 속에 들어 있는 피해자를 두고 나가다가 탁자 위의 피해자 손가방 안에서 현금을 가져간 사안에서,

피고인이 타인에 대하여 반항을 억압함에 충분한 정도의 폭행 또는 협박을 가한 사실이 있다 해도 그 타인이 재물 취거의 사실을 알지 못하는 사이에 그 틈을 이용하여 피고인이 우발적으로 타인의 재물을 취거한 경우에는 위 폭행이나 협박이 재물 탈취의 방법으로 사용된 것이 아님은 물론, 그 폭행 또는 협박으로 조성된 피해자의 반항억압의 상태를 이용하여 재물을 취득하는 경우에도 해당하지 아니하여 양자 사이에 인과관계가 존재하지 아니한다 할 것이므로, 위 폭행 또는 협박에 의한 반항억압의 상태가 처음부터 재물 탈취의 계획 하에 이루어졌다거나 양자가 시간적으로 극히 밀접되어 있는 등 전체적·실질적으로 단일한 재물 탈취의 범의의 실현행위로 평가할 수 있는 경우에 해당하지 아니하는 한 강도죄의 성립을 인정하여서는 안 될 것이다.[9)]

경찰관을 사칭하여 기소중지자로부터 빌려준 도박자금을 회수함

원심은, 그 판시와 같이 피고인은 제1심 공동피고인들과 공모 공동하여, 피해자가 기소중지되어 있는 약점을 알아채고 형사를 사칭, 피해자를 납치하여 제1심 공동피고인 1이 빌려 준 도박자금을 강제로 회수하기로 결의하고, 미리 준비한 승합차를 타고 피해자의 거주지를 찾아가 대기하고 있다가 마침 그 곳에 나타난 피해자에게 '부평경찰서 형사인데 경찰서로 함께 가자'고 요구하여 위 승합차에 태워 승합차 내부의 사방에서 몸을 밀착시켜 피해자를 꼼짝달싹하지 못하도록 한 다음, '당장 돈을 갚지 않으면 여기에서 풀어줄 수 없다'고 위협하면서 부평시 소재 부평공동묘지로 데려가서 협박을 계속하여 위 도박자금 및 기타 경비 회수 명목으로 2회에 걸쳐 금 1,000만 원을 입금받아 이를 빼앗은 사실, 피해자는 피고인 일행으로부터 구타와 같은 신체에 대한 직접적인 폭행을 당하지는 아니하였지만 다른 사건으로 기소중지되어 있어 피고인 일행에 의하여 바로 경찰에 신병이 인계될 수 있는 약점이 있는데다가 위와 같이 승합차 내에서 꼼짝하지 못하도록 체포·감금되어 버리는 바람에 스스로 저항을 포기할 수밖에 없었던 사실을 인정하고 나서, 사실관계가 그러하다면 피고인 일행의 피해자에 대한 위와 같은 유형력의 행사는 강도죄에서 말하는 '피해자의 반항을 억압할 정도의 폭행·협박'으로 보기에 충분하다고 하여, 제1심판결을 그대로 유지하였다.

---

8) 대판 1979. 9. 25. 79도1735.

9) 대판 2009. 1. 30. 2008도10308. 다음은 같은 취지이다.

상해를 가하여 졸도한 피해자의 물품을 우발적으로 집어감

피해자와 언쟁 끝에 피해자에게 약 5주간의 치료를 요할 정도로 상해를 가함으로써 설사 피해자가 졸도하여 의식을 상실한 경우에도 현장에 떨어진 피해자의 물건은 자연히 그 지배 하에 있는 것으로 보아야 하므로 이를 집어간 행위는 절도죄에 해당하며, 이와 같이 타인에게 상해를 가하여 혼미상태에 빠지게 한 경우에 우발적으로 그의 재물을 도취하는 것은 폭행을 도취의 수단으로 사용한 것이 아니므로 강도죄가 성립하지 아니한다(대판 1956. 8. 17. 4289형상170).

그러나, 이 사건 범행이 일어난 시각은 대낮이며(12:30경에서 14:23경 사이), 피고인 일행이 피해자를 데려갔다는 공동묘지도 큰길에서 멀리 떨어져 있다거나 인적이 드물어 장소 자체에서 외포심을 불러일으킬 수 있을 정도의 곳이라고는 보이지 아니하고, 피고인 일행은 공동묘지로 가는 도중 슈퍼마켓에 들러 피해자의 요구에 의하여 캔 맥주를 사 주었고, 휴대전화로 통장입금하라는 말을 듣고 피해자를 직접 대면하기를 원하는 피해자 고모의 요구를 받아들여 고모가 있는 장소까지 차를 몰고 가서 피해자와 고모를 대면시켜 주고 고모로부터 추가입금을 받았을 뿐 아니라, 피고인은 피해자 측으로부터 돈을 받은 다음 그런 취지의 확인서까지 작성해 주었다는 것이고, 그 과정에서 피고인 일행이 피해자에게 어떠한 유형적인 물리력도 행사하지 아니하였음은 원심이 인정한 사실인바, 그렇다면 제1심과 원심이 인정하는 바와 같이 피고인들 일행 4명이 피해자를 체포하여 승합차에 감금한 상태에서 경찰관을 사칭하면서 기소중지 상태의 피해자에 대하여 '경찰서로 가자.', '돈을 갚지 않으면 풀어줄 수 없다.' 또는 '돈을 더 주지 않으면 가만 두지 않겠다.'는 등의 협박을 하였다는 정도만으로는, 공갈죄에 있어서의 폭행과 협박에 해당함은 별론으로 하더라도, 사회통념상 객관적으로 상대방의 반항을 억압하거나 항거불능케 할 정도에 이르렀다고 볼 수는 없다.[10]

칼을 들이대었으나, 반항을 억압하였다고 볼 수 없는 사례

피고인이 1975. 11. 9. 13:30경 갑에게 길이 21센치미터의 칼을 들이대고 협박을 하여 100원을 빼앗고 동일 15:30경 을 외 3명에게 같은 방법으로 협박을 하여 동인등으로부터 합계 375원을 빼앗은 사안에서, 피고인의 위 범행시간과 장소 및 그 범행의 대상자 선정에 있어 불과 일 이백 원 정도의 잔돈만을 소지하고 있는 15,6세 정도의 소년에 대하여서만 범행한 점, 을이 피고인에게 "내 돈을 돌려주어"라고 피고인에게 요구했는가 하면, 피고인이 을에게 시계를 벗어달라고 했으나 시계는 안주었다는 취지의 진술이 있는 점 등으로 보아 피고인이 이건 두 번의 범행시 비록 칼을 내 보이기는 하였으나 피고인의 협박의 정도가 반항을 억압함에 족하다고 볼 수 없다.[11]

폭행, 협박으로 항거불능인 피해자와 헤어졌다가 다시 호출하여 금원을 교부받음

피고인은 1994. 4. 2. 01:00경 광주 광산구 비아동 소재 피해자의 집에 찾아와 금원을 강취할 것을 마음먹고 그 곳 방안에 있던 길이 약 25cm 가량의 과도를 피해자의 좌측어깨부분에 들이대고 "돈이 얼마 있느냐, 통장에는 돈이 있느냐"라고 말하고 피해자가 돈이 없다고 하자 피해자를 광주 북구 운암동 소재 청송각 여관 507호실로 강제로 끌고 가 문을 잠근 후 피해자에게 계속하여 돈을 요구하면서 주먹으로 얼굴을 5, 6회 가량 때리고, 오른발로 허벅지를 3회 가량 때려 항거를 불능케 한 다음, 같은 날 19:00경 광주 북구 신암동 소재 꼬치마당에서 피해자로부터 금 350,000원을 교부받았다.

10) 대판 2001. 3. 23. 2001도359.

11) 대판 1976. 8. 24. 76도1932. 다음은 유사 취지이다.

사기도박으로 잃은 돈을 반환받기 위한 다소의 강제력 행사

강도죄에 있어서 협박이란 피해자에게 해악을 고지하여 공포심을 일으키게 하는 것으로서 그 정도는 사회통념상 객관적으로 상대방의 반항을 억압하거나 항거불능케 할 정도의 것이라야 한다.

다소의 강제력을 행사하여 사기도박으로 잃은 돈을 억지로 되돌려 받은 것이 강도죄에 있어서의 폭행 협박의 정도에 이르지 않았다고 본 사례(대판 1993. 3. 9. 92도2884).

강도죄에 있어서의 강취는 피해자의 의사가 억압되어 반항이 불가능한 상태에서 피해자의 의사에 반하여 재물을 자기 또는 제3자의 점유로 옮기는 것이라 할 것이다.
그런데 피고인은 1994. 4. 2. 01:00경 피해자의 집과 여관에서 위와 같은 폭행, 협박을 한 후 그로부터 상당한 시간이 경과한 후인 같은 날 19:00경 다른 장소에서 위 금원을 교부받았다는 것인바, 그렇다면 피고인의 위와 같은 폭행, 협박으로 인하여 피해자의 의사가 억압하여 반항이 불가능한 정도에 이르렀다고 하더라도 그 후 피고인의 폭행, 협박으로부터 벗어난 이후에는 그러한 의사억압상태가 계속된다고 보기는 어렵다 할 것이고, 기록을 살펴보아도 위 금원 교부 당시에 다시 피해자의 의사를 억압하여 반항을 불가능하게 할 정도의 폭행, 협박이 있었다거나, 이전의 폭행, 협박으로 인한 의사억압 상태가 위 금원교부시까지 계속되었다고 볼 특별한 사정이 있었다고 볼 증거는 없고, 오히려 기록상 피해자가 피고인과 헤어진 후 피고인으로부터 다시 돈을 요구하는 무선호출연락을 받고 피고인이 다시 행패를 부릴 것이 두려워 은행에서 예금을 인출하여 피고인에게 지급하였다는 사정이 엿보이므로, 위 금원교부는 피해자의 의사에 반하여 반항이 불가능한 상태에서 강취된 것이라기보다는 피해자의 하자 있는 의사에 의하여 교부된 즉 갈취당한 것으로 보인다.
위와 같은 사실관계라면 특수강도죄의 미수로 처벌할 수는 있을지언정 이를 특수강도죄의 기수로 처벌한 것은 위법하다.[12]

4. 불법영득의사

강간하는 과정에서 도망가지 못하게 가방을 빼앗음

불법영득의 의사라 함은 권리자를 배제하여 타인의 물건을 자기의 물건과 같이 그 경제적 용법에 따라 이용 처분하는 의사를 말하는 것이므로 강간하는 과정에서 피해자들이 도망가지 못하게 하기 위해 손가방을 빼앗은 것에 불과하다면 이에 불법영득의 의사가 있었다고 할 수 없다.[13]

5. 위법성

채권을 회수하기 위한 강도

채권자로부터 채무자에 대한 외상물품 대금채권의 회수를 의뢰받았다 하더라도, 채무자의 반항을 억압할 정도의 폭행과 협박을 가하여 재물 및 재산상 이득을 취득한 이상 이는 정당한 권리행사라고 볼 수 없음이 명백하여 강도상해죄가 성립함에는 아무런 지장이 없다.[14]

12) 대판 1995. 3. 28. 95도91.
13) 대판 1985. 8. 13. 85도1170.
14) 대판 1995. 12. 12. 95도2385.

6. 예비·음모

상습으로 발각염려 없는 심야에 인적이 드문 주택가에서 차량을 터는 자가 칼을 휴대

피고인은 상습으로 범행이 발각될 염려가 거의 없는 심야에 인적이 드문 주택가 주차장이나 길가에 주차된 자동차를 골라 그 문을 열고 동전 등 물건을 훔치는 범행을 계속해 온 사실 등을 알 수 있는바, 이에 의하면 피고인이 주택가를 배회하며 범행 대상을 물색할 당시 비록 등산용 칼 등을 휴대하고 있었다 하더라도 금품을 강취할 목적이 있었음이 증명되었다고 보기는 어렵다.

강도예비·음모죄는 그 법정형이 단순 절도죄의 법정형을 초과하는 등 상당히 무겁게 정해져 있고, 원래 예비·음모는 법률에 특별한 규정이 있는 경우에 한하여 예외적으로 처벌의 대상이 된다는 점(형법 제28조)을 고려하면, 강도예비·음모죄로 인정되는 경우는 위 법정형에 상당한 정도의 위법성이 나타나는 유형의 행위로 한정함이 바람직하다 할 것이다.

강도예비·음모죄가 성립하기 위해서는 예비·음모 행위자에게 미필적으로라도 '강도'를 할 목적이 있음이 인정되어야 하고 그에 이르지 않고 단순히 '준강도'할 목적이 있음에 그치는 경우에는 강도예비·음모죄로 처벌할 수 없다.

피고인이 휴대 중이던 등산용 칼을 그 주장하는 바와 같이 뜻하지 않게 절도 범행이 발각되었을 경우 체포를 면탈하는데 도움이 될 수 있을 것이라는 정도의 생각에서 더 나아가, 타인으로부터 물건을 강취하는 데 사용하겠다는 생각으로 준비하였다고 단정하기는 어렵고, 이와 같이 피고인에게 준강도할 목적이 인정되는 정도에 그치는 이상 피고인에게 강도할 목적이 있었다고 볼 수 없으므로 강도예비죄의 죄책을 인정할 수는 없다.[15)]

야간에 식칼 등이 든 가방을 들고 오토바이를 타고 가다가 방범대원에게 검거됨

피고인이 1989. 3. 23. 01:15경 인천시 북구 청천동 노상에서 식칼 1개(길이 약 26센티미터)를 가방에 넣어 소지한 채 50씨씨 오토바이를 타고 가다가 순찰 중인 방범대원에게 검거되었고, 피고인은 강도할 목적으로 예비한 사실을 부인하고, 위 가방 속에는 식칼 1개뿐 아니라 망치, 돼지저금통, 현금, 여자 부라우스, 남자 와이샤쓰 등 의류와 양말들도 들어 있었으며, 피고인은 신문보급소의 총무로 종사하는 자이고 위 오토바이는 위 신문보급소의 것임이 엿보이는 경우, 피고인이 야간에 위와 같은 가방을 들고 오토바이를 타고 가다가 방범대원의 검문에 응하지 아니하였더라도 강도할 목적으로 예비하였다고 보기 어렵다.[16)]

음모란 2인 이상의 자 사이에 성립한 범죄실행의 합의를 말하는 것으로, 범죄실행의 합의가 있다고 하기 위하여는 단순히 범죄결심을 외부에 표시·전달하는 것만으로는 부족하고, 객관적으로 보아 특정한 범죄의 실행을 위한 준비행위라는 것이 명백히 인식되고, 그 합의에 실질적인 위험성이 인정될 때에 비로소 음모죄가 성립한다.

갑과 을이 수회에 걸쳐 '총을 훔쳐 전역 후 은행이나 현금수송차량을 털어 한탕 하자'는 말을 나눈 정도만으로는 강도음모를 인정하기에 부족하다.[17)]

---

15) 대판 2006. 9. 14. 2004도6432.

16) 대판 1989. 11. 28. 89도1909.

17) 대판 1999. 11. 12. 99도3801.

Ⅱ. 특수강도죄

1. 의 의

특수강도에는 3가지의 형태가 있다. 형법 334조 1항의 특수강도죄는 야간주거침입강도의 형태이고, 동조 2항의 특수강도죄는 흉기휴대강도와 합동강도의 형태이다. 위 야간주거침입강도는 그 형태상 형법 330조의 야간주거침입절도에 대응하고 있다. 야간주거침입강도죄에 있어서 야간은 야간주거침입절도죄에서와 마찬가지로 일몰 후, 일출 전을 의미한다. '합동하여'의 의미에 관하여는 특수절도죄에서처럼 현장설을 취하여야 할 것이다.

2. 야간주거등침입강도죄

① 형법 제334조 제1항 소정의 야간주거침입강도죄는 주거침입과 강도의 결합범으로서 시간적으로 주거침입행위가 선행되므로 주거침입을 한 때에 본죄의 실행에 착수한 것으로 볼 것인바, 같은 조 제2항 소정의 흉기휴대 합동강도죄에 있어서도 그 강도행위가 야간에 주거에 침입하여 이루어지는 경우에는 주거침입을 한 때에 실행에 착수한 것으로 보는 것이 타당하다.[18]

해설: 위 판례가 형법 334조 1항의 야간주거침입강도죄의 실행의 착수시기를 주거침입을 한 때로 보는 것은 야간주거침입절도죄에서의 해석론과 동일하다. '흉기를 휴대하거나 합동하여', '야간에 주거에 침입하여'라는 2개의 표지를 모두 충족하는 형태로 강도죄를 범하는 때에는 형법 334조 1항과 2항을 동시에 충족하게 된다.

② 특수강도의 실행의 착수는 강도의 실행행위 즉 사람의 반항을 억압할 수 있는 정도의 폭행 또는 협박에 나아갈 때에 있다 할 것이다.
강도의 범의로 야간에 칼을 휴대한 채 타인의 주거에 침입하여 집안의 동정을 살피다가 피해자를 발견하고 갑자기 욕정을 일으켜 칼로 협박하여 강간한 경우, 야간에 흉기를 휴대한 채 타인의 주거에 침입하여 집안의 동정을 살피는 것만으로는 특수강도의 실행에 착수한 것이라고 할 수 없으므로 위의 특수강도에 착수하기도 전에 저질러진 위와 같은 강간행위가 구 특가법 제5조의6 제1항 소정의 특수강도강간죄에 해당한다고 할

18) 대판 1992. 7. 28. 92도917. 특가법의 다음 조문은 1994. 4. 1.부터 폐지되었다.
제5조의6(특수강도강간등) ① 생략
② 형법 제334조의 강도가 동법 제297조 내지 제299조의 죄를 범한 때에는 사형·무기 또는 10년 이상의 징역에 처한다.
③ 제1항 및 제2항에 규정된 죄의 미수범은 처벌한다.
성폭법은 다음과 같이 규정하고 있다.
제3조(특수강도강간 등) ① 생략
② 「형법」 제334조(특수강도) 또는 제342조(미수범. 다만, 제334조의 미수범으로 한정한다)의 죄를 범한 사람이 같은 법 제297조(강간), 제297조의2(유사강간), 제298조(강제추행) 및 제299조(준강간, 준강제추행)의 죄를 범한 경우에는 사형, 무기징역 또는 10년 이상의 징역에 처한다.

수 없다.[19)]
해설: 위 ② 판례가 ① 판례와 달리 야간주거침입강도의 실행의 착수시기에 관하여 주거침입시설이 아니라 폭행·협박시설을 취한 배경에는 종전 특가법상 특수강도강간죄의 법정형이 지나치게 높다는 사정이 있을 것으로 생각된다.

특수강도죄 및 특수강도에 의한 강도상해죄와 '주거침입죄'
제334조 제1항은 "야간에 사람의 주거, 관리하는 건조물, 선박이나 항공기 또는 점유하는 방실에 침입하여 제333조(강도)의 죄를 범한 자는 무기 또는 5년 이상의 징역에 처한다."고 규정하고 있고, 형법 제337조는 "강도가 사람을 상해하거나 상해에 이르게 한 때에는 무기 또는 7년 이상의 징역에 처한다."고 규정하고 있는데, 강도상해죄에 있어서의 강도는 형법 제334조 제1항 특수강도도 포함된다고 보아야 한다. 그런데 형법 제334조 제1항 특수강도죄는 '주거침입'이라는 요건을 포함하고 있으므로 형법 제334조 제1항 특수강도죄가 성립할 경우 '주거침입죄'는 별도로 처벌할 수 없고, 형법 제334조 제1항 특수강도에 의한 강도상해가 성립할 경우에도 별도로 '주거침입죄'를 처벌할 수 없다.[20)]

3. 합동강도죄

택시강도를 공모하였으나 실행에 착수하기 전에 갑이 도주한 후 을과 병이 피해자를 살해
갑, 을, 병이 택시를 잡아타고 한적한 곳에 이르러 운전사를 상대로 금품을 강취할 것을 공모하고, 피해자 운전의 택시를 타고 가 목적지에서 내린 다음, 을이 피해자에게 택시요금이 없으니 다음에 받아가라고 시비하는 사이에 갑은 피해자가 경찰관서 등에 무임승차 신고를 할 것이 두려워 겁을 먹고 먼저 산 쪽으로 도주해 버린 후 피해자가 을의 옷자락을 붙잡고 요금을 내놓으라고 하며 휴대하고 있던 공구로 을의 우측 두정부를 내려쳐 피가 나자 을은 격분하여 순간적으로 살의를 품고 병과 합세하여 피해자에게 폭행을 가하여 살해하고 피해자 주머니에서 현금을 꺼내어 가고 택시요금 30,000원의 지급을 면하여 재산상의 이익을 취득한 사안에서,
갑이 다른 피고인들과 택시강도를 하기로 모의한 일이 있다고 하여도 다른 피고인들이 피해자에 대한 폭행에 착수하기 전에 겁을 먹고 미리 현장에서 도주해 버린 것이라면 다른 피고인들과 사이에 강도의 실행행위를 분담한 협동관계가 있었다고 보기 어려우니 피고인을 특수강도의 합동범으로 다스릴 수는 없다.[21)]
해설: 현장에서 실행행위를 분담하지 아니하면 합동강도가 성립하지 않는다는 취지의 위 판례는, 현장에서 실행행위를 분담하지 않은 자도 합동절도의 공동정범이 될 수 있다는 판례[22)]에 의해 변경되었다고 보아야 할 것이다.

19) 대판 1991. 11. 22. 91도2296.
20) 대판 2012. 12. 27. 2012도12777.
21) 대판 1985. 3. 26. 84도2956. 다음은 같은 취지이다.
형법 제334조 제2항 소정의 '합동하여'라 함은 주관적 요건으로서의 공모와 객관적 요건으로서의 범행현장에서의 범행의 실행의 분담이 있는 경우를 의미한다(대판 1981. 9. 8. 81도2159).
22) 대판 1998. 5. 21. 98도321 전원합의체.

위 사안에서 갑은 을과 병이 강도의 실행행위(폭행·협박)에 착수하기 이전에 공모관계에서 이탈하였기 때문에 특수강도음모죄의 죄책만을 진다.[23]

특수강도의 범행을 모의한 이상 범행의 실행에 가담하지 아니하고, 공모자들이 강취해 온 장물의 처분을 알선만 하였다 하더라도, 특수강도의 공동정범이 된다 할 것이므로 장물알선죄로 의율할 것이 아니다.[24]
해설: 위 판례에서 피고인은 특수강도의 모의만 하였을 뿐 현장에서 범행의 실행에 가담하지는 않은 것으로 보인다. 그렇다면 현장에서 실행행위를 분담하지 아니하면 합동강도가 성립하지 않는다는 취지의 위 판례[25]에 따르면 피고인에게는 합동강도의 특수강도죄가 성립하지 않아야 한다. 따라서 위 판례는, 피고인의 공범들이 행한 범죄가 합동강도가 아니라 야간주거침입강도 내지 흉기휴대강도에 관한 사안임을 추론할 수 있다.

Ⅲ. 준강도죄

준강도는 절도범인이 절도의 기회에 재물탈환의 항거 등의 목적으로 폭행 또는 협박을 가함으로써 성립되는 것으로서, 여기서 절도의 기회라고 함은 절도범인과 피해자측이 절도의 현장에 있는 경우와 절도에 잇달아 또는 절도의 시간·장소에 접착하여 피해자측이 범인을 체포할 수 있는 상황, 범인이 죄적인멸에 나올 가능성이 높은 상황에 있는 경우를 말하고, 그러한 의미에서 피해자측이 추적 태세에 있는 경우나 범인이 일단 체포되어 아직 신병확보가 확실하다고 할 수 없는 경우에는 절도의 기회에 해당한다.[26]

1. 준강도죄의 주체인 절도

형법 제335조의 조문 가운데 "절도" 운운함은 <u>절도기수범과 절도미수범을 모두 포함</u>하는 것이고, 준강도가 사람을 상해했을 때에는 형법 제337조의 강도상해죄가 성립된다.[27]

---

23) 대판 1996. 1. 26. 94도2654 등 참조.

24) 대판 1983. 2. 22. 82도3103.

25) 대판 1985. 3. 26. 84도2956.

26) 대판 2001. 10. 23. 2001도4142; 대판 2009. 7. 23. 2009도5022. 다음은 같은 취지이다.
절도가 절도행위의 기회계속 중이라고 볼 수 있는 그 실행 중 또는 실행직후에 체포를 면탈할 목적으로 폭행을 가한 때에는 준강도죄가 성립되고 이로써 상해를 입혔을 때는 강도상해죄가 성립된다(대판 1987. 10. 26. 87도1662).
피고인이 <u>절취품을 물색 중 피해자가 잠에서 깨어나 "도둑이야"고 고함치자</u> 체포를 면탈할 목적으로 그녀에게 <u>이불을 덮어씌우고 입과 목을 졸라 상해를 입혔다면</u> 절도의 목적 달성 여부에 관계없이 강도상해죄가 성립한다(대판 1985. 5. 28. 85도682).

27) 대판 1990. 2. 27. 89도2532.

준강도의 주체는 절도 즉 절도범인으로, 절도의 실행에 착수한 이상 미수이거나 기수이거나 불문하고, 야간에 타인의 재물을 절취할 목적으로 사람의 주거에 침입한 경우에는 주거에 침입한 단계에서 이미 형법 제330조에서 규정한 야간주거침입절도죄라는 범죄행위의 실행에 착수한 것이라고 보아야 하며, 주거침입죄의 경우 주거침입의 범의로써 예컨대, 주거로 들어가는 문의 시정장치를 부수거나 문을 여는 등 침입을 위한 구체적 행위를 시작하였다면 주거침입죄의 실행의 착수는 있었다고 보아야 한다.
야간에 아파트에 침입하여 물건을 훔칠 의도 하에 아파트의 베란다 철제난간까지 올라가 유리창문을 열려고 시도하였다면 야간주거침입절도죄의 실행에 착수한 것으로 보아야 한다.[28]

피고인이 절도의 목적으로 야간에 타인이 경영하는 자동차수리공장의 담을 넘으려다가 방법대원에게 발각되어 추격을 받자 체포를 면탈할 양으로 수권으로 동인의 안면을 1회 강타하여 지면에 전도케 하는 등 폭행을 가한 경우 피고인은 주거침입과 절도의 결합범인 야간주거침입절도행위에 착수하였다 할 것이고 따라서 피고인이 체포를 면탈할 목적으로 폭행을 가한 이상 준강도죄가 성립한다 할 것이다.[29]

술값의 지급을 요구하는 자를 폭행하여 상해를 가함
형법 제335조는 '절도'가 재물의 탈환을 항거하거나 체포를 면탈하거나 죄적을 인멸한 목적으로 폭행 또는 협박을 가한 때에 준강도가 성립한다고 규정하고 있으므로, 준강도죄의 주체는 절도범인이고, 절도죄의 객체는 재물이다.
피고인이 술집 운영자 갑으로부터 술값의 지급을 요구받자 갑을 유인·폭행하고 도주함으로써 술값의 지급을 면하여 재산상 이익을 취득하고 상해를 가하였다고 하여 강도상해로 기소되었는데, 원심이 위 공소사실을 '피고인이 갑에게 지급해야 할 술값의 지급을 면하여 재산상 이익을 취득하고 갑을 폭행하였다'는 범죄사실로 인정하여 준강도죄를 적용한 사안에서, 원심이 인정한 범죄사실에는 그 자체로 절도의 실행에 착수하였다는 내용이 포함되어 있지 않음에도 준강도죄를 적용하여 유죄로 인정한 원심판결에 준강도죄의 주체에 관한 법리오해의 잘못이 있다.[30]
해설: 피고인은 채무를 면탈하려고 폭행하였는바, 폭행이 반항을 억압하거나 반항이 현저히 곤란한 정도에 이른 경우 강도죄에서의 폭행에 해당하고 그로 인하여 채무면탈이라는 재산상이익을 취득하였다면 강도죄의 기수이다. 즉 통상의 강도가 성립되는지 여부가 문제되는 사안에서 원심이 뜬금없이 준강도로 의율한 것이다.

2. 폭행·협박

가. 긍정례

준강도죄에 있어서의 폭행이나 협박은 상대방의 반항을 억압하는 수단으로서 일반적 객관적으로 가능하다고

28) 대판 2003. 10. 24. 2003도4417.
29) 대판 1968. 4. 23. 68도334.
30) 대판 2014. 5. 16. 2014도2521.

인정하는 정도의 것이면 되고 반드시 현실적으로 반항을 억압하였음을 필요로 하는 것은 아니다. 피고인이 체포를 면탈할 목적으로 피고인을 검거하려던 피해자 1, 2에게 소지 중인 과도를 꺼내어 찌를 듯이 위협한 것은 준강도에 해당한다.[31]

절도가 체포를 면탈할 목적으로 자기의 멱살을 잡은 피해자의 얼굴을 주먹으로 때리고 뒤로 넘어 뜨려 상해를 입게 한 폭행은 피해자의 반항을 억압하기 위한 수단으로서 일반적, 객관적으로 가능하다고 인정되는 정도라고 볼 수 있으므로 강도죄에서 말하는 폭행에 해당한다.[32]

오토바이를 끌고 가다가 추격하여 온 피해자에게 멱살을 잡히게 되자 체포를 면탈할 목적으로 피해자의 얼굴을 주먹으로 때리고, 놓아주지 아니하면 죽여버리겠다고 협박한 경우에는 그 같은 폭행, 협박은 피해자의 반항을 억압하기 위한 수단으로써 일반적, 객관적으로 가능하다고 인정되는 정도의 폭행, 협박에 해당한다고 볼 수 있으므로 준강도죄를 구성한다.[33]

나. 부정례

옷을 잡히자 체포를 면하려고 충동적으로 저항을 시도하여 잡은 손을 뿌리침

준강도죄의 구성요건인 폭행은 강도죄의 폭행의 정도와의 균형상 상대방의 반항을 억압할 정도 즉 반항을 억압하는 수단으로서 일반적, 객관적으로 가능하다고 인정하는 정도면 족하다 할 것이고 이는 체포되려는 구체적 상황에 비추어 체포의 공격력을 억압함에 족한 정도의 것인 여부에 따라 결정되어야 할 것이므로 피고인이 옷을 잡히자 체포를 면하려고 충동적으로 저항을 시도하여 잡은 손을 뿌리친 정도의 폭행을 준강도죄로 의율할 수는 없다.[34]

---

31) 대판 1981. 3. 24. 81도409.

32) 대판 1985. 11. 12. 85도2115. 다음은 같은 취지이다.
절도가 체포를 면탈할 목적으로 상대방의 왼쪽 손바닥을 1회 입으로 깨물어 동인에게 전치 1주일을 요하는 좌측수장교상을 입힌 경우에는 이는 상대방의 체포의 공격력을 억압할 수 있을 정도의 폭행이라 할 것이다(대판 1967. 9. 19. 67도1015).

33) 대판 1983. 3. 8. 82도2838.

34) 대판 1985. 5. 14. 85도619. 다음은 같은 취지이다.
피고인을 체포하려는 피해자가 체포에 필요한 정도를 넘어서서 발로 차며 늑골 9, 10번 골절상, 좌폐기흉증, 좌흉막출혈 등 전치 3개월을 요하는 중상을 입힐 정도로 심한 폭력을 가해오자 피고인이 이를 피하기 위하여 엉겁결에 솥뚜껑을 들어 위 폭력을 막아 내려다가 그 솥뚜껑에 스치어 피해자가 상처를 입게 되었다면 피고인의 위 행위는 일반적, 객관적으로 피해자의 체포의사를 제압할 정도의 폭행에 해당하지 않는다고 할 것이므로 준강도상해죄는 성립되지 않는다(대판 1990. 4. 24. 90도193).

3. 절도의 기회에 체포면탈 등의 목적

절취현장에서 발각되어 200m 도주 후 폭행

피고인이 야간에 절도의 목적으로 피해자의 집에 담을 넘어 들어간 이상 절취한 물건을 물색하기 전이라고 하여도 이미 야간주거침입절도의 실행에 착수한 것이라고 하겠고, 그 후 피해자에게 발각되어 계속 추격당하거나 재물을 면탈하고자 피해자에게 폭행을 가하였다면 그 장소가 소론과 같이 범행 현장으로부터 200미터 떨어진 곳이라고 하여도 절도의 기회 계속 중에 폭행을 가한 것이라고 보아야 할 것이다.[35)]

경비원이 발각하여 주위 사람들에게 도주방지를 부탁한 상태

피고인이 점유자 또는 소유자의 승낙 없이 물건을 갖고 나오다 경비원에게 발각되어 동인이 절도범인 체포사실을 파출소에 신고 전화하려는데 피고인이 잘해 보자며 대들면서 폭행을 가한 경우에는, 설사 그 같은 행위가 피고인이 사장도 잘 안다하며 전화확인을 하자는 제의를 경비원이 거부하면서 내일이나 모래 와서 확인한 후에 가져가라하자 피고인이 자기의 것이니 무조건 달라고 시비한 끝에 저질러진 것이라 하여도, 그곳이 체포현장이었고 주위 사람에게 도주를 방지케 부탁한 상태 아래 일어난 것이라면 준강도에 해당한다.[36)]

체포되었으나 신병확보가 확실하지 아니한 상태

피고인이 절도행위가 발각되어 도주하다가 곧바로 뒤쫓아 온 보안요원에게 붙잡혀 보안사무실로 인도되어 피해자로부터 그 경위를 확인받던 중 체포된 상태를 벗어나기 위해서 피해자에게 폭행을 가하여 상해를 가한 사안에서,

절도범인이 일단 체포되었으나 아직 신병확보가 확실하지 않은 단계에서 체포 상태를 면하기 위해 폭행하여 상해를 가한 경우, 그 행위는 절도의 기회에 체포를 면탈할 목적으로 폭행하여 상해를 가한 것으로서 강도상해죄에 해당한다.[37)]

범행 10분 후 범행장소에서 200m 떨어진 버스정류장에서 체포되어 범행장소로 돌아와 폭행

준강도는 절도범인이 절도의 기회에 재물탈환, 항거 등의 목적으로 폭행 또는 협박을 가함으로써 성립되는 것이므로, 그 폭행 또는 협박은 절도의 실행에 착수하여 그 실행중이거나 그 실행 직후 또는 실행의 범의를 포기한 직후로서 사회통념상 범죄행위가 완료되지 아니하였다고 인정될 만한 단계에서 행하여짐을 요한다. 피해자의 집에서 절도범행을 마친 지 10분 가량 지나 피해자의 집에서 200m 가량 떨어진 버스정류장이 있는 곳에서 피고인을 절도범인이라고 의심하고 뒤쫓아 온 피해자에게 붙잡혀 피해자의 집으로 돌아왔을 때 비로소 피해자를 폭행한 경우, 그 폭행은 사회통념상 절도범행이 이미 완료된 이후에 행하여졌다는 이유로 준강도죄가 성립하지 않는다.[38)]

35) 대판 1984. 9. 11. 84도1398.

36) 대판 1984. 7. 24. 84도1167.

37) 대판 2001. 10. 23. 2001도4142.

절도 피해자가 자다가 맞고 깨어 비로소 맞은 것을 알게 됨

절도 피해자가 잠을 자다가 이마를 맞고 잠이 깨어 비로소 맞은 것을 알았다고 진술할 뿐, 피해자가 소리를 지르므로 피고인이 체포를 면탈하기 위하여 피해자를 때린 것이라고 인정할 수 없다면 피고인에게는 준강도 상해의 죄책을 지울 수 없다.[39)]

4. 기 수

절도미수범이 체포면탈 목적으로 폭행

형법 제335조에서 절도가 재물의 탈환을 항거하거나 체포를 면탈하거나 죄적을 인멸할 목적으로 폭행 또는 협박을 가한 때에 준강도로서 강도죄의 예에 따라 처벌하는 취지는, 강도죄와 준강도죄의 구성요건인 재물탈취와 폭행·협박 사이에 시간적 순서상 전후의 차이가 있을 뿐 실질적으로 위법성이 같다고 보기 때문인바, 이와 같은 준강도죄의 입법 취지, 강도죄와의 균형 등을 종합적으로 고려해 보면, 준강도죄의 기수 여부는 절도행위의 기수 여부를 기준으로 하여 판단하여야 한다.

따라서 절도미수범이 체포를 면탈할 목적으로 폭행한 행위는 준강도미수죄에 해당한다.[40)]

5. 특수강도의 준강도

절도범인이 처음에는 흉기를 휴대하지 아니하였으나, 체포를 면탈할 목적으로 폭행 또는 협박을 가할 때에 비로소 흉기를 휴대 사용하게 된 경우에는 형법 제334조의 예에 의한 준강도(특수강도의 준강도)가 된다.[41)]

38) 대판 1999. 2. 26. 98도3321.

39) 대판 1984. 6. 5. 84도460.

40) 대판 2004. 11. 18. 2004도5074 전원합의체.
[별개의견] 폭행·협박행위를 기준으로 하여 준강도죄의 미수범을 인정하는 외에 절취행위가 미수에 그친 경우에도 이를 준강도죄의 미수범이라고 보아 강도죄의 미수범과 사이의 균형을 유지함이 상당하다.
[반대의견] 강도죄와 준강도죄는 그 취지와 본질을 달리한다고 보아야 하며, 준강도죄의 주체는 절도이고 여기에는 기수는 물론 형법상 처벌규정이 있는 미수도 포함되는 것이지만, 준강도죄의 기수·미수의 구별은 구성요건적 행위인 폭행 또는 협박이 종료되었는가 하는 점에 따라 결정된다고 해석하는 것이 법규정의 문언 및 미수론의 법리에 부합한다.

41) 대판 1973. 11. 13. 73도1553 전원합의체. 소수의견은 다음과 같다.
준강도죄를 규정한 형법 제335조에는 범죄의 주체는 절도범인이요, 목적이 있어야 하며 행위는 폭행, 협박으로만 되어 있지 행위의 정도, 방법 따위에 대하여는 언급이 없으므로 목적이나 행위로서는 단순강도의 준강도냐 또는 특수강도이냐를 구별지을 근거가 없으므로 행위의 주체인 절도의 태양에 따라 구별지어야 한다.

Ⅳ. 강도죄의 죄수

강도가 시간적으로 접착된 상황에서 가족을 이루는 수인에게 폭행·협박을 가하여 집안에 있는 재물을 탈취한 경우 그 재물은 가족의 공동점유 아래 있는 것으로서, 이를 탈취하는 행위는 그 소유자가 누구인지에 불구하고 단일한 강도죄의 죄책을 진다.[42]

승용차에 태운 피해자로부터 금품 강취 후 승용차를 계속 운행하여 감금

피고인들은 피해자로부터 돈을 빼앗기로 공모하여 고양시 덕양구 행신동 단란주점 앞길에서 그 주점 종업원인 피해자를 승용차에 태우고 가다가 주먹으로 피해자를 때려 반항을 억압한 다음 그로부터 현금 35만 원을 빼앗아 강취하고, 피해자에게 전치 2주의 안면부타박상 등의 상해 범행을 저지른 뒤 계속하여 위 단란주점에서 약 15㎞ 떨어진 서울 마포구 상암동 소재 월드컵주경기장 부근까지 운행하여 가다가 교통사고를 일으켜 감금행위가 중단된 사안에서,

감금행위가 단순히 강도상해 범행의 수단이 되는 데 그치지 아니하고 강도상해의 범행이 끝난 뒤에도 계속된 경우에는 1개의 행위가 감금죄와 강도상해죄에 해당하는 경우라고 볼 수 없어 감금죄와 강도상해죄는 경합범 관계에 있다.[43]

㉮ 여관 종업원과 주인을 함께 폭행·협박하고 금품을 강취/㉯ 여관의 관리인으로부터 금품 강취 후, 객실의 투숙객들로부터 금품을 강취

강도가 동일한 장소에서 동일한 방법으로 시간적으로 접착된 상황에서 수인의 재물을 강취하였다고 하더라도, 수인의 피해자들에게 폭행 또는 협박을 가하여 그들로부터 그들이 각기 점유관리하고 있는 재물을 각각 강취하였다면, 피해자들의 수에 따라 수개의 강도죄를 구성하는 것이고, 다만 강도범인이 피해자들의 반항을 억압하는 수단인 폭행·협박행위가 사실상 공통으로 이루어졌기 때문에, 법률상 1개의 행위로 평가되어 상상적경합으로 보아야 될 경우가 있는 것은 별문제이다.

㉮ 피고인이 여관에서 종업원을 칼로 찔러 상해를 가하고 객실로 끌고 들어가는 등 폭행·협박을 하고 있던 중, 마침 다른 방에서 나오던 여관의 주인도 같은 방에 밀어 넣은 후, 주인으로부터 금품을 강취하고, 1층 안내실에서 종업원 소유의 현금을 꺼내 갔다면, 여관 종업원과 주인에 대한 각 강도행위가 각별로 강도죄를 구성하되 피고인이 피해자인 종업원과 주인을 폭행·협박한 행위는 법률상 1개의 행위로 평가되는 것이 상당하므로 위 2죄는 상상적 경합범관계에 있다고 할 것이다.

42) 대판 1996. 7. 30. 96도1285. 다음은 같은 취지이다.
특수강도의 소위가 동일한 장소에서 동일한 방법에 의하여 시간적으로 접착된 상황에서 이루어진 경우에는 피해자가 여러 사람이더라도 단순일죄가 성립한다.
당원은 일찌기 단일한 범의로써 절취한 시간과 장소가 접착되어 있고 같은 사람의 관리하에 있는 방안에서 소유자가 다른 물건을 여러 가지 절취한 경우에는 단순일죄가 성립한다고 판시한 바 있는데, 이는 이 사건과 같은 강도죄의 경우에도 적용이 되는 것이라 함이 상당하고 또 절도나 강도죄와 같은 도죄의 죄수를 정하는 표준이 반드시 법익침해의 개수에만 의거하지 않는 경우가 있다는 것을 말한 것이라 할 것이라 할 것이다(대판 1979. 10. 10. 79도2093).

43) 대판 2003. 1. 10. 2002도4380.

㉯ 강도가 서로 다른 시기에 다른 장소에서 수인의 피해자들에게 각기 폭행 또는 협박을 하여 각 그 피해자들의 재물을 강취하고, 그 피해자들 중 1인을 상해한 경우에는, 각기 별도로 강도죄와 강도상해죄가 성립하는 것임은 물론, 법률상 1개의 행위로 평가되는 것도 아닌 바, 피고인이 여관에 들어가 1층 안내실에 있던 여관의 관리인을 칼로 찔러 상해를 가하고, 그로부터 금품을 강취한 다음, 각 객실에 들어가 각 투숙객들로부터 금품을 강취하였다면, 피고인의 위와 같은 각 행위는 비록 시간적으로 접착된 상황에서 동일한 방법으로 이루어지기는 하였으나, 포괄하여 1개의 강도상해죄만을 구성하는 것이 아니라 실체적 경합범의 관계에 있는 것이라고 할 것이다.[44)]

절도범인이 체포를 면탈할 목적으로 경찰관에게 폭행 협박을 가한 때에는 준강도죄와 공무집행방해죄를 구성하고 양죄는 상상적 경합관계에 있으나, 강도범인이 체포를 면탈할 목적으로 경찰관에게 폭행을 가한 때에는 강도죄와 공무집행방해죄는 실체적 경합관계에 있고 상상적 경합관계에 있는 것이 아니다.[45)]

절도가 체포면탈 목적으로 추격하여 온 수인에 대하여 같은 기회에 폭행, 협박

절도가 체포를 면탈할 목적으로 추격하여 온 수인에 대하여 같은 기회에 동시 또는 이시에 폭행 또는 협박을 하였다 하더라도 준강도의 포괄일죄가 성립한다.[46)]

비교 판례: 출동한 두 명의 경찰관들에게 욕설하면서 차례로 폭행

출동한 두 명의 경찰관들에게 욕설하면서 차례로 폭행한 경우 동일한 장소에서 동일한 기회에 이루어진 폭행 행위는 사회관념상 1개의 행위로 평가하는 것이 상당하므로, 공무집행방해죄는 상상적 경합의 관계에 있다.[47)]

---

44) 대판 1991. 6. 25. 91도643. 위 판례는 다음과 같이 피고인들이 2번에 걸쳐 저지른 범죄에 관한 것이다.

㉮ **부분 사안은**, 피고인들이 서울 서대문구 홍은동 소재 여관에 투숙객을 가장하고 들어가, "조용히 하라"고 하면서 숙박할 방을 안내하려던 종업원의 옆구리와 허벅지를 칼로 찔러 상해를 가하고 201호실로 끌고 들어가는 등 폭행·협박을 하고 있던 중, 마침 다른 방에서 나오던 여관의 주인도 같은 방에 밀어 넣은 후, 주인으로부터 현금과 금반지를 강취하고, 1층 안내실에서 종업원 소유의 현금을 꺼내어 갔다는 것이다. 피고인들이 위 주인에 대한 특수강도죄에 관하여 이미 유죄의 확정판결을 받은 후 위 종업원에 대한 강도상해 행위에 관하여 공소제기되었다. 피고인들의 위 피해자들에 대한 강도범행은 상상적 경합관계이므로 종업원에 대한 강도상해 행위에 대해서는 면소판결을 하여야 한다.

㉯ **부분 사안은**, 피고인들이 서울 용산구 이태원동 소재 여관에 들어가 1층 안내실에 있던 관리인의 인 목에 칼을 들이대고 "조용히 하라"고 하면서 그의 왼쪽 발가락을 칼로 1회 찔러 상해를 가하고, 그로부터 현금과 손목시계 및 여관방실들의 열쇠를 강취한 다음, 다시 2층으로 올라가서 201호실의 문을 위 열쇠로 열고 들어가 투숙객들로부터 금품을 강취하고, 이어서 같은 방법으로 202호실과 207호실의 투숙객들로부터 각각 금품을 강취하였다는 것이다. 피고인들이 201호실 및 202호실과 207호실의 각 투숙객들에 대한 특수강도죄에 관하여 이미 유죄의 확정판결을 받았다고 하더라도, 그 확정판결의 효력은 위 관리인에 대한 강도상해 행위에 대하여는 미치지 않는다.

45) 대판 1992. 7. 28. 92도917.

46) 대판 1966. 12. 6. 66도1392.

47) 대판 2009. 6. 25. 2009도3505.

절도범이 체포면탈 목적으로 수인에 대하여 같은 기회에 폭행하여 1인에게만 상해를 가함
절도범이 체포면탈 목적으로 체포하려는 여러 명의 피해자에게 같은 기회에 폭행을 가하여 그 중 1인에게만 상해를 가하였다면 이러한 행위는 포괄하여 하나의 강도상해죄만 성립한다.[48)]

V. 강도상해 · 치상죄

1. 강도상해죄의 주체

강도상해죄는 절도가 그 실행 중 또는 실행 직후에 재물의 탈환을 항거하거나 체포를 면탈하거나 죄적을 인멸할 목적으로 상해를 가한 때에 성립하는 것으로서 반드시 무기를 들고 금품을 강취하고 그 계제에 상해를 가해야 하는 것은 아니다.[49)]

절도가 체포를 면탈할 목적으로 폭행을 가하여 피해자에게 상해의 결과를 발생케 한 경우에는 비록 재물의 절취는 미수에 그쳤다 할지라도 강도상해죄의 기수범으로 보아야 한다.[50)]

2. 강도의 기회

재물강취 후 피해자가 보내달라고 요구하자 피해자를 상해
피고인들이 합동하여 노상에서 협박으로 피해자의 재물을 강취하고, 이어 그 자리에서 피해자가 그만 보내달라고 요구하자 공동하여 피해자를 상해한 사안에서,
강도범인이 강도를 하는 기회에 범행의 현장에서 사람을 상해한 이상, 재물강취의 수단인 폭행으로 인하여 상해의 결과가 발생한 것이 아니고, 재물의 탈환을 항거하거나 체포를 면탈하거나 죄적을 인멸할 목적으로 폭행을 가한 것이 아니라고 하더라도 강도상해죄가 성립한다.[51)]

피고인이 피해자로부터 재물을 강취하고 피해자가 운전하는 자동차에 함께 타고 도주하다가 단속 경찰관이 뒤따라오자 피해자를 칼로 찔러 상해를 가하였다면 강도상해죄를 구성한다 할 것이고 강취와 상해 사이에 1시간 20분이라는 시간적 간격이 있었다는 것만으로는 그 범죄의 성립에 영향이 없다.[52)]

48) 대판 2001. 8. 21. 2001도3447.
49) 대판 1986. 4. 8. 86도264.
50) 대판 1971. 1. 26. 70도2518.
51) 대판 1992. 4. 14. 92도408.
52) 대판 1992. 1. 21. 91도2727.

강도가 재물강취의 수단으로서 한 폭행에 의하여 상해를 입힌 경우가 아니라도 강도의 기회에 상해를 입힌 것이라면 강도상해죄가 성립한다 할 것인바, 강취현장에서 피고인의 발을 붙잡고 늘어지는 피해자를 30미터쯤 끌고 가서 폭행함으로써 상해한 것은 강도상해죄에 해당한다.[53)]

강도범행 후 피해자와 함께 이동하는 등으로 저항불능 상태에서 피해자에게 상해를 가함

강도상해죄는 강도범인이 그 강도의 기회에 상해행위를 함으로써 성립하는 것이므로 강도범행의 실행 중이거나 그 실행 직후 또는 실행의 범의를 포기한 직후로서 사회통념상 범죄행위가 완료되지 아니하였다고 볼 수 있는 단계에서 상해가 행하여짐을 요건으로 한다. 그러나 반드시 강도범행의 수단으로 한 폭행에 의하여 상해를 입힐 것을 요하는 것은 아니고 상해행위가 강도가 기수에 이르기 전에 행하여져야만 하는 것은 아니므로, 강도범행 이후에도 피해자를 계속 끌고 다니거나 차량에 태우고 함께 이동하는 등으로 강도범행으로 인한 피해자의 심리적 저항불능 상태가 해소되지 않은 상태에서 강도범인의 상해행위가 있었다면 강취행위와 상해행위 사이에 다소의 시간적·공간적 간격이 있었더라도 강도상해죄가 성립한다.[54)]

일행을 동원하여 칼을 들고 도박에서 잃은 돈을 빼앗으려는 자를 피해 베란다에서 8m 가량 뛰어내려 상해를 입음

피고인이 피해자와 함께 도박을 하다가 돈 3,200만 원을 잃자 일행 2명 외에 후배 3명을 동원한 데다가 피

53) 대판 1984. 6. 26. 84도970.

54) 대판 2014. 9. 26. 2014도9567. 구체적인 판시는 다음과 같다.

사실관계: 1) 피고인은 2014. 1. 28. 05:41경 강릉시 입암동에서 피해자가 운행 중이던 택시에 승객인 양 탑승한 후, 같은 날 06:40경 삼척시 하장면 중봉리 중봉계곡 앞길에 이르자 미리 준비한 흉기인 회칼을 보여주면서 위협한 뒤 청색 테이프로 피해자의 손과 발을 묶었다.

2) 피고인은 피해자를 뒷좌석으로 옮긴 후 위 택시를 운전하여 가다가 같은 날 06:54경 위 택시를 세워 피해자를 짐칸에 옮겨 태우고 미리 준비한 노끈으로 목과 팔 등을 묶은 다음, 피해자의 주머니 속 지갑에 들어 있는 피해자 소유의 현금과 신용카드 2장을 빼앗았다.

3) 피고인은 같은 날 08:02경 강릉시 토성로에 있는 ○○새마을금고 앞에 이르러 피해자를 여전히 짐칸에 둔 채 위 택시를 도로에 세워두고 08:11경까지 위 금고에 들어가 재물을 강취할 기회를 엿보았으나 포기하고 다른 곳으로 위 택시를 운전하여 갔다.

4) 피고인은 같은 날 09:07경부터 09:10경까지 위 ○○새마을금고에서 피해자로부터 위와 같이 강취한 신용카드로 현금을 인출하였다.

5) 피고인은 위 택시를 운전하여 같은 날 09:43경 강릉시 사천면 순포안길에 이르렀는데, 피해자가 결박을 풀고 달아나자 흉기인 위 회칼을 들고 쫓아가 피해자의 어깨를 잡아당겨 넘어뜨리고, 피해자가 피고인이 손에 쥐고 있는 위 회칼의 칼날 부분을 잡자 회칼을 위쪽으로 잡아당겨 피해자에게 상해를 가하였다. 피해자가 다시 달아나자 피고인은 위 택시를 위 장소로부터 1㎞ 떨어진 강릉시 사천면 순포안길 56 앞 농로까지 운전하여 갔다.

판단: 피고인이 피해자로부터 강취한 택시에 피해자를 태우고 돌아다니는 동안 피해자는 피고인의 강도범행에 의하여 계속 제압된 상태에 있었다고 할 것이므로, 피고인이 그로부터 도망하려는 피해자에게 상해를 가한 경우 사회통념상 강도범행이 완료되지 아니한 상태에서 '강도의 기회'에 상해행위를 저지른 것으로 볼 수 있고, 피고인의 상해행위를 새로운 결의에 의해 강도범행과는 별개의 기회에 이루어진 독립의 행위라고 하기는 어렵다고 할 것이다. 따라서 피고인의 행위는 특수강도죄와 폭처법위반(흉기휴대상해)죄의 경합범이 아닌 강도상해죄의 일죄로 처벌하는 것이 옳다.

고인은 식칼까지 들고 피해자로부터 돈을 빼앗으려고 한 점, 피해자는 이를 피하려고 도박을 하고 있었던 안방 출입문을 잠그면서 출입문이 열리지 않도록 완강히 버티고 있었던 점, 이에 피고인이 피해자에게 "이 새끼 죽여 버리겠다"고 위협하면서 위 출입문 틈 사이로 위 식칼을 집어 넣어 잠금장치를 풀려고 하고 발로 위 출입문을 수회 차서 결국 그 문을 열고 안방으로 들어 왔으며, 칼을 든 피고인 외에도 그 문 밖에 피고인의 일행 5명이 있어 그 문을 통해서는 밖으로 탈출하기가 불가능하였던 점 등을 종합하여 보면 피고인의 폭행·협박과 피해자가 안방 창문을 통하여 베란다까지 피신한 다음 극도의 공포심을 느껴 베란다의 열려진 창문을 통하여 8m 가량의 주택 아래로 뛰어 내려 땅바닥에 쓰러져 약 5개월 17일간의 치료를 요하는 상해를 입은 것 사이에는 상당인과관계가 있고, 피고인으로서는 피해자가 경우에 따라서는 베란다의 외부로 통하는 창문을 통하여 위 주택 아래로 뛰어 내리는 등 탈출을 시도할 가능성이 있고 그러한 경우에는 위 피해자가 상해를 입을 수 있다는 예견도 가능하였다고 봄이 상당하므로, 피고인의 행위는 강도치상죄를 구성한다.[55]

3. 상해의 고의

택시요금의 지급을 면하려고 과도로 협박하자 운전수가 급회전하면서 찔려 상해를 입음

강도치상죄에 있어서의 상해는 강도의 기회에 범인의 행위로 인하여 발생한 것이면 족한 것이므로, 피고인이 택시를 타고 가다가 요금지급을 면할 목적으로 소지한 과도로 운전수를 협박하자 이에 놀란 운전수가 택시를 급우회전하면서 그 충격으로 피고인이 겨누고 있던 과도에 어깨부분이 찔려 상처를 입었다면, 피고인의 위 행위를 강도치상죄에 의율함은 정당하다.[56]

강도상해죄는 강도가 사람을 상해한 경우에 성립하는 것이므로 도주하는 강도를 체포하기 위해 위에서 덮쳐 오른손으로 목을 잡고, 왼손으로 앞부분을 잡는 순간 강도가 들고 있던 벽돌에 끼어 있는 철사에 찔려 부상을 입었다거나 또는 도망하려는 공범을 뒤에서 양팔로 목을 감싸 잡고 내려오다 같이 넘어져 부상을 입은 경우라면 위 부상들은 피해자들의 적극적인 체포행위 과정에서 스스로의 행위의 결과로 입은 상처이어서 위 상해의 결과에 대하여 강도상해죄로 의율할 수 없다.[57]

4. 상해의 정도

강도상해죄에 있어서의 상해는 피해자의 신체의 건강상태가 불량하게 변경되고 생활기능에 장애가 초래되는 것을 말하는 것으로서, 피해자가 입은 상처가 극히 경미하여 굳이 치료할 필요가 없고 치료를 받지 않더라도 일상생활을 하는 데 아무런 지장이 없으며 시일이 경과함에 따라 자연적으로 치유될 수 있는 정도라면, 그로 인하여 피해자의 신체의 건강상태가 불량하게 변경되었다거나 생활기능에 장애가 초래된 것으로 보기 어려

55) 대판 1996. 7. 12. 96도1142.
56) 대판 1985. 1. 15. 84도2397.
57) 대판 1985. 7. 9. 85도1109.

워 강도상해죄에 있어서의 상해에 해당한다고 할 수 없다.
피고인들이 2002. 9. 15. 02:00경 피해자의 집에 들어가 피해자의 반항을 억압하고 강취한 신용카드의 비밀번호를 알아내는 과정에서 피해자를 수회 폭행하여 피해자의 얼굴과 팔다리 부분에 멍이 생긴 사실, 피해자는 간호사로서 이 사건 범행 다음날인 16. 직장이 휴무였으므로 출근하지 않았고 그 다음날인 같은 달 17.부터는 정상적으로 근무하였으며, 위 상처로 인하여 병원에서 치료를 받지도 않았고, 같은 달 18.에는 몸 상태가 호전되어 진단서도 발급받지 않았던 사실을 인정한 다음, 피해자가 입은 상처는 일상생활에 지장을 초래하지 않았고 나아가 그 회복을 위하여 치료행위가 특별히 필요하지 않은 정도로서 강도상해죄에 있어서의 상해에 해당된다고 할 수 없다.[58)]

피해자가 범행 당일 우측 두부 타박으로 인한 피하출혈, 부종 및 찰과상, 두정부와 우측 발목 타박으로 부종과 동통 소견이 있어 약 2주일간의 치료를 요한다는 내용의 상해진단서를 발급 받았고, 가해자가 범행 당시 주먹으로 머리를 1회 때리고 피해자의 발을 걸어 넘어뜨린 후 발로 가슴을 1회 걷어 차 피해자가 위와 같은 상처를 입었다면 이로 인하여 피해자의 신체의 건강상태가 불량하게 변경되고 생활기능에 장애가 초래된 것이라고 볼 수 있어 강도상해죄를 구성하는 상해에 해당한다고 한 사례.[59)]

약물을 탄 오렌지를 먹자마자 정신이 혼미해지고 기억을 잃음
약물을 탄 오렌지를 먹자마자 정신이 혼미해지고 그 후 기억을 잃었다는 것은 강도죄에 있어서 항거불능 상태를 말하는 것은 될지언정 이것만으로는 약물중독 상해를 인정할 자료가 되지 못한다.[60)]

5. 강도의 기수 여부

강도범이 강도의 기회에 사람을 상해하여 상해의 결과가 발생하면 형법 제337조 전단의 강도상해죄의 기수가 되는 것이고 거기에 반드시 재물탈취의 목적 달성을 필요로 하는 것은 아니다.[61)]

58) 대판 2003. 7. 11. 2003도2313.
59) 대판 2002. 1. 11. 2001도5925.
60) 대판 1984. 12. 11. 84도2324.
61) 대판 1988. 2. 9. 87도2492.

Ⅵ. 강도죄와 공범의 책임

1. 준강도의 경우

특수절도범들이 각기 다른 길로 도주하다가 그중 1인이 체포면탈 목적으로 폭행하여 상해

특수절도의 범인들이 범행이 발각되어 각기 다른 길로 도주하다가 그중 1인이 체포를 면탈할 목적으로 폭행하여 상해를 가한 때에는, 나머지 범인도 위 공범이 추격하는 피해자에게 체포되지 아니하려고 위와 같이 폭행할 것을 전연 예기하지 못한 것으로는 볼 수 없다 할 것이므로 그 폭행의 결과로 발생한 상해에 관하여 강도상해죄의 책임을 면할 수 없다.[62)]

수인의 날치기 공모자 중 1인은 가방을 낚아채고, 다른 1인은 피해자를 떠밀어 다치게 함

피고인과 갑, 을, 병 등은 차량을 타고 다니면서 행인의 재물을 탈취할 것을 공모하고 합동하여 피해자를 범행대상으로 지목하고 차량을 세운 후 갑, 을은 위 차량에서 대기하거나 망을 보고 피고인과 병은 피해자에게 다가가 병이 피해자의 가방을 낚아채고 피고인은 피해자를 힘껏 떠밀어 콘크리트바닥에 넘어져 상처를 입게 함으로써 추적을 할 수 없게 한 경우에, 피고인들 사이에 사전에 피해자를 밀어 넘어뜨려서 반항을 억압하기로 하는 구체적인 의사연락이 없었다고 하여도 합동하여 절도범행을 하는 도중에 피고인이 체포를 면탈할 목적으로 위 피해자에게 폭행을 가하여 상처를 입혔고 그 폭행의 정도가 피해자의 추적을 억압할 정도의 것이었던 이상 피고인과 갑, 을, 병은 강도상해의 죄책을 면할 수 없다.[63)]

4명이 합동절도 실행의 착수 후 2인이 함께 도주하다가 그중 1인이 체포면탈하려고 소지한 면도칼로 피해자의 얼굴을 그어 상해

피고인은 갑, 을, 병과 합동하여 정 경영의 대성서점에 이르러 갑과 을은 망을 보고 피고인과 병은 미리 준비한 절단기로 서점 샷타문 자물쇠를 절단하고 서점 내에 들어가 현금 등을 절취한 후 주민의 신고를 받고 경찰관이 위 절취현장에 출동하자 피고인과 병이 약 50미터 가량 도주하다가 병은 우연히 그 곳을 지나다가 뒤쫓아온 피해자에게 체포를 면탈할 목적으로 소지하고 있던 제도용 면도칼로 그의 얼굴을 1회 그어 그에게

62) **합동절도범 중 뒤늦게 도주하던 1인이 체포되자 체포면탈하려고 폭행하여 상해**
피고인은 갑과 합동하여 피해자가 경영하는 생맥주집 뒤 출입문 시정을 갑이 소지한 쇠갈쿠리로 손괴하고 홀에 들어가 피고인은 그 곳 서랍속의 담배를 훔쳐 갑에게 주고 갑은 피해자 방실에 들어가 손지갑을 가지고 나오는 순간 피해자가 "누구야" 하자 이 소리를 들은 피고인은 밖으로 도주하고 뒤이어 도주하던 갑은 현장에서 피해자에게 잡히게 되어 체포를 면탈할 목적으로 폭행을 가한 경우에, 피고인 역시 발각되었음을 알고 도망하는 과정에 갑이 체포된 사정으로 보아 갑이 추격하는 피해자에게 체포를 면하기 위하여 위와 같은 폭력행위를 할 것을 전혀 예기치 못한 것으로는 볼 수 없다 할 것이므로 강도상해죄가 성립한다(대판 1984. 12. 26. 84도2552).
피고인과 원심피고인들이 타인의 재물을 절취하기로 공모한 다음 피고인은 망을 보고 원심피고인들이 재물을 절취한 다음 달아나려다가 피해자에게 발각되자 체포를 면탈할 목적으로 피해자를 때려 상해를 입혔다면 피고인도 이를 전연 예견하지 못했다고 볼 수 없어 강도상해죄의 죄책을 면할 수 없다(대판 1989. 12. 12. 89도1991).

63) 대판 1991. 11. 26. 91도2267.

약 2주간의 치료를 요하는 안면부열상 등을 입힌 경우, 피고인은 범행이 발각되어 함께 도망가던 병이 추격하는 피해자에게 체포를 면탈할 목적으로 위와 같은 상해를 입힐 것을 전혀 예기치 못한 것으로는 볼 수 없다 할 것이므로 그 결과에 대하여 강도상해죄가 성립된다.[64)]

빈 가게로 알고 절도를 하려고 공범 1인이 들어갔으나 인기척이 있어 도주하다가 담배창구에 걸려 빠져 나오지 못해 피해자에게 붙들리자 폭행하여 상해를 가함

준강도가 성립하려면 절도가 절도행위의 실행 중 또는 실행직후에 체포를 면탈할 목적으로 폭행, 협박을 한 때에 성립하고 이로써 상해를 가하였을 때에는 강도상해죄가 성립되는 것이고, 공모합동하여 절도를 한 경우 범인 중의 하나가 체포를 면탈할 목적으로 폭행을 하여 상해를 가한 때에는 나머지 범인도 이를 예기하지 못한 것으로 볼 수 없다면 강도상해죄의 죄책을 면할 수 없다.

절도를 공모한 피고인이 다른 공모자 갑의 폭행행위에 대하여 사전양해나 의사의 연락이 전혀 없었고, 범행장소가 빈 가게로 알고 있었고, 갑이 담배창구를 통하여 가게에 들어가 물건을 절취하고 피고인은 밖에서 망을 보던 중 예기치 않았던 인기척 소리가 나므로 도주해버린 이후에 갑이 창구에 몸이 걸려 빠져 나오지 못하게 되어 피해자에게 붙들리자 체포를 면탈할 목적으로 피해자에게 폭행을 가하여 상해를 입힌 것이고, 피고인은 그동안 상당한 거리를 도주하였을 것으로 추정되는 상황 하에서는 피고인이 갑의 폭행행위를 전연 예기할 수 없었다고 보여지므로 피고인에게 준강도상해죄의 공동책임을 지울 수 없다.[65)]

피해자가 절취 연락을 받고 1킬로미터 추격하여 피고인을 체포하고, 1킬로미터를 더 추격하여 갑을 체포하여 몽둥이로 구타하였다가 갑에게 몽둥이를 빼앗겨 구타당하고 상해를 입음

피해자가 피고인 및 갑이 자기 집에서 물건을 훔쳐 나왔다는 연락을 받고 도주로를 따라 추격하자 범인들이 이를 보고 도주하므로 1킬로미터 가량 추격하여 피고인을 체포하여 같이 추격하여 온 동리 사람들에게 인계하고 1킬로미터를 더 추격하여 갑을 체포하여 가지고 간 나무 몽둥이로 1회 구타하자 갑이 이를 빼앗아 피해자를 구타 상해를 가하고 도주한 사안에서,

절도범행의 종료 후 얼마 되지 아니한 단계이고 안전지대에로 이탈하지 못하고 피해자측에 의하여 체포될 가능성이 남아있는 단계에서 추적당하여 체포되려 하자 구타한 경우에는 절도행위와 그 체포를 면탈하기 위한 구타행위와의 사이에 시간상 및 거리상 극히 근접한 관계에 있다 할 것이므로, 준강도죄가 성립한다.

피고인으로서는 사전에 갑과 사이에 상의한 바 없었음은 물론 체포 현장에 있어서도 피고인과의 사이에 전혀 의사연락 없이 갑이 피해자로부터 그가 가지고 간 몽둥이로 구타당하자 돌연 이를 빼앗아 피해자를 구타하여 상해를 가한 것으로서 피고인이 이를 예기하지 못하였다고 할 것이므로 동 구타상해행위를 공모 또는 예기하지 못한 피고인에게까지 준강도 상해의 죄책을 문의할 수는 없다.[66)]

64) 대판 1988. 2. 9. 87도2460.
65) 대판 1984. 2. 28. 83도3321.
66) 대판 1982. 7. 13. 82도1352.

2. 강도의 경우

강도의 공범자 중의 한 사람이 강도의 기회에 피해자에게 폭행을 가하여 상해를 입힌 경우 다른 공범자도 재물강취의 수단으로 폭행을 가할 것이라는 점에 관하여 상호의사의 연락이 있었던 것이므로 구체적으로 상해에 관하여는 공모하지 않았다 하더라도 폭행으로 생긴 결과에 대한 공범으로서 강도상해 및 강도치상의 책임을 진다.67)

강도합동범 중 1인이 공모한대로 과도를 들고 피해자의 거소를 들어가 칼을 휘둘러 상해

강도합동범 중 1인이 피고인과 공모한대로 과도를 들고 강도를 하기 위하여 피해자의 거소를 들어가 피해자를 향하여 칼을 휘두른 이상 이미 강도의 실행행위에 착수한 것임이 명백하고, 그가 피해자들을 과도로 찔러 상해를 가하였다면 대문 밖에서 망을 본 공범인 피고인이 구체적으로 상해를 가할 것까지 공모하지 않았다 하더라도 피고인은 상해의 결과에 대하여도 공범으로서의 책임을 면할 수 없다.68)

합동강도범의 1인이 살해행위

강도살인죄는 고의범이고 강도치사죄는 이른바 결과적가중범으로서 살인의 고의까지 요하는 것이 아니므로, 수인이 합동하여 강도를 한 경우 그 중 1인이 사람을 살해하는 행위를 하였다면 그 범인은 강도살인죄의 기수 또는 미수의 죄책을 지는 것이고 다른 공범자도 살해행위에 관한 고의의 공동이 있었으면 그 또한 강도살인죄의 기수 또는 미수의 죄책을 지는 것이 당연하다 하겠으나, 고의의 공동이 없었으면 피해자가 사망한 경우에는 강도치사의, 강도살인이 미수에 그치고 피해자가 상해만 입은 경우에는 강도상해 또는 치상의, 피해자가 아무런 상해를 입지 아니한 경우에는 강도의 죄책만 진다고 보아야 할 것이다.69)

---

67) 대판 1990. 12. 26. 90도2362. 다음은 같은 취지이다.
강도의 공범이 피해자를 협박할 때에 상처를 입게 하였다면 강도가 비록 상해의 점에 공동 가공의 의사가 없었고 상해의 결과가 그의 행위로 인한 것이 아니었다고 해도 강도상해죄의 죄책을 면할 수 없다(대판 1985. 9. 24. 85도1686).
강도공범자 중의 1인이 강도의 기회에 피해자에게 폭력을 가하여 상해를 입힌 경우에, 다른 공범자도 재물강취의 수단으로 폭행이 가해질 것이라는 점에 관하여 상호의사의 연락이 있었던 것이므로, 구체적으로 상해에 관하여는 공모하지 않았다 하더라도 폭행으로 생긴 결과에 대하여 공범으로서의 책임을 진다(대판 1988. 12. 13. 88도1844).

68) 대판 1998. 4. 14. 98도356.

69) 대판 1991. 11. 12. 91도2156. 다음은 같은 취지이다.
강도 공범자 중의 1인이 살해
강도의 공범자 중 1인이 강도의 기회에 피해자의 신체에 대하여 폭행을 가하거나 피해자의 신체를 상해하여 피해자를 살해한 경우에, 다른 공범자에게도 재물을 강취하는 수단으로 폭행이나 상해가 가하여질 것이라는 점에 관하여 상호 의사의 연락이 있었던 것으로 보아야 하므로, 구체적으로 살인에 관하여까지는 공모하지 않았다고 하더라도 폭행이나 상해로 생긴 결과에 대하여 공범으로서의 책임을 져야 한다(대판 1992. 12. 22. 92도2462).
강도공범자 중 1인이 강도의 기회에 피해자 살해
강도의 공범자 중 1인의 강도의 기회에 피해자에게 폭행 또는 상해를 가하여 살해한 경우에 다른 공범자는 강도의 수단으로 폭행 또는 상해가 가해지리라는 점에 대하여 상호 인식이 있었으므로 살해에 대하여 공모한 바가 없다고 하여도 강도치사죄의 죄책을 면할 수 없다(대판 1988. 9. 13. 88도1046).

과도, 쇠파이프 등을 휴대한 합동강도범 중 1인이 살해

수인이 합동하여 강도를 한 경우 1인이 강취하는 과정에서 간수자를 강타, 사망케 한 때에는 나머지 범인도 이를 예기하지 못한 것으로 볼 수 없는 경우에는 강도살인죄의 죄책을 면할 수 없다 할 것인바, 피고인들이 사전에 금품강취범행을 모의하고 전원이 범행현장에 임하여 각자 범죄의 실행을 분담하였으며 그 과정에 피고인 갑을 제외한 나머지 3명이 모두 과도 또는 쇠파이프 등을 휴대하였고 쇠파이프를 휴대한 피고인 을이 위 피해자를 감시하였던 상황에 비추어 피고인 을이 피해자를 강타, 살해하리라는 점에 관하여 나머지 피고인들도 예기할 수 없었다고는 보여지지 아니하므로 피고인들을 모두 강도살인죄의 정범으로 처단함은 정당하다.[70)]

등산용 칼을 이용한 노상강도 공모자 중 1인이 우연히 현장을 목격한 자를 살해

피고인들이 등산용 칼을 이용하여 노상강도를 하기로 공모한 사건에서 범행 당시 차안에서 망을 보고 있던 피고인 갑이나 등산용 칼을 휴대하고 있던 피고인 을과 함께 차에서 내려 피해자로부터 금품을 강취하려 했던 피고인 병으로서는 그때 우연히 현장을 목격하게 된 다른 피해자를 피고인 을이 소지중인 등산용 칼로 살해하여 강도살인행위에 이를 것을 전혀 예상하지 못하였다고 할 수 없으므로 피고인들 모두는 강도치사죄로 의율처단함이 옳다.[71)]

Ⅶ. 강도살인죄

1. 강도살인죄의 주체인 강도

강도살인죄(형법 제338조)의 주체인 강도는 준강도죄(형법 제335조)의 강도범인을 포함한다고 할 것이므로 절도가 체포를 면탈할 목적으로 사람을 살해한 때에는 강도살인죄가 성립한다.[72)]

2. 강도의 기회

심하게 반항하는 강도를 수갑을 채우지 못한 채 순찰차 뒷좌석에 밀어 넣자, 강도가 뒷좌석 옆자리에 있던 경찰관을 칼로 찔러 사망케 함

강도살인이라 함은 강도범인이 강도의 기회에 살인행위를 함으로써 성립하는 것이므로, 강도범행의 실행 중이거나 그 실행 직후 또는 실행의 범의를 포기한 직후로서 사회통념상 범죄행위가 완료되지 아니하였다고 볼 수 있는 단계에서 살인이 행하여짐을 요건으로 한다.

70) 대판 1984. 2. 28. 83도3162.
71) 대판 1990. 11. 27. 90도2262.
72) 대판 1983. 6. 28. 83도1210; 대판 1987. 9. 22. 87도1592.

강도범행 직후 신고를 받고 출동한 경찰관이 위 범행 현장으로부터 약 150m 지점에서, 화물차를 타고 도주하는 피고인을 발견하고 순찰차로 추적하여 격투 끝에 피고인을 붙잡았으나, 피고인이 너무 힘이 세고 반항이 심하여 수갑도 채우지 못한 채 피고인을 순찰차에 억지로 밀어 넣고서 파출소로 연행하고자 하였는데, 그 순간 피고인이 체포를 면하기 위하여 소지하고 있던 과도로써 옆에 앉아 있던 경찰관을 찔러 사망케 하였다면 피고인의 위 살인행위는 강도행위와 시간상 및 거리상 극히 근접하여 사회통념상 범죄행위가 완료되지 아니한 상태에서 이루어진 것이라고 보여지므로(위 살인행위 당시에 피고인이 체포되어 신체가 완전히 구속된 상태이었다고 볼 수 없다), 원심이 피고인을 강도살인죄로 적용하여 처벌한 것은 옳다고 한 사례.[73)]

채무면탈의 목적으로 채권자를 살해하고 동인의 반항능력이 완전히 상실된 것을 이용하여 즉석에서 동인이 소지하고 있던 재물까지 탈취하였다면 살인행위와 재물탈취행위는 서로 밀접하게 관련되어 있어 살인행위를 이용한 재물탈취행위라고 볼 것이므로 이는 강도살인죄에 해당한다.[74)]

강도살인죄는 강도범인이 강도의 기회에 살인행위를 함으로써 성립하는 것이므로, 강도범행의 실행중이거나 그 실행 직후 또는 실행의 범의를 포기한 직후로서 사회통념상 범죄행위가 완료되지 아니하였다고 볼 수 있는 단계에서 살인이 행하여짐을 요건으로 한다.
피고인이 피해자 소유의 돈과 신용카드에 대하여 불법영득의 의사를 갖게 된 것이 살해 후 상당한 시간이 지난 후로서 살인의 범죄행위가 이미 완료된 후의 일이라면, 살해 후 상당한 시간이 지난 후에 별도의 범의에 터잡아 이루어진 재물 취거행위를 그보다 앞선 살인행위와 합쳐서 강도살인죄로 처단할 수 없다.[75)]

3. 살인의 고의

강도살인죄에 있어서의 살인의 범의는 반드시 살해의 목적이나 계획적인 살해의 의도가 있어야 인정되는 것은 아니고, 자기의 행위로 인하여 타인의 사망의 결과를 발생시킬 만한 가능 또는 위험이 있음을 인식하거나 예견하면 족한 것이고 그 인식이나 예견은 확정적인 것은 물론 불확정적인 것이라도 이른바 미필적 고의로 인정되는 것인바, 피고인이 범행 당시 살인의 범의는 없었고 단지 상해 또는 폭행의 범의만 있었을 뿐이라고 다투는 경우에 피고인에게 범행 당시 살인의 범의가 있었는지 여부는 피고인이 범행에 이르게 된 경위, 범행의 동기, 준비된 흉기의 유무·종류·용법, 공격의 부위와 반복성, 사망의 결과발생가능성 정도 등 범행 전후의 객관적인 사정을 종합하여 판단할 수밖에 없다.
강도가 베개로 피해자의 머리 부분을 약 3분간 누르던 중 피해자가 저항을 멈추고 사지가 늘어졌음에도 계속하여 누른 행위에 살해의 고의가 있었다고 한 원심의 판단을 수긍한 사례.[76)]

73) 대판 1996. 7. 12. 96도1108.

74) 대판 1985. 10. 22. 85도1527.

75) 대판 2004. 6. 24. 2004도1098.

76) 대판 2002. 2. 8. 2001도6425. 다음은 같은 취지이다.

과도를 소지한 합동강도범 중 1인이 택시운전사를 과도로 찔러 강도살인미수

4. 채무면탈 의사로 살해

채무면탈 의사로 채권자를 살해하였으나 상속인이 그 채권의 존재를 확인할 수 있음

피고인 갑, 을이 공모하여 채무를 면탈할 의사로 채권자 병을 살해한 사안에서, 강도살인죄가 성립하려면 먼저 강도죄의 성립이 인정되어야 하고, 강도죄가 성립하려면 불법영득(또는 불법이득)의 의사가 있어야 하며, 형법 제333조 후단 소정의 이른바 강제이득죄의 성립요건인 '재산상 이익의 취득'을 인정하기 위하여서는 재산상 이익이 사실상 피해자에 대하여 불이익하게 범인 또는 제3자 앞으로 이전되었다고 볼 만한 상태가 이루어져야 하는데, 채무의 존재가 명백할 뿐만 아니라 채권자의 상속인이 존재하고 그 상속인에게 채권의 존재를 확인할 방법이 확보되어 있는 경우에는 비록 그 채무를 면탈할 의사로 채권자를 살해하더라도 일시적으로 채권자측의 추급을 면한 것에 불과하여 재산상 이익의 지배가 채권자측으로부터 범인 앞으로 이전되었다고 보기는 어려우므로, 이러한 경우에는 강도살인죄가 성립할 수 없다.[77]

술값의 지불을 면할 목적으로 소주방 주인을 살해/즉석에서 동인의 현금을 탈취

피고인이 피해자 경영의 소주방에서 금 35,000원 상당의 술과 안주를 시켜 먹은 후 피해자가 피고인에게 술값을 지급할 것을 요구하며 피고인의 허리를 잡고 피고인이 도망가지 못하게 하자 피고인은 그 술값을 면할 목적으로 피해자를 살해하고, 곧바로 피해자가 소지하고 있던 현금 75,000원을 꺼내어 간 사안에서, 피고인이 피해자를 살해하면 피해자는 피고인에 대하여 술값 채권을 행사할 수 없게 되고, 피해자 이외의 사람들에게는 피해자가 피고인에 대하여 술값 채권을 가지고 있음이 알려져 있지 아니한 탓으로 피해자의 상속인이 있다 하더라도 피고인에 대하여 그 채권을 행사할 가능성은 없다 하겠다. 그러므로 위와 같은 상황에서 피고인이 채무를 면탈할 목적으로 피해자를 살해한 것은 재산상의 이익을 취득할 목적으로 피해자를 살해한 것이라 할 수 있고, 또한 피고인이 피해자를 살해한 행위와 즉석에서 피해자가 소지하였던 현금을 탈취한 행위는 서로 밀접하게 관련되어 있기 때문에 살인행위를 이용하여 재물을 탈취한 행위라고 볼 수 있어 강도살인죄가 성립한다.[78]

갑과 을이 택시운전사로부터 금품을 강취할 목적으로 길이 약 20센티미터의 과도 2개를 구입하여 과도 1개씩을 자신들의 왼쪽다리 무릎과 발목 사이에 붕대로 감아 감추고 택시를 타고가다 한적한 곳에 택시를 정지시킨 후 운전수 뒷자리에 타고 있던 갑은 피해자의 등 뒤에서 왼손으로 목을 조르고 과도로 눈과 안면부를 각 1회씩 찌르자 동인이 도망하므로 따라가서 목과 안면부를 4~5회 찌르고 을도 과도로 1회 찌르고 주먹으로 2회 때려 전치 약 3주간을 요하는 좌안구혈종등의 상해를 입게 하고 금품을 강취하였다면 피고인들은 본건 범행에 있어 살인의 범의가 있었으며 을이 공동가공한 사실도 분명하여 강도살인미수죄가 성립한다(대판 1987. 1. 20. 86도2308).

77) 대판 2004. 6. 24. 2004도1098. 다음은 같은 취지이다.
피고인 갑, 을이 공모하여 채무를 면탈할 의사로 채권자 병을 살해한 사안에서, 갑의 병에 대한 채무의 존재가 명백할 뿐만 아니라 병의 상속인이 존재하고 그 상속인에게 채권의 존재를 확인할 방법이 확보되어 있으므로 일시적으로 채권자측의 추급을 면한 것에 불과하고 재산상 이익의 지배가 채권자측으로부터 갑 앞으로 이전되었다고 볼 수 없다는 이유로, 위 강도살인의 공소사실을 무죄로 인정한 원심판단을 수긍한 사례(대판 2010. 9. 30. 2010도7405).

78) 대판 1999. 3. 9. 99도242.

5. 불법영득의사

강간 피해자로부터 빼앗은 돈을 팁이라며 피해자의 가슴 속에 집어넣음

피고인이 피해자를 강간한 다음 항거불능 상태에 있는 피해자에게 돈을 내놓으라고 하여 피해자가 서랍 안에서 꺼내주는 현금 170,000원을 교부받은 즉시 팁이라고 하면서 돌려주었으며 범행이 발각될 것이 두려운 나머지 피해자를 살해할 것을 결의하고 과도로 피해자의 음부를 1회 찔렀으나 전치 4주를 요하는 자궁천공 상등의 상해를 가함에 그쳐 그 살해의 목적을 이루지 못하고 미수에 그친 사안에서,
강도살인죄가 성립하려면 먼저 강도죄의 성립이 인정되어야 하고 강도죄가 성립하려면 불법영득의 의사가 있어야 하는 것인 바, 피해자를 강간한 후 항거불능 상태에 있는 피해자에게 돈을 내놓으라고 하여 피해자가 서랍 안에서 꺼내주는 돈을 받는 즉시 팁이라고 하면서 피해자의 브라쟈 속으로 그 돈을 집어넣어 준 것이라면 이는 불법영득을 하려 한 것이 아니라 피해자를 희롱하기 위하여 돈을 뺏은 다음 그대로 돌려주려고 한 의도였다고 할 것이므로 불법영득의 의사가 있었다고 보기 어렵다.[79)]
해설: 사안은 강도살인미수가 아니라 강간죄와 살인미수가 성립한다.

6. 현주건조물방화치사죄와의 관계

피고인들이 피해자들의 재물을 강취한 후 그들을 살해할 목적으로 현주건조물에 방화하여 사망에 이르게 한 경우, 피고인들의 행위는 강도살인죄와 현주건조물방화치사죄에 모두 해당하고 그 두 죄는 상상적 경합범관계에 있다.[80)]

Ⅷ. 강도강간죄

1. 강도가 강간

강도강간죄는 강도가 실행에 착수한 뒤 강도행위를 완료하기 전에 강간을 한 경우에도 성립된다.[81)]

남편 상대로 강도미수 후 처를 강간

형법 제339조가 정하는 이른바 강도강간죄는 형법 제333조, 제335조, 제336조의 강도죄와 형법 제297조, 제299조, 제305조의 강간죄와의 결합범으로서 강도가 부녀를 강간함으로써 성립하고 강도가 기수이거나 미수이거나를 가리지 아니하는 것 이므로, 피고인이 원심상피고인과 공동하여 해안에 정박 중인 예인선에 금품

79) 대판 1986. 6. 24. 86도776.
80) 대판 1998. 12. 8. 98도3416.
81) 대판 1986. 5. 27. 86도507.

을 강취할 목적으로 침입하여 선실에서 잠자던 피해자 1과 그의 처인 피해자 2를 깨워 피고인이 미리 준비하여 가지고 간 식칼을 피해자 1의 목에 들이 대고 주먹으로 얼굴을 때리면서 금품을 요구하였으나 피해자들이 가진 것이 없다고 하자 주먹으로 피해자 1의 배와 얼굴 등을 때리고 선장실로 끌고 가 가둔 다음 피해자 2의 옆구리에 칼을 들이대고 목을 눌르는 등 항거불능케 하여 이를 강간하였다면 이는 강도가 부녀를 강간한 것으로 강도강간죄가 성립한다.[82)]

강간 도중에 강도범행을 한 다음 계속하여 강간

강도강간죄는 강도라는 신분을 가진 범인이 강간죄를 범하였을 때 성립하는 범죄이고 따라서 강간범이 강간행위 후에 강도의 범의를 일으켜 그 부녀의 재물을 강취하는 경우에는 강도강간죄가 아니라 강도죄와 강간죄의 경합범이 성립될 수 있을 뿐이나, 강간범이 강간행위 종료 전 즉 그 실행행위의 계속 중에 강도의 행위를 할 경우에는 이때에 바로 강도의 신분을 취득하는 것이므로 이후에 그 자리에서 강간행위를 계속하는 때에는 강도가 부녀를 강간한 때에 해당하여 강도강간죄를 구성한다.[83)]

강간 후 강도

강도강간죄는 강도가 강간하는 것을 그 요건으로 하므로 부녀를 강간한 자가 강간행위 후에 강도의 범의를 일으켜 재물을 강취하는 경우에는 강간죄와 강도죄의 경합범이 성립될 수 있을 뿐이다.[84)]

2. 강취 재물의 소유자와 강간 피해자가 다른 경우

갑남에게 강도 후 을녀를 강간

피고인이 강도하기로 모의를 한 후 피해자 갑남으로부터 금품을 빼앗고 이어서 피해자 을녀를 강간하였다면 강도강간죄를 구성한다고 한 사례.[85)]

---

82) 대판 1986. 1. 28. 85도2416.

83) 대판 1988. 9. 9. 88도1240.

84) 대판 1977. 9. 28. 77도1350. 다음은 성폭법의 적용에 있어 같은 취지이다.

강간범행 후 특수강도

강간범이 강간행위 후에 강도의 범의를 일으켜 그 부녀의 재물을 강취하는 경우에는 형법상 강도강간죄가 아니라 강간죄와 강도죄의 경합범이 성립될 수 있을 뿐인바, (구 성폭법) 제5조 제2항은 형법 제334조(특수강도) 등의 죄를 범한 자가 형법 제297조(강간) 등의 죄를 범한 경우에 이를 특수강도강간 등의 죄로 가중하여 처벌하고 있으므로, 다른 특별한 사정이 없는 한 강간범이 강간의 범행 후에 특수강도의 범의를 일으켜 그 부녀의 재물을 강취한 경우에는 이를 (구 성폭법) 제5조 제2항(현행 성폭법 3조 2항) 소정의 특수강도강간죄로 의율할 수 없다(대판 2002. 2. 8. 2001도6425).

85) 대판 1991. 11. 12. 91도2241.

갑을 강간하는 도중 을 소유의 핸드백을 강취

강간범이 강간행위 후에 강도의 범의를 일으켜 그 부녀의 재물을 강취하는 경우에는 강도강간죄가 아니라 강간죄와 강도죄의 경합범이 성립될 수 있을 뿐이지만, 강간행위의 종료 전 즉 그 실행행위의 계속 중에 강도의 행위를 할 경우에는 이때에 바로 강도의 신분을 취득하는 것이므로 이후에 그 자리에서 강간행위를 계속하는 때에는 강도가 부녀를 강간한 때에 해당하여 형법 제339조에 정한 강도강간죄를 구성하고, (구 성폭법) 제5조 제2항(현행 성폭법 3조 2항)은 형법 제334조(특수강도) 등의 죄를 범한 자가 형법 제297조(강간) 등의 죄를 범한 경우에 이를 특수강도강간 등의 죄로 가중하여 처벌하는 것이므로, 다른 특별한 사정이 없는 한 특수강간범이 강간행위 종료 전에 특수강도의 행위를 한 이후에 그 자리에서 강간행위를 계속하는 때에도 특수강도가 부녀를 강간한 때에 해당하여 (구 성폭법) 제5조 제2항에 정한 특수강도강간죄로 의율할 수 있다. 강도죄는 재물탈취의 방법으로 폭행, 협박을 사용하는 행위를 처벌하는 것이므로 폭행, 협박으로 타인의 재물을 탈취한 이상 피해자가 우연히 재물탈취 사실을 알지 못하였다고 하더라도 강도죄는 성립하고, 폭행, 협박당한 자가 탈취당한 재물의 소유자 또는 점유자일 것을 요하지도 아니하며, 강간범인이 부녀를 강간할 목적으로 폭행, 협박에 의하여 반항을 억압한 후 반항억압 상태가 계속 중임을 이용하여 재물을 탈취하는 경우에는 재물탈취를 위한 새로운 폭행, 협박이 없더라도 강도죄가 성립한다.

야간에 갑의 주거에 침입하여 드라이버를 들이대며 협박하여 갑의 반항을 억압한 상태에서 강간행위의 실행도중 범행현장에 있던 을 소유의 핸드백을 가져간 피고인의 행위는 포괄하여 (구 성폭법)위반(특수강도강간등)죄에 해당한다.[86]

3. 중지미수

강도가 강간의 실행에 착수하였으나 수술한 피해자가 배가 아프다고 애원하여 중단함

피고인 갑, 을, 병이 강도행위를 하던 중 피고인 갑, 을은 피해자를 강간하려고 작은 방으로 끌고가 팬티를 강제로 벗기고 음부를 만지던 중 피해자가 수술한 지 얼마 안되어 배가 아프다면서 애원하는 바람에 그 뜻을 이루지 못하였다면, 강도행위의 계속 중 이미 공포상태에 빠진 피해자를 강간하려고 한 이상 강간의 실행에 착수한 것이고, 피고인들이 간음행위를 중단한 것은 피해자를 불쌍히 여겨서가 아니라 피해자의 신체조건상 강간을 하기에 지장이 있다고 본 데에 기인한 것이므로, 이는 일반의 경험상 강간행위를 수행함에 장애가 되는 외부적 사정에 의하여 범행을 중지한 것에 지나지 않는 것으로서 중지범의 요건인 자의성을 결여하였다.[87]

강도가 피해자의 딸이 울고, 남편이 곧 돌아오며 임신 중이라는 말을 듣고 강간을 중단

강도가 강간하려고 하였으나 잠자던 피해자의 어린 딸이 잠에서 깨어 우는 바람에 도주하였고, 또 피해자가 시장에 간 남편이 곧 돌아온다고 하면서 임신 중이라고 말하자 도주한 경우에는 자의로 강간행위를 중지하였다고 볼 수 없다.[88]

86) 대판 2010. 12. 9. 2010도9630.

87) 대판 1992. 7. 28. 92도917.

88) 대판 1993. 4. 13. 93도347.

4. 강도강간미수죄와 강도치상죄

강도가 재물강취의 뜻을 재물의 부재로 이루지 못한 채 미수에 그쳤으나 그 자리에서 항거불능의 상태에 빠진 피해자를 간음할 것을 결의하고 실행에 착수했으나 역시 미수에 그쳤더라도 반항을 억압하기 위한 폭행으로 피해자에게 상해를 입힌 경우에는 강도강간미수죄와 강도치상죄가 성립되고 이는 1개의 행위가 2개의 죄명에 해당되어 상상적 경합관계가 성립된다.[89)]

5. 공 범

강도 후 공범들이 피해신고를 막기 위해 피해자를 강간할 때 피해자의 자녀들을 감시

피고인이 공범들과 함께 강도범행을 저지른 후 피해자의 신고를 막기 위하여 공범들이 묶여있는 피해자를 옆방으로 끌고가 강간범행을 할 때에 피고인은 자녀들을 감시하고 있었다면 공범들의 강도강간범죄에 공동가공한 것이라 하겠으므로 비록 피고인이 직접강간행위를 하지 않았다 하더라도 강도강간의 공동죄책을 면할 수 없다.[90)]

Ⅸ. 해상강도살인죄

선장과 선원을 살해하고 선박을 운행하여 매도하거나 침몰

징계를 받고 하선당할 처지의 원양어선 페스카마호 선원인 피고인들이 선장 등 7명을 살해하고 선원 10명을 어창에 감금하여 동사시키고 선박을 매도하거나 침몰시킨 후 한국이나 일본으로 밀입국하기로 결의한 다음, 선장 등 한국인 선원 7명을 살해하고, 나머지 생존 선원들의 반항을 억압하여 선박의 지배권을 장악한 후 1등 항해사에게 지시하여 사모아로 향하던 항로를 한국으로 수정하였다가 다시 일본으로 수정하였고, 선박을 침몰시키고 일본으로 밀입국하기 위하여 항해 도중에 뗏목을 만들기도 한 사안에서, 선박에 대한 불법영득의 의사가 있다고 보아 해상강도살인죄로 인정한 사례.[91)]

Ⅹ. 상습강도죄

초범이 3개월간 16회의 특수강도

비록 피고인에게 강도의 전과사실이 없다 하더라도 불과 3개월여 사이에 16회에 걸쳐 특수강도행위를 반복

89) 대판 1988. 6. 28. 88도820.

90) 대판 1986. 1. 21. 85도2411.

91) 대판 1997. 7. 25. 97도1142.

하였고 여러 사람이 한 밤중에 칼을 협박의 도구로 사용하며 피해자들을 묶어놓는 등 그 범행의 수단 방법이 범행을 거듭함에 따라 전문화, 대형화해가고 있다면 특수강도의 상습성을 인정할 수 있다.[92)]

특가법상 상습강도죄와 강도상습성이 발현된 강도예비죄

특가법 제5조의4 제3항에 규정된 상습강도죄를 범한 범인이 그 범행 외에 상습적인 강도의 목적으로 강도예비를 하였다가 강도에 이르지 아니하고 강도예비에 그친 경우에도 그것이 강도상습성의 발현이라고 보여지는 경우에는 강도예비행위는 상습강도죄에 흡수되어 위 법조에 규정된 상습강도죄의 1죄만을 구성하고 이 상습강도죄와 별개로 강도예비죄를 구성하지 아니한다.[93)]

상습강도 등과 강도상해, 강도강간

형법 제341조나 특가법에서 강도, 특수강도, 약취강도, 해상강도의 각 죄에 관해서는 상습범가중처벌규정을 두고 있으나 강도상해, 강도강간 등 각 죄에 관해서는 상습범가중처벌규정을 두고 있지 아니하므로 특수강도죄와 그 후에 범한 강도강간 및 강도상해 등 죄는 포괄일죄의 관계에 있지 아니하다.[94)]

상습강도죄와 강도상해죄

형법 제333조, 제334조, 제337조, 제341조, 특가법 제5조의4 제3항, 제5조의5의 각 규정을 살펴보면 강도죄와 강도상해죄는 따로 규정되어 있고 상습강도죄(형법 제341조)에 강도상해죄가 포괄흡수될 수는 없는 것이므로 위 2죄는 상상적 경합범 관계가 아니다.[95)]

특수강도의 상습범에 대한 확정판결과 강도상해죄

강도상해죄가 특수강도의 상습범에 대한 가중처벌규정인 특가법 제5조의 4 제1항 위반죄에 대한 확정판결 전에 범하여졌다 하더라도, 강도상해죄와 특수강도죄는 그 구성요건 해당행위가 상이할 뿐만 아니라 강도상해죄에 관한 형법규정에는 같은 강도, 특수강도, 약취강도, 해상강도 등의 죄와는 달리 상습범 가중규정을 두고 있지 아니하므로 특수강도의 상습범에 대한 가중처벌을 규정한 특가법 제5조의 4 제1항 위반의 죄와 강도상해죄는 포괄일죄의 관계에 있지 않으므로 위 확정판결의 기판력은 강도상해죄에 미치지 않는다.[96)]

92) 대판 1986. 6. 10. 86도778.
93) 대판 2002. 11. 26. 2002도5211; 대판 2003. 3. 28. 2003도665.
94) 대판 1992. 4. 14. 92도297.
95) 대판 1990. 9. 28. 90도1365.
96) 대판 1985. 9. 24. 85도1686.

제5절 횡령죄

Ⅰ. 횡령죄

1. 의 의

횡령은 신임관계에 기하여 타인의 재물을 보관하는 자가 자기 또는 제3자의 이익을 도모할 목적으로 그 임무에 위배하여 타인의 재물을 사실상 또는 법률상 처분(반환거부 포함)하는 것을 말한다.

횡령죄의 본질에 관하여 ① 월권행위를 함으로써 신임관계를 위배하였다는 배신성이라는 월권행위설, ② 신임관계에 위배하여 위탁된 보관물을 불법하게 영득하는 것이라는 영득행위설이 있다.

2. 재물의 의의

광업권의 명의수탁자가 명의신탁자의 반환요구를 거부

사금채취광업권을 명의신탁받아 보관하던 피고인이 명의신탁자의 반환요구에 대해 매수하였다고 주장하면서 이를 거부한 사안에서, 횡령죄에 있어서의 재물은 동산, 부동산의 유체물에 한정되지 아니하고 관리할 수 있는 동력도 재물로 간주되지만, 여기에서 말하는 관리란 물리적 또는 물질적 관리를 가리킨다고 볼 것이고, 재물과 재산상이익을 구별하고 횡령과 배임을 별개의 죄로 규정한 현행 형법의 규정에 비추어 볼 때 사무적으로 관리가 가능한 채권이나 그 밖의 권리 등은 재물에 포함된다고 해석할 수 없다.

광업법 제5조 제1항의 규정에 의하면, 같은 법에서 광업권이라 함은 등록을 한 일정한 토지의 구역(광구)에서 등록을 한 광물과 이와 동일 광상 중에 부존하는 다른 광물을 채굴 및 취득하는 권리라고 정의하고 있는바, 따라서 광업권은 재물인 광물을 취득할 수 있는 권리에 불과하지 재물 그 자체는 아니므로 횡령죄의 객체가 된다고 할 수 없을 것이고, 광업법 제12조가 광업권을 물권으로 하고 광업법에서 따로 정한 경우를 제외하고는 부동산에 관한 민법 기타 법령의 규정을 준용하도록 규정하고 있다 하여 광업권이 부동산과 마찬가지로 횡령죄의 객체가 된다고 할 수는 없을 것이다.[1)]

주주총회의사록에 첨부된 주주명부상 소유 주식수를 6,000주에서 66,000주로 변경

상법상 주식은 자본구성의 단위 또는 주주의 지위(주주권)를 의미하고, 주주권을 표창하는 유가증권인 주권과는 구분이 되는바, 주권은 유가증권으로서 재물에 해당되므로 횡령죄의 객체가 될 수 있으나, 자본의 구성단위 또는 주주권을 의미하는 주식은 재물이 아니므로 횡령죄의 객체가 될 수 없다.

공소외 주식회사의 1998. 5. 15.자 주주총회의사록에 첨부된 주주명부확인서와 주주명부에는 피고인 소유의 주식수가 6,000 주로 기재되어 있다가, 1998. 5. 19.자 주주총회의사록에 첨부된 주주명부에는 피고인 소유의 주식수가 66,000주로 기재된 사실만 인정될 뿐, 그 무렵 피고인이 실질적으로 공소외 주식회사가 소

1) 대판 1994. 3. 8. 93도2272.

유하는 주권을 처분 또는 은닉하였다거나 그 반환을 거부하였다는 사정은 전혀 인정되지 않는바, 위 주주총회의사록에 첨부된 주주명부에 기재된 주식의 수는 주주총회에 참석한 주주들이 행사한 의결권의 수를 의미하는 것으로 볼 수는 있으나, 그것 자체로 주주로서의 회사에 대한 권리관계의 변동을 나타내는 것이라거나 더욱이 주권에 대한 처분행위를 의미하는 것으로는 볼 수 없으므로, 주주총회의사록에 첨부된 주주명부에 주식수를 달리 기재한 것만으로는 피고인이 보관하고 있는 주권에 대한 업무상횡령죄가 성립된다고 할 수 없다.[2)]

3. 대체물

가. 대체물에 관한 일반이론

금전이나 곡물류와 같은 대체물은 재물의 개성이 문제되지 않는다. 그렇기 때문에 가령 갑의 돈 100만 원을 보관하고 있는 을은 100만 원을 반환하면 되며 반환하는 그 돈이 갑이 맡긴 특정한 동전이나 지폐이어야 할 필요는 없는 것이다. 이러한 의미에서 대체물은 점유가 있는 곳에 소유권이 있다고 말할 수 있다. 그러한 이유로 판례는 대체물에 관하여 횡령죄가 성립할 수 없다고 판시한 바 있다.[3)]

그렇지만 보관하고 있는 타인의 금전 등 대체물을 임의로 처분하였을 때 이를 점유하고 있는 자가 소유자라는 논리를 일관하면 횡령죄가 성립될 수 없고, 따라서 배임죄 등 다른 범죄가 성립되지 않는 한 보관자를 처벌할 수 없는 불합리가 발생한다. 이러한 이유로 용도가 특정된 대체물에 대해서는 ① 소유권이 위탁자에 있으므로 횡령죄가 성립한다는 견해, ② 소유권은 수탁자에게 있지만 배임죄가 성립한다는 견해가 있다. 판례도 용도가 엄격하게 특정된 금원은 그 소유권이 여전히 위탁자에게 있으므로 보관자가 이를 임의처분하는 것은 횡령죄에 해당한다고 판시한 예가 다수 있다. 그렇지만 판례의 주류는 용도의 특정이라는 이론을 동원하지 않고도 금전과 같은 대체물에 대해서 위탁자의 소유를

---

2) 대판 2005. 2. 18. 2002도2822.

3) **피해자의 의뢰에 따라 피해자의 돈을 제3자에게 빌려주었다가 반환받은 경우**

피해자가 이사하면서 피고인에게 피해자가 가입한 계의 계금을 낙찰수령한 후 이식하여 반환하여 줄 것을 위탁하였다. 이에 피고인은 위 계금 200,000환을 수령하여 채권자가 되어 갑에게 월 1할 5푼의 이자 약정으로 대여하였다가 1954년 10월경 갑으로부터 우선 원금 200,000환을 변제 받아 자기 용도에 소비하였다.

피고인은 수임 사무처리에 의하여 그 수취한 금전을 피해자에게 인도할 금전채무를 부담함에 불과하다 할 것이므로 특약이 없는 한 금전은 유통성을 가진 대체물로서 그 계수가 동액인 이상 다른 금전으로서 지불 또는 인도에 충당할 수 있고 반드시 그 수취한 금전 자체를 인도하여야 하는 것이 아님은 현시의 거래 실정에도 적합하다 할 것이요, 소론과 같이 피고인이 위 금전을 수취함과 동시에 동 금전은 특정되고 그 소유권은 위임자에 귀속된다 함은 독단이라 할 것이니, 피고인이 위 금전을 소비하였다 할지라도 채무불이행의 책임있음은 별론으로 하고 횡령으로서 논죄할 수는 없다.

그러나 수임자도 민법규정에 의하여 위임의 본지에 따라 선량한 관리자의 주의로서 사무를 처리할 책무가 있고 또 형법 제355조 제2항에 의하면 타인의 사무를 처리하는 자가 그 임무에 위배하는 소위로서 재산상의 이익을 취득하여 본인에게 손해를 가할 때에 배임죄로서 처단할 것을 제정하였으므로 피고인의 위 금전소비행위는 배임의 죄책을 면치 못한다(대판 1958. 12. 29. 4291형상471).

인정하여 보관자가 임의 처분하는 것은 횡령에 해당된다고 보고 있다.

대체물이론이 적용되지 않은 판례의 대표적인 예는 다음과 같다.

사용자가 국민연금 보험료 납부를 위하여 근로자의 임금에서 원천 공제한 기여금

구 국민연금법 등의 규정에 의하여 사용자는 매월 임금에서 국민연금 보험료 중 근로자가 부담할 기여금을 원천공제하여 근로자를 위하여 보관하고, 국민연금관리공단에 위 보험료를 납부하여야 할 업무상 임무를 부담하게 되며, 사용자가 이에 위배하여 근로자의 임금에서 원천공제한 기여금을 위 공단에 납부하지 아니하고, 나아가 이를 개인적 용도로 소비하였다면 업무상횡령죄의 책임을 면할 수 없다.
회사의 대표이사인 피고인이 5명의 근로자들의 급여에서 국민연금 보험료 중 근로자 기여금을 공제한 후 이를 업무상 보관하던 중 회사 운영 자금으로 임의로 사용하였다는 업무상횡령의 공소사실에 대하여, 원천공제의 취지상 사용자가 근로자에게 위 기여금을 공제한 임금을 지급하면 그 즉시 사용자는 공제된 기여금을 근로자를 위하여 보관하는 것으로 보아야 한다.[4)]

나. 용도의 엄격한 특정

상가매수인들이 납부한 우수상인유치비

횡령죄에 있어서의 불법영득의 의사라 함은 자기 또는 제3자의 이익을 꾀할 목적으로 보관하고 있는 타인의 재물을 자기의 소유인 것과 같이 사실상 또는 법률상 처분하는 의사를 의미하는 것으로, 타인으로부터 용도가 엄격히 제한된 자금을 위탁받아 집행하면서 그 제한된 용도 이외의 목적으로 자금을 사용하는 것은, 그 사용이 개인적인 목적에서 비롯된 경우는 물론 결과적으로 자금을 위탁한 본인을 위하는 면이 있더라도, 그 사용행위 자체로서 불법영득의 의사를 실현한 것이 되어 횡령죄가 성립한다.
주상복합상가의 매수인들로부터 우수상인유치비 명목으로 금원을 납부받아 보관하던 중 그 용도와 무관하게 일반경비로 사용한 경우 횡령죄를 구성한다고 한 사례.[5)]

용도나 목적이 특정되어 보관된 금전의 용도나 목적이 소멸

타인으로부터 용도가 엄격히 제한된 자금을 위탁받아 보관하는 자가 그 자금을 제한된 용도 이외의 목적으로 사용하는 것은 횡령죄가 되는 것이고, 이와 같이 용도나 목적이 특정되어 보관된 금전은 그 보관 도중에

---

4) 대판 2011. 2. 10. 2010도13284.

5) 대판 2002. 8. 23. 2002도366. 다음은 같은 취지이다.

아파트단지 내의 상행위 대가로 받은 수수료를 일부 동대표에 대한 추석선물비용으로 지출

주주총회나 이사회, 부녀회 등에서 위법한 예산지출에 관하여 의결을 하였다 하더라도 횡령죄나 배임죄의 성립에 지장이 없고, 그 의결에 따른 예산집행이라고 하여 횡령행위나 배임행위가 정당화될 수 없다 할 것인바, 아파트 단지 내에서의 굴비 판매행위와 관련하여 받은 수수료는 주요시설의 보수 및 특별수선충당금으로 적립하여야 하고, 입주자대표회의의 의결로도 그 용도를 변경할 수 없는 예산에 해당함에도 피고인이 임의로 위 수수료를 동대표 일부에 대한 추석 선물비용으로 지출한 후 입주자대표회의에서 이를 추인하는 결의가 있었다 하더라도 피고인의 위 행위는 횡령죄를 구성하고, 정당행위에 해당하지 아니한다(대판 2006. 4. 27. 2003도4735).

특정의 용도나 목적이 소멸되었다고 하더라도 위탁자가 이를 반환받거나 그 임의소비를 승낙하기까지는 횡령죄의 적용에 있어서는 여전히 위탁자의 소유물이라고 할 것이다.[6)]

구분소유자들이 납부한 특별수선충당금

타인으로부터 용도나 목적이 엄격히 제한된 자금을 위탁받아 집행하면서 그 제한된 용도 이외의 목적으로 자금을 사용한 경우 횡령죄가 성립한다.
집합건물의 관리회사가 구분소유자들로부터 특별수선충당금을 납부받아 보관하던 중 이를 일반경비로 사용한 경우 횡령죄를 구성한다.[7)]

정리회사의 염료구입비용

회사의 경영자가 자금을 지출함에 있어 그 자금의 용도가 엄격히 제한되어 있는 경우 그 용도 외의 사용은 그것이 회사를 위한 것이라도 그 사용행위 자체로서 불법영득의 의사를 실현한 것이라 할 것이므로, 정리회사의 관리인인 피고인이 법원의 엄격한 감독을 받는 염료의 구입비용을 그 용도에 사용하지 아니하고 임의로 인출·소비한 행위는 그 자체로 불법영득의 의사를 실현한 것으로서 횡령에 해당된다 할 것이고, 횡령금액 중 회사를 위하여 일부를 소비한 부분이 있다고 하여도 이 부분 금원에 대하여도 횡령의 죄책을 면할 수 없다.[8)]

용도가 엄격히 제한된 정부출연금

업무상횡령죄에 있어서의 불법영득의 의사라 함은 자기 또는 제3자의 이익을 꾀할 목적으로 업무상의 임무에 위배하여 보관하고 있는 타인의 재물을 자기의 소유인 것과 같이 사실상 또는 법률상 처분하는 의사를 의미하는 것으로, 타인으로부터 용도가 엄격히 제한된 자금을 위탁받아 집행하면서 그 제한된 용도 이외의 목적으로 자금을 사용하는 것은, 그 사용이 개인적인 목적에서 비롯된 경우는 물론 결과적으로 자금을 위탁한 본인을 위하는 면이 있더라도, 그 사용행위 자체로서 불법영득의 의사를 실현한 것이 되어 횡령죄가 성립한다고 할 것이다.
피고인이 이 사건 용역계약에 따라 관리·집행하게 된 정부출연금은 그 용도가 엄격히 제한되어 있음에도 불구하고 집행하지 아니한 출연금을 반환하지 않고 임의사용하거나, 개인적인 주식취득자금 또는 대여금으로 사용한 것은, 설사 피고인에게 이 사건 용역계약상의 사업성공을 꾀한다는 목적이 있었다고 하더라도, 그에 대한 불법영득의 의사를 부정할 수 없다.[9)]

---

6) 대판 2002. 11. 22. 2002도4291.
7) 대판 2004. 5. 27. 2003도6988.
8) 대판 1997. 4. 22. 96도8.
9) 대판 1999. 7. 9. 98도4088. 다음은 같은 취지이다.
용도가 엄격하게 제한된 주식회사의 자금을 그 주주에 대한 대여금으로 유용
업무상횡령죄에 있어서 불법영득의 의사라 함은 자기 또는 제3자의 이익을 꾀할 목적으로 업무상의 임무에 위배하여 보관하는 타인의 재물을 자기의 소유인 것과 같이 사실상 또는 법률상 처분하는 의사를 의미하는 것으로, 타인으

다. 통상적인 용도의 특정

(1) 횡령죄 긍정례

갑이 을을 통하여 병으로부터 할인받은 어음이 부도나자 을에게 어음회수용으로 준 돈

갑이 을에게 타인 발행의 약속어음의 할인을 부탁하면서 위 어음에 배서하여 주고 을은 이를 다시 병에게 배서하여 할인하였다가 위 어음이 부도가 되어 병은 을에게 그 변제를 요구하였고 을은 다시 갑에게 어음금의 상환을 요구한 경우, 갑이 을에게 위 약속어음 회수용으로 용도를 특정하여 돈을 지급하였다면, 갑으로서도 위 약속어음을 회수하여 소지하여야 그 발행인으로부터 어음금을 회수할 수 있는 것이므로 이를 단순한 채무의 변제라고만 할 수는 없고 을은 갑을 위하여, 그리고 그 어음회수를 위하여 그 돈을 보관하는 자의 지위에 있다고 볼 것이므로 을이 이 돈을 갑의 의사에 반하여 어음회수용으로 사용하지 아니하고 소비한 것이라면 횡령죄가 성립한다.[10)]

로부터 용도가 엄격히 제한된 자금을 위탁받아 집행하면서 그 제한된 용도 이외의 목적으로 자금을 사용하는 것은, 그 사용이 개인적인 목적에서 비롯된 경우는 물론 결과적으로 자금을 위탁한 본인을 위하는 면이 있더라도, 그 사용행위 자체로서 불법영득의 의사를 실현한 것이 되어 횡령죄가 성립한다고 할 것이다.

A 주식회사는 철도청과 대구광역시가 서대구지역에 화물취급 전용역을 건설할 목적으로 민간기업인 B 주식회사 등을 참여시켜 설립한 특수목적의 법인으로서 보유할 주식비율에 따라 납입된 자본금과 시설분담금은 법인설립과 화물취급전용역 건설을 위한 비용으로 그 용도가 엄격히 제한되었는데, 피고인들은 앞서 본 바와 같이 B 주식회사의 자금난이 심화되자 이를 해소하기 위하여 A 주식회사의 대표이사 등으로 하여금 위 자본금 등을 B 주식회사에 대한 대여금으로 유용하도록 하였다. 위와 같이 용도가 엄격히 제한된 자본금 등을 그 용도에 사용하지 아니하고 임의로 인출하여 계열회사의 자금지원에 사용한 행위는 그 자체로 불법영득의 의사를 실현한 것이다(대판 2000. 3. 14. 99도4923).

계열사인 선박 발주회사로부터 선박건조 선수금을 받아 그 발주회사의 대출금변제에 사용

A 주식회사의 공동운영자인 피고인들이 B 주식회사의 자금집행 담당자 갑과 공모하여, B가 A와 체결한 선박건조계약에 따라 A로부터 지급받은 선박건조 선수금을 A의 대출금 변제 등 다른 용도에 사용하였다고 하여 업무상횡령으로 기소된 사안에서, A와 B 및 선수금환급보증서를 발급하여 준 보험회사가 선수금 계좌관리약정을 체결하면서 B가 선수금 계좌에 입금된 자금을 인출하는 경우 보험회사에 증빙자료를 제출하여 검토·확인을 받아야 하며, 증빙자료를 제출하지 않거나 선박건조 이외의 목적으로 선수금을 사용할 경우 보험회사가 출금 정지 등을 요구할 수 있도록 약정하여 B가 위 약정에 따른 채무를 부담하더라도, 그러한 사정만으로 B 내부에서 선수금을 집행하는 직원에 대한 관계에서 그 용도가 선박건조용으로 엄격하게 제한되어 있었다고 단정할 수 없고, B의 자금집행자가 선수금을 사적으로 유용한 것이 아니고 정상적인 회계처리를 거쳐 계열사인 A에 자금지원한 것이라면 업무상배임죄에 해당함은 별론으로 하고 업무상횡령죄의 불법영득의사가 있었다고 단정하기 어려운데도, 이와 달리 보아 유죄를 인정한 원심판결에 법리오해의 위법이 있다고 한 사례(대판 2012. 5. 24. 2012도535).

조합 등의 단체에 있어서 그 자금의 용도가 엄격하게 제한되어 있는 경우에는 그 용도 외의 사용은 그것이 조합을 위한 것이라고 하더라도 그 사용행위 자체로서 불법영득의 의사를 실현한 것이 되어 불법영득의 의사를 부정할 수 없다고 할 것이므로 노동조합이, 사용자단체로부터 조합원들의 출퇴근 편의를 위한 통근차량의 구입 및 유지에 사용하도록 용도가 제한된 자금을 수령하여 위 조합의 '차량유지비' 특별회계로 운용하는 한편 이를 조합간부 등에 대한 유류비로 지급한 행위가 업무상 횡령에 해당하고, 그 후 이루어진 대의원대회에서 결산 결의가 있었다고 하더라도 이미 성립한 업무상 횡령죄에 영향이 없다고 한 사례(대판 2007. 2. 22. 2006도2238).

'장흥군 사회단체보조금 지원에 관한 조례' 등의 규정에 비추어 위 조례상의 보조금은 그 용도가 엄격히 제한된 자금으로 보아야 하고, 위와 같은 보조금을 집행할 직책에 있는 자가 자기 자신의 이익을 위한 것이 아니고 경비부족을 메우기 위하여 보조금을 전용하였더라도, 업무상횡령죄의 '불법영득의사'를 부인할 수 없다고 한 사례(대판 2010. 9. 30. 2010도987).

10) 대판 1989. 11. 14. 89도968.

증권회사의 임직원들이 그 고객들로부터 임치받아 보관중인 위탁증거금 또는 청약증거금을 그 고객들의 동의없이 다른 목적이나 용도에 사용하였다면 업무상횡령죄를 구성한다.[11)]

피해자로부터 산재보험료 지불을 의뢰받아 그 보험료 불입금을 보관 중 임의로 피고인의 사업자금 등으로 소비한 것은 횡령죄를 구성한다.[12)]

환전의뢰받은 돈을 반대채권에 상계충당

환전하여 달라는 부탁과 함께 교부받은 돈을 그 목적과 용도에 사용하지 않고 마음대로 피고인의 위탁자에 대한 채권에 상계충당함은, 상계정산하기로 하였다는 특별한 약정이 없는 한, 당초 위탁한 취지에 반하는 것으로서 횡령죄를 구성한다고 볼 것이고 위탁자에 대한 채권의 존재는 횡령죄의 성립에 영향을 미치는 것이 아니며, 또한 상계할 수 있는 반대채권이 있어 그에 상계충당하였다는 것만으로는 용도 내지 목적을 특정하여 위탁한 돈의 반환을 거절할 정당한 사유가 되지 못한다.[13)]

11) 대판 1980. 10. 14. 79도671. 다음은 같은 취지이다.
증권회사의 경리과장이 은행에 예치하고 있던 고객들의 신주청약증거금을 그 증권회사 당좌구좌의 적자보전을 위하여 그 구좌에 자의로 대체입금을 시켰다면 이는 횡령죄를 구성한다(대판 1979. 9. 25. 79도198; 대판 1980. 9. 30. 78도2100).

12) 대판 1990. 12. 3. 89도904. 다음은 같은 취지이다.
임대인 회사 대표이사가 목욕탕을 운영하는 임차인으로부터 수도요금 등 납부라는 특정한 목적으로 위탁받은 돈을 은행대출이자 용도 등으로 임의소비한 경우, 횡령죄가 성립한다고 한 사례(대판 2008. 10. 9. 2008도3787).
회사의 경영권 방어 또는 회사의 매각 등을 위하여 위탁받은 주식과 현금을 개인적인 용도로 사용한 경우 횡령죄를 구성한다고 한 사례(대판 2008. 5. 8. 2008도1652).
마을 이장인 피고인이 경로당 화장실 개·보수 공사를 위하여 업무상 보관 중이던 공사비를 그 용도 외에 다른 용도로 사용한 이상 횡령죄는 성립하고, 피고인이 과거 마을을 위하여 개인 돈을 지출하였다고 하여 이에 충당할 수는 없다고 한 원심판단을 수긍한 사례(대판 2010. 9. 30. 2010도7012).
단위노동조합으로부터 특정한 용도로 받은 금원
택시노조조합장이 각 단위노동조합으로부터 일정한 금액을 연맹의무금으로 특정하여 받아 보관하다가 이를 상위조합인 전국자동차노동조합연맹에 송금하지 아니하고 분실운영비 등으로 사용하였다면 그 보관취지에 반하는 것이 되어 불법영득의 의사가 있다고 하지 않을 수 없고 비록 그 후 이를 반환하거나 변상·보충할 의사가 있더라도 업무상 횡령죄의 성립에는 아무런 영향이 없다(대판 1989. 3. 14. 88도1278).

13) 대판 1997. 9. 26. 97도1520. 다음은 같은 취지이다.
타인에 대한 채무의 변제를 위하여 위탁받은 금원을 함부로 자신의 위탁자에 대한 채권에 충당함은 당초의 금원위탁의 취지에 위반되는 것으로서 횡령죄를 구성한다고 볼 것이고, 위탁자에 대한 채권의 존재는 횡령죄의 성립에 영향을 미치는 것이 아니다(대판 1984. 11. 13. 84도1199).
피고인이 교회신축공사를 감독하면서 위 교회로부터 레미콘대금을 지급하라는 명목으로 금원을 받았으면서도 거기에 사용하지 아니하고 이를 마음대로 피고인이 받을 채권과 상계처리하였다면 상계정산하기로 하였다는 특별한 약정이 없는 한 이는 금원을 위탁한 취지에 반하는 것이어서 횡령죄를 구성한다(대판 1989. 1. 31. 88도1992).

부동산매도를 위임받은 자가 제3자로부터 수령한 부동산 매매계약금을 위임자에 대한 채권과 상계한다는 명목으로 임의 처분

금전의 수수를 수반하는 사무처리를 위임받은 자가 그 행위에 기하여 위임자를 위하여 제3자로부터 수령한 금전은, 목적이나 용도를 한정하여 위탁된 금전과 마찬가지로, 달리 특별한 사정이 없는 한 그 수령과 동시에 위임자의 소유에 속하고, 위임을 받은 자는 이를 위임자를 위하여 보관하는 관계에 있다고 보아야 하고, 금전의 수수를 수반하는 사무처리를 위임받은 자가 그 행위에 기하여 위임자를 위하여 제3자로부터 수령한 금전도 목적이나 용도를 한정하여 위탁된 금전의 경우와 마찬가지로 그 위임의 취지대로 사용하지 않고 마음대로 피고인의 위임자에 대한 채권에 상계충당함은, 상계정산하기로 하였다는 특별한 약정이 없는 한, 당초 위임한 취지에 반하는 것으로서 횡령죄를 구성한다고 할 것이다.

피고인이 금전의 수수를 수반하는 부동산의 매도에 관한 사무의 위탁의 취지에 반하여 부동산의 매매계약금으로 수령한 돈을 자신의 피해자에 대한 채권의 변제에 충당한다는 명목으로 그 반환을 거부하면서 자기의 소유인 것 같이 이를 처분하였다면 피고인이 위 매매계약금의 반환을 거부한 데에는 정당한 사유가 있다고 할 수 없어 불법영득의 의사가 인정된다고 한 사례.[14)]

(2) 횡령죄 부정례

용도가 특정된 금전의 일시 사용

목적, 용도를 정하여 위탁한 금전은 정해진 목적, 용도에 사용할 때까지는 이에 대한 소유권이 위탁자에게 유보되어 있는 것으로서, 특히 그 금전의 특정성이 요구되지 않는 경우 수탁자가 위탁의 취지에 반하지 않고 필요한 시기에 다른 금전으로 대체시킬 수 있는 상태에 있는 한 이를 일시 사용하더라도 횡령죄를 구성한다고 할 수 없고, 수탁자가 그 위탁의 취지에 반하여 다른 용도에 소비할 때 비로소 횡령죄를 구성한다.

피고인이 갑과 공모하여, 갑이 피고인의 동업자로부터 근관충전제 원료구입 대금으로 교부받아 보관 중이던 금 6,000,000원을 피고인이 사용할 근관충전제 원료 대금으로 지급하여 위 보관금을 일시 사용한 것만으로는 횡령죄가 성립되지 아니하고 이를 위탁의 취지에 반하여 피고인을 위한 용도로 사용함으로써 횡령죄를 범한 것이라 할 것이다.[15)]

---

14) 대판 2004. 3. 12. 2004도134. 다음은 같은 취지이다.
건물의 매각을 위임받은 자가 건물매각대금을 위임자에 대한 채권변제에 충당
피해자가 피고인에 대하여 소개비 1,500만 원의 지급 채무를 부담하고 있는지 여부가 명확하지 않을 뿐만 아니라, 피고인이 피해자에게 분배, 지급하여야 할 250만 원으로 피고인 주장의 소개비 채권의 변제에 충당하기로 피해자와 합의한 사실은 없고 오히려 피해자로부터 매각대금의 분배를 요구받았으며, 위 매각대금을 다른 특정한 용도나 목적에 사용하기로 하는 별도의 합의가 있었던 것도 아니므로, 피고인이 금전의 수수를 수반하는 건물 4동의 매각 및 그 대금의 분배에 관한 사무의 위탁 취지에 반하여 매각대금으로 수령한 금원 중 피해자에게 반환하여야 할 250만 원을 자신의 피해자에 대한 채권의 변제에 충당한다는 명목으로 그 반환을 거부하면서 자기의 소유인 것 같이 이를 처분하였다면 불법영득의 의사가 인정된다(대판 2005. 8. 19. 2005도3681).

15) 대판 1995. 10. 12. 94도2076.

증권회사가 주식청약금을 예금하였다가 ㉮ 이를 인출하여 단자회사의 어음을 매입하거나 ㉯ 위 증권회사의 당좌수표 부도를 막기 위해 당좌계정에 이체

㉮ 고객들로부터 주식청약금을 받은 증권회사가 이를 금융기관에 예치하였다가 이를 인출하여 이로써 단기금융법에 의하여 인가된 금융기관인 이른바 단자회사의 어음을 매입하는 것은 단순한 보관처의 변경 내지는 보관방법의 변경에 불과한 것으로서 횡령죄가 구성되지 아니한다.

㉯ 그러나 주식청약 증거금을 보관하는 업무에 종사하는 피고인은 형법상 타인의 재물을 보관하는 지위에 있다고 보아야 할 것이니 피고인이 그 보관의 취지와 이용이 허용된 취지에 반하여 위 증권회사가 발행한 당좌수표의 부도를 막기 위해 고객들로부터 교부받아 금융기관에 예치해 둔 주식 청약증거금중의 일부를 인출하여 그 회사의 당좌계정에 대체 입금시켰다면 이 건에 있어서 위 증권회사의 자금사정이나 신용상태가 분명치 아니할 뿐만 아니라, 신주 인수방법등에 관해서도 명확한 바가 없는데, 이들 각 점을 밝힘이 없이 매각주의 배정이 불확실한 상태에서 교부된 이 건 청약 증거금에 관해서 … 소비임치에 유사한 법률관계가 성립되는 것이고 … 불법영득의 의사가 있었다고 볼 수 없다고 단정한 것은 위법하다.16)

골프회원권 매매중개업체를 운영하는 자가 매수의뢰와 함께 입금받아 보관하던 금원을 일시적으로 다른 회원권의 매입대금 등으로 임의로 소비한 사안에서, 위 매입대금은 그 목적과 용도를 정하여 위탁된 금전으로서 골프회원권 매입시까지 그 소유권이 위탁자에게 유보되어 있으나, 다른 회사자금과 함께 보관된 이상 그 특정성을 인정하기 어렵고, 피고인의 불법영득의사를 추단할 수 없으므로 횡령죄를 구성하지 아니한다고 한 사례.17)

4. 타인 소유

가. 유형별 고찰

(1) 공 유

공유물의 매각대금도 정산하기까지는 각 공유자의 공유에 귀속한다고 할 것이므로 공유자 1인이 그 매각대금을 임의로 소비하였다면 횡령죄가 성립된다.18)

16) 대판 1979. 9. 25. 79도198.

17) 대판 2008. 3. 14. 2007도7568. 다음은 같은 취지이다.
피고인들이 보험을 유치하면서 보험회사로부터 지급받은 시책비 중 일부를 개인적인 용도로 사용한 행위에 관하여, 위 시책비가 목적이나 용도가 특정되어 위탁된 금전이라고 보기 어렵다는 이유로 횡령죄를 구성하지 않는다고 본 사례(대판 2006. 3. 9. 2003도6733).

18) 대판 1983. 8. 23. 80도1161. 다음은 같은 취지이다.
단독으로 구입하였지만 나눠가진 복권의 당첨금
피고인이 2천 원을 내어 피해자를 통하여 구입한 복권 4장을 피고인과 피해자를 포함한 4명이 한 장씩 나누어 그 당첨 여부를 확인하는 결과 피해자 등 2명이 긁어 확인한 복권 2장이 1천 원씩에 당첨되자 이를 다시 복권 4장으로 교환하여 같은 4명이 각자 한 장씩 골라잡아 그 당첨 여부를 확인한 결과 피해자 등 2명이 긁어 확인한 복권 2장이 2천만 원씩에 당첨되었으나 당첨금을 수령한 피고인이 피해자에게 그 당첨금의 반환을 거부한 경우, 피고인과 피해

과반수 공유지분권자가 소수 공유지분권자를 배제한 채 건물임대수익을 분배

사안: 피고인들과 피해자는 이 사건 건물을 공유하고 있다. 피고인들은 그들의 보유지분이 과반수임을 이유로 민법 제265조에 기하여 이 사건 건물의 임대수익 분배를 하여 오던 피해자로부터 임대수익 분배 업무를 넘겨받은 다음 피해자의 지분이 미미하다는 등의 이유로 피해자를 제외한 나머지 공유자들에게만 임대수익을 분배하였다.

판단: 공유자 사이에 공유물을 사용·수익할 구체적 방법을 정하는 것은 공유물의 관리에 관한 사항으로서 민법 제265조에 따라 공유자의 지분의 과반수로써 결정하는 것이고, 공유물에 관하여 과반수 공유지분을 가진 자는 공유자 사이에 공유물의 관리방법에 관하여 협의가 미리 없었다 하더라도 공유물의 관리에 관한 사항을 단독으로 결정할 수 있으므로, 공유토지에 관하여 과반수지분권을 가진 자가 그 공유토지의 특정된 한 부분을 배타적으로 사용·수익할 것을 정하는 것은 공유물의 관리방법으로서 적법하다.

피고인들이 피해자에게 이 사건 지분 상당액을 배분하지 않고 다른 공유자들에게 배분한 것은 공유자의 과반수로써 적법하게 결정된 이 사건 건물의 사용·수익 방법에 따른 것으로서, 피해자의 사건 지분 상당액은 위 방법에 따라 배분받은 다른 공유자들에게 귀속되는 것일 뿐, 피해자에게 곧바로 귀속된다고 보기 어려우므로(다만, 이로 인하여 피해자의 공유 지분이 침해당하였다면 다른 공유자들 상대로 부당이득반환을 구할 수 있을 뿐이다), 결국 피고인들이 피해자를 위하여 이 사건 지분 상당액을 보관하는 지위에 있었다고 볼 수 없다.[19)]

공동상속받은 채권의 일부를 변제받아 사용하였으나 변제받은 금원이 자신의 상속지분 범위 내에 있음

사안: A 주식회사에 대해 5,797,550,395원의 대여금채권을 가진 갑이 사망하였다. 갑의 아들이자 A의 대표이사인 피고인의 상속지분은 2/15이다. 피고인이 다른 공동상속인들로부터 위 채권의 변제수령에 관한 권한을 위임받은 바가 없음에도 단독으로 갑의 A에 대한 채권을 변제받는 것으로 회계처리하면서 A의 자금에서 2억 원과 5억 원을 인출하였다. 공소사실은 위 2억 원과 5억 원 합계 7억 원을 횡령하였다는 것이다.

판단: A의 대표이사인 피고인을 비롯한 공동상속인들이 갑의 A에 대한 채권을 공동상속한 경우, 피고인이 다른 공동상속인들로부터 위 채권의 변제수령에 관한 권한을 위임받은 바가 없음에도 단독으로 갑의 A에 대한 채권을 변제받는 것으로 회계처리하면서 A의 자금을 인출하였다면, 그 인출금액 중 피고인의 상속분을 초과하는 부분에 대하여는 권한 없이 A 소유의 금원을 인출한 것이어서 A에 대한 업무상횡령죄가 성립한다

자를 포함한 4명 사이에는 어느 누구의 복권이 당첨되더라도 당첨금을 공평하게 나누거나 공동으로 사용하기로 하는 묵시적인 합의가 있었다고 보아야 하므로 그 당첨금 전액은 같은 4명의 공유라고 봄이 상당하여 피고인으로서는 피해자의 당첨금 반환요구에 따라 그의 몫을 반환할 의무가 있고 피고인이 이를 거부하고 있는 이상 불법영득의사가 있다는 이유로 횡령죄가 성립될 수 있다고 한 사례(대판 2000. 11. 10. 2000도4335).

19) 대판 2009. 6. 11. 2009도2461. 다음은 같은 취지의 민사판례이다.
부동산에 관하여 과반수 공유지분을 가진 자는 공유자 사이에 공유물의 관리방법에 관하여 협의가 미리 없었다 하더라도 공유물의 관리에 관한 사항을 단독으로 결정할 수 있으므로 공유토지에 관하여 과반수지분권을 가진 자가 그 공유토지의 특정된 한 부분을 배타적으로 사용수익할 것을 정하는 것은 공유물의 관리방법으로서 적법하다. 그렇지만 비록 그 특정된 한 부분이 자기의 지분비율에 상당하는 면적의 범위 내라 할지라도 다른 공유자들 중 지분은 있으나 사용수익은 전혀 하고 있지 아니함으로써 손해를 입고 있는 자에 대하여는 과반수 지분권자를 포함한 모든 사용수익을 하고 있는 공유자는 그 자의 지분에 상응하는 부당이득을 하고 있다고 보아야 할 것인바, 이는 모든 공유자는 공유물 전부를 지분의 비율로 사용수익할 수 있기 때문이다(대판 1991. 9. 24. 88다카33855).

할 것이고, 피고인이 위와 같이 인출한 금원에 대하여 다른 공동상속인들과 사이에 어떠한 위탁관계를 맺고 있다고 할 수 없으므로 다른 공동상속인들을 위하여 위 인출금원을 보관하는 자의 지위에 있다고 할 수 없다. 금전채권과 같이 급부의 내용이 가분인 채권이 공동상속된 경우, 이는 상속 개시와 동시에 당연히 법정상속분에 따라 공동상속인에게 분할되어 귀속된다. 따라서 갑의 A 회사에 대한 위 채권 중 피고인의 상속지분에 해당하는 773,006,719원(= 5,797,550,395원×2/15, 원 미만 버림)의 채권이 상속개시와 동시에 일응 피고인에게 분할되어 귀속되었다 할 것이다. 피고인이 인출한 7억 원은 상속지분 범위 내에 있어 피고인이 받을 권리가 있으므로 횡령에 해당하지 않는다.[20]

(2) 총 유

개인 비리나 부정을 무마하려고 교회공금을 사용

교회 재산의 귀속형태는 총유로 봄이 상당하고, 따라서 교회재산의 관리와 처분은 그 교회의 정관 기타 규약에 의하되 그것이 없는 경우에는 그 소속교회 교인들 총회의 과반수 결의에 의하여야 하는 것이므로, 교회의 헌금을 소속교회 교인들의 의사에 부합하게 사용하였다면 이는 임무위배행위에 해당한다고 할 수 없다. 그런데 피고인의 횡령행위, 재산문제, 감독회장 부정선거, 여자문제 등 피고인의 개인 비리나 부정을 무마하거나 처리하기 위하여 교회공금을 사용하는 것은 그 자체가 임무위배행위에 해당하고, 교인들의 의사에 부합한다고 볼 수 없음은 명백하다.[21]

(3) 법인 소유

(가) 원 칙

주식회사 소유 재물의 사적 처분

주식회사는 주주와 독립된 별개의 권리주체로서 이해가 반드시 일치하는 것은 아니므로, 주주나 대표이사 또는 그에 준하여 회사 자금의 보관이나 운용에 관한 사실상의 사무를 처리하는 자가 회사 소유 재산을 제3자의 자금 조달을 위하여 담보로 제공하는 등 사적인 용도로 임의 처분하였다면 그 처분에 관하여 주주총회나 이사회의 결의가 있었는지 여부와는 관계없이 횡령죄의 죄책을 면할 수는 없다.[22]

---

20) 대판 2006. 6. 30. 2005도5338.

21) 대판 2006. 4. 28. 2005도756.

22) 대판 2011. 3. 24. 2010도17396. 다음은 같은 취지이다.

주주 등이 주주총회나 이사회의 의결 하에 회사 자금을 함부로 사적인 용도로 사용

주식회사는 주주 등과 독립된 별개의 권리주체로서 그 이해가 반드시 일치하는 것은 아니므로 주주총회나 이사회의 의결권에는 스스로 한계가 있는바, 주주 등이 주식회사 소유 자금을 차용금이라는 명목으로 함부로 인출하여 개인 채무 변제 등 사적인 용도로 사용하였다면 이는 주식회사 제도의 목적에 비추어 볼 때 주주총회나 이사회의 결의에 관계없이 횡령죄를 구성할 수 있다.

피고인이 내세우는 2004. 11. 1.자 제이유네트워크 주식회사 이사회 결의는 위 회사의 실질적인 경영자인 피고인으로 하여금 위 회사 소유 자금 중 150억 원을 차용금이라는 명목으로 사실상 마음대로 사용할 수 있도록 하면서 담보를 충분히 확보하지도 않았고 담보권 실행에 대하여도 제한을 두었다는 등 여러 사정에 비추어 볼 때, 이를 이유로 피고인이 함부로 위 회사 소유 자금을 인출하여 개인채무 변제 목적으로 사용한 행위에 대한 횡령죄 죄책을 면할 수

대표이사가 거액의 회사자금을 가지급금 등의 명목으로 자신에게 사적 용도로 임의 대여

회사의 대표이사 혹은 그에 준하여 회사 자금의 보관이나 운용에 관한 사실상의 사무를 처리하여 온 자가 회사를 위한 지출 이외의 용도로 거액의 회사 자금을 가지급금 등의 명목으로 인출, 사용함에 있어서 이자나 변제기의 약정이 없음은 물론 이사회 결의 등 적법한 절차도 거치지 아니하는 것은 통상 용인될 수 있는 범위를 벗어나 대표이사 등의 지위를 이용하여 회사 자금을 사적인 용도로 임의로 대여, 처분하는 것과 다름없어 횡령죄를 구성한다고 볼 수 있다.[23)]

대표이사가 회사에 빌려준 돈(가수금)을 임의로 소비

회사의 대표이사가 업무상 보관 중인 금전이 회사장부상 위 대표이사의 가수금으로 처리되어 있다 하더라도 위 대표이사가 회사소유의 자금인 위 금전을 개인용도에 임의 소비하였다면 이는 업무상횡령죄를 구성한다 할 것이고, 일단 위 대표이사가 불법영득의 의사로써 업무상 보관중인 회사의 금전을 횡령하여 범죄가 성립한 이상 회사에 대하여 별도의 가수금채권을 가지고 있다는 사정만으로 금전을 사용할 당시 이미 성립한 업무상횡령죄에 무슨 영향이 있는 것은 아니다.[24)]

대표이사가 취득할 주식에 관하여 타인으로 하여금 신주인수케 하고 받은 주식매매대금

주식회사의 주주 겸 대표이사가 장차 신주발행절차에서 자신이 취득하게 될 주식을 타인에게 매도하고자 하면서 다만 양도소득세 등의 부담을 피하기 위해 주식매수인이 회사에 대해 직접 신주를 인수하는 절차를 취한 경우, 회사에 대한 관계에서 신주인수인은 대표이사가 아니라 주식매수인이므로 대표이사가 주식매수인으로부터 받은 주식매매대금은 신주인수대금으로서 이를 보관 중 개인적인 용도로 사용하였다면 횡령죄를 구성한다.[25)]

조합장이 정관에서 정한 이사회결의나 총회인준 없이 급여 명목의 보수를 수령하여 사용

관광지조성사업조합의 조합장인 피고인이 정관에서 정한 절차를 거치지 않고 조합 명의의 계좌에서 급여 명목의 보수를 수령하여 개인 채무 변제 등에 사용함으로써 횡령하였다는 내용으로 기소된 사안에서, 조합 정관인 개발규약이 조합 임원의 보수는 이사회 결의에 따라 지급할 수 있고, 조합 상근임원에 대한 보수는 총회의 인준을 받은 보수규정에 따라야 한다고 규정하고 있음에 비추어, 피고인이 정관에서 정하고 있는 이사회 결의를 거치거나 총회 인준을 받은 보수규정에 따라 보수를 지급받은 것이 아닌 이상 조합에 대하여 보수

있는 사유가 된다고 볼 수 없다고 판단한 것은 정당하다(대판 2007. 10. 11. 2007도6012).

23) 대판 2006. 4. 27. 2003도135; 대판 2007. 1. 12. 2004도8071.

24) 대판 2006. 6. 16. 2004도7585. 다음은 같은 취지이다.

피고인이 빌려와 가수금으로 처리한 회사 소유 금원을 임의사용

피고인이 피해자 주식회사의 대표이사로 업무상 보관 중인 금원이 피고인이 차용한 것이고 회사장부상 가수금으로 처리되어 있다 할지라도 회사 소유인 이상 피고인이 이를 개인용도에 임의 소비한 소위는 업무상횡령죄를 구성한다 (대판 1988. 7. 26. 88도936).

25) 대판 2006. 10. 27. 2004도6503.

채권을 주장할 수 없으므로 횡령죄가 성립한다.[26)]

(나) 1인 주주 회사

주식회사의 주식이 사실상 1인 주주에 귀속하는 1인 회사에 있어서도 회사와 주주는 분명히 별개의 인격이어서 1인 회사의 재산이 곧바로 그 1인 주주의 소유라고 볼 수 없으므로, 사실상 1인 주주라고 하더라도 회사의 자금을 임의로 처분한 행위는 횡령죄를 구성한다. 한편 피고인이 회사의 돈을 인출하여 사용하고도 그 사용처에 관한 증빙자료를 제시하지 못하거나 피고인이 주장하는 사용처에 사용된 자금이 그 돈과 다른 자금으로 충당된 것으로 드러나는 등 피고인이 주장하는 사용처에 그 돈이 사용되었다는 점을 인정할 수 있는 자료가 부족하고, 오히려 피고인이 그 돈을 개인적인 용도에 사용하였다는 점에 대한 신빙성 있는 자료가 많은 경우에는 피고인이 그 돈을 불법영득의 의사로써 횡령한 것이라고 추단할 수 있다.[27)]

(다) 유한회사나 합자회사 소유의 재물

횡령죄는 타인의 재물을 점유하는 자가 그 위탁의 취지에 반하여 자기의 소유물과 같이 이를 지배하고 처분함으로써 성립하는 범죄인바, 유한회사의 출자지분이 실질적으로는 2인의 사원에 귀속하고 있는 경우에 그 중의 1인인 대표사원이 업무상 보관 중이던 유한회사의 소유인 현금을 그 대표사원의 개인용도에 소비함에 있어서 다른 1인의 사원의 승락을 얻었다고 하더라도 행위의 주체인 대표사원과 그 본인인 유한회사는 별개의 인격체이고 유한회사의 손해가 궁극적으로는 위 사원들의 손해에 귀착된다고 하더라도(또 유한회사의 손해가 항시 사원의 손해와 일치한다고 할 수도 없다) 회사의 재산을 사원의 개인용도에 소비하는 행위는 본인의 위탁의 취지에 반함이 명백하므로 횡령죄의 성립에는 아무런 영향이 없다.[28)]

합자회사의 영업수입금을 결산처분 이전에 임의 소비

합자회사의 영업에 의하여 수입된 금원은 결산기에 이르러 출자자들에게 이익분배등 적법하게 처분되기까지는 위 회사의 재산이지 결코 출자사원의 소유라고 할 수 없으므로 피고인과 갑 2인의 출자사원으로 구성된 합자회사에서 대표사원인 피고인이 회사수입금액을 사용에 소비하였다면 회사의 손익분배를 균등하게 하기로 하였고 그가 소비한 금액이 타 사원에게 가불하여준 금액보다 적은 경우라 하더라도 횡령죄의 성립에 아무런 지장이 없다.[29)]

---

26) 대판 2013. 8. 30. 2013도2761.

27) 대판 2010. 4. 29. 2007도6553. 다음은 같은 취지이다.

1인 주주가 회사의 돈을 자기 소유의 다른 회사의 채무변제를 위해 지출

피고인이 사실상 자기 소유인 1인주주 회사들 중의 한 개 회사 소유의 금원을 자기 소유의 다른 회사의 채무변제를 위하여 지출하거나 그 다른 회사의 어음결제대금으로 사용한 경우, 주식회사의 주식이 사실상 1인의 주주에 귀속하는 1인회사에 있어서는 행위의 주체와 그 본인 및 다른 회사와는 별개의 인격체이므로, 그 법인인 주식회사 소유의 금원은 임의로 소비하면 횡령죄가 성립되고 그 본인 및 주식회사에게 손해가 발생하였을 때에는 배임죄가 성립한다 (대판 1996. 8. 23. 96도1525).

28) 대판 1986. 9. 9. 86도280.

(라) 대표자의 소송비용

대표자 개인의 소송과 법인의 소송에 있어 소송비용지출과 횡령죄의 성립기준

법인의 대표자 개인이 당사자가 된 민·형사사건의 변호사 비용은 법인의 비용으로 지출할 수 없는 것이 원칙이고, 예외적으로 분쟁에 대한 실질적인 이해관계는 법인에게 있으나 법적인 이유로 그 대표자의 지위에 있는 개인이 소송 기타 법적 절차의 당사자가 되었다거나 대표자로서 법인을 위해 적법하게 행한 직무행위 또는 대표자의 지위에 있음으로 말미암아 의무적으로 행한 행위 등과 관련하여 분쟁이 발생한 경우와 같이, 당해 법적 분쟁이 법인과 업무적인 관련이 깊고 당시의 제반 사정에 비추어 법인의 이익을 위하여 소송을 수행하거나 고소에 대응하여야 할 특별한 필요성이 있는 경우에 한하여 법인의 비용으로 변호사 선임료를 지출할 수 있으며(대판 2006. 10. 26. 2004도6280 등 참조), 반대로 법인 자체가 소송당사자가 된 경우에는 원칙적으로 그 소송의 수행이 법인의 업무수행이라고 볼 수 있으므로 그 변호사 선임료를 법인의 비용으로 지출할 수 있을 것이나, 그 소송에서 법인이 형식적으로 소송당사자가 되어 있을 뿐 실질적인 당사자가 따로 있고 법인으로서는 그 소송의 결과에 있어서 별다른 이해관계가 없다고 볼 특별한 사정이 있는 경우에는, 그 소송의 수행이 법인의 업무수행이라고 볼 수 없어 법인의 비용으로 이를 위한 변호사 선임료를 지출할 수 없다고 할 것이다.[30]

대표이사가 경영권 방어를 위하여 저지른 배임죄의 변호사비용

회사의 대표이사가 자신이 당사자일 뿐만 아니라 자신의 경영권을 방어하기 위한 목적으로 신주를 발행하는 과정에서 저지른 배임행위에 대한 소송을 수행하면서 그 변호사 비용을 회사의 자금으로 지급한 때에는 업무상횡령죄가 성립한다.[31]

29) 대판 1982. 12. 28. 81도863.

30) 대판 2008. 6. 26. 2007도9679; 대판 2009. 9. 10. 2009도4987.

31) 대판 2008. 6. 26. 2007도9679. 다음은 같은 취지이다.

집합건물 입주자대표회의의 회장과 대표자인 피고인들이 자신들의 형사사건 변호사 선임비용을 입주자대표회의비로 지출하였다고 하여 업무상횡령죄로 기소된 사안에서, 피고인 갑에 대한 형사소송은 다른 입주자대표들의 자격, 기존의 입주자대표회의가 처리해 온 업무의 효력 등과 연관되어 있는 점에서 그와 관련한 변호사 비용을 지출한 것은 단체의 업무수행에 필요한 비용을 지급한 것이나, 피고인 을의 개인적인 형사사건을 위하여 단체의 비용으로 변호사 선임료를 지출한 것은 위법하다고 한 사례(대판 2011. 9. 29. 2011도4677).

집합건물 입주자대표회의의 회장과 대표자인 피고인들이 자신들의 형사사건 변호사 선임비용을 입주자대표회의비로 지출하였다고 하여 업무상횡령죄로 기소된 사안에서, 피고인 갑에 대한 형사소송은 다른 입주자대표들의 자격, 기존의 입주자대표회의가 처리해 온 업무의 효력 등과 연관되어 있는 점에서 그와 관련한 변호사 비용을 지출한 것은 단체의 업무수행에 필요한 비용을 지급한 것이나, 피고인 을의 개인적인 형사사건을 위하여 단체의 비용으로 변호사 선임료를 지출한 것은 위법하다고 한 사례(대판 2011. 9. 29. 2011도4677).

대학교 총장의 형사재판 변호사비용을 학교법인의 회계자금으로 지급

법인의 구성원은 적법한 방법으로 그 법인을 위한 업무를 수행하여야 하므로, 법인의 구성원이 업무수행에 있어 관계 법령을 위반함으로써 형사재판을 받게 되었다면 그의 개인적인 변호사비용을 법인자금으로 지급한다는 것은 횡령에 해당하며, 그 변호사비용을 법인이 부담하는 것이 관례라고 하여도 그러한 행위가 사회상규에 어긋나지 않는다고 할 만큼 사회적으로 용인되어 보편화된 관례라고 할 수 없다.

갑은 A 학원의 설립자로서 이사장직을 사임한 후 위 학원을 되찾겠다면서 위 학원을 상대로 민사소송을 제기하고 그를 추종하는 직원들이 노동쟁의를 일으킴으로써 위 학원 및 위 학원이 설립한 B 대학교가 심각한 분규에 시달리

대표이사가 회사를 위하여 저지른 탈세사건의 변호사비용

주식회사는 그 구성분자인 주주와 독립된 별개의 권리주체로서 그 이해가 반드시 일치하는 것은 아니므로 주주총회의 의결권에는 스스로 한계가 있고 그 한계를 벗어나는 사항에 대하여서는 비록 그 의결이 있었다 해도 범죄를 구성할 수 있는 것인 바, 형사재판을 받는 대표이사의 개인적인 변호사비용과 그의 정신적, 육체적 손해에 대한 보상금을 요양비 또는 퇴직위로금 명목으로 가장하여 회사자금으로 지급하였다면 이는 주식회사제도의 목적에 비추어 볼 때 주주총회의 결의에 관계없이 횡령에 해당한다.

대표이사가 회사를 위한 탈세행위로 인하여 형사재판을 받는 경우 그 변호사비용과 벌금을 회사에서 부담하는 것이 관례라고 하여도 그러한 행위가 사회상규에 어긋나지 않는다고 할만큼 사회적으로 용인되어 보편화된 관례라고 할 수 없다.[32)]

재건축조합 조합장의 개인적 위법행위에 관한 변호사 비용

원칙적으로 단체의 비용으로 지출할 수 있는 변호사 선임료는 단체 자체가 소송당사자가 된 경우에 한하므로 단체의 대표자 개인이 당사자가 된 민·형사사건의 변호사 비용은 단체의 비용으로 지출할 수 없고, 예외적으로 분쟁에 대한 실질적인 이해관계는 단체에게 있으나 법적인 이유로 그 대표자의 지위에 있는 개인이 소송 기타 법적 절차의 당사자가 되었다거나 대표자로서 단체를 위해 적법하게 행한 직무행위 또는 대표자의 지위에 있음으로 말미암아 의무적으로 행한 행위 등과 관련하여 분쟁이 발생한 경우와 같이, 당해 법적 분쟁이 단체와 업무적인 관련이 깊고 당시의 제반 사정에 비추어 단체의 이익을 위하여 소송을 수행하거나 고소에 대응하여야 할 특별한 필요성이 있는 경우에 한하여 단체의 비용으로 변호사 선임료를 지출할 수 있다.

재건축조합 조합장이 조합장 개인을 위하여 자신의 위법행위에 관한 형사사건의 변호인을 선임하는 것을 재건축조합의 업무라고 볼 수 없으므로, 그가 재건축조합의 자금으로 자신의 변호사 비용을 지출하였다면 이는 횡령에 해당하고, 위 형사사건의 변호사 선임료를 지출함에 있어 이사 및 대의원회의 승인을 받았다 하여도 재건축조합의 업무집행과 무관한 조합장 개인의 형사사건을 위하여 변호사 선임료를 지출하는 것이 위법한 이상 위 승인은 내재적 한계를 벗어나는 것으로서 횡령죄의 성립에 영향을 미치지 아니한다.[33)]

법인의 이사에 대한 직무집행정지가처분 사건의 소송비용

법인의 이사를 상대로 한 이사직무집행정지 가처분이 결정된 경우, 당해 법인의 업무를 수행하는 이사의 직

게 되었다. 위 대학교의 총장인 피고인은 이에 대항하여 갑이 위 학원의 법인회계자금 중 95억여 원을 횡령하였다는 내용의 보도자료를 배포하거나, 쟁의기간 중 다른 운전기사를 채용하고 B 대학교 소속 직원들에 대한 급여를 체납함으로 인하여 명예훼손죄 및 노동쟁의조정법위반 등으로 기소된 결과 벌금 및 선고유예의 판결이 각 선고되어 확정되었고, 위 형사사건들을 위하여 이 사건 변호사비용이 지출되었다. 그렇다면 위 변호사비용은 피고인이 위와 같은 분규 와중에서 위 대학교 총장의 업무수행 중 관계 법령을 위반한 행위로 인하여 받게 된 형사재판을 위한 것으로서, 법인회계자금에서 지출할 수 없는 것이라 봄이 타당하고, 따라서 피고인이 A 학원의 이사장인 을과 공모하여 그 변호사비용을 법인자금에서 인출하여 지출하였다면 이는 업무상횡령죄를 구성한다 할 것이다(대판 2003. 5. 30. 2002도235).

32) 대판 1990. 2. 23. 89도2466.

33) 대판 2006. 10. 26. 2004도6280.

무집행이 정지당함으로써 사실상 법인의 업무수행에 지장을 받게 될 것은 명백하므로, 법인으로서는 그 이사 자격의 부존재가 객관적으로 명백하여 항쟁의 여지가 없는 경우가 아닌 한, 위 가처분에 대항하여 항쟁할 필요가 있다. 이와 같이 필요한 한도 내에서 법인의 대표자가 법인 경비에서 당해 가처분 사건의 피신청인인 이사에게 그 사건에 관한 소송비용을 지급하였다면, 이는 법인의 업무수행을 위하여 필요한 비용을 지급한 것에 해당하고, 법인의 경비를 횡령한 것이라고 볼 수는 없다.[34]

(마) 대표이사가 회사 명의로 받은 대출금

대표이사가 회사 명의로 대출을 받을 당시 금융기관에 '자신이 실제 채무자이고 회사는 단순히 형식상의 주채무자'라는 의사표시를 하거나, 대출담당자가 '회사에 대해서는 채무자로서의 책임을 지우지 아니하려는 의도'를 가지고 있었다고 인정할 아무런 자료가 없는 사안에서, 금융기관과 회사 사이의 대출약정을 통정허위표시로 볼 수 없으므로, 대표이사가 회사에 귀속된 위 대출금을 인출하여 임의로 사용한 행위는 업무상횡령에 해당하고, 그 후 개인자금으로 대출금 상당액을 상환하였다는 등의 사정은 범죄 성립에 영향을 미치지 아니한다고 한 사례.[35]

(4) 위탁판매

통상 위탁판매의 경우에 위탁판매인이 위탁물을 매매하고 수령한 금원은 위탁자의 소유에 속하여 위탁판매인이 함부로 이를 소비하거나 인도를 거부하는 때에는 횡령죄가 성립한다고 할 것이나, 위탁판매인과 위탁자 간에 판매대금에서 각종 비용이나 수수료 등을 공제한 이익을 분배하기로 하는 등 그 대금처분에 관하여 특별한 약정이 있는 경우에는 이에 관한 정산관계가 밝혀지지 않는 한 위탁물을 판매하여 이를 소비하거나 인도를 거부하였다 하여 곧바로 횡령죄가 성립한다고는 할 수 없다.[36]

34) 대판 2003. 5. 30. 2003도1174; 대판 2009. 3. 12. 2008도10826.

35) 대판 2010. 5. 27. 2010도369.

36) 대판 1990. 3. 27. 89도813.

상법 제103조(위탁물의 귀속) 위탁매매인이 위탁자로부터 받은 물건 또는 유가증권이나 위탁매매로 인하여 취득한 물건, 유가증권 또는 채권은 위탁자와 위탁매매인 또는 위탁매매인의 채권자간의 관계에서는 이를 위탁자의 소유 또는 채권으로 본다.

위탁매매의 의의

위탁매매라 함은 자기의 명의로 타인의 계산에 의하여 물품을 매수 또는 매도하고 보수를 받는 것으로서 명의와 계산의 분리를 본질로 한다. 그리고 어떠한 계약이 일반의 매매계약인지 위탁매매계약인지는 계약의 명칭 또는 형식적인 문언을 떠나 그 실질을 중시하여 판단하여야 한다. 이는 자기 명의로써, 그러나 타인의 계산으로 매매 아닌 행위를 영업으로 하는 이른바 준위탁매매(상법 제113조)에 있어서도 마찬가지이다.

상법 제103조, 제113조는 위탁매매 또는 준위탁매매에서 위탁매매인이 위탁매매로 인하여 취득한 물건, 유가증권 또는 채권은 위탁자와 위탁매매인 또는 위탁매매인의 채권자 사이의 관계에서는 이를 위탁자의 채권으로 본다고 규정한다. 위에서 본 대로 원래 위탁매매인과 상대방 사이에 체결된 위탁매매의 법적 효과는 그 계약의 당사자인 위탁매매인과 상대방에게 귀속하여 위탁매매인이 위탁매매의 목적물이나 그 위탁매매계약상의 채권을 취득하고, 위탁자는 위탁매매인으로부터 그 목적물이나 채권을 양도받음으로써 비로소 그 권리자가 된다. 그러나 앞서 본 상법규정은 위탁자가 위탁매매인의 배후에 있는 경제적 주체로서 위 물건 또는 채권에 대하여 가지는 직접적 이익을 고려하고 나아가 위탁매매인이 위탁자에 대하여 신탁에서의 수탁자에 유사한 지위에 있음을 감안하여, 위탁자와 위탁매매인

금은방을 운영하던 피고인이 피해자가 맡긴 금을 사고 팔아 매달 일정한 이익금을 주어 왔고 피해자의 요청이 있으면 언제든지 반환키로 한 금과 현금을 임의 사용

위탁매매에 있어서 위탁품의 소유권은 위임자에게 있고 그 판매대금은 이를 수령함과 동시에 위탁자에게 귀속한다 할 것이므로, 특별한 사정이 없는 한 위탁매매인이 위탁품이나 그 판매대금을 임의로 사용·소비한 때에는 횡령죄가 성립한다.

금은방을 운영하던 피고인이 피해자에게 금을 맡겨 주면 시세에 따라 사고파는 방법으로 운용하여 매달 일정한 이익금을 지급하여 주고, 피해자의 요청이 있으면 언제든지 보관 중인 금과 현금을 반환해 주겠다고 제안하였으며, 이에 피해자가 피고인에게 5회에 걸쳐 일정량의 금 또는 그에 상응하는 현금을 맡겼고, 피고인은 이에 대하여 피해자에게 매달 약정한 이익금을 지급하였는데, 피고인이 경제사정이 악화되자 피해자를 위하여 보관하던 금과 현금을 개인채무 변제 등에 사용하였다면 횡령죄를 구성한다.[37)]

감자를 납품하기 위하여 지급받은 선매대금

피고인이 고소인으로부터 감자 선매대금을 지급받고 감자를 납품하는 거래를 과거에 여러 차례 해왔고, 이 사건 금원 역시 피고인이 고소인으로부터 감자 선매대금으로 받은 사안에서,

물건납품을 위한 선매대금은 매수인으로부터 매도인에게 교부되면 그 소유권이 매도인에게 이전되는 것이고 따라서 매수인을 위하여 그 대금을 보관하는 지위에 있지 아니하므로 매도인이 그 대금으로 교부받은 돈을 임의로 소비하였다 하더라도 이는 횡령죄를 구성하지 아니한다.[38)]

비교 판례: 양곡을 구입하여 달라는 부탁을 받고 그 자금으로 금원을 교부받은 것이라면 그 구입처와 구입방법에 관하여 언급이 없었다 하더라도 위 금원이 교부된 용도와 목적에 따라 동인을 위하여 양곡을 구입하는 자금으로만 이를 사용할 수 있을 뿐이다. 따라서, 위 금원을 임의 소비한 경우에는 횡령죄를 구성한다.[39)]

해설: 유사사안에 관한 위 판례들이 다른 결론에 이른 이유는, ① 피고인이 고소인으로부터 받은 감자 선매대금은 피고인의 소유이고, 피고인은 자신의 계산으로 감자를 구입하여 고소인에게 줄 의무를 진다고 보여지

사이 또는 위탁자와 위탁매매인의 채권자 사이의 관계에 있어서는 위탁매매인의 실제의 양도행위가 없더라도 위 물건 또는 채권을 위탁자의 재산으로 의제하는 것이다. 그리고 그렇게 함으로써 위탁매매인이 위 물건 또는 채권에 관하여 한 처분 또는 위탁매매인의 채권자가 위 물건 또는 채권에 대하여 하는 강제집행 등 자기 채권의 만족에 관한 행위는 이미 위탁자에게 속하는 물건 또는 채권에 대하여 행하여진 것이어서 무권리자의 처분 또는 채무자의 재산이 아닌 재산에 대한 강제집행 등임을 이유로 위탁자와의 관계에서 그 효력을 부인하여 위탁자의 이익을 보호하고자 하는 것이다(대판 2011. 7. 14. 2011다31645).

37) 대판 2013. 3. 28. 2012도16191. 다음은 같은 취지이다.

위탁판매 약정 등에 따라 투자받은 금원으로 구입한 의류의 판매대금

의류유통 판매업체인 A 주식회사 대표이사 및 실질적 운영자인 피고인들이 공모하여, A가 B 유한회사 등과 체결한 투자약정과 B와 체결한 위탁판매 및 구매계약의 사무처리 위임에 따라 투자금으로 구입한 의류의 판매대금을 A 명의 미지정계좌로 입금받아 임의로 소비한 사안에서, A는 위임자인 B를 위하여 위 대금을 보관하는 지위에 있으므로 피고인들의 행위가 횡령죄를 구성한다고 본 원심판단을 수긍한 사례(대판 2011. 6. 10. 2010도17202).

위탁매매에 있어서는 위탁품의 소유권은 위임자에게 속하고 그 판매대금은 다른 특약이나 특단의 사정이 없는 한 이를 수령함과 동시에 위탁자에게 귀속한다 할 것이므로 이를 사용 소비한 때에는 횡령죄가 구성된다(대판 1986. 6. 24. 86도1000).

38) 대판 1986. 6. 24. 86도631.

39) 대판 1982. 3. 9. 81도572.

는 반면에, ② 비교 판례에서 피고인이 받은 양곡대금은 고소인 소유이고, 피고인은 이를 이용하여 고소인의 계산으로 양곡을 구입하여 고소인에게 줄 의무를 진다고 보여지기 때문인 것으로 생각된다.

나. 타인 소유 긍정례

매각을 의뢰받은 다이아반지의 판매대금

피고인이 피해자로부터 피해자 소유의 다이아반지 1개를 팔아 달라는 부탁을 받고 교부받아 이를 판매한 대금을 보관중 임의소비한 경우 피고인에게 불법영득의 의사가 있었다고 보아야 할 것이므로 피고인의 행위는 횡령죄를 구성한다.[40)]

매도를 위임받아 처분한 부동산 매매대금

위임자가 부동산의 매도를 위임하면서 수임인에게 매수인으로부터 수령한 대금에서 필요한 경비를 지출하여 위임받은 사무를 처리할 것도 함께 위임하였거나, 이를 미리 승낙한 경우라면 수임인이 수령한 매매대금을 위임자에게 지급하지 아니한 채 위임받은 사무를 처리하기 위한 경비로 직접 지출하였다 하더라도 불법영득의 의사를 인정할 수 없다.[41)]

할인을 위하여 교부받은 약속어음

약속어음을 할인을 위하여 교부받은 수탁자는 위탁의 취지에 따라 보관하는 것에 불과하고 위 약속어음을 교부할 당시에 그 할인의 편의를 위하여 배서양도의 형식을 취하였다 하더라도 다를 바 없다 할 것이므로 배서양도의 형식으로 위탁된 약속어음을 수탁자가 자신의 채무변제에 충당하였다면 이와 같은 수탁자의 행위는 위탁의 취지에 반하는 것으로서 횡령죄를 구성한다.[42)]

소유권유보부 매매

동산의 매매계약을 체결하면서, 매도인이 대금을 모두 지급받기 전에 목적물을 매수인에게 인도하기는 하지만 대금이 모두 지급될 때까지는 목적물의 소유권은 매도인에게 유보되며 대금이 모두 지급된 때에 그 소유권이 매수인에게 이전된다는 내용의 이른바 소유권유보의 특약을 한 경우, 목적물의 소유권을 이전한다는 당사자 사이의 물권적 합의는 매매계약을 체결하고 목적물을 인도한 때 이미 성립하지만 대금이 모두 지급되는 것을 정지조건으로 하므로, 목적물이 매수인에게 인도되었다고 하더라도 특별한 사정이 없는 한 매도인은 대금이 모두 지급될 때까지 매수인뿐만 아니라 제3자에 대하여도 유보된 목적물의 소유권을 주장할 수 있으며, 이와 같은 법리는 소유권유보의 특약을 한 매매계약이 매수인의 목적물 판매를 예정하고 있다 하더라도

40) 대판 1990. 8. 28. 90도1019.
41) 대판 1997. 9. 30. 97도1863.
42) 대판 1983. 4. 26. 82도3079.

다를 바 없다.
피고인이 소유권유보의 특약 하에 피해자 회사로부터 금형을 인도받고서도 이를 임의로 A주식회사에 인도한 경우에는, 피해자 회사가 위 금형의 최종 납품처가 A라는 사실을 알고 있었다는 사정 등만으로는 피해자 회사가 피고인에게 위 금형에 대한 일반적인 처분권한을 부여하였다고 보기 어려우므로 횡령죄가 성립한다.[43)]

공사대금을 과다지급하고 그 일부를 되돌려받음

타인을 위하여 금전 등을 보관·관리하는 자가 개인적 용도로 사용할 자금을 마련하기 위하여, 적정한 금액보다 과다하게 부풀린 금액으로 공사계약을 체결하기로 공사업자 등과 사전에 약정하고 그에 따라 과다지급된 공사대금 중의 일부를 공사업자로부터 되돌려받는 행위는 그 타인에 대한 관계에서 횡령에 해당한다.[44)]

공사대금을 과다지급하고 그 일부를 되돌려받아 횡령하는 것과 뇌물수수의 구별

공무원이 관공서에 필요한 공사의 시행이나 물품의 구입을 위하여 수의계약을 체결하면서 해당 공사업자 등으로부터 돈을 수수한 경우, 그 돈의 성격을 공무원의 직무와 관련하여 수수된 뇌물로 볼 것인지, 아니면 적정한 금액보다 과다하게 부풀린 금액으로 계약을 체결하기로 공사업자 등과 사전 약정하여 이를 횡령(국고손실)한 것으로 볼 것인지 여부는, 돈을 공여하고 수수한 당사자들의 의사, 계약의 내용과 성격, 계약금액과 수수한 금액 사이의 비율, 수수한 돈의 액수, 그 계약이행으로 공사업자 등이 얻을 수 있는 적정한 이익, 공사업자 등이 공무원으로부터 공사대금 등을 지급받은 시기와 돈을 공무원에게 교부한 시간적 간격, 공사업자 등이 공무원에게 교부한 돈이 공무원으로부터 지급받은 바로 그 돈인지 여부, 수수한 장소와 방법 등을 종합적으로 고려하여 객관적으로 평가하여 판단해야 한다.
수의계약을 체결하는 공무원이 해당 공사업자와 적정한 금액 이상으로 계약금액을 부풀려서 계약하고 부풀린 금액을 자신이 되돌려 받기로 사전에 약정한 다음 그에 따라 수수한 돈은 성격상 뇌물이 아니고 횡령금에 해당한다.[45)]

급여를 받는 운송회사 근로자가 운송수입금을 전부 회사에 납입하였다가 정산하여 분배키로 약정하였음에도 임의 사용

운송회사와 소속 근로자 사이에 근로자가 운송회사로부터 일정액의 급여를 받으면서 당일 운송수입금을 전부 운송회사에 납입하되, 운송회사는 근로자가 납입한 운송수입금을 월 단위로 정산하여 그 운송수입금이 월간 운송수입금 기준액인 사납금을 초과하는 경우에는 그 초과금액에 대하여 운송회사와 근로자에게 일정 비율로 배분하여 정산하고, 사납금에 미달되는 경우에는 그 부족금액에 대하여 근로자의 급여에서 공제하여 정산하기로 하는 약정이 체결되었다면, 근로자가 사납금 초과 수입금을 개인 자신에게 직접 귀속시키는 경우와는 달리, 근로자가 애초 거둔 운송수입금 전액은 운송회사의 관리와 지배 아래 있다고 봄이 상당하므로 근로

43) 대판 2007. 6. 1. 2006도8400.
44) 대판 2010. 5. 27. 2010도3399.
45) 대판 2007. 10. 12. 2005도7112.

자가 운송수입금을 임의로 소비하였다면 횡령죄를 구성한다. 이는 근로자가 운송회사에 대하여 사납금을 초과하는 운송수입금의 일부를 배분받을 권리를 가지고 있다고 하더라도 다른 특별한 사정이 없는 한 다를 바 없다.[46)]

프랜차이즈 계약

사안: 가맹점은 본사로부터 상품을 구입함을 원칙으로 하고, 본사의 승인이 있으면 본사 이외의 자로부터 상품을 구입할 수 있으나 이 경우에는 그 상품대금 지불은 본사에 위탁하는 것으로 하며, 판매가격은 본사가 추천하는 가격으로 하되, 판매대금은 매일 본사에 송금하여야 하고, 본사의 구좌로 입금된 가맹점의 매출대금을 1개월 단위로 정산하여 매출총이익의 30%(영업시간이 1일 24시간인 경우) 내지 33%(영업시간이 1일 24시간 미만인 경우)는 본사에게 귀속하고, 그 나머지는 가맹점에 귀속하며, 가맹점계약 종료시 가맹점 내에 존재하는 상품은 가맹점의 소유로 하되 본사의 요구가 있으면 이를 본사 또는 본사가 지정하는 제3자에게 양도하도록 되어 있다.

판단: 피고인이 본사와 맺은 가맹점계약은 독립된 상인간에 일방이 타방의 상호, 상표 등의 영업표지를 이용하고 그 영업에 관하여 일정한 통제를 받으며 이에 대한 대가를 타방에 지급하기로 하는 특수한 계약 형태인 이른바 '프랜차이즈 계약'으로서 그 기본적인 성격은 각각 독립된 상인으로서의 본사 및 가맹점주 간의 계약기간 동안의 계속적인 물품공급계약이고, 본사의 경우 실제로는 가맹점의 영업활동에 관여함이 없이 경영기술지도, 상품대여의 대가로 결과적으로 매출액의 일정 비율을 보장받는 것에 지나지 아니하여 본사와 가맹점이 독립하여 공동경영하고, 그 사이에서 손익분배가 공동으로 이루어진다고 할 수 없으므로 이러한 가맹점계약을 동업계약 관계로는 볼 수 없고, 따라서 가맹점주인 피고인이 판매하여 보관 중인 물품판매 대금은 피고인의 소유라 할 것이어서 피고인이 이를 임의 소비한 행위는 프랜차이즈 계약상의 채무불이행에 지나지 아니하므로, 결국 횡령죄는 성립하지 아니한다.[47)]

기타[48)]

46) 대판 2014. 4. 30. 2013도8799.

47) 대판 1998. 4. 14. 98도292. 다음은 유사 사안이다.
피고인이 피해회사로부터 상품을 양도받으면서, 그 대금 지급에 관하여 피고인이 매일 그날의 매출액 전부를 피해회사에 송금하되 그 대금을 모두 지급하기 전까지는 피해회사가 위 상품에 대한 소유권을 가지기로 하는 상품거래계약을 체결한 후, 상품의 판매대금 중 일부 금원만 피해회사에 송금하고 나머지 금원은 매장 인테리어 비용, 홍보비용 등에 사용함으로써 위 나머지 금원을 횡령하였다는 공소사실에 대하여, 상품의 판매대금 중 공급가에 해당하는 금원만을 피해회사를 위하여 보관하고 있었다고 본 원심판결은 횡령죄에 있어 '보관자의 지위'에 관한 법리를 오해한 것이라고 한 사례(대판 2010. 1. 14. 2009도7737).

48) **공개경쟁입찰의 낙찰자**
A교육청이 B 주식회사가 사용해 오던 교육청 토지를 매도하면서 관련 법령에 따라 공개경쟁입찰절차를 거쳐 B의 직원인 피고인을 낙찰자로 선정한 다음, 매수인을 피고인으로 명시한 계약서를 작성하고 A의 교육장과 피고인이 각 기명·날인한 사안에서, 매수인의 지위에 있는 자는 계약에서 표시된 바에 따라 '피고인'으로 봄이 상당함에도, 이와 달리 'B'가 위 매매계약의 매수인임을 전제로 피고인이 위 토지의 보상금을 임의 소비한 행위가 B에 대한 관계에서 횡령죄에 해당한다고 본 것은 위법하다(대판 2010. 1. 28. 2009도11868).

다. 타인 소유 부정례

채권양도인이 채권양도의 통지 전에 채무자로부터 변제받은 금전

채권양도는 채권을 하나의 재화로 다루어 이를 처분하는 계약으로서, 채권 자체가 그 동일성을 잃지 아니한 채 양도인으로부터 양수인에게로 바로 이전하고, 이 경우 양수인으로서는 채권자의 지위를 확보하여 채무자로부터 유효하게 채권의 변제를 받는 것이 그 목적인바, 우리 민법은 채무자와 제3자에 대한 대항요건으로서 채무자에 대한 양도의 통지 또는 채무자의 양도에 대한 승낙을 요구하고, 채무자에 대한 통지의 권능을 양도인에게만 부여하고 있으므로, 양도인은 채무자에게 채권양도 통지를 하거나 채무자로부터 채권양도 승낙을 받음으로써 양수인으로 하여금 채무자에 대한 대항요건을 갖출 수 있도록 해 줄 의무를 부담하며, 양도인이 채권양도 통지를 하기 전에 타에 채권을 이중으로 양도하여 채무자에게 그 양도통지를 하는 등 대항요건을 갖추어 줌으로써 양수인이 채무자에게 대항할 수 없게 되면 양수인은 그 목적을 달성할 수 없게 되므로, 양도인이 이와 같은 행위를 하지 않음으로써 양수인으로 하여금 원만하게 채권을 추심할 수 있도록 하여야 할 의무도 당연히 포함되고, 양도인의 이와 같은 적극적·소극적 의무는 이미 양수인에게 귀속된 채권을 보전하기 위한 것이고, 그 채권의 보전 여부는 오로지 양도인의 의사에 매여 있는 것이므로, 채권양도의 당사자 사이에서는 양도인은 양수인을 위하여 양수채권 보전에 관한 사무를 처리하는 자라고 할 수 있고, 따라서 채권양도의 당사자 사이에는 양도인의 사무처리를 통하여 양수인은 유효하게 채무자에게 채권을 추심할 수 있다는 신임관계가 전제되어 있다고 보아야 할 것이고, 나아가 양도인이 채권양도 통지를 하기 전에 채무자로부터 채권을 추심하여 금전을 수령한 경우, 아직 대항요건을 갖추지 아니한 이상 채무자가 양도인에 대하여 한 변제는 유효하고, 그 결과 양수인에게 귀속되었던 채권은 소멸하지만, 이는 이미 채권을 양도하여 그 채권에 관한 한 아무런 권한도 가지지 아니하는 양도인이 양수인에게 귀속된 채권에 대한 변제로서 수령한 것이므로, 채권양도의 당연한 귀결로서 그 금전을 자신에게 귀속시키기 위하여 수령할 수는 없는 것이고, 오로지 양수인에게 전달해 주기 위하여서만 수령할 수 있을 뿐이어서, 양도인이 수령한 금전은 양도인과 양수인 사이에서 양수인의 소유에 속하고, 여기에다가 위와 같이 양도인이 양수인을 위하여 채권보전에 관한 사무를 처리하는 지위에 있다는 것을 고려하면, 양도인은 이를 양수인을 위하여 보관하는 관계에 있다고 보아야 할 것이다.[49)]

비교 판례 1: 채권양도인이 그 대항요건을 구비한 후 채무자로부터 변제받은 금전

피고인이 피해자에 대한 채무변제로서 갑에 대한 임대보증금 수령채권 200만 원을 양도하고 그 대항요건까지 구비하여 주었다면 그 후 피고인과 갑이 위 임대보증금을 감액하기로 약정하고 그 잔액보증금 마저 수령

달력의 제작납품주문을 받아오면 그 대금 일부를 받기로 한 자가 거래처로부터 받은 대금을 임의 사용

피고인이 달력의 제작납품주문을 받아오면 피해자가 그의 비용으로 그의 시설을 이용하여 제작납품하고 그 대금의 2 내지 15%에 해당하는 금원을 이익배당금 명목으로 피고인에게 지급하기로 하는 내용의 계약을 체결한 후, 피고인이 주문을 받아와 피해자가 달력을 제작하여 피고인으로 하여금 납품하고 그 대금을 수령하여 오도록 한바, 피고인이 그 대금으로 수령한 약속어음을 임의처분하고 피해자에게 지급하는 것을 거부하고 있는 경우에는, 피해자가 제작한 달력을 피고인이 공급하고 받은 대금은 위 두 사람 사이의 내부관계에 있어서는 바로 위 피해자의 소유로 귀속한다고 할 것이므로 피고인이 이를 소비하거나 현금으로 할인하고도 이를 피해자에게 지급하지 않는 행위는 횡령죄에 해당한다(대판 1990. 5. 25. 90도578).

49) 대판 1999. 4. 15. 97도666 전원합의체. 다음은 같은 취지이다.
장래채권의 양도인이 채권양도 통지 전에 채무자로부터 채권을 추심하여 금전을 수령한 경우, 양도인과 양수인 사이에서 그 금전의 소유권 귀속(=양수인) 및 양도인이 위 금전을 양수인을 위하여 보관하는 지위에 있는지 여부(적극)(대판 2007. 5. 11. 2006도4935).

하였다 하더라도 위 채권양도는 여전히 유효한 것이라 할 것이고 피해자의 위 채권이 그에 따라 소멸하는 것은 아니라 할 것이므로 피고인은 피해자의 사무를 처리하는 자의 지위에 있다 할 수 없을 것이니, 이 경우, 피고인에게는 배임죄가 성립되지 아니한다.[50)]

비교 판례 2: 채권양도인이 채권양도통지 전에 채권을 추심

채무자는 채권자로부터 채권의 양도통지를 받지 않은 이상 채무금은 원래의 채권자에게 반환할 의무가 있는 것이므로, 채권양도 통지 전에는 그 채무자가 채권자에게 그 채무금을 반환하면 유효한 변제가 되는 것이고 채권자에 대하여 위 채무금의 지급을 거부할 권리를 유보하고 양수인에게만 지급해야 할 특별한 사정이 없는 한 채무자로서는 양수인이 채무의 지급을 구한다 하더라도 이를 거부할 권리가 있으므로 채권자가 위 채권의 양도사실을 밝히지 아니하고 직접 위 외상대금을 수령하였다 하여 기망수단을 써서 채무자를 착오에 빠뜨려 그 대금을 편취한 것이라 할 수 없다.

피고인이 그가 경영하던 공장을 갑에게 양도하면서 미수 외상대금 채권의 수금권을 포기하기로 약정하고도 이를 외상채무자들에게 고지하지 아니하고 외상대금을 수령하였다 하여 이로써 위계로 갑의 공장경영업무를 방해한 것이라 할 수 없다.[51)]

채권의 지급을 담보하기 위하여 교부받은 수표

채권자가 그 채권의 지급을 담보하기 위하여 채무자로부터 수표를 발행·교부받아 이를 소지한 경우에는, 단순히 보관의 위탁관계에 따라 수표를 소지하고 있는 경우와는 달리 그 수표상의 권리가 채권자에게 유효하게 귀속되고, 채권자와 채무자 사이의 수표 반환에 관한 약정은 원인관계상의 인적 항변사유에 불과하므로, 채권자는 횡령죄의 주체인 타인의 재물을 보관하는 자의 지위에 있다고 볼 수 없다.[52)]

대표이사가 압류를 피하기 위하여 보수를 타인의 임금 명목으로 지급하여 사용

주식회사의 대표이사가 적법하게 수령할 권한이 있는 보수가 압류당할 우려가 있자 이를 피하기 위하여 비록 실제 근무하지 않는 근로자의 임금 명목으로 보수를 조성하여 타인의 명의로 이를 수령하였다 하더라도 그 수령과 동시에 그 금원에 대한 소유권을 취득하였다고 보아야 할 것이므로, 위 보수를 소비하는 것은 자신의 재물을 소비한 것에 불과하고, 이를 가지고 타인의 재물을 보관하는 자가 그 재물을 횡령한 경우에 해당한다고 볼 수 없다.[53)]

---

50) 대판 1984. 11. 13. 84도698.

51) 대판 1984. 5. 9. 83도2270.

52) 대판 2000. 2. 11. 99도4979. 다음은 같은 취지이다.

매매잔대금의 지급을 담보하기 위하여 교부받은 약속어음

매도인이 매수인으로부터 지급받아야 할 부동산의 매매잔대금의 지급을 담보(확보)하기 위하여 매수인으로부터 약속어음을 발행교부 받아 소지한 것이라면 위 어음상의 권리는 적법하게 매도인에게 귀속되었다 할 것이고, 매도인과 매수인 사이의 위 어음반환조건은 그들 사이의 단순한 채권적 약정에 불과하므로 위 매도인을 횡령죄의 주체인 타인의 재물을 보관하는 자의 지위에 있다고 볼 수 없다(대판 1988. 1. 19. 87도2078).

53) 대판 2003. 10. 10. 2003도3516.

입사보증금

소위 입사보증금은 고용계약과 관련하여 피용자가 장래 부담하게 될지도 모르는 손해배상 채무의 담보로서 제공되는 신원보증금으로서 일단 그 소유권은 사용자에게 이전되는 것이니 사용자가 이를 소비하여도 횡령죄를 구성하지 아니한다.[54)]

종업원이 개인적인 필요에 의해 작성한 노트

노트에 피고인이 근무하던 회사의 영업상의 주요사항이 기재되어 있고 그 업무내용과 관련성이 있기는 하였으나, 이는 직무수행상의 일환으로 작성된 것은 아니고 개인적인 필요에 의하여 작성된 것으로서 그 노트에 기재된 내용이 회사의 기밀사항이라 하여도 이 노트는 피고인의 소유에 속한다고 볼 것이어서 퇴직시에 이를 회사에 반환하지 아니하고 가지고 나온 행위가 횡령죄를 구성한다고 할 수 없다.[55)]

납세의무자인 사업자가 공급을 받는 자로부터 징수한 부가가치세 매출세액

부가가치세는 사업상 독립적으로 재화 또는 용역을 공급하는 자 즉 사업자가 이를 납부할 의무를 지는 것으로서(부가가치세법 제2조), 사업자가 재화 또는 용역을 공급하는 때에는 과세표준에 세율을 적용하여 계산한 부가가치세를 그 공급을 받는 자로부터 징수하여야 하는 것이고(같은 법 제15조), 사업자는 일정한 과세기간 동안에 자기가 공급한 재화 또는 용역에 대한 세액 즉 매출세액에서 자기의 사업을 위하여 사용되었거나 사용될 재화나 용역의 공급 또는 재화의 수입에 대한 세액 즉 매입세액을 공제한 금액을 납부세액으로 하여 이를 국가에 신고·납부하되 매출세액을 초과하는 매입세액은 환급세액으로 한다고 규정되어 있으므로(같은 법 제3조, 제17조, 제19조), 부가가치세법상 사업자만이 부가가치세의 납세의무자이고 그 거래 상대방인 공급을 받는 자는 이른바 재정학상의 담세자에 불과할 뿐 조세법상의 납세의무자가 아니며, 납세의무자인 사업자가 공급을 받는 자로부터 매출세액을 징수하였다고 하여 막바로 이를 부가가치세로 납부할 의무가 있는 것도 아닐 뿐 아니라 매출세액을 징수하였는지 여부에 관계없이 부가가치세를 납부할 의무를 부담하는 것이라는 법리에 비추어 보면, 사업자가 매출세액을 징수하는 경우에 부가가치세의 납부의무자도 아닌 거래 상대방을 위하여 이를 보관하는 관계에서 징수하는 것이라고 할 수는 없고, 사업자는 일정한 과세기간 종료 후에 그 기간 동안 발생한 매출세액과 매입세액 여하에 따라 매출세액의 징수 여부에 관계없이 자신의 책임하에 부가가치세 납부의무를 이행하는 것이므로 일단 징수한 매출세액은 공급자의 소유로 귀속되는 것이라 할 것이며, 이러한 법리와 거래 당사자의 관계에 관한 해석은 부가가치세 부과대상이 아닌 거래에 관하여 착오나 법리오해로 매출세액을 징수한 경우에도 마찬가지라고 할 것이고, 다만 그와 같은 경우에 사업자가 상대방에게 이를 반환하여야 할 의무가 성립하더라도 이는 민사상 채무에 불과하고, 만약 사업자가 부가가치세 과세대상이 아님을 알면서 상대방을 기망하고 징수한 경우에는 사기죄를 구성할 뿐이라고 할 것인바, 주택개량재개발조합의 조합장이 상가조합원들로부터 부가가치세 명목으로 징수한 매출세액을 조합이 지급하여야 할 건축비 등으로 사용한 행위는 상가조합원들에 대한 상가분양이 부가가치세 부과대상인지 여부에 관계없이 횡령죄에 해당한다고 할 수 없다.[56)]

54) 대판 1979. 6. 12. 79도656.

55) 대판 1994. 5. 24. 94도763.

56) 대판 1999. 11. 26. 99도1969.

집행채무자의 제3채무자에 대한 금전채권이 압류되었음에도 제3채무자가 변제 내지 변제공탁하여 집행채무자가 수령한 금전

집행채무자가 제3채무자에 대하여 가지는 금전채권에 관하여 압류 및 추심명령이 행하여져서 제3채무자는 집행채무자에게 그 채권금을 지급하는 것이, 집행채무자는 이를 수령하는 것이 각 금지된다고 하더라도(민사집행법 제227조 제1항 참조), 제3채무자가 위와 같은 금지에도 불구하고 피압류채무를 스스로 변제하였거나 또는 그에 관하여 민법 제487조에 기한 변제공탁을 하였다면, 집행채무자가 그로써 수령한 금전은 자기 채권에 관한 원래의 이행으로 또는 변제공탁 등과 같이 변제에 갈음하는 방법을 통하여 취득한 것으로서 역시 그의 소유에 속한다고 할 것이고, 그가 단지 집행채권자 또는 제3채무자의 금전을 '보관'하는 관계에 있다고 할 수 없다. 따라서 집행채무자가 그 금전을 집행채권자에게 반환하는 것을 거부하였다고 하여 그에게 횡령의 죄책을 물을 수는 없다. 이는 제3채무자가 원래 민사집행법 제248조에서 정하는 집행공탁을 하여야 할 것을 착오로 변제공탁을 하였다고 해서 달리 볼 수 없다.[57)]

라. 기 타[58)]

57) 대판 2012. 1. 12. 2011도12604.
민사집행법 제248조(제3채무자의 채무액의 공탁) ① 제3채무자는 압류에 관련된 금전채권의 전액을 공탁할 수 있다.
② 금전채권에 관하여 배당요구서를 송달받은 제3채무자는 배당에 참가한 채권자의 청구가 있으면 압류된 부분에 해당하는 금액을 공탁하여야 한다.
③ 금전채권중 압류되지 아니한 부분을 초과하여 거듭 압류명령 또는 가압류명령이 내려진 경우에 그 명령을 송달받은 제3채무자는 압류 또는 가압류채권자의 청구가 있으면 그 채권의 전액에 해당하는 금액을 공탁하여야 한다.
④ 제3채무자가 채무액을 공탁한 때에는 그 사유를 법원에 신고하여야 한다. 다만, 상당한 기간 이내에 신고가 없는 때에는 압류채권자, 가압류채권자, 배당에 참가한 채권자, 채무자, 그 밖의 이해관계인이 그 사유를 법원에 신고할 수 있다.
다음은 유사 취지이다.
배당절차에서 자기에게 공탁된 금원을 반환하기로 한 약정
횡령죄는 타인의 재물을 보관하는 자가 그 재물을 횡령하는 것을 처벌하는 범죄이므로, 횡령죄가 성립되기 위해서는 횡령의 대상이 된 재물이 타인의 소유일 것을 요한다 할 것이므로, 금전의 수수를 수반하는 사무처리를 위임받은 자가 그 행위에 기하여 위임자를 위하여 제3자로부터 수령한 금전이라고 하더라도 이것이 위임자의 소유에 속하지 아니한 경우라면, 그 반환을 거부하는 수임자를 횡령죄로 처벌할 수 없는 것이다.
배당절차에서 일정한 금원이 피고인에게 공탁되었고, 피고인이 갑과 사이에 위 공탁금을 수령하여 그 중 4,100만 원을 갑에게 반환하기로 약정하였다고 하더라도 배당절차에서 피고인 자신의 명의로 수령한 금원은 피고인의 소유에 속하므로 반환하기로 한 4,100만 원의 반환을 거부한다고 하여 횡령죄가 성립하는 것은 아니다(대판 2007. 7. 26. 2007도1840).

58) **외국 산업기술연수생들을 공급하는 명목으로 교부받은 관리비**
국내 인력공급업자가 관리비 명목으로 매월 일정 금원을 지급하기로 하는 조건으로 외국의 인력송출업체와 산업기술연수생 공급계약을 체결하고 산업기술연수생들을 공급받아 국내 업체에 공급하면서 국내 업체로부터 매월 관리비 명목으로 금원을 지급받았으나 외국 인력송출업체에 지급하기로 한 관리비를 지급하지 아니한 사안에서, 국내 인력공급업자가 국내 업체로부터 지급받은 관리비는 타인의 재물에 해당하지 아니한다(대판 1997. 5. 7. 96도2950).
재개발조합과 그로부터 상가 전체를 매수한 자 사이의 합의와 분양대금의 소유권
주택개량재개발조합(A)이 상가를 상가조합원들에게 우선 분양하기로 하였다. 그런데 A의 전조합장 갑이 상가 전체를 을에게 매도하였고 을은 그 일부를 다시 정에게 분양하였다. 이에 A에 대해 상가의 우선수분양권을 가지는 상가조합원들이 수분양권침해로 입은 피해를 보상받기 위해 갑과 을을 상대로 소송을 제기하였다. 새로 조합장에 취임한 피고인이 A 명의로 을과 사이에, 종전의 매매계약을 합의해제하되 이미 을로부터 상가를 분양받은 병과는 A 명의로 재계약을 체결하고 병이 지급할 상가분양대금을 A가 수령하기로 약정하였다. 이에 따라 A가 병으로부터 대금을 지급받은 경우, 병이 지급한 상가분양대금이 우선분양권을 침해당한 상가조합원들의 피해를 보상하기 위한 취지에서 수수되었다고 하더라도 이는 A와 을이 합의를 하게 된 동기나 경위에 불과할 뿐이므로 위 상가분양대금은 A가 상가의 매도인이 되어 수령한 것으로서 A의 소유에 귀속되었다고 보아야 한다(대판 1999. 11. 26. 99도1969).

객선회사가 선객으로부터 징수한 선임의 일부를 보험료로 보험회사에 납부하기로 약정하고 취득한 선임은 객선회사의 소유에 속하게 되는 것이므로 객선회사가 이를 임의 소비하였다 하여도 이는 채무불이행일 뿐 업무상횡령죄를 구성하는 것은 아니다(대판 1960. 2. 17. 4293형상961).

독립채산제로 운영되는 주식회사의 지점이나 합명회사의 분사무소의 비자금조성

사안: 피고인들이 A 주식회사(2004. 5. 이전까지는 B감정평가법인) 경기지사(이하 '경기지사'라고 한다)를 독립채산제로 운영하기로 한 것은 경기지사가 처리한 감정평가업무로 인한 경제적 이익의 분배에 관하여 그와 같이 약정을 한 것에 불과한 것이므로 피고인들이 사용한 경기지사의 자금이 경영 또는 경제적 관점에서는 별론으로 하더라도 법률상으로는 B의 자금이 아니라고 할 수는 없는 점, 당초의 비자금 조성 목적, 조성 경위, 그 후 실제 사용된 비자금의 용도 및 비자금에 대한 관리실태 등에 비추어 보면 비자금을 조성할 당시 피고인들의 불법영득의사가 객관적으로 표시되었다고 할 것인 점, 피고인들의 비자금 조성에 대해 법인의 승낙이 있어서 횡령죄가 성립하지 않는다고 할 수 없을 뿐만 아니라 그러한 비자금 조성행위가 사회상규에 반하지 않는 정당행위에 해당한다고 할 수도 없는 점 등에 비추어 보면, 피고인들이 경기지사에서 감정평가사로 각 근무하면서 부동산매수를 위한 매수대금, 대출이자, 감정평가사들에 대한 인센티브 명목, 정상적인 회계로 처리하기 어려운 접대비 명목 등으로 임의로 나누어 사용할 목적으로 비자금을 조성하기로 공모한 후, B를 위하여 보관 중이던 금원 가운데 169,263,997원을, A를 위하여 보관 중이던 금원 가운데 302,063,876원을 각 비자금으로 조성하였다.

판단: 횡령죄가 성립하기 위하여는 타인의 재물을 보관하는 자의 지위에 있어야 하고, 타인의 재물인가의 여부는 민법, 상법, 기타의 실체법에 의하여 결정되어야 하는바, 상법에 의하면 주식회사의 지점이나 합명회사의 분사무소는 주식회사나 합명회사와 독립된 별개의 법인격이나 권리주체가 아니라 주식회사나 합명회사에 소속된 하부조직에 불과하므로, 주식회사의 지점이나 합명회사의 분사무소가 주식회사의 본점이나 합명회사의 주사무소의 회계와는 별도의 독립채산제 방식으로 운영되고 있다고 하더라도 주식회사의 지점이나 합명회사의 분사무소가 보유한 재산은 그 주식회사 또는 합명회사의 소유일 뿐 법인격도 없고 권리주체도 아닌 주식회사의 지점이나 합명회사의 분사무소 구성원들 개인의 소유가 되는 것은 아니다.

피고인들이 경기지사를 독립채산제로 운영하기로 했다고 하더라도 그것은 경기지사가 처리한 감정평가업무로 인한 경제적 이익의 분배에 관하여 그와 같이 약정을 한 것에 불과한 것이므로 피고인들이 사용한 경기지사의 자금이 법률상으로는 위 법인의 자금이 아니라고 할 수는 없고, 당초의 비자금 조성 목적 등에 비추어 비자금 조성 당시 피고인들의 불법영득의사가 객관적으로 표시되었다고 할 것인 점 등에 비추어, 위 비자금 조성행위는 업무상횡령죄에 해당한다(대판 2010. 5. 13. 2009도1373).

독립채산제로 운영되는 사단법인의 지부 또는 지회

사단법인의 지부나 지회가 독립된 별개의 법인격이나 권리주체가 아니라 사단법인에 소속된 하부조직에 불과하다면, 사단법인의 지부나 지회가 사단법인과는 별도의 독립채산제 방식으로 운영되고 있다고 하더라도 그 지부나 지회가 보관하고 있는 재산은 사단법인의 소유일 뿐 법인격도 없고 권리주체도 아닌 지부나 지회의 소유가 되는 것은 아니다.

구 부동산중개업법 제30조 제1항에 의하면 중개업자는 부동산중개업협회를 설립할 수 있도록 되어 있고, 구법 제30조 제2항에 의하면 협회는 법인으로 한다고 되어 있으므로, 위 법령에 따라 설립된 대한공인중개사협회(이하 '협회'라 한다)만이 법인격을 갖고 특별한 사정이 없는 한 협회의 지부는 협회의 산하기관에 불과하다고 보아야 하는 점, 공인중개사들이 낸 공제회비는 협회로 귀속되고, 협회에서 각 지부에 운영비를 지원하는 한편 대한공인중개사협회 ○○지부의 임직원들인 피고인들에게 활동비 내지 월급을 지급하여 온 점 등에 비추어 볼 때, 위 ○○지부가 보관하고 있는 자금을 임의로 사용하는 경우 협회 소유의 자금을 횡령한 것으로 보아야 한다(대판 2012. 1. 27. 2010도10739).

5. 재물을 보관하는 지위

가. 일반적인 경우

횡령죄에 있어서 재물의 보관이라 함은 재물에 대한 사실상 또는 법률상 지배력이 있는 상태를 의미하고 그 보관이 위탁관계에 기인하여야 할 것임은 물론이나, 그것이 반드시 사용대차·임대차·위임 등의 계약에 의하여 설정되는 것임을 요하지 아니하고, 사무관리·관습·조리·신의칙 등에 의해서도 성립될 수 있다.[59)]

임차인이 임대인의 방해로 옮겨가지 못한 채 놔둔 물건

임차인이 이사하면서 그가 소유하거나 타인으로부터 위탁받아 보관 중이던 물건들을 임대인의 방해로 옮기지 못하고 그 임차공장 내에 그대로 두었다면 임대인은 사무관리 또는 조리상 당연히 임차인을 위하여 위 물건들을 보관하는 지위에 있다 할 것이므로 임대인이 그 후 이를 임의로 매각하거나 반환을 거부하였다면 횡령죄를 구성한다.[60)]

새로운 세입자가 종전 세입자의 물건들을 임의 처분

셋방살이하던 자가 다른 곳으로 이주가면서 후에 찾아가겠다고 그 셋방에 물건을 놓고 갔고, 집 주인은 그 물건을 그대로 둔 채 타인에게 그 방을 빌려주면서 그자의 승낙을 받아 물건을 보관시켰다면 집주인은 새로 세든 자에게 방을 세놓을 때 그 셋방 안에 있는 위 물건들의 보관을 위탁하였다고 봄이 상당하므로 새로 세든 자가 위 물건들을 소비 및 매각처분한 것은 절도죄가 아니라 횡령죄에 해당한다.[61)]

사병식당의 취사반장이 사병급식용 고기를 처분

피고인은 소속대 사병식당의 취사반장으로서 사병급식용 부식을 관리하는 직책을 맡고 있었으므로 국가 소유인 사병급식용 고기를 처분한 행위는 횡령죄를 구성한다.[62)]

---

59) 대판 1987. 10. 13. 87도1778; 대판 2011. 3. 24. 2010도17396. 다음은 조리에 의한 위탁관계를 인정한 사례이다.
피고인이 피해자에게 6,000만 원을 지급하겠다는 내용으로 지불각서를 써 주기로 하고, 과연 피해자가 소지하고 있는 가계수표들의 액면금이 피해자가 주장하는 채권액과 일치하는가를 확인할 목적으로 피해자로부터 이 사건 가계수표들을 건네받았다면 조리에 의한 위탁관계가 발생하였다고 볼 수 있으므로 그 매수와 액면금 등을 확인하던 중 그 액면금 총액이 채권액에 미치지 못한다는 이유로 위 가계수표들 중 일부를 손으로 찢은 후 그 반환을 거부한 것은 횡령죄에 해당한다(대판 1996. 5. 14. 96도410).

60) 대판 1985. 4. 9. 84도300.

61) 대판 1984. 1. 31. 83도2947. 다음은 같은 취지이다.
A 회사가 공사를 중단한 후, B 회사가 공사현장을 인수하고 A가 공사를 위하여 설치해 두었던 형틀을 잔여공사를 위하여 사용한 것이라면 A로부터 위탁받은 여부에 불응하고 위 형틀을 보관하고 있었다고 볼 것이므로, B가 A의 위 형틀 반환요구에 불응한 것은 횡령죄를 구성한다(대판 1969. 12. 9. 69도1923).

62) 대판 1982. 3. 23. 81도2455.

어업면허권을 양도하고도 어업권손실보상금을 수령하여 사용

피고인이 이 사건 양식어업면허권을 취득하였다가 이를 갑에게 양도하였고 갑은 다시 피해자에게 양도하고 그와 같은 사실을 피고인에게 알렸으며, 피해자가 사실상의 어업권자로서 그때부터 그 양식장을 소유관리하여 왔는데도 피고인이 아직도 어업면허권이 자기 앞으로 되어 있음을 틈타서 한국전력주식회사로부터 어업권손실보상금을 수령하여 일부는 자기이름으로 예금하고 일부는 생활비 등에 소비하였다면 이는 횡령죄를 구성한다.[63)]

공갈로 임야의 소유권이전등기를 경료받아 타에 매각

피고인이 피해자에게 이 사건 임야는 갑의 소유인데 을이 불법으로 등기를 경료한 것이므로 위 임야를 갑에게 넘겨주지 않으면 형사처벌을 받게 할 것이라는 등의 협박을 가하여 그를 외포케 하여 피고인 명의로 위 임야의 일부에 관한 소유권이전등기를 넘겨받은 후 이를 타에 매도처분한 경우, 피고인 명의의 위 임야에 관한 등기이전이 갑이나 을로부터의 명의신탁이나 기타 어떠한 위탁관계에 기인한 것이라고는 보여지지 아니하므로 피고인이 위 공갈행위로 인하여 취득한 위 임야를 매각하였다 하여 횡령죄를 구성하지 않는다.[64)]

나. 부동산

(1) 보관자의 지위

부동산에 관한 횡령죄에 있어서 타인의 재물을 보관하는 자의 지위는 동산의 경우와는 달리 부동산에 대한 점유의 여부가 아니라 부동산을 제3자에게 유효하게 처분할 수 있는 권능의 유무에 따라 결정하여야 한다.[65)]

(가) 긍정례

구분소유자 전원의 공유에 속하는 공용부분인 지하주차장을 독점 임대하고 받은 임차료

부동산의 공유자 중 1인이 다른 공유자의 지분을 임의로 처분하거나 임대하여도 그에게는 그 처분권능이 없어 횡령죄가 성립하지 아니한다. 따라서 구분소유자 전원의 공유에 속하는 공용부분인 지하주차장 일부를 그 중 1인이 독점 임대하고 수령한 임차료를 임의로 소비한 경우 횡령죄가 성립하지 아니한다.[66)]

63) 대판 1993. 8. 24. 93도1578.
64) 대판 1986. 2. 11. 85도2513.
65) 대판 2000. 4. 11. 2000도565; 대판 2004. 5. 27. 2003도6988.
66) 대판 2004. 5. 27. 2003도6988.

부동산을 공동상속하여 단독 점유

부동산을 공동으로 상속한 자들 중 1인이 부동산을 혼자 점유하던 중 다른 공동상속인의 상속지분을 임의로 처분하여도 그에게는 그 처분권능이 없어 횡령죄가 성립하지 아니한다.[67)]

(나) 부정례

종중총회의 결의는 없으나 종중회장으로부터 대출을 받아달라는 부탁과 함께 종중 소유 임야의 소유권을 이전받아 개인채무담보를 위해 저당권설정

횡령죄에서 재물의 보관이라 함은 재물에 대한 사실상 또는 법률상 지배력이 있는 상태를 의미하며, 그 보관은 소유자 등과의 위탁관계에 기인하여 이루어져야 하는 것이지만, 그 위탁관계는 사실상의 관계이면 족하고 위탁자에게 유효한 처분을 할 권한이 있는지 또는 수탁자가 법률상 그 재물을 수탁할 권리가 있는지 여부를 불문한다.

피고인이 종중의 회장으로부터 담보 대출을 받아달라는 부탁과 함께 종중 소유의 임야를 이전받은 다음 임야를 담보로 금원을 대출받아 임의로 사용하고 자신의 개인적인 대출금 채무를 담보하기 위하여 임야에 근저당권을 설정하였다면 비록 피고인이 임야를 이전받는 과정에서 적법한 종중총회의 결의가 없었다고 하더라도 피고인은 임야나 위 대출금에 관하여 사실상 종중의 위탁에 따라 이를 보관하는 지위에 있다고 보아야 할 것이어서 피고인의 위 행위가 종중에 대한 관계에서 횡령죄를 구성한다고 한 사례.[68)]

경작관리권의 위임과 원인무효의 소유권이전등기

타인 소유의 토지에 관하여 그 소유권이전등기를 경료받음이 없이 그 경작관리권만을 위임받아 이를 점유해 온 자는 그 토지 자체에 대한 보관자의 지위에 있다고는 할 수 없고 그후 동인이 허위의 보증서와 확인서를 발급받아 부동산소유권이전등기등에 관한 특별조치법에 의한 소유권이전등기를 임의로 경료하였다 하더라도 그와 같은 원인무효의 등기에 의하여 그 토지에 대한 처분권능이 새로이 발생하는 것이 아니므로 마찬가지라 할 것이다.

타인소유의 토지에 대한 보관자의 지위에 있지 아니한 자가 그 앞으로 원인무효의 소유권이전등기가 경료되어 있음을 이용하여 그 토지가 농지개량사업에 의하여 수로로 편입되게 됨으로써 토지소유자에게 지급될 보상금을 수령하였다 하더라도 그 보상금에 대한 점유의 취득은 농지개량사업시행자에 대한 기망행위로 인한 것으로 보아야 할 뿐 진정한 토지소유자의 위임에 기한 것이라고는 할 수 없으므로 그 보상금에 대하여 어떠한 보관관계가 성립한다고 볼 여지가 없다.[69)]

67) 대판 2000. 4. 11. 2000도565.

68) 대판 2005. 6. 24. 2005도2413.

69) 대판 1987. 2. 10. 86도1607. 다음은 같은 취지이다.
이 사건 임야는 이태원동(이태원 1동, 2동 주민들로 구성된 비법인 사단)의 소유로서 1948.경 당시 이태원동의 노인회 대표이던 공소외 망인, 공소외 4에게 명의신탁되어 위 망인들의 공동 명의로 소유권이전등기가 경료되었던 것인데, 그 후 위 망인들의 자손들이 위 임야를 불법 처분한 이후 위 임야에 관하여 원인무효인 각 소유권이전등기, 지분이전등기, 소유권이전청구권가등기 등이 순차 경료되었고, 이에 이태원동이 그 등기명의자들을 상대로 그 각 원인무효등기(공소외 2 및 피고인 명의의 각 지분이전등기를 포함)의 말소청구소송을 제기하여 승소판결을 받고 확정되었다.

(2) 미등기건물의 지배·관리권자

부동산의 보관은 원칙으로 등기부상의 소유명의인에 대하여 인정되지만 등기부상의 명의인이 아니라도 소유자의 위임에 의거해서 실제로 타인의 부동산을 관리, 지배하면 부동산의 보관자라 할 수 있고, 미등기건물에 대하여는 위탁관계에 의하여 현실로 부동산을 관리, 지배하는 자가 보관자라고 할 수 있다.[70)]

(3) 등기부동산의 실질적인 지배·관리권자

부동산의 보관은 원칙적으로 등기부상의 소유명의인에 대하여 인정되지만, 등기부상의 명의인이 아니라도 소유자의 위임에 의거해서 실제로 타인의 부동산을 관리·지배하면서 제3자에게 유효하게 처분할 수 있는 지위에 있는 자는 그 부동산에 대한 지배력을 가지고 있는 자로서 횡령죄의 성립에 있어 그 부동산을 보관하는 자에 해당한다고 보아야 할 것이므로, 등기부상 소유명의인의 배우자로서 소유명의인의 위임에 의하여 그 부동산의 실질적인 지배·관리권 및 대외적인 처분권을 갖고 있는 경우에는 그 부동산의 보관자에 해당한다고 할 것이다.

피고인이 이 사건 각 임야의 매매계약 및 위 명의신탁약정에 직접 참여한 당사자인 반면, 피고인의 남편은 매매계약과 명의신탁약정의 당사자도 아니었고, 이 사건 각 임야의 소유명의인으로 등기된 사실 외에는 매매계약 체결 등의 구체적인 내용은 물론 이후의 처분 경위 등을 제대로 알지 못하였고, 이 사건 각 임야에 관한 사항은 모두 피고인이 알아서 처리한 경우에, 피고인이 이 사건 각 임야의 소유명의자인 남편의 위임을 받아 실질적인 지배·관리권과 대외적인 처분권을 갖고 있었다고 볼 수 있으므로, 피고인은 이 사건 각 임야에 관하여 횡령죄의 보관자의 지위에 있었다고 할 수 있다.[71)]

다. 예 금

(1) 예금당사자의 특정

남편이 처를 대리하여 처 명의로 체결한 예금계약

금융실명거래 및 비밀보장에 관한 법률에 따라 실명확인 절차를 거쳐 예금계약을 체결하고 그 실명확인 사실이 예금계약서 등에 명확히 기재되어 있는 경우에는, 일반적으로 그 예금계약서에 예금주로 기재된 예금명의자나 그를 대리한 행위자 및 금융기관의 의사는 예금명의자를 예금계약의 당사자로 보려는 것이라고 해석

따라서 피해자 공소외 1이나 등기명의자 공소외 2는 위 임야 지분의 소유자라고 할 수 없고, 피고인이 진정한 소유자인 이태원동과는 전혀 무관하게 피해자로부터 위 임야 지분을 명의신탁받아 피고인 명의로 지분이전등기를 경료한 것에 의하여 소유자인 이태원동과 피고인 사이에 위 임야 지분에 관한 법률상 또는 사실상의 위탁신임관계가 성립되었다고 할 수도 없으며, 또한 어차피 원인무효인 소유권이전등기의 명의자에 불과하여 위 임야 지분을 제3자에게 유효하게 처분할 수 있는 권능을 갖지 아니한 피고인으로서는 위 임야 지분을 보관하는 자의 지위에 있다고도 할 수 없으니, 앞서 본 각 법리에 비추어 볼 때, 피고인의 공소사실과 같은 행위는 피해자 공소외 1에 대해서나 또는 소유자 이태원동에 대하여 위 임야 지분을 횡령한 것으로 된다고 할 수 없다(대판 2007. 5. 31. 2007도1082)

70) 대판 1993. 3. 9. 92도2999.

71) 대판 2010. 1. 28. 2009도1884.

하는 것이 경험법칙에 합당하고, 예금계약의 당사자에 관한 법률관계를 명확히 할 수 있어 합리적이다. 그리고 이와 같은 예금계약 당사자의 해석에 관한 법리는, 예금명의자 본인이 금융기관에 출석하여 예금계약을 체결한 경우나 예금명의자의 위임에 의하여 자금 출연자 등의 제3자(이하 '출연자 등'이라 한다)가 대리인으로서 예금계약을 체결한 경우 모두 마찬가지로 적용된다고 보아야 한다. 따라서 본인인 예금명의자의 의사에 따라 예금명의자의 실명확인 절차가 이루어지고 예금명의자를 예금주로 하여 예금계약서를 작성하였음에도 불구하고, 예금명의자가 아닌 출연자 등을 예금계약의 당사자라고 볼 수 있으려면, 금융기관과 출연자 등과 사이에서 실명확인 절차를 거쳐 서면으로 이루어진 예금명의자와의 예금계약을 부정하여 예금명의자의 예금반환청구권을 배제하고 출연자 등과 예금계약을 체결하여 출연자 등에게 예금반환청구권을 귀속시키겠다는 명확한 의사의 합치가 있는 극히 예외적인 경우로 제한되어야 한다. 그리고 이러한 의사의 합치는 금융실명거래 및 비밀보장에 관한 법률에 따라 실명확인 절차를 거쳐 작성된 예금계약서 등의 증명력을 번복하기에 충분할 정도의 명확한 증명력을 가진 구체적이고 객관적인 증거에 의하여 매우 엄격하게 인정하여야 한다. 갑이 배우자인 을을 대리하여 금융기관과 을의 실명확인 절차를 거쳐 을 명의의 예금계약을 체결한 사안에서, 갑과 을의 내부적 법률관계에 불과한 자금 출연경위, 거래인감 및 비밀번호의 등록·관리, 예금의 인출 상황 등의 사정만으로, 금융기관과 갑 사이에 예금명의자 을이 아닌 출연자 갑을 예금계약의 당사자로 하기로 하는 묵시적 약정이 체결되었다고 보아 갑을 예금계약의 당사자라고 판단한 원심판결을 파기한 사례.[72]

수탁자명의로 예치한 금전의 소유권자

횡령죄에 있어서 보관이라 함은 재물이 사실상 지배하에 있는 경우뿐만 아니라 법률상의 지배·처분이 가능한 상태를 모두 가리키는 것으로 타인의 금전을 위탁받아 보관하는 자는 보관방법으로 이를 은행 등의 금융기관에 예치한 경우에도 보관자의 지위를 갖는 것이다.

타인의 금전을 위탁받아 보관하는 자가 보관방법으로 금융기관에 자신의 명의로 예치한 경우, 금융실명거래및비밀보장에관한긴급재정경제명령이 시행된 이후 금융기관으로서는 특별한 사정이 없는 한 실명확인을 한 예금명의자만을 예금주로 인정할 수밖에 없으므로 수탁자 명의의 예금에 입금된 금전은 수탁자만이 법률상 지배·처분할 수 있을 뿐이고 위탁자로서는 위 예금의 예금주가 자신이라고 주장할 수는 없으나, 그렇다고 하여 보관을 위탁받은 위 금전이 수탁자 소유로 된다거나 위탁자가 위 금전의 반환을 구할 수 없는 것은 아니므로 수탁자가 이를 함부로 인출하여 소비하거나 또는 위탁자로부터 반환요구를 받았음에도 이를 영득할 의사로 반환을 거부하는 경우에는 횡령죄가 성립한다.[73]

회사로부터 수표발행권한을 위임받은 자가 자기 용도로 수표발행

형법 제356조, 제355조에 있어서의 보관이라 함은 재물이 사실상의 지배아래 있는 경우 뿐만 아니라 법률상의 지배, 처분이 가능한 상태를 모두 가리킨다고 할 것이므로, 타인의 금전을 위탁받아 보관하는 자는 보관방법으로서 이를 은행 등의 금융기관에 예치한 경우에도 보관자의 지위에 영향이 없고, 수표발행 권한을 위임받은 자는 그 수표자금으로서 예치된 금원에 대하여 이를 보관하는 지위에 있다 할 것이다.

72) 대판 2009. 3. 19. 2008다45828 전원합의체.

73) 대판 2000. 8. 18. 2000도1856.

회사로부터 수표발행 권한을 위임받은 자가 업무상의 임무에 위배하여 자기 또는 제3자의 용도에 충당하기 위하여 수표를 발행하고 그 수표를 이용하여 거래은행으로부터 회사의 예금을 인출하는 행위는 불법영득의 의사를 실현하는 행위로서 업무상횡령죄가 성립한다.[74)]

착오로 잘못 송금되어 입금된 돈

어떤 예금계좌에 돈이 착오로 잘못 송금되어 입금된 경우에는 그 예금주와 송금인 사이에 신의칙상 보관관계가 성립한다고 할 것이므로, 피고인이 송금 절차의 착오로 인하여 피고인 명의의 은행 계좌에 입금된 돈을 임의로 인출하여 소비한 행위는 횡령죄에 해당하고, 이는 송금인과 피고인 사이에 별다른 거래관계가 없다고 하더라도 마찬가지이다.[75)]

비교 판례: 대포통장을 빌려준 자가 타인에 의한 편취 금원이 입금되자 이를 인출

피고인이 그의 명의로 된 A은행의 통장과 연계된 현금카드와 비밀번호를 6만 원을 받고 갑에게 건네주었고, 그 후 갑이 을과 병으로부터 편취한 20만 원이 위 통장에 입금되어 있는 사실을 확인하고, 예금계약을 해지하고 위 20만 원을 인출한 사안에서,

은행에 대하여 예금의 반환청구를 할 수 있는 권한을 가진 자는 은행과 예금계약을 체결한 명의자(예금주)이고, 예금주가 은행에 대하여 예금의 반환을 청구하면 은행으로서는 예금계좌에 있던 돈의 출처를 묻지 아니하고 그 청구에 따라 예금을 지급할 수밖에 없다고 할 것인데, 이 사건 A은행 계좌의 예금주는 피고인이고, 피고인은 예금주로서 A은행에 대하여 예금반환을 청구할 수 있는 권한을 가진 자이므로, 피고인의 예금반환청구를 권한 없는 자의 예금반환청구로 볼 수는 없다. 따라서 피고인이 A은행에 대하여 예금반환청구를 한 행위는 A은행에 대한 기망행위에 해당하지 않는다.[76)]

은행원이 예금주의 돈을 받아 예금주 아닌 타인의 계좌에 입금하였다가 임의 처분

사안: 갑과 은행원인 을은 예금주인 피해자가 예금하는 돈을 은행에 입금하지 아니하고 이를 유용하기로 공모하였다. 갑의 예금유인행위에 따라 피해자가 한일은행 영등포지점에 예금하러 오게 한 다음, 을은 그 직원인 병으로 하여금 보통예금구좌에 입금하려는 피해자로부터 위 돈을 받아 갑의 당좌구좌에 입금하게 하였다.
판단: 예금계약은 예금자가 예금의 의사를 표시하면서 금융기관에 돈을 제공하고 금융기관이 그 의사에 따라서 그 돈을 받아 확인을 하면 그로써 성립한다. 따라서 병이 피해자로부터 수령한 돈을 변태처리하였더라도, 병이 은행에 예금의 의사를 표시하면서 돈을 제공하는 피해자의 돈을 받아 이를 확인한 이상 그로써 피해자와 은행 사이에 예금계약은 유효하게 성립되었다 할 것이므로 그의 의사대로 위 예금계약을 실현한 피해자에 대하여는 아무런 피해가 없어 그에 대한 사기죄는 성립할 여지가 없으며, 다만 예금으로 받은 위 돈의 유용행위만이 처벌의 대상이 될 따름이다.[77)]

---

74) 대판 1983. 9. 13. 82도75.
75) 대판 2005. 10. 28. 2005도5975; 대판 2010. 12. 9. 2010도891.
76) 대판 2010. 5. 27. 2010도3498.
77) 대판 1987. 12. 22. 87도2168.

(2) 공동명의의 예금

공동반환특약이 체결된 공동명의의 예금에 대한 강제집행

은행에 공동명의로 예금을 하고 은행에 대하여 그 권리를 함께 행사하기로 한 경우에 만일 동업 자금을 공동명의로 예금한 경우라면 채권의 준합유관계에 있다고 볼 것이나, 공동명의 예금채권자들 각자가 분담하여 출연한 돈을 동업 이외의 특정 목적을 위하여 공동명의로 예치해 둠으로써 그 목적이 달성되기 전에는 공동명의 예금채권자가 단독으로 예금을 인출할 수 없도록 방지·감시하고자 하는 목적으로 공동명의로 예금을 개설한 경우라면, 하나의 예금채권이 분량적으로 분할되어 각 공동명의 예금채권자들에게 공동으로 귀속되고, 각 공동명의 예금채권자들이 예금채권에 대하여 갖는 각자의 지분에 대한 관리처분권은 각자에게 귀속되는 것이고, 다만 은행에 대한 지급 청구만을 공동반환의 특약에 의하여 공동명의 예금채권자들 모두가 공동으로 하여야 하는 것이므로, 공동명의 예금채권자 중 1인에 대한 채권자로서는 그 1인의 지분에 상응하는 예금채권에 대한 압류 및 추심명령 등을 얻어 이를 집행할 수 있고, 한편 이러한 압류 등을 송달받은 은행으로서는 압류채권자의 압류 명령 등에 기초한 단독 예금반환청구에 대하여, "공동명의 예금채권자가 공동으로 그 반환을 청구하는 절차를 밟아야만 예금청구에 응할 수 있다"는 공동명의 예금채권자들과 사이의 공동반환특약을 들어 그 지급을 거절할 수는 없다. 왜냐하면, 위와 같이 해석하지 않을 경우, 공동명의 예금채권자들로서는 각자의 은행에 대한 예금채권의 행사를 불가능하게 하거나 제한하는 내용의 공동반환특약을 체결하는 방법에 의하여, 그들의 예금채권에 대한 강제집행 가능성을 사실상 박탈 내지 제한함으로써 그들에 대한 압류채권자의 권리 행사를 부당하게 제한하는 결과가 되기 때문이다.[78)]

공동반환특약이 체결된 공동명의의 예금계좌에 초과입금된 금원

갑은 주택을 신축하여 분양하는 시행사이다. 갑이 위 주택의 건축에 관한 도급계약을 을과 체결함으로써 을이 이 사건 주택분양사업의 시공사가 되었다. 갑과 을은 공동명의로 예금계좌를 개설하였다. 그 이유는 이 사건 예금계좌에 입금되는 분양수입금을 가지고 이 사건 분양사업에 소요될 대출금채권과 을이 갑에 대하여 갖는 기성 공사대금채권 등을 우선적으로 지급함으로써 이 사건 분양사업의 사업자금의 집행순서에 관한 그들 사이의 약정을 담보하고, 실제로도 분양수입금의 지급순위를 정함에 있어서 금융기관 대출원리금 변제 다음으로 공사비(공사기성금), 설계비, 감리비를 우선적으로 지급하기로 구체적으로 약정하였다. 한편 갑과 을은 건축공사를 진행하는 과정에서 <u>갑이 공사기성금을 제 때 지급하지 못함으로 인하여 공사가 중단되거나 지연되는 것을 방지하기 위하여 갑이 공사기성금지급보증금 명목으로 위 예금계좌에 5억원을 입금해두기로 약정하였는데 갑이 착오로 10억 원을 입금</u>하였다. 그렇다면 이 사건 예금은 갑과 을이 동업 이외의 특정 목적을 위하여 공동명의로 예치해 둠으로써 그 목적이 달성되기 전에는 공동명의 예금채권자가 단독으로 예금을 인출할 수 없도록 방지·감시하고자 하는 등의 목적으로 공동명의로 예금을 개설한 경우로서 하나의 예금채권이 분량적으로 분할되어 각 공동명의 예금채권자들에게 귀속된다고 할 것이므로, 을은 이 사건 예금을 법률상으로 지배·처분할 수 있는 지위에 있고, 따라서 횡령죄에서의 보관자에 해당한다. 갑이 착오로 초과입금된 5억 원을 인출하기 위해서는 갑과 을이 함께 은행에 대한 지급청구를 하여야 하므로, <u>을이 위와 같은 지급청구를 하지 않은 것은 초과입금된 공사기성금지급보증금의 반환거부에 의한 횡령죄</u>이다. 다만, 위와 같

78) 대판 2005. 9. 9. 2003다7319; 대판 2008. 10. 9. 2005다72430.

은 반환거부가 을이 갑에 대해 갖는 공사기성금채권의 집행 확보를 위한 것에 불과하고, 위 공사기성금지급 보증금을 영득하기 위한 것이라고 볼 수 없다면 횡령죄는 성립하지 않는다.79)

라. 금전수수를 수반하는 사무처리를 위임받은 자가 수령한 금전

금전의 수수를 수반하는 사무처리를 위임받은 자가 그 행위에 기하여 위임자를 위해 제3자로부터 수령한 금전은, 목적이나 용도를 한정하여 위탁된 금전과 마찬가지로, 달리 특별한 사정이 없는 한 그 수령과 동시에 위임자의 소유에 속하고 위임을 받은 자는 이를 위임자를 위하여 보관하는 관계에 있다고 보아야 한다.80)

토지를 담보로 대출받아달라고 위임받아 피고인을 채무자로 하여 받은 대출금

피해자로부터 토지를 타에 담보로 제공하여 금원을 대출받아 달라는 요청을 받고 토지를 신협에 담보로 제공하고 금원을 수령하였다면, 그 대출금의 소유를 우선 피고인에게 귀속시키기로 약정하는 등 특별한 사정이 없는 한, 이는 당초부터 피해자에게 권리를 취득하게 하려는 것을 목적으로 한 것이므로, 비록 피고인이 자신 또는 남편 등을 채무자로 하여 금원을 대출받았고 또한 그 대출금의 일부인 금 3천만 원을 피해자로부터 차용하기로 하는 약속이 있었다고 하더라도 수임자인 피고인이 신협으로부터 수령함과 동시에 피고인의 별도의 권리이전의 의사표시 없이 그 대출금은 당연히 피해자에게 귀속된다 할 것이고, 나아가 제2차로 대출금 4천만 원이 나온 후 피고인이 피해자와 대출금 일부인 금 3천만 원의 처리문제로 서로 언쟁을 벌이다가 위 대출건은 없었던 일로 하고 신협과 대출건을 해지하기로 하며 피고인이 대출받은 금 4천만 원을 신협에 그대로 반환하기로 하였다면, 피고인은 여전히 피해자와의 위 합의에 따라 위 금원을 신협에 그대로 반환한다는 목적 하에 피해자를 위하여 이를 보관하는 관계에 있었다고 보아야 할 것이므로, 피고인이 그 대출금을 임의로 자신의 채무변제 등에 소비함은 금전위탁의 취지에 반하는 것으로서 횡령죄를 구성한다.81)

터미널사업자가 운송사업자의 위탁에 따라 판매한 승차권의 대금

여객자동차운수사업법 소정의 터미널사업자인 피고인이 동법 제48조(현재는 동법 제46조)에 따라 운송사업자인 피해자로부터 승차권 판매를 위탁받아 피해자를 위하여 승객들에게 승차권을 판매한 결과 피고인이 취득한 승차권 판매대금은 특별한 사정이 없는 한 피해자의 소유에 속한다.82)

별도의 채권관계로 인하여 위임자에게 반환할 금액을 쉽게 확정할 수 없는 때

횡령죄는 타인의 재물을 보관하는 자가 그 재물을 횡령하는 것을 처벌하는 범죄이므로, 횡령죄가 성립되기

79) 대판 2008. 10. 9. 2005다72430과 대판 2008. 12. 11. 2008도8279를 재구성하였다.
80) 대판 1995. 11. 24. 95도1923; 대판 1996. 6. 14. 96도106; 대판 1998. 4. 10. 97도3057; 대판 2003. 6. 24. 2003도1741.
81) 대판 1996. 6. 14. 96도106.
82) 대판 2004. 4. 9. 2004도671.

위해서는 횡령의 대상이 된 재물이 타인의 소유일 것을 요하는 것인바, 금전의 수수를 수반하는 사무처리를 위임받은 자가 그 행위에 기하여 위임자를 위하여 제3자로부터 수령한 금전은 목적이나 용도를 한정하여 위탁된 금전과 마찬가지로 달리 특별한 사정이 없는 한 그 수령과 동시에 위임자의 소유에 속하고, 위임을 받은 자는 이를 위임자를 위하여 보관하는 관계에 있다고 보아야 한다.
수령한 금전이 사무처리의 위임에 따라 위임자를 위하여 수령한 것인지 여부는 수령의 원인이 된 법률관계의 성질과 당사자의 의사에 의하여 판단되어야 하며, 만일 당사자 사이에 별도의 채권, 채무가 존재하여 수령한 금전에 관한 정산절차가 남아 있는 등 위임자에게 반환하여야 할 금액을 쉽게 확정할 수 없는 사정이 있다면, 이러한 경우에는 수령한 금전의 소유권을 바로 위임자의 소유로 귀속시키기로 하는 약정이 있었다고 쉽사리 단정하여서는 안 된다.[83)]

기타[84)]

6. 불법원인급여

가. 법률규정

민법 제746조(불법원인급여) 불법의 원인으로 인하여 재산을 급여하거나 노무를 제공한 때에는 그 이익의 반환을 청구하지 못한다. 그러나 그 불법원인이 수익자에게만 있는 때에는 그러하지 아니하다.

나. 불법원인의 의미

민법 제746조가 규정하는 불법원인이라 함은 그 원인되는 행위가 선량한 풍속 기타 사회질서에 위반하는 경우(민법 103조)를 말하는 것으로서 설사 법률의 금지에 위반하는 경우라 할지라도 그것이 선량한 풍속 기타 사회질서에 위반하지 않는 경우에는 이에 해당하지 않는다.[85)]

민법 제746조가 불법의 원인으로 인하여 재산을 급여하거나 노무를 제공한 때에는 그 이익의 반환을 청구하지 못한다고 규정한 뜻은, 급여를 한 사람은 그 원인행위가 법률상 무효임을 내세워 상대방에게 부당이득반환청구를 할 수 없고, 또 급여한 물건의 소유권이 자기에게 있다고 하여 소유권에 기한 반환청구도 할 수

83) 대판 2005. 11. 10. 2005도3627.
84) **극장 경영자가 입장료와 함께 받은 문화예술진흥기금**
문화예술진흥법에 의하여 입장료와 함께 문화예술진흥기금을 받은 극장 경영자는 한국문화예술진흥원을 위하여 그 기금을 보관하고 있는 자의 지위에 있으므로, 이를 별도로 관리하지 아니하고 자신의 예금통장에 혼합보관하면서 임의로 자신의 극장운영자금 등으로 소비하였다면, 업무상횡령죄가 성립한다(대판 1997. 3. 28. 96도3155).
해설: 문화예술진흥기금 모금의 모금액 등을 대통령령에 위임한 구 문화예술진흥법 규정은 위헌결정되어(헌재결 2003. 12. 18. 2002헌가2), 2005년에 폐지되었다.
85) 대판 1983. 11. 22. 83다430; 대판 2003. 11. 27. 2003다41722; 대판 2010. 12. 9. 2010다57626,57633.

없어서 결국, 급여한 물건의 소유권은 급여를 받은 상대방에게 귀속된다는 의미이고, 여기에서의 불법원인이라 함은 그 원인되는 행위가 선량한 풍속 기타 사회질서에 위반하는 경우를 말하는 것으로, 법률행위의 목적인 권리의무의 내용이 선량한 풍속 기타 사회질서에 위반되는 경우뿐만 아니라, 그 내용 자체는 반사회질서적인 것이 아니라고 하여도 법률적으로 이를 강제하거나 그 법률행위에 반사회질서적인 조건 또는 금전적 대가가 결부됨으로써 반사회질서적 성질을 띠게 되는 경우 및 표시되거나 상대방에게 알려진 법률행위의 동기가 반사회질서적인 경우에도 불법원인급여에 해당될 수 있지만, 병원에서 의약품 선정·구매 업무를 담당하는 약국장인 피고인이 병원을 대신하여 제약회사들로부터 의약품을 공급받는 대가로 그 의약품 매출액에 비례하여 기부금 명목의 금원을 제공받은 다음 병원을 위하여 보관하여 왔던 것뿐이라면, 다른 특별한 사정이 없는 한 이를 두고 선량한 풍속 기타 사회질서에 반하는 행위로서 불법원인급여에 해당한다고 보기는 어려우므로, 피고인이 보관 중인 위 금원을 임의 소비한 것은 횡령죄에 해당한다.[86)]

다. 불법원인급여와 횡령죄

뇌물로 전달하거나, 범행자금으로 사용하라고 의뢰받은 돈과 같은 불법원인급여물을 임의로 영득한 경우에 횡령죄가 성립하는지에 관하여 견해가 나뉜다. ① 소극설은, ㉮ 불법원인급여물에 대해서는 위탁자가 반환청구를 할 수 없는 관계로 사실상 수탁자가 그 소유권을 취득하고, ㉯ 횡령죄가 성립한다면 결과적으로 불법원인을 이행하도록 강제하는 것이 되어 위탁자의 반환청구권이 소멸되는 민법과 불일치하게 된다는 점을 든다. ② 적극설은, ㉮ 위탁자에게 반환청구권이 인정되지 않는다하여 위탁자가 소유권을 상실하는 것은 아니고, ㉯ 급여의 원인이 불법하더라도 신임관계는 존속된다는 점을 든다. 판례는 소극설을 취하고 있다.

공무원에게 뇌물로 전달하라고 교부받은 금원

민법 제746조에 불법의 원인으로 인하여 재산을 급여하거나 노무를 제공한 때에는 그 이익의 반환을 청구하지 못한다고 규정한 뜻은 급여를 한 사람은 그 원인행위가 법률상 무효임을 내세워 상대방에게 부당이득반환청구를 할 수 없고, 또 급여한 물건의 소유권이 자기에게 있다고 하여 소유권에 기한 반환청구도 할 수 없어서 결국 급여한 물건의 소유권은 급여를 받은 상대방에게 귀속된다는 것이므로 조합장이 조합으로부터 공무원에게 뇌물로 전달하여 달라고 금원을 교부받은 것은 불법원인으로 인하여 지급받은 것으로서 이를 뇌물로 전달하지 않고 타에 소비하였다고 해서 타인의 재물을 보관 중 횡령하였다고 볼 수는 없다.[87)]

뇌물공여 또는 배임증재에 사용하라고 교부받은 금전

갑이 을로부터 제3자에 대한 뇌물공여 또는 배임증재의 목적으로 전달하여 달라고 교부받은 금전은 불법원

86) 대판 2008. 10. 9. 2007도2511.

87) 대판 1988. 9. 20. 86도628.

인급여물에 해당하여 그 소유권은 갑에게 귀속되는 것으로서 갑이 위 금전을 제3자에게 전달하지 않고 임의로 소비하였다고 하더라도 횡령죄가 성립하지 않는다.[88)]

성매매알선 동업계약의 동업자간에 주고받은 사업자금

성매매 및 성매매알선 등 행위는 선량한 풍속 기타 사회질서에 반하여 성매매할 사람을 고용함에 있어 성매매의 권유·유인·강요의 수단으로 이용되는 선불금 등 명목으로 제공한 금품이나 그 밖의 재산상 이익 등은 불법원인급여로서 반환을 청구할 수 없는바, 성매매알선 등 행위에 관하여 동업계약을 체결한 당사자 일방이 상대방에게 그 동업계약에 따라 성매매의 권유·유인·강요의 수단으로 이용되는 선불금 등 명목으로 사업자금을 제공하였다면 그 사업자금 역시 불법원인급여에 해당하여 반환을 청구할 수 없다.[89)]

라. 수익자와 급여자의 불법성 비교

포주가 나중에 분배하기로 약정하고 불쌍한 윤락녀로부터 건네받아 보관 중인 화대

민법 제746조에 의하면, 불법의 원인으로 인한 급여가 있고, 그 불법원인이 급여자에게 있는 경우에는 수익자에게 불법원인이 있는지 여부, 수익자의 불법원인의 정도, 그 불법성이 급여자의 그것보다 큰지 여부를 막론하고 급여자는 불법원인급여의 반환을 구할 수 없는 것이 원칙이나, 수익자의 불법성이 급여자의 그것보다 현저히 큰 데 반하여 급여자의 불법성은 미약한 경우에도 급여자의 반환청구가 허용되지 않는다면 공평에 반하고 신의성실의 원칙에도 어긋나므로, 이러한 경우에는 민법 제746조 본문의 적용이 배제되어 급여자의 반환청구는 허용된다고 해석함이 상당하다.

이 사건에서와 같이 포주인 피고인이 피해자가 손님을 상대로 윤락행위를 할 수 있도록 업소를 제공하고, 윤락녀인 피해자가 윤락행위의 상대방으로부터 받은 화대를 피고인에게 보관하도록 하였다가 이를 분배하기로 한 약정은 선량한 풍속 기타 사회질서에 위반되는 것이고, 따라서 피해자가 그 약정에 기하여 피고인에게 화대를 교부한 것은 불법의 원인으로 인하여 급여를 한 경우로 보아야 한다. 그런데 피고인은 다방 종업원으로 근무하고 있던 피해자를 수차 찾아가 자신의 업소에서 윤락행위를 해 줄 것을 적극적으로 권유함으로써 피해자가 피고인과 사이에 위와 같은 약정을 맺고서 윤락행위를 하게 되었고, 피고인은 전직 경찰관으로서 행정사 업무에 종사하면서도 자신의 업소에 피해자 등 5명의 윤락녀를 두고 그들이 받은 화대에서 상당한 이득을 취하는 것을 영업으로 해 왔음에 반하여, 피해자는 혼인하여 남편과 두 아들이 있음에도 남편이 알코올중독으로 생활능력이 없어 가족의 생계를 위하여 피고인의 권유에 따라 윤락행위에 이르게 되었음을 알 수 있는바, 위와 같은 피고인과 피해자의 사회적 지위, 그 약정에 이르게 된 경위에다가 앞에서 본 약정의 구체적 내용, 급여의 성격 등을 종합해 볼 때, 피고인측의 불법성이 피해자측의 그것보다 현저하게 크다고 봄이 상당하므로, 민법 제746조 본문의 적용은 배제되어 피해자가 피고인에게 보관한 화대의 소유권은 여전히 피해자에게 속하여, 피고인이 이를 임의로 소비한 행위는 횡령죄를 구성한다.[90)]

88) 대판 1999. 6. 11. 99도275.
89) 대판 2013. 8. 14. 2013도321.
90) 대판 1999. 9. 17. 98도2036.

7. 고 의

봉급을 인상한 것처럼 장부 처리하여 차액으로 회사의 부외부채변제

상호신용금고의 경영자가 장부상 직원들의 봉급을 인상한 것처럼 하여 실제로는 종전과 같은 액수를 지급하면서 그 차액으로 회사의 부외부채를 변제한 경우, 이는 회사의 채무를 변제한 것이어서 횡령의 범의가 있었다고 볼 수 없다.[91]

8. 불법영득의 의사

업무상횡령죄에 있어서 불법영득의 의사라 함은 타인의 재물을 보관하는 자가 자기 또는 제3자의 이익을 꾀할 목적으로 업무상의 임무에 위배하여 보관하는 타인의 재물을 자기의 소유인 경우와 같이 사실상 또는 법률상 처분하는 의사를 의미하고, 반드시 자기 스스로 영득하여야만 하는 것은 아니다.[92]

가. 일반적인 경우

(1) 불법영득의사 긍정례

횡령금을 보완하기 위하여 타인의 금원을 임의소비

이미 소비 횡령한 금원을 보완하기 위하여 보관 중에 있는 또 다른 타인의 금원을 임의소비한 경우에도 불법

91) 대판 1986. 6. 24. 86도538. 다음은 같은 취지이다.

1심은 피고인이 재단법인 ○○학원 소속의 ○○여자상업전수학교 서무과장으로서 그 판시와 같이 업무상 보관 중인 위 재단 소유의 급여자금으로 교사들의 월급여 및 퇴직금을 지급함에 있어서 봉급 지급명세서나 퇴직금 지급명세서에는 실지 지급액보다 높게 기장하고 그 차액을 인출하여 이를 횡령한 사실을 인정하였다.

그러나, 피고인은 수사기관 조사 당시부터 위 학교는 특수한 전수학교인 관계로 신입생이 입학정원에 미달되어 학교에서 교사들로 하여금 신입생 모집활동을 하게 하고 그 비용으로 재단이사 및 학교장 등의 양해 아래 위 판시 지급 차액금을 사용한 것이라고 주장하여 그 불법영득의 의사를 부인하고 있고, 이에 부합하는 증거들이 신빙할 수 없는 것들이라고 단정할 자료도 기록상 찾아볼 수 없다. 그럼에도 불구하고 원심이 만연히 위 지급차액전액에 대하여 피고인에게 불법영득의 의사가 있는 것으로 인정하였음은 잘못이다(대판 1982. 3. 9. 81도3009).

92) 대판 2000. 12. 27. 2000도4005; 대판 2008. 8. 21. 2007도9318; 대판 2011. 2. 10. 2010도12920. 위 2000도4005의 판시는 다음과 같다.

종합금융회사의 일반 투자자들이 투자한 금원을 인출하여 계열사 설립 등에 사용

피고인이 회사의 일반투자자들이 투자하는 금원 중 1년 이상의 기간으로 장기투자하는 금원은 법인자금으로, 1년 이내의 기간 동안 단기투자하는 금원은 이를 일반자금으로 각 분류하여, 그 중 일반자금을 피고인 또는 회사 임직원 명의의 차명계좌에 입금시켜 관리하도록 하였다 하더라도 그것이 회사재산으로 존재하는 한 불법영득의 의사가 있었다고 보기는 어렵다 할 것이나, 피고인이 그와 같이 관리하는 일반자금을 이사회의 결의 등 법령이나 정관에서 정한 절차를 거치지도 아니한 채 피고인의 구두지시 등에 의하여 자의적으로 인출하여, 계열회사 설립 또는 증자를 하면서 피고인 또는 차명주주 명의로 주식을 매입하고, 피고인 개인 명의로 다른 사람에게 대여하고, 피고인 또는 임직원 개인 명의로 부동산을 취득하는 자금 등으로 사용하였고, 또 자금의 사용내역을 회사장부에 정상적으로 기재하지도 아니한 채 개인 활동비 등으로 사용하였다면, 피고인에게 자기 또는 제3자의 이익을 꾀할 목적으로 업무상의 임무에 위배하여 보관하는 타인의 재물을 자기의 소유인 경우와 같이 처분하는 의사가 있었다고 보지 않을 수 없어 횡령죄에 있어서의 범의 및 불법영득의 의사가 인정된다.

영득의 의사가 있다 할 것이므로 횡령죄를 구성한다 할 것이다.[93)]

피담보채권을 허위로 주장하고 보관하는 담보목적물을 매각하여 변제에 충당

금전을 대여하면서 채무자로부터 그 담보로 동산을 교부받은 담보권자는 그 담보권의 범위 내에서 담보권을 행사할 수 있을 것인데, 담보권자가 담보목적물을 보관하고 있음을 기화로 실제의 피담보채권 이외에 자신의 제3자에 대한 기존의 채권까지 변제받을 의도로, 채무자인 담보제공자와의 소비대차 및 담보설정관계를 부정하고 그 담보목적물이 자신과 제3자 사이의 소비대차 및 담보설정계약에 따라 제공된 것으로서 실제의 피담보채권 외에 제3자에 대한 기존의 채권까지도 피담보채권에 포함되는 것이라고 주장하면서 그것까지 포함하여 변제가 이루어지지 아니할 경우 반환하지 않을 것임을 표명하다가 타인에게 담보목적물을 매각하거나 담보로 제공하여 피담보채무 이외의 채권까지도 변제충당한 경우에는 정당한 담보권의 행사라고 볼 수 없고, 위탁의 취지에 반하여 자기 또는 제3자의 이익을 위하여 권한 없이 그 재물을 자기의 소유인 것 같이 처분하는 것으로서 횡령죄의 불법영득의 의사가 인정된다.[94)]

창고업자가 차액을 취득하려고 위탁물을 타에 처분하고, 저가의 출고의뢰서를 구입해 둠

업무상 횡령죄에 있어서의 불법영득의 의사라 함은 자기 또는 제3자의 이익을 도모할 목적으로 그 임무에 위배하여 타인의 재물을 사실상 또는 법률상 처분하는 의사를 뜻하는 것이므로 창고업자가 보관중인 피해자 소유의 시멘트를 그 보관위탁자인 피해자 명의의 출급의뢰서 소지자에게 출고할 수 있을 뿐 이를 일반수요자들에게 직접 판매할 권한이 없음에도 위 시멘트를 수요자에게 직접 판매하였다면 비록 그 대금으로 위 피해자 회사의 대리점에서 그 판매가격 보다 저렴한 가격으로 출고의뢰서를 구입하여 마치 출고의뢰서에 의하여 정당하게 출고된 것처럼 장부를 정리해 두었다 하더라도 불법영득의 의사가 있다고 할 것이다.[95)]

학교법인이 승인하지 아니한 채무의 변제와 관련한 학교법인 소유 자산의 담보제공

학교법인이 설치·경영하는 대학교의 총장인 피고인이 변제하였다는 부외부채가 학교법인이 승인한 채무가 아니고 피고인이 이를 변제한 것도 학교법인의 의사에 반하여 임의로 한 것에 불과한 이상, 그 채무를 변제하기 위한 자금을 마련하거나 개인 자금으로 변제한 후 그 자금을 회수할 목적으로 학교법인을 위하여 업무상 보관하고 있던 학교법인 소유의 무기명양도성예금증서를 정상적인 절차를 거치지 않고 무단 인출하여 자신이 경영하는 회사의 약속어음을 할인받는데 담보로 제공한 행위는 그 무기명양도성예금증서 소유자인 학교법인의 이익을 위한 행위로 볼 수 없고, 그에 대한 위 피고인의 불법영득의 의사를 실현하는 횡령행위로 밖에 볼 수 없다.[96)]

93) 대판 1961. 10. 19. 4294형상102.
94) 대판 2007. 6. 14. 2005도7880.
95) 대판 1986. 10. 14. 85도2698.
96) 대판 2000. 2. 8. 99도3982. 다음은 유사 취지이다.
선교지원금의 보관에 관한 변명과 불법영득의사의 인정

(2) 불법영득의사 부정례

보관자가 자기 또는 제3자의 이익을 위한 것이 아니라, 그 소유자의 이익을 위하여 이를 처분한 경우에는 특단의 사정이 없는 한 위와 같은 불법영득의 의사를 인정할 수 없다.[97)]

피해자 사회복지법인이 이 사건 토지를 A 교회에 매도하면서 위 교회로부터 선교지원금 명목으로 현금 3억 원을 받았고, 위 선교지원금은 B 애육원의 운영 및 원아들을 위해 공적인 목적으로 사용하라는 의사에 따라 교부된 기부금이며, 피고인이 B의 원장이자 피해자의 이사인 갑을 대리하여 이를 수령함으로써 위 선교지원금은 피해자에 소유권이 귀속되었다고 봄이 상당한 사안에서,

임종을 얼마 남겨두지 않았던 갑을 대리하여 위 선교지원금을 수령함으로써 그 성격에 대해서 가장 잘 알고 있었던 피고인이 이를 기탁된 취지에 맞게 사용하려는 의사가 있었다면 피해자 이사회의 결정 등을 거쳐 기탁된 취지에 맞게 B나 그 원생들을 위해 사용되도록 하거나, 피해자 명의의 계좌로 입금하였어야 할 것임에도 불구하고, 피고인이 선교지원금을 자신의 집 물탱크 안에 보관하고 있었다는 등 일관성 없고 납득하기 어려운 진술을 하고, 업무상횡령죄로 고발된 이후에야 신규 개설된 자신 명의의 통장에 3억 원을 입금하였다가, 그 후 이를 다시 출금하여 B에 후원금 기탁, 아동숙소 수리비 납부 등의 용도로 사용했다고 주장하면서 그 소명자료를 제출하고 있는 점 등에 비추어, 피고인은 갑이 사망하자 자신이 보관하고 있던 3억 원을 개인적으로 영득할 의사로써 이를 소비하거나 보관하고 있었던 것으로 인정된다고 판단한 것은 옳다(대판 2005. 5. 26. 2004도1925).

본점을 의정부시에 둔 자본금 6,000만 원인 회사의 대표이사 또는 이사들이 광주영업소에 출장가서 영업소장으로부터 미납공과금 중의 일부 지급조로 금 420,000원을 교부받은 다음 의정부세무서에 들러서 진정사건에 대한 선처를 부탁하고 기분이 좋지 않으니 기분풀이한다는 명목으로 ○○일식집에 술을 마시고 술값 205,000원을 지급한 것은 불법영득의사가 인정된다(대판 1986. 7. 8. 85도2212).

사단법인 골프장협회 전무이사가 위 협회 거래은행인 제일은행 세운지점에 예치보관 중이던 독립기념관 건립 성금 모금과 위 협회의 공금 합계 10,000,000원을 인출하여 같은 은행의 피고인 개인구좌에 입금시킨 후 위 돈을 수시로 인출하여 피고인의 딸 결혼비용등 개인적인 용도에 소비하여 횡령한 사안에서,

피고인이 위 금원을 위 협회의 예금구좌로부터 피고인 개인구좌로 옮긴 것 자체는 협회회장의 승인을 받았기 때문에 횡령행위가 되지 않는다고 하더라도 위와 같이 자기 명의로 예금하여 보관 중인 타인의 금원을 인출하여 소비한 행위는 횡령죄에 해당하는 것이며 그만한 돈을 별도로 현금 또는 수표로 보관 중이었다고 하여 예금에 대한 불법영득의 의사가 없다고 볼 수는 없다(대판 1984. 2. 14. 83도3207).

97) 대판 2009. 4. 23. 2009도495. 다음은 같은 취지이다.

횡령죄에서 불법영득의사는 타인의 재물을 보관하는 자가 위탁 취지에 반하여 권한 없이 스스로 소유권자의 처분행위(반환 거부를 포함한다)를 하려는 의사를 의미하므로, 보관자가 자기 또는 제3자의 이익을 위한 것이 아니라 소유자의 이익을 위하여 이를 처분한 경우에는 특별한 사정이 없는 한 위와 같은 불법영득의사를 인정할 수 없다. 다만 타인으로부터 용도가 엄격히 제한된 자금을 위탁받아 집행하면서 제한된 용도 이외의 목적으로 자금을 사용하는 것은 결과적으로 자금을 위탁한 본인을 위하는 면이 있더라도 사용행위 자체로서 불법영득의사를 실현하는 것이 되어 횡령죄가 성립하겠지만, 이러한 경우에 해당하지 아니할 때에는 피고인이 불법영득의사의 존재를 인정하기 어려운 사유를 들어 돈의 행방이나 사용처에 대한 설명을 하고 있고 이에 부합하는 자료도 있다면 달리 특별한 사정이 인정되지 아니하는 한 함부로 위탁받은 돈을 불법영득의사로 횡령하였다고 인정할 수는 없다.

오피스텔 등 신축·분양사업의 시행사인 A 주식회사와 시공사인 B 주식회사가 동업계약을 체결하여 조합을 구성하였는데, A의 대표이사인 피고인이 조합 사업과 관련된 부가가치세 환급금 등을 동업재산에 귀속시키지 않고 A의 운영자금 등에 임의로 사용하였다고 하여 기소된 사안에서, 피고인이 위 돈을 조합 사업과 직·간접적으로 관련된 비용에 지출하였더라도 그 전부에 대하여 횡령죄의 죄책을 부담한다고 본 것은 잘못이다(대판 2011. 5. 26. 2011도1904).

사회복지단체 운영자가 천주교회 교구의 부동산을 친인척 명의로 등기하였다가 단기간 내 복귀

사회복지단체인 '음성 꽃동네'의 운영자가 등기절차 등의 편의상 친인척 명의를 일시적으로 빌려 업무관련 토지를 구입하고 친인척들에게 이를 사용하도록 하였더라도, 그 후 비교적 단기간 내에 '음성 꽃동네'가 속한 천주교회 교구 명의로 근저당권이 설정되고 토지 대부분에 대한 소유 명의가 교구 소속 수사 등 앞으로 이전되었다면, 업무상횡령

대표이사가 이사회승인 없이 회사 소유의 금전으로 자신의 채권 변제에 충당

회사에 대하여 개인적인 채권을 가지고 있는 대표이사가 회사를 위하여 보관하고 있는 회사 소유의 금전으로 자신의 채권 변제에 충당하는 행위는 회사와 이사의 이해가 충돌하는 자기거래행위에 해당하지 않는 것이므로, 대표이사가 이사회의 승인 등의 절차 없이 그와 같이 자신의 회사에 대한 채권을 변제하였더라도, 이는 대표이사의 권한 내에서 한 회사 채무의 이행행위로서 유효하고, 따라서 불법영득의 의사가 인정되지 아니하여 횡령죄의 죄책을 물을 수 없다.[98)]

나. 반환거부에 의한 불법영득

횡령죄에서 '반환의 거부'란 보관물에 대하여 소유자의 권리를 배제하는 의사표시를 하는 행위를 뜻하므로, '반환의 거부'가 횡령죄를 구성하려면 타인의 재물을 보관하는 자가 단순히 그 반환을 거부한 사실만으로는 부족하고 그 반환거부의 이유와 주관적인 의사들을 종합하여 반환거부행위가 횡령행위와 같다고 볼 수 있을 정도이어야 하고, 횡령죄에서 불법영득의사는 타인의 재물을 보관하는 자가 그 취지에 반하여 정당한 권원 없이 스스로 소유권자와 같이 이를 처분하는 의사를 말하는 것이므로 비록 반환을 거부하였다고 하더라도 그 반환거부에 정당한 이유가 있어 이를 반환하지 아니하였다면 불법영득의 의사가 있다 할 수 없다.[99)]

2개월분의 연체차임을 받기 위해 임차인이 남기고 간 물건을 반환 거부

형법 제355조 제1항에서 정하는 "반환의 거부"라고 함은 보관물에 대하여 소유자의 권리를 배제하는 의사표시를 하는 행위를 뜻하므로, 타인의 재물을 보관하는 자가 단순히 반환을 거부한 사실만으로는 횡령죄를 구성하는 것은 아니며, 그 반환거부의 이유 및 주관적인 의사 등을 종합하여 반환거부행위가 횡령행위와 같다고 볼 수 있을 정도이어야만 횡령죄가 성립한다고 할 것이다.

피해자가 피고인으로부터 점포를 임차하여 식품대리점을 운영하다가 경영난으로 임차기간이 만료하기 훨씬 전에 제3자에게 세를 놓아 달라고 부탁하고 위 점포를 비우면서 이 사건 물건들을 그 곳에 두고 나와 피고인이 이를 보관하게 되었는데, 피고인이 피해자가 연체한 2개월분의 월세를 지급받기 전까지는 이 사건 물건들을 반환할 수 없다고 거부한 사안에서, 위와 같은 반환거부의 이유 및 그 주관적인 의사 등을 종합하여 볼 때 피고인이 불법영득의 의사를 가지고 그 물건의 반환을 거부한 것이라고는 할 수 없다 한 사례.[100)]

죄의 불법영득의사를 인정할 수 없다고 본 사례(대판 2007. 12. 27. 2006도8870).

98) 대판 1999. 2. 23. 98도2296; 대판 2002. 7. 26. 2001도5459. 다음은 같은 취지이다.

사찰재산의 관리처분권자가 사찰재산으로 병원치료비 등을 지급

사찰창건 이래 사찰재산에 대한 관리처분권한이 부여되어 사찰의 운영을 책임지고 있었던 자가 병원치료비와 장학금지급 등을 위하여 사찰재산을 사용하였다 하더라도 업무상횡령죄에 해당되지 아니한다고 본 사례(대판 2001. 5. 8. 99도4699).

99) 대판 2002. 9. 4. 2000도637; 대판 2006. 2. 10. 2003도7487.

100) 대판 1992. 11. 27. 92도2079. 다음은 같은 취지이다.

등기명의자가 진정한 소유자에게 명의이전하겠다며 반환거부

반환거부사유의 번복과 불상의 행방불명

피해자로부터 불상(금제삼존불상)을 팔아달라는 부탁을 받았는지 또는 부탁을 받지 않은 상태에서 가지고 나왔는지는 분명하지 아니하나 불상을 보관하고 있었음은 명백한 상태에서, 피해자로부터 불상의 반환을 요구받고도 이를 반환하지 아니하였고, 그와 같이 반환하지 못하는 이유를 수시로 번복하고 있을 뿐 불상의 행방에 관하여 납득할 만한 설명을 하지 못하고 있는 행위가, 형법 제355조 제1항의 '타인의 재물을 보관하는 자가 그 반환을 거부한 때'에 해당한다고 본 사례.[101]

다. 횡령 후의 원상회복

사후의 변상

업무상횡령죄에 있어서 불법영득의 의사라 함은 자기 또는 제 3 자의 이익을 꾀할 목적으로 업무상의 임무에 위배하여 보관하는 타인의 재물을 자기의 소유인 경우와 같은 처분을 하는 의사를 말하고 사후에 이를 반환하거나 변상, 보전하는 의사가 있다 하더라도 불법영득의 의사를 인정함에 지장이 없다.[102]

보관자의 지위에 있는 등기명의자가 명의이전을 거부하면서 부동산의 진정한 소유자가 밝혀진 후에 명의이전을 하겠다는 의사를 표시하였다면 불법영득의 의사를 가지고 그 반환을 거부한 것이라고 단정할 수 없다고 한 사례(대판 2002. 9. 4. 2000도637).

재산세미납을 이유로 신탁한 농지의 반환을 거부

명의신탁자가 구체적인 보수나 비용의 약정 없이 신탁한 농지의 반환을 요구하면서 등기이전에 따른 비용과 세금은 자신이 부담하고 수탁자인 피고인에게 손해가 없도록 하겠다고 했음에도 불구하고 피고인이 위 토지에 대해 재산세를 납부한 것이 해결되지 않았고 계속 2년 가량 더 농사를 짓고 넘겨주겠다는 대답으로 위 반환요구에 불응한 소위는 타인의 재물을 보관하는 자가 그 위탁취지에 반하여 정당한 권한없이 반환을 거부한 것이므로 횡령죄를 구성한다(대판 1983. 11. 8. 82도800).

회사의 채무를 변제하기 위한 반환거부

이 사건 회수권은 원래 버스 75대로 버스운송사업을 하는 피해자 회사의 갑에 대한 채무변제를 위하여 사용하기로 하였던 것으로 보이고, 피고인은 이에 따라 위 회수권을 갑에 대한 회사 채무에 대한 담보나 대물변제조로 교부해 줄 의사로 그 반환을 거부한 것으로 인정되는 이상, 그 절차의 적법 여부에 대하여는 의문이 제기될 수 있다 할지라도, 피고인이 실제로 이를 갑에게 교부하였다면, 객관적으로 보아 사회통념상 심히 부당한 것이라고 할 수는 없으므로, 피고인이 불법영득의 의사로 반환을 거부한 것이라고 단정하기는 어렵다(대판 2006. 2. 10. 2003도7487).

구분상가 관리업체가 구분상가소유자들을 대신하여 임차인들로부터 받은 차임 등을 관리비 등에 충당할 수 있다고 믿고서 반환 거부

피고인이 이 사건 상가의 관리업체인 A 주식회사의 대표이사로서 상가 구분소유자인 피해자들을 대신하여 구분점포의 임대차계약을 체결하고 임차인들로부터 임대차보증금과 차임을 받아 피해자들을 위하여 업무상 보관하던 중 관리비, 특별관리비, 개발비에 충당한다는 명목으로 그 반환을 거부한 사안에서,

비록 A가 적법한 절차를 거쳐 관리비, 특별관리비, 개발비를 부과한 것은 아니라고 하더라도, 피고인이 이 사건 각 임대차의 임차인으로부터 받은 임대차보증금과 차임을 피해자들의 체납 관리비, 개발비 등의 변제에 충당할 수 있다고 믿고서 피해자들의 반환요구에 응하지 아니하고 이를 거절하였을 여지가 충분하다고 할 것이고, 그러한 경우에는 특별한 사정이 없는 한 피고인이 불법영득의 의사로 임대차보증금과 차임을 횡령하였다고 볼 수는 없다(대판 2013. 8. 23. 2011도7637).

101) 대판 2009. 12. 10. 2008도10669.

102) 대판 1983. 9. 13. 82도75; 대판 2005. 8. 19. 2005도3045. 다음은 같은 취지이다.

피고인이 물품 재구매대금을 부풀리는 등 그 판시와 같은 방법으로 피해자 주식회사의 자금을 빼돌린 다음 개인적

횡령 후의 상계

일단 불법영득의 의사로써 업무상 보관중인 타인의 금전을 횡령하여 범죄가 성립한 이상 횡령의 범행을 한 자가 물건의 소유자에 대하여 별도의 금전채권을 가지고 있음을 주장하고 이를 자동채권으로 하여 그 대등액에서 횡령액에 관하여 상계의 의사표시를 한다고 하더라도 이미 성립한 업무상횡령죄에 무슨 영향이 있는 것은 아니다.[103)]

횡령 금원을 피해자 회사의 신주인수자금으로 사용

회사자금을 인출하여 임의로 처분함으로써 횡령죄는 기수에 달하는 것이며 그 후에 그 금원을 회사의 신주발행시에 신주인수자금으로 사용하여 결과적으로 회사에 입금되었다고 해서 이미 성립한 횡령죄에 영향을 미치는 바 없고, 그러한 사정만으로 불법영득의 의사가 있었음을 부정할 수 없다.[104)]

가공의 부가가치세를 지출하여 횡령 후 동액 상당을 매입세액으로 환급받음

주식회사의 대표이사가 자신의 다른 횡령사실을 감추기 위한 목적으로 가공의 공사대금을 지급한 것처럼 허위로 회계처리하면서 가공의 공사대금에 대한 부가가치세 명목으로 회사 자금을 임의로 지출한 경우에는 그로써 횡령죄는 기수에 이른다. 그 후에 그 지출액 상당을 매입세액으로 환급받아 회사에 다시 입금하였다고 하더라도 이미 성립한 횡령죄에 영향을 미치지 아니한다.[105)]

라. 불법영득의사의 특수한 유형

(1) 비자금

회사의 이사 등이 회사 자금으로 뇌물을 공여하거나 부정한 청탁을 하고 배임증재

회사가 기업활동을 하면서 형사상의 범죄를 수단으로 하여서는 안 되므로 뇌물공여를 금지하는 법률 규정은 회사가 기업활동을 할 때 준수하여야 하고, 따라서 회사의 이사 등이 업무상의 임무에 위배하여 보관 중인 회사의 자금으로 뇌물을 공여하였다면 이는 오로지 회사의 이익을 도모할 목적이라기보다는 뇌물공여 상대방의 이익을 도모할 목적이나 기타 다른 목적으로 행하여진 것이라고 보아야 하므로, 그 이사 등은 회사에 대하여 업무상횡령죄의 죄책을 면하지 못한다. 그리고 특별한 사정이 없는 한 이러한 법리는 회사의 이사 등이 회사의 자금으로 부정한 청탁을 하고 배임증재를 한 경우에도 마찬가지로 적용된다.[106)]

인 용도에 사용함으로써 횡령에 이르렀고, 설령 피고인이 그 후 위 회사 또는 그 계열회사에 위 횡령금액을 상회하는 가수금을 입금하였다고 하더라도 이미 성립한 횡령죄에 아무런 영향을 미치지 않는다(대판 2011. 11. 24. 2009도980).

103) 대판 1995. 3. 14. 95도59.

104) 대판 1987. 2. 24. 86도999.

105) 대판 2008. 11. 13. 2006도4885.

106) 대판 2013. 4. 25. 2011도9238.

기밀비 사용

구 법인세법 제18조의2 및 구 법인세법시행령 제44조의2의 규정에 의하면 기밀비는 법인의 업무와 관련하여 지출한 접대비의 일종으로서 법인의 정관, 사규 또는 주주총회·사원총회, 이사회의 결의로 그 지급기준이 정하여지고 그 기준에 의하여 실지로 지급된 금액인 경우 일정한 한도 내에서는 접대비로 간주되어 손금에 산입될 수 있으므로, 기밀비의 지출에 관하여 업무상횡령죄로 처벌하기 위하여는 법인의 업무와 관련 없이 이를 지출하였다는 점이 입증되어야 한다.[107)]

비자금조성과 불법영득의사

업무상횡령죄가 성립하기 위하여는 자기 또는 제3자의 이익을 꾀할 목적으로 업무상 임무에 위배하여 자신이 보관하는 타인의 재물을 자기의 소유인 것 같이 사실상 또는 법률상 처분하는 의사를 의미하는 불법영득의 의사가 있어야 하는 것인바, 법인의 운영자 또는 관리자가 법인을 위한 목적이 아니라 법인과는 아무런 관련이 없거나 개인적인 용도로 착복할 목적으로 법인의 자금을 빼내어 별도로 비자금을 조성하였다면 그 조성행위 자체로써 불법영득의 의사가 실현된 것이고, 이때 그 행위자에게 법인의 자금을 빼내어 착복할 목적이 있었는지 여부는 그 법인의 성격과 비자금의 조성 동기, 방법, 규모, 기간, 비자금의 보관방법 및 실제 사용용도 등 제반 사정을 종합적으로 고려하여 판단하여야 한다.[108)]

비자금을 회사의 일반자금 속에 은닉

횡령행위의 한 태양으로서의 은닉이란, 타인의 재물의 보관자가 위탁의 본지에 반해 그 재물을 발견하기 곤란한 상태에 두는 것을 말하는 것인바, 피고인이 조성한 비자금이 회사의 장부상 일반자금 속에 은닉되어 있었다 하더라도 이는 당해 비자금의 소유자인 회사 이외의 제3자가 이를 발견하기 곤란하게 하기 위한 장부상의 분식에 불과하여 그것만으로 피고인의 불법영득의 의사를 인정할 수는 없다.[109)]

---

107) 대판 2005. 2. 18. 2002도2822.

108) 대판 2009. 2. 12. 2006도6994. 같은 취지로는 대판 2010. 5. 13. 2009도1373; 대판 2011. 2. 10. 2010도12920.

109) 대판 1999. 9. 17. 99도2889. 다음은 같은 취지이다.

새마을금고의 임직원이 고객의 정기예탁금을 부외거래시스템에 입금

업무상횡령죄가 성립하기 위하여는 자기 또는 제3자의 이익을 꾀할 목적으로 업무상 임무에 위배하여 자신이 보관하는 타인의 재물을 자기의 소유인 것 같이 사실상 또는 법률상 처분하는 의사를 의미하는 불법영득의 의사가 있어야 한다. 법인의 운영자 또는 관리자가 법인의 자금을 이용하여 비자금을 조성하였다고 하더라도 그것이 당해 비자금의 소유자인 법인 이외의 제3자가 이를 발견하기 곤란하게 하기 위한 장부상의 분식에 불과하거나 법인의 운영에 필요한 자금을 조달하는 수단으로 인정되는 경우에는 불법영득의 의사를 인정하기 어렵다. 다만 법인의 운영자 또는 관리자가 법인을 위한 목적이 아니라 법인과는 아무런 관련이 없거나 개인적인 용도로 착복할 목적으로 법인의 자금을 빼내어 별도로 비자금을 조성하였다면 그 조성행위 자체로써 불법영득의 의사가 실현된 것으로 볼 수 있을 것인바, 이때 그 행위자에게 법인의 자금을 빼내어 착복할 목적이 있었는지 여부는 그 법인의 성격과 비자금의 조성 동기, 방법, 규모, 기간, 비자금의 보관방법 및 실제 사용용도 등 제반 사정을 종합적으로 고려하여 판단하여야 한다.

새마을금고의 임원인 피고인 등이 위 금고의 직원들로 하여금 고객들이 맡긴 정기예탁금을 정상거래시스템이 아닌 부외거래시스템에 입금하게 하는 행위가, 위 부외거래시스템의 도입 경위 및 운용 실태, 부외거래자금의 흐름이

회사의 재산을 정치자금으로 사용

회사의 대표이사가 보관 중인 회사 재산을 처분하여 그 대금을 정치자금으로 기부한 경우 그것이 회사의 이익을 도모할 목적으로 합리적인 범위 내에서 이루어졌다면 그 이사에게 횡령죄에 있어서 요구되는 불법영득의 의사가 있다고 할 수 없을 것이나, 그것이 회사의 이익을 도모할 목적보다는 후보자 개인의 이익을 도모할 목적이나 기타 다른 목적으로 행하여졌다면 그 이사는 회사에 대하여 횡령죄의 죄책을 면하지 못한다.110)

(2) 단체와 그 임원 등과의 금전거래

종중재산을 종중의 임원 등에게 대여

종중의 이사들이 보험회사에 예치된 종중의 금원 중 일부를 인출하여 종중의 임원 등에게 대여함에 있어, 위와 같은 종중 재산의 조성 및 운영은 종중 이사회의 결의사항임에도 이에 관하여 정식으로 이사회를 개최하지 아니하였으나 이를 개최하였을 경우 참석이 가능할 것으로 여겨지는 이사 전원이 이에 동의하였으므로 이사회의 결의가 없었다고 단정할 수는 없으며 종중규약상 종중원에 대한 종중재산의 대여를 금지하는 규정이 없고 위 임원 등이 위 금원에 대하여 보험회사에서 지급되는 금리 이상의 이자를 지급할 것을 조건으로 하였다면 위 동의 속에 불법영득의 의사 즉 종중재산을 보관하는 자가 그 위탁의 취지에 반하여 자기 또는 제3자의 이익을 위하여 이를 자기의 소유인 것 같이 처분하려는 의사가 있었다고 볼 수 없다.111)

나 사용처 등의 여러 사정을 종합할 때 회계처리상 부외거래시스템의 계좌 혹은 통합전산망의 차명계좌에 예금액을 기재하는 행위에 불과하고 그 자체로 위 금고의 공식적인 자금에서 벗어난 별도의 비자금을 조성하는 행위로 볼 수는 없다는 이유로, 위 업무상횡령의 공소사실에 대하여 무죄를 선고한 사례(대판 2010. 12. 9. 2010도11015).

110) 대판 2005. 5. 26. 2003도5519. 다음은 같은 취지이다.
회사의 이사가 보관 중인 회사 재산을 처분하여 그 대금을 공직선거에 입후보한 타인의 선거자금으로 지원한 경우 그것이 회사의 이익을 도모할 목적으로 합리적인 범위 내에서 이루어졌다면 그 이사에게 횡령죄에 있어서 요구되는 불법영득의 의사가 있다고 할 수 없을 것이나, 그것이 회사의 이익을 도모할 목적보다는 그 후보자 개인의 이익을 도모할 목적이나 기타 다른 목적으로 행하여졌다면 그 이사는 회사에 대하여 횡령죄의 죄책을 면하지 못한다(대판 1999. 6. 25. 99도1141).

111) 대판 1992. 5. 22. 92도564. 다음은 같은 취지이다.
주식회사 대표이사가 지입차주에게 부적절하게 금원대여
주식회사의 대표이사인 피고인이, 위 회사의 지입차주로서 관리부장인 갑에게 금원을 대여하고 그 이자를 회사에서 지급받아왔다면 비록 위와 같은 금원대여가 위 회사의 영업목적에 적절하지 않다 하더라도 위 대부행위는 위 회사의 대부행위로서 효력이 있는 것이므로 단지 피고인이 그가 업무상 점유하는 위 돈을 대부하였다는 사실만으로 곧 피고인에게 불법영득의 의사가 있었다고는 볼 수 없다(대판 1984. 11. 13. 84도2112).
아파트관리위원회의 관리기금을 회칙에 위배하여 단기차입금 명목으로 인출
아파트관리위원회의 회장과 전무인 피고인들이 그 아파트관리위원회 회칙에 위배하여 위원회의 관리기금에서 단기차입금 명목으로 금원을 인출했다 하더라도 종전에도 다른 회원들에게 관리기금을 대여한 사례가 있었고, 피고인들이 대여원금의 이자를 변제하여 왔으며 그 대여행위에 집행위원들의 동의가 있었다면 위 관리기금의 인출을 들어 바로 위 위원회의 재산권의 처분행위라고 할 수 없을 뿐만 아니라 피고인들에게 불법영득의 의사가 있었다고도 볼 수 없다(대판 1990. 5. 8. 90도599).

고문 등을 위촉하고 급여를 지급한 행위가 업무상횡령으로 인정되기 위한 요건

회사 운영자나 대표 등이 그 내부 절차를 거쳐 고문 등을 위촉하고 급여를 지급한 행위가 업무상횡령으로 인정되기 위해서는 그와 같이 고문 등을 위촉할 필요성이나 정당성이 명백히 결여되거나 그 지급되는 급여가 합리적인 수준을 현저히 벗어나는 경우이어야 한다. 그리고 그에 해당하는지를 판단하기 위해서는 고문 등으로 위촉된 자의 업무수행능력뿐만 아니라, 고문 등의 위촉 경위와 동기, 고문 등으로 위촉된 자와 회사의 관계, 그가 회사 발전에 기여한 내용 및 정도, 고문 등으로 위촉되어 담당하기로 한 업무의 내용 및 중요성, 회사 규모와 당시의 경제적 상황, 고문 등의 위촉으로 인하여 회사가 얻을 것으로 예상되는 유·무형의 이익, 관련 업계의 관행 등을 종합적으로 고려하여 판단하여야 한다.[112)]

적법하게 선임 또는 채용된 임직원에게 조합원총회의 결의를 거친 임직원 보수규정의 제정이 없는 상태에서 보수를 지급

배임죄나 업무상 배임죄에서 재산상의 손해를 가한다 함은 총체적으로 보아 본인의 재산 상태에 손해를 가하는 경우, 즉 본인의 전체적 재산가치의 감소를 가져오는 것을 말하므로 재산상의 손실을 야기한 임무위배행위가 동시에 그 손실을 보상할 만한 재산상의 이익을 준 경우, 예컨대 그 배임행위로 인한 급부와 반대급부가 상응하고 다른 재산상 손해(현실적인 손해 또는 재산상 실해 발생의 위험)도 없는 때에는 전체적 재산가치의 감소, 즉 재산상 손해가 있다고 할 수 없다.

적법하게 선임 또는 채용된 이 사건 임직원이 이 사건 재건축조합을 위하여 실제 사무를 처리하거나 노무를 제공해 왔다면, 이 사건 재건축조합으로서는 조합원총회의 결의를 거친 임직원 보수규정의 제정이 없더라도 이들에게 정관규정과 관련 법규 등에 따라 그 사무처리 또는 노무제공에 상응하는 대가로서 보수를 지급할 의무가 있는 것이므로, 그 보수지급이 있었다고 하여 바로 이 사건 재건축조합에 전체적 재산가치의 감소, 즉 재산상 손해가 있었다고 쉽게 단정할 수 없다.

그러므로 적법한 절차를 거치지 않은 이 사건 임직원에 대한 보수지급과 관련하여, 과연 이 사건 임직원이 실제 그 직무를 수행하였는지, 위와 같은 보수지급이 그 반대급부인 직무수행에 상응하는 적정한 수준의 것이었는지, 위 보수지급으로 인하여 이 사건 재건축조합에 다른 재산상 손해를 가한 것은 없는지 등을 심리하여 위 보수지급으로 인해 조합에 전체적 재산가치의 감소가 있었는지 여부를 판단하여야 한다.[113)]

(3) 예산전용과 불법영득의사

예산을 집행할 직책에 있는 자가 자기 자신의 이익을 위한 것이 아니고 경비부족을 메우기 위하여 예산을 전용한 경우라면, 그 예산의 항목유용 자체가 위법한 목적이 있다거나 예산의 용도가 엄격하게 제한되어 있는 경우는 별론으로 하고 그것이 본래 책정되거나 영달되어 있어야 할 필요경비이기 때문에 일정한 절차를 거치면 그 지출이 허용될 수 있었던 때에는 그 간격을 메우기 위한 유용이 있었다는 것만으로 바로 그 유용자에게 불법영득의 의사가 있었다고 단정할 수는 없다.[114)]

112) 대판 2013. 6. 27. 2012도4848.
113) 대판 2007. 6. 15. 2005도4338.
114) 대판 1995. 2. 10. 94도2911; 대판 2002. 2. 5. 2001도5439; 대판 2002. 11. 26. 2002도5130.

출장을 간 것처럼 허위의 서류를 제출하여 받은 출장비를 사무실 운영비 등으로 사용

강원도청 과적계장으로 과적차량 단속업무를 수행하는 피고인은 2000. 1. 7.경 강원 양구 및 화천에 과적근원지실태조사 출장을 간 적이 없음에도 불구하고 출장을 간 것처럼 서류를 제출하여 강원도도로사업소 관리계로부터 출장비 460,000원을 교부받았다. 이에 대해 피고인은 위 출장비는 사무실 비품 구입비, 직원 회식비, 기타 사무실 운영비 등으로 사용하였을 뿐 피고인이 개인적으로 사용한 것은 아니라고 주장하고, 이에 부합하는 증거들도 일부 제출되어 있지만, 출장비 예산의 항목유용 자체가 위법한 목적을 가지고 있다거나 예산의 용도가 엄격하게 제한되어 있다고 볼만한 자료는 없다. 그렇다면 피고인이 출장비를 지정용도 이외로 임의 소비하였다는 것만으로 바로 피고인에게 불법영득의 의사를 인정할 수는 없는 것이고, 출장비 예산에 관한 관련규정 등을 확인하고, 피고인이 주장하는 소비처의 사실 여부 등을 따지는 등의 과정을 거쳐, 피고인이 당해 금원을 본래 허용될 수 있는 지정외 필요경비에 유용한 것인지 그렇지 아니하고 부정한 영득의 의사로 또는 전혀 허용되지 않는 용도로 사용한 것인지 여부를 가려서 그 횡령액수에 따른 죄책을 인정하여야 한다.115)

은행장이 업무추진비로 도지사나 은행 임원 등에게 판공비와 수고비 지급

은행의 업무추진비는 예산관리규정상 대외활동관련경비, 자료수집 및 각종 접대비, 기타 잡사업비를 위한 항목으로 책정된 것으로서, 그중 접대비는 "법인이 업무와 관련하여 거래처 또는 업무와 관련 있는 자 등에게 접대, 교제, 사례 기타 명목 여하에 불구하고 이와 유사한 행위에 의하여 지출하는 접대비 등"을 의미하므로, 동화은행의 주주 대부분이 이북5도의 도민회·군민회 등의 단체 또는 개인이라 하여 이북5도의 전·현직 도지사 등에게 판공비 등을 지급한다거나 은행의 임원 또는 간부 직원에게 명절무렵의 수고비 명목의 돈을 지급하는 것은 업무추진비의 본래 용도와는 관계없이 개인적인 목적으로 지출한 것이라는 전제 아래 은행장이 업무추진비에서 위와 같은 판공비, 수고비 등을 지출한 것은 업무상횡령죄에 해당한다고 본 원심판결을 수긍한 사례.116)

---

115) 대판 2002. 11. 26. 2002도5130.

116) 대판 1994. 9. 9. 94도619. 다음은 같은 취지이다.

정릉 1동 새마을금고의 이사장인 피고인이 사무실 운영비가 부족하다는 직원들의 요청에 따라 위 금고에 설치할 전산시스템을 구매하면서 발주처로부터 할인금 명목으로 교부받은 금원을 위 금고의 별도 수입금으로 계상하지 아니하고 피고인의 딸 명의로 개설하여 관리하고 있는 개인예금통장에 입금해 두었다가 야근직원의 야식비, 직원 회식비, 임직원의 추석선물비, 사무실집기구입비 등 사무실운용을 위하여 지출한 사안에서 불법영득의사를 인정하기 어렵다고 본 사례(대판 1995. 2. 10. 94도2911).

법인의 대표자가 법인의 예비비를 전용하여 기관운영판공비, 회의비 등으로 사용한 경우 이사회에서 사전에 예비비의 전용결의가 이루어지지 아니하였다는 사정만으로 불법영득의 의사를 단정할 수 없다고 한 사례(대판 2002. 2. 5. 2001도5439).

버스운송사업조합의 이사장이 현금으로 지급된 판공비 또는 조합활동비의 구체적인 사용처를 설명하지 못한다거나 사후적으로 그 증빙자료를 제출하지 못하고 있다는 이유로 불법영득의 의사를 추단하고, 위 조합의 일부 자금이 그 용도와 목적에 맞게 지출되었다는 합리적인 가능성을 배제할 수 없음에도 이를 횡령하였다고 인정한 원심판결에 법리오해의 위법이 있다고 한 사례(대판 2010. 6. 24. 2007도5899).

(4) 학교법인의 교비회계

사립학교 교비회계에 속하는 수입금을 다른 회계에 전용

사립학교법 및 같은법시행령이 특히 교비회계에 속하는 수입금에 대하여 그 사용처를 엄격하게 제한하고 다른 회계에 전출하거나 대여할 수 없도록 규정하고 있고, 피고인이 교비회계에 속하는 입학금 등을 송금받은 것은 학교법인의 용도에 전용한 것으로 볼 여지도 있기는 하지만, 교비회계에 속하는 수입금을 다른 회계에 전용하는 것이 사립학교법위반으로 처벌될 수 있음은 별론으로 하고 그 전용 자체만으로 곧바로 불법영득의 사를 실현하는 횡령행위가 된다고 할 수 없다.[117)]

교비회계 자금을 법인회계로 전출

구「사립학교법」 제29조 및 「사립학교법 시행령」 제13조, 「사학기관 재무·회계규칙」 제25조, 제36조 등 관련 법령의 규정을 종합하면, 학교법인의 회계는 학교회계와 법인회계로 구분되고 학교회계 중 특히, 교비회계에 속하는 수입은 학교가 학생으로부터 징수하는 입학금·수업료 등으로 이루어지는 결과 다른 회계에 전출하거나 대여할 수 없는 등 그 용도를 엄격히 제한하고 있으므로, 학교법인의 법인회계에서 지출하여야 할 것을 교비회계에서 지출할 수는 없고, 타인으로부터 용도가 엄격히 제한된 자금을 위탁받아 집행하면서 그 제한된 용도 이외의 목적으로 자금을 사용하는 것은 그 사용이 개인적인 목적에서 비롯된 경우는 물론, 결과적으로 자금을 위탁한 본인을 위하는 면이 있더라도 그 사용행위 자체로서 불법영득의 의사를 실현한 것이 되어 횡령죄가 성립하는바, 교비회계에 속하는 수입은 위와 같이 다른 회계에 전출하거나 대여할 수 없는 등 그 용도가 엄격히 제한되어 있으므로, 사립학교의 교비회계에 속하는 수입을 적법한 교비회계의 세출에 포함되는 용도, 즉 당해 학교의 교육에 직접 필요한 용도가 아닌 다른 용도에 사용하였다면 그 사용행위 자체로서 불법영득의사를 실현하는 것이 되어 그로 인한 죄책을 면할 수 없다.

교육인적자원부장관으로부터 학교 캠퍼스 이전승인의 조건으로 법인부담금을 부담하게 된 학교법인이, 교비회계 자금을 수당지급과 기부금모집 등의 방법을 가장하여 법인회계로 전출한 사안에서, 업무상횡령죄의 성립을 긍정한 사례.[118)]

교비회계 자금을 학교법인 이사장이 주거용으로 사용한 대학건물 공사비용으로 지출

사립학교법 제29조 제2항의 위임에 의하여 교비회계의 세출에 관한 사항을 정하고 있는 사립학교법 시행령 제13조 제2항은 교비회계의 세출을 그 각 호에서 정한 경비로 한다고 하면서, 학교운영에 필요한 인건비 및 물건비(제1호), 학교교육에 직접 필요한 시설·설비를 위한 경비(제2호), 기타 학교교육에 직접 필요한 경비(제5호) 등을 들고 있으므로, 교비회계에 속하는 수입에 의한 지출이 허용되는 교비회계의 세출에 해당하는지 여부는 지출과 관련된 제반 사정을 종합적으로 살펴볼 때 당해 학교의 교육에 직접 필요한 것인지에 따라 판단하여야 한다. 한편 타인으로부터 용도가 엄격히 제한된 자금을 위탁받아 집행하면서 제한된 용도 이외의 목적으로 자금을 사용하는 것은 그 사용이 개인적인 목적에서 비롯된 경우는 물론 결과적으로 자금을 위탁한 본인을 위하는 면이 있더라도 사용행위 자체로서 불법영득의 의사를 실현한 것이 되어 횡령죄가 성립하

117) 대판 1994. 9. 9. 94도998.
118) 대판 2010. 3. 11. 2009도6482.

므로, 결국 사립학교의 교비회계에 속하는 수입을 적법한 교비회계의 세출에 포함되는 용도, 즉 당해 학교의 교육에 직접 필요한 용도가 아닌 다른 용도에 사용하였다면 사용행위 자체로서 불법영득의사를 실현하는 것이 되어 그로 인한 죄책을 면할 수 없다.

학교법인 이사장인 피고인이 산하 대학의 건물 중 일부를 정관 기타 규정상 근거 없이 주거용으로 사용하다가 거실 확장 공사 및 인테리어 공사를 한 후 그 공사대금을 대학 교비회계에 속하는 수입으로 지급하게 하여 업무상횡령으로 기소된 사안에서, 위 비용 지출은 학교의 교육에 직접 필요한 용도가 아닌 다른 용도에 교비회계자금을 사용한 것이어서 사립학교법상 허용되는 교비회계의 세출에 포함되지 않는다고 보아 유죄를 인정한 원심판단을 수긍한 사례.[119]

A학교의 교비회계자금을 B학교의 교비회계에 사용

업무상횡령죄에 있어서의 불법영득의 의사라 함은 자기 또는 제3자의 이익을 꾀할 목적으로 업무상의 임무에 위배하여 보관하고 있는 타인의 재물을 자기의 소유인 것과 같이 사실상 또는 법률상 처분하는 의사를 의미하는 것으로, 타인으로부터 용도가 엄격히 제한된 자금을 위탁받아 집행하면서 그 제한된 용도 이외의 목적으로 자금을 사용하는 것은, 그 사용이 개인적인 목적에서 비롯된 경우는 물론 결과적으로 자금을 위탁한 본인을 위하는 면이 있더라도, 그 사용행위 자체로서 불법영득의 의사를 실현한 것이 되어 횡령죄가 성립한다.

---

119) 대판 2012. 5. 10. 2011도12408. 다음은 같은 취지이다.

학교교육에 필요한 시설·설비라도 사립학교 설립 당시 학교법인 내지 설립자가 공사계약을 체결한 시설·설비의 공사비는 그 시설·설비가 학교설립인가조건에 포함되어 있는 시설·설비인지 여부와 상관없이 학교법인의 법인회계에서 지출하거나 설립자가 부담하여야지 사립학교법 시행령 제13조 제2항 제2호를 들어 교비회계에서 지출할 수는 없고, 타인으로부터 용도가 엄격히 제한된 자금을 위탁받아 집행하면서 그 제한된 용도 이외의 목적으로 자금을 사용하는 것은 그 사용이 개인적인 목적에서 비롯된 경우는 물론, 결과적으로 자금을 위탁한 본인을 위하는 면이 있더라도 그 사용행위 자체로서 불법영득의 의사를 실현한 것이 되어 횡령죄가 성립하는바, 교비회계에 속하는 수입은 위와 같이 다른 회계에 전출하거나 대여할 수 없는 등 그 용도가 엄격히 제한되어 있으므로, 사립학교의 교비회계에 속하는 수입을 적법한 교비회계의 세출에 포함되는 용도, 즉 당해 학교의 교육에 직접 필요한 용도가 아닌 다른 용도에 사용하였다면 그 사용행위 자체로서 불법영득의사를 실현하는 것이 되어 그로 인한 죄책을 면할 수 없다.

공사대금 및 학교 운영비 명목으로 학교법인의 수익용 기본재산을 교비회계로 임의전출 하였다가, 위 사실이 적발되자 다시 동일한 금액을 교비회계에서 법인회계로 임의전출한 때에는 횡령죄의 불법영득의사가 인정된다(대판 2008. 5. 29. 2006도3742).

산업협력단이 용도를 특정하여 교부받은 보조금을 교직원급여 등으로 사용

'산업교육진흥 및 산학협력촉진에 관한 법률' 제27조 제1항 제4호는 산학협력단의 업무로 '대학의 시설 및 운영의 지원'을, 제32조 제1항 제3호는 산학협력단의 지출 항목으로 '대학의 시설·운영 지원비'를 각 규정하고 있으나, 법의 입법 취지나 산학협력단의 설립목적, 산학협력단에 별도로 법인격이 부여되어 있으며(같은 법 제25조 제2항) 회계도 대학 학교회계와 분리되어 있는 점(같은 법 시행령 제30조 제1항) 등에 비추어 보면, 위 각 규정이 산학협력단이 특정사업으로 용도를 정하여 교부받은 보조금을 사업과 무관하게 대학의 일반관리비나 교직원 급여 등으로 사용하는 것을 허용하는 취지라고 볼 수 없다.

학교법인 이사장인 피고인이, 학교법인이 설치·운영하는 대학 산학협력단이 용도를 특정하여 교부받은 보조금 중 3억 원을 대학 교비계좌로 송금하여 교직원 급여 등으로 사용한 사안에서, 위 행위는 국고보조금으로 교부된 산학협력단 자금을 지정된 용도 외의 용도에 사용한 것으로서 업무상횡령죄에 해당한다고 본 원심판단을 수긍한 사례(대판 2011. 10. 13. 2009도13751).

사립학교법 제29조 및 같은 법 시행령에 의해 학교법인의 회계는 학교회계, 법인회계로 구분되고, 학교회계 중 특히 교비회계에 속하는 수입은 다른 회계에 전출하거나 대여할 수 없는 등 용도가 엄격히 제한됨에도 불구하고, A학교의 교비회계자금을 같은 학교법인에 속하는 B학교의 교비회계에 사용한 경우, 횡령죄 소정의 불법영득의사가 있다고 인정한 사례.[120)]

수업료 등의 소유자인 사립학교 경영자가 이를 교비회계가 아닌 다른 회계에 임의 사용

초·중등교육법 제10조 제1항, 사립학교법 제29조 제1항, 제2항, 제6항, 제51조 등 관련 법령을 종합하여, 사립학교의 학생이나 학부모가 납부한 수업료 기타 납부금은 정해진 목적·용도에 사용될 때까지 학생이나 학부모가 그 소유권을 유보한 채 사립학교를 설치·경영하는 학교법인이나 사립학교 경영자에게 위탁한 것이 아니라, 학교법인이나 사립학교 경영자가 이를 납부받음으로써 일단 학교법인이나 사립학교 경영자의 소유로 되는 것이고, 다만 이는 교비회계에 속하는 수입이어서 관련 법령에 따라 그 용도가 엄격히 제한되는 것에 불과하다.

피고인이 갑 사립학교 경영자 을과 공모하여 학생이나 학부모가 납부한 수업료 기타 납부금을 교비회계 아닌 다른 회계에 임의로 사용하였다고 하여 구 특경법위반(횡령)으로 기소된 사안에서, 갑 학교는 사인인 을 등이 설립하여 운영하는 학교로서 수업료 등으로 조성된 교비는 특별한 사정이 없는 한 갑 학교의 설치·경영자인 을 등의 소유에 속하므로, 피고인이 을과 공모하여 이를 임의로 사용하였더라도 사립학교법위반죄가 성립하는 것 외에 따로 횡령죄가 성립하지 않는다.[121)]

교비회계 자금에서 변호사비용을 지출

타인으로부터 용도가 엄격히 제한된 자금을 위탁받아 집행하면서 그 제한된 용도 이외의 목적으로 자금을 사용하는 것은 그 사용이 개인적인 목적에서 비롯된 경우는 물론 결과적으로 자금을 위탁한 본인을 위하는 면이 있더라도 그 사용행위 자체로서 불법영득의 의사를 실현한 것이 되어 횡령죄가 성립하는바, 사립학교법 제29조 및 같은 법 시행령에 의해 학교법인의 회계는 학교회계와 법인회계로 구분되고 학교회계 중 특히 교비회계에 속하는 수입은 다른 회계에 전출하거나 대여할 수 없는 등 용도가 엄격히 제한되어 있기 때문에 교비회계자금을 다른 용도에 사용하였다면 그 자체로서 횡령죄가 성립한다 할 것이므로, 피고인들이 교비회계자금에서 변호사비용을 지출한 행위는 그 자체로서 업무상 횡령죄를 구성하는 것이다.[122)]

---

120) 대판 2002. 5. 10. 2001도1779. 다음은 같은 취지이다.
수개의 학교법인을 운영하는 자가 각 학교법인의 금원을 다른 학교법인을 위하여 사용한 경우, 각 학교법인은 별개의 법인격을 가진 소유의 주체로서 이를 실질적으로 1개의 학교법인이라고 볼 수 없으므로 각 학교법인의 금원을 다른 학교법인을 위하여 사용한 경우 이를 단순히 예산항목을 유용하거나 장부상의 분식이나 이동에 불과하다고 할 수 없고, 각 학교법인 사이에서의 자금이동이 단순한 대차관계에 불과하다고 할 수도 없다는 이유로 횡령죄의 성립을 인정한 사례(대판 2000. 12. 8. 99도214).

121) 대판 2012. 5. 10. 2011도12408.

122) 대판 2003. 5. 30. 2002도235. 다음은 같은 취지이다.
사립학교에 있어서 학교교육에 직접 필요한 시설, 설비를 위한 경비 등과 같이 원래 교비회계에 속하는 자금으로 지출할 수 있는 항목에 관한 차입금을 상환하기 위하여 교비회계 자금을 지출한 경우, 이러한 차입금 상환행위에

마. 불법영득의사의 입증

업무상횡령죄에서의 불법영득의 의사는 자기 또는 제3자의 이익을 꾀할 목적으로 업무상의 임무에 위배하여 보관하는 타인의 재물을 자기의 소유인 경우와 같은 처분을 하는 의사를 말한다. 주식회사의 대표이사가 회사의 돈을 인출하여 사용하였는데 그 사용처에 관한 증빙자료를 제시하지 못하고 있고 그 인출사유와 사용처에 관하여 납득할 만한 합리적인 설명을 하지 못하고 있다면, 이는 그가 불법영득의 의사로 회사의 돈을 인출하여 개인적 용도로 사용한 것으로 추단할 수 있다.[123] 그렇지만 업무상횡령죄에서 불법영득의사를 실현하는 행위로서의 횡령행위가 있다는 점은 검사가 증명하여야 하고, 그러한 증명은 법관으로 하여금 합리적인 의심을 할 여지가 없을 정도의 확신을 생기게 하는 엄격한 증명에 의하여야 하며, 이와 같은 증명이 없다면 설령 피고인에게 유죄의 의심이 간다 하더라도 피고인의 이익으로 판단할 수밖에 없다.[124]

① A 주식회사의 자금으로 갑, 을에 대한 개인 사채이자를 변제한 부분에 관하여, 피고인이 그 사채의 구체적인 사용 내역이나 그 사용처에 관한 증빙자료를 제시하거나 그 사용처에 대하여 납득할 만한 합리적인 설명을 하지 못하고 있고,
② 병 명의로 분양받은 빌라의 분양대금으로 송금된 돈 중 3,500만 원 부분에 관하여 그 돈의 세부적인 출처 등에 대해 설명하지 못하고 있으며,
③ B 주식회사의 자금으로 정의 임차보증금 및 정에 대한 기부금으로 송금된 부분에 관하여, 위 회사가 종교단체에 기부하여야 할 특별한 사정이 있다고 할 수 없고, 재정상태가 좋지 않아 종교단체에 거액을 기부할 만한 사정은 아니였으며, 정식으로 기부하였음을 소명할 만한 증명자료도 없고,
④ C 주식회사의 자금을 이용하여 피고인 개인 명의로 D 주식회사 주식을 인수한 부분에 관하여, 피고인의 개인적인 이익을 위해서 위 주식을 인수한 것이 아니라는 것에 대하여 납득할 만한 합리적인 설명을 하

관하여 교비회계 자금을 임의로 횡령하고자 하는 불법영득의 의사가 있다고 보기는 어렵다(대판 2006. 4. 28. 2005도4085).

A 학교법인의 사무국장인 피고인이 위 법인 산하 B 대학교 교직원이 공사 과정에서 조성한 발전기금 명목의 비자금으로서 위 대학교의 교비회계에 편성하여야 할 금원을 전달받아 보관하던 중 이를 이용하여 공소외인들 소유의 토지를 차명으로 구입하였고, 이에 대해 피고인은 위 대학교의 설립자이자 실제 경영권자인 갑에 대한 비자금 수사를 피하기 위하여 이 사건 비자금으로 이 사건 부동산을 구입하였다는 것이므로, 이는 이 사건 비자금을 위 대학교의 학교 교육에 직접 필요한 용도로 사용한 것이 아님이 명백한바, 위 대학교의 교비회계에 속하는 이 사건 비자금을 이처럼 학교 교육에 직접 필요한 용도가 아닌 다른 용도에 사용한 것은 설령 위 법인을 위하는 면이 있다 하더라도 그 사용행위 자체로서 불법영득의 의사를 실현하는 것이 되고, 따라서 우선 이 점에 의하더라도 피고인에게는 횡령죄가 성립할 수 있다.

또한 피고인은 이 사건 각 부동산의 구입에 관하여 납득할 만한 합리적인 설명을 하지 못하고 오히려 개인적인 목적으로 부동산을 구입하였다는 점에 대한 신빙성 있는 자료가 많으므로, 피고인이 이 사건 비자금을 불법영득의 의사로 횡령한 것으로 추단할 수 있다 할 것이다(대판 2009. 12. 24. 2008도11967).

123) 대판 2008. 3. 27. 2007도9250. 같은 취지로는 대판 2002. 7. 26. 2001도5459; 대판 2002. 9. 4. 2000도637.

124) 대판 2008. 8. 21. 2007도9318; 대판 2011. 7. 14. 2010도9627. 다음은 같은 취지이다.

불법영득의사의 실현에 대한 입증

불법영득의사를 실현하는 행위로서의 횡령행위가 있다는 점은 어디까지나 검사가 입증하여야 하는 것으로서, 재단법인의 자금을 인출하여 재단이사장과 이사들의 명의로 금융기관에 예치·보관하였더라도 불법영득의사의 실현이라고 볼 수 없다고 판단한 사례(대판 1998. 2. 13. 97도1962).

지 못하고 있는 등의 사유로, 모두 피고인이 횡령 범죄의 불법영득의사로 회사의 자금을 개인적인 용도나 이익을 위해 사용한 것으로 추단된다고 판단한 것은 정당하다.[125)]

9. 피해금액의 산정

수개 회사 자금의 횡령

수개의 회사 소유 자금을 지분 비율을 알 수 없는 상태로 구분없이 함께 보관하던 사람이 그 자금 중 일부를 횡령한 경우 수개의 회사는 횡령된 자금에 대하여 지분 비율을 알 수 없는 공동 소유자의 지위에 있다고 할 것이니, 수개의 회사는 모두 횡령죄의 피해자에 해당하는 것이다.[126)]

해설: 횡령한 자금 25억 7,500만 원이 A, B, C의 3개 주식회사의 자금인 것은 분명하지만 이에 대한 위 3개 회사의 개별적인 지분비율을 알 수 없는 경우에, 피해자는 공동소유자인 위 3개 회사이므로 25억 7,500만 원의 횡령이라는 하나의 범죄, 즉 하나의 특경법위반(횡령)죄가 성립한다는 것이 위 판례의 취지이다.

10. 공 범

타인의 재물을 보관하는 자의 횡령범행에 가담한 자가 공범으로 되기 위해서는 적극가담이 필요하다는 것이 다음 판례들의 대체적인 취지이다.

명의신탁 부동산을 양수하거나 담보제공받는 자의 공범성립요건

부동산의 등기명의수탁자가 명의신탁자의 승낙없이 이를 제3자에게 양도 또는 담보제공함으로써 횡령죄가 성립하는 경우에 그것을 양수하거나 담보제공받는 자는 비록 그와 같은 사정을 알고 있다 하더라도 처음부터 수탁자와 짜고 이를 불법영득하기로 공모하지 아니한 이상 그 횡령죄의 공동정범이 될 수 없다.[127)]

---

125) 대판 2013. 6. 27. 2013도2510. 비자금의 사용이 횡령죄를 구성하는지에 관하여 상세히 다룬 판례로는 대판 2009. 2. 26. 2007도4784.

126) 대판 2007. 6. 1. 2006도1813. 구체적인 사안은 다음과 같다.
○○그룹 회장인 피고인과 부회장 갑 등이 계열사인 A, B, C 주식회사의 업무로서 C 소유 토지 지상 아파트 신축분양사업 등을 추진하면서 그 자금을 평소 함께 관리해 오던 중, C 소유로서 시공자인 B의 근저당권이 설정되어 있는 아파트 부지를 을에게 매도하고 그 매매대금 중 일부로 5억 7,500만 원을 지급받으면서, 이와 별도로 A가 발행하고 B가 배서한 약속어음을 교부하고 그 대가로 받은 20억 원을 합하여 합계 25억 7,500만 원을 교부받은 다음 그 중 일부만을 위 세 회사들 사업자금으로 입금하고 나머지 금액을 개인적인 용도로 나누어 사용한 행위는 위 세 회사들 공동 소유 자금을 횡령한 것으로 그 피해자는 위 세 회사 모두이다

127) 대판 1985. 6. 25. 85도1077. 다음은 같은 취지이다.
부동산의 수탁자가 신탁자의 승락없이 매각처분함으로써 횡령죄가 성립하는 경우에 매수인이 그 정을 알고 있었다 하더라도 수탁자와 짜고 불법영득할 것을 공모한 것이 아닌 한 그 횡령죄의 공동정범이 되지 아니한다(대판 1979. 11. 27. 79도2410).

주식회사의 재산을 임의로 처분하려는 대표이사의 횡령행위를 주선하고 그 처분행위를 적극적으로 종용한 경우에는 대표이사의 횡령행위에 가담한 공동정범의 죄책을 면할 수 없다.[128)]

채권자가 채무자로부터 채권확보를 위하여 담보물을 제공받을 때 그 물건이 채무자가 보관 중인 타인의 물건임을 알았다고 하여도 그것만으로 채권자가 채무자의 불법영득행위인 횡령행위에 공모가담한 것으로 단정할 수 없다.[129)]

11. 기수와 미수

횡령죄의 구성요건으로서의 횡령행위란 불법영득의사를 실현하는 일체의 행위를 말하는 것으로서 불법영득의사가 외부에 인식될 수 있는 객관적 행위가 있을 때 횡령죄가 성립한다.[130)]

점유하는 타인 소유의 나무를 제3자에게 매도하고 계약금을 받음

피고인이 피해자로부터 위탁받아 식재·관리하여 오던 나무들을 피해자 몰래 제3자에게 매도하는 계약을 체결하고 제3자로부터 계약금을 수령한 상태에서 피해자에게 적발되어 위 계약이 더 이상 진행되지 아니한 경우 횡령미수에 해당한다.[131)]

특정한 용도로 제직(製織)을 의뢰받은 원사를 타용도로 사용

피고인은 피해자와의 사이에 수출용 포리에스텔 죠오셋트 임직 계약을 체결하고 그 원료인 원사 1,950키로그람을 피해자로부터 공급받아 보관 중 임의로 조오셋트가 아닌 시판용 이태리 깔깔이를 제직하여 타에 판매할 의사로 위 원사 전부를 연사하여 이중 약 1,500키로그람은 이태리 깔깔이로 제직완료한 사실과 위와 같이 일단 연사하면 원사의 형질을 상실하여 원상회복이 불가능한 사실을 인정할 수 있다. 위와 같이 피고인이 자기의 점유 하에 있는 피해자 소유의 원사에 대하여 불법영득의 의사로 연사의 가공행위를 한 이상 그 불법영득의 의사가 객관적으로 외부에 표현된 것이라고 보겠으므로 이로써 횡령죄는 기수가 된다고 할 것이다.[132)]

보석가게를 운영하는 자가 다이아몬드를 매도하여 대금을 지급하거나 그냥 반환하는 조건으로 다른 보석가게 운영자로부터 다이아몬드를 빌려와 반환거부

A 보석가게를 운영하는 피고인이 손님이 급하게 구입하려는 다이아몬드를 판매하기 위하여 B 보석가게를

128) 대판 2005. 8. 19. 2005도3045.
129) 대판 1992. 9. 8. 92도1396.
130) 대판 2004. 12. 9. 2004도5904.
131) 대판 2012. 8. 17. 2011도9113.
132) 대판 1981. 5. 26. 81도673.

운영하는 피해자로부터 "다이아몬드를 빌려주면 손님에게 판매하여 그 대금을 지급하고, 다이아몬드가 판매되지 아니하는 때에는 이를 반환한다"라는 조건으로(이를 속칭 '되돌이' 관행이라 함) 다이아몬드를 빌려갔으면 피고인은 위 다이아몬드 대금이나 다이아몬드 자체를 피해자에게 반환하여야 할, '타인의 재물을 보관하는 자'의 지위에 있다 할 것이므로 그와 같은 지위에 있는 피고인이 반환요청을 받고 다이아몬드를 교부받은 사실을 부인하면서 반환을 거부하는 이상, 피고인의 위 다이아몬드에 대한 불법영득의사가 객관적으로 외부에 드러났다 할 것이다.[133]

12. 죄 수

여러 회사로부터 임차한 물건을 한꺼번에 처분하여 횡령

여러 개의 위탁관계에 의하여 보관하던 여러 개의 재물을 1개의 행위에 의하여 횡령한 경우 위탁관계별로 수개의 횡령죄가 성립하고, 그 사이에는 상상적 경합의 관계가 있는 것으로 보아야 한다.
피고인은 피해자 A 회사와 사이에 렌탈(임대차)계약을 체결하고 그로부터 컴퓨터 본체 24대 등을 받아 보관하였고, 피해자 B 회사와 사이에 리스(임대차)계약을 체결하고 그로부터 컴퓨터 본체 13대 등을 보관하다가 성명불상의 업체에 이를 한꺼번에 처분하여 횡령하였으므로, 이러한 횡령행위는 사회관념상 1개의 행위로 평가함이 상당하고, 피해자들에 대한 각 횡령죄는 상상적경합관계에 있다.[134]

지식경제부 산하 기관들과 다수의 협약을 체결하여 각 과제별로 교부받은 정부출연금

수개의 업무상횡령 행위가 포괄하여 일죄로 되기 위해서는 피해법익이 단일하고, 범죄의 태양이 동일하며, 단일 범의의 발현에 기인하는 일련의 행위라고 인정되어야 한다.
A 주식회사가 지식경제부 산하 여러 기관들과 각각 다른 시기에 서로 다른 내용의 협약을 체결하여 정부과제사업 9건을 부여받고 각 과제별로 정부출연금을 교부받았는데 A의 대표이사 또는 자금담당 임원으로 정부출연금을 보관하는 지위에 있는 피고인들이 위탁 취지에 반하여 자금을 처분한 사안에서, 위와 같은 개별 협약 및 정부출연금 위탁관계를 하나로 묶어 주는 포괄적인 법률관계가 존재하는 등 특별한 사정이 없는 한 A와 위 기관들 사이에는 각 과제별로 별개의 정부출연금 위탁관계가 성립한다고 보는 것이 타당하고, 피고인들의 행위는 과제별로 별개인 위탁신임관계를 침해한 것으로서 그로 인한 피해법익이 단일하다고 할 수 없을 뿐만 아니라 범의의 단일성도 인정되기 어렵다.[135]

세금(직할시세, 구세, 국세) 횡령의 죄수

횡령 세금에 직할시세인 취득세, 등록세 등과 구세인 재산세, 종합토지세 등 및 국세인 방위세 또는 교육세

133) 대판 2002. 3. 29. 2001도6550.
134) 대판 2013. 10. 31. 2013도10020.
135) 대판 2011. 7. 28. 2009도8265.

가 포함되어 있는 경우, 직할시세, 구세 및 국세는 각기 과세주체를 달리하고 세금을 수납할 수 있는 근거 규정도 서로 다르므로, 비록 세금 횡령이라는 단일한 범의가 계속적으로 발현된 일련의 범행이더라도 직할시세, 구세 및 국세를 횡령한 각 범행을 통틀어 하나의 포괄일죄로 볼 수는 없고 그 피해자 내지 피해법익별로(즉 직할시세, 구세 및 국세별로) 구분하여 별개의 죄가 성립하며, 이 경우 같은 직할시세 또는 같은 구세 중에서 구체적인 세목을 달리하거나 수개의 행위 도중에 공범자에 변동이 있고 때로는 단독범인 경우도 있다 하더라도 그것이 단일하고 계속된 범의 하에 행하여진 것이라면 별개의 죄가 되는 것이 아니라 포괄일죄가 된다.[136)]

수 개의 업무상횡령이 포괄일죄가 되기 위한 요건

수개의 업무상횡령 행위라 하더라도 피해법익이 단일하고, 범죄의 태양이 동일하며, 단일 범의의 발현에 기인하는 일련의 행위라고 인정될 때에는, 포괄일죄라고 봄이 타당하다.[137)]

수 개의 업무상 횡령행위라 하더라도 피해법익이 단일하고, 범죄의 태양이 동일하며 단일 범의의 발현에 기인하는 일련의 행위라고 인정될 때에는 포괄하여 1개의 범죄라고 봄이 타당하다.
A상공회의소 회장인 피고인이 A의 전무이사인 갑과 경리부장에게 지시하여 약 70일 사이에 4회에 걸쳐 A의 공금 합계 14억 원을 갑의 계좌로 송금하게 한 후 피고인이 개인용도로 유용하였다는 이 부분 공소사실에 대하여, 피고인이 용도가 제한되어 있는 A의 공금을 정상적인 절차를 거치지 아니한 채 인출하도록 지시한 후 임의 사용한 사실을 인정한 다음 피고인이 불법영득의사로 공금을 유용하려는 단일하고도 계속된 범의 하에 단기간 내에 반복적으로 동일한 범행방법으로 동일한 법익을 침해하였다고 판단한 것은 정당하다.[138)]

Ⅱ. 업무상횡령죄

업무의 의미

업무상횡령죄에 있어서 불법영득의 의사라 함은 자기 또는 제3자의 이익을 꾀할 목적으로 업무상의 임무에 위배하여 보관하는 타인의 재물을 자기의 소유인 경우와 같이 처분하는 의사를 말하고, 여기서 '업무'란 법령, 계약에 의한 것뿐만 아니라 관례를 좇거나 사실상의 것이거나를 묻지 않고 같은 행위를 반복할 지위에 따른 사무를 가리키는 것이다.[139)]

136) 대판 1995. 9. 5. 95도1269.
137) 대판 1985. 8. 13. 85도1275; 대판 2004. 10. 27. 2003도6738; 대판 2005. 9. 28. 2005도3929.
138) 대판 2006. 6. 2. 2005도3431.
139) 대판 2006. 4. 27. 2003도135.

대표이사 사임 후 사실상 대표이사 업무를 행한 자

형법 제356조 소정의 "업무"는 직업 혹은 직무라는 말과 같아 법령, 계약에 의한 것 뿐만 아니라, 관례를 쫓거나 사실상이거나를 묻지 않고 같은 행위를 반복할 지위에 따른 사무를 가리킨다.
피고인이 등기부상으로 공소외 회사의 대표이사를 사임한 후에도 계속하여 사실상 대표이사 업무를 행하여 왔고 회사원들도 피고인을 대표이사의 일을 하는 사람으로 상대해 왔다면 피고인은 위 회사 소유 금전을 보관할 업무상의 지위에 있었다고 할 것이다.[140)]

버스운전사가 버스안내원으로부터 건네받은 버스요금을 임의 소비

시내버스 운전사가 승객으로부터 요금을 받아 소지하고 있던 버스안내원으로부터 건너받은 현금을 자신의 개인용도에 임의소비한 경우라면 동 버스운전사가 징수한 버스요금 등을 받아 보관하고 있었다거나 또는 그 보관이 동인의 업무내용이라고 단정할 수 없어 동인을 업무상 횡령으로 문죄할 수 없다.
시내버스 운전사인 피고인이 시내버스 운전업무에 종사한 사실을 수긍할 수 있어도 승객으로부터 요금을 받거나 또는 받은 요금을 보관하였다가 버스회사에 입금시키는 업무에 종사하였다거나 그 요금의 징수, 보관 및 입금이 피고인의 업무라고 볼 아무런 증거를 찾아 볼 수 없는 경우에, 피고인이 승객으로부터 요금을 받아 소지하고 있던 버스안내원으로부터 건너받은 현금을 자신의 개인 용도에 임의소비한 때에는 업무상 횡령으로 문죄할 수 없다.[141)]

Ⅲ. 점유이탈물횡령죄

승객이 지하철에 놓고 내린 물건을 가져감

승객이 놓고 내린 지하철의 전동차 바닥이나 선반 위에 있던 물건을 가지고 간 경우, 지하철의 승무원은 유실물법상 전동차의 관수자로서 승객이 잊고 내린 유실물을 교부받을 권능을 가질 뿐 전동차 안에 있는 승객의 물건을 점유한다고 할 수 없고, 그 유실물을 현실적으로 발견하지 않는 한 이에 대한 점유를 개시하였다고 할 수도 없으므로, 그 사이에 위와 같은 유실물을 발견하고 가져간 행위는 점유이탈물횡령죄에 해당함은 별론으로 하고 절도죄에 해당하지는 않는다.[142)]
비교 판례: 철도운송 승무원들이 운송 중의 화물을 탈취한 것은 횡령이 아니라 절도이다.
해설: 비교 판례에서 절도죄가 성립하는 이유는 화물이 점유이탈상태가 아니기 때문이다.[143)]

---

140) 대판 1982. 1. 12. 80도1970.
141) 대판 1985. 6. 25. 85도1036.
142) 대판 1999. 11. 26. 99도3963.
143) 대판 1969. 7. 8. 69도798.

승객이 고속버스에 놓고 내린 물건을 가져감

고속버스 운전사는 고속버스의 관수자로서 차내에 있는 승객의 물건을 점유하는 것이 아니고 승객이 잊고 내린 유실물을 교부받을 권능을 가질 뿐이므로 유실물을 현실적으로 발견하지 않는 한 이에 대한 점유를 개시하였다고 할 수 없고, 그 사이에 다른 승객이 유실물을 발견하고 이를 가져갔다면 절도에 해당하지 아니하고 점유이탈물횡령에 해당한다.[144)]

당구장에서 잃어버린 물건을 가져감

피고인이 종업원으로 종사하던 당구장의 당구대 밑에서 어떤 사람이 잃어버린 금반지를 주워서 손가락에 끼고 다니다가 전당포에 전당잡힌 사안에서,

어떤 물건을 잃어버린 장소가 당구장과 같이 타인의 관리 아래 있을 때에는 그 물건은 일응 그 관리자의 점유에 속한다 할 것이고, 이를 그 관리자 아닌 제3자가 취거하는 것은 유실물횡령이 아니라 절도죄에 해당한다.[145)]

---

144) 대판 1993. 3. 16. 92도3170.

145) 대판 1988. 4. 25. 88도409. 다음은 같은 취지이다.
피해자가 피씨방에 두고 간 핸드폰은 피씨방 관리자의 점유 하에 있어서 제3자가 이를 취한 행위는 절도죄를 구성한다(대판 2007. 3. 15. 2006도9338).

제6절 배임죄

배임죄는 타인의 사무를 처리하는 자가 그 임무에 위배하는 행위로써 재산상 이익을 취득하거나 제3자로 하여금 이를 취득하게 하여 본인에게 손해를 가함으로써 성립한다.

1. 타인의 사무를 처리하는 자

가. 의 의

타인의 사무를 처리하는 자의 의미와 사무처리의 근거

배임죄의 주체로서 타인의 사무를 처리하는 자라 함은 타인과의 대내관계에 있어서 신의성실의 원칙에 비추어 그 사무를 처리할 신임관계가 존재한다고 인정되는 자를 의미하고 반드시 제3자에 대한 대외관계에서 그 사무에 관한 권한이 존재할 것을 요하지 않으며, 또 그 사무가 포괄적 위탁사무일 것을 요하는 것도 아니고, 사무처리의 근거, 즉 신임관계의 발생근거는 법령의 규정, 법률행위, 관습 또는 사무관리에 의하여도 발생할 수 있으므로, 법적인 권한이 소멸된 후에 사무를 처리하거나 그 사무처리자가 그 직에서 해임된 후 사무인계 전에 사무를 처리한 경우도 배임죄에 있어서의 사무를 처리하는 경우에 해당한다.[1)]

타인의 사무를 처리하는 자의 종류

배임죄는 타인의 사무를 처리하는 자가 그 임무에 위배하는 행위에 의하여 재산상의 이익을 취득하거나 제3자로 하여금 이를 취득하게 하여 본인에게 손해를 가함으로써 성립하는 것으로, 여기에서 그 주체인 "타인의 사무를 처리하는 자"란 양자간의 신임관계에 기초를 두고 ① 타인의 재산관리에 관한 사무를 대행하거나 ② 타인 재산의 보전행위에 협력하는 자의 경우 등을 가리킨다.[2)]

'타인의 재산관리에 관한 사무의 대행'과 '타인 재산의 보전행위에 협력할 의무'

배임죄에 있어서 타인의 사무라 함은 신임관계에 기초를 둔 타인의 재산의 보호 내지 관리의무가 있을 것을 그 본질적 내용으로 하는 것으로 타인의 재산관리에 관한 사무를 대행하는 경우, 예컨대 위임, 고용 등의 계약상 타인의 재산의 관리 보전의 임무를 부담하는데 본인을 위하여 일정한 권한을 행사하는 경우, 등기협력의무와 같이 매매, 담보권설정등 자기의 거래를 완성하기 위한 자기의 사무인 동시에 상대방의 재산보전에 협력할 의무가 있는 경우 따위를 말한다.[3)]

1) 대판 1999. 6. 22. 99도1095.
2) 대판 2003. 9. 26. 2003도763.
3) 대판 1983. 2. 8. 81도3137.

위임, 고용 등의 계약상 타인 재산의 관리·보전의 임무를 부담하는 자가 본인을 위하여 일정한 권한을 행사하는 경우에 그 임무를 수행하는 권한행사가 타인의 사무임은 분명하다. 그런데 부동산에 관한 물권을 설정하거나 이전할 의무, 주류제조면허 양도인이 양수인으로 하여금 이를 취득할 수 있게 할 의무, 계주의 계금지급의무 등은 본래 자기의 거래를 완성하기 위한 자기의 사무이므로 그러한 의무의 불이행은 민사상의 채무불이행에 불과할 뿐이라고 보는 것이 자연스럽다. 그러함에도 불구하고 판례가 부동산물권설정의무 등이 자기의 사무인 동시에 상대방의 재산보전에 협력할 의무라고 보는 것은 위와 같은 의무의 이행을 형벌로서 강제할 필요성이 크기 때문이라고 생각된다. 다음 판례를 참조하라.

부동산매매에 있어서 매도인의 등기의무를 매수인인 타인의 사무라고 보게 되는 이유는 매도인의 등기의무는 그로써 자기의 재산처분을 완성케 하는 것이어서 본래 매도인 자신의 사무에 속하는 것이지만 등기의무자인 매도인의 등기협력 없이는 매수인 앞으로의 소유권이전을 완성할 수 없기 때문에 이와 같은 등기협력의무로서의 성질을 중시하여 이점에서 그 등기의무를 주로 매수인의 소유권취득을 위해 부담하는 타인의 사무에 속한다고 보는 것이다.[4)]

나. 타인의 재산관리에 관한 사무를 대행

타인의 재산관리에 관한 사무를 대행하는 것은 법인의 대표나 직원 또는 비법인 기업의 피용자와 같은 고용관계에서 전형적으로 발생한다. 위임이나 위임 유사의 계약 기타에 의해서도 타인의 재산관리에 관한 사무를 대행할 수 있다.

(1) 법인의 대표 또는 직원

학교법인의 이사 겸 고등학교 교장이 학교 부지를 처에게 부당하게 저가로 임대해줌

사실상 학교법인의 업무를 총괄하면서 위 학교법인이 설립한 고등학교의 모든 자금을 관리·보관하는 교장으로서 학교부지를 저가에 임차하여 처에게 골프연습장을 운영케 한 사안에서,

피고인은 A 학교법인의 이사 겸 위 학교법인이 설립 경영하는 B 고등학교의 교장으로서 사실상 위 학교법인의 경영을 주도하며 재산관리 및 수익사업을 비롯한 법인업무 전반을 총괄하는 한편 위 고등학교의 교무를 총괄하면서 교비회계에 속하는 자금을 비롯하여 위 고등학교의 운영을 위하여 위 고등학교에 귀속된 모든 자금을 보관·관리하는 업무를 취급하고 있는 자이므로, 학교재산에 관한 임대차계약을 체결하는 경우 업무상 배임죄의 주체가 될 수 있다.[5)]

---

4) 대판 1985. 11. 26. 85도1493 전원합의체.

5) 대판 2000. 3. 14. 99도457.

대표이사가 '주식회사 관리(갑이 실질적 지배)의 주차장'을 주식회사에 불리하게 임대함

피해자 A 주식회사의 대표이사인 피고인이 A가 관리하는 주차장에 관하여 당시 주차장이 매월 얻는 총수익보다 적은 200만 원을 임대료로 정하고 통상보다 장기인 5년의 임대기간을 정하여 임대차계약을 체결함으로써 액수 미상의 재산상 이득을 취득하고, A에게 같은 금액 상당의 손해를 가한 사안에서, 회사가 타인의 사무를 처리하는 일을 영업으로 영위하고 있는 경우, 그 회사의 대표이사가 그 타인의 사무를 처리하면서 업무상 임무에 위배되는 행위를 함으로써 재산상 이익을 취득하거나 제3자로 하여금 이를 취득하게 하고 그로 인하여 회사로 하여금 그 타인에 대한 손해배상책임 등 채무를 부담하게 한 때에는 회사에 손해를 가하거나 재산상 실해 발생의 위험을 초래한 것으로 볼 수 있으므로, A가 아니라 갑이 위 주차장에 대하여 실질적 지배권[6]을 가지고 있다고 하더라도 피고인의 위 주차장 임대행위가 A에 대하여 업무상배임죄를 구성한다고 한 판단은 타당하다.[7]

1인 주주회사

배임죄의 주체는 타인을 위하여 사무를 처리하는 자이며, 그의 임무위반 행위로써 그 타인인 본인에게 재산상의 손해를 발생케 하였을 때 이 죄가 성립되는 것인 즉, 소위 1인 회사에 있어서도 행위의 주체와 그 본인은 분명히 별개의 인격이며, 그 본인인 주식회사에 재산상 손해가 발생하였을 때 배임죄는 기수가 되는 것이므로 궁극적으로 그 손해가 주주의 손해가 된다 하더라도 이미 성립한 죄에는 아무 소장이 없다.[8]

주식회사의 임원이 법인카드를 개인 용도로 사용

주식회사의 임원이 공적 업무수행을 위하여서만 사용이 가능한 법인카드를 개인 용도로 계속적, 반복적으로 사용한 경우 특별한 사정이 없는 한 임원에게는 임무위배의 인식과 그로 인하여 자신이 이익을 취득하고 주식회사에 손해를 가한다는 인식이 있었다고 볼 수 있으므로, 이러한 행위는 업무상배임죄를 구성한다. 위와 같은 법인카드 사용에 대하여 실질적 1인 주주의 양해를 얻었다거나 실질적 1인 주주가 향후 그 법인카드 대금을 변상, 보전해 줄 것이라고 일방적으로 기대하였다는 사정만으로는 업무상배임의 고의나 불법이득의 의사가 부정된다고 볼 수 없다.[9]

6) 위 판례는 주차장 부지 및 건물이 A 소유 명의로 등기되어 있다고 판시하고 있어, 여기서 '갑이 위 주차장에 대하여 실질적 지배권을 가지고 있다'의 의미는 불분명하다.
7) 대판 2014. 2. 21. 2011도8870.
8) 대판 1983. 12. 13. 83도2330.
9) 대판 2014. 2. 21. 2011도8870. 다음은 같은 취지이다.
대학교수가 판공비 지출용 법인신용카드를 개인적 용도로 사용
대학교수가 판공비 지출용 법인신용카드를 업무와 무관하게 개인적 용도에 사용한 행위는 업무상횡령죄가 아닌 업무상배임죄를 구성한다(대판 2006. 5. 26. 2003도8095).

금융기관 임직원이 예금주의 예금계좌에서 예금인출

이른바 보통예금은 은행 등 법률이 정하는 금융기관을 수치인으로 하는 금전의 소비임치 계약으로서, 그 예금계좌에 입금된 금전의 소유권은 금융기관에 이전되고, 예금주는 그 예금계좌를 통한 예금반환채권을 취득하는 것이므로, 금융기관의 임직원은 예금주로부터 예금계좌를 통한 적법한 예금반환 청구가 있으면 이에 응할 의무가 있을 뿐 예금주와의 사이에서 그의 재산관리에 관한 사무를 처리하는 자의 지위에 있다고 할 수 없다. 따라서 금융기관의 임직원이 임의로 예금주의 예금계좌에서 5,000만 원을 인출한 경우 예금주에 대한 관계에서 업무상배임죄가 성립하지 않는다.[10)]

경영자가 경영권확보를 위해 종업원이 자사주를 매입하도록 회사자금을 지원함

종업원지주제도는 회사의 종업원에 대한 편의제공을 당연한 전제로 하여 성립하는 것인 만큼, 종업원지주제도 하에서 회사의 경영자가 종업원의 자사주 매입을 돕기 위하여 회사자금을 지원하는 것 자체를 들어 회사에 대한 임무위배행위라고 할 수는 없을 것이나, 경영자의 자금지원의 주된 목적이 종업원의 재산형성을 통한 복리증진보다는 안정주주를 확보함으로써 경영자의 회사에 대한 경영권을 계속 유지하고자 하는 데 있다면, 그 자금지원은 경영자의 이익을 위하여 회사재산을 사용하는 것이 되어 회사의 이익에 반하므로 회사에 대한 관계에서 임무위배행위가 된다.[11)]

---

10) 대판 2008. 4. 24. 2008도1408. 다음은 같은 취지이다.

청산인과 청산회사의 채권자

청산회사의 대표청산인이 처리하는 채무의 변제, 재산의 환가처분 등 회사의 청산의무는 청산인 자신의 사무 또는 청산회사의 업무에 속하는 것이므로, 청산인은 회사의 채권자들에 대한 관계에 있어 직접 그들의 사무를 처리하는 자가 아니다(대판 1990. 5. 25. 90도6).

한국전력공사 지방출장소장이 초과징수된 전기요금을 전기사용자에게 환급하는 업무

한국전력공사 지방출장소장인 피고인이 전기사용자로부터 전기요금 징수가 부당하다는 항의를 받고 이를 조사하여 초과징수된 금액을 전기사용자에게 환급처리하는 임무는 한국전력공사의 사무를 처리하는 직원으로서의 임무라 하겠으므로 피고인이 그 환급사무의 처리를 태만히 하였다 하여도 한국전력공사에 대한 임무위배는 될지언정 위 전기수용자에 대한 임무위배는 될 수 없다고 할 것인데, 피고인의 위 임무위배 행위는 사무 주체인 한국전력공사에 아무런 손해를 입힌 바 없음이 명백하여 배임죄를 구성하지 아니한다(대판 1984. 7. 10. 84도883).

부가가치세 경감세액을 운송사업자가 사용할 수 있도록 합의한 노조 지역본부 교섭위원

갑 택시회사 노동조합 분회장이자 전국택시노동조합연맹 지역본부 교섭위원인 피고인이 사용자단체인 지역택시운송사업조합과 노사교섭을 담당하면서, 근로자인 운전기사 과반수의 동의 없이 운송사업자에 대한 부가가치세 경감세액 중 일부만을 근로자에게 직접 지급하고 나머지는 단체협약상 운송사업자가 부담할 비용에 사용할 수 있도록 합의함으로써 근로자들에게 손해를 가하였다고 하여 업무상배임죄로 기소된 사안에서, 구 조세특례제한법에 따른 부가가치세 경감세액은 납부의무자인 일반택시 운송사업자에게 귀속되고 운전기사들이 운송사업자들을 상대로 부가가치세 경감세액에 대한 직접적인 사법상 권리를 취득하는 것이 아닌 점, 위 합의는 지역본부로부터 권한을 위임받은 지역본부의 본부장 및 교섭위원들이 사용자단체인 지역택시운송사업조합과 부가가치세 경감세액 사용 방법에 관하여 체결한 것으로 단체협약의 성질을 가지는 점 등을 종합할 때, 피고인이 지역본부 교섭위원으로서 한 합의의 체결은 지역본부의 사무이고, 피고인이 소속 조합원들에 대한 관계에서 직접 그들의 사무를 처리하는 자의 지위에 있다고 할 수 없는데도, 이와 달리 보아 유죄를 인정한 원심판결에 '타인의 사무를 처리하는 자'의 지위 등에 관한 법리오해의 위법이 있다(대판 2012. 3. 15. 2010도3207).

11) 대판 1999. 6. 25. 99도1141.

주주에 대한 가지급금에 관하여 인정이자를 회수하지 않고도 회수한 것처럼 서류조작

주식회사의 대표이사가 주주들에게 법인의 가지급금을 지급하였고, 구 법인세법 시행령 제47조 제1항에 의하면 법인이 출자자 등에게 가지급금을 지급하는 경우 가지급금에 대한 인정이자를 계산하여 익금에 산입하도록 되어 있었음에도 주주들로부터 인정이자를 회수하지 않고 회수한 것처럼 회계서류를 조작한 경우, 배임죄가 성립한다고 본 사례.[12)]

신협 이사장이 부외거래로 입금받은 금원을 대출하면서 불량어음을 담보로 취득

신용협동조합의 이사장이 그 임무에 위배하여 장부와 기록을 작성 비치하지 않는 이른바 부외거래의 방법으로, 조합의 사무실에서 조합원이 아닌 사람들로부터 예탁금을 수입하면서, 조합원으로부터 예탁금을 수입하는 경우와 마찬가지로 조합의 명의로 작성된 정기 예탁금증서를 교부한 다음 그 예탁금을 조합에 일단 입금시켰다가 임의로 인출하여 가지고, 신용상태가 나쁜 사람들이 발행하거나 배서한 어음을 교부받고 돈을 대여하는 등의 어음할인업무를 취급하였다면, 그와 같은 거래가 조합과 관계가 없는 피고인의 개인적인 거래라고는 볼 수 없으므로, 배임죄가 성립된다.[13)]

업무와 무관한 어음의 위조·행사

형법 제355조 제2항의 배임죄는 타인의 사무를 처리하는 자가 그 임무에 위배하는 행위로서 재산상의 이득을 취득하거나 제3자로 하여금 이를 취득하게 하여 본인에게 손해를 가함으로써 성립하는 것이므로, 주식회사의 감사 겸 서울사무소장인 피고인의 유가증권위조·행사로 말미암아 회사에 대하여 손해를 가하였다고 하여 피고인에게 배임죄의 책임을 물으려면, 피고인이 위와 같은 지위에 있었다는 것만으로는 부족하고, 피고인이 유가증권의 위조·행사와 관련하여 법령 또는 계약 등에 의하여 구체적으로 어떠한 사무를 처리하는 신분이 있었는지를 먼저 확정하지 아니하면 안된다.

피고인이 위 회사의 감사 겸 서울사무소장으로서 직원들의 해외출장시 여객기예약, 바이어접대, 수금업무만을 수행하였다는 것이므로, 피고인의 위 어음 위조·행사는 위 회사의 사무처리와는 관계가 없어 배임죄가 성립하지 않는다.[14)]

보험모집인이 보험계약의 위험성을 이유로 한 해약지시를 불이행하여 보험금지급

보험계약 모집인이 보험회사로부터 자기가 모집하여 체결시킨 보험계약이 위험성이 크니 해약토록 하라는 지시를 받고 이를 이행하지 아니하는 사이 보험사고가 발생하여 보험회사가 그 계약에 따른 보험금을 지급하게 되었다 하더라도 보험모집인에게 보험계약자들을 설득하여 보험계약을 해약시켜야 할 법적 의무가 있다 할 수 없어 동인이 이를 이행하지 아니한 것이 업무상 임무에 위배된다고 할 수 없다.[15)]

12) 대판 2005. 9. 29. 2003도4890.
13) 대판 1990. 2. 23. 89도325.
14) 대판 1998. 10. 23. 98도2577.
15) 대판 1986. 8. 19. 85도2144.

(2) 고용관계

공무원이 대통령퇴임 후 사용할 사저와 경호 부지를 일괄매수함에 있어 감정평가를 무시하고 상대적으로 사저부지 가격을 낮게, 경호부지 가격을 높게 평가하여 매수대금을 배분

공무원인 갑, 을이 병 대통령의 퇴임 후 사용할 사저부지와 그 경호부지를 일괄 매수하는 사무를 처리하면서 매매계약 체결 후 그 매수대금을 병의 아들 정과 국가에 배분함에 있어, 사저부지 가격을 높게 평가하면 경호부지 가격이 내려가고 경호부지 가격을 높게 평가하면 사저부지 가격이 내려가는 관계에 있으므로, 이러한 경우 다른 특별한 대체수단이 없는 이상 공익사업을 위한 토지 등의 취득 및 보상에 관한 법률에서 정한 복수의 감정평가업자의 평가액의 산술평균액을 기준으로 하여 그 비율을 정하여 배분하는 것이 가장 합리적이고 객관적인 방법이라 할 것인데, 이미 복수의 감정평가업자에게 감정평가를 의뢰하여 그 결과를 통보받았음에도 굳이 이를 무시하면서 인근 부동산업자들이나 인터넷, 지인 등으로부터의 불확실한 정보를 가지고 감정평가결과와 전혀 다르게 상대적으로 사저부지 가격을 낮게 평가하고 경호부지 가격을 높게 평가하여 매수대금을 배분한 것은 국가사무를 처리하는 자로서의 임무위배행위에 해당하고 갑, 을에게 배임의 고의 및 불법이득의사도 인정된다.[16)]

(3) 법인이 타인의 사무를 처리하는 경우의 배임죄의 주체

법인이 처리할 의무를 지는 타인의 사무에 관하여는 법인이 배임죄의 주체가 될 수 없고 법인을 대표하여 사무를 처리하는 자연인인 대표기관이 바로 타인의 사무를 처리하는 자로서 배임죄의 주체가 된다.[17)]

댐건설에 따른 보상업무 담당자의 보조자가 보상금지급대상이 아님을 알면서도 보상절차를 진행하여 보상금을 지급케 함

탐진댐건설지원사업소(이하 '사업소'라고만 한다)에서 근무하면서 탐진댐 건설에 따른 보상업무를 담당하던 피고인이, 이 사건 토지 등은 실제 A법인의 소유로서 간접보상의 대상이 될 수 없다는 사실을 잘 알면서도, A의 대표이사인 갑 등이 허위 내용의 소유권사실확인서 등을 첨부하여 이 사건 토지 등에 관한 보상신청을 하자, 보상대상이 아님을 들어 보상신청을 철회하도록 하거나 상급자에게 보고하여 보상이 이루어지지 않도록 하는 등의 필요한 조치를 취하지 아니한 채 일련의 보상절차를 진행함으로써 갑 등으로 하여금 보상금을 지급받도록 한 사안에서,

업무상배임죄에 있어서 타인의 사무를 처리하는 자란 고유의 권한으로서 업무를 처리를 하는 자에 한하지 않고 보조기관으로서 직접 또는 간접으로 그 처리에 관한 사무를 담당하는 자도 포함하는 것이고, 한편 직장의 상사가 범법행위를 하는 데 가담한 부하가 직무상 지휘·복종관계에 있다 하여 범법행위에 가담하지 않을 기대가능성이 없다고 할 수는 없어 피고인에게 배임죄가 성립한다.

업무상배임죄에 있어서 불법영득의 의사라 함은 자기 또는 제3자의 이익을 꾀할 목적으로 업무상 임무에 위배된 행위를 하는 의사를 의미하고, 반드시 자기 스스로 재산상 이익을 취득해야만 하는 것은 아니다. 따라

16) 대판 2013. 9. 27. 2013도6835.
17) 대판 1985. 10. 8. 83도1375.

서 피고인이 스스로 재산상 이익을 취득할 의사가 없었다고 하더라도 갑 등으로 하여금 보상을 받게 할 의사가 있었던 이상 불법영득의 의사가 없었다고 볼 수는 없다.[18]

업무상배임죄에 있어서 타인의 사무를 처리하는 자란 고유의 권한으로서 그 처리를 하는 자에 한하지 않고 그 자의 보조기관으로서 직접 또는 간접으로 그 처리에 관한 사무를 담당하는 자도 포함한다.
피고인은 A 주식회사의 이사 겸 부회장이자 B 그룹의 기획조정실장으로서, A의 이사회에 참여할 권한이 있고, 또 일정 범위 내의 의사를 결정할 권한도 있다는 전제 하에 피고인을 A의 사무를 처리하는 자의 지위에 있다고 판단한 것은 옳다.[19]

부동산매각 예정가격을 결정하기 위한 감정의뢰를 받은 감정기관의 감정업무 담당자

문화재관리국이 감정기관인 홍성군 농업협동조합 광천지소장에게 본건 부동산에 대한 싯가 감정을 의뢰하고, 위 지소장은 위 지소직원으로서 감정업무에 종사하던 피고인으로 하여금 감정을 실시케 하는 경우, 피고인은 그가 속하는 감정기관에 대하여 뿐만 아니라 그 감정기관에 감정을 의뢰한 문화재관리국에 대하여도 감정기관의 직원으로서 정당하게 감정할 임무를 부담하므로 형법 355조 소정 타인의 사무를 처리하는 자에 해당한다.
위 문화재관리국에서 본건 부동산의 매각예정가격을 결정함에 있어 피고인의 감정결과가 그 참고자료가 되었다면 특단의 사정이 없는 한 위 감정결과가 위 매각예정가격결정에 영향을 미쳤다 아니할 수 없고 나아가 본건 낙찰가격에 영향을 미쳤다고 아니할 수 없다고 할 것이므로 피고인의 본건 감정이 부당히 저렴하게 이루어진 허위의 감정이었다면 그로 인하여 국가가 손해를 입을 것이 명백하므로 피고인의 감정과 본건 국가의 손해에 인과관계가 없다고 할 수 없을 것이니 원심은 마땅히 피고인의 본건 감정이 허위의 감정인가의 여부를 심리 판단하였어야 할 것이다.[20]

18) 대판 2005. 7. 29. 2004도5685. 다음은 같은 취지이다.
댐주변정리사업의 대상지 선정업무 등을 보조하는 자가 자기 소유 토지의 이용효율성을 높이고자 진입로를 정비하고 교량을 설치
밀양시 ○○면사무소 개발계장으로서 국가 예산으로 추진되는 밀양댐주변정리사업의 대상지 선정업무 등을 보조한 피고인은 위 정리사업의 대상지 선정 등에 관한 업무를 공정하게 처리함으로써 국가 예산의 부적절한 집행을 방지하여야 할 업무상 임무가 있음에도 불구하고, 이러한 임무에 위배하여 사업 대상지 선정 및 관련 공사의 타당성 등에 대하여 제대로 검토하지 않고 오히려 피고인 소유의 토지에 관한 이용 효율성을 높이기 위한 목적으로 그 진입로를 정비하고 이 사건 교량을 설치하는 공사 등이 진행될 수 있도록 자의적인 업무처리를 하여 정당한 정리사업에 지출되어야 할 국가 예산 중 위 공사비 상당액이 부당하게 감소함으로써 국가에게 동액 상당의 재산상 손해를 가하고 피고인이 동액 상당의 재산상 이익을 취득한 때에는 업무상 배임죄가 성립한다(대판 2007. 6. 1. 2005도9288).
갑과 백미 외상거래를 함에 있어 약정 금액이 일정액을 넘는 때에는 농협중앙회의 심사를 거치거나 조합 이사회의 의결을 얻어야 하고 나아가 갑의 신용정도를 면밀히 파악하고 필요한 경우 담보를 설정하여야 함에도 이에 이르지 아니한 채, 조합업무의 분장 상 판매부장으로서 상사인 을의 지휘감독 아래 판매업무를 담당하고 있을 뿐만 아니라 실제에 있어서도 갑과의 백미 외상거래에 깊숙이 관여한 피고인은 '타인의 사무를 처리하는 자'에 해당한다고 할 것이다(대판 2000. 4. 11. 99도334).
19) 대판 2004. 6. 24. 2004도520.
20) 대판 1976. 7. 13. 74도717.

업무담당자(한남투신이나 대한중석의 대표이사)의 상급기관(거평그룹 회장)

업무상배임죄에 있어서 타인의 사무를 처리하는 자라 함은 고유의 권한으로서 그 처리를 하는 자에 한하지 않고, 직접 업무를 담당하고 있는 자가 아니더라도 그 업무 담당자의 상급기관으로서 실행행위자의 행위가 피해자인 본인에 대한 배임행위에 해당한다는 것을 알면서도 실행행위자의 배임행위를 교사하거나 또는 배임행위의 전 과정에 관여하는 등으로 배임행위에 적극 가담한 경우에는 배임죄의 주체가 된다고 할 것이다. 거평그룹은 전체가 순환출자형식을 취하고 있는데 피고인 갑 및 그의 특수관계인들이 주요 계열회사의 최대주주로서 거평그룹 전체의 지배권을 확보한 후 갑이 거평그룹의 회장으로서 거평그룹 기획조정실을 통하여 그룹 전체의 자금운용, 특히 상호지급보증이나 자금 대여, 담보물 제공 등의 대부분에 관하여 직접 결정하여 왔고, 이 사건 범행 당시에도 한남투신의 대표이사였던 을이나 대한중석의 대표이사였던 병에게 한남투신의 이 사건 회사채 매입이나 대한중석의 자금 지원을 직접 지시하였고, 또한, 앞서 본 바와 같이 갑은 단순히 한남투신이 인수한 유가증권의 발행회사의 지배자로서만 범행에 관여한 것이 아니라, 인수자인 한남투신의 지배자로서 이 사건 회사채의 인수를 지시한 것이므로 갑은 이 사건 한남투신에 대한 배임행위나 이 사건 대한중석에 대한 배임행위에 대하여 구체적인 업무 담당자가 아니더라도 배임죄의 주체가 될 수 있다고 할 것이다.[21]

해설: 거평그룹 회장을 직접 한남투신이나 대한중석의 사무처리자라고 보는 것 보다는, 거평그룹 회장이 한남투신이나 대한중석의 사무처리자와 공모하여 배임범행을 저질렀다고 보는 것이 보다 논리적일 것으로 생각된다.

(3) 위임 또는 위임유사의 계약

밴 사업자인 피해자의 가맹점관리를 대행하는 자가 피해자의 가맹점을 다른 밴 사업자의 가맹점으로 변경

배임죄에 있어서 '타인의 사무를 처리하는 자'라 함은 타인과의 내부적인 관계에서 신의성실의 원칙에 비추어 타인의 사무를 처리할 신임관계에 있게 되어 그 관계에 기하여 타인의 재산적 이익 등을 보호·관리하는 것이 신임관계의 전형적·본질적 내용이 되는 지위에 있는 사람을 말한다. 그러나 그 사무의 처리가 오로지 타인의 이익을 보호·관리하는 것만을 내용으로 하여야 할 필요는 없고, 자신의 이익을 도모하는 성질도 아울러 가진다고 하더라도 타인을 위한 사무로서의 성질이 부수적·주변적인 의미를 넘어서 중요한 내용을 이루는 경우에는 여기서 말하는 '타인의 사무를 처리하는 자'에 해당한다. 따라서 위임 등 계약에 기하여 위임인 등으로부터 맡겨진 사무를 처리하는 것이 약정된 보수 등을 얻기 위한 것이라고 하더라도, 또는 매매 등 계약에 기하여 일정한 단계에 이르러 타인에게 소유권등기를 이전하는 것이 대금 등을 얻고 자신의 거래를 완성하기 위한 것이라고 하더라도, 그 사무를 처리하는 이는 상대방과의 신임관계에서 그의 재산적 이익을 보호·관리하여야 할 지위에 있다고 할 것이다.

신용카드 정보통신부가사업회사[통상 '밴(VAN. value added network의 약어) 사업자'라고도 한다]인 피해자와 가맹점 관리대행계약, 대리점계약, 단말기 무상임대차계약, 판매장려금계약을 각 체결하고 피해자의 대리점으로서 카드단말기의 판매 및 설치, 가맹점 관리업무 등을 수행하는 A 주식회사 대표이사인 피고인이, 그 임무에 위배하여 피해자의 기존 가입 가맹점을 피해자와 경쟁관계에 있는 다른 밴사업자 가맹점으로 임의로 전환하여 피해자에 재산상 손해를 가하였다고 하여 업무상배임으로 기소된 사안에서, 피해자가 보유

21) 대판 2004. 7. 9. 2004도810.

하는 가맹점은 피해자의 수익과 직결되는 재산적 가치를 지니고 있어 피고인이 피해자를 대신하여 가맹점을 모집·유지 및 관리하는 것은 본래 피해자의 사무로서 피고인에 대한 인적 신임관계에 기하여 그 처리가 피고인에게 위탁된 것이고, 이는 단지 피고인 자신의 사무만에 그치지 아니하고 피해자의 재산적 이익을 보호 내지 관리하는 것을 본질적 내용으로 하며, 그 업무가 피고인 자신의 계약상 의무를 이행하고 피해자로부터 더 많은 수수료 이익을 취득하기 위한 피고인 자신의 사무의 성격을 일부 가지고 있다고 하여 달리 볼 것이 아니므로, 피고인은 피해자와 신임관계에 기하여 피해자의 가맹점 관리업무를 대행하는 '타인의 사무를 처리하는 자'의 지위에 있다.22)

수입자가 운송회사에 예치한 운송보증금을 수입자를 대신하여 관리하는 자가 권한 없이 위 운송보증금을 수출자가 지불할 운송료 등으로 지불케 하는데 동의함

배임죄의 성립에 있어 행위자가 대외관계에서 타인의 재산을 처분할 적법한 대리권이 있음을 요하지 아니한다. 피고인이 수입자인 피해자가 항공화물 운송회사가 개설한 은행계좌에 예치한 운송보증금을 수출대금 결제시까지 관리하고 그 후 피해자가 반환받을 수 있도록 하여야 할 임무에 위배하여 화물항공 알선회사에 대하여 위 운송보증금을 수출자가 지불하여야 할 운송료 및 항공알선 수수료로 전환하는데 동의하여 운송료 등으로 지불되게 한 경우, 피고인이 피해자와의 신임관계를 위반하여 이 사건 운송보증금을 운송료 등으로 전환함에 동의함으로써 수출업자에게 재산상 이익을 취득하게 하고 피해자에게 손해를 가한 사실이 인정되어 배임죄를 구성하며 피고인이 피해자가 예치한 운송보증금을 운송료 등으로 전환하는데 동의할 수 있는 적법한 권한이 없다고 하더라도 같다.23)

---

22) 대판 2012. 5. 10. 2010도3532. 다음은 같은 취지이다.

국유재산인 토지의 임차인으로부터 그 관리 및 불하를 위임받은 자

피해자가 피고인에게 나중에 국유지 불하를 받아달라고 하면서 피해자 명의로 국유재산대부계약이 체결된 토지 등의 관리를 부탁하였다면 이는 국유재산을 불하받아 주는 사무처리 및 이와 관련된 사무처리를 위임한 것이라고 볼 수 있고, 이러한 위임관계가 단순한 민사상 채무를 부담하는 경우에 그치는 것이 아니라, 위임계약에 따라 타인의 재산관리에 관한 사무를 대행하는 관계라고 보아, 배임죄에 있어서 '타인의 사무'에 해당한다고 한 사례.

해설: 홍성군수와 국유재산대부계약을 체결하여 이 사건 토지를 임차한 피해자가 서울로 이사를 가게 되자 피고인에게 위 토지 등의 관리를 부탁하면서 나중에 어떤 형태로든 이를 불하받아달라는 (피해자 명의로 불하받든지, 그것이 불가능하면 피고인 명의로 불하받아 명의신탁관계를 유지하든지, 아니면 피고인 명의로 불하받은 뒤 곧바로 피해자 명의로 이전하든지) 부탁을 하였다. 그런데 대부계약기간이 만료되자 피고인이 대부계약의 기간연장을 요청하였다가 피해자의 피대부자 부적격을 이유로 기간연장이 불가능하게 되자, 피고인 자신의 명의로 대부계약을 새로 체결하였다. 이에 따라 피고인과 피해자 사이의 나중에 이 사건 토지에 관한 국유지 불하를 받아주기로 하는 약정 부분은 피고인이 국유지를 불하받아 장차 그 소유권을 피해자에게 이전하여 주겠다는 내용으로 본다고 하더라도, 이 사건 토지를 불하받을 때까지 피고인이 위 토지 등을 피해자를 위하여 관리하고, 나아가 나중에 피고인 명의로 이를 불하받아 명의신탁관계를 유지하거나 곧바로 피해자 명의로 이전하여 달라는 부탁에 따라 국유재산을 불하받아 주는 사무처리 및 이와 관련된 사무처리를 위임받은 관계는 계속 유지된다고 보아야 한다.

그렇다면 피고인이 이 사건 토지에 관한 국유재산대부계약상의 권리를 포기함으로써 갑에게 국유재산대부계약상의 피대부자 명의를 이전하여 준 것은 피고인 자신의 사무처리에 불과한 것이 아니고, 위임계약에 따라 타인의 재산관리에 관한 사무를 대행하는 자가 그 임무에 위배되는 행위를 한 것이라고 보아야 한다(대판 2005. 3. 25. 2004도6890).

23) 대판 1999. 9. 17. 97도3219. 다음은 같은 취지이다.

마을 창고를 신축하는 회사가 제공한 피해보상 예치금을 보관하던 이장이 탄핵으로 사임된 후에도 신임 이장에게 건네주지 않고 있다가 건물피해 없음이 확정되기 이전에 위 회사에 반환

해임된 주택조합 정산위원회 위원장이 업무인수인계를 거부한 채 정산위원회를 상대로 하여 제기된 소송에 응소하지 아니하여 패소확정

배임죄의 주체로서 타인의 사무를 처리하는 자라 함은 타인과의 대내관계에 있어서 신의성실의 원칙에 비추어 그 사무를 처리할 신임관계가 존재한다고 인정되는 자를 의미하고 반드시 제3자에 대한 대외관계에서 그 사무에 관한 권한이 존재할 것을 요하지 않으며, 또 그 사무가 포괄적 위탁사무일 것을 요하는 것도 아니고, 사무처리의 근거, 즉 신임관계의 발생근거는 법령의 규정, 법률행위, 관습 또는 사무관리에 의하여도 발생할 수 있으므로, 법적인 권한이 소멸된 후에 사무를 처리하거나 그 사무처리자가 그 직에서 해임된 후 사무인계 전에 사무를 처리한 경우도 배임죄에 있어서의 사무를 처리하는 경우에 해당한다.

주택조합 정산위원회 위원장이 해임되고 후임 위원장이 선출되었는데도 업무 인계를 거부하고 있던 중 정산위원회를 상대로 제기된 소송의 소장부본 및 변론기일소환장을 송달받고도 그 제소사실을 정산위원회에 알려주지도 않고 스스로 응소하지도 않아 의제자백에 의한 패소확정판결을 받게 한 경우, 업무상배임죄의 성립을 인정한 사례.[24]

(4) 타인의 사무 부정례

골프시설 운영자의 회원에 대한 의무

골프시설의 운영자가 일반회원들을 위한 회원의 날을 없애고, 일반회원들 중에서 주말예약에 대하여 우선권이 있는 특별회원을 모집함으로써 일반회원들의 주말예약권을 사실상 제한하거나 박탈하는 결과가 되었다고 하더라도, 이는 일반회원들에 대한 회원가입계약에 따른 민사상의 채무를 불이행한 것에 불과하고, 골프시설의 운영자가 일반회원들의 골프회원권이라는 재산관리에 관한 사무를 대행하거나 그 재산의 보전행위에 협력하는 지위에 있다고 할 수는 없으므로 배임죄의 주체인 타인의 사무를 처리하는 자에 해당하지 아니한다.[25]

부동산경락인의 소유자에 대한 경락포기약속

부동산을 경락받은 피고인이 그 경락허가결정이 확정된 뒤에 그 경매부동산의 소유자들에게 대하여 그 경락을 포기하겠노라고 약속하여 놓고 그 경매법원에서 경락대금지급명령이 전달되자 위의 약속을 어기고 그 경락대금을 완납함으로써 그 경락부동산에 대한 소유권을 취득한 경우에 피고인은 타인의 사무를 처리하는 자

마을의 물류창고 신축 회사가 암반발파 작업으로 인해 마을 주민들의 건물에 발생할 수 있는 손해를 담보하기 위하여 제공한 피해보상 예치금은 마을 주민들 전체의 총유에 속하고, 피고인은 마을 주민들의 대표(이장) 자격에서 이를 보관하고 있던 것에 불과하므로, 주민들에 의하여 탄핵된 피고인으로서는 새로 이장으로 선임된 갑에게 위 예치금을 인계해 주어야 할 임무가 있으며, 이는 마을 주민들에 대하여 '타인의 사무'에 해당함에도, 마을의 이장도 아닌 피고인이 마을 주민들의 건물에 피해가 발생하지 아니하였음이 확정되지 아니한 상태에서 갑이나 마을 주민들과 상의도 없이 함부로 위 예치금 전액을 위 회사에 반환함으로써 위 회사로 하여금 이를 처분할 수 있는 재산상의 이익을 취득하게 하고 마을 주민들에게 손해배상에 대한 담보를 상실하는 손해를 가한 것이어서 배임죄를 구성한다(대판 2009. 2. 12. 2008도10915).

24) 대판 1999. 6. 22. 99도1095.

25) 대판 2003. 9. 26. 2003도763.

에 해당하지 아니한다.[26)]

설계도에 따라 시공하지 아니한 건축공사수급자

피고인이 갑에게 공장을 건축하여 주기로 한 도급계약은 공사의 완성에 필요한 재료 노력 기타에 관한 예측액에 일정한 이윤을 보태어 산출한 총액을 도급대금(보수)으로 하는 소위 정액도급에 해당한다 할 것이므로, 건축공사수급자인 피고인의 건축에 관한 소위는 그 자신의 사무의 처리에 속하므로 그가 설계도에 따라 시공하지 아니하였다 하여도 배임죄를 구성하지 아니한다.[27)]

아파트건축공사의 시행사와 시공사가 분양수입금을 공동명의의 예금계좌로 관리

아파트 건축공사 시행사가 시공사와의 아파트 건축공사 도급계약을 체결하면서 분양수입금을 공동명의로 개설한 예금계좌로만 수령하고 그 분양수입금으로 공사대금 등을 지급하기로 특약하였음에도, 시행사가 이를 어기고 아파트에 대한 분양수입금을 공동명의 예금계좌에 입금하지 아니한 채 이를 자신의 기존 채무의 변제 등에 사용한 사안에서, 위 특약은 시행사의 수급인인 시공사에 대한 공사대금 채무의 변제를 확보하는 방편으로 약정한 것에 불과할 뿐이고, 위 아파트의 수분양자로부터 분양수입금을 수령할 권한 자체는 여전히 시행사에 있으며, 그 분양수입금으로 시공사에 공사대금을 지급하는 사무는 시행사 자신의 사무에 속하는 것이므로, 시행사의 위 행위는 시공사에 대한 단순한 민사상의 채무불이행에 불과할 뿐 배임죄를 구성한다고 볼 수 없다고 한 사례.[28)]

(5) 기 타

근저당권자가 근저당권을 대위행사할 수 없는 자의 경매절차유지요구를 무시하고 취하

피고인과 갑의 채권을 담보하기 위한 것이지만 피고인의 단독명의로 근저당권이 설정되었다. 을이 갑의 채권을 변제하였다. 을은 채권자인 갑에게 변제할 정당한 이익이 없이 임의로 변제하였고 또한 갑의 채권을 대위함에 필요한 갑의 승낙을 얻은 바도 없으므로 이를 대위할 권한이 없다. 이러한 경우 피고인이 그 자신의 채권의 만족을 위하여 임의경매 신청 중 그 채무를 변제받고 경매신청을 취하하려는 것을 을이 갑을 대위한 위 근저당권의 공동관리자임을 자칭하고 경매를 취하하지 말라고 종용하였으나 피고인이 이를 묵살, 경매를 취하하였더라도 배임죄에 해당되지 않는다.[29)]

26) 대판 1969. 2. 25. 69도46.
27) 대판 1982. 6. 22. 82도45.
28) 대판 2008. 3. 13. 2008도373.
29) 대판 1983. 11. 8. 83도1553.

채권자가 채무자의 은행(제3채무자)에 대한 예금채권을 가압류한 후, 추심 또는 전부명령을 받아 은행에 예금지급을 청구하였으나 은행이 지급하지 않음

채권가압류명령이 송달된 후에는 제3채무자는 채무자에게 지급이 금지되고 제3채무자가 이에 위반하여 채무자에게 지급하거나 그 후에 취득한 자동채권으로 상계하더라도 채권자에게 대항할 수 없고, 추심 또는 전부명령을 받은 채권자로부터 변제의 청구를 받으면 이를 거절할 수 없다. 그러나 위와 같이 채권가압류명령을 송달받음으로써 그 지급을 금지당하였다가, 추심 또는 전부명령을 받은 채권자에게 지급하는 은행의 행위는 자신의 사무처리행위이지 채권자의 사무처리행위라고 볼 수 없으므로 전부명령을 받은 채권자에게 예금액을 지급하지 않았다 하여 배임죄가 성립하지 않는다.[30]

해설: 위 사안에서 추심 또는 전부명령을 받은 채권자가 지급을 거절하는 은행으로부터 예금채권을 지급받기 위해서는 집행권원(확정 판결 등)을 얻어 강제집행하여야 한다.

다. 타인 재산의 보전행위에 협력

(1) 부동산물권을 이전하거나 설정할 의무

(가) 부동산매매

부동산매도인은 매수인으로부터 계약금과 중도금까지 수령한 이상 특단의 약정이 없다면 잔금수령과 동시에 매수인 명의로의 소유권이전등기에 협력할 임무가 있으므로 이를 다시 제3자에게 처분함으로써 제1차 매수인에게 잔대금수령과 상환으로 소유권이전등기절차를 이행하는 것이 불가능하게 되었다면 배임죄의 책임을 면할 수 없다.[31]

ⓐ 계약금과 중도금의 수수

매도인이 매수인에게 부동산을 매도하고 계약금만을 수수한 상태에서 매수인이 잔대금의 지급을 거절한 이상 매도인으로서는 이행을 최고할 필요없이 매매계약을 해제할 수 있는 지위에 있었으므로 위 매도인을 타인의 사무를 처리하는 자라고 볼 수 없다.[32]

이중매매에 있어서 매도인이 매수인의 사무를 처리하는 자로서 배임죄의 주체가 되기 위하여는 매도인이 계약금을 받은 것만으로는 부족하고 적어도 중도금을 받는 등 매도인이 더 이상 임의로 계약을 해제할 수 없는 상태에 이르러야 한다.[33]

30) 대판 1983. 7. 12. 83도1405.
31) 대판 1988. 12. 13. 88도750.
32) 대판 1984. 5. 15. 84도315.
33) 대판 1986. 7. 8. 85도1873.

계약금과 중도금의 지급에 갈음한 부동산소유권의 이전에 필요한 서류 교부

부동산을 대금 2억 1,300만 원에 양도하면서 양수인으로부터 계약금 및 중도금에 갈음하여 양수인 소유의 부동산을 1억 2,000만 원으로 평가하여 이전받기로 하고 그 소유권이전등기소요서류를 모두 교부받았다면 양도인이 비록 그 부동산에 관하여 자기 앞으로 소유권이전등기를 마치지 않은 상태였다 하더라도 그 이전등기에 필요한 서류를 모두 교부받은 이상 양도인 앞으로의 소유권이전등기는 그 실행여부만이 남아있는 것이고 이는 오로지 양도인의 의사와 행위에 의하여 좌우될 사항이어서 그 상태는 사회통념 내지 신의칙에 비추어 계약금 및 중도금을 이행받은 경우와 마찬가지라고 봄이 상당하여 이 경우 양도인이 양도부동산을 제3자에게 이중양도하고 소유권이전등기를 마쳤다면 이는 양수인에 대한 배임행위가 된다.[34)]

ⓑ 소유권이전등기 절차에 협력할 의무를 이행할 수 있을 것

교회가 서울시로부터 매수한 부동산을 타에 처분한 교회 대표자

A교회의 대표자인 피고인이 이 사건 부동산을 피해자에게 매도하였다. A는 위 부동산의 매매대금을 피해자를 통하여 서울시에 지급하였으므로 언제든지 그 소유권을 서울시로부터 이전받을 수 있었다. 한편 피고인은 A를 개척하여 당회장으로서 교회를 대표하여 오던 자로서 교인에 대하여 지대한 영향력을 끼치고 있었고, 교인들의 대표격인 장로 등이 피해자에 대한 위 매매계약의 이행을 보증한 사정 등으로 교인총회를 소집, 개최하였더라면 위 부동산의 소유권을 피해자에게 이전해줄 수 있었다. 그럼에도 피고인은 피해자 앞으로 소유권이전등기를 경료할 수 있도록 교인총회를 소집하여 그 처분결의가 있을 수 있도록 하는 등의 노력은 전혀 하지 아니하고 피해자로부터 매매대금 전부를 다 지급받고서도 이중으로 매매계약을 체결하거나 담보가등기를 설정한 행위 등은 배임죄에 해당한다. 임무위배행위 당시 부동산의 소유 명의가 매도인 아닌 제3자 앞으로 되어 있더라도 소유권이전등기를 매수인에게 경료하여 줄 수 있는 지위 즉 매수인을 위한 등기협력임무가 이행가능한 지위에 있으면 배임죄의 성립에 지장이 없다.[35)]

법률상 원인 없는 부동산 소유권이전등기를 경료받은 자가 부동산을 처분

종중의 대표자가 그의 자와 공모하여 종중의 결의 없이 대표자자격을 참칭하여 종중소유 부동산에 관하여 자 앞으로 법률상 원인없는 소유권이전등기를 경료하였다면 위 자가 종중에 대하여 무슨 사무처리의 임무를 부담하거나 종중과의 사이에 재물의 보관관계가 있다고 할 수 없어 그 명의의 부동산을 다시 처분하였다 하더라도 배임죄를 구성할 여지는 없다.[36)]

ⓒ 소유권이전등기절차를 이행할 의무의 존재

구두로 증여계약을 한 증여자

서면에 의하지 아니한 증여계약이 행하여진 경우 당사자는 그 증여가 이행되기 전까지는 언제든지 이를 해

34) 대판 1986. 10. 28. 86도936.

35) 대판 1993. 4. 9. 92도2431.

36) 대판 1985. 9. 10. 84도1518.

제할 수 있으므로 증여자가 구두의 증여계약에 따라 수증자에 대하여 증여 목적물의 소유권을 이전하여 줄 의무를 부담한다고 하더라도 그 증여자는 수증자의 사무를 처리하는 자의 지위에 있다고 할 수 없다.[37]

해설: 민법 제555조(서면에 의하지 아니한 증여와 해제) 증여의 의사가 서면으로 표시되지 아니한 경우에는 각 당시지는 이를 헤제할 수 있다.

서면으로 증여계약을 한 증여자

피고인이 이 사건 부동산들을 제3자에게 매도하고 그 소유권이전등기를 경료할 당시는, 기부약정에 기하여 한국불교 ○○종 앞으로 위 부동산들에 관한 소유권이전등기절차를 이행할 의무를 부담하고 있었으며 위 기부약정을 해제할 권리가 발생하였다고 볼 수 없을 뿐만 아니라, 피고인이 위 기부약정에 관하여 적법한 해제사유가 있다고 믿었고 그 믿음에 정당한 사유가 있었다고 보이지도 아니하는 이상 배임죄가 성립한다.[38]

해설: 위 판례의 사안은 기부신청서라는 서면에 의해 증여약정을 한 것이다.

불륜을 대가로 한 부동산 증여계약

내연의 처와의 불륜관계를 지속하는 대가로서 부동산에 관한 소유권이전등기를 경료해 주기로 약정한 경우, 위 부동산 증여계약은 선량한 풍속과 사회질서에 반하는 것으로 무효이어서 위 증여로 인한 소유권이전등기의무가 인정되지 아니하는 이상 동인이 타인의 사무를 처리하는 자에 해당한다고 볼 수 없어 비록 위 등기의무를 이행하지 않는다 하더라도 배임죄를 구성하지 않는다.[39]

부동산매매계약을 취소한 후 타에 처분

부동산매매계약을 계약의 중요부분에 착오가 있었다거나 기망에 의한 것임을 이유로 취소한 다음 다시 타인에게 매매 또는 임대했다 하더라도 그 경우 매도인을 매수인의 사무를 처리하는 자의 지위에 있다고 할 수

37) 대판 2005. 12. 9. 2005도5962.

38) 대판 2007. 3. 29. 2006도6674.

39) 대판 1986. 9. 9. 86도1382. 다음은 같은 취지이다.

토지구획정리사업조합이 환지처분시 취득할 체비지에 관하여 한 무효의 납세담보제공약정

국세기본법은 제29조에서 세법에 따라 제공하는 담보의 종류를 제한적·열거적으로 규정하는 한편, 제31조에서 납세담보의 제공방법에 대하여도 별도로 정하고 있으므로, 이와 같이 국세기본법이 정하는 방법에 의하지 아니한 납세담보 제공의 약정은 조세법률주의의 원칙에 비추어 세법상 담보제공으로서의 효력이 없음은 물론, 그 사법상 담보설정계약으로서의 효력도 인정되지 않는다.

구 토지구획정리사업법의 토지구획정리사업 시행자인 이 사건 토지구획정리사업조합이 장래 환지처분시에 취득하게 되는 소유권의 전신에 해당하는 '물권 유사의 사용수익권'에 불과한 이 법 제54조 제1항 소정의 체비지는 국세기본법 제29조가 납세담보의 대상 중 하나로 규정하고 있는 '토지'에 해당하지 아니하지 않을 뿐만 아니라 그에 관한 납세담보 제공의 절차에 관해서도 법령상 규정되어 있지 아니하므로, 이를 대상으로 한 납세담보 제공의 약정은 세법상의 효력은 물론 사법상 담보설정계약으로서의 효력도 인정되지 않는다 할 것이다.

그렇다면 위 토지구획정리사업조합은 국가에 대하여 납세담보물로 제공한 체비지의 보관에 관한 타인의 사무를 처리하는 자의 지위에 있지 아니하여 배임죄의 주체가 될 수 없다(대판 2010. 5. 27. 2007도11279).

없고, 또 설사 그 계약이 적법히 취소되지 아니하였다 하더라도 매도인의 위 매매 또는 임대행위가 위 계약이 적법하게 취소된 것으로 믿고 행한 것이라면 배임의 범의를 인정할 수 없다.[40)]

가장매매에 기하여 가등기한 부동산을 타에 매도

피고인이 이 사건 부동산에 대한 갑과의 분쟁을 피고인의 처남을 내세워 해결할 생각으로 처남에게 허위로 위 부동산에 대한 매매계약서를 작성교부하고 가등기를 경료한 후 위 부동산 중 일부를 타인에게 매도하였다 하여 2중매매에 의한 배임행위가 된다고 할 수 없다.[41)]

매도하였다가 그 매수인으로부터 재매입한 토지를 타에 처분

피고인이 갑에게 대지를 매도하였으나 그 뒤 위 대지 위에 상가건물 2동을 신축하기 위하여 갑으로부터 그 각 매수부분을 재매입한 경우에는 피고인은 갑에 대한 관계에 있어서는 위 대지의 재매입금을 청산할 의무만 지고 있을 뿐 위 대지에 관하여 갑에게 소유권이전등기절차를 이행하여 줄 의무는 부담하고 있지 않다 할 것이므로, 피고인이 위 상가건물이 완성된 후 공사비지급을 위하여 위 대지 전부에 관하여 공사업자들 명의로 소유권이전등기를 경료해 준 사실이 있다 하더라도 그것이 배임죄를 구성한다고는 볼 수 없다.[42)]

대지의 매도인이 그 대금채권을 담보하기 위하여 매수인이 신축한 건물에 관하여 매도인 명의의 소유권보존등기를 경료한 다음, 매수인으로부터 위 건물을 분양받은 피해자들이 있음에도 매수인의 요구에 따라 매수인의 채권자에게 소유권이전등기를 경료함

대지의 매도인(피고인)이 중도금 및 잔금채권을 담보하기 위하여 그 매수인(건축주)이 위 대지상에 건축한 상가건물의 소유권보존등기를 피고인 명의로 하면서 건축주와 사이에 점포를 직접 수분양자들에게 지분이전등기하기로 하였다. 그 후 건축주는 점포를 피해자들에게 분양하였음에도 갑으로부터 금원을 차용하면서 그 변제를 담보하기 위하여 피고인으로 하여금 점포에 관하여 갑 앞으로 소유권지분이전등기를 경료하게 하였

40) 대판 1986. 12. 9. 86도1671.

41) 대판 1983. 7. 12. 82도2941.

42) 대판 1984. 4. 24. 83도1945. 다음은 같은 취지이다.

조합원들이 매립지의 권리를 피고인에게 양도하여 피고인으로 하여금 매립공사를 완공하게 한 다음 그 비용을 지급하고 소유권을 환원받기로 한 약정

매립공사의 비용을 조달하기 위하여 조합원들이 그들의 매립지에 대한 권리를 피고인에게 양도하되 피고인이 비용을 조달하여 매립공사를 완공시킨 뒤 조합원들이 비용을 지급하면 피고인은 조합원들에게 소유권이전등기를 넘겨주고 만일 비용을 지급하지 아니하면 피고인이 임의처분하여도 이의 없기로 약정하였다. 이에 따라 피고인이 비용을 조달하여 공사를 준공하고 소유권보존등기를 피고인 앞으로 경료한 다음 위 조합원들에게 매립공사의 비용을 지급하고 그 소유권이전등기를 넘겨가라고 누차 독촉하였음에도 위 조합원들이 이에 응하지 아니하였다. 그 후 피고인은 위 매립지의 일부를 처분하였다. 이러한 경우 조합원들이 상당한 기간 내에 비용을 지급함도 없이 그들의 권리를 타인에게 양도하였다 하더라도 피고인과 위 조합원들 및 그 타인과의 사이에 특별한 약정이 없는 한 피고인이 그 타인에게 직접 소유권이전등기를 경료해 줄 의무가 있다 할 수 없으므로 피고인은 타인의 의무를 처리하는 자에 해당하지 아니한다(대판 1984. 1. 24. 81도3077).

다. 이러한 경우 피고인은 점포 분양계약의 당사자가 아니므로 점포의 수분양자들에게 지분이전등기절차에 협력할 의무를 부담하고 있다고 보기 어렵고 설사 피고인이 위 대지를 매도하면서 직접 점포를 분양받은 자에게 이전등기를 해 줄 것을 약정하였다고 하더라도 이는 매수인인 건축주에 대하여 부담하는 의무일 뿐 수분양자들에 대한 의무로는 볼 수 없으므로 이들의 사무를 처리하는 자의 지위에 있다고 볼 수 없다. 따라서 피고인이 건축주와의 매매계약상의 의무를 이행함으로 인하여 수분양자들이 손해를 입었다고 하더라도 이를 배임행위에 해당한다거나 매수인의 배임행위에 가담한 것이라고 할 수 없다.[43]

공사비담보를 위해 수급인에게 아파트를 분양키로 하였으나 수급인이 잔여공사 미이행하거나,[44] 도급인이 수급인에게 잔여공사를 완공할 것을 조건으로 하여 그 공사비에 대한 대물변제로 부동산의 소유권을 이전키로 하였으나 수급인이 위 공사를 완성하지 않은 경우[45]에는 소유권이전등기의무가 없다.

ⓓ 농 지

구 농지개혁법상 자경 또는 자영의 의사가 없는 농지의 매수인은 농지매매증명의 발급 여부에 관계없이 농지에 대한 소유권을 취득할 수 없고, 비농가인 매수인이 자경·자영의사가 없었다고 인정되면 매수인은 매도인에 대하여 소유권이전등기절차의 이행을 청구할 수 없다.
망 갑은 망 을에게, 망 을은 병에게 각 토지에 관한 소유권이전등기절차를 순차 이행하여야 할 의무가 있고, 갑의 처인 피고인도 갑의 위와 같은 의무를 상속하였음에도 그 임무에 위배하여 위 토지를 제3자에게 처분하고 소유권이전등기를 마침으로써 위 토지의 시가 상당의 재산상 이익을 취득하고 병에게 그에 해당하는 손해를 가하였다는 내용으로 기소된 사안에서, 을과 병 사이의 토지 매매는 자경 또는 자영할 의사가 없었던 매매로서 병은 구 농지개혁법상 위 토지의 소유권을 취득할 수 없으므로, 피고인이 제3자에게 위 토지를 처분하고 소유권이전등기절차를 마쳤더라도 병에 대하여 배임죄를 구성하지 아니한다고 본 원심판단을 수긍한 사례.[46]
해설: 농지개혁법 등 5개 법령은 1996년에 시행된 농지법으로 통폐합되었다.

농지매매에 관하여 소재지관서의 증명이 없지만, 그 매수인이 관광지조성 승인 등으로 소유권이전등기가 가능해지면 이전하려고 가등기를 해둔 부동산을 처분

물권변동에 관하여 형식주의를 취하고 있는 현행 민법 하에 있어서는 농지매매에 관하여 소재지관서의 증명이 없는 경우에는 매매에 의한 물권변동의 효과, 즉 소유권이전의 효과를 발생할 수는 없으나 농지매매 당사자 사이에 채권계약으로서의 매매계약은 유효히 성립할 수 있는 것이므로, 농지를 이중으로 매도한 경우에 먼저의 농지매매에 관하여 소재지관서의 증명이 없다는 이유만으로는 배임죄의 성립을 부정할 수 없다.

43) 대판 1984. 1. 24. 83도1035.
44) 대판 1984. 7. 24. 84도815.
45) 대판 1985. 3. 26. 85도124.
46) 대판 2011. 1. 27. 2009도10701. 같은 취지로는 대판 1979. 3. 27. 79도141.

농지매매 당사자들이 장차 관광지 조성계획의 승인이 있는 등의 사유로 소유권이전등기가 가능하게 되면 이전등기를 할 생각으로 매매계약을 체결하고 매매대금을 지급한 후 소유권등기청구권보전을 위한 가등기를 해두었다면, 농지소재지관서의 증명이 없다거나 당장 이를 발급받을 수 있는 형편에 있지 않다고 하더라도 이를 이중으로 매도하여 소유권이전등기를 한 경우에는 배임죄에 해당한다고 본 사례.[47)]

ⓔ 토지거래허가

토지거래허가구역 내의 토지의 거래계약이 토지거래허가를 전제로 체결된 경우에는 유동적 무효의 상태에 있고 거래계약의 채권적 효력도 전혀 발생하지 않으므로 매도인이 이미 매도한 토지를 타에 다시 매도하더라도 배임죄의 책임은 지지 않는다. 그렇지만 토지의 매도인은 민사적으로는 계약이 효력 있는 것으로 완성될 수 있도록 협력할 의무를 진다.

국토이용관리법 제21조의2에 의하여 지정된 토지의 거래계약 허가구역 안에 있는 토지의 매매에 관하여 같은 법 제21조의3 제1항에 의한 토지거래허가를 받은 바 없으므로, 그 매매계약은 채권적 효력도 없는 것이어서 매도인에게 매수인에 대한 소유권이전등기에 협력할 의무가 생겼다고 볼 수 없으므로 매도인을 배임죄의 주체인 타인의 사무를 처리하는 자에 해당한다고 할 수 없고, 허가구역 안에 있는 토지의 거래당사자 사이에 그 허가를 받도록 서로 협력할 의무가 있다고 하더라도 이는 아직 타인의 사무로 볼 수는 없다.[48)]
해설: 도시지역에는 도시계획법, 비도시지역에는 국토이용관리법을 적용하다가 이들을 통합하여 2003년부터 국토의 계획 및 이용에 관한 법률을 시행하였다.

토지거래허가를 배제하거나 잠탈하는 내용의 매매계약체결 후 토지거래허가구역 해제
구 국토의 계획 및 이용에 관한 법률에서 정한 토지거래계약 허가구역 내 토지에 관하여 허가를 배제하거나

47) 대판 1991. 7. 9. 91도846.
48) 대판 1996. 2. 9. 95도2891. 같은 취지로는 대판 1992. 10. 13. 92도1070; 대판 1995. 1. 20. 94도697; 대판 1996. 8. 23. 96도1514.
토지거래허가구역 내에 있는 토지 매도인이 계약이 유효하도록 협력할 민사상의 의무
국토의 계획 및 이용에 관한 법률상의 허가구역에 있는 토지의 거래계약이 토지거래허가를 전제로 체결된 경우에는 유동적 무효의 상태에 있고 거래계약의 채권적 효력도 전혀 발생하지 않으므로 권리의 이전 또는 설정에 관한 어떠한 내용의 이행청구도 할 수 없지만, 계약을 체결한 당사자 사이에서는 계약이 효력 있는 것으로 완성될 수 있도록 서로 협력할 의무가 있으므로, 계약의 쌍방 당사자는 공동으로 관할 관청의 허가를 신청할 의무가 있다. 그 결과 경우에 따라서는 매수인이 토지거래허가 신청절차의 협력의무 이행청구권을 보전하기 위하여 매도인의 권리를 대위하여 행사하는 것도 허용된다고 할 수 있지만, 보전의 필요성이 인정되어야 한다. 그리고 이 경우에 보전의 필요성을 판단할 때에는, 위와 같은 협력의무 이행청구권의 특수한 법적 성격과 아울러 매도인의 권리 미행사가 협력의무의 현실적 이행에 뚜렷한 장애가 되는지, 매도인이 권리를 행사하지 않는 사유는 무엇인지, 오히려 매수인의 협력의무 이행청구권의 행사가 조건 등의 장애 사유 때문에 장기간 지연되었는지 및 그 지연에 매수인에게 귀책사유가 없는지, 그리고 매도인의 권리 행사를 강제하는 것이 매도인의 재산권행사에 커다란 불이익을 가져오거나 자유로운 재산관리행위에 대한 부당한 간섭이 될 수 있는지 등 해당 사안에서의 구체적인 여러 사정을 종합적으로 고려하여야 한다(대판 2013. 5. 23. 2010다50014).

잠탈하는 내용으로 매매계약이 체결된 경우에는 법 제118조 제6항에 따라 그 계약은 체결된 때부터 확정적으로 무효이다. 이러한 '허가의 배제나 잠탈 행위'에는 토지거래허가가 필요한 계약을 허가가 필요하지 않은 것에 해당하도록 계약서를 허위로 작성하는 행위뿐만 아니라, 정상적으로는 토지거래허가를 받을 수 없는 계약을 허가를 받을 수 있도록 계약서를 허위로 작성하는 행위도 포함된다.
부동산 매매업자 갑이 피고인에게서 구 국토의 계획 및 이용에 관한 법률에서 정한 토지거래허가구역 내 토지를 매수하면서, 매수인을 자신이 운영하는 부동산컨설팅 회사 직원 을 등의 명의로 하고, 소유권이전등기는 갑이 지정하는 자에게 하기로 하는 내용의 토지매매계약을 체결하고 대금을 지급하였는데, 그 후 위 토지가 허가구역 지정에서 해제되자 피고인이 이를 임의로 처분한 사안에서, 법상 토지거래허가에 필요한 거주요건을 갖추지 못한 갑이 허가요건을 갖춘 병 명의로 허가를 받으려는 의사로 위와 같이 토지매매계약을 체결한 이상, 이와 같은 행위는 처음부터 토지거래허가를 잠탈한 경우에 해당하고, 따라서 위 계약은 처음 체결된 때부터 확정적으로 무효이므로 피고인의 행위가 배임죄를 구성한다고 보기 어렵다.[49)]

국토이용관리법 제21조의7 소정의 신고구역에 관한 규정은 단속법규에 속하고 신고의무에 위반한 거래계약의 사법적 효력까지 부인되는 것이 아니므로 신고구역 내의 토지에 대하여 매매 당사자들이 당국에 신고하지 아니하고 매매계약을 체결한 것이라고 하여도 이를 무효라고 할 수 없으므로 위 토지가 신고구역 내의 토지인지 여부는 그 이중양도로 인한 배임죄의 성립에 영향이 없다.[50)]

ⓕ 고 의

부동산 매도인인 피고인이 당초계약의 내용에 없는 새로운 요구조건을 내세우는 매수인에게 계약을 이행할 의사가 없는 것으로 판단한 것이 무리가 아니라고 보이므로 계약이 적법히 해제되었는지 여부에 관계없이 매매목적부동산에 관하여 제3자 앞으로 가등기를 경료한 피고인에게 배임의 범의가 없다고 본 사례.[51)]

매도인이 부동산을 매도한 후 그 매매계약을 해제하고 이를 다시 제3자에게 매도한 경우에 그 매매계약의 해제가 해제요건을 갖추지 못하여 부적법하더라도 매도인이 그 해제가 적법한 것으로 믿고 그 믿음에 정당한 이유가 있다면 매도인에게 배임죄의 범의를 인정할 수 없는 것이지만 피고인이 들고 있는 계약해제사유가 적법한 것이 아니고 피고인이 이를 적법한 해제사유로 믿었거나 그 믿음에 정당한 사유가 있었다고 보여지지 아니하는 경우 피고인에게 배임의 범의가 있었다고 할 것이다.[52)]

ⓖ 손해 또는 손해발생의 위험

위임받은 타인의 사무가 부동산소유권이전등기의무인 경우에 매도인의 임무위배행위로 인하여 매도인의 소

49) 대판 2011. 6. 30. 2011도614.
50) 대판 1991. 7. 9. 91도846.
51) 대판 1992. 10. 13. 92도1046.
52) 대판 1990. 11. 13. 90도153.

유권이전등기의무가 이행불능되거나 이행불능에 빠질 위험성이 있으면 배임죄가 성립하고, 매도인과 매수인 사이에 소유권이전등기절차를 이행하기로 하는 재판상화해가 성립한 경우에도 마찬가지이다.[53)]

부동산매도인이 제3자에게 저당권설정등기를 경료해줌

배임죄에서 손해를 가한 때라 함은 현실적으로 실해를 가한 경우뿐만 아니라 실해 발생의 위험을 초래하게 할 경우도 포함하는 것이고, 부동산의 매도인이 매수인 앞으로 소유권이전등기 등을 경료하기 이전에 제3자로부터 금원을 차용하고 그 담보로 근저당권설정등기를 해준 경우에는 특별한 사정이 없는 한 매도인은 매수인에게 그 근저당권에 의하여 담보되는 피담보채무 상당액의 손해를 가한 것이라고 할 것이다.

배임죄가 성립하기 위하여는 주관적 요건으로서 임무에 위배되는 행위를 한다는 인식 이외에도 그로 인하여 자기 또는 제3자의 이익을 취득하고 본인에게 손해를 가한다는 점에 관한 의사 내지 인식을 필요로 하는 것이므로, 피고인이 근저당권을 설정한 목적이 오로지 이미 매매목적물에 관하여 설정되어 있던 저당권을 말소시켜 매매목적물에 존재하는 물적 부담을 제거시킬 목적이었다면 배임죄의 범의가 있다고 보기는 어려울 것이지만, 피고인이 본인의 이익을 위하여 문제가 된 행위를 하였다고 주장하면서 배임죄의 범의를 부인하는 경우에는 사물의 성질상 배임죄의 주관적 요소로 되는 사실(고의, 동기 등의 내심적 사실)은 고의와 상당한

53) 대판 2007. 7. 26. 2007도3882. 다음은 같은 취지이다.

배임죄는 타인의 사무를 처리하는 자가 임무에 위배하는 행위로써 재산상 이익을 취득하거나 제3자로 하여금 이를 취득하게 하여 본인에게 손해를 가한 경우에 성립되고, 여기서 '본인에게 손해를 가한 때'란 현실적인 실해를 가한 경우뿐만 아니라 실해 발생의 위험성을 초래한 경우도 포함되며, 위임받은 타인의 사무가 부동산소유권 이전등기의무인 경우에는 임무위배행위로 인하여 매수인이 가지는 소유권이전등기청구권이 이행불능되거나 이행불능에 빠질 위험성이 있으면 배임죄는 성립한다.

피고인들이 담보권 실행을 위한 경매절차가 진행 중인 호텔을 피해자 측에 매도하면서 소유권 확보방안으로 이에 관한 최선순위 근저당권과 소유권이전청구권 가등기를 이전하여 주기로 한 약정에 따라 중도금까지 수령하였는데도, 가등기를 피고인들이 실질적으로 지배하는 갑 회사 및 을 회사에 이전하였다고 하여 특경법위반(배임)으로 기소된 사안에서, 피고인들과 갑 회사, 을 회사의 관계에 비추어 가등기의 등기명의를 회복하여 피해자에게 이전등기해 주는 것이 불가능하지는 않으나, 제반 사정에 비추어 이로 인해 피해자의 피고인들에 대한 가등기이전등기청구권이 이행불능에 빠질 위험성이 발생하였다는 이유로 피고인들에게 유죄를 인정한 원심판단을 수긍한 사례(대판 2011. 6. 30. 2011도1651).

피고인이 피해자에게 토지를 매도하여 대금을 완불받고도 피고인의 아들인 갑에게 피고인의 지분을 증여하고 동인으로 하여금 위 토지의 등기부상 명의자인 피고인의 시조부 망 을을 상대로 소유권이전등기청구의 소를 제기하게 하여 승소판결을 받아 이에 기하여 갑 명의의 소유권이전등기를 하여 준 사안에서,

피고인이 위임받은 타인의 사무가 부동산소유권이전등기의무인 경우에는 피고인의 임무위배행위로 인하여 매수인이 가지고 있는 소유권이전등기청구권이 이행불능되거나 이행불능에 빠질 위험성이 있으면 배임죄는 성립된다 할 것이고,

위 토지의 공동상속인들 중 갑을 제외한 피고인 등 나머지 상속인들이 갑에게 위 토지에 관한 그들의 지분을 각 증여하고 갑이 을을 상대로 한 소유권이전등기청구사건의 승소판결에 기하여 소유권이전등기를 한 이 사건에 있어서 사회통념상 피고인이 갑으로부터 소유권을 회복하여 매수인에게 소유권이전등기절차를 이행할 수 있는 특별한 사정이 있다고 볼 수 없으므로 피해자의 피고인에 대한 소유권이전등기청구권은 이행불능이 되고 이로써 피해자에게 이 사건 토지의 소유권을 취득할 수 없는 손해가 발생하는 것이라 할 것이다.

또한 피고인이 이 사건 토지 중 8분의 1 상속분의 소유자라 하더라도 피고인은 이 사건 토지 전부의 매도인으로서 매수인에게 토지 전부에 관하여 소유권이전등기를 경료하여 줄 의무가 있다 할 것이므로 피고인의 배임행위로 인한 매수인의 손해는 피고인의 상속지분에 한정되지 아니한다(대판 1993. 5. 27. 93도169).

관련성이 있는 간접사실을 증명하는 방법에 의하여 입증할 수밖에 없고, 피고인이 본인의 이익을 위한다는 의사도 가지고 있었다 하더라도 위와 같은 간접사실에 의하여 본인의 이익을 위한다는 의사는 부수적일 뿐이고 이득 또는 가해의 의사가 주된 것임이 판명되면 배임죄의 고의가 있었다고 할 것이다.[54]

부동산매도인이 제3자에게 가등기를 경료해줌

부동산의 매도인으로서 매수인에 대하여 그 명의의 소유권이전등기절차에 협력할 의무있는 자가 그 임무에 위배하여 다시 차용금의 담보로 제공하여 제3자명의의 가등기를 경료해 준 경우 그 가등기절차를 마침으로서 배임행위는 기수가 되었다고 볼 것이며 그것이 후에 말소되었다 하더라도 이미 성립한 배임죄에 아무런 영향이 없다.[55]

신축 중인 건물을 분양하여 중도금까지 받고도 그 대지에 저당권을 설정하고 대출받음

피고인이 신축 중에 있던 건물을 피해자들에게 분양하고 피해자들로부터 계약금과 중도금을 받았으므로 건물완공후 그 건물과 대지에 관하여 피해자들에게 소유권이전등기를 경료해 줄 업무상의 임무가 있음에도 이에 위배하여 위 대지에 관하여 근저당권을 설정하고 대출을 받았다면, 피고인에게 공사완성 후 위 근자당권 설정등기를 말소하여 피해자들에게 소유권이전등기를 해 주려는 내심의 의사가 있었다거나 분양한 건물의 공사진행기간동안 건물부지를 담보하여 융자를 받는 것이 설사 건설업계의 관례라고 하더라도 배임죄의 성립에는 영향이 없다.[56]

토지를 매도하면서 철거하기로 한 그 지상건물에 관하여 제3자에게 가등기를 경료해줌

대지 및 지상건물의 소유자가 대지를 매도하면서 잔대금 수령 후 일정 기간 내에 매수인을 위하여 그 지상건물을 스스로 철거하고 멸실등기절차를 해주기로 약정하였음에도 매수인으로부터 잔대금을 모두 수령한 뒤에 그 지상건물에 대하여 제3자 앞으로 소유권이전청구권 보전을 위한 가등기를 마쳐주었다면, 그와 같은 매도인의 행위는 대지에 대한 매수인의 소유권행사에 지장을 초래케 하였다는 점에서 매수인 앞으로의 소유권이

---

54) 대판 1998. 2. 10. 97도2919. 다음은 같은 취지이다.
아파트 건축공사의 시행사가 수분양자들에게 소유권 이전 등기절차를 이행하지 않은 채 분양계약서에 기재된 대출한도금액을 초과한 근저당권설정등기를 경료한 사안에서, 수분양자들에 대한 배임죄의 성립을 인정한 사례(대판 2009. 5. 28. 2009도2086).
염전의 2분의 1 지분을 매도한 자가 제3자에게 근저당권을 설정해줌
배임죄에 있어서 '재산상 손해를 가한 때'라 함은 현실적으로 손해를 가한 경우뿐만 아니라 손해발생의 위험을 초래한 경우도 포함되는 것이므로 염전의 2분지 1 지분을 매도하고 계약금과 중도금을 받은 자가 잔금과 상환으로 이전등기절차를 하여줄 임무에 위배하여 제3자 앞으로 근저당권설정등기를 하였다면 비록 피해자가 위 근저당권설정등기를 하기 전에 처분금지가처분을 해 두었다 하더라도 배임죄의 성립에 아무런 영향을 미칠 수 없다(대판 1990. 10. 16. 90도1702).

55) 대판 1985. 10. 8. 83도1375. 같은 취지로는 대판 2008. 7. 10. 2008도3766.

56) 대판 1989. 10. 24. 89도641.

전등기임무에 위반되는 배임행위라고 할 것이지만, 매도인이 지상건물을 철거하기로 약속한 기한까지 위 가등기를 말소하고 건물철거의무를 이행할 수 있을 것으로 믿었고 객관적으로도 그 이행이 가능하였다는 등의 특별한 사정이 있는 경우에는 배임죄의 고의가 인정되지 않는다.[57)]

(나) 미등기건물, 무허가건물, 토지정착물의 매매

미등기건물의 매도인이 가옥대장상의 소유 명의를 피고인에서 처로 변경

미등기가옥을 갑에게 매도한 후 이를 타에 처분하려고 가옥대장의 피고인 소유명의를 피고인의 처 명의로 변경한 행위만으로는 피고인의 처에게 재산상 이익을 주거나 갑에게 재산상 손해를 가하였다고 할 수 없으므로 위 행위는 아직 배임죄의 구성요건에 해당되는 행위에 착수하였다고 볼 수 없다.[58)]

무허가건물의 이중매매

무허가건물대장은 무허가건물의 정비에 관한 행정상의 사무처리의 편의를 위하여 작성 비치되는 것으로써 그 대장에의 기재에 의하여 무허가건물에 관한 권리의 변동이 초래되거나 공시되는 효과가 생기는 것이 아니므로 무허가건물대장에 소유자로 등재되었다는 사정만으로는 그 무허가건물에 대한 소유권 기타의 권리를 취득하거나 권리자로 추정되는 효력은 없다 할 것이나, 무허가건물의 양도인은 특별한 사정이 없는 한 대금수령과 동시에 양수인에게 그 건물을 인도할 의무가 있다 할 것이고, 무허가건물의 양수인은 양도인으로부터 무허가건물을 인도받아 점유함으로써 소유권에 준하는 사용·수익 처분의 포괄적인 권능을 가지게 되므로, 이와 같이 양수인에게 무허가건물을 인도할 의무를 부담하는 양도인이 중도금 또는 잔금까지 수령한 상태에서 양수인의 의사에 반하여 제3자에게 그 무허가건물을 이중으로 양도하고 중도금까지 수령하였다면 이는 양수인에 대한 관계에서 임무위배행위로서 배임죄의 실행의 착수가 있었다고 할 것이고, 더 나아가 제3자로부터 잔금을 수령하고 무허가건물을 인도하였다면 이는 배임죄의 기수에 해당한다.

피고인이 자신의 처가 갑에 대하여 부담하는 채무의 대물변제명목으로 피고인 소유의 무허가건물을 갑에게 양도하고, 재차 자신의 처가 을에 대하여 부담하는 채무의 대물변제명목으로 위 무허가건물을 양도하고 무허가건물대장상의 소유자 명의를 을로 변경하여 준 사안에서, 그 명의변경 행위만으로는 아직 배임죄의 실행에 착수하였다고 볼 수 없다고 하여 무죄를 선고한 원심판결을 파기한 사례.[59)]

해설: 위 판례의 취지는, 피고인이 이 사건 건물을 을에게 이중으로 양도한 행위는 갑에 대한 관계에서 배임죄의 실행의 착수에 해당하고, 피고인이 이 사건 건물을 을에게 인도하였다면 배임죄의 기수에 해당하며 그에 이르지 못하였다면 배임미수죄에 해당한다 할 것이므로, 원심으로서는 피고인이 을에게 이 사건 건물을 양도한 것이 피고인의 처의 을에 대한 채무금의 대물변제조로 이루어진 것인지, 피고인이 을에게 이 사건 건물을 인도하여 주었는지를 심리하여 본 다음, 배임미수죄 또는 배임죄의 기수에 해당하는지 여부를 판단하였어야 한다는 것이다.

57) 대판 2006. 12. 21. 2006도2684.
58) 대판 1969. 7. 8. 69도760.
59) 대판 2005. 10. 28. 2005도5713.

토지정착물(입목)의 매매

동백나무는 입목에관한법률의 적용을 받을 수 있는 수목의 집단에 속하지 아니하고, 이를 토지와 독립하여 거래하는 경우 명인방법에 의한 거래가 인정되고 있어 매도인은 매수인 명의로의 명인방법의 실시에 협력할 임무가 있는 것인데, 매도인이 위와 같은 명인방법도 실시하지 아니한 채 이미 매도한 입목(동백나무)을 포함한 임야를 이중으로 타에 매도하고 소유권이전등기를 경료해 주었다면, 입목매수인과의 관계에 있어서는 배임죄의 죄책을 면할 수 없다.[60]

해설: 입목은 소유권보존등기를 한 수목의 집단을 말하고, 부동산으로 보며, 토지와 분리하여 양도와 저당의 목적으로 할 수 있다(입목에 관한 법률 2, 3조). 위 법률의 적용을 받는 수목의 집단에 대한 제한은 1995년의 위 법률 시행령 개정으로 폐지되었다.

(다) 물권설정등기절차의 불이행과 물권의 담보가치 훼손

피해자와 주택에 대한 전세권설정계약을 맺고 전세금의 중도금까지 지급받고도 임의로 타에 근저당권설정등기를 경료해 줌으로써 전세금반환채무에 대한 담보능력 상실의 위험이 발생되었다고 보여진다면 위 등기 경료행위는 배임죄를 구성한다.[61]

타인에 대하여 근저당권설정의무를 부담하는 자가 제3자에게 근저당권을 설정하여 주는 배임행위로 인하여 취득하는 재산상 이익 내지 그 타인의 손해는 그 타인에게 설정하여 주기로 한 근저당권의 담보가치 중 제3자와의 거래에 대한 담보로 이용함으로써 상실된 담보가치 상당으로서, 이를 산정하는 때에 제3자에 대한 근저당권 설정 이후에도 당해 부동산의 담보가치가 남아 있는 경우에는 그 부분을 재산상 이익 내지 손해에 포함시킬 수 없다.[62]

근저당권설정자가 위조서류로 근저당권설정등기를 말소

채무자가 제3자 소유의 부동산을 채무의 담보로 제공하기로 한 약정에 따라 채권자를 위하여 그 부동산에 근저당권설정등기를 경료하여 준 경우, 이로써 채무자는 담보제공약정상의 의무를 이행한 것이 되고, 그 후 위 근저당권설정등기를 임의로 말소하여서 안 되는 것은 물권의 대세적 효력의 당연한 귀결로서 채무자를 포함한 모든 사람이 부담하는 의무이고 채무자가 그 담보제공약정에 따라 채권자의 재산의 관리보호를 위하여 특별히 부담하는 의무는 아니므로, 채무자가 등기관계 서류를 위조하여 근저당권설정등기를 말소하였다 하더라도 이는 문서에 관한 범죄를 구성할 뿐이고 달리 배임죄를 구성한다고 할 수 없다.[63]

60) 대판 1993. 9. 28. 93도2069.
61) 대판 1993. 9. 28. 93도2206.
62) 대판 2009. 9. 24. 2008도9213.
63) 대판 1987. 8. 18. 87도201; 대판 2007. 8. 24. 2007도3408.

근저당권설정자가 목적 토지에 관하여 경매절차가 개시되자 그 지상에 식재된 감귤나무를 굴취하고 폐원보상비를 받음

근저당권설정자는 채권자가 담보의 목적을 달성할 수 있도록 그 담보물을 보관할 의무를 지게 되어 채권자에 대하여 그의 사무를 처리하는 자의 지위에 있고, 한편 토지에 식재된 수목은 특별한 사정이 없는 한 그 토지의 부합물에 해당하여 그 토지에 설정된 근저당권의 효력이 미치므로, 근저당권설정자가 그 근저당권의 목적이 되는 토지에 식재된 수목을 처분하는 등으로 부당히 그 담보가치를 감소시키는 행위를 한 경우에는 배임죄가 성립하게 된다.

피고인은 피해자에 대한 차용금의 담보로 이 사건 과수원에 관하여 피해자 앞으로 근저당권설정등기를 경료하여 준 사실, 피고인은 피해자의 경매신청에 의하여 이 사건 과수원에 대한 경매절차가 개시된 후에 위 과수원에 대한 폐원신청을 하고, 그 지상에 식재된 감귤나무들을 모두 굴취한 후 북제주군으로부터 폐원보상비를 지급받았는바, 피고인은 이 사건 과수원에 대한 근저당권설정자로서 근저당권자인 피해자가 담보목적을 달성할 수 있도록 담보물인 감귤나무를 보관할 의무가 있다 할 것임에도 위와 같이 폐원신청을 하고 감귤나무를 굴취함으로써 폐원보상비 상당의 재산상의 이득을 취득하고 피해자로 하여금 이 사건 근저당권의 담보가치가 감소되는 손해를 입도록 하였으므로, 배임죄의 죄책을 면할 수 없다.[64]

(라) 실행의 착수와 기수

부동산의 이중양도에 있어서 매도인이 제2차 매수인으로부터 계약금만을 지급받고 중도금을 수령한 바 없다면 배임죄의 실행의 착수가 있었다고 볼 수 없다. 따라서 피고인이 제1차 매수인으로부터 계약금 및 중도금 명목의 금원을 교부받은 후 제2차 매수인에게 부동산을 매도하기로 하고 계약금만을 지급받은 뒤 더 이상의 계약 이행에 나아가지 않았다면 배임죄의 실행의 착수가 있었다고 볼 수 없다.[65]

매도인이 부동산을 제1차 매수인에게 매도하고 계약금과 중도금까지 수령한 이상 특단의 약정이 없는 한 잔금수령과 동시에 매수인 명의로의 소유권이전등기에 협력할 임무가 있고 이 임무는 주로 위 매수인을 위하여 부담하는 임무라 할 것이므로, 위 매매계약이 적법하게 해제되지 않은 이상 매도인이 다시 제3자와 사이에 매매계약을 체결하고 계약금과 중도금까지 수령한 것은 제1차 매수인에 대한 소유권이전등기 협력임무의 위배와 밀접한 행위로서 배임죄의 실행착수라고 보아야 할 것이다.[66]

부동산의 매도인이 매수인 앞으로의 소유권이전등기에 협력할 의무가 있음에도 불구하고 같은 부동산을 위 매수인 이외의 자에게 2중으로 매도하여 그 소유권이전등기를 마친 경우에는 1차 매수인에 대한 소유권이전등기의무는 이행불능이 되고 이로써 1차 매수인에게 그 부동산의 소유권을 취득할 수 없는 손해가 발생하는 것이므로 부동산의 2중매매에 있어서 배임죄의 기수시기는 2차 매수인 앞으로 소유권이전등기를 마친 때라

64) 대판 2007. 1. 11. 2006도4215; 대판 2007. 8. 23. 2007도3082.
65) 대판 2003. 3. 25. 2002도7134.
66) 대판 1983. 10. 11. 83도2057.

고 할 것이다.[67)]

(마) 제2차 매수인에 대한 관계

2차 매수인에 대한 배임죄의 성부

부동산을 이중으로 매도한 경우에 매도인이 선매수인에게 소유권이전의무를 이행하였다고 하여 후매수인에 대한 관계에서 그가 임무를 위법하게 위배한 것이라고 할 수 없다.

부동산의 이중매매에 있어서 매도인의 선매수인에 대한 매매계약이 특별한 사정에 의하여 선매수인에 대하여 사기죄를 구성하는 경우에도 그 매매계약에 무효의 사유가 있거나 취소되지 않는 한 매도인의 선매수인에 대한 소유권이전의무가 존재하지 아니하거나 소멸할 리가 없는 것이다. 따라서 매도인의 선매수인에 대한 매매계약이 특별한 사정에 의하여 선매수인에 대하여 사기죄를 구성하는 경우에도 매도인이 선매수인에게 소유권이전등기절차를 경료한 행위가 후매수인에 대하여 배임죄를 구성하는 것은 아니다.[68)]

2차 매수인의 1차 매수인에 대한 배임죄 성부

업무상 배임죄의 실행으로 인하여 이익을 얻게 되는 수익자 또는 그와 밀접한 관련이 있는 제3자를 배임의 실행행위자에 대한 공동정범으로 인정하기 위하여는, 우선 실행행위자의 행위가 피해자 본인에 대한 배임행위에 해당한다는 점을 인식하였어야 한다. 나아가 실행행위자의 배임행위를 교사하거나 또는 배임행위의 전 과정에 관여하는 등으로 배임행위에 적극 가담할 것을 필요로 한다.

수분양권 매매계약과 관련하여 제2매수인이 매수 당시에는 이중매매 사실을 몰랐으나 나중에 그 사실을 알고 매도인을 상대로 소송을 제기하던 중 오히려 매도인과 약정을 맺고 그의 도움으로 승소판결을 받고 분양권에 대한 소유권이전등기까지 마친 사안에서, 제2매수인의 민사상 권리 행사가 매도인의 배임행위를 교사하거나 전 과정에 관여하는 등 배임행위에 적극 가담한 경우에 해당한다고 볼 수 없다는 이유로, 배임죄의

67) 대판 1984. 11. 27. 83도1946.

68) 대판 1992. 12. 24. 92도1223. 다음은 같은 취지이다.

은행에 근저당권설정등기를 경료해주기로 약정한 아파트를 타에 매도하였으나 그 소유권이전등기를 마치기 전에 위 은행에 근저당설정등기를 경료해줌

부동산을 이중으로 매도한 경우에 매도인이 선매수인에게 소유권이전의무를 이행하였다고 하여 후매수인에 대한 관계에서 그가 임무를 위법하게 위배한 것이라고 할 수 없다

A 주식회사는 2004. 6. 29. 이 사건 아파트 부지를 우리은행에 담보로 제공하여 채권최고액 208억 원의 우리은행 명의의 근저당권을 설정하고 우리은행으로부터 160억 원을 대출받으면서, 이후 이 사건 아파트 공사가 완공되어 아파트 건물에 관하여 소유권보존등기를 할 때에는 이를 이미 담보로 제공된 아파트 부지와 함께 위 피담보채무를 위한 공동담보로 제공하기로 약정하였다. A는 위와 같은 추가담보제공의 약정 후에 피해자들에게 이 사건 아파트를 매도하고 그 매매대금을 모두 지급받고, 그 후 이 사건 아파트가 준공되자 소유권보존등기를 경료하면서 이에 관하여 우리은행에게 공동담보로 근저당권설정등기를 경료하여 주었다. 그렇다면 A가 그와 같이 추가로 근저당권설정등기를 경료하여 준 것은 A가 우리은행에 대하여 지고 있는 2004. 6. 29.자 위 추가담보제공의 약정에 기한 근저당권설정등기의무를 이행한 것에 불과하다 할 것이고 이와 같이 A는 피해자들의 매매계약보다 앞선 위 추가담보제공의 약정에 기하여 이 사건 근저당권설정등기를 경료한 것이므로, 이를 두고 피고인이 피해자들에 대한 관계에서 타인의 사무를 처리하는 자로서 그 임무를 위법하게 위배한 것으로서 배임죄가 성립된다고 할 수 없다(대판 2009. 2. 26. 2008도11722).

공동정범의 성립을 부정한 사례.[69)]
해설: 상세한 내용은 배임죄의 공범 부분을 참조하라.

점포의 임차인이 임대인이 그 점포를 타에 매도한 사실을 알고 있으면서 점포의 임대차 계약 당시 "타인에게 점포를 매도할 경우 우선적으로 임차인에게 매도한다"는 특약을 구실로 임차인이 매매대금을 일방적으로 결정하여 공탁하고 임대인과 공모하여 임차인 명의로 소유권이전등기를 경료하였다면 임대인의 배임행위에 적극가담한 것으로서 배임죄의 공동정범에 해당한다.[70)]

(2) 동산물권의 설정·이전의무

인쇄기를 갑에게 양도하고 중도금까지 수령 후 위 인쇄기를 을에게 양도
매매와 같이 당사자 일방이 재산권을 상대방에게 이전할 것을 약정하고 상대방이 그 대금을 지급할 것을 약정함으로써 그 효력이 생기는 계약의 경우(민법 제563조), 쌍방이 그 계약의 내용에 좇은 이행을 하여야 할 채무는 특별한 사정이 없는 한 '자기의 사무'에 해당하는 것이 원칙이다. 매매의 목적물이 동산일 경우, 매도인은 매수인에게 계약에 정한 바에 따라 그 목적물인 동산을 인도함으로써 계약의 이행을 완료하게 되고 그때 매수인은 매매목적물에 대한 권리를 취득하게 되는 것이므로, 매도인에게 자기의 사무인 동산인도채무 외에 별도로 매수인의 재산의 보호 내지 관리 행위에 협력할 의무가 있다고 할 수 없다. 동산매매계약에서의 매도인은 매수인에 대하여 그의 사무를 처리하는 지위에 있지 아니하므로, 매도인이 목적물을 매수인에게 인도하지 아니하고 이를 타에 처분하였다 하더라도 형법상 배임죄가 성립하는 것은 아니다.
피고인이 '인쇄기'를 갑에게 양도하기로 하고 계약금 및 중도금을 수령하였음에도 이를 자신의 채권자 을에게 기존 채무 변제에 갈음하여 양도함으로써 재산상 이익을 취득하고 갑에게 동액 상당의 손해를 입혔다는 배임의 공소사실에 대하여, 피고인은 갑에 대하여 그의 사무를 처리하는 지위에 있지 않다는 이유로 무죄를 선고한 원심판단을 수긍한 사례.[71)]

69) 대판 2009. 9. 10. 2009도5630.
70) 대판 1983. 7. 12. 82도180.
71) 대판 2011. 1. 20. 2008도10479 전원합의체. 반대의견은 다음과 같다.
(가) 매매계약의 당사자 사이에 중도금을 수수하는 등으로 계약의 이행이 진행되어 다른 특별한 사정이 없는 한 임의로 계약을 해제할 수 없는 단계에 이른 때에는 그 계약의 내용에 좇은 채무의 이행은 채무자로서의 자기 사무의 처리라는 측면과 아울러 상대방의 재산보전에 협력하는 타인 사무의 처리라는 성격을 동시에 가지게 되므로, 이러한 경우 그 채무자는 배임죄의 주체인 '타인의 사무를 처리하는 자'의 지위에 있고, 이러한 지위에 있는 자가 그 의무의 이행을 통하여 상대방으로 하여금 그 재산에 관한 완전한 권리를 취득하게 하기 전에 이를 다시 제3자에게 처분하는 등 상대방의 재산 취득 혹은 보전에 지장을 초래하는 행위는 상대방의 정당한 신뢰를 저버리는 것으로 비난가능성이 매우 높은 전형적인 임무위배행위에 해당한다.
(나) 동산매매의 경우에도 당사자 사이에 중도금이 수수되는 등으로 계약의 이행이 일정한 단계를 넘어선 때에는 매도인이 매매목적물을 타에 처분하는 행위는 배임죄로 처벌하는 것이 논리적으로 일관되고, 그와 달리 유독 동산을 다른 재산과 달리 취급할 아무런 이유를 찾아볼 수 없다. 다수의견은 본질적으로 유사한 사안을 합리적 근거 없이 달리 취급하는 것으로서 형평의 이념에 반하며, 재산권의 이중매매 또는 이중양도의 전반에 걸쳐 배임죄의 성립을 인정함으로써 거래상 신뢰관계의 보호에 기여하여 온 대법원판례의 의미를 크게 퇴색시키는 것이다.

저당권이 설정된 자동차의 처분이 배임으로 되기 위한 요건

자동차에 대하여 저당권이 설정되는 경우 자동차의 교환가치는 저당권에 포섭되고, 저당권설정자가 자동차를 매도하여 소유자가 달라지더라도 저당권에는 영향이 없으므로, 특별한 사정이 없는 한 저당권설정자가 단순히 저당권의 목적인 자동차를 다른 사람에게 매도한 것만으로는 배임죄에 해당하지 아니하나, 자동차를 담보로 제공하고 점유하는 채무자가 부당히 담보가치를 감소시키는 행위를 한 경우 배임죄의 죄책을 면할 수 없다. 피고인이 자신의 모 명의를 빌려 자동차를 매수하면서 피해자 주식회사에서 필요한 자금을 대출받고 자동차에 저당권을 설정하였는데, 저당권자인 피해자의 동의 없이 이를 성명불상의 제3자에게 양도담보로 제공하였다고 하여 배임으로 기소된 사안에서, 피고인은 신원을 정확히 알 수 없는 제3자에게서 돈을 차용하고 담보로 자동차를 인도하면서 차량포기각서까지 작성해 주었고, 이후 차용금을 변제하지 아니하였을 뿐만 아니라 피해자에 대한 대출금 변제도 중단하였던 점, 피해자가 자동차에 대한 저당권을 실행하기 위하여 자동차 인도명령을 받았으나 소재파악이 되지 않아 집행불능에 이르렀던 점, 정상적인 거래관계였다면 마땅히 수반되어야 할 양도인의 인감증명서 교부 등 자동차관리법 기타 관계 법령에 따른 이전등록에 필요한 조치도 전혀 이루어지지 않았던 사정 등을 종합할 때, 피고인의 행위는 적어도 미필적으로나마 피해자의 자동차에 대한 추급권 행사가 불가능하게 될 수 있음을 알면서도 그 담보가치를 실질적으로 상실시키는 것으로서 배임죄가 성립되는 특별한 사정이 있는 경우에 해당한다고 볼 여지가 있는데도, 이와 달리 보아 무죄를 인정한 원심판결에 법리오해 등 위법이 있다고 한 사례.[72)]

자동차 매도인의 할부금납부의무

피고인이 월부상환 중인 자동차를 갑에게 매도하였으나 자동차등록 명의는 피고인의 명의로 남아있어 그 소유권이 아직 피고인에게 있다면 판매회사에 대하여 할부금을 납부하는 것은 피고인 자신의 사무처리에 불과하고, 피고인이 매매계약을 체결함에 있어 연체된 할부금을 중도금 지급기일까지 완불하여 자동차를 인도받아 사용하는 갑에게 아무런 손해를 주지 않기로 약정하였다 하여도 이는 단순한 채무를 부담하는 경우에 해당할 뿐 이로 인하여 피고인이 갑의 사무를 처리하는 자에 해당한다고 볼 수 없어 배임죄가 성립하지 않는다.[73)]

(3) 권리 등의 이중양도

(가) 타인의 사무 긍정례

직무발명을 사용자에게 승계시킬 의무 없는 종업원이 특허받을 수 있는 권리를 타에 양도

구 발명진흥법 제8조 제1항, 제3항에 의하면, 직무발명에 대하여 특허를 받을 수 있는 권리는 발명자인 종

72) 대판 2012. 9. 13. 2010도11665. 다음은 같은 취지이다.

자동차에 저당권을 설정한 자가 이를 타에 매도

자동차에 대하여 저당권이 설정되는 경우 자동차의 교환가치는 그 저당권에 포섭되고, 저당권설정자가 자동차를 매도하여 그 소유자가 달라지더라도 저당권에는 영향이 없으므로, 특별한 사정이 없는 한 저당권설정자가 단순히 그 저당권의 목적인 자동차를 다른 사람에게 매도한 것만으로는 배임죄가 성립하지 아니한다(대판 2008. 8. 21. 2008도3651).

73) 대판 1983. 11. 8. 83도2496.

업원에게 귀속하고 사용자는 다만 종업원이 특허를 받으면 그에 대하여 통상실시권을 가질 뿐이다. 따라서 직무발명에 대하여 특허를 받을 수 있는 권리를 미리 사용자에게 승계시키는 계약이나 근무규정이 있거나 발명의 완성 후에 이를 승계시키는 계약이 있었다는 등의 특별한 사정이 없는 한 종업원이 직무발명을 사용자가 아닌 종업원의 이름으로 특허출원하더라도 이는 자신의 권리를 행사하는 것으로서 업무상배임죄가 성립할 여지는 없다.[74]

직무발명을 사용자에게 승계시킬 의무 있는 종업원이 특허받을 수 있는 권리를 타에 양도

직무발명에 대한 특허를 받을 수 있는 권리 등을 사용자 등에게 승계한다는 취지를 정한 약정 또는 근무규정의 적용을 받는 종업원 등은 사용자 등이 이를 승계하지 아니하기로 확정되기 전까지는 임의로 위와 같은 승계 약정 또는 근무규정의 구속에서 벗어날 수 없는 상태에 있는 것이어서, 종업원 등이 그 발명의 내용에 관한 비밀을 유지한 채 사용자 등의 특허권 등 권리의 취득에 협력하여야 할 의무는 자기 사무의 처리라는 측면과 아울러 상대방의 재산보전에 협력하는 타인 사무의 처리라는 성격을 동시에 가지게 되므로, 이러한 경우 종업원 등은 배임죄의 주체인 '타인의 사무를 처리하는 자'의 지위에 있다고 할 것이다. 따라서 위와 같은 지위에 있는 종업원 등이 임무를 위반하여 직무발명을 완성하고도 그 사실을 사용자 등에게 알리지 않은 채 그 발명에 대한 특허를 받을 수 있는 권리를 제3자에게 이중으로 양도하여 제3자가 특허권 등록까지 마치도록 하는 등으로 그 발명의 내용이 공개되도록 하였다면, 이는 사용자 등에게 손해를 가하는 행위로서 배임죄를 구성한다.[75]

예탁금 회원제로 운영되는 골프장의 회원권을 담보 목적으로 양도하고도 타에 매도

회원 가입 시에 일정 금액을 예탁하였다가 탈퇴 등의 경우에 예탁금을 반환받는 이른바 예탁금 회원제로 운영되는 골프장의 회원권을 다른 채무에 대한 담보 목적으로 양도한 경우, 회원권은 양도인과 양수인 사이에서는 동일성을 유지한 채 양도인으로부터 양수인에게 이전하고, 양도인은 양수인에게 귀속된 회원권을 보전하기 위하여 채무자인 골프장 운영 회사에 채권양도 통지를 하거나 채권양도 승낙(필요한 경우에는 명의개서까지)을 받음으로써 양수인으로 하여금 채무자에 대한 대항요건을 갖출 수 있도록 해 줄 의무를 부담하므로, 회원권 양도의 당사자 사이에서는 양도인은 양수인을 위하여 회원권 보전에 관한 사무를 처리하는 자라고 할 것이다.

피고인이 갑에게서 돈을 차용하면서 피고인 소유의 골프회원권을 담보로 제공한 후 이를 제3자에게 임의로 매도한 사안에서, 피고인과 갑 사이에 골프회원권에 관하여 유효하게 담보계약이 체결되어 피고인이 담보물인 골프회원권을 담보 목적에 맞게 보관·관리할 의무를 부담함으로써 갑의 사무를 처리하는 자의 지위에 있다고 보아 피고인에 대하여 배임죄를 인정한 사례.[76]

74) 대판 2011. 7. 28. 2010도12834; 대판 2012. 12. 27. 2011도15093.
75) 대판 2012. 11. 15. 2012도6676.
76) 대판 2012. 2. 23. 2011도16385.

주류제조면허의 이중양도

소위 주류제조면허의 양도계약은 변태적이기는 하나 양도인이 면허취소신청을 함과 동시에 양수인이 보충면허신청을 하는 방법으로 널리 행하여지고 있고 세무관서의 사무처리관례에 의하여 뒷받침되는 것이므로 이를 무효라고 할 수 없고 위와 같은 내용의 약정을 하였을 때는 소위 양도인은 동 약정에 따라서 양수인이 보충면허신청을 하여 면허를 얻도록 하기 위하여 면허청의 사무취급관례에 따라 양도인으로서의 할 수 있는 필요한 모든 협력을 해야 할 의무가 있다.

피고인이 소외 공동매수인들과 간에 소위 주류제조면허권에 관한 양도 계약을 체결하고 그 대가를 지급받았는데도 공동 매수인 중의 1인인 갑과 공모하여 피고인이 갑으로부터 웃돈을 받고 그 면허가 갑의 자인을 앞으로 실질적으로 이전될 수 있도록 필요한 제반 협조를 제공키로 하는 한편 이전절차에 필요한 구비서류 일체를 갑에게 교부하였다면, 피고인은 공동매수인들 앞으로 보충면허가 발급될 수 있도록 협력해야 할 지위에 있음에도 동 협력임무에 위배하여 공동매수인들 아닌 을) 앞으로 보충면허가 발급되도록 함으로써 위 공동매수인들이 분담한 위 면허권 양수대금 상당의 손해를 끼쳤다 할 것이고 피고인이 위의 면허이전관계서류를 공동매수인의 1인인 갑에게 교부하였다 하여 이로써 나머지 공동매수인에 대한 면허 양도인으로서의 협력임무를 다한 것으로 평가할 수는 없다 할 것이므로 배임죄를 구성한다.[77)]

판례가 주류제조면허 이중양도 외에도 권리의 이전의무위반이 배임죄를 구성한다고 본 예로는 토석채취권의 이중양도,[78)] 다방의 임차인이 실질적인 영업허가명의자인 임대인에게 다방영업허가명의를 환원해줄 의무를 위반한 경우,[79)] 캬바레건물 임차인이 실질적인 영업허가명의자인 임대인에게 허가명

77) 대판 1979. 11. 27. 76도3962; 대판 1984. 5. 9. 83도3084. 다음은 주류제조면허양도계약의 민사적 효력에 관한 판례이다.
가. 주세법 제16조 제1항 제5호에서 말하는 면허취소사유로서의 "제조의 면허를 사실상 타인에게 양도하였을 때"라 함은 사실상의 양도, 즉 제조의 면허는 여전히 양도인이 보유하고 있으면서 실제로 제조는 양수인이 하는 경우를 말하고, 제조의 면허까지 양수인에게 양도하여 양수인이 면허를 받기로 하는 내용의 계약까지 위 조항이 금지하는 취지라고 해석할 수는 없다.
나. 주류제조면허의 양도계약은 특별한 사정이 없는 한 사적 자치의 원칙에 따라 유효하다고 볼 것이다.
다. 주류제조면허의 양도인은 양수인이 면허신청을 하여 면허를 얻을 수 있도록 자신의 면허취소신청을 하고 그와 함께 양수인이 면허신청을 하여 면허를 얻는 데 필요한 협력을 하여야 할 의무가 있고, 이와 같이 주류제조면허의 양도인에게 양도계약에 따른 협력의무가 있다면 양수인이 그 의무의 이행을 소로써 청구하는 것도 허용되고 그러한 청구에 소의 이익이 없다고는 할 수 없다.
라. 위 "다"항의 이행청구가 가능하다고 하더라도 양도인 명의의 면허를 양수인 명의로 직접 변경할 것의 이행을 구하는 것은, 주세법이 그러한 명의변경절차를 인정하고 있지 아니하므로 허용될 수 없는 것이고, 그 이행을 구하는 것은 부적법하다(대판 1992. 7. 14. 91다45950).

78) 토석채취권을 매도한 자는 그 매수인에게 그들이 토석을 채취할 수 있도록 그에 필요한 서류를 넘겨주어 위 허가를 받는데 협력하여야 할 의무가 있으므로 위 임무에 위배하여 타인에게 토석채취권을 양도하고 소요서류를 교부하여 토석채취허가를 취득케 한 경우에는 배임죄가 성립한다(대판 1979. 7. 10. 79도961).

79) 다방영업 허가를 사실상 양도하는 사례가 허다하여 다방영업 허가는 거래의 대상으로서 재산적 가치가 있다.
다방영업 허가에 따르는 재산적 이익의 실질적 귀속자인 피해자가 피고인에게 다방시설을 포함한 운영권 일체를 임대함에 있어서 임대기간 동안은 다방 영업허가 명의를 피고인 명의로 변경하고, 그 임대기간이 종료될 때에는 다시 피해자 또는 피해자가 지정하는 제3자 앞으로 명의를 변경하기로 약정하였다면, 피고인은 임대기간이 종료되면 위 약정대로 그 허가 명의를 변경할 수 있도록 협력할 의무가 있고, 이 의무이행은 피고인 자신의 사무인 동시에 피해자의 사무라고 할 것인데, 피고인이 위 명의환원 약정을 부인하고 자신이 명실상부한 영업허가 명의자라고 주장하

의를 환원해줄 의무를 위반한 경우[80] 등이 있다. 과거에는 위와 같은 영업허가가 권리로서 양도되었다고 볼 수 있지만 식품위생법 등의 개정으로 현재에 이르러 일정한 요건을 갖춘 경우 영업허가가 이루어지도록 하고 있는 경우가 많아 위 판례들의 취지가 현행 행정법령 하에서도 유효한지는 검토가 필요할 것으로 생각된다.

(나) 타인의 사무 부정례

상표권을 양도하고도 상표권이전등록을 거부한 채 양수인과 동종의 업체 운영

상표권양도약정을 체결한 피고인은 양수인에 대하여 그 상표권에 관하여 양수인 명의로 이전등록하도록 협력할 의무가 있고 그 점에서 양수인의 사무를 처리하는 자의 지위를 가진다 할 것이지만, 피고인이 그 상표권이전등록의무의 이행을 거부하고 양수인이 운영하는 것과 동종의 생산업체를 설립하여 그 제품에 위 상표를 부착하여 사용하였다 하더라도 이는 상표권이전등록을 이행하여 자기의 양도행위를 완성하여야 하는 자기의 채무의 불이행에 불과한 것이고 그것이 양수인의 사무를 처리하는 자의 임무위배행위에 해당하여 배임죄를 구성하는 것이라고 할 수는 없다.[81]

임차권의 이중양도

점포임차권양도계약을 체결한 후 계약금과 중도금까지 지급받았다 하더라도 잔금을 수령함과 동시에 양수인에게 점포를 명도하여 줄 양도인의 의무는 위 양도계약에 따르는 민사상의 채무에 지나지 아니하여 이를 타인의 사무로 볼 수 없으므로 비록 양도인이 위 임차권을 2중으로 양도하였다 하더라도 배임죄를 구성하지 않는다.[82]

면서 영업장소를 이전하고 다방의 상호를 변경하고 피해자의 명의변경 요구를 거부하는 소위는 배임죄에 해당한다(대판 1981. 8. 20. 80도1176).

80) 피고인이 캬바레영업을 할 목적으로 캬바레건물을 임차하면서 임대차계약이 종료될 때에 반환하기로 하는 약정 아래 캬바레영업허가 명의를 이전받았다면 임대인에 대한 대내적 관계에서는 위 영업허가권의 단순한 임차인 내지 명의수탁자에 불과하다 할 것이므로 임대차계약 종료시에 이를 반환하는 범위안에서 타인의 사무를 처리하는 자라고 할 것이니 이 임무에 위배하여 이를 제3자에게 처분하고 그 명의를 이전하려 하였다면 배임미수에 해당한다(대판 1981. 7. 28. 81도966).

81) 대판 1984. 5. 29. 83도2930.

82) 대판 1986. 9. 23. 86도811. 다음은 같은 취지이다.

임차권 양도인의 의무

음식점 임대차계약에 의한 임차인의 지위를 양도한 자는 양도사실을 임대인에게 통지하고 양수인이 갖는 임차인의 지위를 상실하지 않게 할 의무가 있다고 하여도, 이러한 임무는 임차권 양도인으로서 부담하는 채무로서 양도인 자신의 의무일 뿐이지 자기의 사무임과 동시에 양수인의 권리취득을 위한 사무의 일부를 이룬다고 볼 수 없으므로 양도인을 배임죄의 주체인 타인의 사무를 처리하는 자로 볼 수 없다(대판 1991. 12. 10. 91도2184).

임차권의 이중양도

양품점의 임차권만의 양도계약을 체결한 경우 양수인에게 그 점포를 명도하여 줄 양도인의 의무는 양도계약에 따른 민사상의 채무에 불과할 뿐 타인의 사무라고 할 수 없으므로 위 점포의 이중양도행위는 배임죄를 구성하지 않는다(대판 1990. 9. 25. 90도1216).

채무변제를 위하여 의류매장의 임차인 명의와 판매대금의 입금계좌 명의를 채권자 앞으로 변경하고도 제3자에게 의류매장에 관한 임차인의 지위 등 권리 일체를 양도

피고인이 의류매장의 운영과 관련하여 갑으로부터 투자를 받으면서 투자금반환채무의 변제를 위하여 의류매장에 관한 임차인 명의와 판매대금의 입금계좌 명의를 갑 앞으로 변경해 주었음에도 제3자에게 의류매장에 관한 임차인의 지위 등 권리 일체를 양도한 사안에서,

채무자가 투자금반환채무의 변제를 위하여 담보로 제공한 임차권 등의 권리를 그대로 유지할 계약상 의무가 있다고 하더라도, 이는 기본적으로 투자금반환채무의 변제의 방법에 관한 것이고, 그 성실한 이행에 의하여 채권자가 계약상 권리의 만족이라는 이익을 얻는다고 하여도 이를 가지고 통상의 계약에서의 이익대립관계를 넘어서 배임죄에서 말하는 신임관계에 기초하여 채권자의 재산을 보호 또는 관리하여야 하는 '타인의 사무'에 해당한다고 볼 수 없어 배임죄가 성립하지 않는다.[83)]

B와 연구용역계약을 체결하여 연구보고서를 제출하였음에도 C에게 동일한 보고서를 제공

피고인이 무한책임사원인 A합자회사와 B 사이에 체결된 이 사건 시험연구용역계약은 피고인이 자신의 책임하에 연구개발계획을 수립하여 자신이 특허권을 가지고 있는 축산분뇨 처리장치기술을 음식물쓰레기 자원화처리에도 적용하여 연구한 결과인 보고서를 B에 제출하는 것을 핵심 내용으로 하고 있으며, 그 결과 제출 후에도 A가 여전히 그 결과에 대한 특허출원권을 가지고, 오히려 B가 이러한 연구 결과와 관련하여 취득한 피고인의 비밀을 누설하여서는 아니 되며, 피고인과 B의 경영자인 갑 사이에 체결된 이 사건 합의계약 내용도 피고인이 그때까지의 연구결과만을 정리한 보고서를 B에 제출하되, 다만 B가 이에 대한 연구개발을 계속 진행하고자 하는 경우에는 피고인이 이에 따른 기술적 지도를 하여야 하나, 이에 대한 연구개발이 완료될 경우에도 피고인은 여전히 그 결과에 대한 특허출원권을 가지고 있어,

피고인이 C와 이 사건 시험연구용역계약과 동일한 계약을 체결하고 C에 이미 B에 제출한 시험연구용역 결과를 다시 제공하였다고 하더라도 이는 단순한 민사상의 채무불이행에 불과하다.[84)]

2. 유형별 배임행위

배임죄에 있어서 임무에 위배하는 행위라 함은 처리하는 사무의 내용, 성질 등 구체적 상황에 비추어 법률의 규정, 계약의 내용 혹은 신의칙상 당연히 할 것으로 기대되는 행위를 하지 않거나 당연히 하지 않아야 할 것으로 기대하는 행위를 함으로써 본인과 사이의 신임관계를 저버리는 일체의 행위를 포함하는 것으로 그러한 행위가 법률상 유효한가 여부는 따져볼 필요가 없고, 행위자가 가사 본인을 위한다는 의사를 가지고 행위를 하였다고 하더라도 그 목적과 취지가 법령이나 사회상규에 위반된 위법한 행위로서 용인할 수 없는 경우에는 그 행위의 결과가 일부 본인을 위하는 측면이 있다고 하더라도 이는 본인과의 신임관계를 저버리는 행위로서 배임죄의 성립을 인정함에 영향이 없다.[85)]

83) 대판 2015. 3. 26. 2015도1301.
84) 대판 2008. 6. 26. 2007도7060.
85) 대판 2002. 7. 22. 2002도1696.

가. 금융기관의 대출

금융기관의 임직원들이 대출을 함에 있어 대출채권의 회수를 확실하게 하기 위하여 충분한 담보를 제공받는 등 상당하고도 합리적인 조치를 강구하지 아니한 채 만연히 대출을 해 주었다면 업무위배행위로 제3자로 하여금 재산상 이득을 취득하게 하고 금융기관에 손해를 가한다는 인식이 없었다고 볼 수 없다.[86)]

(1) 일반적인 경우

금융기관의 임·직원이 대출을 함에 있어서 금융기관의 이자수익을 위한다는 의사가 있었다고 하더라도 대출 당시 여신규정을 위반하였을 뿐만 아니라 대출신청인의 재무상태, 다른 금융기관에 대한 차입금 등의 채무를 포함한 전반적인 금융거래상황, 대출금의 용도, 사용기간 및 상환능력이나 제공된 담보의 가치를 평가하여 대출 적격 여부를 제대로 심사하지도 아니한 채 채무상환능력이 불량한 대출신청인에게 대출을 한 경우에는 이러한 임무위배행위로 제3자로 하여금 재산상 이득을 취득하게 하고 금융기관에 손해를 가한다는 인식과 의사가 없었다고 볼 수 없다.[87)]

불성실한 당좌대월

업무상배임죄에서 본인에게 손해를 가한 때라 함은 재산적 실해를 가한 경우 뿐만 아니라 실해발생의 위험을 초래한 경우도 포함하므로, 불성실한 당좌대월행위는 대월행위 당시에 이미 실해발생의 위험을 초래한 것이었다고 볼 수 있어 업무상배임죄의 기수가 되며, 후취담보를 취득하였다거나, 대월금의 회수가능성이 생겼다는 것은 범죄성립 후에 생긴 사정에 불과하여 은행에 손해를 가한 여부의 판단자료가 되지 못한다.[88)]

해설: 당좌대월계약은 은행이 당좌예금의 거래처에 대하여 일정한 한도까지 당좌예금의 잔고를 초과한 어음·수표의 지급에 응하고 지급금액은 후에 보상시키기로 약정하는 계약을 말한다.

---

86) 대판 2002. 7. 22. 2002도1696; 대판 2004. 3. 26. 2003도7878.

87) 대판 2008. 5. 29. 2006도7487. 다음은 같은 취지이다.

금융기관의 직원들이 대출을 하면서 대출채권의 회수를 확실하게 하기 위하여 충분한 담보를 제공받는 등 여신규정에 따른 상당하고도 합리적인 조치를 강구함이 없이 만연히 대출을 해 주었다면, 그와 같은 자금대여는 타인에게 이익을 얻게 하고 금융기관에 손해를 가하는 행위로서 회사에 대하여 배임행위가 된다.

주택신용보증기금의 전자보증은 이 사건 대출 당시 시행되던 구 근로자의 주거안정과 목돈마련지원에 관한 법률에 근거하여 주택금융신용보증기금의 관리기관인 신용보증기금과 사이에서 주택금융기관인 기업은행을 채권자로 하고 대출채무자를 피보증인으로 하여 이루어졌는데, '법'에 의하면, 위 기금은 정부의 출연금 등을 재원으로 하고 있고(제13조), 보증대상은 주택수요자의 주택 취득 등의 자금융자를 전제로 하고 있으므로(제17조 제1호), 주택건설업자나 그 하청업자가 공사에 필요한 자금을 조달하기 위한 방편으로 허위의 분양계약자들을 내세워 주택자금 융자와 보증을 받았다면 이는 주택수요자가 아닌 자를 대상으로 한 것으로서 보증사고 발생시 신용보증기금으로부터 대출금에 대한 보증금을 지급받지 못할 우려가 있어 위 보증으로 대출의 부실가능성을 봉쇄하였다고 볼 수 없다(대판 2003. 2. 11. 2002도5679; 대판 2006. 4. 27. 2004도1130; 대판 2006. 10. 26. 2004도8106).

남북정상회담을 전후하여 대북경제협력사업을 추진중인 기업에 대하여 대규모 여신지원을 한 금융기관이 국책은행이라고 하더라도 은행 관련자들에게 배임의 범의가 인정된다고 판단한 원심의 조치를 정당하다고 한 사례(대판 2004. 3. 26. 2003도7878).

88) 대판 1983. 3. 8. 82도2873.

(2) 불량대출

은행의 지점장 등 대출업무를 담당하는 자가 그 업무취급에 관한 은행의 관계 규정을 위반하여 담보물에 대한 대출한도액을 초과하여 대출하거나 담보로 할 수 없는 물건을 담보로 하여 대출을 하는 등 이른바 불량대출을 하였을 경우라도 그 대출에 따른 인적, 물적담보를 확보하여 그렇게 대출한 것이 회수할 수 없는 채권을 회수하여 실질적으로 은행에 이익이 되고 그것이 통상적인 업무집행 범위에 속하는 것으로 용인될 수 있는 것이라면 그 대출로 인하여 회수의 확실성이 없는 일부 채권이 발생하였다 하여 이를 가지고 대출업무 담당자로서의 채권확보조치를 하지 아니한 임무위반행위에 해당하거나 그와 같은 임무위반의 인식이 있었다고 볼 수 없는 것은 사실이나, 이와 같이 임무위반의 인식이 없었다고 보기 위해서는 그 불량대출로 인하여 종전의 회수할 수 없는 채권을 회수한 경우이어야 한다.

배임죄에서 '재산상의 손해를 가한 때'라 함은 현실적인 손해를 가한 경우뿐만 아니라 재산상 실해 발생의 위험을 초래한 경우도 포함되고 일단 손해의 위험성을 발생시킨 이상 사후에 피해가 회복되었다 하여도 배임죄의 성립에 영향을 주는 것은 아니라 할 것이고, 일정 수의 보증인을 요구하는 은행의 대출규정은 그 정도의 보증인이 되어야 채권 회수에 문제가 없으리라는 판단에 근거한 것이므로, 그 중 1인이 흠결되거나, 자격이 미달되는 보증인을 세우고 대출을 하는 경우에는 비록 다른 보증인에 의하여 채권회수가 모두 이루어진다 하더라도, 은행의 입장에서는 그 대출 당시에 채권 회수가 곤란해질 위험에 처하게 된 것이라고 하지 아니할 수 없을 것이며, 융통어음의 할인을 금지하는 것도 진성어음의 경우와 달리 융통어음의 경우에는 어음금이 지급되지 아니할 위험성이 높아서 담보의 일종으로 취득한 어음이 전혀 가치가 없어질 가능성이 크다는 점에 기인한다 할 것이므로, 은행 규정에 위배하여 융통어음을 할인하여 준 경우에는 은행의 입장에서는 그 대출 당시에 채권 회수가 곤란해질 위험에 처하게 된 것이라고 하지 아니할 수 없다.[89]

---

89) 대판 2002. 6. 28. 2000도3716. 다음은 같은 취지이다.

은행의 지점장 등 대출업무를 담당하는 자가 그 업무취급에 관한 은행의 관계 규정을 위반하여 담보물에 대한 대출한도액을 초과하여 대출하거나 담보로 할 수 없는 물건을 담보로 하여 대출을 하는 등 이른바 불량대출을 하였을 경우라도 그 대출에 따른 인적, 물적담보를 확보하여 그렇게 대출한 것이 회수할 수 없는 채권을 회수하여 실질적으로 은행에 이익이 되고 그것이 통상적인 업무집행 범위에 속하는 것으로 용인될 수 있는 것이라면 그 대출로 인하여 회수의 확실성이 없는 일부 채권이 발생하였다 하여 이를 가지고 대출업무 담당자로서의 채권확보조치를 하지 아니한 임무위반행위에 해당하거나 그와 같은 임무위반의 인식이 있었다고 볼 수 없는 것은 사실이나, 이와 같이 임무위반의 인식이 없었다고 보기 위해서는 그 불량대출로 인하여 종전의 회수할 수 없는 채권을 회수한 경우이어야 한다(대판 2002. 6. 28. 2000도3716).

이미 신용불량자로 등록되어 있어 추가대출이 불가능한데도 마치 그 연체대출금이 모두 변제된 것처럼 전산조작을 하여 부정대출을 해주었더라도, 이로 인하여 결과적으로 회수한 채권액이 더 많아졌다면 계산상 대출금융기관에게 손해가 아닌 이익이 되었다고 볼 여지가 있다고 한 사례(대판 2008. 2. 14. 2007도7716).

은행의 지점장등 대출업무를 담당하는 자가 그 업무취급에 관한 은행의 관계규정을 위반하여 담보물에 대한 대출한도액을 초과하여 대출하거나 담보로 할 수 없는 물건을 담보로 하여 대출을 하는 등 이른바 불량대출을 하였을 경우에 그것이 배임죄를 구성하려면 그와 같은 대출행위가 배임이 된다는 인식하에 대출금 채권의 확보를 위한 조치를 하지 아니하여 회수의 확실성이 없는 채권을 발생하게 하므로써 은행에 재산상의 손해를 가하는 등의 요건을 갖추어야할 것이므로 그 대출이 정상적인 방법으로 회수할 수 없게 된 은행채권을 회수하기 위하여 이루어진 경우에 있어서는 그 대출을 위하여 제공받는 인적, 물적담보에 의한 회수의 가능성과 그렇게 대출함으로써 회수할 수 없게 된 채권을 회수할 수 있는가를 은행의 대출관계 규정이나 업무관행에 따른 통상의 업무집행범위에 비추어 구체적인 상황에 따라 실질적으로 판단하여야 할 것이다.

그러므로 비록 담보물에 대한 대출한도액을 초과하여 대출하거나 담보로 할 수 없는 물건을 담보로 하여 대출하였다 하더라도 그 대출에 따른 인적, 물적담보를 확보하여 그렇게 대출한 것이 회수할 수 없는 채권을 회수하여 실질

(3) 대출기한의 연장

자금사정이 악화될 것을 알고서 한 대출기한의 연장

타인의 사무를 처리하는 자가 그 임무에 위배하여 채무자에게 기존 대출금에 대한 대출기한을 연장해 준 경우, 기한 연장 당시에는 채무자로부터 대출금을 모두 회수할 수 있었는데 기한을 연장해 주면 채무자의 자금사정이 대출금을 회수할 수 없을 정도로 악화되리라는 사정을 알고 그 기한을 연장해 준 경우에 그 기한연장으로 인한 새로운 손해가 발생하였다고 할 수 있을 것이므로 이러한 사정이 밝혀지지 않고서는 대출기한을 연장해 준 부분을 따로 떼어 배임죄가 성립된다고 말할 수는 없을 것이다.[90)]

적으로 은행에 이익이 되고 그것이 통상적인 업무집행범위에 속하는 것으로 용인될 수 있는 것이라면 그 대출로 인하여 회수의 확실성이 없는 일부채권이 발생하였다 하여 이를 가지고 대출업무 담당자로서의 채권확보조치를 하지 아니한 임무위반행위에 해당하고 또 그와 같은 임무위반의 인식이 있었다고 볼 수 없다 할 것이다.

그리고 그 대출행위가 회수하려는 채권이 대출담당자인 지점장에 의하여 이루어진 것이어서 이를 회수하는 것이 그 자신의 민사상의 책임이나 신분상의 불이익을 면하기 위한 것이었다 하더라도 그것이 주로 은행의 대출업무에 관계되고 실질적으로 은행에 이익이 되는 것이라면 부수적으로 자기에게 이익이 있었다 하여 그것만 가지고 막바로 임무위반행위가 있었다고 단정할 수도 없다 하겠다.

이 사건 대출은 A에 대출한 신용대출금 5,000만원을 그 회사의 부도로 회수할 수 없게 되자 이를 회수하기 위하여 이루어진 것이고, 또 그 담보물 중 B 부동산이 군사시설 보호구역에 위치하여 은행의 관계규정상 대출담보로 하기에 적절하지 못한 것이기는 하나 경제성이나 환가성이 없는 것이 아니어서 그 감정가액 상당의 담보가치가 있으며 이 사건 대출을 하면서 위의 담보물 이외에 여러 사람의 연대보증인을 세우게 하여 그 대출원리금 채권을 담보하게 하였다는 것이고, 나아가 기록에 의하면 이 사건 대출원리금 채권이 연체된 후 위 은행이 담보물을 환가하여 담보물 감정가액을 넘는 채권을 회수하였고 그 나머지 채권에 대하여는 채무자와 연대보증인의 일반재산에 대한 채권확보조치를 취하여 이 사건 대출원리금 전액을 위 담보물과 채무자 및 연대보증인의 일반재산으로 회수할 수 있게 되었음을 알아 볼 수 있는 바, 사실이 이와 같다면, 비록 이 사건 대출이 은행의 대출관계 규정상 담보로 할 수 없는 물건을 담보로 하고 또 담보물에 대한 대출한도를 초과하여 이루어진 것이기는 하나 그 대출당시에 취득한 인적, 물적 담보에 의한 원리금의 회수가능성과 이로써 회수할 수 있게 된 채권의 금액등에 비추어 그 대출로 회수불능된 은행채권을 회수하는 것이 실질적으로 은행에 이익이 되는 경우였다고 보아야 할 것이다.

따라서 원심이 이 사건 대출은 회수불능된 은행채권을 회수하기 위하여 이루어진 것임을 인정하면서도 그 대출원리금에 대한 회수의 가능성과 이로써 회수할 채권액등 대출당시의 구체적 정황에 비추어 그 대출로 회수불능채권을 회수하는 것이 실질적으로 은행에 이익이 되는지의 여부와 그것이 대출업무담당자의 통상적인 업무집행 범위로서 용인될 수 있는가의 여부 및 임무위배의 인식하에 한 것인지의 여부등을 심리함이 없이 이 사건 대출이 은행의 대출관계규정에 위반하여 피고인 자신의 신용대출로 회수할 수 없게 된 은행채권을 회수하여 그의 민사상 책임 또는 신분상의 불이익을 모면하려는 의도에서 이루어진 점만을 들어 막바로 그것이 임무위반행위에 해당함을 전제로 하여 이를 업무상배임으로 다스린 것은 배임죄의 고의와 임무위반행위의 성부에 관한 법리를 오해하여 심리를 다하지 아니하므로써 판결결과에 영향을 미쳤다 하지 않을 수 없다(대판 1987. 4. 4. 85도1339). 같은 취지로는 대판 2003. 10. 10. 2003도3516.

89) 대판 1997. 10. 24. 97도2042. 다음은 같은 취지이다.
정부의 "1999. 12. 15. 어가부채경감대책"에 따라 수산업협동조합중앙회가 조성하여 해수어류수산업협동조합이 차입한 '수산업 경영개선자금'은 그 지원대상이 각종 수산업 자금을 5,000만 원 이상 대출받은 수산업 경영체로, 지원한도가 기존의 고금리대출자금의 원리금 범위 내로 각 한정되어 있으므로, 위 경영개선자금을 부적격자에게 대출하거나 적격자에게 대출하더라도 그 지원한도를 초과하여 대출하는 행위는, 비록 충분한 담보가 제공되어 대출금의 회수가 보장된다고 하더라도, 결국 특정 목적을 위하여 조성된 위 경영개선자금의 감소를 초래하여 위 자금이 본래의 목적을 위하여 사용됨을 저해하는 것이므로, 해수어류수산업협동조합은 위와 같은 경영개선자금의 부당대출로 인하여 재산상의 손해를 입었다고 보아야 한다(대판 2007. 4. 27. 2007도1038).

90) 대판 2002. 6. 28. 2000도3716. 다음은 같은 취지이다.

(4) 대환 기타 담보의 변경

금융기관이 기존 대출원리금을 변제받기 위하여 신규 대출한 금원의 교부 여부

금융기관이 거래처의 기존 대출금에 대한 원리금에 충당하기 위하여 거래처에 신규대출을 하면서, 형식상 신규대출을 하는 것처럼 서류상 정리를 하였을 뿐 실제로 거래처에 대출금을 새로 교부하지 아니하였다면 그로 인하여 금융기관에 새로운 손해가 발생하지 아니하므로 따로 업무상배임죄가 성립된다고 볼 수 없다. 그렇지만 금융기관이 실제로 거래처에 대출금을 새로 교부한 경우에는 거래처가 그 대출금을 임의로 처분할 수 없다거나 그 밖에 어떠한 이유로든 그 대출금이 기존 대출금의 원리금으로 상환될 수밖에 없다는 등의 특별한 사정이 없는 한, 비록 새로운 대출금이 기존 대출금의 원리금으로 상환되도록 약정되어 있다고 하더라도 그 대출과 동시에 이미 손해발생의 위험은 발생하였다고 보아야 할 것이므로 업무상배임죄가 성립한다. 이 사건 대출은 기존 대출채무를 변제하기 위한 차명대출이지만, 새로운 명의 차주의 계좌로 대출금이 송금된 후 그 명의 차주가 다시 A 회사로 돈을 보내어 기존의 대출채무가 상환된 사실을 알 수 있고, 새로운 차명 차주가 그 대출금을 임의로 처분할 수 없다거나 그 대출금이 기존 대출금에 상환될 수밖에 없다고 볼만한 사정이 있다고 보기 어렵다면 위 대출에 관하여 업무상배임죄가 성립한다.[91)]

담보제공회사 명의의 어음을 회수하고 다른 회사 명의의 어음에 배서하여 담보제공

배임죄의 '재산상 손해를 가한 때'에 관한 판단에서, 기왕에 한 담보제공행위로 인하여 이미 재산상의 손해발생 위험이 발생하였다면 그 후에 그 담보물을 다른 담보물로 교체한다 하여도 새로 제공하는 담보물의 가치가 기존 담보물의 가치보다 더 작거나 동일하다면 회사에 새로운 손해발생의 위험이 발생하였다고 볼 수 없으며, 이러한 법리는 제공된 전후의 담보방법이 다소 다른 경우에도 같다. 따라서 동일 채무를 위해 기존의 담보방법을 새로운 담보방법으로 교체하는 행위를 배임죄로 처단하려면 새로운 담보물의 가치가 기존의 담보물에 비해 더 크다거나 선행 담보제공에 의해 발생한 기존의 손해발생의 위험이 어떤 사유로 소멸하고 그 담보교체로 인해 기존의 손해발생의 위험과는 다른 새로운 손해발생의 위험이 발생하였다고 평가할 수 있는 사정이 있어야 한다.

회사의 대표이사가 제3자의 채무를 담보하기 위하여 회사 명의의 백지약속어음을 제공하는 배임행위를 한 후 법적 효력이 더 확실한 채무보증을 위해 이를 회수하고 대신 다른 회사가 발행한 새로운 약속어음을 배서·교부한 사안에서, 선행 담보제공행위로 백지약속어음을 제공할 때 이미 회사에 그 피담보채무액 상당의 손해발생 위험이 발생하였고, 경제적인 관점에서 볼 때 전후의 담보제공에 의해 발생하는 손해발생의 위험성은 결국 동일하므로, 위 담보교체행위로 선행 담보제공으로 인한 기존의 위험과는 별개로 회사에 새로운 손해발생의 위험을 초래하였다고 보기 어렵다고 한 사례.[92)]

타인의 사무를 처리하는 자가 그 임무에 위배하여 채무자에게 기존 대출금에 대한 대출기한을 연장해 준 경우, 기한연장 당시에는 채무자로부터 대출금을 모두 회수할 수 있었는데 기한을 연장해 주면 채무자의 자금사정이 대출금을 회수할 수 없을 정도로 악화되리라는 사정을 알고 그 기한을 연장해 준 경우에 그 기한연장으로 인한 새로운 손해가 발생하였다고 할 수 있을 것이므로 이러한 사정이 밝혀지지 않고서는 대출기한을 연장해 준 부분을 따로 떼어 배임죄가 성립된다고 말할 수는 없을 것이다(대판 1999. 7. 9. 99도1864).

91) 대판 2013. 10. 17. 2013도6826. 같은 취지로는 대판 2010. 1. 28. 2009도10730; 대판 2013. 10. 24. 2013도7201.

92) 대판 2008. 5. 8. 2008도484.

보증인이 변제능력이 없는 피보증인에게 신규로 자금을 제공하거나 담보를 제공하여 보증인이 취득한 신규 자금으로 종전의 보증채무를 변제케 함

보증인이 변제자력이 없는 피보증인에게 신규자금을 제공하거나 이를 차용하는 데 담보를 제공하면서 이미 보증을 한 채무의 변제에 사용되도록 한 경우, 새로 손해를 발생시킬 위험을 가져온 것으로 볼 수 없다. 피고인들이 대표이사로 되어 있는 A 주식회사는 피보증인인 B 주식회사의 금융기관 채무를 연대보증하거나 백지어음을 담보로 제공한 상태인데, 피고인들이 B가 C 상호신용금고로부터 자금을 차용할 때 A의 예금을 담보로 제공한 뒤 그 신규자금을 기존에 A가 보증한 위 금융기관 채무를 변제하도록 한 것은, 기왕의 보증채무와 별도로 새로운 손해를 발생시킬 위험을 가져온 것으로 볼 수 없어 업무상배임죄에 해당하지 않는다.[93]

대출금이 실제 차주에게 귀속되고 그 일부가 기존 대출금 변제에 사용됨

갑은 피해자 A상호저축은행의 실질적인 최대주주로서 피해자의 임원인 피고인들에게 지시하였고 피고인들은 이에 따라 상당한 담보를 확보하지 아니하고 관계 규정상의 적법한 대출심사를 거치지도 아니한 채 부실대출을 실행하였고, 위 부실대출에 의한 대출금은 타인의 명의를 사용한 갑에게 실제로 귀속되었으며, 피고인들은 갑의 지시에 따라 그 대출금 중 일부를 특정인에게 지급하거나 새로운 투자처에 제공하거나 기존 대출금의 변제충당을 위하여 피해자에 다시 입금하는 등의 용도로 이를 사용한 경우에, 피고인들이 위와 같이 부실대출을 실행함으로 인하여 그 대출과 동시에 피해자로 하여금 대출금 상당의 손해를 입게 하였다 할 것이므로 업무상배임죄가 성립한다.[94]

---

93) 대판 2010. 11. 25. 2009도9144. 같은 취지로는 대판 2010. 10. 28. 2009도1149; 대판 2013. 9. 26. 2013도5214. 다음은 같은 취지이다.

이미 타인의 채무에 대하여 보증을 하였는데, 피보증인이 변제자력이 없어 결국 보증인이 그 보증채무를 이행하게 될 우려가 있다고 하더라도 보증인이 피보증인에게 신규로 자금을 제공하거나 피보증인이 신규로 자금을 차용하는 데 담보를 제공하면서 그 신규자금이 이미 보증을 한 채무의 변제에 사용되도록 한 경우가 아니라면, 보증인으로서는 결국 기보증채무와 별도로 새로 손해를 발생시킬 위험을 초래한 것이라고 볼 수밖에 없다(대판 2004. 7. 9. 2004도810).

보증인이 변제자력이 없는 피보증인에게 신규자금을 제공하거나 신규자금 차용에 관한 담보를 제공하면서 이미 보증한 채무의 변제에 사용되도록 한 경우, 새로이 손해 발생의 위험을 초래한 것인지 여부(소극)(대판 2014. 7. 10. 2013도10516).

대규모기업집단에 속한 A 회사가 종합금융회사의 지급보증 아래 할인받은 어음을 결제하지 못하여 종합금융회사가 현실적·구체적으로 어음금을 대위변제하여야 할 상황에서, 종합금융회사와의 어음거래약정에 기한 채무에 관하여 연대보증을 하고 있던 'A와 같은 그룹내 계열사인 B 회사와 C 회사'가 A의 어음을 매입하거나 전면보증을 하는 방법으로 A를 지원하여 B와 C가 보증한 기존의 채무를 변제하도록 한 것은 자신의 보증채무를 감소시킨 것으로서, 기왕의 보증행위로 인한 손해와는 별도의 새로운 손해를 발생시킬 위험을 가져온 것으로 볼 수 없다(대판 2009. 7. 23. 2007도541).

94) 대판 2010. 1. 28. 2009도10730.

담보력에 변화가 없는 서류상의 채무자변경

배임죄가 성립하기 위해서는 행위자의 임무위배행위로 인하여 본인에게 재산상 손해가 발생 또는 발생할 염려가 있어야 하는 것인바, 회사가 행한 대출의 실질이 자금 이동 없는 서류상의 채무자 변경에 불과하고, 실질적인 담보력에 변화가 없어 이로 인하여 대출 채권을 회수하지 못할 위험이 발생하였거나 발생할 염려가 생긴 것이 아니라면 그 대출행위는 배임죄를 구성한다고 볼 수 없다.[95]

(5) 동일인 대출한도 초과

새마을금고의 동일인 대출한도 초과

금융기관의 임·직원이 대출규정을 위반하여 대출함으로써 그 임무에 위배되는 행위를 하였다고 하더라도 그 대출행위를 업무상배임죄로 처벌하려면 그로 인하여 금융기관에 현실적인 손해가 발생하였거나 재산상 실해 발생의 위험, 즉 경제적 관점에서 재산상 손해가 발생한 것과 사실상 같다고 평가될 정도의 위험이 발생하였다고 판단되어야 한다.

구 새마을금고법에서 동일인에 대한 대출한도를 정하고 이를 초과하여 대출한 임·직원을 처벌하는 규정을 둔 취지는 국민의 자주적 협동조직을 바탕으로 우리나라 고유의 상부상조 정신에 입각하여 자금 조성과 그 이용, 회원의 경제적·사회적·문화적 지위 향상 등을 목적으로 설립된 새마을금고가 특정 소수 대출채무자에게 과도하게 편중 대출하는 것을 규제하여 회원들에게 골고루 대출이 이루어질 수 있도록 함으로써 회원 대다수에게 대출 혜택을 부여함과 아울러 대출채무자에 대하여 통상의 대출한도를 미리 정함으로써 대출 당시에는 대출채무자의 변제능력이나 자력에 별다른 문제가 없더라도 향후 사정변경으로 그 대출금의 회수가 곤란해지는 경우 등을 고려하여 새마을금고의 재정 부실화 가능성을 낮추어 새마을금고의 자산 건전성을 확보·유지하고자 하는 데 있는 것이다.

이와 같이 새마을금고의 동일인 대출한도 제한규정은 새마을금고 자체의 적정한 운영을 위하여 마련된 것이지 대출채무자의 신용도를 평가해서 대출채권의 회수가능성을 직접적으로 고려하여 만들어진 것은 아니므로 동일인 대출한도를 초과하였다는 사실만으로 곧바로 대출채권을 회수하지 못하게 될 위험이 생겼다고 볼 수 없다. 그리고 구 새마을금고법상 비회원에 대한 대출도 가능하고 (법 제27조), 새마을금고연합회장의 승인을 얻은 경우에는 동일인에 대하여 대출한도를 초과하여 대출하는 것도 가능한 점(법 제26조의2)에 비추어 보면 동일인 대출한도를 초과하였다는 사정만으로는 다른 회원들에 대한 대출을 곤란하게 하여 새마을금고의 적정한 자산운용에 장애를 초래한다는 등 어떠한 위험이 발생하였다고 단정할 수도 없다.

따라서 동일인 대출한도를 초과하여 대출함으로써 구 새마을금고법을 위반하였다고 하더라도, 대출한도 제한규정위반으로 처벌함은 별론으로 하고, 그 사실만으로 특별한 사정이 없는 한 업무상배임죄가 성립한다고 할 수 없고, 일반적으로 이러한 동일인 대출한도 초과대출이라는 임무위배의 점에 더하여 대출 당시의 대출채무자의 재무상태, 다른 금융기관으로부터의 차입금, 기타 채무를 포함한 전반적인 금융거래상황, 사업현황 및 전망과 대출금의 용도, 소요기간 등에 비추어 볼 때 채무상환능력이 부족하거나 제공된 담보의 경제적 가치가 부실해서 대출채권의 회수에 문제가 있는 것으로 판단되는 경우에 재산상 손해가 발생하였다고 보아 업무상배임죄가 성립한다고 하여야 할 것이다.[96]

95) 대판 2007. 6. 1. 2006도1813.

96) 대판 2008. 6. 19. 2006도4876 전원합의체. 별개의견은 다음과 같다.

우리는, 새마을금고의 임·직원이 동일인 대출한도를 초과하여 대출하였다면, 이는 법률에 위반한 부당한 대출로서 새마을금고에 재산상 손해를 가한 경우에 해당하여 업무상배임죄가 성립하고, 다만 그 재산상 손해는 가액을 산정할 수 없는 것이라고 봄이 옳다고 생각하며 그 이유는 다음과 같다.

가. 업무상배임죄는 업무상 타인의 사무를 처리하는 자가 임무위배행위로 인하여 재산상의 이익을 취득하거나 제3자로 하여금 이를 취득하게 하고 이로 인하여 본인에게 재산상의 손해를 가함으로써 성립하는바, 여기의 '재산상의 손해'란 경제적 관점에서 보아 본인의 전체 재산, 즉 총재산가치가 감소되는 것을 의미한다. 그리고 그 재산가치는 경제적으로 이를 평가하여 금액으로 산정할 수 있는 것이 원칙이지만, 그 가치를 금액으로 확정할 수 없는 것도 경제적으로 가치가 있다고 평가되는 한에 있어서는 여기의 재산에 해당하는 것으로 보아야 할 것이다. 또한, 여기의 '재산상의 손해'에는 현실적인 손해가 발생한 경우뿐만 아니라 재산상 실해 발생의 위험을 초래한 경우도 포함된다.

새마을금고는 일반 금융기관과는 달리 회원들의 자주적 협동조직을 바탕으로 하여 회원 상호간의 자금의 조성과 그 이용 등을 목적으로 설립된 비영리법인이고, 그 목적 달성을 위하여 새마을금고법은 새마을금고의 업무범위를 한정하며, 그 투자한도, 자금의 차입한도, 여유자금의 운용, 동일인 대출의 한도, 적립금과 손익금의 처리, 부동산 등의 소유제한 등의 규정을 두고 있는바, 이러한 새마을금고의 특수성 내지 성격 등에 비추어 새마을금고법이 동일인에 대한 대출한도를 정하여 엄격히 규제하는 취지는, 특정 소수의 회원에게 과도하게 편중 대출하는 것을 제한하여 모든 회원에게 골고루 대출이 이루어지도록 하는 등으로 새마을금고의 자금이 그 사업목적에 들어맞게 사용되도록 하려는 데에 있다고 할 것이다. 그럼에도 불구하고, 새마을금고의 임·직원이 동일인에 대한 대출한도를 초과하여 대출하였다면, 이는 상대방에게는 한도를 초과한 대출을 받을 수 있도록 금융편의 내지 금융이익을 제공하는 것이고, 새마을금고에게는 다른 회원들에게 균등하게 대출하는 등의 사업목적에 사용할 자금을 그 한도초과대출금에 해당하는 만큼 부당하게 감소시킴으로써 그 자금이 그 목적을 위하여 사용됨을 저해하는 것이므로, 이러한 의미에서 새마을금고는 그만큼의 재산상의 손해를 입은 것이어서 업무상배임죄가 성립하며, 이 때 그 한도초과대출금의 회수가능 여부는 고려할 것이 아니다.

다수의견이 변경대상으로 삼고 있는 새마을금고의 대출한도 초과대출에 관한 대법원판결들은 바로 이러한 취지에서 나온 것이다. 그리고 이러한 법리는 대법원이 일찍부터 일관되게 취해 온 견해이다. 즉, 대법원은 신용협동조합의 이사장이 동일인 대출한도를 초과하여 대출하거나 비조합원에게 대출한 경우에는 그 대출금의 회수 가능 여부와 관계없이 업무상배임죄가 성립하고(대판 1984. 9. 25. 84도1436 등), 농업협동조합의 직원이 배급용 비료를 다른 동리조합에 추가할당하거나 농협소지부의 지시에 따라 처리하지 아니하고 스스로 배급받은 것처럼 처리한 경우에도 업무상배임죄가 성립하고(대판 1965. 10. 15. 65도742), 정부양곡의 수매·가공·보관·방출 등의 업무를 보조하던 군청직원이 곡가조절용 정부양곡을 소정의 목적 외의 용도에 자의로 방출한 경우에는 그 대금 전액이 국고에 납입된 여부에 불구하고 업무상배임죄가 성립하고(대판 1975. 11. 25. 73도1881), 정부가 관리하는 양돈용 사료의 적정한 배급을 위하여 그 관할구역 내의 양돈수를 군수에게 조사·보고하는 임무를 맡은 공무원이 허위보고를 하여 양돈농가 이외의 자에게 사료가 배정되게 한 경우에는 그 대금의 납입 여부에 불구하고 업무상배임죄가 성립하며(대판 1978. 8. 22. 78도958 및 대판 1982. 9. 14. 81도2024), 적격 중소기업 등에 저리로 융자되도록 용도가 법정되어 있는 중소기업진흥기금이 부적격업체에게 부당하게 지출되도록 한 경우에는 그 대출금의 회수가 사실상 보장된다고 하더라도 업무상배임죄가 성립한다(대판 1997. 10. 24. 97도2042)고 보았다.

그런데 다수의견은, 단순히 새마을금고의 동일인 대출한도를 초과하여 대출하였다는 것만으로는 업무상배임죄가 성립하지 아니하고, 그 대출금을 회수하지 못할 위험이 생기거나 다른 회원들에 대한 대출을 곤란하게 하여 새마을금고의 적정한 자산운용에 장애를 초래하는 등의 위험이 발생하였다고 볼 수 있어야만 비로소 업무상배임죄가 성립한다는 취지인바, 이러한 다수의견은 앞에서 본 대법원판결들의 판시와 조화되지 아니한다고 할 것이다.

위 판결에 의하여 다음 판례들은 변경되었다.

새마을금고의 임·직원이 단순히 동일인 대출한도를 초과하여 대출하였다는 사정만을 근거로 하여 대출금에 대한 회수 가능 여부나 담보의 적정 여부 등을 따져보지 아니한 채 당해 새마을금고에 재산상 손해를 가한 것이라고 볼 수 있다(대판 2003. 5. 16. 2002도2030; 대판 2004. 8. 20. 2004도3926; 대판 2004. 11. 25. 2004도5332; 대판 2006. 7. 28. 2005도6586 등).

신용협동조합의 동일인 대출한도 초과

일반 금융기관과 달리 상호유대를 가진 자 사이의 협동조직을 통하여 자금의 조성과 이용 등을 도모하기 위하여 설립된 신용협동조합의 이사장이 자신 또는 제3자의 이익을 도모하여 임무에 위배하여 소정의 대출한도액을 초과하여 대출하거나 비조합원 또는 무자격자에게 대출하였다면, 그로 인하여 조합이 다른 조합원에게 정당하게 대출할 자금을 부당하게 감소시킨 결과가 되어 그 대출금에 대한 회수의 가능 여부나 담보의 적정 여부에 관계없이 조합에 재산적 손해를 입게 한 것으로 보아야 할 것이고, 이 경우 이사장의 임무위배가 인정되는 이상 설령 조합 내 여신위원회의 사전 심사와 결의를 거쳤다고 하더라도 업무상 배임죄의 성립에 영향이 없다. 동일 조합원에 대한 대출한도의 초과 여부를 판단함에 있어 본인의 계산으로 타인의 명의에 의하여 행하는 대출은 그 본인의 대출로 보아야 할 것이고(1998. 1. 13. 법률 제5506호로 전문 개정된 신용협동조합법 제42조 단서에서는 이 점을 명문화하였다), 이때 종전 대출의 명의자인 타인이 비조합원 또는 무자격자이고 그 무자격자에 대한 대출이 별도의 배임행위로 처벌받는다고 하더라도 그 대출금액과 추가대출금액을 포함한 대출총액이 본인의 대출한도액을 초과하는 때에는 이에 대하여 별도의 배임죄가 성립한다.[97]

(6) 용도가 법정된 자금을 용도외 사용

한국농어촌공사가 정부에서 위탁받아 운용하는 농지관리기금을 용도 외로 사용

한국농어촌공사 및 농지관리기금법, 동법 시행령, 한국농어촌공사의 업무지침에서 규정하는 바와 같이, 한국농어촌공사가 한국농어촌공사 및 농지관리기금법 제18조에서 정한 농지매매사업 등을 수행하기 위하여 정부에서 위탁받아 운용하는 농지관리기금은 농업인의 영농규모 적정화를 통한 농업생산성 증대 등 특정한 정책목적을 위하여 조성된 기금으로서 농지매매사업에 필요한 자금의 융자 등 용도가 법정되어 있는 자금이므로, 한국농어촌공사의 직원이 자금을 농지매매사업의 지원대상에 해당하지 아니하는 농지를 매입하는 데 사용하거나 지원요건을 갖추지 아니한 농업인을 위하여 부당하게 지원하도록 한 것이라면, 매입 농지에 대한 근저당권 설정 등으로 지원금의 회수가 사실상 보장되더라도 특정 목적을 위하여 조성된 기금의 감소를 초래함으로써 기금이 목적을 위하여 사용됨을 저해하였다고 할 것이므로, 이러한 의미에서 한국농어촌공사는 그와 같은 기금의 지원으로 인하여 재산상 손해를 입었다고 보아야 한다.[98]

중소기업진흥기금

중소기업진흥기금은 중소기업 진흥이라는 특정한 목적을 위하여 조성되어 중소기업 합리화사업의 실천계획의 승인을 받은 적격 중소기업 등에게 저리로 대출하도록 그 용도가 법정되어 있는 자금이므로, 그 자금을 합리화사업 부적격 업체를 위하여 부당하게 지출되도록 한 것이라면, 진흥공단이 대리대출의 방식을 취하여 대출취급은행에 대출함으로써 은행으로부터의 대출금의 회수가 사실상 보장된다고 하더라도, 이는 결국 특정 목적을 위하여 조성된 기금의 감소를 초래함으로써 기금이 그 목적을 위하여 사용됨을 저해하는 것이라 할 것이므로, 진흥공단은 위와 같은 기금의 대출로 인하여 재산상의 손해를 입었다고 보아야 한다.

97) 대판 2001. 11. 30. 99도4587.

98) 대판 2015. 8. 13. 2014도5713.

나. 기업간 자금지원

금융권에 신용이 있는 C회사의 대주주가, '급조하거나 자산이 없는 A와 B 명의로 발행한 어음'에 대해 C로 하여금 배서하게 함

주식회사의 이사가 타인 발행의 약속어음에 회사 명의로 배서할 경우 그 타인이 어음금의 지급능력이 없어 그 배서로 인하여 회사에 손해가 발생하리라는 점을 알면서 이에 나아갔다면, 이러한 약속어음의 배서행위는 타인에게 이익을 얻게 하고 회사에 손해를 가하는 행위로서 회사에 대하여 배임행위가 되고, 그것이 경영상의 판단이라는 이유만으로 배임죄의 죄책을 면할 수는 없으며, 한편 주식회사와 주주는 별개의 인격으로서 동일인이라고 볼 수 없으므로, 회사의 임원이 그 임무에 위배되는 행위로 재산상 이익을 취득하거나 제3자로 하여금 이를 취득하게 하여 회사에 손해를 가한 때에는 이로써 배임죄가 성립하고, 그 임무위배행위에 대하여 사실상 대주주의 양해를 얻었다고 하여 본인인 회사에 손해가 없다거나 또는 배임의 범의가 없다고도 볼 수 없고, 주식회사의 경영을 책임지는 이사는 이사회의 결의가 있더라도 그 결의 내용이 주주 또는 회사 채권자를 해하는 불법한 목적이 있는 경우에는 이에 맹종할 것이 아니라 회사를 위하여 성실한 직무수행을 할 의무가 있으므로, 이사가 임무에 위배하여 주주 또는 회사 채권자에게 손해가 될 행위를 하였다면, 회사 이사회의 결의가 있었다고 하여 그 배임행위가 정당화될 수 없는 것이다.

피고인은 항도종합금융 주식회사의 경영권을 인수할 목적으로 그 회사 발행의 주식을 매집하고자 이에 소요되는 자금을 마련하는 방편으로 10억 원을 투자하여 급조한 A 주식회사 및 갑이 경영하던 회사로서 거래실적이나 자산이 거의 없는 B 주식회사 명의로 액면 합계 467억 원에 달하는 이 사건 약속어음들을 발행하게 하고, 나아가 이를 금융기관에서 할인하기 위하여 피고인 자신이 대주주이고 이사 겸 부사장으로서 경영을 사실상 책임지고 있던 회사로서 금융권에서 신용이 있는 C 주식회사의 명의로 배서를 한 것으로서 이 경우 A 및 B는 그 약속어음들을 결제할 자금이나 능력이 없어 결국 그 배서인인 C가 모든 책임을 져야 하는 만큼, 피고인이 그 배서에 앞서 C의 이사회 결의를 거치고, 또한 C의 대주주로서 피고인의 형들의 승낙을 받았다고 하더라도, 이는 C의 이사 겸 부사장으로서 실질적 경영자인 피고인이 그 지위를 이용하여 자신의 권한을 넘어 C의 설립 목적과 사업범위를 벗어난 행위로서 C에 대한 신임관계를 저버리는 임무위반의 행위이고, 또한 C와 그 소수주주 또는 채권자들에게 재산상의 손해를 입힐 수 있다는 것을 충분히 인식하고 있었던 것으로 보이므로, 피고인에게 업무상배임의 범의가 없었다고 할 수 없다.[99)]

계열회사에 대한 자금대여 또는 지급보증

회사의 이사가 타인에게 회사자금을 대여하거나 타인의 채무를 회사 이름으로 지급보증함에 있어 그 타인이 이미 채무변제능력을 상실하여 그를 위하여 자금을 대여하거나 지급보증을 할 경우 회사에 손해가 발생하리라는 점을 충분히 알면서 이에 나아갔다면, 그와 같은 자금대여나 지급보증은 타인에게 이익을 얻게 하고 회사에 손해를 가하는 행위로서 회사에 대하여 배임행위가 되고, 회사의 이사는 단순히 그것이 경영상의 판단이라는 이유만으로 배임죄의 죄책을 면할 수는 없으며, 이러한 이치는 그 타인이 자금지원 회사의 계열회사라 하여 달라지지 않는다.[100)]

---

99) 대판 2000. 5. 26. 99도2781.

100) 대판 1999. 6. 25. 99도1141; 대판 2000. 3. 14. 99도4923. 다음은 같은 취지이다.
상호지급보증 관계에 있는 회사 간에 보증회사가 채무변제능력이 없는 피보증회사에 대하여 합리적인 채권회수책

다. 영업비밀 등의 유출

영업비밀

배임죄는 타인의 사무를 처리하는 자가 그 임무에 위배하는 행위로써 재산상 이익을 취득하거나 제3자로 하여금 이를 취득하게 하여 본인에게 손해를 가함으로써 성립하는바, 이 경우 그 임무에 위배하는 행위라 함은 사무의 내용, 성질 등 구체적 상황에 비추어 법률의 규정, 계약의 내용 혹은 신의칙상 당연히 할 것으로 기대되는 행위를 하지 않거나 당연히 하지 않아야 할 것으로 기대되는 행위를 함으로써 본인과 사이의 신임관계를 저버리는 일체의 행위를 포함하는 것이므로, 기업의 영업비밀을 사외로 유출하지 않을 것을 서약한 회사의 직원이 경제적인 대가를 얻기 위하여 경쟁업체에 영업비밀을 유출하는 행위는 피해자와의 신임관계를 저버리는 행위로서 업무상배임죄를 구성한다.

영업비밀을 취득함으로써 얻는 이익은 그 영업비밀이 가지는 재산가치 상당이고, 그 재산가치는 그 영업비밀을 가지고 경쟁사 등 다른 업체에서 제품을 만들 경우, 그 영업비밀로 인하여 기술개발에 소요되는 비용이 감소되는 경우의 그 감소분 상당과 나아가 그 영업비밀을 이용하여 제품생산에까지 발전시킬 경우 제품판매 이익 중 그 영업비밀이 제공되지 않았을 경우의 차액 상당으로서 그러한 가치를 감안하여 시장경제원리에 의하여 형성될 시장교환가격이다.

영업비밀이라 함은 일반적으로 알려져 있지 아니하고 독립된 경제적 가치를 가지며, 상당한 노력에 의하여 비밀로 유지·관리된 생산방법, 판매방법 기타 영업활동에 유용한 기술상 또는 경영상의 정보를 말하고, 영업비밀의 보유자인 회사가 직원들에게 비밀유지의 의무를 부과하는 등 기술정보를 엄격하게 관리하는 이상, 역설계가 가능하고 그에 의하여 기술정보의 획득이 가능하더라도, 그러한 사정만으로 그 기술정보를 영업비밀로 보는 데에 지장이 있다고 볼 수 없다.[101)]

없이 새로 금원을 대여하거나 예금담보를 제공하였다면 업무상배임죄를 구성한다고 한 사례(대판 2004. 7. 9. 2004도810).

이사가 채무변제능력을 상실한 계열사에 합리적인 채권회수조치 없이 자금대여 또는 지급보증

회사의 이사 등이 타인에게 회사자금을 대여하거나 타인의 채무를 회사 이름으로 지급보증함에 있어 그 타인이 이미 채무변제능력을 상실하여 그를 위하여 자금을 대여하거나 지급보증을 할 경우 회사에 손해가 발생하리라는 점을 충분히 알면서 이에 나아갔거나, 충분한 담보를 제공받는 등 상당하고도 합리적인 채권회수조치를 취하지 아니한 채 만연히 대여해 주었다면, 그와 같은 자금대여나 지급보증은 타인에게 이익을 얻게 하고 회사에 손해를 가하는 행위로서 회사에 대하여 배임행위가 되고, 이러한 이치는 그 타인이 자금지원 회사의 계열회사라 하여 달라지지 않는다(대판 2013. 9. 26. 2013도5214).

재무구조가 불량한 계열사의 신주를 액면가격으로 인수

대기업의 회장 등이 경영상의 판단이라는 이유로 갑 계열회사의 자금으로 재무구조가 상당히 불량한 상태에 있는 을 계열회사가 발행하는 신주를 액면가격으로 인수한 것이 그 자체로 업무상배임 행위임이 분명하고 배임에 대한 고의도 충분히 인정된다고 한 사례(대판 2004. 6. 24. 2004도520).

채무를 변제할 수 없는 상태의 회사가 대출받아 주식투자할 수 있도록 담보제공

A 주식회사의 대표이사인 피고인들이, 자력으로는 거액의 채무를 변제할 수 없는 상황에 처한 을 주식회사가 대출받아 기존채무 변제에 사용하지 않고 이익실현 여부가 불확실할 뿐만 아니라 원금손실의 우려까지 있는 주식투자에 사용한다는 사실을 알면서도 B 회사로 하여금 대출을 받을 수 있도록 A의 예금을 담보로 제공한 것은, A에 대한 배임행위에 해당하고 그 범의도 인정된다고 본 사례(대판 2010. 11. 25. 2009도9144).

101) 대판 1999. 3. 12. 98도4704.

영업상 중요한 자산인 자료

회사 직원이 영업비밀을 경쟁업체에 유출하거나 스스로의 이익을 위하여 이용할 목적으로 무단으로 반출하였다면 그 반출시에 업무상배임죄의 기수가 된다. 영업비밀이 아니더라도 그 자료가 불특정 다수의 사람에게 공개되지 않았고 사용자가 상당한 시간, 노력 및 비용을 들여 제작한 영업상 주요한 자산인 경우에도 그 자료의 반출행위는 업무상배임죄를 구성하며, 회사 직원이 영업비밀이나 영업상 주요한 자산인 자료를 적법하게 반출하여 그 반출행위가 업무상배임죄에 해당하지 않는 경우라도 퇴사시에 그 영업비밀 등을 회사에 반환하거나 폐기할 의무가 있음에도 경쟁업체에 유출하거나 스스로의 이익을 위하여 이용할 목적으로 이를 반환하거나 폐기하지 아니하였다면, 이러한 행위는 업무상배임죄에 해당한다.

부정경쟁방지 및 영업비밀보호에 관한 법률 제18조 제2항은 "부정한 이익을 얻거나 기업에 손해를 가할 목적으로 그 기업에 유용한 영업비밀을 취득·사용하거나 제3자에게 누설한 자"를 처벌하고 있다. 여기서 영업비밀의 '취득'은 도면, 사진, 녹음테이프, 필름, 전산정보처리조직에 의하여 처리할 수 있는 형태로 작성된 파일 등 유체물의 점유를 취득하는 형태는 물론이고, 그 외에 유체물의 점유를 취득함이 없이 영업비밀 자체를 직접 인식하고 기억하는 형태 또는 영업비밀을 알고 있는 사람을 고용하는 형태로도 이루어질 수 있으나, 어느 경우에나 사회통념상 영업비밀을 자신의 것으로 만들어 이를 사용할 수 있는 상태가 되었다면 영업비밀을 취득하였다고 할 것이다. 그리고 기업의 직원으로서 영업비밀을 인지하여 이를 사용할 수 있는 사람은 이미 당해 영업비밀을 취득하였다고 보아야 하므로 그러한 사람이 당해 영업비밀을 단순히 기업의 외부로 무단 반출한 행위는, 업무상배임죄에 해당할 수 있음은 별론으로 하고, 위 조항 소정의 '영업비밀의 취득'에는 해당하지 않는다.[102]

102) 대판 2009. 10. 15. 2008도9433. 다음은 같은 취지이다.

부정경쟁방지법 제18조 제2항은 "부정한 이익을 얻거나 기업에 손해를 가할 목적으로 그 기업에 유용한 영업비밀을 취득·사용하거나 제3자에게 누설한 자"를 처벌하고 있다. 그런데 기업의 직원으로서 영업비밀을 인지하여 이를 사용할 수 있는 사람은 이미 당해 영업비밀을 취득하였다고 보아야 하므로 그러한 사람이 당해 영업비밀을 단순히 기업의 외부로 무단 반출한 행위는 업무상배임죄에 해당할 수 있음은 별론으로 하고, 위 조항 소정의 '영업비밀의 취득'에는 해당하지 않는다(대판 2012. 6. 28. 2012도3317).

회사 직원이 무단으로 자료를 반출한 경우, 업무상배임죄가 성립하기 위하여 그 자료가 '영업상 주요한 자산'에 해당하여야 하는지 여부(적극)(대판 2012. 6. 28. 2011도3657).

피고인들이 갑 주식회사를 퇴사하면서 갑 회사가 제조·판매하는 특정 단말기에 관한 회로도, 부품리스트, 다운로드 매뉴얼, 테스트 매뉴얼, 소프트웨어, 사양서 등이 저장된 CD와 컴퓨터를 반출하였다고 하여 업무상배임으로 기소된 사안에서, 기술 자료 중 회로도는 이미 공개되어 있는 표준회로도와 매우 유사하고, 단말기는 피고인들이 자료 반출 당시 이미 판매되고 있었으며, 단말기를 구성하는 부품 자체는 모두 공지된 것이어서 자료의 부품리스트를 쉽게 알아낼 수 있었던 것이고, 다운로드 매뉴얼과 테스트 매뉴얼 및 사양서는 제품의 하드웨어 구조와 소프트웨어 기능이 확정되면 작성될 수 있는 것이어서, 위 자료는 불특정 다수인에게 공개된 것이 아니라거나 보유자가 자료 취득·개발을 위해 상당한 시간, 노력 및 비용을 들인 것으로 이를 통해 경쟁상 이익을 얻을 수 있는 정도에 이르렀다고 할 수 없으므로 이를 갑 회사의 '영업상 주요한 자산'에 해당한다고 볼 수 없는데도, 이와 달리 판단하여 피고인들에게 유죄를 인정한 원심판결에 법리오해의 위법이 있다고 한 사례(대판 2011. 6. 30. 2009도3915).

업무상배임죄에서 본인에게 '재산상의 손해를 가한 때'라 함은 현실적인 손해를 가한 경우뿐만 아니라 재산상 실해 발생의 위험을 초래한 경우도 포함된다. 피고인은 A 주식회사의 영업비밀에 해당하는 이 사건 파일들을 무단으로 반출하였고, 피고인의 이러한 행위는 A에 현실적으로 손해를 가한 경우가 아니라고 하더라도 재산상 손해 발생의 위험을 초래한 경우에 해당하므로 '재산상의 손해를 가한 때'에 해당한다. 또한 피고인은 영업비밀에 해당하는 이 사건 파일들을 자신의 개인 이메일로 전송받아 보관함으로써 재산상 이익을 취득하였다고 할 것이다.

피고인은 A에 재직 중에 '직원으로서 재직 중 취득하거나 알게 된 회사의 경영정보, 업무상 비밀 등을 회사의 사전

적법하게 반출한 영업비밀 또는 중요한 자산인 자료를 미반환·미폐기

회사직원이 영업비밀을 경쟁업체에 유출하거나 스스로의 이익을 위하여 이용할 목적으로 무단으로 반출하였다면 그 반출시에 업무상배임죄의 기수가 되고, 영업비밀이 아니더라도 그 자료가 불특정 다수의 사람에게 공개되지 않았고 사용자가 상당한 시간, 노력 및 비용을 들여 제작한 영업상 주요한 자산인 경우에도 그 자료의 반출행위는 업무상배임죄를 구성하며, 회사직원이 영업비밀이나 영업상 주요한 자산인 자료를 적법하게 반출하여 그 반출행위가 업무상배임죄에 해당하지 않는 경우라도 퇴사시에 그 영업비밀 등을 회사에 반환하거나 폐기할 의무가 있음에도 경쟁업체에 유출하거나 스스로의 이익을 위하여 이용할 목적으로 이를 반환하거나 폐기하지 아니하였다면, 이러한 행위는 업무상배임죄에 해당한다.

… 위 파일들의 각 반출행위 또는 파일들의 미반환·미폐기 행위는 업무상배임죄를 구성한다고 본 사례.[103)]

회사영업비밀을 경쟁업체에 유출하거나 무단 반출한 때에 업무상배임죄의 기수

회사직원이 영업비밀을 경쟁업체에 유출하거나 스스로의 이익을 위하여 이용할 목적으로 무단으로 반출한 때 업무상배임죄의 기수에 이르렀다고 할 것이고, 그 이후에 위 직원과 접촉하여 영업비밀을 취득하려고 한 자는 업무상배임죄의 공동정범이 될 수 없다고 한 사례.[104)]

3. 손해의 발생

배임죄나 업무상배임죄에 있어 재산상의 손해를 가한 때라 함은 현실적인 손해를 가한 경우뿐만 아니라 재산상 실해 발생의 위험을 초래한 경우도 포함되고, 재산상 손해의 유무에 대한 판단은 법률적 판단에 의하지 아니하고 경제적 관점에서 파악하여야 하지만, 여기서 재산상의 손해를 가한다 함은 총체적으로 보아 본인의 재산상태에 손해를 가하는 경우, 즉 본인의 전체적 재산가치의 감소를 가져오는 것을 말하므로 재산상의 손실을 야기한 임무위배행위가 동시에 그 손실을 보상할 만한 재산상의 이

서면 승낙 없이 업무 이외의 목적이나 부정한 목적으로 근무지 외로 반출하거나 사용하지 않을 것' 등을 내용으로 하는 정보보호동의서를 작성하였고, A는 회사의 경영정보 등 영업비밀을 메신저 등을 통하여 외부로 유출하는 일체의 행위를 하여서는 아니된다는 내용의 정보보호규정과 외부발송메일관리요령에 관한 규정을 두고 있었으며, 피고인도 위와 같은 규정을 알고 있었던 점, 피고인이 이메일로 전송한 이 사건 파일들 중 제1, 2번 파일에는 비밀문서 표시가 기재되어 있어 이를 무단으로 반출하면 안 되는 파일임을 쉽게 알 수 있었던 점, 피고인은 이 사건 파일들을 개인 이메일로 전송한 이후에 자신의 집에 있는 외장하드디스크에 보관하고 있다가 A의 보안담당자로부터 보안체크 확인서의 제출을 요구받고 나서야 이 사건 파일들을 삭제한 점, 피고인이 이 사건 파일들을 개인 이메일로 전송한 바로 당일 저녁에 A와 B 주식회사에 인터넷으로 입사를 신청하였고, 그 후 A에 입사하여 상품기획팀에서 A에서의 업무와 유사한 업무를 담당하였는데, 이 사건 파일들에 있는 문서들은 B에도 경제적 유용성이 있는 정보였던 점, … 등을 종합할 때, 피고인은 이 사건 파일들을 A의 외부로 반출할 당시 적어도 미필적으로나마 배임의 고의가 있었다고 보아야 할 것이다(대판 2011. 7. 28. 2010도9652).

해설: 위 판례는 이 사건 파일들을 피고인의 개인 이메일로 전송받아 보관한 때 업무상배임의 기수에 이른 것으로 보고 있다.

103) 대판 2008. 4. 24. 2006도9089.

104) 대판 2003. 10. 30. 2003도4382.

익을 준 경우, 예컨대 그 배임행위로 인한 급부와 반대급부가 상응하고 다른 재산상 손해(현실적인 손해 또는 재산상 실해 발생의 위험)도 없는 때에는 전체적 재산가치의 감소, 즉 재산상 손해가 있다고 할 수 없다.[105]

배임죄에서 손해액이 구체적으로 명백하게 산정되지 않았더라도 배임죄의 성립에는 영향이 없다고 할 것이나, 본인에게 발생된 손해액을 구체적으로 산정하여 인정하는 경우에는 이를 잘못 산정하는 것은 위법하다.[106]

가. 재산상손해의 산정

아파트보수공사의 대금을 부당하게 높게 하여 계약체결

건설업에 종사하는 갑과 A 아파트 하자보수추진위원회 총무로서 위 아파트 보수공사의 시공업자 선정 및 그 공사대금 지출업무 등 실무를 총괄하던 을이 공모하여 아파트 입주자 대표회의로 하여금 위 보수공사에 관하여 부당하게 높은 가격으로 공사도급계약을 체결하게 한 사안에서,

업무상배임죄는 위태범으로서 그 성립을 위하여 현실로 본인에게 재산상 손해가 발생할 것까지 요하는 것은 아니므로, 타인을 위하여 도급계약을 체결할 임무가 있는 자가 부당하게 높은 가격으로 도급계약을 체결하여 타인에게 부당하게 많은 채무를 부담하게 하였다면 그로써 곧바로 업무상배임죄가 성립하고, 그 이후에 타인이 현실로 채무를 이행하였는지 여부는 업무상배임죄의 성립과는 관계가 없다 할 것이고, 그 경우 배임액은 도급계약의 도급금액 전액에서 정당한 도급금액을 공제한 금액으로 보아야 한다.[107]

해설: 공사대금을 과다지급하고 그 일부를 되돌려 받는 것은 횡령죄를 구성한다.[108]

105) 대판 2004. 4. 9. 2004도771; 대판 2005. 4. 15. 2004도7053; 대판 2008. 6. 19. 2006도4876 전원합의체. 같은 취지로는 대판 2011. 4. 28. 2009도14268. 구체적인 내용은 다음과 같다.

A 주식회사의 대표이사인 피고인은 주주총회의 특별결의 등을 거치지 아니한 A의 유일한 재산이거나 적어도 회사의 존속기반이 되는 중요한 영업용 재산인 선박과 어획물을 갑의 A에 대한 채권에 대한 대물변제로 제공하는 계약을 체결한 후, 위 선박에 관하여 갑 명의로 소유권이전등기를 경료한 사안에서,

처분 당시 주주총회의 특별결의 등을 거치지 아니하였기 때문에 위 대물변제약정 및 이에 따른 소유권이전등기는 법률상 당연무효라고 하더라도 경제적 관점에서 볼 때 위 선박에 관한 소유권이전등기를 넘겨 준 이상 위 처분행위로 인하여 A에게 적어도 위 선박 가액 상당의 현실적인 손해를 가하였거나 재산상 실해 발생의 위험을 초래하였다고 할 것이다. 그러나 한편 피고인은 그 당시 갑이 A에 대하여 합계 385,387,888원의 대여금(원리금 포함) 채권을 갖고 있었는데, 그 대여금 채권에 대한 대물변제 명목으로 객관적 가치가 80,000,000원 정도인 어획물 66t을 234,936,000원으로 계산하고, 근저당권까지 설정되어 있어 실제 가치가 거의 없던 위 선박을 시가 100,000,000원으로 계산하여 양도·양수하였다는 등으로 주장하고 있으므로, 원심으로서는 그와 같이 주주총회의 특별결의 등을 거치지 아니한 위 선박에 대한 대물변제와 관련하여 과연 위와 같은 급부와 반대급부가 상응하는지 여부, 나아가 위 대물변제로 A에게 위 선박의 객관적 가치의 상실 외에 다른 재산상 손해를 가한 것은 없는지 등을 더 심리한 다음, 그 대물변제로 인해 A의 전체적 재산가치의 감소, 즉 재산상 손해가 있었는지 여부를 판단하고, 나아가 만약 이 점이 인정될 경우 그 재산가치의 감소액을 재산상 손해액으로 인정하였어야 할 것이다.

106) 대판 1990. 3. 27. 89도1083; 대판 1989. 10. 24. 89도641; 대판 1999. 4. 13. 98도4022.

107) 대판 1999. 4. 27. 99도883.

108) 대판 2010. 5. 27. 2010도3399.

주식의 실질가치가 영인 회사가 발행하는 신주를 액면가격으로 인수

배임죄에 있어서 재산상의 손해를 가한 때라 함은 현실적인 손해를 가한 경우뿐만 아니라 재산상 실해 발생의 위험을 초래한 경우도 포함되는바, 주식의 실질가치가 영인 회사가 발행하는 신주를 액면가격으로 인수하는 경우에 그로 인한 손해액은 그 신주 인수대금 전액 상당으로 보아야 한다.[109)]

다른 회사의 비상장주식을 고가로 매수한 경우의 주가 및 손해액 산정

회사의 대표이사 등이 그 임무에 위배하여 회사가 보유하고 있는 다른 회사의 주식을 저가로 매도한 경우 회사에 가한 손해액은 통상적으로 그 주식의 매매대금과 적정가액으로서의 시가 사이의 차액 상당이라고 봄이 상당하며, 비상장주식을 거래한 경우에 있어서 그에 관한 객관적 교환가치가 적정하게 반영된 정상적인 거래의 실례가 있는 때에는 그 거래가격을 적정가액으로서의 시가로 보아야 할 것이나, 만약 그러한 거래사례가 없는 경우에는 거래 당시 당해 비상장법인 및 거래당사자의 상황, 당해 업종의 특성 등을 종합적으로 고려하여, 보편적으로 인정되는 여러 가지 평가방법들 중의 하나인 구 상속세 및 증여세법 시행령 제54조의 평가방법에 따라 주식의 적정가액을 평가할 수 있다.[110)]

할인가격으로 납품받을 수 있음에도 비할인가격으로 납품받음

이사는 회사에 대하여 법령과 정관의 규정에 따라 성실하게 회사에 최선의 이익이 되도록 직무를 수행하여야 할 선관주의의무 내지 충실의무를 부담하는 것이므로, 회사에 필요한 물품을 납품받음에 있어 할인된 가격으로 납품가격을 정할 수 있었음에도 납품과정에서 자신이 이익을 취득할 의도로 납품업자에게 가공의 납품업체를 만들게 한 뒤 그 납품업체로부터 할인되지 않은 가격으로 납품을 받았다면 이는 회사와의 신임관계를 저버리는 행위로서 임무에 위배하는 행위라고 할 것이다. 다만, 구체적 사정에 비추어 할인받을 수 있는 가격을 특정할 수 없는 등의 특별한 사정이 있다면 이사가 취득한 이익 전체를 회사에 발생한 재산상 손해액이라고 할 수는 없고, 회사에는 가액을 산정할 수 없는 손해가 발생하였다고 봄이 상당하다.
회사의 대표이사가 사료첨가제 납품업체와 가격협상을 함에 있어 유리한 위치에 있었음에도 사료첨가제 납

109) 대판 2004. 6. 24. 2004도520.

110) 대판 2005. 4. 29. 2005도856; 대판 2007. 2. 8. 2006도483; 대판 2012. 6. 28. 2012도2623. 다음은 같은 취지이다.
비상장주식을 거래한 경우 그 시가는 객관적 교환가치가 적정하게 반영된 정상적인 거래의 실례가 있는 경우에는 그 거래가격을 시가로 보아 주식의 가액을 평가하여야 하나, 그러한 거래사례가 없는 경우에는 보편적으로 인정되는 여러 가지 평가 방법들을 고려하되 거래 당시 당해 비상장법인 및 거래당사자의 상황, 당해 업종의 특성 등을 종합적으로 고려하여 합리적으로 판단하여야 한다.
재벌그룹 소속 갑 회사가 골프장 건설 사업을 진행 중인 비상장회사 을의 주식 전부를 보유하고 을 회사를 위하여 수백억 원의 채무보증을 한 상태에서 갑 회사의 대표이사와 이사들이 을 회사의 주식 전부를 주당 1원으로 계산하여 그룹 회장인 위 대표이사와 그룹 계열사에 매도한 사안에서, 당시 을 회사의 채무 상태는 부채가 자산을 근소하게 초과하고 있었다 하더라도 회원권이 분양되기 전에는 수입을 기대할 수 없는 골프장 사업의 특성상 이는 당연한 것이고 향후 골프장 사업계획을 실행하여 수익을 내고 기업의 가치도 상승할 가능성이 충분하므로, 위 주식 매도행위는 갑 회사에 주식의 내재된 가치를 포기하면서 신용위험만을 부담시키는 것으로서 갑 회사에 주식의 적정한 거래가격과 매도가격의 차액 상당에 해당하는 손해를 가한 배임행위에 해당한다고 한 사례(대판 2008. 5. 15. 2005도7911).

품으로 발생하는 이익금을 자신 등이 얻기 위한 의도에서, 납품업자에게 가공의 납품업체를 만들어 사료첨가제를 납품하라고 지시하고 이를 납품받음으로써 통상적인 납품가격과 가격협상을 통하여 더 낮은 수준에서 납품받을 수 있었던 납품가격의 차액 상당의 재산상 이익을 취득한 경우, 업무상배임죄가 성립하고, 이로 인하여 회사에는 '가액을 산정할 수 없는 손해'가 발생하였다고 판단한 사례.[111)]

대표이사가 제3자를 위하여 회사재산을 담보제공 후 담보물을 교체

회사의 대표이사가 제3자를 위하여 회사의 재산을 담보로 제공한 후 이미 설정한 담보물을 교체하는 경우에 기존 담보물의 가치보다 새로 제공하는 담보물의 가치가 더 크다면, 특별한 사정이 없는 한 회사에게 위와 같은 방법으로 증가된 담보가치 중에서 피담보채무액에 상당하는 액수만큼 재산상 손해가 발생하였다고 할 것이나, 회사의 대표이사가 제3자를 위하여 회사의 재산을 담보로 제공한 후 이미 설정한 담보물을 교체하는 경우에 기존 담보물의 가치보다 새로 제공하는 담보물의 가치가 더 작거나 동일하다면 회사에 재산상 손해가 발생하였다고 볼 수 없다.[112)]

대표이사가, '회사가 명의신탁의 방법으로 보유한 온천발견자의 지위'를 임의 양도

구 온천법의 각 규정에 비추어 보면 온천발견자의 지위는 그것에 터잡아 여러 가지 혜택이 부여되는 등 그 자체로서 상당한 재산상 가치를 갖는 것임에 틀림이 없으므로, 온천개발을 목적으로 설립된 주식회사의 대표이사가 그 회사가 명의신탁의 방법으로 사실상 보유하고 있던 온천발견자의 지위를 그 임무에 위배하여 아무런 대가 없이 타에 양도하였다면, 적어도 회사에 대하여 위 온천발견에 소요된 비용 상당의 손해를 가하고 타인으로 하여금 동액 상당의 이익을 취하게 하였다고 봄이 상당하다.[113)]

일반경쟁입찰에 의하여 체결하여야 할 공사도급계약을 수의계약에 의하여 체결하였다 하더라도 수의계약에 의한 공사대금이 적정한 공사대금의 수준을 벗어나 부당하게 과대하여 일반경쟁입찰에 의하여 공사도급계약을 체결할 경우 예상되는 공사대금의 범위를 벗어난 것이 아니라면 재산상의 손해를 가한 때에 해당한다고 할 수 없다.[114)]

---

111) 대판 2009. 10. 15. 2009도5655.

112) 대판 2006. 11. 9. 2004도7027.

113) 대판 2000. 11. 24. 99도822.

114) 대판 2005. 3. 25. 2004도5731. 다음은 유사 사안이다.

일반경쟁입찰에 의하여 매각할 국유부동산을 수의계약으로 매각

배임죄에 있어서 본인에게 손해를 가한다 함은 총체적으로 보아 본인의 재산상태에 손해를 가하는 경우를 말하는 바 일반경쟁입찰에 의하여 매각할 은닉신고된 국유부동산을 수의계약으로 매각하였다고 하여 바로 국가가 그 부동산 자체를 상실하는 손해를 입었다고 볼 수는 없고, 수의계약에 의한 매각대금이 정당한 객관적 시가가 못되고, 일반경쟁입찰의 방식으로 매각할 경우의 예상대금보다 저렴한 금액인 경우에만 국가에 손해가 발생한 것이다(대판 1981. 6. 23. 80도2934).

부실대출

부실대출에 의한 업무상배임죄가 성립하는 경우에는 담보물의 가치를 초과하여 대출한 금액이나 실제로 회수가 불가능하게 된 금액만을 손해액으로 볼 것은 아니고, 재산상 권리의 실행이 불가능하게 될 염려가 있거나 손해발생의 위험이 있는 대출금 전액을 손해액으로 보아야 하며, 그것을 제3자가 취득한 경우에는 그 전액을 특경법 제3조에서 규정한 제3자로 하여금 취득하게 한 재산상의 가액에 해당하는 것으로 보아야 한다.[115)]

선이자를 공제한 금원대출

업무상배임죄에 있어서 본인에게 손해를 가한다 함은 총체적으로 보아 본인의 재산상태에 손해를 가하는 경우를 말하고, 위와 같은 손해에는 장차 취득할 것이 기대되는 이익을 얻지 못하는 경우도 포함된다 할 것인바, 금융기관이 금원을 대출함에 있어 대출금 중 선이자를 공제한 나머지만 교부하거나 약속어음을 할인함에 있어 만기까지의 선이자를 공제한 경우 금융기관으로서는 대출금채무의 변제기나 약속어음의 만기에 선이자로 공제한 금원을 포함한 대출금 전액이나 약속어음 액면금 상당액을 취득할 것이 기대된다 할 것이므로 배임행위로 인하여 금융기관이 입는 손해는 선이자를 공제한 금액이 아니라 선이자로 공제한 금원을 포함한 대출금 전액이거나 약속어음 액면금 상당액으로 보아야 하고, 이러한 법리는 투신사가 회사채 등을 할인하여 매입하는 경우라고 달리 볼 것은 아니다.[116)]

신규대출금으로 기존대출금의 이자, 선이자, 필요비지급

업무상 배임행위로 인한 신규 대출금의 일부가 기존 대출금의 이자 또는 신규 대출금의 이자 지급에 사용되었다고 하더라도 이를 업무상 배임의 재산상 손해에서 제외할 것은 아니고, 대출수수료 등과 같이 대출과 관련하여 발생하는 필요비 역시 재산상 손해액에 포함된다고 한 사례.[117)]

---

115) 대판 2000. 3. 24. 2000도28.

116) 대판 2004. 7. 9. 2004도810. 같은 취지로는 대판 2003. 10. 10. 2003도3516.

117) 대판 2007. 1. 12. 2006도6464. 구체적인 내용은 다음과 같다.

업무상 배임죄에 있어 '재산상의 손해를 가한 때'라 함은 현실적인 손해를 가한 경우뿐만 아니라 재산상 실해 발생의 위험을 초래한 경우도 포함되고 일단 손해의 위험성을 발생시킨 이상 사후에 담보를 취득하였거나 피해가 회복되었다 하여도 배임죄의 성립에 영향을 주는 것은 아니다.

A 주식회사는 B 유한회사의 우리은행에 대한 기존 대출채무를 인수하면서 이를 전후하여 우리은행으로부터 차명으로 신규 대출을 받았는데, 그 신규 대출은 대출명의자, 대출과목, 대출원금 등에 있어 기존 대출과의 동일성을 찾기 어려울 뿐 아니라, 그 목적도 A의 건물매수자금 또는 운영자금의 조달에 있었기 때문에, 실제 신규 대출금은 그 대출명의자의 계좌에 입금된 후 일부가 기존 대출채무의 이자 지급에 사용되었을 뿐 그 원금 변제에 사용된 것은 전혀 없음을 알 수 있다.

사정이 이러하다면, 이 사건 신규 대출이 기존의 대출채무를 변제하기 위하여 현실적인 자금의 수수 없이 서류상으로만 대출을 받은 것처럼 정리한 이른바 대환에 해당한다고 볼 수 없고, 신규 대출금이 대출명의자의 계좌에 입금되어 실제 차주인 A 또는 A로부터 위 계좌 관리를 위임받은 위 피고인들이 이를 사용할 수 있는 상태에 이른 이상, 그 대출에 따른 재산상 실해 발생의 위험은 초래되었다고 봄이 상당하므로, 이로써 업무상 배임행위는 완성된 것이어서, 그 후 신규 대출금의 일부가 기존 대출금의 이자 또는 신규 대출금의 이자 지급에 사용되었다고 하더라도 이를 업무상 배임의 재산상 손해에서 제외할 것은 아니다. 한편, 대출수수료 등과 같이 대출과 관련하여 발생하는 필요비는 원래 대출금과 별도로 지급되어야 할 것인데 편의상 대출금에서 이를 공제하는 것일 뿐이므로, 이는 이 사건 업무상 배임행위로 인한 재산상 손해액에 포함되어야 할 것이다.

물상보증인이 채권자와 사이에 채무최고액을 정하여 근저당권을 설정하였으나 채무자가 승낙 없이 채무최고액을 초과하여 금원 차용

제3자가 자기 소유의 부동산에 관하여 채무자를 위하여 일정한 채무최고액을 정하여 채권자에게 근저당권설정을 계약하고 등기를 마친 경우에는 특별한 사정이 없는 한 채권자 및 채무자는 그 한도액 내에서 금원대차를 할 수 있고 그 대차시마다 근저당권설정자의 승낙을 받을 필요가 없다고 할 것이며 설령 그 한도액을 초과하여 대차를 한다 할지라도 근저당권설정자는 그 한도액 범위내에서만 담보책임이 있으므로 이 경우에도 근저당권설정자의 사전승낙이 필요없다고 해석되므로 채무자가 금원 차용시마다 설정자의 사전승낙을 받지 않았다 하여도 배임죄를 구성하지 않는다.[118)]

동업재산으로 사용할 토지에 관한 매매계약의 해제

피고인이 갑과 공동으로 토지를 매수하여 그 지상에 창고사업을 하는 내용의 동업약정을 하고 동업재산이 될 토지에 관한 매매계약을 체결한 다음 매도인에게 계약금을 지급하였는데, 이후 소유권이전등기 업무를 처리하면서 갑 몰래 매도인과 사이에 위 매매계약을 해제하고 갑을 배제하는 내용의 새로운 매매계약을 체결한 다음 제3자 명의로 소유권이전등기를 마친 사안에서, 피해자인 조합으로서는 장차 취득할 것이 기대되었던 토지의 가치에 상응하는 재산이 감소되었지만 다른 한편으로는 토지의 잔금지급의무를 면하게 되었으므로 토지의 매수대금 상당액이 위 배임행위로 인하여 조합이 입게 된 재산상 손해액에 해당한다고 할 수는 없는데도, 피고인이 얻은 이득액 및 피해자가 입은 손해액을 토지의 매수대금 상당액으로 인정하여 피고인을 특경법위반(배임)죄로 의율한 원심판단에 배임죄의 재산상 손해액에 관한 법리오해의 위법이 있다고 한 사례.[119)]

A 주식회사의 부사장으로서 영업활동의 결과를 A에 귀속시켜야 할 자가 A의 대표로 가장하거나, 자신이 설립한 B 주식회사 명의로 계약체결

피고인이, 갑이 운영하는 A 주식회사의 부사장으로 대외 영업활동을 하여 그 활동 및 계약을 A에 귀속시키기로 갑과 약정하고도 A에 알리지 않고 피고인 자신이 A의 대표인 것처럼 가장하거나 피고인이 별도로 설립한 B 주식회사 명의로 금형제작·납품계약을 체결함으로써 A에 손해를 가하였다고 하여 업무상배임으로 기소된 사안에서, A의 재산상 손해는 피고인의 임무위배행위로 A의 금형제작·납품계약 체결기회가 박탈됨으로써 발생하므로, 원칙적으로 계약을 체결한 때를 기준으로 금형제작·납품계약 대금에 기초하여 산정하여야 하며, 계약대금 중에서 사후적으로 발생되는 미수금이나 계약 해지로 받지 못하게 되는 나머지 계약대금 등은 특별한 사정이 없는 한 계약 대금에서 공제할 것이 아닌데도, 이와 달리 금형제작·납품계약 대금 중 미수금 및 계약 해지로 받지 못하게 된 부분은 재산상 손해로 인정할 수 없다고 본 것은 잘못이라고 한 사례.[120)]

배임죄에서 재산상 이익의 취득은 인정되나 그 가액을 산정할 수 없음

업무상배임죄에서 재산상의 이익은 인정할 수 있으나 그 가액을 구체적으로 산정할 수 없는 경우, 재산상 이

118) 대판 1984. 7. 24. 83도3196.
119) 대판 2011. 4. 28. 2009도14268.
120) 대판 2013. 4. 26. 2011도6798.

득액을 기준으로 가중 처벌하는 특경법위반(배임)죄로 의율할 수 없다.[121)]

손해발생 이후의 담보취득 또는 피해회복

배임죄에서 "재산상의 손해를 가한 때"라 함은 현실적인 손해를 가한 경우뿐만 아니라 재산상 실해 발생의 위험을 초래한 경우도 포함되고, 일단 손해의 위험성을 발생시킨 이상 사후에 담보를 취득하였거나 피해가 회복되었다 하여도 배임죄의 성립에 영향을 주는 것은 아니다.[122)]

나. 손해발생의 위험

배임죄에 있어 재산상의 손해를 가한 때라 함은 현실적인 손해를 가한 경우뿐만 아니라 재산상 실해 발생의 위험을 초래한 경우도 포함되고, 재산상 손해의 유무에 대한 판단은 본인의 전 재산 상태와의 관계에서 법률적 판단에 의하지 아니하고 경제적 관점에서 파악하여야 하며, 따라서 법률적 판단에 의하여 당해 배임행위가 무효라 하더라도 경제적 관점에서 파악하여 배임행위로 인하여 본인에게 현실적인 손해를 가하였거나 재산상 실해 발생의 위험을 초래한 경우에는 재산상의 손해를 가한 때에 해당되어 배임죄를 구성한다.[123)]

(1) 일반적인 경우

채무초과상태인 회사에 대한 담보제공

회사의 대표이사가 타인의 채무를 회사 이름으로 지급보증 또는 연대보증함에 있어 그 타인이 만성적인 적자로 손실액이나 채무액이 누적되어 가고 있는 등 재무구조가 상당히 불량하여 이미 채무변제능력을 상실한 관계로 그를 위하여 지급보증 또는 연대보증을 할 경우에 회사에 손해가 발생할 것이라는 점을 알면서도 이에 나아갔다면 그러한 지급보증 또는 연대보증은 회사에 대하여 배임행위가 된다고 할 것이나, 그 타인이 단순히 채무초과 상태에 있다는 이유만으로는 그러한 지급보증 또는 연대보증이 곧 회사에 대하여 배임행위가 된다고 단정할 수 없다.[124)]

121) 대판 2001. 11. 13. 2001도3531; 대판 2012. 8. 30. 2012도5220. 다음은 같은 취지이다.
피고인이 실질적으로 소유·지배하는 갑 주식회사 명의로 빌딩을 매입하면서 은행에서 매입자금을 대출받고 을 주식회사로 하여금 대출금채무에 연대보증하게 함으로써 을 회사에 손해를 가하였다고 하여 특경법위반(배임)으로 기소된 사안에서, 빌딩은 일본 동경 중심가의 상업적 요지에 있는 건물로 대출 당시 부동산 가격과 임대료의 상승이 예측되고 있었던 점 등 제반 사정을 종합하면, 연대보증 당시 주채무자인 갑 회사가 이미 채무변제능력을 상실한 상태 또는 사실상 변제능력을 상실한 것과 같다고 평가될 정도의 상태에 있었다고 단정하기 어렵고, 오히려 갑 회사가 상당한 정도의 대출금채무를 자력으로 임의 변제할 능력을 갖추고 있었던 것으로 볼 수 있어 배임행위로 취득한 재산상 이익의 가액(이득액)을 산정할 수 없는 경우에 해당한다(대판 2015. 9. 10. 2014도12619).

122) 대판 2003. 2. 11. 2002도5679; 대판 2005. 10. 28. 2005도5996.

123) 대판 1995. 11. 21. 94도1375; 대판 2012. 2. 23. 2011도15857.

124) 대판 2004. 6. 24. 2004도520. 다음은 같은 취지이다.
채권자와 주채무자 사이의 계속적인 거래관계에서 발생하는 불확정한 채무를 기간을 정하여 보증하는 이른바 계속적 보증의 경우에도 보증인은 그 기간 동안 발생한 모든 채무 중 주채무자가 이행하지 아니하는 채무를 전부 이

은행지점장이 임무에 위배하여 B가 C로부터 공급받는 물품의 대금을 C에게 지급보증하였으나, 위 지급보증이 비정상임을 확인한 C가 주문받은 물품을 공급하지 않음

업무상배임죄는 업무상 타인의 사무를 처리하는 자가 임무에 위배하는 행위를 하고 그러한 임무위배행위로 인하여 재산상의 이익을 취득하거나 제3자로 하여금 이를 취득하게 하여 본인에게 재산상의 손해를 가한 때 성립하는데, 여기서 재산상의 손해에는 현실적인 손해가 발생한 경우뿐만 아니라 재산상 실해 발생의 위험을 초래한 경우도 포함되고, 재산상 손해의 유무에 대한 판단은 법률적 판단에 의하지 않고 경제적 관점에서 파악하여야 한다. 그런데 재산상 손해가 발생하였다고 평가될 수 있는 재산상 실해 발생의 위험이란 본인에게 손해가 발생할 막연한 위험이 있는 것만으로는 부족하고 경제적인 관점에서 보아 본인에게 손해가 발생한 것과 같은 정도로 구체적인 위험이 있는 경우를 의미한다. 따라서 재산상 실해 발생의 위험은 구체적·현실적인 위험이 야기된 정도에 이르러야 하고 단지 막연한 가능성이 있다는 정도로는 부족하다.

A은행 지점장인 피고인이 업무상 임무에 위배하여 물품대금 지급보증서를 발급한 후 B 주식회사의 거래처인 C 주식회사에 건네줌으로써 A에 손해를 가하였다고 하여 특경법위반(배임)으로 기소된 사안에서, C는 지급보증서가 정상적으로 발급된 것이 아님을 확인하고 B를 통하여 물품을 주문하였던 사람들에게 물품을 공급하지 않음으로써 B가 C에 대하여 아무런 물품대금 채무를 부담하지 않게 된 사정 등에 비추어, 피고인이 A를 대리하여 B가 C에 대해 장래 부담하게 될 물품대금 채무에 대하여 지급보증을 하였더라도, C가 B와 거래를 개시하지 않아 지급보증 대상인 물품대금 지급채무 자체가 현실적으로 발생하지 않은 이상, 보증인인 A에 경제적인 관점에서 손해가 발생한 것과 같은 정도로 구체적인 위험이 발생하였다고 평가할 수 없어, 배임죄가 성립하지 않는다.[125)]

주권발행 전의 주식을 양도하고도 주식을 포기(발행회사에 반환)

피고인이 A 주식회사의 주권 발행 전 주식을 이미 피해자에 매도하였음에도, 주식 명의개서를 받을 수 있도록 협조할 임무에 위배하여 위 주식을 포기하고 A에 반환함으로써 피해자에 재산상 손해를 가하였다는 내용으로 기소된 사안에서,

이 사건 주식은 주권이 발행되지 않은 것으로 그 매매계약은 A 성립 후 6개월이 지난 시점에 체결되었으며 피해자가 피고인으로부터 이 사건 주식을 적법하게 양수하였다면, 피해자는 주식 양수인으로서 특별한 사정이 없는 한 양도통지 등 피고인의 협력 없이 단독으로 위 주식 양수 사실을 증명하여 A에 대하여 명의개서 청구를 하는 등 자신이 적법한 주주임을 주장할 수 있는 것이고, 주식 양수인이 명의개서 여부를 자유로이 결정할 권리를 가지고 있어 주식 양도인인 피고인에게는 명의개서 청구권이 없으므로 피고인에게 피해자의 명의개서 절차에 협조할 의무가 있다고 보기 어렵고, 피고인이 이 사건 주식 양도 이후 임의로 A에 대하여 그 주식을 포기한다거나 이를 반환한다는 의사표시를 하였을지라도 이는 무권한자의 행위로서 아무런 효력이 없어 피해자가 자신이 여전히 적법한 주주임을 주장하는 데에 아무런 장애가 없으므로 이로써 분쟁을 야기하는 등 사실상 불편을 초래하였다고 볼 수 있을지언정 피고인이 피해자에 현실적인 손해를 가하였거나

행할 의무가 있는 것이 원칙이므로, 보증인이 약정한 보증기간 및 보증한도액 내에서 대출을 하여 주었다면 비록 주채무자인 법인의 명칭 및 대표이사가 변경되었음에도 종전 대출시에 사용하였던 연대보증관계 서류로써 대출해 주었더라도 배임죄가 성립하지 않는다고 한 사례(대판 2002. 6. 28. 2000도3716).

125) 대판 2015. 9. 10. 2015도6745.

재산상 실해 발생의 위험을 초래하였다고 보기 어렵다.[126)]

조합의 대출담당자가 서류를 위조하여 조합 명의의 근저당권설정등기를 말소함

피해자 조합의 대출업무 등 담당자인 피고인이 피해자에 처와 모친 소유의 토지를 담보로 제공하고 그들 명의로 대출을 받은 다음 위임장 등을 위조하여 담보로 제공된 위 토지에 설정된 근저당권설정등기를 말소한 사안에서,

피고인이 위임장과 해지증서를 위조하여 피해자 조합의 근저당권설정등기를 말소한 것이라면, 그 등기 말소로 피해자는 당장 위 근저당권을 피담보채권과 함께 처분한다거나 피담보채권 회수를 위한 경매 신청을 할 수 없는 등 자산으로서의 근저당권을 운용·처분하지 못해 사실상 담보를 상실한 것과 다를 바 없는 손해가 발생하였다고 할 것이어서 배임죄가 성립하며 피해자가 위 말소된 근저당권설정등기의 회복등기를 구할 수 있다고 하여 달리 볼 것은 아니다.[127)]

---

126) 대판 2011. 5. 13. 2010도16391. 다음은 같은 취지이다.

허위 서류를 제출하여 발명자 아닌 자를 특허권자로 등재케 함

갑 주식회사 직원인 피고인이 대표이사 을 등이 직무에 관하여 발명한 '재활용 통합 분리수거 시스템'의 특허출원을 하면서 임의로 특허출원서 발명자란에 을 외에 피고인의 성명을 추가로 기재하여 공동발명자로 등재되게 한 사안에서, 발명자에 해당하는지는 특허출원서 발명자란 기재 여부와 관계없이 실질적으로 정해지므로 피고인의 행위만으로 곧바로 갑 회사의 특허권 자체나 그와 관련된 권리관계에 어떠한 영향을 미친다고 볼 수 없어, 결국 그로 인하여 갑 회사에 재산상 손해가 발생하였다거나 재산상 손해발생의 위험이 초래되었다고 볼 수 없다고 본 사례(대판 2011. 12. 13. 2011도10525).

자금조달을 위해 비상장주식을 매도하려는 자로부터 시가 근접 가격으로 매수

회사가 매입한 비상장주식의 실거래가격이 시가에 근접하거나 적정한 가격으로 볼 수 있는 범위 내에 속하여 실거래가격과의 차이가 명백하지 않은 경우라고 하더라도, 그 거래의 주된 목적이 비상장주식을 매도하려는 매도인의 자금조달에 있고 회사로서는 그 목적 달성에 이용된 것에 불과하다고 보이는 등의 특별한 사정이 있다면, 비상장주식을 현금화함으로써 매도인에게 유동성을 증가시키는 재산상의 이익을 취득하게 하고 반대로 회사에 그에 상응하는 재산상의 손해로서 그 가액을 산정할 수 없는 손해를 가한 것으로 볼 수 있다. 다만, 기업의 경영과 자금운영에 구체적 위험을 초래하지 않았음에도 단지 현금유동성의 상실만을 이유로 배임죄의 성립요건인 재산상 위험이 발생하였다고 인정하는 것은 신중을 기하여야 한다.

SK씨앤씨가 상장주식(SK주식)을 비상장주식(워커힐 주식)으로 교환한 것인 만큼 처분의 용이성 면에서는 분명 차이가 있겠으나, SK씨앤씨가 SK주식을 장기보유 목적으로 취득·보유하여 온 이상, 이를 워커힐 주식으로 대체하였다고 하여 현금유동성 면에서도 의미있는 차이가 나는지 의문일 뿐 아니라, 이 사건 주식교환 자체로 SK씨앤씨에게 유동성위기나 영업 차질이 초래되었다고 볼 객관적인 자료가 없는 이 사건에서, SK씨앤씨의 재무구조, 유동성, 안정성에 관한 심리·판단 없이, 이 사건 교환으로 현금유동성 상실로 인한 재산상 위험이 발생하였다고 단정한 원심의 조치는 적절하다고 할 수 없으나, 앞서 본 바와 같이 SK씨앤씨에게 손해가 발생한 것으로 본 원심의 판단이 정당한 이상, 원심의 위와 같은 잘못은 판결 결과에 영향을 미친 바 없다(대판 2008. 5. 29. 2005도4640).

은행 지점장인 피고인이 자신의 개인채무에 대한 보장조로 보호예수물의 수령 없이 정상적으로 발급된 보호예수증서로서의 외관을 갖추지 아니한 보호예수증서를 채권자에게 작성·교부한 사안에서, 피고인의 보호예수증서 작성·교부행위로 말미암아 은행에게 현실적인 손해가 발생하였거나 재산상 실해 발생의 위험이 초래되었다고 볼 수 없다는 이유로 업무상 배임의 점에 대하여 무죄를 선고한 원심판결을 수긍한 사례(대판 1997. 5. 30. 95도531).

127) 대판 2014. 6. 12. 2014도2578. 원심의 판단은 다음과 같다.

위 각 근저당권설정등기는 원인 없이 부적법하게 말소된 것으로 그 회복등기가 마쳐지기 전이라도 물권의 효력에는 아무런 영향이 없어 피해자는 여전히 근저당권자로서의 권리를 그대로 보유하고, 위 각 토지에 관하여 등기상

해설: 위 판례에서 대판 2010. 9. 30. 2010도6490, 대판 2010. 3. 25. 2009도14585는 배임행위가 채무부담행위인 경우에 관한 것으로서 이 사건과 사안이 달라 원용하기에 부적절하다고 판시하였다.

(2) 기업인수

차입매수를 함에 있어 인수자금 마련을 위하여 피인수회사의 유상감자와 이익배당을 실시

이른바 차입매수 또는 LBO(Leveraged Buy-Out의 약어)란 일의적인 법적 개념이 아니라 일반적으로 기업인수를 위한 자금의 상당 부분에 관하여 피인수회사의 자산을 담보로 제공하거나 그 상당 부분을 피인수기업의 자산으로 변제하기로 하여 차입한 자금으로 충당하는 방식 등의 기업인수기법을 일괄하여 부르는 경영학상의 용어로, 거래 현실에서 그 구체적인 태양은 매우 다양하다. 이러한 차입매수에 관하여는 이를 따로 규율하는 법률이 없는 이상 일률적으로 차입매수 방식에 의한 기업인수를 주도한 관련자들에게 배임죄가 성립한다거나 성립하지 아니한다고 단정할 수 없는 것이고, 배임죄의 성립 여부는 차입매수가 이루어지는 과정에서의 행위가 배임죄의 구성요건에 해당하는지 여부에 따라 개별적으로 판단되어야 한다.

공소사실: A 주식회사의 B 주식회사 인수를 위한 대출금을 변제하려는 목적으로 피고인들이 B의 유상감자 및 이익배당을 실시하여 결국 614억 원을 B에서 빼내어감으로써 A로 하여금 614억 원 상당의 재산상 이익을 취득하게 하고 B에게 동액 상당의 재산상 손해를 가하였다.

판단: 피고인들이 B의 이사로서 수행한 유상감자 및 이익배당으로 인하여 B의 적극재산이 감소하였다고 하더라도 이는 우리 헌법 및 상법 등 법률이 보장하는 사유재산제도, 사적 자치의 원리에 따라 주주가 가지는 권리의 행사에 따르는 결과에 불과하고, 유상감자 당시 B의 영업이익이나 자산 규모 등에 비추어 볼 때 유상감자의 절차에 있어서 절차상의 일부 하자로 인하여 B의 채권자들에게 손해를 입혔다고 볼 수 없으며, 1주당 감자 환급금액과 B의 배당가능이익을 감안하면 결국 이 사건 유상감자 및 이익배당으로 인하여 B의 주주들에게 부당한 이익을 취득하게 함으로써 B에 손해를 입혔다고 볼 수 없다면 피고인들에게 배임죄가 성립하지 않는다.[128)]

인수자가 대출금으로 주식인수 후 피인수회사의 자산을 담보로 제공(배임○)

기업인수에 필요한 자금을 마련하기 위하여 인수자가 금융기관으로부터 대출을 받고 나중에 피인수회사의 자산을 담보로 제공하는, LBO 방식을 사용하는 경우, 피인수회사로서는 주채무가 변제되지 아니할 경우에는 담보로 제공되는 자산을 잃게 되는 위험을 부담하게 되므로 인수자만을 위한 담보제공이 무제한 허용된다고 볼 수 없고, 인수자가 피인수회사의 위와 같은 담보제공으로 인한 위험 부담에 상응하는 대가를 지급하는 등의 반대급부를 제공하는 경우에 한하여 허용될 수 있다. 만일 인수자가 피인수회사에 아무런 반대급부를 제공하지 않고 임의로 피인수회사의 재산을 담보로 제공하게 하였다면, 인수자 또는 제3자에게 담보 가치에 상응한 재산상 이익을 취득하게 하고 피인수회사에 재산상 손해를 가하였다고 보는 것이 타당하다. 부

이해관계 있는 제3자는 그의 선의, 악의를 묻지 않고 위 회복등기에 필요한 승낙을 할 의무가 있으며, 피해자가 피고인의 사용자로서 또는 기타의 원인으로 불법행위책임 등을 부담하게 될 가능성도 없어, 피해자에 어떠한 손해가 발생하였다고 보기 어렵다.

128) 대판 2013. 6. 13. 2011도524.

도로 인하여 회생절차가 진행 중인 주식회사의 경우에도 회사의 주주나 채권자들의 잠재적 이익은 여전히 보호되어야 하므로, 피인수회사가 회생절차를 밟고 있는 기업이라고 하더라도 위와 같은 결론에는 아무런 영향이 없다.[129)]

A 주식회사의 사실상 차기 대주주가 A의 대표이사 등에게 지시하여 담보제공 없이 금원을 대여받아 A의 주식 매매대금으로 사용(배임○)

주식회사의 임원이나 회계책임자가 당해 회사의 주식을 매수하여 대주주가 되려고 하는 자에게 미리 대주주대여금 명목으로 회사자금을 교부하여 그 돈으로 주식매수대금을 지급하게 하는 행위는 대주주가 되려는 자의 개인적인 이익을 도모하고 회사의 부실을 초래하는 것으로서, 그 대여행위가 회사의 이익을 위한 것임이 명백하고 회사 내부의 정상적인 의사결정절차를 거쳤으며 그로 인하여 회사의 자금운용에 아무런 어려움이 발생하지 않을 뿐만 아니라 대여금 회수를 위한 충분한 담보도 확보되어 있다는 등의 특별한 사정이 없는 한 업무상배임죄(경우에 따라서는 업무상횡령죄. 대판 2005. 3. 24. 2004도8963 참조)에 해당한다고 할 것이고, 또 그와 같은 방법으로 회사의 대주주가 된 자가 회사 임원 등의 배임행위를 교사하거나 배임행위의 전 과정에 관여하는 등으로 적극 가담한 경우에는 업무상배임죄의 공동정범이 된다고 할 것이다.
피고인이 A 주식회사의 주식을 전량 매수함에 있어 매수자금 중 13억 6,000만 원 정도가 부족하자 사실상의 차기 대주주로서 A의 대표이사 갑 및 회계책임자 을에게 회사자금을 인출해 달라고 지시하였고, 이에 을은 아무런 인적·물적 담보를 확보하지 않고 변제기일도 정하지 아니한 채 대주주대여금 명목으로 피고인에게 위 금액 상당의 회사자금을 대여한 점, 당시 피고인에게 위와 같은 방법 외에 달리 주식매수자금을 마련할 방법이 없었던 것으로 보이는 점, 피고인은 위 차용금을 전혀 변제하지 않고 있다가 그로부터 불과 6개월 후 A를 다른 회사에 처분한 점 등에 비추어 보면, 피고인은 배임의 고의를 가지고 을의 배임행위에 적극 가담한 것으로 인정된다.[130)]

피인수회사의 실질적인 운영자지위를 취득한 후 위 회사 자금을 인수자금에 사용(횡령○)

피고인이 A 주식회사의 경영권을 인수한 후 A 소유의 예금을 인출하여 피고인의 A 인수를 위한 대출금 변제에 사용하는 방법으로 횡령하였다는 내용으로 기소된 사안에서, 피고인이, 위 예금이 인출되기 직전에 있었던 주주총회에서 피고인 측 이사 3명이 선출됨으로써 A의 실질적 운영자의 지위를 취득하였던 점 등에 비추어 위 예금을 보관하는 자의 지위에 있었다는 이유로, 횡령죄를 인정한 사례.[131)]

---

129) 대판 2012. 6. 14. 2012도1283. 다음은 같은 취지이다.
LBO(Leveraged Buyout) 방식의 기업인수 과정에서, 인수자가 제3자가 주채무자인 대출금 채무에 대하여 아무런 대가 없이 피인수회사의 재산을 담보로 제공하였다면, 설사 주채무자인 제3자가 대출원리금 상당의 정리채권 등을 담보로 제공하고 있었다고 하더라도, 피인수회사로서는 이로 인하여 그 담보가치 상당의 재산상 손해를 입었다고 할 것이므로 배임죄가 성립한다고 한 사례(대판 2008. 2. 28. 2007도5987).
피인수회사가 회사정리절차를 밟고 있는 기업인 경우에 관하여 같은 취지로는 대판 2006. 11. 9. 2004도7027.
130) 대판 2007. 2. 8. 2006도483.
131) 대판 2011. 3. 24. 2010도17396.

A의 대표이사가 A주식을 매도하면서 그 매수인에게 A의 자금이 예금된 양도성예금증서를 주어 동인으로 하여금 이를 담보로 주식매수자금을 대출받게 함(횡령○)

A주식회사의 주주이자 대표이사인 피고인 1이 피고인 2를 대리인으로 하여 A의 주식을 매도하는 과정에서 1차 중도금 50억 원 마련을 위하여 A 소유의 양도성예금증서를 대출금의 담보로 제공해 달라는 매수인측의 요청에 따라, 피고인 1은 A의 자금으로 양도성예금증서를 준비하고, 피고인 2는 양도성예금증서의 준비를 독촉하는 외에 머뭇거리는 피고인 1과 양도성예금증서의 교부를 반대하는 A의 주주이자 이사인 갑에게 법적으로 책임질 것이 없다는 취지로 말하면서 강력히 권유하여, 피고인 1로 하여금 매수인측에 양도성예금증서 53억 원 상당을 교부토록 하여 매수인측이 1차 중도금 50억 원 대출 원리금의 담보로 제공케 한 사안에서, 담보로 제공한 것은 그 거래의 형식만 LBO방식에 의한 M&A계약의 외양을 갖추었을 뿐 실제에 있어서는 피고인 1 개인의 주식처분에 따른 매매대금을 마련하기 위한 사적인 목적을 위하여 A의 재산을 임의로 담보제공한 것에 불과하다 할 것이므로 횡령죄가 성립한다.
A의 재산을 임의로 처분하려는 피고인 1의 횡령행위를 주선하고 그 처분행위를 적극적으로 종용한 피고인 2는 피고인 1의 횡령행위에 가담한 공동정범의 죄책을 면할 수 없다.[132]

(3) 법인의 무효인 법률행위

배임죄에 있어서 본인에게 재산상의 손해를 가한 것이란 본인의 전체적 재산가치가 감소됨을 가리키는 것으로서 본인에게 현실적인 손해를 입힌 경우뿐만 아니라 재산상 실해 발생의 위험을 초래한 경우도 포함한다. 그리고 위와 같은 재산상 손해의 유무는 법률적 판단에 의하지 아니하고 경제적 관점에서 파악하여야 하나, 회사의 대표이사가 회사 명의로 체결한 계약이 관련 법령이나 정관에 위배되어 법률상 효력이 없는 경우에는 그로 인하여 회사가 계약 상대방에게 민법상 불법행위책임을 부담하게 되는 등 특별한 사정이 없는 한 계약의 체결행위만으로 회사에 현실적인 손해가 발생하거나 재산상 실해 발생의 위험이 초래되었다고 할 수 없어서, 그것만으로 배임죄 구성요건이 모두 충족되어 범행이 기수에 이르렀거나 범행이 종료되었다고 볼 수 없다.[133]

주주총회의사록 등을 위조하여 대표이사를 사칭한 자에 의한 대물변제

주식회사의 주주총회결의에서 자신이 대표이사로 선임된 것으로 주주총회의사록 등을 위조한 자가 회사를 대표하여 한 대물변제 등의 행위는 법률상 효력이 없어 그로 인하여 회사에 어떠한 손해가 발생한다고 할 수 없으므로, 그 행위로 인하여 회사가 상법 제395조의 표현대표이사책임을 부담하는 등의 특별한 사정이 없는 한 그 대표이사를 사칭한 자의 행위는 배임죄를 구성하지 아니한다.[134]

132) 대판 2005. 8. 19. 2005도3045.
133) 대판 2011. 11. 24. 2010도11394.
134) 대판 2013. 3. 28. 2010도7439.

대표이사가 개인 채무에 관하여 회사 명의로 금전소비대차 공정증서 작성

법인의 대표자가 법인 명의로 한 채무부담행위가 법률상 효력이 없는 경우에는 특별한 사정이 없는 한 그로 인하여 법인에 어떠한 손해가 발생하거나 발생할 위험이 있다고 할 수 없으므로 그 대표자의 행위는 배임죄를 구성하지 아니하며, 주식회사의 대표이사 등이 회사의 이익을 위해서가 아니라 자기 또는 제3자의 이익을 도모할 목적으로 대표권을 행사한 경우에 상대방이 대표이사 등의 진의를 알았거나 알 수 있었을 때에는 그 행위는 회사에 대하여 무효가 되므로 위와 같이 보아야 한다.

A 주식회사 대표이사인 피고인이 자신의 채권자들에게 A 명의의 금전소비대차 공정증서와 약속어음 공정증서를 작성해 줌으로써 A에 재산상 손해를 가하였다고 하여 배임죄로 기소된 사안에서, 피고인의 행위는 대표권을 남용한 행위로서 상대방들도 피고인이 A의 이익과 관계없이 자기 또는 제3자의 이익을 도모할 목적으로 공정증서를 작성해 준다는 것을 알았거나 충분히 알 수 있었으므로 모두 무효이고, 그로 인하여 A에 재산상 손해가 발생하였다거나 재산상 실해발생의 위험이 초래되었다고 볼 수 없다.[135]

135) 대판 2012. 5. 24. 2012도2142. 다음은 같은 취지이다.

다른 회사의 주식에 대한 인위적 주가관리를 하는 과정에서 돈을 빌려준 자에게 자기가 대표이사인 회사 명의로 금전소비대차계약 체결

2인 이상이 공모하여 범죄를 실행하는 과정에서, 범죄에 필요한 자금을 제공한 공범에게 자금제공에 대한 대가를 지급하거나 자금제공에 따른 손실을 보전하여 주기로 하는 공범 간 약정은 사회질서에 위배되어 무효이고, 공범 아닌 제3자가 그 무효인 약정에 기한 채무를 부담하거나 이행하기로 하는 약정도 역시 무효이다.

A 주식회사 대표이사인 피고인이 B 주식회사 등의 주식에 대한 인위적 주가관리를 하는 과정에서 갑에게서 필요한 자금을 제공받은 후 A를 채무자로 하는 금전소비대차계약 등의 약정을 체결하여 A에 재산상 손해를 가하였다고 하여 특경법위반(배임)으로 기소된 사안에서, 피고인이 A로 하여금 약정에 따른 채무를 부담하게 하는 행위는 회사의 영리목적 또는 경영상 필요와 관계없이 피고인 또는 제3자의 이익을 도모할 목적으로 권한을 남용한 것으로 상대방 갑도 그와 같은 진의를 알았거나 알 수 있었다고 볼 여지가 있을 뿐만 아니라, 위 금전소비대차계약 자체가 사기적 부정거래 등을 통한 주가조작 범행을 공모하여 실행한 공범 사이에서 범행에 필요한 자금제공에 대한 대가를 지급하거나 그에 따른 손실을 보전하여 주기로 하는 반사회질서 법률행위에 기초한 것으로 볼 수도 있어 위 채무부담행위는 A에 대하여 무효이므로, 그로 인하여 A에 어떠한 재산상 손해가 발생하거나 발생할 위험이 있다고 보기 어렵다(대판 2011. 7. 14. 2011도3180).

대표이사가 대표권을 남용하여 자신의 개인채무에 대하여 회사 명의의 차용증을 작성하여 주었고, 그 상대방도 이와 같은 진의를 알았거나 알 수 있었던 사안에서, 무효인 차용증을 작성하여 준 것만으로는 회사에 재산상 손해가 발생하였다거나 재산상 실해 발생의 위험이 초래되었다고 볼 수 없어 업무상배임죄가 성립하지 않는다고 한 사례(대판 2010. 5. 27. 2010도1490).

대표이사가 개인의 차용금 채무에 관하여 개인 명의로 작성하여 교부한 차용증에 추가로 회사의 법인 인감을 날인하였다고 하더라도 대표이사로서 행한 적법한 대표행위라고 할 수 없으므로 회사가 위 차용증에 기한 차용금 채무를 부담하게 되는 것이 아님은 물론이고, 나아가 금원의 대여자는 위와 같은 행위가 적법한 대표행위가 아님을 알았거나 알 수 있었다 할 것이어서 회사가 대여자에 대하여 사용자책임이나 법인의 불법행위 등에 따른 손해배상의 무도 부담할 여지가 없으므로, 결국 회사에 재산상 손해가 발생하였다거나 재산상 실해 발생의 위험이 초래되었다고 볼 수 없다는 이유로 대표이사의 업무상배임 부분에 대하여 무죄를 선고한 원심판결을 수긍한 사례(대판 2004. 4. 9. 2004도771).

사채업자인 갑은 피고인이 A 회사의 사업자금으로 사용하기 위하여 이 사건 어음 및 수표를 할인받으려 한다는 사실을 잘 알면서도, A 회사의 자금담당직원인 을을 통하여 이 사건 어음 및 수표의 할인을 의뢰받게 되자 A 회사 및 피고인의 신용이 부족함을 이유로 피고인이 이사장으로 있는 조합 명의의 배서를 요구하여, 중소기업협동조합법 제47조 제2호에 위반하여 조합 이사회의 의결을 거치지 아니한 채 피고인이 임의로 작성한 배서가 기재된 이 사건 어음 및 수표를 을을 통하여 바로 교부받고 이를 할인하여 주었고, 이 사건 약속어음의 소지인이 조합을 상대로 하여 제기한 약속어음금 및 손해배상청구 사건에서, 피고인의 위 각 배서행위는 조합의 정관과 강행규정인 중소기업협동조합법 제47조 제2호를 위반하여 조합 이사회의 의결을 거치지 아니하여 법률상 무효이므로 조합은 어음, 수표상의 책임을 지지 않음은 물론 갑이 이러한 사정을 알았거나 중대한 과실로 알지 못하고 할인해 준 것임을 이유로 조합의 민법 제756조 또는 제35조에 의한 손해배상책임도 부정하여 갑의 청구를 기각하는 판결이 선고, 확정된 사안에서,

조합이 아무런 대가관계 없이 타인의 어음이나 수표에 배서하여 어음, 수표상의 채무를 부담하는 것은 극히 이례적인 점과 위와 같은 할인과정에 비추어 갑으로서는 조금만 주의를 기울였더라면 어음, 수표상의 배서에 의한 조합의 기채행위에 법률상 제한이 있다는 것을 알 수 있었다고 보여지므로, 갑은 피고인이 조합 내부의 적법한 절차를 거치지 아니한 채 조합 명의 배서를 작성하였다는 것을 알았다고 할 수는 없다고 하더라도 그러한 사실을 알지 못한 데에 중대한 과실이 있다고 보아야 할 것인바, 그렇다면 피고인의 위 각 배서행위로 인하여 조합이 어음, 수표상의 책임을 부담하지 아니함은 물론이고, 그 밖에 사용자책임 또는 법인의 불법행위책임도 부담하지 아니한다 할 것이므로, 조합에 현실적인 손해가 발생하였거나 재산상 실해 발생의 위험이 초래되었다고 볼 수 없다(대판 2000. 2. 11. 99도2983).

채무보증이나 담보제공이 금지된 상호저축은행법에 반하여 상호저축은행 명의로 한 채무부담

법인의 대표자 또는 피용자가 그 법인 명의로 한 채무부담행위가 관련 법령에 위배되어 법률상 효력이 없는 경우에는 그로 인하여 법인에게 어떠한 손해가 발생한다고 할 수 없으므로, 그 행위로 인하여 법인이 민법상 사용자책임 또는 법인의 불법행위책임을 부담하는 등의 특별한 사정이 없는 한 그 대표자 또는 피용자의 행위는 배임죄를 구성하지 아니한다.

상호저축은행이 채무를 보증하거나 담보를 제공하는 행위를 금지하는 구 상호저축은행법 제18조의2 제4호는 효력규정으로서 이에 위배하는 상호저축은행 대표이사 등의 행위는 무효이므로, 그로 인하여 상호저축은행이 민법상 사용자책임 또는 법인의 불법행위책임을 부담하는 등의 특별한 사정이 없는 한 배임죄는 성립하지 아니한다(대판 2010. 9. 30. 2010도6490).

새마을금고 이사장이 이사회의결 없이 개인으로부터 자금차입 또는 채무부담

새마을금고법 등의 규정에 비추어 새마을 금고의 이사장이 이사회의 의결없이 개인으로부터 자금을 차입하거나 채무를 부담하는 행위는 당연무효이므로 피고인이 금고이사장으로서의 임무에 위배하여 갑에게 금고 이사장 명의로 채무를 부담하는 각서를 작성·교부하였다 하더라도 당시 이사회의 의결을 거치지 아니하였으니 갑은 위 각서상의 채권을 취득할 수 없음은 물론 금고도 채무를 부담하지 않으며 따라서 동 금고에 아무런 손해도 발생하지 아니하여 배임죄는 성립하지 않는다(대판 1987. 11. 10. 87도993).

신용금고에 예금이 입금되지 아니하였음에도 입금된 듯이 입금전표와 거래원장을 작성하고 전산입력까지 마친 다음 예금통장을 명의자들에게 교부

[1] 피고인이 자신이 대표이사로 있는 신용금고에 양도인 명의의 예금이 실제로 입금되지 아니하였음에도, 그 예금이 이미 입금된 듯이 입금전표와 거래원장을 작성하고 전산입력까지 마친 다음 예금통장을 명의자들에게 교부한 것이라면, 설사 신용금고와 위 명의자들간에 민사상의 예금계약이 적법하게 체결된 것이 아니어서 신용금고에게 예금반환채무가 발생한 것은 아니라고 하더라도, 그 허위의 예금은 신용금고로부터 언제든지 인출될 수 있는 상태에 있게 됨으로써 이미 신용금고에게 재산상 실해 발생의 위험을 초래하였다고 본 사례.

[2] 피고인들이 주식 양도양수계약으로 인하여 [1]항의 허위 예금액을 초과하는 금액이 예치된 법인 명의의 예금통장과 도장을 양도인으로부터 받아 보관하고 있어서 그 예금을 인출하여 허위의 예금통장에 입금할 수 있도록 되어 있었다고 하더라도, 법인의 예금을 피고인들이 임의로 인출하는 것은 범죄행위가 될 뿐 아니라 위 각 예금은 서로 예금주 명의를 달리하여 어떠한 경우에나 그 허위의 예금이 인출됨으로 인한 손해가 담보된다고는 할 수 없으므로, 신용금고에게 실해 발생의 위험이 있다고 본 사례(대판 1996. 9. 6. 96도1606).

해설: 위 판례의 사안은, 피해자들이 108억여 원에 이르는 A 주식회사의 전 주식을 매도하면서 그 매매대금을 A의 예금이 아닌 별도의 자금으로 지급할 것을 요구하였음에도, 피고인은 자신이 대표이사로 있는 B신용금고에 실제 예금이 예치되지 아니한 허위의 예금통장을 진정한 것처럼 가장하여 피해자들에게 교부한 다음 사후에, A의 예금을 인출하여 위 허위의 예금통장에 입금하여 매매대금을 결제하였다.

판결요지: 배임죄는 임무에 위배하는 행위로 인한 현실적 손해의 발생이나 재산상 실해발생의 위험을 요건으로 하므로 그러한 손해발생의 위험이 초래되지 아니한 경우에는 배임죄가 성립하지 않는다. 그리고 법인의 대표자 또는 피용자가 법인 명의로 한 채무부담행위가 관련 법령에 위배되어 법률상 효력이 없는 경우에는 그로 인하여 법인에

회사의 대표이사가 대표권을 남용하여 회사 명의의 약속어음을 발행하고 상대방이 그 사실을 알고 있었거나 중대한 과실로 알지 못함

회사의 대표이사가 개인 채무를 담보하기 위하여 회사 명의의 약속어음을 발행하는 것은 대표권 남용행위이고, 만일 상대방이 그 사실을 알고 있었거나 중대한 과실로 알지 못하였다면 대표이사가 회사 명의의 약속어음을 발행한 것은 회사에 대하여 무효이므로 회사는 상대방에 대하여 어음금 채무를 지지 아니할 뿐만 아니라 위와 같은 사정 하에서라면 회사는 상대방에 대하여 민법 제35조 제1항에 의한 손해배상책임 또는 민법 제756조 제1항에 의한 사용자책임도 지지 아니한다. 그러나 약속어음은 원칙적으로 배서에 의하여 양도할 수 있고(어음법 제11조 제1항, 제77조 제1항), 약속어음에 의하여 청구를 받은 자는 그 소지인이 채무자를 해할 것을 알고 어음을 취득한 경우가 아니라면 발행인 또는 종전의 소지인에 대한 인적 관계로 인한 항변으로써 소지인에게 대항하지 못하므로(어음법 제17조, 제77조 제1항), 대표이사가 대표권을 남용하여 회사 명의의 약속어음을 발행하였다면, 비록 상대방이 그 사실을 알고 있었거나 중대한 과실로 알지 못하여 회사가 상대방에 대하여는 채무를 부담하지 아니한다 하더라도 약속어음이 제3자에게 유통될 경우 회사가 소지인에 대하여 어음금 채무를 부담할 위험은 이미 발생하였다 할 것이므로, 그 약속어음이 제3자에게 유통되지 아니한다는 특별한 사정이 없는 한 경제적 관점에서는 회사에 대하여 배임죄에서의 재산상 실해 발생의 위험이 초래되었다고 봄이 상당하다.[136]

게 어떠한 손해가 발생한다고 할 수 없으므로, 그 행위로 인하여 법인이 민법상 사용자책임 또는 법인의 불법행위 책임을 부담하는 등의 특별한 사정이 없는 한 그 대표자 또는 피용자의 행위는 배임죄를 구성하지 아니한다. 한편 회사의 대표이사가 대표권의 범위 내에서 한 행위는 설사 대표이사가 회사의 영리목적과 관계없이 자기 또는 제3자의 이익을 도모할 목적으로 그 권한을 남용한 것이라 할지라도 일단 회사의 행위로서 유효하지만, 그 행위의 상대방이 대표이사의 진의를 알았거나 알 수 있었을 때에는 회사에 대하여 무효가 된다.

공소사실의 요지: 피고인이 피해자 A 주식회사의 대표이사로서 그 임무에 위반하여 A에 대한 자신의 대여금 채권의 담보를 취득한다는 명목으로 발행인 A, 액면금 80억 원, 수취인 피고인으로 된 약속어음을 발행한 다음 그 어음을 공증받아 취득하였다.

판단: 공소사실 기재와 같이 피고인의 위 약속어음 발행행위가 피해 회사의 대표이사로서의 임무에 위배하여 대표권을 남용한 행위라면, 그 상대방이 피고인 자신이므로 피고인의 약속어음 발행행위는 A에 대하여 아무런 효력이 없고, 또 이로 인하여 A가 사용자책임이나 법인의 불법행위 등에 따른 손해배상책임을 부담할 여지도 없다고 할 것이다. 따라서 피고인의 약속어음 발행행위로 인하여 피해 회사에 현실적 손해가 발생하였거나 재산상 실해발생의 위험이 초래되었다고 볼 수 없다(대판 2012. 2. 9. 2010도176). 같은 취지로는 대판 2010. 9. 30. 2010도6490; 대판 2011. 9. 29. 2011도8110; 대판 2010. 5. 27. 2010도1490.

136) 대판 2012. 12. 27. 2012도10822. 다음은 같은 취지이다.

대표이사가 대표권을 남용하여 박행한 약속어음이 제3자에게 유통될 것인지의 판단기준

회사의 대표이사가 대표권을 남용하여 회사 명의의 약속어음을 발행하였다면, 비록 상대방이 그 남용의 사실을 알았거나 중대한 과실로 알지 못하여 회사가 상대방에 대하여는 채무를 부담하지 아니한다 하더라도 약속어음이 제3자에게 유통될 경우 회사가 소지인에 대하여 어음금채무를 부담할 위험은 이미 발생하였다 할 것이므로, 그 약속어음이 제3자에게 유통되지 아니한다는 특별한 사정이 없는 한 경제적 관점에서는 회사에 대하여 배임죄에서의 재산상 실해 발생의 위험이 초래되었다고 봄이 상당하다. 여기에서 그 약속어음이 제3자에게 유통되지 아니한다는 특별한 사정이 있는지 여부는 어음의 발행인과 수취인 기타 관련자들의 관계 및 그들 사이의 종전 거래실제, 유통하지 아니한다는 확약이 있는지 여부 등 약속어음 발행 전후의 구체적 경위와 사정, 발행된 어음의 문면·형식·재질 기타 유통성에 영향을 주는 어음의 외형적 요소, 나아가 약속어음 외에 다른 담보가 제공되었는지 여부, 그 담보의 종류 또는 내용, 어음수취인 기타 관련자들의 권리 추급 기타 그 권리관계의 전개양상 등 여러 사정들을 종합적으로 고려하여 판단하여야 한다(대판 2013. 2. 14. 2011도10302).

무효인 임직원들과의 주식매수선택권부여계약

A 주식회사 대표이사인 피고인이 주주총회 의사록을 허위로 작성하고 이를 근거로 피고인을 비롯한 임직원들과 주식매수선택권부여계약을 체결함으로써 A에 재산상 손해를 가하였다고 하여 배임죄로 기소된 사안에서, 상법과 정관에 위배되어 법률상 무효인 계약을 체결한 것만으로는 업무상배임죄 구성요건이 완성되거나 범행이 종료되었다고 볼 수 없고, 임직원들이 이후 계약에 기초하여 A에 주식매수선택권을 행사하고, 피고인이 이에 호응하여 주식의 실질가치에 미달하는 금액만을 받고 신주를 발행해 줌으로써 비로소 A에 현실적 손해가 발생하거나 그러한 실해 발생의 위험이 초래되었다고 볼 수 있으므로, 피고인에 대한 업무상배임죄는 피고인이 의도한 배임행위가 모두 실행된 때로서 최종적으로 주식매수선택권이 행사되고 그에 따라 신주가 발행된 시점에 종료되었다고 보아야 하는데도, 이와 달리 계약을 체결한 시점에 범행이 종료되었음을 전제로 공소시효가 완성되었다고 보아 면소를 선고한 원심판결에는 법리오해의 위법이 있다고 한 사례.[137)]

회사의 유일한 재산을 주주총회의 의결이나 이사회승인 없이 매도하고 소유권이전등기

A 주식회사의 대표이사인 피고인이 B 주식회사의 대표이사와 공모하여, B 소유인 이 사건 아파트 부지 및 건물을 A 회사에게 매도하고 아파트 부지에 관한 소유권이전등기를 경료한 것은, 위 매매목적물이 B의 유일한 재산으로 그 처분시에 주주총회의 특별결의나 이사회의 승인을 거치지 아니하여 위 매매계약이나 소유권이전등기가 법률상 무효라고 하더라도, 경제적 관점에서 파악할 때 본인에게 재산상의 손해를 가한 경우에 해당한다.[138)]

A의 실질적 대표자(피고인)가 허위매매로 피고인의 A에 대한 채권을 발생시켜 A의 피고인에 대한 채권과 상계/피고인의 개인채무에 관하여 A의 재산을 타인에게 담보제공

A 주식회사의 실질적 경영자인 피고인이 자신의 개인사업체가 A에 골프장 조경용 수목을 매도하였다는 허위의 매매계약을 체결하고 그 매매대금 채권과 A의 피고인에 대한 채권을 상계처리상계하는 것으로 회계처리함으로써 A에 대한 채무를 면제받아 재산상 이익을 취득하고 A에 재산상 손해를 가하였다는 공소사실에 관하여 피고인의 수목 매매대금 채권이 존재하지 아니하여 위 상계가 법률상 무효라고 하더라도 A에 재산상 실해 발생의 위험은 있었다.

A의 실질적 경영자인 피고인이 자신의 개인채무를 담보하기 위하여 A 소유 부동산에 갑 앞으로 근저당권설정등기를 마침으로써 A에 재산상 손해를 가하였다는 내용으로 기소된 사안에서, 갑은 피고인이 개인채무를 담보하기 위하여 근저당권을 설정한다는 사정을 잘 알고 있어서 근저당권 설정행위는 대표권 남용행위로서 무효이므로 A는 갑에 대하여 무효인 근저당권에 기한 채무는 물론 사용자책임이나 법인의 불법행위 등에 따른 손해배상의무도 부담할 여지가 없고, 근저당권이 그 후 해지를 원인으로 말소되어, 피고인의 근저당권 설정행위로 말미암아 A에 재산상 손해가 발생하였다거나 재산상 실해 발생의 위험이 초래된 것으로 볼 수 없는데도, 이와 달리 업무상배임죄가 성립한다고 본 원심판결에 법리오해의 위법이 있다고 한 사례.[139)]

137) 대판 2011. 11. 24. 2010도11394.

138) 대판 1995. 11. 21. 94도1375.

139) 대판 2012. 2. 23. 2011도15857.

최초 배임행위가 법률적으로 무효이더라도 계속적인 배임행위로 현실적인 손해를 가함/을의 지원을 받아 A를 인수한 갑이 을의 요청에 따라 A로 하여금 B의 을에 대한 채무를 연대보증하게 하고, 을의 강제집행에 대해 이의를 제기하지 않게 함

배임죄에서 재산상 손해의 유무에 대한 판단은 본인의 전 재산 상태와의 관계에서 법률적 판단에 의하지 아니하고 경제적 관점에서 파악하여야 하므로, 법률적 판단에 의하여 당해 배임행위가 무효라 하더라도 경제적 관점에서 파악하여 배임행위로 인하여 본인에게 현실적인 손해를 가하였거나 재산상 실해 발생의 위험을 초래한 경우에는 재산상의 손해를 가한 때에 해당되어 배임죄를 구성한다. 이러한 법리는 최초 배임행위가 법률적 관점에서 무효라고 하더라도 그 후 타인의 사무를 처리하는 자가 계속적으로 배임행위에 관여하여 본인에게 현실적인 손해를 가한 경우에도 마찬가지이다.

갑은 을의 자금 지원 등을 통해 A주식회사를 인수한 다음 을의 적극적인 요구에 따라 A로 하여금 별다른 반대급부도 받지 않고 B 주식회사의 을에 대한 금전채무와 그 담보 목적으로 B가 발행한 약속어음채무를 연대보증하도록 하였다. 갑은 그 후 을이 위 연대보증에 기초하여 강제집행을 할 때 A가 아무런 이의를 제기하지 않기로 하는 '이의부제기약정'을 을과 체결하여 을이 A로부터 약속어음금을 추심하도록 함으로써 A에 손해를 입게 하였다. 갑이 A의 대표이사로서 회사 재산을 성실히 관리하고 보전해야 할 업무상 임무가 있는데도 채권자인 을의 요구를 거절하지 못하고 별다른 반대급부도 받지 않은 채 연대보증 및 이의부제기약정 등을 함으로써 을에게 약속어음금 상당의 재산상 이익을 취득하게 하고 A에 손해를 입게 한 것은 배임행위에 해당하고, 을도 갑의 배임행위 전 과정에 적극적으로 가담한 이상 배임죄의 공동정범에 해당하며, 위 배임행위는 대표권남용에 의한 연대보증의 채무부담행위뿐만 아니라 나아가 강제집행 과정에서 이의부제기약정의 체결을 통하여 을이 약속어음금을 추심하도록 함으로써 직접적으로 A가 추심금 상당의 현실적인 손해를 입게 된 일련의 행위를 모두 포함하는 것으로서, 갑과 을의 위와 같은 배임행위가 직접적인 원인이 되어 A가 현실적인 손해를 입은 이상 배임행위의 무효 여부와는 관계없이 배임죄의 죄책을 진다.[140]

4. 재산상이익의 취득

업무상 배임죄에서 본인에게 재산상의 손해를 가한다 함은 총체적으로 보아 본인의 재산 상태에 손해를 가하는 경우, 즉 본인의 전체적 재산가치의 감소를 가져오는 것을 말하는 것이고, 이와 같은 법리는 타인의 사무를 처리하는 자 내지 제3자가 취득하는 재산상의 이익에 대하여도 동일하게 적용되는 것으로 보아야 한다.

또한, 업무상 배임죄는 본인에게 재산상의 손해를 가하는 외에 배임행위로 인하여 행위자 스스로 재산상의 이익을 취득하거나 제3자로 하여금 재산상의 이익을 취득하게 할 것을 요건으로 하므로, 본인에게 손해를 가하였다고 할지라도 행위자 또는 제3자가 재산상 이익을 취득한 사실이 없다면 배임죄가 성립할 수 없다.[141]

140) 대판 2013. 4. 11. 2012도15890.

141) 대판 2007. 7. 26. 2005도6439. 구체적인 내용은 다음과 같다.
피고인은 A 회사의 대표이사로서 B 주식회사와 인천국제공항 수하물처리시설인 컨베이어 제작·설치 등에 관한 계약을 체결하였음에도 불구하고 갑과의 경영권 분쟁 등을 이유로 고의로 위 계약의 이행을 위한 컨베이어 제작 업

비상장주식의 거래가격이 적정하더라도 거래의 주된 목적이 매도인의 자금조달에 있음

비상장주식의 실거래가격이 시가와 근사하거나 적정한 가격으로 볼 수 있는 범위 내에 속하는 것으로 보여 실거래가격과의 차액 상당의 손해가 있다고 할 수 없는 경우에 있어서도, 그 거래의 주된 목적이 비상장주식을 매도하려는 매도인의 자금조달에 있고 회사가 그 규모 및 재정 상태에 비추어 과도한 대출을 일으켜 그 목적달성에 이용된 것에 불과하다고 보이는 등의 특별한 사정이 있는 경우라면 그와 같이 비상장주식을 현금화함으로써 매도인에게 유동성을 증가시키는 재산상의 이익을 취득하게 하고 반대로 회사에 그에 상응하는 재산상의 손해로서 그 가액을 산정할 수 없는 손해를 가한 것으로 볼 수 있다.[142)]

입주자대표회의 회장이 지출결의를 거부하여 입주자들이 열사용요금 연체료를 납부함

입주자대표회의 회장이 지출결의서에 날인을 거부함으로써 아파트 입주자들에게 그 연체료를 부담시킨 사안에서, 열 사용요금 납부 연체로 인하여 발생한 연체료는 금전채무 불이행으로 인한 손해배상에 해당하므로, 공급업체가 연체료를 지급받았다는 사실만으로 공급업체가 그에 해당하는 재산상의 이익을 취득하게 된 것으로 단정하기 어렵고, 나아가 공급업체가 열 사용요금 연체로 인하여 실제로는 아무런 손해를 입지 않았거

무를 진행하지 아니하여 B가 위 계약을 해제하고, 서울보증보험 주식회사(C)로부터 선급보증보험금 명목으로 103,504,420원(위 계약 당시 선급금으로 95,150,000원이 지급되었음)을, 계약해지보증금 명목으로 95,150,000원을 수령함으로써 합계 198,654,420원 상당의 이익을 취득하게 하고, A로 하여금 C에 합계 236,193,362원을 변제하게 함으로써 A에 동액 상당의 손해를 가하였다는 공소사실에 관하여,

B가 피고인의 배임행위로 인하여 재산상의 이익을 취득한 것으로 볼 수 있는지에 대하여

B는 피고인의 배임행위로 인하여 이 사건 계약을 해제할 수 있는 권리를 가지게 되어 계약을 해제하고 A에 대하여 선급금반환청구권 및 위약금청구권을 행사하였다.

그런데 B가 A에 지급하였던 선급금은 A가 이 사건 계약에 따른 이행을 원활하게 할 수 있도록 하기 위하여 미리 지급한 대금의 일부로서 계약이 이행되지 않은 상태에서는 A에 확정적으로 귀속된 것으로 볼 수 없으므로, B가 계약을 해제하고 A로부터 선급금을 반환받은 것으로 인하여 재산상의 이익을 취득한 것으로 볼 수 없다.

또한, 이 사건 위약금은 그 성질상 A의 채무불이행으로 인한 손해의 발생을 전제로 한 것이므로 B가 위약금을 지급받았다는 사실만으로 B가 그에 해당하는 재산상의 이익을 취득하게 된 것으로 단정하기 어렵고, 나아가 B가 A의 채무불이행으로 인하여 실제로는 아무런 손해를 입지 않았거나 위약금 액수보다 작은 손해를 입었다는 등의 특별한 사정이 인정되는 경우에 한하여 비로소 위약금 내지 위약금에서 실제 손해액을 공제한 차액에 해당하는 재산상의 이익을 취득한 것으로 볼 수 있을 뿐이라고 할 것인데, 그와 같이 B가 재산상 어떠한 이익을 취득하였다고 볼만한 특별한 사정이 있다는 입증이 없다.

피고인이 배임행위로 인하여 A에 입힌 재산상손해의 범위에 대하여

A는 피고인의 배임행위로 인한 계약해제로 인하여 C에 보험금 및 연체이자 등 명목으로 236,193,362원을 지급하게 되었으나, 여기에는 A가 이 사건 계약과 관련하여 B로부터 지급받은 선급금반환분이 포함되어 있다. 그런데 앞서 본 선급금의 성질에 비추어 선급금을 반환한 것으로 인하여 A가 재산상의 손해를 입은 것으로 볼 수 없다.

따라서 피고인의 배임행위로 인하여 A가 입은 재산상의 손해는 위 236,193,362원에서 선급금반환을 위하여 지급한 금액을 공제한 금액이 될 것이다(한편, A는 피고인의 배임행위로 인하여 위와 같은 손해 외에 위 계약이 제대로 이행된 경우에 얻을 수 있었던 수익을 얻지 못하게 되는 손해를 입은 것으로 볼 수 있으나, 이는 공소사실에 포함되어 있지 아니하고, 기록상 이를 확정할 수도 없다).

결국, 이 사건에서 피고인의 배임행위로 인하여 B가 C로부터 지급받은 198,654,420원 상당의 재산상 이익을 취득하고, A가 서울보증보험 주식회사에 지급한 236,193,362원 상당의 재산상 손해를 입은 것으로는 볼 수 없다.

142) 대판 2005. 4. 29. 2005도856.

나 연체료 액수보다 적은 손해를 입었다는 등의 특별한 사정이 인정되는 경우에 한하여 비로소 연체료 내지 연체료 금액에서 실제 손해액을 공제한 차액에 해당하는 재산상의 이익을 취득한 것으로 볼 수 있을 뿐이라는 이유로, 공급업체가 연체료 상당의 재산상 이익을 취득한 것으로 보아 업무상 배임죄의 성립을 인정한 원심판결을 파기한 사례.[143)]

피고인이 피해 회사의 승낙 없이 임의로 지정 할인율보다 더 높은 할인율을 적용하여 회사가 지정한 가격보다 낮은 가격으로 제품을 판매하는 이른바 '덤핑판매'로 제3자인 거래처에 재산상의 이익이 발생하였는지 여부는 경제적 관점에서 실질적으로 판단하여야 할 것인바, 피고인이 피해 회사가 정한 할인율 제한을 위반하였다 하더라도 시장에서 거래되는 가격에 따라 제품을 판매하였다면 지정 할인율에 의한 제품가격과 실제 판매시 적용된 할인율에 의한 제품가격의 차~액 상당을 거래처가 얻은 재산상의 이익이라고 볼 수는 없다고 한 사례.[144)]

피고인이 피해자와 공동구입한 택시를 법정폐차 시한 전에 임의로 폐차케 한 경우 특단의 사정이 없는 한

143) 대판 2009. 6. 25. 2008도3792.

144) 대판 2009. 12. 24. 2007도2484. 다음은 유사 취지이다.

피해자 회사의 사업부 영업팀장인 피고인이 체인점들에 대한 전매입고 금액을 삭제하여 전산상 회사의 체인점들에 대한 외상대금채권이 줄어든 것으로 처리하는 전산조작행위를 한 사안에서, 전산상 외상대금채권이 자동 차감된다는 사정만으로 회사의 외상매출금채권이 감소할 우려가 생겼다고 판단하여 업무상 배임의 공소사실을 유죄로 인정한 원심판결을 파기한 사례(대판 2006. 7. 27. 2006도3145).

주택조합 조합장이 총회의 승인 없이 발행한 조합 회원증을 담보로 금원을 차용하여 조합운영비로 사용한 후 위 회원증을 매도하게 하여 채무 전액의 변제에 충당한 경우, 총회 승인 없이 발행된 조합 회원증의 매수인들은 조합원 자격을 취득할 수 없고 단지 조합에 대하여 매수대금 상당의 손해배상채권을 취득할 뿐이므로 조합장이나 회원증 매수인들이 어떠한 재산상 이득을 취득한 바 없다는 이유로 업무상배임죄의 성립을 부정한 사례(대판 1999. 7. 9. 99도311).

보증은행장이 보증사채 발행회사가 상환능력이 없어 대불할 수밖에 없는 상황에서, 위 회사가 자체 상환할 자금을 마련하려고 발행한 회사채의 원리금지급을 기보증사채의 상환기일 전에 보증

은행장인 피고인이 은행보증사채를 발행회사인 A의 자체자금으로 상환하게 하는 조치는 A가 그와 같은 능력이 있다는 것이 전제되어야 할 것이므로 이러한 능력이 전제되지 않는 한 피고인이 A로 하여금 그 자체자금으로 기보증사채를 상환토록 하는 조치를 취하지 않았다 하여 은행에 대한 업무상 배임행위라 할 수 없다.

A의 차환보증사채발행에 대한 보증은행장의 승인은 A가 자체자금으로 기보증사채를 상환할 능력이 없어 그 보증인인 은행이 그 채무를 대불하여 줄 수밖에 없는 상황에서, 위 보증사채의 발행회사 A로 하여금 이를 자체 상환할 수 있도록, 상환자금을 마련하기 위하여 A가 다시 발행한 회사채의 원리금지급을 은행이 기보증사채의 상환기일 도래 전에 미리 보증하도록 한 것이라면, 이러한 은행장의 행위가 A에게 기한의 이익을 얻게 하였다고 볼 수 없어 업무상 배임죄를 구성한다고 할 수 없다(대판 1983. 3. 8. 82도2873; 대판 1984. 3. 13. 83도1986).

교회재산 관리인이 교회의 부동산(시가 2억 원 상당)으로 8,000만 원을 대출받아 교회의 채무를 변제하여 달라고 갑에게 의뢰하였음에도 갑에게 소유이전등기를 경료해줌

교회재산의 관리업무에 종사하고 있던 자가 갑과 사이에 갑이 교회 소유의 부동산을 담보로 금융기관으로부터 8,000만원의 대출을 받아 교회채무를 변제키로 하는 약정을 하였음에도 2억 원 상당의 위 부동산을 갑 앞으로 무조건 소유권이전등기하여 주는 것은 동인에게 차액상당의 재산상 이익을 취득케 하고 소유자인 교회에게 손해를 입히는 것이 되어 배임죄에 해당한다(대판 1986. 6. 10. 84도2015).

그 폐차조치만으로써는 피해자에게 장차 얻을 수 있었을 수익금상실의 손해는 발생하였을지언정 피고인이 피해자 몫에 해당하는 이익을 취득하였다고 볼 수는 없으므로 배임죄가 성립하지 않는다.[145)]

5. 고 의

배임죄에 있어서 배임의 범의는 배임행위의 결과 본인에게 재산상의 손해가 발생하거나 발생할 염려가 있다는 인식과 자기 또는 제3자가 재산상의 이득을 얻는다는 인식이 있으면 족하고 본인에게 재산상의 손해를 가한다는 의사나 자기 또는 제3자에게 재산상의 이득을 얻게 하려는 목적은 요하지 아니하며, 이러한 인식은 미필적 인식으로도 족한 것인바, 피고인이 본인의 이익을 위하여 문제가 된 행위를 하였다고 주장하면서 범의를 부인하는 경우에는, 사물의 성질상 고의와 상당한 관련성이 있는 간접사실을 증명하는 방법에 의하여 입증할 수밖에 없고, 무엇이 상당한 관련성이 있는 간접사실에 해당할 것인가는 정상적인 경험칙에 바탕을 두고 치밀한 관찰력이나 분석력에 의하여 사실의 연결상태를 합리적으로 판단하는 방법에 의하여야 한다. 학교법인의 이사장이 위 법인의 명의로 임의로 채무부담 행위를 하여서는 아니 된다는 사실을 잘 알면서도 자금사정이 악화되어 있던 제3자의 채무를 사실상 인수하면서 약속어음에 배서연대보증행위를 하였다면 배임의 범의를 충분히 인정할 수 있다고 한 원심의 판단을 수긍한 사례.[146)]

확실한 담보 없는 금원대여

재단법인의 이사장 직무대리인이 후원회 기부금을 정상 회계처리하지 않고 자신과 친분관계에 있는 신도에게 확실한 담보도 제공받지 아니한 채 대여한 경우, 그 신도가 이자금을 제 때에 불입하고 나중에 원금을 변제하였다 하더라도 배임죄가 성립한다고 본 사례.

업무상 배임죄가 성립하려면 주관적 요건으로서 임무위배의 인식과 그로 인하여 자기 또는 제3자가 이익을 취득하고 본인에게 손해를 가한다는 인식, 즉 배임의 고의가 있어야 하는데 이러한 인식은 미필적 인식으로도 족한바, 피고인이 본인의 이익을 위하여 문제가 된 행위를 하였다고 주장하면서 배임죄의 범의를 부인하는 경우에는 사물의 성질상 배임죄의 주관적 요소로 되는 사실은 고의와 상당한 관련성이 있는 간접사실을 증명하는 방법에 의하여 입증할 수밖에 없고, 피고인이 본인의 이익을 위한다는 의사도 가지고 있었다 하더라도 위와 같은 간접사실에 의하여 본인의 이익을 위한다는 의사는 부수적일 뿐이고 이득 또는 가해의 의사가 주된 것임이 판명되면 배임죄의 고의가 있었다고 할 것이다.[147)]

145) 대판 1982. 2. 23. 81도2601.

146) 대판 2005. 8. 25. 2005도3410.

147) 대판 2000. 12. 8. 99도3338. 다음은 유사 취지이다.

농협중앙회 임직원인 피고인들이 다른 채권은행들과 함께 갑 주식회사에 대한 워크아웃을 추진하는 과정에서 회수 가능성이 의문시되는 갑 회사 발행의 신규 CP(단기 기업어음)를 매입한 사안에서, 제반 사정에 비추어 피고인들에게 배임의 고의를 인정하기 어렵다고 본 사례(대판 2011. 7. 28. 2010도7546).

방송사 사장인 피고인이 방송사의 조세소송 관련 사무를 처리하면서 개인적 이익을 위하여 불합리한 내용의 조정안을 제시하고 무리하게 조정을 추진함으로써 방송사에게 손해를 가하였다고 배임으로 기소된 사안에서, 피고인이 보다 유리한 내용으로 조정안을 관철하지 못한 것이 배임행위에 해당하지 않는다는 등의 이유로 무죄를 인정한 사례(대판 2012. 1. 12. 2010도15129).

고객의 동의 없이 주식을 매입한 증권회사 직원의 고의

고객이 증권회사와 체결하는 매매거래 계좌설정 계약은 고객과 증권회사 간의 계속적인 거래관계에 적용될 기본관계에 불과하므로 특별한 사정이 없는 한 그에 의하여 바로 매매거래에 관한 위탁계약이 이루어지는 것이 아니고, 매매거래 계좌설정 계약을 토대로 하여 고객이 매수주문을 할 때 비로소 매매거래에 관한 위탁이 이루어진다.

고객과 증권회사와의 사이에 이러한 매매거래에 관한 위탁계약이 성립되기 이전에는 증권회사는 매매거래 계좌설정 계약시 고객이 입금한 예탁금을 고객의 주문이 있는 경우에 한하여 그 거래의 결제의 용도로만 사용하여야 하고, 고객의 주문이 없이 무단 매매를 행하여 고객의 계좌에 손해를 가하지 아니하여야 할 의무를 부담하는 자로서, 고객과의 신임관계에 기초를 두고 고객의 재산관리에 관한 사무를 대행하는 타인의 사무를 처리할 지위에 있다.

업무상 배임죄가 성립되기 위하여는 주관적으로 배임행위의 결과 본인에게 재산상의 손해가 발생 또는 발생될 염려가 있다는 인식과 자기 또는 제3자가 재산상의 이득을 얻는다는 인식이 있으면 족한 것이고, 본인에게 재산상의 손해를 가한다는 의사나 자기 또는 제3자에게 재산상의 이득을 얻게 하려는 목적은 요하지 아니한다.

증권회사의 직원으로서 고객과의 매매거래 계좌설정 계약에 따라 고객의 사무를 처리하는 지위에 있는 자가 고객의 동의를 얻지 않고 주식을 매입한 것이라면 주식의 시세의 하락으로 인하여 고객에게 손해가 발생될 염려가 있다는 인식이 미필적으로나마 있었다고 할 것이고, 그가 근무하는 증권회사가 주식의 매입으로 인하여 수수료를 취득한 이상, 그 직원에게 자기 또는 제3자가 재산상의 이익을 얻는다는 인식도 있었다고 보이므로 결국 그 직원에게 업무상 배임죄의 고의가 있었다고 인정될 여지가 충분히 있다. 만약 그 직원의 이러한 행위가 고객의 이익을 위한다는 의사에 기한 것이었다고 볼 수 있는 특별한 객관적 사정이 있다면 이와 달리 보아야 할 것이나, 이 사건의 경우는 위 증권회사와 피해자 사이에 그 이전까지 아무런 거래관계가 없었으며, 그 직원이 피해자가 위 예탁금을 입금한 지 얼마 되지 않아 아무런 승낙 없이 무단 매수한 점 등에 비추어 보면 고객을 위한다는 의사는 부수적일 뿐이고 이득 또는 손해의 의사가 주된 것이어서 업무상 배임죄의 고의가 있었다고 봄이 상당하다.[148)]

경영상의 판단

경영상의 판단과 관련하여 기업의 경영자에게 배임의 고의가 있었는지 여부를 판단함에 있어서도 일반적인 업무상배임죄에 있어서 고의의 입증 방법과 마찬가지의 법리가 적용되어야 함은 물론이지만, 기업의 경영에는 원천적으로 위험이 내재하여 있어서 경영자가 아무런 개인적인 이익을 취할 의도 없이 선의에 기하여 가능한 범위 내에서 수집된 정보를 바탕으로 기업의 이익에 합치된다는 믿음을 가지고 신중하게 결정을 내렸다 하더라도 그 예측이 빗나가 기업에 손해가 발생하는 경우가 있을 수 있는바, 이러한 경우에까지 고의에 관한 해석기준을 완화하여 업무상배임죄의 형사책임을 묻고자 한다면 이는 죄형법정주의의 원칙에 위배되는

---

148) 대판 1995. 11. 21. 94도1598. 다음은 같은 취지이다.
우리 형법은 배임죄에 있어 자기 또는 제3자의 이익을 도모하고 또 본인에게 손해를 가하려는 목적을 그 구성요건으로 규정하고 있지 않으므로 배임죄의 범의는 자기의 행위가 그 임무에 위배한다는 인식으로 족하고, 본인에게 손해를 가하려는 의사는 이를 필요로 하지 않는다(대판 1983. 12. 13. 83도2330 전원합의체).

것임은 물론이고 정책적인 차원에서 볼 때에도 영업이익의 원천인 기업가 정신을 위축시키는 결과를 낳게 되어 당해 기업뿐만 아니라 사회적으로도 큰 손실이 될 것이므로, 현행 형법상의 배임죄가 위태범이라는 법리를 부인할 수 없다 할지라도, 문제된 경영상의 판단에 이르게 된 경위와 동기, 판단대상인 사업의 내용, 기업이 처한 경제적 상황, 손실발생의 개연성과 이익획득의 개연성 등 제반 사정에 비추어 자기 또는 제3자가 재산상 이익을 취득한다는 인식과 본인에게 손해를 가한다는 인식(미필적 인식을 포함)하의 의도적 행위임이 인정되는 경우에 한하여 배임죄의 고의를 인정하는 엄격한 해석기준은 유지되어야 할 것이고, 그러한 인식이 없는데 단순히 본인에게 손해가 발생하였다는 결과만으로 책임을 묻거나 주의의무를 소홀히 한 과실이 있다는 이유로 책임을 물을 수는 없다.149)

이윤추구와 아울러 공공적 역할도 담당하는 각종 금융기관의 경영자가 금융거래와 관련한 경영상 판단을 할 때에 그 업무처리의 내용, 방법, 시기 등이 법령이나 당해 구체적 사정하에서 일의적인 것으로 특정되지 않는 경우에는 결과적으로 특정한 조치를 취하지 아니하는 바람에 본인에게 손해가 발생하였다는 사정만으로 배임의 책임을 물을 수는 없고, 그 경우 경영자에게 배임의 고의가 있었는지 여부를 판단할 때에는 문제된 경영상의 판단에 이르게 된 경위와 동기, 판단대상인 업무의 내용, 금융기관이 처한 경제적 상황, 손실발생의 개연성 등 제반 사정에 비추어 자기 또는 제3자가 재산상 이득을 취득한다는 인식과 본인에게 손해를 가한다는 인식하의 의도적 행위임이 인정되는 경우에 한하여 배임죄의 고의를 인정하는 엄격한 해석기준이 유지되어야 한다.
공무원이 공공기관 등으로부터 보유하는 주식의 매각협상 등에 대한 위임을 받은 경우 그 당시의 경제적 상황과 여건, 매각의 필요성, 매각 가격의 적정성 등을 종합적으로 고려하여 그 위임사무 및 직무의 본지에 적합하다는 판단하에 이를 처리하고 그 내용이 그 위임사무 및 직무범위 내에 속하는 것으로 인정된다면, 특별한 사정이 없는 한 이는 정책 판단과 선택의 문제로서 그 방안의 시행에 의해 결과적으로 공공기관 등에 재산적 손해가 발생하거나 제3자에게 재산적 이익이 귀속되는 측면이 있다는 것만으로 임무위배가 있다 할 수 없으므로, 그 손해에 대해 행정적인 책임 기타 다른 법령상의 책임을 묻는 것은 모르되 이로 인해 그 행위가 배임죄에 해당한다고 할 수는 없다.
주식회사 한국외환은행의 매각 관련 신주발행 및 구주매각 당시 위 은행에 대규모 자본확충의 필요성이 있었는지, 미국계 사모펀드인 론스타펀드와의 협상절차가 적정하였는지, 신주발행가격 및 구주매각가격이 적정하였는지 여부 등 제반 사정에 비추어, 피고인들인 은행장 갑, 부행장 을, 재정경제부 금융정책국장 병에게 임무위배행위가 있었다거나 피해자들에게 손해 또는 그 위험이 발생하였다고 볼 수 없다는 이유로, 위 피고인들에 대한 특경법위반(배임)의 공소사실에 대하여 무죄를 선고한 원심판단을 수긍한 사례.150)

---

149) 대판 2004. 7. 22. 2002도4229.

150) 대판 2010. 10. 14. 2010도387. 다음은 같은 취지이다.
경영상 판단과 관련하여 경영자에게 배임의 고의와 불법이득의 의사가 있었는지를 판단할 때에도, … 본인에게 손해가 발생하였다는 결과만으로 책임을 묻거나 단순히 주의의무를 소홀히 한 과실이 있다는 이유로 책임을 물어서는 안 된다. 그러나 한편 경영자의 경영상 판단에 관한 위와 같은 사정을 모두 고려하더라도 법령의 규정, 계약 내용 또는 신의성실의 원칙상 구체적 상황과 자신의 역할·지위에서 당연히 하여야 할 것으로 기대되는 행위를 하지 않거나 하지 않아야 할 것으로 기대되는 행위를 함으로써 재산상 이익을 취득하거나 제3자로 하여금 이를 취득하게 하고 본인에게 손해를 가하였다면 그에 관한 고의 내지 불법이득의 의사는 인정된다.
A 상호저축은행 임원인 피고인들이 임직원의 친척 등 명의로 토지를 매수한 다음 이른바 특수목적법인(SPC)인 B 주식회사를 설립하고 B에 A의 자금을 대출하여 B 명의로 골프장 건설사업을 추진함으로써 A에 손해를 가하였다고

기업의 경영에는 원천적으로 위험이 내재하여 있어서 경영자가 아무런 개인적인 이익을 취할 의도 없이 선의에 기하여 가능한 범위 내에서 수집된 정보를 바탕으로 기업의 이익에 합치된다는 믿음을 가지고 신중하게 결정을 내렸다 하더라도 그 예측이 빗나가 기업에 손해가 발생하는 경우가 있을 수 있는바, 이러한 경우에까지 고의에 관한 해석기준을 완화하여 업무상배임죄의 형사책임을 물을 수는 없다고 할 것이나, 기업의 경영자가 문제된 행위를 함에 있어 합리적으로 가능한 범위 내에서 수집한 정보를 근거로 하여 당해 기업이 처한 경제적 상황이나 그 행위로 인한 손실발생과 이익획득의 개연성 등의 제반 사정을 신중하게 검토하지 아니한 채, 당해 기업이나 경영자 개인이 정치적인 이유 등으로 곤란함을 겪고 있는 상황에서 벗어나기 위해서는 비록 경제적인 관점에서 기업에 재산상 손해를 가하는 결과가 초래되더라도 이를 용인할 수밖에 없다는 인식하에 의도적으로 그와 같은 행위를 하였다면 업무상배임죄의 고의는 있었다고 봄이 상당하다.[151)]

계열회사에 대한 지원

업무상배임죄에서 그 '임무에 위배하는 행위'란 사무의 내용, 성질 등 구체적 상황에 비추어 법률의 규정, 계약의 내용 혹은 신의칙상 당연히 할 것으로 기대되는 행위를 하지 않거나 당연히 하지 않아야 할 것으로 기대되는 행위를 함으로써 본인과의 신임관계를 저버리는 일체의 행위를 포함한다. 나아가 업무상배임죄가 성립하려면 주관적 요건으로서 임무위배의 인식과 그로 인하여 자기 또는 제3자가 이익을 취득하고 본인에게 손해를 가한다는 인식, 즉 배임의 고의가 있어야 한다. 이러한 인식은 미필적 인식으로도 충분하므로, 이익을 취득하는 제3자가 같은 계열회사이고, 계열그룹 전체의 회생을 위한다는 목적에서 이루어진 행위로서 그 행위의 결과가 일부 본인을 위한 측면이 있다 하더라도 본인의 이익을 위한다는 의사는 부수적일 뿐이고 이득 또는 가해의 의사가 주된 것임이 판명되면 배임죄의 고의를 부정할 수 없다.[152)]

하여 특경법위반(배임)죄로 기소된 사안에서, 피고인들이 상호저축은행법 등 관계 법령에 위배되는 까닭에 A가 실질적 당사자가 되어 시행하거나 보유할 수 없는 골프장 건설사업을 타인의 명의 등을 내세워 편법으로 추진하고, 임원의 임무에 위배하여 구체적인 사업성 검토도 제대로 거치지 아니한 채 함부로 A의 자금을 지출한 행위는 법령의 규정, 직무 내용은 물론 신의성실의 원칙상 당연히 하지 않아야 할 것으로 기대되는 행위를 함으로써 본인과 맺은 신임관계를 저버리고 그로 인하여 본인에게 재산상 손해를 가하고 제3자로 하여금 재산상 이익을 취득하게 한 경우이므로, 업무상배임의 고의를 인정할 수 없다고 한 것은 잘못이라고 한 사례(대판 2011. 10. 27. 2009도14464).

151) 대판 2007. 3. 15. 2004도5742.

152) 대판 2008. 5. 29. 2005도4640. 다음은 유사 취지이다.
부동산신탁회사의 상무이사인 피고인이 토지개발신탁사업의 개발투자비 상환채권을 담보하기 위해 제공된 공소외인 소유의 부동산에 관한 관리·처분신탁계약을 해지하고 소유권이전등기를 환원한 사안에서, 피고인은 결재권자로서 담당 지점장이 보고한 내용을 검토, 확인한 후 이를 승인하였고, 피고인 자신의 개인적인 이익을 취하거나 위탁자로 하여금 재산상의 이익을 취하게 할 의도가 있었다고 볼 사정이 없으므로, 단순히 부동산신탁회사에 손해가 발생하였다는 결과만으로 피고인에게 책임을 묻거나 주의의무를 소홀히 한 과실이 있다는 이유로 피고인에게 배임의 고의가 있었다고 하기는 어렵다고 한 사례(대판 2005. 6. 9. 2004도2786).
단위농업협동조합의 조합장이 조합규약에 따른 대금회수 확보를 위한 담보취득 등의 조치 없이 조합의 양곡을 외상판매함으로 인하여 위 조합에 손해가 발생하였지만 당시 시장에 양곡의 물량이 많아 현금판매가 어려웠고 기온상승으로 양곡이 변질될 우려가 생겼으며 농협중앙회로부터 재고양곡의 조기판매 추진지시를 받는 등 사정으로 오로지 조합의 이익을 위하여 양곡을 신속히 처분하려다 손해가 발생한 것이라면, 위 양곡 외상판매행위가 위 조합에 손해를 가하고 자기 또는 제3자에게 재산상의 이익을 취득하게 한다는 인식, 인용 하에서 행해진 행위라고 할 수 없다고 본 사례(대판 1992. 1. 17. 91도1675).
배임죄가 성립하려면 타인의 사무를 처리하는 자가 자기 또는 제3자를 위한 재산상 이득의 의사를 가지고, 그 임무

재무구조가 열악한 회사의 대표이사가 제3자에게 회사의 자산으로 거액을 기부

를 한 경우 그로써 회사를 채무초과 상태에 빠뜨리거나 채무상환이 곤란한 상태에 처하게 하는 등 그 기부액수가 회사의 재정상태 등에 비추어 기업의 사회적 역할을 감당하는 정도를 넘는 과도한 규모로서 상당성을 결여한 것이고 특히 그 기부의 상대방이 대표이사와 개인적 연고가 있을 뿐 회사와는 연관성이 거의 없다면, 그 기부는 대표이사의 선량한 관리자로서의 업무상 임무에 위배되는 배임죄에 해당한다 할 것이고, 그 대표이사가 실질적 1인 주주라는 등의 사정이 있다고 하더라도 마찬가지이다.[153]

부지매입에 관한 일체의 권한을 위임받은 주택조합조합장이 뇌물제공 등 부정하게 부지매수

주택조합 조합장이 주택조합측으로부터 아파트부지의 선정과 매입에 관한 일체의 권한을 위임받아 아파트부지를 구입하는 과정에서 공원용지지정의 해제가 없는 한 아파트를 건축할 수 없음에도 불구하고, 정치자금을 내면 권력층을 통하여 공원용지지정을 해제시켜 주겠다는 갑 등의 계획적인 기망행위에 속아 용도지정의 해제가 가능할 것으로 믿고 용도지정의 해제에 필요하다는 경비조로 금원을 갑 등에게 교부한 경우 주택조합 아파트부지의 구입에 관한 포괄적인 권한을 위임받고 있었으므로 자신이 관리중인 주택자금을 공원용지지정 해제의 경비 등으로 지출하였다는 것만으로 이를 목적 외의 용도에 사용하였다고 볼 수 없고, 주택조합 조합장이 갑 등의 계획적인 기망행위에 속아 공원용지의 용도지정이 해제될 것으로 믿고서 경비를 교부한 것이므로 동인에게 주택조합에 대한 신뢰관계에 위배하여 자신의 업무를 성실히 수행하지 않았다는 배임의 범의를 인정할 수 없다.

위와 같은 경우 관계공무원에게 공원용지지정해제의 경비명목으로 뇌물을 제공하는 등 부정한 방법으로 아파트부지를 구입하는 것이 조합장의 권한목적 외의 행위로서 그 자체로 배임이 된다고 할 수 없다.[154]

에 위배한 행위로서 본인에게 손해를 가하게 됨을 요한다고 할 것인바, 경상북도 교육위원회 교육감이 시달한 사학기관 예산편성의 세부지침과 이 사건 각 학교의 예산편성에는, 학교직원의 연금 및 의료보험부담금은 학교법인으로부터 전입된 재산수입금으로 충당 지출하게 되어 있고, 학교 교비 및 육성회비에서의 전용지출은 금지되어 있으나 A 학교법인은 그 수익사업운영이 매우 어려워 그 산하 학교들은 수년간에 걸쳐 학교법인으로부터 전혀 수입금을 전입받지 못하여 위 각 부담금을 납부할 재원이 없어 피고인들은 부득이 육성회비 등의 학교 교비에서 위 부담금을 지출하였다는 것으로서 피고인들의 그와 같은 처사가 자기 또는 제3자를 위한 재산상 이득의 의사에서 나온 것이라고는 볼 수 없다(대판 1983. 7. 26. 83도819).

재벌그룹 소속의 상장법인인 회사의 이사들이 대표이사이자 대주주인 병에게 자사주를 매각한 사안에서, 병이 사실상 지배·보유하고 있는 의결권 있는 보통 주식의 일정 부분이 의결권이 제한된 상태에서 회사의 지배구조에 상당한 영향을 미칠 수 있는 정도의 자사주 매각거래를 하면서, 적절한 매각 상대방을 선정하고 매각조건 등을 결정하는 절차를 거치는 등의 노력을 하지 않은 채 회사에는 별다른 이익이 없는 반면 병에게 일방적으로 유리한 매각조건으로 자사주 매각을 단행한 점 및 매수인인 병의 이익과 편의를 가져온 거래의 제반 상황에 비추어, 위 자사주 매각행위는 회사를 위한다는 경영상의 판단에 기초한 것이 아닌 병의 개인적 이익을 위한 것으로서 배임죄의 고의와 본인인 회사의 재산 상태에 손해를 가하는 결과가 발생하였다는 점을 모두 인정한 사례(대판 2008. 5. 15. 2005도7911).

153) 대판 2012. 6. 14. 2010도9871.

154) 대판 1993. 1. 15. 92도166. 다음은 유사 취지이다.
퇴사한 전직 동료의 편의를 위하여 회사 컴퓨터에 저장된 개인 파일 등을 복사해 준 사안에서, 배임의 고의가 있었다고 단정하기 어렵다고 한 사례(대판 2009. 5. 28. 2008도5706). 구체적인 내용은 다음과 같다.
피고인들은 갑과 함께 A 주식회사에서 근무하다가, 2004. 10.~11.경부터 갑이 설립한 B 주식회사의 창업요원으로

6. 불법영득의사

탐진댐건설지원사업소(이하 '사업소'라고만 한다)에서 근무하면서 탐진댐 건설에 따른 보상업무를 담당하던 피고인이, 이 사건 토지 등은 실제 산누리영농조합법인(이하 '법인'이라고만 한다)의 소유로서 간접보상의 대상이 될 수 없다는 사실을 잘 알면서도, 법인의 대표이사인 갑 등이 허위 내용의 소유권사실확인서 등을 첨부하여 이 사건 토지 등에 관한 보상신청을 하자, 보상대상이 아님을 들어 보상신청을 철회하도록 하거나 상급자에게 보고하여 보상이 이루어지지 않도록 하는 등의 필요한 조치를 취하지 아니한 채 일련의 보상절차를 진행함으로써 갑 등으로 하여금 보상금을 지급받도록 한 사안에서,
업무상배임죄에 있어서 불법영득의 의사라 함은 자기 또는 제3자의 이익을 꾀할 목적으로 업무상 임무에 위배된 행위를 하는 의사를 의미하고, 반드시 자기 스스로 재산상 이익을 취득해야만 하는 것은 아니다. 따라서 피고인이 스스로 재산상 이익을 취득할 의사가 없었다고 하더라도 갑 등으로 하여금 보상을 받게 할 의사가 있었던 이상 불법영득의 의사가 없었다고 볼 수는 없다.[155]

7. 실행의 착수 및 기수

배임죄는 현실적인 재산상 손해액이 확정될 필요까지는 없고 단지 재산상 권리의 실행을 불가능하게 할 염려 있는 상태 또는 손해 발생의 위험이 있는 경우에 바로 성립되는 위태범이므로 피고인이 그 업무상 임무에 위배하여 부당한 외상 거래행위를 함으로써 업무상 배임죄가 성립하는 경우, 담보물의 가치를 초과하여 외상거래한 금액이나 실제로 회수가 불가능하게 된 외상거래 금액만이 아니라 재산상 권리의 실행이 불가능하게

근무를 시작하였고, B에서 피고인 1은 생산팀장으로, 피고인 2는 생산팀원으로 각각 근무한 사실, 피고인 2는 2005. 11. 하순경 기숙사에 남은 짐을 빼기 위해 회사로 찾아온 피고인 1로부터 컴퓨터에 저장되어 있는 개인파일과 가족사진 등을 새로 산 개인용 노트북에 옮겨달라는 부탁을 받고, 컴퓨터의 자료파일을 노트북에 옮긴 후 그날 되돌려 준 사실, 당시 옮겨진 파일은 6,375개에 달하고 이 사건 자료파일은 위 자료들 속에 별도로 구분되지 않은 채 포함되어 있었던 사실, 피고인 2가 위 컴퓨터 파일을 복사할 당시 B는 중요자료를 별도 관리하는 시스템을 갖추고 있지 않았던 사실, 피고인 2는 위 복사와 관련하여 피고인 1로부터 어떠한 금전적·비금전적 대가를 받지는 않은 사실, 피고인 1은 B에서 퇴직한 후 C라는 이종의 업체에 잠시 근무하다가 퇴사하였고, 한동안의 실직상태를 거쳐 동종업체인 D 주식회사 입사는 2006. 1.경에 이루어진 사실(이 사건 공소사실에는 D가 재산상 이득을 취득한 것으로 되어 있다), 그 후 갑이 D의 중국 소재 사업체에 설치된 단조기가 B가 특허출원한 공법을 사용한 동일한 구조의 단조기로 알고 D의 대표이사인 을과 피고인을 부정경쟁방지 및 영업비밀에 관한 법률위반 혐의로 고소하였으나, 감정결과 중국 소재 사업체에 설치된 단조기의 제조공법은 B의 특허권을 침해한 것이 아님이 밝혀졌고, 이 사건 자료 파일 역시 B의 영업비밀이 아니라고 확인되어 위 사안에 대하여는 모두 무혐의 처분을 한 사실, 위 고소사건에 대한 수사 당시 D에 대한 압수·수색결과 회사 내에서 이 사건 자료파일이 사용되었다고 볼만한 아무런 자료도 확인되지 않았음을 알 수 있다.

피고인 2가 파일을 복사해주게 된 경위, 당시 피고인들의 처지, B의 업무자료에 대한 관리실태, 이 사건 자료파일 복사 후 피고인의 이용 상황 등 기록에 나타나는 제반 사정을 위 배임의 고의에 관한 법리에 비추어 볼 때, 피고인 2가 컴퓨터에 저장된 자료의 구체적 내용이나 의미를 제대로 인식하지 못한 채 만연히 퇴사한 전직 동료의 편의를 봐준다는 차원에서 자료를 복사해준 것이고, 피고인 1 역시 자신의 개인파일을 찾아가려는 것이 주된 의도였다고 볼 여지가 있고, 원심이 인정한 위와 같은 일부 간접사실들만으로는 피고인들에게 그들이 공모하여 회사의 중요자료를 유출하고 B에게 손해를 입게 한다는 배임의 고의가 있었다고 단정하기 어렵다.

155) 대판 2005. 7. 29. 2004도5685.

될 염려가 있거나 손해 발생의 위험이 있는 외상 거래대금 전액을 그 손해액으로 보아야 하고, 그것을 제3자가 취득한 경우에는 그 전액을 특경법 제3조에 규정된 제3자로 하여금 취득하게 한 재산상 이익의 가액에 해당하는 것으로 보아야 할 것이다.[156)]

재단법인 이사장이 30억 원을 받기로 하고 주무관청허가 없이 기본재산을 매수하여 설립취지와 달리 사용하려는 갑에게 이사진교체의 방법으로 운영권을 넘기고 대가 일부를 받음

재단법인의 이사장으로서 전권을 가지고 재단법인을 운영하고 있는 피고인이 재단법인의 설립취지에 어긋나게 기본재산을 사용할 의도로 기본재산을 매수하려는 갑과 사이에, 주무관청의 허가가 필요하여 사실상 불가능한 기본재산의 직접적인 매도 방식이 아닌 이사진 등을 교체하는 방법으로 재단법인의 운영권을 넘긴 후, 그 후 교체된 이사진 등에 의하여 재단법인의 목적을 변경함으로써 사실상 기본재산을 매각하는 효과를 얻되, 그 절차를 이행 또는 협력하는 대가로 30억 원을 받기로 약정을 체결하고, 그 대가 중 일부를 수령까지 하였다는 것으로, 기본재산의 직접적인 처분행위와는 달리 주무관청의 허가 여부로 약정의 효력이 좌우되는 것이 아니며, 다만 추후 의도하였던 절차의 이행과정에서 문제가 발생하거나 재단법인의 정관상 목적 변경이 이루어지지 않아, 갑이 당초의 의도대로 이 사건 임야를 사용할 수 없는 상황이 발생한다면 약정의 불이행책임이 문제될 뿐이라고 보인다.

피고인의 배임행위가 기본재산의 처분행위이므로 주무관청의 허가가 없는 이상 법률상 무효라는 이유만을 들어 배임행위에 착수하였다고 볼 수 없다고 판단한 것은 위법하다.[157)]

8. 배임죄의 공범

거래상대방의 대향적 행위의 존재를 필요로 하는 유형의 배임죄에 있어서 거래상대방으로서는 기본적으로 배임행위의 실행행위자와는 별개의 이해관계를 가지고 반대편에서 독자적으로 거래에 임한다는 점을 감안할 때, 거래상대방이 배임행위를 교사하거나 그 배임행위의 전 과정에 관여하는 등으로 배임행위에 적극 가담함으로써 그 실행행위자와의 계약이 반사회적 법률행위에 해당하여 무효로 되는 경우 배임죄의 교사범 또는 공동정범이 될 수 있음은 별론으로 하고, 관여의 정도가 거기에까지 이르지 아니하여 법질서 전체적인 관점에서 살펴볼 때 사회적 상당성을 갖춘 경우에 있어서는 비록 정범의

156) 대판 2000. 4. 11. 99도334.

157) 대판 2001. 9. 28. 99도2639. 다음은 같은 취지이다.

정해진 가격보다 높은 가격으로 조합원으로부터 묘목구매신청서를 받음

묘목의 정상 납품 가격은 본당 4원이고, 판매가격은 수수료와 조작비를 보태어 5원 이내인데, 군조합의 구매주임인 피고인이 이득을 취득하고 조합원에게 손해를 끼칠 목적으로 마음대로 본당 8원씩으로 정하여 조합원들로부터 구매신청서를 받아 묘목을 판매하려다가 조합장에게 발각된 사안에서,

정상가격보다 높은 가격으로 묘목을 판매하여 재산상 이득을 취득하고 조합원들에게 손해를 끼칠 목적으로 조합원들로부터 묘목의 구매신청서를 받은 이상 업무상배임의 실행에 착수한 것이라 할 것이고, 위 묘목 판매사업이 조합사업으로 확정할 절차인 이사회의 결의나 도지부의 승인을 거치지 아니하였더라도 이는 조합내부의 절차에 불과한 것이어서 위 결론에는 영향이 없다(대판 1966. 9. 27. 66도912).

행위가 배임행위에 해당한다는 점을 알고 거래에 임하였다는 사정이 있어 외견상 방조행위로 평가될 수 있는 행위가 있었다 할지라도 범죄를 구성할 정도의 위법성은 없다고 봄이 상당하다.[158)]

새마을금고로부터 대출받는 자가 허위 분양계약서 작성, 담보가치의 과장, 금고 직원들에 대한 특혜분양과 무이자 대여 및 향응 제공을 함

업무상배임죄의 실행으로 인하여 이익을 얻게 되는 수익자 또는 그와 밀접한 관련이 있는 제3자를 배임의 실행행위자와 공동정범으로 인정하기 위하여는 실행행위자의 행위가 피해자 본인에 대한 배임행위에 해당한다는 것을 알면서도 소극적으로 그 배임행위에 편승하여 이익을 취득한 것만으로는 부족하고, 실행행위자의 배임행위를 교사하거나 또는 배임행위의 전 과정에 관여하는 등으로 배임행위에 적극 가담할 것을 필요로 한다.

피고인으로서도 새마을금고 직원들의 피고인에 대한 자금지원이 관련 법령이나 업무처리규정에 위배된다는 것을 알면서 허위 분양계약서 작성, 담보가치의 과장, 새마을금고 직원들에 대한 특혜분양과 무이자 대여 및

158) 대판 2005. 10. 28. 2005도4915; 대판 2007. 4. 12. 2007도1033; 대판 2012. 2. 23. 2011도15857; 대판 2012. 6. 28. 2012도3643. 다음은 같은 취지이다.

업무상배임으로 인한 수익자가 배임의 공동정범이 되기 위한 요건/삼성전자의 영업비밀을 저장한 씨디롬과 디스켓을 가지고 있는 삼성전자의 직원을 취직시키고 위 영업비밀을 취득한 관련 벤쳐기업 대표이사

피고인 1은 2000. 4.경 삼성전자를 퇴직하기로 마음먹고 퇴직 후에 삼성전자의 영업비밀과 관련된 벤처기업에 취업할 경우 업무에 활용할 목적으로, 같은 달 하순 경 삼성전자의 영업비밀을 씨디롬(CD-R)과 디스켓에 저장한 후 같은 해 5.경 위 씨디롬을 회사 밖으로 반출하여 집으로 가져왔고, 같은 해 6.경 피고인 2를 만나 벨웨이브에 취업하고 싶다는 뜻을 표시하면서 삼성전자의 영업비밀에 관한 자료를 집에 보관하고 있다고 말하였는데, 피고인 2는 알았다고 하면서 피고인 1의 요구를 받아들여 연봉 6,500만 원 외에 벨웨이브의 주식 3만 주를 주기로 약정하였고, 그 후 피고인 1은 같은 해 6. 말경 삼성전자에 사직서를 제출하면서 위 디스켓마저 집으로 가져와 보관하고 있다가, 같은 해 7. 1.경 벨웨이브에 먼저 취업한 다음 같은 해 7. 19. 삼성전자를 퇴사한 후인 같은 해 10.경 위 씨디롬 및 디스켓에 들어 있는 영업비밀을 벨웨이브의 서버컴퓨터에 제공하였다.

그렇다면 피고인 1은 처음부터 삼성전자의 영업비밀을 다른 벤처기업에 유출하거나 스스로의 이익을 위하여 이용할 목적으로 그 영업비밀을 씨디롬과 디스켓에 담아두었던 것이므로 피고인 1이 그 중 씨디롬을 2000. 5.경 삼성전자 밖으로 반출하여 집으로 가져와 보관한 때에 이미 위 씨디롬에 담긴 삼성전자의 영업비밀에 관한 피고인 1의 업무상배임의 범의가 외부에 표출되고 삼성전자의 재산상 손해발생의 위험이 현실화되어 업무상배임죄의 기수에 이르렀다고 할 것이고, 피고인 2는 그 이후에 피고인 1과 접촉하여 위 씨디롬에 담긴 삼성전자의 영업비밀을 취득하려 하였던 것이므로 피고인 2가 위 씨디롬에 담긴 영업비밀에 관한 피고인 1의 업무상배임죄의 공동정범이 될 수 없다.

한편, 위 디스켓 역시 이를 피고인 1이 삼성전자에서 반출한 때에 그에 담긴 영업비밀에 관한 업무상배임죄의 기수에 이르는 것이라고 할 것인데, 그 디스켓은 피고인 1이 피고인 2와 접촉하여 벨웨이브에 취업하기로 약정한 후에 삼성전자에서 피고인 1의 집으로 반출하였지만, 그 당시까지 피고인 1은 피고인 2에게 삼성전자의 영업비밀에 관한 자료를 집에 보관 중이라고 말하였고 이를 들은 피고인 2는 단순히 알았다고만 하였을 뿐 피고인 1에게 삼성전자의 영업비밀에 관한 자료를 추가로 더 가지고 나오라고 요구한 것도 아니고 그 자료를 추가로 더 가지고 나오는 방법이나 수단 등에 관하여 상의한 것도 아니었으므로 피고인 2의 행위는 피고인 1이 위 디스켓에 담아 가지고 나온 영업비밀에 관한 한 소극적으로 피고인 1의 업무상 배임행위에 편승하여 그 이익을 취득하려 한 것이라고는 할 수 있어도 거기에서 나아가 피고인 1의 배임행위를 교사하거나 또는 배임행위의 전과정에 관여하는 등으로 적극 가담한 것으로 볼 수는 없다고 할 것이어서 피고인 2를 위 디스켓에 담긴 영업비밀에 관한 피고인 1의 업무상배임죄의 공동정범으로 의율할 수는 없다(대판 2003. 10. 30. 2003도4382).

향응 제공 등으로 이를 종용하여 부당 대출행위의 전 과정에 관여함으로써 새마을금고 직원들의 업무상 배임행위에 적극 가담하였다고 판단한 것은 수긍할 수 있다.[159]

1인주주 회사의 주식을 양도하고 양도계약 해제시 부담할 매매대금반환채무를 담보하기 위해 회사의 유일한 자산에 관해 가등기설정

A 주식회사의 1인 주주이자 실질적인 대표이사인 피고인은 상속세 납부자금을 마련하기 위하여 갑과 사이에 A의 주식 전부를 150억 원에 매도하기로 하는 주식매매계약을 체결한 후, 위 주식매매계약이 해제될 경우 피고인이 부담하게 될 매매대금반환채무를 담보하기 위하여 A의 유일한 재산인 부동산에 관하여 갑 명의로 소유권이전청구권 가등기를 마친 사안에서,

피고인이 상속세 납부자금 마련을 주된 목적으로 하는 주식매매계약이라는 개인적 거래에 수반하여 독립된 법인 소유의 위 부동산을 갑에게 담보로 제공하였고 갑은 이러한 사정을 알면서 위 가등기의 설정을 요구하고 그 등기를 경료한 것에 불과하다면, 거래상대방의 지위에 있는 갑에게 배임행위의 교사범 또는 공동정범의 책임뿐만 아니라 방조범의 책임도 물을 수 없다.[160]

---

159) 대판 2007. 4. 12. 2007도1033.

160) 대판 2005. 10. 28. 2005도4915. 다음은 같은 취지이다.

조합의 대표자에게 약정위반에 따른 청구권을 행사하여 위 대표자로부터 약속어음을 발행받고 그에 대한 집행증서를 작성 교부받았다면, 피고인이 위 약속어음 발행 당시에 그에 관하여 위 조합의 결의를 거치지 않은 사실을 알고 있었다 하더라도 이는 위 조합이 승계약정을 위반한 데에 대하여 피고인 자신의 채권을 확보하기 위한 정당한 권리의 행사라고 보여지고, 그와 같은 피고인의 행위가 위 조합으로부터 불법적인 이익을 얻을 의사로써 위 대표자의 배임행위에 가담하였다고 보기 어렵다고 한 사례(대판 1996. 4. 23. 96도163).

수분양권 매매계약과 관련하여 제2매수인이 매수 당시에는 이중매매 사실을 몰랐으나 나중에 그 사실을 알고 매도인을 상대로 소송을 제기하던 중 오히려 매도인과 약정을 맺고 그의 도움으로 승소판결을 받고 분양권에 대한 소유권이전등기까지 마친 사안에서, 제2매수인의 민사상 권리 행사가 매도인의 배임행위를 교사하거나 전 과정에 관여하는 등 배임행위에 적극 가담한 경우에 해당한다고 볼 수 없다는 이유로, 배임죄의 공동정범의 성립을 부정한 사례.

피고인이 갑으로부터 송도어민생활대책용지특별분양권을 매수할 당시에는 그 매매계약이 이중매매에 해당한다는 사실을 알지 못하였고, 피고인이 그 후 이중매매사실을 알고 갑으로부터 이미 지급한 매매대금을 반환받고자 하였으나 그중 8,200만 원을 돌려받지 못하게 되자, 공소외인 등을 상대로 소송을 제기하여 피고인과 공소외인을 대리한 갑 사이에 임의조정이 이루어졌으며, 이를 기초로 인천광역시를 상대로 한 소송을 거쳐 이 사건 토지에 대한 소유권이전등기까지 경료하게 된 경우, 위 특별분양권 매수 당시 그 매매계약이 이중매매에 해당한다는 사실을 알지 못했던 피고인이 자신의 민사상 권리를 실현하기 위하여 공소외인을 상대로 제기한 민사소송 중 임의조정이 이루어지는 과정에서, 피고인이 갑과 접촉한 정황 및 갑이 피고인에게 협조한 사실이 인정된다고 하더라도, 이는 피고인이 위 특별분양권에 대한 매수인으로서의 권리를 행사하는 과정에서 발생한 것에 불과하고, 피고인이 갑의 배임행위를 교사하거나 갑의 배임행위의 전 과정에 관여하는 등으로 갑의 배임행위에 적극 가담한 경우에 해당한다고 보기는 어렵다(대판 2009. 9. 10. 2009도5630).

피고인 2은 자신이 대표이사로 있던 공소외 1 주식회사로 하여금 피해자 한국부동산신탁 주식회사(이하 '한부신'이라 한다)와 탄현 큰마을아파트에 관한 신탁계약을 체결하고 1996. 3. 8. 탄현 아파트 개발사업의 공동시공자로 선정된 다음 한부신으로부터 선급금으로 340억 원, 선배당금으로 300억 원 등 합계 640억 원을 지급받았음에도 공소외 1 주식회사의 자금사정이 개선되지 아니하여 한부신에 계속적인 자금지원을 요구하였으나 위 탄현 아파트 건에 기하여는 더 이상의 자금지원을 받지 못하고 있던 중, 1996. 10. 2.경 전부터 친분이 있던 피고인 3이 마침 한부신의 임원으로 취임하게 되었음을 기화로 추가로 자금지원을 받아내기 위하여 위 피고인 3 등과 접촉한 끝에 새로운 개

비신분자가 업무상 타인의 사무를 처리하는 자와 공모하여 배임

업무상배임죄와 배임증재죄는 별개의 범죄로서 배임증재죄를 범한 자라 할지라도 그와 별도로 타인의 사무를 처리하는 지위에 있는 사람과 공범으로서는 업무상배임죄를 범할 수도 있는 것이다.

업무상배임죄는 업무상 타인의 사무를 처리하는 지위에 있는 사람이 그 임무에 위배하는 행위로써 재산상의 이익을 취득하거나 제3자로 하여금 이를 취득하게 하여 본인에게 손해를 가한 때에 성립하는 것으로서, 이는 타인의 사무를 처리하는 지위라는 점에서 보면 신분관계로 인하여 성립될 범죄이고, 업무상 타인의 사무를 처리하는 지위라는 점에서 보면 단순배임죄에 대한 가중규정으로서 신분관계로 인하여 형의 경중이 있는 경우라고 할 것이므로, 그와 같은 신분관계가 없는 자(갑)가 그러한 신분관계가 있는 자(을)와 공모하여 업무상배임죄를 저질렀다면 그러한 신분관계가 없는 자에 대하여는 형법 제33조 단서에 의하여 단순배임죄에 정한 형으로 처단하여야 할 것이다.[161)]

9. 죄 수

다수의 피해자들에 대한 아파트 소유권이전등기이행의무

A 회사의 대표이사인 피고인이 피해자들에 대하여 각 별도로 이 사건 아파트에 관하여 소유권이전등기절차를 이행하여 주어야 할 업무상의 임무가 있었다면 각 피해자의 보호법익은 독립한 것이라고 할 것이므로 피고인의 범의가 단일하고 제3자 앞으로 각 소유권이전등기 및 근저당권설정등기를 한 각 행위시기가 근접하여 있

발신탁계약에 기하여 자금지원을 받기로 하고, 1996. 12. 26. 용인시 기흥읍 영덕리 소재 토지에 관하여 주식회사 풍산주택 명의로 신탁계약을 체결하게 하고 그 지상에 건설되는 아파트의 시공자로 자신이 사실상 경영하는 공소외 2 주식회사가 선정되도록 한 다음 공사계약 체결 당일 주택공제조합의 보증서나 다른 담보의 제공도 없이 공사금액의 50%에 해당하는 150억 원의 과당 선급금을 지급 받는 한편, 더 이상의 자금지원이 불가능하다고 하여 중단되었던 위 탄현 아파트 건에 기하여도 실제로는 공소외 1 주식회사의 다른 약속어음 결제대금으로 사용하는 것임에도 마치 건축자재 확보를 위한 긴급자금을 지원 받는 것처럼 가장하여 41억 원을 추가 지원을 받았으며, 나아가 국민기술금융 주식회사(이하 '국민기술금융'이라 한다)로부터 114억 원을 차입함에 있어서 단순히 질권 설정에 대한 동의를 넘어 지급보증을 받았고, 또 1998. 2. 초 위 피고인 3, 한부신의 모회사인 한국감정원 임원인 공소외 3을 차례로 찾아가 담보가치가 부족한 피고인 1 소유의 공소외 4 주식회사 주식을 담보로 제공하고 공소외 1 주식회사의 충청은행에 대한 100억 원의 채무를 인수하고 별도로 120억 원의 자금을 대여할 것을 요청하여 채무인수와 일부 자금대여를 받았는데 피고인 2로서는 그와 같은 자금지원이 관련 법령이나 업무처리규정에 위배된다는 것을 알고 있었고 일부 임원들이 자금지원에 반대한다는 사실을 알면서도 피고인 3, 4, 제1심 공동피고인 1 등에게 집요하게 자금지원을 하여 줄 것을 요구하는 한편으로 자신이 평소 알고 지내는 정치인이나 한국감정원의 간부들에게 자금지원을 청탁하고 정치인들과의 친분관계를 과시함으로써 가능하였다고 사실을 인정하였는바, 원심의 이와 같은 사실인정은 정당하다. 나아가 위와 같은 사실관계에서 인정되는 피고인 2의 관여행위의 정도나 내용을 검토하여 보면, 위 피고인은 단순히 위 피고인 3, 4, 제1심 공동피고인 1 등이 한부신에 대하여 배임행위를 한다는 것을 알면서 이에 편승하여 공소외 1 주식회사나 공소외 2 주식회사로 하여금 이익을 취득하게 한 정도를 넘어 위 피고인 3, 4, 제1심 공동피고인 1 등에 대하여 배임행위를 할 것을 교사하거나 배임행위의 전 과정에 관여함으로써 적극 가담하였다고 할 것이고, 그 당시 객관적인 상황에 비추어 보아도 이미 공소외 1 주식회사나 공소외 2 주식회사로 하여금 부당한 이익을 얻게 하고 한부신에 대하여 손해를 가한다는 배임의 범의를 가지고 저지른 것이라고 볼 것이지 사후의 경제사정의 악화 등 사정변화 때문에 결과적으로 한부신에게 손해를 가한 것으로 볼 수도 없는 것인바, 위 피고인을 그 판시 업무상배임죄의 공범으로 인정한 원심판결은 정당하다(대판 1999. 7. 23. 99도1911).

161) 대판 1999. 4. 27. 99도883.

으며 피해자들이 모두 A로부터 소유권이전등기를 받을 동일한 권리를 가진 자라고 하여도 피고인의 위 범행을 포괄 1죄라고 볼 수는 없고 피해자별로 독립한 수개의 업무상 배임죄가 성립된다고 보아야 할 것이다.[162]

대출한도 거래약정에 기한 수회의 대출금의 인출

이 사건 각 대출은 그 각 채무자 사이에 대출한도 및 대출기간의 한도를 정하여 놓고 그 범위 내에서 채무자가 별도의 자금대출신청 및 심사절차를 거침이 없이 자유로이 자금을 차입하거나 상환할 수 있는 내용의 것으로서, 당초 부실한 담보를 제공받고 위와 같은 내용의 대출한도거래약정을 체결한 자체가 불량대출로서 그 한도금액 전체를 손해 및 이득액으로 하는 한 개의 배임죄가 성립할 뿐 그 약정 아래 이루어진 여러 번에 걸친 대출금인출행위를 포괄하여 1죄라고 할 수는 없다.[163]

주택조합 아파트 건립 예정 부지에 관한 등기명의가 주택공급을 맡은 건설회사 앞으로 이전, 경료되어 있던 상태에서 그 건설회사의 이사로 있던 피고인의 1회의 임무위배행위로 다른 회사 앞으로 소유권이전등기를 경료하게된 것이라면, 그로 인한 그 토지 시가 상당의 피해가 실질적으로 각 주택조합원들에게 돌아가게 된다 하더라도 업무상배임의 단순1죄가 성립한다.[164]

수 개의 업무상 배임행위가 있더라도 피해법익이 단일하고 범죄의 태양이 동일할 뿐만 아니라, 그 수 개의 배임행위가 단일한 범의에 기한 일련의 행위라고 볼 수 있는 경우에는 그 수 개의 배임행위는 포괄하여 일죄를 구성한다고 할 것인바, 이 사건 한남투신에 의한 수 회의 회사채 매입에 의한 배임행위는 회사채 발행회사가 다르고, 또한, 대한중석에 의한 수 회의 계열사 자금 지원행위에 의한 배임행위 역시 자금 대여 또는 담보의 이익을 받는 자를 달리하지만, 모두 피해자가 한남투신 또는 대한중석으로서 동일하고, 또한, 그 배임행위로 인하여 이득을 얻은 자들이 서로 무관한 기업들이 아니라 거평그룹 내의 계열기업으로서, 단순히 개별기업에 대한 자금지원이 아니라 상호지급보증 관계에 있는 그룹 전체를 위한 행위였고, 또한, 그 범행도 한남투신에 대한 배임행위는 1998. 3. 25.부터 1998. 3. 31.까지 1주일 사이에 집중적으로 이루어졌으며, 대한중석에 대한 배임행위는 1998. 3. 31.부터 1998. 5. 6.까지의 기간동안 총 12회에 걸쳐 수시로 동일한 행위태양으로 반복되었고 또한, 개별기업마다 범의를 달리한다고 보기보다는 거평그룹 전체를 위한 단일한 범의를 지녔다고 보아야 하는 점 등을 종합하여 보면, 이 사건 수 회의 회사채 인수행위나 자금 지원행위를 포괄일죄로 본 원심의 판단은 수긍할 수 있다.[165]

162) 대판 1993. 6. 22. 93도743.
163) 대판 2001. 2. 9. 2000도5000.
164) 대판 1995. 2. 17. 94도3297.
165) 대판 2004. 7. 9. 2004도810. 다음은 같은 취지이다.
이 사건 각 대출은 실질적으로 A 주식회사의 신용에 근거한 약속어음 할인대출로서 피고인들의 단일한 범의에 기초한 것이고, 그 피해자 및 수익자, 범행의 태양도 모두 동일하므로, 결국 이 사건 각 배임행위는 포괄하여 일죄를 구성한다(대판 2011. 8. 18. 2009도7813).

10. 다른 범죄와의 관계

건물관리인이 건물주로부터 월세임대차계약 체결업무를 위임받고도 임차인들을 속여 전세임대차계약을 체결하고 그 보증금을 편취

피고인이 이 사건 각 건물에 관하여 전세임대차계약을 체결할 권한이 없음에도 임차인들을 속이고 전세임대차계약을 체결하여 그 임차인들로부터 전세보증금 명목으로 돈을 교부받은 행위는 건물주가 민사적으로 임차인들에게 전세보증금반환채무를 부담하는지 여부와 관계없이 사기죄에 해당하고, 이 사건 각 건물에 관하여 전세임대차계약이 아닌 월세임대차계약을 체결하여야 할 업무상 임무를 위반하여 전세임대차계약을 체결하여 그 건물주로 하여금 전세보증금반환채무를 부담하게 한 행위는 위 사기죄와 별도로 업무상배임죄에 해당하며, 나아가 위 각 죄는 서로 구성요건 및 그 행위의 태양과 보호법익을 달리하고 있어 상상적 경합범의 관계가 아니라 실체적 경합범의 관계에 있다.[166)]

신용협동조합의 전무인 피고인이 조합의 담당직원을 기망하여 예금인출금 또는 대출금 명목으로 금원을 교부받은 사안에서,

업무상배임행위에 사기행위가 수반된 때의 죄수 관계에 관하여 보면, 사기죄는 사람을 기망하여 재물의 교부를 받거나 재산상의 이익을 취득하는 것을 구성요건으로 하는 범죄로서 임무위배를 그 구성요소로 하지 아니하고 사기죄의 관념에 임무위배 행위가 당연히 포함된다고 할 수도 없으며, 업무상배임죄는 업무상 타인의 사무를 처리하는 자가 그 업무상의 임무에 위배하는 행위로써 재산상의 이익을 취득하거나 제3자로 하여금 이를 취득하게 하여 본인에게 손해를 가하는 것을 구성요건으로 하는 범죄로서 기망적 요소를 구성요건의 일부로 하는 것이 아니어서 양 죄는 그 구성요건을 달리하는 별개의 범죄이고 형법상으로도 각각 별개의 장에 규정되어 있어, 1개의 행위에 관하여 사기죄와 업무상배임죄의 각 구성요건이 모두 구비된 때에는 양 죄를 법조경합 관계로 볼 것이 아니라 상상적 경합관계로 봄이 상당하다 할 것이고, 나아가 업무상배임죄가 아닌 단순배임죄라고 하여 양 죄의 관계를 달리 보아야 할 이유도 없다.[167)]

치안본부 직원이 치안본부가 휘발유를 구입하는 것처럼 가장하면서 석유회사로 하여금 휘발유를 주유소에 납품하도록 지시함

피고인은 치안본부 장비과 차량계에서 차량용 유류의 발주 및 수불업무를 담당하는 직원으로서 그 업무상 임무에 위배하여, 제동주유소의 관리과장 갑, 실질적인 경영자인 을과 공모하여 A 석유주식회사가 치안본부와 사이에 미리 체결해 두고 있던 유류공급계약에 기하여 치안본부에 공급하는 보통휘발유와 경유의 일부를 빼돌려 위 주유소에 매각하기로 합의하고, 피고인은 A에 대하여 치안본부에서 구입하는 것처럼 가장하여 휘

166) 대판 2010. 11. 11. 2010도10690.

167) 대판 2002. 7. 18. 2002도669 전원합의체. 위 판례에 의하여 다음 판례는 변경되었다.
타인의 위탁에 의하여 그 사무를 처리하는 자가 그 사무처리상 임무를 배반하여 본인에 대하여 기망행위를 하고 착오에 빠진 본인으로부터 재물을 교부받은 경우에는 사기죄가 성립되며 가사 배임죄의 구성요건이 충족되어도 별도로 배임죄를 구성하는 것이 아니다(대판 1983. 7. 12. 82도1910).

발유를 위 주유소에 납품할 것을 지시하고, 갑, 을은 이를 인수하는 방법으로 위 유류의 공급가액 상당의 이익을 취득하고 치안본부로 하여금 A에 대하여 동액 상당의 채무를 부담하게 하여 재산상의 손해를 가한 사안에서,
피고인 등이 위와 같이 빼돌린 유류가 법률상 치안본부에 유효하게 납품된 바 없는 것으로 판단되어 치안본부가 그 대금지급채무는 이를 부담하지 않는 것으로 볼 수 있고 따라서 피고인의 행위가 A에 대한 사기죄를 구성하게 되는 경우라 할지라도 피고인의 위 행위는 그 직무집행과 관련하여 A에게 손해를 가한 때에 해당함이 명백하여 치안본부에 국가배상법에 의하여 여전히 위 유류대금 상당을 배상할 채무를 부담하게 되므로 그 손해가 없다고 할 수 없는 한편, 본인에 대한 배임행위가 본인 이외의 제3자에 대한 사기죄를 구성한다 하더라도 그로 인하여 본인에게 손해가 생긴 때에는 사기죄와 함께 배임죄가 성립한다고 할 것이다.
또 배임죄는 본인에게 손해를 가한 때에 기수가 되는 것이고, 이 사건에 있어서 본인인 치안본부에게 손해가 발생한 시기는 A가 피고인의 지시에 응하여 유류를 제동주유소에 납품함으로써 치안본부가 실제로는 유류를 납품받은 바 없이 그 대금상당의 채무를 부담하게 된 때라 할 것이므로, 위 유류가 제동주유소에 납품되기 이전에 미리 이를 매수하기로 합의 내지는 응탁한 갑, 을의 행위는 피고인이 배임으로 취득한 장물을 취득한 행위에 지나지 않는 것이 아니라 모두 배임행위 자체의 공동정범이 된다고 할 것이다.[168)]

상법 제625조 제4호는 회사의 임원 등이 회사재산을 위태롭게 하는 죄의 유형 중 하나로 '회사의 영업범위 외에서 투기행위를 하기 위하여 회사재산을 처분한 때'를 규정하고 있는바, 여기에서 '회사의 영업범위 외'라고 함은 회사의 정관에 명시된 목적 및 그 목적을 수행하는 데 직접 또는 간접적으로 필요한 통상적인 부대업무의 범위를 벗어난 것을 말하는 것으로서, 목적 수행에 필요한지 여부는 행위의 객관적 성질에 따라 추상적으로 판단할 것이지 행위자의 주관적·구체적 의사에 따라 판단할 것은 아니며, 또 '투기행위'라 함은 거래시세의 변동에서 생기는 차액의 이득을 목적으로 하는 거래행위 중에서 사회통념상 회사의 자금운용방법 또는 자산보유수단으로 용인될 수 없는 행위를 말하는 것으로, 구체적으로 회사 임원 등의 회사재산 처분이 투기행위를 하기 위한 것인지를 판단함에 있어서는 당해 회사의 목적과 주된 영업내용, 회사의 자산 규모, 당해 거래에 이르게 된 경위, 거래 목적물의 특성, 예상되는 시세변동의 폭, 거래의 방법·기간·규모와 횟수, 거래자금의 조성경위, 일반적인 거래관행 및 거래 당시의 경제상황 등 제반 사정을 종합적으로 고려해야 한다. 상법 제625조는 회사 임원 등의 특별배임죄를 규정한 상법 제622조 및 일반적인 업무상배임죄를 규정한 형법 제356조의 보충규정으로서, 특별배임죄 또는 업무상배임죄가 성립하는 경우에는 별도로 상법 제625조 위반죄가 성립하지 않는다.[169)]

Ⅱ. 업무상배임죄

배임죄의 주체로서 '타인의 사무를 처리하는 자'란 타인과의 대내관계에 있어서 신의성실의 원칙에 비추어

168) 대판 1987. 4. 28. 83도1568.
169) 대판 2007. 3. 15. 2004도5742.

그 사무를 처리할 신임관계가 존재한다고 인정되는 자를 의미하고, 반드시 제3자에 대한 대외관계에서 그 사무에 관한 대리권이 존재할 것을 요하지 않으며, 업무상배임죄에 있어서의 업무의 근거는 법령, 계약, 관습의 어느 것에 의하건 묻지 않고, 사실상의 것도 포함한다.
대학교 총장으로 대학교 업무 전반을 총괄함과 동시에 학교법인의 이사로서 학교법인 이사회에 상당한 영향력을 행사하고 있는 자가 학교법인의 이사로서 이사회에 참석하여 명예총장에 추대하는 결의에 찬성하고, 이사회의 결의에 따라 대학교의 총장으로서 대학교의 교비로써 명예총장의 활동비 및 전용 운전사의 급여를 지급한 경우, 업무상배임죄의 주체가 될 수 있다고 한 사례.170)

미성년자의 상속재산처분에 관여한 친생자관계 없는 호적부상의 친모

배임죄의 주체로서 '타인의 사무를 처리하는 자'란 타인과의 대내관계에서 신의성실의 원칙에 비추어 그 사무를 처리할 신임관계가 존재한다고 인정되는 자를 의미하고, 반드시 제3자에 대한 대외관계에서 그 사무에 관한 대리권이 존재할 것을 요하지 않으며, 나아가 업무상 배임죄에서 업무의 근거는 법령, 계약, 관습의 어느 것에 의하건 묻지 않고, 사실상의 것도 포함한다.
미성년자와 친생자관계가 없으나 호적상 친모로 등재되어 있는 자가 미성년자의 상속재산 처분에 관여한 경우, 배임죄에 있어서 타인의 사무를 처리하는 자의 지위에 있다고 한 사례.171)

Ⅲ. 배임수재·증재죄

1. 배임수재·증재죄의 의미

임무에 관하여 부정한 청탁을 받고 재물 또는 재산상 이익을 취득하면 배임수재죄는 성립되고, 어떠한 임무위배행위를 하거나 본인에게 손해를 가하는 것을 요건으로 하지 아니하나, 재물 또는 이익을 공여하는 사람과 취득하는 사람 사이에 부정한 청탁이 개재되지 않는 한 성립하지 않는다. 여기서 '부정한 청탁'이란 반드시 업무상 배임의 내용이 되는 정도에 이를 필요는 없고, 사회상규 또는 신의성실의 원칙에 반하는 것을 내용으로 하면 족하며, 이를 판단할 때에는 청탁의 내용 및 이에 관련한 대가의 액수, 형식, 보호법익인 거래의 청렴성 등을 종합적으로 고찰하여야 하며, 청탁이 반드시 명시적일 필요는 없다. 그리고 부정한 청탁을 받고 나서 사후에 재물 또는 재산상의 이익을 취득하였다고 하더라도 재물 또는 재산상의 이익이 청탁의 대가인 이상 배임수재죄가 성립되며, 또한 부정한 청탁의 결과로 상대방이 얻은 재물 또는 재산상 이익의 일부를 상대방으로부터 청탁의 대가로 취득한 경우에도 마찬가지이다.172)

170) 대판 2003. 1. 10. 2002도758.
171) 대판 2002. 6. 14. 2001도3534.
172) 대판 2013. 11. 14. 2011도11174.

업무상 배임죄와 배임수재죄의 관계

형법 제357조 제1항의 배임수재죄는 타인의 사무를 처리하는 자가 그 임무에 관하여 부정한 청탁을 받고 재물 등을 취득함으로써 성립하는 것이고 어떠한 임무 위배행위나 본인에게 손해를 가한 것을 요건으로 하는 것이 아닌데 대하여 동법 제356조, 제355조 제2항의 배임죄는 타인의 사무를 처리하는 자가 그 임무에 위배하는 행위가 있어야 하고 그 행위로서 본인에게 손해를 가함으로써 성립하는 것이나 부정한 청탁을 받거나 금품을 수수한 것을 그 요건으로 하지 않고 있으므로 이들 양 죄는 행위의 태양을 전연 달리하고 있고, 배임수재죄의 법정형이 업무상 배임죄의 법정형 보다 경하므로 양죄는 실체적 경합범관계에 있다.[173]

2. 타인의 사무를 처리하는 자

배임수재죄의 주체로서 '타인의 사무를 처리하는 자'라 함은 타인과의 대내관계에 있어서 신의성실의 원칙에 비추어 그 사무를 처리할 신임관계가 존재한다고 인정되는 자를 의미하고, 반드시 제3자에 대한 대외관계에서 그 사무에 관한 권한이 존재할 것을 요하지 않으며, 또 그 사무가 포괄적 위탁사무일 것을 요하는 것도 아니고, 사무처리의 근거, 즉 신임관계는 법령의 규정, 법률행위, 관습 또는 사무관리에 의하여도 발생할 수 있다.[174]
배임수재죄에 있어서 '임무'라 함은 타인의 사무를 처리하는 자가 위탁받은 사무를 말하나 그 위탁관계로 인한 본래의 사무뿐만 아니라 그와 밀접한 관계가 있는 범위 내의 사무도 포함된다.[175]

장래에 담당할 것이 합리적으로 기대되는 임무에 관한 배임수재

타인의 사무를 처리하는 자가 그 신임관계에 기한 사무의 범위에 속한 것으로서 장래에 담당할 것이 합리적으로 기대되는 임무에 관하여 부정한 청탁을 받고 재물 또는 재산상 이익을 취득한 후 그 청탁에 관한 임무를 현실적으로 담당하게 되었다면 이로써 타인의 사무를 처리하는 자의 청렴성은 훼손되는 것이어서 배임수재죄의 성립을 인정할 수 있다.
피고인이 갑으로부터 청탁을 받을 당시 아직 정식으로 평가위원에 선정되었다는 통보를 받지는 않았다고 하더라도 위촉될 것이 사실상 확정된 상태였으므로, 피고인은 A 주식회사와의 관계에서 '타인의 사무를 처리하는 자'의 위치에 있었다고 판단한 것은 정당하다.[176]

상사에게 임차인을 추천할 권한 밖에 없으나 점포 등의 임대 및 관리를 담당하고 있는 자가 임차하려는 자로부터 자기에게 임대하여 달라는 부탁과 함께 금원을 받음

임대차계약을 체결함에 있어 임차인을 선정하거나 임대보증금 및 차임을 결정하는 권한이 없고 다만 상사에게 임차인을 추천할 수 있는 권한 밖에 없다 하더라도 업무과장으로서 점포 등의 임대 및 관리를 담당하고

173) 대판 1984. 11. 27. 84도1906.
174) 대판 1999. 6. 22. 99도1095; 대판 2003. 2. 26. 2002도6834; 대판 2006. 5. 12. 2004도491; 대판 2007. 6. 29. 2007도3096.
175) 대판 1982. 2. 9. 80도2130; 대판 2004. 2. 13. 2003도2450; 대판 2007. 6. 29. 2007도3096.
176) 대판 2013. 10. 11. 2012도13719.

있는 이상 타인의 사무를 처리하는 자에 해당한다 할 것이며 그러한 자가 다른 사람이 점포를 임차하려는 상태에서 사례비를 줄 터이니 자기에게 임대하여 달라는 부탁을 받고 금원을 교부받은 소위는 배임수재죄에 해당한다.[177)]

섭외 및 예금 담당의 은행지점차장이 대출대상자를 물색하라는 지시를 받고 대출적격이 없는 자의 위장대출을 묵인 선처함

배임수재죄에 있어서 "임무"라 함은 타인의 사무를 처리하는 자가 위탁받은 사무를 말하나 그 위탁관계로 인한 본래의 사무뿐만 아니라 그와 밀접한 관계가 있는 범위내의 사무도 포함된다.

따라서 섭외 및 예금 담당의 은행지점차장이 지점장으로부터 중소기업시설자금 대출대상자를 물색하라는 지시를 받고 그 대출적격이 없는 자의 위장대출을 묵인 선처하여 달라는 청탁을 받아 대부 담당대리로 하여금 그 대출절차를 밟도록 하여주고 그 청탁이 대가로 금원을 교부받았다면 배임수재죄가 성립한다.[178)]

대학 편입학업무를 담당하지 아니한 자가 편입학과 관련한 청탁을 받고 금품수수

배임수증죄는 타인의 사무를 처리하는 자가 그 임무에 관하여 부정한 청탁을 받고 재물 또는 재산상의 이익을 얻는 경우에 성립하는 범죄로서 원칙적으로 타인의 사무를 처리하는 자라야 그 범죄의 주체가 될 수 있고, 그러한 신분을 가지지 아니한 자는 신분 있는 자의 범행에 가공한 경우에 한하여 그 주체가 될 수 있다.

대학 편입학업무를 담당하지 아니한 갑이 을로부터 편입학과 관련한 부정한 청탁을 받고 금품을 수수하였다 하더라도 편입학업무를 담당한 교무처장 등이 피고인 갑이 부정한 청탁을 받았음을 알았거나 스스로 부정한 청탁을 받았다고 볼 자료가 없는 경우, 배임수증재가 성립하지 않는다.[179)]

177) 대판 1984. 8. 21. 83도2447. 다음은 같은 취지이다.
재건축조합장이 재건축 현장의 철거공사 수주와 관련하여 철거업체로부터 금품을 수수한 경우, 배임수재죄의 주체로 인정한 사례(대판 2007. 6. 29. 2007도3096).
감정평가법인의 지점을 독립채산제로 운영하는 자가 위 법인의 명의로 감정평가업무를 수주하여 그 업무를 처리한 경우, 배임수재죄에 있어서의 타인의 사무를 처리한 경우에 해당한다고 한 사례(대판 2004. 10. 27. 2003도7340).
피고인은 분양대행회사인 주식회사 코세아의 실제 사장으로서 두산개발 주식회사 및 주식회사 두산과 사이에 두산타워상가에 관한 임대차 및 재임대차 중개위탁계약을 체결하는 한편, 위 두산개발 주식회사 및 주식회사 두산과의 협의 아래 상가개점준비위원회를 발족시켜 그 운영위원회 위원장에 취임하고 두산타워상가관리 주식회사의 공동대표이사 겸 부사장의 직을 수행하게 됨으로써, 위 상가 내의 각 점포에 관한 임차인 및 전차인 선정과 임대(전대)차 계약체결 중개, 점포호수 추첨, 점포배정, 상인의 입점과 관련한 제반 업무를 위임받아, 위 두산개발 주식회사 및 주식회사 두산의 사무를 처리할 신임관계가 존재함을 알 수 있으므로, 배임수재죄의 주체인 타인의 사무를 처리하는 자에 해당한다(대판 2003. 2. 26. 2002도6834).

178) 대판 1982. 2. 9. 80도2130. 다음은 같은 취지이다.
주택조합아파트 시공회사 직원인 피고인들이 조합장으로부터 조합의 이중분양에 관한 민원을 묵인하거나 조합의 입장을 배려해 달라는 청탁을 받고 위 아파트 분양권을 취득한 사안에서, 피고인들에게 배임수재죄를 인정한 사례(대판 2011. 2. 24. 2010도11784).

179) 대판 1999. 1. 15. 98도663. 다음은 같은 취지이다.
학교법인의 상무이사에게 대학 편입학을 청탁하고 금품지급
교육법 등에 의하면 대학에의 편입학에 관한 사무는 특별한 사정이 없는 한 대학의 총장이나 학장의 임무에 속하

대학원생들이 지도교수들을 통하여 다른 대학교 교수인 피고인에게 학위를 취득할 수 있도록 실험대행 및 논문의 주요부분 작성을 해달라고 청탁하고 금품을 교부

타인의 사무를 처리하는 자가 그 임무에 관하여 부정한 청탁을 받았다 하더라도 자신이 아니라 다른 사람으로 하여금 재물 또는 재산상의 이익을 취득하게 한 경우에는 위 죄가 성립하지 않음이 명백하고, 다만 사회통념상 그 다른 사람이 재물 또는 재산상 이익을 받은 것을 부정한 청탁을 받은 자가 직접 받은 것과 같이 평가할 수 있는 관계가 있는 경우에만 위 죄가 성립할 수 있다.

대학원생들이 지도교수들을 통하여 다른 대학교 교수인 피고인에게 "학위논문 작성에 필요한 실험대행 및 논문의 주요부분 작성 등 편의를 제공하여 문제없이 학위를 취득하게 해 달라"는 청탁을 하고 금품을 교부한 사안에서, 위 청탁은 부정한 청탁에 해당하지만, 타 대학 대학원생들에 대한 논문지도 및 심사업무가 피고인의 업무라고 할 수 없으며, 피고인이 대학원생들 지도교수들의 배임수재행위에 공모하였다고 보기도 어렵다고 한 사례.[180]

고 학교법인의 상무이사가 처리할 임무가 아니므로 가사 피고인이 편입학에 대한 사례로 학교법인의 상무이사에게 재물을 공여한 것으로 인정되더라도 배임증재에는 해당하지 아니한다(대판 1982. 4. 13. 81도2646).

시에서 발주한 도시형폐기물종합처리시설 건설사업의 기본설계 적격심의 및 평가위원으로서 그 임무와 관련하여 부정한 청탁을 받고 재물을 취득하였다는 공소사실에 대하여, 청탁을 받을 당시에 위 건설사업에 관한 사무를 처리하는 지위에 있었다고 인정되지 아니하는 이상 배임수재죄로 처벌할 수는 없다(대판 2010. 7. 22. 2009도12878).

KBO 사무총장이 잠실야구장의 광고권자 선정과 관련하여 부정한 청탁을 받고 금품수수

피고인은 KBO(한국야구위원회) 사무총장으로 근무하였고, 잠실야구장의 광고권자를 선정하는 권한은 잠실야구장 운영본부에게 있을 뿐 피고인이 잠실야구장의 광고권자 선정 관련 업무를 담당하지는 아니한 사실, 실제로 A주식회사를 잠실운동장의 광고권자로 선정하고 그 관련 업무를 담당한 것도 잠실야구장운동본부였던 사실을 알 수 있고, 기록상 피고인이 직접 또는 간접으로 잠실야구장의 광고권자 선정 업무를 담당하거나 이에 참여 또는 보조하였다는 점을 인정할 만한 자료를 찾아볼 수 없으므로, 피고인은 잠실야구장의 광고권자 선정 업무를 처리하는 자에 해당한다고 볼 수는 없으며, 피고인의 지위와 KBO 총재 및 잠실야구장운영본부 대표와의 관계 등을 살펴볼 때 피고인이 잠실야구장 광고권 계약체결의 주체인 위 운영본부 대표에게 A주식회사를 위하여 유리한 이야기를 전해 줄 수 있었던 사정만으로는 KBO 총재특별보좌관 내지 사무총장으로서 KBO 총재를 보좌하고 KBO의 행정적 운영과 예산의 집행을 담당하는 업무가 잠실야구장의 광고권자 선정 업무와 밀접한 관계가 있는 범위 내의 사무라고 보기도 어렵다고 할 것이다.

따라서 피고인이 잠실야구장의 광고권자 선정과 관련하여 부정한 청탁을 받고 금품을 수수하였다고 하더라도 스스로 타인의 사무를 처리하는 자로서 그러한 행위를 하였다고는 볼 수 없으므로 위와 같은 행위를 배임수재죄로 처벌할 수는 없다고 할 것이다(대판 2006. 3. 24. 2005도6433).

단위축산업협동조합의 총대가 총대회에서의 조합장 후보자 추천과 관련하여 금품수수

구 축산업협동조합법의 해석상 총대는 총회에 갈음하여 조합의 의사를 결정하는 총대회의 구성원에 불과하며 스스로의 권한으로 총대회에서 임원선거에 참여하고 의결권을 행사하는 등 자주적으로 임무를 수행한다고 할 것이니 이를 선출구역 조합원의 사무나 전체 조합원 혹은 조합의 사무를 처리하는 것이라고 볼 수도 없으므로 단위축산업협동조합의 총대가 총대회에서의 조합장 후보자 추천과 관련하여 돈을 주고 받았더라도 배임수증재죄가 성립되지 않는다(대판 1990. 10. 12. 90도1477).

지역별 수산업협동조합의 총대는 조합의 의결기관인 총회의 구성원일 뿐 임원이나 기타 업무집행기관이 아니며 선출지역 조합원의 지시나 간섭을 받지 않고 스스로의 권한으로 총회에서 임원선거에 참여하고 의결권을 행사하는 등 자주적으로 업무를 수행하는 것이므로 총회에서의 의결권 또는 선거권의 행사는 자기의 사무이고 이를 선거구역 조합원이나 조합의 사무라고 할 수 없는 것이고, 따라서 총대가 조합장선거에 출마한 후보자들로부터 자신을 지지하여 달라는 부탁과 함께 금원을 교부받았더라도 배임수재죄로 처벌할 수 없다(대판 1990. 2. 27. 89도970).

180) 대판 2008. 3. 27. 2006도3504. 다음은 같은 취지이다.

재직 중 부정한 청탁을 받고 퇴직 후 금품수수

피고인은 진흥공단 경남본부 과장대리의 직에 있으면서 갑으로부터 함안발전설비부품 협동화사업을 승인받아 지원금을 탈 수 있도록 하여 달라는 부정한 청탁을 받고 위 승인을 받게 하여 주고 진흥공단에서 사직한 다음 금품을 수수한 사안에서,

배임수재죄는 타인의 사무를 처리하는 자의 청렴성을 보호법익으로 하는 것으로, 그 임무에 관하여 부정한 청탁을 받고 재물을 수수함으로써 성립하고 반드시 수재 당시에도 그와 관련된 임무를 현실적으로 담당하고 있음을 그 요건으로 하는 것은 아니므로, 타인의 사무를 처리하는 자가 그 임무에 관하여 부정한 청탁을 받은 이상 그 후 사직으로 인하여 그 직무를 담당하지 아니하게 된 상태에서 재물을 수수하게 되었다 하더라도, 그 재물 등의 수수가 부정한 청탁과 관련하여 이루어진 것이라면 배임수재죄는 성립한다고 보아야 한다.[181]

3. 부정한 청탁

가. 긍정례

배임수재죄에서 '부정한 청탁'이라 함은 반드시 업무상 배임의 내용이 되는 정도에 이를 것을 요하지 않고, 사회상규 또는 신의성실의 원칙에 반하는 것을 내용으로 하는 것이면 족하다. 이를 판단함에 있어서는 청탁의 내용 및 이에 관련한 대가의 액수, 형식, 보호법익인 거래의 청렴성 등을 종합적으로 고찰하여야 한다.[182]

대학교수가 특정출판사의 교재를 채택하여 달라는 청탁을 받고 교재 판매대금의 일정비율에 해당하는 금원을 받은 경우 배임수증죄를 긍정한 사례.[183]

다른 대학의 교수인 피고인이 대학원생들의 학위논문 작성에 필요한 실험대행 및 논문원고를 작성해 주고 그 대가를 대학원생들로부터 직접 또는 그들의 지도교수를 통하여 수수한 사안에서, 사회통념상 피고인의 수수행위를 위 지도교수들의 직접적인 수수행위로 평가할 수 있는 긴밀한 관계를 인정할 수 없음에도 불구하고 위 지도교수들에게 배임수재 정범의 실행행위성을 인정한 원심을 심리미진 등을 이유로 파기한 사례(대판 2009. 6. 11. 2009도1518).

181) 대판 1997. 10. 24. 97도2042. 다음은 같은 취지이다.

타인의 사무를 처리하는 자가 그 임무에 관하여 부정한 청탁을 받은 후 사무분담변경으로 그 직무를 담당하지 않는 상태에서 재물수수

피고인이 A주식회사 중앙지점의 법인대부계 행원으로서 지급보증사무를 처리할 당시 부정한 청탁을 받고 이후 본점으로 전근되어 위 사무에서 떠난 뒤에 위 지급보증사무에 재직시 받은 부정한 청탁과 관련하여 금원을 수수한 사안에서,

배임수재죄는 타인의 사무를 처리하는 자의 청렴성을 그 보호법익으로 하는 형사범으로서 그 임무에 관하여 부정한 청탁을 받고 재물 등을 수수함으로써 성립되고 반드시 수재 당시에도 수재와 관련된 임무를 현실적으로 담당하고 있음을 그 요건으로 하는 것은 아니라고 풀이되므로 타인의 사무를 처리하는 자가 그 임무에 관하여 부정한 청탁을 받은 이상 그 후 사무분담의 변경으로 동 직무를 담당하지 아니하게 된 상태에서 재물 등을 수수하게 되었다 하더라도 여전히 같은 타인의 사무를 처리하는 지위에 있고 그 재물 등의 수수가 그 부정한 청탁과 관련하여 이루어진 것이라면 배임수재죄는 성립한다고 보아야 할 것이다(대판 1984. 11. 27. 84도1906).

182) 대판 2008. 12. 11. 2008도6987; 대판 2012. 3. 29. 2012도536.

183) 대판 1996. 10. 11. 95도2090.

송전선로공사의 감독자가 철탑이설공사의 하자를 묵인해 달라는 청탁을 받고 금품수수

한국전력공사 소속 송전배원으로 송전설비관리 및 송전선로공사의 현장감독업무를 하던 피고인 갑이 송전선로 철탑이설공사를 도급받아 시공하는 피고인 을로부터 공사시공에 하자가 있더라도 묵인하여 달라는 취지의 청탁을 받고 금원을 수령한 것은 배임수증죄를 구성한다.[184)]

회원제 골프장의 예약업무 담당자가 주말부킹권을 부킹대행업자에게 판매하고 그 대금을 받음

회원제 골프장의 예약업무 담당자가 부킹대행업자의 청탁에 따라 회원에게 제공해야 하는 주말부킹권을 부킹대행업자에게 판매하고 그 대금 명목의 금품을 받은 것이 배임수재죄에 해당한다고 한 사례.[185)]

의사들이 조영제를 사용해 준 대가 또는 조영제를 납품받아달라는 취지로 ① 제약회사와 조영제에 관한 '시판 후 조사' 연구용역계약을 체결하고 연구비수수, ② 골프접대 등을 받음

형법 제357조 제1항이 규정하는 배임수재죄는 타인의 사무를 처리하는 자가 임무에 관하여 부정한 청탁을 받고 재물 또는 재산상 이익을 취득하는 경우에 성립하는 범죄로서, 재물 또는 이익을 공여하는 사람과 취득하는 사람 사이에 부정한 청탁이 개재되지 않는 한 성립하지 않는다. 여기서 '부정한 청탁'이란 반드시 업무상 배임의 내용이 되는 정도에 이를 것을 요하지 않으며, 사회상규 또는 신의성실의 원칙에 반하는 것을 내용으로 하면 족하고, 이를 판단할 때에는 청탁의 내용 및 이에 관련한 대가의 액수, 형식, 보호법익인 거래의 청렴성 등을 종합적으로 고찰하여야 한다.

대학병원 등의 의사인 피고인들이, 의약품인 조영제를 사용해 준 대가 또는 향후 조영제를 지속적으로 납품할 수 있도록 해달라는 청탁의 취지로 제약회사 등이 제공하는 조영제에 관한 '시판 후 조사'(PMS, Post

184) 대판 1991. 11. 26. 91도2418. 다음은 같은 취지이다.

재건축조합장이 재건축 현장의 철거공사 수주와 관련하여 철거업체로부터 금품을 수수한 경우, 배임수재죄의 주체로 인정한 사례(대판 2007. 6. 29. 2007도3096).

아파트 건축회사 협상대표가 각 세대당 금 2백만 원의 보상금지급요구 문제 등에 관한 협상권한을 위임받은 아파트입주자 대표들에게 보상금을 전체 금 2천만 원으로 대폭 감액하여 조속히 합의하여 달라고 부탁한 것이 배임수재죄의 부정한 청탁이라고 본 사례(대판 1993. 3. 26. 92도2033).

한국전력공사의 출장소장에게 위탁수금사원이 사직하면 그 자리에 자기를 추천해 달라고 청탁

한국전력공사 출장소장으로서 위탁수금사원의 추천업무를 맡고 있는 피고인이 갑으로부터 위탁수금사원인 을이 사직하면 그 자리에 자기를 우선적으로 추천해 달라는 청탁을 받고 도합 금품을 받은 다음 갑을 수금사원으로 추천한 경우, 어떤 직위에 특정인을 우선적으로 추천해 달라는 청탁은 신의성실의 원칙에 반하는 청탁이라고 할 것이므로 배임수증죄가 성립한다(대판 1989. 12. 12. 89도495).

신문사의 지국장이 취재기사를 본사에 송고하지 말아달라는 청탁을 받고 그 묵인사례조로 금품을 교부받은 행위는 배임수재죄가 된다(대판 1970. 9. 17. 70도1355).

지구당의 공천비리를 조사하지 말아달라고 중앙당 당기위원회 소속 갑에게 200만 원을 교부

피고인이 더 이상 지구당의 공천비리를 조사하지 말아달라는 취지로 민주당 중앙당 당기위원회 소속 갑에게 금 2,000,000원을 교부한 것은 피고인이 갑에게 단순히 당무에 노고가 많은 당료를 격려하기 위하여 의례적으로 돈을 준 것이라거나 직무권한의 범위 내에서 업무를 처리함에 있어 편의를 봐 달라는 취지의 부탁을 한 정도라고 볼 수 없고, 위 금품수수는 사회상규 또는 신의성실의 원칙에 반하는 부정한 청탁에 따른 것으로 판단된다(대판 1998. 6. 9. 96도837).

185) 대판 2008. 12. 11. 2008도6987.

Marketing Surveillance) 연구용역계약을 체결하고 연구비 명목의 돈을 수수하였다고 하여 배임수재의 공소사실로 기소된 사안에서, 연구목적의 적정성 및 필요성, 연구결과 신뢰성을 확보하려는 노력의 유무, 연구수행과정과 방법의 적정성 및 결과 충실성, 연구대가의 적정성 등 제반 사정에 비추어, 연구용역계약은 의학적 관점에서 필요성에 따라 근거와 이유를 가지고 정당하게 체결되어 수행되었을 뿐, 제약회사 등의 조영제 납품에 관한 부정한 청탁 또는 대가 지급 의도로 체결된 것으로 볼 수 없다고 한 사례.

대학병원 의사인 피고인이, 의약품인 조영제나 의료재료를 지속적으로 납품할 수 있도록 해달라는 부정한 청탁 또는 의약품 등을 사용해 준 대가로 제약회사 등으로부터 명절 선물이나 골프접대 등 향응을 제공받았다고 하여 배임수재의 공소사실로 기소된 사안에서, 피고인이 실질적으로 조영제 등의 계속사용 여부를 결정할 권한이 있었고, 단순히 1회에 그치지 않고 여러 차례에 걸쳐 선물과 향응을 제공받았으며, 제약회사 등은 피고인과 유대강화를 통해 지속적으로 조영제 등을 납품하기 위하여 이를 제공한 점 등의 사정을 종합할 때, 피고인은 '타인의 사무를 처리하는 자'에 해당하고, 피고인이 받은 선물, 골프접대비, 회식비 등은 부정한 청탁의 대가로서 단순한 사교적 의례 범위에 해당하지 않는다고 본 사례.[186)]

계약과 관련된 사무처리자가 '계약의 상대방이 될 수 있도록 해달라'는 부탁을 받음

타인의 위탁을 받아 계약과 관련된 사무를 처리하는 자가 특정인으로부터 '계약의 상대방이 될 수 있도록 해달라'는 부탁과 함께 그 대가로 돈을 받은 것은 원칙적으로 부정한 청탁에 해당한다.[187)]

A 회사가 임대아파트를 분양하지 못한 상황에서 A의 분양업무 담당자 갑이 정으로부터 부탁을 받고 A의 승낙을 받아 정에게 아파트분양 대행계약을 체결함에 있어 분양대금 등은 A에게 바로 입금하고 거래시세에 따라 지급받는 프리미엄은 갑과 정 등이 분배키로 약정하여 분양 후 프리미엄을 분배받음

(1) 갑은 2000. 7. 1. A 회사에 입사하여 기획영업부 부장으로 근무하면서 임대아파트 분양업무를 담당하였고, 을은 2001. 4. 1. A에 입사하여 기획영업부 과장으로 근무하면서 동탄 및 판교지역 임대아파트 분양팀장의 업무를 담당하였으며, 병은 1997. 7.경 A에 입사하여 2006. 5.까지 A의 상무이사로 근무하다가 퇴직하였고, 병, 정은 A가 건설한 동탄1차 및 판교1차 아파트 인근에서 부동산중개사무실을 운영하였다. 갑, 병, 정은 고등학교 동문이다.

(2) A는 동탄1차 및 판교1차 아파트를 분양하였다가 대량의 해약사태가 발생하여 그중 60세대가 2008. 8. 경부터 2009. 3.경까지도 재임대분양이 되지 않았고, 분양공고를 거칠 경우 재임대계약이 체결될 때까

---

186) 대판 2011. 8. 18. 2010도10290. 다음은 유사 취지이다.

의사가 메가비트 500이라는 약을 본래의 적응증인 순환기질환뿐 아니라 내분비 환자 등에게도 처방하여 달라는 부탁을 받고 금원을 교부받음

종합병원 또는 대학병원 소속 의사들이 자신들이 처방하는 약을 환자들이 예외 없이 구입 복용하는 것을 기화로, 의약품수입업자로부터 병당 5만원 내지 7만원씩의 사례비를 줄터이니 수입하여 시중 약국에는 보급하지 않고 직접 전화주문만 받아 독점판매하고 있는 메가비트 500이라는 약을 본래의 적응증인 순환기질환뿐 아니라 내분비 등 거의 모든 병에 잘 듣는 약이니 그러한 환자에게 원외 처방하여 그들로 하여금 위 약을 많이 사먹도록 해달라는 부탁을 받고 금원을 교부받은 경우, 위 의사들은 그 임무에 관하여 부정한 청탁을 받고 금품을 수수하였다고 할 것이므로 위와 같은 행위는 배임수재죄를 구성한다(대판 1991. 6. 11. 91도413).

187) 대판 2006. 11. 23. 2006도906.

지 시간이 많이 소요되어 회사가 부담하는 금융이자가 크게 늘어날 우려가 있었으므로 A의 경영진은 갑, 을에게 해약세대를 빨리 처리하라고 지시하였다.

(3) 한편 정은 2008. 8. 29.경 갑에게 "A의 해약세대를 제3자에게 임대하게 되면 자신이 중개할 수 있게 해달라, 한 세대를 중개할 때마다 프리미엄 일부를 주겠다"고 제안하였다.

(4) 그 후 갑은 A의 대표 무에게 정의 중개로 해약세대의 분양권을 전매하여 재임대차계약을 체결하는 것에 대해 보고하고 승인을 받은 다음, 2008. 10. 중순경 을과 함께 정을 만나 그 무렵의 프리미엄 시세가 얼마인지, 동탄1차 해약세대에 관하여 재임대차계약이 체결될 경우 프리미엄을 어떻게 분배할 것인지 등에 대해 상호 논의하였다. 그 결과 재계약자들로부터 지급받는 분양대금(임대보증금), 인테리어비와 옵션확장비, 기간이자 등(이하 '분양대금 등'이라고 한다)은 A의 법인 계좌로 바로 입금하고, 그 외 거래시세에 따라 재계약자들로부터 지급받는 프리미엄은 20평형대의 경우 1,700만 원, 30평형대의 경우 3,000만 원을 각 기본금액으로 하고, 그 기본금액에다가 기본금액을 초과하는 프리미엄의 1/3 해당 금액을 합하여 이를 갑, 을에게 귀속시키기로 합의하였다.

(5) 그와 같은 합의 내용에 따라 을은 그 무렵 정에게 동탄1차 해약세대 27세대의 정보를 알려주었고, 정은 재계약자들을 모집하여 결국 2009. 1. 14.경부터 2009. 3. 18.경까지 사이에 총 17세대에 관하여 재임대차계약이 체결되었다. 그 사이 경기가 회복되자 A는 나머지 10세대를 직접 처분하기로 하였고 이에 따라 정은 10세대에 관한 재임대차계약 체결을 중단하였다.

(6) 정은 2008년 말경 갑에게 판교1차 해약세대에 대하여도 같은 방법으로 재임대차계약을 중개해 주겠다고 제안하였고, 이에 갑, 을은 A의 대표 무의 승인을 받아 해약된 판교1차 26세대의 정보를 정 등에 넘겨주었다. 당시 갑, 을은 정 등과 사이에 재계약자들로부터 지급받는 프리미엄 중 23평형의 경우 500만 원, 33평형의 경우 700만 원을 각 기본금액으로 하고 그 기본금액에다가 기본금액을 초과하는 프리미엄의 50%(23평형), 70%(33평형) 해당 금액을 합하여 이를 갑, 을에게 귀속시키기로 약정하였다. 이후 정 등의 중개를 통해 2008. 12. 30.경부터 2009. 2. 26.경까지 사이에 판교1차 26세대에 대하여 재임대차계약이 체결되었다.

(7) 정은 2009. 7.경 판교1차의 다른 7세대 역시 갑, 을에게 그 정보를 알려달라고 하면서 당시 시세를 고려하여 프리미엄 중 23평형의 경우 3,200만 원, 33평형의 경우 6,500만 원을 각 지급하기로 약정하였다. 그 후 A는 정 등의 중개로 2009. 9. 7.경부터 2009. 9. 24.경까지 사이에 위 7세대에 대한 재임대차계약을 체결하였다.

(8) 을은 A에서 함께 근무하다가 퇴사한 병이 경제적으로 어려운 상황에 처한 것을 알고 도움을 주고자 2009. 6.경 병에게 동탄1차 해약세대 중 11세대의 정보를 알려주었고, 병은 그 정보를 정에게 알려주면서 당시 프리미엄 시세에 따라 정으로부터 총 7,000만 원을 지급받기로 하였다. 정은 이와 별도로 을에게는 1세대당 300만 원을 주기로 약정하였다. 이후 A는 정 등의 중개로 위 11세대 중 10세대에 대하여 재임대차계약을 체결하였다(다만, 을은 병이 3,000만 원을 지급받은 1세대와 저층이어서 프리미엄이 형성되지 않은 2세대를 뺀 나머지 7세대에 대하여만 300만 원씩을 지급받아 2,100만 원을 수령하였다).

(9) 위와 같이 정 등의 중개로 A와 사이에 재임대차계약을 체결한 재계약자들은 A의 경기지사 사무실에서 A를 임대인으로 하는 임대차계약서를 작성하고, 해당 프리미엄을 중개인들에게 지급하였다. 그리고 다른 중개인들이나 담당 종업원들을 통해 프리미엄을 지급받은 정은 갑, 을과의 앞서 본 각 약정 내용에 따라 2009. 1. 14.경부터 2009. 10. 12.경까지 사이에 수십 회에 걸쳐 갑, 을, 병이 지정한 계좌로 총 10억여 원을 송금하였는데, 프리미엄을 지급받은 시기가 계약된 거래별로 달라서 어떤 송금내역이 어떤 세대의 프리미엄인지 등에 대해서는 명확히 밝혀지지 않았다.

(10) 그리고 A의 사규에서는 회사이익에 반하는 영리행위 내지 타인에게 부당한 이익을 주는 행위 및 회사 거래처로부터 사례를 수수하는 행위를 금지하고 있다.

(11) 위 아파트들은 A가 임대를 목적으로 건설한 임대주택으로서 임대주택법령의 적용대상이고 그중에서 판교 지구 아파트의 경우에는 공공건설임대주택에 해당하는 것으로 보이는데, 구 임대주택법 등 관련 법령에서는 임대주택에 대하여 임차인의 자격, 산정방법, 임대보증금, 임대료 등 임대조건에 관한 기준을 정하고, 일정한 공공건설임대주택에 대하여는 임대조건에 관한 신고의무를 지우며, 또한 주택법 등 관련 법령에 따라 사업계획승인을 받아 건설한 공공건설임대주택의 경우에는 원칙적으로 최초의 임대보증금 및 임대료는 일정한 표준임대보증금 및 표준임대료를 초과할 수 없도록 정하는 등, 국민의 주거생활을 안정시키는 것을 목적으로 하는 구 임대주택법의 취지에 맞게 임대주택의 임대조건에 관하여 규제하고 있다.

위와 같은 사실관계를 앞에서 본 법리에 비추어 보면, 비록 피고인들이 서로 협조하여 기 회사의 위 임대분양 아파트들 중에서 해약세대에 대한 재임대차계약 사무를 추진한 결과 이를 성공적으로 마칠 수 있었다고 할 것이지만, 임대분양 영업을 하는 A에 소속된 직원인 갑, 을은 회사 소유의 임대아파트에 관한 임대 업무를 처리하면서 임대주택법령에서 정한 범위 내에서 A에 유리한 조건으로 임대가 이루어질 수 있도록 노력하여야 하고, 또한 재임대차계약 과정에서 원래 예정된 분양대금 외에 재계약자들로부터 웃돈에 해당하는 프리미엄을 받을 경우에는 그 프리미엄 수수로 인한 분쟁, 조세 부담 및 해약 시의 반환 문제를 비롯하여 공공건설 임대주택 분양업자인 A의 분양 과정에서의 공정성·투명성 등에 대한 신뢰와 평판에 대한 악영향 내지는 임대주택법령의 위배 가능성 등을 고려하여 그 수수 사실을 A의 사장 등에게 사전 또는 사후에 알려 승인을 받고 나아가 A의 지시를 받아 프리미엄을 처리하도록 하여야 할 것이며, 사규에서 정한 바에 따라 그 업무처리 과정에서 중개업자 등으로부터 사례 등 명목으로 금품을 수수하여서는 아니 될 것이다.
그럼에도 갑, 을은 재임대차계약 업무를 처리하면서 중개업자인 정 등으로부터 프리미엄을 배분하여 주겠다는 제의 아래 재임대차계약 중개에 관한 권리를 부여하여 달라는 청탁을 받은 후, 그들에게 중개업무를 전담하게 하여 그들이 중개수수료를 독점적으로 취득할 수 있도록 하였을 뿐 아니라 A의 사장 등으로부터 구체적인 수권을 받지 아니한 채 그들이 재계약자들로부터 임대보증금 외에 프리미엄을 더 받아 취득할 수 있도록 그들에게 재임대차계약에 관한 중개업무를 전담시키고, 나아가 그에 대한 대가로 그들이 받은 프리미엄의 일부를 일정한 기준에 따라 나누어 받았으므로, 이는 사회상규 또는 신의성실의 원칙에 반하는 부정한 청탁을 받고 그에 대한 대가로 재물을 취득한 것으로서 배임수재에 해당한다.[188)]

나. 부정례

계약관계를 유지시켜 기존권리를 확보하기 위하여 하는 부탁행위 등은 부정한 청탁이라고 할 수 없다.[189)]

188) 대판 2013. 11. 14. 2011도11174.

189) 대판 1985. 10. 22. 85도465; 대판 1991. 8. 27. 91도61. 다음은 같은 취지이다.
A 주식회사의 대표이사이던 피고인이 1983. 1. 20 오물처리업체인 B 주식회사와 사이에 쓰레기수거계약을 체결한 후 B의 경쟁업체인 C 주식회사로부터 월수거수수료 600,000원에 쓰레기를 수거하여 주겠다는 제의를 받고 아무런 계약위반사실 없는 B에 대하여 1983. 4. 23자로 위 쓰레기수거계약 해제의 통고를 하였으며 이에 당황한 B의 대표이사 갑으로부터 "금 3,000,000원을 줄 터이니 위 계약을 유지시켜 달라"는 부탁과 함께 그 사례금 명목으로 금 3,000,000원을 교부받은 경우 B와 사이의 1983. 1. 20자 쓰레기수거계약은 피고인의 해제통고에 불구하고 유효하게

규정이 허용하는 범위 내에서 최대한 선처를 바란다는 청탁

청탁 내용이 단순히 규정이 허용하는 범위 내에서 최대한 선처를 바란다는 내용에 불과하거나 위탁받은 사무의 적법하고 정상적인 처리범위에 속하는 경우, 사회상규에 어긋난 부정한 청탁이라고 볼 수 없어 청탁의 사례로 금품을 수수한 것이 배임수재에 해당하지 않는다.
아파트개발사업 시행업체 측으로부터 철거공사를 담당할 업체를 선정할 권한과 함께 명도·이주 업무를 책임지고 수행할 임무를 위임받은 피고인이, 시행업체의 양해 하에 철거업체로 선정되면 철거공사 하도급대금 중 일부를 피고인에게 지급하기로 하는 내용의 약정을 철거업체와 체결한 사안에서, 타인의 부탁을 받아 계약과 사무를 처리하는 사람이 특정인으로부터 계약체결의 상대방이 될 수 있게 해달라는 부정한 청탁을 받고 대가를 받은 경우라고 보기 어렵다고 한 사례.[190)]

사회복지법인의 양도인이 양도대금을 받고 양수인을 임원으로 선임하기로 한 약정

구 사회복지사업법의 취지 등을 종합적으로 고려하여 보면, 사회복지법인 운영권의 유상 양도를 금지·처벌하는 입법자의 결단이 없는 이상 사회복지법인 운영권의 양도 및 그 양도대금의 수수 등으로 인하여 향후 사회복지법인의 기본재산에 악영향을 미칠 수 있다거나 사회복지법인의 건전한 운영에 지장을 초래할 경우가 있다는 추상적 위험성만으로 운영권 양도계약에 따른 양도대금 수수행위를 형사처벌하는 것은 죄형법정주의나 형벌법규 명확성의 원칙에 반하는 것이어서 허용될 수 없다. 따라서 사회복지법인의 설립자 내지 운영자가 사회복지법인 운영권을 양도하고 양수인으로부터 양수인 측을 사회복지법인의 임원으로 선임해 주는 대가로 양도대금을 받기로 하는 내용의 '청탁'을 받았다 하더라도, 청탁의 내용이 당해 사회복지법인의 설립 목적과 다른 목적으로 기본재산을 매수하여 사용하려는 것으로서 실질적으로 법인의 기본재산을 이전하는 것과 다름이 없어 사회복지법인의 존립에 중대한 위협을 초래할 것임이 명백하다는 등의 특별한 사정이 없는 한 사회상규 또는 신의성실의 원칙에 반하는 것을 내용으로 하는 청탁이라고 할 수 없으므로 이를 배임수재죄의 성립 요건인 '부정한 청탁'에 해당한다고 할 수 없다. 나아가 사회복지법인의 설립자 내지 운영자가 자신들이 출연한 재산을 회수하기 위하여 양도대금을 받았다거나 당해 사회복지법인이 국가 또는 지방자치단체로부터 일정한 보조금을 지원받아 왔다는 등의 사정은 위와 같은 결론에 영향을 미칠 수 없다.[191)]
해설: 마찬가지로 '학교법인의 양도인이 양도대금을 받고 양수인을 임원으로 선임하기로 한 약정'도 특별한 사정이 없는 한 배임수재죄에 해당하지 않는다.[192)]

존속하므로 피고인에게 위 계약보다 회사에 이익이 되도록 다른 업체와 새로이 계약을 체결하거나 위 계약상의 수거료액을 재조정하여야 할 임무가 있다 할 수 없고, 또 형법상 배임수재죄는 재물 또는 이익을 공여하는 사람과 취득하는 사람사이에 부정한 청탁이 개재되지 않는 한 성립되지 아니한다 할 것이며 여기에 부정한 청탁이라 함은 사회상규 또는 신의성실의 원칙에 반하는 것을 내용으로 하는 청탁을 말한다 할 것이므로 이 건과 같이 계약관계를 유지시켜 기존권리를 확보하기 위한 부탁행위는 부정한 청탁이라고 할 수 없다(대판 1985. 10. 22. 85도465).

190) 대판 2011. 4. 14. 2010도8743. 같은 취지로는 대판 1982. 9. 28. 82도1656. 다음은 유사 취지이다.
피고인들이 A대학교 85년도 졸업준비위원회의 위원장과 총무에게 피고인 1이 경영하는 사진관을 졸업앨범 제작업자로 지정되게끔 힘써 달라는 취지의 부탁을 하고, 한편으로는 위 사진관의 선전을 하고 동인들의 앨범 제작과정에 관한 자문에 응하기도 하면서 위 위원회 위원들에게 향응을 베풀고 총무에게 금원을 제공한 것이 사회상규에 어긋나는 부정한 청탁이라고 보기 어렵다고 한 사례(대판 1987. 5. 12. 86도1682).

191) 대판 2013. 12. 26. 2010도16681.

192) 사립학교법 취지 등을 종합적으로 고려하여 보면, 학교법인 운영권의 유상 양도를 금지·처벌하는 입법자의 명시적

다. 묵시적 청탁

하도급받은 자가 감독할 지위에 있는 자에게 까다롭게 감독하지 말라고 묵시적 청탁

배임증재죄에서의 부정한 청탁이란 사회상규 또는 신의성실의 원칙에 반하는 것을 내용으로 하는 청탁을 일컫는 것인 바, 하도급받은 자가 감독할 지위에 있는 자에게 공사감독을 까다롭게 하지 말고 잘 보아 달라는 취지로 직접 또는 온라인으로 수차례에 걸쳐 금원을 교부한 경우라면 공사감독을 까다롭게 하지 말아 달라는 취지의 위 청탁은 그것이 묵시적이라 하더라도 사회상규 또는 신의성실의 원칙에 반하는 부정한 청탁에 해당한다.[193]

부정행위가 발각될 경우에 대비하여 환심을 사두고자 부정행위로 취득한 금품지급

유류를 부정처분한 갑이 유류전표를 발행하고 장부에 정리하는 등의 일을 하고 있는 을에게 환심을 사두어 후일 범행이 발각되더라도 이를 누설하지 않게끔 하기 위하여 유류부정처분 대금을 나누어 준 경우에는 배임수재죄에 있어서 청탁의 내용이라 할 수 있는 구체적이고 특정한 임무행위에 관하여 부정한 청탁이라고 보기 어렵다.[194]

4. 증재자 또는 수재자의 일방만 범죄성립

라디오 방송국 프로듀서에게 특정 가수의 노래를 자주 방송하여 달라고 청탁

배임수재죄와 배임증재죄는 통상 필요적 공범의 관계에 있기는 하나 이것은 반드시 수재자와 증재자가 같이 처벌받아야 하는 것을 의미하는 것은 아니고 증재자에게는 정당한 업무에 속하는 청탁이라도 수재자에게는 부정한 청탁이 될 수도 있는 것이다.

배임수재죄의 수재자에 대한 부정한 청탁이라 함은 업무상배임에 이르는 정도는 아니나 사회상규 또는 신의성실의 원칙에 반하는 것을 내용으로 하는 청탁을 의미하므로 방송국에서 프로그램의 제작연출 등의 사무를

결단이 없는 이상 학교법인 운영권의 양도 및 그 양도대금의 수수 등으로 인하여 향후 학교법인의 기본재산에 악영향을 미칠 수 있다거나 학교법인의 건전한 운영에 지장을 초래할 수 있다는 추상적 위험성만으로 운영권 양도계약에 따른 양도대금 수수행위를 형사처벌하는 것은 죄형법정주의나 형벌법규 명확성의 원칙에 반하는 것으로서 허용될 수 없다. 따라서 학교법인의 이사장 또는 사립학교경영자가 학교법인 운영권을 양도하고 양수인으로부터 양수인 측을 학교법인의 임원으로 선임해 주는 대가로 양도대금을 받기로 하는 내용의 '청탁'을 받았다 하더라도, 그 청탁의 내용이 당해 학교법인의 설립 목적과 다른 목적으로 기본재산을 매수하여 사용하려는 것으로서 학교법인의 존립에 중대한 위협을 초래할 것임이 명백하다는 등의 특별한 사정이 없는 한, 그 청탁이 사회상규 또는 신의성실의 원칙에 반하는 것을 내용으로 하는 것이라고 할 수 없으므로 이를 배임수재죄의 구성요건인 '부정한 청탁'에 해당한다고 할 수 없고, 나아가 학교법인의 이사장 또는 사립학교경영자가 자신들이 출연한 재산을 회수하기 위하여 양도대금을 받았다거나 당해 학교법인이 국가 또는 지방자치단체로부터 일정한 보조금을 지원받아 왔다는 등의 사정은 위와 같은 결론에 영향을 미칠 수 없다(대판 2014. 1. 23. 2013도11735).

193) 대판 1988. 3. 8. 87도1445. 다음은 같은 취지이다.
재건축조합의 총무가 시공사로부터 업무추진비 명목으로 다액의 돈을 지급받은 사안에서, 묵시적인 부정한 청탁이 있었다고 보아 배임수재죄가 성립한다고 한 사례(대판 2008. 12. 24. 2008도9602).

194) 대판 1983. 12. 27. 83도2472.

처리하는 프로듀서가 특정 가수의 노래만을 편파적으로 선곡하여 계속 방송하여서는 아니되고 청취자들의 인기도, 호응도 등을 고려하여 여러 가수들의 노래를 공정성실하게 방송하여야 할 임무가 있음에도 담당 방송프로그램에 특정 가수의 노래만을 자주 방송하여 달라는 청탁은 사회상규나 신의성실의 원칙에 반하는 부정한 청탁이라 할 것이다.[195)]

자기 소유로 믿은 부동산에 관하여 매매계약을 체결하였으나 종중에 의해 가처분결정이 집행되자 그 비용을 지급하면서 가처분을 취하하게 함

피고인이 자기소유로 믿고 있는 부동산을 제3자에게 처분하기 위하여 매매계약을 하였는데 피고인이 종중에서 그 부동산에 대한 권리를 주장하면서 처분금지가처분결정까지 받아 이를 집행하자 피고인이 계약위반으로 인한 손해배상문제를 염려하여 종중의 대표자에게 가처분의 부당성을 지적하면서 가처분 비용을 지급하고 그 신청을 취하하도록 하였다면 이는 피고인이 자기의 권리를 확보하기 위한 행위로서 사회상규나 신의성실의 원칙상 부정한 청탁을 한 것이 아니므로 가사 종중대표자에게 부정한 점이 있다고 하더라도 피고인을 배임증여죄로 처벌할 수 없다.[196)]

5. 재물 또는 재산상의 이익을 취득 또는 공여

재물 또는 재산상의 이익을 취득 또는 공여하는 것의 의미

배임증·수재죄에 있어서 타인의 사무를 처리하는 자가 그 임무에 관하여 부정한 청탁을 받고 재물 또는 재산상의 이익을 취득하거나 그에게 그러한 청탁을 하고 재물 또는 이익을 공여한다 함은 그 재물 또는 이익을 사무처리자 자신의 것으로 취득하거나 그 자신의 것으로 공여하는 것을 뜻한다 할 것이므로 사무처리자가 자기가 아닌 본인의 채권을 회수하거나 상대방이 본인에 대한 채무를 변제하는 것은 위의 재물의 취득이나 그 공여에 해당한다고 할 수 없고 또 본인에 대한 채무변제가 부수적으로 사무처리자 자신의 어떤 책임 또는 불이익을 면하게 하여 그의 이익이 되는 것이라 하더라도 그것이 주로 본인의 사무처리에 관계되고 본인을 위한 사무처리의 결과로서 이루어진 것이라면 그 부수적 이익을 가지고 위의 사무처리자 자신이 이익을 취득하거나 그에게 이익을 공여한 것으로 볼 수는 없다.[197)]

195) 대판 1991. 1. 15. 90도2257. 다음은 같은 취지이다.
방송국에 소속되어 가요 프로그램의 제작연출 등의 사무를 처리하는 가요담당 프로듀서는, 방송법이 규정하고 있는 방송의 공적책임수행과 그 내용의 공정성 및 공공성의 요청에 따라 방송국의 내규가 정하는 제한 범위 내에서, 방송될 가요를 선곡하는 임무를 방송국으로부터 부여받은 자로서 "타인의 사무처리를 처리하는 자"이므로 배임수재죄의 주체가 될 수 있다할 것이고, 방송프로듀서가 직무상 알고 지내던 가수매니저들로부터 많게는 100만원 적게는 20만원 정도의 금품을 28회에 걸쳐 받은 것을 가리켜 의례적이라거나 사회상규에 위반되지 아니한다고 할 수도 없다(대판 1991. 6. 11. 91도688).

196) 대판 1980. 8. 26. 80도19. 다음은 같은 취지이다.
형법 제357조 제2항에 규정한 재물 또는 이익의 공여자에게 부정한 것이 없는 한 배임증재죄는 성립되지 아니하며, 이는 그것을 받은 사람으로 보아 부정한 것인 여부에 구애되지 않는다(대판 1979. 6. 12. 79도708).

197) 대판 1987. 4. 4. 85도1339.

지정업체의 대표이사가 병역의무자를 지정업체의 병역특례요원으로 편입시킨 뒤 다른 회사에서 근무하도록 해달라는 청탁을 받고 지정업체의 계좌로 금원을 송금받음

배임수재죄에서 타인의 사무를 처리하는 자가 그 임무에 관하여 부정한 청탁을 받았다 하더라도 자신이 아니라 다른 사람으로 하여금 재물 또는 재산상의 이익을 취득하게 한 경우에는 위 죄가 성립하지 않음이 명백하다. 다만, 그 다른 사람이 부정한 청탁을 받은 자의 사자 또는 대리인으로서 재물 또는 재산상 이익을 취득한 경우나 그 밖에 평소 부정한 청탁을 받은 자가 그 다른 사람의 생활비 등을 부담하고 있었다거나 혹은 그 다른 사람에 대하여 채무를 부담하고 있었다는 등의 사정이 있어 그 다른 사람이 재물 또는 재산상 이익을 받음으로써 부정한 청탁을 받은 자가 그만큼 지출을 면하게 되는 경우 등 사회통념상 그 다른 사람이 재물 또는 재산상 이익을 받은 것을 부정한 청탁을 받은 자가 직접 받은 것과 동일하게 평가할 수 있는 관계가 있는 경우에는 위 죄가 성립할 수 있다.
구 병역법상 지정업체의 대표이사인 피고인이 병역의무자를 형식적으로 당해 지정업체 소속 병역특례 산업기능요원으로 편입시킨 뒤 다른 회사에서 근무하도록 해 달라는 부정한 청탁을 받고 그 대가로 위 지정업체 명의의 계좌로 금원을 송금받은 사안에서, 피고인이 당해 지정업체의 대표이사이자 주요 주주이므로 위 지정업체가 재물 또는 재산상 이익을 받는 것은 피고인이 받는 것과 사실상 동일하게 평가할 수 있어 배임수재죄가 성립한다고 한 사례.[198)]

학교법인의 이사장 직무를 수행하는 자가 학교공사에 관하여 공개입찰이 아닌 수의계약에 의해 도급계약을 체결하고 그 대가로 수급인이 학교법인에게 공사대금지급채무를 면제함

실질적으로 학교법인의 이사장 직무를 수행하면서 학교공사와 관련하여 공사대금 중 수급인이 학교법인 부담부분 상당액을 학교법인에 기부하는 것을 조건으로 공사계약을 체결한 후 공사를 완성하여 이 부분에 대한 공사대금 지급의무를 면제받거나 그 대금 상당액을 입금받은 다음 다시 수급인에게 공사대금으로 지급한 것으로 처리한 경우, 이러한 행위는 학교공사에 관하여 관계 규정에 따른 공개입찰을 하지 아니하는 대신 특정 공사업자와 수의계약을 체결하면서 공사업자에게 공사대금 중 국고지원 부분만을 지급하기로 하고 학교법인 부담 부분은 면제받은 것으로 볼 것이고, 이러한 경우 공사대금 지급채무는 학교법인이 공사업자에 대하여 부담하는 것이므로 이를 면제받는 것은 학교법인의 이익으로 되는 것일 뿐 실질적으로 학교법인의 이사장 직무를 수행한 자가 면제받은 대금 상당의 이익을 취득하였다고 볼 수는 없고, 따라서 위와 같은 행위는, 공개입찰을 하지 아니하고 수의계약을 체결한 것에 대하여 행정상의 책임 등을 묻는 것은 별론으로 하고, 타인의 사무를 처리하는 자가 그 임무에 위배하여 부정한 청탁을 받고 재물 또는 재산상의 이익을 취득한 경우에 해당한다고 할 수는 없다.[199)]

198) 대판 2009. 3. 12. 2008도1321.
199) 대판 2001. 2. 9. 2000도4700. 다음은 같은 취지이다.
조합 이사장이 조합이 주관하는 도자기 축제의 대행기획사를 선정하는 과정에서 최종 기획사로 선정된 회사로부터 조합운영비 지급을 약속받고 위 축제가 끝난 후 조합운영비 명목으로 현금 3,000만 원을 교부받아 조합운영비로 사용한 사안에서, 이사장이 개인적인 이익을 위해서가 아니라 조합의 이사장으로서 위 금원을 받아 조합의 운영경비로 사용한 것이라는 이유로 배임수재죄의 성립을 부정한 사례(대판 2008. 4. 24. 2006도1202).

재산상이익인 골프장 회원권에 관하여 취득자 명의로 명의변경이 이루어지지 않음

배임수재죄에서 말하는 '재산상의 이익의 취득'이라 함은 현실적인 취득만을 의미하므로 단순한 요구 또는 약속만을 한 경우에는 이에 포함되지 아니한다.

골프장 회원권에 관하여 피고인 명의로 명의변경이 이루어지지 아니한 이상 피고인이 현실적으로 재산상 이익을 취득하지 않았다는 이유로 배임수재죄의 성립을 부정한 사례.[200)]

6. 손해의 발생과 부정한 행위

배임수재죄에 있어서는 본인에게 손해가 발생하였는지의 여부는 그 죄의 성립에 영향이 없다.[201)]

회사가 발주하는 공사에 관하여 부적당한 업체를 입찰경쟁업체로 지명하였으나, 위 업체가 공사를 하자 없이 마쳐 손해가 발생하지 아니함

도급순위가 385위이고 부채가 자본금을 초과하고 공사실적도 없으며 장래 수익성이 크게 호전될 전망도 없는 데다 노임의 미불로 고발위험에 처해 있어 파산 직전의 건설회사라면 그 같은 회사의 주식은 사실상 재산적 가치가 없다 할 것이므로, 동 회사의 전무로부터 피고인이 대표이사로 있는 건설회사가 발주하는 공사에 파산 직전의 위 회사를 입찰경쟁업체로 지명하여 주는 대가로 피고인이 소유하는 동 회사의 주식을 금 4천만 원에 인수해 주겠다는 청탁을 받고 그 명목등으로 돈을 받았다면 이는 주식 매각 대금이라고 볼 수 없고 이는 사회상규와 신의성실의 원칙에 반하는 부정한 청탁에 대한 대가로 볼 것이므로 배임수재죄가 성립한다.

피고인이 그가 대표이사로 있는 회사가 발주하는 공사에 관하여 입찰경쟁업체로 지명함에 있어서 부적당하다는 정을 알면서도 부정한 청탁을 받고 소외 건설업체를 지명하고 그 사례조로 금원을 수수하여 배임수재죄가 성립하였다면 그 후 위 건설업체가 동 공사를 아무런 하자없이 시공하여 준공검사를 마침으로써 그 회사에 아무런 손해가 발생하지 아니하였더라도 아무런 영향이 없다.[202)]

부정한 청탁과 함께 금품수수가 이루어졌으나 부정행위는 행해지지 않음

병원의 이전 신축공사 설계 및 시공업체를 선정하고 계약체결하는 사무를 처리하는 지위에 있는 자가 그 업체 선정, 계약체결에 있어서 재단이전소위원회와 재단이사회의 결의를 거쳐 공개 입찰하는 등 정당한 절차에 따라 가장 적합한 설계자나 시공자를 선정하여 계약 체결하여야 할 직무상 의무에 반하여 특정 업자로부터

200) 대판 1999. 1. 29. 98도4182.

201) 대판 1984. 8. 21. 83도2447.

202) 대판 1983. 12. 13. 82도735. 다음은 같은 취지이다.

건물을 매수하여 달라는 위탁을 받은 자가 매도인으로부터 매매대금을 증액하고 소유권이전 이전에 대금을 지급해달라는 청탁과 함께 금원 수수

피고인들은 그들이 속하고 있는 종중으로부터 세우회관을 매수하는 사무를 수탁처리함에 있어 매도인으로부터 그 매수대금을 증액결가함과 또 약정의 대금지급기일 이전에 대금을 지급(소유권이전도 받기 전에)의 요청을 받아 이에 응하고 그 사례로 금원을 수수한 행위는 부정한 청탁을 받고 재물을 취득하였다 할 것이고, 배임수재죄에 있어서 본인에게 손해의 발생여부는 동 죄의 성립에 아무런 영향이 없다(대판 1980. 10. 14. 79도190).

공사 또는 설계를 맡게 해달라는 부정한 청탁을 받고 이를 맡게 해주는 대가로 금품을 수수하였다면 청탁받은 뒤 청탁받은 부정행위가 이루어졌는가를 묻지 않고 배임수재죄가 성립한다.[203]

부정한 청탁이 있으나 그 청탁과는 관계없이 금품을 받음
배임수재죄는 타인의 사무를 처리하는 자가 그 임무에 관하여 부정한 청탁을 받고 이에 응하여 재물을 취득함으로써 성립하는 것이고 재물을 공여하는 자가 부정한 청탁을 하였다 하더라도 그 청탁을 받아들임이 없이 그 청탁과는 관계없이 금품을 받은 경우에는 배임수재죄는 성립하지 아니한다.[204]

7. 영득의사

영득의사를 부정한 사례[205]

8. 죄 수

타인의 사무를 처리하는 자가 동일인으로부터 그 직무에 관하여 부정한 청탁을 받고 여러 차례에 걸쳐 금품을 수수한 경우, 그것이 단일하고도 계속된 범의 아래 일정기간 반복하여 이루어진 것이고 그 피해법익도 동일한 때에는 이를 포괄일죄로 보아야 한다. 다만, 여러 사람으로부터 각각 부정한 청탁을 받고 그들로부터 각각 금품을 수수한 경우에는 비록 그 청탁이 동종의 것이라고 하더라도 단일하고 계속된 범의 아래 이루어진 범행으로 보기 어려워 그 전체를 포괄일죄로 볼 수 없다.[206]

---

203) 대판 1987. 11. 24. 87도1560.

204) 대판 1982. 7. 13. 82도874.

205) 피고인이 증뢰자로부터 받은 100만원짜리 수표 150매를 소외인을 통하여 은행에 맡기면서 누가 자기에게 일시보관을 위해 맡긴 것인데 곧 찾아 갈 돈이니 맡아달라고 말한 사실이 인정되고 또 피고인이 그 돈을 반환한 경위에 있어서도 영득의 의사로 받았다가 되돌려 줄 수밖에 없는 특단의 사정변경사실을 찾아볼 수 없고 자발적으로 반환한 경우라면, 위 수표들 이 수표 100매 1억 원과 50매 5천만 원으로 나누어 다른 날짜에 가명으로 예금된 바 있다 하더라도 피고인에게 배임수재죄에 있어서의 영득의 의사가 있었다고 단정할 수 없다(대판 1984. 3. 13. 83도1986). 같은 취지로는 대판 1983. 3. 8. 82도2873.

206) 대판 2008. 12. 11. 2008도6987.

제7절 장물죄

Ⅰ. 장물죄

1. 장물죄의 본질

'장물'이라 함은 재산범죄로 인하여 취득한 물건 그 자체를 말하므로, 재산범죄를 저지른 이후에 별도의 재산범죄의 구성요건에 해당하는 사후행위가 있었다면 비록 그 행위가 불가벌적 사후행위로서 처벌의 대상이 되지 않는다 할지라도 그 사후행위로 인하여 취득한 물건은 재산범죄로 인하여 취득한 물건으로서 장물이 될 수 있다.[1)]

장물죄의 본질에 관하여는 추구권설, 유지설, 공범설, 결합설이 있다.

장물의 매각을 의뢰받고 업무상과실로 보관하게 된 자가 이를 임의처분

절도 범인으로부터 장물보관 의뢰를 받은 자가 그 정을 알면서 이를 인도받아 보관하고 있다가 임의 처분하였다 하여도 장물보관죄가 성립하는 때에는 이미 그 소유자의 소유물 추구권을 침해하였으므로 그 후의 횡령행위는 불가벌적 사후행위에 불과하여 별도로 횡령죄가 성립하지 않는다.

피고인이 갑으로부터 장물인 고려청자 원앙형 향로 1점을 2억 5,000만 원에 매각하여 달라는 의뢰를 받음에 있어 위 향로가 장물인지 여부를 확인하여야 할 업무상 주의의무가 있음에도 이를 게을리한 과실로 위 향로를 넘겨받아 장물을 보관하던 중, 을로부터 금원을 차용하면서 위와 같이 보관 중이던 위 향로를 담보로 제공함으로써 이를 처분한 행위는 업무상과실장물보관죄의 가벌적 평가에 포함되고 별도로 횡령죄를 구성하지 않는다.[2)]

해설: 절취는 소유권을 취득하는 권원이 되지 못한다. 따라서 절취 후에도 절취 장물은 여전히 피해자의 소유이다. 그러므로 장물을 보관하는 자가 이를 처분하였을 때, 절취 범인에 대한 횡령의 문제는 발생하지 않는다.

장물을 보관하던 중 장물임을 알게 되었음에도 계속 보관

장물인 정을 모르고 보관하던 중 장물인 정을 알게 되었고, 위 장물을 반환하는 것이 불가능하지 않음에도 불구하고 계속 보관함으로써 피해자의 정당한 반환청구권 행사를 어렵게 하여 위법한 재산상태를 유지시킨 경우에는 장물보관죄에 해당한다.[3)]

1) 대판 2004. 4. 16. 2004도353.
2) 대판 2004. 4. 9. 2003도8219. 같은 취지로는 대판 2004. 4. 9. 2003도8219.
3) 대판 1987. 10. 13. 87도1633.

2. 장물의 개념

가. 재 물

전화가입권

장물이라 함은 물리적 관리가능성이 있는 물건 즉 "재물"을 말하는 것이고 재산상의 이익은 장물죄의 객체가 될 수 없다. 전화가입권은 하나의 채권적 권리로서 재산상의 이익은 될지언정 재물이 아니므로 장물죄의 객체가 될 수 없다.[4)]

나. 재산범죄에 의하여 취득

장물이라 함은 재산죄인 범죄행위에 의하여 영득된 물건을 말하는 것으로서 절도, 강도, 사기, 공갈, 횡령 등 영득죄에 의하여 취득된 물건이어야 한다.[5)]

본범이 횡령죄 또는 강도죄에 의하여 취득한 장물임이 분명함

장물죄에 있어서의 장물이 되기 위하여는 본범이 절도, 강도, 사기, 공갈, 횡령 등 재산죄에 의하여 영득한 물건이면 족하고 그 중 어느 범죄에 의하여 영득한 것인지를 구체적으로 명시할 것을 요하지 않는다.[6)]
해설: 본범이 횡령죄(선장 등이 소유자의 의사에 반하여 횡령) 또는 강도죄(제3자가 강취)에 의하여 취득한 장물임이 분명한 이상, 본범이 횡령죄를 범한 것인지 강도죄를 범한 것인지까지는 특정이 되지 않더라도 장물취득죄의 성립을 인정할 수 있다.

컴퓨터등사용사기죄에 의해 예금채권을 취득한 다음 자기의 현금카드로 현금인출

컴퓨터등사용사기죄의 범행으로 예금채권을 취득한 다음 자기의 현금카드를 사용하여 현금자동지급기에서 현금을 인출한 경우, 현금카드 사용권한 있는 자의 정당한 사용에 의한 것으로서 현금자동지급기 관리자의 의사에 반하거나 기망행위 및 그에 따른 처분행위도 없었으므로, 별도로 절도죄나 사기죄의 구성요건에 해당하지 않는다 할 것이고, 그 결과 그 인출된 현금은 재산범죄에 의하여 취득한 재물이 아니므로 장물이 될 수 없다.[7)]

---

4) 대판 1971. 2. 23. 70도2589.
5) 대판 2004. 12. 9. 2004도5904. 다음은 같은 취지이다.
산림법 93조 소정의 절취한 임산물이 아니고 임산물단속에 관한 법률위반죄에 의하여 생긴 임산물은 재산 범죄적 행위에 의한 것이 아니기 때문에 장물이 될 수 없다(대판 1975. 9. 23. 74도1804).
해설: 임산물의 벌목과 채취 금지 등을 내용으로 하는 임산물단속에 관한 법률은 1980년에 폐지되었고, 그 후속 법률은 산림법(2006년에 폐지), 산림자원의 조성 및 관리에 관한 법률(2006년부터 시행)이다.
6) 대판 2000. 3. 24. 99도5275.
7) 대판 2004. 4. 16. 2004도353.

다. 횡령·배임과 장물죄의 관계

회사 돈으로 주식 매매대금을 지급

갑과 을이 각각 대표이사가 되어 동업으로 주식회사를 운영하다가 갑이 동업청산을 위해 그가 보유한 주식을 인수하도록 요구하자, 을이 회사의 자금으로 이를 지급한 사안에서,

갑이 회사 자금으로 을에게 주식매각 대금조로 금원을 지급한 경우, 그 금원은 단순히 횡령행위에 제공된 물건이 아니라 횡령행위에 의하여 영득된 장물에 해당한다고 할 것이고, 나아가 설령 갑이 을에게 금원을 교부한 행위 자체가 횡령행위라고 하더라도 이러한 경우 갑의 업무상횡령죄가 기수에 달하는 것과 동시에 그 금원은 장물이 된다고 한 사례.[8)]

캘리포니아에서 리스하여 임의 처분하는 자동차를 리스이용자들로부터 구입하여 수입

'장물'이라 함은 재산죄인 범죄행위에 의하여 영득된 물건을 말하는 것으로서 절도·강도·사기·공갈·횡령 등 영득죄에 의하여 취득된 물건이어야 한다. 여기에서의 범죄행위는 절도죄 등 본범의 구성요건에 해당하는 위법한 행위일 것을 요한다. 그리고 본범의 행위에 관한 법적 평가는 그 행위에 대하여 우리 형법이 적용되지 아니하는 경우에도 우리 형법을 기준으로 하여야 하고 또한 이로써 충분하므로, 본범의 행위가 우리 형법에 비추어 절도죄 등의 구성요건에 해당하는 위법한 행위라고 인정되는 이상 이에 의하여 영득된 재물은 장물에 해당한다. 대한민국 국민 또는 외국인이 미국 캘리포니아주에서 미국 리스회사와 미국 캘리포니아주의 법에 따라 차량 이용에 관한 리스계약을 체결하면서 준거법에 관하여는 별도로 약정하지 아니하였는데, 이후 자동차수입업자인 피고인이 리스기간 중 위 리스이용자들이 임의로 처분한 리스계약의 목적물인 차량들을 수입한 사안에서, 국제사법에 따라 위 리스계약에 적용될 준거법인 미국 캘리포니아주의 법에 의하면, 위 차량들의 소유권은 리스회사에 속하고, 리스이용자는 일정 기간 차량의 점유·사용의 권한을 이전받을 뿐이어서(미국 캘리포니아주 상법 제10103조 제a항 제10호도 참조), 리스이용자들은 리스회사에 대한 관계에서 위 차량들에 관한 보관자로서의 지위에 있으므로, 위 차량들을 임의로 처분한 행위는 형법상 횡령죄의 구성요건에 해당하는 위법한 행위로 평가되고 이에 의하여 영득된 위 차량들은 장물에 해당하므로 장물취득죄가 성립한다.[9)]

부동산의 이중매매로 인한 배임행위에 제공된 대지

형법상 장물죄의 객체인 장물이라 함은 재산권상의 침해를 가져 올 위법행위로 인하여 영득한 물건으로서 피해자가 반환청구권을 가지는 것을 말하고 본건 대지에 관하여 매수인 "갑"에게 소유권 이전등기를 하여 줄 임무가 있는 소유자가 그 임무에 위반하여 이를 "을"에게 매도하고 소유권이전등기를 경유하여 준 경우에는 위 부동산소유자가 배임행위로 인하여 영득한 것은 재산상의 이익이고 위 배임범죄에 제공된 대지는 범죄로 인하여 영득한 것 자체는 아니므로 그 취득자 또는 전득자에게 대하여 배임죄의 가공여부를 논함은 별문제로 하고 장물취득죄로 처단할 수 없다.[10)]

8) 대판 2004. 12. 9. 2004도5904.
9) 대판 2011. 4. 28. 2010도15350.
10) 대판 1975. 12. 9. 74도2804.

양도담보로 제공한 후 다시 타에 양도한 물건은 배임행위에 제공한 물건이지 배임행위로 인하여 영득한 물건 자체는 아니므로 장물이라고 볼 수 없다.[11)]

수탁자가 신탁자의 승낙 없이 신탁재산을 그 정을 아는 자에게 매각

신탁행위에 있어서는 수탁자가 외부관계에 대하여 소유자로 간주되므로 이를 취득한 제3자는 수탁자가 신탁자의 승낙없이 매각하는 정을 알고 있는 여부에 불구하고 장물취득죄가 성립하지 아니한다.[12)]

라. 장물성의 유지

장물을 팔아서 얻은 돈

장물이란 재산죄로 인하여 얻어진 재물(관리할 수 있는 동력도 포함된다)을 말하는 것으로서 영득된 재물 자체를 말하므로 장물을 팔아서 얻은 돈은 장물이 아니다.[13)]

장물인 현금 또는 수표를 예금하였다가 동일한 액수의 현금 또는 수표를 인출

장물이라 함은 재산범죄로 인하여 취득한 물건 그 자체를 말하고, 그 장물의 처분대가는 장물성을 상실하는 것이다. 그러나 장물인 현금 또는 수표를 금융기관에 예금의 형태로 보관하였다가 이를 반환받기 위하여 동일한 액수의 현금 또는 수표를 인출한 경우에 예금계약의 성질상 그 인출된 현금 또는 수표는 당초의 현금 또는 수표와 물리적인 동일성은 상실되었지만 액수에 의하여 표시되는 금전적 가치에는 아무런 변동이 없으므로, 장물로서의 성질은 그대로 유지된다.[14)]

3. 장물죄의 행위

가. 장물취득

물건을 구입해달라는 의뢰를 받고 점유이탈물인 신용카드를 건네받음

피고인은 갑으로부터 보수를 줄 터이니 물건을 대신 구입하여 달라는 부탁과 함께 신용카드 2장을 교부받을 당시, 갑이 점유이탈물인 위 신용카드를 습득한 것으로 알고 있었다고 진술하고 있다.

이 사건 공소사실은 위와 같은 장물취득으로 되어 있으나 장물취득죄에서 '취득'이라고 함은 점유를 이전받음으로써 그 장물에 대하여 사실상의 처분권을 획득하는 것을 의미하는 것이므로, 단순히 보수를 받고 본범을 위하여 장물을 일시 사용하거나 그와 같이 사용할 목적으로 장물을 건네받은 것만으로는 장물을 취득한

11) 대판 1981. 7. 28. 81도618; 대판 1983. 11. 8. 82도2119.

12) 대판 1979. 11. 27. 79도2410.

13) 대판 1972. 6. 13. 72도971.

14) 대판 2004. 4. 16. 2004도353. 같은 취지로는 대판 2000. 3. 10. 98도2579; 대판 2004. 3. 12. 2004도134.

것으로 볼 수 없어 원심이 무죄를 선고하였다.
갑은 늦어도 습득한 위 신용카드 2장으로 물건을 구입하여 줄 것을 피고인에게 부탁한 때에는 불법영득의 의사가 확정됨으로써 점유이탈물횡령죄의 기수에 이른 것이고, 점유이탈물횡령으로 인하여 영득한 재물 역시 장물로 보아야 하므로, 갑의 위와 같은 부탁을 받아들여 위 신용카드 2장을 교부받은 피고인의 행위는 적어도 장물보관죄에 해당한다. 따라서 원심은 공소사실의 변경이 없었더라도 피고인을 장물보관죄로 처단하였어야 한다.[15]
해설: 위 판례의 취지는 피고인의 진술에 의하면 피고인에게 장물취득죄는 인정되지 않지만 장물보관죄는 인정되며, 이러한 경우 장물취득죄로 공소제기되었고 공소장변경이 없더라도 법원이 장물보관죄를 인정하여야 한다는 것이다.

사기범행에 이용되도록 예금계좌를 개설해주고(사기방조), 위 계좌에 입금된 금원을 인출
공소사실: 사기 범행에 이용되리라는 사정을 알고서도 자신의 명의로 새마을금고 예금계좌를 개설하여 갑에게 이를 양도함으로써 갑이 을을 속여 을로 하여금 1,000만 원을 위 계좌로 송금하게 한 사기 범행을 방조한 피고인이 위 계좌로 송금된 돈 중 140만 원을 인출하여 갑이 편취한 장물을 취득하였다.
판단: 사기죄의 객체는 타인이 점유하는 '타인의' 재물 또는 재산상의 이익이므로, 피해자와의 관계에서 살펴보아 그것이 피해자 소유의 재물인지 아니면 피해자가 보유하는 재산상의 이익인지에 따라 '재물'이 객체인지 아니면 '재산상의 이익'이 객체인지 구별하여야 하는 것으로서, 이 사건과 같이 피해자가 본범의 기망행위에 속아 현금을 피고인 명의의 은행 예금계좌로 송금하였다면, 이는 재물에 해당하는 현금을 교부하는 방법이 예금계좌로 송금하는 형식으로 이루어진 것에 불과하여,[16] 피해자의 은행에 대한 예금채권은 당초 발생하지 않는다.
장물취득죄에서 '취득'이라 함은 장물의 점유를 이전받음으로써 그 장물에 대하여 사실상 처분권을 획득하는 것을 의미하는데, 이 사건의 경우 본범의 사기행위는 피고인이 예금계좌를 개설하여 본범에게 양도한 방조행위가 가공되어 본범에게 편취금이 귀속되는 과정 없이 피고인이 피해자로부터 피고인의 예금계좌로 돈을 송금받아 취득함으로써 종료되는 것이고, 그 후 피고인이 자신의 예금계좌에서 위 돈을 인출하였다 하더라도 이는 예금명의자로서 은행에 예금반환을 청구한 결과일 뿐[17] 본범으로부터 위 돈에 대한 점유를 이전받아 사실상 처분권을 획득한 것은 아니므로, 피고인의 위와 같은 인출행위를 장물취득죄로 벌할 수는 없다.[18]
해설: 위 판례가 장물죄가 성립하지 않는다고 판단하는 논리적 과정은 ① 피해자가 기망행위에 속아 '처분한 것(송금한 현금)'은 재물이어서 장물에 해당하고, ② 예금된 현금을 현금으로 인출하더라도 장물성은 유지되

15) 대판 2003. 5. 13. 2003도1366..
16) 원심은 본범이 사기 범행으로 취득한 것은 재산상 이익이어서 장물에 해당하지 않는다고 판시하였으나, 대법원은 사기 범행으로 취득한 것이 재물인지 재산상 이익인지는 피해자를 기준으로 하여 판단하여야 하므로 이 사건에서 사기 범행으로 취득한 것은 재물이며 따라서 원심의 위 논리는 타당하지 않다고 판시하였다.
17) 위 판례가 피고인이 예금계좌에서 돈을 인출한 것이 예금반환을 청구한 결과일 뿐 사실상의 처분권을 취득하였기 때문이 아니라고 판단한 이유는 위 판례가 참고한 판례(대판 2009. 3. 19. 2008다45828 전원합의체)의 취지에 의하면, 피고인이 실명확인절차를 거쳐 예금계약을 체결한 예금명의자이기 때문인 것이지 본범으로부터 처분권을 취득하였기 때문은 아니라는 것이다.
18) 대판 2010. 12. 9. 2010도6256.

지만(대판 2004. 4. 16. 2004도353 등 참조), ③ 피고인이 위 현금을 인출한 것은 장물을 취득한 것이 아니라 예금명의자가 은행에 예금반환을 청구한 결과이다.

재물을 취득한 후 비로소 장물인지 의심함

장물취득죄는 취득 당시 장물인 정을 알면서 재물을 취득하여야 성립하는 것이므로 피고인이 재물을 인도받은 후에 비로소 장물이 아닌가 하는 의구심을 가졌다고 하여 그 재물수수행위가 장물취득죄를 구성한다고 할 수 없다.[19)]

나. 장물양도

장물의 양도는 장물인 정을 알지 못하고 취득한 후에 장물인 정을 알고 이를 제3자에게 수여하는 것을 말한다.

수입자동차를 취득한 후 장물일지도 모른다고 생각하면서 양도

사실관계: 피고인은

- 미등록 상태였던 이 사건 수입자동차를 취득하고,
- 그 후 위 자동차에 관하여 최초 등록이 마쳐졌고,
- 위와 같이 등록을 마친 자동차가 장물일지도 모른다고 생각하면서도 이를 갑에게 양도

판단: 장물인 정을 알지 못하고 위 자동차를 취득한 후에 장물임에 대한 미필적인 인식을 가지고서 이를 갑에게 양도하였으므로 장물양도죄가 성립한다.

구 자동차관리법 제6조가 "자동차 소유권의 득실변경은 등록을 하여야 그 효력이 생긴다"고 규정하고 있기는 하나, 장물인 수입자동차를 신규등록하였다고 하여 그 최초 등록명의인이 해당 수입자동차를 원시취득하게 된다거나 그 장물양도행위가 범죄가 되지 않는다고 볼 수는 없다.[20)]

다. 장물보관

수표들을 장물인 정을 모르고 보관하던 중 은행에 문의하여 장물임을 알고도 계속 보관

장물인 정을 모르고 보관하던 중 장물인 정을 알게 되었고, 위 장물을 반환하는 것이 불가능하지 않음에도 불구하고 계속 보관함으로써 피해자의 정당한 반환청구권 행사를 어렵게 하여 위법한 재산상태를 유지시킨 경우에는 장물보관죄에 해당한다.[21)]

19) 대판 2006. 10. 13. 2004도6084.
20) 대판 2011. 5. 13. 2009도3552.
21) 대판 1987. 10. 13. 87도1633.

전당포영업자가 물건을 전당잡은 후 장물일지 모른다고 의심하여 소유권포기각서를 받음

장물인 정을 모르고 장물을 보관하였다가 그 후에 장물인 정을 알게 된 경우 그 정을 알고서도 이를 계속하여 보관하는 행위는 장물죄를 구성하는 것이나 이 경우에도 점유할 권한이 있는 때에는 이를 계속하여 보관하더라도 장물보관죄가 성립한다고 할 수 없다.

전당포영업자가 돈을 대여하고 물건을 전당잡는 행위(질권설정행위)는 전당잡은 물건에 대하여 사실상의 처분권을 획득하는 행위로서 장물취득죄에 있어서의 취득행위에 해당하므로 장물취득죄에 있어서의 고의 유무는 이때를 기준으로 판단하여야 하는데, 이 사건과 같이 전당포영업자인 피고인이 보석들을 전당잡으면서 인도받을 당시 장물이라는 정을 알았다고 볼 증거가 없다면, 그 후 장물일지도 모른다고 의심하면서 소유권포기각서를 받은 행위가 장물취득죄에 해당한다고 볼 여지가 없고, 피고인에게는 갑이 대여금을 변제하면 언제든지 보석들을 반환할 의사가 있었고, 갑 역시 소유권포기각서를 써 주었으나 피고인에게 돈을 갚겠다고 약속하면서 담보로 맡긴 보석들을 처분하지 말 것을 부탁하였으며, 전당업주에게 귀금속 등을 담보로 제공하고 돈을 빌릴 때 소유권포기각서를 작성하는 경우도 있음을 알 수 있어, 피고인이 갑으로부터 소유권포기각서를 받은 행위는 피고인이 갑과 사이에 금전관계를 정산하고 전당물에 대한 소유권을 완전히 취득하기 위한 것이라기보다는 담보를 확실히 하기 위한 것으로 보이므로, 이러한 행위를 별개의 취득행위라고 볼 여지도 없으며, 한편 이 사건과 같이 전당포영업자인 피고인이 대여금채권의 담보로 보석들을 전당잡은 경우에는 이를 점유할 권한이 있는 때에 해당하여 장물보관죄가 성립할 여지 역시 없다.[22)]

라. 장물운반

절취차량임을 알고도 강도할 수 있도록 운전해줌

본범자와 공동하여 장물을 운반한 경우에 본범자는 장물죄에 해당하지 않으나 그 외의 자의 행위는 장물운반죄를 구성하므로, 피고인이 본범이 절취한 차량이라는 정을 알면서도 본범 등으로부터 그들이 위 차량을 이용하여 강도를 하려 함에 있어 차량을 운전해 달라는 부탁을 받고 위 차량을 운전해 준 경우, 강도예비죄 및 장물운반죄가 성립한다.[23)]

타인이 절취, 운전하는 승용차의 뒷자석에 편승하여 서울까지 감

피고인 2가 승용차를 절취하여 피고인 1의 집까지 운전하여 와서는 동소에 있던 피고인들과 갑에게 서울까지 타고 갈 차를 훔쳐 왔으니 서울에 갈 사람은 타라고 말하자 피고인들이 서울에 가고 싶은 생각에서 위 승용차에 편승하고 갑은 이를 운전하여 서울까지 올라간 사안에서,

22) 대판 2006. 10. 13. 2004도6084. 다음은 같은 취지이다.

담보로 교부받은 수표가 장물임을 알고도 계속 보관

장물인 정을 모르고 장물을 보관하였다가 그 후에 장물인 정을 알게 된 경우 그 정을 알고서도 이를 계속하여 보관하는 행위는 장물죄를 구성하는 것이나 이 경우에도 점유할 권한이 있는 때에는 이를 계속하여 보관하더라도 장물보관죄가 성립하지 않는 것이라고 할 것이다. 피고인이 채권의 담보로서 이 사건 수표들을 교부받았다가 장물인 정을 알게 되었음에도 이를 보관한 행위는 장물보관죄에 해당하지 아니한다(대판 1986. 1. 21. 85도2472).

23) 대판 1999. 3. 26. 98도3030.

타인이 절취, 운전하는 승용차의 뒷자석에 편승한 것을 가리켜 장물운반행위의 실행을 분담하였다고는 할 수 없다.[24)]

마. 장물알선

장물 매도인과 매수인이 만나도록 주선하였으나 그들이 만나기 전에 체포됨

형법 제362조 제2항에 정한 장물알선죄에서 '알선'이란 장물을 취득·양도·운반·보관하려는 당사자 사이에 서서 이를 중개하거나 편의를 도모하는 것을 의미한다. 따라서 장물인 정을 알면서, 장물을 취득·양도·운반·보관하려는 당사자 사이에 서서 서로를 연결하여 장물의 취득·양도·운반·보관행위를 중개하거나 편의를 도모하였다면, 그 알선에 의하여 당사자 사이에 실제로 장물의 취득·양도·운반·보관에 관한 계약이 성립하지 아니하였거나 장물의 점유가 현실적으로 이전되지 아니한 경우라도 장물알선죄가 성립한다.

피고인은 ① 갑, 을로부터 그들이 절취하여 온 합계 467만 원 상당의 귀금속을 매도하여 달라는 부탁을 받고, ② 위 귀금속이 장물이라는 정을 알면서도 위 요구를 수락하고 위 귀금속을 매수하기로 한 병에게 전화하여 피고인과 병이 ○○노래연습장에서 만나기로 약속한 다음, ③ 갑, 을로부터 건네받은 귀금속을 가지고 위 노래연습장에 들어갔다가 미처 병을 만나기도 전에 피고인을 추적 중이던 경찰관에 의하여 체포되었다. 위와 같이 피고인이 장물인 귀금속을 매도하려는 갑, 을과 이를 매수하려는 병 사이를 연결하여 위 귀금속의 매매를 중개함으로써 장물알선죄는 성립하고, 갑, 을과 병 사이에 실제로 매매계약이 성립하지 않았다거나 위 귀금속의 점유가 을에게 현실적으로 이전되지 아니하였다 하더라도 장물알선죄는 성립한다.[25)]

4. 장물죄의 고의

장물취득죄에 있어서 장물의 인식은 확정적 인식임을 요하지 않으며 장물일지도 모른다는 의심을 가지는 정도의 미필적 인식으로서도 충분하고, 또한 장물인 정을 알고 있었느냐의 여부는 장물 소지자의 신분, 재물의 성질, 거래의 대가 기타 상황을 참작하여 이를 인정할 수밖에 없다.[26)]

---

24) 대판 1983. 9. 13. 83도1146.

25) 대판 2009. 4. 23. 2009도1203.

26) 대판 2000. 9. 5. 99도3590; 대판 2004. 12. 9. 2004도5904; 대판 2006. 10. 13. 2004도6084; 대판 2011. 5. 13. 2009도3552. 위 2004도5904의 사실관계는 다음과 같다.

인정되는 사실: 피고인, 갑 및 을은 2000. 1.경부터 동업형태로 A주식회사를 공동으로 인수하여 피고인과 갑이 대표이사가 되어 A를 경영하였는데, 피고인은 2000. 12.경 A의 자금이 자신 모르게 빠져나간 것을 알고는 A의 대표이사 및 이사직을 사임한 사실, 그 무렵 갑은 을로부터 지분을 양도받아 A를 실질적으로 경영하면서 A의 자금담당 상무이사인 병과 함께 2001. 3. 14.부터 대표이사의 가지급금 또는 일시 가수금 등의 명목으로 A의 자금을 인출하거나 허위로 과다계상된 매입세금계산서를 이용하여 차액 상당의 금원을 남기는 등의 방법으로 비자금을 조성하여 병 및 동인의 처남 등 개인명의의 예금통장에 입금해두고 이를 관리한 사실, 피고인은 을이 그 전에 A의 자금을 횡령한 것과 관련하여 갑과 사이에 다툼이 생기자, 2001. 5. 하순경 갑에게 더 이상 동업을 하지 못하겠다고 하면서 동업청산으로서 자신의 주식 인수 및 그 동안의 공로에 대한 대가로 5억 원을 요구하였고, 갑은 이에 응하면서 다만 A의 자금사정이 좋아지는 대로 나누어 지급하겠다고 하면서 우선 5,000만 원을 피고인에게 지급한 사실, 피고인과 갑은 2001. 8. 13. 피고인은 A에서 재직하던 중 취득한 일체의 사항을 제3자에게 유포하지 아니하고, 취득한 영업비밀

장물죄의 고의는 범인이 장물이라는 정을 알면 족하고 그 본범의 범행을 구체적으로 알아야 하는 것이 아니며 또 그 인식은 미필적 인식으로 족하다.[27)]

5. 장물죄의 주체

자기의 범죄에 의하여 영득한 물건에 대한 장물죄는 불성립

장물죄는 타인(본범)이 불법하게 영득한 재물의 처분에 관여하는 범죄이므로 자기의 범죄에 의하여 영득한 물건에 대하여는 성립하지 아니하고 이는 불가벌적 사후행위에 해당하나 여기에서 자기의 범죄라 함은 정범자(공동정범과 합동범을 포함한다)에 한정되는 것이므로 평소 본범과 공동하여 수차 상습으로 절도등 범행을 자행함으로써 실질적인 범죄집단을 이루고 있었다 하더라도, 당해 범죄행위의 정범자(공동정범이나 합동범)로 되지 아니한 이상 이를 자기의 범죄라고 할 수 없고 따라서 그 장물의 취득을 불가벌적 사후행위라고 할 수 없다.[28)]

횡령교사 후 횡령물건 취득

횡령교사 후 그 횡령 물건을 취득한 때에는 횡령교사죄와 장물취득죄의 경합범이 성립된다.[29)]

Ⅱ. 상습장물죄

상습 장물취득에 있어서의 상습성이라 함은 반복하여 장물취득행위를 하는 습벽으로서 행위자의 속성을 말

을 이용하여 영업을 하지 아니하며, 피고인의 주식 38%를 갑이 액면가인 2억 2천만 원에 인수하되, 갑은 피고인에게 위 사항에 대한 대가로 합계 5억 원(2001. 5. 하순경 이미 지급된 5,000만 원 포함)을 2002. 12. 하순경까지 4회에 걸쳐 분할하여 지급하기로 하는 내용의 합의서를 작성하고 공증한 사실, 그 후 피고인은 정해진 지급시기에 나머지 금원을 받아 결국 갑으로부터 4회에 걸쳐 합계 5억 원을 지급받았는데, 금원이 지급되는 과정에서 서로간에 어떻게 마련된 금원인지에 관하여 물어 보거나 이야기를 나눈 적은 없는 사실, 피고인은 이 사건으로 검찰에서 조사를 받으면서 "갑이 무슨 개인적으로 돈이 많아 5억 원의 큰 돈을 주겠느냐. 처음에 5억 원을 전액 달라고 하였는데 A의 자금사정이 좋아지는 대로 4차례에 나누어주겠다고 하여 합의한 것이고, 자신도 갑으로부터 받은 돈이 A의 돈이란 것을 알고 있다"라고 진술한 바 있고, 제1심 제1회 공판기일에서는 "회사 돈일지도 모른다고 생각하면서 5억 원을 받았다"고 진술한 사실 등

판단: 사정이 이와 같다면 A의 인수 및 운영실태, 비자금 조성 및 관리경위, 피고인과 갑 사이의 합의 경위, 5억 원의 지급경과, 피고인의 진술내용 등 제반 사정에 비추어 볼 때, 피고인으로서는 적어도 자신이 갑으로부터 지급받은 금원이 A의 자금을 횡령한 것으로서 장물일지도 모른다는 의심을 가지는 정도의 미필적인 인식은 있었다고 봄이 상당하다.

27) 대판 1969. 1. 21. 68도1474.

28) 대판 1986. 9. 9. 86도1273.

29) 대판 1969. 6. 24. 69도692.

하고, 이러한 습벽의 유무를 판단함에 있어서는 장물취득의 전과가 중요한 판단자료가 되나 장물취득의 전과가 없다고 하더라도 범행의 회수, 수단과 방법, 동기 등 제반 사정을 참작하여 장물취득의 습벽이 인정되는 경우에는 상습성을 인정하여야 할 것이다.[30)]

Ⅲ. 업무상과실·중과실장물죄

본조의 업무라고 함은 본래의 업무는 물론 그에 부수되는 업무도 포함한다고 해석함이 타당하며 본건에 있어서 창고업을 경영하는 자로서 본래의 업무로서 양곡을 보관하는 동시 보관의뢰자들과 간에 양곡의 매매 또는 그 알선을 하는등 거래를 한 경우에 있어서는 그 매매 또는 그 알선은 본래의 창고업에 부수된 업무라고 하여야 할 것이다.[31)]

금은방을 운영하는 자가 귀금속류를 매수함에 있어 매도자의 신원확인절차를 거쳤다고 하여도 장물인지의 여부를 의심할 만한 특별한 사정이 있거나, 매수물품의 성질과 종류 및 매도자의 신원 등에 좀 더 세심한 주의를 기울였다면 그 물건이 장물임을 알 수 있었음에도 불구하고 이를 게을리하여 장물인 정을 모르고 매수하여 취득한 경우에는 업무상과실장물취득죄가 성립한다고 할 것이고, 물건이 장물인지의 여부를 의심할 만한 특별한 사정이 있는지 여부나 그 물건이 장물임을 알 수 있었는지 여부는 매도자의 인적사항과 신분, 물건의 성질과 종류 및 가격, 매도자와 그 물건의 객관적 관련성, 매도자의 언동 등 일체의 사정을 참작하여 판단하여야 한다.[32)]

---

30) 대판 2007. 2. 8. 2006도6955.

31) 대판 1962. 5. 17. 4294형상596.

32) 대판 2003. 4. 25. 2003도348. 구체적인 사안은 다음과 같다.

공소사실의 요지: 피고인은 2001. 12. 5. 11:00경 피고인 운영의 금은방에서 갑이 절취하여 온 18K 큐빅반지 2개 시가 합계 54만 원 상당을 매수함에 있어서, 이러한 경우 보석매매업에 종사하는 자로서는 위 반지들이 혹시 장물일지 모르므로 갑의 신분, 매각 동기 등을 확인하여 장부에 기재하고 그 신분에 적합한 소지인지 및 거래시세에 따른 적정한 가격을 요구하는지 등을 잘 살펴보아서 만연히 장물을 매수하지 않도록 하여야 할 업무상 주의의무가 있음에도 불구하고, 이를 게을리 한 채 위 반지 2개를 금 156,000원에 매수하여 장물을 취득하였다는 것이다.

원심의 판단: ① 피고인이 이 사건 반지를 매입할 당시 갑으로부터 주민등록증을 받아 신원을 확인하였고, 그 확인된 내용도 갑이 1982. 5. 22.생으로 만 19세가 지났고, 주소가 대전 동구 천동으로서 같은 구 중동에 위치한 피고인 경영의 금은방 근처로 확인된 점, ② 피고인이 이 사건 반지가 5돈 가량으로 156,000원 정도 한다고 하자, 갑이 돈을 더 쳐 달라고 하였고, 이에 대하여 피고인이 156,000원이 시세가격이라며 이를 거절하였던바 실제로 피고인이 매입한 가격은 시세가격과 별다른 차이가 없는 것으로 보이는 점, ③ 갑이 이 사건 이전에도 피고인에게 반지를 팔려고 온 적이 있는데, 그 당시 팔려고 가지고 온 반지는 커플링반지이고, 이 사건 반지는 18K 큐빅반지 2개에 불과하여 갑의 나이(19세 남짓) 등에 비추어 갑이 소지할 수 없을 정도의 고가의 물품으로 보이지 아니하는 점 등에 비추어 보면, 갑으로부터 주민등록증을 받아 신원을 확인한 피고인에게 더 나아가 갑의 신분이나 반지의 출처 및 그 소지경위에 대하여서까지 구체적으로 확인하여야 할 업무상의 주의의무가 있다고 보기 어렵고, 달리 피고인이 이 사건 반지를 매수함에 있어 그 요구되는 업무상 주의의무를 위반하였다고 볼 아무런 증거가 없다.

전당포 경영자가 전당물을 입질받음에 있어 소유관계를 묻고 주민등록증을 제시받아 전당물대장에 주소, 성명, 직업, 주민등록번호, 연령등을 기재하였다면 특별한 사정이 없는 한 전당포 경영자로서의 주의의무를 다한 것이고 더 나아가 입질물품이 실제로 상대방의 소유인지의 여부 또는 전당물의 출처, 전당잡히려는 동기등을 확인하여야 할 주의의무까지는 없다.33)

대법원의 판단: 금은방을 운영하는 자가 귀금속류를 매수함에 있어 매도자의 신원확인절차를 거쳤다고 하여도 장물인지의 여부를 의심할 만한 특별한 사정이 있거나, 매수물품의 성질과 종류 및 매도자의 신원 등에 좀 더 세심한 주의를 기울였다면 그 물건이 장물임을 알 수 있었음에도 불구하고 이를 게을리하여 장물인 정을 모르고 매수하여 취득한 경우에는 업무상과실장물취득죄가 성립한다고 할 것이고, 물건이 장물인지의 여부를 의심할 만한 특별한 사정이 있는지 여부나 그 물건이 장물임을 알 수 있었는지 여부는 매도자의 인적사항과 신분, 물건의 성질과 종류 및 가격, 매도자와 그 물건의 객관적 관련성, 매도자의 언동 등 일체의 사정을 참작하여 판단하여야 할 것이다.
피고인이 매수한 반지는 종류가 다른 18K 큐빅반지 2개(여자용 및 남녀공용 각 1개)로서, 그 큐빅과 가공비를 제외한 금값만의 시세는 17만 원 정도이나 신품의 판매가격은 54만 원 정도인 사실, 갑은 2001. 11. 말경에도 14K 커플링반지를 가지고 피고인 운영의 금은방에 와서 피고인이 이를 매수한 적이 있는데, 갑이 그로부터 불과 1주일여만에 다시 위 반지를 팔러 온 사실, 갑은 위 반지를 팔러 왔을 때 그 중량이나 가격을 알지 못하고, 오히려 피고인에게 몇 돈이 나가느냐고 물은 사실, 피고인은 1993. 8. 30. 업무상과실장물취득죄로 벌금 30만 원의 처벌을 받은 전력이 있는 사실, 피고인은 위 반지를 매수함에 있어 갑이 두 번째 찾아온 사실을 알았으면서도 주민등록증을 제시받아 신원을 확인하였을 뿐 위 반지의 소유관계 등에 대하여는 물어보지 아니한 사실 등을 알 수 있는바, 이와 같이 14K 커플링반지를 매도한 19세의 갑이 얼마 지나지 아니하여 다시 판매가격이 54만 원이나 하는 반지 두 개를 가지고 와서 매수를 요청하면서 그 중량이나 가격조차 알지 못하였다면 비록 위 반지의 매수시세가 17만 원 정도로 그다지 고가가 아니라고 하더라도 동일한 전과까지 있는 피고인으로서는 위 반지가 장물인 점을 알 수 있었거나 장물인지의 여부를 의심할 만한 특별한 사정이 있는 경우에 해당한다고 보아야 할 것이므로, 금은방을 운영하는 피고인으로서는 갑의 신원확인을 하는 것을 넘어 위 반지의 출처 및 소지경위 등에 대하여도 확인할 업무상 주의의무가 있다고 할 것이다.

33) 대판 1987. 2. 24. 86도2077. 다음은 같은 취지이다.
우표상이 우표매입시 매도인의 신상을 파악하기 위하여 주민등록증의 제시를 요구하여 이름, 주소, 주민등록번호를 확인한 후 이를 자신의 탁상일지에 기재하였으며, 매입가격도 우체국으로부터 매입하던 가격보다는 저렴하나 평소 일반인들로부터 매입하던 가격으로 매입하였다면, 우표상으로서 업무상 요구되는 장물인 여부의 확인에 관한 주의의무를 게을리하였다고 볼 수 없다(대판 1986. 6. 24. 86도396).
전자대리점을 경영하는 피고인이 그 취급물품의 판매회사 사원으로부터 그가 소개한 회사 보관창고의 물품반출 업무담당자가 그 창고에서 내어주는 회사소유 냉장고 20대를 반출하여 판매후 그 대금을 달라는 부탁을 받고 이를 반출함에 있어서 그 대금도 확실히 정하지 않고, 인수증의 발행등 정당한 출고절차를 거치지 아니하였다면 피고인으로서는 마땅히 그 회사관계자 등에게 위 물품이 정당하게 출고되는 것인지 여부를 확인하여야 할 업무상의 주의의무가 있다 할 것이고(이는 거래의 실정에 있어 판매회사의 자금사정으로 인하여 싯가보다 낮은 가격으로 은밀히 판매되는 소위 덤핑물품 내지 정책물품이 판매회사로부터 시중에 나오는 경우가 있다 하더라도 마찬가지라고 할 것이다) 만일 피고인이 이를 게을리 함으로써 위 물품을 반출하여 운반, 보관한 경우에는 업무상과실장물운반, 보관의 책임을 면할 수 없다(대판 1987. 6. 9. 87도915).
미싱취급 고물영업을 하는 피고인들이, 새로운 설비를 하기 위하여 미싱을 처분한다는 봉제공장 경영자로부터 그 공장에 설치되어 있던 미싱 50대를 구입함에 있어서 다른 고물영업자 2사람과 함께 만든 견적서에 의하여 그 대금을 결정하고 매매계약서를 작성할 때에도 그의 사업자등록증과 주민등록증을 확인하고 위 물품을 인수한 후에 피고인들의 고물상 장부에 이를 모두 기재하였다면 피고인들로서는 위 물품들이 장물인지의 여부의 확인에 관한 업무상 요구되는 주의의무를 다하였다고 본 사례(대판 1991. 11. 26. 91도2332).

전당포주의 업무상과실장물취득 부정례

다이야반지의 출처와 보증서의 소지여부에 대하여 혼인할 때 시집에서 사준 것이고 또한 혼인한지는 15년 이상이나 되어 보증서는 분실하였다고 대답한 경우, 전당잡는 사람은 전당물의 소유자라고 하는 사람의 전당물의 출처 및 소지경위에 관한 말의 진부까지 확인하여야 할 업무상의 주의의무는 없다.[34)]

전당포주의 업무상과실장물취득 긍정례

전당포주가 전당포영업법 제15조 및 동법시행령 제14조의 규정에 의한 전당물주의 신원확인절차를 거쳤다고 하여도 전당의 회수전당물의 성질과 종류 및 전당물주의 신원등에 좀 더 세심한 주의를 기울였다면 전당물이 장물임을 알 수 있었음에도 불구하고 이를 게을리하여 장물인 정을 모르고 전당잡은 경우에는 업무상 과실 장물취득의 죄책을 면할 수 없다.[35)]

영업용 택시운전사에게 승객의 소지품의 내용 및 내력 등에 관하여 이를 물어보고 조사할 권한이나 의무가 없으므로 택시운전사가 승객의 물건의 출처와 장물 여부를 따지고 신분에 적합한 소지인인가를 알아보는 등의 주의를 하지 않고 승객의 물건을 운반하였다 하여도 업무상 과실장물운반죄가 성립하지 않는다.[36)]

밀가루 등 판매상이 동종 업자로부터 수표부도를 막기 위하여 공장출고가격보다 염가로 판다는 말을 믿고 이를 구입

밀가루 및 전분등을 구입판매하는 상인이 같은 시내에서 같은 업종의 상회를 경영하고 있는 자로부터 수표부도를 막기 위하여 공장출고가격보다 염가로 팔려고 하니 밀가루등을 사라는 권유를 받고 고시가격 또는 통상의 공장출고가격보다 다소 저렴한 가격으로 매수한 경우, 위 밀가루나 전분등이 비수기에 대량으로 현금으로 매수할 때는 위 고시가격 또는 통상의 출고가격 이하로 얼마든지 거래가 이루어지고 있는 실정이었다면 비록 동인이 그 물건들의 출처나 수표부도여부를 확인하지 않고 세금계산서를 작성·교부받거나 기장처리

---

34) 대판 1978. 9. 26. 78도1902. 다음은 같은 취지이다.

전당포주의 업무상과실장물취득 부정례

절도범이 장물을 전당하면서 전당포주에게 위조한 주민등록증을 제시하고 전당포주의 질문에 대하여 전당물의 취득경위나 전당이유 등을 그럴싸하게 꾸며서 진술하여 전당포주가 육안으로는 위조여부를 쉽게 식별할 수 없는 위 주민등록증과 절도범의 말이 진실한 것으로 믿고 전당물 대장에 소정 양식대로 기재한 후 통상의 경우와 같이 그 가격에 상응한 한도 내에서 위 절도범이 요구하는 금원을 대출하였다면 전당포주로서는 장물인 여부의 확인에 관하여 의무상 요구되는 주의의무를 다하였다고 볼 것이다(대판 1983. 9. 27. 83도1857).

- 전당포주의 업무상과실장물취득 부정례(대판 1983. 9. 27. 83도1857; 대판 1984. 7. 24. 84도1196)
- 카메라매매상의 업무상과실장물취득 부정례(대판 1970. 8. 31. 70도1489)
- 중고시계 매매상의 업무상과실장물취득 부정례(대판 1984. 2. 14. 83도2982)
- 금은방경영자의 장물인식 부정례(대판 1984. 2. 14. 83도3014)

35) 대판 1984. 11. 27. 84도1413.

36) 대판 1983. 6. 28. 83도1144.

를 하지 아니하였다 하더라도 장물인지의 여부확인을 위해 업무상 요구되는 주의의무를 게을리하였다고 할 수 없다.[37]

합법적으로 유통될 여지가 있는 군복이나 군복지가 장물임을 입증

예외적인 경우이기는 하나 군복 및 군복지가 합법적으로 유통될 수 있는 여지가 있는 만큼 군용에 공하기 위하여 제조된 군복 또는 군복지가 시중에서 거래되고 있다 하더라도 이를 모두 장물이라고는 단정할 수 없다.[38]

37) 대판 1986. 8. 19. 84도704.

38) 대판 1982. 2. 23. 81도2876.

제8절 손괴죄

1. 재물의 의의

장부를 이기하는 과정에서 잘못 적은 부분을 찢어버리고 종전 장부를 모두 이기

손괴죄의 객체인 문서란 거기에 표시된 내용이 적어도 법률상 또는 사회생활상 중요한 사항에 관한 것이어야 하는 바, 이미 작성되어 있던 장부의 기재를 새로운 장부로 이기하는 과정에서 누계 등을 잘못 기재하다가 그 부분을 찢어버리고 계속하여 종전장부의 기재내용을 모두 이기하였다면 그 당시 새로운 경리장부는 아직 작성 중에 있어서 손괴죄의 객체가 되는 문서로서의 경리장부가 아니라 할 것이고, 또 그 찢어버린 부분이 진실된 증빙내용을 기재한 것이었다는 등의 특별한 사정이 없는 한 그 이기과정에서 잘못 기재되어 찢어버린 부분 그 자체가 손괴죄의 객체가 되는 재산적 이용가치 내지 효용이 있는 재물이라고도 볼 수 없다.[1)]

부패하였으나 식초제조 등에 사용할 수 있는 포도주원액

포도주 원액이 부패하여 포도주 원료로서의 효용가치는 상실되었으나, 그 산도가 1.8도 내지 6.2도에 이르고 있어 식초의 제조등 다른 용도에 사용할 수 있는 경우에는 재물손괴죄의 객체가 될 수 있다.[2)]

작성명의인 표시가 없고 그 내용이 부분적으로 생략된 계산서

이건 계산서에 작성명의인의 표시가 없고 그 내용에 있어 표시가 부분적으로 생략되어 몇 개의 계산수식만 기재되어 있기는 하나 계산서의 내용, 형식, 필적등을 종합하면 그 작성명의인을 쉽게 알 수 있을 뿐 아니라 동 계산서에 기재되어 있는 계산수식만으로서도 그 내용을 객관적으로 이해하기 충분하다면, 위 계산서는 그 작성명의인의 확정적인 의사가 표시된 것이 분명하여 문서손괴죄의 객체인 문서에 해당된다.[3)]

2. 타인의 소유

타인 소유 토지에 경작한 농작물을 토지소유자 등이 뽑아버림

타인 소유의 토지에 농작물을 경작한 경우에는 경작자가 사용수익의 권한이 없더라도 그 농작물의 소유권은 경작한 사람에게 귀속된다. 따라서 토지를 사용수익할 권한 없는 자의 경작물이라고 하더라도 토지의 소유자 또는 제3자가 이를 뽑아버리면 재물손괴죄가 된다.[4)]

1) 대판 1989. 10. 24. 88도1296.
2) 대판 1979. 7. 24. 78도2138.
3) 대판 1985. 10. 22. 85도1677.

발행인이 소지인으로부터 어음을 건네받아 임의로 수취인란에 타인 이름을 추가 기재

약속어음의 발행인이 소지인에게 어음의 액면과 지급기일을 개서하여 주겠다고 하여 위 어음을 교부받은 후 위 어음의 수취인란에 타인의 이름을 추가로 기입하여 위 어음배서의 연속성을 상실하게 함으로써 그 효용을 해한 경우에는 문서손괴죄에 해당한다.5)

확인서가 소유자의 의사에 반하여 손괴된 것이라면 그 확인서가 피고인 명의로 작성된 것이고 또 그것이 진실에 반하는 허위내용을 기재한 것이라 하더라도 피고인은 문서손괴의 죄책을 면할 수 없다.6)

3. 행 위

손괴, 은닉 또는 기타 방법으로 그 효용을 해하는 것이다.

가. 손 괴

타인 소유의 광고용 간판을 백색페인트로 도색하여 광고문안을 지워버린 행위는 재물손괴죄를 구성한다.7)

---

4) 대판 1970. 3. 10. 70도82. 구체적인 내용은 다음과 같다.
망 갑 소유 논은 을 명의로 소유권이전등기가 경료되었으며 피고인이 갑의 딸 병으로부터 매수하여 계속 경작하여 오던 것이라 할지라도 피고인이 뽑아버린 콩은 을이 경작한 것이므로 설사 장차 소송에 의하여 피고인 명의로 소유권이전등기를 받을 수 있는 형편에 있고 또 을이 불법적으로 피고인의 경작을 방해하기 때문에 흥분한 나머지 범한 것이라 할지라도 재물손괴죄가 성립한다.
다음은 같은 취지이다.
남의 땅에 권한없이 경작 재배한 농작물의 소유권은 그 경작자에게 있고 길이 4,5 센치미터에 불과한 모자리도 농작물에 해당한다(대판 1969. 2. 18. 68도906).

5) 대판 1985. 2. 26. 84도2802. 다음은 같은 취지이다.
자기 명의이지만 타인에 접수되어 있는 문서
학교장이 결재하여 시교육회에 제출한 추천서를 피추천인의 양해 없이 무효화시킨 사안에서,
비록 자기명의의 문서라 할지라도 이미 타인에 접수되어 있는 문서에 대하여 함부로 이를 무효화시켜 그 용도에 사용하지 못하게 하였다면 일응 형법상의 문서손괴죄를 구성한다(대판 1987. 4. 14. 87도177).
은행지점장이 발행인의 부탁을 받고 어음수취인으로부터 담보로 제공받은 어음의 지급일자를 지움
약속어음의 수취인이 빌린 돈의 지급담보를 위하여 은행에 보관시킨 약속어음을 은행지점장이 발행인의 부탁을 받고 그 지급기일란의 일자를 지움으로써 그 효용을 해하는 소위는 문서손괴에 해당한다(대판 1982. 7. 27. 82도223).
피고인이 피해자로부터 전세금 2,000,000원을 받고 영수증을 작성교부한 뒤에 피해자에게 위 전세금을 반환하겠다고 말하여 피해자로부터 위 영수증을 교부받고 나서 전세금을 반환하기도 전에 이를 찢어버린 때에는 문서손괴죄에 해당한다(대판 1984. 12. 26. 84도2290).

6) 대판 1982. 12. 28. 82도1807.

7) 대판 1991. 10. 22. 91도2090.

나. 은 닉

호젓한 곳으로 유인하려고 가방을 빼앗음

피고인이 피해자를 좀 더 호젓한 곳으로 데리고 가기 위하여 피해자의 가방을 빼앗고 따라 오라고 하였는데 피해자가 따라 오지 아니하고 그냥 돌아갔기 때문에 위 가방을 돌려 주기 위하여 부근 일대를 돌아다니면서 피해자를 찾아 나선 것을 가리켜, 재물을 은닉하거나 그 효용을 해한 경우에 해당한다고 할 수는 없다.[8)]

종중 소유라고 믿고 있는 임야에 대한 갑 명의의 등기권리증을 가져가 증거로 제출

피고인이 자기가 속하고 있는 종중 소유라고 믿고 있는 임야에 대한 갑 명의의 등기권리증을 그 소지인이 제시하자 이를 가지고 가서 위 종중이 원고가 되어 그 말소등기를 구하는 민사사건에 증거로 제출한 소위는 문서은닉죄에 해당되지 아니한다.[9)]

영업을 방해하기 위해 설치한 철조망을 옮겨둠

A 토지는 ○○버스공용터미널 부지로서 원래 피고인의 소유였는데 피고인은 위 터미널이 이전될 예정지로 믿었던 피해자 소유의 다른 토지상에서 위 터미널을 향후 10년간 무상으로 운영하기로 하고 피고인 소유의 위 토지를 피해자 명의로 소유권이전등기를 마쳐 주었으나 위 터미널이 이전하지 않게 되자 피고인은 피해자에게 등기이전하여 준 위 토지상에서 다시 (계속) 터미널을 운영하게 되었다는 것이고 피해자는 자신의 명의로 이전된 위 토지상에서 터미널을 운영하는 피고인의 영업을 방해하기 위하여 철조망을 설치하려 하였고 피고인은 위 철조망을 위 터미널 부지로부터 가까운 곳에 적당한 장소가 없어 그로부터 약 200 내지 300미터 떨어진 피고인 소유의 다른 토지 위에 옮겨 놓았다는 것인바, 그렇다면 위와 같은 행위에는 재물의 소재를 불명하게 함으로써 그 발견을 곤란 또는 불가능하게 하여 그 효용을 해하게 하는 재물은닉의 범의가 있다고 할 수 없고 또 피고인의 위와 같은 행위는 사회상규에 위배된다고 할 수도 없을 것이다.[10)]

다. 기타 그 효용을 해함

형법 제366조 소정의 재물손괴죄는 타인의 재물을 손괴 또는 은닉하거나 기타의 방법으로 그 효용을 해하는 경우에 성립하는바, 여기에서 재물의 효용을 해한다고 함은 사실상으로나 감정상으로 그 재물을 본래의 사용목적에 제공할 수 없게 하는 상태로 만드는 것을 말하며, 일시적으로 그 재물을 이용할 수 없는 상태로 만드는 것도 여기에 포함된다. 특히, 건조물의 벽면에 낙서를 하거나 게시물을 부착하는 행위 또는 오물을 투척하는 행위 등이 그 건조물의 효용을 해하는 것에 해당하는지 여부는, 당해 건조물의 용도와 기능, 그 행위가 건조물의 채광·통풍·조망 등에 미치는 영향과 건조물의 미관을 해치는 정도, 건조물 이용자들이 느끼는 불쾌감이나 저항감, 원상회복의 난이도와 거기에 드는 비용, 그 행위의 목적과 시간적 계속성, 행위 당시

8) 대판 1992. 7. 28. 92도1345.
9) 대판 1979. 8. 28. 79도1266.
10) 대판 1990. 9. 25. 90도1591.

의 상황 등 제반 사정을 종합하여 사회통념에 따라 판단하여야 한다.
시내버스 운수회사로부터 해고당한 피고인이 민주노동조합총연맹 전국해고자투쟁특별위원회 회원들과 함께 위 회사에서 복직 등을 요구하는 집회를 개최하던 중 2006. 3. 10. 래커 스프레이를 이용하여 회사 건물 외벽과 1층 벽면, 식당 계단 천장 및 벽면에 '자본똥개, 원직복직, 결사투쟁' 등의 내용으로 낙서를 함으로써 이를 제거하는데 약 341만 원 상당이 들도록 한 행위는 그로 인하여 건물의 미관을 해치는 정도와 건물 이용자들의 불쾌감 및 원상회복의 어려움 등에 비추어 위 건물의 효용을 해한 것에 해당한다고 볼 수 있으나, 같은 해 2. 16. 계란 30여 개, 같은 해 3. 2. 계란 10여 개를 위 회사 건물에 각 투척한 행위는, 비록 그와 같은 행위에 의하여 50만 원 정도의 비용이 드는 청소가 필요한 상태가 되었고 또 유리문이나 유리창 등 건물 내부에서 외부를 관망하는 역할을 수행하는 부분 중 일부가 불쾌감을 줄 정도로 더럽혀졌다는 점을 고려해 보더라도, 그 건물의 효용을 해하는 정도의 것에 해당하지 않는다고 봄이 상당하다.[11)]

재물손괴죄에서의 효용을 해하는 행위에는 일시 물건의 구체적 역할을 할 수 없는 상태로 만드는 경우도 해당하므로 판결에 의하여 명도받은 토지의 경계에 설치해 놓은 철조망과 경고판을 치워 버림으로써 울타리로서의 역할을 해한 때에는 재물손괴죄가 성립한다.[12)]

봉급인상을 요구하며 회사 매출계산서 등을 들고 가 반환거부
피고인은 피해자가 경영하는 ○○공업사 총무부장으로서, 1970. 9. 10.경 피해자에게 봉급 인상을 요구하는 한편 후일에 위 공업사의 탈세사실을 고발하겠다는 구실로 위 공업사에 비치된 피해자 소유의 문서인 매출계산서 100매철 21권(1970. 6. 15.경부터 같은 해 8월까지) 및 매출명세서 17장을 피고인의 집에 반출한 후 그 반환을 거부함으로써 그 문서들을 일시적으로 그와 같은 용도에 사용할 수 없게 하는 것도 그 문서의 효용을 해한 경우에 해당한다.[13)]

---

11) 대판 2007. 6. 28. 2007도2590.

12) 대판 1982. 7. 13. 82도1057. 다음은 유사 취지이다.
우물에 연결하고 땅 속에 묻어서 수도관적인 역할을 하고 있는 고무호스 중 약 1.5미터를 발굴하여 우물가에 제쳐 놓음으로써 물이 통하지 못하게 한 행위는 호스 자체를 물질적으로 손괴한 것은 아니라 할지라도 그 구체적인 역할을 하고 있는 고무호스의 효용을 해한 것이라고 볼 수 있다(대판 1971. 1. 26. 70도2378).
임차한 대지를 파고 콘크리트 조각을 넣음
피고인이 피고인의 집에 인접한 대지 50평의 소유자인 갑으로부터 위 대지에 대한 재산세를 피고인이 부담하기로 하여 이를 임차한 다음 피고인의 집 마당으로 사용하던 중 생활하수 등을 처리하기 위하여 위 대지 중 피고인 집의 담에 인접한 구석부분에 지름 약 3미터, 깊이 약80센티미터의 구덩이를 파고 거기에 깨어진 콘크리트조각 50개 가량을 집어 넣었고 피고인이 위 대지를 임차할 때부터 현재까지 위 대지가 다른 용도로는 사용되지 아니한 채 방치되어 있어 잡초가 곳곳에 나고 동네사람들이 버린 쓰레기와 돌조각 등으로 덮여져 있었다면 피고인이 위 대지를 임차하여 사용하게 된 경위와 구덩이의 위치, 규모, 대지의 이용상태 등에 비추어 피고인이 위와 같이 구덩이를 판 것만을 들어 위 대지가 갖는 본래의 효용을 해한 것이라고 할 수 없을 뿐만 아니라 그 효용을 해한다는 인식이 있었다고도 볼 수 없다(대판 1989. 1. 31. 88도1592).

13) 대판 1971. 11. 23. 71도1576.

4. 고 의

재물손괴의 범의를 인정함에 있어서는 반드시 계획적인 손괴의 의도가 있거나 물건의 손괴를 적극적으로 희망하여야 하는 것은 아니고, 소유자의 의사에 반하여 재물의 효용을 상실케 하는 데 대한 인식이 있으면 되고, 여기에서 재물의 효용을 해한다고 함은 그 물건의 본래의 사용목적에 공할 수 없게 하는 상태로 만드는 것은 물론 일시 그것을 이용할 수 없는 상태로 만드는 것도 역시 효용을 해하는 것에 해당한다.[14)]

임차인이 두고 간 가재도구를 옥상에 옮겨 보관

임차인이 가재도구를 그대로 둔 채 시골로 내려가 버린 사이에 임대인의 모인 피고인이 임차인의 승낙없이 가재도구를 옥상에 옮겨놓으면서 그 위에다 비닐장판과 비닐천 등을 덮어씌워 비가 스며들지 않게끔 하고 또한 다른 사람이 열지 못하도록 종이를 바르는 등 조치를 취하였다면 설사 그 무렵 내린 비로 침수되어 그 효용을 해하였다 하더라도 손괴의 범의가 있다고 보기 어렵다.[15)]

경락받은 창고를 개조하면서 피해자 소유의 자재를 일방적으로 철거

피고인이 경락받은 농수산물 저온저장 공장건물 중 공냉식 저온창고를 수냉식으로 개조함에 있어 그 공장에 시설된 피해자 소유의 자재에 관하여 피해자에게 철거를 최고하는 등 적법한 조치를 취함이 없이 이를 일방적으로 철거하게 하여 손괴하였다면 이는 재물손괴의 범의가 없었다고 할 수 없고 이것이 사회상규상 당연히 허용되는 것이라고 할 수도 없다.[16)]

5. 위법성

뽕밭을 유린하는 소의 고삐가 나무에 얽혀 풀 수 없는 상황하에서 고삐를 낫으로 끊고 소를 밭에서 끌어냄은 사회상규상 용인되어 특단의 사정이 없는 한 처벌할 수 없다.[17)]

---

14) 대판 1993. 12. 7. 93도2701.

15) 대판 1983. 5. 10. 83도595. 다음은 같은 취지이다.

고장신고를 하기 위해 공중전화기를 떼어냄

공중전화기가 고장난 것으로 생각하고 파출소에 신고하기 위하여 전화선코드를 빼고 이를 떼어낸 것이라면 위 전화기를 물질적으로 파괴하거나 또는 위 전화기를 떼어내 전화기의 구체적 역할인 통화를 할 수 없게 함으로써 그 효용을 해할려는 손괴의 범의가 있었다고 볼 수 없다(대판 1986. 9. 23. 86도941).

16) 대판 1990. 5. 22. 90도700.

17) 대판 1976. 12. 28. 76도2359.

갑이 피고인으로부터 토지를 임차하여 쪽파를 재배, 매도하였으나 명인방법미실시 상태에서 피고인이 갑의 동의를 받아 쪽파를 손괴

물권변동에 있어서 형식주의를 채택하고 있는 현행 민법 하에서는 소유권을 이전한다는 의사 외에 부동산에 있어서는 등기를, 동산에 있어서는 인도를 필요로 함과 마찬가지로 이 사건 쪽파와 같은 수확되지 아니한 농작물에 있어서는 명인방법을 실시함으로써 그 소유권을 취득한다.

이 사건 쪽파를 원시취득한 자는 피고인 소유의 이 사건 토지를 임차하여 쪽파를 재배한 갑임이 분명한데 그 이후에 이를 매수한 자가 위와 같은 명인방법을 갖추지 아니하였고, 피고인과 갑 사이에서는 1994. 4. 25.까지 위 쪽파를 수확하지 않을 경우에는 피고인이 이를 임의처분하여도 이의를 제기하지 않기로 약정하였음을 알아볼 수 있으므로, 위 일자 이후에 이루어진 피고인의 이 사건 손괴행위는 소유자인 갑의 승낙에 의한 것이라고 보아야 할 것이므로 재물손괴죄가 성립하지 않는다고 할 것이다.[18)]

재건축조합이 조합원이 동의한 규약상 조합원이 철거의무를 지는 빈 아파트를 자력으로 철거

재건축조합의 규약이나 정관에 '조합은 사업의 시행으로서 그 구역 내의 건축물을 철거할 수 있다', '조합원은 그 철거에 응할 의무가 있다'는 취지의 규정이 있고, 조합원이 재건축조합에 가입하면서 '조합원의 권리, 의무 등 조합 정관에 규정된 모든 내용에 동의한다'는 취지의 동의서를 제출하였다고 하더라도, 조합원은 이로써 조합의 건축물 철거를 위한 명도의 의무를 부담하겠다는 의사를 표시한 것일 뿐이므로, 조합원이 그 의무이행을 거절할 경우 재건축조합은 명도청구소송 등 법적 절차를 통하여 그 의무이행을 구하여야 함이 당연하고, 조합원이 위와 같은 동의서를 제출한 것을 '조합원이 스스로 건축물을 명도하지 아니하는 경우 재건축조합이 법적 절차에 의하지 아니한 채 자력으로 건축물을 철거하는 것'에 대해서까지 사전 승낙한 것이라고 볼 수는 없다.[19)]

---

18) 대판 1996. 2. 23. 95도2754.

19) 대판 2007. 9. 20. 2007도5207. 다음은 유사 취지이다.

재건축조합의 정관상 아파트철거권이 조합에 일임되어 있고, 아파트를 인도하라는 가집행선고부 판결에 기하여 인도집행 완료 후 아파트를 철거

재건축사업은 재건축지역 내에 있는 주택의 철거를 전제로 하는 것이어서, 조합원은 주택 부분의 철거를 포함한 일체의 처분권을 조합에 일임하였다고 보아야 할 뿐만 아니라, 이 사건 조합의 정관에 "조합은 재건축을 위한 사업계획승인을 받은 이튿날부터 사업시행지구 안의 건축물 또는 공작물 등을 철거할 수 있다"고 규정하고 있는 사실, 이 사건 조합이 조합원인 피해자들을 상대로 이 사건 각 아파트에 관한 소유권이전등기 및 인도 청구소송을 제기하여 제1심에서 이 사건 각 아파트에 관한 소유권이전등기절차를 이행하고 조합목적 달성을 위한 건물 철거를 위하여 이 사건 각 아파트를 인도하라는 취지의 가집행선고부 판결이 내려졌으며 위 판결은 이후 항소 및 상고가 기각되어 확정된 사실, 이 사건 조합의 조합장인 피고인 1, 부조합장인 피고인 2는 위 소송의 항소심 계속 중 제1심판결에 기하여 이 사건 각 아파트에 관한 부동산인도집행을 완료한 후 재건축 시공사에 이 사건 각 아파트의 철거를 요청하였고, 재건축 시공사의 현장소장들인 피고인 3, 4가 다시 철거전문업체에 철거지시를 하여 그 직원들인 피고인 5, 6이 이 사건 각 아파트를 철거하기에 이른 사실을 알 수 있고, 나아가 이 사건 조합이 이 사건 각 아파트를 철거하기 전에 관할구청장에게 그 신고를 하지 않았다 하더라도 이는 건축법에 따른 제재대상이 되는 것은 별론으로 하고 형법상 재물손괴죄의 성립 여부에는 영향을 미칠 수 없다고 할 것인바, 이와 같은 사정을 종합하면 피고인들이 위 가집행선고부 판결을 받아 이 사건 각 아파트를 철거한 것은 형법 제20조에 정한 정당행위라 할 것이다(대판 2010. 2. 25. 2009도8473).

도시재개발법에 의한 재개발구역 안의 무허가 건물에 대한 사실상 소유권은 관리처분계획의 인가·고시에 의하여

6. 죄 수

판시 공동재물손괴의 범행은 판시 업무방해의 과정에서, 그 소란의 일환으로 저지른 것이기는 하지만, 양 죄는 피해자가 다를 뿐 아니라, 판시 업무방해의 범행은 판시 공동재물손괴의 범행 외에 장시간에 걸쳐 집단적으로 한국철도공사 사업본부장실을 점거하고 구호를 제창하는 등의 위력을 행사하는 방법으로 저지른 것이어서 행위의 태양이 달라 양 죄는 실체적 경합범의 관계에 있다.[20)]

이에 해당하는 아파트 등을 분양받을 조합원의 지위로 잠정적으로 바뀌고, 분양처분의 고시가 있는 경우에는 같은 법 제39조 제1항 전문의 규정에 의하여 그에 대한 사실상 소유권이 소멸하고 분양받은 아파트에 대한 소유권만이 남게 되는 것이므로, 관리처분계획의 인가·고시 이후 분양처분의 고시 이전에 재개발구역 안의 무허가 건물을 제3자가 임의로 손괴할 경우 특별한 사정이 없는 한 재물손괴죄가 성립한다(대판 2004. 5. 28. 2004도434).

다음은 관련 민사 판례이다.

도시재개발법에 의한 재개발사업을 수행하는 재개발조합이 무허가건물대장에 등재된 무허가건물의 사실상 소유자에게 조합원 자격을 부여함에 있어서, 무허가건물에 관한 사실상 소유권의 귀속에 관하여 다툼이 있는 경우에 재개발조합으로서는 일단 무허가건물대장상의 소유명의자에게 무허가건물에 대한 사실상 소유권 또는 조합원의 지위가 귀속되는 것으로 처리하고 후에 판결 등에 의하여 권리귀속관계가 확정되면 그에 따라 시정할 수밖에 없는 것이므로, 그와 같은 권리 내지 지위의 귀속에 관하여 개인 간에 다툼이 있는 경우에 권리자가 채택할 수 있는 가장 유효하고도 적절한 분쟁해결 수단은, 재개발조합이 아닌 분쟁의 직접 당사자를 상대로 하여 무허가건물에 대한 사실상 소유권의 확인을 구하거나, 관리처분계획의 인가·고시에 의하여 무허가건물의 사실상 소유권이 이에 해당하는 아파트 등을 분양받을 조합원의 지위로 잠정적으로 바뀐 후에는 그 아파트 등을 분양받을 권리로서의 조합원지위의 확인을 구하거나, 또는 그러한 권리나 지위에 기하여 조합원명부상의 명의변경을 구하는 등의 민사소송을 제기하는 것이라고 할 것이고, 이 경우 재개발조합을 상대로 하여 행정소송을 제기할 수 있다고 하여 위와 같은 민사소송이 부적법하다고 볼 수는 없다(다만, 분양처분의 고시가 있은 후에는, 종전의 무허가건물에 대한 사실상의 소유권은 소멸하고 분양받은 아파트에 대한 소유권만이 남게 되는 분양처분의 법적 성격에 비추어, 권리자로서는 바로 새로운 아파트에 대한 권리관계의 확인이나 등기의 말소 또는 이전등기에 관한 소송을 제기하여야 할 것이므로, 이 단계에서는 위와 같은 무허가건물의 소유권 확인, 조합원지위의 확인 또는 조합원명부의 명의변경의 소는 부적법한 것으로 될 것이다)(대판 2003. 2. 14. 2002다23451).

20) 대판 2007. 5. 11. 2006도9478.

제9절 경계침범죄

1. 보호법익

형법 제370조의 경계침범죄는 토지의 경계에 관한 권리관계의 안정을 확보하여 사권을 보호하고 사회질서를 유지하려는데 그 규정목적이 있으므로 비록 실체상의 경계선에 부합되지 않는 경계표라 할지라도 그것이 종전부터 일반적으로 승인되어 왔다거나 이해관계인들의 명시적 또는 묵시적 합의에 의하여 정하여진 것이라면 그와 같은 경계표는 위 법조 소정의 계표에 해당된다 할 것이고 반대로 기존경계가 진실한 권리상태와 맞지 않는다는 이유로 당사자의 어느 한쪽이 기존경계를 무시하고 일방적으로 경계측량을 하여 이를 실체권리관계에 맞는 경계라고 주장하면서 그 위에 계표를 설치하더라도 이와 같은 경계표는 위 법조에서 말하는 계표에 해당되지 않는다.[1)]

2. 경계표의 의미

경계를 표시하는 경계표는 반드시 담장 등과 같이 인위적으로 설치된 구조물만을 의미하는 것으로 볼 것은 아니고, 수목이나 유수 등과 같이 종래부터 자연적으로 존재하던 것이라도 경계표지로 승인된 것이면 여기의 경계표에 해당한다고 할 것이다.
피고인이 그 소유의 토지와 피해자 소유의 토지의 경계에 관하여 다툼이 있던 중에 그 경계선 부근에 심어져 있던 조형소나무 등을 뽑아내고 그 부근을 굴착함으로써 그 경계를 불분명하게 한 것은 경계침범죄에 해당한다.[2)]

---

1) 대판 1999. 4. 9. 99도480; 대판 2007. 12. 28. 2007도9181

2) 대판 2007. 12. 28. 2007도9181. 다음은 같은 취지이다.

경계선으로 통용되어 온 담벽에 관하여 다툼이 생김

피고인은 A 토지 지상 가옥에 거주하면서, 위 가옥이 바로 옆에 있는 피해자 소유의 B 토지 중 약 27평방미터를 침범하여 건축되어 있어 그 경계에 문제가 있다는 것을 알고 있었음에도 불구하고, 위 가옥의 담벽을 기준으로 피해자 소유의 토지 위에 길이 4미터 높이, 1.5미터의 브록크담을 추가로 쌓은 사안에서,

A와 B는 원래 하나의 토지였는데 그 소유자가 위 가옥을 건립한 후 A, B 등 수필지로 분필하였고, 그 중 B 토지는 피해자가 1978.경 매수하고 A 토지 및 지상가옥은 전전양도되어 오다가 피고인이 1989. 7.경에 매수하여 각 이를 소유하여 오면서 쌍방간에 위 담벽이 정당한 경계선인 것으로 알고 지내 왔다. 1989. 12.경에 이르러 피고인 소유의 위 가옥이 B 토지를 침범하여 건축되어 있는지 여부가 문제가 되어 분쟁이 있던 중, 피고인이 기왕에 설치된 담벽이 정당한 경계라고 주장하면서 위 가옥 옆의 통로로 사용되던 공터(과거에 경계표시로 나무가 심어져 있던 곳)에 위 담벽과 연결하여 추가로 브록크담을 쌓았다. 그런데 위 토지 일대는 지적도상의 경계와 현실의 경계가 일치하지 않는 곳으로서 지적도상의 경계에 의하면 피고인 소유의 위 가옥이 B 토지를 27평방미터 가량 침범하여 그 결과 피고인의 담벽도 B 토지상에 건립되어 있는 사실을 인정할 수 있다.

종래부터 일반적으로 승인되어 왔거나 이해관계인들의 명시적 또는 묵시적 합의에 의하여 정해진 것으로서 객관적으로 경계로 통용되어 왔다면 이는 경계침범죄에서 말하는 경계라 할 것이고, 따라서 그와 같이 종래 통용되어 오던 사실상의 경계가 법률상의 정당한 경계인지 여부에 대하여 다툼이 있다고 하더라도, 그 사실상의 경계가 법률상

경계선 역할을 해오던 소나무가 권리상태와 맞지 않는다는 이유로 일방적으로 측량하여 설치한 말뚝

피고인은 1964. 1.경 그의 소유이던 임야 중 일부를 분할하여 갑에게 매도하고 그 즉시 경계선상에 소나무를 심어 그때부터 이로써 피고인의 소유 토지와 갑 소유 토지와의 경계로 삼아왔는데 1984. 4.경에 이르러 갑의 아들이 소나무에 의한 위의 기존경계는 진실한 권리상태와 맞지 않는다는 이유로 피고인과는 상의도 없이 일방적으로 경계측량을 한 후 기존경계와는 달리 새로운 경계선을 설정하고 그 선위에 임의로 이 사건 말뚝을 세워 놓자 피고인이 이에 승복할 수 없다 하여 그 말뚝을 뽑아 제거한 사안에서, 갑의 아들이 기존경계를 무시하고 일방적으로 설치한 이 사건 말뚝은 경계침범죄에서 말하는 계표에는 해당되지 않는다.[3)]

3. 경계침범행위

경계침범죄는 단순히 계표를 손괴하는 것만으로는 부족하고 계표를 손괴, 이동 또는 제거하거나 기타 방법으로 토지의 경계를 인식불능하게 함으로써 비로소 성립되며 계표의 손괴, 이동 또는 제거 등은 토지의 경계를 인식불능케 하는 방법의 예시에 불과하여 이와 같은 행위의 결과로서 토지의 경계가 인식불능케 됨을 필요로 하고 동죄에 대하여는 미수죄에 관한 규정이 없으므로 계표의 손괴 등의 행위가 있더라도 토지경계의 인식불능의 결과가 발생하지 않은 한 본죄가 성립될 수 없다.[4)]

경계선으로 통용되어 오던 담벽의 연장선상에 추가로 담벽을 설치

기왕에 건립되어 사실상 경계선으로 통용되어 오던 담벽의 연장선상에 위 담벽과 연결하여 추가로 담벽을 설치한 것으로서, 이는 피고인 주장의 경계를 보다 확실히 하고자 한 행위에 지나지 아니할 뿐, 이로써 새삼스레 피해자 소유의 토지경계에 대한 인식불능의 결과를 초래한다고는 볼 수 없다.[5)]

정당한 경계가 아니라는 점이 이미 판결로 확정되었다는 등 경계로서의 객관성을 상실하는 것으로 볼 만한 특단의 사정이 없는 한, 여전히 본조에서 말하는 경계에 해당되는 것이라고 보아야 할 것이다.

이 사건에서 원심은, 기존에 건립된 위 담벽이 과연 법률상의 정당한 경계인지 여부에 집착하여, 위 담벽이 지적도상의 경계와 상치하다는 점을 들어, 위 담벽이 아닌 지적도상의 경계가 경계침범죄에서 말하는 경계인 것으로 보고 있는 듯하나, 위 담벽이 이해관계인 사이에 사실상 경계선으로 그 동안 통용되어 왔다면, 오히려 위 담벽과 이를 기준으로 한 연장선을, 지적도상의 경계와의 부합 여부에 관계없이 경계침범죄의 객체로서의 경계인 것으로 보아야 할 것이다(위와 같은 사실상의 경계선이 법률적으로 정당하지 못하다면 피해자가 민사소송으로 권리구제를 받을 수 있음은 별론이다)(대판 1992. 12. 8. 92도1682).

3) 대판 1986. 12. 9. 86도1492.

4) 대판 1991. 9. 10. 91도856; 대판 1992. 12. 8. 92도1682. 다음은 같은 취지이다.
피고인이 자기토지에 인접한 타인소유 토지 8평을 침범하여 점포를 건축함으로써 위 양 토지간의 경계를 인식불능케 하였다면 본조 소정의 경계침범죄가 성립한다(대판 1968. 9. 17. 68도967).

5) 대판 1992. 12. 8. 92도1682.

경계선인 부엌벽을 높이 50센티미터 남겨둔 채 철거하고 그 밖으로 새로운 담장 설치

피고인들이 피해자의 집과 피고인들의 집 사이의 경계가 되는 피고인들의 집 부엌벽을 완전히 철거한 것이 아니고 약 50센티 미터의 높이를 그대로 둔 채 새로이 지적공사의 측량대로 그 20센티미터 밖으로 새로운 담장을 설치한 사안에서, 피고인들이 부엌벽에 의한 경계는 그대로 남아 있고 토지경계를 인식하는 데는 아무런 영향이 없다는 취지의 변소를 하고 있고 이를 추단케하는 상당한 자료도 제출하고 있으므로 원심이 토지경계의 인식불능의 결과가 발생하였는지에 관하여 심리 판단함이 없이 경계침범죄를 인정한 것은 심리미진이다.[6]

건물을 신축하면서 처마가 피해자의 가옥 지붕 위로 나오게 함

피고인이 건물을 신축하면서 그 건물의 1층과 2층 사이에 있는 처마를 피해자 소유의 가옥 지붕위로 나오게 한 사실만으로는 양토지의 경계가 인식불능되었다고 볼 수 없으므로 경계침범죄의 구성요건에 해당하지 아니한다.[7]

---

6) 대판 1991. 9. 10. 91도856. 다음은 같은 취지이다.

갑 소유의 잡종지 50평과 피고인의 누이인 을 소유의 임야는 서로 동서로 인접한 대지로서 갑이 그 토지 위에 주택을 짓기 위하여 택지조성을 하고 그 택지의 경계에 높이 약 70센티미터의 돌담을 둘러막고 동쪽 담의 남단과 북단에 각 막대기를 계표로써 꽂아두었던 바, 위 택지 안에 을 소유의 토지 10평 5홉이 들어간 것을 안 피고인은 인부를 시켜 위 계표를 뽑아 버리고 갑이 쌓은 담 안의 택지 위에 갑이 쌓은 동측 담으로부터 약 1.5미터 상거지점에 그 담과 병행으로 돌 무더기를 군데군데 쌓아 놓았다 하더라도 갑이 그의 경계라고 주장하여 쌓아 놓은 담이 의연히 존재하는 한 토지의 경계는 인식이 가능하므로 경계침범죄는 성립하지 않는다(대판 1972. 2. 29. 71도2293).

7) 대판 1984. 2. 28. 83도1533.

제10절 권리행사방해죄

1. 의 의

권리행사방해죄는 타인의 점유 또는 권리의 목적이 된 자기의 물건을 취거, 은닉 또는 손괴하여 타인의 권리행사를 방해함으로써 성립하는 것이므로, 그 취거, 은닉 또는 손괴한 물건이 자기의 물건이 아니라면 권리행사방해죄가 성립할 여지가 없다.[1)]

2. 자기 소유의 물건

타인 명의로 등록되어 자기 소유로 되지 않은 자동차를 담보로 제공하였다가 임의로 취거

피고인이 피해자에게 교부한 약속어음이 부도나자 BMW 차량 및 열쇠와 자동차등록증 사본을 피해자에게 교부하면서 금원을 변제할 때까지 피해자가 위 차량을 보관하게 함으로써 담보로 제공하였음에도 불구하고, 피해자의 승낙 없이 미리 소지하고 있던 보조키를 이용하여 위 차령을 운전하여 간 사안에서,

피고인이 피해자에게 담보로 제공한 차량은 자동차등록원부에 비엠더블유파이낸셜서비스코리아 명의로 등록되어 있고 자동차 소유권의 득실변경은 등록을 하여야 그 효력이 생기는 것이므로, 위 차량은 그 등록명의자인 비엠더블유파이낸셜서비스코리아의 소유이고 피고인의 소유는 아니라고 할 것이어서, 권리행사방해죄를 구성하지 않는다.[2)]

지입회사 명의로 등록되고 지입차주가 점유 중인 버스를 지입회사 대표이사가 취거

주식회사의 대표이사가 대표이사의 지위에 기하여 그 직무집행행위로서 타인이 점유하는 위 회사의 물건을 취거한 경우에는, 위 행위는 위 회사의 대표기관으로서의 행위라고 평가되므로, 위 회사의 물건도 권리행사

---

1) 대판 2005. 11. 10. 2005도6604.

2) 대판 2005. 11. 10. 2005도6604. 다음은 같은 취지이다.
자동차소유권의 득실변경은 등록을 하여야 그 효력이 생기고(자동차관리법 제6조), 권리행사방해죄의 객체는 자기의 소유물에 한하는데 ㅇㅇ렌트카가 구입하여 보유 중인 이 사건 승용차에 대해서는 아직 위 회사나 피고인 명의로 신규등록 절차를 마치지 않은 미등록 상태였으므로 이 사건 승용차가 ㅇㅇ렌트카 혹은 피고인의 소유물이라고 할 수 없어 이를 전제로 하는 권리행사방해죄는 성립되지 아니한다(대판 2006. 3. 23. 2005도4455).
A 회사 소유의 선박을 그 과점 주주가 취거함
이 사건 선박이 A 회사 명의로 소유권등기가 경료된 것이라면 위 선박은 피고인의 소유라 할 수 없고 피고인이 위 회사의 과점주주라거나 부사장이라 하여도 피고인의 소유라 할 수 없는 것이므로, 피고인이 타인이 점유 중인 위 선박을 취거하였다 하여도 이는 권리행사방해죄를 구성하지 아니한다(대판 1984. 6. 26. 83도2413).
피고인이 본건 자동차를 수거할 당시에 피고인이 그 자동차를 택시주식회사에 지입하여 동 회사명의로 자동차등록원부에 소유권등록이 되어 있었다면 도로운송차량법 제5조 규정에 비추어 본건 자동차는 동 회사의 소유이고 피고인의 소유가 아니므로 피고인이 자동차를 수거하였어도 권리행사방해죄가 되지 않는다(대판 1974. 11. 12. 74도1632).

방해죄에 있어서의 "자기의 물건"이라고 보아야 할 것이다.
이 사건 버스는 A 주식회사 소유로 등록되어 있고, 지입차주인 갑 또는 그로부터 위임받은 을의 점유 또는 권리의 목적이 되어 있는데 A의 대표이사인 피고인이 위 버스를 취거한 때에는 피고인의 위 버스의 취거행위가 위 회사의 대표이사의 지위에 기한 직무집행 행위인지 여부에 관하여 심리하여 보아야 한다.[3)]

3. 적법한 점유일 것

권리행사방해죄에 있어서의 타인의 점유라 함은 권원으로 인한 점유 즉 정당한 원인에 기하여 그 물건을 점유하는 권리있는 점유를 의미하는 것으로서 본권을 갖지 아니한 절도범인의 점유는 여기에 해당하지 아니하나, 반드시 본권에 의한 점유만에 한하지 아니하고 동시이행항변권 등에 기한 점유와 같은 적법한 점유도 여기에 해당한다고 할 것이고, 한편, 쌍무계약이 무효로 되어 각 당사자가 서로 취득한 것을 반환하여야 할 경우, 어느 일방의 당사자에게만 먼저 그 반환의무의 이행이 강제된다면 공평과 신의칙에 위배되는 결과가 되므로 각 당사자의 반환의무는 동시이행 관계에 있다고 보아 민법 제536조를 준용함이 옳다고 해석된다.[4)]

권리행사방해죄에서의 보호대상인 타인의 점유는 반드시 점유할 권원에 기한 점유만을 의미하는 것은 아니고, 일단 적법한 권원에 기하여 점유를 개시하였으나 사후에 점유 권원을 상실한 경우의 점유, 점유 권원의 존부가 외관상 명백하지 아니하여 법정절차를 통하여 권원의 존부가 밝혀질 때까지의 점유, 권원에 기하여 점유를 개시한 것은 아니나 동시이행항변권 등으로 대항할 수 있는 점유 등과 같이 법정절차를 통한 분쟁 해결시까지 잠정적으로 보호할 가치 있는 점유는 모두 포함된다고 볼 것이다.[5)]

---

3) 대판 1992. 1. 21. 91도1170.

4) 대판 2003. 11. 28. 2003도4257.

5) 대판 2006. 3. 23. 2005도4455. 구체적인 내용은 다음과 같다.
○○렌트카의 공동대표이사 중 1인인 갑은 피해자에 대한 개인적인 채무의 담보 명목으로 위 회사가 보유 중이던 이 사건 승용차를 피해자에게 넘겨 주었다. 피해자는 위 승용차를 약 4개월 동안 위 회사에서 수시로 연락 가능한 피해자의 사무실 등지에서 운행해 오면서 위 회사 직원의 승용차 반환요구를 갑에 대한 채권 및 위 담보제공 약정을 이유로 거절해 왔다. 그러자 위 회사 공동대표이사 중 1인인 피고인은 피해자의 갑에 대한 채권의 존부 및 위 담보제공 약정의 효력에 관하여 피해자와 직접 접촉하여 관련 사실 및 증빙자료를 확인하는 등의 절차를 밟지 않은 채 피해자 사무실 부근에 주차되어 있는 이 사건 승용차를 몰래 회수하도록 하였다는 것이다.
피해자의 이 사건 승용차에 대한 점유는 법정절차를 통하여 점유 권원의 존부가 밝혀짐으로써 분쟁이 해결될 때까지 잠정적으로 보호할 가치 있는 점유에 포함된다고 봄이 상당하다.
한편, 피해자가 위와 같은 경위로 채권 및 담보제공 약정을 이유로 승용차의 반환을 거절하고 있는 경우이든, 이 사건 승용차를 단순히 임차하였다가 그 반환을 거부하고 있는 경우이든 두 경우 모두 권리행사방해죄에서의 보호대상인 점유에 해당하는 것이므로, 피고인이 피해자가 이 사건 승용차를 단순히 임차하였다가 그 반환을 거절하고 있는 것으로 잘못 알고 있었다는 사정만으로는 피고인에게 권리행사방해의 고의가 없었다고 볼 수 없다.
다음은 같은 취지이다.
일단 적법한 권원에 기하여 점유한 이상 설사 그후에 그 점유물을 소유자에게 명도해야 할 사정이 발생하였다 할지

무효인 경매절차에서 경매목적물을 경락받아 이를 점유하고 있는 낙찰자의 점유는 적법한 점유로서 그 점유자는 권리행사방해죄에 있어서의 타인의 물건을 점유하고 있는 자라고 할 것이다.[6)]

적법하게 점유한 이후 명도사유의 발생

일단 적법한 권원에 기하여 점유한 이상 설사 그후에 그 점유물을 소유자에게 명도해야 할 사정이 발생하였다 할지라도 점유자가 임의로 명도를 하지 아니하고 계속 이를 점유하고 있다면 그 점유자는 의연히 동조 소정의 타인의 물건을 점유하고 있는 자라 할 것이다.[7)]

유치권자가 점유 중인 주택에 그 소유자가 출입문 용접을 해제하고 들어가 거주

권리행사방해죄에 있어서의 타인의 점유라 함은 권원으로 인한 점유, 즉 정당한 원인에 기하여 물건을 점유하는 것을 의미하지만, 반드시 본권에 기한 점유만을 말하는 것이 아니라 유치권 등에 기한 점유도 여기에 해당한다.

A 주식회사가 이 사건 주택의 유치권자로서 그 유치권행사를 위하여 점유하고 있던 주택에 피고인이 그 소유자인 처와 함께 출입문 용접을 해제하고 들어가 거주한 것은 권리행사방해죄에 해당한다.[8)]

절도범인이 보관하는 솥

피고인이 갑 소유의 솥을 절취하여 자신의 집 마당에 보관하였는데 갑 등이 이를 피고인의 허락 없이 운반하여 가져갔다 하더라도, 피고인이 갑 소유의 솥을 절취하여 점유보관하고 있던 것인 이상 갑 등의 소위는 권리행사방해죄를 구성하지는 않는다.[9)]

4. 타인의 권리

권리행사방해죄의 구성요건 중 타인의 '권리'란 반드시 제한물권만을 의미하는 것이 아니라 물건에 대하여 점유를 수반하지 아니하는 채권도 이에 포함된다.[10)]

라도 점유자가 임의로 명도를 하지 아니하고 계속 이를 점유하고 있다면 그 점유자는 의연히 동조 소정의 타인의 물건을 점유하고 있는 자라 할 것이다(대판 1977. 9. 13. 77도1672).

6) 대판 2003. 11. 28. 2003도4257.

7) 대판 1977. 9. 13. 77도1672.

8) 대판 2011. 5. 13. 2011도2368.

9) 대판 1994. 11. 11. 94도343.

10) 대판 1991. 4. 26. 90도1958. 위 판례는 다음 판례들을 원용하고 있다.
권리행사방해죄에 있어서 "타인의 권리의 목적이 된 자기의 물건"이라는 요건의 그 권리 중에는 반드시 제한물권이나 물건에 대하여 점유를 수반하는 채권만이 아니라 이를테면 정지조건 있는 물권변제의 예약권을 가지는 경우도 포함된다고 보는 것이 상당하다(대판 1968. 6. 18. 68도616).

5. 취 거

맥콜을 채무자(피고인)에게 편취당하였다고 주장하면서 그 채권자측이 채무자로부터 담보로 제공받아 보관하는 채무자 소유의 맥콜을 교부받음

권리행사방해죄에 있어서의 「취거」라 함은 타인의 점유 또는 권리의 목적이 된 자기의 물건을 그 점유자의 의사에 반하여 그 점유자의 점유로부터 자기 또는 제3자의 점유로 옮기는 것을 말하므로 점유자의 의사나 그의 하자있는 의사에 기하여 점유가 이전된 경우에는 여기에서 말하는 취거로 볼 수는 없다 할 것이다. 채권자가 채무자인 피고인으로부터 차용금 채무의 담보로 제공받은 피고인 소유의 맥콜을 갑 등에게 보관시키고 있던 중 피고인이 위 맥콜은 을로부터 교부받은 것이고 이를 동인에게 반환한다는 내용으로 된 반환서를 을에게 작성해 주어 을이 갑 등에게 이 반환서를 제시하면서 위 맥콜은 피고인에게 편취당한 장물이므로 이를 인계하여 달라고 요구하여 이를 믿은 동인들로부터 이를 교부받아 간 것이라면 이는 피고인의 취거행위로 볼 수는 없다.[11]

가압류된 건물의 소유자가 채권자의 승낙 없이 그 건물을 철거한 때에는 권리행사방해죄에 해당한다(대판 1960. 9. 14. 4292형상537).

11) 대판 1988. 2. 23. 87도1952.

제11절 강제집행면탈죄

1. 의 의

강제집행면탈죄는 위태범으로서 ① 현실적으로 민사소송법에 의한 강제집행 또는 가압류, 가처분의 집행을 받을 우려가 있는 객관적인 상태 아래 즉 채권자가 본안 또는 보전소송을 제기하거나 제기할 태세를 보이고 있는 상태에서 ② 주관적으로 강제집행을 면탈하려는 목적으로 ③ 재산을 은닉, 손괴, 허위양도하거나 허위의 채무를 부담하여 ④ 채권자를 해할 위험이 있으면 성립하는 것이고, 반드시 채권자를 해하는 결과가 야기되거나 행위자가 어떤 이득을 취하여야 범죄가 성립하는 것은 아니며, 현실적으로 강제집행을 받을 우려가 있는 상태에서 강제집행을 면탈할 목적으로 허위의 채무를 부담하는 등의 행위를 하는 경우에는 달리 특별한 사정이 없는 한 채권자를 해할 위험이 있다고 보아야 한다.[1]

2. 성립요건

가. 채권자의 권리가 존재

강제집행면탈죄는 채권자의 정당한 권리행사 보호 외에 강제집행의 기능보호도 법익으로 하는 것이나, 현행 형법상 강제집행면탈죄가 개인적 법익에 관한 재산범의 일종으로 규정되어 있는 점과 채권자를 해하는 것을 구성요건으로 규정하고 있는 점 등에 비추어 보면 주된 법익은 채권자의 권리보호에 있다고 해석하는 것이 타당하므로, 강제집행의 기본이 되는 채권자의 권리, 즉 채권의 존재는 강제집행면탈죄의 성립요건으로 채권의 존재가 인정되지 않을 때에는 강제집행면탈죄는 성립하지 않는다.[2]

채권자의 채권이 존재하지 않는다는 판결이 확정

강제집행면탈죄는 채권자의 권리보호를 그 주된 보호법익으로 하고 있는 것이므로 강제집행의 기본이 되는 채권자의 권리 즉 채권의 존재는 강제집행면탈죄의 성립요건이라 할 것이며 따라서 그 채권의 존재가 인정되지 않을 때에는 강제집행면탈죄는 성립하지 않는다.

갑의 을에 대한 채무를 면탈하려고 피고인이 갑과 공모하여 그 소유의 부동산에 대하여 피고인 앞으로 근저당권설정등기를 하였다 하더라도 갑의 을에 대한 채무가 존재하지 아니한다는 판결이 확정된 이상 강제집행면탈죄가 성립하지 아니한다.[3]

1) 대판 1996. 1. 26. 95도2526.
2) 대판 2010. 12. 9. 2010도11015; 대판 2011. 9. 8. 2011도5165.
3) 대판 1988. 4. 12. 88도48.

조건부채권

집행할 채권이 조건부 채권이라 하여도 그 채권자는 이를 피보전권리로 하여 보전처분을 함에는 법률상 아무런 장해도 없다 할 것이니 이와 같은 보전처분을 면할 목적으로 형법 제327조 소정의 행위를 한 이상 강제집행면탈죄는 성립되며 그 후 그 조건의 불성취로 채권이 소멸되었다 하여도 일단 성립한 범죄에는 영향을 미칠 수 없다고 해석함이 상당하다.[4)]

피고인이 처 명의로 임차하여 실질적으로 운영하는 A 주유소의 매출을 피고인이 운영하는 B 주유소의 신용카드로 단말기로 결제(A의 신용카드매출 채권을 B의 채권으로 처리함으로써 채권은닉) 후 피고인의 상계에 의해 피해자인 채권자의 채권이 소급하여 소멸

피해자가 연체차임 및 차임 상당의 부당이득금 등의 채권을 확보하기 위하여 피고인이 처 갑 명의로 임차하여 실질적으로 운영하는 A 주유소의 신용카드 매출채권에 대하여 두 차례에 걸쳐 채권가압류를 하자, 피고인이 2009. 7. 8.경부터 2009. 10. 8.경까지 A에서 주유한 손님 을 등의 주유대금 신용카드 결제를 피고인이 별도로 운영하는 B 주유소의 신용카드 결제 단말기로 처리함으로써 A의 신용카드 매출채권을 B의 채권으로 바꾸는 수법으로 이를 은닉하였다.

피해자가 갑을 상대로 미지급 차임 등의 지급을 구하는 민사소송을 제기하였으나 갑은 임대차보증금 반환채권으로 상계한다는 주장을 하였고 그 항변이 받아들여져 피해자의 청구가 기각된 판결이 확정되었는 바, 위 상계의 의사표시에 의하여 2009. 10. 31.까지 발생한 피해자의 차임채권 및 부당이득금 반환채권 등은 그 채권의 발생일에 임대차보증금 반환채권과 대등액으로 상계되어 소멸되었다고 할 것이므로, 결국 피고인이 2009. 7. 8.경부터 2009. 10. 8.경까지 A에서 주유한 손님 을 등의 주유대금 신용카드 결제를 B의 신용카드 결제 단말기로 처리하여 그 명의로 매출전표를 작성하였다고 하더라도, 그 행위 당시 피해자의 채권의 존재가 인정되지 아니하므로 강제집행면탈죄는 성립하지 아니한다.[5)]

민사집행법 제3편의 적용 대상인 '담보권 실행 등을 위한 경매'가 강제집행면탈죄의 강제집행에 해당하는지

강제집행면탈죄가 적용되는 강제집행은 민사집행법 제2편의 적용 대상인 '강제집행' 또는 가압류·가처분 등

4) 대판 1984. 6. 12. 82도1544.

5) 대판 2012. 8. 30. 2011도2252. 다음은 채권의 존재가 인정된 사례이다.

채권양도의 주장이 있으나 판결 확정 이후에 제기된 것에 불과하고, 위 채권양도 이전에 다른 채권자들에 의한 가압류, 압류 및 전부명령도 존재

피해자가 갑, 을을 상대로 공사대금 청구소송을 제기하여 '갑, 을은 연대하여 피해자에 259,113,130원 및 이에 대한 지연손해금을 지급하라'는 취지의 일부 승소판결을 받아 위 판결이 확정되었으므로, 위 공사대금채권의 존재는 확정되었다고 할 것이다.

갑은 피해자가 위 판결의 변론종결일 이전에 위 공사대금채권을 A에 양도하였으니 그 채권양도로 인하여 피해자의 채권은 확정적으로 소멸하였다고 주장하나, 피고인의 주장에 의하더라도 위 공사대금채권에 대하여는 위 채권양도 이전에 이미 다른 채권자들에 의하여 수개의 가압류, 채권압류 및 전부명령 등이 경합되어 있었다는 것이고, 민사소송에서 갑, 을이 그러한 내용의 항변을 제기하지도 아니한 이상 단순히 채권양도가 있었다는 사정만으로 위 확정판결에 따른 채권의 존재를 부정할 수는 없다(대판 2008. 5. 8. 2008도198).

의 집행을 가리키는 것이고, 민사집행법 제3편의 적용 대상인 '담보권 실행 등을 위한 경매'를 면탈할 목적으로 재산을 은닉하는 등의 행위는 위 죄의 규율 대상에 포함되지 않는다.[6)]

나. 강제집행 또는 보전처분의 대상이 되는 채무자의 재산

형법 제327조는 "강제집행을 면할 목적으로 재산을 은닉, 손괴, 허위양도 또는 허위의 채무를 부담하여 채권자를 해한 자"를 처벌함으로써 강제집행이 임박한 채권자의 권리를 보호하기 위한 것이므로, 강제집행면탈죄의 객체는 채무자의 재산 중에서 채권자가 민사집행법상 강제집행 또는 보전처분의 대상으로 삼을 수 있는 것이어야 한다.[7)]

강제집행면탈죄에 있어서 재산에는 동산·부동산뿐만 아니라 재산적 가치가 있어 민사소송법에 의한 강제집행 또는 보전처분이 가능한 특허 내지 실용신안 등을 받을 수 있는 권리도 포함된다.[8)]

채무자(갑)가 제3채무자(을) 소유의 부동산에 강제경매신청을 하였고, 갑의 채권자인 병이 갑이 위 경매절차에서 지급받을 배당금채권을 가압류하였는데, 피고인 등이 허위의 채무완제증명서를 작성하여 청구이의의 소를 제기하여 위 경매절차를 취소시킴

강제집행면탈죄의 객체인 재산은 채무자의 재산 중에서 채권자가 민사집행법상 강제집행 또는 보전처분의 대상으로 삼을 수 있는 것을 의미하는데, 장래의 권리라도 채무자와 제3채무자 사이에 채무자의 장래청구권이 충분하게 표시되었거나 결정된 법률관계가 존재한다면 재산에 해당하는 것으로 보아야 한다.
갑은 을의 채권자로서 을 소유 부동산에 강제경매신청을 하여 경매절차가 진행되었고, 갑의 채권자인 피해자 병은 갑이 위 경매절차에서 지급받을 배당금 채권의 일부에 가압류를 해 두었는데, 갑 사망 후 피고인과 을, 갑의 상속인 등이 공모하여 을의 갑에 대한 채무가 완제된 것처럼 허위의 채무완제확인서를 작성하고, 피고인 등이 갑의 을에 대한 채권이 완제된 것처럼 가장하여 갑의 상속인 등을 상대로 청구이의의 소를 제기하고 그 판결에 기하여 강제집행정지 및 경매취소에 이르게 한 행위는 소유관계를 불명하게 하는 방법에 의한 '재산의 은닉'에 해당하고, 갑의 상속인들이 을 소유 부동산의 경매절차에서 배당받을 배당금지급채권은 강제집행면탈죄의 객체인 '재산'에 해당하므로 강제집행면탈죄가 성립한다.[9)]

---

6) 대판 2015. 3. 26. 2014도14909.
7) 대판 2009. 5. 14. 2007도2168.
8) 대판 2001. 11. 27. 2001도4759.
9) 대판 2011. 7. 28. 2011도6115. 구체적인 사실관계는 다음과 같다.
갑은 을에 대한 3억 1,000만 원의 약속어음 공정증서에 기하여 을 소유의 부동산에 강제경매신청을 하여 강제경매개시결정을 받은 후 사망하였다. 갑의 상속인으로는 갑A(갑의 처), 갑B, 갑C, 갑D 등이 있다. 갑의 채권자인 피해자 병은 채무자를 갑, 제3채무자를 대한민국으로 하여, 채무자가 제3채무자에 대하여 가지는 위 경매사건의 배당금채권 중 103,333,333원에 달하기까지 채권에 대하여 가압류결정을 받았다. 갑의 채권자들과 갑A가 선임한 변호사 사이에 '위 경매절차의 배당금에서 비용 등을 공제한 금액 중 피해자 정이 24%, 피해자 무와 병이 21%, 위 변호사가 21%를 지급받는다'는 내용의 각서가 작성되었다. 갑A, 갑B, 갑C, 갑D 등은 법원으로부터 한정승인신고수리 심판을 받았는

지하 4층, 지상 12층으로 건축허가를 받아 지상 8층까지 골조공사가 완료된 채 중단된 시공 중의 건물에 관하여 강제집행을 면탈하려고 건축주를 A에서 B로 변경

A 주식회사 대표이사 등인 피고인들이 공모하여 회사 채권자들의 강제집행을 면탈할 목적으로 A가 시공 중인 건물에 관한 건축주 명의를 A에서 B 주식회사로 변경하였다는 내용으로 기소된 사안에서, 위 건물은 지하 4층, 지상 12층으로 건축허가를 받았으나 피고인들이 건축주 명의를 변경한 당시에는 지상 8층까지 골조공사가 완료된 채 공사가 중단되었던 사정에 비추어 민사집행법상 강제집행이나 보전처분의 대상이 될 수 있다고 단정하기 어려운데도, 이에 관하여 심리·판단하지 아니한 채 위 건물이 강제집행면탈죄의 객체가 될 수 있다고 본 것은 잘못이라고 한 사례.10)

다. 행 위

강제집행면탈행위는 재산을 은닉, 손괴, 허위양도 또는 허위의 채무를 부담하는 것이다. 허위양도라 함은 실제로 양도의 진의가 없음에도 불구하고 표면상 양도의 형식을 취하여 재산의 소유명의를 변경시키는 것이고, 은닉이라 함은 강제집행을 실시하는 자로 하여금 채무자의 재산을 발견하는 것을 불능 또는 곤란하게 만드는 것을 말하는바, 그와 같은 행위로 인하여 채권자를 해할 위험이 있으면 강제집행면탈죄가 성립하고 반드시 현실적으로 채권자를 해하는 결과가 야기되어야만 강제집행면탈죄가 성립하는 것은 아니다.11)

(1) 은 닉

금전등록기의 사업자 이름을 'A 주식회사 대표이사 갑'에서 '을'로 변경

강제집행면탈죄에 있어서의 재산의 '은닉'이라 함은 강제집행을 실시하는 자에 대하여 재산의 발견을 불능 또는 곤란케 하는 것을 말하는 것으로서, 재산의 소재를 불명케 하는 경우는 물론 그 소유관계를 불명하게 하는 경우도 포함하나, 재산의 소유관계를 불명하게 하는 데 반드시 공부상의 소유자 명의를 변경하거나 폐업 신고 후 다른 사람 명의로 새로 사업자 등록을 할 것까지 요하는 것은 아니고, 강제집행면탈죄의 성립에

데, 그 한정승인신고에 첨부된 상속재산목록에 "갑의 재산상속을 함에 있어 적극재산을 3억 1,000만 원의 약속어음 채권으로 하고, 소극재산을 피해자 정에 대한 1억 5,500만 원의 약정금채무, 피해자 무에 대한 103,333,000원의 약정금채무, 기에 대한 1억 5,500만 원의 약정금채무로 한다."고 기재되어 있다. 2009. 2. 24. 위 경매절차에서 이 사건 경매부동산이 매각되었고, 2009. 3. 3.자로 최고가매각허가결정이 내려졌는데 피고인, 갑A, 을은, 을이 갑의 상속인인 갑A 및 갑E 등 자녀 4명에게 갑에 대한 채무를 완제하지 않았음에도 불구하고 마치 완제한 것처럼 허위의 채무완제확인서를 작성하여 법원에 제출하는 방법으로 매각허가결정된 이 사건 경매부동산의 경매를 취소시키기로 공모한 다음, 피고인 등은 2009. 4. 1. 위 약속어음 공정증서에 기한 채권은 모두 완제되었다는 내용의 갑A 외 4인의 연명으로 된 채무완제확인서를 첨부하여 을을 원고, 갑A 외 4인을 피고로 하는 청구이의의 소를 제기하고, 이를 근거로 이 사건 경매절차의 정지를 구하는 강제집행정지신청을 하고, 2009. 7. 1. 법원으로부터 위 약속어음 공정증서에 기한 강제집행을 불허한다는 취지의 판결이 선고되어 그 무렵 확정되었으며, 피고인 등은 2009. 8. 7. 위 판결을 근거로 경매취소신청을 하여 이 사건 경매절차가 종료되었다.

10) 대판 2014. 10. 27. 2014도9442.

11) 대판 2001. 11. 27. 2001도4759.

있어서는 채권자가 현실적으로 실제로 손해를 입을 것을 요하는 것이 아니라 채권자가 손해를 입을 위험성만 있으면 족하다.

피고인이 ○○주식회사 명의로 엘지슈퍼를 경영하다가 위 연쇄점 내에 있는 물건들에 관한 소유관계를 불명하게 하여 강제 집행을 저지하려는 의도로 위 연쇄점에서 사용하는 금전등록기의 사업자 이름을 위 회사 대표이사 갑에서 피고인의 형인 을로 변경하였고, 그로 인하여 위 회사에 대한 집행력 있는 공정증서정본의 소지자인 피해자가 유체동산가압류 집행을 하려 하였으나 집행위임을 받은 집행관이 금전등록기의 사업자 이름이 집행채무자의 이름과 다르다는 이유로 그 집행을 거부함으로써 결국 가압류 집행이 이루어지지 않은 때에는 비록 사업자등록의 사업자 명의는 실제로 변경되지 않았다 하더라도, 피고인의 위와 같은 행위로 인해 위 연쇄점 내의 물건들에 관한 소유관계가 불명하게 되었고 그로 인해 피해자가 손해를 입을 위험이 야기되었다 할 것이므로 강제집행면탈죄가 성립한다.[12)]

강제집행을 면하기 위하여 사업자등록 명의를 ① 피고인의 숙모 갑에서 피고인의 처 을로 또는 ② 피고인이 운영하는 A 회사에서 을로 변경

강제집행면탈죄에 있어서의 재산의 '은닉'이라 함은 강제집행을 실시하는 자에 대하여 재산의 발견을 불능 또는 곤란케 하는 것을 말하는 것으로서, 재산의 소재를 불명케 하는 경우는 물론 그 소유관계를 불명하게 하는 경우도 포함하나, 채무자가 제3자 명의로 되어 있던 사업자등록을 또 다른 제3자 명의로 변경하였다는 사정만으로는 그 변경이 채권자의 입장에서 볼 때 사업장 내 유체동산에 관한 소유관계를 종전보다 더 불명하게 하여 채권자에게 손해를 입게 할 위험성을 야기한다고 단정할 수 없다.

1. 피고인이 피해자의 강제집행을 면탈할 목적으로 '○○○편의점'에 관한 사업자등록이 피고인의 숙모인 갑 명의로 되어 있던 것을 폐업신고를 한 후 피고인의 처 을 명의로 새로 사업자등록을 한 사안에서, 위와 같이 사업자등록 명의를 변경한 것만으로는 위 편의점에 있던 유체동산의 소유관계가 더 불분명하게 되었다고 볼 수 없다.
2. 이 사건 식당은 개업 당시부터 피고인이 운영하는 A 회사 명의로 사업자등록이 된 사실, 피해자는 2007. 8. 30. 피고인을 상대로 약정금 등 청구소송을 제기하여 2010. 6. 9. 피고인은 피해자에게 2억원과 이에 대한 지연손해금을 지급하라는 내용의 판결을 선고받았고 위 판결이 2010. 10. 4. 확정된 사실, 피고인은 2010. 4. 30. 위 식당에 관하여 을 명의로 추가로 사업자등록을 한 후 2010. 6. 30. A 명의의 사업자등록에 관하여 폐업신고를 한 사실이 인정된다. 피고인이 이 사건 식당에 관한 사업자등록 명의를 A에서 위 을로 변경하였다고 하더라도 이들이 제3자의 지위에 있는 이상 피해자가 위 식당에 있는 유체동산이 피고인의 소유임을 입증하여 강제집행에 나아갈 수 있음은 달라진 것이 없다. 한편 피고인이 검찰에서 피고인 자신과 A를 동일시하는 취지의 진술을 하였다고 하여도 피해자가 피고인에 대한 채무명의에 기해 바로 A가 점유하는 동산을 집행할 수 있는 것은 아니므로 피고인의 위와 같은 사업자 명의의 변경이 피해자의 입장에서 볼 때 위 유체동산의 소유관계를 종전보다 더 불분명하게 하는 등의 결과를 초래하였다고 단정할 수 없고, 피해자가 이 사건 식당의 사업자등록이 을 명의로 되어 있어서 그 내부 유체동산에 대하여 압류집행이 이루어지지 못하였다는 사정만으로 이와 달리 볼 것도 아니다.[13)]

12) 대판 2003. 10. 9. 2003도3387.
13) 대판 2014. 6. 12. 2012도2732.

담보가등기권자가 채무자와 공모하여 대물변제의 가등기인 양 본등기를 경료함으로써 가등기 후의 가압류등기 등을 말소케 함

강제집행면탈의 한 행위유형인 '재산의 은닉'이라 함은 재산의 소유관계를 불명하게 하는 행위를 포함하는 것으로서, 피고인이 자신의 채권담보의 목적으로 채무자 소유의 선박들에 관하여 가등기를 경료하여 두었다가 채무자와 공모하여 위 선박들을 가압류한 다른 채권자들의 강제집행을 불가능하게 할 목적으로 정확한 청산절차도 거치지 않은 채 의제자백판결을 통하여 선순위 가등기권자인 피고인 앞으로 본등기를 경료함과 동시에 가등기 이후에 경료된 가압류등기 등을 모두 직권말소하게 하였음은 소유관계를 불명하게 하는 방법에 의한 '재산의 은닉'에 해당한다.[14)]

채무자가 압류된 재산이 모의 소유라고 주장하면서 모 명의로 제3자이의의 소를 제기

강제집행면탈죄에 있어서 재산의 은닉이라 함은 재산의 소유관계를 불명케 하는 행위도 포함하는 것이므로, 채권자에 의하여 압류된 채무자 소유의 유체동산을 채무자의 모 소유인 것으로 사칭하면서 모의 명의로 제3자이의의 소를 제기하고, 집행정지결정을 받아 그 집행을 저지하였다면 이는 재산을 은닉한 경우에 해당한다.[15)]

---

14) 대판 2000. 7. 28. 98도4558. 구체적인 내용은 다음과 같다.
피고인은 ○○회사의 대표이사 갑과 공모하여, 위 회사가 경영악화로 곧 부도처리될 것이 예상되자 채권자들의 강제집행에 대한 대비책을 강구하던 중 자신이 위 회사에 대하여 그 동안 1억 5천만 원의 채권을 갖고 있음을 기화로 1996. 7. 31. 위 회사가 부도나자 다음날인 같은 해 8월 1일자로 위 회사 소유의 선박 9척에 대하여 매매예약을 원인으로 한 소유권이전등기청구권가등기를 하여 두었는데, 그 후 위 회사의 채권자인 주식회사 한국외환은행 등 7명이 같은 달 10일부터 같은 해 9월 2일까지 합계 금 34억 원의 채권을 근거로 위 선박 9척 중 4척(라마 8호, 9호, 10호, 11호 선박 등)을 가압류하고, 1996. 9. 18. 갑이 선박운영자금이 없어 을에게 위 선박 4척을 보증금 8억 원, 임차기간 1996. 9. 18.부터 1998. 9. 17.까지의 조건으로 대여하여 을이 위 선박을 운영하면서 수익을 얻고 있자, 위 가등기는 어디까지나 담보목적의 가등기일 뿐이고 소위 대물변제를 예약하는 가등기는 아니었음에도 대물변제의 가등기임을 내세워 본등기를 경료하면 위 가압류 및 선박임차권등기가 전부 말소되는 점을 이용하여 위 선박 4척을 자신의 명의로 가등기에 기한 본등기를 경료하여 강제집행을 면탈하기로 마음먹고, 1997. 9. 3. 위 회사를 상대로 한 위 선박들에 대한 위 가등기에 기한 본등기소송인 부산지방법원 97가합15541호에서 위 회사의 불출석으로 의제자백에 의한 승소판결을 얻자 이에 기하여 같은 해 10월 9일 그 정을 모르는 성명불상의 등기과 직원으로 하여금 위 라마 8호, 9호, 10호, 11호 선박에 대하여 위 가등기에 기한 소유권이전등기를 경료케 한 다음 위 가압류 및 선박임차권등기를 말소하고 이어서 진정한 소유권자로 행세하여 위 선박 4척에 대한 소유관계를 불분명하게 하였다.
다음은 같은 취지이다.
부동산의 1번 가등기권자와 제3취득자 갑이 채무자인 부동산 소유자의 이익을 위하여 후순위 채권자들에 의한 강제집행을 막고자 갑이 그 부동산을 매수하고 그 매매대금의 일부로 그 부동산의 가등기권자에 대한 채무를 변제하되 일단 가등기권자 명의로의 소유권이전의 본등기를 경료하여 다른 채권자들의 가압류 및 강제경매의 기입등기를 직권말소케 하는 일련의 등기절차를 거치기로 상호 간에 사전에 협의, 공모하였다면, 가등기권자는 채무자의 강제집행면탈죄에 가담하였다 할 것이므로 설사 가등기권자 자기의 채권담보의 실행책으로 소유권이전의 본등기를 하고 또 갑이 정당한 가격으로 그 부동산을 매수하였다 할지라도 채무자의 강제집행면탈죄의 공범으로서의 죄책을 면할 수 없다.
강제집행면탈죄에 있어서 재산의 "은닉" 이라 함은 재산의 소유관계를 불명케 하는 행위도 포함하는 것이므로 부동산의 선순위 가등기권자와 그 부동산 소유자가 사전모의하여 그 부동산에 관한 다른 채권자의 강제집행을 면할 목적으로 선순위 가등기권자 앞으로 소유권이전의 본등기를 한 경우도 재산의 은닉에 해당한다(대판 1983. 5. 10. 82도1987).
15) 대판 1992. 12. 8. 92도1653.

피고인이 회사의 어음 채권자들의 가압류 등을 피하기 위하여 회사의 예금계좌에 입금된 회사 자금을 인출하여 제3자 명의의 다른 계좌로 송금하였다면 강제집행면탈죄를 구성하는 것이고, 피고인이 부도처분 방지 차원에서 회사의 어음 채권자들과의 합의 하에 채권금액 중 일부만 변제하고 나머지에 대하여는 새로운 어음을 발행하는 등 이른바 어음 되막기 용도의 자금 조성을 위하여 위와 같은 행위를 하였다고 하더라도, 이러한 사정만으로는 피고인의 강제집행면탈 행위가 정당행위에 해당한다고 볼 수 없다.[16]

(2) 허위양도

피고인이 그 소유의 미등기건물에 대하여 이미 피해자와 사이에 대물변제계약을 체결하였음에도 불구하고, 갑에 대해 1,000만 원의 차용금채무를 부담하고 있어서 이에 대한 담보로 위 건물에 대해 갑과 사이에 대물변제계약을 체결한 사안에서,
강제집행면탈죄에 있어서의 허위양도라 함은 진실한 양도가 아님에도 불구하고 표면상 진실한 양도인 것처럼 가장하여 재산의 명의를 변경하는 것을 말하므로 진실한 양도라면 그것이 강제집행을 면탈할 목적으로 된 것으로서 채권자를 해할 우려가 있는 행위라고 할지라도 위 허위양도에는 해당하지 않는다.[17]

부도를 예상하고 강제집행면탈과 동시에 횡령할 목적으로 회사 자금을 갑의 계좌로 입금

A 회사가 조만간 최종부도에 이를 것으로 예상하여, 그 강제집행을 면탈함과 동시에 A의 재산을 횡령할 목적으로, 경리직원 등에게 지시하여 A의 자금 1,080,595,170원을 대표이사의 가수금반제로 변칙회계처리한 다음 갑 명의의 차명계좌를 개설하여 이를 입금함으로써 은닉한 사안에서,
횡령죄의 구성요건으로서의 횡령행위란 불법영득의 의사, 즉 타인의 재물을 보관하는 자가 자기 또는 제3자의 이익을 꾀할 목적으로 위탁의 취지에 반하여 권한 없이 그 재물을 자기의 소유인 것처럼 사실상 또는 법률상 처분하려는 의사를 실현하는 행위를 말하고, 강제집행면탈죄에 있어서 은닉이라 함은 강제집행을 면탈할 목적으로 강제집행을 실시하는 자로 하여금 채무자의 재산을 발견하는 것을 불능 또는 곤란하게 만드는 것을 말하는 것으로서 진의에 의하여 재산을 양도하였다면 설령 그것이 강제집행을 면탈할 목적으로 이루어진 것으로서 채권자의 불이익을 초래하는 결과가 되었다고 하더라도 강제집행면탈죄의 허위양도 또는 은닉에는 해당하지 아니한다 할 것이며, 이와 같은 양죄의 구성요건 및 강제집행면탈죄에 있어 은닉의 개념에 비

---

16) 대판 2005. 10. 13. 2005도4522.

17) 대판 1983. 9. 27. 83도1869. 다음은 같은 취지이다.
진의에 의하여 재산을 양도하였다면 설령 그것이 강제집행을 면탈할 목적으로 이루어진 것으로서 채권자의 불이익을 초래하는 결과가 되었다고 하더라도 강제집행면탈죄의 허위양도 또는 은닉에는 해당하지 않는다(대판 2000. 9. 8. 2000도1447; 대판 2007. 11. 30. 2006도7329).
채무변제를 독촉받고 진의에 의하여 재산을 양도
피고인은 1984. 4. 21. A조합으로부터 채무금을 상환하라고 독촉하는 취지의 내용증명을 받은 사실, 한편 피고인은 그 이전에 갑 등에 대한 부채 때문에 피고인 소유인 이 사건 부동산을 위 독촉을 받기 전에 갑에게 매도한 후 소유권이전등기를 하지 아니한 채 자신이 계속 소작을 해오다가 같은 해 4. 28 갑 앞으로 소유권이전등기를 경료해 주었으나, 피고인이 갑에게 매도의 진의가 있었던 이상 강제집행면탈죄의 허위양도라고 볼 수 없고 달리 위 양도가 허위양도임을 인정할 자료가 없다면 강제집행면탈죄가 성립하지 않는다(대판 1986. 8. 19. 86도1191).

추어 보면 타인의 재물을 보관하는 자가 보관하고 있는 재물을 영득할 의사로 은닉하였다면 이는 횡령죄를 구성하는 것이고 채권자들의 강제집행을 면탈하는 결과를 가져온다 하여 이와 별도로 강제집행면탈죄를 구성하는 것은 아니다.[18]

명의수탁자 갑의 채권자로부터 강제집행이 예상되자 명의신탁을 해지하고 을에게 명의를 수탁하면서 갑과 을 사이의 매매를 원인으로 소유권이전등기

교회의 목사인 피고인과 갑의 공동명의로 신탁된 교회소유의 대지가 갑의 사업실패로 그 채권자들로부터 강제집행의 우려가 있자 교회건축위원회에서 피고인과 갑에 대한 명의신탁을 해지한 후 다른 재직회 임원인 을 등 5명 앞으로 명의신탁하기로 결정하고 이에 따라 매매를 원인으로 하여 경료된 소유권이전등기는 신탁자의 신탁재산에 대한 정당한 권리행사이고 강제집행면탈죄의 구성요건인 허위양도에 해당하지 아니한다.[19]

(3) 허위의 채무부담

이혼을 요구하는 처로부터 재산분할청구권에 근거한 가압류 등 강제집행을 받을 우려가 있는 상태에서 남편이 이를 면탈할 목적으로 허위의 채무를 부담하고 소유권이전청구권보전가등기를 경료한 경우, 강제집행면탈죄가 성립한다고 한 사례.[20]

재단법인에 대한 허위의 채권을 양도하여 그 양수인에게 재단법인 재산을 소유권이전

재단법인의 이사장인 피고인 1이 강제집행을 면탈할 목적으로 재단법인에 대하여 채권을 가지는 양 가장하여 이를 피고인 2에게 양도함으로써 재단법인으로 하여금 허위의 채무를 부담케 하고 이를 담보한다는 구실하에 재단법인소유 토지를 피고인 2 명의로 가등기 및 본 등기를 경료케 하였다면 강제집행면탈죄를 구성한다.[21]

조건부채권을 담보하기 위한 근저당권설정등기

피고인이 장래에 발생할 특정의 조건부채권을 담보하기 위한 방편으로 부동산에 대하여 근저당권을 설정한 것이라면, 특별한 사정이 없는 한 이는 장래 발생할 진실한 채무를 담보하기 위한 것으로서, 피고인의 위 행위를 가리켜 강제집행면탈죄 소정의 '허위의 채무를 부담'하는 경우에 해당한다고 할 수 없다.[22]

18) 대판 2000. 9. 8. 2000도1447.
19) 대판 1983. 7. 26. 82도1524.
20) 대판 2008. 6. 26. 2008도3184.
21) 대판 1982. 12. 14. 80도2403.
22) 대판 1996. 10. 25. 96도1531.

채무자가 가압류집행해제를 신청하여 가압류채권자로서의 지위를 상실

강제집행면탈죄의 객체는 채무자의 재산 중에서 채권자가 민사집행법상 강제집행 또는 보전처분의 대상으로 삼을 수 있는 것만을 의미하므로, '보전처분 단계에서의 가압류채권자의 지위' 자체는 원칙적으로 민사집행법상 강제집행 또는 보전처분의 대상이 될 수 없어 강제집행면탈죄의 객체에 해당한다고 볼 수 없고, 이는 가압류채무자가 가압류해방금을 공탁한 경우에도 마찬가지이다.

채무자가 가압류채권자의 지위에 있으면서 가압류집행해제를 신청함으로써 그 지위를 상실하는 행위는 형법 제327조에서 정한 '은닉, 손괴, 허위양도 또는 허위채무부담' 등 강제집행면탈행위의 어느 유형에도 포함되지 않는 것이므로, 이러한 행위를 처벌대상으로 삼을 수 없다.[23]

---

23) 대판 2008. 9. 11. 2006도8721. 구체적인 판시는 다음과 같다.

을과 병은 피고인의 채권자이고, 피고인은 갑의 채권자이며, 갑은 국가에 대해 급여채권을 가지고 있다(즉 채권관계는 을과 병 ← 피고인 ← 갑 ← 국가). 피고인이 갑에 대한 채권을 피보전권리로 하여 갑의 국가에 대한 급여채권을 가압류하자, 갑이 가압류해방금을 공탁하였다. (공탁된 가압류해방금에 대해서는 갑이 회수청구권을 가진다. 따라서 가압류해방금을 공탁하면 피고인의 위 가압류는 갑의 위 가압류해방공탁금회수청구권에 대하여 미치고, 위 급여채권에 대한 가압류집행은 취소된다) 그런데 을과 병은 갑이 가압류해방금을 공탁한 것을 피고인을 피공탁자로 한 변제공탁 또는 집행공탁을 한 것으로 잘못 알고(이러한 변제공탁 내지 집행공탁의 경우에는 피고인이 공탁금출급청구권을 가짐) 채무자를 피고인, 제3채무자를 대한민국, 가압류대상채권을 피고인이 피공탁자로서 가지는 공탁금출급청구권으로 하여 가압류를 하거나, 압류명령 및 추심명령을 받았다. 그런데 그 후 피고인의 신청에 의해 가압류집행이 해제되고, 갑은 공탁한 가압류해방금 전액을 반환받았다.

- 피고인이 갑의 가압류해방공탁금 회수청구권에 대한 가압류채권자로서의 지위를 가지는 상태에서 가압류집행해제를 신청하여 갑으로 하여금 공탁금을 회수하도록 한 것을, 강제집행면탈죄의 객체에 해당하는 재산을 처분한 것이라거나 형법 제327조가 정한 강제집행면탈행위를 한 것이라고 볼 수는 없다.
- 더구나, 갑과 을이 한 가압류와 이를 기초로 한 채권압류 및 추심명령은 (해방공탁금회수청구권자는 피고인이 아니라 갑이기 때문에) 모두 그 대상채권이 원래부터 존재하지 않아 효력이 없는 것임이 명백하므로 위와 같은 판단에 영향을 미칠 수 없다.

다음은 같은 취지이다.

전부명령 송달 후 피전부채권이 전부명령 송달 전에 변제로 소멸된 것처럼 허위 영수증발행하였으나, 이후 전부금청구소송에서 피전부채권이 조건성취로 소멸

피고인이 1979. 8. 20. 아버지(갑) 명의로 을로부터 식당의 집기류를 매수하면서 위 집기류가 피해자에 의하여 처분금지가처분이 되어 있던 관계로 그 대금 250만 원은 을이 2개월 내에 위 가처분을 해제하여 인도하면 이를 지급하고 그 기간 내에 해제하지 못 할 경우에는 위 대금채권은 소멸한다고 약정하였다. 그런데 같은 해 8. 29. 피해자가 을에 대한 집행권원에 기하여 갑을 상대로 위 대금채권에 대한 압류 및 전부명령을 받고 그 명령이 같은 달 30. 제3채무자인 을에게 송달되자 피고인과 을은 공모하여 같은 해 9. 5. 위 채권이 위 전부명령송달 이전에 전액 지급된 양 허위의 영수증을 발행하였다. 그 뒤 피해자가 갑을 상대로 한 전부금청구소송에서는 을이 위 집기류에 대한 가처분을 해제하지 아니한 채로 약정기간 2월이 경과됨으로써 앞서 본 허위영수증과는 관계없이 소멸된 사안에서,

집행할 채권이 조건부 채권이라 하여도 그 채권자는 이를 피보전권리로 하여 보전처분을 함에는 법률상 아무런 장해도 없다 할 것이니 이와 같은 보전처분을 면할 목적으로 형법 제327조 소정의 행위를 한 이상 강제집행면탈죄는 성립되며 그 후 그 조건의 불성취로 채권이 소멸되었다 하여도 일단 성립한 범죄에는 영향을 미칠 수 없다.

채권자가 채무자에 대한 집행권원에 기하여 제3채무자에 대한 매매잔대금채권에 관하여 압류 및 전부명령을 받고 그 명령이 제3채무자에게 송달되자 피고인이 채무자와 공모하여 위 잔대금이 전부명령 송달 전에 전액 지급된 양 허위영수증을 발행한 경우 피고인이 채무자로부터 허위영수증을 수취한 것이 제3채무자에 대한 전부명령의 송달로 위 잔대금채권에 대한 집행이 완료된 후라면 이로써는 동채권에 대한 채권자의 강제집행을 방해하였다고는 볼 수 없고 또 위 영수증의 발행 및 그 수취행위는 제3채무자의 재산에 대한 형법 제327조 소정의 어느 행위에도 해당되지 않는다 할 것이므로 강제집행면탈죄는 성립되지 아니한다(대판 1984. 6. 12. 82도1544).

라. 강제집행을 받을 객관적 상태

강제집행면탈죄는 강제집행을 당할 구체적인 위험이 있는 상태에서 재산을 은닉, 손괴, 허위양도 또는 허위의 채무를 부담하여 채권자를 해할 때 성립된다 할 것이고 여기서 집행을 당할 구체적인 위험이 있는 상태란 채권자가 이행청구의 소 또는 그 보전을 위한 가압류, 가처분신청을 제기하거나 제기할 기세를 보인 경우를 말한다.

피고인의 아버지인 망 갑이 피해자로부터 돈을 빌리면서 그들 사이에 갑이 그 돈을 갚지 아니할 때에는 그 소유의 이 사건 미등기건물을 피해자가 마음대로 처분하여 채권에 충당하기로 약정하였는데 갑이 사망한 다음 그 상속인인 피고인과 피해자 사이에 피고인이 갑의 채무를 변제하기로 약정을 하고 이에 따라 두 차례쯤 이자를 지급해 오다가 이 사건 미등기건물에 대하여 그 처남인 을에게 매도함에 있어서 재산세과세대상에 그 소유자 명의를 을 앞으로 변경한 사실과 그 때까지도 피해자가 피고인으로부터 위와 같이 이자를 받아가면서 그변제기일까지 그 원리금의 변제를 부탁한 사실이 있을 뿐 그 이행의 소송이나 그 채권의 보전을 위하여 가압류나 가처분신청을 준비한 사실이 없었다면, 강제집행을 당할 구체적인 위험이 있는 상태에 있었다고 볼 수 없다.[24)]

등록세 등을 횡령하여 국가 또는 지방자치단체에 손해배상채무를 진 자가 담보가등기경료

현실적으로 강제집행을 받을 우려가 있는 상태에서 강제집행을 면탈할 목적으로 허위의 채무를 부담하였다면 달리 특별한 사정이 없는 한 채권자를 해할 위험이 발생하였다고 봄이 상당하다.

피고인은 1994. 10. 10.경부터 같은 해 11. 16.까지 실시된 감사원의 부천시 산하 위 구청에 대한 감사 과정에서 위와 같이 등록세 등을 횡령한 사실이 적발되어 같은 해 11. 14.에는 그 횡령사실에 대한 확인서까지 작성·제출하였는데, 위 감사가 종료될 무렵을 전후하여 그 상급자인 위 구청 세무과장으로부터 횡령액을 변상하지 않으면 어차피 나라에서 환수조치를 할 것이니 빨리 변상조치를 하라고 권유 겸 독촉을 받는 한편 같은 해 11. 16. 갑으로부터 지방자치단체나 국가의 가압류조치 등에 대비하여 을(피고인의 처), 병 등은 이미 그들 소유 부동산에 가등기를 경료해 두었다는 이야기를 듣자 자신도 그 소유의 아파트에 대하여 채무담보조로 그러한 것처럼 다른 사람 앞으로 가등기를 경료해 두기로 마음먹고, 그 날 을을 정에게 부탁, 그의 명의로 가등기를 경료하는 데에 대하여 승낙을 받은 다음, 위 공소사실과 같이 차용증 2매를 작성, 그 무렵 정에게 교부하고, 가등기를 경료하였으며, 한편 부천시에서는 위 감사원의 감사 직후부터 횡령혐의자들의 보유재산 실태파악에 들어가 같은 해 11. 24.에는 피고인의 위 아파트에 대하여도 가압류신청을 하였음을 알 수 있는바, 이러한 사실관계에 비추어 보면, 피고인은 현실적으로 강제집행을 받을 우려가 있는 상태에서 강제집행을 면탈할 목적으로 허위의 채무를 부담하였다 할 것이고, 따라서 달리 특별한 사정이 없는 한 피고인의 위와 같은 행위로 인하여 이 사건 세금횡령의 피해자로서 손해배상채권자인 지방자치단체나 국가를 해할 위험은 발생하였다고 봄이 상당하다.[25)]

---

24) 대판 1986. 10. 28. 86도1553. 같은 취지로 대판 1971. 4. 20. 71도319; 대판 1979. 9. 11. 79도436; 대판 1981. 6. 23. 81도588; 대판 1999. 2. 9. 96도3141.

25) 대판 1996. 1. 26. 95도2526.

강제집행면탈죄는 채권자가 채권확보를 위하여 소송을 제기할 듯한 기세를 보이자 채무자가 강제집행을 면할 목적으로 자기소유재산을 타인에게 허위양도한 경우에 성립하는 것으로 구체적으로 강제집행이 사실상 일어나고 있었음을 요하는 것은 아니다.[26)]

---

26) 대판 1973. 10. 31. 73도384. 다음은 같은 취지이다.
채권자의 담보권 실행을 위한 경매절차에서 경매목적물인 부동산의 감정가액이 그 피담보채무액을 훨씬 상회하였고, 위 담보권 실행을 위한 경매절차가 진행된 결과 실제로 경매목적물이 낙찰되어 경매비용을 제하고 채권자가 배당받고도 나머지가 있어서 후순위 근저당권자까지 배당받았으며, 채무자가 은닉한 동산(난배양병)에 대해서는 채권자가 경매신청을 할 계획이 없었다 하더라도 객관적으로 보아 채무자가 당시 현실적으로 그 일반재산에 대하여 민사소송법에 의한 강제집행이나 가압류집행 등을 당할 우려가 있는 객관적인 상태에 있었다고 인정한 사례(대판 1998. 9. 8. 98도1949).
원심의 판단: 피고인이 강제집행을 면탈할 목적으로, 실제로는 매도한 사실이 없음에도 피고인 소유의 아파트는 1995. 7. 28. 갑에게, 피고인 경영의 공장 부지 및 건물은 같은 달 29. 피고인의 처남인 을에게 각 매매를 원인으로 한 소유권이전등기를 경료하여 줌으로써 허위양도하였다는 강제집행면탈의 점에 대하여 피고인의 채권자들이 피고인으로부터 물품대금으로 지급받아 소지하고 있던 약속어음들의 지급기일은 모두 위 각 소유권이전등기 이후일 뿐만 아니라, 위 채권자들이 위 각 등기를 전후하여 어음금 등 청구소송을 제기하거나 가압류, 가처분을 신청하려는 기세에 있었다고 볼 아무런 자료가 없으므로, 위 각 등기 당시 피고인이 강제집행을 면탈할 상태에 있었다고 할 수 없고, 이는 피고인 발행의 약속어음들이 같은 달 28.부터 부도가 나기 시작하였다고 하더라도 마찬가지이다.
대법원의 판단: 피고인은 위와 같이 그 발행의 약속어음이 부도가 났으나 그 이후에도 위 공장을 계속 경영하려는 마음을 먹고 그 부지 및 건물에 대한 근저당권자인 주식회사 동남은행으로부터 근저당권을 곧바로 실행하지 않겠다는 양해를 받은 다음, 다른 금융기관이나 일반 채권자들로부터의 가압류 등을 면탈하려는 목적으로 위 공장 등을 각 허위양도한 사실, 위 부도 당시 피고인은 위 각 부동산 외에 다른 재산이 없었는데 피고인의 총 채무액은 위 각 부동산의 가액 합계를 훨씬 초과하는 18억 원 정도에 이르고, 한편 부도가 난 약속어음 외에도 피고인이 물품대금의 지급을 위하여 발행한 약속어음들이 다수 있었던 사실을 알 수 있는바, 위와 같이 약속어음이 부도가 난 이상 특별한 사정이 없는 한 피고인 발행의 다른 약속어음들도 만기에 지급거절이 될 것이 예상되어 그 소지인들이 만기 전이라고 할지라도 소구가 가능할 뿐만 아니라, 통상 약속어음의 부도는 그 발행인의 신용상태가 파탄상태에 이른 것이 객관적으로 확인되는 의미가 있어 위와 같은 정도의 채무초과상태라면 변제기가 도래하지 아니한 피고인의 다른 일반 채권자들도 채권확보에 나설 것이 예상되는 점과 실제로 채권자 중 1인인 병이 위 각 등기 후에 바로 피고인을 상대로 한 유체동산가압류결정을 받아 1995. 9. 5. 그 집행을 시도한 사실이 기록상 인정되는 점 등에 비추어 보면 위 각 등기 당시에 피고인의 채권자들은 가압류신청 등을 제기할 기세를 보이고 있는 상태였다고 인정함이 상당하다 할 것이고, 따라서 피고인은 현실적으로 강제집행을 당할 구체적인 위험이 있는 상태에서 강제집행을 면탈할 목적으로 재산을 허위양도하였다고 할 것이니, 달리 특별한 사정이 없는 한 피고인의 위와 같은 행위는 강제집행면탈죄를 구성한다고 보아야 할 것이다(대판 1999. 2. 9. 96도3141).
원심의 판단: 피고인(망 갑의 동생)이 1976. 9. 20. 갑 소유이던 공장 1동에 대한 매매계약을 체결하고 같은 해 10. 4. 피고인 앞으로 그 소유권이전등기를 마친 사실, 갑과 함께 같은 차에 승차하고 있다가 교통사고로 상처를 입은 피해자의 아버지인 을은 갑의 유족측에게 피해자의 치료비로 60만 원을 청구하여 그중 40만 원을 지급받고 그 나머지의 지급을 요구하고 있던 중 같은 해 8. 17. 피해자가 사망하게 되고, 같은 달 말경 위 사고가 피해자의 운전과실로 인한 것이 아니라는 사실을 수소문하여 알아내고 같은 해 9. 24. 위 사고는 갑의 운전과실로 인한 것이라는 내용을 진정하여 재수사된 결과, 같은 해 11. 5. 통보를 받고 피고인측에 손해배상을 청구한 사실을 인정할 수 있으므로 위 부동산의 매매계약 체결 및 소유권이전 당시는 다만 피해자의 운전과실로 인한 사고임을 전제로 사용자와 피용자의 관계에 기하여 치료비 보상문제로 다투고 있었을 뿐 이건 사고가 갑의 사고라고 인정되어 있지도 않았고, 피해자 측이 피고인 측을 상대로 법적 절차를 취하기 위한 준비를 하고 있었던 것도 아니어서 현실적으로 강제집행을 받을 위험이 있는 객관적 상태에 있다고 볼 수 없어 강제집행면탈죄가 성립될 수 없다.
대법원의 판단: 위 사고의 피해자 측에서 피고인 앞으로 이건 부동산에 대한 소유권이전등기를 넘기기 이전인 1976. 8.말경 위 사고가 갑의 운전상 과실에 기인한 것임을 수소문해서 알아내고 같은 해 9. 24. 위와 같은 사실을 관계기

국세징수법에 의한 체납처분

형법 제327조의 강제집행면탈죄가 적용되는 강제집행은 민사집행법의 적용대상인 강제집행 또는 가압류·가처분 등의 집행을 가리키는 것이므로, 국세징수법에 의한 체납처분을 면탈할 목적으로 재산을 은닉하는 등의 행위는 위 죄의 규율대상에 포함되지 않는다.[27)]

무효인 소유권이전등기에 대한 말소등기집행을 면탈하려고 허위의 가등기에 기한 본등기경료

이 사건 토지는 A교회가 B법인에 명의신탁한 부동산이고, 위 토지에 관한 제1, 2차 매매계약은 모두 허위여서 그에 기초한 C와 피고인 1 명의의 각 소유권이전등기는 원인무효이므로, A교회는 위 토지에 관한 명의신탁계약을 해지하고 B법인을 대위하여 C와 피고인 1에게 위 각 소유권이전등기의 말소를 청구할 권리를 가지는데, 피고인들이 공모하여 위 토지에 관하여 피고인 2 명의로 허위의 가등기를 마쳐 두었다가, A교회가 위 토지의 소유권을 되찾기 위하여 처분금지가처분을 하자 그 집행을 면탈할 목적으로 본등기를 한 사안에서,

강제집행면탈죄에서의 강제집행에는 광의의 강제집행인 의사의 진술에 갈음하는 판결의 강제집행도 포함되고, 강제집행면탈죄의 성립요건으로서의 채권자의 권리와 행위의 객체인 재산은 국가의 강제집행권이 발동될 수 있으면 충분하므로 강제집행면탈죄가 성립한다.[28)]

마. 채권자를 해할 위험의 발생

채권자의 채권이 존재하는 경우에도 채무자의 재산은닉 등 행위 시를 기준으로 채무자에게 채권자의 집행을 확보하기에 충분한 다른 재산이 있었다면 채권자를 해하였거나 해할 우려가 있다고 쉽사리 단정할 것이 아니다.

피고인이 자신을 상대로 사실혼관계해소 청구소송을 제기한 갑에 대한 채무를 면탈하려고 피고인 명의 아파트를 담보로 10억 원을 대출받아 그 중 8억 원을 타인 명의 계좌로 입금하여 은닉하였다고 하여 강제집행면탈죄로 기소된 사안에서, 피고인의 재산은닉 행위 당시 갑의 재산분할청구권은 존재하였다고 보기 어렵고, 가사사건 제1심판결에 근거하여 위자료 4,000만 원의 채권이 존재한다는 사실이 증명되었다고 볼 여지가

관에 진정까지 하게 된 사실과, 기록에 나타난 피해자의 유족측에서는 갑의 유족측에게 위 사고가 갑의 운전과실에 기인된 것이라는 이유로 위 치료비의 지급을 구하였으나 갑의 유족측에서는 이를 거절하여 그 요구에 응하지 아니하여서 청와대에 위와 같이 진정을 하는 사태에까지 이르게 된 사정 및 한편 위 사고가 갑의 운전과실에 의하여 야기된 것임을 엿볼 수도 있는데, 위와 같은 모든 사실관계에서는 피고인이 위 부동산에 대한 매매계약을 체결하였다고 하는 당시에 기히 피해자 측으로서는 그들이 요구하는 위 치료비의 지급이 순조롭게 이행되지 아니할 경우에는 그 지급을 받기 위하여 곧 강제집행절차를 취할 것도 불사할 사정이 있었다고 함이 상당하다고 할 것인바, 과연 그렇다면 피고인이 그 명의로 위 부동산에 대한 소유권이전등기를 경료하기 위하여 위 매매계약을 체결하였다는 당시의 상황은 현실적으로 강제집행을 면탈한 목적이 실현될 수 있는 객관적인 상태에 있었다고 봄이 상당하다 할 것이다(대판 1979. 4. 10. 78도2370).

27) 대판 2012. 4. 26. 2010도5693.

28) 대판 2015. 9. 15. 2015도9883. 다음은 같은 취지이다.
강제집행면탈죄에서 말하는 강제집행이란 소위 광의의 강제집행인 소유권이전등기절차 이행청구의 소의 제기도 포함된다(대판 1983. 10. 25. 82도808).

있었을 뿐이므로, 피고인에게 위자료채권액을 훨씬 상회하는 다른 재산이 있었던 이상 강제집행면탈죄는 성립하지 않는다.[29]

채무자에게 약간의 다른 재산이 있음

강제집행면탈죄는 채권자를 해할 위험이 있으면 성립하는 것이고, 반드시 채권자를 해하는 결과가 야기되거나 행위자가 어떤 이득을 취하여야 범죄가 성립하는 것은 아니며, 현실적으로 강제집행을 받을 우려가 있는 상태에서 강제집행을 면탈할 목적으로 허위채무를 부담하는 등의 행위를 하는 경우에는 달리 특별한 사정이 없는 한 채권자를 해할 위험이 있다고 보아야 할 것이고, 채무자에게 약간의 다른 재산이 있다 하여 채권자를 해할 우려가 없다고 할 수 없다.[30]

허위양도한 부동산의 피담보채무가 그 시가보다 많음

강제집행면탈죄는 이른바 위태범으로서 강제집행을 당할 구체적인 위험이 있는 상태에서 재산을 은닉, 손괴, 허위양도 또는 허위의 채무를 부담하면 바로 성립하는 것이고, 반드시 채권자를 해하는 결과가 야기되거나 이로 인하여 행위자가 어떤 이득을 취하여야 범죄가 성립하는 것은 아니며, 허위양도한 부동산의 시가액보다 그 부동산에 의하여 담보된 채무액이 더 많다고 하여 그 허위양도로 인하여 채권자를 해할 위험이 없다고 할 수 없다.[31]

29) 대판 2011. 9. 8. 2011도5165.

30) 대판 2008. 4. 24. 2007도4585. 구체적인 내용은 다음과 같다.

원심의 판단: 2005. 6. 중순경을 기준으로 한 피고인 소유 판시 로데오타운의 시가는 4,318,000,000원이고, 로데오타운에 설정된 근저당권의 채권최고액은 3,486,000,000원이나 피담보채무는 2,490,000,000원이며, 로데오타운의 시가에서 로데오타운에 설정된 근저당권의 피담보채무와 피고인이 허위로 부담한 전세보증금반환채무 600,000,000원을 각 공제하면 1,228,000,000원(로데오타운 시가 4,318,000,000원 − 근저당권의 피담보채무 2,490,000,000원 − 허위채무 600,000,000원)이 남는데, 이는 공사대금채권자가 피고인을 강제집행면탈죄로 고소하면서 공사대금채권액이라고 주장한 716,300,000원을 훨씬 상회하는 금액이며, 결국 피고인이 허위채무를 부담할 당시 피고인에게는 공사대금채권자의 집행을 확보해 줄 수 있는 충분한 재산이 있었으므로 공사대금채권자를 해할 위험성은 없었다.

대법원의 판단: 이 사건 로데오타운 상가의 시가는 고정적인 것이 아니고 강제집행이 되는 경우 오히려 상당한 가격하락이 있을 수 있고 근저당권의 채권최고액이 높음에 비추어 그 피담보채권의 액수 또한 증가할 여지도 있으며, 기록에 의하면 피고인에게는 일부 진정한 임차인들에 대한 임대보증금반환채무도 1억 9천만 원이나 있음이 인정되는 점(원심은 이 부분을 계산에서 누락하였다) 등의 사정을 종합하여 보면, 원심이 채권자를 해할 위험이 없다고 판단함에 전제한 위 계산방법은 피고인의 재산상황에 대해 경험칙상 쉽게 예측할 수 있는 장래의 변화 가능성을 모두 도외시한 것일 뿐 아니라 재산 파악에도 오류가 있어, 이를 가지고 피고인의 이 사건 허위채무 부담이 채권자를 해할 위험이 없다고 보기에는 심히 근거가 부족하다고 할 것이고, 가사 채무를 공제한 뒤에 피고인에게 약간의 재산이 남을 수 있다고 예측된다 하더라도 그러한 사유만으로 위 허위채무 부담이 채권자를 해할 위험이 없다고 볼 수는 없을 것이다.

다음은 같은 취지이다.

피고인이 강제집행을 면할 목적으로 허위채무를 부담하고 근저당권설정등기를 경료하여 줌으로써 채권자를 해하였다고 인정된다면 설혹 피고인이 그 근저당권이 설정된 부동산외에 약간의 다른 재산이 있더라도 강제집행면탈죄가 성립된다(대판 1990. 3. 23. 89도2506).

31) 대판 1999. 2. 12. 98도2474. 다음은 같은 취지이다.

건물명도청구를 면하려고 허위채무를 부담하고 건물에 매매예약을 원인으로 하는 가등기설정 후 위 가등기말소소송에서 명의신탁이라고 부당항쟁

채무자가 피해자로부터 돈을 빌어쓰고, 그 원리금을 변제하지 못하면 채무자 소유의 건물 1동(미등기건물)을 피해자에게 명도하여 주기로 하는 제소전화해를 하고 그 기한 내에 그 원리금을 변제하지 못하여 피해자들이 위 제소전화해조서에 기한 강제집행을 할 기세를 보이자 채무자가 피고인과 공모하여 위 강제집행을 면탈할 목적으로 채무자가 피고인에게 채무가 있는 양 가장하고 위 허위채무를 담보한다는 구실 하에 위 건물에 관하여 피고인 명의로 매매예약을 원인으로 한 가등기를 경료하고, 피해자로부터 말소소송이 제기되자 피고인은 이를 불교재산으로 명의신탁받은 것이라는 취지의 부당쟁송을 한 사안에서,
이 사건에서 현실적으로 강제집행이 있을 것이 예상되는 권리는 피해자의 위 건물에 대한 명도청구권으로서 채무자가 허위의 금전채무를 부담하였다하여, 명도청구권의 집행에 어떠한 장애가 된다고는 할 수 없고, 또 피고인 명의로 경료된 가등기는 본등기를 위한 순위보전의 효력밖에 없는 것이므로 가등기가 경료되었다는 것만으로는 피해자의 위 건물에 대한 명도청구권에 기한 강제집행을 불능케 하는 사유에 해당한다고는 할 수 없고 또 그 후 위 가등기말소청구소송에서 피고인이 항쟁을 하였다하여 위 가등기가 강제집행에 장애사유가 되었다고는 할 수 없는 것이므로, 위 허위채무 부담과 가등기경료사실등 만으로는 강제집행면탈죄는 성립되지 않는다 할 것이다.[32]

건물철거 및 토지인도청구를 면하려고 허위채무를 부담하고 건물에 근저당권설정등기

채권자의 채권이 금전채권이 아니라 토지 소유자로서 그 지상 건물의 소유자에 대하여 가지는 건물철거 및 토지인도청구권인 경우라면, 채무자인 건물 소유자가 제3자에게 허위의 금전채무를 부담하면서 이를 피담보채무로 하여 건물에 관하여 근저당권설정등기를 경료하였다는 것만으로는 직접적으로 토지 소유자의 건물철거 및 토지인도청구권에 기한 강제집행을 불능케 하는 사유에 해당한다고 할 수 없으므로 건물 소유자에게 강제집행면탈죄가 성립한다고 할 수 없고, 이는 건물 소유자가 토지 임차인으로서 임대인인 토지 소유자에 대하여 민법 제643조의 건물매수청구권을 행사함으로써 건물 소유자와 토지 소유자 사이에 건물에 관한 매매관계가 성립하여 토지 소유자가 건물 소유자에 대하여 건물에 관한 소유권이전등기 및 명도청구권을 가지게 된 후에 건물 소유자가 제3자에게 허위의 금전채무를 부담하면서 이를 피담보채무로 하여 건물에 관하여 근저당권설정등기를 경료한 경우에도 마찬가지이다.[33]

강제집행면탈죄는 이른바 위태범으로서 강제집행을 당할 구체적인 위험이 있는 상태에서 재산을 은닉, 손괴, 허위양도 또는 허위의 채무를 부담하면 바로 성립하는 것이고, 반드시 채권자를 해하는 결과가 야기되거나 이로 인하여 행위자가 어떤 이득을 취하여야 범죄가 성립하는 것은 아니며, 은닉한 부동산의 시가액보다 그 부동산에 의하여 담보된 채무액이 더 많다고 하여 그 은닉으로 인하여 채권자를 해할 위험이 없다고 할 수 없다고 할 것이며, 채권자의 채권이 그의 채권자들에 의하여 압류당한 상태라도 피고인의 이 사건 건물의 허위양도로 인하여 채권자의 피고인에 대한 채권의 만족에 지장을 초래할 위험이 없다고 할 수 없다(대판 2008. 5. 8. 2008도198).

32) 대판 1984. 2. 14. 83도708.

33) 대판 2008. 6. 12. 2008도2279.

바. 가등기

피고인이 타인에게 채무를 부담하고 있는 양 가장하는 방편으로 피고인 소유의 부동산들에 관하여 소유권이전청구권보전을 위한 가등기를 경료하여 주었다 하더라도 그와 같은 가등기는 원래 순위보전의 효력밖에 없는 것이므로 그와 같이 각 가등기를 경료한 사실만으로는 피고인이 강제집행을 면탈할 목적으로 허위채무를 부담하여 채권자를 해한 것이라고 할 수 없다.[34)]

허위로 갑 명의의 담보가등기 경료 후 을 명의로 가등기이전 및 본등기경료

채무자가 자신의 부동산에 갑 명의로 허위의 금전채권에 기한 담보가등기를 설정하고 이를 을에게 양도하여 을명의의 본등기를 경료하게 한 사안에서, 갑 명의 담보가등기 설정행위로 강제집행면탈죄가 성립한다고 하여 그 후 을 명의로 이루어진 가등기 양도 및 본등기 경료행위가 불가벌적 사후행위가 되는 것은 아니라고 한 사례.

피고인은 허위의 금전채권에 기하여 이를 담보하는 양 이 사건 소유권이전등기청구권 보전을 위한 가등기를 갑 명의로 설정한 다음 이를 을에게 양도해 주고, 을로 하여금 본등기를 경료하게 함으로써 이 사건 건물이 허위로 양도되게 한 경우, 위와 같은 담보가등기 설정행위를 강제집행면탈 행위로 본다고 하더라도, 그 가등기를 양도하여 본등기를 경료하게 함으로써 소유권을 상실케 하는 행위는 면탈의 방법과 법익침해의 정도가 훨씬 중하다는 점을 고려할 때 이를 불가벌적 사후행위로 볼 수는 없다고 할 것이다.[35)]

해설: 채무자가 경료한 가등기가 위 판례에서와 같이 채권의 담보를 위한 경우에는 채권자를 해할 수 있으므로 강제집행면탈죄가 성립할 수 있지만, 채무자가 소유권이전청구권보전을 위한 가등기를 경료한 때에는 그 가등기는 순위보전의 효력밖에 없는 것이므로 채권자를 해한 것이라고 할 수 없다.[36)]

사. 위험발생의 시기 및 기수

허위의 채무를 부담하는 내용의 채무변제계약 공정증서를 작성한 후 이에 기하여 채권압류 및 추심명령을 받은 때에, 강제집행면탈죄가 성립함과 동시에 그 범죄행위가 종료되어 공소시효가 진행한다고 한 사례.[37)]

채무자가 저축은행에 대한 급여 등 채권을 허위양도하고 양도통지 후 확정일자를 받음

강제집행면탈죄는 위태범으로서, 민사소송법에 의한 강제집행 또는 가압류·가처분의 집행을 받을 우려가 있는 객관적인 상태에서, 즉 채권자가 본안 또는 보전소송을 제기하거나 제기할 태세를 보이고 있는 상태에서 주관적으로 강제집행을 면탈하려는 목적으로 재산을 은닉, 손괴 또는 허위양도하거나 허위의 채무를 부담하여 채권자를 해할 위험이 있으면 성립하는 것이고, 반드시 채권자를 해하는 결과가 야기되거나 행위자가 어

34) 대판 1987. 8. 18. 87도1260.
35) 대판 2008. 5. 8. 2008도198.
36) 대판 1987. 8. 18. 87도1260.
37) 대판 2009. 5. 28. 2009도875.

떤 이득을 취하여야 범죄가 성립하는 것은 아니다. 한편 강제집행면탈죄는 채권자의 권리 실현의 이익을 보호법익으로 하는데, 강제집행 면탈의 목적으로 채무자가 그의 제3채무자에 대한 채권을 허위로 양도한 경우에 제3채무자에게 채권 양도의 통지가 행하여짐으로써 통상 제3채무자가 채권 귀속의 변동을 인식할 수 있게 된 시점에서는 채권 실현의 이익이 해하여질 위험이 실제로 발현되었다고 할 것이므로, 늦어도 그 통지가 있는 때에는 그 범죄행위가 종료하여 그때부터 공소시효가 진행된다고 볼 것이다.

피고인 1이 피고인 2에게 자신의 급여 및 퇴직금에 관한 채권을 양도한다는 허위의 채권양도양수계약서를 작성한 후 2007. 6. 20.부터 같은 달 25일까지 사이에 그 채무자인 스카이상호저축은행의 경영관리부 부장에게 위와 같이 채권을 양도한다는 내용의 양도통지서를 교부한 경우, 이 사건에서 늦어도 위와 같이 채권양도통지서가 위 부장에게 교부된 2007. 6. 20.부터 같은 달 25일까지 사이에는 그 범죄행위가 종료되어 그 때로부터 공소시효가 진행되고, 후에 채권양도통지서에 확정일자를 받은 2007. 7. 10.부터 공소시효가 진행된다고 할 것이 아니다.[38]

사실관계

- 2008. 9. 19.경 갑이 피고인에 대한 대여금채권 등을 피보전권리로 하여 피고인을 채무자, 을을 제3채무자로 하는 채권가압류 신청을 하였다.
- 위 가압류 신청이 인용되어 2008. 10. 1. 을에게 그 가압류결정이 송달되었다.
- 2008. 10. 1.경 피고인이 강제집행을 면탈할 목적으로, 사실은 처제인 병에 대한 채무가 없음에도 불구하고, 마치 피고인의 채권자인 병에게 피고인의 채무자인 을 등에 대한 채권을 양도하는 것처럼 가장한 채권양도계약서를 작성하였다.
- 2008. 11. 7.경 피고인이 위와 같은 채권양도사실을 을에게 통지하였다.

원심의 판단: 채권자는 피고인을 상대로 대여금 청구소송을 제기하면서 피고인의 을에 대한 채권에 관하여 가압류를 신청하고 그 가압류 신청이 인용되어 2008. 10. 1. 을에게 위 가압류결정이 송달되었고, 한편 피고인은 2008. 10. 1.경 처제인 병과 사이에 피고인의 을에 대한 2억 7,000만 원의 채권을 양도하기로 하는 내용의 채권양도계약서를 작성하고, 2008. 11. 7.경 을에게 위 양도통지를 하였는바, 병이 피고인으로부터 피고인의 을에 대한 채권을 양수받았다 하더라도 가압류채권자인 갑의 법률상 지위에 어떠한 영향을 미칠 수 없어 위 채권양도로 인하여 피해자의 채권가압류에 기한 강제집행이 방해되었다고 볼 수 없으므로 위 채권양도행위는 강제집행면탈죄에 해당하지 아니한다.

대법원의 판단: 강제집행면탈죄는 위태범으로서 현실적으로 민사소송법에 의한 강제집행 또는 가압류·가처분의 집행을 받을 우려가 있는 객관적인 상태 아래, 즉 채권자가 본안 또는 보전소송을 제기하거나 제기할 태세를 보이고 있는 상태에서 주관적으로 강제집행을 면탈하려는 목적으로 재산을 은닉, 손괴, 허위양도하거나 허위의 채무를 부담하여 채권자를 해할 위험이 있으면 성립하는 것이고, 반드시 채권자를 해하는 결과가 야기되거나 행위자가 어떤 이득을 취하여야 범죄가 성립하는 것은 아니다.

이 사건 가압류결정 정본이 송달된 날짜와 피고인이 이 사건 채권을 양도한 날짜가 동일하다면, 위에서 본 법리[39]에 비추어 보면 이 사건 가압류결정 정본이 제3채무자인 을에게 송달되기 전에 피고인이 이 사건 채

38) 대판 2011. 10. 13. 2011도6855.

39) 다음 판례를 인용하고 있다.

권을 허위로 양도하였다면 피고인의 이러한 행위는 강제집행면탈죄에 해당한다. 그렇다면 원심으로서는 이 사건 가압류결정 정본과 피고인의 채권양도 행위의 선후를 따져 피고인에 대하여 강제집행면탈죄가 성립하는지 여부를 판단하였어야 할 것이다.[40)]

해설: 갑이 피고인의 을에 대한 채권에 대해 가압류를 신청한 사건에서 가압류결정이 송달된 날짜는 2008. 10. 1.이고, 피고인이 피고인의 을에 대한 채권을 병에게 양도하고 그 통지를 한 날짜는 2008. 11. 7.경이므로, 위 양도통지가 확정일자 있는 것이라고 하더라도, 가압류명령의 집행은 유효하고, 채권양도로써 위 가압류명령의 집행에 대항할 수 없다. 그렇지만, 강제집행면탈죄는 채권을 허위양도하는 등에 의해 채권자를 해할 위험이 있으면 성립하는 위태범이므로, 피고인이 병에게 피고인의 을에 대한 채권을 양도한 시점에서 이미 강제집행면탈죄는 성립하는 것이다. 다시 말하면 채권양도의 시점이 가압류결정 송달 이전이면 강제집행면탈죄가 성립하는 것이다. 따라서 가압류결정의 송달과 채권의 양도가 같은 날 이루어진 이 사건에서는 가압류결정 송달과 채권양도의 선후를 심리하여 강제집행면탈죄의 성립 여부를 따져야 한다.

가압류에는 처분금지적 효력이 있으므로 가압류 후에 목적물의 소유권을 취득한 제3취득자 또는 그 제3취득자에 대한 채권자는 그 소유권 또는 채권으로써 가압류권자에게 대항할 수 없다. 따라서 가압류 후에 목적물의 소유권을 취득한 제3취득자가 다른 사람에 대한 허위의 채무에 기하여 근저당권설정등기 등을 경료하더라도 이로써 가압류채권자의 법률상 지위에 어떤 영향을 미치지 않으므로, 강제집행면탈죄에 해당하지 아니한다.[41)]

아. 죄 수

채권자들에 의한 복수의 강제집행이 예상되는 경우 재산을 은닉 또는 허위양도함으로써 채권자들을 해하였다면 채권자별로 각각 강제집행면탈죄가 성립하고, 상호 상상적 경합범의 관계에 있다.[42)]

채권이 이중으로 양도된 경우의 양수인 상호간의 우열은 통지 또는 승낙에 붙여진 확정일자의 선후에 의하여 결정할 것이 아니라, 채권양도에 대한 채무자의 인식, 즉 확정일자 있는 양도통지가 채무자에게 도달한 일시 또는 확정일자 있는 승낙의 일시의 선후에 의하여 결정하여야 할 것이고, 이러한 법리는 채권양수인과 동일 채권에 대하여 가압류명령을 집행한 자 사이의 우열을 결정하는 경우에 있어서도 마찬가지이므로, 확정일자 있는 채권양도 통지와 가압류결정 정본의 제3채무자(채권양도의 경우는 채무자)에 대한 도달의 선후에 의하여 그 우열을 결정하여야 한다. 채권양도 통지, 가압류 또는 압류명령 등이 제3채무자에 동시에 송달되어 그들 상호간에 우열이 없는 경우에도 그 채권양수인, 가압류 또는 압류채권자는 모두 제3채무자에 대하여 완전한 대항력을 갖추었다고 할 것이므로, 그 전액에 대하여 채권양수금, 압류전부금 또는 추심금의 이행청구를 하고 적법하게 이를 변제받을 수 있고, 제3채무자로서는 이들 중 누구에게라도 그 채무 전액을 변제하면 다른 채권자에 대한 관계에서도 유효하게 면책되는 것이며, 만약 양수채권액과 가압류 또는 압류된 채권액의 합계액이 제3채무자에 대한 채권액을 초과할 때에는 그들 상호간에는 법률상의 지위가 대등하므로 공평의 원칙상 각 채권액에 안분하여 이를 내부적으로 다시 정산할 의무가 있다. 채권양도 통지와 채권가압류결정 정본이 같은 날 도달되었는데 그 선후관계에 대하여 달리 입증이 없으면 동시에 도달된 것으로 추정한다(대판 1994. 4. 26. 93다24223 전원합의체).

40) 대판 2012. 6. 28. 2012도3999.

41) 대판 2008. 5. 29. 2008도2476.

42) 대판 2011. 12. 8. 2010도4129.

자. 채권의 허위양도와 공소시효 기간점

강제집행 면탈의 목적으로 채무자가 제3채무자에 대한 채권을 허위로 양도한 경우, 강제집행면탈죄의 공소시효 기산점은 제3채무자에게 채권양도의 통지가 행해진 때이다.[43]

43) 대판 2011. 10. 13. 2011도6855.

제12절 재산범죄의 몇 가지 쟁점

Ⅰ. 불가벌적 사후행위

1. 절도죄와 불가벌적 사후행위

가. 불가벌적 사후행위 긍정례

열차승차권은 그 자체에 권리가 화체되어 있는 무기명증권이므로 이를 곧 사용하여 승차하거나 권면가액으로 양도할 수 있고 매입금액의 환불을 받을 수 있는 것으로서 열차승차권을 절취한 자가 환불을 받음에 있어 비록 기망행위가 수반한다 하더라도 절도죄 외에 따로 사기죄가 성립하지 아니한다.[1)]

금융기관발행의 자기앞수표는 그 액면금을 즉시 지급받을 수 있어 현금에 대신하는 기능을 하고 있으므로 절취한 자기앞수표를 현금 대신으로 교부한 행위는 절도행위에 대한 가벌적 평가에 당연히 포함되는 것으로 봄이 상당하다 할 것이므로 절취한 자기앞수표를 음식대금으로 교부하고 거스름돈을 환불받은 행위는 절도의 불가벌적 사후처분행위로서 사기죄가 되지 아니한다.[2)]

해설: 마찬가지로 절취한 자기앞수표를 현금으로 바꾸는 행위나,[3)] 절도범인으로부터 그 정을 알면서 자기앞수표를 교부받아 이를 음식대금으로 지급하고 거스름돈을 환불받은 행위는 사기죄가 되지 아니한다.[4)]

나. 불가벌적 사후행위 부정례

절취·갈취·강취한 예금통장을 이용하여 예금인출

예금통장과 인장을 절취·갈취·강취하고 예금 인출에 관한 사문서를 위조한 후 이를 행사함으로써 은행직원을 기망하여 진실한 명의인이 예금의 환급을 청구하는 것으로 오신케 하여 예금의 환급 명목으로 금원을 교부받으면 절도죄·공갈죄·강도죄 외에 별도로 사문서위조, 동행사 및 사기죄가 성립한다.[5)]

절취한 전당표로 전당물을 반환받음

피고인이 절취한 전당표를 갑에게 교부하면서 피고인의 누님 것이니 찾아 달라고 정당한 소지인인 것같이 거짓말을 하여 이를 믿은 갑이 전당포 종업원에게 위 전당표를 제시 기망하고 전당물인 금목걸이를 교부받

1) 대판 1975. 8. 29. 75도1996.
2) 대판 1987. 1. 20. 86도1728.
3) 대판 1982. 7. 27. 82도822.
4) 대판 1993. 11. 23. 93도213.
5) 대판 1974. 11. 26. 74도2817; 대판 1979. 10. 30. 79도489; 대판 1990. 7. 10. 90도1176.

아 편취하였다면 이는 새로운 법익을 침해하는 행위로서 사기죄에 해당한다.[6)]

절취장물을 담보로 하여 금원차용

절도범인이 그 절취한 장물을 자기 것인 양 담보로 제공하여 제3자를 기망함으로써 금원을 차용한 때에는 장물에 관하여 소비 또는 손괴하는 경우와는 달리 제3자에 대한 관계에 있어서는 새로운 법익의 침해가 있다고 할 것이므로 절도죄 외에 차용금편취의 사기죄가 성립된다.[7)]

절취한 신용카드의 부정사용

신용카드를 절취한 후 이를 사용한 경우 신용카드의 부정사용행위는 새로운 법익의 침해로 보아야 하고 그 법익침해가 절도범행보다 큰 것이 대부분이므로 위와 같은 부정사용행위가 절도범행의 불가벌적 사후행위가 되는 것은 아니다.[8)]

대마취급자가 아닌 자가 절취한 대마를 흡입할 목적으로 소지하는 행위는 절도죄의 보호법익과는 다른 새로운 법익을 침해하는 행위이므로 절도죄의 불가벌적 사후행위로서 절도죄에 포괄 흡수된다고 할 수 없고 절도죄 외에 별개의 죄를 구성한다고 할 것이며, 절도죄와 무허가대마소지죄는 경합범의 관계에 있다.[9)]

2. 사기죄와 불가벌적 사후행위

대표이사가 기망행위로 신주를 인수케 하고 납입받은 신주인수대금을 횡령

주식회사의 대표이사가 타인을 기망하여 회사가 발행하는 신주를 인수하게 한 다음 그로부터 납입받은 신주인수대금을 보관하던 중 횡령한 행위는 사기죄와는 전혀 다른 새로운 보호법익을 침해하는 행위로서 별죄를 구성한다.[10)]

---

6) 대판 1980. 10. 14. 80도2155.
7) 대판 1980. 11. 25. 80도2310.
8) 대판 1996. 7. 12. 96도1181.
9) 대판 1999. 4. 13. 98도3619.
10) 대판 2006. 10. 27. 2004도6503. 다음은 같은 취지이다.

대표이사가 상가를 기망적 방법으로 분양하여 회사에 귀속된 분양대금을 임의 사용

대표이사가 회사의 상가분양 사업을 수행하면서 수분양자들을 기망하여 편취한 분양대금은 회사의 소유로 귀속되는 것이므로, 대표이사가 그 분양대금을 횡령하는 것은 사기 범행이 침해한 것과는 다른 법익을 침해하는 것이어서 회사를 피해자로 하는 별도의 횡령죄가 성립된다(대판 2005. 4. 29. 2005도741).

대표이사 등이 회사의 대표기관으로서 피해자들을 기망하여 교부받은 금원은 그 회사에 귀속되는 것인데, 그 후 대표이사 등이 이를 보관하고 있으면서 횡령한 것이라면 이는 위 사기범행과는 침해법익을 달리하므로 횡령죄가 성립되는 것이고, 이를 단순한 불가벌적 사후행위로만 볼 수 없다(대판 1989. 10. 24. 89도1605).

사기 피해자가 사기의 대가로 취득한 것을 다시 편취하거나 이를 보관 중 횡령

사기죄에 있어서 피해자에게 그 대가가 지급된 경우, 피해자를 기망하여 그가 보유하고 있는 그 대가를 다시 편취하거나, 피해자로부터 그 대가를 위탁받아 보관 중 횡령하였다면, 이는 새로운 법익의 침해가 발생한 경우라고 할 것이어서, 기존에 성립한 사기죄와는 별도의 새로운 사기죄나 횡령죄가 성립한다고 보아야 할 것이다.[11)]

편취한 약속어음을 그 정을 모르는 제3자로부터 할인받음

편취한 약속어음을 그와 같은 사실을 모르는 제3자에게 편취사실을 숨기고 할인받는 행위는 당초의 어음 편취와는 별개의 새로운 법익을 침해하는 행위로서 기망행위와 할인금의 교부행위 사이에 상당인과관계가 있어 새로운 사기죄를 구성한다 할 것이고, 설령 그 약속어음을 취득한 제3자가 선의이고 약속어음의 발행인이나 배서인이 어음금을 지급할 의사와 능력이 있었다 하더라도 이러한 사정은 사기죄의 성립에 영향이 없다.[12)]

부동산에 근저당권을 설정해주겠다고 기망하여 금원 편취 후 타에 근저당권설정

부동산에 피해자 명의의 근저당권을 설정하여 줄 의사가 없음에도 피해자를 속이고 근저당권설정을 약정하여 금원을 편취한 경우라 할지라도, 이러한 약정은 사기 등을 이유로 취소되지 않는 한 여전히 유효하여 피해자 명의의 근저당권설정등기를 하여 줄 임무가 발생하는 것이고, 그럼에도 불구하고 임무에 위배하여 그 부동산에 관하여 제3자 명의로 근저당권설정등기를 마친 경우, 이러한 배임행위는 금원을 편취한 사기죄와는 전혀 다른 새로운 보호법익을 침해하는 행위로서 사기 범행의 불가벌적 사후행위가 되는 것이 아니라 별죄를 구성한다.[13)]

11) 대판 2009. 10. 29. 2009도7052. 구체적 사안은 다음과 같다.

㉮ A 주식회사(피해자)가 게임기 유통사업을 할 경우 높은 수익을 올릴 수 있을 것이라는 피고인들의 기망에 속아 B 주식회사를 인수하여 그 인수대금을 지급하고, 선급금을 지급하며, 근저당권을 설정하여 주었고(사기죄 성립),

㉯ 그 후 A가 B로부터 이 사건 선급금 및 이 사건 근저당권의 담보설정 한도 내에서 64억 원 상당의 게임기를 교부받았으며(피해자에게 대가가 지급됨),

㉰ 피고인들이 A가 B로부터 공급받은 위 게임기 등을 다시 C 주식회사에 공급하더라도 이를 정상적으로 판매하여 그 대금을 A에 지급할 의사가 없음에도 불구하고 그 대금을 정상적으로 지급할 것처럼 A의 경영진을 기망하여, A로 하여금 B로부터 공급받은 64억 원 상당의 게임기 가운데 47억 원 상당을 C에 다시 공급하도록 하였다면 C가 위 47억 원 상당의 게임기 등을 편취한 것이고,

㉱ A의 게임사업본부장으로 취임한 피고인 1이 피고인 2, 3과 공모하여 위 47억 원 상당의 게임기 등을 업무상 보관하던 중 임의로 이를 C에 공급·인도하였다면 이를 횡령한 것이다.

12) 대판 2005. 9. 30. 2005도5236.

13) 대판 2008. 3. 27. 2007도9328.

피해자로부터 편취한 약속어음을 피해자에 대한 채권변제에 충당

피고인이 당초부터 피해자를 기망하여 약속어음을 교부받은 경우에는 그 교부받은 즉시 사기죄가 성립하고 그 후 이를 피해자에 대한 피고인의 채권의 변제에 충당하였다 하더라도 불가벌적 사후행위가 됨에 그칠 뿐, 별도로 횡령죄를 구성하지 않는다.14)

참조 판례: 갑으로부터 할인의뢰받은 수표가 부도예상됨에도 을로부터 할인받아 임의소비

갑으로부터 수표의 할인을 의뢰받은 피고인이 사실은 위 수표가 부도가 예상됨에도 틀림 없이 결제될 것이라고 기망하여 을로부터 이를 할인받은 경우에, 피고인이 위 수표의 할인금을 보관하던 중 임의 소비한 것은, 사기범행의 피해자인 을과의 관계에 있어서는 사기죄의 불가벌적 사후행위이지만, 갑에 대한 관계에 있어서는 새로운 법익을 침해한 것으로 횡령죄가 성립한다.15)

무자력상태에서 금원을 차용하고 그 변제를 담보하기 위하여 채권을 양도하고도 양도통지를 하지 않은 채 채권을 추심하여 소비

사실관계: 피고인은 2009. 2. 12. 피해자로부터 2,610만 원을 빌리면서 담보 명목으로 피해자에게 갑에 대한 인테리어공사대금채권 중 3,000만 원을 피해자에게 양도하는 내용의 채권양도양수계약서를 작성하여 주었으나 갑에게 채권양도의 통지를 하지 않았다. 위 공사대금 채권은 공사금액이 5,630만 원으로 갑의 지위, 공사성격 등에 비추어 공사가 완료되면 공사대금을 지급받을 가능성이 높은 채권으로 보인다. 위 차용금의 변제기는 2009. 4. 11.인데, 실제로 피고인은 위 공사를 마치고 2009. 3.말경 갑으로부터 공사대금 지급 명목으로 액면 5,630만 원의 어음을 받아 이를 할인하여 사용하였다.

검사는 피고인이 ① 2009. 2. 12. 변제능력이 없는데도 변제하겠다고 거짓말하여 피해자로부터 2,610만 원을 편취하였다는 사기죄와 ② 위 금원차용에 대한 담보로 갑에 대한 공사대금 채권 5,630만 원 중 위 차용액에 해당하는 2,610만 원을 양도하였으므로 위 공사대금 채권을 추심하였으면 이를 피해자에게 전달하여야 하는데도, 2009. 3.말경 위 공사대금채권을 추심하여 그 중 2,610만 원을 임의 소비하였다는 횡령죄로 기소하였다.

판단: 먼저 피고인이 2009. 2. 12.자 차용 시 피해자 및 다른 채권자에 대하여 상당한 채무를 부담하고 있는 상황이었다 하더라도, 그 차용금에 대하여 담보로 제공한 위 공사대금 채권이 차용액에 상응하고 추심에 문제가 없는 것이었으며 위 공사대금 채권의 양도에 관한 피고인의 진정성이 인정되는 경우라면, 피고인에게 위 차용금에 대한 편취범의를 인정하기는 어려우므로 피고인에게 사기죄의 책임을 물을 수 없다. 다만 피고인은 위 공사대금 채권의 양도인의 지위에서 양수인인 피해자를 위하여 보관하여야 하는데도 추심한 채권을 임의로 소비한 행위에 대하여 횡령죄의 책임만 지게 될 것이다.

반면에 피고인이 피해자로부터 돈을 빌리기 위해 피해자가 요구하는 대로 차용금에 대한 담보 명목으로 위 공사대금 채권을 양도하는 형식만 갖추었을 뿐, 당초부터 위 공사대금 채권을 추심하여 빼돌릴 생각을 가지고 있었던 경우라면, 차용금 편취에 관한 사기죄는 성립하지만, 위 공사대금 채권을 양도한 후 공사대금을 수령하여 임의 소비한 행위는 금전 차용 후 담보로 제공한 양도채권을 추심받아 이를 빼돌리려는 사기범행의 실행행위에 포함된 것으로 봄이 상당하므로 사기죄와 별도로 횡령죄는 성립되지 않는다고 할 것이다.

14) 대판 1983. 4. 26. 82도3079.
15) 대판 1998. 4. 10. 97도3057.

외형상으로는 공소사실의 기초가 되는 피고인의 일련의 행위가 여러 개의 범죄에 해당되는 것 같지만 합쳐져서 하나의 사회적 사실관계를 구성하는 경우에 그에 대한 법률적 평가는 하나밖에 성립되지 않는 관계, 즉 일방의 범죄가 성립되는 때에는 타방의 범죄는 성립할 수 없고, 일방의 범죄가 무죄로 될 경우에만 타방의 범죄가 성립할 수 있는 비양립적인 관계가 있을 수 있다.
이 사건에서 2009. 2. 12.자 2,610만 원 차용금 편취의 점과 위 차용 시 담보로 양도한 채권을 추심하여 임의 소비한 횡령의 점은 양도된 채권의 가치, 채권양도에 관한 피고인의 진정성 등의 사정에 따라 비양립적인 관계라 할 것이다. 따라서 원심으로서는 양도된 채권의 가치, 채권양도에 관한 피고인의 진정성 등의 사정을 심리하여 피고인이 위와 같이 피해자로부터 돈을 빌리면서 제3자에 대한 채권을 담보로 제공한 후 그 채권을 추심하여 임의 소비한 일련의 행위가 사기죄와 횡령죄 중 어느 죄에 해당하는지를 가렸어야 할 것이다.[16)]

해설: ① 사기죄에 관하여 — 금원의 차용이 사기죄에 해당하는지의 여부는 그 차용금을 변제할 능력과 의사가 있느냐에 따라 좌우되고, 변제할 능력과 의사의 판별은 피고인의 적극재산과 소극재산을 비교하는 방식에 의하는 것이 통상적이다. 그런데 피고인의 소극재산이 적극재산을 초과하더라도, 피고인이 차용금의 변제에 관하여 확실한 담보를 제공한 경우에는 변제할 능력과 의사가 존재하므로 사기죄가 성립할 수 없다. 위 사건에서 변제능력과 의사가 있는지를 판단할 수 있을 정도로 피고인의 적극재산과 소극재산이 명확히 드러나 있는 것은 아니다. 또한 피고인이 담보로 제공한 공사대금채권은 추심에 문제가 없지만, 피고인이 위 공사대금채권을 피해자에게 양도한 다음 이에 관하여 채권양도의 통지 등으로 대항요건을 갖추어줄 의사가 있었는지는 명확하지 않다. 따라서 사기죄가 성립하는지는, 대법원이 판시한 것처럼, 피고인에게 위 공사대금채권을 진정하게 양도할 의사가 있었는지에 따라 좌우된다.
② 횡령죄에 관하여 — 횡령죄가 성립하기 위하여는 피고인이 보관하는 재물이 피해자의 소유이어야 한다. 이 사건에서 피고인은 제3자에 대한 공사대금채권 중 차용액에 상당하는 부분을, 그 차용금의 변제를 담보하기 위하여 피해자에게 양도하는 방식을 취하였다. 따라서 만약 피고인이 위 차용금을 변제하였다면, 차용금의 변제를 담보할 필요는 더 이상 존재하지 않으므로 피고인이 양도한 공사대금채권을 추심하더라도 횡령죄가 성립하지는 않는다.[17)] 그런데 피고인이 차용금을 변제하기 이전에 이 사건에서와 같이 어음을 할인받아 그 할인금(할인금이 5,300만 원이라고 가정한다) 중 2,000만 원을 사용하였더라도 특별한 사정이 없는 한 이를 횡령이라고 할 수는 없다. 왜냐하면 5,300만원 중 피해자의 돈 2,610만 원을 제외한 나머지 2,690만원은 피고인의 소유이기 때문이다. 그러므로 피고인은 추심한 5,300만원 중 피고인이 소유라고 할 수 있는 2,690만원을 초과하여 사용한 금원에 대해 횡령죄의 책임을 진다.
③ 사기죄와 불가벌적사후행위 — 양도한 채권을 추심하여 임의 사용하는 것이 사기죄의 불가벌적 사후행위인지에 관하여 판례들이 일관되지 못한 것으로 생각된다.

---

16) 대판 2011. 5. 13. 2011도1442.

17) 위 차용금의 변제기는 2009. 4. 11.이고, 실제로 피고인이 공사를 마치고 갑으로부터 공사대금채권 변제 명목으로 어음을 교부받은 것은 2009. 3.말경이다. 그렇다면 차용금의 변제기인 2009. 4. 11.까지는 피고인이 위 어음을 교부받고 이를 할인하여 그 할인금을 임의 사용할 수 있다고 볼 여지가 있다. 왜냐하면 피고인이 갑에 대한 공사대금채권을 양도한 것은 위 차용금의 변제를 담보하기 위한 것에 불과할 뿐 그 변제에 갈음하기 위한 것은 아니기 때문이다. 그러나 피고인이 위 공사대금채권을 양도한 이유가 위 차용금의 변제를 담보하기 위한 것에 불과하고, 위 차용금의 변제기가 도래하지 않았다 하더라도 위 공사대금채권을 양도한 피고인으로서는 이를 보관하고 있다가, 차용금이 변제되지 아니하는 때에는, 위 공사대금채권이 실질적으로 피해자에게 귀속되게 할 의무가 있다할 것이므로 이에 이르지 아니한 채 공사대금채권을 추심하여 임의 사용한 것은 횡령죄에 해당한다고 볼 것이다.

3. 공갈죄와 불가벌적 사후행위

예금통장과 인장을 갈취한 후 예금 인출에 관한 사문서를 위조한 후 이를 행사하여 예금을 인출한 행위는 공갈죄 외에 별도로 사문서위조, 동행사 및 사기죄가 성립한다.[18)]

4. 강도죄와 불가벌적 사후행위

강취한 은행예금통장을 이용하여 은행직원을 기망하여 예금환급 명목으로 금원을 편취하는 것은 강도죄와 별도의 사기죄를 구성한다.[19)]

5. 횡령죄와 불가벌적 사후행위

명의신탁받은 종중 소유 부동산에 저당권을 설정한 후 이를 타에 매각

[1] (가) 횡령죄는 다른 사람의 재물에 관한 소유권 등 본권을 보호법익으로 하고 법익침해의 위험이 있으면 침해의 결과가 발생되지 아니하더라도 성립하는 위험범이다. 그리고 일단 특정한 처분행위(이를 '선행 처분행위'라 한다)로 인하여 법익침해의 위험이 발생함으로써 횡령죄가 기수에 이른 후 종국적인 법익침해의 결과가 발생하기 전에 새로운 처분행위(이를 '후행 처분행위'라 한다)가 이루어졌을 때, 후행 처분행위가 선행 처분행위에 의하여 발생한 위험을 현실적인 법익침해로 완성하는 수단에 불과하거나 그 과정에서 당연히 예상될 수 있는 것으로서 새로운 위험을 추가하는 것이 아니라면 후행 처분행위에 의해 발생한 위험은 선행 처분행위에 의하여 이미 성립된 횡령죄에 의해 평가된 위험에 포함되는 것이므로 후행 처분행위는 이른바 불가벌적 사후행위에 해당한다. 그러나 후행 처분행위가 이를 넘어서서, 선행 처분행위로 예상할 수 없는 새로운 위험을 추가함으로써 법익침해에 대한 위험을 증가시키거나 선행 처분행위와는 무관한 방법으로 법익침해의 결과를 발생시키는 경우라면, 이는 선행 처분행위에 의하여 이미 성립된 횡령죄에 의해 평가된 위험의 범위를 벗어나는 것이므로 특별한 사정이 없는 한 별도로 횡령죄를 구성한다고 보아야 한다.
(나) 따라서 타인의 부동산을 보관 중인 자가 불법영득의사를 가지고 그 부동산에 근저당권설정등기를 경료함으로써 일단 횡령행위가 기수에 이르렀다 하더라도 그 후 같은 부동산에 별개의 근저당권을 설정하여 새로운 법익침해의 위험을 추가함으로써 법익침해의 위험을 증가시키거나 해당 부동산을 매각함으로써 기존의 근저당권과 관계없이 법익침해의 결과를 발생시켰다면, 이는 당초의 근저당권 실행을 위한 임의경매에 의한 매각 등 그 근저당권으로 인해 당연히 예상될 수 있는 범위를 넘어 새로운 법익침해의 위험을 추가시키거나 법익침해의 결과를 발생시킨 것이므로 특별한 사정이 없는 한 불가벌적 사후행위로 볼 수 없고, 별도로 횡령죄를 구성한다.

[2] 피해자 종중으로부터 종중 소유의 토지를 명의신탁받아 보관 중이던 갑이 자신의 개인 채무 변제에 사용할 돈을 차용하기 위해 위 토지에 근저당권을 설정하였는데, 그 후 갑, 을이 공모하여 위 토지를 병에게 매도한 사안에서, 피고인들이 토지를 매도한 행위가 별도의 횡령죄를 구성한다고 본 것은 정당하다.[20)]

18) 대판 1979. 10. 30. 79도489.
19) 대판 1990. 7. 10. 90도1176.
20) 대판 2013. 2. 21. 2010도10500 전원합의체.

해설: 대법원은 반대의견과 같이 후행 처분행위는 선행 처분행위의 불가벌적 사후행위라는 입장을 취하여 오다가 위 판결을 통해 견해를 변경하였다.[21] 가령 시가 1억 원인 부동산의 보관자가 이에 관하여 1차로 채권최고액 1,000만 원의 저당권설정등기를 경료하고 2차로 저당권설정등기를 경료하거나 위 부동산 자체를 매도하는 경우 대법원의 종래 견해에 의하면 2차 처분은 불가벌적 사후행위에 해당하지만, 위 판결에 의하면 2차 처분 역시 횡령죄에 해당한다.

명의신탁 부동산의 일부 수용 후 나머지의 반환거부

명의수탁자가 신탁 받은 부동산의 일부에 대한 토지수용보상금 중 일부를 소비하고, 이어 수용되지 않은 나머지 부동산 전체에 대한 반환을 거부한 경우, 부동산의 일부에 관하여 수령한 수용보상금 중 일부를 소비하였다고 하여 객관적으로 부동산 전체에 대한 불법영득의 의사를 외부에 발현시키는 행위가 있었다고 볼 수는 없으므로, 그 금원 횡령죄가 성립된 이후에 수용되지 않은 나머지 부동산 전체에 대한 반환을 거부한 것은 새로운 법익의 침해가 있는 것으로서 별개의 횡령죄가 성립하는 것이지 불가벌적 사후행위라 할 수 없다고 한 사례.[22]

공동상속인 중 1인이 보관 중인 임야를 반환거부하여 횡령 후 타에 저당권설정

망 갑의 사망으로 피고인과 피해자가 임야를 공동으로 상속받았으며, 피고인이 위 임야를 피해자를 위하여 보관하게 되었다.[23] 피고인은 피해자로부터 '임야를 처분하여 상속지분대로 분배를 하거나 상속지분 비율대로 소유권이전등기를 경료해 달라'는 요구를 받고도 그 반환을 거부하고 위 임야에 관하여 을 명의의 근저당권설정등기를 경료하였다.

위와 같이 공동상속인 중 1인인 피고인이 상속재산인 임야를 보관 중 다른 상속인으로부터 매도 후 분배 또는 소유권이전등기를 요구받고도 그 반환을 거부한 경우 이때 이미 횡령죄가 성립하고, 그 후 그 임야에 관하여 다시 제3자 앞으로 근저당권설정등기를 경료해 준 행위는 불가벌적 사후행위로서 별도의 횡령죄를 구성하지 않는다.[24]

미등기건물을 보관하는 자가 자신 명의로 보존등기 후 근저당권설정

미등기건물의 관리를 위임받아 보관하고 있는 자가 임의로 건물에 대하여 자신의 명의로 보존등기를 하거나 동시에 근저당권설정등기를 마치는 것은 객관적으로 불법영득의 의사를 외부에 발현시키는 행위로서 횡령죄

21) 다음은 위 판결에 의해 변경된 종래의 판결들 중 하나이다.
명의신탁 받아 보관 중이던 토지를 명의신탁자의 승낙 없이 제3자에게 근저당권설정등기를 경료해 준 경우 위 토지 전체에 대한 횡령죄가 성립하며, 그 후 다시 피해자의 승낙 없이 다른 사람에게 이를 매도하더라도 이는 소위 불가벌적 사후행위에 해당하는 횡령물의 처분행위로서 별개의 횡령죄를 구성하지 아니한다(대판 1999. 11. 26. 99도2651).

22) 대판 2001. 11. 27. 2000도3463.

23) 상속재산을 피고인이 피해자를 위하여 보관하게 된 경위는 판례에 나타나지 않는다.

24) 대판 2010. 2. 25. 2010도93.

에 해당하고, 피해자의 승낙 없이 건물을 자신의 명의로 보존등기를 한 때 이미 횡령죄는 완성되었다 할 것이므로, 횡령행위의 완성 후 근저당권설정등기를 한 행위는 피해자에 대한 새로운 법익의 침해를 수반하지 않는 불가벌적 사후행위이다.[25)]

6. 배임죄와 불가벌적 사후행위

개인 채무의 담보를 위해 회사 소유의 부동산에 저당권설정 후 다시 담보설정

배임죄는 재산상 이익을 객체로 하는 범죄이므로, 1인 회사의 주주가 자신의 개인채무를 담보하기 위하여 회사 소유의 부동산에 대하여 근저당권설정등기를 마쳐 주어 배임죄가 성립한 이후에 그 부동산에 대하여 새로운 담보권을 설정해 주는 행위는 선순위 근저당권의 담보가치를 공제한 나머지 담보가치 상당의 재산상 이익을 침해하는 행위로서 별도의 배임죄가 성립한다.[26)]

회사로 하여금 개인채무를 연대보증하게 한(배임) 후 회사자금으로 위 채무를 변제(횡령)

배임죄와 횡령죄의 구성요건적 차이에 비추어 보면, 회사에 대한 관계에서 타인의 사무를 처리하는 자가 임무에 위배하여 회사로 하여금 자신의 채무에 관하여 연대보증채무를 부담하게 한 다음, 회사의 금전을 보관하는 자의 지위에서 회사의 이익이 아닌 자신의 채무를 변제하려는 의사로 회사의 자금을 자기의 소유인 경우와 같이 임의로 인출한 후 개인채무의 변제에 사용한 행위는, 연대보증채무 부담으로 인한 배임죄와 다른 새로운 보호법익을 침해하는 것으로서 배임 범행의 불가벌적 사후행위가 되는 것이 아니라 별죄인 횡령죄를 구성한다고 보아야 하며, 횡령행위로 인출한 자금이 선행 임무위배행위로 인하여 회사가 부담하게 된 연대보증채무의 변제에 사용되었다 하더라도 달리 볼 것은 아니다.

갑 주식회사의 대표이사와 실질적 운영자인 피고인들이 공모하여, 자신들이 을에 대해 부담하는 개인채무 지급을 위하여 갑 회사로 하여금 약속어음을 공동발행하게 하고 위 채무에 대하여 연대보증하게 한 후에 갑 회사를 위하여 보관 중인 돈을 임의로 인출하여 을에게 지급하여 위 채무를 변제한 사안에서, 피고인들이 갑 회사의 돈을 보관하는 자의 지위에서 회사의 이익이 아니라 자신들의 채무를 변제하려는 의사로 회사 자금을 자기의 소유인 경우와 같이 임의로 인출한 후 개인채무의 변제에 사용한 행위는, 약속어음금채무와 연대보증채무 부담으로 인한 회사에 대한 배임죄와 다른 새로운 보호법익을 침해하는 것으로서 배임 범행의 불가벌적 사후행위가 되는 것이 아니라 별죄인 횡령죄를 구성한다.[27)]

피해자의 예금에 질권을 설정함으로써 배임 후 질권자로 하여금 예금인출케 함

피고인은 피해자 회사의 대표이사로서 자신의 채권자인 갑에게 차용금 60억 원에 대한 담보로 피해자 회사 명의의 정기예금 60억 원에 질권을 설정하여 줌으로써 피해자에 대한 배임죄가 성립하였으며, 이후 갑이 위

25) 대판 1993. 3. 9. 92도2999.

26) 대판 2005. 10. 28. 2005도4915.

27) 대판 2011. 4. 14. 2011도277.

차용금과 정기예금의 변제기가 모두 도래한 이후에 피고인의 동의 하에 위 정기예금 계좌에 입금되어 있던 60억 원을 전액 인출한 사안에서, 민법 제353조에 의하면, 질권자는 질권의 목적이 된 채권을 직접 청구할 수 있으므로, 피고인의 위와 같은 예금인출동의행위는 이미 배임행위로써 이루어진 질권설정행위의 사후조처에 불과하여 새로운 법익의 침해를 수반하지 않는 이른바 불가벌적 사후행위에 해당하고, 따라서 별도의 횡령죄를 구성하지 않는다.[28)]

7. 장물죄와 불가벌적 사후행위

금융기관 발행의 자기앞수표는 그 액면금을 즉시 지급받을 수 있는 점에서 현금에 대신하는 기능을 가지고 있어서 장물인 자기앞수표를 취득한 후 이를 현금 대신 교부한 행위는 장물취득에 대한 가벌적 평가에 당연히 포함되는 불가벌적 사후행위로서 별도의 범죄를 구성하지 아니한다.
절도범인으로부터 그 정을 알면서 자기앞수표를 교부받아 이를 음식대금으로 지급하고 거스름돈을 환불받은 행위는 사기죄에 해당하지 않는다.[29)]

절도범인으로부터 보관 의뢰받은 장물을 처분

절도범인으로부터 장물보관의뢰를 받은 자가 그 정을 알면서 이를 인도받아 보관하고 있다가 임의처분하였다 하여도 장물보관죄가 성립되는 때에는 이미 그 소유자의 소유물추구권을 침해하였으므로 그 후의 횡령행위는 불가벌적 사후행위에 불과하여 별도로 횡령죄가 성립하지 않는다.[30)]

장물인 고려청자 원앙형 향로의 매각을 의뢰받아 업무상과실로 보관한 자가 이를 임의처분한 경우 횡령은 업무상과실장물보관의 불가벌적 사후행위에 불과하다.[31)]

Ⅱ. 선순위 담보권의 존재와 취득한 재산의 가액

1. 부동산 가액의 산정

편취한 부동산의 가액산정

사기죄는 사람을 기망하여 재물의 교부를 받거나 재산상의 이익을 취득하거나 제3자로 하여금 재물의 교부

28) 대판 2012. 11. 29. 2012도10980.
29) 대판 1993. 11. 23. 93도213.
30) 대판 1976. 11. 23. 76도3067.
31) 대판 2004. 4. 9. 2003도8219. 같은 취지로는 대판 2004. 4. 9. 2003도8219.

를 받게 하거나 재산상의 이익을 취득하게 함으로써 성립하고, 그 교부받은 재물이나 재산상 이익의 가액이 얼마인지는 문제되지 아니하는 데 비하여, 사기로 인한 특경법위반죄에 있어서는 편취한 재물이나 재산상 이익의 가액이 5억 원 이상 또는 50억 원 이상이라는 것이 범죄구성요건의 일부로 되어 있고 그 가액에 따라 그 죄에 대한 형벌도 가중되어 있으므로, 이를 적용함에 있어서는 편취한 재물이나 재산상 이익의 가액을 엄격하고 신중하게 산정함으로써, 범죄와 형벌 사이에 적정한 균형이 이루어져야 한다는 죄형균형 원칙이나 형벌은 책임에 기초하고 그 책임에 비례하여야 한다는 책임주의 원칙이 훼손되지 않도록 유의하여야 한다. 따라서 사람을 기망하여 부동산의 소유권을 이전받거나 제3자로 하여금 이전받게 함으로써 이를 편취한 경우에 특경법 제3조의 적용을 전제로 하여 그 부동산의 가액을 산정함에 있어서는, 그 부동산에 아무런 부담이 없는 때에는 그 부동산의 시가 상당액이 곧 그 가액이라고 볼 것이지만, 그 부동산에 근저당권설정등기가 경료되어 있거나 압류 또는 가압류 등이 이루어져 있는 때에는 특별한 사정이 없는 한 아무런 부담이 없는 상태에서의 그 부동산의 시가 상당액에서 근저당권의 채권최고액 범위 내에서의 피담보채권액, 압류에 걸린 집행채권액, 가압류에 걸린 청구금액 범위 내에서의 피보전채권액 등을 뺀 실제의 교환가치를 그 부동산의 가액으로 보아야 한다.[32)]

시가에서 '저당권의 피담보채권액, 압류에 걸린 집행채권액, 가압류에 피보전채권액 등'을 뺀 금액

배임행위로 얻은 재산상 이익의 일정한 액수 자체를 가중적 구성요건으로 규정하고 있는 특경법 제3조 제1항의 적용을 전제로 하여 이중매매 대상이 된 부동산 가액을 산정하는 경우, 부동산에 아무런 부담이 없는 때에는 부동산 시가 상당액이 곧 가액이라고 볼 것이지만, 부동산에 근저당권설정등기가 경료되어 있거나 압류 또는 가압류 등이 이루어진 때에는 특별한 사정이 없는 한 아무런 부담이 없는 상태의 부동산 시가 상당액에서 근저당권의 채권최고액 범위 내에서 피담보채권액, 압류에 걸린 집행채권액, 가압류에 걸린 청구금액 범위 내에서 피보전채권액 등을 뺀 실제 교환가치를 부동산 가액으로 보아야 한다.
피고인들이 담보권 실행을 위한 경매절차가 진행 중인 호텔을 피해자 측에 매도하면서 소유권 확보방안으로 이에 관한 최선순위 근저당권(이하 '이 사건 근저당권'이라 한다)과 소유권이전청구권 가등기를 이전하여 주고 가등기보다 먼저 설정된 근저당권이나 가압류, 가등기 자체에 걸린 가압류 등을 모두 말소하여 주기로 약정하였는데, 그 후 중도금을 수령하면서 이 사건 근저당권 및 가등기 이전에 필요한 서류를 피해자 측에 교부하고도 가등기에 관하여는 임의로 다른 회사들 앞으로 이전등기를 마쳤다고 하여 특경법위반(배임)으로 기소된 사안에서, 피고인들의 배임행위 당시 호텔에 관하여는 이 사건 근저당권 외에도 가등기에 앞서 3건의 근저당권등기와 가압류등기가 각 마쳐져 있었고, 가등기 자체에도 4건의 가압류 또는 압류가 각 마쳐져 있었으므로, 배임행위로 인한 이득액을 산정할 때에는 이 사건 근저당권의 채권최고액 범위 내에서 피담보채권액뿐만 아니라 가등기에 앞서 설정된 각 근저당권의 채권최고액 범위 내에서 피담보채권액이나 가압류에 걸린 청구금액 범위 내에서 피보전채권액 등을 모두 공제하여야 한다.[33)]

32) 대판 2007. 4. 19. 2005도7288 전원합의체. 위 판결에 의해 다음 판례는 변경되었다.
기망에 의하여 편취한 부동산에 압류등기가 경료되어 있었더라도 그와 같은 사정이 피고인이 편취한 이득액을 그 부동산의 시가보다 감액하여 평가할 사유가 되지 못한다(대판 2003. 9. 5. 2003도1859).
33) 대판 2011. 6. 30. 2011도1651.

근저당권설정으로 인하여 취득한 재산상이익의 가액

제3자로부터 금원을 융자받거나 물품을 외상으로 공급받을 목적으로 타인을 기망하여 그 타인 소유의 부동산에 제3자 앞으로 근저당권을 설정케 한 자가 그로 인하여 취득하는 재산상 이익은 그 타인 소유의 부동산을 자신의 제3자와의 거래에 대한 담보로 이용할 수 있는 이익이고, 그 가액(이득액)은 원칙적으로 그 부동산의 시가 범위 내의 채권 최고액 상당이라 할 것인데, 한편 그 부동산에 이미 다른 근저당권이 설정되어 있는 경우에, 그 부동산에 대하여 후순위 근저당권을 취득하는 자로서는 선순위 근저당권의 채권 최고액만큼의 담보가치가 이미 선순위 근저당권자에 의하여 파악되고 있는 것으로 인정하고 거래하는 것이 보통이므로, 원칙적으로 그 부동산의 시가에서 다시 선순위 근저당권의 채권 최고액을 공제한 잔액 상당액을 기망자가 얻는 이득액의 한도로 보아야 할 것이나, 다만 그 부동산에 이미 다른 근저당권이 설정되어 있는 경우에도 후순위 근저당권을 취득하는 자로서 선순위 근저당권의 담보가치가 실제 피담보채권액만큼만 파악되고 있는 것으로 인정하였다고 볼 수 있는 특별한 사정이 있는 경우에는 근저당권 설정 당시의 그 부동산의 시가에서 그 선순위 근저당권의 실제 피담보채권액을 공제한 잔액 상당액을 그 이득액의 한도로 볼 수 있다 할 것이다.[34)]

선순위저당권이 설정된 부동산에 근저당권설정등기를 하여 취득한 횡령금액의 확정

피고인이 피해자로부터 명의신탁을 받아 보관 중인 토지 9필지와 건물 1채에 피해자의 승낙 없이 임의로 채권최고액 266,000,000원의 근저당권을 설정하였는데, 당시 위 각 부동산 중 토지 7필지의 시가는 합계 724,379,000원, 나머지 2필지와 건물 1채의 시가는 미상인 반면 위 각 부동산에는 그 이전에 채권최고액 434,000,000원의 근저당권설정등기가 마쳐져 있고, 이에 대하여 피해자는 220,000,000원의 피담보채무를 부담하고 있는 사안에서, 피고인이 근저당권설정등기를 마치는 방법으로 위 각 부동산을 횡령하여 취득한 구체적인 이득액은 위 각 부동산의 시가 상당액에서 위 범행 전에 설정된 피담보채무액을 공제한 잔액이 아니라 위 각 부동산을 담보로 제공한 피담보채무액 내지 그 채권최고액이라고 보아야 한다.[35)]
해설: 부동산의 시가에서 선순위저당권의 채권최고액을 공제한 금액이, '저당권설정에 의하여 부담하는 피담보채무액 내지 채권최고액'을 상회하므로 피담보채무액 내지 채권최고액 전액이 횡령금액이 된다.

2. 소유권이전등기의무자가 타에 담보설정 등

부동산매도 후 타에 저당권을 설정함으로 인한 손해액

부동산의 매도인이 매수인 앞으로 소유권이전등기를 경료하여 주기 이전에 제3자로부터 금원을 차용하고 그 담보로 근저당권설정등기를 해 준 경우 매수인이 입은 손해는 그 근저당권에 의하여 담보되는 피담보채무 상당액이다.[36)]

34) 대판 2000. 4. 25. 2000도137.
35) 대판 2013. 5. 9. 2013도2857.
36) 대판 1989. 10. 24. 89도641; 대판 1998. 2. 10. 97도2919; 대판 2003. 2. 11. 2002도5679; 대판 2009. 5. 28. 2009도2086. 다음은 같은 취지이다.

1/2지분에 관한 소유권이전등기의무를 지는 자가 부동산 전체에 관하여 저당권설정

피고인이 피해자에게 이 사건 부동산의 1/2지분에 대하여 소유권이전등기절차를 이행할 임무가 있음에도 불구하고 이에 위배하여 위 부동산 전체에 대하여 제3자에게 채권최고액 6,000만원의 근저당권설정등기를 경료하였다면, 피해자가 위 부동산에 대하여 갖는 권리는 1/2의 지분에 국한되므로 위 부동산가액이 위 채권최고액보다 저렴하다는 등 특단의 사정이 없는 한 피해자가 위와 같은 물상보증채무부담으로 입게 될 손해는 채권최고액 전액이 아니라 위 채권최고액 중 그 지분에 상응하는 3,000만원에 한정된다.[37]

소유권이전등기 의무자가 타에 가압류등기가 경료되게 하였으나 소유권이전등기권자의 근저당권설정등기가 위 가압류등기보다 먼저 경료됨

- 이 사건 토지 중 을의 지분에 관하여 피해자가 근저당권설정등기를 경료받고,
- 이 사건 토지에 관하여 갑 명의의 가압류등기가 경료되고,
- 이 사건 토지에 대한 피해자의 소유권이전등기가 경료된 경우,

위 가압류 청구채권으로 인한 피해액을 산정함에 있어 갑의 가압류등기에 앞서 경료된 피해자 명의의 위 근저당권설정등기는 혼동으로 소멸하지 아니하여, 피해자는 적어도 위 근저당권에 의하여 담보되는 채권액만큼은 손해를 입었다고 할 수 없다. 따라서 이 사건 토지의 시가 및 위 근저당권으로 담보되는 채권액 등에 관하여 심리한 후 그 차액과 위 가압류 청구채권액을 비교하여 피해자에게 발생된 구체적 손해액을 산정하여야 한다.[38]

3. 물권설정의무자가 타에 담보설정 등

저당권설정의무자가 타인에게 저당권설정

갑에 대하여 근저당권설정의무를 부담하는 자가 을에게 근저당권을 설정하여 주는 배임행위로 인하여 취득하는 재산상 이익 내지 그 타인의 손해는 그 타인에게 설정하여 주기로 한 근저당권의 담보가치 중 을과의 거래에 대한 담보로 이용함으로써 상실된 담보가치 상당으로서, 이를 산정하는 때에 을에 대한 근저당권 설정 이후에도 당해 부동산의 담보가치가 남아 있는 경우에는 그 부분을 재산상 이익 내지 손해에 포함시킬 수 없다. 그리고 수 개의 부동산이 공동담보로 제공된 경우에 그 중 한 개의 부동산에 대하여 먼저 담보권이 실행되었다면 그 매득금 중에서 선순위채권자는 담보최고액의 범위 내에서 채권전액에 대하여 우선변제를

부동산 매도 후 양도담보설정

매도인이 부동산의 매도 후 그 부동산에 양도담보계약을 체결하고 제3자에게 돈을 차용한 경우에 매수인이 입은 손해액은 그 양도담보권에 의하여 담보되는 피담보채무 상당액이라고 봄이 상당하다.

피고인이 피해자에게 이 사건 건물을 매도하고 계약금 및 중도금 합계 342,452,000원을 수령한 다음 이에 관한 양도담보계약을 체결하고 갑에게 3,450만 원을 차용한 경우, 피고인의 배임행위로 인한 피해자의 손해액은 양도담보계약의 피담보채무 상당액인 3,450만 원으로 봄이 상당하다(대판 2012. 1. 26. 2011도15179).

해설: 원심은 피해자가 지급한 계약금 및 중도금의 합계액을 피해자의 손해액으로 보았다.

37) 대판 1990. 3. 27. 89도1083.

38) 대판 1999. 4. 13. 98도4022.

받을 권리가 있다고 할지라도 공동담보가 된 부동산 간에 있어서는 그 가격의 비율에 따라 피담보채권을 각 부담하고 있다 할 것이므로, 공동담보가 된 부동산의 피담보채권에 대한 담보가치의 산정은 그 공동담보가 된 부동산의 가격 비율에 의하여 산정하는 것이 타당하다.

피고인이 A 부동산에 관하여 을 은행에 1순위 근저당권을 설정하여 준 후 피해자 갑 앞으로 2순위 근저당권을 설정해 주기로 약정하고도, 그 후 A 부동산 외에 피고인 소유의 B 부동산도 공동담보로 제공하여 두 개의 부동산에 관하여 을 은행 앞으로 1순위 근저당권을 설정하고, 바로 이어 이들 부동산에 관하여 을 은행 앞으로 2순위 근저당권도 설정하여 준 사안에서, 피고인의 위 배임행위로 인한 재산상 이득액은 피고인이 피해자에게 설정하여 주기로 한 근저당권의 채권최고액 중 피고인이 을 은행에 2순위 근저당권을 설정하여 줌으로써 상실된 A 부동산의 담보가치이고, 피고인의 위 배임행위 이후에도 A 부동산에 잔존 담보가치가 있다면 이 부분은 재산상 이득액을 산정할 때 공제하여야 하며, A 부동산의 전체 담보가치는 그 시가에서 1순위 근저당권의 채권최고액을 공동담보 부동산의 가액비율로 안분한 금액 중 A 부동산의 해당액을 공제한 금액이고, 피고인의 위 배임행위로 인하여 상실된 A 부동산의 담보가치는 2순위 근저당권의 채권최고액을 공동담보 부동산의 가액비율에 따라 안분한 금액 중 A 부동산의 해당액이 되어, 결국 위 범행으로 인한 재산상 이득액은 피고인이 피해자에게 설정하여 주기로 한 근저당권의 채권최고액 중 위 범행으로 인하여 상실된 A 부동산의 담보가치에서 A 부동산의 잔존 담보가치를 공제한 금액이라고 할 것이다.[39]

아파트에 저당권을 설정하는 조건으로 대출받는 자가 임차인에게 대항력을 갖춰준 후에 저당권설정

배임죄 피해자의 손해액을 산정하기 위하여 담보물의 가치를 평가함에 있어서는 담보물의 대출 당시의 시가를 해당 담보물의 객관적 가치로 보아야 하고, '시가'라 함은 정상적인 거래에 의하여 형성된 객관적 교환가격을 의미하는 것이고 담보물의 시가는 해당 담보물에 대한 시가감정에 의하여 평가를 하는 것이 비교적 정확할 것이나, 반드시 그것에 한정되는 것이 아니므로, 금융기관의 담보대출시 부동산가격 산정의 자료로 일반적으로 쓰이고 있는 '국민은행 부동산시세'를 적용하여 대출 당시의 부동산가액을 산정한 것은 적법하다. 금융기관의 대출담당 직원이 아파트를 담보로 대출을 해준 후 그 아파트에 임차인이 전입신고를 하는 등으로 대항력을 갖추고 나서야 아파트에 대한 근저당권설정등기를 경료한 경우, 금융기관이 입은 손해는 아파트에 대한 대출액수와 대출 당시 부동산가액에서 대항력이 발생한 임대차보증금의 액수를 공제한 나머지 금액을 비교하여, 부동산 가액에서 위 임대차보증금 액수를 공제한 잔액 즉 잔존 담보가치가 대출액수에 미달하는 때에 그 부족분 상당액이다.[40]

---

39) 대판 2011. 1. 13. 2009도10541. 다음은 같은 취지이다.
전세권설정의무자가 타인에게 근저당권설정
전세권설정의무를 부담하는 자가 제3자에게 근저당권을 설정하여 준 경우 그 행위가 배임죄에 해당하는지 여부를 판단하기 위해서는 당시 그 부동산의 시가 및 선순위담보권의 피담보채권액을 계산하여 그 행위로 인하여 당해 부동산의 담보가치가 상실되었는지를 따져보아야 한다. 따라서 타인에 대하여 근저당권설정의무를 부담하는 자가 제3자에게 근저당권을 설정하여 주는 배임행위로 인하여 취득하는 재산상 이익 내지 그 타인의 손해는 그 타인에게 설정하여 주기로 한 근저당권의 담보가치 중 제3자와의 거래에 대한 담보로 이용함으로써 상실된 담보가치 상당으로서, 이를 산정하는 때에 제3자에 대한 근저당권 설정 이후에도 당해 부동산의 담보가치가 남아 있는 경우에는 그 부분을 재산상 이익 내지 손해에 포함시킬 수 없다(대판 2009. 9. 24. 2008도9213).

40) 대판 2009. 7. 23. 2009도3712.

근저당권이 설정되어 있는 부동산의 소유자를 기망하여 그 부동산에 제3자 명의의 저당권을 설정케 한 경우에 취득한 재산상이익의 액수

제3자로부터 금원을 융자받거나 물품을 외상으로 공급받을 목적으로 타인을 기망하여 그 타인 소유의 부동산에 제3자 앞으로 근저당권을 설정케 한 자가 그로 인하여 취득하는 재산상 이익은 그 타인 소유의 부동산을 자신의 제3자와의 거래에 대한 담보로 이용할 수 있는 이익이고, 그 가액(이득액)은 원칙적으로 그 부동산의 시가 범위 내의 채권 최고액상당이라 할 것인데, 한편 그 부동산에 이미 다른 근저당권이 설정되어 있는 경우에, 그 부동산에 대하여 후순위 근저당권을 취득하는 자로서는 선순위 근저당권의 채권 최고액만큼의 담보가치가 이미 선순위 근저당권자에 의하여 파악되고 있는 것으로 인정하고 거래하는 것이 보통이므로, 원칙적으로 그 부동산의 시가에서 다시 선순위 근저당권의 채권 최고액을 공제한 잔액 상당액을 기망자가 얻는 이득액의 한도로 보아야 할 것이나, 다만 그 부동산에 이미 다른 근저당권이 설정되어 있는 경우에도 후순위 근저당권을 취득하는 자로서 선순위 근저당권의 담보가치가 실제 피담보채권액만큼만 파악되고 있는 것으로 인정하였다고 볼 수 있는 특별한 사정이 있는 경우에는 근저당권 설정 당시의 그 부동산의 시가에서 그 선순위 근저당권의 실제 피담보채권액을 공제한 잔액 상당액을 그 이득액의 한도로 볼 수 있다 할 것이다.[41]

해설: 부동산 시가가 3억 원이고, 선순위 근저당권의 채권최고액이 2억 원, 피담보채권이 1억 5,000만 원이며, 기망당하여 설정한 근저당권의 채권최고액이 3억 원, 피담보채권이 2억 5,000만 원인 경우에 취득한 재산상이익의 액수는,

- 후순위 근저당권자가 선순위 근저당권자의 피담보채권액을 알지 못한 경우에는 부동산의 시가는 1억 원(=3억 원 - 2억 원)이어서 취득한 재산상이익이 1억 원이고,
- 후순위 근저당권자가 선순위 근저당권자의 피담보채권액을 안 경우에는 부동산의 시가는 1억 5,000만 원(=3억 원 - 1억 5,000만 원)이어서 취득한 재산상이익이 1억 5,000만 원임

Ⅲ. 부동산매매대금이나 부동산담보 차용금과 채권자와의 관계

잔금을 지급하지 못하였지만 그 이자를 지급하면서 등기권리증까지 받은 토지매수인의 요청에 따라 매도인이 처분한 토지의 매매대금(횡령○)

피해자가 피고인으로부터 이 사건 대지를 4,700만 원에 매수하여 그 중 3,700만 원을 현실적으로 지급하는 한편 잔금 1,000만 원에 대하여는 매월 이자조로 20만 원씩을 지급하기로 하고 등기권리증까지 교부받았다. 그런데 그 후 약 1년 치의 이자를 지급하다가 자금사정으로 더 이상 이자를 지급하기 곤란하고 돈이 필요하자, 피해자는 피고인에게 최소한 위 3,700만 원은 회수할 수 있도록 이 사건 대지를 타에 매각하여 달라고 요청하였다. 이에 따라 피고인이 이 사건 대지를 매각, 그 대금을 수령하였다.

금전의 수수를 수반하는 사무처리를 위임받은 자가 그 행위에 기하여 위임자를 위하여 제3자로부터 수령한 금전은, 목적이나 용도를 한정하여 위탁된 금전과 마찬가지로, 달리 특별한 사정이 없는 한 그 수령과 동시

41) 대판 2000. 4. 25. 2000도137.

에 위임자의 소유에 속하고, 위임을 받은 자는 이를 위임자를 위하여 보관하는 관계에 있다고 보아야 한다. 피해자가 피고인에게 이 사건 대지의 매각을 요청하고 이에 따라 피고인이 매각한 것을 가지고 피해자와 피고인이 그들 사이에 맺어진 당초의 매매계약을 합의해제하기로 한 것이라고 볼 수 있다는 등의 특별한 사정이 없는 한, 비록 피해자가 이 사건 대지의 매각을 의뢰한 상대방이 바로 이 사건 대지의 소유자로서 피해자에게 이를 매도하였던 피고인이었다고 하더라도, 그 매각대금은 피해자의 소유에 속하며, 피고인은 이를 피해자를 위하여 보관하는 관계에 있다고 볼 것이어서, 피고인이 그 매각대금을 임의로 소비하였다면 횡령죄가 성립한다 할 것이다.[42)]

공사대금의 지급에 갈음하여 아파트를 이전해주기로 한 자가, 이전받기로 한 자로부터 팔아달라는 위임을 받아 이를 처분하고 받은 대금을 임의사용하고 다른 자금으로 대신 지급(횡령○)

피고인이 대표이사인 A 주식회사와 피해자가 실제 경영자인 B 주식회사 사이에 하도급계약이 체결되어 공사기성고에 따라 A가 B에게 공사대금을 지급하여 왔다. A가 B에게 일부 공사대금의 지급에 갈음하여 C 아파트를 이전해주기로 주기로 약정하였으나, B는 A에게 C를 팔아달라고 부탁하였다. 이에 따라 피고인[43)]이 1997. 12. 12. A 명의로 C를 갑에게 매도하고 같은 날 계약금 1,000만 원, 같은 달 19. 1차 중도금 3,000만 원, 같은 달 23. 2차 중도금 2,705만 원을 받아 A의 당좌결제를 막는 데 사용하였다. 피고인은 1997. 12. 15. 위 계약금에 상응하는 금액인 1,000만 원 중 3,809,182원은 위 하도급 공사대금으로, 나머지 6,190,818원은 다른 공사대금으로 B에게 지급하였고, 같은 달 27. 위 1차 중도금에 상응하는 금액인 3,000만 원을, 1998. 1. 23. 위 2차 중도금을 조금 초과하는 금액인 28,546,000원(그 중 2,000원은 현금 나머지는 A 명의의 약속어음)을 위 하도급 공사대금으로 각 지급함으로써 위 공사대금이 모두 정산되었다. 다만, 1998. 2. 2. A의 부도로 위 약속어음에 상응하는 금액이 지급되지는 못한 사안에서,
금전의 수수를 수반하는 사무처리를 위임받은 자가 그 행위에 기하여 위임자를 위하여 제3자로부터 수령한 금전은, 목적이나 용도를 한정하여 위탁된 금전과 마찬가지로, 달리 특별한 사정이 없는 한 그 수령과 동시에 위임자의 소유에 속하고, 위임을 받은 자는 이를 위임자를 위하여 보관하는 관계에 있다고 보아야 할 것이다. 피고인은 C에 대한 사실상의 처분권을 가진 피해자로부터 C를 타에 매도하여 달라는 요청을 받고 이에 따라 C를 매도한 다음 그 대금을 수령하였다는 것이므로, C의 매도대금은 피해자의 소유에 속하며, 피고인은 이를 피해자를 위하여 보관하는 관계에 있다. 따라서 피고인이 그 매도대금을 임의로 소비하였다면 이로써 횡령죄가 성립한다. 그 후에 피고인이 C의 매매대금에 상응하는 금액을 피해자에게 지급하였다는 등의 사정만으로 피고인에게 횡령의 범의나 불법영득의 의사가 없어 횡령죄가 성립하지 아니한다고 볼 수 없다.[44)]

---

42) 대판 1995. 11. 24. 95도1923.

43) 판례에서는 '갑 주식회사의 직원'이라고 표기되어 있으나, 사실관계를 단순하게 하기 위하여 피고인이라고 표시하였다.

44) 대판 2003. 9. 26. 2003도3394. 원심의 판단은 다음과 같다.
피해자가 피고인에게 C의 매각을 부탁한 것은 공사대금을 지급받기 위한 방편으로 이루어진 것이고, 피해자의 주된 의사는 공사대금을 전액 지급받는 것이지 특정된 C의 매매대금을 지급받으려는 것이 아닌 점, 피고인 역시 아파트 매매대금보다는 공사대금을 지급하려는 데 주안점을 둔 점, 실질적으로 아파트 매매대금이 입금된 지 며칠 지나지 않아 매매대금에 상응하는 금액이 공사대금으로 지불된 점 등을 종합하여 볼 때 피고인에게 매매대금으로 입금된 금액을 횡령하려는 범의가 있었다거나 이를 불법영득하려는 의사가 있었다고 단정할 수 없다.

매매대금을 완납하지 않은 매수인이 매도인의 승낙을 받아 매매목적물을 담보로 차용한 금전(횡령×)

부동산 매수인이 매매대금의 완납 전에 그 매매목적물을 담보로 하여 금전을 차용함에 있어 매도인의 승낙을 받는 한편 매도인과 사이에 그 차용금액의 일부는 매도인에게 매매대금으로 우선 교부하여 주기로 약정한 다음 금전을 차용하여 이를 전부 임의로 소비한 경우에 매도인과 매수인 사이의 위의 약정은 매매잔대금의 지급방법의 하나를 정한 것에 불과한 것이므로, 이로써 매수인이 대금완납 시까지 매도인을 위하여 위 매매목적물을 관리하거나 담보 제공하여 차용한 금전을 보관하여야 하는 지위에 있다고 볼 수 없고, 매수인이 차용금액의 일부를 매도인에게 지급하지 아니하였다고 하더라도 이는 단순한 민사상의 채무불이행에 지나지 아니할 뿐 횡령죄는 성립하지 아니한다.[45]

매수인이 미리 소유권을 이전받은 부동산을 담보로 하여 대출받은 돈으로 잔금을 지급할 의무(배임×)

일정한 신임관계의 고의적 외면에 대한 형사적 징벌을 핵심으로 하는 배임의 관점에서 보면, 부동산매매에서 매수인이 대금을 지급하는 것에 대하여 매도인이 계약상 권리의 만족이라는 이익이 있다고 하여도 대금의 지급은 어디까지나 매수인의 법적 의무로서 행하여지는 것이고, 그 사무의 처리에 관하여 통상의 계약에서의 이익대립관계를 넘는 신임관계가 당사자 사이에 발생한다고 할 수 없다. 따라서 그 대금의 지급은 당사자 사이의 신임관계에 기하여 매수인에게 위탁된 매도인의 사무가 아니라 애초부터 매수인 자신의 사무라고 할 것이다. 또한 매도인이 대금을 모두 지급받지 못한 상태에서 매수인 앞으로 목적물에 관한 소유권이전등기를 경료하였다면, 이는 법이 동시이행의 항변권 등으로 마련한 대금 수령의 보장을 매도인이 자신의 의사에 기하여 포기한 것으로서, 다른 특별한 사정이 없는 한 대금을 받지 못하는 위험을 스스로 인수한 것으로 평가된다. 그리고 그와 같이 미리 부동산을 이전받은 매수인이 이를 담보로 제공하여 매매대금 지급을 위한 자금을 마련하고 이를 매도인에게 제공함으로써 잔금을 지급하기로 당사자 사이에 약정하였다고 하더라도, 이는 기본적으로 매수인이 매매대금의 재원을 마련하는 방편에 관한 것이고, 그 성실한 이행에 의하여 매도인이 대금을 모두 받게 되는 이익을 얻는다는 것만으로 매수인이 신임관계에 기하여 매도인의 사무를 처리하는 것이 된다고 할 수 없다.

피고인이 갑에게서 임야를 매수하면서, 계약금을 지급하는 즉시 피고인 앞으로 소유권을 이전받되 매매잔금은 갑의 책임 아래 형질변경과 건축허가를 받으면 일정기간 내에 위 임야를 담보로 대출을 받아 지급하고 건축허가가 나지 아니하면 계약을 해제하여 원상회복해 주기로 약정하였는데도, 위 임야에 관하여 소유권이전등기를 받은 당일 1건, 그 후 1건의 근저당권을 설정한 사안에서, 피고인이 소유권이전등기를 받은 당일 이를 담보로 제공하여 자금을 융통하였고 그 후에도 같은 일을 하였으며 융통한 자금을 갑에게 매매대금으로 지급하지 아니하였다고 하여도 타인의 사무를 처리하는 자가 그 임무에 위배하는 행위를 한 것으로 볼 수 없고, 그러한 담보 제공 등의 행위가 피고인이 위 임야를 갑에게 반환할 의무를 현실적으로 부담하고 있지 아니한 상태에서 행하여진 이상 달라지지 아니한다는 이유로, 피고인에게 배임죄가 성립하지 않는다고 본 사례.[46]

45) 대판 1987. 3. 24. 83도1420; 대판 2005. 9. 29. 2005도4809.

46) 대판 2011. 4. 28. 2011도3247.

신축할 다세대주택을 분양하고 그 대금 명목으로 수분양자로부터 미리 소유권이전받은 토지를 담보로 하여 받은 대출금(배임×)

건설업자가 피해자들 소유의 토지 위에 다세대주택을 신축하여 그 중 일부를 피해자들에게 분양해 주기로 하면서 분양대금의 선지급 명목으로 토지의 소유권을 이전받은 후 이를 담보로 대출받은 돈을 임의로 사용한 경우, 위 대출금을 공사 목적 범위 내에서 사용할 임무는 배임죄에 있어서 타인의 사무에 해당하지 않는다고 한 사례.[47)]

토지를 을로부터 매수하여 병에게 매도하는 피고인이 을에 대한 잔대금채무를 이행하는데 사용하겠다며 병으로부터 받은 매매대금을 임의 사용(횡령×)

목적과 용도를 정하여 위탁한 금전은 정해진 목적, 용도에 사용할 때까지는 이에 대한 소유권이 위탁자에게 유보되어 있는 것으로서 수탁자가 임의로 소비하면 횡령죄를 구성한다. 그러나 금전의 교부행위가 계약상 채무의 이행으로서 변제의 성질을 가지는 경우에는, 특별한 사정이 없는 한 금전이 상대방에게 교부됨으로써 그 소유권이 상대방에게 이전되므로 상대방이 변제금으로 교부받은 돈을 임의로 소비하였더라도 횡령죄를 구성하지 아니한다.[48)]

자기 소유 건물을 채권자의 승낙을 받아 처분하겠다는 약정(배임×)

피고인들이 갑의 대지를 매수하여 그 지상에 건물을 신축함에 있어, 갑의 대지매도대금수령의 확보책으로 피고인들 소유의 위 건물의 처분을 갑의 사전 승락 아래 하겠다는 특약상의 의무는 단순한 채무에 불과하고

---

47) 대판 2007. 10. 11. 2007도6161.

48) 대판 2014. 1. 16. 2013도11014. 구체적인 판시는 다음과 같다.

사실관계: − 피고인이 을로부터 토지를 매수함에 있어 매매대금채무가 4억 원 남아 있는 상태에서 매수인 명의를 갑으로 하여 소유권이전등기를 경료하였고,

− 피고인이 병 등에게 위 토지와 주택개발사업권을 21억 1,400만 원에 매도함에 있어 매도인 명의를 갑으로 하였고, 병 등은 위 대금 중 19억 5,000만 원은 매도인측의 채무를 승계하고, 나머지 1억 6,400만 원은 피고인이 지정하는 을에게 현금으로 지급하기로 약정하고,

− 병 등은 위 1억 6,400만 원에 관하여 을에게 500만 원을 송금하였고, 나머지 1억 5,900만 원을 갑 명의의 은행계좌로 송금하는 등의 방법으로 피고인에게 교부하였으며,

− 피고인은 병 등에게 위 금원을 교부받으면 이를 을에게 매매대금으로 지급하겠다는 취지로 말하였으나, 위 금원 중 중 7,500만 원을 을에게 송금하고, 나머지 8,400만 원은 피고인의 다른 채무를 변제하는 등으로 사용하였고, 병 등에게 위 토지에 관한 소유권이전청구권가등기를 마쳐주었다.

판단: 병 등이 피고인에게 1억 5,900만 원을 교부한 것은 이 사건 매매계약에 기하여 피고인에게 부담하는 매매대금 지급채무를 이행하기 위한 변제행위에 해당한다고 할 것이고, 따라서 특별한 사정이 없는 한 위 1억 5,900만 원은 피고인에게 교부됨으로써 소유권이 이전되므로 피고인이 병 등을 위하여 이를 보관하는 지위에 있다고 보기 어렵다. 나아가 이 사건 매매계약 체결 당시 피고인이 급부과정을 단축시키기 위하여 병 등과 사이에 이 사건 매매대금 중 1억 6,400만 원을 매수인이 직접 선행 매매계약의 매도인인 을에게 지급하기로 약정한 바 있다거나, 피고인이 병 등에 대하여 1억 5,900만 원을 교부받으면 이를 선행 매매계약의 매매대금으로 을에게 지급하겠다는 취지로 약정하였다고 하여 이와 달리 볼 것은 아니다. 피고인이 병으로부터 피고인의 을에 대한 선행 매매계약상 잔대금 지급금 명목으로 1억 5,900만 원을 교부받아 병을 위하여 이를 보관하는 지위에 있다고 판단한 것은 위법하다.

갑의 재산관리 내지 보전의 사무라고 할 수 없다.[49)]

채권자로 하여금 자기 소유의 건물을 임대놓을 수 있도록 인용할 의무(배임×)

피고인과 피해자간의 이건 건물에 관한 사용수익권을 부여하는 약정은 피고인이 피해자에 대하여 부담하고 있는 공사대금 채무의 변제 방편으로 피해자에게 위 건물을 타에 임대하여 임대차 보증금과 임대료 수익행위를 인용하여야 할 소극적 의무를 내용으로 하는 것이므로, 피고인의 위와 같은 내용의 채무 부담행위는 피해자의 재산을 관리 보전할 임무 부담행위도 아니고, 피해자의 위 채권의 실현에 특별히 피고인의 협력의무를 수반하는 것도 아닌 단순한 채권적 수인의무에 불과하다 할 것이므로 이를 피해자인 타인의 사무라고는 보기 어렵다.[50)]

피고인이 건축한 연립주택의 공사대금지급을 담보하기 위하여 일부 세대는 수급인인 피해자가 직접 분양하고, 피고인이 이미 분양한 일부 세대는 피해자가 직접 중도금을 수령케 하기로 약정하고도 위 세대들을 타에 매도하거나 저당권설정(배임×)

피고인이 건축하는 연립주택의 건축공사를 공사대금 60,000,000원에 피해자에게 도급함에 있어, 피해자와의 사이에 위 연립주택 12세대 중 8세대를 피해자가 직접 분양하며, 피고인에 의하여 이미 분양된 4세대에 대하여는 피해자가 중도금을 직접 수령하여, 각 세대당 금 5,000,000원씩 합계 금 60,000,000원을 피해자의 공사대금에 충당하도록 하는 내용의 분양권위임계약을 체결하하였음에도 위 연립주택 중의 4세대에 대하여 타인에게 소유권이전등기 또는 근저당권설정등기를 경료하였다고 하더라도 피고인의 위와 같은 내용의 채무부담행위는 피해자의 재산을 관리 보전할 임무부담행위도 아니고 피해자의 위 채권의 실현에 특별히 피고인의 협력의무를 수반하는 것도 아닌 단순한 채권적 수인의무에 불과하다 할 것이므로 이를 타인의 사무라고는 보기 어려워 배임죄는 성립하지 않는다.[51)]

갑에 대한 채무의 변제를 담보하기 위하여, 을로부터 양도받은 부동산에 관하여 갑과 공동 명의로 소유권이전등기를 경료하기로 한 약정(배임×)

피고인과 갑이 부동산을 구입하였다가 전매하여 발생하는 이익금을 나누기로 약정하여 부동산을 구입하면서 갑이 투자한 돈을 그 계약금으로 지급하였으나, 잔금을 지급하지 못하는 등의 사유로 인하여 부동산구입계약이 해제되고 위 계약금만 손해를 보게 되었다. 이에 피고인은 계약해제의 책임이 있는 을로부터 그 손해배상금의 일부 명목으로 본건 가옥을 양도받기로 하였고, 갑에 대해 기존채무를 확보해주기 위한 방법으로 피고인과 갑의 공동명의로 본건 가옥에 대해 소유권이전등기를 경료하기로 하는 구두약정을 하였다. 이러한 경우 피고인이 갑에 대하여 그와 공동명의로 이전등기를 경료하여 주겠다는 급부의무를 부담할 의사를 표시한 것에 불과하고 특히 갑이 동 부동산의 소유자로부터 직접 그 지분 상당을 이전받기로 합의된 것도 아니라면

49) 대판 1983. 2. 8. 81도3137.
50) 대판 1982. 9. 14. 80도1816.
51) 대판 1987. 4. 28. 86도2490.

위 약정만으로서 피고인이 갑의 지분상당의 이전등기절차 사무를 처리하는 지위에 있다거나 피고인에게 그의 지분상당을 명의신탁하였다고도 볼 수 없으므로, 피고인이 위 약정에 위배하여 피고인 단독 명의로 소유권이전등기를 경료하고 타에 근저당권설정등기를 경료하여 주었다 하더라도 이는 갑에 대하여 단순한 채무불이행에 불과할 뿐 배임죄 내지 횡령죄는 성립되지 아니한다.[52)]

Ⅳ. 친족관계와 형벌(비재산범죄 포함)

1. 형법 규정

가. 형법 제328조와 그 준용규정

(1) 형법 규정

형법 제328조(친족간의 범행과 고소) ① 직계혈족, 배우자, 동거친족, 동거가족 또는 그 배우자간의 제323조(권리행사방해)의 죄는 그 형을 면제한다.

② 제1항 이외의 친족 간에 제323조의 죄를 범한 때에는 고소가 있어야 공소를 제기할 수 있다.

③ 전 2항의 신분관계가 없는 공범에 대하여는 전 이항을 적용하지 아니한다.

(2) 적용 범위

친족상도례라 불리우는 형법 328조는, ① 37장 권리행사를 방해하는 죄 중 형법 323조에 대해 적용되고, ② 38장 절도와 강도의 죄, 39장 사기와 공갈의 죄, 40장 횡령과 배임의 죄에서 준용되며(다만, 강도죄에 관한 333조부터 341조까지와 그 미수범에 관한 341조는 제외), ③ 41장 손괴의 죄에서는 준용되지 않는다.[53)]

나. 장물죄와 친족간의 범행

법 제365조(친족간의 범행) ① 전3조[제362조(장물의 취득, 알선 등), 제363조(상습범), 제364조(업무상과실, 중과실)]의 죄를 범한 자와 피해자간에 제328조 제1항, 제2항의 신분관계가 있는 때에는 동조의 규정을 준용한다.

② 전3조의 죄를 범한 자와 본범간에 제328조 제1항의 신분관계가 있는 때에는 그 형을 감경 또는 면제한다. 단, 신분관계가 없는 공범에 대하여는 예외로 한다.

---

52) 대판 1985. 6. 11. 84도2243.

53) 삼림령 제20조 소정의 절도죄는 그 목적물이 삼림에서의 산물에 한정되었을 뿐으로 그 죄질이 형법 제329조 소정의 절도죄와 동일하여 동 죄의 특별규정에 해당하는 것이므로 형법 제344조에 의하여 전기 형법 제329조의 죄에 적용되는 형법 제328조의 규정은 삼림령 제20조 소정의 죄에도 적용된다(대판 1959. 9. 18. 4292형상290).

다. 범인은닉과 친족간의 특례

제151조(범인은닉과 친족간의 특례) ① 벌금 이상의 형에 해당하는 죄를 범한 자를 은닉 또는 도피하게 한 자는 3년 이하의 징역 또는 500만원 이하의 벌금에 처한다.

② 친족 또는 동거의 가족이 본인을 위하여 전항의 죄를 범한 때에는 처벌하지 아니한다.

라. 증거인멸 등과 친족간의 특례

제155조(증거인멸 등과 친족간의 특례) ① 타인의 형사사건 또는 징계사건에 관한 증거를 인멸, 은닉, 위조 또는 변조하거나 위조 또는 변조한 증거를 사용한 자는 5년 이하의 징역 또는 700만원 이하의 벌금에 처한다.

② 타인의 형사사건 또는 징계사건에 관한 증인을 은닉 또는 도피하게 한 자도 제1항의 형과 같다.

③ 피고인, 피의자 또는 징계혐의자를 모해할 목적으로 전2항의 죄를 범한 자는 10년 이하의 징역에 처한다.

④ 친족 또는 동거의 가족이 본인을 위하여 본조의 죄를 범한 때에는 처벌하지 아니한다.

2. 친족관계와 가족의 범위

	현행 민법	개정 전의 민법
친족의 정의	제767조(친족의 정의) 배우자, 혈족 및 인척을 친족으로 한다.	현행 민법과 같음
친족의 범위	제777조(친족의 범위) 친족관계로 인한 법률상 효력은 이 법 또는 다른 법률에 특별한 규정이 없는 한 다음 각 호에 해당하는 자에 미친다. 1. 8촌 이내의 혈족 2. 4촌 이내의 인척 3. 배우자 (1991. 1. 1.부터 시행)	제777조(친족의 범위) 친족관계로 인한 법률상 효력은 본법 또는 다른 법률에 특별한 규정이 없는 한 다음 각 호에 해당하는 자에 미친다. 1. 8촌 이내의 부계혈족 2. 4촌 이내의 모계혈족 3. 부의 8촌 이내의 부계혈족 4. 부의 4촌 이내의 모계혈족 5. 처의 부모 6. 배우자
혈족의 범위	제768조(혈족의 정의) 자기의 직계존속과 직계비속을 직계혈족이라 하고 자기의 형제자매와 형제자매의 직계비속, 직계존속의 형제자매 및 그 형제자매의 직계비속을 방계혈족이라 한다. (1991. 1. 1.부터 시행)	제768조 (혈족의 정의) 자기의 직계존속과 직계비속을 직계혈족이라 하고 자기의 형제자매와 형제의 직계비속, 직계존속의 형제자매 및 그 형제의 직계비속을 방계혈족이라 한다.

인척의 범위	제769조(인척의 계원) 혈족의 배우자, 배우자의 혈족, 배우자의 혈족의 배우자를 인척으로 한다. (1991. 1. 1.부터 시행)	제769조(인척의 계원) 혈족의 배우자, 혈족의 배우자의 혈족, 배우자의 혈족, 배우자의 혈족의 배우자를 인척으로 한다.
가족의 범위	민법 제779조(가족의 범위) ① 다음의 자는 가족으로 한다. 1. 배우자, 직계혈족 및 형제자매 2. 직계혈족의 배우자, 배우자의 직계혈족 및 배우자의 형제자매 ② 제1항 제2호의 경우에는 생계를 같이 하는 경우에 한한다. (2008. 1. 1.부터 시행)	제779조(가족의 범위) 호주의 배우자, 혈족과 그 배우자 기타 본법의 규정에 의하여 그 가에 입적한 자는 가족이 된다.

※ 형법상 친족상도례나 친족간의 특례에 관한 규정들을 적용함에 있어 가족 개념은 불필요하다.[54)]

다. 친족관계의 법적 성질

친족관계에 있는 범인을 유리하게 취급하는 것의 법적 성격에 관하여 ① 형법 323조 1항이 적용 또는 준용되어 형이 면제[55)]되는 경우(장물죄에 관한 형법 365조 1항과 3항의 감면 포함)는 인적처벌조각사유라고 보고(통설), ② 형법 323조 2항이 적용 또는 준용되어 공소기각 판결이 선고되는 경우(장물죄에 관한 형법 365조 1항 포함)는 소추조건이라고 보고(통설), ③ 범인은닉 또는 증거인멸 등에서 범인을 처벌하지 아니하는 것은 책임조각사유(무죄)로 보고, ④ 장물죄(형법 365조 2항)에서 형이 감경되는 경우는 비난가능성의 감소로 인한 책임감경사유(통설)로 본다.

절취 피해품이 본가의 소유물이라고 오신

피고인이 절취 피해품을 본가의 소유물이라고 오신하였더라도 그 오신은 형의 면제사유에 관한 것으로 이에 관하여 사실의 착오(형법 15조 1항)는 적용되지 않으며 그 오신은 본건 범죄의 성립이나 처벌에 아무런 영향을 미치지 않는다.[56)]

54) 위 표에서 보듯이 가족은 친족의 범위 안에 포함된다. 그런데 형법은 328조 1항에서 '동거친족'과 '동거가족'을 열거하고 있으므로 형법 328조 1항을 적용하거나 이를 준용하는 때에는 '동거친족'과 '동거가족'이 동일하게 취급된다. 친족간의 특례를 규정한 형법 151조와 155조에서는 '친족'과 '동거의 가족'이 동일하게 취급되고 있다. 그렇다면 적어도 형법의 위 각 규정에 있어 가족이 친족과 달리 취급되는 경우는 없는 것이다.

55) 형면제에 대한 주문은, "피고인에 대한 형을 면제한다"라고 표시하며, 형의 면제는 판결로 선고한다(형소법 322조).

56) 대판 1966. 6. 28. 66도104.

라. 친족의 의미

형법 제344조, 제328조 제1항 소정의 친족간의 범행에 관한 규정이 적용되기 위한 친족관계는 원칙적으로 범행 당시에 존재하여야 하는 것이지만, 부가 혼인 외의 출생자를 인지하는 경우에 있어서는 민법 제860조에 의하여 그 자의 출생시에 소급하여 인지의 효력이 생기는 것이며, 이와 같은 인지의 소급효는 친족상도례에 관한 규정의 적용에도 미친다고 보아야 할 것이므로, 인지가 범행 후에 이루어진 경우라고 하더라도 그 소급효에 따라 형성되는 친족관계를 기초로 하여 친족상도례의 규정이 적용된다.57)

형법 328조 1항에서 '그 배우자'의 의미

형법 제354조에 의하여 준용되는 제328조 제1항에서 "직계혈족, 배우자, 동거친족, 동거가족 또는 그 배우자 간의 제323조의 죄는 그 형을 면제한다"고 규정하고 있는바, 여기서 '그 배우자'는 동거가족의 배우자만을 의미하는 것이 아니라, 직계혈족, 동거친족, 동거가족 모두의 배우자를 의미한다.58)

사실혼관계에 있는 자

친족, 호주 또는 동거의 가족이 본인을 위하여 범인도피죄, 증거인멸죄 등을 범한 때에는 처벌하지 아니한다고 규정하고 있는바, 사실혼관계에 있는 자는 민법 소정의 친족이라 할 수 없어 형법 제151조 제2항 및 제155조 제4항에서 말하는 친족에 해당하지 않는다.59)

피고인의 딸과 피해자의 아들이 혼인하여 피고인과 피해자가 사돈지간

친족상도례가 적용되는 친족의 범위는 민법의 규정에 의하여야 하는데, 민법 제767조는 배우자, 혈족 및 인척을 친족으로 한다고 규정하고 있고, 민법 제769조는 혈족의 배우자, 배우자의 혈족, 배우자의 혈족의 배우자만을 인척으로 규정하고 있을 뿐, 구 민법(1990. 1. 13. 법률 제4199호로 개정되기 전의 것) 제769조에서 인척으로 규정하였던 '혈족의 배우자의 혈족'을 인척에 포함시키지 않고 있다. 따라서 사기죄 피고인의 딸과 피해자의 아들이 혼인하여 피고인과 피해자가 사돈지간이라고 하더라도 이를 민법상 친족으로 볼 수 없다.60)

외사촌 동생

절도범인이 피해자의 외사촌 동생이라면 형법 제344조, 제328조 제2항에 의하여 피해자의 고소가 있어야 처벌할 수 있다.61)

57) 대판 1997. 1. 24. 96도1731.
58) 대판 2011. 5. 13. 2011도1765.
59) 대판 1980. 4. 22. 80도485, 대판 2001. 6. 29. 2001도2514; 대판 2003. 12. 12. 2003도4533.
60) 대판 2011. 4. 28. 2011도2170.
61) 대판 1991. 7. 12. 91도1077.

고종사촌 형수

절도피해자가 범인의 고모아들의 부인 즉 고종사촌 형수인 경우에는 범인과 피해자 사이에는 형법 제328조 제2항 소정의 친족관계가 있다.[62)]

입양이 되더라도 생가를 중심으로 한 종전의 친족관계는 그대로 유지된다.[63)]

해설: 2008. 1. 1.부터 시행되는 개정 민법에 의해 친양자로 입양되는 경우에는 종전의 친족관계가 종료된다.[64)]

개정 전 민법 시행 당시의 친족관계에 관한 판례[65)]

기타[66)]

62) 대판 1980. 3. 25. 79도2874.

63) 대판 1967. 1. 31. 66도1483.

64) **민법 제908조의3(친양자 입양의 효력)** ① 친양자는 부부의 혼인 중 출생자로 본다.
② 친양자의 입양 전의 친족관계는 제908조의2제1항의 청구에 의한 친양자 입양이 확정된 때에 종료한다. 다만, 부부의 일방이 그 배우자의 친생자를 단독으로 입양한 경우에 있어서의 배우자 및 그 친족과 친생자간의 친족관계는 그러하지 아니하다.

65) 구 민법이 적용되던 시기에 친족관계가 부정된 다음 판례들의 사안은 현행 민법 하에서는 모두 친족관계가 인정된다.
절도범인이 피해자의 아버지의 사촌누나의 손자
절도범인인 피고인이 피해자의 아버지의 사촌누나의 손자인 경우, 구 민법 제768조(1990. 1. 13. 법률 제4199호로 개정되기 전의 것, 이하 같다)에 의하면 혈족은 자기의 직계존속과 비속, 자기의 형제자매와 형제의 직계비속, 자기의 직계존속의 형제자매 및 그 형제의 직계비속이라고 규정되어 있으므로, 피고인은 피해자와 구 민법 제777조 제1호 소정의 8촌 이내의 부계혈족의 친족관계에 있다고 할 수 없다(대판 1991. 8. 27. 90도2857).
직계존속의 자매의 이종사촌
갑의 자매의 직계비속인 생질이나 이질은 혈족이 아닌 것 같으나 생질 또는 이질측에서 보면 갑은 그들의 직계존속의 형제자매에 해당되는 것이므로 혈족관계에 있다고 할 것이며 또 갑의 직계존속의 자매의 직계비속중 고종사촌도 고종사촌측에서 보면 갑은 그들의 직계존속의 형제의 직계비속에 해당되어 혈족관계가 있다고 할 것이나 이종사촌인 경우는 어느 쪽에서 보아도 그들의 직계존속의 자매의 직계비속밖에 되지 아니하니 혈족관계가 있다고는 인정되지 아니하므로 이를 민법 제777조 제2호 소정의 4촌 이내의 모계혈족이라고 할 수 없다(대판 1980. 9. 9. 80도1335).
외할머니의 친동생
외할머니의 친동생은 민법 소정의 친족이라 할 수 없으므로 형법 제344조 제2항 소정의 친족에 해당하지 아니한다(대판 1980. 4. 22. 80도485).

66) 형법 제328조 제1항 소정의 친족상도례에 해당되어 형의 면제를 할 경우라면 감호청구만 독립하여 할 수 없다(대판 1983. 7. 26. 83감도108).

3. 절도죄와 친족관계

친족상도례에 관한 규정은 범인과 피해물건의 소유자 및 점유자 모두 사이에 친족관계가 있는 경우에만 적용되는 것이고 절도범인이 피해물건의 소유자나 점유자의 어느 일방과 사이에서만 친족관계가 있는 경우에는 그 적용이 없다.[67]

결혼한 오빠가 매수한 민화

피해품인 민화가 피고인의 오빠가 매수한 것이라면 이는 동인의 특유재산으로서 이에 대한 점유·관리권은 동인에게 있다 할 것이고 범행 당시 비록 동인이 집에 없었다 하더라도 그것이 동인소유의 집 벽에 걸려있었던 이상 동인의 지배력이 미치는 범위안에 있는 것이라 할 것이므로 동인의 소지에 속하고 그 부부의 공동점유 하에 있다고 볼 수는 없어 이를 절취한 행위에 대하여는 친족상도례가 적용된다.[68]

4. 횡령죄와 친족관계

횡령범인이 위탁자가 소유자를 위해 보관하고 있는 물건을 위탁자로부터 보관받아 이를 횡령한 경우에 형법 제361조에 의하여 준용되는 제328조 제2항의 친족간의 범행에 관한 조문은 범인과 피해물건의 소유자 및 위탁자 쌍방 사이에 같은 조문에 정한 친족관계가 있는 경우에만 적용되고, 단지 횡령범인과 피해물건의 소유자간에만 친족관계가 있거나 횡령범인과 피해물건의 위탁자간에만 친족관계가 있는 경우에는 적용되지 않는다.[69]

해설: 갑이 을에게 200만 원을 교부하면서 이를 병에게 전달해달라고 의뢰하였고, 위와 같이 200만 원을 보관하게 된 을이 다시 피고인에게 위 금원을 교부하면서 이를 병에게 전달해달라고 의뢰한 사안에서 피고인이 위 금원의 소유자인 갑 뿐만 아니라 위탁자인 을과의 관계에 있어서도 친족관계에 있어야 한다는 취지이다.

5. 사기죄와 친족관계

법원을 기망하여 직계혈족으로부터 재물을 편취

법원을 기망하여 제3자로부터 재물을 편취한 경우에 피기망자인 법원은 피해자가 될 수 없고 재물을 편취당한 제3자가 피해자라고 할 것이므로 피해자인 제3자와 사기죄를 범한 자가 직계혈족의 관계에 있을 때에는 그 범인에 대하여 형법 328조 1항을 준용하여 형을 면제하여야 한다.[70]

---

67) 대판 1980. 11. 11. 80도131.

68) 대판 1985. 3. 26. 84도365.

69) 대판 2008. 7. 24. 2008도3438.

70) 대판 1976. 4. 13. 75도781.

해설: 위 판례는 삼각사기에 있어서 피기망자가 법원이고 피해자가 제3자인 경우에는 범인과 피해자 사이만을 기준으로 하여 친족상도례를 적용한다는 것이고, 피기망자가 법원이 아닌 때에 관하여는 아무런 언급도 하고 있지 않다. 삼각사기에 있어서 피기망자가 법원이 아닌 경우에 친족상도례가 적용되기 위해서는, 친족관계가 범인과 피해자 사이에만 존재하면 되는 것인지 아니면 범인과 피해자 외에 피기망자와 사이에도 존재하여야 하는지에 관하여 견해가 나뉜다.

손자가 절취한 할아버지의 예금통장을 이용하여 현금자동지급기에서 계좌이체

손자가 할아버지 소유 농업협동조합 예금통장을 절취하여 이를 현금자동지급기에 넣고 조작하는 방법으로 예금 잔고를 자신의 거래 은행 계좌로 이체한 때에는 컴퓨터등사용사기죄가 성립하고 그 피해자는 농업협동조합이다.71)

사기죄 피해자인 합유자 중의 일부와 친족관계에 있음

피고인 등이 공모하여, 피해자 갑, 을 등을 기망하여 갑, 을 및 병과 부동산 매매계약을 체결하고 소유권을 이전받은 다음 잔금을 지급하지 않아 같은 금액 상당의 재산상 이익을 편취하였다는 내용으로 기소된 사안에서, 갑은 피고인의 8촌 혈족, 병은 피고인의 부친이나, 위 부동산이 갑, 을, 병의 합유로 등기되어 있어 피고인에게 형법상 친족상도례 규정이 적용되지 않는다.72)

6. 특별법과 친족관계

특경법상의 횡령

형법상 횡령죄의 성질은 '특경법'(이하 '특경법'이라고 한다) 제3조 제1항에 의해 가중 처벌되는 경우에도 그대로 유지되고, 특경법에 친족상도례에 관한 형법 제361조, 제328조의 적용을 배제한다는 명시적인 규정이 없으므로, 형법 제361조는 특경법 제3조 제1항 위반죄에도 그대로 적용된다.73)

71) 대판 2007. 3. 15. 2006도2704. 다음은 같은 취지이다.

삼촌(갑)이 정기예금 이자를 찾아달라 하였는데 정기예금을 해약하여 원금과 이자를 받음

피고인이 갑으로부터 정기예금의 이자를 찾아달라는 부탁을 받고 그로부터 100만 원짜리 정기예금증서 1장과 그 인감도장을 교부받아 은행 직원에게 예금주를 가장하고 그 정기예금을 해약하겠으니 예금한 돈을 달라고 거짓말을 하여 이자를 공제한 나머지 금 90만원을 교부받은 때에는 그 예금의 소유권은 소비기탁으로 은행에 귀속되었다 할 것이므로 은행에서 피고인에게 내준 돈이 갑 소유라고 볼 수 없을 것이며, 은행은 피고인이 위 정기예금 증서와 그 인감도장을 소지하고 있었기 때문에 혹 채권의 준점유자에 대한 변제로서 민사상 보호를 받고 그 예금주로부터의 책임추궁을 면하는 경우가 있다손 치더라도 그 때문에 형사상 그 사기 피해자가 은행이 아니고 갑이라고 단정할 수는 없을 것이므로 친족상도례가 적용되지 않는다(대판 1972. 11. 14. 72도1946).

72) 대판 2015. 6. 11. 2015도3160.

73) 대판 2013. 9. 13. 2013도7754.

특경법상의 사기

형법상 사기죄의 성질은 특경법 제3조 제1항에 의해 가중처벌되는 경우에도 그대로 유지되고, 특경법에 친족상도례에 관한 형법 제354조, 제328조의 적용을 배제한다는 명시적인 규정이 없으므로 형법 제354조는 특경법 제3조 제1항 위반죄에도 그대로 적용된다.[74)]

폭처법상의 공갈

흉기 기타 위험한 물건을 휴대하고 공갈죄를 범하여 '폭처법' 제3조 제1항, 제2조 제1항 제3호에 의하여 가중처벌되는 경우에도 형법상 공갈죄의 성질은 그대로 유지되는 것이고, 특별법인 폭처법에 친족상도례에 관한 형법 제354조, 제328조의 적용을 배제한다는 명시적인 규정이 없으므로, 형법 제354조는 '폭처법 제3조 제1항 위반죄'에도 그대로 적용된다.[75)]

74) 대판 1989. 6. 13. 89도582; 대판 2000. 10. 13. 99오1; 대판 2010. 2. 11. 2009도12627; 대판 2011. 5. 13. 2011도1765.

75) 대판 2010. 7. 29. 2010도5795. 다음은 같은 취지이다.
공갈죄가 야간에 범하여져 폭처법 제2조 제2항에 의해 가중처벌되는 경우에도 형법상 공갈죄의 성질은 그대로 유지되는 것이고, 특별법인 위 법률에 친족상도례에 관한 형법 제354조, 제328조의 적용을 배제한다는 명시적인 규정이 없으므로, 형법 제354조는 위 특별법 제2조 제2항 위반죄에도 그대로 적용된다고 보아야 할 것이며, 위 특별법 제2조 제4항에서 공갈죄의 수단이 되는 형법 제260조 제1항, 제2항 소정의 폭행 및 존속폭행죄와 형법 제283조 제1항, 제2항 소정의 협박 및 존속협박죄가 위 특별법 제2조 제2항, 제3항에 의하여 가중처벌되는 경우에 그 각 죄에 대하여 피해자의 명시한 의사에 반하여 논할 수 없다는 형법 제260조 제3항, 제283조 제3항을 적용하지 않는다고 규정하고 있다 하여 이를 달리 새길 것이 아니다(대판 1994. 5. 27. 94도617).

제 5 장 유형별 재산범죄

제1절 비전형담보

Ⅰ. 비전형담보의 의의

1. 비전형담보의 개념

채무의 변제를 담보하기 위한 여러 제도들이 실정법에 규정되어 있다. 실정법에 규정되어 있지 아니한 담보방법 중에서 '채무가 변제되지 아니하면 채권자가 담보물의 소유권을 취득하는 것'을 종래 변칙담보 내지 비전형담보라고 불러 왔다. 이러한 비전형담보를 분석하기 위한 용어로는 양도담보, 매도담보, 가등기담보, 대물변제의 예약, 광의의 양도담보, 협의의 양도담보, 약한 의미의 양도담보, 강한 의미의 양도담보, 환매특약부매매, 재매매예약부매매 등이 사용되어 왔다. 학설이나 판례에 있어 용어의 사용은 아직까지 통일되어 있지 않다.

위와 같은 비전형담보의 기본적인 속성은 채무가 변제되지 않으면 채권자가 담보목적물의 소유권을 취득하는 것이다. 즉 소유권의 이전을 담보방법으로 사용하는 것이다.

채권자가 담보목적물의 소유권을 취득하는 방법은 ① 채권자가 미리 담보목적물의 소유권을 이전받아 두었다가 나중에 채무자로부터 채무를 변제받고서 그 소유권을 반환해주거나, ② 채무자가 채무를 변제하지 아니하면 그 때 채권자가 담보목적물의 소유권을 취득하는 것이다. 위 ②는 다시, (1) 채권자가 장차 담보목적물의 소유권을 안전하게 취득하기 위하여 미리 가등기를 해두는 경우와 (2) 그렇지 않은 경우(대표적으로 소유권이전등기에 필요한 제반 서류를 받아둠)로 나누어 볼 수 있다.

한편 채권자가 담보목적물의 소유권을 이전받음에 있어 담보목적물의 가액과 채권액의 차액을 정산하는 경우와 정산하지 않는 경우가 있고, 그 정산방법으로는 귀속정산과 처분정산이 있다.

2. 비전형담보에 대한 규제

가. 채무자의 보호

채권자가 채무를 변제받지 못하면 채무자의 재산에 대한 소유권을 이전받는 담보방법은 채무자의 경제적 궁박상태를 이용하여 채권자가 부당한 이득을 취할 수 있는 장치가 될 뿐만 아니라 소유권이전이라는 간이한 집행방법을 사용할 수 있어 채권자에게 편리하기도 하다. 채무자 입장에서도 간이하게 금원을 차용할 수 있고, 목적물을 계속 사용·수익할 수도 있는 장점이 있다. 이러한 이유로 비전형담보가 과거에 널리 이용되었었다. 그러나 담보목적물의 가액이 채권액을 초과함에도 채무가 변제되지 않으면 채권자가 담보목적물의 소유권을 취득할 수 있도록 방치하는 것은 부당하다. 이러한 이유로 비전형담보에 대해서는 여러 가지 규제가 행해지고 있다.

위와 같은 규제의 방법은 다음과 같이 나누어볼 수 있다. 첫째, 비전형담보계약 자체를 무효화시키는 것이다. 이와 관련하여 민법 607조, 608조는, "차용물의 반환에 관하여 차주가 차용물에 가름하여 다른 재산권을 이전할 것을 예약한 경우에는 그 재산의 예약 당시의 가액이 차용액 및 이에 붙인 이자의 합산액을 넘지 못한다. 이에 위반한 당사자의 약정으로서 차주에 불리한 것은 환매 기타 여하한 명목이라도 그 효력이 없다"라고 규정하고 있다. 둘째, 비전형담보계약의 효력은 인정하면서도 담보목적물의 가액이 채권액을 초과할 때에는 이를 정산하도록 하는 것이다. 가담법이나 판례는 담보목적물의 가액이 채권액을 초과할 때에는 정산을 하여야 한다고 하고 있다. 셋째, 정산에 있어서도 채권자의 이익과 채무자의 보호가 조화를 이루어야 하며 그러한 정산방법으로 귀속정산과 처분정산이 인정되고 있다.

나. 거래의 안전

비전형담보는 채무의 변제를 담보하기 위하여 소유권을 이전한다는 외형을 사용한다. 따라서 소유권이 채권자에게 이전된 외형을 신뢰한 자를 보호할 필요가 있다. 채권자와 채무자의 이익을 조화롭게 조정하고 거래의 안전을 도모하는 것과 관련하여 비전형담보의 효력에 대해 신탁적 소유권이전설과 담보물권설 등이 있다.

다. 비전형담보에 적용될 법률의 개요

판례는 종래 비전형담보의 효력에 관하여 주로 신탁적 소유권이전설을 취하여 왔다. 그러다가 1984년부터 가담법을 제정하여 일정한 범위의 비전형담보에 대해 규율하고 있다. 따라서 비전형담보에 대해서는 가담법을 적용하고, 가담법의 적용을 받지 않는 비전형담보에 대해서는 주로 신탁적 소유권이전설을 따라야 할 것이다.

3. 비전형담보의 유형

비전형담보의 유형 분석

다음은 비전형담보의 전체적인 모습을 조감해볼 수 있도록 그 세부 유형을 분류해본 것이다. 이해의 편의를 위하여 법적 효과를 배제한 채 당사자의 의사만을 기준으로, 유형을 분류하고 담보방법의 명칭을 붙였다.

채무자가 자신의 소유권(또는 재산권)을 타인에게 이전해줌으로써 자금을 얻는 방법은, 자금을 얻을 당시 바로 소유권을 이전해주는 것(광의의 양도담보)과 자금을 먼저 얻은 후 이를 변제하지 못하는 때에 소유권을 이전해주는 것(대물변제의 예약)으로 나눌 수 있다.

광의의 양도담보는 채무자가 어떤 형식으로 자금을 얻는가에 따라 매도담보와 협의의 양도담보로 나뉜다.

가. 광의의 양도담보

(1) 매도담보

채권자와 채무자가 담보목적물에 관한 매매계약을 체결하여 채권자는 채무자에게 매매대금을 지급하고 채무자는 채권자에게 담보목적물의 소유권을 이전해주며, 담보목적물에 대해서는 환매계약(민법 590조 이하) 또는 재매매의 예약(민법 564조)을 해두는 것을 말한다. 매도담보에 있어서 외형상 채권자와 채무자 사이에 채권·채무관계는 존재하지 않고 환매계약 또는 재매매의 예약만 남게 된다. 따라서 채무자는 채권자에게 아무런 채무를 지지 않으며, 환매권 또는 예약완결권을 행사하여 매매대금을 지급하고 목적물의 소유권을 찾아올 수 있다. 담보목적물에 대해서 매매가 완전히 이루어졌으므로 그 소유권 및 사용·수익권은 채권자에게 속한다. 자금융통이 매매의 형식을 통해 이루어지므로 정산의 문제는 남지 않는다. 그렇다 하더라도 매도담보에 있어 소유권을 이전하는 진정한 목적이 차용금변제의 담보에 있음은 분명하다.

(2) 협의의 양도담보

채무자가 소비대차(또는 준소비대차)에 의하여 자금을 얻고 채권자에게 담보목적물의 소유권을 이전하여 주는 담보계약을 말한다. 매도담보와 달리 협의의 양도담보에 있어서는 채무자의 차용금채무가 존속한다. 채권자가 담보목적물에 관한 소유권을 취득함에 있어 정산의무가 있는 경우와 없는 경우가 있는데, 채권자의 정산의무가 존재하는 것은 약한 의미의 양도담보이고, 채권자의 정산의무가 부존재하는 것은 강한 의미의 양도담보이다.

협의의 양도담보에 있어서 담보목적물의 소유권이전은 담보의 방법에 불과하므로 담보목적물의 사용·수익권은 통상 채무자에게 있다.

(3) 담보목적물의 처분 및 제3자 보호의 필요성

광의의 양도담보에 있어서 담보목적물의 소유권은 채권자에게 있으므로 채무자가 담보목적물을 임의 처분하는 것은 불가능하다. 다만 담보목적물이 등기, 등록 등의 공시방법을 취하지 않는

동산이고, 채무자가 점유개정 등에 의해 담보목적물을 점유하고 있는 때에는 그렇지 않다.

광의의 양도담보에 있어서 당사자의 의사(담보 목적)와 담보의 공시방법(재산권의 이전)이 불일치하므로 그 대외적 효력을 어떻게 처리할지가 문제되었다. 이를 해결하기 위해 담보물권설 또는 신탁적 소유권이전설 등의 이론이 전개되었다.

나. 대물변제의 예약

대물변제의 예약은 소비대차 또는 준소비대차의 형식으로 자금을 얻고, 자금을 변제하지 못하는 때에는 그 변제에 갈음하여 담보목적물의 소유권을 이전하기로 하는 것을 말한다. 광의의 양도담보에서는 자금을 얻을 당시 담보목적물의 소유권을 이전해줌에 반하여 대물변제의 예약에 있어서는 채무가 변제기에 도달하였음에도 변제되지 아니한 때 비로소 소유권을 이전해준다는 점에서 차이가 있다.

대물변제의 예약에 있어 소유권을 이전받는 방법은 변제기가 도달하였을 때 ① 채권자가 일방적으로 소유권을 취득할 수 있는 것과 ② 채권자가 채무자에게 소유권이전을 청구하여 일정한 급부를 받아야 하는 것으로 나눌 수 있다.

위 ①의 예로는,

- 부동산에 관하여 채권자가 미리 소유권이전등기에 필요한 서류를 받아 두었다가 변제기 도래 후 단독으로 소유권이전등기를 경료하는 것,
- 동산에 관하여 채권자가 동산을 점유하고 있다가 변제기가 도래하면 당연히 소유권을 취득하거나(정지조건부 소유권취득), 일방적으로 소유권을 취득한다는 의사표시를 함으로써 소유권을 취득하는 것(동산매매에 관한 예약완결권의 행사),
- 채권에 관하여 변제기가 도래하면 채권자가 당연히 채권을 양도받거나(정지조건부 채권양도), 일방적으로 채권을 양수한다는 의사표시를 함으로써 채권을 양도받으면서(채권양도에 관한 예약완결권의 행사), 미리 받아둔 (확정일자 있는) 채권양도통지권한의 위임서류를 이용하여 제3채무자에게 채권양도의 통지를 하는 것

등을 들 수 있다.

채권자가 위 ①과 같이 일방적으로 담보목적물에 관한 소유권을 이전받을 수 있는 조치를 취해두지 않은 경우에는 채권자는 위 ②와 같이 변제기 도래 후 채무자에 대해 소유권이전청구권을 가질 뿐이다.

대물변제의 예약에 있어서도 채권자가 담보목적물에 관한 소유권을 취득함에 있어 정산의무가 있는 경우와 없는 경우로 나뉜다.

대물변제의 예약에 있어서는 광의의 양도담보와 달리 채무의 변제기 이전에 소유권이 미리 이전되는 것은 아니므로 당사자의 의사(담보 목적)와 담보의 공시방법(재산권의 이전)에 큰 차이가 없어 그 대외적 효력을 어떻게 처리할지는 그다지 문제되지 않는다.

그런데 위와 같이 장차 채무의 변제기가 도래하였을 때에 비로소 채권자가 소유권을 이전받을 수 있도록 하는 경우에는 채무자가 목적 부동산을 처분하는 등으로 채권자의 소유권이전이 확보되지 아니할 우려가 있다. 그러한 이유로 채권자 앞으로 매매예약을 원인으로 하여 소유권이전등기청구권보전을 위한 가등기를 마쳐두는 예도 적지 않다. 이를 가등기담보라고 부른다.

4. 민법 607조, 608조

채무자가 채권자 앞으로 차용물 아닌 다른 재산권을 이전한 경우에 있어 그 권리의 이전이 채무의 이행을 담보하기 위한 것이 아니고 그 채무에 갈음하여 상대방에게 완전히 그 권리를 이전하는 경우 즉 대물변제의 경우에는 가사 그 시가가 그 채무의 원리금을 초과한다고 하더라도 민법 제607조, 제608조가 적용되지 아니한다.[1)]

해설: 돈을 빌리면서 빌린 돈을 변제치 못하는 때에는 다른 재산권을 이전하겠다고 약정(즉, 채무의 이행을 담보하기 위하여 약정)하는 경우에는 다른 재산권을 이전해주는 조건이 경제적 약자인 차주에게 불리할 수 있어 민법 607조, 608조를 적용할 필요가 있다. 그러나 돈을 빌린 이후 그 변제에 관하여 대물변제의 방법을 선택하는 때에는 차주가 경제적 약자의 지위에 있다는 이유로 부당하게 재산권을 이전해줄 가능성은 크지 않아 민법 607조, 608조를 적용할 필요가 없다는 것이 위 판례의 취지일 것으로 생각된다.

부동산 매수인이 매도인에게 잔대금 1억 원 중 금 5천만 원만 지급하고 나머지 금원에 대하여는 매수인이 매도인으로부터 변제기를 정하여 월 2%의 이율로 차용하는 것으로 하되, 만일 매수인이 변제기까지 이를 갚지 못할 때에는 매수인이 매수한 부동산에 대한 소유권이전등기청구권으로 대물변제하기로 약정을 한 경우, 특별한 사정이 없는 한 금원을 차용하기로 한 부분은 준소비대차에 해당하고, 대물변제하기로 한 부분은 대물반환의 예약에 해당하며, 민법 제607조, 제608조는 이와 같은 준소비대차계약에 의하여 차주가 반환할 차용물에 관하여도 그 적용이 있다.[2)]

원고와 피고 사이에 피고의 원고에 대한 차용금채무의 변제에 갈음하여 이 사건 부동산의 소유권을 양도하기로 약정하였고, 그 당시 위 부동산의 시가가 위 차용금의 원리금 액수를 초과한 사안에서, 민법 제607조, 제608조에 위반된 대물변제의 약정은 대물변제의 예약으로서는 무효가 되지만 약한 의미의 양도담보를 설정하기로 하는 약정으로서는 유효하되, 다만 그에 기한 소유권이전등기를 미쳐 경료하지 아니한 경우에는 아직 양도담보가 설정되기 이전의 단계이므로 가담법 제3조 소정의 담보권 실행에 관한 규정이 적용될 여지가 없는 한편, 채권자는 양도담보의 약정을 원인으로 하여 담보목적물에 관하여 소유권이전등기절차의 이행을 청구할 수 있다.[3)]

---

1) 대판 1992. 2. 28. 91다25574.

2) 대판 1997. 3. 11. 96다50797.

3) 대판 1999. 2. 9. 98다51220. 다음은 같은 취지이다.
재산권을 이전하기로 한 당사자 간의 약정이 담보목적이 아니라 대물변제의 의사로 한 것이라 하더라도 위 약정을 함에 있어 약정 후 3년 이내에 채무자가 그간의 원리금을 지급하면 채권자는 목적물을 채무자에게 되돌려 주기로 하는 약정도 함께 하였다면, 이는 결국 대물변제의 예약이라고 봄이 상당하며 그 약정 당시의 가액이 원리금을 초과하므로 대물변제의 예약 자체는 무효이고 다만 양도담보로서의 효력만 인정하여야 한다고 한 사례(대판 1991. 12. 24. 91다11223).

Ⅱ. 가담법[4)]

1. 가담법의 적용범위

가. 가담법의 규정

가담법은 차용물의 반환에 관하여 차주가 차용물을 갈음하여 다른 재산권을 이전할 것을 예약할 때 그 재산의 예약 당시 가액이 차용액과 이에 붙인 이자를 합산한 액수를 초과하는 경우에 이에 따른 담보계약과 그 담보의 목적으로 마친 가등기 또는 소유권이전등기의 효력을 정함을 목적으로 한다(가담법 1조).

나. 담보의 방법

가담법은 담보의 목적으로 마친 가등기 또는 소유권이전등기의 효력을 정함을 목적으로 한다.

사안의 경과: 갑이 이 사건 부동산에 관하여 채권최고액 합계 금 3,750만 원 상당의 근저당권을 서울신탁은행에게 설정하여 주고 금전을 차용하였다가 그 돈을 갚지 못하자 위 은행의 신청으로 임의경매절차가 진행되던 중 갑이 피고로부터 1986. 7. 23. 4,500만 원 및 같은 달 말경 추가로 금 500만 원을 각 차용하여 위 은행빚을 변제하고 위 근저당권설정등기를 말소하였다. 갑은 위 1986. 7. 23.자로 피고와 사이에 위 4,500만 원을 대금으로 하여 이 사건 부동산을 피고에게 일시불로 매도하는 내용의 매매계약서를 작성하고 같은 달 30. 피고 앞으로 소유권이전등기를 경료하였는데, 위 매매계약서 작성 당시 갑이 같은 날부터 1991. 7. 23.까지 5년 이내에 위 금 4,500만 원 및 이에 대한 은행이자 상당을 일시불로 피고에게 지급하면 이 사건 부동산을 반환받기로 하되, 위 기간이 경과하도록 위 금원을 지급하지 아니하면 위 약정은 무효가 된다는 내용의 합의하였고 위 약정 당시 이 사건 부동산의 가액은 금 58,129,900원 정도였다. 그렇다면 갑과 피고 사이에는 이 사건 부동산에 관하여 위 추가 차용금을 포함한 합계 5,000만 원을 피담보채무로 하여 정산절차를 예정한 약한 의미의 양도담보 약정이 이루어진 것으로 보아야 하며, 가사 이를 대물변제의 예약으로 본다 하더라도 예약 당시의 차용 원리금은 위 금 5,000만 원으로서 당시 이 사건 부동산의 가액이 그 차용 원리금을 초과하므로 대물변제의 예약 자체는 무효이고 다만 양도담보로서의 효력만이 인정된다.

판결요지: 기존의 채무를 정리하는 방법으로 다른 재산권을 이전하기로 하면서 일정 기간 내에 채무 원리금을 변제할 때에는 그 재산을 반환받기로 하는 약정이 이루어졌다면, 다른 특별한 사정이 없는 한 당사자 간에는 그 재산을 담보의 목적으로 이전하고 변제기 내에 변제가 이루어지지 않으면 담보권 행사에 의한 정산절차를 거쳐 원리금을 변제받기로 하는 약정이 이루어진 것으로 해석하여야 한다.

부동산에 관하여 정산절차를 예정한 약한 의미의 양도담보 약정이 이루어졌다면 채권자는 채무의 변제기 후 반드시 담보권 실행을 위한 정산절차를 거쳐야만 하는 것이고, 채무자로서는 채권자가 담보권을 실행하여 정산절차를 마치기 전에는 채무를 변제하고 부동산에 대한 채권자 명의의 소유권이전등기의 말소를 구할 수 있다고 할 것인바, 이는 양도담보 약정 당시 당해 부동산의 시가가 채권 원리금에 미달한다 하더라도 마찬가지이다.[5)]

4) 1984. 1. 1.부터 시행되었다.

5) 대판 1998. 4. 10. 97다4005.

채권자가 채권담보의 목적으로 부동산에 가등기를 경료하였다가 그 후 변제기까지 변제를 받지 못하게 되어 위 가등기에 기한 소유권이전의 본등기를 경료한 경우에는 당사자들이 달리 특별한 약정을 하지 아니하는 한 그 본등기도 채권담보의 목적으로 경료된 것으로서 당사자 사이에 정산절차를 예정하고 있는 이른바 약한 의미의 양도담보가 된 것으로 보아야 할 것이다.[6]

다. 차용물의 반환에 관한 재산권의 이전

가담법은 재산권 이전의 예약에 의한 가등기담보에 있어서 그 재산의 예약 당시의 가액이 차용액 및 이에 붙인 이자의 합산액을 초과하는 경우에 한하여 그 적용이 있다.

또한 가담법은 차용물의 반환에 관하여 다른 재산권을 이전할 것을 예약한 경우에 적용되므로 금전소비대차나 준소비대차에 기한 차용금반환채무 이외의 채무를 담보하기 위하여 경료된 가등기 등에는 적용되지 아니 한다.

가담법은 차용물의 반환에 관하여 다른 재산권을 이전할 것을 예약한 경우에 적용되므로 금전소비대차나 준소비대차에 기한 차용금반환채무 이외의 채무를 담보하기 위하여 경료된 가등기나 양도담보에는 위 법이 적용되지 아니하나, 금전소비대차나 준소비대차에 기한 차용금반환채무와 그 외의 원인으로 발생한 채무를 동시에 담보할 목적으로 경료된 가등기나 소유권이전등기라도 그 후 후자의 채무가 변제 기타의 사유로 소멸하고 금전소비대차나 준소비대차에 기한 차용금반환채무의 전부 또는 일부만이 남게 된 경우에는 그 가등기담보나 양도담보에 가담법이 적용된다.[7]

가담법은 차용물의 반환에 관하여 다른 재산권을 이전할 것을 예약한 경우에 적용되므로 매매대금채권을 담보하기 위한 가등기에는 위 법률은 적용되지 아니한다.[8]

라. 예약 당시의 시가와 피담보채무

가담법은 재산권 이전의 예약에 의한 가등기담보에 있어서 그 재산의 예약 당시의 가액이 차용액 및 이에 붙인 이자의 합산액을 초과하는 경우에 한하여 그 적용이 있다 할 것이므로, 가등기담보부동산에 대한 예약 당시의 시가가 그 피담보채무액에 미치지 못하는 경우에 있어서는 같은 법 제3, 4조가 정하는 청산금평가

---

6) 대판 1992. 1. 21. 91다35175.

7) 대판 2004. 4. 27. 2003다29968.

8) 대판 2002. 12. 24. 2002다50484. 다음은 같은 이유로 가담법이 적용되지 않는다.
공사잔대금의 지급을 담보하기 위하여 체결된 양도담보계약에 기하여 소유권이전등기를 구하는 경우(대판 1996. 11. 15. 96다31116), 물품대금선급금의 반환채무를 담보할 목적으로 이루어진 가등기(대판 1992. 10. 27. 92다22879), 매매계약에 따른 소유권이전등기청구권 보전을 위한 가등기를 매매계약 해제에 따른 대금반환채무를 담보하는 담보가등기로 유용하기로 당사자 사이에 합의한 경우(대판 1996. 11. 29. 96다31895) 등.

액의 통지 및 청산금지급 등의 절차를 이행할 여지가 없다고 할 것이다.
이 사건 매매예약 직전에 피고가 이 사건 부동산을 갑으로부터 1억 1,000만 원에 매수한 사실에 비추어 이 사건 부동산의 매매예약 당시의 가액이 1억 1,000만 원 정도이고, 그 가액이 피담보채무인 차용금 1억 5,000만 원에 미치지 못함이 명백하므로 위 매매예약상 가등기에 기한 본등기를 경료함에 있어 가담법에서 정한 청산통지 및 청산금지급 등의 절차를 밟을 필요가 없다.[9)]

마. 공시방법

가담법은 담보의 목적으로 마친 가등기 또는 소유권이전등기의 효력을 정함을 목적으로 하므로, 공시방법이 없는 동산에 대해서는 적용되지 않는다.

동산을 목적으로 하는 양도담보설정계약을 체결함과 동시에 채무불이행시 강제집행을 수락하는 공정증서를 작성한 경우, 양도담보설정자가 그 피담보채무를 불이행한 때에는 양도담보권자는 양도담보권을 실행하여 담보목적물인 동산을 환가함에 있어서 집행증서에 기하지 아니하고 양도담보의 약정 내용에 따라 이를 사적으로 타에 처분하거나 스스로 취득한 후 정산하는 방법으로 환가할 수도 있지만, 집행증서에 기하여 담보목적물을 압류하고 강제경매를 실시하는 방법으로 환가할 수도 있다.[10)]
해설: 위 판례는 동산양도담보권자의 청산방법으로 사적 처분청산, 사적 취득청산 모두 인정하고 있다. 후술하는 바와 같이 가담법은 사적 처분청산을 허용하지 않으므로 위 판례는 동산양도담보에 관하여 가담법이 적용되지 않는 것을 전제하고 있는 것이다.

2. 가담법에 의한 담보권의 효력

가등기담보권(담보방법이 가등기에 의한 경우와 소유권이전등기에 의한 경우 모두를 포함함)에 의한 우선변제권은 저당권과 같다(가담법 13조). 가등기담보권의 효력이 미치는 피담보채권의 범위도 저당권과 같다(가담법 3조).

가등기담보권의 법적 성격에 대해서는 신탁적 소유권이전설과 담보물권설 등이 있으며 이에 대해서는 가담법이 적용되지 않는 양도담보를 서술하는 부분에서 자세히 살피기로 한다. 가등기담보권의 효력에 대해서는 가담법에서 상세히 규율하고 있어 이러한 학설들의 역할이 제한적이기 때문이다.

가등기의 원인증서인 매매예약서상의 매매대금은 가등기절차의 편의상 기재하는 것에 불과하고 가등기의 피담보채권이 그 한도로 제한되는 것은 아니며, 피담보채권의 범위는 당사자의 약정 내용에 따라 결정된다.

9) 대판 1993. 10. 26. 93다27611. 같은 취지로는 대판 1991. 11. 22. 91다30019; 대판 1990. 1. 23. 89다카21125,21132.
10) 대판 1999. 9. 7. 98다47283.

피고가 그 대리인인 갑을 통하여 원고에게 이 사건 부동산을 갑의 원고에 대한 4,000만 원의 차용금채무 및 갑이 원고에 대하여 향후 부담하게 될 채무에 대한 담보로 제공하기로 한 것이라면, 위 4,000만 원뿐만 아니라 이 사건 가등기 후에 갑이 차용한 금 1,500만 원도 위 가등기의 피담보채무에 포함된다고 할 것이고, 이는 담보제공자인 피고가 채무자가 아닌 물상보증인이고 채무자인 갑이 피고를 대리하여 담보계약을 체결한 것이라고 하여도 같다.[11)]

채권자가 채무자가 제공하는 부동산을 담보로 매매예약에 기한 가등기를 경료하고 금원을 대여한 후에 다시 같은 채무자에게 추가하여 금원을 대여하는 경우 그 추가대여금에 관하여 별도의 담보제공이 되어 있다거나 반대의 특약이 있다는 등 특별한 사정이 없다면 조리상 당사자의 의사는 추가되는 대여금 역시 기왕의 가등기 부동산의 피담보채무 범위에 포함시키려는 의사로 수수한 것이라고 해석함이 상당하다.[12)]

3. 가등기담보권의 실행

가. 정산방법

가등기담보권이나 양도담보권을 실행하는 방법은 '귀속정산(채권자가 담보부동산의 가액에서 채권의 원리금등을 공제한 나머지를 채무자에게 반환하고 담보부동산의 소유권을 취득함)과 '처분정산(채권자가 담보부동산을 처분하여 그 매각대금에서 채권원리금의 변제에 충당하고 나머지를 채무자에게 반환함)'으로 나뉜다. 가등기담보권자는 ① 가담법 3조에 따른 담보권을 실행하거나 ② 담보목적부동산의 경매를 청구할 수 있으며, 이 경우 경매에 관하여는 가등기담보권을 저당권으로 보므로 가등기담보권에 기한 경매절차는 저당권에 기한 것과 같다(가담법 12조). 위 ①은 '사적인 귀속정산이고 위 ②는 담보목적부동산을 가담법상의 경매절차를 통해 처분하고 그 환가대금에서 만족을 받는 것이므로 법원을 통해 진행하는 민사집행법상의 정산방법이다. 그러나 사적 정산의 일환으로 제3자에게 처분하는 것은 허용되지 않는다. 다만, 종래 가담법 시행 이전의 판례이론과 달리 채무자는 선의의 제3자에 대하여 대항하지 못한다(가담법 11조 단서).

가담법이 제3조와 제4조에서 가등기담보권의 사적 실행방법으로 귀속정산의 원칙을 규정함과 동시에 제12조와 제13조에서 그 공적 실행방법으로 경매의 청구 및 우선변제청구권 등 처분정산을 별도로 규정하고 있는 점, 위 제4조가 제1항 내지 제3항에서 채권자의 청산금 지급의무, 청산기간 경과와 본등기청구, 청산금의 지급의무와 부동산의 소유권이전등기 및 인도 채무의 동시이행관계 등을 순차로 규정한 다음, 제4항에서 제1항 내지 제3항에 반하는 특약으로서 채무자 등에게 불리한 것은 그 효력이 없다(다만, 청산기간 경과 후

11) 대판 1996. 12. 23. 96다39387.
12) 대판 1985. 12. 24. 85다카1362.

에 행하여진 특약으로서 제3자의 권리를 해하지 아니하는 경우는 제외된다)고 규정하고 있는 점, 나아가 제11조는 채무자 등이 청산금 채권을 변제받을 때까지 그 채무액을 채권자에게 지급하고 그 채권담보의 목적으로 경료된 소유권이전등기의 말소를 청구할 수 있다고 규정하고 있는 점 등을 종합하여 보면, 가등기담보권의 사적 실행에 있어서 채권자가 청산금의 지급 이전에 본등기와 담보목적물의 인도를 받을 수 있다거나 청산기간이나 동시이행관계를 인정하지 아니하는 '처분정산'형의 담보권실행은 가담법상 허용되지 아니한다. 가담법 제3조, 제4조의 각 규정에 비추어 볼 때 그 각 규정을 위반하여 담보가등기에 기한 본등기가 이루어진 경우에는 그 본등기는 무효라고 할 것이고, 설령 그와 같은 본등기가 가등기권리자와 채무자 사이에 이루어진 특약에 의하여 이루어졌다고 할지라도 만일 그 특약이 채무자에게 불리한 것으로서 무효라고 한다면 그 본등기는 여전히 무효일 뿐, 이른바 약한 의미의 양도담보로서 담보의 목적 내에서는 유효하다고 할 것이 아니고, 다만 가등기권리자가 가담법 제3조, 제4조에 정한 절차에 따라 청산금의 평가액을 채무자 등에게 통지한 후 채무자에게 정당한 청산금을 지급하거나 지급할 청산금이 없는 경우에는 채무자가 그 통지를 받은 날로부터 2월의 청산기간이 경과하면 위 무효인 본등기는 실체적 법률관계에 부합하는 유효한 등기가 될 수 있다.

가등기담보권자인 채권자가 청산기간이 경과하기 전 또는 가담법 제6조 제1항에 의하여 채무자에게 청산통지를 하였다는 사실 등을 후순위권리자에게 통지하지 아니하고, 채무자에게 청산금을 지급한 경우에는 이로써 후순위권리자에게 대항할 수 없는 것이나, 이러한 채권자의 변제 제한의 효력은 후순위권리자에게만 적용되는 상대적인 것이므로, 후순위권리자는 청산금채권이 아직 소멸하지 않은 것으로 보고 채권자에게 직접 권리를 행사할 수 있고 후순위권리자가 채권자에게 청산금을 지급하여 줄 것을 청구하게 되면 채권자로서는 청산금의 이중 지급의 책임을 면할 수 없다는 취지일 뿐이지, 후순위권리자가 존재한다는 사유만으로 채무자에게 담보권의 실행을 거부할 권원을 부여하는 것은 아니다.[13]

담보목적부동산에 관하여 가등기나 소유권이전등기 없는 상태에서 채권자가 담보목적부동산을 타에 처분하여 채권회수

가담법 제3조, 제4조는 채권자가 가담법 제2조 제1호에 정한 담보계약에 따른 '담보권'을 실행하는 방법으로서 귀속정산 절차를 규정한 것이므로, 가담법 제3조, 제4조가 적용되기 위해서는 채권자가 담보목적부동산에 관하여 가등기나 소유권이전등기 등을 마침으로써 '담보권'을 취득하였음을 요한다. 이와 달리 채권자가 채무자와 담보계약을 체결하였지만, 담보목적부동산에 관하여 가등기나 소유권이전등기를 마치지 아니한 경우에는 '담보권'을 취득하였다고 할 수 없으므로, 이러한 경우에는 가담법 제3조, 제4조는 원칙적으로 적용될 수 없다. 따라서 채권자와 채무자가 담보계약을 체결하였지만, 담보목적부동산에 관하여 가등기나 소유권이전등기를 마치지 아니한 상태에서 채권자로 하여금 귀속정산 절차에 의하지 않고 담보목적부동산을 타에 처분하여 채권을 회수할 수 있도록 약정하였다 하더라도, 그러한 약정이 가담법의 규제를 잠탈하기 위한 탈법행위에 해당한다는 등의 특별한 사정이 없는 한 가담법을 위반한 것으로 보아 무효라고 할 수는 없다.[14]

13) 대판 2002. 12. 10. 2002다42001.
14) 대판 2013. 9. 27. 2011다106778; 대판 2013. 9. 26. 2011다108743.

나. 담보권의 실행

(1) 귀속정산

가담법은 귀속정산에 의한 담보권의 실행에 관하여 다음과 같이 규정하고 있다.

제3조(담보권 실행의 통지와 청산기간) ① 채권자가 담보계약에 따른 담보권을 실행하여 그 담보목적부동산의 소유권을 취득하기 위하여는 그 채권의 변제기 후에 제4조의 청산금의 평가액을 채무자등에게 통지하고, 그 통지가 채무자등에게 도달한 날부터 2개월(이하 "청산기간"이라 한다)이 지나야 한다. 이 경우 청산금이 없다고 인정되는 경우에는 그 뜻을 통지하여야 한다.

② 제1항에 따른 통지에는 통지 당시의 담보목적부동산의 평가액과 「민법」 제360조에 규정된 채권액을 밝혀야 한다. 이 경우 부동산이 둘 이상인 경우에는 각 부동산의 소유권이전에 의하여 소멸시키려는 채권과 그 비용을 밝혀야 한다.

제4조(청산금의 지급과 소유권의 취득) ① 채권자는 제3조제1항에 따른 통지 당시의 담보목적부동산의 가액에서 그 채권액을 뺀 금액(이하 "청산금"이라 한다)을 채무자등에게 지급하여야 한다. 이 경우 담보목적부동산에 선순위담보권 등의 권리가 있을 때에는 그 채권액을 계산할 때에 선순위담보 등에 의하여 담보된 채권액을 포함한다.

② 채권자는 담보목적부동산에 관하여 이미 소유권이전등기를 마친 경우에는 청산기간이 지난 후 청산금을 채무자등에게 지급한 때에 담보목적부동산의 소유권을 취득하며, 담보가등기를 마친 경우에는 청산기간이 지나야 그 가등기에 따른 본등기를 청구할 수 있다.

③ 청산금의 지급채무와 부동산의 소유권이전등기 및 인도채무의 이행에 관하여는 동시이행의 항변권에 관한 「민법」 제536조를 준용한다.

④ 제1항부터 제3항까지의 규정에 어긋나는 특약으로서 채무자등에게 불리한 것은 그 효력이 없다. 다만, 청산기간이 지난 후에 행하여진 특약으로서 제삼자의 권리를 침해하지 아니하는 것은 그러하지 아니하다.

약한 의미의 양도담보가 이루어진 경우 부동산이 귀속정산의 방법으로 담보권이 실행되어 그 소유권이 채권자에게 확정적으로 이전되었다고 인정하려면 채권자가 가등기에 기하여 본등기를 경료하였다는 사실만으로는 부족하고 담보 부동산을 적정한 가격으로 평가한 후 그 대금으로써 피담보채권의 원리금에 충당하고 나머지 금원을 반환하거나 평가 금액이 피담보채권액에 미달하는 경우에는 채무자에게 그와 같은 내용의 통지를 하는 등 정산절차를 마친 사실이 인정되어야 한다.
양도담보권자가 본등기 이후 10여 년 동안이나 제세공과금을 납부하는 등 대외적으로 소유권을 행사해 오는 동안 양도담보설정자나 채무자가 정산절차의 이행을 촉구하거나 나아가 피담보채무의 변제를 조건으로 가등기 및 본등기의 말소를 요구하지 않았다고 하여, 이를 두고 묵시적 대물변제 또는 귀속정산이 이루어졌다고 할 수는 없다고 한 사례.[15)]

(2) 민사집행법상의 경매(가담법 12조)

저당권에 기하여 진행되는 경매절차와 같다(가담법 12조).

다. 정산금의 지급

목적 부동산의 가액에서 채무액(피담보채권액)을 차감한 잔액이 정산금이다. 정산금청구권은 귀속정산에 있어서는 채권자가 정산금의 지급에 관한 확정적인 의사표시를 한 때, 처분정산에 있어서는 목적 부동산의 환가가 있는 때에 비로소 발생한다.

4. 대내적 관계

가. 담보목적물의 소유권이전과 사용·수익

채권자는 담보목적부동산에 관하여 이미 소유권이전등기를 마친 경우에는 정산기간이 지난 후 정산금을 채무자등에게 지급한 때에 담보목적부동산의 소유권을 취득하며, 담보가등기를 마친 경우에는 정산기간이 지나야 그 가등기에 따른 본등기를 청구할 수 있다(가담법 4조 2항).

일반적으로 부동산을 채권담보의 목적으로 양도한 경우 특별한 사정이 없는 한 목적부동산에 대한 사용수익권은 채무자인 양도담보 설정자에게 있는 것이므로 설정자와 양도담보권자 사이에 양도담보권자가 목적물을 사용·수익하기로 하는 약정이 없는 이상 목적부동산을 임대할 권한은 양도담보 설정자에게 있다.[16)]

정산절차 종료 이후의 담보목적물에 대한 사용·수익권

일반적으로 담보목적으로 가등기를 경료한 경우 담보물에 대한 사용·수익권은 가등기설정자인 소유자에게 있다고 할 것이나, 가등기담보약정은 채무자가 본래의 채무를 이행하지 못할 경우 채권자에게 담보목적물의 소유권을 이전하기로 하는 예약으로서 유상계약인 쌍무계약적 재산권이전약정에 해당하므로 그 성질에 반하지 않는 한 매매에 관한 민법 규정이 준용된다 할 것이고(민법 제567조), 채권자가 가등기담보권을 실행하여 그 담보목적부동산의 소유권을 취득하기 위하여 가담법에 따라 채무자에게 담보권 실행을 통지한 경우

---

15) 대판 2005. 7. 15. 2003다46963.

16) 대판 2001. 12. 11. 2001다40213. 다음은 같은 취지이다.
일반적으로 부동산을 채권담보의 목적으로 양도한 경우 특별한 사정이 없는 한 목적부동산에 대한 사용수익권은 채무자인 양도담보설정자에게 있으므로, 양도담보권자는 사용수익할 수 있는 정당한 권한이 있는 채무자나 채무자로부터 그 사용수익할 수 있는 권한을 승계한 자에 대하여는 사용수익을 하지 못한 것을 이유로 임료 상당의 손해배상이나 부당이득반환청구를 할 수 없다(대판 2008. 2. 28. 2007다37394).

청산금을 지급할 여지가 없는 때에는 2월의 청산기간이 경과함으로써 청산절차는 종료되고, 이에 따라 채권자는 더 이상의 반대급부의 제공 없이 채무자에 대하여 소유권이전등기청구권 및 목적물 인도청구권을 가진다 할 것임에도 채무자가 소유권이전등기의무 및 목적물 인도의무의 이행을 지연하면서 자신이 담보목적물을 사용·수익할 수 있다고 하는 것은 심히 공평에 반하여 허용될 수 없으므로 이러한 경우 담보목적물에 대한 과실수취권 등을 포함한 사용·수익권은 청산절차의 종료와 함께 채권자에게 귀속된다고 보아야 한다.[17]

귀속정산에 의한 소유권이전의 요건

채권자가 채권담보의 목적으로 부동산에 가등기를 경료하였다가 그 후 변제기까지 변제를 받지 못하게 되어 그 가등기에 기한 소유권이전의 본등기를 경료한 경우에는 당사자들이 달리 특별한 약정을 하지 아니하는 한 그 본등기도 채권담보의 목적으로 경료된 것으로서 당사자 사이에 정산절차를 예정하고 있는 이른바 '약한 의미의 양도담보'가 된 것으로 보아야 할 것이고, 약한 의미의 양도담보가 이루어진 경우에는 채무의 변제기가 도과된 후라고 하더라도 채권자가 담보권을 실행하여 정산절차를 마치기 전에는 채무자는 언제든지 채무를 변제하고 채권자에게 가등기 및 가등기에 기한 본등기의 말소를 청구할 수 있는 것이며, 양도담보권자가 변제기 후에 담보권실행을 위하여 담보물을 정당한 가격으로 타에 처분하거나 자기가 그 소유권을 인수하려면 그 대금으로써 피담보채권의 원리금을 충당하고 잔액이 있으면 이를 채무자에게 반환하는 등의 정산을 필하지 않은 상태에서는 아직 그 피담보채권이 소멸되었다고는 볼 수 없다.
부동산이 귀속청산의 방법으로 담보권이 실행되어 그 소유권이 채권자에게 확정적으로 이전되었다고 인정하려면 우선 당사자로부터 담보권의 실행이 귀속청산의 방법으로 이루어졌다는 주장이 있어야 하고, 또한 채권자가 가등기에 기하여 본등기를 경료하였다는 사실만으로는 부족하고 담보 부동산을 적정한 가격으로 평가한 후 그 대금으로써 피담보채권의 원리금에 충당하고 나머지 금원을 반환하거나 평가 금액이 피담보채권액에 미달하는 경우에는 채무자에게 그와 같은 내용의 통지를 하는 등 정산절차를 마친 사실이 인정되어야 한다.[18]

나. 가등기 및 본등기의 말소청구

약한 의미의 양도담보가 된 경우 채무의 변제기가 도과된 후라고 하더라도 채권자가 담보권을 실행하여 정산절차를 마치기 전에는 채무자는 언제든지 채무를 변제하고 채권자에게 가등기 및 그 가등기에 기한 본등기의 말소를 청구할 수 있다.[19]

특정채무의 담보를 위하여 채무자가 그 소유부동산을 채권자명의로 이전등기를 한 경우에는 채무자가 피담보채권을 변제한 후에 그 이전등기의 말소를 구하거나 이전등기를 구할 수 있다.[20]

17) 대판 2001. 2. 27. 2000다20465.
18) 대판 1996. 7. 30. 95다11900.
19) 대판 1992. 1. 21. 91다35175.
20) 대판 1965. 6. 29. 65다869

특정채무의 담보를 위하여 경료된 채권자 명의의 소유권이전등기의 말소를 구하는 소송에 있어서 법원은 피담보채무의 소멸을 주장하는 원고(채무자)에 대하여 그 채무의 변제와 상환으로 말소등기를 구하는 것인지의 석명권을 행사할 의무가 있는 것도 아니고, 채무자로서는 피담보채무를 변제한 후 그 담보목적의 소멸을 이유로 하여 이전등기의 말소를 구할 수 있으나 피담보채무의 변제와 교환적으로 그 말소를 구할 수는 없다.[21]

Ⅲ. 가담법의 적용을 받지 않는 부동산 양도담보

1. 양도담보의 법적 성격

양도담보의 법적 성격에 대해서는 신탁적 소유권이전설과 담보물권설이 있다. 가담법 시행 이전에는 신탁적 소유권이전설이 다수설·판례였다. 그러나 가담법 시행 이후에는, 가담법의 입법 취지와 해석을 고려할 때 가담법이 적용되는 양도담보의 법적 성질에 관하여 다수설과 판례는 담보물권설을 취하고 있는 것으로 보인다. 가담법 시행 이후 가담법이 적용되지 않는 동산이나 주식에 관하여 판례는 주로 신탁적 소유권이전설을 취하고 있다.

가. 신탁적 소유권이전설

신탁적 소유권이전설[22]에 의하면 양도담보에 의하여 소유권은 대외적으로만 양도담보권자에게 이전되며 이때 양도담보권자는 담보설정자에 대하여 담보목적을 넘어서 그 소유권을 행사하여서는 아니 되는 채무를 부담할 뿐이다. 따라서 담보목적을 넘어서 소유권을 행사하는 것은 채무불이행에 해당되고 손해배상의무를 진다. 대외적 소유권이 담보권자에게 있기 때문에 채무변제기 전이라도 목적물을 양도하면 그 양수인은 선의·악의를 불문하고 소유권을 취득한다. 이러한 논리는 가담법 11조 단서가 선의의 제삼자만을 보호하는 것과 모순된다.

나. 담보물권설

담보물권설에 의하면 양도담보권자는 양도담보권이라는 담보권을 취득할 뿐 소유권은 여전히 설정자에게 있고, 정산절차가 종료될 때 비로소 소유권이 대내외적으로 담보권자에게 이전한다.

담보물권설은 "채권자는 담보목적부동산에 관하여 이미 소유권이전등기를 마친 경우에는 정산기간이 지난 후 정산금을 채무자등에게 지급한 때에 담보목적부동산의 소유권을 취득한다"라는 취지의 가담법 4조 2항과 일치한다.

---

21) 대판 1989.10.13. 88다카29351.

22) 신탁적 소유권이전설은 명의신탁에 있어 관계적 귀속이론과 같은 개념이다.

담보물권설에 의하면 채권자가 변제기 전에 담보목적물을 처분하는 것은 무권리자의 처분행위에 불과하여 원칙적으로 무효가 된다. 따라서 담보물권설은 변제기 전에 채권자로부터 전에 담보목적물을 양수한 자는 선의인 때에만 호보된다는 가담법 11조 단서와 모순되지 않는다.

다. 신탁적 소유권이전설과 담보물권설의 비교

(1) 담보권자에 의한 목적물의 처분

신탁적 소유권이전설에 의하면 소유권이 담보권자에게 있으므로, 담보권자로부터 목적물을 매수한 양수인은 선의 여부를 불문하고 유효하게 소유권을 취득한다. 다만 양수인이 담보권자의 배임행위에 적극 가담하는 경우에는 반사회적 행위가 되어 무효로 된다.

담보물권설에 의하면 선의의 양수인만 (처분 목적물이 동산인 때에는 선의취득에 의해, 부동산인 때에는 가담법 11조 단서에 의해) 소유권을 취득하게 된다.

(2) 설정자에 의한 목적물의 처분

부동산에 있어서는 그 등기 명의가 담보권자에게 있으므로 설정자가 이를 처분하는 것은 원칙적으로 불가능하다. 따라서 설정자에 의한 목적물의 처분은 동산에 있어서만 가능하다.

신탁적 소유권이전설에 의하면 동산을 설정자(대외적 소유권자가 아님)가 처분할 때 그 양수인은 원칙적으로 소유권을 취득할 수 없고, 다만 선의취득은 가능하다. 담보물권설에 의하면 동산을 설정자(소유자임)가 처분할 때 그 양수인은 원칙적으로 양도담보권이 설정된 동산의 소유권을 취득하며, 선의취득도 할 수 있다.

(3) 신탁적 소유권이전설과 담보물권설에 따라 '담보권자의 일반 채권자와 설정자의 관계'와 '설정자의 일반 채권자와 담보권자의 관계'가 달라진다.

라. 학설에 대한 평가

양도담보는 담보의 목적을 위하여 목적물에 관하여 소유권을 이전하는 형식을 취한다. 소유권의 이전이라는 형식을 중시하면 신탁적 소유권이전설이 타당하고, 담보의 목적이라는 실질을 중시하면 담보물권설이 타당하다. 당사자의 의사를 합리적으로 반영하고, 거래의 안전을 도모하며, 경제적 약자인 채무자가 부당하게 불리해지지 않도록 조화로운 해석을 전개할 필요가 있다. 이러한 이유로 신탁적 소유권이전설과 담보물권설 중 어느 하나만으로 일관하기에는 어려운 측면이 있다.

2. 양도담보의 성립

양도담보가 성립하기 위해서는 양도담보계약과 그 목적 권리의 이전에 필요한 공시 방법을 갖추어야 한다. 목적 권리의 이전에 필요한 공시방법은 목적물이 동산인 때에는 인도(점유개정 포함)이고, 부동산인 때에는 등기이다. 양도담보의 목적물은 양도성 있는 재산권이어야 한다.

3. 정 산

가담법이 시행되기 전에 성립한 약한 의미의 양도담보에 있어서 채권자는 채무의 변제기가 도과되면 담보부동산의 가액에서 채권의 원리금 등을 공제한 나머지를 채무자에게 반환하고 담보부동산의 소유권을 취득하거나(귀속정산), 담보부동산을 처분하여 그 매각대금에서 채권원리금의 변제에 충당하고 나머지를 채무자에게 반환할 수도 있을 것이나(처분정산), 이는 담보권의 실행을 위하여 채권자에게 부여된 권리이지, 채무자가 채권자에게 적극적으로 위와 같은 정산을 요구할 청구권을 가지는 것은 아니며, 채무자는 변제기가 도과된 이후에도 채권자가 그 담보권을 실행하기 전에는 언제든지 채무를 변제하고, 그 담보목적의 가등기 및 그에 터잡은 본등기의 말소를 구할 수 있을 뿐이고, 채무자가 채무의 변제에 의한 등기의 말소보다는 담보권의 실행을 원하여 채권자에게 채무를 변제하지 아니한 채 담보권을 실행한 후 그 정산금을 지급할 것을 청구할 수는 없으며, 그러한 요구를 한다고 하더라도 이는 정산절차의 이행을 촉구하는 의미밖에 없다.
양도담보설정자의 정산금청구는 처분정산의 경우에는 담보부동산이 환가되어야 비로소 그 권리행사가 가능한 것이므로 정산금청구권은 담보부동산의 환가시를 시점으로 하여 소멸시효가 진행된다.[23)]
해설: 위 판례는 채권자가 목적 부동산을 제3자에게 처분한 사적 처분청산에 관한 것이다. 가담법 시행 전에 성립한 약한 의미의 양도담보에 있어서는 귀속청산 외에 채권자가 담보부동산을 처분하여 그 매각대금에서 채권원리금의 변제에 충당하고 나머지를 채무자에게 반환하는 사적 처분청산이 허용되며 담보권실행을 위하여 귀속청산을 할지 처분청산을 할지는 채권자의 권리이다.

4. 양도담보의 효력

가. 대내적 효력

(1) 목적물의 이용관계

목적물의 이용은 담보권자와 설정자 사이의 약정에 따르며, 명시적인 약정이 없는 때에는 특별한 사정이 없는 한 설정자가 사용·수익할 수 있다.

일반적으로 부동산을 채권담보의 목적으로 양도한 경우 특별한 사정이 없는 한 목적부동산에 대한 사용수익권은 채무자인 양도담보설정자에게 있는 것이므로 양도담보권자는 사용수익할 수 있는 정당한 권한이 있는 채무자나 채무자로부터 그 사용수익할 수 있는 권한을 승계한 자에 대하여는 사용수익을 하지 못한 것을 이유로 임료 상당의 손해배상이나 부당이득반환청구는 할 수 없다.[24)]

23) 대판 1994. 5. 24. 93다44975.
24) 대판 1988. 11. 22. 87다카2555.

(2) 담보권실행을 위한 소유권이전

사안: 피고는 원고에 대한 15억 8,000만 원의 채무(그 중 13억 3,500만 원은 공사잔대금이고 나머지 2억 4,500만원은 피고가 차용해 간 차용금임)의 변제를 담보하기 위하여 원고와 사이에 양도담보계약을 체결하고 이 사건 부동산을 그 담보로 제공하였으나 아직 소유권이전등기를 경료하지는 않았다. 피고가 위 채무의 변제를 지체하자 원고가 피고를 상대로 위 부동산에 관한 소유권이전등기청구소송을 제기하였다. 피고는 원고가 가담법 소정의 청산절차를 밟지 아니하였으므로 위 부동산에 관한 소유권이전등기의무가 없다고 주장한다.

판단: 이 사건 양도담보계약은 공사잔대금의 지급을 담보하기 위한 계약이라고 봄이 상당하여 가담법이 적용되지 아니할 분만 아니라, 가사 위 양도담보계약이 2억 4,500만원의 차용금 채무의 담보를 포함하고 있어 가담법이 적용된다고 하더라도, 양도담보의 경우 양도담보계약에 따른 소유권이전등기가 경료된 다음에야 그 담보권이 발생하므로 채권자는 가담법상 청산절차를 밟기 전에 우선 담보계약에 따른 소유권이전등기절차의 이행을 구하여 소유권이전등기를 받은 다음 가담법에 따른 청산절차를 밟으면 된다고 봄이 상당하다고 할 것이어서, 피고는 위 양도담보계약에 기한 원고의 소유권이전등기절차이행 청구를 거절할 수는 없다.[25]

(3) 담보권

채권담보를 위하여 소유권이전등기를 경료한 양도담보권자는 채무자가 변제기를 도과하여 피담보채무의 이행지체에 빠졌을 때에는 담보계약에 의하여 취득한 목적 부동산의 처분권을 행사하기 위한 환가절차의 일환으로서 즉, 담보권의 실행으로서 채무자에 대하여 그 목적 부동산의 인도를 구할 수 있고 제3자가 채무자로부터 적법하게 목적 부동산의 점유를 이전받아 있는 경우에는 그 목적 부동산의 인도청구를 할 수도 있다 할 것이나 직접 소유권에 기하여 그 인도를 구할 수는 없다.[26]

환매특약부매매가 채권담보의 경제적 기능을 갖는 것은 사실이나, 그렇다고 하더라도 채권자(매수인)가 단순히 담보권만을 취득하는 것이 아니고 목적물의 소유권까지를 일단 취득하고 단지 채무자(매도인)가 환매기간 내에 환매할 수 있는 권리를 유보하는 부담을 갖는 데에 그치는 것이므로, 주식을 환매조건부로 취득하여 주주명부상의 명의개서까지 마친 매수인으로서는 주주로서의 의결권 기타의 공익권도 행사할 수 있고, 설사 주식의 양도가 양도담보의 의미로 이루어지고 양수인이 양도담보권자에 불과하더라도, 회사에 대한 관계에 있어서는 양도담보권자가 주주의 자격을 갖는 것이어서 의결권 기타의 공익권도 양도인에 대한 관계에서는 담보권자인 양수인에 귀속한다 할 것이다.[27]

건물의 신축자가 채권자에게 채권담보의 목적으로 건물을 매도하였으나 후일 채권자가 별도의 담보물인 대

25) 대판 1996. 11. 15. 96다31116.
26) 대판 1991. 11. 8. 91다21770.
27) 대판 1992. 5. 26. 92다84.

지를 경매하여 그 피담보채권 전액을 변제받아 담보권이 소멸하였는데도 그 건물을 제3자에게 매도한 것이라면 그 매수인은 그 건물의 소유권을 취득하지 못한다.[28)]

나. 대외적 효력

양도담보에 관하여 가담법이 적용되지 않는 경우에는 신탁적 소유권이전설에 따라 담보 목적물의 대외적 소유권이 양도담보권자에게 있다.

원고는 1976. 2. 초순 갑으로부터 500만 원을 변제기 20일 내로 하여 차용하고 같은 해 3. 16.에 이르러 위 차용금을 같은 해 3. 30.까지 변제 못할 때는 본건 토지를 대물변제하기로 약정한 다음, 동 약정기일에 채무변제를 못하게 되자 대물변제의 뜻에서 본건 토지를 피고에게 매도한다는 내용의 매매계약서로 그 대금을 영수하였다는 영수증과 매도증서, 위임장, 인감증명서 등 그 소유권이전등기에 필요한 관계서류를 갑에게 교부하였는 바, 갑은 그 소유권이전등기를 아니하고 있다가 같은 해 6. 5. 피고에게 위 토지를 매도하고 위 소유권이전등기소유의 관계서류를 교부한 바 되어 피고가 같은 달 26. 피고 명의로 소유권이전등기를 필한 사안에서,
대물변제예약이 민법 제607조, 제608조에 따라 무효라 할지라도 양도담보의 목적범위에서는 유효하다 할 것이니 양도담보권자(갑)가 제3자(피고)에게 그 담보목적물을 처분하여 그 등기를 필하였다면 채무자(원고)는 그 제3자에 대하여 대물변제예약의 무효를 들어 대항할 수 없다.[29)]
해설: 위 판례는 가담법 시행 이전의 사안에 관한 것이다. 양도담보권자로부터 토지를 매수한 매수인은 신탁적 소유권이전설을 따라 선의·악의와 무관하게 토지에 관한 소유권을 취득한다.

대지 소유자가 건축업자에게 대지를 매도하고 건축업자는 대지 소유자 명의로 건축허가를 받았다면 이는 완성될 건물을 대지 매매대금의 담보로 제공키로 하는 합의로서 법률행위에 의한 담보물권의 설정에 다름 아니어서, 완성된 건물의 소유권은 일단 이를 건축한 채무자가 원시적으로 취득한 후 대지 소유자 명의로 소유권보존등기를 마침으로써 담보목적의 범위 내에서 대지 소유자에게 그 소유권이 이전된다고 할 것이므로, 그 경우 건축업자가 건물을 타에 분양하였다 할지라도 그 후 대지 소유자 명의로 건물에 대한 소유권보존등기가 경료된 경우에는, 건축업자가 담보물인 위 건물을 타에 분양하고 그 분양대금 중 일부로 매매대금을 대지 소유자에게 지급하기로 약정하는 등 건축업자가 건물을 타에 분양하는 것을 대지 소유자가 허용한 경우가 아닌 한, 건축업자의 분양 등 처분행위는 대지 소유자의 담보권에 반한다 할 것이고, 따라서 건축업자로부터 건물을 분양받고 소유권이전등기를 경료받지 못한 자는 그보다 앞서 건물에 관하여 담보 목적으로 소유권보존등기를 경료한 대지 소유자에 대하여 분양을 이유로 한 소유권이전등기를 구할 수 없다.[30)]

28) 대판 1990. 11. 9. 90다4457.
29) 대판 1982. 7. 13. 81다254. 다음은 같은 취지이다.
부동산에 관한 대물변제예약 당시 그 부동산의 가액이 채무원리금의 합산액을 초과하는 경우에는 대물변제예약 자체는 무효라고 하더라도 소위 약한 의미의 양도담보계약이 된 것으로 볼 수 있다(대판 1980. 7. 22. 80다998).
30) 대판 2002. 7. 12. 2002다19254.

해설: ① 위 사안을 신탁적 소유권이전설에 따라 논리적으로 분석하면 다음과 같다.
- 대지 소유자가 건축업자에게 대지를 매도하고, 그 매매대금의 지급을 담보하기 위하여 건축업자가 신축하는 건물에 관하여 대지 소유자 명의로 소유권보존등기를 하기로 약정한 사안이다.
- 그러므로 위 약정은 대지매매대금에 관한 채권자(대지 소유자)와 채무자(건축업자) 사이에 신축 건물에 관하여 양도담보설정계약을 체결한 것에 다름 아니다.
- 대지매매대금의 지급을 담보하기 위한 양도담보여서 가담법의 적용대상이 아니므로, 신탁적 소유권이전설에 따라야 한다.
- 신축 건물의 소유권은 건축업자가 원시적으로 취득하지만, 위 약정에 따라 대지 소유자 명의로 소유권보전등기를 경료하였는바, 신탁적 소유권이전설에 의해 대지 소유자가 신축 건물의 대외적 소유권을 가진다.
- 대외적 소유권자가 아닌 건축업자로부터 신축 건물을 분양받은 자는 소유권을 취득할 수 없다.
- 다만, 위와 같은 경우에 대외적 소유권자가 아닌 건축업자가 신축 건물을 타에 분양하였더라도 그러한 분양이 대지 소유자의 허용 하에 이루어졌다면 수분양자가 유효하게 소유권을 취득한다.

② 가담법의 적용대상이 아닌 양도담보에 대해서는 신탁적 소유권이전설을 따르는 것이 판례의 통상적인 태도이다. 신탁적 소유권이전설을 취한다면, 건축업자의 분양 등 처분행위는 소유권 없는 무권리자의 처분행위에 불과하여 건축업자로부터 건물을 분양받은 자는 소유권을 취득하지 못한다고 보는 것이 논리적이다. 이와 달리 위 판례는 건축업자의 분양 등 처분행위는 대지 소유자(즉 건물의 양도담보권자)의 담보권에 반하므로 건축업자로부터 건물을 분양받은 자는 대지 소유자에 대하여 소유권이전등기를 구할 수 없다고 판시하고 있다. 위 판시는 건물의 양도담보권자가 담보권을 가지고 있는 것처럼 표현하여 신탁적 소유권이전설이 아니라 담보물권설을 따르고 있는 것이 아닌가 하는 의문이 든다.

Ⅳ. 부동산 양도담보에 관한 형사 판례

1. 채무자에 의한 담보목적물의 처분

가. 소유권이전등기경료 전의 처분

채권자와 부동산양도담보설정계약을 체결한 피고인이 그 소유권이전등기 경료 전에 임의로 기존의 근저당권자인 제3자에게 지상권설정등기를 경료하여 준 경우, 그 지상권 설정이 새로운 채무부담행위에 기한 것이 아니라 기존의 저당권자가 가지는 채권을 저당권과 함께 담보하는 의미밖에 없다고 하더라도 이로써 양도담보권자의 채권에 대한 담보능력 감소의 위험이 발생한 이상 배임죄를 구성한다.[31)]

나. 소유권이전등기경료 후의 처분

소유권이전등기가 경료된 후에는 채무자에 의한 부동산의 처분은 사실상 불가능하여 문제될 여지가 별로 없다.

31) 대판 1997. 6. 24. 96도1218.

타인에게 매도담보로 제공한 동산을 그대로 계속하여 점유하고 있는 경우에 그 동산을 임의로 처분하였다면 위 동산을 자기의 물건이라고 할 수 없어 권리행사방해죄가 아닌 횡령죄가 성립한다(대판 1962. 2. 8. 4294형상470).

해설: 위 판례는 동산에 관한 매도담보가 유효하다고 판단한 사안에 관한 것이다. 위와 같이 매도담보가 유효하다고 하기 위해서는 가담법의 적용을 받지 않고 민법 607조, 608조에 의해 무효로 되지 않아야 한다. 그런데 부동산이 매도담보로 제공되면 가담법이 적용되고 그렇게 되면 청산 이전의 단계에서 소유권을 이전한다는 당사자의 의사는 효력이 없으므로(가담법 4조 2항), 채권자와 채무자가 매도담보를 설정하기로 하였더라도 이는 양도담보로서만 유효하게 된다. 그렇다면 채무자가 매도담보권이 설정된 부동산을 처분하는 것은 양도담보권이 설정된 부동산을 처분하는 것과 동일하게 배임죄를 구성한다고 보아야 할 것이다.

다. 대물변제하기로 한 부동산의 처분

대물변제예약에 따라 부동산소유권을 이전해줄 의무/채무자가 채권자에게 차용금 미변제시 어머니 소유 부동산에 대한 유증상속분을 대물변제하기로 약정하고 유증을 원인으로 소유권이전등기를 마쳤음에도 이를 제3자에게 매도

채무자가 채권자에 대하여 소비대차 등으로 인한 채무를 부담하고 이를 담보하기 위하여 장래에 부동산의 소유권을 이전하기로 하는 내용의 대물변제예약에서, 약정의 내용에 좇은 이행을 하여야 할 채무는 특별한 사정이 없는 한 '자기의 사무'에 해당하는 것이 원칙이다.

채무자가 대물변제예약에 따라 부동산에 관한 소유권을 이전해 줄 의무는 예약 당시에 확정적으로 발생하는 것이 아니라 채무자가 차용금을 제때에 반환하지 못하여 채권자가 예약완결권을 행사한 후에야 비로소 문제가 되고, 채무자는 예약완결권 행사 이후라도 얼마든지 금전채무를 변제하여 당해 부동산에 관한 소유권이전등기절차를 이행할 의무를 소멸시키고 의무에서 벗어날 수 있다. 한편 채권자는 당해 부동산을 특정물 자체보다는 담보물로서 가치를 평가하고 이로써 기존의 금전채권을 변제받는 데 주된 관심이 있으므로, 채무자의 채무불이행으로 인하여 대물변제예약에 따른 소유권등기를 이전받는 것이 불가능하게 되는 상황이 초래되어도 채권자는 채무자로부터 금전적 손해배상을 받음으로써 대물변제예약을 통해 달성하고자 한 목적을 사실상 이룰 수 있다. 이러한 점에서 대물변제예약의 궁극적 목적은 차용금반환채무의 이행 확보에 있고, 채무자가 대물변제예약에 따라 부동산에 관한 소유권이전등기절차를 이행할 의무는 궁극적 목적을 달성하기 위해 채무자에게 요구되는 부수적 내용이어서 이를 가지고 배임죄에서 말하는 신임관계에 기초하여 채권자의 재산을 보호 또는 관리하여야 하는 '타인의 사무'에 해당한다고 볼 수는 없다. 그러므로 채권 담보를 위한 대물변제예약 사안에서 채무자가 대물로 변제하기로 한 부동산을 제3자에게 처분하였다고 하더라도 형법상 배임죄가 성립하는 것은 아니다.

채무자인 피고인이 채권자 갑에게 차용금을 변제하지 못할 경우 자신의 어머니 소유 부동산에 대한 유증상속분을 대물변제하기로 약정한 후 유증을 원인으로 위 부동산에 관한 소유권이전등기를 마쳤음에도 이를 제3자에게 매도함으로써 갑에게 손해를 입혔다고 하여 배임으로 기소된 사안에서, 피고인이 대물변제예약에 따라 갑에게 부동산의 소유권이전등기를 마쳐 줄 의무는 민사상 채무에 불과할 뿐 타인의 사무라고 할 수 없다.[32]

---

32) 대판 2014. 8. 21. 2014도3363 전원합의체. 위 판결에 의해 채권 담보를 위한 대물변제예약 사안에서 배임죄의 성립을

해설: 대물변제의 예약도 양도담보(채무가 변제되지 않으면 담보물의 소유권취득)의 일종이라고 보면, 위 판례에 의해 양도담보설정자가 양도담보 목적물을 처분하면 배임죄가 성립한다는 종래의 판례들은 변경되었다고 볼 여지가 있다.

2. 채권자에 의한 담보목적물의 처분

가. 변제기 이전의 처분

배임죄에 있어서 재산상 손해를 가한 때라 함은 현실적인 손해를 가한 경우 뿐만 아니라 재산상 손해발생의 위험을 초래한 경우도 포함되는 바, 채권담보의 목적으로 부동산의 소유권이전등기를 넘겨받은 채권자는 채무자가 변제기까지 그 채무를 변제하면 그 등기를 환원하여 줄 의무가 있는 것이므로 그 변제기일 이전에 그 임무에 위배하여 제3자에게 소유권이전청구권의 보전을 위한 가등기를 하여 주었다면 설사 그 때문에 채무자의 환매권을 종국적으로 상실케 하는 것은 아니라고 하더라도 그 담보가치 상당의 실해가 발생할 위험을 초래한 것이 되므로 비록 채무자가 변제기일까지 채무를 변제하지 아니하였더라도 배임죄의 성립에는 아무런 영향이 없다.[33]

해설: 채권자 명의의 소유권이전등기를 경료하고 변제기일 이전에는 신탁적 소유권이전설(대내적 소유권이 채무자에게 있음)을 취하건 담보물권설(소유권이 채무자에게 있음)을 취하건 적어도 대내적 소유권은 채무자에게 있으므로 위 판례의 사안에서 횡령죄가 성립한다고 보는 것이 보다 논리적일 것으로 생각된다(다수설).

양도담보의 채무자는 채권자가 담보권의 실행을 위하여 양도담보의 목적물처분을 종료할 때까지 피담보채무를 변제하여 목적물을 도로 찾아올 수 있고 양도담보의 피담보채권이 채무자의 변제 등에 의하여 소멸하면 양도담보권자는 담보목적물의 소유자이었던 담보설정자에게 그 권리를 회복시켜 줄 의무를 부담하게 함으로 그 이행은 타인의 재산을 보전하는 형법 제355조 제1항 소정의 타인의 사무라고 할 것이다.

인정한 대판 2000. 12. 8. 2000도4293 등은 폐기되었다.

33) 대판 1989. 11. 28. 89도1309. 다음은 같은 취지이다.

채권의 담보를 목적으로 부동산의 소유권이전등기를 경료받은 채권자는 채무자가 변제기일까지 그 채무를 변제하면 채무자에게 그 소유 명의를 환원하여 주기 위하여 그 소유권이전등기를 이행할 의무가 있으므로 그 변제기일 이전에 그 임무에 위배하여 이를 제3자에게 처분하였다면 변제기일까지 채무자의 변제가 없었다 하더라도 배임죄는 성립된다(대판 1992. 7. 14. 92도753).

양도담보권자가 변제기 이전에 담보 목적 부동산을 처분

채권의 담보를 목적으로 부동산의 소유권이전등기를 경료받은 채권자가 그 변제기일 이전에 이를 제3자에게 처분한 경우 배임죄가 성립한다(대판 2007. 1. 25. 2005도7559).

채권확보를 위해 부동산소유권이전등기서류를 보관하는 자가 타에 처분

공사잔대금 확보조로 부동산에 관한 소유권 이전등기 소요서류를 임치하고 있는 자로서는 공사잔금을 지급받을 때까지 선량하게 보관하고 있다가 잔금이 청산되면 즉시 반환하여야 할 임무가 있음에도 불구하고 이를 보관하고 있음을 기화로 이를 타인에게 처분하고 소유권이전등기를 경료해주었을 경우에는 배임죄를 구성한다(대판 1973. 3. 13. 73도181).

채무자가 채권자로부터 금원을 차용하면서 담보를 제공한 부동산 위에 채권자가 은행으로부터 금원을 차용하고서 설정한 저당권에 기하여 임의경매절차가 진행되고 있는 동안에 위 채무자가 차용원리금을 변제공탁한 것을 채권자가 아무런 이의도 없이 이를 수령하고서도 위 경매절차에 대하여 손을 쓰지 아니하는 바람에 타인에게 경락되게 하고 그 부동산의 경락잔금까지 받아간 경우라면, 비록 채권자가 민사법상 이의의 유보없는 공탁금수령의 법률상의 효과에 대한 정확한 지식이 없었다 하더라도 금전소비대차거래에 있어서 이자제한법의 존재가 공지의 사실로 되어 있는 거래계의 실정에 비추어 막연하게나마 자기의 행위에 대한 위법의 인식이 있었다고 보지 못할 바 아니므로 위 채권자의 미필적 고의는 인정할 수 있다.[34)]

채권의 담보를 목적으로 부동산의 소유권이전등기를 마친 채권자는 채무자가 변제기일까지 그 채무를 변제하면 채무자에게 그 소유명의를 환원하여 주기 위하여 그 소유권이전등기를 이행할 의무가 있으므로, 그 변제기일 이전에 그 임무에 위배하여 제3자에게 근저당권을 경료하여 주었다면 변제기일까지 채무자의 채무변제가 없었다고 하더라도 배임죄는 성립되고, 그와 같은 법리는 채무자에게 환매권을 주는 형식을 취하였다고 하여 다를 바가 없다.[35)]

해설: 위 판례에서 '채무자에게 환매권을 주는 형식'을 취하였다는 것은, 채권의 담보를 목적으로 채권자 명의로 소유권이전등기를 경료한 때에 채권자가 확정적으로 소유권을 취득하고, 채무자는 다만 채무를 변제하고 다시 채무자 명의로 소유권이전등기를 경료할 수 있을 뿐이라는 것이다. 이러한 형태를 매도담보라고 한다. 다만, 위 판례가 매도담보가 유효하다고(즉 담보목적물이 채권자의 소유임을 인정한다고) 보았기 때문에 횡령죄가 아닌 배임죄의 성립을 긍정한 것은 아니다.

매매예약으로 인한 소유권이전등기청구권 보전을 위한 가등기권자는 채무의 변제기 까지는 가등기 상태를 유지할 것이요 그 변제기한이 지나도록 채무이행이 없을 경우에 비로소 본등기를 경료할 임무가 있고 그 범위 안에서는 타인의 사무를 처리하는 자라 할 것이므로 가등기권자가 위의 임무에 위배하여 변제기한 전에 채무자의 승락없이 이 사건 부동산을 그의 처 앞으로 소유권이전등기를 경료한 경우에는 배임죄가 성립한다.[36)]

담보목적으로 피고인 명의로 가등기가 경료된 피해자 소유의 부동산에 대하여 피해자의 아들로부터 채무가 변제 공탁된 사실을 통고받고서도 피고인 앞으로 본등기를 경료함과 동시에 제3자 앞으로 가등기를 경료하여 준 경우에는 배임죄가 성립된다.[37)]

34) 대판 1988. 12. 13. 88도184.
35) 대판 1995. 5. 12. 95도283.
36) 대판 1976. 9. 14. 76도2069.
37) 대판 1990. 8. 10. 90도414.

나. 변제기 이후의 처분

변제기 경과 후 담보권을 실행하여 환가대금을 담보제공자에게 반환할 의무

양도담보가 처분정산형의 경우이건 귀속정산형의 경우이건 간에 담보권자가 변제기 경과 후에 담보권을 실행하여 그 환가대금 또는 평가액을 채권원리금과 담보권 실행비용 등의 변제에 충당하고 환가대금 또는 평가액의 나머지가 있어 이를 담보제공자에게 반환할 의무는 담보계약에 따라 부담하는 자신의 정산의무이므로 그 의무를 이행하는 사무는 곧 자기의 사무처리에 속하는 것이라 할 것이고 이를 부동산매매에 있어서의 매도인의 등기의무와 같이 타인인 채무자의 사무처리에 속하는 것이라고 볼 수는 없어 그 정산의무를 이행하지 아니한 소위는 배임죄를 구성하지 않는다.[38)]

변제기 경과 후 담보권을 실행하려고 담보목적물을 부당하게 염가로 처분

담보권자가 변제기 경과 후에 담보권을 실행하기 위하여 담보목적물을 처분하는 행위는 담보계약에 따라 담보권자에게 주어진 권능이어서 자기의 사무처리에 속하는 것이지 타인인 채무자의 사무처리에 속하는 것이라고 할 수 없으므로, 담보권자가 담보권을 실행하기 위하여 담보목적물을 처분함에 있어 시가에 따른 적절한 처분을 하여야 할 의무는 담보계약상의 민사채무일 뿐 그와 같은 형법상의 의무가 있는 것은 아니므로 그에 위반한 경우 배임죄가 성립된다고 할 수 없다.[39)]

양도담보권자가 변제기 경과 후 담보권실행과 무관하게 담보목적물을 처분한 경우에 배임죄나 횡령죄가 성립하는지는 다툼의 여지가 있으며, 다음 판례들을 참조하라.

피고인이 1971. 4. 20. 채무자에게 100만 원을 빌려주고 그 후 채무자의 채무불이행으로 인하여 그 담보로 이 사건 부동산에 관하여 피고인 앞으로 소유권이전등기를 경료하였고, 그 채권 일부가 남아있는 상태에서 피고인이 1972. 1. 16. 위 부동산에 관하여 갑 명의의 근저당권설정등기를 경료해 준 사안에서,
피고인은 양도담보권자로서 남은 채권을 회수하기 위하여 위 부동산을 환가처분할 권리를 가지지만 그 처분은 채권의 변제충당을 위한 환가방법으로서 적절한 처분을 하여야 할 의무가 있다 할 것인데도 **채권변제와는 아무런 관계도 없이** 위와 같이 근저당권설정해준 소위는 채무자에 대한 배임행위가 된다.[40)]

양도담보권자와 채무자 사이에 변제할 채무액에 관하여 다툼이 있었다면 채무가 잔존한 것으로 믿고 담보부동산을 처분한 양도담보권자에게 위 부동산에 관한 횡령의 범의가 있다고 볼 수 없고, 그가 담보부동산을 처

38) 대판 1985. 11. 26. 85도1493 전원합의체. 위 판결에 의해 대판 1971. 3. 9. 71도189; 1975. 5. 13. 74도3125; 대판 1983. 6. 28. 82도1151은 변경되었다.
39) 대판 1985. 11. 26. 85도1493 전원합의체; 1989. 10. 24. 87도126; 대판 1997. 12. 23. 97도2430. 유사 취지로는 대판 1983. 2. 22. 82도2945.
40) 대판 1977. 5. 24. 76도4180.

분한 후 정산의무를 이행하지 아니한 것만으로는 범죄행위가 되지 아니한다.[41]
해설: 위 판례는 양도담보권자가 변제기 경과 후에 채무가 잔존하지 아니함에도 담보부동산을 처분하는 행위가 횡령죄를 구성하는 것을 전제하고 있는 것으로 보인다.

V. 동산의 양도담보

1. 동산양도담보의 법적 성격

동산양도담보의 법적 성격에 대해서 신탁적 소유권이전설과 담보물권설이 있다. 판례는 다음과 같이 대체로 신탁적 소유권이전설을 취하고 있는 것으로 생각된다.

동산양도담보권자는 대외적으로 그 소유권을 행사할 수 있는 것이므로 제3자에게 바로 그 목적동산의 인도를 구할 수 있고 비록 그것이 현재와 장래에 발생하는 계속적인 거래관계를 담보한다 하여 제3자와의 관계에 있어서 그 결론을 달리할 것은 아니다.[42]

동산에 관하여 양도담보계약이 이루어지고 양도담보권자가 점유개정의 방법으로 인도를 받았다면 그 청산절차를 마치기 전이라 하더라도 담보목적물에 대한 사용수익권은 없지만 제3자에 대한 관계에 있어서는 그 물건의 소유자임을 주장하고 그 권리를 행사할 수 있다.
이 사건 동산에 관하여 양도담보계약이 이루어지고 원고가 점유개정의 방법으로 인도를 받았다면 그 청산절차를 마치기 전이라 하더라도 담보목적물에 대한 사용수익권은 없지만 제3자에 대한 관계에 있어서는 그 물건의 소유자임을 주장하고 그 권리를 행사할 수 있다 할 것이다. 따라서 피고가 이 사건 동산에 관하여 강제집행을 하였는바, 양도담보권자인 원고는 강제집행을 한 피고에 대하여 그 소유권을 주장하여 제3자이의의 소를 제기함으로써 그 강제집행의 배제를 구할 수 있다.[43]

동산에 대하여 양도담보권설정계약이 이루어진 경우에 양도담보권자는 양도담보권설정자를 제외한 제3자에 대한 관계에 있어서는 자신이 그 동산의 소유자임을 주장하여 권리를 행사할 수 있다.
동산을 목적으로 하는 양도담보설정계약을 체결함과 동시에 채무불이행시 강제집행을 수락하는 공정증서를 작성한 경우, 양도담보설정자가 그 피담보채무를 불이행한 때에는 양도담보권자는 양도담보권을 실행하여 담보목적물인 동산을 환가함에 있어서 집행증서에 기하지 아니하고 양도담보의 약정 내용에 따라 이를 사적

41) 대판 1992. 7. 14. 92도279.
42) 대판 1986. 8. 19. 86다카315.
43) 대판 1994. 8. 26. 93다44739.

으로 타에 처분하거나 스스로 취득한 후 정산하는 방법으로 환가할 수도 있지만, 집행증서에 기하여 담보목적물을 압류하고 강제경매를 실시하는 방법으로 환가할 수도 있다.[44)]

2. 동산양도담보의 성립

선하증권은 해상운송인이 운송물을 수령한 것을 증명하고 지정된 양륙항에서 정당한 소지인에게 운송물을 인도할 채무를 부담하는 유가증권으로서, 운송인과 그 증권소지인 간에는 증권 기재에 따라 운송계약상의 채권관계가 성립하는 채권적 효력이 발생하고, 운송물을 처분하는 당사자 간에는 운송물에 관한 처분은 증권으로서 하여야 하며 운송물을 받을 수 있는 자에게 증권을 교부한 때에는 운송물 위에 행사하는 권리의 취득에 관하여 운송물을 인도한 것과 동일한 물권적 효력이 발생하므로, 운송물의 권리를 양수한 수하인 또는 그 이후의 자는 선하증권을 교부받음으로써 그 채권적 효력으로 운송계약상의 권리를 취득함과 동시에 그 물권적 효력으로 양도 목적물의 점유를 인도받은 것이 되어 그 운송물의 소유권을 취득한다.
양도담보는 그 설정을 목적으로 하는 양도담보계약과 그 목적 권리의 이전에 필요한 공시 방법을 갖춤으로써 성립하고, 동산 양도담보에 있어서는 그 공시 방법으로 목적물의 인도가 있어야 한다.
은행이 수입물품에 양도담보를 설정하기로 하는 수입거래약정을 체결하고 국세의 법정기일 전 수입업자로부터 선하증권을 취득한 경우, 그 수입물품에 대한 동산 양도담보는 은행이 물품의 인도를 받은 것과 동일한 효력이 있는 선하증권을 취득한 날에 성립되고, 제3자에게 대항하기 위하여 따로 확정일자에 의한 대항요건을 갖출 필요는 없으므로, 이 경우 양도담보권자의 물적납세의무는 양도담보권자가 국세의 법정기일 전에 물품에 대한 선하증권을 취득하였는지를 기준으로 하여 그 성립 여부를 가려야 하고 국세의 법정기일과 동산 양도담보계약서에 받은 확정일자의 선후에 따라 가릴 것이 아니어서, 은행이 국세의 법정기일 후에 그 물품에 대한 양도담보계약서에 확정일자를 받았다고 하여도 이미 그 법정기일 전에 취득한 양도담보 재산에 의한 물적납세의무를 부담하지 아니한다.[45)]

3. 양도담보 목적물의 처분

가. 채무자에 의한 의한 처분

(1) 배임죄의 성립

양도담보권설정자가 동산에 관하여 양도담보를 설정하고 점유개정의 방식으로 동산을 계속 점유하는 경우에는 양도담보설정자가 이를 처분할 수 있다. 이러한 양도담보권설정자가 양도담보 목적물을 임의로 처분하는 행위에 대한 평가는 학설에 따라 달라진다.

---

44) 대판 1999. 9. 7. 98다47283. 다음은 같은 취지이다.
동산에 관하여 양도담보계약이 이루어지고 양도담보권자가 점유개정의 방법으로 인도를 받았다면 그 청산절차를 마치기 전이라 하더라도 담보목적물에 대한 사용수익권은 없지만 제3자에 대한 관계에 있어서는 그 물건의 소유자임을 주장하고 그 권리를 행사할 수 있다(대판 1994. 8. 26. 93다44739).

45) 대판 1997. 7. 25. 97다19656.

신탁적 소유권이전설을 취하는 경우 '대내적으로는 채무자 소유이므로 횡령죄가 성립하지 않고 배임죄가 성립한다는 견해'와 '대내적으로도 채권자 소유이므로 횡령죄가 성립한다는 견해'가 있다. 담보물권설을 취하는 경우 대내적인 소유권이 채무자에게 있으므로 횡령죄가 성립하지 않고 배임죄가 성립하는 것으로 보게 된다. 판례는 신탁적 소유권이전설을 취하여 대내적인 소유권이 채무자에게 있으므로 횡령죄가 아니라 배임죄가 성립하는 것으로 본다.

판례는 동산의 이중양도나 저당권이 설정된 자동차(동산)의 처분은 원칙적으로 배임죄가 되지 않는다고 하면서도,[46] 양도담보의 목적이 된 동산을 그 설정자가 처분하는 것은 배임죄라고 보고 있는 것이다.

채무자가 채권자에게 동산을 양도담보로 제공하고 점유개정의 방법으로 점유하고 있는 경우에는 그 동산의 소유권은 여전히 채무자에게 유보되어 있는 것이어서 채무자는 자기의 물건을 보관하고 있는 셈이 되므로, 양도담보의 목적물을 제3자에게 처분하거나 담보로 제공하였다 하더라도 횡령죄를 구성하지 아니한다.[47]

금전채무를 담보하기 위하여 채무자가 그 소유의 동산을 채권자에게 점유개정에 의하여 양도한 경우에는 이른바 약한 양도담보가 설정된 것이라고 볼 것이므로, 채무자는 채권자(양도담보권자)가 담보의 목적을 달성할 수 있도록 이를 보관할 의무를 지게 되어 채권자에 대하여 그의 사무를 처리하는 자의 지위에 있게 된다 할 것이니, 채무자가 양도담보된 동산을 처분하는 등 부당히 그 담보가치를 감소시키는 행위를 한 경우에는 배임죄가 성립된다.[48]

양도담보된 동산이 자동차인 경우 소유권의 득실변경은 등록을 하여야만 효력이 생기지만 그 사용방법에 따라 담보가치에 영향을 주므로 자동차를 양도담보로 설정하고서 점유하는 채무자가 이를 처분하는 등 부당히 그 담보가치를 감소시키는 행위를 한 경우에도 역시 배임죄의 죄책을 면할 수 없다.[49]

수입업자가 물품을 수입하기 위하여 신용장개설은행과 수입거래약정을 체결하면서 장래에 수입하는 물품을 개설은행에 대한 신용장대금 채무이행을 위한 담보로서 양도한다는 약정을 하고, 이에 따라 개설은행을 수하

46) 자동차에 대하여 저당권이 설정되는 경우 자동차의 교환가치는 저당권에 포섭되고, 저당권설정자가 자동차를 매도하여 소유자가 달라지더라도 저당권에는 영향이 없으므로, 특별한 사정이 없는 한 저당권설정자가 단순히 저당권의 목적인 자동차를 다른 사람에게 매도한 것만으로는 배임죄에 해당하지 아니하나, 자동차를 담보로 제공하고 점유하는 채무자가 부당히 담보가치를 감소시키는 행위를 한 경우 배임죄의 죄책을 면할 수 없다(대판 2012. 9. 13. 2010도11665).

47) 대판 1980. 11. 11. 80도2097; 대판 1983. 8. 23. 80도1545; 대판 2009. 2. 12. 2008도10971.

48) 대판 1983. 3. 8. 82도1829; 대판 1989. 7. 25. 89도350; 대판 2010. 11. 25. 2010도11293.

49) 대판 1989. 7. 25. 89도350.

인, 수입업자를 통지처, 가격조건을 본선인도조건 또는 운임·보험료포함조건으로 한 항공화물운송에 의하여 화물을 운송할 것을 조건으로 한 신용장이 개설되고 위 조건에 맞추어 수출업자가 물품에 대한 항공화물운송을 위탁한 경우, 특별한 사정이 없는 한 물품이 국내 공항에 도착하였을 때 개설은행이 민법 제190조의 규정에 의하여 인도를 받은 것으로 되어 당사자 사이에 그 소유권이전이 순차로 이루어져 위 수입거래약정과 별도로 양도담보계약을 체결하지 않았더라도 개설은행은 물품에 대한 양도담보권을 취득한다.
수입업자가 신용장 개설은행에게 양도담보로 제공한 수입 물품이 통관을 위하여 보세창고업자에게 입고되자 관세법 제6조 소정의 관세납부의무자인 물품을 수입한 화주로서 수입신고를 하고, 통관절차를 마친 다음 보세창고업자에게 수입신고필증을 제시하고 물품을 인도받았다면 수입업자는 신의법칙상 양도담보권자인 개설은행이 담보의 목적을 달성할 수 있도록 개설은행에 대한 신용장대금 변제시까지 위 물품을 보관할 의무를 지게 되고, 이 의무는 개설은행에 대하여 타인의 사무에 해당한다고 할 것이므로 위 물품을 처분하는 등 부당하게 그 담보가치를 감소시키는 행위는 형법상 배임죄를 구성한다.[50]

(2) 재산상의 손해가 인정되지 않는 경우

점유개정의 방식으로 이중의 양도담보권을 설정

피고인이 그 소유의 이 사건 에어콘 등을 피해자에게 양도담보로 제공하고 점유개정의 방법으로 점유하고 있다가 다시 이를 제3자에게 양도담보로 제공하고 역시 점유개정의 방법으로 점유를 계속한 경우 뒤의 양도담보권자인 제3자는 처음의 담보권자인 피해자에 대하여 배타적으로 자기의 담보권을 주장할 수 없으므로 위와 같이 이중으로 양도담보제공이 된 것만으로는 처음의 양도담보권자에게 담보권의 상실이나 담보가치의 감소 등 손해가 발생한 것으로 볼 수 없으니 배임죄를 구성하지 않는다.[51]
해설: 동산의 선의취득에 필요한 점유의 취득은 현실적 인도가 있어야 하고 점유개정에 의한 점유취득만으로서는 그 요건을 충족할 수 없다.[52]

점유개정의 방식으로 이중의 양도담보권을 설정한 채무자가 그 목적물을 임의로 처분

금전채무를 담보하기 위하여 채무자가 그 소유의 동산을 채권자에게 양도하되 점유개정에 의하여 채무자가 이를 계속 점유하기로 한 경우 특별한 사정이 없는 한 동산의 소유권은 신탁적으로 이전됨에 불과하여 채권자와 채무자 사이의 대내적 관계에서 채무자는 의연히 소유권을 보유하나 대외적인 관계에 있어서 채무자는 동산의 소유권을 이미 채권자에게 양도한 무권리자가 되는 것이어서 다시 다른 채권자와 사이에 양도담보 설정계약을 체결하고 점유개정의 방법으로 인도를 하더라도 선의취득이 인정되지 않는 한 나중에 설정계약을 체결한 채권자는 양도담보권을 취득할 수 없는데, 현실의 인도가 아닌 점유개정으로는 선의취득이 인정되지 아니하므로, 결국 뒤의 채권자는 양도담보권을 취득할 수 없고, 따라서 이와 같이 채무자가 그 소유의 동산에 대하여 점유개정의 방식으로 채권자들에게 이중의 양도담보 설정계약을 체결한 후 양도담보 설정자가

50) 대판 1998. 11. 10. 98도2526.
51) 대판 1990. 2. 13. 89도1931.
52) 대판 1978. 1. 17. 77다1872.

목적물을 임의로 제3자에게 처분하였다면 양도담보권자라 할 수 없는 뒤의 채권자에 대한 관계에서는, 설정자인 채무자가 타인의 사무를 처리하는 자에 해당한다고 할 수 없어 배임죄가 성립하지 않는다.[53)]

점유개정의 방식으로 집합물(대량 사육하는 돼지)에 대한 2중의 양도담보설정

돈사에서 대량으로 사육되는 돼지를 집합물에 대한 양도담보의 목적물로 삼은 경우, 그 돼지는 번식, 사망, 판매, 구입 등의 요인에 의하여 증감 변동하기 마련이므로 양도담보권자가 그 때마다 별도의 양도담보권설정계약을 맺거나 점유개정의 표시를 하지 않더라도 하나의 집합물로서 동일성을 잃지 아니한 채 양도담보권의 효력은 항상 현재의 집합물 위에 미치게 되고, 금전채무를 담보하기 위하여 채무자가 그 소유의 동산을 채권자에게 양도하되 점유개정의 방법으로 인도하고 채무자가 이를 계속 점유하기로 약정한 경우 특별한 사정이 없는 한 그 동산의 소유권은 신탁적으로 이전되는 것에 불과하여, 채권자와 채무자 사이의 대내적 관계에서는 채무자가 소유권을 보유하나 대외적인 관계에서의 채무자는 동산의 소유권을 이미 채권자에게 양도한 무권리자가 되는 것이어서 다시 다른 채권자와 사이에 양도담보설정계약을 체결하고 점유개정의 방법으로 인도하더라도 선의취득이 인정되지 않는 한 나중에 설정계약을 체결한 채권자로서는 양도담보권을 취득할 수 없는데, 현실의 인도가 아닌 점유개정의 방법으로는 선의취득이 인정되지 아니하므로 결국 뒤의 채권자는 적법하게 양도담보권을 취득할 수 없다.

돈사에서 대량으로 사육되는 돼지에 대한 이중의 양도담보설정계약이 체결되었는데 이러한 사정을 알고서 뒤에 양도담보설정계약을 체결한 이중양수 채권자가 임의로 돼지를 반출한 행위는 절도죄를 구성한다.[54)]

동산(선박)을 점유개정방식으로 양도담보설정 후 어선원부상 소유자명의변경

피고인이 이 사건 어선(20t 이하의 동력 어선이어서 선박등기법의 적용을 받지 않아 동산에 준하여 취급된다)을 피해자에게 점유개정에 의한 방식으로 양도담보로 제공한 후 이 사건 어선을 갑에게 매도하는 매도증서를 작성하고 갑을 어선원부상 소유자로 변경 등록하면서도 피고인이 계속 이 사건 어선을 점유하여 사용하였고, 피고인과 갑은 담보대출기간의 연장 등을 이유로 위와 같이 공부상 명의만 변경하였을 뿐 아무런 실질적 권리이전은 없는 경우, 어선원부 등은 행정상 편의를 위하여 소유자를 등록, 변경하는 공부에 불과할 뿐 사법상 권리변동과는 무관하므로, 어선원부상의 소유자명의 변경만으로는 양도담보권자인 피해자에게 사실상 담보물의 발견을 어렵게 하여 어떠한 재산상 손해를 발생시킬 위험이 없어 배임죄가 성립하지 않는다.[55)]

(3) 사기죄

타인에게 매도담보로 제공한 동산을 그 사실을 은폐하고 다시 제3자에게 매도담보로 제공한 경우에는 사기죄가 성립된다.[56)]

53) 대판 2004. 6. 25. 2004도1751.
54) 대판 2007. 2. 22. 2006도8649.
55) 대판 2007. 2. 22. 2006도6686.
56) 대판 1960. 10. 26. 4293형상82.

(4) 강제집행면탈죄

강제집행면탈의 한 행위유형인 '재산의 은닉'이라 함은 재산의 소유관계를 불명하게 하는 행위를 포함하는 것으로서, 피고인이 자신의 채권담보의 목적으로 채무자 소유의 선박들에 관하여 가등기를 경료하여 두었다가 채무자와 공모하여 위 선박들을 가압류한 다른 채권자들의 강제집행을 불가능하게 할 목적으로 정확한 청산절차도 거치지 않은 채 의제자백판결을 통하여 선순위 가등기권자인 피고인 앞으로 본등기를 경료함과 동시에 가등기 이후에 경료된 가압류등기 등을 모두 직권말소하게 하였음은 소유관계를 불명하게 하는 방법에 의한 '재산의 은닉'에 해당한다.[57]

나. 채권자에 의한 처분

채무자가 채무이행의 담보를 위하여 동산에 관한 양도담보계약을 체결하고 점유개정의 방법으로 여전히 그 동산을 점유하는 경우 그 계약이 채무의 담보를 위하여 양도의 형식을 취하였을 뿐이고 실질은 채무의 담보와 담보권실행의 청산절차를 주된 내용으로 하는 것이라면 별단의 사정이 없는 한 그 동산의 소유권은 여전히 채무자에게 남아 있고, 채권자는 단지 양도담보물권을 취득하는 데 지나지 않으므로 그 동산을 다른 사유에 의하여 보관하게 된 채권자는 타인 소유의 물건을 보관하는 자로서 횡령죄의 주체가 될 수 있다.[58]

해설: 위와 같이 채무자가 점유개정의 방식으로 담보목적물을 계속점유하다가 채무자에 대한 강제집행을 피하기 위하여 채무자와 피고인이 합의하여 담보목적물을 갑의 집에 옮겨놓았는데, 피고인이 이를 가져가 처분한 사안에 관한 판례이다.

57) 대판 2000. 7. 28. 98도4558. 구체적인 내용은 다음과 같다.
피고인은 ㅇㅇ회사의 대표이사 갑과 공모하여, 위 회사가 경영악화로 곧 부도처리될 것이 예상되자 채권자들의 강제집행에 대한 대비책을 강구하던 중 자신이 위 회사에 대하여 그 동안 1억 5천만 원의 채권을 갖고 있음을 기화로 1996. 7. 31. 위 회사가 부도나자 다음날인 같은 해 8월 1일자로 위 회사 소유의 선박 9척에 대하여 매매예약을 원인으로 한 소유권이전등기청구권가등기를 하여 두었는데, 그 후 위 회사의 채권자인 주식회사 한국외환은행 등 7명이 같은 달 10일부터 같은 해 9월 2일까지 합계 금 34억 원의 채권을 근거로 위 선박 9척 중 4척(라마 8호, 9호, 10호, 11호 선박 등)을 가압류하고, 1996. 9. 18. 갑이 선박운영자금이 없어 을에게 위 선박 4척을 보증금 8억 원, 임차기간 1996. 9. 18.부터 1998. 9. 17.까지의 조건으로 대여하여 을이 위 선박을 운영하면서 수익을 얻고 있자, 위 가등기는 어디까지나 담보목적의 가등기일 뿐이고 소위 대물변제를 예약하는 가등기는 아니었음에도 대물변제의 가등기임을 내세워 본등기를 경료하면 위 가압류 및 선박임차권등기가 전부 말소되는 점을 이용하여 위 선박 4척을 자신의 명의로 가등기에 기한 본등기를 경료하여 강제집행을 면탈하기로 마음먹고, 1997. 9. 3. 위 회사를 상대로 한 위 선박들에 대한 위 가등기에 기한 본등기소송인 부산지방법원 97가합15541호에서 위 회사의 불출석으로 의제자백에 의한 승소판결을 얻자 이에 기하여 같은 해 10월 9일 그 정을 모르는 성명불상의 등기과 직원으로 하여금 위 라마 8호, 9호, 10호, 11호 선박에 대하여 위 가등기에 기한 소유권이전등기를 경료케 한 다음 위 가압류 및 선박임차권등기를 말소하고 이어서 진정한 소유권자로 행세하여 위 선박 4척에 대한 소유관계를 불분명하게 하였다.

58) 대판 1989. 4. 11. 88도906.

Ⅵ. 주식의 양도담보

주식에 대한 2중의 양도담보

채무자가 채권자와 사이에 그로부터 금원을 차용하되 그 담보로 채무자 소유의 주식에 대하여 현실 교부의 방법으로 양도담보를 설정하기로 약정하고 채권자로부터 차용금의 일부 또는 전부를 수령한 이상 특단의 사정이 없는 한 채무자는 채권자에게 그 주식을 현실로 교부함으로써 채권자가 그 주식에 대한 양도담보권을 취득하는 데에 협력할 임무가 있다고 할 것이므로, 아직 채권자에게 주식의 현실 교부가 이루어지지 아니한 상태에서 채무자가 제3자와 사이에 그로부터 금원을 차용하되 그 담보로 그 주식의 일부 또는 전부에 대하여 현실 교부의 방법으로 양도담보를 설정하기로 약정하고 제3자로부터 차용금의 일부 또는 전부를 수령하였다면 이는 채권자에 대한 양도담보권 취득을 위한 주식교부절차 협력의무 위배와 밀접한 행위로서 배임죄의 실행의 착수에 해당한다.[59]

59) 대판 2010. 2. 25. 2009도13187.

제2절 명의신탁

1. 명의신탁의 일반이론

가. 부동산의 명의신탁

부동산의 명의신탁이라 함은 당사자 간의 신탁에 관한 채권계약에 의하여 신탁자가 실질적으로는 그의 소유에 속하는 부동산의 등기명의를 실체적인 거래관계가 없는 수탁자에게 매매 등의 형식으로 이전하여 두는 것을 말한다.[1)]

나. 동산의 명의신탁

동산에 관하여는 공부상 그 소유관계가 공시될 수 없는 것이기 때문에 명의신탁이 성립할 여지가 없고, 다만 동산을 점유하고 있다는 외관을 신뢰하고 그 점유자로부터 이를 매수하여 점유한 경우에는 동산의 선의취득이 문제될 뿐이다.[2)] 다만 동산 중에서도 자동차나 중기처럼 등록에 의해 소유권의 득실변경이 이루어진 경우에는 다음 판례와 같이 명의신탁이 성립할 수 있다.

피고인의 모 명의로 등록된 피해자 소유의 자동차

자동차나 중기(또는 건설기계)의 소유권의 득실변경은 등록을 함으로써 그 효력이 생기고 그와 같은 등록이 없는 한 대외적 관계에서는 물론 당사자의 대내적 관계에 있어서도 그 소유권을 취득할 수 없는 것이 원칙이지만, 당사자 사이에 그 소유권을 그 등록 명의자 아닌 자가 보유하기로 약정하였다는 등의 특별한 사정이 있는 경우에는 그 내부관계에 있어서는 그 등록 명의자 아닌 자가 소유권을 보유하게 된다고 할 것이다. 이 사건 승용차는 피해자가 구입한 것으로 피해자의 실질적인 소유이고, 다만 장애인에 대한 면세 혜택 등의 적용을 받기 위해 피고인의 어머니인 갑의 명의를 빌려 등록한 것이고, 피고인이 이 사건 당시 갑으로부터 위 승용차를 가져가 매도할 것을 허락받고 갑의 인감증명 등을 교부받은 뒤에 피고인이 이 사건 승용차를 피해자 몰래 가져갔다면, 피고인과 갑의 공모·가공에 의한 절도죄의 공모공동정범이 성립된다.[3)]

다. 채권의 명의신탁

묵시적 명의신탁 약정에 기하여 보관 중인 주식의 반환거부

위탁신임관계를 발생시키는 명의신탁관계는 반드시 신탁자와 수탁자 사이의 명시적 계약에 의하여서만 성립되는 것이 아니라 묵시적 합의에 의하여서도 성립될 수 있다. 명의신탁에 대한 묵시적 합의가 있었는지 여부

1) 대판 1993. 11. 9. 92다31699.
2) 대판 1994. 10. 11. 94다16175.
3) 대판 2007. 1. 11. 2006도4498.

> 는 위탁자와 수탁자 사이의 관계, 수탁자가 그 재물을 보관하게 된 동기와 경위, 위탁자와 수탁자 사이의 거래 내용과 태양 등 모든 사정을 종합하여 사회통념에 비추어 합리적으로 판단하여야 한다.
> 갑과 을은 신호제지 주식을 취득하는 방식으로 신호제지를 인수하여 운영하기 위하여 피고인에게 인수를 대행하게 하였고, 이에 따라 갑과 안신물류가 피고인에게 인수자금을 지급하고, 피고인이 위 자금을 이용하여 기업구조조정전문회사인 아람파이낸셜을 증자하고 신호제지의 주식을 취득한 것이라고 할 것이므로, 피고인과 갑, 안신물류 사이에는 위 아람파이낸셜의 증자주식을 피고인 명의로, 신호제지의 주식을 아람파이낸셜 명의로 각 신탁하기로 하는 묵시적인 합의가 있었음을 충분히 인정할 수 있고, 따라서 피고인이 직접 명의수탁자로서 또는 명의수탁자인 아람파이낸셜의 대표이사로서 보관 중이던 위 주식에 대한 반환요구를 거부한 행위는 횡령에 해당한다.[4]

라. 소유권의 관계적 귀속이론

판례는 명의신탁된 부동산에 관하여 대내적으로는 신탁자가 소유자이고 대외적으로는 수탁자가 소유자라고 하는 소유권의 관계적 귀속이론을 전개하고 있다.

(1) 대내적 관계

일반적으로 명의신탁이라 함은 그 대내적 관계에서는 신탁자가 소유권을 보유하고 이를 관리 수익하면서 단지 공부상의 소유 명의만을 수탁자로 하여 두는 것으로서 그 명의신탁의 대내적인 법률관계는 신탁자와 수탁자 사이에 체결된 일종의 신탁 체결에 의하여 성립되는 것이다.[5]

(2) 대외적 관계

신탁행위에 있어서 수탁자는 그 대외적인 관계에 있어서는 완전히 소유권자로서 행세할 수 있다.[6] 가령 종중이 그 소유의 부동산을 종회원에게 신탁하여 등기부상 그 종회원의 명의로 소유권의 등기를 경유하였을 때에는 이 종중과 그 수탁자인 종회원과의 사이에는 이른바 신탁 행위의 법리가 적용되고, 수탁자인 종회원으로부터 그 부동산을 양수한 제3자는 그가 선의이었건 또는 악의이었건 가릴 것 없이 적법하게 신탁자인 종중의 부동산에 관하여 그 소유권을 취득한다.[7] 즉 부동산을 명의신탁한 경우에는 소유권이 대외적으로 수탁자에게 귀속하므로 수탁자가 수탁 부동산을 제3자에게 처분하였을 때에는 그 처분행위가 무효 또는 취소되는 등의 사유가 없는 한, 제3취득자는 신탁재산에 대한 소유권을 적법히 취득하고 명의신탁관계는 소멸한다.[8]

위와 같이 일반적으로 명의수탁자는 신탁재산을 유효하게 제3자에게 처분할 수 있고 제3자가 명의신탁사실을 알았다 하여도 그의 소유권취득에 영향이 없는 것이 원칙이다. 그러나 특별한 사정이 있

4) 대판 2008. 10. 23. 2007도6463.
5) 대판 1987. 5. 12. 86다카2653.
6) 대판 1963. 9. 19. 63다388.
7) 대판 1963. 9. 19. 63다388.
8) 대판 1997. 10. 10. 96다38896.

는 경우, 즉 명의수탁자로부터 신탁재산을 매수한 제3자가 명의수탁자의 명의신탁자에 대한 배신행위에 적극 가담한 경우에는 명의수탁자와 제3자 사이의 계약은 반사회적인 법률행위로서 무효라고 할 것이고, 따라서 명의수탁받은 부동산에 관한 명의수탁자와 제3자 사이의 매매계약은 무효로 보아야 할 것이다. 이러한 경우 명의수탁자와 제3자 사이의 매매계약이 반사회적인 법률행위로서 무효라고 한다면 이는 제3자와 명의신탁자 사이에서만 상대적으로 효력이 없는 것이라고는 할 수 없고 제3자와 명의수탁자 사이에서도 무효인 것으로 보아야 하는 것이므로 제3자가 명의수탁자에 대하여 위 매매계약이 유효함을 전제로 하여 그 불이행을 이유로 하는 손해배상을 청구할 수는 없다.[9] 수탁자로부터 그 부동산을 취득한 자가 수탁자에게 매도나 담보의 제공 등을 적극적으로 권유함은 수탁자의 배임행위에 적극 가담한 것이 된다.[10]

마. 소유권의 관계적 귀속이론과 특별법

(1) 부동산실명법

부동산명의신탁 제도는 조세포탈, 재산의 은닉, 부동산투기 등 탈법적인 수단으로 널리 이용되었다. 위와 같이 부동산명의신탁 제도가 악용된 배경에는 소유권의 관계적 귀속이론을 통해 부동산 명의신탁의 유효성이 인정될 뿐만 아니라, 수탁자가 수탁부동산을 임의 처분하면 횡령죄가 성립되므로 위탁자의 부동산에 대한 권리가 횡령죄에 의해 보호된다는 사정이 자리 잡고 있었다. 이에 따라 부동산에 관한 소유권 기타 물권을 실체적 권리관계에 부합하도록 실권리자 명의로 등기하게 함으로써 부동산등기제도를 악용한 투기·탈세·탈법행위등 반사회적 행위를 방지하고 부동산거래의 정상화와 부동산가격의 안정을 도모하여 국민경제의 건전한 발전에 이바지함을 목적으로 하여 1995. 7. 1.부터 부동산실명법이 시행되었다.

(2) 신탁법

신탁법은, 신탁을 설정하는 자(이하 "위탁자"라 한다)와 신탁을 인수하는 자(이하 "수탁자"라 한다) 간의 신임관계에 기하여 위탁자가 수탁자에게 특정의 재산(영업이나 저작재산권의 일부를 포함한다)을 이전하거나 담보권의 설정 또는 그 밖의 처분을 하고 수탁자로 하여금 일정한 자(이하 "수익자"라 한다)의 이익 또는 특정의 목적을 위하여 그 재산의 관리, 처분, 운용, 개발, 그 밖에 신탁 목적의 달성을 위하여 필요한 행위를 하게 하는 법률관계를 규율하고 있다(동법 2조).

신탁법상의 신탁은 위탁자가 수탁자에게 재산권을 이전하거나 기타의 처분을 하여 수탁자로 하여금 신탁의 목적을 위하여 재산의 관리 또는 처분을 하도록 하는 것이어서 부동산의 신탁에 있어서 신탁자의 위탁에 의하여 수탁자 앞으로 그 소유권이전등기를 마치게 되면 대내외적으로 소유권이 수탁

9) 대판 1992. 6. 9. 91다29842.
10) 대판 1991. 4. 23. 91다6221.

자에게 완전히 이전되고, 위탁자와의 내부관계에 있어서 소유권이 위탁자에게 유보되어 있는 것은 아니므로 신탁의 해지 등 신탁종료의 사유가 발생하더라도 수탁자가 신탁재산의 귀속권리자인 수익자나 위탁자 등에게 새로이 목적부동산의 소유권 등 신탁재산을 이전할 의무를 부담하게 될 뿐, 신탁재산이 수익자나 위탁자 등에게 당연히 복귀되거나 승계된다고 할 수 없다.[11)]

신탁법이 적용되는 한도 내에서는 소유권의 관계적 귀속이론이 적용되지 않는다.[12)]

바. 부동산의 명의신탁과 횡령죄

대법원은 명의신탁받은 부동산을 임의로 처분한 경우에 배임죄를 구성함은 별론으로 하고 횡령죄를 구성하는 것은 아니라는 입장을 취하였다가,[13)] 위 판례를 폐기하고 횡령죄의 성립을 인정하였다.[14)] 그 후 대법원은 "횡령죄가 성립하기 위하여서는 우선 타인의 재물을 보관하는 자의 지위에 있어야 하고, 부동산에 대한 보관자의 지위는 동산의 경우에 있어서와는 달리 그 부동산에 대한 점유를 기준으로 할 것이 아니라 그 부동산을 제3자에게 유효하게 처분할 수 있는 권능의 유무를 기준으로 하여 결정할 것이고, 명의신탁에 의한 소유권이전등기를 경료받아 가지고 있는 사람은 그 부동산에 관하여 제3자에게 유효하게 처분할 수 있는 권능을 가지게 된다"라고 판시함으로써 부동산의 명의수탁자가 횡령죄의 주체가 되는 논리적 설명을 명확히 하였다.[15)]

위와 같은 논리에 따르면 횡령죄의 주체는 타인의 재물을 보관하는 자이어야 하고, 여기서 보관이라 함은 위탁관계에 의하여 재물을 점유하는 것을 의미하므로, 결국 횡령죄가 성립하기 위하여는 그 재물의 보관자가 재물의 소유자(또는 기타의 본권자)와 사이에 법률상 또는 사실상의 위탁신임관계가 존

11) 대판 1994. 10. 14. 93다62119.

12) **부동산관리처분신탁과 신탁목적물에 대한 보존·관리사무**

배임죄는 타인의 사무를 처리하는 자가 위법한 임무위배행위로 재산상 이득을 취득하여 사무의 주체인 타인에게 손해를 가함으로써 성립하는 것이므로, 그 범죄의 주체는 타인의 사무를 처리하는 신분이 있어야 한다. 여기에서 '타인의 사무를 처리하는 자'라고 하려면 두 당사자의 관계의 본질적 내용이 단순한 채권관계상의 의무를 넘어서 그들 간의 신임관계에 기초하여 타인의 재산을 보호 내지 관리하는 데 있어야 한다. 만약, 그 사무가 타인의 사무가 아니고 자기의 사무라면, 그 사무의 처리가 타인에게 이익이 되어 타인에 대하여 이를 처리할 의무를 부담하는 경우라도, 그는 타인의 사무를 처리하는 자에 해당하지 않는다.

신탁회사와 신축아파트에 대한 부동산관리처분 신탁계약을 체결하고 소유권이전등기까지 경료해 준 아파트 건축분양회사가 임의로 신탁목적물인 아파트를 제3자에게 매도하여 제3자로 하여금 아파트를 임대하고 보증금을 받게 한 사안에서, 신탁계약의 목적은 소유권이전등기의 경료로써 이미 달성되었고 신탁목적물에 대한 보존·관리 및 비용부담 등의 사무는 위탁자인 건축분양회사 자신의 사무에 해당하므로, 위탁자의 위 처분행위는 배임죄를 구성하지 않는다고 한 사례(대판 2009. 2. 26. 2008도11722).

13) 대판 1970. 8. 31. 70도1434.

14) 대판 1971. 6. 22. 71도740 전원합의체. 위 전원합의체 판결은 수탁자는 그가 점유하는 위탁자 소유의 부동산을 처분함으로써 횡령하는 것이라는 논리를 전개하였다

위 전원합의체 판결의 반대의견은, 민법이 제187조 소정의 경우에 한하여 등기없는 소유권을 인정하고 있으므로, 부동산에 관하여 수탁자 명의의 소유권보존등기가 경료되어 있는 이상 위 부동산은 대외적 관계에서는 물론 대내적 관계에 있어서도 수탁자의 소유에 속한다는 논리로 횡령죄의 성립을 부정하였다.

15) 대판 1987. 2. 10. 86도1607.

재하여야 하고, 또한 부동산의 경우 보관자의 지위는 점유를 기준으로 할 것이 아니라 그 부동산을 제3자에게 유효하게 처분할 수 있는 권능의 유무를 기준으로 결정하여야 하므로, 원인무효인 소유권이전등기의 명의자는 횡령죄의 주체인 타인의 재물을 보관하는 자에 해당한다고 할 수 없다.[16]

2. 부동산실명법

가. 부동산실명법의 개요

(1) 명의신탁약정

"명의신탁약정"이란 부동산에 관한 소유권이나 그 밖의 물권(이하 "부동산에 관한 물권"이라 한다)을 보유한 자 또는 사실상 취득하거나 취득하려고 하는 자[이하 "실권리자"라 한다]가 타인과의 사이에서 대내적으로는 실권리자가 부동산에 관한 물권을 보유하거나 보유하기로 하고 그에 관한 등기(가등기를 포함한다. 이하 같다)는 그 타인의 명의로 하기로 하는 약정을 말한다(동법 2조 1호).[17]

명의신탁약정에 따라 자신의 부동산에 관한 물권을 타인의 명의로 등기하게 하는 실권리자를 명의신탁자, 실권리자의 부동산에 관한 물권을 자신의 명의로 등기하는 자를 명의수탁자라고 한다.

부동산실명법에서의 명의신탁약정이란 "부동산에 관한 소유권 기타 물권을 보유한 자 또는 사실상 취득하거나 취득하려고 하는 자(명의신탁자)가 타인(명의수탁자)과의 사이에서 대내적으로는 명의신탁자가 부동산에 관한 물권을 보유하거나 보유하기로 하고 그에 관한 등기는 명의수탁자 명의로 하기로 하는 약정"을 말한다.

위 내용으로부터 알 수 있듯이, 명의신탁관계의 성립에 명의수탁자 앞으로의 새로운 소유권이전등기가 행하여지는 것이 반드시 필요한 것은 아니므로, 명의수탁자가 소유하는 부동산에 관하여도 명의신탁자와 사이의 사후적인 명의신탁약정에 의하여 등기명의신탁관계가 성립할 수 있다. 따라서 부동산 소유자가 그 중 일부 지분을 제3자(명의신탁자)를 위하여 '대외적으로만' 보유하는 관계에 관한 약정(명의신탁약정)을 맺으면, 그 지분에 관하여 이른바 2자간 등기명의신탁관계가 성립한다.[18]

(2) 명의신탁의 원칙적 금지

명의신탁은 원칙적으로 금지된다. 따라서 명의신탁약정은 무효로 하고, 명의신탁약정에 따른 등기로 이루어진 부동산에 관한 물권변동도 무효로 한다(동법 4조 1항, 2항 본문). 다만, 부동산에 관한 물권

16) 대판 2007. 5. 31. 2007도1082.

17) 다만, 다음 각 목의 경우는 제외한다.
가. 채무의 변제를 담보하기 위하여 채권자가 부동산에 관한 물권을 이전받거나 가등기하는 경우
나. 부동산의 위치와 면적을 특정하여 2인 이상이 구분소유하기로 하는 약정을 하고 그 구분소유자의 공유로 등기하는 경우
다. 신탁법 또는 자본시장과 금융투자업에 관한 법률에 따른 신탁재산인 사실을 등기한 경우

18) 대판 2009. 11. 26. 2009도5547.

을 취득하기 위한 계약에서 명의수탁자가 어느 한쪽 당사자가 되고 상대방 당사자는 명의신탁약정이 있다는 사실을 알지 못한 경우에는 그러하지 아니하다(동조 2항 단서). 위와 같은 무효는 제3자에게 대항하지 못한다(동조 3항).

(3) 명의신탁의 예외적인 허용

(가) 채권담보를 목적으로 하는 제3자 명의의 등기

저당권, 양도담보·가등기, 전세권 등을 설정함에 있어 채권담보를 위해 채권자 아닌 제3자를 권리자로 한 등기도 제한적으로 유효하다.[19)]

채권담보의 목적으로 채무자 소유의 부동산을 담보로 제공하여 저당권을 설정하는 경우에는 담보물권의 부종성의 법리에 비추어 원칙적으로 채권과 저당권이 그 주체를 달리할 수 없는 것이지만, 채권자 아닌 제3자의 명의로 저당권등기를 하는 데 대하여 채권자와 채무자 및 제3자 사이에 합의가 있었고, 나아가 제3자에게 그 채권이 실질적으로 귀속되었다고 볼 수 있는 특별한 사정이 있거나, 거래경위에 비추어 제3자의 저당권등기가 한낱 명목에 그치는 것이 아니라 그 제3자도 채무자로부터 유효하게 채권을 변제받을 수 있고 채무자도 채권자나 저당권 명의자인 제3자 중 누구에게든 채무를 유효하게 변제할 수 있는 관계 즉 묵시적으로 채권자와 제3자가 불가분적 채권자의 관계에 있다고 볼 수 있는 경우에는, 그 제3자 명의의 저당권등기도 유효하다고 볼 것인바, 이러한 법리는 저당권의 경우뿐 아니라 채권 담보를 목적으로 가등기를 하는 경우에도 마찬가지로 적용된다고 보아야 할 것이고, 이러한 법리가 부동산실명법에 규정된 명의신탁약정의 금지에 위반된다고 할 것은 아니다.[20)]

(나) 구분소유적 공유(부동산실명법 2조 1호 나목)

피고인과 피해자들이 공유토지(A)를 구분소유(피고인은 B부분, 피해자들은 C부분)하고 있는 특정 구분부분별로 분필함으로써 피해자들이 특정하여 소유하고 있는 필지(C)에 등기가 전사되어 지분소유권자로 등기된 피고인이 C에 관한 자신 명의의 소유지분에 근저당권설정

구분소유적 공유관계에서 각 공유자 상호 간에는 각자의 특정 구분부분을 자유롭게 처분함에 서로 동의하고 있다고 볼 수 있으므로, 공유자 각자는 자신의 특정 구분부분을 단독으로 처분하고 이에 해당하는 공유지분등기를 자유로이 이전할 수 있는데, 이는 공유지분등기가 내부적으로 공유자 각자의 특정 구분부분을 표상하기 때문이다. 그러나 구분소유하고 있는 특정 구분부분별로 독립한 필지로 분할되는 경우에는 특별한 사정이 없는 한 각자의 특정 구분부분에 해당하는 필지가 아닌 나머지 각 필지에 전사된 공유자 명의의 공유지분등기는 더 이상 당해 공유자의 특정 구분부분에 해당하는 필지를 표상하는 등기라고 볼 수 없고, 각 공유자 상호 간에 상호명의신탁관계만이 존속하므로, 각 공유자는 나머지 각 필지 위에 전사된 자신 명의의 공유지분에 관하여 다른 공유자에 대한 관계에서 그 공유지분을 보관하는 자의 지위에 있다.

19) 대판 2001. 3. 15. 99다48948 전원합의체; 대판 2007. 1. 11. 2006다50055 등.
20) 대판 2000. 12. 12. 2000다49879.

피고인과 피해자들이 구분소유하던 분할 전 A 임야 49,488㎡가 피고인의 구분소유부분인 분할 후 B 토지와 피해자들의 구분소유부분인 분할 후 C 토지로 분할된 것이라면, C 토지의 피고인 지분 등기는 더 이상 B 토지의 피고인 소유 토지를 표상하는 등기가 될 수 없고, C 토지 중 피고인 명의의 지분에 관하여 피고인은 보관자의 지위에 있을 뿐이므로 위 지분에 근저당권을 설정하는 행위는 횡령죄를 구성한다.[21)]

(다) 종중, 배우자 및 종교단체에 대한 특례

부동산실명법은 종중, 배우자 및 종교단체 명의의 등기에 대해서는 다음과 같이 특례를 두어 예외적으로 허용하고 있다.

제8조(종중, 배우자 및 종교단체에 대한 특례) 다음 각 호의 어느 하나에 해당하는 경우로서 조세 포탈, 강제집행의 면탈 또는 법령상 제한의 회피를 목적으로 하지 아니하는 경우에는 제4조부터 제7조까지 및 제12조 제1항부터 제3항까지를 적용하지 아니한다.

1. 종중이 보유한 부동산에 관한 물권을 종중 외의 자의 명의로 등기한 경우
2. 배우자 명의로 부동산에 관한 물권을 등기한 경우
3. 종교단체의 명의로 그 산하 조직이 보유한 부동산에 관한 물권을 등기한 경우

나. 부동산실명법과 횡령죄

종래 판례는 부동산의 명의신탁에 관하여 소유권의 관계적 귀속이론에 따라 그 유효성을 인정하고 수탁자가 수탁 부동산을 임의 처분하는 것은 횡령죄에 해당한다고 보았다. 그런데 부동산실명법은 부동산의 명의신탁을, 원칙적으로 금지하고 명의신탁약정과 이에 따른 물권변동도 무효라고 규정하였다. 그러므로 수탁자가 수탁 부동산을 임의 처분하는 행위가 횡령죄로 되는지를 판단하기 위해서는 부동산의 명의신탁이 부동산실명법상 허용되는지 여부에 따라 살펴보아야 한다.

(1) 명의신탁이 허용되는 경우

부동산실명법상 명의신탁이 허용되는 경우에는 수탁자가 수탁 부동산을 임의 처분하는 때에 횡령죄가 성립된다(통설).

21) 대판 2014. 12. 24. 2011도11084. 사안을 단순화하면 다음과 같다.
분할 전 상황: 면적이 10㎡인 아래의 A임야에 관하여 피고인은 B부분을, 피해자들은 C부분을 구분하여 소유하고 있다. A임야의 등기부에는 피고인과 피해자들이 각각 1/2 지분소유권자로 등기되어 있다.
분할 후 상황: 분할로 인하여 A임야는 존재하지 않고, B부분 임야와 C부분 임야가 존재한다. 피고인은 B부분 임야를, 피해자들은 C부분 임야를 소유하고 있다. 그러나 B부분 임야의 등기부와 C부분 임야의 등기부에는 각각 피고인과 피해자들이 1/2 지분소유권자로 등기되어 있다.

A 임야 10㎡	
B 부분 5㎡ 피고인 소유	C 부분 5㎡ 피해자들 소유

(2) 명의신탁이 금지된 경우

부동산실명법상 명의신탁이 금지된 때에는 명의신탁약정과 이에 따른 물권변동도 무효가 된다. 그렇지만 부동산에 관한 물권을 취득하기 위한 계약에서 명의수탁자가 어느 한쪽 당사자가 되고 상대방 당사자는 명의신탁약정이 있다는 사실을 알지 못한 경우에는 그러하지 아니하다(동조 2항 단서). 위와 같은 무효는 제3자에게 대항하지 못한다(동조 3항).

(가) 2자간 명의신탁

부동산에 관한 명의신탁이 신탁자와 수탁자 사이에서만 발생하는 것을 2자간 명의신탁이라고 한다. 판례는 다음과 같이 횡령죄가 성립하는 것으로 보고 있다.

피해자가 이 사건 건물을 신축하여 원시 취득한 다음 갑 명의로 신탁하여 소유권보존등기를 경료하였다. 그런데 을이 명의신탁사실을 알고도 갑의 횡령행위에 적극 가담하여 매매계약을 체결하고 을의 처인 병 명의로 소유권이전등기를 경료한 사안에서,
부동산을 소유자(피해자)로부터 명의수탁받은 자(갑)가 이를 임의로 처분하였다면 명의신탁자(피해자)에 대한 횡령죄가 성립한다.[22]
해설: 2자간 명의신탁에서 수탁자의 임의 처분이 횡령죄로 되는 논리적 구조는 다음과 같다. 명의신탁은 원칙적으로 금지되므로 신탁자와 수탁자 사이의 명의신탁약정은 무효이고, 위와 같은 명의신탁약정에 따른 등기로 이루어진 부동산에 관한 물권변동도 무효이다(동법 4조 1항, 2항 본문). 그러므로 위 판례에서 갑 명의의 소유권보존등기는 무효이다. 따라서 이 사건 건물에 대한 소유권은 의연히 피해자에게 있다. 갑은 피해자 소유의 이 사건 건물을 임의로 처분하였으므로 횡령죄가 성립한다.[23]
이와 달리 2자간 명의신탁에서 수탁자의 임의 처분은 횡령죄가 되지 아니한다는 견해는, 신탁자가 수탁자에게 명의신탁한 것은 부동산실명법을 위반한 불법원인급여에 해당하고 따라서 수탁 부동산의 소유권이 수탁자에게 있게 된다고 한다. 그러나 판례는 부동산실명법을 위반하여 무효인 명의신탁약정에 기한 등기라는 이유만으로 불법원인급여에 해당하는 것은 아니라고 하고 있다.[24]

---

22) 대판 2000. 2. 22. 99도5227. 다음은 같은 취지이다.
부동산을 소유자로부터 명의수탁받은 자가 이를 임의로 처분하였다면 명의신탁자에 대한 횡령죄가 성립하며, 그 명의신탁이 부동산실명법 시행 전에 이루어졌고 같은 법이 정한 유예기간 이내에 실명등기를 하지 아니함으로써 그 명의신탁약정 및 이에 따라 행하여진 등기에 의한 물권변동이 무효로 된 후에 처분행위가 이루어졌다고 하여 달리 볼 것이 아니다(대판 2000. 2. 22. 99도5227).

23) 부동산을 명의신탁한 경우에는 소유권이 대외적으로 수탁자에게 귀속하므로, 수탁자가 수탁 부동산을 처분하였을 때에는 그 처분행위가 무효 또는 취소되는 등의 사유가 없는 한 제3취득자는 신탁재산에 대한 소유권을 적법히 취득하고 명의신탁관계는 소멸한다(대판 2000. 10. 6. 2000다32147).

24) 부동산실명법이 규정하는 명의신탁약정은 부동산에 관한 물권의 실권리자가 타인과의 사이에서 대내적으로는 실권리자가 부동산에 관한 물권을 보유하거나 보유하기로 하고 그에 관한 등기는 그 타인의 명의로 하기로 하는 약정을 말하는 것일 뿐이므로, 그 자체로 선량한 풍속 기타 사회질서에 위반하는 경우에 해당한다고 단정할 수 없을 뿐만 아니라, 위 법률은 원칙적으로 명의신탁약정과 그 등기에 기한 물권변동만을 무효로 하고 명의신탁자가 다른 법률관계에 기하여 등기회복 등의 권리행사를 하는 것까지 금지하지는 않는 대신, 명의신탁자에 대하여 행정적 제재나 형벌을 부과함으로써 사적자치 및 재산권보장의 본질을 침해하지 않도록 규정하고 있으므로, 위 법률이 비록 부동

피고인은 1967. 12. 21.경 '이 사건 토지'를 피해자와 공동으로 매수하기로 하고 매매대금 중 3분의 1에 상당하는 493,000원을 피해자로부터 교부받았음에도 같은 달 26. 피고인 단독 명의로 소유권이전등기를 경료하였다. 피고인은 1968. 3.경 위와 같이 이 사건 토지에 관하여 피고인 단독명의로 소유권이전등기를 한 사실을 알게 된 피해자로부터 항의를 받게 되자 피해자에게 "사정상 단독명의로 등기하였는데 번거롭게 다시 공유등기를 할 필요가 있겠느냐. 믿고 맡겨라"라고 하면서 "이 사건 토지를 매수하여 편의상 피고인 명의로 소유권이전등기를 마쳤는바 이 사건 토지 중 290평은 피해자의 소유임을 확인한다"는 취지의 소유권확인증서를 작성·교부한 사실을 알 수 있다.

위 사실관계와 같이 당초 피고인과 피해자가 이 사건 토지에 관하여 공동으로 매수하여 공동으로 소유권이전등기를 경료하되 그 업무를 피고인이 처리하기로 하는 공동매수의 약정을 맺었다면, 그러한 약정에는 피고인이 피해자를 위하여 이 사건 토지의 공동매수의 사무를 처리하기로 하는 위임계약이 포함되어 있을 뿐이고, 다른 특별한 사정이 없는 한 거기에 이른바 계약명의신탁에 관한 약정이 포함되어 있다고 할 수 없다. 따라서 피고인이 위와 같은 공동매수의 약정에 반하여 단독으로 매수하고 단독으로 소유권이전등기를 마쳤다면 피고인은 적법하게 이 사건 토지 전부의 소유권을 취득하고, 다만 그는 피해자에 대한 관계에서 위 약정의 위반으로 인한 책임을 질 뿐이다.

그런데 피해자가 나중에 피고인에 대하여 그 약정 위반을 추궁한 결과 이 사건 소유권확인증서와 같은 서면이 작성되었다면, 피고인과 피해자 사이에는 피고인이 위와 같이 수임인으로서의 의무에 반하여 체결한 이 사건 토지의 매매계약을 적법한 위임사무의 처리로 전환하는 계약(이하 '이 사건 계약'이라 한다)이 체결되었다고 할 것이다. 이러한 계약은 수임인의 위임사무 부당처리에 대한 추인계약으로서의 성질을 가지고, 그 구체적인 내용은 피고인과 피해자 사이에 위와 같은 약정위반으로 인한 책임을 묻지 아니하는 대신 피고인은 피해자가 원래대로라면 취득하였을 이 사건 토지 중 290평 지분(이하 '이 사건 지분'이라 한다)에 관하여 반환의무를 부담하기로 하는 것이 된다.

한편 추인에 의한 명의신탁약정이 가능한 점(부동산실명법 제2조 제1호 본문 참조), 피고인과 피해자는 추인계약의 성질을 가지는 이 사건 계약으로 이 사건 지분에 관한 피고인 명의의 소유권이전등기의 효력을 대외적으로 시인하기로 합의한 점 등을 종합하면, 이 사건 계약에는 위와 같은 피고인의 이 사건 지분 반환의무 부담에 관한 약정과는 별도로 이 사건 지분에 관하여 이 사건 토지의 소유자인 피고인을 명의수탁자로 하고 피해자를 명의신탁자로 하는 '2자간 등기명의신탁약정'이 포함되었다고 볼 것이다.

원심은 피고인을 이 사건 지분의 보관자로 인정하고 후에 피고인이 수령한 이 사건 토지에 관한 도시개발사업보상금 중 이 사건 지분 부분에 관하여 피해자의 반환요구를 거부한 행위를 횡령죄로 인정한 점 등에 비추어 피고인과 피해자 사이에 이른바 2자간 등기명의신탁약정이 성립하였음을 전제로 판단하였다. 위와 같은 판단은 정당하다.[25)]

해설: ① 이 사건 토지는 2004. 2.경 서울시에서 추진하는 은평뉴타운도시개발구역에 포함되었고, 피고인은 2006. 5. 17.경 에스에이치공사에서 사업시행자인 위 공사로부터 협의취득절차에 따라 위 토지에 대한 보상금 명목으로 1,724,606,666원을 수령하여 피해자를 위하여 보관하던 중, 그 무렵 피해자로부터 위 보상금

산등기제도를 악용한 투기·탈세·탈법행위 등 반사회적 행위를 방지하는 것 등을 목적으로 제정되었다고 하더라도, 무효인 명의신탁약정에 기하여 타인 명의의 등기가 마쳐졌다는 이유만으로 그것이 당연히 불법원인급여에 해당한다고 볼 수 없다(대판 2003. 11. 27. 2003다41722). 위와 같은 법리는 탈세의 목적으로 한 명의신탁약정에 기하여 타인 명의의 등기가 마쳐진 경우라도 마찬가지이다(대판 2010. 9. 30. 2010도8556).

25) 대판 2009. 11. 26. 2009도5547.

중 피해자의 지분에 해당하는 561,950,486원의 반환을 요구받았음에도 불구하고, 이에 불응하였고 원심이 이를 횡령죄로 인정하였다(원심인 서울중앙지판 2009. 6. 4. 2009노610 참조).

② 부동산실명법 시행 이전의 명의신탁

명의신탁약정이 포함된 이 사건 계약은 부동산실명법 시행 이전인 1968. 3. 체결되었다. 부동산실명법 시행 전에 명의신탁약정에 따라 부동산에 관한 물권을 명의수탁자의 명의로 등기하거나 등기하도록 한 명의신탁자는 부동산실명법 시행일부터 1년의 기간 이내에 실명등기하여야 한다(부동산실명법 11조 1항). 11조에 규정된 기간 이내에 실명등기 등을 하지 아니한 경우 그 기간이 지난 날 이후의 명의신탁약정 등의 효력에 관하여는 4조를 적용한다(부동산실명법 12조 1항).[26] 따라서 이 사건 지분은 피해자의 소유이다. 그런데 명의신탁약정의 무효와 명의신탁약정에 따른 등기로 이루어진 부동산에 관한 물권변동의 무효는 제3자에게 대항하지 못하므로(부동산실명법 4조 3항), 에스에이치공사는 이 사건 지분의 소유권을 유효하게 취득하고, 그 보상금은 이 사건 지분의 소유자이던 피해자의 소유이므로 횡령죄가 성립한다.[27]

(나) 중간생략등기형 명의신탁

중간생략등기형 명의신탁(또는 3자간 명의신탁)은 신탁자가 매도인과 매매계약을 체결하였으나, 신탁자와 수탁자 사이의 명의신탁약정에 따라 등기가 매도인으로부터 수탁자 앞으로 직접 이전하는 것

26) 부동산실명법이 실명전환을 위한 유예기간을 규정하고 있는 취지는 오랜 기간 판례를 통하여 널리 그 효력이 인정되어 오던 부동산 명의신탁을 부동산실명법이란 제정법의 시행으로 금지시킬 뿐만 아니라 명의신탁약정 및 이에 기초한 등기의 사법적 효력까지를 부정함으로 인하여 발생할 수 있는 사회적 혼란을 막고 당사자의 법적 안정성을 도모하기 위하여 기존 명의신탁약정에 관한 한 이를 한시적으로 유효한 것으로 인정함으로써 명의신탁자로 하여금 그 기간 안에 명의신탁해지 등의 방법으로 실명전환을 할 수 있는 기회를 보장하자는 데에 있다(대판 1998. 6. 26. 98다12874).

부동산실명법 제11조, 제12조 제1항과 제4조의 규정에 의하면, 같은 법 시행 전에 명의신탁약정에 의하여 부동산에 관한 물권을 명의수탁자의 명의로 등기하도록 한 명의신탁자는 같은 법 제11조에서 정한 유예기간 이내에 실명등기 등을 하여야 하고, 유예기간이 경과한 날 이후부터 명의신탁약정과 그에 따라 행하여진 등기에 의한 부동산에 관한 물권변동이 무효가 되므로 명의신탁자는 더 이상 명의신탁해지를 원인으로 하는 소유권이전등기를 청구할 수 없다(대판 1999. 1. 26. 98다1027).

부동산실명법 제4조, 제11조, 제12조 등에 의하면, 법 시행 전에 명의신탁약정에 의하여 부동산에 관한 물권을 명의수탁자의 명의로 등기하거나 하도록 한 명의신탁자는 법 시행일로부터 1년의 기간 이내에 실명등기를 하여야 하고, 그 기간 이내에 실명등기 또는 매각처분 등을 하지 아니하면 그 이후에는 명의신탁약정은 무효가 되고, 명의신탁약정에 따라 행하여진 등기에 의한 부동산의 물권변동도 무효가 된다고 규정하고 있으므로, 위 유예기간이 경과한 후에는 명의신탁약정의 무효로 말미암아 명의신탁자 또는 그 상속인은 명의수탁자에 대하여 명의신탁약정의 해지로 인한 소유권이전등기청구권을 갖지 아니하고, 명의수탁자에 대한 소유권이전등기청구권을 보전하기 위하여 가등기를 경료하여 두었다고 하더라도 그 가등기 또한 원인무효로서 말소되어야 한다.

신탁자와의 명의신탁약정에 의하여 경료된 수탁자 명의의 소유권이전등기는 부동산실명법의 유예기간이 경과한 후에는 원인무효로서 말소되어야 하므로, 수탁자의 상속인으로서는 수탁된 토지에 대한 소유권자임을 주장할 수 없고, 소유권에 기한 물권적 청구권으로서 신탁자의 상속인 명의의 가등기에 대한 말소등기청구권을 행사할 수도 없다(대판 1998. 12. 11. 98다43250).

27) 부동산을 명의신탁한 경우에는 소유권이 대외적으로 수탁자에게 귀속하므로, 수탁자가 수탁 부동산을 처분하였을 때에는 그 처분행위가 무효 또는 취소되는 등의 사유가 없는 한 제3취득자는 신탁재산에 대한 소유권을 적법히 취득하고 명의신탁관계는 소멸한다(대판 2000. 10. 6. 2000다32147).

을 말한다. 중간생략등기형 명의신탁에서 매도인은 실제의 매수인(신탁자)이 아닌 제3자(수탁자) 명의의 등기를 하는 과정에서 명의신탁 사실을 알게 된다. 중간생략등기형 명의신탁에서 신탁자와 수탁자 사이의 명의신탁약정과 이에 따른 등기는 무효이고, 부동산의 소유권은 여전히 매도인에게 남아 있게 된다. 이러한 경우 수탁자가 부동산을 임의 처분하면 횡령죄가 성립한다는 것이 다음 판례의 입장이다.

피해자가 그의 처(갑) 명의로 을과 부동산을 교환하여 병 명의로 신탁한 것을 병의 남편이 처분

부동산을 그 소유자로부터 매수한 자가 자신 명의로 소유권이전등기를 하지 아니하고, 제3자와 맺은 명의신탁약정에 따라 매도인으로부터 바로 제3자 앞으로 중간생략의 소유권이전등기를 경료한 경우, 그 제3자가 그와 같은 명의신탁약정에 따라 자기 명의로 신탁된 부동산을 임의로 처분하면 신탁자와의 관계에서 횡령죄가 성립한다.

이 사건 부동산에 관한 교환계약의 당사자는 피해자의 처인 갑이고, 이 사건 부동산의 전소유자였던 을 역시 당시 위 교환계약의 당사자가 갑이라고 알고 있었으며, 피고인은 피해자와의 명의신탁약정에 따라 이 사건 부동산에 관하여 자신의 처인 병 앞으로 소유권이전등기를 경료한 것은 이른바 '제3자간 등기명의신탁'에 해당하고, 피고인이 명의신탁된 이 사건 부동산을 임의로 처분하였으므로 횡령죄가 성립한다.[28)]

부동산을 그 소유자로부터 매수한 자가 그의 명의로 소유권이전등기를 하지 아니하고 제3자와 맺은 명의신탁약정에 따라 매도인으로부터 바로 그 제3자에게 중간생략의 소유권이전등기를 경료한 경우, 그 제3자가 그와 같은 명의신탁약정에 따라 그 명의로 신탁된 부동산을 임의로 처분하였다면 신탁자에 대한 횡령죄가 성립하고, 그 명의신탁이 부동산실명법 시행 전에 이루어졌고 같은 법이 정한 유예기간 이내에 실명등기를

28) 대판 2010. 9. 30. 2010도8556. 다음은 같은 취지이다.

사안: 을이 임의경매절차에서 갑 소유의 부동산을 낙찰받아 소유권이전등기를 마쳤다. 이에 갑은 을로부터 위 부동산을 다시 매수하기로 을과 약정하였다(갑이 1차 매수인이 됨). 갑이 을에게 매매대금 5,000만 원(그 중 4,000만 원은 병으로부터, 1,000만 원은 정으로부터 빌림)을 지급하였다. 그런데 갑은 위와 같이 병과 정으로부터 빌린 5,000만 원을 변제하는 대신 병에게 위 부동산을 넘기기로 하였다(병이 2차 매수인이 됨). 한편 병이 갑에게 빌려준 돈에는 병이 피고인으로부터 빌린 1,000만 원이 포함되어 있었는데, 병은 피고인으로부터 2,000만 원을 추가로 받으면서 피고인과 사이에 이 사건 부동산에 투자된 5,000만 원 중 3,000만 원을 피고인이 투자한 것으로 정리하였다. 또한 병은 정과 사이에 정이 갑에게 빌려준 1,000만 원을 이 사건 부동산의 매수에 투자하는 것으로 하기로 약정하였다. 병은 피고인 및 정과 사이에 등기를 편의상 피고인 단독 명의로 해두기로 각 약정한 다음 갑의 협조를 받아 을로부터 등기서류를 받아 피고인 명의로 소유권이전등기를 경료하였다. 갑은 위 소유권이전등기를 경료하기 이전부터 위 3인(병, 피고인, 정)이 위와 같이 공동투자한 사실을 알고 있었다.

따라서 피고인만이 소유권이전등기의 원인행위가 된 매매계약의 매수인인 것으로 볼 수는 없고, 병, 피고인, 정의 3인이 공동으로 매수한 것으로 보아야 할 것이다.

판단: 그렇다면 병과 정의 지분에 관한 한 신탁자인 2인(병, 정)과 수탁자인 피고인과의 명의신탁 관계는, 신탁자가 수탁자와 명의신탁 약정을 맺고 신탁자가 매매계약의 당사자가 되어 매도인과 매매계약을 체결하되 다만 등기를 매도인으로부터 수탁자 앞으로 직접 이전하는 이른바 중간생략등기형 명의신탁 또는 삼자간 등기명의신탁에 해당한다고 할 것이다. 이와 같은 명의신탁 관계에서 명의수탁자인 피고인이 명의신탁된 부동산 지분을 임의로 처분하였다면 횡령죄가 성립한다(대판 2002. 2. 22. 2001도6209).

하지 아니함으로써 그 명의신탁약정 및 이에 따라 행하여진 등기에 의한 물권변동이 무효로 된 후에 처분이 이루어졌다고 하여 달리 볼 것은 아니다.[29)]

(다) 계약명의신탁

계약명의신탁은 수탁자가 신탁자와의 명의신탁약정 하에 직접 매수인으로서 부동산의 소유자와 매매계약을 체결하고 등기도 수탁자 명의로 경료하는 것을 말한다. 계약명의신탁에서는 수탁자가 매수인이 되므로, 매도인은 신탁자와 수탁자 사이의 명의신탁사실을 알 수도 있고, 모를 수도 있다.

(a) 매도인이 선의인 경우

명의신탁약정은 무효이지만(부동산실명법 4조 1항), 매도인이 명의신탁 사실을 알지 못하여 선의인 경우에 부동산의 소유권이전등기 자체는 유효하다(부동산실명법 4조 2항 단서). 따라서 수탁자는 매도인뿐만 아니라 신탁자에 대한 관계에 있어서도 유효하게 소유권을 취득한 것이 된다. 유효한 소유권자인 수탁자가 부동산을 임의처분하더라도 횡령죄가 성립하지 않음은 당연하다. 이러한 경우 판례는 나아가 배임죄도 성립하지 않는다고 하고 있다.

계약명의신탁에서 매도인이 선의인 경우 횡령죄의 성립 여부

사안: 갑과 을은 그들이 함께 병 소유의 임야를 매수하되, 다만 편의상 갑이 단독으로 매매계약을 체결하고 그 등기명의도 갑의 단독 명의로 하여 두기로 약정하였다. 위와 같은 약정에 따라 갑이 병으로부터 위 임야를 매수하여 매매대금을 지급하고 갑 단독 명의로 소유권이전등기를 경료하였다. 병은 갑이 위 임야를 단독으로 매수하는 것으로 알았다. 그 후 갑이 위 임야에 관하여 갑을 채무자로 하여 정 명의의 근저당권 설정등기를 경료하였다.

판단: 부동산실명법 제2조 제1호 및 제4조의 규정에 의하면, 신탁자(을)와 수탁자(갑)가 명의신탁 약정을 맺고, 이에 따라 수탁자가 당사자가 되어 명의신탁 약정이 있다는 사실을 알지 못하는 소유자(병)와 사이에서 부동산에 관한 매매계약을 체결한 후 그 매매계약에 기하여 당해 부동산의 소유권이전등기를 수탁자 명의로 경료한 경우에는, 그 소유권이전등기에 의한 당해 부동산에 관한 물권변동은 유효하고, 한편 신탁자와 수탁자 사이의 명의신탁 약정은 무효이므로, 결국 수탁자는 전소유자인 매도인뿐만 아니라 신탁자에 대한 관계에서도 유효하게 당해 부동산의 소유권을 취득한 것으로 보아야 할 것이고, 따라서 그 수탁자는 타인의 재물을 보관하는 자라고 볼 수 없다.[30)]

29) 대판 2010. 1. 28. 2009도1884.

30) 대판 2000. 3. 24. 98도4347. 다음은 같은 취지이다.

피고인이 피해자로부터 매매대금을 받아 을로 하여금 갑의 토지를 매수하여 을 명의로 소유권이전등기를 경료케 한 다음, 다시 피고인 명의로 소유권이전등기를 경료하였으나 갑과 을은 피해자가 명의신탁자임을 알지 못함(계약명의신탁에서 매도인이 선의인 경우임)

명의신탁 약정에 따라 수탁자(피고인)가 그 약정이 있다는 사실을 알지 못하는 소유자(갑)와 부동산매매계약을 체결한 후 자신의 명의로 소유권이전등기를 마친 경우, 그 수탁자가 횡령죄의 '타인의 재물을 보관하는 자'에 해당하는지 여부(소극)(대판 2009. 9. 10. 2009도4501).

계약명의신탁에서 매도인이 선의인 경우 배임죄의 성립 여부

신탁자와 수탁자가 명의신탁약정을 맺고, 그에 따라 수탁자가 당사자가 되어 명의신탁약정이 있다는 사실을 알지 못하는 소유자와 사이에서 부동산에 관한 매매계약을 체결한 계약명의신탁에 있어, 수탁자는 신탁자에 대한 관계에서도 신탁 부동산의 소유권을 완전히 취득하고 단지 신탁자에 대하여 명의신탁약정의 무효로 인한 부당이득 반환의무만을 부담할 뿐인바, 그와 같은 부당이득 반환의무는 명의신탁약정의 무효로 인하여 수탁자가 신탁자에 대하여 부담하는 통상의 채무에 불과할 뿐 아니라 신탁자와 수탁자 간의 명의신탁약정이 무효인 이상, 특별한 사정이 없는 한 신탁자와 수탁자 간에 명의신탁약정과 함께 이루어진 부동산 매입의 위임 약정 역시 무효라고 할 것이므로, 수탁자가 신탁자와의 신임관계에 기하여 신탁자를 위하여 신탁 부동산을 관리한다거나 신탁자의 허락 없이 이를 처분하여서는 아니되는 의무를 부담하는 등으로 타인의 사무를 처리하는 자의 지위에 있다고 볼 수 없다.[31]

31) 대판 2008. 3. 27. 2008도455. 다음은 같은 취지이다.
신탁자와 수탁자가 명의신탁약정을 맺고, 그에 따라 수탁자가 당사자가 되어 명의신탁약정이 있다는 사실을 알지 못하는 소유자와 사이에서 부동산에 관한 매매계약을 체결한 계약명의신탁에 있어서 수탁자는 신탁자에 대한 관계에서도 신탁 부동산의 소유권을 완전히 취득하고 단지 신탁자에 대하여 명의신탁약정의 무효로 인한 부당이득반환의무만을 부담할 뿐인바, 그와 같은 부당이득반환의무는 명의신탁약정의 무효로 인하여 수탁자가 신탁자에 대하여 부담하는 통상의 채무에 불과할 뿐 아니라, 신탁자와 수탁자 간의 명의신탁약정이 무효인 이상, 특별한 사정이 없는 한 신탁자와 수탁자 간에 명의신탁약정과 함께 이루어진 부동산 매입의 위임 약정 역시 무효라고 볼 것이어서 수탁자를 신탁자와의 신임관계에 기하여 신탁자를 위하여 신탁 부동산을 관리하면서 신탁자의 허락 없이는 이를 처분하여서는 아니되는 의무를 부담하는 등으로 신탁자의 재산을 보전·관리하는 지위에 있는 자에 해당한다고 볼 수 없어 수탁자는 타인의 사무를 처리하는 자의 지위에 있지 아니하다 할 것이고, 이러한 계약명의신탁의 법리는 부동산실명법 제4조 제1항에 따라 무효인 명의신탁약정에 대하여 신탁자가 그 소유권이전등기의 경료 이전에 해지의 의사를 표시한 경우에도 마찬가지로 적용되는 것으로 보아야 할 것이다(대판 2004. 4. 27. 2003도6994).
신탁자와 수탁자가 명의신탁약정을 맺고 그에 따라 수탁자가 당사자가 되어 명의신탁약정이 있다는 사실을 알지 못하는 소유자와 사이에서 부동산에 관한 매매계약을 체결한 이른바 계약명의신탁에 있어서, 수탁자는 신탁자에 대한 관계에서도 신탁 부동산의 소유권을 완전히 취득하고 단지 신탁자에 대하여 명의신탁약정의 무효로 인한 부당이득반환의무만을 부담할 뿐인바, 그와 같은 부당이득반환의무는 명의신탁약정의 무효로 인하여 수탁자가 신탁자에 대하여 부담하는 통상의 채무에 불과할 뿐 아니라, 신탁자와 수탁자 간의 명의신탁약정이 무효인 이상, 특별한 사정이 없는 한 신탁자와 수탁자 간에 명의신탁약정과 함께 이루어진 부동산 매입의 위임 약정 역시 무효라고 볼 것이다. 또한, 이러한 계약명의신탁의 법리는 수탁자가 신탁 부동산에 관한 등기를 이전받기 전에 소유자와 사이의 합의로 매매계약을 해제한 후 그 매매대금을 반환받았다고 하더라도 마찬가지로 적용된다고 보아야 할 것이므로, 그 수탁자가 횡령죄에 있어서의 '타인의 재물을 보관하는 자'의 지위에 있다고 볼 수는 없다(대판 2007. 3. 29. 2007도766).
타인의 명의로 계약을 체결한 경우의 계약당사자의 특정/갑이 피고인 명의로 농지를 매수
계약을 체결하는 행위자가 타인의 이름으로 법률행위를 한 경우에 행위자 또는 명의인 가운데 누구를 계약당사자로 볼 것인지에 관하여는, 우선 행위자와 상대방의 의사가 일치한 경우에는 그 일치한 의사대로 행위자 또는 명의인을 계약당사자로 확정하여야 하고, 행위자와 상대방의 의사가 일치하지 않는 경우에는 그 계약의 성질·내용·목적·체결경위 등 그 계약 체결 전후의 여러 사정을 토대로 상대방이 합리적인 사람이라면 행위자와 명의자 중 누구를 계약당사자로 이해할 것인지에 따라 결정할 것이나, 타인을 통하여 부동산을 매수함에 있어 매수인 명의를 그 타인 명의로 하기로 하였다면 이와 같은 매수인 명의의 신탁관계는 그들 사이의 내부적인 관계에 불과한 것이므로 특별한 사정이 없는 한 대외적으로는 그 타인을 매매당사자로 보아야 할 것이다.
명의신탁자인 갑은 피고인의 권유로 이 사건 토지를 포함한 부동산 6필지를 매수하기로 하였으나 농지취득자격증명을 받지 못하여 그 명의로 소유권이전등기를 할 수 없었던 관계로 피고인에게 매수인 명의를 '을 외 2인'으로 하도록 하여 그와 같은 내용으로 매매계약서가 작성되었으나 을이 이를 거절함에 따라 피고인을 매수인으로 한 매매계약서가 다시 작성되어 위 6필지 부동산 전부에 관하여 피고인 명의의 소유권이전등기가 경료되었고, 피고인은 위 매매계

(b) 매도인이 악의인 경우

명의신탁자와 명의수탁자가 이른바 계약명의신탁 약정을 맺고 명의수탁자가 당사자가 되어 명의신탁 약정이 있다는 사실을 알고 있는 소유자와 부동산에 관한 매매계약을 체결한 후 매매계약에 따라 부동산의 소유권이전등기를 명의수탁자 명의로 마친 경우에는 부동산실명법 제4조 제2항 본문에 의하여 수탁자 명의의 소유권이전등기는 무효이고 부동산의 소유권은 매도인이 그대로 보유하게 되므로, 명의수탁자는 부동산 취득을 위한 계약의 당사자도 아닌 명의신탁자에 대한 관계에서 횡령죄에서 '타인의 재물을 보관하는 자'의 지위에 있다고 볼 수 없고, 또한 명의수탁자가 명의신탁자에 대하여 매매대금 등을 부당이득으로 반환할 의무를 부담한다고 하더라도 이를 두고 배임죄에서 '타인의 사무를 처리하는 자'의 지위에 있다고 보기도 어렵다. 한편 위 경우 명의수탁자는 매도인에 대하여 소유권이전등기말소의무를 부담하게 되나, 위 소유권이전등기는 처음부터 원인무효여서 명의수탁자는 매도인이 소유권에 기한 방해배제청구로 말소를 구하는 것에 대하여 상대방으로서 응할 처지에 있음에 불과하고, 그가 제3자와 한 처분행위가 부동산실명법 제4조 제3항에 따라 유효하게 될 가능성이 있다고 하더라도 이는 거래 상대방인 제3자를 보호하기 위하여 명의신탁 약정의 무효에 대한 예외를 설정한 취지일 뿐 매도인과 명의수탁자 사이에 위 처분행위를 유효하게 만드는 어떠한 신임관계가 존재함을 전제한 것이라고는 볼 수 없으므로, 말소등기의무의 존재나 명의수탁자에 의한 유효한 처분가능성을 들어 명의수탁자가 매도인에 대한 관계에서 횡령죄에서 '타인의 재물을 보관하는 자' 또는 배임죄에서 '타인의 사무를 처리하는 자'의 지위에 있다고 볼 수도 없다.[32]

명의신탁자와 명의수탁자가 이른바 계약명의신탁약정을 맺고 명의수탁자가 당사자가 되어 그러한 명의신탁약정이 있다는 사실을 알고 있는 소유자로부터 부동산을 매수하는 계약을 체결한 후 그 매매계약에 따라 명의수탁자 앞으로 당해 부동산의 소유권이전등기가 행하여졌다면 '부동산실명법' 제4조 제2항 본문에 의하여 명의수탁자 명의의 소유권이전등기는 무효이고 당해 부동산의 소유권은 매도인이 그대로 보유하게 된다. 나아가 그 경우 명의신탁자는 부동산매매계약의 당사자가 되지 아니하고 또 명의신탁약정은 위 법률 제4조 제1항에 의하여 무효이므로, 그는 다른 특별한 사정이 없는 한 부동산 자체를 매도인으로부터 이전받아 취득할 수 있는 권리 기타 법적 가능성을 가지지 못한다. 따라서 이때 명의수탁자가 명의신탁자에 대한 관계에서 횡령죄에서의 '타인의 재물을 보관하는 자'의 지위에 있다고 볼 수 없다.
피고인이 갑과 체결한 명의신탁약정에 따라 갑이 조합측으로부터 분양받은 아파트에 관하여 피고인 명의로 소유권보존등기를 마친 후 갑의 허락 없이 이를 을에게 매도하여 횡령하였다는 내용으로 기소된 사안에서, 제반 사정에 비추어 아파트 분양계약에서 매수인 명의의 대여는 갑과 피고인의 내부적인 관계에 불과하여 아파트 분양계약의 매수인 지위에 있는 것은 피고인이고 나아가 매도인인 조합측은 갑과 피고인의 명의대여약 체결에 있어 매수인으로 관여하였으나 갑은 계약 체결 당시 참석한 바도 없고 매수자금도 피고인에게 건네주어 피고인이 이를 매도인 측에 지급하였으며, 당시 매도인측의 대리인은 피고인은 잘 알고 있으나 명의신탁자인 갑 등은 전혀 알지 못한다고 진술한 반면 피고인이 매도인 측과 매매계약을 체결함에 있어 그 매매계약의 법률효과를 신탁자에게 귀속시키기로 하는 합의가 있었다고 볼 만한 자료는 확인할 수 없는바, 그렇다면 이 사건 매매계약에서 매도인 측의 계약상대방으로서 매수인의 지위에 있는 자는 그 계약서에 표시된 대로 피고인으로 봄이 상당하므로, 결국 이 사건 토지에 관한 명의신탁은 신탁자인 갑과 수탁자인 피고인이 명의신탁약정을 맺고 이에 따라 수탁자인 피고인이 계약당사자가 된 이른바 계약명의신탁관계로 보아야 할 것이다(대판 2010. 11. 11. 2008도7451).

32) 대판 2012. 11. 29. 2011도7361

관계를 알고 있었으므로 아파트 소유권은 매도인에게 있고, 아파트 분양계약의 당사자가 아닌 갑은 달리 아파트 자체를 취득할 법적 가능성이 없으므로 결국 피고인이 갑에 대한 관계에서 '아파트를 보관하는 자'의 지위에 있다고 볼 수 없는데도, 이와 달리 보아 유죄를 인정한 원심판결에 횡령죄에서 '타인의 재물을 보관하는 자' 내지 이른바 악의의 계약명의신탁에 관한 법리오해의 위법이 있다고 한 사례.[33)]

(C) 수탁자 명의로 낙찰

부동산 입찰절차에서 수인이 대금을 분담하되 그 중 1인인 피고인 명의로 낙찰받기로 약정하여 그에 따라 낙찰이 이루어진 경우, 그 입찰절차에서 낙찰인의 지위에 서게 되는 사람은 어디까지나 그 명의인인 피고인이므로 입찰 목적 부동산의 소유권은 경락대금을 실질적으로 부담한 자가 누구인가와 상관없이 피고인이 취득한다 할 것이므로 그 부동산은 횡령죄의 객체인 타인의 재물이라고 볼 수 없어 피고인이 이를 임의로 처분하더라도 횡령죄를 구성하지 않는다.
위와 같은 약정을 위 부동산에 관한 명의신탁약정으로 본다고 하더라도 부동산실명법 제4조 제1항, 제2항, 제2조 제1호의 규정에 비추어 그 약정은 무효이고, 피고인 명의로 이 사건 대지에 관하여 낙찰허가결정을 받아 그 경락대금을 완납한 이상 이 사건 대지는 대외적으로는 물론 대내적으로도 피고인의 소유라 할 것이어서 횡령죄의 객체가 되는 타인의 재물이라고 볼 수 없다.[34)]
해설: 위 판례는 횡령죄가 성립하지 않는 이유에 관하여 2개의 논리를 전개하고 있다. 첫째는, 부동산 경매절차에서의 경락인은, 경락대금을 실질적으로 부담하는 자(갑)가 아니라 자신의 명의로 경락받는 자(을)이므로, 을은 경매 부동산의 소유권을 취득하고 따라서 이를 임의 처분하더라도 횡령죄가 성립하지 않는다는 것이다. 둘째는, 갑과 을이 '을 명의로 경락받기로 한 약정'을 부동산에 관한 명의신탁약정이라고 하더라도 부동산실명법상 그러한 약정은 무효이고 을이 경매 부동산의 소유권자가 되므로, 이를 임의 처분하더라도 횡령죄가 성립하지 않는다는 것이다.

33) 대판 2012. 12. 13. 2010도10515.

34) 대판 2000. 9. 8. 2000도258. 다음은 같은 취지이다.
부동산의 경매절차에서 경매 목적 부동산을 경락받은 경락인이 실질적인 권리자가 아니라 단순히 타인을 위하여 그 명의만을 빌려준 것에 불과하다 하더라도 그 경매절차에서 경락인으로 취급되는 자는 어디까지나 명의차용자인 타인이 아니라 그 명의인일 뿐이므로, 경매 목적 부동산의 소유권은 경락대금을 실질적으로 부담한 자가 누구인가와 상관없이 그 명의인이 적법하게 취득한다(대판 2000. 4. 7. 99다15863).
다음은 관련 민사법리를 전개한 판례이다.
부동산경매절차에서 부동산을 매수하려는 사람이 매수대금을 자신이 부담하면서 다른 사람의 명의로 매각허가결정을 받기로 그 다른 사람과 약정함에 따라 매각허가가 이루어진 경우 그 경매절차에서 매수인의 지위에 서게 되는 사람은 어디까지나 그 명의인이므로 경매 목적 부동산의 소유권은 매수대금을 실질적으로 부담한 사람이 누구인가와 상관없이 그 명의인이 취득한다고 할 것이고, 이 경우 매수대금을 부담한 사람과 이름을 빌려 준 사람 사이에는 명의신탁관계가 성립한다.
앞서 본 바와 같이 부동산경매절차에서 소외 2가 매수자금을 자신이 부담하면서 피고 명의로 매각허가결정을 받기로 피고와 약정하였고, 그 약정에 따라 매각이 이루어졌다면, 소외 2와 피고 사이에는 이 사건 부동산에 대한 명의신탁관계가 성립되었다 할 것이고, 소외 2와 피고 사이의 위 명의신탁약정은 부동산실명법 제4조 제1항에 의하여 무효라 할 것이며, 따라서 소외 2는 피고에게 이 사건 부동산 자체나 그 처분대금의 반환을 청구할 수는 없다(제공한 매수대금을 부당이득으로 청구할 수 있을 뿐이다). 나아가 소외 2와 피고 사이에 소외 2의 지시에 따라 이 사건 부동산의 소유 명의를 이전하거나 그 처분대금을 반환하기로 한 약정이 있다고 하더라도 이는 결국 명의신탁약정이 유효함을 전제로 명의신탁 부동산 자체 또는 그 처분대금의 반환을 구하는 범주에 속하는 것에 해당하여 무효라 할 것이다(대판 2006. 11. 9. 2006다35117).

명의수탁자의 부동산처분과 범죄의 성립 요약

(1) 명의신탁이 허용되는 경우

명의신탁약정 유효 → 대내적으로 명의신탁자 소유 → 명의수탁자의 처분은 명의신탁자에 대한 횡령

(2) 명의신탁이 금지된 경우

(가) 2자간 명의신탁

명의신탁약정 무효 → 물권변동 무효 → 명의신탁자 소유 → 명의수탁자의 처분은 명의신탁자에 대한 횡령

(나) 중간생략등기형 명의신탁

명의신탁약정무효 → 매도인은 명의신탁자와 계약하였음에도 명의수탁자 명의의 등기를 경료하므로 악의 → 물권변동 무효 → 매도인 소유 → 명의수탁자의 처분은 명의신탁자에 대한 횡령(명의신탁자는 매도인을 대위하여 명의수탁자에 대하여 이전등기말소를 구할 수 있고 매도인에 대하여 소유권이전등기청구를 할 수 있으므로)[35)]

(다) 계약명의신탁

매도인과 명의수탁자가 계약을 체결하므로 매도인이 명의신탁 사실을 알 수도 있고, 모를 수도 있음

① 매도인의 선의

명의수탁자 소유가 되므로 명의수탁자의 처분은 횡령죄 아니고,[36)] 명의수탁자가 명의신탁자의 사무를 처리하는 자의 지위에 있지 않으므로 배임죄도 아님[37)]

② 매도인의 악의

명의신탁약정무효 → 매도인은 악의 → 물권변동 무효 → 매도인 소유(중간생략등기형 명의신탁약정과 달리 신탁자는 매매계약 당사자가 아니므로 매도인에 대하여 소유권이전등기청구를 할 수 없음)

명의수탁자는 부동산 취득을 위한 계약의 당사자도 아닌 명의신탁자에 대한 관계에서 횡령죄에서 '타인의 재물을 보관하는 자'의 지위에 있다고 볼 수 없고, 또한 명의수탁자가 명의신탁자에 대하여 매매대금 등을 부당이득으로 반환할 의무를 부담한다고 하더라도 이를 두고 배임죄에서 '타인의 사무를 처리하는 자'의 지위에 있다고 보기도 어렵다.

명의수탁자가 매도인에 대한 관계에서 횡령죄에서 '타인의 재물을 보관하는 자' 또는 배임죄에서 '타인의 사무를 처리하는 자'의 지위에 있다고 볼 수도 없다.[38)]

---

35) 대판 2002. 2. 22. 2001도6209; 대판 2010. 1. 28. 2009도1884.
36) 대판 2000. 3. 24. 98도4347.
37) 대판 2008. 3. 27. 2008도455.
38) 대판 2012. 11. 29. 2011도7361; 대판 2012. 12. 13. 2010도10515.

(라) 농지의 명의신탁

중간생략등기형 명의신탁에서 명의수탁자가 농지를 임의 처분하였으나 명의신탁자가 위 농지를 취득할 자격이 없음

제조업을 영위하는 A 주식회사가 토지를 매도인 갑으로부터 매수하여 피고인 앞으로 소유권이전등기를 마침으로써 중간생략등기형 명의신탁을 하였는데, 피고인이 이를 처분한 사안에서,
부동산을 소유자로부터 매수한 자가 그 명의로 소유권이전등기를 하지 아니하고 제3자와 맺은 명의신탁약정에 따라 매도인으로부터 바로 그 제3자에게 중간생략의 소유권이전등기를 마친 이른바 '3자간 명의신탁' 또는 '중간생략등기형 명의신탁'의 경우, 그 제3자가 자기 명의로 신탁된 부동산을 임의로 처분하였다면 신탁자에 대하여 횡령죄가 성립한다. 그리고 구 농지개혁법(1996년부터 농지법으로 바뀜) 시행 당시 농지를 매수하여 농가 등 적법하게 농지를 매수할 자격이 있는 수탁자 앞으로 명의신탁하는 경우, 비록 그 명의신탁 시점에는 신탁자가 농지매매증명을 발급받을 수 없어 위 농지를 매수할 수 없었다고 하더라도 그 후 농지법 시행 등의 사정변경으로 인하여 신탁자가 수탁자에 대하여 위 농지에 관한 명의신탁을 해지하고 그 반환을 구할 수 있게 된 이상, 그 시점부터는 수탁자가 신탁자를 위하여 위 농지를 보관하는 자의 지위에 서게 된다. 그러나 <u>제조업을 하는 일반 법인인 A는 구 농지개혁법상의 농지매매증명을 발급받을 수 없고</u> 그러한 사정은 구 농지개혁법이 폐지되고 농지법이 시행된 이후에도 마찬가지이므로 갑이 A에 대하여 부담하는 소유권이전등기의무는 원시적으로 이행불능이고, 따라서 <u>원시적 불능인 급부를 목적으로 하는 이 사건 토지 매매계약은 채권계약으로서도 무효로 보아야</u> 하며, 구 농지개혁법이 폐지되고 농지법이 시행되었다고 하여 무효인 위 매매계약이 유효하게 될 수는 없으므로 <u>피고인의 위 토지처분이 횡령죄를 구성하지는 않는다</u>.[39]

농지의 명의신탁자가 명의수탁자에게 명의신탁을 해지하고 농지의 반환을 청구할 수 있는 상태임에도 명의수탁자가 이를 임의로 처분

구 농지개혁법상 농지를 매수할 수 있는 자는 농가이거나 농가가 되려는 자에 한하므로, 농지를 명의신탁하는 경우에도 수탁자가 구 농지개혁법에 의하여 그 농지를 매수할 수 없는 경우라면 그 명의신탁은 무효이지만, 수탁자가 적법하게 그 농지를 매수할 수 있는 경우에는 비록 그 명의신탁 시점에 신탁자가 농지매매증명을 발급 받을 수 없어 위 농지를 매수할 수 없었다고 하더라도, 그 후 사정변경으로 인하여 신탁자가 수탁자에 대하여 위 농지에 관한 명의신탁을 해지하고 그 반환을 구할 수 있게 된 이상, 그 시점부터는 수탁자가 신탁자를 위하여 위 농지를 보관하는 자의 지위에 서게 되고, 신탁자와 수탁자 사이에 별도의 법률행위가 없었다고 하여 달리 볼 것은 아니다. 한편, 농지법 제8조 제1항 소정의 농지취득 자격증명은 농지를 취득하는 자가 그 소유권에 관한 등기를 신청할 때에 첨부하여야 할 서류로서, 농지를 취득하는 자에게 농지취득의 자격이 있다는 것을 증명하는 것일 뿐 농지취득의 원인이 되는 법률행위의 효력을 발생시키는 요건은 아니므로, 농지에 관한 명의신탁자가 명의신탁을 해지하고 그 반환을 구하는 청구를 하는 경우 수탁자는 신탁자 명의의 농지취득 자격증명이 발급되지 아니하였다는 사정을 내세워서 그 청구를 거부할 수 없다.

39) 대판 2010. 6. 24. 2009도9242. 다음은 같은 취지이다.
비농가(갑)와 공동 매수하였으나 피고인 단독 명의로 소유권이전등기를 마친 농지를 임의 처분
피고인이 비농가인 갑과 농지를 공동매수하여 피고인 단독 명의로 소유권이전등기를 한 경우에 <u>갑은 비농가로서 농지개혁법상 농지를 취득할 수 없으므로</u> 피고인이 동 공소외인으로부터 동 농지의 공유지분권을 보관하고 있다고 할 수 없다. 따라서 피고인 이 위 농지를 임의처분하였다고 하여도 횡령죄를 구성하지 아니한다(대판 1982. 2. 9. 81도2936).

구 농지개혁법의 시행 당시 이 사건 농지의 매도인으로부터 명의수탁자인 갑 앞으로 이전된 등기는 적법하게 경료된 것이고, 그 후 농지법이 시행됨에 따라서 명의신탁자인 피해자는 그 명의의 농지취득 자격증명 발급 여부와 관계없이 이 사건 농지에 관한 명의신탁을 해지하고 갑에 대하여 그 반환을 청구할 수 있게 되었으므로, 최소한 그 시점부터는 갑이 피해자를 위하여 이 사건 농지를 보관하는 자의 지위에 서게 되었고, 따라서 농지법 시행 이후인 2004. 7. 23.경 피고인이 갑과 공모하여 이 사건 농지를 임의로 증여받은 행위는 횡령죄에 해당한다.[40]

다. 부동산실명법 시행 이전의 판례[41]

40) 대판 2008. 2. 29. 2007도11029.

41) 횡령죄에 있어서 부동산을 보관하는 자라 함은 동산의 경우에 있어서와는 달리 그 부동산에 대한 점유를 기준으로 할 것이 아니고 그 부동산을 제3자에게 유효하게 처분할 수 있는 권능의 유무를 기준으로 하여 결정하여야 할 것이고, 토지의 일부 지분에 관하여 명의신탁에 의한 소유권이전등기를 경료받은 사람은 그 지분의 범위 내에서 그 토지를 제3자에게 유효하게 처분할 수 있는 권능을 갖게 되어 그 부동산을 보관하는 자의 지위에 있다 할 것이므로(대판 1987. 2. 10. 86도1607; 대판 1987. 12. 8. 87도1690 참조), 피고인이 이 사건 공유지분의 명의수탁자로서 그 지분소유권이전등기를 불법영득의 의사로 거부함으로써 그 반환을 거절한 것은 횡령죄를 구성한다(대판 1989. 12. 8. 89도1220).
법률상 부동산을 제3자에게 유효하게 처분할 수 있는 지위에 있는 자는 그 부동산에 대한 지배력을 가지고 있다고 할 것이므로, 횡령죄의 성립에 있어서 그 부동산을 보관하는 자에 해당한다고 보아야 할 것인 바, 소유권보존등기가 되어있지 않은 이 사건 건물이 실제로 피해자가 재료의 주요부분과 노력을 제공하여 건축한 피해자의 소유로서 건축허가명의만을 갑회사에게 신탁한 경우에 있어서, 건축허가 관계서류에 의하여 작성된 건축물관리대장(또는 가옥대장)의 등본에 의하여 자기 또는 피상속인이 그 대장에 소유자로서 등록되어 있는 것을 증명하는 자가 미등기건물의 소유권보존등기를 신청할 수 있도록 되어 있는 부동산등기법 제131조 제1호, 건축법시행규칙 제6조 등의 규정내용에 비추어볼 때 갑회사의 실질적인 경영자인 피고인은 건축허가명의자인 갑회사의 명의로 소유권보존등기를 하여 대외적으로 유효하게 위 건물을 처분할 수 있는 지위에 있는 자이어서 타인의 부동산인 위 건물을 보관하는 자에 해당한다고 보아야 할 것이다(대판 1990. 3. 23. 89도1911).
토지의 일부 지분에 관하여 명의신탁에 의한 소유권이전등기를 경료받아 가지고 있는 사람은 그 지분의 범위 내에서 그 토지를 제3자에게 유효하게 처분할 수 있는 권능을 가지게 되어 횡령죄의 주체인 보관자의 지위에 있다 할 것이므로 위 명의신탁되었던 지분에 관하여 수용보상금을 수령한 것은 위 토지의 보관자의 지위에서 수령한 것이니 이를 명의신탁자에게 반환하지 않고 임의 소비한 행위는 횡령죄를 구성한다(대판 1987. 2. 10. 86도1607).
상속에 의한 수탁자 지위의 승계
고소인이 이 사건 부동산을 전 소유자로부터 매수하여 피고인의 모에게 그 소유명의 및 관리를 위탁하였는데 동인이 등기부상의 소유자명의를 수탁자인 자기 명의로 하지 아니하고 아들인 피고인 명의로 하여둔 채 사망한 후 피고인이 위 부동산을 고소인에게 반환하기를 거부한 사안에서,
부동산의 소유명의 및 관리를 위탁받은 자가 자기명의로의 소유권이전등기를 생략한 채 그 아들인 피고인에게 소유권이전등기를 하여 주고 사망하였다면 비록 피고인이 그러한 사정을 알고 있었다고 하더라도 그로써 곧 피고인이 위탁자에 대한 관계에 있어 등기명의 및 관리의 수탁자로서의 지위를 취득하거나 승계하게 된다고는 할 수 없어 위탁자에게 그 부동산의 반환을 거부한다 하더라도 횡령죄를 구성하지는 않는다(대판 1987. 2. 10. 86도2349).
상속에 의한 수탁자 지위의 승계
횡령죄에 있어 부동산에 대한 보관자의 지위는 그 부동산에 대한 점유를 기준으로 할 것이 아니라 그 부동산을 유효하게 처분할 수 있는 권능이 있는지의 여부를 기준으로 하여 결정하여야 할 것이고, 이 사건 임야는 마을 주민들의 공동소유인데 피고인의 조부가 주민들의 위탁에 따라 조부 명의로 사정받았고, 조부가 사망함에 따라 그의 자인 부가, 또 위 부가 사망함에 따라 피고인이 각 그 상속인이 됨으로써 피고인은 위 임야의 수탁관리자로서의 지위를 포괄승계한 것이어서, 피고인은 위 임야를 유효하게 처분할 수 있는 보관자로서의 지위를 취득하였다고 할 것이다(대판 1996. 1. 23. 95도784).

3. 기타 범죄

가. 신탁자가 수탁자 명의로 신탁재산을 처분

신탁자에게 아무런 부담이 없이 재산이 수탁자에게 명의신탁된 경우에는 그 재산의 처분 기타 권한행사에 있어서는 수탁자가 자신의 명의사용을 포괄적으로 신탁자에게 허용하였다고 봄이 상당하므로, 신탁자가 수탁자 명의로 신탁재산의 처분에 필요한 서류를 작성함에 있어 수탁자로부터 개별적인 승낙을 받지 아니하였다 하더라도 사문서위조·동행사죄가 성립하지 아니하지만, 수탁자가 명의신탁 받은 사실을 부인하면서 신탁재산이 수탁자 자신의 소유라고 주장하는 등으로 두 사람 사이에 신탁재산의 소유권에 관하여 다툼이 있는 경우에는 더 이상 신탁자가 그 재산의 처분 등과 관련하여 수탁자의 명의를 사용하는 것이 허용된다고 볼 수 없으며, 이는 수탁자가 명의신탁 받은 사실 자체를 부인하는 것은 아니더라도 신탁자의 신탁재산 처분권한을 다투는 등 신탁재산에 관한 처분이나 기타 권한행사에 있어서 신탁자에게 부여하였던 수탁자 명의사용에 대한 포괄적 허용을 철회한 것으로 볼 만한 사정이 있는 경우에도 마찬가지이다.
수탁자가 신탁자에게 자신에 대한 차용금 채무를 변제하지 않는 한 신탁재산을 타인에게 매도하는 데 필요한 서류 작성에 협조하지 않겠다는 취지의 말을 한 경우, 신탁자에게 부여하였던 수탁자 명의사용에 대한 포괄적 허용을 철회한 것으로 본 사례.
명의신탁자가 매도인 명의를 수탁자로 하여 제3자에게 신탁재산을 매도하는 계약을 체결하면서 수탁자가 위 신탁재산의 매도를 반대하며 매도에 따른 절차이행에 협조하기를 거절하고 있는 사정을 숨긴 경우, 매수인인 제3자에 대한 기망행위가 된다고 한 사례.[42)]

채권 신탁자의 상속인이 수탁자 명의의 채권이전등록청구서를 작성, 행사

신탁자에게 아무런 부담이 지워지지 않은 채 재산이 수탁자에게 명의신탁된 경우에는 특단의 사정이 없는 한 그 재산의 처분 기타 권한행사에 있어서는 수탁자가 자신의 명의사용을 포괄적으로 신탁자에게 허용하였다고 봄이 상당하므로, 신탁자가 수탁자 명의로 신탁재산의 처분에 필요한 서류를 작성함에 있어 수탁자로부터 개별적인 승낙을 받지 아니하였다 하더라도 사문서위조·동행사죄가 성립하지 아니하지만, 수탁자가 명의신탁 받은 사실을 부인하면서 신탁재산이 수탁자 자신의 소유라고 주장하는 등으로 신탁자와 사이에 신탁재산의 소유권에 관하여 다툼이 있는 경우에는 더 이상 신탁자가 그 재산의 처분 등과 관련하여 수탁자의 명의를 사용하는 것이 허용된다고 볼 수 없다.
수탁자가 신탁받은 채권을 자신이 신탁자로부터 증여받았을 뿐 명의신탁받은 것이 아니라고 주장하는 상황에서, 신탁자의 상속인이 수탁자의 동의를 받지 아니하고 그 명의의 채권이전등록청구서를 작성·행사한 행위는 사문서위조 및 위조사문서행사죄에 해당한다고 한 사례.[43)]

나. 권리행사방해죄

계약명의신탁에서 매도인이 명의신탁사실을 안 경우 — 수탁자가 처분행위

형법 제323조의 권리행사방해죄에서 말하는 '자기의 물건'이라 함은 범인이 소유하는 물건을 의미하고, 여

42) 대판 2007. 11. 30. 2007도4812.
43) 대판 2007. 3. 29. 2006도9425.

기서 소유권의 귀속은 민법 기타 법령에 의하여 정하여진다 할 것인바, 부동산실명법 제4조 제1항, 제2항 및 제8조에 의하면 종중 및 배우자에 대한 특례가 인정되는 경우나 부동산에 관한 물권을 취득하기 위한 계약에서 명의수탁자가 그 일방당사자가 되고 그 타방 당사자가 명의신탁약정이 있다는 사실을 알지 못하는 경우 이외에는 명의수탁자는 명의신탁 받은 부동산의 소유자가 될 수 없고, 이는 제3자에 대한 관계에 있어서도 마찬가지이므로, 명의수탁자로서는 명의신탁 받은 부동산이 '자기의 물건'이라고 할 수 없다.
A 법인이 갑으로부터 이 사건 과수원을 매수할 당시 피고인에게 그 매수인 명의를 신탁하였고 갑도 그 사실을 알고 있었으므로 위 명의신탁약정 및 그에 기하여 이루어진 이 사건 과수원에 대한 피고인 명의의 소유권이전등기는 모두 무효이므로, 이 사건 과수원 및 그 지상에 식재된 감귤나무를 피고인의 소유로 볼 수 없어 이를 객체로 한 피고인의 권리행사방해죄는 성립할 여지가 없다.[44)]

다. 강제집행면탈

계약명의신탁에 의해 수탁자 명의로 등기된 부동산

강제집행면탈죄의 객체는 채무자의 재산 중에서 채권자가 민사집행법상 강제집행 또는 보전처분의 대상으로 삼을 수 있는 것이어야 한다.
명의신탁자와 명의수탁자가 이른바 계약명의신탁 약정을 맺고 명의수탁자가 당사자가 되어 명의신탁 약정이 있다는 사실을 알지 못하는 소유자와 부동산에 관한 매매계약을 체결한 후 그 매매계약에 따라 당해 부동산의 소유권이전등기를 명의수탁자 명의로 마친 경우에는, 명의신탁자와 명의수탁자 사이의 명의신탁 약정의 무효에도 불구하고 부동산실명법 제4조 제2항 단서에 의하여 그 명의수탁자는 당해 부동산의 완전한 소유권을 취득한다. 이와 달리 소유자가 계약명의신탁 약정이 있다는 사실을 안 경우에는 수탁자 명의의 소유권이전등기는 무효이고 당해 부동산의 소유권은 매도인이 그대로 보유하게 된다. 어느 경우든지 명의신탁자는 그 매매계약에 의해서는 당해 부동산의 소유권을 취득하지 못하게 되어, 결국 그 부동산은 명의신탁자에 대한 강제집행이나 보전처분의 대상이 될 수 없다.[45)]

---

44) 대판 2007. 1. 11. 2006도4215. 다음은 같은 취지이다.
부동산실명법 제8조는 배우자 명의로 부동산에 관한 물권을 등기한 경우에 조세포탈, 강제집행의 면탈 또는 법령상 제한의 회피를 목적으로 하지 아니한 때에는 제4조 내지 제7조 및 제12조 제1항, 제2항의 규정을 적용하지 아니한다고 규정하고 있는바, 만일 명의신탁자가 그러한 목적으로 명의신탁을 함으로써 명의신탁이 무효로 되는 경우에는 말할 것도 없고, 그러한 목적이 없어서 유효한 명의신탁이 되는 경우에도 제3자인 부동산의 임차인에 대한 관계에서는 명의신탁자는 소유자가 될 수 없으므로, 어느 모로 보나 신탁한 부동산이 권리행사방해죄에서 말하는 '자기의 물건'이라 할 수 없다. 피고인이 이른바 중간생략등기형 명의신탁 또는 계약명의신탁의 방식으로 자신의 처에게 등기명의를 신탁하여 놓은 점포에 자물쇠를 채워 점포의 임차인을 출입하지 못하게 한 경우, 그 점포가 권리행사방해죄의 객체인 자기의 물건에 해당하지 않는다고 한 사례(대판 2005. 9. 9. 2005도626).

45) 대판 2009. 5. 14. 2007도2168. 다음은 같은 취지이다.
명의신탁 부동산의 실질적 소유자인 피고인이 강제집행을 면탈할 목적으로 부동산을 허위양도하여 채권자들을 해하였다고 하며 강제집행면탈죄로 기소된 사안에서, 위 부동산 중 대지는 피고인이 매입하여 갑 명의로 명의신탁해 두었다가 임의경매절차를 통하여 을에게 매각되자 다시 병 주식회사의 명의로 매수하여 병 회사 명의로 소유권이전등기를 마친 것인데, 이는 신탁자인 피고인과 명의수탁자인 병 회사의 계약명의신탁 약정에 의한 것이므로 소유자 을이 그러한 약정이 있다는 사실을 알았는지에 관계없이 명의신탁자인 피고인은 대지의 소유권을 취득할 수 없고, 이후로도 위 대지에 관하여 피고인 이름으로 소유권이전등기를 마친 적이 없다면 피고인에 대한 강제집행이나 보전처분의 대상이 될 수 없어 피고인에 대한 강제집행면탈죄의 객체가 될 수 없다고 한 사례(대판 2011. 12. 8. 2010도4129).

제 3 절 기타의 유형

Ⅰ. 계

계주의 계불입금 징수와 계금 지급의무

낙찰계의 계주가 계원들과의 약정에 따라 부담하는 계금지급의무가 배임죄에서 말하는 '타인의 사무'에 해당하려면 그 관계의 본질적 내용이 단순한 채권관계상의 의무를 넘어서 신임관계에 기초하여 타인의 재산을 보호 내지 관리하는 데 이르러야 하는바, 계주가 계원들로부터 계불입금을 징수하게 되면 그 계불입금은 실질적으로 낙찰계원에 대한 계금지급을 위하여 계주에게 위탁된 금원의 성격을 지니고 따라서 계주는 이를 낙찰·지급받을 계원과의 사이에서 단순한 채권관계를 넘어 신의칙상 그 계금지급을 위하여 위 계불입금을 보호 내지 관리하여야 하는 신임관계에 들어서게 되므로, 이에 기초한 계주의 계금지급의무는 배임죄에서 말하는 타인의 사무에 해당한다. 그러나 계주가 계원들로부터 계불입금을 징수하지 아니하였다면 그러한 상태에서 부담하는 계금지급의무는 위와 같은 신임관계에 이르지 아니한 단순한 채권관계상의 의무에 불과하여 타인의 사무에 속하지 아니하고, 이는 계주가 계원들과의 약정을 위반하여 계불입금을 징수하지 아니한 경우라 하여 달리 볼 수 없다.

따라서 낙찰계 계주가 곗날에 계원들로부터 계불입금을 징수하지 아니하고 잠적함으로써 그 계가 파계된 때에는 계금을 아직 낙찰받지 못한 계원들에 대한 관계에서 타인의 사무로서 계금을 지급할 임무는 없다.[1)]

계불입금을 징수한 계주의 계금지급의무위반

계주는 계원들과의 약정에 따라 지정된 곗날에 계원으로부터 월불입금을 징수하여 지정된 계원에게 이를 지급할 임무가 있고, 계주의 이러한 임무는 계주 자신의 사무임과 동시에 타인인 계원들의 사무를 처리하는 것도 되는 것이므로, 계주가 계원들로부터 월불입금을 모두 징수하였음에도 불구하고 그 임무에 위배하여 정당한 사유 없이 이를 지정된 계원에게 지급하지 아니하였다면 다른 특별한 사정이 없는 한 그 지정된 계원에 대한 관계에 있어서 배임죄를 구성한다.[2)]

중간계주(갑)를 통하여 계에 가입한 자(을)에게 계금을 미지급

피고인이 계주가 되어 조직한 번호계에 가입한 계원은 갑이었고, 을은 갑이 중간계주가 되어 가입한 여러 구좌 중 23번 구좌의 1/2에 가입한 것인 경우에 을은 피고인에 대한 관계에 있어서 계원으로서의 지위를 보유하지 아니하므로, 피고인이 계원으로서의 지위를 갖지 않는 을에 계금지급을 하지 아니하더라도 배임죄가 성립하지 아니한다.[3)]

---

1) 대판 2009. 8. 20. 2009도3143.
2) 대판 1994. 3. 8. 93도2221.
3) 대판 1983. 4. 12. 82도2460.

계가 깨졌다고 거짓말하여 계금수령의 기회를 박탈

계주가 계원들로부터 월불입금을 모두 징수하였음에도 불구하고 그 임무에 위배하여 정당한 사유 없이 이를 지정된 계원에게 지급하지 아니하였다면 다른 특별한 사정이 없는 한 그 지정된 계원에 대한 관계에 있어서 배임죄를 구성한다.

계가 정상적으로 운영되고 있음에도 불구하고 계주가 그 동안 성실하게 계불입금을 지급하여 온 계원에게 계가 깨졌다는 등의 거짓말을 하여 그 계원이 계에 참석하여 낙찰받아 계금을 탈 수 있는 기회를 박탈하여 손해를 가하였다면 계주의 위와 같은 임무위배는 그 계원에 대한 관계에 있어서 배임죄를 구성한다고 한 사례.[4)]

계주가 계원의 이름을 모용하여 낙찰받은 때의 피해자와 피해액

낙찰계에 있어서와 같이 계주가 계원의 위임을 받아 계불입금을 납부받고 입찰을 시행하여 낙찰계원에게 계금을 급부할 임무가 있는 경우에 그 임무에 위배하여 계주가 마음대로 계원의 이름을 모용하여 낙찰받아 그 계금을 자의로 소비한 때에는 배임죄가 성립되고 그 경우 피해자는 계원 전체이고 피해액은 계주가 이득한 금액이다.[5)]

계원의 승낙에 의한 계금지급의 연체

계주인 피고인이 계원에게 100만원의 곗돈을 부족되게 지급한 것이 사실이라 하더라도 그 당시 피고인이 100만 원을 다음 달에 주겠다고 말하고 계원인 고소인이 처음에는 안 된다고 하다가 나중에는 다음 달에 달라고 승락하였다면 피고인의 위 소위를 가리켜 임무에 위배한 행위라고 할 수 없다.[6)]

파계 후의 계금지급의무

계주는 계원들로부터 징수한 계금을 계원에게 지급하여야 할 업무상 임무가 있으므로 그 임무에 위배하여 지정된 계원에게 지급하지 아니하고 임의로 소비한 경우에는 업무상 배임죄가 성립한다고 할 것이나, 계가 파계된 후에 있어서는 계불입금의 청산의무는 있을지언정 계 존속을 전제로 한 위와 같은 계금 지급의무는 인정할 여지가 없는 것이므로 계주가 파계 후에 계원들로부터 계가 존속하는 것처럼 계금을 징수하는 것이 계원들과 사이에 사기죄가 성립함은 별론으로 하고 위와 같이 징수한 금원을 계불입금의 청산금이 아니라 계 존속을 전제로 한 계금으로서 계원에게 지급할 업무상 임무가 있다고 볼 수 없다.[7)]

---

4) 대판 1995. 9. 29. 95도1176. 다음은 같은 취지이다.
낙찰계의 계주는 계원들과의 약정에 따라 지정된 곗날에 계원들로부터 월불입금을 징수하여 이를 낙찰계원에게 지급할 의무가 있다 할 것이므로 피고인인 계주가 계원들로부터 월불입금을 모두 징수하였음에도 불구하고 그 임무에 위배하여 이를 낙찰계원에게 지급하지 아니하였다면 다른 특별한 사정이 없는 한 낙찰계원에 대한 관계에 있어서 배임죄를 구성한다(대판 1987. 2. 24. 86도1744).

5) 대판 1986. 7. 22. 86도230.

6) 대판 1983. 11. 8. 83도2309.

7) 대판 1982. 11. 9. 82도2093.

계불입금을 성실히 납입하지 않은 계원에 대해 계금을 지급하지 않음

계는 계원과 계주간의 계약관계를 기초로 성립하여 유지되는 것이고 계원과 계주의 권리의무는 상호교환적인 것으로서 어느 한쪽이 기본적인 약정을 위배하면 상대방의 의무이행을 강요할 수 없는 것인바, 계원의 계불입금지급의무는 계약내용에 있어 가장 기본적인 요소이므로 이 의무를 이행하지 않는 한 계원은 계주에게 계금지급을 요구할 수 없는 것이다.

계원이 계불입금을 성실히 지급하지 않음으로써 계의 기본약정을 파기하였다면 계주가 그에게 계금을 주어야 할 의무는 없고 다만 그들 사이에는 정산문제만 남게 될 분이므로 계주가 위 계원에 대하여 계금을 지급하지 아니하였다고 하여 만큼 배임죄를 구성하지 않는다.[8)]

단일한 범의를 가지고 상대방을 기망하여 착오에 빠뜨림으로써 그로부터 동일한 방법에 의하여 여러 차례에 걸쳐 재물을 편취하면 그 전체가 포괄하여 일죄로 되지만, 여러 사람의 피해자에 대하여 따로 기망행위를 하여 각각 재물을 편취한 경우에는 비록 범의가 단일하고 범행방법이 동일하더라도 각 피해자의 피해법익은 독립한 것이므로 그 전체가 포괄일죄로 되지 아니하고 피해자별로 독립한 여러 개의 사기죄가 성립하고, 그 사기죄 상호간은 실체적 경합범 관계에 있다고 할 것이다.

갑과 을은 각 피고인이 조직한 2003. 1. 13.자 계와 2004. 4. 16.자 계를 통하여, 그와 별도로 갑과 병은 각 피고인이 조직한 2007. 8. 16.자 계를 통하여 피해를 입었지만, 위 피해자들은 각 피고인의 개별적인 기망행위에 기하여 위 각 계에 가입한 점, 위 피해자들의 계불입금 납입과 계금 수령 등도 피고인과 사이에 개별적으로 이루어진 점 등을 인정한 후, 그에 비추어 보면 피해자들의 피해 원인은 피고인의 개별적인 기망행위라 할 것이므로 피해자별로 독립하여 사기죄가 성립하고 그 사기죄 상호간은 실체적 경합범 관계에 있다고 판단한 것은 정당하다.[9)]

단일하고 계속된 범의 아래 같은 장소에서 반복하여 여러 사람으로부터 계불입금을 편취한 소위는 피해자별로 포괄하여 1개의 사기죄가 성립하고 이들 포괄일죄 상호간은 상상적 경합관계에 있다고 볼 것이므로 그중 일부 피해자들로부터 계불입금을 편취하였다는 공소사실에 대하여 확정판결이 있었다면 나머지 피해자들에 대한 이 사건 공소사실에 대하여도 위 판결의 기판력이 미치게 된다고 할 것이다.[10)]

8) 대판 1987. 6. 23. 86도2343.

9) 대판 2010. 4. 29. 2010도2810.

10) 대판 1990. 1. 25. 89도252.

Ⅱ. 지 입

1. 지입의 의미

여객자동차운송사업의 면허기준으로는, 1. 사업계획이 해당 노선이나 사업구역의 수송 수요와 수송력 공급에 적합할 것, 2. 최저 면허기준 대수, 보유 차고 면적, 부대시설, 그 밖에 국토교통부령으로 정하는 기준에 적합할 것 등이 있다(여객자동차 운수사업법 5조 1항). 화물자동차운송사업의 허가기준으로는, 1. 국토교통부장관이 화물의 운송수요를 고려하여 제4항에 따라 업종별로 고시하는 공급기준에 맞을 것, 2. 화물자동차의 대수, 자본금 또는 자산평가액, 차고지 등 운송시설, 그 밖에 국토교통부령으로 정하는 기준에 맞을 것 등이 있다(화물자동차 운수사업법 3조 5항). 개인이 위와 같은 자동차운송사업의 인허가기준을 충족하기 어렵다거나, 자동차를 공동으로 관리하는 것이 편리하다는 등의 사정으로 인하여 자동차를 실질적으로 소유하되 소유 명의를 운송사업자 앞으로 해두는 경우에 운송사업자(지입회사)와 개인(지입차주) 사이에 지입관계가 성립한다.

지입차주와 지입회사 사이의 구체적인 법률관계는 사적자치의 원칙에 따라 당사자 사이에 체결된 지입계약에 의하여 확정된다.[11] 인허가요건의 잠탈을 막고 관리감독을 충실히 하기 위하여 위와 같은 지입(또는 명의대여)이 금지되기도 하는데 특히 여객자동차운수사업에 있어서는 안전사고 발생에 따른 인명손상의 예방 및 공공복리를 위해 명의대여 등이 금지된다(여객자동차 운수사업법 12조).

2. 자동차에 대한 소유권의 귀속

지입 자동차의 소유권 귀속

A주식회사(지입차주)가 4대의 차량을 B주식회사(지입회사)에 지입하여 4대의 차량이 B명의로 등록된 상태에서 B가 A에게 운행관리권을 위임하여 A가 이를 보관하던 중 A 또는 그 대표이사가 이를 임의처분한 사안에서,

횡령죄에서 재물의 보관은 재물에 대한 사실상 또는 법률상 지배력이 있는 상태를 의미하며, 횡령행위는 불법영득의사를 실현하는 일체의 행위를 말한다. 따라서 소유권의 취득에 등록이 필요한 타인 소유의 차량을 인도받아 보관하고 있는 사람이 이를 사실상 처분하면 횡령죄가 성립하며, 보관 위임자나 보관자가 차량의 등록명의자일 필요는 없다. 그리고 이와 같은 법리는 지입회사에 소유권이 있는 차량에 대하여 지입회사에서 운행관리권을 위임받은 지입차주가 지입회사의 승낙 없이 보관 중인 차량을 사실상 처분하거나 지입차주에게서 차량 보관을 위임받은 사람이 지입차주의 승낙 없이 보관 중인 차량을 사실상 처분한 경우에도 마찬가지로 적용된다.[12]

11) 대판 2011. 3. 10. 2010다78586.

12) 대판 2015. 6. 25. 2015도1944 전원합의체. 위 판례에 의하여 다음 판례들은 변경되었다.
소유권의 취득에 등록이 필요한 차량에 대한 횡령죄에서 타인의 재물을 보관하는 사람의 지위는 일반 동산의 경우와 달리 차량에 대한 점유 여부가 아니라 등록에 의하여 차량을 제3자에게 법률상 유효하게 처분할 수 있는 권능

지입회사의 차량관리 수위탁계약 부활의무

갑은 영구차 2대를 매수하여 경북운수사에 지입한 다음 사실상의 소유권을 가지고 관리 운행하여 오던 중 군에 입대하면서 위 영구차 2대를 을에게 임대하였다. 피고인들은 위 경북운수사의 영업부장 또는 대표자로서 갑으로부터 위 영구차 2대를 자기가 군에 입대하여 복무를 마칠 동안 을에게 임대하였으니 외형상으로는 동인이 차주인 양 위 회사와 차량관리수위탁계약을 체결하도록 하되 군복무를 마치고 나오면 동 차량을 회수하여 자기와의 수위탁계약을 부활시켜 자기로 하여금 소유권을 행사하도록 해 달라는 부탁을 받고 이를 응락하여 일응 그와의 기존수위탁계약을 해지하고 을과 새로운 계약을 체결하였음에도 위 영구차 2대를 임의매도하려는 을로부터 이를 함부로 매수하려고 하는 병에 대하여 매수하면 수위탁계약을 해주어 차주로서 영업권을 인정해 주겠다고 권유하고, 그 후 이를 매수한 병과 위 영구차 2대에 대한 수위탁계약을 체결해준 사안에서,

지입차량의 관리위임을 맡은 위 경북운수사가 지입차주에 대하여 차량관리 수위탁계약을 부활시켜 줄 의무는 지입차주에 대한 단순한 채무에 불과하여 결국 피고인들은 지입차주의 사무를 처리하는 지위에 있는 자에 해당한다고 할 수 없으므로 그 약정에 위반하여 타인과 다시 관리위임계약을 체결하였다 하더라도 배임죄가 성립하지 아니한다.13)

지입료의 소유권

지입차주들이 차량위탁관리료와 산업재해보상보험료 및 제세공과금을 합한 일정 금액을 일괄하여 납입하는 지입료는 일단 지입회사의 소유로 되어 회사가 위 지입료 등을 가지고 그 운영비와 전체 차량의 제세공과금 및 보험료에 충당할 수 있는 것이므로 지입차주들이 낸 보험료나 세금을 회사가 항목유용하였다 하더라도 횡령죄가 되지 아니한다고 할 것인바, 자동차운수사업법이 1986. 12. 31. 법률 제3913호로 개정되면서 화물운송차량에 대한 지입관계가 차량위·수탁관리운영관계로 합법화되어 지입차주를 이 지입회사와는 별도로 사업자등록을 한 후 독자적으로 영업활동을 하게 되었다고 하여 그 전에 관행화되어 온 지입관계가 그 내용에 있어 실질적인 변화가 있었다고 보이지 아니하므로 이를 달리 볼 것은 아니다.14)

경매절차 진행 중인 지입차량에 대한 고지의무

화물자동차 위수탁관리운영계약(일명 지입계약)체결시, 목적물인 차량들에 대하여 이미 근저당권이 설정되어

유무에 따라 결정하여야 한다(대판 1978. 10. 10. 78도1714; 대판 2006. 12. 22. 2004도3276). 위 78도1714의 판시는 다음과 같다.

갑은 영구차 2대를 매수하여 경북운수사에 지입한 다음 사실상의 소유권을 가지고 관리 운행하여 오던 중 군에 입대하면서 위 영구차 2대를 을에게 임대하고, 을은 위 영구차 2대를 병에게 전대하였다가 돌려받은 후 피고인에게 전대한 사안에서,

을은 갑으로부터 위 영구차 2대를 임대받은 자에 불과하므로 형법 제355조 1항의 타인의 재물을 보관하는 자에 해당한다고 할 수 없으니 을이 위 영구차 2대를 처분하였다 할지라도 횡령죄를 구성할 리 없고 따라서 위 영구차 2대는 을의 매도행위로 인하여서는 장물이 될 수 없다(대판 1978. 10. 10. 78도1714).

13) 대판 1978. 10. 10. 78도1714.

14) 대판 1997. 9. 5. 97도1592.

그 경매절차가 진행 중에 있었다면, 피고인으로서는 의당 위와 같은 사정을 고지하여야 할 신의칙상 의무가 있다 할 것임에도 이를 고지하지 아니한 채 숨기고 지입차주의 명의를 피해자 명의로 변경해주겠다는 내용의 계약을 체결하고 지입차량대금을 지급받았다면 사기죄에 해당한다.[15)]

해설: 위 판례의 사안은 지입차량들이 피고인이 운영하는 회사(지입회사)의 소유 명의로 등록되어 있는데 이에 관한 대내적인 소유 명의자를 피해자로 해주겠다(소유권 등록은 회사 명의를 유지한 채 대내적인 지입차주를 피해자로 해주겠다)면서 경매절차가 진행 중인 사실을 고지하지 아니한 것이다.

공동출자로 차를 구입하여 동업키로 하였으나 피고인이 단독 출자하여 피고인 명의로 등록한 차를 임의 매도

피고인과 갑이 당초의 공동사업 재산인 지입택시를 폐차하고 출자를 더하여 새 차를 구입하여 공동사업을 계속 경영하기로 합의가 이루어진 이상 그 뒤 갑이 추가출자 의무를 이행하지 아니하므로 부득이 피고인이 단독으로 새 차를 구입 운행하였다 하더라도 이로써 이때 당초의 동업관계가 종료되었다고 할 수는 없고 피고인이 그 뒤 새 차를 매도처분하여 공동사업을 경영할 수 없게 되었을 때까지는 의연히 동업관계가 존속하였다 할 것이니 새 차가 자동차등록원부상으로는 피고인 단독 명의로 등록되어 있다 하더라도 동업자의 내부관계에 있어서는 그 사실상의 소유권이 그들에게 합유적으로 귀속한다 할 것이어서 피고인이 임의로 새 차를 매도처분한 경우에는 배임죄가 아니라 횡령죄를 구성한다.[16)]

갑이 A로부터 소유권유보부로 매수하여 지입회사 B에 지입한 중기

갑은 A(회사)로부터 중기를 할부로 매수하면서 소유권을 A에게 유보하였다. 그러나 갑은 위와 같이 매수한 다음 위 중기를 B(회사)에 지입하고 중기등록원부에 B를 소유자로 등록한 후 갑의 A에 대한 할부매매대금 채무를 담보하기 위하여 A 명의로 근저당권 설정등록을 하였으며 위 중기는 갑이 이를 점유하였다. 그런데 A의 회사원인 피고인들이 합동하여 승낙 없이 위 중기를 가져간 경우, 지입자(갑)가 사실상의 처분관리권을 가지고 있다고 하여도 이는 지입자와 지입받은 회사(B)와의 내부관계에 지나지 않는 것이고 대외적으로는 자동차등록원부상의 소유자 등록이 원인무효가 아닌 한 B가 소유권자로서의 권리(처분권 등)를 가지고 의무(공과금 등 납세의무, 중기보유자의 손해배상 책임 등)를 지는 것이므로 피고인들의 중기취거행위는 B의 중기등록원부상의 소유권을 침해한 것으로서 특수절도죄에 해당한다.[17)]

피해자로부터 그가 지입해둔 버스를 매각하여 다른 버스를 구입하라는 위임을 받음

금전의 수수를 수반하는 사무처리를 위임받은 자가 그 행위에 기하여 위임자를 위해 제3자로부터 수령한 금전은, 목적이나 용도를 한정하여 위탁된 금전과 마찬가지로, 달리 특별한 사정이 없는 한 그 수령과 동시에 위임자의 소유에 속하고 위임을 받은 자는 이를 위임자를 위하여 보관하는 관계에 있다고 보아야 한다.

15) 대판 1985. 4. 9. 85도242.
16) 대판 1983. 2. 22. 82도2467.
17) 대판 1989. 11. 14. 89도773.

피고인이 그가 운영하는 A 주식회사의 소유로 등록된 이 사건 버스를 피해자에게 매도하였다. 피고인은 이 사건 버스를 B 주식회사 명의로 이전등록을 한 다음 피해자와 B 사이에 이 사건 버스에 대한 지입계약을 체결하게 하여 이 사건 버스에 대한 권리를 피해자에게 종국적으로 이전하였다. 그런데 피고인은 이 사건 버스에 설정된 근저당권, 압류등기 등을 해제하여 주어야 함에도 이를 이행하지 못하여, 채권자의 임의경매 신청에 의하여 법원의 차량인도 명령이 발부되었다. 이에 피고인은 피해자와 사이에 권리관계가 복잡한 이 사건 버스를 팔고, 그 돈으로 다른 버스를 구입하여 이 사건 버스 대신 넘겨주기로 약정하였다. 이 사건 버스의 처분에 대한 승낙 및 위임을 받게 된 피고인은 이 사건 버스를 갑에게 매도하고 그 대금을 지급받아 보관하던 중 임의로 A의 운영비 등으로 사용하였다.

사정이 이러하다면, 피고인이 위 매매대금을 수령한 것은 그 소유를 피고인에게 귀속시키기로 약정하였다는 등의 특별한 사정이 없는 한 당초부터 피해자에게 권리를 취득하게 하려는 것을 목적으로 한 것이어서 그 매도대금 수령액은 당연히 피해자에게 귀속되고, 피고인은 이를 피해자를 위하여 보관하는 관계에 있으므로, 피고인이 그 매매대금을 앞서 본 보관 위탁의 취지에 반하여 임의로 소비하였다면 횡령죄가 성립하는 것이고, 이 사건 버스가 당시 지입회사의 소유로 등록되어 있었다고 하여 그 결론을 달리할 이유가 없다.[18)]

자동차의 등록명의자 아닌 지입자로부터 그 자동차를 임대 또는 전대받은 자는 그 자동차에 관하여 법률상 처분할 수 있는 지위에 있다고 할 수 없으므로 타인의 재산을 보관하는 자에 해당하지 아니하며 따라서 그로부터 자동차를 매수한 행위는 장물취득죄가 되지 아니한다.

지입차량의 관리위임을 맡은 운수사가 지입차주에 대하여 차량관리 수위탁계약을 부활시켜 줄 의무는 지입차주에 대한 단순한 채무에 불과하여 결국 위 운수사의 영업부장 또는 대표자 등은 위 지입차주의 사무를 처리하는 지위에 있는 자에 해당한다고 할 수 없으므로 그 약정에 위반하여 타인과 다시 관리위임계약을 체결하였다 하더라도 배임죄가 성립하지 아니한다.[19)]

3. 권리행사방해죄

형법 제323조의 권리행사방해죄는 타인의 점유 또는 권리의 목적이 된 자기의 물건을 취거, 은닉 또는 손괴하여 타인의 권리행사를 방해함으로써 성립하는 것이므로 그 취거, 은닉 또는 손괴한 물건이 자기의 물건이 아니라면 권리행사방해죄가 성립할 여지가 없다.

피고인이 택시를 회사에 지입하여 운행하였다고 하더라도, 피고인이 회사와 사이에 위 택시의 소유권을 피고인이 보유하기로 약정하였다는 등의 특별한 사정이 없는 한, 위 택시는 그 등록명의자인 회사의 소유이고 피고인의 소유는 아니라고 할 것이므로 회사의 요구로 위 택시를 회사 차고지에 입고하였다가 회사의 승낙을

18) 대판 2003. 6. 24. 2003도1741. 다음은 횡령죄가 성립하지 않는다고 본 원심판단이다.
일반적으로 회사에 지입된 차량은 대외적으로나 대내적으로나 그 소유권과 운행관리권이 지입회사에 귀속되는 것이므로, 피고인이 을 명의로 지입된 이 사건 버스를 병에 매도하여 병으로부터 수령한 매매대금은 그 수령과 동시에 을 소유에 속하게 되고, 피해자는 단지 민사상의 채권채무관계에 기초하여 피고인이나 을을 상대로 책임을 추궁할 수 있을 뿐이어서, 피고인이 피해자를 위하여 위 매매대금을 보관하는 자의 지위에 있는 것은 아니다.

19) 대판 1978. 10. 10. 78도1714.

받지 않고 이를 가져간 피고인의 행위는 권리행사방해죄에 해당하지 않는다고 한 사례.[20]

이 사건 차량을 대여받은 사람들이 차량대여회사로부터 차량을 대여받으면서 장차 회사에 대한 지입료등 월납입금을 미납할 경우 회사 임의로 차량을 철수 회수하거나 번호판을 제거하여도 이의없다는 취지의 서면약정을 한 사실이 있음은 소론과 같으나, 위와 같이 대여받은 사람들 가운데 일부는 월납입금을 담보할 보증금을 예치하고 매월 지입료 등 명목의 금원을 납입하기로 하여 이 사건 차량회수 당시에 그 미납액이 보증금액수에 미달되어 있었고 또 일부는 당초 위 회사로부터 이 사건 차량을 인수한 자로부터 다시 인수하여 위 회사에 대한 지입료등 납부의무 자체의 존부와 그 액수가 불명확한 상태에 있었던 사정 등이 엿보이는 데다가 월납입금의 미납이 발생할 경우 회사측이 법적 절차에 의하지 아니하고 다소간의 실력을 행사하는 등 일방적으로 차량 등을 회수하여야만 될 급박한 필요성이 있게 된다고 볼 만한 자료를 기록상 찾아볼 수 없는 이 사건에 있어서는 차량대여시에 위와 같은 서면약정을 받아 두었다 하여 차량 등을 실제로 회수할 때에 이를 회수당하고 사람들의 의사에 반한다면 일방적인 실력행사에 의하는 등의 판시 회수행위는 형법에 정한 정당행위에 해당한다 할 수 없다.[21]

4. 장 물

등록명의자 아닌 지입차주로부터 자동차를 임대나 전대받은 자로부터 자동차 매수

자동차의 등록명의자 아닌 지입자로부터 그 자동차를 임대 또는 전대받은 자는 그 자동차에 관하여 법률상 처분할 수 있는 지위에 있다고 할 수 없으므로 타인의 재산을 보관하는 자에 해당하지 아니하며 따라서 그로부터 자동차를 매수한 행위는 장물취득죄가 되지 아니한다.[22]

20) 대판 2003. 5. 30. 2000도5767. 다음은 같은 취지이다.
피고인이 이건 굴삭기를 취거할 당시 그 굴삭기를 A 회사에 지입하여 A 명의로 중기등록원부에 소유권등록이 되어 있었다면 위 굴삭기는 A의 소유이고 피고인의 소유가 아니라 할 것이므로 이를 취거한 행위는 권리행사방해죄를 구성하지 않는다(대판 1985. 9. 10. 85도899).

21) 대판 1989. 7. 25. 88도410. 다음은 같은 취지이다.
피고인이 갑 등과 공모하여 지입차주인 피해자들이 점유하는 각 차량 또는 번호판을 피해자들의 의사에 반하여 무단으로 취거한 사안에서,
이러한 행위가 지입료 등이 연체된 경우 계약의 일방해지 및 차량의 회수처분이 가능하도록 하고 있는 위수탁계약에 따른 것으로서 위법성이 없다는 취지의 피고인의 주장에 관하여,
피고인 등이 법적 절차에 의하지 아니하고 일방적으로 지입차량 등을 회수하지 않으면 안 될 급박한 필요성이 있다고 볼 만한 자료를 기록상 찾아볼 수 없고, 그 밖에 기록에 나타난 그 경위, 수단, 방법 등에 비추어 보아도 피고인의 이 사건 무단 취거 행위는 형법에 정한 정당행위에 해당한다고 할 수 없다고 판단한 사례(대판 2010. 10. 14. 2008도6578).

22) 대판 1978. 10. 10. 78도1714.

5. 양벌규정

지입차주와 지입회사는 도로법상의 양벌규정에 해당함

화물자동차운송사업면허를 가진 운송사업자와 실질적으로 자동차를 소유하고 있는 차주간의 계약으로 외부적으로는 자동차를 운송사업자 명의로 등록하여 운송사업자에게 귀속시키고 내부적으로는 각 차주들이 독립된 관리 및 계산으로 영업을 하며 운송사업자에 대하여는 지입료를 지불하는 운송사업형태(이른바 지입제)에 있어, 그 지입차주가 세무관서에 독립된 사업자등록을 하고, 지입된 차량을 직접 운행·관리하면서 그 명의로 화물운송계약을 체결하였다고 하더라도, 그 자동차가 지입회사의 소유로 등록되어 있고, 지입회사만이 화물자동차운송사업면허를 가지고 있는 이상, 지입차주는 객관적 외형상으로 보아 그 차량의 소유자인 지입회사와의 위탁계약에 의하여 그 위임을 받아 운행·관리를 대행하는 지위에 있는 자로서 도로법 제86조에서 정한 "대리인·사용인 기타의 종업원"에 해당한다.[23)]

Ⅲ. 공 증

1. 공증의 의의

공증은 일정한 사실관계를 공적으로 증명하는 제도이다. 공증은 공증인법에 의해 규율되고 있다. 공증인법에 의한 공증은 크게 보아 사서증서 인증과 공정증서의 작성으로 나누어 볼 수 있다.[24)]

사서증서의 인증은 사서증서의 진정성립을 증명하기 위한 공증이다. 성립은 문서가 작성자의 의사에 따라 진실로 작성되었고, 작성자의 의사와 무관하게 다른 사람에 의해 위조되거나 변조되지 않았음을 의미한다. 사서증서는 개인이 작성한 사문서를 말하는 것으로 공정증서에 대칭하는 의미에서 사용된다. 공무원 또는 공무소가 직무상 작성한 공문서는 사서증서 인증의 대상이 아니다.

공증인법 제57조 제1항에서 규정하고 있는 사서증서의 인증은 촉탁인(작성자)으로 하여금 공증인 앞에서 사서증서에 서명 또는 날인하게 하거나 사서증서의 서명 또는 날인을 본인이나 그 대리인으로 하여금 확인하게 한 후 그 사실을 증서에 적어주는 것이다. 사서증서에 이러한 인증을 받으면 촉탁인이 서명 또는 날인한 사실이 증명되는 것이다. 결국 사서증서의 인증은 사문서가 작성자의 의사에 의해 진정하게 작성되었음을 공증인에 의해 확인받는 제도라 할 수 있다. 계약서나 진술서 등을 작성함에 있어 그 작성자가 인감도장을 날인하고 인감증명을 첨부하거나, 서명하고 무인을 날인하면서 그 문

23) 대판 2003. 9. 2. 2003도3073.
24) **공증인법 2조(공증인의 직무)** 공증인은 당사자나 그 밖의 관계인의 촉탁에 따라 다음 각 호의 사무를 처리하는 것을 직무로 한다. 공증인은 위 직무에 관하여 공무원의 지위를 가지는 것으로 본다.
1. 법률행위나 그 밖에 사권에 관한 사실에 대한 공정증서의 작성
2. 사서증서(私署證書) 또는 전자문서등(공무원이 직무상 작성한 것은 제외한다)에 대한 인증
3. 이 법과 그 밖의 법령에서 공증인이 취급하도록 정한 사무

서의 작성에 입회한 사람으로 하여금 서면에 서명·날인을 하게 하면 사서증서의 인증과 유사한 효과를 얻을 수 있다.

공정증서의 작성은 공증인이 문서를 직접 작성하는 것을 말한다. 공정증서가 이용되는 경우로는 금전소비대차계약이나 금전의 지급에 관한 합의가 포함된 협의이혼계약 등이 있다. 위와 같은 공정증서에 강제집행을 해도 좋다는 내용이 포함되어 있으면, 위 공정증서를 집행권원으로 삼을 수 있으므로 별도로 법원의 판결절차를 거치지 않고도 강제집행을 할 수 있다. 공증인이 작성한 서면 중 집행권원으로 삼을 수 있는 것은 공정증서에 한하며 그 중에서도 강제집행인낙 문구가 들어 있는 것에 한정된다. 따라서 사서증서는 집행권원이 될 수 없다.

5가지 종류의 유언 중 공정증서에 의한 유언은 유언자가 증인 2인이 참여한 공증인의 면전에서 유언의 취지를 구수하고 공증인이 이를 필기낭독하여 유언자와 증인이 그 정확함을 승인한 후 각자 서명 또는 기명날인하여야 한다(민법 1068조). 즉 공정증서에 의한 유언을 하고자 하는 경우에는 반드시 공증인이 일정한 형식을 갖춘 공정증서를 작성하여야 하는 것이다. 공증인은 건물이나 토지 또는 대통령령으로 정하는 동산의 인도 또는 반환을 목적으로 하는 청구에 대하여여 강제집행을 승낙하는 취지를 기재한 공정증서를 작성할 수 있다(공증인법 56조의3).

공증인은 주택임대차에 관한 확정일자를 부여할 수 있는데(주택임대차 보호법 3조의6), 이러한 확정일자의 부여는 사서증서의 인증이나 공정증서의 작성과는 다르다.

2. 공증된 문서의 성격

사서증서 인증의 경우 사인이 작성한 사서에 공증인이 인증하므로 사서부분은 사문서이고, 인증부분은 공문서이어서 인증된 사서증서는 사문서와 공문서가 병존하는 공사병존문서가 된다. 이에 반하여 공정증서는 공증인이 작성하므로 공정증서 기타 공문서에 해당한다.

유언에 대한 공정증서를 작성한 사안에서,
간이절차에 의한 민사분쟁사건처리특례법에 의하여 합동법률사무소 명의로 작성된 공증에 관한 문서는 형법상의 공문서에 해당되고 동 합동법률사무소의 구성원인 변호사에게 허위신고를 하여서 동 합동법률사무소 명의의 공정증서에 불실의 사실을 기재하게 한 행위는 형법 228조 1항에 해당된다.[25)]

형법 제228조에서 말하는 공정증서란 권리의무에 관한 공정증서를 가리키는 것이라 할 것이므로 공증인이 인증한 사서증서는 위 법조에서 말하는 공정증서원본이 될 수 없다.[26)]

25) 대판 1977. 8. 23. 74도2715 전원합의체. 간이절차에 의한 민사분쟁사건 처리특례법은 1993년에 폐지되었으며, 공증업무는 공증인법에 의해 규율되고 있다.

26) 대판 1984. 10. 23. 84도1217.

공증인이 공증인법 제57조 제1항의 규정에 의하여 사서증서에 대하여 하는 인증은 당해 사서증서에 나타난 서명 또는 날인이 작성명의인에 의하여 정당하게 성립하였음을 인증하는 것일 뿐 그 사서증서의 기재 내용을 인증하는 것은 아닌바, 사서증서 인증서 중 인증기재 부분은 공문서에 해당한다고 하겠으나, 위와 같은 내용의 인증이 있었다고 하여 사서증서의 기재 내용이 공문서인 인증기재 부분의 내용을 구성하는 것은 아니라고 할 것이므로, 사서증서의 기재 내용을 일부 변조한 행위는 공문서변조죄가 아니라 사문서변조죄에 해당한다.[27]

공증인보조자인 피고인이 당초의 잘못된 기재를 정정하려는 의도 하에 합동법률사무소에서 보존관리하고 있던 사서증서인증서 원본 중 그 촉탁인 또는 촉탁대리인의 출석 여부에 관한 인증기재 부분을 행사할 목적으로 권한 없이 고친 사안에서,
간이절차에의한민사분쟁사건처리특례법에 의하여 설립된 공증인가 합동법률사무소 작성의 사서증서에 관한 인증서는 공문서이다. 사서증서 인증서 중 그 촉탁인 또는 촉탁대리인의 출석 여부에 관한 인증기재 부분을 변조하여 행사한 것은 공문서변조죄 및 변조공문서행사죄에 해당한다.[28]

사서증서 인증을 촉탁받은 공증인이 사서증서 인증서를 작성함에 있어, 당사자가 공증인의 면전에서 사서증서에 서명 또는 날인을 하거나 당사자 본인이나 그 대리인으로 하여금 사서증서의 서명 또는 날인이 본인의

27) 대판 2005. 3. 24. 2003도2144. 구체적 사안은 다음과 같다.
사실관계: 지하수 개발업에 종사하는 피고인 갑은 을 소유의 임양에서 온천수가 나올 것으로 알고, 을과 위 임야에 온천개발을 하는 데 필요한 공사비는 갑이 전액 부담하고 온천수가 나오면 위 임야의 절반을 갑이 가지기로 하는 계약을 체결한 다음, ㅇㅇ공증인합동사무소에서 합의내용 제1조에 '갑(피고인)은 시공에 필요한 비용의 전액을 부담한다. 온천구 시공 전에 필요한 환경영향평가 등 준비비용 일체와 온천구 허가 취득비용 및 예상치 못했던 일체의 비용을 전액 부담한다'라고 기재한 온천수개발합의서를 작성하여 인증서를 각 교부받은 후, 위 임야에 대하여 병에게 도급을 주어 온천수개발공사를 완료하였으나 온천수가 나오지 않았고, 병에게 공사비도 지급하지 못하게 되자, 행사할 목적으로, 권한 없이, 위 인증합의서의 '온천구 허가 취득비용 및 예상치 못했던 일체의 비용을 전액 부담한다.' 부분 중 '예상치 못했던 일체의 비용을' 부분을 위 인증합의서의 다른 부분에서 '시공', '와', '필요한', '일체의', '비용은', '을이'라는 글자를 복사하여 오려 붙이고 '온천구 허가 취득비용' 부분의 '온천구' 다음에 '시공'이라고 적어 넣고, '허가' 다음에 '권'이라고 적어 '온천구 시공 허가권 취득 비용 및 시공 외 필요한 일체의 비용은 을이 전액 부담한다'라는 내용으로 고치고, 을을 피고로 하는 공사대금청구 소송을 제기하면서 소장에 위와 같이 고친 인증서를 첨부하여 법원에 제출하였다.
판단: 이 사건 온천수개발합의서에 대한 인증서는 공증인법 제34조에 정한 공정증서가 아니라 공증인법 제57조 제1항에 정한 사서증서의 인증에 해당함이 분명한데, 공증인법 제57조 제1항은 "사서증서의 인증은 당사자로 하여금 공증인의 면전에서 사서증서에 서명 또는 날인하게 하거나 사서증서의 서명 또는 날인을 본인이나 그 대리인으로 하여금 확인하게 한 후 그 사실을 증서에 기재함으로써 행한다"라고 규정하고 있으므로, 공증인이 공증인법 제57조 제1항의 규정에 의하여 사서증서에 대하여 하는 인증은 당해 사서증서에 나타난 서명 또는 날인이 작성명의인에 의하여 정당하게 성립하였음을 인증하는 것일 뿐 그 사서증서의 기재 내용을 인증하는 것은 아니다.
그렇다면 사서증서 인증서 중 인증기재 부분은 공문서에 해당한다고 하겠으나, 위와 같은 내용의 인증이 있었다고 하여 사서증서의 기재 내용이 공문서인 인증기재 부분의 내용을 구성하는 것은 아니라고 할 것이므로, 이 사건과 같이 사서증서의 기재 내용을 일부 변조한 행위는 공문서변조죄가 아니라 사문서변조죄에 해당한다고 보아야 한다.
28) 대판 1992. 10. 13. 92도1064 및 대판 2005. 3. 24. 2003도2144의 판결이유에 인용된 판결 취지 부분.

것임을 확인하게 한 바가 없음에도 불구하고, 당사자가 공증인의 면전에서 사서증서에 서명 또는 날인을 하거나 본인이나 그 대리인이 사서증서의 서명 또는 날인이 본인의 것임을 확인한 것처럼 인증서에 기재하였다면, 허위공문서작성죄의 죄책을 면할 수 없다.
공증담당 변호사가 법무사의 직원으로부터 인증촉탁서류를 제출받았을 뿐 법무사가 공증사무실에 출석하여 사서증서의 날인이 당사자 본인의 것임을 확인한 바 없음에도 마치 그러한 확인을 한 것처럼 인증서에 기재한 경우, 인증촉탁 대리인이 법무사일 경우 그 직원이 공증사무실에 촉탁서류를 제출할 뿐 법무사 본인이 사서증서의 날인 또는 서명이 당사자 본인의 것임을 확인하지 아니하는 것이 업계의 관행이라고 할지라도 그와 같은 업계의 관행이 정당하다고 볼 수 없어 허위공문서작성죄가 성립한다고 한 사례.[29]

Ⅳ 합 유

동업재산은 동업자의 합유에 속하므로, 동업관계가 존속하는 한 동업자는 동업재산에 대한 지분을 임의로 처분할 권한이 없고, 동업자 한 사람이 지분을 임의로 처분하거나 또는 동업재산의 처분으로 얻은 대금을 보관 중 임의로 소비하였다면 횡령죄의 죄책을 면할 수 없다. 동업자 사이에 손익분배 정산이 되지 아니하였다면 동업자 한 사람이 임의로 동업자들의 합유에 속하는 동업재산을 처분할 권한이 없는 것이므로, 동업자 한 사람이 동업재산을 보관 중 임의로 횡령하였다면 지분비율에 관계없이 횡령한 금액 전부에 대하여 횡령죄의 죄책을 부담한다.[30]

---

29) 대판 2007. 1. 25. 2006도3844.

30) 대판 2011. 6. 10. 2010도17684. 다음은 같은 취지이다.
동업관계에 있는 피고인과 피해자 사이에 손익분배의 정산이 되지 아니하였다면 동업자의 한 사람인 피고인은 피고인과 피해자의 합유에 속하는 동업재산이나 동업재산의 매각대금에 대한 지분을 처분할 권한이 없는 것이므로, 피고인이 동업재산인 교회건물의 매각대금을 매수인으로부터 받아 보관 중 임의로 소비하였다면 지분 비율에 관계 없이 임의로 소비한 금액 전부에 대해 횡령죄의 죄책을 부담한다 할 것이고, 이와는 달리 그 투자 부분이나 정산금을 초과하는 부분만이 횡령죄로 의율된다고는 볼 수 없다(대판 1996. 3. 22. 95도2824).
동업체에 속하는 재산을 다른 동업자들의 동의 없이 임의로 처분하거나 반출하는 행위는 이를 다른 동업자들에게 통지를 하였다 하더라도 횡령죄를 구성한다(대판 1993. 2. 23. 92도387).
오피스텔 등 신축·분양사업의 시행사인 갑 주식회사와 시공사인 을 주식회사가 동업계약을 체결하여 조합을 구성하였는데, 갑 회사의 대표이사인 피고인이 조합 사업과 관련된 부가가치세를 납부한 후 돌려받은 환급금을 공동 운영계좌에 입금하지 않은 사안에서, 위 부가가치세 환급금은 동업재산이므로 피고인이 이를 개인적인 용도에 임의로 사용하였다면 갑 회사와 을 회사의 이익분배비율과 관계없이 그 전액에 대하여 횡령죄의 죄책을 부담한다(대판 2011. 5. 26. 2011도1904).
피고인과 갑이 당초의 공동사업 재산인 지입택시를 폐차하고 출자를 더하여 새차를 구입하여 공동사업을 계속 경영하기로 합의가 이루어진 이상 그 뒤 갑이 추가출자 의무를 이행하지 아니하므로 부득이 피고인이 단독으로 새차를 구입 운행하였다 하더라도 이로써 이때 당초의 동업관계가 종료되었다고 할 수는 없고 피고인이 그 뒤 새차를 매도처분하여 공동사업을 경영할 수 없게 되었을 때까지는 의연히 동업관계가 존속하였다 할 것이니 새차가 자동차등록원부상으로는 피고인 단독명의로 등록되어 있다 하더라도 동업자의 내부관계에 있어서는 그 사실상의 소유권이 그들에게 합유적으로 귀속한다 할 것이어서 피고인이 임의로 새차를 매도처분한 경우에는 배임죄가 아니라 횡령죄를

동업사업의 양도대금을 임의소비

피고인과 A 주식회사가 서로 금전 또는 노무를 출자하여 A 명의로 공동주택건립사업을 시행하기로 하는 내용의 동업약정을 맺고 사업을 진행하다가 B 주식회사에 사업권을 양도하는 양도양수계약을 체결한 다음, 위 양도대금에서 비용을 공제한 이익금을 같은 비율로 분배하기로 약정했는데도, 피고인이 B에게서 A 명의의 법인계좌로 송금받은 일부 계약금을 보관 중 A의 대표이사인 갑의 승낙 없이 그 대부분을 임의로 인출하여

구성한다(대판 1983. 2. 22. 82도2467).

동업약정에 따라 설립한 주식회사의 재산

당사자 쌍방이 토지 등을 출자하여 공동으로 주식회사를 설립하여 운영하고, 그 회사를 공동으로 경영함에 따르는 비용의 부담과 이익의 분배를 지분 비율에 따라 할 것을 내용으로 하는 동업계약은 당사자들 사이에서 공동사업을 주식회사의 명의로 하고 대외관계 및 대내관계에서 주식회사의 법리에 따름을 전제로 하는 것이어서 이에 관한 청산도 주식회사의 청산에 관한 상법의 규정에 따라 이루어져야 하고, 따라서 그러한 동업약정에 따라 회사가 설립되어 그 실체가 갖추어진 이상, 주식회사의 청산에 관한 상법의 규정에 따라 청산절차가 이루어지지 않는 한 일방 당사자가 잔여재산을 분배받을 수도 없다.

피고인이 동업약정에 따라 주택건축사업 등을 목적으로 하는 주식회사를 설립하고 그 사업을 공동으로 영위하기 위하여 자신이 매수한 토지를 위 회사에 출자하였음에도, 토지의 매수자금에 상당하는 금액이 위 회사의 회계장부상 피고인으로부터의 출자금이 아니라 단기차입금으로 계상되어 있다는 이유만으로 다른 동업자들의 반대에 불구하고 위 회사 명의로 금융기관에 예치중인 돈을 임의로 인출하여 자신의 채무변제에 사용한 행위가 업무상횡령죄를 구성한다고 한 사례(대판 2005. 4. 15. 2003도7773).

동업 재산이 단독 소유라고 주장하며 동업수입금을 임의 소비

갑이 을과의 사이에 동업계약을 체결하고 중기의 운영으로 인한 수익금을 을 명의의 통장에 입금시켰다가 그의 결재를 받아 지출하기로 약정하고서도 위 중기가 자신의 단독소유라고 주장하며 을의 동의없이 위 약정에 따른 절차를 거치지 아니하고 그 수익금을 임의로 소비하였다면 그중 일부를 비용으로 사용한 사실이 있더라도 횡령죄를 구성한다(대판 1989. 11. 14. 89도17).

주택건설을 목적으로 하는 철거민조합으로부터 토지를 명의신탁받은 자들이 주택공사를 할 수 없음에도 공사자금 차용을 위해 위 토지를 임의로 담보제공 등

무주택자들이 토지를 구입하여 연립주택을 건설할 목적으로 결성된 철거민이주대책 위원회의 위원장직을 맡고 있던 피고인이 철거민들의 출연 금원으로 구입한 토지를 피고인 및 갑, 을의 명의로 신탁받아 그 명의로 소유권이전등기를 경료하여 토지를 위 위원회를 위하여 보관하던 중, 연립주택건축허가신청이 반려된 처지로서 주택공사계약을 체결할 상황이 아님에도 불구하고 위 신탁관계에 위반하여 공사자금차용을 위한 담보목적으로 병 등에게 가등기 및 지상권 설정등기를 한 소위는 신탁재산을 불법처분한 것에 해당하여 횡령죄를 구성한다.

피고인이 신탁토지를 불법처분한데 대한 철거민들의 항의에 따라 주택공사수급인이 위 철거민이주대책위원회에 반환한 금원은 철거민들의 합유에 속하는 것인 만큼 동 위원회의 위원장인 피고인이 위 금원을 합유자 전원의 동의없이 타처에 사용한 경우에는 횡령죄를 구성한다 할 것이니, 설사 위 위원회에서 탈퇴한 일부 철거민에게 지급하기 위한 것이라 할지라도 그 금원 중 일부를 마음대로 분배한 경우에는 영득의 의사가 있다 할 것이다(대판 1982. 11. 23. 81도1694).

동업자 중 1인이 동업재산인 입목과 지상권을 매도하고 받은 돈을 임의 소비

피고인은 입목을 출자하고 피해자는 자금을 출자하여 공동으로 입목 벌채사업을 경영하기로 동업계약을 체결하고, 또 피해자가 매수대금을 출자하여 피고인의 명의로 다른 입목과 지상권을 매수하여 공동으로 입목벌채사업을 경영하던 중에 피고인이 제3자에게 위 각 입목과 지상권을 매도하고 계약금과 중도금으로 받은 돈을 자기의 용도에 임의로 소비한 행위는 횡령죄를 구성한다(대판 1990. 7. 13. 90도903).

산업발전법상 기업구조조정조합의 업무집행조합원이 조합의 주식을 임의로 매각

산업발전법상 기업구조조정조합의 업무집행조합원이 투자자산의 처분 등을 조합원총회의 결의사항으로 규정한 조합규약에도 불구하고 조합 명의로 업무상 보관하던 주식을 임의로 매각한 사안에서, 횡령죄의 성립을 인정한 사례(대판 2008. 10. 23. 2007도6463).

개인적인 용도로 소비한 사안에서, 피고인이 A와 동업관계에 있더라도 지분비율에 관계없이 임의로 소비한 금액 전부에 대하여 횡령죄의 죄책을 면할 수 없다.[31)]

2인의 조합원 중 1인(갑)이 탈퇴하고 남은 조합원(을)이 조합재산을 임의처분

2인의 조합관계에 있어서 1인의 조합원이 탈퇴의 의사를 표시하였을 경우 조합관계는 그 성질상 종료되나 특별한 사정이 없는 한 조합은 해산되지 아니하며 따라서 청산도 개시되지 아니하고 조합원의 합유에 속하였던 조합재산은 탈퇴하지 않은 남은 조합원의 단독소유에 속하게 되어 탈퇴한 사람과 남은 사람사이에는 탈퇴에 따른 투자금의 환급등 계산만이 남는다고 할 것이므로, 갑과 을이 당구장을 동업하기로 약정하였다가 공동으로 운영하지도 못한 채 갑이 동업조건에 불만을 갖고 약정투자금의 일부만을 지급한 후 동업계약을 해지하고 탈퇴해버린 경우에 을이 동 당구장을 단독처분하였다 해도 횡령죄를 구성하지 아니한다.[32)]

동업계약이 종료되어 정산과정에서 한 채권양도

동업자 갑은 자금만 투자하고 동업자 을은 노무와 설비를 투자하여 공사를 수급하여 시공하고 그 대금 등을 추심하는 등 일체의 거래행위를 담당하면서 그 이익을 나누어 갖기로 하는 내용의 동업계약이 체결되었다가 그 계약이 종료된 경우 위 공사 시공 등 일체의 행위를 담당하였던 을이 자금만을 투자한 갑에게 투자금원을 반환하고 또 이익 또는 손해를 부담시키는 내용의 정산의무나 그 정산과정에서 행하는 채권의 추심과 채무의 변제 등의 행위는 모두 을 자신의 사무이지 자금을 투자한 갑을 위하여 하는 타인의 사무라고 볼 수는 없다고 보아 을의 제3자에 대한 채권양도행위를 배임죄에 있어서 타인의 사무를 처리하는 자로서의 임무위배행위라고 할 수 없다고 한 사례.[33)]

동업재산으로 사용할 토지에 관한 매매계약을 해제하고 동업자를 배제한 새로운 매매계약체결하여 소유권이전등기 경료

피고인이 갑과 공동으로 토지를 매수하여 그 지상에 창고사업을 하는 내용의 동업약정을 하고 동업재산이 될 토지에 관한 매매계약을 체결하였는데, 이후 소유권이전등기 업무를 처리하면서 갑 몰래 매도인과 사이에 위 매매계약을 해제하고 갑을 배제하는 내용의 새로운 매매계약을 체결한 다음 제3자 명의로 소유권이전등기를 마친 사안에서, 피고인과 갑은 2인 이상이 상호출자 하여 공동사업을 경영할 것을 내용으로 하는 민법

31) 대판 2011. 6. 10. 2010도17684. 같은 취지로는 대판 2000. 11. 10. 2000도3013; 대판 2007. 2. 22. 2006도8105.

32) 대판 1983. 2. 22. 82도3236. 다음은 같은 취지이다.

2명의 동업자 중 1명이 동업에서 탈퇴

피고인과 함께 신문사를 경영하기로 했던 갑 등이 경영의 어려움을 이유로 차례로 동업관계에서 탈퇴하고 피고인 단독으로 경영하게 된 이후에는 피고인이 갑의 금원을 보관하는 자의 지위에 있지 아니하고, 단순히 갑과의 관계에서 피고인이 그의 투자금 반환조로 금원을 일부 지급키로 한 민사상 채무자의 지위에 있음에 그칠 뿐이다(대판 1996. 5. 28. 96도140).

33) 대판 1992. 4. 14. 91도2390.

제703조가 정한 조합계약을 체결한 것이고, 피고인은 부동산의 소유권이전등기 등 업무에 관하여 동업체인 조합에 대하여 선량한 관리자의 주의로 사무를 처리해야 할 의무가 있으므로(민법 제707조, 제681조), '조합의 사무를 처리하는 자'의 지위에 있다고 할 것인데도 그 임무에 위배하여 위와 같이 소유권이전등기를 마침으로써 위 '조합'에 대한 배임행위를 한 것으로 보아야 하며, 피해자를 '갑'이라고 볼 것은 아니다.[34)]

탈퇴한 조합원이 사업자등록을 타인 명의로 변경하고 사용료를 받고 공장설비를 이용하게 함

조합계약에 있어서는 조합의 해산청구를 하거나 조합으로부터 탈퇴를 하거나 또는 다른 조합원을 제명할 수 있을뿐 일반계약에 있어서와 같이 조합계약을 해제하고 상대방에게 원상회복의 의무를 지울 수는 없다. 동업관계에서 탈퇴한 이상 아직 존속하고 있는 위 조합을 위하여 탈퇴로 인한 계산이 끝날 때까지 사업자등록명의나 공장시설 등을 선량하게 보존할 의무가 있다 할 것이므로 위 조합을 탈퇴한 후에 위와 같은 임무에 위배하여 그 사업자등록 명의를 다른 사람앞으로 변경시켜 그 대가로 월사용료를 받기로 하여 그에게 위 공장설비를 이용하도록 함으로써 다른 동업자들로 하여금 위 공장경영에 관여할 수 없게 하였다면 이는 배임죄에 해당한다.[35)]

영업을 중단하였거나 동업약정기간이 경과된 상태에서 동업재산인 해사채취권을 처분

동업자들이 동업계약을 체결하고 영업을 해 오다가 중도에 영업활동을 중단하였거나 또는 동업약정기간이 경과되었더라도 그것만으로는 공동으로 취득한 해사채취권이 동업자의 1인인 피고인의 단독소유가 된다고 볼 수 없고 나머지 동업자들의 지분에 관한 한 명의수탁자의 지위에 있다 할 것이므로 이를 임의로 매도한 것은 배임죄에 해당한다.[36)]

동업청산에 따른 몫을 확보하고자 매도 후 매수인으로부터 빌린 동업재산을 반환거부

피고인, 갑, 을이 동업으로 식료품제조공장을 경영하다가, 피고인과 갑이 을에게 위 공장의 처분권한을 위임하였다. 이에 따라 을이 위 공장을 피해자에게 매도하여 그 대금을 전액 수령하였다. 피고인은 위 공장의 소유권을 취득한 피해자로부터 임시사용승낙을 받아 식품류제조용 시설을 보관하게 되었다. 을은 위와 같이 대금을 전액 수령하고도 피고인에게 당초의 결산합의에 따른 정산금을 지급하여 주지 아니하였고, 피해자 또한 피고인으로부터 동업자 전원이 동석한 가운데 잔대금을 지급하여 달라는 요구를 받고도 이를 무시한 채 을에게 임의로 그 잔대금을 직접 지급하여 주어, 피고인으로서는 위 동업관계의 청산에 따른 자신의 몫을 확보하지 못하였으므로, 이를 정산받을 때까지 위 식품류제조용 시설을 유치하고자 이에 대한 반환을 거부하였다. 그렇다면 피고인에게는 불법영득의 의사가 있었던 것이라 할 수 없다.[37)]

34) 대판 2011. 4. 28. 2009도14268.
35) 대판 1987. 5. 12. 86도2566.
36) 대판 1992. 10. 27. 91도2346.
37) 대판 1990. 3. 13. 89도1952.

조합과 익명조합

[1] 조합재산은 조합원의 합유에 속하므로 조합원 중 한 사람이 조합재산 처분으로 얻은 대금을 임의로 소비하였다면 횡령죄의 죄책을 면할 수 없고, 이러한 법리는 내부적으로는 조합관계에 있지만 대외적으로는 조합관계가 드러나지 않는 이른바 내적조합의 경우에도 마찬가지이다.

[2] 조합 또는 내적 조합과 달리 익명조합의 경우에는 익명조합원이 영업을 위하여 출자한 금전 기타의 재산은 상대편인 영업자의 재산이 되므로 영업자는 타인의 재물을 보관하는 자의 지위에 있지 않고, 따라서 영업자가 영업이익금 등을 임의로 소비하였더라도 횡령죄가 성립할 수는 없다.

[3] 어떠한 법률관계가 내적 조합에 해당하는지 아니면 익명조합에 해당하는지는, 당사자들의 내부관계에 공동사업이 있는지, 조합원이 업무검사권 등을 가지고 조합의 업무에 관여하였는지, 재산의 처분 또는 변경에 전원의 동의가 필요한지 등을 모두 종합하여 판단하여야 한다.

[4] 피고인이 갑과 특정 토지를 매수하여 전매한 후 전매이익금을 정산하기로 약정한 다음 갑이 조달한 돈 등을 합하여 토지를 매수하고 소유권이전등기는 피고인 등의 명의로 마쳐 두었는데, 위 토지를 제3자에게 임의로 매도한 후 갑에게 전매이익금 반환을 거부함으로써 이를 횡령하였다는 내용으로 기소된 사안에서, 갑이 토지의 매수 및 전매를 피고인에게 전적으로 일임하고 그 과정에 전혀 관여하지 아니한 사정 등에 비추어, 비록 갑이 토지의 전매차익을 얻을 목적으로 일정 금원을 출자하였더라도 이후 업무감시권 등에 근거하여 업무집행에 관여한 적이 전혀 없을 뿐만 아니라 피고인이 아무런 제한 없이 재산을 처분할 수 있었음이 분명하므로 피고인과 갑의 약정은 조합 또는 내적 조합에 해당하는 것이 아니라 '익명조합과 유사한 무명계약'에 해당한다고 보아야 한다는 이유로, 피고인이 타인의 재물을 보관하는 자의 지위에 있지 않다고 보아 횡령죄 성립을 부정한 사례.[38)]

피해자 소유임에도 익명조합관계를 주장하여 반환거부

실질적으로 피해자가 단독으로 운영하여 오던 사업장이어서 그 사업장의 재산은 피해자의 단독 소유라고 할 것임에도, 익명조합관계의 영업자의 지위에 있다고 주장하면서 사업장의 재산의 반환을 거부한 사안에서, 횡령죄의 성립을 인정한 사례.[39)]

V. 공장저당

공장근저당권이 설정된 선반기계 등을 이중담보로 제공하기 위하여 이를 다른 장소로 옮긴 경우, 이는 공장저당권의 행사가 방해될 우려가 있는 행위로서 권리행사방해죄에 해당한다.[40)]

38) 대판 2011. 11. 24. 2010도5014. [2]부분과 같은 취지로는 대판 1971. 12. 28. 71도2032.
익명조합은 당사자의 일방이 상대방의 영업을 위하여 출자하고 상대방은 그 영업으로 인한 이익을 분배할 것을 약정함으로써 그 효력이 생기고, 익명조합원이 출자한 금전 기타의 재산은 영업자의 재산으로 보며, 익명조합원은 영업자의 행위에 관하여서는 제3자에 대하여 권리나 의무가 없다(상법 78, 79, 80조).

39) 대판 2009. 4. 23. 2007도9924.

공장저당권의 목적물을 양수한 자가 이를 임의 매도

설정자로부터 그의 금융기관에 대한 피담보채무를 이행인수하면서 공장저당법에 의하여 공장저당권이 설정된 공장기계를 함께 양수한 자는 그 채무 변제시까지 목적물을 담보 목적에 맞게 보관하여야 할 임무가 있다고 할 것이므로 그 임무에 위배하여 제3자에게 임의 매도하였다면 공장저당권자에 대하여 배임죄가 성립한다.[41)]

B공장을 매수하면서 피해자의 기계도 함께 인도받아 보관 중 임의로 공장저당법에 따라 저당권 설정

피고인은 A 주식회사로부터 B 공장을 매수하여 인수하면서 그 곳에 있던 피해자 소유의 이 사건 기계들도 함께 인도받아 그를 위하여 보관하던 중 C 은행에게 위 공장에 속하는 토지와 건물 및 기계를 담보로 제공하면서 이 사건 기계들에 대하여도 근저당권을 설정해준 사안에서,

횡령죄는 다른 사람의 재물에 관한 소유권 등 본권을 그 보호법익으로 하고 본권이 침해될 위험성이 있으면 그 침해의 결과가 발생되지 아니하더라도 성립하는 이른바 위태범이므로, 다른 사람의 재물을 보관하는 사람이 그 사람의 동의 없이 함부로 이를 담보로 제공하는 행위는 불법영득의 의사를 표현하는 횡령행위로서 사법상 그 담보제공행위가 무효이거나 그 재물에 대한 소유권이 침해되는 결과가 발생하는지 여부에 관계없이 횡령죄를 구성한다.

피고인이 보관하던 피해자 소유의 기계들을 담보로 제공한 것은 피해자의 권리에 대한 현실적인 침해가 없더라도 그 기계들에 대한 불법영득의 의사를 실현하는 행위로서 횡령죄를 구성하는 것으로 보아야 한다.[42)]

Ⅵ. 주식 발행

1. 주금납입가장

상법 제628조 제1항 소정의 납입가장죄는 회사의 자본충실을 기하려는 법의 취지를 유린하는 행위를 단속하려는 데 그 목적이 있는 것이므로, 당초부터 진실한 주금납입으로 회사의 자금을 확보할 의사 없이 형식상 또는 일시적으로 주금을 납입하고 이 돈을 은행에 예치하여 납입의 외형을 갖추고 주금납입증명서를 교부받아 설립등기나 증자등기의 절차를 마친 다음 바로 그 납입한 돈을 인출한 경우에는, 이를 회사를 위하여 사용하였다는 특별한 사정이 없는 한 실질적으로 회사의 자본이 늘어난 것이 아니어서 납입가장죄 및 공정증

40) 대판 1994. 9. 27. 94도1439.

41) 대판 2003. 7. 11. 2003도67.

42) 대판 2002. 11. 13. 2002도2219. 위 판례에 의해 다음 판례는 사실상 변경된 것으로 생각된다.
공장저장법 제18조에 보면 공장재단에 속하는 것은 양도등을 못하게 되어있고, 이 위반에는 벌칙을 가하고 있는(제64조) 점으로 미루어 이와 같은 금지된 양도 등을 위한 법률행위는 공장저당법의 강행성에 비추어 무효라고 해석하여야 옳은 것이다.
따라서 공장재단을 구성하는 기계를 타인에게 양도담보로 제공한 후 위 기계에 대하여 다시 근저당권을 설정한 행위는 횡령죄를 구성하지 아니한다(대판 1978. 11. 28. 75도2713).

서원본불실기재죄와 불실기재공정증서원본행사죄가 성립하고, 다만 납입한 돈을 곧바로 인출하였다고 하더라도 그 인출한 돈을 회사를 위하여 사용한 것이라면 자본충실을 해친다고 할 수 없으므로 주금납입의 의사 없이 납입한 것으로 볼 수는 없고, 한편 주식회사의 설립업무 또는 증자업무를 담당한 자와 주식인수인이 사전 공모하여 주금납입취급은행 이외의 제3자로부터 납입금에 해당하는 금액을 차입하여 주금을 납입하고 납입취급은행으로부터 납입금보관증명서를 교부받아 회사의 설립등기절차 또는 증자등기절차를 마친 직후 이를 인출하여 위 차용금채무의 변제에 사용하는 경우, 위와 같은 행위는 실질적으로 회사의 자본을 증가시키는 것이 아니고 등기를 위하여 납입을 가장하는 편법에 불과하여 주금의 납입 및 인출의 전과정에서 회사의 자본금에는 실제 아무런 변동이 없다고 보아야 할 것이므로, 그들에게 회사의 돈을 임의로 유용한다는 불법영득의 의사가 있다고 보기 어렵다 할 것이고, 이러한 관점에서 상법상 납입가장죄의 성립을 인정하는 이상 회사 자본이 실질적으로 증가됨을 전제로 한 업무상횡령죄가 성립한다고 할 수는 없다.[43]

해설: 주금납입가장에 관하여 위 판례의 다수의견은 상법상의 납입가장죄 및 형법상의 공정증서원본불실기재죄와 불실기재공정증서원본행사죄에 해당하고, 횡령죄나 배임죄에는 해당하지 않는다고 한다. 위 판례의 반대의견은 이와 달리 상법상의 납입가장죄 및 형법상의 공정증서원본불실기재죄와 불실기재공정증서원본행사죄에는 해당하지 않고, 횡령죄는 성립한다고 본다.

---

43) 대판 2004. 6. 17. 2003도7645 전원합의체. 위 판례에 의해 "타인으로부터 금원을 차용하여 주금을 가장납입한 직후 이를 인출하여 차용금변제에 사용한 경우 상법상의 납입가장죄와 별도로 회사재산의 불법영득행위로서 업무상횡령죄가 성립할 수 있다"라는 취지의 대판 1982. 4. 13. 80도537, 대판 2003. 8. 22. 2003도2807 등은 변경되었다.

발행주식 총수 및 자본의 총액이 증가한 사실이 허위임을 알면서 증자등기를 신청

공정증서원본불실기재죄는 공무원에 대하여 허위신고를 하여 공정증서원본에 진실에 반하는 사실을 기재하게 함으로써 성립하는 것이므로, 유상증자 등기의 신청시 발행주식 총수 및 자본의 총액이 증가한 사실이 허위임을 알면서 증자등기를 신청하여 상업등기부원본에 그 기재를 하게 한 경우, 등기신청서류로 제출된 주금납입금보관증명서가 위조된 것임을 몰랐다고 하더라도 공정증서원본불실기재죄가 성립한다(대판 2006. 10. 26. 2006도5147).

돈을 빌려 주금을 가장납입하였다가 수표로 인출하여 반환 후 감사에 대비하여 위 수표를 회사에 다시 입금하였다가 인출하여 변제

A 주식회사의 사실상 경영자인 피고인이, 갑에게서 돈을 빌려 가장납입의 방법으로 A의 유상증자에 참여한 후 갑이 납입한 주금 해당액을 바로 인출하여 자기앞수표로 반환하였는데, 이후 회계감사에 대비하여 위 수표를 갑에게서 잠시 돌려받아 A 계좌에 입금한 뒤 다시 해당 금액을 인출하여 변제한 사안에서,

피고인이 주금 가장납입의 방법에 의한 납입금에 해당하는 금액을 자기앞수표로 인출한 것이 A에 실질적으로 귀속되는 회사 자금의 횡령행위라고 볼 수 없고, 나아가 회계감사에 대비하여 수표를 A에 일시 반환하도록 하였다가 다시 인출하여 돌려준 사정만으로는 위 돈이 A에 실질적으로 귀속된 것으로 볼 수 없으며, 오히려 위 인출 및 반환과 재인출 경위에 비추어 이는 즉시 반환이 예정된 일시 차용에 불과하여 그 실질은 위 가장납입금의 당초 약정에 따른 종국적 인출행위라고 보는 것이 타당하므로, 이러한 행위를 들어 피고인에게 A의 돈을 임의로 유용한다는 불법영득의사가 존재한다고 볼 수 없다(대판 2011. 9. 8. 2011도7262).

주금의 가장납입과 업무상배임

주식회사의 설립업무 또는 증자업무를 담당한 자와 주식인수인이 사전 공모하여 주금납입취급은행 이외의 제3자로부터 납입금에 해당하는 금액을 차입하여 주금을 납입하고 납입취급은행으로부터 납입금보관증명서를 교부받아 회사의 설립등기절차 또는 증자등기절차를 마친 직후 이를 인출하여 위 차용금채무의 변제에 사용하는 경우, … 업무상배임죄가 성립한다고 할 수 없다(대판 2005. 4. 29. 2005도856).

신주발행에 있어서 대표이사가 납입의 이행을 가장한 경우에는 상법 제628조 제1항에 의한 가장납입죄가 성립하는 이외에 따로 기존 주주에 대한 업무상배임죄를 구성한다고 할 수 없다(대판 2004. 5. 13. 2002도7340).

기타 납입가장은 업무상횡령죄를 구성하지 않는다고 본 판례로는 대판 2006. 9. 22. 2004도3314; 대판 2009. 6. 25. 2008도10096; 대판 2013. 4. 11. 2012도15585.

대표이사의 주금납입가장

신주발행은 주식회사의 자본조달을 목적으로 하는 것으로서 신주발행과 관련한 대표이사의 업무는 회사의 사무일 뿐이므로 신주발행에 있어서 대표이사가 납입된 주금을 회사를 위하여 사용하도록 관리·보관하는 업무 역시 회사에 대한 선관주의의무 내지 충실의무에 기한 것으로서 회사의 사무에 속하는 것이고, 신주발행에 있어서 대표이사가 일반 주주들에 대하여 그들의 신주인수권과 기존 주식의 가치를 보존하는 임무를 대행한다거나 주주의 재산보전 행위에 협력하는 자로서 타인의 사무를 처리하는 자의 지위에 있다고는 볼 수 없을 뿐만 아니라, 납입을 가장하는 방법에 의하여 주금이 납입된 경우 회사의 재산에 대한 지분가치로서의 기존 주식의 가치가 감소하게 될 수는 있으나, 이는 가장납입에 의하여 회사의 실질적 자본의 감소가 초래됨에 따른 것으로서 업무상배임죄에서의 재산상 손해에 해당된다고 보기도 어려우므로,

제3자 명의에 의한 신주인수 및 그 납입대금의 차용

사안: A 주식회사는 구리농수산물 도매시장의 수산부류 도매시장법인으로 지정받기 위한 요건을 갖추기 위하여 자본금의 증액이 필요하였다. 이에 위 회사의 대표이사이던 피고인을 비롯한 임원들은 일단 임원 등의 명의로 신주인수청약을 하고 은행으로부터 임원 등의 명의로 대출을 받아 신주대금을 납입하되 그 대출원리금은 위 회사가 변제하기로 하였다. 이에 따라 임원 등의 명의로 신주를 청약하는 내용의 관련 서류를 구비하고, 공소외인 등을 차주로 하여 시중은행으로부터 대출을 받아 주식인수대금 20억 원 상당을 납입하였다. 그 후 임원 등의 명의로 추가로 대출을 받거나 위 회사 명의의 약속어음을 할인한 금원 등을 위 대출금의 변제에 사용하는 등 하고, 위 회사가 발행한 신주를 매각하여 그 대금으로 임원 등 명의의 금융기관 등에 대한 대출원리금을 변제하였다. 반면 신주인수청약서상의 명의인들은 위 주식의 매각에 관여하거나 주주로서의 권리를 행사하지 않았다.

판단: 신주발행에 있어서 타인의 명의로 주식을 인수한 경우에는 실제로 주식을 인수하여 그 대금을 납입한 명의차용인만이 실질상의 주식인수인으로 주주가 되고, 단순한 명의대여자에 불과한 자는 주주로 볼 수 없다. 회사가 신주를 발행하여 실제로는 타인으로부터 제3자 명의로 자금을 빌려 자기의 계산으로 신주를 인수하면서도 제3자 명의를 차용한 경우, 이는 상법 등에서 허용하지 않는 자기주식의 취득에 해당하므로 회사의 신주인수행위는 무효라고 보아야 할 것이지만, 신주인수대금의 납입을 위하여 회사가 제3자 명의로 금원을 차용한 행위의 효력은 부정할 수가 없고 그 차용원리금의 상환의무는 회사가 부담한다고 보아야 하므로, 회사의 대표이사가 가지급금의 형식으로 회사의 자금을 인출하여 위 차용원리금 채무의 변제에 사용하였다고 하더라도 이는 업무상횡령죄에 해당한다고 볼 수 없다.[44)]

2. 신주발행등기

무효인 신주발행에 기한 신주발행사실 등기

주식회사의 신주발행의 경우 신주발행에 법률상 무효사유가 존재한다고 하더라도 그 무효는 신주발행무효의 소에 의해서만 주장할 수 있는 것이고, 신주발행무효의 판결이 확정되더라도 그 판결은 장래에 대하여만 효

44) 대판 2005. 2. 18. 2002도2822.

력이 있는 것이므로(상법 제429조, 제431조 제1항), 그 신주발행이 판결로써 무효로 확정되기 이전에 그 신주발행사실을 담당 공무원에게 신고하여 공정증서인 법인등기부에 기재하게 하였다고 하여 그 행위가 공무원에 대하여 허위신고를 한 것이라거나, 그 기재가 불실기재에 해당하는 것이라고 할 수는 없다.[45)]

3. 신주의 제3자배정

주주배정과 제3자배정에 따른 신주 등의 발행가액 결정의무

주주는 회사에 대하여 주식의 인수가액에 대한 납입의무를 부담할 뿐 인수가액 전액을 납입하여 주식을 취득한 후에는 주주 유한책임의 원칙에 따라 회사에 대하여 추가 출자의무를 부담하지 않는 점, 회사가 준비금을 자본으로 전입하거나 이익을 주식으로 배당할 경우에는 주주들에게 지분비율에 따라 무상으로 신주를 발행할 수 있는 점 등에 비추어 볼 때, 회사가 주주 배정의 방법, 즉 주주가 가진 주식 수에 따라 신주, 전환사채나 신주인수권부사채(이하 '신주 등'이라 한다)의 배정을 하는 방법으로 신주 등을 발행하는 경우에는 발행가액 등을 반드시 시가에 의하여야 하는 것은 아니다. 따라서, 회사의 이사로서는 주주 배정의 방법으로 신주를 발행하는 경우 원칙적으로 액면가를 하회하여서는 아니 된다는 제약 외에는 주주 전체의 이익, 회사의 자금조달의 필요성, 급박성 등을 감안하여 경영판단에 따라 자유로이 그 발행조건을 정할 수 있다고 보아야 하므로, 시가보다 낮게 발행가액 등을 정함으로써 주주들로부터 가능한 최대한의 자금을 유치하지 못하였다고 하여 배임죄의 구성요건인 임무위배, 즉 회사의 재산보호의무를 위반하였다고 볼 것은 아니다. 그러나 주주배정의 방법이 아니라 제3자에게 인수권을 부여하는 제3자 배정방법의 경우, 제3자는 신주 등을 인수함으로써 회사의 지분을 새로 취득하게 되므로 그 제3자와 회사와의 관계를 주주의 경우와 동일하게 볼 수는 없다. 제3자에게 시가보다 현저하게 낮은 가액으로 신주 등을 발행하는 경우에는 시가를 적정하게 반영하여 발행조건을 정하거나 또는 주식의 실질가액을 고려한 적정한 가격에 의하여 발행하는 경우와 비교하여 그 차이에 상당한 만큼 회사의 자산을 증가시키지 못하게 되는 결과가 발생하는데, 이 경우에는 회사법상 공정한 발행가액과 실제 발행가액과의 차액에 발행주식수를 곱하여 산출된 액수만큼 회사가 손해를 입은 것으로 보아야 한다. 이와 같이 현저하게 불공정한 가액으로 제3자 배정방식에 의하여 신주 등을 발행하는 행위는 이사의 임무위배행위에 해당하는 것으로서 그로 인하여 회사에 공정한 발행가액과의 차액에 상당하는 자금을 취득하지 못하게 되는 손해를 입힌 이상 이사에 대하여 배임죄의 죄책을 물을 수 있다. 다만, 회사가 제3자 배정의 방법으로 신주 등을 발행하는 경우에는 회사의 재무구조, 영업전망과 그에 대한 시장의 평가, 주식의 실질가액, 금융시장의 상황, 신주의 인수가능성 등 여러 사정을 종합적으로 고려하여, 이사가 그 임무에 위배하여 신주의 발행가액 등을 공정한 가액보다 현저히 낮추어 발행한 경우에 해당하는지를 살펴 이사의 업무상배임죄의 성립 여부를 판단하여야 한다.

신주 등의 발행에서 주주 배정방식과 제3자 배정방식을 구별하는 기준은 회사가 신주 등을 발행하는 때에 주주들에게 그들의 지분비율에 따라 신주 등을 우선적으로 인수할 기회를 부여하였는지 여부에 따라 객관적으로 결정되어야 할 성질의 것이지, 신주 등의 인수권을 부여받은 주주들이 실제로 인수권을 행사함으로써 신주 등을 배정받았는지 여부에 좌우되는 것은 아니다.

상법상 전환사채를 주주 배정방식에 의하여 발행하는 경우에도 주주가 그 인수권을 잃은 때에는 회사는 이

45) 대판 2007. 5. 31. 2006도8488.

사회의 결의에 의하여 그 인수가 없는 부분에 대하여 자유로이 이를 제3자에게 처분할 수 있는 것인데, 단일한 기회에 발행되는 전환사채의 발행조건은 동일하여야 하므로, 주주배정으로 전환사채를 발행하는 경우에 주주가 인수하지 아니하여 실권된 부분에 관하여 이를 주주가 인수한 부분과 별도로 취급하여 전환가액 등 발행조건을 변경하여 발행할 여지가 없다. 주주배정의 방법으로 주주에게 전환사채인수권을 부여하였지만 주주들이 인수청약하지 아니하여 실권된 부분을 제3자에게 발행하더라도 주주의 경우와 같은 조건으로 발행할 수밖에 없고, 이러한 법리는 주주들이 전환사채의 인수청약을 하지 아니함으로써 발생하는 실권의 규모에 따라 달라지는 것은 아니다.[46)]

[1] 신주발행은 주식회사의 자본조달을 목적으로 하는 것으로서, 신주발행과 관련한 대표이사의 업무는 회사의 사무일 뿐이므로 신주발행 과정에서 대표이사가 납입된 주금을 회사를 위하여 사용하도록 관리·보관하는 업무 역시 회사에 대한 선관주의의무 내지 충실의무에 기한 것으로서 회사의 사무에 속하는 것이고, 신주발행에서 대표이사가 일반 주주들에 대하여 그들의 신주인수권과 기존 주식의 가치를 보존하는 임무를 대행한다거나 주주의 재산보전 행위에 협력하는 자로서 타인의 사무를 처리하는 자의 지위에 있다고는 볼 수 없다.

[2] 주식회사 한국외환은행의 매각 관련 신주발행에서 은행장 갑 및 부행장 을이 위 은행에 대한 관계에서 사무처리자의 지위에 있으나 위 은행의 기존 주주들에 대한 관계에서는 사무처리자의 지위에 있지 않고, 한국수출입은행과 코메르츠뱅크가 보유한 위 은행 구주매각에서 협상에 관한 위임을 받아 그들에 대한 사무처리자의 지위에 있다고 본 원심판단을 수긍한 사례.

[3] 재정경제부 금융정책국장이 한국수출입은행과 코메르츠뱅크가 보유한 주식회사 한국외환은행 구주매각에서 수출입은행에 대한 관계에서는 사무처리자의 지위에 있으나, 코메르츠뱅크에 대한 관계에서는 사무처리자의 지위에 있지 않다고 본 원심판단을 수긍한 사례.

[4] 주식회사 한국외환은행의 매각 관련 신주발행 업무가 위 은행 이사회의 결정 사항으로 그 대표이사 또는 이사의 사무에 속하는 점, 재정경제부 금융정책국장으로서의 업무집행은 국가나 정부, 국민을 위하여 부담하는 공무일 뿐, 달리 특별한 사정이 없는 한 위 은행에 대하여 부담하는 사무의 처리라고 볼 수는 없는 점 등에 비추어, 재정경제부 금융정책국장이 위 신주발행에서 위 은행이나 그 주주들에 대한 사무처리자의 지위에 있다고 볼 수는 없다고 한 사례.[47)]

---

46) 대판 2009. 5. 29. 2007도4949 전원합의체. 다음은 유사 취지이다.
비등록·비상장 법인의 대표이사가 시세차익을 얻을 의도로 주식 시가보다 현저히 낮은 금액을 전환가격으로 한 전환사채를 발행하고 제3자의 이름을 빌려 이를 인수한 후 전환권을 행사하여 인수한 주식 중 일부를 직원들에게 전환가격 상당에 배분한 경우, 전환사채의 발행·인수로써 주식 시가와 전환가격의 차액 상당의 재산상의 이익을 취득하고 법인에게 손해를 가한 업무상배임죄가 성립하였다고 한 사례(대판 2001. 9. 28. 2001도3191).

47) 대판 2010. 10. 14. 2010도387.

2

判例中心 刑法各論

사회적 법익에 대한 죄

제 1 장 공공의 안전과 평온에 대한 죄

判例中心 刑法各論

제1절 공안을 해하는 죄

1. 범죄단체조직·가입·활동

소매치기를 목적으로 하는 단체

형법 제114조 제1항 소정의 '범죄를 목적으로 하는 단체'라 함은 특정다수인이 일정한 범죄를 수행한다는 공동목적 아래 이루어진 계속적인 결합체로서 단순한 다중의 집합과는 달라 단체를 주도하는 최소한의 통솔체제를 갖추고 있어야 함을 요하는바, 피고인들이 각기 소매치기의 범죄를 목적으로 그 실행행위를 분담하기로 약정하였으나 위에서 본 계속적이고 통솔체제를 갖춘 단체를 조직하였거나 그와 같은 단체에 가입하였다고 볼 증거가 없다는 이유로 무죄를 선고한 조치는 정당하다.[1)]

형법 제114조 소정 범죄단체조직죄는 범죄를 목적으로 하는 단체를 조직함으로써 성립하는 것이고 그 후 목적한 범죄의 실행행위를 하였는가 여부는 위 죄의 성립에 영향이 없다.[2)]

총회꾼들을 제거하고 투자인의 권익을 보호하기 위한 단체

피고인들이 증권투자인들의 권익을 보호하기 위하여 발족한 투자인협회의 간부진을 개편하고 각 그 간부 내지 회원이 된 목적이 증권거래소상장기업체의 주주총회때마다 소위 총회꾼들의 횡포가 극심하므로 이들을 제거하고 주주총회를 원활하게 진행케함으로써 정부시책에 적극 호응함과 동시에 진실한 투자인의 권익보호를 도모하려는데 있었다면 그 목적달성을 위한 과정에서 일부 총회꾼들의 주주권행사를 방해한 바 있고 그

1) 대판 1981. 11. 24. 81도2608; 대판 1985. 10. 8. 85도1515.
2) 대판 1975. 9. 23. 75도2321.

에 대한 사례조로 해당 회사로부터 금품을 수수한 바 있다고 하여도 이를 범죄단체 조직이라고는 할 수 없다.[3)]

2. 소요죄

피고인의 행위가 수십 명의 군중과 함께 정치적 구호를 외치며 거리를 진행하는등 다중이 집합하여 폭행, 협박, 손괴행위를 한 것이라면 그 행위 자체가 포고령 제10호가 금지한 정치목적의 시위를 한 것이라고 보아야 할 것이므로 소요죄와 위 포고령위반죄는 1개의 행위가 동시에 수개의 죄에 해당하는 형법 제40조의 상상적 경합범의 관계에 있다.[4)]

3. 공무원자격사칭죄

합동수사반원임을 사칭하고 채권을 추심

공무원자격사칭죄가 성립하려면 어떤 직권을 행사할 수 있는 권한을 가진 공무원임을 사칭하고 그 직권을 행사한 사실이 있어야 하는바, 피고인들 이 그들이 위임받은 채권을 용이하게 추심하는 방편으로 합동수사반원임을 사칭하고 협박한 사실이 있다고 하여도 위 채권의 추심행위는 개인적인 업무이지 합동수사반의 수사업무의 범위에는 속하지 아니하므로 이를 공무원자격사칭죄로 처벌할 수 없다.[5)]

경제기획원 감사관을 사칭

공무원임용령 제43조에 의하면 임용권자는 당해 직위가 임시적 임용이 있는 날로부터 1년 이내에 폐지될 것이 확실한 경우에는 임시직원을 채용할 수 있도록 되어 있고, 이와 같은 임시직원도 형법상의 공무원의 개념에 포함됨이 명백할 분 아니라 행정공무원의 직급 가운데 감사관제도가 있고, 또 피고인은 부총리 겸 경제기획원장관으로부터 대통령의 지시에 의거 실시하는 국영기업체의 경영합리화 방안수립을 위한 기업진단을 위하여, 감사관으로 일시 위촉된바 있음이 원심 판시와 같으므로 피고인이 사칭하였다는 경제기획원 감사관이란 법령상의 근거없는 것이 아니며, 이는 형법 제118조의 소위 공무원개념에 해당된다고 보아야 할 것이다.[6)]

---

3) 대판 1969. 8. 19. 69도935.

4) 대판 1983. 6. 14. 83도424.

5) 대판 1981. 9. 8. 81도1955. 다음은 같은 취지이다.

중앙정보부원을 사칭하여 고소사건의 수사경위를 청취

중앙정보부원이 아닌 자가 이를 사칭하여 어떤 고소사건의 수사경위를 청취하였다 하더라도 그 소위가 중앙정보부원의 직무를 규정한 중앙정보부법(폐) 제2조에 규정한 정보업무에 해당하는지를 심리함이 없이는 그 자격을 사칭한 중앙접보부원의 직권인 정보업무를 행한 것이라고 할 수 없다(대판 1972. 6. 27. 72도550).

중앙정보부 직원을 사칭하고 대통령사진의 액자 파손에 관한 자인서 작성을 요구

중앙정보부 직원이 아닌 자가 동 직원임을 사칭하고 청와대에 파견된 감사실장인데 사무실에 대통령사진의 액자가 파손된 채 방치되었다는 사실을 보고받고 나왔으니 자인서를 작성 제출하라고 말한 행위는 중앙정보부 직원의 직권행사에 해당되지 않는다(대판 1977. 12. 13. 77도2750).

6) 대판 1973. 5. 22. 73도884.

제2절 폭발물에 관한 죄

폭발물사용죄는 폭발물을 사용하여 공안을 문란하게 함으로써 성립하는 공공위험범죄로서 개인의 생명, 신체 등과 아울러 공공의 안전과 평온을 보호법익으로 하는 것이고, 법정형이 사형, 무기 또는 7년 이상의 징역으로 범죄의 행위 태양에 해당하는 생명, 신체 또는 재산을 해하는 경우에 성립하는 살인죄, 상해죄, 재물손괴죄 등의 범죄를 비롯한 유사한 다른 범죄에 비하여 매우 무겁게 설정되어 있을 뿐 아니라, 형법은 제172조에서 '폭발성 있는 물건을 파열시켜 사람의 생명, 신체 또는 재산에 대하여 위험을 발생시킨 자'를 처벌하는 폭발성물건파열죄를 별도로 규정하고 있는데 그 법정형은 1년 이상의 유기징역으로 되어 있다. 이와 같은 여러 사정을 종합해 보면, 폭발물사용죄에서 말하는 폭발물이란 폭발작용의 위력이나 파편의 비산 등으로 사람의 생명, 신체, 재산 및 공공의 안전이나 평온에 직접적이고 구체적인 위험을 초래할 수 있는 정도의 강한 파괴력을 가지는 물건을 의미한다. 따라서 어떠한 물건이 형법 제119조에 규정된 폭발물에 해당하는지는 폭발작용 자체의 위력이 공안을 문란하게 할 수 있는 정도로 고도의 폭발성능을 가지고 있는지에 따라 엄격하게 판단하여야 한다.
피고인이 자신이 제작한 폭발물을 배낭에 담아 고속버스터미널 등의 물품보관함 안에 넣어 두고 폭발하게 함으로써 공안을 문란하게 하였다고 하여 폭발물사용으로 기소된 사안에서, 피고인이 제작한 물건의 구조, 그것이 설치된 장소 및 폭발 당시의 상황 등에 비추어, 위 물건은 폭발작용 자체에 의하여 공공의 안전을 문란하게 하거나 사람의 생명, 신체 또는 재산을 해할 정도의 성능이 없거나, 사람의 신체 또는 재산을 경미하게 손상시킬 수 있는 정도에 그쳐 사회의 안전과 평온에 직접적이고 구체적인 위험을 초래하여 공공의 안전을 문란하게 하기에는 현저히 부족한 정도의 파괴력과 위험성만을 가진 물건이므로 형법 제172조 제1항에 규정된 '폭발성 있는 물건'에는 해당될 여지가 있으나 이를 형법 제119조 제1항에 규정된 '폭발물'에 해당한다고 볼 수는 없다.[1)]

폭발물사용죄가 성립하기 위하여서는 폭파시 사람의 생명, 신체 또는 재산을 해하거나 기타 공안을 문란한다는 고의가 있어야 한다.[2)]

1) 대판 2012. 4. 26. 2011도17254.
2) 대판 1969. 7. 8. 69도832.

제3절 방화와 실화의 죄

방·실화죄의 구성요건 체계

제164조 ① (현주, 현존)(건조물, 기차, 전차, 자동차, 선박, 항공기, 광갱)방화
② (제1항 각 죄명)(치상, 치사)

제165조 (공용, 공익)(건조물, 기차, 전차, 자동차, 선박, 항공기, 광갱)방화

제166조 ① 일반(건조물, 기차, 전차, 자동차, 선박, 항공기, 광갱)방화
② 자기소유(건조물, 기차, 전차, 자동차, 선박, 항공기, 광갱)방화

제167조 ① 일반물건방화
② 자기소유일반물건방화

제168조 방화연소

제169조 진화방해

제170조 실화

제171조 (업무상, 중)실화

Ⅰ. 현주·현존건조물등방화(치사상)죄

1. 주거로 사용 또는 사람이 현존

주거는 사람이 일상생활을 영위하는 장소를 의미한다. 주거로 사용되는 건조물이나 선박 등은 본조의 객체가 되며, 주거로 사용되지 않는 건조물이나 선박 등에 불을 놓은 경우에는 위 건조물이나 선박에 사람이 현존하는 때에 한하여 본조의 객체가 될 수 있다.

방화죄의 객체인 건조물의 의미/폐가에 쓰레기를 모아놓고 태워 주변 수목을 태우고 폐가의 벽을 그을리게 함

형법상 방화죄의 객체인 건조물은 토지에 정착되고 벽 또는 기둥과 지붕 또는 천장으로 구성되어 사람이 내부에 기거하거나 출입할 수 있는 공작물을 말하고, 반드시 사람의 주거용이어야 하는 것은 아니라도 사람이 사실상 기거·취침에 사용할 수 있는 정도는 되어야 한다. 이 사건 폐가는 지붕과 문짝, 창문이 없고 담장과 일부 벽체가 붕괴된 철거 대상 건물로서 사실상 기거·취침에 사용할 수 없는 상태의 것이므로 형법 제166조의 건조물이 아닌 형법 제167조의 물건에 해당한다.

피고인이 이 사건 폐가의 내부와 외부에 쓰레기를 모아놓고 태워 그 불길이 이 사건 폐가 주변 수목 4~5그루를 태우고 폐가의 벽을 일부 그을리게 하는 정도만으로는 방화죄의 기수에 이르렀다고 보기 어려우며, 일반물건방화죄에 관하여는 미수범의 처벌 규정이 없으므로 범죄가 성립하지 않는다.[1)]

1) 대판 2013. 12. 12. 2013도3950.

2. 실행의 착수, 중지미수

현존 건조물 주위에 휘발유를 뿌려 이를 제지하는 피해자의 몸에 휘발유가 살포된 상태에서 라이터로 불을 붙여 피해자의 몸에 불이 붙음

피고인은 그의 집에서 부부싸움을 하다가 격분하여 "집을 불태워 버리고 같이 죽어 버리겠다"며 그 곳 창고 뒤에 있던 18ℓ들이 플라스틱 휘발유통을 들고 나와 처와 자녀 2명이 있는 피고인의 집 주위에 휘발유를 뿌리고, 1회용 라이터를 켜 불을 놓아 사람이 현존하는 건조물을 소훼하려고 하였으나, 불길이 번지지 않는 바람에 그 뜻을 이루지 못한 채 미수에 그치고, 이로 인하여 피고인을 만류하던 피해자로 하여금 약 4주간의 치료를 요하는 화상을 입게 한 사안에서,

매개물을 통한 점화에 의하여 건조물을 소훼함을 내용으로 하는 형태의 방화죄의 경우에, 범인이 그 매개물에 불을 켜서 붙였거나 또는 범인의 행위로 인하여 매개물에 불이 붙게 됨으로써 연소작용이 계속될 수 있는 상태에 이르렀다면, 그것이 곧바로 진화되는 등의 사정으로 인하여 목적물인 건조물 자체에는 불이 옮겨 붙지 못하였다고 하더라도, 방화죄의 실행의 착수가 있었다고 보아야 할 것이고, 구체적인 사건에 있어서 이러한 실행의 착수가 있었는지 여부는 범행 당시 피고인의 의사 내지 인식, 범행의 방법과 태양, 범행 현장 및 주변의 상황, 매개물의 종류와 성질 등의 제반 사정을 종합적으로 고려하여 판단하여야 한다.

피고인이 방화의 의사로 뿌린 휘발유가 인화성이 강한 상태로 주택주변과 피해자의 몸에 적지 않게 살포되어 있는 사정을 알면서도 라이터를 켜 불꽃을 일으킴으로써 피해자의 몸에 불이 붙은 경우, 비록 외부적 사정에 의하여 불이 방화 목적물인 주택 자체에 옮겨 붙지는 아니하였다 하더라도 현존건조물방화죄의 실행의 착수가 있었다고 봄이 상당하다.[2)]

장롱 안의 옷가지에 불을 놓았으나 불길이 치솟자 겁이 나 불을 끔

피고인이 장롱 안에 있는 옷가지에 불을 놓아 건물을 소훼하려 하였으나 불길이 치솟는 것을 보고 겁이 나서 물을 부어 불을 끈 것이라면, 위와 같은 경우 치솟는 불길에 놀라거나 자신의 신체안전에 대한 위해 또는 범행 발각시의 처벌 등에 두려움을 느끼는 것은 일반 사회통념상 범죄를 완수함에 장애가 되는 사정에 해당한다고 보아야 할 것이므로, 이를 자의에 의한 중지미수라고는 볼 수 없다.[3)]

3. 기 수

방화죄는 화력이 매개물을 떠나 스스로 연소할 수 있는 상태에 이르렀을 때에 기수가 되고 반드시 목적물의 중요부분이 소실하여 그 본래의 효용을 상실한 때라야만 기수가 되는 것이 아니다.[4)]

---

2) 대판 2002. 3. 26. 2001도6641.
3) 대판 1997. 6. 13. 97도957.
4) 대판 1970. 3. 24. 70도330.

피해자의 사체 위에 옷가지 등을 올려놓고 불을 붙인 천조각을 던져서 그 불길이 방안을 태우면서 천정에까지 옮겨 붙었다면 도중에 진화되었다고 하더라도 일단 천정에 옮겨 붙은 때에 이미 현주건조물방화죄의 기수에 이른 것이다.[5)]

4. 고 의

피고인이 동거하던 갑과 가정불화가 악화되어 헤어지기로 작정하고 홧김에 죽은 동생의 유품으로 보관하던 서적 등을 뒷마당에 내어 놓고 불태워 버리려 했던 점이 인정될 뿐 피고인이 갑 소유의 가옥을 불태워 버리겠다고 결의하여 불을 놓았다고 볼 수 없다면 피고인의 위 소위를 가리켜 방화의 범의가 있었다고 할 수 없다.[6)]

5. 현주·현존건조물방화치사상죄

㉮ 부진정결과적 가중범/㉯ 현주건조물에 방화하고 탈출하려는 사람을 막아 소사케 함

㉮ 형법 제164조 후단이 규정하는 현주건조물 방화치사상죄는 그 전단에 규정하는 죄에 대한 일종의 가중처벌규정으로서 불을 놓아 사람의 주거에 사용하거나 사람이 현존하는 건조물을 소훼함으로 인하여 사람을 사상에 이르게 한 때에 성립되며 동 조항이 사형, 무기 또는 7년 이상의 징역의 무거운 법정형[7)]을 정하고 있는 취의에 비추어 보면 과실이 있는 경우 뿐만 아니라 고의가 있는 경우도 포함된다고 볼 것이므로, 현주건조물내에 있는 사람을 강타하여 실신케 한 후 동건조물에 방화하여 소사케 한 피고인을 현주건조물에의 방화죄와 살인죄의 상상적 경합으로 의율할 것은 아니다.

㉯ 형법 제164조 전단의 현주건조물에의 방화죄는 공중의 생명, 신체, 재산 등에 대한 위험을 예방하기 위하여 공공의 안전을 그 제1차적인 보호법익으로 하고 제2차적으로는 개인의 재산권을 보호하는 것이라고 할 것이나, 여기서 공공에 대한 위험은 구체적으로 그 결과가 발생됨을 요하지 아니하는 것이고 이미 현주건조물에의 점화가 독립연소의 정도에 이르면 동 죄는 기수에 이르러 완료되는 것인 한편, 살인죄는 일신전속적인 개인적 법익을 보호하는 범죄이므로, 이 사건에서와 같이 불을 놓은 집에서 빠져 나오려는 피해자들을 막아 소사케 한 행위는 1개의 행위가 수개의 죄명에 해당하는 경우라고 볼 수 없고, 위 방화행위와 살인행위는 법률상 별개의 범의에 의하여 별개의 법익을 해하는 별개의 행위라고 할 것이니, 현주건조물방화죄와 살인죄는 실체적 경합관계에 있다.[8)]

---

5) 대판 2007. 3. 16. 2006도9164.

6) 대판 1984. 7. 24. 84도1245. 다음은 방화의 고의를 인정한 판례이다.
절취한 물건의 용기에 점화한 목적이 절도의 증거인멸에 있다 할지라도 점화의 수단방법이 인화력이 강한 석유를 사용하여 건물에 연소되기 용이한 방법으로 점화한 결과 건물을 연소케 한 경우에는 건조물 방화의 고의를 인정할 수 있다(대판 1954. 1. 16. 4287형상47).

7) 1995년 형법 개정을 통해 164조 2항은, "1항의 죄를 범하여 사람을 상해에 이르게 한 때에는 무기 또는 5년 이상의 징역에 처한다. 사망에 이르게 한 때에는 사형, 무기 또는 7년 이상의 징역에 처한다"로 바뀌었다.

8) 대판 1983. 1. 18. 82도2341.

방화행위를 하던 집단 중 1인이 피해자에게 화염병을 던져 화상을 입힘

피고인을 비롯한 30여 명의 공범들이 화염병 등 소지 공격조와 쇠파이프 소지 방어조로 나누어 이 사건 건물을 집단방화하기로 공모하고 이에 따라 공격조가 위 건물로 침입하여 화염병 수십 개를 1층 민원실 내부로 던져 불을 붙여 위 건물 내부를 소훼케 하는 도중에 공격조의 일인이 위 건조물 내의 피해자를 향하여 불이 붙은 화염병을 던진 사실을 알 수 있는바, 이와 같이 공격조 일인이 방화대상 건물 내에 있는 피해자를 향하여 불붙은 화염병을 던진 행위는, 비록 그것이 피해자의 진화행위를 저지하기 위한 것이었다고 하더라도, 공격조에게 부여된 임무 수행을 위하여 이루어진 일련의 방화행위 중의 일부라고 보아야 할 것이고, 따라서 피해자의 화상은 이 사건 방화행위로 인하여 입은 것이라 할 것이므로 피고인을 비롯하여 당초 공모에 참여한 집단원 모두는 위 상해 결과에 대하여 현존건조물방화치상의 죄책을 면할 수 없다. 가사 피해자의 상해가 이 사건 방화 및 건물소훼로 인하여 입은 것이라고 보기 어렵다고 하더라도 형법 제164조 후단(현행 형법 제164조 2항)이 규정하는 현존건조물방화치상죄와 같은 이른바 부진정결과적가중범은 예견가능한 결과를 예견하지 못한 경우뿐만 아니라 그 결과를 예견하거나 고의가 있는 경우까지도 포함하는 것이므로 이 사건에서와 같이 사람이 현존하는 건조물을 방화하는 집단행위의 과정에서 일부 집단원이 고의행위로 살상을 가한 경우에도 다른 집단원에게 그 사상의 결과가 예견 가능한 것이었다면 다른 집단원도 그 결과에 대하여 현존건조물방화치사상의 책임을 면할 수 없는 것인바, 피고인을 비롯한 집단원들이 당초 공모시 쇠파이프를 소지한 방어조를 운용하기로 한 점에 비추어 보면 피고인으로서는 이 사건 건물을 방화하는 집단행위의 과정에서 상해의 결과가 발생하는 것도 예견할 수 있었다고 보이므로, 이 점에서도 피고인을 현존건조물방화치상죄로 의율할 수 있다.[9]

현주건조물방화치사죄와 살인죄 및 존속살인죄의 죄수관계

형법 제164조 후단이 규정하는 현주건조물방화치사상죄는 그 전단이 규정하는 죄에 대한 일종의 가중처벌 규정으로서 과실이 있는 경우뿐만 아니라, 고의가 있는 경우에도 포함된다고 볼 것이므로 사람을 살해할 목적으로 현주건조물에 방화하여 사망에 이르게 한 경우에는 현주건조물방화치사죄로 의율하여야 하고 이와 더불어 살인죄와의 상상적경합범으로 의율할 것은 아니며, 다만 존속살인죄와 현주건조물방화치사죄는 상상적경합범 관계에 있으므로, 법정형이 중한 존속살인죄로 의율함이 타당하다.[10]

강취 후 살해 목적으로 방화하여 사망케 함

피고인들이 피해자들의 재물을 강취한 후 그들을 살해할 목적으로 현주건조물에 방화하여 사망에 이르게 한 경우, 피고인들의 행위는 강도살인죄와 현주건조물방화치사죄에 모두 해당하고 그 두 죄는 상상적 경합범관계에 있다.[11]

9) 대판 1996. 4. 12. 96도215.
10) 대판 1996. 4. 26. 96도485.
11) 대판 1998. 12. 8. 98도3416.

Ⅱ. 일반물건방화죄

공공의 위험

형법 제167조 제1항의 공공의 위험이란 일반물건을 소훼하고 이로 인하여 불특정 다수인의 생명, 신체, 재산에 위해를 가할 우려 있다고 볼 수 있는 상태를 말하는 바 이 사건 현장은 김해평야에 속하는 곳으로 주위에 아무런 농작물이 없는 논으로서 서쪽에 약 50미터폭의 논 1필지를 건너 다른 사람의 비닐하우스 2채가 있을 뿐 가장 가까운 인가는 300여미터나 떨어져 있음을 인정할 수 있어 피고인의 이사건 범행으로 사람의 생명이나 신체 또는 재산에 구체적으로 위험을 줄 수 있는 상태가 아니며 또 연소되어 나갈만한 자료가 전혀 없으므로 공공의 위험이 발생하였다고는 할 수 없다.[12)]

전봇대 주변에 놓인 재활용품과 쓰레기(무주물)에 불을 놓아 공공의 위험 발생

형법 제167조 제2항은 방화의 객체인 물건이 자기의 소유에 속한 때에는 같은 조 제1항보다 감경하여 처벌하는 것으로 규정하고 있는바, 방화죄는 공공의 안전을 제1차적인 보호법익으로 하지만 제2차적으로는 개인의 재산권을 보호하는 것이라고 볼 수 있는 점, 현재 소유자가 없는 물건인 무주물에 방화하는 경우에 타인의 재산권을 침해하지 않는 점은 자기의 소유에 속한 물건을 방화하는 경우와 마찬가지인 점, 무주의 동산을 소유의 의사로 점유하는 경우에 소유권을 취득하는 것에 비추어(민법 제252조) 무주물에 방화하는 행위는 그 무주물을 소유의 의사로 점유하는 것이라고 볼 여지가 있는 점 등을 종합하여 보면, 불을 놓아 무주물을 소훼하여 공공의 위험을 발생하게 한 경우에는 '무주물'을 '자기 소유의 물건'에 준하는 것으로 보아 형법 제167조 제2항을 적용하여 처벌하여야 한다.

노상에서 전봇대 주변에 놓인 재활용품과 쓰레기 등에 불을 놓아 소훼한 사안에서, 그 재활용품과 쓰레기 등은 '무주물'로서 형법 제167조 제2항에 정한 '자기 소유의 물건'에 준하는 것으로 보아야 하므로, 여기에 불을 붙인 후 불상의 가연물을 집어넣어 그 화염을 키움으로써 전선을 비롯한 주변의 가연물에 손상을 입히거나 바람에 의하여 다른 곳으로 불이 옮아붙을 수 있는 공공의 위험을 발생하게 하였다면, 일반물건방화죄가 성립한다.[13)]

Ⅲ. 실화죄

마른 풀에 놓고 간 불이 옮겨 붙어 피해자들의 나무를 소훼(과실로 타인의 일반물건 방화)/'자기의 소유에 속하는 제166조 또는 제167조에 기재한 물건'의 해석

피고인이 피해자 갑 등 소유의 사과나무 밭에서 바람이 세게 불어 그냥 담뱃불을 붙이기가 어렵자 마른 풀을

12) 대구고법 1979. 1. 24. 78노941.
13) 대판 2009. 10. 15. 2009도7421.

모아 놓고 성냥불을 켜 담뱃불을 붙인 뒤, 그 불이 완전히 소화되었는지 여부를 확인하지 아니한 채 자리를 이탈한 과실로, 남은 불씨가 주변에 있는 마른 풀과 잔디에 옮겨 붙고, 계속하여 피해자들 소유의 사과나무에 옮겨 붙어 사과나무 217주 등 시가 671만원 상당을 소훼한 사안에서,
형법 제170조 제2항에서 말하는 '자기의 소유에 속하는 제166조 또는 제167조에 기재한 물건'이라 함은 '자기의 소유에 속하는 제166조에 기재한 물건 또는 자기의 소유에 속하든, 타인의 소유에 속하든 불문하고 제167조에 기재한 물건'을 의미하는 것이라고 해석하여야 하며, 제170조 제1항과 제2항의 관계로 보아서도 제166조에 기재한 물건(일반건조물 등) 중 타인의 소유에 속하는 것에 관하여는 제1항에서 규정하고 있기 때문에 제2항에서는 그중 자기의 소유에 속하는 것에 관하여 규정하고, 제167조에 기재한 물건에 관하여는 소유의 귀속을 불문하고 그 대상으로 삼아 규정하고 있는 것이라고 봄이 관련조문을 전체적, 종합적으로 해석하는 방법일 것이고, 이렇게 해석한다고 하더라도 그것이 법규정의 가능한 의미를 벗어나 법형성이나 법창조행위에 이른 것이라고는 할 수 없어 죄형법정주의의 원칙상 금지되는 유추해석이나 확장해석에 해당한다고 볼 수는 없을 것이다.[14)]

산림법 제120조의 산림실화죄는 과실로 인하여 산림을 소훼케 한 것을 그 구성요건으로 하고 있으므로 그 과실과 산림소훼와 사이에 상당인과관계가 있어야 한다.
초지조성공사를 도급받은 수급인이 불경운작업(산불작업)을 하도급을 준 이후에 계속하여 그 작업을 감독하지 아니한 잘못이 있다 하더라도 이는 도급자에 대한 도급계약상의 책임이지 위 하수급인의 과실로 인하여 발생한 산림실화에 상당인과관계가 있는 과실이라고는 할 수 없다.[15)]

Ⅳ. 업무상실화·중실화죄

1. 업무상과실

형법 제171조 소정의 업무는 직무로서 화기로부터의 안전을 배려해야 할 사회생활상의 지위를 뜻한다.[16)]

---

14) 대판 1994. 12. 20. 94모32 전원합의체.

15) 대판 1987. 4. 28. 87도297. 다음은 같은 취지이다.
산화예방조치 없이 갑으로 하여금 산림에 입화하도록 지시하여 산림을 소산케 함
피고인은 입화의 허가를 받은 자로서 구 산림법 및 읍장의 입화허가에 있어서의 지시 내용에 따라 산림에 입화하고자 할 때는 미리 산화를 예방하는 시설 특히 산화예방의 시설을 하고 근접한 산림의 소유자에게 통지해야 하며 산화를 예방하기 위하여 읍장의 지시에 따라 285명의 인원을 동원하여야 함에도 이러한 사전조치를 강구함이 없이 만연히 갑에게 입화 할 것을 지시하여 그 사람의 과실로 산림을 소산케 하였다면 피고인에게도 과실로 인한 산림실화죄가 성립한다(대판 1968. 10. 22. 68도909).

16) 대판 1988. 10. 11. 88도1273.

업무상 실화죄에 있어서의 업무에는 그 직무상 화재의 원인이 된 화기를 직접 취급하는 것에 그치지 않고 화재의 발견 방지 등의 의무가 지워진 경우를 포함한다.
공동의 과실이 경합되어 화재가 발생한 경우에 적어도 각 과실이 화재의 발생에 대하여 하나의 조건이 된 이상은 그 공동적 원인을 제공한 각자에 대하여 실화죄의 죄책을 물어야 한다.[17]

자동차 운전업무에 종사하는 자는 자동차 충돌로 인한 사고발생을 미리 방지하여야 할 의무가 있다고 하는 것은 몰라도, 일반적으로 그 자동차 운전 중 충돌로 인한 기름탱크의 파열로 발생할지 모를 화재를 미리 방지하여야 할 업무상의 주의의무는 없다고 할 것이다.[18]

2. 중과실

피고인이 성냥불로 담배를 붙인 다음 그 성냥불이 꺼진 것을 확인하지 아니한 채 휴지가 들어 있는 플라스틱 휴지통에 던진 것은 중대한 과실이 있는 경우에 해당한다.[19]

피고인이 약 2.5평 넓이의 주방에 설치된 간이온돌용 새마을보일러에 연탄을 갈아넣음에 있어서 연탄의 연소로 보일러가 가열됨으로써 그 열이 전도, 복사되어 그 주변의 가열접촉물에 인화될 것을 쉽게 예견할 수

---

17) 대판 1983. 5. 10. 82도2279. 다음은 유사 취지이다.
선박의 등화단속 담당자의 실화에 대한 선장의 책임
선장이 상법 기타 해운행정법상의 특별법령에서 과한 의무를 해태한 경우라 할지라도 동 과실이 반드시 형사상의 과실에 해당한다 할 수 없고 동 과실의 유무는 각 구체적 경우에 따라 이를 결정하여야 한다.
선박의 등화단속을 담당한 책임자가 있는 경우에 선장은 동 담당자를 지휘감독할 행정상의 책임은 있다 할 것이나 등화단속에 대한 직접 책임은 없다 할 것이므로 우 책임자가 실화하였다 할지라도 선장에게 업무상 실화로써 문제할 수 없다(대판 1956. 12. 21. 4289형상276).

18) 대판 1972. 2. 22. 71도2231. 다음은 유사 취지이다.
유조차운전사가 유조차의 석유를 구판점 탱크로 급유하다가 탱크주입구에서 급유호스가 빠지는 바람에 화기에 인화되어 화재가 발생
소방법 제18조, 같은법시행규칙 제54조, 소방시설의 설치, 유지및위험물제조소등시설의기준에관한규칙 제279조 제6호에 비추어 보면 유조차의 석유를 구판점의 지하 석유탱크에 공급하는 작업은 위험물취급주임의 참여하에 하여야 하고, 작업자는 그의 보완에 관한 지시와 감독하에 일을 하여야 하는 것이며, 그 보안에 관한 책임은 위험물취급주임에게 있는 것이라고 보아야 할 것인바, 유조차의 운전사에게 위험물취급주임의 지시 없이도 석유가 제대로 급유되는지, 어떠한 사유로 인하여 급유장애가 발생하는지 여부를 확인하기 위하여 급유가 끝날 때까지 그와 함께 또는 그와 교대로 급유호스가 주입구에서 빠지려고 할 때는 즉시 대응조치를 할 수 있는 자세를 갖추어야 할 업무상의 주의의무가 있다고 할 수는 없으므로, 유조차운전사가 석유구판점의 위험물취급주임의 지시를 받아 유조차의 석유를 구판점 탱크로 급유하다가 급유호스가 탱크주입구에서 빠지는 바람에 분출된 석유가 화기에 인화되어 화재가 발생한 경우 운전수가 위험물취급주임이 탱크주입구 부분을 이탈하였음을 보고서도유조차 운전석에 앉아 다른 일을 보고 있었다고 하여 운전사에게 화재발생에 대하여 과실이 있다고 책임을 물을 수는 없다(대판 1990. 11. 13. 90도2011).

19) 대판 1993. 7. 27. 93도135.

있었음에도 불구하고 그 주의의무를 게을리하여 위 보일러로부터 5 내지 10센티미터쯤의 거리에 판시 가연 물질을 그대로 두고 신문지를 구겨서 보일러의 공기조절구를 살짝 막아놓은 채 그 자리를 떠나버렸기 때문에 화재가 발생한 경우, 중실화죄가 성립한다.20)

연탄아궁이로부터 80센티미터 떨어진 곳에 쌓아둔 스폰지요, 솜 등이 연탄아궁이 쪽으로 넘어지면서 화재현장에 의한 화재가 발생한 경우라고 하더라도 그 스폰지요, 솜 등을 쌓아두는 방법이나 상태 등에 관하여 아주 작은 주의만 기울였더라면 스폰지요나 솜 등이 넘어지고 또 그로 인하여 화재가 발생할 것을 예견하여 회피할 수 있었음에도 불구하고 부주의로 이를 예견하지 못하고 스폰지와 솜 등을 쉽게 넘어질 수 있는 상태로 쌓아둔 채 방치하였기 때문에 화재가 발생한 것으로 판단되어야만, "중대한 과실"로 인하여 화재가 발생한 것으로 볼 수 있다.21)

호텔오락실의 경영자가 그 오락실 천정에 형광등을 설치하는 공사를 하면서 그 호텔의 전기보안담당자에게 아무런 통고를 하지 아니한 채 무자격전기기술자로 하여금 전기공사를 하게 하였더라도, 전기에 관한 전문지식이 없는 오락실경영자로서는, 시공자가 조인터박스를 설치하지 아니하고 형광등을 천정에 바짝 붙여 부착시키는 등 부실하게 공사를 하였거나 또는 전기보안담당자가 전기공사사실을 통고받지 못하여 전기설비에 이상이 있는지 여부를 점검하지 못함으로써 위와 같은 부실공사가 그대로 방치되고 그로 인하여 전선의 합선에 의한 방화가 발생할 것등을 쉽게 예견할 수 있었다고 보기는 어려우므로 위 오락실경영자에게 위와 같은 과실이 있었더라도 사회통념상 이를 화재발생에 관한 중대한 과실이라고 평가하기는 어렵다.22)

V. 과실폭발성물건파열죄

임차인이 자신의 비용으로 설치·사용하던 가스설비의 휴즈콕크를 아무런 조치 없이 제거하고 이사를 간 후 가스공급을 개별적으로 차단할 수 있는 주밸브가 열려져 가스가 유입되어 폭발사고가 발생한 경우, 구 액화석유가스의안전및사업관리법상의 관련 규정 취지와 그 주밸브가 누군가에 의하여 개폐될 가능성을 배제할

---

20) 대판 1988. 8. 23. 88도855.

21) 대판 1989. 1. 17. 88도643. 다음은 같은 취지이다.
피고인이 사용한 양초는 신품으로서 약 3시간 지속할 수 있는 것이고 창고 내는 휘발유등 인화력이 강한 물건이 존재하지 아니하였으며 다만 팔 입쓰레기등이 촛불 부근에 있었으며 창고 내는 양곡이 입고되어있고 양초는 상자 우에 녹혀서 부쳐놓았으며 약 30분 후에는 고사를 끝내고 고사에 사용한 쌀가마니를 창고에 입고할 예정으로 촛불을 끄지 아니하고 그대로 세워놓고 창고문을 닫고 나온 것이므로 여사한 경우에 있어서는 피고인이 촛불을 들고 나오던가 이를 소화하고 나오지 아니한 과실은 있다 할 것이나 이것은 어디까지나 경과실에 불과하다(대판 1960. 3. 9. 4292형상761).

22) 대판 1989. 10. 13. 89도204.

수 없다는 점 등에 비추어 그 휴즈콕크를 제거하면서 그 제거부분에 아무런 조치를 하지 않고 방치하면 주밸브가 열리는 경우 유입되는 가스를 막을 아무런 안전장치가 없어 가스 유출로 인한 대형사고의 가능성이 있다는 것은 평균인의 관점에서 객관적으로 볼 때 충분히 예견할 수 있다는 이유로 임차인의 과실과 가스폭발사고 사이의 상당인과관계가 인정된다.[23]

23) 대판 2001. 6. 1. 99도5086.

제4절 일수와 수리에 관한 죄

형법 제184조는 '제방을 결궤(무너뜨림)하거나 수문을 파괴하거나 기타 방법으로 수리를 방해'하는 것을 구성요건으로 하여 수리방해죄를 규정하고 있는바 여기서 수리라 함은, 관개용·목축용·발전이나 수차 등의 동력용·상수도의 원천용 등 널리 물이라는 천연자원을 사람의 생활에 유익하게 사용하는 것을 가리키고(다만, 형법 제185조의 교통방해죄 또는 형법 제195조의 수도불통죄의 경우 등 다른 규정에 의하여 보호되는 형태의 물의 이용은 제외될 것이다), 수리를 방해한다 함은 제방을 무너뜨리거나 수문을 파괴하는 등 위 조문에 예시된 것을 포함하여 저수시설, 유수로나 송·인수시설 또는 이들에 부설된 여러 수리용 장치를 손괴·변경하거나 효용을 해침으로써 수리에 지장을 일으키는 행위를 가리키며, 나아가 수리방해죄는 타인의 수리권을 보호법익으로 하므로 수리방해죄가 성립하기 위하여는 법령, 계약 또는 관습 등에 의하여 타인의 권리에 속한다고 인정될 수 있는 물의 이용을 방해하는 것이어야 한다.[1)]

농촌주택에서 배출되는 생활하수의 배수관을 토사로 막음

<u>원천 내지 자원으로서의 물의 이용이 아니라, 하수나 폐수 등 이용이 끝난 물</u>을 배수로를 통하여 내려 보내는 것은 형법 제184조 소정의 수리에 해당한다고 할 수 없고, 그러한 배수 또는 하수처리를 방해하는 행위는, 특히 <u>그 배수가 수리용의 인수와 밀접하게 연결되어 있어서 그 배수의 방해가 직접 인수에까지 지장을 초래한다는 등의 특수한 경우가 아닌 한, 수리방해죄의 대상이 될 수 없다</u>.

농촌주택에서 배출되는 생활하수의 배수관(PVC관)을 토사로 막아 하수가 내려가지 못하게 한 경우, 수리방해죄에 해당하지 아니한다.[2)]

---

1) 대판 2001. 6. 26. 2001도404. 다음은 같은 취지이다.

삽으로 흙을 떠올려 물줄기를 막음

수리방해죄가 성립하기 위하여는 행위자가 본조에 규정된 행위방법으로서 수리를 방해할 것이 필요하다 할 것인바, 삽으로 흙을 떠올려 물줄기를 막은 행위만으로 수리방해를 인정할 수 없는 것이다(대판 1975. 6. 24. 73도2594).

몽리민들이 계속하여 20년 이상 평온 공연하게 본건 유지의 물을 사용하여 소유농지를 경작하여 왔다면 그 유지의 물을 사용할 권리가 있다고 할 것이므로 그 권리를 침해하는 행위는 수리방해죄를 구성한다할 것이다(대판 1968. 2. 20. 67도1677).

2) 대판 1995. 9. 15. 95도1475; 대판 2002. 4. 26. 2001도6903; 대판 2001. 6. 26. 2001도404.

제5절 교통방해의 죄

Ⅰ. 일반교통방해죄

1. 의 의

일반교통방해죄는 일반 공중의 교통의 안전을 그 보호법익으로 하는 범죄로서 육로 등을 손괴 또는 불통케 하거나 기타의 방법으로 교통을 방해하여 통행을 불가능하게 하거나 현저히 곤란하게 하는 일체의 행위를 처벌하는 것을 그 목적으로 하고 있으며, 여기서 '육로'라 함은 사실상 일반공중의 왕래에 공용되는 육상의 통로를 널리 일컫는 것으로서 그 부지의 소유관계나 통행권리관계 또는 통행인의 많고 적음 등을 가리지 않는다. 또한, 일반교통방해죄는 이른바 추상적 위험범으로서 교통이 불가능하거나 또는 현저히 곤란한 상태가 발생하면 바로 기수가 되고 교통방해의 결과가 현실적으로 발생하여야 하는 것은 아니다.[1)]

2. 불특정 다수인의 통행로

가. 긍정례

신도로 개통 이후에도 계속 일반인 및 차량이 통행하는 구도로

일반교통방해죄는 일반공중의 교통의 안전을 보호법익으로 하는 범죄로서 여기서의 '육로'라 함은 사실상 일반공중의 왕래에 공용되는 육상의 통로를 널리 일컫는 것으로서 그 부지의 소유관계나 통행권리관계 또는 통행인의 많고 적음 등을 가리지 않는다.

구리시는 이 사건 토지를 포함한 구도로 옆으로 폭 20m의 신도로를 개통함으로써 이 사건 토지는 신도로가에 있는 남아 있는 토지의 형태로 된 사실, 그러나 신도로가 개통된 후에도, 위 구도로는 종전에 구도로를 건축선으로 하여 건축된 건물들과 신도로 사이에 위치하여 여전히 편도 2차로의 아스팔트 포장도로의 형태를 유지하고 있고, 신도로와는 높이가 달라 종전에 이 사건 토지 부분을 통행하던 차량들은 여전히 이 사건 토지를 거쳐서 신도로와 구도로의 높이가 동일한 곳에 설치된 신도로와 구도로의 연결 부분을 통하여 신도로로 진입할 수 있도록 되어 있으므로 이 사건 토지는 여전히 사실상 도로로서의 필요성이 있으며 신도로에 의하여 대체될 수 없는 상태로 되어 있어 여전히 일반인 및 차량이 통행하고 있으므로 이 사건 토지는 신도로가 개통되었다고 하여 더 이상 공공성을 가진 도로가 아니게 되었다고 보기는 어렵다.[2)]

1) 대판 2005. 10. 28. 2004도7545.

2) 대판 1999. 7. 27. 99도1651. 다음은 같은 취지이다.

농지를 통해 도로로 통행하지 못하도록 철조망을 설치하는 것과 이를 부수고 통행하는 것이 반복

이 사건 토지일대는 농작물을 경작하던 농토이었는데 1977. 7. 12자 지적고시에 의한 도시계획이 수립된 다음부터 이 사건 토지를 통하여 부근 일대의 큰 도로로 통행하려하는 주민들이 늘어나자, 소유자인 피고인이 이를 막고 농작물을 재배하려고 그 동안 수차에 걸쳐 철조망 등을 설치하였는데 그때마다 주민들이 이를 부수고 통행을 하여온 사정이 엿보이는바, 이와 같이 이 사건 토지상에 정당한 도로개설이 되기 전까지 소유자가 농작물경작지로서 이용하려

도로가 농가의 영농을 위한 경운기나 리어카 등의 통행을 위한 농로로 개설되었다 하더라도 그 도로가 사실상 일반 공중의 왕래에 공용되는 도로로 된 이상 경운기나 리어카 등만 통행할 수 있는 것이 아니고 다른 차량도 통행할 수 있는 것이므로 이러한 차량의 통행을 방해한다면 이는 일반교통방해죄에 해당한다.[3)]

주민들에 의하여 공로로 통하는 유일한 통행로로 오랫동안 이용되어 온 폭 2m의 골목길을 자신의 소유라는 이유로 폭 50 내지 75cm 가량만 남겨두고 담장을 설치하여 주민들의 통행을 현저히 곤란하게 하였다면 일반교통방해죄를 구성한다.[4)]

나. 부정례

주민들이 공터를 도로에 이르는 지름길로 일시 이용함

토지의 소유자가 자신의 토지의 한쪽 부분을 일시 공터로 두었을 때 인근주민들이 위 토지의 동서쪽에 있는 도로에 이르는 지름길로 일시 이용한 적이 있다 하여도 이를 일반공중의 내왕에 공용되는 도로하고 할 수 없으므로 형법 제185조 소정의 육로로 볼 수 없다.[5)]

고 하였고, 부근 주민들은 큰 도로로 나아가는 간편한 통로로 이용할려고 하여 분쟁이 계속되었다면 이는 주민들이 자유롭게 통행할 수 있는 공공성이 있는 곳이라고 보기 어려우므로 이러한 점을 소상히 밝혀 보지 아니하고 이곳이 육로에 해당된다고 판단한 것은 잘못이다(대판 1988. 5. 10. 88도262).

피고인이 A토지와 B토지 사이에 담장을 설치하였는데, B는 원래 마을 사람들이 통행로로 사용하던 도로였으나 폭이 좁아 A 및 D토지의 일부에 대체도로가 개설되면서 도로로서의 기능을 상실하고 A에 사실상 편입되어 그 토지의 소유자가 점유·사용하다가 피고인이 1974.경 A를 매수하면서 함께 인도받아 그 지상에 건축한 주택의 마당으로 사용하던 토지이고, C토지는 E토지상에 있는 별정우체국의 진입로로서 그에 연접한 토지의 소유자들인 이 사건 고발인들도 그 토지를 통하여 대로에 통행하고 있으며, 또 B와 C 사이에는 원래 피고인이 설치한 담장이 있었는데 피고인은 고발인들의 요구로 그 담장의 일부를 헐고 고발인 등이 대로에 이르는 지름길로서 B와 그 안쪽에 있는 피고인 소유의 A를 통행하는 것을 묵인하다가 고발인 등이 그 토지상에 차량을 주차시키는 등의 행위로 피고인의 토지이용을 방해하자 원래의 경계선상에 다시 이 사건 담장을 설치한 것으로 보일 뿐, 그 안쪽의 토지가 불특정다수인 또는 차마가 자유롭게 통행할 수 있는 공공성을 지닌 장소로는 보이지 아니한다(대판 1999. 4. 27. 99도401).

3) 대판 1995. 9. 15. 95도1475. 다음은 같은 취지이다.

2가구가 이용하는 통행로

이 사건 통행로가 피고인이 상속받아 경작하고 있는 밭들을 따라 이어지다가 A대지와 B밭에 다다르고, 이를 거쳐야 안쪽의 C대지, D밭에 다다를 수 있는 사실, 갑은 1995. 7.경 A, B를 매수하여 그곳에 거주하면서 B를 경작하고 있고, 을도 1996년경 C와 D를 매수하여 그곳에 거주하면서 D를 경작하고 있는데, 갑이 위 토지를 매수할 당시에는 이 사건 통행로는 경운기가 지나갈 정도였고, 을이 위 토지를 매수하여 이 사건 통행로를 다닐 당시에는 현재의 통행로와 같이 차량 진행도 가능한 상태였으며 갑과 을은 이 사건 통행로를 거치지 않고는 일반 도로에서 자신들 소유 토지에 다다를 수 없다.

그렇다면 이 사건 통행로는 사실상 일반공중의 왕래에 공용되는 것으로 일반교통방해죄에서 정하고 있는 육로에 해당한다고 할 것이고, 이는 사실상 위 통행로를 갑과 을 2가구 외에는 달리 이용하는 사람들이 없다 하더라도 달리 볼 것은 아니다(대판 2007. 2. 22. 2006도8750).

4) 대판 1994. 11. 4. 94도2112.

5) 대판 1984. 11. 13. 84도2192.

목장 소유자가 목장운영을 위해 목장용지 내에 임도를 개설하고 차량 출입을 통제하면서 인근 주민들의 일부 통행을 부수적으로 묵인한 경우, 위 임도는 공공성을 지닌 장소가 아니어서 일반교통방해죄의 '육로'에 해당하지 않는다.[6)]

3. 교통을 방해

불특정 다수인의 통행로로 이용되어 오던 도로의 토지 일부의 소유자라 하더라도 그 도로의 중간에 바위를 놓아두거나 이를 파헤침으로써 차량의 통행을 못하게 한 행위는 일반교통방해죄 및 업무방해죄에 해당한다.[7)]

피고인의 가옥 앞 도로가 폐기물 운반 차량의 통행로로 이용되어 가옥 일부에 균열 등이 발생하자 피고인이 ① 위 도로에 트랙터를 세워두거나 철책 펜스를 설치함으로써 위 차량의 통행을 불가능하게 하거나 ② 위 차량들의 앞을 가로막고 앉아서 통행을 일시적으로 방해한 경우, ①의 경우에만 일반교통방해죄를 구성한다.[8)]

서울 중구 소공동의 왕복 4차로(한쪽 방향은 편도 3차로, 반대 방향은 편도 1차로)의 도로 중 편도 3개 차로 쪽에 차량 2, 3대와 간이테이블 수십 개를 이용하여 길가쪽 2개 차로를 차지하는 포장마차를 설치하고 영업행위를 한 것은, 비록 행위가 교통량이 상대적으로 적은 야간에 이루어졌다 하더라도 형법 제185조의 일반교통방해죄를 구성한다.[9)]

신고범위를 현저히 일탈하거나 집시법의 조건을 중대하게 위반하여 도로교통을 방해

구 집회 및 시위에 관한 법률 제6조 제1항 및 입법 취지에 비추어, 적법한 신고를 마치고 도로에서 집회나 시위를 하는 경우 도로의 교통이 어느 정도 제한될 수밖에 없으므로, 그 집회 또는 시위가 신고된 범위 내에서 행해졌거나 신고된 내용과 다소 다르게 행해졌어도 신고된 범위를 현저히 일탈하지 않는 경우에는, 그로 인하여 도로의 교통이 방해를 받았다고 하더라도 특별한 사정이 없는 한 형법 제185조의 일반교통방해죄가 성립한다고 볼 수 없다. 그러나 그 집회 또는 시위가 당초 신고된 범위를 현저히 일탈하거나 구 집회 및 시위에 관한 법률 제12조에 의한 조건을 중대하게 위반하여 도로교통을 방해함으로써 통행을 불가능하게 하거

6) 대판 2007. 10. 11. 2005도7573.

7) 대판 2002. 4. 26. 2001도6903. 다음은 같은 취지이다.

도로에 깊이 1m 정도의 구덩이를 팜

주민들이 농기계 등으로 그 주변의 농경지나 임야에 통행하기 위해 이용하는 자신 소유의 도로에 깊이 1m 정도의 구덩이를 판 행위가 일반교통방해죄에 해당한다(대판 2007. 3. 15. 2006도9418).

8) 대판 2009. 1. 30. 2008도10560.

9) 대판 2007. 12. 14. 2006도4662.

나 현저하게 곤란하게 하는 경우에는 일반교통방해죄가 성립한다.
전국민주노동조합총연맹 준비위원회가 주관한 도로행진시위가 사전에 구 집회 및 시위에 관한 법률에 따라 옥외집회신고를 마쳤어도, 신고의 범위와 위 법률 제12조에 따른 제한을 현저히 일탈하여 주요도로 전차선을 점거하여 행진 등을 함으로써 교통소통에 현저한 장해를 일으켰다면, 일반교통방해죄를 구성한다.[10]

편도 2차로의 대부분을 차지하며 행진함으로써 반대차선에서 쌍방향 통행하게 함

피고인 등 약 600명의 노동조합원들이 차도만 설치되어 있을 뿐 보도는 따로 마련되어 있지 아니한 도로 우측의 편도 2차선의 대부분을 차지하면서 대오를 이루어 행진하는 방법으로 시위를 하고 이로 인하여 나머지 편도 2차선으로 상, 하행차량이 통행하느라 차량의 소통이 방해되었다 하더라도 피고인 등의 시위행위에 대하여 일반교통방해죄를 적용할 수 없다.[11]

4. 자력구제

도로를 통행하지 않기로 한 조정을 강제로 실현코자 구조물설치, 화물차로 가로막음

피고인의 처인 갑과 고소인 사이의 민사소송에서 고소인 및 그 가족들이 갑 소유인 이 사건 도로부분을 통행하지 아니하기로 하는 내용의 조정이 성립되었다고 하더라도 그 조정조항을 강제로 실현하기 위하여는 위 사건의 당사자인 갑이 간접강제신청 등 법이 정한 절차를 밟아야 하는 것이고, 피고인이 위 도로부분에 쇠파이프구조물을 설치하거나 화물차로 도로를 가로막아 차량의 통행을 제한할 수 있는 것은 아니어서 그러한 통행제한은 일반교통방해죄에 해당한다.[12]

5. 교통방해치사상죄

고속도로 2차로에서 시속 110~120km로 진행하다가 1차로의 차량 앞에 급하게 끼어들고 곧바로 제동하여 그 뒤 3번째 차량이 앞차를 연쇄 추돌하여 상해 발생

피고인은 1·2차로에 차량들이 정상 속도로 꾸준히 진행하고 있었는데도 2차로를 따라 시속 110~120km 정도로 진행하여 1차로의 갑의 차량 앞에 급하게 끼어든 후 곧바로 제동하여 약 6초 만에 정차하였고, 갑의 차량 및 이를 뒤따르던 차량 두 대가 연이어 급제동하여 정차하기는 하였으나, 그 뒤를 따라오던 을의 차량이 앞의 차량들을 연쇄적으로 추돌케 하여 을을 사망에 이르게 하고 나머지 차량 운전자 등 피해자들에게 상해를 입혔으며, 그 추돌 시각은 피고인 차량 정차로부터 5~6초 후인 사안에서,
교통방해에 의한 치사상죄는 결과적 가중범이므로, 위 죄가 성립하려면 교통방해 행위와 사상의 결과 사이에 상당인과관계가 있어야 하고 행위시에 결과의 발생을 예견할 수 있어야 한다. 그리고 교통방해 행위가 피해

10) 대판 2008. 11. 13. 2006도755.
11) 대판 1992. 8. 18. 91도2771.
12) 대판 2005. 10. 28. 2004도7545.

자의 사상이라는 결과를 발생하게 한 유일하거나 직접적인 원인이 된 경우만이 아니라, 그 행위와 결과 사이에 피해자나 제3자의 과실 등 다른 사실이 개재된 때에도 그와 같은 사실이 통상 예견될 수 있는 것이라면 상당인과관계를 인정할 수 있다.
편도 2차로의 고속도로 1차로 한가운데에 정차한 피고인은 현장의 교통상황이나 일반인의 운전 습관·행태 등에 비추어 고속도로를 주행하는 다른 차량 운전자들이 제한속도 준수나 안전거리 확보 등의 주의의무를 완전하게 다하지 않을 수도 있다는 점을 알았거나 충분히 알 수 있었으므로, 피고인의 정차 행위와 사상의 결과 발생 사이에 상당인과관계가 있고, 사상의 결과 발생에 대한 예견가능성도 인정된다.[13]

6. 기차교통방해

고추값 폭락으로 인한 생존대책을 강구하여 달라는 농민들의 요구가 정당하더라도 이를 관철한다는 명목으로 경운기를 동원, 철도 건널목을 점거하여 열차의 운행을 막고, 철길에서 물러날 것을 요구하는 경찰관들에게 돌을 던져 상해를 입히는 등의 시위행위는 그 수단이나 방법에 있어서 상당성이 있다고 할 수 없으므로 정당행위로는 인정되지 않는다.[14]

Ⅱ. 기차·선박 등 전복·파괴 등

사람이 현존하는 선박을 매몰시켰으나 결과발생시 사람이 현존하지 않았거나 범인이 선박에 있는 사람을 대피시킴

선박매몰죄의 고의가 성립하기 위하여는 행위시에 사람이 현존하는 것이라는 점에 대한 인식과 함께 이를 매몰한다는 결과발생에 대한 인식이 필요하며, 현존하는 사람을 사상에 이르게 한다는 등 공공의 위험에 대한 인식까지는 필요하지 않고, 사람의 현존하는 선박에 대해 매몰행위의 실행을 개시하고 그로 인하여 선박을 매몰시켰다면 매몰의 결과발생시 사람이 현존하지 않았거나 범인이 선박에 있는 사람을 안전하게 대피시켰다고 하더라도 선박매몰죄의 기수로 보아야 할 것이지 이를 미수로 볼 것은 아니다.[15]

선단 책임선 선장의 종선의 매몰사고에 대한 책임(업무상과실선박매몰죄×)

피고인이 선단의 책임선인 제1봉림호의 선장으로 조업중이었다 하더라도 피고인으로서는 종선의 선장에게 조업상의 지시만 할 수 있을 뿐 선박의 안전관리는 각 선박의 선장이 책임지도록 되어 있었다면 그 같은 상황 하에서 피고인이 풍랑 중에 종선에 조업지시를 하였다는 것만으로는 종선의 풍랑으로 인한 매몰사고와의

13) 대판 2014. 7. 24. 2014도6206.
14) 대판 1989. 12. 26. 89도1512.
15) 대판 2000. 6. 23. 99도4688.

사이에 인과관계가 성립할 수 없어 업무상과실선박매몰죄가 성립하지 않는다.[16)]

승객 3명을 태운 헬리콥터 조종사가 엔진고장이 발생하였음에도 긴급시의 항법으로 정해진 절차에 따라 운항하지 못하여 해상 추락

형법 제187조에서 말하는 항공기의 '추락'이라 함은 공중에 떠 있는 항공기를 정상시 또는 긴급시의 정해진 항법에 따라 지표 또는 수면에 착륙 또는 착수시키지 못하고, 그 이외의 상태로 지표 또는 수면에 낙하시키는 것을 말하는 것인바, 헬리콥터에 승객 3명을 태우고 운항하던 조종사가 엔진 고장이 발생한 경우에 위 항공기를 긴급시의 항법으로서 정해진 절차에 따라 운항하지 못한 과실로 말미암아 사람이 현존하는 위 항공기를 안전하게 비상착수시키지 못하고 해상에 추락시켰다면 업무상과실항공기추락죄에 해당한다.[17)]

도로교통법 제74조와 업무상과실자동차파괴와의 관계

형법 제189조 제2항, 제187조 소정의 업무상과실자동차파괴등죄는 교통방해죄의 한 태양으로서 공중교통안전을 그 보호법익으로 하는 공공위험죄에 속하는데 반해 도로교통법 제74조는 차량운행에 수반되는 위험성에 비추어 운전자에게 고도의 주의의무를 강조하고 나아가 차량운행과 직접 관계없는 제3자의 재물을 보호하는데 있어 그 보호법익을 달리하고, 그 행위의 객체는 후자가 "건조물 기타 재물" 일반을 그 대상으로 함에 반하여 전자는 "사람이 현존하는 기차, 전차, 자동차, 선박 또는 항공기"로 한정하고, 그 행위의 태양면에서도 후자는 단순손괴로 족함에 반하여 전자는 교통기관으로서의 용법의 전부 또는 일부를 불가능하게 할 정도의 손괴임을 요하는등 위 형법 본조의 구성요건이 위 도로교통법 제74조의 구성요건보다 축소한정되는 관계인 점등에 비추어 위 양법규는 일반법과 특별법관계가 아닌 별개의 독립된 구성요건으로 해석함이 상당하다.[18)]

형법이 제187조를 교통방해의 죄 중 하나로서 그 법정형을 높게 정하는 한편 미수, 예비·음모까지도 처벌대상으로 삼고 있는 사정에 덧붙여 '파괴' 외에 다른 구성요건 행위인 전복, 매몰, 추락 행위가 일반적으로 상당한 정도의 손괴를 수반할 것이 당연히 예상되는 사정 등을 고려해 볼 때, 형법 제187조에서 정한 '파괴'란 다른 구성요건 행위인 전복, 매몰, 추락 등과 같은 수준으로 인정할 수 있을 만큼 교통기관으로서의 기능·용법의 전부나 일부를 불가능하게 할 정도의 파손을 의미하고, 그 정도에 이르지 아니하는 단순한 손괴는 포함되지 않는다.

16) 대판 1989. 9. 12. 89도1084.

17) 대판 1990. 9. 11. 90도1486. 다음은 유사 취지이다.
열차 기관사의 주의의무(업무상과실기차추락, 업무상과실치사)
열차 기관사는 운전개시 전 차장으로부터 차장실의 공기압력계 점검결과 등을 무전으로 수신하는 등으로 열차의 제동장치 이상 유무를 확인하여야 할 업무상 주의의무가 있음에도 불구하고 이를 게을리 하였다 하여 업무상 과실을 인정한 사례(대판 1991. 11. 12. 91도1278).

18) 대판 1983. 9. 27. 82도671.

총 길이 338m, 갑판 높이 28.9m, 총 톤수 146,848톤, 유류탱크 13개, 평형수탱크 4개인 대형 유조선의 유류탱크 일부에 구멍이 생기고 선수마스트, 위성통신 안테나, 항해등 등이 파손된 정도에 불과한 것은 형법 제187조에 정한 선박의 '파괴'에 해당하지 않는다.[19)]

Ⅲ. 과실·업무상과실·중과실교통방해죄 등(형법 189조)

구 형법 제189조 제2항, 제185조에서 업무상과실일반교통방해의 한 행위태양으로 규정한 '손괴'라고 함은 물리적으로 파괴하여 그 효용을 상실하게 하는 것을 말하므로, 이 사건 성수대교의 건설 당시의 부실제작 및 부실시공행위 등에 의하여 트러스가 붕괴되는 것도 위 '손괴'의 개념에 포함된다.
구 형법 제189조 제2항에서 말하는 '업무상과실'의 주체는 기차, 전차, 자동차, 선박, 항공기나 기타 일반의 '교통왕래에 관여하는 사무'에 직접·간접으로 종사하는 자이어야 할 것인바, 성수대교는 차량 등의 통행을 주된 목적으로 하여 건설된 교량이므로, 그 건설 당시 제작, 시공을 담당한 자도 '교통왕래에 관여하는 사무'에 간접적으로 관련이 있는 자에 해당한다.
업무상과실로 인하여 교량을 손괴하여 자동차의 교통을 방해하고 그 결과 자동차를 추락시킨 경우에는 구 형법 제189조 제2항, 제185조 소정의 업무상과실일반교통방해죄와 형법 제189조 제2항, 제187조 소정의 업무상과실자동차추락죄가 성립하고, 위 각 죄는 상상적 경합관계에 있다.[20)]

교량붕괴에 있어서 과실에 의한 공동정범의 성립
성수대교와 같은 교량이 그 수명을 유지하기 위하여는 건설업자의 완벽한 시공, 감독공무원들의 철저한 제작 시공상의 감독 및 유지·관리를 담당하고 있는 공무원들의 철저한 유지·관리라는 조건이 합치되어야 하는 것이므로, 위 각 단계에서의 과실 그것만으로 붕괴원인이 되지 못한다고 하더라도, 그것이 합쳐지면 교량이 붕괴될 수 있다는 점은 쉽게 예상할 수 있고, 따라서 위 각 단계에 관여한 자는 전혀 과실이 없다거나 과실이 있다고 하여도 교량붕괴의 원인이 되지 않았다는 등의 특별한 사정이 있는 경우를 제외하고는 붕괴에 대한 공동책임을 면할 수 없다.[21)]

---

19) 대판 2009. 4. 23. 2008도11921. 다음은 같은 취지이다.
택시끼리 충돌하여 A택시는 전면펜더와 왼쪽범퍼가 약간 우그러지고 B택시는 왼쪽앞문부터 뒷문까지 외부철판이 약 1미터 끌려서 철판이 찌그러짐
피고인이 운전상의 과실로 피고인의 운전하는 A택시와 반대방향에서 오는 B택시와 교차할 지음, A택시 후엔다 부분과 B택시 앞부분이 부딪치어 A택시는 전면후엔다와 왼쪽 밤바가 약간 우그러지고 B택시는 왼쪽 앞문부터 뒷문까지 외부철판이 약 1메터 끌려서 철판이 찌그러진 정도의 경미한 손괴로서는 자동차의 교통기관으로서의 용법의 전부나 일부가 불능할 정도로 파괴되었다고 할 수 없다(대판 1970. 10. 23. 70도1611).

20) 대판 1997. 11. 28. 97도1740.

21) 대판 1997. 11. 28. 97도1740.

예인선 정기용선자의 현장소장의 지시에 따라 예인선 선장이 예인선을 무리하게 운항

예인선 정기용선자의 현장소장 갑은 사고의 위험성이 높은 해상에서 철골 구조물 및 해상크레인 운반작업을 함에 있어 선적작업이 지연되어 정조시점에 맞추어 출항할 수 없게 되었음에도, 출항을 연기하거나 대책을 강구하지 않고 예인선 선장 을의 출항연기 건의를 묵살한 채 출항을 강행하도록 지시하였고, 예인선 선장 을은 갑의 지시에 따라 사고의 위험이 큰 시점에 출항하였고 해상에 강조류가 흐르고 있었음에도 무리하게 예인선을 운항한 결과 무동력 부선에 적재된 철골 구조물이 해상에 추락하여 해상의 선박교통을 방해한 경우, 갑과 을은 업무상과실일반교통방해죄의 공동정범이 성립한다.[22]

22) 대판 2009. 6. 11. 2008도11784.

제 2 장 공공의 건강에 관한 죄

判例中心 刑法各論

수도불통죄

비록 적법한 절차를 밟지 아니한 수도라 할지라도 그것이 현실로 공중생활에 필요한 음용수를 공급하고 있는 시설로 되어있는 이상 해시설을 불법하게 손괴하여서 수도를 불통케 하였을 때에는 수도불통으로 봄이 타당하다.[1)]

사설수도를 설치한 시장 번영회가 수도요금을 체납한 회원에 대하여 사전 경고까지 하고 한 단수행위에는 위법성이 있다고 볼 수 없다.[2)]

1) 대판 1957. 2. 1. 4289형상317.

2) 대판 1977. 11. 22. 77도103.

제 3 장 공공의 신용에 대한 죄

判例中心 刑法各論

제1절 통화에 관한 죄

통화에 관한 죄의 구성요건 체계

통화(위조, 변조)(형법 207조 1항) — 행사할 목적으로 통용하는 대한민국의 화폐, 지폐 또는 은행권을 위조 또는 변조

외국통화(위조, 변조)(형법 207조 2, 3항) — 행사할 목적으로 내국에서 유통하는 외국의 화폐, 지폐 또는 은행권을 위조 또는 변조/행사할 목적으로 외국에서 통용하는 외국의 화폐, 지폐 또는 은행권을 위조 또는 변조

위조·변조(통화, 외국통화)(행사, 수입, 수출)(형법 207조 4항) — 위조 또는 변조한 전 3항 기재의 통화를 행사하거나 행사할 목적으로 수입 또는 수출

위조·변조(통화, 외국통화)취득(형법 208조) — 행사할 목적으로 위조 또는 변조한 207조 기재의 통화를 취득

위조·변조(통화, 외국통화)지정행사(형법 210조) — 207조 기재의 통화를 취득한 후 그 정을 알고 행사

통화유사물(제조, 수입, 수출)(형법 211조 1항) — 판매할 목적으로 내국 또는 외국에서 통용하거나 유통하는 화폐, 지폐 또는 은행권에 유사한 물건을 제조, 수입 또는 수출

통화유사물판매(형법 211조 2항) — 전항의 물건을 판매

미수(형법 212조) — 207조, 208조와 전조의 미수범

예비, 음모(형법 213조) — 207조 1항 내지 3항의 죄를 범할 목적으로 예비 또는 음모

Ⅰ. 통화위조·변조죄

통화위조죄와 위조통화행사죄의 객체인 위조통화는 유통과정에서 일반인이 진정한 통화로 오인할 정도의 외관을 갖추어야 한다.[1)]

1만 원 짜리를 흑백으로 앞뒤로 복사

위조통화행사죄의 객체인 위조통화는 객관적으로 보아 일반인으로 하여금 진정통화로 오신케 할 정도에 이른 것이면 족하고 그 위조의 정도가 반드시 진물에 흡사하여야 한다거나 누구든지 쉽게 그 진부를 식별하기가 불가능한 정도의 것일 필요는 없으나, 이 사건 위조지폐인 한국은행 10,000원권과 같이 전자복사기로 복사하여 그 크기와 모양 및 앞뒤로 복사되어 있는 점은 진정한 통화와 유사하나 그 복사된 정도가 조잡하여 정밀하지 못하고 진정한 통화의 색채를 갖추지 못하고 흑백으로만 되어 있어 객관적으로 이를 진정한 것으로 오인할 염려가 전혀 없는 정도의 것인 경우에는 위조통화행사죄의 객체가 될 수 없다.[2)]

한국은행권 10원짜리 주화의 표면에 하얀 약칠을 하여 100원짜리 주화와 유사한 색채를 갖도록 색채의 변경만을 한 경우 이는 일반인으로 하여금 진정한 통화로 오신케 할 정도의 새로운 화폐를 만들어 낸 것이라고 볼 수 없다.[3)]

일본 자판기에 500￥짜리 주화처럼 사용하려고 500원 짜리 주화 표면 일부를 깎아냄

피고인들이 한국은행발행 500원짜리 주화의 표면 일부를 깎아내어 손상을 가하였지만 그 크기와 모양 및 대부분의 문양이 그대로 남아 있어, 이로써 기존의 500원짜리 주화의 명목가치나 실질가치가 변경되었다거나, 객관적으로 보아 일반인으로 하여금 일본국의 500￥짜리 주화로 오신케 할 정도의 새로운 화폐를 만들어 낸 것이라고 볼 수 없고, 일본국의 자동판매기 등이 위와 같이 가공된 주화를 일본국의 500￥짜리 주화로 오인한다는 사정만을 들어 그 명목가치가 일본국의 500￥으로 변경되었다거나 일반인으로 하여금 일본국의 500￥짜리 주화로 오신케 할 정도에 이르렀다고 볼 수도 없다.[4)]

해설: 한국은행 발행 500원 짜리 주화의 표면 일부를 깎아내어 주화의 명목가치나 실질가치가 변경되는 것은 통화변조에, 객관적으로 보아 일반인으로 하여금 일본국의 500￥ 짜리 주화로 오신케 할 정도의 새로운 화폐를 만들어내는 것은 외국통화위조에 각각 해당할 것이다.

1) 대판 1985. 4. 23. 85도570; 대판 2012. 3. 29. 2011도7704.
2) 대판 1985. 4. 23. 85도570. 같은 취지로는 대판 1986. 3. 25. 86도255.
3) 대판 1979. 8. 28. 79도639.
4) 대판 2002. 1. 11. 2000도3950.

위조통화를 행사하여 재물을 불법영득

통화위조죄에 관한 규정은 공공의 거래상의 신용 및 안전을 보호하는 공공적인 법익을 보호함을 목적으로 하고 있고, 사기죄는 개인의 재산법익에 대한 죄이어서 양죄는 그 보호법익을 달리하고 있으므로 위조통화를 행사하여 재물을 불법영득한 때에는 위조통화행사죄와 사기죄의 양죄가 성립되며 이들은 실체적 경합관계에 있다.[5)]

Ⅱ. 외국통화위조·변조죄

1. 강제통용력

형법 제207조 제3항의 외국에서 통용한다고 함은 그 외국에서 강제통용력을 가지는 것을 의미하는 것이므로 외국에서 통용하지 아니하는 즉, 강제통용력을 가지지 아니하는 지폐는 그것이 비록 일반인의 관점에서 통용할 것이라고 오인할 가능성이 있다고 하더라도 위 형법 제207조 제3항에서 정한 외국에서 통용하는 외국의 지폐에 해당한다고 할 수 없고, 만일 그와 달리 위 형법 제207조 제3항의 외국에서 통용하는 지폐에 일반인의 관점에서 통용할 것이라고 오인할 가능성이 있는 지폐까지 포함시키면 이는 위 처벌조항을 문언상의 가능한 의미의 범위를 넘어서까지 유추해석 내지 확장해석하여 적용하는 것이 되어 죄형법정주의의 원칙에 어긋나는 것으로 허용되지 않는다.[6)]

발행된 적이 없거나 과거에 발행하였지만 현재는 유통되지 않고 수집대상인 미국 지폐

미국에서 발행된 적이 없이 단지 여러 종류의 관광용 기념상품으로 제조, 판매되고 있는 미합중국 100만 달러 지폐와 과거에 발행되어 은행 사이에서 유통되다가 현재는 발행되지 않고 있으나 화폐수집가나 재벌들이 이를 보유하여 오고 있는 미합중국 10만 달러 지폐가 막연히 일반인의 관점에서 미합중국에서 강제통용력을 가졌다고 오인할 수 있다는 이유로 형법 제207조 제3항의 외국에서 통용하는 지폐에 포함된다고 판단한 원심판결을 파기한 사례.[7)]

스위스에서 더 이상 사용되지는 않으나 신권으로 교환가능하고, 국내의 관광지에서 상인에게 사용되지만 지급수단이라기 보다 외국환거래의 대상인 스위스 화폐

형법 제207조 제2항 소정의 내국에서 '유통하는'이란, 같은 조 제1항, 제3항 소정의 '통용하는'과 달리, 강제통용력이 없이 사실상 거래 대가의 지급수단이 되고 있는 상태를 가리킨다.

5) 대판 1979. 7. 10. 79도840.
6) 대판 2004. 5. 14. 2003도3487.
7) 대판 2004. 5. 14. 2003도3487.

스위스 화폐로서 1998년까지 통용되었으나 현재는 통용되지 않고 다만 스위스 은행에서 신권과의 교환이 가능한 진폐가 형법 제207조 제2항 소정의 내국에서 '유통하는' 외국의 화폐에 해당하지 아니한다고 한 사례.8)

위조된 외국의 화폐 등이 '강제통용력'을 가지지 않고 '내국에서 유통하는 것'도 아님

형법상 통화에 관한 죄는 문서에 관한 죄에 대하여 특별관계에 있으므로 통화에 관한 죄가 성립하는 때에는 문서에 관한 죄는 별도로 성립하지 않는다. 그러나 위조된 외국의 화폐, 지폐 또는 은행권이 강제통용력을 가지지 않는 경우에는 형법 제207조 제3항에서 정한 '외국에서 통용하는 외국의 화폐 등'에 해당하지 않고, 나아가 그 화폐 등이 국내에서 사실상 거래 대가의 지급수단이 되고 있지 않는 경우에는 형법 제207조 제2항에서 정한 '내국에서 유통하는 외국의 화폐 등'에도 해당하지 않으므로, 그 화폐 등을 행사하더라도 형법 제207조 제4항에서 정한 위조통화행사죄를 구성하지 않는다고 할 것이고, 따라서 이러한 경우에는 형법 제234조에서 정한 위조사문서행사죄 또는 위조사도화행사죄로 의율할 수 있다고 보아야 한다.

이 사건 10만 파운드화는 앞면과 뒷면에 영국의 5파운드화 특유의 도안이 표시되어 있는 한편, 앞면에 영국 중앙은행이 그 소지자에게 10만 파운드를 지급할 것을 약속하는 내용과 함께 위 은행 "CHIEF CASHIER"의 서명이 인쇄되어 있는 사실, 영국 중앙은행은 10만 파운드화 권종을 발행하거나 유통시킨 사실이 전혀 없고, 위 10만 파운드화는 1971년에 발행된 5파운드화 권종을 스캐너 등을 이용하여 위조한 것으로 영국에서 강제통용력이 없음은 물론 국내에서 유통되지도 않는 사실 등을 알 수 있다.

위 사실관계를 앞서 본 법리에 비추어 보면, 위 10만 파운드화는 형법 제207조 제3항에서 정한 외국에서 통용하는 외국의 화폐 등이나 형법 제207조 제2항에서 정한 국내에서 유통하는 외국의 화폐 등에 해당하지 않으므로, 피고인이 이를 행사하였다고 하더라도 형법 제207조 제4항에서 정한 위조통화행사죄를 구성하지 않는다고 할 것이고, 한편 비록 위 10만 파운드화가 영국 지폐의 외관을 갖고 있다고 하더라도, 영국 중앙은행 "CHIEF CASHIER"의 의사의 표현으로서 그 내용이 법률상 또는 사회생활상 의미 있는 사항에 관한 증거가 될 수 있는 것이므로, 형법상 문서에 관한 죄의 객체인 '문서 또는 도화'에 해당한다고 할 것이다. 따라서 피고인이 위 10만 파운드화를 행사한 행위는 위조사문서행사죄 또는 위조사도화행사죄로 의율할 수 있다.9)

8) 대판 2003. 1. 10. 2002도3340. 구체적인 내용은 다음과 같다.
이 사건 스위스 화폐의 진폐는 스위스 국내에서 1998년까지 일반 상거래를 할 수 있었고 현재 통용되지 않고 있으며 다만 스위스 은행에서 2020. 4. 30.까지 신권과의 교환이 가능하고, 한편 국내은행에서도 신권과 마찬가지로 환전이 되고 따라서 이태원 등 일부 지역에서 외국인 특히 관광객이 이를 상품에 대한 지급수단으로 사용할 여지는 있다. 그러나 위 화폐가 국내은행에서 환전할 수 있다 하더라도 이는 지급수단이 아니라 은행이 매도가격과 매수가격의 차액 상당의 이득을 얻기 위하여 하는 외국환매매거래의 대상으로서 상품과 유사한 것에 불과하다 할 것이므로 이를 가리켜 국내에서 유통되고 있다고 보기는 어렵고, 이태원 등 관광지에서 지급수단으로 사용된다고 하더라도 이는 관광객과 상인 사이에 상인이 정한 일정한 환율로 계산하여 사용될 뿐 아니라 다시 타인에게 이전됨이 없이 은행에서 환전되는 것으로서 이러한 경우 역시 상인은 위 화폐를 은행에서의 매수환율보다 낮은 가격에 매수하여 은행에 매도함에 따른 차익을 목적으로 이를 취득한 것으로서 지급수단이라기보다는 은행에서 환전하는 경우와 마찬가지로 외국환거래의 대상으로 봄이 상당하여, 위 화폐는 내국에서 '유통하는' 화폐라고 볼 수 없다.

9) 대판 2013. 12. 12. 2012도2249.

2. 위조와 변조의 구별

미국 화폐를 희귀화폐처럼 만들기 위해 발행년도, 발행번호, 문양과 사인 등을 변경

갑이 2002. 7. 중순경 취득한 미화 1달러권 지폐 500매와 미화 2달러권 지폐 400매, 그리고 위 화폐 중 갑, 을이 공모하여 2002. 8. 27. 행사한 미화 1달러권 지폐 400매와 미화 2달러권 지폐 400매는 모두 1995.에 미국에서 진정하게 발행된 통화인데, 성명불상자가 이것을 화폐수집가들이 골드라고 부르며 수집하는 희귀화폐인 것처럼 만들기 위하여 발행연도 1995.을 1928.으로 빨간색으로 고치고, 발행번호와 미국 재무부를 상징하는 문양 및 재무부장관의 사인 부분을 지운 후 빨간색으로 다시 가공한 경우, 위와 같은 정도의 가공행위만으로는 기존 통화의 명목가치나 실질가치가 변경되었다거나 객관적으로 보아 일반인으로 하여금 기존 통화와 다른 진정한 화폐로 오신하게 할 정도의 새로운 물건을 만들어 낸 것으로 보기는 어렵다고 할 것이다.[10]

해설: 위 사안에서 기존 통화와 다른 진정한 화폐로 오신하게 할 정도의 새로운 물건을 만들어 낸 것이 아니어서 외국통화위조가 아니라 외국통화변조로 의율되었다.

Ⅲ. 위조·변조통화 행사 등

위조통화의 피교부자가 그 정을 알고 유통시킬 것을 예상하고 교부

위조통화임을 알고 있는 자에게 그 위조통화를 교부한 경우에 피교부자가 이를 유통시키리라는 것을 예상 내지 인식하면서 교부하였다면, 그 교부행위 자체가 통화에 대한 공공의 신용 또는 거래의 안전을 해할 위험이 있으므로 위조통화행사죄가 성립한다.[11]

신용력을 증명하려고 타인에게 보일 목적

형법 제207조에서 정한 '행사할 목적'이란 유가증권위조의 경우와 달리 위조·변조한 통화를 진정한 통화로서 유통에 놓겠다는 목적을 말하므로, 자신의 신용력을 증명하기 위하여 타인에게 보일 목적으로 통화를 위조한 경우에는 행사할 목적이 있다고 할 수 없다.[12]

---

10) 대판 2004. 3. 26. 2003도5640.
11) 대판 2003. 1. 10. 2002도3340.
12) 대판 2012. 3. 29. 2011도7704.

Ⅳ. 통화위조·변조 예비·음모

지폐를 촬영한 사진의 필름원판과 인화지를 만듦

피고인이 행사할 목적으로 미리 준비한 물건들과 옵세트인쇄기를 사용하여 한국은행권 100원권을 사진찍어 그 필름 원판 7매와 이를 확대하여 현상한 인화지 7매를 만들었음에 그쳤다면 아직 통화위조의 착수에는 이르지 아니하였고 그 준비단계에 불과하다.[13]

13) 대판 1966.12.6. 66도1317.

제2절 유가증권·우표와 인지에 관한 죄

Ⅰ. 유가증권 위조·변조죄

1. 유가증권의 의의

형법 제214조의 유가증권이란 증권상에 표시된 재산상의 권리의 행사와 처분에 그 증권의 점유를 필요로 하는 것을 총칭하는 것으로서 재산권이 증권에 화체된다는 것과 그 권리의 행사와 처분에 증권의 점유를 필요로 한다는 두 가지 요소를 갖추면 족하지 반드시 유통성을 가질 필요는 없다.[1)]

유가증권은 일반인이 진정한 것으로 오신할 정도의 형식과 외관을 갖추고 있으면 되므로, 증권이 비록 문방구 약속어음 용지를 이용하여 작성되었다고 하더라도 그 전체적인 형식·내용에 비추어 일반인이 진정한 것으로 오신할 정도의 약속어음 요건을 갖추고 있으면 당연히 형법상 유가증권에 해당한다 할 것이다.[2)]

정기예탁금증서는 예탁금반환채권의 유통이나 행사를 목적으로 작성된 것이 아니고 채무자가 그 증서 소지인에게 변제하여 책임을 면할 목적으로 발행된 이른바 면책증권에 불과하여 위 증서의 점유가 예탁금반환채권을 행사함에 있어 그 조건이 된다고 볼 수 없는 것이라면 위 증권상에 표시된 권리가 그 증권에 화체되었다고 볼 수 없을 것이므로 위 증서는 형법 제216조, 제217조에서 규정된 유가증권에 해당하지 아니한다.[3)]

---

1) 대판 1995. 3. 14. 95도20; 대판 1998. 11. 24. 98도2967; 대판 2001. 8. 24. 2001도2832.
2) 대판 1985. 9. 10. 85도1501; 대판 2001. 8. 24. 2001도2832.
3) 대판 1984. 11. 27. 84도2147. 다음은 같은 취지이다.
물품구입증에 "증서에 기재된 물품을 교부받기 위해서는 그 증서의 제시를 필요로 한다"는 한가지 사실만으로써 위 물품구입증이 형법 제214조의 유가증권에 해당한다고 단정할 수는 없다(대판 1972. 12. 26. 72도1688).
이 사건 "할부구매전표"는 그 소지인이 주식회사 엘칸토의 영업소에서 그 취급상품을 그 금액의 한도 내에서 구매할 수 있는 권리가 화체된 증권으로서 그 권리의 행사와 처분에 증권의 점유를 필요로 하는 것임이 인정되므로 유가증권에 해당한다(대판 1995. 3. 14. 95도20).
금원을 차용하면서 남편 명의를 모용하여 작성한 약속어음을 작성, 교부
갑은 피고인에게 돈을 대여하여 주면서 대여금채권 총액이 늘어나게 되자 평소 가깝게 지내던 피고인의 남편인 을이 확실한 직장을 갖고 있는 것을 잘 알고 있었으므로, 대여금에 대한 변제담보조로 을 명의로 약속어음을 발행하여 달라고 요구하였고, 이에 피고인은 갑으로부터 돈을 빌리면서 을 몰래 새긴 그의 목도장을 이용하여 약속어음 3장을 작성하여 그 정을 모르는 갑에게 담보조로 이를 교부하였으며, 위 약속어음 3장은 인쇄된 어음 용지에 약속어음의 필요적 기재사항인 발행인, 수취인, 액면 금액, 발행지, 지급지, 지급장소, 발행일, 지급기일이 모두 기재되어 있을 뿐만 아니라 발행인 기명 앞에 을의 인장도 날인되어 있으며 피고인이 위 약속어음을 을 몰래 작성하였음을 갑이 알았을 것이라고 인정할 만한 증거가 없으면 유가증권위조죄 및 동 행사죄가 성립한다(대판 2001. 8. 24. 2001도2832).

2. 유가증권위조

가. 진정한 유가증권으로 신용할 정도의 외관

피고인은 인쇄된 약속어음용지를 사용하기는 하였으나 유가증권인 약속어음을 발행할 의도로 약속어음을 작성한 것이라기보다는 소비대차의 증표로서 발행한 것으로 보이고, 피고인이 위조한 것이라는 위 약속어음은 발행인의 날인이 없고, 발행인 아닌 피고인이 임의로 날인한 무인만이 있으며, 그 작성방식에 비추어 보아도 일반인이 진정하고 유효한 약속어음으로 오신할 정도의 형식과 외관을 갖춘 약속어음이라고 보기 어려우므로 이는 형법 제214조 소정의 유가증권으로 볼 수 없다.[4)]

사망자 또는 허무인 명의의 약속어음

약속어음과 같이 유통성을 가진 유가증권의 위조는 일반거래의 신용을 해하게 될 위험성이 매우 크다는 점에서 적어도 행사할 목적으로 외형상 일반인으로 하여금 진정하게 작성된 유가증권이라고 오신케 할 수 있을 정도로 작성된 것이라면 그 발행명의인이 가령 실재하지 않은 사자 또는 허무인이라 하더라도 그 위조죄가 성립된다고 해석함이 상당하다. 그리고 사자 명의로 된 약속어음을 작성함에 있어 사망자의 처로부터 사망자의 인장을 교부받아 생존 당시 작성한 것처럼 약속어음의 발행일자를 그 명의자의 생존 중의 일자로 소급하여 작성한 때에는 발행명의인의 승낙이 있었다고 볼 수 없다.[5)]

액면란이 백지인 위조어음의 액면란에 금액을 기입하여 완성

타인이 위조한 액면과 지급기일이 백지로 된 약속어음을 구입하여 행사의 목적으로 백지인 액면란에 금액을 기입하여 그 위조어음을 완성하는 행위는 백지어음 형태의 위조행위와는 별개의 유가증권위조죄를 구성한다.[6)]

나. 보충권의 남용

백지어음에 대하여 취득자가 발행자와의 합의에 의하여 정하여진 보충권의 한도를 넘어 보충을 한 경우에는 발행인의 서명날인 있는 기존의 약속 어음용지를 이용하여 새로운 약속어음을 발행하는 것에 해당하므로 위와 같은 보충권의 남용행위는 유가증권위조죄를 구성하는 것이나, 그 보충권의 한도자체가 처음부터 일정한 금액 등으로 특정되어 있지 아니하고 그 행사방법에 대하여도 특별한 정함이 없어서 다툼이 있는 경우에는 결과적으로 보충권의 행사가 그 범위를 일탈하게 되었다 하더라도 그 점만 가지고 바로 백지보충권의 남용 또는 그에 대한 범의가 있다고 단정할 수는 없다 할 것이고 그 보충권일탈의 정도, 보충권행사의 원인 및 경위 등에 관한 심리를 통하여 신중히 이를 인정하여야 한다.[7)]

---

4) 대판 1992. 6. 23. 92도976.

5) 대판 2011. 7. 14. 2010도1025. 허무인 명의의 유가증권에 관하여 같은 취지로는 대판 1971. 7. 27. 71도905.

6) 대판 1982. 6. 22. 82도677.

7) 대판 1989. 12. 12. 89도1264

보충권을 초월하여 액면금을 기재

약속어음의 액면금액란에 자의로 합의된 금액의 한도를 엄청나게 넘는 금액을 기입하는 것은 백지보충권의 범위를 초월하여 서명날인 있는 약속어음 용지를 이용한 새로운 약속어음의 발행에 해당하는 것으로서 그 소위가 유가증권위조죄를 구성한다.[8)]

발행인으로부터 일정한 금액의 범위 내에서 액면을 보충·할인하여 달라는 의뢰를 받고 액면 백지인 약속어음을 교부받아 보관 중이던 자가 발행인과의 합의에 의하여 정해진 보충권의 한도를 넘어 보충을 한 경우에는 발행인의 서명날인 있는 기존의 약속어음 용지를 이용하여 새로운 별개의 약속어음을 발행한 것에 해당하여 이러한 보충권의 남용행위로 인하여 생겨난 새로운 약속어음에 대하여는 발행인과의 관계에서 보관자의 지위에 있다 할 수 없으므로, 설사 그 약속어음을 자신의 채무변제조로 제3자에게 교부하여 임의로 사용하였다고 하더라도, 발행인으로 하여금 제3자에 대하여 어음상의 채무를 부담하는 손해를 입게 한 데에 대한 배임죄가 성립될 수 있음은 별론으로 하고, 보관자의 지위에 있음을 전제로 횡령죄가 성립될 수는 없다.[9)]

다. 대표권의 남용

대표권을 남용하여 주권의 기재사항에 변경

회사의 대표이사로서 주권작성에 관한 일반적인 권한을 가지고 있는 자가 대표권을 남용하여 자기 또는 제3자의 이익을 도모할 목적으로 그들 명의의 주권의 기재사항에 변경을 가한 행위는 유가증권변조죄를 구성하지 아니 한다.[10)]

회사의 대표이사가 당좌거래명의를 변경하지 않고 전 대표이사 명의로 수표발행

타인의 대리 또는 대표자격으로 문서를 작성하는 경우 그 대표자 또는 대리인은 자기를 위하여 작성하는 것이 아니고 본인을 위하여 작성하는 것으로서 그 문서는 본인의 문서이고 본인에 대하여서만 효력이 생기는 것이므로 회사의 대표이사직에 있는 자가 은행과의 당좌거래 약정이 되어 있는 종전 당좌거래명의를 변경함이 없이 그대로 전 대표이사 명의를 사용하여 회사의 수표를 발행하였다 하여도 유가증권위조죄가 성립되지 아니한다.[11)]

8) 대판 1972. 6. 13. 72도897.
9) 대판 1995. 1. 20. 94도2760.
10) 대판 1980. 4. 22. 79도3034.
11) 대판 1975. 9. 23. 74도1684.

라. 무효의 유가증권을 유효하게 만듬

찢어서 폐지로 된 타인 발행명의의 약속어음 파지면을 조합하여 어음의 외형을 갖춤

찢어서 폐지로 된 타인발행 명의의 약속어음 파지면을 이용 조합하여 어음의 외형을 갖춘 경우에는 새로운 약속어음을 작성한 것으로서 그 행사의 목적이 있는 이상 유가증권위조죄가 성립한다.[12)]

폐공중전화카드의 자기기록 부분에 전자정보를 기록하여 사용가능하게 함

형법 제214조에서 유가증권이라 함은, 증권상에 표시된 재산상의 권리의 행사와 처분에 그 증권의 점유를 필요로 하는 것을 총칭하는 것인바, 공중전화카드는 그 표면에 전체 통화가능 금액과 발행인이 문자로 기재되어 있고, 자기기록 부분에는 당해 카드의 진정성에 관한 정보와 잔여 통화가능 금액에 관한 정보가 전자적 방법으로 기록되어 있어, 사용자가 카드식 공중전화기의 카드 투입구에 공중전화카드를 투입하면 공중전화기에 내장된 장치에 의하여 그 자기정보가 해독되어 당해 카드가 발행인에 의하여 진정하게 발행된 것임이 확인된 경우 잔여 통화가능 금액이 공중전화기에 표시됨과 아울러 그 금액에 상당하는 통화를 할 수 있도록 공중전화기를 작동하게 하는 것이어서, 공중전화카드는 문자로 기재된 부분과 자기기록 부분이 일체로써 공중전화 서비스를 제공받을 수 있는 재산상의 권리를 화체하고 있고, 이를 카드식 공중전화기의 카드 투입구에 투입함으로써 그 권리를 행사하는 것으로 볼 수 있으므로, 공중전화카드는 형법 제214조의 유가증권에 해당한다.

폐공중전화카드의 자기기록 부분에 전자정보를 기록하여 사용가능한 공중전화카드를 만든 행위를 유가증권위조죄로 의율한 사례.[13)]

마. 부정수표단속법 5조 위반죄와의 관계

부정수표단속법 제5조 위반죄의 성립에 '행사할 목적'이 필요한지

유가증권위조·변조죄에 관한 형법 제214조 제1항은 "행사할 목적으로 대한민국 또는 외국의 공채증서 기타 유가증권을 위조 또는 변조한 자는 10년 이하의 징역에 처한다"라고 규정하고 있는 반면, 수표위조·변조죄에 관한 부정수표단속법 제5조는 "수표를 위조 또는 변조한 자는 1년 이상의 유기징역과 수표금액의 10배 이하의 벌금에 처한다"라고 규정하고 있는바, 이러한 부정수표단속법 제5조의 문언상 본조는 수표의 강한 유통성과 거래수단으로서의 중요성을 감안하여 유가증권 중 수표의 위·변조행위에 관하여는 범죄성립요건을 완화하여 초과주관적 구성요건인 '행사할 목적'을 요구하지 아니하는 한편, 형법 제214조 제1항 위반에 해당하는 다른 유가증권위조·변조행위보다 그 형을 가중하여 처벌하려는 취지의 규정이라고 해석하여야 한다.[14)]

12) 대판 1976. 1. 27. 74도3442.
13) 대판 1998. 2. 27. 97도2483.
14) 대판 2008. 2. 14. 2007도10100.

수표요건을 결하여 실체법상 무효의 수표

수표의 외관이 일반인으로 하여금 진정한 수표라고 신용하게 할 정도의 것이라면 동 수표가 수표요건을 결하여 실체법상 무효의 것이라 해도 (부정수표단속법상) 위조죄는 성립한다 할 것이다.[15)]

수표에 본명이 아니라 거래상 본인을 가리키는 것으로 인식되는 칭호를 기재

수표에 기재되어야 할 수표행위자의 명칭은 반드시 수표행위자의 본명에 한하는 것은 아니고 상호, 별명 그 밖의 거래상 본인을 가리키는 것으로 인식되는 칭호라면 어느 것이나 다 가능하다고 볼 것이므로, 비록 그 칭호가 본명이 아니라 하더라도 통상 그 명칭을 자기를 표시하는 것으로 거래상 사용하여 그것이 그 행위자를 지칭하는 것으로 인식되어 온 경우에는 그것을 수표상으로도 자기를 표시하는 칭호로 사용할 수 있다.[16)]

3. 유가증권변조

가. 유가증권변조의 의미

위조된 약속어음의 금액란을 임의로 변경한 사안에서,

유가증권변조죄에 있어서 변조라 함은 진정으로 성립된 유가증권의 내용에 권한 없는 자가 그 유가증권의 동일성을 해하지 않는 한도에서 변경을 가하는 것을 말하므로, 이미 타인에 의하여 위조된 약속어음의 기재

---

15) 대판 1973. 6. 12. 72도1796. 다음은 같은 취지이다.
대표이사의 날인이 없어 상법상 무효인 주권이라도 발행인인 대표이사의 기명을 비롯한 그밖의 주권의 기명을 비롯한 그밖의 주권의 기재요건을 모두 구비하고 회사의 사인까지 날인하였다면 일반인으로 하여금 일견 유효한 주권으로 오신시킬 정도의 외관을 갖추었으므로 형법 제214조 소정의 유가증권에 해당한다(대판 1974. 12. 24. 74도294).

16) 대판 1996. 5. 10. 96도527. 구체적인 판시는 다음과 같다.
망부의 명의를 거래상 자기를 표시하는 명칭으로 사용하여 온 자가 망부 명의로 어음 발행
어음에 기재되어야 할 어음행위자의 명칭은 반드시 어음행위자의 본명에 한하는 것은 아니고 상호, 별명 그 밖의 거래상 본인을 가리키는 것으로 인식되는 칭호라면 어느 것이나 다 가능하다고 볼 것이므로 비록 그 칭호가 타인의 명칭이라도 통상 그 명칭은 자기를 표시하는 것으로 거래상 사용하여 그것이 그 행위자를 지칭하는 것으로 인식되어 온 경우에는 그것을 어음상으로도 자기를 표시하는 칭호로 사용할 수 있다 할 것이므로 피고인이 그 망부의 사망 후 그의 명의를 거래상 자기를 표시하는 명칭으로 사용하여 온 경우에는 피고인에 의한 망부 명의의 어음발행은 피고인 자신의 어음행위라고 볼 것이고 이를 가리켜 타인의 명의를 모용하여 어음을 위조한 것이라고 할 수 없다(대판 1982. 9. 28. 82도296).
피고인이 갑 발행의 이 사건 가계수표에 피고인의 본명이 아닌 을(김정우)로 배서를 한 것은 사실이나, 한편 피고인은 1992. 8.경부터 농수산물 등의 판매업을 경영하면서 이 사건 발생시까지 약 2년간 계약서 영수증 등에 을이라는 가명을 사용하여 거래관계를 계속해 오면서 약속어음, 가계수표 등에 을로 배서를 해왔고, 이 사건이 발생하기 전까지 이 사건 피해자들과 다른 사람들도 모두 피고인을 을로 알고 거래를 계속해왔으므로 피고인은 거래상 을을 평소 자기를 표시하는 명칭으로 사용하여 온 것이라고 볼 것이어서, 이 사건 가계수표에 배서한 을 명의의 권리의무에 관한 기재는 피고인 자신의 배서행위라고 볼 것이고, 이를 가리켜 타인의 명의를 모용하여 수표상의 권리의무에 관한 기재를 위조한 것이라고 할 수는 없다(대판 1996. 5. 10. 96도527).

사항을 권한 없이 변경하였다고 하더라도 유가증권변조죄는 성립하지 아니한다.17)

나. 변조 긍정례

약속어음의 액면금액을 권한 없이 변경

약속어음의 액면금액을 권한 없이 변경하는 것은 유가증권변조에 해당할 뿐 유가증권위조는 아니므로, 약속어음의 액면금액을 권한 없이 변경하는 행위가 당초의 위조와는 별개의 새로운 유가증권위조로 된다고 할 수 없다.18)

다. 변조 부정례

주식회사의 대표이사가 갑에게 발행한 주권을 보관하던 중 을에게 발행한 것처럼 고침

A주식회사의 대표이사인 피고인이 주식 20,000주에 대한 주권 400매를 갑 명의로 기명·발행한 후 그의 승낙을 얻어 위 주권을 보관하던 중 위 주권 400매를 마치 을 앞으로 기명·발행하여 피고인이 을로부터 배서양도받은 것같이 만들어 행사할 목적으로 위 주권의 주주란에 고무명판으로 압날기명된 갑을 면도칼로 지우고 그 위에 흑색 싸인펜으로 을로 기재하고, 양도·양수인 기명 조인란에 을로부터 피고인이 위 주권 400

---

17) 대판 2006. 1. 26. 2005도4764.

18) 대판 2006. 1. 26. 2005도4764. 다음은 같은 취지이다.

3만 원까지 외상 구매가 가능한 피해자 명의의 신용카드를 이용하여 구두를 구입하면서 그 정을 모르는 점원으로 하여금 금액란의 '3만 원'을 '47,200+39,000원'으로 고쳐 쓰게 함

피고인은 엘칸토 양화점에서 행사할 목적으로 피해자로부터 동인 가입의 위 소비조합이 발급한 엘칸토(주)제품 3만 원짜리 구두 2족을 구입할 수 있는 유가증권인 신용카드 1매를 차용함을 기화로 자신이 마치 피해자 본인인 것으로 가장하거나 신용카드 기재금액 3만 원 이상의 물품을 구입할 수 있음을 피해자로부터 승낙받은 것처럼 가장하면서 그 정을 모르는 그곳 점원으로 하여금 위 신용카드의 금액란에 '3만 원'으로 되어 있는 것을 볼펜으로 지우고 그 위에 '47,200+39,000원'으로 고쳐 써서 신용카드 1매를 변조하게 하고, 이를 동인에게 진정하게 성립한 신용카드인 것처럼 제시하여 이를 행사한 사안에서,

위 신용카드는 한국외환은행 소비조합이 그 소속 조합원에게 그의 직번(일종의 구좌번호), 구입상품명 등을 기재하여 교부하고 조합원은 이를 사용할 때 연월일, 금액 등을 기입, 제시하여 엘칸토 양화점(위 소비조합과 할부판매약정을 한 상점)에서 상품을 신용구입하고 그 양화점을 통하여 위 소비조합에 이를 제출시켜 3개월마다 정산하여 조합원으로부터 수금하는 방식을 취하는 경우로서 이는 위 신용카드에 의해서만 신용구매의 권리를 행사할 수 있는 점에 있어서 재산권이 증권에 화체되었다고 볼 수 있으니 유가증권이라고 볼 것이다.

유가증권의 변조죄에 있어서 변조라 함은 진정으로 성립된 유가증권의 내용에 권한 없는 자가 그 유가증권의 동일성을 해하지 않는 한도에서 변경을 가하는 것을 말하고 설사 진실에 합치하도록 변경한 것이라 하더라도 권한 없이 변경한 경우에는 변조로 되는 것이고 정을 모르는 제3자를 통하여 간접정범의 형태로도 범할 수 있는 것이다.

유가증권변조죄에 있어서 변조라 함은 진정으로 성립된 유가증권의 내용에 권한없는 자가 그 유가증권의 동일성을 해하지 않는 한도에서 변경을 가하는 것을 말하고, 설사, 진실에 합치하도록 변경한 것이라 하더라도 권한없이 변경한 경우에는 변조로 되는 것이고 정을 모르는 제3자를 통하여 간접정범의 형태로도 범할 수 있는 것인 바, 신용카드를 제시받은 상점점원이 그 카드의 금액란을 정정 기재하였다 하더라도 그것이 카드소지인이 위 점원에게 자신이 위 금액을 정정기재 할 수 있는 권리가 있는 양 기망하여 이루어졌다면 이는 간접정범에 의한 유가증권변조로 봄이 상당하다(대판 1984. 11. 27. 84도1862).

매를 배서받은 양 기재날인한 사안에서, 타인에게 속한 자기명의의 유가증권에 무단히 변경을 가하였다 하더라도 그것이 문서손괴죄나 허위유가증권작성죄에 해당되는 경우가 있음은 별론으로 하고 유가증권변조죄를 구성하는 것은 아니다.[19)]

약속어음의 발행인으로부터 어음금액이 백지인 약속어음의 할인을 위임받은 자가 위임 범위 내에서 어음금액을 기재한 후 어음할인을 받으려고 하다가 그 목적을 이루지 못하자 유통되지 아니한 당해 약속어음을 원상태대로 발행인에게 반환하기 위하여 어음금액의 기재를 삭제하는 것은 그 권한 범위 내에 속한다고 할 것이므로, 이를 유가증권변조라고 볼 수 없다.[20)]

라. 진정하지 않은 유가증권의 변경

백지 약속어음의 액면란을 부당 보충하여 위조한 후 금액란을 변경

갑이 백지 약속어음의 액면란 등을 부당 보충하여 위조한 후 을이 갑과 공모하여 금액란을 임의로 변경한 사안에서, 을의 행위는 유가증권위조나 변조에 해당하지 않는다.[21)]

유가증권의 내용 중 이미 변조된 부분을 다시 권한 없이 변경

유가증권변조죄에서 '변조'는 진정하게 성립된 유가증권의 내용에 권한 없는 자가 유가증권의 동일성을 해하지 않는 한도에서 변경을 가하는 것을 의미하고, 이와 같이 권한 없는 자에 의해 변조된 부분은 진정하게 성립된 부분이라 할 수 없다. 따라서 유가증권의 내용 중 권한 없는 자에 의하여 이미 변조된 부분을 다시 권한 없이 변경하였다고 하더라도 유가증권변조죄는 성립하지 않는다.[22)]

마. 유가증권의 권리의무에 관한 기재의 위조·변조죄

어음을 갑에게 발행하였다가 회수한 후 갑 명의 배서의 담보적 효력을 이용하고자 경과된 지급기일을 그 후의 날짜로 변경하여 을에게 교부

피고인은 갑에게 물품대금의 지급담보조로 자신이 발행한 약속어음들을 교부하였다가 그 대금을 지급하거나 새로운 어음으로 교체하는 방법으로 위 어음들을 회수한 후 어음에 남아있는 갑 명의 배서의 담보적 효력을 이용하기 위하여 이미 경과된 지급기일을 임의로 그 후의 날짜로 변경한 후 을에게 이를 교부한 사안에서, 형법 제214조 제2항에 규정된 '유가증권의 권리의무에 관한 기재를 변조한다'는 것은 진정하게 성립된 타인 명의의 부수적 증권행위에 관한 유가증권의 기재내용에 작성권한이 없는 자가 변경을 가하는 것을 말하고,

19) 대판 1978. 11. 14. 78도1904.
20) 대판 2006. 1. 13. 2005도6267.
21) 대판 2008. 12. 24. 2008도9494.
22) 대판 2012. 9. 27. 2010도15206.

어음발행인이라 하더라도 어음상에 권리의무를 가진 자가 있는 경우에는 이러한 자의 동의를 받지 아니하고 어음의 기재 내용에 변경을 가하였다면 이는 유가증권의 권리의무에 관한 기재를 변조한 것에 해당한다.[23)]

약속어음을 제3배서인으로부터 백지식배서로 양수하여 그대로 제3자에게 양도한 자가 어음금지급거절로 소구의무이행 후 약속어음을 환수하여 제3배서란과 제4배서란 사이에 보전지를 결합시키고 그곳에 자신 명의의 배서를 함

형법 제214조 제2항에 규정된 "유가증권의 권리의무에 관한 기재를 위조한다"는 것은 진정하게 성립된 유가증권에 작성권한이 없는 자가 타인의 명의를 모용하여 배서, 보증 등의 부수적 증권행위를 하는 것을 말하고, "유가증권의 권리의무에 관한 기재를 변조한다"는 것은 진정하게 성립된 타인명의의 부수적 증권행위에 관한 유가증권의 기재내용에 작성권한이 없는 자가 변경을 가하는 것을 말하므로, 약속어음을 제3배서인으로부터 백지식배서의 방식에 의하여 교부양도 받아 백지를 보충하지 아니하고 배서도 하지 아니한 채 제3자에게 교부양도한 자가 만기에 어음금의 지급이 거절됨에 따라 양수인에게 소구의무를 이행하고 약속어음을 환수하여 약속어음의 정당한 소지인이 되었다면, 약속어음의 제3배서란과 제4배서란 사이에 보전지를 결합시키고 그 보전지의 배서란에 자신의 성명과 배서일자를 기재하고 날인하였다고 하더라도 이와 같은 행위는 타인의 명의를 모용하여 한 것이 아님은 물론 타인명의의 유가증권의 기재내용에 변경을 가한 것도 아니므로 형법 제214조 제2항 소정의 유가증권 위조, 변조죄에 해당하지 아니한다.[24)]

바. 죄 수

유가증권위조죄의 죄수는 원칙적으로 위조된 유가증권의 매수를 기준으로 정할 것이므로, 약속어음 2매의 위조행위는 포괄일죄가 아니라 경합범이다.

---

23) 대판 2003. 1. 10. 2001도6553.

24) 대판 1989. 12. 8. 88도753. 다음은 같은 취지이다.

명의대여자의 승낙 없이 제1의 명의임차인으로부터 영업권을 매수한 제2의 명의임차인이 명의대여자의 명의로 어음에 배서

타점포체인의 명의를 사용하여 영업하고 그 체인대표자의 명의를 사용할 수 있는 내용의 명의임대차계약이 체결된 경우에 있어서 명의대여자의 승낙(점포체인의 대표자로부터 체인의 지점장으로 임명받는 형식)없이 제1의 명의임차인으로부터 지점의 영업권을 사실상 매수한 제2의 명의임차인이 명의대여자의 승낙없이 본래의 명의대여자의 명의로 어음을 배서하고 이를 행사하였다면 제2의 명의임차인은 유가증권위조의 책임을 면할 수 없고 위 체인 대표자가 명의대여자로서 책임을 지는 여부는 유가증권위조죄의 성립에 소장이 없다(대판 1984. 2. 28. 83도3284).

Ⅱ. 자격모용유가증권작성·기재

후임 대표이사의 승낙을 얻어, 주식회사의 대표이사 권한을 실질적으로 행사하는 전임 대표이사가 자신을 대표이사로 표시한 약속어음을 발행

주식회사 대표이사로 재직하던 피고인이 대표이사가 타인으로 변경되었음에도 불구하고 이전부터 사용하여 오던 피고인 명의로 된 위 회사 대표이사의 명판을 이용하여 여전히 피고인을 위 회사의 대표이사로 표시하여 약속어음을 발행, 행사하였다면, 설사 약속어음을 작성, 행사함에 있어 후임 대표이사의 승낙을 얻었다거나 위 회사의 실질적인 대표이사로서의 권한을 행사하는 피고인이 은행과의 당좌계약을 변경하는데에 시일이 걸려 잠정적으로 전임 대표이사인 그의 명판을 사용한 것이라 하더라도 이는 합법적인 대표이사로서의 권한 행사라 할 수 없어 자격모용유가증권작성 및 동행사죄에 해당한다.[25]

직무집행정지가처분결정을 받은 대표이사가 대표이사 명의의 유가증권을 작성

대표이사 직무집행정지가처분결정은 대표이사의 직무집행만을 정지시킬 뿐 대표이사의 자격까지 박탈하는 것은 아니나 가처분결정이 송달되어 일절의 직무집행이 정지됨으로써 직무집행의 권한이 없게 된 대표이사가 그 권한 밖의 일인 대표이사 명의의 유가증권을 작성 행사하는 행위가 회사업무의 중단을 막기 위한 긴급한 인수인계 행위라 하더라도 합법적인 권한행사라 할 수 없으므로 이는 자격모용유가증권작성 및 동 행사죄에 해당한다.[26]

약속어음을 발행함에 있어 발행인의 주소란에 "안동택시" 발행인란에 "피고인"이라고 기재하고 피고인이라는 이름 밑에 "주식회사 안동택시 대표이사 피고인"이라는 인장을 압날하여 동 어음을 타인에게 교부하였다면 이 사실만으로 안동택시의 대표이사의 자격을 모용하여 유가증권인 약속어음을 작성 행사하였다고 할 수 없다.[27]

해설: 피고인은 위 약속어음의 발행인을 주식회사 안동택시가 아닌 피고인으로 표시하였다.

Ⅲ. 허위유가증권작성 등

선적하지 않은 화물을 선적하였다는 내용의 선하증권을 발행

선하증권 기재의 화물을 인수하거나 확인하지도 아니하고 또한 선적할 선편조차 예약하거나 확보하지도 않

25) 대판 1991. 2. 26. 90도577.
26) 대판 1987. 8. 18. 87도145.
27) 대판 1974. 11. 26. 74도1708.

은 상태에서 수출면장만을 확인한 채 실제로 선적한 일이 없는 화물을 선적하였다는 내용의 선하증권을 발행, 교부하였다면 피고인들은 위 선하증권을 작성하면서 진실에 반하는 허위의 기재를 하였음이 명백할 뿐만 아니라 위 선하증권이 허위라는 사실을 인식하였다고 볼 것이고, 피고인들이 진실에 반하는 선하증권을 작성하면서 곧 위 물품이 선적될 것이라고 예상하였다고 하여 위 각 선하증권의 허위성의 인식이 없었다고 할 수 없으며, 화물이 선적되기도 전에 이른바 선선하증권을 발행하는 것이 해운업계의 관례라고 하더라도 이를 가리켜 정상적인 행위라거나 그 목적과 수단의 관계에서 보아 사회적 상당성이 있다고 할 수는 없으므로 피고인들이 위 행위가 죄가 되지 아니한다고 그릇 인식하였다고 하더라도 거기에 정당한 이유가 있는 경우라고 할 수 없으므로 허위유가증권작성죄의 죄책을 면할 수 없다.
허위작성된 유가증권을 피교부자가 그것을 유통하게 한다는 사실을 인식하고 교부한 때에는 허위작성유가증권행사죄에 해당하고, 행사할 의사가 분명한 자에게 교부하여 그가 이를 행사한 때에는 허위작성유가증권행사죄의 공동정범이 성립된다.[28)]

주권발행 권한을 위임받은 자가 발행일자를 소급하여 허위내용을 기재한 경우

허위유가증권의 작성이란 유가증권의 효력에 영향을 미칠 기재사항에 관하여 진실에 반한 기재를 하는 모든 행위를 말하는 것으로 비록 주권발행의 권한을 위임받았다고 하더라도 행사의 목적으로 발행일자를 소급 기재하여 그 기재일자에 발행된 것처럼 허위내용을 기재한 때는 허위유가증권작성죄를 구성한다.[29)]

작성권자의 위임을 받아 약속어음을 발행하면서 발행인 명의 아래 피고인의 인장을 날인

형법 19장 소정의 유가증권은 실체법상 유효한 유가증권만을 지칭하는 것이 아니고 절대적 요건 결여 등 사유로서 실체법상은 무효한 유가증권이라 할지라도 일반인으로 하여금 일견 유효한 유가증권이라고 오신케 할 수 있을 정도의 외관을 구유한 유가증권도 포함하는 것이고 약속어음 작성권자의 승낙 내지 위임을 받아 약속어음을 작성함에 있어서 발행인 명의 아래 진실에 반하는 내용인 피고인의 인장을 날인하여 일견 유효한 듯한 약속어음의 발행은 형법 216조 전단 소정의 허위유가증권작성죄 및 동 행사가 성립한다.[30)]

은행에 신고된 것과 다른 발행인의 인장을 날인

은행을 통하여 지급이 이루어지는 약속어음의 발행인이 그 발행을 위하여 은행에 신고된 것이 아닌 발행인의 다른 인장을 날인하였다 하더라도 그것이 발행인의 인장인 이상 그 어음의 효력에는 아무런 영향이 없으므로 허위유가증권작성죄가 성립하지 아니한다.[31)]

28) 대판 1995. 9. 29. 95도803.
29) 대판 1974. 1. 15. 73도2041.
30) 대판 1975. 6. 10. 74도2594.
31) 대판 2000. 5. 30. 2000도883.

어음배서인의 주소를 허위기재

배서인의 주소기재는 배서의 요건이 아니므로 약속어음 배서인의 주소를 허위로 기재하였다고 하더라도 그것이 배서인의 인적 동일성을 해하여 배서인이 누구인지를 알 수 없는 경우가 아닌 한 약속어음상의 권리관계에 아무런 영향을 미치지 않는다 할 것이고, 따라서 약속어음상의 권리에 아무런 영향을 미치지 않는 사항은 그것을 허위로 기재하더라도 형법 제216조 소정의 허위유가증권작성죄에 해당되지 않는다.[32]

작성권한 없는 자가 회사 주권을 작성

피고인이 1974. 8. 31.까지 회사 대표이사로 있었다면 그 후인 1975. 3.경에 대표이사 아닌 피고인이 회사 주권을 작성교부한 행위는 허위유가증권작성죄를 구성할 수 없다.

피고인이 주권발행 전에 주식을 양도받은 자에 대하여 주권을 발행한 경우에 가사 그 주식양도가 주권발행 전에 이루어진 것이어서 상법 제335조에 의하여 무효라 할지라도 권리의 실체관계에 부합되어 허위되어 허위의 주권발행의 범의가 있다고 할 수 없다.[33]

해설: 허위유가증권작성죄는 작성 권한 있는 자가 허위 내용의 유가증권을 작성하는 때 성립하므로, 대표이사가 아니어서 작성권한이 없는 피고인이 회사주권을 작성한 것은 자격모용유가증권작성죄에 해당할 여지가 있을 뿐이다.

수표발행의뢰인으로부터 수표자금을 입금받지 아니한 채 자기앞수표를 발행

형법 제216조 전단의 허위유가증권작성죄는 작성권한 있는 자가 자기 명의로 기본적 증권행위를 함에 있어서 유가증권의 효력에 영향을 미칠 기재사항에 관하여 진실에 반하는 내용을 기재하는 경우에 성립하는바, 자기앞수표의 발행인이 수표의뢰인으로부터 수표자금을 입금받지 아니한 채 자기앞수표를 발행하더라도 그 수표의 효력에는 아무런 영향이 없으므로 허위유가증권작성죄가 성립하지 아니한다.[34]

유가증권의 허위작성행위 자체에는 직접 관여한 바 없다 하더라도 타인에게 그 작성을 부탁하여 의사연락이 되고 그 타인으로 하여금 범행을 하게 하였다면 공모공동정범에 의한 허위작성죄가 성립한다.

허위의 선하증권을 발행하여 타인에게 교부하여 줌으로써 그 타인으로 하여금 이를 행사하여 그 선하증권상의 물품대금을 지급받게 한 소위는 허위유가증권행사죄와 사기죄의 공동정범을 인정하기에 충분하다.[35]

---

32) 대판 1986. 6. 24. 84도547.

33) 대판 1982. 6. 22. 81도1935.

34) 대판 2005. 10. 27. 2005도4528.

35) 대판 1985. 8. 20. 83도2575.

Ⅳ. 위조·변조유가증권 등 행사 등

위조약속어음 사본을 법원에 제출

위조약속어음을 사본하여 위 사본을 민사소송의 소변경신청서에 첨부하여 제출한 사안에서, 위조유가증권행사죄에 있어서의 유가증권이라 함은 위조된 유가증권의 원본을 말하는 것이지 전자복사기 등을 사용하여 기계적으로 복사한 사본은 이에 해당하지 않는다.[36]

위조유가증권임을 알고 있는 자에게 교부

위조유가증권임을 알고 있는 자에게 교부하였더라도 피교부자가 이를 소통시킬 것임을 인식하고 교부하였다면 그 교부행위 그 자체가 유가증권의 유통질서를 해할 우려가 있어 위조유가증권행사죄가 성립한다.[37]

위조된 자기앞수표와 진정한 자기앞수표가 든 봉투를 공범에게 건네주어 공범으로 하여금 그 정을 모르는 자에게 봉투에서 진정한 자기앞수표만 꺼내어 보여주게 함

위조유가증권행사죄의 처벌목적은 유가증권의 유통질서를 보호하는 데 있는 만큼 단순히 문서의 신용성을 보호하고자 하는 위조공·사문서행사죄의 경우와는 달리 교부자가 진정 또는 진실한 유가증권인 것처럼 위조유가증권을 행사하였을 때뿐만 아니라 위조유가증권임을 알고 있는 자에게 교부하였더라도 피교부자가 이를 유통시킬 것임을 인식하고 교부하였다면, 그 교부행위 그 자체가 유가증권의 유통질서를 해할 우려가 있어 처벌의 이유와 필요성이 충분히 있으므로 위조유가증권행사죄가 성립한다고 보아야 할 것이지만, 위조유가증권의 교부자와 피교부자가 서로 유가증권위조를 공모하였거나 위조유가증권을 타에 행사하여 그 이익을 나누어 가질 것을 공모한 공범의 관계에 있다면, 그들 사이의 위조유가증권 교부행위는 그들 이외의 자에게 행사함으로써 범죄를 실현하기 위한 전단계의 행위에 불과한 것으로서 위조유가증권은 아직 범인들의 수중에 있다고 볼 것이지 행사되었다고 볼 수는 없다.

피고인과 갑은 갑이 피고인으로부터 1,500만 원을 차용하는 것처럼 가장하기로 공모한 다음, 피고인이 위조된 100만 원권 자기앞수표 14장 외에 10만 원권 수표 10장이 들어 있는 봉투를 을을 통해 공범 갑과 그 위조사실을 모르는 병이 함께 있는 자리에서 갑에게 교부하자, 갑은 그 자리에서 자신의 연인 병을 보증인으로 하는 차용증을 작성하여 을에게 주었는데, 이때 갑은 봉투에서 10만 원권 수표 10장을 꺼내어 병에게 보여 주었으나 위조된 100만 원권 자기앞수표는 봉투에서 꺼내거나 병에게 보여 주지도 않은 사안에서, 을이나 갑이 위조된 자기앞수표를 병에게 제시하는 등으로 이를 인식하게 하였다고 할 수 없어 이들이 위 봉투를 병의 면전에서 주고받은 행위를 위조된 자기앞수표를 행사한 경우에 해당한다고 볼 수 없고, 따라서 을이나 갑에게 위 수표를 교부한 것이 이를 행사한 경우에 해당한다고 볼 수 없다.[38]

---

36) 대판 1998. 2. 13. 97도2922. 다음은 같은 취지이다.
선하증권의 팩스(모사전송기) 사본은 허위작성유가증권행사죄에서 말하는 유가증권에 해당하지 않는다(대판 2007. 2. 8. 2006도8480).

37) 대판 1983. 6. 14. 81도2492.

38) 대판 2010. 12. 9. 2010도12553.

V. 인지·우표 등 위조·변조 등

위조우표취득죄 및 위조우표행사죄에 관한 형법 제219조 및 제218조 제2항 소정의 "행사"라 함은 위조된 대한민국 또는 외국의 우표를 진정한 우표로서 사용하는 것으로 반드시 우편요금의 납부용으로 사용하는 것에 한정되지 않고 우표수집의 대상으로서 매매하는 경우도 이에 해당된다.
위조된 우표를 그 정을 알고 있는 자에게 교부하더라도 그 자가 이를 진정하게 발행된 우표로서 사용할 것이라는 정을 인식하면서 교부한다면 위조우표행사죄의 "행사할 목적"에 해당된다.[39)]

39) 대판 1989. 4. 11. 88도1105.

제3절 문서에 관한 죄

Ⅰ. 서 론

1. 문서의 정의

문서는 문자 또는 이를 대신하는 부호에 의하여 사람의 관념이나 의사가 표시된 어느 정도의 계속성이 있는 물체로서, 법률관계 또는 사회생활상의 중요한 사실을 증명할 수 있는 것을 말한다. 형법 237조의2는, "법 제20장 문서에 관한 죄에 있어서 전자복사기, 모사전송기 기타 이와 유사한 기기를 사용하여 복사한 문서 또는 도화의 사본도 문서 또는 도화로 본다"라고 규정하고 있다.

형법상 문서에 관한 죄로써 보호하고자 하는 것은 구체적인 문서 그 자체가 아니라, 문서에 화체된 사람의 의사표현에 관한 안전성과 신용이다. 그리고 그 객체인 '문서 또는 도화'라고 함은 문자나 이에 준하는 가독적 부호 또는 상형적 부호로써 어느 정도 계속적으로 물체 위에 고착된 어떤 사람의 의사 또는 관념의 표현으로서, 그 내용이 법률상 또는 사회생활상 의미 있는 사항에 관한 증거가 될 수 있는 것을 말한다. 또한 그 문서 등에 작성명의인의 날인 등이 없다고 하여도 그 명의자의 문서 등이라고 믿을 만한 형식과 외관을 갖춘 경우에는 그 죄의 객체가 될 수 있다.[1)]

2. 문서의 작성명의

문서는 거기에 기재된 의사 또는 관념의 표시가 진실할 것을 증명하는 기능을 수행한다. 이러한 증명적 기능은 문서에 일정한 작성자가 표시됨으로써 그 작성 주체에 의해 생겨난다. 가령 계약서는 계약서에 표시된 계약의 당사자가 계약서에 기재된 대로 계약을 체결하였음을 증명하고, 학생증은 이를 발급하는 학교의 교장이나 총장이 학생증에 기재된 내용이 진실함을 증명하는 것이다. 위와 같이 문서에 명시적·묵시적으로 작성자로 표시되는 자를 문서의 작성명의인이라 한다. 문서의 작성명의인은 현실적으로 문서를 작출한 자(가령, 학교의 학생증 작성 담당자)가 아니라 문서에 나타난 관념이나 의사표시의 주체(가령, 학교의 교장)를 의미한다.

문서를 작성할 권한이 없는 자가 타인의 명의를 모용하여 문서를 만드는 것을 유형위조라고 하고, 문서를 작성할 권한이 있는 자가 허위 내용의 문서를 만드는 것을 무형위조라고 한다. 갑이 을에게 100만 원을 교부한 경우에, 갑이 권한 없이 '을이 갑으로부터 100만 원을 받았다'는 취지로 된 을 명의의 영수증을 작성하는 것은 유형위조이고, 을이 '을이 갑으로부터 50만 원을 받았다'는 취지로 된 을 명의

---

1) 대판 2006. 1. 26. 2004도788; 대판 2010. 7. 29. 2010도2705; 대판 2011. 11. 10. 2011도10468.

의 허위 영수증을 작성하는 것은 무형위조이다.

사문서에 있어서, 우리 법은 문서의 작성 권한이 있는 자가 허위 내용의 문서를 만드는 행위를 처벌하지 않고 오로지 작성권한 없는 자가 타인의 작성 명의를 모용한 행위에 한하여 처벌하고 있다. 즉 사문서에 있어서 무형위조는 범죄가 아니고, 유형위조만 범죄인 것이다. 다만 사문서가 진단서 등인 경우에는 예외적으로 그 내용이 허위인 경우에도 처벌한다(형법 233조). 공문서에 있어서는 유형위조, 무형위조 모두 처벌의 대상이 된다.

유형위조를 처벌하는 입법방식을 형식주의라고 하고, 무형위조를 처벌하는 입법방식을 실질주의라고 한다. 우리 법은 사문서에 있어서는 원칙적으로 형식주의를, 공문서에 있어서는 형식주의와 실질주의를 각각 채택하고 있는 것이다.

가. 작성명의의 판단

갑이 을에게 재화를 공급하였음에도 세금계산서의 공급받는 자란에 병이라고 기재

이 사건 세금계산서는, 부가가치세 과세사업자가 재화나 용역을 공급하는 때에 이를 공급받은 자에게 작성·교부하여야 하는 계산서이므로(부가가치세법 제16조 제1항), 그 작성권자는 어디까지나 재화나 용역을 공급하는 공급자라고 보아야 할 것이고, 공급받는 자의 상호, 성명, 주소는 필요적 기재사항이 아닌 임의적 기재사항에 불과하여(부가가치세법 시행령 제53조 제1항) 공급받는 자의 상호, 성명, 주소가 기재되어 있지 않은 세금계산서라도 그 효력에는 영향이 없으며, 공급자가 세금계산서를 작성함에 있어 공급받은 자의 동의나 협조가 요구되지도 않는 점 등에 비추어 세금계산서상의 공급받는 자는 그 문서 내용의 일부에 불과할 뿐 세금계산서의 작성명의인은 아니라 할 것이니, 공급받는 자 란에 임의로 다른 사람을 기재하였다 하여 그 사람에 대한 관계에서 사문서위조죄가 성립된다고 할 수 없다.[2)]

비교 판례: 주취운전자 적발보고서 및 주취운전자 정황진술보고서의 각 운전자란에 타인의 서명을 한 다음 이를 경찰관에게 제출한 것은 사문서위조 및 동행사죄에 해당한다.[3)]

사문서위조죄의 객체가 되는 문서가 권리의무에 관한 것인지 아니면 사실증명에 관한 것인지, 또 그 문서의 진정한 작성명의자가 누구인지 여부는 문서의 표제나 명칭만으로 이를 판단하여서는 아니 되고, 문서의 형식과 외관은 물론 문서의 종류, 내용, 일반 거래에 있어서 그 문서가 가지는 기능 등 제반 사정을 종합적으로

---

2) 대판 2007. 3. 15. 2007도169. 다음은 같은 취지이다.

단독 작성이 가능한 농지매매사실증명원의 신청인(매수인)이 매도인란에 갑이라고 기재

정부의 민원사무간소화규칙에 따라 매도인 또는 매수인이 단독으로 신청할 수 있는 농지개혁법 제19조 제2항의 농지매매증명을 발급받음에 있어 신청용지의 신청인난 중 매수인난에는 피고인의 이름을 기재하고 날인하였으나 매도인난에는 갑의 이름만 기재하고 날인을 하지 않았다면 위 문서는 그 형식이나 외관상 피고인 단독 명의로 신청된 문서로 인정될 뿐 피고인과 갑이 공동으로 신청한 문서로는 볼 수 없으므로 위 사실만으로는 갑 명의의 농지매매사실증명확인원을 위조하였다고 볼 수 없다(대판 1986. 9. 23. 86도1300).

해설: 갑은 농지매매사실증명원의 작성명의인이 아니므로, 갑의 작성명의가 모용된 것은 아니다.

3) 대판 2004. 12. 23. 2004도6483.

참작하여 판단하여야 할 것이다.
따라서 어떤 문서가 문중규약이라는 표제 하에 작성되었다고 하여 이를 가리켜 일률적으로 문중원의 권리의무에 관한 사문서라거나 문중이라는 단체 명의의 문서라고 단정할 수는 없는 것이고, 위에서 설시한 제반 사정에 비추어 그 문서가 문중규약의 존재와 내용 등을 확인하는 취지에서 작성된 것으로 볼 수 있으면 이는 사실증명에 관한 문서이고, 또 이 경우에는 위와 같은 사항을 확인하는 의사표시의 주체가 그 문서의 작성명의자라고 할 것이므로, 그 작성명의자의 승낙이나 위임이 없이 그 명의를 모용하여 문중규약의 존재와 내용 등을 확인하는 문서를 작성하였다면 이는 사문서위조죄를 구성한다고 보아야 할 것이다.[4)]

피의자가 십지지문대조표의 자서란에 타인의 인적사항을 기재

십지지문 지문대조표는 수사기관이 피의자의 신원을 특정하고 지문대조조회를 하기 위하여 직무상 작성하는 서류로서 비록 자서란에 피의자로 하여금 스스로 성명 등의 인적사항을 기재하도록 하고 있다 하더라도 이를 사문서로 볼 수는 없다.[5)]

4) 대판 1996. 2. 9. 94도1858. 구체적인 판시는 다음과 같다.
이 사건 문중규약은 "경주이씨익제공파울산병영서문안문중회 규약"이라는 표제 하에 문중의 명칭, 목적, 위치, 문중원의 자격, 임원 선출, 문중의 의사결정방법 등을 규정한 본문 16개조와 시행일을 정한 부칙 1개조로 구성되어 있고, 그 말미에는 피해자 갑, 을을 포함하여 위 문중의 고문, 회장, 부회장, 총무, 재무, 이사, 감사 등 도합 11명 임원의 지위 기재와 서명날인이 있으며, 또 4장으로 된 위 문중규약의 각 장 사이에는 위 임원들의 간인까지 되어 있는바, 이러한 문서 자체의 외관, 형식, 체제만을 놓고 보더라도 위 문중규약은 그 말미에 서명날인을 한 임원들이 그 기재와 같은 규약의 존재와 내용을 확인하는 취지에서 작성한 것으로 보여질 뿐만 아니라, 문중 또는 종중이라 함은 원래 공동선조의 후손 중 성년 이상의 남자를 종원으로 하여 구성되는 종족의 자연발생적인 집단이므로 그 성립을 위하여 특별한 조직행위를 필요로 하거나 서면화된 규약이 있어야 하는 것은 아니라고 할지라도, 일단 서면화된 규약이 있는 경우에는 그 규약은 종중의 실체를 인정할 수 있는 유력한 근거가 될 수 있고, 또 그 규약에 대표자의 선임에 관한 규정이 있는 경우에는 문중의 대표자가 규약이 정한 방법에 따라 적법하게 선임되었는가의 여부를 판단하는 자료가 될 수 있다는 점, 실제로 이 사건에 있어서도 피고인은 위 경주이씨익제공파울산병영서문안문중이 신청인으로 된 가처분신청 사건에서 위 문중의 실체를 소명하기 위한 자료로 제출하기 위하여 위 문중규약을 작성하고 그 의도대로 이를 사용하였음을 알 수 있는 점을 더하여 보면, 위 문중규약은 그 기재와 같은 규약의 존재와 내용 등을 확인하는 취지에서 작성된 사실증명에 관한 사문서이고, 그 말미에 서명날인을 한 문중 임원들이 작성명의자라고 볼 수 있다. 따라서 피고인이 피해자들의 승낙이나 위임이 없이 위 종중규약의 말미에 그들의 서명날인을 하는 등 하여 그 문서를 작성하고 이를 행사하였다면 사문서위조죄와 동 행사죄가 성립한다.

5) 대판 2000. 8. 22. 2000도2393. 다음은 유사 취지이다.
이혼의사확인서등본에 간인으로 연결된 이혼신고서
구 호적법 제79조 제1항은 "협의상 이혼을 하고자 하는 자는 본적지 또는 주소지를 관할하는 가정법원의 확인을 받아 신고하여야 한다"라고 규정하고 있고, 가정법원의 확인의 절차와 신고에 관한 사항을 규정한 구 호적법 시행규칙에 의하면 이혼의사확인신청을 하려면 협의이혼의사확인신청서에 호적등본 1통 및 이혼신고서 3통을 첨부하여 가정법원에 제출하여야 하고, 가정법원은 협의 이혼하고자 하는 당사자 쌍방으로부터 이혼의사를 확인한 후 확인서를 작성한 뒤 지체 없이 당사자 쌍방에게 이혼신고서에 확인서등본을 첨부하여 교부하여야 하며, 확인서에는 당사자 쌍방의 성명·주소 및 주민등록번호와 그들의 이혼의사가 확인되었다는 취지, 확인연월일, 확인법원을 기재하고 이혼의사를 확인한 판사가 기명날인을 하도록 하고 있을 뿐, 당사자가 제출한 이혼신고서 자체를 확인서 내용의 일부로 하거나 그 이혼신고서를 확인서에 첨부하도록 하고 있지는 아니하다. 이러한 법령의 규정 및 등본은 원본의 내용을 그대로 전사한 것이라는 점을 종합하여 볼 때, 가정법원의 서기관 등이 이혼의사확인서등본을 작성한 뒤 이를 이혼의사확인신청 당사자 쌍방에게 교부하면서 이혼신고서를 확인서등본 뒤에 첨부하여 그 직인을 간인하였다고 하

나. 명의인의 표시

새마을금고 총무부장이 작성한 대의원 피선거권자명단

사문서위조죄는 작성권한이 없는 자가 타인의 명의를 모용하여 권리의무 또는 사실증명에 관한 타인의 문서를 위조한 경우에 성립되는 것으로서, 문서에 작성명의인이 명시되어 있지는 아니하더라도, 문서의 내용, 형식, 체제 등에 비추어 그 문서 자체에 의하여 그 작성명의인을 판별할 수 있어야만 사문서위조죄의 객체가 되는 문서로 볼 수 있다.

새마을금고 총무부장이 작성한 대의원 피선거권자명단에는 작성명의인이 표시되어 있지 않음은 물론, 그 내용·형식·체제 등에 비추어 보더라도 그 서류 자체에 의하여 그 작성명의인을 판별할 수 없을 뿐만 아니라, 위 피선거권자명단은 그가 위 금고의 이사장의 결재를 받아 작성한 것이 아니라 금고의 총무부장으로서 직책상 대의원선거가 원활하게 진행되게 하기 위하여 선거구별로 1통씩 작성한 경우라면 피선거권자명단을 작성함에 있어서 타인의 명의를 모용하였다고 볼 수 없으므로 그 서류를 사문서위조죄의 객체가 되는 문서로 볼 수 없다고 한 사례.6)

다. 명의인의 실재

문서위조죄는 문서의 진정에 대한 공공의 신용을 그 보호법익으로 하는 것이므로 행사할 목적으로 작성된 문서가 일반인으로 하여금 당해 명의인의 권한 내에서 작성된 문서라고 믿게 할 수 있는 정도의 형식과 외관을 갖추고 있으면 문서위조죄가 성립하는 것이고, 위와 같은 요건을 구비한 이상 그 명의인이 실재하지 않는 허무인이거나 또는 문서의 작성일자 전에 이미 사망하였다고 하더라도 그러한 문서 역시 공공의 신용을 해할 위험성이 있으므로 문서위조죄가 성립한다고 봄이 상당하며, 이는 공문서뿐만 아니라 사문서의 경우에도 마찬가지라고 보아야 한다.7)

부동산매도권한을 위임하고 사망한 부 명의로 작성한 인감증명위임장

피고인이 자신의 부 갑에게서 갑 소유 부동산의 매매에 관한 권한 일체를 위임받아 이를 매도하였는데, 그 후 갑이 갑자기 사망하자 부동산 소유권 이전에 사용할 목적으로 갑이 자신에게 인감증명서 발급을 위임한다는 취지의 인감증명 위임장을 작성한 후 주민센터 담당직원에게 이를 제출한 사안에서,

---

더라도 그러한 사정만으로 이혼신고서가 공문서인 이혼의사확인서등본의 일부가 되었다고 볼 수 없다. 따라서 당사자가 이혼의사확인서등본과 간인으로 연결된 이혼신고서를 떼어내고 원래 이혼신고서의 내용과는 다른 이혼신고서를 작성하여 이혼의사확인서등본과 함께 호적관서에 제출하였다고 하더라도 공문서인 이혼의사확인서등본을 변조하였다거나 변조된 이혼의사확인서등본을 행사하였다고 할 수 없다(대판 2009. 1. 30. 2006도7777).

6) 대판 1992. 5. 26. 92도353.

7) 대판 2005. 2. 24. 2002도18 전원합의체. 위 판례에 의해 "타인 명의의 문서를 위조하여 행사하였다고 하더라도 그 명의인이 실재하지 않는 허무인이거나 또는 문서의 작성일자 전에 이미 사망한 경우에는 사문서위조죄 및 동행사죄가 성립하지 않는다"라고 판시한 대판 1997. 7. 25. 97도605; 대판 1994. 9. 30. 94도1787; 대판 1960. 8. 10. 4292형상658 등은 모두 변경되었다.

갑의 사망으로 포괄적인 명의사용의 근거가 되는 위임관계 내지 포괄적인 대리관계는 종료된 것으로 보아야 하므로 특별한 사정이 없는 한 피고인은 더 이상 위임받은 사무처리와 관련하여 갑의 명의를 사용하는 것이 허용된다고 볼 수 없고, 피고인이 사망한 갑의 명의를 모용한 인감증명 위임장을 작성하여 인감증명서를 발급받아야 할 급박한 사정이 있었다고 볼 만한 사정도 없으며, 인감증명 위임장은 본래 생존한 사람이 타인에게 인감증명서 발급을 위임한다는 취지의 문서라는 점을 고려하면, 이미 사망한 갑이 '병안 중'이라는 사유로 피고인에게 인감증명서 발급을 위임한다는 취지의 인감증명 위임장이 작성됨으로써 문서에 관한 공공의 신용을 해할 위험성이 발생하였다 할 것이고, 피고인이 명의자 갑이 승낙하였을 것이라고 기대하거나 예측한 것만으로는 사망한 갑의 승낙이 추정된다고 단정할 수 없다.[8)]

존재하지 않는 '강남한의원' 명의의 임상경력증명서

피고인이 중국 중의사 및 침구사 시험에 응시할 사람을 모집한 후 그들을 중국에 데려가 응시원서의 제출을 대행하면서 응시생의 임상경력증명서가 필요하게 되자, 임상경력증명서 양식에 응시생의 이름과 생년월일 및 학습기간 등을 기재한 다음 의원직인란에 강남한의원이라고 기재하고 그 옆에 임의로 새긴 강남한의원의 직인을 날인하여 강남한의원 명의의 임상경력증명서를 위조한 것을 비롯하여, 동일한의원과 일심한의원 명의의 임상경력증명서를 같은 방법으로 각 위조하여 행사한 이 사건에서 위 각 임상경력증명서의 명의인인 한의원이 실재하지 않는다고 하더라도, 위 각 임상경력증명서들은 일반인으로 하여금 당해 명의인의 권한 내에서 작성된 문서라고 믿게 할 수 있는 정도의 형식과 외관을 갖추고 있다고 보기에 충분하므로, 위 각 사문서위조 및 동행사의 범죄사실은 모두 유죄이다.[9)]

공문서에 있어서는 위와 같은 법리가 다음과 같이 일찍부터 적용되어 왔다.

공무소 또는 공무원이 실존하지 아니하여도 그 공무소가 실존하고 그 산하 공무원이 실존하는 것으로 일반인이 오인할 우려가 있으며 그 이름의 문서가 실존하는 공무원이 작성한 문서로 볼 수 있는 정도의 형식과 외관을 갖춘 이상 공문서위조죄가 성립된다.[10)]

위 판례들의 법리는 다음과 같이 작성명의인이 법인이나 단체인 경우에도 적용된다.

법인격이 소멸한 삼성종합건설 명의의 아파트공급계약서

문서위조죄는 문서의 진정에 대한 공공의 신용을 그 보호법익으로 하는 것이므로 행사할 목적으로 작성된 문서가 일반인으로 하여금 당해 명의인의 권한 내에서 작성된 문서라고 믿게 할 수 있는 정도의 형식과 외관

8) 대판 2011. 9. 29. 2011도6223.
9) 대판 2005. 2. 24. 2002도18 전원합의체.
10) 대판 1968. 9. 17. 68도981.

을 갖추고 있으면 문서위조죄가 성립하는 것이고, 위와 같은 요건을 구비한 이상 그 명의인이 실재하지 않는 허무인이거나 또는 문서의 작성일자 전에 이미 사망하였다고 하더라도 그러한 문서 역시 공공의 신용을 해할 위험성이 있으므로 공문서와 사문서를 가리지 아니하고 문서위조죄가 성립한다고 봄이 상당하며 이러한 법리는 법률적, 사회적으로 자연인과 같이 활동하는 법인 또는 단체에도 그대로 적용된다고 할 것이다.

피고인이 위조행사한 삼성종합건설 명의의 아파트공급계약서와 입금표가 비록 삼성종합건설이 이미 해산등기를 마쳐 그 법인격이 소멸한 이후에 작성되었거나 그 법인격이 소멸한 이후의 일자로 작성되었다고 하더라도, 일반인으로 하여금 그 명의인인 삼성종합건설의 권한 내에서 작성된 문서라고 믿게 할 수 있는 정도의 형식과 외관을 갖추고 있다고 보기에 충분하므로 피고인의 판시 행위는 사문서위조 및 동행사죄에 해당된다.[11]

라. 작성명의의 모용

의결권을 위임한 이사들이 이사회에 참석한 것처럼 이사회회의록을 작성

피고인이 행사할 목적으로 "피고인과 갑, 을, 병 등 9명의 이사가 모여 이사회를 개최하고, 정을 대표이사로 선출하였으며, 신주 31,000주를 발행하기로 결의하였다"는 내용의 이사회 회의록을 작성한 후 위 회의록 말미의 이사 서명 날인란에 갑, 을, 병의 각 이름을 기재하고 미리 만들어 둔 이들의 인장을 각 압날하여 권리 의무에 관한 사문서인 이사회회의록을 작성한 사안에서,

갑, 을, 병이 명시적 또는 묵시적이라도 회사의 대표이사의 선임 또는 신주의 발행 등에 필요한 절차로서 이사회를 개최하는 경우 그 참석 및 의결권의 행사에 관한 권한을 피고인에게 위임하였다면, 갑, 을, 병이 실제로 그 이사회에 참석하지도 않았는데 마치 참석하여 의결권을 행사한 것처럼 이사회회의록에 기재되어 있더라도 이는 이른바 사문서의 무형위조에 해당할 따름이어서 현행 형법 아래에서는 처벌대상이 아니된다.[12]

A 교회를 탈퇴하여 대표자 아닌 목사가 A 명의로 매매계약서를 작성

A 교회 목사인 피고인이 자신을 지지하는 일부 교인들과 A를 탈퇴함으로써 대표자의 지위를 상실하였으므로, 그 후 A 명의로 A 소유 부동산을 자신에게 매도하는 내용의 매매계약서를 작성하고 이를 행사한 행위는 사문서위조죄 및 위조사문서행사죄에 해당한다고 본 사례.[13]

건축주의 명의를 갑으로 변경하도록 위임받았음에도 건축주명의변경신청서에 병을 기재

갑이 을과의 동업계약에 따라 갑 명의로 변경하기 위하여 을의 인장이 날인된 백지의 건축주명의변경신청서

11) 대판 2005. 3. 25. 2003도4943.

12) 대판 1985. 10. 22. 85도1732. 다음은 같은 취지이다.
피고인들이 작성한 회의록에다 참석한 바 없는 소외인이 참석하여 사회까지 한 것으로 기재한 부분은 사문서의 무형위조에 해당할 뿐이어서 사문서의 유형위조만을 처벌하는 현행 형법 하에서는 죄가 되지 아니한다(대판 1984. 4. 24. 83도2645).

13) 대판 2011. 1. 13. 2010도9725.

를 받아 보관하고 있던 중 그 위임의 취지에 반하여 병 앞으로 건축주명의를 변경하는 건축주명의변경신청서를 작성하여 구청에 제출하였다면 사문서위조 및 그 행사죄가 성립한다.[14)]

명의자가 사문서의 작성·수정을 당연히 승낙했을 것이라고 추정됨

사문서의 위·변조죄는 작성권한 없는 자가 타인 명의를 모용하여 문서를 작성하는 것을 말하는 것이므로 사문서를 작성·수정함에 있어 그 명의자의 명시적이거나 묵시적인 승낙이 있었다면 사문서의 위·변조죄에 해당하지 않고, 한편 행위 당시 명의자의 현실적인 승낙은 없었지만 행위 당시의 모든 객관적 사정을 종합하여 명의자가 행위 당시 그 사실을 알았다면 당연히 승낙했을 것이라고 추정되는 경우 역시 사문서의 위·변조죄가 성립하지 않는다.[15)]

사실혼 청산 후 일방적으로 혼인신고서 작성하여 혼인신고

혼인신고 당시에는 피해자가 피고인과의 동거관계를 청산하고 피고인을 만나주지 아니하는 등으로 피하여 왔다면 당초에는 피해자와 사실혼 관계에 있었고 또 피해자에게 혼인의 의사가 있었다 하더라도 위 혼인신고 당시에는 그 혼인의사가 철회되었다고 보아야 할 것이므로 피고인이 일방적으로 혼인신고서를 작성하여 혼인신고를 한 소위는 설사 혼인신고서 용지에 피해자 도장이 미리 찍혀 있었다 하더라도 사문서위조죄에 해당한다.[16)]

14) 대판 1984. 6. 12. 83도2408.

15) 대판 2003. 5. 30. 2002도235. 다음은 유사 취지이다.

후견인이 재산목록을 작성하기 전에 피후견인 명의의 문서를 작성

후견인은 후견개시원인사실이 발생한 때부터 당연히 피후견인에 대한 재산관리권과 법률행위대리권을 가지게 되나, 민법 제943조에 의하면 후견인은 재산조사와 목록작성을 완료하기까지는 긴급 필요한 경우가 아니면 그 재산에 관한 권한을 행사하지 못한다고 규정하고 있는바, 이는 재산목록의 작성이 끝날 때까지 후견인의 권한 행사를 제한하는 규정으로서 이에 위반한 후견인의 행위는 무권대리 행위에 해당한다고 할 것이고, 위 조문에서의 긴급 필요한 경우란 재산목록의 작성 전에 이를 하지 않으면 피후견인의 신상 또는 재산에 관하여 후일 이를 회복하기 어려운 불이익을 가져오게 할 경우를 말하는 것이다.

재산목록 작성 전의 후견인이 피후견인 명의의 문서를 작성한 행위에 대하여 후견인이 문서작성의 권한이 있다고 믿고 있었을 개연성이 있다는 이유로, 사문서위조죄 및 위조사문서행사죄에 대하여 유죄를 인정한 원심판결을 파기한 사례(대판 1997. 11. 28. 97도1368).

16) 대판 1987. 4. 11. 87도399. 다음은 같은 취지이다.

양도인의 도장이 날인된 백지의 양도양수서에 권한 없이 피고인을 양수인으로 기재

작성명의자의 날인이 정당하게 성립된 사문서라고 하더라도 그 내용을 기재할 정당한 권한이 없는 자가 그 내용을 기재하거나 또는 그 권한을 위임받은 자가 그 권한을 초과하여 내용을 기재함으로써 그 날인자의 의사에 반하는 사문서를 작성한 경우에는 사문서위조죄가 성립한다.

갑은 1989. 4. 20. 을 등에게 같은 해 6. 5.까지 원심 판시 금액을 변제하지 않을 경우 그 다음날 이후에는 이 사건 나이트클럽의 명의를 을 등 앞으로 변경하기로 약정하고 소정사항이 기재되어 있지 아니한 백지의 양도양수서 용지에 그의 도장을 날인하여 교부하였는데, 피고인은 을로부터 같은 해 5. 3. 위 서류를 같은 해 6. 5.까지 보관만 하기로 약정하고 교부받았을 뿐임에도 불구하고 같은 해 5. 6. 위 서류에 갑이 같은 달 1.자로 위 나이트클럽을 피고인에게 양도한다는 내용을 기재한 경우, 피고인은 위 양도양수서 중 백지로 되어 있는 부분에 위와 같은 내용을 기재할 수 있는 권한을 위임받은 바 없으면서 작성명의인인 갑의 의사에 반하여 동인 명의의 사문서를 작성하였다고 할 것이

마. 작성명의인을 기망

피고인이 갑인 것처럼 행세하며 을에게 신원보증서의 작성을 부탁하여, 피고인을 갑이라고 믿은 을로 하여금 피고인을 갑이라고 표시한 신원보증서를 작성하게 한 것은 작성 명의인을 기망하여 문서를 작성케 한 것으로 사문서위조에 해당한다.[17)]

피고인이 정기문중총회 회의록을 임의로 작성하고는 종중원들을 찾아다니면서 서명, 날인을 받았는데, 이 때 종중원들에게 이 사건 임야의 등기, 매도권한을 피고인에게 일임하고 매도금액 3분의 1을 문중에 반납하고 나머지를 피고인에게 소송대행비용으로 준다는 위 회의록의 내용 등에 관하여 제대로 알려 주지 아니한 채, 단지 이 사건 임야에 관하여 문중 명의로 소유권이전등기를 하는 데 필요하다는 정도로만 얘기하면서 서명, 날인을 받은 사안에서,
명의인을 기망하여 문서를 작성케 하는 경우는 서명, 날인이 정당히 성립된 경우에도 기망자는 명의인을 이용하여 서명 날인자의 의사에 반하는 문서를 작성케 하는 것이므로 사문서위조죄가 성립한다고 할 것이므로, 피고인은 종중원들 명의의 위 회의록을 위조하여 행사한 것이다.[18)]

므로 이는 사문서위조죄에 해당한다(대판 1992. 12. 22. 92도2047).

17) 대판 1979. 6. 26. 79도908.

18) 대판 2000. 6. 13. 2000도778. 다음은 같은 취지이다.

백지의 동의서에 날인받은 후 동의자의 의사에 반하는 내용을 기재

다른 곳의 토지에 분묘를 소유하고 있는 피해자에게 피고인이 신청한 골재채취장과는 멀리 떨어져 있어 토석채취를 한다고 하여도 피해가 없으니 동의해 달라고 말하여 백지의 동의서 양식에 인감도장을 날인하게 한 다음, 행사할 목적으로 그 동의서에 피해자의 의사에 반하여 분묘 소재지를 위 골재채취장 주변의 토지로 기재하였다면 피고인이 작성한 피해자 작성명의의 동의서는 피해자가 동의서의 양식에 인감도장을 날인하면서 그 공란을 기재하도록 승낙한 내용과 다른 것이고, 위 동의서의 공란을 기재하여 완성하도록 승낙한 취지에도 어긋나는 것이어서 피고인은 피해자가 승낙한 문서 아닌 문서를 작성한 셈이 되고, 피해자의 의사에 반한 내용의 동의서를 작성한 것이 되어 사문서를 위조한 경우에 해당한다고 보아야 할 것이고, 그 동의서에 미리 날인받은 피해자의 인영이 진정한 것이라고 하더라도 사문서위조죄가 성립한다(대판 1992. 3. 31. 91도2815).

피고인이 권리의무에 관한 사문서인 피해자 명의의 신탁증서 1통을 작성한 후 마치 다른 내용의 문서인 것처럼 피해자에게 제시하여 날인을 받고 이를 법원에 제출한 경우에는 사문서위조, 동행사의 죄가 성립한다(대판 1983. 6. 28. 83도1036).

다음 판례와 비교하라.

등기필증이 멸실되어 법무사가 등기위임에 필요한 확인서면을 작성함에 있어 피고인에게 속아 피고인을 등기의무자로 함

확인서면은 부동산등기법 제49조 제3항, 제2항에 의해 법무사가 주민등록증 등에 의하여 등기의무자가 본인인지 여부를 확인하고 작성하는 서류이므로 이 사건 확인서면은 법무사 명의의 문서일 뿐이고, 확인서면 작성 과정에서 등기의무자가 본인 확인을 위해 필요한 우무인을 찍게 된다고 하더라도 그 등기의무자를 위 확인서면의 작성명의인으로 볼 수는 없으며, 법무사가 피고인들로부터 속아 등기의무자를 갑으로 하는 확인서면을 작성하였다고 하더라도 작성명의인이 문서를 작성한 이상 이를 피고인들이 위조한 것으로 볼 수도 없다(대판 2010. 11. 25. 2010도11509).

해설: 과거에는 등기의무자의 권리에 관한 등기필증이 멸실된 경우에는 등기의무자가 직접 등기소에 출석하거나, 위임에 의한 대리인(변호사나 법무사만을 말한다)이 신청서상의 등기의무자로부터 위임받았음을 확인하는 서면을 등기소에 제출하는 등의 방법에 의해 등기의무자가 등기신청을 함을 증빙하였다(등기필증제도는 2011년부터 등기필정보제도로 바뀜). 위 판례는 대리인인 법무사가 등기의무자 본인임을 확인하는 과정에서 등기의무자로 하여금 확

기망당한 문서의 작성명의인이 공무원인 때에는 다음과 같이 공문서위조죄가 성립하지 않는다.

비공무원이 허위 내용의 증명원을 신청하여 공무원의 허위의 증명원을 작성

어느 문서의 작성권한을 갖는 공무원이 그 문서의 기재 사항을 인식하고 그 문서를 작성할 의사로써 이에 서명날인하였다면, 설령 그 서명날인이 타인의 기망으로 착오에 빠진 결과 그 문서의 기재사항이 진실에 반함을 알지 못한 데 기인한다고 하여도, 그 문서의 성립은 진정하며 여기에 하등 작성명의를 모용한 사실이 있다고 할 수는 없으므로, 공무원 아닌 자가 관공서에 허위 내용의 증명원을 제출하여 그 내용이 허위인 정을 모르는 담당공무원으로부터 그 증명원 내용과 같은 증명서를 발급받은 경우 공문서위조죄의 간접정범으로 의율할 수는 없다.[19]

바. 가명이나 위명의 사용

실제의 본명 대신 가명이나 위명을 사용하여 사문서를 작성한 경우에 그 문서의 작성명의인과 실제 작성자 사이에 인격의 동일성이 그대로 유지되는 때에는 위조가 되지 않으나, 명의인과 작성자의 인격이 상이할 때에는 위조죄가 성립할 수 있다.[20]

다방종업원으로 취업하면서 받은 선불금에 관한 현금보관증을 가명으로 작성

피고인은 갑이라는 가명을 사용하여 다방종업원으로 취업하면서 선불금으로 100만 원을 받고 이에 대한 반환을 약속하는 내용의 이 사건 현금보관증을 작성, 교부하였는데, 위 다방에 취업하기 위하여 피고인의 실제 나이보다 4살 어린 1954년생으로 가장하였고, 위 현금보관증에도 본인의 실명과 실제 주민등록번호 대신에 갑이라는 가명과 출생연도 부분이 허위인 주민등록번호를 기재하여 교부하였다. 다방주인은 갑이 피고인의 가명이라는 것과 위 주민등록번호가 실재하지 않는 번호라는 것을 몰랐다.

현금보관증이라는 문서의 성질과 기능, 위와 같은 작성 경위에 비추어 보면 이 사건 현금보관증에 표시된 명칭과 주민등록번호 등으로부터 인식되는 인격은 '1954년에 출생한 52세 가량의 여성인 갑이고, 1950년생인 피고인과는 다른 인격인 것이 분명하므로, 이 사건 문서의 명의인과 작성자 사이에 인격의 동일성이 인정되지 않는다고 보아야 한다. 비록 피고인이 갑이라는 가명을 다방에 근무하는 동안 계속 사용해 왔고, 주소는 실제 피고인의 주소와 동일하게 기재되어 있으며, 피고인이 위 문서로부터 발생할 책임을 면하려는 의사나 편취의 목적을 가지지는 않았다고 하더라도, 위 문서를 작성함에 있어서 자신이 위 문서에 표시된 명의인

인서면에 우무인을 날인하게 하였으나, 제3자가 등기의무자로 행세하는 것을 알아채지 못한 사안에 관한 것이다. 위 확인서면의 작성 명의인은 어디까지나 법무사이고, 등기의무자가 우무인을 찍는 부분은 확인서면의 내용에 불과하여 등기의무자가 위 확인서면의 작성명의인이 아닌 것은 분명하다. 그렇지만 위 사안에서 문서명의인인 법무사가 피고인들에게 속아 등기의무자 아닌 제3자(피고인들)를 등기의무자로 오인함으로써 법무사의 의사에 반하여 확인서면을 작성하였다는 점에서 이러한 경우 문서위조죄가 성립한다는 다른 판례들(대판 1992. 3. 31. 91도2815; 대판 2000. 6. 13. 2000도778 등)과 배치되는 것이 아닌가 하는 의문이 든다.

19) 대판 2001. 3. 9. 2000도938.

20) 대판 1979. 6. 26. 79도908; 대판 2010. 11. 11. 2010도1835.

인 '1954년생 갑'인 체 가장한 것만은 분명하므로, 명의인과 작성자의 인격의 동일성을 오인케 한 피고인의 이러한 행위는 사문서 위조, 동행사죄에 해당한다.[21)]

실존하는 갑 명의로 취직한 지 3년이 지난 후 갑 명의로 작성한 서약서

피고인이 A 주식회사에 취직하기 위하여 실존하는 갑으로 가장하여 갑 명의의 이력서를 작성한 것은 죄가 된다. 그리고 일단 취직이 된 후 3년이 지난 시점에서 피고인이 갑 명의의 서약서 등을 작성한 경우에도, 3년이 지났다고 해서 피고인이 갑의 이름으로 가명을 쓰는 것으로 확정이 되고 또 그것이 공지의 사실이 된 것이라 보기는 어려우므로, 본명 대신에 가명을 사용한 경우와는 달라서, 사문서위조죄에 해당한다.[22)]

3. 가독성 있는 부호에 의한 의사 또는 관념의 표시로서 계속성이 있을 것

위조한 휴대전화가입신청서를 스캔하고 이메일로 전송하여 화면으로 보게 함

컴퓨터 이미지 파일 자체는 시각적 방법에 의해 이해할 수 있는 것이 아니어서 문서로 볼 수 없고, 컴퓨터 프로그램을 실행하여 이미지 파일을 모니터 화면에 띄운 이미지는 계속적으로 화면에 고정된 것이라고 볼 수 없어 문서로 볼 수 없다. 그러나 문서를 스캔한 이미지 파일을 수정하여 출력한 것은 문서에 해당한다. 또한 이미지 파일 자체는 문서에 관한 죄의 '문서'에 해당하지 않으나, 이를 전송하여 컴퓨터 화면상으로 보게 하는 것은 위조사문서행사에 해당하므로, 휴대전화 신규 가입신청서를 위조한 후 이를 스캔한 이미지 파일을 제3자에게 이메일로 전송하여 그로 하여금 위 가입신청서를 화면상으로 보게 하는 것은 이미 위조한 가입신청서를 행사한 것에 해당한다.[23)]

해설: 이미 위조되어 있는 휴대전화가입신청서를 컴퓨터파일로 만들어 전송함으로써 상대방으로 하여금 위 휴대전화가입신청서를 화면상으로 보게 한 것이므로 행사에 해당한다.

졸업증명서 파일과 모니터상의 이미지

이 사건 졸업증명서 파일은 그 파일을 보기 위하여 일정한 프로그램을 실행하여 모니터 등에 이미지 영상을 나타나게 하여야 하므로, 파일 그 자체는 형법상 문서에 관한 죄에 있어서의 문서에 해당되지 않는다. 컴퓨터 모니터 화면에 나타나는 이미지는 이미지 파일을 보기 위한 프로그램을 실행할 경우에 그때마다 전자적 반응을 일으켜 화면에 나타나는 것에 지나지 않아서 계속적으로 화면에 고정된 것으로는 볼 수 없으므로, 형법상 문서에 관한 죄에 있어서의 문서에는 해당되지 않는다.[24)]

해설: 졸업증명서 자체는 위조된 것이 아니고 이를 컴퓨터파일로 만들어 그 파일을 수정한 다음 이를 화면에 나타낸 것은 문서가 아니므로 문서에 관한 죄가 성립하지 않는다. 마찬가지로 주민등록증을 수정한 이미지

21) 대판 2010. 11. 11. 2010도1835.
22) 대판 1979. 6. 26. 79도908; 대판 2010. 11. 11. 2010도1835.
23) 대판 2008. 4. 10. 2008도1013.
24) 대판 2010. 7. 15. 2010도6068.

파일을 만들어 이메일로 송부한 경우에도 문서에 관한 죄를 구성하지 않는다.[25)]

스캔한 전세계약서원본 파일에서 보증금란을 지워 인쇄 후 보증금란을 보충하여 행사

컴퓨터 모니터 화면에 나타나는 이미지는 이미지 파일을 보기 위한 프로그램을 실행할 경우에 그때마다 전자적 반응을 일으켜 화면에 나타나는 것에 지나지 아니하여 형법상 문서에 관한 죄에 있어서의 '문서'에 해당하지 않는다.

그러나 피고인이 사무실전세계약서 원본을 스캐너로 복사하여 컴퓨터 화면에 띄운 후 그 보증금액란을 공란으로 만든 다음 이를 프린터로 출력하여 검정색 볼펜으로 보증금액을 '삼천만 원'으로 변조하고, 이와 같이 변조된 사무실전세계약서를 팩스로 송부한 경우에는 '컴퓨터 모니터 화면상의 이미지'를 변조하고 이를 행사한 행위가 아니라 '프린터로 출력된 문서'인 사무실전세계약서를 변조하고 이를 행사한 행위이므로 사문서변조죄, 변조사문서행사죄가 성립한다.[26)]

4. 문서로서의 형식과 외관을 갖출 것

사문서위조죄는 그 명의자가 진정으로 작성한 문서로 볼 수 있을 정도의 형식과 외관을 갖추어 일반인이 명의자의 진정한 사문서로 오신하기에 충분한 정도이면 성립하는 것이고, 반드시 그 작성명의자의 서명이나 날인이 있어야 하는 것은 아니나, 일반인이 명의자의 진정한 사문서로 오신하기에 충분한 정도인지 여부는 그 문서의 형식과 외관은 물론 그 문서의 작성경위, 종류, 내용 및 일반거래에 있어서 그 문서가 가지는 기능 등 여러 가지 사정을 종합적으로 고려하여 판단하여야 한다.[27)]

가. 문서로서의 형식과 외관을 갖춘 사례

인장의 압날과 주민등록번호의 기재가 없음

사문서의 작성명의자의 인장이 압날되지 아니하고 주민등록번호가 기재되지 않았더라도, 일반인으로 하여금 그 작성명의자가 진정하게 작성한 사문서로 믿기에 충분할 정도의 형식과 외관을 갖추었으면 사문서위조죄 및 동행사죄의 객체가 되는 사문서라고 보아야 한다.[28)]

---

25) 자신의 이름과 나이를 속이는 용도로 사용할 목적으로 주민등록증의 이름·주민등록번호란에 글자를 오려붙인 후 이를 컴퓨터 스캔 장치를 이용하여 이미지 파일로 만들어 컴퓨터 모니터로 출력하는 한편 타인에게 이메일로 전송한 사안에서, 컴퓨터 모니터 화면에 나타나는 이미지는 형법상 문서에 관한 죄의 문서에 해당하지 않으므로 공문서위조 및 위조공문서행사죄를 구성하지 않는다고 한 사례(대판 2007. 11. 29. 2007도7480).

26) 대판 2011. 11. 10. 2011도10468.

27) 대판 1997. 12. 26. 95도2221; 대판 2004. 10. 14. 2004도3514; 대판 2008. 3. 27. 2008도443; 대판 2009. 7. 23. 2008도10195.

28) 대판 1989. 8. 8. 88도2209. 다음은 같은 취지이다.
사문서위조죄는 그 명의자가 작성한 진정한 사문서로 볼 수 있는 정도의 형식과 외관을 갖추어 일반인이 진정한 명의자의 사문서로 오신하기 충분하면 되는 것이고 비록 본건과 같이 "부산 해운대구 ○○동 ○○번지 ○○산업사 대표 ○○○"라고 새겨진 고무명판을 찍었을 뿐 서명날인이 없는 문서라고 하더라도 외관상 그 명의자가 작성한 사문

계약서에 함부로 입회인으로 표시(상호와 성명을 기재하고 인장은 안 찍음)

사실증명에 관한 사문서에는 법률상 또는 사회생활상의 사실의 증명에 관한 문서가 포함된다고 할 것이므로 채권계약서의 입회인으로 타인의 명의를 함부로 써서 작성한 문서는 사문서에 해당한다. 사문서의 작성명의자의 인장이 찍히지 아니하였더라도 그 사람의 상호와 성명이 기재되어 그 명의자의 문서로 믿을 만한 형식과 외관을 갖춘 경우에는 사문서위조죄에 있어서의 사문서에 해당한다고 볼 수 있다.[29)]

예금청구서에 작성명의자의 기명만 있고 날인이 빠져있다 하여도 일반인이 그 작성명의자에 의하여 작성된 예금청구서라고 오신할 만한 형식과 외관을 갖추고 있는 이상 권한 없이 위 예금청구서를 작성한 행위는 사문서위조죄에 해당하고 날인이 없다하여 이를 미완성문서로 볼 수는 없다.[30)]

피고인이 다른 서류에 찍혀 있던 갑의 직인을 칼로 오려내어 풀로 붙인 후 이를 복사하는 방법으로 갑 명의의 추천서와 경력증명서를 위조하고 이를 행사하였다고 하여 기소된 사안에서, 위 문서는 피고인이 직인을 오려붙인 흔적을 감추기 위하여 복사한 것으로서 일반적으로 문서가 갖추어야 할 형식을 다 구비하고 있고, 주의 깊게 관찰하지 아니하면 외관에 비정상적인 부분이 있음을 알아차리기가 어려울 정도이므로, 일반인이 명의자의 진정한 사문서로 오신하기에 충분한 정도의 형식과 외관을 갖추었다고 한 사례.[31)]

유효기간이 경과한 홍콩 당국 작성의 국제운전면허증에 피고인의 사진을 바꾸어 붙임

문서위조죄는 문서의 진정에 대한 공공의 신용을 그 보호법익으로 하는 것이므로, 피고인이 위조하였다는 국제운전면허증이 그 유효기간을 경과하여 본래의 용법에 따라 사용할 수는 없게 되었다고 하더라도, 이를 행사하는 경우 그 상대방이 유효기간을 쉽게 알 수 없도록 되어 있거나 위 문서 자체가 진정하게 작성된 것으로서 피고인이 명의자로부터 국제운전면허를 받은 것으로 오신하기에 충분한 정도의 형식과 외관을 갖추고 있다면 피고인의 행위는 문서위조죄에 해당한다고 보아야 할 것이다.[32)]

서로 볼 수 있는 정도의 형식과 외관을 갖춘 이상 사문서위조죄는 성립한다(대판 1987. 1. 20. 86도1867).
차용증에 연대보증인의 이름과 주민등록번호 및 주소가 함께 적혀 있다면 비록 날인이 없다고 하더라도 일반인이 위 연대보증인 명의의 진정한 사문서로 오신하기에 충분하다고 본 사례(대판 2007. 5. 10. 2007도1674).

29) 대판 2000. 2. 11. 99도4819.

30) 대판 1984. 10. 23. 84도1729. 다음은 같은 취지이다.
피고인이 근무하던 증권회사에서는 위탁자의 서명이 있으면 날인이 누락된 위탁자 출금청구서라 하여도 출금이 가능하였으므로 권한없이 위탁자 본인의 의사에 의한 것처럼 가장하여 위탁자의 서명만 있고 날인이 없는 위탁자 출금청구서를 작성, 행사한 피고인의 소위는 사문서위조 동행사죄에 해당한다(대판 1982. 10. 12. 81도3176).

31) 대판 2011. 2. 10. 2010도8361.

32) 대판 1998. 4. 10. 98도164. 구체적인 내용은 다음과 같다.
피고인은 자동차 운전면허를 받은 바 없이 서울 시내에서 승용차를 운전하면서 경찰관에게 적발당할 경우 위 국제운전면허증을 제시하려고 하였다. 피고인이 사진을 바꾸어 붙인 국제운전면허증에는 이를 발행받은 자의 성명·출생지·생년월일·주소가 영문으로 기재되어 있고, 표지에 고무인으로 발행일이 날인되어 있으며, 표지의 뒷면에 작은 활자의 영문으로 위 면허증이 효력을 가지는 국가와 유효기간이 발행일로부터 1년이라는 취지가 기재되어 있다. 이

육군 규정에도 없는 공문서

위조된 문서가 일반인으로 하여금 공문서 또는 공무원의 직무권한 내에서 작성된 것으로 믿게 할 수 있는 형식 외관을 갖추고 있는 경우에는 설령 이러한 문서가 육군규정에 없는 경우에도 공문서위조죄가 성립된다.[33)]

나. 문서로서의 형식과 외관을 갖추지 못한 사례

토지소유자 갑이 을에게 주택건축에 관한 모든 권한을 위임하고 사업을 포기한다는 책임각서와 토지주시행포기각서에 갑의 성명, 주소, 주민등록번호는 기재되었으나 서명·날인은 없음

책임각서는 이 사건 토지에 관하여 그 소유자인 갑이 건축허가를 받을 때까지의 모든 책임을 지고 허가가 나온 후의 주택건축에 관한 모든 권한을 위임하기로 을에게 약속하는 내용을, 토지주시행포기각서는 위 토지에 관하여 갑이 을에게 공사 및 모든 권한을 위임하고 사업을 포기한다는 내용을 각 타자기를 이용하여 타자한 것으로서, 모두 각서를 받는 지위에 있는 을이 자리에서 그 직원을 시켜 작성하였다는 것이고, 각서인인 갑의 난에는 갑의 성명, 주소 및 주민등록번호(책임각서의 경우) 또는 성명 및 주소(토지주시행포기각서의 경우)만이 기재되었을 뿐 갑의 서명이나 날인은 없었다는 것인바, 위 문서들의 위와 같은 형식, 외관과 기재방식 및 작성경위에다 위 문서들이 위 토지에 관하여 갑이 소유자로서의 권한을 포기하고 그 권한을 을에게 위임하였음을 증명하는 서류로서 각서인은 그 내용에 따른 의무를 부담하게 된다는 각서의 기능 등에 비추어 보면, 위 책임각서와 토지주시행포기각서는 갑이 작성한 진정한 각서로 오신하기에 충분한 정도의 외관과 형식을 갖춘 완성된 문서라고 보기에 부족하다.[34)]

와 같은 경우 위 국제운전면허증은 비록 유효기간을 일정기간 경과하였기는 하지만, 이를 행사할 경우 그 상대방이 유효기간에 관한 기재를 쉽게 인식할 수 없다고 보일 뿐 아니라, 그 문서의 형식과 외관으로 볼 때 이는 명의자인 홍콩 당국이 피고인에게 국제운전면허를 부여하였음을 증명하는 내용의 진정한 문서라고 오신할 위험성이 충분하다. 따라서 위 국제운전면허증은 문서위조죄의 문서에 해당한다고 보아야 한다.

33) 대판 1964. 8. 31. 64도308.

34) 대판 1997. 12. 26. 95도2221. 피고인이 작성한 문서의 구체적인 내용은 다음과 같다.

책임각서

각서인 성명: 갑

주소, 주민등록번호, 토지소재 : 생략

소유자 성명: 갑

토지면적: 1988㎡ 중에서 1157.03㎡

위 각서인은 1992. 5. 5. 현재 위 토지의 소유주로서 아래 보증인의 명의로 허가관청에 주택허가서류를 계류 중 위 토지를 매매하게 되었던바, 금일 이후 허가를 취득할 때까지의 모든 책임을 지기로 하며 주택사업의 허가가 나온 후의 모든 권한을 (유) ○○개발 대표 을에게 위임할 것을 책임각서함. 이상.

1992. 5. 5.

위 보증인 성명 : 피고인, 피고인의 성명이 새겨진 도장 날인

주소, 주민등록번호, 전화번호: 생략

(유) ○○개발 귀하

토지주시행포기각서

토지 소재 : 생략

건축면적 및 연면적 각 공란

이 사건 입금확인서의 경우 수기로 기재된 부분이 전혀 없이 컴퓨터 활자로만 작성된 점, 공동 작성명의자 중 피고인 이름 다음에는 날인이 되어 있으나 갑의 이름 다음에는 날인이 되어 있지 않은 점 등에 비추어 그 기재와 같은 정도만으로는 갑이 작성한 진정한 문서로 오신하기에 충분한 정도의 외관과 형식을 갖춘 완성된 문서라고 보기에 부족하다.[35)]

5. 복사문서 등의 문서성

복사문서에 대해서는 오랫동안 문서를 위조한다거나 위조한 문서를 행사한다는 관념이 인정되지 않았다. 그러나 기술의 발전에 의해 복사본이 원본을 정확하게 재현하고, 복사본이 사회에서 널리 이용되면서 복사본에 대한 신뢰가 원본에 대한 신뢰에 버금가는 상황에 이르게 되었다. 이에 따라 복사문서에 대한 신뢰도 강하게 보호할 필요가 생겨 판례는 다음과 같이 복사문서도 문서에 관한 죄의 객체가 되는 것을 인정하기에 이르렀다. 그리하여 1995년에 형법 237조의2를 신설하여 복사문서도 문서에

소유자 성명: 갑
소유자 주소: 생략
허가번호란 공란
위 본인은 위 소재 토지주로서 공사 및 모든 권한을 (유) ㅇㅇ개발 대표 을에게 전권 위임하며 동 사업을 포기하고 기명날인한다. 이상.
1992. . . (유)ㅇㅇ개발 귀하

다음은 같은 취지이다.

부동문자가 인쇄된 자동판매기 매매계약서 용지에 타자로 계약일자와 설치장소를 기재하고 그 (을)란에 "A 주식회사 노조위원장 B"라고 기재하였으나 서명이나 날인은 하지 않음

공소사실: 자동판매기 매매계약서 용지에다 타자기를 사용하여 계약일자란에 "1986. 12. 22" 매수자란에 "A 주식회사 노조위원장 B" 기계설치장소란에 "사내식당기계 2대, 현장 케미 3개, 케미 2개"라고 각 타자하여 권리의무에 관한 사문서인 A 명의의 자동판매기 매매계약서 1장을 위조하여, 같은 달 23. 그 정을 모르는 C에게 위 매매계약서를 제출하여 이를 행사하였다.

판단: 위 문서는 그 형식과 외관 및 기재에 의하면, 갑(C)이 을에게 자동판매기를, 을이 원하는 장소에 설치해 줌으로써 매도한다는 내용이 부동문자로 인쇄된 자동판매기 매매계약서의 공란을 타자를 쳐서 보충시킨 것으로서, 그 (을)란에는 "A 주식회사 노조위원장 B"이라고 타자쳐져 있을 뿐 A나 그를 대표 또는 대리하는 사람의 날인은 물론 아무런 서명도 없고, 또 매매계약서가 당사자 사이에 매매계약이 체결되었음을 증명하는 서류로서 계약체결 후 당사자들은 그 계약에 따른 일정한 구속을 받게 된다는 점 등의 매매계약서의 기능에 비추어 보면, 위 매매약서는 A의 노조위원장 B가 매수인으로서 작성한 진정한 매매계약서로 오신하기에 충분한 정도의 형식과 외관을 갖춘 완성된 문서라고 인정하기에 부족하다(대판 1988. 3. 22. 88도3).

건설시행업자가 재개발사업 대상 토지 소유자들이 일정한 기한 내에 매매계약을 체결할 것을 동의한다는 내용의 매매계약동의서를 컴퓨터 및 필기구를 이용하여 작성하였지만, 위 매매계약동의서에는 동의 당사자들의 성명 및 주소만 기재되어 있을 뿐 날인은 없었던 점, 다른 토지 소유자들의 매매동의를 얻어 날인까지 받은 매매계약동의서와 함께 제시됨으로써 위 매매계약동의서의 소유자들은 확정적으로 매매계약에 동의하지 않았다는 사실을 쉽게 구별·확인가능 한 점, 매매계약동의서의 성격 등을 고려해 볼 때, 위 매매계약동의서가 진정한 문서로 오신하기에 충분한 정도의 형식과 외관을 갖춘 완성된 문서로 인정하기에 부족하다는 이유로 사문서위조죄의 성립을 부정한 사례(대판 2009. 5. 14. 2009도5).

35) 대판 2006. 9. 14. 2005도2518.

관한 죄의 객체가 됨을 실정법으로 인정하였다.

사진기나 복사기 등을 사용하여 기계적인 방법에 의하여 원본을 복사한 문서, 이른바 복사문서는 사본이더라도 필기의 방법 등에 의한 단순한 사본과는 달리 복사자의 의식이 개재할 여지가 없고, 그 내용에서부터 규모, 형태에 이르기까지 원본을 실제 그대로 재현하여 보여주므로 관계자로 하여금 그와 동일한 원본이 존재하는 것으로 믿게 할 뿐만 아니라 그 내용에 있어서도 원본 그 자체를 대하는 것과 같은 감각적 인식을 가지게 하고, 나아가 오늘날 일상거래에서 복사문서가 원본에 대신하는 증명수단으로서의 기능이 증대되고 있는 실정에 비추어 볼 때 이에 대한 사회적 신용을 보호할 필요가 있으므로 복사한 문서의 사본은 문서위조 및 동행사죄의 객체인 문서에 해당한다.[36]

복사기나 사진기, 모사전송기(facsimile) 등을 사용하여 기계적인 방법에 의하여 원본을 복사한 문서인 이른바 복사문서는 사본이라고 하더라도 문서위조죄 및 동 행사죄의 객체인 문서에 해당한다.[37]

전자복사기로 복사한 문서의 사본도 문서위조죄 및 동 행사죄의 객체인 문서에 해당하고, 위조된 문서원본을 단순히 전자복사기로 복사하여 그 사본을 만드는 행위도 공공의 신용을 해할 우려가 있는 별개의 문서사본을 창출하는 행위로서 문서위조행위에 해당한다.[38]

타인의 주민등록증사본에 자신의 사진을 붙여 복사
형법 제237조의2에 따라 전자복사기, 모사전송기 기타 이와 유사한 기기를 사용하여 복사한 문서의 사본도 문서원본과 동일한 의미를 가지는 문서로서 이를 다시 복사한 문서의 재사본도 문서위조죄 및 동 행사죄의 객체인 문서에 해당한다 할 것이고, 진정한 문서의 사본을 전자복사기를 이용하여 복사하면서 일부 조작을 가하여 그 사본 내용과 전혀 다르게 만드는 행위는 공공의 신용을 해할 우려가 있는 별개의 문서사본을 창출하는 행위로서 문서위조행위에 해당한다.
타인의 주민등록증사본의 사진란에 피고인의 사진을 붙여 복사하여 행사한 행위가 공문서위조죄 및 동행사죄에 해당한다고 한 사례.[39]

---

36) 대판 1989. 9. 12. 87도506 전원합의체.
37) 대판 1995. 12. 26. 95도2389.
38) 대판 1996. 5. 14. 96도785.
39) 대판 2000. 9. 5. 2000도2855. 다음은 같은 취지이다.
피고인이 타인의 주민등록증을 이용하여 주민등록증상 이름과 사진을 하얀 종이로 가린 후 복사기로 복사를 하고, 다시 컴퓨터를 이용하여 위조하고자 하는 당사자의 인적사항과 주소, 발급일자를 기재한 후 덮어쓰기를 하여 이를 다시 복사하는 방식으로 창출시킨 전혀 별개의 주민등록증사본 또한 공문서위조 및 행사죄의 객체가 되는 공문서에 해당한다(대판 2004. 10. 28. 2004도5183).

6. 공문서와 사문서

형법 제225조의 공문서변조나 위조죄의 객체인 공문서는 공무원 또는 공무소가 그 직무에 관하여 작성하는 문서이고, 그 행위주체가 공무원과 공무소가 아닌 경우에는 형법 또는 기타 특별법에 의하여 공무원 등으로 의제되는 경우(예컨대 정부투자기관관리기본법 제18조, 지방공기업법 제83조, 한국은행법 제112조의2, 특가법 제4조)를 제외하고는 계약 등에 의하여 공무와 관련되는 업무를 일부 대행하는 경우가 있다 하더라도 공무원 또는 공무소가 될 수는 없고, 특히 형벌법규의 구성요건을 법률의 규정도 없이 유추 확대해석하는 것은 죄형법정주의원칙에 반한다.[40)]

시중 은행 직원이 지방세를 수납하고 작성한 세금수납영수증

지방세의 수납업무를 일부 관장하는 시중은행의 직원이나 은행이 형법 제225조 소정의 공무원 또는 공무소가 되는 것은 아니고 세금수납영수증도 공문서에 해당하지 않는다.[41)]

교원실태조사카아드

공립학교 교사가 작성하는 교원의 인적사항과 전출희망사항 등을 기재하는 부분과 학교장이 작성하는 학교장의견란 등으로 구성되어 있는 교원실태조사카아드는 학교장의 작성명의 부분은 공문서라고 할 수 있으나, 작성자가 교사 명의로 된 부분은 개인적으로 전출을 희망하는 의사표시를 한 것에 지나지 아니하여 이것을 가리켜 공무원이 직무상 작성한 공문서라고 할 수는 없을 것이므로 위 카드의 교사 명의 부분을 명의자의

---

40) 대판 1996. 3. 26. 95도3073; 대판 2008. 1. 17. 2007도6987. 다음은 같은 취지이다.
외국환은행인 주식회사 서울신탁은행장 명의의 무역거래법에 의한 수출용 원자재 구매승인서는 동법 제31조의 취지에 비추어 공문서로 보아야 한다.
위 외자구매승인업무는 원래 무역거래법 제6조의 규정에 의하여 상공부장관의 관장사항으로 되어 있으나 같은 법시행령 제32조 제1항 제2호(가)목의 규정에 의하여 외국환은행의 장에게 그 권한이 위탁되어 있고, 외국환관리법 제8조 제1항 및 제3항의 규정에 의하면 재무부장관으로부터 외국환업무를 인가받은 자를 외국환은행이라고 하며, 주식회사 서울신탁은행이 외국환관리법 제8조에 의하여 재무부장관의 외국환 업무취급인가를 받은 것을 전제로 하여 공소 제기된 것으로 볼 수 있는데, 한편 무역거래법 제31조에 의하면 상공부장관이 법 제23조의 규정에 의하여 위탁한 사무에 종사하는 외국환은행의 임원 및 직원은 형법 기타 법률에 의한 벌칙의 적용에 있어서는 이를 공무원으로 본다고 규정하고 있는 바, 이 조문은 위의 위탁사무에 종사하는 외국환은행의 임직원에게 형법상 공무원과 동일한 책임을 부담시킴과 동시에 그 사람들을 공무원과 동일하게 보호해주기 위한 필요성에서 모든 벌칙의 적용에 있어서 공무원으로 본다고 해석함이 상당하니 위 벌칙에는 그 임직원들의 독직, 비밀 누설 등과 같이 공무원의 지위를 남용한 불법행위에 대한 벌칙만을 말하는 것이 아니라 제3자가 하는 공무집행방해나 공문서위조 등과 같은 피해자인 임직원 보호를 위한 면에서의 벌칙도 포함되는 것으로 풀이하여야 할 것이다(대판 1980. 9. 9. 80도1924).
도립 ㅇㅇ전문대학의 특성화사업단은 위 대학이 산업체 등과 협력하여 특성화사업을 수행함에 있어 산업협력단과 별개로 조직한 기구이고, 위 대학의 교수인 피고인이 특성화사업단장으로서 관여한 납품검사는 교육공무원인 피고인의 직무권한에 속하므로, 피고인이 위 납품검사와 관련하여 작성한 이 사건 납품검수조서 및 물품검수내역서는 공무원이 직무권한 내에서 작성한 문서로서 공문서에 해당한다(대판 2009. 9. 24. 2007도4785).

41) 대판 1996. 3. 26. 95도3073.

의사에 반하여 작성하였다고 하여도 공문서를 위조한 것이라고 할 수 없다.[42)]

피고인이 검수자(공무원), 담당자(공무원) 및 종사자들(갑, 을은 공무원인지 불명하고, 병은 공무원임)의 공동명의로 된 검수결과보고서의 종사자들 서명 부분을 임의로 기재한 사안에서,
위 검수결과보고서 중 종사자인 조리장 갑과 영양사 을 명의 부분의 경우에는 갑과 을이 후생계 조리장 및 영양사라는 사실만으로 그 신분이 공무원이거나 공무원으로 의제되는 자에 해당한다고 단정할 수 없으므로 일반인으로 하여금 공무원 또는 공무소의 권한 내에서 작성된 문서라고 믿을 수 있는 형식과 외관을 구비한 문서라고 보기 어렵고, 그 밖에 위 검수결과보고서의 갑, 을 부분이 공문서임을 인정할 만한 증거를 기록상 찾아볼 수 없다.[43)]
해설: 짐작컨대 위 판례의 사안은, "주·부식 구입업무에 종사하는 피고인과 조리장 갑, 영양사 을이 근무하는 후생계는 공무원 조직의 한 부서이고, 위 후생계에서는 물품을 검수한 결과를 검수결과보고서에 기재한 다음 그 기재가 진실함을 확인한 검수자, 담당자 및 종사자가 검수결과보고서의 해당란에 서명을 하도록 되어 있으며, 피고인은 위 검수결과보고서 중 종사자 부분에 권한 없이 갑과 을의 서명을 하였다"라는 것이다. 원심은, 후생계가 공무원조직이고, 검수보고서에 서명을 하도록 되어 있는 검수자와 담당자가 공무원이기 때문에 종사자인 조리장과 영양사도 당연히 공무원일 것으로 보고 피고인이 권한 없이 갑과 을의 서명을 한 것은 공문서위조죄에 해당한다고 판단하였는데, 이에 대해 대법원이 갑과 을이 공무원인지를 더 심리하여 판단하라고 판시한 것이다. 위 판례에서 피고인이 권한 없이 '종사자 부분에 병(공무원)의 서명'을 한 것은 공문서위조죄에 해당한다.

7. 위조와 변조의 구분

문서의 위조는 타인의 명의를 모용하여 문서를 작성하는 것이고, 문서의 변조는 타인 명의의 문서에 그 동일성을 해하지 않는 범위 내에서 변경을 가하는 것이다.

타인의 주민등록증 사진을 떼어내고 자신의 사진을 붙임
피고인이 행사할 목적으로 타인의 주민등록증에 붙어있는 사진을 떼어내고 그 자리에 피고인의 사진을 붙였다면 이는 기존 공문서의 본질적 또는 중요 부분에 변경을 가하여 새로운 증명력을 가지는 별개의 공문서를

42) 대판 1991. 9. 24. 91도1733. 위 교원실태조사카아드의 내용은 다음과 같다.
- 윗쪽에 교원의 성명, 주민등록번호, 학력, 교육경력란 등이 있고, 그 다음의 왼쪽에 본인의 희망란이 있으며 작성자(본인) 성명란에는 갑의 이름이 기재되고 도장이 날인되어 있으며,
- 그 오른쪽의 학교장 의견란에는 근무성적, 교과지도력에 알맞는 학교, 전보제청란이 있고, 위와 같이 내신합니다라는 인쇄부분이 있으며, 그 끝에 제1중학교장의 고무인과 직인이 날인되어 있고,
- 그 다음 장에 윗쪽에는 전보내신자조서란이 있고, 그 다음의 왼쪽에 본인의 희망보충란(말미에 요 날인)이 있는데 거기에는 원심 판시와 같은 내용의 기재와 날인이 되어 있고, 그 오른쪽에 학교장의견보충란(말미에 요 날인)이 있다.

43) 대판 2008. 1. 17. 2007도6987.

작성한 경우에 해당하므로 공문서위조죄를 구성한다.[44)]

Ⅱ. 사문서위조·변조죄

1. 권리의무 또는 사실증명

사문서위조, 동 행사죄의 객체인 사문서는 권리·의무 또는 사실증명에 관한 타인의 문서 또는 도화를 가리키고, 권리·의무에 관한 문서라 함은 권리의무의 발생·변경·소멸에 관한 사항이 기재된 것을 말하며, 사실증명에 관한 문서는 권리·의무에 관한 문서 이외의 문서로서 거래상 중요한 사실을 증명하는 문서를 의미한다.

그리고 거래상 중요한 사실을 증명하는 문서는, 법률관계의 발생·존속·변경·소멸의 전후과정을 증명하는 것이 주된 취지인 문서뿐만 아니라 직접적인 법률관계에 단지 간접적으로만 연관된 의사표시 내지 권리·의무의 변동에 사실상으로만 영향을 줄 수 있는 의사표시를 내용으로 하는 문서도 포함될 수 있다고 할 것인데, 이에 해당하는지 여부는 문서의 제목만을 고려할 것이 아니라 문서의 내용과 더불어 문서 작성자의 의도, 그 문서가 작성된 객관적인 상황, 문서에 적시된 사항과 그 행사가 예정된 상대방과의 관계 등을 종합적으로 고려하여 판단하여야 한다.[45)]

구체적인 요구사항을 적시하여 책임을 묻겠다는 취지의 호소문

피고인이 갑 명의를 도용하여, '한국○○작가협회 이사장에 당선된 을의 선거참모들이 자신들에 대하여 선거결과에 따른 적절한 인사상의 조치를 취해 줄 것을 요구하고 이에 응하지 않을 경우 이사장에게 불리한 모종

44) 대판 1991. 9. 10. 91도1610. 다음은 같은 취지이다.
문서변조죄는 기존문서로서 효력이 현존한 문서의 기재를 증감하여 그 증명력을 변경한 경우에 성립되는 것이요 문서위조죄는 기존문서를 이용한 때에는 효력이 이미 소멸되어 폐저에 귀한 기존문서를 이용하여 다시 신문서를 작성하거나 기존문서의 효력을 전연멸각시키어 별리한 권리관계 또는 사실관계를 증명할 효력을 생케한 경우에 성립되는 것이다(대판 1952. 5. 20. 4285형상80).
영화제작승낙서의 제명 '신부는 방년 18세'를 '두 딸'로 변경하고 작가의 주소, 성명을 기재
영화각본 작가 갑이 "신부는 방년 18세"라는 제명의 영화각본으로 영화제작할 것을 승락한다는 취지의 영화제작승낙서에 갑의 인장을 찍어 피고인에게 교부하였다. 피고인은 행사할 목적으로 갑의 승낙 없이 위 승낙서의 작품 제명란의 "신부는 방년 18세"라는 기재부분에 흰종이를 붙이고 그 위에 "두 딸"이라고 기재한 다음 작자의 주소, 성명란에 "서울특별시 용산구 ○○번지 갑"이라 기재하여 이를 검열 당국에 제출한 사안에서,
검열 당국에 제출한 위 승낙서는 갑이 작성한 진정한 사문서로 볼 수 있는 정도의 형식과 외관을 갖춘 것으로서 일반인이 진정한 사문서를 오신하기에 충분하므로 위 승낙서에 붙인 백지의 사이에 개인(改印으로 정정인을 의미하는 것으로 짐작됨: 필자 주)을 압날한 사실이 없고 새로이 원작자의 인장을 사용한 사실이 없다 하더라도 사문서위조, 동행사의 죄가 성립한다(대판 1975. 6. 24. 73도3432).

45) 대판 2009. 4. 23. 2008도8527.

의 행동에 나서겠다'는 취지의 건의문을 작성하여 을에게 행사하고, '병의 의 구체적인 잘못을 적시하면서 병을 교육원장에 임명한 것은 잘못이므로 교육원장 임명문제를 공론을 거쳐 재검토하도록 요구하고, 임시총회 소집, 인사청문회, 회원의 의사를 묻는 표결의 방법, 공모 등의 방법을 제시하며, 이런 건의가 묵살되고 말 경우,…시위와 결사행동을 할 것이며, 본 협회 지휘기관과 대중언론에 호소하고 나아가 회원서명 투쟁을 지속적으로 해나갈 것을 엄숙히 천명한다'는 등의 내용을 담은 호소문을 작성하여 협회 회원 1,700여 명에게 우편으로 송달하였다.

위 각 문서의 내용은 단순한 정치적 구호나 호소에 그친 것이 아니라 구체적인 요구사항을 적시하고 이를 이행하지 않으면 법적·행정적 책임을 묻겠다는 의사표시를 밝힌 것으로, 중요한 사실을 증명하는 사실증명에 관한 문서에 해당한다.[46)]

위조한 세금 영수필통지서에 구청 세무계장의 소인을 날인하여 영수증철에 편철

이 사건 영수필 통지서는 피고인 자신이 위조한 것이어서 이에 기하여 수납부를 정리할 수 없는데도 거기에 직접 또는 그 정을 모르는 직원을 통하여 소인을 한 다음 집계가 마감된 세무과 보관의 영수증철에 편철하여 둔 사안에서,

이른바 생략문서도 그것이 사람 등의 동일성을 나타내는 데에 그치지 않고 그 이외의 사항도 증명, 표시하는 한 인장이나 기호가 아니라 문서로서 취급하여야 한다.

구청 세무계장 명의의 소인을 세금 영수필 통지서에 날인하는 의미는 은행 등 수납기관으로부터 그 수납기관에 세금이 정상적으로 입금되었다는 취지의 영수필 통지서가 송부되어 와서 이에 기하여 수납부 정리까지 마쳤으므로 이제 그 영수필 통지서는 보관하면 된다는 점을 확인함에 있어 이는 하나의 문서로 보아야 하므로 공무원이 그 직무에 관한 허위의 문서를 작성하여 행사한 것에 다름없다.[47)]

'CHANGBAISHAN' 'JILIN TOBACCO INDUSTRY CO. LTD.'등이 표시된 담뱃갑

담뱃갑의 표면에 그 담배의 제조회사와 담배의 종류를 구별·확인할 수 있는 특유의 도안이 표시되어 있는 경우에는 일반적으로 그 담뱃갑의 도안을 기초로 특정 제조회사가 제조한 특정한 종류의 담배인지 여부를 판단하게 된다는 점에 비추어서도 그 담뱃갑은 적어도 그 담뱃갑 안에 들어 있는 담배가 특정 제조회사가 제조한 특정한 종류의 담배라는 사실을 증명하는 기능을 하고 있으므로, 그러한 담뱃갑은 문서 등 위조의 대상인 도화에 해당한다.

피고인이 밀수입한 담배는 '길림연초공업유한책임공사'가 제조하는 '장백산' 담배의 정품 담뱃갑에 표시된 'CHANGBAISHAN' 'JILIN TOBACCO INDUSTRY CO. LTD.' 등의 문자 및 성문(성문)의 문양 등과 같은 모양의 도안이 표시된 담뱃갑 및 '북경시연초질량감독검측참'이 제조하는 '중남해' 담배의 정품 담뱃갑에

---

46) 대판 2009. 4. 23. 2008도8527.

47) 대판 1995. 9. 5. 95도1269. 다음은 같은 취지이다.
신용장에 날인된 은행의 접수일부인이 사실증명에 관한 사문서에 해당되고, 피고인 2가 피고인 1과 공모하여 동인에게 위탁된 권한을 넘어서 이건 신용장에 허위의 접수인을 날인한 것이 사문서위조에 해당한다(대판 1979. 10. 30. 77도1879).

표시된 '중남해', 'BEIJING CIGARETTE FACTORY' 등의 문자 및 홀로그램 문양 등과 같은 모양의 도안이 표시된 담뱃갑에 들어 있고, 피고인은 위 중국산 담배를 밀수입하여 판매하면서 그 담뱃갑을 위조 및 행사였다는 공소사실에 대하여, 위 담뱃갑은 그 안에 있는 담배가 '길림연초공업유한책임공사'가 제조하는 '장백산' 담배 또는 '북경시연초질량감독검측참'이 제조하는 '중남해' 담배라는 사실을 증명하는 것으로서 각 사문서 등 위조의 대상이 되는 도화에 해당한다.[48)]

2. 사문서위조의 고의

사문서의 위·변조죄는 작성권한 없는 자가 타인 명의를 모용하여 문서를 작성하는 것을 말하는 것이므로 사문서를 작성·수정함에 있어 그 명의자의 명시적이거나 묵시적인 승낙이 있었다면 사문서의 위·변조죄에 해당하지 않고, 한편 행위 당시 명의자의 현실적인 승낙은 없었지만 행위 당시의 모든 객관적 사정을 종합하여 명의자가 행위 당시 그 사실을 알았다면 당연히 승낙했을 것이라고 추정되는 경우 역시 사문서의 위·변조죄가 성립하지 않는다고 할 것이나, 명의자의 명시적인 승낙이나 동의가 없다는 것을 알고 있으면서도 명의자 이외의 자의 의뢰로 문서를 작성하는 경우 명의자가 문서작성 사실을 알았다면 승낙하였을 것이라고 기대하거나 예측한 것만으로는 그 승낙이 추정된다고 단정할 수 없다.[49)]

3. 사문서의 변조

사문서변조죄는 권한 없는 자가 이미 진정하게 성립된 타인 명의의 문서내용에 대하여 동일성을 해하지 않을 정도로 변경을 가하여 새로운 증명력을 작출케 함으로써 공공적 신용을 해할 위험성이 있을 때 성립한다.[50)]

가. 작성명의자의 승낙

사문서의 위·변조죄는 작성권한 없는 자가 타인 명의를 모용하여 문서를 작성하는 것을 말하므로 사문서를 작성·수정할 때 명의자의 명시적이거나 묵시적인 승낙이 있었다면 사문서의 위·변조죄에 해당하지 않고, 한편 행위 당시 명의자의 현실적인 승낙은 없었지만 행위 당시의 모든 객관적 사정을 종합하여 명의자가 행위 당시 그 사실을 알았다면 당연히 승낙했을 것이라고 추정되는 경우 역시 사문서의 위·변조죄가 성립하지 않는다고 할 것이나, 명의자의 명시적인 승낙이나 동의가 없다는 것을 알고 있으면서도 명의자가 문서작성

48) 대판 2010. 7. 29. 2010도2705

49) 대판 2008. 4. 10. 2007도9987. 구체적인 내용은 다음과 같다.
특히, 법무사법 제25조에 의하면 법무사가 사건의 위임을 받은 경우에는 주민등록증·인감증명서 등 법령에 의하여 작성된 증명서의 제출이나 제시 기타 이에 준하는 확실한 방법으로 위임인이 본인 또는 그 대리인임을 확인하여야 하는바, 법무사가 타인의 권리의무에 중대한 영향을 미칠 수 있는 문서를 작성함에 있어 이 규정에 위반하여 문서명의자 본인의 동의나 승낙이 있었는지에 대한 아무런 확인절차를 거치지 아니하고 오히려 명의자 본인의 동의나 승낙이 없음을 알면서도 권한 없이 문서를 작성한 경우에는 사문서위조 및 동행사죄의 고의를 인정할 수 있다.

50) 대판 2011. 9. 29. 2010도14587.

사실을 알았다면 승낙하였을 것이라고 기대하거나 예측한 것만으로는 그 승낙이 추정된다고 단정할 수 없다.[51)]

나. 문서변조죄의 성립요건

(1) 타인 명의의 문서를 권한 없이 변경

공동명의 문서(매매계약서)를 그 일방 명의자가 합의 없이 변경

부동산 매매계약서와 같이 문서에 2인 이상의 작성명의인이 있는 때에는 각 명의자마다 1개의 문서가 성립되는 것으로 볼 것이고 피고인이 그 명의자의 한 사람이라 하더라도 타명의자와 합의 없이 행사할 목적으로 그 문서의 내용을 변경하였을 때에는 사문서변조죄가 성립된다.[52)]

공동매수인이지만 매매계약서에 입회인으로 기재된 자를 임의로 매수인으로 변경

갑과 을은 돈을 대어 병으로부터 부동산을 공동으로 매수하기로 합의하였다. 그런데 갑과 을이 병과 사이에 부동산에 관한 매매계약을 체결함에 있어서 을만 매수인으로 내세우고 갑은 그 계약의 단순한 입회인의 자격으로서 그 계약을 체결하고 매매계약서를 작성하였다. 을 역시 매수인이라는 사정은 갑과 을만의 대내적인 합의에 불과하기 때문에, 갑과 을이 병의 허락을 받지 않고 위 계약서에 표시된 갑을 마음대로 매수인이라고 기재하여 그 매매계약서를 고쳤다면 이는 사문서변조죄에 해당한다.[53)]

부동산의 처분권한을 위임받은 자(병)가 위임자(갑) 명의로 작성한 매매계약서를 변경

'갑과 을이 소유하는 부동산'을 갑의 위임을 받아(을 소유 부분은 을이 갑에게 매도를 승낙함), 갑을 대리하여 매수인과 매매계약을 체결한 병이 위 매매계약의 이행문제로 분쟁이 생기자 매수인의 요구에 따라 매매계약서상 매도인 갑 명의 위에 갑이 을의 대리인이라는 표시로 "을대"라는 문구를 삽입 기재하였다 하더라도 이는 부동산의 처분권한을 위임받아 매매계약서 작성권한있는 병이 한 변경행위에 불과하여 비록 그 명의인(갑)의 승낙을 받지 아니하였다고 하여 사문서변조죄가 성립되는 것은 아니다.[54)]

사문서변조에 있어서 그 변조 당시 명의인의 명시적, 묵시적 승낙없이 한 것이면 변조된 문서가 명의인에게 유리하여 결과적으로 그 의사에 합치한다 하더라도 사문서변조죄의 구성요건을 충족한다.[55)]

해설: 위 판례의 사안은, 피고인이 사직서에 관한 사무를 처리한 경험이 없어 사직서를 수리하는 날자에 사

51) 대판 2011. 9. 29. 2010도14587.

52) 대판 1977. 7. 12. 77도1736.

53) 대판 1976. 8. 24. 76도1774.

54) 대판 1986. 8. 19. 86도544.

55) 대판 1985. 1. 22. 84도2422.

직서가 제출된 것으로 해야 하는 것으로 착각하고 사직서제출일자를 사직서수리일자로 고쳐 적은 것으로 보인다.

타인이 보관하는 자기 명의의 문서를 변경

비록 자기명의의 문서라 할지라도 이미 타인(타기관)에 접수되어 있는 문서에 대하여 함부로 이를 무효화시켜 그 용도에 사용하지 못하게 하였다면 일응 형법상의 문서손괴죄를 구성한다 할 것이므로 그러한 내용의 범죄될 사실을 허위로 기재하여 수사기관에 고소한 이상 무고죄의 죄책을 면할 수 없다.[56)]

해설: 자기 명의의 문서에 변경을 가한 것이어서 문서변조죄에는 해당하지 않는다.

(2) 새로운 증명력의 발생

언제부터 급여를 받았는지가 쟁점인 사건에서 예금통장의 기재 중 급여의 입금자 부분을 가리고 복사한 것을 법원에 제출

피고인이 행사할 목적으로 권한 없이 A 은행 발행의 피고인 명의 예금통장 기장내용 중 특정 일자에 B 주식회사로부터 지급받은 월급여의 입금자 부분을 화이트테이프로 지우고 복사하여 통장 1매를 변조한 후 그 통장사본을 법원에 증거로 제출하여 행사하였다는 내용으로 기소된 사안에서, 관련 민사소송에서 피고인이 언제부터 B에서 급여를 받았는지가 중요한 사항이었는데 2006. 4. 25.자 입금자 명의를 가리고 복사하여 이를 증거로 제출함으로써 2006. 5. 25.부터 B에서 급여를 수령하였다는 새로운 증명력이 작출되었으므로 공공적 신용을 해할 위험성이 있었다고 볼 수 있고, 제반 사정을 종합할 때 통장 명의자인 A 은행장이 행위 당시 그러한 사실을 알았다면 이를 당연히 승낙했을 것으로 추정된다고 볼 수 없으며, 피고인이 쟁점이 되는 부분을 가리고 복사함으로써 문서내용에 변경을 가하고 증거자료로 제출한 이상 사문서변조 및 동행사의 고의가 있다.[57)]

거래상 통용되는 성명 옆에 본명 추가

피고인의 본명은 박규탁이나 일상거래상 박진우로 통용되어 온 경우에 공소외인 작성의 박진우 앞으로 된 영수증에 피고인이 "박진우"라는 기재 옆에 "규탁"이라고 기입하였다고 하여도 이는 위 영수증의 내용에 영향을 미쳤다고 보여지지 아니하고, 따라서 새로운 증명력을 가한 것이 아니므로 사문서변조죄를 구성하지 아니한다.[58)]

56) 대판 1987. 4. 14. 87도177.
57) 대판 2011. 9. 29. 2010도14587.
58) 대판 1981. 10. 27. 81도2055.

취지가 불분명한 영수증에 새로운 내용을 기재

공소외 망인이 피고인으로부터 어음 1장을 발행교부받으면서 그 증빙으로 작성하여 준 영수증에 그 망인이 "위 어음은 한국주택은행 이리지점의 융자에 따른 할부금 및 연체이자를 불입하기 위해 받은 것이다"는 사실내용을 기재하여 두었을 뿐이어서, 그 문면 자체만으로는 당초 그 어음 수수에 의한 변제목적이 된 해당 은행융자금 상환채무가 구체적으로 어떠한 채무를 가리키는지의 점이 분명치 않은 경우, 피고인이 나중에 관련 민사소송에서 그 어음을 그 계쟁 부동산을 담보물로 한 은행융자금채무의 상환을 위하여 교부받은 것이라는 주장사실을 입증하는 데 사용할 목적으로 당시 보관 중이던 그 영수증 위의 "할부금"이라는 기재부분 옆에다 그 작성명의인인 망인의 승낙 없이 임의로 그 계쟁 부동산을 지칭하는 표시로서 "733-19번지"라고 써 넣은 것이라면, 그 변경 내용이 비록 객관적인 진실에 합치하는 것이라 하더라도, 이는 그 영수증에 새로운 증명력을 가져오게 한 것임이 분명하므로, 사문서변조죄의 구성요건을 충족한다고 보아야 한다고 한 사례.[59]

갑과 을이 16명 명의의 연명문서에 그 내용을 확인하였다는 취지로 서명한 후, 피고인이 위 연명문서에 17번째 연명자인 것처럼 자신의 이름을 기재

'2008년 임시관리단집회 투표지대장' 중 일련번호 16번까지에는 투표자들 16명이 투표용지를 받았다는 뜻으로 자신들의 이름을 기재(기명 및 서명)하였고, 그 하단에는 투표 후에 투표 절차를 확인하였다는 의미로 갑과 을이 서명하였는데, 피고인이 위 투표지대장 중 일련번호 17번란에 그의 이름을 기재(기명 및 서명)하여 법원에 증거로 제출한 사안에서,

갑, 을이 서명을 마친 투표지대장은 개별투표자 및 그 총인원수를 증명하는 기능을 가진 갑, 을 명의의 독립적인 문서로도 완성되었고, 그 후에 피고인이 임의로 17번란에 기명하고 서명한 것은 위와 같이 완성된 문서의 동일성을 해한 것이어서 사문서변조죄가 성립한다.[60]

해설: 16명이 투표한 다음 투표지대장에 기명 및 서명하였고(여기까지는 16명 명의의 연명문서임), 그 후 갑과 을이 16명이 투표지를 받아 투표하였음을 확인하였다는 취지로 위 투표지대장의 하단에 서명하였으며(이 부분은 갑과 을 명의의 문서이며, 이는 위 16명 명의의 연명문서와 별개로 존재함), 그 후 피고인이 위 투표지대장의 17번란에 기명 및 서명한 것은 16명이 투표지를 받아 투표하였음을 확인하였다는 취지로 작성한 갑과 을 명의의 문서에 새로운 증명력(16명이 아니라 17명이 투표지를 받아 투표하였음을 확인하였다는 것)을 발생시킨 것이다.

위 판례에서 문서의 동일성을 해하였다는 표현은 문서에 새로운 증명력을 발생시켰다는 의미인 것으로 생각된다.

---

59) 대판 1995. 2. 24. 94도2092.

60) 대판 2010. 1. 28. 2009도9997. 원심의 판단은 다음과 같다.
위 투표지대장은 투표자들이 투표용지를 교부받았다는 뜻으로 이름을 순서대로 적은 일종의 연명문서에 해당하여, 비록 한 장의 종이에 담겨 있으나 이에 서명한 투표자들 부분은 각 개별적으로 독립한 문서를 구성하고, 갑, 을이 투표 절차를 확인하였다는 의미로 개표 후 그 하단 공백에 서명한 부분은 투표자들의 서명 부분과는 분리되는 별개 문서일 뿐이어서, 갑, 을의 서명이 있었다고 하여 기존의 투표자들의 서명 부분이 갑, 을 명의의 문서에 포섭되어 위 투표지대장 전체가 갑, 을 명의의 문서로 되는 것은 아니므로, 갑, 을 명의의 사문서인 위 투표지대장을 변조한 것은 아니다.

(3) 문서의 동일성을 해하지 않을 것

문서의 위조와 변조의 구별 부분을 참조하라.

(4) 행사할 목적

문서변조죄에 있어서 행사할 목적이란 변조된 문서를 진정한 문서인 것처럼 사용할 목적을 말하는 것으로 적극적 의욕이나 확정적 인식을 요하지 아니하고 미필적 인식이 있으면 족하다.[61]

4. 죄 수

연명문서의 위조

문서에 2인 이상의 작성명의인이 있을 때에는 각 명의자 마다 1개의 문서가 성립되므로 2인 이상의 연명으로 된 문서를 위조한 때에는 작성명의인의 수대로 수개의 문서위조죄가 성립하고 또 그 연명문서를 위조하는 행위는 자연적 관찰이나 사회통념상 하나의 행위라 할 것이어서 위 수개의 문서위조죄는 상상적 경합범에 해당한다.[62]

강취한 예금통장으로 예금청구서를 작성, 제출하여 예금인출

피고인이 예금통장을 강취하고 예금자 명의의 예금청구서를 위조한 다음 이를 은행원에게 제출행사하여 예금인출금 명목의 금원을 교부받았다면 강도, 사문서위조, 동행사, 사기의 각 범죄가 성립하고 이들은 실체적 경합관계에 있다 할 것이다.[63]

조세포탈을 위한 사문서위조, 동행사

사문서위조 및 동행사죄가 조세범처벌법 제9조 제1항 소정의 "사기 기타 부정한 행위로써 조세를 포탈"하기

---

61) 대판 2006. 1. 26. 2004도788. 구체적인 내용은 다음과 같다.
피고인이 상우회 회장 갑에게 작성·교부한 '최초 합의서' 및 이에 대하여 상인들이 찬성 혹은 반대의 취지로 서명날인 혹은 서명무인한 '서명날인부'는 상인들의 의사에 기하여 진정하게 성립되었으나, 최초 합의서 중 잔금지급조건을 '3개월 분할납입'에서 '6개월 분할납입'으로 고친 '수정 합의서'는 명의자인 상인들의 동의 없이 피고인이 임의로 작성하였다.
이 사건 각 합의서 및 서명날인부의 작성 경위, 형식, 내용, 기능 등을 살펴보면, 장기간의 분쟁을 종결짓는 상황에서 '합의서'라는 제목 아래 합의의 구체적인 내용을 특정하여 기재한 다음 그에 대한 상인들의 찬반 의사를 표시함으로써 분쟁이 재발될 경우 입증자료로 사용하기 위하여 작성된 최초 합의서 및 서명날인부 각 원본과 사본은 모두 형법상 문서에 관한 죄에서 있어서의 문서에 해당함은 명백하고, 같은 성격의 수정 합의서와 서명날인부 사본도 마찬가지이다. 수정 합의서는 포스코의 단순한 내부 자료에 불과하고 이를 행사할 의사도 없었다는 피고인의 주장은 받아들일 수 없다.

62) 대판 1987. 7. 21. 87도564.

63) 대판 1991. 9. 10. 91도1722.

위한 수단으로 행하여 졌다고 하여 그 조세포탈죄에 흡수된다고 볼 수 없다.[64)]

피고인은 2004. 7. 말경 '이토록 사람이 없단 말입니까, 우리 협회에?!'라는 제목으로 갑을 비방하는 사실증명에 관한 사문서인 을 명의의 호소문을 위조하고, 이와 별개로 위 호소문과 동일한 문서를 ○○작가협회 회원 1,700명에게 우편으로 발송, 도달하게 함으로써 공연히 허위의 사실을 적시하여 갑의 명예를 훼손한 사안에서, 사문서위조죄와 명예훼손죄는 경합범관계에 있다.[65)]

허위의 주민등록신고를 위한 주거표 등의 위조 및 동행사

타인으로 가장 행세하기 위하여 그 타인 명의의 주민등록신고서와 면장 명의의 주거표 및 주거표 이송부를 위조하여 행사하였다면 주민등록법 37조 소정의 "허위의 사실을 신고"한 죄가 아니라 형법상의 사문서위조, 동행사, 공문서위조, 동행사의 죄가 성립한다.[66)]

Ⅲ. 자격모용에 의한 사문서작성

1. 의 의

자격모용에 의한 사문서작성죄는 행사할 목적으로 타인의 자격을 모용하여 권리·의무 또는 사실증명에 관한 문서 또는 도화를 작성하는 것을 의미한다(형법 232조). 가령 갑을 대리할 자격이 없는 을이 갑을 대리하여 갑 소유의 재물을 병에게 매도하고 갑의 대리인 자격으로 병과 사이에 매매계약서를 작성하면 자격모용에 의한 사문서작성죄가 성립한다. 이러한 경우 매도인란에는 '갑의 대리인 을'이라고 표시하는 것이 보통이다.

여기서 위 매매계약서의 매도인측 작성명의인이 누구인지 문제가 된다. 작성명의인을 을이라고 보게 되면 을은 자기 명의의 문서를 작성한 것이고 따라서 위 매매계약서에서 갑의 대리인 자격을 모용한 것은 무형위조에 불과하게 된다. 그러나 작성명의인을 갑이라고 보게 되면 을은 갑의 작성명의를 모용한 것이 되므로 유형위조가 된다. 자격모용에 의한 사문서작성죄는 무형위조와 유형위조의 중간영역에 위치하고 있다.

64) 대판 1989. 8. 8. 88도2209.

65) 대판 2009. 4. 23. 2008도8527.

66) 대판 1970. 11. 24. 70도1978.
주민등록 또는 주민등록증에 관하여 거짓의 사실을 신고 또는 신청한 자는 3년 이하의 징역 또는 1천만 원 이하의 벌금에 처한다(주민등록법 37조).

2. 대표자 또는 대리인이 작성한 문서

가. 대표권 또는 대리권이 없는 경우

대표권이나 대리권이 없는 자가 대표자·대리인의 자격을 표시하여 본인 명의로 문서를 작성하는 때에는 자격모용에 의한 공·사문서작성죄(형법 226조, 232조)가 성립한다.

타인의 의미/갑이 개설 등록한 부동산중개사무소(A부동산)의 명의를 빌려 부동산중개행위를 하기로 한 자가 'A 대표 피고인'이라고 표시한 부동산매매계약서를 작성

자격모용에 의한 사문서작성죄는 문서위조죄와 마찬가지로 문서의 진정에 대한 공공의 신용을 그 보호법익으로 하는 것으로서, 행사할 목적으로 타인의 자격을 모용하여 작성된 문서가 일반인으로 하여금 당해 명의인의 권한 내에서 작성된 문서라고 믿게 할 수 있는 정도의 형식과 외관을 갖추고 있으면 성립하는 것이고, 자격모용에 의한 사문서작성죄에서의 '타인'에는 자연인뿐만 아니라 법인, 법인격 없는 단체를 비롯하여 거래관계에서 독립한 사회적 지위를 갖고 활동하고 있는 존재로 취급될 수 있으면 여기에 해당된다.

부동산중개사무소를 대표하거나 대리할 권한이 없는 사람이 부동산매매계약서의 공인중개사란에 'A 대표 피고인'라고 기재한 사안에서, 'A'라는 표기는 단순히 상호를 가리키는 것이 아니라 독립한 사회적 지위를 가지고 활동하는 존재로 취급될 수 있으므로 자격모용사문서작성죄의 '명의인'에 해당한다고 본 사례.[67)]

변호사가 단체로부터 위임받은 권한소멸 후 위 단체의 대리인 자격으로 작성한 문서

공동주택건설사업을 추진하는 단체로부터 공사대행업자 선정권한을 위임받은 변호사인 피고인이 위 단체로부터 위임계약을 해지한다는 취지의 내용증명우편을 수령하고도 제3자와 위 단체 명의로 공동주택단지 개발사업 공동추진계약을 체결하면서 자신을 위 단체의 대리인으로 기재한 계약서를 작성한 때에는, 자격모용사문서작성 및 동행사의 범죄가 성립한다.[68)]

---

67) 대판 2008. 2. 14. 2007도9606. 구체적인 내용은 다음과 같다.
A는 갑이 부동산중개업을 영위하기 위하여 개설등록한 부동산중개사무소로서, 사무소를 두고 사무소 운영에 필요한 물적 설비가 갖춰진 상태에서 피고인이 갑이 등록한 A의 등록명의를 빌려 부동산중개행위를 하기로 하였는데, 이 사건 매매계약의 중개과정에서는 피고인이 위 사무소에서 자신을 A의 대표자라고 자칭하면서 위 부동산매매계약서의 공인중개사란에 A의 상호와 등록번호 및 전화번호, 그리고 그 자신을 대표자로 기재하였으며, 이에 따라 을은 피고인이 A의 대표자 자격으로 이 사건 매매계약을 중개하는 것으로 알고서 피고인에게 이 사건 부동산중개 및 부동산매매계약서 작성을 의뢰하였다.
그렇다면 일반인으로서는 이 사건 부동산매매계약서에서 작성명의인으로 된 A라는 표시가 법인이나 단체, 그 밖에 다른 개인사업체 등의 어느 명칭에 해당하는지 알 수 없는 이상, A를 작성명의인으로 하여 그의 권한 내에서 작성된 문서라고 믿게 할 수 있는 정도의 형식과 외관을 갖추고 있다고 보기에 충분하다 할 것인데, 위에서 본 바와 같이 A는 갑이 부동산중개업을 영위하기 위하여 등록한 부동산중개사무소로서, 부동산중개행위 등 부동산중개업을 영위하는 과정에서 A의 명의로 이루어진 모든 행위는 그 법률효과가 그 명칭의 부동산중개사무소 등록자에게 귀속될 수 있는 관계에 있다 할 것이므로, 위 부동산매매계약서의 공인중개사란에 작성명의인으로 기재된 A는 단순히 상호를 가리키는 것이 아니라 독립한 사회적 지위를 갖고 활동하고 있는 존재로 취급될 수 있다 할 것이고, 따라서 피고인의 위 각 행위는 자격모용사문서작성 및 동행사죄에 해당된다.

68) 대판 2005. 4. 15. 2004도6404.

계장 아닌 자가 내수면사용동의신청서의 계장란에 자신의 이름을 쓰고 도장을 날인

A양식계의 계장이나 그 직무를 대행하는 자가 아닌 자가 A의 계장 명의의 내수면사용동의신청서 하단의 계장란에 자신의 이름을 쓰게 하고 그 옆에 자신의 도장을 날인하여 사실증명에 관한 문서인 위 내수면사용동의신청서 1매를 작성하고 이를 행사하였다면 이는 자격모용에 의한 사문서작성, 동행사죄에 해당한다.[69)]

해설: '피고인이 신청서의 계장란에 피고인의 이름을 쓰고 도장을 날인'한 것은, '피고인이 계장의 자격을 모용하여 피고인의 이름으로 위 신청서를 작성'함을 의미한다.

회사의 대표이사직에 있었던 자가 재직시에 발행한 약속어음의 발행명의인과 일치시키기 위하여 위 약속어음에 대한 회사 명의의 지급각서를 작성함에 있어서 당시의 대표이사의 승낙을 받아 작성하였다면 이는 진정한 문서로서 타인의 자격을 모용하여 문서를 작성하였다고 볼 수 없다.[70)]

해설: 위 판례의 사안은,

- 피고인이 'A 주식회사 대표이사 피고인' 명의의 약속어음을 발행하였다가 부도내고,
- 갑이 A의 대표이사로 취임 후 A를 B 주식회사로 상호변경한 후,
- 피고인이 갑의 승낙을 받아 'A 대표이사 피고인' 명의의 각서를 작성한 것이다.

무효인 선임결의에 의해 새로운 임원 선임 후 ① 전임 이사가 작성한 이사회 의사록, ② 직무집행정지가처분 결정을 받아 취소되기 이전의 전임 대표자가 작성한 이사회 의사록

[1] 민법상 법인의 이사 전원 또는 그 일부의 임기가 만료하였다고 하더라도 후임 이사가 선임되지 않았거나 또는 후임 이사가 선임되었다고 하더라도 그 선임결의가 무효이고 임기가 만료하지 아니한 다른 이사만으로는 정상적인 법인의 활동을 할 수 없는 경우에는, 임기가 만료한 구 이사로 하여금 법인의 업무를 수행케 함이 부적당하다고 인정할 만한 특별한 사정이 없는 한, 구 이사는 후임 이사가 선임될 때까지 종전의 직무를 수행할 수 있다.

[2] 종중의 대표자 등 임원 선임결의가 무효인 경우, 전임 이사들이 계속 종전 그 직무를 수행하면서 임원 자격으로 작성한 이사회 의사록 등은 자격을 모용하여 작성한 문서가 아니라고 한 사례.

69) 대판 1991. 10. 8. 91도1703.

70) 대판 1975. 11. 25. 75도2067. 구체적인 내용은 다음과 같다.

피고인은 A 주식회사 대표이사로 있을 때인 1973. 8. 30. A 대표이사 피고인 명의로 약속어음 1매를 발행하여 부도를 낸 후 같은 해 12. 29. 위 대표이사직을 사임하였다. 그 후임 대표이사로 갑이 취임함과 동시에 A의 상호를 B 주식회사로 변경한 후인 1974. 1. 31. 피고인은 위 약속어음을 확인하여 준 한국주택은행 종로지점에서 "위 어음을 1974. 2. 10.까지 동 지점에 결제하겠다는 내용의 각서"에 "A 대표이사 피고인"이라고 서명하고 피고인의 사인을 압날하였다. 갑은 당시 B의 대표이사로서 위 각서를 위와 같은 자격으로 작성할 것을 승낙하였다.

그렇다면 본건 각서의 명의인은 A이고 갑은 당시 A(상호만 변경)의 대표이사직에 있었으므로 동인은 A를 대표하여 A 명의의 위 각서와 같은 문서를 작성할 권한이 있다 할 것이고, 위 각서를 작성하게 된 경위는 피고인이 A의 대표이사 재직시에 발행한 위 약속어음에 대한 지급각서로 이를 작성함에 위 약속어음의 발행명의인과 일치시키기 위하여 당시의 대표이사인 갑의 승낙을 받아 피고인이 위와 같은 내용의 각서를 작성하게 되었으므로 피고인이 A 명의의 각서를 작성함에 있어서 그 작성할 권한 있는 자의 승낙을 받아 작성하였다면 이는 진정한 문서로서 타인의 자격을 모용하여 문서를 작성하였다고 볼 수 없을 것이다.

[3] 종중의 신임 대표자 등이 선임되고 전임 대표자에 대한 직무집행정지가처분결정이 있은 후 위 가처분결정이 취소된 경우, 신임 대표자 선임결의가 무효라 하더라도 전임 대표자가 위 가처분결정을 알면서 가처분결정시부터 취소시 사이에 대표자 자격으로 작성한 이사회 의사록 등은 자격을 모용하여 작성한 문서라고 한 사례.
[4] 종중의 신임 대표자 등이 선임되고 전임 대표자에 대한 직무집행정지가처분결정이 있은 후 위 가처분결정이 취소된 경우, 위 선임결의가 무효라면 종전 임원의 위 가처분결정 이전에 작성한 이사회 의사록은 '자격을 모용하여 작성한 문서'가 아니고, 이를 위 가처분결정 이후에 행사하였다고 하더라도 자격모용작성사문서행사죄가 성립하지 않는다고 한 사례.[71)]

나. 대표권 또는 대리권이 있는 경우

대표권이나 대리권이 있는 자가 그 권한의 범위 내에서 문서를 작성한 때에는 설사 권한을 남용하였다고 하더라도 명의의 모용이 없는 무형위조에 불과하여 문서위조죄가 성립하지 않는다. 그러나 대표권이나 대리권이 있는 자가 그 권한의 범위를 초과하여 문서를 작성한 때에는 문서위조죄가 성립한다.

(1) 대표·대리권의 남용

문서위조죄를 구성하는지의 여부는 그 문서의 작성명의로 타인의 명의를 모용하였느냐 아니하였느냐라는 형식에 의하여 결정할 것으로서 그 문서의 내용의 진실여부는 특별한 처벌규정이 있는 경우 이외에는 동 죄의

71) 대판 2007. 7. 26. 2005도4072. 다음은 유사한 취지이다.
[1] 민법상 법인의 이사나 감사 전원 또는 그 일부의 임기가 만료되었음에도 불구하고 그 후임 이사나 감사의 선임이 없거나 또는 그 후임 이사나 감사의 선임이 있었다고 하더라도 그 선임결의가 무효이고, 임기가 만료되지 아니한 다른 이사나 감사만으로는 정상적인 법인의 활동을 할 수 없는 경우, 임기가 만료된 구 이사나 감사로 하여금 법인의 업무를 수행케 함이 부적당하다고 인정할 만한 특별한 사정이 없는 한, 구 이사나 감사는 후임 이사나 감사가 선임될 때까지 종전의 직무를 수행할 수 있다.
[2] 후임 이사가 유효히 선임되었는데도 그 선임의 효력을 둘러싼 다툼이 있다고 하여 그 다툼이 해결되기 전까지는 후임 이사에게는 직무수행권한이 없고 임기가 만료된 구 이사만이 직무수행권한을 가진다고 할 수는 없다.
[3] 사단법인의 이사장 선거에서 당선된 후 전임 이사장의 임기만료에 따라 이사장으로 취임한 피고인이 선거 결과를 둘러싼 민사소송에서 적법한 당선자라는 취지의 판결을 선고받아 확정된 사안에서, 피고인은 이미 위 법인의 이사장으로서의 권한을 가지고 있었다는 이유로, 위 소송의 판결 확정 전까지는 전임 이사장에게 이사장의 직무수행권한이 있고 피고인에게는 그와 같은 권한이 없다고 판단한 원심판결을 파기한 사례(대판 2006. 4. 27. 2005도8875).

[1] 주식회사의 임시주주총회가 법령 및 정관상 요구되는 이사회의 결의 및 소집절차 없이 이루어졌다 하더라도, 주주명부상의 주주 전원이 참석하여 총회를 개최하는 데 동의하고 아무런 이의 없이 만장일치로 결의가 이루어졌다면 그 결의는 유효하다.
[2] 주주총회 의장의 선임에 관한 법령 및 정관의 규정을 준수하지 않고 대주주가 임시의장이 되어 임시주주총회 의사록을 작성한 사안에서, 해당 주주총회 결의가 유효함을 전제로 의장의 지위에 관한 자격모용사문서작성죄 및 동행사죄의 성립을 부정한 사례.
[3] 대주주가 적법한 소집절차나 임시주주총회의 개최 없이 나머지 주주들의 의결권을 위임받아 자신이 임시의장이 되어 임시주주총회 의사록을 작성하여 법인등기를 마친 사안에서, 공정증서원본불실기재죄가 성립하지 않는다고 한 사례(대판 2008. 6. 26. 2008도1044).

성립여부에 아무런 소장이 없다고 할 것이므로, 타인의 대표자 또는 대리자가 그 대표명의 또는 대리명의를 써서 또는 직접 본인의 명의를 사용하여 문서를 작성할 권한을 가지는 경우에 그 지위를 남용하여 단순히 자기 또는 제3자의 이익을 도모할 목적으로 마음대로 문서를 작성한 때라고 할지라도 문서위조죄는 성립하지 아니한다. 왜냐하면 그 목적이 본인을 위하여서이거나 또는 자기 또는 제3자의 이익을 도모하는 때문이거나는 오직 본인과 대표자 또는 대리자간에 있어서의 내부관계에 그치고 외부관계에 있어서는 아무런 차별이 있는 것이 아니며, 형식상 그 작성 명의에 허위가 없으므로 이러한 문서에 있어서 행하여진 의사표시는 사법상 유효하고 직접 본인에 대하여 그 효력이 생기는 것이라고 하지 아니할 수 없기 때문이다.[72)]

토지매수의 포괄적 권한을 위임받은 자가 매매대금을 실제보다 높게 기재한 매매계약서 작성

매수인으로부터 매도인과의 토지매매계약체결에 관하여 포괄적 권한을 위임받은 자는 위임자 명의로 토지매매계약서를 작성할 적법한 권한이 있다 할 것이므로 매수인으로부터 그 권한을 위임받은 피고인이 실제 매수가격 보다 높은 가격을 매매대금으로 기재하여 매수인 명의의 매매계약서를 작성하였다 하여도 그것은 작성권한 있는 자가 허위내용의 문서를 작성한 것일 뿐 사문서위조죄가 성립될 수는 없다.[73)]

3억 5,000만 원에 매수할 것을 위임받은 자가 매도인측 대표자의 횡령을 도와주기 위해 매매대금을 2억 5,000만 원으로 하여 대리인 명의로 매매계약서를 작성

자격모용 사문서작성죄를 구성하는지 여부는 그 문서를 작성함에 있어 타인의 자격을 모용하였는지 아닌지의 형식에 의하여 결정하여야 하고, 그 문서의 내용이 진실한지 아닌지는 이에 아무런 영향을 미칠 수 없으므로, 타인의 대표자 또는 대리자가 그 대표 또는 대리명의로 문서를 작성할 권한을 가지는 경우에 그 지위를 남용하여 단순히 자기 또는 제3자의 이익을 도모할 목적으로 문서를 작성하였다 하더라도 자격모용 사문서작성죄는 성립하지 아니한다.

토지매수권한을 위임받은 대리인이 매도인측 대표자와 공모하여 매매대금 일부를 착복하기로 하고 위임받은 특정 매매금액보다 낮은 금액을 허위로 기재한 매매계약서를 작성한 경우, 그 작성 권한을 남용한 경우로 볼 수 있을 뿐 자격모용 사문서작성죄를 구성한다고 볼 수는 없다.[74)]

---

72) 대판 1983. 4. 12. 83도332.

73) 대판 1984. 7. 10. 84도1146.

74) 대판 2007. 10. 11. 2007도5838. 구체적인 내용은 다음과 같다.
피고인 2는 갑 등으로부터 이 사건 토지를 3억 5,000만 원에 매수할 대리권을 수여받았고, 이에 따라 피고인 2는 피고인 3의 중개 하에 갑 등을 대리하여 위 토지 소유자인 을 문중 등과 사이에 이 사건 토지를 3억 5,000만 원에 매수하기로 하는 내용의 매매계약을 체결하였으나, 실제로는 3억 원만 매도인에게 지급하고 나머지 5,000만 원은 피고인 2가 중간에서 착복하기로 하였다. 그 과정에서 을 문중의 대표자인 피고인 1도 매매대금 중 일부를 착복할 목적으로 매매대금을 2억 5,000만 원으로 기재한 별도의 매매계약서 작성을 요청하자 피고인 2는 매수인을 대리하여 이 사건 토지의 매매대금을 2억 5,000만 원으로 기재한 이 사건 매매계약서를 작성하였다. 부동산을 매수할 권한을 위임받은 대리인에게는 대리명의 또는 직접 본인명의로 부동산 매매계약서를 작성할 권한이 있고, 한편 매수인이 그 대리인에게 특정 금액에 부동산을 매수할 권한을 위임한 경우 특별한 사정이 없는 한 그 특정 금액은 물론, 그보다 낮은 금액에 부동산을 매수할 권한까지 대리인에게 위임한 것이라고 봄이 매수인의 추정적 의사에 부합한다고 할 것이므로, 피고인 2가 자기 또는 제3자의 이익을 도모할 목적으로 위임받은 매매금액 범위 내에서 매매대금을 허위로 기재

차용금증서를 작성함에 있어 연대보증인이 될 것을 허락한 자를 차주로 기재함

피해자들이 일정한도액에 관한 연대보증인이 될 것을 허락하고 이에 필요한 문서를 작성하는데 쓰일 인감도장과 인감증명서(대출보증용)를 채무자에게 건네준 취지는 채권자에 대해 동액상당의 채무를 부담하겠다는 내용의 문서를 작성하도록 허락한 것으로 보아야 할 것이므로 비록 차용금증서에 동 피해자들을 연대보증인으로 하지 않고 직접 차주로 하였을지라도 그 문서는 정당한 권한에 기하여 그 권한의 범위 안에서 적법하게 작성된 것으로 보아야 한다.[75)]

(2) 대표·대리권의 초과

1순위 근저당설정을 의뢰받고 2순위 근저당설정 문서를 작성하여 등기경료

부동산에 관한 근저당권설정계약서나 그 등기신청에 첨부되는 위임장에 설정할 근저당권의 순위번호의 기재가 필수적 요건은 아니나 피고인이 문서작성의 위촉을 받을 때 제1순위의 근저당권설정 및 그 등기신청에 관한 것이 뚜렷한 이 사건에 있어서 그 위임의 취지에 배치되는 제2번 및 제3번의 근저당권설정에 관한 문서를 작성한 소위는 문서위조죄에 해당된다.

저당권 내지 근저당권의 순위는 저당물건의 가액으로부터 어느 저당권이 우선하여 변제를 받을 수 있는가 하는 재산상의 이해에 관하여 우열을 정하는 것이므로 본건에서 피해자는 제1순위의 근저당권이 설정될 것으로 알고 금원을 대여하고 그런 내용의 근저당권설정에 관한 문서작성을 위촉하였는데도 불구하고 피고인이 후순위인 제2 내지 제3번의 근저당권설정에 관한 문서를 작성하여 그에 따른 신청으로 등기가 경료되었다면 이는 의뢰자인 본인에게 손해를 가한 것이고 배임죄가 성립한다.[76)]

해설: 갑에 대한 저당권설정의무자가 을에게 저당권을 설정해준 경우 을에 대한 근저당권 설정 이후에도 당해 부동산의 담보가치가 남아 있는 경우에는 그 부분을 재산상 이익 내지 손해에 포함시킬 수 없다는 취지의 판례[77)]에 의하면, 1순위 근저당설정을 의뢰받은 자가 2순위 근저당설정을 하였다 하여 잔존담보가치를 따지지 않고 바로 배임죄가 성립한다고 볼 것은 아니며, 또한 2순위 저당권설정에 필요한 문서의 작성이 곧바로 문서위조죄에 해당한다고 단정할 수도 없을 것으로 생각된다.

피고인이 갑과 공동대표이사로 등기하기로 위임받았음에도 피고인이 단독대표이사로 의결되었다는 이사회의사록을 작성하여 등기

주식회사의 대표이사인 피고인이 갑, 을, 병과 함께 피고인과 갑을 위 회사의 공동대표이사로 법인등기를 하기로 합의하고 이들로부터 위 위임취지에 부합하는 "이사회의사록"을 작성하여 등기하기로 하였는데, 피고인이 행사할 목적으로 피고인을 위 회사의 단독 대표이사로 하기로 의결하였다는 취지의 의사록을 작성한 다음 이들의 각 성명란에 피고인이 부근 옥호불상의 인장포에서 조각한 도장을 압날하고, 이를 등기소에 제출

한 이 사건 매매계약서를 작성한 행위는 그 작성 권한을 남용한 경우로 볼 수 있을 뿐 자격모용 사문서작성죄를 구성한다고 볼 수는 없다.

75) 대판 1984. 10. 10. 84도1566.

76) 대판 1982. 11. 9. 81도2501.

77) 대판 2011. 1. 13. 2009도10541 등.

함으로써 법인등기부에 피고인을 단독 대표이사로 기재케 하고 이를 위 등기소에 비치케 한 경우에는 사문서위조, 동행사, 공정증서원본불실기재, 동행사의 죄에 해당한다.[78)]

교감이 교장을 대결하여 실제보다 더 좋은 성적이 기재된 성적증명서를 발급

사문서위조죄에 있어서 위조라는 것은 타인명의의 문서를 권한없이 작성하는 것이라고 할 것인바, 학교의 성적증명서 작성에 있어서 그 작성권자는 그 학교의 교장일 뿐 교감이 아님이 명백하고 성적증명서의 발급은 교장의 전결사항인데 교장의 부재시 교감이 대결하였을 경우에는 그 부재중 교감이 성적증명서의 발급을 대결할 수 있는지의 여부를 가려보아야 하고 대결할 수 있는 위임이 있었다 하더라도 부정한 행사는 그 위임의 본지에 반하는 것이라 할 것이므로 이는 결국 권한없는 자의 결재에 의한 성적증명서의 작성이 되므로 사문서위조죄에 해당된다고 할 것이다.[79)]

7,500만 원의 차용위탁을 받았음에도 차용금이 1억 5,000만 원인 대출신청서를 작성

위탁된 권한을 초월하여 위탁자 명의의 문서를 작성하거나 위탁자의 서명날인이 정당하게 성립한 때라 하더라도 그 서명날인자의 의사에 반하는 문서를 작성한 경우에는 사문서위조죄가 성립한다 할 것이므로 피고인이 갑으로부터 7,500만 원의 차용 위탁을 받고 백지의 대출신청서 및 영수증에 동인의 날인을 받은 연후에 차용금액을 1억 5,000만 원으로 기입하여 갑 명의의 대출신청서 및 영수증을 작성하였다면 문서위조죄가 성립한다.[80)]

78) 대판 1994. 7. 29. 93도1091.

79) 대판 1983. 4. 12. 83도154.

80) 대판 1982. 10. 12. 82도2023. 다음은 같은 취지이다.
사문서위조죄는 작성권한 없는 자가 타인의 명의를 모용하여 문서를 작성함으로써 성립하는 것인바, 타인으로부터 그 명의의 문서 작성을 위임받은 경우에도 위임된 권한을 초월하여 내용을 기재함으로써 명의자의 의사에 반하는 사문서를 작성하는 것은 작성권한을 일탈한 것으로서 사문서위조죄에 해당한다.
신축상가건물의 명목상 건축주의 포괄적 승낙 하에 분양에 관한 모든 업무를 처리하던 실제 건축주가 실제 분양되지도 않은 상가에 대하여 명목상의 건축주 명의로 분양계약서 및 입금표를 작성하고 그 분양계약서 및 입금표를 이용하여 대출을 받는 식으로 금원을 편취한 사안에서, 상가건물이 실제 분양되지도 않았고 분양대금이 납부된 바도 없는데도 그러한 사실이 있는 것으로 되어 있는 허위 내용의 문서를 작성하는 것과 같은 범죄행위는 포괄적으로 위임받은 분양업무에 속하는 것이라고 볼 수 없으므로 사문서위조 및 동행사죄가 성립한다(대판 1997. 3. 28. 96도3191).
피고인은 1980.부터 ○○주식회사의 대표이사에 취임하여 특히 시장점포의 임대차에 관하여는 지주들의 위임을 받아 피고인이 직접 임대차계약을 체결하고, 거기에서 나온 임대보증금 및 차임으로 위 시장 운영비등 경비에 충당하고 나머지 돈을 지주들에게 지급하여 왔으며, 위 시장내 6,7호 노점의 경우에도 전임차인인 갑의 부탁에 따라 1981. 그와의 임대차계약을 해지하고 을에게 임대보증금 750,000원에 임대하면서 지주들의 허락을 받고 이미 새겨둔 동인들의 인장을 사용하여 임대차계약서를 작성하고 임대보증금을 수령한 경우, 피고인이 을에게 노점을 임대하면서 지주들 명의의 임대차계약서를 작성하고 임대보증금을 수령한 행위는 지주들로부터 위임받은 권한 범위내에서 정당한 업무수행 행위로서 한 것이므로 사문서위조, 동행사등 죄를 구성하지 않는다(대판 1984. 7. 24. 84도785).

3. 대표이사가 주식회사 명의로 작성한 문서

'A 주식회사'의 대표이사인 갑이 'B 주식회사'의 대표이사인 을로부터 포괄적인 위임을 받아 B의 대표이사 업무도 처리하면서 작성 명의인을 'B 대표이사 을' 또는 'A 대표이사 병(병은 A의 퇴임한 전 대표이사임)'으로 표시한 허위 내용의 영수증을 작성

사안: 'A 주식회사'의 대표이사인 갑은 'B 주식회사'의 대표이사인 을로부터 포괄적인 위임을 받아 B의 대표이사 업무도 처리하고 있다. 그런데 피고인은 투자자로부터 투자금을 받아 그 중 일부는 A로부터 오피스텔 등을 구입하고 나머지는 다른 용도로 사용하였다가 투자자로부터 사기 등으로 고소를 당하자 유리한 자료로 제출하기 위하여 갑에게 위 투자금을 모두 오피스텔 구입 및 공사대금 등으로 지급받은 것처럼 허위 내용의 영수증과 세금계산서를 작성해달라고 부탁하였다. 이에 갑은 'B 대표이사 을' 또는 'A 대표이사 병(병은 A의 퇴임한 전 대표이사임)'으로 표시하여, 마치 피고인이 투자금 전부를 오피스텔 구입 및 공사대금으로 A와 B에게 지급한 것처럼 기재한 허위 내용의 영수증과 세금계산서에 A와 B의 직인을 날인해 주었고, 피고인은 이를 경찰에 제출하였다.

'B 대표이사 을' 명의의 영수증과 세금계산서 — 사문서위조죄, 동행사죄

갑이 'B 대표이사 을' 명의의 문서를 작성하여 행사한 것은 사문서위조죄, 동행사죄에 해당한다. 그 근거는 다음과 같다.

주식회사의 대표이사가 그 대표 자격을 표시하는 방식으로 작성한 문서에 표현된 의사 또는 관념이 귀속되는 주체는 대표이사 개인이 아닌 주식회사이므로, 그 문서의 명의자는 주식회사이다. 위와 같은 문서 작성행위가 위조에 해당하는지는 그 작성자가 주식회사 명의의 문서를 적법하게 작성할 권한이 있는지에 따라 판단하여야 하고, 문서에 대표이사로 표시되어 있는 사람으로부터 그 문서 작성에 관하여 위임 또는 승낙을 받았는지에 따라 판단할 것은 아니다.

주식회사의 적법한 대표이사라 하더라도 그 권한을 포괄적으로 위임하여 다른 사람으로 하여금 대표이사의 업무를 처리하게 하는 것은 허용되지 않는다. 따라서 대표이사로부터 포괄적으로 권한 행사를 위임받은 사람이 주식회사 명의로 문서를 작성하는 행위는 원칙적으로 권한 없는 사람의 문서 작성행위로서 자격모용사문서작성 또는 위조에 해당하고, 대표이사로부터 개별적·구체적으로 주식회사 명의의 문서 작성에 관하여 위임 또는 승낙을 받은 경우에만 예외적으로 적법하게 주식회사 명의로 문서를 작성할 수 있다.

사안에서, 문서의 작성명의자가 'B 대표이사 을'로 표시된 경우 위 문서의 명의자는 B이다. 비록 갑이 B의 대표이사 을의 포괄적인 위임을 받아 B의 대표이사 업무를 처리하고 있었다고 하더라도, 을의 위와 같은 대표이사 권한의 포괄적인 위임은 원칙적으로 허용될 수 없는 것이고, 더구나 피고인을 위하여 B에게 불리한 내용의 허위 영수증과 세금계산서를 작성해 주는 행위는 을이 대표이사 권한을 포괄적으로 위임한 취지의 범위 내에 속한다고 단정하기 어렵기 때문이다.

'A 대표이사 병' 명의의 영수증과 세금계산서 — 자격모용 내지 문서위조 아님

원래 주식회사의 적법한 대표이사는 회사의 영업에 관하여 재판상 또는 재판외의 모든 행위를 할 권한이 있으므로, 대표이사가 직접 주식회사 명의 문서를 작성하는 행위는 자격모용사문서작성 또는 위조에 해당하지 않는 것이 원칙이다. 이는 그 문서의 내용이 진실에 반하는 허위이거나 대표권을 남용하여 자기 또는 제3자의 이익을 도모할 목적으로 작성된 경우에도 그러하다.

갑이 A의 적법한 대표이사인 이상, 그 권한이 제한되어 있는 특별한 경우가 아니라면 직접 A 명의 문서를 작성하는 행위는 위조에 해당하지 않는 것이 원칙이고, 이는 문서의 내용이 이미 퇴임한 대표이사를 대표이사로 표시하는 등과 같이 진실에 반하는 허위인지, 대표권을 남용하여 자기 또는 제3자의 이익을 도모할 목적으로 문서를 작성한 것인지 또는 대표이사로 표시된 병 개인으로부터 그 문서 작성에 관하여 위임 또는 승낙을 받았는지 등에 따라 달라지는 것이 아니다. 따라서 갑이 A 명의의 영수증과 세금계산서를 작성하여 행사한 행위는, 비록 그 내용이 사실과 다르고 작성에 관하여 병으로부터 승낙을 받지 않았다고 하더라도, 권한 없이 A 명의의 문서를 작성하여 행사한 행위에 해당하지 않는다.[81]

---

81) 대판 2008. 11. 27. 2006도2016. 다음은 같은 취지이다.

'B 대표이사 을' 명의의 영수증과 세금계산서에 대한 판단과 같은 취지의 판례

A 주식회사의 명목상의 대표이사(갑)로부터 포괄위임을 받은 실질적인 대표이사(피고인)가 특별배임범행을 위해 'A 대표이사 갑' 명의의 계약서를 작성

A의 이사로서 위 회사를 실질적으로 경영하던 피고인이 피고인의 부탁에 의하여 A의 대표이사에 형식적으로 취임한 갑으로부터 A의 운영에 관한 대표이사로서의 전반적인 권한을 포괄적으로 위임받음으로써 갑으로부터 A 명의의 문서를 작성할 권한을 포괄적으로 위임받고, 처음부터 상법상 특별배임죄의 범행에 사용할 목적으로 'A 대표이사 갑' 명의로 '인허가권 및 토지 양도양수 계약서' 등을 작성한 행위는, 갑이 피고인의 위 특별배임죄의 범행에 가담하였다거나 이를 알고도 그 명의 사용을 승낙하였다는 증거가 전혀 없는 이 사건에서, 갑이 피고인에게 'A 대표이사 갑' 명의의 문서를 작성할 권한을 위임한 것은 회사의 정상적인 영업과 관련한 범위 내에서의 문서작성권한만을 위임한 취지라고 보아야 할 것이므로, 피고인이 위와 같이 'A 대표이사 갑' 명의로 '인허가권 및 토지 양도양수 계약서' 등을 작성한 행위는, 갑으로부터 위임된 A 명의의 문서작성권한을 남용한 정도에 그치는 것이 아니라 위임된 권한의 범위를 벗어나는 것으로서 사문서위조죄를 구성한다(대판 2006. 9. 28. 2006도1545).

A 주식회사를 인수한 피고인이 인수 전 대표이사 갑의 승낙을 받아 'A 대표이사 갑' 명의로 된 허위의 문서 작성

피고인이 갑으로부터 그가 대표이사로 있는 A를 인수하면서 대표자 갑의 명의를 계속 사용하기로 승낙을 받음으로써 위 회사 명의의 문서를 작성할 권한을 갑으로부터 위임받아, 실제로는 A에 근무한 바 없는 제3자 명의를 내세워 대출을 받아 금원을 편취할 목적으로 그 제3자가 A의 직원이며 그 동안 근로소득세를 납부하였다는 내용의 재직증명서 및 근로소득원천징수영수증 등 허위의 문서를 작성하였으나 갑이 피고인의 위 사기 범행에 가담하였다거나 이를 알고도 명의를 대여하였다는 증거가 전혀 없는 사안에서, 피고인은 갑으로부터 위임된 A 명의의 문서작성권한을 남용한 정도에 그치는 것이 아니라 위임된 권한의 범위를 벗어나는 것으로서 사문서위조죄를 구성한다(대판 2005. 10. 28. 2005도6088).

'A 대표이사 병' 명의의 영수증과 세금계산서에 대한 판단과 같은 취지의 판례

A 주식회사의 대표이사인 피고인이, 갑의 A에 대한 채권이 부존재함에도 존재하는 것처럼 허위의 차용증을 'A 대표이사 병' 명의로 작성

A의 대표이사인 피고인이, 전처인 갑이 A에 대하여 32억 원의 대여금채권을 가지고 있는 것처럼 허위로 꾸며 갑으로 하여금 위 대여금채권에 기하여 A 앞으로 공탁된 공탁금 231,169,555원에 대한 출급청구권에 대하여 채권압류 및 추심명령을 받게 함으로써, A에 대한 채권자인 을이 위 공탁금 출급청구권에 대한 채권압류 및 추심명령에 기하여 위 공탁금을 출급하는 것을 막고 나아가 각자의 채권액에 비례하여 안분배당을 받게 하기 위하여, 2005. 1. 3. 작성일자를 '1995. 12. 18.'로, 채무자를 'A 대표이사 병'으로 표시하여 마치 A가 갑에 대하여 32억 원의 채무를 부담하고 있는 것처럼 기재한 이 사건 차용증을 작성한 다음, 이를 공증담당 변호사에게 교부한 사안에서,

피고인이 A의 적법한 대표이사로서 그 권한이 제한되어 있는 특별한 경우가 아닌 이상 직접 A 명의 문서를 작성하는 행위가 자격모용사문서작성에 해당될 수는 없는 것이 원칙이고, 이는 문서의 내용이 진실에 반하는 허위인지, 대표권을 남용하여 자기 또는 제3자의 이익을 도모할 목적으로 문서를 작성한 것인지에 따라 달라지는 것도 아니기 때문에, 비록 피고인이 작성일자를 '1995. 12. 18.(실제로는 1995. 1. 3.)'로, 채무자를 'A 대표이사 병(실제로는 피고인)'으로 표시하는 등 일부 허위 내용의 이 사건 차용증을 작성하여 행사하였다 하더라도, 자격모용사문서작성죄나 자격모용작성사문서행사죄를 구성하지 아니한다(대판 2008. 12. 24. 2008도7836).

A 주식회사의 대표이사가 1인주주의 위임 없이 'A 대표이사 갑(퇴임한 전대표이사임)' 명의의 문서 작성

주식회사 대표이사의 대표권은 정관이나 주주총회 또는 이사회 결의 등에 의하여 적법하게 제한할 수 있지만, 회사의 운영을 실질적으로 장악·통제하고 있는 1인 주주가 적법한 대표이사의 권한 행사를 사실상 제한하고 있다는 것만으로는 대표이사의 대표권을 적법하게 제한하였다고 할 수 없으므로, 대표이사가 권한을 행사하는 과정에서 단순히 그 1인 주주의 위임 또는 승낙을 받지 않았다고 하여 그 대표권 행사가 권한을 넘어서는 행위가 되는 것은 아니다.

주식회사의 대표이사가 실질적 운영자인 1인 주주의 구체적인 위임이나 승낙을 받지 않고 이미 퇴임한 전 대표이사를 대표이사로 표시하여 회사 명의의 문서를 작성한 사안에서, 문서위조죄의 성립을 부정한 사례.[82)]

A 주식회사의 지배인(갑)이 A의 구체적 위임 없이 'A 대표이사 갑' 명의의 차용증을 작성

원래 주식회사의 지배인은 회사의 영업에 관하여 재판상 또는 재판 외의 모든 행위를 할 권한이 있으므로, 지배인이 직접 주식회사 명의 문서를 작성하는 행위는 위조나 자격모용사문서작성에 해당하지 않는 것이 원칙이고, 이는 그 문서의 내용이 진실에 반하는 허위이거나 대표권을 남용하여 자기 또는 제3자의 이익을 도모할 목적으로 작성된 경우에도 마찬가지이다.

피고인은 2006. 11. 20.자 차용증이 작성된 2008. 1.경 A의 아산지점 지배인이었지만, 자신을 A의 대표이사로 표시하여 A가 B 주식회사의 1억 원 차용금 채무에 대하여 연대보증한다는 취지의 차용증을 작성·교부하였고, 위와 같은 연대보증행위에 관하여 A의 구체적 위임이 없었다는 것인바, 위 연대보증행위가 A의 아산지점의 영업 범위에 포함되지 않는다고 볼 자료가 없는 이 사건에서 A의 적법한 지배인인 피고인이 A 명의 문서를 작성하는 행위가 사문서위조에 해당할 수는 없는 것이고, 이는 문서의 내용이 진실에 반하는 허위인지, 대표권을 남용하여 자기 또는 제3자의 이익을 도모할 목적으로 문서를 작성한 것인지에 따라 달라지는 것도 아니기 때문에, 가사 피고인이 자신을 A의 대표이사로 표시하는 등 일부 허위 내용이 포함되거나 위 연대보증행위가 A의 이익에 반하는 것이라 하더라도 같다.[83)]

A은행의 지배인이 내부규정을 어기고 결재 없이 A 명의로 지급보증서 성격의 문서를 작성

원래 주식회사의 지배인은 회사의 영업에 관하여 재판상 또는 재판 외의 모든 행위를 할 권한이 있으므로, 지배인이 직접 주식회사 명의 문서를 작성하는 행위는 위조나 자격모용사문서작성에 해당하지 않는 것이 원칙이고, 이는 문서의 내용이 진실에 반하는 허위이거나 권한을 남용하여 자기 또는 제3자의 이익을 도모할 목적으로 작성된 경우에도 마찬가지이다. 그러나 회사 내부규정 등에 의하여 각 지배인이 회사를 대리할 수 있는 행위의 종류, 내용, 상대방 등을 한정하여 권한을 제한한 경우에 제한된 권한 범위를 벗어나서 회사 명의의 문서를 작성하였다면, 이는 자기 권한 범위 내에서 권한 행사의 절차와 방식 등을 어긴 경우와 달리 문서위조죄에 해당한다.

82) 대판 2008. 11. 27. 2006도9194.
83) 대판 2010. 5. 13. 2010도1040.

A의 지배인으로 등기되어 있는 피고인이, 신용이나 담보가 부족한 차주 회사가 저축은행 등 대출기관에서 대출을 받는 데 사용하도록 지급보증의 성질이 있는 A 명의의 대출채권양수도약정서와 사용인감계를 작성하였다고 하여 사문서위조로 기소된 사안에서, 제반 사정에 비추어 A의 내부규정은 지급보증 등 여신에 관하여 금액 규모 등에 따라 전결권자를 구분하고 나아가 여신 결재가 이루어진 것을 전제로 인감관리자의 결재를 받아 사용인감계를 작성하도록 하는 등으로 지급보증 등의 의사결정 권한을 상위 결재권자에게 부여하고 있으므로, 위와 같은 문서작성 행위는 제한된 지배인의 대리권한을 넘는 경우에 해당하여 사문서위조죄가 성립한다고 본 사례.[84)]

주식회사의 공동경영자(갑)가 일체의 권리를 포기하여 남은 경영자(을)가 갑 명의의 문서 작성

갑과 을이 공동으로 주식회사를 경영하다가 갑이 을에게 위 회사의 소유와 경영에 관한 일체의 권리를 포기하면서 그 사무처리의 권한까지 을에게 포괄적으로 위임함으로써 을이 그 사무처리를 위하여 갑 명의의 주식배당포기서, 이사사임서 등을 작성 행사한 것이라면 비록 을이 개개의 문서작성에 관한 승낙을 받지 않았다 하더라도 별다른 사정이 없는 한 묵시적인 승낙을 받았다고 할 것이어서 그것이 사문서위조, 동행사죄를 구성하거나, 그에 따른 법인등기부 변경등기를 경료한 것이 공정증서원본불실기재, 동행사죄등 을 구성할 수는 없다.[85)]

주식회사의 대표이사가 사임의 의사표시를 한 이사 명의로 이사회의록 작성

법인의 이사가 사임하는 행위는 상대방 있는 단독행위여서 그 의사표시가 상대방에게 도달함과 동시에 그 효력을 발생하는 것이고, 통상 이사가 사임하면 그 즉시 이사로서의 지위를 상실하므로 자신의 이름을 회사의 이사인 것처럼 사용하도록 허락한 사람이 사임의 의사표시를 하는 경우 그 의사표시에는 명의사용에 대한 기존의 승낙이나 동의를 더 이상 유지하지 않는다는 의사도 포함된 것이고 상대방도 이러한 의사를 인식하였다고 보는 것이 일반적이므로, 그 이후에는 더 이상 그 명의를 사용할 수 없다. 그러나 사임으로 인하여 필요한 이사의 수에 결원이 생기는 등의 사유가 있는 경우에는 명의사용을 곧바로 금지한 것이고 상대방인 1인 회사의 대표이사도 그 금지의 의사를 인식하였다고 단정할 수는 없다. 그러므로 이사가 사임한 경우에 더 이상의 명의사용을 금지한 것인지 여부 및 상대방이 이를 인식하였는지 여부는 당초 이사로 선임된 동기, 사임으로 인한 이사 정원의 미달 여부, 사임의 동기, 이사와 회사 및 1인 주주와의 관계, 사임 이후의 명의사용에 대하여 이의를 제기하였는지 여부 등의 사정을 종합하여 살펴보아야 한다.
사임의사를 표시하였던 이사를 포함한 이사 3인 명의로 이사회 의사록을 작성하고 비치하거나 교부한 행위가 사문서위조 및 위조사문서행사죄에 해당하지 아니한다고 한 사례.[86)]

---

84) 대판 2012. 9. 27. 2012도7467.

85) 대판 1988. 9. 13. 87도2012.

86) 대판 2009. 5. 14. 2008도11040. 공소사실과 원심의 판시는 다음과 같다.
공소사실의 요지: A 주식회사의 대표이사인 피고인은 주주 및 이사들 몰래 A의 중요재산인 이 사건 공장부지를 매각하는데 사용할 목적으로 권한 없이 A 이사회의 의사록을 작성하기로 마음먹고, 2007. 7. A 사무실에서 경리담당 직원으로 하여금 컴퓨터를 이용하여 "2007. 6. 14.경 A 사무실에서 대표이사인 피고인과 이사인 갑, 을, 감사인 병이 참석한 가운데 A 이사회가 개최되어, 그 회의에서 위 공장부지 처분에 대하여 승인이 이루어지고 그 처분권한을 대

4. 행사할 목적과 고의[87)]

표이사인 피고인에게 위임하는 안건이 가결되었다"는 내용이 기재된 이사회 의사록을 작성한 후, 갑, 을, 병의 이름 옆에 동인들의 인장을 각 날인하도록 하고, 그 무렵 위와 같이 작성한 이사회 의사록을 A에 비치하고, 이어서 위 공장부지 매매계약을 체결하면서 그 정을 모르는 정에게 위와 같이 위조된 이사회 의사록을 교부하였다. 이로써 피고인은 권리의무에 관한 사문서인 갑, 을, 병 명의의 이사회 의사록을 위조한 후 이를 행사하였다.

고등법원의 판단: 1) 원심은 A는 피고인을 1인 주주로 하는 1인 회사에 해당하며 1인 주주인 피고인의 의사에 기하여 이사회의사록이 작성된 이상 이사회의사록을 위조하였다고 볼 수 없다고 판시하고 있다. 그러나 1인 회사의 경우에 이사를 모두 1인 주주가 선임하게 되는 만큼 사실상 이사들의 의사가 1인 주주의 의사와 다른 경우는 거의 없을지도 모르나, 엄연히 주주와 회사는 별개이고 이사는 회사의 기관으로서 주주와는 그 권한과 책임을 달리하므로 주주의 의사가 이사회의 의사를 갈음할 수는 없다 할 것이어서, 1인 주주의 의사에 기하여 이사회의사록이 작성되었다는 이유만으로 곧바로 이사회의사록의 위조죄가 성립하지 않는다고 결론짓는 것은 부당하다.

2) 한편, 이 사건 이사회의사록의 작성명의인인 을, 병은 피고인의 절친한 친구이고, 갑은 피고인의 처남으로서 그들이 A의 이사 또는 감사로 취임하기는 하였으나 실제로는 이름만 빌려주었을 뿐 A의 경영에는 일체 관여하지 않고 피고인에게 회사운영에 대한 권한을 포괄적으로 위임한 것으로 보인다.

3) 뿐만 아니라, 원심이 적절하게 판시한 바와 같이 A는 채무초과로 오래전부터 화의절차가 진행 중이었고, 총부채와 총자산의 규모나 영업실적 등에 비추어 갱생이 거의 불가능한 상태였던 사실, 위 공장부지를 매각하여 채권자들에 대한 채무를 변제하는 방법 외에는 채무를 변제할 수 있는 다른 방안이 마땅히 없었기 때문에, A의 이사들이나 감사 중에는 공장부지 매각방안을 피고인에게 제안하기도 하였고, 피고인이 공장부지 매각방안을 검토하고 있음을 알고 있던 사람들도 있었던 사실, A의 이사 및 감사로서 이 사건 이사회의사록의 작성명의인인 갑, 을, 병 등은 그들이 이사 및 감사로 취임하기는 하였으나 A의 경영에는 관여하지 않았고, 만일 피고인이 A의 채무를 변제할 목적으로 공장부지를 매각하려고 한다는 점을 알았더라면 이에 대하여 별다른 이의 없이 동의하였을 것이라는 취지로 이 법정에서 증언하고 있는 사실, 갑, 을, 병이 피고인의 친구 내지 처남인 사실을 인정할 수 있는바, 이러한 사실관계에 비추어 보면, 이 사건 이사회의사록의 작성에 관하여는 갑, 을, 병의 추정적 승낙이 있었다고도 볼 수 있다.

4) 이에 대하여 검사는 을이 2007. 7. 4.경 A의 이사직을 사임하는 의사표시를 함으로써 포괄적 위임의사를 철회한 셈이므로 그 이후로는 을 명의로 이사회의사록을 작성할 권한이 없음에도, 피고인이 을 명의로 된 이사회의사록을 작성하여 이를 교부한 이상 사문서위조죄 및 위조사문서행사죄가 성립한다고 주장하나, 기록에 의하면, 이 사건 이사회의사록에 기재된 작성일자는 2007. 6. 14.로 되어 있고, 그 작성일자를 기준으로 하면 을이 이사직을 사임하기 전이므로, 피고인이 이 사건 이사회의사록을 작성함에 있어서 을의 위임 또는 승낙을 받았다고 보는데 아무런 지장이 없다 할 것이어서, 검사의 위 주장은 이유 없다.

5) 또한, 검사는 A의 유일한 재산인 위 공장부지를 임의로 매각하여 횡령하는 행위까지 이사회의사록을 작성하도록 위임 또는 승낙한 것으로 볼 수 없다고 주장하나, 이 사건 이사회의사록에 기재된 이사회의 결의 내용상으로는 회사 채무를 변제하기 위하여 공장부지의 매각권한을 피고인에게 위임한다는 취지로 되어 있을 뿐만 아니라, 아래에서 보는 바와 같이 피고인이 공장부지를 매각한 대금 중 상당 부분이 회사 채무를 변제하는 데에 사용된 사실로 미루어 A의 채무변제가 공장부지의 중요한 매각 동기가 되었던 것으로 보이고, 단지 공장부지를 매각하여 이를 횡령하기 위한 방법으로서 이 사건 이사회의사록을 작성하였다고 보기는 어려운 이상, 피고인이 이 사건 이사회의사록을 작성하여 교부한 행위가 이사들로부터 위임 또는 승낙받은 범위를 넘어선다고 할 수 없다(서울고판 2008. 11. 12. 2008노2194).

87) **조합장 아닌 자가 조합장의 직함을 사용하여 계약서 작성**
자격모용에 의한 사문서작성죄는 행사할 목적으로 타인의 자격을 모용하여 권리·의무 또는 사실증명에 관한 문서를 작성함으로써 성립하는 것인바, 여기에서 '행사할 목적'이라 함은 다른 사람으로 하여금 그 문서가 정당한 권한에 기하여 작성된 것으로 오신하게 할 목적을 말하므로, 사문서를 작성하는 자가 다른 사람의 대리인 또는 대표자로서의 자격을 모용하여 문서를 작성한다는 것을 인식·용인하면서 이를 진정한 문서로서 어떤 효용에 쓸 목적으로 사문서를 작성하였다면, 자격모용에 의한 사문서작성죄의 행사의 목적과 고의가 있는 것으로 보아야 한다.
재건축조합의 조합장이 아닌 사람이 재건축조합 조합장의 직함을 사용하여 재건축사업에 관한 계약서를 작성하였

Ⅳ. 사전자기록위작·변작죄

원본파일을 불러와 화면에 띄운 램상의 임시적 복제파일에 임의로 수정입력

사전자기록위작·변작죄에서 말하는 권리의무 또는 사실증명에 관한 타인의 전자기록 등 특수매체기록이라 함은 일정한 저장매체에 전자방식이나 자기방식에 의하여 저장된 기록을 의미한다고 할 것인데, 비록 컴퓨터의 기억장치 중 하나인 램(RAM)이 임시기억장치 또는 임시저장매체이기는 하지만, 형법이 전자기록위·변작죄를 문서위·변조죄와 따로 처벌하고자 한 입법취지, 저장매체에 따라 생기는 그 매체와 저장된 전자기록 사이의 결합강도와 각 매체별 전자기록의 지속성의 상대적 차이, 전자기록의 계속성과 증명적 기능과의 관계, 본죄의 보호법익과 그 침해행위의 태양 및 가벌성 등에 비추어 볼 때, 위 램에 올려진 전자기록 역시 사전자기록위작·변작죄에서 말하는 전자기록 등 특수매체기록에 해당한다.

램에 올려진 전자기록은 원본파일과 불가분적인 것으로 원본파일의 개념적 연장선상에 있는 것이므로, 비록 원본파일의 변경까지 초래하지는 아니하였더라도 이러한 전자기록에 허구의 내용을 권한 없이 수정입력한 것은 그 자체로 그러한 사전자기록을 변작한 행위의 구성요건에 해당된다고 보아야 할 것이며 그러한 수정입력의 시점에서 사전자기록변작죄의 기수에 이르렀다고 한 사례.[88]

새마을금고의 전 이사장 명의의 계좌에 입금된 돈을 내부결재를 받고 컴퓨터프로그램에 접속하여 계좌이체

형법 제232조의2에 정한 전자기록은 그 자체로서 객관적·고정적 의미를 가지면서 독립적으로 쓰이는 것이

다면, 계약의 상대방이 자격모용사실을 알고 있었다거나 그 계약서에 조합장의 직인이 아닌 다른 인장을 날인하였더라도 자격모용에 의한 사문서작성죄의 범의와 행사의 목적이 인정된다고 본 사례(대판 2007. 7. 27. 2006도2330).

교단이 분열되었음에도 원래 교단의 교리를 이어받고 원래 교단의 명칭을 그대로 사용

교단의 원래 명칭은 한국예수교전도관부흥협회였는데, 그 창립자와 추종자들이 교리를 바꾸고 교단의 명칭을 한국천부교전도관부흥협회로 변경한 다음 그와 같은 명칭변경을 문화공보부로부터 승인을 받자, 그 반대파 신도들이 이에 대항하여 자신들이 위 교단의 정통파 신자라고 주장하면서 한국예수교전도관부흥협회의 명칭을 그대로 사용하여 온 때에는 신앙공동체로서의 기초를 상실함으로써 '창립자 및 그 추종자들'과 '반대파'로 분열되었다고 봄이 상당하고, 따라서 원래의 교단으로부터 분열된 한국천부교전도관부흥협회뿐만 아니라 한국예수교전도관부흥협회 그 어느 쪽도 원래의 교단과는 동일성을 상실한다고 할 것이다. 그러므로 위와 같은 분열 이후 한국예수교전도관부흥협회의 회장으로 선출된 피고인이 한국예수교전도관부흥협회 회장의 명의로 이 사건 진정서 등을 작성, 제출한 것은 타인의 자격을 모용한 것이지만, 피고인 등은 자신들이 소속한 한국예수교전도관부흥협회가 원래의 교단의 교리를 따르고 있었으므로 원래의 교단이 동일성을 그대로 유지한다고 믿었을 것이라고 보이므로 피고인에게 타인의 자격을 모용한다는 범의가 있었다고 보기 어렵다(대판 1996. 7. 12. 93도2628).

88) 대판 2003. 10. 9. 2000도4993. 구체적인 내용은 다음과 같다.

피고인이 이 사건 관련 전산자료를 변경입력한 행위가 비록 원본파일의 변경까지 초래하지는 아니하였더라도, 위 피고인이 조작의 대상으로 삼은 전자기록은 컴퓨터에 연결된 모니터에 표시됨으로써 그 내용이 외부에 표출되는 것이기는 하지만, 단순히 모니터에 표시되는 화상형태로만 존재하는 것이 아니라 모니터에 표시되기 전에 작업자의 명령 처리를 위하여 임시기억장치인 램에 올라가 있었던 것이고, 그 프로그램 처리 구조상 원본파일로부터 이와 같이 램에 올려지는 임시적 복제파일의 생성이 당연히 예정되어 있었던 점에 비추어 볼 때, 램에 올려진 전자기록은 원본파일과 불가분적인 것으로 원본파일의 개념적 연장선상에 있는 것이므로, 이러한 전자기록에 위 피고인이 사무처리를 그르치게 할 목적으로 그 공범들과 통모하여 허구의 내용을 권한 없이 수정입력한 것은 그 자체로 그러한 사전자기록을 변작한 행위의 구성요건에 해당된다.

아니라 개인 또는 법인이 전자적 방식에 의한 정보의 생성·처리·저장·출력을 목적으로 구축하여 설치·운영하는 시스템에서 쓰임으로써 예정된 증명적 기능을 수행하는 것이므로, '사무처리를 그르치게 할 목적'이란 위작 또는 변작된 전자기록이 사용됨으로써 위와 같은 시스템을 설치·운영하는 주체의 사무처리를 잘못되게 하는 것을 말한다.

새마을금고의 예금 및 입·출금 업무를 총괄하는 직원이 금고에 개설된 전 이사장 명의의 예금계좌로 상조금이 입금되자 금고가 전 이사장에 대해 가지는 채권을 확보하기 위해 내부 결재를 받아 금고의 예금 관련 컴퓨터 프로그램에 접속하여 전 이사장 명의 예금계좌의 비밀번호를 동의 없이 입력한 후 위 금원을 위 금고의 가수금계정으로 이체한 사안에서, 위 금고의 내부규정이나 여신거래기본약관의 규정에 비추어 이는 위 금고의 업무에 부합하는 행위로서 피해자의 비밀번호를 임의로 사용한 잘못이 있다고 하더라도 사전자기록위작·변작죄의 '사무처리를 그르치게 할 목적'을 인정할 수 없다고 한 사례.[89)]

V. 허위진단서등작성죄

1. 진단서의 의의

소견서

허위진단서작성죄에 있어서 진단서라 함은 의사가 진찰의 결과에 관한 판단을 표시하여 사람의 건강상태를 증명하기 위하여 작성하는 문서를 말하는 것이므로, 비록 그 문서의 명칭이 소견서로 되어 있더라도 그 내용이 의사가 진찰한 결과 알게 된 병명이나 상처의 부위, 정도 또는 치료기간 등의 건강상태를 증명하기 위하여 작성된 것이라면 위 진단서에 해당되는 것이다.[90)]

89) 대판 2008. 6. 12. 2008도938. 다음은 유사 취지이다.

공소사실: 피고인은 'A아파트 입주자대표회의'를 반대하는 일부 주민들이 개설한 인터넷 포털사이트 '네이버' 상의 'A' 카페에 접속한 다음 'A 원로회의'의 사무처리를 그르치게 할 목적으로 그 공소 내용과 같이 기재하여 사실증명에 관한 위 원로회의 명의의 전자기록을 위작하고, 그 시경 위와 같이 위작된 전자기록을 행사하였다.

대법원의 판단: 피고인이 위 카페에 접속하여 위와 같은 전자기록을 위작한 행위를 사전자기록위작죄로 의율하기 위해서는 피고인에게 위 카페 또는 위 사이트의 설치·운영 주체의 사무처리를 그르치게 할 목적이 있어야 할 것인바, 이 사건 공소사실에는 피고인이 위 원로회의의 사무를 그르치게 할 목적으로 그와 같은 행위를 하였다고만 기재되어 있을 뿐이다.

또한, 피고인이 위 카페의 설치·운영 주체인 공소외인으로부터 위 카페에 글을 게시할 수 있는 권한을 부여받아 피고인의 아이디로 위 공소 내용과 같은 전자기록을 작성하여 게시하였고 위 카페는 공소외인 등 위 입주자대표회의에 반대하는 일부 주민들에 의하여 개설된 것이라는 사실, 피고인이 위작하였다는 이 사건 전자기록은 그 내용이 중립적인 입장을 천명한 위 원로회의가 마치 위 입주자대표회의에 반대하는 입장에 있는 듯 하게 보일 수 있는 것이라는 사실을 알 수 있는바, 사정이 그러하다면 당시 피고인이 비록 위 카페에 허위내용의 전자기록을 작성하여 게시하였다고 하여 그러한 점만으로 피고인에게 위 카페나 위 사이트의 설치·운영 주체의 사무처리를 그르치게 할 목적이 있었다고 단정하기도 어렵다고 할 것이다.

그렇다면 피고인에게 위 카페 또는 위 사이트의 설치·운영 주체의 사무처리를 그르치게 할 목적이 있었음을 인정하기 어렵다(대판 2008. 4. 24. 2008도294).

90) 대판 1990. 3. 27. 89도2083.

입퇴원확인서

허위진단서작성죄에서 '진단서'란 의사가 진찰의 결과에 관한 판단을 표시하여 사람의 건강상태를 증명하기 위하여 작성하는 문서를 말하고, 위 조항에서 규율하는 진단서에 해당하는지 여부는 서류의 제목, 내용, 작성목적 등을 종합적으로 고려하여 판단하여야 한다.

의사인 피고인이 환자의 인적사항, 병명, 입원기간 및 그러한 입원사실을 확인하는 내용이 기재된 '입퇴원 확인서'를 허위로 작성하였다고 하여 허위진단서작성으로 기소된 사안에서, 위 '입퇴원 확인서'는 문언의 제목, 내용 등에 비추어 의사의 전문적 지식에 의한 진찰이 없더라도 확인 가능한 환자들의 입원 여부 및 입원기간의 증명이 주된 목적인 서류로서 환자의 건강상태를 증명하기 위한 서류라고 볼 수 없어 허위진단서작성죄에서 규율하는 진단서로 보기 어렵다.[91)]

공무원인 의사가 공무소 명의로 작성한 허위 진단서

국립병원의 내과과장 겸 진료부장으로 근무하는 의사로서 보건복지부 소속 의무서기관인 피고인이 공소외인의 부탁을 받고 허위의 진단서를 작성한 사안에서,

형법이 제225조 내지 제230조에서 공문서에 관한 범죄를 규정하고, 이어 제231조 내지 제236조에서 사문서에 관한 범죄를 규정하고 있는 점 등에 비추어 볼 때 허위진단서작성죄의 대상은 공무원이 아닌 의사가 사문서로서 진단서를 작성한 경우에 한정되고, 공무원인 의사가 공무소의 명의로 허위진단서를 작성한 경우에는 허위공문서작성죄만이 성립하고 허위진단서작성죄는 별도로 성립하지 않는다.[92)]

2. 허위의 의미

허위진단서작성죄가 성립하기 위하여는 진단서의 내용이 실질상 진실에 반하는 기재여야 할 뿐 아니라 그 내용이 허위라는 의사의 주관적 인식이 필요하고, 의사가 주관적으로 진찰을 소홀히 한다던가 착오를 일으켜 오진한 결과로 객관적으로 진실에 반한 진단서를 작성하였다면 허위진단서작성에 대한 인식이 있다고 할 수 없으므로 허위진단서작성죄가 성립하지 아니한다.

의사인 피고인이 환자의 장애상태를 정밀하게 관찰하기 위한 MRI 검사 등을 하지 아니하는 등 일부 소홀한 점은 있으나, 장애진단서의 기재내용이 객관적 진실에 반한다거나 또는 피고인에게 그 내용이 허위라는 인식이 있었다고 보기는 어렵다는 이유로, 허위진단서작성의 공소사실에 대하여 무죄를 선고한 원심판결을 수긍한 사례.[93)]

91) 대판 2013. 12. 12. 2012도3173.

92) 대판 2004. 4. 9. 2003도7762.

93) 대판 2006. 3. 23. 2004도3360. 다음은 같은 취지이다.

의사가 오진하여 객관적으로 진실에 반하는 진단서를 작성

허위진단서작성죄는 의사가 사실에 관한 인식이나 판단의 결과를 표현함에 있어서 자기의 인식 판단이 진단서에 기재된 내용과 불일치하는 것임을 인식하고서도 일부러 내용이 진실 아닌 기재를 하는 것을 말하는 것이므로 의사가 주관적으로 진찰을 소홀히 한다던가 착오를 일으켜 오진한 결과로 객관적으로 진실에 반한 진단서를 작성하였다면 허위진단서작성에 대한 인식이 있다고 할 수 없으니 동 죄가 성립되지 아니한다(대판 1976. 2. 10. 75도1888).

허위진단서작성죄에 있어서 허위의 기재는 사실에 관한 것이건 판단에 관한 것이건 불문하는 것이나, 본죄는 원래 허위의 증명을 금지하려는 것이므로 그 내용이 허위라는 의사의 주관적 인식이 필요함은 물론, 실질상 진실에 반하는 기재일 것이 필요하다.
왼쪽어깨타박상, 경부염좌의 증세가 있는 교통사고 환자에게 뇌진탕을 추가한 진단서를, 이마가 부어 압통이 있고 손목의 멍, 무릎찰과상이 있는 교통사고 환자에게 뇌진탕을 추가한 전치 2주의 진단서를 각각 발행한 후, 각 뇌진탕을 제외하고 3~4일의 가료 또는 입원가료를 요한다는 내용으로 정정하는 소견서를 발행한 사안에서, 허위의 인식이 있었다거나 객관적인 진실에 반하는 허위의 진단서를 작성하였다고 할 수 없다고 한 사례.[94)]

자살로 보기 어렵고 유서는 믿기 어려우며, 독극물이 발견되지 않고 독극물을 먹은 흔적도 없는 변사체에 관하여 빙초산을 먹고 자살로 추정됨이라고 기재하고 변사체에서 발견된 다발성좌상 및 찰과상에 대한 기재를 누락한 사체검안서에 관하여 허위진단서작성죄를 인정한 사례.[95)]

94) 대판 1990. 3. 27. 89도2083. 구체적인 내용은 다음과 같다.
피고인은 1987. 8. 30. 10:00경 그날 발생한 교통사고 피해자 중의 한 사람인 갑을 진찰함에 있어 특별한 외상은 없이 다만 그 왼쪽어깨 부분에 약간의 타박상 증세가 있고, 목부위에 경미한 경부염좌상이 있었으므로 위 각 증상을 진료기록부에 기록하고, 한편 그 증세가 확실치는 않으나 통상 교통사고의 경우에 발생하는 뇌진탕의 가능성도 있을 것으로 보고 진료기록부에 뇌진탕이라고 기재를 한 다음 의증이라는 의미에서 괄호안에 ±표시를 하였다. 또한 당시 같은 교통사고 피해자인 을을 진찰함에 있어서 역시 특별한 외상은 발견할 수가 없고 다만 우측 이마부위가 약간 부어있어 압통이 있고, 오른쪽 손목부위가 약간의 멍든 자욱이 있으며 오른쪽 무릎부위에도 극히 약간의 찰과상이 있는 것을 확인하여 각 그 내용을 진료기록부에 기재하고 나아가 뇌진탕의 가능성도 배제할 수 없다는 생각에서 역시 진료기록부에 뇌진탕의 기재를 하면서 그 증세가 불확실하다는 의미에서 괄호안에 ±표시를 하고는 그 다음날인 같은 달 31. 10:00경 위 환자들에 대한 진단서를 발행함에 있어 위 각 진료기록부에 의하여 갑에 대하여는 병명란에 뇌진탕, 경부염좌, 좌측견부 타박상이라 기재하고 이에 터잡아 진단기일을 2주간의 가료를 요한다고 기재하였고, 을에 대하여는 병명란에 뇌진탕, 우측두골부위 타박상, 우완관절부위 타박상, 우슬부 타박상이라 기재하고 역시 이에 터잡아 진단기일을 2주간의 가료를 요한다고 기재하였다. 그런데 을은 사고당일인 1987. 8. 30. 3일분의 약만을 지어 즉시 집으로 돌아간 후 1987. 9. 1. 정상적으로 그 업무에 종사하고 있음이 확인되었고, 역시 같은 날인 1987. 9. 1. 10:30경 피고인이 위 병원에 입원하고 있던 갑의 병세를 살펴본 바 처음 진료 당시와 같이 경미한 부상에 불과한 것이 재차 확인되었으므로 그들에 대한 각 진료기록부와 실제 치료의 진행상황에 비추어 볼 때에 위 두 환자 모두 뇌진탕이라고 기재하여 놓은 것은 잘못된 것임이 판명된 것으로 보고, 따라서 이에 터잡아 위 환자들에 대하여 각 2주의 치료기간을 잡은 것도 너무 길게 잡은 정확하지 않은 치료기간으로 판단하여 같은 날인 1987. 9. 7. 11:00경 당초 위 각 진단서 기재의 병명 중 뇌진탕이라는 기재만을 빼고 갑에 대하여는 약 3내지 4일간의 입원가료를 요한다고 기재하고 을에 대하여는 약 3내지 4일간의 가료를 요한다고 기재하여 각 그에 관한 소견서를 작성한 사실, 그후 실제로 을은 이미 본 바와 같이 완치되었으며, 갑은 위 소견서 기재와 큰 차이없이 퇴원하는 날을 포함하여 5일간 입원하였다가 퇴원하여 그후 2일간 통원치료를 받아 완치되었다. 이로써 본다면 설사 피고인이 이 사건 각 소견서를 작성하게 된 직접적인 원인이 제1심판결 설시와 같이 위 병원 원무과장이나 그밖에 경영진의 종용에 의한 것이었다 하더라도 피고인이 당초 1987. 8. 31. 발부한 각 진단서의 기재내용이 진찰을 소홀히 하였다던가 착오를 일으켜 오진한 결과를 사실과 다르게 기재된 것임이 발견되어 이를 정정하는 의미에서 1987. 9. 1. 다시 이 사건 각 소견서를 작성 발행한 것이라 할 것이고, 더욱이 후에 작성된 위 각 소견서의 기재내용은 각 그 진단명과 치료기간에 있어서 오히려 진실에 부합하던가 더 가까운 것임을 알 수 있으므로, 이에 의하면 피고인에게는 허위의 인식이 있었다고 보기도 어려울 뿐만 아니라 객관적인 진실에 반하는 허위의 진단서를 작성하였다고 할 수도 없다.
95) 대판 2001. 6. 29. 2001도1319. 구체적인 내용은 다음과 같다.

Ⅵ. 위조·변조·허위작성등사문서행사죄

1. 행사의 방법

위조문서행사죄에 있어서 행사라 함은 위조된 문서를 진정한 문서인 것처럼 그 문서의 효용방법에 따라 이를 사용하는 것을 말하고, 위조된 문서를 제시 또는 교부하거나 비치하여 열람할 수 있게 두거나 우편물로 발송하여 도달하게 하는 등 위조된 문서를 진정한 문서인 것처럼 사용하는 한 그 행사의 방법에 제한이 없다.[96)]

위변조의 정을 아는 자에 대한 행사

위조, 변조, 허위작성된 문서의 행사죄는 이와 같은 문서를 진정한 것 또는 그 내용이 진실한 것으로 각 사용하는 것을 말하는 것이므로, 그 문서가 위조, 변조, 허위작성되었다는 정을 아는 공범자등에게 제시, 교부하는 경우등에 있어서는 행사죄가 성립할 여지가 없다.[97)]

지하실에서 변사체로 발견된 피해자의 우측 흉부, 양측 손등, 팔목, 안면부 및 양측 하지 등 여러 곳에 좌상 및 찰과상이 있었던 사실이 인정되고, 피해자의 사체 주위에서 발견된 우유병에 담긴 액체는 빙초산이 아닐 뿐만 아니라, 피해자가 그것을 마시고 자살하였다는 것은 객관적 사실에 반하는 것이고, 피해자의 사체는 영양실조라고 생각될 만큼 마른 상태에서 팔뚝 등에는 많은 멍이 들어 있었고, 얼굴은 부어 있는 상태였으며 배변의 흔적이 있었다는 점, 현장에 있던 메모 3장은 피고인들이 유서라고 판단하였으나 메모지 3장의 필체가 조악하고 작성일자가 1999년 1월경으로 되어 있으며 자살하는 사람이 수개월 전에 유서를 작성하여 놓거나 그것도 같은 내용의 유서를 3장이나 작성한다는 것은 작성자가 정신장애자가 아닌 정상인이라 하여도 쉽게 납득하기 어렵다는 점, 의학적으로 빙초산을 먹고 자살하는 경우 식도와 위가 부식되고 사람이 고통 속에서 죽어 간다는 것은 상식에 속하는 것인데 사체에서는 그러한 흔적이 전혀 발견되지 않았다는 점, 국립과학수사연구소의 감정결과에 따르면 현장에서 발견된 우유병 속에 무색, 무취의 액체가 들어 있었을 뿐 빙초산은 물론 다른 독극물도 발견되지 않았다는 점, 여러 개의 빈방이 있는 큰 저택에서 사체가 어두운 지하실에 놓여 있다는 것은 그 자체가 사망에 대한 의문을 불러일으키기에 충분하다는 점, 약 20년 동안 검안 촉탁의로서 연간 40여 건의 검안을 실시한 경험이 있는 피고인이 수사기관에서 '빙초산을 마시고 자살한 사람에게 어떤 소견이 나타나느냐'는 검사의 질문에 '공부를 하지 않아서 모르겠다'고 답변하고, 또 '화상이 생기지 않을 정도의 약한 농도의 초산을 먹어도 사람이 사망하느냐'는 질문에 대하여 대답을 하지 못하는 등 빙초산을 마시고 사망하는 경우의 소견에 대해 잘 모르고 있다는 것을 알 수 있는바, 따라서 빙초산의 성상이나 이를 마시고 사망하는 경우의 소견에 대하여 알지 못함에도 불구하고 사체검안서의 사망의 종류 란에 '자살', 선행 사인 란에 '약물 음독', 사고 종류 란에 '자살, 빙초산을 먹고 죽은 것으로 추정됨'이라고 기재하고 위와 같이 피해자의 우측 흉부, 양측 손등, 팔목, 양측 하지 및 안면부에 다발성 좌상 및 찰과상이 있음에도 불구하고 피해자의 신체에 외상이 전혀 없는 것처럼 위 사체검안서 기타 신체 상황 란에 아무런 기재를 하지 아니한 사체검안서를 작성한 것은 그 자체가 허위에 대한 인식이 있는 것이라고 볼 것이고, 나아가 20년간 사체검안의로 활동한 위 피고인으로서는 그가 작성한 허위의 사체검안서가 어떠한 목적에 행사되리라는 점도 능히 인식하고 있었다고 볼 것이다.

96) 대판 2008. 10. 23. 2008도5200.

97) 대판 1986. 2. 25. 85도2798. 다음은 같은 취지이다.

판결요지: 위조문서행사죄에 있어서 행사는 위조된 문서를 진정한 것으로 사용함으로써 문서에 대한 공공의 신용을 해칠 우려가 있는 행위를 말하므로 그 행사의 상대방에는 아무런 제한이 없고, 다만 문서가 위조된 것임을 이미 알고 있는 공범자 등에게 행사하는 경우에는 위조문서행사죄가 성립할 수 없으나, 간접정범을 통한 위조문서행사범행에 있어 도구로 이용된 자라고 하더라도 문서가 위조된 것임을 알지 못하는 자에게 행사한 경우에는 위조문서행사죄가 성립한다.

위조된 문서의 작성 명의인에 대한 행사

피해자가 피고인으로부터 받은 명도최고서에 첨부된 피해자 명의의 입점자각서를 보고서 위 각서가 위조된 것을 알게 된 사안에서,

위조문서행사죄에 있어서의 행사는 위조된 문서를 진정한 것으로 사용함으로써 문서에 대한 공공의 신용을 해칠 우려가 있는 행위를 말하므로, 행사의 상대방에는 아무런 제한이 없고 위조된 문서의 작성 명의인이라고 하여 행사의 상대방이 될 수 없는 것은 아니다.[98]

검문한 부대원이 피고인의 하숙집에서 갑에 대한 주민등록증을 찾아와 제시하자 피고인이 자기 것이라고 말함

피고인이 육군보안부대원으로부터 검문받으며 주민등록증제시를 요구받고, 하숙집에 있다고 말하였고, 이에 위 부대원이 하숙집에서 갑에 대한 주민등록증을 찾아와 피고인에게 당신 것이냐고 묻자 피고인이 내것이라고 대답한 사안에서,

위조문서등 행사죄에 있어서의 행사라는 것은 위조된 문서 등을 진정한 문서 또는 내용이 진실한 문서인 것처럼 그 문서의 효용방법에 따라 이를 사용하는 것을 말하는 것으로서 반드시 범인 자신이 스스로 직접 이를 제시하는 것만을 의미하는 것은 아니며 피고인이 비록 위조한 위 주민등록증을 직접 제시한 것은 아닐지라도 피고인이 제시한 것과 다를 바가 없다.[99]

위조 서면을 스캔한 파일을 이메일로 전송하여 상대방이 컴퓨터 화면상으로 이를 봄

위조된 문서 그 자체를 직접 상대방에게 제시하거나 이를 기계적인 방법으로 복사하여 그 복사본을 제시하는 경우는 물론, 이를 모사전송의 방법으로 제시하거나 컴퓨터에 연결된 스캐너(scanner)로 읽어 들여 이미지화한 다음 이를 전송하여 컴퓨터 화면상에서 보게 하는 경우도 행사에 해당하여 위조문서행사죄가 성립한다.

휴대전화 신규 가입신청서를 위조한 후 이를 스캔한 이미지 파일을 제3자에게 이메일로 전송한 사안에서, 이미지 파일 자체는 문서에 관한 죄의 '문서'에 해당하지 않으나, 이를 전송하여 컴퓨터 화면상으로 보게 한 행위는 이미 위조한 가입신청서를 행사한 것에 해당하므로 위조사문서행사죄가 성립한다고 한 사례.[100]

공소사실: 피고인은 A 회사의 전문건설업등록증 등의 이미지 파일을 위조하여 2008. 8. 4. 갑의 이메일로 송부하여, 갑으로 하여금 송부받은 각 이미지 파일을 출력하게 하고, 같은 방법으로 B 회사의 전문건설업등록증 등의 이미지 파일을 위조하고 인감증명서의 이미지 파일을 변조하여 2008. 12. 5.경 C 회사의 이메일로 송부하여, C의 직원인 을로 하여금 송부받은 각 이미지 파일을 출력하게 하였다.

판단: 피고인은 위조한 전문건설업등록증 등의 컴퓨터 이미지 파일을 공사 수주에 사용하기 위하여 발주자인 갑 또는 C의 직원인 을에게 이메일로 송부하였고, 갑 또는 을은 피고인으로부터 이메일로 송부받은 컴퓨터 이미지 파일을 프린터로 출력할 당시 그 이미지 파일이 위조된 것임을 알지 못하였으므로, 피고인의 위와 같은 행위는 형법 제229조의 위조·변조공문서행사죄를 구성한다(대판 2012. 2. 23. 2011도14441).

98) 대판 2005. 1. 28. 2004도4663.

99) 대판 1975. 3. 25. 75도422.

100) 대판 2008. 10. 23. 2008도5200.

위조문서를 팩스로 송부하여 제시

사진기나 복사기 등을 사용하여 기계적인 방법으로 원본을 복사한 복사문서는 사본이라고 하더라도 문서위조죄 및 위조문서행사죄의 객체인 문서에 해당하는 것인바, 위조한 문서를 모사전송(facsimile)의 방법으로 타인에게 제시하는 행위도 위조문서행사죄를 구성한다.[101)]

2. 기수 시기

위조사문서의 행사는 상대방으로 하여금 위조된 문서를 인식할 수 있는 상태에 둠으로써 기수가 되고 상대방이 실제로 그 내용을 인식하여야 하는 것은 아니므로, 위조된 문서를 우송한 경우에는 그 문서가 상대방에게 도달한 때에 기수가 되고 상대방이 실제로 그 문서를 보아야 하는 것은 아니다.[102)]

3. 죄 수

회사가 지급하여야 할 약정금이 5억 원임에도 위 회사의 직원이 권한 없이 "약정금 10억 원을 지급한다"라는 회사 명의 합의서를 작성해줌

피고인은 피해자 A 회사의 부장인데, A가 B 회사와 사이에 작성한 양해각서를 이행하지 못하여 B로부터 약정금 및 위약금의 반환을 요구받던 중, B의 직원 갑이 작성해 온 'A가 B에게 계약금 5억 원의 배액을 배상하되, 1차로 2005. 6. 29.까지 5억 원을, 2차로 2005. 7. 6.까지 5억 원을 지급한다'는 내용의 합의서에 A의 인감을 날인해주도록 요구받자 대표이사의 승낙을 받는 등 정상적인 결재절차를 밟아 합의서를 작성해야 하는 임무에 위배하여 위 합의서에 A의 인감을 날인한 뒤 갑에게 건네주어 B로 하여금 당초 지급받을 약정금보다 5억 원을 초과한 재산상 이익을 취득하게 하고, A에게 당초 반환할 약정금을 초과하여 5억 원의 재산상 채무를 추가로 부담하게 하여 동액 상당의 재산상 손해를 가한 사안에서,

회사 명의의 합의서를 임의로 작성·교부한 행위에 대하여 약식명령이 확정된 사문서위조 및 그 행사죄의 범죄사실과 그로 인하여 회사에 재산상 손해를 가하였다는 업무상배임의 공소사실은 상상적 경합관계에 있다.[103)]

101) 대판 1994. 3. 22. 94도4.
102) 대판 2005. 1. 28. 2004도4663.
103) 대판 2009. 4. 9. 2008도5634.

Ⅶ. 사문서부정행사죄

1. 사문서부정행사죄의 객체와 부정행사의 의미

사문서부정행사죄는 사용권한자와 용도가 특정되어 작성된 권리의무 또는 사실증명에 관한 타인의 사문서 또는 사도화를 사용권한 없는 자가 사용권한이 있는 것처럼 가장하여 부정한 목적으로 행사하거나 또는 권한 있는 자라도 정당한 용법에 반하여 부정하게 행사하는 경우에 성립한다.104)

2. 사문서부정행사죄 긍정례

절취한 타인 소유의 전화카드를 공중전화기에 넣고 사용한 사안에서,

원심의 판단: 전화카드는 한국전기통신공사가 발행한 후불식 통신카드로서 이 카드를 이용하여 전화를 사용하면 그 요금이 미리 지정된 전화번호 요금이나 신용카드 대금에 합산되어 청구되고, 전화카드를 신용카드 겸용 공중전화기에 넣으면 전화기가 기계적 방식으로 전화카드의 자기띠 부분에 기록된 사용자 정보와 비밀번호 등을 판독하여 작동이 된다. 전화카드 자체는 그 카드번호를 부여받은 사람이 한국전기통신공사의 전화카드 회원이라는 사실을 증명하는 사문서에 해당하지만, 피고인이 전화카드를 공중전화기에 넣어 사용한 것은 그 사문서 부분을 행사한 것이 아니고 단지 카드의 뒷면에 부착된 자기띠 부분을 사용한 것일 뿐인데, 형법 제232조의2가 사문서위조 또는 변조죄와 별도로 전자기록 등 특수매체기록의 위작 또는 변작죄에 대한 처벌규정을 두고 있는 점에 비추어 볼 때, 전화카드의 자기띠 부분은 형법 제236조의 사문서에 해당하지 아니하므로, 이 사건 공소사실은 사문서부정행사죄를 구성하지 않는다.

대법원의 판단: 사용자에 관한 각종 정보가 전자기록되어 있는 자기띠가 카드번호와 카드발행자 등이 문자로 인쇄된 플라스틱 카드에 부착되어 있는 전화카드의 경우 그 자기띠 부분은 카드의 나머지 부분과 불가분적으로 결합되어 전체가 하나의 문서를 구성하므로, 전화카드를 공중전화기에 넣어 사용하는 경우 비록 전화기가 전화카드로부터 판독할 수 있는 부분은 자기띠 부분에 수록된 전자기록에 한정된다고 할지라도, 전화카드 전체가 하나의 문서로서 사용된 것으로 보아야 하고 그 자기띠 부분만 사용된 것으로 볼 수는 없다. 따라서 피고인이 절취한 전화카드를 공중전화기에 넣어 사용한 것은 권리의무에 관한 타인의 사문서를 부정행사한 경우에 해당한다.105)

해설: 위 전화카드는 이를 발급받은 회원 또는 그의 허락을 받은 자만 사용할 수 있고 전화비를 사후에 지급하는 방식으로 전화하는데 사용되므로 사용권한자(회원)와 용도(전화하는데 사용)가 특정되어 있고 권리의무에 관한 사문서(위 카드의 소지자만이 회원으로서 후불식 전화통화를 할 수 있음)이다. 문제는 전화카드를 이용하여 전화할 때 전화카드 전체(회원임을 증명하는 사문서임)가 아니라 그 자기띠 부분(사용자정보와 비밀번호 등만 있고 기계장치에 의해서만 판독할 수 있어 사문서라고 할 수 없음)만 읽히므로 이를 사문서의 행사라고 볼 수 없다는 것이 원심의 판단이고, 대법원은 자기띠 부분은 전체 전화카드와 불가분적으로 결합되어 있으므로 자기띠만 읽히더라도 전화카드 자체의 사용과 같으니 사문서부정사용으로 보자는 것이다.

104) 대판 2007. 3. 30. 2007도629.

105) 대판 2002. 6. 25. 2002도461.

3. 사문서부정행사죄 부정례

실질적인 채권·채무관계 없이 작성한 차용증 및 이행각서를 민사소송의 증거로 제출

실질적인 채권채무관계 없이 당사자 간의 합의로 작성한 '차용증 및 이행각서'는 그 작성명의인들이 자유의사로 작성한 문서로 그 사용권한자가 특정되어 있다고 할 수 없고 또 그 용도도 다양하므로, 설령 피고인이 그 작성명의인들의 의사에 의하지 아니하고 위 '차용증 및 이행각서'상의 채권이 실제로 존재하는 것처럼 그 지급을 구하는 민사소송을 제기하면서 소지하고 있던 위 '차용증 및 이행각서'를 법원에 제출하였다고 하더라도 그것이 사문서부정행사죄에 해당하지 않는다고 본 사례.[106)]

실효된 문서를 민사소송의 증거로 사용

동업자들이 매립지에 관한 권리를 나누어 가져 원래의 동업약정서는 실효되었음에도 일방의 동업자가 타방의 매립지 공구에 관해 처분금지가처분신청을 하면서 위 동업약정서가 유효한 것처럼 증거로 사용한 사안에서, 사문서부정행사죄에 있어서 부정행사란 권리의무 또는 사실증명에 관한 진정성립된 타인의 사문서를 그 사

106) 대판 2007. 3. 30. 2007도629. 다음은 유사 취지이다.

공소사실의 요지: 피고인은 1982. 10. 부산지방법원에서 갑과 을(갑의 처)이, 병(갑의 딸)을 통하여 피고인으로부터 돈을 차용하거나 병의 피고인으로부터의 금전차용행위에 대한 연대보증을 한 사실이 없음에도 마치 있는 것처럼 갑, 을, 병을 공동피고로 하여 320만 원을 연대하여 지급하라는 취지의 소장을 제출하고, 그 증거서류로서 1982. 12. 갑이 계주인 병에게 작성 교부해 준 이 사건 현금보관증을 법원에 제시함으로써 그 문서의 작성명의인도 아니면서 그 작성목적 이외에 직접적으로 갑에 대한 금전대여행위를 증명하기 위하여 위 현금보관증을 부정행사하고, 그 정을 모르는 법원을 기망하여 위 돈을 편취하려 하였으나 목적을 이루지 못하고 미수에 그친 것이다.

원심의 판단: 피고인이 갑 명의의 현금보관증을 제시한 것은 그 현금보관증에 기재된 내용대로의 법률행위가 있었다는 점을 증명하기 위해서가 아니라, 피고인이 갑 명의의 현금보관증을 소지하고 있는 사실을 증명하기 위해서이다. 즉 위 현금보관증의 본래의 용도는 갑이 계주에 대하여 차후 계불입금 채무의 이행을 책임지겠다는 것을 담보하기 위한 것이므로, 정상적인 경우라면 본래의 사명을 다한 후에 작성 명의자인 갑에게 환수되었거나 폐기되었어야 할 것인데 그렇지 아니하고 피고인의 수중에 남아 있다는 이례적인 사실(따라서 갑이 피고인으로부터 병을 통하여 금전을 차용하였다는 피고인의 주장을 뒷받침하는 셈이 된다)을 증명하기 위한 자료로서 제시된 것이다.

대법원의 판단: 사문서부정행사죄에 있어서의 부정사용이란 사문서를 사용할 권한없는 자가 그 문서명의자로 가장 행세하여 이를 사용하거나 또는 사용한 권한이 있다 하더라도 문서를 본래의 작성 목적이외의 다른 사실을 직접 증명하는 용도에 이를 사용하는 것을 말하는 것이므로 피고인이 원심판시와 같이 위 현금보관증이 피고인 수중에 있다는 사실 자체를 증명키 위하여 증거로서 법원에 제출하는 행위는 사문서의 부정행사에 해당되지 아니한다(대판 1985. 5. 28. 84도2999).

해설: 다음은 피고인이 현금보관증을 보관하게 된 경위에 관하여, 원심인 부산지판 1984. 11. 8. 84노767을 참고하여 재구성한 것이다.

검사의 주장은, 피고인이 병에게 돈을 빌려주고 변제받지 못하여 부심하던 중, 마침 병이 이 사건 현금보관증(갑이 계주 정으로부터 계금을 수령하면서 이후 계불입금의 납입을 책임지겠다는 내용의 것으로 병이 정으로부터 이를 환수하여 소지하고 있던 것임)을 소지하고 있는 것을 알고 병에게 좀 보자고 하여 건네 받은 다음 그대로 가지고 감으로써 이를 절취하고, 위와 같이 절취한 위 현금보관증을 공소사실 기재와 같이 사용하였다는 것이고,

대법원의 판단은, 병이 직접 피고인으로부터 금원을 차용하면서 또는 병이 갑의 이름으로 피고인으로부터 금원을 차용하면서, 위 현금보관증을 피고인에게 담보로 제공하였을 가능성이 있으므로 절도의 점은 인정되지 않는다는 것이다.

용에 있어서 사용할 권한 없는 자가 문서명의자로 가장 행세하여 이를 사용하거나 또는 사용할 권한이 있더라도 그 문서를 본래의 작성목적 이외의 다른 사실을 직접 증명하는 용도에 이를 사용하는 것을 말하는 것이므로 피고인과 피해자 사이의 위 동업약정의 효력이야 후에 어찌되었던 간에 위 두 사람 사이에 체결되었던 동업약정서라고 하면서 위 동업약정서를 증거로 법원에서 제시하였음에 불과한 본건의 경우에는 이를 부정행사라고 볼 수 없다.[107)]

Ⅷ. 공문서위조·변조죄

1. 공문서위조

가. 공문서의 의의

공문서의 위조라 함은 행사할 목적으로 공무원 또는 공무소의 문서를 정당한 작성권한 없는 자가 작성권한 있는 자의 명의로 작성하는 것을 말한다.[108)]

공문서작성 권한을 부여받은 자가 개인 채무부담의 의견표시를 한 문서

갑이 농업양곡직매장 운영에 관하여 자기 명의의 문서를 작성할 권한을 부여받았다 하더라도 이 사건과 같은 개인 채무부담의 의견표시인 문서는 다른 사정이 없는 한 경험칙이나 논리칙상 공적 문서로 볼 수 없다.[109)]

---

107) 대판 1978. 2. 14. 77도2645. 사실관계와 원심의 판단은 다음과 같다.
- 피고인은 피해자와 공유수면매립사업을 공동으로 하기로 하여 건설부장관으로부터 공유수면 매립면허를 받고 동업약정서를 작성하고 공사를 진행하여,
- 1974. 1. 4. 피고인은 피해자와 사이에 "피고인은 이미 매립공사가 끝난 제1공구. 제2공구에서 이득을 갖기로 하고, 앞으로 매립된 제3공구, 제4공구에 관한 권리를 위 이태우에게 양도하기로 합의하여 이에 따라 부산지방항만관리청으로부터 공유수면매립 권리의무양도양수허가를 받았고,
- 그 후 피해자가 단독으로 제3공구, 제4공구에 대한 매립공사를 시행하여 그 매립지에 관하여 소유권보존등기를 필하였으므로
- 피고인은 위 제3공구, 제4공구내의 매립지에 대하여는 하등의 권리가 없음에도 불구하고,
- 이미 실효된 위 동업약정서를 소지하고 있음을 기회로 변호사 사무실에서 위 동업약정서가 유효한 것처럼 제시하면서 위 이태우를 상대로 제3공구에 대하여 처분금지가처분신청을 하여줄 것을 위임하여 그 점을 모르는 위 변호사로 하여금 위 동업약정서를 첨부하여 위 각 부동산처분금지 가처분신청을 하도록 하여 사문서인 피해자 명의의 위 동업약정서를 부정행사하였다.

108) 대판 1983. 5. 24. 82도1426.

109) 대판 1984. 3. 27. 83도2892.

나. 권한이 없을 것

사실상 주민등록표등본 작성업무를 하는 자가 동장의 위임취지에 반하여 허위 주민등록표등본을 작성

주민등록표 등본 작성업무를 취급할 지위에 있지 아니하나 그 사무를 담당하는 갑이 바쁠 때 갑의 승락 또는 인식 하에 사실상 협조하여 동장 명의의 주민등록표등본을 작성하여 온 피고인이 갑 모르게 주민등록표 원본기재 사실과 일치하지 아니한 주민등록표등본을 작성한 경우에는 공문서위조죄가 성립한다.[110)]

공문서작성권자가 타인에게 대신 서명케 함

공문서의 위조라 함은 행사할 목적으로 공무원 또는 공무소의 문서를 정당한 작성권한 없는 자가 작성권한 있는 자의 명의로 작성하는 것을 말하므로, 공문서인 기안문서의 작성 권한자가 직접 이에 서명하지 않고 피고인에게 지시하여 자기의 서명을 흉내내어 기안문서의 결재란에 대신 서명케 한 경우라면 피고인의 기안문서 작성행위는 작성권자의 지시 또는 승낙에 의한 것으로서 공문서위조죄의 구성요건해당성이 조각된다.[111)]

다. 공무원 또는 공무소의 권한 내에서 작성된 문서라고 믿을 수 있는 형식과 외관

일반인으로 하여금 공무원 또는 공무소의 권한 내에서 작성된 문서라고 믿을 수 있는 형식과 외관을 구비한 문서를 작성하면 공문서위조죄가 성립한다.[112)]

---

110) 대판 1979. 12. 11. 78도704. 다음은 같은 취지이다.

동사무소 사무장이 동장 명의로 허위 이륜자동차사용신고필증을 작성

공문서 작성권자(동장)로부터 일정한 요건이 구비되었는지 여부를 심사하여 그 요건이 구비되었음이 확인될 경우에 한하여 작성권자의 직인을 사용하여 작성권자 명의의 공문서(이륜자동차사용신고필증)를 작성하라는 포괄적인 권한을 수여받은 업무보조자인 공무원(동사무소 사무장)이, 그 위임의 취지에 반하여 공문서 용지에 허위내용을 기재하고(실제 소유자가 아님을 알면서도 사용신고필증을 작성) 그 위에 보관하고 있던 작성권자(동장)의 직인을 날인하였다면, 그 업무보조자인 공무원(동사무소 사무장)에게 공문서위조죄가 성립할 것이고, 그에게 위와 같은 행위를 하도록 지시한 중간결재자인 공무원도 공문서위조죄의 공범으로서의 책임을 면할 수 없다(대판 1996. 4. 23. 96도424).

해설: 이륜자동차신고필증은 자동차관리법시행규칙 99조 등에 의해 이륜자동차 소유자에게 교부하는 증명서(자동차운전면허증과 유사함)로서 소유자의 성명, 오토바이 등록번호 등이 기재되어 있다. 현재는 이륜자동차신고필증의 작성권자가 시장·군수 또는 구청장으로 되어 있다.

군청 소속의 도축장 검사원에게 군수 명의로 된 백지의 지방우육 서울반출증을 보관하면서 적법한 도축신청과 서울축산기업 납세조합에서 발행한 지방우육 서울반입 실수요자확인증의 제출이 있는 경우에 한하여 위 백지반출증에 실수요자증명서의 발행번호와 반출증의 발행일자, 유효기간 등을 보충기재하여 반입실수요자에 교부할 권한만이 위임되어 있었던 경우라면 동 검사원에게 위 반출증의 작성권한이 위임되어 있다고 볼 수 없으므로 동 검사원이 적법한 도축신청과 실수요자확인증의 제출이 없음에도 허위의 반출증을 작성교부하였다면 공문서위조죄가 성립한다(대판 1984. 9. 11. 84도368).

111) 대판 1983. 5. 24. 82도1426.

한국은행 국고과 명의의 보관금잔액증명서는 공문서이다(대판 1969. 7. 29. 69도1012).

112) 대판 1992. 11. 27. 92도2226. 다음은 같은 취지이다.

극히 조악하여 공문서로서의 외관과 형식을 갖추지 못한 출근통지서

위조 행사하였다는 출근통지서는 타자용지에 타자기로 작성한 것으로 그 두문에 발신기관명이 기재되어 있지 않

진단서 발행번호와 의사의 서명날인이 없는 국립경찰병원장 명의의 진단서

일반인으로 하여금 공무원 또는 공무소의 권한내에서 작성된 문서라고 믿을 수 있는 형식과 외관을 구비한 문서를 작성하면 공문서위조죄가 성립되므로, 피고인이 국립경찰병원장 명의의 진단서에 직인과 계인을 날인하고 환자의 성명과 병명 및 향후치료소견을 기재하였다면 비록 진단서 발행번호나 의사의 서명날인이 없더라도 이는 공문서로서 형식과 외관을 구비하였으므로 공문서위조죄가 성립한다.[113)]

라. 허위공문서작성죄와의 구별

면장이 작성권한을 가지는 호적을 호적계장이 임의로 허위정정

면사무소 호적계장인 피고인이 관리하고 있던 갑의 호적부편제 중 그의 딸 을의 호적기재 출생란의 1972.를 삭선을 그어 지우고 그 상단에 1970.이라 써넣고 주민등록번호란도 701205-(이하 생략)이라고 고쳐 쓰고 이어 사유란에 서기 1987년12월 2일 춘천지방법원 원주지원의 허가에 의하여 서기1988년 1월 2일 출생년 '서기 1972년'을 '서기1970년'으로 정정이라 기재하고 그 옆에 피고인이 소지하고 있던 면장의 실인을 찍은 후에 그 호적부가 정당하게 작성된 것처럼 그곳에 비치한 사안에서,
허위공문서작성죄는 그 문서를 작성할 권한이 있는 공무원이 허위내용의 공문서를 작성한 경우에 성립하는 것이고 그 공무원을 보조하는 직무에 종사하는 공무원이 작성권한을 가진 공무원의 결재도 받지 아니하고 임의로 허위내용의 공문서를 작성권한자 명의로 작성한 때에는 공문서위조죄가 성립한다고 할 것인바, 면사무소 호적계장이 면장의 결재 없이 호적의 출생년란, 주민등록번호란에 허위내용의 호적정정 기재를 한 경우에는 공문서위조 및 동행사죄를 구성하는 것은 별론으로 하고 허위공문서작성죄에 해당할 수는 없다.[114)]
해설: 피고인은 기존에 작성된 호적부의 내용을 수정한 것이지만 그러한 수정으로 인하여 문서의 동일성을 해한 정도가 되어 문서위조로 의율된 것으로 생각된다.

2. 공문서변조죄

공문서·도화변조죄는 권한 없는 자가 공무소 또는 공무원이 이미 작성한 문서·도화내용에 대하여 동일성을 해하지 않을 정도로 변경을 가하여 새로운 증명력을 작출케 함으로써 공공적 신용을 해할 위험성이 있을 때 성립한다.[115)]

고, 그 작성명의도 공무소인 시청이나 공무원인 그 시장 또는 보조기관인 A과장으로 되어 있지 않고 말단에 A과로만 기재되어 있어 본문의 내용을 읽어 보지 않고는 어느 기관의 A과인지 선뜻 알아 볼 수 없게 되어 있고, 위 "A과"라는 기재 부분 옆에는 직인이나 관인이 아닌 공소외인의 사인이 찍혀 있어 그 외관이 공문서라고 보기 어려울 정도로 극히 조악하고, 그 본문에 있어서도 출근통지라는 매우 이례적인 내용을 담고 있는 점 등을 종합 고찰하여 보면, 위 출근통지서는 외견상으로도 공무소 또는 공무원이 그 직무권한 내에서 작성한 공문서라고 보기 어려울 정도로 공문서로서의 외관과 형식을 갖추지 못하였다고 한 사례(대판 1992. 5. 26. 92도699).

113) 대판 1987. 9. 22. 87도1443.

114) 대판 1990. 10. 12. 90도1790.

115) 대판 2000. 11. 10. 2000도3033; 대판 2003. 12. 26. 2002도7339.

가. 진정하게 성립된 문서가 존재할 것

공문서변조라 함은 권한 없이 이미 진정하게 성립된 공무원 또는 공무소명의의 문서내용에 대하여 그 동일성을 해하지 아니할 정도로 변경을 가하는 것을 말한다 할 것이므로 이미 허위로 작성된 공문서는 공문서변조죄의 객체가 되지 아니한다.[116)]

해설: 마찬가지로, 이미 타인에 의하여 위조된 약속어음의 기재사항을 권한 없이 변경하였다고 하더라도 유가증권변조죄는 성립하지 아니한다.[117)]

나. 권한 없는 변경

납부받은 재산세를 횡령하고 이를 은폐하기 위하여 자신이 기재한 재산세과세대장상의 '93. 5. 20. 신납' 부분을 인사이동으로 작성권한이 없어진 이후 '94. 11. 30. 납기'로 고침

피고인은 지방세무주사보로서 대구 ○○청 세무과에서 부동산 취득세의 과세 및 징수업무 등에 종사하던 중 1993. 5. 20. A 토지 159㎡를 취득한 갑으로부터 취득세 955,200원을 수령한 다음 위 토지에 대한 재산세 과세대장의 변동사항 기록 확인란에 "93. 5. 20. 신납"이라고 기재한 후 위 취득세를 횡령하였다가 1994. 11.하순경 위 취득세 횡령사실을 은폐하기 위하여 행사할 목적으로 위 재산세 과세대장 변동사항 기록 확인란의 "93. 5. 20. 신납"이라는 기재를 한 줄로 그어 버리고 그 옆에 "94. 11. 30. 납기"라고 기재하였는데, 피고인이 위와 같이 정정할 당시에는 인사이동되어 위 과세대장의 작성권한이 없었다는 것이므로, 피고인의 위와 같은 행위는 공문서변조죄에 해당한다.[118)]

---

116) 대판 1986. 11. 11. 86도1984.

117) 대판 2006. 1. 26. 2005도4764.

118) 대판 1996. 11. 22. 96도1862. 다음은 같은 취지이다.

군의 지적계장인 피고인이 갑으로부터 항의를 받고 갑이 소지한 등기부등본 및 종전의 토지대장과 공유지연명부 등을 모두 대조해 본 결과 이 사건 토지가 분할될 당시 공유지연명부의 정리가 누락된 것을 발견하고 갑의 주장이 사실에 부합하여 신속한 민원처리의 목적으로 선처리, 후결재 받을 생각으로 내부결재를 받지 아니한 채 임의로 갑이 가지고 있던 토지대장의 공유지연명부의 지번과 고유번호를 정정해 주고 원장을 정정한 것인 바, 토지대장상의 등록사항의 정정에 내부결재를 필요케 하는 취지가 그 내용의 정확성을 담보하는데 있다 할 것이고 공유지연명부상의 지번과 고유번호를 토지대장의 그것과 일치하도록 정정하는 행위는 경미한 사항이라 보지 않을 수 없고 그 정정하려는 내용이 진정한 이상 결재를 구하였으면 의당 허가결재가 되었을 것임이 분명한 이 사건에 있어서, 피고인의 위와 같은 정정행위는 공유지연명부의 정리에 관한 군수의 보조자로서의 권한을 초과한 행위라고 볼 수는 없다 할 것이므로 피고인이 정규적인 절차에 의한 사무처리를 하지 아니한 점을 들어 내부규율상의 책임을 묻는 것은 별론으로 하고 공문서변조의 책임을 지울 수는 없다(대판 1982. 10. 12. 82도1485).

해설: 공유지연명부의 정리는 지적법과 그 시행령, 시행규칙에서 정하였으나, 지적법이 측량·수로조사 및 지적에 관한 법률로 통합되었고, 위 법률의 명칭은 2015. 6. 4.부터 공간정보의 구축 및 관리 등에 관한 법률로 변경된다. 가환지에 관한 경지정리확정지구 원도를 광주시장의 위탁에 의하여 대한지적협회 전라남도지부가 측량 작성하여 전라남도 세정과 지적계 기좌의 검사를 마친 후 광주시에 납품하고 다시 서구청으로 회송되어 온 경우에 위 지적도는 이미 이해관계인의 권리에 관한 사항을 기입한 것으로서 형법 제225조 소정의 공무소가 비치한 도화라고 봄이 상당하므로 위와 같이 다른 측량기사가 적법히 작성 완료한 것을 보관하면서 그 내용을 함부로 변경한다는 것은 비록 피고인이 측량기사라 하더라도 허용될 수 없어 공도화변조에 해당한다(대판 1980. 8. 12. 80도1134).

다. 새로운 증명력의 작출

인감증명서 사용용도란의 기재를 임의로 변경

인감증명서의 사용용도란에 기재된 토지사용승인용(70㎡)의 '70'을 지운 후 '135'로 기재한 사안에서, 인감증명법 등 인감증명의 신청과 인감증명서의 발급에 관한 법령의 규정에 의하면, 인감의 증명을 신청함에 있어서 그 용도가 부동산매도용일 경우에는 부동산매수자란에 매수자의 성명(법인인 경우에는 법인명), 주소 및 주민등록번호를 기재하여 신청하여야 하지만 그 이외의 경우에는 신청 당시 사용용도란을 기재하여야 하는 것은 아니고, 필요한 경우에 신청인이 직접 기재하여 사용하도록 되어 있으며, 사용용도에 따른 인감증명서의 유효기간에 관한 종전의 규정도 삭제되어 유효기간의 차이도 없으므로 인감증명서의 사용용도란의 기재는 증명청인 동장이 작성한 증명문구에 의하여 증명되는 부분과는 아무런 관계가 없다고 할 것이므로, 권한 없는 자가 임의로 인감증명서의 사용용도란의 기재를 고쳐 썼다고 하더라도 공무원 또는 공무소의 문서내용에 대하여 변경을 가하여 새로운 증명력을 작출한 경우라고 볼 수 없으므로 공문서변조죄나 이를 전제로 하는 변조공문서행사죄가 성립되지는 않는다.[119]

인낙조서에 첨부된 도면에 임의로 점선을 그었으나 새로운 증명력이 작출되지 않음

인낙조서에 첨부되어 있는 도면 및 그 사본에 임의로 그은 점선은 인낙조서 본문이나 도면에서 그에 대한 설명이 없는 이상 특정한 의미 내용을 갖지 아니한 단순한 도형에 불과하여 그 자체로서 새로운 증명력이 작출케 된다고 할 수 없다는 이유로 그와 같은 점선을 그은 행위가 문서손괴에 해당할 수 있음은 별론으로 하고, 공도화로서의 공공적 신용을 해할 위험이 있는 공도화변조죄에 해당한다고 할 수 없다고 한 사례.[120]

라. 공문서에 대한 공공의 위험을 초래

주민등록증 출생연도 부분의 '71'을 '70'으로 바꿈

자신의 주민등록증 비닐커버 위에 검은색 볼펜을 사용하여 주민등록번호 전부를 덧기재하고 투명 테이프를

---

119) 대판 2004. 8. 20. 2004도2767. 다음은 1985. 6. 29. 인감증명법 개정 이전의 판례이다.
인감증명서 사용용도란의 기재를 임의로 고침
공무원이 작성한 문서와 개인이 작성한 문서가 1개 문서 중에 포함되어 있는 경우에도 공무원이 작성한 증명문구에 의하여 증명되는 개인작성부분을 변조한 경우에는 공문서변조죄가 성립하는 바, 인감증명서의 사용용도는 인감신청인이 기재하는 것이나 그 기재한 용도에 따른 인감증명서가 발급되면 그 용도기재의 여하에 따라 인감증명서의 유효기간이 달라지는 것이므로 그 기재된 용도에 대하여도 증명의 효력이 미친다고 볼 것이어서 권한없이 그 용도기재를 고쳐 썼다면 이는 공문서변조죄에 해당한다(대판 1985. 9. 24. 85도1490).

120) 대판 2000. 11. 10. 2000도3033. 다음은 같은 취지이다.
내사결과보고서의 표지는 제외하고, '건의'부분은 가리고 복사한 사본
이른바 옷값 대납 사건의 복사된 내사결과보고서가 외견상 다른 문서의 일부분을 복사한 것일 가능성이 충분히 예상되고, 원본인 내사결과보고서의 표지와 '7.건의'부분의 내용이 복사된 내사결과보고서의 내용과 상충하여 원본 전체의 내용을 오인하게 할 가능성이 있는 경우에 해당한다고 보기 어려우므로 피고인이 이 사건 내사결과보고서를 복사하면서 표지를 제외하고 '건의'부분을 가린 채 복사하였다고 하여도 이를 기존 공문서에 새로운 증명력을 작출하는 행위로 볼 수 없다(대판 2003. 12. 26. 2002도7339).

붙이는 방법으로 주민등록번호 중 출생연도를 나타내는 "71"을 "70"으로 고친 사안에서, 변조행위가 공문서 자체에 변경을 가한 것이 아니며 그 변조방법이 조잡하여 공문서에 대한 공공의 위험을 초래할 정도에 이르지 못하였다는 이유로 공문서변조죄가 성립하지 않는다고 한 사례.[121)]

마. 변조의 고의와 행사할 목적

피고인이 이 사건 가옥과세대장상의 용도구분을 변개한 것은 결재권자인 면장의 사전지시와 승락을 받은 것이고, 그 용도구분변경이 내무부고시 제8호 부동산 과세싯가 표준액표 제16항에 의한 현장조사확인 연후에 이를 변개한 것으로써 이는 가옥과세대장을 사실대로 고쳐 적은데 지나지 아니하므로 피고인에게 공문서변조와 동행사의 범위가 있다고 볼 수 없다.[122)]

결재된 외자물자 구매의뢰서에 해당항목이 들어 있음에도 없는 것으로 오인하고 항목추가

피고인은 철도청 자재국 근무 재경주사로서 외자구매관계업무를 담당하여 오던 자인바, 피고인이 직접 기안하여 철도청 자재국장의 결재를 받은 조달청장 앞으로 발송될 철도청장 명의의 외자물자 구매의뢰서의 품목명세서 제27항 아래 공란에 피고인으로서는 가필변경할 아무런 근거나 권한이 없음에도 불구하고, 행사할 목적으로 볼펜을 사용하여 "28, Wheel for loco 700ea"라고 변경 가필하여서 공문서를 변조하고, 이 문서를 조달청에 도착케 한 사안에서,

피고인이 가필한 판시 제28항 기재 품목은 이미 결재된 원안문서 제22항에도 기재되어 있는 것으로서 이는 피고인이 결재된 원안문서를 정확하게 확인하지 아니하고 그 품목이 빠진 것으로 착각하고 이것을 제28항에 중복기입한 것인데 가필변경할 권한이 없는 공무원이 원안에 없는 새로운 항을 만들어 중복되게 기재해 넣었다면 그 공문서를 변조한다는 인식이 있었다고 하지 않을 수 없다.[123)]

감정의뢰서에 첨부된 재산명세서에 누락된 토지를 추가 기재

최종 결재권자를 보조하는 기안담당자가 토지가격 감정의뢰서에 첨부된 재산명세서상에 일부 기재가 누락된 토지가 있었으나 그 감정의뢰에 따른 감정을 하는 과정에서 그 누락사실이 발견되어 감정평가사가 그 토지까지 감정하여 작성한 감정평가서를 송부하여 오자, 사후에 이를 일치시킨다는 생각에서 위 재산명세서상에 그 누락된 토지들을 추가기재하였더라도 그 과정에서 적법한 절차를 거침이 없이 임의로 결재된 원문서에 없는 사항을 추가기재한 이상 그러한 행위에 대하여는 공문서변조의 범의를 인정하기에 충분하고, 감정의뢰서에 누락된 토지에 대한 감정까지 하여 작성한 감정평가서에 대하여 위 감정의뢰서 작성명의자인 최종 결재권자의 결재가 있었다고 하여 이로써 위 감정의뢰서 추가기재 행위에 대하여 작성명의자의 승낙이 있었다고 볼 수 없다고 한 사례.

121) 대판 1997. 3. 28. 97도30.
122) 대판 1979. 8. 31. 79도1572.
123) 대판 1970. 12. 29. 70도116.

공문서변조죄에 있어서 행사할 목적이란 변조된 공문서를 진정한 문서인 것처럼 사용할 목적 즉 행사의 상대방이 누구이든지간에 그 상대방에게 문서의 진정에 대한 착오를 일으킬 목적이면 충분한 것이지 반드시 변조 전의 그 문서의 본래의 용도에 사용할 목적에 한정되는 것은 아니다. 따라서 피고인이 군검찰에 제출하기 위하여 위와 같이 추가기재 행위를 하였다고 하더라도 피고인에게 행사할 목적이 인정되고, 변조한 위 감정의뢰서를 진정한 문서인 것처럼 군검찰에 제출한 것은 변조공문서를 행사한 것이다.[124)]

3. 공문서위조와 변조의 구분

유효기간이 도과된 공문서의 유효기간과 발행일자를 정정하고 작성권한자의 직인을 압날

유효기간이 경과하여 무효가 된 공문서상에 '정정의 경우에는 무효로 한다'는 기재가 있다고 하더라도 이는 작성권한 없는 자의 정정을 무효로 한다는 취지로 보아야 할 것이므로 권한 없는 자가 그 유효기간과 발행일자를 정정하고 그 부분에 작성권한자의 직인을 압날하여 공문서를 작성하였다면 이는 형식과 외관에 의하여 효력이 있는 공문서를 위조한 것이 된다.[125)]

도지사에게 송부한 환지계획인가신청서에 첨부된 도면을 정정도면으로 바꿈

공문서에 첨부한 도면에 간인이 날인되지 아니하였다는 이유만으로 그 도면을 공문서의 일부가 아니라고 볼 수 없다.

시장명의로 작성하여 도지사에게 송부한 환지계획인가신청서에 첨부된 당초의 도면에 잘못 표시된 부분이 있다고 하여도 시에서 도시계획 업무를 담당한 공무원이 적법한 절차를 거침이 없이 임의로 위 도면을 정정도면과 바꿔치기 한 행위에 대하여는 공문서변조, 동행사의 범의를 인정하기 넉넉하며, 도면에 간인이 없다든가 시장의 승인이 예상된다 하여 그 범의를 부정할 수는 없다.[126)]

124) 대판 1995. 3. 24. 94도1112. 다음은 같은 취지이다.

계사건축허가서에 첨부된 설계도면을 떼내고 그 자리에 다른 설계도면을 가필

① 공용서류무효죄는 공문서이거나 사문서이거나를 불문하고 공무소에서 사용 또는 보관 중인 서류를 정당한 권한없이 그 효용을 해함으로써 성립하는 것인바, 피고인이 김포군 농림과 공무원으로서 권한 없이 김포군 건설과에 제출된 피고인 작성명의의 계사건축 허가신청서에 첨부되어 동 군에서 보관 중인 설계도면을 떼내고 동 설계도면과는 전연 별개의 방적연공장 설계도면을 첨부한 것은 공용서류무효죄에 해당하고, ② 피고인이 김포군수 명의로 발부되어 피고인이 보관 중인 계사건축허가통지서에 첨부된 설계도면을 떼내고 건축사협회의 도서등록 일부인을 건축허가신청 당시인 1972. 11. 7자로 소급변조하여 새로 작성한 위 방적연공장설계도면을 그 자리에 가철한 행위는 공문서변조에 해당한다(대판 1982. 12. 14. 81도81).

125) 대판 1980. 11. 11. 80도2126.

126) 대판 1985. 6. 25. 85도540.

4. 실행의 착수

쓰레기봉투위조를 위해 A시장의 문안을 촬영한 필름을 만들었으나 동판제작은 못함

A시장 명의의 '종량제 쓰레기봉투'의 제작과정 및 피고인의 의도 등에 의하여 인정되는 다음과 같은 사정, 즉 피고인이 행사할 목적으로 위조하여 진정한 것으로 판매하려고 하였던 것은 A시장 명의의 공문서인 쓰레기봉투이지, 쓰레기봉투를 위조하는 과정에 필요한 것으로서 쓰레기봉투에 인쇄할 A시장 명의의 문안이 새겨진 필름이라고 볼 수 없는 점, 쓰레기봉투 비닐에 A시장 명의의 문안을 인쇄하기 위하여는 위 필름만으로는 불가능하고 위 필름에 근거한 동판을 제작하여야 비로소 가능한 점 등에 비추어 보면, 피고인이 위 동판제작 이전 단계에 불과한 위 필름을 제조하는 행위에 그쳤다면 이는 A시장 명의의 공문서인 쓰레기봉투를 위조하는 범행의 실행의 착수 이전으로 그 준비단계에 불과하다.[127)]

Ⅸ. 자격모용에 의한 공문서작성죄

정당한 대표권이나 대리권이 없는 자가 마치 대표권이나 대리권이 있는 것처럼 가장하여 타인의 자격을 모용하여 공문서를 작성하면 자격모용에 의한 공문서작성죄가 성립한다.[128)]

과장결재란에 피고인의 서명을 함

공문서위조죄는 공문서의 작성권한 없는 자가 공무소, 공무원의 명의를 이용하여 문서를 작성하는 것을 말하고, 공문서의 작성권한 없는 자가 공무원의 자격을 모용하여 공문서를 작성하는 경우에는 자격모용공문서작성죄가 성립한다.

피고인이 공문서인 주·부식구입요구서의 과장결재란에 피고인 자신의 서명을 한 경우에는 피고인이 과장의 자격을 모용하여 자신의 이름으로 공문서를 작성한 것이므로 자격모용공문서작성죄가 성립함은 별론으로 하고 공문서위조죄가 성립할 수는 없다.[129)]

해설: 위 판례의 사안에서 피고인이 과장결재란에 과장의 이름을 기재하였다면 과장 명의의 문서가 되어 공문서위조죄에 해당한다.

갑구청장이 을구청장으로 전보명령을 받은 후 갑구청장 명의의 건축허가서에 결재

이 사건 건물에 대한 건축허가는 구청장의 권한에 속하므로 그 허가관계문서의 작성권자는 구청장인 피고인이다. 그런데 공무원에 대한 전보명령은 상대방 있는 행정처분이므로 그 의사표시가 상대방에게 도달하여야 효력이 발생한다. 피고인이 1991. 7. 16. 갑구청장에서 을구청장으로 전보되었다는 내용의 인사발령을 전화

127) 대판 2007. 2. 23. 2005도7430.
128) 대판 1993. 7. 27. 93도1435.
129) 대판 2008. 1. 17. 2007도6987.

로 통보받음으로써 을구청장으로 전보된 후에 피고인이 갑구청장의 권한에 속하는 이 사건 건축허가에 관한 기안용지의 결재란에 서명을 하였다면 이는 자격모용에 의한 공문서작성죄를 구성한다.[130)]

X. 공전자기록위작·변작죄

1. 전자기록 위작의 의미

형법 제227조의2에서 위작의 객체로 규정한 전자기록은, 그 자체로는 물적 실체를 가진 것이 아니어서 별도의 표시·출력장치를 통하지 아니하고는 보거나 읽을 수 없고, 그 생성 과정에 여러 사람의 의사나 행위가 개재됨은 물론 추가 입력한 정보가 프로그램에 의하여 자동으로 기존의 정보와 결합하여 새로운 전자기록을 작출하는 경우도 적지 않으며, 그 이용 과정을 보아도 그 자체로서 객관적·고정적 의미를 가지면서 독립적으로 쓰이는 것이 아니라 개인 또는 법인이 전자적 방식에 의한 정보의 생성·처리·저장·출력을 목적으로 구축하여 설치·운영하는 시스템에서 쓰임으로써 예정된 증명적 기능을 수행하는 것이므로, 위와 같은 시스템을 설치·운영하는 주체와의 관계에서 전자기록의 생성에 관여할 권한이 없는 사람이 전자기록을 작출하거나 전자기록의 생성에 필요한 단위 정보의 입력을 하는 경우는 물론 시스템의 설치·운영 주체로부터 각자의 직무 범위에서 개개의 단위정보의 입력 권한을 부여받은 사람이 그 권한을 남용하여 허위의 정보를 입력함으로써 시스템 설치·운영 주체의 의사에 반하는 전자기록을 생성하는 경우도 형법 제227조의2에서 말하는 전자기록의 '위작'에 포함된다.[131)]

경찰관이 고소사건을 처리하지 아니하였음에도 경찰범죄정보시스템에 그 사건을 검찰에 송치한 것으로 허위사실을 입력한 행위가 공전자기록위작죄에서 말하는 위작에 해당한다고 한 사례.[132)]

피고인만 현장출장을 나갔음에도 갑이 출장나간 것처럼 허위의 정보를 입력

피고인의 업무를 보조하는 갑은 체비지 현장에 출장을 나간 사실이 없고 피고인만이 체비지 현장에 출장을 나갔음에도 불구하고, 피고인과 갑이 공모하여 마치 갑이 직접 그 출장을 나간 것처럼 부천시청 행정지식관리시스템에 허위의 정보를 입력하여 출장복명서를 생성한 후 이를 그 정을 모르는 위 시청 도시과장에게 전

130) 대판 1993. 4. 27. 92도2688. 다음은 같은 취지이다.
피고인이 부동산매매계약서와 영수증을 작성함에 있어 매도인란 또는 영수인란에 "국방부 합참자료실장 이사관 피고인"라는 이름을 기재하고 그 옆에 피고인의 도장을 압날한 다음 그 상단에 '국방부장관'이라는 고무인을 압날함으로써 마치 피고인이 국방부장관으로부터 적법한 문서작성권한을 부여받아 그 문서를 작성할 자격이 있는 것처럼 이를 모용하여 부동산매매계약서와 영수증을 작성하고 이를 행사한 것은 자격모용에 의한 공문서작성 및 동행사죄에 해당한다(대판 1993. 7. 27. 93도1435).

131) 대판 2005. 6. 9. 2004도6132; 대판 2007. 7. 27. 2007도3798.

132) 대판 2005. 6. 9. 2004도6132.

송한 사안에서
이 사건 각 출장복명서상 실제 체비지 현장에 출장을 나가서 그 현황을 파악한 공무원이 누구인지 여부에 관한 정보는 그 출장복명서의 내용의 신뢰도에 직접 영향을 미치며 그 관련 업무를 처리함에 있어서 중요한 정보가 된다고 할 것이고, 따라서 이에 관하여 허위의 정보를 입력하는 것은 그 사무처리를 그르치게 할 목적으로 위 부천시청 행정지식관리시스템을 설치·운영하는 주체의 의사에 반하는 전자기록인 허위의 출장복명서를 생성하는 것으로서 공전자기록등위작의 범의가 충분히 인정된다고 할 것이고, 그 출장복명서상 기타 내용이 사실과 다르지 않다는 사정이나 업무관행상 그와 같이 작성하여 왔다는 사정만으로는 위작의 범위를 부정할 수는 없다고 할 것이다.[133)]

2. 허위의 정보

차량충당연한 규정은 위배하였으나 사실에는 허위가 없는 경우

전자기록의 '위작'에는 시스템의 설치·운영 주체로부터 각자의 직무 범위에서 개개의 단위 정보의 입력 권한을 부여받은 사람이 그 권한을 남용하여 허위의 정보를 입력함으로써 시스템 설치·운영 주체의 의사에 반하는 전자기록을 생성하는 경우도 포함한다. 이 때 '허위의 정보'라 함은 진실에 반하는 내용을 의미하는 것으로서, 관계 법령에 의하여 요구되는 자격을 갖추지 못하였음에도 불구하고 고의로 이를 갖춘 것처럼 단위 정보를 입력하였다고 하더라도 그 전제 또는 관련된 사실관계에 대한 내용에 거짓이 없다면 허위의 정보를 입력하였다고 볼 수 없다.
자동차등록 담당공무원인 피고인이 여객자동차 운수사업법상 차량충당연한 규정에 위배되어 영업용으로 변경 및 이전등록을 할 수 없는 차량인 것을 알면서 자동차등록정보 처리시스템의 자동차등록원부 용도란에 '영업용'이라고 입력하였으나, 변경 및 이전등록에 관한 구체적 등록내용인 최초등록일 등은 사실대로 입력한 사안에서, 자동차등록원부상 '영업용으로의 용도변경 및 이전'에 관한 등록정보가 확인·공시하는 내용에 자동차가 영업용으로 용도변경되어 이전되었다는 사실 외에 변경 및 이전등록에 필요한 법령상 자격의 구비 사실까지 포함한다고 볼 법적인 근거가 없고, 최초등록일 등 등록과 관련된 사실관계에 대한 내용에 거짓이 있다고 볼 수 없는 이상, 위 행위가 공전자기록등위작죄의 '위작'에 해당한다고 할 수 없다.[134)]

부동산의 거래당사자가 거래가액을 거짓으로 신고하여 부동산등기부에 등재케 함

부동산등기법이 2005. 12. 29. 법률 제7764호로 개정되면서 매매를 원인으로 하는 소유권이전등기를 신청

133) 대판 2007. 7. 27. 2007도3798.
134) 대판 2011. 5. 13. 2011도1415.
여객자동차운수사업법 제84조(자동차의 차령 제한 등) ① 여객자동차 운수사업에 사용되는 자동차는 자동차의 종류와 여객자동차 운수사업의 종류에 따라 대통령령으로 정하는 연한[이하 "차령"이라 한다] 및 운행거리를 넘겨 운행하지 못한다.
② 여객자동차 운수사업의 면허, 등록, 증차 또는 대폐차(대폐차: 차령이 만료되거나 운행거리를 초과한 차량 등을 다른 차량으로 대체하는 것을 말한다)에 충당되는 자동차는 자동차의 종류와 여객자동차 운수사업의 종류에 따라 3년을 넘지 아니하는 범위에서 대통령령으로 정하는 연한(이하 "차량충당"이라 한다) 이내로 하여야 한다.

하는 경우에는 등기신청서에 거래신고필증에 기재된 거래가액을 기재하고, 신청서에 기재된 거래가액을 부동산등기부 갑구의 권리자 및 기타사항란에 기재하도록 하였는데, 이는 부동산거래 시 거래당사자나 중개업자가 실제 거래가액을 시장, 군수 또는 구청장에게 신고하여 신고필증을 받도록 의무화하면서 거짓 신고 등을 한 경우에는 과태료를 부과하기로 하여 2005. 7. 29. 법률 제7638호로 전부 개정된 '공인중개사의 업무 및 부동산 거래신고에 관한 법률'과 아울러 부동산 종합대책의 일환으로 실시된 것으로서, 그 개정 취지는 부동산거래의 투명성을 확보하기 위한 데에 있을 뿐이므로, 부동산등기부에 기재되는 거래가액은 당해 부동산의 권리의무관계에 중요한 의미를 갖는 사항에 해당한다고 볼 수 없다. 따라서 부동산의 거래당사자가 거래가액을 시장 등에게 거짓으로 신고하여 신고필증을 받은 뒤 이를 기초로 사실과 다른 내용의 거래가액이 부동산등기부에 등재되도록 하였다면, '공인중개사의 업무 및 부동산 거래신고에 관한 법률'에 따른 과태료의 제재를 받게 됨은 별론으로 하고, 형법상의 공전자기록등불실기재죄 및 불실기재공전자기록등행사죄가 성립하지는 아니한다.[135]

3. 사무처리를 그르치게 할 목적

전에 횡령한 주류를 당일 정상 판매한 것처럼 허위 입력

공무원 또는 공무소의 전자기록은 그 자체로는 물적 실체를 가진 것이 아니어서 별도의 표시·출력장치를 통하지 아니하고는 보거나 읽을 수 없고, 그 생성 과정에 여러 사람의 의사나 행위가 개재됨은 물론 추가 입력한 정보가 프로그램에 의하여 자동으로 기존의 정보와 결합하여 새로운 전자기록을 작출하는 경우도 적지 않으며, 그 이용 과정을 보아도 그 자체로서 객관적·고정적 의미를 가지면서 독립적으로 쓰이는 것이 아니라 개인 또는 법인이 전자적 방식에 의한 정보의 생성·처리·저장·출력을 목적으로 구축하여 설치·운영하는 시스템에서 쓰임으로써 예정된 증명적 기능을 수행하는 것이므로, "사무처리를 그르치게 할 목적"이란 위작 또는 변작된 전자기록이 사용됨으로써 위와 같은 시스템을 설치·운영하는 주체의 사무처리를 잘못되게 하는 것을 말한다.

공군 복지근무지원단 예하 OO지구대에서 부대매점 및 창고관리 부사관으로 근무하던 피고인이 창고 관리병으로 하여금 위 복지근무지원단의 업무관리시스템인 복지전산시스템에 피고인이 그 전에 횡령한 바 있는 면세주류를 2009. 7. 10.경 및 2009. 7. 14.경 마치 당일 정상적으로 판매한 것처럼 허위로 입력하게 한 것은 각 지구대의 판매량의 신뢰도에 직접 영향을 미쳐 그 관련 업무를 처리함에 있어 중요한 정보를 허위로 생성하게 한 것으로서 피고인에게는 사무처리를 그르치게 할 목적이 있었다고 인정된다.[136]

135) 대판 2013. 1. 24. 2012도12363.
136) 대판 2010. 7. 8. 2010도3545.

XI. 허위공문서작성죄

1. 공무원의 직무에 관한 문서

공문서작성죄에 있어서의 '직무에 관한 문서'라 함은 공무원이 그 직무권한 내에서 작성하는 문서를 말하고, 그 문서는 대외적인 것이거나 내부적인 것(본건의 경우 대내적인 기안문서인 예산품의서)을 구별하지 아니하며, 그 직무권한이 반드시 법률상 근거가 있음을 필요로 하는 것이 아니고, 널리 명령, 내규 또는 관례에 의한 직무집행의 권한으로써 작성 하는 경우를 포함한다.[137]

2. 작성권한 있는 공무원이 작성한 문서

허위공문서작성죄는 그 공문서의 작성권한자인 공무원을 주체로 하는 신분범이므로 공문서의 작성권한이 있음을 확정함이 없이 허위공문서작성죄를 확정함은 위법이다.[138]

피의자신문조서를 작성할 권한이 없는 사법경찰리가 허위 내용의 피의자신문조서를 작성

사법경찰리인 피고인이 피의자 갑에 대한 사건을 조사함에 있어 갑이 출석하지 않았음에도 출석하여 조사받은 것처럼 피의자신문조서를 작성하고 대신 출석한 을이 갑인 것처럼 진술인란에 서명날인하고 피고인은 작성자란에 서명날인한 사안에서,

허위공문서작성죄의 주체는 그 문서를 작성할 직무권한이 있는 명의인인 공무원이라 할 것이며 … 피고인은 행정서기보에 불과하여 사법경찰관 직무취급을 하는 권한이 있다 할 수 없고 사법경찰리의 직무를 취급하는 자에 불과하며 간접정범이 인정될 수 있는 것과 같은 특별한 사정이 있으면 몰라도 그렇지 않고서는 허위공문서 작성의 주체가 될 수 없다.[139]

해설: 대법원이나 헌법재판소가 사법경찰리가 피의자신문조서를 작성하는 것은 적법하다는 취지로 판시한 바 있어 위 판례가 현재도 유효한지는 분명하지 않다.[140]

영화 및 비디오물의 진흥에 관한 법률상의 영상물등급위원회 임직원

허위공문서작성죄 및 그 행사죄는 "공무원"만이 그 주체가 될 수 있는 신분범이라 할 것이므로, 신분상 공무원이 아님이 분명한 피고인들을 허위공문서작성죄 및 그 행사죄로 처벌하려면 그에 관한 특별규정이 있어야 할 것이고, 그들의 업무가 국가의 사무에 해당한다거나, 그들이 소속된 영상물등급위원회의 행정기관성이 인정된다는 사정만으로는 피고인들을 위 죄로 처벌할 수 없다고 할 것이다.[141]

137) 대판 1981. 12. 8. 81도943.

138) 대판 1962. 5. 17. 4293형상297.

139) 대판 1974. 1. 29. 73도1854.

140) 대판 1982. 3. 9. 82도63; 대판 1982. 12. 28. 82도1080; 헌재결 2001. 10. 25. 2001헌바9 참조.

3. 허위일 것

인감증명서 발급신청인이 대리인임에도 인감증명서에 본인신청으로 기재

인감증명법시행령 제13조 제1항, 제3항의 규정에 의하면 인감증명은 본인 또는 대리인이 직접 증명청에 출두하여 신청하여야 하고 인감증명의 발급신청을 받은 증명청은 그 신청인이 본인 또는 대리인인지의 여부를 확인하고 인감증명발급대장에 수령자가 본인인 경우에는 인감인의 날인을, 대리인인 경우에는 무인을 받은 후 인감증명서를 교부하도록 규정하고 있는데 이는 인감증명서의 증명력을 확실하게 담보하고자 함에 있다. 면사무소 호병계장이 인감증명서 발급신청인 본인이 직접 출두한 바 없는데도 그가 직접 신청 발급받은 것처럼 그 명의의 인감증명서와 인감증명발급대장에 기재하였다면 이는 허위공문서작성죄를 구성한다 할 것이고, 비록 본인으로부터 대리인을 통하여 인감증명을 발급받겠다는 의사를 확인받았다 하더라도 그 범죄의 성립에는 아무런 영향이 없다.[142)]

체포사유 등을 고지하지 않고도 고지하였다는 내용의 현행범체포서 작성

피고인들을 비롯한 경찰관들이 피의자 4명을 현행범으로 체포하거나 현행범체포서를 작성할 때 체포사유 및 변호인선임권을 고지하지 아니하였음에도 불구하고, '체포의 사유 및 변호인 선임권 등을 고지 후 현행범체포한 것임'이라는 내용의 허위의 현행범체포서 4장과 '현행범으로 체포하면서 범죄사실의 요지, 구속의 이유

---

141) 대판 2009. 3. 26. 2008도93. 구체적인 내용은 다음과 같다.

피고인들이 이 사건 허위공문서작성 및 그 행사의 범행을 하였다는 2005. 6.경부터 2005. 9.경 당시에 시행되던 구 음반·비디오물 및 게임물에 관한 법률은 영상물등급위원회의 위원·직원은 형법 그 밖의 법률에 의한 벌칙의 적용에 있어서는 이를 공무원으로 본다고 규정하였다가, 위 법이 폐지되고 2006. 10. 28.부터 시행된 영화 및 비디오물의 진흥에 관한 법률 제91조는 벌칙의 적용에 있어서 영상물등급위원회 임직원이 공무원으로 의제되는 형법 등의 조문을 뇌물 관련 범죄로 축소하였는바, 그렇다면 원심으로서는 위와 같은 형벌법령 개정의 경위와 동기 등을 살펴 피고인들에 처벌가능성에 관하여 형법 제1조 제2항의 규정을 적용할 수 있는지 여부에 관하여 심리하였어야 할 것이다.

142) 대판 1992. 10. 13. 92도2060. 다음은 같은 취지이다.

인감증명서 발급업무를 담당하는 공무원이 발급을 신청한 본인이 직접 출두한 바 없음에도 불구하고 본인이 직접 신청하여 발급받은 것처럼 인감증명서에 기재하였다면, 이는 공문서위조죄가 아닌 허위공문서작성죄를 구성한다(대판 1997. 7. 11. 97도1082).

공문서허위작성죄에 있어서 허위라 함은 표시된 내용과 진실이 부합하지 아니하여 그 문서에 대한 공공의 신용을 위태롭게 하는 경우를 말하고 인감증명서는 각종의 법률행위에 있어서 본인인 여부 및 본인의 진정한 의사인 여부를 확인케 하는데 일반적으로 사용되는 만큼 그 인감증명서가 본인 또는 대리인 중 누구의 신청에 의하여 발행된 문서이냐 하는 점 역시 그 증명력을 담보함에 필요한 사항이라 할 것이므로 인감증명서를 발행함에 있어 인감증명서의 인적사항과 인감 및 그 용도를 일치하게 기재하였어도 대리인에 의한 것을 본인의 신청에 의한 것으로 기재하였다면 그 사항에 관하여는 허위기재한 것으로 보아야 할 것이다(대판 1985. 6. 25. 85도758).

횡령으로 인하여 현금출납부상의 잔액과 실제 잔고가 차이남

현금출납부는 그날 그날의 입출금을 기재하여 계산상의 잔액을 표시하는 것이므로 피고인이 그 잔금 중의 일부를 횡령하여 장부상의 잔액과 실제 잔고간에 차이가 나더라도, 장부상과 실제잔고를 맞게 하기 위하여 입금을 감소하거나 가공지출을 기재하였다면 몰라도 장부상 그 입출금의 기재가 제대로 된 이상, 허위기재라고 할 수 없다. 혹 장부상과 실제잔고를 맞게 하기 위하여 입금을 감소하거나 가공지출을 기재하였다면 허위작성이라고 할 수 있음은 말할 나위도 없다(대판 1984. 9. 11. 84도1574).

와 변호인을 선임할 수 있음을 고지하고 변명의 기회를 주었다'는 내용의 허위의 확인서 4장을 각 작성한 때에는 허위공문서작성죄가 성립한다.143)

원본과 대조하지 않았음에도 사본에 '원본대조필'이라고 기재

공무원인 피고인이 그 직무에 관하여 이 건 문제로 된 사문서 사본에 "원본대조필 토목기사 피고인"이라 기재하고 도장을 날인하였다면 그 기재 자체가 공문서로 되고, 이 경우 피고인이 실제로 원본과 대조함이 없이 "원본대조필"이라고 기재한 이상 그것만으로 곧 허위공문서작성죄가 성립하는 것이고, 피고인이 위 문서작성자에게 전화로 원본과 상이없다는 사실을 확인하였다거나 객관적으로 그 사본이 원본과 다른 점이 없다고 하더라도 위 죄가 성립한다.144)

143) 대판 2010. 6. 24. 2008도11226. 다음은 같은 취지이다.

참고인과 피의자의 진술을 일치시키기 위하여 적법하게 작성된 참고인진술조서를 찢어버리고 참고인의 진술도 듣지 않고 그 내용을 일치시킨 새로운 진술조서를 작성

참고인의 진술내용을 피의자의 진술내용과 일치시키기 위하여 기히 적법하게 작성된 참고인진술조서를 찢어버리고 진술인의 진술도 듣지 아니하고 그 내용을 일치시킨 새로운 진술조서를 만들어 수사기록에 첨부하는 것이 수사기록의 체계화를 위하여 관례상 항용있는 일이라고는 도저히 볼 수 없고 오히려 이러한 소위는 있어서 안 될 위법한 것으로서 사법경찰관직무취급을 하는 자로서 이러한 행위를 하였다면 당연히 그 행위가 위법한 것임을 인식하고 있었다고 보는 것이 타당하고, 가사 피고인이 위와 같은 관례가 있어서 그 행위가 적법한 것으로 잘못 믿었다고 할지라도 그렇게 잘못 믿은데 대하여 정당한 이유가 있다고는 볼 수 없다(대판 1978. 6. 27. 76도2196).

144) 대판 1981. 9. 22. 80도3180. 다음은 같은 취지이다.

객관적인 사실에 부합하지만 가옥대장의 기재와는 다른 가옥증명서

공무원이 작성한 가옥증명서의 기재내용이 객관적인 사실에 부합되는 것으로 그 내용이 허위가 아닐지라도, 가옥증명서 자체가 시청에 비치한 가옥대장과 대조하여 상위가 없다는 증명서이고 보면, 가옥대장 기재와 다른 내용을 기재하여 가옥증명서를 발행한 이상 허위공문서작성죄가 성립한다(대판 1973. 10. 23. 73도395).

준공검사를 하지 않았음에도 정산설계서에 의하여 준공검사를 하였다는 준공검사조서 작성

준공검사조서를 작성함에 있어서 정산설계서를 확인하고 준공검사를 한 것이 아님에도 마치 한 것처럼 준공검사용지에 "정산설계서에 의하여 준공검사"를 하였다는 내용을 기입하였다면 허위공문서작성의 범의가 있었음이 명백하여 그것만으로 곧 허위공문서작성죄가 성립하고 위 준공검사조서의 내용이 객관적으로 정산설계서 초안이나 그후에 작성된 정산설계서 원본의 내용과 일치한다거나 공사현장의 준공상태에 부합한다 하더라도 그 성립에 아무런 영향을 미치지 못한다(대판 1983. 12. 27. 82도3063).

매몰부분의 공사가 완공되지 아니하였음에도 준공검사조서 작성

준공검사관이 준공검사를 함에 있어 수중, 지하 또는 구조물의 내부 등 시공 후 매몰된 부분의 검사는 공사감독관의 감독조서에 근거로 하여 검사를 행하면 되고, 이를 실제로 검사하지 아니한 채 준공조서를 작성하였다 하더라도 허위공문서작성죄가 성립하지 않으나, 준공검사관이 매몰된 부분의 공사가 완성되지 아니하였다는 것을 알면서도 준공검사조서를 작성한 경우에는 허위공문서작성죄가 성립한다.

준공검사관인 피고인은 석축공사 중 원심판시의 뒤채움콘크리트 및 채움콘크리트 타설공사가 미시공되었음을 알고서도 준공검사조서를 작성하였으므로 허위공문서작성죄가 성립한다(대판 1995. 6. 13. 95도491).

소유권이전등기와 근저당권설정등기의 신청이 동시에 이루어지고 등본의 교부신청이 있었음에도 소유권이전등기만 기입한 등기부등본을 발급

허위공문서라 함은 문서를 작성할 권한이 있는 공무원이 그 내용이 허위라는 사실을 인식하면서 진실에 반하는 기재를 하여 작성한 공문서인바, 부동산등기법 제53조 제1항, 제54조 및 1994. 1. 1.부터 시행된 등기예규 제13조의 규정에 의하면, 소유권이전등기와 근저당권설정등기의 신청이 동시에 이루어지고 그와 함께 등본의 교부신청이 있는 경우에는, 등기공무원은 소유권이전등기와 근저당권설정등기 모두에 관하여 등기부에의 기입을 마치고 그에 따른

동거가족을 세대주로 표시한 주민등록표 작성

지방공무원인 피고인이 갑으로부터 부탁을 받고 1989. 4. 15.까지는 갑이 세대주이고 처인 을은 동거가족에 불과하였음에도 불구하고 마치 1988. 3. 26.부터 을이 세대주인 것처럼 된 세대별 주민등록표 1장을 작성하여 동사무소의 주민등록표 보관함에 비치한 행위는 허위공문서작성 및 동행사죄에 해당한다.[145)]

현장확인을 하지 않은 채 작성한 출장복명서

허위공문서작성죄에서 허위라 함은 표시된 내용과 진실이 부합하지 아니하여 그 문서에 대한 공공의 신용을 위태롭게 하는 경우를 말하는 것이고, 허위공문서작성죄는 허위공문서를 작성함에 있어 그 내용이 허위라는 사실을 인식하면 성립한다 할 것이다.

갑이 실제로 현장확인을 하지 않고 동료 청원경찰인 을에게 원상복구 여부에 대한 현장확인을 부탁한 다음, 을이 작성한 출장복명서가 진실한 것인지를 제대로 알지도 못하면서 자신이 직접 현장확인을 하여 보니 원상복구가 완료되었다는 내용의 출장복명서에 자신의 서명을 함으로써 출장복명서를 완성하여 그 정을 모르는 담당공무원에게 제출하였다면 이는 허위공문서작성죄 및 허위작성공문서행사죄에 해당한다.[146)]

토지와 하천 등의 경계나 면적을 측량하지도 않고 지적도 정정

토지에 대하여 경계정정이나 등록전환 등을 할 때에는 새로이 측량하여 각 필지의 경계 또는 좌표와 면적을 정하고, 다만 경계정정의 경우 예외적으로 경계의 표시에 오류가 있음을 쉽게 확인할 수 있고 또 따로 측량을 하지 않더라도 그 오류를 쉽게 정정할 수 있는 때에 한하여 측량을 하지 아니하더라도 무방하다.

임야도와 지적도상의 경계가 부합하지 아니하여 지적도의 경계 표시에 오류가 있음을 쉽게 확인할 수 있고 또 측량을 하지 않고서도 그 정정이 가능한 경우에 해당한다고 볼 수 없는 경우, 피고인 등이 임야도를 기준으로 하였다 하더라도 토지 및 하천 등의 경계나 면적을 측량하지도 아니한 채 지적도상의 토지 및 하천 등의 경계를 정정한 것은 결코 적법한 업무처리라고 할 수 없고, 허위공도화작성죄가 성립한다.[147)]

4. 진실에 반하는 기재가 사실에 관한 것일 것

건축허가요건이 결여되었음에도 군수의 결재를 받아 건축허가서 작성(허위공문서작성 ×)

허위공문서작성죄란 공문서에 진실에 반하는 기재를 하는 때에 성립하는 범죄이므로, 고의로 법령을 잘못 적

등기부등본을 교부하여야 함에도 불구하고, 등기공무원이 소유권이전등기만 기입하고 근저당권설정등기는 기입하지 아니한 채 등기부등본을 발급하였다면 비록 그 등기부등본의 기재가 등기부의 기재와 일치한다 하더라도, 그 등기부등본은 이미 접수된 신청서에 따라 기입하여야 할 사항 중 일부를 고의로 누락한 채 작성되어 내용이 진실하지 아니한 것으로서 허위공문서에 해당한다(대판 1996. 10. 15. 96도1669).

145) 대판 1990. 10. 16. 90도1199.

146) 대판 2013. 10. 24. 2013도5752.

147) 대판 1997. 12. 26. 96도3057.

용하여 공문서를 작성하였다고 하더라도 그 법령적용의 전제가 된 사실관계에 대한 내용에 거짓이 없다면 허위공문서작성죄가 성립될 수 없다.

건축 담당 공무원이 건축허가신청서를 접수·처리함에 있어 건축법상의 요건을 갖추지 못하고 설계된 사실을 알면서도 기안서인 건축허가통보서를 작성하여 건축허가서의 작성명의인인 군수의 결재를 받아 건축허가서를 작성한 경우, 건축허가서는 그 작성명의인인 군수가 건축허가신청에 대하여 이를 관계 법령에 따라 허가한다는 내용에 불과하고 위 건축허가신청서와 그 첨부서류에 기재된 내용(건축물의 건축계획)이 건축법의 규정에 적합하다는 사실을 확인하거나 증명하는 것은 아니라 할 것이므로 군수가 위 건축허가통보서에 결재하여 위 건축허가신청을 허가하였다면 위 건축허가서에 표현된 허가의 의사표시 내용 자체에 어떠한 허위가 있다고 볼 수는 없다 할 것이어서, 이러한 건축허가에 그 요건을 구비하지 못한 잘못이 있고 이에 담당 공무원의 위법행위가 개입되었다 하더라도 그 위법행위에 대한 책임을 추궁하는 것은 별론으로 하고 위 건축허가서를 작성한 행위를 허위공문서작성죄로 처벌할 수는 없다.[148)]

고의로 잘못된 과세표준을 적용(허위공문서작성 ×)

허위공문서작성죄란 공문서에 진실에 반하는 기재를 하는 때에 성립하는 범죄이므로, 고의로 법령을 잘못 적용하여 공문서를 작성하였다고 하더라도 그 법령적용의 전제가 된 사실관계에 대한 내용에 거짓이 없다면 허위공문서작성죄가 성립될 수 없는바 당사자로부터 뇌물을 받고 고의로 적용하여서는 안 될 조항을 적용하여 과세표준을 결정하고 그 과세표준에 기하여 세액을 산출하였다고 하더라도, 그 세액계산서에 허위내용의 기재가 없다면 허위공문서작성죄에는 해당하지 않는다.[149)]

---

148) 대판 2000. 6. 27. 2000도1858. 다음은 같은 취지이다.

종전 광업권자가 작업을 하지 않았음에도 굴진작업을 하였다고 허위 기재한 계속작업허가신청서를 제출한데 대한 허가 공문

광업권양수인이 도시계획법 및 동법시행령에 의한 관할군수의 계속작업허가를 신청함에 있어서 종전의 광업권자가 실제로 작업한 사실이 전혀없어 계속작업허가대상이 되지 않음에도 불구하고 계속갱도굴진작업을 하였고 본격적으로 개설계획을 수립하여 현재 작업 중에 있다는 허위사실을 기재한 계속작업허가신청서를 제출하여 그 허가를 받은 경우, 동 신청에 대한 군수 명의의 허가공문이 광업권양수인의 계속작업허가신청에 대하여 단지 이를 허가하는 내용에 불과하고 계속작업사실을 확인하거나 증명하는 내용이 아니라면 허가받지 못할 것을 허가한 허물이 있음은 별론으로 하고 위 공문에 표현된 허가의 의사표시 내용 자체에 어떠한 허위가 있다고 말할 수 없고, 또한 군청직원이 광업권양수인과 공모하여 허가서의 작성권한 자인 군수에게 허가서 발부를 품신하였다 하더라도 그 품신서의 "계속작업을 허가하고자 한다"는 내용만으로는 그 자체에 어떠한 허위가 있다고 보기 어려우니 허위공문서작성죄가 성립하지 아니한다(대판 1983. 2. 8. 82도2211).

149) 대판 1996. 5. 14. 96도554. 다음은 같은 취지이다.

독립한 부동산이 되었으나 완성되지는 않은 신축건물을 재산세과세대장에 등재

지방세법 제180조 제2호, 제104조 제4호, 같은 법 시행령 제75조의2 제1호의 규정을 종합하면 신건축물로서 재산세 과세대상이 되는 것은 그 신축행위에 의하여 소유권의 대상이 될 수 있는 독립한 부동산이 되었을 때, 즉 지붕과 벽 또는 기둥을 갖추고 토지에 정착한 1개의 건축물로서 존재하는 상태에 이르면 족하고 현실적으로 그 건축물 본래의 용도에 따른 사용수익이 가능할 정도로 완성됨을 요하지 아니한다.

지방세과세대장은 과세행정청이 지방세를 적정하고도 원활하게 부과징수하기 위하여 내부적으로 작성, 보관하는 것으로서 비록 그 용도에 따른 사용수익을 할 수 없을 정도로 미완공인 건축물이라 할지라도 과세대상이 될 정도에 이른 건축물이라면 이를 재산세과세대장에 올려 그 납세의무자에게 소정의 지방세를 부과징수할 수 있는 것이므로 과세대상이 되는 미완공건축물을 재산세과세대장에 등재하였다고 하여 곧 허위공문서를 작성하였다고 단정

비교 판례: 확실한 탈루세액을 고의로 누락시킨 채 작성된 세무공무원들 명의의 특별조사종결보고서
세무공무원들 명의로 작성된 이 사건 특별조사종결보고서는 피고인의 감세지시에 의하여 약 23억 원이라는 추징세액에 맞추기 위해 근거자료와는 상관없이 적출금액을 임의로 조정함으로써, 각종 증빙자료 등을 통하여 탈루세액임이 확실한 추징세액 약 55억 7,300만 원을 고의로 누락시킨 채 작성된 것이어서 객관적 진실에 반하는 허위공문서이다.[150]

준공검사보고서에 함부로 '적합'이라고 기재
연립주택이 당초의 설계도대로 공사되어 있지 아니한 것을 담당공무원이 세밀히 조사하지 아니하여 그 적합여부를 제대로 알지 못하면서도 준공검사보고서 용지에 함부로 '적합'이라고 기재하고 서명날인을 하여 허위의 내용을 기재한 것이라면 위 준공검사보고서는 허위공문서작성죄의 객체가 되는 문서에 해당한다.[151]

5. 공무원의 심사의무

민원인의 신고를 기초로 하여 공문서를 작성함에 있어서 공무원에게 공문서에 진실한 내용을 기재하여야 할 의무가 있는지 문제된다. 공문서가 건축물대장이나 토지대장 등인 경우와 같이 공무원이 신고내용에 관하여 실질적인 심사권을 가지는 경우에는 진실한 내용에 따라 공문서를 작성할 의무가 있으므로 신고내용이 허위임을 알면서도 그러한 허위의 내용을 기재한 때에는 허위공문서작성죄가 성립한다고 보는 것이 보통이다.

그런데 호적부(2008년부터 시행된 가족관계의 등록 등에 관한 법률에 의하여 가족관계등록부로 바뀜), 등기부 등과 같이 공무원이 형식적인 심사권만을 가지는 경우에 ① 일정한 요건이 구비되면 공무원은 이를 수리하여 문서를 작성할 의무가 있으므로 허위공문서작성죄가 성립하지 않는다는 견해, ② 신고자

할 수는 없다(대판 1987. 8. 18. 87도1263).

150) 대판 2006. 12. 22. 2004도7356.

151) 대판 1990. 10. 16. 90도1307. 다음은 같은 취지이다.

폐기물처리사업계획 적합 통보서(허위공문서작성 ○)
허위공문서작성죄란 공문서에 진실에 반하는 기재를 하는 때에 성립하는 범죄이므로, 고의로 법령을 잘못 적용하여 공문서를 작성하였다고 하더라도 그 법령적용의 전제가 된 사실관계에 대한 내용에 거짓이 없다면 허위공문서작성죄가 성립될 수 없다.
폐기물관리법 제26조 제2항에 의한 폐기물처리사업계획 적합 통보서는 단순히 폐기물처리사업을 관계 법령에 따라 허가한다는 내용이 아니라, 폐기물처리업을 하려는 자가 폐기물관리법 제26조 제1항에 따라 제출한 폐기물처리사업계획이 폐기물관리법 및 관계 법령의 규정에 적합하다는 사실을 확인하거나 증명하는 것이라 할 것이므로, 그 폐기물처리사업계획이 관계 법령의 규정에 적합하지 아니함을 알면서 적합하다는 내용으로 통보서를 작성한 것이라면 그 통보서는 허위의 공문서라고 보지 아니할 수 없다(대판 2003. 2. 11. 2002도4293).

영농의사없음을 알면서 농지취득자격증명통보서 작성(허위공문서작성 ○)
농지취득자격증명의 신청인에게 농업경영능력이나 영농의사가 없음을 알거나 이를 제대로 알지 못하면서도 농지취득자격증명통보서를 작성한 경우, 허위공문서작성죄가 성립한다(대판 2007. 1. 25. 2006도3996).

와 공모한 때에는 허위공문서작성죄가 성립하지만 우연히 허위임을 알게 된 때에는 그렇지 않다는 견해, ③ 형식적 심사권만을 가진 경우에도 신고내용이 허위임을 알았다면 허위공문서작성죄가 성립한다는 견해 등이 있다.

나아가 수사기관이나 법원이 진술자의 진술이 허위임을 알면서도 조서에 그대로 기재하는 것이 허위공문서작성죄에 해당하지 않음을 위와 같은 실질적 심사권의 이론에 의해 설명하는 견해들이 있다. 그러나 수사기관이나 법원은 진술자가 진술하는 대로 조서를 작성하여야 할 의무가 있는 것이지 진술자가 한 진술 중에서 진실한 내용의 것만 조서에 기재하여야 하는 것은 아니다. 수사기관이나 법원이 작성한 조서의 허위성은 진술한 대로 기재되었으냐에 따를 것이고 진술자의 진술이 진실한지에 관한 실질적 심사권이 있는지 여부에 따를 것이 아니라는 점에서 위 견해들의 논리는 부적절하다.

허위의 사망신고서를 접수하여 호적부에 기재

강화군 교동면 면사무소 호적계장인 피고인이 면장의 직인실인등을 보관하고 호적부 기재정리사무를 담당하면서, 갑 등과 공모하여, 을의 의가사제대 수속에 행사할 목적으로, 병으로부터 을이 사망하였다는 취지의 허위사실이 기재된 사망신고서를 접수하고 마치 진실한 사실인 양 그대로 호적부에 기재하고 면장의 직인을 찍어 면장 명의의 호적부를 작성한 사안에서,

호적사무를 관장하는 호적리는 호적에 기재를 함에 있어서 그 신고가 적어도 형식상의 요건을 갖추고 있는 경우에 있어서는 이것의 기재절차를 밟은 것이고 그 신고사항이 진실한 여부를 심사한 후 그 수리 여부를 정정할 필요는 없다고 할 것은 소론과 같으나 호적부는 사람의 신분을 공증하고 타인으로 하여금 각 사람이 가지는 신분 지위 등을 알게 하기 위하여 설정된 공부로서 그 기재사항이 적법하고 진실에 부합될 것임은 당연한 이치이므로 신고사항이 허위인 것이 명백한 경우에 있어서는 호적리는 그 기재를 거부할 수 있다고 해석함이 법정신에 적합한 것이라 할 것이다.

그러므로 호적리는 신고사항이 허위인 것을 알고 있으면서 고의로 신고인의 뜻을 받아 이를 호적부에 기재한 때에는 허위공문서 작성죄를 구성한다.[152)]

6. 공문서로서의 형식과 외관을 갖출 것

피의자신문조서 말미에 작성자의 서명·날인이 없으나, 그 첫머리에 작성자의 성명이 기재됨

허위공문서작성죄에 있어서의 객체가 되는 문서는 문서상 작성명의인이 명시된 경우 뿐 아니라 작성명의인이 명시되어 있지 아니하더라도 문서의 형식, 내용 등 그 문서 자체에 의하여 누가 작성하였는지를 추지할 수 있을 정도의 것이라면 위 죄의 객체가 될 수 있다.

갑, 을, 병에 대한 각 피의자신문조서는 각 그 조서 말미에 작성자의 서명, 날인이 없으나, 위 각 피의자신문조서 첫머리에 작성 사법경찰리와 참여 사법경찰리의 직위와 성명을 적어 넣은 것이 있어 그 문서자체에 의하여

152) 대판 1977. 12. 27. 77도2155(및 원심인 서울고판 1977. 6. 10. 76노1391).

작성자를 추지할 수 있어 위 각 피의자신문조서를 허위공문서작성죄의 객체가 되는 공문서로 볼 수 있다.[153)]

7. 고 의

출장조사를 사전에 하고 그 내용에 변동이 없다는 확신 하에 작성일자를 달리 기재

공무원이 여러 차례의 출장반복의 번거로움을 회피하고 민원사무를 신속히 처리한다는 방침에 따라 사전에 출장조사한 다음 출장조사내용이 변동 없다는 확신 하에 출장복명서를 작성하고 다만 그 출장일자를 작성일자로 기재한 것이라면 허위공문서작성의 범의가 있었다고 볼 수 없다.[154)]

153) 대판 1995. 11. 10. 95도2088. 다음은 같은 취지이다.
허위로 작성한 주민등록표가 그 작성 명의인이 명시되어 있지는 않으나 법령에서 정한 서식에 따른 세대주 등과 재작성일의 기재 및 확인자의 날인이 있고 본적확인란에 동사무소 사무장의 도장이 찍혀져 있어 위 문서의 형식, 내용 등 그 문서 자체만을 보아도 세대주의 변경으로 주민등록표를 다시 작성한 것임을 알 수 있는 경우에는 위 공문서는 허위공문서작성죄의 객체가 되는 문서에 해당한다(대판 1990. 10. 16. 90도1199).

154) 대판 1983. 12. 27. 82도3141; 대판 2001. 1. 5. 99도4101. 다음은 같은 취지이다.
미역의 외관검사만 하고도 실물검사한 것으로 보고서 작성
피고인들이 물품(미역)검사를 하면서 전체량의 일부만을 추출하여 실물검사를 하였음에도 이를 초과하여 외관검사를 행한 수량 중의 일정량을 실물검사한 것처럼 보고서를 작성하였다 하여도 그것이 업무상 관행에 따른 것이라면 허위공문서 작성의 인식이 없다고 할 것이다(대판 1982. 7. 27. 82도1026).
건축물관리대장상의 기재보다 불과 1.37평 넓은 면적의 대수선에 대한 준공검사보고서 작성
이 사건 건물은 신축될 당시 건축물 관리대장에 1층 75.2평, 2층 12.4평으로 등록되어 있었으므로 그 건평을 기준으로 대수선허가가 났는데 실제로는 그와는 달리 1층 부분 건평이 건축물관리대장의 그것보다 약간 넓게 되어 있었고 더구나 그 차이도 1, 2층 합하여 모두 1.37평 정도에 불과한 것이라면 통상 있을 수 있는 사소한 차이라 할 터이므로 피고인에게 이런 정도의 차이까지 일일이 지적하여 그 부분을 다시 철거케 하거나 건축물관리대장 자체를 정정하도록 하여 준공허가를 보류하게끔 사무처리를 하라고는 기대할 수도 없는 것이므로 이러한 사정 하에서 그와 같은 통상 있을 수 있는 사소한 차이를 무시하고 준공처리코져 한다는 준공검사보고서를 작성한 이 사건에 있어서 피고인에게 허위공문서를 작성·행사한다는 범의가 있었다고 볼 수 없다(대판 1985. 5. 28. 85도327).
군 농로계장이 변태경리에 의하여 유용된 예산액지출의 내역에 대한 허위의 증빙서류를 작성한 것이 부득이한 사정 하에 상사인 건설과장이나 군수의 양해를 얻은 후에 이루어진 것이었다 할지라도 허위공문서작성과 비치행사에 관한 범의를 부정할 사유는 될 수 없다(대판 1970. 6. 30. 70도1122).
인수인계서를 작성함에 있어 부주의로 공사이행보증금의 담보내역은 누락하고 미수금만 기재
피고인이 제1군 재무과 평가계장직에 종사하다가 내무부 지방행정 연수원 입교의 명을 받고, 그 사무인계서를 작성함에 있어, 갑으로부터 공사이행보증금의 지급담보로 교부받아 재무과 경리계의 금고에 보관중인 당좌수표 3매에 관한 사항을 정확히 기재하여야 할 것인데도 이에 관한 사항을 기재하지 않은 이유가 위 공사이행보증금의 일부는 지급받고 일부만이 미수인 관계로 미수금이 얼마인지를 기재하여 후임자에게 미수금을 징수할 수 있도록 하면 충분한 것으로 알고 부주의로 기재누락한 것이라면 피고인에게 허위공문서작성의 인식이 있다고 볼 수 없다(대판 1982. 12. 28. 82도1617).
출장복명서에 14:00 도착을 11:00 도착으로 기재하였으나 허위기재할 이유가 없어 단순오기로 볼 여지가 있음
원심의 판단: '피고인이 출장현장에 도착한 시간이 1976. 1. 28. 14:00경이었음에도 불구하고, 현장도착시간이 지연된 것을 은폐하기 위하여 출장복명서 주요 복명사항란 1항에 '76. 1. 29'(28의오기) 11:00 현지도착, 행정대집행코져 하였으나, 경찰관 입회가 없어 대기 중'이라고 허위내용을 기재하여 사무실에 비치함으로써 허위공문서를 작성, 행사하였다.
대법원의 판단: 피고인은, 이 복명서를 실제로 작성한 것은 같이 출장갔던 계원이 작성하였던 것이고 그도 이를 작

교통사고 후 600미터 정도 도주하였으나 실황조사서에 이를 기재하지 않고 이에 첨부된 피의사신문조서 등에 그 내용이 나옴

교통사고 가해자가 사고발생 후 즉시 피해자를 구호조치하지 않고 사고현장으로부터 약 600m 정도 도주한 후 다시 사고현장으로 되돌아 왔으나, 교통사고 조사경찰관인 피고인이 교통사고 실황조사서의 사고원인기재란 중 교통사고를 내고도 도주하였는지 여부를 표시하는 란에 아무런 기재를 하지 아니하였다 하여 위 실황조사서를 허위로 작성하였다고 의율된 사안에서, 피고인이 위 실황조사서에 첨부한 피해자에 대한 진술조서 및 가해자에 대한 피의자신문조서에 "가해자가 사고 후 600m 정도 도주한 후 다시 사고현장으로 되돌아 왔다"는 취지가 기재되어 있고, 기타의 사정이 있다는 이유로 허위공문서작성에 해당하지 않는다고 본 사례.155)

성함에 있어서 군청에서 출발한 시간이 11:00인 것을 도착시간 11:00라고 단순히 오기하였을 뿐이며 피고인은 이러한 오기 사실을 모르고서 여기에 서명하였을 따름이라고 변소하고 있고, 위 계원의 법정 진술과 기록에 편철된 동인 작성의 출장복명에 대한 경위서의 기재들은 도리어 피고인의 변소에 부합된다. 본건에서 피고인이 특별히 현장도착시간이 지연된 것을 은폐하여야 할 이유가 있었다거나 14:00경 현지도착을 11:00 현지도착으로 허위로 보고하여야만 할 다른 어떤 이유가 있었다고 볼만한 사정은 기록상 발견되지 않는다.

그렇다면 위 출장복명서에 '76. 1. 28'이라고 기재할 것을 '76. 1. 29'이라고 잘못 기재하고 있는 것과 마찬가지로 '11:00출발'을 '11:00 현지도착'이라고 하고 혹은 '14:00 현지도착'을 '11:00 현지도착'이라고 단순히 오기한 것이라고 볼 여지도 없지 않으므로, 원심이 이러한 점에 유의하지 아니하고 바로 그 출장복명서에 기재된 사실만으로서 피고인을 허위공문서작성죄와 동행사죄로 다스렸음은 잘못이다(대판 1978. 4. 11. 77도3781).

155) 대판 1997. 3. 11. 96도2329. 구체적인 내용은 다음과 같으며, 교통사고에 관하여 파출소 소속 경찰관이 간단히 조사하여 소속 경찰서에 교통사고발생보고를 하고, 담당 경찰관이 정식으로 실황조사를 하는 과정이 잘 나타나 있다. 가해자는 1톤 화물차를 운전하여 김천시 소재 아시아농기계 앞을 직지교 방면에서 선산통로 사거리 방면으로 시속 약 60㎞으로 운행하던 중 빗길에 제동조치를 취하자 미끄러져 위 화물차가 180도 회전하면서 중앙선을 넘어가 반대편 도로가에 설치되어 있던 가로등을 충돌함과 동시에 마주 진행해 오던 피해자 운전의 오토바이를 충돌하고도 즉시 정차하지 아니하고 그대로 600m 정도를 진행하다가 피해자가 상처를 많이 입었다고 생각되어 위 화물차를 정차하고, 그 적재함에 떨어져 있던 피해자의 안전모를 들고 사고현장으로 되돌아 와 피해자에게 "다친 데가 없느냐, 미안하다"고 사과를 하고 이미 사고현장에 도착해 있던 경찰관에게 자신이 사고야기자라고 말한 사실, 가해자는 얼마 후 사고현장에 도착한 119구급차에 피해자를 후송하고 사고현장에 있던 중앙파출소 소속 경찰관 갑과 함께 중앙파출소로 간 사실, 중앙파출소 소속 경찰관 을은 위와 같은 가해자의 사고 후 행동이 도주행위에 해당하는지 여부가 명확하지 않자 같은 날 김천경찰서에 '교통사고발생보고'란 제목으로 사고내용을 보고하면서 제7항 참고란에 "사고차량 운전자는 사고발생 후 즉시 피해자를 구호조치하지 않고 사고현장으로부터 약 600m 상거한 직지교 사거리까지 도주한 후 다시 사고현장으로 되돌아 온 것임"이라고 기재하여 보고하게 된 사실이 인정되는 이 사건에서 그 익일 현장실황조사서를 작성하게 된 피고인이 인쇄된 실황조사서 용지에 V표로 표시하게 되어 있는 사고원인기재란 중 사고도주, 유기도주 부분을 표시하는 ㅁ형의 공란에 아무런 표시를 하지 않았다고 하더라도 위 실황조사서의 관련자 진술서 기재란에 피고인이 조사하여 작성한 피해자의 보충진술조서와 가해자의 피의자신문조서를 첨부한다고 기재하여 있고, 그 첨부된 피해자의 보충진술조서에서는 "사고 화물차량운전자는 사고 후 직지교 방면으로 도주하였다가 직지교 부근에 갔을 때 누가 따라가자 사고차량이 펑크가 나 그냥 되돌아 온 것 같으며, 만약 펑크가 나지 않았다면 그대로 뺑소니 하였다고 생각합니다"라는 피해자의 진술이 기재되어 있고, 또 같이 첨부된 피고인 작성의 가해자에 대한 피의자신문조서에서도 "사고지점에서 쿵하는 소리를 듣고 오토바이와 오토바이 운전자가 배수로에 빠져 있는 것을 보고 아무 생각 없이 약 600m 정도를 진행하여 가다가 가만히 생각하니까 오토바이 운전자가 많이 상처를 입었다고 판단되어 즉시 차량을 세워두고 현장으로 가니까 상대 오토바이 운전자가 현장에 앉아 있기에 저가 다친 데가 없느냐고 물어보니 다리가 많이 아프다고 하기에 미안하다고 사과한 후 마침 119 구급차량이 와 현장에 환자를 후송하고 경찰관이 현장조사 및 조치를 한 것입니다"라는 기재가 위 피의자신문조서의 사고 후 조치란에 기재되어 있음을 볼 수 있으므로 위 실황조사서의 위와 같은 기재누락으로 인해 위 문서가 바로

8. 죄 수

한 개의 공문서에 작성자가 2인 이상일 경우에도 1인의 작성행위의 완료로서 그 1인의 공문서 작성행위는 완료 되는 것이며 나머지 다른 사람의 서명 날인이 없다 하여 전체의 허위공문서가 작성되지 않는다고 볼 것이 아니다.[156)]

9. 허위공문서작성죄와 공범

가. 간접정범

허위공문서작성죄는 문서의 작성권자인 공무원만 범할 수 있는 진정신분범이다. 비공무원이 공문서의 작성권자를 생명 있는 도구로 이용하여 허위 공문서를 작성하게 하더라도 허위공문서작성죄의 간접정범은 성립하지 않는다는 것이 통설과 판례이다.

(1) 비공무원이 간접정범의 형태로 공무원으로 하여금 허위 내용의 공문서를 작성케 함(허위공문서작성죄 간접정범 ×)

동생의 성명과 생년월일을 적고 피고인의 사진을 붙여 도민증을 신청하여 발급받음

피고인이 전주경찰서장을 거쳐서 전라북도지사에게 피고인의 도민증 발급 신청을 함에 있어서 도민증 용지에 징집 해당자가 아닌 피고인의 동생의 성명과 생년월일을 적은 후 그 사진란에 피고인의 사진을 붙여 도민증발급을 신청하여서 그 정을 모르는 전주경찰서장 및 전라북도지사로부터 전라북도지사 명의의 도민증을 발급받은 사안에서,

형법은 소위 무형위조에 관하여서는 공문서에 관하여서만 이를 처벌하고 일반 사문서의 무형위조를 인정하지 아니할 뿐 아니라[다만 형법 제233조(허위진단서 등의 작성)의 경우는 예외], 공문서의 무형위조에 관하여서도 형법 제227조(허위공문서작성 등) 이외에 특히 공무원에 대하여 허위의 신고를 하고 공정증서원본 면허장 감찰 또는 여권에 사실 아닌 기재를 하게 할 때에 한하여 동법 제228조의 경우의 처벌규정을 만들고 더구나 위 227조의 경우의 형벌보다 현저히 가볍게 벌하고 있음에 지나지 아니하는 점으로 보면 공무원이 아닌 자가 허위의 공문서 작성의 간접정범이 되는 때에는 동법 제228조의 경우 이외에는 이를 처벌하지 아니하는 취지로 해석함을 상당하다. 따라서 피고인의 행위는 허위공문서작성죄를 구성하지 않는다.[157)]

허위내용이 되었다고 보기도 힘들 뿐더러, 원심이 판시하고 있는 여러 사정들을 종합해 보면 피고인이 이 사건 실황조사서의 기재 내용을 허위기재한다는 범의가 있었다고 볼 수 없다.

156) 대판 1973. 6. 26. 73도733.

157) 대판 1961. 12. 14. 4292형상645. 대법원은 위 판례의 취지에 저촉되는 대판 4286년 형상 제39호(4288년 2월 25일 선고) 판결을 폐기하였다. 다음은 위 4292형상645 판결과 같은 취지이다.
공무원 아닌 자가 공무원을 기망하여 허위내용의 증명서를 작성케 한 후 행사하였다고 하더라도 허위공문서작성 및 동행사죄는 성립되지 않는다(대판 1976. 8. 24. 76도151).

(2) 비공무원이 간접정범의 형태로 공무원으로 하여금 허위 내용의 공문서를 작성케 함(공문서위조죄 간접정범 ×)

어느 문서의 작성 권한을 갖는 공무원이 그 문서의 기재 사항을 인식하고 그 문서를 작성할 의사로써 이에 서명날인하였다면, 설령 그 서명날인이 타인의 기망으로 착오에 빠진 결과 그 문서의 기재사항이 진실에 반함을 알지 못한 데 기인한다고 하여도, 그 문서의 성립은 진정하며 여기에 하등 작성 명의를 모용한 사실이 있다고 할 수는 없으므로, 공무원 아닌 자가 관공서에 허위 내용의 증명원을 제출하여 그 내용이 허위인 정을 모르는 담당공무원으로부터 그 증명원 내용과 같은 증명서를 발급받은 경우 공문서위조죄의 간접정범으로 의율할 수는 없다.158)
해설: 사문서에 있어서는 기망에 의해 작성명의를 모용하는 경우 사문서위조죄가 성립하는 것과 대비된다(대판 2000. 6. 13. 2000도778 등 참조).

(3) 보조공무원이 작성권자를 이용하여 허위공문서 작성(허위공문서작성죄 간접정범 ○)

보조공무원이 작성권자를 이용하여 허위공문서 작성케 하는 경우에는 허위공문서작성죄의 간접정범이 성립하고, 이 경우 보조공무원과 공모한 자도 간접정범의 공범이 된다.

허위공문서작성죄의 주체는 직무상 그 문서를 작성할 권한이 있는 공무원에 한하고 작성권자를 보조하는 직무에 종사하는 공무원은 허위공문서작성죄의 주체가 되지 못하나 이러한 보조직무에 종사하는 공무원이 허위공문서를 기안하여 허위인 정을 모르는 작성권자에게 제출하고 그로 하여금 그 내용이 진실한 것으로 오신케 하여 서명 또는 기명날인케 함으로써 공문서를 완성한 때에는 허위공문서작성죄의 간접정범이 성립된다 할 것인바, 면의 호적계장이 정을 모른 면장의 결재를 받아 허위내용의 호적부를 작성한 경우 허위공문서작성, 동행사죄의 간접정범이 성립된다.159)

158) 대판 2001. 3. 9. 2000도938.
159) 대판 1990. 10. 30. 90도1912. 다음은 같은 취지이다.
시장의 토지구획정리사무를 보조하는 지방행정주사보가 행사할 목적으로 그 직무상 초안하는 문서에 허위사실을 기내한 체비지매각 증명서 및 매도증서를 기안하여 그 정을 모르는 총무과 직원으로 하여금 시장 직인을 압날케 하여 시장 명의의 위 문서들을 작성케 한 경우에는 허위공문서작성죄의 간접정범이 성립한다(대판 1983. 9. 27. 83도1404).
제1군청 건설과 농지계 소속 토목기사보인 피고인이 그 직무상 초안하는 문서에 그 내용이 허위라는 사실을 인식하면서도 이 사건 수해복구공사비가 마치 금 30,400,000원이 소요된 것처럼 허위사실을 기재한 공사준공검사조서 1통을 작성하고 "87. 수해복구사업준공 및 보조금지급"이라는 제목의 공문을 기안하여 그 정을 모르는 제1군수로 하여금 결재토록함으로써 위 군수 명의의 위 공문서를 작성한 때에는 허위공문서작성죄의 간접정범의 죄책을 면할 수 없다(대판 1990. 2. 27. 89도1816).
개인택시면허업무 등을 담당하던 군청 계장이 군수를 보좌하여 '88개인택시 면허신청대상자 경력평정공고'를 초안함에 있어 특정인의 우선순위를 높게 조작하여 개인택시면허를 무난히 받게 하는데 사용할 목적으로 위 공고 중 개인택시면허발급예정우선순위표에 그의 예정순위를 허위 기재한 다음 그 정을 모르는 군수의 결재를 받은 경우에 위 표는 공무원이 그 직무권한 내에서 직무집행을 위하여 작성한 것으로서 완성된 문서라 할 것이므로 위 행위는 허위공문서작성죄에 해당한다(대판 1990. 10. 16. 90도1170).

허위공문서작성죄의 간접정범인 보조공무원의 공범

작성권한 있는 공무원의 직무를 보좌하는 자가 그 직위를 이용, 행사할 목적으로 그 초안한 문서에 허위내용을 기입하고, 그 정을 모르는 상사에게 제출 결재케 함으로써 허위 공문서를 작성케 하는 경우에 그와 공모한 자도 허위공문서 작성죄의 간접정범의 죄책을 진다.[160]

갑이 허위의 검토조서를 작성하고, 이를 허위 검토보고에 첨부하여 피고인과 그 정을 모르는 을이 결재

공무원 갑이 허위의 사실을 기재한 '자동차운송사업변경허가신청 검토조서'를 작성한 다음 이를 '자동차운송사업변경허가신청 검토보고'에 첨부하여 결재를 상신하였고, 담당계장으로서 그와 같은 사정을 알고 있는 중간 결재자인 피고인과 담당과장으로서 그와 같은 사정을 알지 못하는 최종 결재자인 을이 차례로 위 검토보고에 결재를 하여 자동차운송사업 변경허가가 이루어진 사안에서, 위 검토조서와 검토보고의 각 내용과 형식, 관계 및 작성 목적, 이를 토대로 변경허가가 이루어진 점 등을 종합할 때, 위 검토조서는 위 검토보고의 첨부서류로서 그 내용 중 일부에 불과하고, 위 검토조서를 포함한 위 검토보고의 작성자는 최종 결재권자인 을이라고 보아야 하므로, 이는 피고인과 갑이 허위의 정을 모르는 작성권자 을로 하여금 허위의 공문서인 위 검토보고를 결재·작성하게 한 경우에 해당하여 간접정범이 성립한다(대판 2011. 5. 13. 2011도1415).

A가 갑의 음주운전사실을 기재한 음주운전자적발보고서 작성 후 폐기 → B가 위 적발보고서와 일련번호가 같은 가짜 적발보고서에 을의 음주운전사실을 기재 → 그 정을 모르는 C가 위 가짜 적발보고서를 근거로 주취운전자측정처리부의 위 일련번호란에 을의 음주운전사실을 기재

A 경장이 갑에 대한 음주운전 사실을 적발하여 음주운전자 적발보고서에 기재하자, 같은 경찰서 보안과장으로서 음주운전자 적발업무 등을 담당하던 피고인이, 갑의 음주운전을 눈감아주기 위하여 위 음주운전자 적발보고서를 찢어버리고, B 순경에게 일련번호가 위 음주운전자 적발보고서와 동일한 가짜 음주운전 적발보고서를 교부하면서 을에 대한 음주운전 사실을 적발하게 하고, 위 가짜 음주운전자 적발보고서에 을에 대한 음주운전 사실을 기재한 다음, 주취운전자 음주측정처리부의 작성권자인 C로 하여금 그 정을 모른 채 위 가짜 음주운전자 적발보고서를 근거로 주취운전자 음주측정처리부의 위 일련번호란에 을의 음주운전 사실을 기재한 후 날인하고 그곳에 이를 비치케 한 경우에는 을이 음주운전으로 인하여 처벌받았는지와 상관 없이, 허위공문서작성 및 동 행사죄의 간접정범이 성립한다(대판 1996. 10. 11. 95도1706; 대판 2010. 1. 14. 2009도9963).

해설: C가 작성한 음주측정처리부의 위 일련번호란에는 갑의 음주운전사실이 기재되어야 함에도 을의 음주운전사실이 기재되어 있으므로 허위공문서이다.

160) 대판 1977. 12. 13. 74도1900. 다음은 같은 취지이다.

화성시 산하 농업기술센터(A)가 발주한 공사의 감리회사(C) 소속 책임감리원(피고인)이 A의 담당계장(갑)과 공모하여 공사가 완공되었다는 허위 준공검사조서를 작성하여 C 명의의 검사결과보고서에 첨부하여 A에 제출하자 갑과 A의 소장이 이를 결재

지방자치단체를 당사자로 하는 계약의 이행완료에 관한 검사는 지방자치단체의 장 또는 계약담당자의 직무권한에 속하는 사항으로서 이를 전문기관에 위임하여 수행하게 한다고 하여 그 직무 소관이 달라지는 것은 아니고 다만 이때에는 전문기관으로부터 검사결과를 문서로 통보받아 확인하는 방법으로 그 직무를 집행하게 되는 것이므로, 지방자치단체의 장 또는 계약담당자가 그 검사를 위임받아 수행한 전문기관으로부터 검사결과를 검사조서로 작성·보고받고 이를 확인하여 승인하는 의미로 검사조서에 결재하였다면 그와 같이 결재된 검사조서는 공무원이 그 직무권한 내에서 작성한 문서로서 허위공문서작성죄의 객체인 공문서에 해당한다.

화성시의 자생식물원 조성사업과 관련하여 화성시 산하 농업기술센터(A)가 발주처로서 B건설 등과 '이 사건 공사계약'을, C 주식회사와 '이 사건 감리계약'을 체결한 다음 위 각 계약의 이행에 관한 사무를 관장하였다. 그런데 C의 책임감리원으로 그 준공검사 업무를 담당한 피고인과 농업기술센터 소속 담당공무원으로 그 준공검사에 입회한 갑은 공사가 아직 완료되지 않은 사실을 확인하였음에도 이를 준공된 것으로 처리하기로 하였고, 이에 따라 피고인이 그 공사가 완료된 것처럼 허위 내용의 이 사건 준공검사조서를 작성한 다음 이를 C 명의로 작성한 이 사건 검사결과보고서에 첨부하여 A에 제출하였다.

이를 접수한 A에서는 이 사건 검사결과보고서에 공람·결재란과 전결란을 만든 다음 담당계장 갑과 담당과장이 공람·결재란에 차례로 서명하고 이어 그 허위의 정을 모르는 소장이 전결란에 최종 서명함으로써 그 준공검사결과

보조공무원이 결재 없이 허위의 공문서를 작성권자 명의로 작성하는 때에는 다음 판례와 같이 공문서위조죄가 성립한다.

보조공무원이 허위공문서를 작성함에 있어 결재권자의 결재를 받는 것과 받지 않는 것

허위공문서작성죄의 주체는 그 문서를 작성할 권한이 있는 명의인인 공무원에 한하고, 그 공무원의 문서작성을 보조하는 직무에 종사하는 공무원은 위 죄의 주체가 되지 못하므로 보조 공무원이 허위공문서를 기안하여 그 정을 모르는 작성권자의 결재를 받아 공문서를 완성한 때에는 허위공문서작성죄의 간접정범이 되고, 이러한 결재를 거치지 않고 임의로 허위내용의 공문서를 완성한 때에는 공문서위조죄가 성립한다.[161)]

형법 제227조가 규정한 허위공문서작성죄는 그 문서를 작성할 권한이 있는 공무원이 허위내용의 공문서를 작성한 경우에 성립하는 것이고 그 공무원을 보조하는 직무에 종사하는 공무원이 작성권한을 가진 공무원의 결재도 받지 아니하고 임의로 허위내용의 공문서를 작성권한자 명의로 작성한 때에는 공문서위조죄가 성립한다고 할 것인바, 면사무소 호적계장이 면장의 결재 없이 호적의 출생년란, 주민등록번호란에 허위내용의 호적정정 기재를 한 경우에는 공문서위조 및 동행사죄를 구성하는 것은 별론으로 하고 허위공문서작성죄에 해당할 수는 없다.[162)]

(4) 보조공무원이 아닌 공무원은 허위공문서작성죄의 간접정범 불성립

산림과 소속 공무원이 준보전산지라고 허위 통보하여, 민원봉사과 소속 공무원으로 하여금 허위의 토지이용계획확인서를 작성케 함

판결요지: 허위공문서작성죄의 간접정범은 공문서의 작성권한이 있는 공무원의 직무를 보좌하는 자가 그 직위를 이용하여 행사할 목적으로 허위의 내용이 기재된 문서 초안을 그 정을 모르는 상사에게 제출하여 결재하도록 하는 등의 방법으로 작성권한이 있는 공무원으로 하여금 허위의 공문서를 작성하게 한 경우에 성립한다.

사실관계: ① - 평창군청 산림과 소속 공무원인 피고인 1, 2는 공모하여,

- 피고인 2는 A 임야가 산지이용구분도상에 준보전산지에 해당한다는 허위 내용으로 '산지이용구분 내역 통보'를 기안하고, 피고인 1은 위 통보에 전결한 다음,
- 이를 민원봉사과에 보내어 그 정을 모르는 민원봉사과 소속 공무원으로 하여금 용도지역이 전부 관리지역으로 기재된 평창군수 명의의 위 각 임야에 대한 토지이용계획확인서를 작성, 발급하게 하였고,

---

를 승인하였는데 그 준공검사결과의 내용은 이 사건 검사결과보고서에는 전혀 기재되지 않고 그 첨부문서인 이 사건 준공검사조서에만 포함되어 있었다. 위 결재는 형식상 검사결과보고서에 이루어졌지만 실질적으로는 그 첨부문서로서 준공검사결과를 담고 있는 준공검사조서에 대한 것이라고 보아야 한다. 결국 위와 같이 결재된 위 준공검사조서는 A의 소장이 그 직무권한 내에서 작성한 문서로서 공문서에 해당한다.

갑은 허위공문서작성죄의 간접정범으로서 죄책을 지게 되고, 그와 공모한 피고인도 공무원의 신분을 가지는지 여부와 관계없이 그 간접정범의 공범으로서 죄책을 면할 수 없다(대판 2010. 4. 29. 2010도875).

161) 대판 1981. 7. 28. 81도898.

162) 대판 1990. 10. 12. 90도1790.

② - 피고인 2는, B 임야에 대하여는 단독으로, C 및 D 임야에 대하여는 피고인 3 등과 공모하여,
- B, C, D 임야가 산지이용구분도상에 준보전산지에 해당한다는 허위 내용으로 각 '산지이용구분 내역 통보'를 기안하고, 그 정을 모르는 피고인 1은 이에 전결한 다음,
- 위 각 통보를 평창군청 민원봉사과로 보내어 그 정을 모르는 민원봉사과 소속 공무원으로 하여금 용도지역이 관리지역으로 기재된 평창군수 명의의 B, C, D 임야에 대한 각 토지이용계획확인서를 작성, 발급하게 하였다.

판단: 위와 같은 사정만으로는 피고인 1, 2가 위 각 토지이용계획확인서의 작성권한자라고 볼 수 없을 뿐만 아니라 위 각 통보의 발급을 담당하는 민원봉사과 소속 공무원의 업무를 보조하는 직무에 종사하거나 위 각 통보의 작성을 기안하는 업무에 종사하는 지위에서 위 각 '산지이용구분 내역 통보'를 보내준 것으로 보기도 어려우므로, 피고인 1, 2를 각 허위공문서작성죄의 간접정범 내지 간접정범의 공동정범으로 볼 수는 없다고 할 것이고, 피고인 2에게 각 허위공문서작성죄의 간접정범으로서의 죄책이 인정되지 않으므로 그와 공모한 공무원 아닌 피고인 3 역시 각 허위공문서작성죄의 간접정범의 공동정범으로 처단할 수 없다 할 것이다. 허위 내용이 기재된 공문서를 행사하였다고 하더라도 그 공문서가 허위공문서작성죄에 의하여 만들어진 것이 아닌 이상 이를 허위작성공문서행사죄로 처벌할 수는 없다.[163)]

해설: 위 판례는 허위공문서작성죄의 간접정범이 될 수 있는 공무원은 문서의 작성권한자의 업무를 보조하거나 작성권한자 명의의 문서를 기안하는 업무에 종사하는 자로 한정됨을 명백히 하고 있다.

해설: 용도지역은 1. 도시지역, 2. 관리지역, 3. 농림지역, 4. 자연환경보전지역으로 나뉜다(국토의 계획 및 관리에 관한 법률 36조). 그런데 산지관리법에 따라 보전산지로 지정·고시된 지역은 그 고시에서 구분하는 바에 따라 국토의 계획 및 관리에 관한 법률에 따른 농림지역 또는 자연환경보전지역으로 결정·고시된 것으로 보기 때문에 관리지역이 될 수 없다(국토의 계획 및 관리에 관한 법률 42조 2항). 따라서 위 판례의 사안은, 해당 산지가 보전산지여서 농림지역이나 자연환경보전지역이 될 수 있을 뿐 관리지역이 될 수 없음에도 산림과 소속 공무원인 피고인들이 준보전산지라고 허위 통보함으로써, 민원봉사과 소속 공무원으로 하여금 허위의 토지이용계획확인서를 작성, 발급케 한 것으로 짐작된다.

나. 공동정범, 교사범

비공무원이 공무원과 공모하여 허위공문서작성

공무원이 아닌 자는 형법 제228조(공정증서원본등불실기재)의 경우를 제외하고는 허위공문서작성죄의 간접정범으로 처벌할 수 없으나, 공무원이 아닌 자가 공무원과 공모하여 허위공문서작성죄를 범한 때에는 공무원이 아닌 자도 허위공문서작성죄의 공동정범이 된다.[164)]

공무원을 교사하여 무허가건물을 허가받은 건축물인 것처럼 가옥대장 등에 등재케 함

피고인이 건축물조사 및 가옥대장 정리업무를 담당하는 지방행정서기를 교사하여 무허가 건물을 허가받은

163) 대판 2010. 1. 14. 2009도9963.
164) 대판 2006. 5. 11. 2006도1663.

건축물인 것처럼 가옥대장 등에 등재케 하여 허위공문서 등을 작성케 한 사실이 인정된다면, 허위공문서작성죄의 교사범으로 처단한 것은 정당하다.[165]

XII. 공정증서원본 등 불실기재죄

1. 의미와 보호법익

공정증서원본불실기재죄는 특별한 신빙성이 인정되는 권리의무에 관한 공문서에 대한 공공의 신용을 보장함을 보호법익으로 하는 범죄로서 공무원에 대하여 진실에 반하는 허위신고를 하여 공정증서원본에 그 증명하는 사항에 관하여 실체관계에 부합하지 아니하는 불실의 사실을 기재하게 함으로써 성립한다.[166]

형법 제228조는 공무원이 아닌 자가 그 정을 모르는 공무원을 이용하여 공문서에 허위의 사실을 기재하게 하는 이른바 간접적 무형위조를 처벌하면서 모든 공문서를 객체로 하지 않고 '공정증서원본 또는 이와 동일한 전자기록 등 특수매체기록'(제1항), '면허증, 허가증, 등록증 또는 여권'(제2항)으로 그 객체를 제한하고 있는바, 그 취지는 공문서 중 일반사회생활에 있어서 특별한 신빙성을 요하는 공문서에 대한 공공의 신용을 보장하고자 하는 것이다.[167]

2. 권리의무에 관한 공정증서

가. 공정증서

형법 제228조에서 말하는 공정증서란 권리의무에 관한 공정증서만을 가리키며, 이에 해당하는 것으로는 부동산등기부,[168] 상업등기부,[169] 광업권등록원부,[170] 호적부,[171] 혼인관계등록부, 공증인법에 의한 공정증서[172] 등이 있다.

165) 대판 1983. 12. 13. 83도1458.
166) 대판 2004. 1. 27. 2001도5414.
167) 대판 2005. 7. 15. 2003도6934.
168) 대판 1969. 1. 28. 68도1596; 대판 1996. 5. 31. 95도1967.
169) 대판 2004. 6. 17. 2003도7645 전원합의체; 대판 2006. 10. 26. 2006도5147.
170) 대판 1992. 11. 24. 92도2450.
171) 대판 1985. 9. 10. 85도1481.
172) 대판 2012. 4. 26. 2009도5786.

나. 공정증서가 아닌 것

주민등록부와 인감대장

주민등록부는 권리의무의 득실변경 등의 증명을 목적으로 하는 공부가 아니라 할 것이므로 형법 제228조 소정의 공정증서가 아니나.

인감대장은 행정청이 출원자의 현재 사용하고 있는 인감을 증명함으로써 국민의 편의를 도모하기 위하여 출원자의 인감신고를 받아두는 공부로서 공정증서가 아니다.[173)]

자동차운전면허대장

자동차운전면허증 재교부신청서의 사진란에 본인의 사진이 아닌 다른 사람의 사진을 붙여 제출함으로써 담당공무원으로 하여금 자동차운전면허대장에 불실의 사실을 기재하여 이를 비치하게 한 사안에서,

도로교통법 시행령 제94조와 같은 법 시행규칙 제38조, 제77조, 제78조, 제80조, 제98조 등의 규정 취지를 종합하여 보면, 자동차운전면허대장은 운전면허 행정사무집행의 편의를 위하여 범칙자, 교통사고유발자의 인적사항·면허번호 등을 기재하거나 운전면허증의 교부 및 재교부 등에 관한 사항을 기재하는 것에 불과하며, 그에 대한 기재를 통해 당해 운전면허 취득자에게 어떠한 권리의무를 부여하거나 변동 또는 상실시키는 효력을 발생하게 하는 것으로 볼 수는 없고, 따라서 자동차운전면허대장은 사실증명에 관한 것에 불과하므로 형법 제228조 제1항에서 말하는 공정증서원본이라고 볼 수 없다.[174)]

토지대장

형법 제228조에서 말하는 공정증서란 권리의무에 관한 공정증서만을 가리키는 것이고 사실증명에 관한 것은 이에 포함되지 아니하므로 권리의무에 변동을 주는 효력이 없는 토지대장은 위에서 말하는 공정증서에 해당하지 아니한다.[175)]

---

173) 대판 1968. 11. 19. 68도1231. 다음은 같은 취지이다.
주민등록부는 공정증서 원본이 아니다(대판 1969. 3. 25. 69도163).

174) 대판 2010. 6. 10. 2010도1125. 다음은 같은 취지이다.
피고인이 서울특별시에 서울특별시민증의 교부 신청을 함에 있어서 1917년생임에도 1912년생이라고 거짓 기입을 하여 그 기재 내용에 따라서 시민증을 작성받은 사안에서,
정을 모르는 공무원에게 허위신고를 하여 시민증에 부실을 기재하게 하였다 하더라도 시민증은 공정증서원본, 면허상, 감찰 또는 여권이 아니니 공정증서원본부실기재죄가 성립하지 아니한다(대판 1962. 1. 11. 4294형상193).

175) 대판 1988. 5. 24. 87도2696. 다음은 같은 취지이다.
예고등기(예고등기제도는 폐지됨)
공정증서의 권리의무에 관한 사항에 관계없는 것이고 아무런 의미가 없는 상태 하에 있는 예고등기는 이를 말소한다 할지라도 공정증서원본부실기재죄가 성립하지 아니한다(대판 1972. 10. 31. 72도1966).

다. 허위신고사실이 그대로 기재될 수 있는 공문서

허위 내용의 조정신청서에 기하여 작성된 조정조서

법원에 허위 내용의 조정신청서를 제출하여 판사로 하여금 조정조서에 불실의 사실을 기재하게 하였다는 공소사실에 대하여,

형법 제228조 제1항이 규정하는 공정증서원본 불실기재죄는 공무원에 대하여 진실에 반하는 허위신고를 하여 공정증서원본에 그 증명하는 사항에 관하여 실체관계에 부합하지 아니하는 불실의 사실을 기재하게 함으로써 성립하는 범죄로서, 위 죄의 객체인 공정증서원본은 그 성질상 허위신고에 의해 불실한 사실이 그대로 기재될 수 있는 공문서이어야 한다고 할 것인바, 민사조정법상 조정신청에 의한 조정제도는 원칙적으로 조정신청인의 신청 취지에 구애됨이 없이 조정담당판사 등이 제반 사정을 고려하여 당사자들에게 상호 양보하여 합의하도록 권유·주선함으로써 화해에 이르게 하는 제도인 점에 비추어, 그 조정절차에서 작성되는 조정조서는 그 성질상 허위신고에 의해 불실한 사실이 그대로 기재될 수 있는 공문서로 볼 수 없어 공정증서원본에 해당하는 것으로 볼 수 없다.[176)]

라. 공정증서원본 등을 한정적으로 열거한 취지 및 등록증의 의미

사업자등록증

형법 제228조에서의 '등록증'은 공무원이 작성한 모든 등록증을 말하는 것이 아니라, 일정한 자격이나 요건을 갖춘 자에게 그 자격이나 요건에 상응한 활동을 할 수 있는 권능 등을 인정하기 위하여 공무원이 작성한 증서를 말한다.

사업자등록증은 부가가치세법이 부가가치세 등의 납세의무자 파악과 과세자료 확보를 위하여 사업자로 하여금 사업장 관할세무서장에게 등록신청을 하게 하여 관할세무서장이 그 사업자에게 교부하는 것으로서, 그 등록신청의 내용은 사업자 인적사항, 사업자등록신청사유, 사업개시연월일 등이고 그 등록신청이 있으면 특별한 사정이 없는 한 관할세무서장은 7일 내에 신청자에게 사업자등록증을 교부하도록 되어 있는 점에 비추어 보면, 위 사업자등록증은 단순한 사업사실의 등록을 증명하는 증서에 불과하고 그에 의하여 사업을 할 수 있는 자격이나 요건을 갖추었음을 인정하는 것은 아니라고 할 것이어서, 형법 제228조 제1항 소정의 등록증에 해당하지 않는다.[177)]

마. 면허장

침사자격증

과거에 침사자격이나 그 면허를 받은 사실이 없으면서도 그러한 사실이 있었던 것 같은 허위사실을 신고함으로써 서울특별시장이 침사의 자격이 인정될 수 없는 사람들에게 "침사의 자격을 인정함"이라고 기재한 침사자격증을 작성하게 된 것이라면 이 기재 자체가 바로 불실의 사실에 해당하며 위 침사자격증은 "면허장"

176) 대판 2010. 6. 10. 2010도3232.
177) 대판 2005. 7. 15. 2003도6934.

에 해당한다.[178)]

바. 여권불실기재와 여권법위반

허위의 이력서 등을 제출하여 여권을 발급받음

피고인이 ○○주식회사의 무역부장 또는 ○○제작소의 연구부장이 아님에도 불구하고 그러한 직에 있는 것이라고 허위사실을 기재한 이력서, 재직증명서, 출장증명서 등을 작성한 후 이를 여권신청서에 첨부하여 외무부 여권과 공무원에게 제출 그 정을 모르는 위 공무원으로 하여금 여권에 위 회사들의 사원인양 허위의 사실을 기재케 하고 그 여권을 발급받아 법무부 출입국 관리사무소 근무 공무원에게 이를 제시 행사한 사안에서,

피고인이 여권의 발급신청을 함에 있어 공무원에게 제출서류에 허위의 사실을 기재하는 등의 부정한 행위로 여권의 발급을 받은 것이 되는 동시에 공무원에 대하여 허위의 신고를 하여 여권에 불실의 사실을 기재하게 한 것으로 되어 즉 1개의 행위가 여권부정수급(현행 여권법 24조, 16조 1호) 및 여권불실기재(형법 228조) 등의 수개의 죄에 해당하는 경우인 형법 제40조 상상적 경합범으로 보아야 한다.[179)]

3. 당사자의 신고

허위공정증서에 기한 강제경매신청에 따라 법원의 직권촉탁에 의해 경매신청등기 경료

공정증서원본불실기재죄에 있어서의 불실의 사실기재는 당사자의 허위신고에 의하여 이루어져야 할 것이니 불실의 등기가 당사자의 허위신고에 의하지 아니하고 법원의 촉탁에 의하여 이루어진 경우에는 가령 그 전제절차에 허위적 요소가 있다고 하더라도 그것은 법원의 촉탁에 의하여 이루어진 것이지 당사자의 허위신고에 의하여 이루어진 것이 아니므로 위 공정증서원본불실기재죄를 구성하지 아니한다고 할 것이다.

따라서 피고인이 허위의 공정증서에 기하여 강제경매신청을 함으로써 법원의 강제경매개시결정을 원인으로 하는 경매신청등기가 경료된 경우 이는 법원의 직권촉탁에 의한 것이어서 공정증서원본불실기재죄를 구성하지 않는다.[180)]

해설: 위 판례를 참조한 대전지법홍성지판 2002. 8. 8. 2002고단111은, "비록 허위의 내용으로 주택임차권등기를 신청하고 그에 따라 법원의 주택임차권등기명령에 기하여 주택임차권 기입등기가 이루어졌다 하더라도, 등기부에의 불실기재가 법원의 촉탁에 의하여 이루어진 이상 공정증서원본불실기재죄는 성립하지 않는다"라고 판시하였다.

---

178) 대판 1976. 7. 27. 76도1709. 원심은, 자격증에는 "침사의 자격을 인정함"이라고만 기재되어 있을 뿐이므로 이는 객관적으로 존재하는 사실을 증명한 취지가 아니라 서울특별시장이 피고인들에게 침구시술을 할 수 있는 새로운 자격 내지는 권능을 부여한 판단내용을 기재한 것으로 밖에 볼 수 없어 이 기재 자체에 아무런 불실의 사실이 있다고 할 수 없다고 판단하였다.

179) 대판 1970. 7. 28. 70도837.

180) 대판 1976. 5. 25. 74도568; 대판 1983. 12. 27. 83도2442.

4. 허위의 사실을 기재

가. 부동산등기부

(1) 실체적 권리관계에 부합

소유권이전등기가 절차상 하자가 있거나 등기원인이 실제와 다르다 하더라도 그 등기가 실체적 권리관계에 부합하게 하기 위한 것이거나 실체적 권리관계에 부합하는 유효한 등기인 경우에는 공정증서원본불실기재 및 동행사죄가 성립되지 않는다고 할 것이나, 이는 소유권이전등기 경료 당시를 기준으로 그 등기가 실체권리관계에 부합하여 유효한 경우에 한정되는 것이다.[181)]

유언을 무시하고 법정상속분에 따른 공동상속등기를 마쳤으나 위 유언이 무효임

피상속인이 2회에 걸쳐 공정증서에 의한 유언으로 피고인을 제외한 나머지 상속인들에게 부동산을 유증하였음에도, 피고인이 위 유언을 무시하고 다른 공동상속인들과의 합의 없이 법정상속분에 따른 공동상속등기를 마친 사안에서, 2회에 걸친 공정증서에 의한 유언이 무효인 경우에는 공동상속인 중의 1인이 다른 공동상속인들과의 합의 없이 법정상속분에 따른 공동상속등기를 마쳤다고 하더라도 그것이 실체적 권리관계에 부합되는 것이라면 이를 불실의 등기라고는 할 수 없다.[182)]

관계 당사자들의 동의 없는 중간생략등기

이 사건 부동산은 갑이 을에게, 을이 병에게 각각 매도하였다. 병은 갑을 상대로 제소하고 "갑이 병에게 위 부동산을 매도하였다"는 취지로 위조한 갑 명의의 매매계약서를 증거로 제출하여 의제자백으로 승소판결을 얻어 갑으로부터 직접 병 명의로 소유권이전등기를 경유한 사안에서,
비록 당사자들의 합의가 없이 경유된 이른바 소유권의 중간생략으로 인한 이전등기라 할지라도 그것이 민사실체법상의 권리관계에 부합되어 유효인 등기로서의 구실을 할 수 있는 한 형사상으로도 이러한 등기가 사실관계와 다른 이른바 불실의 등기라고 볼 수는 없으므로 공정증서원본불실기재죄에 해당하지 않는다.[183)]

명의신탁해지가 원인임에도 합의 없이 매매를 원인으로 하여 소유권이전등기

비록 당사자들의 합의가 없이 경료된 소유권이전등기라 할지라도(이 사건의 경우는 명의신탁해지가 원인임에도 매매를 원인으로 한 이전등기를 경료) 그것이 민사실체법상의 권리관계에 부합되어 유효인 등기라 할

---

181) 대판 1998. 4. 14. 98도16; 대판 2001. 11. 9. 2001도3959; 대판 2007. 6. 28. 2007도2714.

182) 대판 1995. 11. 7. 95도898. 다음은 같은 취지이다.

허위의 보증서에 기하여 등기하였으나 실체관계에 부합

허위의 보증서를 발급받아 부동산소유권이전등기부에관한특별조치법에 의거 소유권이전등기를 거쳤더라도 그것이 권리의 실체관계에 부합하는 등기라면 공정증서에 부실의 사실을 기재하였다고는 할 수 없다(대판 1984. 12. 11. 84도2285).

183) 대판 1967. 11. 28. 66도1682.

수 있는 경우에는 형사상으로도 이러한 등기가 사실관계와 다른 이른 바 불실의 등기라고는 볼 수 없다.[184]

사망자 상대로 의제자백에 의한 승소판결로 소유권이전등기하였으나 취득시효가 완성됨

피고인이 그가 점유하고 있는 토지에 대하여 매매를 원인으로 하는 소유권이전등기소송을 제기하여서 의제자백에 의한 승소판결을 받아 경료된 피고인 명의의 소유권이전등기가 비록 절차상의 하자가 있다 하더라도 점유에 의한 소유권취득시효가 완성함으로써 결국 위 소유권이전등기가 실체적 권리관계에 부합하는 유효한 등기라고 한다면 위의 소송에 있어서 피고인에게 위 토지를 편취하려는 범의가 있었다고 볼 수 없고 또한 위와 같이 경료된 등기 역시 불실의 등기라고도 할 수 없다.[185]

망부가 망 갑으로부터 매수한 토지에 관하여, 동생을 원고로 갑을 피고로 소송을 제기하여 의제자백으로 승소 및 이전등기

약 5,000여평의 토지를 피고인의 망부가 망 갑으로부터 매수하였는데, 피고인이 위 토지에 관한 소유권이전등기를 하기 위하여 피고인의 동생을 원고로 하여 망 갑을 피고로 한 소장을 제기하고 의제자백의 방법으로 승소의 확정판결을 받아 소유권이전등기를 한 일련의 행위는 비록 절차상의 하자가 있어도 그 소유권이전등기는 권리의 실체관계에 부합된다 할 것이니 이를 지목하여 공정증서원본불실기재 및 그 행사로 볼 수 없다.[186]

등기경료 이후 실체관계 부합

소유권이전등기 경료 당시에는 실체권리관계에 부합하지 아니한 등기인 경우에는 사후에 이해관계인들의 동의 또는 추인 등의 사정으로 실체권리관계에 부합하게 된다 하더라도 공정증서원본불실기재 및 동행사죄의 성립에는 아무런 영향이 없다.[187]

(2) 당사자 사이의 합의에 기한 등기

진정한 채무자가 아닌 제3자를 채무자로 한 근저당권설정등기

근저당설정등기는 등기권리자인 채권자와 등기의무자인 근저당권설정자와의 합의를 기초로 이루어지는 것이므로 설사 등기의 편의상 진정한 채무자가 아닌 제3자를 채무자로 등기부상 등재케 하였다 하더라도 그것이

184) 대판 1980. 12. 9. 80도1323.
185) 대판 1987. 3. 10. 86도864.
186) 대판 1979. 7. 24. 79도482.
187) 대판 2007. 6. 28. 2007도2714. 다음은 같은 취지이다.
사문서위조나 공정증서원본 불실기재가 성립한 후, 사후에 피해자의 동의 또는 추인 등의 사정으로 문서에 기재된 대로 효과의 승인을 받거나, 등기가 실체적 권리관계에 부합하게 되었다 하더라도, 이미 성립한 범죄에는 아무런 영향이 없다(대판 1999. 5. 14. 99도202).

계약당사자간의 합의에 의하여 이루어진 것이라면 당사자 사이에 이와 같은 등기를 경료하게 할 의사가 있었던 것이므로 이 경우 공정증서원본불실기재죄는 성립되지 않는다.[188)]

가장매매에 인한 소유권이전등기를 경료하여도 그 당사자간에는 소유권이전등기를 경료시킬 의사는 있었던 것이므로 공정증서원본불실기재 및 동 행사죄는 성립하지 아니한다.[189)]

원인무효인 소유권이전등기 명의자와 그 정을 아는 자 사이의 가장매매에 기한 소유권이전등기
갑(등기의무자)이 부동산에 관하여 가장매매를 원인으로 을(등기권리자)에게 소유권이전등기를 경료해주더라도 그 당사자 사이에는 소유권이전등기를 경료시킬 의사는 있었다고 할 것이므로 공정증서원본불실기재죄 및 동행사죄는 성립하지 않고, 또한 갑과 을 사이의 소유권이전등기신청의 합의에 따라 소유권이전등기가 된 이상, 갑 명의의 소유권이전등기가 원인이 무효인 등기로서 을이 그 점을 알고 있었다고 하더라도, 특별한 사정이 없는 한 바로 을이 등기부에 불실의 사실을 기재하게 하였다고 볼 것은 아니다.[190)]
따라서, 망 A의 단독상속인인 B가 A 명의로 된 아파트에 대한 채권자들의 강제집행을 면하기 위하여 A가 피고인의 처 C에게 증여한 사실이 없음에도 불구하고 증여를 원인으로 한 C 명의의 이 사건 소유권이전등기절차에 동의하였다면, 공정증서원본불실기재죄가 성립하지 않는다.[191)]

(3) 기 타

사망자 명의의 소유권보존등기
이미 사망한 사람의 문서를 함부로 작성하여 등기공무원에게 제출하여 그로 하여금 부동산등기부에 사망한 사람 명의로 소유권보존등기의 사유를 기재케 한 행위는 사망한 사람이 권리의무의 주체가 될 수 없고 따라

188) 대판 1985. 10. 8. 84도2461.
189) 대판 1972. 3. 28. 71도2417 전원합의체. 같은 취지로는 대판 1970. 5. 12. 70도643; 대판 1967. 12. 18. 67도1166.
190) 대판 2009. 10. 15. 2009도5780; 대판 2011. 7. 14. 2010도1025.
191) 대판 2011. 7. 14. 2010도1025. 다음은 같은 취지이다.
등기의무자 명의의 소유권이전등기가 원인무효임을 알면서 그로부터 가장매수하고 이를 원인으로 소유권이전등기를 경료한 경우 공정증서원본불실기재 및 동행사죄가 성립하지 않는다(대판 2009. 10. 15. 2009도5780).
부동산의 명의신탁자인 갑이, 을을 자금주로 오인하여 을 명의의 근저당권설정등기를 경료한 사안에서, 정당한 권한있는 갑에 의하여 작성된 문서를 제출하여 그 등기가 이루어진 것이어서 당사자의 의사에 합치되는 등기라 할 것이므로 공정증서원본 불실기재죄가 성립하지 않는다(대판 1982. 7. 13. 82도39).
가장매매를 원인으로 한 소유권이전등기
피고인이 부동산에 관하여 가장매매를 원인으로 소유권이전등기를 경료하였더라도, 그 당사자 사이에는 소유권이전등기를 경료시킬 의사는 있었다고 할 것이므로 공정증서원본불실기재죄 및 동행사죄는 성립하지 않고, 또한 등기의무자와 등기권리자(피고인)간의 소유권이전등기신청의 합의에 따라 소유권이전등기가 된 이상, 등기의무자 명의의 소유권이전등기가 원인이 무효인 등기로서 피고인이 그 점을 알고 있었다고 하더라도, 특별한 사정이 없는 한 바로 피고인이 등기부에 불실의 사실을 기재하게 하였다고 볼 것은 아니다(대판 1991. 9. 24. 91도1164).

서 사망자 앞으로의 소유권보존등기가 실체관계에 부합되는 유효한 등기로 볼 수 없는 바이므로 위 행위를 공정증서원본부실기재죄로 처단한 조치는 정당하다.[192]

매매한 토지거래 허가구역 안의 토지에 관하여 토지거래허가 잠탈을 위해 증여를 원인으로 하여 소유권이전등기

토지거래 허가구역 안의 토지에 관하여 실제로는 매매계약을 체결하고서도 처음부터 토지거래허가를 잠탈하려는 목적으로 등기원인을 '증여'로 하여 소유권이전등기를 경료한 경우, 비록 매도인과 매수인 사이에 실제의 원인과 달리 '증여'를 원인으로 한 소유권이전등기를 경료할 의사의 합치가 있더라도, 허위신고를 하여 공정증서원본에 불실의 사실을 기재하게 한 때에 해당한다고 한 사례.[193]

허위의 사실을 신고하여 소유권이전등기 후 근저당권설정등기 경료

근저당권은 근저당물의 소유자가 아니면 설정할 수 없으므로 타인의 부동산을 자기 또는 제3자의 소유라고 허위의 사실을 신고하여 소유권이전등기를 경료한 후 나아가 그 부동산이 자기 또는 당해 제3자의 소유인 것처럼 가장하여 그 부동산에 관하여 자기 또는 당해 제3자 명의로 채권자와의 사이에 근저당권설정등기를 경료한 경우에는 공정증서원본불실기재 및 동행사죄가 성립한다.[194]

해설: 위 판례에서 허위의 사실을 신고하여 소유권이전등기를 경료였다는 것은 사망자 소유 명의로 등기된 부동산에 관하여 사망자 명의의 문서를 위조하여 소유권이전등기를 경료하였다는 것으로 짐작된다.

확정판결에 기하였지만 진실에 반하는 등기

등기부의 기재가 확정판결에 의하여 되었다 하더라도 피고인이 그 확정판결의 내용이 진실에 반하는 것임을 알면서 이에 기하여 등기공무원에게 등기신청을 하는 것은 형법 제228조의 소위 공무원에 대하여 허위신고를 하는 것에 해당한다.[195]

---

192) 대판 1969. 1. 28. 68도1596. 다음은 같은 취지이다.

미등기 부동산의 상속인 중 1인이 다른 상속인들의 동의 없이 피상속인으로부터 위 부동산을 매수한 것처럼 확인서를 발급받아 특조법에 의해 소유권보존등기

A부동산에 관한 대장상의 명의자인 갑의 상속인은 을이고, 을의 상속인으로는 병 등 수인이 있다. 상속인들 중 1인인 병은 을의 다른 상속인들이 동의한 바 없음에도 을로부터 위 부동산 전부를 매수한 것처럼 기재하여 부동산소유권이전등기등에관한특별조치법에 의한 확인서를 발급받아 병 단독 명의로 소유권보존등기를 마친 것은 위 특조법위반이고 또한 공정증서원본불실기재 및 동행사에도 해당한다(대판 2001. 11. 9. 2001도3959).

사망한 남편과 동명이인 소유 부동산에 관하여 상속을 원인으로 한 소유권이전등기

사망한 남편과 이름이 같은 타인의 소유 부동산에 관하여 피고인 앞으로 상속을 원인으로 한 소유권이전등기를 경료한 사안에서, 피고인에게 공정증서원본불실기재 및 동행사죄에 대한 범의가 있는지에 관하여 판단한 사례(대판 1995. 4. 28. 94도2679).

193) 대판 2007. 11. 30. 2005도9922.

194) 대판 1997. 7. 25. 97도605.

195) 대판 1965. 12. 21. 65도938; 대판 1996. 5. 31. 95도1967.

비교 판례: 사위의 방법으로 받은 이혼판결에 기한 이혼신고

이혼심판은 형성판결로서 그에 기한 이혼신고는 보고적 신고에 불과하고 피고인이 비록 사위의 방법에 의하여 이혼심판을 받았다 하더라도 그 확정판결이 재심청구에 의하여 취소되지 아니하는 이상 혼인해소의 효력에는 영향이 없다 할 것이므로 그 확정판결에 기한 이혼신고 및 이에 따른 호적부등재와 그 비치행위는 공정증서원본불실기재 및 그 행사죄를 구성하지 않는다.[196]

실체상의 권리가 없음에도 선대 명의의 소유권이전등기가 경료된 임야의 상속등기

이 사건 임야가 사실은 사단법인 대한 이산묘봉찬회 소유이나 위 임야에 관하여 피고인들의 선대 명의로 소유권이전등기가 경료되어 있었고 피고인들은 선대의 사망으로 위 임야에 관한 상속지분에 관하여 상속으로 인한 지분권이전등기를 경료한 사안에서,

재산상속인은 피상속인의 사망으로 인하여 상속개시된 때로부터 피상속인의 재산에 관한 포괄적 권리의무를 승계하게 되므로 어떤 부동산에 관하여 피상속인에게 실체상의 권리가 없었다 하더라도 재산상속인이 상속을 원인으로 한 소유권이전등기를 경료한 경우에는 그 등기는 당시의 등기부상의 권리관계를 나타내는 것에 불과하므로 그와 같은 등기절차를 밟았다 하여 공정증서원본불실기재나 동행사죄가 성립할 수 없다.[197]

나. 공정증서

① 존재하지 않는 채권을 양도하는 공정증서 작성

피고인이 채권자인 갑으로부터 채무변제를 독촉받자, 사실은 피고인의 을에 대한 채권이 존재하지 않음에도 불구하고 을에게 임야 매매대금 잔금채무가 있다는 내용의 허위의 현금지불각서를 작성하여 주면 갑에게 보여만 주겠다고 부탁하여 그와 같은 허위의 각서를 작성받은 다음, 피고인은 공증인가합동법률사무소에서 위 각서의 허위의 채권을 갑에게 양도한다는 내용의 공정증서를 작성한 사안에서,

형법 제228조 제1항이 규정하는 공정증서원본불실기재죄는 특별한 신빙성이 인정되는 권리의무에 관한 공문서에 대한 공공의 신용을 보장함을 보호법익으로 하는 범죄로서 공무원에 대하여 진실에 반하는 허위신고를 하여 공정증서원본에 그 증명하는 사항에 관하여 실체관계에 부합하지 아니하는 불실의 사실을 기재하게 함으로써 성립하는 것이고, 한편 공증인법에 따르면 공증인은 당사자 기타 관계인의 촉탁에 의하여 법률행위 기타 사권에 관한 사실에 대한 공정증서의 작성 등을 처리함을 그 직무로 하고(제2조), 공증인이 증서를 작성함에는 그 청취한 진술, 그 목도한 사실 기타 실험한 사실을 기록하고 또한, 그 실험의 방법을 기재하여야 하는바(제34조), 공증인이 채권양도·양수인의 촉탁에 따라 그들의 진술을 청취하여 채권의 양도·양수가 진정으로 이루어짐을 확인하고 채권양도의 법률행위에 관한 공정증서를 작성한 경우 그 공정증서가 증명하는 사항은 채권양도의 법률행위가 진정으로 이루어졌다는 것일 뿐 그 공정증서가 나아가 양도되는 채권이 진정하게 존재한다는 사실까지 증명하는 것으로 볼 수는 없으므로, 양도인이 허위의 채권에 관하여 그 정을 모르는 양수인과 실제로 채권양도의 법률행위를 한 이상, 공증인에게 그러한 채권양도의 법률행위에 관한 공정증

196) 대판 1983. 8. 23. 83도1430.
197) 대판 1987. 4. 14. 85도2661.

서를 작성하게 하였다고 하더라도 그 공정증서가 증명하는 사항에 관하여는 불실의 사실을 기재하게 하였다고 볼 것은 아니고, 따라서 공정증서원본불실기재죄가 성립한다고 볼 수 없다.[198]
해설: 피고인이 을에게 갑에 대한 허위의 채권을 양도하고 이에 관하여 공정증서를 작성하여, 을로 하여금 위 공정증서를 이용하여 갑을 상대로 양수금 청구의 소를 제기하게 함으로써 법원을 기망하여 을에게 재산상의 이익을 취득하게 하려다가 갑이 응소하여 다투는 바람에 그 뜻을 이루지 못한 것에 대해 위 판례는 사기미수죄를 인정하였다.

② 부존재하는 허위의 금전채권에 대하여 집행력있는 공정증서원본을 작성케 함

공정증서원본불실기재죄는 특별한 신빙성이 인정되는 공문서에 대한 공공의 신용을 보장함을 보호법익으로 하는 범죄로서 공무원에 대하여 진실에 반하는 허위신고를 하여 공정증서원본 또는 이와 동일한 전자기록 등 특수매체기록에 실체관계에 부합하지 아니하는 불실의 사실을 기재 또는 등록하게 함으로써 성립하는 것이므로, 실제로는 채권·채무관계가 존재하지 아니함에도 공증인에게 허위신고를 하여 가장된 금전채권에 대하여 집행력이 있는 공정증서원본을 작성하고 이를 비치하게 한 것이라면 공정증서원본불실기재죄 및 불실기재공정증서원본행사죄의 죄책을 면할 수 없다.[199]

위 ① 판례에서 피고인이 을에게 채권을 양도한 것은 사실이므로 공정증서에 허위의 사실을 기재케 한 것이 아니지만, 위 ② 판례에서는 존재하지 않는 채권을 존재하는 채권인 것처럼 공정증서를 작성케 한 것이어서 공정증서에 허위의 사실을 기재케 한 것이다.

다. 주식회사 관련

주식회사의 임시주주총회가 법령 및 정관상 요구되는 이사회의 결의나 소집절차 없이 이루어졌다고 하더라도, 주주 전원이 참석하여 총회를 개최하는 데 동의하고 아무런 이의 없이 만장일치로 결의가 이루어졌다면 그 결의는 특별한 사정이 없는 한 유효하고, 그 결의에 따른 등기는 실체관계에 부합하는 것으로 이를 불실의 사항을 기재한 등기라고 할 수 없다.[200]

---

198) 대판 2004. 1. 27. 2001도5414.

199) 대판 2007. 7. 12. 2007도3005. 다음은 같은 취지이다.

발행인과 수취인이 공모하여 허위로 약속어음발행 공증을 받음

발행인과 수취인이 통모하여 진정한 어음채무 부담이나 어음채권 취득에 관한 의사 없이 단지 발행인의 채권자에게서 채권 추심이나 강제집행을 받는 것을 회피하기 위하여 형식적으로만 약속어음의 발행을 가장한 경우 이러한 어음발행행위는 통정허위표시로서 무효이므로, 이와 같이 발행인과 수취인 사이에 통정허위표시로서 무효인 어음발행행위를 공증인에게는 마치 진정한 어음발행행위가 있는 것처럼 허위로 신고함으로써 공증인으로 하여금 어음발행행위에 대하여 집행력 있는 어음공정증서원본을 작성케 하고 이를 비치하게 하였다면, 이러한 행위는 공정증서원본불실기재 및 불실기재공정증서원본행사죄에 해당한다고 보아야 한다(대판 2012. 4. 26. 2009도5786).

200) 대판 2014. 5. 16. 2013도15895.

실체관계에 부합하는 상업등기/주주총회개최는 하지 않았지만 주주 전원의 의사에 따라 이사·감사를 해임·선임한다는 주주총회 의사록을 작성하여 이사·감사의 해임·선임등기

이 사건 임시주주총회일 당시 A 주식회사의 총발행주식수는 20,000주, 주주는 8명이었는데, 피고인이 그 중 12,600주를 자신의 명의 혹은 그 부친 명의로 소유한 대주주였던 사실, 피고인은 위 임시주주총회일에 피고인이 출석, 임시의장이 되어 기존의 이사와 감사를 모두 해임하고 갑, 을, 병을 이사로, 정을 감사로 각 선임한다고 결의한 내용의 임시주주총회 의사록을 작성한 사실, 명목상의 주주인 피고인의 부친을 제외한 나머지 주주들은 위 임시주주총회일 전에 피고인에게 위와 같은 의안을 처리하기 위한 임시주주총회에 관하여 그 의결권을 위임하였거나 혹은 자신들의 주주권행사를 포괄적으로 피고인에게 위임하였던 사안에서, 피고인이 A의 주주 전원의 위임을 받아 기존 이사 및 감사를 해임하고 새로운 이사 및 감사를 선임한 내용의 결의가 있었던 것으로 임시주주총회 의사록을 작성한 이상, 비록 피고인이 적법한 주주총회 소집절차를 거치지 않았을 뿐 아니라 실제로 주주총회를 개최하지도 않았지만 주주 전원의 의사에 따라 그 내용의 유효한 결의가 있었던 것으로 볼 것이고, 따라서 그 결의에 따른 등기는 실체관계에 부합하는 것으로 이를 불실의 사항을 기재한 등기라고 할 수 없다.[201)]

201) 대판 2008. 6. 26. 2008도1044. 다음은 같은 취지이다.

주주총회가 이사회결의나 소집절차 없이 이루어졌지만 주주 전원의 참석, 결의에 기한 등기

주식회사의 임시주주총회가 법령 및 정관상 요구되는 이사회의 결의나 소집절차 없이 이루어졌다고 하더라도, 주주 전원이 참석하여 총회를 개최하는 데 동의하고 아무런 이의 없이 만장일치로 결의가 이루어졌다면 그 결의는 특별한 사정이 없는 한 유효하고, 그 결의에 따른 등기는 실체관계에 부합하는 것으로 이를 불실의 사항을 기재한 등기라고 할 수 없어 공정증서원본불실기재죄가 성립하지 않는다(대판 2014. 5. 16. 2013도15895).

원심의 판단: A 주식회사 주식의 66.35%를 피고인이, 나머지 33.65%를 갑이 그의 처 을 명의로 소유하고 있었으므로, 위 회사 주식의 소유는 실질적으로 분산되어 있었던 점, 그럼에도 피고인이 실제 소집절차와 결의를 거치지 아니한 채 위 회사의 주주는 피고인 1인뿐이고 임시주주총회의 결의가 있었던 것처럼 임시주주총회 의사록을 허위로 작성한 점 등을 종합해 보면 위 임시주주총회의 결의는 부존재한다고 보아야 한다는 이유로 공소사실 기재 각 등기가 불실기재등기에 해당한다.

대법원의 판단: 피고인은 A의 1인 주주로서 주주총회를 개최하여 2009. 9. 17. 감사 병을 해임하고 새로운 감사로 정을 선임하며, 2009. 10. 23. 사내이사로 무와 기를 선임하는 결의를 하였다는 내용으로 각 임시주주총회 의사록을 작성하고 이에 따라 법인등기부에 그와 같은 내용의 감사 변경 및 이사 취임의 등기가 되도록 하였는데, 위 회사는 피고인과 갑이 주식 전부를 소유하고 있었고, 위 각 등기 당시 피고인과 갑은 같은 주거지에서 생활할 정도로 친밀하게 지냈으며, 위 회사의 의사결정은 설립 당시부터 피고인과 갑의 합의만으로 간단하게 이루어져 왔던 사실, 피고인은 수사기관 이래 갑에게 사전에 위와 같은 감사 변경과 이사 취임에 관한 내용을 알려 그의 동의를 받았다고 주장해 왔고, 위 각 등기 이후에도 갑이 위 회사의 이사로 재직하고 있었음에도 불구하고 갑 측에서 피고인을 고소할 때까지 새로 선임된 감사나 사내이사에 대하여 문제삼은 일은 없었던 사실을 알 수 있다.

위 사실관계에 의하면 피고인이 갑의 위임이나 동의를 받아 기존 감사를 해임하고 새로운 감사와 이사를 선임하기로 하고 그러한 내용으로 주주총회 의사록을 작성하였을 가능성이 있고, 이와 같이 주주가 2인인 주식회사에서 다른 주주의 위임이나 동의를 받아 위와 같은 감사의 변경과 이사의 선임에 관한 결의가 있었던 것으로 주주총회 의사록을 작성하였다면, 비록 적법한 주주총회 소집절차를 거치지 않았고 실제로 주주총회를 개최하지 않았더라도 주주 전원의 의사에 따른 유효한 결의가 있었다고 볼 수 있으므로, 이 부분 공소사실 기재 각 등기는 실체관계에 부합하는 것으로 불실의 사항을 기재한 등기라고 할 수 없게 된다(대판 2014. 5. 16. 2013도15895).

1인주주가 주주총회 등 소정의 절차 없이 임의로 이사해임등기 경료

1인주주 회사에 있어서는 그 1인주주의 의사가 바로 주주총회 및 이사회의 결의로서 1인주주는 타인을 이사 등으로 선임하였다 하더라도 언제든지 해임할 수 있으므로, 1인주주인 피고인이 특정인과의 합의가 없이 주주총회의 소집 등 상법 소정의 형식적인 절차도 거치지 않고 특정인을 이사의 지위에서 해임하였다는 내용을 법인등기부에 기재하게 하였다고 하더라도 공정증서원본불실기재에 해당하지 않는다.[202)]

1인주주가 이사의 의사에 반하여 이사 명의의 사임서를 작성하여 사임등기 경료

이른바 1인 회사에 있어서 1인주주의 의사는 바로 주주총회나 이사회의 의사와 같은 것이어서 가사 주주총회나 이사회의 결의나 그에 의한 임원변경등기가 불법하게 되었다 하더라도 그것이 1인주주의 의사에 합치되는 이상 이를 가리켜 의사록을 위조하거나 불실의 등기를 한 것이라고는 볼 수 없다 하겠으나 한편 임원의 사임서나 이에 따른 이사사임등기는 위와 같은 주주총회나 이사회의 결의 또는 1인주주의 의사와는 무관하고 오로지 당해 임원의 의사에 따라야 하는 것이므로 당해 임원의 의사에 기하지 아니한 사임서의 작성이나 이에 기한 등기부의 기재를 하였다면 이는 사문서위조 및 공정증서원본불실기재를 구성한다.[203)]

대표이사가 주주총회 소집권한을 가짐에도 대표이사 아닌 이사가 이사회의 소집결의에 따라서 소집한 주주총회의 결의에 따라 행해진 등기

공정증서원본에 기재된 사항이 외관상 존재하는 사실이라 하더라도 이에 무효나 부존재에 해당되는 하자가 있다면 그 기재는 불실기재에 해당된다 할 것이나 그것이 객관적으로 존재하는 사실이고 이에 취소사유에 해당되는 하자가 있을 뿐인 경우에는 취소되기 전에 그 결의내용이 공정증서원본에 기재된 이상 그 기재가 공정증서원본불실기재죄를 구성하지는 않는다 할 것이다.

A 주식회사는 정관에 주주총회의 소집 방법에 관하여는 특별한 규정을 두고 있지 아니하므로 그 대표이사에게 주주총회의 소집 권한이 있다 할 것인데, 대표이사 아닌 이사 갑이 이사회의 소집결의에 따라서 주주총회를 소집한 것이라면 위 주주총회에 있어서 소집 절차상의 하자는 주주총회결의의 취소사유에 불과하고 그것만으로 바로 주주총회 결의가 무효이거나 부존재가 되는 것이라고 볼 수는 없으므로 부적법한 위 주주총

---

202) 대판 1996. 6. 11. 95도2817.

203) 대판 1992. 9. 14. 92도1564. 같은 취지로는 대판 1981. 6. 9. 80도2641. 다음은 합명회사에 관한 사례이다.

합명회사에서 모든 지분의 실질적 소유자가 등기명의만 대여한 무한책임사원의 의사에 반하여 동인의 지분을 타에 양도하고 퇴사등기함

실질적으로 갑의 1인회사인 합명회사의 등기부상 무한책임사원으로 등재되어 있는 을이 등기편의상 명의만을 대여하였을 뿐인 경우 을 명의의 지분에 관한 실질상 사원의 지위는 갑에게 있다고 할 것이므로 을의 의사에 기하지 아니한 채 을이 그 지분을 다른 사원들의 동의를 얻어 병에게 양도, 퇴사한 양 등기되었더라도 그것이 모든 지분에 관한 실질적 소유자인 갑의 의사에 따른 것이라면 그 지분의 양도는 내용에 있어서는 양도되는 지분에 관한 실질적 사원으로서의 그 지분에 관한 신탁해지 및 양도의 의사와 위 지분 이외의 지분에 관한 상법 제197조의 다른 사원으로서의 지분양도에 대한 동의가 포함된 것이라고 할 수 있으므로 절차상의 흠은 있을지언정 권리의 실체관계에는 영향이 없는 것이어서 그와 같은 등기를 부실의 사실을 기재한 등기라고 할 수 없다(대판 1989. 9. 29. 89도113).

회 및 이에 기한 이사회 결의에 따라 이루어진 본건 등기가 불실기재라고 볼 수는 없다.[204]

라. 종중 관련

종중대표자가 허위의 종중총회결의서를 작성하여 종중재산에 대한 근저당권설정등기

종중 소유의 재산은 종중원의 총유에 속하는 것이므로 그 관리 및 처분에 관하여 먼저 종중규약에 정하는 바가 있으면 이에 따라야 하고 그 점에 관한 종중규약이 없으면 종중총회의 결의에 의하여야 하므로, 비록 종중의 대표자에 의한 종중재산의 처분이라고 하더라도 그러한 절차를 거치지 아니한 채 한 행위는 무효라 할 것이다.

- 갑 종중의 회장으로 있으면서 상위 종중인 을 종중의 대표자로서 직무를 수행한 피고인이 보안유지 등의 이유로 을 종중재산인 이 사건 각 부동산의 담보대출에 관하여 종중총회의 결의를 거치지 않고 이를 운영위원회의 결의로 갈음한 사실,
- 이에 따라 마치 위와 같은 종중총회의 결의가 있었던 것처럼 2002. 1. 27.자 종중총회 결의서를 작성한 후 이를 이용하여 이 사건 각 부동산에 근저당권설정등기를 마친 사실,
- 을 종중 규약에 따르면, 종중재산의 취득 및 처분은 종중총회의 결의사항이고 종중총회의 결의 없이는 임대 등의 부동산 관리행위를 할 수 없는 사실,
- 2002. 1. 27.자 총회에서는 종중회관 건립 등의 안건만 논의되었을 뿐 부동산담보대출 안건은 전혀 논의된 바 없는 등 위 총회에서 운영위원회에 부동산담보대출 안건의 결의를 위임하였다고 볼 여지도 없는 사실 등으로

종중총회의 결의 없이 경료된 이 사건 근저당권설정등기는 그 원인된 법률행위에 무효에 해당하는 하자가 있으므로 피고인의 행위는 공정증서원본불실기재 및 동행사죄에 해당한다.[205]

종중의 대표자 아닌 자를 종중 대표자로 표시한 소유권보존등기

○○종중의 종원인 피고인이 종중의 적법한 대표자가 아닌데도 토지들의 소유권보존등기가 되어 있지 아니한 점을 이용하여 자신이 위 종중 대표자인 것처럼 허위의 종중 규약과 회의록을 작성한 후 이를 근거로 위 토지들에 대하여 각 소유자를 '○○종중, 종중 대표자 피고인'으로 소유권보존등기를 경료한 사안에서,

부동산등기법이 1991. 12. 14. 법률 제4422호로 개정되면서 등기권리자가 법인 아닌 사단 또는 재단인 경우에는 그 대표자나 관리인의 성명과 주소를 첨기하도록 되었는바, 위와 같은 법의 개정취지는 법인의 경우에는 법인등기부가 있으므로 부동산등기부에 회사명칭만 기재하더라도 대표권자가 누구인지를 용이하게 파악할 수 있으나, 비법인사단·재단의 경우에는 그렇지 못하여 아무 권한 없는 자가 정관이나 사원총회 결의록 등을 위조하여 자신이 진정한 대표자인 것처럼 등기신청을 할 위험이 매우 크므로 이들 단체명의의 등기

---

204) 대판 1993. 9. 10. 93도698. 다음은 같은 취지이다.

취소사유가 있는 주주총회 결의에 따른 등기

주주총회의 소집절차 등에 관한 하자가 주주총회결의의 취소사유에 불과하여 그 취소 전에 주주총회의 결의에 따른 감사변경등기를 한 것이 공정증서원본불실기재죄를 구성하지 않는다고 본 사례(대판 2009. 2. 12. 2008도10248).

205) 대판 2005. 8. 25. 2005도4910.

에는 대표자 등의 성명, 주소, 주민등록번호를 등기사항으로 정하여 그 단체에 속하는 부동산의 처분권한이 누구에게 있는지를 등기부를 통하여 쉽게 확인할 수 있도록 공시하기 위한 것으로 보이고, 비록 종중 소유의 부동산은 종중 총회의 결의를 얻어야 유효하게 처분할 수 있다 하더라도 거래 상대방으로서는 부동산등기부상에 표시된 종중 대표자를 신뢰하고 거래하는 것이 일반적이라는 점 등에 비추어 보면, 종중 대표자의 기재는 당해 부동산의 처분권한과 관련된 중요한 부분의 기재로서 이에 대한 공공의 신용을 보호할 필요가 있으므로 이를 허위로 등재한 경우에는 공정증서원본불실기재죄의 대상이 되는 불실의 기재에 해당한다.[206]

마. 법률행위의 하자와 무효

공정증서원본불실기재죄는 공무원에 대하여 허위신고를 함으로써 공정증서원본에 불실의 사실을 기재하게 하는 경우에 성립하는바, 공정증서원본에 기재된 사항이 부존재하거나 외관상 존재한다고 하더라도 무효에 해당되는 하자가 있다면 그 기재는 불실기재에 해당하는 것이나, 기재된 사항이나 그 원인된 법률행위가 객관적으로 존재하고 다만 거기에 취소사유인 하자가 있을 뿐인 경우 취소되기 전에 공정증서원본에 기재된 이상 그 기재는 공정증서원본의 불실기재에 해당하지는 않는다.[207]

망 갑이 을에게 증여한 토지를 갑의 상속인들을 기망하여 증여로 소유권이전등기받음

이 사건 토지는 피고인의 시조부인 갑이 소유하다가 그의 동생 을에게 증여하고, 을은 병에게 매도하였으나 그 소유권이전등기가 경료되지 아니한 상태에서 갑이 사망하였는데, 피고인은 갑의 공동상속인들 중 위 증여 및 매도사실을 모르는 A 등 7명을 기망하여 그들의 각 상속지분을 피고인에게 증여한다는 증여계약서 및 그에 기한 토지소유권이전등기신청서를 작성하게 한 다음 A 등 7명의 상속지분 286분의 182에 관하여 피고인 앞으로 소유권이전등기를 경료한 사안에서,

A 등 7명의 상속지분 286분의 182에 관한 피고인 명의의 소유권이전등기의 원인행위인 증여계약은 객관적으로 존재하는 것이므로, 설사 거기에 취소사유에 해당되는 위와 같은 기망이라는 하자가 있다고 하더라도 이를 이유로 그 증여계약이 취소되지 아니한 이상 피고인이 등기공무원에게 허위의 사실을 신고하여 등기부에 불실의 사실을 기재하게 한 것이라고 할 수 없다.[208]

부정한 방법으로 광업권설정허가를 받아 광업권등록원부에 광업권자로 등록

광업출원인이 부정한 방법을 사용하여 광업권설정허가를 받아 광업권등록원부에 그를 광업권자로 등록케 하였어도 허가가 당연무효이거나 취소되지 않는 한 허가에 기한 광업권설정등록을 진실에 반하는 부실사실의 기재라고 볼 수 없다.[209]

206) 대판 2006. 1. 13. 2005도4790.
207) 대판 1993. 9. 10. 93도698; 대판 2007. 5. 31. 2006도8488; 대판 2009. 2. 12. 2008도10248.
208) 대판 2004. 9. 24. 2004도4012.
209) 대판 1992. 11. 24. 92도2450.

- 매도인은 매수인과 사이에 매매목적 부동산의 저당채무(저당권자 강원양돈축협)는 매수인이 인수하고, 잔금은 지급받는 조건으로 소유권이전등기하기로 하여 필요서류를 법무사에게 교부하였으나,
- 매수인은 잔금을 지급하기만 하면 된다는 생각에서, 법무사에게 "먼저 소유권이전등기를 마치고 저당권을 설정하여 대출을 받은 돈으로 잔금을 지급하도록 매도인으로부터 허락받았다"고 거짓말하여 소유권이전등기를 경료받은 다음,
- 매수인은 위 부동산을 담보로 하여 대출받은 돈으로 저당채무를 변제하고, 그 저당권설정등기를 말소한 다음 다시 위 부동산을 담보로 하여 대출받은 돈을 매도인에게 지급하고자 하였으나, 강원양돈축협이 매도인에 대한 별도의 대출금이 변제되어야 저당권설정등기를 말소하겠다고 하는 바람에 저당채무를 변제하지 못하고 잔금도 지급하지 못한 사안에서,

피고인이 갑과 피고인 사이에 부동산의 소유권이전에 관한 물권적 합의가 없는 상태에서, 소유권이전등기신청에 관한 대리권이 없이 단지 소유권이전등기에 필요한 서류를 보관하고 있을 뿐인 법무사를 기망하여 피고인 명의의 소유권이전등기를 신청하게 한 행위는 단지 소유권이전등기신청절차에 하자가 있는 것에 불과한 것이 아니라 허위의 사실을 신고한 것이고 소유권이전등기는 원인무효의 등기로서 불실기재라고 보아야 한다.[210]

---

210) 대판 2006. 3. 10. 2005도9402. 구체적인 내용은 다음과 같다.

원심의 판단: - 갑은 부동산을 피고인에게 매도하고 2002. 11. 5. 피고인과 사이에 매매대금잔금에서 피고인이 인수할 채무 등을 공제한 잔금 액수를 확정한 다음,

- 갑은 경기도 성남에 거주하고 있어 또 다시 강원도 홍천으로 오기 곤란하였으므로 다음날 피고인으로부터 위와 같이 인수할 채무 등을 공제한 잔금을 지급받는 조건으로 법무사에게 소유권이전등기에 필요한 서류 일체를 교부하여 등기신청행위를 위임하였다.
- 피고인은 2002. 11. 6. 잔금을 지급하기만 하면 된다는 생각에서, 사실은 갑의 허락을 받은 바가 없음에도 불구하고, 위 법무사에게 "이 사건 부동산에 관하여 소유권이전등기를 먼저 마치고 위 부동산에 저당권을 설정한 후 대출을 받아 잔금을 지급하도록 갑이 허락하였다"고 거짓말하여, 법무사로 하여금 이 사건 부동산에 관한 소유권이전등기절차를 밟도록 하여 같은 날 피고인 앞으로 소유권이전등기를 마쳤다.
- 피고인은 다음날 조흥은행을 근저당권자로 한 근저당권설정등기를 마치고 조흥은행으로부터 2억 7,000만 원을 대출받아 피고인이 인수하기로 한 채무를 변제하고 선순위 근저당권을 말소한 다음 나머지 돈으로 갑에게 잔금을 지급할 계획이었으나 선순위 근저당권자인 강원양돈축산업협동조합에서 갑의 별도의 대출금 2,000만 원 내지 3,000만 원을 추가로 변제하여야만 위 근저당권을 말소해줄 수 있다고 하는 바람에 위 근저당권을 말소하지 못하고 조흥은행으로부터 대출도 받지 못하게 되어 잔금을 지급하지 못하였다.
- 피고인과 갑이 부동산에 관한 소유권이전등기에 필요한 서류를 법무사에게 교부하여 법무사와 등기신청당사자 쌍방 사이에 위임계약이 성립되어 있고, 피고인과 갑 사이에 소유권이전에 관한 합의도 객관적으로 존재하며 이를 무효로 볼 사유도 없으므로, 법무사가 비록 피고인의 기망에 의해 소유권이전등기를 신청하였더라도 이를 허위의 신고라고 하거나 그로 인한 등기를 불실의 기재라고 할 수는 없다.

대법원의 판단: 갑은 이 사건 매매계약 당시 잔금지급과 동시에 소유권이전등기에 필요한 서류를 피고인에게 교부하기로 약정하였고, 2002. 11. 5. 피고인을 만나 잔금 액수를 확정할 당시에도 그 다음날까지 피고인이 잔금을 갑의 예금계좌에 입금하고 그와 함께 갑은 피고인에게 소유권이전등기를 마쳐주기로 합의한 점, 갑이 2002. 11. 5. 법무사에게 소유권이전등기에 필요한 서류를 교부하면서 자신으로부터 전화연락을 받은 후에야 비로소 소유권이전등기신청을 하도록 함으로써 소유권이전등기를 하려면 자신으로부터 별도의 승낙을 얻어야 한다는 점을 분명히 해 둔 점, 이 사건 매매계약에 따라 갑에게 현실적으로 지급된 매매대금은 계약금 3,500만 원에 불과하고 중도금의 지급에 갈음하여 피고인이 갑의 채무를 인수하기로 하였지만 채권자의 승낙 등 인수절차가 모두 마쳐지지는 않았으며 피고인이 인수하기로 한 채무를 공제하더라도 지급받지 못한 매매잔대금이 1억 3,260만 원이나 되는 터에 갑이 소유권을 상실할 수도 있는 위험을 감수하면서까지 피고인 명의로 먼저 소유권이전등기를 마쳐 주어야 할 특별한

바. 호적부, 혼인관계등록부

국내취업 목적의 위장 결혼 신고

피고인들이 중국 국적의 조선족 여자들과 참다운 부부관계를 설정할 의사 없이 단지 그들의 국내 취업을 위한 입국을 가능하게 할 목적으로 형식상 혼인하기로 한 것이라면, 피고인들과 조선족 여자들 사이에는 혼인의 계출에 관하여는 의사의 합치가 있었으나 참다운 부부관계의 설정을 바라는 효과의사는 없었다고 인정되므로 피고인들의 혼인은 우리 나라의 법에 의하여 혼인으로서의 실질적 성립요건을 갖추지 못하여 그 효력이 없고, 따라서 피고인들이 중국에서 중국의 방식에 따라 혼인식을 거행하였다고 하더라도 우리 나라의 법에 비추어 그 효력이 없는 혼인의 신고를 한 이상 피고인들의 행위는 공정증서원본불실기재 및 동행사 죄의 죄책을 면할 수 없다고 한 사례.[211]

사정이 보이지 않는 점, 그리고 일반적으로 말하여, 부동산매도인이 잔금을 모두 지급받기 전에 먼저 매수인에게 소유권이전등기를 마쳐 주었다가 매수인이 잔금을 지급하지 않은 채 그 부동산을 제3자에게 처분하여 버리면 매도인은 잔금을 지급받지 못하면서도 매매목적물의 소유권은 상실해버리는 손해를 입게 될 위험이 크므로, 잔금을 지급받기에 앞서 매도인이 매수인에게 먼저 소유권이전등기를 하여 주기로 약정한다는 것이 그리 흔하지 않은 점 등에 비추어 보면, 비록 갑이 피고인으로부터 잔금을 전혀 지급받지 아니한 상태에서 피고인 명의로 소유권이전등기를 신청하는 데 필요한 위임장과 기타 소유권이전등기에 필요한 모든 서류를 법무사에게 보관시키기는 하였지만 이는 그 다음날 피고인으로부터 잔금을 지급받은 후에 법무사에게 작성하여 주거나 교부하여 주어야 할 서류를 본인이 다시 오기에 불편하다는 이유로 미리 작성 및 보관시킨 것에 불과할 뿐이라고 보아야 하고, 이를 들어 갑과 피고인이 잔금지급에 앞서 이 사건 부동산을 피고인에게 먼저 이전하겠다는 물권적 합의를 하였다거나 피고인 명의의 소유권이전등기를 신청할 대리권을 법무사에게 수여하였다고 볼 수는 없다. 그렇다면 피고인이 갑과 피고인 사이에 이 사건 부동산의 소유권이전에 관한 물권적 합의가 없는 상태에서, 소유권이전등기신청에 관한 대리권이 없이 단지 소유권이전등기에 필요한 서류를 보관하고 있을 뿐인 법무사를 기망하여 피고인 명의의 소유권이전등기를 신청하게 한 행위는 단지 소유권이전등기신청절차에 하자가 있는 것에 불과한 것이 아니라 허위의 사실을 신고한 것이고 소유권이전등기는 원인무효의 등기로서 불실기재라고 보아야 한다.

211) 대판 1996. 11. 22. 96도2049. 위 혼인을 무효로 판단한 논리는 다음과 같다.

우리 나라 섭외사법 제15조 제1항 단서에 의하면 혼인의 방식은 혼인거행지의 법에 의하도록 되어 있기는 하나, 같은 법 제15조 제1항 본문은 혼인의 성립요건은 각 당사자에 관하여 그 본국법에 의하여 정한다고 규정하고 있고, 같은 법 제16조 제1항은 "혼인의 효력은 부의 본국법에 의한다"고 규정하고 있으므로, 대한민국 남자와 중국 여자 사이의 혼인이 중국에서 중국의 방식에 의하여 성립되었다 하더라도 혼인의 실질적 성립요건을 구비한 것으로서 유효한지 여부는 부의 본국 법인 우리나라 법에 의하여 정하여져야 한다.

우리나라 민법 제815조 제1호는 '당사자간에 혼인의 합의가 없는 때'에는 그 혼인은 무효로 한다라고 규정하고 있고, 이 혼인무효 사유는 당사자간에 사회관념상 부부라고 인정되는 정신적, 육체적 결합을 생기게 할 의사를 갖고 있지 않은 경우를 가리킨다고 해석할 것이므로, 당사자 사이에 비록 혼인의 계출 자체에 관하여 의사의 합치가 있어 일응 법률상의 부부라는 신분관계를 설정할 의사는 있었다고 인정되는 경우라도 그것이 단지 다른 목적을 달성하기 위한 방편에 불과한 것으로서 그들간에 참다운 부부관계의 설정을 바라는 효과의사가 없을 때에는 그 혼인은 민법 제815조 제1호의 규정에 따라 그 효력이 없다고 해석하여야 한다.

다음은 같은 취지이다.

민법 제815조 제1호의 혼인무효사유인 "당사자간에 혼인의 합의가 없는 때"라 함은 당사자간에 사회관념상 부부라고 인정되는 정신적, 육체적 결합을 생기게 할 의사를 갖고 있지 않은 경우를 가리킨다고 할 것이므로 비록 혼인의 계출 자체에 관하여 당사자간에 의사의 합치가 있고 나아가 당사자간에 일응 법률상의 부부라는 신분관계를 설정할 의사는 있었다고 인정되는 경우라도 그것이 단지 다른 목적을 달성하기 위한 방편에 불과한 것으로서 그들간에 참다운 부부관계의 설정을 바라는 효과의사가 없는 경우에는 그 혼인은 무효라고 할 것이어서 해외이주의 목적으로 위장결혼을 하고 혼인신고를 하여 그 사실이 호적부에 기재되었다면 공정증서원본불실기재죄를 구성한다(대판

협의상이혼을 가장이혼으로 판단하기 위한 기준/기망에 의한 협의이혼에 따른 호적정리

협의상 이혼이 가장이혼으로서 무효로 인정되려면 누구나 납득할 만한 특별한 사정이 인정되어야 하고, 그렇지 않으면 이혼당사자 간에 일시적으로나마 법률상 적법한 이혼을 할 의사가 있었다고 보는 것이 이혼신고의 법률상 및 사실상의 중대성에 비추어 상당하다.

협의상 이혼의 의사표시가 기망에 의하여 이루어진 것일지라도 그것이 취소되기까지는 유효하게 존재하는 것이므로, 협의상 이혼의사의 합치에 따라 이혼신고를 하여 호적에 그 협의상 이혼사실이 기재되었다면, 이는 공정증서원본불실기재죄의 불실기재에 해당하지 않는다.[212)]

해설: 위 판례의 취지는 협의상이혼은 특별한 사정이 없는 한 유효하므로 협의상이혼에 기한 이혼신고가 공정증서원본불실기재죄를 구성하지 않지만, 협의상이혼에 누구라도 납득할만한 무효사유가 있다면 그 이혼은 무효이고 따라서 그러한 무효인 협의상이혼에 기한 혼인신고는 공증증서원본불실기재죄로 된다는 것으로 해석하여야 할 것이다. 이와 달리 일부 판례[213)]를 근거로 하여 가장이혼은 민법상으로 유효하기 때문에 그 신고행위는 무조건 공정증서원본불실기재죄가 되지 않는다는 견해가 있다. 그러나 위 판례는 일시적으로나마 혼인관계를 해소하려는 합의가 있는 경우에 관한 것이어서 위 견해는 타당하지 않다고 생각된다.[214)]

해외이주 목적으로 이혼신고하였으나 이혼의사가 인정되는 경우

피고인들이 해외로 이주할 목적으로 이혼신고를 하였다 하더라도 일시적이나마 이혼할 의사가 있었다고 보여지므로 혼인 및 이혼의 효력발생여부에 있어서 형식주의를 취하는 이상 피고인 등의 이건 이혼신고는 유효하다 할 것이다.[215)]

사. 기타 단체

무효인 재건축조합 총회의 임원개임결의에 기한 임원변경등기

형법 제228조 제1항에 정하여진 불실의 기재라고 함은, 객관적인 진실에 반하여 존재하지 아니하는 사실을 존재하는 것으로 하거나, 존재하는 사실을 존재하지 아니하는 것으로 기재하는 것을 말하므로 민법상의 사단법인의 총회의 결의에 따라 이사 등의 변경등기를 하는 경우에 있어서 그와 같은 행위가 공정증서원본불실기재의 원인이 되는 행위에 해당하는지 여부는 특별한 사정이 없는 한 총회결의의 사법상 효력의 여부와 관계없이 그와 별도로 현실적으로 사원총회에서 그와 같은 내용의 이사 등 변경에 관한 결의가 있었다고 평가할 수 있는지 여부에 따라서 결정하여야 함이 상당하다.

1985. 9. 10. 85도1481).

212) 대판 1997. 1. 24. 95도448.

213) 대판 1993. 6. 11. 93므171.

214) 대판 1993. 6. 11. 93므171의 판시는, "협의이혼에 있어서 이혼의사는 법률상 부부관계를 해소하려는 의사를 말하므로 일시적으로나마 법률상 부부관계를 해소하려는 당사자간의 합의하에 협의이혼신고가 된 이상 협의이혼에 다른 목적이 있더라도 양자간에 이혼의사가 없다고는 말할 수 없고 따라서 이와 같은 협의이혼은 무효로 되지 아니한다"라는 것이다.

215) 대판 1976. 9. 14. 76도107.

재건축조합 임시총회의 소집절차나 결의방법이 법령이나 정관에 위반되어 임원개임결의가 사법상 무효라고 하더라도, 실제로 재건축조합의 조합총회에서 그와 같은 내용의 임원개임결의가 이루어졌고 그 결의에 따라 임원변경등기를 마쳤다면 공정증서원본불실기재죄가 성립하지 아니한다고 한 사례.[216)]

분열된 교회의 일방이 타방을 배제한 채 소집·개최한 당회에서 교회 재산인 부동산을 증여하기로 결의하여 소유권이전등기를 마침

일반적으로 하나의 교회가 두 개의 교회로 분열된 경우 교회의 장정 기타 일반적으로 승인된 규정에서 교회가 분열될 경우를 대비하여 미리 재산의 귀속에 관하여 정하여진 바가 없으면 교회의 법률적 성질이 권리능력 없는 사단인 까닭으로 종전 교회의 재산은 분열 당시 교인들의 총유에 속하고, 교인들은 각 교회활동의 목적 범위 내에서 총유권의 대상인 교회재산을 사용·수익할 수 있다.
교회의 교인들 간에 갈등이 심화되어 교회가 분열된 후에 일방의 교회가 타방의 교회를 배제한 채 소집·개최한 당회에서 교회 재산인 부동산을 총회유지재단에 증여하기로 하는 내용의 결의를 하고 등기공무원에게 위 결의에 따른 취지의 등기신청을 하여 위 부동산에 관하여 증여를 원인으로 한 소유권이전등기를 마친 사안에서, 위 당회의 결의가 그 소집 및 결의절차가 부적법하므로 공정증서원본불실기재죄 및 동행사죄가 성립한다고 본 사례.[217)]

5. 고 의

공정증서원본부실기재죄는 허위신고에 의하여 부실의 사실을 기재한다는 점에 대한 인식이 있을 것을 요하는 고의범이므로 객관적으로 부실의 기재가 있다 하여도 그에 대한 인식이 없는 경우에는 본죄가 성립하지 않는다.
피고인이 자신의 부친이 적법하게 취득한 토지인 것으로 알고 실체관계에 부합하게 하기 위하여 소유권보존등기를 경료한 경우 등기 당시 부실기재의 점에 대한 고의 내지는 인식이 없었다고 보아 공정증서원본부실

---

216) 대판 2004. 10. 15. 2004도3584.
217) 대판 2005. 10. 28. 2005도3772. 다음은 유사 취지이다.
법인 아닌 사단으로서 존재하는 교회의 교인들은 교회 재산을 총유의 형태로 소유하면서 사용·수익할 것이고, 일부 교인들이 교회를 탈퇴하여 그 교회 교인으로서의 지위를 상실하게 되면 탈퇴가 개별적인 것이든 집단적인 것이든 이와 더불어 종전 교회의 총유 재산의 관리처분에 관한 의결에 참가할 수 있는 지위나 그 재산에 대한 사용·수익권을 상실하고, 종전 교회는 잔존 교인들을 구성원으로 하여 실체의 동일성을 유지하면서 존속하며 종전 교회의 재산은 그 교회에 소속된 잔존 교인들의 총유로 귀속됨이 원칙이다. 그리고 교단에 소속되어 있던 지교회의 교인들의 일부가 소속 교단을 탈퇴하기로 결의한 다음 종전 교회를 나가 별도의 교회를 설립하여 별도의 대표자를 선정하고 나아가 다른 교단에 가입한 경우, 그 교회는 종전 교회에서 집단적으로 이탈한 교인들에 의하여 새로이 법인 아닌 사단의 요건을 갖추어 설립된 신설 교회라 할 것이어서, 그 교회 소속 교인들은 더 이상 종전 교회의 재산에 대한 권리를 보유할 수 없게 된다.
지교회가 소속된 교단의 헌법상 지교회의 부동산을 특정 재단법인 앞으로 등기하도록 하는 규정이 있다고 하더라도, 지교회의 대표자가 총회의 결의 없이 지교회 교인들의 총유에 속하는 교회 부지 및 건물을 위 재단법인 앞으로 소유권이전등기를 마친 행위는 공정증서불실기재죄를 구성한다고 본 사례(대판 2008. 9. 25. 2008도3198).

기재 및 동 행사죄가 성립하지 않는다고 한 사례.[218)]

6. 실행의 착수

위장결혼의 당사자 및 브로커와 공모한 피고인이 허위로 결혼사진을 찍고 혼인신고에 필요한 서류를 준비하여 위장결혼의 당사자에게 건네준 것만으로는 공전자기록등불실기재죄의 실행에 착수한 것으로 볼 수 없다고 한 사례.[219)]

7. 죄 수

소송사기와 공정증서원본불실기재

법원을 기망하여 승소판결을 받고 그 확정판결에 의하여 소유권이전등기를 경료한 경우에는 사기죄와 별도로 공정증서원본불실기재죄가 성립하고 양죄는 실체적 경합범 관계에 있다.[220)]

---

218) 대판 1996. 4. 26. 95도2468. 같은 취지로는 대판 1995. 4. 28. 94도2679. 다음은 같은 취지이다.
○○주식회사의 대표이사이던 갑이 공금횡령혐의로 고소를 당하여 피신함으로써 회사운영이 사실상 마비되기에 이르고, 이사인 을도 이사직 사의를 표하자, 3인의 이사 중 유일하게 남은 이사 겸 대주주인 피고인 1은 다른 주주인 피고인 2, 3과 함께 임원진 개편을 위한 임시주주총회를 개최하기로 하고 정관의 규정에 따라 주주들에 대한 소집통지를 거쳐 주주인 피고인 1, 2, 3이 참석한 임시주주총회에서 갑을 해임하는 등 이사진 개임을 결의하였고, 법무사에게 그 등기절차를 의뢰하는 과정에서 그 법무사로부터 법인등기부상 을은 1991. 5. 10.로 전임자의 잔임기간이 경과하여 임기만료되었으니 해임등기보다는 임기만료로 인한 퇴임등기를 하는 편이 낫다는 조언을 듣고 그 날짜로 그와 같은 내용의 임시주주총회 회의록을 작성하여 판시의 변경등기를 경료하게 되었고, 위 회사의 정관규정에 의하면 을의 임기는 전임자의 잔임기간이 아니라 정상 선임된 이사의 임기인 3년이라고 봄이 타당하므로 1991. 5. 10. 임기만료된 것은 아니라 할 것이나, 피고인들로서는 정관의 해석에 관하여 법률전문가인 법무사의 말을 믿었을 것으로 판단되고, 또한 피고인들로 구성된 임시주주총회에서 을을 해임하기로 결의한 것은 그를 대표이사인 이사로부터 배제하려는 취지였음에 비추어 볼 때 피고인들이 이를 등기부에 등재함에 있어 퇴직사유를 임기만료로 인한 퇴임으로 한 것은 위 임시주주총회의 결의내용과 다른 허위의 내용을 등재하려 한 것이라고 볼 수 없으며, 달리 피고인들이 법인등기부에 허위의 사실을 등재하려는 범의가 있었음을 인정할 만한 증거가 없다. 위 회사의 정관에 의하면 임시주주총회는 이사회의 결의 기타 법규의 정하는 바에 의하여 소집하도록 되어있고, 이사회는 대표이사가 소집하되 대표이사가 유고인 때에는 전무이사, 상무이사 순위로 직무를 대리하며, 이사 전원이 동의할 때에는 소집절차를 생략할 수 있다고 규정하고 있는 점과 기타 관계증거를 기록에 대조 검토하여 볼 때, 피고인들이 위와 같은 경위로 개최된 임시주주총회의 결의와 법무사의 조언에 따라 위 변경등기를 경료한 데에 공정증서원본불실기재의 범의가 없었다고 본 것은 옳다(대판 1994. 11. 4. 93도1033).

219) 대판 2009. 9. 24. 2009도4998.

220) 대판 1983. 4. 26. 83도188.

XIII. 위조·변조등공문서행사죄

공사현장감독이 작성한 허위 공사감독일지를 관할관청인 충청남도 도로과에 비치

허위공문서작성죄에 있어서 행사의 목적이라 함은 허위내용의 문서를 그 내용이 진실한 문서인 것처럼 그 문서의 효용에 따라 사용할 목적이 있는 것을 말하는 것이고, 그러한 공문서를 관청에 비치하는 경우도 허위 공문서의 행사로 인정된다 할 것이다.

공사현장감독은 부실공사를 예방하기 위하여 공사가 설계 및 시방서에 따라 시행되는지 여부를 확인함에 그 목적이 있고, 공사감독일지는 그 감독상황을 확인하는데 작성의 의의가 있다고 할 것이니, 이 사건 공사감독일지는 피고인이 공사감독관의 지위에서 직무상 작성하는 문서로서 당해 관할관청에 비치하여야 할 공문서라 할 것이고, 단순히 피고인이 그 직무를 수행함에 있어 참작할 문서에 불과하다고 볼 수는 없다 할 것이다. 따라서 피고인이 행사의 목적으로 공문서인 이 사건 공사감독일지를 작성하고, 이를 충청남도 도로과 사무실에 비치함으로써 행사하였다고 인정한 조치는 옳다.[221)]

공무원이 청탁에 의하여 허위공문서를 작성 발행한 경우에는 수교자가 필요시 필요로 하는 상대방에게 진정한 공문서로 행사하리라는 정을 알고 있었다고 볼 것이므로 수교자가 동 허위공문서를 행사하였을 때에는 발행자는 허위공문서행사죄의 죄책을 면할 수 없다.[222)]

불실기재 공정증서정본을 그 정을 모르는 법원 직원에게 교부

'공정증서원본'에는 공정증서의 정본이 포함된다고 볼 수 없으므로 불실의 사실이 기재된 공정증서의 정본을 그 정을 모르는 법원 직원에게 교부한 행위는 불실기재공정증서원본행사죄에 해당하지 아니한다.[223)]

XIV. 공문서부정행사죄

공문서부정행사죄는 사용권한자와 용도가 특정되어 작성된 공문서 또는 공도화를 사용권한 없는 자가 사용권한이 있는 것처럼 가장하여 부정한 목적으로 행사하거나 또는 권한 있는 자라도 정당한 용법에 반하여 부정하게 행사하는 경우에 성립되는 것이다.[224)]

---

221) 대판 1989. 12. 12. 89도1253.

222) 대판 1969. 5. 13. 69도535.

223) 대판 2002. 3. 26. 2001도6503.

224) 대판 1982. 9. 28. 82도1297; 대판 1984. 2. 28. 82도2851; 대판 1998. 8. 21. 98도1701.

신분확인을 위해 신분증 제시를 요구받고 타인의 운전면허증을 제시

운전면허증은 운전면허를 받은 사람이 운전면허시험에 합격하여 자동차의 운전이 허락된 사람임을 증명하는 공문서로서, 운전면허증에 표시된 사람이 운전면허시험에 합격한 사람이라는 '자격증명'과 이를 지니고 있으면서 내보이는 사람이 바로 그 사람이라는 '동일인증명'의 기능을 동시에 가지고 있다. 운전면허증의 앞면에는 운전면허를 받은 사람의 성명·주민등록번호·주소가 기재되고 사진이 첨부되며 뒷면에는 기재사항의 변경내용이 기재될 뿐만 아니라, 정기적으로 반드시 갱신교부되도록 하고 있어, 운전면허증은 운전면허를 받은 사람의 동일성 및 신분을 증명하기에 충분하고 그 기재 내용의 진실성도 담보되어 있다. 그럼에도 불구하고 운전면허증을 제시한 행위에 있어 동일인증명의 측면은 도외시하고, 그 사용목적이 자격증명으로만 한정되어 있다고 해석하는 것은 합리성이 없다. 인감증명법상 인감신고인 본인 확인, 공직선거및선거부정방지법상 선거인 본인 확인, 부동산등기법상 등기의무자 본인 확인 등 여러 법령에 의한 신분 확인절차에서도 운전면허증은 신분증명서의 하나로 인정되고 있다. 또한 주민등록법 자체도 주민등록증이 원칙적인 신분증명서이지만, 주민등록증을 제시하지 아니한 사람에 대하여 신원을 증명하는 증표나 기타 방법에 의하여 신분을 확인하도록 규정하는 등으로 다른 문서의 신분증명서로서의 기능을 예상하고 있다. 한편 우리 사회에서 운전면허증을 발급받을 수 있는 연령의 사람들 중 절반 이상이 운전면허증을 가지고 있고, 특히 경제활동에 종사하는 사람들의 경우에는 그 비율이 훨씬 더 이를 앞지르고 있으며, 금융기관과의 거래에 있어서도 운전면허증에 의한 실명확인이 인정되고 있는 등 현실적으로 운전면허증은 주민등록증과 대등한 신분증명서로 널리 사용되고 있다. 따라서, 제3자로부터 신분확인을 위하여 신분증명서의 제시를 요구받고 다른 사람의 운전면허증을 제시한 행위는 그 사용목적에 따른 행사로서 공문서부정행사죄에 해당한다고 보는 것이 옳다.[225)]

해설: 종래에는 인적사항 확인을 위한 목적으로 운전면허증을 제시한 행위는 공문서부정행사죄가 성립하지 않는 것으로 보았었다.[226)]

1. 사용권한자와 용도의 특정

가. 긍정례

자동차를 빌리려고 대여업체 직원에게 타인의 운전면허증을 제시

자동차운전면허증은 운전면허시험에 합격하여 자동차의 운전이 허락된 자임을 증명하는 공문서로서 운전중에 휴대하도록 되어 있고, 자동차대여약관상 대여회사는 운전면허증 미소지자에게는 자동차 대여를 거절할 수 있도록 되어 있으므로, 자동차를 임차하려는 피고인들이 자동차 대여업체의 담당직원들로부터 임차할 자동차의 운전에 필요한 운전면허가 있고 또 운전면허증을 소지하고 있는지를 확인하기 위한 운전면허증의 제시 요구를 받자 타인의 운전면허증을 소지하고 있음을 기화로 자신이 타인의 자동차운전면허를 받은 사람들

225) 대판 2001. 4. 19. 2000도1985 전원합의체.

226) 위 판례에 의해 변경된 판례는 대판 1989. 3. 28. 88도1593; 대판 1991. 5. 28. 90도1877; 대판 2000. 2. 11. 99도1237 등이다. 위 99도1237 판결은 다음과 같이 판시하였었다.
이동전화기를 구입하면서 점포 직원으로부터 인적사항을 확인하기 위하여 신분증의 제시를 요구받고 소지하고 있던 타인의 운전면허증을 제시한 행위는 타인의 운전면허증을 그 사용용도에 따라 행사한 것이라고 할 수 없어 형법 제230조 소정의 공문서부정행사죄가 성립되지 아니한다.

인 것처럼 행세하면서 자동차 대여업체의 직원들에게 이를 제시한 것이라면, 피고인들의 위와 같은 행위는 단순히 신분확인을 위한 것이라고는 할 수 없고, 이는 운전면허증을 사용권한이 없는 자가 사용권한이 있는 것처럼 가장하여 부정한 목적으로 사용한 것이기는 하나 운전면허증의 본래의 용도에 따른 사용행위라고 할 것이므로 공문서부정행사죄에 해당한다.[227)]

해설: 타인의 운전면허증을 단순히 신분확인을 위해 사용하는 경우에는 부정사용이 아니라는 법리가 적용되던 위 전원합의체 판결 이전의 판례이므로, '운전면허증의 사용이 신분확인을 위한 것인지 아니면 운전면허증 본래의 용도에 따른 것인지'를 구분하고 있다.

자신의 사진이 부착되고 타인의 인적사항이 기재된 주민등록증을 발급받아 검문경찰관에게 제시

공문서부정행사죄는 그 사용권한자와 용도가 특정되어 작성된 공문서 또는 공도화를 사용권한 없는 자가 그 사용권한 있는 것처럼 가장하여 부정한 목적으로 행사한 때 또는 형식상 그 사용권한이 있는 자라도 그 정당한 용법에 반하여 부정하게 행사한 때에 성립한다고 해석할 것인바, 피고인이 갑인 양 허위신고하여 피고인의 사진과 지문이 찍힌 갑 명의의 주민등록증을 발급받은 이상 주민등록증의 발행 목적상 피고인에게 위 주민등록증에 부착된 사진의 인물이 갑의 신원 상황을 가진 사람이라는 허위사실을 증명하는 용도로 이를 사용할 수 있는 권한이 없다는 사실을 인식하고 있었다고도 할 것이므로 이를 검문경찰관에게 제시하여 이러한 허위사실을 증명하는 용도로 사용한 것은 공문서부정행사죄를 구성한다.[228)]

나. 부정례

인감증명서와 같이 사용권한자가 특정되어 있지도 않고 그 용도도 다양한 공문서는 그 명의자 아닌 자가 그 명의자의 의사에 반하여 함부로 행사하더라도 문서 본래의 취지에 따른 용도에 합치된다면 공문서등 부정행사죄는 성립되지 않는다.[229)]

227) 대판 1998. 8. 21. 98도1701.

228) 대판 1982. 9. 28. 82도1297.

229) 대판 1974. 7. 9. 74도1695; 대판 1981. 12. 8. 81도1130; 대판 1983. 6. 28. 82도1985. 다음은 같은 취지이다.
등기필증과 같이 사용권한자가 특정되어 있는 것도 아니고 그 용도도 다양한 공문서는 설사 그 문서와 아무 관련 없는 사람이 문서상의 명의인인 양 가장하여 이를 행사하였다 하더라도 공문서부정행사죄가 성립되지 아니한다(대판 1981. 12. 8. 81도1130).
신원증명서는 금치산 또는 한정치산의 선고를 받고 취소되지 않은 사실의 해당 여부를 증명하는 문서로서 사용권한자가 특정되어 있다고 할 수 없고 또 용도도 다양하며 반드시 피증명인만이 사용할 수 있는 것이 아니므로 문서상의 피증명인의 의사에 의하지 아니하고 사용하였다 하더라도 그것이 문서 본래의 취지에 따른 용도에 합치되는 이상 공문서부정행사죄는 성립되지 아니한다(대판 1993. 5. 11. 93도127).
공문서부정행사죄는 그 사용권자와 용도가 특정되어 작성된 공문서 또는 공도서를 사용권한 없는 자가 그 사용권한이 있는 것처럼 가장하여 부정한 목적을 행사하거나 또는 사용권한 있는 자라도 그 정당한 용법에 반하여 부정하게 행사하는 경우에 성립되는 것이라 할 것이므로 화해조서 갱정결정신청 기각결정문을 화해조서정본인 것처럼 등기서류로 제출행사하였다고 하더라도 공문서부정행사죄는 성립하지 아니한다(대판 1984. 2. 28. 82도2851).

타인의 주민등록표등본을 마치 자신의 것인 양 사용

주민등록표등본은 시장·군수 또는 구청장이 주민의 성명, 주소, 성별, 생년월일, 세대주와의 관계 등 주민등록법 소정의 주민등록사항이 기재된 개인별·세대별 주민등록표의 기재 내용 그대로를 인증하여 사본·교부하는 문서로서 그 사용권한자가 특정되어 있다고 할 수 없고, 또 용도도 다양하며, 반드시 본인이나 세대원만이 사용할 수 있는 것이 아니므로, 타인의 주민등록표등본을 그와 아무런 관련 없는 사람이 마치 자신의 것인 것처럼 행사하였다고 하더라도 공문서부정행사죄가 성립되지 아니한다.[230]

허위로 사고신고하면서 선박국적증서, 선박검사증서를 제출

선박법 제8조 제2항, 제10조, 선박법 시행규칙 제11조 제1항, 제12조, 선박안전법 제8조 제2항, 제17조 제1항, 제2항등 관계 법령의 규정에 의하면, 선박국적증서는 한국선박으로서 등록하는 때에 선박번호, 국제해사기구에서 부여한 선박식별번호, 호출부호, 선박의 종류, 명칭, 선적항 등을 수록하여 발급하는 문서이고, 선박검사증서는 선박정기검사 등에 합격한 선박에 대하여 항해구역·최대승선인원 및 만재흘수선의 위치 등을 수록하여 발급하는 문서이다. 위 각 문서는 당해 선박이 한국선박임을 증명하고, 법률상 항행할 수 있는 자격이 있음을 증명하기 위하여 선박소유자에게 교부되어 사용되는 것이다. 따라서 어떤 선박이 사고를 낸 것처럼 허위로 사고신고를 하면서 그 선박의 선박국적증서와 선박검사증서를 함께 제출하였다고 하더라도, 선박국적증서와 선박검사증서는 위 선박의 국적과 항행할 수 있는 자격을 증명하기 위한 용도로 사용된 것일 뿐 그 본래의 용도를 벗어나 행사된 것으로 보기는 어려우므로, 이와 같은 행위는 공문서부정행사죄에 해당하지 않는다.[231]

2. 공문서 본래의 용도에 따른 사용

습득한 갑의 주민등록증을 제시하고 모 갑의 허락을 받았다며 갑 명의로 이동전화가입신청

사용권한자와 용도가 특정되어 있는 공문서를 사용권한 없는 자가 사용한 경우에도 그 공문서 본래의 용도에 따른 사용이 아닌 경우에는 형법 제230조의 공문서부정행사죄가 성립되지 아니한다.

주민등록증은 시장·군수 또는 구청장이 관할구역 안에 주민등록이 된 자 중 17세 이상의 자에 대하여 주민의 성명, 사진, 주민등록번호, 주소, 지문 등을 수록하여 발급하는 문서로서 국가기관·지방자치단체·공공단체·사회단체·기업체 등에서 그 업무를 수행함에 있어 대상자의 신분을 확인하기 위하여 사용할 수 있도록 한 것이다. 피고인이 이동전화기대리점 직원에게 기왕에 습득한 갑의 주민등록증을 내보이고 갑이 피고인의 어머니인데 어머니의 허락을 받았다고 속여 동인의 이름으로 이동전화 가입신청을 하거나, 습득한 을의 주민등록증을 내보이면서 을이 피고인의 누나인데 이동전화기를 구해오라고 하였다고 속이고 피고인의 이름을 가명으로 하여 이동전화 가입신청을 하면서 그 때마다 이동전화기를 교부받았다고 하더라도, 피고인이 갑 또는 을의 주민등록증을 사용한 것이 타인의 주민등록증을 그 본래의 사용용도인 신분확인용으로 사용한 것이

230) 대판 1999. 5. 14. 99도206.
231) 대판 2009. 2. 26. 2008도10851.

라고 볼 수 없어 공문서부정행사죄가 성립하지 아니한다.[232)]

XV. 인장에 관한 죄

1. 인장의 의의

인장은 특정인의 인격과 그 동일성을 증명하기 위하여 사용되는 일정한 상형을 말한다. 인영은 일정한 사항을 증명하기 위하여 물체상에 현출시킨 문자 기타 부호의 영적을 말하고, 인과는 인영을 현출시키는 데 필요한 문자 기타의 부호가 조각되어 있는 물체를 말한다. 도장은 인과에 속하고, 도장을 종이에 압날하여 종이 위에 나타낸 형상은 인영에 속한다. 인장의 위조·행사에 있어서 인장이 ① 인영만을 의미한다는 견해, ② 인영 외에 인과도 포함한다는 견해가 있다. ②의 견해에 의하면 행사할 목적으로 인과를 조각하면 바로 인장위조죄의 기수에 이른다고 보지만, ①의 견해에 의하면 인과를 조각한 다음 행사할 목적으로 이를 물체에 현출시켜야 비로소 인장위조죄의 기수에 이르게 된다고 본다. 인과를 새기기만 하였고 그 인영을 아직 물체에 현출시키지 아니하였다면, 인장을 행사할 수 없는 상태이고 따라서 인장위조 역시 미수에 이르렀다고 보아야 할 것이라는 점에서 ①의 견해가 타당할 것으로 생각된다. 위조된 인과 그 자체를 타인에게 교부한 것만으로는 위조인장행사죄를 구성하지 않는다는 판례[233)]도 위 ①의 견해를 취하고 있는 것으로 생각된다.

이와 달리 학설은 일반적으로 다음 판례가 인장의 위조·행사에 있어서 인장이 인영 외에 인과도 포함하는 취지라고 이해하고 있다. 그러나 다음 판례가 행사할 목적으로 인장을 새기면 바로 인장위조의 기수에 이르렀다고 본 것은 아니라고 생각된다.

승낙을 받아 사용하려고 타인의 도장을 새겼으나 승낙을 얻지 못하자 그 타인에게 반환

피고인은 교통사고 피해자가 입원하고 있는 병원에까지 출장조사하는 번거로움을 피하기 위하여 피해자와 수사경찰관이 승낙하면 사용할 목적으로 인장을 조각하였다가 피해자와 경찰관이 허락하지 않으므로 사용하지 아니하고 피해자에게 위 인장을 준 사안에서,

인장위조죄는 그 명의인의 의사에 반하여 위법하게 행사할 목적이 인정되어야 하며, 타인의 인장을 조각할 당시에는 미처 그 명의인의 승낙을 얻지 아니하였다고 하더라도 인장을 조각하여 그 명의인의 승낙을 얻어 그 명의인의 문서를 작성하는 데 사용할 의도로 인장을 조각하였으나 그 명의인의 승낙을 얻지 못하여 이를 사용하지 아니하고 명의인에게 돌려 주었다면, 특별한 사정이 없는 한 행사의 목적이 있었다고 인정할 수 없다.[234)]

232) 대판 2003. 2. 26. 2002도4935.
233) 대판 1984. 2. 28. 84도90.
234) 대판 1992. 10. 27. 92도1578.

2. 서명, 기명, 기호의 의미

서명은 특정인을 표시하는 문자로 자필로 기재한 것을 말한다. 기명은 특정인을 표시하는 문자로 자필 이외의 방식에 의한 것이다. 기명의 대표적인 방법은 성명이 새겨진 명판을 압날하거나 성명을 인쇄하는 것이다. 기호는 물건에 압날하여 사람의 인격상의 동일성 이외의 사항에 관한 동일성을 증명하는 문자나 부호를 말한다.

형법상 문서에 관한 죄에 있어서 문서라 함은 문자 또는 이에 대신할 수 있는 가독적 부호로 계속적으로 물체 상에 기재된 의사 또는 관념의 표시인 원본 또는 이와 사회적 기능, 신용성 등을 동시할 수 있는 기계적 방법에 의한 복사본으로서 그 내용이 법률상, 사회 생활상 주요 사항에 관한 증거로 될 수 있는 것을 말하는 것으로, 사람의 동일성을 표시하기 위하여 사용되는 일정한 상형인 인장이나, 사람의 인격상의 동일성 이외의 사항에 대해서 그 동일성을 증명하기 위한 부호인 기호와는 구분되며, 이른바 생략문서도 그것이 사람 등의 동일성을 나타내는 데에 그치지 않고 그 이외의 사항도 증명, 표시하는 한 인장이나 기호가 아니라 문서로서 취급하여야 한다.235)

3. 사인등위조·부정사용죄

피의자신문조서 말미에 타인의 서명 및 무인을 함

어떤 문서에 권한 없는 자가 타인의 서명 등을 기재하는 경우에는 그 문서가 완성되기 전이라도 일반인으로서는 그 문서에 기재된 타인의 서명 등을 그 명의인의 진정한 서명 등으로 오신할 수도 있으므로, 일단 서명 등이 완성된 이상 문서가 완성되지 아니한 경우에도 서명 등의 위조죄는 성립한다.

피고인은 갑으로 행세하면서 피의자로서 조사를 받은 다음 신분이 탄로나기 전에 이미 경찰관에 의하여 작성된 피의자신문조서의 말미에 갑의 서명 및 무인을 하고, 갑의 이름이 기재된 수사과정확인서에 무인을 하였으므로 사서명 등 위조죄 및 위조사서명 등 행사죄가 성립한다.236)

해설: 피의자신문조서는 조사자 명의의 문서로 보며 서명이 모용된 타인 명의의 문서가 아니기 때문에 위 판례에서 사문서위조죄가 성립하는 것은 아니다.

동대표 갑이 고려대학교를 졸업하지 않았음이 위 대학교 교무처장의 회보를 통해 확인되자 갑이 위 대학교를 졸업하지 않았음이 확인되었다는 취지로 아파트단지 주민대표들의 직책을 기재하고 기명날인을 한 공고문을 작성, 게시하면서 위 회보서의 교무처장 직인을 오려 복사하는 방법으로 위 교무처장의 직인이 위 주민대표들과 같은 경위로 현출된 것처럼 보이게 함

사인위조죄가 성립하기 위해서는 그 인장이 일반인으로 하여금 특정인의 진정한 인장으로 오신하게 할 정도

235) 대판 1995. 9. 5. 95도1269.

236) 대판 2011. 3. 10. 2011도503.

에 이르러야 할 것이고, 일반인이 특정인의 진정한 인장으로 오신하기에 충분한 정도인지 여부는 그 인장의 형식과 외관, 작성경위 등을 고려하여야 할 뿐만 아니라 그 인장이 현출된 문서 등에 있어서의 인장 현출의 필요성, 그 문서 등의 작성경위, 종류, 내용 및 일반거래에 있어서 그 문서 등이 가지는 기능 등도 함께 고려하여 판단하여야 할 것이다.

피고인들은 ○○아파트 1단지 주민대표회 간부들인바, 피고인들은 갑이 사실은 고려대학교를 졸업하지 않았음이 고려대학교 교무처장 명의로 된 학력조회 회보서를 통해 확인되자, 공모하여, "갑은 고려대학교 가정과를 졸업하였다고 하며 지난번 동대표 선거에서 103동 대표로 당선되었고…확인 결과 상기 사실이 허위였음이 확인되었습니다. 고려대학교 확인증명 학적팀 1767호(2007. 9. 6.자) 교무처장 회신으로 확인되었습니다. 이로 인하여 갑은 103동 동대표로서 자격 상실되었음을 주민께 알려 드리오며 공고하는 바입니다. 2008. 1. 15. ○○아파트 1단지 주민대표회 회장 등 간부들의 성명을 기재한 후 그 용지에 고려대학교 교무처장 명의의 학력조회 회보에 날인된 교무처장 명의의 직인을 복사한 후 이를 그 공고문에 오려붙인 후 이를 다시 복사하였고, 회장 등 간부들인 피고인들은 각자 자신의 이름 옆에 각자의 도장을 날인한 다음 위 아파트 각 동 게시판에 위 공고문을 게시한 사안에서,

이 사건 공고문에 현출된 고려대학교 교무처장의 직인은 그 형식과 외관에서 진정한 직인의 그것과 일치하는 점, 그러나 일반인이 일견 보아서는 위 직인의 인영이 "고려대학교 교무처장"의 인영이라는 것을 쉽게 알기 어려운 점, 이 사건 공고문 하단에 "○○ 아파트 1단지 주민대표회"라고 기재된 옆에 "○○주공아파트1단지 동대표회의" 직인이 찍혀 있고, 위 주민대표회 회장 등 간부들의 직책 옆에 피고인들의 기명 및 날인이 되어 있으며 피고인들의 기명 및 날인이 되어 있는 우측 상단에 "교무처장"이라는 기재 위에 겹쳐 "고려대학교 교무처장" 직인이 현출되어 있어, 일반인으로서는 일응 보기에 위 아파트 동대표회의 직인이나 주민대표회 임원들의 날인과 같은 경위로 교무처장의 직인이 현출된 것으로 오신할 수 있을 것으로 보이는 점, 피고인들은 고려대학교 교무처장으로부터 받은 회신을 첨부하거나 게시하지 않고 그 회신의 직인 부분만을 이 사건 공고문에 현출함으로써 이 사건 공고문 자체의 신뢰도를 높이기 위한 의도에서 위 교무처장 직인을 현출한 것이고 달리 이 사건 공고문 자체에 위 교무처장의 직인을 현출할 필요성이 있었다고 보이지 않는 점 등을 알 수 있는바, 사정이 이러하다면 이 사건 공고문에 현출된 "고려대학교 교무처장" 직인은 일반인으로 하여금 진정한 직인으로 오신하게 할 정도에 이르렀다고 할 것이다.[237]

4. 사망자 명의의 인장

판례는 사망자 명의의 인장을 위조, 행사하는 것은 사인위조 및 동행사죄에 해당하지 않는다고 판시한 바 있다.[238] 그러나 대법원이 사망자 명의의 문서는 문서위조·행사죄의 객체가 되지 않는다는 입장에서, "문서가 당해 명의인의 권한 내에서 작성된 문서라고 믿게 할 수 있는 정도의 형식과 외관을 갖추고 있으면, 그 명의인이 실재하지 않는 허무인이거나 또는 문서의 작성일자 전에 이미 사망하였다

237) 대판 2010. 1. 14. 2009도5929.

238) 이미 사망한 사람 명의의 문서를 위조하거나 이를 행사하더라도 사문서위조나 동행사죄는 성립하지 않는다는 문서위조죄의 법리에 비추어 이와 죄질을 같이하는 인장위조죄의 경우에도 사망자 명의의 인장을 위조, 행사하는 소위는 사인위조 및 동행사죄가 성립하지 않는다고 해석함이 상당하다(대판 1984. 2. 28. 82도2064).

고 하더라도 그러한 문서 역시 공공의 신용을 해할 위험성이 있으므로 문서위조죄가 성립한다고 견해를 변경하였기 때문에,[239] 사망자 명의의 인장이라고 하더라도 '일반인으로 하여금 특정인의 진정한 인장으로 오신하게 할 정도'에 이르렀다면,[240] 인장위조·부정행사죄가 성립한다고 생각된다.

5. 위조사인 등 행사죄

형법 제239조 제2항의 위조인장행사죄에 있어서 행사라 함은 위조된 인장을 진정한 것처럼 용법에 따라 사용하는 행위를 말한다 할 것이므로 위조된 인영을 타인에게 열람할 수 있는 상태에 두든지, 인과의 경우에는 날인하여 일반인이 열람할 수 있는 상태에 두면 그것으로 행사가 되는 것이고, 위조된 인과 그 자체를 타인에게 교부한 것만으로는 위조인장행사죄를 구성한다고 할 수 없다.[241]

수사기관이 작성한 조서에 진술자가 타인인 것처럼 타인의 서명을 기재

수사기관이 수사대상자의 진술을 기재한 후 진술자로 하여금 그의 면전에서 조서의 말미에 서명 등을 하도록 한 후 그 자리에서 바로 회수하는 수사서류의 경우에는, 그 진술자가 그 문서에 서명을 하는 순간 바로 수사기관이 열람할 수 있는 상태에 놓이게 되는 것이므로, 그 진술자가 마치 타인인 양 행세하며 타인의 서명을 기재한 경우 그 서명을 수사기관이 열람하기 전에 즉시 파기하였다는 등의 특별한 사정이 없는 이상 그 서명 기재와 동시에 위조사서명행사죄가 성립하는 것이며, 그와 같이 위조사서명행사죄가 성립된 직후에 수사기관이 위 서명이 위조된 것임을 알게 되었다고 하더라도 이미 성립한 위조사서명행사죄를 부정할 수 없다.[242]

선거무효로 노동조합 지부장직을 상실한 자가 동 조합지부인과 지부장인을 동 지부장 직무대리에게 인계하지 아니하므로, 이에 대한 대응책으로 동 지부의 문서에 사용할 목적으로 동 지부장 직무대리의 승인하에 동 지부인과 지부장인을 조각하여 인장변경신고를 함과 동시에 ○○문서에 날인케 한 행위는 부정한 방법으로 정당한 인장인 양 가장하기 위하여 직인등을 위조한 것이라고 할 수 없다.[243]

6. 공기호부정사용죄

A 승용차의 앞·뒤 번호판을 떼어 B 승용차에 부착하고(공기호부정사용), B를 운행(부정사용공기호행사)

형법 제238조 제1항(공기호부정사용)에서 규정하고 있는 공기호인 자동차등록번호판의 부정사용이라 함은

239) 대판 2005. 2. 24. 2002도18 전원합의체.
240) 대판 2010. 1. 14. 2009도5929.
241) 대판 1984. 2. 28. 84도90.
242) 대판 2005. 12. 23. 2005도4478.
243) 대판 1981. 5. 6. 81도721.

진정하게 만들어진 자동차등록번호판을 권한 없는 자가 사용하든가, 권한 있는 자라도 권한을 남용하여 부당하게 사용하는 행위를 말하는 것이고, 같은 조 제2항(부정사용공기호행사)에서 규정하고 있는 그 행사죄는 부정사용한 공기호인 자동차등록번호판을 마치 진정한 것처럼 그 용법에 따라 사용하는 행위를 말하는 것으로 그 행위개념을 달리하고 있다.
부정사용한 공기호인 자동차등록번호판의 용법에 따른 사용행위인 행사라 함은 이를 자동차에 부착하여 운행함으로써 일반인으로 하여금 자동차의 동일성에 관한 오인을 불러일으킬 수 있는 상태 즉 그것이 부착된 자동차를 운행함을 의미한다고 할 것이고, 그 운행과는 별도로 부정사용한 자동차등록번호판을 타인에게 제시하는 등 행위가 있어야 그 행사죄가 성립한다고 볼 수 없다.[244)]

자동차관리법 제71조에 규정하고 있는 자동차등록번호판의 부정사용이라 함은 진정하게 만들어진 자동차등록번호판을 권한 없는 자가 사용하든가, 권한 있는 자라도 권한을 남용하여 부당하게 사용하는 행위를 말하는 것으로서, 어떤 자동차의 등록번호판을 다른 자동차에 부착하는 것은 그로 말미암아 일반인으로 하여금 자동차의 동일성에 관한 오인을 불러일으키는 행위이므로 그 자체만으로 자동차등록번호판의 부정사용에 해당한다 할 것이다.[245)]

---

244) 대판 1997. 7. 8. 96도3319. 사안은 다음과 같다.
렌트카 회사로부터 빌린 A 승용차의 앞·뒤 번호판을 떼어 낸 다음 이미 절취하여 가지고 있던 B 승용차의 앞·뒤 번호판을 A에 부착한 다음, B의 번호판이 부착된 A를 운행하였다.

245) 대판 2006. 9. 28. 2006도5233.
공기호부정사용죄와 자동차관리법위반과의 관계
'절취한 등록번호판을 피고인 소유의 승용차에 부착한 행위'는 형법의 공기호부정사용죄 및 자동차관리법위반죄에 각 해당하며, 두 범죄는 상상적 경합관계에 있다(청주지판 2004. 3. 24. 2003노1300).
공기호부정사용죄와 자동차관리법위반과의 관계
형법 제238조 제1항은 인장에 관한 죄의 한 태양으로서 인장·서명·기명·기호 등의 진정에 대한 공공의 신용, 즉 거래상의 신용과 안정을 그 보호법익으로 하고 있는 반면, 자동차관리법의 입법취지는 자동차를 효율적으로 관리하고 자동차의 성능과 안정을 확보함으로써 공공의 복리를 증진함을 그 목적으로 하고 있어(특히 같은 법 제78조, 제71조는 이러한 자동차의 효율적인 관리를 저해하는 행위를 규제하기 위한 것으로 보인다) 그 보호법익을 달리하고 있을 뿐 아니라 그 주관적 구성요건으로서 형법상의 위 공기호부정사용죄는 고의와 더불어 '행사할 목적'이 있음을 요하는 반면 위 자동차관리법은 '행사할 목적'을 그 주관적 구성요건으로 하지 아니하고 있는 점에 비추어 보면, 자동차관리법 제78조, 제71조가 형법 제238조 제1항 소정의 공기호부정사용죄의 특별법 관계에 있다고는 보여지지 아니한다(대판 1997. 6. 27. 97도1085).
자동차관리법 제71조(부정사용 금지 등) ① 누구든지 이 법에 따른 자동차등록증, 폐차사실 증명서류, 등록번호판, 임시운행허가증, 임시운행허가번호판, 자동차자기인증표시, 부품자기인증표시, 내압용기검사 각인 또는 표시, 내압용기재검사 각인 또는 표시, 신규검사증명서, 이륜자동차번호판, 차대표기 및 원동기형식 표기를 위조·변조 또는 부정사용하거나 위조 또는 변조한 것을 매매, 매매 알선, 수수(收受) 또는 사용하여서는 아니 된다.
동법 제78조(벌칙) 다음 각 호의 어느 하나에 해당하는 자는 10년 이하의 징역 또는 5천만 원 이하의 벌금에 처한다.
1. 생략
2. 제71조 제1항을 위반하여 부정사용한 자

택시미터기의 검정납봉의 봉인철사 절단 후 재봉인하여 부착

택시미터기의 수리는 계량법시행규칙에 의하여 검정의무가 면제되는 간이수리에 해당하나, 택시미터기에 적법하게 부착된 검정납봉의 봉인철사를 일단 절단한 후에는 소관 검정기관만이 이를 다시 부착할 수 있는 것이므로 피고인이 임의로 한 검정납봉 재봉인부착행위는 공기호부정사용에 해당한다.[246)]

공기호를 부정사용한 '허가량 초과의 벌채 나무'를 산판에 적치하거나 반출

부정사용공기호행사죄는 부정사용된 공기호를 이를 진정한 것으로 임의로 공범자 이외의 자에게 보이는 등 사용하는 행위를 말하므로 이는 타인에 대한 외부적 행위이다. 따라서 허가량을 초과하여 벌채한 나무에 임산물 생산확인용 철제극인이 타기되었다고 하여도 동 나무를 산판에 적치하거나 반출하였다 하여 곧 공기호행사죄가 되지 아니한다.[247)]

7. 인장위조와 문서위조

행사의 목적으로 타인의 인장을 위조하고 그 위조한 인장을 사용하여 권리의무 또는 사실증명에 관한 타인의 사문서를 위조한 경우에는 인장위조죄는 사문서위조죄에 흡수되고 따로 인장위조죄가 성립하는 것은 아니다.[248)]

246) 대판 1982. 6. 8. 82도138.
247) 대판 1981. 12. 22. 80도1472.
248) 대판 1978. 9. 26. 78도1787.

제 4 장 사회의 도덕에 대한 죄

제 1 절 성풍속에 관한 죄

I. 음화·음란문서 등 판매·전시 등

1. 음란성의 개념

형법 제243조에 규정된 '음란한 도화'라 함은 일반 보통인의 성욕을 자극하여 성적 흥분을 유발하고 정상적인 성적 수치심을 해하여 성적 도의관념에 반하는 것을 가리킨다고 할 것이고, 이는 당해 도화의 성에 관한 노골적이고 상세한 표현의 정도와 그 수법, 당해 도화의 구성 또는 예술성, 사상성 등에 의한 성적 자극의 완화의 정도, 이들의 관점으로부터 당해 도화를 전체로서 보았을 때 주로 독자의 호색적 흥미를 돋구는 것으로 인정되느냐의 여부 등을 검토, 종합하여 그 시대의 건전한 사회통념에 비추어 판단하여야 할 것이며, 예술성과 음란성은 차원을 달리하는 관념이므로 어느 예술작품에 예술성이 있다고 하여 그 작품의 음란성이 당연히 부정되는 것은 아니라 할 것이고, 다만 그 작품의 예술적 가치, 주제와 성적 표현의 관련성 정도 등에 따라서는 그 음란성이 완화되어 결국은 형법이 처벌대상으로 삼을 수 없게 되는 경우가 있을 수 있을 뿐이다.[1)]

2. 음란성의 상대성, 판단 기준 및 주체

형법 제243조 소정의 "음란"이라는 개념 자체가 사회와 시대적 변화에 따라 변동하는 상대적이고도 유동적인 것이고, 그 시대에 있어서 사회의 풍속, 윤리, 종교 등과도 밀접한 관계를 가지는 추상적인 것이므로 결국 구체적인 판단에 있어서는 사회통념상 일반 보통인의 정서를 그 판단의 규준으로 삼을 수밖에 없다고 할

1) 대판 2002. 8. 23. 2002도2889.

지라도, 이는 법관이 일정한 가치판단에 의하여 내릴 수 있는 규범적인 개념이라 할 것이어서 그 최종적인 판단의 주체는 어디까지나 당해 사건을 담당하는 법관이라 할 것이니, 음란성을 판단함에 있어 법관이 자신의 정서가 아닌 일반 보통인의 정서를 규준으로 하여 이를 판단하면 족한 것이지 법관이 일일이 일반 보통인을 상대로 과연 당해 문서나 도화 등이 그들의 성욕을 자극하여 성적 흥분을 유발하거나 정상적인 성적 수치심을 해하여 성적 도의관념에 반하는 것인지의 여부를 묻는 절차를 거쳐야만 되는 것은 아니라고 할 것이다.[2)]

비디오물을 정보통신망을 통하여 제공하는 경우

영상물등급위원회로부터 18세 관람가로 등급분류받은 비디오물을 편집·변경함이 없이 그대로 옮겨 제작한 동영상을 정보통신망을 통하여 제공한 사안에서, 정보통신망을 통하여 제공한다는 시청환경 때문에 보다 엄격한 기준으로 음란 여부를 판단할 것은 아니다.[3)]

3. 음란한 물건

가. 음란성

음란물의 의미

형법 제243조에서 규정하고 있는 '음란'이란 사회통념상 일반 보통인의 성욕을 자극하여 성적 흥분을 유발하고 정상적인 성적 수치심을 해하여 성적 도의관념에 반하는 것이어야 한다. 따라서 어떠한 물건을 음란하다고 평가하려면 그 물건을 전체적으로 관찰하여 볼 때 단순히 저속하다는 느낌을 주는 정도를 넘어 사람의 존엄성과 가치를 심각하게 훼손·왜곡하였다고 평가할 수 있을 정도로 노골적으로 사람의 특정 성적 부위 등을 적나라하게 표현 또는 묘사하는 것이어야 할 것이다.[4)]

남성용 자위기구의 음란물 여부

이 사건 물품은 남성용 자위기구로서의 기능과 목적을 위하여 사람의 피부와 유사한 질감, 촉감, 색상을 가진 실리콘을 소재로 하여 여성의 특정 신체부위를 개괄적인 형상과 단일한 재질, 색상을 이용하여 재현한 것일 뿐, 단순히 저속하다거나 문란한 느낌을 준다는 정도를 넘어서서 존중·보호되어야 할 인격을 갖춘 존재인 사람의 존엄성과 가치를 심각하게 훼손·왜곡하였다고 평가할 수 있을 정도로 노골적인 방법에 의하여 성적 부위를 적나라하게 표현 또는 묘사한 것으로 보이지 않으므로 음란한 물건에 해당하지 않는다.[5)]

2) 대판 1995. 2. 10. 94도2266.

3) 대판 2008. 3. 13. 2006도3558.

4) 대판 2014. 5. 29. 2013도15643.

5) 대판 2014. 5. 29. 2014도3312. 다음은 같은 취지이다.

실리콘으로 여성의 음부 등을 재현하였으나 간략하게 표현되었고 색상도 다름

이 사건 물건은 사람의 피부에 가까운 느낌을 주는 실리콘을 소재로 하여 여성의 음부, 항문, 엉덩이 부위를 재현하

소설 '반노'의 음란성 부정

소설 반노의 13장 내지 14장(원판결기재의 공소사실 참조)에 기재된 사실은 그 표현에 있어 과도하게 성욕을 자극시키거나 또는 정상적인 성적 정서를 크게 해칠 정도로 노골적이고 구체적인 묘사라고 볼 수 없고 더우기 그 전체적인 내용의 흐름이 인간에 내재하는 향락적인 성욕에 반항함으로서 결국 그로부터 벗어나 새로운 자아를 발견하는 과정으로 이끌어 매듭된 경우에는 이 소설을 음란한 작품이라고 단정할 수 없다.[6]

공연윤리위원회의 심의를 마친 영화의 포스타 등 광고물

공연윤리위원회의 심의를 마친 영화작품이라 하더라도 이것을 영화관에서 상영하는 것이 아니고 관람객을 유치하기 위하여 영화장면의 일부를 포스타나 스틸사진 등으로 제작하였고, 제작된 포스타 등 도화가 그 영화의 예술적 측면이 아닌 선정적 측면을 특히 강조하여 그 표현이 과도하게 성감을 자극시키고 일반인의 정상적인 성적 정서를 해치는 것이어서 건전한 성풍속이나 성도덕 관념에 반하는 것이라면 그 포스타 등 광고물은 음화에 해당한다.[7]

소설 "즐거운 사라"의 음란성 인정

헌법 제22조 제1항, 제21조 제1항에서 기본권으로 보장되는 문학에 있어서의 표현의 자유도 헌법 제21조 제4항, 제37조 제2항에서 공중도덕이나 사회윤리를 침해하는 경우에는 이를 제한할 수 있도록 하였으며, 이

였다고는 하나, 여성 성기의 일부 특징만을 정교하지 아니한 형상으로 간략하게 표현한 것에 불과하고 그 색상 또한 사람의 실제 피부색과는 차이가 있는 점 등을 알 수 있다.

사정이 이와 같다면, 이 사건 물건은 전체적으로 관찰·평가하여 볼 때 그 모습이 상당히 저속한 느낌을 주는 것은 사실이지만 이를 넘어서서 형사법상 규제의 대상으로 삼을 만큼 사람의 존엄성과 가치를 심각하게 훼손·왜곡하였다고 평가할 수 있을 정도로 노골적인 방법에 의하여 사람의 특정 성적 부위를 적나라하게 표현 또는 묘사한 것이라고 단정할 수 없다.

따라서 이 사건 물건이 사회통념상 일반 보통인의 성욕을 자극하여 성적 흥분을 유발하고 정상적인 성적 수치심을 해하여 성적 도의관념에 반하는 물건에 해당한다고 보기 어렵다(대판 2014. 6. 12. 2013도6345).

다음은 과거의 판례이다.

음란한 물건이라 함은 성욕을 자극하거나 흥분 또는 만족케 하는 물건들로서 일반인의 정상적인 성적 수치심을 해치고 선량한 성적 도의관념에 반하는 것을 의미하며, 어떤 물건이 음란한 물건에 해당하는지 여부는 행위자의 주관적 의도나 반포, 전시 등이 행하여진 상황에 관계없이 그 물건 자체에 관하여 객관적으로 판단하여야 한다. 남성용 자위기구인 모조여성성기가 음란한 물건에 해당한다고 한 사례(대판 2003. 5. 16. 2003도988).

음란한 물건이라 함은 성욕을 자극하거나 흥분 또는 만족케 하는 물품으로서 일반인의 정상적인 성적 수치심을 해치고 선량한 성적 도의관념에 반하는 것을 가리킨다고 할 것인바, 여성용 자위기구나 돌출콘돔의 경우 그 자체로 남성의 성기를 연상케 하는 면이 있다 하여도 그 정도만으로 그 기구 자체가 성욕을 자극, 흥분 또는 만족시키게 하는 물건으로 볼 수 없을 뿐만 아니라 일반인의 정상적인 성적 수치심을 해치고 선량한 성적 도의관념에 반한다고도 볼 수 없으므로 음란한 물건에 해당한다고 볼 수 없다(대판 2000. 10. 13. 2000도3346).

남성 성기확대기구인 해면체비대기는 그 기구자체가 성욕을 자극, 흥분 혹은 만족시키게 하는 음란물건이라고 할 수 없다(대판 1978. 11. 14. 78도2327).

6) 대판 1975. 12. 9. 74도976.

7) 대판 1990. 10. 16. 90도1485.

에 따라 형법에서는 건전한 성적 풍속 내지 성도덕을 보호하기 위하여 제243조에서 음란한 문서를 판매한 자를, 제244조에서 음란한 문서를 제조한 자를 각 처벌하도록 규정하고 있으므로, 문학작품이라고 하여 무한정의 표현의 자유를 누려 어떠한 성적 표현도 가능하다고 할 수는 없고 그것이 건전한 성적 풍속이나 성도덕을 침해하는 경우에는 형법규정에 의하여 이를 처벌할 수 있다.
일반적으로 법규는 그 규정의 문언에 표현력의 한계가 있을 뿐만 아니라 그 성질상 어느 정도의 추상성을 가지는 것은 불가피하고, 형법 제243조, 제244조에서 규정하는 "음란"은 평가적, 정서적 판단을 요하는 규범적 구성요건 요소이고, "음란"이란 개념이 일반 보통인의 성욕을 자극하여 성적 흥분을 유발하고 정상적인 성적 수치심을 해하여 성적 도의관념에 반하는 것이라고 풀이되고 있으므로 이를 불명확하다고 볼 수 없기 때문에, 형법 제243조와 제244조의 규정이 죄형법정주의에 반하는 것이라고 할 수 없다.[8)]

비록 명화집에 실려있는 그림이라 할지라도 이것을 예술 문학 등 공공의 이익을 위해서가 아닌 성냥갑 속에 넣어 판매할 목적으로 그 카드사진을 복사 제조하거나 시중에 판매하였다면 명화를 모독하여 음화화시켰다 할 것이고 그림의 음란성 유무는 객관적으로 판단해야 할 것이다.[9)]

---

8) 대판 1995. 6. 16. 94도2413. 다음은 소설의 음란성이 인정된 사례이다.
이 사건 소설 'A'는 38세의 유부남인 작가 'D'가 서울과 여러 도시들을 다니며 18세의 여고생 'E'와 벌이는 괴벽스럽고 변태적인 섹스행각의 묘사가 대부분을 차지하고 있는 점(이 사건 소설책의 맨 뒤에 있는 작품해설에 의하더라도 이러한 부분이 3/4이라고 한다), 주인공인 'D'는 여러 여자를 성적으로 탐닉하는 유부남이며, 'E'는 성 경험이 전혀 없는 상태에서 한달 여 동안 'D'와 이른바 폰섹스를 하고 'D'와 함께 괴벽스러운 섹스행각을 벌이면서도 이를 자연스럽게 받아들일 뿐만 아니라 이를 행복이라고 생각하는 점, 주인공 외에 위 소설에 등장하는 인물들도 학생을 성의 대상으로 보는 미술선생 및 교수, 동성에 대한 연애의 감정을 가지고 있는 듯한 여학생 등 성적으로 왜곡된 인물들인 점, 'D'가 'E' 등과 하는 성애의 장면이 폰섹스, 구강성교, 항문성교, 가학 및 피학적인 성행위, 1남 2녀간의 섹스 등 매우 다양할 뿐만 아니라 그 묘사방법도 노골적이고도 아주 구체적인 점, 그러한 묘사부분이 양적으로나 질적으로 이 사건 소설의 중추를 차지하고 있는 점을 알 수 있는바, 그렇다면 이 사건 소설은 피고인이 주장하는 바와 같은 주제를 고려하더라도, 그리고 오늘날 우리 사회의 보다 개방된 성관념에 비추어 보더라도 음란하다고 보지 않을 수 없다(대판 2000. 10. 27. 98도679).

9) 대판 1970. 10. 30. 70도1879. 다음은 도화의 음란성이 인정된 사례이다.
이 사건 오렌지걸(Orange Girl), 오렌지걸 2(Orange Girl 2), 오렌지걸 4(Orange Girl vol. 4), 헬로우미스터(Hello Mr.)는 여러 장소에서 전라 또는 반라의 상태로 다양한 자세를 취하고 있는 우리 나라 여자 모델들을 촬영한 사진들을 수록한 사진첩으로서, 그 수록된 사진들 중에는 비키니 수영복 차림으로 서서 한쪽 손을 팬티 속에 넣어 국부를 만지는 모습의 사진, 음모의 일부가 보이는 전라의 상태로 침대 위에 눈을 감고 누워있는 모습의 사진(이상 오렌지걸), 수영복 차림 또는 속이 비치는 잠옷과 끈 형태의 팬티 차림으로 침대 또는 방바닥에서 무릎을 꿇고 엎드려 있는 모습을 뒤쪽에서 촬영하여 엉덩이와 국부 부위를 유난히 강조한 사진(오렌지걸, 헬로우미스터), 전라로 엎드린 자세에서 다리를 벌리고 엉덩이를 치켜 세워 얇은 천으로 국부 주변을 가리고 있는 모습을 뒤쪽에서 촬영하여 역시 천으로 가려져 있는 국부 부위를 강조한 사진(오렌지걸 2), 여자가 사무실에서 성적 감정에 도취된 표정으로 자신의 유방이나 국부를 만지면서 옷을 하나씩 벗어 나가다가 전라로 되어 책상 위에 누워 국부 위에 종이를 대고 눈을 감고서 손으로 국부를 만지는 모습의 일련의 사진들(오렌지걸 4)이 있다.
이들 사진들은 모델의 의상 상태, 자세, 촬영 배경, 촬영 기법이나 예술성 등에 의하여 성적 자극을 완화시키는 요소는 발견할 수 없고, 오히려 사진 전체로 보아 선정적 측면을 강조하여 주로 독자의 호색적 흥미를 돋구는 것으로서 일반 보통인의 성욕을 자극하여 성적 흥분을 유발하고 정상적인 성적 수치심을 해하는 것으로서 성적 도의관념에 반하는 것이라고 아니할 수 없고, 성에 관한 표현이 종전과 비교하여 점차 자유로워지고 있는 작금의 세태를 감안하더라도 오늘날 우리의 사회통념에 비추어 볼 때 피고인의 주장과 같이, 이 사건 사진첩에 남자 모델이 전혀 등장하

나. 음란한 도화, 문서, 필름, 물건

컴퓨터 프로그램파일

형법 제243조는 음란한 문서, 도화, 필름 기타 물건을 반포, 판매 또는 임대하거나 공연히 전시 또는 상영한 자에 대한 처벌 규정으로서 컴퓨터 프로그램파일은 위 규정에서 규정하고 있는 문서, 도화, 필름 기타 물건에 해당한다고 할 수 없으므로, 음란한 영상화면을 수록한 컴퓨터 프로그램파일을 컴퓨터 통신망을 통하여 전송하는 방법으로 판매한 행위에 대하여 전기통신기본법 제48조의2의 규정을 적용할 수 있음은 별론으로 하고, 형법 제243조의 규정을 적용할 수 없다.[10)]

4. 반포, 전시 등

공연히 전시

형법 제243조에서 음화등을 공연히 전시한다는 것은 음화등을 불특정 또는 다수인이 관람할 수 있는 상태하에 현출시키는 것을 뜻한다.[11)]

정보통신망법위반/집단 성행위 목적의 카페에 회원들의 음란물 게시

구 정보통신망 이용촉진 및 정보보호 등에 관한 법률 제65조 제1항 제2호는 정보통신망을 통하여 음란한 부호·문언·음향·화상 또는 영상을 배포·판매·임대하거나 공연히 전시한 자를 처벌하도록 규정하고 있다. 이 법률 규정은 초고속 정보통신망의 광범위한 구축과 그 이용촉진 등에 따른 음란물의 폐해를 막기 위하여 마련된 것이고, 여기서 '공연히 전시'한다고 함은 불특정 또는 다수인이 실제로 음란한 부호·문언·음향 또는 영상을 인식할 수 있는 상태에 두는 것을 의미한다.

인터넷사이트에 집단 성행위 목적의 카페를 개설, 운영한 자가 남녀 회원을 모집한 후 특별모임을 빙자하여 집단으로 성행위를 하고 그 촬영물이나 사진 등을 카페에 게시한 사안에서, 카페가 회원제로 운영되는 등 제한적이고 회원들 상호간에 음란물을 게시, 공유해 온 사정이 있다고 하더라도, 위 카페의 회원수에 비추어 위 게시행위가 음란물을 공연히 전시한 것에 해당한다.[12)]

정보통신망법위반/PC방 컴퓨터의 바탕화면에 음란웹사이트 바로가기 아이콘을 설치하고 성인인증을 받아둠

PC방 운영자가 자신의 PC방 컴퓨터의 바탕화면 중앙에 음란한 영상을 전문적으로 제공하는 웹사이트로 연

지 아니하고 남녀간의 정교 장면에 관한 사진이나 여자의 국부가 완전히 노출된 사진이 수록되어 있지 않다는 것만으로 달리 볼 수는 없다 할 것이다. 이 사건 사진첩들은 음란한 도화에 해당한다(대판 1997. 8. 22. 97도937).

10) 대판 1999. 2. 24. 98도3140.

11) 대판 1973. 8. 21. 73도409.

12) 대판 2009. 5. 14. 2008도10914. 다음은 같은 취지이다.
미술교사가 자신의 인터넷 홈페이지에 게시한 자신의 미술작품, 사진 및 동영상의 일부에 대하여 음란성이 인정된다고 한 사례(대판 2005. 7. 22. 2003도2911).

결되는 바로가기 아이콘을 설치하고 접속에 필요한 성인인증까지 미리 받아둠으로써, PC방을 이용하는 불특정·다수인이 아무런 제한 없이 위 웹사이트의 음란한 영상을 접할 수 있는 상태를 조성한 경우, 음란한 영상을 공연히 전시한다는 구 전기통신망 이용촉진 및 정보보호 등에 관한 법률 제65조 제1항 제2호의 구성요건을 충족한다고 한 사례.13)

Ⅱ. 공연음란죄

1. 음란행위의 의의

형법 제245조 소정의 '음란한 행위'라 함은 일반 보통인의 성욕을 자극하여 성적 흥분을 유발하고 정상적인 성적 수치심을 해하여 성적 도의관념에 반하는 행위를 가리키는 것이고, 그 행위가 반드시 성행위를 묘사하거나 성적인 의도를 표출할 것을 요하는 것은 아니다.14)

공연음란죄는 주관적으로 성욕의 흥분, 만족 등의 성적인 목적이 있어야 성립하는 것은 아니고 그 행위의 음란성에 대한 의미의 인식이 있으면 족하다.15)

2. 음란성의 판단기준

연극공연행위의 음란성 판단 기준

연극공연행위의 음란성의 판단에 있어서는 당해 공연행위의 성에 관한 노골적이고 상세한 묘사·서술의 정도와 그 수법, 묘사·서술이 행위 전체에서 차지하는 비중, 공연행위에 표현된 사상 등과 묘사·서술과의 관련성, 연극작품의 구성이나 전개 또는 예술성·사상성 등에 의한 성적 자극의 완화의 정도, 이들의 관점으로부

---

13) 대판 2008. 2. 1. 2007도8286. 다음은 같은 취지이다.

전기통신기본법위반/음란한 부호 등이 전시된 웹페이지에 대한 링크

음란한 부호 등으로 링크를 해 놓는 행위자의 의사의 내용, 그 행위자가 운영하는 웹사이트의 성격 및 사용된 링크기술의 구체적인 방식, 음란한 부호 등이 담겨져 있는 다른 웹사이트의 성격 및 다른 웹사이트 등이 음란한 부호 등을 실제로 전시한 방법 등 모든 사정을 종합하여 볼 때, 링크를 포함한 일련의 행위 및 범의가 다른 웹사이트 등을 단순히 소개·연결할 뿐이거나 또는 다른 웹사이트 운영자의 실행행위를 방조하는 정도를 넘어, 이미 음란한 부호 등이 불특정·다수인에 의하여 인식될 수 있는 상태에 놓여 있는 다른 웹사이트를 링크의 수법으로 사실상 지배·이용함으로써 그 실질에 있어서 음란한 부호 등을 직접 전시하는 것과 다를 바 없다고 평가되고, 이에 따라 불특정·다수인이 이러한 링크를 이용하여 별다른 제한 없이 음란한 부호 등에 바로 접할 수 있는 상태가 실제로 조성되었다면, 그러한 행위는 전체로 보아 음란한 부호 등을 공연히 전시한다는 구성요건을 충족한다고 봄이 상당하며, 이러한 해석은 죄형법정주의에 반하는 것이 아니라, 오히려 링크기술의 활용과 효과를 극대화하는 초고속정보통신망 제도를 전제로 하여 신설된 구 전기통신기본법 제48조의2(2001. 1. 16. 삭제, 현행 정보통신망이용촉진및정보보호등에관한법률 제65조 제1항 제2호 참조) 규정의 입법 취지에 부합하는 것이라고 보아야 한다(대판 2003. 7. 8. 2001도1335).

14) 대판 1996. 6. 11. 96도980; 대판 2006. 1. 13. 2005도1264.

15) 대판 2004. 3. 12. 2003도6514.

터 당해 공연행위를 전체로서 보았을 때 주로 관람객들의 호색적 흥미를 돋구는 것으로 인정되느냐 여부 등의 여러 점을 검토하는 것이 필요하고, 이들의 사정을 종합하여 그 시대의 건전한 사회통념에 비추어 그것이 공연히 성욕을 흥분 또는 자극시키고 또한 보통인의 정상적인 성적 수치심을 해하고, 선량한 성적 도의관념에 반하는 것이라고 할 수 있는가 여부에 따라 결정되어야 한다.
연극공연행위의 음란성의 유무는 그 공연행위 자체로서 객관적으로 판단해야 할 것이고, 그 행위자의 주관적인 의사에 따라 좌우되는 것은 아니다.[16)]

말다툼을 한 후 항의의 표시로 엉덩이를 노출

경범죄처벌법 제1조 제41호가 '여러 사람의 눈에 뜨이는 곳에서 함부로 알몸을 지나치게 내놓거나 속까지 들여다 보이는 옷을 입거나 또는 가려야 할 곳을 내어 놓아 다른 사람에게 부끄러운 느낌이나 불쾌감을 준 사람'을 처벌하도록 규정하고 있는 점 등에 비추어 볼 때, 신체의 노출행위가 있었다고 하더라도 그 일시와 장소, 노출 부위, 노출 방법·정도, 노출 동기·경위 등 구체적 사정에 비추어, 그것이 일반 보통인의 성욕을 자극하여 성적 흥분을 유발하고 정상적인 성적 수치심을 해하는 것이 아니라 단순히 다른 사람에게 부끄러운 느낌이나 불쾌감을 주는 정도에 불과하다고 인정되는 경우 그와 같은 행위는 경범죄처벌법 제1조 제41호에 해당할지언정, 형법 제245조의 음란행위에 해당한다고 할 수 없다.
말다툼을 한 후 항의의 표시로 엉덩이를 노출시킨 행위가 음란한 행위에 해당한다고 판단한 원심판결을 파기한 사례.[17)]

요구르트 제품의 홍보를 위한 전라의 여성 누드모델

요구르트 제품의 홍보를 위하여 전라의 여성 누드모델들이 일반 관람객과 기자 등 수십명이 있는 자리에서, 알몸에 밀가루를 바르고 무대에 나와 분무기로 요구르트를 몸에 뿌려 밀가루를 벗겨내는 방법으로 알몸을 완전히 드러낸 채 음부 및 유방 등이 노출된 상태에서 무대를 돌며 관람객들을 향하여 요구르트를 던진 행위가 공연음란죄에 해당한다고 한 사례.[18)]

---

16) 대판 1996. 6. 11. 96도980.

17) 대판 2004. 3. 12. 2003도6514. 다음은 유사한 취지이다.

나이트클럽 무용수의 모조 성기 노출

나이트클럽 무용수인 피고인이 무대에서 공연하면서 겉옷을 모두 벗고 성행위와 유사한 동작을 연출하거나 속옷에 부착되어 있던 모조 성기를 수차례 노출한 사안에서, 제반 사정에 비추어 위 공연이 구 풍속영업의 규제에 관한 법률 제3조 제1호의2에서 정한 음란행위에 해당한다(대판 2011. 9. 8. 2010도10171).

유흥주점 여종업원들이 웃옷을 벗고 가슴이 보이는 상태에서 손님 접대

유흥주점 여종업원들이 웃옷을 벗고 브래지어만 착용하거나 치마를 허벅지가 다 드러나도록 걷어 올리고 가슴이 보일 정도로 어깨끈을 밑으로 내린 채 손님을 접대한 사안에서, 위 종업원들의 행위와 노출 정도가 형사법상 규제의 대상으로 삼을 만큼 사회적으로 유해한 영향을 끼칠 위험성이 있다고 평가할 수 있을 정도로 노골적인 방법에 의하여 성적 부위를 노출하거나 성적 행위를 표현한 것이라고 단정하기에 부족하다는 이유로, 구 풍속영업의 규제에 관한 법률 제3조 제1호에 정한 '음란행위'에 해당한다고 판단한 원심판결을 파기한 사례(대판 2009. 2. 26. 2006도3119).

18) 대판 2006. 1. 13. 2005도1264.

행패부리던 자가 경찰관의 제지에 대항하여 공중 앞에서 알몸으로 성기노출

형법 제245조 소정의 '음란한 행위'라 함은 일반 보통인의 성욕을 자극하여 성적 흥분을 유발하고 정상적인 성적 수치심을 해하여 성적 도의관념에 반하는 것을 가리킨다고 할 것이고, 위 죄는 주관적으로 성욕의 흥분 또는 만족 등의 성적인 목적이 있어야 성립하는 것은 아니지만 그 행위의 음란성에 대한 의미의 인식이 있으면 족하다.

고속도로에서 승용차를 손괴하거나 타인에게 상해를 가하는 등의 행패를 부리던 자가 이를 제지하려는 경찰관에 대항하여 공중 앞에서 알몸이 되어 성기를 노출한 경우, 음란한 행위에 해당하고 그 인식도 있었다고 한 사례.[19)]

19) 대판 2000. 12. 22. 2000도4372.

제2절 도박과 복표에 관한 죄

Ⅰ. 도박죄

1. 도박의 의의

형법 제246조에서 도박죄를 처벌하는 이유는 정당한 근로에 의하지 아니한 재물의 취득을 처벌함으로써 경제에 관한 건전한 도덕법칙을 보호하는 데 있다. 그리고 도박은 '재물을 걸고 우연에 의하여 재물의 득실을 결정하는 것'을 의미하는바, 여기서 '우연'이란 주관적으로 '당사자에 있어서 확실히 예견 또는 자유로이 지배할 수 없는 사실에 관하여 승패를 결정하는 것'을 말하고, 객관적으로 불확실할 것을 요구하지 아니한다. 따라서, 당사자의 능력이 승패의 결과에 영향을 미친다고 하더라도 다소라도 우연성의 사정에 의하여 영향을 받게 되는 때에는 도박죄가 성립할 수 있다.[1)]

핸디캡을 정하고 한 내기 골프

피고인들이 각자 핸디캡을 정하고 홀마다 또는 9홀마다 별도의 돈을 걸고 총 26 내지 32회에 걸쳐 내기 골프를 한 행위가 도박에 해당한다고 한 사례.[2)]

한국마사회가 시행하는 경주를 이용한 도박

한국마사회가 시행하는 경주를 이용하여 도박행위를 한 것은 한국마사회법위반죄에서의 도박에 해당한다.[3)]

2. 일시 오락

도박죄는 사행심에 의한 행위자의 재산일실위험을 제거하려는 한편 건전한 국민의 근로관념과 사회의 미풍양속을 보호하려함에 그 뜻이 있으므로 도박의 장소, 행위자의 사회적 지위 및 재산정도, 도박 그 자체의 흥미성 및 근소성 등에 비추어 일시 오락의 정도에 지나지 않는 도박은 가벌성이 없다 할 것이다.[4)]

1) 대판 2008. 10. 23. 2006도736; 대판 2014. 6. 12. 2013도13231.
2) 대판 2008. 10. 23. 2006도736.
3) 대판 2014. 6. 12. 2013도13231.
4) 대판 1984. 7. 10. 84도1043. 다음은 같은 취지이다.
일시 오락 정도에 불과한 도박행위의 동기나 목적, 그 수단이나 방법, 보호법익과 침해법익과의 권형성 그리고 일시 오락 정도에 불과한 도박은 그 재물의 경제적 가치가 근소하여 건전한 근로의식을 침해하지 않을 정도이므로 건전한 풍속을 해할 염려가 없는 정도의 단순한 오락에 그치는 경미한 행위에 불과하고, 일반 서민대중이 여가를 이용하

피고인들이 서로 친숙한 사이로서 이 사건 당일 우연히 다방에서 만나게 되어, 약 3,000원 상당의 음식내기 화투놀이를 약 30분간 한 소위는 피고인들의 친분관계, 화투놀이의 시간과 장소, 도박의 경위 및 그 금액의 근소성에 비추어 일시 오락의 정도에 불과하고 도박죄를 구성하지 않는다.5)

3. 사기도박

도박이란 2인 이상의 자가 상호간에 재물을 도하여 우연한 승패에 의하여 그 재물의 득실을 결정하는 것이므로, 이른바 사기도박과 같이 도박당사자의 일방이 사기의 수단으로써 승패의 수를 지배하는 경우에는 도박에서의 우연성이 결여되어 사기죄만 성립하고 도박죄는 성립하지 아니한다.6)

여 평소의 심신의 긴장을 해소하는 오락은 이를 인정함이 국가정책적 입장에서 보더라도 허용된다(대판 2004. 4. 9. 2003도6351).

5) 대판 1984. 4. 10. 84도194. 다음은 같은 취지이다.
각자 1,000원 내지 7,000원을 판돈으로 내놓고 한 점에 100원짜리 속칭 "고스톱"을 한 것이 일시 오락의 정도에 불과하다고 본 사례(대판 1990. 2. 9. 89도1992).
피고인은 이 사건 당시 수원시 연무동 소재 건물에 세들어 살면서 공무원 시험준비를 하고 있었고, 피고인과 같이 화투놀이에 참가한 갑 등 4명은 모두 위 건물에 피고인과 같이 세들어 살던 사람들로서 각기 세탁소 경영, 영업용택시운전기사, 정육점 경영, 회사원 등의 생업에 종사하고 있었으며, 평소에 한 건물에 사는 관계로 얼굴을 알고 지내는 정도의 친분관계에 있었는데, 이 사건 일시에 서로의 친교를 두텁게 하기 위해 술내기 화투놀이(속칭 고스톱)를 하기로 하고 그중 한 사람인 을의 정육점 내실에서 낮 3시경부터 7시경까지 1점당 100원을 걸고 화투를 친 결과, 잃은 사람의 돈 액수는 200원 내지 4,000원 정도, 딴 사람의 돈 액수는 8,000원 정도였으며, 그 화투놀이 후 피고인등 화투놀이에 참가한 사람은 모두 부근 포장마차에서 피고인이 딴 돈 8,000원과 그외 일부 추렴한 돈을 합쳐 10,000원 상당의 술을 마신 경우 일시 오락의 정도에 그친다(대판 1985. 11. 12. 85도2096).
피고인이 그의 아들 생일이라면서 사 온 돼지고기를 안주로 술을 사 마시자고 하여 나머지 피고인 4명이 각각 금 1000원씩을 내어 모아 놓고 성냥개비 열개씩을 나누어 가지고 속칭 "고.스톱"을 치면서 3점, 5점, 7점에 각 성냥개비 1개, 2개, 3개씩을 내기로 하고 한 사람이 성냥개비 전부를 따면 자신이 내놓은 금 1,000원은 회수하고 나머지 돈으로 술을 사기로 한 경우라면 피고인등의 년령, 직업, 재산정도등에 비추어 피고인등의 소위는 일시 오락의 정도에 불과하여 도박죄를 구성하지 않는다 할 것이다(대판 1984. 7. 10. 84도1043).
풍속영업자가 풍속영업소에서 도박을 하게 한 때에는 그것이 일시 오락 정도에 불과하여 형법상 도박죄로 처벌할 수 없는 경우에도 풍속영업자의 준수사항 위반을 처벌하는 풍속영업의규제에관한법률 제10조 제1항, 제3조 제3호의 구성요건 해당성이 있다고 할 것이나, 어떤 행위가 법규정의 문언상 일단 범죄 구성요건에 해당된다고 보이는 경우에도, 그것이 정상적인 생활형태의 하나로서 역사적으로 생성된 사회생활 질서의 범위 안에 있는 것이라고 생각되는 경우에는 사회상규에 위배되지 아니하는 행위로서 그 위법성이 조각되어 처벌할 수 없다.
풍속영업자가 자신이 운영하는 여관에서 친구들과 일시 오락 정도에 불과한 도박을 한 경우, 형법상 도박죄는 성립하지 아니하고 풍속영업의규제에관한법률위반죄의 구성요건에는 해당하나 사회상규에 위배되지 않는 행위로서 위법성이 조각된다고 한 사례(대판 2004. 4. 9. 2003도6351).

6) 대판 2011. 1. 13. 2010도9330. 다음은 같은 취지이다.
화투의 끝수를 원하는 대로 조작하여 사기도박
화투의 조작에 숙달하여 원하는 대로 끝수를 조작할 수 있어서 우연성이 없음에도 피해자를 우연에 의하여 승부가 결정되는 것처럼 오신시켜 돈을 도하게 하여 이를 편취한 행위는 이른바 기망방법에 의한 도박으로서 사기죄에 해당한다(대판 1985. 4. 23. 85도583).

4. 도박죄를 처벌하지 않는 외국에서의 도박

형법 제3조는 "본법은 대한민국 영역 외에서 죄를 범한 내국인에게 적용한다"고 하여 형법의 적용 범위에 관한 속인주의를 규정하고 있고, 또한 국가 정책적 견지에서 도박죄의 보호법익보다 좀더 높은 국가이익을 위하여 예외적으로 내국인의 출입을 허용하는 폐광지역개발지원에관한특별법 등에 따라 카지노에 출입하는 것은 법령에 의한 행위로 위법성이 조각된다고 할 것이나, 도박죄를 처벌하지 않는 외국 카지노에서의 도박이라는 사정만으로 그 위법성이 조각된다고 할 수 없다.[7)]

Ⅱ. 상습도박죄

상습도박죄에 있어서의 상습성이라 함은 반복하여 도박행위를 하는 습벽으로서 행위자의 속성을 말한다 할 것인데, 이러한 습벽의 유무를 판단함에 있어서는 도박의 전과나 도박횟수 등이 중요한 판단자료가 된다 할 것이나, 도박전과가 없다 하더라도 도박의 성질과 방법, 도금의 규모, 피고인이 도박에 가담하게 된 태양 등의 제반 사정을 참작하여 도박의 습벽이 인정되는 경우에는 상습성을 인정하여도 무방하다 할 것이다.

피고인은 평소 알고 지내던 갑을 만나 각자 사람을 끌여 들여 거액의 판돈을 놓고 포커판을 벌이기로 미리 모의한 끝에 이 사건 도박이 성사된 것인데, 제1회 도박에 참가한 5명 중 피고인과 갑을 제외한 나머지 3명은 위 포커판에서 처음 만난 사이인 점, 2회에 걸친 이 사건 도박은 모두 호텔방에서 딜러가 카드를 분배하는 수법으로 행해졌는데, 피고인이 도금으로 금 5,000,000원을 소지한 것을 비롯하여 각자 소지한 도금은 수백만 원씩에 이르렀고, 1회 판돈은 금 150,000원 내지 1,000,000원에 이르렀으며, 특히 제1회 도박은 2박 3일 동안 같은 장소에서 계속되어 딜러의 몫으로 떼어진 돈만도 금 400,000원이나 되었던 사실, 피고인은 제1회 도박시 호텔방을 예약하고 딜러를 데리고 가는 등 주도적인 역할을 맡았다가 거액의 돈을 잃자, 그로부터 3일 후에 다시 호텔방을 예약하고 공범들 및 딜러에게 연락을 하여 제2회 도박을 성사시킨 사안에서 피고인의 도박의 습벽이 인정된다.[8)]

피고인에게 아무 전과가 없다 하더라도 2개월 10일 동안 9회에 걸쳐 도박을 하였다면 이는 상습성이 있다.[9)]

---

7) 대판 2004. 4. 23. 2002도2518. 위 판례는 외국 호텔의 카지노에서 신용으로 도박을 하기 위하여 호텔로부터 현금 대신 '칩'을 교부받은 행위가 구 외국환관리법(현행 외국환거래법)에 규정한 금전의 대차에 해당한다고 보았다.

8) 대판 1995. 7. 11. 95도955.

9) 대판 1983. 10. 25. 83도2448. 다음은 같은 취지이다.
단시일 내에 전후 6회에 걸쳐 판돈 3,000,000원여가 오간 도박의 경우, 1회의 도금 및 승패금과 압수된 금원 등에 비추어 이를 일시적인 오락으로 한 것으로는 볼 수 없고 여기에는 상습성이 있다고 할 것이다(대판 1985. 6. 11. 85도748).

상피고인이 사용해 보라고 건네주는 유실물인 자기앞수표 금 1,000,000원권 10매를 건네받은 도박 전과가 없는 피고인이 21:00경부터 이튿날 09:00경까지 사이에 위 수표를 가지고 공소외 4인과 함께 화투를 사용하여 1회 도금 최고 금 100,000원씩을 걸고 약 200회에 걸쳐 속칭 '모이쪼'라는 도박을 하였다면, 도박에 제공된 돈의 액수가 다소 많은 것은 사실이나 그 돈의 출처, 도박하기에 이른 경위 등에 비추어 도박의 상습성을 인정할 수 없다.10)

도박의 습벽있는 자가 도박을 하고 또 도박방조를 한 경우의 죄수관계(=포괄적 1죄)

상습도박의 죄나 상습도박방조의 죄에 있어서의 상습성은 행위의 속성이 아니라 행위자의 속성으로서 도박을 반복해서 거듭하는 습벽을 말하는 것인 바, 도박의 습벽이 있는 자가 타인의 도박을 방조하면 상습도박방조의 죄에 해당하는 것이며, 도박의 습벽이 있는 자가 도박을 하고 또 도박방조를 하였을 경우 상습도박방조의 죄는 무거운 상습도박의 죄에 포괄시켜 1죄로서 처단하여야 한다.11)

Ⅲ. 도박장소 등 개설죄

도박개장죄의 성립 요건

형법 제247조의 도박개장죄는 영리의 목적으로 스스로 주재자가 되어 그 지배하에 도박장소를 개설함으로써 성립하는 것으로서 도박죄와는 별개의 독립된 범죄이고, '도박'이라 함은 참여한 당사자가 재물을 걸고 우연한 승부에 의하여 재물의 득실을 다투는 것을 의미하며, '영리의 목적'이란 도박개장의 대가로 불법한 재산상의 이익을 얻으려는 의사를 의미하는 것으로, 반드시 도박개장의 직접적 대가가 아니라 도박개장을 통하여 간접적으로 얻게 될 이익을 위한 경우에도 영리의 목적이 인정되고, 또한 현실적으로 그 이익을 얻었을 것을 요하지는 않는다.12)

---

10) 대판 1991. 10. 8. 91도1894. 다음은 같은 취지이다.
피고인이 1982. 3. 15 19:00경부터 21:00경까지 사이, 동월 17. 17:30경부 터 18:30까지 사이, 동월 21. 17:00경부터 22:00까지 사이에 1회에 20,000원 내지 100,000원씩의 판돈을 걸고 "도리짓고땡"이라는 도박을 수십회 하였다 하여도 피고인에게는 도박의 전과도 없으며, 또한 피고인과 더불어 위 도박행위를 한 공범들은 1982. 10. 하순경까지 위와 같은 도박행위를 계속하였는데 피고인은 위 1982. 3. 21 이후에는 스스로 위 도박행위는 물론 다른 어떤 도박행위에도 가담하지 않았다면 위와 같은 도박의 회수, 방법 및 판돈의 금액만으로 피고인의 위 도박행위가 바로 도박습벽의 발현이라고 보기는 어렵다(대판 1985. 9. 24. 85도1272).
도박자들이 모두 같은 군내에서 같은 직업에 종사하는 자들로서 도박전과가 없다면 화투로 100끗에 10,000원씩 걸고 120여 회에 걸쳐 속칭 삼봉이라는 도박을 한 행위가 일시오락의 정도를 넘는 것이더라도 그 도박회수와 1회 도박에 제공된 금액만 가지고 도박습벽의 발현이라고 보기는 어렵다(대판 1989. 4. 11. 88도2493).
도박의 전과가 전혀 없고 이 사건 외에 도박을 한 전력이 전혀 나타나 있지 않은 피고인이 연말과 연초에 단 두 차례에 한하여 평소 잘 아는 사이의 사람들과 어울려서 "도리짓고땡"이라는 도박을 한 경우 피고인에게 도벽의 습벽 즉 상습성을 인정하기는 어렵다(대판 1990. 12. 11. 90도2250).

11) 대판 1984. 4. 24. 84도195.

12) 대판 2002. 4. 12. 2001도5802; 대판 2008. 10. 23. 2008도3970; 대판 2009. 2. 26. 2008도10582.

도박개장죄는 도박장소를 개설함으로써 성립

도박개장죄는 영리의 목적으로 스스로 주재자가 되어 그 지배하에 도박장소를 개설함으로써 성립하는 것으로서 도박죄와는 별개의 독립된 범죄이고, '도박'이라 함은 참여한 당사자가 재물을 걸고 우연한 승부에 의하여 재물의 득실을 다투는 것을 의미하며, '영리의 목적'이란 도박개장의 대가로 불법한 재산상의 이익을 얻으려는 의사를 의미하는 것이다.
이 사건 회원들이 피고인이 개설한 각 사설 사이트를 이용하여 한 거래는 '재물을 걸고 우연에 의하여 재물의 득실을 결정하는 것'을 주된 목적으로 하는 행위로서 도박행위에 해당하므로, 피고인이 이 사건 각 사설 사이트를 개설한 것은 도박개장행위에 해당한다.[13)]

인터넷 도박게임이 가능한 시설을 설치하고 프로그램 가동 중 문제 발생하여 영업 못함

피고인이 단순히 가맹점만을 모집한 상태에서 도박게임 프로그램을 시험가동한 정도에 그친 것이 아니라, 가맹점을 모집하여 인터넷 도박게임이 가능하도록 시설 등을 설치하고 도박게임 프로그램을 가동하던 중 문제가 발생하여 더 이상의 영업으로 나아가지 못한 것으로 볼 여지가 있다면 이로써 도박개장죄는 이미 '기수'에 이르렀다고 볼 수 있고, 나아가 피고인이 모집한 피씨방의 업주들이 그곳을 찾은 이용자들에게 피고인이 개설한 도박게임 사이트에 접속하여 도박을 하게 한 사실이 없다고 하여 도박개장죄의 성립이 부정되지 않는다.[14)]

유료낚시터 운영자가 입장료를 받고 낚은 물고기의 시상번호에 따라 경품 지급

피고인은 2007. 2. 16.경부터 같은 달 26.경까지 이 사건 실내낚시터를 운영하면서, 물고기 1,700여 마리를 구입하여 그 중 600마리의 등지느러미에 1번부터 600번까지의 번호표를 달고 나머지는 번호표를 달지 않은 채 대형 수조에 넣고, 손님들로부터 시간당 3만 원 내지 5만 원의 요금을 받고 낚시를 하게 한 후, 손님들이 낚은 물고기에 부착된 번호가 시간별로 우연적으로 변동되는 프로그램상의 시상번호와 일치하는 경우 손님들에게 5천 원 내지 3백만 원 상당의 문화상품권이나 주유상품권을 지급하는 방식으로 영업한 사실을 알 수 있다.
… 손님들이 내는 입장료는 이 사건 낚시터에 입장하기 위한 대가로서의 성격과 경품을 타기 위해 미리 거는 금품으로서의 성격을 아울러 지니고 있다고 볼 수 있고, 피고인이 손님들에게 경품을 제공하기로 한 것은 '재물을 거는 행위'로 볼 수 있으므로, 피고인은 영리의 목적으로 도박장소인 이 사건 낚시터를 개설하였다고 봄이 상당하다.[15)]

인터넷 사이트 운영자가 회원들로 하여금 온라인에서 현금화할 수 있는 게임코인을 걸고 속칭 고스톱, 포커 등을 하도록 하고, 수수료 명목으로 일정액을 이익으로 취한 행위는 도박개장죄에 해당한다.[16)]

13) 대판 2013. 11. 28. 2013도10467. 같은 취지로는 대판 2013. 11. 28. 2012도14725.
14) 대판 2009. 12. 10. 2008도5282.
15) 대판 2009. 2. 26. 2008도10582.

무허가로 카지노영업을 한 사안에서, 비록 환전 및 딜러를 담당하는 직원을 따로 두었다고는 하나, 피고인 등이 준비한 게임기구는 조립식 탁자 1개 및 그 위에 깔 바카라게임판 1개, 다수의 칩에 불과하였던 점 등 제반 사정에 비추어, 사실상 전용영업장(전문영업장)에 준하는 시설과 기준을 갖추고 카지노영업을 하였다고 보기는 어렵다고 한 사례.
무허가 카지노영업으로 인한 관광진흥법위반죄와 도박개장죄는 상상적 경합범 관계에 있다.[17)]

Ⅳ. 복표발매·중개·취득죄

복표의 요소

형법은 각칙 제23장에서 '도박과 복표에 관한 죄'라는 제목 아래 도박죄와 함께 복표발매죄 등을 규정하고 있는바, 복표도 우연에 의하여 승패가 결정된다는 의미에서 도박에 유사한 측면이 있으므로, 건전한 국민의 근로관념과 사회의 미풍양속을 보호하려는 데에 그 발매 등의 행위를 제한하고 처벌할 이유가 있는 것이고, 여기에다가 사행행위등규제및처벌특례법 제2조 제1항 제1호 (가)목의 규정 취지를 종합하여 보면, 형법 제248조가 규정하는 복표의 개념요소는 ① 특정한 표찰일 것, ② 그 표찰을 발매하여 다수인으로부터 금품을 모을 것, ③ 추첨 등의 우연한 방법에 의하여 그 다수인 중 일부 당첨자에게 재산상의 이익을 주고 다른 참가자에게 손실을 줄 것의 세 가지로 파악할 수 있으며, 이 점에서 경제상의 거래에 부수하는 특수한 이익의 급여 내지 가격할인에 불과한 경품권이나 사은권 등과는 그 성질이 다른 것이지만, 어떠한 표찰이 형법 제248조 소정의 복표에 해당하는지 여부는 그 표찰 자체가 갖는 성질에 의하여 결정되어야 하고, 그 기본적인 성질이 위와 같은 개념요소를 갖추고 있다면, 거기에 광고 등 다른 기능이 일부 가미되어 있는 관계로 당첨되지 않은 참가자의 손실을 그 광고주 등 다른 사업주들이 대신 부담한다고 하더라도, 특별한 사정이 없는 한 복표로서의 성질을 상실하지는 않는다.
이른바 '광고복권'은 통상의 경우 이를 홍보 및 판촉의 수단으로 사용하는 사업자들이 당첨되지 않은 참가자들의 손실을 대신 부담하여 주는 것일 뿐, 그 자체로는 추첨 등의 우연한 방법에 의하여 일부 당첨자에게 재산상의 이익을 주고 다른 참가자에게 손실을 주는 복표로서의 성질을 갖추고 있다고 보아 형법 제248조 소정의 복표에 해당한다고 한 사례.[18)]

16) 대판 2008. 9. 11. 2008도1667. 다음은 같은 취지이다.
피고인이 성인피시방을 운영하면서 손님들을 상대로 카운터에 설치된 컴퓨터장치를 이용하여 도박에 사용되는 손님 아이디로 현금을 충전해 주고, 현금을 충전받은 손님들이 이를 이용해 게임머니를 구입하여 '아마존' 도박게임을 이용하게 하고, 게임종료 후 남은 게임머니를 환전 사이트에서 환전을 받게 하며, 손님들이 게임머니를 구입한 금액의 5%를 수수료 명목으로 지급받아 이익을 취한 행위를 도박개장죄로 인정한 것은 정당하다(대판 2008. 10. 23. 2008도3970).
인터넷 고스톱게임 사이트를 유료화하는 과정에서 사이트를 홍보하기 위하여 고스톱대회를 개최하면서 참가자들로부터 참가비를 받고 입상자들에게 상금을 지급한 행위에 대하여 도박개장죄를 인정한 사례(대판 2002. 4. 12. 2001도5802).

17) 대판 2009. 12. 10. 2009도11151.

18) 대판 2003. 12. 26. 2003도5433.

제3절 신앙에 관한 죄

1. 예배 등 방해죄(158조)

면직판결을 받아 소속 교단을 탈퇴한 목사가 예배를 준비 중이던 종전 교회의 예배방해

소속 교단으로부터 목사면직의 판결을 받은 목사가 일부 신도들과 함께 소속 교단을 탈퇴한 후 아무런 통보나 예고도 없이, 부활절 예배를 준비 중이던 종전 교회 예배당으로 들어와 찬송가를 부르고 종전 교회의 교인들로부터 예배당을 비워달라는 요구를 받았으나 이를 계속 거부한 사안에서, 위 목사와 신도들의 행위는 종전 교회의 교인들의 예배를 방해하는 것으로서 형법 제158조 예배방해죄에서 보호하는 '예배'에 해당한다고 보기는 어렵다고 한 사례.[1)]

정식절차를 밟은 위임목사가 아닌 자가 당회의 결의에 반하여 설교와 예배인도를 한 경우라 할지라도 그가 그 교파의 목사로서 그 교의를 신봉하는 신도 약 350여명 앞에서 그 교지에 따라 설교와 예배인도를 한 것이라면 다른 특별한 사정이 없는 한 그 설교와 예배인도는 형법상 보호를 받을 가치가 있고 이러한 설교와 예배인도의 평온한 수행에 지장을 주는 행위를 하면 본조의 설교 또는 예배방해죄가 성립한다.[2)]

형법 제158조에 규정된 예배방해죄는 공중의 종교생활의 평온과 종교감정을 그 보호법익으로 하는 것이므로, 예배중이거나 예배와 시간적으로 밀접불가분의 관계에 있는 준비단계에서 이를 방해하는 경우에만 성립한다. 교회의 교인이었던 사람이 교인들의 총유인 교회 현판, 나무십자가 등을 떼어 내고 예배당 건물에 들어가 출입문 자물쇠를 교체하여 7개월 동안 교인들의 출입을 막은 사안에서, 장기간 예배당 건물의 출입을 통제한 위 행위는 교인들의 예배 내지 그와 밀접불가분의 관계에 있는 준비단계를 계속하여 방해한 것으로 볼 수 없어 예배방해죄가 성립하지 않는다고 한 사례.[3)]

제사방해죄

형법 제158조에 규정된 제전방해죄는 제전의 평온을 그 보호법익으로 하는 것이므로 제전이 집행 중이거나 제전의 집행과 시간적으로 밀접 불가분의 관계에 있는 준비단계에서 이를 방해하는 경우에만 성립한다 할 것인 바, 피고인이 피해자의 집에 가서 시비 중에 마침 제사 상에 사용할 음식을 마련하여 임시로 작은 상위에 올려 놓은 것을 발로 찼다는 정도의 행위는 제전방해죄에 해당되지 않는다.[4)]

1) 대판 2008. 2. 28. 2006도4773.
2) 대판 1971. 9. 28. 71도1465.
3) 대판 2008. 2. 1. 2007도5296.
4) 대판 1982. 2. 23. 81도2691.

장례식방해죄/A대통령이 헌화하려고 헌화대로 나올 때 행사안내장을 치켜들고 헌화대로 걸어가면서 "사죄하라. 어디서 분향을 해."라고 크게 소리 지르다 경호원들에게 제압당함

피고인은 이 사건 영결식 도중인 2009. 5. 29. 12:00경 유족의 헌화 다음 순으로 A 대통령 부부가 헌화를 하기 위하여 헌화대로 나오려는 순간 갑자기 자리에서 일어나 동그랗게 말은 행사 안내장을 앞으로 치켜든 채 헌화대 쪽을 향하여 몇 발짝 걸어가면서 "사죄하라. 어디서 분향을 해."라고 크게 소리를 질렀다. 이에 피고인의 주변에 있던 경호원들이 바로 피고인을 제지하기 위해 피고인에게 달려들어 손으로 피고인의 입을 막은 채 피고인을 영결식장 오른쪽 가장자리로 끌어내어 제압하였다. 그 과정에서 피고인이 계속 소리를 지르려고 시도하기는 하였으나 경호원들의 제압에 의해 이루어지지 못하였다. 그러자 이 사건 영결식에 참석하여 피고인의 뒤쪽에 앉아 있던 일부 참석자들이 자리에서 일어나 "손대지 마라." 등 소리를 지르기도 하여 잠시 소란이 발생하였으나, 영결식 사회자의 장내 정리 발언에 따라 곧바로 정리되었다. 한편 이명박 대통령은 피고인이 지른 소리를 듣고 잠시 그쪽을 바라보았을 뿐 헌화대로 나가 헌화 절차를 마무리하였고, 그 이후의 영결식 절차 역시 예정대로 정상적으로 진행되었다.

피고인이 위와 같은 행위를 하자마자 주위의 경호원들이 곧바로 제압함으로써 피고인은 걸음을 몇 발짝 옮기고 짧게 소리를 지르는 외에 별다른 행동을 하지 못하였고, 위와 같은 일련의 일들은 거의 순식간에 벌어진 점, 당시 피고인은 이명박 대통령 및 헌화대와 상당한 거리를 두고 떨어져 있었고, 이명박 대통령은 피고인이 소리를 지르자 잠깐 그쪽을 바라보기만 하였을 뿐 어떤 동요가 있었다고 보이지 않고, 나아가 그로 인해 헌화 등 장례 절차의 진행에 지장이 초래될 만한 상황은 일어나지 않은 점 등을 알 수 있다. 그렇다면 피고인의 위와 같은 행위가 이 사건 영결식의 평온한 수행에 지장을 줄 만한 행위로서 이로 말미암아 이 사건 영결식의 절차와 평온을 저해할 위험이 초래될 정도라고 단정하기는 어렵다고 할 것이어서 장례식방해죄의 방해행위에 해당한다고 보기 어렵다.[5)]

2. 사체유기, 은닉 등

인적이 드문 곳으로 유인하거나 끌고가 살해 후 사체를 그대로 두고 도주

형법 제161조의 사체은닉이라 함은 사체의 발견을 불가능 또는 심히 곤란하게 하는 것을 구성요건으로 하고 있으나 살인, 강도살인등의 목적으로 사람을 살해한 자가 그 살해의 목적을 수행함에 있어 사후 사체의 발견이 불가능 또는 심히 곤란하게 하려는 의사로 인적이 드문 장소로 피해자를 유인하거나 실신한 피해자를 끌고 가서 그곳에서 살해하고 사체를 그대로 둔 채 도주한 경우에는 비록 결과적으로 사체의 발견이 현저하게 곤란을 받게 되는 사정이 있다 하더라도 별도로 사체은닉죄가 성립되지 아니한다.[6)]

5) 대판 2013. 2. 14. 2010도13450.

6) 대판 1986. 6. 24. 86도891. 다음은 사체손괴죄를 인정한 판례이다.

발굴한 유골 중 두골, 양수족골만을 분리하여 포장하고 나머지는 그곳에 묻어둠

사체유골등의 손괴라 함은 사자에 대한 숭경의 감정을 해하는 위법한 물질적 손괴를 말하는 것으로서 사체는 비록 그 근육이 부패하여 자연적으로 분골이 된 경우라 할지라도 그 생전의 위치와 순서를 그대로 보존할 것이오 가령 이장하는 경우라 할지라도 그 자연적 태세를 변경 혼잡함이 없이 계골함이 아국고래의 관례이므로 계골함이 없이 그 전체 유골에서 일부를 분리함은 손괴를 면치 못한다 해석함이 타당하다.

피고인은 본건 분묘를 완전발굴한 후 그 유골 중에서 두골, 양수족골만을 분리하여 한지에 포장하고 그 외의 잔골은

선장을 살해 후 사체를 바다에 투기

사람을 살해한 자가 그 사체를 다른 장소로 옮겨 유기하였을 때에는 별도로 사체유기죄가 성립하고, 이와 같은 사체유기를 불가벌적 사후행위로 볼 수는 없다.
원양어선에서 선장을 칼로 찔러 사망하게 한 이후에 그 사체를 바다에 투기한 경우 사체유기죄가 성립한다.[7)]

피고인이 관리한 과수원에서 노무자로 근무하던 자가 자살하자 몰래 사체를 매장

피고인의 아버지 소유로 피고인이 관리, 경영하던 과수원에서 노무자로 취역하여 오던 인근 거주 갑이 피고인과 결혼할 수 없는 것을 비관하여 위 과수원 원두막에서 농약을 마시고 자살하자, 1년 전에도 이와 동종의 불상사가 있어 곤혹함을 면하고자 같은 날 밤에 과수원 내에 비밀리에 사체를 매몰한 사안에서, 자기의 지배할 수 있는 지역 내에서 자살사태가 발생하였는데 이를 소할관서 또는 유가족에게 통보 연락하지 아니하고 사체를 매장한 것은 사체유기죄에 해당한다.[8)]

3. 분묘발굴죄

분묘발굴죄의 객체인 분묘는 사람의 사체, 유골, 유발 등을 매장하여 제사나 예배 또는 기념의 대상으로 하는 장소를 말하는 것이고, 사체나 유골이 토괴화하였을 때에도 분묘인 것이며, 그 사자가 누구인지 불명하다고 할지라도 현재 제사 숭경하고 종교적 예의의 대상으로 되어 있고 이를 수호봉사하는 자가 있으면 여기에 해당한다고 할 것이다.[9)]

토괴화한 유골을 화장하여 다시 묻은 시설

분묘는 시체나 유골을 매장하여 제사나 예배 또는 기념의 대상으로 삼기 위하여 만든 시설이므로, 여기에 매장된 시체나 유골이 후에 토괴화되었더라도 이는 여전히 분묘라 할 것이고, 이를 개장하여 토괴화한 유골을 화장하여 다시 묻는 경우에도 그 시설이 자연장의 요건을 갖추었다는 등의 사정이 없는 한 제사나 예배 또는 기념의 대상으로 삼기 위하여 만든 분묘로 보아야 한다.[10)]

우 발굴처에 잔치하였다하였으니 우 분리는 즉 유골의 손괴에 해당한다할 것이며 가령 잔골을 그 발굴처에 묻었다할지라도 우 손괴에는 소장이 없다(대판 1957. 7. 5. 4290형상148).

7) 대판 1984. 11. 27. 84도2263; 대판 1997. 7. 25. 97도1142.
8) 대판 1961. 1. 18. 4293형상859.
9) 대판 1990. 2. 13. 89도2061.
10) 대판 2012. 10. 25. 2010도5112. 다음은 같은 취지이다.
묘의 봉분이 없어지고 평토화 가까이 되어 있고 묘비 등 표식이 없어 그 묘 있음을 확인할 수 없는 분묘라 하더라도 현재 이를 제사 숭경하고 종교적 의례의 대상으로 하는 자가 있는 경우에는 그가 바로 무연고분으로서 제사와 신앙의 대상이 되는 분묘라 할 수 없다거나 분묘발굴죄의 객체인 분묘에 해당되지 않는다고는 할 수 없다.
암장된 분묘라 하더라도 당국의 허가없이 자구행위로 이를 발굴하여 개장할 수는 없는 것이다(대판 1976. 10. 29. 76

호주상속인이 분묘를 발굴하여 납골당에 안치

분묘발굴죄는 그 분묘에 대하여 아무런 권한 없는 자나 또는 권한이 있는 자라도 사체에 대한 종교적 양속에 반하여 함부로 이를 발굴하는 경우만을 처벌대상으로 삼는 취지라고 보아야 할 것이므로, 법률상 그 분묘를 수호, 봉사하며 관리하고 처분할 권한이 있는 자 또는 그로부터 정당하게 승낙을 얻은 자가 사체에 대한 종교적, 관습적 양속에 따른 존숭의 예를 갖추어 이를 발굴하는 경우에는 그 행위의 위법성은 조각된다고 할 것이고, 한편 분묘에 대한 봉사, 수호 및 관리, 처분권은 종중이나 그 후손들 모두에게 속하여 있는 것이 아니라 오로지 그 분묘에 관한 호주상속인에게 전속한다.

분묘에 관한 구 민법상의 호주상속인이 분묘를 발굴하여 납골당에 안치한 행위는 종교적, 관습적 양속에 반하지 아니하여 위법성이 조각된다.[11)]

4. 변사체검시방해죄

형법 제163조의 변사자라 함은 부자연한 사망으로서 그 사인이 분명하지 않은 자를 의미하고 그 사인이 명백한 경우는 변사자라 할 수 없으므로, 범죄로 인하여 사망한 것이 명백한 자의 사체는 같은 법조 소정의 변사체검시방해죄의 객체가 될 수 없다.[12)]

형법 제163조에 변사자라 함은 부자연한 사망으로서 그 사인이 분명하지 않은 자를 의미하고 질병으로 의사의 치료를 받아오다가 그 약효없이 사망하여 그 사인이 명백한 것은 변사자라고 할 수 없다.

도2828).

11) 대판 2007. 12. 13. 2007도8131. 다음은 같은 취지이다.
토지구획정리사업시행자로부터 분묘의 개장명령을 받았다 하더라도 그 분묘를 보존 수호하는 권한있는 자의 제지를 무릅쓰고 한 분묘발굴행위가 정당한 것으로 될 수는 없다(대판 1978. 5. 9. 77도3588).
분묘발굴의 피해법익은 종교감정의 공서양속을 해치는데 있으므로 생모의 묘를 설묘관리하는 "갑"의 의사에 반하여 그 묘를 발굴한 "을"은 설령 그 묘가 자기의 생모("갑"과는 이부동복간)의 묘라도 죄가 성립한다(대판 1971. 10. 25. 71도1727).
분묘발굴죄는 그 분묘에 대하여 아무런 권한 없는 자나 또는 권한이 있는 자라도 사체에 대한 종교적 양속에 반하여 함부로 이를 발굴하는 경우만을 처벌대상으로 삼는 취지라고 보아야 할 것이므로 법률상 그 분묘를 수호, 봉사하며 관리하고 처분할 권한이 있는 자 또는 그로부터 정당하게 승낙을 얻은 자가 사체에 대한 종교적, 관습적 양속에 따른 존숭의 예를 갖추어 이를 발굴하는 경우에는 그 행위의 위법성은 조각된다고 할 것이고, 한편 분묘에 대한 봉사, 수호 및 관리, 처분권은 종중이나 그 후손들 모두에게 속하여 있는 것이 아니라 오로지 그 분묘에 관한 호주상속인에게 전속하는 것으로서 이와 같은 법리는 사후양자로서 그 가를 계승한 경우에도 다르지 아니하다.
사실상 분묘를 관리, 수호하고 망인의 봉제사를 행하여 오던 피고인이 실질상 손이 끊겨 수호 관리하기 힘든 조상들의 묘를 화장 방식으로 바꾸기로 한 종중의 결의에 따라 망인의 사망 당시 호주의 사후양자로 그를 호주상속하여 망인의 가를 계승한 양손자의 승낙 하에 종교적 예를 갖추어 그 분묘를 발굴하였다면, 비록 그 발굴 전에 망인의 출가한 양손녀들의 승낙을 얻지 아니하였다 하더라도 이를 위법한 행위라고 단정할 수 없다고 한 사례(대판 1995. 2. 10. 94도1190).

12) 대판 2003. 6. 27. 2003도1331.

피고인이 자궁외 임신을 한 자를 수술하여 폐동맥 천색증이 발생하여 그 치료를 하였으나 결국 사망하게 되자 그 남편의 요구로 그 사체를 인도한 사안에서,
피고인이 본건 사체를 인도할 때에 사인이 분명하다고 변소하고 있는데 법원의 감정결과도 그 변소와 같은 내용의 사인임이 분명하니 피고인이 위 사체가 변사자의 사체가 아니라고 믿고 이를 그 남편에게 인도한 본건 소위는 죄가 되지 않는다.[13)]

13) 대판 1970. 2. 24. 69도2272.

3

判例中心 刑法各論

국가적 법익에 대한 죄

제 1 장 국가의 존립과 권위에 관한 죄

判例中心 刑法各論 

Ⅰ. 내란의 죄

내란선동의 의미/국헌문란의 목적/내란죄에서의 폭행·협박의 의미

(가) 내란선동죄는 내란이 실행되는 것을 목표로 선동함으로써 성립하는 독립한 범죄이고, 선동으로 말미암아 피선동자들에게 반드시 범죄의 결의가 발생할 것을 요건으로 하지 않는다. 즉 내란선동은 주로 내란행위의 외부적 준비행위에도 이르지 않은 단계에서 이루어지지만, 다수인의 심리상태에 영향을 주는 방법으로 내란의 실행욕구를 유발 또는 증대시킴으로써 집단적인 내란의 결의와 실행으로 이어지게 할 수 있는 파급력이 큰 행위이다. 따라서 내란을 목표로 선동하는 행위는 그 자체로 내란예비·음모에 준하는 불법성이 있다고 보아 내란예비·음모와 동일한 법정형으로 처벌되는 것이다.
(나) 내란선동죄에서 '국헌을 문란할 목적'이란 "헌법 또는 법률에 정한 절차에 의하지 아니하고 헌법 또는 법률의 기능을 소멸시키는 것(형법 제91조 제1호)" 또는 "헌법에 의하여 설치된 국가기관을 강압에 의하여 전복 또는 그 권능행사를 불가능하게 하는 것(같은 조 제2호)"을 말한다. 국헌문란의 목적은 범죄 성립을 위하여 고의 외에 요구되는 초과주관적 위법요소로서 엄격한 증명사항에 속하나, 확정적 인식임을 요하지 아니하며, 다만 미필적 인식이 있으면 족하다. 그리고 국헌문란의 목적이 있었는지 여부는 피고인들이 이를 자백하지 않는 이상 외부적으로 드러난 피고인들의 행위와 그 행위에 이르게 된 경위 등 사물의 성질상 그와 관련성 있는 간접사실 또는 정황사실을 종합하여 판단하면 되고, 선동자의 표현 자체에 공격대상인 국가기관과 그를 통해 달성하고자 하는 목표, 실현방법과 계획이 구체적으로 나타나 있어야만 인정되는 것은 아니다.
또한, 형법상 내란죄의 구성요건인 폭동의 내용으로서의 폭행 또는 협박은 일체의 유형력의 행사나 외포심을 생기게 하는 해악의 고지를 의미하는 최광의의 폭행·협박을 말하는 것으로서, 이를 준비하거나 보조하는 행위를 전체적으로 파악한 개념이며, 그 정도가 한 지방의 평온을 해할 정도의 위력이 있음을 요한다.
내란선동이란 내란이 실행되는 것을 목표로 하여 피선동자들에게 내란행위를 결의, 실행하도록 충동하고 격려하는 일체의 행위를 말한다. 내란선동은 주로 언동, 문서, 도화 등에 의한 표현행위의 단계에서 문제되는 것이므로 내란선동죄의 구성요건을 해석함에 있어서는 국민의 기본권인 표현의 자유가 위축되거나 본질이 침해되지 아니하도록 죄형법정주의의 기본정신에 따라 엄격하게 해석하여야 한다. 따라서 내란을 실행시킬 목표를 가지고 있다 하여도 단순히 특정한 정치적 사상이나 추상적인 원리를 옹호하거나 교시하는 것만으로는 내란선동이 될 수 없고, 그 내용이 내란에 이를 수 있을 정도의 폭력적인 행위를 선동하는 것이어야 하고, 나아가 피선동자의 구성 및 성향, 선동자와 피선동자의 관계 등에 비추어 피선동자에게 내란 결의를 유발하거나 증대시킬 위험성이 인정되어야만 내란선동으로 볼 수 있다. 언어적 표현행위는 매우 추상적이고 다의적일 수 있으므로 그 표현행위가 위와 같은 내란선동에 해당하는지를 가림에 있어서는 선동행위 당시의 객관적 상황, 발언 등의 장소와 기회, 표현 방식과 전체적인 맥락 등을 종합하여 신중하게 판단하여야 한다. 다만 선동행위는 선동자에 의하여 일방적으로 행해지고, 그 이후 선동에 따른 범죄의 결의 여부 및 그 내용은 선동자의 지배영역을 벗어나 피선동자에 의하여 결정될 수 있으며, 내란선동을 처벌하는 근거가 선동행위 자체의 위험성과 불법성에 있다는 점 등을 전제하면, 내란선동에 있어 시기와 장소, 대상과 방식, 역할분담 등 내란 실행행위의 주요 내용이 선동 단계에서 구체적으로 제시되어야 하는 것은 아니고, 또 선동에 따라 피선동자가 내란의 실행행위로 나아갈 개연성이 있다고 인정되어야만 내란선동의 위험성이 있는 것으로 볼 수도 없다.

특정 정당 소속의 국회의원 피고인 갑 및 지역위원장 피고인 을이 공모하여, 이른바 조직원들과 두 차례 회합을 통하여 회합 참석자 130여 명에게 한반도에서 전쟁이 발발하는 등 유사시에 상부 명령이 내려지면 바로 전국 각 권역에서 국가기간시설 파괴 등 폭동을 할 것을 주장함으로써 내란의 죄를 범할 것을 선동하였다는 내용으로 기소된 사안에서, 당시의 한반도 정세, 각 회합의 내용 및 경위, 회합 참석자들의 성향·구성 및 피고인들과 관계, 피고인들의 경력과 범죄전력, 피고인들이 각 회합에서 맡은 역할과 발언 내용, 회합 참석자들의 강연 청취태도 및 발언 등 제반 사정을 종합할 때, 피고인들의 발언은 아직 전쟁 위기가 완전히 해소된 상태가 아니고 북한의 도발이 계속되는 당시의 상황에서 각 회합 참석자들에게 특정 정세를 전쟁 상황으로 인식하고 가까운 장래에 구체적인 내란의 결의를 유발하거나 증대시킬 위험성이 충분하므로, 피고인들의 행위는 그 자체로 위험성이 있는 내란 선동행위에 해당한다는 이유로, 피고인들에게 유죄를 인정한 사례.[14)]

내란음모의 성립요건

음모는 실행의 착수 이전에 2인 이상의 자 사이에 성립한 범죄실행의 합의로서, 합의 자체는 행위로 표출되지 않은 합의 당사자들 사이의 의사표시에 불과한 만큼 실행행위로서의 정형이 없고, 따라서 합의의 모습 및 구체성의 정도도 매우 다양하게 나타날 수밖에 없다. 그런데 어떤 범죄를 실행하기로 막연하게 합의한 경우나 특정한 범죄와 관련하여 단순히 의견을 교환한 경우까지 모두 범죄실행의 합의가 있는 것으로 보아 음모죄가 성립한다고 한다면 음모죄의 성립범위가 과도하게 확대되어 국민의 기본권인 사상과 표현의 자유가 위축되거나 그 본질이 침해되는 등 죄형법정주의 원칙이 형해화될 우려가 있으므로, 음모죄의 성립범위도 이러한 확대해석의 위험성을 고려하여 엄격하게 제한하여야 한다.

한편 내란죄의 주체는 국토를 참절하거나 국헌을 문란할 목적을 이룰 수 있을 정도로 조직화된 집단으로서 다수의 자이어야 하고, 그 역할도 수괴, 중요한 임무에 종사한 자, 부화수행한 자 등으로 나뉜다(형법 제87조 각 호 참조). 또한, 실행행위인 폭동행위는 살상, 파괴, 약탈, 단순 폭동 등 여러 가지 폭력행위가 혼합되어 있고, 그 정도가 한 지방의 평온을 해할 정도의 위력이 있음을 요한다.

2인 이상의 자 사이에 어떠한 폭동행위에 대한 합의가 있는 경우에도 공격의 대상과 목표가 설정되어 있지

14) 대판 2015. 1. 22. 2014도10978 전원합의체.

않고, 시기와 실행방법이 어떠한지를 알 수 없으면 그것이 '내란'에 관한 음모인지를 알 수 없다. 따라서 내란음모가 성립하였다고 하기 위해서는 개별 범죄행위에 관한 세부적인 합의가 있을 필요는 없으나, 공격의 대상과 목표가 설정되어 있고, 그 밖의 실행계획에 있어서 주요 사항의 윤곽을 공통적으로 인식할 정도의 합의가 있어야 한다.

나아가 합의는 실행행위로 나아간다는 확정적인 의미를 가진 것이어야 하고, 단순히 내란에 관한 생각이나 이론을 논의한 것으로는 부족하다. 또한, 내란음모가 단순히 내란에 관한 생각이나 이론을 논의 내지 표현한 것인지 실행행위로 나아간다는 확정적인 의미를 가진 합의인지를 구분하기가 쉽지 않다는 점을 고려하면, 내란음모죄에 해당하는 합의가 있다고 하기 위해서는 단순히 내란에 관한 범죄결심을 외부에 표시·전달하는 것만으로는 부족하고 객관적으로 내란범죄의 실행을 위한 합의라는 것이 명백히 인정되고, 그러한 합의에 실질적인 위험성이 인정되어야 한다.

그리고 내란음모가 실질적 위험성이 있는지 여부는 합의 내용으로 된 폭력행위의 유형, 내용의 구체성, 계획된 실행시기와의 근접성, 합의 당사자의 수와 합의 당사자들 사이의 관계, 합의의 강도, 합의 당시의 사회정세, 합의를 사전에 준비하였는지 여부, 합의의 후속 조치가 있었는지 여부 등을 종합적으로 고려하여 판단하여야 한다.

특정 정당 소속의 국회의원 피고인 갑 및 지역위원장 피고인 을을 비롯한 피고인들이, 이른바 조직원들과 회합을 통하여 회합 참석자 130여 명과 한반도에서 전쟁이 발발하는 등 유사시에 상부 명령이 내려지면 바로 전국 각 권역에서 국가기간시설 파괴 등 폭동을 할 것을 통모함으로써 내란의 죄를 범할 목적으로 음모하였다는 내용으로 기소된 사안에서, 당시의 한반도 정세, 회합의 내용 및 경위, 회합 참석자들의 성향·구성 및 피고인들과 관계, 피고인들의 경력과 범죄전력, 피고인들이 회합에서 맡은 역할과 발언 내용, 회합 참석자들의 강연 청취태도 및 발언 등 제반 사정에 비추어 볼 때, 피고인들을 비롯한 회합 참석자들이 전쟁 발발시 대한민국의 체제를 전복하기 위하여 구체적인 물질적 준비방안을 마련하라는 피고인 갑의 발언에 호응하여 선전전, 정보전, 국가기간시설 파괴 등을 논의하기는 하였으나, 1회적인 토론의 정도를 넘어서 내란의 실행행위로 나아가겠다는 확정적인 의사의 합치에 이르렀다고 보기 어려워 형법상 내란음모죄 성립에 필요한 '내란범죄 실행의 합의'를 하였다고 할 수 없다는 이유로, 피고인들에게 무죄를 선고한 사례.[15)]

내란죄의 구성요건인 폭동의 내용으로서의 폭행 또는 협박은 일체의 유형력의 행사나 외포심을 생기게 하는 해악의 고지를 의미하는 최광의의 폭행·협박을 말하는 것으로서, 이를 준비하거나 보조하는 행위를 전체적으로 파악한 개념이며, 그 정도가 한 지방의 평온을 해할 정도의 위력이 있음을 요한다. 그런데 1980. 5. 17. 당시 시행되고 있던 계엄법 등 관계 법령에 의하면, '비상계엄의 전국확대'는 필연적으로 국민의 기본권을 제약하게 되므로, 비상계엄의 전국확대 그 사실 자체만으로도 국민에게 기본권이 제약될 수 있다는 위협을 주는 측면이 있고, 민간인인 국방부장관은 지역계엄실시와 관련하여 계엄사령관에 대하여 가지고 있던 지휘감독권을 잃게 되므로, 군부를 대표하는 계엄사령관의 권한이 더욱 강화됨은 물론 국방부장관이 계엄업무로부터 배제됨으로 말미암아 계엄업무와 일반국정을 조정 통할하는 국무총리의 권한과 이에 대한 국무회의의 심의권마저도 배제됨으로써, 헌법기관인 국무총리와 국무위원들이 받는 강압의 효과와 그에 부수하여 다른 국가기관의 구성원이 받는 강압의 정도가 증대된다고 할 것이며, 따라서 비상계엄의 전국확대조치의 그와

15) 대판 2015. 1. 22. 2014도10978 전원합의체.

같은 강압적 효과가 법령과 제도 때문에 일어나는 당연한 결과라고 하더라도, 이러한 법령이나 제도가 가지고 있는 위협적인 효과가 국헌문란의 목적을 가진 자에 의하여 그 목적을 달성하기 위한 수단으로 이용되는 경우에는 비상계엄의 전국확대조치가 내란죄의 구성요건인 폭동의 내용으로서의 협박행위가 되므로 이는 내란죄의 폭동에 해당하고, 또한 그 당시 그와 같은 비상계엄의 전국확대는 우리 나라 전국의 평온을 해하는 정도에 이르렀음을 인정할 수 있다.

내란죄는 국토를 참절하거나 국헌을 문란할 목적으로 폭동한 행위로서, 다수인이 결합하여 위와 같은 목적으로 한 지방의 평온을 해할 정도의 폭행·협박행위를 하면 기수가 되고, 그 목적의 달성 여부는 이와 무관한 것으로 해석되므로, 다수인이 한 지방의 평온을 해할 정도의 폭동을 하였을 때 이미 내란의 구성요건은 완전히 충족된다고 할 것이어서 상태범으로 봄이 상당하다.

5·18내란 과정으로서의 비상계엄의 전국확대는 일종의 협박행위로서 내란죄의 구성요건인 폭동에 해당하므로, 그 비상계엄 자체가 해제되지 아니하는 한 전국계엄에서 지역계엄으로 변경되었다 하더라도 그 최초의 협박이 계속되고 있는 것이어서 그 비상계엄의 전국확대로 인한 폭동행위는 이를 해제할 때까지 간단없이 계속되었다 할 것이고, 이와 같은 폭동행위가 간단없이 계속되는 가운데 그 비상계엄의 전국확대를 전후하여 그 비상계엄의 해제시까지 사이에 밀접하게 행하여진 이른바 예비검속에서부터 정치활동 규제조치에 이르는 일련의 폭동행위들은 위와 같은 비상계엄의 전국확대로 인한 폭동행위를 유지 또는 강화하기 위하여 취하여진 조치들로서 위 비상계엄의 전국확대로 인한 폭동행위와 함께 단일한 내란행위를 이룬다고 봄이 상당하므로, 위 비상계엄의 전국확대를 포함한 일련의 내란행위는 위 비상계엄이 해제된 1981. 1. 24.에 비로소 종료되었다고 보아야 한다.

형법 제91조 제2호에 의하면 헌법에 의하여 설치된 국가기관을 강압에 의하여 전복 또는 그 권능행사를 불가능하게 하는 것을 국헌문란의 목적의 하나로 규정하고 있는데, 여기에서 '권능행사를 불가능하게 한다'고 하는 것은 그 기관을 제도적으로 영구히 폐지하는 경우만을 가리키는 것은 아니고 사실상 상당기간 기능을 제대로 할 수 없게 만드는 것을 포함한다.

5·18내란 행위자들이 1980. 5. 17. 24:00를 기하여 비상계엄을 전국으로 확대하는 등 헌법기관인 대통령, 국무위원들에 대하여 강압을 가하고 있는 상태에서, 이에 항의하기 위하여 일어난 광주시민들의 시위는 국헌을 문란하게 하는 내란행위가 아니라 헌정질서를 수호하기 위한 정당한 행위였음에도 불구하고 이를 난폭하게 진압함으로써, 대통령과 국무위원들에 대하여 보다 강한 위협을 가하여 그들을 외포하게 하였다면, 그 시위진압행위는 내란행위자들이 헌법기관인 대통령과 국무위원들을 강압하여 그 권능행사를 불가능하게 한 것으로 보아야 하므로 국헌문란에 해당한다.

내란목적살인죄는 국헌을 문란할 목적을 가지고 직접적인 수단으로 사람을 살해함으로써 성립하는 범죄라 할 것이므로, 국헌문란의 목적을 달성함에 있어 내란죄가 '폭동'을 그 수단으로 함에 비하여 내란목적살인죄는 '살인'을 그 수단으로 하는 점에서 두 죄는 엄격히 구별된다. 따라서 내란의 실행과정에서 폭동행위에 수반하여 개별적으로 발생한 살인행위는 내란행위의 한 구성요소를 이루는 것이므로 내란행위에 흡수되어 내란목적살인의 별죄를 구성하지 아니하나, 특정인 또는 일정한 범위 내의 한정된 집단에 대한 살해가 내란의 와중에 폭동에 수반하여 일어난 것이 아니라 그것 자체가 의도적으로 실행된 경우에는 이러한 살인행위는 내란에 흡수될 수 없고 내란목적살인의 별죄를 구성한다.

내란 가담자들이 하나의 내란을 구성하는 일련의 폭동행위 전부에 대하여 이를 모의하거나 관여한 바가 없다고 하더라도, 내란집단의 구성원으로서 전체로서의 내란에 포함되는 개개 행위에 대하여 부분적으로라도 그 모의에 참여하거나 기타의 방법으로 기여하였음이 인정된다면, 그 일련의 폭동행위 전부에 대하여 내란죄의 책임을 면할 수 없고, 한편 내란죄는 그 구성요건의 의미 내용 그 자체가 목적에 의하여 결합된 다수의 폭동을 예상하고 있는 범죄라고 할 것이므로, 내란행위자들에 의하여 애초에 계획된 국헌문란의 목적을 위하여 행하여진 일련의 폭동행위는 단일한 내란죄의 구성요건을 충족하는 것으로서 이른바 단순일죄로 보아야 한다.[16)]

내란죄에 있어서의 국헌문란의 목적은 현행의 헌법 또는 법률이 정한 정치적 기본조직을 불법으로 파괴하는 것을 말하고 구체적인 국가기관인 자연인만을 살해하거나, 그 계승을 기대하는 것은 이에 해당되지 않으나 반드시 초법규적인 의미는 아니라고 할 것이며, 공산, 군주 또는 독재제도로 변경하여야 하는 것은 더욱 아니고, 그 목적은 엄격한 증명사항에 속하고 직접적임을 요하나 결과발생의 희망, 의욕임을 필요로 한다고 할 수는 없고, 또 확정적 인식임을 요하지 아니하며, 다만 미필적인식이 있으면 족하다 할 것이다.
형법 제87조의 구성요건으로서의 "폭동"이라 함은 다수인이 결합하여 폭행, 협박하는 것을 말하는 것으로서 다수인의 결합은 어느 정도 조직화될 필요는 있으나, 그 수효를 특정할 수는 없는 것이고, 내란되는 폭동행위로서의 집단행동이 개시된 후 국토참절 또는 국헌문란의 목적을 달성하였는가의 여부에 관계없이 기수로 될 수 있음은 소론과 같으나, 그 폭동행위로 말미암아 한 지방의 평온을 해할 정도에 이르렀을 경우라야 기수로 된다고 할 것이고, 폭동의 내용으로서의 폭행 또는 협박은 최광의의 것으로서 이를 준비하거나 보조하는 행위를 총체적으로 파악한 개념이라고 할 것이다.[17)]

Ⅱ. 외환의 죄

1. 간첩죄

가. 간첩의 의미

형법 제98조 제1항에서 간첩이라 함은 적국에 제보하기 위하여 은밀한 방법으로 우리나라의 군사상은 물론 정치, 경제, 사회, 문화, 사상 등 기밀에 속한 사항 또는 도서, 물건을 탐지·수집하는 것을 말한다.[18)]

북한에 납북된 자가 단편적으로 지득한 기밀사항을 제보

형법 제98조 제1항의 간첩이라 함은 적국을 위하여 적국의 지령 사주 기타 의사의 연락 하에 군사상(총력전하에서는 정치 경제, 사회, 문화에 관한 분야를 포함한 광의로 해석하여야 할 것임) 기밀사항 또는 도서 물건을 탐지 모집하는 것을 의미하는 것이므로 북괴의 지령사주 기타의 의사의 연락없이 단편적으로 지득하였

16) 대판 1997. 4. 17. 96도3376 전원합의체.
17) 대판 1980. 5. 20. 80도306.
18) 대판 2011. 1. 20. 2008재도11 전원합의체.

던 군사상의 기밀사항을 북괴에 납북된 상태하에서 제보한 행위는 위 법조 소정의 간첩죄에 해당하지 아니하고 다만 반공법 제4조 제1항 소정의 반국가단체를 이롭게 하는 행위에 해당한다.[19)]

출입국 검사관의 책상위에 있는 수배자 명단을 유심히 살펴 특정 수배자를 알아냄

반국가단체 구성원으로부터 간첩지령을 받고 입국한 자가 출입국 검사관의 책상위에 있는 수배자 명단이 우연히 눈에 띈 것이라고 할지라도 이를 유심히 살핀 결과 특정 수배자를 알아냈다면 이는 간첩행위라고 보아야 한다.[20)]

나. 북한이 국가인지

북한괴뢰집단은 우리 헌법상 반국가적인 불법단체로서 국가로 볼 수 없으나, 간첩죄의 적용에 있어서는 이를 국가에 준하여 취급하여야 한다.[21)]

다. 국가기밀

간첩죄에 있어서의 군사상 기밀이란 현대전의 양상에 비추어 순수한 군사상 기밀뿐만 아니라 군사력에 직결되고 군작전 수행과 관련이 있는 정치, 경제, 사회, 문화 등 국가의 모든 분야에 걸쳐 적국에 알려짐으로써 우리나라에 군사상 불이익이 되는 일체의 기밀을 포함한다고 할 것이며 그 기밀이 비록 일반인 누구나 용이하게 볼 수 있고 알 수 있게 노출, 방치되었다고 하더라도 이를 적국에 제보할 목적으로 모집하였다면 간첩죄가 성립하고, 그 탐지, 모집한 기밀이 국가중요기밀이어야 하고 엄중히 보관되어 탐지, 모집이 극히 곤란한 것으로서 그 탐지, 모집도 은밀하거나 묘계로써 해야 한다는 논지는 이유없다.[22)]

간첩죄에 있어서의 국가기밀이란 순전한 의미에서의 국가기밀에만 국한할 것이 아니고 정치, 경제, 사회, 문화등 각 방면에 걸쳐서 대한민국의 국방정책상 북한에 알리지 아니하거나 확인되지 아니함이 이익이 되는 모든 기밀사항을 포함하고, 지령에 의하여 민심동향을 파악·수집하는 것도 이에 해당되며, 그 탐지·수집의 대상이 우리 국민의 해외교포사회에 대한 정보여서 그 기밀사항이 국외에 존재한다고 하여도 위의 국가기밀에 포함된다.[23)]

---

19) 대판 1975. 9. 23. 75도1773.

20) 대판 1978. 1. 10. 77도3571.

21) 대판 1983. 3. 22. 82도3036.

22) 대판 1982. 11. 23. 82도2201.

23) 대판 1988. 11. 8. 88도1630. 다음은 국가보안법상의 국가기밀에 관한 판례이다.
국가보안법 제4조 제1항 제2호 (나)목에 정한 기밀을 해석함에 있어서, 그 기밀은 정치, 경제, 사회, 문화 등 각 방면에 관하여 반국가단체에 대하여 비밀로 하거나 확인되지 아니함이 대한민국의 이익이 되는 모든 사실, 물건 또는 지식으로서, 그것들이 국내에서의 적법한 절차 등을 거쳐 이미 일반인에게 널리 알려진 공지의 사실, 물건 또는 지식에 속하지 아니한 것이어야 하고, 또 그 내용이 누설되는 경우 국가의 안전에 위험을 초래할 우려가 있어 기밀로 보

라. 실행의 착수와 기수

간첩의 목적으로 외국 또는 북한에서 국내에 침투 또는 월남하는 경우에는 기밀탐지가 가능한 국내에 침투 상륙함으로써 간첩죄의 실행의 착수가 있다고 할 것이다.
피고인이 기밀탐지임무를 부여받고 대한민국에 입국 기밀을 탐지 수집중 경찰관이 피고인의 행적을 탐문하고 갔다는 말을 전해 듣고 지령사항수행을 보류하고 있던 중 체포되었다면 피고인은 기밀탐지의 기회를 노리다가 검거된 것이므로 이를 중지범으로 볼 수는 없다.[24)]

국가보안법 2조, 7조, 형법98조 2항에서 말하는 간첩미수죄는 국가기밀을 탐지수집하라는 지령을 받았거나 소위 무인포스트를 설정하는 것만으로는 부족하고 그 지령에 따라 국가기밀을 탐지수집하는 행위의 실행의 착수가 있어야 성립된다.[25)]

이미 탐지·수집하여 지득하고 있는 사항을 타인에게 보고·누설
형법 제98조 제1항에서 간첩이라 함은 적국에 제보하기 위하여 은밀한 방법으로 우리나라의 군사상은 물론 정치, 경제, 사회, 문화, 사상 등 기밀에 속한 사항 또는 도서, 물건을 탐지·수집하는 것을 말하고, 간첩행위는 기밀에 속한 사항 또는 도서, 물건을 탐지·수집한 때에 기수가 되므로 간첩이 이미 탐지·수집하여 지득하고 있는 사항을 타인에게 보고·누설하는 행위는 간첩의 사후행위로서 위 조항에 의하여 처단의 대상이 되는 간첩행위 자체라고 할 수 없다.
진보당의 중앙위원장인 피고인 조봉암이 이미 지득하고 있던 관련 문건 등을 보고·누설한 행위는 간첩행위로 보기 어렵다.[26)]

호할 실질가치를 갖춘 것이어야 할 것이며, 다만 그것들이 공지된 것인지 여부는 신문 방송 등 대중매체나 통신수단 등의 발달 정도, 독자 및 청취의 범위, 공표의 주체 등 여러 사정에 비추어 보아 반국가단체 또는 그 지령을 받은 자가 더 이상 탐지·수집이나 확인·확증의 필요가 없는 것이라고 판단되는 경우 등이라 할 것이고, 누설할 경우 실질적 위험성이 있었는지 여부는 그 기밀을 수집할 당시의 대한민국과 북한 또는 기타 반국가단체와의 대치현황과 안보상황 등이 고려되는 건전한 상식과 사회통념에 따라 판단하여야 할 것이며, 그 기밀이 사소한 것이라 하더라도 누설될 경우 반국가단체에는 이익이 되고 대한민국에는 불이익을 초래할 위험성이 명백하다면 이에 해당한다.
남한의 미전향 장기수들의 인적사항, 수감교도소, 복역실태, 생활실태 등과 휴전선 부근의 지리상황, 땅굴발견을 위한 남한의 동태 등으로서 위와 같은 내용들은 탐지·수집이나 확인·확증의 필요가 없을 정도로 일반인에게 널리 알려진 공지의 사실이 아닐 뿐만 아니라 국가의 안전에 대한 불이익을 방지하기 위하여는 반국가단체에 알려지지 아니하도록 할 필요성 및 그것이 누설되는 경우 국가의 안전에 명백한 위험을 초래한다고 볼 만한 실질적인 가치성도 있다고 보아, 피고인이 누설한 내용이 국가보안법 제4조 제1항 제2호 (나)목 소정의 기밀에 해당한다고 판단한 원심판결을 수긍한 사례(대판 1997. 9. 9. 97도1656).

24) 대판 1984. 9. 11. 84도1381.

25) 대판 1974. 11. 12. 74도2662.
(1980년에 법률 제3318호로 개정되기 이전의) **국가보안법 제2조 (군사목적수행)** 반국가단체의 구성원 또는 그 지령을 받은 자가 그 목적수행을 위하여 형법 제92조 내지 제99조에 규정된 행위를 한 때에는 그 각조에 규정된 형에 처한다.
위 내용은 현행 국가보안법 4조에 규정되어 있다.

형법 제98조 제1항의 간첩죄를 범한 자가 그 탐지수집한 기밀을 누설한 경우나 구 국가보안법 제3조 제1호의 국가기밀을 탐지 수집한 자가 그 기밀을 누설한 경우에는 양죄를 포괄하여 1죄를 범한 것으로 보아야 하고, 간첩죄와 군사기밀누설죄 또는 국가기밀탐지수집죄와 국가기밀누설등 두가지 죄를 범한 것으로 인정할 수 없다.27)

2. 간첩방조

간첩은 대한민국지역에 입국함과 동시에 간첩행위에 착수한 것이므로 동인과 접선방법을 합의하였음은 간첩방조라 할 것이다.28)

북괴가 남파한 대남공작원으로 하여금 합법적인 신분을 가장케 하기 위한 행위는 간첩방조죄가 성립한다.29)

간첩이란 적국을 위하여 국가기밀 사항을 탐지 수집하는 행위를 지칭하는 것이므로 무전기를 매몰하는 행위를 간첩행위로 볼 수 없다 하겠으니 이를 망보아 준 행위는 간첩방조죄를 구성하지 않는다.30)

간첩의 실행행위에 착수하지 아니한 자를 숨겨줌

간첩을 숨겨준 사실이 있다 하더라도 그 간첩이 군사기밀을 탐지, 수집, 누설하거나 하려한 사실을 인정할 수 없어서 간첩의 범행을 용이하게 하려는 의사가 있다고 볼 수 없으면 간첩방조죄는 성립되지 아니한다.31)

숙식제공

북괴간첩에게 숙식을 제공하였다고 하여서 반드시 간첩방조죄가 성립된다고는 할 수 없고 행위자에게 간첩

26) 대판 2011. 1. 20. 2008재도11 전원합의체. 다음은 같은 취지이다.
피고인이 이미 탐지 수집한 사항을 입북하여 북괴 간부나 지도원 등에게 보고, 누설한 행위는 간첩행위가 아니다(대판 1982. 2. 23. 81도3063).
간첩으로서 군사기밀을 탐지수집하면 그로써 간첩행위는 기수가 되고 그 수집한 자료가 지령자에게 도달됨으로써 범죄의 기수가 되는 것은 아니다(대판 1963. 12. 12. 63도312).

27) 대판 1982. 4. 27. 82도285.

28) 대판 1971. 2. 25. 70도2417.

29) 대판 1970. 10. 30. 70도1870.

30) 대판 1983. 4. 26. 83도416.

31) 대판 1979. 10. 10. 75도1003. 다음은 같은 취지이다.
조총련간첩에 소개하여 일본국에 밀항하게 하거나 공동묘지를 촬영한 필름을 조총련간첩에게 준 것만으로는 간첩행위나 간첩방조행위라고 보기 어렵다(대판 1970. 6. 30. 70도896).

의 활동을 방조할 의사와 숙식제공으로서 간첩활동을 용이하게 한 사실이 인정되어야 한다.[32)]

3. 군사상기밀누설

적국에 누설한 군사상기밀이 직무에 관한 것인지 여부

직무에 관하여 군사상 기밀을 지득한 자가 이를 적국에 누설한 경우에는 형법 제98조(간첩) 제2항에, 직무와 관계없이 지득한 군사상 기밀을 적국에 누설한 경우에는 형법 제99조(일반이적)에 각 해당한다.[33)]

형법 98조 2항의 군사기밀누설죄는 직무상 지득한 군사상의 기밀을 누설한 경우에 한하여 성립하는 것이므로 피고인이 일본 동경 재일조선인 총연맹본부에서 이모와 공소외인 집에서 재일 조총련계인 이복형에게 각 진술한 사실들이 직무상 지득한 것이 아니라면 위 법조 소정의 군사기밀누설죄를 범한 것으로 볼 수 없다.[34)]

피고인이 회사의 노조지부장으로 재직 중 지득한 사실을 간첩에게 고지하여 누설한 행위를 국가보안법 제2조, 형법 제98조 제2항에 의율하였음은 정당하다.[35)]

32) 대판 1967. 1. 31. 66도1661.
33) 대판 1982. 7. 13. 82도968; 대판 1982. 11. 23. 82도2201.
34) 대판 1976. 7. 27. 76도1402.
35) 대판 1980. 9. 9. 80도1430.

제 2 장 공무원의 직무범죄

判例中心 刑法各論

제 1 절 직무유기

1. 의 의

직무유기죄는 구체적으로 그 직무를 수행하여야 할 작위의무가 있는데도 불구하고 이러한 직무를 버린다는 인식하에 그 작위의무를 수행하지 아니함으로써 성립하는 것이고, 또 그 직무를 유기한 때라 함은 공무원이 법령, 내규 등에 의한 추상적인 충근의무를 태만히 하는 일체의 경우를 이르는 것이 아니고, 직장의 무단이탈, 직무의 의식적인 포기 등과 같이 그것이 국가의 기능을 저해하며 국민에게 피해를 야기시킬 가능성이 있는 경우를 말하는 것이다.[1)]

2. 직무의 의식적인 포기

형법 제122조 후단 소정의 공무원이 정당한 이유 없이 직무를 유기한 때라 함은 직무에 관한 의식적인 방임 내지 포기 등 정당한 사유 없이 직무를 수행하지 아니한 경우를 의미하는 것이므로 공무원이 태만, 분망, 착각 등으로 인하여 직무를 성실히 수행하지 아니한 경우나 형식적으로 또는 소홀히 직무를 수행하였기 때문에 성실한 직무수행을 못한 것에 불과한 경우에는 직무유기죄는 성립하지 아니한다.[2)]

---

1) 대판 1983. 3. 22. 82도3065; 대판 1997. 4. 22. 95도748.

2) 대판 1997. 8. 29. 97도675. 다음은 같은 취지이다.
통고처분이나 고발을 할 권한이 없는 세무공무원이 그 권한자에게 범칙사건 조사 결과에 따른 통고처분이나 고발조치를 건의하는 등의 조치를 취하지 않았다고 하더라도, 구체적 사정에 비추어 그것이 직무를 성실히 수행하지 못한 것이라고 할 수 있을지언정 그 직무를 의식적으로 방임 내지 포기하였다고 볼 수 없다(대판 1997. 4. 11. 96도2753).

가. 의식적 포기 인정례

경찰관이 장시간 방치된 오토바이들을 수회에 걸쳐 습득하여 오토바이 상회 운영자로 하여금 임의적 처분케 함

방치되어 있는 오토바이를 치워달라는 신고를 받으면 습득물 처리지침에 따라 신고대장을 작성하고 보고서와 함께 오토바이를 경찰서 방범과로 보내야 하는 직무가 있는 경찰관이 장기간에 걸쳐 여러 번 오토바이를 오토바이 상회 운영자에게 보관시키고도 경찰관 스스로 소유자를 찾아 반환하도록 처리하거나 상회 운영자에게 반환 여부를 확인한 일이 전혀 없고, 상회 운영자로부터 오토바이를 보내준 대가 또는 그 처분대가로 돈까지 지급받았다면, 경찰관의 이와 같은 행위는 습득물을 단순히 상회 운영자에게 보관시키거나 소유자를 찾아서 반환하도록 협조를 구한 정도를 벗어나 상회 운영자에게 그 습득물에 대한 임의적인 처분까지 용인한 것으로서 습득물 처리 지침에 따른 직무를 의식적으로 방임 내지 포기하고 정당한 사유 없이 직무를 수행하지 아니한 경우에 해당한다.[3)]

과세자료전 등이 은닉되어 있음을 발견한 세무공무원이 이를 방치

피고인이 세무서 소득세과 재산세계에 근무하면서 과세자료처리 및 정리등 사무를 취급하였는데 같은 계 근무직원인 갑의 책상서랍속에 을 대한 양도소득세 과세자료전들이 은닉되어 있는 것을 발견하였는데 그 당시 피고인이 위 과세자료들을 자료대장에 등재할 직무를 직접 담당하고 있지는 않았다 하더라도 이러한 업무의 보조업무에 해당하는 업무를 담당하고 있었고, 또 위 자료전의 은닉이 을에 대한 양도소득세가 부과되지 않도록 하기 위한 고의적 은닉이라는 사실과 을이 주민등록을 여러차례 옮겨 전출한 사실을 알고 있었다면, 피고인으로서는 갑으로 하여금 위 자료전을 조속히 처리함으로써 세원을 양성화하여 국가의 적정한 조세징수권행사를 할 수 있도록 조치할 의무가 있다고 할 것이며 동 의무는 단순히 윤리적, 추상적인 직무를 넘어선 구체적인 직무라 할 것이므로, 피고인이 갑에 대하여 위 과세자료를 자료정리부에 등재하여 자기에게 넘겨달라고 촉구만 하고 그대로 이를 방치하였다면 직무유기죄를 구성한다고 볼 것이다.[4)]

---

3) 대판 2002. 5. 17. 2001도6170. 다음은 같은 취지이다.

학생군사교육단의 당직사관으로 주번근무를 하던 육군 중위가 당직근무를 함에 있어서 훈육관실에서 학군사관후보생 2명과 함께 술을 마시고 내무반에서 학군사관후보생 2명 및 애인 등과 함께 화투놀이를 한 다음 애인과 함께 자고 난 뒤 교대할 당직근무자에게 당직근무의 인계, 인수도 하지 아니한 채 퇴근하였다면 직무유기죄가 성립된다(대판 1990. 12. 21. 90도2425).

소속대 수송관 겸 3종 출납관으로서 소속대 유류수령과 불출 및 그에 따른 결산 기타 업무를 수행할 직무있는 자가 신병치료를 이유로 상부의 승인없이 1984. 12.초부터 1985 .3.경까지 3종 출납관 도장과 창고열쇠를 포함한 3종 업무 일체를 계원에게 맡겨두고 이에 대한 일체의 확인감독마저 하지 않았다면 이는 부대관례에 따른 정당한 위임의 정도를 벗어난 직무의 의식적인 포기로서 직무유기죄에 해당한다(대판 1986. 2. 11. 85도2471).

가축위생시험소 소속 수의사보인 피고인이 가축도축업체에 배치되어 가축검사원으로 재직하는 공무원으로서 위 도축장에서 소에 대한 강제급수의 방지와 사료의 소화·신선한 육질의 유지를 위해 퇴근시에는 소 계류장에 들어온 소의 숫자와 상태를 확인하고 소 계류장 출입문의 시정·봉인조치를 이행하고, 부득이 퇴근 후 도축의뢰되는 소를 계류장에 입사시킬 경우에는 검사원이 나가 계류장 문을 열고 입사시킨 후 다시 시정·봉인하여 소에 대한 강제급수를 미리 방지하는등 검사원으로서의 직무를 철저히 해야 함에도, 퇴근시 소 계류장의 시정·봉인조치를 취하지 아니하고 그 관리를 도축장 직원에게 방치한 행위는 직무유기죄에 해당된다(대판 1990. 5. 25. 90도191).

4) 대판 1984. 4. 10. 83도1653.

피고인들을 비롯한 경찰관들이 현행범으로 체포한 도박혐의자 17명에 대해 현행범체포서 대신에 임의동행동의서를 작성하게 하고, 그나마 제대로 조사도 하지 않은 채 석방하였으며, 현행범 석방사실을 검사에게 보고도 하지 않았고, 석방일시·사유를 기재한 서면을 작성하여 기록에 편철하지도 않았으며, 압수한 일부 도박자금에 관하여 압수조서 및 목록도 작성하지 않은 채 검사의 지휘도 받지 않고 반환하였고, 일부 도박혐의자의 명의도용 사실과 도박 관련 범죄로 수회 처벌받은 전력을 확인하고서도 아무런 추가조사 없이 석방한 사안에서, 이는 단순히 업무를 소홀히 수행한 것이 아니라 정당한 사유 없이 의도적으로 수사업무를 방임 내지 포기한 것이라고 봄이 상당하다.[5]

세관감시과 소속 공무원으로서 항구에 정박 중인 외항선에 머무르면서 밀수여부의 감시, 방지 등 근무명령을 받았음에도 불구하고 감기가 들어 몸이 불편하다는 구실로 위 임무를 도중에 포기하고 집에 돌아와 자버린 행위는 위 임무를 포기하지 아니치 못할 정당한 사유가 있지 않은 이상 그 임무를 포기하고 직무를 유기한 것이라고 할 것이다.[6]

나. 의식적 포기 부정례

경찰서장이 무차별 총기난사사건을 특수범 진압조직으로 대처하지 못함

피고인이 치안책임자(경찰서장)로서 그 관내에서 일어난 총기난동사건에 대하여 전혀 효과적인 대응책을 강구하지 못한 사실은 인정되지만, 사건 당일은 칠흑같은 깊은 밤인데다 비마저 내리고 있어서 총기난동자의 소재파악이 어려웠을 뿐만 아니라, 피고인의 직속부하인 경찰관이 그 관내에서 총기를 무차별 난사하여 수십명을 헤아리는 사상자가 발생하는 미증유의 사태에서 피고인이 망연 자실하여 거의 정상적인 사고력을 잃은 정도였고, 피고인이 궁유지서에 도착한 당일 01:30경은 이미 범인이 총기난사를 끝내고 은신하고 있을 때라는 사실 등에 비추어 보면, 특수범 진압조직으로 대처하지 않았다는 점 등 피고인의 대응조치가 적절하지 못하였다는 사정만으로서는 형법상 직무유기죄가 성립한다고 볼 수 없다.[7]

파업에 참가한 소속 공무원들을 관할 인사위원회가 아닌 자체 인사위원회에 징계의결요구하거나 훈계처분

직무유기죄는 공무원이 법령·내규 등에 의한 추상적 충근의무를 태만히 하는 일체의 경우에 성립하는 것이 아니라, 직장의 무단이탈이나 직무의 의식적인 포기 등과 같이 국가의 기능을 저해하고 국민에게 피해를 야기시킬 구체적 위험성이 있고 불법과 책임비난의 정도가 높은 법익침해의 경우에 한하여 성립하므로, 어떠한 형태로든 직무집행의 의사로 자신의 직무를 수행한 경우에는 그 직무집행의 내용이 위법한 것으로 평가된다는 점만으로 직무유기죄의 성립을 인정할 것은 아니다.

지방자치단체장이 전국공무원노동조합이 주도한 파업에 참가한 소속 공무원들에 대하여 관할 인사위원회에

5) 대판 2010. 6. 24. 2008도11226.
6) 대판 1970. 9. 29. 70도1790.
7) 대판 1983. 1. 18. 82도2624.

징계의결요구를 하지 아니하고 가담 정도의 경중을 가려 자체 인사위원회에 징계의결요구를 하거나 훈계처분을 하도록 지시한 행위가 직무유기죄를 구성하지 않는다.[8)]

수사기관 등으로부터 징계사유를 통보받고도 1개월 내에 징계의결을 요구하지 않음

수사기관 등으로부터 통보받은 자료 등으로 보아 징계사유에 해당함이 객관적으로 명백한 경우 등 특별한 사정이 없는 한 징계사유를 통보받은 날로부터 1개월 내에 징계요구를 하지 않았다는 것만으로 곧바로 직무를 유기한 것에 해당한다고 볼 수 없다고 한 사례.[9)]

---

8) 대판 2007. 7. 12. 2006도1390. 다음은 같은 취지이다.

사법경찰관리가 위법사실을 조사하여 검사에게 인지 보고하지 아니하고 훈방

공무원이 직무를 유기한 때라 함은 공무원이 법령 내규 또는 지시 통첩에 의한 추상적인 충근의무를 게을리한 일체의 경우를 지칭하는 것이 아니라 주관적으로 직무집행의사를 포기하고 객관적으로 정당한 이유없이 직무집행을 하지 아니하는 부작위상태가 있어 국가기능을 저해하는 경우를 말한다 할 것인바, 사법경찰관리가 직무집행의사로 위법사실을 조사하여 훈방하는 등 어떤 형태로든지 그 직무집행행위를 하였다면 형사피의사건으로 입건수사하지 않았다 하여 곧 직무유기죄가 성립한다고 볼 수는 없다(대판 1982. 6. 8. 82도117).

약사 감시원이 무허가 약국개설자를 적발하고 상사에 보고하여 그 지시에 따라 약국을 폐쇄토록 하였다면 수사관서에 고발하지 아니하였다 하여 직무를 유기했다 할 수 없다(대판 1969. 2. 4. 67도184).

시청 양정계 직원이 직무집행 의사로써 직무집행행위를 한 이상 그 내용이 부실하였다 하더라도 직무 유기죄가 성립되지 않는다고 할 것이다(대판 1969. 8. 19. 69도932).

9) 대판 2013. 6. 27. 2011도797. 구체적인 판시는 다음과 같다.

교육공무원 징계령 제6조 제3항, 제4항은 교육공무원에게 징계사유가 있음을 알게 된 수사기관의 장 등으로 하여금 해당 교육공무원에 대한 징계의결요구권을 가지고 있는 교육기관 등의 장에게 징계사유를 증명할 수 있는 관계 자료를 통보함으로써 징계절차의 원활한 진행이 가능하도록 하는 한편, 징계의결요구권자에 의한 자의적인 징계운영을 견제하려는 데에 그 취지가 있다. 그러므로 이 경우에도 징계의결요구권을 갖는 교육기관 등의 장은 통보받은 자료 등을 토대로 소속 교육공무원의 구체적인 행위가 과연 징계사유에 해당하는지에 관하여 판단할 재량을 갖는다고 할 것이지만, 통보받은 자료 등을 통해 징계사유에 해당함이 객관적으로 명백하다고 확인되는 때에는 상당한 이유가 없는 한 1월 이내에 징계의결을 요구할 의무가 있다고 보아야 한다. 따라서 통보받은 자료 등을 통해 징계사유에 해당함이 객관적으로 명백하고, 달리 징계의결을 요구하지 아니할 상당한 이유가 없는데도 1월 이내에 관할 징계위원회에 징계의결을 요구하지 아니하면, 이는 재량권의 한계를 벗어난 것으로서 위법할 뿐만 아니라 법령에서 부여된 구체적인 작위의무를 수행하지 아니한 경우에 해당할 수 있다. 이때 징계사유에 해당함이 객관적으로 명백한지 및 상당한 이유가 있는지는 징계사유에 해당한다고 통보받은 구체적인 사실관계의 내용과 그에 대한 법적 평가, 증거 자료의 구비 정도, 징계의 필요성이나 적절성, 징계의결요구를 유보하는 데에 합당한 이유가 있었는지 등을 관계 자료가 통보된 때로부터 1월이 경과하는 시점을 기준으로 객관적이고 합리적인 방법으로 판단하여야 한다.

지방자치법은 지방자치단체의 장이 법령의 규정에 따라 그 의무에 속하는 국가위임사무 등의 관리와 집행을 명백히 게을리하고 있다고 인정되면 주무부장관이 그 직무의 이행을 명령할 수 있고, 지방자치단체의 장은 그 이행명령에 이의가 있으면 15일 이내에 대법원에 소를 제기할 수 있다고 규정하고 있는데(제170조 제1항, 제3항), 이 규정은 '지방교육자치에 관한 법률' 제3조에 의하여 지방자치단체의 교육과 학예에 관한 사무에도 준용된다. 따라서 지방자치단체의 교육기관 등의 장이 국가위임사무인 교육공무원에 대한 징계사무를 처리함에 있어 주무부장관의 직무이행명령을 받은 경우에도 이의가 있으면 대법원에 소를 제기할 수 있다 할 것이므로, 수사기관 등으로부터 징계사유를 통보받고도 징계요구를 하지 아니하여 주무부장관으로부터 징계요구를 하라는 직무이행명령을 받았다 하더라도 그에 대한 이의의 소를 제기한 경우에는, 수사기관 등으로부터 통보받은 자료 등으로 보아 징계사유에 해당함이 객관적으로 명백한 경우 등 특별한 사정이 없는 한 징계사유를 통보받은 날로부터 1개월 내에 징계요구를 하지 않았다는 것만으로 곧바로 직무를 유기한 것에 해당한다고 볼 수는 없다.

징계처분권자가 징계위원회로부터 징계의결서를 통보받고도 집행을 유보

교육기관·교육행정기관·지방자치단체 또는 교육연구기관의 장이 징계의결을 집행하지 못할 법률상·사실상의 장애가 없는데도 징계의결서를 통보받은 날로부터 법정 시한이 지나도록 집행을 유보하는 모든 경우에 직무유기죄가 성립하는 것은 아니고, 그러한 유보가 직무에 관한 의식적인 방임이나 포기에 해당한다고 볼 수 있는 경우에 한하여 직무유기죄가 성립한다고 보아야 한다.[10)]

교도소 출정계장이 재소자의 호송계호업무를 불성실하게 수행하여 집단도주사고 발생

교도소 보안과 출정계장과 감독교사가 호송지휘관 및 감독교사로서 호송교도관 5명을 지휘하여 재소자 25명을 전국의 각 교도소로 이감하는 호송업무를 수행함에 있어서, 시간이 촉박하여 호송교도관들이 피호송자 개개인에 대하여 규정에 따른 검신 등의 절차를 철저히 이행하지 아니한 채 호송하는 데도 위 호송교도관들에게 호송업무 등을 대강 지시한 후에는 그들이 이를 제대로 수행할 것으로 믿고 구체적인 확인, 감독을 하지 아니한 잘못으로 말미암아 피호송자들이 집단도주하는 결과가 발생한 경우, 위 출정계장과 감독교사가 재소자의 호송계호업무를 수행함에 있어서 성실하게 그 직무를 수행하지 아니하여 충근의무에 위반한 잘못은 인정되나 고의로 호송계호업무를 포기하거나 직무 또는 직장을 이탈한 것이라고는 볼 수 없으므로 형법상 직무유기죄를 구성하지 아니한다.[11)]

10) 대판 2014. 4. 10. 2013도229. 구체적인 판시는 다음과 같다.
구 교육공무원법 제51조 제1항 전문, 교육공무원 징계령 제16조 본문, 제17조 제1항, 국가공무원법 제82조 제2항 전문 규정과 같이, 교육공무원 징계령 제17조 제1항이 징계처분권자가 징계위원회로부터 징계의결서를 받은 경우에는 받은 날로부터 15일 이내에 집행하여야 한다고 규정하고 있는 점, 교육공무원의 징계에 관한 사항을 징계위원회의 의결사항으로 규정한 것은 임용권자의 자의적인 징계운영을 견제하여 교육공무원의 권익을 보호함과 아울러 징계의 공정성을 담보할 수 있도록 절차의 합리성과 공정한 징계운영을 도모하기 위한 데에 입법 취지가 있는 점, 징계의결서를 통보받은 징계처분권자는 국가공무원법 제82조 제2항에 의하여 해당 징계의결이 가볍다고 인정하는 경우에 한하여서만 심사 또는 재심사를 청구할 수 있는 점 등 교육공무원의 징계에 관한 관련 규정을 종합하여 보면, 교육기관·교육행정기관·지방자치단체 또는 교육연구기관의 장이 징계위원회로부터 징계의결서를 통보받은 경우에는 해당 징계의결을 집행할 수 없는 법률상·사실상의 장애가 있는 등 특별한 사정이 없는 이상 법정 시한 내에 이를 집행할 의무가 있다.
시국선언에 참여한 교사들에 대한 형사재판의 진행 경과 및 시국선언 참여행위의 정당성 여부에 관한 찬반양론이 대립하였던 점, 전임 전라북도 교육감 공소외인이 재직 당시 위 교사들에 대한 이 사건 징계의결의 집행 유보를 선언하였던 점, 이후 피고인이 이 사건 징계의결의 집행을 유보하게 된 경위와 위 교사들에 대한 형사사건의 대법원판결이 있던 당일 징계의결을 집행한 점, 이 사건 징계의결의 집행 유보로 학생들의 학습권이 침해되었다고 볼 만한 자료가 없는 점 등의 사정을 들어, 피고인이 이 사건 징계의결의 집행을 유보한 행위를 직무의 의식적인 방임이나 포기로 볼 수 없다고 판단하여 피고인에 대하여 무죄를 선고한 것은 정당하다.

11) 대판 1991. 6. 11. 91도96. 다음은 같은 취지이다.
일직사관이 순찰 등을 하지 않고 상황실에서 2미터 떨어진 곳에서 잠을 잠
형법 제122조에서 공무원이 정당한 이유없이 그 직무를 유기한 때라 함은 공무원이 정당한 사유 없이 의식적으로 직무를 포기하거나 직무 또는 직장을 이탈하는 것을 말하며 공무원이 직무수행을 함에 있어서 태만, 착각 등으로 이를 성실하게 수행하지 아니한 경우까지 포함하는 것은 아니라 할 것이므로 피고인이 순찰 및 검사 등을 하지 아니하고 잠을 잔 것은 일직사관으로서의 직무를 성실하게 수행하지 아니하여 충근의무에 위반한 허물이 있다고 하겠으나 근무 장소에서 유사시에 깨어 직무수행에 임할 수 있는 상황(상황실로부터 피고인이 누운 침상까지는 2미터 정도의 거리로서 판자칸막이가 있는데 불과함)에서 잠을 잔 것이므로 피고인이 고의로 일직사관으로서의 직무를 포기하거

외제담배 긴급압수 후 도주한 범칙자를 찾는데 급급하여 압수수색영장을 신청 못함

형법 제122조에 규정된 직무유기죄의 성립에는 주관적으로 직무를 버린다는 인식과 객관적으로 직무 또는 직장을 벗어나는 행위가 있어야 하므로 전매공무원인 피고인이 외제담배를 긴급압수한 후 도주한 범칙자를 찾는데 급급하여 미처 압수수색영장을 신청하지 못한 이 사건에서와 같이 직무수행과 관련하여 태만, 분망, 착각 등 일신상 또는 객관적 사유로 인하여 부당한 결과를 초래한 것에 불과한 경우에는 직무유기죄는 성립하지 않는다.[12)]

3. 국가의 기능저해, 국민에 대한 피해 야기가능성

병가 중의 철도공무원들이 파업에 참가

병가 중인 철도공무원들이 전국철도노동조합의 일부 조합원들로 구성된 임의단체인 전국기관차협의회가 주도한 파업에 참가한 사안에서,

직무를 유기한 때라 함은 공무원이 법령, 내규 등에 의한 추상적인 충근의무를 태만히 하는 일체의 경우를 이르는 것이 아니고, 직장의 무단이탈, 직무의 의식적인 포기 등과 같이 그것이 국가의 기능을 저해하며 국민에게 피해를 야기시킬 가능성이 있는 경우를 말하는 것이므로 병가 중인 자의 경우 구체적인 작위의무 내지 국가기능의 저해에 대한 구체적인 위험성이 있다고 할 수 없어 직무유기죄의 주체로 될 수는 없다. 그러나 병가 중인 자도 직무유기죄의 직무유기의 주체가 되는 다른 조합원들과의 공범관계가 인정되는 때에는 직무유기죄가 성립한다.[13)]

4. 직무범위에 속할 것

사법경찰관리가 벌금미납자로 지명수배된 자를 만나고도 검거하지 않음

경찰관인 피고인이 벌금미납자로 지명수배되어 있던 갑을 세 차례에 걸쳐 만나고도 그를 검거하여 검찰청에 신병을 인계하는 등 필요한 조치를 취하지 않아 정당한 이유 없이 직무를 유기하였다는 내용으로 예비적으로 기소된 사안에서, 벌금미납자에 대한 노역장유치 집행을 위하여 검사의 지휘를 받아 형집행장을 집행하는

나 직장을 이탈한 것이라고는 볼 수 없다(대판 1984. 3. 27. 83도3260).

피고인이 세관수입과에서 검사사무를 맡아보던 중 항구부두 창고 내에 수입장치되어 있는 염료 및 안료라는 물품을 검사할 때에 그 물품이 들어있는 깡통 중에는 "신나"라는 물품표시와 화기엄금이라는 위험표시가 있었음에도 불구하고 15개의 각 깡통 중에서 분석 감정용으로 조금씩 채취하기만 하고 보세화물장치요강에 따라 이를 위험물창고에 옮기도록 상사나 소관과나 장, 차장에게 협의하는 등 조치를 취하지 않고 방치하였다 하여도 본법상 직무유기죄를 구성하지 않는다(대판 1970. 11. 24. 70도2113).

차량부속품을 불출받는 직무를 수행함에 있어서 일부 받지 아니한 품목을 받은 것처럼 불출관에게 공제하여 준 행위는 직무에 관한 의식적인 방임 내지는 포기등 정당한 이유없이 그 직무를 수행하지 않은 경우라고 볼 수 없으므로 직무유기죄를 구성하지 아니한다(대판 1977. 11. 22. 77도2952).

12) 대판 1982. 9. 28. 82도1633.

13) 대판 1997. 4. 22. 95도748.

경우 벌금미납자 검거는 사법경찰관리의 직무범위에 속한다고 보아야 한다.[14]

군사법경찰업무에 종사하지 아니하는 하사관이 군무이탈자를 체포 연행할 의무

군형법 제24조에 규정된 직무유기죄가 성립되려면 그 직무의 내용이 성문된 법령상의 근거가 있거나 적어도 군대내의 특단의 지시 또는 명령이 있어 그것이 고유의 직무내용을 이루고 있어야 하는 바 군인복무규율 12조에 의해도 부대지휘관에게 소속부대원이 부대내에서 소란을 일으킨 경우를 상급부대에 보고하여야 한다는 고유의 직무가 있다고 할 수 없고 타에 이런 경우에 보고할 의무가 대대장의 고유의 직무라고 볼만한 자료가 없으므로 그 보고를 아니한 대대장을 직무유기죄로 처단할 수 없다.

하사관인 피고인은 군사법경찰업무에 종사하는 자가 아니므로 군무이탈자를 체포 연행할 의무가 있다 할 수 없고 설사 상관으로부터 군무이탈자를 체포 동행하라는 명령지시가 있다하여도 이 명령은 군사법경찰관리가 아닌 피고인에 대한 위법한 것이라 할 것이므로 피고인에게 그런 직무가 있다고 할 수 없으니 군무이탈자를 동행 중 놓쳤다 하여 직무유기로 단정할 수 없다.[15]

5. 계속범

직무유기죄는 그 직무를 수행하여야 하는 작위의무의 존재와 그에 대한 위반을 전제로 하고 있는바, 그 작위의무를 수행하지 아니함으로써 구성요건에 해당하는 사실이 있었고 그 후에도 계속하여 그 작위의무를 수행하지 아니하는 위법한 부작위상태가 계속되는 한 가벌적 위법상태는 계속 존재하고 있다고 할 것이며 형법 제122조 후단은 이를 전체적으로 보아 1죄로 처벌하는 취지로 해석되므로 이를 즉시범이라고 할 수 없다.[16]

6. 다른 범죄와의 관계

공무원이 어떠한 위법사실을 발견하고도 직무상 의무에 따른 적절한 조치를 취하지 아니하고 위법사실을 적극적으로 은폐할 목적으로 허위공문서를 작성, 행사한 경우에는 직무위배의 위법상태는 허위공문서작성 당시부터 그 속에 포함되는 것으로 작위범인 허위공문서작성, 동행사죄만이 성립하고 부작위범인 직무유기죄

14) 대판 2011. 9. 8. 2009도13371.

15) 대판 1976. 10. 12. 75도1895. 다음은 같은 취지이다.
중대장의 보고의무는 특단의 사정이 없는 한 그 직속 상관인 대대장에게 보고함으로써 족하다 할 것이고 중대장이 대대장에게 뿐 아니라 연대장에게도 직접 보고의무가 있다는 성문된 법령상의 근거가 없다면 적어도 군대내의 특단의 지시 또는 명령이 있어 피고인에게 연대장에 대한 보고의무가 있음을 확정한 후가 아니면 피고인이 연대장에게 보고를 하지 아니한 행위에 대하여 직무유기죄의 성립을 인정할 수 없다(대판 1965. 9. 7. 65도464).
지방검찰청검사장의 지명을 받은 군사법경찰관리가 군용물등 범죄에 관한 특별조치법에 규정된 범죄 이외의 범죄를 수사하다가 중단한 경우에 직무유기죄가 성립하지 않는다(대판 1974. 6. 11. 74도1270).

16) 대판 1997. 8. 29. 97도675.

는 따로 성립하지 아니한다.[17)]

가. 직무유기죄가 다른 범죄에 포함되는 경우

예비군대원이 훈련에 불참하였음에도 참석한 것처럼 허위로 학급편성명부를 작성, 행사

예비군 중대장이 그 소속 예비군대원의 훈련불참사실을 알았다면 이를 소속 대대장에게 보고하는 등의 조치를 취할 직무상의 의무가 있음은 물론이나, 그 소속 예비군대원의 훈련불참사실을 고의로 은폐할 목적으로 당해 예비군대원이 훈련에 참석한 양 허위내용의 학급편성명부를 작성, 행사하였다면, 직무위배의 위법상태는 허위공문서작성 당시부터 그 속에 포함되어 있는 것이고 그 후 소속대대장에게 보고하지 아니하였다 하더라도 당초에 있었던 직무위배의 위법상태가 그대로 계속된 것에 불과하다고 보아야 하고, 별도의 직무유기죄가 성립하여 양죄가 실체적 경합범이 된다고 할 수 없다.[18)]

검사로부터 범인검거 지시를 받고도 범인을 도피케 함

피고인이 검사로부터 범인을 검거하라는 지시를 받고서도 그 직무상의 의무에 따른 적절한 조치를 취하지 아니하고 오히려 범인에게 전화로 도피하라고 권유하여 그를 도피케 하였다는 범죄사실만으로는 직무위배의 위법상태가 범인도피행위 속에 포함되어 있는 것으로 보아야 할 것이므로, 이와 같은 경우에는 작위범인 범인도피죄만이 성립하고 부작위범인 직무유기죄는 따로 성립하지 아니한다.[19)]

압수한 오락기 기판을 증거로 사용하지 않고 오락실 업주에게 반환

경찰서 방범과장이 부하직원으로부터 음반·비디오물 및 게임물에 관한 법률위반 혐의로 오락실을 단속하여 증거물로 오락기의 변조 기판을 압수하여 사무실에 보관중임을 보고받아 알고 있었음에도 그 직무상의 의무에 따라 위 압수물을 수사계에 인계하고 검찰에 송치하여 범죄 혐의의 입증에 사용하도록 하는 등의 적절한 조치를 취하지 않고, 오히려 부하직원에게 위와 같이 압수한 변조 기판을 돌려주라고 지시하여 오락실 업주

---

17) 대판 1999. 12. 24. 99도2240; 대판 2004. 3. 26. 2002도5004.

18) 대판 1982. 12. 28. 82도2210. 다음은 같은 취지이다.

위법건축물 예방단속 공무원이 위법건축을 교사

위법건축물이 발생하지 않도록 자신은 물론 소관 부하직원들로 하여금 이를 예방단속하게 하여야 할 직무상 의무있는 자가 위법건축을 하도록 타인을 교사한 경우 직무위배의 위법상태는 건축법위반 교사행위에 내재하고 있는 것이므로 건축법위반교사죄와 직무유기죄는 실체적 경합범이 되지 아니한다(대판 1980. 3. 25. 79도2831).

공무원이 신축건물에 대한 착공 및 준공검사를 마치고 관계서류를 작성함에 있어 그 허가조건 위배사실을 숨기기 위하여 허위의 복명서를 작성 행사하였을 경우에는 작위범인 허위공문서작성 동행사죄만이 성립하고 부작위범인 직무유기죄는 성립하지 아니한다(대판 1972. 5. 9. 72도722).

세무공무원이 범칙사건을 수사하고 관계서류를 작성함에 있어 그 혐의 사실을 고의로 은폐하기 위하여 내용허위의 전말서나 진술조서등을 작성하였다면 허위공문서작성 동행사죄만이 성립되고 직무유기죄는 성립하지 않는다(대판 1971. 8. 31. 71도1176).

19) 대판 1996. 5. 10. 96도51.

에게 이를 돌려준 경우, 작위범인 증거인멸죄만이 성립하고 부작위범인 직무유기죄는 따로 성립하지 아니한다.[20]

나. 직무유기죄가 다른 범죄에 포함되지 않는 경우

농지의 불법전용을 확인하였으므로 농지전용이 불가함을 알면서도 허가가 타당하다는 현장출장복명서 작성

당진군청 산업과 농어촌개발계에 근무하면서 농지전용허가 및 불법 농지전용고발 등 전반적인 농지사무를 담당하고 있던 피고인은 갑으로부터 농지에 관한 일시전용허가 신청서를 접수하였으나, 당진읍사무소 직원으로부터 갑이 당진읍 소재 임야 2필지에서 토석을 채취하면서 인근 절대농지 4필지를 그 채석장의 진입로 및 골재야적장으로 사용하는 등 농지를 불법전용하고 있다는 사실을 통보받고 현장도면 및 사진등 증거자료를 교부받은 후 현장을 확인하였으므로 불법전용된 농지를 원상복구하고 적법절차를 거쳐 다시 신청을 하기 전에는 위 농지의 전용을 허가하여 주어서는 아니 됨을 직무상 잘 알고 있음에도 불구하고 위 농지의 일시전용허가를 하여 주기 위하여, 행사할 목적으로, 현장출장복명서를 작성하면서 위와 같은 불법농지전용사실은 일체 기재하지 아니한 채 복명자 의견란에 위 농지에 출장하여 확인 조사한 결과 경지지역 내에 석산개발을 위한 진입로를 시설코자 하는바, 허가하여 줌이 타당하다고 사료되어 허가코자 한다라는 취지로 기재하고, 심사의견서를 작성하면서 종합의견란에 적합하다는 표시를 하고 그 이유로서 위 복명서와 같은 취지로 기재한 것은 허위공문서작성죄에 해당한다.

농지사무를 담당하고 있는 군직원으로서는 그 관내에서 발생한 농지불법전용 사실을 알게 되었으면 군수에게 그 사실을 보고하여 군수로 하여금 원상회복을 명하거나 나아가 고발을 하는 등 적절한 조치를 취할 수 있도록 하여야 할 직무상 의무가 있는 것이므로 농지불법전용 사실을 외면하고 아무런 조치를 취하지 아니한 것은 자신의 직무를 저버린 행위로서 농지의 보전·관리에 관한 국가의 기능을 저해하며 국민에게 피해를 야기시킬 가능성이 있어 직무유기죄에 해당한다.

공무원이 어떠한 위법사실을 발견하고도 직무상 의무에 따른 적절한 조치를 취하지 아니하고 위법사실을 적극적으로 은폐할 목적으로 허위공문서를 작성·행사한 경우에는 직무위배의 위법상태는 허위공문서작성 당시부터 그 속에 포함되는 것으로 작위범인 허위공문서작성, 동행사죄만이 성립하고 부작위범인 직무유기죄는 따로 성립하지 아니하나, 위 복명서 및 심사의견서를 허위작성한 것이 농지일시전용허가를 신청하자 이를 허가하여 주기 위하여 한 것이라면 직접적으로 농지불법전용 사실을 은폐하기 위하여 한 것은 아니므로 위 허위공문서작성, 동행사죄와 직무유기죄는 실체적 경합범의 관계에 있다.[21]

다. 작위범이 동시에 성립함에도 부작위범인 직무유기죄로 공소제기

체포하라는 지시를 받고도 범인을 도피케 한 사안에서, 직무유기로 공소제기

피고인이 국방부 합동조사단장으로부터 갑의 병무비리사건과 관련하여 뇌물수수 등의 혐의로 수배 중인을

20) 대판 2006. 10. 19. 2005도3909 전원합의체. 위 판례에 의해 다음 판례는 변경되었다.
사법경찰관인 피고인이 피의자 등에게 관련자를 은폐하기 위하여 허위진술을 하도록 교사하였다면 타인을 교사하여 증거인멸죄를 범하게 한 것인 동시에 그것이 또한, 정당한 직무집행을 거부한 것이 된다(대판 1967. 7. 4. 66도840).

21) 대판 1993. 12. 24. 92도3334.

을 체포하도록 구체적인 임무를 부여받아 그 직무를 수행함에 있어 을과 여러 차례에 걸쳐 전화통화를 하고, 나아가 을을 위하여 서류를 전달해주는 한편 그의 예금통장까지 개설해 주고서도 그와 같은 사실을 보고조차 하지 아니하여,
하나의 행위가 부작위범인 직무유기죄와 작위범인 범인도피죄의 구성요건을 동시에 충족하는 경우 공소제기권자는 재량에 의하여 작위범인 범인도피죄로 공소를 제기하지 않고 부작위범인 직무유기죄로만 공소를 제기할 수도 있다.[22)]

7. 특가법위반(특수직무유기)

특가법 제15조(특수직무유기)는 형법 제122조의 직무유기죄와는 달리 새로운 범죄유형을 정하고 그에 대한 법정형을 규정한 것이라고 할 것이다.
공무원이 그 직무상의 의무에 위배하여 허위공문서를 작성 행사한 경우 직무위배의 위법 상태는 허위공문서 작성당시부터 그 속에 포함되어 별도로 형법 제122조의 직무유기죄가 성립되지 않는다는 대판 1982. 12. 28. 82도2210은 형법 제122조의 직무유기죄와는 별도의 범죄인 특가법 제15조의 특수직무유기죄에는 적절한 것이 될 수 없다 할 것이므로, 사법경찰리 직무취급을 겸하여 산림법위반의 범죄수사에 종사하는 공무원이 특가법위반의 범죄사실을 인지하고도 필요한 조치를 취하지 아니하고 그 범죄사실을 은폐하기 위하여 그 직무에 관한 허위의 공문서를 작성행사하였다면 특가법 제15조의 특수직무유기죄가 성립한다 할 것이다.[23)]

---

22) 대판 1999. 11. 26. 99도1904. 다음은 같은 취지이다.
수원중부경찰서 ○○파출소 부소장으로 근무하던 피고인이 112 순찰을 하고 있던 갑 경장과 을 순경에게 “지동시장 내 ○○호프에 불법체류자가 있으니 출동하라”는 무전지령을 하여 동인들로 하여금 그곳에 있던 불법체류자들인 병 등 5명을 위 파출소로 연행해 오도록 한 다음, 병 등이 불법체류자임을 알면서도 이들의 신병을 출입국관리사무소에 인계하지 않고 본서인 수원중부경찰서 외사계에조차도 보고하지 않았을 뿐만 아니라(달리 자진신고 하도록 유도한 것도 아니다), 더 나아가 근무일지에 단지 ‘지동 복개천 꼬치구이집 밀항한 여자 2명과 남자 2명이 있다는 신고 접한 후, 손님 3명, 여자 2명을 조사한 바 꼬치구이 종업원으로 혐의점 없어 귀가시킴’이라고 허위의 사실을 기재하고, 이들이 불법체류자라는 사실은 기재하지도 않은 채 자신이 혼자 소내 근무 중임을 이용하여 이들을 훈방하였으며, 훈방을 함에 있어서도 통상의 절차와 달리 이들의 인적사항조차 기재해 두지 아니한 행위는 직무유기죄에 해당한다. 하나의 행위가 부작위범인 직무유기죄와 작위범인 허위공문서작성·행사죄의 구성요건을 동시에 충족하는 경우 공소제기권자는 재량에 의하여 작위범인 허위공문서작성·행사죄로 공소를 제기하지 않고 부작위범인 직무유기죄로만 공소를 제기할 수도 있는 것이므로, 검사가 피고인의 행위를 허위공문서작성·행사죄로 기소하지 않고 직무유기죄로만 공소를 제기한 이 사건에서 피고인을 직무유기죄로 인정하여 처벌한 것은 정당하다(대판 2008. 2. 14. 2005도4202).
23) 대판 1984. 7. 24. 84도705.

제2절 뇌물죄

Ⅰ. 뇌물수수·요구·약속(129조 1항)

1. 의 의

뇌물죄는 직무집행의 공정과 이에 대한 사회의 신뢰 및 직무행위의 불가매수성을 그 보호법익으로 하고 있고, 직무에 관한 청탁이나 부정한 행위를 필요로 하는 것은 아니기 때문에 수수된 금품의 뇌물성을 인정하는 데 특별한 청탁이 있어야만 하는 것은 아니고, 또한 금품이 직무에 관하여 수수된 것으로 족하고 개개의 직무행위와 대가적 관계에 있을 필요는 없으며, 그 직무행위가 특정된 것일 필요도 없다.
공무원이 얻는 어떤 이익이 직무와 대가관계가 있는 부당한 이익으로서 뇌물에 해당하는지 여부는 당해 공무원의 직무의 내용, 직무와 이익제공자와의 관계, 쌍방간에 특수한 사적인 친분관계가 존재하는지의 여부, 이익의 다과, 이익을 수수한 경위와 시기 등의 제반 사정을 참작하여 결정하여야 할 것이고, 뇌물죄가 직무집행의 공정과 이에 대한 사회의 신뢰 및 직무행위의 불가매수성을 그 보호법익으로 하고 있음에 비추어 볼 때, 공무원이 그 이익을 수수하는 것으로 인하여 사회일반으로부터 직무집행의 공정성을 의심받게 되는지 여부도 뇌물죄의 성부를 판단함에 있어서의 판단 기준이 된다.
공무원이 그 직무의 대상이 되는 사람으로부터 금품 기타 이익을 받은 때에는 그것이 그 사람이 종전에 공무원으로부터 접대 또는 수수받은 것을 갚는 것으로서 사회상규에 비추어 볼 때에 의례상의 대가에 불과한 것이라고 여겨지거나, 개인적인 친분관계가 있어서 교분상의 필요에 의한 것이라고 명백하게 인정할 수 있는 경우 등 특별한 사정이 없는 한 직무와의 관련성이 없는 것으로 볼 수 없고, 공무원의 직무와 관련하여 금품을 수수하였다면 비록 사교적 의례의 형식을 빌어 금품을 주고 받았다 하더라도 그 수수한 금품은 뇌물이 된다.[1)]

2. 공무원 또는 중재인

가. 공무원

형법 제129조 내지 제132조에서 정한 '공무원'이란 국가공무원법과 지방공무원법상 공무원 및 다른 법률에 따라 위 규정들을 적용할 때 공무원으로 간주되는 자 외에 법령에 기하여 국가 또는 지방자치단체 및 이에 준하는 공법인의 사무에 종사하는 자로서 노무의 내용이 단순한 기계적·육체적인 것에 한정되어 있지 않은 자를 말한다.[2)]

---

1) 대판 2000. 1. 21. 99도4940.
2) 대판 2011. 3. 10. 2010도14394; 대판 2012. 7. 26. 2012도5692. 유사한 취지로는 대판 1997. 6. 13. 96도1703; 대판 2002. 11. 22. 2000도4593; 대판 2012. 8. 23. 2011도12639. 다음은 같은 취지이다.
서울시청 구내식당 소속 시간제 종사원
서울특별시 후생복지심의위원회 위원장에 의해 서울시청 구내식당 소속 시간제 종사원으로 고용된 피고인이 담당

문화재관리국 관리과 운영계 고용원

피고인이 문화재관리국 관리과 운영계 고용원으로서 문화재관리국 소관 국유재산처분업무를 담당하면서 이 사건에 있어 필지별 재매매계약에 관한 업무 및 그 대금수납업무등을 수행한 것은 단순한 기계적 육체적 노무에 종사한 것이라 볼 수 없어 공무원에 해당한다.[3)]

공무원이 뇌물 수수약속 후 퇴직 후에 수수

뇌물수수죄의 그 주체는 현재 공무원 또는 중재인의 직에 있는 자에 한정되므로, 공무원이 직무와 관련하여 뇌물수수를 약속하고 퇴직 후 이를 수수하는 경우에는, 뇌물약속과 뇌물수수가 시간적으로 근접하여 연속되어 있다고 하더라도, 뇌물약속죄 및 사후수뢰죄가 성립할 수 있음은 별론으로 하고, 뇌물수수죄는 성립하지 않는다.[4)]

공무원이 재직 중에 청탁을 받고 부정행위를 하였으나 퇴직 후 뇌물수수 등

형법은 공무원이었던 자가 재직 중에 청탁을 받고 직무상 부정한 행위를 한 후 뇌물을 수수, 요구 또는 약속을 한 때에는 제131조 제3항에서 사후수뢰죄로 처벌하도록 규정하고 있으므로, 뇌물의 수수 등을 할 당시 이미 공무원의 지위를 떠난 경우에는 제129조 제1항의 수뢰죄로는 처벌할 수 없고 사후수뢰죄의 요건에 해당할 경우에 한하여 그 죄로 처벌할 수 있을 뿐이다.

국가공무원이 지방자치단체의 업무에 관하여 전문가로서 위원 위촉을 받아 한시적으로 직무를 수행하는 경우와 같이 공무원이 그 고유의 직무와 관련이 없는 일에 관하여 별도의 위촉절차 등을 거쳐 다른 직무를 수행하게 된 경우에는 그 위촉이 종료되면 그 위원 등으로서 새로 보유하였던 공무원 지위는 소멸한다고 보아야 하므로, 그 이후에 종전에 위촉받아 수행한 직무에 관하여 금품을 수수하더라도 이는 사후수뢰죄에 해당할 수 있음은 별론으로 하고 일반 수뢰죄로 처벌할 수는 없다.[5)]

형법 제129조 제2항에 정한 '공무원 또는 중재인이 될 자'란 공무원채용시험에 합격하여 발령을 대기하고 있는 자 또는 선거에 의해 당선이 확정된 자 등 공무원 또는 중재인이 될 것이 예정되어 있는 자뿐만 아니라 공직취임의 가능성이 확실하지는 않더라도 어느 정도의 개연성을 갖춘 자를 포함한다.[6)]

업무와 관련하여 뇌물을 수수하였다는 내용으로 기소된 사안에서, 피고인이 뇌물수수죄의 주체인 '공무원'에 해당하지 않는다고 본 사례(대판 2012. 8. 23. 2011도12639).

3) 대판 1978. 4. 25. 77도3709.

4) 대판 2008. 2. 1. 2007도5190; 대판 2010. 10. 14. 2010도387.
금융기관 임직원이 그 직무에 관하여 금품 등을 수수한 때에 성립하는 구 특경법 제5조 제4항 제1호, 제1항 위반죄 역시 이를 처벌하는 형벌법규의 내용 및 그 가중처벌의 취지와 위 판례의 법리 등에 비추어 그 주체는 범행 당시 금융기관 임직원의 직에 있는 자에 한정된다고 보아야 한다(대판 2010. 10. 14. 2010도387).

5) 대판 2013. 11. 28. 2013도10011.

6) 대판 2010. 5. 13. 2009도7040.

무효인 임용행위에 기하여 공무를 수행한 자

형법이 뇌물죄에 관하여 규정하고 있는 것은 공무원의 직무집행의 공정과 그에 대한 사회의 신뢰 및 직무행위의 불가매수성을 보호하기 위한 것이다. 법령에 기한 임명권자에 의하여 임용되어 공무에 종사하여 온 사람이 나중에 그가 임용결격자이었음이 밝혀져 당초의 임용행위가 무효라고 하더라도, 그가 임용행위라는 외관을 갖추어 실제로 공무를 수행한 이상 공무 수행의 공정과 그에 대한 사회의 신뢰 및 직무행위의 불가매수성은 여전히 보호되어야 한다. 따라서 이러한 사람은 공무원으로 봄이 타당하고, 그가 그 직무에 관하여 뇌물을 수수한 때에는 수뢰죄로 처벌할 수 있다.[7)]

나. 의제 공무원

건설기술관리법 제45조(벌칙 적용에서의 공무원 의제) 다음 각 호의 어느 하나에 해당하는 자는 「형법」 제129조부터 제132조까지의 규정을 적용할 때에는 공무원으로 본다.

1. 제5조제1항에 따른 중앙위원회, 지방위원회 또는 특별위원회의 위원 중 공무원이 아닌 위원
2. 제5조의2에 따른 설계자문위원회의 위원 중 공무원이 아닌 위원
3. 제27조 및 제27조의2에 따라 그 업무를 하는 감리원[8)]

건축법 제105조(벌칙 적용 시 공무원 의제) 다음 각 호의 어느 하나에 해당하는 사람은 공무원이 아니더라도 「형법」 제129조부터 제132조까지의 규정과 「특정범죄가중처벌 등에 관한 법률」 제2조와 제3조에 따른

---

7) 대판 2014. 3. 27. 2013도11357.

8) 건설기술관리법(이하 '법'이라 한다) 제45조 제2호가 형법상 뇌물죄의 규정을 적용할 때는 법 제5조의2에 따른 발주청의 설계자문위원회 위원 중 공무원이 아닌 위원을 공무원으로 본다고 규정하고 있는 취지는, 설계자문위원회 심의의 공정성과 투명성을 높이기 위하여 공무원이 아닌 사람이 설계자문위원회의 위원으로서 직무를 처리하는 경우에, 그 직무와 관련하여 부당한 금품을 수수하면 공무원으로 보아 뇌물죄로 처벌하려는 것이다.
건설기술관리법(이하 '법'이라 한다) 제5조의2 제2항, 구 건설기술관리법 시행령(2013. 2. 20. 대통령령 제24390호로 개정되기 전의 것) 제21조 제1항, 제5항, 제6항, 제10조 제5항의 규정 내용처럼 발주청의 설계심의분과위원회는 설계자문위원회의 하부기관으로서 설계자문위원회가 담당하는 업무 중 일정한 사항을 수행하고, 이를 위하여 설계자문위원회의 위원 중에서 설계심의분과위원회의 위원을 임명 또는 위촉하도록 한 점에 비추어 보면, 설계심의분과위원회 위원은 건설기술관리법령에서 정한 바에 따라 설계자문위원회 위원의 직무를 수행한다고 할 것이다. 따라서 발주청의 설계심의분과위원회의 위원으로 임명 또는 위촉된 사람이 설계심의분과위원회 또는 그 위원의 직무와 관련하여 부당한 금품을 수수한 경우에는 법 제45조 제2호에서 정한 설계자문위원회 위원으로서 그 직무와 관련하여 부당한 금품을 수수한 것에 해당하여 뇌물죄가 성립한다고 봄이 타당하다(대판 2013. 11. 14. 2012도15254).
구 건설기술관리법 제45조 제1호는 형법 제129조부터 제132조까지의 뇌물죄 규정을 적용할 때에는 제5조 제1항에 따른 지방건설기술심의위원회(이하 '기술심의위원회'라 한다)의 위원 중 공무원이 아닌 위원은 공무원으로 본다고 규정하고 있다. 이는 심의의 공정성과 투명성을 높이기 위하여 공무원이 아닌 사람이 기술심의위원회의 위원으로서 직무를 처리하는 경우에 그 직무와 관련하여 부당한 금품을 수수하면 공무원으로 보아 형법 제129조부터 제132조까지의 뇌물죄로 처벌하려는 것이다. 위와 같은 의제규정의 내용 및 목적에 비추어 보면, 국가공무원이나 지방공무원 등 공무원이 기술심의위원회의 위원으로서 직무를 처리하는 경우에 그 직무가 그 공무원이 취급하는 원래의 직무범위에 속하지 아니한다고 하더라도 기술심의위원회 위원의 직무와 관련하여 부당한 금품을 수수한 때에는 뇌물죄가 성립한다(대판 2013. 11. 28. 2013도10011).

벌칙을 적용할 때에는 본다.
1. 제4조에 따른 건축위원회의 위원
2. 제27조에 따라 현장조사·검사 및 확인업무를 대행하는 사람
3. 제37조에 따른 건축지도원
4. 제82조제4항에 따른 기관 및 단체의 임직원[9)]

공공기관의 운영에 관한 법률 제53조(벌칙 적용에서의 공무원 의제) 공기업·준정부기관의 임직원, 운영위원회의 위원과 임원추천위원회의 위원으로서 공무원이 아닌 사람은 형법 제129조(수뢰, 사전수뢰) 내지 제132조(알선수뢰)의 적용에 있어서는 이를 공무원으로 본다.[10)]

공증인법 제2조(공증인의 직무) 공증인은 당사자나 그 밖의 관계인의 촉탁에 따라 다음 각 호의 사무를 처리하는 것을 직무로 한다. 공증인은 위 직무에 관하여 공무원의 지위를 가지는 것으로 본다.
1. 법률행위나 그 밖에 사권에 관한 사실에 대한 공정증서의 작성
2. 사서증서 또는 전자문서등(공무원이 직무상 작성한 것은 제외한다)에 대한 인증
3. 이 법과 그 밖의 법령에서 공증인이 취급하도록 정한 사무

도시 및 주거환경 정비법 제84조(벌칙적용에 있어서의 공무원 의제) 형법 제129조 내지 제132조의 적용에 있어서 추진위원회의 위원장·조합의 임원 및 정비사업전문관리업자의 대표자(법인인 경우에는 임원을 말한

---

9) 그런데 구 건축법 제77조는 '다음 각 호의 어느 하나에 해당하는 자로서 공무원이 아닌 자는 형법 제129조 내지 제132조, 특가법 제2조 및 제3조의 적용에 있어서는 이를 공무원으로 본다'고 규정하고, 제1호로 '같은 법 제23조의 규정에 의하여 현장조사·검사 및 확인업무를 대행하는 자', 제2호로 '같은 법 제28조의 규정에 의한 건축지도원', 제3호로 '같은 법 제58조 제2항의 규정에 의한 인증기관의 임·직원', 제4호로 '같은 법 제71조 제4항의 규정에 의한 기관 및 단체의 임·직원', 제5호로 '같은 법 제76조의3의 규정에 의한 건축분쟁조정위원회의 위원'을 열거하면서 '같은 법 제4조 제1항의 규정에 의한 건축위원회의 위원'은 이를 포함하지 않고 있다.
앞서 본 법리 및 뇌물죄 관련 규정의 적용에 관한 구 건축법상 공무원 의제규정의 내용에, 형벌법규는 엄격하게 해석하여야 한다는 원칙을 더하여 볼 때, 구 건축법 제4조 제1항의 규정에 의한 건축위원회의 위원은 뇌물수수죄의 주체인 공무원에 해당하지 않는다고 보아야 한다(대판 2012. 7. 26. 2012도5692).
해설: 건축법이 개정되어 제105조 제1호에 제4조의 건축위원회 위원이 추가되었다.

10) 정부투자기관관리기본법은 2007년에 공공기관의 운영에 관한 법률로 바뀌었다.
농어촌진흥공사의 직원
건설기술관리법 제27조, 제45조, 건설기술관리법시행령 제50조 규정에 따르면, 농어촌진흥공사가 경지정리사업을 농촌근대화촉진법에 의한 농지개량사업으로 당해 군청의 의뢰에 따라 그 감리를 맡은 경우, 이를 건설기술관리법 제27조 제1항에 의하여 같은 법 제28조의 규정에 의한 감리전문회사로서 감리를 맡은 것이라고 볼 수 없으므로, 농어촌진흥공사의 직원으로 감리업무를 한 자가 같은 법 제45조에 의하여 공무원으로 의제된다고 볼 수 없다.
위 농어촌진흥공사 직원이 당해 사건 범행 당시 3급 과장으로 근무하고 있었다면 정부투자기관관리기본법 제2조, 제18조, 정부투자기관관리기본법시행령 제14조, 농어촌진흥공사및농지관리기금법 제7조 제1항의 규정에 따라 뇌물수수죄의 적용에 있어서는 공무원으로 의제된다(대판 1998. 4. 28. 96도2828).

다)·직원 및 위탁관리자는 이를 공무원으로 본다.[11]

도시개발법 제84조(벌칙 적용 시 공무원 의제) 조합의 임직원, 제20조에 따라 그 업무를 하는 감리원은 「형법」 제129조부터 제132조까지의 규정에 따른 벌칙을 적용할 때 공무원으로 본다.[12]

지방공기업법 제83조(벌칙 적용 시의 공무원 의제) 공사와 공단의 임직원은 「형법」 제129조부터 제132조까지의 규정을 적용할 때에는 공무원으로 본다.[13]

---

11) 도시 및 주거환경정비법 제84조의 문언과 취지를 고려하면, 정비사업전문관리업자의 임·직원이 일정한 자본·기술인력 등의 기준을 갖추어 시·도지사에게 등록한 후에는 조합설립추진위원회로부터 정비사업전문관리업자로 선정되기 전이라도 그 직무에 관하여 뇌물을 수수한 때에 형법 제129조 내지 제132조의 적용대상이 되고, 정비사업전문관리업자가 조합설립추진위원회로부터 정비사업에 관한 업무를 대행할 권한을 위임받은 후에야 비로소 그 임·직원이 위 법의 적용대상이 되는 것은 아니다(대판 2008. 9. 25. 2008도2590; 대판 2010. 5. 27. 2010도3399).
실질적 경영자이지만 해당 주식회사의 임원으로 등기되지 아니한 사람
구 도시 및 주거환경 정비법에서 정하는 '정비사업전문관리업자'가 주식회사인 경우 같은 법 제84조에 의하여 공무원으로 의제되는 '임원'은 형법 제129조 내지 제132조에 해당하는 수뢰행위 당시 상업등기부에 대표이사, 이사, 감사로 등기된 사람에 한정된다고 보아야 하며, 설령 실질적 경영자라고 하더라도 해당 주식회사의 임원으로 등기되지 아니한 사람까지 도시정비법 제84조에 의하여 공무원으로 의제되는 정비사업전문관리업자의 '임원'에 해당한다고 해석하는 것은 형벌법규를 피고인에게 불리한 방향으로 지나치게 유추하거나 확장해석하는 것으로서 죄형법정주의의 원칙에 어긋나는 것이어서 허용될 수 없다(대판 2014. 1. 23. 2013도9690).
법인 등기를 마친 재건축조합의 조합장
도시 및 주거환경정비법이 정한 설립 요건과 절차를 갖추어 법인 등기까지 마친 재건축조합은 같은 법에 따른 구체적인 조합활동이 없어도 같은 법이 정한 재건축조합으로 인정되므로, 구 주택건설촉진법에 의하여 설립인가를 받아 도시 및 주거환경정비법 부칙 제10조에 의하여 법인 등기를 마친 재건축조합의 조합장에게 같은 법상의 공무원 의제조항이 적용된다고 한 사례(대판 2006. 5. 25. 2006도1146).

12) **도시개발조합의 임직원**
도시개발법에 따라 도시개발구역의 토지 소유자가 도시개발을 위하여 설립한 조합의 임직원 등은 형법 제129조 내지 제132조가 정한 죄의 주체가 된다(대판 2014. 6. 12. 2014도2393).

13) 형법 제129조 내지 제132조의 적용에 있어서 지방공사와 지방공단의 직원까지 공무원으로 본다고 규정한 지방공기업법 제83조는 헌법 제11조 제1항, 제37조 제2항 등에 위반된다고 볼 수 없고, 또한 지방공기업법 제83조의 명문의 규정에 반하여 지방공사와 지방공단의 직원을 특가법 제4조 제1항 소정의 간부직원, 즉 과장대리급 이상의 직원으로 한정하여 해석할 수도 없다(대판 2002. 7. 26. 2001도6721).
지방공기업법 제83조는 지방공사의 임원 및 직원을 형법 제129조 내지 제132조의 적용에 있어서 공무원으로 보도록 규정하고 있으며, 서울시 지하철공사는 위 규정이 적용되는 지방공사의 하나이므로, 피고인이 서울시 지하철공사의 임직원의 직무에 속한 사항의 알선에 관하여 뇌물을 수수하였다면 이는 형법 제132조에 해당한다(대판 2001. 10. 12. 99도5294).
지방공기업법 제83조는 "공사와 공단의 임원 및 대통령령이 정하는 직원은 형법 제129조 내지 제132조의 적용에 있어서는 이를 공무원으로 본다"고 규정하고 있고, 같은 법 시행령 제80조는 "법 제83조에서 '대통령령이 정하는 직원'이라 함은 공사와 공단의 정관상 과장 또는 팀장 이상의 직원을 말한다"고 규정하고 있는바, 위 시행령에 정한 '과장 또는 팀장 이상의 직원'이란 직급을 기준으로 하여 과장 또는 팀장과 동급이거나 그 이상의 직원을 말하는 것으로서 현실적으로 과장이나 팀장의 직위를 가지고 있는지 여부는 문제삼지 않는다.
피고인들이 인천도시개발공사(이하 '공사'라 한다)의 4급 직원으로 근무하던 기간 중에 해외관광 및 골프접대 등 명

특가법 제4조(뇌물죄 적용대상의 확대) ① 다음 각 호의 어느 하나에 해당하는 기관 또는 단체로서 대통령령으로 정하는 기관 또는 단체의 간부직원은 「형법」 제129조부터 제132조까지의 규정을 적용할 때에는 공무원으로 본다.

1. 국가 또는 지방자치단체가 직접 또는 간접으로 자본금의 2분의 1 이상을 출자하였거나 출연금·보조금 등 그 재정지원의 규모가 그 기관 또는 단체 기본재산의 2분의 1 이상인 기관 또는 단체
2. 국민경제 및 산업에 중대한 영향을 미치고 있고 업무의 공공성(公共性)이 현저하여 국가 또는 지방자치단체가 법령에서 정하는 바에 따라 지도·감독하거나 주주권의 행사 등을 통하여 중요 사업의 결정 및 임원의 임면(任免) 등 운영 전반에 관하여 실질적인 지배력을 행사하고 있는 기관 또는 단체

② 제1항의 간부직원의 범위는 제1항의 기관 또는 단체의 설립목적, 자산, 직원의 규모 및 해당 직원의 구체적인 업무 등을 고려하여 대통령령으로 정한다.[14)]

형소법 제279조의8(벌칙 적용에서의 공무원 의제) 전문심리위원은 「형법」 제129조부터 제132조까지의 규정에 따른 벌칙의 적용에서는 공무원으로 본다.

중앙약사심의위원회 소분과위원회 위원[15)]

목으로 향응 등 재산상 이익을 제공받음으로써 공무원으로 의제되는 지방공기업 직원의 직무에 관하여 뇌물을 수수하였다는 내용으로 기소된 사안에서, '과장'은 공사 정관의 위임을 받은 인사규정에 따라 4급 직원들로 임용되는 직위로서 엄연히 존재하므로, 피고인들이 공사의 4급 직원으로서 과장의 직위를 가지고 근무하고 있었던 이상 지방공기업법 시행령 제80조에 정한 간부직원에 해당하여 같은 법 제83조에 의하여 형법 제129조 제1항에서 정한 뇌물수수죄의 주체가 될 수 있고, 설령 공사의 직제상 '과'라는 조직이 존재하지 않더라도 뇌물수수죄의 성립에 장애가 될 수 없다(대판 2011. 1. 13. 2009도14660).

14) 특가법 제4조 제1항은 형법 제129조 내지 제132조의 적용에 있어서 뇌물죄의 적용대상을 원래 공무원이 아닌 정부관리기업체의 간부직원에게로 확대 적용한다는 것으로서, 정부관리기업체의 간부직원이 그 직무에 관하여 형법 제129조 내지 제132조의 죄를 범하였을 때에는 그 죄가 성립하는 것으로 하여 그 각 법조의 특가법을 적용한다는 뜻임은 문언상 명백하다(대판 1990. 9. 28. 90도1092; 대판 1999. 8. 20. 99도1557).
특가법 제4조 제1항을 위 법률 제2조 소정의 가중처벌하는 경우에만 정부관리기업체의 간부를 공무원으로 취급하는 것이고, 가중처벌하는 경우가 아닌 단순한 형법 제129조 내지 제132조에 해당하는 경우에는 공무원으로 보아 처벌할 수 없다는 규정이라고 풀이할 수는 없다(대판 1990. 9. 28. 90도1092).
특가법시행령상 과장대리급 또는 과장급 이상 직원의 의미
특가법시행령 제3조 제1호 소정의 과장대리급 또는 과장급 이상의 직원이라 함은 직급을 기준으로 하여 과장대리 또는 과장과 동급이거나 그 이상의 직원을 말하는 것으로서 현실적으로 과장이나 과장대리의 직위를 가지고 있는지의 여부는 문제삼지 않는다. 한국전기통신공사 A본부에는 조직의 최소단위가 부이고 과는 없어 위 공사 일반직 3급 직원인 피고인도 범행 당시 위 공사 A본부 총무부 또는 관리국 인사부에 일반직원으로 근무하고 있었으나 위 공사 직제규정시행세칙은 편제상 직위가 부여되지 않은 일반직 3급 직원을 과장으로 호칭하도록 하고 있으며, 또 위 사업본부 산하 현업기관에서 피고인과 같은 일반직 3급 직원을 과장으로 보하도록 규정하고 있다면, 피고인이 비록 현실적으로 과장의 직위를 가지고 있지는 않다 하더라도 과장과 동급의 직급에 있다고 보아야 할 것이어서 형법 제129조 제1항 소정의 뇌물수수죄의 주체가 될 수 있다(대판 1992. 8. 14. 91도3191).

15) 구 약사법 등에 의하여 설치된 중앙약사심의위원회 소속분과위원회의 소분과위원회 구성에 있어서 그의 위원의 선정 위촉에 앞서 소분과위원회 위원으로 위촉될 후보자들이 각 소분과위원회별로 위원후보자 군(브레인풀; brain-pool)

지방의회 의원[16)]

지방심의위원회의 위원[17)]

기타[18)]

의 형식으로 편성되며 그 후보자들은 보건사회부장관(1994. 12. 23. 법률 제4831호에 의하여 보건복지부장관으로 변경됨. 아래에서도 같다)에 의하여 위촉되는 것이 아니라 해당 국장에 의하여 편성되어 그 사실이 당사자에게 통지되는 과정을 거치고, 그 후 그 후보자들이 소분과위원회가 개최될 때마다 미리 보건사회부장관에 의하여 소분과위원회 위원으로 위촉될 수 있으며 그렇게 위촉된 사람들은 소분과위원회를 구성하여 심의기간 중 위원으로 활동하게 되고 당해 심의가 끝날 때 그 소분과위원회 위원에서 해촉되는 절차로 심의활동인 공무에 종사하게 되는 사실을 알 수 있다.

그러하니 소분과위원회의 그 후보자군에 포함 편성되는 것만으로는 그 때부터 공무에 종사하는 것이라고 할 수는 없다.

그러나 그 후보자들 중 중앙약사심의위원회 소분과위원회의 개최를 앞두고 소분과위원회 위원으로 위촉된 사람은 그 때부터 보건사회부장관이 자문을 구한 당해 안건의 심의가 끝날 때까지의 기간 동안은 위의 근거 법령에 의하여 공무에 종사하는 자로서 형법 제129조에 규정된 수뢰죄의 주체인 공무원이라고 할 것이다(대판 2002. 11. 22. 2000도4593).

16) 일반적으로 공무원이라 함은 광의로는 국가 또는 공공단체의 공무를 담당하는 일체의 자를 의미하며, 협의로는 국가 또는 공공단체와 공법상 근무관계에 있는 모든 자를 말하는바, 지방자치법 제32조에 의하면 지방의회의원은 명예직으로서 의정활동비와 보조활동비, 회기 중 출석비를 지급받도록 규정하고 있을 뿐 정기적인 급여를 지급받지는 아니하나, 지방공무원법 제2조 제3항에 의하면 특수경력직 공무원 중 정무직 공무원으로 '선거에 의하여 취임하는 자'를 규정하고 있고, 지방자치법 제35조 이하에 의하면 지방의회의원은 여러 가지 공적인 사무를 담당하도록 규정하고 있으며, 공직자윤리법에 의하면 지방의회의원도 공직자로 보아 재산등록 대상자로 규정하고 있는 점 등에 비추어 볼 때, 비록 지방의회의원이 일정한 비용을 지급받을 뿐 정기적인 급여를 지급받지는 아니한다고 하더라도 공무를 담당하고 있는 이상 지방의회의원은 형법상 공무원에 해당한다(대판 1997. 3. 11. 96도1258).

17) 구 환경·교통·재해 등에 관한 영향평가법 등은, "교통영향평가서 등을 심의하는 지방교통영향심의위원회(이하 '지방심의위원회'라 한다)는 시·도의 교통업무를 담당하는 실·국장인 위원장 1인을 포함한 21인 이상 40인 이하의 위원으로 구성한다(동법 시행령 제19조 제1항), 지방심의위원회의 위원은 관계행정기관의 공무원과 교통·도로·도시계획·건축 등에 관한 학식과 경험이 풍부한 자 및 시민단체가 추천하는 자 중에서 시·도지사가 임명 또는 위촉하는 자가 된다(같은 조 제2항). 위원장이 소집하는 '지방심의위원회의 회의'는 위원장과 위원장이 회의마다 지명하는 10인의 위원으로 구성한다(같은 조 제4항)"고 규정하고 있는바, 위 각 규정에 의하면, 시·도지사에 의하여 '지방심의위원회의 위원'으로 임명 또는 위촉된 자는 그때부터 형법 제129조에 규정된 수뢰죄의 주체인 공무원에 해당하게 되는 것이고, 특정 안건을 심의하기 위한 '지방심의위원회의 회의' 개최를 앞두고 위원장에 의하여 그 회의의 위원으로 지명된 때에 비로소 위 법조 소정의 '공무원'에 해당하게 되는 것은 아니다(대판 2009. 2. 12. 2007도2733).

18) 다음은 도시계획법에 관한 판례이다.
형법 제129조에서의 공무원이라 함은 법령의 근거에 기하여 국가 또는 지방자치단체 및 이에 준하는 공법인의 사무에 종사하는 자로서 그 노무의 내용이 단순한 기계적·육체적인 것에 한정되어 있지 않은 자를 지칭하는 것이므로, 도시계획법 제75조 제2항, 제76조 제2항, 같은법시행령 제61조 제1항, 제3항에 따라 도시계획에 관하여 시장 또는 구청장의 자문에 응하며, 당해 시 또는 구의 도시계획에 관한 사항을 심의하기 위하여 설치된 시·구도시계획위원회의 위원도 형법 제129조에서 말하는 공무원에 해당된다(대판 1997. 6. 13. 96도1703).

다. 공무원의제 규정의 적용범위

공무원으로 의제하는 규정이 적용되는 범죄가 뇌물죄 등에 한정되는 경우에는 뇌물죄 등이 아닌 범죄에 있어 의제공무원은 공무원이 아니다.

뇌물죄의 적용에 있어 공무원으로 의제되는 정부투자기관의 임·직원(한국수자원공사 사장)이 '법령에 의하여 공무원으로 보는 자'에 해당하는지

정부투자기관의 임·직원에게 형법이 규정하고 있는 뇌물에 관한 죄를 적용함에 있어서 공무원으로 의제한다는 의미에 불과하고, 그러한 경우가 아닌 일반적인 사안에서 그들이 취급하는 사건 또는 사무가 청탁·알선행위의 대상으로 되기만 하면 모두 이를 형사처벌하겠다는 취지는 아니라고 할 것이므로, 위 공무원 의제조항만으로는 정부투자기관의 임·직원이 변호사법 제111조에서 규정하고 있는 '법령에 의하여 공무원으로 보는 자'에 해당한다고 볼 수 없다. 그러므로 한국수자원공사 사장은 변호사법 제111조에 정한 '법령에 의하여 공무원으로 보는 자'에 해당한다고 볼 수 없어 한국수자원공사 사장이 취급하는 사무에 대하여 청탁 또는 알선한다는 명목으로 금품을 수령한 행위가 변호사법 제111조에 위반된다고 할 수 없다.[19]

라. 중재인[20]

마. 공무원의 직무

서울대학교병원 의사를 겸직하는 서울대학교 교수인 병의 의사로서의 진료행위

특가법 제3조의 "공무원의 직무에 속한 사항"에는 공무원이 법령상 관장하는 직무 그 자체뿐만 아니라 직무와 밀접한 관계가 있는 행위 또는 관례상이나 사실상 관여하는 직무행위도 포함된다고 할 것이나, 구체적인 행위가 공무원의 직무에 속하는지 여부는 그것이 공무의 일환으로 행하여졌는가 하는 형식적인 측면과 함께 그 공무원이 수행하여야 할 직무와의 관계에서 합리적으로 필요하다고 인정되는 것이라고 할 수 있는가 하

교육법 제32조의2 제1항 전단은 교육위원회의 교육감의 사무를 보좌하게 하기 위하여 교육위원회에 필요한 공무원을 둔다 규정하였고 지방공무원법 제2조 제2항 6호는 기한부로 채용된 공무원을 별정직 공무원으로 한다 규정하고 있어 원판결에 의하여 확정된 사실에 의하면 피고인은 위 법령에 근거하여 기한부로 채용된 공무원이라 할 것이며 단순한 노무에 종사하는 자라할 수 없을 것이므로 원판결이 피고인을 뇌물 수수죄의 주체가 될 수 있다고 판단하였음에 무슨 위법이 있을 수 없다(대판 1971. 10. 19. 71도1113).

19) 대판 2006. 11. 16. 2006도4549 전원합의체.

20) **중재법** 제3조 이 법에서 사용하는 용어의 뜻은 다음과 같다.

1. "중재"란 당사자 간의 합의로 사법상의 분쟁을 법원의 재판에 의하지 아니하고 판정에 의하여 해결하는 절차를 말한다.
2. "중재합의"란 계약상의 분쟁인지 여부에 관계없이 일정한 법률관계에 관하여 당사자 간에 이미 발생하였거나 앞으로 발생할 수 있는 분쟁의 전부 또는 일부를 중재에 의하여 해결하도록 하는 당사자 간의 합의를 말한다.
3. "중재판정부"란 중재절차를 진행하고 중재판정을 내리는 단독중재인 또는 여러 명의 중재인으로 구성되는 중재인단을 말한다.

제12조(중재인의 선정) 생략.

는 실질적인 측면을 아울러 고려하여 결정하여야 할 것이다.
서울대학교병원 의사를 겸직하는 서울대학교 교수인 병의 의사로서의 진료행위는 공무라고 볼 수 없다.[21)]

집행관사무소의 사무원은 형법 제129조 내지 제132조 및 구 변호사법 제111조에서 정한 '공무원'에 해당한다고 보기 어렵다.[22)]

21) 대판 2006. 5. 26. 2005도1904. 구체적인 판시는 다음과 같다.
피고인 1이 피고인 2의 지시를 받은 갑으로부터 3,000만 원을 수수하였고, 이는 을의 치료와 대장암수술을 위하여 서울대학교병원에 신속히 입원을 할 수 있도록 주선해 주고 자신의 제자로서 서울대학교 의과대학 교수 겸 서울대학교병원 의사인 병을 주치의로 소개시켜 주어 수술과정에서의 편의를 제공한 것 등에 대한 대가로 제공된 것이다. 서울대학교에 근무하는 교육공무원은 서울대학교병원의 목적사업을 수행하기 위하여 필요한 경우 국가공무원법 제64조(공무원의 영리업무 및 겸직금지)에 불구하고 서울대학교병원에 겸직할 수 있고, 겸직은 서울대학교병원장의 요청에 의하여 서울대학교총장이 명하며(서울대학교병원 설치법 제11조 제1항, 제3항), 서울대학교병원 의사를 겸직하는 서울대학교 교수, 즉 겸직교원에 대하여는 공무원보수규정과 공무원수당 등에 관한 규정이 정하는 바에 따라 원소속 기관에서 보수를 지급하는 외에(같은 법 제11조 제2항, 같은 법 시행령 제13조 제2항) 정관이 정하는 바에 따라 대학병원이 수당을 지급할 수 있도록 규정하고 있으나(같은 조 제3항), 서울대학교병원의 조직과 운영, 임직원들의 직무내용, 인사 및 보수에 관하여 공무원인 서울대학교 교직원과 별도로 규율, 운영되고 있는 점에 비추어 보면, 서울대학교 의과대학 교수가 서울대학교병원 의사를 겸직하더라도 의사로서의 진료행위의 실질이나 직무성격이 바로 공무로 되거나 당연히 공무적 성격을 띤다고 할 수 없으며, 이 사건에서 문제가 되고 있는 진료행위 등은 고등교육법 제15조 제2항, 제1조 제2항에 의하여 교원의 임무로 되어 있는 학생의 교육지도나 학문연구와는 밀접하게 관련되어 있다고도 볼 수 없다는 이유로, 피고인 1에 대한 특가법위반(알선수재)의 점은 인정되지 않는다.
해설: 피고인 1의 특가법상 알선수재는 병이 공무원인 경우에 인정되는데, 위 판례의 취지는 서울대학교병원 의사를 겸직하는 서울대학교 교수인 병의 의사로서의 진료행위는 공무라고 볼 수 없다는 것이다.
다음은 같은 취지이다.
서울대학교 교수 겸 서울대학교병원 의사가 왕진을 나가 진료하고 진단서작성
서울대학교 의과대학 교수 겸 서울대학교병원 의사가 구치소로 왕진을 나가 진료하고 진단서를 작성해 주거나 법원의 사실조회에 대하여 회신을 해주는 것은 의사로서의 진료업무이지 교육공무원인 서울대학교 의과대학 교수의 직무와 밀접한 관련 있는 행위라고 할 수 없다(대판 2006. 6. 15. 2005도1420).
국립대학교교수가 부설연구소의 책임연구원 지위에서 연구소가 수주한 조사용역업무를 수행
뇌물죄에서 말하는 직무에는 공무원이 법령상 관장하는 직무 그 자체뿐만 아니라 직무와 밀접한 관계가 있는 행위 또는 관례상이나 사실상 관여하는 직무행위도 포함된다고 할 것이나, 구체적인 행위가 공무원의 직무에 속하는지 여부는 그것이 공무의 일환으로 행하여졌는가 하는 형식적인 측면과 함께 그 공무원이 수행하여야 할 직무와의 관계에서 합리적으로 필요하다고 인정되는 것이라고 할 수 있는가 하는 실질적인 측면을 아울러 고려하여 결정하여야 하는바, 수산업법시행령 제62조 및 어업면허및어장관리에관한규칙 제51조의2에 의하여 해양수산부가 지정 고시한 어업손실액 조사기관인 국립대학교 부설 연구소(국립대학교 부설 연구소 아닌 사립대학교 부설 연구소도 조사기관으로 지정되어 있다)가 국가를당사자로하는계약에관한법률에 근거하지 아니하고 국가와는 별개의 지위에서 연구소라는 단체의 명의로 체결한 어업피해조사용역계약상의 과업 내용에 의하여 국립대학교 교수가 위 연구소 소속 연구원으로서 수행하는 조사용역업무는 교육공무원의 직무 또는 그와 밀접한 관계가 있거나 그와 관련된 행위에 해당한다고 볼 수 없다(대판 2002. 5. 31. 2001도670).

22) 대판 2011. 3. 10. 2010도14394. 구체적인 판시는 다음과 같다.
집행관사무소의 사무원은 법원 및 검찰청 9급 이상의 직에 근무한 자 또는 이와 동등 이상의 자격이 있다고 인정되는 자 중에서 소속지방법원장의 허가를 받아 대표집행관이 채용하는 자로서(집행관규칙 제21조 제2항), 법원일반직 공무원에 준하여 보수를 지급받는 한편 근무시간, 휴가 등 복무와 제척사유, 경매물건 등의 매수금지 의무 등에서는 집행관에 관한 법령의 규정이 준용된다는 점에서(같은 규칙 제3조 제1항, 제22조 제1항, 제25조) 형법 제129조 내지

3. 뇌물죄의 가중처벌

특가법 제2조(뇌물죄의 가중처벌) ① 형법 제129조·제130조 또는 제132조에 규정된 죄를 범한 사람은 그 수수·요구 또는 약속한 뇌물의 가액(이하 이 조에서 "수뢰액"이라 한다)에 따라 다음 각 호와 같이 가중처벌한다.
1. 수뢰액이 1억 원 이상인 경우에는 무기 또는 10년 이상의 징역에 처한다.
2. 수뢰액이 5천만 원 이상 1억 원 미만인 경우에는 7년 이상의 유기징역에 처한다.
3. 수뢰액이 3천만 원 이상 5천만 원 미만인 경우에는 5년 이상의 유기징역에 처한다.

② 형법 제129조·제130조 또는 제132조에 규정된 죄를 범한 사람은 그 죄에 대하여 정한 형(제1항의 경우를 포함한다)에 수뢰액의 2배 이상 5배 이하의 벌금을 병과한다.[23]

4. 직 무

가. 직무관련성

뇌물죄에 있어서의 직무라 함은 공무원이 법령상 관장하는 직무 그 자체뿐만 아니라 그 직무와 밀접한 관계가 있는 행위 또는 관례상이나 사실상 소관하는 직무행위 및 결정권자를 보좌하거나 영향을 줄 수 있는 직무행위도 포함된다.[24]

제132조 및 구 변호사법(2007. 3. 29. 법률 제8321호로 개정되기 전의 것) 제111조의 경우 공무원으로 취급되는 집행관의 지위와 비슷한 면이 있기는 하지만, '지방법원에 소속되어 법률이 정하는 바에 따라 재판의 집행, 서류의 송달 그 밖에 법령에 따른 사무에 종사'하는 집행관(집행관법 제2조)과 달리 그에게 채용되어 업무를 보조하는 자에 불과할 뿐(같은 규칙 제21조 제1항), 그를 대신하거나 그와 독립하여 집행에 관한 업무를 수행하는 자의 지위에 있지는 않다. 앞서 본 법리와 위 각 법령의 규정, 그리고 피고인에게 불리한 형벌법규의 유추적용은 엄격히 제한되어야 한다는 점 등에 비추어 보면, 집행관사무소의 사무원이 집행관을 보조하여 담당하는 사무의 성질이 국가의 사무에 준하는 측면이 있다는 사정만으로는 형법 제129조 내지 제132조 및 구 변호사법 제111조에서 정한 '공무원'에 해당한다고 보기 어렵다.

23) **특가법 2조에 의해 가중처벌되는 뇌물죄의 주체**
특가법 제2조에 의하여 가중처벌되는 뇌물죄의 주체에 관한 요건인 "형법 제129조· 제130조 또는 제132조에 규정된 죄를 범한 자"에는 다른 법령에 의하여 공무원 또는 공무원에 준하는 신분을 가지는 경우도 포함되고, 특가법 제4조에 해당하는 기관 또는 단체의 간부직원에 한정하여 가중처벌 조항이 적용되는 것은 아니다. 따라서 구 도시 및 주거환경정비법 제84조에 의하여 공무원으로 의제되는 정비사업전문관리업자의 임·직원은 구 특가법 제2조에 의하여 가중처벌되는 뇌물죄의 주체에 포함된다(대판 2010. 5. 27. 2010도3399).
형법 제131조 제1항은 공무원 또는 중재인이 형법 제129조, 제130조의 죄를 범한 후에 부정한 행위를 한 때에 가중처벌한다는 규정이므로, 형법 제131조 제1항의 죄를 범한 자는 특가법 제2조 제1항 소정의 형법 제129조, 제130조에 규정된 죄를 범한 자에 해당된다(대판 2004. 3. 26. 2003도8077).

24) 대판 1997. 4. 17. 96도3378; 대판 1999. 1. 29. 98도3584; 대판 2002. 5. 10. 2000도2251. 다음은 같은 취지이다.
재건축조합에 대한 진정사건을 수사하는 경찰관이 건축사무소 대표로부터 금원 수수
경찰관이 재건축조합 직무대행자에 대한 진정사건을 수사하면서 진정인 측에 의하여 재건축 설계업체로 선정되기를 희망하던 건축사사무소 대표로부터 금원을 수수한 사안에서, 금원의 수수와 경찰공무원의 직무인 진정사건 수사와의 관련성을 배척할 수 없다(대판 2007. 4. 27. 2005도4204).
뇌물수수죄에 있어서의 직무란 법령에 의한 공무원의 직무 자체 뿐만 아니라 이와 관련하여 사실상 관리하는 직무

(1) 긍정례

군의회 의원들이 군의회 의장선거 관련하여 금품수수

지방자치법 제42조 제1항의 규정에 의하면 지방의회는 의장을 의원들간의 무기명투표로 선거하도록 되어 있으므로 의장선거에서의 투표권을 가지고 있는 군의원들이 이와 관련하여 금품 등을 수수할 경우 이는 군의원으로서의 직무와 관련된 것이라 할 것이므로 뇌물죄가 성립한다고 한 사례.[25)]

행위도 포함한다고 할 것이므로 과세자료를 조사 수집하고 그에 따라 법령의 규정에 따른 과세를 하여 이를 징수하는 법령상의 직무를 수행하는 세무공무원이 그 직무와 관련하여 그가 보관하는 공무소에서 사용하는 서류를 반환하여 달라는 청탁을 받고 이를 응락한 후 그 청탁 명목으로 금원을 수수하였다면 직무에 관한 뇌물의 수수라고 할 것이다(대판 1981. 8. 25. 81도1830).

이 사건 도시계획시설 결정승인이 마산시장의 소관사항이 아니고 경남도지사의 소관사항일지라도 마산시 도시계획계장으로서 위 승인신청서를 수리하여 결재를 거쳐 상급 승인기관에 전달하는 직무에 종사하고 있다면은 그 신청에 관한 금품수수는 직무에 관한 것이라 할 수 있다(대판 1983. 8. 23. 82도2350).

재무부 보험과장이 보험회사의 주식을 인수할 수 있도록 도와준 대가로 금원수수

보험회사의 감독관청인 재무부의 보험과장으로서 보험회사의 감독에 관한 실무책임을 지고 있던 피고인이 상피고인이 보험회사의 주식 등을 금 2억5천만원으로 인수할 수 있도록 많은 노력을 기울여준데 대한 대가의 취지와 앞으로도 동 보험회사의 운영과정에서 감독관청의 실무책임자로서 계속적인 선처를 바란다는 취지에서 위 상피고인이 제공하는 금원을 수취하였다면 피고인은 그 직무에 관하여 뇌물을 수수한 경우에 해당한다(대판 1984. 7. 24. 83도830).

구청위생계장이 건물용도변경허가와 관련하여 유흥업소 경영자로부터 금품수수

뇌물죄에 있어서 직무에 관하여라 함은 당해 공무원이 그 직무의 결정권을 갖고 있지 않더라도 그 직무행위와 밀접한 관계에 있는 경우 및 사실상 관리하는 직무행위도 포함된다고 할 것이므로, 유흥업소를 경영하는 사람으로부터 구청위생계장이 건물용도변경허가와 관련하여 금품을 수수한 것은 직무와 관련하여 교부받은 것이라고 인정한 원심의 조처는 정당하다(대판 1989. 9. 12. 89도597).

시 도시계획국장이 건설회사를 운영하는 자의 부탁을 받아 위 회사로 하여금 자신이 관리·감독하는 공사 중 일부를 하도급받도록 해주고 그 대가로 돈을 받음

시 도시계획국장인 피고인 1이, 시에서 A주식회사를 시공사로 하여 진행하던 구청 신축공사 및 그에 인접하여 B주식회사가 A를 시공사로 하여 진행하던 건물 증축공사에 대한 관리·감독 업무를 수행하면서, C회사를 운영하는 피고인 2의 부탁을 받고 A에 부탁하여 위 증축공사 중 건축공사 부분을 C에 하도급받도록 해 준 다음 그 대가로 돈을 받은 사안에서, 피고인 1의 위와 같은 행위는 직무와 밀접한 관계가 있는 행위에 관하여 금품을 수수한 것으로서 뇌물수수죄에 해당한다(대판 2011. 3. 24. 2010도17797).

재건축조합 조합장이 재건축상가 일반분양분의 매수를 위한 청탁 명목의 금품을 수수

공무원으로 의제되는 재건축조합 조합장인 피고인 갑이 조합장의 직무와 관련하여 금품을 수수하였다는 내용으로 기소된 사안에서, 갑이 재건축상가 일반분양분의 매수를 위한 청탁 명목으로 제공된다는 사정을 알면서 피고인 을을 통하여 병으로부터 5,000만 원이 입금되어 있는 통장과 현금카드를 교부받았고, 재건축상가 일반분양분의 매각은 조합장의 직무와 밀접한 관련이 있으므로 갑에게 뇌물수수죄가 성립한다(대판 2010. 12. 23. 2010도13584).

국회 정무위원회 수석전문위원이 소관기관의 업무에 관한 청탁 명목의 금품수수

국회 정무위원회 수석전문위원으로서 정무위원회 소관 기관에 대하여 상당한 영향력을 가진 피고인이 그 소관 기관 등의 업무에 관한 청탁 또는 부탁을 받고 금품을 수수한 사안에서, 피고인의 위 행위는 자신의 직무이거나 그 직무와 밀접한 관계가 있는 행위라고 할 것이어서 형법 제129조의 수뢰죄에 해당한다(대판 2010. 12. 23. 2010도10910).

한국토지개발공사 간부가 수급인에 대하여 하도급업체의 선정을 알선하고 하도급업체로부터 금원을 수수한 경우, 수뢰죄가 성립한다(대판 1998. 2. 27. 96도582).

25) 대판 2002. 5. 10. 2000도2251.

뇌물죄에서 말하는 '직무'에는 법령에 정하여진 직무뿐만 아니라 그와 관련 있는 직무, 과거에 담당하였거나 장래에 담당할 직무 외에 사무분장에 따라 현실적으로 담당하지 않는 직무라도 법령상 일반적인 직무권한에 속하는 직무 등 공무원이 그 직위에 따라 공무로 담당할 일체의 직무를 포함한다.
음주운전을 적발하여 단속에 관련된 제반 서류를 작성한 후 운전면허 취소업무를 담당하는 직원에게 이를 인계하는 업무를 담당하는 경찰관이 피단속자로부터 운전면허가 취소되지 않도록 하여 달라는 청탁을 받고 금원을 교부받은 경우, 뇌물수수죄가 성립한다.[26)]

대통령의 국책사업자 선정

대통령은 정부의 수반으로서 중앙행정기관의 장을 지휘·감독하여 정부의 중요정책을 수립·추진하는 등 모든 행정업무를 총괄하는 직무를 수행하고, 대형건설 사업 및 국토개발에 관한 정책, 통화, 금융, 조세에 관한 정책 및 기업활동에 관한 정책 등 각종 재정·경제 정책의 수립 및 시행을 최종 결정하며, 소관 행정 각 부의 장들에게 위임된 사업자 선정, 신규사업의 인·허가, 금융지원, 세무조사 등 구체적 사항에 대하여 직접 또는 간접적인 권한을 행사함으로써 기업체들의 활동에 있어 직무상 또는 사실상의 영향력을 행사할 수 있는 지위에 있고, 국책사업의 사업자 선정도 역시 대통령의 직무범위에 속하거나 그 직무와 밀접한 관계가 있는 행위이므로 이에 관하여 대통령에게 금품을 공여하면 바로 뇌물공여죄가 성립하고, 대통령이 실제로 영향력을 행사하였는지 여부는 범죄의 성립에 영향을 미치지 않는다.
또한 뇌물죄는 직무집행의 공정과 이에 대한 사회의 신뢰에 기하여 직무행위의 불가매수성을 그 직접의 보호법익으로 하고 있고, 뇌물성을 인정하는 데에는 특별히 의무위반행위의 유무나 청탁의 유무 등을 고려할 필요가 없는 것이므로, 뇌물은 대통령의 직무에 관하여 공여되거나 수수된 것으로 족하고 개개의 직무행위와 대가적 관계에 있을 필요가 없으며, 그 직무행위가 특정된 것일 필요도 없다.[27)]

(2) 부정례

측량기술원으로서의 지식과 경험을 기초로 체비지 입찰예정가격을 추측하여 알려줌

갑이 시의 도시과 구획정리계 측량기술원으로 근무하면서 다년간 환지측량업무에 종사하게 된 결과 얻은 지

---

26) 대판 1999. 11. 9. 99도2530. 다음은 같은 취지이다.
뇌물수수죄에 있어서의 직무란 법령에 의한 공무원의 직무 자체 뿐만 아니라 이와 관련하여 사실상 관리하는 직무행위도 포함한다고 할 것이므로 과세자료를 조사 수집하고 그에 따라 법령의 규정에 따른 과세를 하여 이를 징수하는 법령상의 직무를 수행하는 세무공무원이 그 직무와 관련하여 그가 보관하는 공무소에서 사용하는 서류를 반환하여 달라는 청탁을 받고 이를 응락한 후 그 청탁 명목으로 금원을 수수하였다면 직무에 관한 뇌물의 수수라고 할 것이다(대판 1981. 8. 25. 81도1830).

27) 대판 1997. 4. 17. 96도3377 전원합의체. 다음은 같은 취지이다.
시도지사에게 위임된 칸트리클럽 지도감독업무와 교통부장관 보좌관의 직무관련성
칸트리클럽에 대한 지도 감독업무가 각 시도지사에게 위임되었다 하더라도 지방자치단체의 장에게 위임한 국가행정사무에 관하여는 당해 주무부장관이 이를 지휘·감독하도록 되어 있으므로 피고인이 교통부장관을 보좌하여 관광호텔 골프장 등 관광이용시설업체의 지휘·감독 등의 업무를 관장하고 있었다면 이를 들어 피고인의 직무의 관련성을 부정할 수 없다(대판 1984. 8. 14. 84도1139).

식과 경험을 기초로 체비지에 관한 공개경쟁 입찰에서 입찰예정가격이 대략 어느정도 될 것이라고 추측한 내용을 을에게 알려준 행위는 그의 직무행위 내지는 직무와 밀접하게 관련된 행위라고 볼 수 없는 것이고, 따라서 갑이 그 대가로 을로부터 받기로 약속한 이익도 뇌물죄에서 말하는 직무에 관련된 대가라고 보기 어렵다.[28)]

법원의 참여주사가 형량을 감경케 하여 달라는 청탁과 함께 금전을 수수한 경우

법원의 참여주사가 공판에 참여하여 양형에 관한 사항의 심리내용을 공판조서에 기재한다고 하더라도 이를 가지고 형사사건의 양형이 참여주사의 직무와 밀접한 관계가 있는 사무라고는 할 수 없으므로 참여주사가 형량을 감경케하여 달라는 청탁과 함께 금품을 수수하였다고 하더라도 뇌물수수죄의 주체가 될 수 없다.[29)]

경찰관(피고인 1)이 회사의 경영자(피고인 2)로부터 위 회사가 중소기업협동조합중앙회 회장(갑)에 의하여 외국인산업연수생에 대한 국내관리업체로 선정되는 데 힘써 달라는 부탁을 받고 피고인 2를 갑에게 소개해줌

경찰청 정보과에 근무하는 경찰관(경감)인 피고인 1이 피고인 2로부터 그가 경영하는 A주식회사가 중소기업협동조합중앙회 회장인 갑에 의하여 외국인산업연수생에 대한 국내관리업체로 선정되는 데 힘써 달라는 부탁을 받고 금전 및 각종 향응을 받았다고 하는 공소사실에 대하여, 피고인 1이 국내외에 걸쳐 발생하는 정치, 경제, 사회, 문화 등 제반 분야의 일들 중 일정 중요도 이상의 정보를 수집하고 분석하여 상부에 보고하는 직무를 담당하고 있으므로 추상적으로는 위 국내관리업체 선정도 피고인 1의 정보수집 대상에 포함된다 하더라도 원래 위 국내관리업체 선정이 당시의 통상산업부(현 산업자원부) 또는 그 산하 중소기업청의 소관으로서 피고인 1이 소속된 경찰청의 업무와는 아무런 관련이 없는 점, 중소기업협동조합중앙회는 피고인 1의 출입처가 되어 본 적이 없는 점, 비밀리에 행하여지는 정보업무의 특성 등에 비추어 피고인 1이 직무를 통하여 위 국내관리업체 선정에 어떠한 영향을 준다고는 할 수 없으므로 중소기업협동조합중앙회장의 국내관리업체 선정은 피고인 1의 직무와 관련성이 있다고 할 수 없고, 단지 피고인 1은 갑과의 개인적인 친분을 이용하여 피고인 2를 갑에게 소개시켜 주거나 위와 같은 청탁을 하였을 뿐이라는 이유로 무죄를 선고한 것은 옳다.[30)]

해양수산부 해운정책과 소속 공무원이 중국 국적 선사의 선박운항허가를 받게 해달라는 부탁을 받고 금품수수

구 해양수산부 해운정책과 소속 공무원인 피고인이 갑 해운회사의 대표이사 등에게서 중국의 선박운항허가 담당부서가 관장하는 중국 국적 선사의 선박에 대한 운항허가를 받을 수 있도록 노력해 달라는 부탁을 받고 돈을 받은 사안에서, 관련 규정에 의하면 해운정책과 업무에는 대한민국 국적선사의 선박에 관한 것만 포함되어 있을 뿐 외국 국적 선사의 선박에 대한 행정처분에 관한 것은 포함되어 있지 않고, 또한 외국 국적선사의 선박에 대한 구체적인 행정처분은, 해운정책과 소속 공무원에게 이를 좌우할 수 있는 어떠한 영향력이 있

28) 대판 1983. 3. 22. 82도1922.
29) 대판 1980. 10. 14. 80도1373.
30) 대판 1999. 6. 11. 99도275.

다고 할 수도 없어 해운정책과 소속 공무원의 직무와 밀접한 관계에 있는 행위라거나 또는 그가 관여하는 행위에 해당한다고 볼 수 없으므로, 직무관련성이 없어 뇌물수수죄가 성립하지 않는다.31)

보안부대 소속 치안본부 연락관이 경찰서장에게 승진을 부탁하고 금품수수

수뢰죄에 있어서 직무라 함은 법령에 의한 공무원의 직무자체 뿐만 아니라 이와 밀접한 관계에 있는 직무 및 사실상 관리하는 직무행위도 포함된다 할 것인바, 승려의 전투경찰대원 및 대공분실요원에 대한 위문의 주선행위나 증권거래에 참고가 될까하여 "마당" 잡지에 게재된 내용을 보고 참고로 이야기한 행위는 보안부대소속 치안본부 연락관의 직무와 관련된 행위라 볼 수 없다.

보안부대소속 치안본부 연락관이 경찰서장에게 경찰공무원의 승진을 부탁하고 이에 관하여 금원을 받았더라도 경찰공무원의 승진 여부는 치안본부의 인사에 관한 고유의 직무에 속하는 것이므로 이는 알선수뢰죄나 변호사법 제54조의 행위에 해당할지는 몰라도 자기의 직무에 관한 수뢰죄는 되지 아니한다.32)

비교 판례: 대대 주임원사인 피고인이 소속 대대 병사들의 보직에 관하여 지휘관인 대대장에게 건의하면 그 건의가 상당 부분 반영되어 왔다면 그와 같은 병사들의 보직 등을 결정하는 직무는 뇌물죄에 있어서의 직무에 해당한다.33)

나. 금품수수와 직무와의 대가관계

뇌물죄는 직무집행의 공정과 이에 대한 사회의 신뢰에 기하여 직무행위의 불가매수성을 그 직접의 보호법익으로 하고 있고, 직무에 관한 청탁이나 부정한 행위를 필요로 하지 아니하여 수수된 금품의 뇌물성을 인정하는데 특별히 의무위반행위나 청탁의 유무 등을 고려할 필요가 없으므로, 뇌물은 직무에 관하여 수수된 것으로 족하고 개개의 직무행위와 대가적 관계에 있거나 그 직무행위가 특정된 것일 필요도 없으며, 공무원이 그 직무의 대상이 되는 사람으로부터 금품 기타 이익을 받은 때에는 그것이 그 사람이 종전에 공무원으로부터 접대 받거나 수수한 것을 갚는 것으로서 사회상규에 비추어 볼 때에 의례상의 대가에 불과한 것이라고 여겨지거나, 개인적인 친분관계가 있어서 교분상의 필요에 의한 것이라고 명백하게 인정할 수 있는 경우 등 특별한 사정이 없는 한 직무와의 관련성이 없는 것으로 볼 수 없고, 공무원의 직무와 관련하여 금품을 수수하였다면 비록 사교적 의례의 형식을 빌어 금품을 주고받았다 하더라도 그 수수한 금품은 뇌물이 되는 것이다.34)

공무원이 얻는 어떤 이익이 직무와 대가관계가 있는 부당한 이익으로서 뇌물에 해당하는지 여부는 당해 공무원의 직무의 내용, 직무와 이익제공자와의 관계, 쌍방 간에 특수한 사적인 친분관계가 존재하는지의 여부,

31) 대판 2011. 5. 26. 2009도2453.
32) 대판 1983. 10. 11. 83도425.
33) 대판 2004. 5. 28. 2004도1442.
34) 대판 1997. 4. 17. 96도3378; 대판 2002. 7. 26. 2001도6721; 대판 2010. 4. 29. 2010도1082.

이익의 다과, 이익을 수수한 경위와 시기 등의 제반 사정을 참작하여 결정하여야 하고, 이는 도시 및 주거환경정비법 제84조에 의하여 공무원으로 의제되는 정비사업전문관리업자의 임·직원의 경우도 마찬가지이다. 이때 임·직원이 얻는 어떤 이익을 직무와 대가관계가 있는 부당한 이익으로서 뇌물에 해당하는 것으로 보려면 정비사업전문관리업자가 반드시 정비조합이나 조합설립추진위원회와 특정 재건축·재개발 정비사업에 관하여 구체적인 업무위탁계약을 체결하여 그 직무에 관하여 이익을 취득하여야 하는 것은 아니다.[35]

(1) 긍정례

시청 주택계장이 그가 사용승인업무 등을 담당한 아파트의 시공사와 건축도급계약체결

공무원이 얻는 어떤 이익이 직무와 대가관계가 있는 부당한 이익으로서 뇌물에 해당하는지 여부는 당해 공무원의 직무의 내용, 직무와 이익제공자와의 관계, 쌍방간에 특수한 사적인 친분관계가 존재하는지의 여부, 이익의 다과, 이익을 수수한 경위와 시기 등의 제반 사정을 참작하여 결정되어져야 할 것이고, 뇌물죄가 직무집행의 공정과 이에 대한 사회의 신뢰를 그 보호법익으로 하고 있음에 비추어 볼 때 공무원이 그 이익을 수수하는 것으로 인하여 사회일반으로부터 직무집행의 공정성을 의심받게 되는지의 여부도 뇌물죄의 성부를 판단함에 있어서의 판단 기준이 된다 할 것이다.

A회사는 B시를 거점으로 삼아 아파트분양 등의 주택사업을 하는 회사이고 피고인은 B시에 주거를 두고 B시청에 주택계장으로 근무하면서 B가 1994. 12. B시 천곡동에 시공한 아파트 86세대에 대하여 사업계획승인, 사용검사, 사용승인 등의 업무를 담당하였고 또 B가 1996. 2.경 준공한 B시 용정동 소재 216세대의 아파트사업에 대하여 사업승인 및 지도감독의 업무를 주무계장으로서 담당하였는바, 피고인과 B의 대표이사 갑은 이와 같은 업무상의 관계로 알게 된 이외에는 사적인 친분관계가 없는 사실, 피고인이 이 사건 건축물을 건축할 계획을 세우고 을에게 설계를 맡긴 다음 그 설계에 근거하여 갑에게 견적을 의뢰한 시기는 위 용정동 216세대의 아파트가 준공될 무렵이었고, 이 사건 건축물에 대한 도급계약은 위 아파트 준공 후 약 1개월만에 체결되었던 사실 등이 인정되며, 한편 갑은 검찰에서 피고인이 위 아파트 216세대를 건축할 때 조경공사의 위치를 설계도와 다르게 하는데 쉽게 동의하는 등 편의를 보아 주었다거나 실제로 건축을 하다보면 감독시 지적사항이 안 나올 수 없는데 피고인이 지적을 하지 않고 탄력적으로 봐 주었다고 진술하면서 B의 주택사업과 관련하여 고마움을 표하는 뜻에서 이익을 남기지 않고 손해도 보지 않는 선에서 공사를 하여 주었다는 취지로 일관되게 진술하고 있는바, 이러한 사실에다가 피고인이 스스로 검찰에서 이 사건 건축공사로 3,440만 원 가량의 이익을 보았다고 진술하였고, 법정에서도 변경된 공소사실대로 이익을 얻었다고 자백한 점 등에 비추어 보면, 피고인이 얻은 이익은 피고인이 담당하였던 직무와 관계없이 사적인 능력으로 가격을 협상한 결과 얻은 이익이라고 볼 수 없고, 또 뇌물죄의 보호법익에 비추어 그 이익의 규모가 사회통념상 수령이 허용되는 범위 안에서 순수하게 사적인 거래관계로 얻은 이익이라고도 볼 수 없으며, 오히려 직무의 대가로 얻은 부당한 이익이라고 인정하기에 충분하다 할 것이다.[36]

35) 대판 2008. 9. 25. 2008도2590.

36) 대판 1998. 3. 10. 97도3113.

수사공무원이 수사한 사건의 당사자를 변호사에게 소개하고 변호사와 사이에 금품수수

공무원이 얻은 어떤 이익이 직무와 대가관계가 있는 부당한 이익으로서 뇌물에 해당하는지 여부는 그 공무원의 직무내용·직무와 이익제공자와의 관계·쌍방간에 특수한 사적 친분관계가 존재하는지 여부·이익의 다과·이익을 수수한 경위와 시기 등 모든 사정을 참작하여 결정되어야 하고, 뇌물죄가 직무집행의 공정과 이에 대한 사회의 신뢰를 그 보호법익으로 하고 있음에 비추어 공무원이 그 이익을 수수하는 것으로 인하여 사회일반으로부터 직무집행의 공정성을 의심받게 되는지 여부도 뇌물죄 성부의 판단 기준이 되어야 한다. 수사를 그 직무로 하는 공무원이 그가 직접 수사하거나 수사하였던 사건의 당사자를 변호사에게 소개하고 그 대가로 돈을 받았다면 그 돈의 수수는 뇌물이므로, 피고인들이 공모하여 대전검찰청의 일반직원 또는 대전지역의 경찰관들로부터 그들이 취급 중이거나 취급하였던 수사 사건의 수임을 알선받고 그 대가로 돈을 교부한 것은 뇌물공여죄에 해당한다.[37]

37) 대판 2002. 3. 15. 2001도970. 다음은 같은 취지이다.

시의원인 피고인이 신문사와 노인단체의 부탁을 받고 노인시설에서 구독하는 신문의 구독료 예산을 확보하여 지급되도록 한 다음 수수료 명목의 돈을 수수하였다고 하여 구 특가법위반(뇌물)으로 기소된 사안에서, 제반 사정을 종합할 때 위 돈은 피고인이 직무에 관하여 수수한 것으로 보아야 하는데도, 이와 달리 보아 무죄를 인정한 원심판결에 법리오해 등 위법이 있다고 한 사례(대판 2011. 12. 8. 2010도15628).

농림부 주관 농림기술개발사업의 일환으로 시행되고, 국립대학교 총장 명의로 체결된 연구 용역 약정에 기하여 소속 대학 교수가 행하는 연구 활동이 교육공무원인 위 교수의 직무 집행 행위에 해당한다고 한 사례(대판 2005. 10. 14. 2003도1154).

피고인은 국가경찰의 수장으로서 경찰청 소속 경찰관 및 각급 국가경찰기관의 장에 대한 지휘·감독권을 통해 모든 범죄수사에 관하여 직무상 또는 사실상의 영향력을 행사할 수 있는 지위에 있었고, 갑과는 피고인이 경남지방경찰청장으로 부임한 후 비로소 친분관계를 형성하기 시작하였을 뿐만 아니라 자주 만나지 않고 1년에 3~4차례 정도 전화로 안부 인사를 나눌 정도였던 점 등을 종합하여 보면 피고인이 갑으로부터 2만 달러를 받은 것은 직무와 관련하여 뇌물로 수수한 것이라고 판단한 것은 옳다(대판 2010. 4. 29. 2010도1082).

육군본부 항공사업 전력집행과 항공사업 집행장교와 무기구매상

뇌물죄는 직무집행의 공정과 이에 대한 사회의 신뢰에 기하여 직무행위의 불가매수성을 그 직접의 보호법익으로 하고 있으므로 뇌물성은 의무위반 행위나 청탁의 유무, 개개의 직무행위와의 대가적관계, 금품수수 시기와 직무집행 행위의 전후를 가리지 아니한다 할 것이고, 공무원의 직무와 금원의 수수가 전체적으로 대가관계에 있으면 뇌물수수죄는 성립한다.

피고인은 육군본부 항공사업 전력집행과 항공사업 집행장교로서 CH−470D헬기, 피아식별장비(MODE−4), 소형정찰헬기, UH−60대대 창설편제 장비, 대공유도탄 탄약(MISTAR) 등의 획득장비에 대해 국방부의 사업승인시 조달본부에 조달요구 및 조달본부 계약완료, 장비도입확인 및 사후관리 등 방위력 개선사업에 관한 업무를 수행하고 있고, 갑은 무기구매상인데 갑은 피고인에게 1997년 4월 초순경에는 항공장비사업 등에 관한 정보를 얻고 싶어서 돈을 주었고, 1997. 8. 22.에는 열상광학장비의 헬기장착 사업시행을 검토해 달라고 부탁하면서 돈을 주었고 그 후 실제 피고인이 갑에게 군사기밀을 알려 준 사실 등을 알 수 있는바, 이러한 피고인의 업무내용과 갑의 직업, 금원수령 당시 및 그 후의 정황 등에 비추어 볼 때, 비록 피고인의 직무에 직접적으로 관련있는 청탁이나 대가관계가 없었다고 하더라도 전체적으로 대가관계가 있다고 보아 뇌물죄에서의 직무와 관련한 대가성을 인정함이 상당하다(대판 2000. 1. 28. 99도4022).

경비교도에게 서신연락이나 담배반입 등의 편의를 부탁하며 금품제공

경비교도는 교정시설 등에 대한 경비임무와 무장공비 등의 침투거부 등 작전임무 뿐만 아니라 사실상 교도관을 보조하여 교도소 내외에서의 재소자에 대한 간접계호업무를 담당하고 있음을 인정할 수 있고 그 계호업무 중에는 허가받지 아니한 서신이나 물건의 반입이 되지 않도록 감시하는 직무도 포함한다고 할 것이므로 이러한 직무를 담당하는 경비교도에게 서신연락이나 담배 등의 반입 등의 편의를 도모하여 달라는 취지로 금원을 제공하는 때에는 뇌물공여죄가 성립된다(대판 1987. 11. 24. 87도1463).

(2) 부정례

현대아파트의 건립관련 업무 등을 담당한 피고인들이 우연히 현대아파트를 분양받음

뇌물성의 유무는 공무원의 직무와 이익공여자와의 관계, 이익수수의 경위, 그 당시의 사회상태 등 제반사정을 종합하여 합리적으로 판단하여야 할 것인 바, 피고인들이 본건 현대아파트의 건립 또는 융자에 관계되는 공무를 담당한 바가 있어도 동 건설회사측에 별다른 편의를 제공한 적이 없고, 위 공무를 취급하지 아니하였더라도 다른 일반 수의 분양자들과 같이 친지, 동료 등의 연줄로 분양받을 수 있었고, 또 분양받아야 할 실수요자였으며 피고인들의 위 공무집행은 위 아파트의 분양계약과 관련시킬 수 없는 우연에 불과하였으므로 본건 아파트의 분양계약이 직무와 대가관계에 있는 부당한 이익 즉 뇌물성이 있다고 할 수 없다.[38]

다. 국회의원의 직무관련성

국회의원이 의정활동과 전체적·포괄적으로 대가관계가 있는 금원을 교부받음/국회의원이 다른 동료의원에게 작용하여 일정한 의정활동을 하도록 권유·설득

뇌물죄는 직무집행의 공정과 이에 대한 사회의 신뢰에 기하여 직무수행의 불가매수성을 그 직접의 보호법익으로 하고 있으므로, 공무원의 직무와 금원의 수수가 전체적으로 대가관계에 있으면 뇌물수수죄가 성립하고, 특별히 청탁의 유무, 개개의 직무행위의 대가적 관계를 고려할 필요가 없으며, 또한 그 직무행위가 특정된 것일 필요도 없다 할 것이고, 한편 뇌물죄에 있어서 직무에는 공무원이 법령상 관장하는 직무 그 자체뿐만 아니라 그 직무와 밀접한 관계가 있는 행위 또는 관례상이나 사실상 소관하는 직무행위도 포함된다 할 것이므로, 국회의원이 그 직무권한의 행사로서의 의정활동과 전체적·포괄적으로 대가관계가 있는 금원을 교부받았다면 그 금원의 수수가 어느 직무행위와 대가관계에 있는 것인지 특정할 수 없다고 하더라도 이는 국회의원의 직무에 관련된 것으로 보아야 하고, 한편 국회의원이 다른 의원의 직무행위에 관여하는 것이 국회의원의 직무행위 자체라고 할 수는 없으나, 국회의원이 자신의 직무권한인 의안의 심의·표결권 행사의 연장선상에서 일정한 의안에 관하여 다른 동료의원에게 작용하여 일정한 의정활동을 하도록 권유·설득하는 행위 역시 국회의원이 가지고 있는 위 직무권한의 행사와 밀접한 관계가 있는 행위로서 그와 관련하여 금원을 수수하는 경우에도 뇌물수수죄가 성립한다.[39]

국회의원인 피고인이 공소외인으로부터 의과병원의 비급여율과 관련된 의료보수표(이하 '이 사건 자료'라 한다)의 제공을 부탁받았음이 명백하고, 공소외인과의 전화통화 내지 보좌진의 보고 등을 통하여 이 사건 자료의 제공과 관련하여 그 대가로 1,000만 원을 지급받는다는 사실을 인식하였다고 봄이 상당하며, 피고인의 후원회를 통하여 후원금 명목으로 위 1,000만 원을 수령하였더라도 피고인이 대한치과의사협회로부터 이를 수령한 것으로 평가할 수 있고, 나아가 위 1,000만 원은 피고인의 직무권한 행사에 대한 대가로서의 실체를 가지므로 뇌물죄가 성립한다.[40]

38) 대판 1981. 4. 28. 80도3323.
39) 대판 1997. 12. 26. 97도2609.
40) 대판 2009. 5. 14. 2008도8852.

5. 사교적 의례의 금품수수

공무원이 그 직무의 대상이 되는 사람으로부터 금품 기타 이익을 받은 때에는 그것이 그 사람이 종전에 공무원으로부터 접대 또는 수수받은 것을 갚는 것으로서 사회상규에 비추어 볼 때에 의례상의 대가에 불과한 것이라고 여겨지거나, 개인적인 친분관계가 있어서 교분상의 필요에 의한 것이라고 명백하게 인정할 수 있는 경우 등 특별한 사정이 없는 한 직무와의 관련성이 없는 것으로 볼 수 없고, 공무원의 직무와 관련하여 금품을 수수하였다면 비록 사교적 의례의 형식을 빌어 금품을 주고 받았다 하더라도 그 수수한 금품은 뇌물이 된다.[41)]

피고인이 갑으로부터 받은 돈 100,000원은 피고인의 차남 결혼식이 있었던 1979. 9. 1. 14:00경 그 예식장에서 동인이 축의금으로 낸 것을 사후에 전달받은 것이고, 또한 을, 병으로부터 받은 돈 각 금 50,000원도 피고인의 3남 결혼식이 있었던 1980. 1. 15. 14:00 그 예식장에서 동인들이 축의금으로 낸 것을 사후에 전달받은 것일 뿐만 아니라 피고인이 갑, 을, 병과 개인적으로도 친분관계를 맺어온 사이였다면, 비록 동인들이 피고인의 직무와 관련이 있는 사업을 경영하는 사람들이었다 하더라도 그 사정만으로 위의 각 금원이 축의금을 빙자하여 뇌물로 수수된 것이었다고 단정할 수는 없다.[42)]

노동청 해외근로국장으로서 해외취업자 국외송출허가 등 업무를 취급하던 피고인이 접대부 등의 국외송출을 부탁받고 시가 70,000원 상당의 주식을 접대받은 경우, 비록 그 접대의 규모가 그리 크지 아니하였다 하더라도 그 사유만으로 이를 단순한 사교적 의례의 범위에 속하는 향응에 불과하다고 볼 수 없으며 뇌물성을 띤다고 볼 것이다.[43)]

---

41) 대판 2002. 7. 26. 2001도6721. 다음은 같은 취지이다.
공무원의 직무와 관련하여 금품을 수수하였다면 그 수수한 금품은 뇌물이 되는 것이고, 그것이 사교적 의례의 형식을 사용하고 있다 하여도 직무행위의 대가로서의 의미를 가질 때에는 뇌물이 된다(대판 1999. 1. 29. 98도3584; 대판 1999. 7. 23. 99도390).

42) 대판 1982. 9. 14. 81도2774.

43) 대판 1984. 4. 10. 83도1499. 다음은 같은 취지이다.
재건축추진위원장이 관할구청의 주택과장에게 두 차례에 걸쳐 점심 식사를 제공
아현2지구재건축추진위원장이던 피고인이 갑과 공모하여 재건축조합의 조속한 설립인가를 위해, 이를 관할하는 마포구청의 주택과장으로 재직 중이던 을에게 두 차례에 걸쳐 그 판시와 같이 점심 식사를 제공하였다는 것인바, 당시 을의 직무내용, 그 직무와 피고인과의 관계, 피고인 등과 을과 사이에 특수한 사적 친분관계는 없었던 점 및 이익을 수수한 경위와 시기 등을 종합하여 보면 그와 같은 이익은 을의 직무와 관련한 뇌물이라고 보기에 충분하고, 그것이 단순히 사교적·의례적 범위 내의 것이라고 볼 수는 없다(대판 2008. 11. 27. 2006도8779).
은행 지점장이 83,500원 상당의 향응을 제공받음
은행 지점장인 피고인이 제공받은 향응이 도합 금 83,500원 상당에 지나지 않는다고 하더라도, 피고인과 증뢰자와의 관계, 피고인이 그로부터 향응을 제공받은 동기 및 경위, 피고인이 향응 이외에도 수차례 금품을 수수하였다는 사정 등에 비추어 보면, 이를 단순한 사교적 의례의 범위에 속하는 것에 불과하다고 단정할 수는 없다고 한 사례(대판 1996. 12. 6. 96도144).
1,000원 상당의 향응 접대라 하더라도 공무원의 직무에 관하여 이루어졌다면 이것을 단순한 사교적 의례에 불과한

6. 뇌물의 영득의사

가. 긍정례

승진청탁 명목으로 받은 돈을 6개월 후에 반환

피고인이 부하직원으로부터 승진 청탁과 함께 돈을 교부받은 경위, 언제든지 그 돈을 반환할 기회가 있었음에도 반환하지 않은 점, 그 돈을 사용한 뒤 6개월 후에 그 청탁을 들어줄 수 없는 처지에 이르자 반환한 점 등에 비추어 피고인에게 그 돈을 뇌물로서 영득할 의사가 있었다.[44)]

1,000만 원의 뇌물을 요구하였으나 1억 원을 교부받음

갑이 추가세무조사 대상자로 지정하지 않으면 섭섭하지 않도록 해 주겠으니 얼마면 되겠느냐고 부탁하자 피고인이 손가락 한 개를 들어 보임으로써 뇌물을 요구하였고, 갑이 이에 응하여 현금 1억 원이 든 가방을 제공하자 이를 수령하였다는 것이므로, 이처럼 피고인이 스스로 대가를 요구하여 돈을 받은 이상 피고인은 그 받은 돈 전부를 영득의 의사로 수령한 것이라고 보아야 할 것이고, 설령 피고인이 내심으로는 1,000만 원 정도로 생각하고 이를 수령하였다고 하여 1,000만 원에 대하여만 영득의 의사가 인정되고 이를 초과하는 액수에 대하여는 영득의 의사가 부정될 수는 없다.

뇌물을 수수한다는 것은 영득의 의사로 금품을 수수하는 것을 말하므로, 뇌물인지 모르고 이를 수수하였다가 뇌물임을 알고 즉시 반환하거나, 증뢰자가 일방적으로 뇌물을 두고 가므로 후일 기회를 보아 반환할 의사로 어쩔 수 없이 일시 보관하다가 반환하는 등 그 영득의 의사가 없었다고 인정되는 경우라면 뇌물을 수수하였다고 할 수 없겠지만, 피고인이 먼저 뇌물을 요구하여 증뢰자가 제공하는 돈을 받았다면 피고인에게는 받은 돈 전부에 대한 영득의 의사가 인정된다고 하지 않을 수 없고, 이처럼 영득의 의사로 뇌물을 수령한 이상 그 액수가 피고인이 예상한 것보다 너무 많은 액수여서 후에 이를 반환하였다고 하더라도 뇌물죄의 성립에는 영향이 없다.[45)]

뇌물인 고액의 수표를 사용하는 것이 어렵고 문제가 될 수도 있어 반환

피고인은 부동산업자인 공소외인으로부터 이 사건 토지에 관하여 건축허가를 내 줄 것을 부탁받고 그로부터 1~2일 후 만나 3,000만 원권 자기앞수표가 든 봉투를 건네받았는데, 그 후 위 공소외인과 수시로 통화하면

것이라고 볼 수 없다(대판 1963. 2. 7. 62도270).

44) 대판 2001. 10. 12. 2001도3579.

45) 대판 2007. 3. 29. 2006도9182. 다음은 같은 취지이다.
피고인은 부동산업자인 공소외인으로부터 이 사건 토지에 관하여 건축허가를 내 줄 것을 부탁받고 그로부터 1~2일 후 만나 3,000만 원권 자기앞수표가 든 봉투를 건네받았는데, 그 후 위 공소외인과 수시로 통화하면서도 이를 즉시 공소외인에게 돌려주지 않고 위 자기앞수표를 10일 가량 가지고 있다가 돌려줌으로써, 자신이 담당하는 건축허가 등 업무와 관련하여 공소외인으로부터 영득의 의사로 위 자기앞수표를 수수하였다가 공무원으로서 고액의 수표를 사용하는 것이 용이하지 아니하고 문제가 될 수도 있다는 생각에 이를 반환한 경우에는 피고인이 영득의 의사로 위 자기앞수표를 뇌물로 받은 것으로 보아야 한다(대판 2012. 8. 23. 2010도6504)

서도 이를 즉시 공소외인에게 돌려주지 않고 위 자기앞수표를 10일 가량 가지고 있다가 돌려줌으로써, 자신이 담당하는 건축허가 등 업무와 관련하여 공소외인으로부터 영득의 의사로 위 자기앞수표를 수수하였다가 공무원으로서 고액의 수표를 사용하는 것이 용이하지 아니하고 문제가 될 수도 있다는 생각에 이를 반환한 경우에는 피고인이 영득의 의사로 위 자기앞수표를 뇌물로 받은 것으로 보아야 한다.[46]

나. 부정례

택시 안으로 돈뭉치를 던져서 다음날 반환

피고인이 택시를 타고 떠나려는 순간 뒤쫓아 와서 돈뭉치를 창문으로 던져 넣고 가버려 의족을 한 불구의 몸인 피고인으로서는 도저히 뒤따라가 돌려줄 방법이 없어 부득이 그대로 귀가하였다가 다음날 바로 다른 사람을 시켜 이를 반환한 경우 피고인에게는 뇌물을 수수할 의사가 있었다고는 볼 수 없다.[47]

후일 기회를 보아서 반환할 의사로 일단 받아둠

뇌물을 수수한다는 것은 영득의 의사로 받은 것을 말하고 후일 기회를 보아서 반환할 의사로써 일단 받아둔데 불과하다면 뇌물의 수수라고 할 수 없다 할 것인 바, 피고인 1은 피고인 2가 1987. 7. 중순경 현금 500,000원이 든 봉투를 책상 설합 속에 던져놓고 급히 나가버리자 돌려줄 생각으로 2, 3일간 보관하고 있었으나 만날 수 없게 되어 동료직원과 상의한 결과 이를 기탁금으로 처리, 보관하여 피고인 2가 체납한 야영장 임대료 금 1,300,000원을 납부하지 아니할 경우 위 임대료의 일부로 충당하기로 하고 내부적으로 부군수의 결재까지 받아 두었는데 피고인 2가 1987. 9. 1. 위 야영장 임대료 1,300,000원을 납부하자 같은 해 9.4. 위 금 500,000원을 앞서 피고인 2가 집에다 갖다 놓은 텐트 1셋트와 함께 우편으로 반환하였다면 피고인 1은 후일 기회를 보아 반환할 의사로 위 돈과 텐트를 일단 받아둔 데 불과하다 할 것이고 여기에 영득의 의사가 있었다고 보기는 어렵다.[48]

피고인 2가 2007. 12. 27. 피고인에게 제공한 2,000만 원에 대하여는 ① 피고인이 피고인 2가 건네주는 돈이 든 쇼핑백을 받지 않으려고 실랑이를 하였고 그 과정에서 커피잔이 바닥에 떨어지기도 하였으며, 피고인 2가 그 사이 가버리는 바람에 그 자리에서 위 쇼핑백을 돌려줄 방법은 없어 보였던 점, ② 그 당시 금원

---

46) 대판 2012. 8. 23. 2010도6504. 다음은 같은 취지이다.

두 차례에 걸쳐서 받은 뇌물을 반환

교통사고를 조사하는 경찰관으로서 두 차례에 걸쳐서 직무에 관한 부탁을 받고 금 100,000원씩을 수수하였다면 그 후에 이를 다시 되돌려 준 것만으로 이를 수수할 당시에 영득의 의사가 없었다고 단정할 수 없다(대판 1987. 4. 14. 86도2075).

47) 대판 1979. 7. 10. 79도1124.

48) 대판 1989. 7. 25. 89도126. 다음은 같은 취지이다.

후일 반환할 의사로서 일단 받아둠

뇌물을 수수한다는 것은 영득의 의사로서 받는 것을 말하고 후일 반환할 의사로서 일단 받아둔데 불과하다면 뇌물의 수수라고 할 수 없다(대판 1985. 1. 22. 84도2082).

을 건네려는 피고인 2와 피고인 사이에 여러 가지 말이 오고 갔는데, 피고인 2와 피고인 사이에 불우이웃돕기에 기부한다는 용처에 관하여 어느 정도 합의점에 도달하였다고 보여지는 점, ③ 피고인은 이를 받은 그 다음날 공소외 1 과장에게 피고인 2로부터 받은 쇼핑백 그대로 전달하며 피고인 2가 불우이웃돕기 성금에 기부하는 것임을 알리고 처리하도록 하였고, 위 금원은 바로 사회복지공동모금회에 입금되었으며 그 이후 피고인이 이러한 처리 사실을 피고인 2에게 알리고 영수증 교부 안내까지 한 점 및 피고인 2가 2008. 6. 13. 피고인에게 제공한 2,000만 원에 대하여는 ① 피고인은 피고인 2가 건네주는 돈이 든 쇼핑백을 받지 않으려고 수차례 거절하였는데, 피고인 2는 이를 춘천연극제에 가져다 주라는 말을 하였던 점, ② 피고인은 당일이 금요일이고 서울에서 재차 고성에까지 다녀오느라 그로부터 이틀 뒤인 일요일에 즉시 춘천연극제 임원에게 전화를 하였고, 월요일인 2008. 6. 16. 시장실에 온 춘천연극제 임원들에게 피고인 2가 기부하는 돈임을 밝히고 위 쇼핑백을 그대로 전달한 점, 그리고 피고인 2로서는 기업을 하는 입장에서 이 사건 입찰뿐만 아니라 향후 현직 춘천시장인 피고인과의 관계를 돈독히 할 필요가 있었을 것이지만, 피고인으로서도 이미 피고인 2가 생산하는 탈취기에 의하여 근화동 쓰레기처리시설 악취 민원을 해결한 바 있고, 기업도시 유치와 관련해서도 그 인적 네트워크를 통하여 이미 상당한 도움을 받았거나 향후 많은 도움을 받을 것을 기대하는 등 같은 지역 출신이라는 점에서 뿐만 아니라 상호 유대관계를 유지해야 하는 현실적인 필요성이 있어 피고인 2의 금원 교부 제의를 면전에서 단호하게 거절하기는 어려울 수도 있는 관계였던 점, 제반 정황에 비추어 피고인이 위 금원을 사적인 용도로 취득하거나 사용하기 위하여 받았다고 보기는 어려울 뿐만 아니라, 그 사용처가 공적인 용도와 관련된 것이라고 하더라도 피고인과 피고인 2 사이에 그 사용처에 관하여 어느 정도 구체적인 합의점을 찾지 못한 상황이었다면 피고인이 이를 건네받았을 것으로 보여지지는 아니하는 점 등에 비추어 보면, 비록 피고인 2는 미필적으로나마 피고인에 대한 뇌물공여의 의사로 위 금원을 교부하였다 하더라도, 피고인은 평소 도움을 주고받으며 돈독하게 지내야 할 피고인 2가 교부하는 각 금원을 불우이웃돕기 성금이나 춘천연극제에 전달할 의사로 받은 것에 불과하고, 이를 자신이 영득할 의사로 수수하였다고 보기는 어렵다.[49)]

다. 뇌물수수 후 이익의 변경 또는 반환

뇌물로 공여된 당좌수표가 수수 후 부도가 되었다 하더라도 뇌물죄의 성립에는 아무런 소장이 없다.[50)]

일단 영득의 의사로 뇌물을 수수하였으나 그 액수가 너무 많아서 후일 이를 반환하였다 하더라도 뇌물죄의 성립에는 영향이 없다.[51)]

받은 자기앞수표를 후환을 염려하여 반환

피고인이 갑으로부터 입력송출의 부탁과 함께 사례조로 교부받은 자기앞수표를 약 2주일 후 반환하여 주었

49) 대판 2010. 4. 15. 2009도11146.

50) 대판 1983. 2. 22. 82도2964.

51) 대판 1985. 5. 14. 83도2050.

다 하더라도, 위 수표를 일단 피고인의 은행구좌에 예치시켰다가 그 뒤 동료직원들에게 갑에 대하여 탐문해 본 결과 믿을 수 없다고 하므로 후환을 염려하여 갑에게 반환한 것이라면 피고인에게 뇌물수수의 고의가 있었다고 할 것이다.[52)]

7. 뇌 물

가. 뇌물의 의의

뇌물죄에서 뇌물의 내용인 이익이라 함은 금전, 물품 기타의 재산적 이익뿐만 아니라 사람의 수요 욕망을 충족시키기에 족한 일체의 유형, 무형의 이익을 포함한다고 해석되고, 투기적 사업에 참여할 기회를 얻는 것도 이에 해당한다.[53)]

공무원이 취득한 금품이 뇌물에 해당하는지는 당해 공무원의 직무 내용, 직무와 금품제공자의 관계, 쌍방간에 특수한 사적인 친분관계가 존재하는지 여부, 금품의 다과, 금품을 수수한 경위와 시기 등의 제반 사정을 참작하여 결정하여야 하고, 이는 도시 및 주거환경정비법 제84조에 의하여 공무원으로 의제되는 정비사업전문관리업자의 임·직원의 경우도 마찬가지이다.[54)]

나. 뇌물의 형태

투기적 사업에 참여할 기회를 제공받음

뇌물죄에서 뇌물의 내용인 이익이라 함은 금전, 물품 기타의 재산적 이익뿐만 아니라 사람의 수요 욕망을 충족시키기에 족한 일체의 유형, 무형의 이익을 포함한다고 해석되고, 투기적 사업에 참여할 기회를 얻는 것도 이에 해당한다.

공무원이 뇌물로 투기적 사업에 참여할 기회를 제공받은 경우, 뇌물수수죄의 기수 시기는 투기적 사업에 참여하는 행위가 종료된 때로 보아야 하며, 그 행위가 종료된 후 경제사정의 변동 등으로 인하여 당초의 예상과는 달리 그 사업 참여로 인한 아무런 이득을 얻지 못한 경우라도 뇌물수수죄의 성립에는 아무런 영향이 없다.[55)]

52) 대판 1984. 4. 10. 83도1499.
53) 대판 2002. 5. 10. 2000도2251.
54) 대판 2011. 11. 24. 2011도9585.
55) 대판 2002. 5. 10. 2000도2251. 다음은 같은 취지이다.

프리미엄이 예상되는 아파트의 분양

재개발주택조합의 조합장이 그 재직 중 고소하거나 고소당한 사건의 수사를 담당한 경찰관에게 액수 미상의 프리미엄이 예상되는 그 조합아파트 1세대를 분양해 준 경우, 그 아파트가 당첨자의 분양권 포기로 조합에서 임의분양하기로 된 것으로서 예상되는 프리미엄의 금액이 불확실하였다고 하더라도, 조합, 즉 조합장이 선택한 수분양자가 되어 분양계약을 체결한 것 자체가 경제적인 이익이라고 볼 수 있으므로 뇌물공여죄에 해당한다고 한 사례(대판 2002. 11. 26. 2002도3539).

뇌물수수죄나 뇌물공여죄에 있어서의 뇌물이란 금전, 물품 기타의 재산적 이익 등 사람의 수요, 욕망을 충족시키기에 족한 유형, 무형의 일체의 이익이 포함되므로, 조합아파트 가입권에 붙은 소위 프리미엄도 뇌물에 해당한다.[56)]

군에서 일차진급 평정권자가 그 평정업무와 관련하여 진급대상자로 하여금 자신의 은행대출금채무에 연대보증하게 한 행위는 직무에 관련하여 이익인 뇌물을 받은 것에 해당된다.[57)]

공무원이 상대방과 토지를 교환하여 가격이 상승할 것으로 예상되는 토지를 받음

뇌물약속죄에 있어서 뇌물의 목적물인 이익은 약속 당시에 현존할 필요는 없고 약속 당시에 예기할 수 있는 것이라도 무방하며, 뇌물의 목적물이 이익인 경우에는 그 가액이 확정되어 있지 않아도 뇌물약속죄가 성립하는 데는 영향이 없다.

피고인이 그 소유의 갑 토지를 을 토지와 교환한 것과 관련하여 수뢰를 하였다는 공소사실에 대하여, 원심은 교환된 토지 간에 시가의 차이가 있다고 인정할 수 없다는 이유로 무죄를 선고하였으나, 갑 토지의 시가가 을 토지의 시가보다 비싸다고 하더라도 피고인으로서는 장기간 처분하지 못하던 토지를 처분하는 한편 매수를 희망하던 전원주택지로 향후 개발이 되면 가격이 많이 상승할 토지를 매수하게 되는 무형의 이익을 얻었다고 봄이 상당하다는 이유로 원심판결을 파기한 사례.[58)]

의제공무원인 조합장이자 보험설계사가 청탁하는 자로 하여금 보험에 가입하게 함

도시 및 주거환경정비법 제84조에 의하여 공무원으로 의제되는 재건축정비사업조합 조합장이자 갑 생명보험 주식회사의 보험설계사인 피고인이, 을에게서 시공사 선정 등에 도움을 달라는 청탁을 받고 을로 하여금 갑 회사 보험상품에 대한 보험계약을 체결하게 한 후 그에 대한 보험계약 모집수수료를 교부받음으로써 직무에 관하여 뇌물을 수수하였다는 내용으로 기소된 사안에서, 피고인이 을에게서 제공받은 뇌물은 '보험계약

직무와 관련하여 장래 시가앙등이 예상되는 체비지의 지분을 낙찰원가에 매수한 것은 투기적 사업에 참여할 기회를 제공받은 것으로 뇌물수수죄에 해당된다고 한 사례(대판 1994. 11. 4. 94도129).

토지를 매수하여 개발을 통한 건축 등 투자기회를 제공받음

뇌물죄에서 뇌물의 내용인 이익은 금전, 물품 기타의 재산적 이익뿐만 아니라 사람의 수요, 욕망을 충족시키기에 족한 일체의 유형, 무형의 이익을 포함한다고 해석되고, 투기적 사업에 참여할 기회를 얻는 것도 이에 해당한다. 토지를 매수하여 소유권이전등기를 마침으로써 위 토지의 매수 및 개발을 통한 건축 등 투자기회를 제공받은 것 자체는 뇌물의 내용인 이익에 해당한다(대판 2012. 8. 23. 2010도6504).

시가의 앙등이 예상되는 주식을 액면가에 매수

투기적 사업에 참여할 기회를 얻는 것도 뇌물죄에 있어서 뇌물의 내용인 이익에 해당되므로 장래 시가의 앙등이 예상되는 주식을 액면가에 매수한 것은 뇌물죄에 해당된다(대판 1979. 10. 10. 78도1793).

56) 대판 1992. 12. 22. 92도1762.

57) 대판 2001. 1. 5. 2000도4714.

58) 대판 2001. 9. 18. 2000도5438.

체결에 따라 모집수수료 등을 지급받을 수 있는 지위 또는 기회'이고, 재산적 가치는 적어도 보험계약 모집수수료 상당은 된다.[59)]

뇌물인 성적 욕구의 충족(유사성교행위 및 성교행위)

뇌물죄에서 뇌물의 내용인 이익이라 함은 금전, 물품 기타의 재산적 이익뿐만 아니라 사람의 수요·욕망을 충족시키기에 족한 일체의 유형·무형의 이익을 포함하며, 제공된 것이 성적 욕구의 충족(유사성교행위 및 성교행위)이라고 하여 달리 볼 것이 아니다.[60)]

다. 뇌물의 사용

수수한 금품을 공사현장 인부들의 식대와 홍보비 등으로 사용

뇌물죄에 있어서 금품을 수수한 장소가 공개된 공사현장이었고 금품을 수수한 공무원이 이를 공사현장 인부들의 식대 또는 동 공사의 홍보비 등으로 소비하였을 뿐 자신의 사리를 취한바 없다 하더라도 그 뇌물성이 부인되지 않는다.[61)]

라. 정치자금과 뇌물의 구별

정치자금의 기부행위는 정치활동에 대한 재정적 지원행위이고, 뇌물은 공무원의 직무행위에 대한 위법한 대가로서 양자는 별개의 개념이므로, 금품이 정치자금의 명목으로 수수되었고 또한 당시 시행되던 구 정치자금에 관한 법률에 정한 절차를 밟았다 할지라도, 상대방의 지위 및 직무권한, 당해 기부자와 상대방의 종래 교제상황, 기부의 유무나 시기, 상대방, 금액, 빈도 등의 상황과 함께 당해 금품의 액수 및 기부하기에 이른 동기와 경위 등에 비추어 볼 때, 정치인의 정치활동 전반에 대한 지원의 성격을 갖는 것이 아니라 공무원으로서의 정치인의 특정한 구체적 직무행위와 관련하여 제공자에게 유리한 행위를 기대하거나 혹은 그에 대한 사례로서 이루어짐으로써 정치인인 공무원의 직무행위에 대한 대가로서의 실체를 가진다면 뇌물성이 인정된다.[62)]

---

59) 대판 2014. 10. 15. 2014도8113.

60) 대판 2014. 1. 29. 2013도13937.

61) 대판 1985. 5. 14. 83도2050. 다음은 같은 취지이다.

수수한 금품을 부하직원들을 위하여 소비

뇌물죄에 있어서 금품을 수수한 장소가 공개된 장소이고, 금품을 수수한 공무원이 이를 부하직원들을 위하여 소비하였을 뿐 자신의 사리를 취한 바 없다 하더라도 그 뇌물성이 부인되지 않는다(대판 1996. 6. 14. 96도865).

수뢰한 금품의 용도는 그것을 개인의 용도에 사용하였건 부대의 행정에 소요되는 비용에 충당하였건 뇌물죄의 성립에 영향이 없다(대판 1984. 2. 14. 83도3218).

경찰관이 피의자로부터 뇌물을 받음에 있어서 상관의 승인을 얻었거나 상관과 같이 향응을 받았다 하여 수뢰죄의 성립을 부정할 수 없고 그 동기가 직원의 후생관계를 위한 것이라 할지라도 범죄조각사유에 해당한다 할 수 없다(대판 1955. 10. 18. 4288형상235).

62) 대판 2008. 6. 12. 2006도8568.

정치자금, 선거자금, 성금 등의 명목으로 이루어진 금품의 수수라 하더라도, 그것이 정치인인 공무원의 직무행위에 대한 대가로서의 실체를 가지는 한 뇌물로서의 성격을 잃지 않는다.[63)]

8. 뇌물의 수수, 요구, 약속

가. 수 수

(1) 공무원 또는 중재인 아닌 자에 대한 뇌물공여

형법 제129조 제1항 뇌물수수죄는 공무원이 직무에 관하여 뇌물을 수수한 때에 적용되는 것으로서, 공무원이 직접 뇌물을 받지 아니하고 증뢰자로 하여금 다른 사람에게 뇌물을 공여하도록 한 경우라도 다른 사람이 공무원의 사자 또는 대리인으로서 뇌물을 받은 경우 등과 같이 사회통념상 다른 사람이 뇌물을 받은 것을 공무원이 직접 받은 것과 같이 평가할 수 있는 관계가 있는 경우에는 형법 제129조 제1항 뇌물수수죄가 성립하고, 이러한 법리는 공무원으로 의제되는 정비사업전문관리업자의 임·직원이 직무에 관하여 자신이 아닌 정비사업전문관리업자 또는 그 밖의 제3자에게 뇌물을 공여하게 하는 경우에도 마찬가지이다.[64)]

공무원이 실질적인 경영자로 있는 회사가 청탁 명목의 금원을 받음

공무원이 실질적인 경영자로 있는 회사가 청탁 명목의 금원을 회사 명의의 예금계좌로 송금받은 경우에 사회통념상 위 공무원이 직접 받은 것과 같이 평가할 수 있어 뇌물수수죄가 성립한다고 한 사례.[65)]

공무원으로 의제되는 정비사업전문관리업자의 임·직원이 직무에 관하여 자신이 아닌 정비사업전문관리업자에 뇌물을 공여하게 하는 경우, 위 임·직원이 법인인 정비사업전문관리업자를 사실상 1인 회사로서 개인기업과 같이 운영하거나, 사회통념상 정비사업전문관리업자에 뇌물을 공여한 것이 곧 그 임·직원에게 공여한 것과 같다고 볼 수 있을 정도로 경제적·실질적 이해관계를 같이하는 것으로 평가되는 경우에 한하여 형법 제129조 제1항의 뇌물수수죄가 성립한다.[66)]

도시 및 주거환경정비법상 정비사업전문관리업체인 갑 주식회사 대표이사인 피고인이 여러 건설회사들에게서 재개발정비사업 시공사로 선정되도록 도와달라는 취지의 부탁을 받고 자신이 실질적으로 장악하고 있는 컨설팅회사 명의 계좌로 돈을 교부받았다는 내용으로 기소된 사안에서, 피고인이 건설회사와 컨설팅회사 간

63) 대판 1997. 4. 17. 96도3377 전원합의체; 대판 1997. 12. 26. 97도2609.
64) 대판 2002. 4. 9. 2001도7056; 대판 2004. 3. 26. 2003도8077; 대판 2011. 11. 24. 2011도9585.
65) 대판 2004. 3. 26. 2003도8077.
66) 대판 2008. 9. 25. 2008도2590; 대판 2010. 5. 13. 2008도5506.

의 용역계약을 가장하여 건설회사들에게서 뇌물을 수수하는 과정에서 건설회사들이 형식적인 용역계약 상대방인 컨설팅회사 계좌로 뇌물을 입금한 것은 사회통념상 피고인에게 직접 뇌물을 공여한 것과 동일하게 평가할 수 있다고 보아 형법 제129조 제1항 뇌물수수죄를 인정한 원심판단을 수긍한 사례.[67]

산악회 지부가 사업자로부터 등반대회 행사용 수건을 교부받은 것을 산악회 지부의 고문으로 있는 군수가 이를 교부받은 것과 동일시하기에는 부족하다고 보아 형법 제129조 제1항의 뇌물수수죄 성립을 부정한 사례.[68]

(2) 공여자 아닌 제3자에 의한 뇌물지급

뇌물죄는 공여자의 출연에 의한 수뢰자의 영득의사의 실현으로서, 공여자의 특정은 직무행위와 관련이 있는 이익의 부담 주체라는 관점에서 파악하여야 하므로, 금품이나 재산상 이익 등이 반드시 공여자와 수뢰자 사이에 직접 수수될 필요는 없고, 그 사이에서 제3자가 먼저 공여자를 대신하여 자신의 자금으로 수뢰자에게 지급한 다음 공여자로부터 그 금액을 상환받는 방식으로 수수되었다 할지라도, 공여자와 수뢰자 사이에 금품 제공에 관한 의사의 합치가 존재하고 또한 그러한 지급방법에 관하여 수뢰자가 양해하였다고 인정되는 한, 공여자와 수뢰자 사이에 직접 금품이 수수되지 아니하였다는 사정만으로는 뇌물수수죄의 죄책을 면할 수 없다.[69]

(3) 함정교사에 의한 뇌물수수

뇌물공여자들의 함정교사에 의한 뇌물수수

뇌물공여죄와 뇌물수수죄는 필요적 공범관계에 있다고 할 것이나, 필요적 공범이라는 것은 법률상 범죄의 실행이 다수인의 협력을 필요로 하는 것을 가리키는 것으로서 이러한 범죄의 성립에는 행위의 공동을 필요로 하는 것에 불과하고 반드시 협력자 전부가 책임이 있음을 필요로 하는 것은 아니므로, 오로지 공무원을 함정에 빠뜨릴 의사로 직무와 관련되었다는 형식을 빌려 그 공무원에게 금품을 공여한 경우에도 공무원이 그 금품을 직무와 관련하여 수수한다는 의사를 가지고 받아들이면 뇌물수수죄가 성립하므로 뇌물공여자들의 함정교사라는 사정은 피고인의 책임을 면하게 하는 사유가 될 수 없다.[70]

(4) 공동정범으로부터 범행 관련 금품의 수수

국고손실죄의 공동정범이 다른 공범으로부터 그 범행으로 취득한 금원의 일부를 받음

특가법 제5조 소정의 배임에 의한 국고손실죄의 공동정범인 공무원이 다른 공범으로부터 그 범행에 의하여

67) 대판 2011. 11. 24. 2011도9585.
68) 대판 2002. 4. 9. 2001도7056.
69) 대판 2008. 6. 12. 2006도8568.
70) 대판 2008. 3. 13. 2007도10804.

취득한 금원의 일부를 받은 경우, 그 금원의 성격은 그 성질이 공동정범들 사이의 내부적 이익분배에 불과한 것이고 별도로 뇌물수수죄(사후수뢰죄)에 해당하지 않는다.[71)]

나. 약 속

'뇌물의 약속'의 의미

형법 제129조의 구성요건인 뇌물의 '약속'은 양 당사자의 뇌물수수의 합의를 말하고, 여기에서 '합의'란 그 방법에 아무런 제한이 없고 명시적일 필요도 없지만, 장래 공무원의 직무와 관련하여 뇌물을 주고 받겠다는 양 당사자의 의사표시가 확정적으로 합치하여야 한다.

A 유한회사의 이사 피고인 갑과 대표 피고인 을이 공모하여, A가 추진하는 골프장조성공사와 관련하여 피고인 병이 관할 시장으로서 인허가 절차가 신속하게 처리되도록 하는 등 편의를 봐준 데 대한 사례 차원에서 시장직 퇴임 후의 해외연수비용 명목으로 미화 5만 달러를 제공하기로 하고, 피고인 병은 위 돈을 제공받기로 함으로써 공무원의 직무에 관하여 뇌물을 약속하였다는 내용으로 기소된 사안에서, 제반 사정에 비추어 피고인 을과 피고인 병 사이에 또는 피고인들 3자 사이에 뇌물을 공여하고 수수하기로 하는 확정적인 의사의 합치로서 약속이 있었다고 보기 어렵고, 설령 당시 피고인 병의 뇌물요구 의사표시가 있었다고 보더라도 뇌물을 공여하겠다는 피고인 을의 확정적인 의사가 피고인 병에게 그 퇴임일 이전에 전달되었음을 인정할 만한 증거도 없으므로, 결국 피고인 병의 시장직 퇴임일 이전에 피고인들 사이에 뇌물공여 및 수수에 관한 약속이 이루어졌다고 단정할 수 없다.[72)]

공무원이 건축업자로부터 건축할 주택을 공사비 상당액으로 분양받기로 약속

뇌물약속죄에 있어서 뇌물의 목적물인 이익은 약속 당시에 현존할 필요는 없고 약속 당시에 예기할 수 있는 것이라도 무방하며, 뇌물의 목적물이 이익인 경우에는 그 가액이 확정되어 있지 않아도 뇌물약속죄가 성립하는 데는 영향이 없으므로 공무원이 건축업자로부터 그가 건축할 주택을 공사비 상당액으로 분양받기로 약속한 경우에는 매매시가 중 공사비를 초과하는 액수만큼의 이익을 뇌물로서 약속한 것이 되어 뇌물약속죄가 성립한다.[73)]

9. 몰수와 추징

뇌물에 공할 금품은 몰수하고 이를 몰수하기 불가능한 때에는 그 가액을 추징하여야 한다(형법 134조).

71) 대판 1997. 2. 25. 94도3346. 다음은 같은 취지이다.
공무원이 갑과 공모하여 밀수행위를 함으로써 관세포탈의 공동정범이 된 경우 갑으로부터 금품을 수수한 것은 공동정범들간의 이익분배에 지나지 아니하여 뇌물수수가 아니다(대판 1980. 2. 26. 79도3095).

72) 대판 2012. 11. 15. 2012도9417.

73) 대판 1981. 8. 20. 81도698.

가. 뇌물의 특정

뇌물제공의 약속과 뇌물제공의 의사표시

몰수는 특정된 물건에 대한 것이고 추징은 본래 몰수할 수 있었음을 전제로 하는 것임에 비추어 뇌물에 공할 금품이 특정되지 않았던 것은 몰수할 수 없고 그 가액을 추징할 수도 없다고 보아야 할 것이다.

피고인 1은 갑과 공모하여 을에게 승용차대금 명목으로 1,400만 원을 뇌물로 제공하기로 약속하였고, 또 피고인 2, 갑, 병과 공모하여 을에게 100만 원 짜리 자기앞수표 10장을 뇌물로 제공하여 뇌물공여의 의사표시를 하였다.

원심은 피고인 1로부터 위 각 금품의 가액을 공범들에게 균분하여 계산한 금 9,500,000원{=7,000,000원(=14,000,000원×1/2)+2,500,000원(=1,000,000원×10×1/4)}을 추징하였다.

위 자기앞수표 10장에 관하여

위 자기앞수표 10장은 일단 특정되어(자기앞수표 10장을 현실적으로 뇌물로 제공하려고 의사표시를 함) 범행에 제공된 뒤 공범들 중 누가 보관하고 있다가 몰수불능에 이르렀는지가 분명하지 않아 그 가액을 공범들에게 균분하여 추징할 수밖에 없으므로, 위 피고인으로부터 그 가액을 균분한 금 2,500,000원을 추징한 것은 정당하다.

위 승용차대금 1,400만 원에 관하여

뇌물로 약속된 위 승용차대금 명목의 금품은 특정되지 않아(장차 뇌물로 주기로 하였을 뿐 특정된 것은 아님) 이를 몰수할 수 없었으므로 그 가액을 추징할 수 없는 것임에도 원심이 이를 간과하고 그 가액을 공범들에게 균분하여 위와 같이 금 7,500,000원을 추징한 것은 위법하다.[74)]

뇌물의 가액을 산정할 수 없는 경우

형법 제134조의 몰수나 추징을 선고하기 위하여는 몰수나 추징의 요건이 공소가 제기된 범죄사실과 관련되어 있어야 하므로, 법원으로서는 범죄사실에서 인정되지 아니한 사실에 관하여는 몰수나 추징을 선고할 수 없다고 보아야 한다.

원심은, 공소사실에 대하여 해당 적용법조를 정함에 있어서는 뇌물의 가액을 엄격한 증명에 의하여 객관적으로 정확하게 산정할 수 없는 경우에 해당한다는 이유로, 피고인이 2005. 2. 16.자 변경계약과 관련한 편의제공에 대한 대가로 액수 미상의 뇌물을 수수하였다고 판단하면서, 추징을 함에 있어서는 피고인이 수수한 4,000만 원 중 2005. 2. 16.자 변경계약과 관련된 편의제공에 대한 사례가 1,000만 원이라고 보아 1,000만 원을 추징하였는바, 원심으로서는 범죄사실에서 수수한 뇌물의 액수를 특정할 수 없다고 판단한 이상, 추징을 함에 있어서도 그 추징의 대상이 되는 뇌물의 액수를 특정할 수 없는 경우에 해당한다고 보아 추징을 선고하여서는 안 될 것이다.[75)]

---

74) 대판 1996. 5. 8. 96도221.

75) 대판 2009. 8. 20. 2009도4391.

수인이 공동하여 뇌물수수

수인이 공동하여 뇌물수수죄를 범한 경우에 공범자는 자기의 수뢰액뿐만 아니라 다른 공범자의 수뢰액에 대하여도 그 죄책을 면할 수 없는 것이므로, 특가법 제2조 제1항의 적용 여부를 가리는 수뢰액을 정함에 있어서는 그 공범자 전원의 수뢰액을 합한 금액을 기준으로 하여야 할 것이고, 각 공범자들이 실제로 취득한 금액이나 분배받기로 한 금액을 기준으로 할 것이 아니다.[76)]

나. 몰수, 추징의 상대방

수뢰자가 뇌물을 그대로 보관하였다가 증뢰자에게 반환한 때에는 증뢰자로부터 몰수·추징할 것이므로 수뢰자로 부터 추징함은 위법하다.[77)]

수뢰자가 자기앞수표를 뇌물로 받아 이를 소비한 후 자기앞수표 상당액을 증뢰자에게 반환하였다 하더라도 뇌물 그 자체를 반환한 것은 아니므로 이를 몰수할 수 없고 수뢰자로부터 그 가액을 추징하여야 할 것이다.[78)]

받은 돈을 예금하였다가 같은 액수를 반환

뇌물로 받은 돈을 은행에 예금한 경우 그 예금행위는 뇌물의 처분행위에 해당하므로 그 후 수뢰자가 같은 액수의 돈을 증뢰자에게 반환하였다 하더라도 이를 뇌물 그 자체의 반환으로 볼 수 없으니 이러한 경우에는 수뢰자로부터 그 가액을 추징하여야 한다.[79)]

피고인이 피해자로부터 받은 300만원 중 20만원은 경비로 사용하고 280만원은 피해자에게 반환하여 주라고 공범에게 돌려 주었는데 위 공범이 이를 소비하였다면 금 300만원은 피고인으로부터 추징하여야 할 것이다.[80)]

수표를 교부하였다가 부도나자 이를 반환받고 현금이나 유가증권을 교부

증뢰자가 교부한 당좌수표가 부도나자 부도된 당좌수표를 반환받고 그 수표에 대체하여 수표의 액면가액에

---

76) 대판 1999. 8. 20. 99도1557.

77) 대판 1961. 10. 12. 4294형상238; 대판 1984. 2. 28. 83도2783.

78) 대판 1999. 1. 29. 98도3584.

79) 대판 1996. 10. 25. 96도2022. 다음은 같은 취지이다.
1985. 6. 초에 교부받은 뇌물 200만 원 상당액을 1985. 9. 3.에 증뢰자의 거래은행구좌에 온라인으로 입금하여 반환하였다면 그 반환시기 등에 비추어 반환한 돈 200만 원이 뇌물로 교부받았던 바로 그 돈이었다고 보기 어려우므로 그 가액상당을 수뢰자로부터 추징한 조치는 적법하다(대판 1986. 12. 23. 86도2021).

80) 대판 1989. 2. 28. 88도2405.

상응하는 현금이나 유가증권을 수뢰자에게 다시 교부하고 수뢰자가 이를 수수하였다면, 형법 제134조의 규정취지가 수뢰자로 하여금 불법한 이득을 보유시키지 않으려는 데에 있는 점에 비추어 볼 때, 이 현금이나 유가증권이 몰수, 추징의 대상이 된다.[81)]

제3자뇌물수수죄에서 몰수할 상대방

형법 제134조에 의하면, 범인 또는 정을 아는 제3자가 받은 뇌물은 필요적으로 몰수·추징하도록 되어 있는바, 그 규정취지가 범인 또는 정을 아는 제3자로 하여금 불법한 이득을 보유시키지 아니하려는 데에 있는 점에 비추어 볼 때, 범인이라 하더라도 불법한 이득을 보유하지 아니한 자라면 그로부터 뇌물을 몰수·추징할 수 없으므로, 제3자 뇌물수수의 경우에는 범인인 공무원이 제3자로부터 그 뇌물을 건네받아 보유한 때를 제외하고는 그 공무원으로부터 뇌물의 가액을 추징할 수 없다.[82)]

대표이사가 특가법상 알선수재죄를 범한 대가로 받은 수수료가 회사에게 귀속되거나, 그 일부를 부가가치세로 납부한 경우의 몰수·추징/뇌물수수나 알선수재에 있어 공급계약을 가장하여 부가가치세를 포함한 금품수수

갑 주식회사 대표이사인 피고인이 금융기관에 청탁하여 을 주식회사가 대출을 받을 수 있도록 알선행위를 하고 그 대가로 용역대금 명목의 수수료를 갑 회사 계좌를 통해 송금받아 특경법위반(알선수재)죄가 인정된 사안에서, 피고인이 갑 회사의 대표이사로서 같은 법 제7조에 해당하는 행위를 하고 당해 행위로 인한 대가로 수수료를 받았다면, 수수료에 대한 권리가 갑 회사에 귀속된다 하더라도 행위자인 피고인으로부터 수수료로 받은 금품을 몰수 또는 그 가액을 추징할 수 있으므로, 피고인이 개인적으로 실제 사용한 금품이 없더라도 마찬가지라고 본 사례.

뇌물수수나 알선수재에 이용된 공급계약이 실제 공급이 없는 형식적 계약에 불과하여 부가가치세 과세대상이 아니라면 그에 관한 납세의무가 없으므로, 설령 부가가치세 명목의 금전을 포함한 대가를 받았다고 하더라도 그 일부를 부가가치세로 거래 징수하였다고 할 수 없어 수수한 금액 전부가 범죄로 얻은 이익에 해당하여 추징대상이 되며, 그 후에 이를 부가가치세로 신고·납부하였다고 하더라도 달리 볼 수 없다.[83)]

다. 추징액의 산정 기준시기

몰수의 취지가 범죄에 의한 이득의 박탈을 그 목적으로 하는 것이고 추징도 이러한 몰수의 취지를 관철하기 위한 것이라는 점을 고려하면 몰수하기 불능한 때에 추징하여야 할 가액은 범인이 그 물건을 보유하고 있다가 몰수의 선고를 받았더라면 잃었을 이득상당액을 의미한다고 보아야 할 것이므로 그 가액산정은 재판선고시의 가격을 기준으로 하여야 할 것이다.[84)]

81) 대판 1992. 12. 8. 92도1995.
82) 대판 1997. 4. 17. 96도3376 전원합의체.
83) 대판 2015. 1. 15. 2012도7571.
84) 대판 1991. 5. 28. 91도352.

라. 추징액의 산정

뇌물이 금품의 무상대여인 경우 추징할 재산상이익의 산정

형법 제134조의 규정에 의한 필요적 몰수 또는 추징은 같은 법 제129조 내지 133조를 위반한 자에게 제공되거나 공여될 금품 기타 재산상 이익을 박탈하여 그들로 하여금 부정한 이익을 보유하지 못하게 함에 그 목적이 있다. 금품의 무상대여를 통하여 위법한 재산상 이익을 취득한 경우 범인이 받은 부정한 이익은 그로 인한 금융이익 상당액이라 할 것이므로 추징의 대상이 되는 것은 무상으로 대여받은 금품 그 자체가 아니라 위 금융이익 상당액이라고 봄이 상당하다. 한편 여기에서 추징의 대상이 되는 금융이익 상당액은 객관적으로 산정되어야 할 것인데, 범인이 금융기관으로부터 대출받는 등 통상적인 방법으로 자금을 차용하였을 경우 부담하게 될 대출이율을 기준으로 하거나 그 대출이율을 알 수 없는 경우에는 금품을 제공받은 피고인의 지위에 따라 민법 또는 상법에서 규정하고 있는 법정이율을 기준으로 하여, 변제기나 지연손해금에 관한 약정이 가장되어 무효라고 볼 만한 사정이 없는 한 금품수수일로부터 약정된 변제기까지 금품을 무이자로 차용하여 얻은 금융이익의 수액을 산정한 뒤 이를 추징하여야 한다. 나아가 그와 같이 약정된 변제기가 없는 경우에는, 판결 선고일 전에 실제로 차용금을 변제하였다거나 대여자의 변제 요구에 의하여 변제기가 도래하였다는 등의 특별한 사정이 없는 한, 금품수수일로부터 판결 선고시까지 금품을 무이자로 차용하여 얻은 금융이익의 수액을 산정한 뒤 이를 추징하여야 할 것이다.[85)]

수수한 돈에 직무관련성이 있는 업무에 대한 대가의 성질과 직무관련성이 없는 업무에 대한 사례의 성질이 결합되어 그 구분이 불가능함

뇌물죄에서 수뢰액은 다과에 따라 범죄구성요건이 되므로 엄격한 증명의 대상이 되고, 특가법에서 정한 범죄구성요건이 되지 않는 단순 뇌물죄의 경우에도 몰수·추징의 대상이 되는 까닭에 역시 증거에 의하여 인정되어야 하며, 수뢰액을 특정할 수 없는 경우에는 가액을 추징할 수 없다.

구 해양수산부 해운정책과 소속 공무원인 피고인이 갑 해운회사의 전·현직 대표이사에게서 직무관련성이 없는 '중국 교통부로부터 선박운항허가를 받을 수 있도록 해달라는 명목'과 직무관련성이 있는 '갑 회사의 업무편의를 도모하여 달라는 명목'으로 돈을 교부받은 사안에서, 피고인이 수수한 돈에 직무관련성이 있는 업무에 대한 대가의 성질과 직무관련성이 없는 업무에 대한 사례의 성질이 불가분적으로 결합되어 구분이 객관적으로 불가능하다면 추징을 아예 하지 않거나, 그렇지 않고 추징을 할 것이라면 직무관련성이 있는 수뢰

---

85) 대판 2014. 5. 16. 2014도1547. 다음은 같은 취지이다.

뇌물이 금품의 무상차용인 경우

금품의 무상차용을 통하여 위법한 재산상 이익을 취득한 경우 범인이 받은 부정한 이익은 그로 인한 금융이익 상당액이므로 추징의 대상이 되는 것은 무상으로 대여받은 금품 그 자체가 아니라 위 금융이익 상당액이다. 여기에서 추징의 대상이 되는 금융이익 상당액은 객관적으로 산정되어야 할 것인데, 범인이 금융기관으로부터 대출받는 등 통상적인 방법으로 자금을 차용하였을 경우 부담하게 될 대출이율을 기준으로 하거나, 그 대출이율을 알 수 없는 경우에는 금품을 제공받은 범인의 지위에 따라 민법 또는 상법에서 규정하고 있는 법정이율을 기준으로 하여, 변제기나 지연손해금에 관한 약정이 가장되어 무효라고 볼 만한 사정이 없는 한, 금품수수일로부터 약정된 변제기까지 금품을 무이자로 차용으로 얻은 금융이익의 수액을 산정한 뒤 이를 추징하여야 한다(대판 2008. 9. 25. 2008도2590).

공무원이 그 직무에 관하여 금원을 무기한·무이자로 차용한 경우에는 수뢰자가 받은 실질적 이익은 무기한·무이자 차용금의 금융이익 상당이므로 위의 경우에는 그 금융이익이 뇌물이라 할 것이다(대판 2004. 5. 28. 2004도1442).

액을 특정하여 그에 따라 적용법조 및 추징액을 결정하였어야 하는데도, 단지 양자의 구분이 어렵다는 이유로 명확한 근거도 없이 비율적 방법으로 직무관련성이 있는 업무와 대가관계에 있는 수뢰액을 추산하여 추징한 원심판단에 수뢰액의 산정과 추징에 관한 법리오해 및 심리미진의 위법이 있다고 한 사례.[86)]

두 개의 직무행위에 대한 대가를 한꺼번에 교부받아 각 대가가 불가분적으로 결합

피고인은 '2005. 2. 16.자 변경계약(이하, A라 함)' 및 'GS건설 컨소시엄 참여(이하 B라 함)'와 관련하여 그즈음 갑으로부터 4,000만 원을 교부받았는데, 피고인이 위 4,000만 원을 수회에 걸쳐 수수한 것이 아니라 이를 한꺼번에 수수한 점, 위 4,000만 원을 교부하는 갑은 물론이고 이를 수수하는 피고인에게 위 4,000만 원 중 일부는 A에 대한 대가로, 나머지는 B와 관련한 대가로 나누어 교부하거나 수수한다는 인식이 있었다고 보이지 아니하는 점 등에 비추어 보면, 위 4,000만 원은 A와 B에 대한 대가가 불가분적으로 결합된 것으로서, 이는 그 전체가 A 및 B 사이에 각각 대가관계 있다고 볼 여지가 많다고 할 것이고, 그 경우, 피고인이 직무행위인 A와 관련한 편의제공에 대한 대가로 수수한 뇌물은 4,000만 원 전액이라고 보아야 할 것이다.

그렇다면, 원심으로서는 피고인이 수수한 위 4,000만 원의 수수 명목에 관하여 좀 더 심리한 다음, 직무행위인 A에 대한 대가로서의 뇌물의 액수를 확정하였어야 할 것임에도 불구하고, 단지 피고인이 수수한 4,000만 원 중 A와 관련한 편의제공에 대한 대가를 객관적으로 산정할 수 없다는 이유로, 피고인이 위와 같은 편의제공에 대한 사례금 명목으로 액수 미상의 뇌물을 수수하였다고 판단한 것은 잘못이다.[87)]

수수 등 금품에 직무행위에 대한 대가로서의 성질과 직무 외의 행위에 대한 사례로서의 성질이 불가분적으로 결합

공무원이 수수·요구 또는 약속한 금품에 그 직무행위에 대한 대가로서의 성질과 직무 외의 행위에 대한 사례로서의 성질이 불가분적으로 결합되어 있는 경우에는, 그 수수·요구 또는 약속한 금품 전부가 불가분적으로 직무행위에 대한 대가로서의 성질을 가진다. 또한 정치자금·선거자금 등의 명목으로 이루어진 금품의 수수라 하더라도 그것이 정치인인 공무원의 직무행위에 대한 대가로서의 실체를 가지는 한 뇌물로서의 성격을 잃지 아니하고, 설령 수수된 금품 중 순수한 정치자금의 성격이 일부 포함되어 있는 경우가 있다고 하더라도 이를 뇌물로 보는 데에는 지장이 없으며, 다만 그 금품의 수수가 수회에 걸쳐 이루어졌고 각 수수 행위별로 직무관련성 유무를 달리 볼 여지가 있는 경우에는 그 행위마다 직무와의 관련성 여부를 가릴 필요가 있을 뿐이다. 이 사건 금품은 정치인인 피고인에 대한 선거자금으로서 수수된 것이기는 하나 또한 ○○시장으로서 공무원인 피고인의 관내 기업에 대한 인허가 등 직무행위에 대한 대가로서의 실체를 부인할 수 없어 직무행위에 대한 대가로서의 성질과 정치자금으로서의 성질이 불가분적으로 결합되어 있는바, 수수한 금품이 직무행위의 대가로서의 성질을 가지는 이상, 거기에 정치자금으로서의 성질이 포함되어 있다고 하더라도 그 수수된 금품 전부가 뇌물로서의 성격을 잃지 않는다고 보아야 할 것이다.[88)]

86) 대판 2011. 5. 26. 2009도2453.
87) 대판 2009. 8. 20. 2009도4391.
88) 대판 2012. 1. 12. 2011도12642.

마. 공동으로 금품수수

수인이 공동하여 수수한 뇌물을 분배한 경우에는 각자로부터 실제로 분배받은 금품만을 개별적으로 몰수하거나 그 가액을 추징하여야 한다.[89)]

여러 사람이 공동으로 뇌물을 수수한 경우 그 가액을 추징하려면 실제로 분배받은 금품만을 개별적으로 추징하여야 하고 수수금품을 개별적으로 알 수 없을 때에는 평등하게 추징하여야 하며 공동정범뿐 아니라 교사범 또는 종범도 뇌물의 공동수수자에 해당할 수 있으나, 공동정범이 아닌 교사범 또는 종범의 경우에는 정범과의 관계, 범행 가담 경위 및 정도, 뇌물 분배에 관한 사전약정의 존재 여부, 뇌물공여자의 의사, 종범 또는 교사범이 취득한 금품이 전체 뇌물수수액에서 차지하는 비중 등을 고려하여 공동수수자에 해당하는지를 판단하여야 한다. 그리고 뇌물을 수수한 자가 공동수수자가 아닌 교사범 또는 종범에게 뇌물 중 일부를 사례금 등의 명목으로 교부하였다면 이는 뇌물을 수수하는 데 따르는 부수적 비용의 지출 또는 뇌물의 소비행위에 지나지 아니하므로, 뇌물수수자에게서 수뢰액 전부를 추징하여야 한다.[90)]

수뢰자가 증뢰자와 함께 향응을 하면서 제3자를 초대하여 함께 접대받음

피고인이 증뢰자와 함께 향응을 하고 증뢰자가 이에 소요되는 금원을 지출한 경우 이에 관한 피고인의 수뢰액을 인정함에 있어서는 먼저 피고인의 접대에 요한 비용과 증뢰자가 소비한 비용을 가려내어 전자의 수액을 가지고 피고인의 수뢰액으로 하여야 하고 만일 각자에 요한 비용액이 불명일 때에는 이를 평등하게 분할한 액을 가지고 피고인의 수뢰액으로 인정하여야 할 것이고, 피고인이 향응을 제공받는 자리에 피고인 스스로 제3자를 초대하여 함께 접대를 받은 경우에는, 그 제3자가 피고인과는 별도의 지위에서 접대를 받는 공무원이라는 등의 특별한 사정이 없는 한 그 제3자의 접대에 요한 비용도 피고인의 접대에 요한 비용에 포함시켜 피고인의 수뢰액으로 보아야 한다.[91)]

바. 뇌물을 취득하는 과정에서의 지출

공무원이 뇌물을 받음에 있어서 그 취득을 위하여 상대방에게 뇌물의 가액에 상당하는 금원의 일부를 비용의 명목으로 출연하거나 그 밖에 경제적 이익을 제공하였다 하더라도, 이는 뇌물을 받는 데 지출한 부수적 비용에 불과하다고 보아야 할 것이지, 이로 인하여 공무원이 받은 뇌물이 그 뇌물의 가액에서 위와 같은 지출액을 공제한 나머지 가액에 상당한 이익에 한정되는 것이라고 볼 수는 없으므로, 그 공무원으로부터 뇌물죄로 얻은 이익을 몰수·추징함에 있어서는 그 받은 뇌물 자체를 몰수하여야 하고, 그 뇌물의 가액에서 위와

89) 대판 1993. 10. 12. 93도2056.

90) 대판 2011. 11. 24. 2011도9585. 다음은 같은 취지이다.
수인이 공모하여 뇌물을 수수한 경우에 몰수불능으로 그 가액을 추징하려면 개별적으로 추징하여야 하고 수수금품을 개별적으로 알 수 없을 때에는 평등하게 추징하여야 한다(대판 1975. 4. 22. 73도1963).

91) 대판 2001. 10. 12. 99도5294. 같은 취지로는 대판 1995. 1. 12. 94도2687.

같은 지출을 공제한 나머지 가액에 상당한 이익만을 몰수·추징할 것은 아니다.[92)]

경찰공무원이 슬롯머신업소 경영자에게 5,000만 원을 투자하여 매월 300만 원씩을 지급받음

경찰공무원이 슬롯머신 영업에 5천만 원을 투자하여 매월 3백만 원을 배당받기로 약속한 후 35회에 걸쳐 1억 5백만 원을 교부받은 경우, 5천만 원을 투자함으로써 바로 이익을 얻었다고는 볼 수 없고 매월 3백만 원을 지급받기로 하는 약속, 즉 뇌물의 수수를 약속한 것에 불과하고 현실적으로 매월 3백만 원씩을 지급받은 것이 뇌물을 수수한 것이라고 보아야 하므로 1억 5백만원은 그 자체가 뇌물이 되는데, 다만 실제의 뇌물의 액수는 5천만 원을 투자함으로써 얻을 수 있는 통상적인 이익을 초과한 금액이라고 보아야 하며, 여기서 통상적인 이익이라 함은 다른 특별한 사정이 없는 한 그 경찰공무원의 직무와 관계없이 투자하였더라면 얻을 수 있었을 이익을 말하는데, 구체적으로는 위 투자의 형태가 실질에 있어서는 금원을 대여하고 그에 대하여 이자를 받은 것과 다를 바 없으므로 슬롯머신 업소 경영자와 같은 사람에게 5천만 원을 직무와 관계없이 대여하였더라면 받았을 이자 상당이 통상적인 이익이 되며 그 이율은 양 당사자의 자금사정과 신용도 및 해당 업계의 금리체계에 따라 심리판단해야 하며, 그 경찰공무원이 다른 방법으로 그 돈을 투자하였더라면 어느 정도의 이익을 얻을 수 있었을 것인지는 원칙적으로 고려할 필요가 없다.[93)]

사. 수수한 금품의 소비

뇌물로 받은 금원을 가령 그 후 다른 곳에 뇌물로 제공하였거나 공무에 종사하는 자들의 숙식비나 차량운영비에 충당한 사실이 있다고 하더라도 그것은 소비하는 방법에 지나지 아니하여 피고인으로부터 이를 추징하는 것은 정당하다.[94)]

피고인들이 뇌물로 받은 돈을 그 후 다른 사람에게 다시 뇌물로 공여하였다 하더라도 그 수뢰의 주체는 어디까지나 피고인들이고 그 수뢰한 돈을 다른 사람에게 공여한 것은 수뢰한 돈을 소비하는 방법에 지나지 아니하므로 피고인들로부터 그 수뢰액 전부를 각 추징하여야 한다.[95)]

피고인이 뇌물을 수수한 후 그중 일부를 상납하였다 하더라도 부탁받은 일의 달성을 위한 자기 편의에 의하여 금원을 받은 지 2개월 20일이 지난 후에 상사들에게 그중의 일부를 증회한 경우에는 그 뇌물전액을 수수하였다고 보아야 한다.[96)]

92) 대판 1999. 10. 8. 99도1638.
93) 대판 1995. 6. 30. 94도993.
94) 대판 1970. 12. 22. 70도2250.
95) 대판 1986. 11. 25. 86도1951.
96) 대판 1980. 4. 22. 80도541.

아. 알선수뢰죄에 있어서 몰수, 추징의 대상

알선수뢰자가 받은 금품의 일부를 다른 알선행위자에게 청탁 명목으로 교부

특가법 제13조의 규정에 의한 필요적 몰수 또는 추징은, 범인이 취득한 당해 재산을 범인으로부터 박탈하여 범인으로 하여금 부정한 이익을 보유하지 못하게 함에 그 목적이 있는 것으로서, 이 점은 공무원범죄에관한 몰수특례법 제6조의 경우도 마찬가지이므로, 공무원의 직무에 속한 사항의 알선에 관하여 금품을 받고 그 금품 중의 일부를 받은 취지에 따라 청탁과 관련하여 관계 공무원에게 뇌물로 공여하거나 다른 알선행위자에게 청탁의 명목으로 교부한 경우에는 그 부분의 이익은 실질적으로 범인에게 귀속된 것이 아니어서 이를 제외한 나머지 금품만을 몰수하거나 그 가액을 추징하여야 하지만, 공무원의 직무에 속한 사항의 알선에 관하여 금품을 받은 자가 그 금품 중의 일부를 다른 알선행위자에게 청탁의 명목으로 교부하였다 하더라도 당초 금품을 받을 당시 그와 같이 사용하기로 예정되어 있어서 그 받은 취지에 따라 그와 같이 사용한 것이 아니라, 범인의 독자적인 판단에 따라 경비로 사용한 것이라면 이는 범인이 받은 금품을 소비하는 방법의 하나에 지나지 아니하므로, 그 가액 역시 범인으로부터 추징하지 않으면 안 된다.[97)]

형법 제134조의 규정에 의한 필요적 몰수 또는 추징은, 범인이 취득한 당해 재산을 범인으로부터 박탈하여 범인으로 하여금 부정한 이익을 보유하지 못하게 함에 그 목적이 있는 것으로서, 공무원의 직무에 속한 사항의 알선에 관하여 금품을 받고 그 금품 중의 일부를 받은 취지에 따라 청탁과 관련하여 관계 공무원에게 뇌물로 공여하거나 다른 알선행위자에게 청탁의 명목으로 교부한 경우에는 그 부분의 이익은 실질적으로 범인에게 귀속된 것이 아니어서 이를 제외한 나머지 금품만을 몰수하거나 그 가액을 추징하여야 한다.[98)]

10. 공 범

비공무원이 공무원과 함께 뇌물수수

특가법 제4조 제2항, 같은법시행령 제3조 제1호 소정의 정부관리기업체의 간부직원이 아닌 직원도 다른 간부직원인 직원과 함께 뇌물수수죄의 공동정범이 될 수 있다.[99)]

뇌물로 공여하는 거액의 현금이 든 굴비상자를 동생 집에서 받아 내용물 확인 후 즉시 신고

지방자치단체장인 피고인이 건설업자로부터 2억 원의 현금이 든 굴비상자를 뇌물로 받은 것으로 기소된 사안에서, 두 사람 사이에 거액의 현금을 뇌물로 수수할 정도의 친분관계 내지 직접적 현안이나 구체적 청탁이 존재하지 아니함은 물론, 그 선물의 구체적 내용에 대하여 고지받지 못한 상태에서 피고인의 여동생 가족이 사용하는 아파트로 선물이 전달되도록 하였다가 그 내용물을 확인하는 즉시 관청에 이를 신고하기에 이른

97) 대판 1999. 6. 25. 99도1900.
98) 대판 2002. 6. 14. 2002도1283.
99) 대판 1999. 8. 20. 99도1557.

점 등의 사정에 비추어 피고인에게 수뢰의 범의가 있었다고 볼 수 없다.
뇌물공여죄가 성립하기 위하여는 뇌물을 공여하는 행위와 상대방측에서 금전적으로 가치가 있는 그 물품 등을 받아들이는 행위가 필요할 뿐 반드시 상대방측에서 뇌물수수죄가 성립하여야 함을 뜻하는 것은 아니라 할 것이므로, 위 2억 원의 현금이 든 굴비상자를 제공한 공소외인의 행위가 뇌물공여죄가 성립한다 하여 그가 제공하려고 한 물건의 뇌물성에 대한 인식이 없었던 피고인에 대하여도 뇌물수수죄가 반드시 성립하는 것은 아니다.[100)]

11. 기 수

금전을 무이자로 차용한 경우의 공소시효 기산점(=금전을 차용한 때)

공소시효는 범죄행위를 종료한 때로부터 진행하는데(형소법 제252조 제1항), 공무원이 직무에 관하여 금전을 무이자로 차용한 경우에는 차용 당시에 금융이익 상당의 뇌물을 수수한 것으로 보아야 하므로, 공소시효는 금전을 무이자로 차용한 때로부터 기산한다.[101)]

12. 죄 수

단일하고도 계속된 범의 아래 동종의 범행을 일정기간 반복하여 행하고 그 피해법익도 동일한 경우에는 각 범행을 통틀어 포괄일죄로 볼 것이고, 수뢰죄에 있어서 단일하고도 계속된 범의 아래 동종의 범행을 일정기간 반복하여 행하고 그 피해법익도 동일한 것이라면 돈을 받은 일자가 상당한 기간에 걸쳐 있고, 돈을 받은 일자 사이에 상당한 기간이 끼어 있다 하더라도 각 범행을 통틀어 포괄일죄로 볼 것이다.[102)]

피고인 1은 1994. 2.부터 1998. 1. 사이에 설과 추석 및 연말마다 피고인 2로부터 매번 100만 원씩의 돈을 받아 왔다는 것이고, 피고인 1이 그 각 돈을 받을 때마다 피고인 2가 특정하고 단일한 명시적 청탁을 하였다고 볼 수는 없다 할지라도, 그 각 돈은 피고인 1이 위 병원에서 약제부장으로서 담당하는 납품관련 업무와 관련하여 A를 배려하여 준 데에 대한 사례나 앞으로도 잘 배려하여 달라는 뜻으로 주고 받은 것이라고 봄이 상당하므로 피고인 1의 판시 각 수뢰행위는 단일하고도 계속된 범의 아래 동종의 범행을 일정기간 반복하여 행하고 그 피해법익도 동일한 경우에 해당하여 그 각 범행을 통틀어 포괄일죄로 볼 것이다.[103)]

---

100) 대판 2006. 2. 24. 2005도4737.
101) 대판 2012. 2. 23. 2011도7282.
102) 대판 2000. 1. 21. 99도4940. 같은 취지로는 대판 1978. 12. 13. 78도2545; 대판 1981. 3. 24. 80도2832; 대판 1999. 1. 29. 98도3584.
103) 대판 2000. 1. 21. 99도4940.

13. 다른 범죄와의 관계

공갈죄와의 관계

공무원이 직무집행의 의사 없이 또는 직무처리와 대가적 관계없이 타인을 공갈하여 재물을 교부하게 한 경우에는 공갈죄만이 성립하고, 이러한 경우 재물의 교부자가 공무원의 해악의 고지로 인하여 외포의 결과 금품을 제공한 것이라면 그는 공갈죄의 피해자가 될 것이고 뇌물공여죄는 성립될 수 없다고 하여야 할 것이다. 세무공무원에게 회사에 대한 세무조사라는 직무집행의 의사가 있었고, 과다계상된 손금항목에 대한 조사를 하지 않고 이를 묵인하는 조건으로, 다시 말하면 그 직무처리에 대한 대가관계로서 금품을 제공받았으며, 회사의 대표이사는 공무원의 직무행위를 매수하려는 의사에서 금품을 제공하였고, 그 세무공무원은 세무조사 당시 타회사 명의의 세금계산서가 위장거래에 의하여 계상된 허위의 계산서라고 판단하고 이를 바로잡아 탈루된 세금을 추징할 경우 추징할 세금이 모두 50억 원에 이를 것이라고 알려 주었음이 명백하다면, 문제된 세금계산서가 진정한 거래에 기하여 제출된 것인지, 세무공무원의 묵인행위로 인하여 회사에게 추징된 세금액수가 실제적으로 줄어든 것이 있는지 여부에 관계없이 그 세무공무원 및 대표이사의 행위가 뇌물죄를 구성한다.[104]

총기분실의 해결을 부탁받고 그 총기가 있는 곳을 알고도 기망적 방법으로 뇌물수수

피고인은 소속대 병기과 전임하사직에 있는 자인데 동 중대 인사계인 상사 갑으로부터 부족된 총기문제 해결방법을 모색해 달라는 취지의 부탁을 받았으나 이를 거절하고 있던 중 위 총기부족은 행정착오로서 그 총기는 같은 1중대에 있다는 것을 알고 있음에도 불구하고 그 총기가 분실된 것으로만 알고 있는 을이 분실된 총기 문제를 해결해주면 돈을 얼마든지 주겠다고 제의하자 위 행정착오인 사실을 감추고 막연히 다른 곳에서 같은 총기 1정을 구입 보충해서 해결해줄 것 같은 태도를 취하여 을로 하여금 그 취지를 오신케 하여서 2차례에 걸쳐 돈 6만 원을 교부받아 편취하였는바, 그렇다면 피고인은 갑의 착오상태를 위법하게 이용하고 거짓태도를 취하여서 돈을 교부받은 것이니 그에 대하여 사기죄를 인정한 정당하고, 원래 1개의 행위가 뇌물죄와 사기죄의 각 구성요건에 해당될 수 있는 바이므로 이런 경우에는 형법 40조에 의하여 상상적 경합으로 처단하여야 할 것이나, 본건에서와 같이 주위적으로 사기죄가 기소되고 뇌물수수는 예비적으로 기소한 경우에는 사기죄만으로 처단하는 것이 위법하다고 할 수 없으며 이 경우에 뇌물을 공여한 자를 뇌물전달죄로 처단하는 것은 하등 뇌물죄의 필요적 공범의 원리에 배치되는 것이라고는 할 수 없다.[105]
해설: 판례는 공갈당하여 뇌물을 교부한 자에게는 뇌물공여죄가 성립하지 않지만 기망당하여 뇌물을 교부한 자에게는 뇌물공여죄 내지 뇌물전달죄가 성립한다고 보고 있다.

---

104) 대판 1994. 12. 22. 94도2528.

105) 대판 1977. 6. 7. 77도1069. 다음은 같은 취지이다.

공여자를 기망하여 뇌물수수

뇌물은 수수함에 있어서 공여자를 기망한 점이 있다 하여도 뇌물수수, 뇌물공여죄의 성립에는 아무런 소장이 없다 (대판 1985. 2. 8. 84도2625).

정치자금의 기부행위는 정치활동에 대한 재정적 지원행위이고 뇌물은 공무원의 직무행위에 대한 위법한 대가로서 수수되는 것이므로, 어느 금품이 정치자금으로 수수되었다고 하더라도 그 실질에 있어 정치자금으로서의 성격을 띠는 동시에 뇌물로서의 성격을 아울러 갖게 되는 것이 반드시 불가능한 것은 아니다.
피고인이 정치자금법에서 정하지 아니한 방법으로 수수한 이 사건 금품은 피고인의 선거운동에 대한 지원금인 동시에 그 전체금액이 피고인의 직무행위에 대한 대가적 성격을 아울러 가지고 있다고 보아, 이 사건 금품 수수에 관하여 뇌물수수죄와 정치자금법위반죄의 상상적경합 관계를 인정한 것은 위법하다고 할 수 없다.[106)]

Ⅱ. 사전뇌물수수 · 요구 · 약속(129조 2항)

형법 제129조 제2항에 정한 '공무원 또는 중재인이 될 자'란 공무원채용시험에 합격하여 발령을 대기하고 있는 자 또는 선거에 의해 당선이 확정된 자 등 공무원 또는 중재인이 될 것이 예정되어 있는 자뿐만 아니라 공직취임의 가능성이 확실하지는 않더라도 어느 정도의 개연성을 갖춘 자를 포함한다고 할 것이다.[107)]
해설: 도시개발법에 의해 공무원으로 의제되는 도시개발조합의 임원인 조합장 또는 상무이사로 선출될 상당한 개연성이 있는 피고인들이 그 담당할 직무에 관하여 청탁을 받고 소유권이전등기를 마칠 수 있는 기회를 제공받는 방법으로 이익을 수수한 사안에서, 사전수뢰죄의 성립을 긍정한 사례이다.

형법 제129조 제2항의 사전수뢰는 단순수뢰의 경우와는 달리 청탁을 받을 것을 요건으로 하고 있는바, 여기에서 청탁이라 함은 공무원에 대하여 일정한 직무행위를 할 것을 의뢰하는 것을 말하는 것으로서 그 직무행위가 부정한 것인가 하는 점은 묻지 않으며 그 청탁이 반드시 명시적이어야 하는 것도 아니라고 할 것이다.[108)]

Ⅲ. 제3자뇌물수수 · 요구 · 약속(130조)

형법 제130조의 제3자뇌물제공죄는 공무원이 직무에 관하여 부정한 청탁을 받고 제3자에게 뇌물을 제공하게 하면 성립하는 죄로서, 이때 '부정한 청탁'이란 의뢰한 직무집행 자체가 위법·부당한 경우뿐 아니라 의뢰

106) 대판 2012. 1. 12. 2011도12642. 다음은 같은 취지이다.
정치자금, 선거자금, 성금 등의 명목으로 이루어진 금품의 수수라 할지라도, 그것이 정치가인 공무원의 직무행위에 대한 대가로서의 실체를 갖는 한 뇌물로서의 성격을 잃지 않는다(대판 1997. 4. 17. 96도3378).
107) 대판 2010. 5. 13. 2009도7040.
108) 대판 1999. 7. 23. 99도1911.

한 직무집행 자체는 위법하거나 부당하지 않더라도 당해 직무집행을 어떤 대가관계와 연결시켜 이에 관한 대가의 교부를 내용으로 하는 청탁이면 되고 반드시 명시적 의사표시에 의해서뿐 아니라 묵시적 의사표시에 의해서도 가능하지만, 묵시적 의사표시에 의한 부정한 청탁이 있다고 하기 위하여는 청탁의 대상이 되는 직무집행의 내용과 제3자에게 제공되는 금품이 그 직무집행에 대한 대가라는 점에 대하여 당사자 사이에 공통의 인식이나 양해가 있어야 한다. 따라서 그러한 인식이나 양해 없이 막연히 선처하여 줄 것이라는 기대나 직무집행과는 무관한 다른 동기에 의하여 제3자에게 금품을 공여한 경우에는 묵시적 의사표시에 의한 부정한 청탁이 있다고 볼 수 없고, 이는 공무원이 먼저 제3자에게 금품을 공여할 것을 요구하였다고 하여 달리 볼 것도 아니다. 한편 형법상 수뢰죄의 경우 공무원의 직무와 금품의 수수가 전체적으로 대가관계에 있으면 성립하는 것과는 달리, 제3자뇌물제공죄의 경우 '부정한 청탁'을 범죄성립의 구성요건으로 하고 있고 이는 처벌의 범위가 불명확해지지 않도록 하려는 데 취지가 있으므로, 당사자 사이에 청탁의 부정성을 규정짓는 대가관계에 관한 양해가 없었다면 단지 나중에 제3자에 대한 금품제공이 있었다는 사정만으로 어떠한 직무가 소급하여 부정한 청탁에 의한 것이라고 평가될 수는 없다.[109)]

공정거래위원회 위원장이 이동통신회사의 기업결합심사에 대하여 선처를 부탁받으면서 특정 사찰에의 시주를 요청하여 시주금을 제공케 함

형법 제130조 뇌물죄에 있어서의 뇌물성은 형법 제129조 뇌물죄에 있어서와 마찬가지로 직무와의 관련성이 있으면 인정되는 것이고, 그 뇌물을 받는 제3자가 뇌물임을 인식할 것을 요하지 아니하며, 그 뇌물을 제3자에게 공여하게 한 동기를 묻지 아니하므로, 어떤 금품이 공무원의 직무행위와 관련하여 교부된 것이라면 그것이 시주의 형식으로 교부되었고 또 불심에서 우러나온 것이라 하더라도 뇌물임을 면할 수 없다.

공정거래위원회 위원장인 피고인이 이동통신회사가 속한 그룹의 구조조정본부장으로부터 당해 이동통신회사의 기업결합심사에 대하여 선처를 부탁받으면서 특정 사찰에의 시주를 요청하여 시주금을 제공케 한 사안에서, 그 부탁한 직무가 피고인의 재량권한 내에 속하더라도 형법 제130조에 정한 '부정한 청탁'에 해당하고, 위 시주는 기업결합심사와 관련되어 이루어진 것이라고 판단하여 제3자뇌물수수의 죄책을 인정한 원심의 조치를 수긍한 사례.[110)]

구청장이 A회사로 하여금 5억 원 상당의 경로당 누각을 구에 기부채납하게 함

구청장인 피고인이 구청 관내의 공사 인·허가와 관련하여 A회사로부터 묵시적인 부정한 청탁을 받고 5억

---

109) 대판 2011. 4. 14. 2010도12313.

110) 대판 2006. 6. 15. 2004도3424. 다음은 같은 취지이다.
도지사가 제3자로부터 복지재단 출연금의 형태로 거액을 수수한 행위가 관광지구 추가지정 및 관련 절차의 진행에 있어서 이를 총괄하는 도지사로서의 직무와 관련하여 제3자 뇌물공여죄에서 뜻하는 광의의 부정한 청탁을 매개로 이루어진 것으로 본 사례(대판 2007. 1. 26. 2004도1632).
성남시장이 정자·백궁지구의 도시설계변경 및 건축허가 관련 업무를 처리하며 위 지구에 주상복합아파트 건설사업을 추진하는 갑으로부터 이에 관한 편의를 제공해 달라는 묵시적 청탁을 받고, 위 주상복합아파트의 건축설계용역을 을업체에게 도급하여 달라고 갑에게 부탁한 사안에서, 제3자 뇌물제공죄의 성립을 인정한 사례(대판 2007. 11. 16. 2004도4959).

원 상당의 경로당 누각을 제3자인 구에 기부채납하게 하였다는 등의 제3자뇌물제공으로 기소된 사안에서, 공무원인 지방자치단체장이 직무에 관하여 부정한 청탁을 받고 지방자치단체에 금품을 제공하게 하였다면 공무원 개인이 금품을 취득한 경우와 동일시할 수는 없고 그 공무원이 단체를 대표하는 지위에 있는 경우에도 마찬가지여서 형법 제130조의 제3자뇌물제공죄가 성립할 수 있으므로, 이와 달리 위 기부채납 재산을 취득한 지방자치단체인 구는 '제3자뇌물제공죄의 제3자'가 될 수 없다고 본 것은 잘못이나, 제반 사정에 비추어 A의 관계자들이 피고인의 요구를 받고 위 누각을 구에 기부채납한 것이 피고인의 직무와 관련한 부정한 청탁의 대가로 제공된 것이라고 단정할 수 없다는 이유로, 피고인에게 무죄를 선고한 원심판단의 결론은 정당하다고 한 사례.111)

대통령비서실 정책실장이 기업관계자들로 하여금 특정 미술관에 후원금을 지급케 함

형법 제130조의 제3자뇌물공여죄에서 '부정한 청탁'을 요건으로 하는 취지는 처벌의 범위가 불명확해지지 않도록 하기 위한 것으로서, 이러한 '부정한 청탁'은 명시적인 의사표시에 의한 것은 물론 묵시적인 의사표시에 의한 것도 가능하다. 묵시적인 의사표시에 의한 부정한 청탁이 있다고 하기 위하여는, 당사자 사이에 청탁의 대상이 되는 직무집행의 내용과 제3자에게 제공되는 금품이 그 직무집행에 대한 대가라는 점에 대하여 공통의 인식이나 양해가 존재하여야 하고, 그러한 인식이나 양해 없이 막연히 선처하여 줄 것이라는 기대에 의하거나 직무집행과는 무관한 다른 동기에 의하여 제3자에게 금품을 공여한 경우에는 묵시적인 의사표시에 의한 부정한 청탁이 있다고 보기 어렵다. 공무원이 먼저 제3자에게 금품을 공여할 것을 요구한 경우에도 마찬가지이다.

대통령비서실 정책실장이 기업관계자들에게 기업 메세나(Mecenat) 활동의 일환인 미술관 전시회 후원을 요청하여 기업관계자들이 특정 미술관에 후원금을 지급한 사안에서, 직권남용권리행사방해죄 및 제3자뇌물공여죄가 성립하지 않는다고 한 사례.112)

111) 대판 2011. 4. 14. 2010도12313.

112) 대판 2009. 1. 30. 2008도6950. 다음은 같은 취지이다.
제3자뇌물공여죄에서 '부정한 청탁'을 요건으로 하고 있는 취지는 처벌의 범위가 불명확해지지 않도록 하기 위한 것이므로, 청탁의 부정성을 규정짓는 이러한 대가관계에 관한 양해가 명시적이든 묵시적이든 당사자 사이에 존재하여야 하며, 이와 같이 청탁과 관련하여 대가관계에 대한 양해가 존재하지 않는다면 단지 나중에 제3자와 금품 수수가 있었다는 사정만으로 소급하여 청탁이 부정한 것으로 평가할 수는 없고, 적어도 당사자들이 제3자에 대한 금품의 지급 여부를 청탁 및 직무집행 당시까지 전혀 예견조차 하지 못 하였음이 명백하고, 제3자에 대한 금품의 지급이 다른 동기에 의하여 결정되었을 개연성도 있다면, 비록 당사자가 상정한 청탁의 대가에 해당하는 부분은 그 죄책을 물을 수 있다 하더라도, 그 이외의 부분까지 청탁 당시에 대가관계의 연결에 관한 인식이나 양해가 있었던 것으로 보아 부정한 청탁에 해당한다고 볼 수는 없다(대판 2008. 6. 12. 2006도8568).

Ⅳ. 수뢰후부정처사와 부정처사후수뢰

1. 수뢰후부정처사(131조 1항)

수뢰 후에 한 공무원의 처분이 위법하지 않음

과세 대상에 관한 규정이 명확하지 않고 그에 관한 확립된 선례도 없었던 경우, 공무원이 주식회사로부터 뇌물을 받은 후 관계 법령에 대한 충분한 연구, 검토 없이 위 회사에 유리한 쪽으로 법령을 해석하여 감액처분하였더라도 위 감액처분이 위법하지 않으면 그 공무원이 수뢰 후 '부정한 행위'를 한 것으로서 수뢰후부정처사죄를 범하였다고 볼 수는 없다.[113)]

예비군 중대장이 훈련불참자로부터 금원을 교부받고 참석한 것처럼 공문서를 작성·비치

예비군 중대장이 그 소속예비군으로부터 금원을 교부받고 그 예비군이 예비군훈련에 불참하였음에도 불구하고 참석한 것처럼 허위내용의 중대학급편성명부를 작성, 행사한 경우라면 수뢰후 부정처사죄 외에 별도로 허위공문서작성 및 동행사죄가 성립하고 이들 죄와 수뢰후 부정처사죄는 각각 상상적 경합관계에 있다고 할 것이다.

허위공문서작성죄와 동행사죄가 수뢰후 부정처사죄와 각각 상상적 경합관계에 있을 때에는 허위공문서작성죄와 동행사죄 상호간은 실체적 경합범관계에 있다고 할지라도 상상적 경합범관계에 있는 수뢰후 부정처사죄와 대비하여 가장 중한 죄에 정한 형으로 처단하면 족한 것이고 따로이 경합가중을 할 필요가 없다.[114)]

경찰서 교통계 근무 경찰관이 도박범행을 묵인하고 편의를 봐주는 데 대한 사례비 명목으로 금품을 수수하고, 나아가 도박범행사실을 알면서도 이를 단속하지 아니함

뇌물죄는 직무집행의 공정과 이에 대한 사회의 신뢰에 기하여 직무행위의 불가매수성을 그 직접의 보호법익으로 하고 있으므로 뇌물성은 의무위반 행위나 청탁의 유무 및 금품수수 시기와 직무집행 행위의 전후를 가리지 아니한다 할 것이고, 따라서 뇌물죄에서 말하는 '직무'에는 법령에 정하여진 직무뿐만 아니라 그와 관련 있는 직무, 과거에 담당하였거나 장래에 담당할 직무 외에 사무분장에 따라 현실적으로 담당하지 않는 직무라도 법령상 일반적인 직무권한에 속하는 직무 등 공무원이 그 직위에 따라 공무로 담당할 일체의 직무를 포함한다 할 것이고, 수뢰후부정처사죄에서 말하는 '부정한 행위'라 함은 직무에 위배되는 일체의 행위를 말하는 것으로 직무행위 자체는 물론 그것과 객관적으로 관련 있는 행위까지를 포함한다 할 것이다.

경찰관직무집행법 제2조 제1호는 경찰관이 행하는 직무 중의 하나로 '범죄의 예방·진압 및 수사'를 들고 있고, 이와 같이 범죄를 예방하거나, 진압하고, 수사하여야 할 일반적 직무권한을 가지는 피고인이 도박장개설 및 도박범행을 묵인하고 편의를 봐주는 데 대한 사례비 명목으로 금품을 수수하고, 나아가 도박장개설 및 도박범행사실을 잘 알면서도 이를 단속하지 아니하였다면, 이는 경찰관으로서 직무에 위배되는 부정한 행위를 한 것이라 할 것이고(수뢰후부정처사죄 성립), 비록 피고인이 이 사건 범행당시 원주경찰서 교통계에 근무하

113) 대판 1995. 12. 12. 95도2320.
114) 대판 1983. 7. 26. 83도1378.

고 있어 도박범행의 수사 등에 관한 구체적인 사무를 담당하고 있지 아니하였다 하여도 달리 볼 것은 아니라고 할 것이다.[115]

수뢰 후 공도화변조 및 동행사

형법 제131조 제1항의 수뢰후부정처사죄에 있어서 공무원이 수뢰후 행한 부정행위가 공도화변조 및 동행사죄와 같이 보호법익을 달리하는 별개 범죄의 구성요건을 충족하는 경우에는 수뢰후부정처사죄 외에 별도로 공도화변조 및 동행사죄가 성립하고 이들 죄와 수뢰후부정처사죄는 각각 상상적 경합 관계에 있다고 할 것인바, 이와 같이 공도화변조죄와 동행사죄가 수뢰후부정처사죄와 각각 상상적 경합범 관계에 있을 때에는 공도화변조죄와 동행사죄 상호간은 실체적 경합범 관계에 있다고 할지라도 상상적 경합범 관계에 있는 수뢰후부정처사죄와 대비하여 가장 중한 죄에 정한 형으로 처단하면 족한 것이고 따로이 경합범 가중을 할 필요가 없다.[116]

2. 부정처사후수뢰(131조 2, 3항)

입찰예정가격을 응찰자에게 알려준 후 전별금 명목의 금품수수

공사의 입찰업무를 담당하고 있는 장교가 비밀로 하여야 할 그 공사의 입찰예정가격을 응찰자에게 미리 알려준 소위는 직무에 위배되는 행위로서 형법 제131조 제2항의 부정한 행위에 해당한다 할 것이어서 입찰이 끝난 후 20여일이 경과한 후 전속시의 전별금 명목으로 금원을 받았다 하더라도 이는 직무행위의 부정행위와 관련된 금품의 수수에 해당하므로 사후 수뢰죄를 구성한다.[117]

불리한 조서를 파기 후 금품수수

사건을 잘 보아 달라는 청탁을 받고 불리하게 되어 있는 기존의 각 조서를 파기소각하는 부정을 한 후 금원을 수수한 행위는 부정처사후수뢰죄에 해당하고 이를 수뢰죄로 의율하는 것은 잘못이다.[118]

---

115) 대판 2003. 6. 13. 2003도1060.

116) 대판 2001. 2. 9. 2000도1216. 다음은 같은 취지이다.
공무원인 의사가 허위의 진단서를 작성한 행위에 대하여 허위공문서작성죄와 허위진단서작성죄의 상상적 경합을 인정한 원심의 판단이 법률 적용을 그르친 잘못이 있다고 할 것이나, 원심이 이와 실체적 경합범 관계에 있으며 형이 중한 부정처사후수뢰죄에 정한 형에 경합범 가중을 하여 처단형을 정하였으므로, 원심의 죄수 평가의 잘못이 판결 결과에 영향을 미쳤다고 보기 어렵다고 한 사례(대판 2004. 4. 9. 2003도7762).

117) 대판 1983. 4. 26. 82도2095.

118) 대판 1958. 9. 12. 4291형상271.

허가받은 대규모소매점(삼풍백화점)의 개설신고시 현장확인을 해야 함에도 조사 없이 직접 현장조사를 한 것처럼 허위의 복명서를 작성함으로써 행정기관 내부의 직무위배

도·소매업진흥법 등에 의하면, 대규모소매점개설허가 및 개설신고수리 등의 직무를 담당하던 피고인들로서는 대규모소매점개설허가의 취지와 이에 따른 행정청의 내부 방침에 따라, 이미 허가받은 대규모소매점이라 하더라도 그 개설신고가 있게 되면 현장확인을 통하여 그 시설기준이 허가 당시의 조건과 일치하는지를 조사하도록 되어 있는데, 피고인들이 삼풍백화점에 대한 대규모소매점개설신고서를 접수한 후 별다른 조사도 하지 아니한 채 직접 현장조사를 한 것처럼 허위의 복명서를 작성한 후 위 개설신고서를 수리하였다는 것이므로 피고인들의 이러한 행정기관 내부의 직무위배 행위 역시 형법 제131조 제2항 소정의 '직무상 부정한 행위'에 해당된다고 할 것이고, 관계 법령상 대규모소매점개설신고의 요건을 심사하여 수리 여부를 결정할 수 있는 권한이 행정청에 있는 것이 아니라 하여 달리 볼 것은 아니다.[119)]

V. 알선뇌물수수·요구·약속(132조)

1. 공무원이 그 지위를 이용하여

알선수뢰죄는 공무원이 그 지위를 이용하여 다른 공무원의 직무에 속한 사항의 알선에 관하여 뇌물을 수수, 요구 또는 약속하는 것을 그 성립요건으로 하고 있고, 여기서 '공무원이 그 지위를 이용하여'라 함은 친구, 친족관계 등 사적인 관계를 이용하는 경우에는 이에 해당한다고 할 수 없으나, 다른 공무원이 취급하는 사무의 처리에 법률상이거나 사실상으로 영향을 줄 수 있는 관계에 있는 공무원이 그 지위를 이용하는 경우에는 이에 해당하고, 그 사이에 상하관계, 협동관계, 감독권한 등의 특수한 관계가 있음을 요하지 않는다고 할 것이고, '다른 공무원의 직무에 속한 사항의 알선행위'는 그 공무원의 직무에 속하는 사항에 관한 것이면 되는 것이지 그것이 반드시 부정행위라거나 그 직무에 관하여 결재권한이나 최종 결정권한을 갖고 있어야 하는 것이 아니다.[120)]

119) 대판 1996. 8. 23. 96도1231.

120) 대판 1992. 5. 8. 92도532; 대판 1995. 1. 12. 94도2687; 대판 2006. 4. 27. 2006도735. 다음은 같은 취지이다.

국방부 전국병무사범대책위원회 행정요원으로 파견 근무 중인 경기도 병무청 심리연구사보가 병역검사기피자로부터 출국절차를 원만히 해결해 달라는 부탁을 받고 병무담당자에게 부탁하여 병종 불합격된 것으로 병적을 고쳐 정리하여 주겠다고 말하고 돈 150,000원을 받았다면 이는 피고인이 영향을 미칠 수 있는 특수한 지위를 이용하여 병무담당자의 직무에 속한 사항의 알선에 관하여 뇌물을 수수한 경우에 해당한다 할 것이다(대판 1969. 8. 26. 69도1120).

군교육청 관리과 서무계장은 그 교육청 관내 국민학교 고용원의 인사교류및 조정의 실무책임을 맡고 있는 자로서, 국민학교 고용원의 임명권자인 국민학교 교장의 고용원임용에 관한 사실상 영향력을 미칠 수 있는 특수한 관계에 있는 자라고 할 것이므로 위 서무계장이 고용원의 임용에 관한 알선을 한데 대한 사례명목으로 금품을 수수한 이상 알선수뢰죄가 성립된다(대판 1988. 1. 19. 86도1138).

노동부 직업안정국 고용대책과장은 그 관장업무에 비추어 연예인 국외공급사업에 관한 실무담당자인 해외고용과장 및 최종 허가권자인 노동부장관의 허가업무에 사실상 영향을 미칠 수 있는 특수한 관계에 있는 자라고 할 것이

가. 긍정례

서울시 부시장의 비서관이 시청 관재과 소속 공무원 취급의 체비지불하 관련 금품수수

서울시 공무원으로 11년 이상 근무하여 왔고 5급 별정직의 신분으로 서울시 부시장의 비서관으로 재직하던 자가 시청 관재과 소속공무원에게 부탁하여 체비지를 불하받도록 하여 주겠다고 약속하고 그 교제비로 금원을 교부받았다면, 이는 체비지 불하업무를 취급하는 시청 관재과 소속 공무원과의 사이에 직무상 연관관계를 가지고 사실상 어떤 영향력을 미칠 수 있는 지위를 이용하여 그 공무원의 직무에 속하는 사항의 알선에 관하여 뇌물을 수수한 것이라고 봄이 상당하다.[121)]

피고인이 남광주세무서 징세계장인 갑의 전임자였고 이 사건 당시에 서광주세무서 징세계장으로 근무하고 있었다면 이사건 압류재산의 공매담당자인 갑의 직무에 관하여 사실상의 영향력을 행사할 수 있는 지위에 있었다고 할 것이다.[122)]

므로 피고인이 고용대책과장으로 재직 중 관계공무원에게 청탁하여 연예인 국외공급 사업허가를 받아 달라는 부탁과 함께 금원을 교부받았다면 그 지위를 이용하였다고 보아야 할 것이니 알선수뢰죄에 해당한다(대판 1989. 9. 12. 89도1297).

공무원으로 보는 서울시 지하철공사 임직원의 직무에 속한 사항의 알선 관련 뇌물수수

지방공기업법 제83조는 지방공사의 임원 및 직원을 형법 제129조 내지 제132조의 적용에 있어서 공무원으로 보도록 규정하고 있으며, 서울시 지하철공사는 위 규정이 적용되는 지방공사의 하나이므로, 피고인이 서울시 지하철공사의 임직원의 직무에 속한 사항의 알선에 관하여 뇌물을 수수하였다면 이는 형법 제132조에 해당한다(대판 2001. 10. 12. 99도5294).

121) 대판 1989. 11. 14. 89도1700.

122) 대판 1989. 12. 26. 89도2018. 다음은 같은 취지이다.

구청 지역경제계장이 그 직전 보직인 지적과 지정계장의 업무 관련 금품수수

구청 지역경제과 지역경제계장인 피고인이 갑으로부터 직전에 피고인이 그 계장으로 근무하였던 지적과 지정계의 담당직원들에게 부탁하여 규제구역 안에 있는 토지 등의 거래계약허가를 받도록 알선하여 달라는 청탁을 받고, 그에게 그에 관한 업무를 취급하는 지정계장인 을을 소개하여 주고, 을에게 허가를 받을 수 있는 것인지의 여부를 알아 본 다음 그와 함께 현장에 가서 그 점을 확인하기까지 하였을 뿐더러, 을이 뇌물을 받은 후 토지 등의 거래허가가 되자 피고인은 갑으로부터 위와 같이 알선하여 준데 대한 사례비의 명목으로 140만 원을 교부받았다면 피고인이 그 지위를 이용하여 다른 공무원에게 사실상의 영향력을 행사함으로써 그의 직무에 관한 사항에 관하여 알선을 하고 그에 관하여 뇌물을 교부받은 것이라고 보아야 한다(대판 1990. 7. 27. 90도890).

전북도경 면허계 기능반 경장으로 근무를 하였다가 전북도경 산하 진안경찰서 수사과 수사계장으로서 근무하면서 자동차운전면허증을 발급받을 수 있도록 해주겠다고 금품수수

피고인이 1989. 7. 10.부터 1990. 2. 16.까지 전라북도경찰국 면허계 기능반 경찰공무원(경장)으로 근무를 하였고, 이 사건 당시 전라북도경찰국 산하 진안경찰서 수사과 수사계장으로서 근무하고 있었다면, 피고인은 전라북도 자동차운전면허 발급담당공무원의 직무에 관하여 사실상의 영향력을 행사할 수 있는 지위에 있었다고 볼 수 있을 것이므로, 피고인이 공소외인들의 자동차운전면허증을 발급받을 수 있도록 하여주면 사례하겠다는 제의를 받고 이를 승낙한 후 4차례에 걸쳐 금품을 수수한 것은 알선수뢰죄에 해당한다(대판 1995. 1. 12. 94도2687).

알선수뢰죄에 있어서 "공무원이 그 지위를 이용하여"라 함은 … <u>피고인이 갑이 근무하는 군산시청 D계장이었고 이 사건 당시 같은 시청 E계장으로 근무하고 있었다면 이에 터잡아 갑의 직무에 관하여 사실상의 영향력을 행사할 수 있는 지위에 있었다</u>고 인정할 수 있을 것이다(대판 1993. 7. 13. 93도1056).

토지구획정리사업 등의 업무를 담당하던 시청 도시계장이 토지구획정리사업시행 여부를 결정하기 위하여 현지에 답사차 내려 온 건설부 소속 공무원들에게 청탁하여 사업시행인가가 날 수 있도록 하여 달라는 명목으로 지급하는 금원을 교부 받았다면 알선수뢰죄에 해당한다.[123)]

리스 승용차를 제공받아 무상이용

A시의회 의원인 갑이 을로부터 공동주택사업 승인과 관련하여 A시 공무원에게 말을 잘 해주고, A시의회 의원들이 위 공동주택사업에 대해 오폐수 발생 등 환경문제를 이유로 반대하지 않도록 힘써 달라는 청탁 알선 대가로 제공되는 것을 알면서 BMW 735 승용차 1대를 제공받았으며, 위 승용차는 자동차등록원부에 리스회사인 B주식회사 명의로 등록되었을 뿐 갑 명의로 등록된 바 없는 사안에서,
자동차를 뇌물로 제공한 경우 자동차등록원부에 뇌물수수자가 그 소유자로 등록되지 않았다고 하더라도 자동차의 사실상 소유자로서 자동차에 대한 실질적인 사용 및 처분권한이 있다면 자동차 자체를 뇌물로 취득한 것으로 보아야 한다.
피고인에게 뇌물로 제공되었다는 자동차는 리스차량으로 리스회사 명의로 등록되어 있는 점, 피고인이 처분승낙서, 권리확인서 등 원하는 경우 소유권이전을 할 수 있는 서류를 소지하고 있지도 아니한 점, 리스계약상 리스계약이 기간만료 또는 리스료 연체로 종료되어 리스회사에서 위 승용차의 반환을 구하는 경우 피고인은 이에 응할 수밖에 없다고 보이는 점 등에 비추어 볼 때 피고인에게 위 승용차에 대한 실질적 처분권한이 있다고 할 수 없어 자동차 자체를 뇌물로 수수한 것으로 볼 수 없고, 피고인이 수수한 뇌물은 리스보증금 및 리스료 지급 등과 같은 형태의 금전적인 부담이 전혀 없는 상태에서 이 사건 승용차를 피고인의 의사대로 사용·수익할 수 있는 무형의 이익이라고 보아야 한다.[124)]
해설: 원심은 자동차를 뇌물로 수수하였다고 하기 위해서는 수뢰자가 그 법률상 소유권을 취득하여야 한다고 판시하였으나, 대법원은 자동차에 대한 실질적 처분권한이 있으면 자동차를 뇌물로 수수한 것이라고 판시하고 있다.

나. 부정례

피고인은 당시 A지청 검찰사무주무(검찰주사)로서 갑 등 5인의 관세법위반 피의사건의 수사사무를 담당하였던 검사에게 직무상 어떠한 연관관계를 가지고 법률상 또는 사실상 어떤 영향력을 미칠 수 있는 지위에 있었다고도 보기 어려워 알선수뢰죄의 주체가 되지 아니한다.[125)]

피고인은 이 사건 금원수수 당시 군청 건설과 농지계에 근무하던 자로서 도지사의 직무에 속하는 골재채취예정지 고시사무와 직접 또는 간접의 연관관계가 있다고 볼 수 없을 뿐 아니라, 도지사의 위 직무에 관하여 법률상 또는 사실상 어떠한 영향을 미칠만한 지위에 있는 자라고 볼 수도 없으니, 피고인을 위 도지사의 직

123) 대판 1991. 7. 23. 91도1190.
124) 대판 2006. 4. 27. 2006도735.
125) 대판 1982. 6. 8. 82도403.

무사항에 관하여 알선수뢰죄의 주체로 인정할 수 없다.[126)]

2. 알선할 사항의 특정

형법 제132조에서 말하는 '다른 공무원의 직무에 속한 사항의 알선에 관하여 뇌물을 요구한다'고 함은, 다른 공무원의 직무에 속한 사항을 알선한다는 명목으로 뇌물을 요구하는 행위로서 반드시 알선의 상대방인 다른 공무원이나 그 직무의 내용이 구체적으로 특정될 필요까지는 없지만, 알선뇌물요구죄가 성립하려면 알선할 사항이 다른 공무원의 직무에 속하는 사항으로서 뇌물요구의 명목이 그 사항의 알선에 관련된 것임이 어느 정도 구체적으로 나타나야 한다. 단지 상대방으로 하여금 뇌물을 요구하는 자에게 잘 보이면 그로부터 어떤 도움을 받을 수 있다거나 손해를 입을 염려가 없다는 정도의 막연한 기대감을 갖게 하는 정도에 불과하고, 뇌물을 요구하는 자 역시 상대방이 그러한 기대감을 가질 것이라고 짐작하면서 뇌물을 요구하였다는 정도의 사정만으로는 알선뇌물요구죄가 성립한다고 볼 수 없다. 한편, 여기서 말하는 알선행위는 장래의 것이라도 무방하므로, 알선뇌물요구죄가 성립하기 위하여는 뇌물을 요구할 당시 반드시 상대방에게 알선에 의하여 해결을 도모하여야 할 현안이 존재하여야 할 필요는 없다.

구청 공무원이 유흥주점의 업주에게 '유흥주점 영업과 관련하여 세금이나 영업허가 등에 관하여 문제가 생기면 다른 담당 공무원에게 부탁하여 도움을 주겠다'면서 그 대가로 1,000만 원을 요구한 사안에서, 그 뇌물요구의 명목이 상대방의 막연한 기대감을 전제로 한 것이고 당시 알선할 사항이 구체적으로 특정되었다거나 알선에 의하여 해결을 도모해야 할 현안이 존재하였다는 사실을 인정할 증거가 없어 알선뇌물요구죄가 성립하지 않는다.[127)]

Ⅵ. 뇌물공여·공여약속·공여의사표시(133조 1항)

형법 133조 1항의 뇌물공여등죄는 형법 129조 내지 132조에 기재한 뇌물을 약속, 공여 또는 공여의 의사를 표시한 때 성립한다. 형법 129조 내지 132조의 뇌물죄는 그 주체가 공무원 또는 중재인에 한정

126) 대판 1984. 1. 31. 83도3015. 다음은 같은 취지이다.
도교육위원회 사회체육과 보건계에서 아동급식과 아동 및 교원의 신체검사에 관한 업무를 담당하는 지방보건기사는 도 보건사회국에서 카바레 영업허가업무를 담당하는 시 등의 환경위생과 식품위생계를 감독하고 그 영업허가에 앞서 사전승인하는 업무를 담당하는 지방행정주사보와 직접·간접의 연관관계도 없을 뿐만 아니라 법률상이나 사실상 어떠한 영향력을 줄 수 있는 지위에 있지 않은 이상 단지 공무원의 신분을 가졌다는 사실만으로는 공무원이 지위를 이용하여 다른 공무원의 직무에 속한 사항의 알선에 관하여 뇌물을 수수하였다고 할 수 없다(대판 1983. 8. 23. 82도956).
육군본부 정보작전지원참모부에서 조직진단관으로 근무하는 3급 군무원 피고인이 장군진급심사를 앞두고 있던 갑으로부터 인사참모부 선발관리실장인 을에게 부탁하여 장군진급이 되도록 하여 달라는 부탁을 받고 합계 5,000만원을 받은 경우, 피고인이 위 금원을 수수할 당시 자신의 지위를 이용하여 선발관리실장이던 을의 진급업무와 관련하여 사실상 영향을 줄 수 있는 관계에 있었다고 하기에 부족하다(대판 2010. 11. 25. 2010도11460).

127) 대판 2009. 7. 23. 2009도3924.

된다. 이와 달리 형법 133조 1항의 뇌물공여등죄는 형법 129조 내지 132조의 뇌물죄의 주체인 공무원 또는 중재인에게 뇌물을 공여, 공여약속, 공여의사표시를 하는 자를 의미하므로 그 주체에 제한이 있는 것은 아니다.

약속은 증뢰자와 수뢰자 사이에 뇌물의 제공과 수령에 관한 의사의 합치가 있음을, 공여는 수뢰자에게 실제로 뇌물을 제공하는 것을, 공여의 의사표시는 수뢰자에게 뇌물을 제공하겠다는 의사표시를 하는 것을 각각 의미한다.

국회의원에게 한국마사회 발주공사를 수주할 수 있도록 알선하여 달라고 금원지급

농림수산부장관은 한국마사회장의 임명권, 마사회의 업무에 관한 감독권을 갖고 있으며 국회에는 입법권, 예산안심의확정권, 국정에 관한 조사권 등이 있고 국무위원 등에 대하여 국회에 출석, 국정처리상황에 관하여 답변할 것을 요구할 권한 등이 있으므로 국회의원은 한국마사회장에 대하여 사실상 영향력을 미칠 수 있는 지위에 있다고 보아야 할 것이고, 따라서 피고인이 국회의원에게 한국마사회가 발주하는 공사를 수의계약에 의하여 수주할 수 있도록 한국마사회장에게 알선하여 달라는 청탁을 하고 금원을 지급하였다면 알선증뢰죄를 구성한다.[128)]

뇌물수수죄의 불성립과 뇌물공여죄의 성립

뇌물공여죄가 성립되기 위하여서는 뇌물을 공여하는 행위와 상대방측에서 금전적으로 가치가 있는 그 물품 등을 받아들이는 행위(부작위 포함)가 필요할 뿐이지 반드시 상대방측에서 뇌물수수죄가 성립되어야만 한다는 것을 뜻하는 것은 아니다.
피고인으로부터 뇌물을 공여받은 공소외인의 뇌물수수죄에 대하여 그가 뇌물성의 인식이 없이 이를 수령하였다는 취지에서 무죄선고가 내려졌더라도 피고인이 증뢰의 의사로서 뇌물을 공여한 이상 피고인의 뇌물공여죄는 성립된다.[129)]

수입품 배상문제의 타결을 요청받은 국회의원이 개인자격으로 해결하고 금품수수

농업협동조합이 해외에서 구입한 물품이 한국도착시 물량부족임이 발견되었음에도 그 배상문제가 신속히 타결되지 않으므로 갑이 해외여행 중인 국회의원인 을에게 위 문제의 타결에 힘써 달라고 요청하여 을이 개인자격으로 외국수출업체의 부사장을 만나 부족물량의 변상을 설득, 그에 대한 승낙을 받아내자, 이에 갑이 감사의 뜻으로 을에게 미화 2,000달라를 준 것이라면, 이는 갑이 다른 공무원의 직무에 속한 사항의 알선에 관하여 교부한 것이라고 볼 수 없다.[130)]

128) 대판 1990. 8. 10. 90도665. 다음은 같은 취지이다.
재건축조합장의 경우 도시 및 주거환경정비법에 의해 공무원으로 의제되므로, 건설업자들이 재건축조합장에게 직무와 관련하여 금전을 제공하였다면 별도의 부정한 청탁이 존재하지 않더라도 뇌물공여죄가 성립한다(대판 2008. 1. 24. 2006도5711).

129) 대판 1987. 12. 22. 87도1699.

배임증재자가 배임수재자(갑)에게 분양되면 반환하는 조건으로 미분양 아파트를 무상 대여하였다가 갑이 공무원이 되자 공직자재산등록에 필요한 전세계약서를 형식적으로 작성해줌

- A건설회사를 운영하는 피고인은 제주특별자치도 민자유치위원으로서 이 사건 카지노체험관 사업을 심의하는 갑에게 A가 신축하여 공실로 남아 있는 아파트를 분양되면 언제든지 반환할 것을 조건으로 무상으로 빌려주었고, 그에 따라 갑의 아들이 위 아파트에 입주하였는데,
- 그 후 갑이 공무원으로 되어 공직자 재산등록에 필요한 위 아파트 전세계약서를 형식적으로 작성해 달라고 하여 피고인이 이 사건 전세계약서를 작성해 보내 주었는데, 위 전세계약서는 형식적으로 작성된 것일 뿐, 피고인이 처음 아파트를 무상으로 빌려줄 때와 달리 기간을 특정하여 그 기간의 사용을 보장해 주기로 한 것은 아닌 사안에서,

배임수재자가 배임증재자로부터 그가 무상으로 빌려준 물건을 인도받아 사용하고 있던 중에 공무원이 된 경우, 그 사실을 알게 된 배임증재자가 배임수재자에게 앞으로 위 물건은 공무원의 직무에 관하여 빌려주는 것이라고 하면서 뇌물공여의 뜻을 밝히고 위 물건을 계속하여 배임수재자가 사용할 수 있는 상태로 두더라도, 처음에 배임증재로 무상 대여할 당시에 정한 사용기간을 추가로 연장해 주는 등 새로운 이익을 제공한 것으로 평가할 만한 사정이 없다면, 이는 종전에 이미 제공한 이익을 나중에 와서 뇌물로 하겠다는 것에 불과할 뿐 새롭게 뇌물로 제공되는 이익이 없어 뇌물공여죄가 성립하지 않는다.

피고인이 형식적인 전세계약서를 작성해 주고 갑의 아들로 하여금 계속하여 위 아파트에 무상으로 거주하게 하였더라도, 이는 피고인이 갑에게 위 아파트를 분양될 때까지 무상으로 빌려준 것에 따른 사용이 계속되는 것일 뿐 그와 별도로 추가적이거나 새로운 이익을 제공한 것이라고 할 수 없어, 뇌물공여죄가 성립한다고 볼 수 없다.[131)]

Ⅶ. 제3자뇌물교부 · 취득(133조 2항)

형법 제133조 제2항은 증뢰자가 뇌물에 공할 목적으로 금품을 제3자에게 교부하거나 또는 그 정을 알면서 교부받는 증뢰물전달행위를 독립한 구성요건으로 하여 이를 같은 조 제1항의 뇌물공여죄와 같은 형으로 처벌하는 규정으로서, 제3자의 증뢰물전달죄는 제3자가 증뢰자로부터 교부받은 금품을 수뢰할 사람에게 전달하였는지의 여부에 관계없이 제3자가 그 정을 알면서 금품을 교부받음으로써 성립하는 것이고, 본죄의 주체는 비공무원을 예정한 것이나 공무원일지라도 직무와 관계되지 않는 범위 내에서는 본죄의 주체에 해당될 수 있다 할 것이므로, 피고인이 자신의 공무원으로서의 직무와는 무관하게 군의관 등의 직무에 관하여 뇌물에 공할 목적의 금품이라는 정을 알고 이를 전달해준다는 명목으로 취득한 경우라면 제3자뇌물취득죄가 성립된다.[132)]

---

130) 대판 1984. 4. 10. 82도766.

131) 대판 2015. 10. 15. 2015도6232.

132) 대판 2002. 6. 14. 2002도1283. 다음은 같은 취지이다.
형법 제133조 제2항은 증뢰자가 뇌물에 공할 목적으로 금품을 제3자에게 교부하거나 또는 그 정을 알면서 교부받는 증뢰물 전달행위를 독립한 구성요건으로 하여 이를 같은 조 제1항의 뇌물공여죄와 같은 형으로 처벌하는 규정으로서, 그 중 제3자의 증뢰물 전달죄는 증뢰자나 수뢰자가 아닌 제3자가 증뢰자로부터 수뢰할 사람에게 전달될

제3자뇌물교부·취득죄에서 제3자의 의미

형법 제133조 제2항은 증뢰자가 뇌물에 공할 목적으로 금품을 제3자에게 교부하거나 또는 그 정을 알면서 교부받는 증뢰물 전달행위를 독립한 구성요건으로 하여 이를 같은 조 제1항의 뇌물공여죄와 같은 형으로 처벌하는 규정으로서, 여기에서의 제3자란 행위자와 공동정범 이외의 자를 말한다고 할 것이다.[133)]

수뢰자가 제3자로부터 전달받은 금품을 곧바로 증뢰자에게 반환

증뇌물전달행위에 공할 목적으로 제3자에게 금품을 교부한 경우에 그 후 수뢰할 사람이 전달받은 그 금품을 곧바로 증뢰자에게 반환하였다 하더라도 제3자뇌물교부죄의 성립에는 그 영향이 없다.[134)]

제3자뇌물취득을 한 자가 뇌물을 수뢰할 사람에게 전달

형법 제133조 제2항은 증뢰자가 뇌물에 공할 목적으로 금품을 제3자에게 교부하거나 또는 그 정을 알면서 교부받는 증뢰물전달행위를 독립한 구성요건으로 하여 이를 같은 조 제1항의 뇌물공여죄와 같은 형으로 처벌하는 규정으로서, 제3자의 증뢰물전달죄는 제3자가 증뢰자로부터 교부받은 금품을 수뢰할 사람에게 전달하였는지 여부에 관계 없이 제3자가 그 정을 알면서 금품을 교부받음으로써 성립하는 것이며, 나아가 제3자가 그 교부받은 금품을 수뢰할 사람에게 전달하였다고 하여 증뢰물전달죄 외에 별도로 뇌물공여죄가 성립하는 것은 아니다.[135)]

공무원이 취급하는 사무에 관한 청탁을 받고 청탁 상대방인 공무원에게 제공할 금품을 받아 그 공무원에게 단순히 전달함

피고인은 A주식회사 대표이사에게 B시의 시장 비서실장인 갑을 통하여 B시로부터 아파트사업이 가능하다는

금품이라는 정을 알면서 그 금품을 받은 때에 성립한다고 할 것이다(대판 2008. 3. 14. 2007도10601).

공무원이 다른 공무원에게 뇌물로 전달하라고 건네받은 금품을 일부 소비, 일부 전달

형법 제133조 제2항은 증뢰자가 뇌물에 공할 목적으로 금품을 제3자에게 교부하거나 또는 그 정을 알면서 교부받는 증뢰물전달행위를 독립한 구성요건으로 하여 이를 같은 조 제1항의 뇌물공여죄와 같은 형으로 처벌하는 규정으로서, 제3자의 증뢰물전달죄는 제3자가 증뢰자로부터 교부받은 금품을 수뢰할 사람에게 전달하였는지의 여부에 관계없이 제3자가 그 정을 알면서 금품을 교부받음으로써 성립하는 것이고, 본죄의 주체는 비공무원을 예정한 것이나 공무원일지라도 직무와 관계되지 않는 범위 내에서는 본죄의 주체에 해당될 수 있다.

2005. 2. 3. 갑은, 을에 대한 중개수수료 명목이 아니라, 이 사건 체비지를 매입할 수 있도록 해주는 대가로 부천시청의 담당공무원에게 6,000만 원을 제공할 목적으로, 을에게 부천시청의 담당공무원에게 전달하여 달라는 명목으로 이 사건 6,000만 원을 교부한 것이고, 을도 그러한 정을 잘 알면서 이를 교부받았다. 위와 같은 사정을 알면서 을이 갑으로부터 위 6,000만 원을 수령함으로써 위 금원 전체에 대하여 제3자뇌물취득죄는 성립하는 것이며, 그 후 실제로 을이 위 금원 중 2,000만 원만을 병에게 전달하였을 뿐 나머지 금원은 전달하지 않고 자신이 유용하였다는 등의 사정은 위 6,000만 원에 대한 을의 제3자뇌물취득죄의 성립을 인정하는 데에 장애가 되지 아니한다(대판 2007. 7. 27. 2007도3798).

133) 대판 2006. 6. 15. 2004도756; 대판 2012. 12. 27. 2012도11200.

134) 대판 1983. 6. 28. 82도3129.

135) 대판 1997. 9. 5. 97도1572.

공문을 받을 수 있도록 청탁해 주겠다고 하는 한편 갑과 잘 알고 있다는 을을 만나 A가 위와 같은 공문을 받을 수 있도록 갑에게 청탁하여 줄 것을 요청하였고, 그 후 위 요청에 따라 갑에게 그러한 청탁을 한 을이 피고인에게 "갑이 위와 같은 공문을 받아주는 조건으로 2억 원을 요구하는데 우선 1억 원을 주고 나머지 1억 원은 그 공문이 나와 토지매입 자금을 지원받게 되면 달라고 한다"고 하자, 피고인은 A측에 을이 말하는 갑의 요구조건을 그대로 전한 사실, 이에 A의 대표이사는 피고인을 통하여 갑이 우선 요구한다는 현금 1억 원을 을에게 교부하였고, 이때 을도 피고인과 동행한 A의 대표이사에게 위 1억 원을 갑에게 전달해 주겠다고 한 사안에서,

공무원이 취급하는 사건 또는 사무에 관하여 청탁한다는 명목으로 자신의 이득을 취하기 위하여 금품 등을 교부받은 것이 아니고, 공무원이 취급하는 사무에 관한 청탁을 받고 청탁 상대방인 공무원에게 제공할 금품을 받아 그 공무원에게 단순히 전달한 경우에는 알선수뢰죄나 증뇌물전달죄만이 성립하고, 이와 같은 경우에 변호사법 제111조 위반죄는 성립할 수 없다.

위 1억 원이 A로부터 피고인을 거쳐 을에게 교부될 당시 위 금원 수수의 당사자들 사이에는 위 돈을 그대로 공무원인 갑에게 전달하기로 하는 합의가 존재하였던 것이고, 따라서 피고인은 공무원이 취급하는 사건 또는 사무에 관하여 청탁한다는 명목으로 자신의 이득을 취하기 위하여 위 금원을 받은 것이 아니라 단순히 청탁의 상대방인 갑에게 이를 전달하여 주기 위하여 받은 것이므로 피고인의 이러한 금품수수행위를 변호사법 제111조에 해당하는 범죄로 보기 어렵다.[136)]

비교 판례: 공무원이 취급하는 사건 또는 사무에 관한 청탁을 받고 청탁 상대방인 공무원에게 제공할 금품을 받아 그 공무원에게 단순히 전달한 경우와는 달리, 자기 자신의 이득을 취하기 위하여 공무원이 취급하는 사건 또는 사무에 관하여 청탁한다는 등의 명목으로 금품 등을 교부받으면 그로써 곧 구 변호사법 제90조 제1호 위반죄가 성립되고 이와 같은 경우에는 형법 제133조 제2항 증뢰물전달죄는 성립할 여지가 없다.[137)]

Ⅷ. 건설산업기본법위반죄

건설산업기본법 제38조의2의 도급계약의 체결과 관련한 '이해관계인'이란 건설공사를 도급 또는 하도급을 받을 목적으로 도급계약을 체결하기 위하여 경쟁하는 자로서 도급계약의 체결 여부에 직접적이고 법률적인 이해관계를 가진 자이므로, 재건축·재개발정비조합이나 조합설립추진위원회로부터 정비사업의 시행을 위하여 필요한 업무의 대행이나 지원을 위탁받거나 이에 관한 자문을 하는 정비사업전문관리업자 또는 정비사업과 관련한 건설공사도급계약이 체결되기 전의 재개발·재건축정비지구 내 주민은 위 법에서 말하는 이해관계인에 해당하지 않는다. 또한, 위 조항은 발주자, 수급인, 하수급인 또는 이해관계인 사이에 공사 수주 및 시공과 관련하여 부정한 청탁에 의한 재물 또는 재산상의 이익을 수수하는 것을 금지하는 것일 뿐이고 위 조항에 규정되지 아니한 자에게 금품을 공여하는 행위까지 금지하는 것이라고 할 수는 없다.[138)]

136) 대판 2007. 2. 23. 2004도6025.
137) 대판 2006. 11. 24. 2005도5567.
138) 대판 2008. 9. 25. 2008도2590.

제3절 기타 직무범죄

Ⅰ. 공무상비밀누설죄

1. 의 의

형법 제127조는 공무원 또는 공무원이었던 자가 법령에 의한 직무상 비밀을 누설하는 것을 구성요건으로 하고 있고, 동조에서 법령에 의한 직무상 비밀이란 반드시 법령에 의하여 비밀로 규정되었거나 비밀로 분류 명시된 사항에 한하지 아니하고 정치, 군사, 외교, 경제, 사회적 필요에 따라 비밀로 된 사항은 물론 정부나 공무소 또는 국민이 객관적, 일반적인 입장에서 외부에 알려지지 않는 것에 상당한 이익이 있는 사항도 포함하는 것이나, 실질적으로 그것을 비밀로서 보호할 가치가 있다고 인정할 수 있는 것이어야 할 것이고, 본죄는 기밀 그 자체를 보호하는 것이 아니라 공무원의 비밀엄수의무의 침해에 의하여 위험하게 되는 이익, 즉 비밀의 누설에 의하여 위협받는 국가의 기능을 보호하기 위한 것이다.[1]

2. 공무상비밀

가. 긍정례

일반에게 공개되기 전의 도시계획시설 결정

가결된 도시계획시설 결정은 그것이 법 소정의 절차를 거쳐 일반에게 공고 또는 고시 등에 의하여 공개되기 전에 관계공무원이 이를 미리 특정인에게 누설하는 경우, 부동산 투기를 조장하여 특정인에게 부당한 이익을 줄 염려가 있는 한편, 선량한 시민에게 부당한 피해를 주어 도시계획의 건전한 발전을 저해하는 요소로 작용될 수 있는 사항이라 할 것이므로, 비록 도시계획사업을 규율하는 도시계획법 등에 도시계획 시설결정 사실을 비밀 사항으로 규정한 바 없다 하더라도 판시와 같은 도시계획시설결정 사실은 실질적으로 비밀성을 지녔다 할 것이므로 이를 특정인의 이익을 도모하여 정당한 이유없이 누설함은 공무상비밀누설죄에 해당한다.[2]

피고인이 유출한 이 사건 문건은 미국과의 자유무역협정 체결 협상을 위한 협상전략과 분야별 쟁점에 대한 대응방향 등을 담고 있는 것으로서, 그와 같은 내용이 일반에 알려진 공지의 사실에 해당하는 것으로 볼 수 없고, 또한 그 내용이 공개될 경우 협상상대방인 미국으로서는 우리나라의 우선 관심사항과 구체적인 협상전략을 미리 파악하여 보다 유리한 조건에서 협상에 임할 수 있게 되는 반면, 우리나라로서는 당초 준비한 협

1) 대판 1981. 7. 28. 81도1172; 대판 1996. 5. 10. 95도780; 대판 2003. 12. 26. 2002도7339; 대판 2012. 3. 15. 2010도14734.
2) 대판 1982. 6. 22. 80도2822.

상전략이 모두 노출됨으로 인하여 불리한 지위에서 협상에 임할 수밖에 없게 되어, 당초의 협상목표를 달성하지 못하게 되는 결과를 불러올 우려가 있었던 점 등을 종합해 보면, 적어도 이 사건 문건 중 그 판시와 같은 기재 부분은 정부나 공무소 또는 국민이 객관적, 일반적인 입장에서 외부에 알려지지 않는 것에 상당한 이익이 있는 사항으로서, 실질적으로 비밀로서 보호할 가치가 있는 직무상 비밀에 해당한다.[3)]

지방자치단체의 장 또는 계약담당공무원이 수의계약에 부칠 사항에 관하여 결정한 '예정가격'이 '공무상 비밀'에 해당한다.
담당공무원이 수해복구 공사계약을 수의계약 방식으로 체결하기로 하면서, 미리 선정된 공사업체에게 공사 예정가격을 알려준 행위가 공무상 비밀누설죄에 해당한다.[4)]

나. 부정례

정보가 '법령에 의한 직무상 비밀'에 해당하기 위해서는, 정부나 공무소 또는 국민이 객관적, 일반적인 입장에서 외부에 알려지지 않는 것에 상당한 이익이 있는 사항으로서 실질적으로 비밀로 보호할 가치가 있다거나, 그 누설에 의하여 국가의 기능이 위협받는다는 사정이 인정되어야 한다.[5)]

감사원 감사관이 공개한 기업의 비업무용 부동산 보유실태에 관한 감사원 보고서의 내용이 공무상 비밀에 해당되지 않는다고 본 사례.[6)]

---

3) 대판 2009. 6. 11. 2009도2669.

4) 대판 2008. 3. 14. 2006도7171. 다음은 유사 취지이다.
피고인이 시험 정리원으로서 그 직무에 관련하여 "병"으로부터 돈을 받는 것은 뇌물수수죄가 된다.
피고인이 그 직무상 지득한 구술시험 문제 중에서 소론 사항을 "병"에게 알린 것은 공무상 비밀의 누설인 동시에 수뢰후부정처사(형법 131조 1항)에 해당한다(대판 1970. 6. 30. 70도562).

5) 대판 2012. 3. 15. 2010도14734.

6) 대판 1996. 5. 10. 95도780. 구체적인 내용은 다음과 같다.
이 사건에서 문제가 된 감사는 부동산관련 세제의 실제 운용실태, 기업의 비업무용 부동산 보유현황, 과세실태, 법령상 개선사항 등을 파악하고자 한 것이었고, 피고인이 공개하였다는 실지감사귀청보고서는 감사대상기관을 "국세청(법인의 비업무용 부동산 취득에 대한 과세실태)"으로 하고, 조사결과의 개황에서 38개 조사대상법인 중 23개 법인의 부동산 총 보유면적과 사용현황을 밝히는 한편 이에 부수하여 "한국은행감독원의 국회제출자료(89. 5. 18.)와 대비"라는 제목하에 은행감독원의 조사결과는 30대 재벌 520개 법인의 비업무용 토지 비율이 총 보유면적의 1.2%이고, 감사원의 조사결과는 그 비율이 43.3%라고 기재하여 대비한 다음 "법인의 부동산 투기는 관계 기관의 발표내용보다 훨씬 심각한 실정임"이라고 단서를 달았고, 계속하여 법인별로 비업무용 부동산에 대한 과세누락 명세를 개요와 면적, 추징세액 등을 표시하여 기재하였으며, 다음으로 "법령상 개정이 요구되는 사항"으로서 감사과정에 드러난 법령의 모순점을 사항별로 지적하였고, 마지막으로 처리의견으로 "법인에 의한 부동산투기는 관계 기관의 공식적인 발표내용보다 훨씬 심각하나 이미 정부에서 토지공개념 도입을 입법추진 중이고 재무부에서도 세법개정 예정에 있으므로 차기 감사자료로 하기로 하였다"라는 내용이라는 것이고, 한편 위 보고서에서 인용하고 있는 은행감독원의 조사결과는 주거래은행이 보고한 내용을 아무 검증 없이 취합만 하여 1989. 5. 18. 국회에 제출한 것인데, 국세청이 정부의 5. 8. 조치에 따라 같은 기준에 의하여 조사하여 1990. 8.경 발표한 48대 그룹의 비업무용 부동산 보유비율은

3. 수사 관련 사례

검찰의 고위 간부가 수사팀의 내부 상황을 수사 대상자 측에 전달

검찰 등 수사기관이 특정 사건에 대하여 수사를 진행하고 있는 상태에서, 수사기관이 현재 어떤 자료를 확보하였고 해당 사안이나 피의자의 죄책, 신병처리에 대하여 수사책임자가 어떤 의견을 가지고 있는지 등의 정보는, 그것이 수사의 대상이 될 가능성이 있는 자 등 수사기관 외부로 누설될 경우 피의자 등이 아직까지 수사기관에서 확보하지 못한 자료를 인멸하거나, 수사기관에서 파악하고 있는 내용에 맞추어 증거를 조작하거나, 허위의 진술을 준비하는 등의 방법으로 수사기관의 범죄수사 기능에 장애를 초래할 위험이 있는 점에 비추어 보면, 해당 사건에 대한 종국적인 결정을 하기 전까지는 외부에 누설되어서는 안 될 수사기관 내부의 비밀에 해당한다.

검찰의 고위 간부가 특정 사건에 대한 수사가 계속 진행 중인 상태에서 해당 사안에 관한 수사책임자의 잠정적인 판단 등 수사팀의 내부 상황을 확인한 뒤 그 내용을 수사 대상자 측에 전달한 행위가 형법 제127조에 정한 공무상 비밀누설에 해당한다.[7)]

수사기록을 열람·등사케 함

피고인들이 갑에게 열람, 등사하게 한 수사기록의 내용은 모두 피의사실, 피의자 및 피해자의 각 인적사항, 피해자의 상해 정도 또는 피의자의 신병처리 지휘내용 등에 관한 내용에 불과하여, 그 내용이 공개되는 경우 수사의 보안 또는 기밀을 침해하여 수사의 목적을 방해할 우려가 있거나 개인의 사생활 등 이해관계를 침해할 우려가 있는 개인정보를 담고 있는 것으로 보기에는 부족하고, 달리 위 수사서류가 법령에 의한 직무상의 비밀을 내용으로 하는 문서들이라는 점을 인정할 증거가 없다.[8)]

구청에서 체납차량영치 업무담당자가 차적조회시스템을 이용하여 잠복근무에 이용되고 있던 경찰청 소속 차량의 소유관계정보를 알아내어 전해줌

A차량은 갑의 유사휘발유 제조 현장 부근에서 경찰의 잠복근무에 이용되고 있었는데, 구청에서 체납차량 영치 및 공매 등의 업무를 담당하던 공무원인 피고인이 차적 조회 시스템을 이용하여 알게 된 A의 소유관계에 관한 정보를 을을 통해 갑에게 알려줌으로써 갑이 A가 경찰청 소속이라는 말을 듣고 현장에서 도주한 사안에서,

---

35.3%였다는 것인바, 위 보고서의 내용 중 은행감독원의 자료는 이미 국회에 제출되어 공개된 것이고, 법령상 개선사항은 추상적 의견에 불과한 것이어서 비밀이라 할 수 없으며, 나머지 개별기업의 비업무용 부동산 보유실태 역시 일반에게 알려지지 않은 비밀이라고 보기 어려울 뿐 아니라 그 당시 부동산투기가 심각한 사회문제로 대두되어 정부에서 토지공개념 도입 등의 대책을 강구하고 있었고, 기업의 비업무용 부동산 보유실태에 관하여 국민의 관심이 집중된 상황하에서 기업의 비업무용 부동산 보유실태가 공개되는 것이 국민 전체의 이익에 이바지한다 할 수 있을 뿐 그러한 사항이 공개됨으로써 국가의 기능이 위협을 받는다고 할 수도 없으므로 이 사건 보고서의 내용은 공무상 비밀에 해당한다고 할 수 없다

7) 대판 2007. 6. 14. 2004도5561.

8) 대판 2003. 6. 13. 2001도1343.

구 자동차관리법 등은 누구든지 열람이 가능한 부동산등기 사항과는 달리 자동차 소유자의 성명까지 기재된 신청서를 제출하여야 자동차등록원부의 열람이나 그 등본 또는 초본을 발급받을 수 있게 규정함으로써 자동차의 소유자에 관한 정보가 공개되지 아니한 측면을 고려하더라도, 결국 재산의 소유 주체에 관한 정보에 불과한 자동차의 소유자에 관한 정보를 정부나 공무소 또는 국민이 객관적, 일반적인 입장에서 외부에 알려지지 않는 것에 상당한 이익이 있는 사항으로서 실질적으로 비밀로 보호할 가치가 있다거나, 그 누설에 의하여 국가의 기능이 위협받는다고 볼 수는 없다. A의 소유관계에 관한 정보는 '법령에 의한 직무상 비밀'에 해당하지 않는다.[9)]

이른바, 옷값 대납 사건의 내사결과보고서의 내용이 비공지의 사실이기는 하나 실질적으로 비밀로서 보호할 가치가 있는 것이라고 인정할 수 없다고 한 사례.[10)]

9) 대판 2012. 3. 15. 2010도14734.

10) 대판 2003. 12. 26. 2002도7339. 구체적인 내용은 다음과 같다.

- 서울지방검찰청은 A그룹 회장인 갑의 외화밀반출혐의에 대하여 수사를 진행하고 있었는데, 갑이 경영하는 B주식회사가 외국기업으로부터 10억 $ 외자유치협상을 진행 중이므로 그 때까지 수사를 보류하여 달라는 요청을 받고 검찰총장이던 피고인이 서울지방검찰청에 수사보류의 지시하였다.
- 서울지방검찰청은 피고인에게 위 사건에 대하여 즉시 수사를 재개하는 것이 좋겠다는 건의를 하였고, 다시 피고인에게 최순영을 즉시 구속수사할 것을 건의하자 피고인은 위 사건의 엄정한 처리와 구속방침을 언론에 공표하였다.
- 그런데 1998. 12. 중순경부터 피고인의 처가 의류를 구입한 후 갑의 처인 을에게 그 대금의 지급을 요청하였다는 소문이 있었고, 그러한 첩보를 입수한 대통령비서실 법무비서관이 1999. 1. 14. 경찰청 수사국 조사과에 위 소문의 진위를 내사하도록 지시하였다.
- 위 조사과는 내사 후 위 첩보내용이 사실무근이라는 결론을 내리고 그러한 내용을 법무비서관에게 보고하였고, 동인은 법무비서관실 명의로 피고인의 처에 대한 첩보내용은 사실무근이며, 갑을 구속하여 사건을 신속히 종결함이 바람직하다는 내용의 내사결과보고서 2부를 작성하여 대통령비서실장과 대통령에게 보고하였다.
- 피고인은 같은 달 11. 서울지방검찰청에 갑에 대한 구속영장을 청구하도록 지시하여 법원으로부터 구속영장을 발부받아 최순영을 구속수감하였는데, 그 직후 A그룹측 인사들로부터 피고인의 처가 옷값의 대납을 요구한 사실을 언론에 공개하겠다는 취지의 말을 전해들었다.
- 피고인이 법무비서관에게 전화하여 자신이 처한 상황을 설명하고, 대통령에게 보고한 내용을 알고 싶다고 요청하자 법무비서관은 위 내사결과보고서 1부를 피고인에게 전달하였고 피고인은 그 표지와 건의 부분을 제외한 나머지 부분을 축소복사한 후 소지하고 있다가 그 무렵 A그룹 부회장으로 평소 친분이 있던 을을 대검찰청 총장실로 불러서 피고인의 처가 결백하다는 점을 해명하기 위하여 위와 같은 복사한 이 사건 내사결과보고서 사본을 을에게 교부하여 읽어보게 하였다.
- 위 법무비서관은 "청와대 내부업무 분장"에 따라 "국가사정업무기획·조정과 내각 사정업무 지휘·감독, 사정첩보 수집·내사, 통치인사 보좌, 주요 인사의 신상정보 관리, 고위공직자 복무동향 점검, 공직기강 확립" 등을 소관업무로 하고 있는데, 고위공직자에 대한 첩보를 조사한 결과 별다른 문제점이 없는 경우에는 그 고위공직자에게 조사결과를 알려주어 업무에 참고하게 하는 사례가 10여 차례 있었다.

사정이 그와 같다면, 이 사건 내사결과보고서에는 조사과로부터 조사를 받은 참고인들의 진술요지가 간단히 기재되어 있기는 하나 주된 내용은 피고인의 처가 갑의 처에게 옷값의 대납을 요구하였다는 첩보내용은 사실무근이라는 것에 불과하여 그 내용에 국가안전보장, 질서유지, 공공복리를 침해하는 요소가 있다고 볼 수 없고, 이 사건 내사결과보고서가 피고인에게 전달된 시점이 이미 갑에 대한 구속이 집행된 이후여서 그 내용이 공개되어도 수사의 보안 또는 기밀을 침해하여 수사의 목적을 방해할 우려가 있거나 이해관계인들의 기본권이 침해될 우려가 있다고도 볼 수 없으므로 이 사건 내사결과보고서의 내용은 비공지의 사실이기는 하나 실질적으로 비밀로서 보호할 가치가 있는

4. 공 범

변호사 사무실 직원이 법원공무원에게 부탁하여 체포영장 발부자 명단을 교부받음

2인 이상 서로 대향된 행위의 존재를 필요로 하는 대향범에 대하여는 공범에 관한 형법총칙 규정이 적용될 수 없는데, 형법 제127조는 공무원 또는 공무원이었던 자가 법령에 의한 직무상 비밀을 누설하는 행위만을 처벌하고 있을 뿐 직무상 비밀을 누설받은 상대방을 처벌하는 규정이 없는 점에 비추어, 직무상 비밀을 누설받은 자에 대하여는 공범에 관한 형법총칙 규정이 적용될 수 없다.

변호사 사무실 직원인 갑이 법원공무원인 을에게 부탁하여, 수사 중인 사건의 체포영장 발부자 53명의 명단을 누설받은 사안에서, 을이 직무상 비밀을 누설한 행위와 갑이 이를 누설받은 행위는 대향범 관계에 있으므로, 갑의 행위는 공무상비밀누설교사죄에 해당하지 않는다.[11)]

Ⅱ. 직권남용권리행사방해죄

1. 의 의

직권남용권리행사방해죄는 공무원이 직권을 남용하여 사람으로 하여금 의무 없는 일을 하게 하거나 사람의 권리행사를 방해한 때 성립한다(형법 123조).

직권남용권리행사방해죄에서 '직권의 남용'이란 공무원이 '일반적 권한'에 속하는 사항을 불법하게 행사하는 것, 즉 형식적, 외형적으로는 직무집행으로 보이나 실질은 정당한 권한 외의 행위를 하는 경우를 의미하고, 남용에 해당하는지는 구체적인 공무원의 직무행위가 그 목적 및 그것이 행하여진 상황에서 볼 때의 필요성·상당성 여부, 직권행사가 허용되는 법령상 요건을 충족했는지 등 제반 요소를 고려하여 결정하여야 한다. 그리고 어떠한 직무가 공무원의 일반적 권한에 속하는 사항이라고 하기 위해서는 그에 관한 법령상의 근거가 필요하지만, 명문이 없는 경우라도 법·제도를 종합적, 실질적으로 관찰해서 그것이 해당 공무원의 직무권한에 속한다고 해석되고, 남용된 경우 상대방으로 하여금 사실상 의무 없는 일을 행하게 하거나 권리를 방해하기에 충분한 것이라고 인정되는 경우에는 직권남용죄에서 말하는 '일반적 권한'에 포함된다고 보아야 한다.[12)]

것이라고 인정할 수 없고, 그 내용이 알려진다고 하더라도 국가의 기능을 위협하는 결과를 초래하게 된다고 인정되지도 아니한다.

11) 대판 2011. 4. 28. 2009도3642.

12) 대판 2004. 5. 27. 2002도6251; 대판 2011. 7. 28. 2011도1739.

2. 일반적 권한

가. 긍정례

검사가 수사를 빙자하여 개인적인 목적을 위하여 교도관리에게 수용자의 소환을 요구함

검사는 수사에 관하여는 그 목적을 달성하기 위하여 필요한 조사를 할 수 있고, 수사목적 달성을 위하여 필요한 경우에는 피의자나 피의자 아닌 제3자(참고인)에 대한 출석을 요구하여 진술을 들을 수 있으며, 검사가 출석을 요구하는 자가 교도소나 구치소에 수용된 자인 경우 당해 구금시설의 교도관리는 당해 수용자를 검사조사실 등 지정된 장소에 동행하고 출정수용자에 대한 계호업무를 수행하며, 수용자의 신병확보와 증거인멸 방지 등 소송진행에 협력하여야 하는 것이므로(계호근무준칙 제290조), 검사가 참고인 조사를 위하여 타청 관할에 속하는 교도소장에 대하여 참고인의 소환을 요청하는 것은 그의 일반적 직무권한에 속하는 사항이라고 할 것이다.

그러나 위와 같은 일반적 직무권한을 가진 피고인이 실제로는 로비자금 수사나 범죄정보의 수집을 위한 것이라기보다는 갑에게 가족들을 면회할 수 있는 편의를 제공하거나 자신의 장인인 을과 관련된 문제를 해결하기 위하여 갑을 검사실로 소환하였다. 이와 같이 개인적인 목적을 위하여 갑을 소환하면서도 수사 목적이라는 명분을 내세워 갑이 수용된 구치소 또는 교도소의 교도관리에게 갑에 대한 소환요구 또는 출석요구를 하였고, 이에 따라 교도관리들이 갑을 검사실로 호송한 행위는, 검사로서의 일반적 직무권한에 속하는 업무에 가탁하여 실질적, 구체적으로는 교도관리들로 하여금 직무상 의무 없는 일을 하게 한 것이다.[13)]

시흥시의 공무원 인사 및 민원사무 등 내무행정 전반을 총괄하고 있는 자치행정국장이 개발제한구역내의 행위허가업무 등의 담당자에게 승진문제를 언급하고 허가처리 지연시 감사를 시키겠다고 하여 허가요건을 갖추지 못한 사안을 허가케 함

시흥시의 자치행정국장(총무국장)은 조직관리 및 공무원 인사에 관한 사항, 민원, 호적 및 지적관리에 관한 사항, 생활민원의 조정 및 관리에 관한 사항 등 내무행정 전반을 담당하도록 되어 있고, 시흥시의 자치행정국장인 피고인은 공무원들의 근무평정을 취합하여 시장 등에게 결재를 올림으로써 인사권 행사를 보좌하고, 민원처리현황 등을 조사·파악하여 문제가 있는 경우 감사업무를 담당하는 기획감사실에 정식으로 감사의뢰를 하는 등으로 시흥시 공무원의 인사 또는 감사업무에 관여하여 왔는바, 이와 같이 시흥시의 조직관리, 공무원 인사 및 민원사무 등 내무행정 전반을 총괄하고 있는 자치행정국장인 피고인이 비록 다른 부서의 직원이지만 개발제한구역내의 행위에 관한 허가 등 민원업무를 담당하는 갑의 승진 등 인사에 관여하거나 갑의 민원업무에 대한 감사를 요구하는 것은 피고인의 일반적인 직무권한에 속하는 사항이라고 봄이 상당하다. 따라서 위와 같은 일반적인 직무권한을 가진 피고인이 이 사건 허가신청과 관련하여 그 업무담당자인 갑에게 동인의 승진문제를 언급하고 허가처리가 지연되면 감사를 시키겠다고 함으로써 갑으로 하여금 허가요건을 갖추지 못한 이 사건 허가신청을 허가하도록 한 행위는 시흥시 자치행정국장의 일반적 직무권한에 속하는 사항에 관하여 직권의 행사에 가탁하여 실질적, 구체적으로 위법·부당한 행위를 한 경우에 해당한다고 할 것이어서 직권남용죄가 성립한다.[14)]

13) 대판 2006. 5. 26. 2005도6966.

14) 대판 2004. 10. 15. 2004도2899. 다음은 같은 취지이다.

나. 부정례

대검찰청 공안부장이 한국조폐공사 사장에게 조폐공사의 쟁의행위·경영에 관하여 한 말

대공·선거·노사·학원 등의 공안사건에 관한 검찰업무를 지휘·감독하는 권한을 행사하는 대검찰청 공안부장이 한국조폐공사 사장에게 조폐공사의 쟁의행위·경영에 관하여 어떠한 지시나 명령을 할 수 있는 권한을 가지고 있다고 볼 수 없으므로, 대검찰청 공안부장인 피고인이 전화로 고등학교 후배인 위 사장에게 조폐공사의 쟁의행위·경영에 관하여 "좋지 않은 정보 보고가 올라온다. 서울이 시끄럽다. 빨리 직장폐쇄를 풀고 구조조정을 단행하라"라고 말한 것은 직권남용죄와 업무방해죄에 해당하지 않고, 노동조합및노동관계조정법 제40조 제2항에서 정한 '간여'에는 해당한다.[15)]

3. 불법행위와의 구별

치안본부장이 국과수 법의학과장에게 고문치사사건의 기자간담회에 참고할 메모를 작성케 함

직권남용죄의 "직권남용"이란 공무원이 그의 일반적 권한에 속하는 사항에 관하여 그것을 불법하게 행사하

재정경제원장관이 주거래 은행의 은행장으로 하여금 대출부적격 기업에게 대출하게 함

국가경제 전반, 특히 금융사무에 관하여 포괄적인 권한을 행사하는 재정경제원장관이, 국민경제에 미치는 영향력이 심대한 대기업 등의 도산과 그로 인한 관련 기업들의 연쇄도산, 금융기관의 부실화, 대량실업의 발생 등 국가경제의 안정과 발전을 저해하는 사태의 발생을 방지하기 위하여, 국민경제에 미치는 영향력이 큰 기업으로서 회생 가능성이 있는 기업에 대하여는 자구계획의 수립과 실천 등 일정한 요건을 갖출 것을 전제로 융자를 해 주도록 금융기관에 권고하거나 이를 요청하는 것은 그의 일반적 직무권한에 속하는 사항이라고 할 것이다.

재정경제원장관이 대기업에 해당되지도 아니하며 회생 가능성도 불투명하여 대출이 가능한 요건을 갖추었다고 보기 어려운 기업에 대하여 은행감독원장으로부터 경영개선명령을 받아 신규대출을 기피하고 있던 위 기업의 주거래 은행의 은행장에게 개인적 친분이 있는 위 기업을 도와 주기 위한 목적으로 대출을 실행하여 줄 것을 요구하고, 위 요구에 따라 위 은행장이 이미 같은 은행으로부터 대출신청이 거절당한 바 있는 위 기업에 대하여 새로이 다른 채권은행장들과 협조융자를 추진하고 대출하도록 한 행위가 직권남용죄에 해당한다고 한 사례(대판 2004. 5. 27. 2002도6251).

대통령비서실 민정수석비서관이 농수산물 도매시장 관리공사 대표이사로 하여금 위 시장 내의 시설물을 수의계약으로 대통령의 근친이 설립한 회사에 임대케 함

대통령비서실 민정수석비서관이 대통령의 근친관리업무와 관련하여 정부 각 부처에 대한 지시와 협조 요청을 할 수 있는 일반적 권한을 갖고 있었음에 비추어 그가 농수산물 도매시장 관리공사 대표이사에게 요구하여 위 시장 내의 주유소와 써어비스동을 당초 예정된 공개입찰방식이 아닌 수의계약으로 대통령의 근친이 설립한 회사에 임대케 한 행위는 공무원이 그 일반적 직무권한에 속하는 사항에 관하여 직권의 행사에 가탁하여 실질적, 구체적으로 위법·부당한 행위를 한 경우에 해당하여 타인의 권리행사방해죄의 구성요건을 충족한다(대판 1992. 3. 10. 92도116).

해군본부 법무실장인 피고인이 국방부 검찰수사관 갑에게 군내 납품비리 수사와 관련한 수사기밀사항을 보고하게 하여 직무상 권한을 남용하였다는 내용으로 기소된 사안에서, 피고인은 해군 검찰업무뿐 아니라 소송, 징계업무 등 법무업무 전반에 관하여 해군참모총장을 보좌하는 자로서 해군 소속 인원의 사법처리와 관련된 중요 사항에 관하여 보고를 받을 일반적인 직무권한이 있으나, 여기서 나아가 국방부 검찰단의 향후 수사 방향에 대한 내용 등 수사기밀사항에 대한 보고를 요구하는 행위는 형식적, 외형적으로는 직무집행으로 보이나 실질은 일반적 직무권한 범위를 넘어 직무의 행사에 가탁한 부당한 행위이고, 갑으로서는 외부에 유출될 경우 검찰단의 수사 기능에 현저한 장애를 초래할 수 있는 검찰단 내부 수사 내용을 피고인에게 보고할 법률상의 의무가 없었다고 보아 직권남용권리행사방해죄를 인정한 사례(대판 2011. 7. 28. 2011도1739).

15) 대판 2005. 4. 15. 2002도3453.

는 것, 즉 형식적, 외형적으로는 직무집행으로 보이나 그 실질은 정당한 권한 이외의 행위를 하는 경우를 의미하고, 따라서 직권남용은 공무원이 그의 일반적 권한에 속하지 않는 행위를 하는 경우인 지위를 이용한 불법행위와는 구별되며, 또 직권남용죄에서 말하는 "의무"란 법률상 의무를 가리키고, 단순한 심리적 의무감 또는 도덕적 의무는 이에 해당하지 아니한다.

치안본부장이 국립과학수사연구소 법의학1과장에게 고문치사자의 사인에 관하여 기자간담회에 참고할 메모를 작성하도록 요구한 경우에 있어서 위 과장의 메모작성행위가 국립과학수사연구소의 행정업무에 관한 행정상 보고의무라고 할 수 없고 치안본부장이 위 과장에게 메모를 작성토록 한 행위가 그 일반적 권한에 속하는 사항이라고도 볼 수 없으며 또 위 과장이 그 요청에 따라 작성해 준 메모는 정식 부검소견서가 아니어서 동인이 위 메모를 작성하여 줄 법률상 의무가 있는 것도 아닐 뿐만 아니라, 그와 같은 메모를 작성하여 준 것도 단순한 심리적 의무감 또는 스스로의 의사에 기한 것으로 볼 수 있을 뿐이어서 법률상 의무에 기인한 것이라고 인정할 수도 없으므로, 치안본부장이 동인에게 메모의 작성을 요구하고 이를 동인이 내심의 의사에 반하여 두번이나 고쳐 작성하도록 하였다 하여도 이를 의무 없는 일을 하게 한 것이라고 볼 수 없어 직권남용죄는 성립되지 아니한다.[16]

당직조장이 당직근무를 마친 후 하급자에게 다른 이유로 기합을 줌

군형법 제62조 소정의 직권남용이란 일반적 직무권한에 속하는 사항에 관하여 그 정당한 한도를 넘어 그 권한을 위법하게 행사하는 것을 말하는 것이므로 아무런 직권을 가지지 않는 자의 행위 또는 자기의 직권과 관계없는 행위는 이에 해당하지 않는다고 할 것인바, 당직대의 조장이 당직근무를 마치고 내무반에 들어와 하급자에게 다른 이유로 기합을 준 행위는 당직조장으로서의 어떤 직권을 남용한 것이 아니라 사적 제재에 불과하다.[17]

4. 의무 없는 일을 하게 하거나 권리행사를 방해

가. 의무 없는 일을 하게 함

직권남용권리행사방해죄에서 '의무 없는 일을 하게 한 때'란 '사람'으로 하여금 법령상 의무 없는 일을 하게 하는 때를 의미하는바, 공무원이 자신의 직무권한에 속하는 사항에 관하여 실무 담당자로 하여금 그 직무집행을 보조하는 사실행위를 하도록 하더라도 이는 공무원 자신의 직무집행으로 귀결될 뿐이므로 원칙적으로 직권남용권리행사방해죄에서 말하는 '의무 없는 일을 하게 한 때'에 해당한다고 할 수 없으나, 직무집행의 기준과 절차가 법령에 구체적으로 명시되어 있고 실무 담당자에게도 직무집행의 기준을 적용하고 절차에 관여할 고유한 권한과 역할이 부여되어 있다면 실무 담당자로 하여금 그러한 기준과 절차에 위반하여 직무집행을 보조하게 한 경우에는 '의무 없는 일을 하게 한 때'에 해당한다.[18]

16) 대판 1991. 12. 27. 90도2800.

17) 대판 1985. 5. 14. 84도1045.

18) 대판 2011. 2. 10. 2010도13766; 대판 2012. 1. 27. 2010도11884.

서울특별시 교육감이 인사담당장학관 등에게 지시하여 승진후보자명부상 승진 또는 자격연수 대상이 될 수 없는 특정 교원들을 적격 후보자인 것처럼 추천하게 함

서울특별시 교육감인 피고인이 인사담당장학관 등에게 지시하여 승진후보자명부상 승진 또는 자격연수 대상이 될 수 없는 특정 교원들을 적격 후보자인 것처럼 추천하거나 임의로 평정점을 조정하는 방법으로 승진임용하거나 그 대상자가 되도록 한 사안에서, 서울특별시교육청 소속 교육공무원에 대한 인사권은 교육감인 피고인의 일반적인 직무권한에 속하는 사항이지만, 피고인이 승진대상자를 특정한 후 그들을 승진시킬 목적으로 법령에 위반하여 위와 같은 행위를 한 것이라면 그 실질은 정당한 권한 행사를 넘어 직무의 행사에 가탁한 부당한 행위라고 할 것이므로 직권남용에 해당하고, 인사 실무를 담당하는 장학관이나 장학사로 하여금 법령에 위배되는 일을 하게 하여 그들이 이와 같은 역할을 수행한 것은 그들에게 법령상 의무 없는 일을 하게 한 것이다.[19]

시장이 평정권자 등에게 특정 공무원들에 대한 평정순위 변경을 지시하여 평정단위별 서열명부를 새로 작성케 함

시장인 피고인 갑이 자신의 인사관리업무를 보좌하는 행정과장 피고인 을과 공동하여, 관련 법령에서 정한 절차에 따라 평정대상 공무원에 대한 평정단위별 서열명부가 작성되고 이에 따라 평정순위가 정해졌는데도 평정권자나 실무 담당자 등에게 특정 공무원들에 대한 평정순위 변경을 구체적으로 지시하여 평정단위별 서열명부를 새로 작성하도록 한 사안에서, 지방공무원법, 지방공무원 임용령, 지방공무원 평정규칙의 입법 목적에 비추어 평정권자나 확인권자가 아닌 지방자치단체의 장이나 그의 인사관리업무를 보좌하는 자에게는 소속 공무원에게 지시하여 관련 법령에서 정해진 절차에 따라 작성된 평정단위별 서열명부를 특정 공무원에 대한 평정순위를 변경하는 내용으로 재작성하게 할 권한이 없으므로, 피고인들의 행위가 공무원이 일반적 직무권한에 속하는 사항에 관하여 직권을 남용하여 평정권자나 실무 담당자 등으로 하여금 의무 없는 일을 하도록 한 것으로서 직권남용권리행사방해죄에 해당한다.[20]

나. 권리행사를 방해

직권남용권리행사방해죄에서 권리행사를 방해한다 함은 법령상 행사할 수 있는 권리의 정당한 행사를 방해하는 것을 말한다고 할 것이므로 이에 해당하려면 구체화된 권리의 현실적인 행사가 방해된 경우라야 할 것이고, 또한 공무원의 직권남용행위가 있었다 할지라도 현실적으로 권리행사의 방해라는 결과가 발생하지 아니하였다면 본죄의 기수를 인정할 수 없다.[21]

---

19) 대판 2011. 2. 10. 2010도13766.

20) 대판 2012. 1. 27. 2010도11884. 다음은 같은 취지이다.
검찰의 고위 간부가 내사 담당 검사로 하여금 내사를 중도에서 그만두고 종결처리토록 한 행위가 직권남용권리행사방해죄에 해당한다(대판 2007. 6. 14. 2004도5561).

21) 대판 2006. 2. 9. 2003도4599; 대판 2008. 12. 24. 2007도9287.

검사의 불기소결정

형법 제123조가 규정하는 타인의 권리행사방해죄에서 권리행사를 방해한다 함은 법령상 행사할 수 있는 권리의 정당한 행사를 방해하는 것을 말한다고 할 것이므로 이에 해당하려면 구체화된 권리의 현실적인 행사가 방해된 경우라야 할 것이어서 검사가 고발사건을 불기소결정하여 피고발인으로 하여금 처벌받게 하려는 고발인의 의도가 이루어질 수 없게 되었다 하여 고발인의 권리행사를 방해하였다고는 말할 수 없다.[22]

포항시장이 한국토지공사 경북지사로부터 폐기물최종처리시설 부지의 분양신청자에 대한 추천서발급권한을 부여받았음에도 특정 신청인에 대한 추천서발급을 거부

포항시장인 갑은 한국토지공사 경북지사와의 협의에 의하여 ○○산업단지 내의 폐기물처리장 부지에 관한 분양추첨 절차에 참가할 수 있는 입주대상자를 심의·추천할 수 있는 권한을 부여받게 되었고, 이에 기하여 A주식회사에 대하여 입주추천서를 발급할 것인지 여부는 갑의 재량에 속한다 할 것이므로, A의 입주추천서 발급의뢰가 있다고 하여 갑이 당연히 입주추천서를 발급하여야 하는 것은 아니다. 따라서 특별한 사정이 없는 한 B에게 갑에 대하여 입주추천서의 발급을 구할 수 있는 구체화된 법령상의 권리가 인정된다고 볼 수 없다. 또한, A가 그 입주추천서를 발급받기 전에는 단지 위 분양추첨 절차에 참가할 수 있다는 기대를 갖는 것에 불과하므로, 그 입주추천서를 발급받지 못한 이상 A에게 위 분양추첨 절차에 참가할 수 있는 구체화된 법령상의 권리도 인정되지 않는다. 따라서 비록 갑이 A에 대하여 입주추천서 발급을 거부함에 따라 결과적으로 A가 그 분양추첨 절차에 참가할 수 없게 되었다 하더라도 그러한 사정만으로는 A의 구체화된 권리의 현실적인 행사가 방해되었다고 볼 수 없다.[23]

다. 의무 없는 일을 하게 하는 것과 권리를 방해하는 것의 경합

상급 경찰관이 부하 경찰관들의 수사를 중단시키거나 사건을 다른 경찰관서로 이첩하게 함

형법 제123조의 직권남용권리행사방해죄에서 말하는 '권리'는 법률에 명기된 권리에 한하지 않고 법령상 보호되어야 할 이익이면 족한 것으로서, 공법상의 권리인지 사법상의 권리인지를 묻지 않는다고 봄이 상당하다. 경찰관 직무집행법의 관련 규정을 근거로 경찰관은 범죄를 수사할 권한을 가지고 있다고 인정한 다음, 이러한 범죄수사권은 직권남용권리행사방해죄에서 말하는 '권리'에 해당한다.

상급 경찰관이 직권을 남용하여 부하 경찰관들의 수사를 중단시키거나 사건을 다른 경찰관서로 이첩하게 한 경우, 일단 '부하 경찰관들의 수사권 행사를 방해한 것'에 해당함과 아울러 '부하 경찰관들로 하여금 수사를 중단하거나 사건을 다른 경찰관서로 이첩할 의무가 없음에도 불구하고 수사를 중단하게 하거나 사건을 이첩하게 한 것'에도 해당된다고 볼 여지가 있다. 그러나 이는 어디까지나 하나의 사실을 각기 다른 측면에서 해

22) 대결 1986. 6. 30. 86모12.

23) 대판 2008. 12. 24. 2007도9287. 다음은 같은 취지이다.
정보통신부장관이 개인휴대통신 사업자선정과 관련하여 서류심사는 완결된 상태에서 청문심사의 배점방식을 변경함으로써 직권을 남용하였다 하더라도, 이로 인하여 최종 사업권자로 선정되지 못한 경쟁업체가 가진 구체적인 권리의 현실적 행사가 방해되는 결과가 발생하지는 아니하였다는 이유로 무죄를 선고한 원심의 판단을 수긍한 사례(대판 2006. 2. 9. 2003도4599).

석한 것에 불과한 것으로서, '권리행사를 방해함으로 인한 직권남용권리행사방해죄'와 '의무 없는 일을 하게 함으로 인한 직권남용권리행사방해죄'가 별개로 성립하는 것이라고 할 수는 없다. 따라서 위 두 가지 행위 태양에 모두 해당하는 것으로 기소된 경우, '권리행사를 방해함으로 인한 직권남용권리행사방해죄'만 성립하고 '의무 없는 일을 하게 함으로 인한 직권남용권리행사방해죄'는 따로 성립하지 아니하는 것으로 봄이 상당하다.[24)]

5. 직권남용

㉮ 대통령비서실 정책실장이 관할 관청으로 하여금 특별교부세 교부대상이 아닌 사찰의 증·개축사업에 특별교부세를 교부하게 함/㉯ 공무원이 직무와는 상관없이 단순히 임원들과의 개인적인 친분에 근거하여 기업으로 하여금 문화예술 활동에 대한 지원을 하게 함

㉮ 특별교부세는 지방교부세법에 의한 지방교부세의 일종으로 보통교부세의 산정방법으로는 자치단체의 모든 재정수요를 완벽하게 포착할 수 없는 한계를 보완하는 제도적 장치로서 지방교부세법령에 의하여 특별교부세의 교부요건 및 교부대상, 교부절차 등이 엄격히 법정되어 있는바, 지방교부세법령에 규정된 교부대상에 해당하지 아니하는 개인적인 사업에 대하여 어떠한 방법으로든 특별교부세를 교부하는 것은 지방교부세법령을 위반하여 개인의 사익을 위하여 부당하게 국고의 손실을 초래하는 행위로서 엄격히 금지되어야 하고, 통일외교안보에 관한 사항을 제외한 국가정책 전반에 관하여 대통령을 보좌하는 대통령비서실 정책실장이 대통령의 명을 받아 행정자치부에 특별교부세의 교부결정에 관하여 지시하거나 협조를 요청하는 경우에도 마찬가지라고 할 것이다.

대통령비서실 정책실장인 피고인이 행정자치부 및 울주군과 과천시의 특별교부세 담당 공무원으로 하여금 특별교부세 교부대상이 아닌 ○○사와 △△사의 증·개축사업에 특별교부세를 교부하기 위하여 교부요건에는 해당하나 이미 예산이 확보된 다른 공공사업에 특별교부세를 신청하여 교부된 금액 상당액에 해당하는 지방자치단체의 재원으로 ○○사와 △△사의 증·개축사업을 지원하도록 특별교부세 교부신청 및 교부결정을 하도록 하게 한 행위는 대통령비서실 정책실장으로서의 직권을 남용하여 행정자치부 및 울주군과 과천시의 특별교부세 담당공무원으로 하여금 의무 없는 일을 하게 한 것이다.

㉯ 직권남용권리행사방해죄는 공무원이 직권을 남용하여 사람으로 하여금 의무 없는 일을 하게 하거나 사람의 권리행사를 방해한 때에 성립하는 범죄로 여기에서 '직권남용'이란 공무원이 그 일반적 직무권한에 속하는 사항에 관하여 직권의 행사에 가탁하여 실질적, 구체적으로 위법·부당한 행위를 하는 경우를 의미하고, 공무원이 직무와는 상관없이 단순히 개인적인 친분에 근거하여 문화예술 활동에 대한 지원을 권유하거나 협조를 의뢰한 것에 불과한 경우까지 직권남용에 해당한다고 할 수는 없다. 그리고 직권남용죄에서 말하는 '의무'란 법률상 의무를 가리키고, 단순한 심리적 의무감 또는 도덕적 의무는 이에 해당하지 아니한다.

피고인이 임원들과 개인적 친분이 있는 기업체들에 대하여 기업 메세나 활동의 일환인 미술관 전시회 후원을 요청한 것은 직권남용권리행사방해죄에 해당하지 않는다.[25)]

24) 대판 2010. 1. 28. 2008도7312.
25) 대판 2009. 1. 30. 2008도6950.

6. 고 의

형법 제123조의 죄에 관한 주관적 구성요건으로서의 범의에는 권리행사를 방해한다는 인식 이외에 직권을 남용한다는 인식도 포함되는 것이므로 교도소에서 접견업무를 담당하던 교도관이 접견신청에 대하여 행형법 제18조 제2항 소정의 "필요한 용무"가 있는 때에 해당하지 아니한다고 판단하여 그 접견신청을 거부하였다면, 단지 접견신청거부행위의 위법성에 대한 인식이 없었던 것에 불과한 것이 아니라 애초부터 직권남용에 대한 범의 자체가 없어 위 범죄를 구성하지 아니한다.[26)]

7. 기 수

형법 제123조의 타인의 권리행사방해죄가 기수에 이르려면 행위에 결과가 발생한 것을 필요로 하므로 공무원의 직권남용이 있다 하여도 현실적으로 권리행사의 저해가 없다면 기수를 인정할 수 없다.[27)]

정보관계를 담당한 순경인 피고인이 증거수집을 위하여 정당의 지구당집행위원회에서 쓸 회의장소에 몰래 설시 도청기를 마련해 놓았다가 회의 개최 전에 들켜 뜯겼고, 이 때문에 회의 열릴 시간이 10분 늦어진 사안에서, 도청장치를 하였다가 뜯겨서 도청을 못하였다면 회의진행을 도청당하지 아니할 권리(기타 권리)가 침해된 현실적인 사실은 없으니 직권남용죄의 기수가 아니며 직권남용죄의 미수벌 처벌규정도 존재하지 않는다.

피고인이 위 장소에 들어간 것은 지배인의 승낙이 있었을 뿐 아니라 그 장소가 음식점이라고 하더라도 도청기를 매놓고 수사하는 직권남용의 일을 하려고 들어갔다면 영업주가 승낙할 리 없다고 봄이 우리의 경험이요, 음식점출입에 추정승낙이 있다고 봄은 음식 먹는데 관한 것이니 주거침입죄의 인정은 정당하다.[28)]

Ⅲ. 직권남용체포·감금

1. 의 의

재판, 검찰, 경찰 기타 인신구속에 관한 직무를 행하는 자 또는 이를 보조하는 자가 그 직권을 남용하여 사람을 체포 또는 감금한 때에는 직권남용체포·감금죄가 성립한다.

26) 대결 1993. 7. 26. 92모29.
27) 대판 1978. 10. 10. 75도2665.
28) 대판 1978. 10. 10. 75도2665.

2. 감 금

감금죄에 있어서의 감금행위는 사람으로 하여금 일정한 장소 밖으로 나가지 못하도록 하여 신체의 자유를 제한하는 행위를 가리키는 것이고, 그 방법은 반드시 물리적, 유형적 장애를 사용하는 경우뿐만 아니라 심리적, 무형적 장애에 의하는 경우도 포함된다.[29)]

즉결심판 피의자를 강제로 경찰서 보호실에 유치

경찰서 내 대기실로서 일반인과 면회인 및 경찰관이 수시로 출입하는 곳이고 여닫이 문만 열면 나갈 수 있도록 된 구조라 하여도 경찰서 밖으로 나가지 못하도록 그 신체의 자유를 제한하는 유형, 무형의 억압이 있었다면 이는 감금에 해당한다.

형소법이나 경찰관직무집행법 등의 법률에 정하여진 구금 또는 보호유치 요건에 의하지 아니하고는 즉결심판 피의자라는 사유만으로 피의자를 구금, 유치할 수 있는 아무런 법률상 근거가 없고, 경찰 업무상 그러한 관행이나 지침이 있었다 하더라도 이로써 원칙적으로 금지되어 있는 인신구속을 행할 수 있는 근거로 할 수 없으므로, 즉결심판 피의자의 정당한 귀가요청을 거절한 채 다음날 즉결심판법정이 열릴 때까지 피의자를 경찰서 보호실에 강제유치시키려고 함으로써 피의자를 경찰서 내 즉결피의자 대기실에 10~20분 동안 있게 한 행위는 형법 제124조 제1항의 불법감금죄에 해당하고, 이로 인하여 피의자를 보호실에 밀어넣으려는 과정에서 상해를 입게 하였다면 특가법 제4조의2 제1항 위반죄에 해당한다.[30)]

수사기관이 영장 없이 피의자를 구금

수사기관이 피의자를 수사하는 과정에서 구속영장없이 피의자를 함부로 구금하여 피의자의 신체의 자유를 박탈하였다면 직권을 남용한 불법감금의 죄책을 면할 수 없고, 수사의 필요상 피의자를 임의동행한 경우에도 조사 후 귀가시키지 아니하고 그의 의사에 반하여 경찰서 조사실 또는 보호실 등에 계속 유치함으로써 신체의 자유를 속박하였다면 이는 구금에 해당한다.[31)]

피해자가 경찰서 안에서 직장동료인 피의자들과 같이 식사도 하고 사무실 안팎을 내왕하였다 하여도 피해자를 경찰서 밖으로 나가지 못하도록 그 신체의 자유를 제한하는 유형, 무형의 억압이 있었다면 이는 감금행위에 해당한다.[32)]

---

29) 대판 1991. 12. 30. 91모5; 대판 1997. 6. 13. 97도877.
30) 대판 1997. 6. 13. 97도877.
31) 대결 1985. 7. 29. 85모16.
32) 대결 1991. 12. 30. 91모5.

허위로 작성한 수사서류를 이용하여 구속영장을 신청하고 영장을 발부받아 구속

감금죄는 간접정범의 형태로도 행하여질 수 있는 것이므로, 인신구속에 관한 직무를 행하는 자 또는 이를 보조하는 자가 피해자를 구속하기 위하여 진술조서 등을 허위로 작성한 후 이를 기록에 첨부하여 구속영장을 신청하고, 진술조서 등이 허위로 작성된 정을 모르는 검사와 영장전담판사를 기망하여 구속영장을 발부받은 후 그 영장에 의하여 피해자를 구금하였다면 형법 제124조 제1항의 직권남용감금죄가 성립한다.[33]

Ⅳ. 독직폭행·가혹행위

검사 및 검찰수사관의 범죄혐의자들에 대한 폭행과 가혹행위가 직권을 남용한 과도한 물리력의 행사로서 사회통념상 용인될 수 있는 정당행위에 해당한다고 볼 수 없다.[34]

33) 대판 2006. 5. 25. 2003도3945.
34) 대판 2005. 5. 26. 2005도945.

제 3 장 공무집행을 방해하는 죄

判例中心 刑法各論 

Ⅰ. 공무집행방해죄

공무집행방해죄는 직무를 집행하는 공무원에 대하여 폭행·협박함으로써 성립한다. 공무집행방해죄의 성립요건으로는 ① 폭행·협박의 대상이 공무원일 것, ② 공무원이 직무집행 중일 것, ③ 직무집행이 적법할 것, ④ 폭행·협박이 행해졌을 것 등이 있다.

1. 공무원

국민권익위원회 운영지원과 소속 기간제근로자

피고인이, 국민권익위원회 운영지원과 소속 기간제근로자로서 청사 안전관리 및 민원인 안내 등의 사무를 담당한 갑의 공무집행을 방해하였다는 내용으로 기소된 사안에서, 갑은 국민권익위원회 위원장과 계약기간 1년의 근로계약을 체결한 점, 공무원으로 임용된 적이 없고 공무원연금이 아니라 국민연금에 가입되어 있는 점, 국민권익위원회 훈령으로 '무기계약근로자 및 기간제근로자 관리운용 규정'이 있으나 국민권익위원회 내부규정으로 그 내용도 채용, 근로조건 및 퇴직 등 인사에 관한 일반적인 사항을 정하는 것에 불과하고, 달리 갑이 법령의 근거에 기하여 위 사무에 종사한 것이라고 볼 만한 자료가 없는 점 등 제반 사정에 비추어 갑은 법령의 근거에 기하여 국가 등의 사무에 종사하는 형법상 공무원이라고 보기 어렵다.[1]

형법상 공무원이라 함은 국가 또는 지방자치단체 및 이에 준하는 공법인의 사무에 종사하는 자로서 그 노무의 내용이 단순한 기계적 육체적인 것에 한정되어 있지 않은 자를 말한다.

---

1) 대판 2015. 5. 29. 2015도3430. 다음은 같은 취지이다.

파출소 방범원

파출소에서 근무하는 방범원은 직할시·도·시·군·자치구지방고용직공무원의임용등에관한조례(준칙) 제4조의2에 의한 임용권자의 명에 따라 경찰서·지서 또는 파출소에 파견되어 근무하는 지방공무원법 제2조 제3항 제4호 소정의 지방고용직공무원임이 분명하므로 형법 제136조 소정의 "공무원"에 해당한다(대판 1991. 3. 27. 90도2930).

국민기초생활 보장법 등에 따라 자활근로자로 선정되어 사회복지담당 공무원의 복지도우미로 근무하던 자는 공무원으로서 공무를 담당하고 있었다고 볼 수 없다.[2)]

주민들이 갹출한 비용으로 구성된 방범위원회에서 위촉되고, 보수를 받는 방범대원

방범대원의 근무명령은 파출소장이 한다는 내무부예규가 있다 하더라도 방범대원이 주민의 자치적 방범활동을 위하여 갹출한 비용으로 구성된 방범위원회에서 위촉되고, 보수를 받는 사람인 이상 주민의 자치적 방범활동의 대행자일지언정 경찰관의 범인검거를 위한 공무집행의 보조자라고는 볼 수 없고 그 법령상의 근거도 없으므로 범인을 추격 중인 방범대원에게 협박을 가하였다 하더라도 공무집행방해죄가 성립하지 아니한다.[3)]

2. 직무집행 중

가. '직무집행 중'의 의미

형법 제136조 제1항에 규정된 공무집행방해죄에서 '직무를 집행하는'이라 함은 공무원이 직무수행에 직접 필요한 행위를 현실적으로 행하고 있는 때만을 가리키는 것이 아니라 공무원이 직무수행을 위하여 근무 중인 상태에 있는 때를 포괄하고, 직무의 성질에 따라서는 그 직무수행의 과정을 개별적으로 분리하여 부분적으로 각각의 개시와 종료를 논하는 것이 부적절하고 여러 종류의 행위를 포괄하여 일련의 직무수행으로 파악함이 상당한 경우가 있으며, 나아가 현실적으로 구체적인 업무를 처리하고 있지는 않다 하더라도 자기 자리에 앉아 있는 것만으로도 업무의 집행으로 볼 수 있을 때에는 역시 직무집행 중에 있는 것으로 보아야 하고, 직무 자체의 성질이 부단히 대기하고 있을 것을 필요로 하는 것일 때에는 대기 자체를 곧 직무행위로 보아야 할 경우도 있다.[4)]

나. '직무집행 중' 여부

노사분규 동향을 파악하거나 파악하기 위해 대기 또는 준비 중인 근로감독관

노동조합관계자들과 사용자측 사이의 다툼을 수습하려 하였으나 노동조합측이 지시에 따르지 않자 경비실 밖으로 나와 회사의 노사분규 동향을 파악하거나 파악하기 위해 대기 또는 준비 중이던 근로감독관을 폭행한 행위는 공무집행방해죄를 구성한다고 한 사례.[5)]

2) 대판 2011. 1. 27. 2010도14484. 뇌물죄에서 단순한 기계적 육체적 노무를 제공하는 사람을 공무원이 아닌 것으로 보는 이유는, 그러한 사람에게 뇌물을 제공함으로써 직무집행의 공정을 해할 가능성이 없을 것이라는 점에 있을 것으로 생각된다. 그런데 직무를 집행하는 공무원에 대하여 폭행·협박함으로써 성립하는 공무집행방해죄에서 단순한 기계적 육체적 노무를 제공하는 사람은 공무집행방해의 대상이 아니라고 해석하는 근거는 무엇인지 알기 어렵다.

3) 대판 1983. 2. 22. 82도794.

4) 대판 1999. 9. 21. 99도383; 대판 2002. 4. 12. 2000도3485; 대판 2009. 1. 15. 2008도9919.

5) 대판 2002. 4. 12. 2000도3485. 다음은 같은 취지이다.

집무시간 중 자리에 앉아 있으나 구체적 사무를 현실적으로 집행 중에 있지 않음

불법주차 스티커를 붙였다가 떼어낸 상태의 주차단속공무원

노원구청 소속 불법주차단속 공무원인 피해자가 피고인이 주차금지 장소에 주차시켰다는 이유로 피고인의 승용차에 불법주차 스티커를 붙였다가 휠체어를 타고 오는 피고인을 보고 장애인임을 알게 되어 과태료 부과고지서를 다시 떼어 내었는데, 위와 같이 스티커를 붙였다는 이유로 피고인이 피해자를 폭행한 사안에서, 피해자는 정차, 주차위반 차량의 운전사나 관리책임자에 대하여 일정한 조치를 명할 수 있고, 또한 고지서를 교부하고 운전면허증의 제출을 요구하여 이를 보관할 수도 있는 등의 직무권한이 있으므로, 피해자가 불법주차 스티커를 피고인 차량에 붙인 행위나 과태료 부과고지서를 떼어 낸 행위만을 따로 분리하여 그러한 시점에 직무수행이 종료되고 피해자가 피고인에 대하여 별개의 조치를 취하거나 다른 차량에 대한 단속에 착수할 때에 직무수행이 재개된다고 보는 것은 부적절하고 피해자의 위와 같은 여러 종류의 행위를 포괄하여 일련의 직무수행으로 파악함이 상당하며, 피고인의 피해자에 대한 폭행 당시 피해자는 일련의 직무수행을 위하여 근무 중인 상태에 있었다고 봄이 상당하다.6)

해설: 위 판결의 제1심은 피해자의 주차단속업무가 이미 종료된 시점이어서 공무집행 중이 아니라는 이유로 공무집행방해죄가 성립하지 않는다고 판단하였다.

단속권한이 없는 청원경찰이 관련부서에 전달하기 위해 불법주차현장을 확인만 함

야간 당직 근무 중인 청원경찰이 불법주차 단속요구에 응하여 현장을 확인만 하고 주간 근무자에게 전달하여 단속하겠다고 했다는 이유로 민원인이 청원경찰을 폭행한 사안에서, 야간 당직 근무자는 불법주차 단속권한은 없지만 민원 접수를 받아 다음날 관련 부서에 전달하여 처리하고 있으므로 불법주차 단속업무는 야간 당직 근무자들의 민원업무이자 경비업무로서 공무집행방해죄의 '직무집행'에 해당하여 공무집행방해죄가 성립한다.7)

임의동행을 거부하고 안방으로 들어가 문을 잠그고 면도칼로 가슴을 그어 자해

경찰관의 임의동행을 요구받은 피고인이 자기집 안방으로 피하여 문을 잠그었다면 이는 임의동행 요구를 거절한 것이므로 피요구자의 승락을 조건으로 하는 임의동행하려는 직무행위는 끝난 것이고 피고인이 문을 잠근 방안에서 면도칼로 앞가슴 등을 그어 피를 보이면서 자신이 죽어버리겠다고 불온한 언사를 농하였다 하여도 이는 자해자학행위는 될지언정 위 경찰관에 대한 유형력의 행사나 해악의 고지표시가 되는 폭행 또는

지방법원 지원 서기과장이 일반직원이 서기과장과 동일 실내에 수용배치되어 있는 경우에 서기과장은 그 집무시간 중 간단 없이 부하직원을 통율하고 그 사무를 감독할 직책과 권한이 있다할 것이므로 설사 과장이 때마침 어떠한 구체적 사무를 현실적으로 집행 중에 있지 않다 할 지라도 소정 집무시간 중 과장이 그의 정석에 착석하고 있는 이상 의연 감독사무집행 중에 있다고 해석함이 타당하다(대판 1957. 3. 29. 4290형상48).

6) 대판 1999. 9. 21. 99도383.

7) 대판 2009. 1. 15. 2008도9919. 다음은 유사한 취지이다.

청원경찰관의 무허가주택개축 단속

청원경찰관법 제3조, 경찰관직무집행법 제2조 규정에 비추어 보면 군 도시과 단속계 요원으로 근무하고 있는 청원경찰관이 허가없이 창고를 주택으로 개축하는 것을 단속하는 것은 그의 정당한 공무집행에 속한다고 할 것이므로 이를 폭력으로 방해하는 소위는 공무집행방해죄에 해당된다(대판 1986. 1. 28. 85도2448).

협박으로 볼 수 없다.[8]

수도검침원이 피고인 집으로 가다가 그 집과 약 32미터 떨어진 공터에서 폭행당함

시청 소속 수도검침원인 피해자가 수도검침차 피고인 집으로 가다가 그 집과 약 32미터 떨어진 공터에서 피고인으로부터 폭행을 당한 경우, 피고인이 피해자가 공무원인 사실을 알았다거나 나아가 위 피해자가 폭행을 당할 당시 공무집행 중이었고 또는 공무집행 중이라고 볼만한 근접한 행위가 있었다고 볼 수 없으면 범죄의 증명이 없는 경우에 해당된다.[9]

3. 직무집행의 적법성

가. 적법한 직무집행의 요건

공무집행방해죄는 공무원의 적법한 공무집행이 전제가 되고, 그 공무집행이 적법하기 위하여는 그 행위가 당해 공무원의 추상적인 직무권한에 속할 뿐 아니라 구체적으로도 그 권한 내에 있어야 하며, 또한 직무행위로서의 중요한 방식을 갖추어야 한다.[10]

공무집행의 적법성 판단 방법

공무집행방해죄는 공무원의 적법한 공무집행이 전제로 되는데, 추상적인 권한에 속하는 공무원의 어떠한 공무집행이 적법한지 여부는 행위 당시의 구체적 상황에 기하여 객관적·합리적으로 판단하여야 하고 사후적으로 순수한 객관적 기준에서 판단할 것은 아니다. 마찬가지로 현행범체포의 적법성은 체포 당시의 구체적 상황을 기초로 객관적으로 판단하여야 하고, 사후에 범인으로 인정되었는지에 의할 것은 아니다.
위 법리에 비추어 보면, 비록 피고인이 식당 안에서 소리를 지르거나 양은그릇을 부딪치는 등의 소란행위가 업무방해죄의 구성요건에 해당하지 않아 사후적으로 무죄로 판단된다고 하더라도, 피고인이 상황을 설명해 달라거나 밖에서 얘기하자는 경찰관의 요구를 거부하고 경찰관 앞에서 소리를 지르고 양은그릇을 두드리면서 소란을 피운 당시 상황에서는 객관적으로 보아 피고인이 업무방해죄의 현행범이라고 인정할 만한 충분한 이유가 있으므로, 경찰관들이 피고인을 체포하려고 한 행위는 적법한 공무집행이라고 보아야 하고, 그 과정에서 피고인이 체포에 저항하며 피해자들을 폭행하거나 상해를 가한 것은 공무집행방해죄 등을 구성한다고 할 것이다.[11]
해설: 피고인이 식당 안에서 소리를 지르거나 양은그릇을 부딪치는 등의 소란행위를 하자 경찰관들이 피고인을 업무방해죄의 현행범으로 체포하였다. 그런데 피고인과 피해자 사이에 이 사건 식당 운영권의 양도·양수 합의의 존부 및 그 효력에 관하여 다툼이 있는 상황에서, 피해자가 일방적으로 피고인을 배제한 채 식당영업

8) 대판 1976. 3. 9. 75도3779.
9) 대판 1979. 7. 24. 79도1201.
10) 대판 2002. 4. 12. 2000도3485; 대판 2005. 10. 28. 2004도4731; 대판 2011. 5. 26. 2010도10305.
11) 대판 2013. 8. 23. 2011도4763.

을 하였지만 정상적인 업무에 종사하기 시작하였다거나 피고인과의 관계에서 보호할 가치가 있는 정도에 이르렀다고 보기 어렵고, 이 사건 식당의 운영권에 관한 양도·양수의 합의가 있었다고 인정되지도 않으므로 업무방해죄는 성립하지 않는다. 이와 같이 사후적으로 업무방해죄가 성립되지 않았지만, 체포 당시의 상황에서 객관적으로 보면 피고인이 업무방해죄의 현행범이라고 인정할 만한 충분한 이유가 있으므로, 경찰관들이 피고인을 체포하려고 한 행위는 적법한 공무집행이라고 보아야 한다. 위와 같은 공무집행방해죄에서 공무집행의 적법성을 판단하는 기준은 현행범체포의 적법성을 판단하는 기준과 같다.

나. 위법하게 공무집행하는 공무원에 대한 폭행·협박

공무집행방해죄는 공무원의 직무집행이 적법한 경우에 한하여 성립하고, 여기서 적법한 공무집행은 그 행위가 공무원의 추상적 권한에 속할 뿐 아니라 구체적 직무집행에 관한 법률상 요건과 방식을 갖춘 경우를 가리킨다. 경찰관이 현행범체포 요건을 갖추지 못하였는데도 실력으로 현행범을 체포하려고 하였다면 적법한 공무집행이라고 할 수 없고, 현행범체포행위가 적법한 공무집행을 벗어나 불법인 것으로 볼 수밖에 없다면, 현행범이 체포를 면하려고 반항하는 과정에서 경찰관에게 상해를 가한 것은 불법체포로 인한 신체에 대한 현재의 부당한 침해에서 벗어나기 위한 행위로서 정당방위에 해당하여 위법성이 조각된다.[12]

다. 체포와 구속

(1) 현행범체포

(가) 현행범체포의 적법성

'범죄의 실행행위를 종료한 직후'의 의미

형소법 제211조가 현행범으로 규정한 "범죄의 실행의 즉후인 자"라고 함은, 범죄의 실행행위를 종료한 직후의 범인이라는 것이 체포하는 자의 입장에서 볼 때 명백한 경우를 일컫는 것으로서, 위 법조가 제1항에서 본래의 의미의 현행범에 관하여 규정하면서 "범죄의 실행의 즉후인 자"를 "범죄의 실행 중인 자"와 마찬가지로 현행범으로 보고 있고, 제2항에서는 현행범으로 간주되는 준현행범에 관하여 별도로 규정하고 있는 점 등으로 미루어 볼 때, "범죄의 실행행위를 종료한 직후"라고 함은, 범죄행위를 실행하여 끝마친 순간 또는 이에 아주 접착된 시간적 단계를 의미하는 것으로 해석되므로, 시간적으로나 장소적으로 보아 체포를 당하는 자가 방금 범죄를 실행한 범인이라는 점에 관한 죄증이 명백히 존재하는 것으로 인정되는 경우에만 현행범으로 볼 수 있는 것이다.[13]

경미범죄와 현행범체포

도로교통법 내지 경범죄처벌법 등을 위반한 것으로 그 법정형이 5만 원 이하의 벌금, 구류 또는 과료에 해당하는 경미한 범죄에 불과한 경우 비록 그가 현행범이라고 하더라도 영장 없이 체포할 수는 없다.[14]

12) 대판 2011. 5. 26. 2011도3682.
13) 대판 1991. 9. 24. 91도1314; 대판 1995. 5. 9. 94도3016; 대판 2007. 4. 13. 2007도1249.

불심검문을 받아 운전면허증을 교부한 운전자가 욕설하자 모욕죄로 현행범체포하려 함

현행범은 누구든지 영장 없이 체포할 수 있는데(형소법 제212조), 현행범으로 체포하기 위하여는 행위의 가벌성, 범죄의 현행성·시간적 접착성, 범인·범죄의 명백성 이외에 체포의 필요성 즉, 도망 또는 증거인멸의 염려가 있어야 하고, 이러한 요건을 갖추지 못한 현행범체포는 법적 근거에 의하지 아니한 영장 없는 체포로서 위법한 체포에 해당한다. 여기서 현행범체포의 요건을 갖추었는지는 체포 당시 상황을 기초로 판단하여야 하고, 이에 관한 검사나 사법경찰관 등 수사주체의 판단에는 상당한 재량 여지가 있으나, 체포 당시 상황으로 보아도 요건 충족 여부에 관한 검사나 사법경찰관 등의 판단이 경험칙에 비추어 현저히 합리성을 잃은 경우에는 그 체포는 위법하다고 보아야 한다.

피고인이 경찰관의 불심검문을 받아 운전면허증을 교부한 후 경찰관에게 큰 소리로 욕설을 하였는데, 경찰관이 모욕죄의 현행범으로 체포하겠다고 고지한 후 피고인의 오른쪽 어깨를 붙잡자 반항하면서 경찰관에게 상해를 가한 사안에서, 피고인은 경찰관의 불심검문에 응하여 이미 운전면허증을 교부한 상태이고, 경찰관뿐 아니라 인근 주민도 욕설을 직접 들었으므로, 피고인이 도망하거나 증거를 인멸할 염려가 있다고 보기는 어렵고, 피고인의 모욕 범행은 불심검문에 항의하는 과정에서 저지른 일시적, 우발적인 행위로서 사안 자체가 경미할 뿐 아니라, 피해자인 경찰관이 범행현장에서 즉시 범인을 체포할 급박한 사정이 있다고 보기도 어려우므로, 경찰관이 피고인을 체포한 행위는 적법한 공무집행이라고 볼 수 없고, 피고인이 체포를 면하려고 반항하는 과정에서 상해를 가한 것은 불법체포로 인한 신체에 대한 현재의 부당한 침해에서 벗어나기 위한 행위로서 정당방위에 해당하므로 피고인에 대한 상해 및 공무집행방해의 공소사실은 무죄이다.[15)]

해설: 위 판례는 '도망 또는 증거인멸의 염려'가 현행범체포의 요건임을 해석에 의해 인정하고 있다.

체포의 이유 등을 고지하지 아니한 현행범체포

의경이 피고인을 파출소로 끌고 가려고 한 것은 음주측정을 하기 위한 것일 뿐, 피고인을 음주운전이나 음주측정거부의 현행범으로 체포하려는 의사였는지도 의심스러울 뿐 아니라, 가사 현행범으로 체포하려 하였더라도 현행범을 체포함에 있어서는 체포 당시에 헌법 및 형소법에 규정된 바와 같이 피의자에 대하여 범죄사실의 요지, 체포 또는 구속의 이유와 변호인을 선임할 수 있음을 말하고 변명할 기회를 주는 등 적법절차를 준수하여야 함에도 현행범으로 체포한다는 사실조차 고지하지 아니한 채 실력으로 연행하려 하였다면 그 의경의 행위는 적법한 공무집행으로 볼 수 없다고 한 사례.[16)]

14) 대판 1992. 5. 22. 92도506.
다액 50만 원 이하의 벌금, 구류 또는 과료에 해당하는 죄의 현행범은 주거가 분명하지 아니한 때에 한하여 현행범으로 체포할 수 있다(형소법 214조).

15) 대판 2011. 5. 26. 2011도3682.

16) 대판 1994. 10. 25. 94도2283. 다음은 같은 취지이다.
형법 제136조가 규정하는 공무집행방해죄는 공무원의 직무집행이 적법한 경우에 한하여 성립하는 것이고, 여기서 적법한 공무집행이라고 함은 그 행위가 공무원의 추상적 권한에 속할 뿐 아니라 구체적 직무집행에 관한 법률상 요건과 방식을 갖춘 경우를 가리키는 것이며, 한편 헌법 제12조 제5항 전문, 형소법 제213조의2, 제72조의 규정 등에 의하면 사법경찰관리가 현행범을 체포하는 경우에는 반드시 범죄사실의 요지, 구속의 이유와 변호인을 선임할 수 있음을 말하고 변명할 기회를 주어야 할 것임이 명백하므로, 경찰관이 위 적법절차를 준수하지 아니한 채 실력으로 현행범을 연행하려고 하였다면 적법한 공무집행이라고 할 수 없고, 경찰관의 현행범체포행위가 적법한 공무집행을 벗어나 불법하게 체포한 것으로 볼 수밖에 없다면, 현행범이 그 체포를 면하려고 반항하는 과정에서 경찰관에게 상

위법한 현행범체포 또는 강제연행을 면하려고 반항하면서 가한 상해

갑 등은 현행범에 해당하지 아니한 피고인을 현행범으로 체포하여 파출소로 강제로 끌고 가려 하였고, 피고인은 이를 벗어날 목적으로 몸부림을 치던 중 순찰차 조수석에 앉아 있던 갑의 뒷머리를 발로 차 약 2주간의 치료를 요하는 다발성좌상 등의 상해를 입게 한 사안에서,

현행범으로서의 요건을 갖추고 있었다고 인정되지 않는 상황에서 경찰관들이 동행을 거부하는 자를 체포하거나 강제로 연행하려고 하였다면, 이는 적법한 공무집행이라고 볼 수 없고, 그 체포를 면하려고 반항하는 과정에서 경찰관에게 상해를 가한 것은 불법 체포로 인한 신체에 대한 현재의 부당한 침해에서 벗어나기 위한 행위로서 정당방위에 해당하여 위법성이 조각된다.[17)]

폭행죄 성립은 애매하나 업무방해죄 성립은 충분한 자를 현행범체포하면서 현행범체포서의 죄명에 폭처법위반(당시 야간 폭행은 폭처법위반으로 의율되었음: 필자 주)으로 기재하였으나, 그 범죄사실란에 기재된 내용은 업무방해죄를 구성하기에 충분한 경우, 체포사유가 죄명에 의해 한정된다고 볼 수 없어 위 체포는 적법하다고 본 사례.[18)]

해를 가한 것은 불법 체포로 인한 신체에 대한 현재의 부당한 침해에서 벗어나기 위한 행위로서 정당방위에 해당하여 위법성이 조각된다(대판 2006. 11. 23. 2006도2732).

다음 판례는 현재는 적용되지 않을 것으로 생각된다.

긴급구속의 이유를 고지하지 않았으나 다른 이유로 긴급구속하려는 사정이 명백함

사법경찰리의 직무를 행하는 산림보호서기가 사법경찰관 직무취급인 산림계장의 지시에 의하여 임산물 단속에 관한 법률위반으로 조사를 받는 피의자를 체포하여 긴급구속하려다가 폭행을 당한 경우에는 공무집행방해죄가 성립한다할 것이며 여러 사정에 의하여 여하한 이유로 긴급구속을 하려는가를 명백히 알 수 있다면 긴급구속하는 이유를 고지하지 아니하였다 하더라도 적법한 공무집행이 아니라고 볼 수 없다(대판 1965. 1. 19. 64도740).

17) 대판 2000. 7. 4. 99도4341; 대판 2002. 5. 10. 2001도300. 다음은 같은 취지이다.

경찰관이 피고인에게 임의동행을 요구하다가 거절당하자 무리하게도 잡아끄는 등 강제로 인치하려고만 하였을 뿐 현행범으로 체포할 요건도 갖추지 않았거니와 현행범으로 체포하려고 한 것도 아닌 것이니 적법한 공무집행행위가 있었다고 볼 수 없다(대판 1972. 10. 31. 72도2005).

임의동행을 거부하는 방법으로 폭행

피고인이 임의동행을 강요하는 경찰관들에 대하여 이를 거부하는 방법으로 폭행을 한 것은 공무집행방해죄가 성립하지 아니한다(대판 1995. 5. 9. 94도3016).

경찰관이 임의동행을 요구하며 손목을 잡고 뒤로 꺾어 올리는 등으로 제압하자 거기에서 벗어나려고 몸싸움을 하는 과정에서 경찰관에게 경미한 상해를 입힌 경우, 위법성이 결여된 행위라고 본 사례(대판 1999. 12. 28. 98도138).

오만한 단속태도에 항의하는 피고인을 강제연행

피고인이 교통단속 경찰관의 면허증 제시 요구에 응하지 않고 교통경찰관을 폭행한 사안에 대하여 경찰관의 면허증 제시 요구에 순순히 응하지 않은 것은 잘못이라고 하겠으나, 피고인이 위 경찰관에게 먼저 폭행 또는 협박을 가한 것이 아니라면 경찰관의 오만한 단속 태도에 항의한다고 하여 피고인을 그 의사에 반하여 교통초소로 연행해 갈 권한은 경찰관에게 없는 것이므로, 이러한 강제연행에 항거하는 와중에서 경찰관의 멱살을 잡는 등 폭행을 가하였다고 하여도 공무집행방해죄가 성립되지 않는다(대판 1992. 2. 11. 91도2797).

강제적인 임의동행을 거부하는 방법으로서 경찰관을 폭행·협박

법정형이 긴급구속사유에 해당하지 않는 범죄혐의로 기소중지된 갑을 경찰관들이 검거하는 과정에서 그 구원을 요청받은 피고인 등의 폭행으로 공무집행이 방해되었다는 공소사실에 대하여 경찰관들이 임의동행을 거절하는 갑을 강제로 연행하려고 한 것이라면 이는 적법한 공무집행에 해당하지 아니하므로 강제적인 임의동행을 거부하는 방법으로서 경찰관을 폭행·협박을 하여도 공무집행방해죄는 성립하지 아니한다고 본 사례(대판 1991. 5. 10. 91도453).

현행범체포경위 및 그에 관한 현행범체포서와 범죄사실의 기재에 다소 차이가 있음

- 경찰관 1은 2007. 7. 23. 10:50경 피고인으로부터 맞아 상처가 났다는 갑의 신고를 받고 부산 동래구 명륜1동 339-8 소재 ○○여관으로 출동하여 갑으로부터 피고인이 위 여관 302호에 있는데 잡아서 처벌하여 달라는 말을 듣고 갑과 함께 302호로 들어가니 피고인이 만취상태에서 갑을 밀어 방바닥에 넘어뜨렸고,
- 이에 경찰관 1이 피고인과 갑을 여관 밖으로 나오게 하였는데, 피고인이 또다시 갑을 밀어 땅바닥에 넘어뜨리는 것을 보고 경찰관 1이 경찰관 2, 3과 함께 저항하는 피고인을 제압하여 현행범으로 체포하고, 피고인에게 범죄사실의 요지, 체포의 이유와 변호인을 선임할 수 있음을 고지하였으며,
- 피고인에 대한 현행범체포서에는 경찰관 1이 "2007. 7. 23. 11:00" "부산 동래구 명륜 1동 339-8 소재 ○○여관 302호내"에서 피고인을 현행범으로 체포한 것으로 기재되어 있으나, 공소사실에는 현행범체포의 일시가 "2007. 7. 23. 10:50경", 체포장소가 "부산 동래구 명륜1동 339-8 소재 ○○여관 앞 노상"으로 되어 있는바,

현행범체포경위 및 그에 대한 현행범체포서와 범죄사실에 다소 차이가 있다고 하더라도 이러한 차이는 논리와 경험칙상 장소적·시간적인 동일성이 인정되는 범위 내에서의 차이로 볼 수 있으므로, 경찰관 1 등이 피고인을 현행범으로 체포하여 경찰 지구대로 연행한 행위는 적법한 공무집행행위라고 볼 수 있고, 따라서 피고인이 이러한 적법한 현행범체포 및 그에 이은 구금상태를 벗어나거나 저항하기 위하여 경찰관에게 폭행·협박을 하였다면 공무집행방해죄가 충분히 성립된다.[19)]

---

18) 대판 2006. 9. 28. 2005도6461. 구체적인 판시는 다음과 같다.

A역 역무책임자인 갑은 2004. 11. 6. 04:50경 역사 업무를 준비하던 중 피고인이 술에 취하여 역사 내에서 소리를 지르며 지나가는 승객에게 욕을 하는 등 시비를 걸고, 역무실 문과 매표실 문을 발로 차며 소리를 지르는 것을 보고, 같은 날 05:00경 112신고를 한 사실, 경찰관인 을은 2004. 11. 6. 05:22경 송파경찰서 상황실로부터 A역 내에서 행패를 부리는 사람이 있다는 무선 지령을 받고 경사 병과 함께 A역으로 출동한 사실, 경찰관들이 A역에 도착할 당시 피고인은 술에 취하여 소리를 지르면서 전철역 개찰구를 구두발로 걷어차고 있었던 사실, 경찰관인 을이 피고인을 진정시키면서 갑에게 사건 경위를 물어보니, 갑은 피고인이 역무실 문을 걷어차고 지나가는 행인들에게 행패를 부려 신고를 하였다고 한 사실, 을은 피고인에게 사건의 경과를 물어보려는 순간 피고인이 갑에게 다가가면서 행패를 부리려 한다고 판단하여 2004. 11. 6. 05:25경 피고인을 현행범으로 체포한 사실, 경찰관들이 피고인을 현행범으로 체포하여 40m 가량을 간 다음 순찰차량의 뒷좌석에 태우려 하자 피고인은 차량에 타지 않으려고 발버둥을 치다가 을의 안경을 떨어뜨려 손괴하고, 을의 얼굴을 긁어 상처를 입힌 사안에서,

피고인이 A역에서 경찰관들에게 체포되기 직전까지 한 위 행위는, 폭행죄로 의율하기에는 다소 애매한 점이 있다 하더라도, 적어도 A역 역무 종사자의 정당한 업무를 방해한 행위로서 형법 제314조의 업무방해죄에 해당되는 범죄행위로 보기에는 충분하므로 피고인은 당시 그 범죄의 현행범 상태에 있었다고 볼 수 있고, 한편 피고인에 대한 현행범체포서를 보면, 그 '범죄사실 및 체포의 사유'란에 피고인의 위와 같은 행패의 과정이 모두 기재되어 있어, 피고인을 단순히 폭행죄의 현행범으로서만 체포한 것이 아니라 피고인의 행패 행위 전체를 범죄행위로 평가하여 체포의 사유로 삼았음을 쉽게 알 수 있다(다만, 위 체포서에는 죄명으로 '공무집행방해 및 폭처법위반'만이 기재되어 있을 뿐이지만, 범죄행위의 동일성이 유지되는 범위 안에서 죄명은 체포 후에 얼마든지 변경할 수 있는 것이므로 죄명에 의해 체포 사유가 한정된다고 볼 수는 없다). 그렇다면 경찰관이 피고인을 현행범으로 체포한 것은 적법하며, 이 경우 가사 체포 사유로 삼은 범죄사실 중의 다른 일부가 범죄로 인정되지 않는다 하여도 그 이유만으로 이를 불법체포라고 할 수는 없을 것이다.

19) 대판 2008. 10. 9. 2008도3640.

(나) 현행범 여부의 판단

경찰관이 112 신고를 받고 출동하여 피고인을 체포하려고 할 때는, 피고인이 서울 성동구 사근동에 있는 무학여고 앞길에서 피해자의 자동차를 발로 걷어차고 그와 싸우는 범행을 한 지 겨우 10분 후에 지나지 않고, 그 장소도 범행 현장에 인접한 위 학교의 운동장이며, 위 피해자의 친구가 112 신고를 하고 나서 피고인이 도주하는지 여부를 계속 감시하고 있던 중 위 신고를 받고 출동한 위 경찰관 외 1인의 경찰관들에게 피고인을 지적하여 체포하도록 한 경우 현행범에 해당한다.[20)]

술에 취한 피고인이 이 사건 당일 09:10경 위 목욕탕 탈의실에서 공소외 2를 구타하고 약 1분여 동안 피해자의 목을 잡고 있다가 그 곳에 있던 다른 사람들이 말리자 잡고 있던 공소외 2의 목을 놓은 후 위 목욕탕 탈의실 의자에 앉아 있었는데, 공소외 2가 와서 탈의실 내 평상을 뒤집었고 이에 다른 사람들이 그 평상을 원위치시켜 놓았으며, 그 무렵 위 목욕탕에서 이발소를 운영하고 있는 공소외 3이 피고인에게 옷을 입고 가라고 하여 피고인이 옷을 입고 있었던 사실, 한편 다른 사람들이 피고인이 공소외 2를 구타하는 것을 말린 후 위 목욕탕 주인이 경찰에 112 신고를 하여 경찰관 공소외 1, 공소외 4가 바로 출동하였는데, 경찰관들이 현장에 출동하였을 때 피고인은 위와 같이 탈의실에서 옷을 입고 있었던 사실, 위 공소외 1이 피해자, 피고인, 신고자 등을 상대로 신고내용을 들은 후 탈의실에 있는 피고인을 상해죄의 현행범으로 체포한다고 하면서 미란다 원칙을 고지하고 피고인을 강제로 연행하려고 하자, 피고인이 잘못한 일이 없다고 하면서 탈의실 바닥에 누워 한동안 체포에 불응한 사실, 이에 위 공소외 1이 피고인에게 목욕탕 영업에 지장이 있으니 누워 있지 말고 나오라고 하였음에도 피고인이 계속 누워서 저항하자 같은 날 09:35 내지 09:40경 위 공소외 1은 위 공소외 4, 공소외 3 등과 힘을 합하여 피고인을 들고 위 목욕탕 밖으로 나와 112 순찰차량의 뒷좌석에 태운 사실, 그런데 피고인이 갑자기 차 밖으로 뛰쳐나와 양손으로 경찰관 공소외 1의 멱살을 붙잡은 후 양 주먹으로 얼굴 부위를 수회 때려 공소외 1에게 2주간의 치료를 요하는 안면부 좌상을 가한 사실 등이 인정된다.

이러한 사실관계와 체포 전후의 정황에 비추어 본다면, 위 공소외 1이 피고인을 현행범으로 체포한 시기는 피고인이 공소외 2에 대한 상해행위를 종료한 순간과 아주 접착된 시간적 단계에 있다고 볼 수 있을 뿐만 아니라 피고인을 체포한 장소도 피고인이 위 상해범행을 저지른 바로 위 목욕탕 탈의실이어서, 위 공소외 1이 피고인을 체포할 당시는 피고인이 방금 범죄를 실행한 범인이라고 볼 죄증이 명백히 존재하는 것으로 인정할 수 있는 상황이었다고 할 것이므로, 피고인을 현행범으로 볼 수 있다고 할 것이다.[21)]

교사가 교장실에 들어가 불과 약 5분 동안 식칼을 휘두르며 교장을 협박하는 등의 소란을 피운 후 40여분 정도가 지나 경찰관들이 출동하여 교장실이 아닌 서무실에서 그를 연행하려 한 경우에는 현행범이 아니다(준현행범에 해당하는지는 별도의 문제임).

현행범으로서의 요건을 갖추고 있었다고 인정되지 않는 상황에서 경찰관들이 동행을 거부하는 위 교사를 체포하거나 강제로 연행하려고 하였다면, 이는 적법한 공무집행이라고 볼 수 없으므로 피고인이 강제연행을 거

20) 대판 1993. 8. 13. 93도926.

21) 대판 2006. 2. 10. 2005도7158.

부하는 위 교사를 도와 경찰관들에 대하여 폭행을 하는 등의 방법으로 그 연행을 방해하였다고 하더라도, 공무집행방해죄는 성립되지 않는다.[22]

신고를 받고 출동한 … 지구대 소속 경장이 피고인이 음주운전을 종료한 후 40분 이상이 경과한 시점에서 길가에 앉아 있던 피고인에게서 술냄새가 난다는 점만을 근거로 피고인을 음주운전의 현행범으로 체포한 것은 피고인이 '방금 음주운전을 실행한 범인이라는 점에 관한 죄증이 명백하다고 할 수 없는 상태'에서 이루어진 것으로서 적법한 공무집행이라고 볼 수 없다.[23]

인천중부경찰서 신흥파출소에 근무하는 경장 공소외 1과 순경 공소외 2가 112차량을 타고 순찰 근무를 하던 중 이 사건 교통사고가 발생한 지 4분만에 경찰서 지령실로부터 교통사고를 일으킨 검정색 그랜져 승용차가 경찰서 방면으로 도주하였다는 무전연락을 받고 인천 중구 신흥동 2가 54 소재 삼익아파트 쪽으로 진행하고 있었는데, 다시 도보 순찰자인 이○○ 순경으로부터 검정색 그랜져 승용차가 펑크가 난 상태로 삼익아파트 뒷골목으로 도주하였다는 무전연락을 받고 그 주변을 수색하던 중 삼익아파트 뒤편 철로 옆에 세워져 있던 검정색 그랜져 승용차에서 피고인이 내리는 것을 발견하였고, 그 승용차의 운전석 범퍼 및 펜더 부분이 파손된 상태였다는 것인바, 사정이 이와 같다면, 피고인으로서는 형소법 제211조 제2항 제2호의 '장물이나 범죄에 사용되었다고 인정함에 충분한 흉기 기타의 물건을 소지하고 있는 때'에 해당한다고 볼 수 있으므로, 준현행범으로서 영장 없이 체포할 수 있는 경우에는 해당한다고 봄이 상당하다.[24]

(다) 현행범체포를 위한 주거 등의 침입

대학생들의 전경 불법감금상태를 제거하고, 범인체포를 위해 영장 없이 대학도서관에 침입

대학생들인 피고인들이 전경 5명을 불법으로 납치, 감금하고 있으면서 경찰의 수회에 걸친 즉시 석방요구에도 불구하고 불가능한 조건을 내세워 이에 불응하고, 경찰이 납치된 전경들을 구출하기 위하여 농성장소인 대학교 도서관 건물에 진입하기 직전 동 대학교 총장에게 이를 통고하고 이에 동 총장이 설득하였음에도 불구하고 이에 응하지 아니한 상황 아래에서는 현행의 불법감금상태를 제거하고 범인을 체포할 긴급한 필요가 있다고 보여지므로, 경찰이 압수수색영장 없이 도서관 건물에 진입한 것은 적법한 공무원의 직무집행이라 할 것이다.[25]

22) 대판 1991. 9. 24. 91도1314.
23) 대판 2007. 4. 13. 2007도1249.
24) 대판 2000. 7. 4. 99도4341.
25) 대판 1990. 6. 22. 90도767. 다음은 같은 취지이다.
재개발지역 내 주민들이 철거에 반대하여 건물 옥상에 망루를 설치하고 농성하던 중 피고인 등이 던진 화염병에 의해 발생한 화재로 일부 농성자 및 진압작전 중이던 일부 경찰관이 사망하거나 상해를 입은 사안에서, 경찰의 위 농성 진압작전을 위법한 직무집행으로 볼 수 없다는 이유로 피고인들에게 특수공무집행방해치사상죄 등을 인정한 원심판단을 수긍한 사례(대판 2010. 11. 11. 2010도7621).

현행범 아닌 자를 체포하기 위해 영장 없이 주거에 들어오는 경찰관을 폭행

경찰관들이 현행범이나 준현행범도 아닌 피고인을 체포하려고 (법원의 영장도 없이) 피고인의 주거(집)에 강제로 들어가려고 하여 피고인이 이를 제지하는 행위를 한 경우, 위 경찰관들의 행위는 적법한 공무집행이라 볼 수 없으므로 피고인의 행위는 공무집행방해죄에 해당하지 아니한다.26)

주류판매를 확인하기 위해 영장 없이 노래방검색

군산경찰서 방범과 소속 경찰관들이 주류 판매여부를 확인하기 위하여 피고인이 운영하는 노래연습장을 검색하자 피고인이 이에 강력히 항의하면서 경찰관들의 검색업무를 방해한 사안에서,

경찰관들이 주류 판매여부를 확인하기 위하여 노래연습장을 검색하는 행위는 풍속영업의 규제에 관한 법률 제9조 제1항에서 규정하고 있는 '검사'에 해당하지 아니하고 또 이를 일반적으로 허용하는 법령도 없어서, 법관이 발부한 영장 없이는 노래연습장 업주의 의사에 반하여 이를 행할 수 없다고 할 것이므로 경찰관들이 영장 없이 행한 검색업무는 위법하다.27)

영장 없이 공장에 들어가 불법체류자 단속

영장주의 원칙의 예외로서 출입국관리공무원 등에게 외국인 등을 방문하여 외국인동향조사 권한을 부여하고 있는 위 법 규정의 입법 취지 및 그 규정 내용 등에 비추어 볼 때, 출입국관리공무원 등이 출입국관리법 제81조 제1항에 근거하여 제3자의 주거 또는 일반인의 자유로운 출입이 허용되지 아니한 사업장 등에 들어가 외국인을 상대로 조사하기 위해서는 그 주거권자 또는 관리자의 사전 동의가 있어야 한다고 할 것이다.

법무부 의정부출입국관리소 소속 피해자 등이 이 사건 당시 공장장인 을의 동의나 승낙 없이 공장에 들어가 그 공장 내에서 일하고 있던 피고인 등을 상대로 불법체류자 단속업무를 개시한 것은 적법한 공무집행행위로 볼 수 없고, 따라서 피고인이 피해자를 칼로 찌른 행위는 특수공무집행방해죄를 구성하지 않는다.28)

(2) 긴급체포

참고인조사를 받는 줄 알고 출석한 변호사사무실 사무장에 대한 긴급체포

검사나 사법경찰관이 수사기관에 자진출석한 사람을 긴급체포의 요건을 갖추지 못하였음에도 실력으로 체포하려고 하였다면 적법한 공무집행이라고 할 수 없고, 자진출석한 사람이 검사나 사법경찰관에 대하여 이를 거부하는 방법으로써 폭행을 하였다고 하여 공무집행방해죄가 성립하는 것은 아니다.

검사가 참고인 조사를 받는 줄 알고 검찰청에 자진출석한 변호사사무실 사무장을 합리적 근거 없이 긴급체포하자 그 변호사가 이를 제지하는 과정에서 위 검사에게 상해를 가한 것이 정당방위에 해당한다고 본 사례.29)

26) 대판 1991. 12. 10. 91도2395.
27) 대판 2005. 10. 28. 2004도4731.
28) 대판 2009. 3. 12. 2008도7156.
29) 대판 2006. 9. 8. 2006도148.

유리조각을 휘두르는 자에 대한 체포 도중 또는 직후의 미란다원칙 고지

경찰관들이 미란다 원칙상 고지사항의 일부만 고지하고 신원확인절차를 밟으려는 순간 범인이 유리조각을 쥐고 휘둘러 이를 제압하려는 경찰관들에게 상해를 입힌 경우, 그 제압과정 중이나 후에 지체 없이 미란다 원칙을 고지하면 되는 것이므로 위 경찰관들의 긴급체포업무에 관한 정당한 직무집행을 방해한 경우라고 본 사례.[30]

(3) 구속영장의 집행

구속영장을 집행하려고 갑자기 문을 두드리고, 현관 안으로 밀고 들어온 경찰관에게 야구방망이로 대항

비록 사법경찰관 등이 피의자에 대한 구속영장을 소지하였다 하더라도 피의자를 체포하기 위하여는 체포 당시에 피의자에 대한 범죄사실의 요지, 구속의 이유와 변호인을 선임할 수 있음을 말하고 변명할 기회를 준 후가 아니면 체포할 수 없고, 이와 같은 절차를 밟지 아니한 채 실력으로 연행하려 하였다면 적법한 공무집행으로 볼 수 없다.

경찰관 갑 일행이 피고인의 집에 이르러 현관문을 갑자기 두드리자 피고인과 그의 처가 잠옷차림으로 현관으로 나가 잠금장치를 풀었는데, 문을 열자마자 사복차림의 갑 등이 피고인 등을 밀치면서 현관 안으로 들어오자, 이에 순간적으로 당황한 피고인이 현관입구 신발장 쪽에 있던 야구방망이를 잡아 갑 등을 향해 들었는데 갑이 이를 맞잡으면서 설득하여 위 방망이를 그 곳 바닥에 내려놓았고, 그 후 갑 등 일행들이 피고인이 옷을 갈아입을 시간을 주기 위하여 현관 밖으로 나가면서 그때야 방문목적 등을 고지하면서 영장을 제시하자 피고인이 옷을 갈아입고 아무런 반항 없이 순순히 연행에 응한 경우, 경찰관들이 현행범이나 준현행범도 아닌 피의자를 체포하기 위하여(비록 법원의 영장을 가지고 있었다고 하더라도) 피의자의 집에 불시에 강제로 들어가려고 하여 피고인이 방어차원에서 이를 제지하는 행위를 한 것이므로 이와 같은 경찰관들의 행위는 적법한 공무집행이라고 볼 수 없다.[31]

라. 음주측정과 범칙운전자 단속

경찰관이 음주하지 않은 운전자에게 후렛쉬봉으로 2번, 동료가 같은 방법으로 음주측정하였으나 알 수 없어 다시 음주측정검사기 측정을 요구

도로교통법 제41조 제2항에 의하여 경찰공무원이 운전자에 대하여 음주 여부나 주취정도를 측정함에 있어서는 그 측정방법이나 측정회수에 있어서 합리적인 필요한 한도에 그쳐야 하겠지만 그 한도 내에서는 어느 정도의 재량이 있다고 하여야 할 것인바, 경찰공무원이 승용차에 가족을 태우고 가던 술을 마시지 않은 운전자에게 음주 여부를 확인하려고 후렛쉬봉에 두 차례 입김을 불게 했으나 잘 알 수 없어 동료경찰관에게 확인해 줄 것을 부탁하였고 그가 위와 같은 방법으로 다시 확인하려 했으나 역시 알 수 없어 보다 정확한 음주측정기로 검사받을 것을 요구했다면 다른 사정이 없는 경찰공무원의 행위는 합리적인 필요한 한도를 넘은 것이라고 할 수 없다.[32]

30) 대판 2007. 11. 29. 2007도7961.

31) 대판 1996. 12. 23. 96도2673.

범칙운전자에게 면허증제시를 요구하고, 진행하는 차량의 문틀을 잡고 정지를 요구

교통단속업무에 종사하고 있는 의경이 도로교통법 소정의 범칙행위를 하였다고 인정되는 운전자에 대하여 정차를 요구하고 현장에서 출석지시서나 범칙금납부통고서를 교부하기 위하여 운전면허증 제시를 요구하는 것은 물론, 나아가 운전자가 이에 불응하였다 하더라도 그로써 바로 단속업무가 종료되었다고 볼 수는 없고 범칙행위와 시간적, 장소적으로 밀접한 범위 내에서는 상당한 방법으로 재차 면허증 제시를 요구한다 하더라도 이를 위법이라고 할 수 없고, 피고인이 자신의 성명 등 인적사항도 밝히지 않고 면허증 제시요구를 거부하며 차량을 출발시키는 경우에는 재차 면허증 제시를 요구하기 위하여 서서히 진행하는 차량의 문틀을 잡고 정지할 것을 요구한 이 사건 의경의 행위는 범칙행위와 시간적, 장소적으로 밀접하게 이루어졌을 뿐 아니라 범칙자의 신원확인을 위하여도 동인에게 정차를 요구할 수 있다고 보아야 할 것이고, 이와 같은 행위는 교통단속업무를 맡고 있는 경찰관의 공무집행의 범위 안에 든다.

다만 위 의경이 더 나아가 피고인 차량에 매달린 것은 차량을 정지시키기 위하여 필요한 상당한 행위의 범위를 벗어났다고 할 수도 있으나, 이 사건의 경우는 위 의경이 손으로 위 차량의 문틀을 붙잡고 따라 가던 중 차량의 속도가 점차 가속되는 것에 신체적 위험을 느껴 불가피하게 순간적으로 매달린 것이어서 적법한 공무집행 중이었다고 할 것이다.[33)]

범칙금납부통고서를 받지 않겠다는 피고인에게 범칙금납부 통고처분을 강행할 목적으로 무리하게 운전면허증을 제시할 것을 계속 요구하는 경찰관에 대한 폭행

교통단속업무 중인 경찰관 갑이 신호위반을 이유로 차량을 정지시킨 후 피고인에게 신호위반 사실을 고지하고 운전면허증을 제시할 것을 요구하였으나, 피고인은 신호위반을 하지 않았다면서 갑에게 범칙금납부통고서를 받지 않겠으니 즉결심판을 받을 수 있게 해달라고 요구하자, 갑은 이를 무시한 채 피고인에게 재차 운전면허증의 제시를 요구하여 피고인과 사이에 다소간의 몸싸움이 있었고, 결국 피고인은 갑에게 운전면허증을 제시하였고 갑은 범칙금납부 통고처분을 하였다.

갑으로서는 피고인이 신호위반을 하였다고 하더라도 범칙금납부통고서를 받지 않겠다는 의사를 분명히 밝힌 이상, 피고인에 대하여 지체없이 즉결심판 출석통지서를 교부 또는 발송하고 즉결심판청구서를 작성하여 관할 법원에 제출하는 등 즉결심판청구의 절차로 나아가야 함에도, 이러한 절차를 밟지 아니한 채 범칙금납부통고처분을 강행할 목적으로 무리하게 운전면허증을 제시할 것을 계속 요구한 것은 적법한 교통단속 업무라고 할 수 없으며, 이와 같이 적법성이 결여된 직무행위를 하는 갑에 대항하여 피고인이 폭행을 가하였다고 하더라도 이를 공무집행방해죄에 해당한다고 볼 수 없다.[34)]

---

32) 대판 1992. 4. 28. 92도220.

33) 대판 1994. 9. 27. 94도886.

34) 대판 2004. 7. 9. 2003도8336. 관련 법령은 다음과 같다.
신호위반자는 도로교통법 제117조, 제113조, 제5조에 따라 동법 제12장 '범칙행위에 관한 처리의 특례'에 정하여진 범칙자에 해당하고,
경찰서장은 범칙자로 인정되는 사람에 대하여는 그 이유를 명시한 범칙금납부통고서로 범칙금을 납부할 것을 통고할 수 있으나, 범칙금납부통고서를 받기를 거부한 사람에 대하여는 그러하지 아니하며(동법 제118조),
경찰서장은 범칙금납부통고서를 받기를 거부한 사람에 대하여는 지체 없이 즉결심판을 청구하여야 한다(동법 제120조).

마. 불심검문

날치기범인 발견에 필요한 질문을 위한 불심검문

경찰관직무집행법(이하 '법'이라 한다)의 목적, 법 제1조 제1항, 제2항, 제3조 제1항, 제2항, 제3항, 제7항의 규정 내용 및 체계 등을 종합하면, 경찰관은 법 제3조 제1항에 규정된 대상자에게 질문을 하기 위하여 범행의 경중, 범행과의 관련성, 상황의 긴박성, 혐의의 정도, 질문의 필요성 등에 비추어 목적 달성에 필요한 최소한의 범위 내에서 사회통념상 용인될 수 있는 상당한 방법으로 대상자를 정지시킬 수 있고 질문에 수반하여 흉기의 소지 여부도 조사할 수 있다.

검문 중이던 경찰관들이, 자전거를 이용한 날치기 사건 범인과 흡사한 인상착의의 피고인이 자전거를 타고 다가오는 것을 발견하고 정지를 요구하였으나 멈추지 않아, 앞을 가로막고 소속과 성명을 고지한 후 검문에 협조해 달라는 취지로 말하였음에도 불응하고 그대로 전진하자, 따라가서 재차 앞을 막고 검문에 응하라고 요구하였는데, 이에 피고인이 경찰관들의 멱살을 잡아 밀치거나 욕설을 하는 등 항의하여 공무집행방해 등으로 기소된 사안에서, 범행의 경중, 범행과의 관련성, 상황의 긴박성, 혐의의 정도, 질문의 필요성 등에 비추어 경찰관들은 목적 달성에 필요한 최소한의 범위 내에서 사회통념상 용인될 수 있는 상당한 방법을 통하여 경찰관직무집행법 제3조 제1항에 규정된 자에 대해 의심되는 사항을 질문하기 위하여 정지시킨 것으로 보아야 한다.[35)]

바. 행정상 즉시강제

위법한 집회·시위가 예상되더라도 이와 시간적·장소적으로 근접하지 않은 곳에서 그 집회·시위에 참가하기 위하여 출발 또는 이동하는 행위를 제지

경찰관직무집행법 제6조 제1항 중 경찰관의 제지에 관한 부분은 범죄의 예방을 위한 경찰 행정상 즉시강제에 관한 근거 조항이다. 행정상 즉시강제는 그 본질상 행정 목적 달성을 위하여 불가피한 한도 내에서 예외적으로 허용되는 것이므로, 위 조항에 의한 경찰관의 제지 조치 역시 그러한 조치가 불가피한 최소한도 내에서만 행사되도록 그 발동·행사 요건을 신중하고 엄격하게 해석하여야 한다. 그러한 해석·적용의 범위 내에서만 우리 헌법상 신체의 자유 등 기본권 보장 조항과 그 정신 및 해석 원칙에 합치될 수 있다.

구 집회 및 시위에 관한 법률에 의하여 금지되어 그 주최 또는 참가행위가 형사처벌의 대상이 되는 위법한 집회·시위가 장차 특정지역에서 개최될 것이 예상된다고 하더라도, 이와 시간적·장소적으로 근접하지 않은 다른 지역에서 그 집회·시위에 참가하기 위하여 출발 또는 이동하는 행위를 함부로 제지하는 것은 경찰관직무집행법 제6조 제1항의 행정상 즉시강제인 경찰관의 제지의 범위를 명백히 넘어 허용될 수 없다. 따라서 이러한 제지 행위는 공무집행방해죄의 보호대상이 되는 공무원의 적법한 직무집행이 아니다.[36)]

---

35) 대판 2012. 9. 13. 2010도6203.

36) 대판 2008. 11. 13. 2007도9794. 다음은 같은 취지이다.
'태평양전쟁 희생자 유족회' 사무국장인 피고인이 부산지방경찰청장에게 시위(행진)의 상세한 일정과 진로가 기재된 전국도보행진 일정표와 함께 '위 유족회가 부산에서 서울까지 도보로 시위한다'는 내용의 옥외집회(시위·행진) 신고를 한 후 부산 등을 거쳐 서울에서 도보행진을 하던 중, 경찰관들에게서 불법집회라는 등의 이유로 제지를 받자 이에 불응하여 승합차를 계속 운전함으로써 일부 경찰관들을 넘어뜨려 상해를 입히는 등 시위진압 업무를 방해하였다는 내용으로 기소된 사안에서, 제반 사정에 비추어 두 곳 이상의 지방경찰청 관할지에 속하는 위 집회 신고가 주최

경찰관들의 위법한 즉시강제에 대항하여 공격적 의사로 한 폭행행위

경찰관직무집행법 제6조 제1항과 구 집회 및 시위에 관한 법률(2007. 12. 21. 법률 제8733호로 개정되기 전의 것, 이하 같다) 등 관련 법률조항들의 내용과 취지를 종합하면, 비록 장차 특정 지역에서 구 집회 및 시위에 관한 법률에 의하여 금지되어 그 주최 또는 참가행위가 형사처벌의 대상이 되는 위법한 집회·시위가 개최될 것이 예상된다고 하더라도, 이와 시간적·장소적으로 근접하지 않은 다른 지역에서 그 집회·시위에 참가하기 위하여 출발 또는 이동하는 행위를 함부로 제지하는 것은 경찰관직무집행법 제6조 제1항에 의한 행정상 즉시강제인 경찰관의 제지의 범위를 명백히 넘어서는 것이어서 허용될 수 없으므로, 이러한 제지 행위는 공무집행방해죄의 보호대상이 되는 공무원의 적법한 직무집행에 포함될 수 없다.

서울에서 개최될 예정이었던 "한미FTA저지, 비정규직 철폐, 반전평화 2007 범국민행동의 날" 집회에 참가하기 위하여 광주에서 상경하려는 피고인들의 출발 또는 이동을 제지한 행위는 위 집회의 시간(2007. 11. 11. 저녁) 및 장소(서울)와 피고인들을 비롯한 위 집회 참가 희망자들이 모여 있던 시간(2007. 11. 11. 08:10경부터 09:40경까지) 및 장소(광주) 사이에 시간적·장소적 근접성이 인정되지 않으므로, 경찰관직무집행법 제6조 제1항의 행정상 즉시강제인 경찰관의 제지의 범위를 명백히 넘어 허용될 수 없는 것이어서 적법한 직무집행이 아니다.

피고인들을 비롯한 대학생 및 민노총 광주지역본부 회원 등 800여명은 2007. 11. 11. 08:10경부터 09:40경까지 광주 서구 유촌동에 있는 기아자동차 광주공장 앞 도로에서, 위 집회에 참가하기 위해 버스 22대를 대절하여 나누어 타고 상경하려다가 경찰에 의해 차단되자, 피고인들을 비롯한 참가자 200여 명이 버스에서 내려 광주지방경찰청 북부경찰서 방범순찰대 소속 의경 등 대비병력을 향해 PVC파이프를 휘두르거나 돌을 던지고, 진압방패와 채증장비를 빼앗고, 주먹과 발로 마구 때리고, 경찰버스 유리창 등을 부수었으며 그때 피고인들은 다른 사람들과 함께 도로를 가로막고 있는 대비병력 사이로 관광버스가 지날 수 있는 길을 뚫기 위하여 병력과 밀고 당기는 등의 몸싸움을 하였는바, 비록 경찰관들의 위법한 상경 제지 행위에 대항하기 위하여 한 것이라 하더라도, 피고인들이 다른 시위참가자들과 공동하여 위와 같이 경찰관들을 때리고 진압방패와 채증장비를 빼앗는 등의 폭행행위를 한 것은 소극적인 방어행위를 넘어서 공격의 의사를 포함하여 이루어진 것으로서 그 수단과 방법에 있어서 상당성이 인정된다고 보기 어려우며 긴급하고 불가피한 수단이었다고 볼 수도 없으므로, 이를 사회상규에 위배되지 아니하는 정당행위나 현재의 부당한 침해를 방어하기 위한 정당방위에 해당한다고 볼 수 없다.[37]

지 관할 지방경찰청장인 부산지방경찰청장에게 접수되었고, 신고서 및 첨부서류에 의하면 도보행진 당일의 집회를 비롯하여 예정된 각 집회의 구체적 일정 및 장소가 특정된 것으로 볼 수 있으며, 신고 후 개최된 집회의 실제 내용도 신고 내용과 동일성이 없다거나 신고한 목적, 일시, 장소, 방법 등의 범위를 뚜렷이 벗어난 것이라고 보기 어려워, 위 집회를 집시법에서 정한 신고절차를 위반하여 개최된 옥외집회 또는 시위에 해당한다고 단정할 수 없다는 이유로, 경찰관들의 위 제지 행위가 공무집행방해죄의 보호대상이 되는 적법한 공무집행에 해당하는지에 관하여 살피지 아니한 채 이에 저항한 피고인의 행위가 공무집행방해죄를 구성한다고 본 원심판결에 법리오해 및 심리미진의 위법이 있다고 한 사례(대판 2011. 6. 9. 2009도591).

37) 대판 2009. 6. 11. 2009도2114.

사. 행정대집행

건물과 물건에 대한 점유를 배제하고 이를 이전받음

이 사건 계고처분의 주된 목적은 이 사건 요양병원 건물 및 반출된 물품을 포함한 의료기기 등 일체에 대한 피고인들의 점유를 배제하고 그 점유를 이전받는 것에 있는데, 이러한 의무는 그것을 강제적으로 실현함에 있어 직접적인 실력행사가 필요한 것이지 대체적 작위의무에 해당하는 것이 아니어서 행정대집행의 대상이 되지 아니하므로, 이 사건 행정대집행은 행정대집행법상의 요건을 갖추지 아니하여 적법한 직무집행으로 볼 수 없다.[38)]

해설: 행정대집행은 타인이 대신하여 행할 수 있는 행위를 의무자가 이행하지 아니하는 경우 다른 수단으로써 그 이행을 확보하기 곤란하고 또한 그 불이행을 방치함이 심히 공익을 해할 것으로 인정될 때에 행정청이 스스로 또는 제3자로 하여금 의무자가 하여야 할 행위를 하거나 하게 하는 것을 의미한다(행정대집행법 제2조). 위 판례에서 점유자를 쫓아 내고 점유를 이전받는 것은 대체적 작위의무가 아니지만, 아래 판례들에서의 철거업무는 대체적 작위의무에 해당한다.

전공노가 무단 점거한 부산시 청사 사무실의 물품을 철거하고 사무실 폐쇄

법외 단체인 전국공무원노동조합(이하 '전공노'라 한다) 부산본부가 합법적인 노동조합 설립을 할 수 있음에도 불구하고 그 설립신고를 하지 아니하고 이 사건 사무실을 점유해오자, 위 사무실을 비롯한 청사 내 관리책임자인 부산광역시장이 전공노 부산본부의 운영을 위한 위 사무실의 불법사용을 종식시키기 위해 수차에 걸쳐 자진이전을 요청하고 행정대집행법에 기한 철거 등 계고처분과 대집행영장의 발부 및 통지 절차를 거쳐 그 집행행위에 나아갔다.

이러한 경우 위 사무실의 사용 경위 및 현황과 행정대집행의 실시 배경, 계고서 및 대집행영장의 내용, 실행된 행정대집행의 내용 등에 비추어보면, 전공노 부산본부의 위 사무실 사용은 부산광역시장의 청사관리권에 기한 사무실 배정에 따라 그 소속 공무원 등이 청사시설을 사용한 것이거나 청사시설의 임의적 편법 사용 정도를 벗어나지 못하는 것으로서 그로 인하여 전공노 부산본부가 그 사무실에 대한 독립된 점유를 취득하였다고 보기는 어렵다.

그렇다면, 이 사건 행정대집행은 그 주된 목적이 전공노의 위 사무실에 대한 불법사용을 중지시키기 위하여 사무실 내에 비치되어 있는 전공노의 물품을 철거하고 사무실을 폐쇄함으로써 부산광역시 청사의 기능을 회복하는 데 있다고 보이므로, 이 사건 행정대집행은 전체적으로 대집행의 대상이 되는 대체적 작위의무인 철거의무를 대상으로 한 것으로 적법한 공무집행에 해당한다고 볼 수 있고, 그 집행을 행하는 공무원들에 대항하여 피고인들과 전공노 소속 부산광역시청 공무원들이 폭행 등 행위를 한 것은 단체 또는 다중의 위력으로 공무원들의 적법한 직무집행을 방해한 것이 된다.[39)]

38) 대판 2013. 3. 14. 2011도7259.

39) 대판 2011. 5. 26. 2010도10305. 다음은 같은 취지이다.
법외 단체인 전국공무원노동조합의 지부가 당초 공무원 직장협의회의 운영에 이용되던 군 청사시설인 사무실을 임의로 사용하자 지방자치단체장이 자진폐쇄 요청 후 행정대집행법에 따라 행정대집행을 하였는데, 지부장 등인 피고인들과 위 지부 소속 군청 공무원들이 위 집행을 행하던 공무원들에게 대항하여 폭행 등 행위를 한 사안에서, 위 행정대집행은 주된 목적이 조합의 위 사무실에 대한 사실상 불법사용을 중지시키기 위하여 사무실 내 조합의 물품을

서울광장에 설치된 천막을 대집행의 계고 및 영장에 의한 통지절차 없이 철거

도심광장으로서 '서울특별시 서울광장의 사용 및 관리에 관한 조례'에 의하여 관리되고 있는 '서울광장'에서, 서울시청 및 중구청 공무원들이 행정대집행법이 정한 계고 및 대집행영장에 의한 통지절차를 거치지 아니한 채 위 광장에 무단설치된 천막의 철거대집행에 착수하였고, 이에 피고인들을 비롯한 '광우병위험 미국산 쇠고기 전면 수입을 반대하는 국민대책회의' 소속 단체 회원들이 몸싸움을 하거나 천막을 붙잡고 이를 방해한 사안에서, 위 서울광장은 비록 공부상 지목이 도로로 되어 있으나 도로법 제65조 제1항 소정의 행정대집행의 특례규정이 적용되는 도로법상 도로라고 할 수 없으므로 위 철거대집행은 구체적 직무집행에 관한 법률상 요건과 방식을 갖추지 못한 것으로서 적법성이 결여되었고 따라서 피고인들이 위 공무원들에 대항하여 폭행·협박을 가하였더라도 특수공무집행방해죄는 성립되지 않는다는 이유로, 같은 취지에서 피고인들에 대해 무죄를 선고한 원심판단을 수긍한 사례.[40)]

아. 기 타

권한이 아닌 사항을 의결하는 지방의회 회의

지방의회의 회의가 적법한 소집절차를 밟아 소집되었고 소집의 목적이 불법적이거나 사회질서에 반하는 것이 아닌 이상, 그 회의의 의결사항 중에 지방의회의 권한에 속하지 아니하는 사항이 포함되어 있었다 하더라도 지방의회 의원들이 그 회의에 참석하고 그 회의에서 의사진행을 하는 직무행위는 적법한 것이라고 본 사례.[41)]

철거하고 사무실을 폐쇄함으로써 군 청사의 기능을 회복하는 데 있으므로, 전체적으로 대집행의 대상이 되는 대체적 작위의무인 철거의무를 대상으로 한 것으로 적법한 공무집행에 해당한다고 볼 수 있고, 그에 대항하여 피고인 등이 폭행 등 행위를 한 것은 단체 또는 다중의 위력으로 공무원들의 적법한 직무집행을 방해한 것에 해당한다는 이유로, 피고인들에게 특수공무집행방해죄를 인정한 사례(대판 2011. 4. 28. 2007도7514).

40) 대판 2010. 11. 11. 2009도11523.

41) 대판 1998. 5. 12. 98도662. 다음은 유사 취지이다.

전국공무원노동조합 총투표 관련하여 행한 복무점검

행정안전부장관이 공무원 노동조합의 통합 및 상급단체 가입 여부 결정을 위한 전국공무원노동조합의 총투표와 관련하여 공무원 복무관리 지침을 각 지방자치단체에 통보한 후 갑 등 소속 공무원들을 파견하여 복무규정위반사례 등을 점검하도록 지시하였는데, 조합원인 피고인들이 위 지시에 따라 을 구청에 파견되어 점검 중이던 갑의 직무집행을 방해하였다는 내용으로 기소된 사안에서, 갑의 복무 점검행위가 적법한 공무집행으로서 부당노동행위에 해당하지 않는다고 본 사례(대판 2013. 2. 15. 2010도11281).

정당한 사유 없이 보도에 천막을 설치하여 교통에 지장을 끼치지 못하도록 시설물의 설치를 막는 도로관리청 소속 공무원에 대한 폭행

도로 관리청은 도로를 설치하고 존립을 유지하여 이를 일반교통에 제공함으로써 도로로서 본래의 기능이 발휘될 수 있도록 하기 위한 포괄적 관리권을 가지고, 이러한 도로관리권에는 도로 시설물 등을 기능에 적합하도록 유지·관리하는 것뿐 아니라, 도로 관리를 위한 직무집행 행위로서 합리적 상당성이 인정되는 범위 내에서 도로의 기능 발휘에 장애가 되는 행위를 금지하거나 제지하는 등의 사실행위를 할 권한도 포함된다. 그런데 구 도로법에 의하면, 누구든지 정당한 사유 없이 도로를 손괴하는 행위, 도로에 장애물을 쌓아놓는 행위, 그 밖에 도로의 구조나 교통에 지장을 끼치는 행위를 하여서는 아니 되므로(제45조), 위와 같은 금지행위를 하고 있는 위반자에 대하여 도로관리권에 기하여 이를 제지하는 것은 특별한 사정이 없는 한 정당한 직무집행 행위에 속한다고 보아야 한다.

피고인이 갑 시청 옆 일반국도인 도로의 보도에서 철야농성을 위해 천막을 설치하던 중 이를 제지하는 갑 시청 소속

대한의사협회의 회원 등이 개최통지절차에 경미한 흠이 있는 공청회의 진행을 방해

공무집행방해죄는 공무원의 직무집행이 적법한 경우에 성립하는 것이고, 여기서 적법한 공무집행이라고 함은 그 행위가 공무원의 추상적 권한에 속할 뿐 아니라 구체적으로도 그 권한 내에 있어야 하며 또한 직무행위로서의 중요한 방식을 갖추어야 하고, 추상적인 권한에 속하는 공무원의 어떠한 공무집행이 적법한지 여부는 행위 당시의 구체적 상황에 기하여 객관적·합리적으로 판단하여야 한다.

교육인적자원부 장관이 대한의사협회에 이 사건 각 공청회의 개최를 통보함에 있어 행정절차법 제38조 제1항에서 정한 바에 따라 14일 전에 공청회의 일시와 장소 등을 통보하여야 함에도 이를 준수하지 못한 잘못이 있으나, 이 사건 각 공청회는 2002년경부터 꾸준히 논의되어 왔던 약학대학 학제개편 방안에 대한 의견을 수렴하기 위한 것으로, 대한의사협회도 2004. 12.경 "약사양성 학제 개선의 타당성 연구"를 통하여 그 문제점을 검토한 바 있어 대한의사협회 회원들이 위 공청회의 토론주제에 대하여 이미 충분히 인식하고 있었다고 보일 뿐만 아니라, 대한의사협회는 토론자를 지정하여 의견을 발표할 기회를 제공받았고 피고인들 등 대한의사협회 회원들이 이 사건 각 공청회에 참석한 이상, 위 공청회 개최 통지절차위반은 경미한 흠에 불과하고 이 사건 각 공청회 개최를 형법상 보호대상에서 제외되는 부적법한 직무행위라고 평가할 수 있는 정도는 아니다.[42)]

공무원들에게 폭행을 가한 사안에서, 정당한 사유 없이 보도에 천막을 설치하여 교통에 지장을 끼치는 등 도로법 제45조에 규정된 금지행위를 하는 데 대하여 도로 관리청 소속 공무원이 도로 관리의 목적으로 이를 제지하고 시설물의 설치를 완성하지 못하도록 막는 등의 행위는 도로의 본래 목적을 달성하도록 하기 위한 합리적 상당성이 있는 조치로서 포괄적인 도로관리권의 행사 범주에 속하므로, 그러한 공무원에 대하여 폭행 등을 가한 피고인의 행위는 공무집행방해죄를 구성한다(대판 2014. 2. 13. 2011도10625).

피고인들이 갑 시에서 관리하는 도로의 보도에서 농성용 천막을 설치하던 중 이를 제지하려는 갑 시청 소속 공무원들에게 상해 또는 폭행을 가한 사안에서, 도로관리청인 갑 시청 소속 공무원들이 보도에서 피고인들의 천막 설치를 제지하거나 설치 중인 천막을 철거하려고 한 행위는 구 도로법(2012. 6. 1. 법률 제11471호로 개정되기 전의 것. 이하 같다) 제83조에 따라 구 도로법 제45조에 규정된 도로에 관한 금지행위를 제지하기 위한 합리적 상당성이 있는 조치로서 보도의 본래 목적을 달성하도록 하기 위한 관리권 범위 내의 행위에 해당하므로, 이러한 도로관리권에 근거하여 적법하게 공무집행을 하는 공무원들에게 폭행 등을 가한 피고인들의 행위는 공무집행방해죄를 구성한다고 한 사례(대판 2014. 2. 27. 2013도5356).

전투경찰순경(전경)이 전투경찰순경(의경)을 도와 시위진압

대간첩작전의 수행을 임무로 하는 전투경찰순경이라도 상관의 명령에 의하여 치안업무의 보조를 임무로 하는 전투경찰순경의 직무를 도와 시위진압을 하는 것은 객관적으로 보아 적법한 공무집행이라고 한 사례(대판 1992. 8. 18. 92도1244).

해설: 전투경찰대 설치법은 2016. 1. 25.부터 의무경찰대 설치 및 운영에 관한 법률로 바뀌고 작전전경제도는 폐지되며 의무경찰로 일원화된다.

42) 대판 2007. 10. 12. 2007도6088. 다음은 유사 취지이다.

집행관이 직무집행의 대상이 된 사실에 관하여 착오로 강제집행

공무원이 그 권한에 속하는 사항에 관하여 법령에 정한 방식에 따라 그 직무를 집행하는 경우에 있어서 가사 그 직무집행의 대상이 된 사실에 관하여 착오가 있었다 하더라도 일응 그 행위가 공무원의 적법한 행위라고 인정할 수 있는 시는 이는 형법 제136조의 소위 공무집행에 해당된다고 해석하여야 할 것인바,

집달리는 집행력있는 판결 정본에 의하여 소정의 절차에 따라 본건 가옥명도의 집행을 하였다는 것이므로 가사 우집달리가 본건 집행에 있어서 그 목적물에 대하여 입입금지 가처분 결정의 집행상태가 계속 중이었음에도 불구하고 착오로서 이를 모르고 본건 집행을 하였다고 가정하더라도 이를 방해한 피고인 등의 행위는 역시 공무집행을 방해한 것이다(대판 1961. 8. 26. 4293형상852).

급속을 요하지 않음에도 벌금미납자로 지명수배자를 주거지에서 형집행장 없이 구인

벌금형에 따르는 노역장 유치는 실질적으로 자유형과 동일하므로, 그 집행에 대하여는 자유형의 집행에 관한 규정이 준용된다(형소법 제492조). 따라서 구금되지 아니한 당사자에 대하여 형의 집행기관인 검사는 그 형의 집행을 위하여 이를 소환할 수 있으나, 당사자가 소환에 응하지 아니한 때에는 형집행장을 발부하여 이를 구인할 수 있는데(같은 법 제473조), 이 경우의 형집행장의 집행에 관하여는 형소법 제1편 제9장(제68조 이하)에서 정하는 피고인의 구속에 관한 규정이 준용된다(같은 법 제475조). 그리하여 사법경찰관리가 벌금형을 받은 이를 그에 따르는 노역장 유치의 집행을 위하여 구인하려면, 검사로부터 발부받은 형집행장을 그 상대방에게 제시하여야 한다(같은 법 제85조 제1항).

경찰관이 벌금형에 따르는 노역장 유치의 집행을 위하여 형집행장을 소지하지 아니한 채 피고인을 구인할 목적으로 그의 주거지를 방문하여 임의동행의 형식으로 데리고 가다가, 피고인이 동행을 거부하며 다른 곳으로 가려는 것을 제지하면서 체포·구인하려고 하자 피고인이 이를 거부하면서 경찰관을 폭행한 사안에서, 위와 같이 피고인을 체포·구인하려고 한 것은 노역장 유치의 집행에 관한 법규정에 반하는 것으로서 적법한 공무집행행위라고 할 수 없으며, 또한 그 경우에 형집행장의 제시 없이 구인할 수 있는 '급속을 요하는 경우'(형소법 제85조 제3항)에 해당한다고 할 수 없고, 이는 피고인이 벌금미납자로 지명수배되었다고 하더라도 달리 볼 것이 아니라는 이유로, 공무집행방해가 성립하지 않는다고 판단한 사례.[43]

보호실유치가 부적법하고 가족 등에 대한 통지도 결여된 경우

경찰관직무집행법 제4조 제1항, 제4항에 의하면 경찰관은 수상한 거동 기타 주위의 사정을 합리적으로 판단하여 술취한 상태로 인하여 자기 또는 타인의 생명, 신체와 재산에 위해를 미칠 우려가 있는 자에 해당함이 명백하며 응급의 구호를 요한다고 믿을만한 상당한 이유가 있는 자를 발견한 때에는 24시간을 초과하지 아니하는 범위 내에서 동인을 경찰관서에 보호하는 등 적절한 조치를 취할 수 있으나, 이 경우에도 경찰관이 이러한 조치를 한 때에는 지체없이 이를 피구호자의 가족, 친지 기타의 연고자에게 그 사실을 통지하도록 되어 있는바,

피고인이 이 사건 보호실에 유치될 당시 피고인이 위와 같은 응급의 구호를 요한다고 믿을만한 상당한 이유가 있었다든지, 피고인이 이 사건 보호실에 유치된 후 경찰관이 지체 없이 그 사실을 피고인의 가족 등에게 통지하였다고 볼 아무런 자료가 없으므로 피고인이 경찰서 보호실에 대기 중 밖으로 나오자 이를 제지하던 경찰관들을 구타한 것은 폭행죄나 공무집행방해죄에 해당하지 않는다.[44]

43) 대판 2010. 10. 14. 2010도8591. 다음은 부적법한 공무집행으로 판단한 사례이다.

권한 없이 행정사무의 편의를 위해 설계도의 제출을 요구하는 공무원을 폭행

면사무소에 설계도면을 제출할 의무나 설계에 필요한 금원을 지급할 의무가 없다면 피고인이 설계도를 제출하지 않음으로써 건축시공상의 어떤 불이익을 받는 것은 별론으로 하고 면사무소 공무원으로서도 이를 적법하게 강제할 권한이 없는 것이므로 면사무소 공무원이 자신의 행정사무의 편의를 위한 목적으로 설계도의 제출을 요구한 행위는 공무집행방해죄에 있어서의 공무집행에 해당한다고 단정할 수는 없으므로, 설계도를 제출하라고 요구하는 위 공무원을 폭행하더라도 공무집행방해죄는 성립하지 않는다(대판 1982. 11. 23. 81도1872).

교통경찰관이 서행 중인 차를 정차시켜 정차여부의 확인도 하지 아니한 채 정차금지구역에서 정차하였다고 욕설과 폭행을 한 행위는 공무원이 그 권한에 속하는 사항에 관하여 법령에 정한 방식에 따라 그 직무를 집행하는 경우에 해당된다고 보기 어렵다(대판 1978. 10. 10. 78도2134).

44) 대판 1994. 3. 11. 93도958. 다음은 형집행법상의 기결수 수용에 관한 사안이다.

교도관이 위법하게 조사거실에 강제로 수용하려고 하고, 그 수용을 위하여 검신을 요구하는데 저항하는 과정에서 교도관을 폭행

사실관계: (1) 피고인은 교도관들을 고발 내지 진정한 일로 교도관들과 원만하지 못한 관계에 있던 상황에서, 교도관 갑으로부터 피고인이 수용거실 벽면 등에 부착한 수영복 차림의 여자연예인 사진을 떼라는 시시를 받았으나, "수컷의 본능이다"라는 취지로 대꾸하였을 뿐 이 사건 사진을 떼지 않았다.

(2) 잠시 후 갑이 피고인을 기결2팀 사무실로 데려가 지시에 불응한 사실에 관하여 자술서를 쓰게 하였으나, 피고인은 그 지시가 부당하다면서 이에 응하지 않은 채 오히려 교도관들로부터 겪은 가혹행위 등에 관하여 자술서를 작성하였다.

(3) 이에 피해자인 기동순찰팀 소속 교도관 을이 피고인에게 지시위반 등을 이유로 징벌을 부과하기 위해 조사거실로 이동하여 조사하겠다고 명령하자, 피고인은 조사거실로 이동하기 전에 자신의 방에 있는 국가인권위원회에 제출할 서류 등이 분실될 수 있으니 직접 가져와야겠다고 주장하였다.

(4) 피해자를 비롯한 교도관들은 나중에 가져다주겠으니 일단 조사거실로 가야한다고 하면서 기결2팀 사무실에서 나와 조사거실로 이동하면서 피고인을 강제로 끌고 가려고 하였고, 피고인은 조사거실로 갈 수 없다고 강하게 항의하면서 피해자의 멱살을 잡아 폭행하였다.

(5) 그러자 피해자를 비롯한 교도관들은 피고인에게 수갑을 채우고 양쪽에서 팔을 잡은 채 강제로 조사거실로 데려간 다음 검신(신체검사)을 위하여 옷을 벗을 것을 지시하였고, 피고인은 "니들이 뭔데 그러냐"는 취지로 검신을 거부하면서 머리를 피해자의 가슴 부위에 들이대어 폭행하였다.

판단: 교도관이 부착물의 제거를 지시한 행위

형의 집행 및 수용자의 처우에 관한 법률(이하 '형집행법'이라고 한다) 제32조 제1항, 제105조 제1항, 제3항, 형의 집행 및 수용자의 처우에 관한 법률 시행규칙 제214조 제17호와 같은 수용자의 청결의무와 규율준수의무에 관한 규정의 취지와 아울러, 수용자가 교정시설의 소장이 허용한 범위를 넘어 수용시설에 사진 또는 그림 등을 부착하는 행위는 교정시설의 소장이 유지하려는 수용시설 본래의 청결상태를 훼손하는 본질적 성격을 가지는 점, 수용시설에 부착될 부착물의 허용 기준 설정은 수용시설의 관리자인 교정시설 소장의 권한에 속하는 사항으로서 허용 기준 설정 자체를 두고 형집행법상 수용자의 인권 존중 조항(제4조)이나 헌법상 과잉금지의 원칙에 위배된다고 볼 수 없는 점, 수용자의 위와 같은 개인적·임의적 부착 행위는 수용시설 자체의 청결유지뿐만 아니라 교정시설 내 공동생활의 질서유지를 저해할 우려가 크다고 보이는 점 등을 종합하면, 수용자에게 부착물의 내용, 부착의 경위 등에 비추어 교정시설의 소장에 의하여 허용된 범위를 넘은 부착 행위를 하게 된 정당한 사유가 인정되는 등의 특별한 사정이 없는 한, 교정시설의 소장에 의하여 허용된 범위를 넘어 사진 또는 그림 등을 부착한 수용자에 대하여 교도관이 부착물의 제거를 지시한 행위는 수용자가 복종하여야 할 직무상 지시로서 적법한 직무집행이라고 보아야 한다.

피고인을 조사거실에 강제로 수용하려고 한 행위 및 그 수용을 위하여 검신을 요구한 행위

징벌사유에 해당하는 행위를 하였다고 의심할 만한 상당한 이유가 있는 수용자에 대하여 조사가 필요한 경우라 하더라도, 특히 그 수용자에 대한 조사거실에의 분리 수용은 형집행법 제110조 제1항의 각 호에 따라 그 수용자가 증거를 인멸할 우려가 있는 때 또는 다른 사람에게 위해를 끼칠 우려가 있거나 다른 수용자의 위해로부터 보호할 필요가 있는 때에 한하여 인정된다.

피고인이 이 사건 사진 제거 지시가 부당하다면서 교도관 갑의 자술서 작성 요구를 거부하였다는 것이 피해자가 피고인을 조사거실에 강제로 수용하려고 한 행위의 실질적으로 유일한 원인이었음을 알 수 있을 뿐이고, 달리 피해자가 피고인을 조사거실에 강제로 수용하려고 할 당시 피고인에게 그 직전 지시위반에 대한 증거를 인멸할 우려가 있었다거나 타인 또는 자신에 대한 위해의 우려가 있었다고 인정할 만한 증거는 찾아볼 수 없다. 또한 이 사건 공소사실과 같은 피고인의 폭행이 있기 이전까지 피해자가 피고인을 조사거실로 강제로 데려가려는 과정에서 피고인에 대하여 형집행법 제100조에서 정한 강제력을 행사하여야 할 만한 정황도 찾아볼 수 없다.

사정이 이러하다면, 피해자가 피고인을 조사거실에 강제로 수용하려고 한 행위는 형집행법상의 조사거실 수용에 관한 요건을 갖추지 못하여 적법한 직무집행으로 볼 수 없고, 그 수용을 위하여 검신을 요구한 행위 역시 위법한 직무집행을 전제로 한 것으로서 적법한 직무집행으로 볼 수 없다.

결국 피고인을 조사거실에 강제로 수용하려고 한 행위 및 그 수용을 위하여 검신을 요구한 행위라는 피해자의 위법한 직무집행에 저항하는 과정에서 이루어진 피고인의 피해자에 대한 폭행은 공무집행방해죄에 해당하지 않는다(대

한미FTA 비준동의안의 처리 과정에서, 외통위 위원장이 을 정당 소속 외통위 위원들이 위원장실에 이미 입실한 상태에서 회의장 출입을 봉쇄하자 갑 정당 당직자들이 출입을 막던 국회 경위들을 밀어내기 위해 옷을 잡아당기거나 밀침

한미FTA 비준동의안에 대한 국회 외교통상 상임위원회(이하 '외통위'라 한다)의 처리 과정에서, 갑 정당 당직자인 피고인들이 갑 정당 소속 외통위 위원 등과 함께 외통위 회의장 출입문 앞에 배치되어 출입을 막고 있던 국회 경위들을 밀어내기 위해 국회 경위들의 옷을 잡아당기거나 밀치는 등의 행위를 한 사안에서, 제반 사정에 비추어 외통위 위원장이 을 정당 소속 외통위 위원들이 위원장실에 이미 입실한 상태에서 회의장 출입구를 폐쇄하고 출입을 봉쇄하여 다른 정당 소속 외통위 위원들의 회의장 출입을 막은 행위는 상임위원회 위원장의 질서유지권 행사의 한계를 벗어난 위법한 조치이고, 회의장 근처에 배치된 국회 경위들이 갑 정당 소속 외통위 위원들의 회의장 출입을 막은 행위는 외통위 위원장의 위법한 조치를 보조한 행위에 지나지 아니하여 역시 위법한 직무집행이며, 피고인들이 갑 정당 소속 외통위 위원들을 회의장으로 들여보내기 위하여 그들과 함께 국회 경위들을 밀어내는 과정에서 경위들의 옷을 잡아당기는 등의 행위를 하였더라도, 이러한 행위는 적법성이 결여된 직무행위를 하는 공무원에게 대항하여 한 것에 지나지 아니하여 공무집행방해죄는 성립하지 않는다.45)

4. 폭행·협박

가. 폭 행

공무집행방해죄에 있어서의 폭행이라 함은 공무원에 대한 직접적인 유형력의 행사뿐 아니라 간접적인 유형력의 행사도 포함한다.46)

파출소 사무실 바닥에 인분이 들어 있는 물통을 던짐

경찰관이 공무를 집행하고 있는 파출소 사무실의 바닥에 인분이 들어있는 물통을 집어던지고 책상 위에 있던 재떨이에 인분을 퍼담아 사무실 바닥에 던지는 행위는 동 경찰관에 대한 폭행이다.47)

집회·시위 과정에서 일시적으로 발생한 소음이 폭행에 해당하는지를 판단하는 기준

공무집행방해죄는 직무를 집행하는 공무원에 대하여 폭행 또는 협박을 함으로써 성립하는 것인데, 여기에서 폭행이라 함은 공무원에 대하여 직접적인 유형력의 행사뿐만 아니라 간접적으로 유형력을 행사하는 행위도 포함하는 것이고, 음향으로 상대방의 청각기관을 직접적으로 자극하여 육체적·정신적 고통을 주는 행위도 유형력의 행사로서 폭행에 해당할 수 있다.

판 2014. 9. 25. 2013도1198).
45) 대판 2013. 6. 13. 2010도13609.
46) 대판 1998. 5. 12. 98도662.
47) 대판 1981. 3. 24. 81도326 .

다만 민주사회에서 공무원의 직무 수행에 대한 시민들의 건전한 비판과 감시는 가능한 한 널리 허용되어야 한다는 점에서 볼 때, 공무원의 직무 수행에 대한 비판이나 시정 등을 요구하는 집회·시위 과정에서 일시적으로 상당한 소음이 발생하였다는 사정만으로는 이를 공무집행방해죄에서의 음향으로 인한 폭행이 있었다고 할 수는 없을 것이나, 그와 같은 의사전달수단으로서 합리적 범위를 넘어서 상대방에게 고통을 줄 의도로 음향을 이용하였다면 이를 폭행으로 인정할 수 있을 것인바, 구체적인 상황에서 공무집행방해죄에서의 음향으로 인한 폭행에 해당하는지 여부는 음량의 크기나 음의 높이, 음향의 지속시간, 종류, 음향발생 행위자의 의도, 음향발생원과 직무를 집행 중인 공무원과의 거리, 음향발생 당시의 주변 상황을 종합적으로 고려하여 판단하여야 할 것이다.[48)]

나. 폭행이 아니라고 본 사례

의경이 손에 들고 옮기는 기판이 든 박스를 들고 감

공무집행방해죄에 있어서의 폭행·협박은 성질상 공무원의 직무집행을 방해할 만한 정도의 것이어야 하므로, 경미하여 공무원이 개의치 않을 정도의 것이라면 여기의 폭행·협박에는 해당하지 아니한다고 할 것이다. 피고인이 오락실 밖에서 기판이 든 박스를 옮기고 있던 의경을 뒤쫓아 가 '이 박스는 압수된 것이 아니다'라고 말하며 동인의 손에 있던 박스를 들고 간 것은 당시 동인이 즉각적으로 대응하거나 저항하지 아니한 점에 비추어 공무집행을 방해할 만한 폭행 또는 협박에 해당하지 아니한다.[49)]

운전면허증제시요구에 불응하며 출발하여 가는 차의 유리창을 의경이 잡고 따라가다 놓음

교통단속업무에 종사하던 의경이 안전띠 미착용을 단속하기 위하여 피고인에게 운전면허증 제시를 요구하였는데 피고인이 그의 처가가 바로 앞에 있으니 차를 세워놓고 오겠다고 하면서 면허증 제시에 응하지 않다가 그대로 출발하려 하므로 잡고 있던 위 차량 운전사쪽 열린 유리창 윗부분을 놓지 않은 채 10 내지 15m 가량을 걸어서 따라가다가 위 차량의 속도가 빨라지자 더 이상 차량을 잡은 채로 있을 수 없어 손을 놓아버렸다면 이러한 사실만으로는 피고인의 행위가 공무집행방해죄에 있어서의 폭행에 해당한다고 할 수 없다.[50)]

경찰관이 면허증제시요구에 불응하며 출발하는 화물차에 뛰어오르면서 무릎을 다침

교통단속 경찰관이 1차선을 주행할 수 없는 화물차가 1차선으로 진행하는 것을 단속하기 위하여 피고인에게 면허증제시를 요구하자 피고인이 이를 거부하면서 실랑이를 하다가 화물차량을 출발하려 할 때, 위 화물차량의 왼쪽문 손잡이를 잡고 2~3m를 따라 가다가 차량발판에 뛰어 올랐고, 이에 피고인은 곧 정차를 하였으며, 화물차량이 진행한 거리는 약 7~8m였는데, 위 경찰관이 위 차량의 발판에 뛰어 오르다가 왼쪽 앞 타이어에 왼쪽 무릎을 부딪힘으로써 상해를 입게 된 사안에서,

48) 대판 2009. 10. 29. 2007도3584.
49) 대판 2007. 6. 1. 2006도4449.
50) 대판 1996. 4. 26. 96도281.

경찰관의 상해는 자신의 부주의로 인하여 생긴 것일 뿐이고, 피고인이 경찰관의 면허증 제시요구에 불응하고 그대로 출발하였다거나 경찰관이 화물차량에 올라타는 것을 발견하고 정차하는 과정에서 경찰관이 차량에 올라탄 채 약간 진행하게 되었다 하여 이러한 사실들만으로는 폭행을 가한 것이라 할 수 없다.[51)]

파업 중인 노조원들이 경찰관들의 공장진입에 대비하여 경찰관들 부재 중에 윤활유와 철판 조각을 바닥에 뿌려두어 경찰관들이 다침

피고인이 노조원들과 함께 경찰관들이 파업투쟁 중인 공장에 진입할 경우에 대비하여 그들의 부재 중에 미리 윤활유나 철판조각을 바닥에 뿌려 놓은 것에 불과하고, 경찰관들이 이에 미끄러져 넘어지거나 철판조각에 찔려 다쳤다는 것에 지나지 않은 사안에서, 피고인 등이 윤활유나 철판조각을 경찰관들의 면전에서 그들의 공무집행을 방해할 의도로 뿌린 것이라는 등의 특별한 사정이 있는 경우는 별론으로 하고 이를 가리켜 경찰관들에 대한 유형력의 행사, 즉 폭행에 해당하는 것으로 볼 수 없다.[52)]

다. 협 박

공무집행방해죄에서 협박이란 상대방에게 공포심을 일으킬 목적으로 해악을 고지하는 행위를 의미하는 것으로서 고지하는 해악의 내용이 그 경위, 행위 당시의 주위 상황, 행위자의 성향, 행위자와 상대방과의 친숙함의 정도, 지위 등의 상호관계 등 행위 당시의 여러 사정을 종합하여 객관적으로 상대방으로 하여금 공포심을 느끼게 하는 것이어야 하고, 그 협박이 경미하여 상대방이 전혀 개의치 않을 정도인 경우에는 협박에 해당하지 않는다.[53)]

전과 12범인 주점 주인이 경찰로부터 조용히 하라는 주의를 받았을 뿐임에도 새벽에 파출소에 찾아가 과격하게 욕설

폭력행위 등 전과 12범인 피고인이 그 경영의 술집에서 떠들며 놀다가 주민의 신고를 받고 출동한 경찰로부터 조용히 하라는 주의를 받은 것 뿐인데 그후 새벽 4시의 이른 시각에 파출소에까지 뒤쫓아가서 "우리 집에 무슨 감정이 있느냐, 이 순사새끼들 죽고 싶으냐"는 등의 폭언을 하였다면, 이는 단순한 불만의 표시나 감정적인 욕설에 그친다고 볼 수 없고, 경찰이 계속하여 단속하는 경우에 생명, 신체에 어떤 위해가 가해지

51) 대판 1994. 9. 9. 94도701.

52) 대판 2010. 12. 23. 2010도7412.

53) 대판 2006. 1. 13. 2005도4799; 대판 2011. 2. 10. 2010도15986. 다음은 선거사무관리관계자에 대한 협박에 관하여 같은 취지이다.

구 공직선거및선거부정방지법 제244조에서 규정하고 있는 선거사무관리관계자에 대한 협박죄에 있어서의 협박이라 함은, 상대방에게 공포심을 일으킬 목적으로 해악을 고지하는 일체의 행위를 의미하는 것으로서, 고지하는 해악의 내용이 그 경위, 행위 당시의 주위 상황, 행위자의 성향, 행위자와 상대방과의 친숙의 정도, 지위 등의 상호관계 등 여러 사정을 종합하여 객관적으로 상대방으로 하여금 공포심을 느끼게 하기에 족하면 되고, 상대방이 현실로 공포심을 일으킬 것까지 요구되는 것은 아니며, 다만 고지하는 해악의 내용이 경미하여 상대방이 전혀 개의치 않을 정도인 경우에는 협박에 해당하지 않는다(대판 2005. 3. 25. 2004도8984).

리라는 것을 통보함으로써 공포심을 품게 하려는데 그 목적이 있었다고 할 것이고, 또 이는 객관적으로 보아 상대방으로 하여금 공포심을 느끼게 하기에 족하다고 할 것이다.[54)]

수산업협동조합 조합장이 해양경찰서 소속 경찰공무원에게 전화로 폭언

수산업협동조합 조합장인 피고인이 수사 중인 해양경찰서 소속 경찰공무원인 갑에게 전화를 걸어 폭언하며 협박함으로써 범죄수사 등에 관한 직무집행을 방해하였다는 공소사실에 대하여, 피고인은 당시 조합장을 7년 이상 역임해 온 자로서 지역사회에 상당한 영향력을 행사하고 있었고, 검찰청 또는 해양경찰청 고위 간부들과의 친분관계를 과시하였으므로 갑으로서는 충분히 위협을 느낄 수 있는 지위에 있었던 것으로 보이는 점, 당시 피고인의 전화통화 내용도 수사에 대하여 강하게 항의하면서 해양경찰청 고위 간부들과의 친분관계를 이용하여 갑에게 인사상 불이익을 가하겠다는 것으로 갑이 공포심을 느낄 수 있는 해악의 고지로 보여지는 점, 기타 폭언을 하게 된 동기 및 경위, 그 내용 등에 비추어 보면, 피고인의 폭언은 단순히 경찰공무원의 수사에 대한 불만의 표시나 감정적인 욕설에 그친다고 볼 수는 없고, 수사를 계속하는 경우에는 담당 경찰관에게 어떤 인사상 불이익이 가해지리라는 것을 통보함으로써 공포심을 품게 하려는 데 그 목적이 있었다 할 것이고, 또 이는 객관적으로 보아 상대방으로 하여금 공포심을 느끼게 하기에 충분하다.[55)]

5. 고 의

공무집행방해죄에 있어서의 범의는 상대방이 직무를 집행하는 공무원이라는 사실, 그리고 이에 대하여 폭행 또는 협박을 한다는 사실을 인식하는 것을 그 내용으로 하고, 그 인식은 불확정적인 것이라도 소위 미필적고의가 있다고 보아야 하며, 그 직무집행을 방해할 의사를 필요로 하지 아니하다.[56)]

피해자가 교차로에서 직진을 제지하며 피고인 운전의 택시 30센티미터 전방에 서 있음에도 갑자기 좌회전하여 전치 5일의 상해를 입게 함

의무경찰인 피해자가 교차로에서 학생들의 가두 캠페인의 행사관계로 교통통제업무를 수행하던 중 직진하여

54) 대판 1989. 12. 26. 89도1204.

55) 대판 2011. 2. 10. 2010도15986. 다음은 같은 취지에서 협박이 부정된 사례이다.

구청 소속 노조원들의 구청 정보통신과장에 대한 폭언

구청 정보통신과장인 갑의 노조원들을 향한 부적절한 언사에 흥분한 노조원 을, 병 등이 이에 대항하여 공소사실 기재와 같은 폭언을 하고 이어 구청 실·과장들과 노조원들이 언쟁을 한 점, 당시 현장에는 노조원 10여 명이 있었고 구청 간부들로는 갑 외에 실·과장 약 15명 가량이 더 있었던 점, 피고인을 비롯한 노조원과 폭언의 상대방인 갑이 같은 구청에 근무하는 공무원들로서 평소 잘 알고 지내는 사이인 점, 노조원과 실·과장들이 언쟁 후에 화해를 하고 같이 식사를 하러 간 점, 피고인에게 협박 등 폭력행위 전력이 없는 점 등에 비추어 보면, 노조원들의 공소사실 기재 욕설은 갑으로 하여금 공포심을 느끼게 하는 정도의 것이라고 보기 어렵다(대판 2006. 1. 13. 2005도4799).

협박이 경미한 것이어서 상대방인 공무원이 개의하지 않을 정도의 것이라면 그러한 협박으로서는 공무집행방해죄가 성립하지 아니한다(대판 1970. 6. 30. 70도1121).

56) 대판 1995. 1. 24. 94도1949.

오는 피고인 운전의 택시를 발견하고 피고인에게 약 7미터 전방에서 직진할 수 없음을 고지하고 좌회전할 것을 지시하였음에도 피고인이 그 지시에 따르지 아니하고 신경질을 내면서 계속 직진하여 와서 위 택시를 세우고는 다시 "왜 못 들어가게 하느냐, 잠깐 직진하겠다"고 항의하므로, 피해자가 택시의 진행을 막기 위하여 약 30센티미터 전방에 서서 행사관계로 직진할 수 없다는 점을 설명하고 있는데, 피고인이 신경질적으로 갑자기 좌회전하는 바람에 우측 앞범퍼 부분으로 피해자의 우측 무릎부분을 들이받아 도로에 넘어뜨려 전치약 약 5일간의 우슬관절부 경도좌상을 입게 하였고, 한편 피고인은 당시 35세로 15년 이상을 차량운전사로 종사하여 왔다는 것인바, 위와 같은 이 사건의 경위, 사고당시의 정황, 피고인의 연령 및 경력등에 비추어 특별한 사정이 없는 한 위 택시의 회전반경등 자동차의 운전에 대하여 충분한 지식과 경험을 가졌다고 볼 수 있는 피고인에게는, 사고당시 최소한 위 택시를 일단 후진하였다가 안전하게 진행하거나 피해자로 하여금 안전하게 비켜서도록 한 다음 진행하지 아니하고 그대로 좌회전하는 경우 그로부터 불과 30센티미터 앞에서 서 있던 피해자를 충격하리라는 사실을 쉽게 알고도 이러한 결과발생을 용인하는 내심의 의사, 즉 미필적 고의가 있었다고 봄이 경험칙상 당연하다 할 것이며, 사건 직후 피해자와 피고인이 다투지 아니하였고, 종국에는 피해자의 지시에 따랐으며 그 피해가 가벼웠다는 사정만으로는 그 범의를 부인할 수 없을 것이다.
그러나 이 사건의 경위와 정황 및 피해자의 피해정도 등에 비추어 볼 때, 피고인의 위와 같은 택시운행으로 인하여 사회통념상 피해자나 제3자가 위험성을 느꼈으리라고는 보여지지 아니하므로 피고인의 이 사건 범행을 특수공무집행방해치상죄로 의율할 수는 없을 것이다.[57)]

6. 죄 수

출동한 경찰관들에게 욕설하면서 차례로 폭행

동일한 공무를 집행하는 여럿의 공무원에 대하여 폭행·협박 행위를 한 경우에는 공무를 집행하는 공무원의 수에 따라 여럿의 공무집행방해죄가 성립하고, 위와 같은 폭행·협박 행위가 동일한 장소에서 동일한 기회에 이루어진 것으로서 사회관념상 1개의 행위로 평가되는 경우에는 여럿의 공무집행방해죄는 상상적 경합의 관계에 있다.
범죄 피해 신고를 받고 출동한 두 명의 경찰관에게 욕설을 하면서 먼저 경찰관 갑을 폭행하고 곧이어 이를 제지하는 경찰관 을을 차례로 폭행을 하여 신고 처리 및 수사 업무에 관한 정당한 직무집행을 방해한 사안에서, 동일한 장소에서 동일한 기회에 이루어진 폭행 행위는 사회관념상 1개의 행위로 평가하는 것이 상당하므로, 공무집행방해죄는 상상적 경합의 관계에 있다.[58)]

공무집행 중인 공무원을 폭행하여 상해를 가함

피고인은 2013. 2. 21. 03:10경 ○○카페에서, 신고를 받고 출동한 피해자인 수내파출소 소속 순경 갑과

57) 대판 1995. 1. 24. 94도1949.

58) 대판 2009. 6. 25. 2009도3505. 다음은 같은 취지이다.
여러 사람이 함께 공무를 집행하는 경우에 이에 대하여 폭행을 하고 공무집행을 방해하는 경우에는 피해자의 수에 따라 여러 죄가 성립하는 것이 아니고 하나의 행위로서 여러 죄명에 해당하는 소위 상상적 경합관계에 있게 되는 것이다(대판 1961. 9. 28. 4294형상415).

경사 을이 종업원 등으로부터 피고인이 술값을 내지 않고 가려다 실랑이가 있었다는 말을 듣고, 갑이 밖으로 나가려는 피고인의 앞을 막으며 "상황을 설명해 주십시오"라고 말하자 "야이 씨발년들아. 너희 업주랑 한편이지? 너희 내가 거꾸로 매달아 버릴 거야. 내가 누군지 알아?"라고 소리를 지르며 갑의 멱살을 잡아 흔들고, 을이 이를 제지하려고 뒤쪽에서 피고인의 어깨를 잡자 "넌 뭐야"라고 말하고 오른쪽 팔꿈치로 을의 턱을 1회 때렸다.

계속하여 피고인은 같은 날 04:10경 수내파출소에서, 피해자인 수내파출소 소속 경위 병이 피고인의 수갑을 풀어주자 자신을 체포한 경사 을에게 "너 이 새끼"라고 말하며 주먹으로 을의 가슴을 2회 때리고, 멱살을 잡아끌고 가고, 이를 제지하는 병의 멱살을 잡아당겨 흔들고, 주먹으로 입 부위를 1회 때리고, 얼굴을 2회 때렸다.

피고인은 피해자들의 112 신고출동, 질서유지와 범죄수사 및 범죄의 예방·진압에 관한 정당한 공무집행을 방해함과 동시에 갑, 을, 병에게 약 3주간의 치료를 요하는 경추의 염좌 및 긴장 등의 상해를 가하였다.[59]

해설: 공무집행방해죄는 공무를 집행하는 공무원에 대하여 폭행·협박함으로써 성립하는바, 사안에서는 공무집행공무원에 대해 폭행함으로써 상해를 가하였다. 공무집행 중의 공무원에 대한 폭행죄는 공무집행방해죄에 흡수되지만, 공무집행 중의 공무원에 대한 상해죄는 공무집행방해죄에 흡수되지 않고 공무집행방해죄와 상해죄에 해당하며 이들은 상상적 경합관계에 있다.

야간에 공무집행 중의 공무원에 대한 폭행

야간에 공무집행중의 공무원에 대하여 폭행을 한 경우에는 이것은 형법 제136조 제1항의 공무집행방해죄에만 해당할 뿐이요, 이것과는 별도로 폭처법 제2조 제 2항(야간에 폭행의 죄를 범한 경우)의 죄를 구성한다고는 볼 수 없다.[60]

'준강도죄 및 강도죄'와 공무집행방해죄

절도범인이 체포를 면탈할 목적으로 경찰관에게 폭행 협박을 가한 때에는 준강도죄와 공무집행방해죄를 구성하고 양죄는 상상적 경합관계에 있으나, 강도범인이 체포를 면탈할 목적으로 경찰관에게 폭행을 가한 때에는 강도죄와 공무집행방해죄는 실체적 경합관계에 있다.[61]

59) 대판 2014. 12. 11. 2014도7976.
60) 대판 1967. 2. 7. 66도1695.
61) 대판 1992. 7. 28. 92도917.

Ⅱ. 위계에 의한 공무집행방해

1. 공무원의 공무집행

지방자치단체(광주시)가 발주하는 공사(염주종합경기장건설공사)의 입찰에 있어서 입찰참가자결정과 심사 및 낙찰자결정, 그에 따른 공사계약체결 등 일련의 업무는 법령에 의하여 위임된 공무원의 적법한 직무에 관한 것으로서 공무집행방해죄의 대상이 된다고 할 것이다.[62)]

감척어선 입찰자격이 없는 자가 타인 명의로 낙찰받고 자기 돈으로 대금지급하여 소유권취득

위계에 의한 공무집행방해죄는 행위목적을 이루기 위하여 상대방에게 오인, 착각, 부지를 일으키게 하여 이를 이용함으로써 법령에 의하여 위임된 공무원의 적법한 직무에 관하여 그릇된 행위나 처분을 하게 하는 경우에 성립하고, 여기에서 공무원의 직무집행이란 법령의 위임에 따른 공무원의 적법한 직무집행인 이상 공권력의 행사를 내용으로 하는 권력적 작용뿐만 아니라 사경제주체로서의 활동을 비롯한 비권력적 작용도 포함되는 것으로 봄이 상당하다.

한일어업협정 발효로 인하여 일본의 배타적 경제수역에서의 어로활동에 지장을 받게 되어 어업을 폐업하고자 하는 어업인의 어선을 매입하고 폐업에 따른 지원금을 지급하는 방법으로 어업인을 지원하는 감척어선지원사업을 실시하였는데, 자신의 어선으로 일본의 배타적 경제수역에서의 어업에 종사하던 피고인은 위 사업에 따른 지원금을 이미 지급받았으므로, 제주도가 위 지원사업에서 매입한 감척어선을 노후어선과 대체하는 사업으로 실시하는 감척어선 제한경쟁입찰에 참가할 자격이 없었음에도 불구하고, 감척어선 입찰자격이 없는 자가 제3자와 공모하여 제3자의 대리인 자격으로 제3자 명의로 입찰에 참가하고, 낙찰받은 후 자신의 자금으로 낙찰대금을 지급하여 감척어선에 대한 실질적 소유권을 취득한 경우, 위계에 의한 공무집행방해죄가 성립한다고 한 사례.[63)]

2. 위 계

가. 수사기관에 대한 허위진술 또는 허위의 증거제출

수사기관이 범죄사건을 수사할 때에는 피의자 등의 진술 여하에 불구하고 피의자를 확정하고 그 피의사실을 인정할 만한 객관적인 모든 증거를 수집·조사하여야 할 권리와 의무가 있고, 한편 피의자는 진술거부권과 자기에게 유리한 진술을 할 권리와 유리한 증거를 제출할 권리를 가질 뿐이고 수사기관에 대하여 진실만을 진술하여야 할 의무가 있는 것은 아니다. 따라서 피의자 등이 수사기관에 대하여 허위사실을 진술하거나 피의사실 인정에 필요한 증거를 감추고 허위의 증거를 제출하였다고 하더라도, 수사기관이 충분한 수사를 하지 아니한 채 이와 같은 허위의 진술과 증거만으로 증거의 수집·조사를 마쳤다면, 이는 수사기관의 불충분한 수사에 의한 것으로서 피의자 등의 위계에 의하여 수사가 방해되었다고 볼 수 없어 위계에 의한 공무집행방

62) 대판 2003. 10. 9. 2000도4993.
63) 대판 2003. 12. 26. 2001도6349.

해죄가 성립된다고 할 수 없다. 그러나 피의자 등이 적극적으로 허위의 증거를 조작하여 제출하고 그 증거 조작의 결과 수사기관이 그 진위에 관하여 나름대로 충실한 수사를 하더라도 제출된 증거가 허위임을 발견하지 못할 정도에 이르렀다면, 이는 위계에 의하여 수사기관의 수사행위를 적극적으로 방해한 것으로서 위계에 의한 공무집행방해죄가 성립된다.[64)]

수사기관에 대하여 피의자가 허위자백을 하거나 참고인이 허위의 진술을 한 것만으로는 위계에 의한 공무집행방해죄가 성립된다고 할 수 없다.[65)]

피의자 아닌 자가 피의자인 것처럼 수사기관에게 허위진술

형사 피의자와 수사기관이 대립적 위치에서 서로 공격방어를 할 수 있는 취지의 형소법의 규정과 법률에 의한 선서를 한 증인이 허위로 진술을 한 경우에 한하여 위증죄가 성립된다는 형법의 규정 취지에 비추어 수사기관이 범죄사건을 수사함에 있어서는 피의자나 피의자로 자처하는 자 또는 참고인의 진술여하에 불구하고 피의자를 확정하고 그 피의사실을 인정할 만한 객관적인 제반증거를 수집 조사하여야 할 권리와 의무가 있는 것이라고 할 것이므로 피의자나 참고인이 아닌 자가 자발적이고 계획적으로 피의자를 가장하여 수사기관에 대하여 허위사실을 진술하였다 하여 바로 이를 위계에 의한 공무집행방해죄가 성립된다고 할 수 없다. 피고인이 갑과 공모한 다음 피고인이 당시의 청구권자금의 운용 및 관리에 관한 법률위반사건의 피의자인 갑을 가장하여 검사 앞에 출석하여 허위진술을 한 때에는 범인은익죄만 성립하고, 위계에 의한 공무집행죄는 성립하지 않는다.[66)]

해설: 이후 판례는 피고인이 갑 행세를 한 것을 범인도피죄로 의율한다.[67)]

압수에 대비하여 회사 전산시스템에서 관리하고 있던 보험금 출금 관련 데이터를 삭제

삼성 비자금 의혹 관련 특별검사의 임명 등에 관한 법률 제18조 제1항에 정한 '위계에 의한 특별검사 등의 직무방해죄'에서 '위계'란 행위자가 행위 목적을 달성하기 위하여 상대방에게 오인, 착각, 부지를 일으키게 하여 그 오인, 착각, 부지를 이용하는 것을 의미한다. 그리고 수사기관이 범죄사건을 수사하는 때에는 피의자나 참고인의 진술 여하에 불구하고 피의자를 확정하고 그 피의사실을 인정할 만한 객관적인 모든 증거를 수집·조사하여야 할 직무상 권한과 의무가 있지만, 피의자나 참고인은 수사기관에 진실만을 진술하거나 증거를 제출하여야 할 법률상의 의무를 지는 것은 아니므로, 피의자나 참고인 등이 적극적으로 피의자의 무고함을 입증하는 등의 목적으로 허위의 증거를 조작하여 제출한 것이 아니라 단순히 증거를 감추거나 없애 버린 것만으로는 위계로써 수사기관으로 하여금 오인, 착각, 부지를 일으키게 하였다고 할 수 없다.

보험회사 임원이, 회사 전산시스템에서 관리하고 있던 보험금 출금 관련 데이터가 압수될 상황에 이르게 되

64) 대판 2003. 7. 25. 2003도1609; 대판 2011. 2. 10. 2010도15986.
65) 대판 1971. 3. 9. 71도186.
66) 대판 1977. 2. 8. 76도3685.
67) 대판 2000. 11. 24. 2000도4078. 대판 2002. 10. 11. 2002도3332 등.

자 특정 기간의 위 전산데이터를 삭제한 행위가 '위계로써 특별검사 등의 직무수행을 방해한 것'이라고 볼 수 없다고 한 사례.68)

음주운전 중 교통사고를 낸 자가 타인의 혈액을 자신의 혈액인 것처럼 제출, 감정케 함
음주운전을 하다가 교통사고를 야기한 후 그 형사처벌을 면하기 위하여 타인의 혈액을 자신의 혈액인 것처럼 교통사고 조사 경찰관에게 제출하여 감정하도록 한 행위는, 단순히 피의자가 수사기관에 대하여 허위사실을 진술하거나 자신에게 불리한 증거를 은닉하는 데 그친 것이 아니라 수사기관의 착오를 이용하여 적극적으로 피의사실에 관한 증거를 조작한 것으로서 위계에 의한 공무집행방해죄가 성립한다고 한 사례.69)

뇌물수수 혐의로 조사받은 수협조합장이 총무계장으로 하여금 허위의 기증물관리대장을 작성하고, 진술하게 함
피고인은 갑으로부터 동양화 1점을 뇌물로 수수한 혐의에 대하여 조사받으면서 "위 동양화를 을로부터 아무런 부탁 없이 기증받아 즉시 기증물관리대장에 기재하게 한 후 이를 피고인이 근무하는 수산업협동조합의 대회의실에 걸어두었다"라고 변명하면서 기증물관리대장을 증거자료로 제출하였으나, 사실은 피고인이 근무하던 수산업협동조합에는 기증물관리대장 자체가 없었으며, 피고인이 위 뇌물수수 사건 수사 직전 총무계장에게 작성일자를 소급하여 허위 기재한 기증물관리대장을 만들게 하고, '이 사건 기증물관리대장은 2006년 3월경 최초 작성하였으며 기증물관리대장에 기재된 바와 같이 2008. 3. 21. 동양화 1점을 기증받았다'는 취지로 허위 진술할 것을 지시하였고, 위 총무계장이 그와 같이 허위 진술한 결과 피고인이 일단 무혐의처분을 받았다가 공소제기된 경우, 이는 단순히 수사기관에 대하여 허위사실을 진술하거나 자신에게 불리한 증거를 은닉하는 데 그친 것이 아니라 적극적으로 피의사실에 관한 증거를 조작한 것으로 볼 수 있고, 이는 위계에 의한 공무집행방해죄에 해당한다.70)

나. 허위의 주장·자료제출에 기한 인·허가 처분 등

(1) 위계공무집행방해죄 긍정례

행정관청이 출원에 의한 인·허가처분을 함에 있어서는 그 출원사유가 사실과 부합하지 아니하는 경우가 있음을 전제로 하여 인·허가할 것인지의 여부를 심사, 결정하는 것이므로 행정관청이 사실을 충분히 확인하지 아니한 채 출원자가 제출한 허위의 출원사유나 허위의 소명자료를 가볍게 믿고 인가 또는 허가를 하였다면 이는 행정관청의 불충분한 심사에 기인한 것으로서 출원자의 위계가 결과 발생

68) 대판 2009. 6. 11. 2008도9437.
69) 대판 2003. 7. 25. 2003도1609. 다음은 같은 취지이다.
타인의 소변을 마치 자신의 소변인 것처럼 수사기관에 건네주어 필로폰 음성반응이 나오게 한 경우, 수사기관의 착오를 이용하여 적극적으로 피의사실에 관한 증거를 조작한 것이므로 위계에 의한 공무집행방해죄가 성립한다고 한 사례(대판 2007. 10. 11. 2007도6101).
70) 대판 2011. 2. 10. 2010도15986.

의 주된 원인이었다고 할 수 없어 위계에 의한 공무집행방해죄를 구성하지 않는다고 할 것이지만, 출원자가 행정관청에 허위의 출원사유를 주장하면서 이에 부합하는 허위의 소명자료를 첨부하여 제출한 경우 허가관청이 관계 법령이 정한 바에 따라 인·허가요건의 존부 여부에 관하여 나름대로 충분히 심사를 하였으나 출원사유 및 소명자료가 허위임을 발견하지 못하여 인·허가처분을 하게 되었다면 이는 허가관청의 불충분한 심사가 그의 원인이 된 것이 아니라 출원인의 위계행위가 원인이 된 것이어서 위계에 의한 공무집행방해죄가 성립된다.71)

노숙자로 하여금 '개인택시 운송사업 양도인'으로 가장하여 허위의 진단서를 발급받게 하여 이를 행정관청에 제출함으로써 개인택시 운송사업의 양도·양수 인가처분을 받음

개인택시 운송사업면허를 받아 5년이 경과되지 아니한 자도 1년 이상의 치료를 요하는 질병으로 인하여 직접 운전할 수 없는 경우에는 위 면허를 양도할 수 있다는 것을 악용하여, 질병이 있는 노숙자들로 하여금 그들이 개인택시 운송사업을 양도하려고 하는 사람인 것처럼 위장하여 의사의 진료를 받게 한 다음, 그 정을 모르는 의사로부터 환자가 개인택시 운송사업의 양도인으로 된 허위의 진단서를 발급받아 행정관청에 개인택시 운송사업의 양도·양수 인가신청을 하면서 이를 소명자료로 제출하여 진단서의 기재 내용을 신뢰한 행정관청으로부터 인가처분을 받은 경우, 위계에 의한 공무집행방해죄가 성립한다고 한 사례.72)

강제출국당한 중국 동포가 중국에서 발급받은 '이름과 생년월일을 변경한 호구부'를 이용하여 입국사증을 받아 입국 후 외국인등록증을 발급받고 귀화허가신청서까지 제출

불법체류를 이유로 강제출국 당한 중국 동포인 피고인이 중국에서 이름과 생년월일을 변경한 호구부를 발급받아 중국 주재 대한민국 총영사관에 제출하여 변경된 명의로 입국사증을 받은 다음, 다시 입국하여 그 명의로 외국인등록증을 발급받고 귀화허가신청서까지 제출한 사안에서, 피고인이 자신과 동일성을 확인할 수 없도록 변경된 호구부를 중국의 담당관청에서 발급받아 위 대한민국 총영사관에 제출하였으므로, 영사관 담당 직원 등이 호구부의 기재를 통하여 피고인의 인적사항 외에 강제출국 전력을 확인하지 못하였더라도, 사증 및 외국인등록증의 발급요건 존부에 대하여 충분한 심사를 한 것으로 보아야 하고, 이러한 경우 행정청의 불충분한 심사가 아니라 출원인의 적극적인 위계에 의해 사증 및 외국인등록증이 발급되었던 것이므로 위계에 의한 공무집행방해죄가 성립하고, 또한 피고인의 위계행위에 의하여 귀화허가에 관한 공무집행방해 상태가 초래된 것이 분명하므로, 귀화허가가 이루어지지 아니하였더라도 위 죄의 성립에 아무런 영향이 없다.73)

71) 대판 2002. 9. 4. 2002도2064; 대판 2011. 4. 28. 2010도14696.

72) 대판 2002. 9. 4. 2002도2064.

73) 대판 2011. 4. 28. 2010도14696. 같은 취지로는 대판 2009. 2. 26. 2008도11862. 다음은 같은 취지이다.
피고인들이 공모하여 허위 물량배정계획서와 일괄 작성한 견적서들을 지방조달청에 제출하여 위계로써 지방조달청장의 단체수의계약 체결에 관한 정당한 직무집행을 방해하였다는 내용으로 기소된 사안에서, 피고인들에게 유죄를 인정한 사례(대판 2011. 5. 26. 2011도1484).
도시개발공사의 공고상 보상계획 및 이주대책대상인 종교시설이 되기 위한 기준일 이전에 사찰을 창건하여 주지로서 재직한 바가 없거나, 그 사찰이 위 기준일 이전에 불교종단에 등록된 바가 없음에도, 위 사찰의 등록일을 위 기준일 이전으로 소급한 등록증을 발급받아 이를 위 사찰의 존치요청신청서에 첨부하여 제출한 것이 위계에 의한 공무

허위의 편입신청서를 제출하여 산업기능요원 편입 및 파견근무를 승인받음

구 병역법상의 지정업체에서 산업기능요원으로 근무할 의사가 없음에도 해당 지정업체의 장과 공모하여 허위내용의 편입신청서를 제출하여 관할관청으로부터 산업기능요원 편입을 승인받고, 나아가 관할관청의 실태조사를 회피하기 위하여 허위서류를 작성·제출하는 등의 방법으로 파견근무를 신청하여 관할관청으로부터 파견근무를 승인받았다면, 이러한 파견근무의 승인 등은 관할관청의 불충분한 심사가 원인이 된 것이 아니라 출원인의 위계행위가 원인이 된 것이어서 위계에 의한 공무집행방해죄가 성립한다.[74]

해설: 산업기능요원은 사회복무요원(종전의 공익근무요원), 공중보건의사, 공익법무관 등과 같이 병역의무를 현역이 아닌 보충역으로 이행하는 것이다. 산업기능요원은 편입 당시 지정업체의 해당 분야에 종사하여야 하지만 일정한 사유가 있어 지방병무청장의 승인 등을 받은 경우에는 그러하지 아니할 수 있다(병역법 5조, 39조 등)

(2) 위계공무집행방해죄 부정례

허위의 소독작업결과서를 제출하여 수출검사합격증명서를 발급받았으나, 담당공무원이 신청사유를 정당하게 조사하였다면 허위임을 알 수 있었을 경우

수출입화물방제업체 운영자인 피고인이 국립식물검역소 출장소에 허위의 소독작업결과서가 첨부된 수출식물검사신청서를 제출하여 수출검사합격증명서를 발급받음으로써 위계로써 위 출장소의 수출식물 검역 및 검사합격증명서 발급 업무의 집행을 방해하였다는 공소사실에 대하여, 담당공무원이 신청사유를 정당하게 조사하였다면 허위임을 알 수 있었을 터인데 그 사실 여부를 조사하지 아니한 채 신청사유 및 첨부서류가 진실한 것으로 가볍게 믿은 나머지 위 합격증명서를 발급한 것이라면, 이는 위 담당공무원이 신청사유를 충분히 심사하지 못한 데에 기인한 결과라고 할 것이므로 그 공무집행이 방해되었다고 단정할 수는 없다.[75]

집행방해죄에서 말하는 위계에 해당한다고 한 사례(대판 2005. 3. 10. 2004도8470).

74) 대판 2009. 3. 12. 2008도1321. 다음은 같은 취지이다.

허위의 공동연구 협약서를 제출하여 전문연구요원 편입 및 파견근무를 승인받음

구 병역법상 지정업체에서 전문연구요원으로 근무할 의사가 없음에도 허위내용의 편입신청서를 제출하여 관할관청으로부터 전문연구요원 편입을 승인받고, 관할지방병무청장에게 허위의 공동연구 협약서를 작성·제출하여 파견근무를 신청하여 승인받았다면, 이러한 편입 및 파견근무의 승인은 관할관청의 불충분한 심사가 원인이 아니라 출원인의 위계행위가 원인이 된 것이어서 위계에 의한 공무집행방해죄가 성립한다(대판 2008. 6. 26. 2008도1011).

75) 대판 2010. 10. 28. 2008도9590. 다음은 같은 취지이다.

허위의 소명자료를 첨부한 개인택시 운송사업면허 신청

개인택시 운송사업면허 신청은 출원에 의한 행정관청의 일반적인 인·허가처분과 마찬가지로 행정관청이 면허요건에 해당하는 여부를 심리하여 면허 여부를 결정하는 것이고 그 신청서에 첨부된 소명자료가 진실한 것인지를 가리지 않고 면허를 결정하는 것이 아니므로 그 면허신청서에 허위의 소명자료를 첨부한 소위는 위계에 의한 공무집행방해죄에 해당하지 않는다(대판 1988. 9. 27. 87도2174).

신문사 사원의 전화가입승낙은 4~5순위로서 일반 청약자의 9순위보다 우선하는 점을 이용하여 신문사사원이 아닌 갑 등이 신문사의 부장으로 재직한다는 취지의 허위의 재직증명서를 입수하여 갑 등의 명의로 청량리전화국에 위 허위의 재직증명서를 첨부하여 전화가입청약을 하여 이에 속은 위 전화국장으로 하여금 갑 등의 각 거주지에 전화를 가설하게 한 사안에서,

전화가입청약에 대하여는 전화관서가 그 승낙순위에 해당하는 여부를 심사하여 승낙여부를 결정하는 것이고 전화가입청약시에 첨부된 승낙순위를 증명하는 증명서가 진실한 것인지의 여부를 가리지 아니하고 그 증명서에 해당하

는 승낙순위대로 전화가입을 승낙하는 것은 아니라고 할 것이므로, 위와 같이 허위의 재직증명서를 첨부하여 전화가입청약을 승낙순위 4순위로 전화가입의 승낙을 받아 전화가설이 되었다고 하여도 이로서는 전화관서의 공무원의 적법한 직무집행을 위계로써 방해하려는 의사가 있었던 것이라고 할 수는 없을 것이다(대판 1977. 12. 27. 77도3199).

화물자동차 운송주선업자가 허가기준에 관한 사항을 신고하면서 허위서류제출

위계에 의한 공무집행방해죄는 상대방의 오인, 착각, 부지를 일으키고 이를 이용하는 위계에 의하여 상대방으로 하여금 그릇된 행위나 처분을 하게 함으로써 공무원의 구체적이고 현실적인 직무집행을 방해하는 경우에 성립한다. 한편 신고는 사인이 행정청에 대하여 일정한 사실 또는 관념을 통지함으로써 공법상 법률효과가 발생하는 행위로서 원칙적으로 행정청에 대한 일방적 통고로 그 효과가 완성될 뿐 이에 대응하여 신고내용에 따라 법률효과를 부여하는 행정청의 행위나 처분을 예정하고 있지 아니하므로, 신고인이 허위사실을 신고서에 기재하거나 허위의 소명자료를 첨부하여 제출하였다고 하더라도 관계 법령에 별도의 처벌규정이 있어 이를 적용하는 것은 별론으로 하고, 일반적으로 위와 같은 허위 신고가 형법상 위계에 의한 공무집행방해죄를 구성한다고 볼 수 없다. 다만 관계 법령이 비록 신고라는 용어를 사용하고 있더라도 사실상 인허가 등 처분의 신청행위와 다를 바 없다고 평가되는 등의 예외적인 경우에는 위계에 의한 공무집행방해죄가 성립할 여지가 있으나, 이때에도 행정청이 나름대로 충분히 사실관계를 확인하더라도 그 신고내용이 허위이거나 법령의 취지에 맞지 아니함을 발견할 수 없었던 경우가 아니라면 심사를 담당하는 행정청이 신고내용이나 자료의 진실성을 충분히 따져보지 않은 채 경솔하게 이를 믿고 어떠한 행위나 처분에 나아갔다고 하여 이를 신고인의 위계에 의한 결과로 볼 수 없으므로 위계에 의한 공무집행방해죄는 성립하지 아니한다.

화물자동차 운송주선사업자인 피고인이 관할 행정청에 주기적으로 허가기준에 관한 사항을 신고하는 과정에서 허위 서류를 제출하는 부정한 방법으로 허가를 받아 위계로써 공무원의 직무집행을 방해하였다는 내용으로 기소된 사안에서, 피고인에게 유죄를 인정한 원심판결에 법리오해의 위법이 있다고 한 사례(대판 2011. 9. 8. 2010도7034).

해설: 구체적인 판시는 다음과 같다.

① 관계 법령은 화물자동차 운송주선사업에 관하여 허가사항과 신고사항을 명확히 구분하고 있고, 이 사건 신고는 사업자에게 새로운 법적 지위나 권리가 부여되는 것이 아니어서 허가의 신청과는 그 성질이나 효력에 있어 다른 점, ② 관계 법령에서 이 사건 신고에 관하여 신고사항의 진실 여부 등을 심사하여 그 수리를 거부할 수 있다거나 신고사항의 흠이 발견되는 경우에는 그 신고수리 자체를 취소할 수 있다는 등의 규정을 두고 있지 않은 점, ③ 이 사건 신고는 이미 허가를 받은 사업자들이 허가기준에 부합하는 자본금 등의 요건을 유지하고 있는지 여부를 정기적으로 확인하여 일정한 경우에 허가를 취소하는 등의 제재를 하는 데에 필요한 정보를 얻기 위한 제도로 보이고, 이 사건 신고를 법정기간 내에 하지 아니하거나 허가기준에 미달하는 내용으로 신고를 하거나 허가기준을 충족하는 내용으로 거짓 신고를 하였다는 이유로 공무원이 그 접수 혹은 수리를 거부하는 경우에도 그로 인하여 기존의 허가가 효력을 상실하는 등의 법적 효과가 발생하지 아니하고 행정청이 별도로 허가취소 또는 사업정지 등의 행정처분을 하는 경우에 비로소 사업자에게 불이익이 발생하는 점 등에 비추어 보면, 이미 허가를 받아 적법하게 사업을 영위하는 피고인이 이 사건 신고를 하는 과정에서 신고서에 허위사실을 기재하고 그에 관한 허위의 서류를 첨부하여 제출하였다고 하더라도 그로써 곧 구체적이고 현실적인 직무집행이 방해받았다고 볼 수 없을 뿐 아니라, 행정청이 신고내용의 진실성이나 첨부자료의 진위 여부를 조사하지 아니하여 위 허위신고에 대한 적정한 행정권의 행사에 나아가지 못하였다고 하더라도 그러한 결과가 위 허위신고로 인한 것이라고 보기도 어렵다.

화물자동차 운송주선업자가 허가기준에 관한 사항을 신고하면서 허위 예금잔액증명서 제출

화물자동차 운송주선사업자인 피고인이 관할 행정청에 주기적으로 허가기준에 관한 사항을 신고하는 과정에서 가장납입에 의하여 발급받은 허위의 예금잔액증명서를 제출하는 부정한 방법으로 허가를 받아 위계로써 공무원의 직무집행을 방해하였다는 내용으로 기소된 사안에서, 제반 사정에 비추어 위 신고는 행정청의 단순한 접수나 형식적 심사를 거친 수리 외에 신고에 대응한 어떠한 적극적·실질적 행정작용에 나아갈 것이 예정되어 있다고 볼 수 없을 뿐 아니라, 행정청이 신고내용의 진실성이나 첨부자료의 취지를 제대로 따져보지 않아 추가 조사를 통한 적정한 관리감독권의 행사에 나아가지 않았더라도 이를 신고인의 위계에 의한 방해의 결과로 볼 수 없어 위계에 의한 공무집행방해죄가 성립한다고 볼 수 없다고 한 사례(대판 2011. 8. 25. 2010도7033).

모법의 위임에 반하여 무효인 자동차운전면허 사무처리지침상의 요건을 구비하기 위해 초등학교졸업자가 초등학교중퇴 이하의 학력자라는 인우보증서를 제출하여 구술시험에 응시

구 도로교통법 시행령 제49조 제1항 단서는 "글을 알지 못하는 사람으로서 필기시험에 의하는 것이 곤란하다고 인정되는 사람은 구술시험으로 필기시험을 갈음할 수 있다"고 규정하고 있는바, 위 규정의 입법 취지는 글을 알지 못하는 문맹자에게도 글을 아는 사람과 동일하게 운전면허를 취득할 기회를 부여하려는 데에 있다고 할 것이다.

그런데 구 도로교통법 시행령 등의 위임에 따라 제정된 자동차운전면허 사무처리지침은 그 제8조 제1항에 "구 도로교통법 시행령 제49조 제1항 단서 중 '글을 알지 못하는 사람'이라 함은 초등학교 중퇴 이하의 학력자로서 글을 전혀 읽지 못하거나 잘 읽을 수 없는 사람을 말한다"고 규정하고, 같은 조 제2항에 구술시험을 희망하는 문맹자는 자신이 초등학교 중퇴 이하의 학력자로서 글을 알지 못하고 있다는 내용이 기재된 인우보증서를 제출하도록 규정함으로써, 설령 글을 알지 못한다 하더라도 초등학교 졸업 이상의 학력을 가진 사람에게는 구술시험의 응시를 허용하지 않고 있는바, 이는 초등학교 졸업 이상의 학력을 가진 문맹자가 구술시험을 통하여 운전면허를 취득할 수 있는 기회를 합리적인 근거 없이 제한한 것으로서 모법의 위임범위를 벗어나 무효라고 하지 않을 수 없다.

피고인이 초등학교를 졸업하였음에도 초등학교 중퇴 이하의 학력자라는 허위 내용의 인우보증서를 첨부하여 구술시험에 응시하였다는 사실만으로는 적법한 직무집행을 방해하였다고 볼 수 없으므로 위계에 의한 공무집행방해죄가 성립하지 아니한다.[76)]

다. 공무원의 위계행위

어업허가를 받을 수 없는 자의 출원에 대해 부하직원으로 하여금 허가기안문을 작성케 하고 피고인이 중간결재를 하는 등 위계로써 결재를 받음

출원에 대한 심사업무를 담당하는 공무원이 출원인의 출원사유가 허위라는 사실을 알면서도 결재권자로 하여금 오인, 착각, 부지를 일으키게 하고 그 오인, 착각, 부지를 이용하여 인·허가처분에 대한 결재를 받아낸 경우에는 출원자가 허위의 출원사유나 허위의 소명자료를 제출한 경우와는 달리 더 이상 출원에 대한 적정한 심사업무를 기대할 수 없게 되었다고 할 것이어서 그와 같은 행위는 위계로써 결재권자의 직무집행을 방해한 것에 해당하므로 위계에 의한 공무집행방해죄가 성립한다.

피고인이, 출원인이 어업허가를 받을 수 없는 자라는 사실을 알면서도 그 직무상의 의무에 따른 적절한 조치를 취하지 않고 오히려 부하직원으로 하여금 어업허가 처리기안문을 작성하게 한 다음 피고인 스스로 중간결재를 하는 등 위계로써 농수산국장의 최종결재를 받았다면, 직무위배의 위법상태가 위계에 의한 공무집행방해행위 속에 포함되어 있는 것이라고 보아야 할 것이므로, 이와 같은 경우에는 작위범인 위계에 의한 공무집행방해죄만이 성립하고 부작위범인 직무유기죄는 따로 성립하지 아니한다.[77)]

76) 대판 2007. 3. 29. 2006도8189.

77) 대판 1997. 2. 28. 96도2825.

담당자가 아닌 공무원이 출원인의 청탁을 들어줄 목적으로 자신의 업무 범위에 속하지도 않는 업무에 관하여 그 일부를 담당공무원을 대신하여 처리하면서 위계를 써서 담당공무원으로 하여금 오인, 착각, 부지를 일으키게 하고 그 오인, 착각, 부지를 이용하여 인·허가 처분을 하게 하였다면, 이는 허가관청의 불충분한 심사가 그의 원인이 된 것이 아니라 담당자가 아닌 공무원의 위계행위가 원인이 된 것이어서 위계에 의한 공무집행방해죄가 성립한다.78)

라. 금지규정의 위반

법령에서 어떤 행위의 금지를 명하면서 이를 위반하는 행위에 대한 벌칙을 두는 한편, 공무원으로 하여금 그 금지규정의 위반 여부를 감시·단속하게 하고 있는 경우 그 공무원에게는 금지규정 위반행위의 유무를 감시하여 확인하고 단속할 권한과 의무가 있다 할 것인데, 만약 어떠한 행위가 공무원이 관계 법령이 정한 바에 따라 금지규정 위반행위의 유무를 충분히 감시하여 확인하고 단속하더라도 이를 발견하지 못할 정도에 이른 것이라면 이는 위계에 의하여 공무원의 감시·단속업무를 적극적으로 방해한 것으로서 위계에 의한 공무집행방해죄가 성립된다고 할 것이지만, 그와 같은 행위가 이에 이르지 않고 단순히 공무원의 감시·단속을 피하여 금지규정에 위반하는 행위를 한 것에 불과하다면 이는 공무원의 불충분한 감시·단속에 기인한 것이지, 행위자 등의 위계에 의하여 공무원의 감시·단속에 관한 직무가 방해되었다고 할 수 없을 것이어서 위계에 의한 공무집행방해죄가 성립된다고 할 수 없다.79)

불빛을 반사시켜 과속단속카메라에 제대로 촬영되지 않게 하는 물질을 차량번호판에 뿌림

과속으로 인하여 과속단속카메라에 촬영되더라도 불빛을 반사시켜 차량 번호판이 식별되지 않도록 하는 기능이 있는 이 사건 '파워매직세이퍼'를 차량 번호판에 뿌린 상태로 차량을 운행한 행위만으로는 경찰청의 교통단속업무를 구체적이고 현실적으로 수행하는 경찰공무원에 대하여 그가 충실히 직무를 수행한다고 하더라도 통상적인 업무처리과정 하에서는 사실상 적발이 어려운 위계를 사용하여 그 업무집행을 하지 못하게 한 것이라고 보기 어렵다.80)

변호사가 휴대전화와 증권거래용 단말기를 구치소 내로 반입하여 수용자가 이용하게 함

수용자에게는 허가 없는 물품을 사용·수수하거나 허가 없이 전화 등의 방법으로 다른 사람과 연락하는 등의 규율위반행위를 하여서는 아니 될 금지의무가 부과되어 있고, 교도관은 수용자의 규율위반행위를 감시·단속·적발하여 상관에게 보고하고 징벌에 회부되도록 하여야 할 일반적인 직무상 권한과 의무가 있다고 할 것

78) 대판 2008. 3. 13. 2007도7724.
79) 대판 2010. 4. 15. 2007도8024.
80) 대판 2010. 4. 15. 2007도8024.

이므로, 수용자가 교도관의 감시·단속을 피하여 규율위반행위를 하는 것만으로는 단순히 금지규정에 위반되는 행위를 한 것에 지나지 아니할 뿐 위계에 의한 공무집행방해죄가 성립한다고 할 수 없고, 또 수용자가 아닌 자가 교도관의 검사 또는 감시를 피하여 금지물품을 반입하거나 허가 없이 전화 등의 방법으로 다른 사람과 연락하도록 하였더라도 교도관에게 교도소 등의 출입자와 반출·입 물품을 단속·검사할 권한과 의무가 있는 이상, 수용자 아닌 자의 그러한 행위는 특별한 사정이 없는 한 위계에 의한 공무집행방해죄에 해당하는 것으로는 볼 수 없다 할 것이나, 변호사가 접견을 핑계로 휴대전화 등을 몰래 반입하여 수용자로 하여금 이용하게 한 행위는, 구체적이고 현실적으로 감시·단속업무를 수행하는 교도관에 대하여 그가 충실히 직무를 수행한다고 하더라도 통상적인 업무처리과정하에서는 사실상 적발이 어려운 위계를 적극적으로 사용하여 그 업무집행을 하지 못하게 하였다면 이에 대하여 위계에 의한 공무집행방해죄가 성립한다.[81]

구치소수용자가 교도관인 갑, 을, 병 등과 공모하여 그들로부터 담배를 교부받아 이를 흡연하거나 같은 수용자인 정, 무에게 건네주어 피우게 하거나 을로부터 휴대폰을 건네받아 외부와 전화통화를 한 사안에서, 법령에서 교도소 수용자에게는 흡연하거나 담배를 소지·수수·교환하거나 허가 없이 전화 등의 방법으로 다른 사람과 연락하는 등의 규율위반행위를 하여서는 아니될 금지의무가 부과되어 있고, 교도관은 수용자의 규율위반행위를 감시, 단속, 적발하여 상관에게 보고하고 징벌에 회부되도록 하여야 할 일반적인 직무상 권한과 의무가 있다고 할 것인바, 구체적이고 현실적으로 감시, 단속업무를 수행하는 교도관에 대하여 위계를 사용하여 그 업무집행을 못하게 한다면 이에 대하여 위계에 의한 공무집행방해죄가 성립한다고 할 것이지만, 수용자가 교도관의 감시, 단속을 피하여 규율위반행위를 하는 것만으로는 단순히 금지규정에 위반되는 행위를 한 것에 지나지 아니할 뿐 이로써 위계에 의한 공무집행방해죄가 성립한다고는 할 수 없고, 수용자가 아닌 자가 교도관의 검사 또는 감시를 피하여 금지물품을 교도소 내로 반입되도록 하였다고 하더라도 교도관에게 교도소 등의 출입자와 반출·입 물품을 단속, 검사하거나 수용자의 거실 또는 신체 등을 검사하여 금지물품 등을 회수하여야 할 권한과 의무가 있는 이상, 그러한 수용자 아닌 자의 행위를 위계에 의한 공무집행방해죄에 해당하는 것으로는 볼 수 없으며, 교도관이 수용자의 규율위반행위를 알면서도 이를 방치하거나 도와주었더라도, 이를 다른 교도관 등에 대한 관계에서 위계에 의한 공무집행방해죄가 성립하는 것으로 볼 수는 없다고 한 사례.[82]

마. 허위의 자격증명

공사실적이 없어 입찰참가자격이 없는 자가 허위의 실적증명서를 제출하여 낙찰받음

피고인들은 A 주식회사가 국내외 단일공사 종합운동장 또는 축구전용경기장 관람석 22,500석 이상의 준공실적이 없었으므로 광주시가 발주하는 염주종합경기장 입찰에 대한 참가자격을 갖추지 못하였음에도 공사실적에 관련된 사문서를 변조한 다음 이를 첨부한 실적증명발급요청서를 해외건설협회에 제출하여 위 입찰참가자격에 적합한 실적증명서를 받아내고, 이를 위 염주종합경기장 입찰참가신청서에 첨부하여 제출함으로써 그 입찰에서 A가 낙찰자로 결정되고 공사계약을 체결하게 된 사실, 위 염주종합경기장 입찰공고에서 해외시

81) 대판 2005. 8. 25. 2005도1731.
82) 대판 2003. 11. 13. 2001도7045.

공실적은 해외건설협회장이 발급하는 실적증명서에 의하도록 되어 있는 사실을 인정할 수 있으므로, 위와 같이 변조된 서류에 근거하여 해외건설협회장이 발급한 실적증명서에 대하여 입찰담당 공무원이 달리 심사할 방법이 없을 뿐만 아니라 위 실적증명서의 기재 내용은 일반적으로 신뢰할 만한 것이어서, 입찰담당 공무원이 A에 대하여 입찰참가자격을 인정하고 그에 따라 A가 낙찰자로 결정되어 공사계약을 체결할 수 있게 된 것은 피고인들의 위계에 의한 결과라고 할 것이다.[83]

간호보조원 수료증명서를 허위로 작성해주어 간호보조원자격시험에 응시할 수 있게 함

간호보조원 교육과정이수에 관한 사문서인 수료증명서의 허위작성은 무형위조로서 처벌대상이 되지 아니하고 피고인들의 행위가 허위작성 및 교부로 끝났다고 하더라도 간호보조원자격시험 응시자격을 증명하는 위 문서의 용도와 그 사용의 결과를 인식하고 공소외인들로 하여금 사용케 할 의도로 작성교부한 것이고 그들이 위 문서를 진정한 문서인 것처럼 시험관리당국에 제출하여 응시자격을 인정받아 응시함으로써 그 시험관리에 관한 공무집행을 방해하는 상태를 초래하였다면 피고인들은 공소외인들과 공무집행방해죄의 공동정범의 죄책을 면할 수 없고, 무형위조의 사후행위로써 처벌의 대상이 되지 않는다고 볼 수 없다.[84]

바. 시 험

시험에 대리 응시

피고인이 마치 그의 형인 양 시험감독자를 속이고 원동기장치 자전거운전면허시험에 대리로 응시하였다면 위계에 의한 공무집행방해죄가 성립한다.[85]

해설: 시험주관자가 공무원이 아닌 경우에는 위계공무집행방해죄가 아니라 업무방해죄에 해당한다. 대리응시하기 위해 시험장에 들어가는 것은 건조물침입죄에 해당한다.[86]

시험을 보고 있는 자에게 해답을 전달

피고인과 '갑'이 공모하고 피고인이 시험장소 내에서 시험감독관의 감시의 틈을 타서 시험답안지의 해답이 적히 쪽지를 '갑'에게 전달한 이상 '갑'의 행위 여하에 불구하고 공무원의 시험감독에 관한 직무집행을 위계로서 방해한 경우에 해당한다 할 것이다.[87]

---

83) 대판 2003. 10. 9. 2000도4993.

84) 대판 1982. 7. 27. 82도1301. 다음은 같은 취지이다.
고등학교 입학원서 추천서란을 사실과 다르게 조작허위기재하여 그 추천서 성적이 고등학교입학전형의 자료가 되었다면 위계에 의하여 고등학교입학전형업무를 방해한 것이다(대판 1983. 9. 27. 83도1864).

85) 대판 1986. 9. 9. 86도1245.

86) 대판 1967. 12. 19. 67도1281.

87) 대판 1967. 5. 23. 67도650.

사. 법원의 재판

허위 소명자료를 제출하여 법원의 가처분결정을 받음

피고인들이 허위의 매매계약서 및 영수증을 소명자료로 첨부하여 가처분신청을 하여 법원으로부터 유체동산에 대한 가처분결정을 받은 사안에서,

법원은 당사자의 허위 주장 및 증거 제출에도 불구하고 진실을 밝혀야 하는 것이 그 직무이므로, 가처분신청 시 당사자가 허위의 주장을 하거나 허위의 증거를 제출하였다 하더라도 그것만으로 법원의 구체적이고 현실적인 어떤 직무집행이 방해되었다고 볼 수 없으므로 이로써 바로 위계에 의한 공무집행방해죄가 성립한다고 볼 수 없다.[88)]

피고의 주소를 허위로 기재하여 변론기일소환장이 허위주소로 송달되게 함

민사소송을 제기함에 있어 피고의 주소를 허위로 기재하여 법원공무원으로 하여금 변론기일소환장 등을 허위주소로 송달케 하였다는 사실만으로는 이로 인하여 법원공무원의 구체적이고 현실적인 어떤 직무집행이 방해되었다고 할 수는 없으므로, 이로써 바로 위계에 의한 공무집행방해죄가 성립한다고 볼 수는 없다.[89)]

아. 기 타

지방의회 의장선거 투표용지에 누가 어떤 후보에게 투표하였는지 알 수 있도록 표시함

지방의회 의장 선거의 감표위원이 되어 투표용지에 사전에 날인하게 된 것을 기화로 누가 어떤 후보에게 투표를 하였는지 구별할 수 있도록 그 용지에 표시를 하는 행위는 무기명투표의 비밀성을 침해하는 행위로서, 그 후에 그 용지에 의하여 투표가 행하여졌다면 그 자체만으로 의원들의 비밀선거에 의한 의장 선출 직무와 의장의 투표사무 감독직무를 위계로써 방해하는 행위에 해당한다고 할 것이다. 거기서 나아가 의원들이 비밀성이 침해되었음을 알아서 자신들의 소신과 다른 투표를 하게 되어야 비로소 의원들 및 의장의 위 직무의 집행이 방해되었다고 할 것은 아니다.[90)]

---

88) 대판 2012. 4. 26. 2011도17125.

89) 대판 1996. 10. 11. 96도312. 다음은 같은 취지이다.

건물점유자로서 명도집행을 저지할 수 있는 정당한 권능이 있는 자가 점유사실을 입증하기 위하여 실효된 임대차계약서를 제시

피고인은 갑과 동인 소유의 여관을 임차하기로 하는 임대차계약을 체결하고 중도금까지 지급하였으나 잔금을 지급할 능력이 없어 을로부터 금원을 차용하여 그 잔금을 지급하고 그 담보로서 위 임대차계약의 임차인의 명의를 을로 변경하여 주기로 하고 갑과의 위 임대차계약을 해소하는 한편 갑과 을 사이에 동업형식으로 임대차계약을 체결하게 하였으나 피고인이 위 여관에 입주한 이래 이 사건 명도집행 당시까지 그의 처, 여동생 등과 같이 기거하면서 위 여관을 경영하여 왔으므로 피고인은 이 사건 명도집행 당시 위 여관을 점유하였다고 할 것이므로 이를 주장하여 을에 대한 화해조서 정본에 기한 명도집행을 저지할 수 있는 정당한 권능이 있다고 할 것인 만큼 그 점유사실을 입증하기 위한 수단으로 이미 실효된 임대차계약서의 사본을 제시하면서 가사 그 실효인 사실을 고지하지 아니하고 자신이 정당한 임차인인 것처럼 주장하였다고 하더라도 위계공무집행방해죄의 위계에 해당한다고는 볼 수 없다(대판 1984. 1. 31. 83도2290).

90) 대판 2009. 9. 10. 2009도6541.

다른 입찰참가자의 입찰가격을 알아내어 그보다 높은 가격으로 낙찰받음

갑, 을, 병, 정 등은 대구지방법원의 입찰에 참가하여 부동산을 낙찰받기로 하였으나, 피해자 역시 위 입찰에 참여한다는 사실을 알고 피해자의 입찰가격을 알아내어 그 보다 높은 가격으로 입찰하기로 공모하여, 위 법원 집행관실 사무원인 갑은 평소 잘 알고 있던 피해자측의 경매브로커인 무를 통해 피해자의 입찰가격을 알아내어 을 등에게 알려주고, 을 등은 피해자보다 조금 높은 금액으로 입찰함으로써 낙찰받은 사안에서, 피고인들의 범죄행위가 법원경매업무를 담당하는 집행관의 구체적인 직무집행을 저지하거나 현실적으로 곤란하게 하는 데까지는 이르지 않고 입찰의 공정을 해하는 정도의 것이어서 경매·입찰방해죄에만 해당될 뿐, 위계에 의한 공무집행방해죄에는 해당되지 않는다.[91]

3. 구체적인 직무집행을 저지하거나 현실적으로 곤란하게 할 것

위계에 의한 공무집행방해죄에 있어서 '위계'라 함은 행위자의 행위목적을 이루기 위하여 상대방에게 오인, 착각, 부지를 일으키게 하여 그 오인, 착각, 부지를 이용하는 것으로서, 상대방이 이에 따라 그릇된 행위나 처분을 하여야만 위 죄가 성립한다. 만약, 그러한 행위가 구체적인 직무집행을 저지하거나 현실적으로 곤란하게 하는 데까지는 이르지 않은 경우에는 위계에 의한 공무집행방해죄로 처벌할 수 없다.[92]

91) 대판 2000. 3. 24. 2000도102. 다음은 유사한 취지이다.

압수된 수입 선박에 관하여 몰수판결이 선고되기 이전에, 위 선박에 대한 선박우선채권을 부풀려 이를 신청채권으로 임의경매 신청 후 제3자 명의로 낙찰받고 선박보존등기경료

갑이 수리를 빙자하여 선박 니코호를 수입하는 방법으로 관세를 포탈한 사실이 적발되어 구속되고, 니코호는 압수되어 부산조선공업에 보관 의뢰되자 갑에 대한 관세법위반 사건의 재판에서 니코호에 대한 몰수판결이 선고되어 몰수집행당할 것을 예상하고, 을 등이 니코호에 대하여 가진 수리비 등 선박우선채권을 부풀려(실제 3억 원을 4억 5,000만 원으로) 위 선박에 대해 임의경매를 신청하고, 다시 병 등이 니코호에 대하여 가진 수리비 등 선박우선채권을 부풀려(실제 1억 원을 2억 5,000만 원으로) 위 선박에 대해 임의경매를 신청한 상태에서 정 명의로 위 선박을 6억 8,000만 원에 낙찰받아 이를 위 2건의 신청채권과 상계하여 위 선박에 관한 정 명의의 소유권보존등기를 필한 사안에서,

위계에 의한 공무집행방해죄에 있어서의 위계라 함은 행위자의 행위목적을 이루기 위하여 상대방에 오인, 착각, 부지를 일으키게 하여 그 오인, 착각, 부지를 이용하는 것을 말하고, 상대방이 이에 따라 그릇된 행위나 처분을 하였다면 이 죄가 성립되는 것이라 할 것인바, 이 사건에서 피고인들이 방해하였다고 하는 검사의 몰수판결 집행업무란 몰수를 명한 판결이 확정된 후 검사의 집행지휘에 의하여 몰수집행을 하는 것을 뜻하는 것으로서 몰수물이 압수되어 있는 경우에는 집행지휘만으로 집행이 종료되게 되며, 몰수물이 압수되어 있지 아니한 경우에는 검사가 몰수선고를 받은 자에게 그 제출을 명하고, 이에 불응할 경우 몰수집행명령서를 작성하여 집달관에게 강제집행을 명하는 방법으로 집행하는 것으로 족하므로, 이 사건 니코호가 압수되어 있는 이상 검사가 타인의 위계에 의하여 집행을 방해당할 수는 없는 성질의 업무라 할 것이고, 가사 몰수판결의 집행을 종료한 후 공매처분하거나 정당한 권리자의 교부청구에 응하는 것까지를 몰수판결의 집행업무에 포함되는 것으로 본다 하더라도 피고인들이 위계에 의하여 제3자로 하여금 이 사건 니코호의 소유권을 취득하게 한 당시에는 아직 니코호에 대한 몰수판결조차 없었던 만큼 이로써 검사의 구체적인 공무집행이 방해당했다고 볼 수 없다 할 것이다(대판 1995. 5. 9. 94도2990).

92) 대판 2009. 4. 23. 2007도1554. 구체적인 내용은 다음과 같다.

전임교원 지원자가 학회지의 논문접수마감 이후 논문을 게재할 수 있도록 도운 공채심사위원이 공채의 연구실적심사기준을 강화하자고 제안

허위작성한 공문서인 통보서가 입찰서류에 첨부되어 전주시청에 제출되기는 하였으나 그 제출 이전에 작성자가 위 통보서가 무효임을 전주시청에 통보함

군수인 갑은 A 유한회사의 총무인 을과 공모하여 A가 제출한 폐기물처리사업계획상의 폐기물매립예정지가 법규상 폐기물매립장 설치가 불가능할 뿐 아니라, 그 사업계획이 적합하지 아니함을 잘 알면서도, 민원해결 및 폐기물관리법상의 시설·장비·기술능력 등의 기준을 갖추는 것만을 조건으로 하여 적합하다는 취지로 갑 명의의 폐기물처리사업계획 적합(조건부) 통보서를 작성한 것은 허위공문서작성죄에 해당한다(다만, 갑은 위 통보서를 민원인에게 제시하는 것은 몰라도 전주시에는 제출하지는 않기로 약속을 받고 을에게 작성해 주었다고 변명하고 있고, 또 실제로 을이 위 통보서를 전주시에 제출하는 것을 막으려 시도한 사실이 엿보이므로 허위공문서행사 부분에 대한 고의가 없었는지를 심리할 필요는 있음).

을이 위 통보서를 입찰서류에 첨부하여 제출하여 전주시청의 폐기물이전매립공사 입찰업체심사업무를 위계로써 방해할 가능성이 있기는 하였으나, 그 제출 이전에 갑이 위 통보서가 무효임을 전주시청에 통보함으로써 전주시청 담당공무원으로서는 오인, 착각, 부지상태가 될 가능성이 전혀 없었음을 알 수 있는바, 그렇다면 위 통보서를 제출하였다고 하여도 전주시의 구체적인 공무집행을 저지하거나 현실적으로 곤란하게 하는 데까지 이른 적이 없다 할 것이어서, 위 행위를 위계에 의한 공무집행방해죄로 처벌할 수 없음이 명백하다.[93)]

4. 고 의

위계에 의한 공무집행방해죄가 성립되려면 자기의 위계행위로 인하여 공무집행을 방해하려는 의사가 있을 경우에 한한다고 보는 것이 상당하다할 것이므로 피고인이 경찰관서에 허구의 범죄를 신고한 까닭은 피고인이 생활에 궁하여 오로지 직장을 구하여 볼 의사로서 허위로 간첩이라고 자수를 한 데 불과하고 한 걸음 더 나아가서 그로 말미암아 공무원의 직무집행을 방해하려는 의사까지 있었던 것이라고는 인정되지 아니한다.[94)]

국립대학교의 전임교원 공채심사위원인 학과장 갑이 지원자 을의 부탁을 받고 이미 논문접수가 마감된 학회지에 을의 논문이 게재되도록 도운 행위는 다소 부적절한 행위라고 볼 수 있지만, 그 후 갑이 연구실적심사의 기준을 강화하자고 제안한 것은 해당 학과의 전임교원 임용 목적에 부합하는 것으로서 공정한 경우에 해당하므로, 설사 갑의 행위가 결과적으로는 을에게 유리한 결과가 되었다 하더라도 형법 제137조에서 말하는 '위계'에 해당하지 않는다고 한 사례.

국립대학교의 전임교원 공채 지원자인 을이 학과장 갑의 도움으로 이미 논문접수가 마감된 학회지에 논문을 추가게재하여 심사요건 이상의 전공논문실적을 확보하였더라도, 이는 을이 자신의 노력에 의한 연구결과물로서 심사기준을 충족한 것이고 이후 다른 전형절차들을 모두 거쳐 최종 선발된 것이라면, 을의 행위가 공채관리위원회 위원들로 하여금 을의 자격에 관하여 오인이나 착각, 부지를 일으키게 하였다거나 그로 인하여 그릇된 행위나 처분을 하게 한 경우에 해당한다고 할 수 없어, 형법 제137조에 정한 '위계'에 해당하지 않는다고 한 사례.

93) 대판 2003. 2. 11. 2002도4293. 다음은 같은 취지이다.
자가용차를 운전하다가 교통사고를 낸 사람이 경찰관서에 신고함에 있어 가해차량이 자가용일 경우 피해자와 합의하는데 불리하다고 생각하여 영업용택시를 운전하다가 사고를 내었다고 허위신고를 하였다 하더라도 이 사실만으로 공무원의 직무집행을 방해할 의사가 있었다고 단정하기 어려우므로 위계로 인한 공무집행방해죄가 성립하지 않는다(대판 1974. 12. 10. 74도2841).

94) 대판 1970. 1. 27. 69도2260.

5. 죄 수

위조된 문서의 제출에 의한 위조사문서행사죄와 위계공무집행방해죄는 하나의 행위가 여러 구성요건을 충족하는 상상적 경합범의 관계에 있지만, '허가를 받지 아니하거나 부정한 방법으로 허가를 받고 사업을 경영한 행위'를 내용으로 하는 화물자동차 운수사업법 제48조 제2호 소정의 죄는 위조사문서행사죄 및 위계공무집행방해죄에서의 행위와 그 보호법익 및 시기와 형태 등을 달리하는 별개의 행위로서 실체적 경합범의 관계에 있다.[95)]

Ⅲ. 인권옹호직무방해죄

긴급체포된 피의자에 대한 검사의 구속영장청구 전 대면조사

인권침해의 소지가 가장 많은 수사 분야에서 국민의 인권과 자유를 보호하기 위하여 우리 헌법과 법률은 검사 제도를 두어 검사에게 준사법기관으로서의 지위를 부여하고 철저한 신분보장과 공익의 대변자로서 객관의무를 지워 사법경찰관리의 수사에 대한 지휘와 감독을 맡게 함과 동시에 전속적 영장청구권(헌법 제12조 제3항), 수사주재자로서 사법경찰관리에 대한 수사지휘(형소법 제196조), 체포·구속 장소 감찰(형소법 제198조의2) 등의 권한을 부여하여 절차법적 차원에서 인권보호의 기능을 수행하게 하고 있다. 이러한 측면에서 검사의 수사에 관한 지휘는 수사과정에서의 인권침해를 방지하는 '인권옹호'를 당연히 포함한다. 따라서 형법 제139조의 입법 취지 및 보호법익, 그 적용대상의 특수성 등을 고려하면 여기서 말하는 '인권'은 범죄수사 과정에서 사법경찰관리에 의하여 침해되기 쉬운 인권으로서, 주로 헌법 제12조에 의한 국민의 신체의 자유 등을 그 내용으로 한다. 인권의 내용을 이렇게 볼 때 형법 제139조에 규정된 '인권옹호에 관한 검사의 명령'은 사법경찰관리의 직무수행에 의하여 침해될 수 있는 인신 구속 및 체포와 압수수색 등 강제수사를 둘러싼 피의자, 참고인, 기타 관계인에 대하여 헌법이 보장하는 인권 가운데 주로 그들의 신체적 인권에 대한 침해를 방지하고 이를 위해 필요하고도 밀접 불가분의 관련성 있는 검사의 명령 중 '그에 위반할 경우 사법경찰관리를 형사처벌까지 함으로써 준수되도록 해야 할 정도로 인권옹호를 위해 꼭 필요한 검사의 명령'으로 보아야 하고 나아가 법적 근거를 가진 적법한 명령이어야 한다.

한편 사법경찰관이 검사에게 긴급체포된 피의자에 대한 긴급체포 승인 건의와 함께 구속영장을 신청한 경우, 검사는 긴급체포의 승인 및 구속영장의 청구가 피의자의 인권에 대한 부당한 침해를 초래하지 않도록 긴급체포의 적법성 여부를 심사하면서 수사서류 뿐만 아니라 피의자를 검찰청으로 출석시켜 직접 대면조사할 수 있는 권한을 가진다고 보아야 한다. 따라서 이와 같은 목적과 절차의 일환으로 검사가 구속영장 청구 전에 피의자를 대면조사하기 위하여 사법경찰관리에게 피의자를 검찰청으로 인치할 것을 명하는 것은 적법하고 타당한 수사지휘 활동에 해당하고, 수사지휘를 전달받은 사법경찰관리는 이를 준수할 의무를 부담한다. 다만 체포된 피의자의 구금 장소가 임의적으로 변경되는 점, 법원에 의한 영장실질심사 제도를 도입하고 있는 현행 형소법하에서 체포된 피의자의 신속한 법관 대면권 보장이 지연될 우려가 있는 점 등을 고려하면, 위와 같은 검사의 구속영장 청구 전 피의자 대면조사는 긴급체포의 적법성을 의심할 만한 사유가 기록 기타 객관

95) 대판 2011. 9. 8. 2010도7034.

적 자료에 나타나고 피의자의 대면조사를 통해 그 여부의 판단이 가능할 것으로 보이는 예외적인 경우에 한하여 허용될 뿐, 긴급체포의 합당성이나 구속영장 청구에 필요한 사유를 보강하기 위한 목적으로 실시되어서는 아니 된다. 나아가 검사의 구속영장 청구 전 피의자 대면조사는 강제수사가 아니므로 피의자는 검사의 출석 요구에 응할 의무가 없고, 피의자가 검사의 출석 요구에 동의한 때에 한하여 사법경찰관리는 피의자를 검찰청으로 호송하여야 한다.

그리고 인권옹호직무명령불준수죄와 직무유기죄의 각 구성요건과 보호법익 등을 비교하여 볼 때, 인권옹호직무명령불준수죄가 직무유기죄는 상상적 경합관계로 보아야 한다.

이 사건에서는 검사가 긴급체포 등 강제처분의 적법성에 의문을 갖고 수사서류 외에 피의자를 대면조사할 충분한 사유가 있었던 것으로 보이므로, 2회에 걸친 검사의 이 사건 명령은 적법하고 타당한 수사지휘권의 행사에 해당하고, 사법경찰관리의 체포 등 강제수사 과정에서 야기될 수 있는 피의자의 신체적 인권에 대한 침해를 방지하기 위하여 사법경찰관리를 형사처벌까지 함으로써 준수되도록 해야 할 정도로 인권옹호를 위해 꼭 필요한 검사의 명령으로 봄이 상당하다.[96)]

Ⅳ. 공무상(봉인 · 표시)(손상 · 은닉 · 무효)

1. 의 의

형법 제140조 제1항의 공무상 표시무효죄는 공무원이 그 직무에 관하여 봉인, 동산의 압류, 부동산의 점유 등과 같은 구체적인 강제처분을 실시하였다는 표시를 손상 또는 은닉하거나 기타 방법으로 그 효용을 해함으로써 성립하는 범죄이다.[97)]

2. 강제집행을 실시하였다는 표시

부작위를 명하는 가처분의 고시

형법 제140조 제1항의 공무상 표시무효죄는 공무원이 그 직무에 관하여 봉인, 동산의 압류, 부동산의 점유 등과 같은 구체적인 강제처분을 실시하였다는 표시를 손상 또는 은닉하거나 기타 방법으로 그 효용을 해함으로써 성립하는 범죄이다. 따라서 집행관이 법원으로부터 피신청인에 대하여 부작위를 명하는 가처분이 발령되었음을 고시하는 데 그치고 나아가 봉인 또는 물건을 자기의 점유로 옮기는 등의 구체적인 집행행위를 하지 아니하였다면, 단순히 피신청인이 위 가처분의 부작위명령을 위반하였다는 것만으로는 공무상 표시의 효용을 해하는 행위에 해당하지 않는다.[98)]

96) 대판 2010. 10. 28. 2008도11999.
97) 대판 2008. 12. 24. 2006도1819.
98) 대판 2008. 12. 24. 2006도1819.

강제처분표시의 현존

공무상표시무효죄가 성립하기 위하여는 행위 당시에 강제처분의 표시가 현존할 것을 요한다.[99)]

채무자가 건물명도 집행이 완료된 건물에 침입

집달관이 채무자 겸 소유자의 건물에 대한 점유를 해제하고 이를 채권자에게 인도한 후 채무자의 출입을 봉쇄하기 위하여 출입문을 판자로 막아둔 것을 채무자가 이를 뜯어내고 그 건물에 들어갔다 하더라도 이는 강제집행이 완결된 후의 행위로서 채권자들의 점유를 침범하는 것은 별론으로 하고 공무상 표시무효죄에 해당하지는 않는다.[100)]

부동산 인도집행 완결의 뜻을 기재한 표목

부동산인도의 강제집행에 있어서 집달 리가 채무자의 점유를 해제하고 이를 채권자에게 인도함으로써 강제집행을 완결한 후 그 인도집행의 뜻을 기재한 표목을 세웠다 하여도 그 표시는 법률상 아무런 효력을 발생할 수 없는 것이므로 채무자가 그 표목을 빼어버리고 그 토지에 들어갔다 하여도 공무상 비밀표시무효죄가 성립되지 아니한다.[101)]

3. 강제집행 표시의 하자

가처분의 피보전권리가 부존재함이 본안소송에서 확정

공무원이 그 직권을 남용하여 위법하게 실시한 봉인 또는 압류 기타 강제처분의 표시임이 명백하여 법률상 당연무효 또는 부존재라고 볼 수 있는 경우에는 그 봉인 등의 표시는 공무상표시무효죄의 객체가 되지 아니하여 이를 손상 또는 은닉하거나 기타 방법으로 그 효용을 해한다 하더라도 공무상표시무효죄가 성립하지 아니한다 할 것이지만, 공무원이 실시한 봉인 등의 표시에 절차상 또는 실체상의 하자가 있다고 하더라도 객관적·일반적으로 그것이 공무원이 그 직무에 관하여 실시한 봉인 등으로 인정할 수 있는 상태에 있다면 적법한 절차에 의하여 취소되지 아니하는 한 공무상표시무효죄의 객체로 된다.

피고인이 특허권을 침해하였다는 소명이 있다는 이유로 가처분집행이 행하여졌으나 후일 그 본안소송에서 위 특허가 무효라는 취지의 대법원 판결이 선고되어 그 피보전권리의 부존재가 확정된 경우에도 공무상표시무효죄가 성립한다.[102)]

---

99) 대판 1997. 3. 11. 96도2801.

100) 대판 1985. 7. 23. 85도1092.

101) 대판 1965. 9. 25. 65도495.

102) 대판 2007. 3. 15. 2007도312. 다음은 같은 취지이다.
유체동산의 가압류집행에 있어 그 가압류공시서의 기재에 다소의 흠이 있으나 그 기재 내용을 전체적으로 보면 그 가압류목적물이 특정되었다고 인정할 수 있어 그 가압류가 유효하다고 본 사례(대판 2001. 1. 16. 2000도1757).
가처분에 의한 피담보권리의 적법요건의 존부를 막론하고 그 결정의 집행으로서 집달리가 실시한 고시의 효력 자체를 해치는 행위를 함으로써 공무상의 표시무효죄는 성립한다(대판 1971. 3. 23. 70도2688).

적법하지는 않으나 취소되지 않은 가처분결정

법원의 가처분결정에 기하여 집달관이 한 강제처분 표시의 효력은 그 가처분 결정이 적법한 절차에 의하여 취소되지 않는 한 지속되는 것이며, 그 가처분 결정이 가령 부당한 것이라 하더라도 그 효력을 부정할 수는 없다.[103)]

4. 손상, 은닉 기타의 방법으로 효용을 해함

가. 점유의 이전

점유이전금지가처분집행 후 직접 점유자가 간접 점유자에게 점유이전

직접 점유자에 대한 점유이전금지가처분결정이 집행된 후 그 피신청인인 직접점유자가 가처분 목적물의 간접점유자에게 그 점유를 이전한 경우에는 그 가처분표시의 효용을 해한 것이 된다.[104)]

건물에 점유이전금지가처분 집행 후 제3자로 하여금 건물에서 카페영업을 하게 함

이 사건 점유이전금지가처분 채무자인 피고인은 집행관이 이 사건 건물에 관하여 가처분을 집행하면서 '채무자는 점유를 타에 이전하거나 또는 점유명의를 변경하여서는 아니된다'는 등의 집행 취지가 기재되어 있는 고시문을 이 사건 건물에 부착한 이후에 제3자로 하여금 이 사건 건물 중 3층에서 카페 영업을 할 수 있도록 이를 무상으로 사용케 하였다는 것인바, 이러한 피고인의 행위는 위 고시문의 효력을 사실상 멸각시키는 행위라 할 것이고, 가족, 고용인 기타 동거자 등 가처분 채무자에게 부수하는 사람을 거주시키는 것과 같이 가처분 채무자가 그 목적물을 사용하는 하나의 태양에 지나지 아니하는 행위라고 보기는 어려우므로 형법 제140조 제1항 소정의 공무상표시무효죄에 해당한다.[105)]

압류물을 보관장소로부터 상당한 거리의 다른 장소로 임의 이동

압류물을 채권자나 집달관 몰래 원래의 보관장소로부터 상당한 거리에 있는 다른 장소로 이동시킨 경우에는 설사 그것이 집행을 면탈할 목적으로 한 것이 아니라 하여도 객관적으로 집행을 현저히 곤란하게 한 것이 되어 형법 제140조 제1항 소정의 "기타의 방법으로 그 효용을 해한" 경우에 해당된다.[106)]

103) 대판 1985. 7. 9. 85도1165.

104) 대판 1980. 12. 23. 80도1963. 다음은 같은 취지이다.

건물점유이전금지의 가처분집행 후 다른 사람이 건물 일부를 점유케 함

건물점유이전금지의 가처분집행 후 다른 사람을 건물 일부에 점유케 하였다면 집달리가 가처분집행한 강제처분의 표시의 효력을 해한 것이라 할 것이다(대판 1972. 9. 12. 72도1441).

105) 대판 2004. 10. 28. 2003도8238.

106) 대판 1986. 3. 25. 86도69.

변호사의 자문을 받아 압류물을 무단으로 관할구역 밖으로 옮김

압류물을 집달관의 승인 없이 임의로 그 관할구역 밖으로 옮긴 경우에는 압류집행의 효용을 해하게 된다고 할 것이므로 공무상비밀표시무효죄가 성립한다. 위와 같은 행위를 하면서 변호사 등에게 문의하여 자문을 받았다는 사정만으로는 자신의 행위가 죄가 되지 않는다고 믿는 데에 정당한 이유가 있다고 할 수 없다.[107)]

나. 가처분 채무자 이외의 자

가처분 채무자 아닌 제3자가 온천수사용금지 가처분결정에 위반하여 온천수를 사용

가처분은 가처분 채무자에 대한 부작위 명령을 집행하는 것이므로 가처분의 채무자가 아닌 제3자가 그 부작위 명령을 위반한 행위는 그 가처분집행 표시의 효용을 해한 것으로 볼 수 없다.
온천수 사용금지 가처분결정이 있기 전부터 온천이용허가권자인 가처분 채무자로부터 이를 양수하고 임대차계약의 형식을 빌어 온천수를 이용하여 온 제3자가 위 금지명령을 위반하여 계속 온천수를 사용한 경우, 위 제3자가 위 가처분 사건 당사자 사이의 권리관계 내용을 잘 알고 있었다거나 그가 실질적으로는 가처분 채무자와 같은 당사자 위치에 있었다는 등의 사정이 있다 하여도 위 위반행위가 공무상표시무효죄를 구성하지 않는다.[108)]

남편을 채무자로 한 출입금지가처분 명령에 반하여 그 처가 출입

남편을 채무자로 한 출입금지가처분 명령의 효력은 그 처에게는 미치지 아니하므로 그 처가 이를 무시하고 출입금지된 밭에 들어가 작업을 한 경우에 공무원이 직무에 관하여 실시한 강제처분표시의 효용을 해한 것이라고는 할 수 없다.[109)]

A 회사에 대한 건축공사중지가처분집행 후 건축허가 명의를 B 회사로 변경하여 건축

제3자가 법원으로부터 받은 건축공사중지명령의 가처분집행은 어디까지나 A 회사에 대하여 부작위 명령을 집행한데 불과한 것이므로 위 가처분집행이 완료된 뒤 피고인이 본건 시공 중인 건축허가 명의를 자기가 대표이사로 있는 B 회사로 변경하여 위 가처분집행을 그대로 둔 채 그 건축공사를 계속하였다는 사실 자체만으로는 위와 같은 내용의 가처분집행표시의 효용을 해한 것이라고는 할 수 없으므로 형법 140조 1항 소정 공무상표시무효죄가 성립하지 아니한다.[110)]

---

107) 대판 1992. 5. 26. 91도894.
108) 대판 2007. 11. 16. 2007도5539.
109) 대판 1979. 2. 13. 77도1455.
110) 대판 1976. 7. 27. 74도1896.

다. 강제집행된 시설의 이용

압류표시된 원동기를 사용

압류는 채무자의 처분행위를 금하는 것이므로 압류의 효용을 손상하지 않는다면 압류상태에서 그 용법에 따라 종전대로 사용하는 것은 허용된다 할 것이므로 피고인이 압류표시된 원동기를 가동하였다 하여 공무상표시무효죄를 구성한다고 볼 수 없다.[111)]

라. 기 타

골프장시설이 압류되었음에도 적절한 조치 없이 골프장을 개장하여 봉인훼손

압류된 골프장시설을 보관하는 회사의 대표이사가 위 압류시설의 사용 및 봉인의 훼손을 방지할 수 있는 적절한 조치 없이 골프장을 개장하게 하여 봉인이 훼손되게 한 경우, 부작위에 의한 공무상표시무효죄가 성립한다.[112)]

집행관이 서울 영등포구 영등포동 샘여관에서 압류집행을 하고 그 표시를 한 칼라텔레비젼 1대와 브이티알(VTR) 녹화기1대를 피고인이 서울 강서구 공항동 에어포트여관으로 옮김으로써 위 압류물의 소재불명으로 경매의 집행이 불능케 된 사안에서,
피고인이 채권자나 집행관 몰래 원래의 보관 장소로부터 상당한 거리에 있는 다른 장소로 압류물을 이동시킨 경우에는 설사 피고인이 집행을 면탈할 목적으로 한 것이 아니라 하여도 객관적으로 집행을 현저히 곤란하게 한 것이 되어 형법 제140조 제1항 소정의 "기타의 방법으로 그 효용을 해한" 경우에 해당된다.[113)]

시장으로부터 가게를 이전하여달라는 공문을 받고 압류채권자에게 그 사정을 알린 다음 가게 내의 압류물품을 이전하였으며 이후에도 압류채권자와 연락을 계속함

집행관이 피고인 경영의 자동차용품점 내의 물품을 압류하였는데, 피고인이 오산시장으로부터 2002. 3. 21. 위 자동차용품점 부지 일대에서 도로공사를 시행하게 되니 위 가게를 이전하여 달라는 공문을 받고, 압류채권자에게 도로공사로 인하여 위 가게를 용인시 소재 기흥초등학교 앞으로 이전하게 될 것이라는 사정을 말

111) 대판 1984. 3. 13. 83도3291. 다음은 같은 취지이다.
압류집행된 극장 시설을 그대로 이용하여 영화 상영
집달리가 갑에게 대한 채권자 A의 위임에 의하여 가집행선고부 지급명령 정본에 의하여 1967.9 .11 갑 소유의 중앙극장에서 위 극장에 설치된 의자 887개와 스크린 한 장, 영사기 두 대 등에 대하여 압류집행을 하고, 그 취지를 표시하였는데, 위와 같은 압류가 해제된 바 없음에도 불구하고 갑은 위와 같은 압류표시를 손상하지 아니하고 또는 그 압류물의 위치를 변동하거나 은익한 바 없이 압류상태 그대로서 종전과 같이 영화를 상영한 사안에서,
압류집행을 함에 있어 그 압류물을 종전과 같이 사용할 수 있는 상태대로 압류하여 채무자에게 보관시킨 경우에는 채무자는 압류 그대로의 상태 하에서 종전과 같은 방법으로 그 압류물을 사용할 수 있다(대판 1969. 6. 24. 69도481).

112) 대판 2005. 7. 22. 2005도3034.

113) 대판 1986. 3. 25. 86도69. 같은 취지로는 대판 1983. 8. 23. 80도1545.

하였으나 이의제기가 없자, 2002. 4. 15.경 위 가게를 기흥초등학교 앞으로 이전하면서 이 사건 압류물을 같이 이동시켰으며, 그 후 피고인은 압류채권자에게 이전한 가게의 전화번호를 알려주고, 그와 계속하여 연락을 취하고 있었던 사안에서,
집행관이 그 점유를 옮기고 압류표시를 한 다음 채무자에게 보관을 명한 유체동산에 관하여 채무자가 이를 다른 장소로 이동시켜야 할 특별한 사정이 있고, 그 이동에 앞서 채권자에게 이동사실 및 이동장소를 고지하여 승낙을 얻은 때에는 비록 집행관의 승인을 얻지 못한 채 압류물을 이동시켰다 하더라도 형법 제140조 제1항 소정의 '기타의 방법으로 그 효용을 해한' 경우에 해당하지 않는다.[114)]

5. 채권자와의 합의

가압류집행을 취소하기로 합의하였으나 가압류결정이 취소되지는 않은 상태

유체동산 가압류결정에 대하여 그 취소처분이 없는 이상 채권자와 채무자간에 그 채권변제에 관한 합의나 그 집행을 취소하겠다는 합의가 있었다는 것만으로는 가압류결정집행의 효력이 소멸될 수 없다.[115)]

가압류결정이 취소되지는 않았으나 본안에 관하여 합의하고 담보취소된 상태

채권자가 채무자소유의 동산을 가압류한 후 그 본안사건에 관한 합의가 성립되어 그 가압류물건을 인수하기로 하고 담보취소까지 된 경우에 있어서 가압류취소절차를 거침이 없이 가압류목적물건을 가져간 경우 공무상 비밀표시무효의 범의가 있다고는 할 수 없다.[116)]

압류가 경합되어 그 일방 채권자(갑)에게만 변제하고 압류된 유체동산을 처분

채권자 갑에 의하여 압류된 피고인 소유 유체동산에 대하여 다시 채권자 을에 의하여 조사절차가 취하여진 경우에는 을에 대한 관계에 있어서도 압류의 효력이 미친다고 할 것이니, 피고인이 갑에 대한 채무를 변제하였다하여도 그 압류가 해제되지 아니한 한 압류상태에 있다고 할 것이니 갑에 대한 변제사실만 가지고는 압류의 효력이 없다고 할 수 없고, 이를 처분한 피고인에게 공무상 비밀표시 무효에 관한 범의가 없었다고도 할 수 없다.[117)]

가처분 채권자의 승낙을 얻어 출입금지가처분집행이 된 건조물에 출입

출입금지가처분은 그 성질상 가처분 채권자의 의사에 반하여 건조물 등에 출입하는 것을 금지하는 것이므로 비록 가처분결정이나 그 결정의 집행으로서 집행관이 실시한 고시에 그러한 취지가 명시되어 있지 않다고

114) 대판 2004. 7. 9. 2004도3029.
115) 대판 1972. 8. 29. 72도1603.
116) 대판 1972. 11. 14. 72도1248.
117) 대판 1981. 10. 13. 80도1441.

하더라도 가처분 채권자의 승낙을 얻어 그 건조물 등에 출입하는 경우에는 출입금지가처분 표시의 효용을 해한 것이라고 할 수 없다.118)

채무자가 불가피한 사정으로 채권자의 승낙을 얻어 압류물을 이동

집행관이 그 점유를 옮기고 압류표시를 한 다음 채무자에게 보관을 명한 유체동산에 관하여 채무자가 이를 다른 장소로 이동시켜야 할 특별한 사정이 있고, 그 이동에 앞서 채권자에게 이동사실 및 이동장소를 고지하여 승낙을 얻은 때에는 비록 집행관의 승인을 얻지 못한 채 압류물을 이동시켰다 하더라도형법 제140조 제1항소정의 '기타의 방법으로 그 효용을 해한' 경우에 해당한다고 할 수 없다고 할 것이다.119)

6. 강제집행의 효력에 대한 오인

공무원이 그 직무에 관하여 실시한 봉인 등의 표시를 손상 또는 은닉 기타의 방법으로 그 효용을 해함에 있어서 그 봉인 등의 표시가 법률상 효력이 없다고 믿은 것은 법규의 해석을 잘못하여 행위의 위법성을 인식하지 못한 것이라고 할 것이므로 그와 같이 믿은 데에 정당한 이유가 없는 이상, 그와 같이 믿었다는 사정만으로는 공무상표시무효죄의 죄책을 면할 수 없다고 할 것이다.120)

민사소송법 기타 공법의 해석을 잘못하여 압류물의 효력이 없어진 것으로 착오하였거나 또는 봉인 등을 손상 또는 효력을 해할 권리가 있다고 오신한 경우에는 형벌법규의 부지와 구별되어 범의를 조각한다고 해석할 것이다.121)

Ⅴ. 부동산강제집행효용침해죄

부동산강제집행효용침해죄는 강제집행으로 명도 또는 인도된 부동산에 침입하거나 기타 방법으로 강제집행의 효용을 해하는 때 성립한다.

퇴거집행된 지상주차장에 침입

입법취지와 체제 및 내용과 구조를 살펴보면, 부동산강제집행효용침해죄의 객체인 강제집행으로 명도 또는

118) 대판 2006. 10. 13. 2006도4740.
119) 대판 2004. 7. 9. 2004도3029.
120) 대판 2000. 4. 21. 99도5563.
121) 대판 1970. 9. 22. 70도1206.

인도된 부동산에는 강제집행으로 퇴거집행된 부동산을 포함한다고 해석된다. 따라서 피고인이 퇴거집행이 된 지상주차장에 침입한 경우 부동산강제집행효용침해죄가 성립한다.[122)]

Ⅵ. 공용서류무효죄 등

공문서 작성자가 결재단계에서 상사와 상의하여 내용변경

공용서류무효죄는 정당한 권한 없이 공무소에서 사용하는 서류의 효용을 해함으로써 성립하는 죄이므로 권한 있는 자의 정당한 처분에 의한 공용서류의 파기에는 적용의 여지가 없고, 또 공무원이 작성하는 공문서는 그것이 작성자의 지배를 떠나 작성자로서도 그 변경 삭제가 불가능한 단계에 이르렀다면 모르되 그렇지 않고 상사가 결재하는 단계에 있어서는 작성자는 결재자인 상사와 상의하여 언제든지 그 내용을 변경 또는 일부 삭제할 수 있는 것이며 그 내용을 정당하게 변경하는 경우는 물론 내용을 허위로 변경하였다 하여도 그 행위가 허위공문서작성죄에 해당할지언정 따로 형법 제141조 소정의 공용서류의 효용을 해하는 행위에 해당한다고는 할 수 없다.[123)]

완성된 진술조서를 수사기록에 편철하지 않은 채 보관하다가 폐기

공용서류무효죄의 객체는 그것이 공무소에서 사용되는 서류인 이상, 정식절차를 밟아 접수되었는지 또는 완성되어 효력이 발생되었는지의 여부를 묻지 않는다 할 것이므로 피고인이 작성한 이 사건 진술조서가 상사에게 정식으로 보고되어 수사기록에 편철된 문서가 아니라거나 완성된 서류가 아니라 하여 형법 제141조 제1항 소정의 공무소에서 사용하는 서류에 해당하지 않는 것이라고 할 수 없으니, 피고인이 진술자의 서명 무인과 간인까지 받아 작성한 진술조서를 수사기록에 편철하지 않은 채 보관하고 있다가 휴지통에 버려 폐기한 소위는 공용서류무효죄에 해당한다.[124)]

미완성의 진술서

공용서류무효죄에 있어서의 범의란 피고인에게 공무소에서 사용하는 서류라는 사실과 이를 손상 또는 은닉하거나 기타 방법으로 그 효용을 해한다는 사실의 인식이 있음으로써 족하고 경찰이 작성한 진술서가 미완성의 문서라 해서 공무소에서 사용하는 서류가 아니라고 할 수 없으며 피고인과 경찰관 사이의 공모관계의 유무나 피고인의 강제력행사의 유무가 서류의 효용을 해한다는 인식에 지장을 주는 사유가 되지도 아니한다.[125)]

122) 대판 2003. 5. 13. 2001도3212.
123) 대판 1995. 11. 10. 95도1395.
124) 대판 1982. 10. 12. 82도368.
125) 대판 1987. 4. 14. 86도2799.

허위 내용이지만 면사무소에 비치된 문서

피고인 자신이 작성한 허위내용의 문서라 할지라도 공용문서로서 면사무소에서 비치·보관되어 있는 문서라면 이를 찢은 행위는 공무소에서 사용하는 문서를 손상한 경우에 해당한다 할 것이다.[126)]

제출된 건축허가신청 첨부 설계도면을 바꿔 넣음/건축허가서 첨부 도면을 바꿔 넣음

공용서류무효죄는 공문서나 사문서를 불문하고 공무소에서 사용 또는 보관중인 서류를 정당한 권한없이 그 효용을 해함으로써 성립하므로, 피고인이 군에 보관중인 피고인 명의의 건축허가신청서에 첨부된 설계도면을 떼내고 별개의 설계도면으로 바꿔 넣은 경우 공용서류무효죄가 성립한다.

건축허가서에 첨부된 설계도면을 떼내고 건축사협회의 도면등록 일부인을 건축허가 신청당시 일자로 소급변조하여 새로 작성한 설계도면을 그 자리에 가철한 행위는 공문서변조죄에 해당한다.[127)]

고소사건을 조사하는 경찰관이 보관하다가 고소인인 피고인에게 임의로 넘겨준 진술서

A고등학교 교감직무대리인 피고인의 갑 교사에 대한 명예훼손 고소사건에 관하여 피고인이 을 교사가 조사경찰관 병에게 제출한 진술서를 병으로부터 받아와 찢어버린 사안에서,

병은 위 고소사건을 조사하면서 을로부터 진술서를 받아 수사기록에 철하지 아니한 채 보관하던 중, 고소인인 피고인으로부터 "을이 피고인에게 강제로 납치되어 진술서를 작성한 것처럼 학교에 소문이 나서 난처하게 되었다. 을도 진술서를 반환받고 싶어 하니 그의 진술서를 돌려줄 수 없겠느냐"라는 부탁을 받고, 을의 진술서는 중요한 내용도 없을 뿐 아니라 다른 교사들 여러 명이 한 진술 내용과 별 차이도 없으므로 을의 진술서는 없더라도 수사에 지장이 없겠다는 생각이 들어 "그렇다면 진술서를 가지고 가서 을에게 보여주고 찢어버리라"라고 하면서 이를 피고인에게 건네주었고, 이에 피고인은 위 진술서를 가져와 을에게 보여주면서 이를 찢기에 이르렀다.

공용서류무효죄는 공문서나 사문서를 묻지 아니하고 공무소에서 사용 중이거나 사용할 목적으로 보관하는 서류 기타 물건을 그 객체로 한다 할 것인바, 위와 같이 형사사건을 조사하던 경찰관이 스스로의 판단에 따라 자신이 보관하던 진술서를 임의로 피고인에게 넘겨준 것이라면, 위 진술서의 보관책임자인 경찰관은 장차 이를 공무소에서 사용하지 아니하고 폐기할 의도하에 처분한 것이라고 보아야 할 것이므로, 위 진술서는 더

작성 중인 피의자신문조서

사법경찰관 사무취급이 작성 중인 피의자신문조서는 그것이 미완성이고 작성자와 피의자가 서명날인 또는 무인한 것이 아니어서 공문서로서의 효력이 없다고 하더라도 형법 제141조 제1항 소정의 공무소에서 사용하는 서류이다(대판 1980. 10. 27. 80도1127).

세무공무원이 상속세신고서 및 세무서 작성의 부과결정서등을 임의로 반환

공용서류무효죄에 있어서의 객체는 그것이 공무소에서 사용하는 서류인 이상 공문서이거나 사문서이거나 또는 정식절차를 밟아 접수 또는 작성된 것이거나 완성된 것이거나를 묻지 않는다고 할 것이므로 세무공무원이 상속세신고서 및 세무서 작성의 부과결정서등을 임의로 반환한 경우에는 공용서류무효죄에 해당한다(대판 1981. 8. 25. 81도1830).

126) 대판 1972. 9. 26. 72도1132.

127) 대판 1982. 12. 14. 81도81.

이상 공무소에서 사용하거나 보관하는 문서가 아닌 것이 되어 공용서류로서의 성질을 상실하였다고 보아야 할 것이다.[128)]

Ⅶ. 공무상보관물무효죄 등

제3채무자가 채권가압류결정의 정본을 송달받고서도 채무자에게 가압류된 돈을 지급

제3채무자가 채권가압류결정의 정본을 송달받고서 채무자에게 가압류된 돈을 지급하였어도 채권가압류결정의 송달을 받은 것이 형법 142조 소정의 공무상 보관명령이 있는 경우도 아니고 형법 140조 1항 소정의 강제처분의 표시가 있었다고 볼 수 없으니 공무상 보관물의 무효죄 또는 공무상 비밀표시무효죄가 성립하지 않는다.[129)]

Ⅷ. 특수공무집행방해(치사상)죄

1. 의 의

특수공무방해죄에 있어서의 '위험한 물건'이라 함은 흉기는 아니라고 하더라도 널리 사람의 생명·신체에 해를 가하는데 사용할 수 있는 일체의 물건을 포함한다고 풀이할 것이므로 본래 살상용·파괴용으로 만들어진 것뿐만 아니라 다른 목적으로 만들어진 칼·가위·유리병·각종 공구·자동차등은 물론, 화학약품 또는 사주된 동물등도 그것이 사람의 생명·신체에 해를 가하는데 사용되었다면 본조의 '위험한 물건'이라 할 것이며, 한편, 이러한 물건을 '휴대하여'라는 말은 소지뿐만 아니라 널리 이용한다는 뜻도 포함하고 있다.[130)]

2. '위험한 물건'과 '다중'

경찰관이 본넷트에 올라 유리창을 막고 있음에도 시속 30킬로미터로 진행하다 방향 전환

향토예비군설치법위반으로 피고인을 연행하려는 경찰관을 뿌리치고 도망가다가 경찰관 갑의 추격을 당하자

---

128) 대판 1999. 2. 24. 98도4350.

129) 대판 1975. 5. 13. 73도2555. 다음은 같은 취지이다.
제3채무자는 채무자에 대한 채무의 지급을 하여서는 아니된다는 내용 등의 가압류결정 정본의 송달을 받은 것이 형법 제142조 소정의 공무소로부터 보관명령을 받은 경우에 해당한다고 할 수 없다(대판 1983. 7. 12. 83도1405).

130) 대판 1984. 10. 23. 84도2001.

부근에 세워두었던 승용차에 올라 타 문을 잠그고 출발하여 도주하려고 하던 중 갑이 위 승용차 본넷트 위에 뛰어 올라 운전석 앞 유리창을 몸으로 막고 도주하지 못하게 하여 피고인을 체포하려고 하자 그대로 약 500미터 가량을 시속 30킬로미터로 진행하다가 진행방향을 갑자기 오른쪽으로 바꾸어 갑을 도로에 나가떨어지게 하여 그로 하여금 약 6주일의 치료를 요하는 좌측 측두골골절상 및 뇌진탕등의 상해를 입게 한 행위는 위험한 물건인 자동차를 이용하여 갑의 공무집행을 방해하고 그로 인하여 갑에게 상해를 입게 하였다고 할 것이어서 형법 제144조 제2항, 제1항, 제136조를 적용한 것은 옳다.[131]

경찰관을 들이받아 본넷 위에 매단 채로 운행하다 가로수를 들이받아 사망케 함

신호위반에 따른 정지지시를 무시하고 도주하던 사람이 자신을 추격해 온 경찰관의 하차 요구에 불응한 채 계속 도주를 시도하다가 자동차 앞 범퍼로 경찰관을 들이받고, 차 본넷 위에 경찰관을 매달은 채로 그대로 차를 몰고 진행하던 중 인도에 있던 가로수를 들이받아 결국 경찰관을 사망에 이르게 한 사안에서, '위험한 물건'인 자동차를 이용하여 경찰관의 정당한 업무를 방해하고, 이로 인해 사망에 이르게 한 특수공무방해치사죄에 해당한다고 한 사례.[132]

100여명의 학생들에 의하여 감금당한 전투경찰대원들을 구출하기 위하여 경찰관들이 대학교 도서관으로 진입하려 하자 피고인들이 이를 저지하기 위하여 화염병을 사용한 경우, 도서관으로 진입하던 경찰관들 중 일부가 화염병의 유리조각이나 의자 등에 의하여 상해를 입고, 도서관 복도에서 발생한 화재로 말미암아 일부 경찰관들이 사상에 이르렀다면, 피고인들의 위 행위는 특수공무방해치사상죄를 구성한다.[133]

형법 제144조의 특수공무집행방해죄에서 "다중"이라 함은 단체를 이루지 못한 다수인의 중합을 지칭하는 것이므로 불과 3인의 경우에는 그것이 어떤 집단의 힘을 발판 또는 배경으로 한다는 것이 인정되지 않는 한 "다중의 위력"을 보인 것이라고는 할 수 없다.[134]

3. 결과적 가중범

특수공무집행방해치상죄는 단체 또는 다중의 위력을 보이거나 위험한 물건을 휴대하고 직무를 집행하는 공무원에 대하여 폭행·협박을 하여 공무원을 사상에 이르게 한 경우에 성립하는 결과적가중범으로서, 행위자가 그 결과를 의도할 필요는 없고 그 결과의 발생을 예견할 수 있으면 족하다.[135]

131) 대판 1984. 10. 23. 84도2001.
132) 대판 2008. 2. 28. 2008도3.
133) 대판 1990. 6. 22. 90도764.
134) 대판 1971. 12. 21. 71도1930.
135) 대판 2008. 6. 26. 2007도6188.

위험한 물건을 휴대하여 고의로 공무원에게 상해를 가함

기본범죄를 통하여 고의로 중한 결과를 발생하게 한 경우에 가중 처벌하는 부진정결과적가중범에서, 고의로 중한 결과를 발생하게 한 행위가 별도의 구성요건에 해당하고 그 고의범에 대하여 결과적가중범에 정한 형보다 더 무겁게 처벌하는 규정이 있는 경우에는 그 고의범과 결과적가중범이 상상적 경합관계에 있지만, 위와 같이 고의범에 대하여 더 무겁게 처벌하는 규정이 없는 경우에는 결과적가중범이 고의범에 대하여 특별관계에 있으므로 결과적가중범만 성립하고 이와 법조경합의 관계에 있는 고의범에 대하여는 별도로 죄를 구성하지 않는다.
직무를 집행하는 공무원에 대하여 위험한 물건을 휴대하여 고의로 상해를 가한 경우에는 특수공무집행방해치상죄만 성립할 뿐, 이와는 별도로 폭처법위반(집단·흉기 등 상해)죄를 구성하지 않는다.136)

특수공무방해치사상과 같은 이른바 부진정결과적가중범은 예견가능한 결과를 예견하지 못한 경우뿐만 아니라 그 결과를 예견하거나 고의가 있는 경우까지도 포함하는 것이므로, 공무집행을 방해하는 집단행위의 과정에서 일부 집단원이 고의행위로 살상을 가한 경우에도 다른 집단원에게 그 사상의 결과가 예견가능한 것이었다면 다른 집단원도 그 결과에 대하여 특수공무방해치사상의 책임을 면할 수 없다.
공동정범에 있어서는 범인전원이 일정한 일시, 장소에 집합하여 모의한 바 없고 또 일부가 현실적으로 범죄실행에 가담한 일이 없다고 하여도 간접적 또는 순차적으로 범행의 포괄적 또는 개별적인 의사연락이 있으면 전체에 대하여 공동정범이 성립하는 것이고, 또 결과적가중범에 있어서의 공동정범은 행위를 공동으로 할 의사가 있으면 성립하고 결과를 공동으로 할 의사는 필요없다.
부진정결과적가중범인 특수공무방해치사상죄에 있어서 공무집행을 방해하는 집단행위의 과정에서 일부 집단원이 고의로 방화행위를 하여 사상의 결과를 초래한 경우에 다른 집단원이 그 방화행위로 인한 사상의 결과를 예견할 수 있는 상황이었다면 특수공무방해치사상의 죄책을 면할 수 없으나 그 방화행위 자체에 공모가담한 바 없는 이상 방화치사상죄로 의율할 수는 없다.137)

4. 공 범

집회 및 시위에 참가한 노동조합원 중 일부가 시위진압 경찰관들과의 몸싸움 과정에서 경찰관들에게 상해를 입게 한 경우, 금속연맹 지역 본부장의 직책을 가지고 그 집회 및 시위에 적극적으로 참가한 피고인에게 특수공무집행방해치상의 공모공동정범이 성립한다.138)

단체 또는 다중의 데모대원이 경찰관에게 돌을 던짐

피고인도 그 속에 끼인 단체 또는 다중인 데모대원이 던진 돌에 의하여 공무집행 중이던 경찰관이 상해를 입은 경우 피고인이 던진 돌이 동 피해자에게 맞고 안 맞고를 가리지 않고 특수공무방해치상죄가 성립한다.139)

136) 대판 2008. 11. 27. 2008도7311.
137) 대판 1990. 6. 26. 90도765.
138) 대판 2002. 4. 12. 2000도3485.
139) 대판 1979. 7. 24. 79도451.

제 4 장 국가의 사법기능에 관한 죄

I. 도주죄

위법하게 긴급체포된 자가 도주

사법경찰관이 피고인을 수사관서까지 동행한 것이 사실상의 강제연행, 즉 불법 체포에 해당하고, 불법 체포로부터 6시간 상당이 경과한 후에 이루어진 긴급체포 또한 위법하므로 피고인이 불법체포된 자로서 형법 제145조 제1항에 정한 '법률에 의하여 체포 또는 구금된 자'가 아니어서 도주죄의 주체가 될 수 없다고 한 사례.[1)]

구금시설인 병원에서 탈주한 범인이 멀리 도피할 수 있도록 승용차를 인도해줌

도주죄는 즉시범으로서 범인이 간수자의 실력적 지배를 이탈한 상태에 이르렀을 때에 기수가 되어 도주행위가 종료하는 것이고, 도주원조죄는 도주죄에 있어서의 범인의 도주행위를 야기시키거나 이를 용이하게 하는 등 그와 공범관계에 있는 행위를 독립한 구성요건으로 하는 범죄이므로, 도주죄의 범인이 도주행위를 하여 기수에 이르른 이후에 범인의 도피를 도와주는 행위는 범인도피죄에 해당할 수 있을 뿐 도주원조죄에는 해당하지 아니한다.

갑이 수감되어 있던 서산시 ○○병원에서 간수자를 폭행하고 병원에서 탈주함으로써 동인의 도주죄는 기수에 달하였다고 보고, 그 후 일단 구금시설로부터의 탈주에 성공한 갑이 보다 멀리 서울로 도피할 수 있도록 갑 소유의 승용차를 인도하게 하여 준 피고인의 행위는 갑의 도주범행이 종료한 이후의 행위로서 도주원조죄에는 해당하지 아니한다.[2)]

---

1) 대판 2006. 7. 6. 2005도6810.

2) 대판 1991. 10. 11. 91도1656.

Ⅱ. 범인은닉·도피죄

1. 범인은닉·도피의 의미

범인은닉의 의미

범인은닉죄라 함은 죄를 범한 자임을 인식하면서 장소를 제공하여 체포를 면하게 하는 것만으로 성립한다 할 것이고, 죄를 범한 자에게 장소를 제공한 후 동인에게 일정 기간 동안 경찰에 출두하지 말라고 권유하는 언동을 하여야만 범인은닉죄가 성립하는 것이 아니며, 또 그 권유에 따르지 않을 경우 강제력을 행사하여야 만 한다거나, 죄를 범한 자가 은닉자의 말에 복종하는 관계에 있어야만 범인은닉죄가 성립하는 것은 더욱 아니다.[3]

범인도피의 의미

범인도피죄에서 '도피하게 하는 행위'는 은닉 이외의 방법으로 범인에 대한 수사, 재판 및 형의 집행 등 형사사법의 작용을 곤란 또는 불가능하게 하는 일체의 행위를 말하는 것으로서 그 수단과 방법에는 어떠한 제한이 없고, 또한 위 죄는 위험범으로서 현실적으로 형사사법의 작용을 방해하는 결과가 초래될 것이 요구되지 아니하지만, 같은 조에 함께 규정되어 있는 은닉행위에 비견될 정도로 수사기관의 발견·체포를 곤란하게 하는 행위 즉 직접 범인을 도피시키는 행위 또는 도피를 직접적으로 용이하게 하는 행위에 한정된다고 해석함이 상당하고, 그 자체로는 도피시키는 것을 직접적인 목적으로 하였다고 보기 어려운 어떤 행위의 결과 간접적으로 범인이 안심하고 도피할 수 있게 한 경우까지 포함되는 것은 아니다.[4]

3) 대판 2002. 10. 11. 2002도3332.

4) 대판 2000. 11. 24. 2000도4078; 대판 2003. 2. 14. 2002도5374; 대판 2003. 12. 12. 2003도4533. 위 2002도5374 판결의 구체적인 내용은 다음과 같다.

기소중지자가 음주운전으로 현행범체포되자 타인 행세를 하여 조사받고 석방결정된 상태에서, 피고인이 그 정을 알고도 기소중지자를 위하여 신원보증서를 작성해줌

사실관계: – 피고인은 갑이 혈중알코올농도 0.081%의 주취운전으로 인한 도로교통법위반의 현행범으로 체포되어 있다는 연락을 받고 이천경찰서로 갔다.

– 갑은 특가법위반(도주차량) 등으로 기소중지가 되어 있었기 때문에 이를 숨기기 위하여 평소 소지하고 다니던 을의 운전면허증을 경찰관에게 제시하여 을의 행세를 하였고 이에 피의자신문조서도 을을 피의자로 하여 작성되었다.

– 경찰관은 사안이 경미하다는 이유로 갑을 석방하기로 하면서 피고인에게 신원보증을 요구하였고 피고인은 신원보증서의 피의자 이름란에 을이라고 기재되어 있어 갑이 을의 행세를 한다는 사실을 알면서도 신원보증인란에 피고인의 이름을 기재하고 무인을 한 후 갑을 데리고 경찰서를 나왔다.

– 갑은 그 후 소재불명으로 체포되지 아니하였다.

판단: – 원래 수사기관은 범죄사건을 수사함에 있어서 피의자나 참고인의 진술 여하에 불구하고 피의자를 확정하고 그 피의사실을 인정할 만한 객관적인 제반 증거를 수집·조사하여야 할 권리와 의무가 있는 것이므로, 참고인이 수사기관에서 범인에 관하여 조사를 받으면서 그가 알고 있는 사실을 묵비하거나 허위로 진술하였다고 하더라도, 그것이 적극적으로 수사기관을 기만하여 착오에 빠지게 함으로써 범인의 발견 또는 체포를 곤란 내지 불가능하게 할 정도의 것이 아니라면 범인도피죄를 구성하지 않는다.

– 수사절차에서 작성되는 신원보증서는 체포된 피의자 석방의 필수적인 요건이거나 어떠한 법적 효력이 있는 것

위 판례 등에 의하여 '범인 아닌 자가 수사기관에서 범인이라고 허위진술한 경우 범인은닉죄가 성립한다'고 본 종래의 판례들[5]은 변경되었다고 보아야 할 것이다.

2. 벌금 이상의 형에 해당하는 죄를 범한 자

범인이 아직 수사대상이 아닌 경우

형법 제151조에서 규정하는 범인도피죄는 범인은닉 이외의 방법으로 범인에 대한 수사, 재판 및 형의 집행 등 형사사법의 작용을 곤란 또는 불가능하게 하는 행위를 말하는 것으로서 그 방법에는 어떠한 제한이 없고, 또 위 죄는 위험범으로서 현실적으로 형사사법의 작용을 방해하는 결과가 초래될 것이 요구되지 아니하므로, 형법 제151조 제1항의 이른바, 죄를 범한 자라 함은 범죄의 혐의를 받아 수사대상이 되어 있는 자를 포함하며, 나아가 벌금 이상의 형에 해당하는 죄를 범한 자라는 것을 인식하면서도 도피하게 한 경우에는 그 자가 당시에는 아직 수사대상이 되어 있지 않았다고 하더라도 범인도피죄가 성립한다고 할 것이고, 한편, 증거인멸죄에서 이른바 타인의 형사사건이란 인멸행위시에 아직 수사절차가 개시되기 전이라도 장차 형사사건이 될 수 있는 것까지 포함한다.[6]

은 아니고, 다만 피의사건이 비교적 경미한 경우 피의자와 일정한 관계에 있는 신원보증인이 수사기관에 대하여 피의자의 신분, 직업, 주거 등을 보증하고 향후 수사기관이나 법원의 출석요구에 사실상 협조하겠다는 의사를 표시하는 것으로서 피의자나 신원보증인에게 심리적인 부담을 줌으로써 수사기관이나 재판정에의 출석 또는 형 집행 등 형사사법절차상의 편의를 도모하는 것에 불과하여 보증인에게 법적으로 진실한 서류를 작성·제출할 의무가 부과된 것은 아니므로, 신원보증서를 작성하여 수사기관에 제출하는 보증인이 피의자의 인적 사항을 허위로 기재하였다고 하더라도, 그로써 적극적으로 수사기관을 기망한 결과 피의자를 석방하게 하였다는 등 특별한 사정이 없는 한, 그 행위만으로 범인도피죄가 성립되지 않는다.

피고인이 신원보증서를 작성함에 있어서, 갑이 다른 범죄로 기소중지중이라는 점과 그가 자신의 신원이 밝혀지면 이미 기소중지중인 다른 범죄로 인하여 체포상태에서 벗어날 수 없게 될 것을 두려워한 나머지 타인으로 행세하는 것이며 체포상태에서 벗어날 경우 도피할 가능성이 크다는 사정을 잘 알면서도 갑의 도피를 도와주고 수사기관의 추적을 곤란하게 한다는 적극적인 의사를 가지고 갑 대신 타인의 인적 사항이 기재된 신원보증서에 서명·무인하였다면 범인도피죄가 성립될 수 있겠으나, 기록에 나타난 모든 증거에 의하더라도 피고인이 신원보증서를 작성할 당시 위와 같은 사정을 알고 있었음을 인정할 만한 자료는 없다. 오히려 피고인은 사안이 경미하다고 하여 이미 석방이 결정되어 있는 상태에서 경찰관의 요구에 따라 갑에 대한 신원보증서에 서명·무인하였는데, 그 때 갑의 인적 사항이 허위로 기재된 사실을 알았으나 갑의 기소중지 사실은 모른 채 갑이 다른 이유로 자신의 인적 사항을 감추는 것으로만 생각하여 그와 같은 사실을 경찰관에게 알리지 아니하고 그 신원보증서에 그대로 서명·무인한 사실을 알 수 있는바, 그와 같은 사실만으로는 피고인이 직접 범인을 도피시키거나 도피를 직접 용이하게 하였다고 하기는 어렵고, 또 피고인이 위와 같은 상황에서 갑 대신 타인의 인적 사항이 기재된 신원보증서에 서명·무인하면서 자신에게 돌아올지도 모르는 불이익을 회피하기 위하여 자신(즉 피고인)의 주민등록번호와 주소를 허위로 기재하였다고 하더라도 그와 같은 사실로써 도피의사와 행위의 적극성을 인정하기도 어려워, 결국 피고인의 이 사건 행위가 범인도피죄에 해당한다고 하기는 어렵다.

5) 범인 아닌 자가 수사기관에서 범인임을 자처하고 허위사실을 진술하여 진범의 체포와 발견에 지장을 초래하게 한 행위는 범인은닉죄에 해당한다(대판 1996. 6. 14. 96도1016).
피고인이 당시의 청구권자금의 운용 및 관리에 관한 법률위반사건의 형사 피의자인 갑을 가장하여 검사 앞에 출석한 다음 허위진술을 하였다는 사실에 관하여, 피고인에 대하여 갑에 대한 범인은익죄만을 적용하여 처벌한 것은 정당하다(대판 1977. 2. 8. 76도3685).

6) 대판 2003. 12. 12. 2003도4533.

수표가 부도나기 전날 수표발행인을 은닉

부정수표단속법 제2조 제2항 위반의 범죄는 예금부족으로 인하여 제시일에 지급되지 아니할 것이라는 결과 발생을 예견하고 수표를 발행한 때에 바로 성립하는 것이고 수표소지인의 제시일에 수표금의 지급이 거절된 때에 비로소 성립하는 것은 아니므로, 피고인이 수표발행인을 은닉한 것이 그 수표가 부도나기 전날이라고 하더라도 그 수표가 부도날 것이라는 사정과 수표발행인이 부정수표단속법위반으로 수사관서의 수배를 받게 되리라는 사정을 알았다면 범인은닉에 관한 범의가 없다고 할 수는 없을 것이다.[7)]

피고인이 유사석유판매혐의로 수사받는 과정에서 갑, 을, 병을 교사하여 허위진술케 하였으나 증거부족으로 무죄선고를 받음

피고인이 운영하는 A주유소 및 B주유소에서 유사석유를 판매하고, 피고인이 C에너지에 유사석유를 공급한 것으로 단속되자, 피고인이 수사 과정에서 갑으로 하여금 A주유소의 실제 업주이며, 을로 하여금 B주유소의 실제 업주이며, 병으로 하여금 피고인에게 석유를 공급하였는데 자신도 유사석유임을 몰랐다는 내용으로 각 허위진술하게 한 사안에서,

범인도피죄는 수사, 재판 및 형의 집행 등에 관한 국권의 행사를 방해하는 행위를 처벌하려는 것이므로 범인도피죄에서의 '죄를 범한 자'는 범죄의 혐의를 받아 수사대상이 되어 있는 사람이면 그가 진범인지 여부를 묻지 않고 이에 해당한다.

피고인이 판매·공급한 휘발유가 유사석유임을 알았다고 인정할 증거가 부족하여 피고인에 대하여 석유 및 석유대체연료 사업법위반죄를 인정할 수 없다고 하더라도, 피고인의 교사에 의하여 갑, 을, 병이 위와 같이 허위로 진술한 사실이 인정되고 그것이 적극적으로 수사기관을 기만하여 착오에 빠지게 함으로써 범인의 발견 또는 체포를 곤란 내지 불가능하게 할 정도에 해당하여 범인도피죄를 구성한다면, 그들은 석유 및 석유대체연료 사업법위반죄의 혐의를 받아 수사대상이 된 피고인을 도피하도록 한 것으로 볼 수 있고, 나아가 이를 교사한 피고인에 대하여도 범인도피교사의 죄책이 성립될 수 있다.[8)]

자동차 운전 중 과실로 동승자에게 상해를 입게 한 교통사고처리특례법위반 사건에서 범인이 자동차종합보험에 가입한 경우

'벌금 이상의 형에 해당하는 죄를 범한 자'라 함은 범죄의 혐의를 받아 수사 대상이 되어 있는 자도 포함하고, 벌금 이상의 형에 해당하는 자에 대한 인식은 실제로 벌금 이상의 형에 해당하는 범죄를 범한 자라는 것을 인식함으로써 족하고 그 법정형이 벌금 이상이라는 것까지 알 필요는 없다.

갑은 승용차를 운전하던 중 사고 장소 좌측에 설치된 노면 턱을 들이받는 바람에 그 충격으로 조수석에 탑승

7) 대판 1990. 3. 27. 89도1480.

8) 대판 2014. 3. 27. 2013도152. 다음은 같은 취지이다.

수사대상자가 무혐의 석방된 경우

범인은닉죄는 형사사법에 관한 국권의 행사를 방해하는 자를 처벌하고자 하는 것이므로 형법 제151조 제1항 소정의 '죄를 범한 자'라 함은 범죄의 혐의를 받아 수사 대상이 되어 있는 자를 포함한다. 따라서 구속수사의 대상이 된 소송외인이 그 후 무혐의로 석방되었다 하더라도 위 죄의 성립에 영향이 없다(대판 1982. 1. 26. 81도1931).

하고 있던 피고인에게 전치 4주간의 상해를 입게 한바, 이러한 경우 갑에 대하여 적용이 가능한 죄는 가볍게는 도로교통법 제113조 제1호, 제44조 위반죄로부터 교통사고처리특례법 제3조 제1항 위반죄를 거쳐 갑의 범의에 따라서는 형법 제257조 제1항의 상해죄에 이르기까지 다양하고, 위 각 죄는 모두 벌금 이상의 형을 정하고 있음이 분명할 뿐만 아니라, 나아가 갑에게 적용될 수 있는 죄가 결과적으로 교통사고처리특례법 제3조 제1항 위반죄에 한정된다고 하더라도, 자동차종합보험 가입사실은 같은 법 제4조 제1항이 규정하는 바와 같이 공소를 제기할 수 없다는 소송조건에 해당하는 것으로서, 그것도 같은 법 제3조 제2항에 의하여 피해자가 나중에 사망에 이르거나 또는 같은 항이 규정하는 10가지의 단서, 특히 음주나 과속 운전 등에 해당하는 경우에는 적용되지 아니하는 것이므로, 이러한 경우 수사기관으로서는 위 단서의 적용 여부를 가리기 위하여 갑의 행위에 대하여 얼마든지 수사를 할 수 있는 것이고 그 결과에 따라 갑에 대한 소추나 처벌 여부가 가려지게 되는 것이다. 따라서, 이 사건에 있어서 자동차종합보험 가입사실만으로 위와 같은 갑의 행위가 형사소추 또는 처벌을 받을 가능성이 없는 경우에 해당한다고 단정할 수 없다.[9)]

3. 수사기관에 대한 허위진술

수사기관은 범죄사건을 수사함에 있어서 피의자나 참고인의 진술 여하에 불구하고, 피의자를 확정하고 그 피의사실을 인정할 만한 객관적인 제반 증거를 수집·조사하여야 할 권리와 의무가 있는 것이므로, 참고인이 수사기관에서 범인에 관하여 조사를 받으면서 그가 알고 있는 사실을 묵비하거나 허위로 진술하였다고 하더라도, 그것이 적극적으로 수사기관을 기만하여 착오에 빠지게 함으로써 범인의 발견 또는 체포를 곤란 내지 불가능하게 할 정도의 것이 아니라면 범인도피죄를 구성하지 않는다.[10)]

승용차의 동승자가 교통사고 운전자임을 자처

갑이 승용차를 운전하던 중 사고 장소 좌측에 설치된 노면 턱을 들이받는 바람에 그 충격으로 조수석에 탑승하고 있던 피고인에게 전치 4주간의 상해를 입게 한 사안에서,

범인도피죄는 범인은닉 이외의 방법으로 범인에 대한 수사, 재판 및 형의 집행 등 형사사법의 작용을 곤란 또는 불가능하게 하는 행위를 말하는 것으로서, 그 방법에는 어떠한 제한이 없고, 또한 위 죄는 위험범으로서 현실적으로 형사사법의 작용을 방해하는 결과가 초래될 것이 요구되지 아니하며, 범인이 아닌 피고인이 수사기관에 범인임을 자처하고 허위사실을 진술함으로써 실제 운전자 갑을 도피하게 하였다면 그로써 수사권의 행사를 비롯한 국가의 형사사법 작용은 곤란 또는 불가능하게 되는 것이라고 아니할 수 없으므로(예컨대, 수사기관이 초동단계에서 실제 운전자에 대한 음주측정을 하지 못하여 교통사고처리특례법위반죄로 기소하지 못하게 되는 상황이 발생할 수 있다), 이는 범인도피죄에 해당한다.[11)]

9) 대판 2000. 11. 24. 2000도4078.
10) 대판 2003. 2. 14. 2002도5374; 대판 2008. 6. 26. 2008도1059.
11) 대판 2000. 11. 24. 2000도4078.

참고인이 범인에 관하여 허무인의 이름을 대고 그 구체적인 인적사항은 모른다고 진술

수사기관은 범죄사건을 수사함에 있어서 피의자나 참고인의 진술 여하에 불구하고, 피의자를 확정하고 그 피의사실을 인정할 만한 객관적인 제반 증거를 수집·조사하여야 할 권리와 의무가 있는 것이므로, 참고인이 수사기관에서 범인에 관하여 조사를 받으면서 그가 알고 있는 사실을 묵비하거나 허위로 진술하였다고 하더라도, 그것이 적극적으로 수사기관을 기만하여 착오에 빠지게 함으로써 범인의 발견 또는 체포를 곤란 내지 불가능하게 할 정도의 것이 아니라면 범인도피죄를 구성하지 않는다.

폭행현장의 참고인이 피해자를 폭행한 자의 인적사항을 묻는 경찰관의 질문에 답하면서, 단순히 '이언중'이라고 허무인의 이름을 진술하고 구체적인 인적사항에 대하여는 모른다고 진술하는데 그쳤을 뿐이라면 이를 가리켜 적극적으로 수사기관을 기만하여 착오에 빠지게 함으로써 범인의 발견 또는 체포를 곤란 내지 불가능하게 할 정도의 것이라고 할 수 없어 범인도피죄를 구성하지 않는다.[12)]

오락실의 공동운영자가 단독으로 운영하였다고 진술하여 공범의 존재를 묵비

이 사건 오락실은 갑이 주로 운영하였으나 을도 등록명의만을 빌려준 것이 아니라 갑과 공동으로 이를 운영하였다고 봄이 상당한 점 등에 비추어 볼 때, 을이 수사기관에서 '이 사건 오락실의 실제 업주로서 이를 단독으로 운영하였다'는 취지로 허위진술하여 공범인 갑의 존재를 숨겼다 하더라도, 그러한 허위진술이 적극적으로 수사기관을 기만하여 착오에 빠지게 함으로써 범인의 발견 또는 체포를 곤란 내지 불가능하게 한 경우에 해당한다고 볼 수 없다면 범인도피죄는 성립하지 않는다.[13)]

---

12) 대판 2008. 6. 26. 2008도1059. 다음은 같은 취지이다.

지명수배자 갑이 을과 함께 술을 마시다가 검문을 피하여 도주하였음을 알면서도 그 자리에 갑이 없었다고 진술

참고인이 수사기관에서 범인에 관하여 조사를 받으면서 그가 알고 있는 사실을 묵비하거나 허위로 진술하였다고 하여도 그것이 적극적으로 수사기관을 기만하여 착오에 빠지게 함으로써 범인의 발견 또는 체포를 곤란 내지 불가능하게 할 정도의 것이 아니라면 범인도피죄를 구성하지 않는다.

피고인은 지명수배자인 갑이 공소사실 기재 일시 및 장소에서 을과 술을 마시다가 검문을 받아 도주한 사실을 알면서도 검찰에서 참고인으로 진술함에 있어서 갑을 잘 알지 못할 뿐 아니라 을과 함께 술을 마신 사람가운데 갑은 없었다고 허위진술을 하였다는 것이나, 이러한 정도의 허위진술을 한 것만으로는 범인도피를 구성하지 않는다(대판 1991. 8. 27. 91도1441).

체포된 사람이 목격한 범인과 동일함에도 동일한 사람이 아니라고 허위진술

참고인이 범인 아닌 다른 자를 진범이라고 내세우는 경우 등과 같이 적극적으로 허위의 사실을 진술하여 수사관을 기만, 착오에 빠지게 함으로써 범인의 발견 체포에 지장을 초래케 하는 경우와 달리 참고인이 수사기관에서 진술을 함에 있어 단순히 범인으로 체포된 사람과 동인이 목격한 범인이 동일함에도 불구하고 동일한 사람이 아니라고 허위진술을 한 정도의 것만으로는 참고인의 그 허위진술로 말미암아 증거가 불충분하게 되어 범인을 석방하게 되는 결과가 되었다 하더라도 바로 범인도피죄를 구성한다고는 할 수 없다(대판 1987. 2. 10. 85도897).

13) 대판 2008. 12. 24. 2007도11137. 다음은 같은 취지이다.

공범의 이름을 묵비

피고인이 절도사건과 관련하여 사법경찰리로부터 조사받는 과정에서 공범의 이름을 단순히 묵비하였다 하여 절도범인을 도피하게 하였다고는 볼 수 없다(대판 1984. 4. 10. 83도3288).

오락실 종업원이 실제 업주라고 진술하며 점포임대차 등에 관하여 적극적으로 허위 진술 및 자료 제시

게임산업진흥에 관한 법률위반, 도박개장 등의 혐의로 수사기관에서 조사받는 피의자가 사실은 게임장·오락실·피씨방 등의 실제 업주가 아니라 그 종업원임에도 불구하고 자신이 실제 업주라고 허위로 진술하였다고 하더라도, 그 자체만으로 범인도피죄를 구성하는 것은 아니다. 다만, 그 피의자가 실제 업주로부터 금전적 이익 등을 제공받기로 하고 단속이 되면 실제 업주를 숨기고 자신이 대신하여 처벌받기로 하는 역할(이른바 '바지사장')을 맡기로 하는 등 수사기관을 착오에 빠뜨리기로 하고, 단순히 실제 업주라고 진술하는 것에서 나아가 게임장 등의 운영 경위, 자금 출처, 게임기 등의 구입 경위, 점포의 임대차계약 체결 경위 등에 관해서까지 적극적으로 허위로 진술하거나 허위 자료를 제시하여 그 결과 수사기관이 실제 업주를 발견 또는 체포하는 것이 곤란 내지 불가능하게 될 정도에까지 이른 것으로 평가되는 경우 등에는 범인도피죄를 구성할 수 있다.14)

갑을 범인이라고 짐작하였음에도 을이 범인이라고 단정적으로 지목

갑이 종전에도 피고인을 강간하려고 한 적이 있었고, 피고인의 집으로 수회 전화하여 구애한 바 있기 때문에 피고인은 이 사건 범행으로 피고인을 강간하려던 자 역시 갑일 것으로 짐작하였음에도, 당시 도주한 범인(갑)이 절취하여 소지하고 있다가 강간미수 현장에 놓고 간 휴대폰의 소유자가 을로 판명되자 을을 범인이라고 단정적으로 지목한 사안에서,

참고인이 수사기관에서 범인에 관하여 조사를 받으면서 그가 알고 있는 사실을 묵비하거나 허위로 진술하였다고 하더라도 그것이 적극적으로 수사기관을 기만하여 착오에 빠지게 함으로써 범인의 발견 또는 체포를 곤란 내지 불가능하게 할 정도의 것이 아니라면 범인도피죄를 구성하지 아니한다. 그리고 참고인이 실제의 범인이 누군지도 정확하게 모르는 상태에서 수사기관에서 실제의 범인이 아닌 어떤 사람을 범인이 아닐지도 모른다고 생각하면서도 그를 범인이라고 지목하는 허위의 진술을 한 경우에는 참고인의 허위 진술에 의하여 범인으로 지목된 사람이 구속기소됨으로써 실제의 범인이 용이하게 도피하는 결과를 초래한다고 하더라도 그것만으로는 그 참고인에게 적극적으로 실제의 범인을 도피시켜 국가의 형사사법의 작용을 곤란하게 할 의사가 있었다고 볼 수 없어 그 참고인을 범인도피죄로 처벌할 수는 없다.15)

---

14) 대판 2010. 1. 28. 2009도10709; 대판 2012. 8. 30. 2010도13694.

15) 대판 1997. 9. 9. 97도1596. 구체적인 사실관계는 다음과 같다.

피고인은 1995. 10. 13.경 피고인의 집 담을 넘어 방으로 침입한 갑에 의하여 강간을 당할 뻔하였는데, 피고인이 반항하자 갑은 창문을 넘어 달아났고, 그 후 갑이 피고인의 집 문패에 쓰여있는 피고인의 아버지의 이름을 통해 피고인의 집 전화번호를 알아내어, 수차례 피고인에게 전화를 걸어 구애를 하였는데, 그 때마다 갑은 피고인에게 자신의 인적 사항을 명백하게 밝히지 아니한 채 거짓 이름을 대면서 사귀고 싶다고 이야기하기도 하고 또는 어떤 때는 피고인이 전화를 받으면 아무런 대답 없이 전화를 끊기도 한 사실(갑이 그 외에도 1995. 10. 하순에 피고인을 간음하였다고 인정할 증거는 신빙성 없는 갑의 진술 외에는 없다), 갑은 1996. 6. 13. 새벽에 피고인의 집으로 가다가 근처에 세워진 을 소유의 승용차에서 휴대폰을 절취하여 이를 소지하고 담을 넘어가 피고인의 방에 침입하여 피고인을 강간하려다가 반항으로 미수에 그치고 위 휴대폰은 놓아둔 채로 도망간 사실, 시력이 우안 0.08, 좌안 0.06인 피고인으로서는, 당시 안경을 벗은 채로 잠이 들어 있었고, 방안의 불은 꺼져 있었으며, 다만 가로등 불빛만이 희미하게 비추는 정도였으므로, 갑자기 달려 드는 갑의 얼굴을 자세히 볼 수는 없었던 사실, 피고인으로서는 이 사건 범행이 1995년도에 피고인의 방에 침입한 이래 수차례 피고인에게 교제를 요구하여 온 갑의 수법과 유사하다는 생각이 들기는 하였지만(다만 그 때까지 피고인은 갑의 본명과 주소 등 자세한 인적사항을 알지 못하였던 것으로 보임), 위 휴대폰의

4. 수사기관의 발견·체포를 곤란하게 하는 행위

체포영장 발부자명단을 입수하여 발부자의 일부에게 알려 줌

- 2007. 10. 3. 경찰이 폭력조직인 A파 조직원 53명에 대하여 체포영장을 발부받아 일제 검거에 나섰다.
- 2007. 10. 10. 피고인은 갑으로부터 체포영장이 발부된 조직원들의 명단을 알아봐달라는 부탁을 받고 법원공무원에게 A파 사건의 체포영장 발부자 명단을 구해달라고 말하였고, 이에 위 공무원이 체포영장이 발부된 53명의 명단을 검색 및 추출하여, 피고인에게 교부하였다.
- 갑은 피고인을 만나기 며칠 전 자신이 수사대상에 올라 있다는 취지의 말을 들었으나 자신에게 체포영장이 발부되었는지 여부, 검거대상자가 누구인지 여부는 모르는 상태였으나 피고인으로부터 체포영장 발부자 명단을 확인한 이후부터 자신이 생활하던 평택지역을 아예 벗어나 도피생활을 하다가 검거되었다.
- 갑은 을, 병, 정에게 체포영장 발부 사실을 알려 줌으로써 이들에 대한 형사사법작용을 방해하는 위험이 초래되었다.
- 체포영장 발부사실을 알게 된 것은 갑, 을, 병, 정의 4명 뿐이며 나머지 49명에 대해서는 체포영장 발부사실이 알려졌다는 증명이 없다(위 49명 중 무와 기는 체포영장발부자 명단을 넘겨주기 전에 이미 체포되어 수감되어 있었다).

형법 제151조의 범인도피죄에서 '도피하게 하는 행위'는 은닉 이외의 방법으로 범인에 대한 수사, 재판 및 형의 집행 등 형사사법 작용을 곤란 또는 불가능하게 하는 일체의 행위로서 그 수단과 방법에는 아무런 제한이 없다. 또한 위 죄는 위험범으로서, 현실적으로 형사사법 작용을 방해하는 결과를 초래할 필요는 없으나 적어도 함께 규정되어 있는 은닉행위에 비견될 정도로 수사기관의 발견·체포를 곤란하게 하는 행위, 즉 직접 범인을 도피시키는 행위 또는 도피를 직접적으로 용이하게 하는 행위에 이르러야 성립하므로, 그 자체로는 도피시키는 것을 직접적인 목적으로 하였다고 보기 어려운 어떤 행위를 한 결과 간접적으로 범인이 안심하고 도피할 수 있게 한 경우는 여기에 포함되지 않는다.

피고인의 행위는 갑, 을, 병, 정을 제외한 49명에 대해서는 범인도피죄를 구성하지 않는다.[16]

소유자가 갑 아닌 을로 판명됨에 따라 을이 범인일 가능성이 높다고 생각하면서도, 경찰서에서 을이 범인이냐는 형사들의 질문에 대하여 잘 모르겠다고 대답하였는데, 형사들이 그렇게 대답하면 안 되고 확실하게 대답하라고 다그치자, 이에 피고인이 을을 단정적으로 범인이라고 진술한 사실을 인정할 수 있다. 또한 피고인은 경찰서의 범인식별실에서 을을 대면한 상태에서, "얼굴 윤곽이나 뒷모습을 보니 저 사람이 범인이 분명합니다"라고 말하였고, 이에 을이 "우리 눈치 보지말고 잘 모르면 모른다고 대답해라"고 하였음에도 다시 피고인이 "내가 나이가 몇 살인데 남이 맞다고 하라고 하여 맞다고 하겠는가요, 그 때 가로등 불빛을 통하여 범인의 얼굴윤곽 및 뒷모습을 확실히 보고 기억하였고 지금 그를 보니 범인이 분명하다고 판단되기 때문에 그를 범인으로 지목하는 것입니다"라고 진술하면서 을에 대한 엄벌을 원하였다. 이러한 사실관계에 비추어 보면, 피고인이 이 사건 범인이 갑임을 알면서도 수사기관에서는 갑의 발견 및 체포를 곤란하게 할 의도로 이 사건 범인이 을이라고 허위의 진술을 하였다고 볼 수는 없을 것이다.

16) 대판 2011. 4. 28. 2009도3642 및 원심인 수원지판 2009. 4. 14. 2008노4500. 다음은 같은 취지이다.

고문치사 사건의 범인이 더 있음을 알고도 그러한 사실이 기재되지 아니한 변사사건 발생보고서를 그대로 치안본부장 및 검찰에 보고하고 나아가 위 사건으로 조사받는 자들에게 예행연습을 시키거나 다른 범인이 있음을 실토하지 않도록 설득(박종철 고문치사사건)

피고인들로서는 최소한 피고인 1이 피고인 2의 지시에 의하여 작성한 이 사건 변사사건 발생보고서를 피고인 2와 대공수사 2단장에게 보고한 때에는 갑이 쇼크사가 아닌 물고문 도중에 사망하였고 위 물고문에 가담한 자가 을, 병 이외에 더 있었다는 사실을 충분히 인식하면서도 이 사건 변사사건 발생보고서를 받아 보고 이를 그대로 용인한 다음 치안본부장 및 검찰에 이르도록 함으로써 물고문 도중에 일어난 사고를 변사사건 발생보고서에 기재된 대로 단

피의자 간에 연락하여 만나게 해 주고 도피를 용이하게 함

형법 제151조에서 규정하는 범인을 도피하게 한 경우란 은닉 이외의 방법으로 관헌의 체포, 발견을 곤란 또는 불가능하게 하는 일체의 행위를 의미하는 것이므로 피고인이 살인미수의 피의자를 상피고인에게 연락하여 만나게 해주고 동인으로 하여금 도피를 용이하게 한 경우 범인도피죄에 해당한다.17)

기소중지자의 부탁으로 타인 명의로 임대차계약을 체결해줌

범인도피죄는 범인은닉 이외의 방법으로 범인에 대한 수사, 재판 및 형의 집행 등 형사사법의 작용을 곤란 또는 불가능하게 하는 행위를 말하는 것으로서, 그 방법에는 어떠한 제한이 없고, 위험범으로서 현실적으로 형사사법의 작용을 방해하는 결과가 초래될 것이 요구되지 아니한다.

범인도피죄는 직접 범인을 도피시키는 행위 또는 도피를 직접적으로 용이하게 하는 행위에 한정되는 것인바, 어떤 행위가 직접 범인을 도피시키는 행위 또는 도피를 직접적으로 용이하게 하는 행위에 해당하는가를 판단하기 위하여는, 범인도피죄의 구성요건적 행위가 정형화되어 있지 아니한 점을 고려한다면, 피고인이 범인의 처지나 의도에 대하여 인식하고 있었는지, 그에게 범인을 은닉 내지 도피시키려는 의사가 있었는지를 함께 고려하여 살펴보아야 할 것이고, 단순히 피고인이 한 행위의 밖으로 드러난 태양만 살펴보는 것만으로는 부족하다.

범인이 기소중지자임을 알고도 범인의 부탁으로 타인 명의로 대신 임대차계약을 체결해 준 경우, 비록 임대차계약서가 공시되는 것은 아니라 하더라도 수사기관이 탐문수사나 신고를 받아 범인을 발견하고 체포하는 것을 곤란하게 하여 범인도피죄에 해당한다.18)

법리: 범인도피죄는 범인은닉 이외의 방법으로 범인에 대한 수사, 재판 및 형의 집행 등 형사사법의 작용을 곤란 또는 불가능하게 하는 행위를 말하는 것으로서 그 방법에는 어떠한 제한이 없고, 또 이는 위험범으로서 현실적으로 형사사법의 작용을 방해하는 결과가 초래될 것이 요구되지는 아니하나, 다른 한편 형사사법의 작용을 방해하는 모든 행위 내지 범인을 돕는 모든 행위가 범인도피죄의 구성요건에 해당한다고 본다면 이는 일반 국민의 행동의 자유를 지나치게 제한하는 것으로서 부당하다고 하지 않을 수 없다.

순 쇼크사로 은폐하거나 축소하여 그 범인들을 도피하게 하려는 공모관계가 인정되고, 그러한 터에 피고인들이 순차로 을 등에게 앞으로의 수사에 대비하여 원심판시와 같은 예행연습을 시키거나 또는 조사를 받고 있는 을, 병을 찾아가 그 판시와 같이 그들에게 다른 범인이 더 있음을 실토하지 아니하도록 설득하는 등 함으로써 범인도피의 실행행위까지 한 사안에서,

범인도피죄에 있어서의 도피라 함은 … 범죄의 구체적인 내용이나 범인의 인적 사항 및 공범이 있는 경우 공범의 구체적 인원수 등까지 알 필요는 없다고 보아야 할 것인바, 피고인들이 위 물고문에 가담한 자가 을, 병 이외에 더 있었다는 사실을 충분히 인식하고도 이 사건 변사사건 발생보고서를 받아 보고 이를 그대로 용인한 다음 이를 치안본부장 및 검찰에 이르도록 하고 나아가 을 등에게 예행연습을 시키거나 조사를 받고 있는 을, 병에게 다른 범인이 더 있음을 실토하지 아니하도록 설득까지 하였다면 피고인들에게는 물고문 도중에 일어난 사고를 변사사건 발생보고서에 기재된 대로 단순 쇼크사로 은폐하거나 축소함으로써 그 범인들을 도피하게 하려는 고의가 있었다고 보아야 할 것이다(대판 1995. 12. 26. 93도904).

17) 대판 1990. 12. 26. 90도2439.

18) 대판 2004. 3. 26. 2003도8226.

그러므로 범인도피행위는 범인을 도주하게 하는 행위 또는 도주하는 것을 직접적으로 용이하게 하는 행위에 한정된다고 봄이 상당하고, 그 자체가 도피시키는 것을 직접의 목적으로 한 것이라고는 보기 어려운 행위로 말미암아 간접적으로 범인이 안심하여 도피할 수 있도록 하는 것과 같은 경우는 이에 포함되는 것이 아니다. 나아가 어떤 행위가 범인도피죄에 해당하는 것처럼 보이더라도 그것이 사회적으로 상당성이 있는 행위일 때에는 이 또한 처벌할 수 없다고 보아야 할 것이다.

사실관계 및 판단: 갑은 유가증권 위조, 사기 등의 범행을 범하고 미국으로 도주한 상태임

가. 피고인 2가 을로부터 갑에게 송금하여 달라는 부탁과 함께 자기앞수표를 받아 이를 가명으로 예금하여 두었다는 점은, 피고인이 현실적으로 갑에게 송금하지 아니한 이상 아직 형사사법작용을 방해하는 위험을 초래한 데에까지 이른 것은 아니어서 처벌규정이 없는 범인도피의 예비에 불과하다.

나. 피고인 3이 갑의 재산을 국외로 도피시키기 위하여 미국으로부터 입국한 을을 병과 만나게 해 주어 병으로 하여금 은행 예금통장과 자기앞수표 등을 을에게 교부하게 한 행위 또한 현실적으로 위 재산이 갑의 지배 하에 놓인 것이 아니어서 범인도피의 예비행위에 가공한 것에 불과하여 처벌대상이 아니다.

다. 피고인 1이 갑이 편취하여 마련한 자금 중 일부를 여러 차례에 걸쳐 가명으로 예금하고 입금과 출금을 되풀이하면서 그 인출한 돈 중 일부를 갑의 자녀들의 생활비 및 갑의 유령회사들의 운영유지비 등으로 사용하게 하고 갑의 도피자금으로 비축하여 갑의 도피생활을 용이하게 하였다는 점이나, 피고인 3이 병으로부터 받은 돈 중 일부를 갑의 자녀들의 생활비로 정에게 교부하고 일부는 병의 변호사 선임비로 사용하였다는 점 또한 이러한 행위들에 의하여 갑이 안심하여 도피생활을 계속할 수 있다고 하여도 이로써 갑의 도주를 직접적으로 용이하게 하였다고는 말할 수 없으므로(뿐만 아니라 범인의 가족을 돕는 행위는 다른 특별한 사정이 없는 한 사회적 상당성이 있는 것이라고 할 것이다) 역시 범인도피죄에 해당하지 아니한다고 보아야 할 것이다.

라. 피고인 3이 갑의 부탁을 받고 갑의 자녀들을 미국으로 보내기 위하여 김포공항까지 안내하여 주어 갑을 도피하게 하였다는 점도 갑의 자녀들이 현실적으로 미국으로 가지 아니하였음이 기록상 명백한 이상 범인도피죄에 해당하지는 아니한다고 할 것이다(가사 위 피고인이 갑의 자녀들을 미국으로 보냈다고 하더라도 이는 사회적 상당성이 있는 행위로서 범인도피죄는 성립하지 아니한다고 할 것이다).

마. 피고인 3이 병의 위치를 알려달라는 갑의 지시를 받고 A호텔에 숨어있는 병의 위치를 알려주어 갑과 통화하게 하였다는 점은, 갑과 병의 통화 자체가 갑에 대한 범인도피를 내용으로 하는 것이고 이를 위 피고인이 사전에 알았다는 등의 특별한 사정이 있는 경우에만 범인도피죄를 구성한다고 할 것인데, 당시 갑은 병에게 우선 잠잠할 때까지 모두 몸조심하라, 미안하다고 하면서 자신의 아이들을 잘 부탁한다고 하였다는 것에 불과하므로 위와 같은 피고인의 행위 또한 범인도피죄에 해당하지 아니한다.

바. 피고인 3이 갑의 전화를 받고 병이 검찰에 자수한다는 것과 변호사를 선임한 사실을 알려준 후 갑으로부터 모든 범행을 자신에게 미루고 검찰에 출석하여 부인하라는 지시를 받고 이를 병에게 전달하였다는 점도 그 내용 자체로 보아 그것이 갑에 대한 범인도피행위라고 볼 수는 없다.[19]

피의자의 채권자가 피의자를 수사 당국에 인계치 못하도록 피의자의 채무를 인수함

피고인들이 부정수표단속법 피의자 갑이 을에 대하여 지는 또 다른 노임채무를 인수키로 하는 지불각서를

19) 대판 1995. 3. 3. 93도3080.

작성하여 주고 을이 갑을 수사당국에 인계하는 것을 포기하기로 하는 합의가 이루어져 갑이 수사당국에 인계되지 않은 경우이면 피고인들에 대하여 범인도피죄의 성립을 인정할 수 없다.[20]
해설: 위 판례에서 갑이 어떤 상황에 있는지는 나타나 있지 않다.

5. 범인의 자기은닉·도피

방어권남용의 판단기준
범인 스스로 도피하는 행위는 처벌되지 아니하므로, 범인이 도피를 위하여 타인에게 도움을 요청하는 행위 역시 도피행위의 범주에 속하는 한 처벌되지 아니하며, 범인의 요청에 응하여 범인을 도운 타인의 행위가 범인도피죄에 해당한다고 하더라도 마찬가지이다. 다만 범인이 타인으로 하여금 허위의 자백을 하게 하는 등으로 범인도피죄를 범하게 하는 경우와 같이 그것이 방어권의 남용으로 볼 수 있을 때에는 범인도피교사죄에 해당할 수 있다. 이 경우 방어권의 남용이라고 볼 수 있는지 여부는, 범인을 도피하게 하는 것이라고 지목된 행위의 태양과 내용, 범인과 행위자의 관계, 행위 당시의 구체적인 상황, 형사사법의 작용에 영향을 미칠 수 있는 위험성의 정도 등을 종합하여 판단하여야 한다.[21]

범인이 자신을 위하여 타인으로 하여금 허위의 자백을 하게 함
범인이 자신을 위하여 타인으로 하여금 허위의 자백을 하게 하여 범인도피죄를 범하게 하는 행위는 방어권의 남용으로 범인도피교사죄에 해당한다.[22]
해설: 이에 대해서는 범인이 타인으로 하여금 자기은닉·도피를 하지 않도록 하는 것은 기대가능성이 없다거나, 친족 또는 가족이 범인을 위하여 은닉·도피한 경우에는 처벌하지 않는 것과의 균형이 맞지 않는다는 이유로 범인의 자기은닉·도피는 범인은닉·도피죄의 교사범이 되지 않는다는 견해가 있다.

범인의 자기은닉·도피 피교사자가 범인의 동생인 경우
무면허 상태로 승용차를 운전하고 가다가 화물차를 들이받는 사고를 일으켜 경찰에서 조사를 받게 된 피고인이 무면허로 운전한 사실 등이 발각되지 않기 위해, 동생에게 "내가 무면허상태에서 술을 마시고 차를 운전하다가 교통사고를 내었는데 운전면허가 있는 네가 대신 교통사고를 내었다고 조사를 받아 달라"고 부탁하여, 이를 승낙한 동생으로 하여금 경찰서에서 자신이 위 승용차를 운전하고 가다가 교통사고를 낸 사람이라고 허위 진술로 피의자로서 조사를 받도록 한 사안에서,

20) 대판 1984. 2. 14. 83도2209.
21) 대판 2014. 4. 10. 2013도12079. 방어권남용이 아닐 가능성이 있으니 심리가 더 필요하다는 부분의 판시는 다음과 같다. 갑은 피고인이 평소 가깝게 지내던 후배인 점, 피고인은 자신의 휴대폰을 사용할 경우 소재가 드러날 것을 염려하여 갑에게 요청하여 대포폰을 개설하여 받고, 갑에게 전화를 걸어 자신이 있는 곳으로 오도록 한 다음 갑이 운전하는 자동차를 타고 청주시 일대를 이동하여 다닌 것으로서, 피고인의 이러한 행위는 형사사법에 중대한 장애를 초래한다고 보기 어려운 통상적 도피의 한 유형으로 볼 여지가 충분하다.
22) 대판 2000. 3. 24. 2000도20.

범인이 자신을 위하여 타인으로 하여금 허위의 자백을 하게 하여 범인도피죄를 범하게 하는 행위는 방어권의 남용으로 범인도피교사죄에 해당하며, 이 경우 그 타인이 형법 제151조 제2항에 의하여 처벌을 받지 아니하는 친족 또는 동거 가족에 해당한다 하여 달리 볼 것은 아니다.[23)]

범인이 그의 처가 하는 범인 자신을 위한 범인도피행위를 방조

범인이 자신을 위하여 타인으로 하여금 허위의 자백을 하게 하여 범인도피죄를 범하게 하는 행위는 방어권의 남용으로 범인도피교사죄에 해당하며, 이 경우 그 타인이 처벌을 받지 아니하는 친족 등에 해당한다 하여 달리 볼 것은 아니라는 법리는, 범인을 위해 타인이 범하는 범인도피죄를 범인 스스로 방조하는 경우에도 마찬가지로 적용된다.

피고인이 그의 처가 하는 피고인을 위한 범인도피범행을 돕기 위하여 처에게 사고발생 경위, 도주 경위 등에 관하여 상세한 정보를 제공하여 주는 등의 방법으로 처가 허위 자백하는 데 심리적으로 안정할 수 있도록 하는 것은 범인도피의 방조에 해당한다.[24)]

6. 위법성

성직자의 범인은닉·도피

성직자라 하여 초법규적인 존재일 수는 없으며 성직자의 직무상 행위가 사회상규에 반하지 아니한다 하여 그에 적법성이 부여되는 것은 그것이 성직자의 행위이기 때문이 아니라 그 직무로 인한 행위에 정당, 적법성을 인정하기 때문인바, 사제가 죄지은 자를 능동적으로 고발하지 않는 것에 그치지 아니하고 은신처마련, 도피자금 제공등 범인을 적극적으로 인닉·도피케 하는 행위는 사제의 정당한 직무에 속하는 것이라고 할 수 없다.[25)]

7. 계속범

범인도피죄는 범인을 도피하게 함으로써 기수에 이르지만 범인도피행위가 계속되는 동안에는 범죄행위도 계속되고 행위가 끝날 때 비로소 범죄행위가 종료된다고 할 것이고, 공범자의 범인도피행위의 도중에 그 범행을 인식하면서 그와 공동의 범의를 가지고 기왕의 범인도피상태를 이용하여 스스로 범인도피행위를 계속한 자에 대하여는 범인도피죄의 공동정범이 성립한다고 할 것이다.

갑, 을, 병이 공모하여 병이 범인인 양 수사관서에 허위신고한 후 진범인 정이 자수하기 전에, 피고인이 이러한 사실을 인식하면서, 을, 병을 만나 '판시와 같은 행위(구체적인 행위의 내용은 나타나지 않음: 필자 주)'를 하였다면, 비록 피고인이 다른 공범자들과 사전에 범인도피의 공모를 하지 아니하였다고 하더라도 그들과

23) 대판 2006. 12. 7. 2005도3707.
24) 대판 2008. 11. 13. 2008도7647.
25) 대판 1983. 3. 8. 82도3248.

공동의 범인도피의 범의를 가지고 기왕의 범인도피상태를 이용하여 스스로 범인도피의 실행행위를 계속한 것으로서 범인도피죄의 공동정범이 성립된다.[26)]

해설: 공범인 갑, 을, 병이 범인 정을 도피하게 하고 있는 상황에서, 즉 계속범인 범인도피죄가 진행되고 있는 상황에서 피고인이 공범 갑, 을, 병의 범인도피행위에 가담한 것이므로 피고인은 승계적 공동정범으로서의 책임을 져야 한다.

8. 공 범

범인 을을 대신하여 허위 자백한 갑의 변호인이 되어, 허위자백을 유지하도록 갑과 을의 거래관계에 깊숙이 관여

변호사는 직무를 수행하면서 진실을 은폐하거나 거짓 진술을 하여서는 아니 된다(변호사법 24조 2항). 따라서 변호인이 의뢰인의 요청에 따른 변론행위라는 명목으로 수사기관이나 법원에 대하여 적극적으로 허위의 진술을 하거나 피고인 또는 피의자로 하여금 허위진술을 하도록 하는 것은 허용되지 않는다.

갑이 수사기관 및 법원에 출석하여 을 등의 사기 범행을 자신이 저질렀다는 취지로 허위 자백하였는데, 그 후 갑의 사기 피고사건 변호인으로 선임된 피고인이 갑과 공모하여 진범 을 등을 은폐하는 허위자백을 유지하게 함으로써 범인을 도피하게 하였다는 내용으로 기소된 사안에서, 피고인이 변호인으로서 단순히 갑의 이익을 위한 적절한 변론과 그에 필요한 활동을 하는 데 그치지 아니하고, 갑과 을 사이에 부정한 거래가 진행 중이며 갑 피고사건의 수임과 변론이 거래의 향배와 불가결한 관련이 있을 것임을 분명히 인식하고도 을에게서 갑 피고사건을 수임하고, 그들의 합의가 성사되도록 도왔으며, 스스로 합의금의 일부를 예치하는 방안까지 용인하고 합의서를 작성하는 등으로 갑과 을의 거래관계에 깊숙이 관여한 행위를 정당한 변론권의 범위 내에 속한다고 평가할 수 없고, … 피고인의 행위는 정범인 갑에게 결의를 강화하게 한 방조행위로 평가될 수 있다.[27)]

공범자의 범인도피행위 도중에 그와 공동의 범의를 가지고 기왕의 범인도피상태를 이용하여 스스로 범인도피행위를 계속

범인도피죄는 범인을 도피하게 함으로써 기수에 이르지만, 범인도피행위가 계속되는 동안에는 범죄행위도 계속되고 행위가 끝날 때 비로소 범죄행위가 종료된다. 따라서 공범자의 범인도피행위 도중에 그 범행을 인식하면서 그와 공동의 범의를 가지고 기왕의 범인도피상태를 이용하여 스스로 범인도피행위를 계속한 경우에는 범인도피죄의 공동정범이 성립하고, 이는 공범자의 범행을 방조한 종범의 경우도 마찬가지이다.[28)]

공동정범 중의 1인이 다른 공동정범을 도피시킴

형법 제151조 제1항 소정의 범인 도피죄에 있어서 공동정범 중의 1인이 타 공동정범인을 도피시킴에 대하

26) 대판 1995. 9. 5. 95도577.
27) 대판 2012. 8. 30. 2012도6027.
28) 대판 2012. 8. 30. 2012도6027.

여 동조 제2항과 같은 불처벌의 특례를 규정한 바 없으므로 공동정범 중의 1인인 갑이 타 공동정범인인 을 등을 도피시킴은 범인도피죄의 죄책을 면치 못한다.[29)]

음주운전으로 적발되자 갑을 불러내어 "어떻게 좀 해 보라"고 재촉하여 갑으로 하여금 단속경찰관의 주취운전자 적발보고서 작성이나 재차의 음주측정을 못하도록 제지케 함

피고인은 음주운전 혐의로 적발되자 평소 알고 지내던 갑을 불러내어 그로 하여금 단속경찰관인 을이 피고인에 대한 주취운전자 적발보고서를 작성하거나 재차 음주측정을 하지 못하도록 제지하는 등으로 을의 수사를 곤란하게 했던 사실을 인정할 수 있는바, 이러한 피고인의 행위는 범인도피죄에서 말하는 도피에 해당하고, 나아가 피고인이 갑에게 전화를 걸어 음주단속 현장으로 나오게 한 점이나 그에게 "어떻게 좀 해 보라"고 계속 재촉한 사정 등에 비추어 보면 범인도피교사죄가 성립한다.[30)]

Ⅲ. 위증죄

1. 의 의

위증죄는 법률에 의하여 선서한 증인이 허위의 진술을 하는 것을 의미하며, 형사사건 또는 징계사건에 관하여 피고인, 피의자 또는 징계혐의자를 모해할 목적으로 위증한 때에는 모해위증죄가 성립하며 가중 처벌한다(형법 152조).

2. 법률에 의하여 선서한 증인

위증죄와 형소법의 취지, 정신과 기능을 고려하여 볼 때, 형법 제152조 제1항에서 정한 '법률에 의하여 선서한 증인'이라 함은 '법률에 근거하여 법률이 정한 절차에 따라 유효한 선서를 한 증인'이라는 의미이고, 그 증인신문은 법률이 정한 절차 조항을 준수하여 적법하게 이루어진 경우여야 한다고 볼 것이다.[31)]

가. 심문절차에서의 증언

심문절차로 진행되는 가처분 신청사건

가처분사건이 변론절차에 의하여 진행될 때에는 제3자를 증인으로 선서하게 하고 증언을 하게 할 수 있으나 심문절차에 의할 경우에는 법률상 명문의 규정도 없고, 또 구 민사소송법의 증인신문에 관한 규정이 준용되

29) 대판 1958. 1. 14. 4290형상393.
30) 대판 2006. 5. 26. 2005도7528.
31) 대판 2010. 1. 21. 2008도942 전원합의체.

지도 아니하므로 선서를 하게 하고 증언을 시킬 수 없다고 할 것이고, 따라서 제3자가 심문절차로 진행되는 가처분 신청사건에서 증인으로 출석하여 선서를 하고 진술함에 있어서 허위의 공술을 하였다고 하더라도 그 선서는 법률상 근거가 없어 무효라고 할 것이므로 위증죄는 성립하지 않는다.[32]

나. 선서능력

위증죄로 처벌되지 아니하는 선서무능력자로서 사고 현장을 목격한 일이 없는 사람에게 부탁하여 타인의 형사사건을 재판하는 법정에서 현장을 목격한 것처럼 허위의 진술을 하게 하는 것은 형법 제155조 제1항의 증거위조죄에 해당하지 않는다.[33]

해설: 위 판례는 선서무능력자는 위증죄로 처벌되지 않음을 전제로 하여 증거위조에 관하여 판시하고 있다.

비교 판례; 선서 무능력자에 대하야 선서케 하고 신문한 경우라 할지라도 그 선서만이 무효가 되고 그 증언의 효력에 관하여는 영향이 없고 유효하다.[34]

해설: 증인이 선서무능력자(16세 미만의 자와 선서의 취지를 이해하지 못하는 자)인 때에는 선서하게 하지 아니하고 신문하여야 한다(형소법 159조).

다. 증인능력

민사소송 당사자의 증인능력

민사소송의 당사자는 증인능력이 없으므로 증인으로 선서하고 증언하였다고 하더라도 위증죄의 주체가 될 수 없고, 이러한 법리는 민사소송에서의 당사자인 법인의 대표자의 경우에도 마찬가지로 적용된다.[35]

공동피고인 피고인이 의제자백으로 인하여 소송절차가 분리됨으로써 갑만 피고로 남은 사건에서 증언

피고인을 공동피고로 한 민사사건에서 피고인이 의제자백에 의해 분리되고, 갑만 피고로 남았다면 이는 타인 사이의 사건이라고 할 것이므로 그 사건에서 한 증언이 기억에 반한 것인 이상 위증죄에 해당한다.[36]

---

32) 대판 2003. 7. 25. 2003도180. 다음은 같은 취지이다.

심문절차로 진행되는 소송비용확정신청사건

심문절차로 진행되는 소송비용확정신청사건에서 증인으로 출석하여 선서를 하고 진술함에 있어서 허위의 공술을 하였다고 하더라도 그 선서는 법률상 근거가 없어 무효라고 할 것이므로 위증죄는 성립하지 않는다(대판 1995. 4. 11. 95도186).

33) 대판 1998. 2. 10. 97도2961.

34) 대판 1957. 3. 8. 4290형상23.

35) 대판 1998. 3. 10. 97도1168; 대판 2012. 12. 13. 2010도14360.

36) 대판 1983. 10. 25. 83도1318.

공범인 공동피고인

공범인 공동피고인은 당해 소송절차에서는 피고인의 지위에 있으므로 다른 공동피고인에 대한 공소사실에 관하여 증인이 될 수 없으나, 소송절차가 분리되어 피고인의 지위에서 벗어나게 되면 다른 공동피고인에 대한 공소사실에 관하여 증인이 될 수 있다.
게임장의 종업원이 그 운영자와 함께 게임산업진흥에 관한 법률위반죄의 공범으로 기소되어 공동피고인으로 재판을 받던 중, 운영자에 대한 공소사실에 관한 증인으로 증언한 내용과 관련하여 위증죄로 기소된 사안에서, 소송절차가 분리되지 않은 이상 위 종업원은 증인적격이 없어 위증죄가 성립하지 않는다.[37]

3. 증인보호 규정의 준수

위증죄의 의의 및 보호법익, 형소법에 규정된 증인신문절차의 내용, 증언거부권의 취지 등을 종합적으로 살펴보면, 증인신문절차에서 법률에 규정된 증인 보호를 위한 규정이 지켜진 것으로 인정되지 않은 경우에는 증인이 허위의 진술을 하였다고 하더라도 위증죄의 구성요건인 "법률에 의하여 선서한 증인"에 해당하지 아니한다고 보아 이를 위증죄로 처벌할 수 없는 것이 원칙이다. 다만, 법률에 규정된 증인 보호 절차라 하더라도 개별 보호절차 규정들의 내용과 취지가 같지 아니하고, 당해 신문 과정에서 지키지 못한 절차 규정과 그 경위 및 위반의 정도 등 제반 사정이 개별 사건마다 각기 상이하므로, 이러한 사정을 전체적·종합적으로 고려하여 볼 때, 당해 사건에서 증인 보호에 사실상 장애가 초래되었다고 볼 수 없는 경우에까지 예외 없이 위증죄의 성립을 부정할 것은 아니라고 할 것이다.[38]

가. 증언거부권

근친자가 형사책임을 질 염려가 있는 사실이나 업무상비밀에 대해서는 증언을 거부할 수 있다(형소법 148조, 149조).

유죄판결이 확정된 피고인이 공범의 형사사건에서 하는 증언

피고인에게 적법행위를 기대할 가능성이 있는지 여부를 판단하기 위하여는 행위 당시의 구체적인 상황하에 행위자 대신에 사회적 평균인을 두고 이 평균인의 관점에서 그 기대가능성 유무를 판단하여야 한다. 또한, 자기에게 형사상 불리한 진술을 강요당하지 아니할 권리가 결코 적극적으로 허위의 진술을 할 권리를 보장하는 취지는 아니며, 이미 유죄의 확정판결을 받은 경우에는 일사부재리의 원칙에 의해 다시 처벌되지 아니하므로 증언을 거부할 수 없는바, 이는 사실대로의 진술 즉 자신의 범행을 시인하는 진술을 기대할 수 있기 때문이다. 이러한 점 등에 비추어 보면, 이미 유죄의 확정판결을 받은 피고인은 공범의 형사사건에서 그 범행에 대한 증언을 거부할 수 없을 뿐만 아니라 나아가 사실대로 증언하여야 하고, 설사 피고인이 자신의 형사사건에서 시종일관 그 범행을 부인하였다 하더라도 이러한 사정은 위증죄에 관한 양형참작사유로 볼 수

37) 대판 2008. 6. 26. 2008도3300.
38) 대판 2010. 1. 21. 2008도942 전원합의체.

있음은 별론으로 하고 이를 이유로 피고인에게 사실대로 진술할 것을 기대할 가능성이 없다고 볼 수는 없다. 자신의 강도상해 범행을 일관되게 부인하였으나 유죄판결이 확정된 피고인이 별건으로 기소된 공범의 형사사건에서 자신의 범행사실을 부인하는 증언을 한 때에는 피고인에게 사실대로 진술할 기대가능성이 있으므로 위증죄가 성립한다.[39)]

해설: 같은 이유로 자신에 대한 유죄판결이 확정된 증인은 비록 앞으로 재심을 청구할 예정이라고 하여도 이를 이유로 증언거부권이 인정되지 않는다. 피고인이 마약류관리에 관한 법률위반(향정)죄로 이미 유죄판결을 받아 확정된 후 별건으로 기소된 공범 갑에 대한 공판절차의 증인으로 출석하여 허위의 진술을 한 경우에, 피고인에게 증언을 거부할 권리가 없으므로 증언에 앞서 증언거부권을 고지받지 못하였더라도 증인신문절차상 잘못이 없다.[40)]

나. 증언거부권의 고지

증언거부권을 고지받지 못한 상태에서 사촌의 도박에 관하여 허위 진술

사촌관계에 있는 갑의 도박 사실 여부에 관하여 증언거부사유가 발생하게 되었는데도 재판장으로부터 증언거부권을 고지받지 못한 상태에서의 허위 진술은 위증죄를 구성하지 않는다.[41)]

증언거부권을 고지받지 못하여 증언거부권행사에 사실상의 장애 초래

증언거부권 제도는 증인에게 증언의무의 이행을 거절할 수 있는 권리를 부여한 것이고, 형소법상 증언거부권의 고지 제도는 증인에게 그러한 권리의 존재를 확인시켜 침묵할 것인지 아니면 진술할 것인지에 관하여 심사숙고할 기회를 충분히 부여함으로써 침묵할 수 있는 권리를 보장하기 위한 것임을 감안할 때, 재판장이 신문 전에 증인에게 증언거부권을 고지하지 않은 경우에도 당해 사건에서 증언 당시 증인이 처한 구체적인 상황, 증언거부사유의 내용, 증인이 증언거부사유 또는 증언거부권의 존재를 이미 알고 있었는지 여부, 증언거부권을 고지 받았더라도 허위진술을 하였을 것이라고 볼 만한 정황이 있는지 등을 전체적·종합적으로 고려하여 증인이 침묵하지 아니하고 진술한 것이 자신의 진정한 의사에 의한 것인지 여부를 기준으로 위증죄의 성립 여부를 판단하여야 한다. 그러므로 헌법 제12조 제2항에 정한 불이익 진술의 강요금지 원칙을 구체화한 자기부죄거부특권에 관한 것이거나 기타 증언거부사유가 있음에도 증인이 증언거부권을 고지받지 못함으로 인하여 그 증언거부권을 행사하는 데 사실상 장애가 초래되었다고 볼 수 있는 경우에는 위증죄의 성립을 부정하여야 할 것이다.[42)]

39) 대판 2008. 10. 23. 2005도10101.
40) 대판 2011. 11. 24. 2011도11994.
41) 대판 2010. 2. 25. 2009도13257.
42) 대판 2010. 1. 21. 2008도942 전원합의체; 대판 2010. 2. 25. 2007도6273; 대판 2010. 2. 25. 2009도13257. 위 2008도942 전원합의체 판결에 의해 다음 판례는 변경되었다.
증언거부권을 고지받지 못한 채 증언
피고인이 증인으로 선서한 이상 진실대로 진술한다고 하면 자신의 범죄를 시인하는 진술을 하는 것이 되고 증언을 거부하는 것은 자기의 범죄를 암시하는 것이 되는 처지에 있다 하더라도 증인에게는 증언을 거부할 수 있는 권리를 인정하여 위증죄로부터의 탈출구를 마련하고 있는 만큼 적법행위의 기대가능성이 없다고 할 수 없고 선서한 증인이

살인을 하였다고 허위 자백한 피고인이 진범과 함께 공소제기된 후 변론절차분리 후 증언거부권을 고지받지 못한 채 증인으로 증언하면서 계속 허위 진술

형소법에서 증언거부권의 대상으로 규정한 '공소제기를 당하거나 유죄판결을 받을 사실이 발로될 염려 있는 증언'에는 자신이 범행을 한 사실뿐 아니라 범행을 한 것으로 오인되어 유죄판결을 받을 우려가 있는 사실 등도 포함된다고 할 것이다. 따라서 범행을 하지 아니한 자가 범인으로 공소제기가 되어 피고인의 지위에서 범행사실을 허위자백하고, 나아가 공범에 대한 증인의 자격에서 증언을 하면서 그 공범과 함께 범행하였다고 허위의 진술을 한 경우에도 그 증언은 자신에 대한 유죄판결의 우려를 증대시키는 것이므로 증언거부권의 대상은 된다고 볼 것이다. 다만 그 경우는 자신이 하지 아니한 범행을 오히려 했다고 진술하는 것으로서 자기부죄거부의 특권이 인정되는 본래 모습과는 상당한 차이가 있으므로, 이는 증언거부권을 고지받았으면 증언을 거부하였을지 여부, 즉 증언거부권의 행사에 사실상 장애가 초래되었다고 볼 수 있는지를 판단함에 있어 중요한 요소로 고려함이 마땅하다.

피고인이 살인 사건으로 수사기관에서 수차례에 걸쳐 조사받을 때마다 진술거부권을 고지받았음에도 허위자백하였고, 영장실질심사를 받을 수 있는 권리도 포기하였으며, 위와 같은 허위자백은 공소제기 후에 피고인으로서, 변론절차가 분리되어 증인으로서, 변론절차 후 다시 피고인으로서 진술함에 있어서도 그대로 유지되었고, 피고인은 수사기관의 위협 및 강압 때문에 허위 진술하였고 이후에는 진술을 번복하더라도 믿어줄 것 같지 않아서 계속하여 허위진술을 한 것이라고 주장하나, 위협이나 강압을 받았다는 증거가 없고, 특히 피고인은 살인 사건 당시 수사기관이나 1심 재판 중에 피고인의 허위자백과 모순되는 객관적인 증거들이 발견되었음에도 불구하고 그에 맞추어 진술을 일부 변경하면서까지 허위자백의 기본적인 내용을 유지해 나갔던 점 등에 비추어 피고인이 살인 사건의 공판과정에서 선서 전에 재판장으로부터 증언거부권을 고지받지 아니하였다 하더라도 이로 인하여 피고인의 증언거부권 행사에 사실상 장애가 초래되었다고 볼 수는 없다.[43)]

허위의 진술을 한 이상 증언거부권 고지 여부를 고려하지 아니한 채 위증죄가 바로 성립한다(대판 1987. 7. 7. 86도1724 전원합의체).

43) 대판 2012. 12. 13. 2010도10028. 다음은 같은 취지이다.

피고인은 사기 피고사건의 증인으로 출석하여 선서한 후, 사실은 갑 등이 대금을 지급할 의사 없이 피해자들로부터 육류를 공급받아 편취하고 사기죄로 고소를 당하자, 피고인이 애초의 공모 내용에 따라 그 형사책임을 모두 떠안기로 하고 그 대가로 갑 등으로부터 합계 1억 8,000만 원을 받았음에도, 갑 등으로부터 위와 같은 이유로 돈을 받은 사실이 전혀 없다고 위증한 사안에서,

이 부분 공소사실에 기재된 검사와 재판장의 신문 내용은 피고인이 갑 등과 공모하여 피해자들로부터 육류를 공급받아 편취하는 사기죄를 범하였는지와 관련된 것으로서 피고인이 형사소추 또는 공소제기를 당하거나 유죄판결을 받을 염려가 있는 내용에 해당하므로 자기부죄거부특권에 관한 증언거부사유가 있음에도 증언거부권을 고지받지 못함으로 인하여 그 증언거부권을 행사하는 데 사실상 장애가 초래 상태에서 선서와 증언을 하였다고 봄이 상당하다(대판 2013. 5. 23. 2013도3284).

전 남편에 대한 음주운전사건에서 증언거부권을 고지받지 않은 채 적극적으로 허위 진술

전 남편에 대한 도로교통법위반(음주운전) 사건의 증인으로 법정에 출석한 전처가 증언거부권을 고지받지 않은 채 공소사실을 부인하는 전 남편의 변명에 부합하는 내용을 적극적으로 허위 진술한 사안에서, 증인으로 출석하여 증언한 경위와 그 증언 내용, 증언거부권을 고지받았더라도 그와 같이 증언을 하였을 것이라는 취지의 진술 내용 등을 전체적·종합적으로 고려할 때 선서 전에 재판장으로부터 증언거부권을 고지받지 아니하였다 하더라도 이로 인하여 증언거부권이 사실상 침해당한 것으로 평가할 수는 없다고 본 사례(대판 2010. 2. 25. 2007도6273).

쌍방 상해사건으로 공동기소되어 범행을 부인하던 피고인이 변론분리 후 증인으로서 증언거부권을 고지받지 못한 채 범행을 부인하는 증언을 함

피고인이 갑과 쌍방 상해사건으로 공소 제기되어 공동피고인으로 함께 재판을 받으면서 자신은 폭행한 사실이 없다고 주장하며 다투던 중 갑에 대한 상해 사건이 변론분리되면서 피해자인 증인으로 채택되어 검사로부터 신문받게 되었고 그 과정에서 피고인 자신의 갑에 대한 폭행 여부에 관하여 신문을 받게 됨에 따라 증언거부사유가 발생하게 되었는데도, 재판장으로부터 증언거부권을 고지받지 못한 상태에서 자신의 종전 주장을 그대로 되풀이함에 따라 결국 거짓 진술에 이르게 된 사정 등을 이유로 피고인에게 위증죄의 죄책을 물을 수 없다고 판단한 것은 결론에 있어 정당하다.[44)]

증언거부권을 고지하지 않았으나 선서하고 증언함

증인신문에 당하야 증언거부권 있음을 설명하지 아니한 경우라 할지라도 증인이 선서하고 증언한 이상 그 증언의 효력에 관하여는 역시 영향이 없고 유효하다고 해석함이 타당하다.[45)]

민사소송절차에서 증언거부권이 있음에도 이를 고지받지 못한 채 선서를 마치고 허위증언

형소법은 증언거부권에 관한 규정(제148조, 제149조)과 함께 재판장의 증언거부권 고지의무에 관하여도 규정하고 있는 반면(제160조), 민사소송법은 증언거부권 제도를 두면서도(제314조 내지 제316조) 증언거부권 고지에 관한 규정을 따로 두고 있지 않다. 우리 입법자는 1954. 9. 23. 제정 당시부터 증언거부권 및 그 고지 규정을 둔 형소법과는 달리 그 후인 1960. 4. 4. 민사소송법을 제정할 때 증언거부권 제도를 두면서도 그 고지 규정을 두지 아니하였고, 2002. 1. 26. 민사소송법을 전부 개정하면서도 같은 입장을 유지하였다. 이러한 입법 경위 및 규정 내용에 비추어 볼 때, 이는 양 절차에 존재하는 목적·적용원리 등의 차이를 염두에 둔 입법적 선택으로 보인다. 더구나 민사소송법은 형소법과 달리, '선서거부권 제도'(제324조), '선서면제 제도'(제323조) 등 증인으로 하여금 위증죄의 위험에서 벗어날 수 있도록 하는 이중의 장치를 마련하고 있어 증언거부권 고지 규정을 두지 아니한 것이 입법의 불비라거나 증언거부권 있는 증인의 침묵할 수 있는 권리를 부당하게 침해하는 입법이라고 볼 수도 없다. 그렇다면 민사소송절차에서 재판장이 증인에게 증언거부권을 고지하지 아니하였다 하여 절차위반의 위법이 있다고 할 수 없고, 따라서 적법한 선서절차를 마쳤는데도 허위진술을 한 증인에 대해서는 달리 특별한 사정이 없는 한 위증죄가 성립한다고 보아야 한다.

44) 대판 2010. 1. 21. 2008도942 전원합의체. 다음은 같은 취지이다.
피고인들은 뇌물증·수뢰사건으로 공소제기되어 공동피고인으로 함께 재판을 받으면서 서로 뇌물을 주고받은 사실이 없다고 주장하며 다투던 중 뇌물증·수뢰의 상대방인 공동피고인에 대한 사건이 변론분리되면서 뇌물공여 또는 뇌물수수의 증인으로 채택되어 검사로부터 신문받게 되었고, 이러한 경우 위 피고인들로서는 증인신문과정에서 그들 자신의 뇌물공여 또는 뇌물수수 여부에 관하여 신문을 받게 됨에 따라 유죄판결을 받을 수 있는 범죄사실이 발각될 염려가 있어 증언거부사유가 발생하게 되었음에도, 재판장으로부터 증언거부권을 고지받지 못한 상태에서 그들의 종전 주장을 그대로 되풀이함에 따라 결국 거짓 진술에 이르게 되었음을 알 수 있다. 그렇다면 위 피고인들이 이 사건 증언 당시 증언거부권을 고지받지 못함으로 인하여 그 증언거부권을 행사하는 데 사실상 장애가 초래되었다고 보기에 충분하므로, 이를 위증죄로 처벌할 수는 없다고 할 것이다(대판 2012. 3. 29. 2009도11249).

45) 대판 1957. 3. 8. 4290형상23.

민사소송절차에 증인으로 출석한 피고인이, 민사소송법 제314조에 따라 증언거부권이 있는데도 재판장으로부터 증언거부권을 고지받지 않은 상태에서 허위의 증언을 한 사안에서, 민사소송법이 정하는 절차에 따라 증인으로서 적법하게 선서를 마치고도 허위진술을 한 피고인의 행위는 특별한 사정이 없는 한 위증죄에 해당한다.[46)]

증언거부권 고지권은 '국회에서의 증언·감정 등에 관한 법률'에 유추 적용되지 아니함

형소법 제160조는 '증인이 제148조, 제149조에 해당하는 경우에는 재판장은 신문 전에 증언을 거부할 수 있음을 설명하여야 한다'고 규정하고 있음에 반해, '국회에서의 증언·감정 등에 관한 법률'은 위와 같은 증언거부권의 고지에 관한 규정을 두고 있지 아니한데, 증언거부권을 고지받을 권리가 형사상 자기에게 불리한 진술을 강요당하지 아니함을 규정한 헌법 제12조 제2항에 의하여 바로 국민의 기본권으로 보장받아야 한다고 볼 수는 없고, 증언거부권의 고지를 규정한 형소법 제160조 규정이 '국회에서의 증언·감정 등에 관한 법률'에도 유추 적용되는 것으로 인정할 근거가 없다.[47)]

다. 선 서

위증의 경고가 없었더라도 선서서를 낭독하였으면 위증죄 성립

재판장이 선서할 증인에 대하여 선서 전에 위증의 벌을 경고하지 않았다는 등의 사유는 그 증인신문절차에서 증인 자신이 위증의 벌을 경고하는 내용의 선서서를 낭독하고 기명날인 또는 서명한 이상 위증의 벌을 몰랐다고 할 수 없을 것이므로 증인 보호에 사실상 장애가 초래되었다고 볼 수 없고, 따라서 위증죄의 성립에 지장이 없다고 보아야 한다.[48)]

4. 허위의 공술

가. 허위 공술의 의미

위증죄에 있어서의 허위의 공술이란 증인이 자기의 기억에 반하는 사실을 진술하는 것을 말하는 것으로서 그 내용이 객관적 사실과 부합한다고 하여도 위증죄의 성립에 장애가 되지 않는다.[49)] 위와 같이 위증죄는 법률에 의하여 선서한 증인이 자기의 기억에 반하는 사실을 진술함으로써 성립하는 것이므로 그 진술이 객관적 사실과 부합하지 않는다고 하여 그 증언이 곧바로 위증이라고 단정할 수는 없다.[50)]

46) 대판 2011. 7. 28. 2009도14928.
47) 대판 2012. 10. 25. 2009도13197.
48) 대판 2010. 1. 21. 2008도942 전원합의체.
49) 대판 1980. 4. 8. 78도2026; 대판 1980. 4. 8. 78도2026; 대판 1987. 1. 20. 86도2022; 대판 1989. 1. 17. 88도580; 대판 1996. 8. 23. 95도192.
50) 대판 1996. 8. 23. 95도192.

위증죄는 법률에 의하여 선서한 증인이 허위의 공술을 한 때에 성립하는 것으로서, 그 공술의 내용이 당해 사건의 요증사실에 관한 것인지의 여부나 판결에 영향을 미친 것인지의 여부는 위증죄의 성립과 아무런 관계가 없다.[51]

나. 허위 공술의 판단

허위진술인지는 증언의 단편적인 구절이 아니라 증언 전체를 일체로 파악하여 판단하여야/신임 대표이사가 어음에 한 배서가 보증의 의미인 것으로 잘못 판단하여 증언

증인의 증언이 기억에 반하는 허위진술인지 여부는 그 증언의 단편적인 구절에 구애될 것이 아니라 당해 신문절차에 있어서의 증언 전체를 일체로 파악하여 판단하여야 할 것이고, 증언의 의미가 그 자체로 불분명하거나 다의적으로 이해될 수 있는 경우에는 언어의 통상적인 의미와 용법, 문제된 증언이 나오게 된 전후 문맥, 신문의 취지, 증언이 행하여진 경위 등을 종합하여 당해 증언의 의미를 명확히 한 다음 허위성을 판단하여야 한다.

이 사건 약속어음 3억 2,500만 원의 발행과 배서 등의 경위에 비추어, '원고들이 신임 대표이사인 갑에게 대여금 채무에 대한 보증의 의미로 회사가 발행한 약속어음 뒷면에 개인 배서를 해 달라고 요구하였다', '갑은 이를 승낙하고 어음의 뒷면에 서명날인하였다'고 한 피고인의 증언에 대하여 비록 갑이 위 배서할 당시의 의사와는 배치될지 모르나 피고인으로서는 갑이 그 대여금 채무에 대한 보증의 의미로 배서했다고 잘못 판단할 여지도 있었으므로 피고인이 그 인식에 반하여 허위의 사실을 진술한 것으로 볼 수는 없다.[52]

증인이 어떠한 사실을 "안다"고 진술하는 경우에는 증인이 직접 경험하거나 또는 타인의 경험한 바를 전해 들어서 알게 된 사실을 진술하는 것이므로 이와 같이 알게 된 경위가 어떤 것인지를 가려내어 그것이 피고인의 기억에 반하는지의 여부를 판단하여야 할 것이고 그 진술이 객관적인 사실과 다르다는 것만으로 곧 기억에 반하는 진술이라고 단정할 수는 없다.[53]

51) 대판 1990. 2. 23. 89도1212.

52) 대판 2006. 2. 10. 2003도7487. 같은 취지로는 대판 1986. 7. 8. 86도1050; 대판 1991. 5. 10. 89도1748; 대판 1996. 3. 12. 95도2864; 대판 2001. 12. 27. 2001도5252. 다음은 같은 취지이다.
증인의 증언이 기억에 반하는 허위진술인지 여부는 그 증언의 단편적인 구절에 구애될 것이 아니라 당해 신문절차에 있어서의 증언 전체를 일체로 파악하여 판단하여야 할 것이고, 증언의 전체적 취지가 객관적 사실과 일치되고 그것이 기억에 반하는 공술이 아니라면 사소한 부분에 관하여 기억과 불일치하더라도 그것이 신문취지의 몰이해 또는 착오에 인한 것이라면 위증이 될 수 없다.
이 사건 토지의 매매협상 과정 등에 관한 그 판시의 제반 사정에 비추어 보면, '갑이 당시 매수희망자인 A주택 회장으로부터 35억 원의 매매가를 제시받고도 이를 거절한 사실 알고 있다'고 한 이 사건 증언은 '갑이 A주택으로부터 일단 매매대금은 25억 원으로 하고 공사수주를 통하여 10억 원 이상의 수익을 올리게 해주겠다는 제의를 받았으나 이를 거절하였다'는 객관적 사실과 전체적인 부분에 있어 일치되고 또 그것이 기억에 반하는 허위의 진술이라고 보기도 어렵다고 판단한 것은 옳다(대판 2007. 10. 26. 2007도5076).

53) 대판 1983. 4. 26. 83도633; 대판 1985. 11. 26. 85도711. 다음은 같은 취지이다.
계주가 계원을 상대로 계불입금의 지급을 구하는 소송에서, 피고인들이 계주에게 준 통장이 계주에 의해 고쳐졌음에도 이를 확인하지 아니한 채 증언
계주가 계원 갑을 상대로 제기한 미납입계금 등의 지급을 구하는 민사소송에서 피고인들이 위 계주에게 증거로 사위증죄는 법률에 의하여 선서한 증인이 허위의 공술을 한 때에 성립하는 것으로서, 그 공술의 내용이 당해 사건의 요증사실에 관한 것인지의 여부나 판결에 영향을 미친 것인지의 여부는 위증죄의 성립과 아무런 관계가 없다.[54]

가해자로 지목된 자들이 상해를 가하지 않았음에도 현장을 목격한 자가 가해자가 상해를 가하였다고 증언

가해자로 지목된 자들이 피해자에게 상해를 가한 행위가 인정되지 않으므로, 피고인이 동일한 사건현장을 직접 목격한 자로서 증언을 함에 있어 그와 반대로 가해자로 지목된 자들이 피해자를 폭행(상해)하였다고 증언을 하였다면, 피고인의 그와 같은 증언은 허위의 진술이라 할 것이고 피고인에게는 그 증언이 허위라는 인식 또한 있었다고 보아야 할 것이다.[55]

다. 허위의 공술 긍정례

(1) 잘 모르는 내용

잘 알지 못하면서도 잘 아는 것처럼 증언

선서를 하고서 진술한 증언내용이 자신이 그 증언내용사실을 잘 알지 못하면서도 잘 아는 것으로 증언한 것이라면 그 증언은 기억에 반한 진술이어서 위증죄가 성립된다.[56]

상세한 내용의 증인신문사항에 대하여 증인이 그 상세한 신문사항내용을 파악하지 못하였거나 또는 기억하

용하라고 준 자기들의 계통장이 계주에 의하여 그 내용 중 일부가 고쳐져서 법정에 현출된 정을 알았었다는 사정이 엿보이지 아니하는 경우에는 가사 위 피고인들이 법정에서 위 계통장의 내용을 일일이 확인하지 아니한 채 그것이 자기들이 소지하고 있던 계통장이라고 진술하고, 또 그 계통장을 보면서 갑의 가입번호를 진술하였다고 하여 허위의 공술을 하였다고 단정하기는 어렵다(대판 1984. 2. 28. 82도2120).

중간계주를 통하여 계에 가입한 갑에게 계불입금 불입독촉까지 하였음에도 갑은 계에 가입한 사실이 없다고 증언

피고인이 중간계주를 통하여 피고인이 조직한 계에 가입한 갑에게 계불입금을 불입토록 독촉한 사실까지 있음에도 갑은 계에 가입한 사실이 없다고 한 피고인의 진술의 취지가 갑이 직접 계에 가입한 사실이 없다는 뜻이고, 더구나 중간계주가 자신의 이름으로 위 계에 가입하여 그 계금의 불입 및 수령을 하였고 다만 중간계주와 갑과의 사이에서는 위 계에 갑이 가입하고 그 계불입금은 중간계주를 통하여 불입하고 계금도 중간계주가 타서 갑에게 전달케 한 사정을 엿볼 수 있다면 피고인의 위와 같은 취지의 진술이 기억에 반하는 허위의 공술이라고 볼 수 없다(대판 1984. 5. 15. 84도602).

54) 대판 1988. 5. 24. 88도350; 대판 1990. 2. 23. 89도1212.

55) 대판 1995. 9. 29. 95도852.

56) 대판 1986. 9. 9. 86도57. 다음은 같은 취지이다.

잘 모르는 사실을 단정하여 증언

갑이 법원에 출석하여 당사자 본인신문에 응하여 진술한 사실을 모르고 증언을 한 것이라 하더라도 갑이 피고인의 형수이고 그 민사소송사건의 이해관계인(당사자 본인)이어서 갑이 법원에 출석 진술할 여지가 있었음에도 이러한 사실을 확인함이 없이 갑은 의사표시의 능력도 없는 사람이고 법정에 서서 진술한 사실이 전혀 없는 노인이라고 단정 증언하였음은 기억에 반한 진술이라고 하지 않을 수 없다(대판 1985. 8. 20. 85도868).

지 못함에도 불구하고 이를 그대로 긍정하는 취지의 답변을 하였다면 기억에 반하여 허위의 진술을 한 것이라고 볼 것이다.[57]

전해들은 것을 내용으로 하는 증언이 기억에 반하는지의 판단기준

증언의 내용이 타인이 경험한 바를 전해들은 것이거나 기록 또는 문서를 보고 간접적으로 알게 된 것이라면 그 진술이 전해 준 내용이나 알게 된 문서의 내용에 일치되지 아니하는 때에는 그 진술은 일응 기억에 반한 것으로 보아야 할 것이므로 위증죄에 해당한다 할 것이니 이러한 경우에는 증인이 그 증언내용을 알게 된 경위에 따라 그 증언내용이 기억에 반한 진술인지의 여부를 가려야 한다.[58]

(2) 들어서 알게 된 내용

들어서 알게 된 사실을 목격하여 알게 된 것처럼 진술

위증죄에 있어서 허위의 공술은 사실을 경험한 경위에 관한 허위 진술도 포함하므로 들어서 알게 된 사실을 마치 목격하여 알게 된 것처럼 진술하는 것도 허위의 공술이다.[59]

타인으로부터 전해들은 금품의 전달사실을 마치 자신이 전달한 것처럼 진술

타인으로부터 전해 들은 금품의 전달사실을 마치 증인 자신이 전달한 것처럼 진술한 것은 증인의 기억에 반하는 허위진술이라고 할 것이므로 그 진술부분은 위증에 해당한다.[60]

(3) 법률적 평가 또는 의견

증인의 진술이 경험한 사실에 대한 법률적 평가이거나 단순한 의견에 지나지 아니하는 경우에는 위증죄에서 말하는 허위의 공술이라고 할 수 없다.[61]

---

57) 대판 1981. 6. 23. 81도118.

58) 대판 1985. 4. 9. 83도44.

59) 대판 1985. 10. 8. 85도783. 다음은 같은 취지이다.

증인으로 채택된 후에 들은 내용을 체험한 것처럼 진술

피고인이 증언내용인 사실을 목격하였거나 체험한 바 없어 전혀 모르는 사실인데도 민사소송사건의 증인으로 채택된 후에 갑으로부터 증언내용을 전해 듣고 갑의 부탁에 의하여 마치 피고인이 목격하였거나 체험한 바 있어 알고 있는 것과 같은 취지로 진술하였다면, 이는 결국 기억에 반한 허위의 진술이라 할 것이고 또 그 증언이 기본적인 사항에 관한 것이 아니고 지엽적인 사항에 관한 진술이라 하더라도 그것이 허위의 진술인 이상 위증죄의 성립에는 영향이 없다 할 것이다(대판 1982. 6. 8. 81도3069).

60) 대판 1990. 5. 8. 90도448

61) 대판 1996. 2. 9. 95도1797; 대판 2007. 9. 20. 2005도9590; 대판 2009. 3. 12. 2008도11007.

경험사실에 기초한 주관적 평가나 그 법률적 효력에 다소의 오류나 모순

위증죄는 법률에 의하여 선언한 증인이 자기의 기억에 반하는 사실을 진술함으로써 성립하는 것이므로, 경험을 통하여 기억하고 있는 사실을 진술한 이상 그 진술이 객관적 사실에 부합되지 아니하거나 경험한 사실에 기초한 주관적 평가나 그 법률적 효력에 관한 견해를 부연한 부분에 다소의 오류나 모순이 있다고 하여 위증죄가 성립하는 것은 아니다.[62)]

직접 지득하지 아니한 사실을 법률적 표현을 빌어 진술

갑이 을로부터 대지를 매수하여 6개월 내에 그 지상에 아파트를 완공하여 당사자간의 합의에 따라 매매대금에 상응한 아파트를 분양하기로 하며 갑이 대금을 지급할 형편이 못되어 매매계약서 대신 대지사용승낙서를 교부하여 을 명의로 아파트건축허가를 받게 하였으므로, 갑과 을 사이에 신축아파트의 소유권을 을에게 명의신탁을 한다든가 갑이 신탁해지를 통고하면 을이 아파트의 소유권은 물론 대지의 소유권도 이전하기로 한 사실이 없음에도,

피고인은, "갑이 아파트 11동을 건축 완공한 다음 을에게 대지대금에 상응한 아파트를 분양하기로 약정한 것이 사실이다. 신축되는 아파트의 소유권은 을에게 명의신탁한다고 약정하고 갑이 건축을 완공한 후 을에게 신탁해지통고를 하면 을은 아파트의 소유권은 물론 대지의 소유권도 갑에게 이전하기로 약정한 사실이 있다"는 증언을 하였다.

원심은, 피고인이 지득한 사실 및 그 사실을 토대로 한 법률적 판단을 한 것에 불과하여 위증죄가 성립하지 않는다고 판단하였다.

대법원은, "피고인의 위와 같은 진술은 피고인이 경험한 사실을 토대로 명의신탁 또는 그 해지라는 법률적 판단을 한 것이라고 보기는 어렵고, 만일 피고인이 전혀 지득하지 아니한 어떤 사실관계를 단순히 법률적 표현을 써서 진술한 것이라면 이는 객관적 사실을 토대로 한 증인 나름의 법률적 견해를 진술한 것과는 다르므로 위증죄의 성립을 부인할 수 없을 것이다"라고 판시하였다.[63)]

매매확인서의 발급경위와 취지 및 그 내용

증인의 진술이 경험한 사실에 대한 법률적 평가이거나 단순한 의견에 지나지 아니하는 경우에는 위증죄에서 말하는 허위의 공술이라고 할 수 없으나 매매확인서의 발급경위와 취지 및 그 내용에 관하여 사실과 다르게 허위의 진술을 하였다면 이는 단순히 매매계약서의 효력에 관한 자신의 의견을 진술한 것이 아니라 경험한 사실에 관한 허위내용의 진술에 해당하여 위증죄가 성립된다.[64)]

(4) 기 타

타인의 일에 대하여 정확한 날자를 기억한다는 것은 경험칙상 어려우므로 피고인이 실제 계약체결일과 불과

62) 대판 1984. 2. 14. 83도37; 대판 2001. 3. 23. 2001도213; 대판 2009. 3. 12. 2008도11007.
63) 대판 1986. 6. 10. 84도2039.
64) 대판 1987. 10. 13. 87도1501.

2일이 차이나게 증언한 것을 가지고 기억에 반한 허위의 공술을 하였다고 볼 수 없다.[65)]

효력이 없는 종중의 이사회 및 임원회의 결의의 내용에 반하는 진술

위증죄는 법률에 의하여 선서한 증인이 자기의 기억에 반하는 사실을 진술함으로써 성립된다 할 것이므로 피고 등이 종중의 이사회결의나 임원회의 결의 등이 있었음을 알면서도 이에 반하는 공술을 한 이상, 동 결의가 종중규약에 위반하여 효력이 없는 것이라 한들 위증죄의 성립에 영향을 미치지 않는다.[66)]

수사기록에 기재된 진술내용이 상위없다는 증언

판사가 증인이 경찰과 검사에게 진술한 내용이 사실이냐고 묻고 수사기록을 제시하고 그 요지를 고지한 즉 증인이 사실대로 진술하였으며 그 내용도 상위없다고 답변하였을 뿐이라면 증인이 수사기록에 있는 그의 진술조서에 기재된 내용을 기억하여 반복 진술한 것이라고 할 수는 없으므로 설사 그 진술조서에 기재된 내용 중 증인의 기억에 반하는 부분이 있다고 하여도 그 기재내용을 상위없다고 하는 진술자체가 위증이 될 수 있음은 별론으로 하고 그 진술기재내용을 위증한 것이라고 할 수는 없다.[67)]

5. 모해위증

모해할 목적의 의미

형법 제152조 제2항의 모해위증죄에 있어서 '모해할 목적'이란 피고인·피의자 또는 징계혐의자를 불리하게 할 목적을 말하고, 허위진술의 대상이 되는 사실에는 공소 범죄사실을 직접, 간접적으로 뒷받침하는 사실은 물론 이와 밀접한 관련이 있는 것으로서 만일 그것이 사실로 받아들여진다면 피고인이 불리한 상황에 처하게 되는 사실도 포함된다. 그리고 이러한 모해의 목적은 허위의 진술을 함으로써 피고인에게 불리하게 될 것이라는 인식이 있으면 충분하고 그 결과의 발생까지 희망할 필요는 없다.[68)]

---

65) 대판 1983. 11. 22. 83도2492. 다음은 같은 취지이다.

8, 9년 전에 취급한 사무에 관해 '모른다'고 증언

피고인이 8, 9년 전에 취급한 사무에 관한 질문에 대하여 '모른다'고 증언한 것은 당시 취급한 문서에 그렇게 되어 있어도 그 자세한 경위를 알지 못하던가 기억하지 못하고 있다는 취지로 해석하여야 할 것이므로 기억에 반하는 진술이라고 할 수 없다(대판 1983. 12. 13. 83도2342).

20년 전의 부동산매매 입회에 관한 증언

부동산을 매수한지 20여년이 경과한 뒤이어서 그 매도 당시의 입회인을 매수당시 입회한 것으로 잘못 기억하고 증언하였다면 이는 기억에 반하는 허위의 진술이라고 보기는 어렵다(대판 1985. 3. 26. 84도1098).

66) 대판 1983. 8. 23. 82도1989.

67) 대판 1989. 9. 12. 88도1147.

68) 대판 2007. 12. 27. 2006도3575.

모해할 목적 있는 자가 그러한 목적 없는 자를 교사하여 위증하게 함

형법 제152조 제1항과 제2항은 위증을 한 범인이 형사사건의 피고인 등을 '모해할 목적'을 가지고 있었는가 아니면 그러한 목적이 없었는가 하는 범인의 특수한 상태의 차이에 따라 범인에게 과할 형의 경중을 구별하고 있으므로, 이는 바로 형법 제33조 단서 소정의 "신분관계로 인하여 형의 경중이 있는 경우"에 해당한다고 봄이 상당하다.
피고인이 갑을 모해할 목적으로 을에게 위증을 교사한 이상, 가사 정범인 을에게 모해의 목적이 없었다고 하더라도, 형법 제33조 단서의 규정에 의하여 피고인을 모해위증교사죄로 처단할 수 있다.
형법 제31조 제1항은 협의의 공범의 일종인 교사범이 그 성립과 처벌에 있어서 정범에 종속한다는 일반적인 원칙을 선언한 것에 불과하고, 신분관계로 인하여 형의 경중이 있는 경우에 신분이 있는 자가 신분이 없는 자를 교사하여 죄를 범하게 한 때에는 형법 제33조 단서가 형법 제31조 제1항에 우선하여 적용됨으로써 신분이 있는 교사범이 신분이 없는 정범보다 중하게 처벌된다.[69)]

6. 기 수

허위의 진술을 신문종료 전에 철회 시정

증인의 증언은 그 전부를 일체로 관찰 판단하는 것이므로 선서한 증인이 일단 기억에 반하는 허위의 진술을 하였더라도 그 신문이 끝나기 전에 그 진술을 철회 시정한 경우 위증이 되지 아니한다.[70)]

증언의 전체취지에 비추어 원고대리인 신문시에 한 증언을 피고대리인과 재판장 신문시에 취소·시정한 것으로 보여진다면 앞의 증언부분만을 따로 떼어 위증이라고 보는 것은 위법하다.[71)]

같은 심급에서 변론기일을 달리하여 수차 증언하였으나 최초에 한 선서의 효력이 유지됨

하나의 사건에 관하여 한 번 선서한 증인이 같은 기일에 여러 가지 사실에 관하여 기억에 반하는 허위의 진술을 한 경우 이는 하나의 범죄의사에 의하여 계속하여 허위의 진술을 한 것으로서 포괄하여 1개의 위증죄를 구성하는 것이고 각 진술마다 수 개의 위증죄를 구성하는 것이 아니므로, 당해 위증 사건의 허위진술 일자와 같은 날짜에 한 다른 허위진술로 인한 위증 사건에 관한 판결이 확정되었다면, 비록 종전 사건 공소사실에서 허위의 진술이라고 한 부분과 당해 사건 공소사실에서 허위의 진술이라고 한 부분이 다르다 하여도 종전 사건의 확정판결의 기판력은 당해 사건에도 미치게 되어 당해 위증죄 부분은 면소되어야 한다.
나아가 행정소송사건의 같은 심급에서 변론기일을 달리하여 수차 증인으로 나가 수 개의 허위진술을 하더라도 최초 한 선서의 효력을 유지시킨 후 증언한 이상 1개의 위증죄를 구성한다.[72)]

69) 대판 1994. 12. 23. 93도1002.
70) 대판 1993. 12. 7. 93도2510; 대판 2008. 4. 24. 2008도1053.
71) 대판 1984. 3. 27. 83도2853.
72) 대판 2005. 3. 25. 2005도60; 대판 2007. 3. 15. 2006도9463.

허위 증언한 증인신문절차가 종료된 다음 별도의 증인신문절차에서 종전 증인신문절차에서 한 선서의 효력이 유지됨을 고지받고 허위 증언

증인의 증언은 그 전부를 일체로 관찰·판단하는 것이므로 선서한 증인이 일단 기억에 반하는 허위의 진술을 하였더라도 그 신문이 끝나기 전에 그 진술을 철회·시정한 경우 위증이 되지 아니한다고 할 것이나, 증인이 1회 또는 수회의 기일에 걸쳐 이루어진 1개의 증인신문절차에서 허위의 진술을 하고 그 진술이 철회·시정된 바 없이 그대로 증인신문절차가 종료된 경우 그로써 위증죄는 기수에 달하고, 그 후 별도의 증인 신청 및 채택 절차를 거쳐 그 증인이 다시 신문을 받는 과정에서 종전 신문절차에서의 진술을 철회·시정한다 하더라도 그러한 사정은 형법 제153조가 정한 형의 감면사유에 해당할 수 있을 뿐, 이미 종결된 종전 증인신문절차에서 행한 위증죄의 성립에 어떤 영향을 주는 것은 아니다. 위와 같은 법리는 증인이 별도의 증인신문절차에서 새로이 선서를 한 경우뿐만 아니라 종전 증인신문절차에서 한 선서의 효력이 유지됨을 고지 받고 진술한 경우에도 마찬가지로 적용된다.

피고인으로부터 위증의 교사를 받은 갑이 관련사건의 제1심 제9회 공판기일에 증인으로 출석하여 한 허위 진술이 철회·시정된 바 없이 증인신문절차가 그대로 종료되었다가, 그 후 증인으로 다시 신청·채택된 갑이 위 관련사건의 제21회 공판기일에 다시 출석하여 종전 선서의 효력이 유지됨을 고지받고 증언하면서 종전 기일에 한 진술이 허위 진술임을 시인하고 이를 철회하는 취지의 진술을 한 사안에서, 갑의 위증죄는 이미 기수에 이른 것으로 보아야 하고, 그 후 다시 증인으로 신청·채택되어 종전 신문절차에서 한 허위 진술을 철회하였더라도 이미 성립한 위증죄에 영향을 미친다고 볼 수 없다.[73)]

7. 죄 수

같은 기일에 여러 가지 사실에 관하여 허위의 진술

하나의 사건에 관하여 한 번 선서한 증인이 같은 기일에 여러 가지 사실에 관하여 기억에 반하는 허위의 진술을 한 경우 이는 하나의 범죄의사에 의하여 계속하여 허위의 진술을 한 것으로서 포괄하여 1개의 위증죄를 구성하는 것이고 각 진술마다 수 개의 위증죄를 구성하는 것이 아니므로, 당해 위증 사건의 허위진술 일자와 같은 날짜에 한 다른 허위진술로 인한 위증 사건에 관한 판결이 확정되었다면, 비록 종전 사건 공소사실에서 허위의 진술이라고 한 부분과 당해 사건 공소사실에서 허위의 진술이라고 한 부분이 다르다 하여도 종전 사건의 확정판결의 기판력은 당해 사건에도 미치게 되어 당해 위증죄 부분은 면소되어야 한다.[74)]

8. 공 범

자기의 형사피고사건에 관하여 타인을 교사하여 위증하게 함

피고인이 자기의 형사사건에 관하여 허위의 진술을 하는 행위는 피고인의 형사소송에 있어서의 방어권을 인정하는 취지에서 처벌의 대상이 되지 않으나, 법률에 의하여 선서한 증인이 타인의 형사사건에 관하여 위증

73) 대판 2010. 9. 30. 2010도7525.

74) 대판 1998. 4. 14. 97도3340. 같은 취지로는 대판 1990. 2. 23. 89도1212.

을 하면 형법 제152조 제1항의 위증죄가 성립되므로 자기의 형사사건에 관하여 타인을 교사하여 위증죄를 범하게 하는 것은 이러한 방어권을 남용하는 것이라고 할 것이어서 교사범의 죄책을 부담게 함이 상당하다.[75]

9. 자백·자수의 특례

위증죄를 범한 자가 자백, 자수를 한 경우의 형의 감면규정은 재판 확정전의 자백을 형의 필요적 감경 또는 면제사유로 한다는 것이며, 또 위 자백의 절차에 관하여는 아무런 제한이 없으므로 그가 공술한 사건을 다루는 기관에 대한 자발적인 고백은 물론, 위증사건의 피고인 또는 피의자로서 법원이나 수사기관의 심문에 의한 고백도 위 자백의 개념에 포함된다.[76]

Ⅳ. 허위감정죄

허위감정죄는 고의범이므로, 비록 감정내용이 객관적 사실에 반한다고 하더라도 감정인의 주관적 판단에 반하지 않는 이상 허위의 인식이 없어 허위감정죄로 처벌할 수 없다.
감정인이 감정사항의 일부를 타인에게 의뢰하여 그 감정 결과를 감정인 명의로 법원에 제출한 경우, 그 타인은 감정인의 업무보조자에 불과하고 감정의견은 감정인 자신의 의견과 판단을 나타내는 것이므로 감정인으로서는 그 감정 결과의 적정성을 당연히 확인하였다고 볼 것인데 제반 사정에 비추어 보면 감정인에게 허위성의 인식이 있었다는 이유로 허위감정죄의 성립을 인정한 사례.
하나의 소송사건에서 동일한 선서 하에 이루어진 법원의 감정명령에 따라 감정인이 동일한 감정명령사항에 대하여 수차례에 걸쳐 허위의 감정보고서를 제출하는 경우에는 각 감정보고서 제출행위시마다 각기 허위감정죄가 성립한다 할 것이나, 이는 단일한 범의 하에 계속하여 허위의 감정을 한 것으로서 포괄하여 1개의 허위감정죄를 구성한다.[77]

75) 대판 2004. 1. 27. 2003도5114.
76) 대판 1973. 11. 27. 73도1639.
77) 대판 2000. 11. 28. 2000도1089.

V. 증거인멸·은닉·위조·변조, 증인은닉·도피

1. 타인의 형사사건 또는 징계사건

증거인멸죄는 타인의 형사사건 또는 징계사건에 관한 증거를 인멸하는 경우에 성립하는 것으로서, 피고인 자신이 직접 형사처분이나 징계처분을 받게 될 것을 두려워한 나머지 자기의 이익을 위하여 그 증거가 될 자료를 인멸하였다면, 그 행위가 동시에 다른 공범자의 형사사건이나 징계사건에 관한 증거를 인멸한 결과가 된다고 하더라도 이를 증거인멸죄로 다스릴 수 없고, 이러한 법리는 그 행위가 피고인의 공범자가 아닌 자의 형사사건이나 징계사건에 관한 증거를 인멸한 결과가 된다고 하더라도 마찬가지이다.[78)]

2. 수사 또는 징계절차 개시 전의 형사사건 또는 징계사건

모해증거위조죄(형법 155조 3항)에서 말하는 '피의자'라고 하기 위해서는 수사기관에 의하여 범죄의 인지 등으로 수사가 개시되어 있을 것을 필요로 하고, 그 이전의 단계에서는 장차 형사입건될 가능성이 크다고 하더라도 그러한 사정만으로 '피의자'에 해당한다고 볼 수는 없다. 한편 사법경찰관리 집무규칙 제21조에 의하면 사법경찰관이 범죄를 인지하는 경우에는 범죄인지보고서를 작성하는 절차를 거치도록 되어 있으므로 특별한 사정이 없는 한 수사기관이 그와 같은 절차를 거친 때에 범죄 인지가 된 것으로 볼 수 있겠으나, 사법경찰관이 그와 같은 절차를 거치기 전에 범죄의 혐의가 있다고 보아 수사에 착수하는 행위를 한 때에는 이때에 범죄를 인지한 것으로 보아야 하고 그 뒤 범죄인지보고서를 작성한 때에 비로소 범죄를 인지하였다고 볼 것은 아니다.[79)]

증거위조죄에서 타인의 형사사건이란 증거위조 행위시에 아직 수사절차가 개시되기 전이라도 장차 형사사건이 될 수 있는 것까지 포함하고, 그 형사사건이 기소되지 아니하거나 무죄가 선고되더라도 증거위조죄의 성립에 영향이 없다.[80)]

3. 사인간의 징계사건

주식회사의 징계사건에서 증거변조

형법 제155조 제1항은 '타인의 형사사건 또는 징계사건에 관한 증거를 인멸, 은닉, 위조 또는 변조하거나

78) 대판 1995. 9. 29. 94도2608.

79) 대판 2010. 6. 24. 2008도12127.

80) 대판 2011. 2. 10. 2010도15986. 다음은 같은 취지이다.
증거은닉죄에 있어서 "타인의 형사사건 또는 징계사건"이란 은닉행위시에 아직 수사 또는 징계절차가 개시되기 전이라도 장차 형사 또는 징계사건이 될 수 있는 것까지를 포함한다(대판 1982. 4. 27. 82도274; 대판 2003. 12. 12. 2003도4533).

위조 또는 변조한 증거를 사용한 자'를 처벌한다고 규정하고 있는바, 증거인멸 등 죄는 위증죄와 마찬가지로 국가의 형사사법작용 내지 징계작용을 그 보호법익으로 하므로, 위 법조문에서 말하는 '징계사건'이란 국가의 징계사건에 한정되고 사인간의 징계사건은 포함되지 않으므로 A주식회사의 갑에 대한 징계해고사건에서 증거를 변조하였더라도 증거변조죄가 성립하는 것은 아니다.[81)]

4. 증거위조의 의미

증거위조죄에서 '증거'라 함은 타인의 형사사건 또는 징계사건에 관하여 수사기관이나 법원 또는 징계기관이 국가의 형벌권 또는 징계권의 유무를 확인하는 데 관계있다고 인정되는 일체의 자료를 의미하고, 타인에게 유리한 것이건 불리한 것이건 가리지 아니하며 또 증거가치의 유무 및 정도를 불문한다.[82)]

증거위조죄에서의 '위조'란 문서에 관한 죄에 있어서의 위조 개념과는 달리 새로운 증거의 창조를 의미하는 것이므로 존재하지 아니한 증거를 이전부터 존재하고 있는 것처럼 작출하는 행위도 증거위조에 해당하며, 증거가 문서의 형식을 갖는 경우 증거위조죄에 있어서의 증거에 해당하는지 여부가 그 작성권한의 유무나 내용의 진실성에 좌우되는 것은 아니다.[83)]

수사기관 등에 제출할 생각으로 사후에 작성일을 소급하여 만든 문서

타인의 형사사건과 관련하여 수사기관이나 법원에 제출하거나 현출되게 할 의도로 법률행위 당시에는 존재하지 아니하였던 처분문서, 즉 그 외형 및 내용상 법률행위가 그 문서 자체에 의하여 이루어진 것과 같은 외관을 가지는 문서를 사후에 그 작성일을 소급하여 작성하는 것은, 가사 그 작성자에게 해당 문서의 작성권한이 있고, 또 그와 같은 법률행위가 당시에 존재하였다거나 그 법률행위의 내용이 위 문서에 기재된 것과 큰 차이가 없다 하여도 증거위조죄의 구성요건을 충족시키는 것이라고 보아야 하고, 비록 그 내용이 진실하다 하여도 국가의 형사사법기능에 대한 위험이 있다는 점은 부인할 수 없다.[84)]

---

81) 대판 2007. 11. 30. 2007도4191.

82) 대판 2013. 12. 26. 2013도8085.

83) 대판 2007. 6. 28. 2002도3600; 대판 2011. 2. 10. 2010도15986.

84) 대판 2007. 6. 28. 2002도3600. 구체적인 사실관계는 다음과 같다.
피고인 1이 피고인 2 등에게 "검찰에서 나에 대해서 탈세사실에 관하여 조사하고 있으니 나리·한의리 관행어업권 손해배상사건의 당사자들에게 보관증을 작성하여 주고, 대신 마을 대표로부터 성공보수금 10%를 제외한 손해배상금 모두를 반환하겠다는 각서를 받으라"고 지시하였고, 피고인 2는 그 다음 날 갑에게 "피고인 1 변호사가 탈세혐의로 검찰에서 조사를 받고 있는데, 위 소송사건의 성공보수금이 소득신고가 되어있지 않으니 도와달라"고 제의하여 이를 수락한 갑에게 원심 판시와 같이 작성일을 소급하여 기재한 보관증을 작성하여 교부하였다.
다음은 같은 취지이다.
수협조합장이 기부금을 횡령하였다는 뉴스가 방송되자 직원으로 하여금 기부금을 용도에 맞게 맞게 사용하였다는 허위 내용의 공문을 소급하여 작성케 함
피고인은 풍어제 관련 기부금 횡령 의혹을 제기하는 뉴스가 방송되자 ○○수산업협동조합 직원 갑 등에게 1,300만

참고인의 수사기관에서의 허위진술

갑이 을을 강간죄로 고소함에 따라 을에 대하여 수사가 시작되자, 병은 위 사건에 관하여 아는 바가 없음에도 불구하고 갑의 부탁을 받아 경찰서에서 참고인으로 조사를 받으면서 그 부탁에 따라 을이 갑을 A를 강간하려고 하는 것을 목격하였다는 요지의 진술을 한 사안에서,
타인의 형사사건에 관한 증거를 위조한다 함은 증거 자체를 위조함을 말하는 것이고, 참고인이 수사기관에서 허위의 진술을 하는 것은 이에 포함되지 아니한다.[85]

참고인이 허위로 작성한 진술서

참고인이 타인의 형사사건 등에서 직접 진술 또는 증언하는 것을 대신하거나 그 진술 등에 앞서서 허위의 사실확인서나 진술서를 작성하여 수사기관 등에 제출하거나 또는 제3자에게 교부하여 제3자가 이를 제출한 것은 존재하지 않는 문서를 이전부터 존재하고 있는 것처럼 작출하는 등의 방법으로 새로운 증거를 창조한 것이 아닐뿐더러, 참고인이 수사기관에서 허위의 진술을 하는 것과 차이가 없으므로, 증거위조죄를 구성하지 않는다고 할 것이다.[86]

강간 피해자로 하여금 허위진술하게 하여 이를 녹취한 다음 그 녹취록을 증거로 제출

피고인이 친딸인 피해자를 강간하였다는 등의 범죄사실로 재판을 받던 중 누나로 하여금 피해자가 누나의 딸과 대화를 하면서 '아빠가 때려서 그것 때문에 화나서 아빠가 몸에다 손댔다고 거짓말하였다'는 취지로 허위진술하는 것을 누나의 휴대폰에 녹음하게 한 다음 위와 같은 허위진술이 담긴 대화 내용을 녹취한 이 사건 녹취록을 만들어 담당재판부에 증거로 제출하게 한 사안에서,
참고인이 타인의 형사사건 등에 관하여 제3자와 대화를 하면서 허위로 진술하고 위와 같은 허위 진술이 담긴 대화 내용을 녹음한 녹음파일 또는 이를 녹취한 녹취록은 참고인의 허위진술 자체 또는 참고인 작성의 허위 사실확인서 등과는 달리 그 진술내용만이 증거자료로 되는 것이 아니고 녹음 당시의 현장음향 및 제3자의 진술 등이 포함되어 있어 그 일체가 증거자료가 된다고 할 것이므로, 이는 증거위조죄에서 말하는 '증

원 상당의 기부금을 풍어제 관련 식비로 사용하였다는 것을 입증할 수 있는 증거를 만들라고 지시하고, 갑 등이 그 무렵 2005. 4. 21.자 '05년 풍어제 행사 지원비 집행(안)', 2005. 6. 27.자 '05년 풍어제 행사 지원비 사용 내역' 등 공문 2장을 그 일자를 소급해서 허위로 작성하였고, 피고인이 위 기부금 횡령 사건에 관하여 조사받은 이후 갑으로 하여금 위와 같이 허위 작성된 공문 2장을 검찰청에 제출하게 한 사안에서,
증거위조죄에서 타인의 형사사건이란 증거위조 행위시에 아직 수사절차가 개시되기 전이라도 장차 형사사건이 될 수 있는 것까지 포함하고, 그 형사사건이 기소되지 아니하거나 무죄가 선고되더라도 증거위조죄의 성립에 영향이 없다. 여기에서의 '위조'란 문서에 관한 죄에 있어서의 위조 개념과는 달리 새로운 증거의 창조를 의미하는 것이므로 존재하지 아니한 증거를 이전부터 존재하고 있는 것처럼 작출하는 행위도 증거위조에 해당하며, 증거가 문서의 형식을 갖는 경우 증거위조죄에 있어서의 증거에 해당하는지 여부가 그 작성권한의 유무나 내용의 진실성에 좌우되는 것은 아니다. 또한 자기의 형사사건에 관한 증거를 위조하기 위하여 타인을 교사하여 죄를 범하게 한 자에 대하여는 증거위조교사죄가 성립하며 나중에 기부금 횡령 사건에 관하여 불기소처분을 받았다고 하더라도 마찬가지이다. 따라서 피고인의 행위는 증거위조교사죄를 구성한다(대판 2011. 2. 10. 2010도15986).

85) 대판 1995. 4. 7. 94도3412.

86) 대판 2011. 7. 28. 2010도2244.

거'에 해당한다. 또한 위와 같이 참고인의 허위 진술이 담긴 대화 내용을 녹음한 녹음파일 또는 이를 녹취한 녹취록을 만들어 내는 행위는 무엇보다도 그 녹음의 자연스러움을 뒷받침하는 현장성이 강하여 단순한 허위 진술 또는 허위의 사실확인서 등에 비하여 수사기관 등을 그 증거가치를 판단함에 있어 오도할 위험성을 현저히 증대시킨다고 할 것이므로, 이러한 행위는 허위의 증거를 새로이 작출하는 행위로서 증거위조죄에서 말하는 '위조'에도 해당한다고 봄이 상당하다. 따라서 참고인이 타인의 형사사건 등에 관하여 제3자와 대화를 하면서 허위로 진술하고 위와 같은 허위 진술이 담긴 대화 내용을 녹음한 녹음파일 또는 이를 녹취한 녹취록을 만들어 수사기관 등에 제출하는 것은, 참고인이 타인의 형사사건 등에 관하여 수사기관에 허위의 진술을 하거나 이와 다를 바 없는 것으로서 허위의 사실확인서나 진술서를 작성하여 수사기관 등에 제출하는 것과는 달리, 증거위조죄를 구성한다.[87)]

선서무능력자로 하여금 허위 증언케 함

형법 제155조 제1항에서 타인의 형사사건에 관하여 증거를 위조한다 함은 증거 자체를 위조함을 말하는 것으로서, 선서무능력자로서 범죄 현장을 목격하지도 못한 사람으로 하여금 형사법정에서 범죄 현장을 목격한 양 허위의 증언을 하도록 하는 것은 위 조항이 규정하는 증거위조죄를 구성하지 아니한다.[88)]

5. 증거인멸

증거인멸행위는 증거의 현출방해는 물론 그 효력을 멸실 감소시키는 일체의 행위를 지칭하는 것이므로 공문서를 위조하여 농지분배형식으로 소유권이전등기를 완료한 부정사실을 합법화시키기 위하여 상환양곡대금을 징수한 경우 증거인멸죄가 성립한다.[89)]

6. 공 범

자기의 형사 사건에 관하여 타인을 교사하여 증거인멸

자기의 형사사건에 관한 증거를 위조하기 위하여 타인을 교사하여 죄를 범하게 한 자에 대하여는 증거위조교사죄가 성립한다.[90)]

문서손괴죄의 공범으로 하여금 회의록을 조작하여 수사기관에 제출하게 함

노동조합 지부장인 피고인 갑이 업무상횡령 혐의로 조합원들로부터 고발을 당하자 피고인 을과 공동하여 조

87) 대판 2013. 12. 26. 2013도8085.
88) 대판 1998. 2. 10. 97도2961.
89) 대판 1961. 10. 19. 4294형상347.
90) 대판 1965. 12. 10. 65도826; 대판 2000. 3. 24. 99도5275; 대판 2011. 2. 10. 2010도15986.

합 회계서류를 무단 폐기한 후 폐기에 정당한 근거가 있는 것처럼 피고인 을로 하여금 조합 회의록을 조작하여 수사기관에 제출하도록 교사한 사안에서, 회의록의 변조·사용은 피고인들이 공범관계에 있는 문서손괴죄 형사사건에 관한 증거를 변조·사용한 것으로 볼 수 있어 피고인 을에 대한 증거변조죄 및 변조증거사용죄가 성립하지 않으며, 피교사자인 피고인 을이 증거변조죄 및 변조증거사용죄로 처벌되지 않은 이상 피고인 갑에 대하여 공범인 교사범은 물론 그 간접정범도 성립하지 않는다.[91]

7. 고 의

대구지하철공사사장이 유족의 이의에 불구하고 대구지하철화재현장 청소를 중단시키지 않음

대구지하철화재 사고 현장을 수습하기 위한 청소 작업이 한참 진행되고 있는 시간 중에 실종자 유족들로부터 이의제기가 있었음에도 대구지하철공사 사장이 즉각 청소 작업을 중단하도록 지시하지 아니하였고 수사기관과 협의하거나 확인하지 아니하였다고 하여 위 사장에게 그러한 청소 작업으로 인하여 증거인멸의 결과가 발생할 가능성을 용인하는 내심의 의사까지 있었다고 단정하기는 어렵다.[92]

91) 대판 2011. 7. 14. 2009도13151. 다음은 같은 취지이다.

범인의 증거인멸이 공범자를 위한 증거인멸도 됨

피고인 자신이 직접 형사처분이나 징계처분을 받게 될 것을 두려워한 나머지 자기의 이익을 위하여 증거자료를 인멸한 행위가 동시에 다른 공범자의 형사사건이나 징계사건에 관한 증거를 인멸한 결과가 된다고 하더라도 피고인을 증거인멸죄로 다스릴 수는 없다(대판 1976. 6. 22. 75도1446).

피고인들과 그 공범들의 처벌을 면하기 위하여 피고인들이 목격자를 도피케 함

피고인 1, 2가 갑을 제거하기 위하여 조직원인 피고인 3, 4, 5와 공모하여 칼로 갑의 양쪽 다리 아킬레스건을 절단하는 범행을 한 후 조직원 1~2명을 경찰에 자수시켜 위 상해가 '홍성식구파'의 계획된 범행이 아니라 마치 자수한 조직원의 우발적인 범행인 것처럼 허위진술하게 함으로써 사건을 축소·은폐하려 하였으나, 범행현장을 목격한 을이 경찰에 출석하여 사실대로 진술할 경우 자칫 범행의 전모는 물론 나아가 범죄단체 구성 사실까지 밝혀질 것을 우려한 나머지 을로 하여금 경찰에 출석하지 못하도록 겁을 주기로 마음먹고, 을에게 당분간 홍성에 나타나지 말라는 식으로 이야기하여 동인으로 하여금 경찰서에 출석하여 진술하지 못하고 다른 곳으로 도피하도록 한 사안에서,

증인도피죄는 타인의 형사사건 또는 징계사건에 관한 증인을 은닉·도피하게 한 경우에 성립하는 것으로서, 피고인 자신이 직접 형사처분이나 징계처분을 받게 될 것을 두려워한 나머지 자기의 이익을 위하여 증인이 될 사람을 도피하게 하였다면, 그 행위가 동시에 다른 공범자의 형사사건이나 징계사건에 관한 증인을 도피하게 한 결과가 된다고 하더라도 이를 증인도피죄로 처벌할 수 없는 것이다.

피고인 1, 2가 을을 도피하게 한 것은 범행실행자들만을 수사의 전면에 내세우고 '홍성식구파'의 우두머리인 자신들은 수사대상에서 빠지기 위하여 그 관련성을 알고 있는 을의 진술을 방해하기 위한 것으로서 피고인 1, 2 자신들이 형사처벌을 받지 않기 위하여 한 행위라고 할 것이므로 증인도피죄로 처벌할 수 없는 경우에 해당한다(대판 2003. 3. 14. 2002도6134).

92) 대판 2004. 5. 14. 2004도74.

Ⅵ. 무고죄

1. 무고죄의 의미

무고죄는 타인으로 하여금 형사처분 또는 징계처분을 받게 할 목적으로 공무소 또는 공무원에 대하여 허위의 사실을 신고한 때에 성립한다.[93)]

2. 공무소 또는 공무원에 대한 신고

'공무소 또는 공무원'이란 형사처분의 경우에는 검사, 사법경찰관리 등 형사소추 또는 수사를 할 권한이 있는 관청과 그 감독기관 또는 그 소속 공무원을 말하고, 징계처분의 경우에는 징계권자 또는 징계권의 발동을 촉구하는 직권을 가진 자와 그 감독기관 또는 그 소속 구성원을 말한다.[94)]

허위사실을 진정의 형식으로 대통령에게 신고

대통령은 정부의 수반으로서 중앙행정기관의 장을 지휘감독을 할 수 있고 법무부장관은 구체적인 사건에 관해서 검찰총장을 지휘감독하는 것이므로 대통령은 법무부장관에 대한 지휘감독을 통해서 수사기관의 직권발동을 촉구시킬 수 있는 위치에 있다고 할 것이므로 형사처분을 받게 할 목적으로 허위사실을 진정의 형식으로 대통령에게 신고하면 그로써 무고죄는 성립된다고 봄이 상당하다.[95)]

국세청장에게 탈세사실에 관한 진정서 제출

국세청장은 조세범칙행위에 대하여 벌금 상당액의 통고처분을 하거나 검찰에 이를 고발할 수 있는 권한이 있으므로, 국세청장에 대하여 탈세혐의사실에 관한 허위의 진정서를 제출하였다면 무고죄가 성립한다.[96)]

무고죄에 있어서 공무소 또는 공무원에 대한 신고는 반드시 징계처분 또는 형사처분을 심사 결행할 직권있는 본속상관에게 직접 할 것을 필요로 하는 것이 아니고 지휘 명령계통이나 수사관할 이첩을 통하여 그런 권한 있는 상관에게 도달함으로서 성립한다.

93) 대판 2010. 11. 25. 2010도10202.

94) 대판 2014. 12. 24. 2012도4531; 대판 2010. 11. 25. 2010도10202.

95) 대판 1977. 6. 28. 77도1445. 다음은 같은 취지이다.

허위사실을 진정의 형식으로 도지사에게 신고

도지사는 그 산하에 수사기관인 경찰국을 두고 그 직원을 지휘 감독하고 또 관내경찰서장을 지휘 감독하는 지위에 있으므로 형사처분을 받게 할 목적으로 허위사실을 진정의 형식으로 도지사에게 신고하면 그로써 무고죄는 성립한다고 봄이 상당하다(대판 1982. 11. 23. 81도2380).

96) 대판 1991. 12. 13. 91도2127.

피고인이 제1군사령관과 중앙정보부장 앞으로 제출한 진정서가 군지휘 명령계통과 수사관할이첩을 통하여 피진정인들의 징계 및 형사처분권 있는 육군참모총장에게 도달케 하여 무고한 사실을 인정하고 이를 무고죄로서 처단한 조치는 정당하다.[97)]

군인을 그 소추 또는 징계권한이 없는 검찰청에 고소

피고인은 갑을 통하여 군인인 을에 관한 '쌀군납 사건 및 진급로비 사건'을 포항지청에 알렸는바, 포항지청이 군인신분인 을을 형사소추하거나 징계할 권한을 가진다고 볼 수는 없으므로 위 행위가 무고죄에 해당하기 위해서는 갑에 의하여 포항지청에 제공된 자료가 수사관할 이첩 등을 통하여 을에 대하여 수사권한이 있는 국방부 조사본부 등에 도달한 사실이 인정되어야 한다.[98)]

3. 자발적 신고

무고죄에서 허위사실의 신고방식은 구두에 의하건 서면에 의하건 관계가 없고, 서면에 의하는 경우에도 그 신고내용이 타인으로 하여금 형사처분 또는 징계처분을 받게 할 목적의 허위사실이면 충분하며 그 명칭을 반드시 고소장이라고 하여야만 무고죄가 성립하는 것은 아니다. 그리고 무고죄에서의 허위사실 적시의 정도는 수사관서 또는 감독관서에 대하여 수사권 또는 징계권의 발동을 촉구하는 정도의 것이면 충분하고 반드시 범죄구성요건 사실이나 징계요건 사실을 구체적으로 명시하여야 하는 것은 아니다.[99)]

다른 범죄로 조사받는 과정에서 다른 사람의 범죄사실을 진술

무고죄는 당국의 추문을 받음이 없이 자진하여 타인으로 하여금 형사처분등을 받게 할 목적으로 공무소 또는 공무원에 대하여 허위의 사실을 신고한 경우에 성립되는 것이므로 공동피고인중 1인이 타범죄로 조사를 받는 과정에서 사법경찰관 및 검사의 심문에 따라 다른 공동피고인의 범죄사실을 진술한 경우라면 가사 위 진술내용이 허위라 하더라도 이를 무고라고는 할 수 없다.[100)]

97) 대판 1973. 1. 16. 72도1136.

98) 대판 2014. 12. 24. 2012도4531. 다음은 같은 취지이다.

농업협동조합중앙회나 농업협동조합중앙회장

농업협동조합중앙회나 농업협동조합중앙회장은 형법 제156조 무고죄에 있어서의 공무소나 공무원에 해당되지 아니한다(대판 1980. 2. 12. 79도3109).

99) 대판 2014. 12. 24. 2012도4531.

100) 대결 1985. 7. 26. 85모14. 다음은 같은 취지이다.

피고인이 수사기관에 한 진정 및 그와 관련된 부분을 수사하기 위한 검사의 추문에 대한 대답으로서 진정내용 이외의 사실에 관하여 한 진술은 피고인의 자발적 진정내용에 해당되지 아니하므로 무고죄를 구성하지 않는다(대판 1990. 8. 14. 90도595).

고소장에 기재하지 않았으나 고소보충조서를 받을 때 자진하여 진술

무고죄에 있어서의 신고는 자발적인 것이어야 하고 수사기관 등의 추문에 대하여 허위의 진술을 하는 것은 무고죄를 구성하지 않는 것이지만, 당초 고소장에 기재하지 않은 사실을 수사기관에서 고소보충조서를 받을 때 자진하여 진술하였다면 이 진술 부분까지 신고한 것으로 보아야 한다.[101)]

검찰청에서 검찰수사관에게 증거를 제시하며 허위 진술하고, 진술조서 작성

피고인이 타인의 소개로 검찰청에서 만난 검찰수사관에게 영수증을 제시하면서 그 영수증에 기재된 금액은 관계기관에 대한 청탁금 명목으로 갑에게 교부한 것이라고 허위의 사실을 말하여 갑에 대한 변호사법위반죄의 혐의를 인정하게 한 다음 위 검찰수사관으로부터 그와 같은 내용으로 진술조서를 받음에 있어 갑에 대한 처벌을 요구하는 진술을 한 것이라면 피고인의 위와 같은 진술행위는 단순히 수사기관의 추문에 의하여 행해진 것이라거나 수사기관의 요청에 의한 범죄의 정보제공에 불과한 것이 아니라 자진하여 타인으로 하여금 형사처분을 받게 할 목적으로 수사기관에 대하여 허위의 사실을 신고한 것으로서 무고죄에 있어서의 신고에 해당한다.[102)]

은행직원에게 수표가 위조되었다고 신고하고, 은행의 고발에 따라 수사기관에서 진술

수표발행인인 피고인이 은행에 지급제시된 수표가 위조되었다는 내용의 허위의 신고를 하여 그 정을 모르는 은행 직원이 수사기관에 고발을 함에 따라 수사가 개시되고, 피고인이 경찰에 출석하여 수표위조자로 특정인을 지목하는 진술을 한 경우, 이는 피고인이 위조 수표에 대한 부정수표단속법 제7조의 고발의무가 있는 은행원을 도구로 이용하여 수사기관에 고발을 하게 하고 이어 수사기관에 대하여 특정인을 위조자로 지목함으로써 자발적으로 수사기관에 대하여 허위의 사실을 신고한 것으로 평가하여야 한다.[103)]

4. 무고죄 주체의 특정

고소 명의자를 대리한 실제의 고소인

비록 외관상으로는 타인 명의의 고소장을 대리하여 작성하고 제출하는 형식으로 고소가 이루어진 경우라 하더라도 그 명의자는 고소의 의사가 없이 이름만 빌려준 것에 불과하고 명의자를 대리한 자가 실제 고소의 의사를 가지고 고소행위를 주도한 경우라면 그 명의자를 대리한 자를 신고자로 보아 무고죄의 주체로 인정하여야 할 것이다.[104)]

---

101) 대판 1996. 2. 9. 95도2652.

102) 대판 1988. 2. 23. 87도2454.

103) 대판 2005. 12. 22. 2005도3203.

104) 대판 2007. 3. 30. 2006도6017.

5. 허위사실의 신고

가. 허위사실 적시의 정도

고소장에 죄명은 기재하지 않고 범죄사실만 기재

무고죄에 있어서 허위사실의 적시는 수사관서 또는 감독관서에 대하여 수사권 또는 징계권의 발동을 촉구하는 정도의 것이라면 충분하고 그 사실이 해당될 죄명등 법률적 평가까지 명시하여야 하는 것은 아니다. 피고인이 제출한 고소장에는 사기죄, 공갈죄, 횡령죄 등만을 죄명으로 들고 사문서위조죄를 들고 있지는 아니하지만 위 고소장에는 피고소인들이 피고인 명의의 동업계약해지약정서를 위조하였다는 취지의 기재가 있음이 명백하므로 이는 무고죄의 구성요건인 형사 또는 징계처분의 원인이 될 수 있는 사실의 적시에 충분히 해당된다.[105]

고발장에 "외환죄"라는 표제의 기재는 있으나, 그 고발된 범죄사실 적시내용에는 피고발자가 외환죄를 범하였다고 인정할만한 아무 기재가 없는 때에는 고발이 있다고 할 수 없다.[106]

나. 허위의 사실

무고죄는 타인으로 하여금 형사처분 등을 받게 할 목적으로 신고한 사실이 객관적 진실에 반하는 허위사실인 경우에 성립되는 범죄로서, 신고자가 그 신고내용을 허위라고 믿었다 하더라도 그것이 객관적으로 진실한 사실에 부합할 때에는 허위사실의 신고에 해당하지 않아 무고죄는 성립하지 않다.[107]

고발내용: '특정유해물질 또는 산업폐기물'을 함유하고 있는 보일러 세관수를 방류
인정되는 사실: '특정유해물질 또는 산업폐기물'을 함유하지 않은 보일러 세관수를 방류
무고죄 고소사실: '특정유해물질 또는 산업폐기물'을 함유하고 있는 보일러 세관수를 방류한 사실이 없어 위 고발내용은 허위임

신고한 사실의 허위 여부는 그 범죄의 구성요건과 관련하여 신고사실의 핵심 또는 중요내용이 허위인가에 따라 판단하여 무고죄의 성립 여부를 가려야 한다.
갑의 피고인에 대한 고발내용은 "피고인이 환경보전법 제37조에서 규정하고 있는 '특정유해물질 또는 산업

105) 대판 1987. 3. 24. 87도231. 같은 취지로는 대판 2006. 5. 25. 2005도4642.
106) 대판 1967. 9. 5. 66도910.
107) 대판 1991. 10. 11. 91도1950. 다음은 같은 취지이다.
을과 상간하였음에도 상간하지 않았다고 허위 고소하였으나, 을의 혼인이 무효인 경우
혼인무효로 귀착되는 을을 피고인이 배우자 있는 여자로 알고서 상간하였다가 호적상 배우자로 등재된 갑으로부터 간통죄로 고소를 당한 후에, 피고인이 혼인의 효력문제는 언급함이 없이 을과 상간한 사실이 없는 데도 있는 것처럼 무고하였다는 취지로 제기한 갑에 대한 고소는 결과적으로는 간통죄를 구성하지 아니한다는 객관적 사실에 부합하는 것이므로 갑에 대한 무고죄가 성립하지 아니한다(대판 1982. 6. 22. 82도826).

폐기물'을 함유하고 있는 보일러 세관수를 방류함으로써 위 법조를 위반하였다"는 것인 한편, 피고인의 갑에 대한 고소내용은 피고인이 그와 같이 '특정유해물질 또는 산업폐기물'을 함유하고 있는 보일러 세관수를 방류한 사실이 없어 갑의 위 고발내용이 허위라는 것인데, 피고인이 보일러 세관수를 방류한 사실이 인정된다 하더라도 그 세관수가 위 법조에 규정된 특정유해물질이나 산업폐기물을 함유하고 있지 않다면, 피고인의 고소내용은 그 중요부분에 있어 객관적으로 진실한 사실에 부합하는 것이어서 피고인이 허위사실을 신고한 것이라고는 할 수 없으므로 무고죄에 해당하지 아니한다.108)

변호사의 자문을 받아 고소장을 작성

무고죄는 타인으로 하여금 형사처분을 받게 할 목적으로 허위의 사실을 공무소에 신고하면 성립되는 것이고 허위의 사실을 기재한 고소장을 작성하여 수사기관에 제출한 이상 고소장을 작성할 때 변호사등 법조인의 자문을 받았다 하더라도 무고죄의 성립에는 소장이 없다.109)

다. 법적 평가의 잘못

무고죄의 성립에는 타인으로 하여금 형사 및 징계처분을 받게할 목적으로 진실함의 확신없는 사실을 신고함으로써 족하고 신고자가 그 신고사실이 허위라는 것을 확신할 것까지 요하지 아니하나 한편, 신고자가 객관적 사실관계를 사실 그대로 신고한 이상 그 객관적 사실을 토대로 한 나름대로의 주관적 법률평가를 잘못하고 이를 신고하였다 하여 그 사실만을 가지고 허위사실을 신고한 것에 해당하여 무고죄가 성립한다고 할 수 없다.110)

고소인이 갑에게 대여하였다가 이미 변제받은 금원에 관하여 갑이 이를 수개월간 변제치 않고 있었던 점을 들어 위 금원을 착복하였다는 표현으로 고소장에 기재하였다 하여도 이것이 갑으로부터 아직 변제받지 못한 나머지 금원에 관한 고소내용의 정황을 과장한 것이거나 또는 주관적 법률평가를 잘못하였음에 지나지 아니한 것이라면 특별의 사정이 없는 한 이로써 허위의 사실을 들어 고소하였다고 단정할 수는 없다.111)

---

108) 대판 1991. 10. 11. 91도1950.

109) 대판 1986. 10. 14. 86도1606.

110) 대판 1985. 6. 25. 83도3245.

111) 대판 1987. 6. 9. 87도1029. 다음은 같은 취지이다.

명의신탁이 없었음에도 명의신탁받은 주식을 반환거부하여 횡령하였다는 허위 고소에 대하여 주식은 횡령죄 객체가 될 수 있다는 점만 심리하여 무죄 판단

피고인은 갑으로부터 이 사건 법인의 주식 4,000주를 명의신탁받은 사실이 없음에도 불구하고, 갑은 피고인으로 하여금 형사처분을 받게 할 목적으로 '피고인은 갑으로부터 위 주식을 명의신탁받았음에도 불구하고 그 반환을 거부하여 이를 횡령하였다'고 허위사실을 기재한 무고 고소장을 작성하여 접수한 사안에서, 일반적으로 '주식'이 주주권을 표창하는 유가증권의 의미로도 사용되는 점 등에 비추어 위와 같은 고소내용만으로는 위 고소제기 당시 피고인이 위 고소장에 기재한 '주식'이 횡령죄의 객체가 될 수 없는 '주식'에 해당한다고 단정할 수 없고, 피고인의 갑에 대한 고소가 허위사실을 신고한 것인지 여부는, 갑의 피고인에 대한 위 고소가 허위사실을 신고한 것인지 여부에 달려있고, 갑의 피고인에 대한 위 고소가 허위사실을 신고한 것인지 여부는 갑의 피고인에 대한 이 사건 법인의 주식 4,000주의 명의신탁 여부에 좌우된다고 봄이 상당하다.

주관적 의견이 잘못되었지만 객관적 관계를 거짓 없이 신고

고소장에 피고소인이 압수물건을 폐기처분하려던 것이 피고인이 제기하여 계류 중인 준재심사건에서 이를 증거로서 사용할 수 없게 하려는 목적일 것이라는 취지의 기재가 있다 하여도 이는 피고인의 주관적 의견의 기재에 불과하고 가사 그 주관적 의견이 잘못되었다 하여도 객관적 관계를 거짓없이 그대로 신고한 이상 그 주관적 의견부분만을 따로 떼어 허위사실을 신고한 것이라 볼 수 없다.[112)]

영수증의 백지부분이 보충권의 범위 내에서 보충되어 당초의 예상과 다른 용도로 사용되었음에도 영수증이 위조되었다고 고소

정당하게 작성·교부되거나 적법한 보충권의 범위 내에서 백지 부분이 보충된 영수증을 당초에 예상하고 있던 용도가 아닌 용도로 사용한다는 것과 그 영수증을 위조한다는 것은 단순히 법률적 평가를 넘어서서 사실관계가 전혀 다르다고 할 것이므로, 영수증을 정당하게 작성·교부하거나 적법하게 백지보충권을 수여하여 그에 따라 백지보충이 이루어졌음에도 불구하고 상대방이 그 영수증을 위조하였다고 신고하였다면, 이는 무고죄에서 말하는 허위사실의 신고에 해당한다.[113)]

라. 무고죄 고소의 무고판단

무고죄의 허위신고에 있어서 다른 사람이 그로 인하여 형사처분 또는 징계처분을 받게 될 것이라는 인식이 있으면 족하므로, 고소당한 범죄가 유죄로 인정되는 경우에, 고소를 당한 사람이 고소인에 대하여 '고소당한 죄의 혐의가 없는 것으로 인정된다면 고소인이 자신을 무고한 것에 해당하므로 고소인을 처벌해 달라'는 내용의 고소장을 제출하였다면 설사 그것이 자신의 결백을 주장하기 위한 것이라고 하더라도 방어권의 행사를 벗어난 것으로서 고소인을 무고한다는 범의를 인정할 수 있다.[114)]

마. 위증죄 고소의 무고판단

증언을 한 자가 그 재판 과정에서 자신의 증언과 반대되는 취지의 증언을 한 다른 증인을 위증죄로 고소하였다가 그 고소가 허위임이 밝혀진 경우 무고죄가 성립한다.[115)]

그럼에도 불구하고, 원심이 주식의 명의신탁 여부에 관하여는 판단하지 않은 채 '주권이 아닌 주식이 횡령죄 객체가 될 수 있는지 여부'만을 심리하여 무고죄의 성립을 부정한 것은 위법하다(대판 2009. 7. 9. 2008도11272).

112) 대판 1984. 3. 27. 83도2826.

113) 대판 2007. 6. 1. 2007도2299.

114) 대판 2007. 3. 15. 2006도9453. 다음은 같은 취지이다.

무고죄 고소가 무고죄를 구성한 사례

피고인의 간통행위가 유죄로 인정된다면, 그 간통행위를 고소한 고소인의 행위를 허위사실의 신고라고 하여 무고죄로 고소하기에 이른 피고인에게는 그 신고사실이 허위라는 인식이 있었다고 보아야 하므로, 설사 피고인의 고소가 간통사실이 없다는 점을 강조하고 피의사실을 적극 방어하기 위한 것이었다 하더라도 피고인에게 무고죄의 범의를 인정할 수밖에 없다(대판 1995. 3. 17. 95도162).

115) 대판 2005. 4. 14. 2003도1080.

1통의 고소, 고발장에 의하여 수개의 혐의사실을 들어 무고로 고소, 고발한 경우 그중 일부사실은 진실이나 다른 사실은 허위인 때에는 그 허위사실부분만이 독립하여 무고죄를 구성하는 것이고, 위증죄는 진술내용이 당해 사건의 요증사항이 아니거나 재판의 결과에 영향을 미친 바 없더라도 선서한 증인이 그 기억에 반하여 허위의 진술을 한 경우에는 성립되어 그 죄책을 면할 수 없으므로, 위증으로 고소, 고발한 사실 중 위증한 당해사건의 요증사항이 아니고 재판결과에 영향을 미친 바 없는 사실만이 허위라고 인정되더라도 무고죄의 성립에는 영향이 없다.[116]

바. 차용금의 용도 또는 변제의사·능력에 관한 허위 고소

도박자금으로 빌려주었음에도 이를 묵비하거나 다른 용도로 빌려주었다고 고소

금원을 대여한 고소인이 차용금을 갚지 않은 차용인을 사기죄로 고소하는 데 있어서, 피고소인이 차용금의 용도를 사실대로 이야기하였더라면 금원을 대여하지 않았을 것인데 차용금의 용도를 속이는 바람에 대여하였다고 주장하는 사안이라면, 차용금의 실제 용도는 사기죄의 성립 여부에 영향을 미치는 것으로서 고소사실의 중요한 부분이 되고 따라서 실제 용도에 관하여 고소인이 허위로 신고할 경우에는 그것만으로도 무고죄에서 허위의 사실을 신고한 경우에 해당한다고 할 수 있다. 그러나 단순히 차용인이 변제의사와 능력의 유무에 관하여 기망하였다는 내용으로 고소한 경우에는, 차용금의 용도와 무관하게 다른 자료만으로도 충분히 차용인의 변제의사나 능력의 유무에 관한 기망사실을 인정할 수 있는 경우도 있을 것이므로, 차용금의 실제 용도에 관하여 사실과 달리 신고하였다는 것만으로는 범죄사실의 성립 여부에 영향을 줄 정도의 중요한 부분을 허위로 신고하였다고 할 수 없다. 이와 같은 법리는 고소인이 차용사기로 고소할 때 '묵비하거나 사실과 달리 신고한 차용금의 실제 용도'가 도박자금이었더라도 달리 볼 것은 아니다.[117]

'도박자금'으로 빌려주었음에도 '내비게이션 구입에 필요한 자금'을 빌려주었다고 고소

피고인이 돈을 갚지 않는 갑을 차용금 사기로 고소하면서 대여금의 용도에 관하여 '도박자금'으로 빌려준 사실을 감추고 '내비게이션 구입에 필요한 자금'이라고 허위 기재하고, 대여의 일시·장소도 사실과 달리 기재하여 갑을 무고하였다는 내용으로 기소된 사안에서, 피고인의 고소 내용은 갑이 변제의사와 능력도 없이 차용금 명목으로 돈을 편취하였으니 사기죄로 처벌하여 달라는 것이고, 갑이 차용금의 용도를 속이는 바람에 대여하게 되었다는 취지로 주장한 사실은 없으며, 수사기관으로서는 차용금의 용도와 무관하게 다른 자료들을 토대로 갑이 변제의사나 능력 없이 돈을 차용하였는지를 조사할 수 있는 것이므로, 비록 피고인이 도박자금으로 대여한 사실을 숨긴 채 고소장에 대여금의 용도에 관하여 허위로 기재하고 대여 일시·장소 등 변제의사나 능력의 유무와 관련성이 크지 아니한 사항에 관하여 사실과 달리 기재한 사정만으로는 사기죄 성립 여부에 영향을 줄 정도의 중요한 부분을 허위 신고하였다고 보기 어렵다.[118]

---

116) 대판 1989. 9. 26. 88도1533.

117) 대판 2004. 12. 9. 2004도2212; 대판 2011. 9. 8. 2011도3489. 다음은 같은 취지이다.
도박자금으로 대여한 금전의 용도에 대하여 허위로 신고한 것은 무고죄의 허위신고에 해당한다(대판 2004. 1. 16. 2003도7178).

118) 대판 2011. 9. 8. 2011도3489. 다음은 같은 취지이다.

사. 정황의 과장

무고죄는 타인으로 하여금 형사처분 또는 징계처분을 받게 할 목적으로 공무소 또는 공무원에 대하여 허위의 사실을 신고하는 때에 성립하는 것으로, 여기에서 허위사실의 신고라 함은 신고사실이 객관적 사실에 반한다는 것을 확정적이거나 미필적으로 인식하고 신고하는 것을 말한다. 따라서 신고사실의 일부에 허위의 사실이 포함되어 있다고 하더라도 그 허위부분이 범죄의 성부에 영향을 미치는 중요한 부분이 아니고, 단지 신고한 사실을 과장한 것에 불과한 경우에는 무고죄에 해당하지 아니하지만, 그 일부 허위인 사실이 국가의 심판 작용을 그르치거나 부당하게 처벌을 받지 아니할 개인의 법적 안정성을 침해할 우려가 있을 정도로 고소사실 전체의 성질을 변경시키는 때에는 무고죄가 성립한다.[119)]

경찰관이 갑을 현행범으로 체포하려는 상황에서 을이 경찰관을 폭행하여 을을 현행범으로 체포하였는데, 을이 경찰관의 현행범체포업무를 방해한 일이 없다며 경찰관을 불법체포로 고소한 사안에서, 무고죄가 성립한다.[120)]

허리띠나 옷을 잡고 밀고 당기면서 평소 좋지 않던 요추부상해가 발생하였음에도 구타로 인하여 상해를 입었다고 고소

폭행을 당하지는 않았더라도 그와 다투는 과정에서 시비가 되어 서로 허리띠나 옷을 잡고 밀고 당기면서 평소에 좋은 상태가 아니던 요추부에 경도의 염좌증세가 생겼을 가능성이 충분히 있다면 피고인의 구타를 당하여 상해를 입었다는 내용의 고소는 다소 과장된 것이라고 볼 수 있을지언정 이를 일컬어 무고죄의 처벌대상인 허위사실을 신고한 것이라고 단정하기는 어렵다.[121)]

피고소인들이 피고인과 제3자와의 싸움을 말리려다가 포기하였을 뿐임에도 "피고소인들이 피고인의 양팔을 잡고 제3자가 피고인의 안면부를 때려 상해를 입혔다"고 고소

피고소인들이 피고인과 제3자와의 싸움을 말리려고 하다가 피고인이 말을 듣지 아니하여 만류를 포기하고

피고인이 돈을 갚지 않는 차용인들을 사기죄로 고소하면서 대여 장소를 허위기재하여 도박자금으로 빌려 준 사실을 숨기고, 피고소인들에게 대여 장소를 묵비하도록 종용하였다는 사정만으로는 무고죄에서 '허위사실의 신고'로 보기 어렵다(대판 2011. 1. 13. 2010도14028).

119) 대판 1986. 9. 23. 86도556; 대판 1996. 5. 31. 96도771; 대판 2003. 1. 24. 2002도5939; 대판 2012. 5. 24. 2011도11500.

120) 대판 2009. 1. 30. 2008도8573.

121) 대판 1996. 5. 31. 96도771. 다음은 같은 취지이다.

서로 멱살을 잡고 밀고 당기다가 넘어져 다쳤음에도 폭행당하여 상해를 입었다고 고소

피고인이 갑과 주주총회 회의장에서 상대방을 비난하다가 감정이 격해져서 서로 의자를 밀치면서 달려 나와 상대방의 멱살을 붙잡고 밀고 당기면서 회의장출구 쪽으로 나가던 중 피고인이 넘어지면서 의자에 다리를 부딪쳐서 상처를 입게 된 경우, 서로 멱살을 잡고 밀고 당기는 과정에서 상처를 입게 된 이상 갑으로부터 폭행당하여 상해를 입었다고 고소하였다 하더라도 허위사실을 신고한 것이라고 볼 수는 없다(대판 1986. 7. 22. 86도582).

옆에서 보고만 있었을 뿐 피고소인들이 피고인의 팔을 잡은 사실이 없었고, 또한 피고인이 그 싸움에서 턱 부위에 상해를 입은 사실은 있으나 그 상해 역시 피고인이 제3자로부터 안면부를 얻어맞아 입은 것이 아니라 서로 멱살을 잡고 밀고 당기는 과정에서 입은 상해임을 엿볼 수 있는 경우, 이와 같은 사실관계에서 "피고소인들이 피고인의 양팔을 잡아 가세하고 제3자가 피고인의 안면부를 때려 상해를 입혔다"는 취지의 고소내용은 그 제3자에 대한 관계에서는 신고사실의 정황을 다소 과장한 것에 불과하다고 볼 수도 있겠으나, 피고소인들에 대한 관계에서는 고소내용 전체가 객관적인 진실에 반하는 허위의 사실을 신고한 것으로서 그것이 단지 신고사실의 정황을 과장하는 데 불과하다고 볼 수는 없다고 한 사례.[122)]

강간죄를 강간치상죄로 고소

강간을 당하여 상해를 입었다는 고소내용은 하나의 강간행위에 대한 고소사실이고, 이를 분리하여 강간에 관한 고소사실과 상해에 관한 고소사실의 두 가지 고소내용이라고 볼 수는 없으므로, 피고인이 갑으로부터 강간을 당한 것이 사실인 이상 강간으로 입은 것이 아닌 상해사실을 포함시켰다 하더라도 이는 고소내용의 정황을 과장한 것에 지나지 아니한다.[123)]

구타를 당한 자가 상해를 입었다고 허위 고소

구타를 당하여 상해를 입었다는 고소내용은 하나의 폭력행위에 대한 고소사실로서 이를 분리하여 폭행에 관한 고소사실과 상해에 관한 고소사실의 두 가지의 고소내용이라고는 할 수 없으므로, 피고인이 구타를 당한 것이 사실인 이상 이를 고소함에 있어서 입지 않은 상해사실을 포함시켰다 하더라도 이는 고소내용의 정황의 과장에 지나지 않는다.[124)]

상대방과 공범임에도 자신의 범행가담을 숨기고 상대방만을 고소

무고죄에 있어서 '허위의 사실'이라 함은 그 신고된 사실로 인하여 상대방이 형사처분이나 징계처분 등을 받게 될 위험이 있는 것이어야 하고, 비록 신고내용에 일부 객관적 진실에 반하는 내용이 포함되었다 하더라도 그것이 독립하여 형사처분 등의 대상이 되지 아니하고 단지 신고사실의 정황을 과장하는 데 불과하거나 허위인 일부 사실의 존부가 전체적으로 보아 범죄사실의 성립 여부에 직접 영향을 줄 정도에 이르지 아니하는 내용에 관계되는 것이라면 무고죄가 성립하지 아니한다.

피고인 자신이 상대방의 범행에 공범으로 가담하였음에도 자신의 가담사실을 숨기고 상대방만을 고소한 경우, 피고인의 고소내용이 상대방의 범행 부분에 관한 한 진실에 부합하므로 이를 허위의 사실로 볼 수 없고,

---

122) 대판 1995. 2. 24. 94도3068.

123) 대판 1983. 1. 18. 82도2170.

124) 대판 1973. 12. 26. 73도2771. 다음은 같은 취지이다.
피고인이 여러 사람과 시비를 하여 누구로부터 얼마를 구타당하였는지 특정지울 수 없으나 좌측안면부 등에 찰과상 및 좌상을 입은 사실을 인정할 수 있다면 피고인이 이를 고소함에 있어서 좌측안면부 등의 찰과상 및 좌상 외에 이미 수 년 전 또는 몇 개월 전에 입은 비골골절사실마저 기재된 상해진단서를 제출하였더라도 이는 고소내용의 정황과장에 지나지 않는다(대판 1984. 1. 24. 83도3023).

상대방의 범행에 피고인이 공범으로 가담한 사실을 숨겼다고 하여도 그것이 상대방에 대한 관계에서 독립하여 형사처분 등의 대상이 되지 아니할뿐더러 전체적으로 보아 상대방의 범죄사실의 성립 여부에 직접 영향을 줄 정도에 이르지 아니하는 내용에 관계되는 것이므로 무고죄가 성립하지 않는다.125)

아. 기 타

버스들이 무단 주차 또는 회차한다고 진실한 사실을 고소하면서 피고소인을 잘못 선택

A여객주식회사 소속 버스들이 무단주차 또는 회차함으로써 피고인의 업무가 방해되고 있으니 처벌하여 달라는 고소내용이 진실한 이상 A여객주식회사의 대표이사가 위와 같은 무단주차 및 회차를 지시한 바 없음에도 위 대표이사를 피고소인으로 하였다하더라도 이는 그 신고된 사실에 대한 형사책임을 부담할 자를 잘못 택한 것이어서 무고죄가 성립한다고는 할 수 없다.126)

계금 일부를 사후에 변제받기로 하였음에도 계금일부미지급이 배임이라고 고소

계주가 상계를 주장하여 피고인이 탈 계금중 일부를 임의공제하고 잔금만을 지급하자 피고인이 상계에 불만을 표시하긴 하였으나 상계된 액수는 다른 계를 조직하여 보충시켜 주겠다는 계주의 약속을 받아들여 결국 이에 승복한 경우 그뒤 계주가 그 약속을 지키지 않았다고 해서 피고인이 계주가 계금중 일부를 미지급함으로써 배임행위를 하였다는 취지의 고소를 하였음은 무고죄에 해당한다.127)

피고인이 A주식회사에서 리스한 승용차를 갑에게 담보로 제공하고 돈을 차용하면서 약정 기간 내에 갚지 못할 경우 이를 처분하더라도 아무런 이의를 제기하지 않기로 하였는데, 변제기 이후 갑 등이 차량을 처분하자 피고인의 허락 없이 마음대로 처분하였다는 취지로 고소한 것은 허위사실 기재로서 무고죄가 성립한다.128)

피고인이 먼저 자신을 때려 주면 돈을 주겠다고 하여 갑, 을이 피고인을 때리고 지갑을 교부받아 그 안에 있던 현금을 가지고 간 것임에도, '갑 등이 피고인을 폭행하여 돈을 빼앗았다'는 취지로 허위사실을 신고한 경우, 무고죄가 성립한다.129)

피고소인이 피고인 소유의 원목을 절취하였다는 고소사실 중 동 원목이 피고인 소유가 아니라 피고소인 소유이어서 절도죄를 구성하지 아니하여도 피고소인의 소위가 권리행사방해죄를 구성하는 때에는 피고인의 고

125) 대판 2008. 8. 21. 2008도3754.
126) 대판 1982. 4. 27. 81도2341.
127) 대판 1983. 5. 10. 83도818.
128) 대판 2012. 5. 24. 2011도11500.
129) 대판 2010. 4. 29. 2010도2745.

소를 무고라고 할 수 없다.[130]

하천부지점용권의 매도인이 부적법하게 계약해제하고 이중매매한 것을 배임이라고 고소

하천부지점용권의 매매계약에 있어 매수인의 잔대금 지급과 매도인의 하천부지점용포기서의 교부는 동시이행 관계에 있으므로 매도인이 하천부지에 대한 점용포기서의 준비나 제공없이 매수인의 잔금지급 불이행만을 들고 일방적으로 매매계약 해제통고를 하였다 하여도 위 매매계약이 유효하게 해제되었다고 할 수 없는 것이어서 매도인이 매매계약 해제통고 후 하천부지를 타에 매각한 것을 들어 배임죄로 고소한 행위는 객관적으로 진실하여 허위라고 할 수 없으므로 무고죄를 구성하지 아니한다.[131]

피고소인들이 불법으로 발굴·화장한 것은 그들의 선조묘임에도 고소인의 선조묘라고 고소

피고인이 분묘 13기는 피고인의 선조묘라고 허위 고소하였다 하더라도, 피고소인들이 분묘 13기를 포함한 분묘 24기를 소정의 허가 없이 불법으로 발굴화장하여 유골을 유기한 사실이 인정되어 형사상 처벌(분묘발굴죄와 매장및 묘지등에 관한 법률위반죄)을 면치 못하게 되어 있는 이상 누구의 분묘인가에 따라 그 처벌법규상 다소의 차이를 초래함에 불과한 사실적시행위를 가리켜 무고죄에서 말하는 허위의 사실이라고 말할 수 없다.[132]

자. 허위의 입증

무고죄는 타인으로 하여금 형사처분이나 징계처분을 받게 할 목적으로 신고한 사실이 객관적 진실에 반하는 허위사실인 경우에 성립되는 범죄이므로 신고한 사실이 객관적 사실에 반하는 허위사실이라는 요건은 적극적인 증명이 있어야 하며, 신고사실의 진실성을 인정할 수 없다는 소극적 증명만으로 곧 그 신고사실이 객관적 진실에 반하는 허위사실이라고 단정하여 무고죄의 성립을 인정할 수는 없다.[133]

130) 대판 1981. 6. 23. 80도1049. 다음은 같은 취지이다.
피고인의 고소내용이 피고인과 피해자 사이에 있었던 금전거래와 그 거래를 담보하기 위한 기계공구류의 제공 행위를 법률상 평가하기가 어려워서 금전의 편취가 아니면 같은 물품의 횡령 중 어느 하나의 범행에 해당한다고 주장한 취지라면 피고인에게 허위사실에 대한 주관적 인식이 있었다고 할 수 없다(대판 1980. 5. 27. 80도819).

131) 대판 1985. 2. 26. 84도2510.

132) 대판 1973. 12. 11. 73도1658. 다음은 유사한 취지이다.
위법성조각사유가 있음을 알면서도 고소
피고소인이 합동연설회에서 "피고인(고소인)은 ① 국가보안법위반 전력을 감추기 위하여 본적을 전적하였고 출생연월일을 고쳤으며, ② 건물이 철거된 곳에 위장전입을 하였다"라고 연설하였는데 피고인이 위 연설내용이 진실하여 위법성조각사유가 있음을 알면서도 "피고소인이 허위사실을 공표하였다"라고 고소한 것은 결국 적극적으로 피고소인을 공직선거및부정선거방지법 제251조 단서 소정의 위법성조각사유가 적용되지 않는 같은 법 제250조의 허위사실공표죄로 처벌되어야 한다고 주장한 것과 같다고 할 것이어서 무고죄가 성립한다(대판 1998. 3. 24. 97도2956).

133) 대판 2004. 1. 27. 2003도5114.

6. 신고사실이 범죄를 구성할 것

타인에게 형사처분을 받게 할 목적으로 '허위의 사실'을 신고한 행위가 무고죄를 구성하기 위해서는 신고된 사실 자체가 형사처분의 원인이 될 수 있는 것이어야 하고, 만약 그 사실 자체가 형사범죄로 구성되지 아니한다면 허위의 사실을 신고하였다 하더라도 무고죄는 성립하지 아니한다.[134)]

사실관계: - 피고인(고소인)은 사실은 갑으로부터 다방을 임차하여 을로 하여금 이를 운영하도록 하던 중 임대차계약의 임차인 명의를 피고인에서 을로 변경하도록 승낙하였음에도,

- 갑과 을로 하여금 형사처벌을 받게 할 목적으로, "갑으로부터 다방을 임차하여 을에게 그 운영을 위탁하였는데, 갑과 을이 통정하여 피고인 몰래 임차인을 을로 하는 임대차계약서를 다시 작성하고 피고인을 배제시켜서 임차보증금과 권리금을 을이 편취하였으니 피고소인들을 배임죄 또는 사기죄로 처벌하여 달라"라고 고소하였다.

판단: 위 고소사실은 그 자체가 형사범죄로 구성되지 아니하는 경우에 해당한다. 우선 사문서위조죄와 관련하여 가사 고소사실과 같이 피고인의 승낙 없이 갑과 을이 그들 명의의 임대차계약서를 새로 작성하였다고 하더라도 작성권한이 없는 자가 타인 명의의 문서를 작성한 경우에 해당하지 아니하여 사문서위조죄가 성립할 여지가 없다. 그리고 임대차보증금이 있는 임대차계약에 있어 임대인은 임차인을 위하여 임대차보증금을 보관하거나 임차인의 사무를 처리하는 지위에 있지 아니하므로 갑과 을이 이중으로 임대차계약을 하고 피고인의 임차인으로서의 지위를 부정하였거나 또는 을을 임대차보증금의 수령권자로 취급하고 피고인에 대하여 임대차보증금의 반환을 거부하였다고 하더라도 횡령죄나 배임죄가 성립할 수는 없으므로, 고소사실 자체가 횡령죄나 배임죄를 구성하지 않음은 명백하다. 한편, 갑과 을은 통정하였다는 것이므로 을이 갑으로부터 금원을 편취하였다는 점은 고소사실이 아님이 분명하다. 다만 갑이 피고인과 임대차계약을 체결할 당시부터 피고인에게 임대할 생각이 아니라 을에게 임대할 생각이었으면서도 을과 공모하여 마치 피고인에게 다방을 임대할 것처럼 피고인을 기망하여 임대차보증금을 교부받아 편취하였다는 내용이 고소사실이라면, 이는 사기죄가 될 여지가 있다고 하겠으나, 고소내용이 그러한 것은 아니다.

고소사실 자체가 사문서위조, 횡령이나 배임, 사기 기타 형사범죄로 구성되지 아니하는 이상 무고죄가 성립하지 않는다.[135)]

134) 대판 1992. 10. 13. 92도1799; 대판 2002. 11. 8. 2002도3738; 대판 2007. 4. 13. 2006도558.

135) 대판 2002. 11. 8. 2002도3738. 다음은 같은 취지이다.

고소사실이 범죄를 구성하지 않음

인정되는 사실: 피고인이 파커수성볼심 4,004개를 인수한 후 그 취지를 나타내기 위하여 "파커수성볼심 셋박스 4004개 정히 인수함 2003 3월 30일 인수자"(이하 '이 사건 문구'라 한다)라고 이미 쓰인 용지(이하 '이 사건 인수증'이라 한다)에 숫자 '4004'와 피고인의 영문 서명을 기재하였다.

고소사실: 고소인인 피고인은 백지에 숫자 '4004'와 피고인의 영문 서명을 하였을 뿐인데 피고소인 갑이 함부로 이 사건 문구를 추가 기재하여 이 사건 인수증을 위조하였다.

판단: 피고인이 백지에 위 숫자와 영문 서명을 기재한 것은 피고인이 갑으로부터 파커수성볼심 4,004개를 인수하였다는 뜻을 나타내는 것임을 고소장 기재 자체에서 확인할 수 있다 할 것이고, 따라서 그 후 갑이 같은 의미의 이 사건 문구를 추가 기재하였다고 하더라도 이로써 문서위조죄 내지 문서변조죄가 성립할 여지가 없다. 이와 같이 형사범죄가 되지 아니하는 내용의 허위사실을 피고인이 신고하였다면 피고인에 대하여 무고죄는 성립할 수 없다 (대판 2008. 1. 24. 2007도9057).

승용차를 담보로 제공하면서 기간 내에 채무미변제시 처분에 대해 이의하지 않기로 하였음에도 채권자가 변제기 이후 차량을 처분하자 허락 없이 처분하였다고 고소

무고죄는 타인으로 하여금 형사처분 또는 징계처분을 받게 할 목적으로 공무소 또는 공무원에 대하여 허위의 사실을 신고하는 때에 성립하는 것으로, 여기에서 허위사실의 신고라 함은 신고사실이 객관적 사실에 반한다는 것을 확정적이거나 미필적으로 인식하고 신고하는 것을 말하는 것이므로, 신고사실의 일부에 허위의 사실이 포함되어 있다고 하더라도 그 허위 부분이 범죄의 성부에 영향을 미치는 중요한 부분이 아니고, 단지 신고한 사실을 과장한 것에 불과한 경우에는 무고죄에 해당하지 아니하지만, 그 일부 허위인 사실이 국가의 심판작용을 그르치거나 부당하게 처벌을 받지 아니할 개인의 법적 안정성을 침해할 우려가 있을 정도로 고소사실 전체의 성질을 변경시키는 때에는 무고죄가 성립될 수 있다.

피고인이 갑 주식회사에서 리스한 승용차를 을에게 담보로 제공하고 돈을 차용하면서 약정 기간 내에 갚지 못할 경우 이를 처분하더라도 아무런 이의를 제기하지 않기로 하였는데, 변제기 이후 을 등이 차량을 처분하자 피고인의 허락 없이 마음대로 처분하였다는 취지로 고소한 사안에서, 위 고소 내용은 허위사실 기재로서 그 자체로 독립하여 무고죄가 성립한다.[136)]

임대인이 임대차보증금 950만 원을 지급받았음에도 900만 원을 받았다고 주장하며 임차인을 불법체류자로 고발하겠다면서 50만 원의 반환을 거부하여 횡령, 배임죄를 범하였다고 허위 고소

피고인의 고소내용: 임대인인 피고소인은 임차인인 고소인(피고인)으로부터 임대차보증금으로 950만 원을 지급받았음에도, 900만 원을 받았다고 주장하며 피고인을 불법체류자로 고발하겠다면서 900만 원을 초과하는 임대차보증금의 반환을 거부하여 횡령 또는 배임죄를 범하였으니 처벌하여 달라.

판단: 임대인은 임차인을 위하여 임대차보증금을 보관하거나 임차인의 사무를 처리하는 지위에 있지 아니하므로, 설령 피고소인이 임대차보증금으로 950만 원을 지급받았음에도 900만 원을 받았다고 주장하며 이를 초과하는 임대차보증금의 반환을 거부하였더라도 횡령죄나 배임죄가 성립하지 아니한다. 또한, 피고인이 고소장에 기재한 고소 내용에 의하면, 피고인은 자신이 불법체류자라는 사실을 스스로 밝히고 있음을 알 수 있고, 한편 피고소인은 피고인을 불법체류자로 고발한다고 하여 피고인에 대한 임대차보증금의 반환의무를 면할 수도 없으므로, 설령 피고소인이 임대차보증금 전액을 돌려주지 않겠다는 내심의 의사를 가지고 피고인을 불법체류자로 고발하였더라도 어떠한 형사범죄로 구성되지 아니한다.

그렇다면, 피고인의 고소가 허위 사실의 신고에 해당하더라도, 그 고소 사실 자체가 횡령죄, 배임죄 기타 범죄를 구성하지 아니하는 이상 무고죄가 성립하지 않는다.[137)]

매수인에게 대금을 지급받기 전에 토지소유권을 이전하였음에도 매수인이 이를 타에 처분하였다고 허위 고소

고소내용: 피고인이 갑에게 토지를 매도함에 있어 갑이 위 토지를 경작하여 1년 후 대금을 지급하기로 하는 약정 하에 소유권이전등기를 미리 넘겨주었으므로, 위 토지는 피고인의 소유로서 동인에게 명의신탁된 것임에도 동인이 타에 임의로 매각, 처분하였다.

136) 대판 2012. 5. 24. 2011도11500.
137) 대판 2013. 9. 26. 2013도6862.

판단: 타인으로부터 명의신탁받은 부동산을 임의로 처분하면 범죄(횡령죄)가 성립함은 물론이나, 고소취지는 피고인과 갑 사이에 위 토지에 대한 매매계약이 있었음은 시인하고, 다만 갑이 매매대금을 지급하지 아니한 채 타에 처분한 것을 탓하는 것으로 보이는 바(위 토지가 갑에게 명의신탁된 것이라고 한 기재내용은 피고인의 주관적인 법률평가에 따른 표현에 불과하다), 매도인인 피고인이 약정에 의하여 대금 수령 전에 미리 소유권이전등기를 넘겨주었다 하더라도 특단의 사정이 없는 한 이는 매도인으로서의 등기이전의무의 선이행에 불과할 뿐 이를 명의신탁관계로 볼 수는 없으므로 소유권이전등기를 미리 넘겨받은 갑이 피고인의 고소내용과 같이 대금을 완불하지 아니한 채 위 토지를 타에 처분하였다 하더라도 이로써 형사범죄는 되지 아니한다 할 것이므로 피고인이 허위의 사실을 신고하였다 하여도 무고죄는 성립할 수 없다.[138)]

고소기간이 경과한 친고죄

타인으로 하여금 형사처분을 받게 할 목적으로 공무소에 대하여 허위의 사실을 신고하였다고 하더라도, 그 사실이 친고죄로서 그에 대한 고소기간이 경과하여 공소를 제기할 수 없음이 그 신고내용 자체에 의하여 분명한 때에는 당해 국가기관의 직무를 그르치게 할 위험이 없으므로 이러한 경우에는 무고죄는 성립하지 아니한다.[139)]

공소시효 완성

타인으로 하여금 형사처분을 받게 할 목적으로 공무소에 대하여 허위사실을 신고하였다고 하더라도, 신고된 범죄사실에 대한 공소시효가 완성되었음이 신고 내용 자체에 의하여 분명한 경우에는 형사처분의 대상이 되지 않는 것이므로 무고죄가 성립하지 아니한다.[140)]

고소보충 진술시에 비로소 범행일시를 특정하여 진술한 경우 공소시효 완성의 판단시점

무고죄는 타인으로 하여금 형사처분 등을 받게 할 목적으로 공무소 등에 허위의 사실을 신고함으로써 성립하는 범죄이므로, 그 신고 된 범죄사실이 이미 공소시효가 완성된 것이어서 무고죄가 성립하지 아니하는 경우에 해당하는지 여부는 그 신고시를 기준으로 하여 판단하여야 한다고 할 것이다.

---

138) 대판 1992. 10. 13. 92도1799. 다음은 같은 취지이다.
"피고소인이 송이의 채취권을 이중으로 양도하여 손해를 입었으니 엄벌하여 달라"는 내용의 고소사실이 횡령죄나 배임죄 기타 형사범죄를 구성하지 않는 내용의 신고에 불과하여 그 신고 내용이 허위라고 하더라도 무고죄가 성립할 수 없다고 한 사례(대판 2007. 4. 13. 2006도558).
사위의 방법에 의하여 운송면허를 받았다고 허위고소
자동차운수사업법상 사위의 방법에 의하여 운송면허를 받은 소위에 관하여는 벌칙 조항이 없으므로 범죄행위가 되지 아니할 뿐 아니라 그에 관하여 탄원서를 받은 대통령 전라북도지사 전주지방검찰청 검사장 및 중앙정보부 전라북도 지부장이 사위방법에 의하여 운송면허를 받은 자를 징계할 수 있는 권한도 없으니 위의 탄원한 소위는 무고죄가 될 수 없다(대판 1976. 10. 26. 75도1657).

139) 대판 1998. 4. 14. 98도150.

140) 대판 1994. 2. 8. 93도3445.

범행일시를 특정하지 않은 고소장을 제출한 후, 고소보충진술시에 범죄사실의 공소시효가 아직 완성되지 않은 것으로 진술한 피고인이 그 이후 검찰이나 제1심 법정에서 다시 범죄의 공소시효가 완성된 것으로 정정 진술한 사안에서, 이미 고소보충진술시에 무고죄가 성립하였다.[141)]

공소시효가 완성되었음에도 완성되지 아니한 것처럼 고소

객관적으로 고소사실에 대한 공소시효가 완성되었더라도 고소를 제기하면서 마치 공소시효가 완성되지 아니한 것처럼 고소한 경우에는 국가기관의 직무를 그르칠 염려가 있으므로 무고죄를 구성한다.[142)]

사면된 사실

공소외인이 사문서위조, 동행사, 공정증서 원본불실기재, 동행사를 한 것처럼 허위의 사실을 꾸며서 고소하였다하여도 그 범행날자가 1962. 12. 20.로서 이는 모두 1963. 12. 14.자 각령 1678 일반사면령에 의하여 사면된 것이 그 자체에 분명하고 피고인은 공소권이 소멸된 사실을 모르고 고소한 것이 분명하므로 이점에 관한 무고죄는 성립 할 수 없다.[143)]

7. 징계처분을 받게 할 목적으로 허위신고

무고죄에서 '징계처분'이란 공법상의 특별권력관계에 기인하여 질서유지를 위하여 과하여지는 제재를 의미한다.[144)]

변호사로 하여금 징계처분을 받게 할 목적으로 서울지방변호사회회장에게 진정서를 제출

무고죄에서 '공무소 또는 공무원'이란 징계처분에 있어서는 징계권자 또는 징계권의 발동을 촉구하는 직권을 가진 자와 그 감독기관 또는 그 소속 구성원을 말한다.

구 변호사법 등에 의하면 변호사에 대한 징계가 대한변호사협회 변호사징계위원회를 거쳐 최종적으로 법무부의 변호사징계위원회에서 결정되고 이에 불복하는 경우에는 행정소송을 할 수 있는 점, 구 변호사법 제93조 등은 판사 2명과 검사 2명이 위원으로 참여하여 대한변호사협회 변호사징계위원회나 법무부의 변호사징계위원회를 구성하고, 서류의 송달, 기일의 지정이나 변경 및 증인·감정인의 선서와 급여에 관한 사항에 대하여 '형소법'과 '형사소송비용 등에 관한 법률'의 규정을 준용하도록 정하고 있는 점, 위와 같은 절차를 마련한 것은 변호사의 공익적 지위에 기인하여 공법상의 특별권력관계에 준하여 징계에 관하여도 공법상의 통제를 하려는 의도로 보여지는 점 등을 고려하여 보면, 변호사에 대한 징계처분은 형법 제156조에서 정하는

141) 대판 2008. 3. 27. 2007도11153.
142) 대판 1995. 12. 5. 95도1908.
143) 대판 1970. 3. 24. 69도2330. 같은 취지로는 대판 1967. 9. 5. 66도910.
144) 대판 2010. 11. 25. 2010도10202.

'징계처분'에 포함된다고 봄이 상당하고, 구 변호사법 제97조의2 등 관련 규정에 의하여 그 징계 개시의 신청권이 있는 지방변호사회의 장은 형법 제156조에서 정한 '공무소 또는 공무원'에 포함된다.
따라서 피고인이 변호사로 하여금 징계처분을 받게 할 목적으로 서울지방변호사회에 위 변호사회 회장을 수취인으로 하는 허위 내용의 진정서를 제출한 때에는 무고죄가 성립한다.[145)]

시청의 시민과장이 부당하게 도시계획을 변경하였다는 내용의 허위진정은 비록 도시계획변경은 건설부장관의 권한에 속하며 시청의 시민과장이 임의로 좌우할 수 없다 하더라도 당해 시청에서 도시계획을 수립하는 이상 시청의 시민과장의 징계권자로 하여금 징계권발동을 유발하기에 족한 것으로 보여진다.[146)]

사립대학교 교수로 하여금 징계처분을 받게 하려고 국민권익위원회에 허위 민원제기

무고죄의 징계처분은 공법상의 감독관계에서 질서유지를 위하여 과하는 신분적 제재를 말한다.
그런데 사립학교 교원은 학교법인 또는 사립학교경영자가 임면하고, 그 임면은 사법상 고용계약에 의하며, 사립학교 교원은 학생을 교육하는 대가로 학교법인 등으로부터 임금을 지급받으므로 학교법인 등과 사립학교 교원의 관계는 원칙적으로 사법상 법률관계에 해당한다. 비록 임면자가 사립학교 교원의 임면에 대하여 관할청에 보고하여야 하고, 관할청은 일정한 경우 임면권자에게 해직 또는 징계를 요구할 수 있는 등 학교법인 등에 대하여 국가 등의 지도·감독과 지원 및 규제가 행해지고, 사립학교 교원의 자격, 복무 및 신분을 공무원인 국·공립학교 교원에 준하여 보장하고 있지만, 이 역시 이들 사이의 법률관계가 사법상 법률관계임을 전제로 신분 등을 교육공무원의 그것과 동일하게 보장한다는 취지에 다름 아니다. 따라서 학교법인 등의 사립학교 교원에 대한 인사권의 행사로서 징계 등 불리한 처분은 사법적 법률행위의 성격을 가진다. 따라서 사립학교 교원에 대한 학교법인 등의 징계처분은 무고죄의 '징계처분'에 포함되지 않는다고 해석함이 옳다.
피고인이 사립대학교 교수인 피해자들로 하여금 징계처분을 받게 할 목적으로 국민권익위원회에서 운영하는 범정부 국민포털인 국민신문고에 민원을 제기한 사안에서, 피해자들은 사립학교 교원이므로 피고인의 행위가 무고죄에 해당하지 않는다.[147)]

8. 기 수

피고인은 "피고소인은 액면금 500만 원인 유가증권 1매를 피고인의 허락 없이 가져가서 임의 교환하여 횡령, 착복한 자임"이라는 허위내용의 고소장을 소지하고 있다가 피고소인이 강동경찰서에 연행되자 야간당직 반장인 경찰관에게 이를 제출하였었고, 다만 경찰관이 피고소인에게 위 고소장의 기재와 같이 약속어음을 절취한 사실이 있었는지의 여부를 묻고 그런 사실이 없다는 대답을 들어 피고인에게 고소를 그대로 유지할 것인지를 확인하므로 피고인이 고소장을 반환받아 그 내용 중 "횡령착복 한 자임"이라는 부분만을 삭제하여

145) 대판 2010. 11. 25. 2010도10202.
146) 대판 1977. 4. 26. 75도2885.
147) 대판 2014. 7. 24. 2014도6377.

다시 그 경찰관에게 제출하였다가 경찰관이 그 내용만으로는 범죄혐의가 없는 것이라 하므로 고소장을 다시 반환받았다. 그렇다면 피고인의 행위는 피고인이 최초에 작성한 허위내용의 고소장을 경찰관에게 제출하였을 때 이미 허위사실의 신고가 수사기관에 도달되어 무고죄의 기수에 이른 것이라 할 것이고, 그 후 그 고소장을 되돌려 받았다 하더라도 이는 무고죄의 성립에 아무런 영향이 없다.[148)]

허위 고소장 제출 후 고소보충진술을 하면서 허위사실의 일부는 진술하지 않음

무고죄는 타인으로 하여금 형사처분 또는 징계처분을 받게 할 목적으로 공무소 또는 공무원에 대하여 허위의 사실을 신고하는 때에 성립하고, 무고죄에서 형사처분 또는 징계처분을 받게 할 목적은 허위신고를 함에 있어서 다른 사람이 그로 인하여 형사 또는 징계처분을 받게 될 것이라는 인식이 있으면 족하고 그 결과발생을 희망하는 것까지를 요하는 것은 아니므로, 고소인이 고소장을 수사기관에 제출한 이상 그러한 인식은 있었다고 보아야 한다.

피고인이 수사기관에 '갑이 재판과정에서 위조된 확인서를 제출하였으니 처벌하여 달라'는 내용으로 허위 사실이 기재된 고소장을 제출하면서 '갑이 위조된 합의서도 제출하였다'는 취지로 기재하였으나, 고소보충진술 시 확인서가 위조되었다는 점에 관하여만 진술한 사안에서, 피고인이 제출한 고소장에 '합의서도 도장을 찍은 바가 없으므로 위조 및 행사 여부를 가려주시기 바랍니다'라고 기재한 내용이 허위의 사실이라면 이 부분에 대해서도 '허위 사실을 신고한 것'으로 보아야 한다.[149)]

해설: 위와 같이 허위 사실이 기재된 고소장을 수사기관에 제출하여 접수케 하면 즉시 무고죄가 성립한다. 고소는 구두로도 가능하므로 고소장에 기재되지 아니한 사실도 수사기관에 구두로 진술하면 고소가 될 수 있다.

9. 고의와 목적

무고죄에 있어서 범의는 반드시 확정적 고의임을 요하지 아니하고 미필적 고의로서도 족하다 할 것이므로, 무고죄는 신고자가 진실하다는 확신 없는 사실을 신고함으로써 성립하고 그 신고사실이 허위라는 것을 확신함을 필요로 하지 않는다.[150)]

---

148) 대판 1985. 2. 8. 84도2215.

149) 대판 2014. 3. 13. 2012도2468.

150) 대판 1988. 2. 9. 87도2366; 대판 2014. 12. 24. 2012도4531. 다음은 같은 취지이다.

갑이 은행신용카드 입회신청서의 연대보증인란에 피고인의 성명을 기재하고 도장을 찍어 위조하였다는 확신 없이 그러한 내용으로 고소

피고인은 갑으로 하여금 형사처분을 받게 할 목적으로 갑이 은행신용카드 입회신청서의 연대보증인란에 피고인의 동의 없이 임의로 피고인의 성명을 기재하고 피고인의 도장을 찍어 이를 위조하였다는 확신 없이 그와 같은 허위의 사실을 기재한 고소장을 작성하여 수사기관에 제출한 사실을 충분히 인정할 수 있어 무고죄가 성립된다(대판 1997. 3. 28. 96도2417).

진실이라는 확신 없이 고소

종중의 사고수습대책회의가 종묘관리인의 채무를 면제하여 주는 결의를 할 적법한 권한은 없다 하더라도 피고소인은 위 회의의 결의에 따라 종묘관리인의 채무를 면제하여 준 것인데 피고인이 이를 알고 있었음에도 불구하고 진실이라는 확신 없이 피고소인이 공소외인으로부터 금원을 받고 임의로 결손처분하였다고 고소하였다면 금전수수의 대가로 채무면제를 하여 주었다는 점에 대하여 수사기관으로 하여금 수사권을 발동하도록 함에 충분하므로 피고인의 위와 같은 소위는 무고죄를 구성한다.151)

고소장을 수사기관에 제출하였으나 고소인 출석요구에 불응하여 각하될 것을 의도함

무고죄는 국가의 형사사법권 또는 징계권의 적정한 행사를 주된 보호법익으로 하고 다만, 개인의 부당하게 처벌 또는 징계받지 아니할 이익을 부수적으로 보호하는 죄로서, 무고죄에 있어서 형사처분 또는 징계처분을 받게 할 목적은 허위신고를 함에 있어서 다른 사람이 그로 인하여 형사 또는 징계처분을 받게 될 것이라는 인식이 있으면 족하고 그 결과발생을 희망하는 것까지를 요하는 것은 아니므로 고소인이 고소장을 수사기관에 제출한 이상 그러한 인식은 있었다고 보아야 한다.
피고인이 갑과 공모하여 갑 명의로 고소장을 접수함에 있어 수사기관의 고소인 출석요구에 응하지 않음으로써 그 단계에서 수사가 중지되고 고소가 각하될 것으로 의도하고 있었고, 더 나아가 피고소인들에 대한 출석요구와 피의자신문 등의 수사권까지 발동될 것은 의욕하지 않았다고 하더라도 허위 사실이 기재된 고소장을 수사기관에 제출한 이상 피고소인들이 그로 인하여 형사처분을 받게 될 수도 있다는 점에 대한 인식이 있었다고 보아야 하고, 또 그 고소장 접수 당시에 이미 국가의 형사사법권의 적정한 행사가 저해될 위험도 발생하였다고 보아야 한다.152)

장부상 비리를 밝혀 정당한 정산을 구할 목적일 뿐 형사·징계처분을 희망하지 않음

무고죄에 있어서 형사처분 또는 징계처분을 받게 할 목적은 허위신고를 함에 있어서 다른 사람이 그로 인하여 형사 또는 징계처분을 받게 될 것이라는 인식이 있으면 족한 것이고 그 결과발생을 희망하는 것을 요하는 것은 아닌바, 피고인이 고소장을 수사기관에 제출한 이상 그러한 인식은 있었다 할 것이니 피고인이 고소를 한 목적이 피고소인들을 처벌받도록 하는 데에 있지 아니하고 단지 회사 장부상의 비리를 밝혀 정당한 정산을 구하는 데에 있다 하여 무고의 범의가 없다 할 수 없다.153)

151) 대판 1986. 12. 9. 85도2482.

152) 대판 2006. 8. 25. 2006도3631. 같은 취지로는 대판 1986. 8. 19. 86도1259; 대판 2005. 9. 30. 2005도2712.

153) 대판 1991. 5. 10. 90도2601. 다음은 같은 취지이다.

허위라는 확신 없이 시비를 가려달라고 고소

무고죄에 있어서 범의는 반드시 확정적 고의임을 요하지 아니하고 미필적 고의로서도 족하다 할 것이므로, 무고죄는 신고자가 진실하다는 확신 없는 사실을 신고함으로써 성립하고 그 신고사실이 허위라는 것을 확신함을 필요로 하지 않는다고 할 것이고, 또 고소를 한 목적이 상대방을 처벌받도록 하는 데 있지 않고 시비를 가려달라는 데에 있다고 하여 무고죄의 범의가 없다고 할 수는 없다(대판 1995. 12. 12. 94도3271; 대판 2007. 4. 26. 2007도1423).
무고죄에 있어서 허위사실의 신고라 함은 신고사실이 객관적 사실에 반한다는 것을 확정적이거나 미필적으로 인식하고 신고하는 것을 말하는 것이므로 객관적 사실과 일치하지 않는 것이라도 신고자가 진실이라고 확신하고 신허위사실을 신고한 의도가 정보지 명목으로 금품을 사취하려는 데 있을 뿐 타인으로 하여금 형사처분을 받게 할 목적의식을 미연적으로나마 인정할 수 없고, 다만 수사기관으로 하여금 불필요한 수고를 끼칠 염려 있음에 불과한 사실이 인정되는 경우에는 무고죄(국가보안법 제10조)는 해당하지 않으며 경범죄처벌법 제1조의 허구의 범죄를 공무원에게 신고한 것에 해당한다.[154)]

객관적 사실과 일치하지 않지만 진실이라고 확신하고 신고

무고죄에 있어서의 신고는 신고사실이 허위임을 인식하거나 진실하다는 확신없이 신고함을 말하는 것이며 따라서 객관적 사실과 일치하지 않는 것이라도 신고자가 진실이라고 확신하고 신고하였을 때에는 무고죄가 성립되지 아니한다.[155)]

진실한 객관적인 사실들에 근거하여 고소인이 갖게 된 의심을 고소장에 기재

갑이 피고인으로부터 금 45,000,000원을 수령할 때부터 갑에게 계획적인 편취의사가 있었다는 취지의 고소장의 기재내용이 실제의 사실과 다르다고 하더라도, 나중에 갑이 계속하여 피고인을 속여온 점에 비추어 보면 피고인으로서는 갑에게 처음부터 돈을 편취할 의사가 있었던 것이라고 믿을 수밖에 없었을 것이고, 또 위와 같은 상황에서는 갑의 연대보증인으로서 갑과 같이 행동하였던 을이나 갑의 아버지로서 을과 공동으로 갑의 연대보증인이 된 병도 갑의 공범이라고 의심할 만한 합리적인 이유가 있다고 할 것인바, 이와 같이 진실한 객관적인 사실들에 근거하여 고소인이 피고소인의 주관적인 의사에 관하여 갖게 된 의심을 고소장에 기재하였을 경우에 법률 전문가 아닌 일반인의 입장에서 볼 때 그와 같은 의심을 갖는 것이 충분히 합리적인 근거가 있다고 볼 수 있다면, 비록 그 의심이 나중에 진실하지 않는 것으로 밝혀졌다고 하여 곧바로 고소인에게 무고의 미필적 고의가 있었다고 단정하여서는 안될 것이다.[156)]

고하였을 때에는 무고죄가 성립하지 않는다고 할 것이나, 여기에서 진실이라고 확신한다 함은 신고자가 알고 있는 객관적인 사실관계에 의하더라도 신고사실이 허위라거나 또는 허위일 가능성이 있다는 인식을 하지 못하는 경우를 말하는 것이지, 신고자가 알고 있는 객관적 사실관계에 의하여 신고사실이 허위라거나 허위일 가능성이 있다는 인식을 하면서도 이를 무시한 채 무조건 자신의 주장이 옳다고 생각하는 경우까지 포함되는 것은 아니다(대판 2000. 7. 4. 2000도1908).

무고죄에 있어서 형사처분을 받게 할 목적은 허위신고를 함에 있어 다른 사람이 그로 인하여 형사처분을 받게 될 것이라는 인식이 있으면 충분하고 그 결과의 발생을 희망할 필요까지는 없다 할 것이므로, 고소인이 고소장을 수사기관에 제출한 이상 그러한 인식은 있다 할 것이고, 나아가 고소를 한 목적이 상대방을 처벌받도록 하는 데 있지 않고 시비를 가려 달라는 데에 있다고 하여 무고죄의 범의가 없다고 할 수 없으며, 그가 신문사의 대표이사로서 위 신문사 수습대책위원회의 요구에 따라 수동적으로 행동한 것이라고 하여도 무고죄의 성립에는 지장이 없다(대판 1995. 12. 12. 94도3271).

154) 대판 1964. 4. 7. 64도67.

155) 대판 1987. 12. 22. 87도1977. 같은 취지로는 대판 1998. 9. 8. 98도1949. 다음은 같은 취지이다.

객관적 사실에 반하는 허위의 것이지만 허위성에 대한 인식 없이 고소

피고인으로서는 갑 등이 을, 병과 공모하여 부동산 매매계약서 등을 위조한 것으로 생각할 만한 충분한 이유가 있다고 보이고, 따라서 피고인이 갑 등을 사문서위조 등으로 고소하였다는 사실만으로 피고인에게 무고의 범의가 있다고 인정하기 어렵다(대판 2000. 11. 24. 99도822).

156) 대판 1996. 3. 26. 95도2998.

10. 자기무고와 승낙무고

무고죄는 국가의 형사사법권 또는 징계권의 적정한 행사를 주된 보호법익으로 하는 죄이나, 스스로 본인을 무고하는 자기무고는 무고죄의 구성요건에 해당하지 아니하여 무고죄를 구성하지 않는다. 그러나 피무고자의 교사·방조 하에 제3자가 피무고자에 대한 허위의 사실을 신고한 경우에는 제3자의 행위는 무고죄의 구성요건에 해당하여 무고죄를 구성하므로, 제3자를 교사·방조한 피무고자도 교사·방조범으로서의 죄책을 부담한다.157)

승낙을 받아 피고소인에 대하여 허위 고소한 다음 출석요구에 불응하여 각하로 종결

고소인들은 갑과 그로부터 피해를 당한 사람들 사이의 합의를 주선하기 위하여 자신들도 피해자인 것처럼 행세하기 위한 방편으로 "갑에게 돈을 빌려주었으나 변제기 경과 후에도 원리금을 전혀 변제받지 못하였다"는 허위 내용의 고소장을 제출한 다음, 바로 갑에게 합의서를 작성하여 교부해 주는 한편 수사기관의 출석요구에 응하지 않아 위 고소사건이 각하로 종결된 사안에서,

무고죄는 국가의 형사사법권 또는 징계권의 적정한 행사를 주된 보호법익으로 하고 다만, 개인의 부당하게 처벌 또는 징계받지 아니할 이익을 부수적으로 보호하는 죄이므로, 설사 무고에 있어서 피무고자의 승낙이 있었다고 하더라도 무고죄의 성립에는 영향을 미치지 못한다.

피무고자의 승낙을 받아 허위사실을 기재한 고소장을 제출하였다면 피무고자에 대한 형사처분이라는 결과발생을 의욕한 것은 아니라 하더라도 적어도 그러한 결과발생에 대한 미필적인 인식은 있었던 것으로 보아야 한다.158)

11. 죄 수

하나의 고소에 진실한 사실과 허위의 사실이 함께 있음

1통의 고발장에 의하여 수개의 혐의사실을 들어 고발한 경우, 그 중 일부 사실이 진실이고 다른 사실이 허위이면 그 허위사실 부분이 독립하여 무고죄를 구성한다.159)

12. 자백·자수의 특례

무고죄에 있어서 자백의 의미

무고죄에 있어서 형의 필요적 감면사유에 해당하는 자백이란 자신의 범죄사실, 즉 타인으로 하여금 형사처분 또는 징계처분을 받게 할 목적으로 공무소 또는 공무원에 대하여 허위의 사실을 신고하였음을 자인하는 것

157) 대판 2008. 10. 23. 2008도4852.

158) 대판 2005. 9. 30. 2005도2712.

159) 대판 2007. 3. 29. 2006도8638.

을 말하고, 단순히 그 신고한 내용이 객관적 사실에 반한다고 인정함에 지나지 아니하는 것은 이에 해당하지 아니한다.[160)]

160) 대판 1995. 9. 5. 94도755.

판례색인

◂ **대법원 결정·판결** ▸

◀ 헌법재판소 결정 ▶

[저자 약력]

최 병 천

서울대학교 법과대학 법학 학사·석사·박사
검사(1996~2004)
미국 DUKE대학 방문학자 연수
명지대학교 법학과 겸임교수(2005~2007)
사법시험 출제위원
변호사(2004~2013)
전남대학교 법학전문대학원 교수

주요 저서 및 논문
고소의 제문제(법률정보센터, 2004)
증거개시와 피고인의 방어권보장(박사학위논문, 2012)
판례중심 형사소송법(더솜, 2013)
간통죄와 고소(법조, 2004. 11)
미국의 전문법칙과 대면권에 비추어본 참고인진술조서의 증거능력(저스티스, 2012. 8)
공판조서의 증거능력 – 전문법칙의 예외인 미국의 '종전 증언'과의 비교법적 고찰 – (법조, 2012. 11)
공판조서와 피고인의 반대신문권 – 일본과의 비교법적 고찰 – (경찰법연구, 2012. 12)
탄핵증거이론의 재구성 – 미국과의 비교법적 고찰 – (경찰법연구, 2015. 6)

판례중심 형법각론

초판인쇄 2016년 2월 20일
초판발행 2016년 2월 26일

지은이 최병천
펴낸이 박노일

총괄기획 김중용
편 집 심성보·김인숙

펴낸곳 pnc publishing and culture 피앤씨미디어
경기도 고양시 일산동구 강송로 153 310-1501
등록 제396-2012-000203호
전 화 070)7550-3758 팩 스 02)718-8554
홈페이지 www.pncmedia.co.kr 이메일 pnc@pncmedia.co.kr
ISBN 979-11-5730-273-4 93360

정 가 40,000원